中国文化年鉴

ALMANAC OF CHINESE CULTURE

2012

中华人民共和国文化部 编

新 华 出 版 社

图书在版编目（CIP）数据

中国文化年鉴. 2012/中华人民共和国文化部编. --北京：新华出版社，2013.1
ISBN 978-7-5166-0261-4

Ⅰ. ①中… Ⅱ. ①中… Ⅲ. ①文化事业－中国－2012－年鉴 Ⅳ. ①G12－54

中国版本图书馆CIP数据核字（2012）第306232号

中国文化年鉴（2012）

主　　编： 中华人民共和国文化部

出 版 人： 张百新
责任编辑： 梁秋克　王晓娜　　**特约编辑：** 朱德生
封面设计： 厚积广告·朱 江　　**印章篆刻：** 庞书田

出版发行： 新华出版社
地　　址： 北京石景山区京原路8号　　**邮　　编：** 100040
网　　址： http：//www.xinhuapub.com　　http：//press.xinhuanet.com
经　　销： 新华书店
购书热线： 010-63077122　　**中国新闻书店购书热线：** 010-63072012

照　　排： 北京厚积广告有限公司
印　　刷： 北京盛通印刷股份有限公司

成品尺寸： 210mm×285mm
印　　张： 60.5　　**字　　数：** 1700千字
版　　次： 2013年1月第一版　　**印　　次：** 2013年1月第一次印刷

书　　号： ISBN 978-7-5166-0261-4
定　　价： 360.00元

图书如有印装问题请与印刷厂联系调换：010-63830316

《中国文化年鉴》（2012）
编 辑 委 员 会

《中国文化年鉴》（2012）
编 辑 部

《中国文化年鉴》（2012）
鸣谢单位

文化部办公厅

文化部政策法规司

文化部财务司

文化部人事司

文化部艺术司

文化部文化科技司

文化部文化市场司

文化部文化产业司

文化部公共文化司

文化部非物质文化遗产司

文化部对外文化联络局(港澳台办公室)

文化部机关党委

文化部驻部纪检组监察局

国家文物局

中国艺术研究院

国家图书馆

故宫博物院

中国国家博物馆

中央文化管理干部学院

中国文化传媒集团有限公司　中国文化报社

国家京剧院

中国国家话剧院

中国歌剧舞剧院

中国东方演艺集团有限公司

中国交响乐团

中国儿童艺术剧院

中央歌剧院

中央芭蕾舞团

中国美术馆

中国国家画院

中国对外文化集团公司

文化部恭王府管理中心

文化部文化艺术人才服务中心

文化部艺术服务中心

国家清史纂修领导小组办公室

中外文化交流中心

中国艺术科技研究所

文化部民族民间文艺发展中心

文化部全国文化信息资源建设管理中心

梅兰芳纪念馆

中国动漫集团有限公司

《中国文化年鉴》（2012）
鸣 谢 单 位

北京市文化局
天津市文化广播影视局
河北省文化厅
山西省文化厅
内蒙古自治区文化厅
辽宁省文化厅
吉林省文化厅
黑龙江省文化厅
上海市文化广播影视管理局
江苏省文化厅
浙江省文化厅
安徽省文化厅
福建省文化厅
江西省文化厅
山东省文化厅
河南省文化厅
湖北省文化厅
湖南省文化厅
广东省文化厅
广西壮族自治区文化厅
海南省文化广电出版体育厅
重庆市文化广播电视局
四川省文化厅
贵州省文化厅
云南省文化厅
西藏自治区文化厅
陕西省文化厅
甘肃省文化厅
青海省文化和新闻出版厅
宁夏回族自治区文化厅
新疆维吾尔自治区文化厅
新疆生产建设兵团文化广播电视局

《中国文化年鉴》（2012）
组稿人员名单

（按姓氏笔画排序）

卜大炜	于春城	亢　博	尤玉芳	王　林
王　娜	王　培	王永昭	王华宇	王芬林
王学增	王建华	王洪波	王珊珊	冯彦瑞
冯雅琳	龙仕勇	关福财	刘　洋	刘培婷
向仕富	安战国	朱　楠	朱春雷	朱鸿文
江宝山	祁　鑫	许其兵	吴　钊	宋　磊
宋　伟	宋　薇	张　斌	张　蕾	张书勇
张玉忠	张抗洪	张建平	李　玮	李文娣
李胜先	李海泉	李海琪	杜宁远	杨　帆
杨　武	杨　烁	杨　渊	杨　菊	杨　斌
杨晓辉	杨拯国	邱　雷	邱玉红	邱邑洪
邹　端	陈　真	陈　锋	陈如福	陈新华
周　勇	周广明	周汉萍	郑志山	郑晓莹
郑海勇	郑起朝	金　梅	胡小庆	赵东亚
赵姗姗	徐　健	游　滨	敖　超	袁　鹏
郭素娥	顾　春	高柯立	曹庆华	阎　平
彭跃辉	董越超	蒋　静	谢　飞	谢万幸
蔡世超	蔡靖杰	裴海寓	魏　姣	魏小平

文化部办公厅

1. 全国文化厅局长会议现场。
2. 全国政协副主席、科技部部长万钢，中宣部副部长、文化部党组书记、部长蔡武分别代表科技部、文化部签署两部工作会商制度议定书。
3. 6月11日，文化部党组书记、部长蔡武等领导在成都国际非物质文化遗产博览园观看国家级非遗项目银花丝的制作工艺现场演示。
4. 第七届深圳文博会开幕前夕，深圳文博会组委会主任、文化部部长蔡武（右三）考察深圳文化产业发展情况。图为5月10日，蔡武在广东省委常委、宣传部部长林雄（右二），深圳市副市长吴以环（左二）等陪同下，在深圳文博宫非物质文化遗产展销区观看省级非遗传承人蒋劲华展演非遗项目撕纸书法。
5. 3月2日，中国美术馆结束了数十年的售票历史，正式开启免费时代。图为文化部部长蔡武和中国美术馆馆长范迪安一起，在原“售票处”挂起“领票处”的标牌。
6. 3月10日下午，文化部部长蔡武接受中国网络电视台和中国文化传媒网的联合专访。
7. 2月28日，文化部在北京举行了第三批国家级文化产业示范园区和首批国家级文化产业试验园区的命名授牌会议。图为文化部党组书记、部长蔡武，党组副书记、副部长欧阳坚向园区代表授牌。
8. 9月14日，文化部副部长赵少华与蒙古国教文科部副部长库兰达在京签署《中华人民共和国文化部和蒙古国教育文化科学部关于联合保护非物质文化遗产合作协议》。
9. 文化部副部长赵少华代表中国文化部向毛里求斯艺术和文化部赠送一批中国民族乐器。
10. 9月5日，全国文化系统党建研究会年会、窗口单位创先争优活动推进会暨党委书记学习班在上海开班。图为会议现场。
11. 8月20日，全国文化信息资源共享工程西藏分中心暨西藏图书馆汉藏双语版网站正式开通。文化部副部长杨志今、西藏自治区人民政府副主席多托出席开通仪式。
12. 王文章在辅导小朋友们画画。

1	2	3
4	5	6
7	8	9
10	11	12

文 化 部 政 策 法 规 司

1. 文化部党组书记、部长蔡武，北京市委副书记、市长郭金龙为中国数字文化集团有限公司揭牌。
2. 文化部召开全国文化系统国有文艺院团体制改革电视电话会议。
3. 文化部副部长励小捷为中南财经政法大学吴汉东教授颁发“文化部特约法律咨询专家”聘书。
4. 吴汉东教授为文化部系统作“文化大发展大繁荣与知识产权战略”的报告。
5. 中国数字文化集团有限公司成立揭牌仪式。

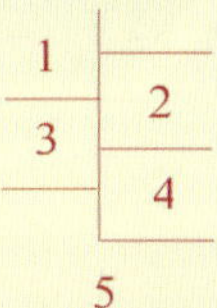

中国艺术研究院

1 2
3

1.12月19日，首届中华艺文奖评选、颁奖典礼在中国国家博物馆剧场举行，国务委员刘延东致辞。

2.5月5日，中国艺术研究院艺术家系列展之“丹青辉映——琴瑟和鸣　中国艺术研究院伉俪艺术家绘画展”在北京中国妇女儿童博物馆隆重开幕。

3.5月5日，“唱响中国——歌曲新作研讨会”在京举行。

故宫博物院

郑欣淼院长在院报告厅做“文化的自觉与故宫的使命”专题报告。

故宫博物院成立“故宫世界文化遗产监测中心”。

《故宫博物院藏品大系》之《玉器编》、《雕塑编》、《珐琅编》、《绘画编》新书发布会现场。

故宫藏历代书画展。

“兰亭特展”展厅现场。

卢浮宫内的展览宣传海报。

国家级非物质文化遗产

青铜器修复及复制技艺

中华人民共和国国务院公布
中华人民共和国文化部颁发
2011年5月

国家级非物质文化遗产

古书画临摹复制技艺

中华人民共和国国务院公布
中华人民共和国文化部颁发
2011年5月

文华殿后殿东侧改造后

中国国家博物馆

1.11月26日，馆长吕章申会见赞比亚前总统卡翁达。

2.4月1日，中共中央政治局委员、国务委员刘延东和德国副总理兼外长韦斯特韦勒共同为“启蒙的艺术”大型展览开幕仪式剪彩。

3.5月6日，馆长吕章申会见日本前首相鸠山由纪夫。

4.5月20日，国际博协主席汉斯·马丁·辛茨博士来馆参观访问。

5.8月17日，馆长吕章申、书记黄振春到盛世通库区察看文物回迁情况并慰问工作人员。馆长吕章申、书记黄振春把装满文物的叉车推往文物运输车辆。

6.9月23日，第六届中日韩国家博物馆馆长会议在国家博物馆召开。三馆馆长在中日韩国家博物馆馆长会议上合影。

7.9月23日，第三届亚洲国家博物馆联合会执委会会议、大会在国家博物馆召开。与会代表合影。

8.10月6日，文化部部长蔡武到国博馆视察工作并慰问在岗位工作人员，蔡武部长察看中央控制室。

中国国家博物馆《古代中国》基本陈列预展仪式

中央文化管理干部学院

CENTRAL ACADEMY OF CULTURAL ADMINISTRATION

2011年，山东省第一期乡镇综合文化站站长培训班开班典礼。

国家文物局第一期全国县级文物行政部门负责人培训班全体学员合影。

2011年，文化部党员轮训第三期培训班学员合影。

全国基层文化队伍示范性培训第一期大学生“村官”培训班参观北京市延庆区大榆树镇文化设施。

蔡武部长与文化部第五、六期全国文化站长培训班全体学员合影。

改造后的双柏书屋。

装修后的会议餐厅。

国家京剧院
1.中共中央政治局委员、国务委员刘延东来院调研。
2.宋官林、李胜素、于立德被评为文化部直属机关优秀共产党员兰雅君被评为文化部直属机关优秀党务工作者。
3.国家京剧院与山东省鲁东京剧文化促进会就建立基层基地事宜进行磋商。
4.院办、党办支部参观卢沟桥抗战纪念馆。
5.2010年，新创作新编历史剧《慈禧与德龄》荣获第12届中国戏剧节“优秀剧目奖”、“优秀表演奖”和“优秀音乐奖”。
6.2011年，重点复排剧目《文姬归汉》荣获2011年国家艺术院团优秀剧目展演“演出奖”“优秀编剧奖”和“优秀表演奖”。
7.《慈禧与德龄》。
8.《汉苏武》。
9.《杨门女将》。
10.2011年，重点复排剧目《红灯记》荣获2011年国家艺术院团优秀剧目展演“演出奖”。
11.京剧院在文化部庆祝建党90周年歌咏比赛中荣获二等奖及创新奖。
12.2011年，重点复排剧目《强项令》荣获2011年国家艺术院团优秀剧目展演“演出奖”和“优秀表演奖”。

中国国家话剧院

1. 中共中央政治局委员、国务委员刘延东出席纪念大会，并参观了“求索之路——中国国家话剧院艺术展览”。
2. 中共中央政治局委员、国务委员刘延东，文化部部长蔡武、副部长王文章为从艺50年以上的剧院老艺术家代表颁发“国话师表”荣誉证书，并合影留念。
3. 文化部部长蔡武按下启动电钮，舞台上的红色幕布缓缓飘落，国话剧场正式启用。
4. 《蝴蝶变形记》3月24日首演。
5. 《大家都有病》12月10日首演。
6. 《深度灼伤》4月7日首演。
7. 《欲望花园》11月23日首演。
8. 《远离阿贡当市/打造蓝色》5月12日首演。
9. 《夜店之天生绝配》6月15日首演。

1	2	3
4	5	6
7	8	9

1.2011年，高雅艺术进校园活动，中国歌剧舞剧院120人的演出队伍走进昆明、贵阳、桂林高校。
2.文化部领导观看大型歌舞晚会“四季情韵”。
3.文化部建党90周年“歌颂祖国歌唱党”歌咏比赛中国歌剧舞剧院获得总分第一名。
4.中国东方演艺集团全国巡演。
5.2011年，中国歌剧舞剧院舞剧团获得全国妇联颁发的“全国三八红旗集体”荣誉称号。
6.中国歌剧舞剧院推出大型原创歌剧《红河谷》主演：殷秀梅。
7.中国歌剧舞剧院原创歌舞诗剧《四美图》主演：李玉刚。
8.2011年，中国歌剧舞剧院创排大型歌舞晚会“五洲风情”。

中国东方演艺集团有限公司

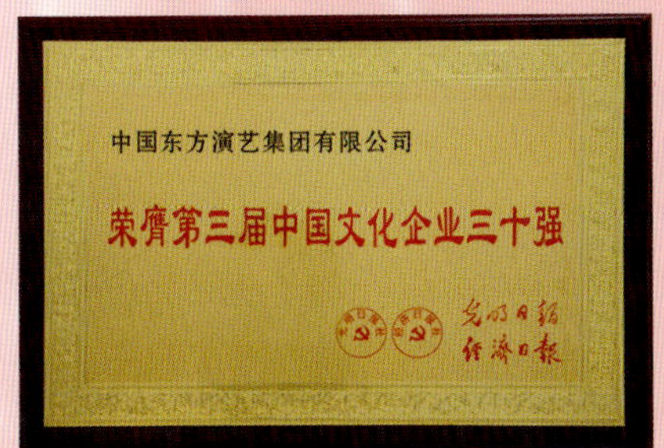

1.北京东方培艺文化发展有限公司成立。
2.第三届文化企业30强。
3.中国东方演艺集团2011年度总结表彰大会。
4.东莞市东方演艺歌舞剧团有限公司成立。
5.十七届六中全会学习会。
6.东方民乐团《东方世纪行》。
7.东方流行乐团《红歌耀东方》。
8.中国东方演艺集团走进蓉中村。
9.中国东方演艺集团全国巡演。
10.中国歌舞团《水墨中华·风》。

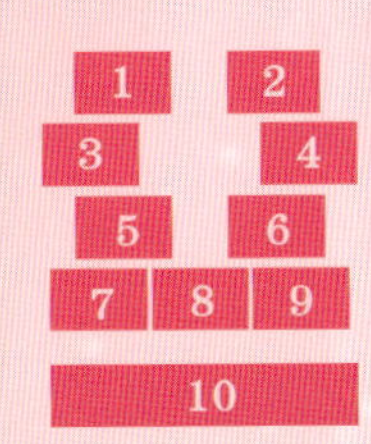

国交团长关峡

乐队首席刘云志

首席常任指挥李心草

▲9月，叶卡捷琳堡演出。

▲普拉松与国交在国家大剧院的音乐会上。

▲国交为乐团艺术顾问、乐团的老一辈指挥家韩中杰举行90寿辰音乐会。

浙江工商大学音乐会现场。

2011年新创剧目	首演时间
1.趣味儿童剧《小卡车·变变变》	2011．07
2.动漫舞台剧《绝对小孩》	2011．09
3.世界经典童话剧《伊索寓言》	2011．12
4.大型历史歌舞剧《延安保育院》	2011．06

2011年活动

5.首届中国儿童戏剧节开幕。

6.首届中国儿童戏剧节研讨会。

7.亚洲儿童青少年戏剧会议。

8.《十二生肖》赴墨西哥参加第39届塞万提斯艺术节，周予援院长接受当地媒体采访。

9.《小吉普·变变变》赴台湾交流演出。

10.《天蓝色的纸飞机》赴海南澄迈灾区慰问演出。

11.《十二生肖》荣获中国文化艺术政府奖首届动漫奖最佳动漫舞台剧奖。

中国国家画院

“走进延安”采风团部分画家在枣园革命旧址写生。

“走进延安”采风团下矿井写生。

“走进延安”采风团在壶口瀑布。

“走进延安”采风团在黄河乾坤湾。

“走进延安”采风团在延安宝塔山。

中国国家画院“走进延安”采风团在杨家岭革命旧址举行纪念仪式。

第二届旅游纪念品设计大赛启动仪式。

法国议长阿夸耶来访。

“静水流深——远宏瓷艺作品。

非遗演出周——昆曲《怜香伴》。

“莲生妙相——青海唐卡艺术精品展”开幕式。

文化部艺术服务中心

1.电视剧《孝子难当》开机仪式。
2.《中国美术大事记》2011卷改版初审会。
3.中国美术装作基地——广东省基地奠基仪式。
4.大型电视连续剧《将军外交家黄镇》剧本座谈会。
5.首届中国国际文化艺术博览会开幕。
6.与江苏悦达集团签订文化产业项目合作协议。

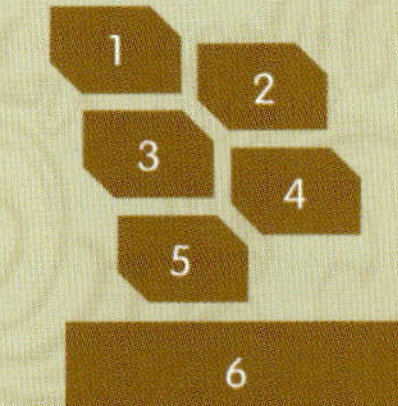

国家清史纂修领导小组办公室

1月8日，国家清史纂修领导小组副组长李洪峰出席国家清史编纂委员会2010年度工作总结会，并向先进个人颁发证书。

1月9日国家清史编纂委员会第五次审改工作会议。

1月17日，国家清史纂修领导小组副组长李洪峰（中）看望编委会主任戴逸（右），清史办主任、编委会常务副主任卜键陪同（左）。

1月21日，文化部副部长杨志今到清史工程视察。

7月18~19日国家清史编纂委员会第六次审改工作会议。

8月18日，《清代诗文集汇编》出版总结会在上海召开，清史办主任、编委会常务副主任卜键出席。

9月17~19日，国家清史编纂委员会与故宫博物院在京联合召开中国辛亥革命百年纪念暨第14届清史学术研讨会。

12月15日，国家清史编纂位会员会第八次全体会议在京召开。文化部党组书记、部长、国家清史纂修领导小组组长蔡武，文化部党组成员、中央纪委驻文化部纪检组组长、国家清史纂修领导小组副组长李洪峰出席会议。

为提高新修清史质量，从思想观点、学术内容、整体结构、文字风格等方面对初稿的审改工作正在进行中（戴逸文稿）。

1月8日，国家清史纂修领导小组副组长李洪峰出席国家清史编纂委员会2010年度工作总结会，并发表重要讲话。

中外文化交流中心

1.中外文化交流中心受文化部外联局委托，2011年选购、编辑、译制了28部故事片和专片，并制作完成了10个语种约7万张DVD光盘

2."世纪回眸——纪念辛亥革命100周年图展"在152个驻外使（领）馆和中国文化中展出，数十幅珍贵的历史照片展现了百年国的沧桑巨变，吸引了外国主流社会和华华侨的关注。

3.中外文化交流中心全年总共向258个驻外使（领）馆和中国文化中心发文化外宣品和文化纪念品2000多箱约25万件（套），发送8批次小额援助品337件，寄发期刊229种近20万册，报纸29种近4万份。

4.6月17日，中国著名经济学家、全国政协经济委员会副主任厉以宁教授在里求斯中国文化中心作了题为《当前中国经济走势》的讲座。

5.10月21日至26日举办的第四届南昌国际军乐节主题是"绿色城运，响亮昌"，邀请了24支军乐团参加，其中有来自10个国家的11支外国军乐团，模超过前三届总和。

6.11月25日，中外文化交流中心与中欧金融交流促进会在北京国际饭共同举办了首届企业艺术收藏论坛。其成功举办后引起业界强烈反和广泛赞誉。

7.8月29日至9月4日应澳大利亚艺术理事会邀请，中国作家协会副主高洪波率中国作家代表团一行14人赴澳大利亚出席首届中澳文学论坛墨尔本国际作家节和墨尔本华人作家节等活动，取得圆满成功。

8.12月2日至4日，由中国文化部与俄罗斯文化部共同主办、中外文化流中心与俄罗斯"国际文化论坛"公司共同承办的"中俄舞台艺术话"活动在北京举办。

9.中国记者团采访埃塞俄比亚人民代表院议长阿卜杜拉·格梅达。

10.2011年，文通网完成了两次大的改版，新闻栏目的设置更加合理，网上办公平台、外宣纪念品征订、全国外文化资源库等各项功能也日趋完善。新版文通网立足中央主页，将逐步建立地方和海外分页，进一步整合央、地方和国外的各类文化资源。

11.10月26日，由中外文化交流中心与中国驻法国大使馆文化处、巴黎中国文化中心联合举办的"中华底蕴—中国山水画艺术展"，在位于塞纳河左岸的巴黎中国文化中心拉开帷幕。

12.2011年，第八届动漫艺术周除沿袭以往外国作品多质量高、评委权威等传统特点外，还与波兰驻华使馆举了"波兰动画回顾展"，并在大连举办了动漫艺术周框架内的中外动画作品预选赛和大师班讲座。

1 2 3 4
5 6 7
8 9
10 11
12

中国艺术科技研究所

由该中心具体实施的国家科研项目——“书画真伪科学鉴定系统”于2010年顺利通过验收。

由该中心承担的国家文化科技提升计划项目——“中国传统绘画材料关键技术研究与应用”于2011年举办开题会议。

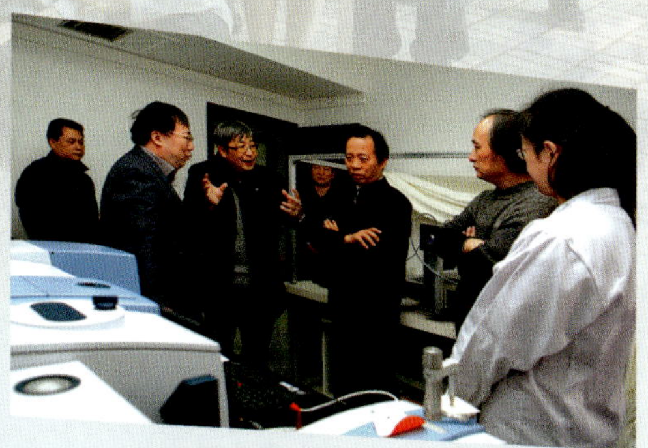

文化部副部长王文章莅临艺术品科研中心实验室考察指导。

该中心召集举办的“中国画新材质新技法研究”学术研讨会。

文化部副部长王文章（前排中）、文化部人事司副司长汪志刚（前排左四）与我所中层以上干部合影。

参加文化部职工运动会。

开展到部队基层送文化等慰问活动。

创意产业基础标准建设及研究中期汇报会。

文化创意产业标准化研究座谈会。

梅兰芳纪念馆

1. 王文章副部长在纪念梅兰芳诞辰117周年美术书法作品展览开展式讲话。
2. 梅兰芳纪念馆大门。
3. 梅兰芳纪念馆藏品在瑞士巴塞尔博物馆。
4. 观众参观展览。
5. 梅兰芳纪念馆藏品在瑞士巴塞尔博物馆展出开幕式。
6. 梅兰芳纪念馆馆长秦华生在纪念梅兰芳诞辰117周年美术书法展览南宁展区开幕式上讲话。
7. 纪念馆藏品在瑞士巴塞尔博物馆。
8. 纪念梅兰芳诞辰117周年美术书法展览中国艺术研究院展区开幕式剪彩仪式。
9. 纪念梅兰芳诞辰117周年美术书法展览泰州展区开幕式剪彩仪式。
10. 纪念梅兰芳诞辰117周年美术书法展览泰州展区开幕式。

2012 中国动漫春节联欢晚会

中国动漫集团有限公司

1. 由中国动漫集团主办，中娱文化股份有限公司承制的精品动漫工程。致力于向广大观众充分展示中国原创动漫的艺术魅力，丰富人民群众特别是青少年春节文化生活。

2. 文化部副部长杨志今及各主办部委领导、企业代表出席2011年第九届中国网络文化博览会开幕式。

3. 文化部副部长欧阳坚，中共北京市委宣传部常务副部长王海平将代表开启中国动漫游戏城大门暨首届中国动漫游戏嘉年华开幕的钥匙交给首钢总公司党委书记、董事长朱继民和中国动漫集团董事长梁钢。

4. 文化部副部长励小捷、财政部文资办副主任胡帆、文化部文化产业司司长刘玉珠、中国动漫集团等领导为新公司成立揭牌。

1		
2	3	4

河北省文化厅

1.河北省图书馆少儿借阅。
2.河北省文化厅下基层慰问演出。
3.精品剧目《响九霄》。
4.群众文化活动丰富多彩。
5.太行山文化艺术节。

山西省文化厅

1.文化惠民演出（武乡八路军太行纪念馆）。
2.文化惠民演出（五台县沟南乡官庄村）。
3.晋剧《武则天与狄仁杰》。
4.京剧《知音》剧照。
5.晋剧《杏花酒翁》剧照。
6.歌剧《小二黑结婚》剧照。
7.说唱剧《解放》剧照。
8.非物质文化遗产项目展演。

辽宁省文化厅

1 2
3 4
5 6
7

1. 4月14日，全省国有文艺院团改革工作会议。
2. 10月21日，辽宁省第二届东北民歌展演汇报演出暨颁奖式。
3. 8月25日，第四届东北文化产业博览交易会开幕式。
4. 9月16日，辽宁省首届群众文化节开幕式。
5. 9月16日，辽宁省首届群众文化节开幕式。
6. 9月16日，辽宁省首届群众文化节开幕式。
7. 8月25日，第四届东北文化产业博览交易会开幕式。

吉林省文化厅

1.2月23日，林君厅长陪同文化部杨志今副部长在吉林省图书馆考察。

2.林君厅长在农安县了解乡镇综合文化站建设情况。

3.2011年，吉林省第四届“长白之声”合唱节隆重落幕。

4.送戏下乡演出场面热烈。

5.8月，非物质文化遗产展演活动首次在长春农博会期间举办。

黑龙江省文化厅

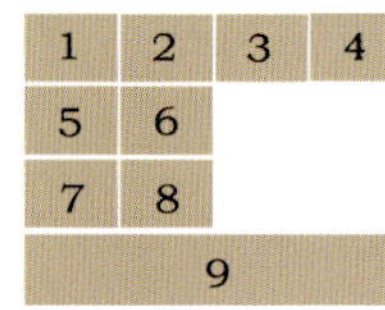

1.冰雕的海底世界。

2.冰雕的童话世界。

3.东北“文博会”黑龙江博物馆馆藏恐龙骨架展出引人关注。

4.观众排长队领票参观博物馆。

5.黑龙江省庆祝建党90周年大型音舞诗《喊一声北大荒》。

6.渔猎文化展，展现了渔猎民族精彩而奇特的捕鱼习俗和捕鱼文化。

7.免费开放后黑龙江省博物馆内终日观众如织。

8.评剧《半江清澈半江红》入选国家舞台精品工程剧目。

9.哈尔滨文庙每年都举行大型祭孔活动。

上海市文化广播影视管理局

1.第13届中国上海国际艺术节现场。

2.上海武康路中国历史文化名街、名人故居揭牌仪式现场。

3.红色的起点，永远的丰碑。上海庆祝中国共产党成立90周年美术作品特展。

4.祝贺2011年上海市民营文艺团体展演开幕。

5.第28届上海之春国际音乐节开幕式。

6.2011年1月，上海市社区文化指导员辅导成果展演。

7.玉兔迎春——第五届海上年俗风情展。

1	2	3
		4

5	6	7

江苏省文化厅

1 2 3
4
5 6 7
8

1-2. 9月8日，江苏省书法院成立。图为江苏省书法院在江苏省美术馆隆重举行成立仪式。

3-4. 在新春佳节来临之际，江苏省委、省政府举办文化科技卫生"三下乡"活动。图为江苏省新年"三下乡"服务慰问团文艺演出在基层演出。

5. 为更好地服务基层群众，江苏省文化厅组织开展"美好江苏——文化民生基层文艺巡演"活动。图为该巡演活动启动仪式。

6. 意大利中国文化年期间，马尔凯等友省举办"茉莉飘香·江苏文化周"活动，非遗工艺师向当地居民展示了剪纸、刺绣等传统手工艺绝活。

7. 5月26日，江苏省政府在常州召开全省文化科技创新工作会议，省长李学勇作出重要批示，副省长曹卫星出席会议并讲话。

8. 10月21日-23日，江苏省人民政府在澳门举办"澳门江苏周"活动，进一步加强江苏与澳门在经济、文化、旅游等领域的交流合作。图为该活动项目之一的苏澳文化创意产业对接会。

浙江省文化厅

1	2	3
4	5	6
7	8	9
10		

1.山水合璧——黄公望与《富春山居图》特展在台北故宫博物院合璧展出。

2.《藏羚羊》入选国家舞台艺术精品工程重点资助剧目。

3.海宁皮影戏入选联合国“人类非物质文化遗产代表作名录”。

4.2011中国义乌文化产品交易博览会开幕式。

5.浙江省文化厅送戏下乡。

6.第八届全国残运会闭幕式晚会。

7.2011中国文化聚焦·浙江文化节在津巴布韦演出。

8.浙江省“文化走亲”启动仪式。

9.第二届浙江文化艺术节舞台艺术展演。

10.杭州西湖文化景观列入世界遗产名录。

江西省文化厅

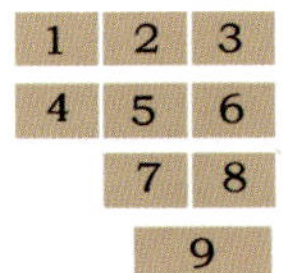

1.9月6日，文化部部长蔡武视察江西文化工作。

2.1月8日，省委书记苏荣考察萍乡市文化艺术中心。省委宣传部副部长、省文化厅党组书记、厅长李玉英陪同考察。

3.2011年相约春天——公益大展演活动。

4.6月26日，江西艺术职业学院68名舞蹈系师生组成的艺术团队代表江西应邀参加庆祝中国共产党成立90周年文艺晚会“我们的旗帜”的演出。

5.6月29日，省文化厅在江西艺术剧院隆重举办“同唱红歌给党听”歌咏大会。

6.4月23日，按照江西省文化厅的统一部署，全省公共图书馆启动首届“读好书”活动。

7.2011年，江西省文艺创作繁荣工程项目全面启动。图为赣南采茶歌舞剧《八子参军》剧照。

8.12月23日，由江西省文化厅、江西省文物局主办的全省博物馆文化产品创意设计营销暨展示博览会在南昌举行。

9.2011年年底，《新世纪江西文化十年》丛书正式出版发行。这套丛书以400多万字的翔实文字、近3000幅精美的图片，全方位展示了“十五”、“十一五”期间江西文化建设各个领域中所取得的丰硕成果。

山东省文化厅

"雨工程"边疆志愿者大讲堂——山东文化共享工程与古籍保护培训班

1. "春雨工程"边疆志愿者大讲堂——山东文化共享工程与古籍保护培训班开班仪式。
2.山东省杂技团《蹬人》节目荣获第34届蒙特卡洛国际马戏节"金小丑奖"。
3.山东省图书馆公共电子阅览室。
4.社会文化新创作品调演。
5.省美术馆奠基仪式。
6.迎接"十艺"节广场文化活动。

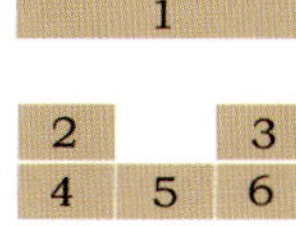

河南省文化厅

1.十届全国政协副主席、中华豫剧文化促进会名誉会长张思卿宣布本届豫剧节开幕。
2.《常香玉》剧照。
3.2011春满中原系列文化活动。
4.第二届中国豫剧节。
5.话剧红旗渠。
6.开封市清明上河园实景演出。

7.豫剧《村官李天成》剧照。

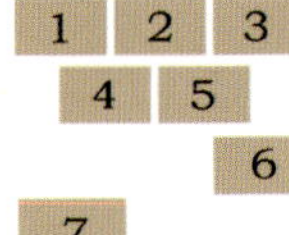

湖北省文化厅

1		
2		
3	4	5

1.荆楚文化走澳洲悉尼花车巡游现场。

2.第六届中国京剧艺术节开幕式蔡武部长致词。

3.第六届中国京剧艺术节开幕式。

4.六京节开幕式晚会——凤还楚天。

5.荆楚文化走澳洲——外国小朋友认真观看红安绣花鞋垫。

广东省文化厅

1.3月25日，“幸福广东”文化惠民系列活动启动暨广东省文化志愿者总队成立仪式在广州市星海音乐厅广场举行。

2.5月，第七届中国（深圳）国际文化产业博览交易会广东团主展位。

3.6月22日，“幸福广东，和谐家园”首届广东社区文化节在东莞市开幕。

4.7月15日，作为首届广东社区文化节主要活动内容之一的“岭南风情——全省农民文艺大汇演”在湛江市开幕。

5.7月，参加2011粤港澳青年文化之旅的三地青年在广州大剧院前留影。

6.8月19日，首届广东社区文化节闭幕式在广州市海珠区大元帅府前广场举行。

7.10月22日，“岭南风韵——饶宗颐书画艺术特展”在省博物馆开幕，中共中央政治局委员、广东省委书记汪洋和国学大师饶宗颐教授共同为展览揭幕。

8.11月11日，第11届广东省艺术节开幕式暖场演出。

9.观众在广东省博物馆西门领票有序入场参观。

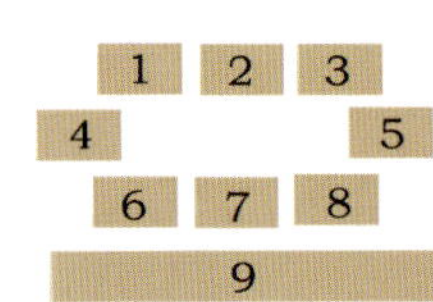

广西壮族自治区文化厅

1. 《桂花雨》在南宁剧场演出时广西壮族自治区领导接见演职人员。
2.为庆祝香港回归祖国13周年，2010年7月来宾市文化艺术代表团在香港演出时剧照。
3.农历大年三十年饭，文化部副部长赵少华向广西艺术代表团演员敬酒。
4.广西壮族自治区艺术团表演的杂技节目《女子转碟》。
5.广西艺术团的苗族女子群舞《银落舞》是中国艺术团近100个节目唯一被作为泰国诗琳通公主观看的艺术表演。图为演出时剧照。

海南省文化广电出版体育厅

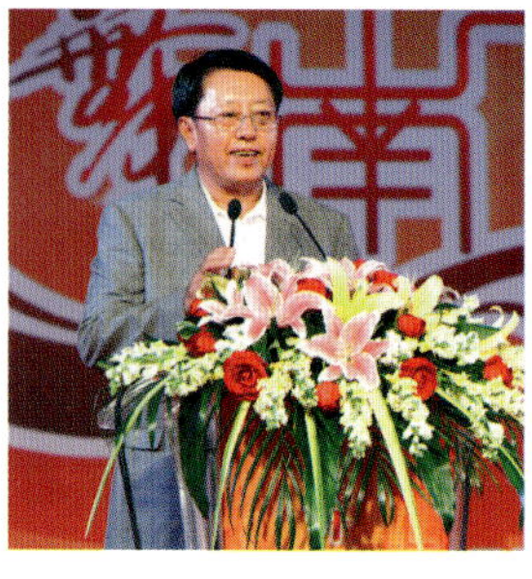

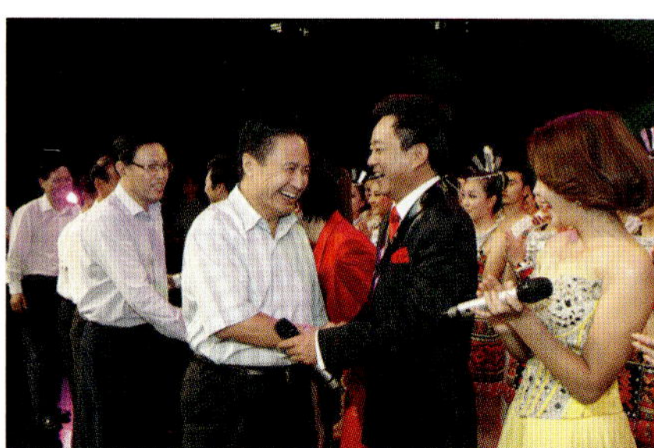

1.海南省文体厅厅长范晓军宣布第十一届海南省东西南北中广场文艺会演开幕
2.中共海南省委书记罗保铭、省长蒋定之登台接见海南国庆文艺演出演职人员
3.天津京剧折子戏来琼演出。
4.第二届海南省乡土文化节演出现场。
5.东方市艺术团下乡慰问演出。
6.海南省文体厅副厅长许振凌与黎锦技艺传承人亲切会谈。
7.舞蹈《万泉河水》演出剧照。
8.海南省歌舞剧院。

1 2
3 4
5 6 7
8

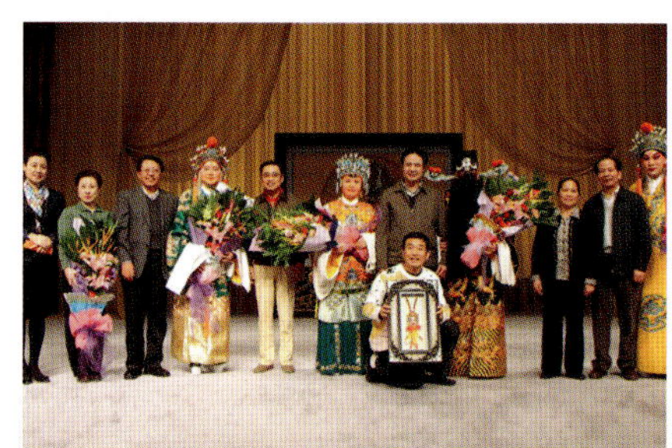

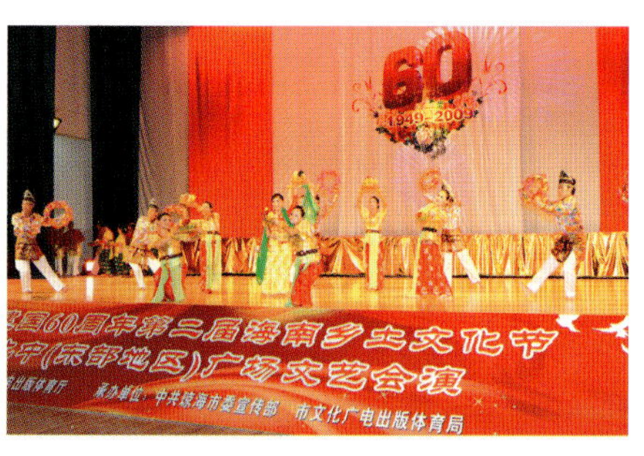

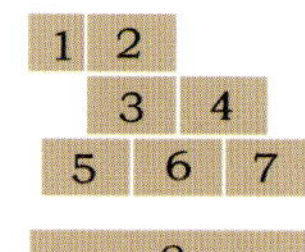

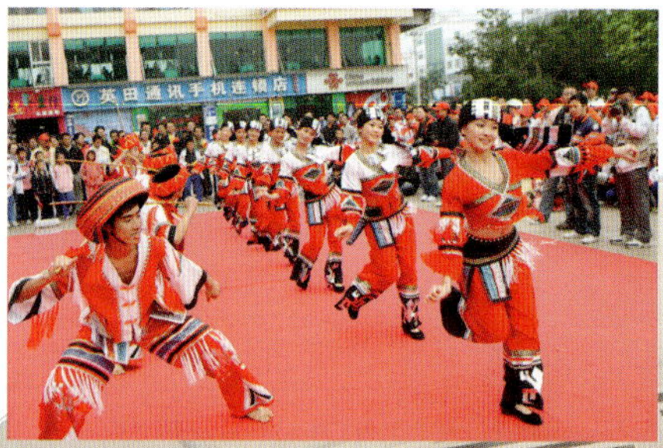

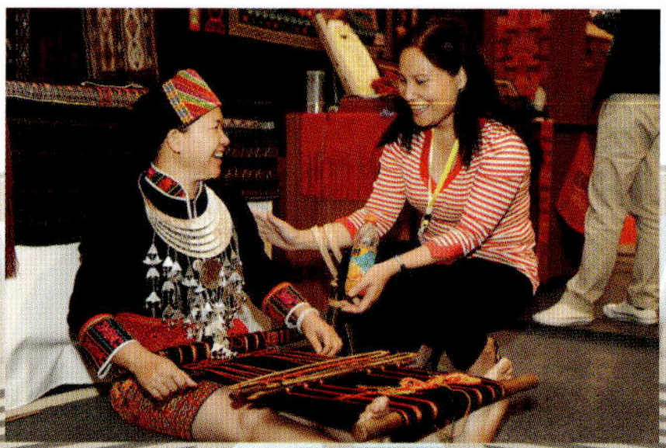

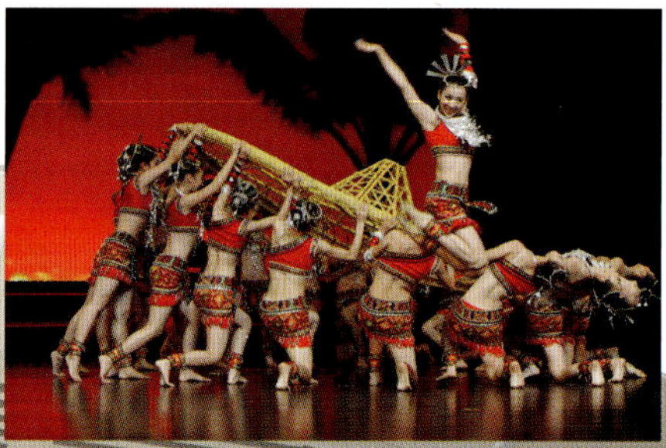

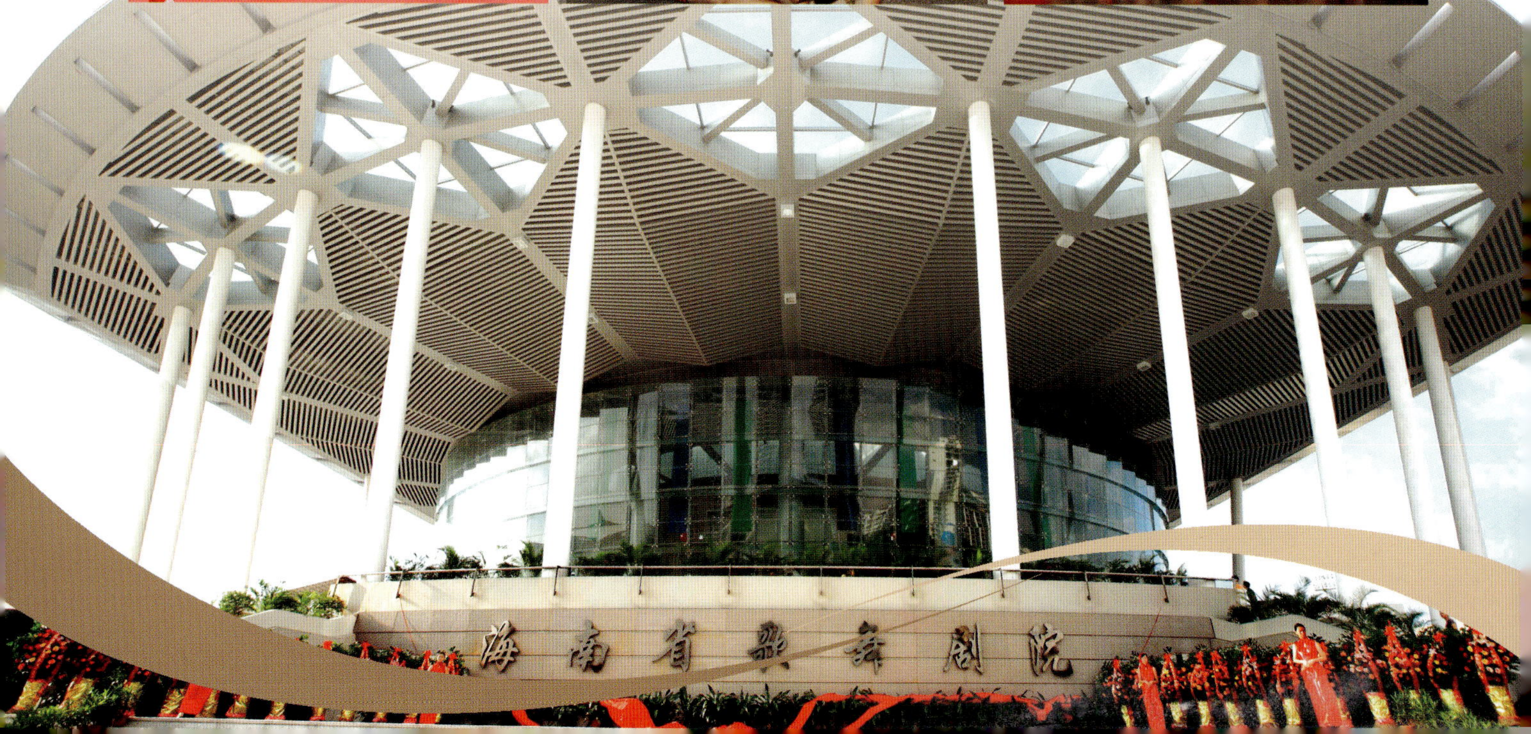

重庆市文化广播电视局

1. 重庆市市长黄奇帆在重庆市歌剧院专题研讨市级院团改革发展工作。
2. 9月12日至11月7日在重庆举办了第十二届亚洲艺术节暨第三届中国重庆文化艺术节。
3. 6月27日国家文物局与重庆市政府签署了《合作加强重庆文化遗产保护工作框架协议》。
4. 4月18日举行了国际古迹遗址日中国区活动大足石刻千手观音造像抢救性保护工程启动仪式。
5. 9月29日至10月3日在重庆举办了2011第三届中国西部动漫文化节。
6. 8月13日重庆市文化广播电视局与成都市文化局签订了《重庆市成都市统筹城乡文化发展区域合作框架协议》。
7. 重庆市文化广播电视局局长汪俊专题调研重庆演艺集团改革发展工作。
8. 8月15日至21日“春雨工程•全国文化志愿者边疆行”活动中西藏藏族同胞开心地观看重庆文化志愿团演出。
9. 话剧《三峡人家》入选2010—2011年度国家舞台艺术精品资助剧目。

四川省文化厅

1.第三届中国成都国际非遗节开幕式表演。
2.第三届中国成都国际非遗节闭幕式。
3.四川省庆祝中国共产党成立90周年文艺晚会。
4.四川省人民政府省长蒋巨峰专题调研文化工作。
5.文化部部长蔡武在中共四川省委书记刘奇葆，省人民政府省长蒋巨峰的陪同下调研四川文化工作。
6.灾后重建的绵竹文化广场。
7.灾后重建的北川文化中心。
8.灾后重建的汶川博物馆。

1 2 3 4
5 6
7
8

贵州省文化厅

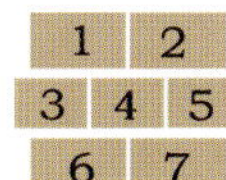

1.贵州省人民政府副省长谢庆生出席"巴黎·中国贵州苗族服饰展览"开幕式。

2.贵州少数民族艺术展在广州展览剪彩仪式。

3.第五届亚州青年动漫大赛开幕式。

4.贵州省庆祝中国共产党成立90周年大型文艺晚会"迎七一·促跨越"。

5.《多彩贵州风》在美国新泽西州州立剧院演出。

6.中国·贵州 "印度尼西亚之夜 "文艺演出。

7.《多彩贵州风》赴美国新泽西州演出现场。

云南省文化厅

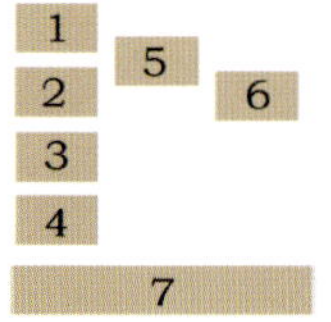

1.蔡武部长调研云南基层文化建设情况。

2.“茶马古道与桥头堡”系列学术活动开幕式。

3.云南省第七届民族民间歌舞乐展演红河州代表队《布谷鸟叫了》。

4.话剧《守望心灵》。

5.杨志今副部长与高峰副省长签署协议。

6.麻栗坡县“知青记忆”博物馆举行开馆仪式 。

7.云南省第11届新剧（节）目展演。

甘肃省文化厅

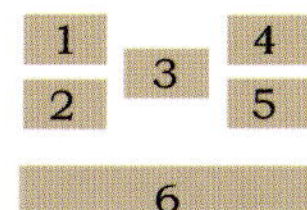

1. 受朝鲜邀请，在文化部派遣下，舞剧《丝路花雨》剧组于2011年7月15日在平壤万寿台成功演出，受到朝鲜最高领导人金正日高度评价。
2. 6月20日晚8时，新排大型话剧《上南梁》在兰州市人民剧院首演。
3. 12月9日，舞剧《丝路花雨》荣登美国肯尼迪艺术中心，演出结束后，观众迟迟不肯离场。
4. 8月3日晚，大型新创京剧《草原曼巴》在兰州成功上演。
5. 6月22日晚，甘肃省庆祝中国共产党成立90周年“红旗飘飘”红歌会在兰大校园隆重举行。
6. 10月25日，敦煌韵·丝路情——甘肃省文化周暨《敦煌艺术展》在上海国际艺术节开幕。

青海省文化和新闻出版厅

1.第三届青海国际诗歌节。
2.青海国际唐卡艺术与文化遗产博览会。
3.青海省文化发展改革大会。
4.藏羚羊剧照。
5.大型灾后重建话剧《情满玉树》。
6.青海贝宁文化交流活动。
7.中国工艺美术大师更登达吉绘制唐卡。
8.赴省外参加书展。
9.广场文化活动。

1	2	3
4	5	6
7		8
	9	

宁夏回族自治区文化厅

1 2

3 4 5

6 7 8

1. 中共中央政治局委员、国务委员刘延东视察基层文化工作。
2. 第三届中国（宁夏）国际文化艺术旅游博览会开幕式暨感恩母亲河活动。
3. 自治区党委书记张毅为宁夏演艺集团有限公司授牌。
4. 第九届中国西部民歌（花儿）歌会在国家级文化产业示范基地中华回乡文化园举办。

5. 第九届全国舞蹈比赛掠影。
6. 全国声乐比赛“黄河大合唱”合唱邀请赛在宁夏举办。
7. 2011宁夏创意产业发展研讨会。
8. 文艺大篷车送戏下乡演出。

新疆维吾尔自治区文化厅

1. 7月20日，第二届中国新疆国际民族舞蹈节在乌鲁木齐盛大开幕。
2. 9月26日，第二次全国文化文物系统对口支援新疆工作会议在乌鲁木齐召开，文化部党组副书记、副部长欧阳坚，新疆维吾尔自治区党委常委胡伟，自区副主席铁力瓦尔迪·阿不都热西提，自治区政协副主席柯丽、新疆生产建设兵团党委常委、秘书长成家竹，国家文物局党组成员、副局长顾玉才等出当天会议和有关活动。
3. 8月8日，“龟兹石窟保护与研究”国际学术研讨会在克孜尔千佛洞隆重召开。新疆维吾尔自治区文化厅党组书记韩子勇，新疆维吾尔自治区文化厅党组员、文物局局长盛春寿，阿克苏地委委员、宣传部部长刘宝升，中国文化遗产研究院副院长柴晓明，敦煌研究副院长王旭东，联合国教科文组织驻华代处代表杜晓帆，国内著名石窟保护专家黄克忠，北京大学中国古代史研究中心主任荣新江，日本东京艺术大学佐藤一郎等70余名中外专家学者出席研讨会。
4. 1月26日，“西域遗珍——新疆历史文献暨古籍保护成果展”在国家图书馆展览中心开幕。全国政协副主席阿不来提·阿不都热西提，新疆维吾尔自治副主席铁力瓦尔迪·阿不都热西提，国家图书馆馆长周和平出席展览开幕式。
5. 10月10日，新疆维吾尔自治区召开文化惠民“政府购买演出”情况通报会。新疆维吾尔自治区文化厅党组副书记、厅长阿不力孜·阿不都热依木、新疆吾尔自治区财政厅副厅长王富强，新疆维吾尔自治区文化厅副厅长徐锐军出席会议并讲话，会议由新疆自治区文化厅副厅长、新疆艺术剧院院长卡米力吐尔逊主持。
6. 5月至8月，由文化部全国文化信息资源建设管理中心与文化共享工程各省级分中心联合开展“颂歌献给党——全国文化信息资源共享工程迎接建党90年群众歌咏活动”。
7. 11月5日，新疆《首届中国画·桑皮纸绘画作品展》在新疆维吾尔自治区图书馆展出，新疆维吾尔自治区政府副秘书长李春阳，新疆维吾尔自治区文化党组书记、副厅长韩子勇，新疆维吾尔自治区文化厅党组副书记、厅长阿不力孜·阿不都热依木出席展览开幕式。
8. 8月12日，2011年度“春雨工程—全国文化志愿者边疆行”启动仪式暨福建省志愿团活动在新疆木卡姆艺术团剧场举行。
9. 9月8日，“中国原创动漫推广计划”动漫新疆行系列活动，在乌鲁木齐市七坊街创意产业集聚区拉开帷幕。活动现场进行了原创漫画图书的捐赠仪式。
10. 8月31日，首届亚欧博览会开幕式晚会“丝路彩虹”在乌鲁木齐精彩上演。

目 录
Contents

重要讲话

重要会议

重大活动

文化工作综述

文化政策法规

文化体制改革

公共文化服务

专业艺术

文化市场

文化产业

文化科教

非物质文化遗产保护

对外文化交流

对港、澳、台地区文化交流

文物事业

文化设施建设

文化人才队伍建设

文化党建

文化反腐倡廉

部属单位概况

地方文化建设

获奖名单

文化大事记

文化机构人员

索引

中国文化年鉴

Almanac Of Chinese Culture

重要讲话

The Important Speech

中共中央关于深化文化体制改革推动社会主义文化大发展大繁荣若干重大问题的决定

（2011年10月18日中共十七届六中全会通过）

中国共产党第十七届中央委员会第六次全体会议全面分析形势和任务，认为总结我国文化改革发展的丰富实践和宝贵经验，研究部署深化文化体制改革、推动社会主义文化大发展大繁荣，进一步兴起社会主义文化建设新高潮，对夺取全面建设小康社会新胜利、开创中国特色社会主义事业新局面、实现中华民族伟大复兴具有重大而深远的意义。全会作出如下决定。

一、充分认识推进文化改革发展的重要性和紧迫性，更加自觉、更加主动地推动社会主义文化大发展大繁荣

文化是民族的血脉，是人民的精神家园。在我国五千多年文明发展历程中，各族人民紧密团结、自强不息，共同创造出源远流长、博大精深的中华文化，为中华民族发展壮大提供了强大精神力量，为人类文明进步作出了不可磨灭的重大贡献。

中国共产党从成立之日起，就既是中华优秀传统文化的忠实传承者和弘扬者，又是中国先进文化的积极倡导者和发展者。我们党历来高度重视运用文化引领前进方向、凝聚奋斗力量，团结带领全国各族人民不断以思想文化新觉醒、理论创造新成果、文化建设新成就推动党和人民事业向前发展，文化工作在革命、建设、改革各个历史时期都发挥了不可替代的重大作用。

改革开放特别是党的十六大以来，我们党始终把文化建设放在党和国家全局工作重要战略地位，坚持物质文明和精神文明两手抓，实行依法治国和以德治国相结合，促进文化事业和文化产业同发展，推动文化建设不断取得新成就，走出了中国特色社会主义文化发展道路。我们坚持解放思想、实事求是、与时俱进，不断推进马克思主义中国化时代化大众化，形成和发展了中国特色社会主义理论体系，为开辟和拓展中国特色社会主义道路、确立和完善中国特色社会主义制度提供了科学理论指导；坚持推进社会主义核心价值体系建设，用马克思主义中国化最新成果武装全党、教育人民，用中国特色社会主义共同理想凝聚力量，用以爱国主义为核心的民族精神和以改革创新为核心的时代精神鼓舞斗志，用社会主义荣辱观引领风尚，巩固了全党全国各族人民团结奋斗的共同思想道德基础；坚持为人民服务、为社会主义服务的方向和百花齐放、百家争鸣的方针，发扬广大人民群众和文化工作者的创造精神，推动优秀文化产品大量涌现，丰富了人民精神文化生活；坚持推进文化体制改革，创新文化发展理念，解放和发展文化生产力，推动文化事业全面繁荣、文化产业健康发展，大幅度提高了人民基本文化权益保障水平，大幅度提高了文化在经济社会发展中的地位和作用；坚持发展多层次、宽领域对外文化交流格局，借鉴吸收人类优秀文明成果，实施文化走出去战略，不断增强中华文化国际影响力，向世界展示了我国改革开放的崭新形象和我国人民昂扬向上的精神风貌。我国文化改革发展，显著提高了全民族思想道德素质和科学文化素质、促进了人的全面发展，显著增强了国家文化软实力，为坚持和发展中国特色社会主义提供了强大精神力量。

当今世界正处在大发展大变革大调整时期，世界多极化、经济全球化深入发展，科学技术日新月异，各种思想文化交流交融交锋更加频繁，文化在综合国力竞争中的地位和作用更加凸显，维护国家文化安全任务更加艰巨，增强国家文化软实力、中华文化国际影响力要求更加紧迫。当代中国进入了全面建设小康社会的关键时期和深化改革开放、加快转变经济发展方式的攻坚时期，文化越来越成为民族凝聚力和创造力的重要源泉、越来越成为综合国力竞争的重要因素、越来越成为经济社会发展的重要支撑，丰富精神文化生活越来越成为我国人民的热切愿望。我国仍处于并将长期处于社会主义初级阶段，人民日益增长的物质文化需要同落后的社会生产之间的矛盾仍然是社会主要矛盾。全面建成惠及十几亿人口的更高水平的小康社会，既要让人民过上殷实富足的物质生活，又要让人民享有健康丰富的文化生活。我们必须抓住和用好我国发展的重要战略机遇期，在坚持以经济建设为中心的同时，自觉把文化繁荣发展作为坚持发展是硬道理、发展

是党执政兴国第一要务的重要内容，作为深入贯彻落实科学发展观的一个基本要求，进一步推动文化建设与经济建设、政治建设、社会建设以及生态文明建设协调发展，更好满足人民精神需求、丰富人民精神世界、增强人民精神力量，为继续解放思想、坚持改革开放、推动科学发展、促进社会和谐提供坚强思想保证、强大精神动力、有力舆论支持、良好文化条件。

我国文化领域正在发生广泛而深刻的变革，推动文化大发展大繁荣既具备许多有利条件，也面临一系列新情况新问题。我国文化发展同经济社会发展和人民日益增长的精神文化需求还不完全适应，突出矛盾和问题主要是：一些地方和单位对文化建设重要性、必要性、紧迫性认识不够，文化在推动全民族文明素质提高中的作用亟待加强；一些领域道德失范、诚信缺失，一些社会成员人生观、价值观扭曲，用社会主义核心价值体系引领社会思潮更为紧迫，巩固全党全国各族人民团结奋斗的共同思想道德基础任务繁重；舆论引导能力需要提高，网络建设和管理亟待加强和改进；有影响的精品力作还不够多，文化产品创作生产引导力度需要加大；公共文化服务体系不健全，城乡、区域文化发展不平衡；文化产业规模不大、结构不合理，束缚文化生产力发展的体制机制问题尚未根本解决；文化走出去较为薄弱，中华文化国际影响力需要进一步增强；文化人才队伍建设急需加强。推进文化改革发展，必须抓紧解决这些矛盾和问题。

全党必须深刻认识到，社会主义先进文化是马克思主义政党思想精神上的旗帜，文化建设是中国特色社会主义事业总体布局的重要组成部分。没有文化的积极引领，没有人民精神世界的极大丰富，没有全民族精神力量的充分发挥，一个国家、一个民族不可能屹立于世界民族之林。物质贫乏不是社会主义，精神空虚也不是社会主义。没有社会主义文化繁荣发展，就没有社会主义现代化。在新的历史起点上深化文化体制改革、推动社会主义文化大发展大繁荣，关系实现全面建设小康社会奋斗目标，关系坚持和发展中国特色社会主义，关系实现中华民族伟大复兴。我们要准确把握我国经济社会发展新要求，准确把握当今时代文化发展新趋势，准确把握各族人民精神文化生活新期待，增强责任感和紧迫感，解放思想，转变观念，抓住机遇，乘势而上，在全面建设小康社会进程中、在科学发展道路上奋力开创社会主义文化建设新局面。

二、坚持中国特色社会主义文化发展道路，努力建设社会主义文化强国

坚持中国特色社会主义文化发展道路，深化文化体制改革，推动社会主义文化大发展大繁荣，必须全面贯彻党的十七大精神，高举中国特色社会主义伟大旗帜，以马克思列宁主义、毛泽东思想、邓小平理论和“三个代表”重要思想为指导，深入贯彻落实科学发展观，坚持社会主义先进文化前进方向，以科学发展为主题，以建设社会主义核心价值体系为根本任务，以满足人民精神文化需求为出发点和落脚点，以改革创新为动力，发展面向现代化、面向世界、面向未来的，民族的科学的大众的社会主义文化，培养高度的文化自觉和文化自信，提高全民族文明素质，增强国家文化软实力，弘扬中华文化，努力建设社会主义文化强国。

建设社会主义文化强国，就是要着力推动社会主义先进文化更加深入人心，推动社会主义精神文明和物质文明全面发展，不断开创全民族文化创造活力持续迸发、社会文化生活更加丰富多彩、人民基本文化权益得到更好保障、人民思想道德素质和科学文化素质全面提高的新局面，建设中华民族共有精神家园，为人类文明进步作出更大贡献。

按照实现全面建设小康社会奋斗目标新要求，到2012年，文化改革发展奋斗目标是：社会主义核心价值体系建设深入推进，良好思想道德风尚进一步弘扬，公民素质明显提高；适应人民需要的文化产品更加丰富，精品力作不断涌现；文化事业全面繁荣，覆盖全社会的公共文化服务体系基本建立，努力实现基本公共文化服务均等化；文化产业成为国民经济支柱性产业，整体实力和国际竞争力显著增强，公有制为主体、多种所有制共同发展的文化产业格局全面形成；文化管理体制和文化产品生产经营机制充满活力、富有效率，以民族文化为主体、吸收外来有益文化、推动中华文化走向世界的文化开放格局进一步完善；高素质文化人才队伍发展壮大，文化繁荣发展的人才保障更加有力。全党全国要为实现这些目标共同努力，不断提高文化建设科学化水平，为把我国建设成为社会主义文化强国打下坚实基础。

实现上述奋斗目标，必须遵循以下重要方针。

——坚持以马克思主义为指导，推进马克思主义中国化时代化大众化，用中国特色社会主义理论

体系武装头脑、指导实践、推动工作，确保文化改革发展沿着正确道路前进。

——坚持社会主义先进文化前进方向，坚持为人民服务、为社会主义服务，坚持百花齐放、百家争鸣，坚持继承和创新相统一，弘扬主旋律、提倡多样化，以科学的理论武装人，以正确的舆论引导人，以高尚的精神塑造人，以优秀的作品鼓舞人，在全社会形成积极向上的精神追求和健康文明的生活方式。

——坚持以人为本，贴近实际、贴近生活、贴近群众，发挥人民在文化建设中的主体作用，坚持文化发展为了人民、文化发展依靠人民、文化发展成果由人民共享，促进人的全面发展，培育有理想、有道德、有文化、有纪律的社会主义公民。

——坚持把社会效益放在首位，坚持社会效益和经济效益有机统一，遵循文化发展规律，适应社会主义市场经济发展要求，加强文化法制建设，一手抓繁荣、一手抓管理，推动文化事业和文化产业全面协调可持续发展。

——坚持改革开放，着力推进文化体制机制创新，以改革促发展、促繁荣，不断解放和发展文化生产力，提高文化开放水平，推动中华文化走向世界，积极吸收各国优秀文明成果，切实维护国家文化安全。

三、推进社会主义核心价值体系建设，巩固全党全国各族人民团结奋斗的共同思想道德基础

社会主义核心价值体系是兴国之魂，是社会主义先进文化的精髓，决定着中国特色社会主义发展方向。必须强化教育引导，增进社会共识，创新方式方法，健全制度保障，把社会主义核心价值体系融入国民教育、精神文明建设和党的建设全过程，贯穿改革开放和社会主义现代化建设各领域，体现到精神文化产品创作生产传播各方面，坚持用社会主义核心价值体系引领社会思潮，在全党全社会形成统一指导思想、共同理想信念、强大精神力量、基本道德规范。

（一）坚持马克思主义指导地位

马克思主义深刻揭示了人类社会发展规律，坚定维护和发展最广大人民根本利益，是指引人民推动社会进步、创造美好生活的科学理论。要毫不动摇地坚持马克思主义基本原理，紧密结合中国实际、时代特征、人民愿望，用发展着的马克思主义指导新的实践。坚持不懈用中国特色社会主义理论体系武装全党、教育人民，推动学习实践科学发展观向深度和广度拓展，引导党员、干部深入学习贯彻党的基本理论、基本路线、基本纲领、基本经验，学习马克思主义经典著作，系统掌握马克思主义立场、观点、方法。科学分析世情、国情、党情新变化，深入研究解决改革开放和社会主义现代化建设新课题，不断深化对共产党执政规律、社会主义建设规律、人类社会发展规律的认识，不断把党带领人民创造的成功经验上升为理论，不断赋予当代中国马克思主义鲜明的实践特色、民族特色、时代特色。坚持以领导班子和领导干部为重点，以提高思想政治素养为根本，以建设学习型党组织为抓手，大力推进马克思主义学习型政党建设。深入推进马克思主义理论研究和建设工程，实施中国特色社会主义理论体系普及计划，加强重点学科体系和教材体系建设，推动中国特色社会主义理论体系进教材、进课堂、进头脑，加强和改进学校思想政治教育。

（二）坚定中国特色社会主义共同理想

中国特色社会主义是当代中国发展进步的根本方向，集中体现了最广大人民根本利益和共同愿望。要深入开展理想信念教育，引导干部群众深刻认识中国共产党领导和中国特色社会主义制度的历史必然性和优越性，深刻认识中国特色社会主义道路既是实现社会主义现代化和中华民族伟大复兴的必由之路，也是创造人民美好生活的必由之路，自觉把个人理想融入中国特色社会主义共同理想之中，最大限度把广大人民团结和凝聚在中国特色社会主义伟大旗帜之下。紧密结合中国特色社会主义成功实践，联系干部群众思想实际，针对社会热点难点问题，从理论和实践结合上作出有说服力的回答，引导干部群众在重大思想理论问题上划清是非界限、澄清模糊认识，有力抵制各种错误和腐朽思想影响。深入开展形势政策教育、国情教育、革命传统教育、改革开放教育、国防教育，组织学习中国近现代史特别是党领导人民进行革命、建设、改革的历史，坚定广大干部群众对中国特色社会主义的信心和信念。

（三）弘扬以爱国主义为核心的民族精神和以改革创新为核心的时代精神

爱国主义是中华民族最深厚的思想传统，最能感召中华儿女团结奋斗；改革创新是当代中国最鲜明的时代特征，最能激励中华儿女锐意进取。要广泛开展民族精神教育，大力弘扬爱国主义、集体主义、社会主义思想，增强民族自尊心、自信心、自

豪感，激励人民把爱国热情化作振兴中华的实际行动，以热爱祖国和贡献自己全部力量建设祖国为最大光荣、以损害祖国利益和尊严为最大耻辱。广泛开展时代精神教育，引导干部群众始终保持与时俱进、开拓创新的精神状态，永不自满、永不僵化、永不停滞，以思想不断解放推动事业持续发展。大力弘扬一切有利于国家富强、民族振兴、人民幸福、社会和谐的思想和精神，大力发扬艰苦奋斗、劳动光荣、勤俭节约的优良传统。加强民族团结进步教育，增进对伟大祖国和中华民族的认同，促进各民族共同团结奋斗、共同繁荣发展。加强爱国主义教育基地建设，用好红色旅游资源，使之成为弘扬培育民族精神和时代精神的重要课堂。

（四）树立和践行社会主义荣辱观

社会主义荣辱观体现了社会主义道德的根本要求。要深入开展社会主义荣辱观宣传教育，弘扬中华传统美德，推进公民道德建设工程，加强社会公德、职业道德、家庭美德、个人品德教育，评选表彰道德模范，学习宣传先进典型，引导人民增强道德判断力和道德荣誉感，自觉履行法定义务、社会责任、家庭责任，在全社会形成知荣辱、讲正气、作奉献、促和谐的良好风尚。深化群众性精神文明创建活动，广泛开展志愿服务，拓展各类道德实践活动，倡导爱国、敬业、诚信、友善等道德规范，形成男女平等、尊老爱幼、扶贫济困、扶弱助残、礼让宽容的人际关系。全面加强学校德育体系建设，构建学校、家庭、社会紧密协作的教育网络，动员社会各方面共同做好青少年思想道德教育工作。深入开展学雷锋活动，采取措施推动学习活动常态化。深化政风、行风建设，开展道德领域突出问题专项教育和治理，坚决反对拜金主义、享乐主义、极端个人主义，坚决纠正以权谋私、造假欺诈、见利忘义、损人利己的歪风邪气。把诚信建设摆在突出位置，大力推进政务诚信、商务诚信、社会诚信和司法公信建设，抓紧建立健全覆盖全社会的征信系统，加大对失信行为惩戒力度，在全社会广泛形成守信光荣、失信可耻的氛围。加强法制宣传教育，弘扬社会主义法治精神，树立社会主义法治理念，提高全民法律素质，推动人人学法遵法守法用法，维护法律权威和社会公平正义。加强人文关怀和心理疏导，培育自尊自信、理性平和、积极向上的社会心态。弘扬科学精神，普及科学知识，倡导移风易俗、抵制封建迷信。深入开展反腐倡廉教育，推进廉政文化建设。

四、全面贯彻“二为”方向和“双百”方针，为人民提供更好更多的精神食粮

创作生产更多无愧于历史、无愧于时代、无愧于人民的优秀作品，是文化繁荣发展的重要标志。必须全面贯彻为人民服务、为社会主义服务的方向和百花齐放、百家争鸣的方针，立足发展先进文化、建设和谐文化，激发文化创作生产活力，提高文化产品质量，发挥文化引领风尚、教育人民、服务社会、推动发展的作用。

（一）坚持正确创作方向

正确创作方向是文化创作生产的根本性问题，一切进步的文化创作生产都源于人民、为了人民、属于人民。必须牢固树立人民是历史创造者的观点，坚持以人民为中心的创作导向，热情讴歌改革开放和社会主义现代化建设伟大实践，生动展示我国人民奋发有为的精神风貌和创造历史的辉煌业绩。要引导文化工作者牢记为人民服务、为社会主义服务的神圣职责，坚持正确文化立场，认真对待和积极追求文化产品社会效果，弘扬真善美，贬斥假恶丑，把学术探索和艺术创作融入实现中华民族伟大复兴的事业之中。坚持发扬学术民主、艺术民主，营造积极健康、宽松和谐的氛围，提倡不同观点和学派充分讨论，提倡体裁、题材、形式、手段充分发展，推动观念、内容、风格、流派积极创新。把创新精神贯穿文化创作生产全过程，弘扬民族优秀文化传统和五四运动以来形成的革命文化传统，学习借鉴国外文化创新有益成果，兼收并蓄、博采众长，增强文化产品时代感和吸引力。

（二）繁荣发展哲学社会科学

坚持和发展中国特色社会主义，必须大力发展哲学社会科学，使之更好发挥认识世界、传承文明、创新理论、咨政育人、服务社会的重要功能。要巩固发展马克思主义理论学科，坚持基础研究和应用研究并重，传统学科和新兴学科、交叉学科并重，结合我国实际和时代特点，建设具有中国特色、中国风格、中国气派的哲学社会科学。坚持以重大现实问题为主攻方向，加强对全局性、战略性、前瞻性问题研究，加快哲学社会科学成果转化，更好地服务经济社会发展。实施哲学社会科学创新工程，发挥国家哲学社会科学基金示范引导作用，推进学科体系、学术观点、科研方法创新，重点扶持立足中国特色社会主义实践的研究项目，着力推出代表国家水准、具有世界影响、经得起实践和历史检验

的优秀成果。整合哲学社会科学研究力量，建设一批社会科学研究基地和国家重点实验室，建设一批具有专业优势的思想库，加强哲学社会科学信息化建设。

（三）加强和改进新闻舆论工作

舆论导向正确是党和人民之福，舆论导向错误是党和人民之祸。要坚持马克思主义新闻观，牢牢把握正确导向，坚持团结稳定鼓劲、正面宣传为主，壮大主流舆论，提高舆论引导的及时性、权威性和公信力、影响力，发挥宣传党的主张、弘扬社会正气、通达社情民意、引导社会热点、疏导公众情绪、搞好舆论监督的重要作用，保障人民知情权、参与权、表达权、监督权。以党报党刊、通讯社、电台电视台为主，整合都市类媒体、网络媒体等宣传资源，构建统筹协调、责任明确、功能互补、覆盖广泛、富有效率的舆论引导格局。加强和改进正面宣传，加强社会主义核心价值体系宣传，加强舆情分析研判，加强社会热点难点问题引导，从群众关注点入手，科学解疑释惑，有效凝聚共识。做好重大突发事件新闻报道，完善新闻发布制度，健全应急报道和舆论引导机制，提高时效性，增加透明度。加强和改进舆论监督，推动解决党和政府高度重视、群众反映强烈的实际问题，维护人民利益，密切党群关系，促进社会和谐。新闻媒体和新闻工作者要秉持社会责任和职业道德，真实准确传播新闻信息，自觉抵制错误观点，坚决杜绝虚假新闻。

（四）推出更多优秀文艺作品

文学、戏剧、电影、电视、音乐、舞蹈、美术、摄影、书法、曲艺、杂技以及民间文艺、群众文艺等各领域文艺工作者都要积极投身到讴歌时代和人民的文艺创造活动之中，在社会生活中汲取素材、提炼主题，以充沛的激情、生动的笔触、优美的旋律、感人的形象，创作生产出思想性艺术性观赏性相统一、人民喜闻乐见的优秀文艺作品。实施精品战略，组织好“五个一工程”、重大革命和历史题材创作工程、重点文学艺术作品扶持工程、优秀少儿作品创作工程，鼓励原创和现实题材创作，不断推出文艺精品。扶持代表国家水准、具有民族特色和地方特色的优秀艺术品种，积极发展新的艺术样式。鼓励一切有利于陶冶情操、愉悦身心、寓教于乐的文艺创作，抵制低俗之风。

（五）发展健康向上的网络文化

加强网上思想文化阵地建设，是社会主义文化建设的迫切任务。要认真贯彻积极利用、科学发展、依法管理、确保安全的方针，加强和改进网络文化建设和管理，加强网上舆论引导，唱响网上思想文化主旋律。实施网络内容建设工程，推动优秀传统文化瑰宝和当代文化精品网络传播，制作适合互联网和手机等新兴媒体传播的精品佳作，鼓励网民创作格调健康的网络文化作品。支持重点新闻网站加快发展，打造一批在国内外有较强影响力的综合性网站和特色网站，发挥主要商业网站建设性作用，培育一批网络内容生产和服务骨干企业。发展网络新技术新业态，占领网络信息传播制高点。广泛开展文明网站创建，推动文明办网、文明上网，督促网络运营服务企业履行法律义务和社会责任，不为有害信息提供传播渠道。加强网络法制建设，加快形成法律规范、行政监管、行业自律、技术保障、公众监督、社会教育相结合的互联网管理体系。加强对社交网络和即时通信工具等的引导和管理，规范网上信息传播秩序，培育文明理性的网络环境。依法惩处传播有害信息行为，深入推进整治网络淫秽色情和低俗信息专项行动，严厉打击网络违法犯罪。加大网上个人信息保护力度，建立网络安全评估机制，维护公共利益和国家信息安全。

（六）完善文化产品评价体系和激励机制

坚持把遵循社会主义先进文化前进方向、人民群众满意作为评价作品最高标准，把群众评价、专家评价和市场检验统一起来，形成科学的评价标准。要建立公开、公平、公正评奖机制，精简评奖种类，改进评奖办法，提高权威性和公信度。加强文艺理论建设，培养高素质文艺评论队伍，开展积极健康的文艺批评，褒优贬劣，激浊扬清。加大优秀文化产品推广力度，运用主流媒体、公共文化场所等资源，在资金、频道、版面、场地等方面为展演展映展播展览弘扬主流价值的精品力作提供条件。设立专项艺术基金，支持收藏和推介优秀文化作品。加大知识产权保护力度，依法惩处侵权行为，维护著作权人合法权益。

五、大力发展公益性文化事业，保障人民基本文化权益

满足人民基本文化需求是社会主义文化建设的基本任务。必须坚持政府主导，按照公益性、基本性、均等性、便利性的要求，加强文化基础设施建设，完善公共文化服务网络，让群众广泛享有免费或优惠的基本公共文化服务。

（一）构建公共文化服务体系

加强公共文化服务是实现人民基本文化权益的主要途径。要以公共财政为支撑，以公益性文化单位为骨干，以全体人民为服务对象，以保障人民群众看电视、听广播、读书看报、进行公共文化鉴赏、参与公共文化活动等基本文化权益为主要内容，完善覆盖城乡、结构合理、功能健全、实用高效的公共文化服务体系。把主要公共文化产品和服务项目、公益性文化活动纳入公共财政经常性支出预算。采取政府采购、项目补贴、定向资助、贷款贴息、税收减免等政策措施鼓励各类文化企业参与公共文化服务。鼓励国家投资、资助或拥有版权的文化产品无偿用于公共文化服务。加强文化馆、博物馆、图书馆、美术馆、科技馆、纪念馆、工人文化宫、青少年宫等公共文化服务设施和爱国主义教育示范基地建设并完善向社会免费开放服务，鼓励其他国有文化单位、教育机构等开展公益性文化活动，各类公共场所要为群众性文化活动提供便利。统筹规划和建设基层公共文化服务设施，坚持项目建设和运行管理并重，实现资源整合、共建共享。加强社区公共文化设施建设，把社区文化中心建设纳入城乡规划和设计，拓展投资渠道。完善面向妇女、未成年人、老年人、残疾人的公共文化服务设施。引导和鼓励社会力量通过兴办实体、资助项目、赞助活动、提供设施等形式参与公共文化服务。推进国家公共文化服务体系示范区创建。制定公共文化服务指标体系和绩效考核办法。

（二）发展现代传播体系

提高社会主义先进文化辐射力和影响力，必须加快构建技术先进、传输快捷、覆盖广泛的现代传播体系。要加强党报党刊、通讯社、电台电视台和重要出版社建设，进一步完善采编、发行、播发系统，加快数字化转型，扩大有效覆盖面。加强国际传播能力建设，打造国际一流媒体，提高新闻信息原创率、首发率、落地率。建立统一联动、安全可靠的国家应急广播体系。完善国家数字图书馆建设。整合有线电视网络，组建国家级广播电视网络公司。推进电信网、广电网、互联网三网融合，建设国家新媒体集成播控平台，创新业务形态，发挥各类信息网络设施的文化传播作用，实现互联互通、有序运行。

（三）建设优秀传统文化传承体系

优秀传统文化凝聚着中华民族自强不息的精神追求和历久弥新的精神财富，是发展社会主义先进文化的深厚基础，是建设中华民族共有精神家园的重要支撑。要全面认识祖国传统文化，取其精华、去其糟粕，古为今用、推陈出新，坚持保护利用、普及弘扬并重，加强对优秀传统文化思想价值的挖掘和阐发，维护民族文化基本元素，使优秀传统文化成为新时代鼓舞人民前进的精神力量。加强文化典籍整理和出版工作，推进文化典籍资源数字化。加强国家重大文化和自然遗产地、重点文物保护单位、历史文化名城名镇名村保护建设，抓好非物质文化遗产保护传承。深入挖掘民族传统节日文化内涵，广泛开展优秀传统文化教育普及活动。发挥国民教育在文化传承创新中的基础性作用，增加优秀传统文化课程内容，加强优秀传统文化教学研究基地建设。大力推广和规范使用国家通用语言文字，科学保护各民族语言文字。繁荣发展少数民族文化事业，开展少数民族特色文化保护工作，加强少数民族语言文字党报党刊、广播影视节目、出版物等译制播出出版。加强同香港、澳门的文化交流合作，加强同台湾的各种形式文化交流，共同弘扬中华优秀传统文化。

（四）加快城乡文化一体化发展

增加农村文化服务总量，缩小城乡文化发展差距，对推进社会主义新农村建设、形成城乡经济社会发展一体化新格局具有重大意义。要以农村和中西部地区为重点，加强县级文化馆和图书馆、乡镇综合文化站、村文化室建设，深入实施广播电视村村通、文化信息资源共享、农村电影放映、农家书屋等文化惠民工程，扩大覆盖、消除盲点、提高标准、完善服务、改进管理。加大对革命老区、民族地区、边疆地区、贫困地区文化服务网络建设支持和帮扶力度。深入开展全民阅读、全民健身活动，推动文化科技卫生“三下乡”、科教文体法律卫生“四进社区”、“送欢乐下基层”等活动经常化。引导企业、社区积极开展面向农民工的公益性文化活动，尽快把农民工纳入城市公共文化服务体系。建立以城带乡联动机制，合理配置城乡文化资源，鼓励城市对农村进行文化帮扶，把支持农村文化建设作为创建文明城市基本指标。鼓励文化单位面向农村提供流动服务、网点服务，推动媒体办好农村版和农村频率频道，做好主要党报党刊在农村基层发行和赠阅工作。扶持文化企业以连锁方式加强基层和农村文化网点建设，推动电影院线、演出院线向市县延伸，支持演艺团体深入基层和农村演出。中央、省、市三级设立农村文化建设专项资金，保证一定数量的中央转移支付资金用于乡镇和村文化建设。

六、加快发展文化产业，推动文化产业成为国民经济支柱性产业

发展文化产业是社会主义市场经济条件下满足人民多样化精神文化需求的重要途径。必须坚持社会主义先进文化前进方向，坚持把社会效益放在首位、社会效益和经济效益相统一，按照全面协调可持续的要求，推动文化产业跨越式发展，使之成为新的经济增长点、经济结构战略性调整的重要支点、转变经济发展方式的重要着力点，为推动科学发展提供重要支撑。

（一）构建现代文化产业体系

加快发展文化产业，必须构建结构合理、门类齐全、科技含量高、富有创意、竞争力强的现代文化产业体系。要在重点领域实施一批重大项目，推进文化产业结构调整，发展壮大出版发行、影视制作、印刷、广告、演艺、娱乐、会展等传统文化产业，加快发展文化创意、数字出版、移动多媒体、动漫游戏等新兴文化产业。鼓励有实力的文化企业跨地区、跨行业、跨所有制兼并重组，培育文化产业领域战略投资者。优化文化产业布局，发挥东中西部地区各自优势，加强文化产业基地规划和建设，发展文化产业集群，提高文化产业规模化、集约化、专业化水平。加大对拥有自主知识产权、弘扬民族优秀文化的产业支持力度，打造知名品牌。发掘城市文化资源，发展特色文化产业，建设特色文化城市。发挥首都全国文化中心示范作用。规划建设各具特色的文化创业创意园区，支持中小文化企业发展。推动文化产业与旅游、体育、信息、物流、建筑等产业融合发展，增加相关产业文化含量，延伸文化产业链，提高附加值。

（二）形成公有制为主体、多种所有制共同发展的文化产业格局

加快发展文化产业，必须毫不动摇地支持和壮大国有或国有控股文化企业，毫不动摇地鼓励和引导各种非公有制文化企业健康发展。要培育一批核心竞争力强的国有或国有控股大型文化企业或企业集团，在发展产业和繁荣市场方面发挥主导作用。在国家许可范围内，引导社会资本以多种形式投资文化产业，参与国有经营性文化单位转企改制，参与重大文化产业项目实施和文化产业园区建设，在投资核准、信用贷款、土地使用、税收优惠、上市融资、发行债券、对外贸易和申请专项资金等方面给予支持，营造公平参与市场竞争、同等受到法律保护的体制和法制环境。加强和改进对非公有制文化企业的服务和管理，引导它们自觉履行社会责任。

（三）推进文化科技创新

科技创新是文化发展的重要引擎。要发挥文化和科技相互促进的作用，深入实施科技带动战略，增强自主创新能力。抓住一批全局性、战略性重大科技课题，加强核心技术、关键技术、共性技术攻关，以先进技术支撑文化装备、软件、系统研制和自主发展，重视相关技术标准制定，加快科技创新成果转化，提高我国出版、印刷、传媒、影视、演艺、网络、动漫等领域技术装备水平，增强文化产业核心竞争力。依托国家高新技术园区、国家可持续发展实验区等建立国家级文化和科技融合示范基地，把重大文化科技项目纳入国家相关科技发展规划和计划。健全以企业为主体、市场为导向、产学研相结合的文化技术创新体系，培育一批特色鲜明、创新能力强的文化科技企业，支持产学研战略联盟和公共服务平台建设。

（四）扩大文化消费

增加文化消费总量，提高文化消费水平，是文化产业发展的内生动力。要创新商业模式，拓展大众文化消费市场，开发特色文化消费，扩大文化服务消费，提供个性化、分众化的文化产品和服务，培育新的文化消费增长点。提高基层文化消费水平，引导文化企业投资兴建更多适合群众需求的文化消费场所，鼓励出版适应群众购买能力的图书报刊，鼓励在商业演出和电影放映中安排一定数量的低价场次或门票，鼓励网络文化运营商开发更多低收费业务，有条件的地方要为困难群众和农民工文化消费提供适当补贴。积极发展文化旅游，促进非物质文化遗产保护传承与旅游相结合，发挥旅游对文化消费的促进作用。

七、进一步深化改革开放，加快构建有利于文化繁荣发展的体制机制

文化引领时代风气之先，是最需要创新的领域。必须牢牢把握正确方向，加快推进文化体制改革，建立健全党委领导、政府管理、行业自律、社会监督、企事业单位依法运营的文化管理体制和富有活力的文化产品生产经营机制，发挥市场在文化资源配置中的积极作用，创新文化走出去模式，为文化

繁荣发展提供强大动力。

（一）深化国有文化单位改革

以建立现代企业制度为重点，加快推进经营性文化单位改革，培育合格市场主体。科学界定文化单位性质和功能，区别对待、分类指导，循序渐进、逐步推开，推进一般国有文艺院团、非时政类报刊社、新闻网站转企改制，拓展出版、发行、影视企业改革成果，加快公司制股份制改造，完善法人治理结构，形成符合现代企业制度要求、体现文化企业特点的资产组织形式和经营管理模式。创新投融资体制，支持国有文化企业面向资本市场融资，支持其吸引社会资本进行股份制改造。着眼于突出公益属性、强化服务功能、增强发展活力，全面推进文化事业单位人事、收入分配、社会保障制度改革，明确服务规范，加强绩效评估考核。创新公共文化服务设施运行机制，吸纳有代表性的社会人士、专业人士、基层群众参与管理。推动党报党刊、电台电视台进一步完善管理和运行机制。推动一般时政类报刊社、公益性出版社、代表民族特色和国家水准的文艺院团等事业单位实行企业化管理，增强面向市场、面向群众的服务能力。

（二）健全现代文化市场体系

促进文化产品和要素在全国范围内合理流动，必须构建统一开放竞争有序的现代文化市场体系。要重点发展图书报刊、电子音像制品、演出娱乐、影视剧、动漫游戏等产品市场，进一步完善中国国际文化产业博览交易会等综合交易平台。发展连锁经营、物流配送、电子商务等现代流通组织和流通形式，加快建设大型文化流通企业和文化产品物流基地，构建以大城市为中心、中小城市相配套、贯通城乡的文化产品流通网络。加快培育产权、版权、技术、信息等要素市场，办好重点文化产权交易所，规范文化资产和艺术品交易。加强行业组织建设，健全中介机构。

（三）创新文化管理体制

深化文化行政管理体制改革，加快政府职能转变，强化政策调节、市场监管、社会管理、公共服务职能，推动政企分开、政事分开，理顺政府和文化企事业单位的关系。完善管人管事管资产管导向相结合的国有文化资产管理体制。健全文化市场综合行政执法机构，推动副省级以下城市完善综合文化行政责任主体。加快文化立法，制定和完善公共文化服务保障、文化产业振兴、文化市场管理等方面法律法规，提高文化建设法制化水平。坚持主管主办制度，落实谁主管谁负责和属地管理原则，严格执行文化资本、文化企业、文化产品市场准入和退出政策，综合运用法律、行政、经济、科技等手段提高管理效能。深入开展“扫黄打非”，完善文化市场管理，坚决扫除毒害人们心灵的腐朽文化垃圾，切实营造确保国家文化安全的市场秩序。

（四）完善政策保障机制

保证公共财政对文化建设投入的增长幅度高于财政经常性收入增长幅度，提高文化支出占财政支出比例。扩大公共财政覆盖范围，完善投入方式，加强资金管理，提高资金使用效益，保障公共文化服务体系建设和运行。落实和完善文化经济政策，支持社会组织、机构、个人捐赠和兴办公益性文化事业，引导文化非营利机构提供公共文化产品和服务。加大财政、税收、金融、用地等方面对文化产业的政策扶持力度，鼓励文化企业和社会资本对接，对文化内容创意生产、非物质文化遗产项目经营实行税收优惠。设立国家文化发展基金，扩大有关文化基金和专项资金规模，提高各级彩票公益金用于文化事业比重。继续执行文化体制改革配套政策，对转企改制国有文化单位扶持政策执行期限再延长5年。

（五）推动中华文化走向世界

开展多渠道多形式多层次对外文化交流，广泛参与世界文明对话，促进文化相互借鉴，增强中华文化在世界上的感召力和影响力，共同维护文化多样性。创新对外宣传方式方法，增强国际话语权，妥善回应外部关切，增进国际社会对我国基本国情、价值观念、发展道路、内外政策的了解和认识，展现我国文明、民主、开放、进步的形象。实施文化走出去工程，完善支持文化产品和服务走出去政策措施，支持重点主流媒体在海外设立分支机构，培育一批具有国际竞争力的外向型文化企业和中介机构，完善译制、推介、咨询等方面扶持机制，开拓国际文化市场。加强海外中国文化中心和孔子学院建设，鼓励代表国家水平的各类学术团体、艺术机构在相应国际组织中发挥建设性作用，组织对外翻译优秀学术成果和文化精品。构建人文交流机制，把政府交流和民间交流结合起来，发挥非公有制文化企业、文化非营利机构在对外文化交流中的作用，支持海外侨胞积极开展中外人文交流。建立面向外国青年的文化交流机制，设立中华文化国际传播贡献奖和国际性文化奖项。

（六）积极吸收借鉴国外优秀文化成果

坚持以我为主、为我所用，学习借鉴一切有利于加强我国社会主义文化建设的有益经验、一切有利于丰富我国人民文化生活的积极成果、一切有利于发展我国文化事业和文化产业的经营管理理念和机制。加强文化领域智力、人才、技术引进工作。吸收外资进入法律法规许可的文化产业领域，保障投资者合法权益。鼓励文化单位同国外有实力的文化机构进行项目合作，学习先进制作技术和管理经验。鼓励外资企业在华进行文化科技研发，发展服务外包。开展知识产权保护国际合作。

八、建设宏大文化人才队伍，为社会主义文化大发展大繁荣提供有力人才支撑

推动社会主义文化大发展大繁荣，队伍是基础，人才是关键。要坚持尊重劳动、尊重知识、尊重人才、尊重创造，深入实施人才强国战略，牢固树立人才是第一资源思想，全面贯彻党管人才原则，加快培养造就德才兼备、锐意创新、结构合理、规模宏大的文化人才队伍。

（一）造就高层次领军人物和高素质文化人才队伍

高层次领军人物和专业文化工作者是社会主义文化建设的中坚力量。要继续实施“四个一批”人才培养工程和文化名家工程，建立重大文化项目首席专家制度，造就一批人民喜爱、有国际影响的名家大师和民族文化代表人物。加强专业文化工作队伍、文化企业家队伍建设，扶持资助优秀中青年文化人才主持重大课题、领衔重点项目，抓紧培养善于开拓文化新领域的拔尖创新人才、掌握现代传媒技术的专门人才、懂经营善管理的复合型人才、适应文化走出去需要的国际化人才。创新人才培养模式，实施高端紧缺文化人才培养计划，搭建文化人才终身学习平台。鼓励和扶持高等学校和中等职业学校优化专业结构，与文化企事业单位共建培养基地。完善人才培养开发、评价发现、选拔任用、流动配置、激励保障机制，深化职称评审改革，为优秀人才脱颖而出、施展才干创造有利制度环境。重视发现和培养社会文化人才。对非公有制文化单位人员评定职称、参与培训、申报项目、表彰奖励同等对待。完善相关政策措施，多渠道吸引海外优秀文化人才。落实国家荣誉制度，抓紧设立国家级文化荣誉称号，表彰奖励成就卓著的文化工作者。

（二）加强基层文化人才队伍建设

基层文化人才队伍是文化改革发展的基础力量。要制定实施基层文化人才队伍建设规划，完善机构编制、学习培训、待遇保障等方面的政策措施，吸引优秀文化人才服务基层。配好配齐乡镇、街道党委宣传委员、宣传干事和乡镇综合文化站专职人员。设立城乡社区公共文化服务岗位，对服务期满高校毕业生报考文化部门公务员、相关专业研究生实行定向招录。重视发现和培养扎根基层的乡土文化能人、民族民间文化传承人特别是非物质文化遗产项目代表性传承人，鼓励和扶持群众中涌现出的各类文化人才和文化活动积极分子，促进他们健康成长、发挥作用。壮大文化志愿者队伍，鼓励专业文化工作者和社会各界人士参与基层文化建设和群众文化活动，形成专兼结合的基层文化工作队伍。

（三）加强职业道德建设和作风建设

文化工作者要成为优秀文化的生产者和传播者，必须加强自身修养，做道德品行和人格操守的示范者。要引导广大文化工作者特别是名家名人自觉践行社会主义核心价值体系，增强社会责任感，弘扬科学精神和职业道德，发扬严谨笃学、潜心钻研、淡泊名利、自尊自律的风尚，努力追求德艺双馨，坚决抵制学术不端、情趣低俗等不良风气。鼓励文化工作者特别是文化名家、中青年骨干深入实际、深入生活、深入群众，拜人民为师，增强国情了解，增加基层体验，增进群众感情。文化工作者要相互尊重、平等交流、取长补短，共同营造风清气正、和谐奋进的良好氛围。

九、加强和改进党对文化工作的领导，提高推进文化改革发展科学化水平

加强和改进党对文化工作的领导，是推进文化改革发展的根本保证，也是加强党的执政能力建设和先进性建设的内在要求。必须从战略和全局出发，把握文化发展规律，健全领导体制机制，改进工作方式方法，增强领导文化建设本领。

（一）切实担负起推进文化改革发展的政治责任

各级党委和政府要把文化建设摆在全局工作重要位置，深入研究意识形态和宣传文化工作新情况新特点，及时研究文化改革发展重大问题，加强和改进思想政治工作，牢牢把握意识形态工作主导权，掌握文化改革发展领导权。把文化建设纳入经济社会发展总体规划，与经济社会发展一同研究部署、一同组织实施、一同督促检查。把文化改革发展成效纳入科学发展考核评价体系，作为衡量领导班子和领导干部工作业绩的重要依据。制定社会主义核

心价值体系建设实施纲要。在全党深入开展社会主义核心价值体系学习教育，使广大党员、干部成为实践社会主义核心价值体系的模范，做共产主义远大理想和中国特色社会主义共同理想的坚定信仰者。深入做好文化领域知识分子工作，充分尊重知识分子创造性劳动，善于同知识分子特别是有影响的代表人士交朋友，把广大知识分子紧紧团结在党的周围。

（二）加强文化领域领导班子和党组织建设

坚持德才兼备、以德为先用人标准，选好配强文化领域各级领导班子，把政治立场坚定、思想理论水平高、熟悉文化工作、善于驾驭意识形态领域复杂局面的干部充实到领导岗位上来，把文化领域各级领导班子建设成为坚强领导集体。加强领导班子思想政治建设，增强政治敏锐性和政治鉴别力，筑牢思想防线，确保文化阵地导向正确。各级领导干部要高度重视并切实抓好文化工作，加强文化理论学习和文化问题研究，提高文化素养，努力成为领导文化建设的行家里手。把文化建设内容纳入干部培训计划和各级党校、行政学院、干部学院教学体系。结合文化单位特点加强和创新基层党的工作，发挥文化事业单位、国有和国有控股文化企业党组织的领导核心和政治核心作用，重视文化领域非公有制经济组织、新社会组织党的组织建设。注重在文化领域优秀人才、先进青年、业务骨干中发展党员。文化战线全体共产党员要牢固树立党的观念、党员意识，讲党性、重品行、做表率，在推进文化改革发展中创先争优、发挥先锋模范作用。

（三）健全共同推进文化建设工作机制

推动社会主义文化大发展大繁荣是全党全社会的共同责任。要建立健全党委统一领导、党政齐抓共管、宣传部门组织协调、有关部门分工负责、社会力量积极参与的工作体制和工作格局，形成文化建设强大合力。文化领域各部门各单位要自觉贯彻中央决策部署，落实文化改革发展目标任务，发挥文化建设主力军作用。支持人大、政协履行职能，调动各部门积极性，支持民主党派、无党派人士和人民团体发挥作用，共同推进文化改革发展。推动文联、作协、记协等文化领域人民团体创新管理体制、组织形式、活动方式，履行好联络协调服务职能，加强行业自律，依法维护文化工作者权益。全面贯彻党的宗教工作基本方针，发挥宗教界人士和信教群众在促进文化繁荣发展中的积极作用。

（四）发挥人民群众文化创造积极性

人民是推动社会主义文化大发展大繁荣最深厚的力量源泉。要牢固树立马克思主义群众观点，自觉贯彻党的群众路线，为广大群众成为社会主义文化建设者提供广阔舞台。广泛开展群众性文化活动，提高社区文化、村镇文化、企业文化、校园文化等建设水平，引导群众在文化建设中自我表现、自我教育、自我服务。积极搭建公益性文化活动平台，依托重大节庆和民族民间文化资源，组织开展群众乐于参与、便于参与的文化活动。支持群众依法兴办文化团体，精心培育植根群众、服务群众的文化载体和文化样式。及时总结来自群众、生动鲜活的文化创新经验，推广大众文化优秀成果，在全社会营造鼓励文化创造的良好氛围，让蕴藏于人民中的文化创造活力得到充分发挥。

中国人民解放军和中国人民武装警察部队文化建设工作，由中央军委根据本决定精神作出部署。

中华民族伟大复兴必然伴随着中华文化繁荣兴盛。全党要紧密团结在以胡锦涛同志为总书记的党中央周围，满怀信心带领全国各族人民在坚持和发展中国特色社会主义的伟大实践中进行文化创造，为把我国建设成为社会主义文化强国而努力奋斗！

坚定不移走中国特色社会主义文化发展道路 努力建设社会主义文化强国

胡锦涛

（2011年10月18日）

文化建设是中国特色社会主义事业总体布局的重要组成部分，文化繁荣发展是全面建设小康社会的重要目标。全会通过的决定，全面总结党领导文化建设的成就和经验，深刻分析文化建设面临的形势和任务，在集中全党智慧的基础上，阐述了中国特色社会主义文化发展道路，确立了建设社会主义文化强国的战略目标，提出了新形势下推进文化改革发展的指导思想、重要方针、目标任务、政策举措，是当前和今后一个时期指导我国文化改革发展的纲领性文件。全党要认真学习、深刻领会，共同把全会精神落到实处，为实现全会提出的目标任务而奋斗。

第一，深刻认识推进文化改革发展的重要性和紧迫性。充分发挥先进文化引领前进方向、凝聚奋斗力量、推动事业发展的作用，是我们党的一条宝贵经验和一大政治优势。在革命、建设、改革各个历史时期，我们党都结合时代条件、围绕党的中心任务提出文化纲领、文化目标、文化政策，坚持不懈推进文化建设，有力推动了党和人民事业发展。经过改革开放以来的不懈努力，我们走出了中国特色社会主义文化发展道路，显著提高了全民族思想道德素质和科学文化素质、促进了人的全面发展，显著增强了国家文化软实力，为坚持和发展中国特色社会主义提供了强大精神力量，为进一步兴起社会主义文化建设新高潮奠定了坚实基础、积累了宝贵经验。

当今世界正处在大发展大变革大调整时期，当代中国正在新的历史起点上向着新的奋斗目标迈进，文化的作用更加广泛而深刻。从国际看，综合国力竞争的一个显著特点就是文化的地位和作用更加凸显，许多国家特别是主要大国都把提高文化软实力作为增强国家核心竞争力的重要战略。在世界范围内各种思想文化交流交融交锋更加频繁的背景下，谁占据了文化发展制高点，谁拥有了强大文化软实力，谁就能够在激烈的国际竞争中赢得主动。同时，我们必须清醒地看到，国际敌对势力正在加紧对我国实施西化、分化战略图谋，思想文化领域是他们进行长期渗透的重点领域。我们要深刻认识意识形态领域斗争的严重性和复杂性，警钟长鸣、警惕长存，采取有力措施加以防范和应对。从国内看，经过新中国成立以来特别是改革开放30多年来的发展，我国经济实力和综合国力显著增强，但我国仍处于并将长期处于社会主义初级阶段的基本国情没有变，人民日益增长的物质文化需要同落后的社会生产之间的矛盾这一社会主要矛盾没有变。我国已经进入全面建设小康社会的关键时期和深化改革开放、加快转变经济发展方式的攻坚时期，文化越来越成为民族凝聚力和创造力的重要源泉、越来越成为综合国力竞争的重要因素、越来越成为经济社会发展的重要支撑，丰富精神文化生活越来越成为我国人民的热切愿望。从我国文化建设自身看，文化领域正在发生广泛而深刻的变革，文化发展取得了巨大成就，但总体而言，文化发展同经济社会发展和人民日益增长的精神文化需求还不完全适应，束缚文化生产力发展的体制机制问题尚未根本解决，文化在引领风尚、教育人民、服务社会、推动发展等方面的作用还没有得到充分发挥，我国文化整体实力和国际影响力与我国国际地位还不相称，“西强我弱”的国际文化和舆论格局尚未根本扭转。在理想信念教育、思想道德建设、诚信建设、文艺创作、公共文化服务、文化产业发展、农村文化发展、流动人口文化生活、网络建设和管理、推动中华文化走出去等方面都还存在不少突出矛盾和问题，必须抓紧加以解决。

总之，抓住和用好我国发展的重要战略机遇期，在新的历史起点上深化文化体制改革、推动社会主义文化大发展大繁荣，关系实现全面建设小康社会奋斗目标，关系坚持和发展中国特色社会主义，关系实现中华民族伟大复兴。全会提出了推进文化改革发展的指导思想，强调要全面贯彻党的十七大精神，高举中国特色社会主义伟大旗帜，以马克思列宁主义、毛泽东思想、邓小平理论和“三个代表”

重要思想为指导，深入贯彻落实科学发展观，坚持社会主义先进文化前进方向，以科学发展为主题，以建设社会主义核心价值体系为根本任务，以满足人民精神文化需求为出发点和落脚点，以改革创新为动力，发展面向现代化、面向世界、面向未来的，民族的科学的大众的社会主义文化，培养高度的文化自觉和文化自信，提高全民族文明素质，增强国家文化软实力，弘扬中华文化，努力建设社会主义文化强国。全党要深刻领会和全面贯彻这一指导思想，在坚持以经济建设为中心的同时，自觉把文化繁荣发展作为坚持发展是硬道理、发展是党执政兴国第一要务的重要内容，作为深入贯彻落实科学发展观的一个基本要求，进一步推动文化建设与经济建设、政治建设、社会建设以及生态文明建设协调发展，为继续解放思想、坚持改革开放、推动科学发展、促进社会和谐提供坚强思想保证、强大精神动力、有力舆论支持、良好文化条件。

第二，坚定不移走中国特色社会主义文化发展道路。中国特色社会主义文化发展道路内涵丰富，具体体现在全会决定提出的指导思想、重要方针、目标任务、政策举措之中，要全面领会、全面贯彻。这里，我想强调几个问题。

坚持中国特色社会主义文化发展道路，必须坚持以马克思主义为指导，坚持社会主义先进文化前进方向。坚持以马克思主义为指导、以社会主义先进文化为引领，是中国特色社会主义文化最鲜明的特征，也是事关文化改革发展全局的根本问题。只有坚持以马克思主义为指导、以社会主义先进文化为引领，才能打牢中国特色社会主义文化发展的根基。在社会主义市场经济日益发展和对外开放不断扩大的形势下，我国社会思想更加多样、社会价值更加多元、社会思潮更加多变，坚持以马克思主义为指导、以社会主义先进文化为引领的重要性和紧迫性更加凸显。推动社会主义文化大发展大繁荣，必须坚持马克思主义在意识形态领域的指导地位，为文化建设提供有力理论指导，确保文化改革发展始终沿着正确道路前进；必须坚持把马克思主义理论特别是中国特色社会主义理论体系应用于文化改革发展各个领域，不断丰富和发展具有中国特色、符合时代发展要求的文化建设理论，使我国文化各方面发展建立在深厚理论基础之上；必须坚持为人民服务、为社会主义服务的方向和百花齐放、百家争鸣的方针，正确处理弘扬主旋律和提倡多样化的关系、教育人民和满足人民多样化精神文化需求的关系、把社会效益放在首位和提高经济效益的关系，有效引领社会思潮，有力抵制各种错误和腐朽思想影响，不断巩固和壮大社会主义主流思想文化。

坚持中国特色社会主义文化发展道路，必须发挥人民在文化建设中的主体作用，坚持文化发展为了人民、文化发展依靠人民、文化发展成果由人民共享。为了谁、依靠谁是我们推进文化改革发展的根本问题，决定着社会主义文化的性质和方向。中国特色社会主义文化是人民共建共享的文化，人民是推动社会主义文化大发展大繁荣最深厚的力量源泉。坚持这一点，是我国社会主义制度的本质要求，也是我们党立党为公、执政为民理念的重要体现。推动社会主义文化大发展大繁荣，必须坚持以人为本，以满足人民精神文化需求、促进人的全面发展为根本目的，不断提高全民族思想道德素质和科学文化素质，培育有理想、有道德、有文化、有纪律的社会主义公民；必须贯彻党的群众路线，尊重人民主体地位和首创精神，使全社会文化创造活力竞相迸发；必须坚持以人民为中心的创作导向，关心人民命运，体察人民愿望，反映人民心声，在人民伟大创造中汲取营养，把最好的精神食粮奉献给人民；必须坚持面向基层、面向群众，把满足人民基本文化需求作为社会主义文化建设的基本任务，鼓励创作生产更多受到群众欢迎的文化产品，让文化发展成果惠及全体人民。

坚持中国特色社会主义文化发展道路，必须继承和发扬中华优秀文化传统，大力弘扬中华文化，建设中华民族共有精神家园。中华文化源远流长、博大精深，积淀着中华民族的深厚精神追求，是中华民族生生不息、团结奋进的不竭动力，是发展中国特色社会主义文化的深厚基础。推动社会主义文化大发展大繁荣，必须大力弘扬中华优秀文化传统，大力弘扬五四运动以来形成的革命文化传统，大力弘扬改革开放以来文化领域形成的一系列新思想新观念新风尚，立足中国特色社会主义伟大实践，发展社会主义先进文化；必须以更加开阔的视野、更加博大的胸怀对待外来文化，积极参与国际文化交流合作，学习借鉴一切有利于我国文化改革发展的有益经验和优秀成果。

坚持中国特色社会主义文化发展道路，必须坚持一手抓公益性文化事业、一手抓文化产业，推动文化事业和文化产业全面协调可持续发展。发展公益性文化事业是社会主义制度下保障人民基本文化权益的基本途径，是实现文化发展成果由人民共建共享的制度保障。发展文化产业是社会主义市场经济条件下满足人民多样化精神文化需求的重要途径，是充分发挥市场在文化资源配置中的积极作用、激发全社会文化创造活力的必然要求。推动社会主义文化大发展大繁荣，必须科学界定人民的基本文化权益和多样化精神文化需求，全面把握政府和市场在文化建设中的职责和功能，推动形成文化事业和文化产业两手抓、两加强的工作格局；必须按照公益性、基本性、均等性、便利性的要求，以政府为主导，以公共财政为支撑，以公益性文化单位为骨干，以全体人民为服务对象，以保障人民基本文化权益为主要内容，鼓励全社会积极参与，大力发展公益性文化事业；必须着力培育一批有实力、有竞争力的骨干文化企业，提高我国文化产业整体实力和竞争力，形成公有制为主体、多种所有制共同发展的文化产业格局。无论发展公益性文化事业还是发展文化产业，都要坚持社会主义先进文化前进方向，正确处理社会效益和经济效益的关系，始终把社会效益放在首位。

第三，以改革创新精神落实好全会提出的各项任务。全会对新形势下推进文化改革发展作出全面部署，提出一系列新任务新举措新要求，各地区各部门要统筹兼顾、立足实际，有计划分步骤加以落实，既要全面贯彻又要突出重点，最重要的是要紧紧围绕全会决定关于推进文化改革发展指导思想中的“四个以”来抓好落实。

坚持以科学发展为主题。科学发展是党和国家工作的鲜明主题，也是文化改革发展的鲜明主题。要自觉把科学发展要求贯穿文化改革发展各个方面，紧密结合文化改革发展实际，着力转变文化发展方式，提高文化发展质量和效益，不断提高文化发展科学化水平。要坚持以人为本，贴近实际、贴近生活、贴近群众，保障人民各项文化权益，促进人的全面发展。要坚持全面协调可持续发展，着力解决影响文化科学发展的突出问题，协调好文化改革发展各个领域和各个环节，促进文化持续快速健康发展。要坚持统筹兼顾，正确认识和妥善处理文化改革发展重大关系，统筹文化改革发展各项工作，完善文化布局、文化结构、文化资源配置，促进城乡、区域文化一体化发展，推动文化资源向农村、基层倾斜，向革命老区、民族地区、边疆地区、贫困地区倾斜，不断增强文化发展后劲，实现文化又好又快发展。

坚持以建设社会主义核心价值体系为根本任务。社会主义核心价值体系是根源于民族优秀文化和社会主义先进文化并吸收人类文明成果发展起来的，是我国社会主义文化的引领和主导。推动社会主义文化大发展大繁荣，必须紧紧抓住社会主义核心价值体系建设这个根本。要坚持用中国特色社会主义理论体系武装全党、教育人民，大力推进马克思主义中国化时代化大众化，用发展着的马克思主义指导新的实践。要坚持以理想信念教育为重点，引导广大干部群众不断增强坚持中国特色社会主义道路、中国特色社会主义理论体系、中国特色社会主义制度的自觉性和坚定性。要广泛开展民族精神和时代精神、社会主义荣辱观宣传教育，深化群众性精神文明创建活动，加强思想道德建设，建设和谐文化，培育文明风尚。要在全党深入开展社会主义核心价值体系学习教育，把社会主义核心价值体系融入国民教育、精神文明建设和党的建设全过程，贯穿改革开放和社会主义现代化建设各领域，体现到精神文化产品创作生产传播各方面。建设社会主义核心价值体系非一日之功，既是当前的紧迫任务，又是长期的战略任务，必须通过坚持不懈、持之以恒的努力，使之真正成为全党全社会的普遍共识，转化为广大干部群众的自觉行动。

坚持以满足人民精神文化需求为出发点和落脚点。满足人民对实现自身文化权益和丰富自身精神文化生活的要求，必须大力繁荣文化创作，丰富群众文化生活，提高人民文化生活质量。要加大对城乡基层文化建设投入力度，深入实施重点文化惠民工程，加快公共文化基础设施建设。要加强文化创作生产引导，引导文化工作者坚持正确文化立场，弘扬真善美，贬斥假恶丑，把学术探索和艺术创作融入实现中华民族伟大复兴的事业之中，创作生产出思想性艺术性观赏性相统一、人民喜闻乐见的优秀文艺作品。要发展健康向上的网络文化，使互联网等新兴媒体真正成为社会主义先进文化新阵地、公共文化服务新平台、人民精神文化新空间。要组织开展群众乐于参与、便于参与的文化活动，引导群众在文化建设中自我表现、自我教育、自我服务，依靠人民的智慧和力量推动文化繁荣发展。

坚持以改革创新为动力。只有深化文化体制改革，创新文化内容和形式，才能不断解放和发展文化生产力，不断为推动社会主义文化大发展大繁荣提供强大动力。要围绕构建充满活力、富有效率、更加开放、有利于文化科学发展的体制机制，努力在重点领域和关键环节取得新进展，破除制约文化发展的体制机制障碍。要深化公益性文化单位改革，深化国有经营性文化单位改革，深化文化管理体制改革，加快政府职能转变，加强文化法制建设。要加快构建公共文化服务体系，创新公共文化服务运行机制，不断提高公益性文化单位服务群众能力和水平。要提高文化产业规模化、集约化、专业化水平，优化文化产业结构，促进文化和科技融合发展，推动文化产业成为国民经济支柱性产业。要围绕提高中华文化国际影响力和竞争力，积极开拓国际文化市场，创新文化走出去模式，不断提高国家文化软实力。

各级党委和政府要把文化建设摆在全局工作重要位置，纳入经济社会发展总体规划，与经济社会发展一同研究部署、一同组织实施、一同督促检查。要认真开展调查研究，总结经验，发现问题，结合实际制定贯彻落实意见，明确工作责任，提出具体要求，确保全会提出的目标任务和政策举措落到实处。要把文化改革发展成效纳入科学发展考核评价体系，作为衡量领导班子和领导干部工作业绩的重要依据。要把文化人才队伍建设摆在更加突出的位置，着力加大对年轻人才、高层次人才、复合型人才的培养力度，努力造就一批有影响的文化名家、文化大师和各领域领军人物，建设宏大文化人才队伍。要深入做好知识分子工作，充分调动广大知识分子的积极性和创造性，把广大知识分子紧紧团结在党的周围。总之，全党要贯彻落实好全会精神，在全面建设小康社会进程中、在科学发展道路上奋力开创社会主义文化建设新局面。（这是胡锦涛同志在党的十七届六中全会第二次全体会议上讲话的一部分）

关于《中共中央关于深化文化体制改革推动社会主义文化大发展大繁荣若干重大问题的决定》的说明

李长春

（2011年10月15日）

现在，我受中央政治局委托，就党的十七届六中全会《决定》有关问题向全会作说明。

一、关于全会研究深化文化体制改革、推动社会主义文化大发展大繁荣问题的基本考虑

中央政治局决定党的十七届六中全会重点研究深化文化体制改革、推动社会主义文化大发展大繁荣问题并作出决定，主要基于以下几点考虑。

第一，全面贯彻落实党的十七大精神，推动社会主义文化大发展大繁荣，需要进一步从战略上研究部署文化改革发展。党的十七大从党和国家事业发展全局出发，对兴起社会主义文化建设新高潮、推动社会主义文化大发展大繁荣作出战略部署，强调中华民族伟大复兴必然伴随着中华文化繁荣兴盛，要更加自觉、更加主动地推动文化大发展大繁荣，在中国特色社会主义的伟大实践中进行文化创造。全党全国认真贯彻落实党的十七大精神，推进文化体制改革，大力发展文化事业和文化产业，开创了文化建设新局面。中央政治局认为，面对国内外形势新变化、我国经济社会发展新要求、各族人民过上更好生活的新期待以及文化建设面临的新情况新问题，必须深化文化体制改革、推动社会主义文化大发展大繁荣，进一步为全党全国各族人民坚持和发展中国特色社会主义提供强大精神力量。召开一次全会对文化改革发展作出战略部署，是贯彻落实党的十七大确定的重大任务的必然要求，也是新形势下加强我国社会主义文化建设的迫切需要。

第二，深入贯彻落实科学发展观，实现“十二五”时期奋斗目标，加快全面建设小康社会进程，需要进一步从战略上研究部署文化改革发展。文化建设是中国特色社会主义事业总体布局的重要组成部分，文化更加繁荣是全面建设小康社会的重要目标和重要保证。当代中国进入了全面建设小康社会的关键时期和深化改革开放、加快转变经济发展方式的攻坚时期。“十二五”规划纲要从推动科学发展的高度提出未来5年我国文化发展的目标任务，强调要基本建成公共文化服务体系、推动文化产业成为国民经济支柱性产业。我们要顺利实现“十二五”时期奋斗目标、到2020年全面建成惠及十几亿人口的更高水平的小康社会，必须加快文化改革发展，推动文化建设与经济建设、政治建设、社会建设以及生态文明建设协调发展。

第三，提高国家文化软实力、在日趋激烈的综合国力竞争中赢得主动，需要进一步从战略上研究部署文化改革发展。当今综合国力竞争的一个显著特点是文化的地位和作用更加凸显，越来越多的国家把提高文化软实力作为发展战略的重要内容。从一定意义上说，谁占据了文化发展制高点，谁拥有了强大文化软实力，谁就能够在激烈的国际竞争中赢得主动。在这样的形势下，我们必须大力弘扬中华优秀传统文化，大力发展社会主义先进文化，不断扩大中华文化国际影响力，形成与我国国际地位相称的文化软实力，牢牢掌握思想文化领域国际斗争主动权，切实维护国家文化安全。

第四，切实解决当前文化建设面临的突出问题，需要进一步从战略上研究部署文化改革发展。改革开放特别是党的十六大以来，我国文化改革发展形势很好，取得了历史性成就。同时，我们也要看到，总体上讲，我国文化建设同经济发展和人民日益增长的精神文化需求还不完全适应，同推动科学发展、促进社会和谐的要求还不完全适应，同扩大对外开放的新形势还不完全适应，宣传思想文化领域也还存在不少亟待解决的问题。解决文化建设面临的突出问题，动力在深化改革，出路在加快发展。我们必须抓住和用好我国发展的重要战略机遇期，以改革创新的思路办法和更加有力的政策举措推动文化又好又快发展。

总之，中央政治局认为，深入研究我国文化建设的新形势新要求，总结我国文化改革发展的丰富实践和宝贵经验，研究部署深化文化体制改革、推动社会主义文化大发展大繁荣，进一步兴起社会主义文化建设新高潮，对夺取全面建设小康社会新胜利、开创中国特色社会主义事业新局面、实现中华

民族伟大复兴具有重大而深远的意义。

二、关于《决定》起草过程

《决定》起草工作是在中央政治局常委会直接领导下进行的。4月下旬，经中央政治局批准，文件起草组正式成立。胡锦涛总书记在文件起草组第一次全体会议上作了重要讲话，对起草工作提出明确要求、指明了努力方向。中央要求，《决定》起草要充分发扬民主，注意吸收各方面意见，做到科学决策、民主决策。为集中全党智慧起草好文件，4月下旬，中央就全会议题在党内一定范围征求意见。各地区各部门各方面认真组织学习讨论，共反馈意见121份。5月上旬，文件起草组组成8个调研组，分赴12个省市和部队开展调研。文件起草组还委托中央和国家机关29个部门开展专题调研，形成48个专题调研报告。

各地区各部门各方面普遍赞同党的十七届六中全会把研究深化文化体制改革、推动社会主义文化大发展大繁荣作为主题。文件起草组在充分吸收和采纳各方面意见的基础上形成文件框架提纲和《决定》初稿。中央政治局和中央政治局常委会多次审议，提出重要修改意见。经反复修改，形成《决定》征求意见稿。8月初，中央政治局决定将《决定》下发党内一定范围征求意见。这期间，胡锦涛同志主持召开座谈会听取了各民主党派中央、全国工商联负责人和无党派人士意见。文件起草组召开座谈会，听取了文化界部分专家学者意见。

各地区各部门各方面对《决定》征求意见稿给予高度评价，同时提出2112条意见，扣除重复性意见后为1498条。中央责成文件起草组对各地区各部门各方面意见予以认真研究。文件起草组对每一份报告都仔细研究，对每一条意见都认真讨论，对《决定》作出修改325处，并尽量压缩《决定》篇幅。

9月，中央政治局常委会和中央政治局先后再次审议《决定》。文件起草组根据这两次会议精神，对《决定》进行修改，形成了报送全会审议的稿子。

三、关于《决定》总体框架和布局

《决定》除引言和结束语外，共9个部分，分为3个板块。第一、第二部分构成第一板块，主要阐述新形势下深化文化体制改革、推动社会主义文化大发展大繁荣的重大意义、指导思想、奋斗目标、重要方针。第三、第四、第五、第六、第七、第八6个部分构成第二板块，主要部署文化改革发展重点任务。第九部分是第三板块，阐述加强和改进党对文化工作的领导。

在确定总体框架和布局时，我们注意把握以下3个方面。

第一，文化内涵十分丰富、外延非常宽泛，可以指人类在改造客观世界过程中创造的物质成果和精神成果的总和，也可以指人类在改造客观世界过程中创造的精神成果的总和。《决定》从中国特色社会主义事业总体布局出发把握文化范畴，重点研究部署与经济建设、政治建设、社会建设相对应的文化建设。对教育、科技、体育等领域，在与文化建设直接相关的问题上也有所涉及。推进文化改革发展包括很多方面，每个方面也涉及很多任务，《决定》对这些任务作出全面部署，同时注重突出重点。

第二，推动社会主义文化大发展大繁荣是一项紧迫任务，也是一项长期任务，既要抓紧推进当前紧迫的工作，又要对长期战略目标作出谋划。为此，《决定》既提出了到2020年文化改革发展的阶段性目标，又提出了建设社会主义文化强国这一长期战略目标，着力点放在当前和今后一个时期文化改革发展重点任务上，努力做到既立足当前、又着眼长远。

第三，文化改革发展是一个理论性和实践性都很强的问题，既要注重从理论上阐明文化改革发展的重大问题，又要注重从实践上提出实实在在的政策措施。综合各地区各部门各方面意见，大家比较一致的看法是，当前和今后一个时期推进文化改革发展需要着力研究解决以下几个问题。一是进一步深化对推进文化改革发展重要性和紧迫性的认识，增强全党全社会的文化自觉。二是加强社会主义核心价值体系建设，巩固全党全国各族人民团结奋斗的共同思想道德基础。三是繁荣文化创作生产，更好满足人民精神文化需求。四是加快文化事业和文化产业发展，提高我国文化总体实力。五是完善文化体制机制，增强文化发展动力和活力。六是加大文化人才培养力度，壮大文化人才队伍。七是加强和改进党对文化工作的领导。《决定》重点围绕上述普遍关注的问题进行研究部署。

四、关于推进文化改革发展的重要性和紧迫性

《决定》第一部分重点讲这个问题，从我们党重视和开展文化工作的实践和取得的成就、文化改革发展面临的机遇和挑战、文化改革发展在党和国家工作大局中的地位和作用、文化建设存在的突出矛盾和问题等方面阐述新形势下推进文化改革发展的重要性和紧迫性，主要作了3个层次的论述。一是从

5个方面回顾了改革开放特别是党的十六大以来我们党推动文化建设取得的成就及其对党和国家事业全局作出的贡献。强调改革开放特别是党的十六大以来，我们党始终把文化建设放在党和国家全局工作重要战略地位，坚持物质文明和精神文明两手抓，实行依法治国和以德治国相结合，促进文化事业和文化产业同发展，推动文化建设不断取得新成就，走出了中国特色社会主义文化发展道路，显著提高了全民族思想道德素质和科学文化素质、促进了人的全面发展，显著增强了国家文化软实力，为坚持和发展中国特色社会主义提供了强大精神力量。二是用“四个更加”、“四个越来越”、“三个关系”集中阐述推进文化改革发展的重大意义。强调当今世界各种思想文化交流交融交锋更加频繁，文化在综合国力竞争中的地位和作用更加凸显，维护国家文化安全任务更加艰巨，增强国家文化软实力、中华文化国际影响力要求更加紧迫。强调文化越来越成为民族凝聚力和创造力的重要源泉、越来越成为综合国力竞争的重要因素、越来越成为经济社会发展的重要支撑，丰富精神文化生活越来越成为我国人民的热切愿望。强调在新的历史起点上深化文化体制改革、推动社会主义文化大发展大繁荣，关系实现全面建设小康社会奋斗目标，关系坚持和发展中国特色社会主义，关系实现中华民族伟大复兴。强调物质贫乏不是社会主义，精神空虚也不是社会主义；没有社会主义文化繁荣发展，就没有社会主义现代化。三是着眼世情国情党情新变化，深入分析文化改革发展面临的新形势新要求。我国文化领域正在发生广泛而深刻的变革，推动文化大发展大繁荣既具备许多有利条件，也面临一系列新情况新问题。《决定》从8个方面分析了当前文化领域存在的突出矛盾和问题，包括一些地方和单位对文化建设重要性、必要性、紧迫性认识不够，文化在推动全民族文明素质提高中的作用亟待加强；一些领域道德失范、诚信缺失，一些社会成员人生观、价值观扭曲，用社会主义核心价值体系引领社会思潮更为紧迫，巩固全党全国各族人民团结奋斗的共同思想道德基础任务繁重；舆论引导能力需要提高，网络建设和管理亟待加强和改进；有影响的精品力作还不够多，文化产品创作生产引导力度需要加大；公共文化服务体系不健全，城乡、区域文化发展不平衡；文化产业规模不大、结构不合理，束缚文化生产力发展的体制机制问题尚未根本解决；文化走出去较为薄弱，中华文化国际影响力需要进一步增强；文化人才队伍建设急需加强。强调我们必须抓住和用好我国发展的重要战略机遇期，在坚持以经济建设为中心的同时，自觉把文化繁荣发展作为坚持发展是硬道理、发展是党执政兴国第一要务的重要内容，作为深入贯彻落实科学发展观的一个基本要求。要求全党准确把握我国经济社会发展新要求，准确把握当今时代文化发展新趋势，准确把握各族人民精神文化生活新期待，增强责任感和紧迫感，解放思想，转变观念，抓住机遇，乘势而上，在全面建设小康社会进程中、在科学发展道路上奋力开创社会主义文化建设新局面。

五、关于推进文化改革发展的指导思想、目标任务、重要方针

《决定》第二部分重点讲这些内容，突出阐述坚持中国特色社会主义文化发展道路、努力建设社会主义文化强国。这是新中国成立特别是改革开放以来我国文化建设实践探索的基本结论，是对中国特色社会主义道路认识的丰富和深化，鲜明回答了我国文化改革发展走什么路、朝着什么样的目标迈进这个带有方向性、战略性的重大问题。《决定》提出的文化改革发展的指导思想、目标任务、重要方针都是围绕这个重大问题展开的。

《决定》提出，坚持中国特色社会主义文化发展道路，深化文化体制改革，推动社会主义文化大发展大繁荣，必须全面贯彻党的十七大精神，高举中国特色社会主义伟大旗帜，以马克思列宁主义、毛泽东思想、邓小平理论和“三个代表”重要思想为指导，深入贯彻落实科学发展观，坚持社会主义先进文化前进方向，以科学发展为主题，以建设社会主义核心价值体系为根本任务，以满足人民精神文化需求为出发点和落脚点，以改革创新为动力，发展面向现代化、面向世界、面向未来的，民族的科学的大众的社会主义文化，培养高度的文化自觉和文化自信，提高全民族文明素质，增强国家文化软实力，弘扬中华文化，努力建设社会主义文化强国。这段话，是我们推进文化改革发展的指导思想，也是坚持中国特色社会主义文化发展道路的基本要求。

《决定》提出了建设社会主义文化强国的总体要求，这就是：着力推动社会主义先进文化更加深入人心，推动社会主义精神文明和物质文明全面发展，不断开创全民族文化创造活力持续迸发、社会文化生活更加丰富多彩、人民基本文化权益得到更好保障、人民思想道德素质和科学文化素质全面提高的新局面，建设中华民族共有精神家园，为人类文明进步作出更大贡献。

《决定》提出建设社会主义文化强国是考虑到，我国是文明古国，是文化资源大国，但还算不上文化强国，迫切需要加快建设与我国深厚文化底蕴和丰富文化资源相匹配、与中国特色社会主义事业总体布局相适应、与建设富强民主文明和谐的社会主义现代化国家的目标相承接的社会主义文化强国。目前，已有20多个省区市提出建设文化强省、文化强市的目标。在这个基础上，从国家层面提出建设社会主义文化强国，符合我国实际，符合党和国家事业发展要求，有利于凝聚各方面力量推动社会主义文化大发展大繁荣。从征求意见的情况看，大家一致赞同这个目标。考虑到建设社会主义文化强国需要一个过程，而且要与国家现代化战略部署相联系，《决定》没有提出建成社会主义文化强国的具体时间表，而是强调全党全国要共同努力，为把我国建设成为社会主义文化强国打下坚实基础。

按照党的十七大提出的实现全面建设小康社会奋斗目标新要求，《决定》提出了到2020年文化改革发展奋斗目标，这就是：社会主义核心价值体系建设深入推进，良好思想道德风尚进一步弘扬，公民素质明显提高；适应人民需要的文化产品更加丰富，精品力作不断涌现；文化事业全面繁荣，覆盖全社会的公共文化服务体系基本建立，努力实现基本公共文化服务均等化；文化产业成为国民经济支柱性产业，整体实力和国际竞争力显著增强，公有制为主体、多种所有制共同发展的文化产业格局全面形成；文化管理体制和文化产品生产经营机制充满活力、富有效率，以民族文化为主体、吸收外来有益文化、推动中华文化走向世界的文化开放格局进一步完善；高素质文化人才队伍发展壮大，文化繁荣发展的人才保障更加有力。

《决定》在总结文化建设实践经验的基础上，提出文化改革发展的重要方针，就是“五个坚持”：一是坚持以马克思主义为指导，这强调的是文化改革发展的根本指导思想。二是坚持社会主义先进文化前进方向，这强调的是文化改革发展的根本性质。三是坚持以人为本，这强调的是文化改革发展的根本目的。四是坚持把社会效益放在首位，这强调的是文化改革发展的根本要求。五是坚持改革开放，这强调的是文化改革发展的根本动力。

六、关于推进文化改革发展的重大举措

《决定》围绕建设社会主义文化强国和实现到2020年文化改革发展奋斗目标，围绕各地区各部门各方面普遍关注的重点问题，从6个方面作出工作部署、提出重大举措。

第一，推进社会主义核心价值体系建设，巩固全党全国各族人民团结奋斗的共同思想道德基础。历史和现实反复证明，没有核心价值体系，一种文化就立不起来、强不起来，一个民族就没有赖以维系的精神纽带，一个国家就没有统一意志和共同行动。基于这样的认识，《决定》首先对推进社会主义核心价值体系建设进行阐述和部署，并将这方面的总体要求作为一条红线贯穿全篇。《决定》提出，社会主义核心价值体系是兴国之魂，是社会主义先进文化的精髓，决定着中国特色社会主义发展方向。要把社会主义核心价值体系融入国民教育、精神文明建设和党的建设全过程，贯穿改革开放和社会主义现代化建设各领域，体现到精神文化产品创作生产传播各方面，坚持用社会主义核心价值体系引领社会思潮，在全党全社会形成统一指导思想、共同理想信念、强大精神力量、基本道德规范。

围绕这项任务，《决定》从4个方面作出工作部署。一是坚持马克思主义指导地位。《决定》提出，要毫不动摇地坚持马克思主义基本原理，用发展着的马克思主义指导新的实践，推动学习实践科学发展观向深度和广度拓展。要大力推进马克思主义学习型政党建设，深入推进马克思主义理论研究和建设工程，实施中国特色社会主义理论体系普及计划，推动中国特色社会主义理论体系进教材、进课堂、进头脑，加强和改进学校思想政治教育。二是坚定中国特色社会主义共同理想。《决定》提出，中国特色社会主义是当代中国发展进步的根本方向，集中体现了最广大人民根本利益和共同愿望。要深入开展理想信念教育，深入开展形势政策教育、国情教育、革命传统教育、改革开放教育、国防教育，坚定广大干部群众对中国特色社会主义的信心和信念。三是弘扬以爱国主义为核心的民族精神和以改革创新为核心的时代精神。《决定》提出，爱国主义是中华民族最深厚的思想传统，最能感召中华儿女团结奋斗；改革创新是当代中国最鲜明的时代特征，最能激励中华儿女锐意进取。要广泛开展民族精神教育，广泛开展时代精神教育，大力弘扬一切有利于国家富强、民族振兴、人民幸福、社会和谐的思想

和精神，大力发扬艰苦奋斗、劳动光荣、勤俭节约的优良传统，加强民族团结进步教育，加强爱国主义教育基地建设。四是树立和践行社会主义荣辱观。《决定》提出，社会主义荣辱观体现了社会主义道德的根本要求。要深入开展社会主义荣辱观宣传教育，推进公民道德建设工程，深化群众性精神文明创建活动，拓展各类道德实践活动，全面加强学校德育体系建设，深入开展学雷锋活动，开展道德领域突出问题专项教育和治理。要大力推进政务诚信、商务诚信、社会诚信和司法公信建设，抓紧建立健全覆盖全社会的征信系统，加大对失信行为惩戒力度。要加强法制宣传教育，弘扬科学精神，深入开展反腐倡廉教育。

在征求意见和起草调研过程中，一些同志建议对社会主义核心价值体系作概括，提出简明扼要、便于传播践行的社会主义核心价值观。文件起草组进行深入调研，多方听取意见，委托有关部门和单位进行专题研究，梳理关于社会主义核心价值观的各种表述。从调研情况看，概括出能够得到广泛认同的社会主义核心价值观，需要在实践中继续探索。

第二，全面贯彻“二为”方向和“双百”方针，为人民提供更好更多的精神食粮。推动文化繁荣发展，满足人民多样化精神文化需求，不论是发展文化事业还是发展文化产业，基础工作是要创作生产更多优秀作品。这是文化繁荣发展的重要标志，也是文化繁荣发展的重要支撑。当前，我国文化产品创作生产方向总体上是正确的，文化创作生产呈现积极向上、繁荣发展的景象。同时，我们也要看到，与人民群众的需求和期待相比，文化创作生产仍然存在不小差距，叫得响、传得开、留得住的高质量文化产品还不多，特别是人民群众对文化创作生产中存在低俗、一切向钱看等问题反映强烈。因此，必须加强对文化创作生产的引导，特别是要牢牢坚持正确创作方向。《决定》提出，正确创作方向是文化创作生产的根本性问题，必须全面贯彻为人民服务、为社会主义服务的方向和百花齐放、百家争鸣的方针，必须牢固树立人民是历史创造者的观点，坚持以人民为中心的创作导向，引导文化工作者牢记为人民服务、为社会主义服务的神圣职责，坚持正确文化立场，弘扬真善美、贬斥假恶丑，发挥文化引领风尚、教育人民、服务社会、推动发展的作用。

文化产品创作生产，最主要的领域是哲学社会科学、新闻舆论、文艺作品、网络文化。《决定》分别对这些领域作出工作部署。关于繁荣发展哲学社会科学。《决定》强调，必须大力发展哲学社会科学，使之更好发挥认识世界、传承文明、创新理论、咨政育人、服务社会的重要功能。要巩固发展马克思主义理论学科，建设具有中国特色、中国风格、中国气派的哲学社会科学。要坚持以重大现实问题为主攻方向，加强对全局性、战略性、前瞻性问题研究，实施哲学社会科学创新工程，发挥国家哲学社会科学基金示范引导作用，整合哲学社会科学研究力量，建设一批具有专业优势的思想库。关于加强和改进新闻舆论工作。《决定》强调，舆论导向正确是党和人民之福，舆论导向错误是党和人民之祸。要坚持马克思主义新闻观，牢牢把握正确导向，提高舆论引导的及时性、权威性和公信力、影响力，加强和改进正面宣传，加强社会热点难点问题引导，加强和改进舆论监督。新闻媒体和新闻工作者要秉持社会责任和职业道德，真实准确传播新闻信息，自觉抵制错误观点，坚决杜绝虚假新闻。关于推出更多优秀文艺作品。《决定》强调，各领域文艺工作者都要积极投身到讴歌时代和人民的文艺创造活动之中，创作生产出思想性艺术性观赏性相统一、人民喜闻乐见的优秀文艺作品。要实施精品战略，鼓励原创和现实题材创作，扶持代表国家水准、具有民族特色和地方特色的优秀艺术品种，积极发展新的艺术样式，抵制低俗之风。针对互联网等媒体快速发展的新情况新挑战，《决定》重点就发展健康向上的网络文化作出工作部署。互联网催生了新的文化生产和传播方式，形成特色鲜明的网络文化，成为干部群众特别是青少年精神文化生活的重要组成部分，也成为各种思想文化交汇和意识形态较量的重要平台。经过这些年的努力，我们在网络建设和管理方面积累了成功经验，初步形成了一套有效的管理体制，管理水平不断提高。同时，互联网突出的特点是技术更新快、发展普及快、信息扩散快，新型网络传播手段不断涌现，加强网络文化建设和管理十分重要。《决定》抓住“建设和管理”这两个关键环节作出工作部署，强调加强网上思想文化阵地建设，是社会主义文化建设的迫切任务。要认真贯彻积极利用、科学发展、依法管理、确保安全的方针，加强网上舆论引导，实施网络内容建设工程，支持重点新闻网站加快发展，打造一批在国内外有较强影响力的综合性网站和特色网站，广泛开展文明网站创建，督促网络运营服务企业履行法律义务和社会责任。要加强网络法制建设，加强对社交网络和即时通信工具等的引导和管理，规范网上信息传播秩序，培育文明理性的网络环境，深入推进整治网络淫秽色情和低俗信息专项行动，维护公共利益和国家信息安全。完善文化产品评价体系和激励机制对引导文化产品创作生产具有重要意义。《决定》提出，要坚持把遵循社会主义先进文化前进方向、人民群众满意作为评价作品最高标准，把群众评价、专家评价和市场检验统一起来，形成科学的评价标准。要建立公开、公平、公正评奖机制，精简评奖种类，改进评奖办法，开展积极健康的文艺批评，在资金、频道、版面、场地等方面为展演展映展播展览弘扬主流价值的精品力作提供条件。

第三，大力发展公益性文化事业，保障人民基本文化权益。满足人民基本文化需求是社会主义文化建设的基本任务。《决定》提出，必须坚持政府主导，加强文化基础设施建设，完善公共文化服务网，让群众广泛享有免费或优惠的基本公共文化服务。从公益性文化事业发展状况和要求看，当前和今后一个时期必须在构建公共文化服务体系、发展现代传播体系、建设优秀传统文化传承体系、加快城乡文化一体化发展4个方面取得突破，《决定》就此作出工作部署。关于构建公共文化服务体系。《决定》提出，加强公共文化服务是实现人民基本文化权益的主要途径。要以公共财政为支撑，以公益性文化单位为骨干，以全体人民为服务对象，以保障人民群众看电视、听广播、读书看报、进行公共文化鉴赏、参与公共文化活动等基本文化权益为主要内容，完善覆盖城乡、结构合理、功能健全、实用高效的公共文化服务体系，把主要公共文化产品和服务项目、公益性文化活动纳入公共财政经常性支出预算，加强公共文化服务设施建设，统筹规划和建设基层公共文化服务设施，引导和鼓励社会力量参与公共文化服务。关于发展现代传播体系。《决定》提出，提高社会主义先进文化辐射力和影响力，必须加快构建技术先进、传输快捷、覆盖广泛的现代传播体系。要加强党报党刊、通讯社、电台电视台和重要出版社建设，加强国际传播能力建设，整合有线电视网络，推进电信网、广电网、互联网三网融合，发挥各类信息网络设施的文化传播作用。关于建设优秀传统文化传承体系。优秀传统文化凝聚着中华民族自强不息的精神追求和历久弥新的精神财富，是发展社会主义先进文化的深厚基础，是建设中华民族共有精神家园的重要支撑。《决定》提出，要全面认识祖国传统文化，加强对优秀传统文化思想价值的挖掘和阐发，加强国家重大文化和自然遗产地、重点文物保护单位、历史文化名城名镇名村保护建设，抓好非物质文化遗产保护传承，广泛开展优秀传统文化教育普及活动，发挥国民教育在文化传承创新中的基础性作用，繁荣发展少数民族文化事业。关于加快城乡文化一体化发展。增加农村文化服务总量，缩小城乡文化发展差距，对推进社会主义新农村建设、形成城乡经济社会发展一体化新格局具有重大意义。《决定》提出，要以农村和中西部地区为重点，加强县级文化馆和图书馆、乡镇综合文化站、村文化室建设，深入实施文化惠民工程，加大对革命老区、民族地区、边疆地区、贫困地区文化服务网络建设支持和帮扶力度。中央、省、市三级设立农村文化建设专项资金，保证一定数量的中央转移支付资金用于乡镇和村文化建设。

第四，加快发展文化产业，推动文化产业成为国民经济支柱性产业。发展文化产业是社会主义市场经济条件下满足人民多样化精神文化需求的重要途径。文化产业是最具发展潜力的新兴产业之一，对推动经济结构战略性调整、加快转变经济发展方式具有重要作用。近年来，我国文化产业总体发展较快，2004年至2010年全国文化产业增加值年平均现价增长速度超过23%。2010年，我国文化产业增加值突破1.1万亿元，占国内生产总值比重为2.75%。《决定》强调，必须坚持社会主义先进文化前进方向，坚持把社会效益放在首位、社会效益和经济效益相统一，按照全面协调可持续的要求，推动文化产业跨越式发展，使之成为新的经济增长点、经济结构战略性调整的重要支点、转变经济发展方式的重要着力点，为推动科学发展提供重要支撑。围绕这项任务，《决定》从4个方面作出工作部署。一是构建现代文化产业体系。《决定》提出，必须构建结构合理、门类齐全、科技含量高、富有创意、竞争力强的现代文化产业体系，在重点领域实施一批重大项目，推进文化产业结构调整，发展壮大传统文化产业，加快发展新兴文化产业，加强文化产业基地规划和建设，加大对拥有自主知识产权、弘扬民族优秀文化的产业支持力度，推动文化产业与旅游、体育、信息、物流、建筑等产业融合发展。二是形成公有制为主体、多种所有制共同发展的文化产业格局。《决定》提出，加快发展文化产业，必须毫不动摇地支持和壮大国有或国有控股文化企业，毫不动摇地鼓励和引导各种非公有制文化企业健康发展。要培育一批核心竞争力强的国有或国有控股大型文化企业或企业集团，在发展产业和繁荣市场方面发挥主导作用。在国家许可范围内，引导社会资本以多种形式投资文化产业，营造公平参与市场竞争、同等受到法律保护的体制和法制环境。三是推进文化科技创新。科技创新是文化发展的重要引擎。《决定》提出，要发挥文化和科技相互促进的作用，深入实施科技带动战略，增强自主创新能力，加强核心技术、关键技术、共性技术攻关，依托国家高新技术园区、国家可持续发展实验区等建立国家级文化和科技融合示范基地，把重大文化科技项目纳入国家相关科技发展规划和计划。四是扩大文化消费。增加文化消费总量，提高文化消费水平，是文化产业发展的内生动力。《决定》提出，要创新商业模式，拓展大众文化消费市场，开发特色文化消费，扩大文化服务消费，提高基层文化消费水平，有条件的地方要为困难群众和农民工文化消费提供适当补贴。要积极发展文化旅游，发挥旅游对文化消费的促进作用。

第五，进一步深化改革开放，加快构建有利于文化繁荣发展的体制机制。文化引领时代风气之先，是最需要创新的领域。推动社会主义文化大发展大繁荣，必须牢牢把握正确方向，加快推进文化体制改革，建立健全科学的文化管理体制和富有活力的文化产品生产经营机制，发挥市场在文化资源配置中的积极作用，创新文化走出去模式。围绕这项任务，《决定》从6个方面作出工作部署。一是深化国有文化单位改革。《决定》提出，要以建立现代企业制度为重点，加快推进经营性文化单位改革，培育合格市场主体。要推进一般国有文艺院团、非时政类报刊社、新闻网站转企改制，拓展出版、发行、影视企业改革成果，形成符合现代企业制度要求、体现文化企业特点的资产组织形式和经营管理模式。要全面推进文化事业单位人事、收入分配、社会保障制度改革，创新公共文化服务设施运行机制。要推动一般时政类报刊社、公益性出版社、代表民族特色和国家水准的文艺院团等事业单位实行企业化管理，增强面向市场、面向群众提供服务能力。二是健全现代文化市场体系。促进文化产品和要素在全国范围内合理流动，必须构建统一开放竞争有序的现代文化市场体系。《决定》提出，要重点发展图书报刊、电子音像制品、演出娱乐、影视剧、动漫游戏等产品市场，发展现代流通组织和流通形式，加快培育要素市场，办好重点文化产权交易所。三是创新文化管理体制。《决定》提出，要深化文化行政管理体制改革，加快政府职能转变，强化政策调节、市场监管、社会管理、公共服务职能，推动政企分开、政事分开，完善管人管事管资产管导向相结合的国有文化资产管理体制，健全文化市场综合行政执法机构，加快文化立法，提高文化建设法制化水平。要落实谁主管谁负责和属地管理原则，深入开展“扫黄打非”，完善文化市场管理，坚决扫除毒害人们心灵的腐朽文化垃圾。四是完善政策保障机制。《决定》提出，要保证公共财政对文化建设投入的增长幅度高于财政经常性收入增长幅度，提高文化支出占财政支出比例，落实和完善文化经济政策，设立国家文化发展基金，扩大有关文化基金和专项资金规模，提高各级彩票公益金用于文化事业比重，继续执行文化体制改革配套政策。五是推动中华文化走向世界。《决定》提出，要开展多渠道多形式多层次对外文化交流，创新对外宣传方式方法，实施文化走出去工程，培育一批具有国际竞争力的外向型文化企业和中介机构，加强海外中国文化中心和孔子学院建设，支持海外侨胞积极开展中外人文交流。六是积极吸收借鉴国外优秀文化成果。《决定》提出，要坚持以我为主、为我所用，学习借鉴一切有利于加强我国社会主义文化建设的有益经验、一切有利于丰富我国人民文化生活的积极成果、一切有利于发展我国文化事业和文化产业的经营管理理念和机制。要加强文化领域智力、人才、技术引进工作，吸收外资进入法律法规许可的文化产业领域。

第六，建设宏大文化人才队伍，为社会主义文化大发展大繁荣提供有力人才支撑。推动社会主义文化大发展大繁荣，队伍是基础，人才是关键。《决定》提出，要加快培养造就德才兼备、锐意创新、结构合理、规模宏大的文化人才队伍。围绕这项任务，《决定》从3个方面作出工作部署。一是造就高层次领军人物和高素质文化人才队伍。《决定》提出，要继续实施“四个一批”人才培养工程和文化名家工程，建立重大文化项目首席专家制度，造就一批人民喜爱、有国际影响的名家大师和民族文化代表人物，抓紧培养善于开拓文化新领域的拔尖创新人才、掌握现代传媒技术的专门人才、懂经营善管理的复合型人才、适应文化走出去需要的国际化人才。二是加强基层文化人才队伍建设。《决定》提出，要制定实施基层文化人才队伍建设规划，设立城乡社区公共文化服务岗位，对服务期满高校毕业生报考文化部门公务员、相关专业研究生实行定向招录，壮大文化志愿者队伍，形成专兼结合的基层文化工作队伍。三是加强职业道德建设和作风建设。《决定》提出，要引导广大文化工作者特别是名家名人自觉践行社会主义核心价值体系，增强社会责任感，努力追求德艺双馨。要鼓励文化工作者特别是文化名家、中青年骨干深入实际、深入生活、深入群众，增强国情了解，增加基层体验，增进群众感情。

七、关于加强和改进党对文化工作的领导

加强和改进党对文化工作的领导，是推进文化改革发展的根本保证，也是加强党的执政能力建设和先进性建设的内在要求。《决定》提出，必须从战略和全局出发，把握文化发展规律，健全领导体制机制，改进工作方式方法，增强领导文化建设本领。

《决定》从4个方面作出工作部署。一是切实担负起推进文化改革发展的政治责任。《决定》提出，各级党委和政府要把文化建设摆在全局工作重要位置，深入研究意识形态和宣传文化工作新情况新特点，及时研究文化改革发展重大问题，加强和改进思想政治工作，牢牢把握意识形态工作主导权，掌握文化改革发展领导权。二是加强文化领域领导班子和党组织建设。《决定》提出，要坚持德才兼备、以德为先用人标准，选好配强文化领域各级领导班子，把政治立场坚定、思想理论水平高、熟悉文化工作、善于驾驭意识形态领域复杂局面的干部充实到领导岗位上来，把文化领域各级领导班子建设成为坚强领导集体。要加强领导班子思想政治建设，增强政治敏锐性和政治鉴别力，筑牢思想防线，确保文化阵地导向正确。各级领导干部要高度重视并切实抓好文化工作，加强文化理论学习和文化问题研究，提高文化素养，努力成为领导文化建设的行家里手。三是健全共同推进文化建设工作机制。《决定》提出，推动社会主义文化大发展大繁荣是全党全社会的共同责任。要建立健全党委统一领导、党政齐抓共管、宣传部门组织协调、有关部门分工负责、社会力量积极参与的工作体制和工作格局，形成文化建设强大合力。四是发挥人民群众文化创造积极性。人民是推动社会主义文化大发展大繁荣最深厚的力量源泉。《决定》提出，要牢固树立马克思主义群众观点，为广大群众成为社会主义文化建设者提供广阔舞台，广泛开展群众性文化活动，引导群众在文化建设中自我表现、自我教育、自我服务，推广大众文化优秀成果，在全社会营造鼓励文化创造的良好氛围，让蕴藏于人民中的文化创造活力得到充分发挥。

坚持中国特色社会主义文化发展道路 努力建设社会主义文化强国

刘云山

（2011年10月28日）

坚持中国特色社会主义文化发展道路，努力建设社会主义文化强国，是党的十七届六中全会立足中国特色社会主义事业发展全局，深刻总结文化建设历史经验，科学分析当前形势，着眼于推动我国文化长远发展、实现中华民族伟大复兴提出的重大战略思想和战略举措。我们一定要认真学习贯彻全会精神，坚定不移地走自己的文化发展道路，在新的历史起点上深化文化体制改革，推动社会主义文化大发展大繁荣，为把我国建设成为社会主义文化强国而不懈奋斗。

一

文化是民族的血脉，是人民的精神家园，也是政党的精神旗帜。我们党是一个具有高度文化自觉的马克思主义政党，在革命、建设、改革各个历史时期，都高度重视文化建设，充分运用文化引领前进方向、凝聚奋斗力量、推动事业发展。改革开放特别是党的十六大以来，我们党始终把文化建设放在党和国家全局工作的重要战略地位，坚持物质文明和精神文明两手抓、依法治国和以德治国相结合、文化事业和文化产业同发展，在推动文化建设不断取得新成就的过程中，走出了中国特色社会主义文化发展道路。这条文化发展道路，是我们党长期领导文化建设实践经验的集中体现，是对我国文化发展规律的深刻揭示，符合我国基本国情，顺应时代发展潮流，反映了新形势下党和国家事业发展对文化建设的新要求。

坚持中国特色社会主义文化发展道路是由我国社会制度、发展道路和党的性质宗旨决定的。文化是一定社会政治经济状况的反映，总是在特定的社会条件下存在和发展的。不同国家由于社会性质和政治理念的不同而形成不同的社会制度，选择不同的发展道路。有什么样的社会制度和发展道路，就会孕育和滋养与之相应的文化。中国共产党作为一个用科学理论武装起来的马克思主义政党，在领导人民推动中国革命、建设和改革的伟大进程中，成功开辟了中国特色社会主义道路，形成了中国特色社会主义理论体系，确立了中国特色社会主义制度，实现了经济社会的历史性进步，创造了生机勃勃的崭新文化。从提出新民主主义文化到建设社会主义文化，再到发展中国特色社会主义文化，我们党总是站在时代前列，引领文化发展进步。实践证明，中国特色社会主义道路，既是一条实现社会主义现代化、创造人民美好生活的正确道路，也是一条不断孕育先进思想文化的正确道路；中国共产党既是政治的先锋队，也是文化的先锋队。新时期我国文化发展方向和路径的选择、文化纲领和政策的制定，都是由我国社会主义制度、发展道路和党的性质、宗旨决定的。只有坚持中国特色社会主义文化发展道路，才能确保文化建设沿着正确方向前进，更好地推动文化大发展大繁荣，为坚持和发展中国特色社会主义提供坚强思想保证、强大精神动力、有力舆论支持、良好文化条件。

坚持中国特色社会主义文化发展道路是由中华民族的优秀历史文化传统决定的。文化就像一条奔腾不息的长河，凝结着过去，联结着未来。任何国家和民族的文化发展，都是一个绵延不断、接续推进的过程，都是在继承传统的基础上开拓创新的过程。我国的历史文化传统源远流长、博大精深，积淀着中华民族最深层次的精神追求，包含着中华民族最根本的精神基因，代表着中华民族最独特的精神标识，深刻影响着我国文化的未来发展。如果抛弃历史文化传统，割断民族文化血脉，文化发展就会像无根浮萍、断线风筝，就会迷失方向和目标。我们党始终是民族优秀传统文化的忠实传承者和弘扬者，在发展中国先进文化的过程中，坚持汲取优秀传统文化的精华，同时适应时代和实践的新发展，不断赋予中华文化以时代的青春活力。中国特色社会主义文化发展道路，就是高扬社会主义先进文化与传承民族优秀传统文化相结合的发展道路，就是植根民族历史文化土壤而又面向现代化、面向世界、面向未来的发展道路，最能把中华文化精华与时代精神统一起来、发扬光大。只有坚持中国特色社会主义文化发展道路，才能把坚持和发展、继承和创新统一起来，使优秀传统文化成为发展先进文化的深厚基础，努力发展具有中国特色、中国风格、中国气派的社会主义文化，在新的时代条件下焕发中华文化蓬勃生机、迎来全面复兴的光明前景。

坚持中国特色社会主义文化发展道路是由我国文化发展规律和人民群众根本意愿决定的。世界文化丰富多彩，每个民族和国家的文化都有自身的特性，从而形成了世界文化的多样性。只有认识文化的演进逻辑，把握其内在规律，才能开拓文化发展的广阔道路。党和国家事业属于人民、为了人民的根本方向，我国的基本国情和所处的发展阶段，决定了我国文化建设需要解决的矛盾和问题不同于其他国家，面临的任务和要求也不同于其他国家。党的十七届六中全会《决定》在深刻总结我国文化建设历史经验基础上，概括提出的“五个坚持”的重要方针，集中体现了我国文化发展的内在规律，反映了中国文化的独特属性和文化工作的特殊原则，构成了中国特色社会主义文化发展道路的重要内容，是新形势下推进文化改革发展的重要遵循。当前，中国特色社会主义进入一个新的发展阶段，一方面，亿万人民在中国特色社会主义伟大实践中，精神焕发地投身文化建设、进行文化创造；另一方面，我国经济社会发展对文化建设提出了新的更高要求，人民群众对丰富精神文化生活提出了新的更高期待。回答时代发展和人民群众对文化建设提出的新课题，推动文化建设在更高起点上创造新的辉煌，必须坚持我们党在领导文化建设长期实践中积累的成功经验、形成的方针原则。只有坚持中国特色社会主义文化发展道路，才能科学把握我国文化发展规律，尊重人民群众的文化选择，以更加开阔的视野、更加前瞻的思路、更加有力的举措推进文化改革发展，在全面建设小康社会进程中奋力开创社会主义文化建设新局面。

坚持中国特色社会主义文化发展道路是由增强国家文化软实力的现实需要决定的。当今世界，各种思想文化交流交融交锋趋势更加明显，文化软实力在综合国力竞争中的战略地位日益凸显，许多国家都从提高国家核心竞争力出发，把加快文化发展、增强文化软实力作为国家基本战略。随着我国经济快速发展，中国的发展道路得到越来越多人的理解和认同，中华文化的作用和影响引起世界更大关注。同时，我国文化整体实力和国际影响力与我国国际地位还不相称，与我国深厚的文化底蕴还不相称，国际文化格局西强我弱的状况并没有改变。在这样的背景下，加快提升国家文化软实力已经成为事关党和国家发展全局的重大而紧迫的课题。我们要在日趋激烈的国际文化竞争中赢得主动，绝不能照搬别国的文化发展模式，必须有自己独特的文化设计，选择符合自身实际的文化发展路径，努力构筑我们的文化优势。只有坚持中国特色社会主义文化发展道路，才能更加坚定对我们自己文化的信念，极大焕发文化创新创造的活力，把我国丰富文化资源转化为强大文化竞争力，切实提高国家文化软实力，维护国家文化安全，拓展我国的战略利益和发展空间。

二

坚持中国特色社会主义文化发展道路，努力建设社会主义文化强国，是党的十七届六中全会《决定》贯穿始终的鲜明主题，也是全会的一个重大贡献和突出亮点。中国特色社会主义文化发展道路内涵十分丰富，围绕文化的地位作用、发展方向、发展目的、发展动力、发展思路、发展格局、发展战略、领导力量和依靠力量等提出了许多新思想新观点新论断，深入回答了我国文化建设中一系列带有方向性、根本性、战略性的重大问题。这条文化发展道路，指明了我国文化建设的前进方向和发展路径，是发展社会主义先进文化、实现中华文化繁荣兴盛的唯一正确道路。

中国特色社会主义文化发展道路是建设先进文化之路。我们党从走上中国历史舞台的那天起，就始终高扬自己的文化理想，代表中国先进文化前进方向，自觉承担发展先进文化的历史使命。改革开放特别是党的十六大以来，我们党始终把握中国先进文化的发展趋势和要求，着眼时代前沿，立足新的实践，努力建设和弘扬先进文化，不断丰富人们的精神世界、增强人们的精神力量，充分展现了先进文化的强大感召力和吸引力。中国特色社会主义文化发展道路，就是在探索建设先进文化实践中取得的最重要成果，从根本上说就是发展社会主义先进文化之路，也就是以马克思主义为指导，发展面向现代化、面向世界、面向未来的，民族的科学的大众的社会主义文化。马克思主义作为揭示人类社会发展规律的科学理论，给中华文化注入了先进的思想内涵，是指引文化建设正确方向的根本指针。必须始终坚持马克思主义在意识形态领域的指导地位，坚持用中国特色社会主义理论体系研究解决文化改革发展面临的问题，努力在纷繁复杂的社会文化生态中辨析主流与支流、区分先进与落后、划清积极与消极，正确处理经济效益和社会效益的关系，确保文化建设始终沿着正确方向健康发展。世界在变化、时代在发展、实践在推进。发展先进文化，必须坚持承续民族传统、植根伟大实践、秉持开放包容，做到不忘本来、吸收外来、着眼将来。要始终坚守民族文化立场，维护民族文化基本元素，加强对优秀传统文化思想价值的挖掘和阐发，使优秀传统文化成为建设中华民族共有精神家园的重要支撑，成为新时代鼓舞人民前进的精神力量。要始终立足改革开放和社会主义现代化建设实践，准确把握世界文化发展趋势，准确把握文化科技创新潮流，在人民群众的伟大创造中进行文化创造，在历史的进步中实现文化的进步。要始终以积极态度对待外来文化，坚持辩证取舍的方法，提高转化再造的能力，积极吸纳融汇各国优秀文化成果，在博采众长中不断赋予先进文化强大生机。

中国特色社会主义文化发展道路是科学发展之路。科学发展观是马克思主义关于发展的世界观、方法论的集中体现，不仅反映了我们党对当今世界发展趋势和中国特色社会主义事业发展方位的科学把握，而且反映了我们党对当今文化发展趋势和我国文化建设规律的科学把握。党的十六大以来，我们党坚持用科学发展观指导文化建设，努力把全社会文化发展的积极性引导到科学发展上来，逐步形成了符合科学发展观要求的新的文化发展理念，科学回答了中国文化实现什么样的发展、怎样实现发展的重大问题。新的历史条件下推动文化大发展大繁荣，必须深入贯彻落实科学发展观，以科学发展为主题，把科学发展的理念贯穿到工作的各个方面、各个环节。要始终坚持把发展作为第一要务，用发展的办法解决前进中的问题，既积极为经济建设中心服务，又努力实现文化自身的繁荣发展，推动文化建设与经济建设、政治建设、社会建设协调发展；始终坚持以人为本，以服务人民为根本宗旨，保障人民文化权益，促进人的全面发展；始终坚持全面协调可持续，着力解决影响文化科学发展的突出问题，协调好文化建设的各个领域、各个方面，促进文化持续快速健康发展；始终坚持统筹兼顾，正确认识和妥善处理文化改革发展中的各种重大关系，统筹推进文化改革发展各方面工作，做到文化事业和文化产业两手抓、两加强，提高文化建设科学化水平。推动文化科学发展，必须把着力点放到转变文化发展方式上来。要加强宏观调控、完善政策措施，着力优化文化发展的布局和结构，推动文化资源合理配置，不断提高文化发展的质量和效益，增强文化发展后劲，实现文化又好又快发展。

中国特色社会主义文化发展道路是强基固本之路。社会主义核心价值体系是兴国之魂，是社会主义意识形态的本质体现。文化的力量，很大程度上取决于凝结其中的核心价值体系的力量；不同文化的竞争，很大程度上表现为各自代表的核心价值体系的竞争。以社会主义核心价值体系为内核，用社会主义核心价值体系凝魂聚气、强基固本，是中国特色社会主义文化发展道路的根本标识。推动文化大发展大繁荣，必须把建设社会主义核心价值体系作为根本任务，融入国民教育、精神文明建设和党的建设全过程，贯穿改革开放和社会主义现代化建设各领域，体现到精神文化产品创作生产传播的各方面，使其成为全体人民的自觉追求，不断巩固全体人民团结奋斗的共同思想道德基础。要坚持不懈地用中国特色社会主义理论体系武装全党、教育人民，推动学习实践科学发展观向深度和广度拓展，大力推进马克思主义中国化时代化大众化，用发展着的马克思主义指导新的实践；坚持不懈地用中国特色社会主义共同理想凝聚力量，深入开展理想信念教育、形势政策教育、国情教育、革命传统教育、改革开放教育、国防教育，引导干部群众增强坚持中国特色社会主义旗帜、道路、理论体系和制度的自觉性坚定性；坚持不懈地用以爱国主义为核心的民族精神和以改革创新为核心的时代精神鼓舞斗志，弘扬爱国主义、集体主义、社会主义思想，激励人们与时俱进、开拓创新，为民族振兴、国家发展贡献力量；坚持不懈地用社会主义荣辱观引领风尚，加强社会公德、职业道德、家庭美德、个人品德建设，深入开展群众性精神文明创建活动，树立社会文明新风。在社会思想意识日趋多样多元多变的情况下，要积极探索用社会主义核心价值体系引领社会思潮的有效途径，有力抵制各种错误和腐朽思想影响，提高主流思想文化的主导力、整合力，最大限度扩大社会思想认同。

中国特色社会主义文化发展道路是以人为本之路。人民是历史的创造者，是文化发展最深厚的力量源泉。我们建设的社会主义文化，是人民大众的文化；中国特色社会主义文化发展道路，是人民群众共建共享的道路。这条文化发展道路，坚定地维护广大人民的文化权益，蕴含着我国文化建设永恒不变的价值追求，其重要特征就是坚持以人为本、坚持人民至上。推动文化大发展大繁荣，必须自觉贯彻党的群众路线，牢记文化建设的根基和力量在人民，以满足人民精神文化需求为出发点和落脚点，坚持文化发展为了人民、文化发展依靠人民、文化发展成果由人民共享。人民是文化创造的主体力量，要充分尊重人民在文化建设中的首创精神，为人人成为社会主义文化建设者提供广阔舞台，充分挖掘蕴藏于人民之中的文化创造潜能，使全社会的文化创造活力竞相迸发、充分涌流。一切进步的文化创作生产都源于人民、属于人民，要树立以人民为中心的创作导向，坚持贴近实际、贴近生活、贴近群众，引导文化工作者向人民学习、拜人民为师，从人民群众的火热实践中汲取营养、挖掘素材，努力创作生产出思想性艺术性观赏性相统一、人民喜闻乐见的优秀文化作品，把最好的精神食粮奉献给人民。要坚持面向基层、服务群众，完善城乡基层文化基础设施和服务网络，多生产质优价廉的文化产品，多为低收入群众和生活困难群众提供文化服务，努力让文化改革发展成果惠及全体人民。要大力开展群众乐于参与、便于参与的文化活动，积极搭建各种形式的群众文化活动平台，支持群众依法兴办文化团体，总结推广源于群众、生动鲜活的文化创新经验，更好地激发群众投身文化建设的热情。

中国特色社会主义文化发展道路是改革创新之路。改革创新是坚持和发展中国特色社会主义的强大动力，也是推动文化繁荣发展的强大动力。中国特色社会主义文化发展道路本身就是改革创新的成果，以改革创新为动力是坚持这条道路的必然要求。推动文化大发展大繁荣，必须坚持解放思想、实事求是、与时俱进，坚持百花齐放、百家争鸣，把改革创新精神贯穿文化建设全过程，不断激发文化创造活力，解放和发展文化生产力。现在，文化体制改革已进入攻坚克难的关键阶段，必须牢牢把握正确方向，推动改革在重点领域和关键环节取得新进展。要加快推进国有经营性文化单位改革，深化公益性文化单位改革，健全现代文化市场体系，完善文化管理体制，创新文化走出去模式，着力构建充满活力、富有效率、更加开放、有利于文化科学发展的体制机制。要提高改革决策的科学性、增强改革措施的协调性，加强分类指导，完善政策保障，确保文化体制改革积极稳妥地推进。文化引领社会风气之先，是最需要创新的领域。要把创新作为文化繁荣发展的强大引擎，适应时代和实践发展要求，积极运用高新科技成果，大力推进文化内容、形式、方法、手段创新，不断创造新的文化样式，催生新的文化业态，实现题材、品种、风格和载体的极大丰富，使我们的文化更具时代感和吸引力。改革创新是不断探索、不断突破的过程，良好的社会环境至关重要。要大力营造有利于改革创新的氛围，倡导勇于变革、勇于创造的精神，鼓励探索、宽容失败，使一切改革创新的观念得到尊重、一切改革创新的举措得到支持、一切改革创新的成果得到肯定。

归结起来，中国特色社会主义文化发展道路就是建设社会主义文化强国之路。全会深刻把握我国文化建设实际和发展趋势，明确提出了建设社会主义文化强国的战略目标。这个战略目标，与中国特色社会主义事业总体布局相适应，与建设富强民主文明和谐的社会主义现代化国家目标相衔接，与我国深厚文化底蕴和丰富文化资源相匹配，既顺应时代潮流又体现人民愿望，既符合实际又催人奋进。中国特色社会主义文化发展道路和建设社会主义文化强国，是路径和目标的关系；坚持走中国特色社会主义文化发展道路，最终目标是建设社会主义文化强国。我们必须坚定不移地走这条文化发展道路，高举中国特色社会主义伟大旗帜，以马克思列宁主义、毛泽东思想、邓小平理论和“三个代表”重要思想为指导，深入贯彻落实科学发展观，着力推动社会主义先进文化更加深入人心，推动社会主义精神文明和物质文明全面发展，不断开创全民族文化创造活力持续迸发、社会文化生活更加丰富多彩、人民基本文化权益得到更好保障、人民思想道德素质和科学文化素质全面提高的新局面，建设中华民族共有精神家园，为人类文明进步作出更大贡献。

三

中国特色社会主义文化发展道路已经开辟，建设社会主义文化强国的目标十分明确。实现党的十七届六中全会描绘的宏伟蓝图，是一个需要不懈奋斗、不断创造的伟大过程。必须树立高度的文化自觉和文化自信，全面落实全会部署，积极主动地做好各方面工作，推动兴起社会主义文化建设新高潮。

以更加高度的自觉担当起推动文化大发展大繁荣的历史责任。全会《决定》的一个鲜明特点，就是突出强调了文化自觉。这种自觉是对文化地位作用的深刻认识、对文化发展规律的正确把握、对发展文化历史责任的主动担当。文化自觉不仅是推动文化繁荣发展的思想基础和先决条件，而且决定着一个民族、一个政党的前途命运。当今时代，文化越来越成为民族凝聚力和创造力的重要源泉、越来越成为综合国力竞争的重要因素、越来越成为经济社会发展的重要支撑，丰富精神文化生活越来越成为我国人民的热切愿望。在新的历史起点上深化文化体制改革、推动社会主义文化大发展大繁荣，关系实现全面建设小康社会奋斗目标，关系坚持和发展中国特色社会主义，关系实现中华民族伟大复兴。要深入学习贯彻全会精神，进一步提高思想认识、增强文化自觉，以更加积极主动的姿态肩负起推动文化大发展大繁荣的时代重任。要自觉把文化繁荣发展作为坚持发展是硬道理、发展是党执政兴国第一要务的重要内容，作为深入贯彻落实科学发展观的一个基本要求，从中国特色社会主义事业总体布局出发，把文化建设摆在全局工作重要位置，纳入经济社会发展总体规划，纳入科学发展考核评价体系，努力实现文化与经济、政治、社会建设以及生态文明建设共同推进、协调发展，充分发挥文化引领风尚、教育人民、服务社会、推动发展的作用。

以更加强烈的自信把握文化发展的难得机遇。全会《决定》通篇贯穿了强烈的文化自信。这种自信，来自对时代发展潮流、中国特色社会主义伟大实践的深刻把握，来自对自身文化价值的充分肯定、对自身文化生命力的坚定信念。中国特色社会主义伟大事业正在波澜壮阔地向前发展，改革开放实践的深入推进和取得的丰硕成果，既为文化建设提供了有力支撑，又为文化创新创造开辟了广阔空间。我国文化建设已实现历史性跨越，总体实力大幅增强，人民群众精神文化需求日趋旺盛，全社会关注和参与文化建设热情空前高涨，我国文化正迎来一个繁荣发展的黄金期。特别是中国特色社会主义文化发展道路的成功开辟，使我们对文化发展规律的认识把握达到一个新高度，找到了在时代的高起点上开启文化繁荣兴盛之门的“钥匙”。可以说，坚实的工作基础、有力的物质保障、浓厚的社会氛围以及正确的发展道路，使我们完全有理由对中华文化的发展前途充满信心，对最终建成社会主义文化强国的目标充满信心。要进一步拓宽视野、开阔思路，准确把握我国经济社会发展新要求，准确把握当今时代文化发展新趋势，准确把握各族人民精神文化生活新期待，坚持自己的文化理想，鼓起奋发进取的勇气，焕发文化创造的活力，在中国特色社会主义文化发展道路上不断谱写文化建设的新篇章。

以更加有力的措施推动文化改革发展取得新的突破。文化发展的过程就是不断回答时代和实践提出的新课题的过程。随着经济社会加速转型和科学技术迅猛发展，我国文化领域正在发生广泛而深刻的变革，文化改革发展遇到许多复杂情况，面临不少新的矛盾和问题。全会《决定》深入总结了这些年文化建设的丰富实践，围绕文化改革发展中全局性、根本性、战略性的重大问题，围绕文化建设亟待解决的突出问题，围绕干部群众普遍关注的热点问题，既提出了许多有针对性的政策举措，又提出了许多带有方向性的要求。要紧密结合自身实际，抓住那些基础性战略性工作，抓住那些重大部署和重大项目，集中力量和资源，全力以赴地加以推进，力争在重点领域和关键环节取得新的突破。同时，要进一步梳理制约文化改革发展的深层次问题，在深入调查研究的基础上，进一步明确深化文化体制改革的各项政策，进一步细化文化建设各领域、各方面的工作措施，加大各项工作推进力度，推动形成思想道德建设深入推进、文化事业全面繁荣、文化产业快速发展、优秀文化作品大量涌现、中华文化国际影响力不断提升的良好局面。

以更加扎实的作风落实好文化建设的各项任务。能不能按照全会《决定》要求，推动文化改革发展实现新的跨越，关键取决于我们工作的推进力度和落实程度，取决于我们的精神状态和工作作风。要以对党和人民事业高度负责的态度，以时不我待、奋发有为的精神，以狠抓落实、务求实效的作风，抓住难得机遇，加快发展步伐，把文化建设各项任务持续向前推进。要坚持立足当前、着眼长远，切实增强工作紧迫感，抓紧抓好当前工作，创造条件把承担的任务迅速推开，同时要树立战略思维，注重从中长期角度进行谋划，善于抓住打基础、利长远的重要项目，有计划分阶段地加以实施。要坚持求真务实、真抓实干，一切从实际出发，努力把原则要求变为可操作的工作措施，把目标任务变成实实在在的工作项目，在抓实、抓细、抓具体上下工夫。要坚持眼睛向下、重心下移，把更多的资源投向基层，把更多的项目放在基层，把更多的服务延伸到基层，不断打牢事业发展的根基。要把文化人才队伍建设作为基础工程，加大对高层次领军人物和拔尖人才的培养力度，加大对基层文化人才队伍的培养力度，努力造就一支德才兼备、锐意创新、结构合理、规模宏大的高素质文化人才队伍，为社会主义文化大发展大繁荣提供有力人才支撑。

（原载于10月28日《人民日报》）

充分认识新形势下推进文化改革发展的重大意义

刘延东

（2011年10月31日）

党的十七届六中全会全面总结我国文化改革发展的丰富实践和宝贵经验，科学分析文化建设的新形势新要求，通过了《中共中央关于深化文化体制改革推动社会主义文化大发展大繁荣若干重大问题的决定》（以下简称《决定》），对坚持中国特色社会主义文化发展道路、努力建设社会主义文化强国作出重大战略部署。党的中央全会专题研究和部署文化建设问题，体现了党中央对当今时代发展趋势和文化建设承载历史使命的科学把握，反映了我们党在新的历史条件下的高度文化自觉。《决定》强调指出，文化越来越成为民族凝聚力和创造力的重要源泉、越来越成为综合国力竞争的重要因素、越来越成为经济社会发展的重要支撑，丰富精神文化生活越来越成为我国人民的热切愿望；在新的历史起点上深化文化体制改革、推动社会主义文化大发展大繁荣，关系实现全面建设小康社会奋斗目标，关系坚持和发展中国特色社会主义，关系实现中华民族伟大复兴。《决定》从战略和全局的高度阐述了推进文化改革发展的重要性和紧迫性，是当前和今后一个时期推进文化改革发展的历史宣言和行动纲领。我们要深刻领会推进文化改革发展重大而深远的意义，认真贯彻落实《决定》精神，奋力开创社会主义文化建设新局面，为加快推进社会主义现代化、实现中华民族伟大复兴作出新贡献。

一、加快推进文化改革发展是永葆党的先进性、提高党的领导水平和执政能力的战略举措

一个政党的先进性首先表现在思想理论上的先进性，社会主义先进文化是马克思主义政党思想精神上的旗帜。作为一个马克思主义政党，中国共产党只有代表先进文化前进方向，才能在世界形势深刻变化的历史进程中始终走在时代前列，在应对国内外各种风险和考验的历史进程中始终成为全国人民的主心骨，在发展中国特色社会主义的历史进程中始终成为坚强的领导核心。

今年是中国共产党成立90周年。从成立之日起，我们党就既是中华优秀传统文化的忠实传承者和弘扬者，又是中国先进文化的积极倡导者和发展者，历来高度重视运用文化引领前进方向、凝聚奋斗力量。在革命、建设、改革各个历史时期，我们党都结合时代条件，围绕党的宗旨和中心任务，提出自己的文化纲领、文化目标、文化政策，发挥文化工作不可替代的重大作用，团结带领全国各族人民不断以思想文化新觉醒、理论创造新成果、文化建设新成就推动党和人民事业向前发展。党的事业无论处于艰难探索阶段还是蓬勃发展时期，对文化建设的重视都坚定不移、从未动摇。

在19世纪40年代中国抗战最困难的时期，毛泽东同志发表了著名的《在延安文艺座谈会上的讲话》，至今仍闪烁着时代光芒。他在一开篇就鲜明指出，要“求得革命文艺对其他革命工作的更好的协助，借以打倒我们民族的敌人，完成民族解放的任务”，深刻揭示了文化建设对于我们党实现自身宗旨、完成历史使命的重要意义。改革开放特别是党的十六大以来，我们党始终把文化建设放在党和国家全局工作重要战略地位，对文化重要性的认识和文化发展规律性的把握不断深化、日益自觉，推动文化建设取得辉煌成就，为中国特色社会主义事业注入强大动力。邓小平强调：“我们要在建设高度物质文明的同时，提高全民族的科学文化水平，发展高尚的丰富多彩的文化生活，建设高度的社会主义精神文明。”江泽民同志把“始终代表中国先进文化的前进方向”上升到我们党立党之本、执政之基、力量之源的高度，强调指出：“社会主义的优越性不仅表现在经济政治方面，表现在能够创造出高度的物质文明上，而且表现在思想文化方面，表现在能够创造出高度的精神文明上。”胡锦涛同志深刻指出：“发展社会主义先进文化，是建设中国特色社会主义的应有之义，是马克思主义政党思想精神上的旗帜，是推动我国经济社会发展的必然要求，是实现中华民族伟大复兴的显著标志。”进入21世纪，党的十七大号召全党坚持社会主义先进文化前进方向，提出兴起社会主义文化建设新高潮、推动社会主义文化大发展大繁荣的战略任务，对推进文化改革发展提出了更高要求。实践证明，我们党之所以能够

领导革命、建设、改革事业不断从胜利走向新的胜利，在风云变幻中立于不败之地，其重要原因之一就是重视和发挥文化建设在坚持和发展党的先进性、提高党的执政能力中的基础性作用。

当今世界正处在大发展、大变革、大调整时期，世界多极化、经济全球化深入发展，科学技术进步日新月异。我们党面临许多前所未有的新情况新问题新挑战，执政考验、改革开放考验、市场经济考验、外部环境考验是长期的、复杂的、严峻的。发展社会主义先进文化，坚持马克思主义指导地位，坚定中国特色社会主义共同理想，巩固全党全国各族人民团结奋斗的共同思想道德基础，对夯实党的执政基础、提高党的执政能力至关重要。正如《决定》所强调的，必须自觉把文化繁荣发展作为坚持发展是硬道理、发展是党执政兴国第一要务的重要内容，作为深入贯彻落实科学发展观的一个基本要求。我们要加快推进文化改革发展，建设反映时代进步要求和人民群众期待的先进文化，进一步保持和发展马克思主义政党的先进性。只有这样，我们党才能始终发挥中国工人阶级的先锋队、中国人民和中华民族的先锋队作用，始终成为中国特色社会主义事业的坚强领导核心。

二、加快推进文化改革发展是发展中国特色社会主义事业的内在要求

新中国成立60多年特别是改革开放30多年来，中国特色社会主义事业取得了举世瞩目的辉煌成就，从生产力到生产关系、从经济基础到上层建筑都发生了重大而深刻的变化，人民物质文化生活水平大幅度提高，国家综合国力和国际竞争力大幅度增强，一个生机盎然的社会主义中国巍然屹立在世界东方。中国特色社会主义道路的成功探索得到了全国人民的衷心拥护，中国特色社会主义事业的伟大成就得到了全世界的广泛赞誉。

在新的历史起点上，如何开拓中国特色社会主义更加广阔的发展前景？党的十七大明确提出了中国特色社会主义事业总体布局，就是要全面推进经济建设、政治建设、文化建设、社会建设，促进现代化建设各个环节、各个方面相协调，促进生产关系与生产力、上层建筑与经济基础相协调。

实现社会主义现代化建设的宏伟目标，我们必须同步推进社会主义市场经济、社会主义民主政治、社会主义先进文化、社会主义和谐社会建设，在富强、民主、文明、和谐4个方面达到相互协调的更高境界。

文化建设是中国特色社会主义事业总体布局的重要组成部分，同时又渗透在各个领域，与其他建设相辅相成、相互支撑、互为条件。文化建设不仅对经济增长的直接贡献越来越大，而且对提升经济发展质量的作用日益突出。在经济发展为文化发展创造物质条件的同时，文化建设也为经济发展提供强大精神动力，形成经济的文化含量不断提高、文化的经济功能逐步增强的良性互动局面。文化建设是推进政治建设、发挥政治制度优势的深厚土壤。文化具有意识形态属性，文化建设与政治建设息息相关。扩大社会主义民主、建设社会主义法治国家，需要在全社会树立民主法治、自由平等、公平正义的理念，培育自尊自信、理性平和、积极向上的社会心态，营造有利于政治建设的文化氛围。文化建设既是推动社会发展的重要手段，也是社会文明进步的重要目标。把我国建设成为一个人民享有更加充分民主权利、具有更高文明素质和精神追求的国家，必须持之以恒地发挥文化在振奋民族精神、引导教育人民、纾解社会情绪、营造稳定和谐局面中的独特作用。可以说，当今时代，文化与经济、政治、社会相互交融程度正在不断加深。文化自觉的程度、文化建设的水平，深刻影响着其他建设的内涵和进程。我们必须加快推进文化改革发展，在中国特色社会主义的伟大实践中进行文化创造，为继续解放思想、坚持改革开放、推动科学发展、促进社会和谐提供坚强思想保证、强大精神动力、有力舆论支持、良好文化条件。

正如《决定》所明确指出的，“物质贫乏不是社会主义，精神空虚也不是社会主义。没有社会主义文化繁荣发展，就没有社会主义现代化。”这是我们党对社会主义文化与中国特色社会主义事业关系所作的精辟论述，体现了高度的文化自觉和文化自信，必将推动我国文化改革发展迎来一个新的高潮。

三、加快推进文化改革发展是全面建设小康社会、满足人民精神文化需求的迫切需要

我国仍处于并将长期处于社会主义初级阶段，人民日益增长的物质文化需要同落后的社会生产之间的矛盾仍然是社会主要矛盾。党的十七大提出到2020年全面建成小康社会的新要求。《决定》进一步指出，“全面建成惠及十几亿人口的更高水平的小康社会，既要让人民过上殷实富足的物质生活，又要让人民享有健康丰富的文化生活。”这充分表明了文化建设在全面建设小康社会中的特殊重要性和现实紧迫性，是对全面建设小康社会奋斗目标的深度拓展。

文化改革发展是全面建设小康社会的重要任务。人民越富足，对精神文化生活的追求就越高；国家越富强，对国民精神境界提升的要求就越高。回顾世纪之交，当我国城乡居民生活从温饱步入总体小康，社会的精神文化需求明显增加。总结国际经验，当一个国家人均国内生产总值达到或超过3000美元时，国民的文化消费需求将呈现快速增长甚至是井喷的态势。当前，随着经济社会全面发展和物质生活水平提升，我国进入消费结构提升、文化消费活跃的阶段，人民群众的精神文化需求前所未有地强烈，呈现出高品质、多样化、个性化的特点，求知求乐求美的愿望日益迫切，而我们提供的文化产品和服务还远远不能满足城乡居民需要，既有总量严重不足的短缺，也存在供需之间的结构性缺口。展望未来10年，在全面建设小康社会奋斗目标实现之日，十几亿中国人对实现自身文化权益的要求、丰富精神文化生活的期待必然更高、更加多样化，而文化繁荣发展作为实现全面建设小康社会奋斗目标的标志之一，也将成为衡量民生改善程度及社会幸福指数的重要指标。

全面建设小康社会还必然要求全面提升国民文明素质。这是党和国家事业代代相传、中华文明生生不息的根本保证。当前我国公民的科学素质、人文素养与经济快速发展、社会全面进步的进程还不相适应，公平与正义意识、权利与义务意识、民主与法治意识等仍有待提高，一些领域道德失范、诚信缺失，一些社会成员人生观、价值观扭曲。公民的文明素质已成为制约全面建设小康社会的一个短板，迫切要求加快推进文化改革发展，进一步发挥文化建设在提高人民思想道德素质和科学文化素质中的作用，以社会主义核心价值体系引领社会思潮、弘扬社会正气、培育文明风尚，塑造崇高人格和民族精神品格，培育和谐的人际关系，在全党全社会凝聚起团结奋斗的共同意志。只有这样，我们全面建成的小康社会才是物质生活和精神生活水平同步提升、物质财富和精神财富共同增长的小康社会。

四、加快推进文化改革发展是推动科学发展、加快转变经济发展方式的重大课题

加快文化改革发展是贯彻落实科学发展观的必然要求，也是推动科学发展、转变经济发展方式的应有之义。我国经济连续30多年保持了近10%的高速增长，创造了世界经济发展史上的奇迹。但同时，发展中不平衡、不协调、不可持续问题依然突出，传统发展方式越来越难以为继。进入“十二五”时期，中央明确提出，要坚持以科学发展为主题，以加快转变经济发展方式为主线，推动经济发展走上创新驱动、内生增长的轨道。这就要求我们坚持把经济结构战略性调整作为主攻方向，加快发展战略性新兴产业，提高产业的科技含量和产品的附加值，注重经济增长的质量和效益，培育新的经济增长点；要求我们坚持以人为本，把保障和改善民生作为根本出发点和落脚点，推进基本公共服务均等化，使发展成果惠及全体人民。

提升文化产业的比重是我国经济结构战略性调整和产业升级的一个重要选择方向。文化产业以创意为源头，是一种科技含量高、资源能源消耗低、环境污染小、知识密集的绿色产业，在增加就业、扩大消费、拉动内需中发挥着越来越重要的作用，对建设资源节约型、环境友好型社会也具有不可替代的作用。国际金融危机期间，文化产业逆势上扬，2010年文化产业增加值突破1万亿元。电影产业出现井喷式增长，2010年票房过百亿元，连续6年增幅超过30%，进入全球电影市场前十名，扭转了国内电影票房前五名都是进口大片的局面。出版行业整合资源、改革体制，组建了若干个跨地区跨行业、资产和产值双双过百亿的大型企业集团，整个行业年产值突破1万亿元。网络游戏产业的规模达349亿元，动漫游戏、数字音乐、数字电影、网络视频、移动多媒体广播电视、公共视听载体、数字出版、网络出版、手机出版等新兴文化产业和创意产业迅速崛起。文化产业日益成为新的经济增长点、经济结构战略性调整的重要支点、转变经济发展方式的重要着力点。文化与经济、文化与科技结合所产生的创新创造优势正在展现出强大的竞争力。可以预见，未来现代信息技术更加广泛的应用，不仅将深刻改变社会生产方式和人们生活方式，而且将极大改变产业业态和文化产品生产、传播与消费方式。能否抓住机遇、乘势而上，推动文化产业跨越式发展，使之成为国民经济支柱性产业，关系到我国经济社会的可持续发展。

加快发展文化事业，完善覆盖城乡、结构合理、功能健全、实用高效的公共文化服务体系，是落实以人为本理念的重要任务。近年来，我们坚持统筹城乡、区域文化发展，推动文化惠民工程等重大文化建设项目重心下移，公共文化资源向农村和中西部倾斜，公共文化服务网络向城乡基层延伸，受到了群众的热烈欢迎，丰富了贫困地区、边远山区和农民工的精神文化生活。但是，也要清醒地看到，当前我国经济社会发展一条腿长、一条腿短的问题没有根本解决，城乡、区域文化建设差距大、发展不平衡，农村、中西部地区文化建设相对滞后，公共文化产品供给不足，农民及城镇低收入居民、农民工等群体文化生活还很匮乏。必须按照公益性、基本性、均等性、便利性的要求，完善公共文化服务体系、保障人民群众基本文化权益。这是一项艰巨而紧迫的任务，把这项任务完成好，才能真正实现文化发展为了人民、文化发展依靠人民、文化发展成果由人民共享。

总之，推进文化改革发展直接关系我国经济社会又好又快发展。《决定》强调必须抓住和用好我国发展的重要战略机遇期，在坚持以经济建设为中心的同时，自觉把文化繁荣发展作为坚持发展是硬道理、发展是党执政兴国第一要务的重要内容，作为深入贯彻落实科学发展观的一个基本要求，充分体现了中央通过文化改革发展促进实现主题主线的战略思路，这是极富远见卓识的重大举措。

五、加快推进文化改革发展是解决当前文化领域突出问题、实现文化又好又快发展的必由之路

改革开放特别是党的十六大以来，伴随着国家各项事业的发展，我国文化建设空前发展和繁荣，取得了辉煌成就，呈现出活力迸发、硕果累累、英才辈出的崭新面貌，走出了中国特色社会主义文化发展道路。我国文化发展进入了历史最好时期。

同时，我们也要清醒看到，伴随着世情、国情、党情的发展变化，我国文化领域正在发生广泛而深刻的变革，推动文化大发展大繁荣既具备许多有利条件，也面临一系列新情况新问题。我国文化发展整体水平还不高，与经济社会发展和人民日益增长的精神文化需求相比，与推动科学发展、促进社会和谐的要求相比，与急剧变化的国际形势提出的要求相比，还不完全适应。《决定》深入分析了文化改革发展面临的新形势新要求，从8个方面指出了当前文化领域存在的突出矛盾和问题。主要是：一些地方和单位对文化建设重要性、必要性、紧迫性认识不够，文化在推动全民族文明素质提高中的作用亟待加强；一些领域道德失范、诚信缺失，一些社会成员人生观、价值观扭曲，用社会主义核心价值体系引领社会思潮更为紧迫，巩固全党全国各族人民团结奋斗的共同思想道德基础任务繁重；舆论引导能力需要提高，网络建设和管理亟待加强和改进；有影响的精品力作还不够多，文化产品创作生产引导力度需要加大；公共文化服务体系不健全，城乡、区域文化发展不平衡；文化产业规模不大、结构不合理，束缚文化生产力发展的体制机制问题尚未根本解决；文化走出去较为薄弱，中华文化国际影响力需要进一步增强；文化人才队伍建设急需加强。

文化领域这些突出矛盾和问题对我们提出了严峻而紧迫的现实课题，如果这些问题不解决，推动文化大发展大繁荣的战略部署就难以落到实处。因此，我们必须树立忧患意识，切实增强责任感和紧迫感，对我国文化建设的历史和现状进行冷静审视，进一步提高对新的形势下深化文化体制改革、推动社会主义文化大发展大繁荣重大意义的认识，抓住机遇，积极谋划，在改革创新中破解难题，在科学发展中提升水平，努力开创社会主义文化建设新局面。

六、加快推进文化改革发展是提高国家文化软实力、在综合国力竞争中赢得主动的重要保证

当今世界，文化越来越成为综合国力竞争的重要因素。谁占据了文化发展的制高点，谁就能在激烈的国际竞争中掌握主动权。正如《决定》所指出的，没有文化的积极引领，没有人民精神世界的极大丰富，没有全民族精神力量的充分发挥，一个国家、一个民族不可能屹立于世界民族之林。离开了文化支撑，即使有繁荣的经济，强国地位也难以确立，更不易巩固。综观全球，许多发达国家均拥有特色鲜明的民族文化和强大的文化软实力，越来越多的国家把加快文化发展、增强文化软实力上升到国家战略层面，成为提高综合国力和国际竞争力的战略选择。经济硬实力与文化软实力日益呈现出相互依托、相互支撑的态势。

当前，我国综合国力显著增强，已成为全球第二大经济体，在应对国际金融危机冲击中，中国发展道路和发展模式的优势充分显现，得到许多国家的关注和认同。与此同时，我们积极实施文化走出去战略，形成多层次、宽领域对外文化交流格局，中华文化国际影响力不断增强，向世界展示了我国改革开放的崭新形象和我国人民昂扬向上的精神风貌。特别是近年来，我们在加强中外人文交流、提升我国文化影响力和感召力方面作了一些新的探索，取得了良好的效果。目前，我国同大多数国家和地区及联合国教科文组织等国际组织建立了多种形式的文化交流机制，与145个国家签订政府间文化合作协定，签署了近800个年度文化交流执行计划，与近千个国际文化组织和机构开展文化交往。构建了中美、中俄两大人文交流合作机制并提升到战略层面，与欧盟、东盟、非盟、阿拉伯联盟、上海合作组织和东北亚加强了人文交流合作。人文交流对增进国际理解和政治互信、促进文化相互借鉴、维护文化多样性发挥了积极作用，为树立我国负责任大国形象、提升国际地位和影响力作出了重要贡献。

同时也要看到，我国是有着悠久历史和灿烂文明的文化大国，但丰富的文化资源还没有转化为较强的文化软实力。我国文化国际影响力与经济国际影响力很不相称，文化产品输入国角色与物质产品输出国地位很不匹配，维护国家文化安全的任务更加艰巨。特别是我国国力的显著上升，引起了一些国家的疑虑和不适应，如何增加国际社会对我国和平发展、和谐世界理念的理解和认同，使我国在政治上更有影响力、经济上更有竞争力、形象上更有亲和力、道义上更有感召力，是我国软实力建设面临的新课题。

胡锦涛总书记在庆祝中国共产党成立90周年大会上的讲话中强调，要着眼于推动中华文化走向世界，形成与我国国际地位相对称的文化软实力，提高中华文化国际影响力。《决定》指出，当今世界各种思想文化交流交融交锋更加频繁，文化在综合国力竞争中的地位和作用更加凸显，维护国家文化安全任务更加艰巨，增强国家文化软实力、中华文化国际影响力要求更加紧迫，再次强调要增强国家文化软实力，弘扬中华文化，努力建设社会主义文化强国，对推动中华文化走向世界提出了明确要求。我们必须加快推进文化改革发展，广泛开展人文交流，坚持政府与民间并举、文化交流与文化贸易并重，推动优秀文化产品走向世界、造福人类，增强我国国际话语权，让各国人民全面了解中国的历史文化、民族情感和发展进程，深切感受中国开放包容的博大胸怀和走和平发展道路的真诚愿望，为我国社会主义现代化建设营造良好外部环境，为建设持久和平、共同繁荣的和谐世界作出新贡献。

七、加快推进文化改革发展是建设社会主义文化强国、实现中华民族伟大复兴的时代要求

中华民族伟大复兴寄托着近代以来无数仁人志士的梦想和追求。团结带领全国各族人民在中国特色社会主义道路上实现中华民族伟大复兴，是历史和时代赋予我们党的庄严使命。中华文化是中华民族共有精神家园，凝聚着中华民族对自然界和人类社会的历史认知和现实感受，是实现民族复兴的动力源泉和精神支撑。没有文化强国就没有现代化强国。正如《决定》所强调的，“中华民族伟大复兴必然伴随着中华文化繁荣兴盛。”

在世界文明史中，五千多年的中华文明源远流长、博大精深，延绵至今而生生不息，为中华民族发展壮大提供了强大精神力量，为人类文明进步作出了不可磨灭的重大贡献。古代中国曾有领跑世界数百年的经济盛世，更创造出熠熠生辉的灿烂文明，即使近代中国内忧外患、积贫积弱，优秀传统文化饱受风雨磨难，却依然凝聚了中华民族自强不息的精神追求和历久弥新的精神财富。在社会主义制度下，中华文化经过改革开放伟大时代的锻造更加成熟，在与其他民族优秀文化相互交流中更加充实，呈现出与时俱进、开放包容的恢宏气度，彰显出自由平等、公平正义、民主法治的时代追求，展现出民族的魅力、时代的光芒、国际的视野，达到了前所未有的新高度。

今天，我们这个底蕴深厚的文明古国已经焕然一新，中华民族伟大复兴正展现出光明前景。在这样一个历史时刻，《决定》第一次把建设社会主义文化强国作为奋斗目标，作出重要战略部署，系统阐释了基本内涵和整体要求，发出了建设社会主义文化强国的动员令。这就要求我们加快推进文化改革发展，破除障碍，吐故纳新，在弘扬优秀传统文化的基础上奋力开拓创新，创造出文化的新辉煌，永葆中华文化的生机与活力。

展望未来，全党全国各族人民对中华民族伟大复兴的辉煌前景坚信不疑，对中华文化繁荣兴盛的光明未来矢志不渝。社会主义中国必将跻身世界经济强国、教育强国、人才强国和创新型国家行列，也一定能够成为对人类文明进步作出更大贡献的文化强国。

伟大的时代呼唤着繁荣的文化，我们肩负着前所未有的历史重任。让我们紧密团结在以胡锦涛同志为总书记的党中央周围，全面贯彻落实党的十七届六中全会精神，积极进取，开拓创新，坚定不移地走中国特色社会主义文化发展道路，为建设社会主义文化强国、实现中华民族伟大复兴而不懈奋斗！

（原载于10月31日《人民日报》）

在2011年全国文化厅局长会议上的讲话

蔡 武

(2011年1月4日)

同志们:

今天上午，我们听取了中共中央政治局常委李长春同志的重要讲话，长春同志对“十一五”期间宣传思想文化工作取得的成就和所积累的经验，做了全面、系统、深刻的总结，给予了高度的评价，听后感到十分振奋。长春同志讲话对“十二五”期间，特别是当前我国经济社会和文化发展面临的国内外形势，做了透彻的分析，对面临的挑战与机遇做了深刻的阐述，再次强调，我们仍处在可以大有作为的难得的战略机遇期。这使我们头脑更清醒，信心更足了。我们这次会议，要结合学习领会长春同志重要讲话精神，进一步深入学习领会和全面贯彻落实党的十七届五中全会精神和党中央关于文化建设的一系列重要战略决策和部署，坚持以科学发展观为指导，以推动文化大发展大繁荣为目标，回顾过去一年文化领域各项建设取得的成绩，总结“十一五”时期文化建设经验，明确“十二五”时期文化建设的总体思路，部署和推进2011年各项文化工作。下面，我代表部党组讲几点意见:

一、抢抓机遇，奋发有为，2010年文化建设硕果累累

过去的一年，党中央对文化建设做出的一系列重要论述和决策部署，极大地鼓舞了我们的斗志，增强了我们的信心，坚定了我们的信念。一年来，文化系统的同志们认真贯彻落实党中央国务院的总体部署，紧紧围绕文化科学发展这个主题，抓住加快文化发展方式转变这条主线，服务党和国家工作大局，坚持解放思想，改革创新，振奋精神，抢抓机遇，团结拼搏，锐意进取，努力推动各项文化工作取得新进展新成效。

《工作总结》已经印发给大家，在这里我仅对2010年工作做一简要回顾。

(一)以政府为主导的公共文化服务体系建设实现新突破

坚持政府主导，加大投入力度。国家博物馆改扩建、国家话剧院剧场等工程相继竣工，成为新的文化地标；江西艺术中心大剧院、广东省博物馆新馆等一批地方文化设施相继建成，天津投资35亿元的文化中心项目初具规模。全国乡镇综合文化站设备购置、城市社区文化中心及文化活动室设备购置等重大文化基础设施项目顺利实施，专项资金总量达18亿多元。国家数字图书馆推广工程全面启动，县级数字图书馆推广计划建设任务全面完成。公共电子阅览室试点工作稳步开展。全国文化信息资源共享工程基层服务点建设基本完成“村村通”的目标，数字资源总量达105TB，累计服务超过8.9亿人次。按照公益性要求，大力推进公共文化服务设施免费开放工作。目前已有1743家博物馆、纪念馆向社会免费开放，约占文化文物系统归口管理总数的77%；制定了公共图书馆、文化馆、美术馆免费开放工作具体操作方案。发挥典型示范作用，加强基层公共文化服务体系建设。启动公共文化服务体系示范区（项目）创建工作；与中宣部联合在河北霸州召开全国县级公共文化服务体系建设现场经验交流会；在云南昆明召开全国村级文化建设工作座谈会，总结推广云南等省村级文化建设的做法和经验。搭建公益性文化活动平台，加强对群众性文化活动的引导和扶持。成功举办“大地情深”——全国城乡基层群众小戏小品展演活动、中华红歌会等重大文化活动。

(二)以经营性文化单位转企改制为中心环节的文化体制改革在重点领域不断取得新的突破和进展

着力培育文化市场主体，大力推进经营性文化单位转企改制工作。文化部系统4家集团公司转企改制工作取得重大进展，事业编制全部核销，实现了全员劳动合同管理，为经营性文化单位规范转制作出了表率；全国共有461家国有文艺院团已完成或正在进行转企改制，其中2010年新增340家；各地整合成立了46家演艺企业集团，区域性龙头演艺集团正在逐步发展壮大。加快推进管理体制改革，文化市场综合执法改革成效明显。北京、上海、重庆等11个省（市）基本完成综合执法改革，山东、河北、辽宁所有省辖市全部完成综合执法改革。全国地级市中已有70%组建了综合执法机构，72%实现了文化、

新闻、广电三局合并；全国有一半的县（区）组建了综合执法机构并实现三局合并。执法力量得到进一步加强，文化市场综合执法人员编制数量由改革前的1.7万人增加到2.9万人，增长了69%。

（三）以提高国家文化软实力为目标，文化围绕中心、服务大局的作用得到充分发挥

积极贯彻党中央、国务院关于转变经济发展方式的重大决策，在中宣部的统一协调和领导下，文化部代表国务院向全国人大常委会系统汇报了文化产业发展问题，得到了全国人大的高度评价和充分肯定。贯彻落实中央关于新疆工作的总体部署，充分发挥文化团结群众、凝聚人心、促进民族团结的作用，率先召开全国文化文物系统对口支援新疆工作会议，组织以“大舞台”、“大讲堂”、“大展台”系列活动为载体的“春雨工程——全国文化志愿者边疆行”活动，实施“新疆维吾尔自治区县级数字图书馆推广计划”。在青海玉树地震和甘肃舟曲泥石流等自然灾害发生后，文化系统充分发挥文化抚慰心灵、振奋人心的作用，积极投入救灾活动，组织专场赈灾义演，创作救灾作品，启动了玉树地震灾区文化遗产抢救保护工程。为配合国家重大活动，营造良好氛围，世博会、亚运会期间，组织开展了丰富多彩的文艺演出和文化遗产展示活动。特别是上海世博会期间，共有来自225个国家、地区和国际组织以及全国各省区市的1289个文艺团体，在世博园区演出22900余场，观众达3450余万人次，平均每天有120场室内外各种节目。使本届世博会真正成为全球跨文化交流的盛会、充分展示世界文化多样性的大舞台，前不久，在中共中央、国务院举行的上海世博会总结表彰大会上，文化部外联局世博活动领导小组、上海文广新局、文化部所属东方演艺集团有限公司3个单位，文化部外联局国际处杨松，受到表彰。近期，将以文化部名义对在世博会期间做出突出贡献的文化系统单位和个人进行通报表扬。

（四）以贯彻落实国务院文化产业振兴规划为契机，文化产业发展势头强劲，文化市场繁荣有序

精心实施重大文化产业项目带动战略，文化产业基地和特色产业群建设加快推进。文化部与天津市合作建设的国家级动漫产业示范园区建设顺利进行，已有几十家企业入驻。继续开展国家文化产业示范基地和国家级文化产业示范园区的评选命名工作，累计审定204家国家文化产业示范基地，4家国家级文化产业示范区。大力扶持重点产业，开展重点动漫产品、重点动漫企业认定工作，实施“原创动漫扶持计划”，组织动漫企业参加国际知名展会。促进金融资本与文化产业的对接，会同相关部委出台《关于金融支持文化产业振兴和发展繁荣的指导意见》，并与中国工商银行、中国农业银行等签订了战略合作协议，经文化部平台向银行推荐项目31个，涉及金额136亿多元。积极推动文化与旅游的深度结合，在张家界举办首届中国国际文化旅游节。各类文化产品交易平台日益健全，成功举办第六届中国（深圳）国际文化产业博览交易会等重大会展活动。坚持以管理促繁荣，进一步规范文化市场。加强对演出娱乐、网络文化、动漫游戏等各行业经营秩序的监管，加大违法处罚力度。进一步推动网吧连锁经营，开展“网络游戏适龄提示工程”及“网络游戏未成年人家长监护工程”，有效净化了网络环境。

（五）以继承、弘扬优秀民族传统文化为中心内容的文化遗产保护工作成效显著

坚持妥善处理保护与利用、传承与发展的关系，文化遗产保护力度不断加大。第三次全国文物普查取得可喜进展，全国2800多个县全部完成了实地文物调查，调查登记不可移动文物80余万处，比第二次全国文物普查登记的文物总数翻了一番。继续开展南水北调工程等重大基本设施建设的考古和文物保护工作，大遗址保护格局初步确立，国家考古遗址公园建设顺利推进。震后文化遗产抢救保护有序开展，世界遗产都江堰古建筑群灾后抢救保护工程顺利竣工。“天地之中”嵩山建筑群入选世界遗产。加强国际交流与合作，成功举办2010年国际博协第22届大会，122个国家3000多名代表参会，是我国主办的文化遗产和博物馆领域规模最大的国际会议，并发表了《上海宣言》，增强了我国在国际博物馆事业中的话语权。非物质文化遗产保护制度建设进一步加强。四级名录体系进一步完善，第三批国家级非物质文化遗产名录已报国务院审定；京剧和中医针灸列入“人类非物质文化遗产代表作名录”，还有3项列入“急需保护的非物质文化遗产名录”。下发《文化部关于加强国家级文化生态保护区建设的指导意见》，新设立6个国家级文化生态保护实验区。成功举办全国非物质文化遗产展示会、首届中国非物质文化遗产博览会，组织开展丰富多彩的“文化遗产日”和民族传统节日期间的宣传展示活动，扩大了全社会对非物质文化遗产保护的认知度和关注度。非物质文化遗产保护人才培训力度不断加大，与中

央党校合作举办了地市领导非物质文化遗产保护专题研讨班。古籍保护工作继续推进，开展了第三批国家珍贵古籍名录及全国古籍重点保护单位评审。

（六）以引导社会、教育人民、推动发展为职能，文化产品创作生产的引导力度不断加大

坚持“二为”方向，加强对文化产品创作生产的扶持和引导。会同财政部设立总额达1亿元的“国家繁荣文学艺术创作专项资金”，实施国家舞台艺术精品工程、中国民族音乐发展和扶持工程。发挥文艺评奖的正确导向作用，改革“文华奖”评奖机制，提高了政府奖的权威性和影响力。为艺术创作搭建展示平台，成功举办第九届中国艺术节，组织各类文艺和美术作品展演，举办“文华奖”、“群星奖”评选活动，使之真正成为“艺术的盛会、人民的节日”；开展国家艺术院团优秀剧目展演，观众超过10万人次；首届优秀保留剧目全国巡演活动在100多个城市演出400余场；成功举办首届全国民营艺术院团优秀剧目展演、国家重大历史题材美术工程作品巡回展、全国京剧优秀剧目展演、全国声乐比赛、全国杂技（魔术）比赛等大型文艺活动，活跃了艺术舞台，丰富了人民精神生活。

（七）以扩大中华文化影响力和亲和力为目的，对外文化工作亮点纷呈

加大资源整合力度，国务院相关部门之间、中央与地方之间、国内与国外之间的对外文化工作协调机制不断完善，特别是对外文化工作部际联席会议制度，为科学统筹我国对外文化工作提供了重要平台，在重大对外文化活动中发挥了积极作用。积极开展中外文化对话，有效引导思想文化的交流交锋交融，先后举办中欧文化高峰论坛、中美文化论坛、中欧文化对话、中日文化界人士座谈会、中土文化界知名人士座谈会、中印文化界人士座谈会等文化精英间的对话，产生了广泛影响，增进了彼此之间的了解和理解。发挥品牌效应，举办了欢乐春节、欧罗巴利亚中国艺术节、中非文化聚焦等一系列重大文化活动，有效扩大了中华文化影响力。坚持文化交流与文化贸易并举，文化企业和文化产品“走出去”力度不断加大。对外文化阵地不断拓展，3个文化中心相继奠基或揭牌，4个国家与我国签署了建立文化中心的政府文件。不断深化与港澳地区文化交流合作，对港澳青少年文化交流工作得到加强，培育和壮大了爱国爱港爱澳力量。对台文化工作取得新突破，成功举办两岸民间艺术节等系列文化活动。我本人以中华文化联谊会名誉会长身份成功访台并出席两岸文化论坛，与台湾当局文化主管部门直接交流，引起海内外广泛关注。

（八）以实现“三个转变”为主要内容的政府职能进一步转变，党的建设得到加强

统筹文化与经济社会协调发展，积极参与国民经济与社会发展“十二五”规划和国家“十二五”时期文化改革发展规划的编制工作，起草文化部“十二五”文化发展规划，并针对不同业务领域编制了10余个文化专项规划，其中《驻外中国文化中心发展规划》被纳入国家级专项规划。积极推进文化立法工作，《中华人民共和国非物质文化遗产法（草案）》已经通过全国人大第二次审议，《公共图书馆法》作为文化立法重点项目被列入本届人大立法计划，出台了《网络游戏管理暂行办法》等法规。不断加大文化与科技融合力度，实施国家科技提升计划。强化文化人才工作，出台“全国文化系统人才发展规划”。完善统筹协调机制，形成网吧及网络游戏管理工作领导小组、文化与旅游协调发展联席会议等工作制度，使文化建设真正成为全社会的共同责任。

文化系统认真贯彻落实中央统一部署，扎实开展创先争优活动，机关工作作风有了明显改进。加强反腐倡廉建设，惩治和预防腐败体系建设进一步健全。宣传报道的范围和力度不断加大，为文化建设营造了良好的社会氛围和强大的舆论声势。

2010年取得的成绩是“十一五”时期不断积累、不断推动的结果。回首整个“十一五”时期，文化改革发展取得了前所未有的新成就。覆盖城乡的公共文化服务体系初步建立，人民群众的基本文化权益得到有效保障；文化产业蓬勃兴起，方兴未艾，日益成为经济发展新的增长点；文艺创作生产进一步繁荣，精品力作不断涌现；文化遗产保护力度不断加大，优秀民族传统文化得到弘扬；文化体制改革在重点领域取得关键性进展，推动文化科学发展的体制机制初步形成；文化与科技的融合日益紧密，文化创新能力不断增强；文化市场体系更加完善，监管水平不断提高；对外及对港澳台文化交流更加深化，中华文化“走出去”步伐加快，国际影响力明显提升；“人才兴文”战略实施顺利，文化人才队伍不断壮大。可以说，文化建设经历“十一五”时期后，进入历史上最好的发展时期，初步找到中国特色社会主义文化发展之路，为今后的文化建设大发展大繁荣奠定了坚实基础。

回顾5年的文化建设，有很多值得总结的经验和体会，给了我们很多有益的启示。

一是必须坚持科学发展。坚持以科学发展观为统领，坚定不移地走科学发展的道路，自觉地把科学发展理念贯穿到文化建设的各个方面、各个环节，是解决当前文化发展面临现实问题的必然选择，也是保证文化长远可持续发展的必由之路。正是在科学发展观的指引下，我们形成了新的文化发展理念，初步找到了中国特色社会主义文化发展道路。只有坚持科学发展，我们才能在前进道路上从容把握机遇、应对挑战，少走弯路，稳步前进，推动文化实现又好又快发展。

二是必须坚持改革创新。没有改革就没有动力，没有创新就没有活力。改革就是要突破妨碍文化发展的体制、机制障碍，建立起符合文化自身发展规律和适应市场经济体制要求的宏观文化管理体制和富有活力的微观运行机制，只有坚持改革，才能不断解放和发展文化生产力。创新就是要不断解放思想，冲破惯性思维的束缚，以新的思路、新的举措、新的办法解决我们面临的问题和困难，只有坚持创新，才能推动文化建设不断前进。

三是必须坚持正确引导。坚持为人民服务、为社会主义服务的“二为”方向，是中国特色社会主义对文化建设提出的本质要求。坚持为人民服务，就是要把维护人民群众的文化权益，满足人民群众日益增长的精神文化需求，作为文化建设的基本立足点和出发点；坚持为社会主义服务，就是要发挥文化引导社会、教育人民、推动发展的功能。我们要用这两条基本方针来引导文化建设。坚持正确引导，就是要弘扬主旋律，提倡多样化，就是要切实贯彻“双百”方针，鼓励广大文化工作者贴近实际、贴近生活、贴近群众，创作生产更多无愧于时代、无愧于人民的文化精品。

四是必须坚持开放包容。中华文化一贯提倡以和为贵、和而不同、和实生物。建设中国特色社会主义文化，必须继承和弘扬中国优秀传统文化精神，坚持文化的开放包容。要以平和、宽容的心态看待新生文化形式和文化现象，尊重不同层次的文化需求和多样化文化表达，促进文化创造活力充分涌流。要以平等、开放的态度对待各国人民所创造的优秀文化，积极参与世界文化的对话与交流，大胆吸收借鉴一切有利于加强我国社会主义文化建设的有益经验，一切有利于提高我国人民精神境界的文化成果，一切有利于发展我国社会主义文化事业和文化产业的管理方式，更好地促进文化的繁荣发展。

五是必须坚持团结鼓劲。文化是一个民族的精神和灵魂，是民族凝聚力和创造力的重要源泉。坚持团结鼓劲，就是要以对中华文化的认同为基础，团结海内外一切可以团结的力量，调动一切可以调动的积极因素，致力于实现中华民族的伟大复兴。坚持团结鼓劲，就要充分发挥文化的功能，凝聚全国各族人民的意志和力量，万众一心地为实现全面建设小康社会的奋斗目标、为建设中国特色社会主义而努力。坚持团结鼓劲，就是要尊重知识、尊重劳动、尊重创造、尊重人才，充分调动广大文艺工作者的积极性、主动性、创造性，让一切创造、创新的源泉充分涌流，创作更多的优秀作品，更好地满足人民群众的精神文化需求。

六是必须坚持实干兴文。“天下难事必作于易，天下大事必作于细”。文化是软实力，但绝不是软任务，软实力必须要由硬实力来支撑，要作为硬任务来抓好抓实。尤其是在我们已经认识到文化建设是新的经济增长点，确定了要推动文化产业成为国民经济新的支柱产业的时候，更要把文化建设作为经济发展全局中的重要方面来对待。坚持实干兴文，就是要坚持从各地实际情况出发，坚持讲实话、解实情、出实招、办实事、求实效，使人民群众得实惠。坚持实干兴文，就是要把工作做细、做实，把点子转化为思路，把思路转化为项目，把项目转化为抓手，让规划蓝图一步一个脚印地变为现实。

二、深入学习领会胡锦涛总书记“7·23讲话”和十七届五中全会精神，努力增强推动文化科学发展的自觉性

今天上午，长春同志发表重要讲话，对当前宣传思想文化领域所处的复杂环境做了全面分析，对我国文化改革发展面临的机遇和挑战进行了深入阐述。深入领会长春同志讲话精神，把握形势，是创造性地做好当前文化工作的重要前提。

从国际上看，世界多极化趋势更加明显，经济全球化深入发展。世界经济增长和市场需求发生新变化，科技创新和产业升级孕育新突破，国际政治经济治理结构出现新调整。可以看到，国际环境总体上有利于我国和平发展，要和平、谋发展、促合作，已成为不可逆转的世界潮流。各国相互依存度达到前所未有程度，共同利益变得越来越广泛，试图以划分意识形态来谋求世界霸权已越来越行不通。世界文化多样性发展趋势进一步显现，各国创造、表达和传播自己文化的意愿不断增强。我国综合国力大幅提升，应对国际金融危机取得显著成效，极大地彰显了中国特色社会主义的制度优势，在全世界范围内产生广泛而深刻的文化效应。世界在关注中国的同时也更加关注中国的文化，与我开展交流与合作的愿望有所增强，这为扩大中华文化在国际上的影响力提供了重要契机。另一方面，各国围绕综合国力的全方位竞争更趋激烈。世界经济增长速度减慢，全球需求结构出现明显变化，各种全球性问题更加突出，国际金融危机影响远未结束，不同形式的保护主义有所抬头，我国发展的外部环境更加复杂。另外，面对中国的快速发展和日益强盛，西方敌对势力不愿意看到我们的发展壮大，加紧对我国实行遏制牵制和西化分化，既反映出西方敌对势力对中国迅速发展的焦虑和恐慌，也反映出整个西方社会对中国进步和强盛这一发展趋势的不适应。世界范围内各种思想文化交流交融交锋更加频繁，国际思想文化领域斗争尖锐复杂，提升国家软实力，维护国家文化安全的任务十分紧迫。

从国内看，经济社会结构变化呈现新特点，传统发展模式日益面临新挑战，人民群众对提高生活水平和质量有了新期待。文化建设既面临着难得的历史机遇，也面临着各种严峻的挑战。全面建设小康社会进程加快，社会主义市场经济体制日益完善，我国经济总量跃居世界前列，人均国民收入稳步增长，人民物质生活和精神文化生活大大改善。党中央高度重视文化建设，对加快推动文化大发展大繁荣作出了一系列重大决策与部署，以科学发展观为指导的新的文化发展理念逐步确立，全社会关注和参与文化建设的积极性和主动性空前高涨，文化建设的环境不断优化，文化建设的氛围日益浓厚。文化需求快速增长，文化消费潜力巨大，正在成为城乡居民消费的重要增长点和衡量国民生活质量的重要指标。文化体制改革取得重大进展，与社会主义市场经济体制相适应的文化体制机制正在不断健全，各类文化主体的创新能力和创造活力得到进一步激发，文化产业正在日益成为国民经济支柱性产业。科技与文化融合更加紧密，文化内容和文化样式更加丰富，文化业态和产业结构更趋合理，文化传播能力和传播手段得到进一步提升。

在看到发展机遇的同时，我们必须清醒地看到我国文化改革发展还面临着各种问题和困难。当前，我国经济社会发展中显现出阶段性特征。经济社会结构变化呈现新特点，传统发展方式面临不平衡、不协调、不可持续的问题，亟须转变发展方式，人民群众对提高生活水平和质量有了新期待，提出新要求。我国处于并将长期处于社会主义初级阶段的基本国情没有变，人民群众日益增长的物质文化需要同落后的社会生产之间的矛盾这一社会主要矛盾没有变。我国文化发展的总体水平还不高，文化工作与人民群众日益增长的精神文化需求、与快速发展的现代传播手段、与不断扩大的对外开放、与推动我国经济社会又好又快发展的新形势相比，还不完全适应，推动文化繁荣发展的任务仍然十分艰巨。人们的文化需求和利益诉求日益呈现多元多样多变趋势，文化热点难点增多，协调各方利益、满足多样化需求的紧迫性更加突出。随着互联网等新兴媒体的发展，社会思想思潮和各类信息的传播更加便捷，人们思想活动的独立性、选择性、差异性不断增强，加强先进文化引领的难度进一步加大。文化建设的布局和结构还不尽合理，制约文化科学发展的体制机制障碍尚未完全革除，文化发展方式自身有待进一步转变。推进文化与科技融合的体制机制还不健全，运用现代科技发展文化、创新文化、传播文化的意识和能力有待进一步增强。我国文化产品的国际影响力和竞争力不能适应国际文化市场竞争日趋激烈的新形势，还没有从根本上扭转文化产品和服务贸易的严重逆差。推动文化建设和经济建设、政治建设、社会建设协调发展，已成为实现科学发展的必然要求。

面对复杂的国际国内形势，我们必须认真学习党的十七大以来特别是去年以来党中央国务院关于文化建设的一系列重大判断和重大战略部署，进一步统一思想，提高认识。我个人理解，这些重要判断和战略部署，可以归纳为以下几个方面：

第一，进一步阐述了文化发展的重要意义。在去年年初举办的省部级主要领导干部深入贯彻落实科学发展观加快经济发展方式转变专题研讨班上，中央领导同志进一步强调突出了文化建设在转变发展方式、推动经济社会又好又快发展中的重要地位与作用，进一步强调了文化建设在实现民族振兴、国家富强和人民幸福中的极端重要性和紧迫性。温家宝总理在3月份的政府工作报告中把文化单独作为一个部分进行部署，特别强调“国家发展、民族振兴，不仅需要强大的经济力量，更需要强大的文化力量。文化是一个民族的精神和灵魂，是一个民族真正有力量的决定性因素，可以深刻影响一个国家发展的进程，改变一个民族的命运。没有先进文化的发展，没有全民族文明素质的提高，就不可能真正实现现代化”。胡锦涛总书记在“7·23”重要讲话中进一步强调：文化是民族凝聚力和创造力的重要源泉，是综合国力竞争的重要因素，是经济社会发展的重要支撑。深入推进文化体制改革，促进文化事业全面繁荣和文化产业快速发展，关系全面建设小康社会奋斗目标的实现，关系中国特色社会主义事业总体布局，关系中华民族伟大复兴。长春同志今天上午讲话中指出，文化既是凝聚人心的精神纽带，又是民生幸福的重要内容。我们讲提供精神动力，文化应该是一条重要途径；我们讲改善民生，文化应该是很重要的组成部分；我们讲生活质量，文化应该是一个显著的标志；我们讲提高社会公共服务水平，文化服务应该是一个不可或缺的重要方面。党的十七届五中全会审议通过的《中共中央关于制定国民经济和社会发展第十二个五年规划的建议》，用专门的段落就推动文化大发展大繁荣，提升国家文化软实力做出了全面部署。这充分表明，党中央国务院对于文化建设在全面建设小康全局中的地位和作用的把握越来越深刻，文化在“四位一体”战略布局中的重要地位越来越凸显。

第二，进一步明确了文化发展的方向。党的十七大报告指出，要坚持社会主义先进文化前进方向，兴起社会主义文化建设新高潮，激发全民族文化创造活力，提高国家文化软实力，使人民基本文化权益得到更好保障，使社会文化生活更加丰富多彩，使人民精神风貌更加昂扬向上。胡锦涛总书记在“7·23”重要讲话中指出了文化体制改革的指导思想，就是要以邓小平理论和“三个代表”重要思想为指导，深入学习贯彻落实科学发展观，坚持社会主义先进文化前进方向，坚持文化事业和文化产业协调发展，遵循社会主义精神文明建设的特点和规律，适应社会主义市场经济发展的要求，以发展为主题，以体制机制为出发点和落脚点，着力构建充满活力、富有效率、更加开放、有利于文化科学发展的体制机制，繁荣社会主义文化，不断增强我国文化软实力和国际竞争力。“十二五”规划建议就推动文化大发展大繁荣，提升国家文化软实力做出了全面部署，强调要坚持先进文化前进方向，弘扬中华文化，建设和谐文化，发展文化事业和文化产业，满足人民群众不断增长的精神文化需求，充分发挥文化在引导社会、教育人民、推动发展中的功能，建设中华民族共有精神家园，增强民族凝聚力和创造力。这些重要论述和部署，都为今后文化发展指明了方向。

第三，进一步明确了文化建设的理念和思路。2008年，李长春同志在《求是》杂志上发表题为《深入学习实践科学发展观　推动社会主义文化大发展大繁荣》的文章，系统总结了新的文化发展理念。去年4月，他在全国宣传部长座谈会上，围绕探索中国特色社会主义文化发展道路，深刻阐述了文化建设和发展的“十大关系”，全面揭示了社会主义文化发展道路的丰富内涵，系统回答了中国特色社会主义文化建设中的重大理论与实践问题。去年6月，李长春同志又就保护和发展文化遗产发表重要文章，对文化遗产工作做出了完整、系统的论述。这些重要文章，都深刻反映了我们党所形成的推动文化科学发展的系统的文化发展理念。比如要坚持社会主义先进文化的前进方向；坚持一手抓公益性文化事业、一手抓经营性文化产业，推动文化事业和文化产业协调发展；坚持把社会效益放在首位，努力实现社会效益和经济效益的有机统一；坚持弘扬主旋律、提倡多样化；在多元中立主导，在多样中谋共识，在多变中把握正确方向；坚持一手抓繁荣、一手抓管理；坚持以改革创新和科技进步为动力，不断解放和发展文化生产力；坚持统筹国际国内两个大局、两种资源、两个市场；坚持党对文化工作的领导，充分发挥人民群众在文化建设中的主体作用，最大限度地焕发文化工作者的积极性、主动性和创造性；坚持“保护为主、抢救第一、合理利用、加强管理”的文物保护方针和“保护为主、抢救第一、合理利用、传承发展”的非物质文化遗产保护的方针，等等。长春同志讲话中特别讲到要正确处理我们面临的一系列“两难”问题。所有这些理念都是在实践中总结提炼出来并进行理论创新的结果，是我们开展文化建设必须遵循的根本原则。

第四，进一步明确了文化建设的重点任务。胡锦涛总书记在“7·23”重要讲话中指出，当前和今后一个时期，要着重抓好几项工作：“三加快”、“一加强”。“三加快”就是加快文化体制机制改革创新，加快构建公共文化服务体系，加快发展文化产业，“一加强”就是加强对文化产品创作生产的引导。“十二五”规划建议提出了提高全民族文明素质、推进文化创新、繁荣发展文化事业和文化产业等重点任务。这些重点部署，都为今后一个时期实现文化又好又快发展提供了具体抓手，从而使我们的工作更加有针对性、更加重点突出。

总体来看，这些重要判断和战略部署，充分体现了党中央、国务院对中国特色社会主义文化发展规律的清醒认识和自觉把握，我们必须深刻领悟其内涵，将其转化为推动文化发展的不竭动力，不断推动文化建设全面协调可持续发展。在具体工作中，我们要注意以下几个方面：

（一）进一步将党中央国务院关于文化建设的战略部署落到实处

去年以来，党中央国务院做出了关于加快文化改革发展的一系列战略部署，为文化繁荣发展送来了强劲的东风，提供了难得的机遇。但我们还要看到，现在一些地方或部门的领导对文化的认识和重视程度、贯彻落实的程度和深度与中央的要求还存在着一定的差距。对我们文化系统来讲，一方面，要进一步解放思想，转变观念，积极行动，扎实工作，努力把思想和行动统一到中央对国内国际新形势的科学判断上来，统一到中央对加快文化发展的重大决策与部署上来。另一方面，抓住一切机会向各级领导汇报、呼吁，积极主动地与有关部门沟通协调，使各级领导和有关部门把提升文化软实力作为一项硬任务来抓好、抓实，不只是讲理论作报告不忘文化，议大事不忘文化，尤其是搞规划不忘文化，编预算立项目不忘文化，考察干部政绩也不忘文化，把文化改革发展纳入经济社会发展总体规划，纳入科学发展考核评价体系，与经济建设、政治建设、社会建设一同部署、一同实施、一同推进、一同考核，相关的财力、物力、人力的投入全部到位，真正做到思想上高度重视、组织上加强领导、工作上强力推进、政策上全力支持、考核上有硬指标。只有这样，我们的文化工作才能真正地在四位一体的布局中凸显应有的作用，才算把中央的精神真正落到实处。

（二）进一步突出文化科学发展的主题

科学发展是新时期中国特色社会主义建设的主题，也是文化长远发展、可持续发展的必由之路。谋发展，要坚持文化科学发展为第一要务，从文化自身发展实际和规律出发，正确把握好文化发展的质量与速度，以科学的方式推动文化发展。我国文化建设底子薄、基础差、历史欠账较多，又明显滞后于经济社会发展。所以，把握机遇，加快发展，迎头赶上，是文化发展的头等重任。要下力气抓，要舍得投入，精心谋划，科学实施，努力提高文化发展的总体水平，尽快让文化繁荣起来。在“快”的基础上，要注重“好”，讲质量、讲效益、讲协调平衡。要吸取其他领域发展的经验教训，特别是改革的经验教训。始终坚持统筹兼顾，不能单纯追求速度，还要注重质量。要正确认识和妥善处理涉及文化发展的各种重大关系，着力破解文化改革发展难题，着力转变文化发展方式，使文化发展的结构和布局更加全面均衡，发展的速度与质量效益更加协调统一，可持续发展的能力不断增强。要始终把文化体制机制改革和科技进步作为推动发展的强大动力，进一步深化改革，推动文化创新。

（三）进一步明确文化事业与文化产业两轮驱动的文化发展思路

正确认识和处理好文化事业和文化产业的关系，是社会主义市场经济体制下促进文化发展繁荣必须要回答和解决的一个重要命题。要深刻把握文化事业和文化产业的不同属性和目标任务，进一步明确“两轮驱动”、“双翼齐飞”的文化建设发展思路。在发展公益性文化事业过程中，必须坚持政府主导，依靠财政投入，积极推进公共文化设施建设，推动基层、农村文化基础设施有一个大的进展、大的改观。实施各项惠民工程，努力提高公共文化服务的能力和水平。在文化产业发展方面，政府应努力搭建政策法规、技术、信息、人才、展示交易和投融资等平台，积极为文化产业发展营造良好环境，规范市场秩序，努力形成公有制为主体、多种所有制共同发展的文化产业格局，提高文化产业的整体实力。还要强调一点，就是无论公益性文化事业还是经营性文化产业，都要突出文化人的功能，必须以传播社会主义先进文化为己任，把社会效益放在首位，努力实现经济效益和社会效益的统一。

（四）进一步改善管理、促进繁荣

坚持一手抓繁荣、一手抓管理，是文化建设多年积累的宝贵经验，也是我们今后必须遵循的原则。这是由我国的基本国情、我国文化发展的实际情况决定的。目前，我国文化市场才刚刚开始培育，还很稚嫩、很初级，特别是中西部地区广大农村的文化市场还没有真正形成，掌握大量文化资源的国有文化单位大都还游离于市场经济体制之外，文化领域的资本、产权、技术等要素市场还不健全。我们对文化市场很多方面还很不熟悉，既缺乏经验，又缺乏人才，管理方式也常常背离市场规律。所以，要把繁荣文化市场作为首要任务，进一步深化改革，加快现代市场体系建设，在文化产业领域充分发挥市场对资源配置的基础性作用，在多种所有制共同发展、培育合格市场主体、构建现代流通体系、搞活体制机制等方面，都要大胆试、大胆闯。不要一讲文化市场就只是管理，一管就管死，首先要培育、发育市场。同时，要充分认识到市场经济是法制经济，要高度重视健全市场法律机制，促使文化市场依法健康有序发展。必须正确处理政府与市场的关系，加快政府职能转变，综合运用法律、经济、行政、科技等手段，加强市场监管，建立依法经营、违法必究、公平交易、诚实守信的文化市场秩序，保障文化市场健康有序发展。不能重监管、轻培育，也不能重培育，轻监管。要坚持在繁荣中改进管理，以管理来促进繁荣，努力构建统一、开放、竞争、有序的市场体系。

（五）进一步深化对外文化交流

当前，我国经济迅速发展，国际地位显著提升，但是我们仍处于社会主义初级阶段、仍属于发展中国家，我国的现代化建设将仍然并长期需要和平、良好的国际环境。各国人民对中国的发展方式的关注程度越来越高，了解中国文化的愿望也越来越强。发挥文化如水、润物无声的作用，推动中华文化“走出去”，通过展示中华文化的独特魅力，表达我国和平发展的主张，增进彼此认同，推动各方合作，为我国发展营造更好的外部环境。当然，在实施“走出去”战略的同时，我们还要看到，国家富强、民族振兴、文化发展，也需要不断吸收其他国家的有益文明成果，必须加大“引进来”的力度，向中国人民介绍各国丰富多彩的文化。我们要明确，推动中华文化“走出去”，不是要去输出意识形态和价值观，而是要释放善意，增强亲和力，多交朋友、广交朋友，为了向国外民众和国际社会介绍我们的发展目标、发展战略，介绍我国改革发展的现状，介绍我国坚持和平、发展、合作，坚持互利共赢，坚持独立自主的和平外交政策，介绍我国建设持久和平、共同繁荣的和谐世界的主张，引导国际社会正确认识我国国情，理解我国发展方向和趋势，理解我们的初衷本意，减少对我国发展不确定性的担忧与误解。推动中华文化走出去，既要展现优秀传统文化，彰显古老中国的魅力，也要展现当代中国文化不断创新、充满活力的风采；既要努力寻求中华文化与世界文明的共通之处，也要充分彰显中华文化本身的特色；既要反映国内民众的期待，也要回应国际社会的关切。要特别注意不能搞狭隘的民族主义，不能有大国情绪。要在继续通过展览、演出等传统方式开展交流的同时，不断加强思想文化领域的对话，加强人际交流，增进人们之间的了解、理解。坚持文化交流和文化贸易两个方式并重，官方交流和民间交流两个渠道并用，中央和地方两个积极性并举。要不断创新走出去的方式方法，完善体制机制，让文化走出去的道路更加宽广。

（六）进一步营造艺术创作的良好环境

目前，文化发展正面临着前所未有的历史机遇。要推动文化大发展大繁荣，就必须营造更加宽松、和谐的环境，使艺术家、作家和广大文化工作者的积极性、主动性、创造性充分发挥，推动全社会的创造活力竞相迸发、充分涌流。鼓励和引导作家艺术家坚持“二为”方向和“双百”方针，深入实际、深入基层、深入生活，创作更多的艺术精品。要充分地尊重知识、尊重劳动、尊重创造、尊重人才，使艺术家有艺术的尊严，能体会到党和国家的关怀。要大胆使用、放手使用来自五湖四海的优秀人才，为他们搭建发展平台。要充分尊重艺术规律，提倡健康的学术批评。保障学术自由和创作自由，发扬学术民主和艺术民主，尊重差异、包容多样、鼓励创新、宽容失败，促进不同流派、风格的自由发展，各种学术见解的平等争鸣，使不同学术观点、不同艺术观点相互了解、相互切磋，取长补短、共同进步。要有深切的人文关怀。还要充分调动社会各界广泛参与文化建设的积极性，为文化建设争取到更多的资金、人力和精神方面的大力支持，开拓更多的发展空间。

三、着眼长远，立足当前，扎扎实实做好2011年文化工作

党的十七届五中全会指出“十二五”时期我国仍处于可以大有作为的重要战略机遇期，对未来5年文化建设做出了总体部署。未来5年，文化建设面临着更加难得的历史性机遇和战略性机遇，一定会大有作为、大有可为。未来5年，我们要着眼于满足人民群众不断增长的精神文化需求，充分发挥文化引导社会、教育人民、推动发展的功能。未来5年，我们要不断推进文化创新，加快推进文化体制改革，促进文化与科技融合，扩大文化交流，创作生产更多思想深刻、艺术精湛、群众喜闻乐见的文化精品。未来5年，我们要不断发展文化事业，以农村基层和中西部地区为重点，继续实施文化惠民工程，加强文化遗产保护，广泛开展群众性文化活动，基本建成公共文化服务体系。未来5年，我们要大力繁荣文化产业，在政府引导下发挥市场机制积极作用，培育骨干文化企业和战略投资者，鼓励和引导非公有制经济进入，发展新型文化业态，推动文化产业真正成为国民经济支柱性产业。

今年是本世纪第二个10年的第一年，是“十二五”规划的开局之年。今年又是中国共产党成立90周年，辛亥革命100周年。今年是非常重要的时间节点，是文化建设非常关键的一年。这一年承上启下，既关系到巩固“十一五”时期文化建设成就，又关系到文化建设的长远发展，更关系到全面建设小康社会大局。能否抓住用好战略机遇期，做好2011年的文化工作，开好局、起好步，至关重要。文化系统要深入学习贯彻党的十七大和十七届三中、四中、五中全会精神和胡锦涛总书记“7·23”重要讲话，以邓小平理论和“三个代表”重要思想为指导，深入贯彻落实科学发展观，贯彻高举旗帜、围绕大局、服务人民、改革创新的总要求，坚持贴近实际、贴近生活、贴近群众，围绕科学发展这一主题和加快转变经济发展方式这一主线，加快文化体制机制改革创新，加快构建公共文化服务体系，加快发展文化产业，加强对文化产品创作生产的引导，着力营造推动科学发展、促进社会和谐的浓厚氛围，着力营造隆重庆祝中国共产党成立90周年的浓厚氛围，为实现“十二五”时期经济社会发展目标、夺取全面建设小康社会新胜利提供强大的思想保证、精神动力和文化条件。

《2011年文化工作要点》已经发给大家，请大家提出意见，会后将根据大家提出来的意见和建议修改印发。《要点》已经对2011年工作做了全面具体的部署，我再强调一下几项重点工作。

一是要精心筹备和认真组织好庆祝建党90周年大型文艺晚会演出、纪念辛亥革命100周年大型美术展览等重大文化活动。要充分认识纪念建党90周年和辛亥革命100周年的政治意义，高度重视作好纪念活动的重要性，抽调文化系统精干力量，精心组织，缜密实施，既要隆重，又要节俭，确保纪念活动顺利、成功完成，大力唱响共产党好、社会主义好、改革开放好、伟大祖国好、各族人民好的时代主旋律。

二是要深入推动文化体制改革全面铺开，取得实质性进展。要按照建立现代企业制度的要求，继续推进文化部系统四家集团公司深化转企改制工作。要根据中央的统一部署，按时完成文化部系统5家出版社转企改制各项工作。要按照分类指导的思路和“新人新政策，老人老政策”的原则，加快推进省、市级国有文艺院团和县级国有文艺院团体制改革，切实做到“可核查、不可逆”。对极少数需要保留事业性质的院团，要严格掌握标准，严格审批程序。继续深化文化市场综合执法改革，以建立文化市场综合执法工作联席会议制度为抓手，年底前要在副省级及副省级以下城市完成整合综合执法队伍和组建统一文化责任主体的任务。

三是要以基层为重点加快推动公共文化服务体系建设。要加快推进国家公共文化服务体系示范区（项目）建设。全面推进全国公共图书馆、文化馆、美术馆免费开放，大力实施文化资源共享工程、公共电子阅览室建设试点、国家数字图书馆推广工程。要健全文化机构经费保障机制，加强城乡基层和基础设施建设，抓好全国基层文化队伍培训工作，确保各级文化机构能开展经常性活动，发挥应有作用。要逐步探索实现保障农民工文化权益问题的路子，通过调查研究、科学论证、合理规划，结合经济社会发展实际，把保障1.5亿农民工的基本文化权益作为重大惠民工程来抓。

四是要加快搭建文化产业发展平台。围绕推动文化产业成为国民经济支柱性产业，搭建文化产业发展平台。要充分利用“文化产业发展专项资金”和“中国文化产业投资基金”，使用贷款贴息等财政手段，与金融部门合作开发适用于文化产业需求的金融产品，完善文化产业投融资体系。争取国家发改委等有关部门支持，推进文化产业示范园区、文化产业示范基地公共服务平台建设，力促文化产业基地和园区建设迈上一个新台阶。建设动漫公共技术服务平台，加大对原创动漫生产创作、推广传播和动漫人才的支持力度，培育和扶持骨干动漫企业做大做强，进一步开拓海外市场。继续办好深圳文博会等全国综合性文化产业博览会。在文化产业发展和文化体制改革方面，一定要认真吸取经济领域改革发展的成功经验，在存量部分，要注重深化体制改革，推动转企改制，培育合格的市场主体；在增量部分，一定要进一步完善政策，降低门槛，提供服务，推动和吸引各类社会资本投入到文化领域来。

推动形成以公有制为主体、多种所有制共同发展的文化产业格局。各地在这方面作了很多工作，创造了很多很好的经验，我们要及时地调查研究，推广先进经验，不断地完善政策，扶持他们做大做强。我们在文化建设各个方面的政策里，要对各种不同所有制文化经营单位、文化市场主体一视同仁，实行国民待遇，在评奖、扶助、创作演出、人才的职称评定等方面实行同一个政策。经过这样不懈的努力，我们在推动文化大发展大繁荣方面一定会出现一个更加生动的局面。

五是要深化对外及对港澳台文化交流与合作。进一步完善对外及港澳台文化工作机制，加强中央与地方、国内与国外、文化部与中央有关部门、文化部与直属院团的资源整合，形成合力。加快驻外文化中心建设步伐。全面开展2011年海外“欢乐春节”活动，争取今年在水平、质量、品牌、效益方面有较大的提升。开展各类对外文化年节、品牌活动，做好与24个建交国的建交周年庆典活动。推动签署两岸文化交流协议，全方位推进两岸文化交流与合作，促进两岸关系和平发展的良好态势。继续举办好对港澳“艺海流金”和对台“情系”系列文化活动。要把“走出去”与“引进来”结合起来，办好第12届亚洲艺术节和第11届“相约北京”联欢活动、上海国际艺术节等重大文化活动，做到双向交流互动。

六是要进一步完善文化法律法规体系。《非物质文化遗产法》通过后，做好相关的普法宣传和贯彻实施工作。各地文化部门要抓住这一契机，顺势而为，再接再厉，积极推动各地人大制定非遗法实施条例。要继续推进《公共图书馆法》、《文化产业促进法》立法进程，开展《对外文化交流条例》立法必要性和可行性论证，进一步健全文化法制体系。在整个宣传思想文化领域里面，文化系统的立法走在前面。目前，全国人大有加快文化立法进程的愿望，国务院法制办也有这样的要求。我们要抓住这个良好机遇。我们是文化系统立法的提议者、主体，要做好各项准备工作，包括调查研究、系统分析、法理研究，与专家学者开展各种研究，来规划未来几年文化立法的可行方案，提高依法治文、依法行政水平，真正建设好社会主义市场经济条件下文化发展的法律法规体系。

这些重点工作、重大项目是我们工作的抓手，具有提纲挈领的作用。把这些事情办好，就是抓住了重点，就是抓住了主要矛盾，就是抓住了纲，纲举目张，其他工作就带动起来了。为了做好明年工作，我再提3点希望，供大家参考。

一是要着眼长远和立足当前。文化建设是一项长期的任务，需要不断积累，不可能一蹴而就。正因为文化是长期任务、系统工程，我们更要关注当前，一步一个脚印，扎实工作。当前最紧迫的任务就是要按照十七届五中全会的要求，把思想和行动统一到中央决策部署上来，紧密结合文化建设实际，认真研究当前制约文化科学发展的主要问题，制定好“十二五”时期文化发展规划，进一步明确未来5年的奋斗目标、重点任务和主要政策措施。

要加强规划的前瞻性、战略性、指导性。要按程序、按制度，向党委政府请示、汇报，积极争取宣传部门的支持和统筹协调，加强与发展改革、财政、税务、商务、工商、金融等部门的沟通协商，反复强调中央对文化建设的重视和文化建设的重要性，争取把文化建设真正纳入经济社会发展规划，把文化设施纳入基础设施建设范畴，把文化项目当成民生工程、惠民工程来抓。要增强规划的科学性和可操作性。要有务实的态度，脚踏实地，提出的指标要有测算依据，设计的措施要切实可行。要软功硬做、虚功实作。把“十二五”规划确定的目标进一步细化分解成年度目标。明确时间表和任务书，扎扎实实加以推进，完成好每一个年度目标，让规划真正成为我们未来5年行动的指针。

在制定规划过程中，我们要注意区域文化协调发展问题。这看似是当前的问题，实际上关系到文化发展的前景，更关系到全面建设小康社会目标的实现，关系到边疆安定、民族团结、国家稳定的大局。促进区域文化协调发展，要对文化发展的空间功能、布局进行合理定位，注重突出地区特色、发挥比较优势，避免重复建设和同质竞争。国家规划中政策措施要向中西部地区倾斜，省区市规划要向不发达的县市倾斜。一般来说，经济相对落后的地区文化资源可能十分丰富，要充分发挥区位优势和资源优势，争取在文化建设上实现跨越式发展。要推动跨地区合作，把资金、技术、人才、管理优势与资源优势对接起来，推动区域文化优势互补、良性互动。

二是要坚持面向基层服务群众。目前，我国文化领域的城乡“二元结构”问题非常突出，不但落后地区有这个问题，发达地区也同样有这个问题。

当前，文化投入多用于城市文化发展，用于农村和基层的还相对较少。农村地区文化设施比较落后，农民文化生活相对贫乏。目前我国进城务工人员已达1.5亿，他们“不工不农”，“不城不乡”，既长年脱离农村，也没有融入城市，为城市发展做出巨大的贡献，文化权益却往往难以得到保障。

高度重视，努力消除文化发展中的二元结构，实现城乡一体化发展，就必须重视基层文化建设，就必须走群众路线。胡锦涛总书记在五中全会第二次全体会议上，就新形势下坚持群众路线问题作了深刻阐述。我们要坚持为人民服务的宗旨，把人民拥护不拥护、赞成不赞成、高兴不高兴、答应不答应作为制定各项文化方针政策的出发点和落脚点。我们必须用科学发展观武装头脑，适应新形势新要求，转变观念，调整思路，切断政府部门与市场利益的关联，理顺事业与企业利益的关联，跳出部门和小团体利益，改革工作方法，创新工作手段，真正做到想群众之所想，急群众之所急，办群众之所需，解群众之所难。必须把文化工作的重心向基层下移、向中西部倾斜。

三是要进一步转变工作作风。目前，整个文化系统的精神状态很好，但也还存在一些需要改进的问题，例如缺乏改革创新意识、精神，留恋旧体制，担心风险因素；或不注重调查研究，或搞形式主义，等等。这些虽然是个别现象，但有很强的腐蚀作用，我们要下决心克服这些问题，继续保持良好精神状态。要保持奋发有为的状态、清醒的头脑与平和的心态，认清形势和任务、机遇和挑战、困难和问题，要正确看待成就与发展，正确对待文化地位与作用，正确对待荣誉与评价。

要进一步转变工作作风。要有务实的态度，既要增强紧迫感，时不我待、只争朝夕，又要脚踏实地、持之以恒、久久为功。要切实转变文风会风，提倡开短会、讲短话、讲管用的话，力戒空话套话，把更多的时间和精力用来调查研究，用来破解文化科学发展难题。要有创造的激情，要不安于现状、不墨守成规，不保守、不封闭、不停滞。要树立大局意识和长远眼光，要跳出单位的、行业的、地域的狭小圈子，注重工作的长远性、连续性、系统性，树立总览全局谋发展的意识，努力探索文化建设新路子，抓大事、立大志，出成果、见实效，不断开拓文化发展新领域。

同志们，做好今年的文化工作，对于实施好“十二五”规划，夺取全面建设小康社会新胜利，具有十分重要的意义。让我们更加紧密地团结在以胡锦涛同志为总书记的党中央周围，高举中国特色社会主义伟大旗帜，坚持走中国特色社会主义文化发展道路，坚持改革开放，坚持科学发展，坚持开拓创新，团结一心，振奋精神，扎实工作，为推动文化大发展大繁荣、夺取“十二五”开局新成就、促进经济社会全面协调可持续发展作出新的更大的贡献。

在文化部、科技部部际会商议定书签订仪式上的讲话

文化部党组书记、部长　蔡　武

尊敬的万钢副主席、各位来宾：

在举国上下热烈庆祝建党90周年，认真学习、贯彻胡锦涛总书记“七一”重要讲话之际，科学技术部、文化部建立部际会商机制，加速推进文化与科技融合，这是贯彻落实胡锦涛总书记“七一”重要讲话精神的一项具体举措，是推动社会主义文化大发展大繁荣的一项重要任务，将对文化和科技的深度交融与共同发展产生深远的影响，将对发展社会主义先进文化起到重要推动作用。

“十一五”期间，我国文化建设服务党和国家工作的大局，响应人民的呼声和时代的召唤，坚持解放思想、改革创新、团结拼搏、锐意进取，各项文化工作取得了巨大成就。公共文化服务体系建设不断完善，文化体制改革不断深入，文化产业及文化市场健康繁荣，文化遗产保护取得重大进展，文化产品创作生产力度和美誉度不断加大，对外文化交流不断拓展，文化软实力全面增强。

文化建设的巨大成就离不开科技创新的强大支撑。日新月异的科技进步给蓬勃发展的文化事业注入了勃勃生机，给日益兴旺的文化产业增添了无限活力。在文化建设的大潮中，科学技术始终发挥着重要作用，为改造传统文化产业，培育现代文化业态，提高文化产品质量，更好地满足人民群众多层次多样化的文化需求提供了强劲动力。大力推进文化与科技融合，是当前形势下实现文化又好又快发展的重要举措和关键环节。

首先，深入推进文化与科技融合，是实现文化“两大一新”发展目标的必然要求。

“深入推进文化大发展大繁荣，掀起社会主义文化建设新高潮。”这是党的十七大总结历史、立足现实、着眼未来作出的重大战略部署。肩负传承文化、繁荣文化的历史责任，处在文化发展的重要战略机遇期，我们要深刻认识科技进步对文化发展的重要作用，积极探索文化与科技融合的实现途径，充分运用科技手段增强文化的表现力、影响力和传播力，努力掌握文化发展和文化传播的主动权。

一是在文化内容的表现力上，要推进现代科技与艺术创作的结合，在艺术作品中善于运用科技的手段，形象而生动地表现改革开放的伟大成就，表现人民群众的喜怒哀乐和社会生活的多姿多彩；要推进现代科技与文化产业的融合，促进民族文化资源优势转变为文化产品优势，加强动漫、网游等新兴文化业态中内容的本土化与民族化。

二是在文化形式的吸引力上，要运用科技的手段，不断创造新的文化样式，催生新的文化业态，实现题材、品种、风格和载体的极大丰富，使我们的文化更具吸引力、感染力；要充分利用网络文化、手机文化等新兴文化载体，使之成为传播社会主义先进文化的新阵地、公共文化服务的新平台、人们健康精神文化生活的新空间。

三是在文化传播的影响力上，要站在科技发展的最前沿，充分运用先进技术手段改造传统文化生产、经营和传播模式，推进票务系统、文化传媒系统技术升级，花大力气拓展传播渠道，丰富传播手段，加快构建传输快捷、覆盖广泛的文化传播体系，使我国的文化理念、文化精髓、价值体系广为流传。

其次，深入推进文化与科技融合，是满足人民群众多方面多样化多层次文化需求的重要手段。

当今社会，人民群众精神文化需求呈现出多层次、多方面、多样性的特点，审美情趣、欣赏习惯、评价标准、表达途径不断发生变化。文化要借助科技的力量，激发人民群众的文化创造潜能，满足人民群众的精神文化需求。

一是要尽快建立健全政策保障机制，加强对文化与科技融合的组织与引导。各级文化主管部门要打破条块分割，整合文化科技资源，加强对高新技术的引进消化和成果转化，逐步建立适应新时期文化发展和科技自身发展规律的新型文化科技体制。

二是要建立产学研相结合的技术创新体系，增强文化科技自主创新能力。基本掌握数字文化资源处理、网络文化传播、舞台艺术表现、电子娱乐体验、文化监管等领域的核心技术，使行业重大共性技术与集成技术的研发能力大幅度提升，加强对具有中国国情特点的高新技术应用产品的开发，促进文化新产品、新服务、新品牌和新业态的形成，满足广大人民群众的文化需求。

三是要扶持企业主体，充分发挥企业主体的技术创新作用。鼓励企业增加对“文化与科技融合”相关文化建设的投入力度，积极培养文化科技人才，加强具有自主知识产权的技术和产品的研究开发，促进“文化与科技融合”产学研结合创新企业的形成。

科技满足了人们改造客观世界的需求，而文化艺术则体现了人们对内在审美的追求，两者的融合必将丰富人类智慧的创造和结晶。可以预见，文化部和科学技术部的两部会商机制将会给文化与科技的融合带来强劲的东风，积极拓展科学技术的应用形式和范围，大大丰富文化建设的内容和业态，努力催生文化与科技融合的丰硕成果。让我们深刻领会党中央关于文化与科技融合工作的重要论断，树立崇高的历史使命，抓住难得的历史机遇，努力开创文化科技工作新局面，为实现文化的大发展大繁荣，夺取全面建设小康社会新胜利而努力奋斗！

统一思想　坚定信心　做好新形势下的文化市场管理工作

——在2010年全国文化市场管理工作会上的讲话

文化部党组副书记、副部长 欧阳坚

（2011年1月12日）

同志们：

全国文化市场管理工作会今天在这里召开了。全国文化市场战线的同志们聚首于此，总结过去、谋划未来，明确目标、抓好重点，推进工作不断迈上新的台阶。

在过去的一年里，全国文化市场战线的同志们团结协作，积极进取，勇于创新，围绕文化市场工作的重点、难点问题，开展了许多富有创造性的工作，为文化市场的培育和管理做出了卓有成效的探索，为今年的工作奠定了更为坚实的基础。昨天，我们和相关部门的同志对网吧管理工作进行了总结和部署。今天，我想从"十一五"期间文化市场工作的成效与经验、"十二五"期间文化市场工作面临的新形势和新任务，以及2011年重点工作和要求等方面，谈3个方面的意见。

一、"十一五"期间文化市场工作的成效与经验

刚刚过去的2010年是"十一五"发展规划的收官之年。"十一五"的五年既是文化市场快速发展的五年，也是文化市场工作全面推进、硕果累累的5年。

5年来，各级文化管理部门深入贯彻落实科学发展观，积极探索、大胆创新，在管理导向上，强调把社会效益放在首位，努力实现社会效益与经济效益相统一；在管理目标上，以满足人民精神文化需求为出发点和落脚点，构建充满活力、公平公正、促进文化市场科学发展的管理体制机制；在管理理念上，积极转变政府职能，注意发挥市场配置作用，加强管理的法制化、科学化和规范化建设；在管理方法上，把握文化市场发展的特点和规律，不断调整市场结构，培育市场主体，大力扶持新兴文化市场，鼓励和促进传统行业转型发展；在管理手段上，坚持专项整治与日常监管相结合，人工巡查与技术监管相统一，抓紧建设文化市场技术监管系统，初步构建了文化市场管理长效机制。

在大家共同努力下，文化市场工作取得了明显的成效，主要体现在以下几个方面。

一是文化市场综合执法改革取得了重大进展。截至目前，除新疆、西藏外，全国28个省份下发了改革文件，山西、安徽、辽宁、河南、贵州等11个省份基本完成综合执法改革任务，山东、河北、吉林的省辖市基本完成综合执法改革。在地市级层面，280个组建了综合执法机构，占70%；在县区级层面，1258个组建了综合执法机构，占51%。全国各级文化市场执法人员编制由17220人增加到29147人，增长率达69%。事实证明，改革使文化市场由分头管理、多头执法向统一领导、综合执法转变，执法力量明显加强，执法成本显著降低。

二是文化市场依法管理、科学管理和有效管理水平进一步提高。"十一五"期间，以《营业性演出管理条例》、《娱乐场所管理条例》、《网络游戏管理暂行办法》、《文化部关于改进和加强网络游戏内容管理工作的通知》、《文化部关于建立预防和查处假唱假演奏长效机制　维护演出市场健康发展的通知》、《网吧连锁企业认定管理办法》、《关于加大对网吧接纳未成年人违法行为处罚力度的通知》等一系列法规规章的颁布，充实和完善了文化市场的法规体系，为依法行政奠定了基础。另外，按门类逐步建立起事前审批、事中监管、事后执法的经营活动管理机制，以及进口文化产品内容审查、国产文化产品备案的文化内容管理机制，为规范市场经营秩序提供了制度保障。"十一五"期间，各级文化市场综合执法机构共出动检查3170多万人次，吊销许可证16500家。先后查办了一批有影响的大案要案，得到中央领导、社会各界的一致认可。同时，随着网络文化市场的兴起，各级文化市场综合执法工作逐步从传统的文化领域转向新兴文化市场，从日常市场巡查转向网上巡查，从依靠经验办案转向依靠技术手段办案，逐步实现了管理方式和执法方式的转变。

三是简政放权，提高行政管理效能。"十一五"期间，按照国务院行政审批制度改革的总体部署，在取消和下放21项文化市场行政审批权的基础上，

文化部又取消了对“香港、澳门演出经纪机构在内地设立分支机构”的事前审批；将“设立经营性互联网文化单位”的行政审批权下放到省级文化行政部门；委托省级文化行政部门开展“国产电子游戏机内容审核”和“美术品进出口内容审查”。通过转换职能、简政放权等方面的改革，既精简了审批环节，又提高了行政管理效能。

四是信息化监管水平逐步提高。“十一五”期间，各级文化管理部门以网络文化市场计算机监管平台为重点，积极探索了文化市场信息化监管新模式。截至2010年10月底，文化部网络文化市场计算机监管平台已与25个省级监管平台实现互联互通，可对全国8.1万余家网吧内的465万余台计算机终端实行即时动态监控。技术监管平台的建立不仅极大地丰富了监管手段，也有效地提升了监管效率。李长春、刘云山、刘延东等中央领导同志多次视察文化部及省级监管平台的建设情况，并对平台的实施给予了充分肯定。

五是传统市场在转型中发展，新兴市场在崛起中壮大。“十一五”期间，全国文化市场主体得到快速培育，产业结构不断优化。截至2009年底，全国共有文化市场经营单位近24万家，从业人员130万人，实现利润约350亿元。娱乐、演出、艺术品等传统文化市场在转型中求发展，突破原有单一的经营模式，跨界融合，拓展新空间、新领域，使传统行业焕发出新的生机与活力。与此同时，以网吧、网络游戏、网络音乐等为代表的新兴市场异军突起，势头迅猛。到2009年，全国网络文化经营单位13.9万家，市场规模1164亿元。目前，新兴文化市场已经超过传统市场，成为增速快、增幅大的文化市场生力军。

二、“十二五”期间文化市场工作面临的新形势与新任务

2011年是“十二五”开局之年，如何在错综复杂的国内外形势下，开好头、起好步，统筹推进文化市场各项工作，既是全国文化市场战线同志们面临的巨大挑战，也是前所未有的机遇。

（一）文化市场工作面临的新形势

一是随着文化需求的不断扩大，文化市场规模进一步增长。如何培育壮大市场主体，实现规范、有效的市场管理，为文化产业发展保驾护航，是新形势下文化市场工作面临的重要课题。

二是文化与信息网络技术日益融合。信息网络已经成为文化传播的重要渠道，它打破了传统的文化市场分类方式和管理模式，给文化市场的新发展带来了巨大的机遇，也给文化市场管理带来了极大的挑战。

三是国际意识形态领域的斗争日益尖锐。西方敌对势力不愿意看到中国发展强大，竭力对我在战略上围堵、安全上威胁、发展上牵制、形象上丑化、思想文化上渗透。与此同时，随着全球经济一体化的加深，国际、国内市场也在日益融合。如何在严峻的国际形势下，在维护我国文化安全的基础上，进一步丰富文化产品供给，始终是我们面临的重大课题。

四是随着综合执法改革的全面推进，文化市场逐步实现了分头管理、多头执法，向统一领导、综合执法的转变。这意味着对我们的要求更高了，我们承担的责任更大、更重了，但另一方面，近年来交流、轮岗使得各级文化市场管理部门的人员变动较大，许多一线管理者的业务素质与工作能力亟待提高。

（二）中央领导对文化市场工作提出新部署、新要求

面对复杂的国际国内形势，党中央高度重视文化建设，对加强文化市场工作，加快推动文化大发展大繁荣做出了一系列重大决策与部署。胡锦涛总书记在“7·23”重要讲话中进一步强调：构建统一开放竞争有序的现代文化市场体系，推动文化市场综合执法改革，努力做到依法管理、科学管理、有效管理。李长春同志在刚刚结束的全国宣传部长会议上特别指出，要加强文化市场管理，加大综合执法力度，旗帜鲜明抵制低俗之风。确保所辖区域、所辖地区不出大的问题，出了问题也能及时处理；进一步完善文化市场准入制度，审慎处理与文化有关的贸易问题，善于利用世贸规则，加强对境外文化资本和文化产品进入我国市场的审批和监管，牢牢把握文化主权。刘云山同志在2010年全国文化体制改革工作会议上强调，要以大中城市为重点，加强书报刊、电子音像、演出娱乐、动漫游戏、电影、广播电视节目等文化产品市场建设，培育大众性文化消费市场，开拓农村文化市场，逐步实现城乡文化市场的一体化。

我们要深刻领会并准确把握中央领导同志关于文化市场发展和管理的讲话精神，结合蔡武部长在2011年全国文化厅局长会上的关于文化市场管理的工作要求，坚持以管理促繁荣，综合运用法律、经济、行政、科技等手段加强市场监管，建立依法经

营、违法必究、公平交易、诚实守信的文化市场秩序，保障文化市场健康有序发展。

（三）“十二五”时期文化市场工作的目标、任务与原则

“十二五”时期是全面建设小康社会的关键时期，是深化改革开放、加快转变经济发展方式的攻坚时期，是文化建设实现跨越式发展的关键阶段。“十二五”时期，文化市场工作的总体目标是：进一步推动文化市场又好又快发展，基本建成统一开放、竞争有序的现代文化市场体系，全面提升文化市场管理能力，为推动文化产业成为国民经济支柱产业创造公平公正、规范有序的市场环境。

具体来讲，“十二五”时期，文化市场工作要重点完成“四项任务”和建设“三大工程”：

1. 完成四项重点任务。一是构建完善的文化市场监管体系。要加快转变政府职能，完善文化市场政策法规，科学设立市场准入机制。要有效整合执法资源，完善综合执法区域协作机制。大力发展文化市场中介服务，推动文化市场各行业协会的组建，充分发挥行业协会的桥梁、纽带作用。进一步强化社会及舆论监督，健全社会监督员队伍。统筹城乡文化市场，培育和壮大农村文化市场。

二是全面提升文化市场监管能力。要创新文化市场监管模式，努力实现从注重事前审批向注重事中监管转变，从注重市场准入向注重规范行为转变，从注重刚性管理向刚柔兼济管理转变，从注重人工巡查向人工巡查与技术监管相结合转变，真正做到依法管理、科学管理、有效管理。充分利用信息网络技术，逐步建成覆盖全国、上下联动、统一高效的文化市场技术监管平台，基本实现对主要门类文化市场的综合动态监管。切实加大综合执法力度，严厉打击各类违法违规文化产品及其经营活动。强化城乡文化市场监管，尤其是要确保边疆地区的文化市场安全。切实提高保护知识产权的能力、进一步规范文化市场秩序。

三是努力培育一支高素质的文化市场执法队伍。要进一步深化文化市场综合执法改革，逐步建立权责明确、行为规范、监督有效、保障有力的文化市场综合执法体制和协调机制。按照“统一领导、统一协调、统一执法”的要求，加快综合执法工作的专业化、规范化、信息化进程，努力建设一支政治强、业务精、纪律严、作风正、形象好的文化市场执法队伍。

四是积极推进文化市场诚信建设。继续推动政务公开，建立全国文化市场信用管理数据库。完善文化市场退出机制，加大对缺乏诚信企业的行政处罚力度。切实加强行业自律，充分发挥行业协会在文化市场诚信建设中的作用。开展文化市场企业信用等级评定，积极引导文化市场行风建设。

2. 实施三大工程。一是文化市场监管能力提升工程。重点是加强综合执法队伍的能力建设、制度建设、装备建设、形象建设和廉政建设，制定全国文化市场综合执法队伍建设规划，力争用5年时间，建立起中央、省、市、县四级培训网络，开展全国综合执法队伍的全员轮训工作，改善执法装备配置，统一执法证件和标识，为提高执法能力和水平创造条件。

二是文化市场技术监管平台建设工程。力争到2015年，逐步建成支撑文化市场的宏观决策、市场准入、综合执法、动态监管和公共服务等业务，覆盖全国的统一、高效的文化市场技术监管系统；编制文化市场技术监管标准和规范，建成文化市场基础数据系统、管理执法电子政务系统，以及市场实时动态监管系统，全面推进文化市场管理和执法的标准化、规范化和科学化。

三是全国文化市场信用体系建设工程。抓紧建立文化市场经营主体信用档案，制定文化市场各行业服务标准以及文化产品生产标准，建立全国信息公开、共享的文化市场信用管理平台。另外，要进一步规范文化市场从业人员资质认定、职业培训、行业监督、评级评优等工作流程。积极开展文化市场诚信建设的推广和宣传工作。

3. 应遵循的基本原则。“十二五”时期，完成“四项任务”，实施“三大工程”应当遵循以下原则。

一是坚持依法管理的原则。要进一步加强法制建设，健全文化市场法规体系，完善文化市场运行的基本规则，做到有法可依、违法必究。二是坚持市场配置的原则。要按照建设法治政府和服务型政府的要求，转变政府职能，减少行政审批、减少直接干预；把宏观调控与市场调节更好地结合起来，力争实现总量增长与结构优化的双重目标。三是坚持分类指导的原则。针对文化市场不同行业发展的特点和管理现状，分别制定科学合理的管理办法，确定与之相适应的管理模式和手段。四是坚持政府投入的原则。对文化市场监督管理是政府的职责，其所需要的行政成本，应由公共财政承担，不能由

被管理对象分摊。因此，要不断加大政府投入，为文化市场管理工作提供基本保障。五是坚持综合协调的原则。要建立健全与相关部门的协调机制，更好地统筹执法资源，形成管理合力，实现信息共享、联合行动、跨区协作。同时，进一步将行业自律、社会监督和行政监管三者实现更为有效地协调统一。

三、2011年的重点工作及要求

2011年是中国共产党成立90周年，是深入贯彻十七届五中全会精神、实施“十二五”规划的开局之年。做好今年文化市场工作，对于实现中央提出的各项战略任务具有十分重要的意义。

（一）文化市场重点工作

根据全国文化厅局长会议精神及工作部署，按照“十二五”规划的要求，2011年文化市场工作要做好以下6项重点工作：

一是健全文化市场管理的有关法规。抓紧出台《艺术品市场管理条例》、《文化市场综合行政执法管理办法》、《娱乐场所经营管理办法》以及《手机娱乐管理办法》，修订发布《互联网文化管理暂行规定》。同时，探索建立文化市场政策评估和反馈机制，增强文化市场政策法规的规范性和可操作性。

二是加强对文化市场的培育、引导和调控。重点抓好文化旅游示范区建设，进一步推进文化与旅游结合；培育和推动网络演出、网络艺术品等新兴市场业态的发展；继续落实文化部、公安部、工商总局《进一步加强游艺娱乐场所管理的通知》要求，引导游艺娱乐场所作为大商场、度假村配套设施的方式来加快发展；积极、稳妥推进网吧连锁工作，采取税收等优惠政策激励网吧企业的整合与提升，进一步优化和调整网吧布局与结构。下一步，我们将把网吧连锁率与网吧经营秩序，同时作为检验工作成效的重要指标。

三是基本完成文化市场综合执法改革。在2010年综合执法改革工作基础上，加大工作力度，2011年要全面完成文化市场综合执法改革工作。按照中央文化体制改革工作领导小组的要求，我们将会同有关部门对综合执法改革进行督查和验收，并在年底召开全国文化市场综合执法改革总结会；同时，还将在中央层面探索建立综合执法工作的协作机制。

四是加强综合执法队伍培训和装备保障。各地要按照年前下发的《全国文化市场综合执法队伍培训规划（2011～2015年）》以及《文化部关于加强文化市场综合执法装备配备工作的指导意见》的要求，制定本地区队伍培训规划，创新培训形式，不断提高综合执法人员依法行政能力。要积极争取，切实保证执法经费，配备执法车辆，购置必备的调查取证、内容审查、技术监控等执法装备，推进执法队伍的正规化建设。

五是继续建好用好文化市场技术监管系统。文化部将在全国网络文化市场计算机监管平台的基础上，全面推广应用文化市场综合执法办公系统、执法数据和执法信息报送系统，为各地提供集行政许可、执法办案、数据信息报送等功能的统一的共同平台；并逐步建立完善以12318为标志的文化市场举报监督咨询服务体系，面向社会提供高效便捷的管理服务，为逐步建成全国文化市场技术监管系统奠定坚实的基础。

六是开展中国共产党成立90周年等文化市场专项保障行动。2011年是中国共产党成立90周年，也是辛亥革命100周年。为此，文化部将部署开展一系列专项行动，加强文化市场治理整顿，加大执法指导监督力度，为各项重要纪念活动创造和谐稳定的社会文化环境。文化部将按季度发布《全国文化市场综合执法工作要点》，明确各季度的工作重点。同时，希望各地结合实际，继续严厉打击网吧违规接纳未成年人行为，坚决遏制营业性演出中的“假唱”、“假演奏”现象，做好大型演出活动的现场监管，确保文化市场的安全有序。此外，文化部还将适时召开全国农村文化市场监管经验交流会，总结交流农村文化市场监管工作的成功经验。

（二）工作要求

一要加强理论学习和研究，为文化市场管理工作提供理论支撑和智力支持。科学理论是实践的先导，是文化市场工作与时俱进的重要保障。各级文化市场工作者要把文化市场理论学习和研究作为一项任务，摆上重要位置。要以敏锐的眼光，捕捉文化市场的变化趋势，以更加积极的姿态，紧紧围绕文化市场规范和综合执法面临的重大问题，进行深入调查研究，提出新思路、拿出新办法、解决新问题为文化市场工作提供理论支撑和智力支持。

二要加强统筹协调，进一步完善联动机制。新形势下，文化市场工作不能再仅靠文化管理部门单打独斗、包打天下，而更多地需要多部门、多渠道、跨区域的相互协作与配合。因此，要进一步加强统筹协调，妥善处理好几个关系。一是处理好文化部门与新闻出版、广电、工商、公安、工信等部门的关系。要充分发挥协调小组联席会议制度的作用，实现齐抓共管、沟通配合的工作合力。二是处理好中央与地方的关系。文化部重点关注和解决带有全局性、普遍性的问题，地方文化部门要及时反馈政策实施过程中存在的问题，促进政策的不断调整和完善。三是处理好文化市场管理部门和执法部门的关系。最近我听到一些同志的反映，认为综合执法之后市场管理除了审批无事可做，被边缘化了。其实，这样认识是不全面的。文化市场监管应是管理与执法缺一不可的整体，二者相互依存，互为支撑。管理部门肩负着政策法规的起草与制定，市场业态的培育与调控，经营主体的核查与准入的重大责任。执法机构则承担着政策法规的执行，市场秩序的规范，违法违规行为的查处、纠正等职能。因此，管理和执法部门要加强协调配合，做到信息共享、资源共用，共同做好文化市场管理工作。四是处理好与媒体的关系。文化市场管理是社会与媒体关注的热点和焦点，要加强与媒体沟通，正确引导，争取媒体对管理工作和相关政策的正确理解，营造良好的舆论氛围。

三要依法、妥善解决文化市场工作中的突出矛盾。文化市场工作，直接面向文化企业和消费者，其间关系错综繁杂，矛盾丛生。在面对出现突出矛盾时，各级文化管理部门一要依法行政，一切按照法律规章办理，绝不允许滥用职权、执法犯法；二要善于化解，妥善处理各类诉求，平衡各种利益冲突，在兼顾各方的基础上解决好各种矛盾；三要及时介入、及时上报，并迅速有效处理，避免问题扩大化、网络化。

四要有计划，分步骤，扎实有效地推进各项工作。会后，各地参会人员要及时向厅（局）党组进行专题汇报，认真传达会议精神。要按照蔡武部长对今年工作的统一部署，因地制宜、科学谋划，制定本地区文化市场工作的具体方案和措施，明确各项工作的“时间表”、“路线图”和“任务书”，有计划、分步骤予以实施，确保今年各项任务的顺利完成。

同志们，文化市场管理是一项“急、难、险、重”的工作，需要高度的责任感和使命感，要从推动社会主义文化大发展大繁荣的整体大局出发，认真履行工作职责，切实做到不缺位、不错位，才能不断开创文化市场工作的新局面！

深化央地合作　推动“十二五”时期对外及对港澳台文化工作新发展

——在2011年全国文化厅局外事工作座谈会上的讲话

文化部党组成员、副部长　赵少华

（2011年4月26日）

同志们：

很高兴出席一年一度的全国文化厅局外事工作座谈会。借此机会，我代表文化部党组、代表蔡武部长向大家表示亲切的问候并对大家过去一年来为推动全国对外及对港澳台文化工作所付出的努力表示衷心的感谢！

同志们，今年3月召开的全国“两会”刚刚审议通过了《国民经济和社会发展第十二个五年规划纲要》，我们这次会议即要以落实“十二五”规划为牵引，全面总结对外及对港澳台文化工作央地合作经验，探讨进一步整合资源，创新发展，不断完善央地合作机制，推进央地合作向纵深发展，推动全国对外及对港澳台文化工作驶入快车道。下面，我从3个方面与大家交流：一是简要回顾去年以来全国对外和对港澳台文化工作的主要情况；二是全面总结中央与地方合作开展对外文化工作的成果和经验；三是结合央地合作实践，谈谈在“十二五”期间对深化央地合作、提高对外及对港澳台文化工作的几点意见。

一、去年以来全国对外及对港澳台文化工作的主要成绩

（一）全国对外文化工作的突出特点

2010年，在党中央的重视与关心下，在全国文化系统全体同志的共同努力下，对外文化工作坚持“对外”服务于国家外交大局，服务于推动中华文化“走出去”、扩大中华文化国际影响力；“对内”服务祖国统一大业和国内和谐社会建设，服务文化事业发展的“四个服务”的总原则，积极作为、开拓进取，简要描述可从8个方面或用8个关键词来概况：一是“活跃”。配合国家重大外事活动，根据对外工作的整体部署，开展了包括欧罗巴利亚中国艺术节、意大利中国文化年、中印互办文化节、瑞士文化风景艺术节——中国主宾国、俄罗斯“中国语言年”等各类重大文化年、文化节活动10余项，文化外交在国际舞台空前活跃。二是“深化”。针对一些重点国家开展了富有成效的高规格、深层次的思想文化对话，中日、中欧、中美、中土、中印文化对话或论坛等文化精英间的对话影响广泛。温家宝总理亲自出席了中欧文化高峰论坛，亲自主持了中日、中土、中印文化界人士座谈会，有力深化了中外文化交流的内涵。三是“响亮”。以“欢乐春节”、“中非文化聚焦”、“阿拉伯艺术节”、“相约北京”、“中国上海国际艺术节”、“艺海流金”、“情系”等为代表的一批对外与对港澳台的文化交流品牌越来越响亮、越来越有影响，文化交流品牌化、精品化继续成为对外文化工作的主打方向。四是“提速”。驻外中国文化中心建设全面提速，进入快速发展期。2010年，胡锦涛、吴邦国、温家宝、李长春、习近平等中央领导同志或见证中心签约或视察中心工作达11次，体现了中央领导对于海外中国文化中心的重视与关心；3个文化中心相继奠基或揭牌，我国与4个国家签署了建立文化中心的政府文件，与6个国家达成了初步意向。五是“突破”。以蔡武部长成功访问台湾为标志，推动“文化入岛”实现了新的突破，在两岸产生了广泛而深远的影响；同时我国在联合国非遗项目申报取得新进展，2010年新增了中医针灸和京剧2项入选“代表作名录”、另有3项列为“急需保护名录”，目前我国共有联合国教科文组织名录34项，位列世界第一。六是“扎实”。从探索对外文化贸易、开展对外文化宣传，到加强做草根、民众和青少年工作，对外与对港澳台文化工作扎实推动，全面发展。七是“联动”。已建立的4个对外工作协调机制互相联动，使得中央与地方、国内与国外，以及中央各部门之间的资源得到了较好的统筹，中华文化以较为协调的步伐大踏步走向世界。八是“交融”。主要体现为举世瞩目的上海世博会，225个国家、地区和国际组织以及中国各省区市的1289个文艺团体举办了22900余场演出，观众多达3450万人次，使得在中国举办的世博会真正成为全球跨文化交流的盛会和展示世界文化多样性的舞台。

（二）地方对外及对港澳台文化工作的新成绩

去年以来，全国地方文化厅局在文化部的指导下，在当地党委、政府的领导下，紧紧抓住总结“十一五”、规划“十二五”的有利契机，扎实奋进，创新发展，取得显著成绩，主要表现为：

1.认真总结“十一五”工作经验，扎实做好“十二五”规划。去年，全国各地文化厅局认真总结“十一五”期间对外及对港澳台文化工作的成果经验，进一步解放思想，开拓思路，科学务实地制订“十二五”规划，并与国家及文化部“十二五”规划的整体思路有机衔接，提出了许多新的发展思路和工作重点。例如，北京市提出要充分利用首都的地位和资源优势，积极配合国家外交大局，大力开展文化外交；河北省提出要充分发挥政府主导作用，坚持打造“河北文化周”和“中国吴桥国际杂技艺术节”两个“拳头产品”；内蒙古把建立全区对外文化交流项目资源库作为“十二五”时期的工作重点之一，并与文化部“文通网”和“中国对外文化资源库”相衔接，为增强草原文化在国际上的影响力打牢基础；上海市提出要发挥区位优势，积极开拓国际文化市场，力争在“十二五”期间使对外文化贸易实现新的增长；江苏省提出每年举办1～2项较大规模、较高层次的文化交流活动，每年选择2～3个国家举办“感受江苏”文化周，每年保持与3～5个国际友城之间的文化交流与合作等具体目标；浙江省也提出了全省11个地市每年打造并推出2个文化艺术演展产品或服务项目的“一市二品”工程；福建省则提出要进一步扩大海西文化影响力，以各类平台建设提升对台文化交流的层次和影响；广东省提出要利用粤港澳三地32个文化合作示范点的工作网络，进一步提升区域文化的竞争力；山东省提出“十二五”时期要建立健全“对外文化工作厅际联席会议机制”，加强省内各相关部门的沟通与协调，共同推动齐鲁文化走向世界。

可以说，全国各地文化厅局都高度重视今后五年对外文化发展的战略机遇期，精心规划，周密部署，提出了许多好的思路与工作计划。我们相信有以往良好的工作基础，有科学的规划作指导，我们全国的对外文化工作将继续得到健康的发展。

2.积极推进对外及对港澳台文化交流工作，活力迸发、精彩纷呈。去年以来，各地纷纷以对外文化交流为平台，积极向海外推广传播地方文化，不仅大大提升了各地方的知名度，更全面展示了中华文化的丰富多彩与博大精深。同时，对外文化工作也正成为扩大地方对外开放、推动当地经济社会发展的重要手段之一。例如，云南省去年以来共完成对外和对港澳台文化交流项目47起、864个，共出访25个国家和地区，对外文化交流在其“桥头堡”的建设中发挥了积极作用；重庆市去年共完成对外对港澳台文化交流项目214项，涉及30多个国家和地区，海外商演1184场，观众近百万人次，文化外贸出口总计874万元，是重庆近年来规模最大、影响最深、效果最好的一年。贵州省在去年9月首次向北美民众介绍本省丰富的文化旅游资源及特色产业，派出“多彩贵州风”演出团一行78人赴美国、加拿大巡演，成为贵州省近年来规模最大的一次综合性外宣活动。另外，富有特色的地方文化不断走向世界舞台，受到广泛好评。如，山东省精心打造“孔子”品牌，在联合国教科文组织成功举办了“孔子文化周”；河南省力推“少林”牌和“豫剧”牌，4次派少林寺武僧团分别赴8国执行国家文化交流任务，受到欢迎。还有多个省区市利用文化交流的平台，在海外举办各地“文化周”，使文化外宣的内容更丰富、形式更多样。在今年的“欢乐春节”活动中，安徽民乐团在美国肯尼迪艺术中心的精彩演出征服了西方观众，《华盛顿邮报》称赞是“中国制造的充满活力的声音”。甘肃省在配合文化部完成“欢乐春节”和“非洲文化聚焦”任务后，认为这些对外文化活动“扩大了甘肃特色文化在海外的知名度和影响力”。针对港澳台的文化交流，包括福建、河南、浙江、江苏、上海、厦门等6个对台基地与广东作为对港澳交流的基地，作用日益凸显。“福建文化宝岛行”连续举办4年，成为对台文化交流的亮丽品牌。去年5月，四川省委书记刘奇葆亲自率团赴台参加经贸文化交流，在台北举办的“天府四川宝岛行”、“四川·成都大庙会”等活动在岛内引起轰动；以及陕西省在台湾举办的“陕西民俗艺术节”和在广西举办的情系活动等，以文化为桥梁，都拉近了与台湾人民的距离。青海省的“大美青海台湾行”和“大美青海、玉树常青”赴港澳展演活动，深受港澳台同胞欢迎。

需要特别指出的是，各地政府和文化厅局对国家重大对外文化交流任务高度重视，精心部署，高质量高标准地努力完成，积极配合了国家对外工作大局。特别是去年以来在配合上海世博会、广州亚运会、海外“欢乐春节”活动、“欧罗巴利亚中国艺术节”、“意大利中国文化年”、“阿拉伯艺术节”等重大文化活动中，不少地方文化厅局积极参与，周密组织，出色完成了任务。其中，上海文广局积极配合做好上海世博会的文化交流和展示活动，为举办一届成功、精彩、难忘的世博会做出了重要贡献；广东省文化厅和广州市文化局以亚运会为平台，邀请了20个国家和地区的2000多名艺术家到广州举办演出300多场；去年，天津、内蒙古、湖南、湖北、福建、重庆、陕西、吉林、辽宁以及深圳市等文化厅局还出色完成了朝鲜血海歌剧团歌剧《红楼梦》的巡演接待任务，为文化外交做出了积极贡献。

因此，我们看到，过去一年来，在文化部的大力推动和各地政府的积极支持下，各地文化厅局通过积极努力开拓渠道，精心打造品牌，全方位推动地方文化走向世界，成绩斐然。

二、全面总结中央与地方合作开展对外文化工作的成果和经验

（一）关于央地合作模式的阶段认识

2009年，我们在银川召开会议时，结合学习实践科学发展观和纪念新中国成立60周年，深入分析工作形势与任务，提炼总结了60年来对外文化工作的宝贵经验，提出做好战略规划、加大机制建设和狠抓重点工作的总体思路，明确在文化部和地方文化厅局间建立工作协调机制，将原有地方文化厅局外事处长会升格为厅局级全国文化厅局外事工作座谈会，标志着文化部与地方合作机制的正式启动。两年来的实践表明，央地合作机制已成为构建对外文化工作“全国一盘棋”系统工程的重要组成部分，成为文化部传达落实中央领导指示精神、统筹规划指导地方开展对外文化工作的重要渠道，是沟通工作信息和交流工作经验的重要枢纽，是共同推动对外文化工作不断发展的有效平台。

事实上，“央地合作”在对外文化工作的实践中由来已久，可以追溯到新中国早期的对外文化交流，与国家总体发展形势紧密相连。而地方的对外文化工作更是经历了几个阶段，包括从被动参与、到自主谋划、再到战略合作，其定位和作用都发生了深刻的变化。

第一阶段：文化部下达任务，地方积极配合完成。从新中国成立到改革开放初期。这一时期的文化交流主要以官办项目为主，采取集中管理的模式，交流的人数和规模较有限。地方在国家对外文化交流中，更多充当的是一种接受任务、被动参与和积极配合的角色。尽管如此，地方仍发挥了很大的作用。如，20世纪70年代末80年代初期，甘肃歌舞剧院的《丝路花雨》等节目，在日本等周边国家就广受好评。

第二阶段：文化部策划项目，地方主动参与和自主谋划。主要是在改革开放后，在“出多”、“进好”的政策指引下，逐步探索形成了中央与地方结合、官方与民间结合、政府交流项目与民间有偿演展相结合的多层次、多渠道的新途径，交流规模和范围空前扩大。如“中法文化年”活动，国内17个部委以及中法两国共47对友城和50多家中法两国企业不同程度地参与，项目达700多个，使中法十几个城市、上百万民众有机会近距离相互了解彼此文化，不仅大大促进了双方的文化交流，还对其他国家产生了示范和连锁效应，带动了新一轮的文化交流热。

在这一阶段，一些省区市，特别是沿海发达地区也开始主动尝试自主开展对外文化交流，探索了政府主导、社会支持、商业运作等多种模式，涌现了一批具有地方特色的对外文化交流品牌项目和活动平台，大大拓展了全国对外文化交流的空间，提升了交流水平。

第三阶段：文化部宏观统筹，地方寻求政策支持和战略合作。主要是在“十一五”时期，伴随着中国融入世界的步伐加快，国内改革开放不断地深入，文化建设在国家总体战略中的地位日益提升，对外文化工作在外交全局中的地位日益上升，地方对外文化工作在地方经济社会文化发展的格局中作用也日益突出。在这种大背景下，地方各文化厅局对对外文化工作进行新的定位，开始积极主动地寻求中央政策支持，推动将地方的对外文化规划与项目纳入国家和地方总体对外文化的发展战略和行动中，更具大局意识和全局观念。一些地方已经开始突破地域界限，主动将地方对外文化工作纳入国家区域发展战略、纳入国家文化发展总体布局、乃至纳入我对外总体战略之中，并且主动提前策划了许多项目。地方的角色也因此发生了根本性的变化，从以往文化部自上而下的单向运作，到以文化部为主、地方文化厅局为辅的双向运作，正又进一步上升到文化部与地方文化厅局统筹兼顾、相互支撑、协调发展的战略互动方向迈进。由此，各地文化厅局正逐渐成为主动与文化部寻求战略对接、项目统筹的重要合作伙伴。目前已有重庆、天津、北京、湖南、湖北、宁夏、福建等7个省市与文化部签订了

省部共建合作协议，其中都包括有对外文化交流的规划内容。当然无论有合作协议与否，我们都希望对外文化工作的央地合作模式应当不断从过去短期、临时、零散的工作模式，逐步迈向长期、可持续、集成化发展的战略共建模式，相信这必将是对外文化工作统筹协调、科学发展的新方向。

（二）关于央地合作模式的主要特点

在央地合作的过程中，文化部多次下放审批权限，从工作机制、审批管理、激励政策和资金调配等方面进行调控，充分调动地方参与的积极性和主动性，最大限度地发挥其生力军的作用。主要表现有以下几个特点：

1.央地合作日益密切、范围日趋宽广、规模效应逐步显现。文化部通过以项目为重要抓手，以重大活动为主要平台，基本上同全国所有省区市建立了良好的协作关系。在对外文化活动方面，几乎所有的省区市都参与或主办了各类重大文化艺术节或交流活动，并辐射到世界90%以上的国家，有效提升了中华文化的国际影响力和覆盖面。例如，2007～2009年间，仅在非洲地区，文化部就先后派遣了国内27个省区市的艺术团共894人赴非洲多个国家进行巡演。仅在去年又派出了8个地方艺术团共185人赴非洲的20个国家进行了访演。在国内、国际文化交流平台建设方面，省部加强配合，各省区市根据各地经济文化发展和文化资源状况，在“十一五”期间巩固了原有的国际文化传播平台，使原有的国家级或省级的国际文化年节和国际比赛活动品牌效益更加突出。一些新的品牌活动如雨后春笋般不断涌现，一些文化贸易平台逐步建立，进一步树立了中国作为亚洲文化活动中心国的地位。

2.央地合作汇聚资源，形成合力，实现“双赢”。通过邀请地方省市参与在境外举办的重大文化外交活动和国家级艺术节，不但极大地调动了地方积极性，有效整合了资源，更有利于体现中华文化的多样性，实现中央与地方工作的“双赢”。例如，在瑞士举办的“文化风景线艺术节·中国主宾国”活动，通过有效利用“央地合作”的模式，积极与广东、四川、浙江、上海合作，将具有鲜明地方特色的项目纳入艺术节框架内，成为艺术节的主打产品，不仅极大地丰富了艺术节的内容，展现了中国地域文化之美，更增强了艺术节的感染力。在比利时举办的“欧罗巴利亚中国艺术节”，19个省区市以及香港和台湾地区的58家博物馆、图书馆、考古机构、公共和民间文化机构近1500名中国及海外华人艺术家参与，举办了50个展览和近500场演出、文学讲座、电影放映等活动，吸引了150万名左右的比利时及周边国家观众。包括北京和布鲁塞尔、上海和安特卫普、江苏省和那慕尔省等友好城市、友好省区也纷纷携手，积极参与这场盛会。意大利“中国文化年”也通过采取“中央补贴，地方支持”的共同负担费用方式，吸纳了北京、宁夏、广东等省区市高水平的文化项目加入，广泛调动了地方政府和民间艺术团体。2011年，第二届海外“欢乐春节”活动得到了中央和国务院10余个部门、全国20多个省区市和国内2200余名演职人员的积极参与，共在全球63个国家和地区成功展开，包含了65项各类文化活动。今年的“欢乐春节”活动得到了李长春、刘延东和戴秉国等中央领导同志多次批示和表扬，充分肯定“在内容、形式、影响上均有较大提升，效果良好”，要求认真总结经验，加强统筹协调，在质量和内涵上下更大工夫，打造运用好这一品牌。

随着工作形势的发展变化，地方对外文化工作也已从以往单一的展演为主的文化活动向涵盖对外贸易推介、旅游宣传、形象推广等内容的综合性外宣活动转变，有力地促进了地方对外交往。地方在加强与文化部合作、不断促进资源整合的同时，也开始尝试提前运作，加强地方跨部门的协调和配合，主动集中当地外宣、经贸、教育、侨务、友城等部门力量，以文化艺术为依托，综合运用多种资源，展示地方社会进步、经济发展的整体面貌。这种整合后的交流模式使得对外文化工作获得了更大的发展空间。比如，陕西、河南、湖北省主办的历届海外春节大巡游，多地举办的“文化周”等活动就充分体现了多部门合作的集成效应。

3.央地合作以交流促发展，服务地方经济社会建设。经过多年的努力实践，对外文化交流正进一步融入地方文化事业发展，并逐渐成为地方文化发展的重要驱动力，经济与社会效益显著。包括非遗申报与保护、文化产业发展、重大文化活动等已经成为地方社会和文化建设的重要内容。一些涉外重大文化节、国际艺术比赛已经成为地方文化发展的支点，北京、上海、河北、广西，以及青岛、宁波、厦门等地政府通过承办各类国际文化活动，不仅丰富了当地人民群众的精神文化生活，同时推动了地方文化设施建设和文化建设，增加了举办地城市的知名度，有力促进了当地精神文明建设和和谐社会

的构建。比如，内蒙古鄂尔多斯市在2009年通过与文化部联合主办第11届亚洲艺术节，有力地促进了该市的文化建设。市领导曾感慨表示亚洲艺术节使其城市建设进程缩短了5～10年。2009年，四川成都举办第二届国际“非遗”节，拉动各类消费达54.2亿元，在扩大内需、刺激消费方面作用明显，直接参与“非遗”节活动的人次达到520余万，获得了96%以上的公众认同度。今年刚刚举办的“博鳌亚洲论坛”，海南省积极借助这一高端平台，充分展示海南经济、社会、文化发展，大大提升了本省形象；而去年在海南举办的“上合组织成员国文化部长会晤”也给来自9个国家的外国文化部长留下了深刻的印象。

4.更加重视地方文化特色的保护和发扬。地域特色是地方对外交流的文化名片，也是对外文化交流的宝贵财富。近年来对外文化交流活跃的地方，正是那些充分发挥了地域文化特色，创作了优秀艺术作品的地区，除北京、上海、广州等大都市外，云南、河南、福建、湖北、内蒙古、海南、贵州、青海、山西等地也积极探索，寻找地方艺术与国际市场最佳的契合点，取得了很好的成绩。去年由文化部选派的新疆等地艺术团赴西亚北非地区国家访演，讲“与往访国观众有关系的故事”；新疆艺术剧院歌舞团还赴土耳其参加“感知中国”活动，宣传我民族政策和民族团结和睦，都取得了很好的效果。在去年第二届“阿拉伯艺术节”期间，12个阿拉伯国家政府文化代表团赴宁夏访问，进一步促进了宁夏与阿拉伯国家的友好关系，并推动宁夏原创回族舞剧《月上贺兰》第一次走出国门，赴埃及和卡塔尔访演。山西民族舞剧《一把酸枣》近年来在30多个国家和地区巡回演出830多场，观众逾百万。特别是去年参加“欢乐春节”活动，在美国肯尼迪艺术中心连演4场，场场爆满，受到好评。这些活动进一步挖掘了全国地方，特别是少数民族地区的独特文化资源，为国家整体外交和外宣工作增添了亮点。

5.积极搭建交流平台，共同打造交流品牌。包括海外“欢乐春节”、中非文化聚焦、中阿合作论坛的艺术节、亚洲艺术节、“相约北京”联欢活动、中国上海国际艺术节、北京国际音乐节、南宁国际民歌节、中国成都国际非物质文化遗产节、中国新疆国际民族舞蹈节，中国国际声乐、钢琴、小提琴等艺术比赛，“艺海流金”、“情系”系列活动、“两岸城市艺术节”、“两岸文博会”等一系列对外及对港澳台文化交流品牌不断涌现，越来越成熟。这些品牌活动积极调动了地方、民间参与重大文化活动的热情，既打造了中国文化的名片，同时也使地方对外文化交流获得了更大的发展空间，扩大了地方的国际知名度，也使重大文化年节的平台更加立体丰富，成效更加显著，许多品牌已经成为地方社会和文化建设的重要抓手和推动力。未来，我们将要在平台的稳固与品牌的持久方面下更大的工夫，打造在国内乃至国际上真正立得住、叫得响、有影响的平台与品牌，更需要久久为功。

除了以上大型文化艺术节和品牌活动外，还有许多国外举办的各种国际性艺术节、商业展演，地方与毗邻国家和地区的区域文化合作，以及包括驻外使领馆推荐的文化交流活动等等，可以说是丰富多彩、种类繁多。这些平台或品牌，无论是传统或新发展的，国内或国际的，都通过中央和地方的积极努力和密切协作，共同推动了中华文化更好更快地走向世界。

6.努力拓展交流渠道，创新交流模式。在央地合作的努力中，以文化交流推动我文化产业与贸易的“走出去”的成效更加明显。去年的俄罗斯“中国文化节”为中俄两国在文化产业领域的交流与合作提供了有效平台。“中国动漫、网游企业国家队”参加了文化节，集中展示了代表中国动漫产业发展水平和中国网游企业游戏研发实力的成果；方正、汉王、创维等国内知名IT企业展示其最新研发的技术。目前已有国内5家知名网络游戏企业自行研发的6款游戏在俄游戏市场成功合作运营，为探索俄罗斯市场进行了有益的尝试。去年9月，文化部还首次实施了“赴美文化贸易经验交流项目”，组织包括湖南、江苏、浙江、广西、重庆等近10个省市文化系统的机关和企事业单位管理人员20余人考察了美国的文化产业。另外，去年6月文化部产业司还组织相关部委、地方动漫企业负责人与动漫专家学者等携我国优秀的动漫作品赴法国参加了安纳西国际动画电影节，中外动漫企业累计签约金额达4.44亿元人民币。黑龙江省在去年举办了“中俄文化大集”，为开展边疆地区跨境文化贸易做出了新的尝试。吉林省长春市去年举办了首届东北亚文化艺术周，努力使之成为东北亚文化交流展示和交易平台。江西省杂技团去年在澳大利亚10多个城市开展商业巡演，成功探索了“小制作、大收益”的对外商演模式。

大陆与台湾的文化交流有效促进了两岸产业的

发展。文化部与福建省人民政府在厦门、莆田等地成功举办的“海峡两岸（厦门）文化产业博览交易会”和“中国（莆田）海峡工艺品博览会”已成为两岸文化产业交流与合作的重要平台。其中去年两岸文博会促进两岸文化产业合作项目14个，签约金额5.35亿元，实现了历史性突破。此外，一些地区通过运用文化发展基金、产权交易、展会经济等新型方式促进文化产业创新，也为新时期对外文化工作的发展注入了新的活力。

7.共享共建交流阵地，驻外中国文化中心尝试与地方对口合作。在去年的腾冲会议之后，我部拟定驻外中国文化中心与地方省市合作计划，并确定以天津等11个省（区、市）为试点与相应驻外中心开展年度合作，文化部提供政策支持、项目标准和部分经费补贴，外联局负责整体规划、业务指导和绩效评估；驻外中心与对应省市文化厅局共同策划，确定项目方案，文化中心充分利用阵地优势，全力以赴，通过多种渠道为地方文化走出去搭建平台；地方文化厅局负责整合本地资源，大力支持文化中心工作。这一对口合作试点方案得到了地方文化厅局的热烈响应和大力支持。目前，地方省（区、市）与驻外中国文化中心合作计划已进入启动实施阶段。上海—巴黎中国文化中心年度合作已成功启动，上海市委书记俞正声出席了合作项目开幕活动；河南—首尔中国文化中心年度合作也将启动。天津、内蒙古、福建、陕西、青海等省市与相应的海外中国文化中心合作也即将展开。驻外中国文化中心与各省市合作是文化部搭建的新的央地合作平台，对提升地方文化走出去综合能力，培育优秀项目、建立长期海外交流基地具有重大意义。下一步，我们将及时总结试点合作的经验并进行综合评估，进一步完善并推进驻外中心与地方省区市央地合作计划深入开展。

以上7个方面是央地合作目前呈现的几个主要特点，也是近年来经过文化部与地方文化厅局同志们共同努力所取得的成绩。我们看到，在当前已建立的“四大机制”中，央地合作应当说是最具基础、最具潜力、更是最具发展活力的机制。我相信，央地合作已经并将继续拓展对外及对港澳台文化交流与合作的空间、不断丰富对外对港澳台文化交流的方式与内涵，并将在“十二五”期间绽放异彩。同时更希望，央地合作未来要以共谋发展蓝图、共兴合作机制、共拓交流渠道、共享交流平台、共塑交流品牌，共做产业文章，共建海外阵地为主线，为推动全国的对外及对港澳台工作向纵深发展作出新的贡献。

（三）关于央地合作仍存在的主要困难和问题

我们也要清醒地认识到，虽然对外文化工作的央地合作不断取得新成绩，未来发展也充满希望，但还存在着一些突出的问题与困难：

第一，央地合作的规范化、机制化有待进一步提升。尽管目前央地双方工作联系频繁、沟通顺畅，但运作方式尚未达到规范化、机制化的要求。文化部尚缺少对地方文化资源全面、深入的了解，地方层面也缺少对文化部工作规划的整体掌握。双方合作仍多是临时、短期性质，一些地方仍在被动接受工作任务，缺乏长远规划，难以充分发挥工作的主动性和计划性。

第二，信息沟通还需要进一步加强。信息交流是央地合作的基础。目前，文化部作为归口管理全国对外文化交流的部门，对各地开展的对外文化交流活动了解得还不够全面、细致，还有不少盲区，这很不利于掌握整体情况和深入开展合作。去年外联局加强了针对地方的信息统计工作，根据统计，截至2010年12月31日，共有28个省区市上报了2009年对外和对港澳台交流和涉外、涉港澳台营业性演出活动数据共2776条。其中，广东省上报993条，北京市250条，四川省203条，位居前三名。根据统计，2009年广东、江苏、福建三省出访团组较多，分别为378、101和88项；来访团组中，广东、北京、四川以615、237和152项居前三位。其中广东省上报993条商业性团组信息，其次为北京市233条，辽宁省140条；非商业团组较多的省市为上海、江苏、福建。在出访团组中，前往港澳地区的团组为581项，占所有出访团组的34%；其次为西欧309项，占18%；亚洲305项，占18%。在来访团组中，来自亚洲的团组为340项，占所有来访团组的22%；其次港澳地区277项，占18%；西欧274项，占18%。有关2009年的统计分析已经向各省市通报。希望各地进一步重视对外文化交流项目的报批、备案和信息汇总、上报工作；外联局自身也要进一步采取切实措施，加强这方面工作的及时性、针对性与有效性。

第三，品牌及高精尖交流项目少、项目种类略显单一。当前对外文化交流仍主要集中在访演活动上，并且多以杂技、武术、歌舞、民乐等传统项目为主，种类略显单一，品牌项目不多，艺术质量也参差不齐，尚有不少发展空间。

第四，短期轰动性活动多、长期持续性活动少。目前央地合作由于拨款制度和工作缺乏前瞻性等局限，造成项目的筹划与安排滞后，我对外文化活动短期轰动性活动较多，长期持续性活动较少，深度交流工作有待加强。这些问题需要我们在“十二五”期间，在深化央地合作、促进对外文化事业发展中逐步解决。

下面，我想谈一谈对深化“十二五”期间央地合作的初步意见，供大家参考。

三、抓住“十二五”重要发展机遇期，进一步深化央地合作机制，共同推动对外及对港澳台文化工作新发展

这次会议的重点是围绕两个关键词，分别是“落实‘十二五’规划”和“深化央地合作”。会前，《中国文化报》围绕“央地合作”做了几个专版和多篇深度报道，有些作为会议材料发给了大家，有些在现场展示。这样做的目的，一方面是要提高大家对央地合作重要性的认识，另一方面就是要进一步统一思想，凝聚共识，共同为“十二五”时期对外文化工作跃上一个新台阶出谋划策、携手并进。

“十二五”时期是全面建设小康社会的关键时期，是国家软实力快速提升的关键时期，文化将发挥至关重要的作用，对外和对港澳台文化工作迎来了难得的发展机遇。在去年的腾冲会议上，我们全面总结了“十一五”时期对外及对港澳台文化工作的成果，并就“十二五”时期对外及对港澳台文化工作的总体目标和主要任务进行了初步的展望，这次会议安排了政法司领导专门给大家介绍文化建设和对外文化工作“十二五”规划的有关情况，相信大家会对“十二五”时期的各项任务有更深入的了解。在这里，我想强调的是，加强中央与地方的统筹、协调与合作将成为全面实施“十二五”规划的重要机制保障，特别是要在以下几个方面进一步思考，切实深化央地合作、不断创新模式，更好地发挥机制的功能和作用。在此，我想提出5个方面的工作方向建议，以及6个方面的工作措施建议，与大家一起交流探讨。

首先，在工作方向方面：

（一）央地合作要将区域发展与国家整体发展布局相结合，不断拓展合作空间

“十二五”期间，国家提出了发挥不同地区的比较优势，促进生产要素合理流动、深化区域合作，推进区域良性互动发展，逐步缩小区域发展差别的区域发展总体战略，确立了西部大开发、振兴东北、促进中部崛起、支持东部率先发展，以及加大对革命老区、民族地区、边疆地区和贫困地区扶持力度等五大战略。在此基础上对区域和城市发展格局进行了定位和布局，提出了环渤海地区、中原经济区、长三角、海峡西岸经济区、珠江三角洲地区等“两横三纵”城市化战略格局。对外文化工作的央地合作必须在深入分析上述国家发展战略规划定位基础上，结合地域和区域优势，将文化部与地方的合作纳入国家大的格局中，结合地域和区域优势，配合国家大的区域发展战略，提出相应的针对性政策，找到合作的支点和突破口，才能乘势而上，事半功倍，有所作为。

文化部近年来对地方在对外及对港澳台文化工作中加强区域合作的趋势予以重视和关注，也组织了专项调研，对东北与东北亚和周边国家、广西与东盟、云南与大湄公河和南亚、新疆与上海合作组织成员国、宁夏与西亚阿拉伯国家、江浙沪长三角的合作、粤港澳合作、海峡西岸发展战略等区域合作情况进行了调研考察，并从政策和资金上也给予了大力的支持。今年年初，我带队到广西调研，结合前期工作的基础，提出要鼓励广西立足自身区位优势和民族文化资源优势，积极开拓创新，促进和东盟文化的交流与合作，“以点带面”来形成辐射周边区域的优势和作用。但是，这些区域合作的作用还远远没有发挥出来，与国家总体区域发展布局也有较大差距。从布局上看，中部地区、西部地区在文化交流区域合作方面还是空白。如何结合大的区域发展战略，结合地方特色和优势，提出对外文化工作的区域发展整体思路和实施政策，逐步在全国不同区域形成各具特色的“根据地”，形成整体区域合作的合力，拓展事业的空间，将是我们央地合作的重点努力方向。

（二）央地合作要将对外文化工作与国内的经济社会和文化事业发展相结合，带动公共文化服务体系建设，推动文化市场和文化产业发展，引导地方文化企业和文化产品进入国际市场

对外文化工作的央地合作机制要寻求永久的动力，就必须结合地方经济社会文化建设与发展，使文化交流成为促进地方经济转型、推动地方公共文化建设、带动文化产业发展的重要外部推动力。“十二五”期间，促进文化大发展、大繁荣将成为地

方发展的新领域，许多省市因此提出了建设文化强省的战略目标。文化部在“十二五”规划中也提出了地方在国家文化发展大格局中所应确立的战略定位，并在项目上做了统筹安排。全国地方对外文化工作者，要有责任意识、机遇意识，要结合地方文化发展规划，抓住机遇，乘势而上。我初步看了这次会议下发的《全国地方对外及对港澳台文化工作“十一五”总结和“十二五”规划要点》，发现有的地方对外文化规划做得好，对外部分与内部文化建设实现了有机结合，体现了本省市文化发展的大思路，如北京市、江苏省、浙江省、四川省、广东省的规划，不仅有大的工作项目，还有地方城市在对外文化交流中的定位和目标，既有提升公共文化服务水平、促进人才交流培养的具体计划，也有促进文化产业发展的措施，反映了对对外文化工作本质的理解，更体现了对外文化工作的大格局和大思路。

（三）央地合作要促进对外文化工作“四大机制”相互结合，带动全国对外文化交流网络和新格局的形成

央地合作是对外文化工作四大机制的重要组成部分。如果把中央部门和与国内与国外的合作比作是横向联系的话，央地合作则构成了四大机制的主干和支撑。打个比喻，中央部门间、国内与国外的工作机制大多数情况下是一种彼此沟通、协调的关系，可以比作是人体的指挥神经和传导系统，而央地合作则是用实实在在的项目和内容来落实合作关系，可以比作是人体的骨干和肌肉。做实和深化央地合作对四大工作机制建设意义重大。

在“十二五”期间，我们应充分利用对外文化工作的4个协调机制的作用，以央地合作为主线和骨干，着力构建上下互动和左右连通的工作网络；同时我们也将积极鼓励地方在省市乃至周边区域建立小型的横向和纵向的统筹和协作机制，有效整合中央地方、系统内外、省市内外的工作资源，形成全国范围内整体工作网络和合力。据了解，一些省份已经开始借鉴中央对外文化工作部际联会议制度，尝试在地方建立类似的协调机制，加大了协调配合、资源整合的力度。

（四）央地合作要将拓展海外阵地与国内对外文化交流基地建设相结合，带动地方自主“走出去”

拓展海外阵地是“十二五”期间对外对港澳台文化建设的重要任务，符合形势发展需要。阵地建设不仅限于驻外中国文化中心，还涉及中央其他部门在海外文化推广和传播机构，地方在国外友好省市建立的长期合作基地等等，是不同类型的中国文化海外推广和营销中心、传播渠道，也是中央与地方共同的责任和任务。

海外传播阵地的拓展必须与国内的保障系统进行统筹考虑，对外阵地和渠道如果脱离国内的各项保障，就会成为无源之水，无本之木。因此，在大力推动我们事业对外发展的同时，必须更加重视国内对外文化支撑体系的建设，要以系统工程的眼光把国内的交流基地的培育和建设放在和海外阵地建设同样重要的地位，在各省区市着力培育几个、十几个有质量、上规模、上水平的对外交流基地，提高配套和保障能力。进而以基地为依托，逐步完善支撑系统的运作，积累起一批好的项目、凝聚起一批优秀人才，既可一方面服务海外阵地和传播的需要，同时也为地方“走出去”打下了坚实的基础。文化部也会在适当时机在港澳台文化交流基地建设经验的基础上，统筹区域分布、注重地域特色，在调研的基础上，启动设立对外文化交流或传播基地建设，提升地方对外文化交流合作整体水平。

各地可根据实际情况，尝试推动从4个方面的基础建设入手，包括打造对外文化品牌、夯实海外工作伙伴、构建对外交流平台和渠道、形成专业人才队伍。把这4个方面的基础工作做好，我们的对外文化事业就会形成好的根基，有成长和壮大的空间，并形成自主走出去的能力。

（五）央地合作要将发挥地方优势与强化政策服务相结合，搭建更多合作平台，提升合作水平

目前许多地方已经将对外文化交流作为繁荣和发展地方社会文化建设的一支重要力量，在政策、资金和行政上给予了较大支持和倾斜，有力地促进了地方对外文化工作的开展，但因为一些地方对外开放的时间不长，经验不足，相关领域的人才匮乏，在对外文化交流事业快速发展过程中，相关的准备不足，形成了一些新的问题，迫切需要文化部加大科学管理、业务指导和配套的政策服务，协助地方找到地方文化与国际文化交流的契合点。文化部将继续加大促进央地合作的各项服务措施，通过建立统一的央地合作信息和服务平台、品牌项目合作平台、文化中心长期合作平台、贸易平台、项目竞争和奖励平台，干部培训和交流平台等，深入促进央地合作可持续开展，提升合作水平。

其次，在具体工作措施方面：

（一）信息共享，建立央地信息沟通和数据统计服务平台

建立央地定期信息通报制度，就是将有关国家文化政策、文化机构、重大文化活动需求以及前方使馆意见等信息及时通报地方省市，供其工作决策参考。同时，对地方交流项目实施统计归口：统一报送渠道、统一报送格式、统一报送口径，逐渐建立一套完整的全国对外文化基础数据统计报送系统，为对外文化科学决策提供依据。去年年底，我部颁发了《文化部促进文化产品和服务“走出去”总体规划》，各地文化厅局积极贯彻落实，在对外文化贸易资源库建设、对外文化贸易统计、对文化“走出去”企业的信息服务和平台搭建等方面做了大量工作。目前，我们已连续两年开展对外文化贸易的统计工作，通过各厅局收集汇总了各省市自治区开展对外文化贸易的基本情况，完成了《2009年度我国主要演艺产品出口统计报告》，对决策起到了较好的作用。上个月，我们在美国召开了对美国工作片会，我对驻美各使领馆文化处组提出，要求各文化处组每月一次，要将过去一个月实际发生和未来即将发生的文化交流项目登记备案、报回国内，形成固定的信息报送制度。因为不掌握数据，就无从准确分析判断、无从科学统筹协调。希望各厅局注意指定专人负责统计工作，按照要求，定期上报本地区重点出口领域的出口数据。具体内容与要求，大家可以探讨，不断完善统计系统建设。

（二）加强指导，建立品牌共建和长期项目合作平台

进一步加强地方省区市对外文化工作的主动性和计划性，在加强业务指导的同时，推动央地合作更趋规范化和机制化。初步考虑今后在制定国家间的文化协定或执行计划时，以几个地方省区市作为试点，加大其参与执行运作部分项目的比重，并注意不断总结经验、逐步改进。

要促进品牌活动与地方文化特色相结合，进一步引导地方深入挖掘自身优势，借鉴国际先进办节经验，找准契合点。对地方举办国际性文化活动，给予政策上的支持，同时对活动在内容设置、活动规模、参与人员范围等方面给予把关和指导。引导国际多边活动承办单位创新思路、研究规律，提前布局，提高地方对国际多边大型文化活动综合管理水平。

（三）互利共赢，搭建驻外中国文化中心央地合作平台

今年起，地方试点省区市与我驻外中国文化中心合作计划已进入启动实施阶段。目前，在外联局的协调下，各地方文化厅（局）与前方中心进行了反复的沟通协商，共同策划了不同类别、形式多样的交流活动，包括在大文化领域内的演出展览、讲座培训、人员交流等多达100多个项目，希望大家尽快把这些项目做实、做久。文化部也将继续加大政策和资金配置，在实践中逐步将文化中心央地合作平台打造得更加完善。

（四）服务到位，搭建文化贸易的服务平台

文化部将根据“十二五”规划和《文化部促进文化产品和服务“走出去”总体规划》的要求，研究制定对外文化贸易促进工程和《总体规划》的实施办法，建立一整套对外文化贸易促进工作的政策体系，在资源库建设的基础上，对“走出去”的企业和产品基于适当的政策性的扶持，针对产品打造、智力引进、产品展示、落地营销、业绩奖励等方面予以分门别类的支持。希望得到各省市的帮助和支持。具体将推动以下工作：首先是做好对外文化贸易资源库建设。希望地方根据要求，继续推荐外向型企业和外向型产品项目，资源汇集后将在进入“文通网”的基础上，通过不同形式发布，其中，国外演艺资源信息已汇集成册，会上发给了大家。其次是扶植企业研发外向型产品。组织企业参与各类国际展会与交易会，研究制定给予参展企业专项支持办法并实施；支持举办重点扶持领域的国际经销年会等各类国际推介活动；重点做好第七届深圳文博会的国际推广工作。第三是研究制定促进地方开展对外文化贸易的措施，推动对外文化贸易出口基地和服务平台建设。第四是结合区域文化合作，组织制定海外中国文化产品区域推广计划，加大文化产业贸易和合作平台建设，开展区域产业合作。

（五）强本固元，建立项目培育、遴选机制和扶持平台

“十二五”规划实施的重要抓手就是工程、项目。项目就是我们对外文化工作的“弹药库”。影响大、效果好的交流，就必须要好的项目，需要“重磅炸弹”。刚才讲到央地合作存在的问题时，我也讲到目前对外交流中品牌及高精尖项目少、项目种类略显单一。解决优秀项目匮乏，促进更多的优秀项

目脱颖而出已经成为我们今后一个时期的重要工作。我认为要解决国内艺术生产与国外需求的存在的一种“不适应证”，首先必须重点解决制作人才队伍问题。要有意识地培养一些外向型的艺术编导和项目策划人才。我看到，一些国家级的院团已经有这方面的尝试，在一些艺术基础较好的省市也可以尝试考虑设立涉外文化艺术项目总监，由总监组织一批专业项目编导和策划团队。其次应逐步着手建立优秀项目的培育、竞标和奖励机制，营造优秀项目成长的土壤；目前围绕重大的对外交流项目，我们也在尝试设立评审机制，未来我们将首先在国家级的层面逐步建立并完善“走出去”项目评审委员会机制。文化部不能只是一味地要求地方提供好项目，还应制定优秀项目竞标规范、奖励标准，营造优秀项目产生的机制，逐步解决困扰对外文化交流中内容不足的问题。

（六）加强保障，搭建干部培训和交流平台

路线确定之后，干部就是决定因素。外事干部除了政策、纪律等方面的要求外，还应对本地的文化资源和文化特色优势做到心中有数，对国外的需求要有基本的了解，还应具有较好的沟通和推广能力，好的外事干部一定是个好的本地文化“推销员”。当前地方的对外文化工作任务越来越繁重，要求也越来越高，但各地的外事干部队伍水平参差不齐，不太适应发展的要求，管理和业务水平有待进一步提高。文化部要对地方外事干部的业务培训和交流提出总体方案，通过派驻国外使领馆工作、挂职锻炼、文化部和地方干部交叉任职、重大项目跟踪实践、定期举办业务培训、赴国外集中学习等方式，加大培养力度，在实践中学习，在学习中提高，满足地方对外和港澳台文化交流对高素质外事干部日益增长的客观要求。未来要把熟悉国际文化市场情况、具有开展国际谈判、国际推广、国际运营和国际文化市场研究能力的专业团队的培养作为基本建设的中心，形成有效的后勤保障体系，这样我们对外文化工作才能走得稳、走得快，才能推得开、推得广。

同志们，如果说去年的腾冲会议吹响了进军“十二五”的号角，这次唐山会议就已经启动了“十二五”发展的列车，形势迫使我们要尽快加速，驶入事业发展的快车道。令人欣喜的是，央地合作机制正成为推动“十二五”时期全国对外文化工作新发展的强大动力。衷心希望大家以“十二五”规划为统领，进一步夯实央地合作机制，不断丰富合作内容，创新合作模式，推动对外文化工作不断实现新发展。我相信，在中央和全国地方同志们的共同努力和密切协作下，我们一定能圆满完成“十二五”时期的工作目标和各项任务，为全国对外及对港澳台文化事业谱写新的篇章！

谢谢大家。

深入学习贯彻党的十七届六中全会精神 加快推进国有文艺院团体制改革

——在全国国有文艺院团体制改革培训班上的讲话

文化部党组成员、副部长　励小捷

（2011年11月29日）

同志们：

不久前召开的党的十七届六中全会，系统总结我们党领导文化建设的成就和经验，全面分析文化改革发展面临的形势和任务，阐述了中国特色社会主义文化发展道路的深刻内涵，确立了建设社会主义文化强国的战略目标，为深化文化体制改革、推动社会主义文化大发展大繁荣指明了根本方向。我们举办这次培训班的目的，就是要全面贯彻落实十七届六中全会精神，总结今年以来国有文艺院团体制改革工作的进展及经验，明确下一阶段国有文艺院团体制改革的任务和思路，加大力度、加快进度，确保明年上半年全面完成中央部署的国有文艺院团体制改革任务。下面，围绕会议主题，我讲3点意见。

一、今年以来国有文艺院团体制改革工作取得新的重大进展，为全面完成改革任务打下了重要基础

今年年初召开的全国宣传部长会议和全国文化体制改革工作会议，将国有文艺院团体制改革列为今明两年重点突破的两项改革任务之一。5月11日，中宣部、文化部联合下发了《关于加快国有文艺院团体制改革的通知》（文政法发〔2011〕22号），进一步阐明了国有文艺院体制改革的路线图、时间表和任务书，明确要求在2012年上半年完成国有文艺院团体制改革任务。在中央的统一部署下，各级党委、政府将国有文艺院团体制改革摆上重要工作日程，加强领导、全力推进，各级文化行政部门积极行动、狠抓落实，推动全国国有文艺院团体制改革取得新的重大进展。

一是转企改制中心环节取得新的重大突破，演艺业体制结构发生深刻变化。从进度看，转企改制院团数量不断攀升。截至今年第三季度，全国文化系统2100家承担改革任务的国有文艺院团，完成改革任务的达到777家，占总数的37%，其中转企改制652家，注销125家，今年国有文艺院团转企改制数量接近于过去7年的总和。从区域分布看，转企改制工作在全国范围内全面推开，在一些国有文艺院团数量较多的省份取得重大突破。河北、山西、江苏、安徽、陕西已经基本完成国有文艺院团转企改制任务，北京、天津、辽宁、重庆、宁夏有50%以上的应转制院团完成改革任务，全国国有文艺院团超百家的8个省（区）中有4个省已完成国有文艺院团转企改制任务。从艺术门类看，转制院团涵盖了歌舞、杂技、曲艺、话剧、地方戏曲等演出艺术门类。从层级结构看，省、市、县三个层级“全面开花”。目前，42%的省级、57%的地市级、32%的县级国有文艺院团完成转企改制。据了解，进入第四季度后，大部分省（区、市）的国有文艺院团体制改革工作有了新的进展。有的提出了改革总体方案，已经或正在报请当地文化体制改革工作领导小组批准；有的经过反复协调争取，基本落实了改革的配套政策；有的按照区别对待、分类指导的要求，把“五个一批”的改革路径落实到了每一个院团。从目前态势看，到今年年底，完成改革任务的国有文艺院团数量还会有大幅度的提升。我们欣喜地看到，通过不断深化改革，长期僵化的旧体制正在被充满生机和活力的、更加适应社会主义市场经济的新体制代替，一个以企业为主体、事业为补充的新型演艺体制格局正在形成。

二是国有演艺企业市场拓展能力进一步增强，演艺业科学发展水平显著提高。在做大做强转制院团方面，各级文化行政部门积极推动转制院团以资本为纽带进行资源整合、以做强主营业务形成核心竞争力，塑造出一批有竞争力和影响力的新型演艺市场主体。今年前10月，中国东方演艺集团公司经营收入达到8113万元，同比增长44%；重庆演艺集团公司经营收入达到7195万元，同比增长200%。在演艺产业布局方面，各地加强科学规划，推进演艺产业集约化、规模化发展。目前全国已建成和正在建设的演艺集聚区近10个。陕西依托陕西演艺集团公

司演艺资源，积极打造集演艺、商贸、休闲于一体的演艺一条街，取得明显进展。与此同时，各级文化行政部门积极推动国有演艺企业完善产业链、发展新业态，各地演出院线蓬勃发展，旅游演艺市场红红火火，国有演艺企业发展空间得到拓展。宁夏银川艺术剧院有限公司依托原创舞剧《月上贺兰》与旅游景点合作，已演出384场，收入1400万元，演员月收入从转制前的2800元增加到3500元。江苏省演艺集团公司组建了以市、县基层为目标市场的“苏演院线”，目前已有15家剧院加盟，剧院连锁体系延伸到了10多个县市。我们欣喜地看到，通过不断深化改革，演艺市场主体不断壮大，演艺产业布局逐步完善，演艺产业链逐渐延伸，我国演艺业正朝着科学发展的方向稳步前进。

三是演艺产品的评价体系与激励机制逐步建立，适应市场、面向群众的精品力作不断涌现。在评价标准上，各地遵循社会主义先进文化前进方向，把群众评价、专家评价和市场检验统一起来，推动演艺产品创作生产逐渐走出“政府是投资主体，专家是基本观众，得奖是唯一目的，仓库是最后归宿”的困局。第13届“文华奖”评选活动，规定除昆曲、歌剧、舞剧外，其他类别的剧目均需演出百场以上，演员也必须年均演出场次在100场以上才有资格参与评选，发挥了很好的引导作用。在激励机制上，各级政府纷纷出台政策，加大对转制院团优秀演艺产品的扶持力度。2011年，中央文化产业发展专项资金对转制院团实行倾斜，来自转制院团的23个优质项目全部获得资助。文化部各司局积极推进国有文艺院团体制改革工作，在落实非物质文化遗产保护资金、配置流动舞台车、支持转制院团“走出去”等方面，切实加大力度，扶持转制院团加快发展。广大转制院团积极开拓市场求发展、狠抓创作生产增后劲，促进精品力作不断涌现。如安徽演艺集团公司成立后，连续创排《第一书记》、《新安家族》、《万世根本》、《徽班》等作品，深受广大群众的欢迎与喜爱。上海杂技团有限公司在中国对外文化集团公司等机构支持下，推出旅游演艺精品《时空之旅》，近年来票房收入超过2.5亿元，今年又推出姊妹篇《镜界》，进一步扩大市场占有率。我们欣喜地看到，通过不断深化改革，演艺产品的评价激励标准更加科学，优秀演艺产品的推广扶持力度不断加大，演艺企业的市场竞争力明显提高，我国演艺创作生产呈现积极向上、繁荣发展的景象。

四是政策扶持力度进一步加大，深化改革的政策环境日趋完善。从中央层面政策看，中宣部、文化部今年联合下发的《关于加快国有文艺院团体制改革的通知》（文政法发〔2011〕22号，以下简称《通知》），在国办发〔2008〕114号文和文政法发〔2009〕25号文的基础上，在解决增加财政资金投入、加强基础设施建设、实行政府采购制度等问题上，实现新的政策突破。如在增加财政资金投入上，《通知》提出，“国有文艺院团转制前由各级财政安排的正常事业经费，转制后在一定期限内继续拨付。中央财政和地方财政通过安排文化产业发展专项资金、宣传文化发展专项资金等渠道，对转制文艺院团重点产业发展项目予以支持，分批为县级转制文艺院团配备流动舞台车、交通车，资助转制文艺院团更新设备、改善排练和演出条件”。在加强基础设施建设方面，《通知》提出，“积极发展多层次、多业态的演出场所。加大改造、新建剧场的力度，以配置、租赁、委托管理等多种方式提供给转制文艺院团使用”。从地方层面政策看，各地积极贯彻中央有关政策，并结合自身实际，制定一系列更加优惠、更具操作性的政策。如安徽省规定，每年安排2000万元用于省属转制院团设施更新、剧目创作。重庆市政府决定，市级国有文艺院团离退休人员比照重庆市全额事业单位离退休人员执行绩效工资相关政策，在职演职人员按照人均每月3000元的标准提供财政性补贴。宁夏回族自治区规定，区财政每年购买公益性演出不低于800场次，补助标准由每场2000元提高到5000元。我们欣喜地看到，在深化改革的进程中，从中央到地方，都在积极出台优惠政策支持改革、推进改革，国有文艺院团体制改革的政策体系正在不断完善。

回顾改革历程，我们加深了对社会主义市场经济条件下推进国有文艺院团体制改革规律的认识，概括起来，主要有以下几点：

文化自觉是深化改革的内在动力。实践告诉我们，哪里对文化的地位和作用有深刻认识、对文化发展规律有正确把握，对文化发展历史责任有主动担当，哪里就有改革的新思路、发展的新局面。深化国有文艺院团体制改革、推动演艺业大发展大繁荣，要求各级文化行政部门继续解放思想、转变观念，坚决打破一切妨碍发展的思维定式，坚决改变一切束缚发展的僵化模式，坚决破除一切影响发展的体制机制弊端。

科学发展是深化改革的根本指引。实践告诉我们，善于运用辩证思维统筹改革与发展，是找准阻碍改革的症结、突破改革滞后瓶颈的根本路径。深化国有文艺院团体制改革，要求各级文化行政部门要坚持以促进演艺业发展、满足人民群众日益增长的精神文化需求为根本出发点，牢牢把握转企改制这一中心环节，全面推进“五个一批”，以改革促发展，以发展带改革，实现改革与发展的相容共生、相得益彰。

政策扶持是深化改革的强大杠杆。实践告诉我们，哪里政策落实到位，哪里对改革扶持力度大，哪里的改革推进就顺利，发展就有后劲。深化国有文艺院团体制改革，要求各级文化行政部门坚决落实中央的各项改革扶持政策，同时结合自身实际，积极争取有关部门的理解和支持，出台更加优惠、更具操作性的具体政策。

加强领导是深化改革的有力保障。实践告诉我们，领导的重视是改革的关键，领导重视不够，改革就要滞后。深化国有文艺院团体制改革，要求各级文化行政部门要善于争取同级党委政府的重视和支持，努力推动把国有文艺院团体制改革纳入党委政府重要工作日程，要善于处理多方面利益关系、调动各方面积极性，形成推进国有文艺院团体制改革的强大合力。

二、深入学习贯彻党的十七届六中全会精神，以高度的文化自觉担当起加快推进国有文艺院团改革发展的政治责任

在充分肯定成绩的同时，我们也要清醒地看到，国有文艺院团转制改革的任务还很重、时间十分紧，作为各级文化行政部门特别是省一级的文化厅局，必须有一种时不我待的紧迫感，有一种责无旁贷的责任感，以高度的文化自觉担当起如期全面完成国有文艺院团改革任务的重任。首先，从全国文化体制改革推进情况看，一般国有文艺院团的转企改制，是最初部署改革任务时提出的，也一直是文化体制改革的重点。现在，一些曾经定为体制改革重点的任务已经完成，国有文艺院团体制改革还相对滞后。其次，按照文化部提出的今年年底基本完成、明年上半年全面完成的任务要求，进度上的差距比较大。再次，文艺院团的改革特殊性、复杂性都大于其他方面的改革，政策性强、敏感度高，绝不允许因为赶进度而搞一风吹、大呼隆，这从工作质量标准上对我们提出了刚性要求。当然，清醒看到困难、问题和工作差距，是为了进一步明确任务，坚定信心。有十七届六中全会的强劲东风，有先进地区率先改革的成功经验，有各地扎实的工作基础，我们一定能够不折不扣落实中央的战略部署，全面完成国有文艺院团体制改革的各项工作任务。

（一）统一思想、坚定信心，不断增强深化改革加快发展的自觉性和责任感

党的十七届六中全会准确把握我国经济社会发展新要求，准确把握当今时代文化发展新趋势，准确把握各族人民精神文化生活新期待，对文化体制改革进行了再动员再部署。学习贯彻十七届六中全会精神，要把如何认识文化体制改革上升到是否具有文化自觉的高度来对待。国有文艺院团体制改革工作是中央确定的文化体制改革重点任务，可以说无论是此前还是现在，思想认识和观念问题一直是影响改革推进的一个重要障碍。客观地说，绝大部分同志并不是对改革本身不认同，经过多年来的改革实践，“不改没出路”的共识已经基本达成。往深层次分析，当前阻碍改革的认识误区主要存在于：一是对改革信心不足，觉得市场风险大，担心一改就死，能在事业的保险箱里躲一天是一天；二是只想增加投入，不想转换体制，对于打造国有演艺市场主体的深远意义还缺乏认识；三是部门利益作祟，老惦记自己的“一亩三分地”，担心改了之后不像管直属单位那样方便；四是态度不积极，协调不主动，把自己摆到被动、听吆喝的位置。凡此种种，归根结底都是因为对改革的重大历史意义缺乏深刻的认识，没有看到改革是适应市场经济发展的必然要求，是解放和发展文化生产力的迫切需要，是广大文艺工作者实现人生价值的最佳舞台。作为身居文化主管部门领导岗位的同志，一定要看到国有文艺院团体制改革面临的严峻形势，看到长期以来国有文艺院团举步维艰的生存状况，看到转企改制院团所取得的显著成绩，看到民营院团的勃勃生机，真正把思想统一到十七届六中全会精神上来，进一步坚定改革的决心和信心，把国有文艺院团体制改革作为一场战役来打，攻坚克难，务求全胜。

（二）明确思路、分类指导，深入推进国有文艺院团体制改革

国有文艺院团体制改革的任务已经明确，进度只能加快不能放慢，规范化程度只能提高不能降低。按照中央提出的“区别对待、分类指导”的原则，文化部坚持以推动一般国有文艺院团转企改制为中

心环节，针对不同地区、不同类型院团的实际情况，提出了分类指导的改革意见。根据两部《通知》精神，这些意见可以概括为“五个一批”。一是“转制一批”，除中央文化体制改革工作领导小组已确定的少数保留事业性质的院团外，其他国有文艺院团（不含新疆、西藏地区）都要完成转制改革，着力打造合格的市场主体。二是“撤销一批”。不具备进入市场条件、不再保留建制的国有文艺院团，可提出注销申请，报同级文化行政部门和编制管理部门批准，依法履行注销手续。操作时，要高度重视、妥善解决人员安置问题。三是“整合一批”。要把转制改革和资源整合、结构调整结合起来，同城不同层级的同类国有文艺院团，原则上要予以合并。四是“划转一批”。地方戏曲、曲艺等国有文艺院团中，演出剧（曲）种属濒危稀有且具有重要文化遗产价值的，经批准可不再保留文艺院团建制，允许其转为公益性的保护传承机构，或将相关保护传承职能连同相关人员、编制和经费转入当地文化馆、群艺馆、艺术院校、艺术研究院所等机构，专门从事研究、传承和展演。文化部下发的《关于做好国有文艺院团体制改革近期重点工作的通知》（文政法函〔2011〕2093号）提出，确定这类院团名单的决定权在省级文化体制改革领导小组，名单确定后要报文化部备案。请各地文化厅（局）务必将文件精神及时向当地党委宣传部门进行汇报，向所辖各级文化行政部门进行传达，确保改革规范、平稳推进。五是“保留一批”。各地保留事业单位性质（以下简称“留事”）的国有文艺院团名单已经中央文化体制改革工作领导小组批准后正式下发，此名单不再更改，各地不得自行确定“留事”名单或擅自决定将应转制院团并入“留事”院团。要推动“留事”院团贯彻落实十七届六中全会精神，增强面向市场、面向群众提供服务的能力，待条件成熟时鼓励其转企。

（三）进一步健全现代演艺市场体系，拓展演艺消费市场

党的十七届六中全会把“健全现代文化市场体系”作为进一步深化改革开放的重要内容。转企改制、建立合格市场主体，只是解放和发展演艺生产力的第一步。深化国有文艺院团体制改革、繁荣发展演艺业，要求我们进一步做大演艺市场规模，做优演艺市场环境。一是要研究广大群众精神需求、娱乐休闲方式的新变化，推动演艺与旅游、会展等行业密切结合，打造富有特色的演艺项目，拓宽演艺市场；二是建立和完善各种演艺产品交易平台，加快建立电子票务、演出院线等现代演艺营销体系建设。三是加快培育相关要素市场，积极开展国有演艺企业知识产权培育等工作。四是要着力建设一批新型行业组织和市场中介机构，为转制院团提供专业化、社会化服务，不断提高文艺演出的市场化程度。

（四）进一步加强对转制院团创作生产的引导，促进演艺精品力作不断涌现

改革的目的，归根结底还是为了满足人民群众日益增长的精神文化需求，改革的成果最终要体现到优秀精神文化产品的创作生产上。经过这些年的改革，我国演艺创作生产呈现积极向上、繁荣发展的景象。同时我们也要看到，目前，既叫好、又叫座、传得开、留得住的高质量的演艺产品还不多，迫切需要我们积极采取有效措施，加强演艺产品创作生产引导。一是要坚持以人民为中心的创作导向，坚决反对庸俗低俗媚俗之风，不断推出思想性艺术性观赏性俱佳、人民群众喜闻乐见的优秀文艺作品。二是要加强对优秀演艺产品的创作生产扶持，不断完善文艺产品评价体系和激励机制，促进既符合艺术规律、又适应市场需求的优秀演艺作品不断涌现。三是要引导广大转制院团树立品牌意识，形成和用好知识产权，用品牌赢得观众，用创意增强可持续发展能力。

（五）进一步完善政策保障机制，扶持转制院团发展壮大

有力的投入保障和政策支持，是国有文艺院团转企改制的前提。强调对转制院团加大投入保障和政策扶持，是由院团的特殊性决定的。一是演艺产品兼具意识形态属性和商品属性，我们要把院团推向市场，让院团通过市场更有效地传播先进文化，但又不能让院团自生自灭，否则就会丢失文化阵地。二是部分院团自身条件较差，作为企业的基本条件薄弱，如果不给予扶持，转企后举步维艰。三是院团走向市场，受到生产与消费两个方面的制约，目前我国演出市场发育还不成熟，在经济欠发达地区，文艺演出有观众没票房。要对转制院团给予保护性扶持，“扶上马，送一程”。党的十七届六中全会明确提出，继续执行文化体制改革配套政策，对转企改制国有文化单位的扶持政策执行期限再延长5年。这是对文化体制改革强有力的支持，也是国有文艺院团改革发展的重要政策保证，我们一定要吃透精神、积极作为。一是要落实支持国有文艺院团转企

改制的各项政策。包括保证和增加财政资金投入、加强基础设施建设、落实“一团一场”优惠扶持政策、鼓励和支持各类社会资本参与国有文艺院团转企改制、解决退休待遇差问题等，确保转制院团“带嫁妆”上路。二是要加大对转制院团加快发展的扶持力度。在政府采购、非物质文化遗产保护、艺术类评奖等方面更多地向转制院团倾斜。最近，我们将专门就落实国有文艺院团转企改制有关优惠政策与相关部门一起共同出台一个文件。各地也要多向党委政府领导同志作汇报，多向相关部门进行宣传，解释清楚支持国有文艺院团改革发展的必要性，推动有关政策尽早落实。改革涉及方方面面，为确保改革院团和广大演职员工的切身利益，文化行政部门在制订方案、出台政策时，要积极主动，多宣传、多沟通、多出主意。

三、加强领导、加大力度、加快进度，夺取国有文艺院团体制改革的全面胜利

文化系统要以学习宣传贯彻落实党的十七届六中全会决议的精神为契机，科学规划、统筹推进，加强领导、狠抓落实，切实把完成国有文艺院团体制改革工作作为一项政治任务，作为贯彻落实十七届六中全会精神的重大举措，作为文化工作者必须担负的重要使命，坚决有力抓好各项工作。由于时间紧、任务重，为确保在明年上半年全面完成改革任务，从现在起到明年上半年，文化部和各级文化行政部门抓文化体制改革的工作方式要有所调整，人员力量要相对集中，督查力度也要进一步加大。

（一）细化工作任务

各地文化厅局要切实担负起组织实施本地区国有文艺院团体制改革的职责，尽快配齐院团改革专职工作人员，省一级要有2～3人，市县至少要有1人，做到专司其职、相对稳定。同时要细化任务、落实分工、明确责任。

要严格进度要求，各地文化厅局要按照今年年底基本完成的要求，排出12月份的工作进度；按照明年上半年全面完成的要求，排出2012年1～6月份的工作进度。工作基础好的地方争取提前完成改革任务。工作进度的安排要做到定量化、表格化、可核查。每个阶段的重点工作要责任到人，分兵把口，狠抓落实。年底前要尽快确定明年上半年本地区国有文艺院团体制改革总体方案并报文化部备案。总体方案要涵盖省市县三级，“五个一批”的改革路径要具体到院团。目前许多地方报送的总体方案还是草案，没有经过省级文化体制改革工作领导小组会议讨论通过。近期我们将争取中宣部支持，给各省（区、市）文化体制改革工作领导小组去函，推动这项工作。

（二）强化激励措施

投入和政策是改革成功的关键，必须下大力气做协调和争取的工作。为了院团的生存和发展，为了为艺术而献身的演职员工，我们应该多跑、勤讲，尽力争取最大化的支持，落实“早改革、早受益”的政策。

一是在安排重大节庆演出活动、对外文化交流、文艺评奖、项目资金时，要加大向转制院团倾斜的力度。今年，文化部专门下发了《2011年国有文艺院团体制改革重点工作实施方案》，将有关工作分工落实到各相关司局，最近我们将召开部长办公会，总结有关任务落实的情况，部署明年相关工作。各地也要做好类似工作，确保用好文化系统内资源，扶持转制院团做大做强。

二是继续做好文化产业发展专项资金的申报工作。今年中央财政的文化产业发展专项资金原来设想至少重点支持50个转制院团，但全国只有23家申报了项目，我们希望各地文化厅局加大宣传力度、推荐更多的院团在规范转制的基础上积极申报。

三是在落实既有政策基础上，努力推动出台新的政策措施。目前，我们正在积极与相关部门进行沟通协调，研究地方上提出的为转制院团注入资本金、加大对西部转制院团扶持力度等建议，推动解决有关问题。文化部已正式启动国有文艺院团体制改革信息报送系统，各院团填报的基本信息，将作为相关优惠政策落实的一个依据。各省（区、市）文化厅（局）要认真指导和督促本地区国有文艺院团在年底前完成信息填报工作。

四是文化部将适时表彰和奖励一批在改革中涌现出来的先进地区、单位和个人，对转制规范到位、发展成绩好的院团，要专门申请经费，给予资金奖励。

（三）加强督促检查

本次培训班后，文化部将根据中央文化体制改革工作领导小组的指示精神和改革重点工作安排，继续加大督促检查力度，确保各项工作扎实推进。

一是继续按照“抓两头、带中间”的原则，于今年年底前赴地方开展调研督查，对改革相对滞后地区存在的问题，形成专题报告，上报中央文化体制改革工作领导小组。

二是在2012年上半年，文化部将根据中央文化体制改革工作领导小组办公室的统一部署，制定国有文艺院团体制改革检查验收标准，对各地院团改革工作进行验收。

三是根据各地上报的改革进度，每月定期发布《全国国有文艺院团体制改革信息通报》，上报中央文化体制改革工作领导小组，印发地方党委政府及文化体制改革工作领导小组。对改革进度信息报送不力的地区，要予以公开通报。

四是加强舆论宣传。对于改革先进地区的典型经验，我们将通过中央媒体广泛宣传报道，并陆续印发《文化要情》、《文化体制改革简报》进行推广。

更积极、更活跃、更丰富、更扎实、更有影响力地开展党的建设工作

——在2011年文化部直属机关党的工作会议上的报告

文化部党组成员、驻部纪检组组长　李洪峰

（2011年3月4日）

同志们：

这次文化部直属机关党的工作会议主要任务是：贯彻中央国家机关第二十五次党的工作会议和全国文化厅局长会议精神，总结回顾过去一年党的工作，安排部署2011年工作任务，动员各级党组织和广大党员努力开创党建工作新局面，为顺利完成2011年各项文化工作任务提供动力和保障。

现在，我受中共文化部直属机关委员会委托，作工作报告。

一、关于2010年机关党的建设工作

2010年，文化部直属机关各级党组织在部党组领导下，认真贯彻落实党的十七大和十七届四中、五中全会精神，按照部直属机关第八次党代会的部署，以创新的思路、务实的作风、积极的态度，扎实活跃地开展党建工作，为推动文化大发展大繁荣发挥了重要的保障作用，受到了刘云山、刘延东、李源潮等中央领导同志的充分肯定。

一是创先争优活动扎实开展。在基层党组织和广大党员中深入开展创先争优活动，是党中央作出的加强新形势下党的建设的一项重大部署。部党组高度重视，及时召开了创先争优活动动员大会，印发了《关于在文化部直属机关基层党组织和党员中深入开展创先争优活动的实施方案》，对活动做出周密部署，明确活动的思路、任务和要求。印发了《关于在全国文化文物系统基层党组织和党员中深入开展创先争优活动的指导意见》，以“传承中华文明、发展先进文化、提高服务水平、加强基层组织”为载体，结合文化系统的实际情况和党员的岗位特点，广泛开展创先争优活动。集中开展主题党日活动。召开全国文化系统创先争优活动推进会，推进创先争优活动在全国文化系统深入扎实开展。在党建在线网站开辟“创先争优活动”专题栏目，发挥交流经验、推动活动深入开展的作用。

通过开展创先争优活动，部机关各司局在转变政府职能、改进工作作风、树立服务意识、提高工作效率等方面取得了明显成效；直属单位中的一些服务窗口单位，更新服务理念，拓展服务项目，发挥资源优势，提高服务水平，受到广泛好评；一些院团狠抓剧目创作、品牌推广、团队建设和公益演出，取得了经济效益、社会效益的双丰收；很多单位的党组织积极为群众办好事、办实事，为群众排忧解难，化解矛盾，不断提高推动科学发展、促进社会和谐的能力；在突发自然灾害面前，各级党组织精心组织广大党员和干部职工积极行动起来，发扬“一方有难，八方支援”的精神，为灾区人民奉献爱心。玉树地震和舟曲特大泥石流灾害发生后，部直属机关分别向灾区捐款1511万余元和310万元，充分发挥了党组织的战斗堡垒作用和党员的先锋模范作用。

通过扎实有效地开展创先争优活动，增强了各级党组织的凝聚力和感召力，提高了广大党员和职工的综合素质和工作积极性，有力地推动了各项工作的健康发展。刘延东同志在《文化部关于深入开展创先争优活动情况的专题报告》上批示：“文化部直属机关创先争优活动结合实际，主题鲜明，富有成效。望再接再厉，以党建促进文化工作上水平。”李源潮同志批示：“文化部系统‘创先争优’活动很有特点，请建华同志注意总结指导。”

二是学习型党组织建设工作取得显著成效。制定《关于推进文化部直属机关学习型党组织建设的实施方案》。部党组中心组带头加强学习，结合文化发展和社会关注的重大问题，邀请专家授课，努力提高学习效果。机关党委加强对部系统各级中心组学习的指导和督促检查，每月编发《中心组学习》参考资料，每季度公布学习计划，起到了很好的学习参考和示范作用。为及时推广在学习型党组织创建活动中涌现出来的先进集体和个人，召开文化部直属机关学习型党组织创建活动表彰大会，隆重表

彰学习型党支部37个、党员学习标兵18名、党员学习积极分子115名。举办“文化部学习型党组织和积极分子图片展”，许多直属单位专门组织党员干部前来参观，并结合表彰活动和图片展览，围绕推进学习型党组织建设和创先争优活动召开座谈会。此次表彰活动充分营造了比学习、比工作、比奉献和学先进、赶先进、当先进的良好氛围，调动了广大基层党组织和党员干事创业的热情和积极性。十几个部委的机关党委书记观看后，盛赞文化部的展览办得好，办得有水平。

很多司局和直属单位的党组织都结合本单位学习型党组织建设活动，开展了丰富多彩的学习读书活动，创建“周末论坛”、读书会等活动品牌，推动思想理论建设和队伍建设。广泛开展“先进文化、和谐文化、廉政文化”主题读书活动，举办读书报告会。组织“放飞青春梦想，高扬理想风帆”主题读书演讲比赛。开展读书征文和评奖活动，征文中的优秀作品将以《文化力量》为题结集出版。中央建设学习型党组织工作协调小组刊发简报，介绍文化部推进学习型党组织建设的做法和成效。

开展以学习型党组织建设为课题的调研，编发《文化部创建学习型党组织活动调查问卷》，2178名党员参加问卷调查，为下一步深入开展学习型党组织活动提供有价值的参考依据。部直属机关党委撰写的《文化部直属机关学习型党组织建设情况调研报告》，获得中央国家机关党建研究会2010年度调研课题二等奖。

三是成立全国文化系统党建研究会和思想政治工作研究会。为贯彻落实中国思想政治工作研究会第九次代表大会精神，加强文化系统党建研究工作和思想政治工作，2010年9月在青岛召开了全国文化系统党建研究会和思想政治工作研究会成立大会。大会审议通过了《全国文化系统党的建设研究会暨思想政治工作研究会章程》，选举全国文化系统的80名党组织负责人为理事，选举产生了会长、副会长和秘书长。文化部党组高度重视，部党组书记、部长蔡武同志非常关心成立全国文化系统党建研究会和思想政治工作研究会，做出“精心组织，并隆重推出”的批示，对两个研究会的成立寄予了很高期望。两个研究会的成立在文化系统引起很好反响，为文化系统党建工作和思想政治工作搭建起新的平台，有利于进一步调动广大文化工作者积极性，为深化文化体制改革和推动文化建设凝聚人心、汇集力量。

四是高标准、高质量地完成党员集中培训年度任务。按照党的十七届四中全会的要求和文化部第八次党代会的部署，根据《中共文化部党组关于加强和改进党员教育培训工作的意见》，制定了在3年内完成中央提出的对党员普遍进行一次集中培训任务的具体安排。本着分级培训的原则，部直属机关党委举办6期培训班，分别培训新党员、基层党支部书记和在职党员近500人，7位部领导8次亲临授课，结合自身分管的业务工作为培训班做了主题报告，使学员们全面了解了文化工作面临的形势和任务，提高了对文化工作在经济社会发展中作用的认识，增强了做好文化工作的信心和自豪感。部直属机关党委专门编印了《文化部党员集中培训学习文件》和《文化部党员集中培训参考教材》，作为党员培训用书。李源潮同志批示：“两本教材编得都很好，共产党员读本很生动。”第三本培训教材也已编印，将作为今年党员培训的教材。

培训班根据不同班次、不同培训对象进行课程设计，突出了针对性，采用案例式、专题式、互动式等多种教学方式，通过专题报告、影像教学、情景教学、座谈交流、结业测试等灵活多样的培训形式，促使学员逐步提高自身的思考分析能力、解决具体问题的实践能力，突出了实效性。为基层党支部书记培训班增设党支部工作应知应会知识讲座，并安排了模拟支部大会的情景教学，使基层党支部书记在用科学的理论武装头脑的同时，不断提高实际工作能力和组织能力，受到了参训学员的好评。新党员培训班以党的基本理论、信念宗旨、端正动机作为重点内容，并安排了结业测试，对巩固培训效果起到了积极的作用，受到了学员们的欢迎和肯定。此次党员集中培训组织周密、内容丰富、形式新颖、成效明显，突出了文化部特点，受到参加培训的基层党组织和党员广泛好评，为今后更好地开展培训、切实增强培训效果积累了成功经验。

各单位党组织认真贯彻落实部党组的《实施方案》，精心设计，认真制定符合本单位实际的党员培训方案，并注意抓好组织实施，坚持质量第一，保证取得实效，目前已有23个基层党委举办了党员培训班，培训党员1801名，圆满完成了今年的党员培训任务。

五是进一步加强党的基层组织建设。以学习贯彻《中国共产党党和国家机关基层组织工作条例》

为契机，进一步夯实党的基层组织。针对机关和直属单位基层组织的实际情况，加强分类指导。外联局、离退休干部局和中国艺术研究院等3个直属机关党委，社会文化司、全国文化信息资源建设管理中心党支部完成换届选举工作，另有4个直属机关党委、2个直属党支部进行了委员或副书记的增补。积极慎重地做好组织发展工作，发挥“文化部网上党校”灵活便捷的优势，坚持抓好入党培训，确保发展质量。在做好入党前培训的基础上，全年各司局和直属单位共发展新党员90人。

六是加强统战和群众工作，进一步发挥群众组织的桥梁纽带作用。关心统战对象的思想、工作和学习，加强教育引导，选派部直属机关党外人士参加中央统战部、中央国家机关工委统战部举办的党外人士培训班和考察团。召开共青团文化部直属机关第十三次代表大会，选举产生新一届部直属机关团委，明确了未来几年共青团工作的指导思想和工作思路。召开部青联第二届五次全会，增补20名青联委员，向中央国家机关推荐青联委员18名，使青联工作覆盖面进一步扩大。积极开展为新疆生产建设兵团募集并赠送图书、志愿者活动、以“弘扬正气、勤政廉政”为主题的青年硬笔书法比赛紧贴工作、寓教于乐，取得了超过预期的良好效果。召开文化部直属机关工会第五次代表大会，选举产生新一届部直属机关工会委员会。时隔18年，成功举办了文化部直属机关第二届职工运动会，29个单位的1054名运动员参加了56个项目的比赛，活跃了职工的文体生活，为干部职工创造了健康向上、团结奋进的氛围，有效地提高了党建和群众工作的凝聚力和感召力，增强了单位的团队精神和向心力，起到了凝聚人心、鼓舞干劲的作用。联合中国教科文卫体工会举办全国文化系统职工民主管理工作经验交流会。积极开展“送温暖”、“阳光助学”等活动，把党和各级组织的关怀送到困难职工心中。积极组织为艺术司邓林同志捐款，在一周时间内捐款14.5万多元，充分表现了文化部机关的人文关怀精神。

七是加强反腐倡廉建设，党风廉政建设和反腐败工作取得新成效。加大反腐倡廉教育工作力度，采取多种形式和手段，开展以学习贯彻《中国共产党党员领导干部廉洁从政若干准则》为主要内容的反腐倡廉教育。利用部系统一起领导干部违法违纪案件，开展教育活动。积极参与工程建设领域突出问题专项治理工作，配合职能司局对有关单位剧场改扩建工程和办公楼装修改造项目进行监督检查。监督检查党政领导干部选拔任用工作，共为12名拟选拔任用和56名拟转正的处级领导干部签署廉政意见。利用现代网络技术，拓宽案件线索来源渠道，发挥网上举报功能。办结信访举报65件次。

八是努力做好维护稳定工作，确保全年安全稳定。配合中央防范和处理邪教办公室召开“全国防范法轮功欺骗拉拢国内文艺人才专题工作会议”，对全国文化系统和部直属9个艺术院团开展防范警示教育工作进行部署。各艺术院团党委高度重视，通过多种形式在演职人员中开展防范邪教的警示教育工作，受到中央610办公室的充分肯定。

2010年部直属机关的党建工作，坚持围绕中心、服务大局，坚持党要管党、从严治党，坚持面向基层、做好服务，坚持脚踏实地、开拓创新，坚持团结鼓劲、正面引导，取得了明显的成效，这与中央国家机关工委和部党组的正确领导分不开，与我部各级党组织、党务工作者和广大党员的辛勤劳动、无私奉献分不开。在此，我代表部直属机关党委向中央国家机关工委表示诚挚感谢！向我部各级党组织、全体党员和党务工作者表示亲切的慰问和崇高的敬意！

二、关于2011年机关党的建设工作任务

今年是中国共产党成立90周年，是“十二五”规划的开局之年，做好今年的党建工作，意义重大。今年部直属机关党建工作总的指导思想是：认真贯彻落实党的十七届五中全会精神，带领各级党组织，坚持以邓小平理论和“三个代表”重要思想为指导，深入贯彻落实科学发展观，以庆祝中国共产党成立90周年为主线，以服务中心、建设队伍为目标，以深入开展创先争优、学习型党组织建设等活动为载体，更积极、更丰富、更活跃、更扎实、更有影响力地开展党建工作，引导广大党员和干部职工为推动文化大发展大繁荣、提升国家文化软实力，增强民族凝聚力和创造力做出更大贡献。

更积极，就是要进一步提高对党要管党、从严治党的认识，坚持业务工作和党的建设一起抓，把党的建设摆在更重要的位置，自觉地抓、主动地抓、建设性地抓、前瞻性地抓。

更活跃，就是要着眼于增强基层组织的生机活力，坚持重心下移，着力健全党支部的经常性工作，着力创新党支部的活动方式，着力增强党支部的创造力、凝聚力和战斗力，不断提高党支部工作的科

学化水平。

更丰富，就是要坚持党的思想建设、组织建设、作风建设、制度建设、反腐倡廉建设全面抓，既要突出重点，又要生动活泼，具体切实地开展创先争优活动、学习型党组织建设活动、党员培训活动和党的各项经常性活动，使基层党组织的战斗堡垒作用和共产党员的先锋模范作用，看得见、摸得着、用得上。

更扎实，就是要培养好的素质和作风，工作要注重实际效果、注重解决实际问题，求真务实，不搞花架子和形式主义，一步一个脚印地前进。

更有影响力，就是要使党建工作的成效体现在各项工作中，体现在班子建设和队伍建设中，体现在风气建设和素质养成中，春风化雨、润物无声、生机盎然。

要重点抓好以下工作。

（一）以“我为党旗增光彩”为主题，继续深入开展创先争优活动

开展创先争优活动，是加强和改进新形势下党的建设的一项重要的经常性工作，也是今年机关党建要继续深入推进的重点工作。最近一段时间，胡锦涛总书记和其他中央领导同志对创先争优活动作出了一系列重要指示，为创先争优活动进一步指明了方向。文化部各级党组织要认真贯彻落实好中央精神，找准和抓住本司局本单位创先争优活动的切入点、结合点和着力点，进一步动员和组织广大党员在实现“十二五”良好开局中创先争优。

部直属机关党委要加大深入基层调查研究的力度，加强对基层党组织开展创先争优活动的督促和指导，紧密结合各单位工作实际，突出争创重点、创新争创载体。各单位党组织要继续开展设岗定责、公开承诺、志愿服务、上评下议等活动，不断激发基层党组织和党员创先争优的内在动力。深化党群共建，进一步形成以党组织创先进带动所在单位创先进、党员争优秀带动身边群众争优秀的良好局面。

“七一”之前，要在基层党组织广泛开展评选表彰的基础上，评选表彰文化部直属机关先进基层党组织和优秀共产党员，我们将树立10个先进党支部标兵、10名优秀共产党员标兵，同时加大对先进党组织和优秀共产党员典型经验、事迹的宣传，引导广大党员“学习身边人、干好当前事”，形成比学赶超的生动氛围。第四季度要组织开展评议工作，把领导点评与组织生活会、民主评议党员和年度总结考核结合起来，由上一级党组织对基层党组织、基层党组织对党员创先争优活动情况进行评议。领导点评前要深入调研、掌握情况，点评时要肯定成绩、指出不足，点评后要抓好整改、巩固提高，使点评过程成为鼓舞士气、推动工作和深入开展创先争优的过程。

（二）广泛深入开展学习型党组织建设活动

学习型党组织建设，是建设马克思主义学习型政党的基础工程，也是增强党的创造力凝聚力战斗力的基本途径。各级党组织要按照部党组的实施方案，落实中央《关于推进学习型党组织建设的意见》，继续深入开展学习型党组织建设活动，创新学习方法，健全学习制度，提高学习效果。要加强和改进中心组学习，在坚持务虚与务实相结合，理论学习与专题调研、研究解决问题相结合上下工夫。要按照武装头脑、指导实践、推动工作的要求，扎实推进思想理论建设，加强对党的最新理论成果的宣传和教育，把广大党员干部的思想和行动统一到中央要求和部署上来。要大力维护政治稳定，为中心任务的完成提供坚强的思想政治保障。部直属机关党委继续开展“先进文化、和谐文化、廉政文化”主题读书活动，举办6场主题读书报告会。各单位党组织也要继续开展生动活泼、行之有效的学习活动，打造学习平台，形成品牌活动。

（三）以“歌颂祖国歌唱党”为主题，精心组织中国共产党成立90周年系列纪念活动

隆重纪念中国共产党成立90周年，是今年党和国家政治生活中的一件大事。我们党90年的奋斗足迹，蕴含着广博、深厚、珍贵的精神财富和思想教育资源，是进行党员干部教育的生动教材。部直属机关党委将组织党史报告会、歌咏比赛、职工摄影展、青年职工书画展等活动。各司局、各单位要普遍开展纪念建党90周年歌咏活动，组织广大党员和职工群众唱响共产党好、社会主义好、改革开放好、伟大祖国好、各族人民好的主旋律。在普遍开展歌咏活动的基础上，选送优秀节目参加部直属机关的歌咏比赛。各单位党组织要广泛开展党史系列主题教育活动“我读红色经典”等活动，通过组织纪念征文、知识竞赛、主题报告、主题党日、走访老党员老干部等活动，加强党员干部对党的历史、党的知识和党的路线方针政策的认识，激励党员创造一流业绩，推动事业发展。

（四）集中抓好基层党组织按期换届选举工作

按照《中国共产党党和国家机关基层组织工作条例》和《中央国家机关贯彻〈中国共产党党和国家机关基层组织工作条例〉实施办法》，集中抓好基层党组织按期换届选举工作。党组织按期换届是加强党的建设、增加党的活力的重要制度安排。党组织换届的主要任务有3项：一是总结好上届工作，二是确定好当前和今后任务，三是选好配好领导班子。目前已经超期和今年任届期满的19个直属机关党委、1个直属党总支、4个直属党支部，都要按规定完成换届选举工作。部直属机关党委要根据各单位党组织任届期满情况，发放《文化部直属机关基层党组织换届选举通知单》，抓好督促指导。2个新建立党委的单位，要按规定做好筹备工作，抓紧召开党员大会选举产生党的委员会。各直属机关党委、党总支，也要按规定抓好本单位基层党支部按期换届选举工作。

（五）继续高标准、高质量地抓好第二批党员集中培训工作

去年中央颁发的《2010～2020年干部教育培训改革纲要》对党员干部教育培训提出了新的更高的要求。我们要在2010年党员集中培训工作取得良好效果的基础上，继续采取分两级培训的方式，集中培训2000名在职党员，在实践中探索党员教育培训工作的新方法、新思路，进一步完善措施，努力提高党员教育培训工作质量，为建设更高素质的党员队伍不懈努力。部直属机关党委上半年安排新党员培训班、新任党支部书记培训班和在职党员示范班，下半年安排党委书记研讨班、党办主任培训班和纪检干部培训班，完成培训600人的任务。各司局、各单位的全体预备党员和新任党支部书记，都要参加部直属机关党委举办的培训班。在职党员示范班的培训名额，仍然采取去年的方式，按照各司局和支部建制单位在职党员人数的1/3核定名额，本着不重复参加培训的原则，由各司局各单位选送学员。党委建制的直属单位，也要按照本单位党员总数的1/3核定党员培训任务，并及时向部直属机关党委报送党员培训工作总结。

（六）积极推进理论研讨工作

发挥全国文化系统党建研究会和思想政治工作研究会的作用，深化对思想政治工作和机关党建现实问题、重大问题和前瞻性问题的思考，着眼于文化发展和机关党建新的实践，着眼于文化工作和机关党建现实问题的理论思考，围绕建党90周年开展调查研究，力争取得高质量的研究成果。研究会秘书处要在年初确定调研选题，进行工作部署，向全国文化系统理事单位征集论文；下半年召开全国文化系统党建工作研讨会进行成果交流和表彰。

（七）切实加强基层党组织建设，努力建设党支部工作长效机制

深入贯彻《中国共产党党员权利保障条例》和《关于党的基层组织实行党务公开的意见》，完善党内情况通报、党内选举、党内民主决策、党内民主监督、党内事务听证咨询等制度，切实保障广大党员的知情权、参与权、选举权、监督权。坚持并进一步完善“三会一课”、民主生活会、党的活动日、民主评议党员等制度，进一步增强基层党支部的活力。积极稳妥地做好党员发展工作。

（八）扎实推进党风廉政建设和反腐败工作

认真抓好中央纪委六次全会精神的贯彻落实。组织党员干部深入学习胡锦涛同志在中央纪委六次全会上的重要讲话精神，统一思想认识，明确任务要求。继续抓好以《廉政准则》为主要内容的反腐倡廉教育，深入开展示范教育、警示教育。加强查办案件工作。围绕纪念建党90周年，开展内容丰富、主题鲜明、形式多样的教育活动。继续发挥好“党建在线”网站开展宣教工作的积极作用，推进廉政文化建设。

（九）进一步加强群众工作和统战工作

要着眼于调动一切积极因素，团结一切可以团结的力量，牢固树立群众观点，坚持从群众来、到群众中去的工作路线，提高做好群众工作的能力，加强党对工青妇等群团组织的领导，更加充分地发挥群团组织联系群众、宣传群众、组织群众、服务群众、团结群众的积极作用。支持和指导工青妇等群团组织结合自身特点，广泛开展创先争优活动及各项丰富多彩、寓教于乐的活动，团结和组织各方面群众在推动科学发展、促进社会和谐、维护稳定大局中发挥重要作用。要重视对群团组织干部的选拔使用和教育培养。今年，文化部青年联合会和文化部直属机关妇女工作委员会都要进行换届，各级党组织要高度重视、大力支持，为部青联、部妇委会推荐素质好、作风硬、能力强的骨干力量。认真做好统战工作、侨联工作，积极引导民主党派成员和党外专家在文化建设中发挥作用。

（十）切实加强党务干部队伍建设

建设一支政治坚定、结构合理、精干高效、充

满活力的党务干部队伍。按照党性强、品行好、作风正，熟悉业务和党务工作情况，得到群众信任，工作能力较强，具有敬业、奉献、创新精神的标准，选好配强党务干部。有计划地对党务干部进行培训，加强信念建设、素质建设、能力建设和作风建设，使党务干部保持朝气蓬勃、奋发有为、积极进取、求真务实的精神状态，为开展党的工作提供更加坚实的人才和队伍保障。

同志们！2010年，我们用孜孜不倦的辛勤工作赢得了文化部机关党建工作的丰硕成果；2011年，我们要更积极、更活跃、更丰富、更扎实、更有影响力地开展党的建设工作，用新的丰硕成果，推动文化大发展大繁荣，迎接中国共产党成立90周年！

谢谢大家！

在创建国家公共文化服务体系示范区工作座谈会上的讲话

文化部党组成员、副部长　杨志今

（2011年6月1日）

各位专家、同志们：

大家上午好！

刚才，国家公共文化服务体系建设专家委员会副主任李国新教授代表专家委员会，对第一批创建示范区评审情况做了系统点评，分析了各地申报创建过程中存在的问题，并提出了具体意见和建议。财政部科教文司宋文玉同志宣读了《文化部 财政部关于公布第一批创建国家公共文化服务体系示范区（项目）名单的通知》。示范区创建工作领导小组办公室与28个第一批创建示范区人民政府、省文化厅（局）签订了创建责任书，进一步明确了创建责任和任务。青岛市、苏州市、秦皇岛市、东莞市党委政府负责同志，就申报创建示范区的心得体会和下一步工作安排做了很好的介绍。文化部社文司司长于群同志代表创建工作领导小组办公室就第一批创建示范区申报、评审工作做了很好的总结。总的看，我和大家都有一个共同的感受，国家公共文化服务体系示范区创建工作从最初的设想到现在，一直得到了财政部的大力支持，得到了专家委员会专家的积极参与，得到了各地党委政府、各省文化厅（局）和公共文化机构的高度重视。短短半年时间，从第一批申报通知下发到各地申报材料报送，再到评审、公示，文化部社文司、财务司在财政部的支持下，精心组织各个环节，严格把关，确保了申报、评审的公开、公正、公平。各申报单位认真组织申报材料，按时报送。各省文化厅在创建示范区和示范项目的选拔和推荐等方面做了大量的工作。专家委员会各位专家保持高度负责，遵守评审规则，认真评审，体现了科学、严谨的作风，得到了各方的赞誉。借此机会，我谨代表文化部，向各位专家认真严谨的工作态度表示崇高的敬意！向获得第一批创建示范区资格的28个创建示范区和所在省文化厅（局）表示热烈的祝贺！同时，向给予这次会议大力支持的山东省文化厅、青岛市委市政府、市文广局和长期以来关注、支持公共文化服务体系建设的新闻界的朋友们表示衷心的感谢！

下面，我就创建示范区工作谈几点意见，供参考：

一、进一步明确创建国家公共文化服务体系示范区工作的目的和任务

创建国家公共文化服务体系示范区（项目）工作是文化部、财政部“十二五”期间共同开展的一项重点工作。创建工作的主要目的是，进一步发挥典型的示范、影响和带动作用，充分调动地方人民政府的积极性，整合、集成“十一五”公共文化服务体系建设成果，更好地研究解决公共文化服务体系建设的突出矛盾和问题，推动公共文化服务体系建设可持续发展。中央领导对这项工作也高度重视，李长春同志对这项工作予以肯定，国务委员刘延东同志批示：“原则同意通过示范区（项目）创建方式推动公共文化服务体系建设”。示范区创建周期为两年，创建任务十分艰巨，时间已经相当紧迫。我们一定要充分认识示范区创建工作的目的和意义，以更加清醒的文化自觉、更加强烈的责任意识、更加有力的组织领导、更加务实的政策措施，切实把国家公共文化服务体系示范区创建工作组织好、落实好。

（一）创建示范区要在周期内全面完成各项创建任务

为了指导创建工作，文化部、财政部分东、中、西部分别制定了明确的创建标准，这些创建标准是创建示范区在创建周期内必须达到的基本目标和最低要求，也是创建周期结束后对创建示范区进行验收评审的主要依据。创建标准涉及公共文化设施网络建设，公共文化服务供给，公共文化服务组织支撑，资金、人才和技术保障措施落实，公共文化服务评估等各个方面，其中有许多硬性指标。各创建示范区必须严格对照创建标准，开展创建工作，确保在创建周期内全面实现创建目标，完成各项创建任务。

（二）创建示范区要承担起探索路径、积累经验的重大责任

公共文化服务体系建设是一项长期的战略任务，

需要实现科学发展。“十一五”期间，在党中央、国务院的高度重视下，公共文化服务体系建设呈现出蓬勃发展的良好态势，取得了很大成绩。但是，与经济社会发展的进程和水平相比，与城乡群众日益旺盛的精神文化需求相比，公共文化服务体系建设整体滞后，还存在许多困难和问题。其中突出的问题是，一些地方党委、政府对文化建设重视不够，没有按照科学发展观的要求将文化建设真正纳入“四位一体”总体布局，片面追求GDP增长速度，政府主导的自觉意识不强；一些地方存在着“等、靠、要”问题，对公共文化设施没有落实“建好、管好、用好”的责任，公共文化服务能力建设亟待加强；经费投入总量不足，结构不合理，公共文化资源缺乏有效整合，没有发挥出整体效益，等等。示范区所承载的一项重要使命，就是要成为全面贯彻中央公共文化服务体系建设战略部署的先导区，认真落实国家“十二五”文化改革和发展规划纲要的先行区，成为统筹城乡文化发展，实现公共文化服务体系建设科学发展的先进典型。通过创建示范区，强化地方政府在公共文化服务体系建设中的主导责任，推动地方政府全面落实科学发展观，将文化建设纳入“四位一体”建设的总体布局，转变政府职能，加强文化事业宏观管理，创新新时期公共文化管理手段、方式、方法和工作机制，促进区域文化发展方式转型。

（三）创建示范区要履行好典型示范的重要使命

我国幅员辽阔，东、中、西部不同地区经济社会的发展水平和公共文化服务体系建设的特点差异很大。创建示范区所担负的一项重要责任就是要为全国同类型地区公共文化服务体系建设提供可供借鉴的经验。创建示范区必须充分整合、集成“十一五”建设成果，进一步完善公共文化设施网络，促进公共文化服务要素和资源的科学配置和合理流动，提升公共文化机构的管理水平和服务能力，充分发挥公共文化设施的使用效益，使公共文化服务实现广覆盖、高效能。同时，根据实际，认真开展制度设计研究，有针对性地和创造性地研究解决当前制约公共文化服务体系建设发展的突出矛盾和问题，通过制度设计、实践探索和理论提升，形成可供推广的经验。

二、积极稳妥地处理好创建工作中的6方面关系

（一）要处理好全面发展和个性发展的关系

各创建示范区要认真贯彻落实中央关于公共文化服务体系建设的战略部署，以及创建工作的总体安排，按照公益性、均等性、基本性、便利性的要求，在公共文化设施网络、公共文化服务供给、组织支撑、人才资金技术支撑、绩效考核、制度设计等各个方面均衡发展，确保在两年内完成“基本建成公共文化服务体系”的战略目标。在完成创建任务、达到创建标准要求的同时，各创建示范区也要从本地实际出发，针对本地区面临的一些突出矛盾和问题，积极探索具有自身特色的发展模式和路径，努力形成各具特色的示范区创建模式。

（二）要处理好软件建设和硬件建设的关系

“硬件”与“软件”是公共文化服务体系建设的两个重要方面。要使公共文化服务体系“运行有效”，发挥“惠及全民”的作用，只有硬件是不够的，必须软硬件并重。创建示范区要从管好阵地、用好阵地入手，重视提升公共文化服务能力和水平。比如东部地区的创建标准，包括目标人群覆盖率、公众有效利用率、群众文化活动参与率、公共文化服务公众满意率等，接近3/5都是服务方面的指标。因此，在创建过程中，各创建示范区要把提高公共文化机构的管理和服务效率作为重点，在抓好设施建设的同时，通过完善规章制度、加强科学管理，逐步推动形成责任明确、行为规范、富有效率、服务优良的公共文化服务运行机制，确保“管好”、“用好”阵地设施，推动公共文化服务可持续发展。

（三）要处理好政府主导与社会力量参与的关系

公共文化服务是政府履行保障人民群众基本文化权益职责的重要内容，也是公共财政支持的重点。在创建示范区申报过程中，一些地方政府领导提出了公共文化服务产业化的观点，提出了主要依靠社会力量建设的一些想法。在这里，我要强调的是，创建示范区一定要以政府为主导，以公共财政为支撑，鼓励社会力量积极参与，社会力量参与不是政府甩包袱，也要纳入政府主导的范畴和体系中，不能主次颠倒、本末倒置，把本应由政府承担的职责推向社会。

（四）要处理好理论研究与实践推动的关系

示范区（项目）创建工作的一个重要特点，是与公共文化服务体系制度设计研究紧密结合，政策研究与实践推动并重，同步推进。各创建示范区要在国家专家委员会的指导下，尽快修改完善制度设计方案，与创建工作同步部署、共同推动，针对本地区公共文化服务体系建设实践中存在的突出矛盾

和问题，提出解决方案，探索建立本地公共文化服务体系建设的长效机制，为国家层面的制度设计提供经验，为同类地区的发展提供借鉴，努力上升到理论和公共政策层面，为实践提供科学指导。

（五）要处理好点线结合与点线面的关系

“十一五”期间，在中央财政的支持下，文化部实施了乡镇综合文化站建设、文化信息资源共享工程等重大文化项目。项目以从中央到地方“一竿子插到底”的方式，加大对中西部农村地区在政策、资金上的支持力度。这种以“点、线”为主的办法，对抓住薄弱环节、形成重点突破十分重要，在实践中也取得了显著成效。但这种工作方式也带来一些问题：一是使基层政府容易形成“等、靠、要”的思想，导致管理责任缺位；二是不利于基层文化资源的统筹、整合；三是容易脱离基层实际，使地方政府缺乏创新空间。创建示范区主要目的之一就是推动公共文化服务体系建设由“点”、“线”推进向全面突破转变，加大统筹力度，整体推进公共文化服务体系建设。

（六）要处理好创建周期与着眼长远的关系

创建示范区是推进公共文化服务体系建设的重要抓手，既要注重结果，也要注重创建过程中形成的具有示范性的经验、做法和制度建设成果。创建周期只有两年，但是，面对人民群众日益增长的精神文化需求，公共文化服务体系建设任务是远无止境的。因此，各创建示范区既要立足现实，在两年内按照创建标准的要求完成创建任务，也要未雨绸缪，及早明确长远的发展目标和具体措施。东部地区示范区要具有国际视野，力争成为展示中国公共文化服务体系建设成就、具有国际领先水平的区域；中西部地区要在达到创建标准的同时，向更高标准迈进。

三、在扎实推进示范区创建过程中强化5个意识

（一）强化责任意识，将创建工作任务落到实处

根据签订的创建责任书，创建工作领导小组办公室、创建示范区人民政府、省文化厅（局）承担着各自不同的责任，任务分工十分明确具体。在创建过程中，首先要明确各相关方面的责任和任务，严格按照既定的时间表和路线图推进，将创建工作落到实处。国家公共文化服务体系示范区创建工作领导小组办公室承担着指导各创建示范区开展工作，研究、总结、宣传推广示范区创建工作经验，组织专家委员会开展示范区验收工作，以及对示范区创建情况进行检查、监督等职责。各地市人民政府是创建示范区的责任主体，责任重大，要围绕创建国家公共文化服务体系示范区的目标、任务，按照目标责任书规定的职责分工，落实相关工作机制和保障措施，加快推动示范区创建工作。各省级文化部门负责统筹本省（区、市）示范区创建工作，要加强对本省（区、市）示范区创建工作的督促指导，应每3个月向国家公共文化服务体系示范区创建工作领导小组办公室报告本省示范区工作开展情况；同时要负责指导创建示范区制度设计研究工作，协助完成课题研究任务；审核本省（区、市）创建示范区验收报告，并向国家公共文化服务体系创建工作领导小组办公室提出验收申请。这里我想强调的是，各省（区、市）文化部门要善于运用创建示范区这个工作抓手，借鉴这种工作机制，充分调动各方积极性，推动在本省区域内形成公共文化服务体系建设比、学、赶、帮、超的良好态势。

（二）强化研究问题意识，着力破解当地公共文化服务体系建设面临的突出难题

示范区创建的重要任务就是解决公共文化服务体系建设中存在的突出矛盾和问题。因此，必须时刻强化问题意识，重视开展制度设计研究工作，“对症下药”，力求取得实质性突破。开展制度设计研究是示范区（项目）建设的重要内容，制度设计研究成果是示范区（项目）验收的前置条件。示范区（项目）要成为课题研究的实践基地，深化推动课题研究，使之具有实践性和可操作性。课题研究要为示范区（项目）建设提供理论指导和政策支持，推动公共文化服务体系科学发展。各创建示范区要高度重视制度设计研究工作，成为省厅承担的国家公共文化服务体系制度设计研究课题的实践基地，在省厅和专家委员会指定的首席专家的指导下，集中人力，集中资源，结合创建示范区过程中遇到的突出矛盾和问题，开展省厅承担的国家课题的研究，注意及时总结实践经验，研究规律，提出解决问题的思路、模式，在个性中提炼共性，从一般上升到全局，形成指导全国的制度性的政策、文件和工作机制。

（三）强化统筹意识，在提升公共文化服务效能上下工夫

当前，公共文化服务领域中还存在着多头管理、条块分割等问题，公共财政资金投向难以集

中，造成公共文化资源分散，有限资源缺乏有效整合和统筹。在示范区创建过程中，要注意整合、集成、提升公共文化服务体系建设成果，同时，创建示范区要把加强文化资源整合、实现共建共享作为重要的创建内容，通过多部门协调联动和政策配套，实现跨地区、跨部门、跨领域、跨系统的设施、队伍、服务等公共文化资源的整合和优化配置，促进公共文化资源的共建共享、协调运行。

（四）强化创新意识，激发公共文化服务体系发展的内在动力

各创建示范区要贯彻落实中央关于深化文化体制改革的一系列战略部署，努力形成责任明确、行为规范、富有效率、服务优良的管理体制和运行机制。同时，要解放思想、先行先试，引进现代信息技术，革新服务理念，丰富服务内容，完善服务供给方式，不断加大创新力度，积极探索新模式、新思路、新方法、新举措，着力形成推动公共文化服务体系建设长效机制，增强可持续发展能力。

（五）强化宣传意识，扩大公共文化服务体系建设的社会影响

要通过经验交流和专题研讨等形式，交流、推广各地示范区（项目）创建工作的阶段性成果，好的经验要通过《文化要情》、媒体内参等方式报送中央。同时，要加强新闻宣传工作，在这方面，文化部将积极为创建示范区搭建信息交流和新闻宣传平台，希望各地也要加大宣传力度，让广大人民群众了解、参与示范区创建工作，并从创建中得实惠，树立社会公益形象，争取社会和公众关注、支持和广泛参与示范区（项目）创建工作。

同志们，创建国家公共文化服务体系示范区是一项光荣而艰巨的任务，需要我们付出艰苦的努力。让我们锐意进取，开拓创新，以坚定的决心、务实的作风，切实把这项工作做实、做细、做好，努力开创公共文化服务体系建设的新局面，为社会主义文化大发展大繁荣，为建设和谐社会、实现小康目标作出更大的贡献！

谢谢大家！

在全国非物质文化遗产保护工作会议上的讲话

文化部党组成员、副部长　王文章

（2011年12月8日）

同志们：

今年，我们文化领域是大事、喜事不断。一是历时十余载、社会各界翘首以盼的《中华人民共和国非物质文化遗产法》终于正式出台；二是党的十七届六中全会胜利召开，首次专门讨论文化的改革发展，首次提出建设社会主义文化强国的宏伟目标和战略任务，标志着文化建设进入了一个新的发展阶段。在全国文化系统掀起学习贯彻党的十七届六中全会精神热潮的背景下，今天，我们在浙江省宁波市召开全国非物质文化遗产保护工作会议。会议的主要任务是深入学习贯彻党的十七届六中全会精神，学习贯彻《非物质文化遗产法》，总结近年来的非物质文化遗产保护工作，交流经验，研究部署下一阶段的工作任务。这次会议得到了浙江省委、省政府，浙江省文化厅，宁波市委、市政府以及宁波市文化广电新闻出版局的大力支持，我谨代表文化部和全体与会人员，表示衷心的感谢！

浙江省的非物质文化遗产保护工作动手早、起步快，工作主动，成效显著，这些年来一直走在全国前列。宁波市在开展非物质文化遗产普查，加强名录项目和代表性传承人保护等方面积极探索，积累了有益的经验。会议期间，我们将参观考察宁波市国家级名录项目的保护工作情况，交流各地非物质文化遗产保护工作经验。我相信，这次会议对于在新形势下进一步推动我国非物质文化遗产的科学保护，将具有重要意义。

下面，我就当前非物质文化遗产保护和下一阶段工作任务，谈几点意见：

一、有中国特色的非物质文化遗产保护工作体系初步形成

近年来，在党中央、国务院的高度重视下，在地方各级党委和政府的支持下，经过各级文化部门和广大非物质文化遗产保护工作者的共同努力，非物质文化遗产保护工作取得了积极进展，有中国特色的非物质文化遗产保护体系已经初步形成。主要表现在以下几方面：

（一）《非物质文化遗产法》出台，为非物质文化遗产保护工作提供了坚实的法律保障

今年2月25日，十一届全国人民代表大会常务委员会第十九次会议审议通过了《中华人民共和国非物质文化遗产法》；6月1日，《非物质文化遗产法》正式施行。《非物质文化遗产法》是中国特色社会主义政治、经济、文化、社会四位一体战略布局中颁布的一部重要法律，不仅体现了党和国家对文化建设的高度重视，丰富了我国法律体系的内容，而且是我国履行国际公约义务的重要体现，为促进世界非物质文化遗产保护、维护人类文化多样性做出了积极贡献。最重要的是，《非物质文化遗产法》的出台为非物质文化遗产保护政策的长期实施和有效运行提供了坚实的法律保障。从此，我国的非物质文化遗产保护工作进入了依法保护的新阶段。

《非物质文化遗产法》颁布出台后，文化部和各省（区、市）组织了多种形式的学习、宣传和贯彻《非物质文化遗产法》活动。文化部组织召开了贯彻实施《非物质文化遗产法》专家座谈会，印发了《文化部办公厅关于宣传贯彻〈中华人民共和国非物质文化遗产法〉的通知》，配合全国人大编印了《非物质文化遗产法律指南》。各省（区、市）结合“文化遗产日”，举办了各种形式的宣传活动和学习培训活动。如浙江省将今年6月列为“非物质文化遗产法”宣传活动月，在全社会部署开展系列宣传活动；辽宁省在《辽宁日报》、《辽沈晚报》等新闻媒体开设专版和专栏，向社会宣传《非物质文化遗产法》。据不完全统计，全国共举办《非物质文化遗产法》培训班1932期（次），培训人员90370人。为配合《非物质文化遗产法》的出台，各省（区、市）积极完善地方配套法规建设。广东省人大常委会于今年7月30日审议通过了《广东省非物质文化遗产保护条例》，这是继云南、贵州、广西、福建、江苏、浙江、宁夏、新疆等省区后出台的第九个地方性法规。河北、山西、内蒙古、湖北等省（区）非物质文化遗产保护条例也已列入省人大、省法制办的立法计划。

（二）多种保护措施并举，保护成效明显

非物质文化遗产的丰富性，决定了保护方式和保护措施的多样性。在保护工作中，我们逐渐探索出了非物质文化遗产保护的多种方式：非物质文化遗产以项目为主要表现形式，因此在保护工作的前期，以建立项目名录、保护项目为主要工作抓手；非物质文化遗产主要依靠传承人口传心授进行传承，因此把传承人的保护放在关键地位；非物质文化遗产的不可再生性和脆弱性，决定了我们把抢救性保护放在第一位；非物质文化遗产与人民大众生产生活息息相关，因此要尽可能运用生产性保护等积极保护的方式；非物质文化遗产本身的整体性特征，以及与依存的自然生态、人文生态紧密相关，所以应采取整体性保护的方式；非物质文化遗产的不同类别项目特点和传承规律，所以我们要区别对待，研究实施分类保护措施。

运用现代信息技术手段对濒危的非物质文化遗产项目及年老体弱的传承人进行全面拍摄、记录，形成档案和建立数据库，是非物质文化遗产抢救性保护的重要方式。目前，非物质文化遗产数字化保护工程“一期工程”已经完成；国家级代表性传承人的抢救性记录工程也已列入《文化部“十二五”文化发展规划》。

非物质文化遗产与人民大众的生产生活息息相关。根据非物质文化遗产自身传承、衍变的规律，我们提出了生产性保护的理念，在有效保护的前提下，进行合理的生产、利用，在生产、利用中激发非物质文化遗产自身生机和活力，促进非物质文化遗产的保护和传承。今年，文化部开展了国家级非物质文化遗产生产性保护示范基地建设工作，已命名公布了第一批共41个国家级非物质文化遗产生产性保护示范基地，树立了开展非物质文化遗产生产性保护的典型。各地也在积极探索非物质文化遗产生产性保护的方式方法和具体措施。

建设文化生态保护区，将非物质文化遗产从单项的项目保护提升到与其依存的环境进行整体性保护，是遵循非物质文化遗产传承和发展规律的科学保护方式，是当前社会主义新农村建设和快速城市化进程中保护非物质文化遗产的重要举措。自2007年文化部启动文化生态保护区建设以来，目前已相继设立了11个国家级文化生态保护实验区。浙江、山东、云南、广西等省（区）也开展了省级文化生态保护区建设的探索工作。今年8月，文化部在青海省黄南藏族自治州召开了国家级文化生态保护区建设现场交流会。经过研讨与交流，文化生态保护区建设的思路已基本清晰，文化生态保护区建设工作稳步推进。

（三）非物质文化遗产保护的三项制度进一步完善

近年来，我们通过开展普查，建立四级名录体系和代表性传承人评审认定体系，加强代表性传承人保护等，逐步建立了非物质文化遗产保护的三项制度。

普查是非物质文化遗产保护的一项基础性工作。全国非物质文化遗产普查工作已取得阶段性成果，共收集珍贵实物和资料29万件，普查文字记录达20亿字，拍摄图片477万张，普查资源总量近87万项。目前的主要工作任务是做好普查成果的整理利用和普查报告编撰出版工作。文化部专门召开了专家座谈会，研究制定非物质文化遗产普查报告编写体例，确定了浙江、重庆等省市作为普查报告编撰试点单位，并在云南举办了非物质文化遗产普查成果应用培训班。

非物质文化遗产名录建设是非物质文化遗产保护制度的重要内容。至2011年，国务院已批准公布了3批国家级非物质文化遗产名录共1219项。各省（区、市）也评审公布了省级非物质文化遗产名录共8566项。一些市、县也建立了本级非物质文化遗产名录。国家、省、市、县四级名录体系基本形成。今年9月，文化部印发了《关于加强国家级非物质文化遗产代表性项目保护管理工作的通知》，明确提出了国家级名录项目的“退出机制”。从此，国家级名录项目将不再是“终身制”，“有进有出”的动态管理将成为常态化的工作。

促进活态传承，是非物质文化遗产保护工作的关键。至2011年，文化部已命名公布了3批1488名国家级非物质文化遗产项目代表性传承人。第四批国家级代表性传承人的申报工作已经结束，即将组织开展评审工作。从2008年起，在中央转移地方非物质文化遗产保护经费中，文化部按每人每年8000元的标准对国家级代表性传承人开展传习活动予以资助，2011年起补助标准提高到10000元。各地也陆续开展了省、市、县级非物质文化遗产项目代表性传承人的认定与命名工作，全国共命名省级代表性传承人9564名。

（四）宣传教育活动丰富多彩，非物质文化遗产保护意识日益深入人心

人民群众是非物质文化遗产的创造者、拥有者和传承者。人民群众保护遗产意识的提高，是对非物质文化遗产最好的保护。近年来，文化部和各级文化部门利用“文化遗产日”和春节、端午节、中秋节等中华民族传统节日，大力开展非物质文化遗产宣传展示活动，集中、全面、深入地报道宣传非物质文化遗产保护工作，促进了非物质文化遗产的传播，扩大了社会影响，营造了保护非物质文化遗产的良好氛围，提高了全社会的保护意识。

今年“文化遗产日”，文化部确立了“依法保护，重在传承”的主题，围绕学习、宣传和贯彻《非物质文化遗产法》，在北京举办了“文化遗产日”主题活动，包括“依法保护，重在传承——《中华人民共和国非物质文化遗产法》宣传展”、“薪火相传——中国非物质文化遗产传承人师徒同台展演”、“我们的精神家园·中国非物质文化遗产摄影大展”；在国家图书馆举办“册府琳琅　根脉相承——中华典籍与非物质文化遗产特展”；在四川成都举办了第三届“中国成都国际非物质文化遗产节”；在浙江嘉兴举办了端午节庆活动。今年6月、10月，文化部还分别在澳门和香港举办了“根与魂·中国非物质文化遗产的展演”活动。各地文化部门也围绕“文化遗产日”的主题，举办了丰富多彩的非物质文化遗产法宣传活动和保护成果展示活动。总体来说，活动覆盖面广，重头戏多，人民群众广泛参与，充分体现出当前非物质文化遗产保护工作日益深入人心，保护非物质文化遗产的文化自觉日益增强。

各地文化部门通过积极与教育部门协商，将民歌、民乐纳入中小学音乐课，将剪纸、年画纳入美术课，将传统技艺纳入手工课，将传统舞蹈纳入体育课，积极推进非物质文化遗产进课堂、进教材、进校园，使非物质文化遗产成为对青少年进行传统文化教育和爱国主义教育的重要载体。

（五）对外交流合作渠道继续拓展，国际影响力日益提高

我国作为联合国教科文组织《保护非物质文化遗产公约》的缔约国，积极参与国际规则的制定工作，积极履行加入《公约》的义务，注重学习、借鉴他国文化遗产保护的成功经验，积极参与国际交流与合作。近年来，我国在法国巴黎成功举办了“中国非物质文化遗产艺术节”；在四川成都举办了3届“中国成都国际非物质文化遗产节”；与蒙古国联合申报蒙古族长调民歌为“人类非物质文化遗产代表作名录”项目，并签订合作协议，加强联合保护；参加以“非遗延续和弘扬”为主题的“亚洲文化部长论坛”等。2010年，联合国教科文组织和我国政府在中国艺术研究院设立“亚太地区非物质文化遗产国际培训中心”。我国积极参与联合国教科文组织“人类非物质文化遗产代表作名录”和“急需保护的非物质文化遗产名录”的申报工作。今年11月，在印度尼西亚召开的保护非物质文化遗产政府间委员会第六次会议上，我国申报的赫哲族说唱艺术“伊玛堪”被联合国教科文组织列入“急需保护的非物质文化遗产名录”,“中国皮影戏”被列入“人类非物质文化遗产代表作名录”。截至2011年11月底，我国入选联合国教科文组织非物质文化遗产名录项目总数达36项，成为世界上入选项目最多的国家。这充分表明了国际社会对我国非物质文化遗产保护工作的充分肯定。

前面我讲了非物质文化遗产保护工作在推进方面取得的成绩，这个成绩不是我们近10年保护工作全面的总结，是这一段时间以来，我们在推进工作时取得的一些成效。总的来讲，我们非物质文化遗产保护工作10年来成效是非常明显的，目标明确，思路清晰，机制有效，推进扎实，成绩显著。从整个事业的进展，从取得的成绩方面来说，非物质文化遗产保护工作得到了社会一致的肯定。

但也要看到，当前工作中也存在不少不容忽视的问题：一些地方没有真正树立科学发展意识和正确的政绩观，对保护非物质文化遗产的重要意义认识不到位，文化自觉意识不强；非物质文化遗产盲目开发、过度开发现象不同程度地存在；一些地方保护工作机制和经费保障机制尚不健全，所需经费尚未列入当地财政预算，保护工作机构和队伍建设尚需加强；非物质文化遗产保护基础理论与实践研究滞后，许多非物质文化遗产保护中的重大问题还缺乏相应的理论支撑；许多非物质文化遗产项目传承后继乏人；全社会的非物质文化遗产保护意识还有待加强。因此，我们必须切实增强非物质文化遗产保护工作的紧迫性和责任感，提高对非物质文化遗产保护重要性的认识，认真解决保护工作中存在的突出问题，不断提高保护工作水平，推进这项利国利民的工作深入有效、持续地开展。

二、深入学习贯彻党的十七届六中全会精神，充分认识非物质文化遗产保护工作面临的新形势

（一）非物质文化遗产保护是建设中国特色社会主义文化发展道路的重要内容

当前，世界正处在大发展大变革大调整时期，我国也处在经济转轨、社会转型的加速期，各项事业发展站在了一个新的历史起点上。十七届六中全会从时代发展和战略全局的高度，科学把握我国文化改革发展的特点和规律，鲜明地提出了坚持中国特色社会主义文化发展道路，努力建设社会主义文化强国的战略思想和宏伟目标，吹响了建设社会主义文化强国的号角。非物质文化遗产保护是文化建设的基础性工作，是公益性文化事业的重要组成部分，是国家文化战略和中国特色社会主义文化发展道路的重要内容。加强非物质文化遗产保护，对于弘扬中华民族优秀传统文化，推动社会主义文化大发展和大繁荣，提升国家文化软实力，建设中国特色社会主义文化强国具有重要意义。

随着经济全球化、工业化和城市化进程的进一步加快，许多源于农耕文明、主要靠口传心授方式传承的非物质文化遗产越来越受到严重冲击。由于遗产本身的脆弱性，在传统社会向现代社会的转型过程中，在现代化发展的浪潮中，许多非物质文化遗产面临着生存危机。非物质文化遗产保护工作依然任重而道远。各级文化部门要全面深入学习领会十七届六中全会精神，充分认识非物质文化遗产保护工作面临的新形势，新机遇，认真挖掘和深刻认识祖国传统文化的历史意义和现实价值，坚持科学的保护理念，落实保护措施，进一步加强非物质文化遗产保护工作。

（二）在非物质文化遗产保护工作中处理好以下关系

一是非物质文化遗产保护与利用的关系。非物质文化遗产是一种活在社会中的传统文化，是广大民众生产生活的重要组成部分。由于非物质文化遗产具有不可再生性，加强对非物质文化遗产保护并使之世代传承，是当前我们面临的最为紧迫的任务。同时，许多非物质文化遗产往往是在生产实践的具体活动中产生的，这些非物质文化遗产只有融入人民群众的生产生活，才能获得生机和活力。通过深入发掘非物质文化遗产的多重价值，对这些非物质文化遗产项目进行适度利用和开发，不仅能够满足当地群众的精神文化生活需求，让当地的群众和传承人获得经济收益，提高他们的传承积极性，促进地方经济结构调整和经济发展，也符合非物质文化遗产的传承、发展规律，有利于优秀传统文化的继承和弘扬。

在利用开发的过程中，我们要坚持“保护为主，抢救第一”，不能为了短期的经济利益而进行过度开发，要有长远眼光，避免急功近利；要牢记“保护重于利用”，保护是利用的保证、基础和前提。没有保护的利用，只能使非物质文化遗产在利用中变异，在变异中消亡。在利用中，关键是要把握好“度”，不能丢失或篡改非物质文化遗产的核心内涵，从而伤及遗产本身，不能歪曲、贬损非物质文化遗产。总之，我们要把握好非物质文化遗产自身的发展、衍变规律，遵循规律，不能伤害非物质文化遗产本身的重要特质，在保护的基础上进行合理利用，使非物质文化遗产更好地融入社会、融入民众、融入生活，为当代人服务。

二是非物质文化遗产继承与发展的关系。我国的优秀传统文化凝聚着中华民族自强不息的精神追求和历久弥新的精神财富，是建设中华民族共有精神家园的重要支撑。实现中华民族的伟大复兴，离不开对优秀传统文化的继承。非物质文化遗产是优秀传统文化的重要载体，是开展文艺创作、推动文化发展繁荣的重要源泉。继承非物质文化遗产，就是传承优秀传统文化的文脉。我们今天继承非物质文化遗产，要在科学认定的基础上，采取有力措施，使非物质文化遗产在全社会得到确认、尊重和弘扬。我们还要全面认识非物质文化遗产，加强对非物质文化遗产思想文化价值的挖掘和阐发，把握时代的脉搏，使非物质文化遗产成为新时代鼓舞人民前进的精神力量。

另一方面，发展是人类社会永恒的主题，非物质文化遗产同样离不开发展。我们要把握好非物质文化遗产继承与发展的关系，认识到继承是发展的必要前提，发展是继承的必然要求。我们要遵循非物质文化遗产自身传承、发展、衍变的规律，在继承的基础上发展，在发展的过程中传承。我们还要学习借鉴世界其他国家的多样性文化，学习其他国家在保护非物质文化遗产方面的先进理念和手段，在文化交流、借鉴与融合的过程中，充分吸收其他国家民族文化的有益成果为我所用，大力推进文化创新，在创新中维护中华民族文化的基本元素，努

力使当代中华文化更加多姿多彩、更具吸引力和感染力。

三是非物质文化遗产保护与旅游的关系。文化是旅游的灵魂，旅游是文化的一个重要载体。文化、旅游相互融合，相互促进，有利于传播文化，扩大优秀传统文化的影响力，满足人民群众的精神文化需求，促进社会和谐发展。党的十七届六中全会指出，要“积极发展文化旅游，促进非物质文化遗产保护传承与旅游相结合”。开展非物质文化遗产保护，既要发挥与旅游的优势互补作用，又要注意处理好非物质文化遗产保护传承与旅游的关系，要处理好非物质文化遗产表现形式与文化创意产品、旅游产品的关系。要坚持保护为主、合理利用的原则，在保持非物质文化遗产本真性的基础上，组织非物质文化遗产项目进入旅游景区，提升旅游的文化内涵。如对传统美术、技艺类非物质文化遗产，可以通过生产性保护方式，加以合理利用，为文化产业和旅游业发展注入新鲜元素；对文化生态保护区中独具特色的文化生态资源，可以适度开展文化观光游、文化体验游、文化休闲游等多种形式的旅游活动。在保护与旅游结合工作中，我们要始终把保护、传承放在第一位，因为过度开发而严重影响非物质文化遗产保护、传承的要迅速落实整改措施。同时，应充分尊重文化遗产背后的文化价值和特定内涵，尊重文化遗产中蕴含的风俗、信仰和情感，不能为了追逐经济效益对非物质文化遗产项目进行破坏性的商业包装，例如有的地方为了招徕游客，不分时间、不分地点、不分场合地表演所谓的“民俗风情”，严重伤害了特定风俗的庄严感、神圣感和持有群体的情感，损害了非物质文化遗产的“真实性”，这类伪民俗旅游项目要采取措施予以坚决制止。

三、抓住机遇，乘势而上，开创非物质文化遗产保护工作新局面

非物质文化遗产保护应该是千秋万代的事情。近10年来，我们做了很多开创性的工作。保护工作的长远性，决定了我们要采取稳健扎实的，与人民群众的生活生产密切结合的发展方针。我们不能设想非遗保护再有10年或者20年就保护得很好，这是不可能的。当前，非物质文化遗产保护工作已经有了良好的开局。今后，我们还将面临更艰巨、更繁重的任务。为做好这项工作，我们要以《非物质文化遗产法》和党的十七届六中全会精神为指导，不断深化对非物质文化遗产保护的认识，遵循非物质文化遗产保护的客观规律，努力提升工作水平，抓住机遇、乘势而上，全面落实各项保护工作任务，开创非物质文化遗产保护工作的新局面。下一阶段，我们要重点抓好以下几个方面的工作：

（一）进一步贯彻落实《非物质文化遗产法》

要结合《非物质文化遗产法》，对非物质文化遗产保护事业“十二五”规划进行完善，对近期工作计划进行适当调整，使其更加符合法律的要求，进一步廓清非物质文化遗产保护工作科学规范、深入发展的思路，提高保护工作的针对性和实效性。要制定完善非物质文化遗产保护工作配套法规，将法律设立的调查制度、代表性项目名录制度、传承与传播制度等进行细化，转化为各项长效工作机制，促进非物质文化遗产保护工作迈上新台阶。文化部将协同国务院法制办，研究制定《非物质文化遗产法实施细则》及各项配套法规。各地要对照《非物质文化遗产法》，修订现有的规章制度，积极推动地方非物质文化遗产保护条例等地方法规建设。要加强对各级文化行政部门和非物质文化遗产保护工作人员的法规培训，强化依法行政、依法保护的观念，掌握非物质文化遗产法规的精神实质和各项具体规定，在实际工作中正确履行法律所赋予的权利和义务，真正做到有法必依、执法必严、违法必究。

（二）完善调查制度，加强普查成果的整理利用

要根据《非物质文化遗产法》的精神，进一步完善非物质文化遗产调查制度，尽快出台《境外组织和个人在中华人民共和国境内开展非物质文化遗产调查管理的暂行办法》，加强对境外组织和个人在中国境内开展非物质文化遗产调查的审批与管理。要抓好非物质文化遗产普查成果的整理利用工作，对第一次全国非物质文化遗产普查资料进行系统化整理研究，积极推进各级非物质文化遗产数据库建设工作；以山西、浙江、重庆、云南等省（市）为试点单位，编撰出版四省的“非物质文化遗产普查报告”，并在全国范围内启动非物质文化遗产普查报告编撰出版工作。

（三）加强名录项目保护与管理

要对已列入“人类非物质文化遗产代表作名录”、“急需保护的非物质文化遗产名录”和国家级非物质文化遗产名录的项目，加强管理，加大保护力度，采取科学有效的保护措施，把保护工作落到实处。文化部将根据不同类别、不同项目的实际情况，制定国家级非物质文化遗产名录项目分类保护

的规范标准，通过以点带面的方式，加强对不同类别非物质文化遗产保护工作的指导。各地要组织制定每个国家级非物质文化遗产名录项目的“十二五”保护规划，根据保护规划落实保护措施。要进一步落实《文化部关于加强国家级非物质文化遗产代表性项目保护管理工作的通知》要求，建立健全监督、检查机制和退出机制，加强对国家级名录项目保护工作的指导和督查。各地要建立定期自查、报告机制，落实自查工作。在各地自查的基础上，文化部将组织专家对各地国家级名录项目保护工作情况和代表性传承人履行传承义务情况进行全面检查，及时发现问题、解决问题，总结经验，指导全国的非物质文化遗产保护工作，并通过督查，对国家级代表性项目和代表性传承人保护情况进行评估，实施动态管理，落实国家级非物质文化遗产名录“退出机制”。对保护工作开展不力、怠于开展保护工作和进行破坏性开发的项目和单位，文化部查实后将予以警告，限期整改；对整改不力，该国家级名录项目状况仍未得到明显改善的，文化部将取消该项目保护单位资格，收回国家级名录项目标牌，并向社会公告。文化部在明年的遗产日之前，要对各地列入国家级名录的项目保护情况，进行一次全面的督查。

（四）健全传承机制，加大对代表性传承人、学艺者的培养和扶持

要继续加强代表性传承人的保护，研究制定代表性传承人保护的政策法规，继续做好非物质文化遗产项目代表性传承人的认定、命名工作，为代表性传承人开展传习活动创造良好的条件，包括提供必要的传承场所，资助传习经费，支持其开展授徒传艺、教学、交流活动等。对中央财政补助传承人的传习活动经费，要保证主要用到传承人传习活动中，防止挪作他用。要按照《非物质文化遗产法》的有关规定，将传承人保护逐步制度化、规范化，建立对传承人传承工作的考核机制，对传承工作有突出贡献的代表性传承人给予表彰、奖励，对传承不力的也要采取相应处罚措施。同时研究落实对学艺者的助学、奖学等政策措施，鼓励他们掌握传统知识或技艺，培养更多的后继人才。要按照中宣部要求，制定《非物质文化遗产项目代表性传承人扶持计划实施方案》，对代表性传承人进行培养、扶持。要加大对传承人的培训力度，重点加强非物质文化遗产保护的政策法规、保护方式、知识产权保护、教学技巧等相关知识培训，组织代表性传承人开展横向交流活动，切磋技艺和交流传承经验，提高代表性传承人的文化自觉和文化自信，提高他们的传承责任意识和保护传承能力。要尽快启动国家级非物质文化遗产项目代表性传承人抢救性记录工程，做好第四批国家级非物质文化遗产项目代表性传承人评审认定工作。

（五）继续推进非物质文化遗产整体性保护

要统筹规划文化生态保护区建设，进一步规范国家级文化生态保护区的申请、审批和命名程序，制定《国家级文化生态保护区申报与管理暂行办法》。“十二五”期间，在充分考虑民族和地域特点的基础上，文化部将选择历史文化积淀丰厚、存续性良好，具有重要价值和鲜明特色的文化形态进行整体性保护，合理布局，新设立一批国家级文化生态保护区。各省（区、市）可根据地方实际情况开展省级文化生态保护区建设。已设立的文化生态保护实验区要在规划纲要的基础上，认真编制《文化生态保护区总体规划》，依照《总体规划》落实具体措施，加强非物质文化遗产整体性保护。各地要将文化生态保护区建设纳入当地经济社会发展规划，积极探索保护区科学、合理的建设模式，加强与相关部门的合作与协调，研究解决文化生态保护区建设中存在的困难和问题，及时总结建设经验。文化部将继续做好国家级文化生态保护区总体规划的论证、审批工作，加强对国家级文化生态保护区建设情况的检查和指导，推动文化生态保护区建设工作稳步深入开展。

（六）积极开展非物质文化遗产生产性保护

要加强非物质文化遗产生产性保护的探索与实践，理清生产性保护思路，针对不同的非物质文化遗产项目资源，探索有针对性的生产性保护机制和管理模式，积极培育生产性保护的成功典型，促进生产性保护的全面深入开展。要充分发挥已命名的41个国家级非物质文化遗产生产性保护示范基地的示范带头作用，在实践中总结生产性保护的做法和经验，文化部将制定出台《关于加强非物质文化遗产生产性保护的指导意见》、《国家级非物质文化遗产生产性保护示范基地命名与管理暂行办法》等文件，进一步加强引导和管理。下一步，在调查研究的基础上，文化部将积极与国家财税、金融、国土管理等有关部门沟通，争取生产性保护税收、融资、土地使用等方面的优惠政策，为开展生产性保护创造有利条件。各地要积极推动当地政府把非物质文

化遗产生产性保护纳入当地经济社会发展的总体规划给予重点扶持。

2012年元宵节期间，文化部将在北京农展馆举办“中国非物质文化遗产生产性保护成果大展”等系列活动。此次系列活动规格高、规模大、范围广，将集中宣传展示非物质文化遗产生产性保护的丰硕成果，对于进一步推动生产性保护，促进非物质文化遗产保护成果由人民共享，丰富节日期间人民群众的文化生活，营造欢乐祥和的节日氛围具有重要意义。希望各地高度重视，积极配合，认真做好参展项目的遴选审核、展览展示等各项工作。

（七）开展宣传教育，促进非物质文化遗产的传播和弘扬

要充分利用每年的“文化遗产日”，开展形式多样、内容丰富的非物质文化遗产展览、演出、讲座、论坛以及咨询服务等活动；组织开展非物质文化遗产博览会等示范性展示宣传活动；要利用民族传统节日，组织开展丰富多彩的节日文化活动，与各民族传统民俗节庆活动相结合，突出传统节日的文化内涵，充分展现与节日主题相关的非物质文化遗产，弘扬民族文化的优秀传统。要积极推动非物质文化遗产进校园、进课堂、进教材，各地要根据地区实际情况，在大中小学开设非物质文化遗产相关课程，建立一批非物质文化遗产传播、教育基地。要积极推动非物质文化遗产进社区、进乡村，发挥非物质文化遗产在活跃群众精神文化生活、提高思想道德素质和科学文化素质、维护民族团结和社会稳定方面的积极作用。

要有序推进非物质文化遗产普查成果和保护成果的出版工作。如制定统一体例和格式，编纂出版全国非物质文化遗产普查报告（分省卷）、国家级非物质文化遗产名录丛书、国家级非物质文化遗产名录项目代表性传承人纪略、代表性传承人口述史、非物质文化遗产重点项目调研报告、非物质文化遗产保护年鉴（2011～2015）、非物质文化遗产普及读物、培训教材、非物质文化遗产保护研究专著、研讨会论文集、理论研究文献和学术刊物等。各地可以根据地区实际出版非物质文化遗产保护成果，拍摄非物质文化遗产专题片等。

（八）拓宽交流渠道，推动非物质文化遗产保护的国际交流与合作

要充分利用国际平台，积极参与国际间的非物质文化遗产交流与合作，认真履行国际责任和义务，为维护世界文化多样性和人类社会文明进步作出应有的贡献。要及时关注国际非物质文化遗产保护工作的动向，参与非物质文化遗产保护国际规则的制定工作。要积极参与联合国教科文组织“人类非物质文化遗产代表作名录”和“优秀实践名册项目”的申报工作。今后要把申报重点放到申报“优秀实践名册项目”上，宣传非物质文化遗产保护中国经验。要积极履行申报时作出的承诺，加大“人类非物质文化遗产代表作名录”和“急需保护的非物质文化遗产名录”项目的保护力度，扎实务实展现保护成效。要充分利用我国在其他国家设立的“中国文化中心”，举办巡展活动，加强宣传，使我国的优秀非物质文化遗产走出国门，扩大中华文化的影响力。要吸取和借鉴其他国家在非物质文化遗产保护方面的有益经验和做法，为我所用。要继续加强同联合国教科文组织的合作，办好成都国际非物质文化遗产节。

四、关于下一步工作的几点要求

党的十七届六中全会对非物质文化遗产保护工作提出了新的要求。《非物质文化遗产法》出台，为非物质文化遗产保护工作深入科学发展提供了坚实的法律保障。整个文化事业和非物质文化遗产保护面临着进一步发展的良好机遇。各级文化部门和广大文化遗产保护工作者要抓住契机、振奋精神，认真学习、深刻领会全会精神，对照全会提出的各项方针政策、目标任务和具体要求，对照当前的非物质文化遗产保护工作，增强保护传承优秀传统文化的责任感和紧迫感，贯彻落实全会《决定》对非物质文化遗产保护工作提出的新要求，珍惜非物质文化遗产保护现在的成果，遵循规律，把握重点，分清层次，纠正偏差，掌握好工作的主动性，把我国的非物质文化遗产保护工作推向一个新的阶段。

对于今后一个阶段的工作，我想强调以下几点要求：

（一）加强学习和调查研究，提高业务能力和工作水平

当前，非物质文化遗产保护工作面临着新形势。各级文化部门和广大非物质文化遗产保护工作者要认真学习领会党的十七届六中全会精神，学习《非物质文化遗产法》的各项具体规定，学习非物质文化遗产保护的相关学科知识和业务知识，结合学习开展调查研究，研究非物质文化遗产保护工作面临

的新形势、新要求，充分了解和把握非物质文化遗产保护的各项政策法规，当前护工作的现状、问题等，不断加强业务建设，提高自身能力和工作水平，适应新的形势和要求，为非物质文化遗产保护工作作出贡献。

（二）依靠专家队伍，加强非物质文化遗产保护的理论学术支撑

我国非物质文化遗产保护工作之所以取得显著成绩，初步形成了比较完备的保护体系，与专家的积极参与是分不开的。众多专家学者在非物质文化遗产保护工作中，积极献言献策，开展理论研究，为非物质文化遗产保护工作科学发展作出了重要贡献。今后，要继续依靠专家队伍，建立健全各级非物质文化遗产保护工作专家委员会和专家库，支持专家开展非物质文化遗产保护重大理论和实践研究，支持相关高等院校、科研机构开展非物质文化遗产保护研究，充分发挥专家专业指导、业务咨询等方面的作用，为科学开展非物质文化遗产保护工作提供决策参考和智力支持。

（三）充分发挥非物质文化遗产保护部际联席会议成员单位的作用

部际联席会议是非物质文化遗产保护工作非常重要的领导机制、协调机制和工作机制。自2005年文化部牵头建立非物质文化遗产保护工作部际联席会议制度以来，非物质文化遗产保护工作得到了发改委、财政部、商务部、中医药局等各成员单位的大力支持。在部际联席会议框架下，各成员单位相互配合，充分发挥了指导协调作用，全面推动了非物质文化遗产保护工作。许多地方也仿效建立了本地区的非物质文化遗产保护部际联席会议制度。今后，我们要继续充分发挥非物质文化遗产保护部际联席会议成员单位的作用，以文化部门为主导，加强沟通，形成合力，协调解决好非物质文化遗产保护工作中的重大问题。

（四）动员社会力量参与非物质文化遗产保护

非物质文化遗产是中华民族共有的宝贵精神财富，保护与传承的主体是广大人民群众。非物质文化遗产的保护与传承既需要政府的主导，也离不开社会的广泛参与，需要动员各方面的力量进行扶持和帮助。《非物质文化遗产法》第九条也明确规定：“国家鼓励和支持公民、法人和其他组织参与非物质文化遗产保护工作”。如宝马公司和中国艺术研究院合作开展的“宝马文化之旅”，就是社会力量参与非物质文化遗产保护工作的一个成功范例。今后，我们要充分调动个人、企事业单位和其他社会团体等各方面的力量，激发他们参与非物质文化遗产保护的积极性、主动性，为他们参与非物质文化遗产保护工作创造条件、提供服务，集全社会之力，共同推进非物质文化遗产保护工作。

（五）加强机构队伍建设和经费投入，为非物质文化遗产保护提供有力保障

目前，全国31个省（区、市）均已建立了省级非物质文化遗产保护中心，北京、山西、内蒙古、安徽、云南等10个省（区、市）成立了独立的省级非物质文化遗产保护中心，江苏、浙江、河南、青海、新疆等16个省（区、市）成立了独立的非物质文化遗产处（室）。各地要继续加强机构建设，在地方机构改革过程中，协调有关部门，努力争取人员编制，争取建立独立运行的非物质文化遗产保护工作机构。要加强非物质文化遗产保护人才队伍建设，有计划地对现有保护工作人员进行培训，做到经常化、制度化，形成一支专兼职的保护队伍。要与高等院校、科研院所密切协作，设立与非物质文化遗产相关专业，建立一批研究、培训基地，培养一批硕士、博士研究生，为非物质文化遗产保护提供专业人才保障。

截至2011年，中央财政已累计投入非物质文化遗产保护经费14.99亿元，截至2010年，省级财政投入非物质文化遗产保护工作共约22亿元。各地要继续与地方财政部门沟通，积极争取非物质文化遗产经费投入力度的进一步加大，将非物质文化遗产保护经费纳入地方财政预算体系，同时也要加强经费使用的执行力度，加强保护经费使用的管理、监督与检查。

同志们，“十二五”时期是我国非物质文化遗产保护事业进入全面深入发展的重要时期。面对新的形势和任务，我们要自觉肩负起历史和时代赋予我们的神圣职责，以党的十七届六中全会精神为指导，贯彻《非物质文化遗产法》，坚持依法保护、科学保护，锐意进取，开拓创新，为了我们已经取得的成绩，和我们将要开展的更艰巨的工作，我代表文化部感谢大家的努力。祝大家工作顺利，身体健康，为我们的事业蓬勃发展做出更大的贡献。

充分运用科技手段　促进文化发展繁荣

文化部党组成员、副部长　王文章

尊敬的万钢副主席、各位来宾：

当前，我国的文化发展和文化建设处在一个重要的时期。胡锦涛总书记在“七一”讲话中明确指出，文化是综合国力竞争的重要因素，在前进道路上，要继续大力推动社会主义文化大发展大繁荣，坚定不移发展社会主义先进文化。

实现这一宏伟目标，需要依靠科技的进步与创新。首先，科技创新大大丰富了文化事业发展的手段，提升了文化服务的质量。近些年来，依靠科技进步，图书馆、博物馆、文化馆、展览馆、剧院等文化场所的硬件设施建设日趋完善，软件服务水平大幅提升；大型文化活动与文化娱乐场所技术装备能力显著增强；舞台灯光、音响等电子器材的生产能力和产量跃居世界首位；数字文化资源处理、舞台艺术表现、电子娱乐体验和文化监管等领域的文化科技成果不断丰富，大大提升了文化服务的水平和质量，推动着文化事业的快速发展。其次，科技创新成为促进传统文化产业升级的重要动力，加速了新兴文化业态的兴起与发展。在新技术革命的浪潮中，传统文化内容与信息技术、网络技术、数字技术对接，派生出动漫游戏、网络视听、手机文化、网络出版、数字节目、三维动画等一系列新的业态，产生出Iptv,三网融合等一些新的形式，为文化艺术提供了新的传播渠道和表现方式，使文化的内容更加引人入胜，文化的传播更加便捷迅速，文化的影响力更加深远辽阔。

总之，科学技术作为文化建设中的重要手段，发挥着创新公共文化服务方式与方法，拓展文化传播途径与效力，优化文化产业结构与布局，丰富文化发展方式与手段，提升文化内容的表现力与感染力等重要作用。文化与科技融合已经成为文化建设中的重要组成部分，发挥着显著的效力。

一是文化与科技融合的体制机制初步形成并不断完善。

在政府的支持引导以及市场需求的带动下，目前，以企业为主体，以市场为导向，产学研用相结合的文化科技创新体系初步形成；以重大项目带动，科技人才培养，文化创新奖励等为主要架构的文化科技管理体系逐渐完善，形成了有利于文化科技进步的体制机制环境，文化科技的支撑作用进一步凸显。

二是文化与科技融合的成果日益丰硕并不断推广。

近年来，文化部结合自身工作内容和特点，制定了一系列文化科技发展的措施和计划，加强了对本部门科技工作的引导和支持，先后组织实施了国家文化科技提升计划，文化部文化科技创新项目，国家文化创新工程，文化部创新奖等重大项目，在文化系统引起了广泛关注和积极响应，取得了一大批重要成果。

文化部科技项目《深圳城市街区24小时自助图书馆的研制与实施》，借助计算机网络技术和智能化控制技术，在全市安装了多个自助图书馆服务机，为市民提供办证、图书借阅、图书归还、预借取书、查询等服务，突破了传统图书馆服务地域和服务时间的局限，使广大的读者在家门口就能享受到公共文化服务的便捷和丰富，是科学技术手段在文化事业发展中的集成应用和突破，受到了中央领导同志的充分肯定和广大市民的高度赞誉。据不完全统计，近十年来，文化部立项的科技项目已达210项，产生的技术成果近百个，涉及的文化单位和文化企业百余家，为文化建设与发展发挥了重要作用。

三是文化与科技融合的内容日益丰富并不断拓展。

当前，文化与科技的融合体现在文化建设的方方面面。网络技术、数字技术、信息技术广泛应用于公共文化服务、文化产业、文化市场、文艺演出、非遗保护等诸多领域，为文化传承与发展，服务与管理提供了新的技术手段。文化与科技融合的研究开发，已经形成了多层次、宽视野、跨行业的新格局，文化科技工作的内容正在不断丰富。

历史和实践证明，文化与科技的关系相辅相成，密不可分。如果说当代高新技术为文化艺术发展提供了技术条件和实现方式，文化艺术则为现代科技提供了内容文本与人文灵魂，两者互相促进，互为补充。我们期待，科学技术部与文化部的两部会商机制能够进一步拓宽文化与科技融合的领域，为文化的生产与传播提供新的内容，新的手段和新的形式，为促进文化大发展大繁荣发挥重要的作用。

打造精品，服务大局，繁荣发展艺术科学

——文化部副部长王文章在2011年度国家社会科学基金艺术学项目评审工作会议上的讲话

（2011年7月12日）

2011年度国家社科基金艺术学项目评审工作会议今天正式开始。首先，我代表文化部党组和全国艺术科学规划领导小组，对各位评审专家与会表示热烈的欢迎！对各位专家长期以来给予全国艺术科研工作的关心与支持表示衷心的感谢！

2011年是“十二五”规划的开局之年，本年度的国家社科基金艺术学项目评审工作，是在全党全国各族人民深入学习贯彻党的十七届五中全会精神和今年全国“两会”精神、努力实现“十二五”发展良好开局的新形势下进行的，也是在国家社科基金艺术学项目规划管理工作进一步规范、加强和扎实推进的基础上进行的。国家社科基金艺术学项目是繁荣发展艺术科学、促进文化建设的重要载体和有力抓手，体现着国家在文化艺术领域的科研要求与水准，因而要认真总结成功经验，适应新的任务要求，不断提高国家社科基金艺术学项目评审立项等管理工作水平，要通过项目的评审立项发挥好国家社科基金艺术学项目的导向性、示范性作用。现在，我就“十二五”时期艺术科学的建设发展和今年艺术学项目评审立项工作谈几点意见：

一、坚持正确导向，服务党和国家工作大局

“十一五”时期，党中央对哲学社会科学和文化艺术事业的高度重视及国家投入的持续增加，为繁荣发展哲学社会科学及艺术科学提供了重要保证。党的十七大提出推动社会主义文化大发展大繁荣，强调繁荣发展哲学社会科学，推进学科体系、学术观点、科研方法创新，鼓励哲学社会科学为党和人民事业发挥思想库作用，为哲学社会科学及艺术科学的建设、发展与繁荣指明了前进方向。艺术科学研究及管理取得显著成绩，艺术学项目规划管理进一步规范、导向作用显著增强；学科建设稳步推进，研究领域不断拓展和深化，研究成果数量倍增、宣传平台逐步扩大；科研服务于社会的功能日益增强，形成艺术创新的科研支撑力量；艺术学项目的社会影响不断增强，研究队伍不断扩展，发挥了认识世界、传承文明、创新理论、资政育人、服务社会的重要作用。

“十二五”时期是全面建设小康社会的关键时期，是深化改革开放、加快转变经济发展方式的攻坚时期，艺术科学研究面临着世界范围内思想文化交流交锋日益频繁、国内社会思想观念多元多样多变更加明显、互联网等新兴媒体迅猛发展的新情况，面临着抓住和用好我国发展的重要战略机遇期，推动社会主义文化大发展大繁荣、提升国家文化软实力、推进文化创新等战略任务的新要求。在中国特色社会主义文化建设实践中，深入贯彻落实科学发展观，建设社会主义核心价值体系、深化文化体制改革，创新文化生产和传播方式，解放和发展文化生产力，增强文化发展活力，繁荣发展文化事业和文化产业，迫切需要艺术科学深入研究、回答新的历史时期我国文化艺术建设实践中一系列战略性、前沿性、综合性的重大问题。

做好“十二五”时期艺术科学工作，要高举中国特色社会主义伟大旗帜，以邓小平理论和“三个代表”重要思想为指导，深入贯彻落实科学发展观，深入贯彻落实《中共中央关于进一步繁荣发展哲学社会科学的意见》，坚持“二为”方向和“双百”方针，解放思想、实事求是、与时俱进，贴近实际、贴近生活、贴近群众，着力推进实践基础上的理论创新，着力提高服务大局的能力和水平，着力增强学术创造力和影响力，为实现“十二五”发展目标、夺取全面建设小康社会新胜利、开创中国特色社会主义事业新局面提供强大的思想保证和理论支持。

二、突出研究重点，推进学科体系建设和文化建设

在肯定成绩的同时，还应清醒地看到“十一五”时期全国艺术科学研究领域还存在着一些较突出的问题与薄弱环节：艺术学各学科门类的基础研究较之其他学科仍相对薄弱，学科体系建设还不完善，具有原创性、前沿性或质量高、具有国际性影响的成果不多，对文化艺术发展现状的关注和理论创新能力仍需加强，整体水平有待提高；艺术科研体制仍需不断改革创新，科研成果的转化、应用仍需进一步加强。这些矛盾突出体现为艺术学科自身的建设仍然不适应当

前国家文化建设飞速发展的形势要求。这些问题都是“十二五”时期亟待解决的问题。

“十二五”时期，艺术科学规划研究要努力推出一批立足于中国特色社会主义艺术学学科理论体系建设的标志性成果，推出一批立足于新的历史时期我国文化艺术建设重大现实问题研究的标志性成果；通过规划研究项目的实施、培养、推出一批艺术学及其各分支学科领域有重要建树与影响的中青年优秀科研人才，进一步提高艺术科学研究的整体水平。因此，今年的艺术学项目评审工作要按照本年度课题指南所提示的主要研究领域、方向及重点，尽可能把国家有限的资源集中高效地运用于那些在我国文化建设和艺术学学科体系建设上急需的和重大、重要的研究方向及课题。

要通过国家社科基金艺术学项目的评审立项，大力推进我国文化建设重大理论与实践问题研究。要围绕党和国家经济、政治、文化及和谐社会建设的大局，紧密联系我国改革开放、发展中国特色社会主义特别是文化艺术建设的实际，要在深入研究阐释中国特色社会主义文化艺术理论体系上取得重要成果，要在系统总结改革开放30年、新中国成立60年、中国共产党成立90年我国文化艺术建设与发展的历史经验上取得重要成果，在深入研究阐释社会主义核心价值体系上取得重要成果，在深入研究文化艺术领域改革开放和现代化建设重大现实问题上取得重要成果。

要通过国家社科基金艺术学项目的评审立项，大力推进中国特色社会主义艺术学学科理论体系建设。要立足中国，面向世界，立足当代，面向未来，以放眼世界的宽广视野与贯通古今的历史深度，瞄准学术发展前沿，跟踪学术研究动态，既立足当代又继承民族优秀传统文化艺术，既立足本国又充分吸收世界文化艺术的优秀成果，积极构建以具有鲜明的中国特色与时代特征的思维表达方式、深刻揭示与系统阐述和构建符合艺术规律的艺术学学科理论体系。

三、提高立项质量，推出优秀成果和优秀人才

国家社科基金艺术学项目的评审立项，要继续坚持突出重点、兼顾一般、控制规模、提高质量的总体原则，要倡导扎实严谨、精益求精的科学的治学精神，要提倡理论联系实际的学风，要注重学术积累，确保国家项目应有的水准与质量，努力不断推出创新性的理论成果和对策性、实用性的研究成果。基础研究要力求具有原创性和开拓性，努力推动传统学科、新兴学科和交叉学科健康发展，推进学科体系、学术观点和科研方法创新，要有新的理论突破和建树，力求居于学科前沿；应用研究要具有针对性和现实性，力求避免低水平重复研究。要注意处理好总结历史、研究现实以及准确把握未来三者之间的关系，将综合研究和分类研究结合起来，使年度项目尽量体现出科学性、时代性和前瞻性；注意处理好理论与实践统一的关系，防止理论与实践脱节的倾向；在选题和数量上注意做到缩短战线，控制规模，注重立项课题的创新性和质量，切实提高全国艺术科学研究的整体水平；在研究方法上，提倡运用现代科技手段，提倡定性研究与定量研究相结合，提倡理论研究与实证研究相结合，实现研究方法的科学性、创新性、规范性和严谨性。

评审立项要准确把握好质量标准。评审立项工作具有很强的政策性、导向性和前瞻性，评审时一定要准确把握政治上的导向性，坚持“双百方针”，但要避免政治倾向不正确的选题立项；凡涉及意识形态领域的敏感问题以及涉台、涉藏、涉疆等方面课题的评审，要认真研究，特别注意准确把握党的方针政策。在正确把握政治导向的前提下，要坚持质量第一、宁缺毋滥的评审标准，立项课题要力求体现国家水准，具有权威性和公信力。

要通过优质项目的评审立项及研究过程，推出一批艺术学各分支学科领域有重要建树与影响的优秀成果与优秀人才，将规划选题、评审立项与学科建设、队伍建设、人才培养及文化艺术科研结构调整、合理布局结合起来。当前特别要重视和加强对青年科研优秀人才的扶持与培养，争取通过项目申报和评审立项发现并推出一批政治素质高、科研能力强、学术基础扎实、有发展潜力的青年科研人才。

总之，我们要牢固树立导向意识、大局意识、精品意识、服务意识，一切从有利于我国艺术科学建设、从有利于推动国家文化艺术大发展大繁荣的大局出发，本着对国家负责、对人民负责、对学术负责的精神，坚持公平公正、质量第一的原则，严格把关、严格程序，要使我们评出的项目能够经得起时间和实践的检验。为此，我坚信各位评审专家的评审一定会体现这样的原则。最后，希望大家在评审期间注意劳逸结合、保重身体。再次感谢大家的辛勤工作！

深入学习贯彻党的十七届六中全会精神 不断开拓文化遗产事业繁荣发展新局面

——全国文物局长会议工作报告

文化部党组成员、国家文物局局长　单霁翔

（2011年12月25日）

同志们：

在全国上下深入学习贯彻党的十七届六中全会精神，开启社会主义文化强国建设伟大进程的新形势下，我们召开全国文物局长会议。这次会议的主题是：认真学习十七届六中全会精神，深入贯彻落实科学发展观，总结工作，凝心聚力，共同开创文化遗产事业繁荣发展新局面。

一、深入学习贯彻党的十七届六中全会精神

党的十七届六中全会是在全面建设小康社会关键时期和文化改革发展重要阶段召开的一次十分重要的会议。全会审议通过的《中共中央关于深化文化体制改革　推动社会主义文化大发展大繁荣若干重大问题的决定》，全面总结了我们党领导文化建设的成就和经验，深刻分析了文化改革发展面临的形势和任务，提出了新形势下文化改革发展的指导思想、目标任务和政策措施，描绘了建设社会主义文化强国的宏伟蓝图，是新时期推进我国文化改革发展的行动纲领，为文化遗产事业改革发展指明了方向。

学习好、宣传好、贯彻好六中全会精神，是当前全党政治生活中的一件大事，也是全国文物系统的首要政治任务。各级文物部门要通过学习，深刻领会《决定》的精神实质，切实把思想和行动统一到全会的决策部署上来，统一到《决定》的贯彻落实上来，不断推进文物工作的理论创新和实践探索。

党的十六大以来，以胡锦涛同志为总书记的党中央高度重视文化遗产事业改革发展。中央领导同志多次亲临文物博物馆单位考察、调研，并对文物保护政策法规、重大工程、灾后重建，以及博物馆建设、对外交流等作出重要指示、批示。党和国家出台了一系列有关文化遗产保护的决策部署和重大措施。2002年，《文物保护法》修订颁布，确立了“保护为主、抢救第一、合理利用、加强管理”的文物工作方针。2005年，国务院印发《关于加强文化遗产保护的通知》，明确提出我国文化遗产保护的指导思想、基本方针和总体目标。2010年，中共中央政治局常委李长春同志发表《保护发展文化遗产　建设共有精神家园》的重要文章，提出加快推进文化遗产强国建设的目标任务。党的十七届六中全会《决定》中进一步明确提出建设优秀传统文化传承体系，强调要全面认识祖国传统文化，坚持保护利用、普及弘扬并重，加强对优秀传统文化思想价值的挖掘和阐发，加强国家重大文化和自然遗产地、重点文物保护单位、历史文化名城名镇名村保护建设，使优秀传统文化成为新时代鼓舞人民前进的精神力量。

围绕党中央、国务院一系列重大决策部署，全国文物系统牢固树立责任意识、机遇意识、改革意识和发展意识，以邓小平理论和“三个代表”重要思想为指导，深入贯彻落实科学发展观。在文化遗产事业的地位和作用上，我们明确提出文化遗产事业与维护国家主权、捍卫领土完整密不可分，与维护民族团结、实现祖国统一密不可分，与推动科学发展、促进社会和谐密不可分，与增强综合国力、提高国民素质密不可分。文化遗产必须拥有尊严，文化遗产事业必须融入经济社会发展，必须努力成为促进国民经济又好又快发展的积极力量，成为推动社会主义文化大发展大繁荣的积极力量，成为保障人民共享发展成果的积极力量，成为建设创新型国家的积极力量，成为增强中华文化国际影响力的积极力量。

在文化遗产保护理念上，我们深入贯彻落实国务院《关于加强文化遗产保护的通知》，借鉴国际文化遗产领域丰富理论成果，不断拓展文物保护的空间尺度和时间维度，积极推动文化遗产范畴、类型和保护理念的探索与创新。围绕文化遗产保护依靠谁、为了谁等根本性问题，明确提出文化遗产保护必须依靠最广大人民群众，文化遗产保护成果必须惠及民生。所有文化遗产保护工程，都必须与城乡发展、新农村建设相结合，必须遵循“文物本体保护好、周边环境整治好、经济社会发展好、人民生

活改善好”的目标要求，努力成为民生工程、民心工程。积极落实中央关于博物馆向全社会免费开放的决策部署，始终把满足人民群众基本文化需求、保障人民群众基本文化权益作为一切工作的出发点和落脚点，不断提升博物馆公共文化服务水平。

在工作实践中，我们坚定不移地贯彻落实中央关于推动社会主义文化大发展大繁荣的一系列决策部署，扎实推进文物法制建设、文物资源调查、科技支撑与人才队伍建设、文物安全等基础工作。围绕大遗址保护和国家考古遗址公园建设、水下文化遗产保护，文化援藏、援疆，灾后文化遗产抢救保护和馆藏文物修复与保护，大力推动文化遗产保护体制机制创新、文化遗产保护科技创新，大力推动文化遗产保护人才队伍建设和对外交流合作。我们不断加强管理，坚持依法行政，切实履行职责，持续加大项目储备和项目管理，强化跟踪问效和执法督察，大力推进“阳光工程”和制度建设，大力推进政务公开和信息公开。

在各级党委、政府的高度重视和大力支持下，在全社会的广泛关注和踊跃参与下，经过全国文物系统的不懈努力和积极探索，我们逐步走出了一条中国特色文化遗产事业发展道路。一是基本形成了政府主导作用与人民群众主体地位相结合的文化遗产保护体制，各级人民政府保护发展文化遗产的责任意识、主动意识显著增强，全社会参与文化遗产保护、传承的积极性不断高涨。二是对外文物展览和面向世界的文化遗产交流与合作日益活跃，我国在国际文化遗产领域的地位和作用显著提升，有力彰显了中华文化的国际影响力和感召力。三是各级财政用于文物保护的资金投入大幅增长，文物保护基础设施得到显著改善，各类文物濒危、损毁的被动局面大大扭转;博物馆数量大幅增加，设施、设备和展示、服务水平日益提高，通过向全社会免费开放，为广大公众提供了前所未有的文化享受。文物工作为传承优秀传统文化、建设共有精神家园、增强国家软实力、促进经济社会发展作出了重要贡献。

回顾历程，我们无比自豪；面向未来，我们充满信心。推动文化遗产事业繁荣发展，实现建设文化遗产强国目标，我们必须坚定不移地贯彻落实党的十七届六中全会精神，用全会精神统领我们的思想，指导我们的行动，不断增强责任感和紧迫感，不断提高自觉性和创造性。

一要以科学发展为主题，始终把文化遗产事业放到党和国家工作大局中来认识，放到社会主义文化强国建设的伟大进程中来推动。坚持文化遗产保护与经济社会建设相结合，依法保护与科学保护相结合，有效保护与合理利用相结合，政府主导与社会参与相结合，走出一条中国特色文化遗产事业发展道路。

二要保护利用、普及弘扬并重，充分发挥文化遗产的独特价值。大力推进公共文化服务体系和优秀传统文化传承体系建设，保障人民群众基本文化权益，保障人民充分享受文化遗产保护成果。大力弘扬民族精神和时代精神，努力发挥文化遗产事业在文化建设、经济建设、政治建设、社会建设和生态文明建设中的积极作用。

三要改革创新，紧密联系工作实际，以不断强化文化遗产事业的公益属性、激发各类文博单位的生机与活力为目标，充分发挥政府主导、社会力量参与的作用，加快构建有利于文化遗产事业科学发展的体制机制，加快发展文化遗产保护科学技术，加快培养造就一支德才兼备、锐意创新的人才队伍。

二、关于2011年的工作

2011年是“十二五”规划的开局之年，是党和国家对文化建设做出深入研究和重大部署的重要一年。在党中央、国务院的坚强领导下，我们严格执行《文物保护法》，正确把握文物工作的新情况新特点，紧紧围绕文化遗产事业科学发展主题，精心谋划，扎实工作，以令人欣喜的业绩和丰富多彩的活动隆重庆祝中国共产党建党90周年、纪念辛亥革命100周年，实现了“十二五”良好开局，各项工作在新的起点上再创佳绩。

（一）第三次全国文物普查圆满完成

在国务院的重视和领导下，在普查领导小组的精心组织和安排下，经过全国近5万名普查人员历时5年的艰辛工作，第三次全国文物普查各项任务圆满完成。5年来，普查人员战严寒、斗酷暑，共调查登记各类不可移动文物近77万处。一大批具有重要历史、艺术、科学价值的工业遗产、乡土建筑、20世纪遗产、文化线路、文化景观等新型文化遗产在普查中得到充分重视。水下文化遗产第一次被列入普查范围，信息技术、遥感技术第一次被应用于普查之中。第三次全国文物普查不仅进一步廓清了全国不可移动文物资源状况，而且培养和造就了一支高素质的人才队伍，广泛地宣传普及了文化遗产保护政策和知识。第三次全国文物普查是全国文物系统干部职工的大发动、大协作，是文化遗产保护的大宣传、大实践，其重大的价值和意义将随着时间的推移不断显现。

在第三次全国文物普查圆满完成的同时，第七批全国重点文物保护单位遴选、长城资源调查、国有可移动文物普查试点工作扎实推进，均取得了显著的阶段性成果。

（二）文物保护基础工作成效显著

——谋篇布局，规划先行。《国家文物博物馆事业发展“十二五”规划》及专项规划、地方规划编制完成并发布实施，进一步明确了主题主线，凝练了目标任务、重大工程、政策措施，规划必将对促进文化遗产事业繁荣发展产生重要指导作用。

——政策法规建设深入推进。围绕文物法制建设和文物工作中的突出问题，我们积极会同国务院相关部门，深入20多个省区市和200多个文物博物馆单位开展调研，形成了大遗址保护和国家考古遗址公园建设、免费开放条件下全面提升博物馆整体水平、《文物保护法》实施情况等专题报告，提出了有关政策性意见和建议，得到了中央领导同志的高度重视和明确批示。我们积极配合国务院法制办加快《博物馆条例》立法进程，积极研究起草《大运河遗产保护条例》、《文物认定评估管理条例》，不断建立健全文物法制体系。

——文物安全防范不断加强。我们加强依法行政，加大执法力度，对全国重点文物保护单位和遗址类博物馆内开展经营性活动情况进行拉网式检查，及时出台了《国有文物保护单位经营性活动管理规定（试行）》。联合公安部开展了“2011打击文物犯罪专项行动”，依托陕西省公安厅建立了“全国文物犯罪信息中心”，打击文物犯罪不断向纵深发展。联合国家海洋局部署我国管辖海域内文化遗产联合执法工作。联合公安、海洋、气象等部门，开展了“全国博物馆安全专项检查”、“全国重点文物保护单位防雷安全专项检查”、“打击海域水下文化遗产盗掘专项调研”。文物安全监管与行政执法制度建设、标准体系建设和防范设施建设进一步加强。全年轮训全国文物执法与安全监管人员近2000人次，督办各类案件60起，挂牌督办重大文物犯罪案件21起，依法严厉惩处了一批违法犯罪分子，严肃查处了一批文物安全责任事故。

——人才队伍建设稳步推进。结合重点工作，我们首次启动了全国县级文物行政部门负责人培训，组织来自全国408个县的文物行政部门负责同志集中学习文物保护法律和业务管理知识。与ICCROM合作举办了世界文化遗产监测管理国际研修班，与国家海洋局联合举办了水下文化遗产保护研修班。与公安及其他部门合作举办了世界文化遗产安全管理、军队营区文物保护管理、文物保护与修复、文物鉴定培训班等。我们首次对全国民办博物馆馆长进行了培训，将民办博物馆人才培养纳入队伍建设范畴。干部培训不仅提高了广大文博干部的政策理论水平和专业能力，而且为加快文化遗产干部队伍专业化、年轻化、知识化开辟了广阔渠道。

（三）不可移动文物保护扎实推进

——文物保护重大工程成效明显。西藏重点文物、山西南部早期建筑、涉台文物等重点文物保护工程，四川、青海、云南等灾后文物抢救保护工程扎实推进。都江堰古建筑群、藏羌碉楼等237项汶川灾后文物抢救保护工程顺利竣工。首钢工业遗产、蜀道文化线路等新型文化遗产保护调研，国家历史文化名城名镇名村检查评估工作成效明显。宜兴、嘉兴、中山、蓬莱、太原、会理等城市被国务院公布为国家历史文化名城。

——考古与水下文化遗产保护积极推进。基本建设中的考古协调管理机制不断创新，与国家海洋局、中石油等部门间的合作日益加强。南水北调、三峡工程等国家大型基本建设中的考古和文物保护工作有序开展。中俄合作开展了旅顺俄罗斯沉船调查。国家水下文化遗产保护武汉基地、福建基地挂牌成立，“南海Ⅰ号”沉船考古发掘与文物保护引人注目。水下考古调查全面启动，水下考古工作船获准立项。郑州商城、隋唐洛阳城、汉长安城、楚纪南城、长沙铜官窑等大遗址保护和考古遗址公园建设持续开展。局省共建汉长安城国家大遗址保护特区工作会议、大遗址保护荆州论坛成功召开，在“科学保护大遗址，全民共建惠民生”的口号下，文化遗产与人、城市、自然的和谐日益成为各级政府的共识和目标。

——世界文化遗产工作成果丰硕。承德避暑山庄及周围寺庙保护工程全面展开，嘉峪关文物保护工程正式启动，大足石刻千手观音像抢救保护修复、高句丽壁画墓保护等重点工程取得突破性进展。杭州西湖文化景观成功列入《世界遗产名录》，成为我国第41处世界遗产。元上都遗址、哈尼梯田、大运河、丝绸之路申遗工作和中国世界文化遗产监测巡视、监测预警体系建设稳步推进。

（四）博物馆与公共文化服务体系建设再掀高潮

——博物馆事业日益繁荣，免费开放持续推进。目前，全国博物馆总数达到3415座，年增博物馆395座。免费开放博物馆总数达到1804座，年接待观众5.2亿人次，大中小学生及农民工、城镇低收入群体参观博物馆人数明显上升。中国国家博物馆改扩建完成并免费向公众开放。安徽省博物馆等综合性博物馆，中国消防博物馆等行业性博物馆建成开放。高校博物馆、民办博物馆蓬勃发展。安吉生态博物馆、福州三坊七巷社区博物馆等新形态博物馆建设方兴未艾。博物馆展陈内容更加丰富，服务质量全面提升，涌现出一批深得公众喜爱的精品佳作。

——文化遗产保护科技水平不断提升。我们积极争取“十二五”国家科技计划和基金支持，11个项目50余项课题被列入国家科技计划备选项目库，5个项目20项课题获准立项，项目来源实现了由单一向全面的重要转变。积极推动与中国科学院的全方位战略合作，不断优化科技创新联盟建设机制。多渠道入手，加大科技成果推广，推动“指南针计划”实施。瞄准国家战略需求，加快实现物联网技术与文化遗产领域的对接，加快推进国际标准化组织成立文化遗产保护技术标准化委员会。分级构建全国性修复网络，从技术、装备、团队3个方面着力提升馆藏文物保护能力。

——社会文物管理进一步加强。严格文物拍卖标的审核制度，召开文物拍卖工作座谈会，引导支持中国拍卖行业协会制定并发布《中国文物艺术品拍卖企业自律公约》。强化文物进出境审核管理，修改完善文物进出境审核信息系统，筹备“文物进出境管理六十周年成果展”。积极推进流失海外中国文物调查及追索，成功促成美国返还走私中国文物14件。完成了芮伯壶等一批珍贵文物的征集。针对拍卖市场上出现的文物“拍假”、“假拍”现象以及收藏品鉴定问题，我们主动会同商务部、国家工商总局、海关总署等部门对古玩旧货市场开展调研，提出规范整顿和促进发展方案。

（五）文物对外交流与宣传工作成绩斐然

——政府间交流与合作不断加强。中蒙签署《关于防止盗窃、盗掘和非法进出境文化财产的协定》，中墨、中柬达成签署意向。中罗签署《关于开展文化遗产领域交流合作的共同声明》。成功与秘鲁共和国文化部、苏格兰政府签署了关于在文化遗产保护及项目合作方面谅解备忘录或联合声明。文物追索、文物保护援外工程稳步推进。文物对外展览密切配合国家外交工作，成为中外“文化年”、“交流年”等双边活动亮点。与台、港、澳文化交流成效显著，第三届海峡两岸文化遗产保护论坛在台湾成功举办，“山水合璧——黄公望与富春山居图特展”引起岛内民众热烈反响，观众人数逾70万人次。与香港、澳门交流合作机制进一步深化，签署关于深化文化遗产领域交流与合作协议书或谅解备忘录。

——宣传工作不断拓展。山东济宁文化遗产日主场城市活动、辽宁沈阳国际博物馆日主场城市活动引人注目。西藏和平解放60周年文化遗产保护成就主题宣传，大遗址保护和国家考古遗址公园建设、博物馆免费开放、水下文化遗产保护“十一五”成就专题宣传，汶川震后文物抢救保护、打击文物犯罪专项行动成果宣传等异彩纷呈。文物法制宣传和文化遗产知识普及工作稳步推进，大型历史文化纪录片“南海Ⅰ号”受到观众好评。召开全国文物宣传工作座谈会，推进文物宣传工作制度化建设，逐步形成协同联动、信息共享的宣传工作机制。

——创先争优活动有力推进。按照中央部署，文物系统各级党组织深入开展创先争优活动，不断加强党的思想建设、组织建设、作风建设、制度建设和反腐倡廉建设。认真组织党员干部学习胡锦涛同志“七一”重要讲话，学习中国共产党历史，学习党的理论创新成果，大力推动学习型党组织建设。组织党员干部积极开展向杨善洲同志学习活动，重温入党誓词，重温党的历史，增强党性修养和作风养成，用实际行动和扎实的工作成效体现创先争优活动成果。大力推进党务公开、政务公开，不断加强部门和行业作风建设，努力营造风清气正、团结和谐、奋发向上的良好工作氛围。

同志们，这些成绩的取得，离不开党中央、国务院关于文化遗产工作的一系列重大决策部署，离不开文化部党组的正确领导，离不开各相关部门的大力支持、真诚帮助，离不开各级文物部门的锐意进取、共同奋斗，离不开全国广大文物工作者的积极探索、扎实工作，离不开文物系统老领导老专家的热情指导、倾心奉献，在此我们表示衷心的感谢！

在总结成绩的同时，我们也清醒地看到，当前文物工作中还存在着不少突出的矛盾和问题。譬如：文物保护基础工作依然薄弱，安全形势仍然严峻；法律法规尚不完善，法律意识淡薄，责任意识不强；

文物管理机构不健全，人员编制严重短缺；体制机制僵化，人员素质参差不齐等，难以适应文化遗产事业发展的新要求。

同时我们还要看到，我国正处于全面建设小康社会的关键时期和深化改革开放、加快转变经济发展方式的攻坚时期，文化遗产事业发展过程中显现的一些矛盾和问题，既有存在于发展过程中的阶段性问题，也有相伴而生的长期性问题。改革越是深化，越容易触及矛盾；事业越是发展，越容易暴露问题，这是事物发展的必然规律。我们必须始终坚持正确的指导思想，防止偏离方向；始终坚持文物工作方针，防止急功近利；始终坚定不移地履行文物部门职责，防止推诿扯皮；始终保持清醒的认识，防止头脑过热。坚持不懈地把发展作为第一要务，把改革作为强大动力，大胆破解工作中的问题，化解前进中的矛盾。

三、关于2012年的主要任务

2012年是《文物保护法》颁布30周年、修订10周年，《保护世界文化和自然遗产公约》诞生40周年，是实施“十二五”规划承上启下的重要一年，全国人民将喜迎党的十八大召开。纵观形势，世界经济增长放缓，各类风险明显增多，我国经济发展中不平衡、不协调、不可持续的矛盾和问题仍很突出，文化领域正在发生广泛而深刻的变革，文化遗产事业发展既具备许多有利条件，也面临一些新情况新问题。

面对复杂多变的国际国内情况，我们必须按照党的十七届六中全会部署，贯彻中央经济工作会议精神，把握好“稳中求进”的总基调，紧紧抓住科学发展这一主题，牢牢把握保障和改善民生这一根本，切实用好我国加快文化改革发展、建设社会主义文化强国的重要战略机遇期，找准推进文化遗产事业发展的重点、难点和突破点，以全力夯实基础工作，提高工作质量，加强能力建设为着力点，坚定信心，统筹谋划，不断开创文化遗产事业繁荣发展新局面。

（一）深入学习贯彻十七届六中全会精神，全面落实《决定》对文物工作提出的任务要求

按照《决定》的部署和要求，紧密联系“十二五”规划的实施，加紧制定推动本部门、本地区文化遗产事业发展的具体方案和政策措施。紧密联系工作实际，着力研究和解决新形势下文化遗产事业遇到的新情况新问题。认真落实深化文化体制改革、分类推进事业单位改革的要求，积极争取有利于文化遗产事业发展的改革措施、体制机制。深入调查研究，积极筹备召开全国文物工作会议，努力把学习贯彻党的十七届六中全会精神的成果转化为推动改革发展的指导思想、具体举措和实际行动。

（二）大力推进文物法制建设，不断提高文物安全水平

全力配合全国人大常委会做好《文物保护法》执法检查工作，着力提高现行法规的适用效力。重点推进《博物馆条例》、《文物认定评估管理条例》立法进程，修订完善《水下文物保护管理条例》，起草世界文化遗产保护管理专项法规，积极推动建立博物馆从业人员准入和人员资质资格制度、文物评估资质资格制度。加强与公安、建设等部门联合，充分发挥“全国文物安全工作部际联席会议”作用，全面实施文物安全与执法督察公示公告制度。加强行政执法队伍建设和制度建设，开展“文物安全综合管理实验区”试点，实施博物馆风险等级达标、田野文物和水下文物安防设施建设工程，不断提高文物博物馆单位安全防范能力。加强部门协同，建立健全打击文物犯罪长效机制，开展我国管辖海域内联合执法专项行动，依法查处和严厉打击各种文物违法犯罪行为。

（三）大力加强重点文物保护工程管理，积极开展世界遗产监测

巩固第三次全国文物普查成果，及时向全社会公布各地普查登记的不可移动文物信息，加强各级文物保护单位的核定、保护与管理。进一步规范文物保护工程管理，确保各项重点工程按规划要求及时、有序开展。报请国务院核定公布第七批全国重点文物保护单位。继续做好西藏重点文物保护、山西南部早期建筑保护、涉台文物保护等重点工程。做好承德避暑山庄及周围寺庙、嘉峪关、大足石刻等世界文化遗产保护工程。加强部门协作，进一步做好历史文化名城名镇名村保护和红色旅游工作。加强世界文化遗产管理，完成长城量测和数据公布，完成中国世界文化遗产预备名单更新工作。重点推动元上都、哈尼梯田、大运河、丝绸之路等项目申报世界文化遗产。召开世界文化遗产工作会议，颁布实施世界文化遗产监测预警体系建设总体规划，开展相关监测试点和信息系统开发。

（四）做好考古和大遗址保护工作，大力推动国家考古遗址公园建设

加强考古管理，组织开展考古发掘资质资格评

审。继续做好重大基本建设工程中的各项考古工作。做好南海基地、西沙工作站建设，水下考古工作船建造，“南海Ⅰ号”、“南澳Ⅰ号”水下考古和出水文物保护工作。开展海南、广东、福建、浙江、山东、辽宁等重点海域专项调查，宁波小白礁沉船遗址水下考古发掘。大力推进西安、洛阳、荆州、成都、郑州、曲阜大遗址保护片区和汉长安城、扬州城、老司城等国家考古遗址公园建设。

（五）进一步深化博物馆免费开放，不断提升博物馆整体水平

开展博物馆免费开放工作调研，制订博物馆免费开放绩效考评办法和博物馆开放服务工作指南。制订中央地方共建国家级博物馆运行评估办法，开展中央地方共建国家级博物馆年度运行评估，国家一级博物馆评估认定和运行评估，提升博物馆质量。加强行业博物馆和民办博物馆发展指导，推进生态（社区）博物馆示范点建设。强化博物馆藏品保护、展示，完成国有可移动文物普查试点，做好普查全面启动前期准备。

（六）大力加强文化遗产保护科技创新，不断提高文物保护科技水平

以体制创新、成果转化为重点，积极促进文化遗产保护科技领域协同创新，进一步整合社会优质科技资源，推动与中科院战略合作项目落地。继续推动国家科技计划项目立项与组织实施。稳步推进“中华文明探源工程”和“指南针计划”专项。完善行业标准体系，加快行业信息化进程。

（七）强化市场监管，进一步规范社会文物管理

加强文物市场管理和制度建设，开展文物拍卖标的网上申报审核试点。研究和推进古玩旧货市场的规范管理，探索国有文物商店改革举措。加强文物进出境管理，推广完善文物进出境审核信息系统，举办“文物进出境管理六十周年成果展”，做好流失海外中国文物调查和追索工作。

（八）大力加强人才队伍建设，不断拓展文物宣传领域

实施人才培训计划，大力提升文物保护管理能力。加强专业人才培训，着力造就一批文物工作领军人才和复合型人才。深入开展基层文物博物馆单位管理干部、专业人员及行政执法人员培训，不断提高基层文物保护管理整体水平。大力推动省、市和文物保护重点区县文物行政管理机构建设，建立健全文物保护机构和保护队伍。完善文物博物馆行业定期新闻发布制度和重要事件新闻发布制度，围绕贯彻党的十七届六中全会精神和党的十八大精神，充分利用文化遗产日、国际博物馆日、国际古迹遗址日等节庆，深入开展文物保护法规、文化遗产保护成就宣传，推动实施文化遗产知识宣传普及工程。建立文物博物馆舆情监测机制，壮大文物宣传队伍，提高宣传水平，引导社会力量参与文化遗产保护。

（九）加强对外交流合作，不断提升国际影响力

加强政府间的交流与合作，加大与中国文物非法流向目的国商签防止盗窃、盗掘和非法进出境文物协定的力度，力争与英、法等发达国家商签打击文物走私协定，与墨西哥、柬埔寨等发展中国家签署双边协定。推进援助柬埔寨二期茶胶寺等援外文物保护工程。实施中华文明展示工程，创新文化走出去模式，策划和推出一批主题鲜明、具有代表性的文物展览。积极参与文化遗产领域的国际事务，与有关国际组织和民间机构开展合作。鼓励各地文博机构与台港澳地区开展文化遗产领域的交流与合作，充分利用文化遗产资源优势赴台港澳举办文物展览，增强台港澳同胞对中华文化同根同源的理解和认同，不断提高民族凝聚力、向心力。

同志们，党的十七届六中全会吹响了建设社会主义文化强国的时代号角，指明了文化遗产事业的前进方向。让我们紧密团结在以胡锦涛同志为总书记的党中央周围，深入贯彻落实科学发展观，同心协力，扎实工作，不断推动文化遗产事业繁荣发展，以优异成绩迎接党的十八大胜利召开。

以胡锦涛总书记“七一”重要讲话精神统领文化人事人才工作

——在文化部党组理论学习中心组会议上的发言

文化部党组成员、部长助理 高树勋

（2011年7月13日）

胡锦涛总书记在庆祝中国共产党成立90周年大会上的重要讲话，站在历史、时代和全局的战略高度，高屋建瓴地进行了90年历史回顾，深谋远虑地阐述了新的历史条件下的党的建设问题，高瞻远瞩地展望了中国发展的光明前景，立意高远，内涵丰富，思想深刻，提出了许多新论述、新观点、新要求，是一篇闪耀着真理光辉的马克思主义纲领性文献，是我们党在新的历史时期团结带领广大人民群众高举中国特色社会主义伟大旗帜、坚持走中国特色社会主义道路、发展中国特色社会主义的政治宣言和行动纲领。

一、“讲话”对文化建设提出了新要求

总书记在讲话中专门强调了文化建设的重要性，对于中国特色社会主义先进文化的性质、方向、目标、任务，都作了深刻阐述，提出了3个加快：加快文化体制改革，加快构建公共文化服务体系，加快发展文化事业和文化产业。要着眼于推动中华文化走向世界，形成与我国国际地位相对称的文化软实力。这些都对文化系统提出了更高的要求。提高文化软实力，就是要使我们的制度文化、观念文化、市场经济文化、社会文化以及文化本身，都能体现出优越性、先进性和持久性，能够让国人自豪、自信，让世人尊重、敬佩，这就要求我们在进行文化建设的同时，一方面要继承优秀文化传统，另一方面要具有现代的、世界的、未来的眼光。

二、“讲话”对干部人事工作提出了新要求

总书记在讲话中特别强调了干部人事工作的重要性，要求我们以更宽的视野、更高的境界、更大的气魄，广开进贤之路，把各方面优秀干部及时发现出来，合理使用起来。源源不断地培养选拔大批优秀年轻干部，是关系党和人民事业继往开来、薪火相传的根本大计。根据文化部系统司局级领导班子和领导干部队伍建设的实际情况，我们将按照讲话要求，遵循德才兼备、以德为先、实践检验、群众公认的原则，进一步加强班子建设，适时地补充、调整和完善。从今年到明年，我部系统陆续有30多名司局级干部到达退休年龄，及时进行新老交替，选拔补充一批年轻干部进入司局级领导班子，是我部系统干部人事工作的一项重要任务。在干部工作中，我们要做好党组的参谋助手，按照讲话要求，坚持把干部的德放在首要位置，选拔使用那些政治坚定、有真才实学、实绩突出、群众公认的干部，形成德才兼备的用人导向，把司局级领导班子建设成为带领本单位全体干部职工促改革、谋发展、保稳定的坚强领导集体。

三、“讲话”对人才工作提出了新要求

总书记在讲话中将人才工作的重要性提到了新的高度，强调人才是第一资源，是国家发展的战略资源。要坚持尊重劳动、尊重知识、尊重人才、尊重创造的重大方针，牢固树立人人皆可成才的观念，敢为事业用人才，让各类人才都拥有广阔的创业平台、发展空间，使每个人都成为对祖国、对人民、对民族的有用之才，特别是要抓紧培养造就青年英才，形成人才辈出、人尽其才、才尽其用的生动局面。总书记还指出，中国特色社会主义道路能不能越走越宽广，中华民族能不能实现伟大复兴，要看能不能不断培养造就大批优秀人才，更要看能不能让各方面优秀人才脱颖而出、施展才华。

文化发展，以人为本。学习贯彻总书记的讲话精神，我们要进一步加强对人才工作的重视，拿出切实有效的措施，推动文化人才工作的发展。文化人才是建设社会主义先进文化的创造者和传播者，是文化事业发展的最关键要素。建立一支规模宏大、结构合理、素质较高的文化人才队伍是推动社会主义文化大发展大繁荣的需要，是不断满足人民群众日益提高的精神文化生活需求的需要，是提高国家文化软实力的需要。

没有大批文化艺术专业人才、经营管理人才、创意人才、文化科技人才，文化大发展大繁荣就是一句空话。我们现在的文化人才队伍结构还不尽合理，还

不能完全适应文化大发展的需要，特别是文化经营人才、创意人才和科技人才相对缺乏，必须采取积极有效的措施，以更加宽广的眼光和更大的气魄打破条条框框的束缚，广揽稀缺人才，以适应文化大发展的需要。因此，我们要在部党组的坚强领导下，更好地实施“人才兴文”战略，贯彻落实《全国文化系统人才发展规划（2010～2020年）》，以文化繁荣吸引人才，以人才辈出繁荣文化，牢牢把握文化人才队伍建设的需求趋势，以高层次人才队伍、公共文化服务人才队伍、文化经营管理人才队伍、文化创意和科技人才队伍建设为重点，深入推进实施好“文化名家”工程等9项重点人才工程，加快人才发展体制机制改革和创新，为推动文化大发展大繁荣提供坚强有力的人事人才保障。

重要会议

Important meeting

2011年全国文化厅局长会议

1月4日至6日，2011年全国文化厅局长会议在北京召开。这次会议的主题是：深入学习领会和全面贯彻落实党的十七届五中全会精神和党中央关于文化建设的一系列重要战略决策和部署，坚持以科学发展观为指导，以推动文化大发展大繁荣为目标，回顾过去一年文化领域各项建设取得的成绩，总结“十一五”时期文化建设经验，明确“十二五”时期文化建设的总体思路，部署和推进2011年各项文化工作。文化部党组书记、部长蔡武出席会议并作工作报告。他指出，扎扎实实做好2011年文化工作，既关系到巩固“十一五”时期文化建设成就，又关系到文化建设的长远发展，更关系到全面建设小康社会大局。我们要着眼长远、立足当前，坚持面向基层、服务群众，转变工作作风，围绕科学发展这一主题和加快经济发展方式转变这一主线，加快文化体制机制改革创新，加快构建公共文化服务体系，加快发展文化产业，加强对文化产品创作生产的引导，着力营造推动科学发展、促进社会和谐的浓厚氛围，着力营造隆重庆祝中国共产党成立90周年的浓厚氛围，为实现“十二五”时期经济社会发展目标、夺取全面建设小康社会新胜利提供强大的思想保证、精神动力和文化条件。

文化部党组副书记、副部长欧阳坚主持会议并作总结讲话。文化部党组成员、副部长赵少华，党组成员、中纪委驻文化部纪检组组长李洪峰，党组成员、副部长杨志今、王文章，党组成员、国家文物局局长单霁翔，党组成员、部长助理兼人事司司长高树勋出席会议。

蔡武在讲话中回顾了我国5年来文化建设的经验、体会及有益的启示。一是必须坚持科学发展。要坚持以科学发展观为统领，坚定不移地走科学发展的道路，自觉地把科学发展理念贯穿到文化建设的各个方面、各个环节。二是必须坚持改革创新。没有改革就没有动力，没有创新就没有活力。三是必须坚持正确引导。要弘扬主旋律，提倡多样化；贯彻“双百”方针，鼓励广大文化工作者贴近实际、贴近生活、贴近群众，创作生产更多无愧于时代、无愧于人民的文化精品。四是必须坚持开放包容。要以平和、宽容的心态看待新生文化形式和文化现象，尊重不同层次的文化需求和多样化文化表达，促进文化创造活力充分涌流；以平等、开放的态度对待各国人民创造的优秀文化，积极参与世界文化的对话与交流。五是必须坚持团结鼓劲。要以对中华文化的认同为基础，团结海内外一切可以团结的力量，调动一切可以调动的积极因素，致力于实现中华民族的伟大复兴；充分发挥文化的功能，凝聚全国各族人民的意志和力量，万众一心地为实现全面建设小康社会的奋斗目标、为建设中国特色社会主义而努力；尊重知识、尊重劳动、尊重创造、尊重人才，充分调动广大文艺工作者的积极性、创造性、主动性，让一切创造、创新的源泉得到充分涌流，创作更多的优秀作品，更好地满足人民群众的精神文化需求。六是必须坚持实干兴文。要讲实话、解实情、出实招、求实效，使人民群众真正得到实惠；把工作做细、做实，把点子转化为思路，把思路转化为项目，把项目转化为抓手，让规划蓝图一步一个脚印地变为现实。

这次会议采取了与全国宣传部长会议套开的方法。本着务实、高效的原则，会议期间，还举行了国家公共文化服务体系示范区（项目）创建工作会议、文化体制改革及“十二五”发展规划座谈会、国家舞台艺术精品工程授牌仪式。中央国家机关有关部门负责同志，全国各省、自治区、直辖市和新疆生产建设兵团及各计划单列市、省会城市文化厅（局）长，文化部、国家文物局各司局、各直属单位的主要负责同志，驻外文化参赞、驻外中国文化中心和有关艺术院校的主要负责人参加会议并进行了分组讨论。

全国文化市场管理工作会议

1月中旬，在安徽省合肥市召开一年一度的全国文化市场管理工作会，欧阳坚同志出席并讲话。会议专题总结并部署了网吧管理工作，系统总结了“十一五”期间文化市场工作的成效与经验，深入分析了“十二五”期间文化市场工作面临的新形势和新任务，着重部署了2011年中心工作和具体要求。

2011年全国艺术创作工作会议

1月16日，2011年全国艺术创作工作会议在海南省海口市召开。会议的主题是认真贯彻落实胡锦涛总书记“7·23”重要讲话和党的十七届五中全会精神，以科学发展观为指导，坚持文艺的“二为”方向和“双百”方针，贴近实际、贴近生活、贴近群众，加强对艺术创作生产的引导，弘扬主旋律，提倡多样化，创作生产更多无愧于时代、无愧于人民的艺术精品，满足人民群众日益增长的精神文化需求，推动艺术事业的大发展大繁荣。文化部党组书记、部长蔡武出席会议并讲话。文化部党组成员、副部长王文章主持会议。海南省副省长林方略致欢迎词。

蔡武强调，党的十七大以来特别是2010年以来，党中央、国务院关于文化建设有一系列重要判断和战略部署。这些重要判断和战略部署进一步阐述了文化发展的重要意义，明确了文化发展的方向、文化建设的理念和思路、文化建设的重点任务，充分体现了党中央、国务院对中国特色社会主义文化发展规律的清醒认识和自觉把握，进一步提升了文化在我国现代化事业总体布局中的地位和作用，为推动文化大发展大繁荣提供了强大的思想武器和精神动力。对于艺术创作工作来说，这些重要判断和战略部署明确了加强艺术产品创作生产引导的重要意义，明确了推出更多更好的艺术产品是文化建设的重要任务，明确了加强艺术产品创作生产引导的重要途径，为当前和今后一个时期的艺术创作生产指明了方向，开阔了视野，营造了氛围。要认真学习、深刻领悟其内涵和实质，将其转化为推动艺术创作繁荣发展的具体措施，充分发挥艺术工作者的积极性、主动性和创造性，使他们的创造活力竞相迸发、充分涌流，推动艺术事业全面、协调、可持续发展。

2011年是文化建设非常关键的一年，承上启下，既关系到巩固“十一五”时期文化建设成就，又关系着文化建设的长远发展和全面建设小康社会的大局。蔡武指出，做好今年的艺术创作工作，对更好地推动“十二五”时期艺术创作的繁荣发展，开好局、起好步，至关重要。要做好“十二五”艺术发展规划，积极实施国家艺术创作引导扶持工程；精心组织好庆祝建党90周年大型文艺晚会和纪念辛亥革命100周年大型美术展览等重大艺术活动，唱响时代主旋律；进一步改进和完善艺术创作的投入机制和评价机制，推动艺术创作发展繁荣；建立和完善优秀保留剧目演出制度；加强艺术理论研究，积极开展文艺批评；积极推动优秀艺术作品“走出去”，提高中华优秀文化的国际影响力。

中宣部、文化部、总政宣传部有关司局的负责同志，全国各省、自治区、直辖市和新疆生产建设兵团文化厅（局）的有关负责同志，文化部直属艺术院团、特邀民营艺术院团的负责同志参加会议。

文化部2011年党风廉政建设工作会议

1月25日，文化部召开2011年党风廉政建设工作会议。会议传达学习了胡锦涛在中央纪委六次全会上的重要讲话和贺国强所作的工作报告，部署安排文化部2011年党风廉政建设和反腐败工作。文化部党组副书记、副部长欧阳坚，文化部党组成员、中央纪委驻部纪检组组长李洪峰，文化部党组成员、副部长王文章，文化部党组成员、部长助理高树勋等出席了会议。欧阳坚宣读了文化部党组书记、部长蔡武的重要讲话。李洪峰作文化部2011年党风廉政建设工作报告。会议由王文章主持。

蔡武充分肯定了2010年文化部党风廉政建设和反腐败工作所取得的显著成绩，着重强调要认真学习领会、深入贯彻落实胡锦涛总书记重要讲话精神，一定要把以人为本、执政为民贯彻到文化部党风廉政建设和反腐败工作之中，以党风廉政建设和反腐败斗争的实际成效迎接建党90周年。

李洪峰指出，2011年，文化部党风廉政建设和反腐败工作要进一步严格执行党风廉政建设责任制，进一步完善惩治和预防腐败体系，进一步加强文化系统行业作风建设，进一步提高反腐倡廉建设科学化水平，着力解决反腐倡廉建设中人民群众反映强烈的突出问题，为推动社会主义文化大发展大繁荣提供有力保证。

文化部、国家文物局机关各司局正处长以上干部，直属单位党政主要负责人、专职纪检监察干部，各省、自治区、直辖市文化厅（局）纪检组长（纪委书记）、监察室主任参加了会议。

文化部文化体制改革工作领导小组会议

1月28日，召开文化部文化体制改革工作领导小组会议。文化部党组书记蔡武作重要讲话，文化部党组副书记、副部长欧阳坚主持会议。会议系统总结了2010年文化体制改革工作的成效和经验，部署了2011年文化体制改革工作，对《2011年文化系统体制改革工作要点》、《文化部关于进一步加快国有文艺院团体制改革的通知》和保留事业体制院团的审核标准进行了说明。会议要求，全国文化系统体制改革工作人员要切实把思想统一到中央的决策和部党组的部署上来，创造性地开展工作，提高工作的积极性、主动性；要及时发现改革中的问题，科学判断改革发展态势，增强工作的前瞻性、预见性和科学性；要充分调动各方面的积极性和创造性，协调各方利益、争取各界支持、整合各类资源、凝聚各种力量，为改革发展奠定基础、创造条件。

全国美术馆、公共图书馆、文化馆（站）免费开放工作电视电话会议

2月18日，为深入贯彻落实党的十七届五中全会精神和《文化部财政部关于推进美术馆、公共图书馆、文化馆（站）免费开放工作的意见》精神，文化部、财政部召开全国美术馆、公共图书馆、文化馆（站）免费开放工作电视电话会议。会议主会场设在北京，全国各省、自治区、直辖市和新疆生产建设兵团及计划单列市设分会场。文化部党组书记、部长蔡武出席会议并讲话，强调公益性文化设施免费开放是保障和实现公民基本文化权益的重要手段，是实现社会公平正义、促进社会和谐的重要举措，要切实把这项工作做实、做细、做好，为公众提供更多、更好的公共文化产品和服务，努力开创公共文化服务体系建设的新局面。文化部党组副书记、副部长欧阳坚主持会议。财政部党组成员、副部长张少春出席会议并讲话，文化部党组成员、副部长杨志今出席会议并推进全国美术馆、公共图书馆、文化馆站免费开放工作有关情况的说明。

第三批国家级文化产业示范园区和国家级文化产业试验园区授牌会议

2月28日下午，文化部在京举行了第三批国家级文化产业示范园区和国家级文化产业试验园区授牌会议。文化部党组书记、部长蔡武，文化部党组副书记、副部长欧阳坚出席活动并向获此殊荣的园区代表授牌。蔡武发表了重要讲话，欧阳坚宣读了命名决定，文化部文化产业司司长刘玉珠主持了授牌仪式。开封宋都古城文化产业园区和张江文化产业园区被命名为第三批国家级文化产业示范园区，广州北岸文化码头、黑龙江（大庆）文化创意产业园、长沙天心文化产业园区、中国曲阳雕塑文化产业园等4家园区被命名为首批国家级文化产业试验园区。

国家公共文化服务体系建设专家委员会

3月1日，由来自北京大学、清华大学、中国社会科学院等学术科研机构和全国部分文化机构的39名专家组成的国家公共文化服务体系建设专家委员会在京正式成立，并随后召开了第一次会议。文化部副部长杨志今出席成立大会并向专家颁发聘书。

2011年文化部直属机关党的工作会议

3月4日，文化部直属机关党的工作会议在京召开。会议的主要任务是贯彻中央国家机关第二十五次党的工作会议和全国文化厅局长会议精神，总结回顾2010年文化部直属机关党的工作，安排部署2011年工作任务。部党组书记、部长蔡武出席会议并讲话。部党组成员、驻部纪检组组长、部直属机关党委书记李洪峰作工作报告。中央国家机关工委委员、中央国家机关党建研究会会长张德成出席会议。

蔡武指出，2010年，文化部直属机关各级党组织以创新的思路、务实的精神，积极、活跃、扎实地开展工作，取得了可喜的成绩，有效地提高了各级党组织的凝聚力和战斗力，提高了党员的综合素质，营造了团结、和谐、积极向上的工作氛围，为推动文化体制改革和文化事业、文化产业的发展提供了可靠的保障。文化部直属机关党的工作对机关工作起着政治核心和保障的作用，非常重要。做好2011年部直属机关党建工作，要加强思想政治工作，发挥好全国文化系统思想政治工作研究会和党建研究会的作用，深入推进学习型党组织建设，继续高标准、高质量地做好党员集中培训工作。要深入开展创先争优活动，切实加强机关作风建设。要围绕庆祝建党90周年，切实加强基层党组织建设和党务干部队伍建设，创造性地开展主题活动。

李洪峰在工作报告中总结了2010年文化部直属机关党建工作，并对2011年党建工作进行了部署。文化部直属机关党委常务副书记张雅芳主持会议。文化部直属机关党委委员、纪委委员，各司局、国家文物局、各直属单位党政主要负责人、纪委书记、

党（纪）办主任，工会组织负责人和团组织负责人140余人参加会议。

文化部廉政工作会议

4月8日，文化部召开廉政工作会议。会议提出，要以中央纪委六次全会和国务院第四次廉政会议精神为指导，进一步加强党风廉政建设责任制，加强文化系统惩治和预防腐败体系建设，加强对反腐倡廉突出问题的治理，进一步推动文化部反腐倡廉工作取得新成效。文化部党组书记、部长蔡武出席会议并作重要讲话。部党组副书记、副部长欧阳坚传达了温家宝总理的重要讲话精神。部党组成员、驻部纪检组组长、机关党委书记李洪峰传达了全国纪检监察机关查办案件工作座谈会精神。部党组成员、部长助理高树勋出席了会议。文化部机关各司局和直属单位副局级以上干部，国家文物局局领导和机关各司局主要负责同志，文化部机关和直属单位专职纪检监察干部参加了会议。会议由李洪峰主持。

蔡武讲话指出，文化部各级领导班子要认真贯彻落实党风廉政建设责任制，领导干部要切实加强廉洁自律，继续做好贯彻执行《中国共产党领导干部廉洁从政若干准则》工作。要进一步完善用制度管权、按制度办事、靠制度管人的有效机制，进一步防范党员领导干部发生违纪违法问题。要进一步扎实推进文化系统惩治和预防腐败体系建设，争取在今明两年内，建成文化系统惩治和预防腐败体系。蔡武进一步强调了两项反腐倡廉工作：一是，要坚持“以人为本、执政为民”，加强文化系统行业作风建设。二是，要大力加强对文化系统基建工程建设项目的监督检查。

赵少华副部长随同张德江副总理出席中乌合作委员会第一次会议

4月18日至22日，赵少华副部长随张德江副总理出访乌克兰，出席中乌合作委员会第一次会议。会议期间，赵少华副部长与乌文化部就成立中乌文化合作分委会及召开分委会第一次会议等事宜进行了磋商，解决了由现存中乌文化合作混委会过渡到中乌文化合作分委会的机制转变问题，并商定筹备召开双边文化分委会第一次会议事宜，使中乌文化合作机制有效纳入政府合作委员会的框架，并使两国文化部间的合作扩展为广泛的人文合作领域。

全国文化系统国有文艺院团体制改革电视电话会议

5月16日，文化部召开全国文化系统国有文艺院团体制改革电视电话会议。文化部党组书记、部长蔡武出席会议并作重要讲话，文化部党组副书记、副部长欧阳坚主持会议。会议专题部署全面推进国有文艺院团体制改革工作。安徽省人民政府、辽宁省营口市人民政府、山东省高密市人民政府、江苏省文化厅、宁夏回族自治区文化厅、河北大厂评剧歌舞团演艺有限责任公司等6家典型单位的代表，分别从加强组织实施、推动规范转制、创新非物质文化遗产保护体制机制、落实改革政策、整合改革资源、积极占领演艺市场等角度，介绍了各自所在地区或院团加快改革促进发展的做法和经验。会议要求全国文化系统负责文化体制改革工作的同志要增强抢抓机遇的意识、增强维护稳定的意识、增强勇于探索的意识、增强统筹协调的意识。按照党中央国务院确定的国有文艺院团体制改革“路线图”、“时间表”和“任务书”，完成好加快改革促进发展的各项任务。

上海合作组织成员国文化部长第八次会晤

5月18日至20日，上海合作组织成员国文化部长第八次会议在哈萨克斯坦首都阿斯塔纳举行。应哈萨克斯坦文化部邀请，蔡武部长率中国政府文化代表团出席会议。会上，蔡武部长在主旨发言中提出3点建议，获得各方广泛认同，并与各成员国文化部长共同签署了《上海合作组织成员国文化部长第八次会议纪要》，通过了会议联合新闻声明。期间，代表团还出席了上合组织成员国文化专家工作组会议、《上合：十年文化对话》图片展和上合组织成员国艺术节开幕式。此外，蔡武部长还会见了哈文化部长，就双边文化交流与合作深入交换了意见。

全国文化政策法规规划工作会议

5月23日，全国文化政策法规规划工作会议在江西省南昌市召开。会议回顾总结了“十一五”

时期文化政策法规工作取得的成果和经验，分析了当前面临的新形势，并对下一步工作提出了新的要求。文化部党组副书记、副部长欧阳坚出席会议并讲话。江西省副省长熊盛文出席会议。会议要求要提高认识，真正把政策法规工作摆上重要位置；要加强学习，努力提高政策法规工作的能力和水平；要创造条件，为政策法规工作提供坚强保障。全国各省、自治区、直辖市、新疆生产建设兵团文化厅（局），各计划单列市文化局，文化部各司局、国家文物局以及文化部直属单位有关负责同志参加会议。会上，文化部还表彰了2006-2010年全国文化系统法制宣传教育先进集体和个人。

全国农村文化市场管理工作经验交流会

5月25日至28日，为总结各地农村文化市场管理的成功经验，提高农村文化市场管理水平，根据党组的部署和蔡武同志要求，文化部在浙江省宁波市专题召开了全国农村文化市场管理工作经验交流会暨全国文化市场综合执法工作会议。欧阳坚同志出席会议并讲话。浙江、湖北、江苏、福建、重庆、四川、湖南、甘肃等地的11个文化管理部门及综合执法机构分别介绍了各自在农村文化市场管理方面的有益做法和先进经验。会议期间，与会代表还参观考察了浙江省宁波市北仑区大碶街道、余姚市马诸镇农村文化市场，并就本地的文化市场管理工作情况进行了分组讨论。这是文化部首次专题总结交流、研究探讨农村文化市场监管工作。

全国文化信息资源共享工程工作会议

5月31日，全国文化信息资源共享工程工作会议在青岛召开，文化部副部长杨志今出席会议并讲话，全面总结了文化共享工程“十一五”建设成果，对“十二五”期间及2011年下半年文化共享工程的建设任务进行了全面部署。同日，文化部在青岛召开数字图书馆推广工程工作会议，全面部署工程建设工作。为进一步推动数字图书馆的建设，之前，文化部、财政部联合印发《关于实施“数字图书馆推广工程”的通知》，决定于“十二五”期间在全国实施数字图书馆推广工程。

创建国家公共文化服务体系示范区工作座谈会

6月1日，创建国家公共文化服务体系示范区工作座谈会议在山东省青岛市召开。文化部副部长杨志今出席会议并讲话，强调进一步明确创建国家公共文化服务体系示范区工作的目的和任务，进一步发挥典型的示范、影响和带动作用，充分调动地方人民政府的积极性，更好地研究解决公共文化服务体系建设的突出矛盾和问题，推动公共文化服务体系建设可持续发展。会上，文化部、财政部公布了第一批创建国家公共文化服务体系示范区（项目）评审结果，创建示范区工作领导小组办公室与第一批创建示范区人民政府、省（市、区）文化厅（局）签订目标责任书。

全国地市级公共文化服务体系建设现场经验交流会

6月2日，中宣部和文化部在山东烟台召开全国地市级公共文化服务体系建设现场经验交流会。这是全国宣传文化战线按照中央“基本建成公共文化服务体系”的目标要求，积极落实“十二五”规划纲要的具体举措，也是具体部署和推进地市级公共文化服务体系建设的一次重要会议。中宣部副部长孙志军同志主持会议，中宣部副部长、文化部党组书记、部长蔡武同志做重要讲话。文化部副部长杨志今出席会议。蔡武同志讲话指出，要从统筹城乡文化发展的全局角度和战略高度，充分认识地市级公共文化服务体系建设的重要地位和作用，进一步增强做好工作的自觉性和主动性。

宣传贯彻《中华人民共和国非物质文化遗产法》座谈会

6月9日，宣传贯彻《中华人民共和国非物质文化遗产法》座谈会在北京举行。全国人大常委会副委员长路甬祥出席会议并讲话。中宣部副部长、文化部部长蔡武，中宣部副部长翟卫华，全国人大法律委员会副主任委员李重庵，国务院法制办公室副主任袁曙宏，中国联合国教科文组织全国委员会秘书长方茂田出席会议并发言。

座谈会由全国人大教科文卫委员会主任委员白克明主持。文化部副部长王文章和来自中宣部、全国人大法律委员会、教科文卫委员会、法制工作委员会、国务院法制办、非物质文化遗产保护工作部际联席会议成员单位的负责同志及法律界、文化遗产保护界的60余位专家学者参加了座谈会。

路甬祥在座谈会上指出，非物质文化遗产法是继文物保护法后出台的又一部文化遗产方面的重要法律，第一次从法律上界定了非物质文化遗产的范围，规范了非物质文化遗产的调查行为，确定国家采取认定、记录、建档等措施保存各类非物质文化遗产，这对继承和弘扬中华民族优秀传统文化，增强民族凝聚力和创造力，推动文化发展与繁荣等具有重要意义。

蔡武表示，文化部将以非物质文化遗产法的实施为契机，认真贯彻落实党中央、国务院关于文化建设的战略部署，在非物质文化遗产保护已有良好开端的基础上，严格按照法律的要求，遵循非物质文化遗产保护的客观规律，建立科学的保护机制，扎扎实实地推动非物质文化遗产保护工作全面、深入地开展。

第三届“面向未来”总统会议

6月19日至25日，文化部长蔡武率中国政府文化代表团一行6人访问以色列，出席以第三届“面向未来”总统会议“世界领袖谈未来”全会，与以色列、马其顿、多米尼亚等国总统及美国总统特别顾问等各国政要同台演讲，发表题为《以文化之光烛照未来》的讲话，全面阐述了我国对内构建和谐社会、对外推动构建和谐世界的和平发展道路的主张。

2011年全国文化厅局长座谈会

7月6日至7日，全国文化厅局长座谈会在宁夏回族自治区银川市召开。会议主题是：深入学习领会胡锦涛总书记“七一”重要讲话精神，认真总结我们在探索中国特色社会主义文化发展道路上的经验，深刻理解中国特色社会主义文化发展道路的内涵，冷静思考深化文化体制改革、推动文化发展需要进一步解决的问题，寻求破解难题的有效途径。同时，对上半年工作进行总结，部署下半年工作。文化部党组书记、部长蔡武出席会议并讲话。宁夏回族自治区党委书记、自治区人大常委会主任张毅致欢迎词。文化部党组副书记、副部长欧阳坚主持会议并作总结讲话。参加会议的有文化部党组成员，全国各省、自治区、直辖市和新疆生产建设兵团及各计划单列市的文化厅（局）长，文化部各司局、各直属单位主要负责同志。

文化部表彰先进基层党组织、优秀共产党员和党务工作者

7月12日，文化部直属机关先进基层党组织、优秀共产党员和优秀党务工作者表彰大会在京举行。部党组书记、部长蔡武出席表彰大会并讲话。部党组成员、驻部纪检组组长、部直属机关党委书记李洪峰主持会议。文化部直属机关党委常务副书记张雅芳宣读表彰决定。

开展评选先进基层党组织（标兵）、优秀共产党员（标兵）和优秀党务工作者活动，是文化部直属机关庆祝中国共产党成立90周年、深入开展创先争优活动的重要内容之一，评选表彰活动以争先进、创佳绩为基本目标，通过树立先进典型，教育、引导、激励各级党组织和广大党员，进一步加强党的基层组织和党员队伍建设，持续推进创先争优活动。办公厅秘书处机要档案处党支部等10个基层党组织被授予“文化部直属机关先进基层党组织标兵”荣誉称号，财务司党支部等22个基层党组织被授予“文化部直属机关先进基层党组织”荣誉称号，肖健等10名同志被授予“文化部直属机关优秀共产党员标兵”荣誉称号，宁敏等127名同志被授予“文化部直属机关优秀共产党员”荣誉称号，杨建昆等35名同志被授予“文化部直属机关优秀党务工作者”荣誉称号。

文化部直属机关党委委员、纪委委员，各司局、国家文物局、各直属单位党委（总支、支部）书记、副书记，纪委书记、副书记，党（纪）办主任、副主任，工会、团组织负责人及部分干部职工参加了表彰大会。

2011年度国家社科基金艺术学项目评审会举行

7月12日至14日，由文化部文化科技司暨全国艺术科学规划领导小组办公室主办、重庆市文化广播电视局承办、重庆市文化艺术研究院协办的2011年度国家社科基金艺术学项目评审会在重庆举行。文化部党

组成员、副部长、全国艺术科学规划领导小组副组长兼秘书长王文章，重庆市副市长谭栖伟出席开幕式。

王文章指出，做好“十二五”时期的艺术科学建设工作，必须坚持正确导向，服务党和国家发展大局。要突出研究重点，推进学科体系建设和文化建设。“十二五”时期，艺术科学规划研究要努力推出一批立足于中国特色社会主义艺术学学科理论体系建设的标志性成果，推出一批立足于新的历史时期我国文化艺术建设重大现实问题研究的标志性成果；通过规划研究项目的实施，培养、推出一批艺术学及各分支学科领域有重要建树与影响的中青年优秀科研人才，进一步提高艺术科学研究的整体水平。

王文章指出，国家社科基金艺术学项目是繁荣发展艺术科学、促进文化建设的重要载体和有力抓手，体现着国家在文化艺术领域的科研要求与水准。要认真总结成功经验，适应新的任务要求，不断提高国家社科基金艺术学项目评审立项等管理工作水平，要通过项目的评审立项发挥好国家社科基金艺术学项目的导向性、示范性作用。

开幕式由文化部文化科技司司长、全国艺术科学规划领导小组办公室主任于平主持。全国哲学社会科学规划办公室副主任赵川东介绍了近期全国哲学社会科学规划办公室所做的工作，就本年度的艺术学项目评审立项工作做了指导。

2011年度国家社科基金艺术学项目申报工作得到全国艺术研究工作者积极响应。在申报期限内，评审办公室共收到全国31个省、自治区、直辖市申报的课题2502项，比上年增长37.4%，申报量创下历史新高。本年度国家社科基金艺术学项目的评审立项，进一步提高了对青年项目的资助额度，体现了对优秀青年科研人才的扶持与培养。

科学技术部、文化部部际会商议定书签订仪式暨第一次工作会商会议举行

7月26日下午，科学技术部、文化部部际会商议定书签订仪式暨第一次工作会商会议在国家博物馆举行。全国政协副主席、科技部部长万钢，中宣部副部长、文化部党组书记、部长蔡武，科技部党组副书记、副部长王志刚，文化部党组成员、副部长王文章等出席。双方就工作会商制度的主题、任务、目标和机制达成共识，并共同签署了两部工作会商制度议定书。

科学技术部、文化部工作会商制度旨在深入贯彻党的十七大精神，加快推进文化与科技融合，着力增强国家文化软实力。按照会商议定书的设想，科学技术部、文化部将在“十二五”期间，集成科技与文化的优势资源，共同组织实施专项行动计划，构建有利于文化与科技融合的文化创新体系，研究和探索有效推进文化与科技融合的体制和政策机制。2011年，两部将主要围绕制定《国家科技与文化融合联合行动计划（2011～2015年）》，联合认定“科技与文化融合示范基地”，启动“文艺演出院线服务关键支撑技术研发与应用示范”重大项目等会商议题展开工作。

万钢在讲话中指出，文化在我国经济社会发展全局中的地位更加突出，文化产业日益成为国民经济的支柱产业，文化与科技融合的态势逐渐显现，科技创新成为文化发展的制高点和实现赶超的原动力。当前，人民群众日益增长的文化需求，正推动着文化与科技融合不断向更深、更广的领域发展。科技创新作为推动文化建设的新引擎，对于提升文化创新能力，催生新兴文化业态，正发挥着日益重要的支撑和引领作用；高新技术已成为提升文化影响力、表现力、传播力的重要手段。两部建立会商机制，有利于更好地运用科技手段，加快文化与科技融合，提升文化产业的发展水平和实力，促进社会主义文化大发展大繁荣。

蔡武对两部会商制度的建立给予了高度评价，他说，深入推进文化与科技融合，是实现社会主义文化大发展大繁荣的必然要求，是满足人民群众多样化多层次文化需求的重要手段，是提升国家文化竞争实力的强劲动力。科学技术部、文化部的会商机制将会给文化的繁荣和科技的发展带来强劲的东风，积极拓展科学技术的应用形式和范围，大大丰富文化建设的内容和业态，努力催生文化与科技融合的丰硕成果，进一步突出文化与科技在转变发展方式，推动经济社会又好又快发展中的重要地位与作用，为推动科学发展，促进社会和谐，夺取全面建设小康社会新胜利做出积极的贡献。

科学技术部、文化部相关司局的主要负责同志参加了会议。

全国文化系统行业作风建设工作会议

8月15日，全国文化系统行业作风建设工作会议

在内蒙古呼和浩特市召开。会议的主要任务是深入学习贯彻胡锦涛总书记“七一”重要讲话，进一步贯彻落实十七届中央纪委六次全会和文化部2011年党风廉政建设工作会议精神，交流总结文化系统行业作风建设的做法与经验，促进文化系统行业作风建设取得新成效，为社会主义文化大发展大繁荣作出新贡献。文化部党组书记、部长蔡武出席会议并作重要讲话。文化部党组成员、中央纪委驻文化部纪检组组长李洪峰主持会议并讲话。内蒙古自治区党委常委、纪委书记张力，内蒙古自治区副主席刘新乐出席会议。

蔡武讲话指出，要以党风促政风、行风，积极推进文化系统行业作风建设，争创作风优良、人民满意的部门和行业。要加强党员干部职工作风建设，树立文化系统行业部门作风新形象；要加强行政审批、行政执法窗口部门作风建设，建设服务、效能、廉洁型机关；要扎实推进政务公开，自觉接受社会监督；要加强公共文化服务窗口单位作风建设，提高公共文化服务的能力和水平；要加强文化市场监管，规范文化市场秩序；要加强对文化产品创作生产的引导，充分发挥文化引导社会、教育人民、推动发展的功能。

李洪峰要求抓好贯彻落实，抓好监督检查，抓好源头治理，将会议部署的各项任务落到实处。全国各省、自治区、直辖市文化厅（局）纪检组组长（纪委书记）、监察室主任，国家文物局纪委负责同志，文化部办公厅、政策法规司、市场司、艺术司、社会文化司、直属机关党委负责同志，文化部机关服务局、中国艺术研究院、国家图书馆、故宫博物院、国家博物馆、恭王府管理中心纪委负责同志参加会议。内蒙古自治区文化厅、文化部办公厅等16个单位的代表在会上作了交流发言。

国家级文化生态保护区现场交流会

8月22日，文化部在青海省黄南藏族自治州召开国家级文化生态保护区现场交流会。文化部副部长王文章出席并讲话。青海省副省长张建民出席并致辞。会议由文化部非物质文化遗产司司长马文辉主持。

王文章指出，这次会议，对于总结文化生态保护实验区的建设经验、做法和成绩，研究、探讨目前文化生态保护区建设中存在的问题，探索文化生态保护区建设的规律，进一步明确文化生态保护区建设的思路和措施，将起到积极的推动作用，同时对我国的非物质文化遗产保护工作也将产生重要的影响。

王文章回顾了文化生态保护理念的提出和发展历程，指出了开展文化生态保护建设的重要意义。针对文化生态保护区工作存在的问题和困难，他强调，要从8个方面入手，推进文化生态保护区建设。一是加强组织领导，高度重视文化生态保护区建设；二是科学编制和实施《国家级文化生态保护区总体规划》；三是加强重点区域内各级非物质文化遗产名录项目保护；四是加强代表性传承人保护，完善活态传承机制；五是加强与非物质文化遗产项目密切相关的物质载体、自然人文环境等文化生态的整体性保护；六是支持区域内民俗文化活动的开展和恢复；七是开展区域内非物质文化遗产的宣传教育活动；八是编写、出版区域内非物质文化遗产保护成果和传承普及读物，培养、培训文化生态保护区建设人才。

全国省级文化市场管理工作领导小组办公室负责人座谈会

8月30日，在京召开全国省级文化市场管理工作领导小组办公室负责人座谈会。欧阳坚同志出席会议并讲话。会议研究全面加强指导文化市场综合执法的力度，总结推广北京市、浙江省、广东省、四川省等地文管办经验，探讨发挥省级领导小组办公室“协调指导监督”作用的方式方法，进一步推进文化市场综合执法工作。

全国文化系统党建研究会年会、窗口单位创先争优活动推进会暨党委书记培训班

9月5日至8日，全国文化系统党建研究会年会、窗口单位创先争优活动推进会暨党委书记培训班在上海举行。会议的主要任务是深入学习领会胡锦涛总书记“七一”重要讲话精神，加强和改进全国文化系统党建工作，推进创先争优活动在全国文化系统窗口单位深入开展。部党组成员、驻部纪检组组长、部直属机关党委书记李洪峰出席会议并讲话。上海市委宣传部副部长朱英磊到会并致辞。

李洪峰指出，2011年以来，文化部直属机关党建工作不断迈上新台阶，受到各级党组织和广大党员拥护和好评，也得到了中央领导同志和部党组的充分肯定。他强调，要深入学习胡锦涛总书记“七一”重要讲话精神，进一步提高文化系统党建工作科学化

水平。在窗口单位和服务行业集中开展“为民服务创先争优”活动，是以实际行动贯彻胡锦涛总书记“七一”讲话精神的重要举措，是坚持以人为本、执政为民的具体体现，是下半年创先争优活动的重点。要努力把服务窗口办成推动文化发展的示范窗口、服务人民群众的便民窗口、展示精神风貌的形象窗口，带动所在单位和职工争创群众满意窗口、争创优质服务品牌、争创优秀服务标兵。

文化部机关各司局、国家文物局和各直属单位党组织负责人以及2011年向全国文化系统党建研究会提交党建论文的全国文化系统党建研究会理事参加会议。

中俄文化和人文合作分委会第十一次会议

10月10日，中俄人文合作委员会文化合作分委会第十一次会议在北京举行。分委会中方主席、中国文化部赵少华副部长与俄罗斯联邦文化部副部长切列宾尼科夫共同主持会议并共同签署了会议纪要。

会议中，俄方明确提出2012年邀请中国图书馆工作者代表团访问俄罗斯国家图书馆和俄罗斯国立图书馆；邀请博物馆领域专家赴俄访问，与“莫斯科克里姆林宫”国立历史文化博物馆和国立艾尔米塔什博物馆建立直接联系。

中国—东盟文化部长会晤

第12届亚洲艺术节期间，蔡武部长与应邀出席艺术节的东盟10国文化部长或其代表、东盟秘书处代表共同举行中国—东盟文化部长会晤，深入探讨了当前历史条件下建立中国—东盟文化部长会议机制的必要性和可行性。

艺术学学科建设座谈会举行

10月14日，由文化部主办的艺术学学科建设座谈会在京举行。文化部党组书记、部长蔡武出席会议并讲话。仲呈祥、张庆善、王次炤、潘公凯、刘梦溪、田青等艺术研究和艺术教育领域的知名专家参加研讨。座谈会由文化部党组成员、副部长王文章主持。

进入新世纪以来，特别是党的十七大以来，党中央以高度的文化自觉和文化自信，大力推进经济建设、政治建设、文化建设和社会建设“四位一体”协调发展，文化建设速度明显加快，综合文化国力大幅度提高。在这样的形势下，国务院学位委员会面对艺术教育和科研领域的现实，于2011年3月将艺术学从文学门类中独立出来升格为学科门类，为艺术的繁荣发展开辟了更加广阔的道路，为艺术学科的全面深化奠定了更加坚实的学术体制。此次座谈会正是为了贯彻落实“文化大发展大繁荣，掀起社会主义文化建设新高潮”的要求，从战略高度审视艺术学升格为学科门类所带来的发展机遇，谋划新形势下推动艺术繁荣的宏观思路，努力开创艺术教育、艺术创作、艺术理论研究和中外艺术交流新局面。

蔡武指出，在社会主义文化建设与发展格局中，文化部门不仅承担着繁重的艺术生产、艺术管理和艺术科研任务，而且也承担着繁重的艺术社会教育、艺术职业教育和高层次艺术人才的培养任务；不仅是艺术教育的承担者，而且也是艺术教育的最大受益领域；不仅会带来某些协调管理环节的直接变化，而且会带来艺术生产力更大解放的深刻社会影响。面对艺术学升格为学科门类带来的机遇与挑战，从事艺术教育和艺术研究的专家学者，尤其是各级文化行政部门的管理工作者，要以“科学发展观”为引领，以“文化大发展大繁荣”为动力，以实现中华民族伟大复兴为己任，知难而上，攻坚克难，取得艺术学学科升格后人才培养、学科建设和艺术创作的全面丰收。要充分提高认识，从落实“科学发展观”和转变文化发展方式的高度来看待学科升格；要切实制定措施，把艺术学升格为学科门类的总体安排分解为切实有效的各项具体工作抓手；要尊重艺术规律，求真务实，统筹兼顾，务必努力做到高层次专门人才与职业艺术人才培养的双向发展，中国传统艺术智慧与西方艺术知识背景互为补充，艺术理论成果与艺术实践成果相得益彰，专家学者的热情与广大艺术工作者的积极性共同发力，务必要努力做到理论联系实际，达到艺术理论建设与解决现实问题的高度统一。

座谈会上，与会专家学者围绕“艺术学成为学科门类，如何继续深化艺术研究和教学研究，完整建构艺术学学科体系，以适应文化、艺术人才培养的需要”“艺术学成为学科门类，如何加强艺术研究、艺术教育、艺术创作和艺术服务的机制建设及学术建设，为促进社会主义文化大发展大繁荣提供更好的服务”等议题展开了深入的座谈。

文化部文化科技司司长于平，副司长王丰参加了座谈会。

中乌兹别克斯坦人文合作分委会主席工作会晤

为全面深化中国和乌兹别克斯坦在各领域的合作关系，年内成立了两国政府间合作委员会并下设人文合作分委会。为启动分委会机制的筹备工作，10月25日，中方主席赵少华副部长与乌方主席库济耶夫部长在中国文化部举行了分委会双方主席工作会晤。双方总结了双边文化交流的成果并为分委会的工作机制规划了方向、制定了原则。

中国和土库曼斯坦合作委员会人文合作分委会第一次会议

11月8日至10日，赵少华副部长率中国政府文化代表团一行5人出访土库曼斯坦，出席中土合作委员会人文合作分委会第一次会议会议。会议于11月9日在阿什哈巴德召开，由文化部副部长赵少华与土库曼斯坦文化部副部长阿塔格利德·沙穆沙多夫共同主持，会后签署了会议纪要。

2011年度国家文化产业示范基地影响力评价结果发布会

11月23日，2011年度国家文化产业示范基地影响力评价结果发布会在北京举行。发布会公布了北京数字娱乐产业示范基地、保利文化集团股份有限公司、中国对外文化集团公司、华侨城集团公司、杭州宋城旅游发展股份有限公司、拓维信息系统股份有限公司、上海盛大网络发展有限公司、深圳华强文化科技集团股份有限公司、浙江中南卡通股份有限公司和云南柏联和顺旅游文化发展有限公司等10家入选2011年度十大最具影响力国家文化产业示范基地的企业名单。文化部党组成员、副部长励小捷向2011年度十大最具影响力国家文化产业示范基地代表颁牌并发表讲话。

中哈文化和人文合作分委会第七次会议

12月6日至9日，哈萨克斯坦文化部副部长布里巴耶夫率团一行6人访华，并于8日与赵少华副部长在北京共同主持召开了中哈合作委员会文化和人文合作分委会第七次会议并签署会议纪要。

会谈中，双方共同回顾了自分委会第六次会议召开以来两国在文化和人文领域的合作情况，并就其现状和前景充分交换了意见。双方一致认为，中哈双边关系的深入发展为两国文化和人文交流与合作提供了良好机遇，双方将在分委会框架下进一步促进两国在文化和人文领域开展全方位、多层次的交流与务实合作。

文化部出席党的十八大代表候选人推选工作动员部署会议

12月9日，文化部召开出席党的十八大代表候选人推选工作动员部署会议。传达中央国家机关工委关于十八大代表选举工作的文件和会议精神，动员部署出席党的十八大代表候选人推选工作。部党组书记、部长蔡武，部党组成员、直属机关党委书记李洪峰，部党组成员、部长助理、人事司司长高树勋出席会议。

蔡武代表部党组作重要讲话。他指出，选举出席党的全国代表大会的代表，是党内政治生活中的一件大事，一定要以高度负责的精神和严谨细致的工作，确保十八大代表候选人推选工作的圆满完成。一要着眼大局，增强做好十八大代表候选人推选工作的政治责任感和历史使命感。二要严格标准，确保十八大代表候选人的政治先进性和党员代表性。三要严格程序，认真细致地做好推选十八大代表候选人的各项工作。四要加强领导，确保文化部推选工作圆满完成。

李洪峰做了推选工作的具体安排，并就推选工作的有关政策规定作了解读，对各环节工作提出具体要求。他要求推选工作要严格按照程序进行，确保每名党员都能够充分表达自己的意愿，确保实现中央关于代表结构比例的要求。严明组织纪律，高度重视党员群众反映的情况和问题。他强调，推选工作标准高、要求严、程序严谨、流程有序，各级党组织和广大党员要不折不扣地按照工作方案做好推选工作。

会议由部直属机关党委常务副书记张雅芳主持。文化部直属机关党委委员和纪委委员、各司局和各直属单位党委书记、纪委书记、党办主任等90余人参加了会议。

中国文化年鉴

Almanac Of Chinese Culture

重大活动

Major activities

中國文化年鑒

文化市场知识产权保护专项执法行动

根据国务院开展打击侵权假冒专项行动的统一部署，结合文化市场领域知识产权保护存在的突出问题，文化部成立了以欧阳坚副部长为组长、高树勋部长助理为副组长的领导小组，决定自2010年10月至2011年6月，相应部署开展了文化市场知识产权保护专项执法行动，以打击网络游戏、网络音乐、网络动漫、电子游戏及卡拉 OK歌曲等的侵权盗版行为为重点内容，以环渤海、长三角和珠三角地区为重点地区，以歌舞娱乐、游艺娱乐、网络文化为重点领域，以社会反响较为强烈的典型案件为重点抓手。据统计，在此期间，全国文化行政部门和文化市场综合执法机构共出动执法人员822万余人次，立案查处涉及知识产权案件5532件，涉案金额2857.16万元，同时关闭非法网络音乐网站314家，捣毁侵权制假窝点951个，罚没物品953万余件。这也是各地文化部门和综合执法机构参与程度最深，成效最为明显的专项行动之一。

2010年全国京剧优秀剧目展演

2010年12月2日至2011年1月20日，为展示《国家重点京剧院团保护和扶持规划》实施5年来所取得的成果，进一步推动京剧艺术的繁荣发展，由文化部主办、文化部艺术司承办的2010年全国京剧优秀剧目展演在北京举行。此次展演时值京剧被联合国教科文组织列入“人类非物质文化遗产代表作名录”和徽班进京220周年之际，来自全国26个省、自治区、直辖市38个艺术院团演出的46台优秀京剧剧目在国家大剧院、梅兰芳大剧院、长安大戏院等6个剧场陆续上演。这是近二十年来最大规模的京剧艺术盛会，得到中央领导的高度肯定，引起社会各界的广泛关注。

国家舞台艺术精品工程授牌仪式在京举办

国家舞台艺术精品工程是文化部、财政部共同实施的一项旨在扶持舞台艺术发展的重大建设项目。1月6日，国家舞台艺术精品工程授牌仪式在京举行。经过文化部评审，选出了2008—2009年度重点资助剧目以及2009—2010年度资助剧目，中央财政将投入资金对这些优秀剧目给予奖励。副部长欧阳坚、副部长赵少华、中纪委驻文化部纪检组组长李洪峰，副部长杨志今、副部长王文章，国家文物局局长单霁翔，部长助理、人事司司长高树勋参加了授牌仪式，并为这些优秀剧目颁发奖牌。

我们的节日——百名非物质文化遗产项目代表性传承人迎春展示活动

为了认真贯彻落实中宣部、中央文明办等7部委《关于深化“我们的节日”主题活动的方案》的要求，在2011年春节即将来临之际，“我们的节日——百名非物质文化遗产项目代表性传承人迎春展示活动”（以下简称“迎春展示活动”）在北京市金源新燕莎MALL、北京市百货大楼、朝阳大悦城和国瑞城购物中心等大型商场进行。迎春展示活动由文化部和北京市人民政府共同主办，中国非物质文化遗产保护中心、北京市文化局、北京市商务委员会、北京非物质文化遗产保护中心承办，自1月20日开始，至25日结束。活动开幕式于1月20日下午在金源新燕莎MALL举行。

本次迎春展示活动选调了国家级非物质文化遗产名录中的100个与民众年节文化密切相关的项目，如河北蔚县剪纸、天津杨柳青木板年画、北京灯彩、山西闻喜花馍等，由百名非物质文化遗产项目代表性传承人现场展示其精湛技艺并销售作品。主办方在春节前夕选择在首都各大商场举办迎春展示活动，是为了挖掘节日的文化内涵，营造欢乐祥和的节日氛围，增进社会对非物质文化遗产的认识，宣传非物质文化遗产名录项目代表性传承人。同时，也让非物质文化遗产更加贴近实际、贴近生活、贴近群众。让民众将绚丽的剪纸、生动的年画、多彩的灯笼与温馨吉祥的祝福一起带回家，红红火火地喜迎新春。

曼谷“欢乐春节”活动

1月30日至2月10日，文化部组派由北京、新疆、内蒙古、广西、四川等地艺术院团组成的180人大型艺术团赴泰国举办“欢乐春节”活动。泰国诗琳通公主和阿披实总理、素贴副总理等政府要员与王文章副部长共同出席“欢乐春节”的开幕式活动。

建党90周年文化市场专项保障行动

4月，为深入推进平安文化市场建设，着力营造庆祝中国共产党成立90周年的浓厚氛围，下发《文化部关于开展建党90周年文化市场专项保障行动的通知》，决定自2011年5月1日至8月31日，在全国范围内开展建党90周年文化市场专项保障行动。要求各地加强组织领导、督促检查、案件查办、信息通报和执法协作，形成监管合力，重点清理演出、娱乐、出版物、网吧、网络音乐和网络游戏等市场，重点查处含有国家法律法规禁止内容的文化产品和有害信息，重点打击制售非法出版物、侵权盗版和色情低俗演出活动，重点整治非法文化产品生产制作源头、复制印刷环节、流通传播渠道和集中经营场所，进一步规范文化市场秩序，为建党90周年创造了良好社会文化环境。

“2011中国文化聚焦”

4月至12月，为进一步深化与非文化关系，扩大“中非文化聚焦”品牌影响，兑现《沙姆沙伊赫行动计划》有关承诺，文化部联合商务部、国家广电总局、国家新闻出版总署、国家体育总局和国家文物局等单位以及有关地方政府，先后在非洲多国举办了多起“2011中国文化聚焦”系列文化活动。除配合高访外，文化部主办的聚焦重点活动主要有以下几项：中国残疾人艺术团赴塞内加尔、加纳、津巴布韦、南非和毛里求斯访演（4月至5月）；“魅力天津——中国天津艺术团”赴南非访演（7月）；“东方新韵友谊欢歌——深圳艺术团”赴塞拉利昂、乍得和喀麦隆演出（7月）。“风从敦煌来——甘肃艺术团”赴肯尼亚、厄立特里亚、南非访演（9月）；中国音乐学院艺术小组赴马拉维参加“星之湖”艺术节（9月）。

配合全国人大常委会副委员长陈至立访问塞内加尔

4月14日至16日，应塞内加尔国民议会邀请，全国人大常委会副委员长陈至立率代表团对塞进行为期3天的友好访问。为配合此次高访，文化部派遣中国残疾人艺术团赴塞访演。15日晚，陈至立副委员长与瓦德总统共同出席了中国援建的国家大剧院交接仪式，随后共同观看了中国残疾人艺术团的首演。

配合中共中央政治局常委李长春访问肯尼亚

4月15日至25日，应亚美尼亚共和党、罗马尼亚政府、斯洛文尼亚政府、肯尼亚政府和莫桑比克解放阵线党的邀请，中共中央政治局常委李长春对上述五国进行访问，为配合此次高访，文化部积极筹备在内罗毕大学举办了“隔洋相看——非洲画家笔下的中国”展览。4月20日，李长春出席了展览开幕式并正式启动了“2011中国文化聚焦”系列活动。蔡武部长陪同出席活动。

第七届中国（深圳）国际文化产业博览交易会

5月13日至16日，由文化部、商务部、国家广电总局、新闻出版总署、中国国际贸易促进委员会、广东省人民政府、深圳市人民政府等部门联合主办的第七届中国（深圳）国际文化产业博览交易会在深圳举行。中央政治局委员、中宣部部长刘云山出席开幕式并宣布博览会开幕，文化部党组书记、部长蔡武出席开幕式。本届文博会总成交额突破1200亿元的目标，达1246.85亿元，比上一届增加158.29亿元，增长14.54%。全国共有1896家政府组团、企业和机构参展。参观人数达389.46万人次。举办交易洽谈会、招商推介会，各类活动达479场，其中重要活动36场、主展馆活动69场、分会场活动374场。

配合中共中央政治局常委、全国人大常委会委员长吴邦国访问纳米比亚

5月19日至31日，吴邦国委员长访问纳米比亚、安哥拉、南非和马尔代夫四国。为配合中共中央政治局常委、全国人大常委会委员长吴邦国出访纳米比亚并出席“中非青年领导人论坛”，文化部派遣中国武术协会武术团赴纳访演。5月21日，吴邦国出席了武术团为论坛欢迎晚宴举办的专场演出。

配合温家宝总理访日文化活动

5月21日至22日，为配合在日本东京召开的“第四次中日韩领导人会议”，文化部与日、韩两国文化部门共同举办了中日韩三国传统工艺品展。

“2011中日合办动漫节、影视周——日本动漫节、影视周”开幕式活动

6月8日，“2011中日合办动漫节、影视周——日

本动漫节、影视周”在中国国家博物馆举行。日本前首相麻生太郎作为首相特使率团来华，温家宝总理出席开幕式并参观动漫、影视展。

2011年“文化遗产日”主题活动

2011年6月11日是我国第六个“文化遗产日”，也是《中华人民共和国非物质文化遗产法》（以下简称《非物质文化遗产法》）正式实施后的第一个“文化遗产日”。为了贯彻落实《非物质文化遗产法》，配合“依法保护，重在传承”的活动主题，6月10日至15日，文化部在北京中华世纪坛展览馆举行“文化遗产日”主题活动。

6月10日，2011年“文化遗产日”主题活动在中华世纪坛举行了盛大的开幕仪式。全国人大常委会副委员长路甬祥、文化部副部长王文章，全国人大教科文卫委员会、全国人大常委会法制工作委员会，国务院法制办，非物质文化遗产保护工作部际联席会议成员单位代表以及非物质文化遗产代表性传承人师徒等出席。

本次主题活动由“依法保护，重在传承——《非物质文化遗产法》宣传展”、“薪火相传——中国非物质文化遗产传承人师徒同台展演”和“我们的精神家园——2011中国非物质文化遗产摄影大展”3个部分组成。

文化遗产日系列活动得到了媒体的广泛关注，据不完全统计，各类传统媒体报道300余篇，网络原创或转载报道4400余篇。

澳门“根与魂·中国非物质文化遗产展演”

6月11日至7月10日，“根与魂·中国非物质文化遗产展演”在澳门举办。此次展演由文化部与澳门特区政府社会文化司特别支持、中国艺术研究院中国非物质文化遗产保护中心和澳门特区政府文化局共同主办。展演期间，文化部副部长赵少华与中央政府驻澳门特区联络办、澳门特区政府社会文化司、澳门基金会、澳门中华文化联谊会等有关部门进行了广泛接触和深入交流。赵少华表示，澳门精彩的多元文化有难得的包容性和独特性。借助澳门的国际知名度，加上世界遗产澳门历史城区的光环，内地的文化艺术内涵可以通过澳门走向国际，同时增强澳门同胞的爱国情怀。

展演活动包括在澳门综艺馆举办的“中国非物质文化遗产图片展览”，在大三巴牌坊举行的非物质文化遗产集萃专场演出，以及在郑家大屋举行的唐卡、木板水印工艺展示等多项活动，首次在澳门全面、立体、集中地展示了我国非物质文化遗产的资源状况、珍贵价值和保护成果，受到包括《澳门日报》、《华侨报》、《大众日报》、澳门卫视等澳门主流媒体在内的澳门各界的广泛关注。回眸此次展演，中华民族非物质文化遗产的丰富性与杰出性令人瞩目，内地及澳门的非遗保护工作成就令人欣慰，主办方与澳门市民的互动与交流令人感动，更深入、更广泛的文化交流与合作令人期待。

《中俄睦邻友好合作条约》签署10周年庆祝音乐会

6月16日，为庆祝《中俄睦邻友好合作条约》签署10周年并配合胡锦涛主席对俄罗斯的国事访问，文化部组派中央民族乐团及相关工作团队120人在克里姆林宫剧院成功举办一场大型音乐会。中俄两国元首在音乐会上致辞，170余名中俄艺术家联袂演出，中俄两国政要及各界人士5000多人出席音乐会。

2011年“春雨工程”——全国文化志愿者边疆行欢送仪式

6月20日，由文化部、中央文明办共同主办的2011年“春雨工程”——全国文化志愿者边疆行欢送仪式在江苏南京举行。标志着历时半年、800多名文化志愿者参与、服务范围涵盖。8个边疆民族省(区)的文化志愿服务活动正式拉开帷幕。文化部党组成员、部长助理高树勋，江苏省政府副省长曹卫星出席仪式并致辞。中央文明办志愿服务工作组、各承办单位负责同志、各地文化志愿者代表及基层群众1000余人参加了欢送仪式。仪式上，内地志愿单位与边疆民族省(区)交换了文化志愿服务协议书，文化部领导向13个内地志愿单位代表授旗。

澳大利亚中国文化年

6月24日，根据2009年10月李克强副总理访问澳大利亚期间发表的《中澳联合声明》，澳大利亚“中国文化年”在悉尼启动。文化部副部长杨志今、新南威尔士州督巴希尔、悉尼市长摩尔等出席了开幕式。除开幕式演出《云南映象》外，2011年中方还派出了辽宁芭蕾舞团、国家话剧院、北京“雷动天下”现代舞团等多个艺术团组访澳，并举办了“新中国60年美术展”、“中国水墨画展”、“中国民间美术展”等多个展览以及“中澳当代文学论坛”。澳大利亚“中国文化年”是中澳建交以来我在澳举办的规模最大、水平最高的中国文化集中展示活动，该活动于2012年6月闭幕。

2011年全国现代戏优秀剧目展演

6月25日至7月27日，为加强对艺术作品创作生产的引导，以优秀的创作成果向中国共产党成立90周年献礼，文化部在北京举办了“2011年全国现代戏优秀剧目展演”。此次展演汇集了不同艺术品种的32台优秀剧目，塑造了一批优秀共产党员的光辉形象，反映了改革开放丰富多彩的社会生活，唱响了弘扬民族精神和时代精神的主旋律。这是文化部近年来组织的较大规模的一次现代戏展演活动，受到了领导、专家、观众的高度关注和一致好评，成为“七一”期间首都文艺舞台的一大亮点。

光辉历程·时代画卷——庆祝中国共产党成立90周年美术作品展览

2011年6月27日下午，为热烈庆祝中国共产党成立90周年，由文化部主办、中国美术馆承办的《光辉历程·时代画卷——庆祝中国共产党成立90周年美术作品展览》在中国美术馆隆重开幕。中共中央政治局委员、国务委员刘延东出席展览开幕式并参观了展览。文化部党组书记、部长蔡武致开幕词，开幕式由文化部党组成员、副部长王文章主持。

《光辉历程·时代画卷——庆祝中国共产党成立90周年美术作品展览》是全国美术界献给党的九十华诞的一份厚礼，也是庆祝党的生日、歌颂党的光辉历程和伟大业绩的一次重大文化活动。

庆祝中国共产党成立90周年文艺晚会《我们的旗帜》

2011年是中国共产党成立90周年。根据中央统一部署，6月29日晚，中宣部、文化部、国家广电总局、解放军总政治部、北京市在人民大会堂联合举办庆祝中国共产党成立90周年文艺晚会。晚会筹备工作由中央办公厅、中央宣传部、文化部负责。从全国各地文化系统和军队文艺单位组织精兵强将，调动了包括国家、地方、部队系统艺术院团的艺术家、边疆少数民族艺术家、北京卫戍区战士、武校学员、大学生和小学生以及来自北京市各行各业的新党员等参演人员2000余人。29日晚，庆祝中国共产党成立90周年文艺晚会《我们的旗帜》在北京人民大会堂隆重举行。

第七届中国国际动漫游戏博览会

7月7日至11日，由文化部、上海市人民政府主办的第七届中国国际动漫游戏博览会在上海世博园区的中国国家馆举行，这也是该馆继中国2010年上海世博会后面向大众举办的首个大型展会。文化部党组副书记、副部长欧阳坚，中共上海市委常委、宣传部部长杨振武等领导为博览会开幕剪彩并致辞。深圳方块《闪闪的红星》、天津神界漫画《棒槌日记》、浙江中南卡通《魔幻仙踪》等作品获得组委会颁发的CCG动漫游戏大奖。博览会期间，共有280余家海内外动漫游戏知名企业参展，接待观众35万人次，达成交易额8.1亿元、意向交易额34.9亿元。

配合喀麦隆总统比亚访华

7月20日至23日，喀麦隆总统比亚访华。为配合此次高访并扩大访问成果，文化部草拟了《中喀文化合作协定2011-2014年执行计划》，并迅速征求了国内相关单位和喀方意见。7月20日，文化部副部长欧阳坚与喀麦隆外长亨利·埃耶贝在两国领导人的见证下，签署了《中华人民共和国政府和喀麦隆共和国政府2011年至2014年执行计划》。

2011年国家艺术院团优秀剧目展演

8月24日至9月26日，由文化部主办的2011年国家艺术院团优秀剧目展演活动在北京举行。本次展演参演剧目题材广泛、艺术品种多样，涵盖了京剧、话剧、儿童剧、歌剧、舞剧、音乐剧、主题歌舞晚会、交响音乐会、合唱音乐会和民族音乐会等各主要艺术门类，体现出国家艺术院团鲜明的艺术风格和艺术特色。新创剧目占到了二分之一，观众超过10万人次，在坚持低票价的前提下，票房总收入超过1000万元；在国家博物馆举办的国家艺术院团优秀剧目展览，观众超过8万人次；演出推广交易会共签约各类演出571场，金额超过1亿元。

第九届全国舞蹈比赛

第九届全国舞蹈比赛由中华人民共和国文化部、宁夏回族自治区人民政府主办，文化部艺术司、宁夏回族自治区文化厅承办。本届比赛，共收到全国31个省、自治区、直辖市，部队系统、中直艺术院团，以及香港、澳门特别行政区、台湾地区的参赛节目共计694个。共有174个节目进入决赛。决赛于2011年8月25日至30日在宁夏回族自治区首府银川市举行。全国舞蹈比赛在推新人、推新作方面，为我国舞蹈艺术事业的发展起到了积极的推动作用。

刘延东出席第三批国家级非物质文化遗产名录项目颁牌仪式

8月29日，文化部在北京人民大会堂举行第三批国家级非物质文化遗产名录项目颁牌仪式。中共中央政治局委员、国务委员刘延东出席仪式，向申报单位颁发标牌并观看了部分第三批国家级非物质文化遗产名录项目的精彩演出。

文化部副部长欧阳坚出席颁牌仪式并讲话，文化部副部长王文章主持颁牌仪式。国务院副秘书长江小涓，国家发改委副主任朱之鑫，教育部副部长郝平，科技部副部长王伟中，工业和信息化部总工程师朱宏任，国家民委副主任丹珠昂奔，财政部副部长张少春，住房和城乡建设部副部长仇保兴，商务部副部长姜增伟，中国社会科学院副院长武寅，国家旅游局副局长王志发，国家宗教事务局副局长张乐斌，国家文物局副局长宋新潮，国家中医药管理局副局长吴刚等非物质文化遗产保护工作部际联席会议成员单位的负责同志出席了颁牌仪式。

第三批国家级非物质文化遗产名录包括民间文学、传统音乐、传统舞蹈、传统戏剧、曲艺、传统美术、传统技艺、传统医药、民俗及传统体育、游艺与杂技等项目，赵氏孤儿传说、阿里郎、藏族金属锻制技艺、土家族吊脚楼营造技艺、鹧鸪戏、莲花落、华佗五禽戏、永春纸织画、仿膳（清廷御膳）制作技艺、傣医药（睡药疗法）、藏历年等项目榜上有名。加上2006、2008年公布的两批，目前我国国家级非物质文化遗产名录项目共1219项。

全国小剧场话剧优秀剧目展演

9月3日至9月21日，由文化部艺术司、上海文化广播影视管理局主办，中国话剧艺术研究会、上海话剧艺术中心、上海戏剧学院承办的“全国小剧场话剧优秀剧目展演”在上海举行。此次展演活动，从全国各省、自治区、直辖市以及中直单位、部队和社会团体申报的45台剧目中遴选出16台优秀剧目。民营艺术院团参评作品占总量的三分之一，体现出政府主管部门加大对民营院团的扶持力度。这是政府职能部门首次举办此类艺术活动，旨在推出一批思想性、艺术性、观赏性统一的优秀小剧场话剧剧目，发挥导向性作用，引导并促进小剧场话剧健康发展。

2011年华盛顿“中国文化系列活动”

9月12日至10月4日，文化部同美国肯尼迪表演艺术中心合作举办了名为“中国：一个国家的艺术”中国文化系列活动。包括中央芭蕾舞团、国家话剧院、北京人民艺术剧院和北方昆曲剧院等8个国内一流表演艺术团组300余名艺术家在美举办了14场演出。中国美术馆于9月21日至10月31日在肯尼迪中心举办“山水意园——中国公共艺术展”。景德镇逸品人间瓷画有限公司与美国子午线国际中心于9月22日至2012年2月共同举办“瓷都——景德镇当代中国瓷画展”。9月21日，蔡武部长与美国国务院助理副国务卿安·斯托克女士共同出席“中国文化系列活动”开幕式“中美音乐盛典”并分别致辞。

西安欧亚经济论坛文化分会

9月23日至24日，2011欧亚经济论坛文化分会——上海合作组织与欧亚地区国家公共文化设施服务与管理研讨会于西安成功举办。

根与魂·中国非物质文化遗产展演

10月8日，“根与魂·中国非物质文化遗产展演”

在港开幕。本次展演是为配合当天举行的“亚洲文化合作论坛2011”而举办的，而此次论坛的主题恰是“保护非物质文化遗产”。

展演活动是文化部和香港民政事务局合作举办，旨在介绍中国丰富多彩的非物质文化遗产，并展示内地和香港在保护非物质文化遗产方面的重要成果。除展览之外，展演活动还包括在香港大会堂音乐厅演出的民族歌舞、南音、粤剧等非物质文化遗产项目，有多位国家级非物质文化遗产项目代表性传承人参与。

自从2006年4月联合国教科文组织的《保护非物质文化遗产公约》生效以来，内地和香港都大力推展非遗的保护工作。2010年5月，由联合国教科文组织支持的“亚太地区非物质文化遗产国际培训中心”在北京正式成立，培训有关专才，为地区和国际非物质文化遗产的保护工作出更大的贡献。

香港民政事务局局长曾德成在今早开幕典礼致辞时说，香港同样十分重视非物质文化遗产的保护。由粤、港、澳三地共同申报的项目——粤剧——已于2009年列入联合国的“人类非物质文化遗产代表作名录”；而香港潮人盂兰盛会、大坑舞火龙、大澳端午龙舟游涌、长洲太平清醮和凉茶5个项目，亦列入“国家级非物质文化遗产名录”。

第12届亚洲艺术节

10月10日至20日，第12届亚洲艺术节在重庆成功举办。2011年适逢中国与东盟建立对话关系20周年，根据国务院关于中国——东盟建立对话关系20周年庆祝活动的统一部署，文化部依托亚洲艺术节举办“东盟文化周”等活动，邀请东盟秘书长、东盟各国文化部长以及各国艺术家参加艺术节，并举办亚洲文化论坛及亚洲戏剧人联盟等活动。

第三届中国诗歌节

10月15日至20日，由文化部、中国作家协会和福建省人民政府共同主办，厦门市人民政府承办的第三届中国诗歌节在南海之滨厦门成功举办。本届中国诗歌节以“情满神州、诗颂中华”为主题，共举办了20余项诗歌文化活动。据不完全统计，自成功申办第三届中国诗歌节以来，在人口总数约350万人的厦门市就有超过50万人次的群众参与到中国诗歌节的各项诗歌文艺活动中来。

“2011中日合办动漫节、影视周——中国动漫节、影视周”开幕式活动

10月22日至26日，应日本政府的邀请，文化部部长蔡武率中国政府文化代表团赴日本，出席了10月23日由文化部与广电总局、中国驻日本使馆等部门联合在东京举办的“2011中日合办动漫节、影视周——中国动漫节、影视周”开幕式系列活动，与日本政界、文化界、媒体界、企业界知名人士广泛接触交流。

墨西哥塞万提斯国际艺术节“中国文化特别展示活动”

10月19日至11月3日，应拉美地区最大的艺术节——墨西哥第39届塞万提斯国际艺术节组委会的邀请，文化部在墨西哥举办了“中国文化特别展示”活动。来自中国儿童艺术剧院、甘肃省京剧团、中国音乐学院紫禁城新民乐团和北京雷动天下现代舞团等4个艺术团组的近百位艺术家，为艺术节举办地瓜纳华托及其他多个城市的观众奉献了共计18场演出，演出的优秀艺术作品受到墨西哥官方人士、普通观众和新闻媒体的高度评价，整个活动取得了圆满成功。

2011年中国图书馆年会暨中国图书馆学会年会开幕式

10月26日，2011年中国图书馆年会暨中国图书馆学会年会在贵阳拉开帷幕。贵州省副省长刘晓凯，国家图书馆馆长、中国图书馆学会名誉理事长周和平出席大会，来自全国各省（区、市）文化行政主管部门的负责人，全国各级各类图书馆馆长，图书馆界和公共文化服务领域的专家、学者，以及国内外图书馆界代表近1500人参加本次大会。国内外与图书馆相关的产业包括图书出版发行、数字出版、图书馆应用系统软件开发研制、信息产业设备生产、图书馆专用设备生产等方面的企业代表，也参会进行展示和交流。

第六届中国京剧艺术节

11月2日至11月18日，第六届中国京剧艺术节由文化部、湖北省人民政府主办在湖北武汉举行。这是党的十七届六中全会召开之后举办的第一个全国

性的、重要的、艺术层次较高的文化艺术活动，也是文化部在京剧被列入联合国教科文组织“人类非物质文化遗产代表作名录”之后举办的一次京剧艺术盛会，展现了京剧事业新的成就和辉煌。27台参评剧目是从全国各省、自治区、直辖市申报剧目中遴选出来的，8台祝贺演出剧目来自海内外，共有6000余名艺术家、演职人员参加演出，先后在武汉9个剧场演出了64场，观众达7万余人，集中展示了近年来我国京剧艺术继承与发展的优秀成果和京剧人才培养的最新成就。

首届中国歌剧节

11月6日至30日，首届中国歌剧节在福建省福州市成功举办。期间不仅包括剧目展演、评比，还举办了论坛、展览、下基层演出、多卷本《中国歌剧史》首发，以及中国剧院联盟签约等系列充实多样的活动。首届中国歌剧节首次面向全国各类体制艺术院团征集展演剧目，最终确定14台剧目参加展演、评比，2台剧目祝贺演出，共吸引3千余名歌剧艺术工作者汇聚榕城，逾5万人次观众现场观看演出，显示我国歌剧艺术发展已具备全方位、高水准、多样化加速发展的强劲动力。

配合中共中央政治局委员、中央书记处书记、中宣部部长刘云山访问埃塞俄比亚和津巴布韦

11月9日至18日，中共中央政治局委员、中央书记处书记、中宣部部长刘云山率中共代表团应埃塞俄比亚人民革命民主阵线、坦桑尼亚革命党和津巴布韦非洲民族联盟——爱国阵线的邀请，对埃塞俄比亚、坦桑尼亚和津巴布韦进行友好访问。为配合此次高访，文化部组派浙江艺术团在埃塞俄比亚、津巴布韦分别举办“物华天工——中国浙江非物质文化遗产展”和“2011中国文化聚焦·浙江文化节—中津艺术家联袂演出”活动。刘云山出席展览开幕式并为展览剪彩，观看了演出。

2011—2013年度“中国民间文化艺术之乡”命名颁牌仪式

11月15日，文化部开展的2011—2013年度“中国民间文化艺术之乡”评选揭晓，全国共有528个县（县级市、区）、乡镇（街道）入选。命名颁牌仪式和总结会议在江苏省常熟市举行，文化部副部长杨志今、江苏省副省长曹卫星等出席并致辞。全国各省、自治区和直辖市文化厅(局)有关负责人，“中国民间文化艺术之乡”入选县(区、市)、乡镇(街道)代表，有关学者专家共约200余人参加了活动。命名颁牌活动期间，余杭滚灯、吴桥杂技、刀郎木卡姆、高跷秧歌等全国15支民间文化艺术团队赴常熟市举办了4场展演活动，21个民间文化艺术项目赴常熟市举办了木版年画、农民画、刺绣、雕刻等系列展示活动，集中展示了“中国民间文化艺术之乡”的风采。

第三次全国文化馆评估定级命名颁牌仪式

2011年11月15日，第三次全国文化馆评估定级命名颁牌仪式暨工作总结会议在常熟召开。文化部副部长杨志今、江苏省副省长曹卫星等领导出席活动开幕仪式。全国各省、自治区和直辖市文化厅（局）有关负责人、文化馆馆长、“创建国家公共文化服务体系示范区”文化馆馆长及国家公共文化服务体系建设专家委员会的部分专家共约200余人参加了活动。文化部依据全国第三次文化馆评估定级标准，确定2028个文化馆达到三级馆以上文化馆标准，其中一级馆741个、二级馆582个、三级馆705个，与第二次评估相比，上等级馆占文化馆机构数比例由35%提高到62%。

配合国务委员刘延东访问博茨瓦纳和喀麦隆

11月28日至12月6日，国务委员刘延东应纳米比亚、博茨瓦纳和喀麦隆三国政府邀请，对上述三国进行友好访问。文化部积极筹办在博茨瓦纳举办的“隔洋相看——非洲画家笔下的中国”展览和在喀麦隆举办的“2011中国文化聚焦·魅力天津——中喀艺术家联袂演出”等活动。刘延东出席展览开幕式并为展览剪彩，观看了演出。

意大利中国文化年

为庆祝中意建交40周年，在中意两国总理的共

同倡议下，我国政府在意大利各大城市举办了自两国建交以来的规模最大、内容最丰富的交流活动，共举办了涵盖政治、文化、教育、经贸、旅游等多个领域的近50项/组活动，近200场演出和展示，涉及意12个大区，30多个城市，受众人数逾百万。

成功举办俄罗斯文化节项目——“中俄舞台艺术对话”深化中俄艺术领域直接合作

根据中俄两国文化合作计划，12月2日至7日中俄两国文化部共同主办了“俄罗斯文化节”活动——“中俄舞台艺术对话”。本次活动是中俄双方首次通过两国表演艺术领域的直接对话，促进双方艺术机构之间的相互交流、学习和借鉴，旨在进一步深化中俄文化交流与合作，为中国文化产品通过商业途径走进俄罗斯搭建有效平台。

第五届尼泊尔“中国节”

12月11日至20日，第五届尼泊尔“中国节”在尼首都加德满都成功举办。内容包括开幕式及演出、商贸展销和艺术品展等系列活动。蔡武部长和尼泊尔总理巴特拉伊分别为“中国节”题写书面贺词。赵少华副部长率中国政府文化代表团赴尼访问，并与尼总理巴特拉伊共同出席“中国节”开幕式。

中国文化年开幕活动暨中土建交40周年庆祝活动

12月12日，中国文化年开幕活动暨中土建交40周年庆祝活动在土耳其首都安卡拉举行。文化部副部长杨志今、驻土大使宫小生与土大国民议会副议长亚库特、土文化旅游部长居纳伊、土大国民议会土中友好委员会主席约南以及各国驻土使馆使节和土耳其各界友好人士2000余人共同出席了开幕式展览“彩绘丝路”和演出《丝路新语》等活动。

第一届全国青少年戏曲邀请赛

12月18日至24日，在辽宁沈阳举办第一届全国青少年戏曲邀请赛，比赛由沈阳师范大学承办。比赛邀请北京戏曲艺术职业学院、中国戏曲学院附属中等戏曲学校、天津艺术职业学院等20所院校参赛，分京昆和地方戏两个大组，两个组别又分为高年级组和低年级组。共有165名选手报名参加比赛。目前初赛已经结束。初赛通过组织专家观看录像方式进行评比，4个组共评出96名选手（地方戏剧涵盖了11个剧种），届时到沈阳参加复决赛。该赛事的举办，对弘扬优秀民族文化、传承非物质文化遗产、振兴民族艺术，检验我国戏曲专业教育教学成果，提高中等戏曲教育水平和教学质量，总结交流戏曲教育教学经验，尤其是选拔高质量戏曲艺术后备人才有积极的意义。

中国文化艺术政府奖首届动漫奖颁奖系列活动

12月27日，由文化部与天津市人民政府等共同主办的中国文化艺术政府奖首届动漫奖颁奖系列活动在天津举行。活动主要包括颁奖典礼、高峰论坛和动漫产业发展成果展览等。首届动漫奖共有12个大类的30个获奖项目、102个入围项目，包括动漫创作者或团队、动漫形象、动漫品牌、动漫技术成果等奖项，涵盖动漫产业链各环节。在中新天津生态城国家动漫产业综合示范园内举办的“十一五”以来中国动漫产业发展成果展，从政策导向、地方成绩、动画、漫画、新媒体动漫、动漫教育、动漫社会应用等方面，展示了“十一五”以来我国动漫产业发展的丰硕成果。期间还举办了“中国动漫的提升与跨越高峰论坛”。

“温暖之春”——2012年慰问全国农民工春节晚会

12月28日晚，由文化部和国务院农民工工作联席会议办公室共同主办的“温暖之春”——2012年慰问全国农民工春节晚会在北京奥林匹克体育中心体育馆举行。中共中央政治局委员、国务院副总理张德江，全国人大常委会副委员长严隽琪，全国政协副主席李金华，人力资源和社会保障部部长尹蔚民，文化部部长蔡武，文化部副部长励小捷、杨志今，人力资源和社会保障部副部长杨志明等领导，以及来自国务院农民工工作联席会议成员单位的领导及北京市有关领导同志出席，与现场近3000名农民工观众一起观看了晚会。

中国文化年鉴

Almanac Of Chinese Culture

文化工作综述

Cultural Wrap-up

2011年是“十二五”时期开局之年，也是加快推动文化改革发展的关键一年。党中央召开了十七届六中全会，对文化改革发展作出重大战略部署，文化建设进入了繁荣发展的黄金时期。2011年的重大纪念活动较为集中，有中国共产党成立90周年、辛亥革命100周年、西藏和平解放60周年、汶川灾后重建3周年等。为更好地抓住机遇、推进各项文化工作，文化系统广大干部职工深入学习党的十七大、十七届六中全会和胡锦涛总书记“七一”重要讲话精神，认真贯彻党中央、国务院关于文化建设的重大部署，推动文化改革发展的责任感和紧迫感进一步增强，建设文化强国的信心和决心更加坚定，精神面貌更加昂扬向上，开创了文化改革发展的崭新局面。文化体制改革取得了突破性进展，机制创新积极推进，为文化繁荣发展注入了强大的活力；文化艺术产品创作生产的示范性、导向性更加明显，创作环境更加宽松和谐，大大激发了广大文艺工作者的积极性和创造性，体现民族特色和时代精神风貌的精品力作不断涌现，文艺百花园呈现繁荣景象；继续坚持“两手抓、两加强”，公益性文化事业和经营性文化产业更加协调发展，人民群众的基本文化权益得到进一步保障，文化产业日益成为国民经济新的增长点；继续扩大对外开放，坚持“走出去”和“引进来”并举，全方位、多领域、深层次提升对外及对港澳台文化交流的质量和水平，中华文化的国际影响力进一步提升；坚持文化主体业务建设与加强管理并重，文化市场繁荣有序，政策法规建设取得重要进展，人、财、物等各项保障进一步加强，2011年文化建设硕果累累，亮点频频。

一、国有文艺院团转企改制取得决定性进展，文化体制改革实现重大突破

坚持深化体制改革和完善保障体系并重，深化体制改革和激发广大文艺工作者积极性并重，以国有文艺院团体制改革为中心环节，以完善配套政策为杠杆，全面推进各项改革重点任务取得新的突破。

（一）国有文艺院团体制改革取得重大进展

对全国国有文艺院团数量和基本情况进行摸底统计，组织开展与各地宣传文化部门的约谈工作，充分征求意见，确定了“转企一批”、“合并一批”、“划转一批”、“撤销一批”、“保留一批”的改革思路。会同中宣部联合印发《关于加快国有文艺院团体制改革的通知》，进一步明确国有文艺院体制改革的路线图、时间表和任务书。通过典型带动、加强培训、督查调研等方式，推动各地加大力度、加快进度。同时，多措并举确保转制院团“早改早受益”，落实23个转制院团优质项目获得中央文化产业发展专项资金资助，在配置流动舞台车、落实非物质文化遗产保护资金、支持转制院团“走出去”等方面，也实现了对转制院团的倾斜。各地也紧密结合实际，制定了许多切实有效、更加优惠的措施。如重庆市对转制院团“扶上马，送一程”，一次性拨付400万元解决遗留问题和添置演出设备，斥资5亿元为转制院团配置剧场、排练场、办公用房，并且提高了职工的工资福利待遇，统筹解决住房问题，解除了院团和职工的后顾之忧。同时加大政府采购和激励力度，极大激发了演职员工创作演出的积极性。截至12月底，全国文化系统承担改革任务的2102家国有文艺院团中，已完成和正在进行转制、撤销和划转的院团达1176家，有300家院团已确定改革路径。河北、山西、江苏、安徽、陕西、重庆、宁夏、贵州8个省（区、市）已基本完成国有文艺院团转企改制任务，11个省（区、市）分别组建省级演艺集团公司，全国共组建演艺集团公司50余家。各地演艺产业集约化、规模化程度明显提高，全国已建成和正在建设的演艺集聚区近10个。通过改革，国有文艺院团的活力得以充分释放，纷纷以开拓市场求发展、以提高艺术质量求发展，长期僵化的旧体制正在被充满生机和活力的新体制代替。改革院团以积极开拓市场求生存、以提高艺术质量求发展，促进精品力作不断涌现，实现了社会效益与经济效益双丰收。中国东方演艺集团有限公司不断探索演艺产业新模式，与江苏熔盛投资集团强强联合，成立东方熔盛文化艺术股份有限公司，注册资本达1亿元。保留事业体制的院团也不断深化内部机制改革，始终把经济效益与社会效益有机统一起来，取得积极进展。中央芭蕾舞团建立芭蕾创意工作坊长效机制，成为培养中国编导、打造中国品牌的有益实践。中国歌剧舞剧院面向观众，开拓市场，全年演出收入过亿。中国儿童艺术剧院主办首届中国儿童戏剧节，受到社会的普遍好评。对民营院团的扶持力度不断加大。上海市设立每年500万元的专项扶持资金，用于扶持民营院团发展。浙江省对106个参与“送戏下乡”工程的民营院团实施补助，安徽采取降低准入、设立专项资金等措施扶持民营院团，全省目前共有民营院团1537家，年演出40多万场次，总收入超过6亿元。

（二）经营性文化事业单位转企改制再创佳绩

文化部所属出版单位转企改制工作不断推进。中国录音录像出版总社转企改制并引入北京首都创业集团有限公司资本组建的中国数字文化集团有限公司，11月22日完成工商注册，12月26日举行挂牌仪式，积极打造具有强大竞争力、影响力的科技型中央文化企业。中国对外文化集团公司获得十大最具影响力国家文化产业示范基地称号，公司以资本为纽带，“跨地区、跨行业、跨所有制形式”整合资源，打造音乐剧《妈妈咪呀！》中文版，为建立中国音乐剧国际标准的产业化运营模式做出了成功实践与积极探索。非时政类报刊社转企改制工作稳步推进。

（三）公益性文化事业单位内部机制改革不断深化

全面实施事业单位岗位设置管理，完善竞聘上岗和公开招聘制度，加强聘用管理和制度规范。干部职工的积极性和创造性得到进一步发挥，公共文化服务能力明显提高。国家图书馆全年接待读者近400万人次，流通书刊2000多万册次，各类咨询40余万件，开办公益性讲座132场，展览53场，获得广泛社会反响。国家博物馆新馆建成投入使用，开馆试运行总体情况良好，逐步提升公共服务水平，建立了专业讲解队伍，提供3万小时讲解服务，组织30余场讲座、论坛、演出活动，建成了1500平方米青少年观众体验区。

（四）文化市场综合执法改革全面完成

全国地市级机构组建率达到99%，县区级机构组建率达到90%；省级文化市场管理工作领导小组组建率达到93%。出台《文化市场综合行政执法管理办法》，联合相关部门在组建执法培训师资库、开展执法队伍培训、规范执法标识等方面共同开展工作，初步形成了“统一领导、统一协调、统一执法”的协作机制。出台了《文化市场综合行政执法管理办法》，为文化市场综合执法奠定法制基础。协调有关部门，在印发季度综合执法工作要点、组建执法培训师资库、编撰执法教材、规范执法标识、交叉执法检查、执法案卷评查等方面共同开展工作，初步形成了“统一领导、统一协调、统一执法”的协作机制。组织召开全国省级文化市场管理工作领导小组办公室负责人座谈会，切实指导地方深入推进综合执法改革工作。

（五）文化部直属事业单位分类改革启动实施

根据中央部署，结合文化部直属单位及文化行业体制改革情况，全面推进事业单位分类改革和人事制度改革，及时部署和开展事业单位清理规范工作，为文化部事业单位分类改革奠定了基础。

二、坚持以人民为中心的创作导向，文艺创作生产异彩纷呈

坚持为人民服务、为社会主义服务的方向和百花齐放、百家争鸣的方针，坚持弘扬主旋律与提倡多样化相统一，精品艺术创作与面向基层演出并举，创新剧目与保留剧目并立，国有艺术院团和民营艺术院团并进，努力实现艺术事业的全面协调可持续地发展。

（一）成功举办庆祝建党90周年和纪念辛亥革命100周年系列文艺活动

庆祝建党90周年“我们的旗帜”文艺晚会，汇集了1500多名文艺工作者参加演出，精选各个时期的经典作品加以重新诠释和演绎，主题深刻、规模宏大、富有艺术感染力，受到中央领导同志的赞扬和社会各界的好评。全国现代戏优秀剧目展演成功举办，汇聚了各地新创作的32台优秀剧目，演出66场，观众10余万人次，《生命档案》、《西京故事》等新创剧目主题鲜明，唱响了时代主旋律。策划“光辉历程·时代画卷——庆祝中国共产党成立90周年美术作品展”，展示了建党以来各个时期的壮丽画卷。为纪念辛亥革命100周年，举办“百年风云·壮志丹青——纪念辛亥革命100周年美术作品展”、“世纪回眸——纪念辛亥革命100周年图片展”、“何香凝精品艺术展”、“光明行”民族音乐会、史诗歌剧《辛亥风云》等展览、演出活动，产生了广泛的社会影响。

（二）文化精品工程的示范和导向作用得到进一步发挥

开展国家舞台艺术精品工程年度评审验收工作，扶持奖励年度精品剧目。继续实施国家重点京剧院团保护和扶持规划、国家昆曲艺术抢救、保护和扶持工程、中国民族音乐发展和扶持工程，整理改编、创作演出一批优秀作品。完善中直院团优秀剧节目创作演出资金和场次补贴使用办法，采取以奖代拨，鼓励和扶持中直院团艺术创作。利用国家美术收藏和捐赠奖励专项资金，完成了对一批著名美术家作品的捐赠收藏。上报《关于扶持发展歌剧交响乐芭蕾舞民族音乐工作情况的报告》，制定《中国杂技振兴规划（2011～2015）》，提出政策建议。

（三）艺术节、展演、评介推广活动等平台的重要作用日益彰显

成功举办了第六届中国京剧艺术节、第三届中国诗歌节、首届中国歌剧节、首届中国儿童戏剧节、

第二届中国豫剧节、全国小剧场话剧优秀剧目展演、纪念昆曲入选“世遗”10周年系列活动、中国国家画院建院30周年展览等各类活动，展现创作繁荣，服务人民群众，社会效益明显。举办了2011年国家艺术院团优秀剧目展演，建立国家艺术院团的演出交易平台，歌剧《红河谷》等一批新创剧目受到好评，演出交易推介会上签约演出571场，交易额达1.16亿元。坚持正确的评奖导向，举办第九届全国舞蹈比赛、黄河大合唱邀请赛、第15届全国音乐作品（民乐）获奖作品音乐会，发现和鼓励了一大批优秀作品和人才。就重大艺术活动和重点艺术作品召开座谈会和研讨会，开展深入的理论研讨和积极的文艺评论。组织《国家重大历史题材美术创作工程》入选作品巡展、文化部优秀保留剧目巡演，组织《复兴之路》音乐会、话剧《郭明义》、豫剧《苏武牧羊》在全国巡演，优秀作品影响力进一步扩大。关心西部地区文艺创作，组织新疆杂技团《你好，阿凡提》晋京演出，排练演出大型民族音乐会《美丽新疆》。精心组织新年京剧晚会、全国政协元旦茶话会文艺演出、文化部春节电视晚会、元宵节联欢晚会等重大演出，受到中央领导同志的肯定。

（四）各类基层演出和艺术普及活动社会效益突出

中直院团普遍建立了联系基层基地，积极开展“三下乡”、“高雅艺术进校园”等活动，湖南省完成了1万场“送戏下乡、演艺惠民”演出，开展了12场高雅艺术鉴赏活动，获得良好社会反响，体现了服务人民的责任担当。艺术院校共建和艺术职业教育管理进一步推进，全国社会艺术水平考级管理工作得到规范和调整。

三、坚持政府主导、公益惠民，公共文化服务体系建设成效显著

坚持把公共文化服务体系建设作为首要任务，着力加强公共文化基础设施建设，实施文化惠民工程，创新公共文化服务管理体制和运行机制，提高公共文化服务水平和质量，人民群众的基本文化需求不断得到满足。

（一）公共文化服务设施建设不断加强

重点文化设施建设取得新突破，国家美术馆工程、中国工艺美术馆工程（暂定名）、国家图书馆一期改造工程、中央歌剧院剧场工程等进展顺利，国家博物馆改扩建工程完成并投入使用。甘肃大剧院建成运营，天津文化中心、上海当代艺术博物馆等一批地方重点文化设施建设进展顺利。全国乡镇综合文化站建设全部规划项目基本建成并投入使用。北京市实现了区县文化馆、图书馆全覆盖，街道乡镇和社区农村文化设施覆盖率达到96.4%，公共图书馆计算机信息服务网络覆盖全市。海南已实现了乡镇文化站全覆盖。黑龙江省基本实现乡乡有文化站目标，其中新建文化站达97.6%。广西整合文化、卫生、计生、体育和新闻出版等部门的资源，共建共享，建设800个村级公共服务中心。

（二）公共文化服务制度体系建设取得进展

国家公共文化服务体系示范区（项目）创建工作取得突破性进展，首批31个地级市（区）和47个项目获得创建资格，为公共文化服务体系建设发挥了示范和带动作用。在山东烟台召开全国地市级公共文化服务体系建设现场经验交流会，明确了以地市级城市为中心，统筹城乡公共文化服务发展的思路。

（三）公共数字文化建设稳步推进

下发《关于进一步加强公共数字文化建设的指导意见》，提出了统筹实施数字文化惠民工程、全面推进公共数字文化服务体系建设的发展思路。文化信息资源共享工程全年资源建设总量达28.4TB，服务1.6亿人次。公共电子阅览室建设试点工作全面铺开，数字图书馆推广工程正式启动。广东省建立了全国首家“网络文化馆”，推出“网上图书馆”、“网上博物馆”、“网上剧场”等系列数字文化服务。深圳市继续推进图书馆自助服务，全市41家公共图书馆及160台城市街区自助图书馆服务机实现统一服务。

(四)公共文化服务能力明显提升

公共文化设施免费开放工作全面推进，全国文化文物部门归口管理的博物馆、纪念馆和爱国主义教育基地全部实行免费开放，全国美术馆、公共图书馆、文化馆（站）免费开放工作全面实施，北京、安徽、江苏、湖南、陕西、广东、江西、山东、新疆等地已率先实现“三馆一站”免费开放。第三次全国文化馆评估定级工作圆满完成，上等级馆2028个，达标率为62.3%。借鉴国际经验，创新思路，成功举办2011年中国图书馆年会暨中国图书馆学会年会，为图书馆行业、地方政府、企业界搭建了交流平台。对口支援新疆、西藏工作稳步推进。“春雨工程——全国文化志愿者边疆行活动”加快实施，13个内地省（市）的近千名文化志愿者开展系列服务活动，活跃了边疆人民的精神文化生活。“县级数字图书馆援疆行动”圆满完成，新疆175个县级图书馆全部具备了数字图书馆服务能力。

（五）群众文化活动品牌化建设深入开展

命名528个“中国民间文化艺术之乡”，推动了民间文化艺术的繁荣发展。各地群众文化活动热火朝天，人民群众参与文化活动的内容更加丰富、途径更加便捷。吉林省连续4年把农村文化大院建设和“送戏下乡”纳入年度民生实事项目加以推动，已累计新建农村文化大院4000个，送戏下乡演出1.1万场，观众超过1000万人次。辽宁省举办了首届群众文化节，各类群众文化活动540余项，送戏下乡2000场，参与的群众文化骨干及专业艺术工作者20万余人，受益群众1000余万。江西省创新开展农村文化活动，下乡演出1.4万余场，开展赛歌会、健身、游艺比赛等活动1万多场次，参与群众近2000万人次。宁波打造“天然舞台”、“天一讲堂”、“天下汇”等公共文化系列服务平台，全年举办展览300多场、讲座400多场、培训3000多场、文化活动5000多场，深受基层欢迎。

（六）老年人、未成年人、残疾人、农民工等特殊群体的文化需求得到重视

以农民工文化建设为重点，推进公共文化服务的均等化。印发《关于进一步加强农民工文化工作的意见》，切实将2.4亿农民工的文化服务纳入公共文化服务体系，帮助农民工融入城市文化生活。采取“演农民工、农民工演、农民工看”模式，组织“我们的节日”——群星奖优秀节目2011年春节慰问外来务工者文艺晚会和“温暖之春——2012年慰问全国农民工春节晚会”。第四届中国少年儿童合唱节和第十三届中国老年合唱节成功举办，形成了有影响力的群众文化活动品牌，人民群众参与文化活动的内容更加丰富、途径更加便捷。

四、营造良好的政策环境，促进文化产业蓬勃发展

认真贯彻落实国务院《文化产业振兴规划》，坚持在做大做强上下工夫，努力营造良好政策环境，大力扶持重点文化产业发展，搭建文化产业发展的公共服务平台，文化产业规模化、集约化、专业化水平不断提高。

（一）文化产业规划和政策得到加强

《文化部“十二五”时期文化产业倍增计划》编制工作基本完成，明确了“十二五”时期文化系统文化产业的指导思想、发展思路、发展目标、重点行业、主要任务、保障措施。推动特色文化产业发展工程纳入国家“十二五”服务业发展规划。紧抓新一轮西部大开发的有利时机，推动将西部文化产业有关门类纳入《西部地区鼓励类产业目录》，目录范围内文化企业在2020年以前可享受减按15%的税率征收企业所得税等相关优惠政策。推动出台了《动漫企业进口动漫开发生产用品免征进口税收的暂行规定》，进一步为有关动漫企业减轻税负。

（二）文化产业投融资渠道不断拓宽

首次将文化企业的保费补贴纳入专项资金支持范围，全年共为各地145个文化产业项目提供总计约5亿元的中央文化产业发展专项资金扶持。进一步深化部行合作机制，目前通过部行合作机制完成的重点文化企业信贷项目68个，涉及金额188.91亿元，贷款余额97.32亿元。印发《文化部关于推进文化企业境内上市有关工作的通知》，鼓励和推荐一批符合条件的文化企业上市融资。联合保监会共同发布了第一批试点保险产品和试点保险机构，保险业支持文化产业顺利起步。

（三）园区基地的引导示范作用不断加强

文化部命名了第三批两个国家级文化产业示范园区和四个试验园区，评选出十大最具影响力国家文化产业示范基地，有效发挥了骨干企业的示范作用。面向园区、基地征集一批重大文化科技和文化产业项目，向有关部委积极推荐。国家动漫产业综合示范园（天津）和中国动漫游戏城（北京）建成开园。经中央批准在中国文化艺术政府奖中增设动漫奖，开展首届动漫奖和国家动漫精品工程的评选活动，与天津市政府联合举办中国动漫产业发展成果展，集中展示了“十一五”以来中国动漫产业发展的巨大成就。

（四）文化产业交易平台和公共服务平台建设成效明显

成功举办各类展会，文化产业交易与合作平台作用日益突显。第七届中国(深圳)国际文化产业博览会总成交额突破1200亿元，第六届北京文博会共签署各类协议总金额786.85亿元，再创历史新高。开发“文化企业金融服务在线办理系统”，改版“文化产业投融资公共服务平台”，建立文化产业信息通信员制度，文化产业公共信息服务平台进一步完善。加强了对现有13个国家级动漫公共技术服务平台的引导和管理，公共服务水平得到明显提升。

（五）发挥各地独特优势，特色文化产业建设取得初步成效

云南省评选了第三批50个“文化惠民”示范村，示范村总数已达124个，基本覆盖全省，为以文化产业发展推动农村产业结构调整、实现“文化富民”

探索了有效途径。西藏实施特色文化产业群培育工程，大型原生态歌舞《幸福在路上》创收500多万元，文化企业培育效果初步显现。青海积极搭建平台扶持民族特色工艺品业发展，在青洽会等大型展会活动中各类工艺品签约金额近5000万元。

五、服务水平和监管能力不断提高，文化市场发展更加规范有序

坚持加强规范与促进发展并举，不断提高文化市场服务水平，加强文化市场监管能力，统一开放竞争有序的市场体系逐步形成。

（一）对各类文化市场的扶持引导和规范管理不断加强

针对文化产权交易所投资过热现象，研究和规范文化资产和艺术品交易，文化部参与起草《国务院关于清理整顿各类交易场所切实防范金融风险的决定》，印发《文化部关于加强艺术品市场管理工作的通知》，禁止艺术品类证券份额交易，遏制市场投机炒作风气，开展艺术品企业备案登记工作和诚信画廊评选推广活动，引导艺术品市场诚信经营。鼓励"严肃游戏"发展，推动建立游戏评论机制，促进网络游戏的健康发展。全面实施"网络游戏未成年人家长监护工程"，切实加强对未成年人的保护。制定政策与标准，对娱乐场所、音乐节庆活动、票务公司等进行规范。继续简化和规范行政审批，进行边境演出审批下放试点。不断拓展演艺业内涵与外延，开展网络演出管理试点工作，选择4个地区、13个企业作为试点，逐步推动网络与演出融合。联合国家旅游局启动文化旅游实验区评选工作，继续推进文化与旅游结合。

（二）文化市场监管进一步加强

召开全国农村文化市场管理工作经验交流会，积极探索农村文化市场监管模式，推动形成以县（区）为主导、以乡镇（街道）为依托、以村组（社区）为点线的农村文化市场管理新格局。建立网络文化市场执法协作机制，进一步加强了地区之间的执法协作，完善了突发事件应急处置机制。建党90周年文化市场专项保障行动顺利完成，文化市场知识产权保护专项执法行动成效显著，严厉查处淫秽色情低俗演出活动，分批次清理整治网络音乐市场，坚决清理低俗宣传推广或含有暴力等内容的网络游戏，重点督查督办了一批群众反映较为强烈、违法经营行为较为突出的典型案件为净化文化市场发挥了重要作用。12318全国文化市场举报系统正式启用，综合执法办公系统顺利推广应用，为全面启动系统建设打下了坚实基础。开展文化市场政策评估，对于修订政策法规、完善行政管理具有开创性意义。

（三）采取有效措施促进文化产品和要素的合理流动

鼓励扶持现代流通组织和流通形式，票务连锁、演出院线、连锁网吧等发展势头良好。扶持重点行业组织和中介机构建设，指导网页游戏规范自律联盟、网络音乐发展联盟等充分发挥行业协会在培育市场主体、倡导企业自律、打造服务平台中的积极作用。

六、遵循文物工作的特点和规律开拓创新，文物保护工作取得重要进展

围绕"文物本体保护好、周边环境整治好、经济社会发展好、人民生活改善好"的目标，按照"夯实基础、强化管理、服务社会、改善发生"的思路，积极推进文物保护和考古事业创新发展，呈现出许多亮点。

（一）文物普查工作取得突破

近5万名普查人员历时5年最终完成第三次全国文物普查，共登记不可移动文物近77万处，其中新发现不可移动文物53万余处，基本廓清了全国不可移动文物的家底。一大批具有重要历史、艺术、科学价值的工业遗产、乡土建筑、20世纪遗产、文化线路、文化景观等新型文化遗产被纳入文物保护范畴。文物调查与数据库管理系统建设全面完成，国有可移动文物普查试点全面展开。第七批全国重点文物保护单位评选工作顺利完成。

（二）国家大型基本建设工程中文物保护工作和重大文物保护工程顺利实施

南水北调、三峡工程、西气东输等国家大型基本建设工程中的文物保护和考古工作成效明显。四川、青海、云南等地灾后文物抢救保护工程扎实推进，都江堰古建筑群、藏羌碉楼等237项汶川灾后问屋抢救保护工程顺利竣工。西藏文物、涉台文物、山西南部早期建筑、承德避暑山庄及周围寺庙、长城等重大文物保护工程有序开展。援助柬埔寨二期茶胶寺、中共六大会址等涉外文物保护工程进展顺利。"南海Ⅰ号"、"南澳Ⅰ号"等水下文物考古和保护工作持续推进，鄱阳湖、丹江口库区和天津、辽宁、山东及宁波的水下考古调查工作顺利启动，国家水下文化遗产保护武汉基地和福建基地正式挂牌成立。

（三）大遗址保护和国家考古遗址公园建设成效显著

推进省局合作共建工作，探索文物保护管理体

制和机制创新，提高考古遗址公园的展示和利用水平，郑州商城、汉长安城等大遗址保护和考古遗址公园建设卓有成效，文物保护的综合社会效益显著增强。

（四）申遗工作扎实推进

杭州西湖文化景观申遗成功，元上都遗址、大运河、哈尼梯田、丝绸之路跨国申遗工作有序开展。

（五）博物馆建设进一步加强

全国博物馆总数达到3415座，年增博物馆395座，年接待观众5.2亿人次，大中小学生及农民工、城镇低收入群体参观博物馆人数明显上升。

（六）文物保护科技工作不断推进

“中华文明探源工程”、“指南针计划”、数字博物馆建设、标准化工作、可移动文物保护、科技成果转化等取得重要进展。

（七）文物安全工作成效显著

全国博物馆安全专项检查、全国重点文物保护单位防雷安全专项检查和安全状况摸底调查、水下文化遗产联合执法机制建设等深入开展，打击文物犯罪专项行动成果丰硕。

（八）文化遗产宣传深入开展

国际古迹遗址日、国际博物馆日和中国文化遗产日等宣传活动丰富多彩，水下文物、西藏文物等重点文物保护宣传活动有声有色，引起了社会广泛关注。

七、学习贯彻《非物质文化遗产法》，非物质文化遗产保护传承工作又上新台阶

全面宣传贯彻《非物质文化遗产法》，强化名录保护和传承机制，加强非物质文化遗产抢救性保护、整体性保护和生产性保护，非物质文化遗产保护的各项基础性工作扎实开展，一些关键环节上有了新进展、新成效。

（一）非物质文化遗产法宣传贯彻成效显著

2011年2月，全国人大通过《非物质文化遗产法》，开启了我国非物质文化遗产保护工作的新篇章。配合《非物质文化遗产法》颁布出台，组织召开了贯彻实施《非物质文化遗产法》座谈会，印发了《文化部办公厅关于宣传贯彻〈非物质文化遗产法〉的通知》，配合全国人大编印了《非物质文化遗产法律指南》，翻译《非物质文化遗产法》少数民族语言版本，举办培训班1932期（次），培训人员90370人。各地积极开展形式各样的普法宣传和非物质文化遗产展览展示活动，在社会上掀起了新一轮非物质文化遗产保护的热潮。

（二）国家级非物质文化遗产名录项目保护与管理进一步加强

第三批191项国家级非物质文化遗产名录经国务院批准公布，印发《关于加强国家级非物质文化遗产代表性项目保护管理工作的通知》，明确提出了国家级名录项目和保护单位的“退出机制”，实行动态化管理。中国非物质文化遗产数字化保护工程一期项目通过验收。

（三）非物质文化遗产整体性保护扎实推进

新设立了大理白族文化生态保护实验区和迪庆民族文化生态保护实验区，印发《文化部关于加强国家级文化生态保护区总体规划编制工作的通知》，加强对总体规划编制的指导，《热贡文化生态保护区总体规划》和《徽州文化生态保护区总体规划》已经批准同意实施。召开国家级文化生态保护区建设现场交流会议，对近年来文化生态保护实验区建设工作进行了阶段性总结，厘清了文化生态保护区建设的根本目标、基本思路和主要任务。

（四）非物质文化遗产生产性保护进一步推进

文化部委托中国社会科学院进行广泛深入的调查研究，形成了《中国非物质文化遗产生产性保护现状及扶持政策调研报告》，为指导非遗生产性保护提供了重要的参考。命名公布了第一批41个国家级非物质文化遗产生产性保护示范基地，树立了开展非物质文化遗产生产性保护的典型。研究起草了《关于加强非物质文化遗产生产性保护的指导意见》，引导、规范各地的非物质文化遗产生产性保护工作。各地也在积极探索生产性保护的有效模式。

（五）非物质文化遗产宣传展示活动影响广泛

第三届中国成都国际非物质文化遗产节成功举办，286项活动荟萃了国内外1900多个非物质文化遗产项目，免费向公众开放，将非遗节融入群众文化生活，成为游客和民众共享的文化节日。重大传统节日和“文化遗产日”活动丰富多彩，“我们的节日——百名非物质文化遗产项目代表性传承人迎春展示活动”、“我们的精神家园·中国非物质文化遗产摄影大展”、“根与魂·中国非物质文化遗产展演”等活动深受好评，扩大了社会对非物质文化遗产的认知度和关注度。

（六）联合国教科文组织非物质文化遗产名录项目的申报工作进展显著

中国皮影戏入选“人类非物质文化遗产代表作名录”，赫哲族说唱艺术伊玛堪被列入“急需保护的非物质文化遗产名录”，目前我国以36项名录成为世界上入选项目最多的国家。

（七）古籍保护和清史纂修工作取得积极进展

第四批国家珍贵古籍名录及全国古籍重点保护单位申报工作顺利开展。清史稿件评估和审改工作不断加强，清史编纂平台建设全面启动，档案文献成果已出版图书25种66册，总计3000余万字。

八、对外及对港澳台文化交流向全方位、多领域、深层次发展，中华文化的国际影响力不断扩大

坚持“走出去”和“引进来”两手抓，以“对外文化工作部际联席会议”制度，以及通过“驻外文化处（组）、文化中心负责人年会”、“全国文化厅局外事工作座谈会”和“文化部直属机构文化走出去座谈会”形成的协调机制等“四大机制”为基轴，充分调动中央与地方、政府与民间、国内与国外等各方文化资源，以“‘文化中国’工程”、“海外中国文化中心建设工程”、“对外文化贸易促进工程”和“港澳台中华文化传承工程”为引擎，打造“全国内外一盘棋”的文化交流新格局，全面推动新时期对外及对港澳台文化工作向纵深发展。

（一）文化外交活动的意义与作用日益凸显

与近20个国家签署新的文化交流与合作执行计划，确立了中美、中俄、中哈等国家级文化交流合作机制。落实胡锦涛主席访美重要成果，推动“中美人文交流高层磋商机制”务实发展，在美国启动了“中国文化系列活动”。成功举办澳大利亚、意大利、尼泊尔“中国文化年”及“2011中日合办动漫节・影视周”等国家级重大文化活动，在非洲地区举办“2011中国文化聚焦”，进一步扩大对非文化交流，加深传统友谊，加强战略合作，有力地配合国家对外战略和重大外交活动，对外文化关系得到全方位巩固与深化。

（二）文化对话不断深入

在以色列和美国宣讲当代中国的“和平发展”道路，得到国际社会的积极回应，中华文化价值与魅力得到彰显。通过举办中欧文化高峰论坛、中国—东盟、上合组织会议等国际多边活动，在思想领域、价值观念等深层领域进行交流与碰撞，进一步创新、发展和深化了对外文化交流渠道与模式，促进了不同思想文化对话，表达了共同维护世界文化多样性、共建人类精神家园的美好愿望。

（三）文化交流品牌活动影响扩大、创新能力增强

“欢乐春节”共有65个项目在63个国家和地区展开，规模与影响进一步扩大。目前文化部与地方联合举办的国家级对外文化交流品牌活动已有22个。随着近年来文化创意产业和动漫游戏的兴起，对外交流品牌创新意识不断增强，一批新型文化业态的交流品牌正在形成。

（四）海外中国文化中心建设扎实推进

9个文化中心共举办文化活动近800起，在传播中华文化、树立国家形象、提升中国文化软实力方面做出了重要贡献。泰国中国文化中心完成主体施工，俄罗斯、西班牙中国文化中心相继装修改造，新加坡中国文化中心优化了设计方案，蒙古、墨西哥、加拿大、斯里兰卡等中国文化中心落实选址。

（五）促进文化贸易各项配套服务措施进一步完善

依托驻外使领馆，加强中国文化产品和服务“走出去”信息收集、数据统计，信息统计工作系统化、规范化水平得到提升。制定了《文化部推动杂技“走出去”实施规划》。首个国家级对外文化贸易基地在上海揭牌，首次召开全国文化系统对外文化贸易工作会议。在胡锦涛主席与奥地利总统菲舍尔的见证下，中国对外文化集团公司与奥地利维也纳控股有限公司等建立了长期合作关系。

（六）央地合作机制成效显著

注重发挥对外文化工作“四大机制”的统领作用，统筹协调各方资源，特别是2011年利用海外中国文化中心主导性平台优势，推动9个省（区、市）开展年度对口合作，极大地调动了地方的积极性、主动性和国内外的创造性。另外，央地合作在对外文化交流和宣传、对外文化贸易的推广以及港澳台中华文化传承等工作领域，也充分发挥了地方文化资源优势，丰富和充实了合作内容，央地合作模式日趋成熟。

（七）海峡两岸及港澳地区中华文化大交流格局初步形成

召开了2011年对港澳文化工作研讨会，明确了“十二五”期间对港澳文化交流的总体目标和任务。利用内地文化资源，发挥传统节日的独特作用，成功举办第十二届“香江明月夜——大型中秋晚会”、“根与魂——中国非物质文化遗产展演”等活动，增强了港澳同胞的文化认同。两岸高层互访更加频繁，2011年经文化部批准的两岸文化交流项目约2900起，11000人次。“山水合璧——黄公望与富春山居图特展”在台北故宫博物院隆重举办，成为两岸同胞共享中华文

化瑰宝、共同弘扬中华优秀传统文化的一大盛事。

九、文化科技创新取得重大突破，艺术科研和艺术教育关注文化发展和社会现实

牢牢把握文化与科技融合发展的时代机遇，充分发挥科技创新的引擎驱动作用，艺术科研的理性应对作用，艺术教育的人才保障作用，文化科教工作成效显著。

（一）文化与科技融合工作取得重大进展

与科技部签署了两部工作会商制度议定书，《文化资源数字化关键技术及应用示范》、《文化演出网络化协同服务及应用示范》两个项目被确立为2012年度国家科技支撑计划项目，着重解决文化发展中的突出科技问题。

（二）国家文化科技提升计划、文化部科技创新项目、国家文化创新工程扎实推进

加强对本部门科技创新工作的引导、管理和策划，国家文化科技提升计划、文化部文化科技创新项目、国家文化创新工程等3个部级项目各有侧重，齐头并进，立项《提升陶瓷产品文化创意价值研究》等56个，验收结项《新兴城市文化建设中的科技自觉》等19个。

（三）文化标准化工作步伐不断加快

印发《文化行业标准化工作管理办法（暂行）》，填补了文化行业标准化工作无管理规定的空白。完成全国动漫游戏产业标准化技术委员会的组建筹备工作。首次设立文化行业标准化研究项目，《公共文化服务促进社会管理服务指南》等被批准立项。颁布实施了《舞台灯光系统工艺设计导则》等7项文化行业标准。

（四）加强规划和导向，引领艺术科研关注文化发展和社会现实

抓住艺术学升格为独立学科的重大机遇与转折，深入探讨艺术教育和艺术科研进一步发展。编制出版《全国艺术科学“十一五”研究状况及“十二五”发展趋势调研报告》，发布《全国艺术科学研究“十二五”（2011～2015年）规划》，课题立项工作着重突出导向性、现实性和针对性，关注文化热点问题研究，推出《中国特色社会主义文化理论研究》、《弘扬节日文化研究》、《中国网络文化产业现状、发展趋势及对策研究》等一批重要成果，为党和政府决策提供参考。

（五）艺术教育取得新的进展

“我的音乐厅——外国经典音乐欣赏”项目正式启动，共遴选出649首曲目。艺术院校共建和艺术职业教育管理进一步推进，全国社会艺术水平考级管理工作得到规范和调整，人民群众的艺术素养不断提升。

十、坚持“人才兴文”，文化人才队伍建设稳步推进

大力贯彻中央提出的人才资源是第一资源的战略思想，加快培养造就德才兼备、锐意创新、结构合理、规模宏大的文化人才队伍，整个文化系统人才队伍建设呈现出蓬勃向上的良好风貌。

（一）领导班子和领导干部队伍建设进一步加强

坚持正确的用人导向，严格执行干部任用条例，认真做好干部选拔任用工作，选好配强各级领导班子，进一步优化领导班子结构。深化干部人事制度改革，加大差额选拔干部工作力度，在机关司局级非领导职务和驻外局级文化参赞选拔上实行差额推荐，组织开展直属单位经营管理干部和人才的遴选和培养。切实加强干部管理监督，实行新的领导班子和领导干部考核办法，研究制定文化企业领导班子和领导干部管理办法，加强对直属单位干部人事工作的检查指导。推进干部下基层挂职锻炼，开展机关干部人事工作调研，广泛征求机关干部意见，积极推动干部工作信息公开，努力提高组织工作满意度。

（二）机关公务员队伍和驻外干部建设卓有成效

坚持民主、公开、竞争、择优的原则和以人为本的服务理念，以优化公务员队伍结构、增强队伍活力为目标，进一步完善公务员考试录用、选拔任用、考核评价、激励约束机制，机关公务员队伍建设不断加强。组织开展了第14、15次处级领导干部竞争上岗工作，增强了处级领导干部队伍的活力，优化了年龄结构。积极研究文化外交队伍建设战略性规划，向中央及有关部门提出适应新形势新任务需要的文化外交队伍建设的思路建议，以“忠诚教育”为重点，加强政治建设、业务建设和能力建设，驻外干部队伍整体素质得到明显提升。

（三）专业人才队伍建设取得新的突破

着手研究文化名家工程、三区人才支持计划（边远贫困地区、边疆民族地区和革命老区人才支持计划）和非物质文化遗产项目代表性传承人扶持计划三大人才工程，推动建立国家文化艺术荣誉制度，文艺评奖工作进一步规范，人才评价机制不断完善，强调专家服务职能，加强人才推荐和选拔，专业人才队伍建设得到强化。

（四）干部培训工作向纵深发展

对新任处长、地市文化局长、西藏文化管理干部、全国少数民族文化干部、西部文化产业经营管理人才等各类人才进行培训，加强培训规划、提高培训质量、拓宽培训范围，形成了一系列培训品牌。举办了新任处长培训班、地市文化局长培训班等一系列主体培训班次，着力打造培训品牌。举办了文化部第二期西藏文化管理干部民族团结培训班、文化部第二期全国少数民族文化干部培训班、西部文化产业经营管理人才培训班等，有力地支援了边疆和民族地区文化建设。

十一、全面推进各项保障工作，为文化建设营造良好环境

坚持围绕中心，服务大局，按照法治政府、服务型政府的要求，不断推动政府职能实现三个转变，加强规划、法制、政策研究工作，积极争取经费投入，提高行政效能，做好后勤服务，为文化事业发展提供强有力的制度保障、资金保障、行政和后勤保障。

（一）规划和政策研究工作不断加强

规划编制工作基本完成。贯彻落实十七届六中全会的总体要求和工作部署，与《国家“十二五”时期文化改革发展规划纲要》相衔接，制定了《文化建设“十二五”规划》。在公共文化服务、文化遗产保护、文化产业、对外文化交流等重要领域均制定了专项规划，推动在国家级区域性规划中增强文化工作的比重，和广西、云南等省（区）加强合作，起草了《文化部关于支持广西文化建设的意见》、《文化部、云南省人民政府关于加快云南桥头堡文化建设合作协议》等，使之成为文化领域规划体系的重要组成部分，基本形成了相互配套、比较完备的规划体系。围绕文化建设的重点难点问题，各级文化行政部门组织开展文化部重点调研项目，形成了一批有针对性、前瞻性、操作性的优秀调研成果，为文化宏观管理和决策提供了坚实的基础和重要的参考。

（二）文化法制建设取得可喜进展

非物质文化遗产法颁布实施，成为加强文化立法、完善中国特色社会主义法律体系的重要环节。立法规划更加科学合理，公共图书馆法、古籍保护条例、文化市场综合执法管理办法、文化馆管理办法、文化统计管理办法、境外组织和个人在境内开展非物质文化遗产调查管理办法、娱乐场所管理办法等立法工作顺利推进。部门规章和规范性文件清理工作顺利完成，向社会公告现行有效规章26件，规范性文件149件。行政强制法专项清理工作和行政审批项目清理工作进展顺利。大力推进依法行政，实施特聘法律咨询专家制度、文化部常年法律顾问制度、开展知识产权保护研究基地试点工作等，均取得良好效果。法制宣传深入开展，树立了立法过程就是最好的普法过程的新理念，制定了《文化系统法制宣传教育第六个五年规划》，“文化与法治”法学名家系列讲座效果良好。

（三）文化经费投入稳步增长

2011年，共落实文化部部门预算38.78亿元，比2010年增加5.78亿元，增幅为18%。落实中央财政补助地方专项资金总额35.97亿元，其中以实施全国美术馆、公共图书馆、文化馆（站）免费开放为依托，安排基层公共文化服务体系保障经费18.22亿元。落实文化部转企改制单位国有经营预算3.68亿元。推动财政部在“十二五”期间中央彩票公益金中安排文化部32.5亿元预算资金，进一步拓宽了经费来源渠道。国家发展改革委在“十二五”期间实施全国地市级公共文化设施建设规划和中等艺术职业学校设施建设项目，计划安排中央预算金近70亿元。加强制度建设，创新工作手段，预算编制和执行工作进一步加强，财务监管的科学化水平进一步提高。实行“文化系统统计能力建设工程”，编印了文化系统第一本公开发行的统计分析报告，文化系统统计工作时效性和针对性不断增强。

（四）新闻宣传工作力度不断加大

坚持团结鼓劲、正面宣传为主的方针，围绕文化部中心工作，组织媒体开展了大量报道，不断提高文化新闻宣传的覆盖面和影响力，充分展示文化改革发展的成果，文化工作社会影响不断扩大，为文化大发展大繁荣和党的十七届六中全会胜利召开营造了良好的舆论氛围。重大文化活动新闻宣传工作指导小组工作机制不断完善发展，文化部与新闻媒体的沟通合作机制不断健全。全年共召开新闻发布会、通气会37次，组织记者集中报道36次，接待媒体来函约稿、采访90次，协调部领导接受媒体专访、约稿共20多次（篇），许多专访和署名文章社会反响强烈。仅10月份，《人民日报》、新华社、中央人民广播电台等9家中央主要媒体就刊（播）发文化新闻报道420余篇（条）。中央电视台《新闻联播》栏目几乎每隔1～2天就有1条关于文化改革发展的报道。《人民日报》、《光明日报》、《经济日报》等多次将文化新闻作为头版头条、开辟文化专栏或进行整

版报道，推出了一批重点报道和评论，中国文化报社积极落实文化部党组关于学习贯彻六中全会精神的安排部署，开展形式多样的宣传报道，为文化建设营造了良好的舆论氛围。共编发《文化要情》140期、《文化信息》128期、《文化通报》46期、出版《舆情信息》30期，编发各地、各司局、各直属单位信息近500条，发送各类信息刊物近10万份，文化信息的参考咨询作用不断提高。文化部门户网站进行第四次改版，增设了全国文化信息联播等栏目，扩大了重要新闻首发量，社会影响力显著增强。

（五）机关政务工作扎实推进

加大中央领导同志批示督办力度，促进重点工作的落实。设立文化部信息中心，文化电子政务建设迈出新步伐。及时公布“三公经费”情况，政务信息公开工作取得新进展。扎实开展党团工会工作，创建和谐机关，增强了凝聚力。积极开展离退休干部工作，组织老干部参加各种政治活动，关心老干部的生活，积极落实老干部医疗待遇，开展形式多样的学习活动和文体活动，文化部老年大学蓬勃开展，切实做到“让党放心、让老干部满意”。积极创新思路，各项后勤保障工作稳步推进。围绕春节、两会、国庆等特殊时期，周密部署，确保我部安全稳定工作万无一失。顺利完成住房配售工作，改善了机关职工的居住条件。成功组织部机关职工及家属1000多人分批休假，顺利完成部机关在职和离退休人员868人的健康体检，为推动文化建设提供了强有力的保障。

十二、进一步加强机关党建和反腐倡廉建设，为文化工作提供政治和纪律保障

坚决贯彻中央的总体要求，结合文化部实际，不断加强和改进党建工作，扎实推进机关党的建设和反腐倡廉建设，为文化建设营造了昂扬向上的浓厚氛围和风清气正的良好风气。

（一）党员干部思想理论武装不断加强

各级党组织把学习胡锦涛总书记“七一”讲话和党的十七届六中全会精神与学习型党组织建设、为民服务创先争优活动和业务工作结合起来，通过学习提升文化发展和党建工作的科学化水平，实现学习和工作有机结合。以文化部网站和《中国文化报》为依托，以文化部党建在线为主阵地，以各类宣传栏为基础，广泛深入宣传十七届六中全会精神和文化系统学习贯彻情况。

（二）创先争优活动深入开展

文化部以学习杨善洲同志先进事迹和身边先进典型为抓手，召开7次学习座谈会，编印学习读本万余册，在《中国文化报》开辟专栏，举办演讲比赛和岗位竞赛等，促进文化系统向杨善洲同志学习、向身边先进典型学习，争当创先争优的模范。

（三）学习型党组织建设活动持续开展

积极开展各类培训和丰富多彩的活动，推动学习型党组建设活动不断深入。“先进文化、和谐文化、廉政文化”主题读书活动等成功举办，形成了青年学习品牌。以两级培训的方式，共培训党员2000余名，以及大批工会干部和团干部。以建党90周年为契机，以“歌颂祖国歌唱党”为主题，广泛开展学党史、演经典、歌咏比赛等系列活动，使党员的党性、党风、理想信念教育和党组织建设不断加强。发挥全国文化系统党建研究会和思想政治工作研究会的作用，围绕建党90周年开展调查研究，形成了一批有特色的研究成果。

（四）党风廉政建设和反腐败工作取得新成效

健全反腐败工作领导体制和机制，文化行政部门惩治和预防腐败体系建设不断加强。配合中央纪委命名国家博物馆为全国廉政教育基地，出版《廉政文化论集》。加强对干部选拔任用、文艺评审评奖、基建工程招投标、政府采购工作的监督，有效防止不廉洁行为。开展公务用车、“小金库”、党政干部公款出国（境）等专项治理，庆典、论坛、研讨会清理整顿工作，取得阶段性成果。处理好群众来信来访工作，严肃查处违纪违法案件，确保形成风清气正的良好环境。举办首次全国文化系统纪检监察干部业务培训班，55名纪检监察干部参加了集中培训，提高了业务工作能力。

（五）行业作风建设不断加强

召开了全国文化系统行业作风建设工作座谈会，全面部署文化系统加强行业作风建设工作。对党员干部的思想教育和作风整顿不断加强，开展对作风建设情况的监督检查，加大治庸治懒治散力度，严肃查处铺张浪费、奢靡享乐、挥霍公款的行为。指导和推动行政审批行政执法窗口部门和公共文化服务窗口单位作风建设，进一步规范社团管理，加强文化系统社会组织反腐倡廉工作。积极推进文化系统政务公开、党务公开，促进接受群众监督。“三公经费”的支出控制和信息公布工作取得了良好的效果，经费管理工作得到加强。紧密联系转变政府职能，严格会议活动审批程序，加强会议活动的管理，规范公文报送，精简发文数量，大大提高了工作效率。

中国文化年鉴

Almanac Of Chinese Culture

文化政策法规

Cultural Policies and Regulations

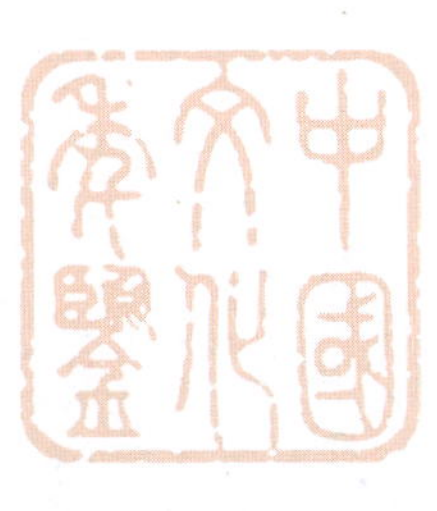

文化政策法规综述

2011年是承前启后、继往开来的重要节点，文化改革发展面临着前所未有的历史机遇。党中央高度重视文化建设，积极推动文化改革发展。7月1日，胡锦涛总书记在庆祝中国共产党成立90周年大会上发表了重要讲话，其中特别强调要继续大力推动社会主义文化大发展大繁荣，坚定不移发展社会主义先进文化，深化了人们对中国特色社会主义文化发展道路内涵的认识和理解，极大地激发和调动了广大文化工作者的积极性、创造性、主动性，增强了文化自觉，提高了文化自信。10月，党的十七届六中全会隆重召开，专门就文化改革发展作出研究与部署。这是党的历史上第一次以中央全会的形式深入研究文化建设的重大问题，第一次以全会决定的形式对文化建设作出重大战略部署。全会更加鲜明地提出了文化建设在中国特色社会主义事业总体布局中的重要地位，深刻分析了文化建设面临的国际国内形势，明确提出了坚持中国特色社会主义文化发展道路、建设社会主义文化强国的宏伟目标，标志着我国文化建设进入了一个繁荣发展的黄金时期。这些重大决策和部署，为当前和今后一个时期我国文化建设指明了方向，为进一步加快文化改革发展，更好地推动社会主义文化大发展大繁荣提供了强大的思想武器和精神动力。社会各界也更加关注文化改革发展，积极参与文化建设，文化自觉和文化自信不断增强。

一年来，文化系统深入贯彻党的十七大和十七届六中全会精神，按照党中央、国务院关于文化工作的重大部署，不断加强调查研究，建立健全各项文化政策，为推动文化建设提供了强大的政策保障，为推动社会主义文化大发展大繁荣、建设文化强国奠定了坚实基础。

一、关于文化发展规划的研究与制定

各级文化行政部门积极转变政府职能，以“十二五”规划编制为契机，加大了中长期规划的研究编制工作力度，逐步形成了比较配套的规划体系，明确了文化改革发展总体目标和基本思路。

为了使文化改革发展纳入国家的总体发展战略、纳入相关省区的经济社会发展规划，文化部积极参与《国家“十二五”时期文化改革发展规划纲要》和地区规划的编制。在《国家“十二五”时期文化改革发展规划纲要》编制过程中，努力反映文化领域的发展思路，并积极就国家文化改革发展的原则、目标、举措等提出意见和建议。同时，积极配合国家发展改革委区域性规划和行业性规划的制定开展研究，对《关于进一步促进贵州经济社会又好又快发展的若干意见》、《“十二五”老工业基地调整改选规划》、《关于支持云南省加快建设面向西南开放重要桥头堡的意见》、《关于支持河南省加快建设中原经济区的指导意见》等国家区域性和重要行业性规划的编制提出意见和建议，使文化在区域性规划中的地位作用更加突出，更加符合地区经济社会协调发展的需要，取得了良好的效果。

为了贯彻落实中央关于文化改革发展的重大决策部署，推动文化领域“十二五”时期各项工作开展，各级文化行政部门积极制定和完善国家和地方的“十二五”文化改革发展规划。文化部认真贯彻落实党的十七届六中全会精神，与《国家“十二五”时期文化改革发展规划纲要》相衔接，进一步修改完善《文化部“十二五”文化改革发展规划》。同时，积极推动各文化领域专项规划的研究制定，编制了《“十二五”公共文化服务体系建设规划》、《“十二五”公共图书馆发展规划》、《“十二五”时期文化产业倍增计划》、《海外中国文化中心发展规划（2011～2020年）》等，联合商务部等部门制定发布《服务贸易发展“十二五”规划纲要》，会同扶持动漫产业发展部际联席会议相关成员单位编制了《“十二五”时期国家动漫产业规划》。各地文化行政部门也积极制定完善本地区的文化改革发展规划。

为了加强对西部地区文化建设的支持，贯彻落实国务院办公厅《关于进一步支持广西经济社会发展的若干意见》、《国务院关于支持云南省加快建设面向西南开放重要桥头堡的意见》，起草了《文化部关于支持广西文化建设的意见》、《国家文化部、云南省人民政府关于加快云南桥头堡文化建设合作协议》，明确了推动这些地区文化改革发展的基本原则和主要举措。

二、关于文化体制改革政策的研究与制定

文化部坚持深化文化体制改革和完善保障体系并重，深化体制改革和激发广大文艺工作者积极性并重，以一般国有文艺院团转企改制为中心环节，以完善配套政策为杠杆，推进文化事业单位改革重点任务取得新的突破。

为加快推进国有文艺院团体制改革，2011年5月，文化部会同中宣部联合下发了《关于加快国有文艺院团体制改革的通知》（文政法发〔2011〕22号），确定了“转企一批”、“合并一批”、“划转一批”、“撤销一批”、“保留一批”的改革路径，下发了保留事业单位性质的院团名单。同时强调从资金、资产、设施设备、社保、人员分流安置等方面加大对国有文艺院团转制的政策扶持力度，要求各地结合实际，制定更具操作性、更加优惠的地方性政策，确保在2012年上半年完成改革任务。为进一步规范国有文艺院团转企改制工作，11月15日，印发《文化部办公厅关于做好国有文艺院团体制改革近期重点工作的通知》（文政法函〔2011〕2093号），要求各地深入贯彻党的十七届六中全会精神，加大组织领导和督促工作力度、加大政策落实工作力度、加大群众工作力度，明确要求各地不得自行确定“留事”名单或擅自决定将应转院团并入“留事”院团，并规定了院团划转为公益性保护传承机构或转入当地公益性事业单位的程序。

为贯彻落实党中央、国务院关于进一步深化事业单位人事制度改革的要求，11月，文化部印发了《关于进一步深化直属事业单位人事制度改革的通知》（文人发〔2011〕50号），要求各直属单位全面实施岗位设置管理，完善竞聘上岗制度，全面推行聘用制度，完善公开招聘制度，建立健全考核奖惩制度，健全领导人员选拔任用和管理监督制度，探索建立岗位绩效工资制度，加快推进收入分配制度改革，加快推进职称制度改革，为事业单位人事制度改革指明了方向，明确了任务。

三、关于公共文化服务体系建设政策的研究与制定

文化部坚持把公共文化服务体系建设作为首要任务，着力从加强公共文化基础设施建设、加强公共数字文化建设、实施文化惠民工程、创新公共文化服务管理体制和运行机制、提高公共文化服务水平和质量等方面制定和完善政策，为不断满足人民群众的基本文化需求提供政策支持。

为建立健全农村公共文化服务体系，满足农民群众的精神文化需求，推动社会主义新农村建设，文化部于3月下发了《关于加强村级文化建设的指导意见》（文社文发〔2011〕11号），以保障农民群众基本文化权益为宗旨，以提高农民素质、促进农村和谐、维护农村稳定为目标，要求加强村级文化阵地建设，推动公共文化资源配置向村倾斜，充分调动社会力量参与和支持村级文化建设，加强、扶持农村文化队伍的建设和发展，建立健全村级文化建设的保障机制，推动逐步形成“政府引导、群众主体、社会参与”的村级文化建设格局，夯实农村基层文化建设的基础，为社会主义新农村建设提供坚强的文化保障。

为了进一步加强公共数字文化建设，构建覆盖全社会的公共文化服务体系，文化部会同财政部于11月下发了《关于进一步加强公共数字文化建设的指导意见》（文社文发〔2011〕54号），要求进一步加大全国公共数字文化建设力度，以制度体系、网络体系、资源体系、管理体系和服务体系建设为着力点，构建海量分级分布式公共数字文化资源库群，重点实施文化共享工程、数字图书馆推广工程和公共电子阅览室建设计划三大公共数字文化惠民工程，在此基础上，广泛动员各方面力量，逐步拓展范围，带动数字美术馆、数字文化馆、数字博物馆、数字爱国主义教育基地等建设，大力整合汇聚非物质文化遗产、国有艺术院团、民间文艺社团等方面的数字化资源，力争建成内容丰富、技术先进、覆盖城乡、传播快捷的公共数字文化服务体系，为广大群众提供丰富便捷的数字文化服务，切实保障信息技术环境下公共文化服务的公益性、基本性、均等性、便利性。

为了切实保障农民工基本文化权益，丰富农民工精神文化生活，充分发挥文化在提升农民工素质、统筹城乡发展、促进社会和谐等方面的积极作用，8月，文化部会同人力资源和社会保障部、中华全国总工会联合下发了《关于进一步加强农民工文化工作的意见》（文社文发〔2011〕45号），对农民工文化工作机制和农民工文化经费保障机制的建设进行了规范，切实将2.4亿农民工的文化服务纳入公共文化服务体系，帮助农民工融入城市文化生活。该文件提出，要以公共文化服务体系建设为支撑，以城市社区、用工企业为重点，以社会力量为补充，加大政府对农民工文化工作的支持力度，采取明确常住地政府的主体责任、发挥公益性文化单位的骨干作用、推进重大农民工文化惠民工程建设等措施，逐步形成“政府主导、企业共建、社会参与”的农民工文化工作机制，推动农民工文化工作的规范化、制度化和常态化。

为深化美术馆、公共图书馆、文化馆（站）免费开放工作，充分发挥其保障公民基本文化权益、提高公民鉴赏能力的重要作用，文化部于1月印发了《关于推进全国美术馆公共图书馆文化馆（站）免费开放工作的意见》（文财务发〔2011〕5号），提出了美术馆、公共图书馆、文化馆(站)免费开放的阶段性步骤，对免费开放的基本文化服务项目和设施场地作出了明确规定，要求美术馆、公共图书馆、文化馆（站）加强规范化建设。这些举措对于吸引广大群众走进文化设施、共享文化发展成果，促进社会和谐稳定具有重要的意义。

为分类指导东、中、西部和城乡基层文化建设，推动公共文化服务体系建设科学发展上水平，5月，文化部、财政部联合发布了《关于公布第一批创建国家公共文化服务体系示范区（项目）名单的通知》（文社文发〔2011〕27号）。全国共有31个地市获得第一批国家公共文化服务体系示范区创建资格，47个地市获得国家公共文化服务体系示范项目创建资格。中央财政按照东、中、西部不同标准给予每个示范区资金补助和奖励。在深入推进创建工作的同时，文化部切实加强对示范区创建工作的管理，以办公厅名义下发了《关于加强创建国家公共文化服务体系示范区（项目）过程管理的有关规定》，从建立领导机制、加强经费管理和新闻宣传等方面做了具体规定，对示范区的创建和规范管理工作起到了积极的推动作用。

四、关于文化产业政策的研究与制定

文化部认真贯彻落实国务院《文化产业振兴规划》，坚持在做大做强上下工夫，努力营造良好政策环境，推动文化产业规模化、集约化、专业化水平不断提高，推动新兴产业和特色产业发展。

为了突破文化产业发展投融资难的瓶颈，文化部积极贯彻2010年出台的九部委《关于金融支持文化产业振兴和发展繁荣的指导意见》，出台了一系列操作性强、含金量高的政策文件。2011年4月，印发《关于推进文化企业境内上市有关工作的通知》（文产函〔2011〕440号），以推动文化企业充分利用资本市场进一步拓宽投融资渠道。该通知要求，要加快文化企业境内上市融资步伐，鼓励、扶持和引导一批成长性好、发展潜力大的优秀文化企业通过上市做大、做优、做强，不断提升我国文化产业的竞争力。各级文化行政部门要加强与本地区文化企业的联系，建立文化企业境内上市资源储备库；增强服务意识，帮助文化企业尤其是转企改制企业用足、用好各项促进企业发展的优惠措施，对上市资源储备库中文化企业给予重点指导；建立推荐机制，对于已进入实质性操作阶段的演艺、动漫、文化娱乐、游戏、文化会展、文化旅游、艺术品和工艺美术、艺术创意和设计、网络文化内容提供服务等文化企业进行重点推荐。5月，会同中国建设银行印发《关于贯彻落实支持文化产业发展相关工作的通知》（文产发〔2011〕28号），以进一步完善部行合作机制，在文化产业领域进一步开展深入合作。该通知明确提出，文化部与中国建设银行互为重要战略合作伙伴，文化部大力支持中国建设银行为文化企业提供金融服务，在政策保障和重点文化项目金融业务的协调等方面给予支持与协助；中国建设银行通过“文化悦民”综合服务方案，为文化部及其直属单位、地方各级文化部门、国内优质文化企业提供全方位、优质和高效的金融服务。

为发挥西部地区文化资源优势、扶持西部文化产业又好又快发展，文化部积极争取国家发改委支持，将西部文化产业有关门类纳入了《西部地区鼓励类产业目录》。被列入目录范围内的文化企业在2020年以前可享受减按15%的税率征收企业所得税等相关优惠政策。

为推进动漫等新兴文化产业的发展，增强动漫产业的自主创新能力，文化部积极推动有关政策出台。5月，会同财政部、海关总署、国家税务总局出台了《动漫企业进口动漫开发生产用品免征进口税收的暂行规定》（文产发〔2011〕34号），明确经认定的动漫企业在进口高端设备时免征进口关税及增值税；协调有关部门延续动漫营业税、增值税优惠，并首次将动漫版权转让收入予以3%的营业税优惠，进一步为有关动漫企业减轻了税负。9月，会同财政部、教育部、科技部、工业和信息化部于联合下发了《关于评选中国文化艺术政府奖首届动漫奖的通知》（文产发〔2011〕47号），以推动我国动漫艺术精品力作的涌现和优秀动漫人才脱颖而出。11月，会同财政部、国家税务总局联合下发了《关于公布2011年通过认定的动漫企业名单的通知》（文产发〔2011〕57号），以推动相关税收优惠政策真正落到实处。该通知要求，要确保符合条件的企业及已认定的企业都能享受到国家政策，同时严格把关，对企业提供材料的真实性、准确性进行认真核对，防止弄虚作假。12月下发了《关于公布中国文化艺术政府奖首届动漫奖评选结果的通知》（文产发〔2011〕58号），公布了中国文化艺术政府奖首届动漫奖获奖名单。

为规范文化产业基地园区的管理，提高文化产业的规模化、集约化、专业化水平，2月，文化部印发了《关于命名国家级文化产业试验园区的决定》（文产发〔2011〕8号）和《关于命名第三批国家级文化产业示范园区的决定》（文产发〔2011〕9号）。其中，前者命名了广东省广州北岸文化码头、黑龙江省黑龙江（大庆）文化创意产业园、湖南省长沙天心文化产业园区、河北省中国曲阳雕塑文化产业园4个国家级文化产业试验园区，以推动区域性特色文化产业群建设。后者命名了河南省开封宋都古城文化产业园区和上海市张江文化产业园区为第三批国家级文化产业示范园区。这两个文件的颁布，为充分发挥文化产业园区和区域性特色文化产业群的功能和效应起到了重要作用。

五、关于规范文化市场发展政策的研究与制定

文化部坚持加强规范与促进发展并举，制定出台了一系列促进文化市场规范管理、健康发展的政策文件，不断提高文化市场服务水平，增强文化市场监管能力。

为积极应对艺术品份额化交易问题，规范整顿艺术品交易，文化部积极参与起草《国务院关于清理整顿各类交易场所切实防范金融风险的决定》（国发〔2011〕38号），并在深入研究的基础上，于12月印发了《文化部关于加强艺术品市场管理工作的通知》（文市发〔2011〕55号），明确提出禁止艺术品类证券份额交易，遏制市场投机炒作风气；开展艺术品企业备案登记工作，摸清市场家底；开展诚信画廊评选和推广活动，引导一级市场诚信经营，倡导诚信行风，为艺术品交易的规范化奠定了基础。

为加强演出市场管理，规范演出市场秩序，针对部分地区存在色情低俗演出现象暴露出的当前演出市场管理不严、执法不力等问题，文化部于4月下发了《关于切实履行监管职责全面加强演出市场管理的通知》（文市发〔2011〕19号），要求各地深入排查薄弱环节，严厉查处违法演出活动，落实演出市场监管责任到位。为了应对新的演出业态、组织形式和经营方式对演出市场管理和执法工作提出的新要求，进一步完善和加强演出市场管理，促进演出市场的发展，文化部于8月下发了《关于加强演出市场有关问题管理的通知》（文市发〔2011〕37号），规范了音乐节等节庆类营业性演出活动的申报与运作，明确了演出票务经营单位的市场准入与监管制度，明确了演出场所经营单位的义务与责任。通知要求，文化行政部门要努力推动形成高效的演出市场运作机制与合理的演出市场定价机制；大力推进演出与网络、旅游等领域的深度融合，拓宽演出市场新空间；加强演出行业协会建设，制定行业自律规范，健全以演出经纪人为主体的演出从业人员资格认定和培训机制；进一步转变职能，提升服务水平和效率，规范和简化行政审批程序。

为加强网络游戏规范管理，巩固和深化企业与社会、家长与未成年人的互动机制，1月，文化部会同中央文明办、教育部、工业和信息化部、公安部、卫生部、共青团中央、全国妇联联合下发了《“网络游戏未成年人家长监护工程”实施方案》（文市发〔2011〕6号），要求自3月1日起，在网络游戏行业全面实施“家长监护工程”，加大对未成年人的保护力度。

针对我国网络文化市场存在的一些非法经营猖獗、产品内容低俗、监管不到位等问题，为充分整合执法资源，加大市场监管力度，规范网络文化市场秩序，8月，文化部印发了《关于建立网络文化市场执法协作机制的通知》（文市发〔2011〕37号），要求通过组建“网络文化市场执法协作小组”、强化网络文化市场日常巡查、加大网络文化市场案件查处力度、建立完善网络文化市场技术监管系统等措施，加强网络文化市场的管理，引导其健康发展。

为进一步深化文化市场综合执法改革，提高综合执法队伍执法能力和水平，文化部制定出台了一系列政策文件。1月，印发《文化部办公厅关于推广应用全国文化市场综合执法办公系统的通知》（办市函〔2011〕6号），在全国范围内推广应用综合执法办公系统，进一步提高执法效率和规范化水平。8月，印发了《关于进一步规范文化市场综合执法有关标志的通知》（文市发〔2011〕19号），进一步规范文化市场综合执法的标识和胸牌、车辆标志、培训证书的统一样式。9月，以办公厅名义印发了《关于印发〈文化市场综合执法培训师资管理暂行办法〉的通知》（办市发〔2011〕26号），为规范全国文化市场综合执法培训师资管理，建设一支高素质的培训师资队伍提供了政策依据。

六、关于非物质文化遗产和古籍保护政策的研究与制定

文化部以贯彻落实《非物质文化遗产法》为契

机，积极推动相关配套政策的研究制定，以推动非物质文化遗产保护传承和合理利用。8月，文化部下发了《关于加强国家级非物质文化遗产代表性项目保护工作的通知》（文非遗发〔2011〕38号），在非物质文化遗产代表性项目保护工作中的规划、研究、传承机制、教育宣传和环境保护等方面作了规定，对进一步完善国家级代表性项目的检查、监督、奖励和退出机制作出了具体规定。与此同时，还开展了推动非物质文化遗产的生产性保护方面的政策研究。

为了推动古籍保护工作更加深入、扎实地开展，1月，下发了《关于进一步加强古籍保护工作的通知》（文社文发〔2011〕12号），明确提出从7个方面开展18项重点工作，包括推进古籍普查，建立适时申报、分批评审《国家珍贵古籍名录》的工作机制；加强少数民族文字古籍保护工作，开展特色古籍的专项保护；多途径开展古籍专业人才队伍建设，提高工作队伍的整体素质；加强对全国古籍重点保护单位和国家级古籍修复中心的管理，做好珍贵古籍的保护与修复工作；加大法规建设与科研力度，促进古籍保护的制度化、规范化、科学化；加快海外古籍调查，加强国际交流与合作；推进古籍的开发利用，提高全社会的古籍保护意识。该通知的发布进一步完善了古籍保护制度。

七、关于文化领域人才队伍建设政策的研究与制定

为进一步提高全国文化干部教育培训科学化水平，培养造就一支政治上靠得住、工作上有本事、作风上过硬、人民群众信得过的高素质文化干部队伍，4月，文化部印发了《关于印发〈2011～2015年全国文化系统干部教育培训规划〉的通知》（文人发〔2011〕20号），明确提出了文化系统干部培训的总体目标和主要任务。该通知要求，要全面提高干部政治素质、业务水平、思想道德修养，对文化系统各级各类干部进行轮训，以重点培训工程为抓手，建设规模宏大、素质优良的文化党政人才队伍、文化经营管理人才队伍、文化艺术专业技术人才队伍、公共文化服务人才队伍、高技能文化人才队伍、文化科技人才队伍、文化外交人才队伍。建立健全与科学发展相适应，与文化干部队伍建设需要相适应，充满生机与活力的文化干部教育培训体系；深化干部教育培训改革，创新培训内容和方式，形成更具针对性、实效性和吸引力、感染力、凝聚力的教育培训模式。加快形成部省联合培训、区域合作培训、单位之间联合培训蓬勃开展，开放竞争、优势互补、充满活力的办学体制；建立完善组织调训为主、自主选学为辅，激励与约束相结合的运行机制；形成职责明确、制度健全、保障有力、效能显著的宏观管理体制。

文化法制工作综述

2011年是中国特色社会主义法律体系形成之年，文化法制工作迎来了前所未有的难得机遇。立法方面，《非物质文化遗产法》的颁布施行，标志着文化领域立法取得历史性突破。普法方面，《文化部关于在全国文化系统中开展法制宣传教育的第六个五年规划》下发，开启了普法工作的新局面。执法监督方面，出台了《文化市场综合行政执法管理办法》，文化市场综合执法改革顺利推进。文化部机关常年法律顾问制度得以建立，并印发了《文化部应诉工作管理规定》，对提高文化领域法制化水平起到了积极作用。

一、文化立法工作取得重要突破

（一）法律层面

《中华人民共和国非物质文化遗产法》于2011年2月25日由第十一届全国人大常委会第十九次会议审议通过，自6月1日起颁布施行。《非物质文化遗产法》共6章45条，各章分别为总则、非物质文化遗产的调查、非物质文化遗产代表性项目名录、非物质文化遗产的传承与传播、法律责任、附则等。这是继《文物保护法》颁布近30年来，文化领域的又一部重要法律，是完善中国特色社会主义法律体系，加强文化立法的重要里程碑。

《中华人民共和国刑法修正案（八）》决定，将刑法第三百二十八条第一款修改为：盗掘具有历史、艺术、科学价值的古文化遗址、古墓葬的，处3年以上10年以下有期徒刑，并处罚金；情节较轻的，处3年以下有期徒刑、拘役或者管制，并处罚金；有下列情形之一的，处10年以上有期徒刑或者无期徒刑，并处罚金或者没收财产：

（一）盗掘确定为全国重点文物保护单位和省级文物保护单位的古文化遗址、古墓葬的；盗窃珍贵文物或者造成珍贵文物严重破坏的；

（二）盗掘古文化遗址、古墓葬集团的首要分

子；

（三）多次盗掘古文化遗址、古墓葬的；

（四）盗掘古文化遗址、古墓葬。

4月22日，全国人民代表大会常务委员会通过了《关于进一步加强法制宣传教育的决议》，决定从2011年到2015年在全体公民中组织实施法制宣传教育第六个五年规划。《决议》要求，要深入学习宣传以宪法为统帅的中国特色社会主义法律体系，进一步增强法制宣传教育的针对性和实效性，进一步丰富法制宣传教育的形式和方法，完善法制宣传教育的组织领导和保障机制。

（二）法规层面

3月16日，国务院通过了关于修改《出版管理条例》的决定（国务院令第594号）。修改后的《出版管理条例》，共分总则、出版单位的设立与管理、出版物的出版、出版物的印刷或者复制和发行、出版物的进口、监督与管理、保障与奖励、法律责任、附则等9章共74条，更好地适应了世贸组织在文化贸易方面的相关规定。

3月19日，国务院通过了关于修改《音像制品管理条例》的决定（国务院令第595号）。修改后的《音像制品管理条例》，对音像制品出版、复制、批发、零售和出租等环节进行了规范，更好地适应了世贸组织在文化贸易方面的相关规定和国务院文化、新闻出版等部门“三定”职能有所调整的新形势。

11月13日，《国务院关于进一步做好打击侵犯知识产权和制售假冒伪劣商品工作的意见》（国发〔2011〕37号）发布。《意见》出台的背景是2010年10月至2011年6月，国务院部署开展了打击侵犯知识产权和制售假冒伪劣商品（以下简称打击侵权和假冒伪劣）专项行动，集中整治侵权和假冒伪劣突出问题，查办了一批大案要案，维护了公平竞争的市场秩序，增强了全社会的知识产权意识。然而，打击侵权和假冒伪劣是一项长期、复杂、艰巨的任务，需要建立健全长效机制。为此，《意见》从依法严厉打击侵权和假冒伪劣行为、建立健全打击侵权和假冒伪劣的约束激励机制、动员社会力量参与打击侵权和假冒伪劣工作、完善打击侵权和假冒伪劣工作的保障措施等四个方面提出了要求。

11月11日，国务院发布了《关于清理整顿各类交易场所切实防范金融风险的决定》（国发〔2011〕38号）。近年来，一些地区为推进权益（如股权、产权等）和商品市场发展，陆续批准设立了一些从事产权交易、文化艺术品交易和大宗商品中远期交易等各种类型的交易场所（以下简称交易场所）。由于缺乏规范管理，在交易场所设立和交易活动中违法违规问题日益突出，风险不断暴露，引起了社会广泛关注。《决议》的发布，对于防范金融风险、规范市场秩序、维护社会稳定起到了积极作用。

（三）规章和规范性文件层面

2011年，文化部出台的部门规章有《文化部关于废止部分规章和规范性文件的决定》（文化部令第50号）、《互联网文化管理暂行规定》（文化部令第51号）、《文化市场综合行政执法管理办法》（文化部令第52号）等，还发布了《文化部关于实施新修订〈互联网文化管理暂行规定〉的通知》（文市发〔2011〕14号）等配套文件。为了加强文化市场管理，促进文化产业发展，文化部发出了《文化部关于切实履行监管职责全面加强演出市场管理的通知》（文市发〔2011〕19号）、《文化部关于加强艺术品市场管理工作的通知》（文市发〔2011〕55号）、《文化部关于加强演出市场有关问题管理的通知》（文市发〔2011〕56号）等规范性文件。

9月7日，文化部办公厅印发了《文化部应诉工作管理暂行办法》（办政法发〔2011〕27号）。《办法》明确了机关内部各司局之间在行政和民事应诉工作方面的职责分工，明确了建立常年法律顾问制度的思路，对于加强文化部机关依法行政、依法办事的能力，提高文化部机关应诉工作管理水平有重要意义。至此，《文化部立法工作规定》、《文化市场综合行政执法管理办法》、《文化部行政复议工作程序规定》、《文化部应诉工作管理暂行办法》，以及《文化系统法制宣传教育第六个五年规划》等，共同形成了文化法制建设较为完整的制度体系。

二、执法监督工作顺利开展，成效显著

2011年，文化执法工作围绕中心、服务大局，以提高综合执法队伍能力和水平，加强文化市场监管为重点，坚持加强规范与促进发展并举，建设健康有序的文化市场环境。

截至2011年，全国综合执法改革已基本完成。全国地市级机构组建率达到98.5%，县区级机构组建率达到89.5%，省级文化市场管理工作领导小组组建率达到93.1%。综合执法队伍建设取得积极成效。发布了《文化市场综合行政执法管理办法》，在京召开了首次全国省级文化市场管理工作领导小组办公室负责人座谈会，组建了综合执法培训师资库，建

立完善网上平台并举办师资培训班，下发了《文化部关于进一步规范文化市场综合执法有关标志的通知》，加强文化市场综合执法形象建设。

2011年，进一步加强文化市场监管。开展建党90周年文化市场专项保障行动，下发《文化部关于开展建党90周年文化市场专项保障行动的通知》，重点清理演出、娱乐、出版物、网吧、网络音乐和网络游戏等市场，重点查处含有国家法律法规禁止内容的文化产品和有害信息，重点打击制售非法出版物、侵权盗版和色情低俗演出活动，重点整治非法文化产品生产制作源头、复制印刷环节、流通传播渠道和集中经营场所，进一步规范文化市场秩序。深入开展文化市场知识产权保护专项执法行动。根据国务院统一部署，自2010年10月至2011年6月，全国文化行政部门和文化市场综合执法机构共立案查处涉及知识产权案件5330件，涉案金额2796.3万元；移送司法机关案件162件，捣毁侵权制假窝点916个，罚没物品916万余件。切实加强演出市场和网络文化市场监管。下发《文化部关于切实履行监管职责全面加强演出市场管理的通知》，抽调各地网络文化市场执法业务骨干，组建“网络文化市场执法协作小组”，协助承担网络文化市场的日常巡查、执法协作及应急处置等工作。

三、法制宣传工作点面结合，务求实效

2011年，文化法制宣传工作拓展思路、注重实效，以队伍建设和方式创新为重点，不断夯实基础，提高文化建设的法制化水平。制定并下发了《文化部关于在全国文化系统中开展法制宣传教育的第六个五年规划》，确立了“围绕中心，服务大局；以人为本，服务群众；分类指导，注重实效；学用结合，普治并举；与时俱进，改革创新”的基本原则。“六五”普法规划中，文化系统学习和普及的法律法规包括：宪法及国家基本法律，与依法行政、文化体制改革、文化市场管理、对外文化交流密切相关的法律法规，以及公益性文化事业保障、文化产业促进、文化遗产保护等方面的法律法规。针对不同的普法对象，如县级以上政府文化行政部门、文化行政执法机构、文化事业单位、文化企业和文化经营者、文化社会团体和其他组织等，制定了不同的标准和要求。

在队伍建设方面，加大力度，在各地文化厅局、文化部各直属单位配备了文化法制联络员，并从中聘请特约研究人员，开展文化法制理论研究。同时，以文化部名义特聘法律名家为文化部咨询专家，确定文化部常年法律顾问制度，积极利用外脑为文化部决策工作服务。

在工作方式创新方面，以国家知识产权战略实施工作为抓手，探索“知识产权战略实施重点联系单位”制度。结合党的十七届六中全会精神，举办“文化与法治”法学名家系列讲座，并使之制度化。《非物质文化遗产法》的宣传工作为法律实施创造了良好氛围。

专　题

文化法规选编目录

法律

中华人民共和国非物质文化遗产法

（2011年2月25日第十一届全国人民代表大会常务委员会第十九次会议通过）

中华人民共和国刑法修正案（八）

（2011年2月25日第十一届全国人民代表大会常务委员会第十九次会议通过）

全国人民代表大会常务委员会关于进一步加强法制宣传教育的决议

（2011年4月22日第十一届全国人民代表大会常务委员会第二十次会议通过）

行政法规及法规性文件

国务院关于修改《出版管理条例》的决定

（国务院令第594号）

国务院关于修改《音像制品管理条例》的决定

（国务院令第595号）

国务院关于公布第三批国家级非物质文化遗产名录的通知

（国发〔2011〕14号）

国务院关于进一步做好打击侵犯知识产权和制售假冒伪劣商品工作的意见

（国发〔2011〕37号）

国务院关于清理整顿各类交易场所切实防范金融风险的决定

（国发〔2011〕38号）

部门规章及规范性文件

文化部关于废止部分规章和规范性文件的决定

（文化部令第50号）

互联网文化管理暂行规定

（文化部令第51号）

文化市场综合行政执法管理办法

（文化部令第52号）

文化部、中央文明办、国务院新闻办公室、教育部、工业和信息化部、公安部、卫生部、共青团中央、全国妇联关于印发《“网络游戏未成年人家长监护工程”实施方案》的通知

（文市发〔2011〕6号）

文化部关于印发《驻外中国文化中心管理办法》的通知

（文外发〔2011〕13号）

文化部关于实施新修订《互联网文化管理暂行规定》的通知

（文市发〔2011〕14号）

文化部关于切实履行监管职责全面加强演出市场管理的通知

（文市发〔2011〕19号）

文化部关于印发《文化部关于在全国文化系统中开展法制宣传教育的第六个五年规划》的通知

（文政法发〔2011〕24号）

文化部关于加强国家级非物质文化遗产代表性项目保护管理工作的通知

（文非遗发〔2011〕38号）

文化部关于加强艺术品市场管理工作的通知

（文市发〔2011〕55号）

文化部关于加强演出市场有关问题管理的通知

（文市发〔2011〕56号）

文化部办公厅关于印发《文化部应诉工作管理暂行办法》的通知

（办政法发[2011]27号）

中国文化年鉴

Almanac Of Chinese Culture

文化体制改革

Cultural Restructuring

中國文化年鑒

综　述

2011年，文化系统广大干部职工深入学习党的十七大、十七届六中全会精神，认真贯彻党中央、国务院关于文化建设的重大部署，进一步增强推动文化改革发展的责任感和紧迫感，深入推进文化体制改革。4月30日，中央在合肥召开全国文化体制改革工作会议，对当前文化体制改革工作作出部署，要求力争在2012年基本完成国有经营性文化事业单位转企改制、建设一批国有文化骨干企业、有线电视网整合、文化市场综合执法改革等任务，并在国有文艺院团和非时政类报刊转企改制这两个文化体制改革的重点难点问题上取得新突破。按照中央的决策部署，文化系统以国有文艺院团体制改革为中心环节，以完善配套政策为杠杆，全面推进经营性事业单位转企改制、公益性事业单位内部机制改革、文化市场综合执法改革等重点工作取得新的突破。改革工作思路更加明确，组织领导更加有力，全系统文化改革发展工作呈现新气象，进一步解放和发展了文化生产力，开创了文化建设新局面。

一、国有文艺院团体制改革取得重大进展

2011年，文化部坚持“因地制宜、分类指导”的要求，确定了“五个一批”的改革路径，明确了改革的“路线图”、“时间表”和“任务书”，不断完善配套措施，推动国有文艺院团体制改革取得重大突破。文化部积极培育新型演艺市场主体，一方面，通过下发指导性文件、典型带动、加强培训、督查调研等方式，推动各地院团改革加大力度、加快进度；另一方面，多措并举确保转制院团“早改早受益”，落实23个转制院团优质项目获得中央文化产业发展专项资金资助，在配置流动舞台车、落实非物质文化遗产保护资金、支持转制院团“走出去”等方面，也实现了对转制院团的倾斜。

（一）制定国有文艺院团体制改革指导性文件

一是5月11日下发了《中宣部、文化部关于加快国有文艺院团体制改革的通知》（文政法发〔2011〕22号，以下简称《通知》），进一步明确了“路线图”、“时间表”和“任务书”。二是在对全国国有文艺院团数量和基本情况进行摸底统计的基础上，与各省（区、市）有关部门负责同志进行了约谈，充分征求意见，确定了“转企一批”、“整合一批”、“划转一批”、“撤销一批”、“保留一批”的改革思路。经报中央文化体制改革工作领导小组批准，最终确定保留事业单位性质院团名单，并随《通知》一并下发。三是11月15日，文化部下发《文化部办公厅关于做好国有文艺院团体制改革近期重点工作的通知》（文政法函〔2011〕2093号），要求各地深入贯彻党的十七届六中全会精神，加大组织领导和督促工作力度、加大政策落实工作力度、加大群众工作力度，加快推进国有文艺院团体制改革工作，确保在2012年上半年完成改革任务。

（二）召开专题会议进行动员和部署

一是在全国文化厅局长会议上商讨开全国文化系统国有文艺院团体制改革座谈会，就国有文艺院团体制改革工作听取各省（区、市）文化厅局长意见，研究部署国有文艺院团体制改革工作。二是召开文化部文化体制改革工作领导小组会议，全面部署2011年文化系统体制改革工作，印发《2011年文化系统体制改革工作要点》。三是《通知》下发后，文化部召开全国文化系统国有文艺院团体制改革电视电话会议，学习贯彻全国文化体制改革工作会议和《通知》精神，专题部署全面推开国有文艺院团体制改革工作。

（三）加大改革培训力度

6月，举办了全国国有文艺院团体制改革培训班，对各省（区、市）文化厅（局）分管负责同志和部分地市文化局主要负责同志进行培训，并印发《国有文艺院团体制改革工作政策依据和有关案例》、《典型国有文艺院团体制改革案例》和《国有文艺院团体制改革学习读本》等材料，促进各地文化部门深入学习领会《通知》精神。11月，举办了全国国有文艺院团体制改革培训班，对各省（区、市）文化厅（局）分管负责同志和改革办主任进行了培训，深入学习贯彻党的十七届六中全会精神，积极部署加快推进国有文艺院团体制改革工作。

（四）加强督促检查工作

文化部下发《关于做好文化系统体制改革近期重点工作的通知》，要求各地对照中央文化体制改革工作领导小组办公室制定的检查验收标准，及时开展自查，制定本地区国有文艺院团体制改革总体方案，并报送文化部备案。根据中央领导同志和部领导有关批示，按照“抓两头、带中间”的原则，先后赴安徽、江西、浙江、福建、陕西、重庆、宁夏、河北、湖南、湖北、上海、贵州、湖南、广西等地

开展国有文艺院团体制改革督查工作，推动各地加快推进国有文艺院团体制改革工作。

（五）完善院团改革的领导体制和工作机制

督促各省（区、市）文化厅（局）建立健全文化体制改革工作领导小组及办公室，加强纵向联系，形成了较为完备的院团改革工作领导体系。召开了部分省（区、市）文化厅（局）改革办主任座谈会，及时了解改革推进情况及存在的问题。加强信息报送和统计工作，启动全国国有文艺院团体制改革统计管理系统，举办国有文艺院团体制改革信息报送工作培训班，定期印发《国有文艺院团体制改革进展情况通报》，上报中央文化体制改革工作领导小组，送各省（区、市）党委政府及文化体制改革工作领导小组。

（六）做好典型宣传和经验推广工作

组织开展“长流水、不断线”的宣传工作，及时反映改革工作进展，正确引导社会对国有文艺院团体制改革的关注焦点，编写、印发了《国有文艺院团体制改革百问百答》。组织部分在京文艺界全国政协委员实地考察了中国东方演艺集团有限公司、北京演艺集团有限公司、河北大厂评剧歌舞团演艺有限公司等改革典型单位，并邀请中央媒体进行随行报道，产生了良好的社会反响。

（七）开展理论研讨和调查研究工作

委托相关高校和研究机构开展多项课题研究，多次召开专家论证会、专题研讨会，征求专家学者、艺术家和基层文化管理部门的意见和建议，研究新形势下推动国有院团改革发展的新途径、新方法。为密切与基层文化单位的联系，提高文化体制改革调研能力和水平，建立了调研工作重点联系机制，确定了20个重点联系单位，并深入辽宁营口、重庆演艺集团有限公司、安徽演艺集团有限公司、江西井冈山市、陕西演艺集团有限公司、中国东方演艺集团有限公司、中国杂技团有限公司、中国工商银行北京分行、北京东城区等9个重点联系点开展调研，并起草了6份调研报告。

（八）不断加大改革宣传工作力度

围绕《通知》下发、国有文艺院团体制改革调研督查等工作进行了大规模的宣传，新华社、《人民日报》、《经济日报》、《光明日报》、中国新闻社、《人民政协报》、《中国文化报》、《中国艺术报》等多家中央主流媒体，展开覆盖性、系列性的宣传；在部分在京文艺界全国政协委员实地考察改革典型单位期间，中央电视台、新华社、《人民日报》、《经济日报》、《光明日报》、中国新闻社、《人民政协报》、《中国文化报》、《中国艺术报》等多家中央主流媒体，先后发布6篇考察纪实及释疑解惑稳定人心的宣传稿，考察活动在中央电视台《新闻联播》进行报道。为配合《国有文艺院团体制改革百问百答》的宣传，在中国文化报头版开设“国有文艺院团百问百答精粹”专栏，引起社会广泛关注。

（九）积极推进保留事业体制的中直院团内部机制改革

为贯彻落实李长春同志视察中央歌剧院时的讲话精神，按照“政府扶持、转换机制、面向市场、增强活力”的方针，积极推进保留事业体制的中直院团内部机制改革，取得积极进展。文化部改革办赴中国京剧院等单位进行调研，深入了解8家保留事业体制的中直院团机制改革情况和存在的问题。保留事业单位性质的各中直院团积极推进改革工作，中央芭蕾舞团建立芭蕾创意工作坊长效机制，成为培养中国编导、打造中国品牌的有力实践。中国歌剧舞剧院面向观众，开拓市场，全年演出收入过亿。中国儿童艺术剧院主办首届中国儿童戏剧节，受到社会的普遍好评。

截至2011年12月底，全国文化系统承担改革任务的2102家国有文艺院团中，已完成和正在完成转制、撤销和划转的院团达1176家，有300家院团已确定改革路径。河北、山西、江苏、安徽、陕西、重庆、宁夏、贵州8省（区、市）已基本完成国有文艺院团转企改制任务，国有文艺院团体制改革大局已定、不可逆转，一个以企业为主体、事业为补充的新型演艺体制格局正在形成。通过改革，院团的活力得以充分释放，纷纷以积极开拓市场求生存、以提高艺术质量求发展，促进精品力作不断涌现，实现了社会效益与经济效益双丰收。中国东方演艺集团公司不断探索演艺产业新模式，与江苏熔盛投资集团强强联合，成立东方熔盛文化艺术股份有限公司，注册资本达1亿元。一批龙头演艺企业迅速成长。如北京演艺集团公司，在大力开拓演艺市场的同时，积极发展影视、旅游、体育等新业务，目前集团公司资产由组建时的4.3亿元增至11.74亿元。重庆歌舞团有限责任公司从社会保障、人员分流安置、财政投入、资源配置等方面出台了一系列体制改革配套政策和措施，充分调动了演职人员的工作积极性，实现了快速发展，河北省县级院团大厂评剧歌舞团转制后，月均演出数量增加近4倍，场均演出收入增加2倍以上，为县级文艺院团体制改革做出了有益探索。与此同时，一批优秀作品登上舞台，《艰难辉煌》、《三峡人家》、《柳河湾的新娘》等深受广大群众喜爱。一批文艺新秀在新体制下脱颖而出，成长为演艺企业的中坚力量。

二、部直属经营性文化单位转企改制成效显著

2011年，文化部坚持“创新体制、转换机制、面向市场、增强活力”的要求，同步推进多种类型的事业单位转企改制，着力培育骨干文化企业，使国有经营性文化单位活力、实力和竞争力明显增强。

（一）部系统4家集团公司改革发展情况

部直属的7家文化事业单位转企改制组建的5家文化央企核销了千余名事业编制，全部职工纳入企业劳动合同管理，参加企业职工基本养老保险。转制后，新的文化市场主体经济效益和市场竞争力显著提高。中国对外文化集团公司向全球近40个国家和地区的120余座城市，派出演出展览项目71起，制作并推出首次引进国外版权的音乐剧《妈妈咪呀》中文版，打造《时空之旅》品牌系列产品，不断进行国际化标准产业化运营模式的探索和创新。中国东方演艺集团有限公司转制第一年，总资产翻番，达到1.7亿元，年人均收入翻两番，2011年集团总收入超2亿元，同比增长54.7%；人均收入15.12万元，同比增长13%。中国文化传媒集团有限公司的《中国文化报》发行量较转企改制前提高了40%。2011年，中国动漫集团有限公司成功举办首届中国动漫游戏嘉年华、第九届中国国际网络文化博览会等国家级的大型展会活动，与迪士尼（上海）公司签署战略合作框架议定书。

（二）部系统5家出版社转企改制情况

一是中国录音录像出版总社转企改制并引入北京首都创业集团有限公司资本组建的中国数字文化集团有限公司，11月22日完成工商注册，于12月26日举行中国数字文化有限公司成立揭牌仪式。通过转企改制，积极打造具有强大竞争力、影响力的科技型中央文化企业。开创了中央文化单位引进战略投资者实行转企改制的先河，创造了跨行政层级推动文化资本流动和重组的成功范例。

二是国家文物局所属的文物出版社、中国艺术研究院所属的文化艺术出版社、国家图书馆所属的国家图书馆出版社、故宫博物院所属的紫禁城出版社等四家图书出版社完成各项转企改制工作，目前正在积极办理税收优惠手续。

（三）部系统非时政类报刊出版单位体制改革情况

一是根据中央关于非时政类报刊出版单位体制改革的有关要求，通过调查问卷、实地调研、座谈会等形式对文化部系统非时政类报刊出版单位进行了摸底调研，起草了《文化部系统非时政类报刊出版单位基本情况调研报告》。二是按照《中共中央办公厅、国务院办公厅关于深化非时政类报刊出版单位体制改革的意见》（中办发〔2011〕19号）的要求，指导文化部系统非时政类报刊出版单位制定转企改制工作方案。

三、公益性文化事业单位内部机制改革不断深化

全面实施事业单位岗位设置管理，完善竞聘上岗和公开招聘制度，加强聘用管理和制度规范。干部职工的积极性和创造性得到进一步发挥，公共文化服务能力明显提高。国家图书馆全年接待读者近400万人次，流通书刊2000多万册次，各类咨询40余万件，开办公益性讲座132场，展览53场，获得广泛社会反响。国家博物馆新馆建成投入使用，开馆试运行总体情况良好，逐步提升公共服务水平，建立了37人的专业讲解队伍，提供3万小时讲解服务，组织30余场讲座、论坛、演出活动，建成了1500平方米青少年观众体验区。

四、文化市场综合执法机构改革工作基本完成

2011年，文化市场管理工作以提高综合队伍执法能力和水平，加强文化市场监管为重点，围绕中心，服务大局，坚持加强规范与促进发展并举，建设健康有序的文化市场环境。

（一）文化市场管理体制不断健全

按照中东西部地市、县区级综合执法机构组建率，以及省级文化市场管理工作领导小组组建的标准，全国地市级机构组建率达到99%，县区级机构组建率达到90%；省级文化市场管理工作领导小组组建率达到93%。

（二）综合执法队伍建设取得成效

8月，在京召开了首次全国省级文化市场管理工作领导小组办公室负责人座谈会，以各级文管办为抓手，发挥文化部的“协调指导监督”作用，切实指导地方深入推进综合执法改革工作。研究制定《文化市场综合行政执法管理办法》，为文化市场综合执法奠定法制基础。组建了131人的综合执法培训师资库，建立完善了网上平台并举办一期师资培

训班。下发了《文化部关于进一步规范文化市场综合执法有关标志的通知》，加强文化市场综合执法形象建设。上海、浙江、广东的执法人员总数分别由改革前的 240人、712人、332人增加到445人、1142人、1310人，执法人员参照公务员管理，将综合执法经费全部纳入财政预算，执法机构的工作条件和工作效率等大为改善。

公共文化服务

Public Cultural Services

综　述

2011年，文化部深入贯彻党的十七届六中全会精神，按照“保基本、强基层、建机制”的基本路径，坚持理论建设与实践推动并重、软硬件建设并重、点线面并重，不断改革创新，狠抓工作落实，努力推动公共文化服务体系科学发展。

一、加强顶层设计，推进公共文化政策规划制定和基础理论研究

2011年，按照蔡武部长提出的要“加强顶层设计，从更高的层面上完整系统地推进公共文化服务体系理论政策研究和制度设计”工作要求，文化部加强公共文化政策规划制定和基础理论研究。

（一）积极推进公共文化政策法规制定与“十二五”规划工作

文化部努力推动《公共图书馆法》、《古籍保护条例》立法工作，加快推进《文化馆管理办法》修订工作，起草完成《公共文化服务体系“十二五”规划》、《全国公共图书馆事业发展“十二五”规划》、《公共图书馆服务规范》初稿，印发《文化部关于加强村级文化建设的指导意见》、《文化部、财政部关于进一步加强公共数字文化建设的指导意见》、《加强公共文化设施管理和应急机制建设的通知》和《加强大型群众性文化活动安全管理工作的通知》等，提高公共文化服务的制度化、标准化、规范化水平。

（二）积极开展公共文化服务体系制度设计课题研究

2011年，文化部着眼全局和长远，积极开展具有基础性、全局性、战略性、前瞻性的理论研究，为公共文化服务体系建设提供理论支撑和决策参考。3月，成立了国家公共文化服务体系专家委员会，进一步完善了公共文化服务体系制度设计研究工作机制。公共文化服务体系建设经费保障机制研究、公共文化队伍建设研究、公共文化机构免费开放等重点课题取得阶段性成果，公共文化机构免费开放研究成果已经应用到免费开放实践中，达到了“决策参考、指导实践”的目的。

（三）大力开展公共数字文化建设的顶层设计和统筹实施

在数字化、信息化、全球化的时代背景下，深刻认识并准确把握国内外形势新变化新特点，结合人民群众不断增长的精神文化需求，将信息技术、数字技术、网络技术等现代科学技术和传播手段应用于公共文化服务体系建设，进一步加强公共数字文化建设，是顺应时代发展的必然要求和战略选择。在近年来组织实施全国文化信息资源共享工程、数字图书馆推广工程和公共电子阅览室建设计划三大公共数字文化惠民工程的基础上，2011年，文化部组织力量开展专题研究，围绕公共数字文化建设进行调研谋划和顶层设计，加强统筹协调，谋划长远发展。4月，先后召开专家座谈会、全国数字图书馆建设与服务联席会议进行讨论，广泛听取意见。11月，文化部、财政部联合印发《关于进一步加强公共数字文化建设的指导意见》，强调了加强公共数字文化建设的重要性，明确了公共数字文化建设的指导思想、目标原则、工作重点、实施路径和保障措施，提出了加强统筹、协调发展，提升三大公共数字文化惠民工程的整体效能，为“十二五”时期公共数字文化建设提供了宏观指导和政策支撑。

二、发挥典型示范、引导和带动作用，推进公共文化服务体系建设

按照蔡武部长“由管微观向管宏观转变，由办文化为主向管文化为主转变，由面向直属单位向面向全社会转变”的工作要求，文化部着力提高“面”上的管理和调控水平，推出一批地市级典型，通过发挥典型示范和带动作用，推进城乡公共文化服务体系建设。

（一）开展第一批国家公共文化服务体系示范区（项目）创建工作

为研究和解决公共文化服务体系建设中的突出矛盾和问题，探索建立公共文化服务体系可持续发展的长效保障机制，为同类地区的公共文化服务体系建设提供借鉴和示范，为国家制定相关政策提供科学依据和实践经验。2011年，文化部、财政部启动国家公共文化服务体系示范区（项目）创建工作，计划“十二五”期间，按照公益性、基本性、均等性、便利性的要求，在全国东、中、西部创建一批结构合理、发展平衡、网络健全、运行有效、惠及全民的公共文化服务体系示范区，培育一批具有创新性、带动性、导向性、科学性的公共文化服务示范项目，为我国公共文化服务体系建设探索路径、积累经验、提供示范。创建工作以地级市为单位，用6年时间分3个创建周期创建90个左右的示范区，覆盖、带动全国1/3以上的市县，以此为抓手，整体

推动全国公共文化服务体系建设。

3月30日至4月1日，文化部、财政部组织国家公共文化服务体系建设专家委员会进行了首批创建国家公共文化服务体系示范区（项目）评审工作。经过评审，共有31个申报地级市（区）获得创建示范区资格，47个申报项目获得创建示范项目资格。4月24日至4月30日，文化部、财政部通过《中国文化报》和文化部门户网站，将创建示范区（项目）名单向社会公示。6月1日，创建国家公共文化服务体系示范区工作座谈会议在山东省青岛市召开。会上，文化部、财政部公布了第一批创建国家公共文化服务体系示范区（项目）评审结果，创建示范区工作领导小组办公室与第一批创建示范区人民政府、省（市、区）文化厅（局）签订目标责任书。开展示范区创建工作，有利于整合、集成“十一五”时期建设成果，提升公共文化服务能力；有利于发挥地方政府在公共文化服务体系建设中的主导作用，充分履行政府的统筹职责；有利于更好地解决经费投入、队伍建设、机制创新、资源共享等方面的矛盾和问题；有利于进一步发挥典型的示范、影响和带动作用，以点带面推进公共文化服务体系建设。

（二）召开全国地市级公共文化服务体系建设现场经验交流会

为认真贯彻落实中央领导同志重要指示精神，紧紧围绕地市级公共文化服务体系建设，深入研究统筹城乡文化发展、以城带乡、推进公共文化服务均等化的思路和措施，全面推动城乡基层公共文化服务体系建设，中宣部和文化部于6月2日在山东烟台召开全国地市级公共文化服务体系建设现场经验交流会。中宣部副部长孙志军主持会议，中宣部副部长、文化部党组书记、部长蔡武做重要讲话。山东省委副书记、省长姜大明参加会议并致辞。山东省委常委、宣传部长孙守刚，山东省副省长黄胜出席会议。全国人大教科文卫委员会、国家发改委、财政部、广电总局、新闻出版总署、国家体育总局相关司局负责人和全国宣传、文化系统代表以及第一批创建国家公共文化服务体系示范区人民政府主管领导和文化局负责同志、国家公共文化服务体系建设专家委员会代表、新闻媒体等共约260参加了会议。会议组织实地考察了烟台市文化中心等公共文化设施，山东省烟台市、安徽省马鞍山市、河北省邯郸市、湖南省长沙市、新疆维吾尔自治区克拉玛依市分别在会上介绍了加强地市级公共文化服务体系建设的主要经验和做法。蔡武同志代表中宣部、文化部对加强地市级公共文化服务体系建设做了工作部署，要求全国各地从统筹城乡文化发展的全局角度和战略高度，充分认识地市级公共文化服务体系建设的重要地位和作用，进一步增强做好工作的自觉性和主动性。

（三）成功举办2011年中国图书馆年会暨中国图书馆学会年会

文化部立足政府职能转变的要求，进一步加强对公共文化机构的行业管理。借鉴美国图书馆协会年会经验，坚持政府主导和社会支持相结合、文化事业和文化产业相结合、学术研究和实际工作相结合，10月26日至27日，文化部在贵州省贵阳市成功举办了“2011年中国图书馆年会暨中国图书馆学会年会”，形成图书馆行业发展的良性机制，为进一步转变政府职能，加强图书馆行业管理做出了有益探索。各省（区、市）文化行政管理部门领导、各级各类图书馆馆长（包括300多名县级图书馆馆长）、有关专家、学者、图书馆工作者、外国图书馆界代表、相关企业代表，总计1500多人参加会议，为近年来学会年会参会人数的2倍，创历届之最，展览会面积达3000多平方米，60多家知名企业参展，规模大大超过往届，创历届之最。

三、加强公共文化机构阵地建设，切实保障人民基本文化权益

美术馆、公共图书馆、文化馆（站）是政府举办的公益性文化事业单位，是开展公共文化服务的重要场所，是保障人民群众基本文化权益的重要阵地。2011年，文化部通过推动“三馆一站”免费开放工作，开展第三次全国文化馆评估定级和全国基层文化队伍培训工作，进一步明确了公共文化机构的职能，提升了服务能力，改善了服务质量。

（一）推动公共文化机构免费开放工作

1月26日，文化部、财政部印发了《关于推进全国美术馆公共图书馆、文化馆免费开放的意见》。2月18日，文化部、财政部召开推进全国美术馆、图书馆、文化馆（站）免费开放工作的电视电话会议，向全国部署公共文化机构免费开放工作。各级文化行政部门归口管理的美术馆、公共图书馆、文化馆（站），涉及全国6000多家县级以上美术馆、公共图书馆、文化馆和近4万个乡镇文化站。公共图书馆、文化馆站作为公共文化单位面向群众开放，免费开放的主要内容是取消基本服务项目的收费，实现现

有基本服务的免费提供。

文化部通过推进美术馆、公共图书馆、文化馆（站）免费开放工作，初步建立了公共文化机构运行经费保障机制。美术馆、公共图书馆、文化馆（站）免费开放后，开展基本公共文化服务项目所需经费由中央和地方财政共同负担。中央财政重点对中西部地区地市级和县级美术馆、公共图书馆、文化馆以及乡镇综合文化站开展基本公共文化服务项目所需经费予以补助，对东部地区通过“以奖代补”的方式予以支持。2011年，中央财政确定地市级图书馆、文化馆补助标准为50万元，县级图书馆、文化馆补助标准为20万元，乡镇综合文化站补助标准为5万元。

2011年，文化部与财政部、教育部、全国总工会、共青团中央、全国妇联、中国科协相关部门，就推进科技馆、工人文化宫、青少宫、妇女儿童活动中心等公共文化机构免费开放工作进行了会谈和调研，共同制定公共文化机构免费开放工作有关政策文件。

（二）开展第三次全国文化馆评估定级工作

1月19日，《文化部办公厅关于开展第三次全国文化馆评估定级工作的通知》下发，部署各地开展第三次文化馆评估定级工作。8月11日至12日，文化部在北京召开第三次文化馆评估定级工作部署会，部署文化部评估组赴各地开展评估事宜，进行评估软件使用培训，明确各组评估时间。起草并下发《文化部社文司关于第三次全国文化馆评估定级文化部评估组工作有关事项的通知》，强调在评估结束时召开意见反馈座谈会，由评估组向当地人民政府反馈评估意见，要求各省（区、市）文化厅（局）协调该省人民政府和宣传、发改、财政、编制、人事和社会保障等相关部门领导参加会议。8月20日至9月底，文化部组织了11个评估组分赴全国31个省（区、市）和新疆生产建设兵团开展省级、副省馆的评估定级工作，并对由各省（区、市）文化厅（局）负责评估的地、县级文化馆进行了抽查。部纪检监察局派员全程参与此项工作。经过各省自行评估、文化部评估组评估或抽查，确定2028个文化馆达到三级馆以上文化馆标准。其中一级馆741个，二级馆582个，三级馆705个。11月15日，在江苏常熟举办第三次全国文化馆评估定级命名颁牌仪式暨工作总结会议。

（三）推进公共数字文化三大工程建设

5月31日，文化部在青岛组织召开全国文化信息资源共享工程工作会议暨公共电子阅览室建设试点工作现场经验交流会议，杨志今副部长出席会议并做重要讲话。会议对“十一五”文化共享工程建设工作进行了全面总结，交流了公共电子阅览室建设试点工作经验，对“十二五”期间文化共享工程、公共电子阅览室和数字图书馆推广工程的建设工作进行了全面部署。9月8日，在北京召开数字图书馆推广工程工作会议。副部长杨志今、国家图书馆馆长周和平出席会议并讲话，传达了中央领导同志和蔡武部长关于数字图书馆推广工程的重要批示精神，部署了工作任务。落实了2011年三数字文化工程的建设资金，明确了资金投向和分配方案，为三大数字文化工程2011年的建设及“十二五”的全面开展奠定了基础。

（四）开展全国基层文化队伍培训工作

全国基层文化队伍培训工作2011年全面开展，通过举办示范性培训班、编写教材大纲、制定远程培训方案、命名国家级培训基地，带动全国基层文化队伍培训工作的广泛开展，有力地推动了公共文化战线队伍建设。一是制订培训规划，组织开展示范性培训和师资培训。2011年初，文化部制定《“十二五”期间全国基层文化队伍示范性培训工作规划》和《全国基层文化队伍培训2011年师资班和骨干班培训计划》，委托中央文化管理干部学院完成10个培训班次，共培训学员455人次。并将主要课程制作成电子课件，为远程培训平台建设提供教学资源。二是加强培训大纲编纂工作。组织成立全国基层文化队伍培训教材大纲编纂工作组，针对基层公共文化工作的特点和需求，按照文化馆、图书馆和公共文化服务通用3个系列编辑出版培训大纲，作为各地编纂基层文化队伍培训教材的依据和参考。分别于3月、4月和8月召开基层文化队伍培训教材大纲编纂工作会议。2011年底，教材大纲初稿基本完成。三是全面启动远程培训平台建设。按照建立开放、兼容、共享的网络远程培训服务平台，面向基层专兼职文化工作者提供随时随地的在线学习、在线考试的要求，制订远程培训平台的建设方案和实施方案，远程培训平台已基本搭建。四是命名基层文化队伍培训基地。在有关单位申报的基础上，经各省、自治区、直辖市文化厅（局）推荐，专家组评审和实地考查，报经部领导同意，并经社会公示，确定浙江艺术职业学院、山东大学、湖南艺术职业学院、重庆艺术学校为首批全国基层文化队伍培训基地，以开展本省并带动周边省份基层文化队伍培训工作。11月16日，在江苏常熟召开全国文化馆评估定级工作总结会议上，文化部与中央文化管理干部学院、所在省文化厅（局）和4家培训基地签订了四方合作协议，并向4家培训基地授牌。

四、面向农村、服务农民，促进文化发展成果全民共享

为满足农民群众的精神文化需求，保障基本文化权益，推动社会主义新农村建设，2011年，文化部出台措施，加强农村文化建设，将农民工文化工作纳入公共文化服务体系，促进文化成果的全民共享。

（一）出台《文化部关于加强村级文化建设的指导意见》

村级文化建设是农村文化建设的基础，是公共文化服务体系建设的终端和重要环节。2011年，《文化部关于加强村级文化建设的指导意见》正式下发，以促进城乡公共文化服务均等化为目标，切实保障农村群众读书看报、听广播看电视、进行公共文化鉴赏、参加公共文化活动等基本文化权益，同时鼓励各地根据本地实际，发展各具特色的乡村文化。《意见》提出，到2015年，全国基本实现村村有文化设施，有稳定的文化队伍，有常态化的文化活动和基本服务内容，有健全的保障机制，村级文化服务能力显著提高，对社会主义新农村建设的支撑作用有效发挥。东部地区率先形成比较完备的以村为重点的农村公共文化服务网络；中西部地区村级文化服务水平明显提升。广大农民群众可以就近方便地享受政府提供的公共文化服务，就近方便地参加群众文化活动，农民群众基本文化权益得到有效保障，对政府公共文化服务的满意度明显提高。

（二）加快将农民工文化工作纳入公共文化服务体系

为进一步保障农民工基本文化权益，丰富农民工精神文化生活，9月1日，文化部、人力资源和社会保障部和中华全国总工会下发《关于进一步加强农民工文化工作的意见》，预计到2015年，我国将形成相对完善的“政府主导、企业共建、社会参与”的农民工文化工作机制，建立相对稳定的农民工文化经费保障机制，农民工文化服务将切实纳入公共文化服务体系。按照《意见》要求，文化部积极举办导向性示范性的农民工文化活动，1月10日、12月28日，先后在北京五棵松体育馆和北京奥林匹克体育中心体育馆，成功举办两届慰问外来务工者文艺晚会。实现了“演农民工、农民工演、农民工看”，受到广泛好评。为建立农民工文化工作长效保障机制，2011年，文化部积极推进农民工文化工作专项经费的立项，推进中央本级农民工文化工作经费保障机制的建立。

五、打造群众文化活动品牌，推动文化活动长效机制建设

2011年，文化部通过组织第四届中国少年儿童合唱节、第13届中国老年合唱节、城乡基层群众庆祝建党90周年文化活动等系列品牌群众文化活动，带动了基层群众文化活动广泛开展。以组织开展2011～2013年度“中国民间文化艺术之乡”评审命名工作和完善“春雨工程”——全国文化志愿者边疆行活动工作机制为抓手，推动文化活动长效机制建设。

（一）统筹协调，整合资源，推动品牌活动的体系化建设

1. 组织城乡基层群众庆祝建党90周年文化活动。结合庆祝建党90周年的特殊时间节点，2011年，文化部开展“大地情深”全国基层群众庆祝建党90周年系列活动，组织来自延安等10省市革命圣地的10支合唱团与北京市近40支合唱团，在《没有共产党就没有新中国》歌曲的诞生地——北京市房山区，开展了“圣地赞歌”群众合唱比赛、展演、汇演活动；在北京组织各个社区、厂矿、学校的30余支合唱团队1500余人开展“党的足迹”——第18届“京华之声”合唱音乐会活动；协助辽宁省组织开展“大地情深”——辽宁省群众文艺精品进京演出。

2. 将第四届中国少年儿童合唱节纳入“群星奖”评奖序列。1月24日至25日在海南省海口市与教育部共同举办第四届中国少年儿童合唱节活动。来自全国23个省、自治区和直辖市的29支少年儿童优秀合唱团队1300余名中小学生齐聚海南，用甜美清纯的歌声展示了我国少年儿童健康向上的精神风貌。这项活动已经成为文化部的一项品牌活动，已延续举办了4届，有力地促进了基层未成年人文化活动的开展，在全国中小学生中产生了积极反响，也得到了社会各界的广泛赞誉。与往届相比，本届少儿合唱节为鼓励各地少年儿童合唱团参与合唱节的积极性，

纳入了第16届“群星奖”评奖序列，获得前5名“小百灵杯”的合唱团直接获得了参加第16届“群星奖”合唱比赛决赛的资格。为最大限度地体现合唱节的群众参与性，本届合唱节在组织专家评委进行评审的同时，演出现场还增设了少年儿童观众评委参与评审工作。

3. 将“永远的辉煌”——第13届中国老年合唱节纳入“群星奖”评奖序列。9月22日至25日，在辽宁省沈阳市举办“永远的辉煌”——第13届中国老年合唱节。来自全国各省、自治区、直辖市的47支合唱团近3000名老年朋友欢聚沈水河畔，以歌会友，以歌传情，用歌声唱出对祖国的美好祝愿。除在辽宁大剧院进行了四场展演外，合唱节期间还组织各地团队深入沈阳大东区黎明公司、铁西重型文化广场等地为企业工人和社区居民演出；邀请了著名合唱专家举办群众歌咏讲座培训活动；沈阳市内五城区的文化广场，每天晚上组织驻区单位合唱团、社区合唱团开展活动；郊区、县（市）也广泛开展了群众歌咏系列活动。与少儿合唱节相同，本届老年合唱节也纳入了第16届“群星奖”评奖序列，获得前5名的老年合唱团直接获得了参加第16届“群星奖”合唱比赛决赛的资格。

4. 组织实施“群星讲堂”工作。为加强对群众文化产品创作生产的引导，更好地发挥“群星奖”在群众文化创作中的引领、示范作用，2011年，文化部在全国组织开展“群星讲堂”工作，选调部分长期参与和关注“群星奖”的专家学者，以及历届优秀获奖作品主创人员组成“讲师团”，以如何提高群众文艺创作水平为主题在全国展开巡讲。“群星讲堂”由各省（区、市）自主申办，与各地重大群众文化活动相结合进行。上半年山东省主动申办了4期“群星讲堂”，分别在泰安市、青岛市、烟台市、滨州市成功举办了4期培训，受到基层群众文化工作者的热烈欢迎。下半年，江苏省张家港市结合本地区的品牌活动“长江流域民族民间艺术节”，也申办了1期“群星讲堂”和“群星奖”获奖节目展演活动，组织了长江流域12省（区、市）200余名基层创作人员参与了戏剧和舞蹈门类的培训。

（二）组织实施2011～2013年度“中国民间文化艺术之乡”评审命名工作

4月至10月，文化部组织开展2011～2013年“中国民间文化艺术之乡”评审命名工作。经过前期筹备、各地申报、会议评审、实地抽查、名单公示、命名授牌等6个主要程序，最后共有528个县（县级市、区）、乡镇（街道）被命名为2011～2013年“中国民间文化之乡”，在全国命名培育一批具有持续性、稳定性的特色文化品牌、民间特色文化队伍和民间乡土文化人才。11月15日至16日，命名颁牌仪式和总结会议在江苏省常熟市成功举办，文化部副部长杨志今、江苏省副省长曹卫星等出席了活动。为配合会议活动的开展，我司还邀请了余杭滚灯、吴桥杂技、刀郎木卡姆和高跷秧歌等全国15支民间文化艺术团赴常熟举办了4场展演活动，21个民间文化艺术项目举办了木版年画、农民画、刺绣、雕刻等系列展示活动，集中展示了“中国民间文化艺术之乡”的风采。全国各省（区、市）文化厅（局）有关负责人、“中国民间文化艺术之乡”入选县（区、市）、乡镇（街道）代表、有关专家学者共200余人参加了会议和活动。

（三）组织实施“春雨工程”——全国文化志愿者边疆行工作

2011年，文化部以“春雨工程”——全国文化志愿者边疆行工作为抓手，积极培育少数民族文化品牌项目，以点带面，推进民族地区基本公共文化服务均等化。采取“走进去”和“请出来”相结合的形式，一方面组织志愿团深入县、乡、村（社区），与少数民族群众“零距离”接触，提供“面对面”服务；另一方面将“大舞台”和“大讲堂”搬到内地，邀请边疆民族地区基层文化干部和文艺骨干到内地培训和演出，在学习考察的同时为内地群众带来具有浓郁边疆民族特色的文艺表演。此外，动员各志愿团和相关企业捐赠设备和资金，为文化援助工作创造了良好平台。2011年，共有13个内地志愿团和近千名文化志愿者踊跃参与，文化志愿服务深入到8个边疆省区50多个州、县、乡、村。据统计，共举办了近百场“大舞台”和“大讲堂”服务，累计组织各种文化展览180多天，吸引各族群众数十万人次，为少数民族地区基层文化干部200余人开展业务培训500多学时。同时西藏、宁夏、新疆的基层文化工作者300多人还赴北京、上海、青岛、重庆等地参加了“大舞台”、“大讲堂”活动。成功举办了欢送仪式和欢迎仪式，充分展示了“边疆行”工作的深远意义和政治影响。

专 题

国家公共文化服务体系示范区（项目）创建工作正式启动

2011年1月2日，文化部、财政部印发了《关于开展国家公共文化服务体系示范区（项目）创建工作的通知》（文社文发〔2010〕49号），标志着“国家公共文化服务体系示范区（项目）创建工作”[以下简称“示范区（项目）创建工作”]正式展开。项目的主要内容是：按照公益性、基本性、均等性、便利性的要求，在全国东、中、西部创建一批结构合理、发展平衡、网络健全、运行有效、惠及全民的公共文化服务体系示范区，培育一批具有创新性、带动性、导向性、科学性的公共文化服务体系项目，为我国公共文化服务体系建设探索路径、积累经验、提供示范，推动公共文化服务体系建设科学发展。示范区（项目）创建工作得到中央高度重视，党的十七届六中全会通过《中共中央关于深化文化体制改革推动社会主义文化大发展大繁荣若干重大问题的决定》明确提出：推进国家公共文化服务体系示范区创建。

一、实施背景

“十一五”期间，公共文化服务体系设施建设取得很大成就，覆盖城乡的公共文化服务网络初步形成。但与经济社会发展的进程和水平相比，与城乡群众日益增长的精神文化需求相比，公共文化服务体系建设整体还比较滞后，还存在诸多制约公共文化服务体系科学发展的突出矛盾和问题。一些地方党委、政府对文化建设重视程度不够，没有按照科学发展观的要求将文化建设真正纳入“四位一体”总体布局，特别是政府主导的自觉意识不强；一些地方存在着“等、靠、要”问题，对公共文化设施没有落实“建好、管好、用好”的责任，公共文化服务能力建设亟待加强；经费投入总量不足，结构不合理，资源缺乏有效整合，没有发挥出整体效益，等等。这些问题如果不尽快加以解决，势必影响公共文化服务体系建设的全面进程和整体成效。

面向“十二五”新的发展阶段，公共文化服务体系建设的主要任务是科学发展上水平。围绕这一任务，同时为积极落实文化部“逐步实现由办文化为主向管文化为主转变，由管微观向管宏观转变”的要求，公共文化服务体系建设在工作重点、方式方法上也立足于实现“三个转变”，即由实践推动向理论建设与实践推动并重转变，由硬件建设向软硬件并重转变，由“点、线”推动向“点、线、面”并重转变（“点”、“线”主要指通过中央自上而下、一竿子插到底的项目推动的方式）。“十二五”期间，特别要重视通过抓“面”带动“点”和“线”，进一步整合和集成“十一五”建设成果，实现公共文化服务体系建设科学发展上水平。开展国家公共文化服务体系示范区（项目）创建工作，就是力图通过抓“面”，尝试解决只抓“点”和“线”可能带来的3个问题：一是地方政府容易形成“等、靠、要”思想，管理责任缺位；二是基层文化资源缺乏统筹整合，难以形成合力，发挥整体效益；三是“一竿子插到底”的项目难以兼顾地方特色，使基层政府缺乏创新空间。

开展国家公共文化服务体系示范区创建工作，根本目的是研究和解决公共文化服务体系建设中的突出矛盾和问题，探索建立公共文化服务体系可持续发展的长效保障机制，为同类地区的公共文化服务体系建设提供借鉴和示范，为国家制定相关政策提供科学依据和实践经验。开展示范区创建工作，有利于整合、集成“十一五”时期建设成果，提升公共文化服务能力；有利于发挥地方政府在公共文化服务体系建设中的主导作用，充分履行政府的统筹职责；有利于更好地解决经费投入、队伍建设、机制创新、资源共享等方面的矛盾和问题；有利于进一步发挥典型的示范、影响和带动作用，以点带面推进公共文化服务体系建设。

二、基本情况

为强化地方政府的主导责任，创新机制，整合资源，提供示范，以点带面推动公共文化服务体系建设，2011年，文化部与财政部实施了国家公共文化服务体系示范区（项目）创建工作。在“十二五”期间，将按照公益性、基本性、均等性、便利性的要求，在全国东、中、西部创建一批结构合理、发展平衡、网络健全、运行有效、惠及全民的公共文化服务体系示范区，培育一批具有创新性、带动性、导向性、科学性的公共文化服务示范项目，为我国公共文化服务体系建设探索路径、积累经验、提供示范。创建工作以地级市为单位，用6年时间分3个创建周期创建90个左右的示范区，覆盖、带动全国1/3以上的市县，以此为抓手，整体推动全国公共文化服务体系建设。这项工作得到了党中央、国务院的肯定，党的十七届六中全会决议中明确提出，要“推进国家公共文化服务体系示范区创建”，表明这项工作已经由文化系统的部门行为上升为全党全国的战略决策。

（一）示范类型

分为两种类型。一类是综合性的“国家公共文化服务体系示范区”，一类是单项的“国家公共文化服务体系示范项目”。之所以把示范区和项目分设，主要是考虑到公共文化服务体系建设尚在探索和实践中，有的地方在公共文化服务体系整体建设取得突出成绩，制度设计取得明显成效，在全国产生较大影响，具有较强的整体示范带动作用，这些地区可作为示范区。有的地方只在某一方面积极探索取得显著成效，但具有较强的典型性、示范性，形成较为成功的典型经验和做法，对推动全国工作产生广泛影响，可作为示范项目。示范区与示范项目互相补充，更有利于发挥点面结合的典型带动作用，形成一批各具特色的示范典型。

（二）申报主体

国家公共文化服务体系示范区的申报主体为具备条件、达到创建标准的地级市（区）（含省直辖的县）级人民政府。考虑到省级行政区域规模太大，经济社会发展和文化建设基础差异明显，典型性和示范性不易突出；市辖县、乡镇和街道跨度小，作为一级政府权责有限，统筹能力有限，因此，国家公共文化服务体系示范区申报主体定为以地级市（区）人民政府（含省直辖的县级人民政府）为主，同时具备一定的弹性，也可以包括一部分副省级城市。示范项目的申报主体则是地级市（含省辖县）文化行政部门，主要是因为项目是文化部门或文化机构在某一方面开展的成功实践，便于掌控和指导。

（三）创建内容和标准

根据党的十七届六中全会、胡锦涛总书记2010年7月23日在中央政治局第二十二次集体学习时的重要讲话精神和全国文化体制改革工作会议精神，《中共中央办公厅、国务院办公厅关于进一步加强农村文化建设的意见》（中办发〔2005〕27号）、《中共中央办公厅、国务院办公厅关于加强公共文化服务体系建设的若干意见》（中办发〔2007〕21号）、《公共文化体育设施条例》和公共图书馆、文化馆（站）等公共文化机构建设标准、用地指标、评估定级标准等，考虑东、中、西部具体实际，围绕设施网络、经费投入、队伍建设、资源内容、群众文化活动、服务创新和理论研究等方面，规定了示范区（项目）创建工作的重点任务、建设内容和创建标准。在设置创建内容和标准时，主要考虑了以下几点：一是以促进基本公共文化服务均等化为重点，不求面面俱到。二是突出公共文化服务能力建设。三是突出地方政府责任。四是强调实践推动与制度设计研究相结合。五是能够量化的内容尽力量化。六是涉及广电、新闻、体育等部门的工作内容，根据各部门要求达到相应标准。示范区创建标准中，东部地区6个方面31条，其中涉及设施网络建设有6条，约占1/5；涉及公共文化服务共3个方面17条，约占3/5；其他强调地方政府责任的有8条，约占1/4。

（四）创建周期和申报评审制度

一是规定创建周期为2年。从2011年开始，每两年进行一次示范区（项目）申报、创建、验收工作，第一年年初创建申报，第二年年底验收、命名、颁牌。

二是实行申报制度。示范区创建采取地方人民政府主动申报的办法，经省级文化、财政主管部门审核，报请省级人民政府同意后上报文化部、财政部。示范项目创建采取地方文化行政部门主动申报的办法，经省级文化、财政主管部门审核同意后上报文化部、财政部。文化部组织专家委员会对各地申报的示范区(项目)进行论证和初审，专家委员会提出创建名单并报文化部、财政部批准同意。

三是确定与授牌。两年创建周期结束后，文化部组织专家委员会根据创建标准进行审查验收。对通过验收的示范区（项目），经文化部、财政部批准后，确定为“国家公共文化服务体系示范区”和“国家公共文化服务体系示范项目”并授牌。

四是建立动态管理机制。文化部、财政部将定期对已通过验收的示范区（项目）按照与时俱进修订的创建标准进行检查，对工作后续保障不力、有明显退步、经整改达不到标准和要求的示范区（项目），撤销其示范区（项目）资格。

（五）创建规模

“十二五”期间，按两年一个创建周期，分三批共创建国家公共文化服务体系建设示范区96个，示范项目180个，覆盖全国近1/3的市(区)县，形成整体示范效应，推动我国公共文化服务体系建设再上新台阶。

（六）示范区（项目）创建工作与制度设计研究

强调制度设计是创建示范区不同于其他部门创建工作的最为突出的特点。国家公共文化服务体系制度设计研究是示范区（项目）创建工作的重要内容，也是示范区（项目）验收的前置条件。为科学规划、统筹兼顾、有序推进公共文化服务体系建设，研究、探索我国东、中、西部和城乡不同区域公共文化服务体系建设的模式、路径、方式、方法和措施，推动“十二五”期间公共文化服务体系建设科学发展上水平，文化部于2010年6月部署开展了国家公共文化服务体系制度设计研究工作，布置了10个一级课题和32个二级课题，确定了专家对课题、课题对省份、省份对专家的工作机制，并明确把“决策参考、指导实践、推动立法”作为制度设计研究的宗旨和目标。这项工作部署之后，全国共有10余家科研机构、21个省（区、市）和文化部直属单位参与课题研究。制度设计研究为示范区（项目）创建提供理论指导和政策支持，提升这些市、县的整体公共文化服务体系建设水平。示范区（项目）承担课题研究任务，作为课题研究的实践基地，推动课题研究深入开展，使之具有实践性和可操作性，指导全国公共文化服务体系建设。

（七）奖励机制

为鼓励地方开展示范区（项目）创建工作，中央财政对示范区（项目）予以补助和奖励。东中西部每个示范区分别补助和奖励400万、800万、1200万元，每个示范项目分别补助和奖励50万、100万、150万元。对2011年公布的第一批31个创建示范区、47个创建示范项目采取补助与奖励相结合的办法，分两次对创建单位予以资金支持，即一半资金在列入资格名单时按补助资金拨付；另一半资金在通过审核验收后按奖励经费拨付。未通过审核验收的创建单位不能获得奖励经费。按照文件要求，2011年、2012年，分别向31个示范区划拨补助经费和奖励经费13000万元（其中东部9个示范区1800万元，中部10个示范区4000万元，西部12个示范区7200万元）；向各示范项目划拨补助经费和奖励经费2275万元（其中东部17个示范项目425万元，中部16个示范项目800万元，西部14个示范项目1050万元）。两年共计30550万元，其中2012年经费为15275万元。

三、主要做法

创建示范区(项目）工作采取“三权分立”工作机制。文化部负责制定创建标准、评审、督查、验收规则、过程管理办法等制度体系，各省（区、市）文化厅（局)负责推荐，国家公共文化服务体系建设专家委员会负责评审、督查和验收，各司其职，确保了创建工作的公开、公正、公平。

（一）评审阶段

1.组织申报。原则上每省（区、市）1个创建示范区名额（候选名额不超过2个），2个创建示范项目名额（候选名额不超过4个）。经专家委员会审核达不到申报要求的省份名额空缺。需报送的申报材料有：本省（区、市）人民政府关于申报创建国家公共文化服务体系示范区（项目）的推荐函、创建国家公共文化服务体系示范区（项目）申报书、创建国家公共文化服务体系示范区（项目）建设规划、公共文化服务体系制度设计研究方案，以及介绍申报创建示范区（项目）情况的光盘（限15分钟以内）、各申报单位负责人介绍申报创建示范区（项目）情况的报告（包括配合使用的PPT）。

2.组建评审委员会。为保证评审工作的公正、公开、公平，文化部、财政部引入国际通行的第三方工作机制，专门成立了国家公共文化服务体系建设专家委员会（以下简称“专家委员会”),由专家委员会承担评审工作。专家委员会按照“三三制”的原则建立，高校科研机构的知名学者、文化行政人员、公共文化机构负责人各占三分之一，形成了理论研究者、政府决策者与实践工作者优势互补、共同协作的工作机制。

3.制定《创建国家公共文化服务体系示范区（项目）评审规则》。专家委员会按照创建工作方案和创建标准，以及相关文件规定的名额，每个申报单位的材料确定由1名专家主审、2名专家副审。主、副审专家负责对申报单位进行初步审查。对各省推荐的候选名单进行评审，向创建工作领导小组提出创建国家公共文化服务体系示范区（项目）建议名单。评审采用会议评审和实地考察相结合的方式。

示范区的评审程序依次为：申报单位负责人介绍创建示范区情况；主、副审专家陈述初步审查意见；专家委员会集中评议；专家委员会通过无记名投票确定各省入围名单。原则上每省有1个申报单位进入入围名单；专家委员会对入围名单按东、中、西部分别进行无记名投票表决。同意票数达到或超过参评委员2/3的，进入建议名单。

示范项目的评审程序为：主、副审专家陈述初步审查意见；专家委员会集中评议；专家委员会通过无记名投票确定各省入围名单。原则上每省有2个申报单位进入入围名单； 专家委员会对入围名单按东、中、西部分别进行无记名投票表决。同意票数达到或超过参评委员2/3的，进入建议名单。

（二）创建阶段

1.签订目标责任书。为加强示范区（项目）创建工作过程管理，创建领导小组与第一批创建示范区人民政府、省（市、区）文化厅（局）签订目标责任书，明确各方分工。国家公共文化服务体系示范区创建工作领导小组办公室承担着指导各创建示范区开展工作，研究、总结、宣传推广示范区创建工作经验，组织专家委员会开展示范区验收工作，以及对示范区创建情况进行检查、监督等职责。各地市人民政府是创建示范区的责任主体，责任重大，要围绕创建国家公共文化服务体系示范区的目标、任务，按照目标责任书规定的职责分工，落实相关工作机制和保障措施，加快推动示范区创建工作。各省级文化部门负责统筹本省（区、市）示范区创建工作，对本省（区、市）示范区创建工作的督促指导；同时负责指导创建示范区制度设计研究工作，协助完成课题研究任务；审核本省（区、市）创建示范区验收报告，并向国家公共文化服务体系创建工作领导小组办公室提出验收申请。各省、区、市文化部门以创建示范区作为工作抓手，充分调动各方积极性，推动在本省区域内形成公共文化服务体系建设比、学、赶、帮、超的良好态势。

2.加强过程管理。11月10日，文化部办公厅印发《创建国家公共文化服务体系示范区（项目）过程管理几项规定》（暂行），就加强创建示范区和示范项目过程管理做出明确规定。一是建立领导机制。各创建示范区建立由党委、政府主要领导牵头，发改、财政、人事、编制、文化等相关部门参加的领导小组，各创建示范项目建立由当地文化行政部门主要领导牵头，相关部门和单位参加的领导小组，明确职责，落实分工。创建示范区领导小组办公室设在当地文化行政部门，在领导小组的领导下具体承担日常工作。实行领导小组定期例会制度和重大事项会商制度。专题研究创建示范区和示范项目各项工作，落实任务和具体措施，并形成会议纪要备查。二是建立联络员制度。创建示范区和示范项目确定一位联络员，原则上由文化局分管副局长担任，其主要职责是负责与省（市、区）文化厅（局）、国家公共文化服务体系示范区（项目）创建工作领导小组办公室的工作衔接与信息沟通，协调落实有关创建示范区和示范项目具体工作事宜。国家公共文化服务体系示范区（项目）创建工作领导小组办公室（以下简称“国家创建领导小组办公室”）每季度召开一次创建示范区联络员工作会议，每半年召开一次创建示范项目联络员工作会议，由各创建示范区和创建示范项目所在地区轮流举办。三是建立经费管理制度。中央财政拨付的创建示范区和示范项目补助经费主要用于引导和激励地方政府和财政部门加大基层文化投入，进一步支持地方公共文化服务体系建设，可用于地方开展基层群众文化活动、保护优秀传统民间文化、发展农村特色文化、培训基层文化队伍、整合公共文化资源以及创建示范区和示范项目的组织管理、新闻宣传、制度设计等方面的支出。对奖励补助资金分配应遵循“规范公平、鼓励先进、引导投入”的原则，不得充抵当地的创建资金。各创建示范区和示范项目要制定中央补助资金和地方创建资金管理使用办法及经费使用方案，包括使用范围、详细的项目预算和用途、预期效果等，使用方案应经省（区、市）财政厅（局）、文化厅（局）审核后报国家创建领导小组办公室备案，创建资金需专款专用，不得挪作他用。建立经费使用报告制度。各创建示范区领导小组办公室要制定期向创建示范区领导小组汇报经费使用情况；各创建示范区和示范项目领导小组每半年向国家创建领导小组办公室报告一次经费使用情况，并报送相关材料，同时抄报省级文化、财政部门。四是建立信息报送制度。各创建示范区和示范项目领导小组由联络员负责，定期向国家创建领导小组办公室报送创建进展情况。各创建示范区每月（示范项目每季度）报送一次工作动态，每季度（示范项目每半年）报送一次深度工作进展情况、制度设计研究进展情况和阶段性创建成果。在创建周期内信息宣传得分情况将作为对创建示范区和示范项目进行验收的重要内容，占验收测评总分值的一定比重。《规定》明确要求，过程管理有关规定执行情况将作为创建示范区验收的重要依据，纳入创建示范区和示范项目验收考核指标体系。对过程管理没有达到基本要求的创建示范区和示范项目，验收时将实行一票否决。

3.建立督导检查制度。国家创建工作领导小组办公室每年组织督查组赴各创建示范区和示范项目所在地开展1～2次督导工作，并制定了《督查办法》和《督查标准》。督查组采取三三制构成，由国家公共文化服务体系建设专家委员会专家担任组长，各级文化行政负责人、部分省级图书馆、文化馆馆长参加，研究者、管理者、实践者三者有机结合，确保了督查工作的公开、公正和公平。同时，督查工作引入第三方，邀请社会调查机构——零点公司全程参与，开展群众满意度的抽样调查。督查方式主要采取听、查、看、访，听是集中听取省级文化部门、创建示范区人民政府专题汇报；查是对照创建标准，核对各种材料；看是实地考察市级文化机构并随机抽取所辖1县、2乡镇、2社区进行现场检查；访是入户访问开展抽样调查，主要由第三方社会调查机构——零点公司进行。各地督查结果将形成文字材料现场反馈创建示范区人民政府，作为第一批创建示范区（项目）验收时的重要参照。督查总报告报送中央领导和创建示范区领导小组。

（三）验收阶段

根据《创建标准》，制定《验收办法》和细化的《验收指标》。示范区验收采用自查、省级文化厅（局）初步审核、社会满意度第三方测评、现场考察和会议集中评议相结合的办法进行。未进入验收程序和虽进入验收程序但未通过的示范区创建单位，给予半年整改期，期满后重新验收。重新验收仍不合格的示范区创建单位，取消命名和授牌资格。

示范区验收程序如下：示范区自查；省（区、市）文化厅（局）初步审核；创建办公室组织进行验收前置条件考核，具体包括：社会满意度第三方测评——制度设计研究成果验收——创建过程管理考核；实地考察；验收会议集中评议，具体包括：示范区主要领导做创建成效汇报——示范区主要领导回答专家提问——专家委员会评议并投票表决；创建领导小组批准验收结果，文化部命名、授牌。

示范项目验收采取实地考察和会议集中评议相结合的方式进行。未进入验收程序和虽进入验收程序但未通过的示范项目创建单位，给予半年整改期，期满后重新验收。重新验收仍不合格的示范项目创建单位，取消命名和授牌资格。

示范项目验收程序如下：创建办公室委托各省（区、市）文化厅（局）组织考察组对示范项目进行实地考察；示范项目验收的集中评议会议由创建办公室按东中西部地区分片组织召开。会议的主要内容是：示范项目主要负责人汇报创建工作过程、制度设计研究成果及创建成效、示范价值；示范项目主要负责人回答与会验收专家的提问；省（区、市）文化厅（局）汇报实地考察情况及考察组评价意见；与会验收专家进行综合评议；以无记名投票方式对示范项目是否通过验收进行表决，赞成票达到2/3（含）以上者验收通过；创建办公室向创建领导小组提交验收报告。创建办公室公示经审核批准的名单公示7天后命名、授牌。

四、进展情况

（一）评审产生第一批创建国家公共文化服务体系示范区（项目）

示范区（项目）创建工作引起了地方各级党委、政府的普遍关注。第一批示范区（项目）评审阶段收到省级人民政府推荐的全国56个地级市（区）创建示范区申报材料和100个地级市（区）创建示范项目申报材料。参加第一批示范区评审的56个地级市（区）中，北京市朝阳区、浙江省嘉兴市等6个地级市（区）由地方党委书记或市长亲自带队进行陈述答辩，其他地级市（区）的陈述人均为市委常委、宣传部长或副市长。专家委员会通过会议评审，采取先分组后集中的办法，以无记名投票的方式，按同意票数达到或超过2/3的原则，产生创建示范区（项目）名单。经过评审，共有31个申报地级市（区）获得创建示范区资格，47个申报项目获得创建示范项目资格。2011年5月，第一批创建示范区（项目）通过《中国文化报》和文化部门户网站向社会公示后公布名单。

（二）文化部、财政部积极推进创建工作

自示范区创建工作开展以来，文化部、财政部将其作为重点工作积极推进。文化部在部署2011年和2012年工作中，明确要求大力推进创建工作，并对创建示范区的申报评审、过程管理、新闻宣传和督查验收做出具体安排。2011年，文化部办公厅下发了《关于加强创建国家公共文化服务体系示范区（项目）过程管理的有关规定》，从建立领导机制、加强经费管理和新闻宣传等方面做了具体规定。2011年，文化部分别在北京、青岛、贵阳、上海召开了5次全国性工作会议，举办了2期专题培训班，具体指导示范区创建工作。

（三）各地创建工作稳步推进

自2011年第一批创建示范区启动以来，已取得初步成效。截至年底前，31个创建示范区中，已有30个以当地政府文件形式下发了《创建规划》，制定了《制度设计研究工作方案》和《宣传工作方案》。30个城市成立了以市长为组长的领导小组，还有10多个城市包括云南保山、西藏林芝等西部城市设立了公共文化服务建设专项资金，推动示范区创建。北京市朝阳区召开全区创建示范区工作会议，全区1500多名各部门干部参会，区长主持，区委书记亲自讲话部署。河北秦皇岛市召开全市创建示范区工作会议，市长主持，市委书记亲自做工作部署，并落实到党委、政府文件，制定了30条具体翔实的标准要求及公共文化服务体系示范区创建支持政策。此外，山西省长治市召开了全市动员大会，并出台了工作方案，形成了党政统一领导，文化财政部门组织协调，社会广泛参与的良好创建格局。投入方面，据不完全统计，第一批创建示范区启动以来，调动了地方接近100亿元的创建资金。许多创建城市制定了详细的时间表和路线图，提出了具体的规划目标。如浙江宁波鄞州区提出力争到2012年底，“基本建成设施网络广覆盖、服务供给高效能、组织支撑可持续、保障措施管长远的基本公共文化服务体系，使鄞州区公共文化发展主要指标和综合实力保持全省第一，跨入全国前列，为东部地区构建公共文化服务体系作出示范”。江苏省苏州市提出到2012年底“公共文化服务体系建设工作总体水平处于全国领先位置”。湖北省黄石市提出到2012年底“公共文化服务内容日益丰富，公共文化服务品牌在省内外有影响，公共文化服务保障措施到位，公共文化服务制度体系健全，主要指标达到国家示范区中部创建标准，力争成为湖北的代表、中部的前列、全国的先进”。江西省赣州市提出“公共文化服务体系建设工作总体水平处于全国领先位置”。重庆渝中区提出到2012年建成“10分钟公共文化服务圈”。四川省成都市提出的目标则是“着力打造文化广场之城、非物质文化遗产之城、博物馆之城、图书馆之城和文化创意之城”，逐步形成“15分钟公共文化服务圈”。

全国美术馆、公共图书馆、文化馆（站）免费开放工作全面推进

美术馆、公共图书馆、文化馆（站）是政府开办的公益性文化事业单位，是开展公共文化服务的重要场所，是保障人民群众基本文化权益的重要阵地。1月27日，文化部、财政部共同下发《关于推进全国美术馆、公共图书馆、文化馆（站）免费开放工作的意见》，就全国美术馆、公共图书馆、文化馆（站）免费开放进行总体部署，明确指导思想、工作原则、主要目标、基本内容、实施步骤和具体举措。这是继2008年博物馆、纪念馆实现全面免费开放后的又一保障广大人民群众基本文化权益、提高公民鉴赏能力、推进公共文化服务体系建设的重要举措。

一、基本情况

（一）免费开放的范围和内容

本次推进免费开放工作涉及的公共文化机构，主要是各级文化行政部门归口管理的美术馆、公共图书馆、文化馆（站），涉及全国6000多家县级以上美术馆、公共图书馆、文化馆和近4万个乡镇文化站。与博物馆、纪念馆等不同，公共图书馆、文化馆站作为公共文化单位面向群众开放，都不收取门票。其免费开放的主要内容是取消基本服务项目的收费，实现现有基本服务的免费提供；从长远来说，要逐步解决基本服务缺项，职责缺位的问题，完善与其职能任务相符的基本文化服务内容和方式。因此，《意见》规定，公共图书馆、文化馆（站）免费开放包括两个方面：一是指公共空间设施场地的免费开放，二是指与其职能相适应的基本公共文化服务项目健全并免费向群众提供。基本公共文化服务项目将随着社会的不断发展、政府财力的增长和人民群众精神文化需求的不断增长而发展变化。

具体来说，公共图书馆免费开放主要包括：一般阅览室、少年儿童阅览室、多媒体阅览室（电子阅览室）、报告厅（培训室、综合活动室）、自修室等公共空间设施场地免费开放；文献资源借阅、检索与咨询、公益性讲座和展览、基层辅导、流动服务等基本文化服务项目健全并免费提供；为保障基本职能实现的一些辅助性服务如办证、验证及存包等全部免费。

文化馆免费开放主要包括：多功能厅、展览厅（陈列厅）、宣传廊、辅导培训教室、计算机与网络教室、舞蹈（综合）排练室、独立学习室（音乐、书法、美术、曲艺等）、娱乐活动室等公共空间设施场地的免费开放；普及性的文化艺术辅导培训、时政法制科普教育、公益性群众文化活动、公益性展览展示、培训基层队伍和业余文艺骨干、指导群众

文艺作品创作等基本文化服务项目健全并免费提供；为保障基本职能实现的一些辅助性服务如办证、存包等全部免费。

文化站免费开放主要包括：多功能厅、展览厅（陈列厅）、辅导培训教室、计算机与网络教室等公共空间设施场地的免费开放；书报刊借阅、时政法制科普教育、群众文艺演出活动、数字文化信息服务、公共文化资源配送和流动服务、体育健身、青少年校外活动等服务项目健全并免费提供；为保障基本职能实现的一些辅助性服务如办证、存包等全部免费。

各级美术馆的基本展览实行免费参观。对于少数特殊展览，可根据实际情况实行低票价。

（二）总体目标和实施步骤

美术馆、公共图书馆、文化馆（站）免费开放工作的总体目标是：到2012年底，与深化文化体制改革、提升公共文化服务能力相结合，实现美术馆、公共图书馆、文化馆（站）规章制度健全，职责任务清晰，服务内容明确，保障机制完善，健全与其职能相适应的基本文化服务项目并免费向群众提供，设施利用率明显提高，使免费服务成为政府的重要民生项目和公共文化服务品牌。

按照《意见》要求，美术馆、公共图书馆、文化馆（站）免费开放工作主要分为两步走：2011年年底之前，国家级、省级美术馆全部向公众免费开放；全国所有公共图书馆、文化馆（站）实现无障碍、零门槛进入，公共空间设施场地全部免费开放，所提供的基本服务项目全部免费。2012年年底之前，各级美术馆全部向公众免费开放；全国所有公共图书馆、文化馆的一级馆、省级馆、省会城市馆、东部地区馆站免费提供的基本公共文化服务质量和水平不断提升，形成2个以上服务品牌。其他图书馆、文化馆站实现基本公共文化服务项目健全，并免费提供。

（三）免费开放的经费保障原则

为满足免费开放后开展培训、讲座、展览、图书借阅览、群众文化活动、共享工程服务及设备运行维护等基本公共文化服务项目要求，中央财政对实施免费开放的公共图书馆、文化馆（站）予以补助和奖励。2011年，地市级图书馆、文化馆补助标准为50万元，县级图书馆、文化馆补助标准为20万元，乡镇综合文化站补助标准为5万元，均高于2009年各类单位全国平均事业收入水平。中央财政将按此标准和负担比例对中西部地区予以补助。地方财政可根据实际情况提高补助标准，所需经费由地方财政自行解决。2011年，中央财政拨付18亿元免费开放专项资金。

二、主要做法

推进免费开放，是在财政经费保障机制建立的前提下，鼓励各级公共文化机构把主要精力转移到提供高效、优质的基本公共文化服务上来，切实提高基本公共文化服务能力和水平，让广大群众共享文化发展的成果。

主要做法有：

一是取消原有部分收费项目。取消公共图书馆办证费、验证费、自修室使用费、电子阅览室上网费，取消公共图书馆、文化馆（站）存包费，限期取消文化馆（站）群众文化艺术辅导和培训费，业余文艺骨干培训费，公益性讲座、展览收费。

二是限期收回出租设施。要严格执行《公共文化体育设施条例》和中央《关于加强公共文化服务体系建设的若干意见》、《关于进一步加强农村文化建设的意见》，维护好美术馆、公共图书馆、文化馆（站）的公益性质，不得以拍卖、租赁等任何形式改变公共文化设施用途，已挪作他用的限期收回。

三是降低非基本服务收费。公共图书馆、文化馆（站）除基本公共服务外，为满足广大基层群众多层次、多样化的需求，开展了多种多样的公益性服务。如公共图书馆深度参考咨询服务（为读者收集专题信息，编写参考资料，或者进行代查、代译、复印书刊资料等服务）、赔偿性收费和文化馆（站）的高端艺术培训服务等，可以收取合理的费用。

四是完善免费开放公示制度。公示免费开放内容，在窗口接待、场所引导、资料提供以及内容讲解等方面创造良好的服务环境，增强吸引力。

五是制订应急预案。切实做好免费开放的前期准备，充分考虑免费开放后可能遇到的各种情况和问题，制定切实可行、严谨细致的免费开放工作方案。要制定突发事件的应急预案，完善应急处置机制，确保免费开放后的公众安全、资源安全、设施设备安全。

六是加强免费开放的宣传。开展形式多样的宣传活动，扩大免费开放的公众知晓率，吸引广大群众走进文化设施，最大限度地发挥美术馆、公共图书馆、文化馆（站）功能作用。

三、进展情况

美术馆、公共图书馆、文化馆（站）免费开放消息一经发布，立刻引起媒体、社会的广泛关注和广大人民群众的普遍欢迎。2月10日，新华社刊发消息《我国美术馆、公共图书馆、文化馆将实现全面免费开放》。当天，中央人民广播电台播发了新华社通稿，中国网、人民网、新浪网、腾讯网等各大网站均在显要位置进行了转载，中央电视台以及各地广播电台、电视台、报纸、地方政府网站、论坛等均进行了报道。随着免费开放的不断展开，媒体的深度报道仍在持续增加。

各地文化行政部门和美术馆、公共图书馆、文化馆（站）也积极落实中央的决策部署，迅速行动，采取各种措施，加快免费开放步伐。中国美术馆3月2日免费开放，每天接待人数达6000人次。上海美术馆3月5日免费开放，吸引了众多美术爱好者和普通市民，观众提前1小时就在美术馆门口排起长队。3月2日，中国美术馆正式向社会免费开放。免费开放初期，日均参观人数在4000～6000人之间，已经达到日最高参观量6000人的饱和值，相比免费开放前的1000～2000人的日参观量来说，是有明显增长。3月3日起，为贯彻落实文化部、财政部《关于推进全国美术馆公共图书馆文化馆（站）免费开放工作的意见》的精神，国家图书馆继2008年初推出基本服务项目免费举措之后，对部分现行服务收费项目再次进行调整，取消上网费；取消对缩微、影印、重印等善本古籍复制品收取的复制底本费；降低彩色复印费、打印费等非基本服务收费标准。调整服务收费受到了读者的热烈欢迎。2011年3月份当月，读者证卡数量较2010年同期增加8%；无线上网读者新增4716人，是1月份新增读者的3.9倍，每小时在线用户数最大值达201人，是1月份的2倍。

《意见》下发以后，各级文化行政部门和公共文化机构迅速行动，按照中央统一部署，结合本地区实际情况，加快推进免费开放工作：

一是制定明确的“三馆”免费开放时间表。陕西省5家美术馆、112家公共图书馆、120家文化馆、1611家乡镇文化站从7月1日起全部面向社会免费开放。广东省于7月1日前实现省级和副省级市的“三馆”免费开放，10月1日前扩大到珠江三角洲地区，年底前推广到全省其他地区。湖南省省图书馆、省少儿图书馆、省群众艺术馆2011年7月1日前免费开放，市州、县区文化场（馆）和乡镇综合文化站在10月1日前免费开放，到2012年底，省内“三馆”全部免费开放。江西省确立了13家图书馆和12个文化馆作为免费开放试点单位，到2011年底全省所有“三馆”实现全面免费开放。

二是进一步提高“三馆”服务质量和水平。《江苏省美术馆公共图书馆、文化馆（站）免费开放工作方案》明确要求，实行免费开放后，各级图书馆、文化馆提供的基本服务项目应不少于10项，乡镇（街道）综合文化站应不少于6项。重庆市针对免费开放的公共文化机构，分级分类提出免费开放的设施场地要求和免费提供的服务项目及数量。山东省将“健全服务项目”作为免费开放部署的一项重要措施，要求免费开放的机构在均等、普惠的基础上，逐步增设多样化服务。

三是加强“三馆”免费开放的组织和经费保障。安徽省文化厅、财政厅召开全省电视电话会议，专题部署免费开放工作，明确省级美术馆、图书馆、文化馆所需经费全部由省级财政负担；市级公共图书馆、文化馆（站）所需经费，由中央财政、市级财政分别承担50%；县级（含县改区）公共图书馆、文化馆（站）所需经费，在中央财政按标准负担50%的基础上，省、县级财政分别负担25%。云南省文化厅和财政厅联合印发了《关于下达2011年度基层公共文化服务体系保障经费的通知》，对省州（市）级及以下公共图书馆、文化馆（站）免费开放工作经费地方配套资金予以明确规定。新疆将免费开放工作列入2011年重大民生项目之一，成立领导小组，并于11月1日至12月30日，开展全区范围内的督导检查。湖南、山东、福建、内蒙古等地明确要求限期收回出租或挪作他用的公共文化设施场地，用于开展公共文化服务。

国家公共文化服务体系制度设计研究工作取得阶段性成果

2010年3月起，文化部启动了国家公共文化服务体系制度设计研究工作。主要任务是：围绕谋划“十二五”工作思路，针对当前公共文化服务体系建设存在的突出问题，根据我国区域差异、城乡差异的具体实际，结合公共文化服务体系示范区建设，对涉及全局性、战略性的重大问题进行研究，提出相关政策建议和具体解决方案。同时，通过制度设计研究，吸纳一流专家，建立一支政府公共文化机构、专家学者组成的公共文化服务体系政策理论研究队伍，为政府决策提供参考咨询；形成一系列推进公共文化服务体系建设的政策、手段和措施，努力建立公共文化服务体系建设的长效机制。2011年上半年，文化部成立了国家公共文化服务体系建设专家委员会作为思想库和智囊团，确定了制度设计研究课题体系，建立了专家对课题、课题对省份、省份对专家的工作机制，实现了国家公共文化服务体系示范区（项目）创建工作与制度设计研究工作的有效衔接。这一系列举措，对于进一步推动公共文化服务体系建设，具有里程碑意义。

一、主要做法

（一）成立国家公共文化服务体系建设专家委员会

为推动我国公共文化服务体系科学发展，在国家公共文化服务体系建设专家组的基础上，3月1日，国家公共文化服务体系建设专家委员会在北京正式成立，由来自北京大学、清华大学、中国社会科学院等学术科研机构和全国部分文化机构的39名专家组成，代表着我国公共文化服务体系理论研究的核心力量和一流水平。

（二）发布第二批公共文化服务制度设计研究课题体系

2011年，文化部结合公共文化服务体系建设面临的实际问题，向全国各省、自治区、直辖市文化厅（局）公布第二批公共文化服务制度设计研究课题体系，以各省文化厅（局）为申报主体，组织开展课题申报工作。第二批课题主要包括：工人文化宫、青少年宫、科技馆免费开放机制研究，少数民族地区公共文化服务体系建设研究，农民工文化服务机制研究等。委托清华大学、北京大学、中国传媒大学、深圳市特区文化研究中心等高校和研究机构进行专题研究。

（三）创建国家公共文化服务体系示范区成为制度设计研究实践基地

2011年上半年，文化部、财政部联合实施了国家公共文化服务体系示范区（项目）创建工作，其中，制度设计研究是最具特色的环节。10月，文化部在贵阳召开国家公共文化服务体系制度设计研究工作会议，明确要求各创建示范区必须承担制度设计研究课题，并以政府文件形式，下发了制度设计研究工作方案，明确课题方向、组织形式、经费保障等，制定时间表和路线图，并将其成果是否通过专家委员会审核作为验收的前置条件。

在具体操作过程中，文化部社文司作为课题研究的牵头部门，负责与专家组、课题承担省份的联系与沟通，建立定期沟通机制，指导、督促课题的顺利开展。同时，积极争取财政支持，对专家组和课题承担单位开展课题研究提供经费支持；中国文化传媒集团国家公共文化发展中心作为课题研究办公室，负责做好服务工作，加快建设网上工作交流与成果发布平台，为课题研究的顺利进行创造有利条件。

二、工作成效

按照“决策参考、指导实践、推动立法”的目的要求，2011年，各省（区、市）文化厅（局）和专家学者结合现阶段我国国情和文化发展实际，重点研究亟待解决的涉及全局性、战略性和前瞻性的重大问题，总结发展规律，判断、预测发展趋势，提出政策建议，为公共文化服务体系建设实践工作提供了有力的理论支撑和智力支持。

（一）建立有效工作机制，制度设计研究成为推动公共文化服务体系建设的重要工作抓手

按照专家对课题、课题对省份、省份对专家的工作机制，各省（区、市），文化厅局将开展公共文化服务体系制度设计研究，作为推动当地公共文化服务体系建设科学发展上水平的重要举措，首批承担课题研究任务的21个省（区、市）迅速行动，成立课题组，落实经费，启动制度设计研究工作，并为课题研究顺利开展创造条件、提供保障。承担综合性课题研究的浙江省成立了浙江省公共文化服务研究中心指导委员会，由副省长郑继伟担任主任，还成立了浙江省公共文化服务体系建设制度设计研究工作领导小组和浙江省公共文化服务体系建设专家组，在公共文化资源供给、活动机制、经费保障、队伍建设、评价体系等领域展开研究，并在宁波市鄞州区设立公共文化服务体系制度设计实践基地。重庆市将制度设计研究与制定全市经济社会发展“十二五”规划紧密结合，纳入文化工作的总盘子予以统筹考虑，推出了一批高质量的课题研究成果，制度课题研究阶段性成果结集出版，形成《重庆市公共文化服务体系制度设计综合研究报告》已于2011年出版。长春市从创建示范区前期引导资金中拿出一部分，市财政配套一部分，为制度设计研究工作提供资金保障，并把制度设计作为重点任务纳入《长春市创建国家公共文化服务体系示范区规划》，通过市委、市政府办公厅的正式文件，把制度设计研究工作分解到全市各科研单位和文化等部门，按照制度设计研究工作的时限进度和节点，由党委政府督查室、市绩效考核办公室进行督导检查，确保进度和质量。成都、马鞍山、东莞、赣

州、宁波市鄞州区等创建示范区积极争取专家委员会的指导，在制定创建示范区规划和制度设计方案时，充分尊重和吸收专家们的意见和建议。北京市朝阳区还就制度设计研究建立了与市文化局、首席专家会商机制，定期沟通情况，探讨问题，推进课题研究不断深入开展。

（二）围绕国家公共文化服务体系建设大局，制度设计研究为重大政策的出台提供了有力的理论支撑和智力支持

一是制定推动公共图书馆、美术馆、文化馆站免费开放的有关政策文件。在博物馆、纪念馆免费开放的基础上，根据中央领导的指示，文化部组织国家公共文化服务体系建设专家委员会的专家研究论证图书馆、美术馆、文化馆、文化站免费开放政策。1月27日，文化部、财政部下发《关于推进全国美术馆公共图书馆文化馆(站)免费开放工作的意见》（文财务发〔2011〕5号），正式启动全国美术馆、公共图书馆、文化馆(站)免费开放工作，2011年，中央财政划拨18亿元用于补助全国地市级以下公共图书馆、文化馆（站）开展免费开放。二是制定加强农民工文化建设有关政策文件。2011年，文化部组织各省文化厅局和国家公共文化服务体系建设专家委员会的专家，开展农民工文化工作大调研，会同人力资源社会保障部、中华全国总工会联合下发《关于进一步加强农民工文化工作的意见》（文社文发〔2011〕45号），提出以公共文化服务体系为支撑，以城市基层社区、用工企业为重点，以社会力量为补充，逐步形成“政府主导、企业共建、社会参与”的农民工文化工作机制的总体思路。三是加强了公共数字文化服务体系建设制度设计工作。2011年，中国网民数量已达4.77亿人，数字文化阵地已经成为公共文化服务的重要领域，在加强对公共文化服务技术支撑研究的基础上，文化部融合既有的数字图书馆推广工程、全国文化信息资源共享工程，结合公共电子阅览室推广计划，加强统筹和规划，研究制定了“十二五”期间三大文化惠民工程的建设目标任务，确立了互为支撑，互相促进，形成合力的发展思路，力争到“十二五”末，基本实现数字文化服务覆盖全国所有乡镇、城市社区和行政村。

（三）坚持理论和实践结合，制度设计研究为解决实际困难和突出矛盾，推动公共文化服务创新发挥重要作用

开展创建国家公共文化服务体系示范区（项目）工作一个重要目的是，针对当前公共文化服务体系建设存在的突出问题，根据我国区域差异、城乡差异的具体实际，对涉及全局性、战略性的重大问题进行研究，提出相关政策建议和具体解决方案，探索公共文化服务体系建设的路径、模式和规律。文化部充分依托制度设计研究工作机制，充分吸纳制度设计研究取得的成果，制定了科学、规范的创建方案和创建标准，为指导各地开展创建工作发挥了重要指导作用。特别是文化部将创建工作与制度设计紧密结合，统筹安排，统一设计，制度设计研究成为创建示范区的一项重要任务。首批31个创建示范区、47个创建示范项目都要按照要求开展制度设计研究。制度设计研究工作与创建示范区（项目）工作紧密结合，推动公共文化服务体系建设理论与实践相互促进，实践之路常新，理论之树常青，共同推动公共文化服务体系建设科学化、规范化发展。苏州市通过示范区创建，以政府规划的形式将图书馆总分馆制固定下来，在全市范围推广，同时开展公共文化人才职业资格认证研究，解决公共文化机构人员准入问题。苏州市将实行图书馆总分馆制、职业资格制度纳入制度设计研究，并根据近年来的实践加以深化和总结提高，形成具体的制度设计，进入创建规划，做到了制度设计与创建示范区同步规划、同步设计、同步实施。东莞市将公共文化技术支撑研究成果应用于公共电子阅览室建设，很好地解决了友好服务、基层维护等问题，探索出具有东莞特色的“新型公共电子阅览室”建设模式，对全国公共电子阅览室建设具有借鉴作用。

（四）着眼公共文化服务体系理论建设可持续开展，制度设计研究凝聚了一支讲政治、顾大局、高水平的专家团队

2011年，在文化部的组织下，专家委员会深入全国各地调研，撰写调研报告，帮助基层总结公共文化服务体系建设经验，参与筹备国家公共文化服务体系示范区创建工作会议、推进美术馆公共图书馆文化馆免费开放会议、全国地市级公共文化服务体系建设现场经验交流会等一系列会议，积极参加第三次全国文化馆评估定级、中国民间文化艺术之乡评审、全国基层文化队伍培训大纲编写和骨干培训等重要工作，为工作的顺利推进作出了积极贡献。各省（区、市）也分别组建了各自的专家团队，他们积极参与文化部门的课题研究和相关工作，工作中讲奉献、顾大局，充分体现了中国知识分子关心国家、心怀天下的优良传统，为发挥制度设计研究“决策参考、指导实践、推动立法”的作用提供了重要保障。

党的十七届六中全会对公共文化服务体系建设提出了很多新任务、新要求。制度设计应围绕会议精神，既要有长期规划、长远考虑，也要根据形势发展的需要及时调整研究方向和研究课题。六中全会所提及的公共文化服务保障法立法支撑研究、社区文化建设、社会力量参与机制研究、公共文化绩效考核办法、公共文化服务标准化建设被列为重点课题研究，尽快形成政策性文件指导工作。

全国基层文化队伍培训工作全面展开

为贯彻落实中宣部、中组部、中央编办、国家发改委、财政部、人社部六部（委、办）联合下发的《关于加强地方县级和城乡基层宣传文化队伍建设的若干意见》和《文化部关于开展全国基层文化队伍培训工作的意见》，切实提高基层文化队伍的思想道德素质和综合业务素质，2010年底，文化部启动了全国基层文化队伍培训工作，计划用5年时间，对全国现有24.27万县乡专职文化队伍和366.85万左右的业余文化队伍进行系统培训，包括县级文化馆、公共图书馆、艺术表演团体和乡镇文化站（街道文化站）工作人员，以及这些基层文化单位指导的村（社区）文化活动室、农村文化中心户、群众业余文艺团队等业余文化工作者和社区文化志愿者等。2011年，全国基层文化队伍培训工作全面展开，各项工作进展顺利。

一、建立全国基层文化队伍培训专项资金

2011年开始，中央财政每年投入450万元专项资金，支持开展全国基层文化队伍培训工作，主要用于文化部和培训基地举办示范班、师资培养、培训基地建设、教材编纂和发放、表彰奖励等。

二、举办示范性培训班和师资培训

2011年初，文化部社会文化司和中央文化管理干部学院在广泛征求意见的基础上，制定《“十二五”期间全国基层文化队伍示范性培训工作规划》，计划在5年中为地方培养师资和业务骨干2500人次，根据该规划，2011年安排组织举办10个示范性培训班次。截至11月中旬，2011年度全国基层文化队伍示范性培训班全部圆满完成，10期共培训学员455人，覆盖全国所有省、自治区、直辖市和新疆生产建设兵团，培训对象涉及省级培训管理者、省级文化馆和图书馆师资、地市社文科长、县级文化馆和图书馆文化骨干、乡镇文化站业务骨干、业余文化骨干、大学生“村官”和县级文艺编创人员。

三、编辑出版全国基层文化队伍培训教材

为指导全国基层文化队伍培训工作，2011年文化部组织力量编写全国基层文化队伍培训系列教材，已出版《公共图书馆业务培训指导纲要》和《文化馆（站）业务培训指导纲要》两本。中央财政购买教材大纲免费赠送，发放范围覆盖省、地、县三级文化行政部门和图书馆、文化馆，用于指导各地结合实际，编纂基层文化队伍培训教材，开展培训工作。此外，结合示范班教学，公共文化通论、公共图书馆系列教材、文化馆站系列教材正在编纂中。

四、建立首批全国基层文化队伍培训基地

为建立全国基层文化队伍培训网络，充分利用各地优质培训资源，扩大培训覆盖面，文化部计划在全国确定9个全国基层文化队伍培训基地，其中，2011年首批在东、中、西部各产生1个基地，2012年各产生2个基地。经过评审和现场考察，基地评审专家组推荐东部的浙江艺术职业学院和山东大学、中部的湖南艺术职业学院、西部的重庆艺术学校作为首批全国基层文化队伍培训基地。经全国基层文化队伍培训工作领导小组审议通过，2011年11月，文化部与以上4家单位签订了《全国基层文化队伍培训基地建设协议书》，对首批基地进行了命名并授牌。

五、全国基层文化队伍远程培训网建设工作顺利开展

为创新培训方式，开拓培训渠道，丰富培训手段，学院以开放、兼容、共享为原则，按照为基层专兼职文化工作者提供随时随地的在线学习、在线考试服务的工作要求，2011年启动了“全国文化干部远程培训平台”（以下简称“远程培训平台”）建设项目。在调研基础上，确定了远程培训平台的软件框架，对平台的基本要求、建设任务、组织形式、教学模式、技术实现方式和培训队伍构成进行了论证，明确了培训平台的功能要求，同时针对不同培训主体和培训环节设计出不同培训主体网上培训流程。截至2011年底，该项目已经完成了“文化干部远程培训平台”软件开发；购置并调试了基础硬件；拍摄、录制了培训课程资源2000G，近百门课程。在此框架下，正在构建“全国基层文化队伍远程培训网”。

六、各地基层文化队伍培训蓬勃开展

自从文件下发之后，各地文化部门认真贯彻落实文件精神，把加强基层文化队伍培训工作作为工作重点，进一步深入开展各具特色的基层文化队伍培训工作，积累了丰富的经验，取得了很大成效。有的省份制定专项规划，明确培训目标，落实培训内容和机构，加大经费保障力度，为进一步做好培训工作奠定了良好的基础。综合来看，各地基层文化队伍培训主要有以下几个特点：覆盖面广，重心下移，专业性强。山东省文化厅积极响应政策，制定了乡镇综合文化站站长轮训计划，准备用3年时间将全省1388名乡镇综合文化站站长轮训一遍。这项工作已经顺利开展了2年，在中央文化管理干部学院共举办了8期培训班，培训学员400人。山西省文化厅全面开展基层文化队伍培训，2011年度山西省市、县级文化行政部门和公共文化服务单位，逐级开展相应培训工作，共举办培训班18期，参训人员6000余人次。河北省文化厅2011年共举办各类基层文化队伍培训16期，培训学员400余人，内容涉及群艺馆、图书馆、非物质文化遗产等相关业务知识。辽宁省文化厅针对本省基层文化生活发展的不平衡、文化活动单一、文艺骨干文化素质和业务水平普遍偏低等现状，从2009年起开展“百馆千站辅导培训工程”，截至2011年底，共培训学员1800余人。四川省文化厅明确基层文化队伍分级培训的原则，由省级、市、州级文化行政部门负责培训县（区）图书馆长、文化站长（包括乡镇文化站中心文化专干）、乡级专业文化队伍，由县级文化部门负责培训业余文化队伍，着力于推进基层文化队伍培训规范化、系统化、常态化。2011年，四川省文化厅分9批共计培训文化专干753人。在全省各市（州）分别开展了多次区（县）级图书馆长、文化站长培训班，实现了今年乡镇文化队伍的培训时间不少于15天，每期培训8个班次，参加培训人员不少于400人。乡镇基层文化专干参加集中培训实践不少于15天，每期培训人次不少于80人。重庆市文化广播电视局尊重文化人才培训规律，在认真调研基层文化队伍现状的基础上，提出了“重点突破、分级负责、逐步展开”的培训原则，建立了分类别分层次的培训工作机制，逐步夯实文化工作的基础。主要培训内容如下：一是围绕公共文化服务体系建设和管理，为更好地对公众开展服务，开展了图书馆知识培训、广电知识培训、共享工程知识培训。二是为加强文化遗产保护，开展了非物质文化遗产、古籍保护、文物保护知识的培训。三是侧重基层，开展乡镇综合文化站业务培训。从2007年以来，全市连续4年，共分20期集中培训全市乡镇综合文化站专干共1980人，实现全市所有乡镇文化专干培训全覆盖。

全国第三次文化馆评估定级工作顺利完成

按照文化部关于开展全国第三次文化馆评估定级工作的总体安排，2011年组织开展了全国第三次文化馆评估定级工作。与第二次评估相比，四年来，全国县级以上文化馆机构数由3217个增加到3264个，上等级馆共计2028个（第二次评估1099个），其中一级馆741个、二级馆582个、三级馆705个，上等级馆占文化馆机构数比例由35%提高到62%。

一、本次评估工作的主要特点

（一）制定了较为完善的评估指标体系

本次评估定级重新修订了评估标准，充分考虑了近年来中央出台的公共文化服务体系建设的政策文件，在保持评估定级工作的延续性和评估标准的相对稳定性基础上，在以下几个方面做了重大的修改：一是在重视硬件建设同时，更多地强调对文化馆服务内容和服务水平的考核，提高了“软件”指标在评估标准中的比重。二是充分吸纳《文化馆建设用地指标》、《文化馆建设标准》、《文化馆管理办法》、《国家公共文化服务体系示范区创建标准》等，调整相关评估指标。三是适应信息化发展趋势，增加了数字化服务项目等指标。四是请专业公司开发了评估工作软件，增强了评估工作的操作性和严谨性。

（二）组建了水平较高、结构合理的评估工作队伍

本次评估工作共成立了11个评估组，在人员构成上，评估组采取三三制原则，由文化厅局的管理者，公共文化领域的专家和文化馆（群艺馆）的管理者组成，每个组组长由长期分管社文工作的副厅长担任。

（三）建立了严谨高效的评估工作程序

本次评估工作程序严密、节奏紧凑。一是组织各地根据文化部评估标准开展自评、自查工作。二是文化部组织评估组实地检查评估，重点对省级馆和副省级文化馆进行评估定级，并抽查地市级馆和县级馆，督导检查各创建国家公共文化服务体系示范区地市级文化馆。具体工作程序是：文化部评估组听取文化

厅局评估工作汇报、召开座谈会、实地检查、发放群众满意率调查表、审阅各馆提供的原始资料，对各馆的自评结果进行检查核实等方法。三是召开评估组意见反馈会，要求省（区、市）主管领导、文化厅局领导、发改委、财政厅、宣传部、人事厅等有关部门负责人参加，以书面形式正式反馈。四是文化部纪检监察局派人全程参加了评估工作。

（四）调动了各级文化部门积极参与

近年来，文化馆评估定级结果已成为全国文明城市、全国文化先进单位、国家公共文化服务体系示范区创建标准等指标体系中的核心指标，引起各级党委、政府高度重视，也调动了各级文化部门积极参与。一是组织有力。各地成立了由文化厅主管厅长为组长、有关处室和单位主要负责人为成员的评估工作领导小组，明确专人负责，争取当地党委政府的重视和财政的支持，及时转发《文化部办公厅关于开展全国第三次文化部评估定级工作的通知》，对自评、实地评估、上报材料等提出具体要求，并制定了详细的评估工作时间表和路线图。二是文化馆参评率大大提高，如浙江省102个文化馆，有97个馆参评，参评率为95.1%。宁夏共有22个文化馆，参加评估的文化馆21个，占全区文化馆总数的95%。三是自查阶段认真负责，自评结果基本符合实际。评估组共对31个省级馆和16个副省级馆进行了检查或评估，抽查了102个地市和县级文化馆（包括31个创建国家公共文化服务体系示范区地市级文化馆）。从实地检查和抽查情况看，各地的自查工作是认真的、自查结果、填报的数据和汇报的情况是比较符合实际的，客观的。

（五）结合重点工作开展督导、检查、指导

本次评估定级工作，11个评估组除了对文化馆发展状况做总体评估外，还对近期开展的两馆免费开放工作、国家公共文化服务体系示范区创建工作、农民工文化建设、非物质文化遗产保护等进行了督导、检查、指导，解读中央有关政策文件，具体指导各地文化馆相关业务工作。

二、2007年第二次全国文化馆评估定级工作以来文化馆事业发展情况

自第二次全国文化馆评估定级以来，随着中央有关公共文化服务体系的一系列战略部署陆续出台，在各级党委政府、文化部门的重视和支持下，我国各级文化馆事业呈现出蓬勃兴旺、健康发展的良好局面。具体体现在：

（一）文化馆的政策保障和经费保障得到加强

2007年以来，国家出台了一系列与文化馆有关的政策文件。各地也结合公共文化服务体系建设，出台了许多与文化馆建设发展有关的政策文件。重庆市三届五次全委会专题研究文化发展，出台了《中共重庆市委关于推动文化大发展大繁荣的决定》，明确提出到2012年全市文化馆全部达到国家等级馆其中40%以上达到国家一级馆标准。山东省提出了全省“十二五”期间文化馆评估达标的硬性指标，并将文化馆评估定级工作与社会文化先进县的评选、与迎接“十艺节”结合起来。安徽省连续三年把文化馆建设和服务纳入省政府对各市政府的目标考核体系，文化馆事业得到各级政府的高度关注和重视，有力地促进了文化馆办馆条件的改善和办馆能力的提升。西藏自治区人民政府办公厅出台了《关于加强基层文化设施管理和使用工作的意见》，对基层文化设施的管理和使用工作做出了明确部署和安排。各级财政不断加大文化馆的经费投入。2010年，全国文化馆人均财政拨款0.44元，与第二次评估时的人均0.28元相比，有了明显提升。中央财政从2009年开始，两年共投入58222万元，对全国面积不达标的447个公共图书馆、1147个文化馆进行修缮。2011年，中央财政安排18亿元用于补助和奖励文化馆、图书馆、美术馆免费开放。根据免费开放工作要求，贵州、四川、陕西、重庆、辽宁等省均已落实了文化馆免费开放配套经费。

（二）文化馆的设施建设快速发展，办馆条件有了很大改善

一批新的高标准文化馆相继建成并投入投用，办馆条件大为改善。省级文化馆平均面积6000平方米，比第二次评估高了265平方米。四川省全省文化馆数量共计203个，上等级馆总数共计146个，在灾后重建中，有40个市（县区）文化馆获得了8亿元重建资金，设施设备一举跨越20年，走在全国的前列。内蒙古自治区截至2010年底，全区群艺馆、文化馆总面积29.4万平方米，较第二次评估定级的18.6万平方米增加58%，群艺馆、文化馆专用设备总值10484.8万元，较第二次评估定级的3120万元增长236%。江西省自2007年以来，建成或基本建成文化馆53个，总面积近30万平方米，总投资达11亿元。黑龙江省同第二次评估对比，全省文化馆馆舍总面积由171328平方米增加到232906平方米，增长了26.44%；馆内必备专用设备总值由4634.2万元增

长到7511.4万元，同比增长38.3%。

（三）中央关于公共文化服务体系的战略部署在各级文化馆得到贯彻落实，文化馆在重大文化惠民工程中发挥了重要作用

各级文化馆积极落实中央关于公共文化服务体系建设的战略部署，坚持重心下移、服务下移、资源下移，积极参与文化信息资源共享工程、农家书屋、数字电影放映工程、送戏下乡等重大文化惠民工程，并在其中发挥重要作用。

在开展阵地服务的同时，积极开展流动服务，把人民群众需要的公共文化产品和公共文化服务送到基层。江苏省文化馆连续多年开展“文化民生——基层文艺巡演活动”。浙江省群众艺术馆开展了新农村“文化良种”培训基地建设，既送文化，又种文化。西藏自治区群艺馆在高海拔高寒缺氧的条件下，每年人均下基层辅导、培训130天。辽宁省沈阳市2010年推出“艺术惠民双百万”工程，让100万市民接受免费培训，为100万人次的市民提供免费的高雅艺术演出。

文化部、财政部《关于推进全国公共图书馆、文化馆（站）、美术馆免费开放工作的意见》下发后，许多文化馆认真贯彻文件精神，积极开展免费开放服务，在免费提供文化场地的同时，根据当地人民群众的需要，精心设置免费开放服务项目。全国文化馆常设免费项目超过5项的有1668个，占参评县馆总数的70%。浙江省宁波市文化馆打造了“群星课堂”、“群星展厅”、“群星舞台”等“群星”系列免费服务品牌。上海市群众艺术馆以“打造多彩的人文艺术家园”为目标，在新建的17000平方米的大楼内，设置了36个能够让老百姓自由进出的活动区域，设置了艺术展览、书报阅览、信息服务、非遗展示、数字健身、视听服务、文化讲座、公益演出观摩、数字电影观看、艺术普及培训等全免费项目。湖南省群众艺术馆的免费开放服务项目有23项。重庆市每个文化馆都将免费开放服务的项目、内容、时间、地点、负责人公示于众。广东省文化馆和司法厅、关工委等合作，面向困难家庭和特殊家庭子女开展免费开放服务。

（四）文化馆全面履行工作职能，服务能力和水平有了很大提升

各级文化馆全面履行普及文化艺术知识、组织开展群众文化活动、辅导基层文化骨干、开展社会艺术教育工作、传承优秀民族民间文化的重要职能，以良好的精神状态积极开展工作，服务能力和水平有了很大提升。

一是广泛开展群众文化活动，全国涌现出一大批群众文化活动品牌。在2008北京奥运会、2010年上海世博会举办期间，在庆祝新中国成立60周年、建党90周年的日子里，全国各地文化馆组织开展了形式多样、群众喜闻乐见的主题活动。在汶川地震、舟曲泥石流发生后，全国各地文化馆都举办了各种规模、各种形式的赈灾义演活动和晚会。文化馆积极组织开展的群众文化活动，有的成为当地乃至全国的著名文化品牌。贵州省的少儿艺术节已经连续举办了9届，该活动已成为贵州提高少儿艺术教育水平、发掘少儿艺术人才，向少儿传播先进文化，进行爱国主义教育的重要平台。黑龙江省的“城市之光”和“金色田野”大型主题群众文化系列活动，天津市和平区的“和平杯”中国京剧票友邀请赛，湖南省长沙市的“千团展演”、“文化橘洲”，衡阳市的“和风衡州”，四川省成都市的“四季风”，江苏省吴江市开展的“区域文化联动”等都产生了广泛的影响，成为著名的文化活动品牌。

二是积极开展群众文艺创作，在传承和发展地方特色文化中发挥了重要作用。各级文化馆大力培育文学、戏剧、音乐、舞蹈、美术、摄影、书法、曲艺等群众文艺队伍，充分利用地方特色文化资源，创作生产出许多思想性艺术性观赏性相统一、人民喜闻乐见的优秀群众文艺作品。每届“群星奖”获奖作品中，都有文化馆组织创作的反映时代精神，体现地方文化特色和文化内涵的群众文艺精品。如江苏省海安县文化馆整理、改编的舞蹈《海安花鼓》，浙江省长兴县文化馆整理、编创的《百叶龙》，山西省孝义市文化馆创作的碗碗腔《人偶情》等作品具有较高的艺术价值，深受专家好评和群众的喜爱。

三是数字化服务有了较好的起步，并呈现出良好的发展势头。全国大多数文化馆开始建立网站或网页，并通过网站和网页，向群众提供数字化服务。北京群艺馆的“群艺网”、成都市文化馆的网上文化馆、深圳市群众艺术馆的网站实现了网上服务的多功能，实现了文化馆服务功能的延伸，内容和功能丰富，信息发布及时，有的还能对大型演出活动直播，群众的点击率高。

四是推进文化馆内部运行机制改革和服务创新，文化馆的活力不断增强。各地坚持以改革为动力，努力加强文化馆制度建设和规范化管理，增强文化

馆的内在活力。河南省出台了《河南省文化馆工作规范》、《河南省文化馆考评办法》，促进了文化馆的规范化管理和规范化服务。北京市朝阳区文化馆积极推进文化馆内部机制改革，公益性服务形成品牌，办馆活力明显增强。重庆市渝中区推行文化馆总分馆制，在街道和区之间增设社区公共文化服务中心，加强群众文化资源的整合，在群众文化管理体制和运行机制方面进行了积极探索。

五是在推进非物质文化遗产保护工作中发挥了重要作用。各级文化馆普遍把非物质文化遗产保护作为重要内容，在普查、名录建设、传承人认定、宣传和展示、整理和研究、项目传承与保护等方面做了大量而有成效的工作。福建省文化馆建立的非物质文化遗产博览苑成为展示福建地方优秀文化资源的重要窗口。吉林省延边州群艺馆、延吉市文化馆、图们市文化馆将非物质文化遗产保护与群众文化活动紧密结合，发展具有朝鲜族民族特色的长鼓舞、四物件打击乐等，延吉市的“金达莱之夏”广场群众文化系列活动、图们市的“图们江斗牛节”具有广泛的群众基础，促进了保护工作与群众文化工作的有机结合。

（五）队伍建设不断加强，整体素质有了很大提高

各级文化馆在编办、人事等部门的支持下，公开招聘业务人员，大批年轻的有专业特长的人员进入到文化馆当中来，使文化馆的人员结构有了显著改善。同时，各级文化馆普遍采取“走出去、请进来”的办法，进行岗位业务培训，不断提高人员综合素质和业务水平。每年举办10期培训班的文化馆就有160个；90%的省群艺馆本科以上人数占业务人员总数比重超过45%。在文化部部署开展的全国基层文化队伍培训中，各级文化馆工作人员自身既是培训对象，也是对下级文化馆、站和基层文艺骨干培训的主要力量。山东省、辽宁省财政投入专项培训经费，培训市县文化馆长和文化站长。四川省年年举办全省文化馆长培训班。内蒙古自治区采取社会公开招聘、竞争上岗等方式吸引人才，文化馆中级以上专业技术职务人员占业务人员总数60%以上。天津市群众艺术馆高级职称人员达19人。

（六）评估定级工作有力地促进了文化馆事业的发展

为了做好全国第三次文化馆评估定级工作，各地都加大了文化馆的建设力度。宁夏回族自治区文化厅将原展览馆划拨给文化馆做馆舍，面积达8000多平方米，使办馆条件得到彻底改善。贵州省文化馆在省财政支持下，将经营出租场地全部收回用于开展基本服务。广西壮族自治区2010年投入400万元对广西群艺馆进行馆舍装修和设备购置，并将广西话剧团剧场划归广西群艺馆。河北省群众艺术馆，北京市群众艺术馆、朝阳区文化馆等新馆，四川省文化馆新馆建设等列入当地“十二五”规划，项目建设正在积极推进中。各级文化馆认真对照文化馆评估定级的标准，逐一检查自己的工作，对不足之处进行改进和弥补，促进了文化馆的规范化管理和规范化服务，特别是对文化馆加强内涵建设，开展免费开放服务、数字化服务，起到了积极促进作用。

三、存在问题

评估也发现了当前文化馆建设存在的不足和问题。主要是：

（一）发展不平衡的问题仍然突出

一是与图书馆、博物馆相比，文化馆建设和发展明显滞后，在公共文化服务体系建设中亟须加强。2010年，全国省级图书馆设施总面积为128.6万平方米，而省级文化馆设施总面积仅为15.5万平方米，是前者的1/8；全国省级图书馆财政拨款总额为15.1亿元，而省级文化馆财政拨款总额仅为2.9亿元，是前者的1/5。

二是区域不平衡。整体看，东部地区的文化馆建设无论在硬件还是软件建设，都领先于中部和西部地区。全国上等级馆比例居前10名的省份中，东部地区占一半。东、中、西部上等级的地市级馆、县级馆占文化馆机构数的比例分别为72.58%、62.5%和55.39%。即使在同一省内，也存在较大差异，如安徽省南部的芜湖市、马鞍山市文化馆面积分别为8700平方米和5872平方米，而北部的阜阳市、蚌埠市文化馆仅为256平方米和960平方米；芜湖市、马鞍山市文化馆内设备总值分别为215万元和132万元，而阜阳市、蚌埠市文化馆仅为6万元和18万元，全省面积不足200平方米的4个文化馆全部在皖北。西藏、青海的上等级馆比例更是偏低，仅为11%、14%。

三是层级不平衡。总体看，呈现地市级馆较好、省级馆和县级馆较弱的“两头弱、中间强”情况。全国31个省级馆中，7个不参评，7个不达标，未上等级馆14个，占省级馆总数的45.16%。

（二）对文化馆地位和作用认识不足、重视不够、保障不力

一些地方党委政府没有充分认识到文化馆在组织开展群众文化活动、提升当地文化影响力、促进

经济社会协调发展等方面的作用，没有把文化馆建设和发展纳入当地公共文化服务体系建设，没有与图书馆、博物馆放在同等重要的位置上对待，具体反映在设施、投入、政策、队伍建设等方面保障力度急待加强。北京作为全国的文化中心，但北京市却是全国唯一一个无省级馆馆舍的直辖市，作为我国成立最早的文化馆，北京市群艺馆半个世纪以来长期租房开展活动。河北省群艺馆建筑面积5400多平方米，设施陈旧、场地狭小，为C级危楼。天津群艺市馆建筑面积3700多平方米，为办公楼改建，不仅面积狭小，而且不符合文化馆的功能要求。广东省文化馆仅仅1700平方米，甚至不及广东一个乡镇文化站。海南省曾经是我国较早开放的经济特区，但是不仅其省群艺馆不达标，而且地市和县级文化馆上等级馆比例也仅为30%，仅仅高于青海和西藏。

（三）中央关于公共文化设施免费开放、基层宣传文化队伍建设等相关政策，在文化馆领域还存在执行不力、落实不到位的问题

一是免费开放经费保障中地方配套部分还不能落实。目前，2011年的免费开放经费中央财政已经全部下拨，但根据要求由地方财政配套拨付的经费，许多地方还没有完全落实，即使如江苏、浙江等经济发达省份，省财政还没有出台配套政策。这在很大程度上制约了免费开放工作的推进，影响到“到2011年底，全国所有公共图书馆、文化馆（站）实现无障碍、零门槛进入，公共空间设施场地全部免费开放，所提供的基本服务项目全部免费”目标的实现。

二是文化馆免费开放的基本服务项目、内容在具体工作中没有得到很好落实。虽然免费开放文件对项目和内容作出了具体规定，但在实践中，很多地方文化部门和文化馆对免费开放的内涵理解不清晰、不全面，制订的措施不具体，没有建立必要的考核监督机制。

三是部分文化馆仍存在出租设施场地问题。中宣部等六部委《关于加强地方县级和城乡基层宣传文化队伍建设的若干意见》关于加强文化馆等基层文化队伍培训和指导，建立职业资格制度等要求在一些地方还没有落实。

（四）文化馆数字化服务水平亟待提高

总体看，文化馆领域对数字化服务认识不足，尚处于起步阶段。全国省市县文化馆普遍缺乏运用网络信息技术开展群众文化活动的意识和能力，省市有关部门缺乏文化馆数字文化服务的规划和实践。吉林省全省77个文化馆，能够提供全面数字化服务的仅有8个馆，有自己网站的仅5个馆。

四、文化馆队伍建设存在编制少、进人机制不完善、人才匮乏、结构不合理等问题，严重制约了文化馆事业的发展

一是人员编制少。许多文化馆现有队伍规模和素质状况难以适应免费开放后广大群众对阵地服务以及数字化服务等多方面的需求。四川全省县级文化馆人员编制普遍在10人以下，23.8%的市级文化馆编制未达到20人，其中广安市文化馆编制仅6人，其所承担服务的区域人口为470万之多。二是专业人才匮乏，人员结构不合理。广西壮族自治区的柳江、靖西、都安、资源、苍梧等21个县级馆尚无本科以上学历的业务人员，县级馆中级职称比例不高，有的文化馆甚至没有一个人能评上职称。青海7个州地市级馆、44个县级馆中大专以上人员占职工总数的比例及职工教育和岗位培训的比例达不到评估标准底线，得分为零。三是进人机制还不完善。如何结合文化馆工作特点和岗位需求，建立更加科学合理的选人机制，把最需要的人才选进文化馆，还缺乏有效的探索和实践。四是培训缺乏规范化、经常化、制度化，培训手段、机制和内容建设还需加强。

文化信息资源共享工程建设努力开创新局面

2011年，全国文化信息资源共享工程在总结“十一五”建设成果和经验基础上，解放思想，开拓创新，努力开创新局面。

一、文化共享工程建设取得的成绩

（一）各地高度重视，组织有力，经费保障措施到位

2011年作为“十二五”开局之年，文化共享工程继续受到中央和各级领导的高度重视，中央财政给予了大力支持，下达专项经费3.8亿元，其中国家中心本级经费6000万元，中央财政转移支付文化共享工程地方特色资源专项经费1.2亿元，公共电子阅览室专项经费2亿元。各地结合规划建设任务重点，积极协调，落实配套资金，工程建设持续稳步推进。截至2011年底，文化共享工程经费投入总额达66.87亿元，其中，中央财政投入30.64亿元，各地累计投入资金37.12亿元。

北京市落实了运行保障经费。自2009年开始，

市财政局每年拨给区（县）支中心24万元、街道（乡镇）1万元、村基层服务点1000元经费补助。内蒙古自治区文化厅与盟（市）文化局、旗（县）政府共同签订县级支中心建设责任书，规定每年运行维护经费至少5万元。辽宁省将实施文化共享工程作为统筹城乡发展、推进社会主义新农村建设、完善公共文化服务体系的重要惠民工程全力推进。黑龙江省委组织部、教育厅、文化厅、财政厅推进农村党员现代远程教育、农村中小学现代远程教育与文化共享工程在村级基层服务网点开展合作共建。上海市建立并逐步完善文化共享工程绩效评估体系，确保工作的巩固、提高和发展。江苏省明确提出在“十二五”期间要全面建成文化共享工程社区基层服务点的要求。安徽省因地制宜，有针对性地制定并建立健全了文化共享工程各级管理体制和运行机制。山东省“文化信息资源共享工程创新运行应用模式”获得文化部颁发的创新奖，并被列为国家十大文化创新工程。河南省联手各级组织、文化行政部门共同推动大学生村官兼任文化共享工程基层管理员，更好地推进村级基层点的服务工作。贵州省专门成立文化共享工程“设备采购领导小组”，为工程的顺利实施提供了保证。云南省委、省人民政府将文化共享工程作为构建公共文化服务体系的“一号工程”来抓，在全国首创“农文网培学校”模式。陕西省政府审议通过了《陕西省文化信息资源共享工程“十二五”发展规划》。甘肃省制定了《甘肃省文化信息资源共享工程资源建设专项经费暂行管理办法》和《关于实施资源征集加工制作付费标准暂行办法》，确保2011年资源库建设顺利实施。青海省高度重视工程工作机制建设，地方配套资金及时到位。宁夏回族自治区文化厅协调人事、编办等部门，为宁夏分中心增设了中层管理岗位。

（二）覆盖城乡的服务网络体系进一步巩固、完善和提升

文化共享工程已初步构建了层次分明、互联互通、多种方式并用的国家、省、市、县、乡镇（街道）、村（社区）等6级数字文化服务网络。截至2011年底，已建成1个国家中心，33个省级分中心（覆盖率达100%），2840个县级支中心（覆盖率达99%），28595个乡镇基层服务点（覆盖率达83%），60.2万个行政村基层服务点（覆盖率达99%），部分省（区、市）村级覆盖范围已经延伸到自然村。其中，北京、天津、河北、山西、辽宁、吉林、黑龙江、上海、江苏、浙江、安徽、江西、山东、河南、湖北、湖南、广东、海南、广西、重庆、四川、贵州、西藏、陕西、甘肃、青海、宁夏、新疆、新疆生产建设兵团等29个省（区、市）完成县级支中心全覆盖和“村村通”目标。

山西省采用IPTV服务模式，将全省农村基层服务点全部建成拓展型站点，实现全覆盖。黑龙江省建成了覆盖全省农垦系统的四级服务网点723个。浙江省文化共享工程走进企业活动成效显著，目前走进万余家企业。江西省与电信部门合作，在全省的乡镇基层服务点共建“信息田园”服务模式，免费提供文化共享工程信息资源。广西壮族自治区结合“三网融合”的发展趋势，通过建立的网络直播系统和视频资源分发系统，传播文化共享工程信息。新疆维吾尔自治区克服地广人稀的不利条件，实现县(市、区)、乡、村等各级支中心和基层服务点建设的全覆盖。

（三）资源建设扎实推进，特色资源亮点纷呈

各地加大了地方特色资源建设力度，2011年全年资源建设总量达28.4TB，为历年最高，其中，国家中心7TB、地方21.4TB。截至2011年底，文化共享工程资源建设总量累计达到136.4TB，包括艺术欣赏、农业科技、文化教育、知识讲座、少儿动漫等视频类资源34809部（场）、21964小时，少数民族语言资源1956小时。在中央财政专项经费的支持下，各地深入挖掘、整合、制作出一批具有本地特色文化内涵的优秀资源，共建成207个地方特色专题资源库，成为文化共享工程资源建设的品牌和亮点。山西省建成了风雅颂地方资源多媒体等数据库。吉林省建设了“吉林二人转专题数据库”等。安徽省立足“徽风皖韵”的特色，先后完成了《徽州建筑》等6部大型电视专题片的拍摄制作任务。福建省已初步建成闽南文化专题资源数据库、福建省非物质文化遗产保护资源数据库等特色数据库。湖北省完成了“辛亥革命专题数据库”的建设，努力将该库打造成全国红色数据库的精品。湖南省初步建成湖南地方戏剧资源库、湖南近代名人资源库、湖南非物质文化遗产资源库。西藏自治区建成了集视频、文字、图片、音频、网页包等形式的“藏族传统八大藏戏资源库”和“西藏舞蹈资源库”。

（四）技术平台不断完善，资源传输更加快捷、稳定

各地因地制宜，采用先进的信息技术手段，通过互联网（电子政务外网、虚拟专网）、3G移动网、卫星、有线电视（数字电视）、移动硬盘、光盘等多种

方式，实现文化共享工程资源的快捷、稳定传输。全国33个省级分中心全部开通电子政务外网，该网络已成为国家中心与各省级分中心之间资源传输的主渠道。辽宁省利用广电网络将文化共享工程和广播电视村村通有机整合到公共信息资源平台，降低建设成本，提高综合效益。上海市通过互联网、电子政务外网、3G移动互联网、党员干部现代远程教育网，打造文化共享工程的“天罗地网”，实现服务技术、服务形态和服务机制的创新。福建省初步建成较完备的省、市、县、乡四级分布式资源建设、管理与服务技术支撑体系，初步实现了云计算技术在文化共享工程中的应用。江西省将电子政务外网延伸到乡镇。河南等省采用IPTV(即“宽带网络＋机顶盒＋电视机”）方式，实现了网络、资源、管理和队伍的有机整合。湖北省通过固定IP和用户认证方式，使全省各支中心和基层服务点能免费使用省级分中心的丰富数字资源。广西壮族自治区努力构建以VPN、IPTV、政务外网、互联网为主要传输途径，以OAI-PMH(数据资源的搜集、整理和播发软件）共享系统平台、视频资源分发直播系统、网站为主的播发平台。海南省与有线公司合作，初步研发成功了适合文化共享工程信息资源管理、发布、播出的视频专用频道和内容展现平台。江苏、陕西等省份采用虚拟专网技术，提高了资源的传送、使用效率。西藏自治区完成汉藏双语版网站建设任务。

（五）合作共建不断深化，资源共享形式多样

各地结合实际，与全国农村党员干部现代远程教育、全国农村中小学远程教育以及信息产业、农业、科研、部队等系统广泛开展共建共享，在基层服务网络设施、服务内容、管理以及人才培养等方面进行了有效整合。截至2011年底，文化共享工程与全国农村党员干部现代远程教育、全国农村中小学远程教育合作共建基层服务点85万个，向各地农村党员干部现代远程教育累计提供数字资源68TB。文化共享工程国家中心从2007年开始每年向远程教育平台提供不少于100小时的资源，通过该平台专用卫星频道的“文化共享园地”向基层服务点播放。天津市与广电网络公司联合建设“文化共享”栏目，实现入户覆盖200万户，约600万人口。山东省通过与省数字电视合作，开通文化频道，实现文化信息资源的入户，为本省“十二五”期间文化共享工程50%的入户目标奠定了良好的基础。广东省通过与广电等部门的合作，在服务形式上进行了创新，注重公共、教育、科研三大系统文献资源的共建共享、人员培训、文献远程传递及科研立项、项目评奖等合作。

（六）培训工作有序开展，队伍建设切实加强

文化共享工程队伍培训工作扎实、有序开展。各级中心和基层服务点通过集中面授、网络培训、以赛带训等形式开展了内容丰富的培训工作，截至2011年底，培训人次总计591万，全年培训256万人次，超额完成规划目标。2011年，文化共享工程国家中心举办了第二届“文化共享杯——全国文化信息资源共享工程知识与技能竞赛”，在各地再次掀起了岗位练兵的热潮，各分支中心共计4万余人参加了32个省级分中心举办的地区性竞赛活动，10余万人在线观看了竞赛活动。

四川省将针对性培训、分层次培训、多样化培训和规范化培训相结合，实现培训的科学化和规范化。湖北省积极结合全省农家书屋和文化站长培训班等各类文化培训项目，对参训人员进行共享工程宣传和技术服务培训，收到积极效果。河北省制定了《河北省文化信息资源共享工程人员能力标准》，加强了人才培训的规范化建设。湖南省“十一五”期间完成面授培训2.3万余人次，远程培训7000余人次。江西省通过集中授课、现场讲解和网络远程培训，对培训合格者发放上岗证，提高了县、乡、村三级工作人员的业务素质。

（七）服务活动丰富多彩，文化惠民成效显著

各地配合“中国共产党成立90周年”，“西藏和平解放60周年”，“辛亥革命100周年”，“春雨工程——全国文化志愿者边疆行”，以及“春节”、“五一”、“中秋”、“国庆”等节庆日积极开展服务活动，丰富了基层群众文化生活。各地高度关注农民科技致富、下岗职工再就业及农民工等民生热点，积极推进文化共享工程进工地、进社区、进农村、进企业，帮助特殊群体解决生产生活中的难题，产生了良好的社会反响。据不完全统计，全国累计有11.2亿多人次享受到文化共享工程的服务。

北京市重点开展的“数字文化社区”、“E搜索”、“北京文化E空间”等项目，服务成效显著。内蒙古自治区将文化共享工程资源制成实用技术手册并译成蒙文，组织专人到牧户进行宣讲，实现文化、科技双下乡。上海市的东方社区信息苑被许多市民誉为“社区居民最大的海量阅览室、青少年社区第二数字课堂、再就业家门口的学习加油站”。浙江省文化厅与省总工会联合组织开展了“文化共享工程进企业”行

动，为全省1万多家企业职工示范服务点、电子书屋提供优质网络文化服务。湖北省每年定期开展的“文化共享春耕科普行”，“关爱留守儿童”，“共享工程服务三农”，“文化进社区活动”，深受基层群众的喜爱，多次获得表彰。云南省在全国首创“农文网培学校”建设模式，整合农村公共文化服务的设施、人员、信息等资源，大力开展面向农民的素质教育。陕西省针对农民工举办了“同乡同龄同梦想，共学共享共月圆”——为新生代农民工送祝福活动。湖南省举办“月是故乡明”农民工歌咏大赛、“把爱传递到远方”——贫困地区乡村小学基层服务点援建活动。甘肃省与相关机构、社会团体、文化志愿者合作，为盲人开展“阳光工程”服务。

二、问题与不足

在“十一五”期间及2011年工作中，各地在推进文化共享工程建设方面也存在一些较为突出的问题和不足：

（一）缺少懂管理、懂服务、懂技术的专（兼）职管理人才

各地基层服务站点普遍缺少专职工作人员，缺少懂管理、懂服务又懂技术的管理人才。随着文化共享工程工作内容与服务范围的不断扩大，各地普遍感到人手不足，工作压力大。

（二）日常运行经费不足

随着国家“三馆一站”免费开放政策的出台，文化共享工程县级支中心以上及乡镇的设备运营和维护费用得到一定改善，但对街道、社区和村基层服务点的经费保障仍未有效解决。

（三）资源的丰富性、适用性还有待提高

近年来各地都加大了资源建设的力度，资源规模不断加大。但适合基层广大群众的资源仍显不足，在一定程度上影响了工程作用的发挥。

文化共享工程是顺应时代发展的民生工程，是深受基层群众欢迎的民心工程，已列入我国国民经济及社会发展“十二五”规划和党的十七届六中全会通过的《中共中央关于深化文化体制改革 推动社会主义文化大发展大繁荣若干重大问题的决定》中。各级文化行政部门、文化共享工程建设者要以党的十七届六中全会精神为指导，开拓创新、团结进取、扎实工作，努力推进文化共享工程和公共电子阅览室建设工作再上新台阶，为加快建成覆盖城乡的公共文化服务体系，推动社会主义文化大发展大繁荣，建设社会主义文化强国，做出新的更大的贡献。

公共电子阅览室试点工作取得良好成效

为进一步加强公共数字文化建设，提高公共文化服务能力，推动覆盖城乡公共文化服务体系建设，保障数字化、信息化、网络化环境下，公共文化服务的公益性、基本性、均等性、便利性，满足人民群众日益增长的精神文化需求和基本网络文化需求，在“全国文化信息资源共享工程”、“数字图书馆推广工程”取得积极进展的基础上，文化部、财政部于“十二五”期间，在全国实施“公共电子阅览室建设计划”。2010年9月，文化部启动全国公共电子阅览室建设，并在北京、天津、辽宁、山东、上海、浙江、广东、安徽、陕西9个省开展试点工作，2011年公共电子阅览室建设试点工作全面推进，取得良好成效。

公共电子阅览室是以计算机技术、网络通信技术为基础，依托文化共享工程各级服务点、图书馆、文化馆，以及具备条件的工人文化宫、少年宫、妇女儿童活动中心、乡镇（街道）文化站、社区文化中心（村文化室）、学校、工业（产业）园区等，提供集互联网信息查询、文化共享工程信息资源服务、数字图书馆服务、素质培训、网络通信、休闲娱乐为一体的现代化多功能公共文化服务场所。

实施公共电子阅览室建设计划，将为广大人民群众特别是未成年人提供公益性上网场所，吸引广大人民群众参与积极、健康的网络文化活动；将进一步完善全国各级公共图书馆、文化馆（站、室）的软硬件设施，增强数字文化服务能力，把更多适应人民群众需求的数字资源传送到社区、城镇和农村，活跃基层群众的文化生活，推进全社会的信息化进程。

一、“公共电子阅览室建设计划”主要内容

（一）总体目标

以科学发展观为指导，坚持公益性、基本性、均等性、便利性原则，以保障人民群众基本的文化权益为目标，以未成年人、老年人、进城务工人员等特殊群体为重点服务对象，依托文化共享工程的服务网络和设施，以及文化共享工程、国家数字图书馆丰富的数字资源，与文化共享工程建设、乡镇文化站建设、街道（社区）文化中心（文化活动室）建设以及中央文明办组织实施的“绿色电脑进西部”工程相结合，在城乡基层大力推进公共电子阅览室建设，努力构建内容安全、服务规范、环境良好、覆盖广泛的公益性互联网服务体系。

（二）实施内容

1. 推进免费开放。“十二五”期间，结合文化部、财政部组织实施的“三馆”免费开放工作，推动已建公共电子阅览室的免费开放，满足广大社会公众特别是未成年人与老年人、进城务工人员等城乡低收入群体的需求。

2. 完善设施条件。“十二五”期间，在文化共享工程县级支中心及基层服务点基础上，建设标准规范的公共电子阅览室，实现在全国所有乡镇、街道、社区的全面覆盖。按照《公共电子阅览室设备配置标准》，提升完善设备设施条件，配备统一标准的信息安全管理软件。

3. 丰富资源内容。依托文化共享工程和国家数字图书馆资源，建设适合开展公共电子阅览室服务的优秀数字资源达到500TB。加强与教育、广电、信息产业、农业、科技、新闻出版业的合作，建立公共电子阅览室资源供给与需求反馈机制，争取公共电子阅览室数字资源服务版权的政策支持。

4. 建新技术支撑平台。充分应用云计算、智能服务、流媒体、移动互联网等最新适用技术，与“三网融合”发展战略紧密结合，依托已有技术管理平台，建设信息安全管理平台、资源传输调配体系、用户资源导航与信息采集系统，构建先进实用、安全可靠、传输通畅、开放互联的公共电子阅览室技术平台。

5. 强化管理与服务。制定出台《公共电子阅览室管理规范》。充分利用公共电子阅览室服务平台和已有设备设施、数字资源、人才队伍，开展内容丰富、形式多样的辅导、咨询、培训服务，重点加强未成年人上网管理，加强网站建设。

6. 建立长效运行保障机制。结合“三馆”免费开放工作，建立公共电子阅览室建设和运行经费保障机制，促进可持续健康发展。在保证公益性的前提下，探索鼓励社会力量支持和参与公共电子阅览室建设。

（三）实施步骤

1. 试点阶段（2010年11月至2011年12月）。组建“公共电子阅览室建设计划”专家咨询机构；制定公共电子阅览室管理办法、公共电子阅览室技术平台规范；对55%以上已配备文化共享工程设备的乡镇/街道、社区公共电子阅览室进行设备升级；完成公共电子阅览室信息资源导航系统建设；完成资源建设计划总量的20%，并提供服务。

2. 逐步推进阶段（2012年至2013年）。推进已建公共电子阅览室全面免费开放；完成已配备文化共享工程设备的乡镇/街道、社区公共电子阅览室的设备升级；完成公共电子阅览室信息信息管理平台建设；完成资源建设计划总量的60%，并提供服务。

3. 全面完成阶段（2014年至2015年）。对符合条件的公共互联网服务场所进行认定；推进全社会共同参与建设公共电子阅览室；发展完善面向三网融合的资源传输调配体系；全面完成资源建设计划，并提供服务。

（四）保障措施

1. 组织领导。全国文化共享工程领导小组负责“公共电子阅览室建设计划”的组织实施，领导小组办公室设在文化部社会文化司；管理中心负责公共电子阅览室整体资源建设、技术支持和人员培训；省级文化行政部门负责区域内建设规划和组织实施；省级分中心负责区域内资源建设、技术支持和人员培训。

2. 经费保障。“公共电子阅览室建设计划”所需经费由中央和地方财政共同负担。“十二五”期间，中央财政专项资金重点用于中、西部地区乡镇、街道和社区公共电子阅览室补充设备，完善服务管理、建设技术平台。中央财政支持中、西部地区公共电子阅览室建设专项资金投入分别为50%和80%，东部地区给予适当奖励；地方财政按规定足额落实配套资金。

3. 培训工作。按照《文化部关于开展全国基层文化队伍培训工作的意见》要求，建立公共电子阅览室工作人员培训机制，着力开展培训工作，培养一批熟悉和掌握计算机、网络知识的业务骨干，提高公共电子阅览室服务工作水准，为“公共电子阅览室建设计划”的顺利实施，提供人才保障。

4. 宣传推广。广泛宣传“公共电子阅览室建设计划”，营造良好的舆论氛围，增强辐射力和影响力，吸引更多的社会公众到公共电子阅览室享受公益性数字文化服务。注意总结工作经验，发现和培养典型，及时宣传和推广。

二、“公共电子阅览室建设计划”试点工作

为推动公共电子阅览室计划的顺利实施，文化部自2010年10月至2011年12月，在北京、天津、辽宁、山东、上海、浙江、广东、安徽、陕西9个省（市）开展了实施公共电子阅览室计划的试点工作。2010年9月，文化部与教育部、全国妇联、共青团中央、全国总工会在天津召开“全国公共电子阅览室

建设试点工作会议”，正式启动了试点工作。

（一）试点工作主要任务

1. 建设规范化公共电子阅览室。按照地市级不少于40台，县级不少于25台，乡镇、街道、社区不少于10台，行政村不少于5台电脑终端的标准配置设备，以宽带形式接入互联网，建立电脑桌面一站式导航服务，改造配套设施。

2. 推进免费开放。试点单位的公共电子阅览室首先对未成年人实行免费开放，具备条件的，向社会公众免费开放。

3. 丰富数字资源供给。管理中心和国家图书馆提供专题资源，分批发送到试点省（市）使用。各试点省结合当地实际，建设适合未成年人和其他群体需要的特色资源。

4. 建立技术支撑平台。各试点省（市）运用现代技术手段，安装信息浏览监控和屏蔽软件，加强对未成年人的保护。建立和完善网络安全和资源管理的技术平台，实现对全网的即时监控、资源利用情况的统计与反馈。

5. 建立健全管理制度。制定出台《公共电子阅览室管理规范》，建立用户上网实名登记、巡查监督、限时上网、信息填报、资源利用统计与反馈等制度，确保公共电子阅览室安全运行。

6. 鼓励社会力量参与建设。制定相关政策，鼓励支持国有、民营企业和机构，开发推广弘扬民族精神、反映时代特点、有益于未成年人健康成长的数字文化资源、游戏软件产品；鼓励支持以优惠条件为公共电子阅览室提供网络接入等服务。

（二）试点工作成效和经验

试点工作启动之后，9个试点省分别制定了本地试点工作实施意见。全国参加试点的公共电子阅览室数量达6200个，资源提供总量达386GB，服务人次近1700多万，各级财政经费投入近2.7亿元。2011年6月，文化部在山东青岛召开了公共电子阅览室建设计划试点工作现场经验交流会。3月和12月，全国文化共享工程领导小组先后两次组织了公共电子阅览室建设试点工作督导。“公共电子阅览室建设计划”试点工作，较好地完成了预期的任务，为下阶段全面实施公共电子阅览室建设积累了宝贵经验。

1. 试点工作呈现的特点

——及时部署试点工作。山东、广东将县级以上文化共享工程分支中心全部列为试点；天津、辽宁、上海、安徽将试点与国家公共文化服务体系示范区创建结合，以地市为单位重点推进；陕西省文化厅与试点地区分别签订《试点建设责任书》，对建设标准、管理规范、宣传标识等提出明确要求。

——努力落实试点经费。前期，9个试点省（市）共筹措试点经费9600多万元，其中，山东财政投入5737万多元；上海财政投入1810万元；天津、辽宁、浙江等地方财政专项投入均超过400万元。结合“三馆”免费开放工作，9个试点省（市）已有1357个公共电子阅览室实现免费开放，占总数的44.5%。

——积极提升设施条件。各试点省（市）按照文化部制定的公共电子阅览室配置标准，积极提升改善设施条件，辽宁结合文化共享工程县级支中心建设，对公共电子阅览室设施设备进行了补充更新；北京对部分试点公共电子阅览室进行了重新装修，扩大了服务场地面积，配置了新的桌椅和辅助设施。

——扎实推进资源建设。管理中心为9个试点省（市）提供了16批、约2099小时的公共电子阅览室适用资源；1235集少儿动漫影视作品，购买了部分益智游戏、少儿英语等资源。浙江、山东、广东整合建设了一批未成年人、进城务工人员适用资源。

——加快技术平台研发。管理中心启动了公共电子阅览室信息安全管理平台系统规范的研发；北京为公共电子阅览室配备了信息资源和信息浏览监控软件；山东研制了“一站式”服务平台，实现资源导航功能和分类资源的动态管理；上海研发了公共电子阅览室专网平台，实现“一个平台，内容整合共享”。

——深入开展特色服务。各试点省（市）结合实际，深入开展形式多样的特色服务。山东成为全国首个公共电子阅览室建设走进青少年宫、走进武警总队的省份；北京选择在外来务工人员集中的地区建设公共电子阅览室；广东开设专门面向老年人、未成年人、外来务工人员及子女的公共电子阅览室。

2. 各地取得的突破性成效

——上海以原有300多家东方社区信息苑为基础，按照文化部公共电子阅览室功能配置要求，成功对接了电子阅览室的服务功能，进一步完善设备配置，强化了服务功能和管理。同时，实现服务延伸，重点建设了一批示范性的农民工公共电子阅览室。

——辽宁落实了省级及县区、乡镇公共电子阅览室建设经费4890万元。在功能和作用上，紧密结合文化共享工程、国家数字图书馆工程和本省公共图书馆合作网建设，使乡镇公共电子阅览室同时具备文化共享工程乡镇服务点的功能。

——山东在全省建成3400多个公共电子阅览室，其中建在文化系统2300多个，与青少年宫、学校和企业等共建1100多个；建成3G网终端4400多个，基本实现公共电子阅览室的全覆盖。

——浙江省率先实施了公共电子阅览室备案制度。由本级文化行政主管部门审核备案公共电子阅览室，备案后的公共电子阅览室通过张贴统一标志，方便群众识别和监督；同时加大检查力度，对不符合服务标准的公共电子阅览室，取消服务资格。

——广东以公共电子阅览室建设为契机，通过统一身份管理、统一认证、上网行为审计管理、VPN网络及资源授权访问等技术，构建了以广东省分中心为枢纽，以县级支中心为节点，覆盖市、县、镇的三级联合服务网络。

——安徽将全省所有乡镇、街道和社区公共电子阅览室配置标准提高到每个5万元，2012年省财政总投入达到2062.2万元，高标准完成全省667个乡镇、22个社区、40个街道公共电子阅览室建设任务。

——陕西从制度层面建立起公共电子阅览室运行情况的考核办法、运行资金使用办法以及设备资产管理办法，按照分级管理的原则，层层加强考核，确保公共电子阅览室“管得住”。

三、工作展望

实施公共电子阅览室建设计划，是“十二五”期间文化建设的重点任务，是新形势下推进公共数字文化建设的重要举措。根据党的十七届六中全会提出的“满足人民群众基本文化需求”社会主义文化建设基本任务，和《国家“十二五”文化改革发展规划纲要》关于“加快构建公共文化服务体系”的要求，“十二五”期间，将全面实施公共电子阅览室建设计划。下一步主要任务和工作方向为：

（一）快速推进乡镇、街道、社区公共电子阅览室全覆盖

2011年，中央财政投入2亿元资金支持全国55%的乡镇、街道、社区公共电子阅览室硬件建设；2012年，继续投入资金完成其余45%公共电子阅览室的硬件建设；到2015年，实现公共电子阅览室在全国所有乡镇和街道、社区全面覆盖。要结合文化馆、图书馆、美术馆免费开放工作，落实公共电子阅览室免费开放运行维护经费，完善机制，保障公共电子阅览室建设的可持续发展。

（二）全面升公共电子阅览室服务效能

开展服务是公共电子阅览室建设的终极目的。要丰富公共电子阅览室数字资源，根据公众需求和未成年人、进城务工人员、少数民族等重点服务人群的需求，加强专题资源的建设和提供。坚持公共电子阅览室网络服务与图书馆、文化馆传统服务相结合，与读者活动、讲座、培训相结合，深化服务内涵，提高服务质量，创新服务形式，打造服务品牌，全面提升公共电子阅览室的服务效能。

（三）建立和完善技术支撑平台

“十二五”期间，完成已配备文化共享工程设备的所有街道、社区、乡镇公共电子阅览室硬件升级工作。通过建立先进实用、安全可靠、开放互联的公共电子阅览室技术平台，对运行维护、资源传输、资源导航、信息采集、管理监控等实行有效管理。在建设公共电子阅览室同时，推动文化共享工程各级中心的网站建设，重点加强市、县级支中心的网站建设，突出特色，增加互动性、趣味性，提高访问率和利用率。

（四）加强规范化管理和监督考核

公共电子阅览室建设要始终坚持公益性原则，同时按照项目建设和运行管理并重的要求，以机制建设为重点，加强规范化管理和监督考核。建立健全管理规章，对公共电子阅览室统一认定，统一挂牌，严格管理，严格监督，努力把公共电子阅览室建设成为安全、健康、绿色的上网场所；重点加强对未成年人上网管理，确保公共电子阅览室安全运行；建立健全绩效考核和评估体系，提高管理科学化水平。

（五）加大基层文化队伍的培训力度

公共电子阅览室的建设和实施对基层文化工作队伍的观念、能力、水平提出了新的要求，“十二五”期间，将大力开展公共电子阅览室从业人员的培训，提高队伍的业务能力和管理服务水平。建立分级培训机制，管理中心制定培训规划，编写培训教材，完善培训内容，提高培训质量；各地组织本地区的培训，有条件的地区组织开展工作人员的全员培训。“十二五”期间，完成培训总量不少于500万人次。

（六）为计划的实施营造良好舆论氛围

“十二五”期间，作为公共文化建设的新平台，公共电子阅览室的建设意义、目标、内容和方式需要广为宣传，让社会公众广为知晓，形成良好的舆论氛

围。认真做好宣传推广，采取多种形式，宣传公共电子阅览室免费开放政策、丰富的资源内容、规范的管理秩序和良好的阅读环境，以及对未成年人保护措施等，吸引公众踊跃利用公共电子阅览室。推动媒体参与监督，保障公共电子阅览室的健康运行。

数字图书馆推广工程全面启动

数字图书馆是公共数字文化建设的重要组成部分，是数字化、信息化、网络化环境下文化建设的新平台、新阵地，是利用信息技术拓展公共文化服务能力和传播范围的重要途径，对于消除数字鸿沟，满足人民群众不断增长的精神文化需求、提高全民族文明素质，构建社会主义核心价值体系具有重要意义。2011年5月，财政部、文化部联合发文启动了数字图书馆推广工程。10月，党的十七届六中全会又进一步提出“完善国家数字图书馆建设”的要求，这标志着我国数字图书馆建设进入大规模普及推广阶段。数字图书馆推广工程的实施，是完善国家数字图书馆建设的重要内容。

一、工程概况

数字图书馆推广工程将构建以国家数字图书馆为中心、以各级数字图书馆为节点、覆盖全国的数字图书馆虚拟网，建设分级分布式数字图书馆资源库群，建设优秀中华文化展示平台、开放式信息服务平台和国际文化交流平台，在全国范围内形成有效的数字资源保障体系，以电信网、广播电视网、互联网为通道，以手机、数字电视、移动电视等新媒体为终端，向公众提供多层次、多样性、专业化的数字图书馆服务，从而整体提升全国公共图书馆的信息保障水平和信息服务能力，形成图书馆新的服务业态。

数字图书馆推广工程的主要建设内容包括以下5个方面：

一是建设覆盖全国的数字图书馆虚拟网，实现各级公共图书馆的互联互通。

通过推广比较成熟的数字图书馆技术成果及标准规范和软硬件系统，以及资源建设的成果，构建以国家数字图书馆为核心，覆盖全国各级数字图书馆和基层服务站点的数字图书馆建设、加工、存储、检索、调度的网络体系，支持全国各数字图书馆间资源与服务的全面共建共享。

二是建设分级分布式数字资源库群，实现数字资源无障碍共建共享。

发挥各级公共图书馆的积极性，建设分级分布式数字资源库群，在全国范围内形成有效的数字资源保障体系。建立数字资源共建共享机制，采取资源互换、集中采购、统一认证等方式，实现资源的共享。本着分步实施的建设原则，依托全国各级公共图书馆，建立若干数字资源建设中心、数字资源保存中心和数字资源服务中心，实现数字资源的建设、保存、服务的统一规划、分布式建设和保存，集中调度和管理，避免重复建设，改善数字资源建设发展不均衡的状况。到“十二五”末，使各级公共图书馆的数字资源量得到较大、均衡的增长，数字资源总量达到10000TB，每个省级数字图书馆数字资源量达100TB，每个市级数字图书馆数字资源量达30TB，每个县级数字图书馆数字资源量达4TB。

三是建设数字图书馆基础软件支撑平台，实现全国公共图书馆数字图书馆系统间的无缝链接。

借助已建成虚拟网，以国家数字图书馆已建成的应用系统平台和业务系统平台为基础，为全国各级图书馆建立标准、规范、易用的业务软件平台，为地方馆搭建标准化和开放性的数字图书馆系统、实现数字图书馆全流程业务管理提供基础软件支撑。同时，提供开放接口，各馆已有的数字图书馆系统可利用该平台提供的开放接口，通过二次开发实现与“数字图书馆推广工程”平台的无缝链接，共享平台资源与服务，从而实现全国公共图书馆数字图书馆系统的互链互通。

四是建设多层次、多样化、专业化、个性化的数字图书馆服务平台，形成数字图书馆服务体系。

在构建海量分布式资源库群的基础上，对数字资源进行有效的组织、整合、知识挖掘，实现元数据集中与统一检索，依托互联网、移动通信网、广电网，建立满足不同需求的数字图书馆服务平台，为中央与地方各级政府的立法与决策工作提供信息服务；为科研院所、企事业单位及研究型用户提供深层次、专业化信息与知识服务；为广大社会公众以及未成年人、残疾人等特殊人群提供多样化、个性化的数字图书馆服务；通过新技术应用，提供基于移动通信网的移动数字图书馆服务、基于广播电视网的数字电视服务。

五是开展数字图书馆建设与服务的培训，建设一支专业知识与实践技能兼备的高素质人才队伍。

以提升图书馆馆员整体的科技素质、服务素

质为重点，结合不同阶段的实施规划和建设重点，围绕资源建设、系统维护、数字图书馆服务、数字图书馆技术、数字图书馆管理等方面问题，有步骤地分批面向图书馆馆员开展数字图书馆理论培训、业务培训、应用培训、科技培训和服务培训。通过培训，建设一批现代化、科技化、职业化的数字图书馆馆员队伍，提升图书馆服务能力与服务质量，为我国数字图书馆的健康快速发展奠定人才基础。

二、运行机制

数字图书馆推广工程由国家图书馆具体负责组织实施，根据分期分批的原则，由各省、市图书馆共同参与建设。

（一）经费投入机制

数字图书馆推广工程所需经费由中央和地方财政共同负担。中央财政资金主要用于全国性基础数字资源保障性建设、基础性资源的版权征集、资源统一调度与服务系统开发、新媒体服务系统开发、人员培训等，并对中、西部地区省、市两级数字图书馆硬件设备建设予以补助。地方财政资金主要用于搭建硬件环境与地方特色数字资源建设。2011年，中央财政共安排转移支付经费4980万元，对中西部省份省、市两级数字图书馆的硬件设备购置予以补助。省、市两级图书馆分别按照300万元和150万元的标准配置，其中，东部省份全部由地方财政投入；西部省份中央投入80%，地方投入20%；中部地区省份中央、地方财政各投入50%。

（二）标准规范先行

标准规范作为数字图书馆建设的基础，是开发利用与共建共享文献资源的基本保障，是保证数字图书馆的资源和服务在整个数字信息环境中可利用、可互操作和可持续发展的基础，是各级数字图书馆建设的标准依据，在数字图书馆推广工程的实施过程中具有重要地位。

国家图书馆已陆续将国家数字图书馆工程标准规范项目成果付印出版，并提供各级公共图书馆在建设数字图书馆推广工程时使用。2011年底，国家图书馆又联合上海图书馆、北京大学图书馆、中科院图书馆等国内主要的数字图书馆系统建设单位，通过全国图书馆标准化技术委员会积极申报了17项数字图书馆建设相关标准，所有参加工程建设的图书馆都将按照这些数字图书馆标准规范进行资源的组织加工和建设。

（三）加强与其他公共数字文化惠民工程的结合与协调

数字图书馆推广工程与全国文化信息资源共享工程、公共电子阅览室建设计划是公共数字文化三大惠民工程，是公共文化服务体系的基础性工程。11月，文化部、财政部联合下发《关于进一步加强公共数字文化建设的指导意见》，指出这三大惠民工程既有内在联系又各有侧重，在组织实施上，应统一规划，统筹兼顾；在技术平台和网络建设上，应做好协调，不重复建设；在资源建设上，应各有侧重，突出特色；在标准规范上，应统一规则，相互兼容。三大惠民工程互为支撑，互相促进，形成合力，共同在公共数字文化建设中发挥重要作用。

在文化部的统筹规划下，目前，数字图书馆推广工程主要致力于搭建县及县以上数字图书馆网络系统，并利用文化共享工程已有的网络平台提供基层服务。在资源建设方面，推广工程主要致力于建设满足社会公众学习、教育、科研和日常文化娱乐需要的各类型资源。

三、工程进展及社会效果

截至2011年底，数字图书馆推广工程已先后在黑龙江、吉林、福建、新疆、贵州省等地启动，工程各方面建设取得实质性进展。在虚拟网连接方面，已完成与11个省级图书馆的网络联通，其中浙江省实现全省联通。在软件平台方面，已完成全国公共图书馆统一用户管理三级体系架构的设计与开发，并在浙江省馆、绍兴市馆等多个省市馆进行试点部署。在资源建设方面，已进行部分资源的筛选、配置与部署，结合福建省图书馆百年馆庆、援疆工作等工作，完成福建、新疆、贵州、吉林、黑龙江的资源镜像工作，共镜像资源超过20TB，并为新疆维吾尔自治区提供数字资源硬盘20块，资源总量达到10TB。在新媒体服务方面，与吉林、贵州共建了掌上图书馆服务，实现了这两个省图书馆基于手机的服务；与贵州省馆、贵州省广电部门合作共建了数字电视服务。

数字图书馆推广工程自启动实施以来，在全国各级公共图书馆产生热烈的反响。陕西、广西、四川等省馆纷纷到北京与国家图书馆就的实施进行方案对接，内蒙古自治区图书馆特别请国图的专家和业界专家对内蒙古自治区图书馆数字图书馆建设方案进行论证。金陵图书馆、绍兴图书馆、嘉兴图书馆、阿拉善盟图书馆等地市级图书馆也纷纷表示希望尽快在本地实施数字图书馆推广工程，尽快将国家数字图书馆的资源、平台复用到本地。

10月，中国图书馆年会在贵阳召开，数字图书馆推广工程设立体验区和分会场。160平方米的数字图书馆推广工程体验区，集中展示了国家数字图书馆虚拟网、围绕数字资源生命周期的核心业务系统、数字图书馆应用服务平台以及资源建设成果。各省文化厅领导同志、各省市图书馆的同仁、图书情报界的专家学者以及读者朋友近千人参观了“数字图书馆推广工程”体验区。体验区还受到新闻媒体的广泛关注，CCTV、贵州电视台、文化报、中国报道等多家媒体均派记者专门对新媒体体验区进行采访和宣传报道。

四、工作规划

数字图书馆推广工程于2011～2015年实施，分为基础构建阶段和全面推广阶段。

（一）基础构建阶段（2011~2012年）

这一阶段要完成省级数字图书馆和部分市级数字图书馆的硬件平台搭建工作，并与国家数字图书馆进行网络连接，初步建成数字图书馆虚拟网。启动数字资源建设中心、数字资源保存中心和数字资源服务中心的建设、数字图书馆推广工程软件平台的建设以及主要资源库的设计。

2012年，将完成17个省馆（含新疆生产建设兵团）和133个市馆的硬件平台搭建工作，完成数字图书馆虚拟网骨干网的搭建；继续完善相关标准规范建设并推广相关成果；继续在全国范围推广部署文献数字化系统、统一用户系统等平台；着手建设虚拟网管理平台、数字资源登记系统等数字图书馆推广工程系统平台；对全国各级公共图书馆的数字资源逐步实施登记机制，开展资源库群的构建；大力开展数字图书馆建设与服务的培训工作，逐步培养一支专业技术队伍。对已经实施数字图书馆推广工程的省、市图书馆进行督导和评估。

（二）全面推广阶段（2013~2015年）

这一阶段除完成所有市级馆的硬件平台搭建工作外，还要汇聚整合全国各级数字图书馆的文献资源，向全国公众和业界提供统一揭示服务；在扩大数字图书馆覆盖范围的同时，持续增加数字资源数量，加大对新媒体服务的推广力度，不断创新，提高数字图书馆服务能力，提升公共图书馆服务水平。

2013年，完成全部市级馆的硬件平台建设，数字图书馆虚拟网初步建成；应用系统平台建设和新媒体服务建设进入重点实施阶段；继续进行数字资源建设和人员培训工作。

2014年，基本完成应用系统平台建设；完成新媒体服务建设的主要建设工作；基本完成重点资源专题库的建设，全国性分布式数字资源库群初步形成。

2015年，完成工程建设任务，以各级数字图书馆为节点的数字图书馆虚拟网和分布式数字资源库群建设完成，数字资源总量和类型得到跨越式发展，全国数字图书馆人才队伍更加完备，各级公共图书馆服务能力获得较大提升。

加快将农民工文化工作纳入公共文化服务体系

为进一步保障农民工基本文化权益，丰富农民工精神文化生活，2011年9月1日，文化部、人力资源和社会保障部和中华全国总工会下发《关于进一步加强农民工文化工作的意见》（下文简称《通知》），预计到2015年，我国将形成相对完善的“政府主导、企业共建、社会参与”的农民工文化工作机制，建立相对稳定的农民工文化经费保障机制，农民工文化服务将切实纳入公共文化服务体系。

一、文件出台背景

党的十七大以来，随着我国公共文化服务体系建设的有序推进，各地文化行政部门把农民工文化工作作为公共文化服务体系的重点工作之一，采取多种措施切实加强对农民工文化权益的保障，使农民工文化工作呈现出不断完善、整体推进的良好态势。

（一）中央及地方各级政府日益重视农民工文化工作

党的十七大报告明确指出：“要把坚持发展公益性文化事业作为保障人民基本文化权益的主要途径，重视城乡、区域文化协调发展，着力丰富农村、偏远地区、进城务工人员的精神文化生活”。国务院《关于解决农民工问题的若干意见》（国发〔2006〕5号）专门强调要“完善社区公共服务和文化设施，城市公共文化设施要向农民工开放，有条件的企业要设立农民工活动场所，开展多种形式的业余文化活动，丰富农民工的精神生活”。文化部印发《文化部办公厅关于贯彻落实〈国务院关于解决农民工问题的若干意见〉的通知》（办社图函〔2006〕388号），强调要充分认识做好农民工文化工作的重要性，把活跃和繁荣农民工的文化生活纳入小康文化建设的总体目标，纳入政府文化行政部门服务和管理的基本范畴，纳入文化工作者责任和义务的基本范畴。地方各级政府也紧紧围绕保障农民工文化权益做了大量有益探索。

（二）发挥公益性文化机构作用，不断推动公共文化设施的免费开放，增强了对农民工公共文化服务的覆盖程度

近年来，各地认真贯彻中央精神，采取多种措施，加大了面向农民工的公共文化服务。覆盖城乡的公共文化服务网络正在逐步形成，特别是城镇街道、社区图书馆（室）和文化馆（站）等基层文化设施的不断完善，为农民工就近、便捷地享受公共文化服务提供了有力的阵地保障。各级图书馆、文化馆、博物馆等公益性文化机构都把面向农民工的服务列为工作重点，不断加大了免费开放力度，为农民工提供图书阅览、文化娱乐和职业培训等服务。

（三）创新服务方式，丰富服务内容，为农民工提供有针对性的文化服务

近年来，各地文化行政部门运用流动文化阵地和数字文化阵地，广泛开展送图书、送电影、送演出、送讲座到企业、进工地等多种形式的文化服务，为广大农民工提供了更加便利、更加贴心的文化服务。深圳市在农民工集中的社区或工业区建农民工图书馆，根据工业区行业性质配备相应的图书，并根据农民工工作时间特点安排图书馆开饭时间。依托全国文化信息资源共享工程的资源优势和技术优势，为农民工提供网上阅读、影视播放、知识讲座、信息查询、技能培训等文化服务，帮助农民工提升文化素质，增强就业本领。上海市结合世博契机，启动了“迎世博上海农民工基本素质教育培训工程”，依托东方社区信息苑文化服务平台成立公益性网络学校，为农民工提供免费培训和服务，一年内共培训农民工200余万人。

（四）关怀农民工子女，开展面向农民工子女的文化服务

根据国家统计局的数据，2010年举家外出农民工3071万人，约占外出农民工总数的20%。农民工举家进城，一个重要的原因就是为了让子女接受更好的文化教育，以便将来更好地融入城市。但是受户籍制度制约，随流子女难以享受与城市儿童同等的文化教育。为了帮助农民工子女接受更好的文化教育，许多地方文化机构开展了面向农民工子女的免费文化艺术服务，使农民工子女也能够享受和利用当地丰富的文化资源。如广州、中山等市文化馆举办的“少儿爱心艺术培训班”，贫困农民工家庭、单亲农民工家庭子女可获优先录取；佛山市举办的“寻梦佛山”外来务工子女艺术和阅读夏令营，专门针对外来务工子女开展文化活动。

（五）加大对农民工文化团体的扶持力度，培育农民工的文化主体意识

近年来，各地文化行政部门鼓励组建民营文艺表演团队，吸纳有专长的农民工加入，使之成为农民工开展文艺活动的新载体。苏州市昆山开发区职工艺术团就是一支由80多名“新昆山人”组成的文艺团队，一直以来活跃在昆山的企业、街道、社区大大小小的舞台。完善扶持奖励机制，加大对农民工文艺创作的扶持力度。东莞市自2004年起，设立了共计500万元的文学艺术创作和文学艺术奖励专项资金，制定了《东莞市文学艺术创作和文学艺术奖励专项资金使用管理办法》，让以农民工为主的所有“新莞人”与本地作者享有同等的受扶持、奖励的权利。

（六）鼓励社会参与，努力创造全社会共同关心农民工文化生活的良好氛围

近年来，各地积极鼓励用工企业、社会组织参与农民工文化工作，采用政企共建、购买服务、委托承办等方式为农民工提供文化服务。北京的“工友之家”、杭州的“草根之家”等社会组织，以外来打工者为服务对象，多次组织公益性大型文化活动，在农民工中产生了广泛的影响力，深受农民工欢迎。深圳市还积极探索与用工企业共建图书室、电脑活动室等文化设施，为农民工就近使用文化设施、参与文化活动提供了便利。

但必须看到，在着力维护农民工经济权益和社会权益、政治权益的同时，农民工文化权益还没有得到应有的重视，农民工文化工作还存在重视不够、体制不顺、责任不清、保障不力、针对性不强、服务水平不高等问题，尚未形成可持续发展的长效机制，农民工文化权益仍然缺乏制度性保障。特别是随着新生代农民工日益成为农民工群体的主体，对文化服务提出了更高的需求和期待，加强对农民工文化权益的保障显得更加迫切。

为加强农民工文化工作，从2010年底开始，文化部组织各省（区、市）文化厅（局）在当地开展农民工文化生活状况的调研。成立专题调研组，先后深入北京、深圳等典型地区的企业、工地和厂矿进行实地调研。调研组还专门拜访国务院农民工联席会议办公室和中华全国总工会等有关部门，就

农民工文化工作进行深入交流，了解具体做法和经验。经过近半年的调查研究，调研组初步掌握了“十一五”时期各地农民工文化工作取得的成效、经验和创新举措，以及当前农民工文化工作面临的新形势和突出问题等基本情况，并结合现阶段我国公共文化服务体系建设的特点，提出了下一步加强农民工文化工作的对策建议。

二、文件主要内容

（一）常住地政府是保障农民工文化权益责任主体

在农民工文化的建设主体和推进力量方面，三部门要求进一步加强政府在农民工文化工作中的主导作用，明确常住地政府的主体责任。

根据意见，常住地政府是保障农民工文化权益、满足农民工文化需求的责任主体。要切实将农民工文化工作纳入常住地公共文化服务体系建设，将农民工作为公共文化服务体系的重要服务对象。城市公共文化服务体系的建设规划、经费保障和资源配置要充分考虑辖区内农民工的文化需求，切实提高面向农民工的文化服务能力，使农民工能够享受与城市居民均等化的公共文化服务。

在具体工作中，要发挥公益性文化单位的骨干作用，要进一步规范和提高农民工文化服务的质量和水平，将农民工文化服务纳入公共图书馆、文化馆评估考核体系；要推进重大农民工文化惠民工程建设，以实施重大农民工文化惠民工程为抓手，提高对农民工群体的覆盖程度和服务能力。继续大力推进“两看一上”（看报纸、看电视、有条件的能上网）工程，着力解决农民工基本文化需求；加强“职工书屋”建设，完善管理制度，加大对农民工的服务力度；利用全国文化信息资源共享工程现有基层服务点在社区、工矿、企业、建筑工地等开展农民工服务；以“公共电子阅览室”建设为依托进行“农民工网（夜）校”试点。引导社会力量参与农民工文化工作。制定相关政策，鼓励、引导和调动各种社会力量参与农民工文化工作，使之成为政府公共文化服务的有益补充。

（二）城市社区是农民工城市融入主要平台

三部门意见指出，要以城市社区为主要平台和载体，促进农民工城市融入。要进一步提高城市社区面向农民工的公共文化服务能力，城市社区要以常住人口为主要依据，充分考虑辖区内农民工的规模、特点和文化需求，规划建设和优化配置社区文化设施和服务，构建以社区文化设施为依托的农民工文化服务平台；进一步提高农民工文化活动参与能力，促进农民工城市融入。城市社区要有针对性地举办各种文化活动，激发农民工的兴趣和参与热情，改变农民工文化交往的封闭性，促进农民工逐步融入城市社区生活。

（三）鼓励引导用工企业加强农民工文化工作

意见强调，要鼓励和引导用工企业加强农民工文化工作。一要督促用工企业加强农民工文化权益保障。地方各级政府应加强对企业农民工文化工作的指导，抓紧研究与企业共建农民工文化服务体系的长效机制，充分调动企业参与农民工文化工作的积极性。引导企业将农民工文化生活纳入企业文化建设范畴，提升企业开展农民工文化工作的自觉性。二要鼓励用工企业加强农民工文化建设。研究制定政策措施，鼓励用工企业积极开展农民工文化工作。大型制造企业、工业园区、工矿区等农民工生产生活密集区参照本地公共文化设施建设标准，配套建设固定文化设施，建筑工地等农民工临时性聚居区配置临时性文化设施或提供流动服务。用工企业要配备文化管理人员，提高文化设施管理水平，保障文化服务质量，确保农民工文化生活的常态化。三要加强企业对农民工文化活动的组织。用工企业要依靠本单位工会、共青团等群众组织，积极扶持本单位农民工自建农民工文艺团队，提高农民工文化活动的组织能力。

（四）注重满足农民工群体尤其是新生代农民工特殊文化需求

意见强调，要注重满足农民工群体的特殊文化需求。要加强农民工文化需求调研，研究分析农民工的文化需求特点和文化消费规律，尤其是新生代农民工文化需求的新特点、新要求，积极探索适合农民工的文化活动形式。要尊重并满足农民工文化需求的特性。在保障农民工享受城市基本公共文化服务的同时，还要充分考虑农民工文化需求特点，提供有针对性的文化服务，丰富农民工的精神文化生活。还要鼓励、扶持农民工自办业余文化团队。

（五）建立农民工文化专项经费，纳入各级政府财政预算

意见要求，要切实加强农民工文化工作的保障。地方各级政府要加强对农民工文化工作的统筹协调，加快出台支持农民工文化工作的政策，制定农民工文化服务指导规范，加大资源整合和共建共享力度，提高农民工文化服务的能力和效益。加强农民工文

化政策引导和宣传，定期举办导向性和示范性文化活动，促进农民工文化工作经验交流和成果分享。

意见强调，要落实经费。加大农民工文化工作投入力度，逐步建立以政府投入为主、社会力量积极参与的农民工文化工作经费保障机制。各级政府在编制公共文化服务经费预算时，要充分考虑辖区内农民工文化工作需要，切实将农民工文化工作日常经费纳入常住地公共文化服务经费统筹考虑。针对农民工的特殊文化需求，建立农民工文化专项经费，纳入各级政府的财政预算，重点保障农民工专项公共文化服务、特定文化产品购买和专门政策引导等方面的支出。加大相关部门农民工文化活动经费的统筹整合力度，提高公共资金的使用效率和效益。鼓励企业加大农民工文化经费投入，积极引导社会力量对农民工文化活动、文化项目和文化设施等的捐赠。

“春雨工程”——全国文化志愿者边疆行

少数民族和民族地区文化工作在我国文化事业发展全局中具有特殊的重要地位。党中央、国务院历来十分重视和关心少数民族文化工作，制定了一系列发展繁荣少数民族文化的方针政策。2009年，召开了全国少数民族文化工作会议，下发了《国务院关于进一步繁荣发展少数民族文化事业的若干意见》（国发〔2009〕29号），对推动少数民族和民族地区文化事业作出战略性、全局性的部署。为贯彻落实中央要求，积极推进少数民族文化建设，加强各民族文化交流，探索符合边疆民族地区公共文化服务体系建设实际的文化服务方式和手段，2011年，文化部和中央文明办在试点活动基础上共同组织开展了“春雨工程”——全国文化志愿者边疆行（简称“边疆行”）工作。通过内地省（市）组织文化志愿者，以“大舞台”、“大讲堂”、“大展台”三种形式，深入边疆民族地区开展针对性的文化志愿服务活动，对于丰富少数民族群众的精神文化生活，提高边疆民族地区基层文化干部能力素质，促进内地与边疆民族地区文化交流，推动各民族和睦相处、和衷共济、和谐发展，发挥了积极作用。

一、工作背景

少数民族文化是中华文化的重要组成部分，是中华民族的共有精神财富。在长期的历史发展过程中，我国各民族创造了各具特色、丰富多彩的民族文化。各民族文化相互影响、相互交融，增强了中华文化的生命力和创造力，不断丰富和发展着中华文化的内涵，提高了中华民族的文化认同感和向心力。各民族都为中华文化的发展进步做出了自己的贡献。

改革开放以来，特别是党的十七大以来，在党中央和国务院的关心和重视下，各级政府不断加大对民族地区文化建设的投入力度，实施了一系列重大文化惠民工程，基层文化设施建设不断加强，公共文化服务网络不断完善，基本实现了县县有文化馆、图书馆，乡镇有综合文化站，丰富了广大人民群众精神文化生活。在公共文化服务“硬件”建设取得显著成绩的同时，“软件”建设即文化内容建设中存在的问题也逐步凸显。2009年、2010年，文化部社文司先后组织调研组深入西藏、新疆、宁夏、内蒙古等边疆民族地区，对民族地区文化建设情况进行了深入调研。据了解，一方面由于缺乏高水平的基层文化骨干，民族地区老百姓业余文化生活形式单一、内容苍白，广大群众精神文化需求难以得到满足；另一方面民族地区与内地文化交流、交往较少，各民族间缺乏相互了解，容易产生不信任和对立情绪，严重影响了边疆地区安定团结和长治久安。同时，近年来在内地特别是沿海发达地区兴起的文化志愿服务活动，经过几年的发展积累了丰富的实践经验，吸引了社会各界人士广泛参与，初步形成了一支文化志愿者队伍，日益成为公共文化服务体系建设的有生力量。综合这些情况，文化部策划并组织开展了“边疆行”工作，希望利用内地文化建设经验特别是发挥文化志愿者作用，为促进边疆民族地区公共文化服务体系建设提供有力支持。

二、基本情况

6月20日，文化部和中央文明办在江苏省南京市举行了2011年“春雨工程”——全国文化志愿者边疆行欢送仪式。仪式上，文化部党组成员、部长助理高树勋向13支内地文化志愿团授予了志愿服务旗帜，标志着历时半年，800多名文化志愿者参与，服务范围覆盖8个边疆民族省（区）的全国性文化志愿服务工作正式启动。7月5日，文化部确定的首批“边疆行”文化志愿者抵达宁夏回族自治区贺兰县，当地群众载歌载舞，热情迎接来自广东省的140名文化志愿者。当晚举办了欢迎仪式，文化部党组书记、部长蔡武出席仪式并致辞。蔡武在致辞中指出，志愿服务是新时期开展公共文化服务的重要方式，是增强文化自觉的良好载体，展示文化自信的重要平台，实现文化自强的有效途径。他强调边疆行文化志愿者要坚持志愿服务的理念，弘扬奉献、友爱、互助、进步的志愿精神，从满足边疆各族群众实际文化需求入手，开展群众乐于参与、便于参与的文化志愿服务活动，大力唱响共产党好、社会主义好、改革开放好、伟大祖国好、各族人民好的时代主旋律，在边疆民族地区与内地间架起一座文化的桥梁，让边疆各族群众真切感受到文化的温暖和力量。

7月至11月，北京、河北、山西、上海、江苏、浙江、安徽、福建、山东、广东、重庆、青岛和文化部全国文化信息资源建设管理中心组成了13个文化志愿团，招募了800多名文化志愿者，分期分批赴内蒙古、黑龙江、云南、西藏、青海、宁夏、新疆及新疆生产建设兵团等8个边疆民族省（区）开展了文化志愿服务活动。志愿者深入边疆民族地区城乡基层，组织文艺演出和讲座100多场次、为少数民族地区基层文化干部200余人开展业务培训500多学时，举办文化展览20多场次，累计展出180多天。此外，还邀请西藏、宁夏、新疆的基层文化工作者300多人赴北京、河北、上海、江苏、浙江、山东、青岛、重庆等地参加“大舞台”演出和“大讲堂”培训活动。

三、主要做法

（一）坚持政府主导、倡导社会参与，形成边疆文化建设合力

一是主动引起各级领导关注。多次邀请文化部领导和地方党委、政府有关负责同志出席“边疆行”仪式活动。积极争取将“边疆行”专题活动和“边疆行”总结表彰会议纳入2011年10月召开的全国文化文物系统对口支援新疆工作会议和2012年初召开的全国文化厅局长会议议程。

二是争取有关部门大力支持。向中宣部报送“边疆行”工作专项经费支持的报告，邀请中央文明办作为主办单位，并共同印发《文化部中央文明办关于组织开展“春雨工程”——全国文化志愿者边疆行工作的通知》（文社文函〔2011〕522号），在宣传等工作上积极寻求中宣部、中央文明办的指导和帮助。

三是要求各地文化部门认真组织。边疆民族省（区）针对群众精神文化需求开展了认真调研并及时向文化部进行反馈。20多个内地省（市）成立了工作领导小组和办事机构，制定了详细实施方案，根据志愿服务项目设立志愿者招募条件，面向社会公开发布招募公告，为活动顺利开展提供了坚实保证。

四是吸引社会各界热情参与。各地招募公告发布后，引起了社会各界广泛反响。知名专家学者、专业文艺工作者、业余文化爱好者、退休文化干部和在校大学生等一大批热心公益文化事业的人士纷纷报名，一些社会团体和企业也表现出强烈兴趣，咨询赞助、参与情况，极大地充实了“边疆行”文化志愿者“人才库”，也推动了当地文化志愿服务活动深入开展。

（二）扩大活动规模、丰富服务形式，增加受益群众人数

一是服务范围突出“广”和“深”。相比2010年试点活动情况，文化志愿团由4个增加到13个，招募文化志愿者人数由152名增加到800多名，服务区域由新疆、西藏扩大至8个边疆民族省（区），服务重心由城市向州、县、乡、村下移，深入到少数民族群众聚居地区，惠及人群由数万人次增加至数十万人次。

二是服务形式突出“实”和“特”。针对边疆民族地区基层群众看戏看演出难，基层文化干部培训机会少的情况，文化志愿服务的形式重点放在“大舞台”和“大讲堂”，面向基层的群众和文化干部开展文艺演出和讲座培训，辅以“大展台”文化展览，增进少数民族群众对内地文化的了解。同时针对少数民族地区特点，实施了一些特色志愿服务项目。如北京市文化志愿团在新疆和田地区开展的“百福和田”项目，招募了一批专业摄影工作者，为平时没有条件拍摄照片的基层群众免费拍摄全家福和个人肖像。如浙江省文化志愿团在新疆举办的“排舞”培训班，将内地群众流行的文化活动形式传播到少数民族地区。

三是服务内容突出“精”和“高”。内地志愿团在策划服务内容时，力求将最具地方特色的文艺精品、最前沿的公共文化服务体系建设理论和实践经验以及最优质的文化资源展览呈献给边疆少数民族群众，文化志愿者多数由知名专家学者、优秀文艺工作者和专业技术人才组成，确保为少数民族群众提供高端、专业的文化志愿服务。如河北志愿团招募了多次获得国际金奖的吴桥杂技团演员作为志愿者，将“原汁原味”的地方特色文化呈献给新疆少数民族群众。如上海志愿团邀请著名学者余秋雨先

生作为文化志愿者，在新疆喀什举办了以“中华民族的文化凝聚力”为主题的讲座，增进了新疆少数民族群众对伟大祖国和中华民族的认同。

（三）加强双向交流、结合文化援助，注重志愿服务实效

一是需求与供给相结合。“边疆行”组织过程中，坚持从边疆民族地区文化建设实际需要出发，通过召开不同层面的对接会，不断加强内地与边疆民族地区供需有效对接，精心部署和实施文化志愿服务项目。如根据西藏提出的儿童剧演出需求，青岛市文化局定向招募了市儿童剧团作为团体志愿者赴西藏演出世界经典儿童剧《小红帽》，受到藏族小朋友的热烈欢迎，取得了良好效果。如江苏文化志愿者专门创作了新作品《为伊犁放歌》，每次登台表演，善学善用的演员们用维吾尔语、哈萨克语或锡伯族语言向现场观众问好，让当地群众倍感亲切。

二是“走进去”和“请出来”相结合。一方面组织志愿团深入县、乡、村（社区），与少数民族群众“零距离”接触，提供“面对面”服务；另一方面将“大舞台”和“大讲堂”搬到内地，邀请边疆民族地区基层文化干部和文艺骨干到内地培训和演出，在学习考察的同时为内地群众带来具有浓郁边疆民族特色的文艺表演。如重庆举办了西藏群众文艺创作人员培训班，与西藏各地群艺馆文艺骨干就群众文艺创作和群众文化活动组织交流经验。如上海举办了“喀什文化周”，邀请喀什地区歌舞团在沪交流演出，既开拓了新疆基层文艺工作者的眼界，又促进了民族文化交流。

三是内容建设与物质援助相结合。各地志愿团在开展文化志愿服务同时，还积极为边疆民族地区捐赠设备和资金。如文化部文化信息资源建设管理中心联合深圳雅图公司向新疆、西藏、青海等地捐赠了价值50万元的投影设备。山东省文化厅向新疆捐赠了价值80万元的钢琴。江苏、福建、广东等志愿团向服务地区捐赠了数十万元的文化建设经费。

（四）发挥媒体作用、扩大活动声势，积极营造良好氛围

一是主动提供新闻线索并策划专题报道。多次邀请记者实地报道，积极向媒体提供新闻稿件和深度报道文章。据初步统计，新华社2次发通稿，《人民日报》、《光明日报》、中央人民广播电台、《中国文化报》等媒体发稿近30多篇，地方媒体发稿130多篇。7月5日，中央电视台《晚间新闻》播出了欢迎仪式的消息。10月16日，在党的十七届六中全会召开期间《焦点访谈》栏目以“文化春雨润边疆”为题进行了专题报道。12月4日，中央电视台《道德观察》栏目也对“边疆行”进行了报道。

二是利用网络媒体引起持续关注。中国新闻网、搜狐、新浪、凤凰网等主要网络媒体原创报道60多条，转载上万次。在百度中搜索“全国文化志愿者边疆行”词条，可得到193万个结果。一些文化志愿者还以博客、微博等形式畅谈志愿服务感受，网友跟帖、评论达数千次。

（五）力求破解难点、加强理论建设，推动形成工作长效机制

一是强调制度建设。“边疆行”工作尽管已取得初步成效，但仍处在起步阶段，工作方式和方法亟待完善。在深入开展文化志愿服务活动的同时，文化部专门成立了“边疆行”工作机制课题组，组织专家围绕志愿者招募管理机制、活动保障机制、供需对接机制、宣传推广机制、评估表彰机制进行研究和探讨，梳理完善“边疆行”工作的基本原则、目标任务、实施步骤和运行机制。

二是注重顶层设计。“边疆行”工作在组织实施过程中，牢牢把握推动边疆民族地区公共文化服务体系建设，促进少数民族文化事业繁荣发展这一基本任务，多次召开专家座谈会、研讨会和项目论证会，探索梳理推进民族地区公共文化服务体系建设的层次脉络，不断推动少数民族和民族地区文化建设基础理论研究，为制定少数民族文化事业全面协调可持续发展政策提供科学的理论支撑。

四、社会效果

“边疆行”作为文化部“十二五”期间少数民族文化建设“春雨工程”的重要内容之一，把文化、志愿、边疆、少数民族4个元素统一起来，着眼于加强少数民族和民族地区文化内容建设和重大文化活动的开展，着眼于加大边疆民族地区艺术人才培养和文化队伍建设，着眼于促进边疆民族地区与内地文化交流，充分发挥文化春风化雨、润物无声、潜移默化的作用，全面推动少数民族文化繁荣发展。

一是始终坚持“各民族共同团结奋斗、共同繁荣发展”主题，拓宽了文化援助途径。各民族团结友爱是中华民族的生命所在、力量所在、希望所在。文化志愿者在边疆民族地区服务期间，大力弘扬了以爱国主义为核心的民族精神和以改革开放为核心的时代精神，传承了各族干部群众同呼吸、共命运、

心连心的优良传统。内地文化厅局在“边疆行”实践中，主动将文化志愿服务活动与文化系统对口支援新疆、西藏和其他民族地区工作结合，力图使文化志愿服务成为完善东部对西部、发达地区对欠发达地区、城市对农村的文化援助机制的创新方式和有效载体。

二是始终坚持“满足人民基本文化需求”的基本任务，增进了各民族交流交往交融。满足人民基本文化需求是社会主义文化建设的基本任务。文化志愿者以生动鲜活的文化艺术形式活跃了边疆各族人民的文化生活，充实了边疆地区各族群众的精神文化需求，让边疆各族人民共享了文化发展成果，促进了边疆民族地区公共文化服务体系加快建设，增进了民族间的交往与交流，巩固了内地与边疆、汉族与少数民族的情感纽带，形成了虽有不同却亲如一家的生动格局。

三是始终坚持“三个离不开”思想，维护了国家文化安全、祖国统一和社会稳定。汉族离不开少数民族、少数民族离不开汉族、各少数民族之间也相互离不开，是中国特色解决民族问题正确道路的思想基础。“边疆行”的深入开展对增强民族凝聚力，巩固“平等、团结、互助、和谐”的民族关系，增进对伟大祖国和中国民族的认同，夯实全国各族人民大团结的深厚根基具有重要意义，对于建设安全边疆、文化边疆，维护国家统一和社会稳定发挥了积极作用。

文　件

文化部办公厅关于开展全国第三次文化馆评估定级工作的通知

办社文函〔2011〕19号

各省、自治区、直辖市文化厅（局），新疆生产建设兵团文化广播电视局：

为进一步加强、规范文化馆管理，促进文化馆事业发展，按照每4年进行一次全国文化馆评估定级工作的要求，文化部决定于2011年度开展第三次全国文化馆评估定级工作。现将有关事项通知如下：

一、评估标准

评估定级工作以文化部制定的省级、副省级、地市级、县级文化馆等级必备条件、评估标准以及评估细则（详见附件，可从文化部政府网站下载）为依据，评估的数据一律采用2010年数据（标准中另有规定的除外）。

二、评估工作程序

（一）各级文化馆（按行政层级相应称为省级馆、副省级馆、地市级馆、县级馆）按照文化部本通知附件中各级馆的评估定级标准，进行自查自评。

（二）文化部组织评估工作小组负责对省级馆和副省级馆评估，并抽查部分地市级馆和县级馆；各省、自治区、直辖市文化厅（局）组织评估工作小组，负责对本省（区、市）地市级馆、县级馆评估。

（三）副省级城市所辖地市级、县级馆评估工作，由各省、自治区、直辖市文化厅（局）统一部署。

三、评估工作步骤

（一）2011年2～3月，各市、县级馆进行自查自评；

（二）2011年4～5月，各省、自治区、直辖市文化厅（局）组织评估工作小组，对本省（区、市）所辖地市级馆、县级馆评估；

（三）2011年6～8月，文化部组织评估工作小组对省级馆和副省级馆进行评估，并抽查部分地市级馆和县级馆；

（四）2011年8月底前，各省、自治区、直辖市文化厅（局）将地、县文化馆的评估结果和总结报告报送文化部社文司；

（五）2011年9～12月，文化部对评估结果进行审核并公示后，确定评估定级结果，并命名一、二、三级文化馆。

四、工作要求

（一）文化馆评估定级是衡量文化馆建设和管理水平的一项重要工作机制。为充分发挥文化馆在公共文化服务体系建设中的职责作用，促进我国文化馆事业的发展，各地各级文化馆如无特殊原因一律参加本次评估工作，如有特殊原因确实无法参加本次评估工作的，请各地文化厅（局）将不参评文化馆名单和原因报送文化部社文司。本次评估工作结束后至下一次评估工作开始，文化部将不单独受理未参评馆的评估定级工作。

（二）评估工作小组专家成员一般应具有副研以上专业职称，熟悉文化馆工作，有一定的评估工作经验，为人公道、正派。

（三）评估工作要坚持实事求是、公开公正的原则，坚决杜绝和防止弄虚作假。如有弄虚作假行为，文化部将取消其参评资格，并通报批评。

请各省、自治区、直辖市文化厅（局）根据通知要求，将你省（区、市）评估工作安排于2011年2月底前报送文化部社文司。

联系人：文化部社文司文化馆处　白雪华、钟华、王珊珊

联系电话：010-59881740、59881741

传真：010-59881776

电子邮箱：swswhg@yahoo.cn

特此通知。

附件：1.省级文化馆等级必备条件、评估标准、评估细则（略）

2.副省级城市文化馆等级必备条件、评估标准、评估细则（略）

3.地（市）级文化馆等级必备条件、评估标准、评估细则（略）

4.县级文化馆等级必备条件、评估标准、评估细则（略）

文化部办公厅（章）
2011年1月18日

文化部关于加强村级文化建设的指导意见

文社文发〔2011〕11号

各省、自治区、直辖市文化厅（局），新疆生产建设兵团文化广播电视局：

为贯彻落实党的十七大和十七届三中、四中、五中全会精神，建立健全农村公共文化服务体系，满足农民群众的精神文化需求，保障基本文化权益，推动社会主义新农村建设，现就加强村级文化建设提出以下意见：

一、充分认识加强村级文化建设的重要性和紧迫性

1.加强农村文化建设是全面建设小康社会的内在要求，是贯彻落实科学发展观、构建社会主义和谐社会的重要内容，是建设社会主义新农村的基本任务。村级文化建设是农村文化建设的基础，是公共文化服务体系建设的终端和重要环节，是保障农民群众基本文化权益、促进公共文化服务均等化的着力点。加强村级文化建设，对于落实公共文化服务“重心下移、资源下移、服务下移”的要求，满足广大农民群众多样化、多层次、多方面的精神文化生活需求，提高农民文明素质，增强农村社会凝聚力，形成农村社会生活共同体，提高党的执政能力和巩固党的执政基础，维护社会和谐稳定，促进农村经济发展和社会进步具有不可替代的作用。

2.随着我国社会主义新农村建设的深入推进，农村文化建设取得了长足发展，公共文化服务能力和水平日益提高。但同时也必须看到，农村文化建设仍然基础薄弱，特别是村级文化建设仍然缺乏制度性保障，还存在组织不健全、设施不完善、内容不丰富、投入不足、服务水平不高、社会参与不畅等问题，尚未形成良性、可持续发展的长效机制，与农村正在发生的深刻变革还不相适应，与农民群众共享改革发展成果的期待还不相适应，与推进城乡经济社会发展一体化的新要求还不相适应，与社会主义新农村建设的进程还不相适应。这种状况必须引起高度重视，迫切需要采取有效措施，切实加以改变。

二、村级文化建设的指导思想、基本原则和目标任务

3.村级文化建设的指导思想：以邓小平理论和“三个代表”重要思想为指导，深入贯彻落实科学发展观，按照体现公益性、基本性、均等性、便利性的要求，以保障农民群众基本文化权益为宗旨，以提高农民素质、促进农村和谐、维护农村稳定为目标，加大政府对村级公共文化资源的供给，加强文化阵地建设、基层队伍建设、机制体制建设，提高服务能力，逐步形成“政府引导、群众主体、社会参与”的村级文化建设格局，夯实农村基层文化建设的基础，为社会主义新农村建设提供坚强的文化保障。

4.加强村级文化建设，必须坚持以下基本原则：

一是服务大局，统筹推进。按照社会主义新农村建设的总体要求，适应农村城镇化、现代化的发展趋势，坚持用社会主义先进文化占领农村基层阵地，提高农民文化文明素质，为农村经济社会发展服务。

二是保障基本，突出特色。以促进城乡公共文化服务均等化为目标，切实保障农村群众读书看报、听广播看电视、进行公共文化鉴赏、参加公共文化活动等基本文化权益，同时鼓励各地根据本地实际，发展各具特色的乡村文化。

三是群众主体、社会参与。尊重群众的主体地位，让广大群众成为村级文化建设的受益者和参与者，发挥村级组织的自治功能，依靠村委会实现自我管理、自我发展，鼓励社会力量积极参与，在全

社会形成关心和支持村级文化建设的良好氛围。

四是典型引路、分类指导。坚持实践推动，总结东中西部和少数民族地区因地制宜加强村级文化建设的经验，推出典型，发挥示范作用，推动各地逐步形成具有地域特点、符合实际的建设发展模式。

五是整合资源、共建共享。加强设施、队伍、产品、服务等公共文化资源的整合和优化配置，实现共建共享，提高公共资源利用效率，形成村级文化建设的合力。

5. 村级文化建设的目标任务是：到2015年，全国基本实现村村有文化设施，有稳定的文化队伍，有常态化的文化活动和基本服务内容，有健全的保障机制，村级文化服务能力显著提高，对社会主义新农村建设的支撑作用有效发挥。东部地区率先形成比较完备的以村为重点的农村公共文化服务网络；中西部地区村级文化服务水平明显提升。广大农民群众可以就近方便地享受政府提供的公共文化服务，就近方便地参加群众文化活动，农民群众基本文化权益得到有效保障，对政府公共文化服务的满意度明显提高。

三、加强村级文化阵地建设

6. 加强村文化活动室建设。村文化活动室是农村基层文化服务的重要平台和阵地，是农民群众就近参加文化活动的重要场所。要将村文化活动室建设纳入县乡经济社会发展总体规划和公共文化服务体系建设规划，基本实现每个行政村有文化活动室。已经建有村文化活动室的，要制定设备配置标准，配备图书、书架、电视、电脑、影碟机、投影仪等设备器材。尚未建设村文化活动室的，要加大资金投入，依托村办公场所，通过对村公共设施和闲置校舍等的整合，尽快建成村文化活动室。村文化活动室的建设，可以按照公共财政投入和村民共建相结合的原则，设立村文化设施建设专项资金，动员社会参与，共同投资建设。

7. 完善村级文化阵地的综合服务功能。要不断巩固以村文化活动室为重点的，包括全国文化信息资源共享工程基层服务点、广播电视村村通、数字化电影放映室、村文化广场等在内的村文化阵地，充分发挥其服务效能。明确村文化活动室和全国文化信息资源共享工程基层服务点的基本职责、服务规范、管理办法，保证其正常开放和服务。村文化活动室可以“一室多用”，依托村文化活动室，整合各部门面向农村实施的各项重大工程，统筹村文化、教育、体育、基层党建场所的规划建设和综合利用，努力做到共建共享，形成集文化、教育、体育、基层党建等于一体的综合性服务平台。

8. 发挥村级文化阵地的宣传教育作用。村文化活动室是政府公共文化服务网络的延伸。要积极宣传党的各项方针、政策，特别是新时期的惠农政策，使农民群众更好地理解和支持政府工作。要积极开展文明创建活动，引导广大农民群众移风易俗，培养健康文明的生活方式。利用黑板报、网络、广播、电视、短信和文化示范户宣讲等多种形式，结合身边的人和事，组织开展适合农村和农民特点的宣传教育活动，普及科学文化知识，提高农民素质。要加强对农村文化的引导，抵制消极腐朽文化，构建和弘扬社会主义核心价值体系。要加强村民培训，利用互联网等现代手段，开展实用技术、市场营销和农民工就业技能等多方面的教育培训，充实科技知识、提高文明素质，培育有文化、懂技术、会经营、善管理的新型农民。

9. 依靠群众管理好村级文化阵地。村文化活动室等文化阵地既是农民群众就近参与文化活动的场所，又是农民群众自我管理的公共文化设施。要明确一名村委会委员负责，有条件的地区可以推广配备政府补贴的兼职文化协管员具体管理村文化设施的做法，依靠群众实现村文化阵地的自我管理，自我服务。村党支部委员、村委会委员要带头参加村文化阵地的公共文化服务，组织村文艺骨干积极参与村公共文化服务。

四、推动公共文化资源配置向村倾斜

10. 加强县乡公共文化机构对村文化建设的指导和服务。县级文化馆、图书馆、全国文化信息资源共享工程县级支中心是村文化活动室的业务指导单位，承担对村文化建设进行业务指导、人员培训、资源配置等方面的具体职责。乡镇综合文化站主要承担辖区内公共文化服务、指导村级文化建设和协助管理农村文化市场等职能。乡镇综合文化站要发挥面向村基层的优势，全面掌握辖区内村文化资源和人才分布，挖掘民族民间文化，培育乡土文化人才。县乡公共文化机构要实现公共文化资源和服务的下移，要在村文化活动室建设一批基层服务点（示范点）。要不断创新服务模式，充分考虑到山区、边疆民族地区地广人稀的实际，组织流动图书车、文艺小分队等，开展形式多样的送书下乡、送戏下乡活动，以及富有民族特色、体现地域风情的文化服务，积极面向村民开展流动文化服务。

11．面向乡村开展数字文化信息资源服务。与全国农村党员现代远程教育工作、农村中小学远程教育工程、广播电视“村村通”工程建设相结合，加大全国文化信息资源共享工程村级服务点建设力度，推进文化信息资源和服务的“进村入户”。加强村级公共电子阅览室建设，争取到2015年基本实现50%的村建有公共电子阅览室，提供电子图书阅读、信息查询、网页浏览、影音视听、远程教育、自助培训等“一站式”服务，努力形成资源丰富、技术先进、服务便捷、覆盖农村的数字化信息服务体系，确保农民群众享受到优质、便捷的数字文化服务。

12. 组织优秀文艺资源进乡村。县级文化行政部门要整合县、乡演出资源，通过组织村文艺调演、会演、巡演，举办农民文化节、基层文艺团队展示等形式，积极培育群众文化活动品牌，提高节目质量，提升农村文化活动水平。要建立专门的文化惠民剧目库，汇聚一批具有地方特色的剧目。开展“名剧名人下基层”活动，将文化名人、精品剧目送到农村基层。按照健康有益、便捷长效的原则，建立村级群众文化活动长效机制，实现村级文化活动“天天有”。

五、充分调动社会力量参与和支持村级文化建设

13．大力发展“一村一品”特色文化。把新农村文化建设和保护文化遗产、美化人居环境相结合，激发群众参与文化建设的积极性和主动性，实现文化建设与经济社会发展的良性互动。要加大对农村优秀民间文化资源的发掘、整理和保护，继续开展“中国民间文化艺术之乡”命名活动，授予秉承传统、技艺精湛的民间艺人“民间艺术大师”、“民间工艺大师”等称号。积极培育具有地方特色的文化品牌，有条件的村要充分发挥自身特色，努力形成“一村一品”。坚持发展农村文化与发展农村经济相结合，因势利导，使“一村一品”上规模、出效益。

14. 积极发展农民自办文化。通过民办公助、政策扶持等方式，鼓励农民自办文化，开展各种面向农村、面向农民的文化服务和经营活动。通过制定税收、用地、用电等优惠政策，鼓励乡镇企业和农民投资村级文化设施建设；鼓励农民群众自筹资金、自己组织、自负盈亏、自我管理，兴办农民书社、集(个)体放映队等，大力扶持民间职业剧团和农村业余剧团的发展。引导文化专业户相互联合，进行市场化运作，逐步向个体、私营等非公有制文化企业发展，开发文化资源，变资源优势为产业优势。对热心公益文化事业，有一定经济基础的致富能手、返乡退休干部、老教师等，可扶持其成为“文化示范户”，把支持帮扶农村的图书、文体器材、电脑等文化资源有针对性地向示范户集中，并邀请专业人员予以指导，使其成为健康文化的引领者和科技致富的带头人。

15．建立城市对农村的援助机制。采取“城乡共建、对口帮扶”的办法，推动、组织县级有关部门与村“结对子”，开展“一帮一”活动，协调有关单位给予无（低）偿服务，引导文化经费和资源投向村文化建设。采取企业冠名、文企结对等方式，组织经济效益好的企业和人才队伍稳定、制度健全的社团进行“一对一”帮扶，提供办公房、演出场地、器材车辆和经费支持。采取社会捐建的办法，发动城市居民、农村在外工作的知名人士、企业家或团体，支持村级文化建设。

16. 为社会力量参与村级文化建设搭建平台。尊重农民群众的文化需求和文化选择，建立群众文化需求的表达和反馈机制，有针对性地为农民群众提供文化产品和服务。要把政府主导与市场运作有机结合，鼓励企业、社会组织参加基本公共文化产品的生产和供给，完善公共文化服务的市场化提供机制。推广政府购买、集中配送、联网服务等新做法，把健康向上的文化产品和服务送到农村基层。

六、建设一支素质较高的村级文化队伍

17. 加强村级文化队伍建设。村党支部、村委会要把村级文化建设放在各项工作的重要位置，充实力量、明确任务、责任到人，使村级文化建设真正做到有人抓、有人管、有人做。要结合村级文化建设的特点和实际需求，从农村文化热心人、有文艺特长的农民中发现和任用“村文化能人”，从有志于农村文化事业的大学生“村官”或回乡大中专学生中聘任“村文化干事”，从老干部、老战士、老专家、老教师、老模范中选聘为乡村服务的“村文化顾问”，从社会各领域有一定专长和服务热情的人员中聘请一批“村文化志愿者”，逐步培育和建立起扎根基层、热爱群众、热心文化的村文化服务队伍，使之成为村级文化建设的生力军。

18. 扶持乡村民间文化队伍发展。把乡村民间文化人才开发纳入人才发展规划，在人才政策和人才服务方面一视同仁、同等对待。充分尊重农民群众的文化创造热情，鼓励和引导农民群众“自创自办、自编自演、自娱自乐”，采取乡镇、村指导，村民自愿参与的原则，组建文艺团队，重点扶持一批优秀的乡土文化人才，特色乡土群众文化团体。充分发挥民间艺人、文化能人、农村文化经纪人在活跃农村文化生活、传承发展民族民间文化方面的突出作用。综合运用政策宣传、集中培训、外出学习、组织比赛、进村辅导、村际联动、文化庙会、文艺调演、年度表彰等平台和措施，鼓励和支持乡村民间文化队伍提高水平、创建品牌、扩大影响、发展壮大，在村级文化建设中更好地发挥辅助功能。

19. 加强村级文化队伍培训。县级文化馆、图书馆和乡镇综合文化站要采取“请进来、走出去”的方式，加强对农村文化骨干、业务文化团队的辅导和培训。各县文化馆、图书馆要将培训的重心放到乡村，在有条件的乡镇开设村文化队伍培训基地，对村文艺骨干进行集中培训，提高人员素质；各县文化馆、图书馆专业人员分区分片，主动到乡镇和村一级帮助开展业务培训。各县文化馆要建立起“村文化艺术辅导员培训轮训制度”，逐步完善向村级源源不断输送人才的长效机制。灵活采取多种培训措施和培训方式，确保村基层文化工作人员参加集中培训时间每年不少于5天。依托全国文化信息资源共享工程服务网络，提供“不离村、不脱岗”的在线学习、在线考试等服务，鼓励自主学习。

七、建立健全村级文化建设的保障机制

20. 加强对村级文化建设的组织保障。各级文化行政部门要充分认识加强村级文化建设的重要意义，积极推动各级党委、政府把村级文化建设纳入当地国民经济和社会发展总体规划，列入政府工作的重要议事日程，纳入目标管理和绩效考核体系。县级文化行政部门要在县政府领导下，制定并实施县域村级文化建设规划。乡镇政府要明确一位领导分管文化工作。村党支部、村委会要把文化工作作为重要任务，统筹安排部署，负责做好日常工作，确保取得实效。

21. 加强对村级文化建设的经费支持。推动省、市、县级政府建立农村文化建设专项资金，并确保一定比例专门用于村级文化设备购置、活动开展和人员培训。运用补贴、奖励、项目拨款等方式，加强对村级文化建设的经费支持。运用政府采购杠杆，逐步扩大财政对服务村级文化建设的各项文化活动的支持力度。运用减税免税政策、授予荣誉称号等措施，鼓励企业、社会团体和个人对村级文化设施建设和公益文化活动项目进行资助或捐赠。加强资金管理，提高财政资金的使用效益。

22. 建立村级文化建设指导、督查、考核机制。要把村级文化建设列入创建全国文化先进单位（县、乡）和国家公共文化服务体系建设示范区（项目）评价指标体系。将深入村一级开展服务情况作为基层文化单位考核的重要内容。文化部将适时牵头对村级文化建设进行督查，重点检查各项重大文化工程在村级的落实情况、村级文化设施建设情况、县乡文化机构面向村级开展服务情况、县乡财政投入保障情况、村级文化活动与服务开展情况和村级文化队伍建设情况。

请各级文化行政部门结合实际，采取有效措施落实本意见精神，加强对本意见贯彻执行情况的督促检查。

文化部关于进一步加强古籍保护工作的通知

文社文发〔2011〕12号

各省、自治区、直辖市文化厅（局）、新疆生产建设兵团文化广播电视局，国家图书馆（国家古籍保护中心）：

自2007年中华古籍保护计划启动以来，在党中央、国务院的高度重视和领导下，在全国古籍保护工作者的共同努力下，全国古籍保护工作进展顺利，古籍普查、《国家珍贵古籍名录》和全国古籍重点保护单位的申报评审、古籍修复、人才培养等各项工作有序推进，古籍保护工作机制初步形成。今年是“十二五”开局之年，为使古籍保护工作在“十二五”期间更加深入、扎实地开展，现就进一步加强古籍保护工作通知如下：

一、推进古籍普查，建立适时申报、分批评审《国家珍贵古籍名录》的工作机制

（一）推进古籍普查工作

古籍普查工作是中华古籍保护计划的主要内容，各级文化行政部门要高度重视古籍普查工作，加强对古籍普查工作的组织领导、资金投入和队伍建设，全面推进古籍普查工作的开展。国家古籍保护中心应充分发挥组织协调作用，为相关单位提供人员培训、普查登记咨询等支持，做好普查数据的审核，加快研制少数民族语言古籍普查软件平台、珍贵古

籍保护修复监测系统，完善“全国古籍普查平台”系统。各地要进一步加快古籍普查进度，及时申报普查数据。国家古籍保护中心和各省级古籍保护中心要以普查数据为基础，分工协作，开展“中华古籍数字资源库”建设。

（二）建立适时申报、分批评审《国家珍贵古籍名录》及全国古籍重点保护单位的工作机制

今后，《国家珍贵古籍名录》及全国古籍重点保护单位的评审将成为常态工作，全年开展，文化部不再就评审工作印发通知，各地可由省级古籍保护中心随时申报，国家古籍保护中心将根据申报情况适时组织专家评审。各省级文化行政部门和省级古籍保护中心要精心安排，认真做好申报的组织工作。

（三）加快《中华古籍总目》分省卷编纂

成立《中华古籍总目》编纂委员会，负责指导、协调各分卷的编辑工作。已经与国家古籍保护中心签署任务书的省（区、市）和收藏单位，要制定具体工作计划，积极推进《中华古籍总目》分省卷的编纂。尚未签署任务书的省份，要创造条件，尽早启动该项工作。文化部将根据各分卷的工作进展情况，在经费上给予支持。各省在编纂《中华古籍总目》分省卷时，可以根据古籍普查进度，分卷编辑出版，尽早形成阶段性成果。

二、加强少数民族文字古籍保护工作，开展特色古籍的专项保护

（四）加强少数民族文字古籍保护工作

针对少数民族地区古籍收藏分散、保护条件相对薄弱，人才资金缺乏的状况，有针对性地制定专项保护方案，从政策、资金、人才、技术等方面给予倾斜和支持。要继续按照《关于支持西藏古籍保护工作的通知》的要求，加快西藏古籍普查等各项工作的进度。新疆古籍保护专项工作将全面启动，要重点做好新疆公藏单位少数民族文字古籍的保护，开展部分重要文献的整理出版工作，积极征集散落民间的文献典籍。积极开展满文文献的普查、保护工作。对其他少数民族地区少数民族文字古籍的保护，要结合实际，适时设立保护工作专项，及时开展有关工作，促进我国少数民族文字古籍的全面保护。

（五）开展特色古籍的保护

要设立专题保护项目，积极开展中华医药典籍、清代昇平署戏曲文献等特色古籍及民国文献的保护工作，编纂《中华医藏》、《民国文献总目》。

三、多途径开展古籍专业人才队伍建设，提高工作队伍的整体素质

（六）进一步发挥古籍保护专家的作用

建立国家古籍保护专家制度，充分发挥古籍编目、版本鉴定、修复等领域的高端人才在古籍保护工作中的学术带头和技艺传承作用，使古籍保护工作后继有人，实现可持续发展。

（七）建立古籍保护工作专业人员的资格认证制度

组织开展文献修复师资格认证工作，实行持证上岗，提高古籍修复工作的专业化水平。

（八）加强工作队伍的业务培训

加强与教育、科研部门的合作，在有条件的高校及科研机构挂牌成立“中华古籍保护教学培训基地”，在有条件的古籍收藏单位挂牌成立“中华古籍保护实践基地”，联合开展人才培养。国家古籍保护中心要研究制订计划，继续办好各类古籍专业人员在职培训，进一步提高培训工作质量。各地要针对本地区实际工作需求，积极开展古籍保护工作队伍的培训，要特别注重提高专业人员的实际操作技能。

四、加强对全国古籍重点保护单位和国家级古籍修复中心的管理，做好珍贵古籍的保护与修复工作

（九）加强对全国古籍重点保护单位的管理

全国古籍重点保护单位要切实采取措施，加强对古籍的保护，确保古籍安全。文化部将研究制定《全国古籍重点保护单位管理办法》，对已公布的全国古籍重点保护单位，将不定期地开展督导检查，对管理不善、存在安全隐患的单位将提出批评，限期整改，对整改不力的，将给予摘牌处理。

（十）充分发挥国家级古籍修复中心的作用

文化部将研究制定《国家级古籍修复中心管理办法》，促进古籍修复工作的科学化、规范化。入选《国家珍贵古籍名录》古籍的修复工作，原则上只能由国家级古籍修复中心组织开展。鼓励各国家级古籍修复中心根据地域特色和修复传统，逐步形成特色专长，充分发挥其行业引领和示范作用。

五、加大法规建设与科研力度，促进古籍保护的制度化、规范化、科学化

（十一）推进古籍保护工作的有关标准规范的建设

文化部将研究制定《古籍保护条例》。加强对古籍保护各项标准、规范的研制，促进古籍保护各项工作的规范化。国家古籍保护中心要组织开展对古

籍版本鉴定、编目、保护修复技术的研究，为相关标准的制定提供参考。

（十二）加强古籍保护关键技术的研究和推广

充分发挥国家级古籍保护实验室的作用，确定重点课题，开展实验研究，为古籍修复、古籍鉴定提供科学依据。积极开展民国文献脱酸加固技术成果的推广利用，为民国文献的保护提供技术支持。

六、加快海外古籍调查，加强国际交流与合作

（十三）加强海外古籍普查

要继续积极开展国际合作，调查中华古籍在世界各地的存藏状况，促进海外中华古籍以数字化形式回归。加强对现存我国的外文古籍的普查和保护，可聘请国外专家参与外文古籍的鉴定、保护和研究。

（十四）加强与非物质文化遗产保护工作、“世界记忆”申报等工作的结合

国家古籍保护中心要加强与“世界记忆”管理机构的联系，积极开展申报工作。

（十五）扩大国际学术交流活动

通过出国考察、举办国际学术会议、派出及引进访问学者、交换图书馆员等多种形式，学习借鉴世界各国开展古籍保护工作的先进经验，着力提高古籍修复和保护技术的水平。同时，可派出专业人员参与海外中华古籍的鉴定、修复，传授中国古籍保护技术的最新发展成果，宣传古籍保护工作取得的各项成就。

七、推进古籍的开发利用，提高全社会的古籍保护意识

（十六）加强古籍出版、缩微复制等再生性保护

继续推进《中华再造善本续编》、《中华医藏》等工作的开展，在做好原生性保护的同时，加大古籍再生性保护的力度。加强民国文献保护的研究、抢救和整理出版。

（十七）加快古籍的数字化建设

在普查的基础上，国家古籍保护中心要协调各省级古籍保护中心及有关收藏单位，加快古籍数字化步伐，开展古籍基本丛书（电子版）的编纂工作，努力建成“中华古籍数字资源库”，通过互联网或局域网为公众提供服务，使古籍保护工作的成果为全社会共享。

（十八）开展古籍保护的宣传工作

积极开展媒体宣传，举办有影响的展览、讲座等活动，宣传中华古籍的宝贵价值，普及古籍保护知识，促进全社会关心、支持、参与古籍保护工作。

特此通知。

2011年3月8日

文化部　中央文明办关于组织开展“春雨工程”——全国文化志愿者边疆行工作的通知

文社文函〔2011〕522号

各省、自治区、直辖市文化厅（局）、文明办，新疆生产建设兵团文化广播电视局、文明办：

为深入贯彻落实《中央精神文明建设指导委员会关于深入开展志愿服务活动的意见》和《国务院关于进一步繁荣发展少数民族文化事业的若干意见》（国发〔2009〕29号），进一步发扬志愿服务精神，促进边疆民族地区公共文化服务体系建设，文化部、中央文明办决定共同组织开展“春雨工程”——全国文化志愿者边疆行（以下简称“边疆行”）工作。现将有关事项通知如下：

一、指导思想

以邓小平理论和“三个代表”重要思想为指导，深入贯彻落实科学发展观，坚持社会主义先进文化前进方向，建设社会主义核心价值体系，坚持党的民族工作方针，围绕各民族“共同团结奋斗、共同繁荣发展”的主题，以满足边疆民族地区人民群众精神文化需求为根本出发点和落脚点，加快推进公共文化服务体系建设，发挥文化春风化雨、润物无声的作用，发扬奉献、友爱、互助、进步的志愿精神，加强边疆民族地区和内地各民族间文化交流，推动社会主义文化大发展大繁荣，建设社会主义和谐社会。

二、工作内容和形式

“边疆行”工作作为“春雨工程”的内容之一，把文化、志愿、边疆、少数民族4个元素统一起来，为边疆民族地区和内地搭建文化交流互动平台。内地省（市）组织招募文化志愿者，通过“大舞台”、“大讲堂”、“大展台”3种形式，为内蒙古自治区、黑龙江省、辽宁省、吉林省、广西壮族自治区、贵州省、云南省、西藏自治区、甘肃省、青海省、宁夏回族自治区、新疆维吾尔自治区（含新疆生产建设兵团）12个边疆民族省（区）提供文化志愿服务。

“大舞台”以文艺演出为主，深入边疆民族地区城乡基层演出；邀请边疆民族地区文艺工作者赴内地演出。

“大讲堂”以讲座、培训为主，面向边疆民族地区各族群众开展专题知识讲座和文艺辅导、技能培训、活动指导；邀请边疆民族地区文化工作者赴内地学习考察。

“大展台”以文化展览展示为主，在边疆民族地区和内地举办非物质文化遗产等文化建设成果展览，促进各民族间文化交流。

三、文化志愿者的招募程序和服务内容

文化志愿者是指具有文化艺术才能，热心文化事业，自愿奉献时间和精力，为文化事业繁荣、社会和谐发展提供公益性文化艺术服务的人士。

（一）招募程序

1．内地文化厅（局）成立文化志愿者组织机构，制定招募条件，面向社会发布招募公告。

2．申请人自愿向文化志愿者组织机构提出申请，填写《文化志愿者申请登记表》（参考样式见附件略）。

3．文化志愿者组织机构对申请人进行审核，审核合格后接收为文化志愿者，并将文化志愿者相关材料报文化部备案。

（二）服务内容

志愿服务期间，按照组织机构安排，参加“大舞台”、“大讲堂”、“大展台”等活动，通过各种文化艺术形式，促进文化交流，传播先进文化，弘扬时代精神，丰富边疆民族地区各族群众精神文化生活，提高边疆民族地区公共文化服务水平。

四、实施步骤

“边疆行”工作由文化部和中央文明办主办，各省（区、市）文化厅（局）、文明办承办，每年组织一次，具体步骤如下：

（一）边疆民族地区根据实际情况提出文化需求项目。

（二）内地省（市）根据边疆民族地区文化需求项目提出志愿服务意向。

（三）主办单位综合各地情况，确定参与的承办单位，牵头召开对接工作会议。

（四）承办单位制订实施方案，组织开展有关筹备工作。

（五）举办启动仪式，承办单位赴实地开展文化志愿服务活动。

（六）主办单位总结各地工作经验，对先进典型进行表彰和宣传。

五、工作要求

（一）高度重视，加强领导

“边疆行”工作是一项重要的文化惠民工程，是落实科学发展要求、加快推进边疆民族地区公共文化服务体系建设的积极举措。各省（区、市）文化厅（局）、文明办要高度重视，将此项工作列入年度工作计划，摆上重要议事日程。省级文化厅（局）负责制定工作计划，具体组织实施；省级文明办要在宣传工作等方面予以支持和指导。要成立工作领导小组，确保各项工作落到实处。

（二）精心组织，扎实推进

要立足民族团结主题，认真研究边疆民族地区人民群众需求，结合援疆援藏、对口支援的机制，坚持“贴近实际、贴近生活、贴近群众”和“资源下移、重心下移、服务下移”原则，结合各类民族节日、节庆活动，整合各类文化资源，精心设计志愿服务项目，促进内地与边疆民族地区文化资源双向交流，着力提高边疆民族地区文化艺术水平、文艺队伍综合素质、文化活动质量以及公共文化服务能力。

（三）注重宣传，扩大影响

文化部、中央文明办协调中央媒体做好活动的总体报道，各地要加大宣传力度，弘扬各族人民同呼吸、共命运、心连心的优良传统，唱响共产党好、社会主义好、伟大祖国好、各族人民好、民族团结好的时代主旋律，努力营造各民族和睦相处、和衷共济、和谐发展的良好氛围。相关文化厅（局）要制定宣传工作方案，安排专人负责，建立联络和信息交流机制。

（四）加强研究，建章立制

各地文化厅（局）、文明办要利用开展“边疆行”工作的契机，总结文化志愿服务工作经验，加强文化志愿者招募、培训、管理、激励等相关政策研究工作，逐步建立文化志愿服务组织管理机构，健全文化志愿服务运行机制，不断提高文化志愿服务的科学化、规范化和社会化水平。

特此通知。

2011年4月22日

文化部、财政部关于公布第一批创建国家公共文化服务体系示范区（项目）名单的通知

文社文发〔2011〕26号

各省（自治区、直辖市）文化厅（局）、财政厅（局），新疆生产建设兵团文化广播电视局、财政局：

为加快推进我国公共文化服务体系建设科学发展，根据《文化部　财政部关于开展国家公共文化服务体系示范区（项目）创建工作的通知》（文社文发〔2010〕49号）要求，在省（自治区、直辖市）人民政府和文化行政部门推荐、各地市（区）人民政府和文化行政部门积极申报的基础上，经国家公共文化服务体系建设专家委员会评审、公示并报国家公共文化服务体系示范区（项目）创建工作领导小组批准同意，现将第一批创建国家公共文化服务体系示范区（项目）名单予以公布（名单详见附件）。

请各省、自治区、直辖市文化行政部门和相关地市(区)人民政府，认真落实《文化部　财政部关于开展国家公共文化服务体系示范区（项目）创建工作的通知》（文社文发〔2010〕49号）精神，按照国家公共文化服务体系示范区（项目）创建标准，科学制定规划，切实加强对创建工作的组织领导，提供人力、物力、财力保障，动员社会力量和广大人民群众积极参与，确保按要求、按进度完成创建示范区（项目）的各项任务，为全面推动当地公共文化服务体系建设科学发展做出新的更大贡献。

特此通知。

附件：1. 第一批创建国家公共文化服务体系示范区名单

2. 第一批创建国家公共文化服务体系示范项目名单

文化部　财政部

2011年5月26日

附件1：

第一批创建国家公共文化服务体系示范区名单

序　号	创建示范区名称
1	北京市朝阳区
2	河北省秦皇岛市
3	山西省长治市
4	内蒙古自治区鄂尔多斯市
5	辽宁省大连市
6	吉林省长春市
7	黑龙江省牡丹江市
8	上海市徐汇区
9	江苏省苏州市
10	浙江省宁波市鄞州区
11	安徽省马鞍山市
12	福建省厦门市
13	江西省赣州市
14	山东省青岛市
15	湖北省黄石市
16	湖南省长沙市
17	广东省东莞市
18	广西壮族自治区来宾市
19	海南省澄迈县
20	重庆市渝中区
21	四川省成都市
22	贵州省遵义市
23	云南省保山市
24	西藏自治区林芝地区
25	陕西省宝鸡市
26	甘肃省金昌市
27	青海省格尔木市
28	新疆维吾尔自治区喀什地区
29	天津市和平区
30	河南省郑州市
31	宁夏回族自治区银川市

附件2：

第一批创建国家公共文化服务体系示范项目名单

序号	地区		创建示范项目名称
1	北京	1	东城区：公共文化资源分类供给
		2	大兴区：公共文化设施空间拓展方式
2	天津	3	北辰区：文化品牌活动长效机制
		4	东丽区：群众文艺创作激励机制
3	河北	5	邯郸市："千村万户"文化家园工程
		6	廊坊市：霸州县级公共文化服务体系
4	山西	7	太原市：文化精品惠民基层行
5	辽宁	8	沈阳市：社区文化建设"五个一"工程运作模式
6	吉林	9	松原市：积极探索"种"文化模式推动农民自办文化健康发展
7	黑龙江	10	大兴安岭地区：北极村北极光节系列节庆活动
8	上海	11	宝山区：国际民间艺术交流平台建设
		12	浦东新区：高雅艺术走进百姓的运作模式
9	江苏	13	连云港市：社区文化中心标准化建设
		14	南通市：环濠河博物馆群
10	浙江	15	嘉兴市：城乡一体化公共图书馆服务体系建设
		16	温州市：苍南农村文化中心建设创新模式
11	安徽	17	铜陵市：城市文化社区建设项目
		18	淮南市：少儿艺术发展项目
12	福建	19	福州市等：艺术扶贫机制建设
		20	福州市等：村级文化协管员队伍建设
13	江西	21	宜春市："一乡一色"、"一村一品"特色文化建设
		22	南昌市：社区文化在线

续表

序号	地区		创建示范项目名称
14	山东	23	泰安市：肥城县级公共文化服务志愿者递进培养工程
		24	威海市：农村文化大院规范化建设与服务
15	河南	25	南阳市：邓州创建文化茶馆
		26	周口市：周末公益性剧场演出活动
16	湖北	27	武汉市："武汉之夏"群众文化活动
		28	荆州市：小太阳读书节暨全民阅读活动
17	湖南	29	衡阳市：公共文化服务进社区活动
		30	常德市：鼎城民间艺术团体惠民演出
18	广东	31	佛山市：南海区县域公共文化服务体系建设工程
		32	中山市：农村文化室全覆盖工程
19	广西	33	河池市：罗城仫佬族自治县乡镇文化站规范管理
20	海南	34	陵水黎族自治县：群众文化活动示范项目
21	重庆	35	大渡口区：文化馆和图书馆总分馆制
		36	南川区：文化中心户标准化建设
22	四川	37	攀枝花市：大地书香新农村家园工程
		38	泸州市：泸县农民演艺网
23	云南	39	昆明市：社区文化沟通机制建设
		40	楚雄彝族自治州：农民素质教育网络培训学校建设
24	西藏	41	山南地区：民族地区公共文化服务体系建设机制
25	陕西	42	渭南市："一元剧场"演出项目
		43	铜川市：公共图书馆服务一体化建设
26	甘肃	44	兰州市：群众自发文艺团队建设机制
27	新疆	45	克拉玛依市：图书馆联建、共享一体化服务体系
		46	乌鲁木齐市："新疆情"文化讲坛的拓展和创新
28	兵团	47	农八师：石河子市广场活动机制

文化部　财政部关于实施“数字图书馆推广工程”的通知

文社文发〔2011〕27号

为进一步加强公共数字文化建设，提高公共文化服务能力，推动覆盖城乡的公共文化服务体系建设，切实保障数字化、信息化、网络化环境下公共文化服务的公益性、基本性、均等性、便利性，更好地满足人民群众日益增长的精神文化需求，提高公民思想道德素质和科学文化素质，文化部、财政部决定于“十二五”期间在全国实施“数字图书馆推广工程”。

“数字图书馆推广工程”将构建以国家数字图书馆为中心、以各级数字图书馆为节点、覆盖全国的数字图书馆虚拟网，建设分级分布式数字图书馆资源库群，在全国范围内形成有效的数字资源保障体系，以互联网、移动通信网、广电网为通道，借助各级公共图书馆和手机、数字电视、移动电视等新兴媒体，向公众提供多层次、多样化、专业化的数字图书馆服务，从整体上提升全国公共图书馆服务能力。

“数字图书馆推广工程”将进一步加强资源共享，扩大资源总量，形成规模效益，有效扩充全国各级公共图书馆的数字资源，避免重复建设；将全面提升各级公共图书馆的文献保障水平和信息服务能力，拓展服务渠道，丰富服务手段；将推广我国在数字图书馆软硬件平台建设方面的成果，搭建标准化和开放性的数字图书馆系统；将面向全国各级公共图书馆有步骤地开展数字图书馆建设与管理培训，培养一批专业知识与实际技能兼备的数字图书馆人才队伍。

各级文化行政部门和财政部门要充分认识“数字图书馆推广工程”的重要意义，高度重视“数字图书馆推广工程”的建设工作，加强领导，统筹协调，紧密结合当地实际，认真制定本地区实施方案，科学规划实施进度，落实经费保障，注重人才培养，加大宣传力度，加强督导检查，确保“数字图书馆推广工程”的顺利实施。

特此通知。

附件：“数字图书馆推广工程”建设方案

2011年5月27日

“数字图书馆推广工程”建设方案

近年来，我国公共文化服务体系建设呈现出蓬勃发展的良好势头，覆盖城乡的公共文化服务网络正在形成，公共文化服务体系建设面临重要的战略发展机遇。公共图书馆是公共文化服务体系建设的重要基础性设施，也是各级政府向人民群众提供公共文化服务的重要场所。数字图书馆是数字化、信息化、网络化环境下图书馆新的发展形态，是利用信息技术拓展公共文化服务能力和传播范围的重要途径。为进一步加强公共数字文化建设，将我国数字图书馆建设取得的成果更广泛地应用于公共文化服务，更好地满足广大人民群众日益增长的精神文化需求，提高公民思想道德素质和科学文化素质，特制定“数字图书馆推广工程”建设方案。

一、实施“数字图书馆推广工程”的意义

在网络化、信息化、全球化的时代背景下，文化建设必须适应时代发展的要求，和数字化、高科技、互联网相结合。实施“数字图书馆推广工程”对于提升文化软实力，维护国家文化安全，不断增强中华文化影响力和竞争力；对于深入推进文化体制改革，创新文化发展体制机制，增强文化发展活力与动力；对于加强网络文化建设，积极抢占网络文化阵地，把握数字化、信息化、网络化环境下文化发展主导权；对于加快公共文化服务体系建设，创建学习型社会，保障人民群众基本文化权益；对于实现全国公共图书馆资源与服务共建共享，整体提升图书馆服务水平，促进图书馆事业均衡发展，具有重要的意义。

二、实施“数字图书馆推广工程”的基础和条件

（一）国家重点文化项目的建设为工程实施奠定了基础

近年来，通过全国文化信息资源共享工程、县级文化馆图书馆建设、乡镇综合文化站建设等一系列国家重大文化项目的实施，我国基层文化设施网络建设得到迅速发展，初步形成了以大、中型公共文化设施为骨干，以社区和乡镇基层文化设施为基础，覆盖城乡的公共文化设施网络。2010年，文化部实施了“县级数字图书馆推广计划”，为实施“数字图书馆推广工程”提供了可资借鉴的经验，也为进一步形成分级分布、覆盖全国的数字图书馆服务

网络奠定了基础。

（二）新媒体的发展为工程实施提供了多样化的渠道

新媒体使信息的传播方式发生着重大变革。截至2010年底，我国手机网民达到3.03亿，数字电视用户达到8000万户。手机、数字电视、电子阅读器等日益成为重要的新兴信息传播渠道。新媒体技术的发展为数字图书馆建设提供了强大的动力和多样化的渠道。

（三）图书馆事业的发展为工程实施提供了良好的平台

近年来，图书馆事业越来越受到各级党委和政府的高度重视，事业规模不断扩大，基础设施条件日益改善，覆盖全社会的公共图书馆服务网络正在形成。我国各级公共图书馆均广泛开展了数字图书馆建设，积累了一定的经验，形成了大量的数字资源和专业技术人才队伍，为工程实施提供了良好的平台。

（四）国家数字图书馆工程建设为工程实施提供了坚实的资源保障和技术支撑

由国家图书馆建设的国家数字图书馆工程自2005年开始建设，已经取得了阶段性成果。国家图书馆数字资源内容丰富，种类齐全，截至2010年底，数字资源总量已达480TB，为“数字图书馆推广工程”的实施提供了资源保障；初步搭建起的围绕海量数字资源生命周期管理的软硬件基础设施平台和标准规范体系，为“数字图书馆推广工程”的实施提供了技术支撑。

三、“数字图书馆推广工程”的建设目标

“数字图书馆推广工程”将推广国家数字图书馆工程的理念、技术、标准，通过建设“一库一网三平台”，打造基于新媒体的图书馆服务新业态，即建设分级分布式数字资源库群，形成覆盖全国公共图书馆的数字图书馆虚拟网，建设优秀中华文化展示平台、开放式信息服务平台和国际文化交流平台；借助手机、数字电视、移动电视等新兴媒体，以互联网、移动通信网、广电网为通道，为政府立法决策、教育科研、公民终身学习等提供多层次、多样化、专业化、个性化的数字图书馆服务。

四、“数字图书馆推广工程”的建设内容

（一）构建覆盖全国公共图书馆的数字图书馆虚拟网

将国家数字图书馆工程已建成的标准规范、软硬件系统和资源建设成果在全国各地公共图书馆推广使用，构建以国家数字图书馆为核心，以省级数字图书馆为主要节点，覆盖全国公共图书馆的数字图书馆虚拟网，支持全国各地区数字图书馆间资源与服务的全面共建共享。

（二）建设分级分布式数字资源库群，实现数字资源无障碍共建共享

建设分级分布式数字资源库群，在全国范围内形成有效的数字资源保障体系。依托覆盖全国公共图书馆的数字图书馆虚拟网，建立数字资源共建共享机制，实现全国公共图书馆资源与服务的无缝集成。

采取资源互换等方式实现各级公共图书馆自建数字资源为全国数字图书馆用户服务。通过集中采购、统一认证等方式，实现商业数据库资源的共享。

本着分步实施的建设原则，依托全国各级公共图书馆，建立若干数字资源建设中心、数字资源保存中心以及数字资源服务中心，实现数字资源建设、保存、服务的统一规划、分布式建设和保存，集中调度和管理，避免重复建设，改善数字资源建设发展不均衡的状况。

到“十二五”末，各级公共图书馆的数字资源量得到较大、均衡的增长，数字资源总量达到10000TB，每个省级数字图书馆数字资源量达100TB，每个市级数字图书馆数字资源量达30TB，每个县级数字图书馆数字资源量达4TB。

（三）建设多层次、多样化、专业化、个性化的数字图书馆服务平台

“数字图书馆推广工程”将在构建海量分布式资源库群的基础上，对数字资源进行有效的组织、整合、知识挖掘，实现元数据集中与统一检索，依托互联网、移动通信网、广电网，建立满足不同需求的数字图书馆服务平台，为中央与地方各级政府的立法与决策工作提供信息服务；为科研院所、企事业单位及研究型用户提供深层次、专业化信息与知识服务；为广大社会公众以及未成年人、残疾人等特殊人群提供多样化、个性化的数字图书馆服务；通过新技术应用，提供基于移动通信网的移动数字图书馆服务、基于广播电视网的数字电视服务。

海量资源库群的建设成果将广泛应用于全国文化信息资源共享工程、公共电子阅览室建设等国家重点文化建设项目中，为各项文化工程提供优质数字资源服务。

各级数字图书馆从分布存储的海量资源库群中

获取数字资源对象数据，用于本级数字图书馆的综合服务，形成覆盖全国的、分级分布的数字图书馆服务体系。

五、“数字图书馆推广工程”的实施步骤

工程的实施包括软硬件平台搭建、资源建设、新媒体服务构建及人员培训等内容。

（一）基础构建阶段

2011～2012年为基础构建阶段，完成省级数字图书馆和部分市级数字图书馆的硬件平台搭建工作，并与国家数字图书馆进行网络连接，初步建成数字图书馆虚拟网。启动数字资源建设中心、数字资源保存中心和数字资源服务中心的建设、“数字图书馆推广工程”软件平台的建设以及主要资源库的设计。

2011年，在全国范围内选择15个省级馆和部分市级馆实施推广工程的硬件平台搭建工作。制定硬件配置标准，在选定省、市级馆配备数字化设备、存储设备、网络设备等硬件设备，构建数字图书馆功能中心，搭建数字图书馆虚拟网，着手实施用户的统一认证和资源的无缝链接。

2012年，完成其他省级馆（含新疆生产建设兵团）和部分市级馆的硬件平台搭建工作，完成数字图书馆虚拟网骨干网的搭建；进行优秀数字文化信息展示平台、数字图书馆服务平台以及“数字图书馆推广工程”相关管理系统的设计、开发以及资源库群的构建。

（二）全面推广阶段

2013～2015年为全面推广阶段，除完成所有市级馆的硬件平台搭建工作外，汇聚整合全国各级数字图书馆的文献资源，向全国公众和业界提供统一揭示服务；在扩大数字图书馆覆盖范围的同时，持续增加数字资源数量，加大对新媒体服务的推广力度，不断创新，提高数字图书馆服务能力，提升公共图书馆服务水平。

2013年，完成全部市级馆的硬件平台建设，数字图书馆虚拟网初步建成；应用系统平台建设和新媒体服务建设进入重点实施阶段；继续进行数字资源建设和人员培训工作。

2014年，基本完成应用系统平台建设；完成新媒体服务建设的主要建设工作；基本完成重点资源专题库的建设，全国性分布式数字资源库群初步形成。

2015年，完成工程建设任务，以各级数字图书馆为节点的数字图书馆虚拟网和分布式数字资源库群建设完成，数字资源总量和类型得到跨越式发展，全国数字图书馆人才队伍更加完备，各级公共图书馆服务能力获得较大提升。

六、“数字图书馆推广工程”的保障措施

（一）加强组织领导

各级文化行政部门要将数字图书馆建设工作纳入重要议事日程，加强领导，科学规划，结合本地区公共图书馆发展现状，分阶段、有计划地实施，确保“数字图书馆推广工程”的顺利实施和可持续发展。

（二）落实经费保障

“数字图书馆推广工程”所需经费由中央和地方财政共同负担。中央财政安排资金，主要用于全国性基础数字资源保障性建设、基础性资源的版权征集、资源统一调度与服务系统开发、新媒体服务系统开发、人员培训等，并对中、西部地区省、市两级数字图书馆硬件设备建设予以补助。

（三）注重人才培养

面向本地区各级公共图书馆有步骤地开展数字图书馆建设与管理培训，培养一批专业知识与实际技能兼备的数字图书馆人才队伍，努力提高其理论水平和业务能力，建设一支高水平、专业化的工作队伍，推动数字图书馆建设。

（四）积极探索共建共享途径

在资源建设、技术平台建设等方面，加强与教育、科研等系统数字图书馆建设项目的合作共建，形成合力，共同促进我国数字图书馆的建设。

（五）加强督导检查

各级文化行政部门要对“数字图书馆推广工程”实施情况进行督导和检查，及时总结经验，查找不足，不断完善。

文化部、人力资源和社会保障部、中华全国总工会关于进一步加强农民工文化工作的意见

文社文发〔2011〕45号

各省、自治区、直辖市文化厅（局）、人力资源社会保障厅（局）、总工会，新疆生产建设兵团文化广播电视局、人事局、劳动保障局、工会：

随着我国改革开放和工业化、城镇化进程的不断加快，农民工总量持续增长，农民工群体已成为现阶段推动我国经济社会发展的重要力量，在统筹城乡发展、促进我国工业化和城镇化中发挥着不可

替代的作用。为切实保障农民工基本文化权益，丰富农民工精神文化生活，充分发挥文化在提升农民工素质、统筹城乡发展、促进社会和谐等方面的积极作用，提出以下意见：

一、充分认识加强农民工文化工作的重要性和紧迫性

（一）充分认识农民工文化工作的重要性

农民工是我国改革开放和现代化建设的重要参与者和贡献者，关心农民工精神文化需求、维护和保障农民工权益、促进农民工城市融入是贯彻落实科学发展观、构建社会主义和谐社会的重要内容。文化是农民工融入城市的桥梁，对增强农民工的归属感、尊严感和幸福感具有重要作用。加强农民工文化工作，建设农民工精神家园，保障农民工享有与城市居民同等的文化权益，是提升农民工文化素质和道德素养、实现农民工城市融入的必然要求，对于提升城镇化水平和质量、统筹城乡发展、维护社会公平正义、保持社会和谐稳定具有重要意义。

（二）增强农民工文化工作的责任感和紧迫感

党中央、国务院对农民工工作高度重视，出台了一系列关心和保障农民工权益的政策措施。特别是随着覆盖城乡的公共文化服务体系建设的有序推进，各级政府制定和实施了一系列保障农民工文化权益的政策措施，取得了明显成效。但必须看到，在着力维护农民工经济权益和社会权益、政治权益的同时，农民工文化权益还没有得到应有的重视，农民工文化工作还存在重视不够、体制不顺、责任不清、保障不力、针对性不强、服务水平不高等问题，尚未形成可持续发展的长效机制，农民工文化权益仍然缺乏制度性保障。特别是随着新生代农民工日益成为农民工群体的主体，对文化服务提出了更高的需求和期待，加强对农民工文化权益的保障显得更加迫切。这种状况必须引起高度重视，迫切需要采取有效措施，切实加以改变。

二、加强农民工文化工作的指导思想、基本原则和目标任务

（三）指导思想

以邓小平理论和“三个代表”重要思想为指导，深入贯彻落实科学发展观，按照体现公益性、基本性、均等性、便利性的要求，以保障农民工基本文化权益为出发点和落脚点，以公共文化服务体系建设为支撑，以城市社区、用工企业为重点，以社会力量为补充，加大政府对农民工文化工作的支持力度，逐步形成“政府主导、企业共建、社会参与”的农民工文化工作机制，推动农民工文化工作的规范化、制度化和常态化，充分发挥文化对于提升农民工思想道德水平、科学文化素质和城市融入能力的积极作用。

（四）基本原则

——政府主导、社会参与。加强政府对农民工文化工作的领导，充分发挥城市社区、用工企业和社会力量的积极作用，营造全社会共同关心支持农民工文化工作的良好局面。

——权责清晰、责任到位。常住地政府是农民工文化服务的责任主体，公益性文化事业单位是农民工文化服务的骨干力量，城市社区和用工企业是农民工文化服务的主要阵地，社会力量是农民工文化服务的有益补充。

——保障基本、尊重特性。在保障农民工享有和城市居民均等的基本公共文化服务的同时，要充分尊重农民工群体特有的文化需求，尤其要重视新生代农民工的文化需求，提供有针对性的公共文化服务。

——整合资源、共建共享。打破条块分割，推动建立部门之间的协同机制，有效整合和优化配置各方面的农民工文化服务资源，形成分工明确、统筹协调、优势互补、优质高效的农民工文化工作机制。

（五）目标任务

至2015年，形成相对完善的农民工文化工作机制，建立相对稳定的农民工文化经费保障机制；农民工文化服务切实纳入公共文化服务体系，农民工文化活动常态化、有特色；广大农民工对公共文化服务的满意度明显提高。

三、进一步加强政府在农民工文化工作中的主导作用

（六）明确常住地政府的主体责任

常住地政府是保障农民工文化权益、满足农民工文化需求的责任主体。要切实将农民工文化工作纳入常住地公共文化服务体系建设，将农民工作为公共文化服务体系的重要服务对象。城市公共文化服务体系的建设规划、经费保障和资源配置要充分考虑辖区内农民工的文化需求，切实提高面向农民工的文化服务能力，使农民工能够享受与城市居民均等化的公共文化服务。

（七）发挥公益性文化单位的骨干作用

公益性文化单位要根据农民工文化需求的特

点，为农民工提供素质教育、信息服务、文艺鉴赏等内容健康、形式多样的文化服务。继续加大图书馆、文化馆（站）、博物馆、美术馆以及工人文化宫（俱乐部）等公益性文化单位的免费开放力度，充分发挥其在满足农民工文化需求方面的主体骨干作用。文化馆（站）、图书馆等要结合自身业务开设“农民工夜校”，纳入本单位基本服务范畴，对农民工开展文化知识、法律知识、时事政策等培训。公益性文化单位要积极开展“农民工日”、“农民工周”等农民工专项活动，大力开展送图书、送电影、送演出进厂矿、进工地等流动文化服务。要进一步规范和提高农民工文化服务的质量和水平，将农民工文化服务纳入公共图书馆、文化馆评估考核体系。

（八）推进重大农民工文化惠民工程建设

以实施重大农民工文化惠民工程为抓手，提高对农民工群体的覆盖程度和服务能力。继续大力推进“两看一上”（看报纸、看电视、有条件的能上网）工程，着力解决农民工基本文化需求；加强“职工书屋”建设，完善管理制度，加大对农民工的服务力度；利用全国文化信息资源共享工程现有基层服务点在社区、工矿、企业、建筑工地等开展农民工服务；以“公共电子阅览室”建设为依托进行“农民工网（夜）校”试点。

（九）引导社会力量参与农民工文化工作

制定相关政策，鼓励、引导和调动各种社会力量参与农民工文化工作，使之成为政府公共文化服务的有益补充。采取有效措施，激励和引导文化经营单位和文艺工作者深入农民工生活，组织创作和生产农民工喜闻乐见的文艺作品，为农民工提供免费或优惠的文化产品和服务；鼓励和引导各种民间公益性组织以各种形式参与到农民工文化工作中来；鼓励发展面向农民工的“文化志愿者”队伍，深入企业和社区为农民工提供志愿服务。

四、以城市社区为主要平台和载体，促进农民工城市融入

（十）进一步提高城市社区面向农民工的公共文化服务能力

城市社区要以常住人口为主要依据，充分考虑辖区内农民工的规模、特点和文化需求，规划建设和优化配置社区文化设施和服务，构建以社区文化设施为依托的农民工文化服务平台。完善社区文化设施管理制度，积极引导农民工充分利用社区文化设施，保证农民工与社区居民具有同等分享社区文化设施的机会与权利。

（十一）提高农民工文化活动参与能力，促进农民工城市融入

城市社区要有针对性地举办各种文化活动，激发农民工的兴趣和参与热情；鼓励和吸引农民工利用城市广场、公园开展歌舞、健身等文体活动；促进农民工与社区居民的交往，消除农民工与社区居民之间的心理隔阂，改变农民工文化交往的封闭性，促进农民工逐步融入城市社区生活。

五、鼓励和引导用工企业加强农民工文化工作

（十二）督促用工企业加强农民工文化权益保障

地方各级政府应加强对企业农民工文化工作的指导，抓紧研究与企业共建农民工文化服务体系的长效机制，充分调动企业参与农民工文化工作的积极性。引导企业将农民工文化生活纳入企业文化建设范畴，提升企业开展农民工文化工作的自觉性。督促企业严格执行各项法规制度，使农民工有时间、有精力参与文化活动，切实保障农民工的文化参与权。

（十三）鼓励用工企业加强农民工文化建设

研究制定政策措施，鼓励用工企业积极开展农民工文化工作。大型制造企业、工业园区、工矿区等农民工生产生活密集区参照本地公共文化设施建设标准，配套建设固定文化设施，建筑工地等农民工临时性聚居区配置临时性文化设施或提供流动服务。用工企业要配备文化管理人员，提高文化设施管理水平，保障文化服务质量，确保农民工文化生活的常态化。

（十四）加强企业对农民工文化活动的组织

用工企业要依靠本单位工会、共青团等群众组织，积极扶持本单位农民工自建农民工文艺团队，提高农民工文化活动的组织能力。

六、注重满足农民工群体的特殊文化需求

（十五）加强农民工文化需求调研

各级文化行政部门要深入调查农民工文化需求，研究分析农民工的文化需求特点和文化消费规律，尤其是新生代农民工文化需求的新特点、新要求，积极探索适合农民工的文化活动形式，为农民工提供健康有益的文化产品和服务，提高农民工文化工作的针对性和有效性。

（十六）尊重并满足农民工文化需求的特性

在保障农民工享受城市基本公共文化服务的同时，还要充分考虑农民工文化需求特点，提供有针对性的文化服务，丰富农民工的精神文化生活。要

特别重视新生代农民工的精神文化需求，加强对他们的价值观念塑造以及人文关怀、心理疏导和精神抚慰，引导他们按照现代城市文明要求规范自身行为，提高他们的文化素质、耐挫能力和融入能力。

（十七）鼓励、扶持农民工自办业余文化团队

充分尊重农民工的文化主体地位，大力培育农民工业余文艺团队和农民工文艺骨干，扶持用工单位自办农民工文艺表演团队，鼓励农民工自编自演、自娱自乐，倡导健康文明的生活方式和社会风尚。推动各地广泛开展农民工艺术节等多种形式的文化活动，为农民工文艺团队提供展示才能的舞台和空间。

七、保障措施

（十八）加强领导

地方各级政府要切实关注农民工的精神文化生活，从构建社会主义和谐社会的高度，提高对农民工文化工作的重视程度，切实将农民工文化建设纳入工作范畴。各级农民工工作协调机构要大力支持文化行政部门加强农民工文化工作。各级文化行政部门要将农民工文化工作纳入工作重点和考核体系。

（十九）完善机制

明确责任和义务，逐步形成“政府主导、企业共建、社会参与”的农民工文化工作机制。健全相关政策和制度，为农民工文化工作提供支持和保障。农民工集中的城市要加强农民工文化工作的理论研究、制度设计和实践创新，探索保障农民工文化权益的长效机制。

（二十）加强统筹

地方各级政府要加强对农民工文化工作的统筹协调，加快出台支持农民工文化工作的政策，制定农民工文化服务指导规范，加大资源整合和共建共享力度，提高农民工文化服务的能力和效益。加强农民工文化政策引导和宣传，定期举办导向性和示范性文化活动，促进农民工文化工作经验交流和成果分享。

（二十一）落实经费

加大农民工文化工作投入力度，逐步建立以政府投入为主、社会力量积极参与的农民工文化工作经费保障机制。各级政府在编制公共文化服务经费预算时，要充分考虑辖区内农民工文化工作需要，切实将农民工文化工作日常经费纳入常住地公共文化服务经费统筹考虑。针对农民工的特殊文化需求，建立农民工文化专项经费，纳入各级政府的财政预算，重点保障农民工专项公共文化服务、特定文化产品购买和专门政策引导等方面的支出。加大相关部门农民工文化活动经费的统筹整合力度，提高公共资金的使用效率和效益。鼓励企业加大农民工文化经费投入，积极引导社会力量对农民工文化活动、文化项目和文化设施等的捐赠。

各地区文化、人力资源社会保障部门和总工会要根据本意见精神，结合实际，制定贯彻落实的具体措施。文化部、人力资源社会保障部、中华全国总工会将加强对农民工文化工作的监督检查力度，确保各项工作落到实处。

2011年9月11日

文化部关于在全国乡镇综合文化站、社区文化中心开展中小学生书法普及教育活动的通知

文社文函〔2011〕1622号

各省、自治区、直辖市文化厅（局），新疆生产建设兵团文化广播电视局：

为传承中华民族优秀传统文化，保护和弘扬书法艺术，激发未成年人对书法艺术的热情和兴趣，发挥公益性文化机构在传承文明、提升国民文化素质等方面的作用，文化部决定在全国乡镇综合文化站、社区文化中心开展中小学生书法普及教育活动。现将有关事项通知如下：

一、充分认识在全国乡镇综合文化站、社区文化中心开展中小学生书法普及教育活动的重要作用

书法是中华民族的传统艺术，集中体现着中华民族的审美情趣、想象力、创造力，具有益智、审美、教化等多种功能。乡镇综合文化站、社区文化中心面向中小学生开展书法普及教育活动，对于充分发挥公益性文化机构服务社会、服务基层的重要作用，促进广大中小学生深刻认识和理解民族文化，传承优秀传统文化，增强文化自觉和文化自信，丰富文化知识，提高艺术修养具有重要意义。各地文化行政部门要充分认识开展中小学生书法普及教育活动的重要性，按照“试点先行、夯实基础、突出特色、形成品牌”的原则，统筹安排，大力推进，把这项工作做好做实。

二、创造条件，为乡镇综合文化站、社区文化中心开展书法普及教育活动提供必要的设施、场地、设备保障

各地乡镇或社区要根据开展书法普及教育活动

的需要，在文化站或文化中心设置用于开展书法普及教育活动的设施场地，如书法培训教室、书法展厅等。要设立专项经费，支持购置笔墨纸砚等开展书法普及教育活动必需的用品以及必要的书法教学资料。文化站要订阅一定种类和数量的书法报刊。全国文化信息资源共享工程中心要制作书法普及教育的视频教材，免费供乡镇综合文化站和社区文化中心使用。

三、结合推进免费开放，把乡镇综合文化站和社区文化中心建设成中小学校外书法教育基地

各地文化行政部门要紧密结合公益性文化机构免费开放工作，切实将书法普及教育活动作为乡镇综合文化站、社区文化中心常设的基本服务项目，从免费开放保障经费中列出专项经费，用于开展书法普及教育活动。每个县要以乡镇综合文化站、社区文化中心为依托，建成1—2个中小学生校外书法普及教育示范基地，并充分发挥其示范带动作用。

四、突出特色，开展形式多样的中小学生书法普及教育活动

乡镇综合文化站、社区文化中心要充分发挥贴近基层、贴近群众的优势，根据当地的文化基础和广大中小学生的特点、需求，开展丰富多彩的书法普及教育活动，形成各具特色的活动品牌。要与所在地中小学校密切配合，定期开展书法讲座、鉴赏、临摹、展示、交流等活动，面向中小学生开办免费书法培训班。在寒暑假期间，要结合当地文化传统和节庆活动，组织开展小型多样、具有本地特色的书法活动，吸引中小学生参加；要积极探索运用现代科技手段，通过互联网开展书法教育、展示、交流等活动；要积极拓展空间，面向中小学生书法社团及兴趣小组开展流动服务，组织知名书法家进学校、进课堂，和中小学生书法爱好者面对面进行交流，开展辅导。

五、充分发挥省、市、县文化馆的指导作用，统筹市域、县域乡镇综合文化站、社区文化中心书法普及教育活动

省、市、县文化馆要加强对乡镇综合文化站和社区文化中心中小学生书法普及教育活动的指导，派遣书法教师下乡、下社区辅导，组织乡镇综合文化站、社区文化中心书法教师培训等，帮助解决乡镇综合文化站、社区文化中心书法师资不足的问题。要将展览、书法教材等各类书法资源向乡镇综合文化站和社区文化中心下移。积极组织中小学生书法展览、比赛、评奖等活动。在开展群众文艺书法类项目评奖时，要适当增加少儿书法获奖名额，为中小学生提供展示才艺的广阔舞台，在普遍提高中小学生书法兴趣和书写水平的同时，发现一批书法苗子，培养一批书法人才。

六、整合资源，组建专兼职结合的书法普及教育师资队伍

各地文化行政部门要充分挖掘文化系统书法人才，组建专职书法师资队伍；要与当地教育部门、书法家协会等部门或团体加强合作，充分整合各方面的书法人才资源，通过聘请、志愿服务等多种方式，组建一支具有较高水平和奉献精神、专兼职结合的书法普及教育师资队伍。各级文化行政部门要把书法知识纳入基层文化队伍培训内容，把书法教师作为重要培训对象纳入培训规划，切实加强对基层书法教师的业务考核，切实提高广大基层文化工作者和书法教师的业务水平。

七、加强协作，建立书法普及教育联动机制

各地文化行政部门要积极加强与教育、共青团、关工委、书法家协会等部门的联系、沟通和协作，做好中小学生校外书法教育和学校书法教育的衔接，建立开展中小学生书法普及教育活动的部门联动机制。要充分发挥各部门的人才和资源优势，对乡镇综合文化站和社区文化中心开展书法教育给予大力支持。各省、市、县文化部门要协调教育、书法家协会等部门或团体，每年共同组织一次较大规模的中小学生书法活动。

八、加大宣传，培育开展书法普及活动的社会氛围

要面向中小学加强对书法普及教育活动的宣传，增强辐射力和影响力，培养中小学生对书法的兴趣和爱好。要面向家长开展书法等中华民族优秀传统文化的教育活动，提高对书法普及活动重要意义的认识，支持子女参加书法学习活动。要面向社会加大宣传力度，在全社会形成热爱书法、研习书法的良好氛围。

九、加强领导，有序推进书法普及教育活动开展

要建立健全安全应急机制，为中小学生开展书法普及活动创造安全、良好的环境。文化部将按照先行试点、分阶段实施的原则，在东中西部各选择若干地区进行试点；各省（区、市）文化部门要切实加强对书法普及教育活动的组织领导，制定完备的实施方案，选择书法教育基础较好的市、县作为试点，分步骤、分层次、分地域开展书法普及教育活动，探索书法普及教育活动的组织形式、活动方式、师资培训等，条件成熟时全面铺开。各省（区、市）文化厅（局）要按照本通知要求，结合本省（区、市）实际，研究制订实施方案及试点方案，于2011年9月30日前报送文化部社会文化司。

文化部办公厅关于印发《创建国家公共文化服务体系示范区（项目）过程管理几项规定》（暂行）的通知

办社文发〔2011〕40号

各省、自治区、直辖市文化厅（局），新疆生产建设兵团文化广播电视局：

为进一步加强对创建国家公共文化服务体系示范区和示范项目的督促、检查、指导力度，国家公共文化服务体系示范区（项目）创建工作领导小组办公室特制定《创建国家公共文化服务体系示范区（项目）过程管理几项规定》（暂行），现印发给你们，请遵照执行。

特此通知。

2011年11月9日

创建国家公共文化服务体系示范区（项目）过程管理几项规定（暂行）

为加大对国家公共文化服务体系示范区（项目）创建过程的管理力度，扎实推进创建国家公共文化服务体系示范区和示范项目各项工作，现就加强创建示范区和示范项目过程管理做如下规定：

一、建立领导机制

（一）成立示范区和示范项目创建工作领导小组。各创建示范区建立由党委、政府主要领导牵头，发改、财政、人事、编制、文化等相关部门参加的领导小组，各创建示范项目建立由当地文化行政部门主要领导牵头，相关部门和单位参加的领导小组，明确职责，落实分工。

（二）设立创建示范区领导小组办公室。创建示范区领导小组办公室设在当地文化行政部门，在领导小组的领导下具体承担日常工作。

（三）实行领导小组定期例会制度和重大事项会商制度。专题研究创建示范区和示范项目各项工作，落实任务和具体措施，并形成会议纪要备查。

二、建立联络员制度

（一）为加强工作联系，创建示范区和示范项目应确定一位联络员，原则上由文化局分管副局长担任，其主要职责是负责与省（市、区）文化厅（局）、国家公共文化服务体系示范区（项目）创建工作领导小组办公室的工作衔接与信息沟通，协调落实有关创建示范区和示范项目具体工作事宜。

（二）国家公共文化服务体系示范区（项目）创建工作领导小组办公室（以下简称“国家创建领导小组办公室”）每季度召开一次创建示范区联络员工作会议，每半年召开一次创建示范项目联络员工作会议，由各创建示范区和创建示范项目所在地区轮流举办。

三、建立经费管理制度

（一）中央财政拨付的创建示范区和示范项目补助经费主要用于引导和激励地方政府和财政部门加大基层文化投入，进一步支持地方公共文化服务体系建设，可用于地方开展基层群众文化活动、保护优秀传统民间文化、发展农村特色文化、培训基层文化队伍、整合公共文化资源以及创建示范区和示范项目的组织管理、新闻宣传、制度设计等方面的支出。对奖励补助资金分配应遵循“规范公平、鼓励先进、引导投入”的原则，不得充抵当地的创建资金。

（二）各创建示范区和示范项目要制定中央补助资金和地方创建资金管理使用办法及经费使用方案，包括使用范围、详细的项目预算和用途、预期效果等，使用方案应经省（区、市）财政厅（局）、文化厅（局）审核后报国家创建领导小组办公室备案，创建资金需专款专用，不得挪作他用。

（三）建立经费使用报告制度。各创建示范区领导小组办公室要制定期向创建示范区领导小组汇报经费使用情况；各创建示范区和示范项目领导小组每半年向国家创建领导小组办公室报告一次经费使用情况，并报送相关材料，同时抄报省级文化、财政部门。

四、建立督导检查制度

（一）国家公共文化服务体系示范区（项目）创建工作领导小组办公室每年组织督查组赴各创建示范区和示范项目所在地开展1～2次督导工作。督导

检查情况以书面反馈的形式通报当地人民政府以及所在地省级人民政府。

（二）各创建示范区和示范项目建立工作自查机制，每半年在领导小组组织下，开展一次自查，并形成自查报告报送国家创建领导小组办公室，同时抄报当地省级人民政府及省级文化、财政部门。

五、建立信息报送制度

各创建示范区和示范项目领导小组由联络员负责，定期向国家创建领导小组办公室报送创建进展情况。各创建示范区每月（示范项目每季度）报送一次工作动态，每季度（示范项目每半年）报送一次深度工作进展情况、制度设计研究进展情况和阶段性创建成果。

六、建立信息宣传工作评分制度

按信息报送制度要求定期完成报送任务即可获得基础分50分，没有按要求完成定期报送任务的基础分为0分。根据报送信息采纳情况，分为几档加分值：

（一）被《新华社内参》、《人民日报内参》、《求是》等采纳并刊发，一次得分50分，在中央级媒体集中宣传报道一次得分50分；

（二）被中央电视台、中央人民广播电台、新华社、《人民日报》、《光明日报》、《中国文化报》等中央级主流媒体采纳并刊发，一次得分40分；

（三）被文化部《文化要情》、省级媒体采纳并刊发，一次得分30分；

（四）被文化部《文化信息》、创建示范区（项目）同级媒体采纳并刊发，一次得分20分；

（五）被文化部网站、国家公共文化网、示范区（项目）人民政府网站采纳并刊发，一次得分10分。

创建示范区评分工作每半年进行一次，评分结束后清零重新开始，评分结果由国家创建领导小组办公室汇总并通报各地。创建示范项目评分工作在两年创建周期内进行一次。在创建周期内信息宣传得分情况将作为对创建示范区和示范项目进行验收的重要内容，占验收测评总分值的一定比重。

过程管理有关规定执行情况将作为创建示范区验收的重要依据，纳入创建示范区和示范项目验收考核指标体系。对过程管理没有达到基本要求的创建示范区和示范项目，验收时将实行一票否决。

国家公共文化服务体系示范区（项目）
创建工作领导小组办公室
2011年11月18日

文化部关于命名第一批全国基层文化队伍培训基地的通知

文社文函〔2011〕2074号

各省、自治区、直辖市文化厅（局），新疆生产建设兵团文化广播电视局，中央文化管理干部学院、文化部文化艺术人才中心、文化部全国文化信息资源建设管理中心：

根据《文化部关于开展全国基层文化队伍培训工作的意见》精神，为建立和完善全国基层文化队伍培训工作网络，2011年文化部开展了全国基层文化队伍培训基地评审工作。在有关单位申报的基础上，经各省、自治区、直辖市文化厅（局）推荐，专家组评审和实地考察，报请文化部领导同意，并公示通过，确定浙江艺术职业学院、山东大学、湖南艺术职业学院、重庆艺术学校为首批全国基层文化队伍培训基地。

希望各有关单位按照《全国基层文化队伍培训基地管理办法》的要求，认真履行职责，加强管理和服务，努力完成所承担的全国基层文化队伍培训任务，切实发挥在全国基层文化队伍培训工作中的示范、带动作用，为提高基层文化队伍素质，推动基层公共文化服务体系建设，做出更大贡献。

特此通知。

2011年11月10日

文化部关于命名2011～2013年度“中国民间文化艺术之乡”的决定

各省、自治区、直辖市文化厅（局），新疆生产建设兵团文化广播电视局：

为进一步推动我国民间文化艺术的发展和繁荣，充分发挥其在公共文化服务体系建设中的重要作用，文化部2011年组织开展了2011～2013年度“中国民间文化艺术之乡”评审命名工作。根据《文化部办公厅关于组织开展2011～2013年度“中国民间文化艺术之乡”评审命名工作的通知》（办社文函〔2011〕131号）要求，在有关单位申报的基础上，经各省、自治区、直辖市文化厅（局）推荐，专家组评审和实地抽查，并报请文化部领导批准，现决定：命名北京市西城区广安门内街道等528个符合条件的县（县级市、区）、乡镇（街道）为“中国民间文化艺术之乡”。

希望各地文化行政部门深入贯彻落实十七届六中全会精神，将民间文化艺术之乡创建和发展作为促进公共文化服务体系建设、保障人民群众基本文化权益的一项重要内容，认真总结和探索民间文化艺术之乡创建的好经验和新途径，培育和发展具有鲜明地域特色的文化资源，充分发挥民间文化艺术之乡在促进当地政治、经济、文化、社会全面发展方面的积极作用，为推动社会主义文化大发展大繁荣做出更大贡献。

附件：2011～2013年度“中国民间文化艺术之乡”名单

2011年11月10日

附件：

2011～2013年度
“中国民间文化艺术之乡”名单

北京市（11）		
1	西城区广安门内街道	空竹
2	丰台区南苑乡	摄影
3	平谷区大华山镇	民间文学
4	密云县古北口镇	民间花会
5	怀柔区喇叭沟门满族乡	民间花会
6	顺义区高丽营镇	戏曲
7	顺义区北务镇	龙狮舞
8	房山区南窖乡	民间花会
9	房山区阎村镇	书法
10	顺义区马坡镇	民间艺术
11	房山区大石窝镇	石雕
天津市（9）		
12	滨海新区塘沽	塘沽版画
13	滨海新区汉沽	刻字 版画
14	北辰区	现代民间绘画
15	西青区	杨柳青木版年画
16	静海县	书法 绘画
17	武清区	书法 绘画
18	宝坻区	评剧
19	滨海新区大港太平镇	书法 绘画
20	宁河县	木雕 根雕
河北省（21）		
21	正定县	常山战鼓
22	井陉县	拉花 晋剧
23	抚宁县	民间文学 吹歌
24	昌黎县	地秧歌 民歌
25	滦南县	评剧 乐亭大鼓
26	乐亭县	乐亭大鼓 皮影
27	固安县	古乐
28	曲阳县	石雕 吹歌
29	定州市子位镇	吹歌
30	保定市高新技术开发区	灯谜
31	吴桥县	杂技
32	宁晋县	工笔画
33	永年县	太极拳 吹歌
34	蔚县	剪纸
35	广宗县	太平道乐 梅花拳
36	邱县	农民漫画
37	沧县	狮舞 木板大鼓
38	丰宁满族自治县	剪纸 蝴蝶舞
39	晋州市营里镇	书画
40	黄骅市齐家务乡	麒麟舞
41	南宫市	民间花会
山西省（19）		
42	清徐县东于镇	东于社火
43	浑源县	民间艺术
44	阳泉市郊区西南舁乡	民间艺术
45	怀仁县	旺火习俗
46	永济市韩阳镇	背冰
47	长治县	潞安大鼓
48	泽州县大阳镇	大阳八音会
49	河曲县	河曲民歌
50	汾阳市	地秧歌
51	左权县	左权民歌 小花戏
52	太谷县	秧歌
53	霍州市	威风锣鼓
54	翼城县	花鼓
55	稷山县清河镇	民间艺术
56	中阳县	中阳剪纸

57	黎城县	黎侯虎
58	忻州市忻府区	摔跤
59	屯留县	瞪眼家伙
60	泽州县高都镇	民间庙会
内蒙古自治区（10）		
61	库伦旗	蒙古族安代舞
62	根河市敖鲁古雅鄂温克民族乡	驯鹿文化
63	科尔沁右翼中旗	乌力格尔
64	准格尔旗	漫瀚调
65	东乌珠穆沁旗	长调
66	巴林右旗	格斯尔
67	和林格尔县	剪纸
68	察哈尔右翼后旗	阿斯尔
69	乌拉特中旗	乌拉特民歌
70	土默特右旗	二人台
辽宁省（18）		
71	沈阳市和平区	秧歌
72	沈阳市沈河区	摄影
73	大连市西岗区	京剧
74	大连市旅顺口区	合唱
75	大连市金州区	民间绘画
76	海城市	高跷秧歌
77	岫岩满族自治县	农民画
78	桓仁满族自治县	版画
79	东港市	民间绘画
80	北镇市	书画
81	黑山县	二人转
82	阜新蒙古族自治县于寺镇	诗词
83	凌源县	皮影
84	朝阳县	小戏
85	建平县	剪纸
86	葫芦岛市连山区	筝
87	沈阳市大东区	合唱
88	庄河市	民间绘画
吉林省（11）		
89	九台市其塔木镇	书画
90	蛟河市	乌林草先祖　石雕
91	梨树县	二人转　诗歌
92	东辽县	满族剪纸
93	东丰县	农民画
94	柳河市	书法
95	前郭尔罗斯蒙古族自治县	马头琴 歌舞
96	抚松县	人参文化
97	汪清县	朝鲜族象帽舞
98	双阳县	剪纸
99	敦化县	刀画 秧歌
黑龙江省（20）		
100	宾县	农民画
101	方正县	剪纸
102	海林市	楹联
103	林口县	连环画
104	望奎县	诗词
105	绥棱县	黑陶 农民画 草柳编
106	庆安县	庆安版画
107	肇东市	国画
108	黑龙江农垦总局宝泉岭管理局	曲艺
109	黑龙江农垦总局红兴隆分局八五三农场	北大荒燕窝岛版画
110	虎林市	摄影
111	密山市	剪纸
112	北安市	书画
113	林甸县	满族剪纸
114	漠河县	民间管乐
115	呼玛县白银纳鄂伦春族乡	民间艺术
116	同江市街津口镇	伊玛堪 鱼皮制作
117	依安县	剪纸
118	穆棱市	歌词
119	哈尔滨市道里区	京剧
上海市（12）		
120	长宁区新泾镇	西郊农民画
121	闵行区颛桥镇	颛桥剪纸
122	宝山区罗店镇	罗店龙船
123	金山区	金山农民画
124	闸北区彭浦镇	摄影

125	奉贤区柘林镇	胡桥滚灯
126	徐汇区枫林路街道	上海剪纸
127	浦东新区三林镇	三林舞龙
128	浦东新区新场镇	锣鼓书
129	嘉定区徐行镇	徐行草编
130	崇明县新河镇	民乐
131	青浦区白鹤镇	沪剧
江苏省（33）		
132	句容市	少儿故事
133	常熟市虞山镇	虞山派艺术
134	苏州工业园区胜浦镇	民间音乐
135	海门市	海门山歌
136	扬州市邗江区	琴筝
137	高淳县东坝镇	东坝大马灯
138	海安县	海安龙舞
139	江阴市月城镇	戏剧
140	吴江市	戏曲、芦墟山歌
141	南京市江宁区秣陵街道	方山大鼓（麻雀蹦）
142	溧阳市	少儿书法
143	常州市新北区孟河镇	书画雕刻
144	东海县	少儿版画
145	射阳县	农民画
146	丹阳市皇塘镇	书画
147	金坛市	金坛刻纸
148	泗阳县临河镇	云渡桃核雕
149	昆山市周庄镇	水乡民俗
150	姜堰市溱潼镇	溱潼会船
151	江阴市	民间故事 民乐
152	宜兴市	书画 宜兴陶瓷
153	邳州市	农民画 剪纸
154	淮安市楚州区	农民画 杂技
155	建湖县	杂技 淮剧
156	东台市	发绣 少儿二胡
157	张家港市	戏曲 山歌 书画
158	常熟市	白茆山歌 徐市灯谜 王庄戏曲
159	昆山市	戏曲 昆曲 舞龙
160	苏州市吴中区	书画 工艺雕刻 水乡妇女服饰
161	南通市通州区	小戏小品 风筝 京剧
162	太仓市	江南丝竹 龙狮 书画
163	如东县	如东绘画
164	苏州市高新技术产业开发区	刺绣 少儿书画
浙江省（20）		
165	杭州市余杭区	余杭滚灯
166	杭州市萧山区坎山镇	萧山花边
167	杭州市西湖区蒋村街道	龙舟
168	泰顺县	木偶戏
169	乐清市	黄杨木雕 细纹刻纸
170	青田县	青田鱼灯
171	景宁畲族自治县	畲族民间歌舞
172	嵊州市	嵊州吹打
173	诸暨市	书画
174	磐安县深泽乡	炼火 先锋 寿龟奉茶
175	长兴县	长兴百叶龙
176	湖州市南浔区善琏镇	湖笔制作
177	舟山市定海区白泉镇	舟山锣鼓
178	舟山市普陀区	渔民画
179	嘉善县	嘉善田歌
180	桐乡市	漫画 摄影
181	海宁市	硖石灯彩
182	嘉兴市秀洲区	农民画
183	象山县	象山竹根雕
184	三门县亭旁镇	杨家板龙
安徽省（15）		
185	萧县	书画
186	砀山县	唢呐
187	蚌埠市禹会区秦集镇	花鼓灯
188	临泉县	杂技 马戏
189	界首市	彩陶
190	太和县	书画
191	凤台县	花鼓灯
192	凤阳县	凤阳花鼓
193	当涂县	民歌

194	巢湖市居巢区	民歌
195	芜湖市镜湖区	铁画
196	宿松县	文南词
197	怀宁县	黄梅戏
198	歙县三阳乡	叠罗汉
199	望江县	挑花
福建省（25）		
200	石狮市	灯谜
201	福清市	闽剧
202	晋江市	闽南戏曲 灯谜
203	武夷山市	武夷茶文化
204	浦城县	剪纸
205	诏安县	绘画
206	漳浦县	剪纸
207	安溪县	安溪茶文化
208	仙游县	莆仙戏
209	柘荣县	剪纸
210	松溪县	版画
211	惠安县	雕刻
212	德化县	白瓷
213	将乐县	擂茶
214	福州市鼓楼区	南后街花灯
215	福州市晋安区	寿山石雕
216	福州市晋安区新店镇	腰鼓
217	厦门市翔安区	农民画
218	漳州市芗城区	灯谜 芗剧
219	泉州市鲤城区	南音 刻纸 闽南戏曲
220	莆田市荔城区	莆仙戏 木雕
221	龙岩市新罗区	采茶灯
222	宁德市蕉城区霍童镇	线狮表演
223	漳平市新桥镇	农民画
224	莆田市湄洲岛	妈祖信俗
江西省（14）		
225	兴国县	山歌
226	于都县	唢呐
227	瑞昌市	剪纸
228	上高县	农民摄影
229	南昌市青山湖区	龙舞

230	永丰县	农民画
231	湖口县	戏曲
232	婺源县	雕刻
233	永新县	书法
234	宜春市袁州区	版画
235	吉安县	灯彩
236	安义县	唢呐
237	萍乡市湘东区	傩面具
238	修水县	书法
山东省（30）		
239	章丘市	芯子
240	商河县	鼓子秧歌
241	即墨市	柳腔戏
242	青岛市崂山区	民间文学
243	淄博市周村区	游艺
244	淄博市博山区	陶瓷琉璃
245	枣庄市薛城区	唢呐
246	滕州市	书画
247	东营市东营区牛庄镇	吕剧
248	临朐县	书画
249	青州市	书画
250	海阳市	秧歌
251	莱州市	曲艺
252	兖州市	花棍舞
253	嘉祥县	石雕
254	肥城市	桃木雕刻
255	新泰市	民间舞蹈
256	荣成市	剪纸
257	日照市东港区	农民画
258	莒县	书画
259	沂水县高桥镇	手绣
260	宁津县	杂技
261	惠民县胡集镇	曲艺
262	博兴县锦秋街道	草柳编
263	郓城县	古筝
264	巨野县大义镇	杂技
265	高唐县	书画
266	聊城市东昌府区	葫芦雕刻

267	胶州市	秧歌
268	潍坊市寒亭区	风筝 年画
河南省（23）		
269	开封县朱仙镇	木版年画
270	安阳县吕村镇	战鼓
271	浚县屯子镇	石雕
272	济源市梨林镇	曲剧
273	南阳市卧龙区青华镇	戏曲
274	长葛市石固镇	狮舞
275	原阳县太平镇	盘鼓
276	长垣县佘家乡	武术
277	项城市南顿镇	回民秧歌
278	新县千斤乡	地灯戏
279	新县八里畈镇	民歌
280	商城县	民歌
281	洛阳市洛龙区关林镇	关林社火
282	孟津县平乐镇	牡丹绘画
283	新密市超化镇	超化吹歌 龙舞
284	巩义市鲁庄镇	小相狮舞
285	陕县西张村镇	剪纸 澄泥砚
286	灵宝市阳平镇	东西常社火
287	漯河市源汇区问十乡	铜器舞
288	孟州市槐树乡	火龙舞
289	武陟县詹店镇	盘鼓
290	上蔡县东岸乡	核桃雕花
291	沈丘县槐店回族镇	民间舞蹈
湖北省（22）		
292	长阳土家族自治县	歌舞
293	来凤县百福司镇	摆手舞
294	黄梅县	黄梅戏 黄梅挑花
295	武汉市黄陂区	楚剧
296	孝感市孝南区	楚剧
297	潜江市	荆州花鼓戏
298	仙桃市	荆州花鼓戏 雕花剪纸
299	天门市	曲艺 荆州花鼓戏
300	崇阳县	崇阳提琴戏
301	阳新县	阳新采花戏 阳新布贴
302	秭归县	秭归花鼓舞
303	利川市柏杨坝镇	民歌
304	巴东县野三关镇	歌舞
305	枝江市	吹打乐
306	恩施市三岔乡	傩戏
307	安陆市	漫画
308	郧县	凤凰灯舞
309	黄冈市黄州区	农民画
310	广水市	书法
311	荆州市荆州区马山镇	民歌
312	红安县	红安刺绣
313	兴山县	民歌
湖南省（26）		
314	攸县槚山乡	槚山皮影戏
315	炎陵县沔渡镇	三人龙
316	湘潭县	民间唢呐
317	常德市鼎城区周家店镇	吹打乐
318	石门县罗坪乡	山歌
319	常德市鼎城区草坪镇	民间歌舞
320	慈利县龙潭河镇	板板龙灯
321	汝城县土桥镇	香火龙
322	江华瑶族自治县贝江乡	瑶族长鼓舞等
323	通道侗族自治县	侗族芦笙
324	靖州苗族侗族自治县	苗族歌鼟
325	龙山县	土家族摆手舞
326	永顺县大坝乡	毛古斯舞
327	保靖县葫芦镇	苗族鼓舞
328	古丈县默戎镇	苗族鼓舞
329	长沙市开福区捞刀河镇	湘绣
330	浏阳市永和镇	菊花石雕
331	常宁市	版画
332	衡阳县石市乡	竹木雕
333	隆回县虎形山瑶族乡	花瑶挑花
334	泸溪县合水镇	踏虎凿花
335	凤凰县柳薄乡	苗族银饰锻制
336	花垣县	苗绣 织锦
337	汨罗市长乐镇	抬阁（故事会）
338	常德市鼎城区尧天坪镇	龙狮
339	吉首市双塘镇	阳戏

广东省（27）		
340	广州市海珠区	美术 书法
341	广州市天河区珠吉街	乞巧习俗
342	广州市番禺区沙湾镇	飘色 广东音乐
343	深圳市盐田区沙头角街道	沙头角鱼灯舞
344	汕头市潮阳区	潮阳剪纸 笛套音乐 英歌舞
345	佛山市南海区	醒狮 武术
346	佛山市禅城区石湾镇街道	石湾陶
347	梅县	客家山歌
348	丰顺县埔寨镇	埔寨火龙
349	大埔县	广东汉乐
350	龙门县	龙门农民画
351	惠东县平海镇	民俗活动
352	东莞市中堂镇	龙舟民俗文化活动
353	东莞市樟木头镇	麒麟舞
354	东莞市长安镇	粤剧 摄影 醒狮
355	中山市小榄镇	菊花会 书画
356	吴川市	飘色 泥塑
357	雷州市	雷剧
358	肇庆市端州区黄冈街道	端砚
359	连南瑶族自治县	耍歌堂 长鼓舞
360	潮州市枫溪区	枫溪瓷塑
361	饶平县黄冈镇	布马舞
362	普宁市	英歌舞
363	潮州市湘桥区意溪镇	大锣鼓 金漆木雕
364	郁南县连滩镇	山歌
365	佛山市南海区大沥镇	粤曲
366	廉江市	舞鹰雄
海南省（5）		
367	儋州市	调声
368	定安县	琼剧
369	临高县	人偶戏 渔歌
370	琼中县上安乡	黎族民歌
371	乐东黎族自治县大安镇	黎族剪纸
广西壮族自治区（12）		
372	东兰县	铜鼓
373	马山县	壮族多声部民歌
374	东兴市	京族独弦琴
375	靖西县	壮族绣球
376	宜州市	刘三姐歌谣
377	博白县	采茶戏
378	金秀瑶族自治县	瑶族服饰
379	融水苗族自治县安陲乡	苗族芦笙
380	岑溪市	牛娘戏
381	平南县大安镇	粤曲
382	三江县梅林乡	侗族大歌
383	阳朔县福利镇	扇画
重庆市（11）		
384	铜梁县	龙灯
385	酉阳土家族苗族自治县	摆手舞
386	大足县	大足石雕
387	綦江县	农民版画 永城吹打 金桥吹打
388	巴南区	接龙吹打 花溪民歌 木洞山歌
389	秀山土家族苗族自治县	秀山花灯
390	石柱土家族自治县	啰儿调
391	梁平县	梁山灯戏 木版年画 癞子锣鼓
392	彭水苗族土家族自治县	苗族山歌
393	北碚区澄江镇	北泉板凳龙
394	九龙坡区九龙镇	楹联
四川省（32）		
395	宝兴县	尧蹟民歌
396	泸州市纳溪区	民歌
397	富顺县	唢呐
398	威远县	山歌
399	康定县	情歌
400	丹棱县	唢呐
401	壤塘县	梵音
402	阆中市	巴象鼓舞
403	会理县	歌舞
404	巴塘县	弦子
405	巴中市巴州区	皮影
406	色达县	藏剧

407	蓬溪县	书法
408	射洪县	诗画
409	成都市青羊区	书画
410	绵竹市	年画
411	成都市金牛区	摄影
412	成都市锦江区	糖画
413	崇州市	竹编
414	安岳县	石刻
415	沐川县	草龙
416	夹江县	书画纸
417	昭觉县	彝族服饰
418	青神县	竹编
419	江安县	竹簧
420	剑阁县	花灯
421	成都市龙泉驿区	水龙
422	双流县黄龙溪镇	火龙
423	北川羌族自治县	羌族文化
424	兴文县	高桩
425	泸县	龙舞
426	绵阳市涪城区金峰镇	雄狮
贵州省（23）		
427	松桃苗族自治县	民间特技表演
428	榕江县栽麻乡	侗族大歌
429	沿河土家族自治县	土家族山歌
430	榕江县	侗族琵琶歌
431	丹寨县	苗族锦鸡舞
432	从江县	侗族大歌
433	印江土家族苗族自治县	书法
434	大方县	现代民间绘画
435	玉屏侗族自治县	箫笛
436	平坝县	书画　屯堡地戏
437	榕江县古州镇	三宝侗族歌舞
438	台江县	苗族姊妹节
439	思南县	花灯戏
440	凯里市	苗族芦笙歌舞
441	兴义市	布依八音
442	镇宁布依族苗族自治县黄果树镇	布依族蜡染
443	印江土家族苗族自治县合水镇	蔡氏古法造纸
444	三都水族自治县中和镇	水族马尾绣
445	黄平县	银饰　蜡染
446	德江县	傩戏
447	榕江县兴华乡	摆贝苗族百鸟衣
448	安顺市西秀区刘官乡	傩雕
449	从江县往洞乡	鼓楼花桥建筑
云南省（19）		
450	昆明市官渡区	现代民间绘画
451	陆良县	书法
452	峨山彝族自治县	彝族花鼓舞
453	牟定县	彝族左脚舞
454	腾冲县固东镇	皮影
455	大理市	白族大本曲
456	洱源县	白族唢呐
457	丽江市古城区大东乡	纳西族热美蹉
458	景谷县威远镇	象脚鼓舞
459	梁河县	葫芦丝
460	石屏县	彝族烟盒舞
461	景洪市嘎洒镇	曼暖典傣族织锦
462	永善县马楠乡	苗族芦笙舞
463	马关县仁和镇	阿峨壮族农民版画
464	耿马傣族自治县孟定镇	傣族歌舞
465	泸水县鲁掌镇	歌舞
466	维西傈僳族自治县	叶枝傈僳族阿尺木刮歌舞
467	双柏县	彝族老虎舞
468	沧源佤族自治县	佤族民俗
西藏自治区（7）		
469	定结县陈塘镇	夏尔巴歌舞
470	札达县	底雅宣舞
471	比如县香曲乡	丁嘎热巴
472	拉萨市堆龙德庆乃琼镇加热村	藏戏
473	乃东县昌珠镇扎西曲登村	藏戏
474	昂仁县日吾其乡	迥巴藏戏
475	昌都县嘎玛乡	金属锻造

陕西省（16）		
476	延川县	剪纸
477	凤翔县	木版年画 泥塑
478	子长县	唢呐
479	铜川市印台区陈炉镇	耀州瓷
480	合阳县黑池镇	书法
481	横山县	老腰鼓 陕北说书
482	城固县博望镇	架花刺绣
483	旬邑县	剪纸 唢呐
484	神木县	面花
485	商南县	大鼓秧歌
486	紫阳县	民歌
487	绥德县	秧歌 石雕 唢呐 剪纸 民歌
488	户县	农民画
489	宝鸡市陈仓区	社火
490	安塞县	腰鼓 剪纸 民间绘画 民歌
491	韩城市	行鼓
甘肃省（7）		
492	环县	道情皮影戏
493	武山县	书画
494	和政县	花儿
495	秦安县	秦安小曲
496	华亭县	曲子戏
497	清水县	轩辕鼓舞
498	秦安县王尹乡	麦秆编
青海省（11）		
499	湟源县	排灯
500	大通回族土族自治县	老爷山朝山会
501	湟中县拦隆口镇	高台
502	互助土族自治县丹麻镇	土族花儿会
503	乐都县瞿昙镇	花儿会
504	同仁县	热贡艺术
505	共和县	藏族拉伊
506	海晏县	赛马
507	门源回族自治县泉口镇	回族宴席曲
508	格尔木市郭勒木德镇	民间木雕 刺绣
509	格尔木市乌图美仁乡	乌图美仁那达慕
宁夏回族自治区（7）		
510	隆德县	民间艺术
511	海源县	花儿 剪纸
512	平罗县头闸镇	民间艺术
513	青铜峡市峡口镇	峡口社火
514	固原市原州区	民间艺术
515	彭阳县城阳乡	民间艺术
516	青铜峡市青铜镇	民间艺术
新疆维吾尔自治区（12）		
517	昌吉市二六工镇	新疆花儿
518	玛纳斯县包家店镇	新疆曲子
519	新源县	哈萨克族阿依特斯
520	额敏县萨尔也木勒牧场	哈萨克族阿依特斯
521	且末县托格拉克勒克乡	维吾尔族且末赛乃姆
522	阿瓦提县乌鲁却勒镇	维吾尔刀郎木卡姆
523	阿合奇县色帕巴依乡	柯尔克孜族库姆孜艺术
524	策勒县达玛沟乡	维吾尔族麦西热甫
525	塔什库尔干塔吉克自治县	塔吉克族鹰舞
526	莎车县	维吾尔族十二木卡姆
527	和布克赛尔蒙古自治县查干库勒乡	蒙古族长调
528	富蕴县	哈萨克族木沙依拉

文化部关于命名一、二、三级文化馆的决定

文社文发〔2011〕52号

各省、自治区、直辖市文化厅（局），新疆生产建设兵团文化广播电视局：

为进一步加强对文化馆事业的管理，充分发挥文化馆在公共文化服务体系建设中的重要作用，根据《文化部办公厅关于开展第三次全国文化馆评估定级工作的通知》（办社文函〔2011〕19号）精神，文化部于2011年在全国开展了第三次县级以上文化馆的评估定级工作。在各地文化行政部门和各级文化馆的共同努力下，评估工作现已圆满结束。

依据文化馆定级标准，确定2028个文化馆达到三级馆以上文化馆标准。现决定如下：

命名北京市东城区第一文化馆等740个文化馆为“一级文化馆”，颁发“一级文化馆”标牌；

命名天津市红桥区文化馆等583个文化馆为“二级文化馆”，颁发“二级文化馆”标牌；

命名河北省行唐县文化馆等705个文化馆为“三级文化馆”，颁发“三级文化馆”标牌。

对尚未达到定级标准的文化馆，各级文化行政部门要根据评估情况制定出切实可行的整改方案，并加强对整改工作的监督和检查。

希望各地文化行政部门贯彻落实党的十七届六中全会精神和党中央、国务院关于构建公共文化服务体系的决策部署，认真总结经验，深化改革，增加投入，加强管理，发挥文化馆职能作用，提高管理水平和服务能力，增强活力，努力开创文化馆事业新局面，为促进社会主义文化大发展大繁荣做出更大贡献。

附件：全国第三次文化馆评估定级名单

2011年11月11日

附件：

全国第三次文化馆评估定级名单

（按行政区划排序）

北京市（17个）

一级馆（15个）

1. 北京市东城区第一文化馆
2. 北京市东城区第二文化馆
3. 北京市西城区文化馆（北馆）
4. 北京市西城区文化馆（南馆）
5. 北京市朝阳区文化馆
6. 北京市海淀区文化馆
7. 北京市门头沟区文化馆
8. 北京市房山区文化馆
9. 北京市房山区燕山文化馆
10. 北京市顺义区文化馆
11. 北京市大兴区文化馆
12. 北京市怀柔区文化馆
13. 北京市平谷区文化馆
14. 北京市密云县文化馆
15. 北京市延庆县文化馆

二级馆（2个）

1. 北京市丰台区文化馆
2. 北京市石景山区文化馆

天津市（14个）

一级馆（10个）

1. 天津市和平文化宫
2. 天津市南开人民文化宫
3. 天津市西青区文化馆
4. 天津市宝坻区文化馆
5. 天津市滨海新区塘沽文化馆
6. 天津市滨海新区汉沽文化馆
7. 天津市滨海新区大港文化馆
8. 天津市宁河县文化馆
9. 天津市静海县文化馆
10. 天津市蓟县文化馆

二级馆（4个）

1. 天津市红桥区文化馆
2. 天津市东丽区文化馆
3. 天津市北辰区文化馆
4. 天津市武清区文化馆

河北省（99个）

一级馆（23个）

1. 河北省石家庄市群众艺术馆
2. 河北省石家庄市裕华区文化馆
3. 河北省正定县文化馆
4. 河北省灵寿县文化馆
5. 河北省辛集市文化馆
6. 河北省唐山市丰南区文化馆
7. 河北省乐亭县文化馆
8. 河北省迁安市文化馆
9. 河北省秦皇岛市群众艺术馆
10. 河北省邯郸市群众艺术馆
11. 河北省邯郸市复兴区文化馆
12. 河北省邯郸市峰峰矿区文化馆
13. 河北省涉县文化馆
14. 河北省邱县文化馆
15. 河北省武安市文化馆
16. 河北省沙河市文化馆
17. 河北省满城县文化馆
18. 河北省易县文化馆
19. 河北省蠡县文化馆
20. 河北省张北县文化馆
21. 河北省青县文化馆
22. 河北省霸州市文化馆
23. 河北省三河市文化馆

二级馆（28个）

1. 河北省石家庄市井陉矿区文化馆
2. 河北省井陉县文化馆
3. 河北省深泽县文化馆
4. 河北省藁城市文化馆
5. 河北省鹿泉市文化馆
6. 河北省唐山市古冶区文化馆
7. 河北省唐山市丰润区文化馆
8. 河北省滦县文化馆
9. 河北省滦南县文化馆
10. 河北省玉田县文化馆
11. 河北省唐海县文化馆
12. 河北省遵化市文化馆
13. 河北省青龙满族自治县文化馆
14. 河北省抚宁县文化馆
15. 河北省邯郸市邯山区文化馆
16. 河北省邯郸市丛台区文化馆
17. 河北省临漳县文化馆
18. 河北省成安县文化馆
19. 河北省涞水县文化馆
20. 河北省定兴县文化馆
21. 河北省定州市文化馆
22. 河北省张家口市群众艺术馆
23. 河北省张家口市宣化区文化馆
24. 河北省张家口市下花园区文化馆
25. 河北省承德市群众艺术馆
26. 河北省隆化县文化馆
27. 河北省沧州市群众艺术馆
28. 河北省冀州市文化馆

三级馆（48个）

1. 河北省群众艺术馆
2. 河北省行唐县文化馆
3. 河北省无极县文化馆
4. 河北省平山县文化馆
5. 河北省元氏县文化馆
6. 河北省赵县文化馆
7. 河北省晋州市文化馆
8. 河北省新乐市文化馆
9. 河北省唐山市群众艺术馆
10. 河北省唐山市开平区文化馆
11. 河北省昌黎县文化馆
12. 河北省大名县文化馆
13. 河北省磁县文化馆
14. 河北省永年县文化馆
15. 河北省鸡泽县文化馆
16. 河北省广平县文化馆
17. 河北省馆陶县文化馆
18. 河北省曲周县文化馆
19. 河北省邢台市群众艺术馆
20. 河北省临城县文化馆
21. 河北省隆尧县文化馆
22. 河北省南和县文化馆
23. 河北省威县文化馆
24. 河北省临西县文化馆
25. 河北省保定市群众艺术馆
26. 河北省清苑县文化馆
27. 河北省唐县文化馆
28. 河北省高阳县文化馆
29. 河北省容城县文化馆
30. 河北省望都县文化馆
31. 河北省安新县文化馆
32. 河北省涿州市文化馆
33. 河北省高碑店市文化馆
34. 河北省张家口市桥西区文化馆
35. 河北省蔚县文化馆
36. 河北省赤城县文化馆
37. 河北省崇礼县文化馆
38. 河北省承德市鹰手营子矿区文化馆
39. 河北省承德县文化馆
40. 河北省平泉县文化馆
41. 河北省沧县文化馆
42. 河北省盐山县文化馆
43. 河北省吴桥县文化馆
44. 河北省泊头市文化馆
45. 河北省河间市文化馆
46. 河北省廊坊市广阳区文化馆
47. 河北省永清县文化馆
48. 河北省文安县文化馆

山西省（57个）

一级馆（12个）

1. 山西省群众艺术馆
2. 山西省清徐县文化馆
3. 山西省长治县文化馆
4. 山西省襄垣县文化馆
5. 山西省屯留县文化馆
6. 山西省武乡县文化馆

7. 山西省沁水县文化馆
8. 山西省晋中市榆次区文化馆
9. 山西省寿阳县文化馆
10. 山西省垣曲县文化馆
11. 山西省古县文化馆
12. 山西省孝义市文化馆

二级馆（15个）

1. 山西省太原市群众艺术馆
2. 山西省太原市迎泽区文化馆
3. 山西省太原市尖草坪区文化馆
4. 山西省平顺县文化馆
5. 山西省黎城县文化馆
6. 山西省长子县文化馆
7. 山西省朔州市朔城区文化馆
8. 山西省右玉县文化馆
9. 山西省运城市盐湖区文化馆
10. 山西省原平市文化馆
11. 山西省曲沃县文化馆
12. 山西省侯马市文化馆
13. 山西省柳林县文化馆
14. 山西省中阳县文化馆
15. 山西省汾阳市文化馆

三级馆（30个）

1. 山西省太原市小店区文化馆
2. 山西省太原市杏花岭区文化馆
3. 山西省大同市群众艺术馆
4. 山西省大同市城区文化馆
5. 山西省灵丘县文化馆
6. 山西省浑源县文化馆
7. 山西省平定县文化馆
8. 山西省盂县文化馆
9. 山西省沁源县文化馆
10. 山西省晋城市群众艺术馆
11. 山西省阳城县文化馆
12. 山西省陵川县文化馆
13. 山西省泽州县文化馆
14. 山西省左权县文化馆
15. 山西省和顺县文化馆
16. 山西省太谷县文化馆
17. 山西省运城市群众艺术馆
18. 山西省临猗县文化馆
19. 山西省万荣县文化馆
20. 山西省闻喜县文化馆
21. 山西省新绛县文化馆
22. 山西省绛县文化馆
23. 山西省平陆县文化馆
24. 山西省临汾市群众艺术馆
25. 山西省临汾市尧都区文化馆
26. 山西省洪洞县文化馆
27. 山西省安泽县文化馆
28. 山西省隰县文化馆
29. 山西省文水县文化馆
30. 山西省交城县文化馆

内蒙古自治区（60个）

一级馆（20个）

1. 内蒙古包头市昆都仑区文化馆
2. 内蒙古包头市九原区文化馆
3. 内蒙古土默特右旗文化馆
4. 内蒙古巴林左旗文化馆
5. 内蒙古奈曼旗文化馆
6. 内蒙古鄂尔多斯市群众艺术馆
7. 内蒙古鄂尔多斯市东胜区文化馆
8. 内蒙古鄂多克旗文化馆
9. 内蒙古乌审旗文化馆
10. 内蒙古伊金霍洛旗文化馆
11. 内蒙古呼伦贝尔市海拉尔区文化馆
12. 内蒙古阿荣旗文化馆
13. 内蒙古新巴尔虎右旗文化馆
14. 内蒙古牙克石市文化馆
15. 内蒙古乌拉特前旗文化馆
16. 内蒙古科右中旗文化馆
17. 内蒙古突泉县文化馆
18. 内蒙古科右前旗文化馆
19. 内蒙古锡林郭勒盟群众艺术馆
20. 内蒙古阿拉善左旗文化馆

二级馆（16个）

1. 内蒙古呼和浩特市新城区文化馆
2. 内蒙古呼和浩特市赛罕区文化馆
3. 内蒙古包头市青山区文化馆
4. 内蒙古包头市达茂旗文化馆
5. 内蒙古乌海市海渤湾区文化馆
6. 内蒙古赤峰市敖汉旗文化馆
7. 内蒙古通辽市科尔沁区文化馆
8. 内蒙古通辽市库伦旗文化馆
9. 内蒙古莫力达瓦达斡尔族自治旗文化馆
10. 内蒙古新巴尔虎左旗文化馆

11. 内蒙古扎兰屯市文化馆
12. 内蒙古额尔古纳市文化馆
13. 内蒙古根河市文化馆
14. 内蒙古二连浩特市群众艺术馆
15. 内蒙古东乌珠穆沁旗文化馆
16. 内蒙古镶黄旗文化馆

三级馆（24个）

1. 内蒙古土默特左旗文化馆
2. 内蒙古赤峰市群众艺术馆
3. 内蒙古赤峰市红山区文化馆
4. 内蒙古赤峰市元宝山区文化馆
5. 内蒙古克什克腾旗文化馆
6. 内蒙古翁牛特旗文化馆
7. 内蒙古通辽市群众艺术馆
8. 内蒙古达拉特旗文化馆
9. 内蒙古准格尔旗文化馆
10. 内蒙古鄂托克前旗文化馆
11. 内蒙古杭锦旗文化馆
12. 内蒙古陈巴尔虎旗文化馆
13. 内蒙古巴彦淖尔市临河区文化馆
14. 内蒙古乌拉特中旗文化馆
15. 内蒙古杭锦后旗文化馆
16. 内蒙古乌兰察布市群众艺术馆
17. 内蒙古卓资县文化馆
18. 内蒙古凉城县文化馆
19. 内蒙古乌兰浩特市文化馆
20. 内蒙古扎赉特旗文化馆
21. 内蒙古锡林浩特市文化馆
22. 内蒙古西乌珠穆沁旗文化馆
23. 内蒙古正蓝旗文化馆
24. 内蒙古乌拉盖经济开发区文化馆

辽宁省（55个）

一级馆（31个）

1. 辽宁省群众艺术馆
2. 辽宁省沈阳市群众艺术馆
3. 辽宁省沈阳市和平区文化馆
4. 辽宁省沈阳市沈河区文化馆
5. 辽宁省沈阳市大东区文化馆
6. 辽宁省沈阳市皇姑区文化馆
7. 辽宁省沈阳市铁西区文化馆
8. 辽宁省沈阳市东陵区文化馆
9. 辽宁省沈阳市沈北新区文化馆
10. 辽宁省沈阳市于洪区文化馆
11. 辽宁省辽中县文化馆
12. 辽宁省大连市西岗区文化馆
13. 辽宁省大连市甘井子区文化馆
14. 辽宁省大连市金州区文化馆
15. 辽宁省庄河市文化馆
16. 辽宁省鞍山市铁东区文化馆
17. 辽宁省岫岩满族自治县文化馆
18. 辽宁省丹东市振兴区文化馆
19. 辽宁省东港市文化馆
20. 辽宁省锦州市群众艺术馆
21. 辽宁省黑山县文化馆
22. 辽宁省义县文化馆
23. 辽宁省辽阳市群众艺术馆
24. 辽宁省辽阳市宏伟区文化馆
25. 辽宁省辽阳县文化馆
26. 辽宁省盘锦市群众艺术馆
27. 辽宁省朝阳市群众艺术馆
28. 辽宁省建平县文化馆
29. 辽宁省北票市文化馆
30. 辽宁省凌源市文化馆
31. 辽宁省葫芦岛市连山区文化馆

二级馆（14个）

1. 辽宁省沈阳市苏家屯区文化馆
2. 辽宁省康平县文化馆
3. 辽宁省大连市沙河口区文化馆
4. 辽宁省普兰店市文化馆
5. 辽宁省鞍山市群众艺术馆
6. 辽宁省鞍山市铁西区文化馆
7. 辽宁省鞍山市立山区文化馆
8. 辽宁省北镇市文化馆
9. 辽宁省辽阳市弓长岭区文化馆
10. 辽宁省灯塔市文化馆
11. 辽宁省铁岭市西丰县文化馆
12. 辽宁省朝阳县文化馆
13. 辽宁省喀左蒙古族自治县文化馆
14. 辽宁省建昌县文化馆

三级馆（10个）

1. 辽宁省法库县文化馆
2. 辽宁省新民市文化馆
3. 辽宁省宽甸满族自治县文化馆
4. 辽宁省凤城市文化馆
5. 辽宁省凌海市文化馆
6. 辽宁省营口市西市区文化馆

7. 辽宁省辽阳市白塔区文化馆
8. 辽宁省大洼县文化馆
9. 辽宁省昌图县文化馆
10. 辽宁省朝阳市双塔区文化馆

吉林省（45个）

一级馆（19个）

1. 吉林省群众艺术馆
2. 吉林省长春市宽城区文化馆
3. 吉林省吉林市群众艺术馆
4. 吉林省吉林市朝鲜族群众艺术馆
5. 吉林省吉林市龙潭区文化馆
6. 吉林省吉林市船营区文化馆
7. 吉林省吉林市丰满区文化馆
8. 吉林省桦甸市文化馆
9. 吉林省磐石市文化馆
10. 吉林省通化县文化馆
11. 吉林省白山市江源区文化馆
12. 吉林省抚松县文化馆
13. 吉林省前郭县文化馆
14. 吉林省扶余县文化馆
15. 吉林省白城市群众艺术馆
16. 吉林省延边朝鲜族自治州群众艺术馆
17. 吉林省延吉市文化馆
18. 吉林省图们市文化馆
19. 吉林省敦化市文化馆

二级馆（12个）

1. 吉林省长春市朝阳区文化馆
2. 吉林省九台市文化馆
3. 吉林省吉林市昌邑区文化馆
4. 吉林省永吉县文化馆
5. 吉林省蛟河市文化馆
6. 吉林省公主岭市文化馆
7. 吉林省辽源市群众艺术馆
8. 吉林省梅河口市文化馆
9. 吉林省长岭县文化馆
10. 吉林省白城市洮北区文化馆
11. 吉林省镇赉县文化馆
12. 吉林省和龙市文化馆

三级馆（14个）

1. 吉林省榆树市文化馆
2. 吉林省德惠市文化馆
3. 吉林省舒兰市文化馆
4. 吉林省双辽市文化馆
5. 吉林省东辽县文化馆
6. 吉林省通化市群众艺术馆
7. 吉林省通化市二道江区文化馆
8. 吉林省柳河县文化馆
9. 吉林省白山市群众艺术馆
10. 吉林省长白县文化馆
11. 吉林省乾安县文化馆
12. 吉林省大安市文化馆
13. 吉林省珲春市文化馆
14. 吉林省安图县文化馆

黑龙江省（79个）

一级馆（16个）

1. 黑龙江省哈尔滨市道里区文化馆
2. 黑龙江省哈尔滨市南岗区文化馆
3. 黑龙江省哈尔滨市香坊区文化馆
4. 黑龙江省哈尔滨市宾县文化馆
5. 黑龙江省哈尔滨市延寿县文化馆
6. 黑龙江省齐齐哈尔市富拉尔基区文化馆
7. 黑龙江省鸡西市密山市文化馆
8. 黑龙江省鹤岗市群众艺术馆
9. 黑龙江省鹤岗市萝北县文化馆
10. 黑龙江省大庆市群众艺术馆
11. 黑龙江省伊春市友好区文化馆
12. 黑龙江省伊春市嘉荫县文化馆
13. 黑龙江省牡丹江市群众艺术馆
14. 黑龙江省牡丹江市海林市文化馆
15. 黑龙江省绥化市肇东市文化馆
16. 黑龙江省绥化市庆安县文化馆

二级馆（18个）

1. 黑龙江省哈尔滨市朝鲜民族艺术馆
2. 黑龙江省哈尔滨市道外区文化馆
3. 黑龙江省哈尔滨市通河县文化馆
4. 黑龙江省哈尔滨市富裕县文化馆
5. 黑龙江省哈尔滨市拜泉县文化馆
6. 黑龙江省鹤岗市南山区文化馆
7. 黑龙江省双鸭山市群众艺术馆
8. 黑龙江省大庆市大同区文化馆
9. 黑龙江省大庆市杜尔伯特蒙古族自治县文化馆
10. 黑龙江省伊春市汤旺河区文化馆
11. 黑龙江省伊春市铁力市文化馆
12. 黑龙江省佳木斯市富锦市文化馆
13. 黑龙江省七台河市新兴区文化馆
14. 黑龙江省牡丹江市绥芬河市文化馆

15. 黑龙江省牡丹江市宁安市文化馆
16. 黑龙江省黑河市北安市文化馆
17. 黑龙江省黑河市五大连池市文化馆
18. 黑龙江省绥化市兰西县文化馆

三级馆（45个）

1. 黑龙江省哈尔滨市尚志市文化馆
2. 黑龙江省哈尔滨市五常市文化馆
3. 黑龙江省齐齐哈尔市龙沙区文化馆
4. 黑龙江省齐齐哈尔市龙江县文化馆
5. 黑龙江省齐齐哈尔市依安县文化馆
6. 黑龙江省齐齐哈尔市甘南县文化馆
7. 黑龙江省齐齐哈尔市克东县文化馆
8. 黑龙江省齐齐哈尔市讷河市文化馆
9. 黑龙江省鸡西市群众艺术馆
10. 黑龙江省鸡西市鸡冠区文化馆
11. 黑龙江省鸡西市恒山区文化馆
12. 黑龙江省鸡西市滴道区文化馆
13. 黑龙江省鸡西市梨树区文化馆
14. 黑龙江省鸡西市城子河区文化馆
15. 黑龙江省鸡西市麻山区文化馆
16. 黑龙江省鸡西市鸡东县文化馆
17. 黑龙江省鸡西市虎林市文化馆
18. 黑龙江省鹤岗市绥滨县文化馆
19. 黑龙江省双鸭山市集贤县文化馆
20. 黑龙江省双鸭山市友谊县文化馆
21. 黑龙江省大庆市肇州县文化馆
22. 黑龙江省伊春市群众艺术馆
23. 黑龙江省伊春市伊春区文化馆
24. 黑龙江省伊春市南岔区文化馆
25. 黑龙江省伊春市西林区文化馆
26. 黑龙江省伊春市翠峦区文化馆
27. 黑龙江省伊春市新青区文化馆
28. 黑龙江省伊春市美溪区文化馆
29. 黑龙江省伊春市金山屯区文化馆
30. 黑龙江省伊春市带岭区文化馆
31. 黑龙江省伊春市红星区文化馆
32. 黑龙江省佳木斯市同江市文化馆
33. 黑龙江省牡丹江市朝鲜民族艺术馆
34. 黑龙江省牡丹江市西安区文化馆
35. 黑龙江省牡丹江市东宁县文化馆
36. 黑龙江省牡丹江市林口县文化馆
37. 黑龙江省牡丹江市穆棱市文化馆
38. 黑龙江省黑河市嫩江县文化馆
39. 黑龙江省黑河市逊克县文化馆
40. 黑龙江省黑河市孙吴县文化馆
41. 黑龙江省绥化市群众艺术馆
42. 黑龙江省绥化市望奎县文化馆
43. 黑龙江省绥化市海伦市文化馆
44. 黑龙江省大兴安岭行署呼玛县文化馆
45. 黑龙江省大兴安岭行署塔河县文化馆

上海市（25个）

一级馆（21个）

1. 上海市群众艺术馆
2. 上海市卢湾区文化馆
3. 上海市徐汇区文化馆
4. 上海市徐汇区梅陇文化馆
5. 上海市长宁文化艺术中心
6. 上海市长宁民俗文化中心
7. 上海市静安区文化馆
8. 上海市普陀区文化馆
9. 上海市普陀区桃浦文化馆
10. 上海市闸北区文化馆
11. 上海市杨浦区文化馆
12. 上海市闵行区群众艺术馆
13. 上海市宝山区文化馆
14. 上海市嘉定区文化馆
15. 上海市浦东新区文化艺术指导中心
16. 上海市浦东新区浦南文化馆
17. 上海市浦东新区川沙文化馆
18. 上海市金山区文化馆
19. 上海市青浦区文化馆
20. 上海市奉贤区文化馆
21. 上海市崇明县文化馆

二级馆（4个）

1. 上海市普陀区甘泉文化馆
2. 上海市虹口文化艺术馆
3. 上海市宝山区月浦文化馆
4. 上海市松江区文化馆

江苏省（110个）

一级馆（81个）

1. 江苏省南京市群众艺术馆
2. 江苏省南京市白下区文化馆
3. 江苏省南京市秦淮区文化馆
4. 江苏省南京市建邺区文化馆
5. 江苏省南京市鼓楼区文化馆
6. 江苏省南京市浦口区文化馆

7. 江苏省南京市雨花台区文化馆
8. 江苏省南京市江宁区文化馆
9. 江苏省南京市六合区第二文化馆
10. 江苏省高淳县文化馆
11. 江苏省无锡市文化馆
12. 江苏省无锡市崇安区文化馆
13. 江苏省无锡市南长区文化馆
14. 江苏省无锡市北塘区文化馆
15. 江苏省无锡市锡山区文化馆
16. 江苏省无锡市惠山区文化馆
17. 江苏省无锡市滨湖区文化馆
18. 江苏省江阴市文化馆
19. 江苏省宜兴市文化馆
20. 江苏省徐州市铜山区文化馆
21. 江苏省沛县文化馆
22. 江苏省新沂市文化馆
23. 江苏省邳州市文化馆
24. 江苏省常州市文化馆
25. 江苏省常州市天宁区文化馆
26. 江苏省常州市钟楼区文化馆
27. 江苏省常州市戚墅堰区文化馆
28. 江苏省常州市武进区文化馆
29. 江苏省溧阳市文化馆
30. 江苏省金坛市文化馆
31. 江苏省苏州市文化馆
32. 江苏省苏州市沧浪区文化馆
33. 江苏省苏州市平江区文化馆
34. 江苏省苏州市金阊区文化馆
35. 江苏省苏州市吴中区文化馆
36. 江苏省苏州市相城区文化馆
37. 江苏省苏州市工业园区文化馆
38. 江苏省常熟市文化馆
39. 江苏省张家港市文化馆
40. 江苏省昆山市文化馆
41. 江苏省吴江市文化馆
42. 江苏省太仓市文化馆
43. 江苏省南通市文化馆
44. 江苏省南通市通州区文化馆
45. 江苏省启东市文化馆
46. 江苏省如皋市文化馆
47. 江苏省海门市文化馆
48. 江苏省赣榆县文化馆
49. 江苏省东海县文化馆
50. 江苏省灌南县文化馆
51. 江苏省淮安市文化馆
52. 江苏省淮安市清河区文化馆
53. 江苏省洪泽县文化馆
54. 江苏省盱眙县文化馆
55. 江苏省盐城市文化馆
56. 江苏省盐城市亭湖区文化馆
57. 江苏省盐城市盐都区文化馆
58. 江苏省阜宁县文化馆
59. 江苏省射阳县文化馆
60. 江苏省建湖县文化馆
61. 江苏省东台市文化馆
62. 江苏省大丰市文化馆
63. 江苏省扬州市文化馆
64. 江苏省扬州市邗江区文化馆
65. 江苏省扬州市维扬区文化馆
66. 江苏省高邮市文化馆
67. 江苏省江都市文化馆
68. 江苏省镇江市文化馆
69. 江苏省镇江市润州区文化馆
70. 江苏省镇江市丹徒区文化馆
71. 江苏省丹阳市文化馆
72. 江苏省扬中市文化馆
73. 江苏省泰州市海陵区文化馆
74. 江苏省泰州市高港区文化馆
75. 江苏省兴化市文化馆
76. 江苏省靖江市文化馆
77. 江苏省泰兴市文化馆
78. 江苏省姜堰市文化馆
79. 江苏省沭阳县文化馆
80. 江苏省泗阳县文化馆
81. 江苏省泗洪县文化馆

二级馆（24个）

1. 江苏省文化馆
2. 江苏省南京市下关区文化馆
3. 江苏省南京市六合区第一文化馆
4. 江苏省溧水县文化馆
5. 江苏省徐州市文化馆
6. 江苏省徐州市贾汪区文化馆
7. 江苏省丰县文化馆
8. 江苏省睢宁县文化馆
9. 江苏省常州市新北区文化馆
10. 江苏省苏州高新技术产业开发区文化馆

11. 江苏省南通市崇川区文化馆
12. 江苏省海安县文化馆
13. 江苏省如东县文化馆
14. 江苏省连云港市文化馆
15. 江苏省连云港市连云区文化馆
16. 江苏省连云港市新浦区文化馆
17. 江苏省连云港市海州区文化馆
18. 江苏省淮安市楚州区文化馆
19. 江苏省响水县文化馆
20. 江苏省滨海县文化馆
21. 江苏省扬州市广陵区文化馆
22. 江苏省镇江市京口区文化馆
23. 江苏省镇江市新区文化馆
24. 江苏省句容市文化馆

三级馆（5个）

1. 江苏省南通市港闸区文化馆
2. 江苏省灌云县文化馆
3. 江苏省淮安市清浦区文化馆
4. 江苏省仪征市文化馆
5. 江苏省宿迁市宿豫区文化馆

浙江省（85个）

一级馆（63个）

1. 浙江省文化馆
2. 浙江省杭州市文化馆
3. 浙江省杭州市上城区文化馆
4. 浙江省杭州市下城区文化馆
5. 浙江省杭州市江干区文化馆
6. 浙江省杭州市拱墅区文化馆
7. 浙江省杭州市西湖区文化馆
8. 浙江省杭州市萧山区文化馆
9. 浙江省杭州市余杭区文化馆
10. 浙江省桐庐县文化馆
11. 浙江省淳安县文化馆
12. 浙江省建德市文化馆
13. 浙江省富阳市文化馆
14. 浙江省临安市文化馆
15. 浙江省宁波市文化馆
16. 浙江省宁波市海曙区文化馆
17. 浙江省宁波市北仑区文化馆
18. 浙江省宁波市镇海区文化馆
19. 浙江省宁波市鄞州区文化馆
20. 浙江省象山县文化馆
21. 浙江省宁海县文化馆
22. 浙江省余姚市文化馆
23. 浙江省慈溪市文化馆
24. 浙江省奉化市文化馆
25. 浙江省温州市群众艺术馆
26. 浙江省温州市鹿城区文化馆
27. 浙江省平阳县文化馆
28. 浙江省瑞安市文化馆
29. 浙江省嘉兴市群众艺术馆
30. 浙江省嘉兴市南湖区文化馆
31. 浙江省嘉兴市秀洲区文化馆
32. 浙江省嘉善县文化馆
33. 浙江省海盐县文化馆
34. 浙江省海宁市文化馆
35. 浙江省平湖市文化馆
36. 浙江省桐乡市文化馆
37. 浙江省湖州市群众艺术馆
38. 浙江省德清县文化馆
39. 浙江省长兴县文化馆
40. 浙江省绍兴市文化馆
41. 浙江省绍兴县文化馆
42. 浙江省诸暨市文化馆
43. 浙江省上虞市文化馆
44. 浙江省嵊州市文化馆
45. 浙江省武义县文化馆
46. 浙江省兰溪市文化馆
47. 浙江省永康市文化馆
48. 浙江省龙游县文化馆
49. 浙江省舟山市群众艺术馆
50. 浙江省舟山市定海区文化馆
51. 浙江省舟山市普陀区文化馆
52. 浙江省嵊泗县文化馆
53. 浙江省台州市群众艺术馆
54. 浙江省台州市椒江区文化馆
55. 浙江省玉环县文化馆
56. 浙江省三门县文化馆
57. 浙江省天台县文化馆
58. 浙江省温岭市文化馆
59. 浙江省临海市文化馆
60. 浙江省丽水市文化馆
61. 浙江省云和县文化馆
62. 浙江省景宁畲族自治县文化馆
63. 浙江省龙泉市文化馆

二级馆（13个）

1. 浙江省宁波市江东区文化馆
2. 浙江省温州市龙湾区文化馆
3. 浙江省乐清市文化馆
4. 浙江省安吉县文化馆
5. 浙江省绍兴市越城区文化馆
6. 浙江省新昌县文化馆
7. 浙江省金华市婺城区文化馆
8. 浙江省衢州市衢江区文化馆
9. 浙江省常山县文化馆
10. 浙江省开化县文化馆
11. 浙江省台州市黄岩区文化馆
12. 浙江省仙居县文化馆
13. 浙江省松阳县文化馆

三级馆（9个）

1. 浙江省宁波市江北区文化馆
2. 浙江省洞头县文化馆
3. 浙江省永嘉县文化馆
4. 浙江省泰顺县文化馆
5. 浙江省金华市群众艺术馆
6. 浙江省金华市金东区文化馆
7. 浙江省衢州市文化馆
8. 浙江省台州市路桥区文化馆
9. 浙江省庆元县文化馆

安徽省（66个）

一级馆（14个）

1. 安徽省芜湖市文化馆
2. 安徽省芜湖市镜湖区文化馆
3. 安徽省芜湖县文化馆
4. 安徽省繁昌县文化馆
5. 安徽省淮南市谢家集区文化馆
6. 安徽省马鞍山市文化馆
7. 安徽省马鞍山市花山区文化馆
8. 安徽省马鞍山市雨山区文化馆
9. 安徽省当涂县文化馆
10. 安徽省淮北市文化馆
11. 安徽省怀宁县文化馆
12. 安徽省歙县文化馆
13. 安徽省泗县文化馆
14. 安徽省宁国市文化馆

二级馆（21个）

1. 安徽省合肥市瑶海区文化馆
2. 安徽省芜湖市弋江区文化馆
3. 安徽省芜湖市鸠江区文化馆
4. 安徽省南陵县文化馆
5. 安徽省蚌埠市禹会区文化馆
6. 安徽省淮南市潘集区文化馆
7. 安徽省马鞍山市金家庄区文化馆
8. 安徽省淮北市杜集区文化馆
9. 安徽省铜陵县文化馆
10. 安徽省宿松县文化馆
11. 安徽省桐城市文化馆
12. 安徽省定远县文化馆
13. 安徽省凤阳县文化馆
14. 安徽省界首市文化馆
15. 安徽省含山县文化馆
16. 安徽省亳州市谯城区文化馆
17. 安徽省东至县文化馆
18. 安徽省青阳县文化馆
19. 安徽省宣城市文化馆
20. 安徽省广德县文化馆
21. 安徽省绩溪县文化馆

三级馆（31个）

1. 安徽省合肥市文化馆
2. 安徽省合肥市庐阳区文化馆
3. 安徽省合肥市包河区文化馆
4. 安徽省长丰县文化馆
5. 安徽省肥东县文化馆
6. 安徽省肥西县文化馆
7. 安徽省怀远县文化馆
8. 安徽省五河县文化馆
9. 安徽省固镇县文化馆
10. 安徽省淮北市相山区文化馆
11. 安徽省淮北市烈山区文化馆
12. 安徽省黄山市屯溪区文化馆
13. 安徽省黄山市黄山区文化馆
14. 安徽省黄山市徽州区文化馆
15. 安徽省休宁县文化馆
16. 安徽省黟县文化馆
17. 安徽省祁门县文化馆
18. 安徽省来安县文化馆
19. 安徽省萧县文化馆
20. 安徽省巢湖市文化馆
21. 安徽省庐江县文化馆
22. 安徽省无为县文化馆
23. 安徽省和县文化馆
24. 安徽省寿县文化馆

25. 安徽省金寨县文化馆
26. 安徽省霍山县文化馆
27. 安徽省涡阳县文化馆
28. 安徽省蒙城县文化馆
29. 安徽省郎溪县文化馆
30. 安徽省泾县文化馆
31. 安徽省旌德县文化馆

福建省（74个）

一级馆（22个）

1. 福建省福州市群众艺术馆
2. 福建省福州市鼓楼区文化馆
3. 福建省福州市台江区文化馆
4. 福建省厦门市文化馆
5. 福建省厦门市思明区文化馆
6. 福建省厦门市海沧区文化馆
7. 福建省厦门市湖里区文化馆
8. 福建省厦门市集美区文化馆
9. 福建省厦门市同安区文化馆
10. 福建省莆田市荔城区文化馆
11. 福建省三明市梅列区文化馆
12. 福建省尤溪县文化馆
13. 福建省沙县文化馆
14. 福建省永安市文化馆
15. 福建省泉州市群众艺术馆
16. 福建省泉州市鲤城区文化馆
17. 福建省惠安县文化馆
18. 福建省石狮市文化馆
19. 福建省晋江市文化馆
20. 福建省漳州市芗城区文化馆
21. 福建省云霄县文化馆
22. 福建省南靖县文化馆

二级馆（32个）

1. 福建省福州市仓山区文化馆
2. 福建省福州市马尾区文化馆
3. 福建省福州市晋安区文化馆
4. 福建省连江县文化馆
5. 福建省长乐市文化馆
6. 福建省厦门市翔安区文化馆
7. 福建省莆田市群众艺术馆
8. 福建省三明市艺术馆
9. 福建省三明市三元区文化馆
10. 福建省明溪县文化馆
11. 福建省清流县文化馆
12. 福建省宁化县文化馆
13. 福建省大田县文化馆
14. 福建省将乐县文化馆
15. 福建省泰宁县文化馆
16. 福建省建宁县文化馆
17. 福建省永春县文化馆
18. 福建省德化县文化馆
19. 福建省南安市文化馆
20. 福建省漳浦县文化馆
21. 福建省东山县文化馆
22. 福建省华安县文化馆
23. 福建省邵武市文化馆
24. 福建省建瓯市文化馆
25. 福建省永定县文化馆
26. 福建省武平县文化馆
27. 福建省宁德市艺术馆
28. 福建省霞浦县文化馆
29. 福建省古田县文化馆
30. 福建省柘荣县文化馆
31. 福建省福安市文化馆
32. 福建省福鼎市文化馆

三级馆（20个）

1. 福建省闽侯县文化馆
2. 福建省罗源县文化馆
3. 福建省莆田市城厢区文化馆
4. 福建省莆田市涵江区文化馆
5. 福建省泉州市丰泽区文化馆
6. 福建省泉州市泉港区文化馆
7. 福建省安溪县文化馆
8. 福建省长泰县文化馆
9. 福建省南平市群众艺术馆
10. 福建省南平市延平区文化馆
11. 福建省顺昌县文化馆
12. 福建省浦城县文化馆
13. 福建省光泽县文化馆
14. 福建省政和县文化馆
15. 福建省武夷山市文化馆
16. 福建省建阳市文化馆
17. 福建省长汀县文化馆
18. 福建省上杭县文化馆
19. 福建省连城县文化馆
20. 福建省漳平县文化馆

江西省（104个）

一级馆（25个）

1. 江西省南昌市群众艺术馆
2. 江西省南昌市东湖区文化馆
3. 江西省南昌市青山湖区文化馆
4. 江西省南昌县文化馆
5. 江西省景德镇市群众艺术馆
6. 江西省九江市浔阳区文化馆
7. 江西省武宁县文化馆
8. 江西省瑞昌市文化馆
9. 江西省新余市群众艺术馆
10. 江西省分宜县文化馆
11. 江西省赣州市群众艺术馆
12. 江西省赣州市章贡区文化馆
13. 江西省赣县文化馆
14. 江西省信丰县文化馆
15. 江西省上犹县文化馆
16. 江西省安远县文化馆
17. 江西省龙南县文化馆
18. 江西省于都县文化馆
19. 江西省会昌县文化馆
20. 江西省吉安市吉州区文化馆
21. 江西省吉安县文化馆
22. 江西省峡江县文化馆
23. 江西省芦溪县文化馆
24. 江西省宜春市袁州区文化馆
25. 江西省金溪县文化馆

二级馆（40个）

1. 江西省南昌市西湖区文化馆
2. 江西省南昌市青云谱区文化馆
3. 江西省南昌市湾里区文化馆
4. 江西省新建县文化馆
5. 江西省安义县文化馆
6. 江西省进贤县文化馆
7. 江西省萍乡市群众艺术馆
8. 江西省萍乡市安源区文化馆
9. 江西省萍乡市湘东区文化馆
10. 江西省莲花县文化馆
11. 江西省上栗县文化馆
12. 江西省九江市文化馆
13. 江西省修水县文化馆
14. 江西省德安县文化馆
15. 江西省星子县文化馆
16. 江西省湖口县文化馆
17. 江西省鹰潭市月湖区文化馆
18. 江西省余江县文化馆
19. 江西省大余县文化馆
20. 江西省崇义县文化馆
21. 江西省全南县文化馆
22. 江西省宁都县文化馆
23. 江西省兴国县文化馆
24. 江西省南康市文化馆
25. 江西省吉安市群众艺术馆
26. 江西省新干县文化馆
27. 江西省永丰县文化馆
28. 江西省泰和县文化馆
29. 江西省遂川县文化馆
30. 江西省万安县文化馆
31. 江西省安福县文化馆
32. 江西省永新县文化馆
33. 江西省宜春市群众艺术馆
34. 江西省樟树市文化馆
35. 江西省崇仁县文化馆
36. 江西省南城县文化馆
37. 江西省乐安县文化馆
38. 江西省宜黄县文化馆
39. 江西省广丰县文化馆
40. 江西省鄱阳县文化馆

三级馆（39个）

1. 江西省景德镇市昌江区文化馆
2. 江西省景德镇市珠山区文化馆
3. 江西省浮梁县文化馆
4. 江西省九江市庐山文化馆
5. 江西省九江县文化馆
6. 江西省永修县文化馆
7. 江西省都昌县文化馆
8. 江西省彭泽县文化馆
9. 江西省新余市渝水区文化馆
10. 江西省鹰潭市群众艺术馆
11. 江西省贵溪市文化馆
12. 江西省定南县文化馆
13. 江西省寻乌县文化馆
14. 江西省石城县文化馆
15. 江西省瑞金市文化馆
16. 江西省吉安市青原区文化馆
17. 江西省吉水县文化馆

18. 江西省井冈山市文化馆
19. 江西省奉新县文化馆
20. 江西省万载县文化馆
21. 江西省上高县文化馆
22. 江西省宜丰县文化馆
23. 江西省靖安县文化馆
24. 江西省铜鼓县文化馆
25. 江西省丰城市文化馆
26. 江西省高安市文化馆
27. 江西省抚州市群众艺术馆
28. 江西省抚州市临川区第一文化馆
29. 江西省抚州市临川区第二文化馆
30. 江西省黎川县文化馆
31. 江西省资溪县文化馆
32. 江西省东乡县文化馆
33. 江西省上饶市群众艺术馆
34. 江西省上饶市信州区文化馆
35. 江西省玉山县文化馆
36. 江西省铅山县文化馆
37. 江西省余干县文化馆
38. 江西省万年县文化馆
39. 江西省婺源县文化馆

山东省（114个）

一级馆（70个）

1. 山东省艺术馆
2. 山东省济南市历下区文化馆
3. 山东省济南市槐荫区文化馆
4. 山东省济南市天桥区文化馆
5. 山东省济南市章丘市文化馆
6. 山东省青岛市群众艺术馆
7. 山东省青岛市市南区文化馆
8. 山东省青岛市市北区文化馆
9. 山东省青岛市四方区文化馆
10. 山东省青岛市崂山区文化馆
11. 山东省青岛市李沧区文化馆
12. 山东省青岛市城阳区文化馆
13. 山东省青岛开发区文化馆
14. 山东省胶州市文化馆
15. 山东省即墨市文化馆
16. 山东省平度市文化馆
17. 山东省胶南市文化馆
18. 山东省莱西市文化馆
19. 山东省淄博市艺术馆
20. 山东省淄博市淄川区文化馆
21. 山东省淄博市张店区文化馆
22. 山东省桓台县文化馆
23. 山东省高青县文化馆
24. 山东省沂源县文化馆
25. 山东省东营市东营区文化馆
26. 山东省垦利县文化馆
27. 山东省广饶县文化馆
28. 山东省烟台市艺术馆
29. 山东省烟台市牟平区文化馆
30. 山东省龙口市文化馆
31. 山东省莱州市文化馆
32. 山东省招远市文化馆
33. 山东省潍坊市艺术馆
34. 山东省潍坊市坊子区文化馆
35. 山东省潍坊市奎文区文化馆
36. 山东省临朐县文化馆
37. 山东省青州市文化馆
38. 山东省诸城市文化馆
39. 山东省寿光市文化馆
40. 山东省安丘市文化馆
41. 山东省高密市文化馆
42. 山东省济宁市艺术馆
43. 山东省济宁市任城区文化馆
44. 山东省曲阜市文化馆
45. 山东省兖州市文化馆
46. 山东省邹城市文化馆
47. 山东省东平县文化馆
48. 山东省肥城市文化馆
49. 山东省威海市艺术馆
50. 山东省文登市文化馆
51. 山东省荣成市文化馆
52. 山东省莒县文化馆
53. 山东省莱芜市艺术馆
54. 山东省临沂市艺术馆
55. 山东省临沂市兰山区文化馆
56. 山东省临沂市罗庄区文化馆
57. 山东省临沂市河东区文化馆
58. 山东省沂南县文化馆
59. 山东省郯城县文化馆
60. 山东省沂水县文化馆
61. 山东省德州市艺术馆
62. 山东省陵县文化馆

63. 山东省宁津县文化馆
64. 山东省齐河县文化馆
65. 山东省平原县文化馆
66. 山东省禹城县文化馆
67. 山东省临清市文化馆
68. 山东省滨州市艺术馆
69. 山东省博兴县文化馆
70. 山东省邹平县文化馆

二级馆（37个）

1. 山东省济南市市中区文化馆
2. 山东省商河县文化馆
3. 山东省淄博市博山区文化馆
4. 山东省淄博市临淄区文化馆
5. 山东省淄博市周村区文化馆
6. 山东省枣庄市艺术馆
7. 山东省东营市艺术馆
8. 山东省东营市河口区文化馆
9. 山东省烟台市芝罘区文化馆
10. 山东省潍坊市寒亭区文化馆
11. 山东省济宁市市中区文化馆
12. 山东省鱼台县文化馆
13. 山东省嘉祥县文化馆
14. 山东省汶上县文化馆
15. 山东省泗水县文化馆
16. 山东省梁山县文化馆
17. 山东省新泰市文化馆
18. 山东省威海市环翠区文化馆
19. 山东省乳山市文化馆
20. 山东省五莲县文化馆
21. 山东省莱芜市钢城区文化馆
22. 山东省苍山县文化馆
23. 山东省费县文化馆
24. 山东省平邑县文化馆
25. 山东省莒南县文化馆
26. 山东省蒙阴县文化馆
27. 山东省临沭县文化馆
28. 山东省庆云县文化馆
29. 山东省临邑县文化馆
30. 山东省夏津县文化馆
31. 山东省乐陵市文化馆
32. 山东省冠县文化馆
33. 山东省高唐县文化馆
34. 山东省沾化县文化馆
35. 山东省单县文化馆
36. 山东省武城县文化馆
37. 山东省定陶县文化馆

三级馆（7个）

1. 山东省济南市长清区文化馆
2. 山东省平阴县文化馆
3. 山东省利津县文化馆
4. 山东省蓬莱市文化馆
5. 山东省海阳市文化馆
6. 山东省茌平县文化馆
7. 山东省阳信县文化馆

河南省（112个）

一级馆（37个）

1. 河南省群众艺术馆
2. 河南省郑州市群众艺术馆
3. 河南省巩义市文化馆
4. 河南省新密市文化馆
5. 河南省洛阳市群众艺术馆
6. 河南省新安县文化馆
7. 河南省平顶山市群众艺术馆
8. 河南省鲁山县文化馆
9. 河南省安阳市群众艺术馆
10. 河南省林州市文化馆
11. 河南省鹤壁市群众艺术馆
12. 河南省鹤壁市山城区文化馆
13. 河南省新乡市群众艺术馆
14. 河南省延津县文化馆
15. 河南省修武县人民文化馆
16. 河南省武陟县文化馆
17. 河南省沁阳市群众艺术馆
18. 河南省濮阳市群众艺术馆
19. 河南省南乐县文化馆
20. 河南省许昌市群众艺术馆
21. 河南省鄢陵县文化馆
22. 河南省三门峡市群众艺术馆
23. 河南省渑池县文化馆
24. 河南省陕县文化馆
25. 河南省灵宝市文化馆
26. 河南省南阳市卧龙区文化馆
27. 河南省淅川县文化馆
28. 河南省民权县文化馆
29. 河南省永城市文化馆
30. 河南省罗山县文化馆

31. 河南省商城县文化馆
32. 河南省周口市群众艺术馆
33. 河南省郸城县文化馆
34. 河南省项城市文化馆
35. 河南省驻马店市群众艺术馆
36. 河南省汝南县文化馆
37. 河南省济源市群众艺术馆

二级馆（30个）

1. 河南省郑州市中原区文化馆
2. 河南省郑州市二七区文化馆
3. 河南省郑州市管城回族区文化馆
4. 河南省郑州市金水区文化馆
5. 河南省新郑市文化馆
6. 河南省开封市群众艺术馆
7. 河南省通许县人民文化馆
8. 河南省洛阳市西工区文化馆
9. 河南省洛阳市瀍河区文化馆
10. 河南省洛阳市涧西区文化馆
11. 河南省洛阳市吉利区文化馆
12. 河南省洛阳市洛龙区文化馆
13. 河南省栾川县文化馆
14. 河南省偃师市文化馆
15. 河南省宝丰县文化馆
16. 河南省舞钢市文化馆
17. 河南省汝州市群艺馆
18. 河南省焦作市群众艺术馆
19. 河南省焦作市解放区文化馆
20. 河南省许昌市魏都区文化馆
21. 河南省许昌县文化馆
22. 河南省漯河市群众艺术馆
23. 河南省舞阳县文化馆
24. 河南省临颍县文化馆
25. 河南省义马市文化馆
26. 河南省夏邑县文化馆
27. 河南省信阳市平桥区文化馆
28. 河南省潢川县文化馆
29. 河南省沈丘县文化馆
30. 河南省鹿邑县文化馆

三级馆（45个）

1. 河南省郑州市上街区文化馆
2. 河南省郑州市惠济区文化馆
3. 河南省中牟县人民文化馆
4. 河南省荥阳市文化馆
5. 河南省登封市文化馆
6. 河南省开封市鼓楼区文化艺术中心
7. 河南省尉氏县人民文化馆
8. 河南省兰考县文化馆
9. 河南省洛阳市老城区文化馆
10. 河南省孟津县文化馆
11. 河南省平顶山市卫东区文化馆
12. 河南省叶县文化馆
13. 河南省郏县文化馆
14. 河南省安阳市殷都区文化馆
15. 河南省安阳县文化馆
16. 河南省汤阴县文化馆
17. 河南省滑县人民文化馆
18. 河南省浚县文化馆
19. 河南省获嘉县文化馆
20. 河南省原阳县文化馆
21. 河南省长垣县文化馆
22. 河南省辉县市文化馆
23. 河南省焦作市山阳区文化馆
24. 河南省温县文化馆
25. 河南省泌阳县文化馆
26. 河南省孟州市文化馆
27. 河南省濮阳县文化馆
28. 河南省漯河市源汇区文化馆
29. 河南省漯河市郾城区文化馆
30. 河南省卢氏县文化馆
31. 河南省唐河县文化馆
32. 河南省邓州市文化馆
33. 河南省睢县文化馆
34. 河南省宁陵县文化馆
35. 河南省信阳市浉河区文化馆
36. 河南省新县文化馆
37. 河南省固始县文化馆
38. 河南省淮滨县文化馆
39. 河南省息县文化馆
40. 河南省扶沟县文化馆
41. 河南省西华县文化馆
42. 河南省商水县文化馆
43. 河南省驻马店市驿城区文化馆
44. 河南省西平县文化馆
45. 河南省确山县文化馆

湖北省（88个）

一级馆（28个）

1. 湖北省武汉市群众艺术馆
2. 湖北省武汉市江岸区文化馆
3. 湖北省武汉市江汉区文化馆
4. 湖北省武汉市硚口区文化馆
5. 湖北省武汉市汉阳区文化馆
6. 湖北省武汉市武昌区文化馆
7. 湖北省武汉市青山区文化馆
8. 湖北省武汉市汉南区文化馆
9. 湖北省黄石市群众艺术馆
10. 湖北省十堰市群众艺术馆
11. 湖北省郧县文化馆
12. 湖北省宜昌市群众艺术馆
13. 湖北省宜昌市夷陵区文化馆
14. 湖北省当阳市文化馆
15. 湖北省谷城县文化馆
16. 湖北省鄂州市群众艺术馆
17. 湖北省荆门市群众艺术馆
18. 湖北省京山县文化馆
19. 湖北省钟祥市文化馆
20. 湖北省荆州市荆州区文化馆
21. 湖北省石首市文化馆
22. 湖北省黄冈市黄州区文化馆
23. 湖北省红安县文化馆
24. 湖北省浠水县文化馆
25. 湖北省咸宁市咸安区群艺馆
26. 湖北省崇阳县文化馆
27. 湖北省巴东县文化馆
28. 湖北省潜江市群众艺术馆

二级馆（29个）

1. 湖北省武汉市蔡甸区文化馆
2. 湖北省武汉市黄陂区文化馆
3. 湖北省武汉市新洲区文化馆
4. 湖北省大冶市群众文化馆
5. 湖北省郧西县文化馆
6. 湖北省房县文化馆
7. 湖北省丹江口市文化馆
8. 湖北省宜昌市西陵区文化馆
9. 湖北省宜昌市伍家岗区文化馆
10. 湖北省远安县文化馆
11. 湖北省兴山县文化馆
12. 湖北省秭归县文化馆
13. 湖北省长阳县文化馆
14. 湖北省五峰土家族自治县文化馆
15. 湖北省襄阳市襄州区文化馆
16. 湖北省保康县文化馆
17. 湖北省老河口市群众艺术馆
18. 湖北省宜城市文化馆
19. 湖北省云梦县文化馆
20. 湖北省安陆市文化馆
21. 湖北省荆州市群众艺术馆
22. 湖北省公安县文化馆
23. 湖北省黄冈市群众艺术馆
24. 湖北省罗田县文化馆
25. 湖北省蕲春县文化馆
26. 湖北省麻城市文化馆
27. 湖北省武穴市文化馆
28. 湖北省随州市曾都区群众艺术馆
29. 湖北省天门市群众艺术馆

三级馆（31个）

1. 湖北省武汉市东西湖区文化馆
2. 湖北省阳新县文化馆
3. 湖北省十堰市茅箭区文化馆
4. 湖北省武当山旅游经济特区文化馆
5. 湖北省竹山县文化馆
6. 湖北省竹溪县文化馆
7. 湖北省宜都市文化馆
8. 湖北省枝江市文化馆
9. 湖北省襄阳市群众艺术馆
10. 湖北省枣阳市文化馆
11. 湖北省鄂州市华容区文化馆
12. 湖北省荆门市东宝区文化馆
13. 湖北省沙洋县文化馆
14. 湖北省大悟市文化馆
15. 湖北省汉川市文化馆
16. 湖北省监利县文化馆
17. 湖北省江陵县文化馆
18. 湖北省洪湖市群众艺术馆
19. 湖北省松滋市文化馆
20. 湖北省英山县文化馆
21. 湖北省黄梅县文化馆
22. 湖北省咸宁市群众艺术馆
23. 湖北省嘉鱼县文化馆
24. 湖北省通城县文化馆
25. 湖北省通山县文化馆
26. 湖北省赤壁市文化馆
27. 湖北省广水市文化馆

28. 湖北省建始县文化馆
29. 湖北省咸丰县文化馆
30. 湖北省鹤峰县文化馆
31. 湖北省神农架林区群众艺术馆

湖南省（109个）

一级馆（41个）

1. 湖南省群众艺术馆
2. 湖南省长沙市群众艺术馆
3. 湖南省长沙市芙蓉区文化馆
4. 湖南省长沙市岳麓区文化馆
5. 湖南省长沙市雨花区文化馆
6. 湖南省望城县文化馆
7. 湖南省宁乡县文化馆
8. 湖南省浏阳市文化馆
9. 湖南省湘潭市文化馆
10. 湖南省湘潭市雨湖区文化馆
11. 湖南省湘潭市岳塘区文化馆
12. 湖南省湘潭县文化馆
13. 湖南省湘乡市文化馆
14. 湖南省韶山市文化馆
15. 湖南省衡阳市群众艺术馆
16. 湖南省衡阳市石鼓区文化馆
17. 湖南省衡南县文化馆
18. 湖南省耒阳市文化馆
19. 湖南省常宁市文化馆
20. 湖南省邵阳市文化馆
21. 湖南省邵东县文化馆
22. 湖南省隆回县文化馆
23. 湖南省绥宁县文化馆
24. 湖南省武冈市文化馆
25. 湖南省岳阳市群众艺术馆
26. 湖南省临湘市文化馆
27. 湖南省常德市群众艺术馆
28. 湖南省张家界市永定区文化馆
29. 湖南省桑植县文化馆
30. 湖南省益阳市赫山区文化馆
31. 湖南省南县文化馆
32. 湖南省安化县文化馆
33. 湖南省沅江市文化馆
34. 湖南省郴州市北湖区文化馆
35. 湖南省怀化市艺术馆
36. 湖南省会同县文化馆
37. 湖南省芷江侗族自治县文化馆
38. 湖南省靖州苗族侗族自治县文化馆
39. 湖南省双峰县文化馆
40. 湖南省湘西土家族苗族自治州泸溪县文化馆
41. 湖南省湘西土家族苗族自治州龙山县文化馆

二级馆（31个）

1. 湖南省长沙市天心区文化馆
2. 湖南省长沙市开福区文化馆
3. 湖南省株洲市群众艺术馆
4. 湖南省株洲市石峰区文化馆
5. 湖南省炎陵县文化馆
6. 湖南省醴陵市文化馆
7. 湖南省衡阳市珠晖区文化馆
8. 湖南省祁东县文化馆
9. 湖南省邵阳市双清区文化馆
10. 湖南省岳阳市云溪区文化馆
11. 湖南省邵阳县文化馆
12. 湖南省岳阳县文化馆
13. 湖南省华容县文化馆
14. 湖南省平江县文化馆
15. 湖南省常德市武陵区文化馆
16. 湖南省常德市鼎城区文化馆
17. 湖南省澧县文化馆
18. 湖南省慈利县文化馆
19. 湖南省桂阳县文化馆
20. 湖南省嘉禾县文化馆
21. 湖南省祁阳县文化馆
22. 湖南省双牌县文化馆
23. 湖南省道县文化馆
24. 湖南省江永县文化馆
25. 湖南省宁远县文化馆
26. 湖南省江华瑶族自治县文化馆
27. 湖南省辰溪县文化馆
28. 湖南省洪江市文化馆
29. 湖南省娄底市娄星区文化馆
30. 湖南省涟源市文化馆
31. 湖南省湘西土家族苗族自治州群众艺术馆

三级馆（37个）

1. 湖南省株洲市芦淞区文化馆
2. 湖南省衡阳县文化馆
3. 湖南省新邵县文化馆
4. 湖南省洞口县文化馆
5. 湖南省岳阳市岳阳楼区文化馆
6. 湖南省岳阳市君山区文化馆

7. 湖南省湘阴县文化馆
8. 湖南省汨罗市文化馆
9. 湖南省临澧县文化馆
10. 湖南省张家界市群众艺术馆
11. 湖南省张家界武陵源区文化馆
12. 湖南省益阳市群众艺术馆
13. 湖南省益阳市资阳区文化馆
14. 湖南省桃江县文化馆
15. 湖南省安化县平口文化馆
16. 湖南省安化县梅城文化馆
17. 湖南省郴州市群众艺术馆
18. 湖南省宜章县文化馆
19. 湖南省临武县文化馆
20. 湖南省桂东县文化馆
21. 湖南省安仁县文化馆
22. 湖南省资兴市文化馆
23. 湖南省永州市群众艺术馆
24. 湖南省永州市零陵区文化馆
25. 湖南省永州市冷水滩区文化馆
26. 湖南省东安县文化馆
27. 湖南省蓝山县文化馆
28. 湖南省新田县文化馆
29. 湖南省怀化市洪江区文化馆
30. 湖南省中方县文化馆
31. 湖南省溆浦县文化馆
32. 湖南省溆浦县龙潭文化馆
33. 湖南省麻阳苗族自治县文化馆
34. 湖南省新晃侗族自治县文化馆
35. 湖南省通道侗族自治县文化馆
36. 湖南省新化县文化馆
37. 湖南省湘西土家族苗族自治州永顺县文化馆

广东省（88个）

一级馆（47个）

1. 广东省广州市文化馆
2. 广东省广州市荔湾区文化馆
3. 广东省广州市越秀区文化馆
4. 广东省广州市海珠区文化馆
5. 广东省广州市天河区文化馆
6. 广东省广州市白云区文化馆
7. 广东省广州市黄埔区文化馆
8. 广东省广州市番禺区文化馆
9. 广东省广州市花都区文化馆
10. 广东省广州市南沙区文化馆
11. 广东省广州市萝岗区文化与博物馆
12. 广东省增城市文化馆
13. 广东省从化市文化馆
14. 广东省深圳市群众艺术馆
15. 广东省深圳市罗湖区文化馆
16. 广东省深圳市福田区文化馆
17. 广东省深圳市南山区文化馆
18. 广东省深圳市宝安区群众文化艺术馆
19. 广东省深圳市龙岗区文化馆
20. 广东省深圳市盐田区文化馆
21. 广东省珠海市香洲区文化馆
22. 广东省汕头市龙湖区文化馆
23. 广东省佛山市文化馆
24. 广东省佛山市禅城区文化馆
25. 广东省佛山市南海区文化馆
26. 广东省佛山市顺德区文化馆
27. 广东省佛山市三水区文化馆
28. 广东省佛山市高明区文化馆
29. 广东省江门市文化馆
30. 广东省江门市蓬江区文化馆
31. 广东省江门市新会区文化馆
32. 广东省台山市文化馆
33. 广东省开平市文化馆
34. 广东省德庆县文化馆
35. 广东省惠州市文化馆
36. 广东省惠州市惠阳区文化馆
37. 广东省博罗县文化馆
38. 广东省惠东县文化馆
39. 广东省梅县文化馆
40. 广东省大埔县文化馆
41. 广东省五华县文化馆
42. 广东省佛冈县文化馆
43. 广东省东莞市群众艺术馆
44. 广东省中山市群众艺术馆
45. 广东省潮州市群众艺术馆
46. 广东省揭阳市榕城区文化馆
47. 广东省普宁市文化馆

二级馆（19个）

1. 广东省仁化县文化馆
2. 广东省汕头市文化馆
3. 广东省汕头市金平区文化馆
4. 广东省汕头市潮阳区文化馆
5. 广东省汕头市澄海区文化馆

6. 广东省鹤山市文化馆
7. 广东省肇庆市端州区文化馆
8. 广东省广宁县文化馆
9. 广东省封开县文化馆
10. 广东省四会市文化馆
11. 广东省惠州市惠城区文化馆
12. 广东省梅州市文化馆
13. 广东省兴宁市文化馆
14. 广东省英德市文化馆
15. 广东省连州市文化馆
16. 广东省揭东县文化馆
17. 广东省惠来县文化馆
18. 广东省郁南县文化馆
19. 广东省罗定市文化馆

三级馆（22个）

1. 广东省新丰县文化馆
2. 广东省南雄市文化馆
3. 广东省汕头市濠江区文化馆
4. 广东省南澳县文化馆
5. 广东省江门市江海区文化馆
6. 广东省湛江市群众艺术馆
7. 广东省遂溪县文化馆
8. 广东省廉江市文化馆
9. 广东省茂名市茂南区文化馆
10. 广东省高州市文化馆
11. 广东省化州市文化馆
12. 广东省肇庆市文化馆
13. 广东省肇庆市鼎湖区文化馆
14. 广东省蕉岭县文化馆
15. 广东省海丰县文化馆
16. 广东省阳江市群众艺术馆
17. 广东省阳春市文化馆
18. 广东省潮州市湘桥区文化馆
19. 广东省潮安县文化馆
20. 广东省饶平县文化馆
21. 广东省揭西县文化馆
22. 广东省云浮市云城区文化馆

广西壮族自治区（49个）

一级馆（13个）

1. 广西壮族自治区群众艺术馆
2. 广西南宁市群众艺术馆
3. 广西武鸣县文化馆
4. 广西柳州市群众艺术馆
5. 广西三江侗族自治县文化馆
6. 广西桂林市叠彩区文化馆
7. 广西桂林市七星区文化馆
8. 广西梧州市群众艺术馆
9. 广西北海市群众艺术馆
10. 广西钦州市浦北县文化馆
11. 广西玉林市玉州区文化馆
12. 广西北流市文化馆
13. 广西贺州市八步区文化馆

二级馆（9个）

1. 广西隆安县文化馆
2. 广西宾阳县文化馆
3. 广西横县文化馆
4. 广西桂林市群众艺术馆
5. 广西阳朔县文化馆
6. 广西灵山县文化馆
7. 广西平南县文化馆
8. 广西贺州市富川县文化馆
9. 广西象州县文化馆

三级馆（27个）

1. 广西南宁市兴宁区文化馆
2. 广西南宁市青秀区文化馆
3. 广西南宁市江南区文化馆
4. 广西南宁市西乡塘区文化馆
5. 广西南宁市邕宁区文化馆
6. 广西马山县文化馆
7. 广西上林县文化馆
8. 广西融安县文化馆
9. 广西桂林市秀峰区文化馆
10. 广西永福县文化馆
11. 广西灌阳县文化馆
12. 广西荔浦县文化馆
13. 广西藤县文化馆
14. 广西钦州市群众艺术馆
15. 广西钦州市钦南区文化馆
16. 广西桂平市文化馆
17. 广西玉林市群众艺术馆
18. 广西陆川县文化馆
19. 广西百色右江区文化馆
20. 广西田林县文化馆
21. 广西昭平县文化馆
22. 广西富川县文化馆
23. 广西南丹县文化馆

24. 广西凤山县文化馆
25. 广西东兰县文化馆
26. 广西罗城县文化馆
27. 广西宁明县文化馆

海南省（6个）

一级馆（2个）
1. 海南省海口市群众艺术馆
2. 海南省澄迈县文化馆

二级馆（2个）
1. 海南省儋州市文化馆
2. 海南省屯昌县文化馆

三级馆（2个）
1. 海南省五指山市文化馆
2. 海南省文昌市文化馆

重庆市（36个）

一级馆（21个）
1. 重庆市万州区文化馆
2. 重庆市涪陵区文化馆
3. 重庆市渝中区文化馆
4. 重庆市大渡口区文化馆
5. 重庆市江北区文化馆
6. 重庆市沙坪坝区文化馆
7. 重庆市九龙坡区文化馆
8. 重庆市南岸区文化馆
9. 重庆市北碚区文化馆
10. 重庆市万盛区文化馆
11. 重庆市长寿区文化馆
12. 重庆市江津区文化馆
13. 重庆市南川区文化馆
14. 重庆市綦江县文化馆
15. 重庆市铜梁县文化馆
16. 重庆市荣昌县文化馆
17. 重庆市垫江县文化馆
18. 重庆市忠县文化馆
19. 重庆市开县文化馆
20. 重庆市云阳县文化馆
21. 重庆市酉阳县文化馆

二级馆（11个）
1. 重庆市渝北区文化馆
2. 重庆市巴南区文化馆
3. 重庆市黔江区文化馆
4. 重庆市永川区文化馆
5. 重庆市大足县文化馆
6. 重庆市城口县文化馆
7. 重庆市丰都县文化馆
8. 重庆市武隆县文化馆
9. 重庆市巫山县文化馆
10. 重庆市巫溪县文化馆
11. 重庆市彭水县文化馆

三级馆（4个）
1. 重庆市合川区文化馆
2. 重庆市潼南县文化馆
3. 重庆市奉节县文化馆
4. 重庆市石柱县文化馆

四川省（147个）

一级馆（35个）
1. 四川省文化馆
2. 四川省成都市文化馆
3. 四川省成都市锦江区文化馆
4. 四川省成都市青羊区文化馆
5. 四川省成都市金牛区文化馆
6. 四川省成都市温江区文化馆
7. 四川省郫县文化馆
8. 四川省都江堰市文化馆
9. 四川省彭州市文化馆
10. 四川省富顺县文化馆
11. 四川省攀枝花市文化馆
12. 四川省米易县文化馆
13. 四川省泸州市文化馆
14. 四川省泸县文化馆
15. 四川省合江县文化馆
16. 四川省广汉市文化馆
17. 四川省什邡市文化馆
18. 四川省绵竹市文化馆
19. 四川省绵阳市文化馆
20. 四川省三台县文化馆
21. 四川省安县文化馆
22. 四川省广元市文化馆
23. 四川省遂宁市文化馆
24. 四川省乐山市文化馆
25. 四川省峨眉山市文化馆
26. 四川省南部县文化馆
27. 四川省江安县文化馆
28. 四川省广安市文化馆
29. 四川省大竹县文化馆
30. 四川省万源市文化馆

31. 四川省石棉县文化馆
32. 四川省芦山县文化馆
33. 四川省南江县文化馆
34. 四川省安岳县文化馆
35. 四川省简阳市文化馆

二级馆（60个）

1. 四川省成都市武侯区文化馆
2. 四川省成都市成华区文化馆
3. 四川省成都市龙泉驿区文化馆
4. 四川省成都市青白江区文化馆
5. 四川省成都市新都区文化馆
6. 四川省邛崃市文化馆
7. 四川省崇州市文化馆
8. 四川省双流县文化馆
9. 四川省大邑县文化馆
10. 四川省新津县文化馆
11. 四川省自贡市文化馆
12. 四川省荣县文化馆
13. 四川省攀枝花市东区文化馆
14. 四川省攀枝花市西区文化馆
15. 四川省盐边县文化馆
16. 四川省泸州市江阳区文化馆
17. 四川省泸州市纳溪区文化馆
18. 四川省泸州市龙马潭区文化馆
19. 四川省叙永县文化馆
20. 四川省中江县文化馆
21. 四川省罗江县文化馆
22. 四川省绵阳市涪城区文化馆
23. 四川省梓潼县文化馆
24. 四川省旺苍县文化馆
25. 四川省青川县文化馆
26. 四川省剑阁县文化馆
27. 四川省苍溪县文化馆
28. 四川省大英县文化馆
29. 四川省射洪县文化馆
30. 四川省蓬溪县文化馆
31. 四川省内江市市中区文化馆
32. 四川省威远县文化馆
33. 四川省隆昌县文化馆
34. 四川省乐山市沙湾区文化馆
35. 四川省乐山市五通桥区文化馆
36. 四川省井研县文化馆
37. 四川省夹江县文化馆
38. 四川省峨边彝族自治县文化馆
39. 四川省南充市高坪区文化馆
40. 四川省营山县文化馆
41. 四川省阆中市文化馆
42. 四川省宜宾县文化馆
43. 四川省长宁县文化馆
44. 四川省珙县文化馆
45. 四川省兴文县文化馆
46. 四川省广安市广安区文化馆
47. 四川省岳池县文化馆
48. 四川省武胜县文化馆
49. 四川省邻水县文化馆
50. 四川省华蓥市文化馆
51. 四川省宣汉县文化馆
52. 四川省雅安市文化馆
53. 四川省雅安市雨城区文化馆
54. 四川省汉源县文化馆
55. 四川省巴中市文化馆
56. 四川省平昌县文化馆
57. 四川省资阳市文化馆
58. 四川省资阳市雁江区文化馆
59. 四川省甘孜州文化馆
60. 四川省德昌县文化馆

三级馆（52个）

1. 四川省金堂县文化馆
2. 四川省蒲江县文化馆
3. 四川省自贡市贡井区文化馆
4. 四川省自贡市大安区文化馆
5. 四川省攀枝花市仁和区文化馆
6. 四川省古蔺县文化馆
7. 四川省德阳市文化馆
8. 四川省德阳市旌阳区文化馆
9. 四川省盐亭县文化馆
10. 四川省北川羌族自治县文化馆
11. 四川省平武县文化馆
12. 四川省广元市利州区文化馆
13. 四川省广元市元坝区文化馆
14. 四川省广元市朝天区文化馆
15. 四川省遂宁市船山区文化馆
16. 四川省遂宁市安居区文化馆
17. 四川省内江市文化馆
18. 四川省内江市东兴区文化馆
19. 四川省乐山市市中区文化馆

20. 四川省乐山市金口河区文化馆
21. 四川省犍为县文化馆
22. 四川省沐川县文化馆
23. 四川省马边彝族自治县文化馆
24. 四川省南充市文化馆
25. 四川省南充市顺庆区文化馆
26. 四川省南充市嘉陵区文化馆
27. 四川省蓬安县文化馆
28. 四川省仪陇县文化馆
29. 四川省西充县文化馆
30. 四川省眉山市东坡区文化馆
31. 四川省仁寿县文化馆
32. 四川省宜宾市文化馆
33. 四川省宜宾市翠屏区文化馆
34. 四川省南溪县文化馆
35. 四川省高县文化馆
36. 四川省渠县文化馆
37. 四川省名山县文化馆
38. 四川省荥经县文化馆
39. 四川省天全县文化馆
40. 四川省宝兴县文化馆
41. 四川省巴中市巴州区文化馆
42. 四川省通江县文化馆
43. 四川省乐至县文化馆
44. 四川省阿坝藏族羌族自治州文化馆
45. 四川省九寨沟县文化馆
46. 四川省小金县文化馆
47. 四川省若尔盖县文化馆
48. 四川省道孚县文化馆
49. 四川省炉霍县文化馆
50. 四川省西昌市文化馆
51. 四川省会理县文化馆
52. 四川省普格县文化馆

贵州省（82个）

一级馆（9个）

1. 贵州省贵阳市文化馆
2. 贵州省息烽县文化馆
3. 贵州省遵义市群艺馆
4. 贵州省绥阳县文化馆
5. 贵州省普定县文化馆
6. 贵州省贞丰县文化馆
7. 贵州省赫章县文化馆
8. 贵州省榕江县文化馆
9. 贵州省贵定县文化馆

二级馆（31个）

1. 贵州省文化馆
2. 贵州省贵阳市南明区文化馆
3. 贵州省贵阳市云岩区文化馆
4. 贵州省贵阳市花溪区文化馆
5. 贵州省贵阳市乌当区文化馆
6. 贵州省贵阳市白云区文化馆
7. 贵州省贵阳市小河区文化馆
8. 贵州省开阳县文化馆
9. 贵州省遵义县文化馆
10. 贵州省道真自治县文化馆
11. 贵州省凤冈县文化馆
12. 贵州省余庆县文化馆
13. 贵州省湄潭县文化馆
14. 贵州省紫云县文化馆
15. 贵州省江口县文化馆
16. 贵州省石阡县文化馆
17. 贵州省思南县文化馆
18. 贵州省印江县文化馆
19. 贵州省松桃县文化馆
20. 贵州省册亨县文化馆
21. 贵州省大方县文化馆
22. 贵州省凯里市文化馆
23. 贵州省黄平县文化馆
24. 贵州省三穗县文化馆
25. 贵州省天柱县文化馆
26. 贵州省剑河县文化馆
27. 贵州省黎平县文化馆
28. 贵州省雷山县文化馆
29. 贵州省独山县文化馆
30. 贵州省平塘县文化馆
31. 贵州省三都县文化馆

三级馆（42个）

1. 贵州省修文县文化馆
2. 贵州省清镇市文化馆
3. 贵州省六盘水市文化馆
4. 贵州省六盘水市钟山区文化馆
5. 贵州省六盘水市六枝特区文化馆
6. 贵州省盘县文化馆
7. 贵州省遵义市红花岗区群众艺术馆
8. 贵州省桐梓县文化馆
9. 贵州省正安县文化馆

10. 贵州省务川县文化馆
11. 贵州省习水县文化馆
12. 贵州省赤水市文化馆
13. 贵州省安顺市群众艺术馆
14. 贵州省安顺市西秀区文化馆
15. 贵州省平坝县文化馆
16. 贵州省镇宁布依族苗族自治县文化馆
17. 贵州省关岭县文化馆
18. 贵州省铜仁地区群艺馆
19. 贵州省铜仁市文化馆
20. 贵州省玉屏县文化馆
21. 贵州省德江县文化馆
22. 贵州省沿河土家族自治县文化馆
23. 贵州省万山特区文化馆
24. 贵州省兴义市文化馆
25. 贵州省兴仁县文化馆
26. 贵州省普安县文化馆
27. 贵州省望谟县文化馆
28. 贵州省安龙县文化馆
29. 贵州省毕节地区群艺馆
30. 贵州省织金县文化馆
31. 贵州省纳雍县文化馆
32. 贵州省镇远县文化馆
33. 贵州省岑巩县文化馆
34. 贵州省锦屏县文化馆
35. 贵州省从江县文化馆
36. 贵州省麻江县文化馆
37. 贵州省丹寨县文化馆
38. 贵州省都匀市文化馆
39. 贵州省福泉市文化馆
40. 贵州省瓮安县文化馆
41. 贵州省罗甸县文化馆
42. 贵州省长顺县文化馆

云南省（102个）

一级馆（25个）

1. 云南省文化馆
2. 云南省昆明市文化馆
3. 云南省昆明市五华区文化馆
4. 云南省昆明市官渡区文化馆
5. 云南省昆明市西山区文化馆
6. 云南省曲靖市文化馆
7. 云南省师宗县文化馆
8. 云南省富源县文化馆
9. 云南省宣威市文化馆
10. 云南省玉溪市文化馆
11. 云南省易门县文化馆
12. 云南省腾冲县文化馆
13. 云南省鲁甸县文化馆
14. 云南省水富县文化馆
15. 云南省丽江市古城区文化馆
16. 云南省玉龙县文化馆
17. 云南省宁蒗县文化馆
18. 云南省楚雄州文化馆
19. 云南省双柏县文化馆
20. 云南省大姚县文化馆
21. 云南省永仁县文化馆
22. 云南省开远市文化馆
23. 云南省泸西县文化馆
24. 云南省大理市文化馆
25. 云南省下关市文化馆

二级馆（27个）

1. 云南省宜良县文化馆
2. 云南省石林县文化馆
3. 云南省安宁市文化馆
4. 云南省曲靖市麒麟区文化馆
5. 云南省陆良县文化馆
6. 云南省通海县文化馆
7. 云南省华宁县文化馆
8. 云南省新平县文化馆
9. 云南省昭通市昭阳区文化馆
10. 云南省绥江县文化馆
11. 云南省威信县文化馆
12. 云南省丽江市文化馆
13. 云南省澜沧县文化馆
14. 云南省云县文化馆
15. 云南省元谋县文化馆
16. 云南省禄丰县文化馆
17. 云南省屏边县文化馆
18. 云南省石屏县文化馆
19. 云南省绿春县文化馆
20. 云南省马关县文化馆
21. 云南省大理白族自治州群众艺术馆
22. 云南省祥云县文化馆
23. 云南省南涧县文化馆
24. 云南省云龙县文化馆
25. 云南省鹤庆县文化馆

26. 云南省德宏傣族景颇族自治州文化馆
27. 云南省迪庆藏族自治州文化馆

三级馆（50个）

1. 云南省昆明市盘龙区文化馆
2. 云南省呈贡县文化馆
3. 云南省嵩明县文化馆
4. 云南省寻甸县文化馆
5. 云南省马龙县文化馆
6. 云南省罗平县文化馆
7. 云南省玉溪市红塔区文化馆
8. 云南省江川县文化馆
9. 云南省澂江县文化馆
10. 云南省峨山县文化馆
11. 云南省元江县文化馆
12. 云南省保山市文化馆
13. 云南省保山市隆阳区文化馆
14. 云南省龙陵县文化馆
15. 云南省昭通市文化馆
16. 云南省大关县文化馆
17. 云南省彝良县文化馆
18. 云南省昌宁县文化馆
19. 云南省普洱市文化馆
20. 云南省普洱市思茅区文化馆
21. 云南省宁洱县文化馆
22. 云南省景谷县文化馆
23. 云南省孟连县文化馆
24. 云南省临沧市临翔区文化馆
25. 云南省永德县文化馆
26. 云南省镇康县文化馆
27. 云南省双江县文化馆
28. 云南省耿马县文化馆
29. 云南省沧源县文化馆
30. 云南省楚雄市文化馆
31. 云南省南华县文化馆
32. 云南省姚安县文化馆
33. 云南省武定县文化馆
34. 云南省个旧市文化馆
35. 云南省建水县文化馆
36. 云南省弥勒县文化馆
37. 云南省红河县文化馆
38. 云南省金平县文化馆
39. 云南省麻栗坡县文化馆
40. 云南省丘北县文化馆
41. 云南省富宁县文化馆
42. 云南省永平县文化馆
43. 云南省洱源县文化馆
44. 云南省剑川县文化馆
45. 云南省瑞丽市文化馆
46. 云南省芒市文化馆
47. 云南省盈江县文化馆
48. 云南省贡山县文化馆
49. 云南省德钦县文化馆
50. 云南省维西县文化馆

西藏自治区（10个）

二级馆（2个）

1. 西藏林芝县文化馆
2. 西藏工布江达县文化馆

三级馆（8个）

1. 西藏自治区文化馆
2. 西藏拉萨市曲水县文化馆
3. 西藏昌都地区群众艺术馆
4. 西藏山南地区群众艺术馆
5. 西藏日喀则地区群众艺术馆
6. 西藏那曲地区群众艺术馆
7. 西藏安多县文化馆
8. 西藏米林县文化馆

陕西省（68个）

一级馆（9个）

1. 陕西省西安市群众艺术馆
2. 陕西省铜川市耀州区文化馆
3. 陕西省宝鸡市群众艺术馆
4. 陕西省乾县文化馆
5. 陕西省志丹县文化馆
6. 陕西省吴起县文化馆
7. 陕西省宁强县文化馆
8. 陕西省安康市群众艺术馆
9. 陕西省安康市汉滨区文化馆

二级馆（19个）

1. 陕西省蓝田县文化馆
2. 陕西省高陵县文化馆
3. 陕西省宝鸡市渭滨区文化馆
4. 陕西省宝鸡市金台区文化馆
5. 陕西省宝鸡市陈仓区文化馆
6. 陕西省眉县文化馆
7. 陕西省咸阳市杨陵区文化馆
8. 陕西省旬邑县文化馆

9. 陕西省富平县文化馆
10. 陕西省延安市群众艺术馆
11. 陕西省黄陵县文化馆
12. 陕西省榆林市榆阳区文化馆
13. 陕西省府谷县文化馆
14. 陕西省定边县文化馆
15. 陕西省绥德县文化馆
16. 陕西省汉阴县文化馆
17. 陕西省紫阳县文化馆
18. 陕西省旬阳县文化馆
19. 陕西省白河县文化馆

三级馆（40个）

1. 陕西省艺术馆
2. 陕西省西安市灞桥区文化馆
3. 陕西省西安市雁塔区文化馆
4. 陕西省西安市阎良区文化馆
5. 陕西省西安市长安区文化馆
6. 陕西省铜川市群艺馆
7. 陕西省宜君县文化馆
8. 陕西省凤翔县文化馆
9. 陕西省岐山县文化馆
10. 陕西省宝鸡市岐山县蔡家坡文化馆
11. 陕西省扶风县文化馆
12. 陕西省陇县文化馆
13. 陕西省千阳县文化馆
14. 陕西省麟游县文化馆
15. 陕西省凤县文化馆
16. 陕西省太白县文化馆
17. 陕西省三原县文化馆
18. 陕西省泾阳县文化馆
19. 陕西省长武县文化馆
20. 陕西省兴平市文化馆
21. 陕西省渭南市群众艺术馆
22. 陕西省渭南市临渭区文化馆
23. 陕西省华县文化馆
24. 陕西省大荔县文化馆
25. 陕西省澄城县文化馆
26. 陕西省汉中市群众艺术馆
27. 陕西省汉中市汉台区文化馆
28. 陕西省黄龙县文化馆
29. 陕西省城固县文化馆
30. 陕西省洋县文化馆
31. 陕西省西乡县文化馆
32. 陕西省佛坪县文化馆
33. 陕西省神木县文化馆
34. 陕西省石泉县文化馆
35. 陕西省宁陕县文化馆
36. 陕西省岚皋县文化馆
37. 陕西省平利县文化馆
38. 陕西省洛南县文化馆
39. 陕西省山阳县文化馆
40. 陕西省柞水县文化馆

甘肃省（51个）

一级馆（7个）

1. 甘肃省兰州市文化馆
2. 甘肃省嘉峪关市文化馆
3. 甘肃省金昌市文化馆
4. 甘肃省白银市群众艺术馆
5. 甘肃省张掖市甘州区文化馆
6. 甘肃省华亭县文化馆
7. 甘肃省瓜州县文化馆

二级馆（13个）

1. 甘肃省兰州市西固区文化馆
2. 甘肃省会宁县文化馆
3. 甘肃省武威市文化馆
4. 甘肃省武威市凉州区文化馆
5. 甘肃省高台县文化馆
6. 甘肃省平凉市文化馆
7. 甘肃省酒泉市群众艺术馆
8. 甘肃省酒泉市肃州区文化馆
9. 甘肃省玉门市文化馆
10. 甘肃省庆阳市文化馆
11. 甘肃省定西市文化馆
12. 甘肃省定西市安定区文化馆
13. 甘肃省甘南藏族自治州文化馆

三级馆（31个）

1. 甘肃省文化馆
2. 甘肃省兰州市安宁区文化馆
3. 甘肃省兰州市红古区文化馆
4. 甘肃省永登县文化馆
5. 甘肃省榆中县文化馆
6. 甘肃省白银市平川区文化馆
7. 甘肃省景泰县文化馆
8. 甘肃省天水市文化馆
9. 甘肃省天水市秦州区文化馆
10. 甘肃省天水市麦积区文化馆

11. 甘肃省清水县文化馆
12. 甘肃省秦安县文化馆
13. 甘肃省甘谷县文化馆
14. 甘肃省肃南县文化馆
15. 甘肃省民乐县文化馆
16. 甘肃省临泽县文化馆
17. 甘肃省山丹县文化馆
18. 甘肃省平凉市崆峒区文化馆
19. 甘肃省灵台县文化馆
20. 甘肃省庄浪县文化馆
21. 甘肃省静宁县文化馆
22. 甘肃省金塔县文化馆
23. 甘肃省敦煌市文化馆
24. 甘肃省环县文化馆
25. 甘肃省镇原县文化馆
26. 甘肃省通渭县文化馆
27. 甘肃省陇西县文化馆
28. 甘肃省渭源县文化馆
29. 甘肃省临洮县文化馆
30. 甘肃省岷县文化馆
31. 甘肃省永靖县文化馆

青海省（7个）

一级馆（2个）

1. 青海省互助县文化馆
2. 青海省格尔木市文化馆

二级馆（1个）

1. 青海省西宁市群众艺术馆

三级馆（4个）

1. 青海省大通县文化馆
2. 青海省乐都县文化馆
3. 青海省都兰县文化馆
4. 青海省天峻县文化馆

宁夏回族自治区（21个）

一级馆（10个）

1. 宁夏回族自治区文化馆
2. 宁夏银川市文化艺术馆
3. 宁夏贺兰县文化馆
4. 宁夏石嘴山市文化馆
5. 宁夏石嘴山市惠农区文化馆
6. 宁夏吴忠市文化馆
7. 宁夏青铜峡市文化馆
8. 宁夏隆德县文化馆
9. 宁夏中宁县文化馆
10. 宁夏海原县文化馆

二级馆（11个）

1. 宁夏永宁县文化馆
2. 宁夏灵武市文化馆
3. 宁夏石嘴山市大武口区文化馆
4. 宁夏平罗县文化馆
5. 宁夏同心县文化馆
6. 宁夏西吉县文化馆
7. 宁夏泾源县文化馆
8. 宁夏彭阳县文化馆
9. 宁夏中卫市文化馆
10. 宁夏固原市群众艺术馆
11. 宁夏固原市原州区文化馆

新疆维吾尔自治区（48个）

一级馆（13个）

1. 新疆乌鲁木齐市文化馆
2. 新疆乌鲁木齐市水磨沟区文化馆
3. 新疆克拉玛依市文化馆
4. 新疆克拉玛依市独山子区文化馆
5. 新疆克拉玛依市白碱滩区文化馆
6. 新疆昌吉回族自治州文化馆
7. 新疆玛纳斯县文化馆
8. 新疆奇台县文化馆
9. 新疆库尔勒市文化馆
10. 新疆轮台县文化馆
11. 新疆和静县文化馆
12. 新疆伊宁市文化馆
13. 新疆奎屯市文化馆

二级馆（7个）

1. 新疆昌吉市文化馆
2. 新疆阜康市文化馆
3. 新疆吉木萨尔县文化馆
4. 新疆伽师县文化馆
5. 新疆布尔津县文化馆
6. 新疆富蕴县文化馆
7. 新疆哈巴河县文化馆

三级馆（28个）

1. 新疆乌鲁木齐市天山区文化馆
2. 新疆乌鲁木齐市新市区文化馆
3. 新疆乌鲁木齐乌市米东区文化馆
4. 新疆鄯善县文化馆
5. 新疆巴里坤县文化馆
6. 新疆伊吾县文化馆

7. 新疆木垒县文化馆
8. 新疆若羌县文化馆
9. 新疆阿瓦提县文化馆
10. 新疆喀什地区文化馆
11. 新疆喀什市文化馆
12. 新疆疏附县文化馆
13. 新疆疏勒县文化馆
14. 新疆英吉沙县文化馆
15. 新疆莎车县文化馆
16. 新疆泽普县文化馆
17. 新疆叶城县文化馆
18. 新疆麦盖提县文化馆
19. 新疆巴楚县文化馆
20. 新疆伊宁县文化馆
21. 新疆霍城县文化馆
22. 新疆巩留县文化馆
23. 新疆新源县文化馆
24. 新疆塔城地区文化馆
25. 新疆塔城市文化馆
26. 新疆托里县文化馆
27. 新疆裕民县文化馆
28. 新疆阿勒泰市文化馆

文化部　财政部关于进一步加强公共数字文化建设的指导意见

文社文发〔2011〕54号

各省、自治区、直辖市文化厅（局）、财政厅（局），新疆生产建设兵团文化广播电视局、财政局，国家图书馆、文化部全国文化信息资源建设管理中心：

构建覆盖全社会的公共文化服务体系，是深入贯彻落实科学发展观，开创经济、政治、文化、社会四位一体的社会主义建设新局面、实现全面建设小康社会奋斗目标的重要任务。公共数字文化建设作为公共文化服务体系建设的重要组成部分，是数字化、信息化、网络化环境下文化建设的新平台、新阵地，是利用信息技术拓展公共文化服务能力和传播范围的重要途径，对于消除数字鸿沟，满足人民群众不断增长的精神文化需求、提高全民族文明素质，构建社会主义核心价值体系具有重要意义。现就进一步加强公共数字文化建设提出如下意见：

一、提高对公共数字文化建设重要性的认识

文化是一个民族的精神和灵魂，是国家发展和民族振兴的强大力量。文化建设是我国现代化建设总体布局的重要组成部分，加快公共文化服务体系建设是我国“十二五”时期经济社会发展的重要任务。近年来，党中央、国务院做出一系列关于公共文化服务体系建设的重大战略部署，我国公共文化服务体系建设呈现出蓬勃发展的良好态势，文化事业投入大幅增长，公共文化基础设施发展迅速，一批重点文化工程取得丰硕成果，覆盖城乡的公共文化服务体系正在形成。在党中央、国务院的高度重视下，在各级党委、政府的支持下，我国公共文化服务体系建设已进入整体推进、科学发展、全面提升的新时期新阶段，面临重要的战略发展机遇。

在数字化、信息化、全球化的时代背景下，深刻认识并准确把握国内外形势新变化新特点，结合人民群众不断增长的精神文化需求，将信息技术、数字技术、网络技术等现代科学技术和传播手段应用于公共文化服务体系建设，进一步加强公共数字文化建设，是适应时代发展的必然要求和战略选择。公共数字文化服务具有辐射面广、传播速度快、资源广泛共享等特点，有利于解决当前制约公共文化服务体系发展的突出矛盾和问题，对公共文化服务体系建设具有十分重要的意义。近年来，文化部、财政部共同组织实施了全国文化信息资源共享工程（以下简称“文化共享工程”）、数字图书馆推广工程和公共电子阅览室建设计划，并取得积极进展，为“十二五”时期的公共数字文化建设奠定了基础。但同时也必须看到，当前公共数字文化建设还不能满足人民群众日益增长的精神文化需求，在制度设计、资源整合、服务机制建设等诸多方面均有待加强。

进一步加强公共数字文化建设，是加快公共文化服务体系建设，全面提升公共文化服务能力和服务水平，使人民基本文化权益得到更好保障，让人民共享文化发展成果的需要；是深入推进文化体制改革，创新文化发展体制机制，增强文化发展活力与动力的需要；是维护文化安全，积极抢占网络文化阵地，把握信息技术环境下文化发展主导权的需要；是繁荣发展社会主义先进文化、全面提高人民思想道德素质和科学文化素质，构建社会主义核心价值体系的需要。各地文化厅（局）、财政厅（局）要高度重视公共数字文化建设工作，将其纳入当地政府文化发展规划和公共文化服务体系建设，加强领导，科学规划，加大投入，完善机制，全面推进公共数字文化建设。

二、明确公共数字文化建设的指导思想、建设原则和目标任务

（一）指导思想

以邓小平理论和“三个代表”重要思想为指导，深入贯彻落实科学发展观，坚持开拓创新、与时俱进，坚持为人民服务、为社会主义服务的方向，以重点公共数字文化惠民工程为抓手，以现代信息技术为支撑，以资源建设为重点，以打造基于新媒体的服务新业态为目标，努力满足信息化环境下人民群众日益增长的精神文化需求，充分发挥公共数字文化建设在传承先进文化、传播科学知识、提高公民文明素质、增强民族凝聚力和创造力、提升国家文化软实力等方面的重要作用。

（二）建设原则

坚持政府主导、社会参与的原则，突出公益性，维护和保障广大公众的基本文化权益；坚持统筹规划、协调发展的原则，发挥重点公共数字文化惠民工程的整体优势；坚持需求主导、服务为先的原则，了解群众对公共数字文化的需求，建设丰富适用的数字资源，加强公共数字文化的惠民服务；坚持规范建设，科学管理的原则，发挥先进信息技术和标准规范在公共数字文化建设中的基础作用；坚持共建共享、开放共赢的原则，加强合作共建，鼓励、引导社会力量参与公共数字文化建设，开创互利共赢的局面。

（三）目标任务

公共数字文化建设包括数字化平台、数字化资源、数字化服务等基本内容，以制度体系、网络体系、资源体系、管理体系和服务体系建设为着力点，构建海量分级分布式公共数字文化资源库群，建成内容丰富、技术先进、覆盖城乡、传播快捷的公共数字文化服务体系，为广大群众提供丰富便捷的数字文化服务，切实保障信息技术环境下公共文化服务的公益性、基本性、均等性、便利性。重点实施文化共享工程、数字图书馆推广工程和公共电子阅览室建设计划三大公共数字文化惠民工程，在此基础上，广泛动员各方面力量，逐步拓展范围，带动数字美术馆、数字文化馆、数字博物馆、数字爱国主义教育基地等建设，大力整合汇聚非物质文化遗产、国有艺术院团、民间文艺社团等方面的数字化资源，不断丰富和加强公共数字文化建设，从而丰富公共文化服务内容，拓展公共文化服务阵地，整合公共文化服务资源，创新公共文化服务手段，提高公共文化服务水平，完善公共文化服务体系。

三、实施重点公共数字文化惠民工程

“十二五”时期，重点实施文化共享工程、数字图书馆推广工程和公共电子阅览室建设计划，加强统筹，协调发展，提升三大公共数字文化惠民工程的整体效能。三大公共数字文化惠民工程是公共文化服务体系的基础性工程，是政府提供公共文化服务的重要手段，是实现广大人民群众基本文化权益的重要途径，是改善城乡基层群众文化服务的创新工程。文化共享工程实施多年，初步构建起覆盖城乡的公共数字文化服务网络，初步实现了优秀文化信息资源的全民共享；数字图书馆建设经过十多年的发展，在数字资源、技术与标准规范方面成果显著，为公共数字文化建设提供强有力的服务资源保障与技术、标准支撑；公共电子阅览室作为基层服务窗口，是汇聚共享工程、数字图书馆及互联网海量信息资源的公共数字文化服务终端。三大惠民工程既有内在联系又各有侧重，在组织实施上，应统一规划，统筹兼顾；在技术平台和网络建设上，应做好协调，不重复建设；在资源建设上，应各有侧重，突出特色；在标准规范上，应统一规则，相互兼容。三大惠民工程互为支撑，互相促进，形成合力，共同在公共数字文化建设中发挥重要作用。

（一）文化共享工程

文化共享工程作为公共文化服务体系的基础工程和重要平台，相继列入国家“十一五”规划和“十二五”规划。经过九年来的建设，文化共享工程已初步建成国家、省、市/县、乡镇/街道、村/社区五级服务网络，包括1个国家中心、33个省级分中心、2867个县级支中心、22963个乡镇基层服务点，以及与全国农村党员干部现代远程教育工作和农村中小学现代远程教育工程合作共建的59.7万个基层服务点，数字资源建设总量达到108TB。“十二五”时期，文化共享工程将进一步加大整合力度，建设“公共文化数字资源基础库群”，资源总量达到530TB；在城市社区、文化馆新建基层服务点，加强已建基层点的管理，发展完善覆盖城乡的服务网络，到“十二五”末达到基层服务点100万个，入户覆盖全国50%以上的家庭；利用“云计算”和“三网融合”技术，提升整个网络的服务能力与管理能力；大力推进进村入户，广泛开展惠民服务，实施以“农村实用技术人才培养计划”为重点的网络培训；与公共电子阅览室建设计划相结合，加快建设以公共图书馆、学校电子阅览室、社区文化活动中心为载体的未成年人公益性上网场所，更好地满足人民群众特别是广大青少年的精神文化需求。

（二）数字图书馆推广工程

数字图书馆推广工程的核心内容是建设覆盖全国的数字图书馆虚拟网、互联互通的数字图书馆系统平台和海量分布式数字资源库群，形成完整的数字图书馆标准规范体系，借助全媒体提供数字文化服务。数字图书馆推广工程将进一步加强资源共享，扩大资源总量，形成规模效益，有效扩充全国各级公共图书馆的数字资源，避免重复建设；将全面提升各级公共图书馆的文献保障水平和信息服务能力，拓展服务渠道，丰富服务手段；将推广我国在数字图书馆软硬件平台建设方面的成果，搭建标准化和开放性的数字图书馆系统；将为广大公众提供多层次、多样化、专业化、个性化的数字图书馆服务，打造基于新媒体的图书馆服务新业态。到“十二五”末，全国各级公共图书馆可用数字资源量将得到较大、均衡的增长，工程数字资源总量达到10000TB，其中国家图书馆数字资源总量达到1000TB，与2010年底的480TB相比翻一番；每个省级数字图书馆可用数字资源量达100TB，每个市级数字图书馆可用数字资源量达30TB，每个县级数字图书馆可用数字资源量达4TB。工程的实施将整体提升我国各级图书馆的服务能力和服务水平，到“十二五”末，以互联网、移动通信网、广电网为通道，借助手机、数字电视、移动电视等新兴媒体，使数字图书馆的服务覆盖全国省、市、县、乡镇（街道）、村（社区），促进公共文化服务新业态的形成。

（三）公共电子阅览室建设计划

公共电子阅览室建设计划以保障人民群众的基本网络文化权益为目标，以未成年人、老年人、进城务工人员等群体为重点服务对象，依托文化共享工程的服务网络和设施，以及文化共享工程、国家数字图书馆丰富的数字资源，与文化共享工程建设、乡镇文化站建设、街道（社区）文化中心（文化活动室）建设，以及中央文明办组织实施的“绿色电脑进西部活动”相结合，在城乡基层大力推进公共电子阅览室建设，努力构建内容安全、服务规范、环境良好、覆盖广泛的公益性互联网服务体系。实施公共电子阅览室建设计划，将为广大人民群众特别是未成年人提供公益性上网场所，吸引广大人民群众参与积极、健康的网络文化活动；将进一步完善全国各级公共图书馆、文化馆（站、室）的软硬件设施，增强各级公共图书馆、文化馆（站、室）的数字文化服务能力，把更多适应人民群众需求的数字资源传送到社区、城镇和农村，活跃基层群众的文化生活，推进全社会的信息化。到“十二五”末，努力实现公共电子阅览室在全国乡镇、街道、社区的全覆盖。

四、提高公共数字文化供给能力，创新公共数字文化服务机制

在实施重点公共数字文化惠民工程的基础上，全面加强公共数字文化的制度体系、网络体系、资源体系、管理体系和服务体系建设，提高公共数字文化供给能力，创新公共数字文化服务机制。

（一）推进公共数字文化建设制度设计，实现科学规划

开展专题调研，推进公共数字文化建设的制度设计和机制研究，实现科学规划和全面可持续发展。充分发挥专家作用，成立专家委员会，加强宏观研究工作，包括顶层设计、总体规划、技术创新、绩效评估等；积极开展公共数字文化建设管理体制创新研究，坚持政府主导、多方参与、统筹兼顾、动态协调的原则，不断完善管理格局，创新管理机制，提升管理和服务水平；探索并创建科学的运行机制，推进建立各部门协调联动机制，加强各有关部门的责任分工、协调与合作；构建纵横联合的区域联动机制，加强协调合作，推动公共数字文化建设的顺利实施。

（二）发展完善公共数字文化设施网络，实现双向互动

依托各级公共图书馆、文化共享工程各级中心、公共电子阅览室以及文化馆（站、室）、社区文化中心等公共文化基础设施，发展完善公共数字文化设施网络；以文化共享工程的服务网络和数字图书馆的虚拟网为基础，构建覆盖城乡、便捷高效的数字文化服务网，将各类数字资源，包括电子图书、电子期刊、电子报纸、图片、音视频等，分发推送到基层，实现全国用户对资源的统一搜索和主动获取；在提供资源服务的同时，采集用户的个性化行为需求和数字资源使用信息，从而掌握舆情信息和文化需求，引导资源投放和服务侧重，形成双向互动的良性循环，保障公共数字文化服务的高效运行。

（三）加强公共数字文化资源建设，实现共建共享

统筹规划文化共享工程与数字图书馆推广工程的数字资源建设，调动各地积极性，拓展资源征集渠道，提高公共数字文化资源供给能力；建立群众对数字文化服务需求的反馈机制，突出精品，体现特色，适应群众文化需求，有针对性地开展资源建设；注重建立资源之间的关联，实现数字资源的深

层揭示与知识组织，以文本、动画、影像、音视频、在线讲座和在线展览等多种手段展现优秀文化资源，弘扬中华优秀文化；构建分级分布式公共文化资源库群和全国数字资源保障中心，在全国范围内形成有效的数字资源保障体系。

（四）搭建集中统一的运行管理平台，实现规范管理

采取科学化、系统化、规范化的管理手段，确保公共数字文化体系的稳定运行和有效监管。搭建中央控制管理平台，实时采集各级各类终端的运行情况信息及用户的个性化需求信息，实现对各级服务站点和个人用户的精细化管理；构建公共数字文化安全管理平台，应用网络安全技术、网络安全设施，保障用户上网安全；建立健全管理制度，通过统一管理、专业化培训、标准化服务以及统一标识、树立品牌形象等管理及推广手段，扩大公共数字文化在社会上的影响力。

（五）打造基于新媒体的服务新业态，实现创新发展

打造基于互联网、广播电视网和移动通信网的跨网络、跨终端的服务新业态，通过服务模式创新、新技术与新媒体应用、系统平台搭建与推广等方式，建设基于互联网的综合服务系统、覆盖全国移动通信网的数字内容体系，借助新兴媒体，提供多层次、多样化、专业化、个性化的数字文化服务，扩大公共文化服务的覆盖面和辐射力，切实保障人民群众获取公共文化服务的普遍性和均等性。建设满足不同层次用户需要的开放式数字文化服务平台，使数字文化建设成果能够融入人民群众日常生活与工作学习，为全民共享。

（六）鼓励开放合作的数字文化建设新局面，实现互利共赢

在资源建设、技术平台建设等方面，加强与教育、科研等系统数字图书馆建设项目的合作共建、互联互通；吸引群众参与数字资源建设，探索、引导社会力量参与公共数字文化建设，鼓励企业开发和推广弘扬民族精神、反映时代特点、有益于未成年人健康成长的数字文化产品；鼓励企业以优惠条件参与公共数字文化建设，通过与电视媒体、网络媒体和通讯运营商的合作，拓展公共数字文化的服务渠道，同时扩大合作者的用户群体，开创互利共赢的局面；积极探索国际间文化交流与合作模式，进一步扩大中华文化的传播范围。

五、加强领导，完善投入和保障机制

（一）加强组织领导和统筹规划

各地要高度重视公共数字文化建设工作，将其纳入当地政府文化发展规划和公共文化服务体系建设，切实加强组织领导，做好统筹规划，充分发挥文化共享工程、数字图书馆推广工程、公共电子阅览室建设计划三大数字文化惠民工程的整体优势，依托各级公共图书馆、文化共享工程各级中心、公共电子阅览室以及文化馆（站、室）、社区文化中心等公共文化基础设施，注重与教育、科研等系统的合作共建，形成合力，共同促进公共数字文化的建设。要重点做好资源建设，开展惠民服务，加大宣传力度，营造全社会共同关注、参与和支持公共数字文化建设的良好氛围，让群众充分享受公共数字文化服务，使公共数字文化建设成果惠及更广泛的基层群众。

（二）完善投入和保障机制

中央财政设立专项资金，对三大公共数字文化惠民工程建设所需经费予以补助。各地要积极争取地方党政领导的重视和支持，确保地方财政资金足额按时到位，并做好经费管理和使用，使财政资金充分发挥效益。要研究制定政策措施，鼓励社会力量投资文化建设，逐步形成政府投入为主、社会多渠道筹资为辅的投入格局；加强对公共数字文化建设有关政策法规的研究，完善法律法规，加强政策保障。各级文化主管部门要建立管理和考核机制，对公共数字文化建设工作进行督导和检查。

（三）注重人才培养和队伍建设

建立人才培养机制，为公共数字文化建设提供人力资源基础。充分发挥中央和地方文化单位积极性，通过分级培训的方式，不断提高从业人员的思想水平和业务素质，培养一支既具备较高技术素质和专业知识，又具备实际技能的人才队伍。国家图书馆和全国文化信息资源建设管理中心要组织力量编制教材，面向省级图书馆和省级支中心开办骨干培训班；各地要组织好本地区的培训工作，重点建设一批爱岗敬业、善于管理服务设施和组织基层文化服务项目的专业队伍；要拓宽视野，把社会工作者、志愿者作为人才队伍建设的有机组成部分，切实做好人才配置工作，以适应公共数字文化建设工作的需要。

各地文化厅（局）、财政厅（局）要按照本意见的精神，结合当地实际，加强调查研究，认真贯彻落实，及时总结经验，不断完善提高，积极探索新时代公共文化服务新方式，进一步加强公共数字文化建设，为文化发展注入新的活力，繁荣和传播社会主义先进文化，推动社会主义文化大发展大繁荣。

中国文化年鉴

Almanac Of Chinese Culture

专业艺术

Professional arts

综　述

2011年，艺术司在部党组和分管部长的正确领导下，认真学习贯彻党的十七大和十七届六中全会精神，把“庆祝建党90周年和纪念辛亥革命100周年，推出更多优秀作品，满足人民群众精神文化需求”作为全年中心工作，加强对艺术产品创作生产的引导。始终坚持正确的文艺方向，在具体工作思路上，用科学辩证思维指导艺术实践，用符合文艺规律的方式推动艺术发展，一切从实际出发，坚持两手抓、两加强，坚持弘扬主旋律与提倡多样化并重，精品艺术创作与面向基层演出并举，创新剧目与保留剧目并立，国有艺术院团和民营艺术院团并进，努力推动艺术事业的全面协调可持续发展。

一、围绕大局，突出重点，成功举办庆祝建党90周年和纪念辛亥革命100周年系列文艺活动

成功举办庆祝建党90周年“我们的旗帜”文艺晚会，1500多名老中青三代文艺工作者参加演出，晚会主题深刻，气势磅礴，感情充沛，受到中央领导的赞扬和社会各界的好评。举办2011年全国现代戏优秀剧目展演，《生命档案》、《西京故事》等参演剧目主题鲜明，关注现实，生动感人，唱响了时代主旋律，把现代戏创作推向新的高度。举办庆祝建党90周年美展，以时代画卷展现光辉历程。为纪念辛亥革命100周年，举办“百年风云·壮志丹青”美展、“光明行”民族音乐会、“何香凝精品艺术展”。

二、坚持正确方向，加强引导扶持，促进艺术事业进一步繁荣发展

（一）重点艺术工程积极推进，政策措施得到加强

继续实施国家舞台艺术精品工程，《国家重点京剧院团保护和扶持规划》、《国家昆曲艺术抢救、保护和扶持工程》、《中国民族音乐发展和扶持工程》，整理改编、创作演出一批优秀作品。利用国家美术收藏和捐赠奖励专项资金，对一批美术家捐赠作品进行奖励收藏。完善中直院团优秀剧节目创作演出资金和场次补贴使用办法，采取以奖代拨的方式，鼓励和扶持中直院团艺术创作。上报《扶持发展歌剧交响乐芭蕾舞民族音乐工作情况的报告》，制定《中国杂技振兴规划（2011～2015)》，开展了演艺与资本对接、小剧场话剧发展等专题调研，提出政策建议。

（二）重大艺术活动展现创作繁荣，社会效益明显

与湖北省政府在武汉举办第六届中国京剧艺术节，海内外35台剧目参加，名家云集，流派纷呈，集中展示了近年来京剧创作成果，64场剧场演出和20多场基层演出，观众达17万人次。与中国作协、福建省政府在厦门举办第三届中国诗歌节，海内外的一百余位诗人共襄盛举，22场专业演出、诗歌论坛和群众文化活动丰富多彩，吸引了50万群众参与，为诗歌艺术创作和普及搭建了良好平台。与福建省政府在福州举办首届中国歌剧节，16台经典和原创歌剧参加，评选出《红河谷》等优秀剧目，为中国歌剧的长远发展奠定良好基础。

（三）重要展演活动坚持正确导向，推出精品佳作

继续举办国家艺术院团优秀剧目展演，建立国家艺术院团创作生产的有效机制和演出交易平台，9个院团推出36台剧目，其中新创剧目占一半以上，《四世同堂》、《红河谷》、《汉苏武》等优秀剧目受到好评，演出交易会上签约演出571场，金额达1.16亿元，比上年大幅增长，实现了社会效益和经济效益的双丰收。在上海举办全国小剧场话剧优秀剧目展演。精心组织新年京剧晚会、全国政协元旦茶话会、文化部春节电视晚会、元宵节联欢晚会、《祖国颂》国庆音乐会、新年民乐音乐会等一系列重大文艺演出，受到胡锦涛、李长春等中央领导的高度肯定。

（四）评介推广工作不断加强，产生积极影响

坚持正确评奖导向，改进文艺评奖工作，举办第九届全国舞蹈比赛、黄河大合唱邀请赛等活动，发现和鼓励了一批优秀作品和人才。加强优秀作品推广，举办“国家重大历史题材美术创作工程”作品巡展，推动优秀保留剧目、“复兴之路”音乐会、话剧《郭明义》、豫剧《苏武牧羊》在全国巡演。加强了文艺评论，积极引导创作。重视新闻宣传，突出重点，精心策划，利用各种宣传媒体，宣传推介艺术创作成果。全年仅在中央电视台《新闻联播》中播发的新闻就有20余条，热点持续不断，产生了积极的社会影响。

三、深入基层，服务人民，为人民群众奉献更好更多的精神食粮

2011年元旦、春节前后，在王文章副部长的亲自带领下，组织中直院团开展“三下乡”活动，

赴各地演出91场，观众达30万人次。推动中直院团建立联系基层基地。组织艺术家赴四川考察灾后重建工作。开展“高雅艺术进校园”活动，中直院团在高校演出195场，观众达40万人次。推动国家级和省级美术馆于2011年年底前向公众免费开放。关心西部地区文艺创作，组织中央民族乐团和新疆艺术剧院联合排练演出大型民族音乐会“美丽新疆”。

回顾2011年工作，我们欣喜地看到，党和国家以及部党组高度重视艺术创作在文化建设中的基础性作用，为艺术事业发展提供了良好条件，营造了良好氛围。从总体上看，艺术司全年工作具有一定的前瞻性，围绕中心，服务大局，科学谋划和指导艺术创作，举办了“我们的旗帜”文艺晚会、“全国现代戏优秀剧目展演”等一系列具有导向性和示范性的主题活动，得到了中央领导的好评。面对当前艺术领域中存在的一些问题，连续举办国家艺术院团优秀剧目展演，促进了国家艺术院团的艺术创作，演出场次和演出收入不断增加，精神面貌焕然一新，树立了舞台艺术“国家队”的良好形象，适时举办全国小剧场话剧优秀剧目展演，引导其健康发展。从党和国家2011年举办的大事喜事中，在文化部和各地举办的艺术活动中，可以看出，当前艺术创作持续繁荣，各个门类百花齐放，演出展览活跃，社会反响积极，涌现出一批代表国家水准、体现时代精神、深受人民喜爱的新品佳作，既唱响了时代的主旋律，又体现了艺术作品的丰富性、多样性和创新性。这些成绩的取得，是部党组坚持正确领导的结果，是兄弟司局和单位大力支持的结果，是全国文艺工作者共同努力的结果，是艺术司全体同志团结奋斗的结果。同时我们也要清醒地看到，与人民群众的需求和期待相比，艺术创作还存在一定差距，艺术精品还不够多，原创能力和艺术质量需要提高，艺术创作队伍建设有待加强，对艺术创作的投入需要进一步加大，艺术作品评价推广体系急需完善，濒危艺术品种急需抢救保护。解决这些不足和问题，必须以党的十七届六中全会精神为指导，进一步加强对艺术作品创作生产的引导；必须深化改革，开拓创新，逐步完善促进艺术创作科学发展的体制机制；必须加强政策保障，保证财政对艺术创作的投入增长，为精品创作演出和评介推广提供条件。

专　题

庆祝中国共产党成立90周年文艺晚会“我们的旗帜”

2011年是中国共产党成立90周年，也是实施“十二五”规划的开局之年，隆重纪念中国共产党成立90周年，对于鼓舞全党全军全国各族人民意气风发地投身改革开放和社会主义现代化建设，坚定不移地把中国特色社会主义的伟大事业推向前进，具有特殊重要的意义。

6月29日晚，庆祝中国共产党成立90周年文艺晚会“我们的旗帜”在北京人民大会堂隆重举行。党和国家领导人胡锦涛、吴邦国、温家宝、贾庆林、李长春、习近平、李克强、贺国强、周永康出席观看晚会，与首都各界群众6000多人共同庆贺中国共产党九十华诞。

晚会由中宣部、文化部、广电总局、解放军总政治部和北京市联合主办，来自中央、地方和军队的1500多名老中青三代文艺工作者参加了演出。

整台晚会由序“历史的选择”、“人民的心声”、“难忘的岁月”、“民族的脊梁”、“我们的旗帜”5部分组成，精选了建党90年来各个历史时期最具有代表性而又家喻户晓的歌曲、音乐和舞蹈作品，加以重新诠释和演绎，具有强烈的时代精神与鲜明的艺术特色。晚会在开场歌舞《鲜红的党旗》中拉开序幕。在第一篇章“人民的心声”中，来自全国各地的56个民族的人们，在热情而欢快的民族音乐中载歌载舞，用悦耳动听的民歌联唱，表达着各族人民心向党的真挚感情。在第二篇章“难忘的岁月”中，配乐朗诵《破晓的曙光》，歌舞《七律·长征》，原生态男女声演唱《山丹丹开花红艳艳——东方红》，歌舞《保卫黄河》、《向着胜利》、《没有共产党就没有新中国》等节目生动而形象地表达了共产党从诞生到发展壮大的一路艰苦卓绝却英勇顽强的光辉历程，抒发了在中国共产党的带领下，中国人民当家作主站起来的壮志豪情。第三篇章“民族的脊梁”通过社会主义建设时期和改革开放时期的歌曲联唱，生动再现了火热的年代中，中国共产党带领全国人民投入到社会主义建设高潮中的革命激情与精神风貌，讴歌了全国各族人民在中国共产党的领导下，沿着改革开放正确方向，昂首阔步走向新征程。之后的配乐诗朗诵《脊梁》和歌舞《风雨同舟》，表达了共产党和人民万众一心，众志成城战胜各种艰难险阻，取得世人瞩目伟大成就的革命英雄主义精神。在女声独唱《江山》充满深情的声音中，大屏幕上的同步影像印证了十六大以来在党的领导下国富民强、国际地位不断提升的大好形势。第四篇章“我们的旗帜”中，90名新党员在共产党90岁生日之际隆重举行入党宣誓，交响合唱《迎风飘扬的旗》以饱满的激情歌唱出全党、全军、全国各族人民走向新的辉煌的豪迈之情。最后，在舞台上下、全体演员共同演唱《走向复兴》的乐曲声中，庆祝中国共产党成立90周年文艺晚会“我们的旗帜”落下帷幕。

“我志愿加入中国共产党，拥护党的纲领，遵守党的章程……”晚会第四篇章“我们的旗帜”用一场特殊的入党宣誓仪式开始。鲜艳的党旗下，全国优秀共产党员、新时期学习实践雷锋精神优秀代表郭明义带领90名新党员代表庄严宣誓。一句句誓词掷地有声、动人心魄，说出了新一代中国共产党人的崇高信仰与执著追求。随后，交响合唱《迎风飘扬的旗》以激情四溢的歌声，唱出了亿万人民永远跟随党高举中国特色社会主义伟大旗帜阔步迈进的壮志豪情。

晚会即将结束时，全体演员放声高唱《走向复兴》。在铿锵有力的旋律声中，胡锦涛、吴邦国、温家宝、贾庆林、李长春、习近平、李克强、贺国强、周永康走上舞台，同演职人员亲切握手，祝贺演出成功。

出席观看晚会的领导同志还有：王刚、王乐泉、王兆国、王岐山、回良玉、刘淇、刘云山、刘延东、李源潮、张德江、徐才厚、郭伯雄、李岚清、曾庆红、罗干、何勇、令计划、王沪宁、路甬祥、乌云其木格、韩启德、华建敏、陈至立、周铁农、李建国、司马义·铁力瓦尔地、蒋树声、陈昌智、严隽琪、桑国卫、梁光烈、马凯、孟建柱、戴秉国、廖晖、杜青林、白立忱、陈奎元、阿不来提·阿不都热西提、李兆焯、黄孟复、张梅颖、张榕明、钱运录、孙家正、李金华、万钢、林文漪、厉无畏、罗富和、陈宗兴、王志珍和迟浩田、张万年、姜春云、曹刚川、倪志福、布赫、铁木尔·达瓦买提、彭珮云、司马义·艾买提、成思危、许嘉璐、顾秀莲、热地、盛华仁、肖扬、贾春旺、杨汝岱、毛致用、王文元、王忠禹、张思卿、罗豪才、徐匡迪、张怀西、李蒙，中央军委委员陈炳德、李继耐、廖锡龙、常万全、靖志远、吴胜利，以及于永波、王克、乔清晨。

光辉历程·时代画卷——庆祝中国共产党成立90周年美术作品展览

6月27日下午，为热烈庆祝中国共产党成立90周年，由文化部主办、中国美术馆承办的“光辉历程·时代画卷——庆祝中国共产党成立90周年美术作品展览”在中国美术馆隆重开幕。中共中央政治局委员、国务委员刘延东出席展览开幕式并参观了展览。文化部党组书记、部长蔡武致开幕词，开幕式由文化部党组成员、副部长王文章主持。

“光辉历程·时代画卷——庆祝中国共产党成立90周年美术作品展览”是全国美术界献给党的九十华诞的一份厚礼，也是庆祝党的生日、歌颂党的光辉历程和伟大业绩的一次重大文化活动。

蔡武部长在开幕词中强调：“此次由文化部主办的庆祝中国共产党成立90周年美术作品展览，大规模汇集了以中国共产党的历史为主题的优秀美术作品。通过这些具有时代性的经典作品，全景式展示了中国共产党领导下的可歌可泣的革命历史和英雄业绩，描绘了人民群众火热的社会生活和昂扬奋进的精神风貌，歌颂了中国共产党在争取民族独立和人民解放事业征程上所建立的不朽功勋，以及领导和团结全国各族人民推进社会主义革命和建设、开创改革开放伟大事业，取得全面进步的重大成就；展现了中国共产党人坚定理想、艰苦奋斗、勇于奉献、全心全意为人民服务的精神风范与光辉形象；唱响了共产党好、社会主义好、改革开放好、伟大祖国好、各族人民好的时代主旋律。与此同时，本次展览也较为全面地展示了在党的文艺方针指引下，我国美术创作，特别是主题性美术创作所取得的巨大成就。我国广大美术工作者坚持‘二为’方向和‘双百’方针，在艺术上树立起新的文化理想，以豪迈的革命激情积极投身实践，深入生活，贴近群众，紧扣时代脉搏，将对党、对国家、对人民的深情熔铸在创作之中，以富有创造性的艺术语言和多样化的艺术风格，真实地反映社会现实与时代发展主流，创造了富有时代特征和民族精神的中国美术创作的崭新面貌。”

本次展览从展览策划到作品遴选，从展览结构到展示设计，从宣传推广到展览期间丰富的公共教育项目，每一个环节都精心安排，反复论证。展览共计展出包括中国画、油画、版画、雕塑、连环画、年画在内的各种类型的优秀美术作品近300件。参展作品以中国美术馆馆藏作品为主，同时兼及国内多家重要博物馆、美术馆和艺术机构的珍贵藏品，可谓名家荟萃、精品纷呈。不仅有曾在20世纪中国美术史上产生广泛影响、堪称中国美术的“红色经典”的名家名作，让观众能够欣赏名家艺术的精湛手笔，感受经典作品恒久的艺术魅力；也有近年来在“国家重大历史题材美术创作工程”等主题性创作活动中涌现的优秀作品，以新的主题、新的视角、新的感受展开了丰富多元的当代中国美术创作的新气象。整个展览以史诗般的丹青画卷展示出中国共产党的光辉历程和伟大业绩。同时，荟萃名家名作，展示出在党的文艺方针指引下中国美术创作的时代精神，以鲜明的主题性和较高的艺术性展示出中国美术在重大主题创作上的学术特色。

展览的组织策划工作也得到了中央党史研究室专家的大力支持和协助。展览分为三大部分，每一部分又分设不同篇章，形成总主题引领和分主题展开的结构。第一部分是“争取新民主主义革命的伟大胜利（1921～1949）”，设“开天辟地”、“星火燎原”、“中流砥柱”、“全国解放”4个篇章。第二部分是“社会主义革命和建设时期（1949～1978）”，设“开国奠基”、“探索前进”2个篇章；第三部分是“改革开放和现代化建设新时期（1978～2011）”，设“新的起点”、“辉煌成就”2个篇章。

国家舞台艺术精品工程

国家舞台艺术精品工程是文化部、财政部共同实施的一项旨在扶持舞台艺术发展的重大建设项目。工程自2002年启动以来，推出了50台精品剧目和一批优秀作品，凝聚和培育了一大批艺术人才，对于繁荣艺术创作，增强文化吸引力，丰富人民群众的精神文化生活发挥了重大作用。

1月6日，国家舞台艺术精品工程授牌仪式在京举行。经过文化部评审，选出了2008～2009年度重点资助剧目以及2009～2010年度资助剧目，中央财政将投入资金对这些优秀剧目给予奖励。副部长欧阳坚、赵少华，中纪委驻文化部纪检组组长李洪峰，副部长杨志今、王文章，国家文物局局长单霁翔，部长助理高树勋参加了授牌仪式，并为这些优秀剧目颁发奖牌。

上海京剧院的京剧《成败萧何》、荆门市艺术剧院的花鼓戏《十二月等郎》和陕西省戏曲研究院的秦腔《大树西迁》等10部优秀剧目被评为2008～2009年度重点资助剧目。此外在各地推荐的基础上，北京人民艺术剧院的话剧《窝头会馆》、天津市儿童艺术剧团的话剧《第七片花瓣》以及河北省京剧院的京剧《响九霄》等42部剧目入选2009～2010年度资助剧目。

《国家重点京剧院团保护和扶持规划》实施5年工作情况报告

2005年，李长春、陈至立等党中央、国务院领导同志提出在全国范围内确定国家重点京剧院团并对其加大保护和扶持力度的工作要求。根据党中央、国务院领导同志的批示精神，2005年11月10日至31日，文化部对27个省、自治区、直辖市的37个京剧院团进行了全面评估，在全国范围内确定了11个国家重点京剧院团和17个省级重点京剧院团，并拟定《国家重点京剧院团保护和扶持规划》，同时积极与财政部沟通，设立“国家重点京剧院团保护和扶持专项资金”，以每5年为周期，对11个国家重点京剧院团实行保护和扶持，第一期实施从2006年开始，至2010年结束。2009年，李长春再次批示：“京剧是国粹，要予以保护，是国家保护的两剧种之一（昆曲和京剧）。国家已列11个重点院团，要不断加强扶持力度。对地方上，要通过调研提出指导意见。”2010年2月26日，刘延东在《文化部关于国家重点京剧院团优秀剧目展演暨福建京剧院建院60周年系列活动工作情况的总结报告》上批示：“望在总结经验的基础上拓展思路，完善政策，协同有关部门实施好《国家重点京剧院团保护和扶持规划》，坚持改革创新，加大扶持力度，加强人才培养，充分调动广大京剧艺术工作者的积极性，为京剧艺术的繁荣与发展做出新的更大贡献。”文化部迅速落实党中央、国务院领导同志的重要批示，对在新的时期继续做好京剧院团的扶植和推动京剧艺术的发展，进行工作部署。

在党中央、国务院领导同志的高度重视支持下，在社会各界特别是朱镕基、李瑞环、丁关根等老领导的关心推动下，实施《国家重点京剧院团保护和扶持规划》5年以来，全国京剧院团的状况获得了较大的改善，逐渐建立起以11个国家重点京剧院团为中心的京剧艺术创作生产基地，使之成为京剧剧目创作中心、京剧艺术保护和发展中心、京剧艺术交流普及中心、京剧资料收集整理与研究中心；整理、改编了一批优秀的传统剧目，创作了一批思想内涵和艺术水平都达到一定水准的优秀剧目；培养出一批潜心京剧艺术、德艺双馨的专门人才；通过扶持公益性演出、举办国家指定性演出的方式，培育起新一代京剧观众，进一步开拓了京剧市场；通过实施“走出去”战略，足迹遍及五大洲，扩大了京剧艺术的国际影响，取得了良好的经济效益和社会效益。

一、挖掘、整理、改编优秀的传统经典剧目和折子戏，重点扶持优秀新剧目的创作，推动院团舞台艺术的整体发展

具有广泛社会影响的优秀剧目，代表着京剧艺术丰厚的文化内涵，是京剧艺术在民族艺术中占有重要地位的保证。支持国家重点京剧院团整理、改编优秀保留剧目，抓好新编历史题材剧目和现代题材剧目创作和演出，是文化部保护、扶植京剧艺术发展的重点。在《国家重点京剧院团保护和扶持规划》实施期间，文化部重点扶持的一批新创作剧目，如《成败萧何》、《飘逸的红纱巾》、《下鲁城》、《郑和下西洋》、《白洁圣妃》、《铁道游击队》等，都以极强的思想和艺术的感染力赢得了观众的充分肯定。

在创作新剧目的同时，复排与继承优秀传统剧目、保留剧目，也是各重点京剧院团的工作重点。《国家重点京剧院团保护和扶持规划》实施后，各京剧院团加大了对优秀传统剧目的复排力度，并根据本京剧院团的流派特色，有重点、有选择地抢救了数百出传统剧目。如天津京剧院成立武戏研究室，挖掘、整理了一批鲜见舞台的武戏；沈阳京剧院积极抢救挖掘唐（韵笙）派濒危剧目，体现出京剧艺术对传统流派的继承和发展。5年来，11个国家重点京剧院团共创作新剧目76台，整理改编传统剧目266台。

二、实施形式多样的人才培养计划

培养青年京剧人才是京剧艺术继往开来的重要条件。人才培养是国家重点京剧院团保护和扶持计划的工作重点，也是京剧院团工作的重心所在。2006～2010年，文化部艺术司举办了两届京剧表演培训班、一届京剧导演培训班和周信芳艺术流派研习班，来自全国28个国家级、省级重点京剧院团的100多位演员和导演参加培训。同时，中国戏曲学院举办的研究生班和京剧流派班等，都为各京剧院团培训了一批专门人才，取得了良好效果。此外，通过由院团申报项目再予以资金扶持的方式，支持全国重点京剧院团实施了多样化的京剧人才培养计划，举办了人才培训班近300班次。主要实施项目有：（1）院团聘请名师名家到团“一对一”授艺；（2）选送本团青年演员到各大戏剧院校进修；（3）为青年京剧演员举办专场演出、录制艺术专辑；（4）通过复排优秀传统剧目和新人担纲新剧目创作，为青年演员创造更多演出锻炼的机会；（5）支持青年演员参加重大赛事。通过实施培养扶持计划，各重点京剧院团人才建设成绩显著，建立起一支老、中、青各放异彩、薪火相传的艺术人才梯队，涌现出一批优秀青年京剧演员。

三、支持公益性演出和基层演出，同时鼓励京剧院团实施营销战略、开拓市场，让更多观众走进剧场

培养一批热爱民族文化、欣赏京剧艺术的观众群体，尤其是培养青年观众，是京剧艺术赖以生存和发展的基础。2006～2010年，11个国家重点京剧院团努力开拓市场，共演出13930场。其中，在《国家重点京剧院团保护和扶持规划》扶持下，进校园演出1000余场，观众达150万人次，并通过讲座、互动等方式，加深了青年观众对京剧艺术的认识，培养了一批青年京剧观众，为京剧艺术增添了生机和活力。

四、举办一系列有影响的京剧展演活动

2008年，文化部在济南举办第五届中国京剧艺术节，共有来自全国40多个单位的37台新创剧目参与演出，参演剧目之多、演出规模之大均为历届之最。第五届中国京剧艺术节后，文化部从中选调15台优秀剧目晋京演出，庆祝改革开放30周年。新中国成立60周年之际，举办了国家重点京剧院团优秀折子戏展演。2009年11月20日至12月16日，在朱镕基的关怀指导下，“国家重点京剧院团优秀剧目展演暨福建京剧院建院60周年系列活动”在福州举行，以示范性的演出，为各京剧院团的剧目建设、人才培养和舞台艺术创作生产树立了榜样。2010年12月2日至2011年1月20日，文化部在北京举办2010年全国京剧优秀剧目展演，汇集了来自全国26个省、自治区、直辖市38个参演单位的36台大戏和10台折子戏专场。此次活动正值京剧被列入联合国教科文组织“人类非物质文化遗产代表作名录”之时，是继1990年徽

班进京200周年纪念活动之后最大规模的京剧艺术盛会。这些京剧展演活动，对保护和弘扬京剧艺术，扩大京剧艺术的社会影响，促进京剧艺术的繁荣与发展，都起到重要的推动作用。

五、资助、支持京剧赴境外演出，进行艺术交流活动

为了扩大京剧艺术在世界上的影响，2006～2010年，11个国家重点京剧院团赴境外演出百余次，共1009场，足迹遍布美国、日本、法国、英国、俄罗斯、智利、阿根廷、埃及、澳大利亚等五大洲31个国家以及中国台湾、香港地区，受到海外观众的广泛好评，扩大了京剧艺术的国际影响。

六、调动省级重点京剧院团自我发展的积极性，剧目建设、人才培养成绩斐然

17个省级重点京剧院团和国家重点京剧院团一样，都是京剧艺术繁荣和发展的中坚力量。《国家重点京剧院团保护和扶持规划》指出，省级重点京剧院团的保护和扶持，由所在地文化厅（局）参照《国家重点京剧院团保护和扶持规划》，会同当地财政厅（局）制定具体规划。在确定省级重点京剧院团后，各文化厅（局）积极对院团进行扶持，在剧目建设、人才培养、市场开拓上均取得了可喜成绩，《北风紧》、《走西口》等不少新创剧目在第九届中国艺术节、第五届中国京剧艺术节上获得重要奖项，提高了省级重点京剧院团的创作力和竞争力。5年来，17个省级重点京剧院团共创作新剧目47台，整理改编传统剧目106台，演出11387场。

《国家重点京剧院团保护和扶持规划》第一期实施期间，京剧界积极进取、努力拼搏，在传承发展方面取得了令人瞩目的成绩。然而，随着现代化进程的加快，京剧艺术的发展的确面临着很多现实问题，目前京剧的现状与经济社会全面可持续发展的要求相比、与人民群众日益增长的精神文化需求相比、与文化大发展大繁荣的要求相比，仍然存在着差距。因此，京剧艺术的保护和扶持是一项任重道远的工作，应当对京剧艺术实施连续的、中长期的保护与扶持。为此，文化部将协同财政部继续实施好《国家重点京剧院团保护和扶持规划》，着重在以下6个方面开展工作：

（一）加大对京剧艺术继承与革新特别是剧目建设的扶持力度，支持国家重点京剧院团积累优秀上演剧目，是始终要把握的重点

拟在下一阶段继续加大对剧目建设的扶持力度，创作一批优秀新编剧目，并整理复排一批优秀保留剧目、经典剧目。坚持新编历史剧、现代戏、整理改编传统戏“三并举”创作原则，加强剧目建设。计划按照程序对京剧院团优秀剧本的排演分期投入资助经费，切实提高国家京剧院团剧目创作经费的使用效率，确保推动优秀剧目的创作与演出。

（二）加强对京剧艺术的理论研究和史料抢救工作

在传承经典的基础上，更加深入地研究和总结京剧艺术的本质特征、历史内涵、呈现形态、文化价值、表演体系等，以深入的理论研究和艺术评论促进京剧艺术在当代的弘扬和发展。

（三）培养京剧青年艺术人才，通过“传、帮、带”加大对传统京剧表演艺术遗产的抢救力度

如何把丰富多彩的京剧艺术流派和京剧艺术的许多表演精粹及绝活技艺、京剧艺术家的舞台实践经验传承下去，是京剧艺术承前启后的关键。因此，要逐步建立起京剧院团培养各类人才的有效机制，建立言传身教的“师带徒、传帮带”模式，更好地传承、发扬京剧流派艺术和其他艺术遗产，并在创作演出中呈现于舞台，要更加注重通过多演出锻炼培养各行当优秀青年人才。

（四）探索有利于京剧艺术走向市场的各种演出模式

拟在北京、天津、上海、湖北、山东等地建立京剧演出季制度，由当代著名京剧演员交流挂牌演出优秀剧目。2009年，在朱镕基的关怀和指导下，“国家重点京剧院团优秀剧目展演暨福建京剧院建院60周年系列活动”在福建取得了很大的成功，让福建观众充分感受了京剧艺术的魅力，在京剧艺术界引起强烈反响。要借用这种演出模式，扩大京剧艺术的影响力，把京剧艺术进一步推向观众，使京剧艺术真正成为人民群众的文化盛宴。

（五）积极实施“走出去”文化战略

加大力度支持优秀京剧院团赴境外演出及艺术家进行讲学、艺术交流等活动，充分调动国家和地方各级京剧院团的积极性，建立起文化交流、商业演出、文化交流与商演结合等多种模式共存的对外京剧艺术交流体系。积极做好联络、协调和服务工作，为京剧院团牵线搭桥、沟通渠道，鼓励京剧院团“走出去”，把京剧艺术这一中华文化瑰宝介绍给全世界。

（六）改革经费资助模式

在《国家重点京剧院团保护和扶持规划》第一

期工作结束之后，积极会同财政部继续实施第二期《国家重点京剧院团保护和扶持规划》，在资金使用中借鉴基金化管理模式，文化部组成专家评审委员会进行评审，建立事先论证、事中监督和事后评估的管理体系。第二期《国家重点京剧院团保护和扶持规划》将引入竞争机制，优胜劣汰，使京剧艺术事业在科学发展观指导下走上良性发展轨道。

京剧艺术的保护和扶持是一项长期工程。文化部将在认真总结《国家重点京剧院团保护和扶持规划》第一期实施工作所取得成果的基础上，继续实施好第二期《国家重点京剧院团保护和扶持规划》，充分发挥《国家重点京剧院团保护和扶持规划》的指导和促进作用，通过规划的实施，促进京剧院团进一步深化体制机制改革，促进艺术继承与革新，增强持续发展的活力。同时调动各级文化行政部门的积极性，特别是提高地方人民政府对京剧艺术保护和扶持的重视程度，推动地方人民政府制定与中央相配套的政策与措施，使京剧院团积极主动地面向群众、走向市场，逐步形成规范有效的国家重点京剧院团保护和扶持机制，进一步促进京剧艺术的传承和发展，弘扬民族传统，彰显时代精神，为社会主义文化大发展大繁荣做出应有的贡献。

《国家昆曲艺术抢救、保护和扶持工程》加大抢救保护扶持力度促进昆曲艺术科学发展

昆曲是中华民族的艺术瑰宝，有着600多年悠久的历史。2001年5月18日，联合国教科文组织颁布中国昆曲艺术为首批“人类口头和非物质遗产代表作”，可以说，它的艺术成就和文化价值超越了民族与国界，成为全人类共同拥有的精神和文化财富。长期以来，党和政府高度重视民族优秀文化艺术的传承和保护（周总理在困难时期为“北昆”批黄金50两做戏服），昆曲“申遗”的成功，也为昆曲艺术的保护发展迎来了又一个难得的机遇。特别是从2005～2010年的6年时间里，在党中央和国务院领导的直接关怀下，文化部启动实施了“国家昆曲艺术抢救、保护和扶持工程”，加大了对昆曲的保护和扶持力度。在各级政府的大力支持下，全国各昆曲院团乘势而上，奋力前行，在昆曲优秀传统剧目的挖掘与整理，昆曲新剧目的创作，昆曲优秀折子戏的录制，昆曲的普及性、公益性演出，昆曲资料的抢救与保存，昆曲人才培养和举办有社会影响力的昆曲活动等方面，做了大量卓有成效的工作，不仅有力推动了昆曲艺术在当代的传承与发展，也全面带动了海内外“昆曲文化热”的形成，在整体上取得了令人瞩目的成果。

一、以抢救和继承优秀传统剧目为重点，在继承中创新，在创新中发展，再铸中国昆曲的辉煌

昆曲是中国戏曲最为古老的代表性剧种之一，也是我国古典戏剧之集大成者，素有“百戏之师”的美誉。在它鼎新发展的600年历史当中，延承着中国韵文文化发展的脉络，从元曲杂剧、南曲戏文到明清传奇，作为“一代之文学”，无数的文人作家创作出了一部部彪炳千古的古典名著，在中国文化史、艺术史上取得了高度成就。而作为一种舞台表演艺术，它历经数百年传承下来的大量传统剧目，经过一代又一代戏剧艺术家的精心锤炼，其经典形态已非常成熟和完善，是昆剧舞台表演艺术的精华所在。加大优秀传统剧目及整体表演艺术的挖掘、抢救、传承和创新，并使之展现于当今戏曲舞台，是昆曲艺术继承发展中一项十分重要和具有深远意义的工作。

从2005～2010年，《国家昆曲艺术抢救、保护和扶持工程》首先以抢救和继承昆曲优秀传统剧目为切入点，每年有目标、有重点地资助扶持全国7个昆曲院团整理、恢复和创作上演了45台优秀的传统名剧和新编历史剧，录制保存了由当代名家表演的200出经典折子戏。其中传统名剧主要有源自宋元的《张协状元》、《宦门子弟错立身》、《小孙屠》等三大南戏，有《琵琶记》（宋代）、《西厢记》（元代）、《牡丹亭》（明代）、《长生殿》、《桃花扇》（清代）等中国五大古典名剧，有汤显祖的《临川四梦》等。这些优秀传统剧目的整体舞台呈现，都较好地继承了原著的精神内涵和昆曲传统的舞台表演形态，古朴、本色、秀美的艺术追求和典雅、浪漫、富有诗意的视觉审美，也得到当代观众的强烈共鸣和赞美。特别是五大名剧600年后在第四届中国昆曲节上的首度聚首，以其宏大的规模，丰富的内容，深刻的思想，及绚丽优美的词乐韵律和精湛绝美的舞台表演，强力凸显了中国昆曲恒久的艺术魅力。而在新编传统戏、历史剧方面，也取得了较好的成绩，其中有新编历史剧《班昭》、《公孙子都》先后获得了“国家舞台艺术精品工程”精品剧目殊荣，《梁山伯与祝英台》、《关汉卿》、《红楼梦》、《一片桃花红》、《红

泥关》、《湘水郎中》等，也力求在形式上有所创新，在理念上有所突破，都尝试着以承袭中国传统文化精神内涵为基点，努力构筑起与时代相共鸣的美学品格和审美体现。

折子戏是昆曲舞台表演艺术的精髓，也是历代昆曲艺术家舞台表演艺术成就的结晶。通过现代科技手段，有规划、有选择、抢救性地录制由当代昆曲名家主演的优秀传统折子戏，并制作成音像资料，不仅使许多老艺术家珍贵的舞台表演技艺得以传承，更重要的是确保了昆曲这一“活态传承”的“世界文化遗产”更具有真实性、稳定性、长期性的记录和保存。目前已录制的200出折子戏，可谓是内容丰富多彩，表演形式风格各异，元杂剧、南戏、明清传奇等均见传承，生、旦、净、末、丑行当齐全，相映生辉，充分展示了昆剧传统剧目和表演艺术的历史深度和广度，进而使昆曲传统剧目的挖掘、抢救、保护工作更具有了针对性和实效性。

二、努力造就一代又一代优秀艺术人才，彰显和赋予昆曲艺术更新、更强的生命力

一个剧种的生存和发展，既要推出一批又一批优秀的剧目，更要培养一代又一代的领军人物。而昆曲作为一种以舞台艺术为载体进行“活态传承”的非物质文化遗产，不论是继承保护还是改革创新，主要还是有赖于精品剧目能超越时空传递出历史与现代的人生悲欢，有赖于优秀剧团的精良制作和完美展现，有赖于艺术家们的不懈努力和薪火相传，以独特的艺术魅力吸引更多的观众走进剧场，这才是昆曲艺术绵延不绝、生生不息的关键和保证。

由于历史的诸多原因，全国昆曲院团都曾存在艺术人才缺乏，特别是创作人才青黄不接的问题，并日益成为制约昆曲艺术生存和发展的一大瓶颈。为了进一步加强昆曲人才队伍培养和建设，根据《国家昆曲艺术抢救、保护和扶持工程》方案，从2005年开始，分别在浙江、上海建立了昆曲创作人才培训中心和昆曲表演艺术人才培训中心，并连续五年分别举办了5届编、导、音、舞美昆曲创作人员培训班和生、旦、武生、老生、净、丑各行当的昆曲表演艺术人才培训班，共有来自全国各昆曲院团的170余位昆曲编、导、音、舞美创作人员和200余位在职优秀青年演员接受了集中学习和深造，如今亦已日渐成为昆曲舞台上创作、表演的中坚力量。用连续五年的时间举办单剧种、全方位的培训工作，是新中国成立以来在戏剧建设领域中所罕见，它不仅充分体现了党和政府对昆曲艺术的高度重视和关怀，更是极大地推动了昆曲艺术多层次人才梯队的形成。目前全国昆曲人才队伍已逐渐形成了以蔡正仁、汪世瑜、张继青、侯少奎等老艺术家为核心，以王芳、林为林、柯军、杨凤一、魏春荣、谷好好、黎安等中生代演员为骨干，俞玖琳、沈丰英、施夏明、罗晨雪、单雯等第四代、第五代后起之秀为后备力量的梯队人才结构。而尤其令人欣喜的是，通过近年来的不断努力，全国昆曲院团的人才队伍建设已基本完成了新老交替，年青一代艺术家日益成为舞台表演艺术的主体，他们正以青春的姿态向我们走来，并以光彩照人、青春亮丽、扎实见功的表演技艺，让人们在感受昆曲艺术博大精深、情韵超然的同时，又有清风拂面的全新感受。古老深厚的昆曲让年轻的艺术生命得以尽情地释放和施展自己的才华，而一台台流传数百年、浓缩着昆曲艺术精华的传统剧目，又因年青一代艺术新人的演绎而展现出一派新意和亮色，充分显示出了昆曲园林姹紫嫣红、生机勃勃的繁荣景象，从而也为昆曲艺术的进一步传承发展奠定了坚实的基础。

三、学术与艺术的齐头并进，社会各界的广泛参与，构筑起昆曲传承保护的整体形态，全面推进了昆曲艺术在当代的振兴与繁荣

在中国戏剧文化发展的历史长河中，历代文化精英在从事与昆曲相关活动时，都赋予它更多的理性思辨和哲学思考。大批理论家不断涌现，一系列厚重的戏剧理论和昆曲表演理论著作的应运而生，最终成就了昆曲的艺术地位和文化价值。

近年来，根据《国家昆曲艺术抢救、保护和扶持工程》的实施方案，在苏州建立了昆曲艺术理论研究中心，并资助中国昆曲博物馆收集整理了一批具有历史价值的昆曲文物和文献资料。连续五年在苏州举办了5届“中国昆曲论坛”，共有150余位海内外昆曲学者参加了论坛，许多专家学者对昆曲的研究已逐渐突破以往仅仅停留在文本研究的层面上，而更注重把目光转向昆曲表演的舞台。更多的昆曲学者纷纷走进剧院欣赏昆曲，从舞台表演的角度对昆曲进行更为贴近演出现实的分析和探讨。昆曲研讨会还吸引了众多不同地域、不同文化背景学术研究者的关注和参与，海内外学者相互切磋交流，从不同角度切入昆曲研究，国际化特点愈加明显。而越来越多的年轻学者的参与，更是显现出昆曲保护、

传承在学术研究领域后继有人的喜人局面。到目前为止，已编辑出版了《中国昆曲论坛论文集》5部、《昆曲艺术家系列人物传记》6部、《昆曲与传统文化研究丛书》10部。

与此同时，社会各界参与昆曲活动的热情也越来越高涨，学昆曲、看昆曲、研究昆曲已成为一种时尚，而人民群众的广泛参与也正是昆曲艺术生生不息和存活于当代最为重要的意义之一。为了加速培养青年艺术家和新的观众群体，《国家昆曲艺术抢救、保护和扶持工程》积极推动和资助全国7个昆曲院团进行常态性的昆曲进校园公益性、普及性演出，共演出800余场，观众达100余万人次，它不仅使更多的优秀青年演员获得了舞台实践的机会，也让更多的青年学生能有机会近距离地接触和欣赏到民族优秀传统艺术的风采，并日益成为当今昆曲观众的主体。在对外文化交流方面，先后资助了全国各昆曲院团赴美国、英国、希腊、荷兰、瑞士、瑞典、比利时、日本、爱沙尼亚、拉脱维亚、土库斯曼等十几个国家进行了近100场的演出，从而为近年来世界性“中国昆曲文化热”的形成起到了积极的推动作用，为进一步开拓昆曲的海外演出市场创造了有利的条件。而港、澳、台众多文化界人士、艺术家和昆曲爱好者，更是以昆曲为桥梁，以曲会友，沟通情感，共同推进中华民族优秀传统文化的传播和弘扬，也为当代昆曲的保护和继承增添了一份特殊的意义。

为不断检验和展示《国家昆曲艺术抢救、保护和扶持工程》各资助项目所取得的成果，文化部和江苏省人民政府曾先后于2006年和2009年在苏州举办了第三、四届中国昆剧艺术节，20位优秀青年演员分获“十佳演员”和“十佳新秀奖”，32位潜心钻研昆曲艺术的老艺术家、21位昆曲优秀主创人员、18位昆曲优秀理论研究工作者、7家对昆曲艺术做出突出贡献的单位受到了表彰。通过这一系列的艺术活动，不仅推出了一大批新人新作，也进一步扩大了昆曲的社会关注度和影响力。

四、党和政府的高度重视，国家的强盛、民族的振兴，专业工作者和社会知名人士的共同努力，是推动当代昆曲复兴的重要成因

中国昆曲列入世界非遗10年，也是昆曲艺术传承和再度复兴的10年。特别是自2005年文化部实施《国家昆曲艺术抢救、保护和扶持工程》以来，昆曲艺术的生存环境已逐渐走出困境，日益呈现出全新的发展态势。回顾和总结当代昆曲艺术再度复兴的成因，主要体现在以下几个方面：

一是党和政府的高度重视。特别是2003年胡锦涛总书记、温家宝总理等中央领导对昆曲艺术的传承保护所作的重要批示，文化部和财政部实施了国家昆曲艺术抢救、保护和扶持工程，设立专项资金，直接对全国昆剧表演团体重点剧目的创作、演出进行资助，在认识、政策和物质方面，极大地调动了广大昆曲工作者的创作、演出激情，从根本上确保和推动了昆曲艺术的传承和进步。

二是国家的强盛、民族的振兴。使全社会对保护和传承民族优秀传统文化形成共识，从而也为昆曲的生存和发展奠定了坚实的基础，拓展了新的空间。

三是广大昆曲专业工作者的执著追求和潜心坚守。使昆曲这一靠一代代艺术家“活体传承”的民族文化遗产，始终做到既不失本体，又与时俱进，并不断以新的舞台实践形成新的艺术积累，使其不仅活在人们的记忆和史料记载里，活在被抢救、被保护的静态传统里，更是活在当代的戏曲舞台上，活在动态的继承发展中，薪火不断，生生不息。

四是社会知名人士的积极参与。专业院团与挚爱昆曲的社会人士卓有成效的合作，在很大程度上突破了国有昆曲艺术院团运作机制和惯性思维的局限，为当代昆曲的保护与传承注入新理念、新思路、新风尚，并逐渐带动和形成了海内外的“昆曲文化热”，走出了一条“回归古典、走进现代”的新的发展之路。

五是昆曲与青年相结合。舞台上青年演员挑大梁，“青春版”古典昆曲已成为昆曲演出的一大品牌，舞台下青年观众日益成为观赏昆曲的主体。舞台上下众多的年轻守望者，正以他们的青春华彩，彰显和赋予昆曲艺术以新的活力，这也正是古老昆曲在当代的复兴和未来发展的希望所在。

2011年是推动我国“十二五”文化建设的开局之年，我们要认真贯彻落实胡锦涛总书记“7·23”重要讲话和党的十七届五中全会的精神，以科学发展观为指导，进一步加大对昆曲艺术抢救、保护和扶持的力度，促进昆曲艺术的可持续发展。

（一）准确把握昆曲本体艺术的内涵

近年来，通过实施国家昆曲艺术抢救、保护和扶持工程，在全国范围内展开了一场前所未有的整体性昆曲抢救、传承、保护工作，它的实践意义和所取得的成果，已远远超越了昆曲乃至戏曲艺术本身，更具有了推进中华民族优秀文化弘扬与发展的重要意义。然而，昆曲艺术作为一种非物质文化遗产，其存世方式不是凝固不变的实体文物，而是通过艺术家的“活体传承”来实现薪传与发展。因此，对于昆曲的传承、保护、革新和发展都要慎重对待，要对昆曲的本体艺术和核心价值有一个整体而准确地把握。

（二）积极推动昆曲走出去战略

自2001年中国昆曲列入联合国教科文组织“人类口头和非物质遗产代表作”，引起了海内外对昆曲艺术的广泛关注，世界性的“中国昆曲文化热”正在形成，有待于进一步加以推动和引导，以充分展示我国在非物质文化遗产保护方面所做的努力和所取得的成果。同时，要积极推动昆曲优秀剧目“走出去”战略，进一步提升昆曲乃至中华优秀文化在国际上的影响力。

（三）努力做好昆曲剧目的整理挖掘

从昆曲目前的生存现状和发展态势看，经过过去几年扎扎实实的工作，总体上有了明显好转，但就昆剧艺术本身而言，还有大量经典、优秀的传统剧目亟待全面挖掘、整理和抢救。要继续加大对昆曲传统剧目的抢救、整理和再现于当代舞台。同时，要通过对经典折子戏的音像录制，采用指定艺术家和指定剧目相结合的形式，进一步加大对当代昆曲老艺术家所积累的舞台表演艺术精华的记录和保存。

（四）认真处理好继承与创新的关系

要坚持辩证的科学发展观，对昆曲艺术的继承与创新，既要做到不失本体，又要与时俱进，既要加大对传统剧目挖掘整理，又要创作出具有当代核心价值的精品力作，在继承中发展，在发展中继承，以新的舞台实践形成新的艺术积累，以满足广大人民群众不断增长的精神文化需求。

（五）加强人才队伍建设

昆曲的传承和发展，很大程度上取决于人才的数量是否充足，人才的结构是否合理，人才的素质是否优良，激发艺术创造力的机制是否健全。要遵循艺术规律，继续加大对青年艺术创作人才和表演人才的培养，确保昆曲艺术后继有人。特别是要通过定期举办全国性的青年人才培训班和举办有影响力的各类昆曲活动，努力为青年人才的成长提供更多展示其艺术才华的平台。

（六）大力培养新一代的观众

要继续鼓励全国各昆曲院团进一步开展“昆曲进校园活动”，在培育新一代观众群的同时，使更多的青年学生有机会接触和喜爱民族优秀的传统文化艺术，这不仅是未来昆剧生存发展的需要，也是培养当代青年学生增强民族自豪感，不断提高自身修养和思想品格的一项具有深远意义的举措。同时要充分认识昆曲艺术的人文本质特征，要看到在昆曲传承发展过程中剧团和从业者本身的努力所存在的局限性，最大限度地吸引社会各界知名人士参与和投入，使昆曲艺术的传承和发展更具有社会性和开放性。

（七）加强昆曲艺术理论建设

昆曲是一个历史性、文化性非常深厚的剧种，对于历代大量昆曲资料和文献的抢救、保护与整理还亟待加强。而对当代艺术家个人舞台表演艺术的文字记录和理论性总结的工作，还处于起步阶段，亟须投入更多的人力和财力加以进一步实施。要加强艺术理论研究，争取更多的理论工作者和有识之士，为昆曲乃至中国戏曲的传承发展和舞台实践，提供更为前瞻性的学术指导和理论支持，从而在更高的文化层面上，推动中国优秀的传统文化的发展。

加强对昆曲艺术的抢救、保护和扶持，是一项长期的任务，“十二五”时期，我们要在认真总结经验的基础上，继续实施国家昆曲艺术抢救、保护和扶持（二期）工程，力求在不断巩固和拓展所取得成果的同时，逐渐形成常态性、实效性和规范化的国家昆曲保护机制，使昆曲这一世界性非物质文化遗产能以更为强劲的姿态，传承历史，走进现代，面向未来。

第六届中国京剧艺术节

11月2日至18日，由文化部、湖北省人民政府主办的第六届中国京剧艺术节在湖北武汉举行。这是党的十七届六中全会召开之后举办的第一个全国性的、重要的、艺术层次较高的文化艺术活动，也是文化部在京剧被列入联合国教科文组织“人类非物质文化遗产代表作名录”之后举办的一次京剧艺术盛会，展现了京剧事业新的成就和辉煌。

本届京剧节认真贯彻党的十七届六中全会精神，继续秉承“京剧艺术的盛会，人民群众的节日”的宗旨，突出“繁荣先进文化、建设和谐文化”的主题。历经17天的京剧节，内容丰富，精彩纷呈。27台参评剧目是从全国各省、自治区、直辖市申报剧目中遴选出来的，8台祝贺演出剧目来自海内外，共有6000余名艺术家、演职人员参加演出，先后在武汉9个剧场演出了64场，观众达7万余人次，集中展示了近年来我国京剧艺术继承与发展的优秀成果和京剧人才培养的最新成就；“京剧艺术继承与发展学术研讨会”聚集了两岸众多京剧专家和学者，研究探讨新时期京剧艺术的传承与发展，取得了丰硕的理论成果；尚长荣、裴艳玲等京剧表演艺术家和京剧理论家的系列学术讲座，吸引了众多京剧艺术爱好者和高校青年学子，取得了良好的社会反响；“京剧与湖北”图片资料展和京剧戏画展，全面展示了京剧艺术与湖北的渊源关系，以及京剧戏画的独特魅力。京剧节期间，还开展了“京剧天天演”等形式多样的系列群众文化活动，来自全国各地的名角名剧深入社区、军营、学校、企业，走进街头、广场，走近戏迷、票友，丰富了人民群众的精神文化生活，赢得了广大人民群众的广泛赞誉。整个京剧节“出人才、出好戏、出效益”，取得了圆满成功，产生了良好的社会影响。

一、京剧名家云集，新秀崭露头角，京剧节成为展现人才培养成果的舞台

本届京剧节得到了全国京剧院团和广大京剧艺术工作者的高度重视，众多京剧表演艺术家都倾力参与了创作演出和学术讲座等活动。其中，老一代京剧表演艺术家有尚长荣、裴艳玲、梅葆玖、李炳淑、李维康、耿其昌、刘长瑜、朱世慧、谭孝曾、陈少云、赵葆秀等；中青年优秀京剧演员有于魁智、李胜素、张建国、迟小秋、杜镇杰、李宏图、杨赤、孟广禄、赵秀君、关栋天、袁慧琴、董圆圆、李海燕、李军、张慧芳、刘子微、安平、史依弘、李洁、裴咏杰、翁国生、石晓亮、常东等。一批优秀的70后、80后甚至90后的青年京剧演员脱颖而出，成为院团的中坚力量，如吕洋、万晓慧、谭正岩、傅希如、朱福、郭霄、姜亦珊、张馨月、王铭、周利、马佳、马力等，彰显了京剧艺术后继有人、薪火相传的良好发展态势。

二、剧目题材广泛，内容丰富多彩，京剧节成为展示优秀京剧剧目的平台

本届京剧节27个参演院团中，既有国家重点京剧院团，也有省级重点京剧院团，还有坚守在边疆少数民族地区的新疆乌鲁木齐市京剧团。此外，民营的北京京评戏曲剧团也参加了本届京剧节，体现了政府主管部门对民营艺术团体的重视。27台参演剧目流派纷呈，风格多样。其中，既有新编历史剧《建安轶事》、《将军道》、《无旨钦差》、《汉苏武》和整理改编优秀传统戏《香莲案》、《罗成》，又有现代京剧《水上灯》、《牛子厚》、《宋家姐妹》等；既有革命历史题材剧目《赵一曼》、《张露萍》，也有反映现实生活、表现当代工业题材和塑造时代英模形象的剧目，如《魂系油气田》、《丫头医生》等，还有根据外国名著《巴黎圣母院》改编的《情殇钟楼》，融思想性、艺术性、观赏性于一体，体现了时代精神和民族特色。

本届京剧节还邀请到了与京剧诞生有着历史渊源关系的汉剧、徽剧等剧种的优秀剧目参加祝贺演出，如全本汉剧《王昭君》、“汉剧经典折子戏专场”、“徽剧经典折子戏专场”等，回溯了徽汉合流、京剧诞生的历史，彰显了京剧深厚的文化传统。此外，我国台湾地区台北新剧团和美国纽约的齐淑芳京剧团也带来了别开生面的演出，展现了京剧艺术在海外的影响力和生命力。

三、坚持文化惠民，凸显社会效益，京剧节成为广大人民群众共享的节日

党的十七届六中全会审议通过的《决定》提出坚持把社会效益放在首位，努力实现经济效益和社会效益的统一。第六届中国京剧艺术节充分调动了广大京剧艺术工作者的创造精神，推动了京剧艺术的继承发展，在全社会形成一个支持京剧艺术发展、多出优秀剧目、多出优秀人才、弘扬京剧艺术的热潮，凸显了良好的社会效益。

第六届中国京剧艺术节期间举办了4场“京剧名家名票闹荆楚”展演、3场海内外京剧票友演唱会、11场“京剧天天演”活动以及开闭幕式暖场演出等，惠及广大人民群众10多万人次；“国粹知识问答——赢取开幕式门票有奖竞赛活动”，参与群众人数约10万人，社会反响强烈，体现了武汉当地深厚的京剧群众基础，显示出当今时代京剧艺术绵长的生命力，以及京剧深入群众生活、浸润人们心灵的重要作用。参加了多场票友演唱会的全国“十大名票”之一刘易红评价本届京剧节最重要的意义就是“京剧走进了百姓心里”。为进一步扩大京剧节的影响，吸引更多的京剧爱好者和观众走进剧场，此次展演遵循“低票价”的惠民原则，共提供总坐席20%，总计近14000张的低价票在窗口销售，票价不超过20元，重点照顾学生、农民工、低保户、老年人、残疾人等特定群体，另外还在中南民族大学剧场安排了一场惠民免费演出，受到广大人民群众的热烈欢迎。

《人民日报》、《光明日报》、新华社、中央电视台、中央人民广播电台、中国国际广播电台、《中国文化报》、《文艺报》、《湖北日报》等多家新闻媒体对本届京剧节进行了全方位、多视角、立体式的宣传报道，形成了强大的舆论声势和浓厚氛围。中央电视台戏曲频道、湖北卫视直播了开幕式盛况，中央电视台新闻联播播出了京剧节开幕的新闻。《人民日报》、新华社、《中国文化报》、人民网、新华网、中新社等中央新闻媒体对京剧节进行了跟踪报道。《湖北日报》等家媒体开辟了“六京节大舞台”、“聚焦六京节”、“京韵汉调醉楚天”等专栏，对京剧节进行深入报道。湖北网络广播电视台开辟“京剧网上行”专栏持续报道京剧节进展情况。《长江日报》、湖北人民广播电台、荆楚网等通过原创或转载等形式，运用消息、通讯、特写、侧记、专访、言论、图片等多种形式，密集宣传报道。闭幕期间，《中国文化报》、《湖北日报》等媒体刊发专版综述，总结本届京剧节成果。据统计，办节期间，报纸、电视、广播等媒体报道1000余条，网络宣传近60万条，营造了浓厚的节日氛围。

2010年全国京剧优秀剧目展演

2010年12月2日至2011年1月20日，为展示《国家重点京剧院团保护和扶持规划》实施5年来所取得的成果，进一步推动京剧艺术的繁荣发展，由文化部主办、文化部艺术司承办的2010年全国京剧优秀剧目展演在北京举行。此次展演时值京剧被联合国教科文组织列入“人类非物质文化遗产代表作名录”和徽班进京220周年之际，来自全国26个省、自治区、直辖市38个艺术院团演出的46台优秀京剧剧目在国家大剧院、梅兰芳大剧院、长安大戏院等6个剧场陆续上演。这是自1990年文化部举办“纪念徽班进京200周年，振兴京剧观摩研讨大会”之后，近20年来最大规模的京剧艺术盛会，得到中央领导的高度肯定，引起社会各界的广泛关注，掀起了一个观看京剧演出、探讨京剧发展、关心京剧未来的高潮，营造了全民共享京剧艺术发展成果的浓厚社会氛围。

一、领导重视、精心筹划，为展演成功奠定了基础

党中央、国务院领导同志高度重视京剧艺术的发展。李长春、刘延东等中央领导多次对京剧艺术发展做出重要批示，要求加大保护和扶持力度。文化部按照批示精神，在全国范围内评估并确定了11个国家重点京剧院团和17个省级重点京剧院团，并拟定了《国家重点京剧院团保护和扶持规划》，同时积极与财政部沟通，设立了“国家重点京剧院团保护和扶持专项资金”，以每5年为周期，对11个国家重点京剧院团实行保护和扶持，第一期实施从2006年开始，至2010年结束。5年来，全国京剧院团的状况获得了较大的改善，逐渐建立起以11个国家重点京剧院团为中心的京剧艺术创作生产基地，整理、改编上演了一批经典保留剧目，创作了一批思想内涵和艺术水平都达到一定水准的优秀剧目，培养了一批潜心京剧艺术、德艺双馨的专门人才，并通过扶持公益性演出、高雅艺术进校园演出、举办国家指定性演出的方式，培育了新一代京剧观众，进一步开拓了京剧市场，通过实施“走出去”战略，扩大了京剧艺术的国际影响，取得了良好的社会效益和经济效益。

2010年12月7日，2010年全国京剧优秀剧目展演在国家大剧院拉开帷幕，中央领导同志李长春、刘延东以及中央老领导李瑞环出席并观看开幕式演出《满江红》。李长春对国家京剧院的演出给予了肯定，认为演出体现了国家剧院的实力和水平。

蔡武部长、王文章副部长多次对2010年全国京剧优秀剧目展演筹备情况做出批示，要求精心组织、周密安排，确保展演成功。2010年9月15日，文化部在北京召开了“全国京剧工作座谈会”，王文章副部长出席并讲话，对全国京剧优秀剧目展演相关工作提出了明确的思路、具体的任务和目标。展演期间，蔡武部长，欧阳坚、王文章副部长分别出席观看了《响九霄》、《满江红》等剧目，体现了部领导对此次展演的关心和重视。

2010年12月23日、25日，文化部作为主办单位之一，在上海举行了两场“京津沪京剧流派对口交流演唱会”，王文章副部长全程出席。此次演唱会，三地菊坛58位各流派的老中青名角来了一次规模盛大的集结亮相：以同行当、同流派对口交流的形式，集中呈现50多段流派名段，对中国京剧流派传承的现状作了一次高规格的盘点，对京剧本体完成了一次高层次的回归。

在2010年全国京剧优秀剧目展演筹备期间，文化部艺术司组织专家对全国各京剧院团申报的参演剧目进行遴选，数易其稿制定展演方案，把经费使用、演出日程、剧场安排、票务推广、媒体宣传等各方面工作落到实处。在长达50天展演期间，艺术司领导带领戏剧曲艺处工作人员分赴各演出现场，协助参演院团及时处理、解决问题。如协调部办公厅为乌鲁木齐京剧团购买100多张春运期间的返程火车票；协调北京市有关部门安排福建京剧院道具车进京；协调相关艺术院团解决参演院团的灯光租赁等。此外，艺术司防患于未然，对各参演院团和演出剧场发出通知，要求进一步做好防火安全工作，真正做到精心安排、严密组织，为展演圆满成功提供了保障。

二、名剧荟萃、名家云集，特色鲜明地展示了近年来京剧艺术建设发展的成果

（一）坚持“三并举”创作方针，剧目生产呈现健康、良好的发展态势

此次展演剧目全面体现了《国家重点京剧院团保护和扶持规划》实施5年来剧目生产的总体情况。在36台大戏中，整理、改编传统戏6台，如《满江红》、《孙安动本》、《九江口》等；新编历史剧18台，如《曹操与杨修》、《徐九经升官记》、《下鲁城》、《北风紧》等；京剧现代戏12台，占总数1/3，如《华子良》、《生活秀》、《飘逸的红纱巾》等。另外，还有10台展示京剧传承艺术成果的传统折子戏专场，充分体现了“大力发展现代剧目；积极整理、上演优秀的传统剧目；提倡以历史唯物主义的观点，创作新的历史剧目三者并举”的创作方针。根据统计，实施《国家重点京剧院团保护与扶持规划》5年来，11家国家重点京剧院团一共创作新剧目76台，整理改编剧目266台。17家省级重点京剧院团创作新剧目44台，整理改编剧目106台。剧目生产数量持续增长，剧目创作质量普遍增强。

（二）题材丰富、内容广泛，剧目思想性、艺术性和观赏性统一

参加此次展演的京剧剧目既有首届中国京剧艺术节金奖、银奖剧目，如《曹操与杨修》、《徐九经升官记》等，也有同时获得第13届文华大奖及国家舞台艺术精品工程十大精品剧目的《成败萧何》，和获得十大精品剧目的《华子良》、《走西口》等，此外，还有许多剧目获得“文华优秀剧目奖”、“国家舞台艺术精品工程年度资助剧目”及第五届中国京剧艺术节奖项等，部分剧目还成为京剧院团的保留剧目。

本届展演一个非常突出的特点是以现实生活为题材的创作取得丰硕成果。如《生活秀》大胆尝试“生活化”和“京剧化”相结合的形式，在京剧如何表现当代市民生活上找到了合理路径。《天地人心》再现了30多年前18枚鲜红的手印按下的震撼，感受到中国改革开放初期的艰难。《藏羚羊》饱含人文的张力和情感的诗意，灵动、活泼地呈现人性的真善美。《风雨老腔》将传统的京剧与本土的老腔相融合，在演绎地域文化的同时，也表现出国粹艺术的博大精深。

而在革命历史题材剧目的创作中，《华子良》节奏明快流畅，京剧本体意识强烈，在京剧表现现代生活的艺术探索上取得了重大突破。《飘逸的红纱巾》洋溢着抒情与浪漫的情怀，闪动着凄美与壮美的色彩。剧中穿插的苏北民歌，表现出浓郁的地域特色。《紫英》以浓郁的抒情色彩和诗化追求，生动形象地反映了中国传统妇女在革命浪潮感召下自主意识的觉醒。

相对京剧现代戏，中国戏曲的写意观更擅长表现历史题材。新编历史剧《曹操与杨修》将唱、念、做、打的艺术手段与现代戏剧理念有机相融，展现出综合艺术的整体魅力，被称为“中国现代戏曲的标志”。《徐九经升官记》以丑角应工，把清官不畏强权、为民做主的斗争精神，寓于幽默调侃之中，极富艺术魅力。《成败萧何》以深刻的人文思辨和对舞台艺术本体的创新，带来更深层次的思索。《北风紧》艺术风格粗犷中又有细腻，视角新颖、开掘深刻。《下鲁城》情节设置环环相扣，矛盾冲突层层递进，传达了以诚化人、以德安邦的中华民族优秀传统。《海瑞背纤》剧情曲折，矛盾尖锐，人物形象生动、丰满，歌颂了海瑞刚直不阿、爱国爱民的坚强意志和献身精神。《响九霄》中，由著名京剧表演艺术家裴艳玲塑造的田际云形象栩栩如生，文武兼备、昆乱不挡，充分展现了京、昆、梆“三下锅”的艺术魅力。《卢沟晓月》以生动的艺术手段展现了女真族的独特文化风貌与生活习俗，对于维护国家统一和民族团结有着重要的现实意义。《走西口》以晋商文化为题材，着重描绘诚信思想。

京剧传统剧目所呈现的无穷魅力，使之鼎立于世界戏剧艺术的巅峰。在此次展演中，对传统剧目的整理改编也取得了喜人的成绩。《满江红》创作于20世纪60年代，此次改编更加生动饱满地塑造了岳飞的英雄形象，大力弘扬了崇高的爱国主义精神。《孙安动本》在情节、唱腔、表演、舞台布景等各个方面均进行了创新和精益求精的打造，整体的艺

术效果流畅完美。《九江口》根据同名传统剧目加以改编而成，讲述了一个惊心动魄的忠义故事，紧凑曲折的剧情、生动鲜明的人物令人印象深刻。《宝莲灯》吸纳了武术、杂技和体操等多门艺术的表演元素，寻找传统与现代美学精神的契合点，极具感官冲击力。《赤壁》以富有创意的舞台视效，加之梨园名家出神入化的演绎，带给观众全新的感受。

除整理改编外，移植改编其他戏曲剧种或艺术品种也是京剧剧目创作的优秀传统。《石龙湾》、《驼哥与金兰》、《死水微澜》、《丝路花雨》分别根据吕剧、粤剧、川剧和舞剧移植改编，在原剧基础上人物形象更加鲜明突出，戏剧情节更引人入胜、扣人心弦，加之唱做念打京剧韵味甚浓的表演方式，使得作品更加丰富完整、耐人寻味。

此次京剧展演，不仅11家国家重点京剧院团、15家省级重点京剧院团带来了精彩演出，全国其他非重点京剧院团也有着上乘的表现，如济南市京剧院的《辛弃疾》、江苏省长荣京剧院的《主仆奇冤》、江西省京剧团的《战金山》、河南省京剧院的《三岔口》。

尤其值得一提的是，云南省京剧院的《白洁圣妃》、内蒙古自治区京剧团的《大漠昭君》、贵州京剧院的《布依女人》、广西壮族自治区京剧团的《御赐玉棋》、乌鲁木齐市京剧团的《丫头医生》、宁夏京剧团的《孙悟空三打白骨精》充分显示了民族风情、地域特色和令人耳目一新的艺术追求。这些始终坚守在少数民族地区和西部边远地区的京剧院团为弘扬国粹艺术，促进民族文化的融合，加强各民族之间的团结，做出了不可替代的贡献。

此次展演的佳品力作，题材广泛，内容丰富，风格多样，体现了当前京剧创作的水平和成就。

（三）名家云集，充分调动了京剧艺术家的积极性

此次展演云集老中青三代著名京剧演员，如尚长荣、裴艳玲、叶少兰、朱世慧、陈少云、于魁智、李胜素、杜镇杰、孟广禄、张建国等，群星熠熠，流派纷呈。中国戏曲学院京剧流派班的学员也参加了此次展演，并带来了两台精彩的折子戏专场演出，成为一道亮丽的风景，显示出京剧艺术后继有人的可喜局面。

（四）送戏下基层，艺术成果惠及民生

为进一步扩大影响，营造人人关心、支持京剧发展的良好社会氛围，此次展演遵循“低票价”的惠民原则，低票价比例约占30%。在做好城区剧场展演的同时，还安排了部分剧目在北京大兴区大兴剧院演出，重点照顾乡镇、社区群众、农民群众以及农民工、残疾人、五保户等特殊群体，票价一律在10～20元之间。

在全国京剧优秀剧目展演渐入高潮之际，国家京剧院为配合展演，充分发挥国家院团“代表性、示范性、导向性”的“国家队”作用，精心组织了2场“‘京韵风采’——慰问首都建设者专场”公益性演出，来自北京10余家建筑单位的建筑工人、农民工代表近400人观看了演出。

三、院团积极，观众踊跃，在京剧界乃至全社会引起热烈反响

此次展演期间，南方正遭受冰冻雨雪灾害，这给部分京剧院团来京演出带来了影响，但丝毫没有影响京剧院团参与的积极性。如乌鲁木齐京剧团、福建京剧院克服路途遥远、交通不便的困难，一丝不苟地完成了演出任务，给首都观众带来了美好的艺术享受。

舞台艺术的生命力在于演出，不仅是多演出，而且应努力赢得更多观众的观看和认可。此次展演改变了以往单纯组织观众的方式，而是根据演出上座率多少，相应地给予奖励资金补贴，调动了各参演院团的积极性。据统计，84场演出平均上座率达到了85%以上，观众达7万人次以上，部分场次甚至出现了一票难求的局面，既增加了京剧院团的票房收入，又收到了良好的社会效益。事实证明，这是一种具有启示性的演出鼓励机制，值得在今后的艺术活动中大力推广。

2010年，全国京剧优秀剧目展演的举办在京剧界乃至全社会引起热烈的反响。有的观众不仅看戏，还通过各种方式表达自己的观感和体会。网友“看戏的90后”在网上留言说：“这次京剧展演，给我们年轻人提供了一次接触传统文化的机会，因为我们这一代接触的消费文化比较多，对这些传统文化了解得很少，这对于预防传统断裂是有好处的。”网友“我爱京剧”在观看演出后说：“文化部组织的这次展演活动，既有对传统戏的传扬，也有不少的现代戏，而且有的现代戏立意很不错，唱腔也不错。来看戏的年轻观众比较多，这是一个可喜的现象。”“艺术无国界。京剧是中国的，更是世界的，随着中国综合国力的不断提升，京剧必将像汉语一样在世界范围内传播开来。”网友“雨田”如是说。

展演还引起了学术界的广泛关注。著名戏曲理

论家、中国戏曲学会副会长龚和德在《迎接振兴京剧新阶段的到来》一文中回顾了国家振兴京剧的举措和历程，借由展演引起的强烈反响，阐发了关于京剧困难与危机的思考。

四、加强宣传，成效显著，营造出观看京剧、探讨京剧、关心京剧的浓厚社会氛围

为充分扩大此次京剧展演的影响，宣传《国家重点京剧院团保护和扶持规划》的推进情况，展示各京剧院团5年来在剧目创新、人才培养、文化交流等方面的成果，文化部于展演前召开新闻发布会，并在中央电视台、《人民日报》、《中国文化报》等50余家媒体展开宣传。《中国文化报》以整版及挂栏方式宣传参演剧目，并撰写理论文章。中央电视台戏曲音乐频道不仅跟踪报道，还拍摄制作了电视专题片。同时，为营造京剧艺术推广宣传的新亮点，搭建“网络平台”，汇制“京剧人生”，达到“人戏同步”三者合一的目的，形成“观众反应”、“专家评价”、“学者讲座”三者同行的良好氛围，还在中国京剧艺术网上开辟专栏和论坛，对京剧展开了热烈的讨论。《艺术评论》杂志社编撰了《网络焦点报道集萃》，采集观众观剧感想、评价和反响，专家从专业角度评论参演剧目，点评参演演员，阐述此次展演对于京剧艺术繁荣发展的重要意义。

展演期间，艺术司还制作发行了国家重点京剧院团参演剧目剧照明信片（每套36张，每个参演院团一张）。同时，艺术司积极主动帮助各院团与媒体、广告公司联络，提高院团主动宣传的积极性，形成了院团积极参与、观众热烈反应、社会各界关心京剧、探讨京剧的互动氛围。

五、影响深远，意义重大，进一步推动了京剧艺术的繁荣发展

此次展演参演院团中，不仅有国家重点京剧院团和省级重点京剧院团，还包括在全国具有代表性的非重点、地市级京剧院团，他们是全国京剧艺术发展的中坚力量；参演演员中，不仅有常年活跃在京剧舞台、家喻户晓的京剧名角，也有各地方京剧院团的中坚骨干力量，还有经过“研究生班”或“京剧艺术流派班”学习和训练的中青年演员，他们为京剧艺术的发展提供了有力的人才支撑。这次展演展现了《全国重点京剧院团保护和扶持规划》实施5年来的成果，体现了全国京剧艺术创作和演出整体水平，既检阅了队伍，加强了全国京剧艺术院团之间的交流，又进一步振奋了民族精神，巩固了京剧艺术阵地，有利于更好地团结全国京剧艺术人才和院团，这对11月在湖北武汉举办的第六届中国京剧艺术节和第二期《国家重点京剧院团扶持和保护规划》的继续实施，以及全国京剧艺术事业发展将起到重要作用。

2011年全国现代戏优秀剧目展演

6月25日至7月27日，为贯彻胡锦涛总书记重要讲话精神，加强对艺术作品创作生产的引导，以优秀的创作成果向中国共产党成立90周年献礼，文化部在北京举办了“2011年全国现代戏优秀剧目展演”。6月25日晚，展演在长安大戏院开幕。中共中央政治局常委李长春，中共中央政治局委员、中央书记处书记、中宣部部长刘云山，中共中央政治局委员、国务委员刘延东，中央军委委员、总政治部主任李继耐以及中央宣传思想领导小组、中宣部、解放军总政治部、有关部委的领导同志出席了开幕式，并与首都观众一起观看由总政话剧团演出的话剧《生命档案》。开幕式由文化部党组成员、副部长王文章主持，中宣部副部长、文化部党组书记、部长蔡武致开幕词。

李长春称赞《生命档案》感人肺腑、催人泪下、震撼人心，是思想性和艺术性高度统一的优秀剧目，在庆祝中国共产党成立90周年之际，演出这部话剧对于树立共产党员的时代形象、发挥共产党员的先锋模范作用，深入开展社会主义核心价值体系教育，具有十分重要的意义。他希望这部话剧在全国广泛演出，进一步扩大社会影响，让更多的人受到教育。

话剧《生命档案》以优秀共产党员、解放军档案馆原馆员、全国档案战线时代楷模刘义权为原型，撷取了他生命历程中有代表性的几个典型事例，生动地再现了刘义权对事业的热爱忠诚，对普通百姓的关心以及身患绝症仍以顽强的意志和奉献精神坚守在档案工作第一线的先进事迹，诠释了刘义权同志38年如一日，坚守平凡、创造非凡的崇高精神。中共中央总书记、国家主席、中央军委主席胡锦涛号召全军官兵、全国档案工作者和广大共产党员都要向刘义权同志学习。

蔡武在致辞中强调，要按照中央领导同志关于对现实题材艺术作品创作的指示精神，在戏剧创作中坚持“二为”方向和“双百”方针，在继承历史文化优秀传统的同时，高度重视对现实生活的关照，鼓励和扶植现代戏剧目的创作和演出。要鼓励艺术家们深入生活，从人民群众生产生活的伟大实践中汲取营养，创作更多反映现实生活，表达人民意愿和心声的作品；要组织艺术家下基层指导创作，帮助有基础有潜质的剧目进行加工，修改、提高，力争多出好戏，真正使人民群众成为戏剧创作、表现、鉴赏的主体。

此次展演汇集了不同艺术品种的32台优秀剧目，歌颂了中国共产党的丰功伟绩，塑造了一批优秀共产党员的光辉形象，反映了改革开放丰富多彩的社会生活，唱响了弘扬民族精神和时代精神的主旋律。这是文化部近年来组织的较大规模的一次现代戏展演活动，受到了领导、专家、观众的高度关注和一致好评，成为“七一”期间首都文艺舞台的一大亮点。

全国现代戏优秀剧目展演持续一个月的时间，集中演出28台优秀剧目，参加展演的剧目主题鲜明，题材广泛，艺术表现形式丰富多彩，涵盖了话剧、京剧、舞剧、地方戏等多个艺术品种。这些舞台作品关注现实生活，弘扬了时代主旋律，宣传了党的光辉历史和不朽功绩，塑造了一批优秀共产党员和站在时代前列的新人形象，反映了普通人民群众的思想感情，在题材开拓、人物塑造以及舞台呈现上均有新的突破。这次展演特点如下：

一、围绕中心工作，加强艺术创作引导，推动文化大发展大繁荣

中国共产党成立90周年是2011年我国人民政治社会生活的一件大事、喜事。围绕党和国家中心工作，利用重大节庆契机，推出一批主题突出的优秀艺术作品，让人民大众共享优秀的艺术创造成果，是加强艺术创作引导、推动艺术创作繁荣的成功经验，也是发挥文化引领作用、丰富人民群众精神文化需求的重要举措。文化部希望通过展示现代戏创作的优秀成果，在当代文艺舞台上立体地展现出中国共产党90年来的光辉历程，不仅为庆祝建党90周年营造了良好的文化氛围，而且必将引导广大艺术工作者坚持以人民为中心的创作方向，创作出更多无愧于改革开放的伟大时代、满足人民群众精神文化生活需求的优秀作品，并推动社会主义文化大发展大繁荣，为中华民族伟大复兴做出更大贡献。

此次展演得到了中央领导、中宣部的高度重视。2010年以来，李长春、刘云山、刘延东曾先后对当前现实题材的文艺创作做出指示。为落实中央指示，文化部自2010年开始积极筹备全国现代戏优秀剧目展演。在2011年年初的全国艺术创作会议和全国文化厅（局）长会议上，蔡武部长在讲话中将展演列为庆祝建党90周年系列活动的重要组成部分，对展演工作进行部署。6月25日，李长春、刘云山、刘延东出席展演开幕式，观看总政话剧团演出的话剧《生命档案》，并给予了高度赞扬。

积极参与展演活动，以优秀的艺术创造成果向中国共产党的90华诞献礼，标志着全国广大艺术工作者的文化自觉。文化部的积极引导得到全国艺术工作者的热烈响应，中直、地方、部队、民营等艺术院团踊跃报名，地方和部队文化主管部门积极推荐，并组织艺术家深入生活，创作了一批现实题材艺术作品。为促进参演剧目艺术质量的进一步提高，文化部还多次组织专家下基层指导创作，帮助有基础、有潜质的剧目加工修改，力争多出好戏，以优异的艺术作品向党的90华诞献礼。

二、剧目丰富多彩，贴近时代，关注现实生活，树立起以人民为中心的创作生产导向

32台参演剧目涵盖了话剧、京剧、舞剧、地方戏等多个艺术品种，仅地方戏就有豫剧、吕剧、评剧、秦腔、甬剧、二人台、湘剧、沪剧、锡剧、滑稽戏、河北梆子、蒲剧、粤剧、陇剧、花灯剧、黄梅戏、上党梆子等17个剧种，覆盖了北京、天津、上海、河北、山西、内蒙古、吉林、江苏、浙江、福建、山东、河南、湖北、湖南、广东、重庆、四川、云南、陕西、甘肃等20余个省（区、市）及文化部直属国家艺术院团和部队艺术院团。其中民营院团和转企改制院团如河南小皇后豫剧团、河北大厂评剧歌舞团、西安秦腔剧院有限责任公司、无锡大阿福文化发展有限公司、北京京评戏曲剧团、四川歌舞演艺有限责任公司、浙江话剧团有限公司、北京刘秀荣评剧团及山西省高平市人民剧团等也拿出了较高艺术水准的剧目参演。

32台参演剧目主题鲜明，题材广泛，视野开阔，形式多样。相当一部分参演剧目在题材开拓、人物塑造和艺术表现手法上均有较大突破，体现了当前话剧、戏曲、舞剧等不同艺术门类现代戏创作的最新成果和较高水平。如河南小皇后豫剧团演出的豫剧《铡刀下的红梅》已获国家舞台艺术精品工程十大精品剧目殊荣；总政话剧团演出的话剧《生命档案》、内蒙古呼和浩特市民间歌舞剧团演出的二人台《花落花开》、湖南省湘剧院演出的湘剧《李贞回乡》、苏州市滑稽剧团演出的滑稽剧《顾家姆妈》、国家京剧院演出的京剧《江姐》、重庆三峡歌舞剧团演出的方言话剧《三峡人家》、山西省运城市蒲剧实验青年演出团演出的蒲剧《山村母亲》、甘肃省陇剧院演出的陇剧《苦乐村官》、云南省花灯剧院演出的花灯剧《梭罗寨》等9部作品已获国家舞台艺术精品工程年度资助剧目；甘肃省陇剧院演出的陇剧《苦乐村官》、广州粤剧院红豆粤剧团演出的粤剧《刑场上的婚礼》已获文化部第13届文华大奖特别奖；河南省豫剧三团演出的豫剧《村官李天成》、长春评剧院演出的《宰相胡同》等5部作品已获文化部第13届文华优秀剧目奖。本次参演剧目呈现了以下特点：

（一）革命历史题材剧目，传承革命传统和崇高的精神，使当代人受到灵魂的震撼和精神的洗礼

如京剧《江姐》、豫剧《铡刀下的红梅》、粤剧《刑场上的婚礼》等带领今天的观众重温革命历史，重温中国革命斗争最终夺取胜利的艰苦历程。歌颂了江竹筠、刘胡兰、陈铁军、周文雍等革命先烈们为了广大劳苦大众求解放，为了推翻旧制度建立新中国的崇高理想，英勇奋斗、不怕牺牲、坚贞不屈的崇高品质，引发了当代人对革命先驱的崇敬情怀；湘剧《李贞回乡》追随着共和国第一位女将军李贞回乡后的所见所闻的思绪，及女将军对家乡的战友、乡亲和前夫重新认识的过程，再现当年中国共产党领导的如火如荼、风起云涌的湖南农民运动场景。创作者以独特的视角、独特的结构与独特的人物关系切入叙事，以历史与现实交替呈现的艺术手法编织戏剧情境，以既敬畏历史又客观反思的精神重新审视中国革命初期的历史，也更深刻地展示中国共产党与人民群众相依相存、血肉相连的关系，并由此对群众路线是中国革命的制胜法宝之一的真理予以深刻的人文思考；浙江话剧团有限公司演出的话剧《谁主沉浮》用深蕴哲思的舞台艺术创作，审美地再现了毛泽东、董必武等15位代表当年参加党的“一大”会议的过程，及革命前辈们为了坚守理想信念所进行的艰苦卓绝的斗争。创作者以历史时空与现实时空巧妙地穿插与对接，让观众在艺术审美中受到感染和灵魂的净化，也为年轻人补上了一堂极为生动的党课；四川歌舞演艺有限责任公司演出的舞剧《红军花》表现红军长征路上3位掉队的女红军战士壮烈的人生，颂扬了她们追逐革命理想不惜牺牲生命的坚定信念，感召当代人继承和弘扬先辈们崇高的革命情操和坚定不移的革命精神。这台舞剧无论是舞蹈技巧的高难度开发，人物组合的独舞、双人舞、三人舞及群舞场面编排和调度都颇具匠心，其他如舞美、音乐、道具及人物造型等综合指数都达到了一定的高度，十分震撼人心；北京刘秀荣评剧团演出的评剧《宋庆龄与新中国》撷取了新中国缔造者之一——美丽、圣洁的伟大女性宋庆龄在新中国成立后的一些生活片段，表现她以身许国、为人类造福、用爱缔造未来的人格风范和博大情怀，以及她光荣地加入中国共产党，完成了从爱国主义、民主主义者到国际主义、共产主义者的伟大转变的心路历程，更加深了当代人对这位曾经享有“国母”尊称的国家名誉主席宋庆龄的尊敬和爱戴之情。

（二）表现当代英模人物和优秀共产党人的剧目，浓墨重彩地书写出先进人物的优秀事迹和崇高品格

如话剧《生命档案》、山东省吕剧院演出的吕剧《百姓书记》、豫剧《村官李天成》、山西省高平市人民剧团演出的上党梆子《西沟女儿》、湖北省黄梅戏剧院演出的黄梅戏《李四光》、无锡大阿福文化发展有限公司演出的音画锡剧《天下第一村——吴仁宝的风采》、上海宝山沪剧团演出的沪剧《红叶魂》等根据真人真事创作的艺术作品，刻画了一批坚定信仰、无私奉献的优秀中国共产党人的时代群像。当代的英模人物李四光、申纪兰、王伯祥、王瑛、吴仁宝、李连成等被各地的艺术家搬上了舞台，创作者不仅表现他们的先进事迹，而且着力表现他们的内心情感和思想境界。剧作家和艺术家深入到英模人物工作过的地方，访问当地的群众，对英模人物有了深切的感受，因此在舞台上塑造出来的人物血肉丰满，真切感人。上党梆子《西沟女儿》立体表现出山西女劳模申纪兰成长的历史，从一个方面反映了共和国的历史。她自第一届至十一届一直担任全国人大代表，说明她能够与时俱进，一直受到群众的拥戴，能真正代表群众的利益和要求，真正体现出共产党员的先进性。吕剧《百姓书记》表现出在山东寿光县被群众亲切地称为“百姓书记”的王伯祥心底无私，严于律己，甘于损失自家利益，一心为群众办大事。他有智慧、有见地、有魄力，敢于承担，更有坚强的党性，是一个不折不扣的优秀共产党员和基层干部的楷模。沪剧《红叶魂》在沪剧舞台上表现出四川省优秀纪委书记王瑛心系群众，把群众的疾苦看成自己不可推卸的责任，她不顾个

人的困难与疾病，时时处处把群众的冷暖放在心上，她的身上体现出一个真正的共产党员的高尚品德永远熠熠闪烁光华。依据河南濮阳县西辛庄党支部书记李连成事迹创作的豫剧《村官李天成》，歌颂了克己为公、一心为民、带领乡亲脱贫致富的基层干部。他表明心迹的一首富有哲理的“吃亏歌”：“当干部就是要吃亏，肯吃亏才能挺起腰杆有作为！”掷地有声，唱响了时代的最强音，提升了人物的精神境界，使舞台艺术形象更加丰满。音画锡剧《天下第一村——吴仁宝的风采》从周围人物口中讲述出吴仁宝的风采。风采是境界的体现，思想境界高远的人物必然有独特的风采，这部作品创作视角独特，以音画对位的艺术手法，使观众在获得视觉和听觉的艺术享受中感受到吴仁宝的人格魅力。这些英模人物都有一颗强烈的忧国忧民之心，他们真正做到了情为民所系，权为民所用，利为民所谋。经过艺术家们对生活的提炼和出色的艺术创造，增强了作品的艺术感染力，观众感到十分亲切可信。

（三）直面改革开放社会转型期现实生活的剧目，深刻地彰显出时代精神和民族精神

这类题材作品数量最大，占参演剧目一半以上。这些剧目坚持以社会主义核心价值体系为引领，为人民写戏，为时代立言，在改革开放的伟大实践中感受社会进步的坚实脚步，在人民群众创造历史的伟大实践中体察人民群众的愿望和心声，反映出时代变革的壮丽图景和普通群众的情感生活。

一是关注重大历史事件和社会改革进程。如再现改革开放特区深圳沧桑巨变的话剧《小平您好》；关注汶川地震灾区群众心理疏导、心灵救赎与精神家园重建的话剧《大川之灵》；描画出三峡移民生存状况和精神风貌的方言话剧《三峡人家》；讲述城市建设棚户区危房改造的评剧《宰相胡同》；描绘山乡基层干部以他们的热情与智慧为新农村文化建设和构建和谐社会积极奉献的河北梆子《日头日头照山乡》；以幽默风趣和扑面而来的生活气息刻画当代新农村崭新的人物形象，体现出市场经济冲击的当下，普通人身上仍然闪现出可贵的传统道德光辉的二人台《花落花开》等；还有陇剧《苦乐村官》、中国评剧院的评剧《马本仓当官记》及天津市评剧院的一组小戏《咱们村里的新鲜事》等一批农村题材剧目，既热情关注当前携手共建社会主义新农村、走上共同富裕之路的新一代农民风貌，更直面新农村建设进程中不可忽视群众的思想、道德、文化、心理、情感和精神家园建设等社会现实问题，具有鲜明的时代色彩和地方特色。多部作品通过对凡人小事的细致刻画，反映了在改革开放大潮涌动下普通百姓的命运变化与情感诉求，讴歌了人民群众在党的领导下投身中国特色社会主义现代化建设之中，奋发昂扬、积极向上的精神面貌和价值追求。

二是坚持以人民为中心的创作导向。坚持以人为本，情系百姓，关注民生，写群众熟悉的身边人、身边事，把人民群众作为艺术作品表现、鉴赏、评判的主体，受到了广大人民群众的一致好评。如秦腔《西京故事》反映了当前进城务工的农民工特殊群体的生存状态、情感状态和心理状态，将目光聚焦于农民工应如何维护自身尊严这一严峻的话题，直面转型期突出的社会问题，表现出创作者高度的社会责任感与严肃的思考。该剧自3月首演以来引起社会各界广泛好评，迄今已演出100余场；再如苏州滑稽戏《顾家姆妈》写保姆阿旦数十年来扶养雇主抛下的一对孩子，历经无数困难和委屈而无怨无悔，她的心中时刻坚守不可推脱的责任，歌颂了平凡的、草根的、社会底层小人物却能坚守着无比高尚情操的可贵品质；如甬剧《宁波大哥》写宁波人李信良全力帮助身患重病的同乡王永强，后者奋发图强成了企业家后千里寻恩人，并建立贫困学生基金的故事，也歌颂了知恩必报的传统道德，倡导了助人为乐、乐善好施等社会主义核心价值观念。

三是坚持服务基层人民群众。一些参演剧团不仅矢志立足现代戏创作，也着力面向基层农村，坚持开展送戏下乡，体现出对现实的深层关注。河南小皇后豫剧团成立18年来已在基层农村演出6000余场，观众达3000万人次。作为地级市剧团的苏州滑稽戏剧团视艺术质量为生命、以品牌认知谋发展，确立了以贴近群众、贴近生活、贴近时代的现实题材为突破口的创作方向。他们清醒地认识到：优秀的舞台作品不仅应该满足观众的文化需求，更要影响人们的价值取向，成功的剧目影响力越广泛所肩负的社会责任也就越重大。该团每年60%的时间在农村演出，年近6旬的主演、梅花大奖获得者顾芗每年坚持演出300多场。该团继少儿滑稽戏《一二三，起步走》、《青春跑道》几乎囊括所有国家级奖项之后，又创作了以弘扬社会主义核心价值观为主题的大型现代滑稽戏《顾家姆妈》，已演出百余场，通过市场化运作该剧单场演出报价已达到10万元，他们立志

在赛场与市场的激烈竞争中奋发图强、勇攀高峰。河北大厂评剧歌舞团坚持扎根农村、服务农民30多年，创作并演出了大量贴近农村生活的优秀作品，受到农民群众的广泛欢迎。山西省运城市蒲剧实验青年演出团的蒲剧《山村母亲》，关注社会问题，在颂扬母爱的奉献精神和母亲忍辱负重的高尚品格的同时，也批判了当前城乡差别消弭过程中仍然严重存在着心理歧视现象的沉重话题，奏响了一曲母爱与尊严的变奏曲。《山村母亲》自2004年首演以来，已演出1000多场，成为广大城乡人民群众耳熟能详、家喻户晓的流行剧目。河南省豫剧三团演出的豫剧《村官李天成》至今也已演出近千场，该团以创作演出现代戏擅长，尤以《朝阳沟》一剧闻名遐迩，为戏曲现代戏创作积累了十分宝贵的经验。

三、32台参演剧目，浓缩了新时期以来我国优秀现代戏的成果，也检阅了现代戏创作队伍

从编剧来看，参与现代戏创作的有总政话剧团团长、剧作家孟冰，陕西省戏曲研究院院长、剧作家陈彦，河北省文化厅原副厅长、剧作家孙德民，四川人民艺术剧院院长、剧作家李亭，苏州籍剧作家陆伦章，以及湖南籍影视、舞台多栖的剧作家盛和煜等，他们正值艺术创造的喷薄期，可谓高产剧作家；从导演来看，有国家话剧院副院长查明哲、总政话剧团的宫晓东，天津歌舞剧院副院长张曼君，上海戏剧学院教授熊源伟、卢昂，中央戏剧学院教授王小琮等已成就斐然的著名导演，一批中青年导演胡筱坪、张平、王青、李维鲁、王乃兴等在大量的艺术实践中已日渐成熟起来；从演员阵容来看十分喜人，一大批"文华奖"、"梅花奖"获奖演员领衔主演，如：苏州滑稽剧团名誉团长顾芗、北京刘秀荣评剧团团长刘秀荣、河南小皇后豫剧团团长王红丽、陕西省戏曲研究院李东桥、河南省豫剧三团贾文龙、苏州市滑稽剧团张克勤、山西省运城市蒲剧实验青年演出团景雪变、河北省河北梆子剧院许荷英、上海宝山沪剧团华雯、宁波市艺术剧院王锦文、湖南省湘剧院王阳娟、西安秦腔剧院有限责任公司惠敏莉、山西省高平市人民剧团陈素琴、甘肃省陇剧院边肖、广州粤剧院红豆粤剧团欧凯明、湖北省黄梅戏剧院张辉等。正由于他们积极参与艺术创造，在现代戏舞台上塑造出一批十分鲜活生动的人物艺术形象。

四、社会反响强烈，营造浓厚氛围，促进现代戏剧目艺术创新

现实题材作品因为贴近群众生活，更容易引起观众共鸣，更能发挥主流价值的引导功能。现代戏展演作为庆祝建党90周年的重要文化活动，以艺术创作的丰硕成果表达了文艺工作者对党的深情拥戴，以艺术作品蕴涵的思想性和艺术性感染了普通观众，凝聚起强大的思想力量，营造出良好的文化氛围。此次展演期间，32台剧目66场演出的观众人数近10万人次，平均每场观众上座率达9成以上，党和国家领导人、100多位省部级领导、几十所高校师生以及社会各界群众观看了演出。一些优秀剧目受到了大量戏迷、票友和"粉丝"的喜爱，并吸引了不少"90后"前来观看，显示出优秀作品跨越地域、剧种，为不同年龄、不同层次的观众群体共同接受的艺术魅力。如《西京故事》演出期间，北京丰台一个网名叫"兰妹妹"的女孩子每天提前到剧场帮忙发剧情简介，为的是让工作人员把她带进剧场。还有不少学生连夜在微博上发表观后感，称赞该戏直面现实，发人深省。一名网友在看完《谁主沉浮》后发文，"本以为党史题材话剧很沉闷，可这次却被深深吸引"。《人民日报》、新华社、《光明日报》、中央电视台以及中央、地方、网络等新闻媒体对展演活动进行广泛、深入的宣传报道。中央电视台《新闻联播》和新闻频道多次播出展演活动新闻，光明日报刊发了专版和新闻综述，《中国文化报》连续一个月辟出专栏进行报道。据统计，在百度中搜索"全国现代戏优秀剧目展演"，相关结果为369000余条。

为表彰参演优秀剧目，总结现代戏创作经验，文化部于7月15日召开了全国现代戏创作座谈会。蔡武部长在讲话中指出，要树立以人民为中心的创作生产导向，努力创作广大人民群众喜闻乐见的优秀艺术作品。有关专家、评论家以及参演院团的负责人和主创人员结合学习胡锦涛总书记"七一"重要讲话精神，对本次展演的剧目特色和现实意义进行了总结，对现代戏创作的艺术创新和发展态势进行了研讨，这将对今后一段时期的现代戏创作和艺术创作产生重大的影响。中国文联原副主席仲呈祥说，展演引领了社会主义文化发展，参演剧目都是围绕提高民族素质、塑造高尚人格而创，落脚点都是使人民共享文化成果，共建精神家园。中国艺术研究院原副院长薛若琳说，革命历史题材剧目是对人们进行革命传统教育的极好教材，尤其对年青一代更为重要。中国艺术研究院研究员龚和德说，参演剧目运用艺术的审美的方法，把人民的愿望真诚表达了出来。中国剧协原分党组书记王蕴明说，很多剧目心系百姓，关心人民，聚焦基层百姓的生存状态和喜怒哀乐。中国艺术研究院研究员王安奎说，参演剧目着重挖掘和表现人物的内心情感和思想境界，发挥了文艺作品以美好的精神影响人们心灵的作用。中国艺术研究院特约研究员徐培成建议把现代戏展演活动制度化，深入开展优秀现代戏剧目巡演活动。参演院团纷纷表示，现代戏创作大有可为，要从现实生活和人民群众中汲取创作灵感和营养，不断丰富现代戏的创作视野和表现手段，共同把现代戏创作推向一个新的高度。

文化部将进一步加大对现实题材剧目创作生产的扶持，引导广大艺术工作者坚持“三贴近”，鼓励和扶持优秀现代戏剧目的创作演出，加强创作规划和创作指导，加大经费投入、演出补贴和宣传推广力度，并在文艺评奖、艺术展演、政府采购中予以关注和倾斜。

2011年国家艺术院团优秀剧目展演

8月24日至9月26日，为充分发挥国家艺术院团的导向型、代表性和示范性作用，展示国家艺术院团优秀的艺术成果，丰富人民群众的精神文化生活，由文化部主办的2011年国家艺术院团优秀剧目展演活动在北京举行。

举办国家艺术院团优秀剧目展演活动，是文化部大力推动国家艺术院团艺术建设的一项重要内容，也是文化系统贯彻落实胡锦涛总书记“七一”重要讲话精神，更加清醒、自觉地推动文化改革发展的一项重要举措。胡锦涛总书记在庆祝中国共产党成立90周年大会上的重要讲话中明确提出，必须以高度的文化自觉和文化自信，着眼于提高民族素质和塑造高尚人格，以更大力度推进文化改革发展，在中国特色社会主义伟大实践中进行文化创造，让人民共享文化发展成果。国家艺术院团是中国舞台艺术的国家队和排头兵，在中国舞台艺术建设格局中承担着领军和表率的作用。举办国家艺术院团优秀剧目展演活动，就是要努力通过展现国家艺术院团近年来艺术生产、人才培养、改革发展的成果，进一步引导和带动全国舞台艺术创作的发展与繁荣。

展演期间，国家京剧院、中国国家话剧院、中国歌剧舞剧院、中国东方演艺集团有限公司、中国交响乐团、中国儿童艺术剧院、中央歌剧院、中央芭蕾舞团、中央民族乐团等9个文化部直属艺术表演团体将再一次汇聚一堂，联合在国家大剧院、保利剧院、天桥剧场、北展剧场、国话剧场、梅兰芳大剧院、中国儿童剧场、北大百年讲堂、北京音乐厅等演出场所演出36台剧目共65场。本次展演活动就参演剧目、演出场次和参演阵容来讲超过2010年，是近年来国家艺术院团规模最大、历时最长的一次集中亮相。

一、展演活动展示国家艺术院团近年来创作、积累的最新成果

树立演出意识，通过市场和群众检验，多演出经典保留剧目，不断推出新的优秀剧目。本次展演的参演剧目，就是近年来国家艺术院团艺术创作和积累成果的一次集中展示。

本次展演参演剧目题材广泛、艺术品种多样，涵盖了京剧、话剧、儿童剧、歌剧、舞剧、音乐剧、主题歌舞晚会、交响音乐会、合唱音乐会和民族音乐会等各主要艺术门类，体现出国家艺术院团鲜明的艺术风格和艺术特色。参演剧目中，既有京剧《杨门女将》、《红灯记》，儿童剧《小蝌蚪找妈妈》，歌剧《白毛女》、《原野》，芭蕾舞剧《大红灯笼高高挂》，歌舞《四季情韵》，民族音乐会“中国音色”等大家较为熟悉的优秀保留剧目；也有京剧《汉苏武》，话剧《四世同堂》、《问苍茫》，儿童剧《绝对小孩》，歌剧《红河谷》，歌舞晚会“炫”、“水墨中华”，交响乐《大地安魂曲》，民族管弦乐《艰难辉煌》等一大批近年推出的新创剧目；还有话剧《深度灼伤》，芭蕾舞剧《卡门》、《阿莱城的姑娘》，歌剧《汤豪塞》等一批国家艺术院团新排演的国外经典。本次展演新创剧目占有较大比重，36台参演剧目中，新创剧目有18台，占到了1/2。届时，中国歌剧舞剧院创作的大型原创歌剧《红河谷》，中国国家话剧院创作的话剧《问苍茫》、中国东方演艺集团有限公司创作的歌舞《炫》、《水墨中华》，中国儿童艺术剧院创作的儿童剧《绝对小孩》等作品都将在本次活动中首演。

二、展演活动是展示和培养优秀艺术人才的重要舞台

一批优秀的国内外艺术家都将吸引和汇集到2011年国家艺术院团优秀剧目展演中来。本次展演，既有于魁智、李胜素、张建国、李海燕、朱媛媛、辛柏青、张秋歌、朱妍、张剑、王启敏、成方圆、刘玉婉、崔京浩、郭蓉、韩延文、尤泓斐、吴玉霞、周维、冯晓泉、曾格格、李玉刚等一大批国家艺术院团的领军人物；也吸引了殷秀梅、魏松、朱强、黄磊、殷桃等一批全国知名的艺术名家和优秀演员；中国交响乐团首席指挥普拉松（法国）、青年钢琴家尼科丹姆·沃伊切霍夫斯基（波兰）、歌唱家理查德·伯克利·斯蒂尔（英国）等一批在国际上享有盛誉的艺术家也将参加本次展演活动。

本次展演活动不仅是艺术家们展示才华的重要舞台，也是培养和推出国家艺术院团新秀的摇篮。中国京剧院青春版的《红灯记》、中央芭蕾舞团青年舞蹈家们创作排演的《第二届芭蕾创意工作坊作品展演》、国家话剧院优秀青年演员担纲主角的《四世同堂》、《问苍茫》等一大批作品中，观众都将领略到国家艺术院团新一代年轻演员的风采。

三、展演活动全方位推动国家艺术院团交流互动

2011年，国家艺术院团优秀剧目展演，将致力于全方位推动国家艺术院团与市场、观众和专家的交流互动，以更好地展现国家艺术院团风采。

首先，所有演出将面向市场、面向群众，采取市场运作方式，努力实现社会效益和经济效益的统一。同时，展演将通过低票价等多种形式，保障基层群众能共享国家艺术院团的发展成果。经初步统计，100元以下的低价票达到了展演总票数的四分之一。例如，国家话剧院话剧《四世同堂》销售票主要定价在50元和30元；中央芭蕾舞团在北大百年讲堂演出的最低票价为20元，100元以下低价票超过了65%。

展演期间，国家艺术院团还将举办形式多样的交流互动活动。届时，将举办国家艺术院团艺术建设专题研讨会，邀请专家就国家艺术院团的艺术生产、演出推广、人才培养等进行研讨；举办国家艺术院团优秀剧目交易推介活动，邀请国内外演出商共同推进国家艺术院团的演出推广，交易会上还将举办论坛，就“中国文化形象的世界展示”等主题开展深入交流。9月9日至23日，还将在国家博物馆举办国家艺术院团优秀剧目展，全面展示国家艺术院团辉煌的发展历程和优秀成果。

展演结束后，文化部举办了2011年国家艺术院团优秀剧目展演表彰会。文化部党组书记、部长蔡武出席会议并向获奖剧目和个人颁奖。他在讲话中指出，2011年国家艺术院团优秀剧目展演充分展示了国家艺术院团的整体实力和风采，得到了中央领导同志的高度评价，赢得了广泛的社会赞誉，取得了社会效益和经济效益的双丰收，充分体现了国家艺术院团在我国舞台艺术创造中的导向性、代表性和示范性作用，在党的十七届六中全会召开前夕，向党和全国人民交上了一份合格的答卷。文化部党组成员、副部长王文章主持会议。

2011年国家艺术院团优秀剧目展演于8月24日至9月26日在京举办。展演期间，9个国家艺术院团共推出36台剧目65场演出，观众超过10万人次，在坚持低票价的前提下，票房总收入超过1000万元；在国家博物馆举办的国家艺术院团优秀剧目展览，观众超过8万人次；在展演期间举办的演出推广交易会上，共签约各类演出571场，金额超过1亿元。经过评委会的认真评审，话剧《四世同堂》、《问苍茫》，京剧《汉苏武》，芭蕾作品展演《自由的放飞》，歌舞《水墨中华·风》，歌剧《红河谷》，音乐会“艰难·辉煌”，交响音乐会“大地安魂曲”8个剧目获优秀剧目奖，儿童剧《小蝌蚪找妈妈》、歌剧《汤豪塞》等8个剧目获优秀演出奖，此外还评出了10个剧目奖、10个演出奖以及105个单项奖。京剧表演艺术家李世济获得了优秀荣誉奖。

王文章在主持会议时指出，蔡武部长的讲话高度肯定了展演取得的成绩，同时，结合学习贯彻党的十七届六中全会精神，对国家艺术院团下一步的艺术创作生产提出了明确的要求。这对于国家艺术院团认真学习、深刻领会六中全会精神，切实把思想和行动统一到全会精神上来，不断推动国家艺术院团艺术创作繁荣发展具有重要的意义。他希望国家艺术院团以此为新的起点，认真落实蔡武部长的讲话，进一步深入学习贯彻六中全会精神，团结协作、奋力拼搏，创作演出更多观众喜闻乐见、思想性艺术性观赏性俱佳的精品力作，涌现出更多德艺双馨的优秀艺术人才，切实发挥国家艺术院团的导向性、代表性和示范性作用，使自身的全面建设不断跃上新的台阶，为社会主义文化大发展大繁荣作出新的更大的贡献。

文化部艺术司司长董伟宣读表彰决定。国家京剧院、国家话剧院、中国歌剧舞剧院、中国东方演艺集团、中国交响乐团、中国儿童艺术剧院、中央歌剧院、中央芭蕾舞团、中央民族乐团的负责人在会上就学习贯彻党的十七届六中全会精神作了交流发言。

文化部首届优秀保留剧目大奖作品洛阳展演月

鉴于2011年第29届中国洛阳牡丹文化节升格为由文化部主办，为进一步扩大优秀保留剧目的影响，使更多的观众感受优秀保留剧目的巨大艺术魅力，弘扬民族文化、陶冶艺术情操，牡丹文化节期间举办“文化部首届优秀保留剧目大奖作品洛阳展演月”活动。此项活动由文化部主办，洛阳市人民政府和河南省文化厅共同承办。

参加此次展演的是获得文化部首届优秀保留剧目大奖作品的其中8部作品，分别是辽宁人民艺术剧院的话剧《父新》、浙江小百花越剧团的越剧《五女拜寿》、甘肃省歌舞剧院的舞剧《丝路花雨》、福建省泉州市木偶剧团的木偶剧《火焰山》、兰州大剧院的舞剧《大梦敦煌》、北京京剧院的京剧《三打陶三春》、中国儿童艺术剧院的儿童剧《马兰花》、重庆市川剧院的川剧《金子》等。以上8台剧目于4月4日至5月7日在洛阳歌剧院进行专场演出，每台剧目至少演出2场，共在洛阳演出21场。演出剧种多样，题材丰富，且均为首次在洛演出。除展演之外，参演团体还与当地演出院团进行座谈交流，介绍先进经验，交流看法，优势互补，共同提高。

本次“展演月”是一次政府主导、市场推动、院团演出、百姓受益的好事，是2010年全国巡演活动的延续和深化，是走进基层、走进群众的又一个演出活动。同时，这些优秀作品的集中亮相也为牡丹花会增添了浓厚的文化艺术气息，为中原人民献上了最优秀、最精彩的演出。

一、基本情况及成效

文化部首届优秀保留剧目大奖作品洛阳展演月由文化部主办，洛阳市人民政府、河南省文化厅承办，洛阳市文化广电新闻出版局协办。演出坚持“政府主导、市场运作、院团演出、百姓受益”的原则进行。演出从4月4日开始至5月7日结束。话剧《父亲》，越剧《五女拜寿》，舞剧《丝路花雨》、《大梦敦煌》，木偶剧《火焰山》，京剧《三打陶三春》，儿童剧《马兰花》，川剧《金子》等8部剧目的500多名演员先后在洛阳歌剧院演出21场，近3万余人次观看了演出。“展演月”取得了良好的社会效益，好评如潮。《光明日报》、《中国文化报》、《河南日报》、《大河报》、新华网、新浪网、搜狐网、中国文化传媒网以及洛阳各新闻媒体等数十余家国家、省、市主流新闻宣传媒体都给予了充分的报道。

本次“展演月”活动可谓好戏连台，高潮迭起。话剧、舞剧、京剧、越剧、川剧、儿童剧、木偶剧等形式多样、内容丰富，极大地满足了洛阳市民及来洛游客多方面、多层次、多样性的文化需求。演出期间，洛阳歌剧院几乎场场爆满，部分演出甚至出现了一票难求的局面，还有许多外地观众专程赶到洛阳观看“展演月”的演出剧目。强大的演出阵容、精湛的演出技艺、引人入胜的剧情赢得了现场观众的强烈反响，鼓掌声、欢笑声此起彼伏。国家文化部领导、河南省文化厅领导、洛阳市领导以及部分在洛举办会议的代表和来洛参观考察的工作组人员都先后观看了演出。“展演月”活动已成为弘扬民族文化、展示国家舞台艺术精品的重要平台，成为牡丹文化节期间的一个亮点，形成了一道亮丽的文化风景线。

二、主要做法及体会

（一）领导重视，协调有力是活动取得成功的前提

牡丹文化节升格由文化部主办后，为使牡丹文化节文化内涵更加突出、艺术气息更浓，品牌影响力和文化辐射力更强，在河南省文化厅和洛阳市人民政府的共同争取下，文化部艺术司经过认真研究、反复论证，决定将文化部品牌活动——“首届优秀保留剧目大奖作品”展演活动放在洛阳举办，为将活动做实、做细，文化部艺术司专门在洛阳召开了8家参演院团负责人演出协调会，安排布置演出工作。此外，洛阳市委、市政府也高度重视展演月工作，将“展演月”活动列入牡丹文化节11项主体活动之一，加强领导、重点筹备。

（二）工作扎实、措施得力是活动取得成功的基础

自从争取到文化部保留剧目展演的承办权后，文广局主动同18台获奖剧目的演出单位进行联系，落实剧目，确定各参演剧目演出时间、道具运输、演职人员的食宿行等具体事宜，并制定了详细的工作方案，将工作任务分解下达到各有关单位和人员，形成了人人肩上有担子、人人身上有责任，一把手亲自抓，主管副局长具体负责，职能科室加强落实，分工明确、任务具体的工作机制。活动开始后，所有工作人员都顾全大局、不讲价钱，没有休息日和节假日，随叫随到，全力以赴地保障展演月活动正常开展。

（三）内容丰富、形式多样是活动取得成功的关键

在18台剧目的选择中，尽可能挑选没有到过洛

阳，且在洛阳有广泛群众基础的剧目，同时，充分考虑不同观众群的需求。最后选中的8台剧目，既有经典的民族舞剧、京剧、话剧，也有地域风情深厚的越剧、川剧，同时还有儿童喜爱的木偶剧和儿童剧，可谓活动丰富，形式多样，门类齐全。活动中，积极争取各参演院团派出最强演员阵容参加演出活动，增加活动亮点。展演月期间，共有9名“梅花奖”得主和近百名国家一、二级演员登台献艺，展现了精湛的艺术技艺。演出期间，还邀请洛阳市各演出团体和文化界知名人士观摩学习，加强交流。此外，还邀请泉州木偶剧院到洛阳市实验小学的两个校区，为广大师生们现场表演了木偶戏绝技，达到了宣扬祖国传统文化，展示国家艺术瑰宝的目的。

（四）以诚相待、热情服务是活动取得成功的保障

参加此次展演的8台剧目中演职人员有550余人。为搞好接待，专门安排人员负责演职人员在洛期间的食、宿、行等各项工作。想方设法、创造条件，为演职人员提供优质、周到、贴心的后勤保障服务。同时，还积极组织来洛的每个院团到龙门石窟和牡丹园游览，让每个演职人员在感受河洛文化和绚丽牡丹的同时，感受到洛阳人民热情好客的豪迈情怀。

（五）突出公益、让利于民是活动取得成功的亮点

此次活动虽然是市场化运作的演出行为，但为体现政府主导，文化福民，让更多的洛阳市民和来洛游客到洛阳歌剧院观看演出，领略大奖作品的艺术魅力，努力控制成本，降低票价，最大限度的让利于民。部分演出的最低票价仅有10元，充分让百姓受益。同时，还根据不同剧目，积极邀请部分群体观看演出。如话剧《父亲》上演时，邀请了曾获得劳动模范称号和五一劳动奖章的职工以及下岗职工免费观看，他们感触颇深。儿童剧《马兰花》上演时，邀请洛阳福利院的儿童观看，给他们带来了欢乐。

（六）宣传到位、报道全面是活动取得成功的有效措施

此次展演，制定了详细的宣传方案，认真组织实施。广泛邀请各新闻媒体对演出现场进行采访，为他们介绍活动情况，提供相关剧目资料，并邀请新闻媒体进行跟踪报道，向社会大众发布演出信息和演出团体在洛的演出花絮，提高活动的关注度和影响力。据粗略统计，“展演月”活动期间，在《大河报》、《洛阳日报》、《洛阳晚报》、《洛阳商报》共刊登广告15次，新闻报道36次，在洛阳广电总台发布广告60次，新闻8次，户外广告、灯箱广告40余块，计800多平方米，全市楼宇电视每日循环播放60次，散发演出宣传单近5万余份。

三、下步打算

（一）把“展演月”打造成知名的文化活动品牌

“首届优秀保留剧目大奖作品”均是改革开放以来，深受群众喜爱、久演不衰、体现国家艺术水准，集思想性、艺术性、观赏性于一体的优秀舞台艺术作品。此次高密度、多角度、全方位的在洛阳进行演出，这是一件在洛阳文化艺术上具有里程碑意义的文化盛事。因此，希望文化部继续支持洛阳的文化建设，将国家舞台精品剧目“展演月”活动每年都放在牡丹文化节期间在洛阳举办，使其成为牡丹文化节的重要文化品牌。

（二）把“展演月”活动建成加强文化交流的平台

在此次“展演月”活动中，各艺术门类的艺术家们纷纷登台献艺，各显神通，河南省文化厅组织全省各演出团体和文化界知名人士来洛进行观摩学习。通过这个平台，让大家相互学习、切磋技艺、共同提高。一台台精品剧目不仅让我们领略到高质量文艺节目的艺术魅力，同时也让我们学习到了各参演艺术院团尤其是艺术家们对艺术精益求精的钻研精神，他们那种树立品牌、立足市场、贴近群众的艺术追求是值得我们学习的。通过这种学习交流，进一步明确了方向，在今后工作中，我们要加大艺术创作力度，努力创作出更多无愧于时代的艺术精品。

（三）努力活跃洛阳的演出市场

我们将积极鼓励演出中介机构，认真做好市场调研和论证，努力引进更多适销对路、市场效益好的优秀舞台剧目来洛演出，为服务“福民强市”总体目标，活跃洛阳演出市场，发展洛阳文化产业，满足洛阳广大群众日益增长的多方面、多层次、多样化的文化需求，推动社会主义文化大发展大繁荣做出应有的贡献。

全国小剧场话剧优秀剧目展演

9月3日至21日，由文化部艺术司、上海文化广播影视管理局主办，中国话剧艺术研究会、上海话剧艺术中心、上海戏剧学院承办的“全国小剧场话剧优秀剧目展演”在上海举行。这是政府职能部门首次举办此类艺术活动，旨在推出一批思想性、艺术性、观赏性统一的优秀小剧场话剧剧目，发挥导向性作用，引导并促进小剧场话剧健康发展。

此次小剧场话剧优秀剧目展演活动，从全国各省、自治区、直辖市以及中直单位、部队和社会团体申报的45台剧目中遴选出16台优秀剧目。其中，有中国国家话剧院、北京人民艺术剧院、上海话剧艺术中心等著名院团创作的《哥本哈根》、《恋爱的犀牛》、《第一次的亲密接触》、《活性炭》、《鲁镇往事》；也有各省转企改制院团推出的《男人心中的虹》、《带陌生女人回家》、《大刺客》、《计生专干》；有中央戏剧学院、上海戏剧学院等院校演出的《第十二夜》、《风铃》，此外，《我是海鸥》、《寻找春柳社》、《嫁给经济适用男》、《如果我不是我》、《晚安，妈妈》等民营院团参演剧目，占整个演出剧目的1/3，凸显了民营艺术院团蓬勃的发展态势。可以说，活动汇集了不同体制的话剧院团，也体现出政府主管部门加大对民营院团的扶持力度。

参演剧目中，有根据外国经典名作移植改编剧目；有探索性、实验性剧目；有探讨现实生活中爱情、婚姻、家庭的情感剧；也有描述现代都市青年生存状态，颇具时尚性和观赏性的剧目；还有贴近群众，反映基层农村生活的剧目。这些剧目题材广泛，内涵丰富，风格多样，形象鲜活，具有独特的艺术表现力和感染力。

参加此次展演活动的16台剧目，在上海话剧艺术中心戏剧沙龙和D6空间、上海戏剧学院新空间、上海大剧院中剧场陆续演出33场。展演期间，文化部艺术司召开小剧场话剧创作座谈会，就“小剧场话剧创作的艺术成就与存在的问题”、“如何引导小剧场话剧健康发展”、“如何提高小剧场话剧创作的艺术水平”等议题进行研讨，充分发挥文艺评论的导向性作用，进一步促进我国小剧场话剧的繁荣发展。

第三届中国诗歌节

10月15日至20日，由文化部、中国作家协会和福建省人民政府共同主办，厦门市人民政府承办的第三届中国诗歌节在南海之滨厦门成功举办。本届中国诗歌节以“情满神州、诗颂中华”为主题，在近一周的时间里，共举办了20余项诗歌文化活动，来自全国各地及港澳台地区的百余位著名诗人以诗会友、相聚厦门，各种诗歌文化活动丰富多彩。据不完全统计，自成功申办第三届中国诗歌节以来，在人口总数约350万人的厦门市就有超过50万人次的群众参与到中国诗歌节的各项诗歌文艺活动中来，金秋的鹭岛到处诗意融融，沉浸在“诗歌艺术的盛会，人民群众的节日”的浓厚氛围中。

第三届中国诗歌节着眼于提高民族素质和塑造高尚人格，举办了众多丰富多彩的诗歌文化活动，不仅展示了我国诗歌艺术的辉煌历史和当代诗歌发展的最新成果，也使高雅优美的诗歌艺术真正走进生活、走进群众。在第三届中国诗歌节中，除了诗人和学者参与的论坛等学术交流活动，还有大量面向广大人民群众的诗歌文艺活动，其中既有专业文艺演出，也有丰富多彩的群众文化项目。诗歌被艺术赋予了更加绚烂多姿的形态，而人们心中涌动的澎湃诗情也让缤纷节日到处洋溢着激情和感动。

一、文化活动精彩纷呈，充分展现诗歌艺术魅力

开幕式文艺演出是中国诗歌节最受瞩目的一台诗歌主题晚会。它不同于一般的歌舞综艺晚会，而是以诗歌为表现主体，处处突出诗歌的品格；它也绝不是单纯的诗歌朗诵会，而是借助丰富的舞台艺术手段呈现诗歌的意境。10月15日晚，在厦门市人民大会堂，伴随着黄河水惊涛拍岸的回响和激昂的音乐，第三届中国诗歌节开幕式文艺演出《世纪涛声》拉开了序幕。巨大的诗卷造型的旋转舞台，在多媒体投影下的奔流不息的黄河浪涛中缓缓旋转，著名艺术家方明铿锵浑厚的声音回响在剧场——“君不见黄河之水天上来，奔流到海不复回”——诗仙李白《将进酒》中流传千古的名句一下将观众带入了中华诗歌的漫漫长河。整场晚会分为“序幕”“上篇：热血中华”“下篇：时代放歌”和“尾声：海上明月”4个部分，与往届中国诗歌节开幕式文艺演出偏重表现古代诗歌内容不同，本次开幕式文艺演出着重选取了近百年来中国诗歌的代表性作品。从孙中山的《挽刘道一》、谭嗣同的《绝命诗》，到郭沫若的《凤凰涅槃》、臧克家的《有的人》，从公刘的《五月一日的夜晚》、贺敬之的《放声歌唱》，到余光中的《乡愁》、黄霑的《狮子山下》和陶里的《雨夜寄北》，在“热血中华”篇章中，一首首诗歌连缀起中国在一个世纪中从屈辱抗争走向胜利和平的艰难曲折的风雨历程，突出表现了以爱国主义为核心的民族精神。“下篇：时代放歌”部分，则选取了《中国，站在高高的脚手架上》、《生命之花：毁灭与新生》、《彝人谈火》、《承诺》、《厦门风姿》、《飞翔的神州》、《旗帜》等当代优秀的诗歌篇目，这些作品或描绘祖国日新月异的面貌，或展现人们多彩的生活，或颂扬人民群众不屈不挠的抗震精神，或歌唱北京奥运和神舟飞天的辉煌成就，伟大的时代精神成为这一篇章的主题。在蔡其矫《花树下》优美的诗句和《鼓浪屿之波》熟悉动人的旋律中，开幕式文艺演出进入尾声部分。最后，全体演员朗诵着艾青的《我爱这土地》，将整场演出推向了高潮。整场演出大气磅礴、气势恢宏，很好地突出了诗歌的文学性，演出形式以朗诵为主，辅以歌曲、器乐、舞蹈等多种艺术形式以及丰富的多媒体手段，著名艺术家方明、张家声、丁建华、肖雄、凯丽、徐涛、佟凡、吕思清、马梅、王丰、吴牧野等同台献艺，以精湛的表演和舞台意境的诗意呈现，不仅使观众欣赏到了中国近现代诗歌的众多名家名作，而且展现了百余年来中华民族的巨大进步和中国人民精神风貌的巨大变化，得到了观众的热烈欢迎和广泛好评。

“今天——中国新诗音乐朗诵会”和“中国唐宋名篇音乐朗诵会”是专业文艺演出的两个亮点。这两场专题的诗歌朗诵会，汇聚了方明、姚锡娟、乔榛、丁建华、濮存昕、肖雄、凯丽、徐涛、剧雪等国内最优秀的朗诵艺术家和著名指挥郑小瑛、陈虹菁，为观众带来高雅的艺术享受。当久病初愈的乔榛乘坐着轮椅被推上舞台，被搀扶着站在话筒前，当他那熟悉的声音再度回响在剧场，深情朗诵着不朽的唐诗名篇，剧场中响起经久不息的热烈掌声。观众为他精湛的表演所折服，更为他敬业的艺术精神和对诗歌的挚爱之情所感动。

值得一提的是，在中国诗歌节的舞台上，还上演了一台独具创新意识和探索精神的“诗歌剧”——《诗游记——台湾风、情、话》。这台诗歌专场演出是由厦门市文化馆、厦门非物质遗产保护中心与台湾PLAY剧团、厦门群星表演工作坊共同合作举办的。台湾青年艺术家于善敏担任编剧和导演，以别开生面的剧场表现形式对大陆和台湾知名诗人的代表作品进行全新演绎，呈现出宝岛台湾独特的人文风貌。现代感十足的舞台呈现和戏剧化的表演方式，令人耳目一新，印象深刻，赢得了大批青年观众的关注和喜爱，也为诗歌艺术在当代社会的普及、传播提供了一种有益的尝试和探索。

二、诗歌论坛深入校园，探讨中华诗歌的传承与发展

第三届中国诗歌节期间，在厦门大学和集美大学举办了两场诗歌论坛，这是中国诗歌节最重要的学术活动。诗歌论坛围绕“中华诗歌的传承与发展”的主题，集中探讨了中国诗歌在当代的发展与创新，来自全国各地包括港澳台地区以及海外的100余位诗人和理论家参与论坛活动。新诗和旧体诗词作者不再相互隔绝，而是相互包容、相互借鉴，成为本届诗歌节上非常温暖和谐的一大景观。16位诗人和学者在论坛上做了主题发言，从不同的学术视角关照当下中国诗歌的创作、研究与发展。中国作协党组成员、副主席高洪波说，确立本届诗歌节主题是“情满神州，诗颂中华”，确定本届诗歌论坛的议题是“中华诗歌的传承与发展”，就是表明我们要坚定不移地继承中华诗歌的优良传统，同时赋予崭新的时代内容，为实现中华民族的伟大复兴，谱写更加壮美的诗篇。青海省委常委、宣传部部长、中国诗歌学会常务副会长吉狄马加认为：诗歌必须和我们这个时代，和当下人的精神生活紧密联系在一起，它是有一种道德责任的，只有这样，我们才能通过诗歌来进行不同民族、不同文明之间的，来自心灵、来自灵魂的交流。故宫博物院院长、中华诗词学会会长郑欣淼在论坛上强调，“无论你是写作新诗的诗人，还是写作旧体诗的诗人，伟大的时代都在召唤着我们，沸腾的生活都在召唤着我们。诗人的心灵之舟，只有驶向澎湃的时代和生活之海，才能领略那风云际会的壮观风景，体会到那弄潮冲浪的壮丽人生。为时代放歌，为人民立言，我们的诗人们重任在肩，责无旁贷。”中华诗词学会顾问周笃文认为，充分发掘传统诗词的文化底蕴进行当代化的演绎与诠释，是一项崇高的任务。《解放军文艺》副总编殷实认为，意图现代化的中国新诗必须诚实地“说话”，也必须遵从严格的句法原则和虔敬的修辞伦理，彻底清除荒诞轻浮或暴力化的语句，警惕新的野蛮和蒙昧，学会从历史传统、从民间语文中汲取活力。大家达成普遍共识：中华诗歌绵延数千年发展至今，已经成为中华优秀传统文化的重要标志，无论是格律诗还是新诗，都应该在新的历史条件下，传承中华诗歌的文化精神，创造属于这个时代的精神表达和诗歌境界，诗歌创作应该回归对于心灵、真情和自由的追求。第三届诗歌节期间，厦门中小学、厦门大学和集美大学都分别举办了诗歌朗诵专场演出，学生诗人朗诵自己的作品，发放自己编印的诗歌刊物，在他们身上诗人们看到了中国诗歌传承发展的信心和希望。

三、厦门市民热情参与，群众诗歌诵读高潮迭起

中国诗歌节是真正属于人民群众的诗歌文化节日，参加中国诗歌节的除了诗人和艺术家，更多的是来自基层的普通民众和诗歌爱好者，社区居民、外来员工、部队战士、幼儿园及大中小学师生等各行各业的普通群众，真正成为诗歌节活动的主力军。十几场群众诗歌朗诵专场演出在厦门市各个城区的文化中心和部分高校、中学校园和军营中轮番上演，异彩纷呈的群众诗歌文化活动，为人民群众提供了更多的机会感受、分享诗歌艺术的魅力。第三届中国诗歌节闭幕式演出大胆选用了厦门市近年开展的群众性诗歌文化活动中涌现出的优秀节目组成“诗系厦门”专场诗歌朗诵晚会。整台晚会的参演人员几乎都是“非职业演员”，从幼儿园的小朋友到大学生，从机关干部到教师、工人，这些活跃在民间的诗歌爱好者们以质朴和真诚的表演，表达了对于诗歌艺术的发自肺腑的热爱之情和对未来生活的美好憧憬。香港诗人犁青在观看完厦门翔安区的群众诗歌诵读演出后，激动地说：“群众诗歌诵读活动水平这么高，令人赞赏。这促使我们对诗歌的教育，诗歌的传承，诗歌的普及和推广工作重新做深入的思考。”

厦门市具有非常丰富的民间诗歌文化资源，常年举办多种类型的诗歌文化活动，如鼓浪屿诗歌节、厦门（湖里）城市诵读节、集美诗歌节等等。以第三届中国诗歌节的举办为契机，厦门市于1月正式启动了第二届经典诵读节活动，以厦门全市130个全民阅读示范点为带动，广泛开展经典诵读进机关、进校园、进企业、进社区、进农村、进家庭和进军营活动。在精心的策划组织下，从企事业单位到各类学校、军营，从各区县文化馆（站）到群众文学社、艺术团，诗歌活动遍布城市的剧院、社区、军营、院校和各区文化中心，数十场以经典诗文诵读为主题的文化活动持续开展，极大地丰富了厦门市民的精神文化生活。

厦门市文化馆的负责同志介绍说，参与群众诗歌朗诵专场演出的都是普通市民，他们平常都是利用业余时间参与经典朗诵等艺术活动；如果有演出，就在下班之后匆匆赶往剧场，尽管演出的节目都烂熟于心，他们还是要利用开演之前的短暂时间进行简单的排演。虽然是群众文化活动，虽然是业余演员，可是大家都希望能够给更多的群众奉献更完美一点的表演。“在厦门，有很多人真的是为心中的诗歌而活的！”在舞台上，无论是海防战士还是幼儿教师，无论是老年人还是大中学生，无论是机关干部还是打工青年，都成为激情澎湃的诗人。而在舞台下，不少诗歌爱好者则拿着自己的作品与诗人嘉宾热烈地交流，探讨请教诗歌写作的技巧。群众诗歌文化活动免费向公众市民开放，剧场中不时能够见到还没来得及换下工装的工人和扶老携幼前来观看的群众。

四、凸显海峡两岸及港澳地区特色，促进文化交流与合作

文化是民族的血脉，悠久的诗歌文化传统是世界华人共有的精神家园。厦门是著名的侨乡，地处对台文化交流的前沿，第三届中国诗歌节充分发挥厦门独特的地域文化优势，着力推动海峡两岸及港澳地区的文化交流。第三届中国诗歌节邀请了犁青、林恭祖、郑愁予、绿蒂、林峰、冯倾城等港澳台著名诗人学者参与活动。香港诗词学会会长林峰说：“诗是大中华传统文化的主体，她承载着三千年的光辉岁月，激起了无数使人惊心动魄荡气回肠的历史洪波，刻下了无数悲壮忧伤，豪迈雄浑的民族脚印。厦门浓郁的文化氛围，使我获得了进一步的感受。5天的诗歌论坛和交流，使我浸淫在诗的海洋里。我受到的欢迎，不仅来自厦门文化界，还来自厦门海军。我登上快艇，眺望南海，觉得涛声就是一首首充满激情的大吟大唱。厦门使我寄入深情，留下记忆。第三届中国诗歌节使我寄入深情，留下记忆。我将会给厦门、给第三届诗歌节送上十几首诗，表达我对诗意厦门、诗意诗歌节的无限爱恋。”84岁的台湾著名诗人向明说：“我从海峡那边来，厦门平时就在我们的对面，离我们很近。这次来参加中国诗歌节时，我发现，这里的发展真快，变化太大了。本来我年纪大了，家里人反对我来参加诗歌节，但我还是坚持赶过来了。我们那边是没有这样的诗歌节的。通过这样一个美好的载体，把诗人们聚集在一起，共同讨论诗歌的发展，讨论文学的发展，是一个很好的方式。希望诗歌节继续办下去，形成一个传统……”85岁高龄的台湾诗人林恭祖抑制不住心中的激情，提笔写下《大厦高门为谁开——为第三届中国诗歌节》的诗篇。在诗人联谊活动中，无论是普通话、闽南话、客家话、山东话，还是藏语、维语和台湾原住民的语言，都是诗歌的语言，海峡两岸及港澳地区诗人和艺术家共聚一堂、共叙诗情，成为本届中国诗歌节最鲜明的特色之一。第三届中国诗歌节为海峡两岸及港澳地区的诗人们搭建起沟通的平台，以诗情凝聚起世界华人的拳拳爱国之心，对于增进海峡两岸及港澳地区之间的文化交流与合作发挥了积极的作用。

五、推广普及与时俱进，满足人民群众精神需求

中国诗歌节为广大群众提供了一次亲近诗歌、激发诗情、感受诗意进而涤荡心灵、净化灵魂的契机。诗歌艺术带给人们心灵的震撼和精神的愉悦，对人民群众的审美趣味、精神追求和文化观念产生积极的正面的引导。尤其是对于青少年来说，丰富多彩的诗歌艺术活动，使他们更加直观和感性也更加全面深刻地感受中国传统文化的魅力，激发他们的爱国热情，对于传承和发扬中华民族精神具有深远的意义。

诗歌一直在群众中有着深厚的基础，人民群众需要诗歌，诗歌更需要群众，诗歌只有走向大众，只有走进火热的社会生活，才能焕发出源源不绝的生命力。同时，随着国家经济的发展和社会的进步，人民群众对于精神文化生活的要求也越来越高。诗歌艺术的推广和普及应该与时俱进，不断探索新的方式和途径。诗歌的发展、推广和普及，应随着时代的发展而不断注入新的活力，在创作内容、表现形式和传播手段上不断创新，才能满足人民群众多样的精神需求。我们真正地呼唤诗歌回归心灵，走向大众。诗歌艺术只有在群众中才能焕发生机，人民群众需要更多优秀的文化活动满足精神需求。

中国诗歌节为全面立体地呈现诗歌艺术、普及推广诗歌文化提供了很好的平台，同时中国诗歌节始终坚持文学品位、诗歌品格，体现国家文化活动的规格和水平，也注意充分发挥和展示地方文化资源优势，因此能够获得当地民众的真诚欢迎。中国诗歌节也为诗人走进基层、诗歌走进群众提供了直接的渠道和有效的方式，它不仅仅是诗人欢聚的节日，更是服务于民众的、真正属于人民群众的文化节日，这也正是中国诗歌节最重要的意义和价值所在。

首届中国歌剧节

11月6日至30日，首届中国歌剧节在福建省福州市成功举办。这是党的十七届六中全会之后，由文化部主办的一次全国性国家级重要艺术活动，期间不仅包括剧目展演、评比，还举办了论坛、展览、下基层演出、多卷本《中国歌剧史》首发，以及中国剧院联盟签约等系列充实多样的活动。首届亦为新起点，这是全国广大歌剧艺术工作者贯彻落实十七届六中全会精神，努力建设社会主义文化强国的成功实践，对推动我国歌剧事业繁荣发展具有非常重要的意义。

一、剧目展演：大舞台百花齐放

首届中国歌剧节首次面向全国各类体制艺术院团征集展演剧目，最终确定14台剧目参加展演、评比，2台剧目祝贺演出，共吸引3000余名歌剧艺术工作者汇聚榕城，逾5万人次观众现场观看演出，堪称中国歌剧艺术界一次空前盛会。

通过剧目展演，中国歌剧在题材、风格、制作主体等方面已明显呈现多元化发展趋势。展演剧目中既有传唱多年的《洪湖赤卫队》、《小二黑结婚》、《原野》等中国传统剧目，也有《汤豪塞》、《叶甫盖尼·奥涅金》、《茶花女》等西方经典歌剧；既有《土楼》、《红河谷》等近年来新创的正歌剧题材，也有《远方的胡杨》等现实题材轻歌剧；既有中央歌剧院、中国歌剧舞剧院等“国家队”入围，也有艺术院校、歌剧中心、民营文化公司等制作单位参演。经评委会认真评选，各综合及单项奖的获奖结果同样“百花齐放”，显示我国歌剧艺术发展已具备全方位、高水准、多样化加速发展的强劲动力。

二、歌剧论坛：齐发声百家争鸣

11月14日至15日，首届中国歌剧节论坛成功举办。国内外30多名歌剧艺术及相关领域的专家分别针对歌剧的民族化、本土化、多元化发展，以及避免剧目过度包装、尽快建立歌剧信息资源库、创新“走出去”传播方式、歌剧推广和普及等方面广泛参与讨论，认真建言献策，论坛起到了共同思考、开拓思路、积累共识、同谋发展的积极作用。

如中国音乐学院教授、歌剧《原野》的曲作者金湘结合自身创作，在主旨发言中指出：“歌剧创作的一度创作是关键，作为一度创作的剧作家和作曲家要拥有歌剧思维，进行多元化探索和发展。要‘观照当代，引领当代’，既不超前至脱离当代，也不滞后或媚俗于当代。”北京大学歌剧研究院教授蒋一民说：“歌剧的创作和发展，除了借鉴外国成功经验，还应当坚持从前辈们努力探索而建立的中国歌剧传统中汲取养分。”作曲家刘振球也持相同观点：“要在自己最熟悉的土壤里去挖掘素材，再转化为自己的表达。”中国歌剧研究会主席王祖皆表示：“文化离不开它的土壤，离不开它的受众，也就是说，在本土化的过程中，要让外来艺术形式服中国的‘水土’。”

三、下基层演出：重普及大众受益

歌剧节期间，组委会专门安排了“经典歌剧片段音乐会”下基层演出活动，同时歌剧展演的4个剧场中，也有两个分别安排在距福州市中心20多公里的马尾区马江剧场和长乐市长乐人民会堂，此举旨在吸引不同身份、年龄、欣赏水准的观众共同参与，将歌剧节真正办成歌剧艺术的盛会，人民群众的节日。

歌剧《土楼》女主角、女高音歌唱家王庆爽说，很高兴走进基层为大家演出，这也是文艺工作者下基层、接地气的学习机会。来自福州大学阳光学院的学生黄友旭说：“虽然第一次现场观看歌剧，但里面很多歌曲是从小就听到过的。”一些年长的观众更是熟悉所有唱段，“当年《洪湖赤卫队》演出时盛况空前，《洪湖水浪打浪》就是我们那个时代的流行歌曲。”福建省实验闽剧院的退休演员老杨说，“我很喜欢听民族歌剧，里面的音乐符合我们的欣赏习惯。”

82岁的著名指挥家郑小瑛此次担任展演中3部歌剧的指挥，每次演出开始前，她都耐心为观众普及歌剧和交响乐的常识，并介绍观看演出的要求。这一模式在马江剧场校园歌剧《紫藤花》的演出现场收效明显，观众观演前对剧情有了初步了解，观看演出就轻松了许多。

本届歌剧节评委、中央歌剧院原副院长刘诗嵘说，通过下基层演出这一重要的普及歌剧的手段，让普通人都能与之共鸣，是歌剧繁荣的必由之路。

四、《中国歌剧史》首发：多卷本史料翔实

11月28日，由文化艺术出版社出版发行的第一部多卷本《中国歌剧史》在首届中国歌剧节期间首发，该书的出版填补了中国歌剧至今尚无一部较为完整的“通史”的空白。

《中国歌剧史》由荆蓝、刘诗嵘、刘得复等一批歌剧界前辈发起编纂，前后历时10年。著名歌剧表演艺术家郭兰英出资3万元作为编委会早期经费，后在文化部以及中央歌剧院的大力支持下，该书方得以出版发行。《中国歌剧史》以“史”“论”“评”为特色，共分为4卷，第一卷对新中国成立前许多珍贵歌剧史料的搜集和整理；第二卷力求对新中国成立后中国歌剧走向繁荣的20世纪五六十年代在创作与理论两个方面进行论述；第三卷对中国歌剧在“文革”十年至新时期近二三十年的发展脉络与趋势进行梳理和评价；第四卷介绍了中外歌剧交流、港澳台歌剧简况等。

五、剧院联盟：搭平台共享资源

11月15日，在首届中国歌剧节举办期间，中国东部剧院联盟、中国西部演出联盟、中国北方剧院（场）联盟的负责人齐聚福建省福州市，会商成立中国剧院联盟，并已正式向政府有关部门申请报批。

中国剧院联盟的成立，将有利于提升演出项目的议价能力，以规模化优势吸引国内外演出商，采取集中采购、统一宣传的方式降低成本，可以把演出项目营销介入到艺术生产创作中来，增强剧目的市场竞争力，形成富有活力的现代演出市场主体，充分发挥剧院对歌剧艺术的推广和普及作用，从而增加演出场次，达到降低票价、文化惠民的目的。此外，还能够拓展演出空间、优化演出环境、整合优势资源、实现资源共享，让更多包括歌剧在内的优秀舞台艺术作品通过全国或区域巡演走近寻常百姓。若该联盟顺利成立，将能实现包括14个省会城市的剧院的对接，在全国范围内共享优质演出资源。

第九届全国舞蹈比赛

第九届全国舞蹈比赛由文化部、宁夏回族自治区人民政府主办，文化部艺术司、宁夏回族自治区文化厅承办。

全国舞蹈比赛作为政府主办的我国舞蹈专业领域的最高赛事，特别强调作品的创新精神和时代意义，具有较强的导向性、示范性和权威性，可以全方位考察舞蹈作品和表演者的艺术水准，旨在发现和鼓励优秀创作、表演人才，推动新时期全国舞蹈创作，促进我国舞蹈艺术的大发展大繁荣。

全国舞蹈比赛自1980年创办以来，迄今已成功举办了8届，且自2007年起，赛事规范为两年一届。比赛历经30余年发展，积累了一大批精彩的舞蹈艺术作品，发现、培养了一大批优秀青年舞蹈创作、表演人才，目前活跃在我国舞蹈表演艺术领域的大多数优秀中青年舞蹈编导、演员，如陈维亚、赵明、丁伟，杨丽萍、黄豆豆、山翀等，都是通过参加全国舞蹈比赛脱颖而出，目前展现在舞台上的众多优秀作品，如《雀之灵》、《庭院深深》、《无言的战友》、《刀锋》等，也是历届全国舞蹈比赛的获奖节目。全国舞蹈比赛在推新人、推新作方面，为我国舞蹈艺术事业的发展起到了积极的推动作用。

赛事报名阶段，共收到全国31个省、自治区、直辖市，部队系统、中直艺术院团，以及香港、澳门特别行政区、台湾地区的参赛节目共计694个，其中独舞、双人舞、三人舞节目243个，群舞节目451个。经文化部组织专家严格评审，共有174个节目进入决赛，其中独舞、双人舞、三人舞节目87个，群舞节目87个。决赛于8月25日至30日在宁夏回族自治区首府银川市举行。

为保证比赛获奖作品质量，体现国家最高舞蹈赛事的严肃性与权威性，本届比赛严格控制奖项设置与数量，设立独舞、双人舞、三人舞项目组和群舞项目组，每个项目组分设创作奖一等奖1名，二等奖2名，三等奖3名；表演奖一等奖1名，二等奖2名，三等奖3名，并根据实际情况，设置若干优秀创作奖和优秀表演奖。

2011年恰逢中国共产党成立90周年，文化部有关方面表示，希望通过本次比赛，集中展示我国舞蹈艺术在党的文艺方针正确指导下所取得的丰硕成果，努力挖掘优秀舞蹈艺术人才，同时更好地实施文化惠民工程，促进舞蹈艺术走向基层，确保广大人民群众共享文化发展的最新成果，以本次比赛作为全国舞蹈界庆祝中国共产党成立90周年的一周年的一份贺礼，将之举办成一次荟萃民族舞蹈艺术的盛会，广大人民群众的节日。

中央歌剧院《复兴之路》音乐会全国巡演

2月20日，为庆祝中国共产党建党90周年，纪念辛亥革命100周年，由中国党建网、中央歌剧院主办的大型音乐舞蹈史诗《复兴之路》音乐会全国巡回演出活动在京正式启动。

《复兴之路》是继《东方红》、《中国革命者之歌》之后的第三部大型音乐舞蹈史诗，全剧以恢宏的气势，再现了中华民族自1840年鸦片战争以来，推翻封建帝制和“三座大山”，建立新中国，取得国民经济建设伟大成就的艰苦卓绝、波澜壮阔的奋斗历史，展现了在中国共产党领导下中华民族正在实现的伟大复兴。2009年9月，《复兴之路》在人民大会堂进行了隆重首演；2010年1月第二轮热演，创下了连续演出80场的纪录。

此次，中央歌剧院历时一年，浓缩改编成历时一个半小时、150多名演员参加演出的《复兴之路》音乐会，以时间为线索，以重大历史事件为载体，通过《山河祭》、《热血赋》、《创业图》、《大潮曲》、《中华颂》五大板块，将革命浪漫主义的气质与高雅艺术巧妙结合，艺术地再现了中国共产党建党90年辉煌历史及中华民族自1840年鸦片战争至今170年间的伟大复兴之路。

据悉，在文化部指导下，中央歌剧院联合多家单位共同成立了《复兴之路》全国巡演活动办公室。活动计划历时一年，在全国28个省区市进行巡回演出，将文化精品推向全国。

首批全国重点美术馆评估

美术馆是我国公共文化事业的重要组成部分。美术馆作为公益性文化事业单位，一方面在积累国家文化财富、传承展示优秀民族文化方面担负着重大责任，另一方面也在社会公共文化服务方面发挥着越来越重要的作用。近年来，随着国家经济发展，我国美术馆的建设迎来良好的局面，进入前所未有的蓬勃发展时期。但是，在这种兴建美术馆的热潮当中，也出现了美术馆功能不健全、内部管理普遍滞后、专业人才缺乏等一些不可忽视的问题。针对美术馆建设面临的这些问题，文化部作为美术馆的行业主管部门，一直在积极寻求有效的手段，力争使美术馆全面、健康地发展。

2007年，在文化部召开的全国美术馆工作会议的部长讲话中，明确提出“通过评估的手段促进美术馆的硬件建设和软件建设，制定全国美术馆评估办法，通过对全国美术馆的综合评估，为美术馆建设提供建筑专业标准和艺术专业标准”，“通过定期的评估、定级，促进美术馆事业的建设与发展，推动美术馆建设的标准化、规范化进程，使美术馆事业更加健康、更加有序地发展。”此后，文化部艺术司为研究制定美术馆评估相关政策组织开展了一系列的调研活动，通过发放《全国美术馆基本情况调查表》对全国范围内的各级、各类美术馆开展了基本情况的调查摸底工作，并对部分美术馆进行了实地考察和调研。通过调研工作，较为系统地掌握了当前我国美术馆实际情况的第一手资料。与此同时，为了充分借鉴和吸收欧美国家在美术馆行业管理方面的成熟经验，艺术司对于美国和英国美术馆登记制度、行业标准和从业规范进行了深入的研究和分析。在此基础上，经过认真的研究和反复论证，由文化部艺术司拟定了《全国重点美术馆评估办法》草案和相关评估标准、评分细则。2008年12月，经文化部审核批准，《全国重点美术馆评估办法》（文艺发〔2008〕48号）及《全国重点美术馆评估标准（暂行）》、《全国重点美术馆评估标准评分细则表（暂行）》正式向社会公布。

根据《全国重点美术馆评估办法》的规定，“全国重点美术馆评估工作，遵循自愿申报、行业评估、动态管理、分级指导和公平、公正、公开的原则，按照自评、申报、评定、公告的程序进行。”全国美术馆评估的主要内容包括“基础设施”与“管理和服务”两大部分，其中“基础设施”部分包括对美术馆建筑从外观到内部功能设计，从展厅到库房的展示、保存条件到相关专业设备，从公共服务设施到安全保障设施的具体要求；“管理和服务”则将对美术馆的宗旨与特色、目标和任务、人力资源和管理制度、经费状况、藏品和展览的质量与数量、公共教育及公共文化服务等项目进行详细考察。

为了保证首次全国重点美术馆评估工作能够顺利推进、稳步实施，实现“以评促建”，切实提高全国美术馆管理的整体水平和专业化、规范化程度，文化部从全国美术馆实际情况出发，充分尊重美术馆管理的特殊规律，对评估工作的具体步骤进行精心的计划和安排，为美术馆的自评预留了充足的时间。在近一年的自评过程中，各美术馆不仅认真对照评估标准的具体要求对本馆各项工作进行了系统的梳理和改进，而且也积极寻求主管部门的支持，切实改善了美术馆的硬件设施、增加了财政投入、提升了业务水平、强化了服务功能，全国美术馆界的整体水平得到了明显提升。

2009年12月，文化部启动了首批全国重点美术馆评估的申报工作。按照《文化部办公厅关于开展首批全国重点美术馆评估申报工作的通知》（办艺函〔2009〕559号）的要求，凡是符合申报资格的各级、各类美术馆均可自愿参加全国重点美术馆评估申报，向当地文化行政主管部门递交《全国重点美术馆评估申报书》等相关申报材料。各地文化行政部门对本地区美术馆的申报材料的真实性、完整性、规范性进行初步审核，并提出推荐意见，将本地区符合规定的申报材料统一报送全国重点美术馆评估委员会办公室。经过全国各省、自治区、直辖市文化厅（局）的审核和推荐，共有34家美术馆向全国重点美术馆评估工作办公室提供了申报材料。

2010年11月，根据《全国重点美术馆评估办法》的规定，由文化部聘请专家组成的“全国重点美术馆评估专家委员会”正式成立。评估专家委员会聚集了文化主管部门、美术馆专业人士、艺术家、评论家和代表公众参与的资深媒体人士，其中既有美术界的著名艺术家、理论家，也有美术馆行业具有丰富管理经验的馆长，既有研究美术馆学的学者教授，也有长期关注文化问题和美术事业的媒体代表，能够充分代表各方面的意见，并对参评的美术馆做出专业的、严谨的评估。在评估专家委员会初审评选会议上，文化部副部长王文章特别指出：“文化部开展全国重点美术馆评估主要是通过考察评估美术馆提供公共文化产品、发挥公共文化传播功能的能力和实绩，科学考评美术馆的典藏、科研、展览、公共教育和服务质量，‘以评促建、以评促改’，引导和推动美术馆加强自身建设，焕发生机和活力，提高社会贡献率，同时便于社会关注与监督。”遵照上述的工作要求，评估专家委员会通过认真的评选，从申报单位中筛选出26家美术馆进行实地考察。

2010年11月底至12月初，全国重点美术馆评估专家委员会的20余位专家分成若干小组奔赴各地对美术馆进行实地考察。根据评估工作的要求，在实地考察阶段，专家组严格遵守工作纪律，按规定工作流程认真完成考察任务，对参评馆的各项工作进行现场具体指导，并将意见和建议及时向参评馆及其上级主管部门进行反馈。评估专家组的实地考察工作通过深入实际的指导和面对面的交流，对提升各参评馆的建设和管理水平起到了切实的推动和促进作用，因此不仅得到了各个参评馆的热烈欢迎和积极配合，而且也获得了各地文化主管部门的高度重视和热情支持。

12月上旬，全国重点美术馆评估专家委员会在文化部进行了终审评选工作。在汇总各专家小组意见的基础上，评估专家委员会对各参评馆的情况逐一进行了认真的分析评议，并最终通过投票确定了评估专家委员会的推荐意见报送文化部审批。此后经过15天的社会公示，文化部于2011年1月正式公布了《首批国家重点美术馆名单》（文艺发〔2011〕1号），中国美术馆等9家美术馆被评为首批国家重点美术馆。至此，首次全国重点美术馆评估工作圆满结束。

国家重大历史题材美术创作工程巡回展

继北京、深圳、南京和香港等地巡展之后，3月30日，“国家重大历史题材美术创作工程作品巡回展”在大连现代博物馆隆重开幕，共展出作品81件，包括国画22件、油画47件、雕塑12件。本次展览由中国美术馆和大连市委宣传部、大连市文化广播影视局、大连市财政局联合承办，大连现代博物馆执行承办。

文化部党组成员、部长助理高树勋，文化部艺术司副司长诸迪，中国美术馆党委书记游庆桥，中国美术馆副馆长梁江，大连市人大副主任田树军，大连市政府副市长朱程清等大连市领导及大连参展艺术家《大庆人》的作者谷钢等嘉宾出席开幕式，讲话并剪彩，开幕仪式由大连市文广局党委书记、局长王星航主持。大连的在校学生、美术工作者、新闻媒体及市民1500余人参加了开幕式。

高树勋部长助理代表文化部对展览表示热烈的祝贺，他说，“国家重大历史题材美术创作工程”是在中宣部的大力支持和具体指导下，由文化部、财政部联合实施的大型主题性美术创作工程，工程历时5年，汇聚老中青三代创作力量，以国画、油画、雕塑等多种艺术形式反映了我国从1840年开始的波澜壮阔的反帝、反封建、反殖民主义斗争和社会主义革命、建设、改革的重大历史事件，代表了当前我国主题性美术创作的最高水平。他相信巡展会为大连人民带来精彩的视觉享受，也希望更多的观众能够通过巡展分享国家重大创作工程的成果，使这批优秀的主题性美术作品的社会效益得到更加充分的发挥。

国家重大历史题材美术创作工程作品香港展

2010年12月18日至2011年1月3日，在文化部的高度重视和具体指导下，经过精心的组织和筹备，国家重大历史题材美术创作工程作品香港展在香港展览中心隆重举办。尽管适逢圣诞节、新年假期，又遇寒流天气，但仍然有大量香港市民踊跃参观，能够如此备受关注，在香港的艺术展览中非常少见。

一、展览意义深远，香港社会各界高度关注

国家重大历史题材美术创作工程作品香港展得到了文化部领导和香港方面的高度重视，全国政协副主席董建华，文化部副部长王文章，中央人民政府驻香港特别行政区联络办公室副主任郭莉，香港特别行政区政府民政事务局局长曾德成等出席开幕式，与香港各界人士400余人共同见证了展览开幕的盛况。《人民日报》、《中国文化报》、《大公报》、《文汇报》、《香港商报》等内地和香港重要报刊纷纷在头版重要位置或以专题的形式对展览情况进行连续报道，香港卫视、凤凰卫视等对展览也进行了深入报道。

国家重大历史题材美术创作工程是在中宣部的具体指导下，由文化部、财政部历时5年共同实施完成的大型主体性美术创作工程。自2009年国庆期间在中国美术馆首展以来，国家重大历史题材美术创作工程作品在一年多的时间里先后在北京、上海、杭州、深圳、厦门、武汉、南京等7个城市举办巡展，观众累计突破60万人次，获得良好的社会反响和观众的普遍赞誉。此次香港巡展是文化部继续落实中央领导关于积极扩大国家重大历史题材美术创作工程影响，充分发挥优秀美术作品的社会效益指示精神的具体举措。通过展览，充分发挥这批优秀美术作品在爱国主义教育和审美教育方面的积极作用，让香港观众进一步了解中国近现代历史，分享国家文化发展的优秀成果，增强对中华文化的认同感。

文化部副部长王文章在开幕致辞中特别指出，重大历史题材美术作品作为我国当前艺术创作整体面貌的一个重要组成部分，是“用艺术的画卷来展现国家和民族的历史”，这对于我们认识国家的近现代历史以及当代的改革开放进程，具有特殊的意义；同时，艺术家们以独特的理解、创造性的视角以及富有个性的艺术语言来表现历史，从展览也能够看到我国当代艺术创作在继承传统的基础上，以艺术创新表现历史题材的多样探索和新的艺术面貌。香港特区政府民政事务局局长曾德成特别提出，希望广大香港市民，走近艺术、思考历史，并加强认识，增加对国家和民族的认同感。中联办宣传文体部部长郝铁川表示，以艺术的方式再现历史是国民教育的极佳方式，“香港本土居民将从中体会到作为中华子孙的自豪感”。国家重大历史题材美术创作工程作品在香港展出，以人们最容易接受的艺术方式为弘扬民族精神、爱国主义精神，增强民族凝聚力和中

华文化的认同感提供了良好的契机，必将产生深远的影响。

二、认真组织筹备，努力打造高品位的艺术精品展览

考虑到香港特别行政区与内地不同的社会环境和文化氛围，此次香港巡展更加注重突出展览的艺术性和普及性。首先在作品的选择方面，从国家重大历史题材美术创作工程作品中精选了55件作品，包括《虎门销烟》、《义勇军进行曲》、《黄河大合唱》、《第一届中国人民政治协商会议》、《抗击非典》、《香港回归》等，涵盖了中国画、油画、雕塑等艺术形式，以凝练的方式概括性地展示了中国近现代历史上重要的历史事件和人物。其次在展陈设计和布置方面，中国美术馆组织精干队伍，克服了香港展览场地的局限，精心组织安排各个工作环节，因地制宜改造展厅环境，整个展场以暖红色彩为基调，场面宏大庄重，格调高雅，气氛热烈，使展览以国家美术馆的专业水平呈现于香港，突出了展览的艺术性和经典性。同时，为了扩大展览的社会影响，（香港）中华文化城有限公司进行了积极有效的宣传，在地铁、街头等公共空间发布宣传海报，并制作系列宣传物。展览实行免费参观，香港中国企业协会、香港岛各界联合会、九龙社团联会、新界社团联会等9个民间有影响、有规模的爱国、爱港社团和青少年团体热烈响应，积极申请门票近20万张，同时主办方向他们赠送了数百套图文并茂的国家重大历史题材美术创作工程作品集，既扩大了展览的宣传，又争取了香港各阶层观众特别是青少年观众，增强了展览的普及性。香港乐善堂余近卿中学等中小学还专门将参观此展列为其中国历史课的内容之一。

展览得到了观众的普遍认可，许多香港市民是第一次见到如此大规模和高水平的美术展览，也有很多观众看了一遍又一遍。全国政协副主席董建华参加完开幕式临别时说："我要带上家人，再来静静观赏。"在展览现场，82岁的老人苗茵感慨道，展出作品使她引发记忆的共鸣，她说："在香港很少有机会看到这样的展览"。来自乐善堂顾超文中学的学生亦对展览兴致勃勃。他们说，虽然从课本中学习过中国近代史，但艺术作品更显生动。

三、促进两地文化交流，深入探讨发展前景

促进香港与内地的文化艺术特别是美术创作研究的深入交流是国家重大历史题材美术创作工程作品香港展的另一个重要目的。为此，主办方特别邀请了香港美术界和文化界著名人士文楼、万青力、萧晖荣、沈平、黎日晃、萧滋、许恩琦等与内地著名美术家和理论家靳尚谊、王明明、范迪安、梁江、杨飞云、吴为山等进行交流和座谈。在亲切热烈的氛围中，两地艺术家畅所欲言，围绕重大历史题材美术创作和研究、艺术家的社会担当以及当代艺术生态、香港美术发展的现状等有关问题进行了深入交流与研讨。大家一致认为，国家组织实施重大历史题材美术创作工程对美术界意义重大，是对当代美术创作的积极引导。这些作品到香港展出，是香港文化的大事，展览不仅以艺术殿堂式的视觉效果为香港公民提供了一次认识中国近现代历史和欣赏高层次艺术的机会，而且对于推动香港美术创作的发展也具有深远的意义。展览体现了老中青三代艺术家在作品中对历史主题的深度思考，也展示了他们在艺术造型、表现力上达到的新高度，代表了这个时代主题性美术创作的最佳水平。内地与香港的艺术家借此机会能够对美术的历史经验与当代体验进行深度交流，促进相互了解，为未来香港与内地艺术交流构建了美好的前景。

国家重大历史题材美术创作工程香港巡展已经圆满落下帷幕，展览的成功经验将为今后促进海峡两岸及港澳地区美术交流、推动国家重大历史题材美术创作工程作品海外巡展，提供有益的借鉴。

组织文化"三下乡"等活动

2011年元旦、春节前后，在王文章副部长的亲自带领下，艺术司组织中直院团开展"三下乡"活动，赴各地演出91场，观众达30万人次。推动中直院团建立联系基层基地。组织艺术家赴四川考察灾后重建工作。开展"高雅艺术进校园"活动，中直院团在高校演出195场，观众达40万。

2011年元旦、春节期间，文化部组织艺术家赴井冈山革命老区、河南省洛阳市孟津县牡丹画村、京郊西红门镇等地开展慰问活动。不仅以人民群众喜闻乐见的形式送去了党和政府的关怀和温暖，活跃基层农村文化生活，营造温暖和谐、喜庆祥和的节日气氛。

元旦前，文化部组织艺术家来到革命圣地井冈山，为基层群众送上精彩的文艺演出，并带来了书画、春联，以此表达党和政府对老区和老区人民的关心和慰问。艺术家小分队分别在井冈山会师广场与夏坪镇进行演出，为当地群众送去了欢乐。

在演出现场，黄越峰、马梅、韩延文、刘伟、赵伟洲、高保利、邹德江、王小燕、董蕾蕾、刘丹丽等知名艺术家以声乐、戏曲、相声等丰富的节目形式，为老区人民送上真挚的祝福。同时，来自中国国家画院和中国艺术研究院的知名书画家在现场为老区群众书写春联、赠送年画，以此向老区人民致以节日的问候。

1月7日，由文化部副部长王文章率队赴河南洛阳开展“三下乡”文化活动。当天下午，艺术家们不顾旅途劳顿，直接赶往塔地村演出现场。虽然舞台演出设备简陋，但艺术家们演出的精彩节目，调动起了现场观众的热情。

1月8日清晨，画家们来到孟津县平乐镇著名的“牡丹画村”平乐村，与牡丹画培训中心的100余名画师和学员进行了交流。中国艺术研究院美术研究所研究员牛克诚首先为学员们做了“牡丹及其艺术表现”的讲座。从宫廷画里雍容华贵的牡丹，到文人画中意趣别致的牡丹，讲座配合名家名画，系统地介绍了牡丹画的历史及绘画手法。

1月31日，文化部组织了来自中国艺术研究院、中国国家画院的10余位著名书法家赴北京市大兴区西红门镇开展文化下乡活动，为当地百姓现场书写春联，并送去精心准备的年画，慰问当地广大干部群众。文化部副部长王文章亲自带队前往。参与活动的书法家既有功成名就、活跃于书坛的中坚力量，又有书法界的后起之秀、青年才俊，他们都以极大的热情积极参与到送文化下基层的活动中来，尽情挥洒自己的才华为广大基层群众服务，把欢乐和祝福送到群众当中。

文化部副部长王文章表示，我们的艺术家要多到基层来，不仅是送来演出、送来他们的艺术作品，同时也是来学习的，看到当地的新面貌，能够激发自身的创作热情。

此外，文化部“三下乡”活动安排了直属的国家京剧院、中国国家话剧院、中国东方演艺集团有限公司、中国儿童艺术剧院、中国交响乐团、中国歌剧舞剧院、中央歌剧院、中央芭蕾舞团、中央民族乐团9个艺术院团，深入四川、海南、甘肃、山东、河北、广东、贵州、黑龙江、福建、云南、广西、新疆等革命老区、民族地区、边疆地区及受灾地区，为广大基层群众特别是农村群众慰问演出80余场。这些演出形式多样、内容丰富，根据基层的实际场地情况，采用团队演出和小分队演出相结合的形式，将包括京剧、话剧、儿童剧、歌舞、小品、短剧、器乐等多种艺术样式在内的文艺演出送到基层、农村。为了展示国家院团的艺术水平，慰问演出派出了最强的演员阵容，让老百姓能够亲眼目睹包括众多国家一级演员在内的国有艺术院团的“真功夫”，让电视里久已熟悉的明星走下荧屏，走到老百姓身边。

文化市场

Cultural market

综 述

2011年，文化市场管理工作以提高综合队伍执法能力和水平，加强文化市场监管为重点，围绕中心，服务大局，坚持加强规范与促进发展并举，建设健康有序的文化市场环境。2011年重点工作主要包括：

一、推动文化市场综合执法工作

（一）全面完成综合执法改革

截至2011年底，按照中东西部地市、县区级综合执法机构组建率，以及省级文化市场管理工作领导小组组建的标准，全国地市级机构组建率达到98.5%，县区级机构组建率达到89.5%，省级文化市场管理工作领导小组组建率达到93.1%，由此，全国综合执法改革已全面完成。

（二）综合执法队伍建设取得成效

1.8月，在京召开了首次全国省级文化市场管理工作领导小组办公室负责人座谈会，以各级文管办为抓手，发挥文化部的“协调指导监督”作用。

2.发布《文化市场综合行政执法管理办法》，确立了综合执法机构的法律地位，规范了执法程序，为综合行政执法机构依法行政奠定法律基础。

3.着力组建了131人的综合执法培训师资库，建立完善了网上平台并举办一期师资培训班；组建了执法教材编撰团队，编写执法基础培训教材。

4.下发了《文化部关于进一步规范文化市场综合执法有关标志的通知》，推广使用综合执法标识，统一执法证件、胸牌等执法标志等，加强文化市场综合执法形象建设。

二、加强娱乐演出艺术品市场管理

（一）积极应对艺术品份额化交易问题

文化部参与起草《国务院关于清理整顿各类交易场所切实防范金融风险的决定》（国发〔2011〕38号），并在深入研究的基础上形成现阶段加强艺术品市场管理的一揽子方案，发布《文化部关于加强艺术品市场管理工作的通知》，禁止类证券份额交易，遏制市场投机炒作风气；开展艺术品企业备案登记工作；开展诚信画廊评选和推广活动，引导一级市场诚信经营，倡导诚信行风。

（二）规范娱乐市场管理

起草《娱乐场所管理条例实施细则》并广泛征求各地及经营单位意见。联合工信部门制定游戏游艺机产品标准，在国家信息标准化委员会立项，推行标准化管理。举办“娱乐发展新趋势与管理创新”座谈会，转变政府的管理方式与方法，实现企业资源共享和市场整合。

（三）改进演出市场审批与管理

2011年，文化部审批的演出行政许可881项，其中引进涉外演出项目874项，审批中外合资合作演出经纪机构（演出场所经营单位）8家。

1.2011年，在各地管理经验和实务程序基础上，发布了《文化部办公厅关于印发〈营业性演出审批规范〉及〈营业性演出申报审批相关文书格式（样本）〉的通知》，制作了各类审批格式样本，各地审批更加规范，方便了申报单位，效率明显提升。

2.开展边境演出审批下放试点工作。在调研的基础上，试点将边境毗邻国涉外演出审批委托到所在地省级文化部门，简化了审批手续，加强了属地监管。

3.起草了《文化部关于加强演出市场有关问题管理的通知》，针对当前演出市场音乐节庆活动、票务公司管理等新情况，提出了相应的管理措施。

三、推进网络文化市场规范管理

（一）积极推进网吧连锁发展

1月，联合国家工商行政管理总局在安徽召开全国规范网吧经营秩序经验交流会。总结交流“十一五”期间各地规范网吧经营秩序的先进经验和有益做法。下发了《文化部办公厅关于全国网吧连锁工作推进情况的通报》，总结推广各地在网吧连锁工作中经验和做法。在文化部的推动下，各地结合地方实际，创新连锁网吧发展思路，稳步推进，涌现出了辽宁模式、上海模式、江苏模式、浙江模式、安徽模式、长沙模式、四川模式等典型。

（二）加强网络游戏规范管理

1.针对社会广泛关注的青少年游戏沉迷现象，与中央文明办、教育部等部门联合下发《“网络游戏未成年人家长监护工程”实施方案》，要求自3月1日起，在网络游戏行业全面实施“家长监护工程”，加大网络游戏未成年人保护力度。

2.扶持严肃游戏发展，拓宽游戏题材领域，解决我国游戏题材内容同质化严重的问题。9月份，举办了首届中韩严肃游戏论坛；10月份，举办了严肃游戏创新峰会，进一步扩大严肃游戏的影响力，为严肃游戏的发展搭建良好的平台。

3. 推动建立游戏文化评论机制，指导北京大学文化产业研究院联合有关高校、学术机构、媒体成立网络游戏评论联盟，通过游戏评论机制建设加强对游戏产品和内容的引导，促进网络游戏的健康发展。

（三）推进网络文化行业自律

1. 指导和推动网络音乐行业发展联盟成立，促进网络音乐市场的规范有序发展。网络音乐产业链内容方、渠道方、运营方等积极参与，共商推进网络音乐市场自律、健康发展。

2. 指导网页游戏规范自律联盟召开“反低俗·扬正气·促和谐”规范发展大会，全国100多家网游企业参会，签署了联盟公约，就解决网页游戏低俗营销问题共商对策。

四、全面加强文化市场监管

(一)开展建党90周年文化市场专项保障行动

重点清理演出、娱乐、出版物、网吧、网络音乐和网络游戏等市场，重点查处含有国家法律法规禁止内容的文化产品和有害信息，重点打击制售非法出版物、侵权盗版和色情低俗演出活动，进一步规范文化市场秩序，为建党90周年创造了良好社会文化环境。

（二）深入开展文化市场知识产权保护专项执法行动

根据国务院统一部署，自2010年10月至2011年6月，全国文化行政部门和文化市场综合执法机构共立案查处涉及知识产权案件5330件，涉案金额2796.3万元；移送司法机关案件162件，捣毁侵权制假窝点916个，罚没物品916万余件。

（三）切实加强演出市场监管

下发《文化部关于切实履行监管职责全面加强演出市场管理的通知》，要求各地深入排查薄弱环节，严厉查处违法演出活动，落实演出市场监管责任到位。还直接督办了易县塘湖镇庙会、乌兰察布市集宁区物资交流会、上饶广丰县海天宾馆演艺厅等案件，分别查处涉嫌从事色情低俗表演的演出团体4个，违法犯罪嫌疑人19人。

（四）切实加强网络文化市场监管

已部署开展第十批、第十一批、第十二批违法互联网文化活动查处工作，1月至10月份，全国各级文化行政部门或文化市场综合执法机构共受理网络文化案件1762件，立案查处692件，结案555件。其中，涉及互联网文化（网络音乐、网络游戏）的举报517件、立案493件、结案417件。

（五）积极探索农村文化市场监管模式

5月，在宁波市召开全国农村文化市场管理工作经验交流会暨全国文化市场综合执法工作会议。总结了各地开展农村文化市场管理工作的主要做法，深入探索研究了农村文化市场监管模式，努力推动构建以县（区）为主导、以乡镇（街道）为依托、以村组社区为点线的横向到边、纵向到底、上下联动、综合治理的农村文化市场管理新格局。

（六）建立网络文化市场执法协作机制

抽调各地网络文化市场执法业务骨干，组建“网络文化市场执法协作小组”，按片区分成6个小组，明确了组长和成员，协助承担网络文化市场的日常巡查、执法协作及应急处置等工作。

（七）集中开展文化市场综合执法规范化课题研究

分别对文化市场日常检查、举报办理、案件督办、行政处罚、文书制作、结案归档等14个综合执法规范化课题进行专题研究，进一步规范文化市场综合执法工作，完善综合执法制度，细化执法流程，明确执法标准、程序和规范。

（八）组织开展2010～2011年度全国文化市场综合执法案卷评查

邀请广电总局、新闻出版总署及地方文化市场综合执法机构有关专家，对各省（区、市）上报的150余份案卷进行评查，评出一等奖10名，二等奖20名，三等奖30名。

五、提高文化市场监管信息化水平

2011年，主要开展了文化市场技术监管系统调研论证工作和前期试点工作，为全面启动系统建设打下坚实基础。

（一）初步确定监管系统总体框架

通过招标或委托等形式，委托开展了全国文化市场技术监管系统的需求调研工作，基本确定了技术监管系统需求及总体框架。

（二）启用12318全国文化市场举报系统

4月，正式启用了12318全国文化市场举报系统，并开通了12318全国文化市场举报网站，受理各个文化市场门类的举报，畅通群众举报渠道，方便群众对文化市场进行监督，为及时开展执法工作、查处大案要案、规范文化市场秩序提供了重要线索。截至12月，系统共接受举报投诉1620件，受理举报777件，移交或转交其他部门843件。

（三）全面推广应用文化市场综合执法办公系统

在全国范围内推广应用综合执法办公系统。推进执法流程网上管理，提高执法效率和规范化水平。截至12月，系统已在14个省正式应用，7个省正在开展正式应用前准备工作，对17个省份综合执法办公系统建设工作进行专题培训。

六、开展文化市场政策评估工作

（一）启动演出政策评估工作

11月，发布《文化部办公厅关于开展<营业性演出管理条例>及其实施细则评估工作的通知》，委托第三方研究机构对各省进行调研。根据客观评估结果，判断政策改进和调整重点。

（二）开展《网络游戏管理暂行办法》执行情况评估工作

以企业自查和文化管理部门核查相结合的方式，开展《网络游戏管理暂行办法》贯彻实施情况的专项检查工作，全面深入地推进《办法》的贯彻落实，规范网络游戏市场秩序。并将根据全面检查情况对《办法》各条款执行不到位的单位分批进行查处。

专　题

2011年全国文化市场综合执法工作情况

2011年，全国各级文化行政部门和文化市场综合行政执法机构按照文化部的统一部署，全力开展打击侵犯知识产权和制售假冒伪劣商品专项行动、文化市场知识产权保护专项执法行动和建党90周年文化市场专项保障行动，以清理整顿演出、网络文化等市场为重点，深入推进平安文化市场建设，取得显著成效。现将2011年度全国文化市场综合执法工作情况通报如下：

一、总体执法工作情况

从各级上报的执法数据看，2011年度，全国共出动执法人员1225.1万余人次，与2010年度相比增加50.4%；检查文化市场经营单位741.9万余家次；责令经营单位改正20.8万余家次，与2010年度相比增加58.8%。全国共受理举报4.85万余件，与2010年度相比增加1.5%；立案调查6.37万余件，与2010年度相比增加6%；移交案件3504件，与2010年度相比增加60.4%；办结案件5.7万余件，与2010年度相比增加11.3%。全国共警告经营单位10.2万余家次，与2010年度相比减少15.6%；罚款1.91亿余元，与2010年度相比增加29.1%；没收违法所得410.9万余元，与2010年度相比增加120%；责令停业整顿1.75万余家次，与2010年度相比增加42.3%；吊销许可证376家，与2010年度相比减少11.7%。

数据显示，网吧、娱乐、出版物市场仍是各地监管的重心，对以上市场的检查人次数占总人次数的89.8%，受理举报次数占总次数的83.5%，办结案件数量占总结案数的93.0%。网吧市场依然在各市场中占有较大比例，对其检查人次数占到总人次数的35.7%，受理举报次数占总次数的49.7%，办结案件数量占总结案数的61.6%。艺术品、文物、电影放映、网络文化等市场在各项执法数据中所占比例仍较低。值得注意的是，各地明显加大了对互联网文化和广播电视等市场的巡查及案件办理力度，但所占比重仍然较低。

二、各门类市场执法工作情况

1.演出市场：共出动执法人员33.6万余人次，占出动总人次的2.75%；检查营业性演出活动9.74万余场次；检查经营单位7.38万余家次；责令经营单位改正1.17万余家。共受理举报1468件，占受理举报总数的3%；立案调查496件；移交案件50件；办结案件416件，占结案总数的0.7%。共警告经营单位2136家次；罚款209.6万余元；责令停业整顿350家次；吊销许可证11家。

2.歌舞娱乐场所：共出动执法人员116.6万余人次，占出动总人次的13.4%；检查经营单位87.5万余家次，占检查总家数的11.8%；责令经营单位改正2.59万余家次。共受理举报3562件，占受理举报总数的7.3%；立案调查3577件，占立案总数的5.6%；移交案件366件；办结案件2705件，占结案总数的4.7%。共取缔经营单位1426家。共警告经营单位1.04万余家次，占警告总数的10.1%；罚款1100.6万余元，占罚款总数的5.8%；没收违法所得43.6万余元，占没收违法所得总数10.6%；责令停业整顿2053家次，占总次数的11.7%；吊销许可证93家，占吊证总数的24.7%。

3.游艺娱乐场所：共出动执法人员116.6万余人次，占出动总人次的9.5%；检查经营单位62.7万余家次，占检查总家数的8.5%；责令经营单位改正2.4万余家次。共受理举报5525件，占受理举报总数的11.4%；立案调查5969件，占立案总数的9.4%；移交案件591件；办结案件5052件，占结案总数的8.9%。共取缔经营单位5303家。共警告经营单位1.2万余家次，占警告总数的11.7%；罚款1980.8万余元，占罚款总数的10.4%；没收违法所得62.4万余元，占没收违法所得总数的15.2%；责令停业整顿4391家次；吊销许可证49家，占吊证总数的13%。

4.艺术品市场：共出动执法人员11.1万余人次，检查经营单位6.7万余家次，责令经营单位改正911家次。共受理举报107件，立案调查79件，办结案件83件。共警告经营单位400家次，罚款4.8万余元，责令停业整顿210家次。

5.互联网上网服务营业场所：共出动执法人员437万余人次，占出动总人次的35.7%；检查经营单位293.8万余家次，占检查总家数的39.6%；责令经营单位改正6.49万余家次。共受理举报2.41万余件，占受理举报总数的49.7%；立案调查3.95万余件，占立案总数的62%；移交案件1331件；办结案件3.51万余件，占结案总数的61.6%。共警告经营单位3.97万余家次，占警告总数的38.7%；罚款1.22亿余元，占罚款总数的64.1%；没收违法所得75.5万余元，占没收违法所得总数18.4%；责令停业整顿6663家次，占总次数的37.9%。

6.互联网文化经营单位：共出动执法人员7.72万余人次，检查经营单位5.43万余家次，责令经营单位改正1142家次。共受理举报644件，占受理举报总数的1.3%；立案调查573件；移交案件33件；办结案件502件，占办结案件总数的0.9%。共取缔经营单位117家。共警告经营单位561家次；罚款216.5万余元；没收违法所得28.1万余元，占没收违法所得总数6.9%；责令停业整顿89家次。

7.文物：共出动执法人员10万余人次，检查经营单位5.21万余家次，责令经营单位改正995家次。共受理举报319件，立案调查180件，移交案件29件，办结案件92件。共警告经营单位273家次，罚款341.7万余元。

8.电影发行放映单位：共出动执法人员10万余人次，检查经营单位（场所）3.36万余家次，责令经营单位改正500家次。共受理举报96件，立案调查83件，移交案件7件，办结案件36件。共警告经营单位157家次，罚款11.4万余元，责令停业整顿33家次。

9.广播电视、地面卫星接收设施：共出动执法人员6.9万余人次，检查经营单位11.6万余家次，责令经营单位改正8794家次。共受理举报700件，立案调查296件，移交案件45件，办结案件440件。共警告经营单位1553家次，罚款54.6万余元，吊销许可证5家。

10.互联网视听节目服务单位：共出动执法人员2.22万余人次，检查经营单位1.14万余家次，责令经营单位改正320家次。共受理举报118件，立案调查173件，移交案件3件，办结案件131件。共取缔经营单位49家。共警告经营单位111家次，罚款38.7万余元,吊销许可证1家。

11.互联网出版机构：共出动执法人员1.16万余人次，检查经营单位3909家次，责令改正157家次。共受理举报1162件，立案调查44件，移交案件3件，办结案件45件。共警告经营单位226家次，罚款73.7万余元。

12.书报刊经营单位：共出动执法人员140.3万余人次，占出动总人次的11.5%；检查经营单位86.2万余家次，占检查总家数的11.6%；责令经营单位改正1.87万余家次。共受理举报3385件，占受理举报总数的7%；立案调查4244件，占立案总数的6.7%；移交案件160件；办结案件3714件，占结案总数的6.5%。共取缔经营单位3445家。共警告经营单位1.2万余家次，占警告总数的11.7%；罚款856.3万余元，占罚款总数的4.5%；没收违法所得123万余元；没收非法书报刊701.7万余册；责令停业整顿824家次；吊销许可证52家，占吊证总数的13.8%。

13.音像（电子）出版物经营单位：共出动执法人员122.2万余人次，占出动总人次的10%；检查经营单位66.3万余家次，占检查总家数的8.9%；责令经营单位改正2.04万余家次。共受理举报3105件，占受理举报总数的6.4%；立案调查3959件，占立案总数的6.2%；移交案件430件；办结案件4515件，占结案总数的7.9%。共取缔经营单位5747家。共警告经营单位1.01万余家次，占警告总数的9.9%；罚款445.6万余元，占罚款总数的2.3%；没收违法所得28.1万余元；没收非法音像制品（电子出版物）2334.5万余张（盘）；责令停业整顿1045家次；吊销许可证121家，占吊证总数的32.2%。

14.印刷经营单位：共出动执法人员119.5万余人次，占出动总人次的9.8%；检查经营单位64.2万余家次，占检查总家数的8.7%；责令经营单位改正1.06万余家次。共受理举报841件，占受理举报总数的1.7%；立案调查2496件，占立案总数的3.9%；移交案件95件；办结案件1887件，占结案总数的3.3%。共警告经营单位5548家次，占警告总数的5.4%；罚款1048.6万余元，占罚款总数的5.5%；没收违法所得20.7万余元；没收非法印刷物299.3万余册；责令停业整顿1647家次。

三、执法数据报送情况

在2011年度综合执法数据报送工作中，甘肃11个月、湖南11个月、辽宁9个月、陕西8个月、吉林8个月、西藏8个月、广东7个月、北京4个月、内蒙古4个月、宁夏4个月未及时完成报送工作。

四、执法信息报送情况

2011年，各地通过全国文化市场行政执法系统共报送各类信息3664条，收入“中国文化市场网”1202条，其中山东最多，为337条，其后依次为安徽328条、广东317条、江苏316条。总体而言，山东、安徽、河南、江苏、上海、广东等地信息报送较及时、数量较多、内容针对性较强、质量较高。

2011年度，报送信息未达到每月报送要求的省份有:新疆生产建设兵团12次，西藏11次，海南8次，云南8次，陕西4次，青海3次，湖北3次，天津2次，贵州1次，内蒙古1次。

2011年娱乐和演出市场情况

一、演出市场保持良好发展势头

2011年，中国演出市场共实现演出场次113.8万场，并产生了239.8亿元的产业价值，其中演出市场票房收入有120.9亿元，对其他产业的直接附加收入也有约118.9亿元。

1.演出场次。2011年，中国演出市场共举办各类演出活动133.8万场。其中农村演出市场场次最多，演出场次达116.2万场；其次是旅游演出，演出场次多达72391场；而专业剧场的演出和娱乐演出市场表现突出，演出场次分别达62537场和40250场；2011年共举办大中小型演唱会884场，而音乐节也举办了124场。

2.票房收入。近年来，我国演艺产业得到了快速发展，演出市场规模屡创新高，据最新调研统计，2011年中国演出市场的票房总收入达到120.9亿元（测算方法见附件略），比2010年增长了11.9%左右。

2011年，中国演出市场票房收入主要来自专业剧场演出、旅游演出和演唱会三大板块。其中，专业剧场演出收入为36.65亿元，占到整个演出市场总收入的30.3%；旅游演出收入为27.78亿元，占到演出市场总收入的23%；演唱会收入达到23.49亿，占比为19.4%。另外，农村演出收入也有15.62亿元，占到12.9%；娱乐演出市场收入10.36亿元，占8.6%；网络演出市场收入也有5亿元，占到4.1%；音乐节演出收入为1.99亿元，占整个市场收入的1.7%。

3.直接附加产值。据估算，中国演出产业还实现了约118.9亿元的直接附加产值。演艺产业作为文化产业的核心和基础产业，除自身能实现较大的产业价值外，还对旅游产业、灯光舞美行业、娱乐产业、服装产业创造了产值收入。据估算，演出产业直接对旅游产业创作产值约为44.5亿元，灯光舞美产业41.7亿元，服装产业约17.6亿元，娱乐产业也有15.1亿元。

演出产业为旅游产业带来了44.5亿元左右的产值。据调研发现中国旅游演出市场目前处于旅行社\导游占主导地位的局面，观众所付观看演出票价有2/3是被旅行社和导游获得（委纳入演出市场票房收入测算范围），按假设旅游演出市场80%的观众是有旅行社或导游带来的团客计算，旅游演出附加给了旅游产业约44.5亿元的收入。

演出产业直接增加灯光舞美产业收入约41.7亿元。据调研发现，大中型演唱会的舞美制作费用一般在200万元左右，小型剧场演唱会舞美灯光投入平均每场也有10万元，这样估算演唱会市场的灯光舞美投入为11.5亿元；专业剧场演出中音乐剧、歌剧、舞蹈、综艺晚会对舞美投入一般较大，每场平均为20万元，其他类演出投入相对较少，每场平均约为1万元，这样专业剧场演出的灯光、舞美的总投入约为20亿元；旅游演出中实景和主题公园旅游演出的灯光舞美投资平均在2000万元左右，加上剧场旅游演出灯光舞美投入，保守估算旅游演出舞美灯光投入约为10.2亿元。

演出产业直接增加了服装产业约为17.6亿元的收入。2011年，中国演艺服装产业的收入约为400亿元，其主要是依靠文艺演出、影视和一些非营利性的文艺表演活动来带动发展的。2011年，中国演出市场演出场次为133.8万元，除去服装成本较低的农村演出外，还有17.6万场，假设平均每场演出的服装成本为1万元，粗略估算演出市场带动的演艺服装产业收入为17.6亿元左右。

演出产业还为娱乐产业增加了约15.1亿元的收入。演出市场娱乐演出的票房收入测算范围仅包括演出节目单独售票的专业剧场娱乐演出和酒吧演出。据不完全统计，全国目前有300家左右演艺中心、演艺厅、俱乐部在进行门票、餐饮统一收费的娱乐演出（未纳入演出市场票房收入测算范围），按其为演出单独售票演出来计算，这些场所的演出收入约有28.5亿元，将其50%为演出附加产值，约为14.3亿元；另外，全国不进行单独售票的演艺类酒吧（包括主题音乐吧、迪吧和慢摇吧等）也有500多个，相同方法计算其产值为0.84亿元。这样演出产业为娱乐产业直接带来了约15.1亿元的收入。

二、娱乐市场经营管理更加规范

2010年以来，北京、安徽、甘肃、黑龙江、四川等10个省市开展了娱乐场所综合整治行动，依法强化娱乐场所的准入和退出机制，联合有关部门有效打击无证照经营、黄赌毒等违法违规经营行为，淘汰了大批违法场所。持续的市场整顿，一方面规范了市场主体，另一方面优化了市场结构，提升了行业形象。2011年，我国现有娱乐场所数量为85854家，与娱乐场所最高峰时期相比，数量下降30%～50%，但是营业收入却呈上扬态势，娱乐场所营业总收入达到477.2亿元。娱乐行业面临行业转型升级的良好机遇。从娱乐场所发展来看，规模化、连锁化、品牌化、特色化趋势明显，娱乐场所与旅游、综合商业设施、体育等领域融合，扭转了娱乐场所杂乱弱小、秩序混乱的局面，如丽江、凤凰古城对演艺类酒吧一条街进行整体规划，成都市以娱乐场所聚集区为主打造“文化超市”等，合理科学的场所布局，对地方文化、经济和社会效益形成拉动效应；从娱乐产品来看，更加丰富多元，生产能力大幅提升。以电子游戏机为例，游戏游艺产品全年销售收入达580.5亿元，包括大型游戏机、家用游戏机和掌上游戏机，约占中国整个游戏产业的60.6%；从娱乐消费模式来看，大众消费日益突出，娱乐行业形象有所改善，如长沙开展的“万名市民免费进歌厅”活动，向环保工人赠送歌舞娱乐场所消费券，取得了良好的社会反响。

2011年艺术品市场分析摘要

一、市场概况

2011年，我国艺术品市场的整体规模持续增长，年增长率为28%。市场交易总额达到2108亿元，名列世界第一。其中，我国艺术品拍卖市场交易额为975亿元，画廊、艺术经纪和艺术品博览会的交易额为351亿元，艺术品出口额为30亿元，艺术品网上交易额为12亿元，此外，现当代原创工艺美术品（工艺画、陶瓷、玉器、珠宝首饰、家具、织锦、刺绣、编织、地毯、壁毯、漆器、金属等）的交易额为590亿元，艺术授权、艺术复制品、艺术衍生品的交易额为150亿元。

2011年，我国艺术品市场的经营主体以画廊业、艺术品拍卖业为主。2011年，我国画廊业发展速度较快，我国画廊总数量达到1649家，同比增长9%。国内艺术品博览会总体运营情况良好，参展商数量同比上升40%，销售价格整体提高30%。画廊业、艺术品经纪和艺术品博览会交易活跃，体现了我国艺术品一级市场的良好发展态势，但尚未扭转国内艺术品拍卖业占比过大的现状格局。2011年，我国艺术品拍卖业的发展再次引起世人关注，国内艺术品拍卖企业注册数量已达400家，同比增长34%，成交额同比增长66%，其中绘画、装置、雕塑、素描、摄影、版画等拍卖总金额为693亿元，同比增长69%，各项市场指标名列全球第一，交易额全球占比进一步扩大。除了画廊、拍卖行和艺术品博览会之外，2011年艺术投资基金、艺术信托等为代表的新经营主体活跃，国内艺术投资基金数量为70余家，资金规模达到64亿元，国内艺术品信托数量为45只，共募集资金55亿元，但尚处于起步阶段。2011年，艺术品网络交易逐渐形成共识，突破传统交易模式的新尝试，未来10年我国艺术品网络交易额将突破70亿元，是我国艺术品市场的新增长点。

2011年，我国艺术品整体价格增长稳定，其中尤以油画及当代艺术的市场价格增长明显。以艺术品拍卖市场为例，2011年，艺术品成交均价为30万元/件，同比增长15%，油画及当代艺术作品成交均价为80万元/件，同比增长36%。2011年，共有31件艺术品的拍卖成交价格超过亿元，同比增长41%。2011年，齐白石作品《松柏高立图·篆书四言联》以4.255亿元成交，创出我国艺术品拍卖市场成交价的新高。国内的画廊市场以交易当代艺术品为主，2011年当代艺术品的画廊交易价格逐渐走高，代表性画廊在艺术品交易数量和交易价格上取得良好业绩，整体盈利水平有所提高。

2011年，我国艺术品市场的经营产品以原创艺术作品为主，书画作品和油画及当代艺术在高端价格成交上占比较大。艺术收藏品受众广、基础大，深受收藏爱好者的喜爱，基本占据了中等价格的市场交易。艺术复制品、艺术授权产品定价较低，面向艺术消费人群，全年交易额为150亿元，同比增长15%，尤其是艺术衍生品，2011年产业化发展形态初具规模，为公益性美术博物馆的良性运营添砖加瓦，因此被称之为“艺术衍生品元年”。

2011年，我国艺术品市场购买力明显提高，市场购买力结构更为多元。在政府扶持政策和专项资金支持下国内美术博物馆为代表的公共收藏发展很快，有效推动了我国艺术品收藏价值标准的确立。2011年，国内企业收藏和私人收藏增长明显，企业收藏资金规模约为400亿元，同比增长30%，国内私人收藏介入海内外艺术品市场的力度增强，国际影响力进一步扩大。2011年，国内企业收藏和私人收藏的公共化逐渐形成共识，企业美术馆、私人美术馆成为发展方向，亟待政府政策的大力扶持和积极引导。2011年，国内艺术消费和艺术投资渐成热潮，反映出目前市场购买力在收藏之外的两个发展趋向，大力提倡艺术消费、美化人民生活是符合我国文化产业健康发展的积极举措，对于国内艺术投资过热甚至出现投机化的市场现象，社会引导和市场监管的双管齐下才能起到更积极的作用。

二、影响力分析

2011年，我国艺术品市场，在延续了2010年良好拓展态势的基础上，已经成为具有广泛影响力的规模性产业平台。具体表现在：

1.促进社会繁荣和谐稳定。2011年，以北京、上海、广州、成都等地为代表的我国画廊业持续发展，已经成为当代文化消费的重要场所和社会民众文化休闲生活的风尚场所。以北京798艺术区为例，2011年300余家画廊共举办艺术展览1000余个，参观人数自2008年以来逐年增加，年增长率达到20%，2011年北京798艺术区的参观人数为260万人次，成为了国内外知名的文化休闲旅游的新地标。

2011年，我国艺术品市场的42365家经营单位，共提供了231369个就业岗位，其中365家艺术品拍卖企业提供了8760个就业岗位，42000家画廊、画店等艺术品经营单位提供了222600个就业岗位，而女性从业人员的比例达到了64%，就业增长率高于全球35%的平均水平。吸纳大学以上学历的雇员也成为我国艺术品市场的新趋势，占比逐渐接近62%的国际平均水平。

2.推动产业创新结构调整。2011年我国艺术品市场与其他产业的结合更为紧密，对其他产业的渗透融合日益加深，产业拉动效应进一步放大。围绕着画廊业、艺术品拍卖业和艺术品博览会等经营活动，修复、仓储、画材、装饰、包装、展会服务、印刷、媒体等企业的专业化服务水平明显提高，企业收入逐步增长，2011年平均增长率达到了30%。我国艺术品市场的高速成长，对于金融、保险、物流、咨询、评估等服务业的产业创新也起到了积极的带动作用，艺术品金融、艺术品保险、艺术品咨询和鉴价评估等机构的大量涌现，不仅有助于消费环境和产业发展环境的重新塑造，而且也将发展成为具有高附加值的新型服务业态和商业模式。艺术品市场对于餐饮、物流、航运、旅游等传统产业领域的辐射能力进一步增强，其中文化旅游是国内旅游业增长较快的部分，对于年增长率的贡献度已经达到了40%。

2011年，我国艺术品市场继续向艺术授权、艺术复制品、艺术衍生品等领域的拓展，艺术授权、艺术复制品、艺术衍生品的交易额达到了150亿元，年增长率为15%。通过设计、创意、品牌、授权等运营方式，我国艺术品市场正积极参与制造业等传统生产部门的升级换代，推动传统产业向高技术和高文化附加值的新兴工业化方向发展，为加速实现我国经济结构的战略调整贡献自己的力量。

3.参与社会文化传承进步。2011年，我国艺术品拍卖企业共举办了450场拍卖预展和拍卖活动，推出艺术作品45万件，其中80%的拍卖展示内容为古代艺术品、近现代艺术品，拍卖预展期间所有作品对公众开放。艺术精品的大量展示，提高了人民群众的文化修养，培养了保护文物艺术品的社会意识，对于我国传统文化的传播、展现和推广起到了积极作用。同时，定向拍卖和优先竞买权的制度建立也为国家级博物馆提供了新藏品，为我国美术博物馆的藏品拓展创造了有利条件。

2011年，遍布全国各地的1649家画廊共举办艺术展览活动5000余次，印制展览图册5000余种。展览大多以免费方式向社会展出，成为向普通民众介绍传播文化艺术的重要途径。以北京地区画廊为例，2011年798艺术区、草场地艺术区的当代艺术展览数量增加了50%，既是北京地区当代艺术展示的主要窗口，也是美术博物馆展览展示的有益补充。

2011年，我国拍卖企业海外巡展达到30余场，海外公开征集50余次，足迹遍及亚洲、欧美100余个城市，我国有40余家画廊参与了海外艺术品博览会和在国外举办展览展示活动，担负起了中外文化交流的任务，拓展了艺术品国际流通的渠道，积极体现了国家的文化软实力。

三、政府政策与行业规范

我国艺术品市场的发展，虽然是国内经济改革市场开放的重要成果，但是政府通过公共服务体系的完善和政策法规的制定，更为我国艺术品市场营造了适宜发展的外部环境，体现了积极而有效的推动作用。2011年是我国艺术品市场政府政策和行业规范进一步健全的关键一年。特别是3月《中华人民共和国国民经济和社会发展第十二个五年规划纲要》的正式出台，明确了“十二五”期间文化产业发展的方向和目标。以此为中心，国务院、中宣传部、商务部、文化部、国家广电总局、新闻出版总署等相关部门相继出台了一系列相关政策法规和管理办法，进一步明确我国文化产业发展规划，为艺术品市场规范化发展给予政策保障。在我国艺术品市场自身体制建设方面，2011年在文化部、商务部、文物局、工商行政管理总局等相关政府主管部门的引导关注下，国家文物局和我国拍卖行业协会，分别采取自上而下、自下而上两个渠道，积极推动文物艺术品拍卖市场的规范化，使得我国艺术品市场在有序健康发展道路上更进一步。

四、经营主体分析

以经营主体而论，一个相对成熟的艺术品市场应由艺术经纪、画廊、艺术品拍卖和艺术品博览会等经营主体共同参与。其中艺术品市场一级市场的经营主体以画廊、文物商店为代表，二级市场以艺术品拍卖企业为核心，两者在艺术品市场中发挥着主导性的影响，而艺术经纪、艺术品博览会等以专业化的服务方式，承担着一级市场和二级市场间的沟通纽带和艺术品交易补充性渠道的使命。

2011年，我国艺术品市场呈现出日渐成熟的发展趋势。国内的画廊、艺术品拍卖企业和艺术品博览会虽各司其职，但又以艺术品交易为主轴，逐渐加强了彼此之间的扭合与协作，推动了我国艺术品市场结构性优化的进程。此外，各经营主体尤其注重自身专业化的探索，不断提升专业水平和竞争能力，而新型的经营主体如艺术投资基金、艺术品信托和艺术品网络交易在经营理念、运营方式等方面推陈出新，体现了我国艺术品市场的创新实践。

1.画廊。2011年，我国画廊行业规模进一步放大，画廊总数量达到1649家，同比增长9%，主要分布于大中型城市之中。北京、上海、香港、台北是我国画廊业的主要聚集区，北京地区的画廊有721家，占比44%；上海地区有256家画廊，占比16%；港澳台地区有143家画廊，占比9%。

2.艺术品拍卖。2011年，我国艺术品拍卖行业整体发展良好，继续延续规模化发展的态势。2011年，取得国家文物局文物拍卖企业资质的拍卖企业共有308家，同比增长18%，取得一类文物拍卖企业资质的拍卖企业达到95家。2011年，有240家艺术品拍卖企业举办拍卖活动，同比增长38%。全年共举办450场拍卖活动，上拍量为44万件，同比增长47%；总成交量为32万件，同比增长39%；交易额为975亿元，同比增长66%，再创历史新高。另据法国Artprice网站的数据，2011年，中国在全球纯美术品拍卖市场所占份额达到41.4%，同比增长8.4%，蝉联世界排名第一，显示出目前我国艺术品拍卖业在全球较为强劲的发展态势，进一步巩固了我国在全球艺术市场中的核心地位。

3.艺术品博览会。2011年，我国艺术品博览会整体发展势头稳定，市场活跃度和影响力明显增强，市场规模有所扩张，参展商数量同比上升了40%，销售价格整体提高30%。与此同时，随着我国经济环境和艺术品市场的全面发展，2011年国内艺术品博览会在地域差异性上日趋明显，展会质量、资源整合、服务创新等方面也呈现出了新的特点。

4.艺术经纪。2011年，随着我国艺术品市场的快速发展，艺术经纪的作用有所增强，其经营活动日趋活跃。其中，服务于买方市场的艺术经纪人和经纪活动增长明显，活跃领域有所扩大。其主要原因是国内艺术品买家群体日益扩大，而新入场的买家群体对于艺术品及其交易活动缺乏基本认识和经验体会，需要借助于专业性的顾问咨询，由此扩大了对艺术经纪的现实需求。2011年，服务于艺术家的艺术经纪和艺术经纪活动也呈现出增长态势，其活动既有从中心向非中心区域逐级扩散的方向，也有在国内、国外之间作双向互动的拓展。具体而言，在传统艺术品经纪的方面，“海外回流”成为主要的经纪内容，向我国西部以及向国内二、三级城市拓展也成为主要方向；在当代艺术品经纪的方面，走出国门、融入国际市场则是目前的主要特点。

2011年，我国艺术经纪的收益方式，主要体现为交易中的“差价”或交易后的“佣金”两种形式，尤以交易后按照事先约定的比例提取“佣金”的形式更为常见。2011年，我国艺术经纪的价格分布为：3万元以下的占比27.9%，3万元至50万元的占比51.6%，50万元至200万元的占比11.7%，200万元至350万元的占比3.8%，350万元至500万元的占比1.8%，500万元至2000万元的占比2.4%，2000万元以上的占比0.9%。与2010年的情况相比，可以发现虽然目前艺术经纪仍以中低价位的艺术品经营为主，但是平均价格线已经出现明显提升，反映了在艺术经纪经营领域中艺术品价格的增长现状。

从2011年艺术经纪的销售渠道来看，店面销售占比43%，艺术品展会销售占比31%，私人订购服务占比10%，委托拍卖占比6%，网络在线销售10%。可见艺术经纪的销售渠道日趋多样化，而与艺术博览会等大型平台结合、借助于网际网路等高科技手段也成为趋势之一。

5.艺术投资基金。2011年，我国艺术投资基金的数量在70家左右，基金初始资金总规模为63.7亿元，其中排名前20的基金公司所管理资金规模为56.5亿元。这些基金基本上可以分为两类：一是有限合伙型，二是信托型。有限合伙型的艺术品基金都是投资型，而信托型基金又可以分为融资型、投资型两类。

目前，我国艺术品基金主要通过信托公司、银行和第三方理财机构等渠道募集资金，其中银行又是最主要渠道。信托公司、银行和第三方理财机构等渠道，一般会向艺术品基金收取2%左右的发行费用，发行费用大多计入基金的管理费用。融资型基金一般不向投资者收取管理费，投资型基金一般在每年收取2%左右的管理费之外，每年还会收取有2%至3%左右的运营费用。

2011年，我国艺术品基金的投资门槛大多在100万元至300万元之间。有限合伙型的艺术品基金，其门槛设定较为灵活，小型基金的投资门槛为50万元，大型基金的投资门槛较高，如中艺达晨的雅汇基金，投资门槛达到了600万元。

6.艺术品信托。艺术品信托在我国处于起步阶段，但发展速度较快。2010年，仅有国投信托、中信信托两家公司参与发行艺术品信托，但2011年18家国内信托公司发行的艺术信托产品达到45只，同比增长350%，共募集资金55亿元，同比增长了10倍多。其中，中融信托公司排名第一，发行了11只艺术信托产品。由于受惠于我国艺术品市场的规模性增长和艺术品交易价格的实质性增长，2011年我国艺术品信托的平均收益率达到了9.86%，同比增长了0.11%。

从艺术品信托的特点来看，财产独立性和破产隔离是艺术品信托的第一大优势，保证信托资产不被清算。同时艺术品信托也将众多的参与方联系在一起，通过结构化设计来满足不同的投资需求，保证了交易的安全。为防止恶意套现风险，成熟的信托公司一般将杠杆比例控制在3：1，并由投资顾问认购次级作为收益保障，一些产品还会加入到期回购条款，引入第三方为回购做担保。此外，通过对艺术品信托产品设置特别延长处置期，如信托产品的设置时间为3年，通常会安排至少1年时间来处置尚未售出的艺术资产，来强化对艺术信托产品收益的保证。

7.文化艺术品交易所。据不完全统计，在《关于清理整顿各类交易场所切实防范金融风险的决定》（国发〔2011〕38号）出台之前，国内已经成立或正在筹建中的文化产权交易所已达60余家，分布区域多集中在国内经济发达地区。从2011年的实际运营模式来看，我国文化产权交易所主要分为两种，即艺术品份额化交易和文化产权挂牌交易。从事文化产权挂牌交易的文化产权交易所多为国有控股的交易所，如深圳文交所、上海文交所以及成都文交所。这些国有控股的文化产权交易所，虽然同时也进行艺术品份额交易，但在交易规则设计上相对谨慎，如成都文交所还率先建立了艺术品保险制度，其保险责任涵盖自然灾害、意外事故、盗窃等。民营控股的文化产权交易所多以市场为导向，大多采用艺术品份额交易的模式，如天津文交所、郑州文交所、湖南文交所等。

2011年初，天津文交所首次尝试艺术品份额化交易，创下了30个交易日上涨1600%的暴涨纪录。之后各地文交所纷纷效仿，如山东泰山文交所、郑州文交所等相继开启艺术品份额化交易。随着各地文交所的业务展开，涉嫌文物的违法交易、交易规则的“朝令夕改”、发行资产包的暴涨暴跌、内幕交易和信息披露缺失等问题集中爆发。

在政府主管部门的直接指导下，目前我国文化产权交易所进入到了整顿的阶段。具体措施为三方面的整顿，一是关停一批不规范的文交所，二是部分转型为文化产权交易所，三是保留几家做艺术品份额化的交易试点。而建立健全文交所的交易规则，完善退出机制，引入监管控制风险，也是目前文交所整顿过程中的工作重点。

8. 艺术品网络交易。艺术品网上交易指的是以电子商务为平台的艺术品交易和中介服务。我国艺术品网络交易的发展历史较短，只有10余年的时间，形成了2000年左右和2010年左右两个发展高潮，前者以1999年嘉德在线创办为标志，是我国网络经济肇始期的产物，后者则以2011年Hihey.com的创办为标志，是我国电子商务向细分化市场拓展的趋势显现。相比传统的交易形式，艺术品网络交易充分利用了互联网的快捷、低成本和广域性优势，交易行为不受时间和地点限制，既是现阶段我国艺术品市场的有益补充，也将是新的市场增长点，据预计在未来10年内我国艺术品网络交易额将达到70亿元的市场规模。

2011年，我国艺术品网络交易进入高速发展的新阶段。目前知名度较高的艺术品交易网站有80多家，交易形式主要有网络拍卖、网络店铺、论坛交易等3种主要形式，从类型划分来看又包括综合性的电子商务平台如淘宝、专业艺术平台如雅昌艺术网以及艺术品电子商务平台如嘉德在线。

艺术品网络拍卖在目前我国艺术品网络交易中影响力较大，大致又分为3种形式，一类是艺术品拍卖公司直接组织拍品进行网上拍卖，一类是为藏家和竞买者双方提供拍卖交易信息的服务性平台，一类是网上拍卖和信息服务相结合的综合性平台。其中代表性的有嘉德在线、赵涌在线等。以成立较早的嘉德在线为例，目前日均在线拍卖艺术品标的保持在4500余件，日均访问为40万次，注册用户超过100万户，2011年，全年销售在整体市场交易额中占比达到了40%。

五、经营产品分析

目前，我国艺术品市场所经营的艺术产品，种类繁多，形式各异，大致可分为艺术原创作品和艺术衍生品两大类。艺术原创作品是指艺术创作者以线条、色彩或者其他方式创作的具有审美意义的造型艺术作品，包括绘画、书法、雕塑、雕刻、摄影、装置等作品。艺术衍生品包括艺术复制品和艺术授权产品两类，它们都是基于艺术授权经营模式的艺术产业化成果。艺术复制品是指经艺术创作者许可并签名限量在200件以内的复制产品；艺术授权产品是指经艺术创作者授权制作生产的各类产品。在2011年我国艺术品市场中，艺术原创作品的经营仍是艺术市场交易的核心部分，艺术复制品、艺术授权产品是经营产品的新类型，也是我国艺术品市场的新增长点。

1. 艺术原创作品。2011年，艺术原创作品仍是我国艺术品交易量较大的经营品类。一级市场、二级市场中的原创艺术作品交易额近1000亿元，书画、油画和当代艺术品是原创艺术作品交易的基本类型。以艺术品拍卖市场为例，2011年书画作品的上拍量为239866件，成交量为180363件，成交率为75%，成交金额为593亿元，所占市场份额为61%；油画和当代艺术品的上拍量为13976件，成交9966件，成交金额为79亿元，所占市场份额为8%。

2011年，书画、油画和当代艺术的成交额均比2010年有明显增长。在2011年我国艺术品拍卖市场中，书画成交额593亿元，同比增长67%；油画和当代艺术成交额79亿元，同比增长49%。

在成交价格方面，2011年我国艺术品拍卖的拍品均价为30万元，同比增长23%。其中，在艺术品拍卖市场的高价表现上，2011年有31件拍品的成交价格超过亿元，同比增长41%，书画作品占比43%，瓷器杂项占比39%，油画及当代艺术占比6%。

2. 艺术收藏品。由于我国历史文化悠久，收藏传统源远流长，因此收藏品种类繁多，大致可以分为自然历史、艺术历史、人文历史和科普历史等四大类。艺术收藏品，不仅专指在目前我国艺术品市场中流通交易的古董杂项，还包括现当代具有原创性的工艺美术品，其主要类型包括陶瓷、玉器、珠宝、名石、古籍、家具等。我国艺术收藏品的内容广、品类多、受众多，在我国艺术品市场中的地位突出。

（1）瓷器杂项。瓷器杂项是我国艺术品市场中主要交易品种类型。由于近年来价格行情表现突出，目前精品交易大多通过拍卖的途径。各地古玩市场虽然交易活跃，但主要交易的是质量一般、价格较低的品类，以满足收藏爱好者的需求。

在2011年我国艺术品拍卖市场中，瓷器杂项的上拍量为191597件，成交量为134492件，成交率为70%，成交额为302亿元，同比增长69%，市场占比为31%，与2010年同期相比基本持平。13件拍品成交价格超过亿元，占比39%。2011年，瓷器杂项市场热点，主要集中在瓷器、珠宝、玉器、文玩等4个类型，古籍善本、钱币、佛像、犀角雕等的成交情况次之。2011年，市场增速最快的是又可隶属于奢侈消费品类的珠宝和名酒，平均成交率高达

90%，反映了国内高端消费者逐渐参与收藏品市场的趋势。

2011年，古代瓷器仍然是艺术收藏品交易的主要部分。在艺术品拍卖市场中，2011年瓷器的上拍量为23460件，成交量为14723件，成交率63%，成交额为96亿元，同比增长了75%，市场占比为32%。但从全年表现来看，2011年下半年瓷器高端价格增长乏力。其原因为前期价格增长过快、市场交易定价过高以及精品交易数量下降等。2011年，市场行情出现调整的还有邮票、家具等品类。近年来邮票市场出现了井喷式的行情，但在2011年出现了局部的价格调整，尤其表现在拍卖市场上。2011年，国内邮票拍卖市场的成交额为9088万元，同比下降了47%。此外，古代家具拍卖市场在经过3年的快速增长之后，也出现了调整的行情，如2010年行情大热的明清家具在中国嘉德秋季拍卖会上的成交率只有40%。

（2）现当代原创工艺美术品。工艺美术品也称工艺品，是以美术技巧制成的各种与实用相结合并有欣赏价值的物品。原创工艺美术品，指的是融会了一定艺术理念、非批量复制的工艺美术品，主要分为陶瓷工艺品、雕塑工艺品、玉器、漆器、金属工艺品、工艺画、珠宝、仿古家具等。我国工艺美术创作队伍庞大，产值较高、品种较多、声誉较盛的集中产区，主要分布在北京、天津、上海三大城市和山东、江苏、浙江、福建、广东、四川、湖南7个省份。

原创工艺美术品是我国艺术收藏品中的重要组成，由于更接近大众阶层，因此参与的人数众多，影响的地域更广。以陶瓷为例，现当代艺术陶瓷较“古董”瓷器更受社会各阶层的欢迎，因其有一定艺术价值，价格适中，适合社会消费群体的审美需要。面对新的需求，2011年我国艺术品市场在原创工艺美术品的市场拓展上大有进展，如中国嘉德等专业拍卖公司纷纷推出“现当代陶瓷专场”拍卖，专场拍卖的成交金额呈现稳步提升。此外，北京华辰拍卖公司也推出了“苏绣”拍卖专场，以近现代刺绣作品为对象，拓展了艺术收藏品的领域。

3.艺术复制品。艺术品市场中所流通的艺术复制品，包括了以传统手工方式制作的产品，如临摹绘画、高仿陶瓷与木版水印等，以现代印制技术制作的产品如丝网印刷等，以当代技术制作的产品如数码输出品等。一些艺术复制品虽然得到了艺术家的授权也具有艺术家本人的签名，并借助现当代技术精密制作取得接近于原作的视觉效果，但是艺术复制品的根本属性仍是原作的拷贝，同时在材质、触感、品质、韵味等方面都逊色于原作。长期以来，艺术复制品在继承发扬民族传统、传播当代文化艺术等方面发挥了积极作用，其实用价值大于收藏价值和投资价值。但是随着国人艺术审美水平和艺术消费力的逐年提高，近年来艺术复制品在装饰布置、礼品馈赠等方面的社会需求日益增加，国内艺术复制品的消费规模随之扩大，与此同时一些名家参与制作的限量版艺术复制品，也受到了收藏群体的广泛青睐，填补了艺术收藏的低端价格市场。

2011年，国内艺术复制品的收藏活动，主要仍以精品复制品为对象，原作价值、原作社会知名度、复制技艺和复制数量，是艺术复制品收藏价值的四个衡量因素。一些制作精良、限量发行的高品质复制品，体现了对原作的理解和消化，同时具有制作工序多、制作周期长的特点，因此在艺术品市场中标价较高，达到了万元以上的价格水平。如2011年当代艺术家陈丹青限量复制版画作品的成套售价已经达到了24万元。一些高端艺术复制品，例如北京百雅轩文化艺术机构，前几年推出了吴冠中系列复制版画，最初售价在5万元左右，但在吴冠中去世之后因市场需求的急剧增长，目前价格涨幅已接近100%。2011年，国际数字集团（IDG）以6000万元入资北京百雅轩文化机构，即看好该公司在国内艺术复制品市场的领先地位，以及国内在该领域的未来市场前景。

2011年，随着我国艺术品市场的加速增长，艺术复制品市场也出现了规模性的发展趋势。以北京百雅轩为例，2011年艺术复制品的各地店面月平均统合销售额已经达到300万元。高端艺术复制品的价格增长带动了整体市场的规模性发展。以北京798艺术区为例，区内艺术复制品产值达到4000万元。我国低端艺术复制品的价格虽然多在万元以下，均价水平并不太高，但旺盛的市场需求已经产生了规模化的效应。

4.艺术授权产品。艺术授权产品是艺术品市场中的重要品类，是将艺术作品的无形价值作为版权商品进行市场推广的产物。广义的艺术授权由产品授权、企业艺术合作、城市艺术应用等三方面组成，狭义的艺术授权专指的是产品授权部分，包括画作授权、商品授权、数字授权等。艺术授权，从艺术家的角度而言，不仅取得了除原作交易之外的商业回报，同时通过艺术授权过程中的包装、推介、展示和交易行为，对艺术家进行了更广泛的社会化宣传；从被授权商的角度而言，是运用艺术塑造品牌、提升产品附加值、增加获利的新营运方式。而艺术授权产品的出现，既在一定程度上增加了原作的市场价值，也通过跨界的合作推广延长了艺术品的产业链条，形成多赢的商业模式，拓展了艺术品市场的疆域，提高了艺术品市场的产业化水平与在文化产业中的地位。

虽然国内艺术授权市场刚刚起步，但近年来随着文化产业的发展，市场拓展速度明显加快。2011年，我国艺术品拍卖市场的总成交金额为975亿元，根据国际标准进行测算我国艺术授权所带来的生产总值可达到2925亿元的水平。为了推动国内艺术授权市场的发展，2010年北京文化发展基金会联合ARTKEY等艺术授权品牌企业创设艺术授权专项基金，并在2009年首次举办艺术授权交易会的基础上，2011年成功举办了第三届展会，参加交易的客商达到100多家，协议金额增长20%。过展会及其论坛，参展商共同尝试艺术和品牌的深度结合，促成上下游产业的链接，借艺术授权之力，提升我国产品附加值，扩大文化对外贸易，为我国文化创意产业发展提供一条新的路径。

六、购买力分析

2011年，我国艺术品购买力整体水平提高很快，具体表现在艺术收藏、艺术消费和艺术投资等3个方面，其阶段性的特点是在艺术收藏逐渐成为社会共识的基础上，艺术消费的扩张和艺术投资的趋热也成为显性的标志。而艺术收藏的专业化和公共化发展、艺术消费的区域和群体的不平衡以及艺术投资的盲目性和趋利风险，是目前亟待研究和解决的主要方向。

1.艺术收藏。艺术收藏是艺术品购买力的重要组成。艺术收藏一般由3个部分组成，即美术博物馆收藏、企业收藏和私人收藏，这3个部分既彼此独立又相互依赖，共同形成相对完善的艺术收藏体系。2011年，我国的艺术收藏，在国家政策的支持、企业社会责任感的增强和个人财富的增长等积极因素的共同促进下，不仅在收藏的数量和品质等方面都呈现出了不同程度的提升，而且在专业化的运作和团队化的服务上也积极探索，认真摸索出一条既符合目前现状又面向未来前景的路径，从速建立长效机制以回应在发展中出现的问题。

（1）美术博物馆收藏。2011年，政府主管部门针对公立美术馆的艺术收藏，继续给予一定的政策倾斜和资金支持。根据2010年文化部出台《全国重点美术馆评估办法》，“年收藏经费总额不低于300万元”已经成为国家重点美术馆评估达标的硬性指标。因此2011年各级政府针对各地公立美术馆艺术收藏的固定拨款进一步增加，从而保障了国内美术馆艺术收藏的日常资金底线。

政府专项艺术收藏资金的建立也正在发挥积极作用。如2004年文化部和财政部共同设立的“国家美术作品收藏和捐赠奖励专项资金”，侧重于对艺术家、收藏家以及社会各界人士向国家捐赠优秀美术作品的奖励。截至2011年，专项资金的使用金额超过1.3亿元，收藏作品的数量超过1万件，尤其是专项资金针对20世纪重要美术家的作品收藏，不仅扩大了国家艺术收藏的整体规模，也为当代艺术创作和艺术品市场建立了学术标准和价值依据。除了国家美术馆和中央财政之外，一些经济发达地区的公立美术馆也相继成立专项艺术收藏资金，通过单独申请项目经费的方式，在保证每年有固定收藏经费的基础上，加大了艺术收藏的各自投入。

相较于公立美术馆的艺术收藏，近年来大量涌现的民营非营利性美术馆的艺术收藏，虽然取得了不小的成绩，但是由于政府在促进社会捐助制度和免税扶持政策等方面的力度不足，也在一定程度上局限了民营非营利美术馆在艺术收藏上的可持续发展。目前国内民营非营利性美术馆的艺术收藏，大多仍依靠社会性的资金捐助和藏品捐助，因此相关政策的从速出台将是突破瓶颈的关键所在。

由于现阶段我国的美术馆收藏，基本以艺术家及其家属的捐赠为大宗，其收藏标准和价格体系完全独立于艺术品市场之外，更多体现为国家美术收藏的价值取向和既有优势，因此它对于目前艺术品市场的实际介入较少，市场影响力相对局限。

（2）企业收藏。企业收藏是艺术收藏的重要参与力量。对于企业而言，艺术收藏不仅是企业资产配置、财务安排的利得手段，而且是关涉企业品牌、企业文化、企业社会责任的战略建设。随着国际经贸的发展和全球化的竞争，我国企业对于国外企业收藏的成功经验和丰富案例的认知度有所提高，由此推动了国内企业收藏的积极尝试。

目前，我国的企业收藏不仅有待于政府政策的配套，也有待于其自身的改进完善，而如何引导企业收藏方向，进而引领艺术品市场走向、确立价值标准、推动市场可持续发展也是目前亟待深化的课题。11月，文化部中外文化交流中心与中欧金融交流促进会共同举办的“首届中外企业收藏论坛”，从企业艺术收藏的历史沿革和发展现状问题入手，强调企业收藏不仅是企业行为，也是面向社会公众的社会行为，强调通过企业收藏建设企业文化、提高员工素质、拓展品牌效应的同时，在全社会倡导学会欣赏、尊重艺术、弘扬文化、服务社会的使命和任务，确立了企业收藏向社会公共文化服务体系的重要部分和有力补充的发展思路。

（3）私人收藏。私人收藏是指以个人面貌特征出现的收藏行为。私人收藏是艺术收藏中最常见和最普遍的类型，也是艺术市场购买力中最活跃的基本力量。近年来我国的私人收藏发展很快，不仅参与者众多，而且对于收藏观念的形成、收藏内容的拓展、市场价格的提升都起到了积极的推动作用。

2011年，我国的私人收藏，立足于国内的社会稳定和经济发展，明显处于快速增长的周期。尤其是在我国经济发达的东部沿海地区，如广东、上海、北京、浙江和江苏等五省市，财富人群相对集中，私人收藏更加普遍，2011年收藏兴趣占比的增幅为70%，收藏实际支出水平也比内地省市超出30%。从收藏偏好上来看，手表、珠宝、古代书画、酒、车和当代艺术品排名依然靠前，其中选择收藏手表、珠宝的占比为44%，同比增长了10%，选择收藏古代书画的占比下降为15%，选择收藏当代艺术的占比下降为7%，反映了2011年私人收藏在收藏偏好上的现实变化。“个人趣味”、“地域影响”、“价格因素”、“专家建议”、“家庭渊源”是具体影响私人收藏的主要因素。从2011年的实际情况来看，从“个人趣味”出发的购买行为占比为60%，显示出私人收藏的个人化特征，此外“价格因素”占比15%，增长了6%，反映了艺术市场对目前私人收藏日渐增强的影响力。在收藏途径方面，超过70%的私人收藏选择自行购买，是私人收藏个人化特征的另一种现实反映。此外，2011年有超过20%的私人收藏选择拍卖的途径，和以艺术经纪和委托代理为收藏途径的比例有所提高，也体现出私人收藏对专业化的日趋依赖。金融投资、房地产、能源、基础建设、高科技、制造等行业，虽然仍是个人财富增长较快的领域，但是由于受到2011年宏观经济调整和国内经济发展的综合因素影响，我国私人收藏的行业背景也有所变化。其中，以金融投资、能源、高科技、制造业为行业背景的私人收藏位居前列，占比达到了60%以上，以房地产、基础建设为行业背景的占比下降到了25%，反映了国内私人收藏和我国经济之间的正相关性日渐密切。

2011年，我国私人收藏对于艺术市场的参与度和影响力持续提高。继承、购买和馈赠是建立私人收藏的主要方式，从国内私人收藏来看，购买已经成为最普遍的手段，这决定了私人收藏和艺术市场之间越来越密切的关系。2011年，我国私人收藏的持续增长对于国内艺术品市场的推动作用明显，以中国嘉德国际拍卖公司为例，参与拍卖的新买家的增长率达到了25%，并带来了20%的实际成交增长。由于全球化所带来的信息化和便利化，我国私人收藏也加快了参与海外市场的步伐，对于国际艺术品市场的影响力也逐渐增强。以香港佳士得为例，在2011年秋季拍卖中，以中国国内买家为核心的大中华区艺术品购买力已经占到了总体的73%，同比增长了68%；在2011年苏富比拍卖公司的年度报告中，亚洲区是该公司业务增长最快的地区，拍卖成交额突破10亿美元，我国私人收藏已经成为国际拍卖公司不惜重金拓展业务的新方向。

2.艺术品消费。2011年，我国艺术品市场购买力的发展，不仅仅反映在艺术收藏的方面，艺术品消费的增长也有突出的表现。与艺术收藏相比，虽然在艺术品市场购买力的结构中，艺术品消费的位置较低，其购买方向也不主要是针对于稀缺性的艺术资源，但是艺术品消费反映了更为大众化的审美需求和社会需要，是艺术收藏的发展基础，也是促进文化产业发展的要素之一，其重要性不言而喻。

按照国际通行的划分标准，当一个国家或地区的人均GDP达到1000～2000美元的时候，艺术品购买力开始启动，达到8000美元的时候，艺术品购买力将推动艺术品市场进入繁盛期。2011年，我国人均GDP发展水平已经达到了6838美元，20多个东部沿海城市人均GDP达到了8000美元，以北京、上海为代表国内都会城市的人均GDP更超过了12000美元的水平。随着国内居民消费能力的显著提高以及对品质生活和精神生活的追求，近年来我国居民消费结构变化明显，教育、文化已经成为近期的消费热点，沿海经济发达地区和国内都会城市对于文化艺术产品购买力的增长更加迅速。

在此背景下，2011年我国艺术品消费呈现出了更为明显的扩张趋势。

（1）消费意识的普及化。2011年，针对国内艺术消费人群的调研数据表明，艺术品消费已经成为社会的普遍共识和日常行为。如有占比68%的消费者以装饰家居和长期保存为目的，只有24%的消费者兼顾艺术品投资的目的；有占比60%的消费者拥有3件以上的艺术原创作品，30%的消费者已经将艺术品消费列为家庭的经常性消费；有占比72%的消费者会把作品挂在客厅或者卧室，并有占比83%的消费者会向来家做客的朋友介绍自己所买的艺术品，只有占比3%的消费者会将作品封存起来加以保管；在艺术消费所占家庭资产的比例上，占比70%的消费者会拿出收入的10%用于艺术消费，而占收入比超过30%的提高到了15%，比2010年上升了6%。

（2）消费方向的多元化。2011年，我国艺术品消费的方向上，已经形成艺术原创作品、艺术复制品和艺术授权产品的齐头并进。根据2011年针对国内画廊业的调研显示，有65%的画廊从业者认为艺术品消费将成为艺术原创作品市场的购买主流，认为艺术投资将主导这一市场的比例则从2010年的10%下降到了2011年的6%；2011年，艺术消费者在国内画廊市场购买原作的占比增加了70%。艺术品消费也是目前艺术复制品和艺术授权产品的重要购买力。根据2011年针对国内艺术复制品艺术衍生品市场的年度调查，有90%的市场从业者认为艺术品消费已经成为市场的购买主流，有65%的市场从业者表示在2011年企业获得了盈利，有25%的企业盈利增长达到1倍以上，有85%的市场从业者认为由于国内艺术品消费能力的显著提升，艺术复制品和艺术授权品的市场将成为未来最具增长潜力的市场领域。

（3）消费水平的提高。2011年，我国艺术消费的价格水平出现明显提高。根据2011年针对国内画廊业的调研，艺术消费者在国内画廊市场购买原作的单价消费区间，已经从2010年的5000元至30000元上调至10000元至50000元的新水平。2011年，针对国内艺术消费人群的调研数据表明，占比80%的消费者接受10000元以下的价格，占比40%的消费者接受10000元至50000元的价格，占比15%的消费者接受50000元至100000元的价格，占比10%的消费者接受100000元以上的价格，对比2010年的相关数据可见，10000元至50,000元的价格已经具有了广泛的消费人群，同时高端价格的艺术消费也出现了明显增加。

3.艺术投资。艺术投资是以分散风险和投资回报为目标的艺术品购买行为，宏观经济的稳定、社会财富的增长、流动性的过剩、通货膨胀的预期、艺术品交易的活跃和价格的上涨等都是艺术投资的产生背景和推动因素。西方艺术投资的历史相对悠久，尤其是随着20世纪以来欧美艺术品市场进一步的发展，艺术品早已成为回报丰厚的投资产品之一。在另一方面，艺术品种类的丰富性及其市场的多元化，使得艺术品具有了分散风险的优势，作为一种资产配置的特色工具，艺术品也使得财富人群的投资组合更为多元化，有效降低了投资的风险。如国外金融投资机构一般建议投资者将资产的5%作为艺术品的配置。

2011年，国内高净值人群数量达到59万人，可投资资产规模为18万亿元，而风险意识的增强和投资方式的多样也推动资产配置和投资需求呈现多元化的趋势。根据数据统计，2011年80%的财富人群更加倾向于加强资产配置的多元化，而包括艺术品、黄金在内的“其他类别投资”的实际增长率也达到了20%。除了高净值人群之外，目前的艺术投资热也因为2010年以来我国宏观经济调控力度的加强而进一步升温，在房地产、股票市场降温和资本市场投资渠道狭窄的背景下，部分社会资金转向艺术品市场，社会的参与热情高涨。现阶段我国艺术品市场的急速发展带来了相对丰厚的投资回报，但是随着艺术投资者对利润的片面追求，艺术投资的投机性愈加明显，逐渐背离了通过多样化投资分散风险的初衷。艺术投资热在给予艺术品市场充裕资金的同时，也推动了艺术品市场的公众化，加大了市场风险的社会影响度。投资性资金的大量流入，也会给艺术品市场带来了更多的不确定性，增加市场行情不稳定性和过度波动风险，尤其是投机性资本的介入，更不利于艺术品市场的结构化建设，容易导致艺术品市场的畸形发展。因此警惕艺术投资风险和加强艺术市场风险控制应受到高度重视。

在操作层面上，2011年随着艺术投资基金、艺术基金管理公司、艺术资产管理公司、艺术投资咨询公司等专业化经营机构的纷纷成立，我国艺术投资的机构化发展趋势更加明显。以艺术投资基金为例，2011年我国艺术投资基金有70支左右，2010年我国艺术基金初始规模总额为15亿元，2011年基金初始规模总额达到了58亿元，增长了287%。与个人进行的艺术投资不同，艺术投资的机构化发展具有投资规模化、操作团队化和强调风险控制的特征，跨界经营能力、注重专业研究以及国际化的整合营销也是目前的成功经验。虽然我国艺术投资机构化还刚刚起步，但它的进一步发展将有利于我国艺术品市场的专业化进程。

4. 艺术品进出口。艺术品进出口是一个国家或地区艺术品贸易水平的具体体现，而贸易差额的盈余（又称净出口或贸易余额）也是衡量一个国家或地区的文化软实力的重要指标之一。对于艺术品贸易来说，关税、汇率、政府管制、相关作品价格以及社会经济发展状况等是主要的影响因素。

2011年，我国在艺术品进出口的全球排名上仍远远落后于美、英两国，不仅全球占比过低，迄今为止仍然处于逆差。具体而言，2011年我国艺术品出口以现当代绘画作品为主，出口品种单一且大多以香港为中转站。美国是我国艺术品的最大出口国，占比28%，其次是日本，占比17%，新加坡、英国并列第三，占比均为9%。我国艺术品出口总额在2008年时曾达到了阶段高峰，出口额为4.92亿美元，2010年我国艺术品出口额下降到4.52亿美元，这与我国现阶段执行严格的出口限制如我国规定1911年之前的艺术品不得出口等密切相关。因此，在保护我国优秀文化遗产和现当代优秀艺术创作的同时，将艺术品出口纳入到对外文化输出的国家文化战略之中，执行积极的艺术品出口政策，将是扭转长期以来我国艺术品进出口逆差和提升我国文化软实力水平的重要举措。

七、国际市场概况

2011年，全球艺术品市场继续呈现整体性回暖，成交总额达到461亿欧元，同比增长7%，仍然低于2007年最高峰的481亿欧元，全球纯艺术品市场的增长复苏和中国艺术品市场的持续走强是市场亮点和推动因素。同样，2011年全球艺术品市场共有3680万笔的交易，同比增长了5%，比2009年的低谷时增长了20%，但仍低于2007年5000万笔的交易峰值。这些数据已经表明，2011年全球艺术品市场的复苏主要表现为成交价格的上涨而不是交易规模的扩张，同时2011年全球艺术品市场复苏明显放缓，不仅反映在低水平的增长率表现，更反映在艺术市场参与者对于后市的信心不足方面。

作为市场表现的亮点之一，2011年全球纯艺术品市场增长加快，其中拍卖总成交额同比增长35%，成交量同比增长14%，高价频出推动了拍卖市场在成交额和均价上的增长。2011年，全球艺术品市场的行情热点为“现代艺术”的板块。以拍卖市场为例，“现代艺术”作品的拍卖成交额已经占到了全球艺术品拍卖总成交额的52%，我国现代书画家如张大千、齐白石等的作品拍卖成交额占到了其中的49%，成为了主导的力量。2011年，我国的当代艺术品市场，以5.4亿美元的成交总额取代美国成为世界第一。此外在古代艺术品交易上，我国古代艺术品交易也取得了主导地位。元代王蒙《稚川移居图》以3.5亿元成交，名列历年全球古代艺术品拍卖成交记录的第二名，相当于2011年法国古代艺术品拍卖的成交总额。

中国和美国仍然是2011年全球艺术品市场中表现最好的两个国家。根据国外的统计数据，我国艺术品市场交易额以138亿欧元，占到了全球艺术品市场总成交额的30%，首次超过美国，名列世界第一；美国以134亿元欧元，占比29%，名列第二；英国以101亿欧元，占比22%，名列第三。在艺术品拍卖市场，我国也以975亿元的成交额占比42%，名列全球第一；美国占比23%，名列全球第二；英国占比19%，名列第三，确立了我国对全球艺术品市场的话语权和影响力。

2011年，参与全球艺术品市场交易活动的共计40万家经营单位，画廊、拍卖公司、艺术经纪人是其中的主流。2011年，全球画廊业和拍卖业的交易额分别为231亿欧元、230亿欧元，对于全球艺术品市场的贡献旗鼓相当。但在新兴艺术市场中，以“金砖四国”为例，拍卖企业仍是市场交易的主力，如拍卖成交占我国艺术品市场总成交的70%，这和欧美成熟市场30%至45%的比例相比明显偏高，反映了全球艺术品市场的地区性的差异和发展的不平衡。

八、国际地位和市场作用

1. 成为全球增长引擎。21世纪以来，全球艺术品市场出现了结构性的巨变，新兴艺术市场的崛起是变化的主因。在新兴艺术市场对于全球艺术品市场贡献度逐渐增加的同时，我国也从新兴艺术市场的代表之一逐渐成长为全球艺术品市场的决定力量，成为了2008年以来全球艺术品市场的增长引擎。

国外机构的数据显示，2011年全球艺术品市场的交易规模为461亿欧元，同比增长7%。通过研究发现，如果扣除我国之外，全球艺术品市场交易总额为322.7亿欧元，相比2010年的331.1亿欧元则下降了2.5%。此外，2011年美国在全球艺术品市场中的占比下降了5%，以136亿美元的成交额位列第二，相比2010年下跌了6%；2011年欧盟的艺术品市场成交额为156亿欧元，同比也下降了2%。因此，2011年全球艺术品市场的增长完全是得益于我国艺术品市场的快速扩张。

2.发展巩固核心地位。自2006年以来，我国艺术品市场经过近5年的快速发展，先后赶超法国、英国和美国，逐步确立起在全球艺术品市场中的核心地位。根据国外机构的统计数据，继2010年我国艺术品拍卖市场成为全球第一之后，2011年我国艺术品市场在交易总额上整体超越美国，以138.3亿欧元占据了全球艺术品市场30%的份额，名列全球第一。

从市场细分指标来看，2011年无论是在古代艺术品市场、现代艺术品市场还是当代艺术品市场，我国艺术品市场也都实现了对美国的超越。其中，我国在全球古代艺术品拍卖市场中的份额为52%，在全球现代艺术品拍卖市场中的份额为42%，在全球当代艺术品拍卖市场中的份额为45%。此外在百万美元级别作品的数量上，我国也以774件占据榜首位置，占据了全球百万级别作品总量的46%，其中仅仅香港一地，百万级别作品的成交数量就是整个欧元区的2倍。在以绘画、雕塑、版画、素描和摄影为交易对象的全球纯艺术品市场中，我国虽然以35922欧元/件的均价位列英国之后，但年均价增长率达到了29%，远高出了英国3%的增幅，体现了我国纯艺术品市场价格的迅猛增长和未来发展前景。

根据国外机构的统计数据，2000年至2010年间，我国艺术品市场的实际增长率为353%，远高于同期美国的34%、英国的44%；2010年至2015年间，中国艺术品市场的预期增长率也将达到了69%，也远高于同期美国的18%、英国的24%。也就是说，国外机构对2015年中国艺术品市场交易规模的预期为167亿欧元，美国为173亿欧元，英国为118亿欧元，这也从一个侧面反映了中国艺术品市场在全球艺术品市场核心地位的确立。

3.促进交易中心东移。2011年，随着亚洲各国政府对于发展文化事业和推动文化产业的力度加大，亚洲地区的艺术品市场迎来了良好的发展机遇。如新加坡艺术品拍卖市场的成交量增长了22%，艺术品市场的整体增长率为18%；印度尼西亚艺术品拍卖市场的成交量增长了39%，艺术品市场的整体增长率为28%，反映了目前亚洲艺术品市场处于整体增长的发展阶段。在市场价格方面，亚洲艺术品市场也成长为全球高端交易市场之一，如2011年的亚洲艺术品拍卖市场，成交价在10万美元至100万美元的拍卖标的已经占到了12%，远超过全球2%的平均水平。在纯艺术品拍卖均价前五位的国家中，亚洲国家占到了3席，分别是中国的35922欧元/件、阿联酋的28398欧元/件和新加坡的17456欧元/件。

亚洲的整体发展进一步促进了全球艺术品交易中心的东移，而我国艺术品市场的突出表现也在其中起到了主导性作用。

4.推动全球市场新格局。在市场交易中心逐步东移的过程中，2011年全球艺术品市场的格局已经形成由我国、欧盟、美国所主导的多中心格局，改变了20世纪60年代以来美国一家独大的既有格局，也改变了自欧洲工业革命以来西方艺术品市场长期占据主导地位的历史。作为新兴艺术市场代表的中国，在短短6年之内完成了“超英赶美”的发展奇迹，不仅成为全球最大的艺术品市场体，而且推动了全球艺术品市场的格局更新。

但是在取得辉煌成绩的同时，也应该保持清醒。应该注意到我国艺术品市场的发展和亚洲艺术品市场的崛起，对应的是2008年金融危机之后西方艺术品市场的急速衰退和恢复迟缓。因此，随着2012年美国经济强劲复苏和欧洲慢慢走出债务危机，需要我国艺术品市场继续努力，保持既有优势，拓展未来潜力，找到一条可持续发展的途径。

《2011中国网络游戏市场年度报告》摘要

一、2011年中国网络游戏市场持续增长

2011年，中国网络游戏市场规模（包括互联网游戏和移动网游戏市场）为468.5亿元，同比增长34.4%，增长速度止跌回升。其中，互联网游戏为429.8亿元，同比增长33.0%；移动网游戏为38.7亿元，同比增长51.2%。

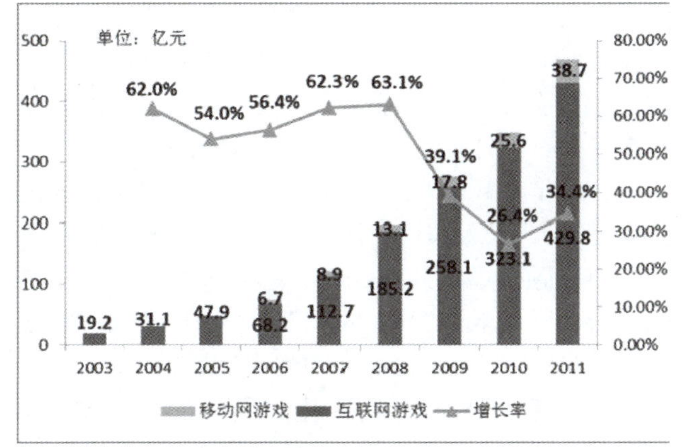

图1　2003～2011年网络游戏规模

2011年，互联网游戏用户总数突破1.6亿人，同比增长33%。其中，网页游戏用户持续增长，规模为1.45亿人，增长率达24%。移动网下载单机游戏用户超过5100万人，增长率达46%；移动网在线游戏用户数量达1130万人，增长率达352%。相对于互联网游戏用户数量增长速度的放缓，移动网游戏用户数量出现了高速的增长，这表明移动网面临着极好的机遇。未来几年，在用户数量增长的推动下，移动网游戏市场规模也将保持高速发展态势。

2011年，文化部认真履行网络游戏内容管理职责，共审批或备案646款网络游戏。其中，国产网络游戏604款，相比2010年增加428款；进口网络游戏42款，相比2010年增加14款。2011年，互联网游戏在整个网络游戏市场中占91.7%的份额；移动网游戏占8.3%的份额。从互联网游戏市场看，客户端游戏市场规模达380.5亿元，同比增长27.4%，市场份额较2010年有所降低；网页游戏市场规模达49.3亿元，同比增长102.1%，较2010年增速放缓，市场份额同比上升近4个百分点，达11.5%。从移动网游戏市场看，下载单机游戏市场规模超过了30亿元，移动网在线游戏市场规模为7.9亿元。

2011年，自主研发的互联网游戏产品在国内市场的运营收入达254.2亿元，同比增长37.3%，比互联网游戏市场34.4%的增长率高了近3个百分点。

二、文化部完善、深化网络游戏市场管理工作

1.完善、细化管理政策。一是坚持“积极利用、科学发展、依法管理、确保安全”的方针，出台新修订的《互联网文化管理暂行规定》。二是开展《网络游戏管理暂行办法》政策评估工作，解决《办法》执行过程中存在的问题，评估执行效果，为完善、细化网络游戏管理各项规定提供依据。三是开展《网络文化的建设与管理》和《移动网络文化发展现状和有效规制研究》的课题调研，提高管理的针对性和前瞻性。

2.加强网络游戏内容管理。为全面总结网络游戏内容审查工作，调整、充实网络游戏内容审查委员，促进网络游戏内容审查工作的规范化建设，文化部于5月中旬召开了网络游戏内容审查委员会换届会议，聘请了30余位来自文艺、法律、教育、研究机构等行业的专家，组成了第三届文化部网络游戏内容审查委员会。

3.坚持“未成年人保护优先”原则，在全行业实施“网络游戏未成年人家长监护工程”。1月，在总结前两批“网络游戏未成年人家长监护工程”试点工作的基础上，为进一步扩大工程覆盖面，巩固和深化企业与社会、家长与未成年人的互动机制，文化部联合中央文明办、教育部、工信部、公安部、卫生部、团中央、全国妇联等7部门，印发《“网络游戏未成年人家长监护工程”实施方案》，要求自3月1日起在网络游戏行业全面实施“家长监护工程”。

4.加强对行业组织的指导，增强行业自律意识。11月，在文化部指导下，网页游戏行业规范自律联盟发起和主办了“反低俗、扬正气、促和谐”主题行动。腾讯、网易、盛大等100余家网络游戏企业共同签署了《网络游戏行业规范自律公约》。

5.建立网络游戏文化评论机制，推动严肃游戏生产、传播。10月，文化部成立了网络游戏文化评论联盟，以发挥评论机制的作用，为游戏研发、生产和使用提供学术指导。9月6日，文化部与韩国文化体育观光部共同举办了中韩严肃游戏论坛，推进中韩严肃游戏的双向融合，共同推动严肃游戏生产、传播。

6.创新执法模式，加大对非法网络游戏产品和网络游戏违法经营活动的打击力度。2011年，全国各级文化行政部门和综合执法机构共受理涉及互联网文化（网络音乐、网络游戏）的举报644件、立案573件、结案502件。2011年，文化部共下发了6批（第十批至第十五批）查处通知，通报了涉嫌违法违规的434家单位及其游戏，并要求各地文化行政部门和文化市场综合执法机构根据查处通知要求进行调查和处理。

三、2011年中国网络游戏出口保持上升态势

2011年，国产游戏出口规模进一步扩大，收入达到4.03亿美元，同比增长76.0%。出口产品数量增

加明显，2011年新增66家公司共计92款网络游戏产品出口海外，数量总数超过150款。

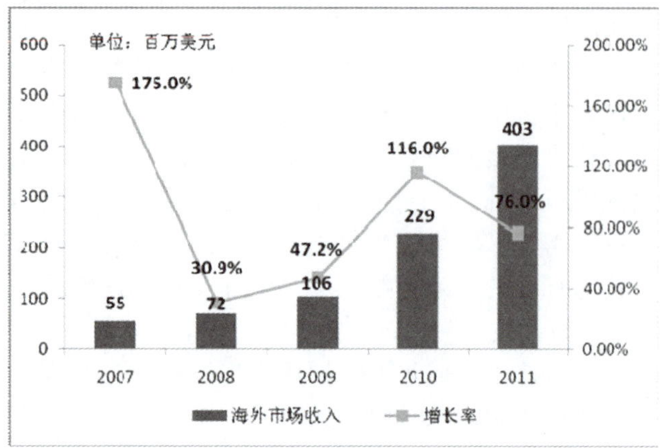

图2　2007～2011年中国网络游戏产品海外市场收入

在新增出口的92款网络游戏中，网页游戏56款，客户端游戏33款，移动网游戏3款。可以看出，在网页游戏迅速发展的大背景下，其海外市场收入也迅速增长。

在56款新增出口的网页游戏中，角色扮演类和战争策略类为出口的主要类型，其中角色扮演类网页游戏27款，战争策略类网页游戏19款；新增出口的客户端游戏中，角色扮演类27款，占主要地位；新增出口的手机游戏中，角色扮演类、战争策略类、社交类各1款。

2011年，版权出口模式的营收所占比重有所下滑，但产品数量却有所增加。原因包括：一是大型企业越来越倾向于通过设立海外分公司的形式，在海外联合运营或独立运营自研的产品。以完美时空为例，其海外授权收入占其海外市场总收入的比重已经降至1/3左右，但是其海外市场总收入增长了约2000万美元。二是在网页游戏迅猛发展的大背景下，催生了一些以研发网页游戏为主要业务的中小型企业，这些企业多采用版权出口模式进行网游出口。由于网页游戏授权金等费用较客户端游戏更低，出现了采用版权出口模式的产品数量增多，但版权出口营收比重下降的现象。

四、2011年网络游戏行业投融资行为活跃

2011年，中国网络游戏企业的投资行为仍然活跃，全年公布的投资事件共有25起。总体来看，2011年网络游戏行业的投资呈现出了以下两个特点。一是投资主体明显集中。网络游戏行业中的龙头企业，特别是腾讯、盛大等大企业成为2011年主要的投资主体，25起投资事件中就有16起为腾讯发起或参与的投资。二是跨界投资成为主流。网络游戏公司投资社区、电子商务和网络服务企业已经成为主流，各大企业纷纷实施多元化战略，以网络游戏业务作为核心，向其他互联网领域进行扩张。

2011年，共有3家网络游戏企业上市融资，分别是奇虎360、人人公司与淘米网。除此之外，2011全年公布的融资事件共有26起。总体来看，2011年移动网游戏继续获得投资方的青睐，网页游戏特别是社交游戏的研发商在融资方面也收获颇丰。

五、客户端游戏扁平化、网页游戏移动化、移动网游戏规范化将成为网络游戏市场的三大发展趋势

1. 网络游戏市场规模继续增长，预计2015年末规模过千亿，未来几年仍将是中国网络游戏发展的机遇期。预计2015年末，网络游戏市场规模将超过1000亿元，年均复合增长率超过20%。

从产品结构看，未来几年，互联网游戏仍将占主体地位，而客户端游戏也将继续保持较为稳固的市场份额；同时，网页游戏和移动网游戏高速增长的态势将进一步巩固，且增长速度远超客户端游戏。

2. 技术水平的提高推动游戏转型，轻载体、跨终端成为趋势。2011年，客户端游戏市场出现了“微端”形式的产品（即客户端大小小于100MB），用户只需要花数分钟下载客户端，就能够进入游戏进行试玩体验，后续的游戏内容将在后台继续下载。与以前用户需要下载1GB以上大小的客户端相比，“微端”形式大幅降低了用户的进入门槛。预计未来几年，在研发技术、网络环境等多方因素的带动下，客户端游戏将逐步向云端发展，即不需要用户下载客户端即可进行游戏，这将大大改变现有行业内对端游和页游的定位，也为端游重新抢占市场份额打下了良好的基础。

2011年，部分网页游戏实现了在移动终端上的同步运行。由于网页游戏轻载体、同制式（大多数网页游戏都通过Flash运行）的特点，使其相对于客户端游戏，移植至移动网上更为方便，预计未来几年，网页游戏在多终端上同步运行将逐渐成为主流。

3. 大型网游企业逐步向网页游戏和移动网游戏延伸。近年的网页游戏市场，除腾讯旗下的《七雄争霸》外，其他所占市场份额较大的网页游戏，基本都是由新的以网页游戏为主营业务的网络游戏经

营单位运营。随着网页游戏和移动网游戏市场的高速发展，一些大型网游企业也开始在这两个市场逐步探索，谋求新的发展。未来几年，大型网络游戏企业可凭借资金、技术等优势，有所突破。

4.管理政策的进一步完善和优化，促进移动游戏规范化发展。预计到2013年，手机网民数量将超过PC网民。同时，移动终端的系统类型也将趋于集中：Symbian系统所占比重不断降低，iOS与Android系统所占比重不断升高。操作系统的集中趋势将降低手机游戏研发的难度。针对移动游戏市场的特点，作为网络游戏主管部门，文化部将出台相应的管理法规，从主体、内容、运营等环节进行规制，进一步规范市场秩序。在完善的管理政策的引导下，移动网游戏市场将沿着规范化、健康化方向发展。

5.在广电网游戏的发展带动下，游戏将进一步拓展家庭娱乐活动空间随着技术的不断完善，三网融合进程逐步推进，广电网游戏的发展将迎来一个新的契机。由于电视的普及率远远高于电脑，广电网游戏拥有更加广泛的受众基础。以体感游戏为代表的广电网游戏，可将娱乐与运动有机结合，使用户在娱乐的同时达到锻炼身体的目的，适合全家共同娱乐。未来几年，随着网络基础环境的进一步完善，将出现依托游戏业务，以电视为载体的集上网、游戏、视频通话为一体的网络平台。

六、2012年文化部将进一步规范网络游戏市场秩序

2012年，为进一步规范网络游戏市场秩序，文化部将重点开展以下工作：

一是细化、完善现行管理政策。完善网络游戏虚拟货币管理的相关规定；研究制定网络游戏虚拟道具管理措施；调研出台移动网络游戏管理规范，完善文化产品内容审查程序与标准。

二是推动严肃游戏生产传播；继续开展网络游戏文化评论，巩固、完善游戏评论机制。

三是加强业务培训。编撰《网络文化市场管理政策培训教材》；分类开展网络文化管理部门及经营单位业务培训。

四是加强运营监管。严格执行“网络游戏未成年人家长监护工程”；进一步落实实名注册制度；继续保持对网络游戏低俗宣传的高压态势。

五是推动网络游戏国际交流与合作。引导企业积极开拓国际市场，促进网络游戏出口。

六是强化执法监督。继续完善网络文化市场执法协作机制及以案代训机制；加快网络文化市场监管平台建设，加大技术手段的运用，延伸管理臂膀。

《2011中国网络音乐市场年度报告》摘要

随着通信技术的进步和各种网络应用设备的不断普及，2011年，我国已成为全球互联网用户和移动通信用户规模最大的国家，在此推动下，我国的网络音乐行业在整体市场调整中获得平稳发展。

一、中国网络音乐行业在整体市场调整中获得发展

2011年，作为网络音乐行业的主管部门，文化部加大了对网络音乐市场的管理力度，多次对网络音乐行业中的违规和违法经营行为进行严厉打击，进一步规范了市场经营秩序。同时，在文化部的协调和指导下，行业内部自律和行业各方之间的沟通得以不断加强，并积极探索符合用户需求和市场发展规律的业务形式，整个网络音乐市场朝着规范、有序的方向发展。

经营主体方面：2011年，作为市场主体的网络音乐经营企业的数量平稳增长。截至2011年底，获得文化行政部门审批、具有网络音乐业务经营资质的企业达到452家，相对2010年增加了28.7%，经营主体的增加体现了行业对网络音乐市场信心的提升。

在线音乐方面：以虾米网、音悦台、豆瓣电台为代表的新兴专业音乐网站和酷我、酷狗为代表的音乐客户端，通过应用融合、技术创新和个性化的服务，提升了用户体验，越来越多的用户开始使用网络音乐产品。市场环境的逐步改善，以及用户的增加，推动了部分网络音乐服务提供商广告价值的提升，营收状况趋向好转。2011年，在线音乐收入规模达到3.8亿元，比2010年增长了35%。

2011年，在线音乐用户规模为3.8亿，较2010年增长了6.5%。用户特征呈现出女性比例高、年龄结构较年轻、文化程度高、用户喜欢的音乐类型广泛、获取音乐产品途径多样等特点。商业模式方面，“融合”成为2011年在线音乐的主题，技术的不断发展使音乐在互联网上的应用空间进一步增大。2011年，音乐和微博、在线演出、网络游戏、移动互联等其他网络应用的融合进一步加强，也使网络音乐获得了新的生机。

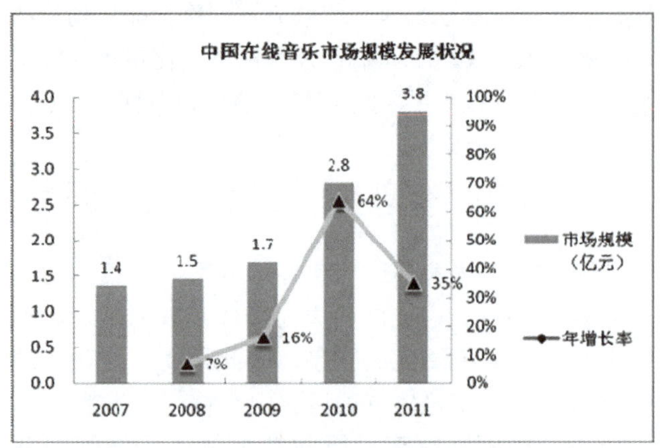

图1　2007～2011年在线音乐市场规模发展状况

无线音乐方面：随着智能手机、平板电脑等移动终端设备的逐步普及，以及移动网络带宽的改善，移动互联网用户群体持续增长。此外，各类移动应用商店的出现使无线音乐客户端获得了快速增长，用户对无线音乐的获取也更为方便。在以上因素的影响下，2011年国内无线音乐市场规模达到24亿元（内容服务提供商总收入计），较2010年增长18.8%。电信运营商无线音乐相关收入达到282亿元（包含功能费）。同时，无线音乐用户快速增长，截至2011年底，中国无线音乐用户数接近7亿，在移动用户中渗透率为45.7%，仅次于手机即时通讯、手机搜索和手机新闻阅读。

2011年，我国无线音乐整体市场的发展势头良好，电信运营商继续保持强势地位，移动互联网和应用商店模式激发了一些新的应用，诞生了一批优质的无线音乐服务提供商。区别于其他行业竞争残酷的新生阶段，无线音乐行业并未出现白热化竞争，门槛较高、运营商占主导地位以及碎片化为主要特征的移动互联网用户习惯是导致以上结果的主要原因。

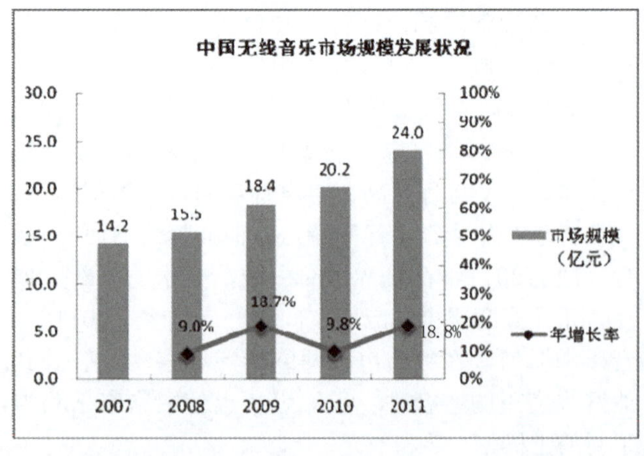

图2　2007～2011年无线音乐市场规模发展状况

二、网络音乐市场存在的问题

虽然我国网络音乐市场整体发展态势良好，但发展中也伴随着一些亟待解决的问题，除了盗版和原创不足这两大问题外，还存在以下问题。

1. 核心商业模式未能突破。以流量换广告的媒体模式依然是主流。2011年，虽然有企业进行付费模式的尝试，向用户进行收费，但均以高级会员服务、VIP服务等形式进行，未能成为主要的盈利模式。并且，由于盈利方式单一和后续资金有限，还存在部分网络音乐企业经营困难的现象。

2. 行业内部沟通机制、定价分配机制有待建立。虽然文化部在2011年对行业各方的共赢发展进行了积极的协调，并促成了“网络音乐行业发展联盟”的建立，但由于行业问题较复杂，目前，版权方和渠道方在结算机制和版权费用方面仍然存在较大分歧，需要进一步建立良好的沟通渠道，完善利益分配机制。

3. 网络音乐缺乏相关行业标准。标准的缺失是影响目前网络音乐市场秩序的另外一个原因。主要表现在3个方面，首先是音乐产品缺少标准，导致正版音乐合作的谈判过程在权利的确认上过度消耗时间。其次，音乐产品信息混乱。内容商提供的产品信息描述方式不一，外文歌曲翻译混乱等导致各平台的产品信息混乱。第三，音乐产品的所属权混乱或版权不清晰，影响了音乐版权的正常使用，扰乱行业秩序。

4. 消费习惯有待培养。由于互联网的特性，网民普遍免费使用网络资源，这一习惯在网络音乐市场中进一步延伸，并且短时间内难以改变。因此，在我国的网络音乐产业中，只要有一家网络音乐运营商提供的产品是免费的，其他的正版音乐运营企业就很难靠产品收费。另外，众所周知的盗版问题，也是消费者拒绝付费消费的源头，这也造成了网络音乐的商业模式单一，盈利困难。

三、2011年网络音乐市场管理工作

2011年，文化部继续按照国务院职能分工，进一步加强对网络音乐市场的管理工作。

1. 进一步加大对网络音乐违法和违规经营行为的打击力度。2011年，文化部公布了3批共300多首未经内容审查或备案的违规网络音乐产品，要求各大网站限期开展自查自纠，进行清理整改。并对逾期未整改、仍在擅自提供违规网络音乐产品服务的54家网络音乐网站进行查处。4月22日，文化部根据

《互联网文化管理暂行规定》相关要求，对百度MP3等14家涉嫌违法的网络音乐网站予以立案。通过对网络音乐违法和违规行为的打击，合法合规的经营行为得到了维护，中国网络音乐市场的经营环境和经营秩序有了较大的改善。

2.加强网络音乐内容审查和备案工作。按照国务院“三定”方针，2011年文化部对网络音乐报审报备系统进行了第三期研发，在功能设置等方面进行调整和完善，更加方便企业报审工作。据统计，全年共审查备案音乐近10万首，截至目前，经文化部备案和审查通过的网络音乐已达21万余首。

3.多种手段推动行业自律和规范工作。在文化部的指导下，由网络音乐运营企业、唱片公司、第三方机构参加的“网络音乐行业发展联盟”于2011年6月份成立。在联盟框架内，网络音乐产业链中内容方、渠道方、运营方等各参与方搁置争议、加强合作，从行业可持续发展的大局出发，共商推进网络音乐市场的自律和健康发展。

4.开展网络文化管理政策和法规培训。为进一步宣传网络音乐市场管理的法规政策，提升网络音乐经营单位自觉依法依规经营理念，促进网络音乐市场健康发展，2011年9月，文化部召开了有近80家网络音乐经营单位负责人参加的网络音乐政策法规培训班，并针对网络音乐联盟企业共同关注的问题进行研讨，共商解决对策。

四、2012年网络音乐市场管理思路

2012年，文化部将按照部门职责，管理和服务并重，面向行业开展网络音乐政策评估，健全内容审查和备案机制，改进和完善网络音乐市场管理政策；创新管理手段，引入技术手段进行日常监管；鼓励创新，重点保护和扶持原创和民族音乐作品；加强对网络音乐行业发展联盟指导，推动行业对话平台和机制建设；开展网络音乐行业标准化制定工作；促进网络音乐与其他业态的融合；继续加大力度整治非法网络音乐网站，维护网络音乐企业和消费者合法权益,为依法经营的网络音乐单位和国产原创网络音乐产品提供健康、有序、良性竞争的市场环境。

五、2012年网络音乐市场发展趋势

展望2012年中国网络音乐市场发展，主要呈现出如下趋势：

1.社交网站将为音乐产业带来新变革。国外网络音乐服务提供商Spotify和潘多拉等音乐网站通过Facebook等社交网站的成功，以及音乐在微博和社区游戏上的应用，已经改变了音乐的传播渠道和服务模式，音乐分享将成为一项社交的重要功能和应用。

2.移动互联网带来创新应用。移动网络环境日趋成熟，多种移动互联终端迅速普及，内置智能操作系统的无线终端更加智能化，各种无线音乐应用层出不穷，这些新应用使得无线音乐成为网络音乐市场中最具增长力的细分领域。移动互联网环境下，用户对于数字音乐的需求和操作习惯有所改变，产生了新的需求，这都有利于网络音乐运营商据此进行创新发展。

3.开放平台改变产业发展模式。开放平台已经成为互联网产业的一个主要方向。据了解，国内电商京东商城计划于2012年下半年推出数字音乐业务,形成完整的数字内容服务平台。中国移动无线音乐基地将开放API接口并提供行业解决方案，开发者可调用12530正版曲库开放API，开发各种音乐类应用。

4.“音乐云”发展值得期待“音乐云”即将用户收藏的音乐内容存储在“云端”，用户可以不受终端限制，随时通过网络享受音乐。目前，谷歌公司和苹果公司都已开通了“音乐云”服务。在国内，多米、酷我、酷狗等音乐服务提供商也已覆盖了手机、PC、音响、电视等多类终端。随着移动终端的广泛普及，无缝隙同步终端使得“音乐云”成为技术趋势，随着移动互联网的成熟和移动终端的普及，“音乐云”所展现众多机会将被日益重视。

5.音乐的相关移动软件和应用开发。2011年，网络音乐消费增长快速，很大的一个因素缘于音乐相关应用在移动网络和应用商店的增长。自2008年苹果公司推出iTunes应用商店后，基于音乐的移动网应用开始发力。随着iOS和安卓平台功能的增强，此类应用服务也不断增多。目前，国内音乐开发商天天动听、多米、酷我等正在进一步向移动网服务发展。

在政府的监督引导下，中国网络音乐市场正在逐步走向成熟，市场正沿着行业自律加强、版权合作逐步规范、原创内容增加、多种技术进一步融合探索等方向发展，网络音乐也必将对音乐产业的发展起到进一步的推动作用。

《2011中国网吧市场年度报告》摘要

一、网吧市场总体概况

根据CNNIC《第29次中国互联网络发展状况统计报告》显示：截至2011年底，中国网民人数已经达

到5.13亿人，全年新增网民5580万人，互联网普及率达38.3%。其中，在网吧上网的网民占网民总数的27.9%，较2010年下降7.8%，首度出现负增长。

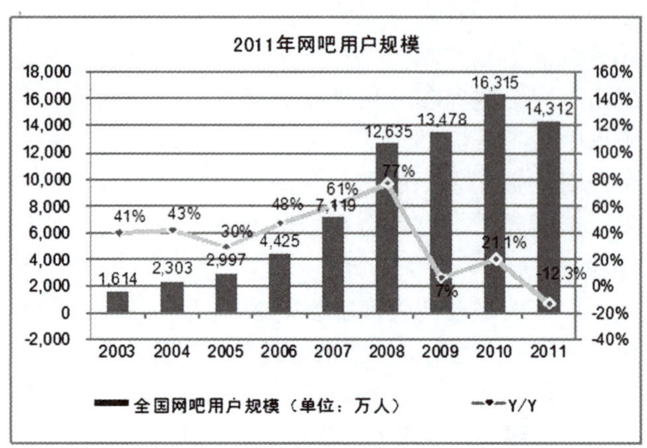

图1　2011年网吧用户规模

2011年，我国网吧总量为14.6万家。由于经营成本增加、用户流失等原因，网吧市场规模同比减少19.7 %，为619.05亿元人民币。

2011年，全国网吧从业人员106.6万名，18～23岁的青年人占比最高，为48.8%；网吧从业人员的整体教育水平较去年有所提高，约六成拥有高中/中专学历、大专学历，本科及以上学历的人群占比提升至19.1%。

2011年，我国网吧市场出现了一系列新的变化：网吧连锁率近40%，连锁直营门店比例略有提高，移动互联网的快速发展强烈冲击网吧市场，网吧行业进入微利时代，单体网吧赢利更加困难，网吧用户向成熟群体扩展。

2011年，网络游戏及网络音乐仍是网吧用户使用率最高的网络应用，使用率分别为85.8%和51.8%。网络视频使用率也出现大幅增长，达35.6%。

二、2011年网吧市场管理回顾

2011年，各地继续把网吧连锁推进工作作为网吧市场管理的头等大事，因地制宜，大胆创新，以连锁促规范，以连锁助管理，以连锁带转型，取得了明显的工作成效。从市场占有率看，目前全国网吧连锁率已近40%，较2011年年初增加了10个百分点；从门店数量看，网吧直营门店数量1万多家，加盟门店数量4.8万多家，直营门店比例略有上升；从连锁企业数量看，经认定的全国网吧连锁企业4家，省级连锁企业232家，区域性连锁企业343家。

各地创新网吧连锁推进模式，摸索出许多连锁推进的新方法、新模式，如多部门联动推进的“江苏模式”、推动网吧联合经营发展的“安徽模式”、整合与整治同步的“辽宁模式”、鼓励网吧连锁管理企业参与网吧管理的“浙江模式”、以内容配送为主导的“四川模式”、将无违规评估指标引入连锁企业管理的“上海模式”，以及将网吧连锁纳入政府考核工作的“成都模式”等。在政府的大力引导和扶持下，网吧连锁企业借助连锁优势，不断拓展业务范围，与咖啡屋、网络游戏、网络教育、电子竞技、影视放映等多行业有机融合，连锁网吧业态不断拓展，推进网吧从单一的上网服务场所向以上网为基础的多元化运用平台方向发展。

三、2012年网吧市场管理思路

为给党的十八大营造良好的网络文化市场环境，2012年的网吧管理工作要按照既定目标，“稳”字当头，以维护网吧市场整体平稳为基调，做好以下几项重点工作：

一要继续完善网吧管理长效机制，规范网吧市场秩序。要在分工负责与齐抓共管、条块结合与以块为主、日常巡查与技术监管、宏观调控与市场机制、行业自律与社会监督相结合的网吧管理长效机制框架下，以打击网吧违规接纳未成年人为中心，以农村及城乡结合部为重点，坚持严管重罚，强化市场退出机制；要积极配合工商、公安等部门，坚决取缔黑网吧，创造优胜劣汰、公平竞争的政策环境和市场环境，保障网吧的合法经营。

二要坚持“政府主导、市场运作”的原则，稳步推进网吧连锁工作。各地要在巩固现有成绩的基础上，进一步深化和推进网吧连锁工作。首先，要从单纯的连锁门店数量增加向连锁实际质量提升转变，着力发展直营连锁。其次，积极与电信、公安、工商、财政等相关部门沟通，出台连锁推进的优惠政策。再次，要坚决打破狭隘的地方保护主义，创造公平公开的市场竞争环境。最后，要鼓励和扶持国有资本发展连锁网吧，充分发挥国有文化企业的示范带动和导向作用，壮大国有文化企业在网络文化市场的竞争力、影响力和辐射力。

三要科学谋划、合理布局，适当向条件成熟的城郊、农村地区倾斜。省级文化行政部门在文化部原核准总量不变的前提下，在综合考虑当地经济发展水平、人口总量与分布、市场需求和监管能力等因素的基础上，可对不同地区、不同区域的数量指标进行适当调整，同时这些指标必须全部用于网吧连锁企业直营门店的布点。在布点过程中，可适当向市场确有需求、执法力量齐备的城郊、农村地区倾斜，填补这些地区网吧市场的空白，为缩小城乡差别、建设社会主义新农村提供文化阵地。

四要加快行业协会建设。目前，全国网吧行业协会的筹建材料已报送民政部，待筹建意见书下达后，便可正式启动该项工作。各地要依托现有行业协会，不断提高网吧企业的自律能力，做到自我管理、自我约束、自我服务，加强行业自律；同时，增强行业凝聚力，积极与上游企业对话、沟通，依法维护网吧业主的合法权益，为行业谋求更大的发展空间。

四、网吧市场发展趋势

1.经济发达地区网吧向综合高端化方向发展。传统网吧提供的娱乐内容主要是通过互联网渠道获取的。如果网吧作为单一的上网服务提供场所，其可替代性较强。在一、二线城市以及经济较为发达的区域，随着家庭电脑的普及、宽带条件的改善以及移动互联网的高速发展，网吧以互联网娱乐内容吸引用户的功能将被弱化。随着这些地区网吧市场逐渐饱和，如何吸引并留住用户，满足用户不断提高的娱乐需求成为亟待解决的问题。我国一、二线城市经济发展水平较高，门店位于市中心或繁华商业区的网吧，其面对的消费群体工资收入及对娱乐质量、内容的要求都较高。为保证客源不流失，这些区域的网吧逐步向集商务休闲、娱乐聚会等功能于一体的高端会所式网吧发展，这种趋势愈加明显。

2.网吧的投资吸引力日渐增强，资本的进入促进网吧行业健康发展。近年来，随着网吧连锁化进程的加快，大量原本在市场上单打独斗的单体网吧逐步加入连锁业态，网吧连锁企业蕴含的渠道价值、规模效应将逐渐凸显。与此同时，在网吧秩序的日益规范、网吧行业形象的日渐改善，以及政府优惠政策的扶持引导等多方面利好因素的共同作用下，网吧行业的投资环境逐步趋好，投资吸引力不断增强。资本的进入，将大大促进网吧行业特别是连锁业态的健康发展。举例来说，网吧连锁直营门店的布点受前期资金投入大、回收周期长、经营成本高等因素的制约，进度一直较为迟缓。若能引进金融资本或上市募集资金，将有力缓解此番矛盾；而直营门店数量的增加，又可直接带动连锁网吧渠道价值的提升，有利于网吧连锁企业真正做大做强。除网吧连锁企业外，网吧周边服务商、软件提供商等也受到了资本的关注。11月，腾讯以1.3亿人民币的价格收购了顺网4%的股份，成为顺网第四大股东。

3.与其他行业加速融合，打造连锁网吧全新赢利模式。网吧作为一个拥有1.4亿用户的消费服务场所，目前所提供的服务大多仅限于为用户提供互联网信息服务这种低附加值的服务，其平台价值尚未被完全挖掘出来。未来网吧将与其他行业相融合，使网吧的平台价值得到最大的发挥。

（1）探索与电子商务的结合。近年来，越来越多的消费者被网络购物的便利和实惠所吸引。然而，由于部分消费者对网络购物流程不熟悉、工作时间无法收货、担忧网络购物的安全等原因使得部分消费者不愿进行网购。2011年，随着电子商务的快速发展和网吧支付安全性能的提升，网吧用户的网购比例有所上升，达13.8%。此外，网吧也在探索为电子商务提供如物流等相关服务，因为网吧作为一个营业时间稳定、随时有人值守的场所，可以充当快递的收发站点的角色。

（2）探索提供便民服务。网吧通常分布在居民区、学校周边、工厂等人群聚居的地段，因此，可以利用自己地理位置的优势开拓服务人群的生活需求，如在网吧内设置便民的电话费、网费、电费等缴费点。地处居民区周边的网吧还可以与居委会合作，利用每天上午机器空置率较高的时间免费为社区老年人提供网络培训，此举在为社区居民提供便利的同时，也有助于提升网吧的社会形象。

4.网吧与上游企业的衔接更趋紧密。

（1）探索线上线下相结合的网民社交娱乐平台。网民的社会性决定了其存在“聚众”消费的倾向。网吧经营者及上游厂商开始探索将网吧的线上服务和线下活动结合起来，搭建一个完整的互动交友娱乐平台。以腾讯“网吧达人”为例，网吧通过申请成为QQ网吧，用户在QQ网吧上网时，通过“网吧达人”就可以享受到网吧内交友、虚拟物品交易等服务。这个平台在基于网吧局域网的基础上提供丰富的交流方式与娱乐内容，并将社交、互动、娱乐等结合起来，与纯粹的网络虚拟社区相比，具有更多的真实性。该平台由网吧服务供应商提供自创内容分享、网吧特权经验加成等特色服务，并且有抽奖、实物兑换等形式丰富的线下活动，在吸引更多用户参与的同时，也增加了单个用户在网吧的消费额度。

（2）建立网页游戏联运平台。2011年，网页游戏联运企业数量呈爆发性增长，一部分网吧连锁企业也加入到网页游戏联运的行列当中。广州阳光网苑创建了“盛网游戏平台”，通过代理神仙道、德州扑克、傲视天地等多款网页游戏，以收入分成的方式增加了网吧营收。现阶段，网络游戏产品同质化严重，游戏推广成本居高不下，通过线上推广运营获得用户的难度越来越大。而网吧与用户直接接触，对于用户特点及需求了解更为深刻；以网吧为基础运营网页游戏，在提升门店客流量的同时，还能带来游戏盈利分成，从多渠道增加网吧收入。

5. 网吧新媒体发展面临两个突破。如何提升在推广过程中的营销价值是网吧新媒体需要首先解决的问题。以网络游戏为例，目前多采用将线上营销、异业合作和线下推广等多种营销相整合的方式进行。作为网络游戏推广的有机组成部分，正处于发展阶段的网吧新媒体，应当对自身角色做出精准定位。若要提升自身的推广价值，获得其应有的市场份额，需要突破两个发展瓶颈，即拥有技术优势及用户数据挖掘能力和以在保证媒体内容质量的基础上提高媒体业务能力。

中国文化年鉴

Almanac Of Chinese Culture

Cultural Industries

文化产业

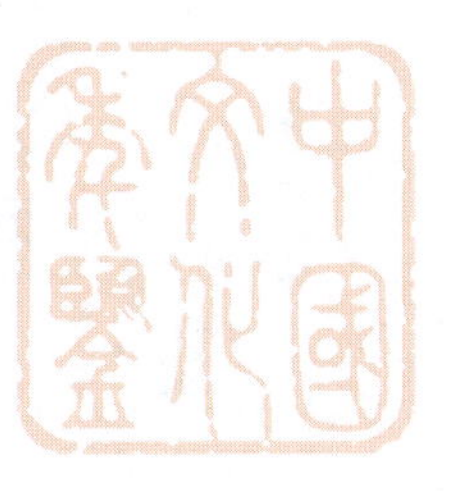

综　述

2011年是“十二五”规划开局之年，也是我国文化产业发展史上又一个里程碑之年。党的十七届六中全会全面部署了深化文化体制改革、推动社会主义文化大发展大繁荣的各项工作，明确要求要推动文化产业跨越式发展，使之成为国民经济支柱性产业。一年来，文化产业工作在党中央、国务院的正确领导下，在各级文化行政部门的积极努力下，以贯彻落实党的十七届六中全会精神为契机，不断开创发展的新局面。全国文化产业蓬勃发展，总体态势良好，为成为国民经济支柱性产业奠定了良好开局。

一、起草编制“十二五”时期文化产业相关规划，协调制定产业政策

在研究分析文化系统各文化产业门类发展现状，就有关政策措施和相关部门对接的基础上，文化部启动编制《文化部“十二五”时期文化产业倍增计划》，明确“十二五”时期我国文化产业发展的指导思想、发展思路、主要任务和保障措施等，计划实现“十二五”时期文化系统文化产业增加值至少翻一番的目标。积极参与国家发改委牵头的《“十二五”现代服务业发展规划》的制订工作，并推动将文化部策划的特色文化产业发展工程纳入到该规划的重大工程之列。多次向全国人大、政协、中办汇报文化产业发展情况。与商务部等部门联合制定发布《服务贸易发展“十二五”规划纲要》。会同扶持动漫产业发展部际联席会议相关成员单位，共同研究制定《“十二五”时期国家动漫产业发展规划》。

紧抓新一轮西部大开发的有利时机，文化部积极争取国家发改委支持，将西部文化产业有关门类纳入《西部地区鼓励类产业目录》，凡目录范围内的文化企业在2020年以前可享受减按15%的税率征收企业所得税、投资总额内进口的自用设备免征关税等相关优惠政策。推动财政等部门出台了《动漫企业进口动漫开发生产用品免征进口税收的暂行规定》，经认定的动漫企业在进口高端设备时免征进口关税及增值税。协调有关部门延续动漫营业税、增值税优惠，首次将动漫版权转让收入予以3%的营业税优惠。形成《文化部关于加快演艺产业发展的指导意见》初稿，并积极沟通国家发改委等有关部门共同探讨支持演艺产业发展的具体政策措施。

二、评选中国文化艺术政府奖首届动漫奖、实施国家动漫精品工程，引导动漫产业加快发展

经积极争取，中央批准在中国文化艺术政府奖中增设动漫奖。这是中央大力整顿压缩各类奖项背景下，继文华奖、创新奖之后文化部的第三个国家级奖项，体现了中央对动漫及文化产业工作的高度重视，也是全国动漫界期盼已久的大事，必将对动漫产业内容引导、结构优化、产业升级起到积极的促进作用。10月，办公室成员文化部会同扶持动漫产业发展部际联席会议相关成员单位组织开展了首届动漫奖和国家动漫精品工程的评选和宣传推介工作，累计共评定奖项30个。并于12月在天津举办首届动漫奖颁奖典礼，同期举办“十一五”至今动漫产业发展成果展、动漫产业高峰论坛等活动。通过评选、宣传、提供资金支持，激发动漫精品力作不断涌现，为扶持和奖励动漫精品的创作、生产、推广和传播，发挥了积极作用。

三、加强文化产业示范园区、基地建设，支持骨干企业发展

加强园区、基地管理引导，严格控制数量，努力提升质量，推动文化产业园区、基地和骨干文化企业健康有序快速发展。开展国家文化产业示范基地影响力评价工作，评选出十大最具影响力国家文化产业示范基地，举办第三批共两家国家级文化产业示范园区和四家试验园区授牌仪式。面向园区、基地征集了一批重大文化科技和文化产业项目，向国家有关部委积极推荐。开展第三批动漫企业认定工作，继续落实相关税收优惠政策。支持中国动漫集团公司起步发展，发挥行业龙头作用。会同北京市、天津市加快建设中国动漫游戏城和国家动漫产业综合示范园，其中由文化部与天津市共建的国家动漫产业综合示范园5月成功举办开园仪式，项目建设取得重大进展。

四、持续推进文化产业投融资工作

配合财政部等部门开展“2011年度中央财政文化产业发展专项资金”的申报和评审工作。全年共为各地约140个文化产业项目提供总计约5亿元的资金扶持。在文化部的争取下，首次将文化企业的保费补贴纳入专项资金支持范围。先后组织召开金融支持文化产业工作座谈会、文化产业财政金融专项协调会，推进文化产业与金融对接。进一步深化部行合作机制，据统计，截止到2011年底，通过部行合作机制完成的重点文化企业信贷项目68个，涉及金额188.91亿元，贷款余额97.32亿元。印发《文化部、中国建设银行关于贯彻落实支持文化产业发展相关工作的通知》。下发《文化部关于推进文化企业境内上市有关工作的通知》，建设“文化企业境内上市资源储备库”，鼓励和推荐符合条件的文化企业上市融资。与保监会共同举办“保险支持文化产业试点工作启动仪式”，发布了第一批试点保险产品和试点保险机构，启动保险支持文化产业试点工作。积极参与国发〔2011〕38号文件和文化部等五部门《关于贯彻落实国务院决定加强文化产权交易和艺术品交易管理的实施意见》的制定，对文化产权交易加以引导和规范。

五、有效搭建文化产业推广展示、交易合作和信息服务等平台

文化部联合相关部委成功举办了第七届中国（深圳）国际文化产业博览交易会、2011中国义乌文化产品交易博览会、第六届中国北京国际文化创意产业博览会、第四届中国东北文化产业博览交易会、第七届中国国际动漫游戏博览会和第29届中国洛阳牡丹文化节等博览会和节庆活动，有效促进了文化产业的交易与合作。本届深圳文博会总成交额突破1200亿元；义乌文博会实现档次、成交额、影响力三提升；第六届北京文博会共签署各类协议总金额786.85亿元人民币，比上届增长65%。中国洛阳牡丹文化节在由文化部首次参与主办后，文化内涵更加丰富，打造特色品牌的潜力进一步增强。实施“中国原创动漫推广计划”，成功组织原创动漫进新疆活动，成为文化援疆工作的一大亮点。举办了“中日动漫节”，分别在东京、北京两地举办了开幕式、论坛等活动，得到了两国高层的高度重视，成为两国动漫产业交流的高端平台。

继续做好全国文化产业项目资源库建设、新增开通动漫产业项目资源库，开发“文化企业金融服务在线办理系统”，改版“文化部文化产业投融资公共服务平台”，文化产业投融资服务的便利化程度进一步增强，公共服务功能进一步体现。建立文化产业信息通讯员制度，加强与全国各地的信息交流，文化产业公共信息服务平台的内容得到明显充实。加强了对现有13个国家级动漫公共技术服务平台的引导和管理，发挥了对中小企业公共技术服务的支持作用。投入运行国家动漫公共信息服务平台，动漫公共素材库建设初具规模。完成文化产业统计指标体系建设课题研究，首次公布经国家统计局批准的动漫产业专项调查结果。

六、加大文化产业人才培养力度、深入开展理论研究工作

举办了全国文化产业处长培训班、第八期西部文化产业经营管理人才培训班、文化产业信息通讯员培训班和5期投融资业务培训班以及3期动漫产业发展高级研修班，累计约850名学员参加培训，取得了良好效果。借助高校优质教育资源优势，与教育部联合启动实施动漫高端人才联合培养实验班计划。推动文化部文化艺术人才中心、中国动漫集团共同实施“动漫产业人才标准化建设项目”。总结2010年度文化产业课题完成情况，将2011年文化产业课题纳入国家社科基金艺术学项目和文化部部级课题评审范围。出版《国家文化产业课题研究报告（2010年度）》、《中国动画史研究》等多项研究成果。

专　题

保险支持文化产业试点工作启动

1月10日，文化部与保监会在京联合举行“保险支持文化产业试点工作启动仪式”，同时公布了第一批11个文化产业保险试点险种以及中国人民财产保险股份有限公司、中国太平洋财产保险股份有限公司和中国出口信用保险公司3家首批试点保险公司。

第一批文化产业保险试点险种包括：演艺活动财产保险、演艺活动公众责任保险、演艺活动取消保险、演艺人员意外和健康保险、展览会综合责任保险、艺术品综合保险、动漫游戏企业关键人员意外和健康保险、动漫游戏企业关键人员无法从业保险、文化企业信用保证保险、文化企业知识产权侵权保险、文化活动公共安全综合保险。

文化部副部长欧阳坚、保监会主席助理袁力代表双方致辞，并与中宣部体改办高书生副主任等一起为中国人民财产保险股份有限公司、中国太平洋财产保险股份有限公司和中国出口信用保险公司等3家首批试点保险公司颁发证书。

2010年12月29日，文化部、保监会联合发布了《关于保险业支持文化产业发展有关工作的通知》(保监发〔2010〕109号)。该《通知》是保险业支持文化产业的首个专门文件，对保险业支持和服务文化产业发展工作进行了全面部署。

文化部副部长欧阳坚在致辞中表示，“十二五”期间要推动文化产业成为国民经济支柱性产业，必须建立健全文化产业投融资体系，解决文化企业投融资难题。3月，文化部积极联合中宣部、中国人民银行、财政部、保监会等九部门共同出台了《关于金融支持文化产业振兴和发展繁荣的指导意见》。一年来，文化部通过深化金融机构合作，扩大银行信贷支持规模；充分运用财政激励手段，落实贷款贴息政策；开通信息化合作渠道，搭建公共服务平台；推动文化产权交易，完善文化要素市场；启动“文化产业金融工作人才培养工程”，加大专业人才队伍建设等多个方面的工作，逐项落实九部门文件精神。保险业对文化产业的支持，更是建立健全多渠道、多层次的文化产业投融资体系不可或缺的环节。

7月28日，人保财险文化产业保险迈出实质性的一步，其所属的北京市分公司商务中心区营业部与中诚信托有限责任公司签署保险协议，为中诚信托旗下拥有、保管的艺术品，提供从馆藏、展览到运输各个环节的艺术品综合保险保障，涵盖艺术品因盗窃、火灾、自然灾害等各种风险导致的损失风险，确保该艺术品收藏与买卖活动的顺利进行，保额高达1.2亿元，这也成为了国内文化产业保险第一单。除此之外，人保财险还在业内率先推出艺术品综合保险、文化活动公共安全综合保险、演艺活动财产保险、演艺活动公共责任保险、演艺人员意外和健康保险、动漫游戏企业关键人员意外和健康保险等首批文化产业专属产品。其中，艺术品综合保险填补了国内艺术品保险市场长期以来的巨大空白。

国家级文化产业博览会再创佳绩

2011年，由文化部联合国家相关部委和地方政府共同举办的各类文化产业博览会相继在各地成功举办。展会的规模、成交量、专业化水平、国家化程度等各项指标均刷新历史纪录，为促进我国文化资源开发、产品交易、信息交流、项目合作发挥了积极作用。

本届深圳文博会总成交额突破1200亿元的目标，达1246.85亿元，比上一届增加158.29亿元，增长14.54%。主展馆的龙头企业参展比例达56%，比上届提升5个百分点，文化产业核心层占主导地位，参展率达92%。参观人数达389.46万人次，为历届最高。非物质文化遗产馆的增设成为本届文博会的新亮点，整个场馆面积7500平方米，以“传承、技艺、产品、保护”为主题，重点展示国家级、省级非物质文化遗产项目。共有来自青海的唐卡、江西的瓷版画、江苏的苏绣等208个全国最具代表性的项目参展。

4月23日，由文化部和浙江省人民政府共同主办的2011中国义乌文化产品交易博览会于在义乌国际博览中心圆满落幕。本次展会注重邀请专业采购商参会，实现经贸成交额40.62亿元，同比增长44.71%，大单、长单明显增多。外贸采购形势喜人，成交额24.89亿元，同比增长47.28%，占总成交额的61.28%。展会继续坚持走市场化、专业化、国际化道路，实现了档次、成交额、影响力三提升。

第四届东北文博会展示、展览面积15万平方米，展位数达6500个，推出文化产业项目280余项，签约额突破300亿元，参展商及观众突破200万人次，其中盘锦志高动漫产业园（100亿元）、沈北国御温泉度假小镇（50亿元）等大型项目现场签约。

11月9日至13日，第六届中国北京国际文化创意产业博览会在北京成功举办。共签署各类协议总金额786.85亿元人民币，比上届增长65%。中国原创内容文化产品成交大幅增加；园区、集聚区投资项目规模大，产业集聚和带动性强；文化、科技、创意融合的新业态项目多；银企合作投资内容产业的项目多成为本届北京文博会的四大特点。

在文化部、上海市人民政府共同主办的第七届中国国际动漫游戏博览会上，来自海内外的280余家动漫游戏知名企业参展，超过35万人次观众参观，达成交易额8.1亿元，意向交易额34.9亿元。其中海外展商参展面积占总面积的37%，基本达到了国际知名会展的海外参展标准。除中国国家馆主会场外，还在上海及苏州设立5个分会场，形成了巨大的规模效应。近70%的参展商都设置了100平方米以上特装展台。

首个国家动漫产业综合示范园开园

5月27日，坐落于中新天津生态城的国家动漫产业综合示范园开园，标志着历时两年，文化部与天津市合作的这一重大文化产业战略项目取得重大进展。中共中央政治局委员、天津市委书记张高丽，文化部党组书记、部长蔡武，天津市人大常委会主任肖怀远等出席开园仪式。

2009年3月，文化部和天津市签署《文化发展战略合作框架协议书》，天津国家动漫产业综合示范园项目纳入其中，成为部市文化产业发展重点战略合作项目。该示范园区总投资45亿元，规划建设面积77万平方米，旨在建设成为“国家级、高起点、国际性、规模化、集约化、开发式”动漫产业综合示范园区，重点打造“技术研发、产业培育、服务平台、展示交易、人才培训、国际交流”六方面服务功能。两年来，在中央财政的支持下，文化部重点支持了动漫园建设全国领先、世界一流的国家级、高水平动漫产业公共技术服务平台，帮助其发挥降低成本、服务企业、产业集聚、推动发展的功能。截止开园，一期工程30万平方米已建成，主要包括产业用房、技术研发服务平台和交流展示中心，二期工程已相继开工，动漫园整体将于2012年全部建成。

天津国家动漫产业综合示范园在建设过程中，坚持边建设、边招商，全力引进龙头企业和大项目、好项目，园区已经发挥出“启动器”的聚集作用，吸引了一大批具有领先水平的专业团队进驻，180余家企业在园区注册入驻，形成了区域开发、产业配套、项目引进同步推动的良好局面。特别是在中央财政的支持下，动漫园建设了高端的动漫产业公共技术服务平台，并在与超算系统的结合上迈出了开拓性的步伐，成立了超级渲染中心，试验阶段已经能够将动漫后期渲染时间由一年缩短为一个月。

金融支持文化产业工作座谈会、文化产业财政金融专项协调会召开

7月，文化部文化产业司联合中国人民银行、银监会、证监会、保监会等金融主管单位有关部门在大连召开了“金融支持文化产业座谈会”，全面总结九部委文件出台一年以来，金融支持文化产业工作的进展。来自各银行机构、保险机构、投资机构、知名文化企业的代表与会，共同总结成绩、讨论问题、研讨政策诉求。

10月，文化部文化产业司、中央文资办、商务部服务贸易和商贸服务业司在杭州联合召开了“文化产业财政金融专项协调会”，全面总结近年来财政金融支持文化产业发展的成果，部署财政支持文化产业发展的新举措，推动重点文化企业与金融机构全面对接。

以上两个会议通过创造渠道、搭建平台，为充分调动各类社会资源进入文化产业发挥了积极作用。相关政府主管部门进一步明晰了文化产业投融资政策体系的建设思路，加大了财政资金支持文化产业发展的力度，有效推动了金融机构与文化企业的全面对接，大大加快了多元化、多层次、多渠道的文化产业投融资体系的建设步伐。

推动出台《动漫企业进口动漫开发生产用品免征进口税收的暂行规定》

5月，在文化部的积极推动下，经文化部会签，由财政部、国家税务总局、海关总署联合发布了《动漫企业进口动漫开发生产用品免征进口税收的暂行规定》，对处于发展初期的我国动漫企业进口相关动漫开发生产设备用品给予了有利的扶持，对经文化部、财政部、国家税务总局认定的动漫企业进口动漫开发生产用品，实施免征进口税收政策，免税税种包括进口关税及进口环节增值税。这是文化产业领域首次获得减免进口税收的优惠政策。

8月9日，文化部转发了财政部、海关总署、国家税务总局《关于印发<动漫企业进口动漫开发生产用品免征进口税收的暂行规定>的通知》（以下简称《通知》），启动全国动漫企业进口动漫开发生产用品免征进口税资格认定工作。

《通知》指出，经国务院有关部门认定的动漫企业自主开发、生产动漫直接产品，确需进口的商品可享受免征进口关税及进口环节增值税政策。《通知》中《动漫企业免税进口动漫开发生产用品清单》列明了二维无纸动画软件与设备、三维建模动画软件、运动捕捉设备、集群渲染软件与管理系统等13类、20种动漫开发生产用品。经认定获免税资格的动漫企业，可向主管海关申请，对清单所列范围内商品免缴进口关税和进口环节增值税。全国动漫企业进口动漫开发生产用品免征进口税收优惠政策有效期限为2011年1月1日至2015年12月31日。

通知发出后，引起了动漫业和文化产业界人士广泛关注和讨论。有文化产业界专家认为，政策的出台是从税收优惠角度，支持动漫等文化产业门类

发展的积极探索。动漫业内人士普遍认为，该利好政策有助于减轻动漫企业税负，降低动漫制作成本，增强企业盈利能力和自主创新能力，对我国动漫产业持续快速健康发展意义重大。

“原创动漫边疆推广计划”助推边疆动漫产业发展

9月，由文化部主办的“原创动漫边疆推广计划”动漫进新疆项目在乌鲁木齐七坊街文化产业聚集区启动，这是内地动漫首次大规模走进新疆，作为文化援疆工作的一次新探索，得到了当地政府的高度重视和支持，受到了新疆各界的广泛欢迎和好评。

作为“原创动漫边疆推广计划”的重点和首届中国—亚欧博览会的文化项目之一，此次动漫进新疆活动包括中国优秀原创动漫作品捐赠、画展、动漫名家讲座、互动体验、新疆动漫主题创作等系列活动，通过多种形式的推广活动给新疆各族群众带来一场动漫盛宴，通过动漫等新形式、新载体推动文化援疆工作开辟新领域。此次展出的《阿凡提》、《江格尔》等脍炙人口的民族民间题材动漫，唤起了老一辈的美好回忆；内地动漫名家新作则受到了孩子们的热烈追捧。动漫以其新颖独特的艺术语言，拉近了各族孩子的距离，活动现场汉族、维吾尔族、哈萨克族、乌孜别克族、回族、蒙古族等各族小朋友在一起，陶醉在动漫带给他们的欢乐中，在幼小的心灵中播撒了友谊、和谐的种子，对促进民族团结社会稳定，推动边疆文化建设具有积极的意义。

西部地区文化产业发展基础相对薄弱，面临着资金短缺、人才不足等长期困扰的问题。随着西部大开发的逐渐深入，对西部地区的政策支持和资金投入也在不断加大。在此基础上，文化部结合西部地区的特点和文化产业发展的实际情况，辅以项目带动的方式，通过项目加深业内交流，锻炼团队，以点带面，推动西部地区文化产业发展。2009年，文化部启动了“原创动漫边疆推广计划”动漫进西藏项目，在拉萨和日喀则地区举办了动漫图书报刊和音像制品的捐赠活动，反响良好，还支持青海、内蒙古、宁夏等地开展了相应活动，至今累计投入400万元，捐赠动漫书刊音像产品近20万册。青海省在“原创动漫边疆推广计划”支持下，专门成立了事业单位“民族语动漫译制中心”。

第八期西部文化产业经营管理人才培训班成功举办

为加强西部文化产业人才培养，推动西部文化产业加快发展，由文化部文化产业司和云南省文化厅共同主办、云南省保山市文广局承办的第八期西部文化产业经营管理人才培训班，9月20日在云南省保山市腾冲县顺利开班。

来自青海、内蒙古、广西、重庆、四川、贵州、云南、西藏、陕西、甘肃、宁夏、新疆等12个省(区、市)的文化行政管理部门负责人、文化产业经营管理者和青海省国家级、省级文化产业示范基地(园区、单位)的负责人共90余人参加了此次培训。文化部文化产业司司长刘玉珠、云南省文化厅党组书记、厅长黄峻出席开班仪式。

培训班以专家授课和实地考察相结合的方式进行。本次培训班结合西部地区文化产业发展的需要和人才队伍的现状，进一步增强了培训的针对性和可操作性。来自国家发改委西部开发司、北京大学文化产业研究院等部门的专家开展了“国家西部大开发政策解读”、“文化产业现状、热点问题和政策”，“文化产业发展前沿问题与模式”等专题的培训；中国保利文化、北京综艺博览文化交流公司、青海省工艺美术厂等优秀文化企业就自身发展经验与学员进行了充分交流。授课结束后，学员们还考察了腾冲“文化惠民示范村”大村、和顺古镇等文化产业项目，以此加大对西部文化产业发展实践的认识。

西部文化产业经营管理人才培训班是文化部为贯彻西部大开发战略，解决西部地区文化产业人才缺乏的重要举措。自2004年在新疆举办首届“西部地区文化产业经营管理人才培训班”以来，已举办过七期，来自西部12个省、自治区、直辖市从事文化产业管理工作的超过1000多名学员参加了培训，对提升西部文化产业人才队伍质量起到了重要的作用。

国家文化产业示范基地影响力评价工作顺利开展

11月23日上午，文化部在北京举行2011年度国家文化产业示范基地影响力评价结果发布会，文化部党组成员、副部长励小捷向2011年度十大最具影响力国家文化产业示范基地代表颁牌并发表讲话。文化部文化产业司司长刘玉珠介绍了2011年度国家文化产业示范基地影响力评价工作的相关情况，文化部办公厅副巡视员陈向红主持发布会。

北京数字娱乐产业示范基地、保利文化集团股份有限公司、中国对外文化集团公司、华侨城集团公司、杭州宋城旅游发展股份有限公司、拓维信息系统股份有限公司、上海盛大网络发展有限公司、深圳华强文化科技集团股份有限公司、浙江中南卡通股份有限公司和云南柏联和顺旅游文化发展有限公司等10家企业入选2011年度十大最具影响力国家文化产业示范基地。

为培育市场主体，增强微观活力，发挥骨干文化企业的示范、窗口和辐射作用，截至2011年底，文化部先后命名了4批204家国家文化产业示范基地、3批6家国家级文化产业示范园区和首批4家国家级文化产业试验园区。据测算，2010年，国家级文化产业示范基地和园区总收入规模达到了2500亿元，总利润超过365亿元。国家级文化产业示范基地、园区已发展成为文化产业的重要载体，催生出一批有较强实力、竞争力、影响力和自主创新能力的大型文化企业和企业集团，为全国文化产业的发展树立了标杆、做出了示范。

为激励国家文化产业示范基地开拓创新、奋发向上、力争一流、加快发展，更好地发挥引领、示范、带动作用，文化部自9月起开展“国家文化产业示范基地影响力评价”工作。本次评价工作以“鼓励文化内容创新、兼顾社会效益和经济效益、行业内领先示范和统筹考虑行业间和地区间平衡”为原则，从文化内容创新、社会效益和经济效益3个方面，综合各项定量指标和专家定性指标进行评价。在各省、自治区、直辖市文化厅（局）的积极组织和各示范基地的踊跃参与下，最终遴选出了“2011年度十大最具影响力国家文化产业示范基地”。

在发布会上，励小捷向荣获2011年度十大最具影响力国家文化产业示范基地的单位表示热烈的祝贺。他指出，今后，文化部和各级文化主管部门将继续加强对文化产业示范基地的引导、管理、扶持和服务，重点做好四方面工作：一是加强管理，不断提高示范基地的质量和水平。二是加强政策支持，扶持示范基地进一步做强做大。三是加强人才培养，为示范基地提供人才支撑。四是促进文化与科技融合，为示范基地提供技术支撑。

中国文化艺术政府奖首届动漫奖颁奖活动助推中国动漫产业提升与跨越

12月27日，由文化部与天津市人民政府等共同主办的中国文化艺术政府奖首届动漫奖颁奖系列活动在天津举行。期间举办了颁奖典礼、高峰论坛和动漫产业发展成果展览等系列主题活动，围绕助推中国动漫产业提升与跨越、加快我国从动漫大国向动漫强国进军探讨交流、建言献策，推动“十二五”时期动漫产业发展开好局、起好步。

首届动漫奖共有12个大类的30个获奖项目、102个入围项目，包括动漫创作者或团队、动漫形象、动漫品牌、动漫技术成果等奖项，涵盖动漫产业链各环节。漫画《三国演义》、《张小盒》，动画《喜羊羊与灰太狼》、《马兰花》、《兔侠传奇》以及“虹猫蓝兔”、“美猴王”等一批优秀动漫作品和知名动漫品牌获奖，获奖及入围单位覆盖北京、天津、上海、广东、浙江、湖南等19个省市，代表了我国动漫产业发展的最高水平，反映了我国动漫产业结构和分布。

动漫奖颁奖期间，在中新天津生态城国家动漫产业综合示范园内举办了“十一五”以来中国动漫产业发展成果展，从政策导向、地方成绩、动画、漫画、新媒体动漫、动漫教育、动漫社会应用等方面，全方位、多角度、立体化、互动式地展示了“十一五”以来我国动漫产业发展的丰硕成果。千余幅图片、万余件展品，令观众目不暇接，给人们留下了深刻的印象，被认为是一次“成功、精彩、难忘”的特色展览。期间还举办了“中国动漫的提升与跨越高峰论坛”，围绕当前我国动漫产业发展面临的机遇挑战、国产动漫如何提升与跨越、新媒体时代动漫产业新探索等进行了广泛和深入地探讨交流，为新时期中国动漫产业发展建言献策。

首届动漫奖系列活动的成功举办，使社会各界对我国动漫产业发展成绩、未来趋势、现实问题等有了更加深刻的认识，从而为扶持和推动我国动漫产业发展奠定了坚实的社会基础，为实现动漫产业内容、品质的提升和整个产业的跨越式发展凝聚起更加强大的社会力量。

文　件

文化部关于命名国家级文化产业试验园区的决定

文产发〔2011〕8号

各省、自治区、直辖市文化厅（局），新疆生产建设兵团文化广播电视局：

为进一步深入贯彻党的十七届五中全会精神，认真落实《文化产业振兴规划》，加快区域性特色文化产业群建设，提高文化产业的规模化、集约化、专业化水平，优化文化产业布局，培育区域经济新的增长点，按照《国家级文化产业示范园区管理办法（试行）》的有关规定，文化部决定命名广东省广州北岸文化码头、黑龙江省黑龙江（大庆）文化创意产业园、湖南省长沙天心文化产业园区、河北省中国曲阳雕塑文化产业园为国家级文化产业试验园区。

本次命名的国家级文化产业试验园区，都是由当地党委和政府立足本地文化资源，统一规划、统筹建设，目标定位清晰明确，发展规划明确可行，产业门类层次分明，发展重点突出，政策措施到位，有很好的发展潜力和前景，符合当地文化产业发展实际，且已经具备一定规模，为促进当地经济和社会全面协调可持续发展作出了积极贡献，在全国文化产业领域具有良好的试验和示范意义。

希望被命名的国家级文化产业试验园区牢固树立社会责任感，珍惜荣誉，再接再厉，先行先试，创新发展，抓紧实施园区发展规划，迅速发展壮大，完善园区运营管理，增强园区集聚效应，把握产业未来发展方向，生产和提供更多更好适应人民群众需要的文化产品和服务，为繁荣社会主义文化、满足人民群众日益增长的精神文化需求、加快经济发展方式转变、推动文化产业成为国民经济支柱性产业作出新的更大贡献！

特此决定。

文化部

2011年2月16日

文化部关于命名第三批国家级文化产业示范园区的决定

文产发〔2011〕9号

各省、自治区、直辖市文化厅（局），新疆生产建设兵团文化广播电视局：

在党的十七大关于大力发展文化产业的精神指引下，在国家文化产业政策和文化体制改革的有力推动下，我国文化产业发展迅速，培育扶持、发展壮大了一批社会效益与经济效益突出、产业集聚效应明显和特色鲜明的文化产业园区，充分显现了产业园区的规模效应和孵化功能，为全国文化产业的发展树立了典型，作出了示范，进一步提高了我国文化产业的整体发展水平。

为进一步深入贯彻党的十七届五中全会精神，认真落实《文化产业振兴规划》，加快区域性特色文化产业群建设，提高文化产业的规模化、集约化、专业化水平，按照《国家级文化产业示范园区管理办法（试行）》的规定，文化部决定命名河南省开封宋都古城文化产业园区和上海市张江文化产业园区为第三批国家级文化产业示范园区。

近年来，开封宋都古城文化产业园区和张江文化产业园区在当地党委和政府的领导下，把园区建设纳入本地经济社会发展的整体规划，充分发挥了特色突出、品牌打造、资源整合、企业集聚等优势，以主导产业为龙头，带动关联产业迅速发展，为推动文化产业又好又快发展，促进国民经济和社会全面协调可持续发展作出了积极贡献，在全国文化产业领域具有较好的引领和示范作用。

希望开封宋都古城文化产业园区和张江文化产业园区牢固树立社会责任感，珍惜荣誉，再接再厉，充分发挥引领、示范、集聚和辐射作用，进一步提高园区的整体管理和运营水平，不断增强创造力和竞争力，扩大社会影响力，生产和提供更多更好适应人民群众需要的文化产品和服务，为繁荣社会主义文化、满足人民群众日益增长的精神文化需求、加快经济发展方式转变、推动文化产业成为国民经济支柱性产业作出新的更大贡献！

希望各地文化行政部门结合本地实际，统筹规划，科学发展，创新文化产业发展模式，加强对文化产业园区的规划、引导和管理，充分发挥文化产业园区和区域性特色文化产业群的功能和效应，为推动文化产业成为国民经济支柱性产业、实现“十二五”时期文化产业又好又快发展作出应有的努力。

特此决定。

文化部

2011年2月16日

文化部关于推进文化企业境内上市有关工作的通知

文产函〔2011〕440号

各省、自治区、直辖市文化厅（局），各计划单列市文化局：

为贯彻落实“十二五”文化发展规划和《文化产业振兴规划》，以及《关于金融支持文化产业振兴和发展繁荣的指导意见》精神，充分利用资本市场进一步拓宽文化产业投融资渠道，加快文化企业境内上市融资步伐，鼓励、扶持和引导一批成长性好、发展潜力大的优秀文化企业通过上市做大、做优、做强，不断提升我国文化产业的竞争力，促进文化产业又好又快发展，现通知如下：

一、切实转变观念，提高对文化企业上市融资重要性的认识

目前，文化企业的融资方式仍以银行信贷等间接融资为主。各级文化行政部门要充分认识借助资本市场发展文化产业的重要性，积极转变管理方式和服务方式，鼓励文化企业探索利用多层次、多渠道的融资手段，引导有条件的优质文化企业通过公开发行股票直接融资，进一步完善文化市场主体。

证券市场作为金融市场的重要组成部分，具有资金融通、价格发现、资源配置等功能。文化企业上市将募集到充足资金，提高自身信用状况，并获得长期稳定的融资和再融资渠道，形成良性的资金循环，有利于企业持续发展。同时，上市对提升企业管理水平、发展前景、企业形象和信誉，扩大市场影响力，促进文化企业建立现代企业制度，完善公司治理机制，吸引优秀人才，增强企业的发展后劲等方面有着重要的推动作用。

二、主动开展工作，储备企业资源

各级文化行政部门应加强与本地区文化企业的联系，对企业情况进行认真摸底，并建立文化企业境内上市资源储备库。根据文化企业上市进程，将上市资源储备库中的文化企业分为3类。一是已进行股改，与保荐、财务、评估、律师等中介机构正式签订合作协议并进入实质性操作阶段的拟上市文化企业；二是已设立股份有限公司并与中介机构签订改制辅导协议的上市培育文化企业；三是基本符合上市要求，且在近3年内有运作上市设想及初步方案的上市后备文化企业。各地文化行政部门应在2011年4月30日前初步建立文化企业境内上市资源储备库（企业信息表样见附件），将有关情况报送文化部，并根据当地文化企业发展实际情况及时进行更新和充实，实现各级上市资源储备库信息联动。

三、强化扶持引导，实施跟踪服务

各级文化行政部门要增强服务意识，主动联系证券、经济、法律、工商等有关部门，依托各类中介服务机构和行业协会，开展广泛宣传和引导，调动企业上市融资积极性。认真梳理本地区扶持企业上市的各项政策，协调有关部门，帮助文化企业尤其是转企改制企业用足、用好各项促进企业发展的优惠措施。对上市资源储备库中文化企业给予重点指导，开展资本市场知识培训及上市政策辅导，推荐和支持实力强、信誉好的中介服务机构为其提供上市服务，为文化企业规范和发展创造有利条件，尽快形成“储备一批、培育一批、申报一批、发行一批”的梯次推进格局。

四、建立推荐机制，助推企业上市

对于演艺、动漫、文化娱乐、游戏、文化会展、文化旅游、艺术品和工艺美术、艺术创意和设计、网络文化内容提供服务等文化行政部门主管行业的文化企业，如已进入实质性操作阶段，各地文化行政部门要在文化企业向证监会报送申请之前20个工作日，向文化部专文推荐。推荐材料内容包括文化企业的基本信息、发展情况、改制情况、股权结构、股东性质、拟上市板块、募资投向等。文化部将根据国家有关政策和文化产业重点支持方向进行审核，提出主管部门意见，并请有关部门和中介服务机构对重点推荐企业进行针对性辅导和跟踪帮扶，推动文化企业早日进入上市发展轨道。

由于文化企业上市是一项全新的工作，工作难度大，复杂性和挑战性强，需要各级文化行政部门、文化企业和证券主管部门共同努力才能有实质性推进。文化产业司将加强与各方的指导和沟通联系，及时解决存在的问题，推进文化企业上市融资，促进文化产业快速发展。

文化部文化产业司联系人：许蓉、辜科伟

联系电话：010-59881877

传真：010-59881793

电子邮箱：chanyesi@hotmail.com

特此通知。

附件：文化企业境内上市资源储备库信息表

文化部

2011年4月12日

文化企业境内上市资源储备库信息表

<table>
<tr><td>公司名称</td><td colspan="2"></td><td>法定代表人</td><td></td></tr>
<tr><td>地　址</td><td colspan="2"></td><td>邮编</td><td></td></tr>
<tr><td rowspan="3">联系人</td><td>姓名</td><td></td><td>职务</td><td></td></tr>
<tr><td>手机</td><td></td><td>电话</td><td></td></tr>
<tr><td>电邮</td><td></td><td>传真</td><td></td></tr>
<tr><td>注册资本</td><td colspan="2"></td><td>企业性质</td><td></td></tr>
<tr><td>主营业务</td><td colspan="4"></td></tr>
<tr><td>上市进度</td><td colspan="4">□ 拟上市文化企业　□ 上市培育文化企业　□ 上市后备文化企业</td></tr>
<tr><td>发展概况</td><td colspan="4">（企业目前经营业绩情况、具有竞争优势的产品及服务简述等）</td></tr>
<tr><td>发展沿革</td><td colspan="4">（企业及其前身成立时间、分子公司设立情况、股权变更、重大资产重组等）</td></tr>
<tr><td>发展规划</td><td colspan="4">（企业今后3-5年的发展目标及主要设想，企业上市计划及筹备实施情况）</td></tr>
<tr><td>其他信息</td><td colspan="4">（企业认为必要的其他信息）</td></tr>
</table>

进入实质性操作阶段的拟上市文化企业，须填写以下内容：

<table>
<tr><td>保荐机构</td><td></td><td>拟上市板块</td><td></td></tr>
<tr><td>股权信息</td><td colspan="3">（主要股东名称及持股比例、控股股东经济属性、实际控制人等）</td></tr>
<tr><td>募集资金投向</td><td colspan="3"></td></tr>
</table>

注：该表供建立文化企业上市资源储备库参考。各地文化部门可根据当地实际情况在该表基础上增加信息内容。表格可自制、复制，并鼓励开展信息电子化管理。

请各地文化部门于2011年4月15日前，将纳入上市资源储备库的文化企业信息填入该表并加盖公章（一企业一表）快递至文化部文化产业司。

文化部 中国建设银行关于贯彻落实支持文化产业发展相关工作的通知

文产发〔2011〕28号

各省、自治区、直辖市文化厅（局），新疆生产建设兵团文化广播电视局，各计划单列市文化局；中国建设银行各省、自治区、直辖市分行，总行直属分行，苏州、三峡分行：

为贯彻落实《国民经济和社会发展第十二个五年规划》关于推动文化产业成为国民经济支柱性产业的相关要求，建立健全多层次、多渠道、多元化的文化产业投融资体系，推进文化体制改革创新和产业结构调整升级，文化部与中国建设银行将在文化产业领域开展深入合作，将对方作为最重要的战略合作伙伴。

文化部作为政府文化行政部门，在现有部行合作机制框架下，将大力支持中国建设银行为文化企业提供金融服务，在政策保障和重点文化项目金融业务的协调等方面给予支持与协助。中国建设银行作为中国大型国有控股商业银行，将在遵循国家法律法规、金融政策和市场化原则的前提下，在符合中国建设银行信贷政策和内部规章制度的范围内，通过建设银行“民本通达”的第五品牌——“文化悦民”综合服务方案，为文化部及其直属单位、地方各级文化行政部门、国内优质文化企业提供全方位、优质和高效的金融服务。

一、支持对象和范围

文化部与中国建设银行将在以下领域择优支持文化企业的发展，为文化产业发展提供金融服务，包括但不限于：

1．文化部支持的文化体制改革过程中转企改制的文化企业及其产业项目。

2．文化部命名的国家级文化产业示范园区和试验园区、国家文化产业示范基地及其产业项目。

3．列入商务部、文化部等4部委公告的《国家文化出口重点企业目录》和《国家文化出口重点项目目录》的重点出口企业和项目。

4．符合《文化部文化产业投资指导目录》鼓励类条件的优质文化企业和项目。

5．符合《文化部关于加快文化产业发展的指导意见》所强调的发展重点要求，即涉及演艺业、动漫业、文化娱乐业、游戏业、文化会展业、文化旅游业、艺术品和工艺美术、艺术创意和设计、网络文化、文化产品数字制作与相关服务等十大门类的优质文化企业和项目。

6．符合商务部、文化部等部门共同制订的《文化产品和服务出口指导目录》条件，并经文化系统组织推荐的优质文化出口企业和项目。

7．通过“文化部文化产业投融资公共服务平台”申报的，以及在文化部重点支持的文化产权交易平台上交易的重点文化项目。

二、提供金融服务

中国建设银行将在法律法规和本行规章制度允许的范围内，扩展服务领域，通过建设银行“文化悦民”综合服务方案，积极向上述支持对象提供全面的金融创新产品和服务，包括但不限于：

1．依托文化部政策和资源优势，通过提供并购贷款等产品服务优先支持文化企业重组并购和文化体制改革，支持重点文化企业做强做大。

2.充分发挥建行投行业务及产品优势，通过财务顾问、引入战略投资者，发行理财产品、短期融资券、产业基金、信托投资等产品，为文化企业量身提供个性化服务，解决文化部重点支持企业的融资问题，提高企业市场竞争能力。

3.充分调动建行境内外分支机构的联动效用，在结算、融资、境内外上市等方面支持文化部重点扶持的优质文化企业“走出去”，为企业提供全方位国际化的金融服务。

4.充分利用建行的合作伙伴平台，借助信托公司、金融租赁公司等非银行金融机构相关产品，通过信托计划等产品的合作，为文化部重点支持企业提供融资解决方案，满足文化企业发展中的资金需求。

5．对优质文化企业建设类融资项目要综合运用流动资金贷款和中长期贷款、贸易融资、供应链融资和融资租赁等结构化融资工具，满足文化企业业务发展需求；对产权交易类融资项目，充分与文化部重点支持的产权交易机构合作，促成交易进行。

6.与文化部及各级文化行政部门协同，在文化部支持的文化行业领域，做好中小文化企业的运作特点研究，提供针对中小文化企业的专业化金融服务，在管理模式、信贷流程、产品创新、服务价格等方面采取不同于大企业的金融服务模式，满足中小文化企业快速发展的资金需求。

7．充分发挥建行自身网点、网络和科技优势，向文化部支持的优质文化企业提供公司理财、信用增级、代发工资、电子银行、银行卡及现金管理等服务，通过各种方式扩大文化企业知名度。

8．根据文化部进一步加强文化企业体制改革的方案导向，配合文化企业建立企业年金制度，通过建行专业年金团队的服务及时向转制文化企业提供包括受托管理或受托顾问、账户管理、基金托管在内的企业年金基金管理服务。

9．积极配合文化部及文化系统开展各项创新性工作，参与文化系统组织的文化企业融资专项对接、金融培训活动等，协助规范文化企业财务制度，提供金融产品、产权交易、贷款担保、产业政策、企业诊断等方面的信息咨询。

10．加强与政策性银行合作，共同服务文化产业发展。发挥中国建设银行作为国有控股大型商业银行的多方面优势，探索商业银行与政策性银行在文化领域合作的新模式、新业务，通过商业金融与政策性金融的优势互补，共同为我国文化产业发展提供全方位、深层次、高质量金融服务。

三、开展全面合作

文化部及各级文化行政部门将全力支持中国建设银行及其分支机构参与文化产业发展，包括但不限于：

1．文化行政部门向中国建设银行及其分行和子公司推荐有金融需求的重点文化企业和文化项目。

2．发挥政府统筹协调优势，加强与其他产业规划管理部门担保、评估、产权交易等相关机构的交流沟通，积极争取上述部门对文化企业融资工作的关注和支持，加大知识产权保护力度，为文化产业融资创造良好环境。

3．根据国家产业政策和产业布局调整思路，确定文化产业重点扶持方向。通过搭建文化部文化产业投融资公共服务平台和优质项目数据库，向中国建设银行进行项目推荐，实现项目资源共享，拓宽文化企业融资渠道。

4．加强与中国建设银行的联动，共同组织文化企业融资专题讲座和培训活动，邀请中国建设银行及参加“宣讲、咨询、指导、服务”等各种融资专项对接工作。

5．适时以研讨会和座谈会等形式，向中国建设银行通报金融支持文化产业发展典型工作实例和有关信息，并提供有关政策、行业知识支持。

四、工作要求

1．接到通知后，各地文化行政部门和中国建设银行各分支机构应尽快建立部行合作机制框架下的地方合作机制和信息共享制度，工作责任到人。各省（区、市）文化厅（局）文化产业投融资工作联系人即为部行合作机制文化系统的联系人。请建设银行各分支机构确定一位联系人，于2011年5月20日前填妥附件“文化系统与中国建设银行分支机构合作机制联系信息表”(附件1)，分别报送文化部文化产业司和中国建设银行总行机构业务部。表格内部分联系信息将在中国文化产业网“文化部文化产业投融资公共服务平台”专栏中公布，以便各地文化企业进行业务咨询。中国建设银行“文化悦民”综合服务方案将由分行联系人为各级文化部门提供。

2．该合作机制要切实履行沟通信息、合作培训、项目报送、推荐和跟踪的职责，及时向对方提供相关政策和行业知识支持，建立有效的文化金融服务渠道。有条件的地区可建立本地区包括地市相关部门在内的联系合作机制。

3．各地文化行政部门对贷款项目申报材料进行初审后，可直接向中国建设银行相关分支机构推荐，并在信贷项目落实后督促相关企业通过“文化部文化产业投融资公共服务平台”填报项目数据信息；对无法直接向中国建设银行相关分支机构推荐的项目，可在初审后通过“文化部文化产业投融资公共服务平台”向文化部报送，经文化部评审后向中国建设银行推荐。中国建设银行总行将项目分解到各分支机构，进行独立审贷。双方要高度重视数据交换与上传工作，为下一步财政资金支持提供数据支持。

五、联系方式

联系人：文化部文化产业司　陈桦楠　辜科伟

联系电话：010-59881877 59881793

传真：010-59881793

联系人：中国建设银行机构业务部 肖晓

联系电话：010-67595610

传真：010-66275900

特此通知。

附件：文化系统与中国建设银行分支机构合作机制联系信息表

文化部　中国建设银行

2011年5月18日

附件：

文化系统与中国建设银行分支机构合作机制联系信息表

地区：

	单位及部门	姓名	性别	职务	联系方式
建设银行					办公电：
					手 机：
					传真：
					电子邮：

注：文化系统联络员名单已经确定，不再另行报送。表格中“单位及部门”、“姓名”、“办公电话”等信息将在中国文化产业网（www.cnci.gov.cn）“文化部文化产业投融资公共服务平台”中公布，以便各地文化企业进行业务咨询，其他信息供内部联系使用。请于2011年5月20日前将此表传真或发送至文化部和中国建设银行相关联系人。

文化部关于转发财政部、海关总署、税务总局《关于印发<动漫企业进口动漫开发生产用品免征进口税收的暂行规定>的通知》的通知

文产发〔2011〕34号

各省、自治区、直辖市文化厅（局）、新疆生产建设兵团文化广播电视局，各计划单列市文化局：

为进一步推动我国动漫产业发展，经文化部会签，2011年5月19日，财政部、海关总署、税务总局印发了《关于印发<动漫企业进口动漫开发生产用品免征进口税收的暂行规定>的通知》（财关税〔2011〕27号，以下简称《暂行规定》，见附件一），对经国务院有关部门认定的动漫企业进口动漫开发生产用品实施免征进口税收政策。

经商财政部、海关总署、税务总局，现将该通知转发给你们，并就有关政策实施工作通知如下：

一、2012年至2015年动漫企业进口税收免税资格申请及审核工作

2012年至2015年期间符合《暂行规定》第二款条件的动漫企业，每年3月15日前向所在地省级文化行政部门提出免税资格申请，并提交申请材料。

申请材料包括动漫企业进口税收免税资格申请表（见附件二）、动漫企业进口税收免税资格申请报告（见附件三）、有效的动漫企业认定证书（复印件）、企业营业执照（复印件）。

申请材料由所在地省级文化行政部门初审，初审合格的，省级文化行政部门在申请表上填写初审意见，加盖公章；初审不合格的，由省级文化行政部门将材料退还企业，并说明理由。省级文化行政部门于每年3月31日前将初审合格的企业材料报送至

文化部文化产业司。

文化部收到材料后，会同财政部、海关总署、税务总局对申请免税的动漫企业进行审核。审核合格的，由文化部、财政部、海关总署、税务总局每年联合公布享受进口税收优惠政策的动漫企业名单，并在动漫企业已取得的“动漫企业证书”中对该企业享受《暂行规定》的进口税收优惠政策予以标注。

二、年审工作

根据《暂行规定》，对经认定获得进口免税资格的动漫企业实行年审制度。进口免税资格的年审由文化部直接负责。

已取得上一年度免税资格的动漫企业，于当年3月30日前向文化部文化产业司提出年审申请，并提交动漫企业进口税收免税资格年审申请表（见附件四）、动漫企业进口税收免税资格年审申请报告（见附件五）、当年有效的动漫企业认定证书（复印件）、企业营业执照（复印件）。

文化部经审核后，对年审合格的企业在证书上加盖年审专用章。不提出年审申请或年审不合格的企业，其动漫企业进口免税资格到期自动失效。文化部每年公布一次年审合格及不合格动漫企业名单，并抄送财政部、海关总署、税务总局。

三、获得免税资格的动漫企业应在每年的2月底前将上一年度实际免税进口的商品名称、数量、免税金额及所用于的项目报送文化部文化产业司（免税情况报表见附件六），逾期不报或提供虚假材料的，将不予受理年审申请。

四、《暂行规定》所附的《动漫企业免税进口动漫开发生产用品清单》由财政部会同相关部门根据国内配套产业发展能力的提高及动漫企业的需求变化适时调整。各地应注意收集动漫企业的进口需求，并及时反馈给文化部文化产业司，为今后清单调整作参考。

五、2011年动漫企业进口税收免税资格申请及审核工作

因时间因素，2011年动漫企业进口税收免税资格申请及审核工作安排如下：

（一）申请时间

根据财关税〔2011〕27号文件规定，动漫企业进口税收优惠政策有效期限为2011年1月1日至2015年12月31日，每年动漫企业免税资格申请时限为3月底前。由于财关税〔2011〕27号文是2011年5月19日印发，因此，2011年的动漫企业免税资格申请工作时间定为2011年8月10日至9月10日。

（二）申请程序

符合《暂行规定》第二款条件的动漫企业，于2011年8月25日前向所在地省级文化行政部门提出免税资格申请，申请材料和程序参照本通知第一条的相关规定。请省级文化行政部门于2011年9月10日前将初审合格的企业材料报送至文化部文化产业司。

（三）经认定获得进口免税资格的动漫企业，凭本年度有效的“动漫企业证书”及证书上标注的享受《暂行规定》的进口税收优惠政策的相关规定，向主管海关申请办理享受进口税收优惠政策的手续。动漫企业在本年度有效期内进口《暂行规定》所附的《动漫企业免税进口动漫开发生产用品清单》范围内的商品享受免征进口关税和进口环节增值税的优惠政策。进口商品由主管海关按《清单》所列的产品名称和技术指标进行审核。

经认定获得进口免税资格的动漫企业，在2011年1月1日之后、经审核获得进口免税资格之前购买《清单》范围内的商品的，按照海关有关规定进行办理。

六、请各地文化厅（局）积极协调本级财政、海关、税务部门，认真宣传和落实《暂行规定》，及时通知有关企业，组织好本行政区域内的动漫企业进口免税资格的申请、管理和服务工作。

特此通知。

附件：略

文化部

2011年8月9日

文化部办公厅关于公布2011年度国家文化产业示范基地影响力评价结果的通知

办产发〔2011〕34号

各省、自治区、直辖市文化厅（局）：

为激励国家文化产业示范基地开拓创新、奋发向上、力争一流、加快发展，更好地发挥引领、示范、带动作用，文化部办公厅于2011年9月5日印发了《文化部办公厅关于做好“国家文化产业示范基地影响力评价”组织推荐工作的通知》（文明电字〔2011〕19号）。通知印发后，各省、自治区、直辖市文化厅（局）积极组织推荐，各示范基地积极参与影响力评价，活动取得了预期的效果。现将本次影响力评价有关结果通知如下：

按照“鼓励文化内容创新、兼顾社会效益和经济效益、行业内领先示范、统筹考虑行业间和地区间平衡”的评价原则，从文化内容创新、社会效益和经济效益3个方面，综合各项定量指标评价和专家定性指标评价结果，最终评出了“2011年度十大最具影响力国家文化产业示范基地”名单。它们分别是：北京数字娱乐产业示范基地、保利文化集团股份有限公司、中国对外文化集团公司、华侨城集团公司、杭州宋城旅游发展股份有限公司、拓维信息系统股份有限公司、上海盛大网络发展有限公司、深圳华强文化科技集团股份有限公司、浙江中南卡通股份有限公司和云南柏联和顺旅游文化发展有限公司。

希望上述10家国家文化产业示范基地珍惜荣誉，再接再厉，充分发挥示范、带动和辐射作用，不断增强创造力和竞争力，扩大社会影响力，生产和提供更多更好适应人民群众需要的文化产品和服务，为繁荣社会主义文化、满足人民群众日益增长的精神文化需求做出积极贡献！

希望各地文化行政主管部门充分发挥本地区优势，整合资源，积聚力量，完善政策，优化环境，进一步加大对所辖区域内国家文化产业示范基地的扶持力度，不断增强其示范影响力，培育壮大文化市场主体，为提高文化产业规模化、集约化水平，推动文化产业成为国民经济支柱性产业，努力实现党的十七届六中全会提出的文化改革发展奋斗目标做出新的更大贡献！

特此通知。

文化部办公厅
2011年10月24日

文化部 财政部 税务总局关于公布2011年通过认定的动漫企业名单的通知

文产发〔2011〕57号

各省、自治区、直辖市文化厅（局）、财政厅（局）、国家税务局、地方税务局，各计划单列市文化局、财政局、国家税务局、地方税务局：

根据《动漫企业认定管理办法（试行）》的有关规定，经审核，现将2011年通过认定的动漫企业名单予以公布（见附件）。

请根据本通知认真做好“动漫企业证书”的发放工作，按照规定对通过认定的动漫企业进行监督检查和年审，督促其自觉遵守国家有关法律、法规和政策，落实国家对动漫企业的税收优惠政策。

特此通知。

附件：2011年通过认定的动漫企业名单

文化部 财政部 国家税务总局
2011年12月13日

附件：

2011年通过认定的动漫企业名单

北京联盟影业投资有限公司
北京中视互动科技发展有限公司
北京科影国际影视策划有限公司
北京每日视界先锋数码图像制作有限公司
北京颜开文化发展有限公司
北京禹田文化艺术有限责任公司
北京缘成中视传媒广告有限公司
北京迪生动画科技有限公司
天津戛唛影视文化传播有限公司
天津盖力动漫设计有限公司
天津星达兴文化科技有限公司
华漫兄弟（天津）互动娱乐有限公司
天津蓝猫卡通传媒有限公司
天津福丰达动漫游戏制作有限公司
三河市茗文化卡通设计有限公司
河北诚成动漫有限公司
河北新雅动漫有限公司
山西森艺文化传媒有限公司
太原金卡通传媒科技有限公司
晋城市泽州县二十八宿影视有限公司
沈阳哈派动漫有限公司
吉林省凯帝动画科技有限公司
黑龙江龙脉影艺影视有限公司
黑龙江省同源文化发展有限公司
哈尔滨七剑数字动漫科技有限公司
哈尔滨英立科技开发有限公司
上海动画大王文化传媒有限公司
上海意展数码科技有限公司
上海大模王动漫科技有限公司
上海积创网络科技有限公司
江苏希际数码艺术网络股份有限公司
江苏楚天极目动漫科技有限公司
江苏山猫兄弟动漫游戏有限公司
南京苗行天下传媒科技有限公司

南京水晶石数字科技有限公司
无锡第五映像空间制作有限公司
无锡今日动画影视传媒有限公司
徐州原动力动画制作有限公司
常州飞彩动漫有限公司
常州春晖动画有限公司
常州江通动画有限公司
常州市有有卡通传媒有限公司
常州皮皮熊文化创意有限公司
苏州泰山动画有限公司
苏州士奥动画制作有限公司
苏州天润安鼎动画有限公司
苏州卡酷影视动画科技有限公司
苏州飞马良子影视有限公司
昆山市玉麒麟文化传媒有限公司
江阴市水木东方数码科技有限公司
浙江太子龙文化传播有限公司
浙江华人卡通有限公司
杭州玄机科技信息技术有限公司
杭州安高卡通影视有限公司
杭州宏梦卡通发展有限公司
宁波民和影视动画股份有限公司
宁波卡酷动画制作有限公司
安徽歌华鸿坤文化发展有限公司
安徽利斯特三维动画制作有限公司
安徽炫伍数字科技有限公司
安徽璎珞文化传媒有限公司
安徽三美动漫艺术发展有限公司
合肥华耀广告传媒有限公司
合肥橡树动画有限公司
马鞍山水木动画设计有限公司
学之源（厦门）科技开发有限公司
南昌市奇妙动漫文化发展有限公司
南昌星海浪三维动画制作有限公司
赣州福雷斯文化传播有限公司
山东中动文化传媒有限公司
山东美猴动漫文化艺术传媒有限公司
济宁豆神动漫有限公司
河南麦草动漫科技有限公司
郑州漫漫看文化传媒有限公司
郑州谷晶创艺动漫有限公司
郑州雪孩子动画制作有限公司
郑州麒麟动画影视发展有限公司
湖北盛泰文化传媒有限公司
武汉市意美汇文化传播有限公司
武汉东尼文化传播有限公司
武汉玛雅动漫有限公司
武汉天鹰动漫发展有限公司
武汉博润通数码科技有限公司
武汉两点十分数码科技有限公司
武汉全景三维动画有限公司
湖南银河动漫传媒有限公司
湖南潇湘动漫文化有限公司
常德创源数字科技有限公司
常德华智动漫设计有限责任公司
广州市协作咨询顾问有限公司
广州市凡拓数码科技有限公司
广州市天艺文化传播有限公司
广州千骐动漫有限公司
广州三圆文化传播有限公司
广州爱动影视科技有限公司
广东粤动传媒有限公司
广东环球数码动画制作有限公司
广东明星创意动画有限公司
广东小白龙动漫玩具实业有限公司
深圳市图艺动漫设计有限公司
深圳市骄阳数字图像技术有限责任公司
深圳市雨桥动漫有限公司
深圳市方直科技股份有限公司
深圳市崇德影视传媒有限公司
深圳市大地动画传媒有限公司
深圳市水晶石电脑图像技术开发有限责任公司
珠海网易达电子科技发展有限公司
珠海天空文化传播有限公司
珠海市火车头设计制作有限公司
东莞市研达动漫模型设计制作有限公司
南宁九金娃娃动漫有限公司
桂林云尚动画制作有限公司
贵州熠动漫文化传播有限公司
贵州子墨动漫文化发展有限公司
云南美瑾奇奥传媒有限公司
云南稻田影业有限公司
云南缘成影视有限公司
陕西飞鸟文化发展有限公司
甘肃艺百文化科技有限公司
新疆达雅风尚文化传播有限公司

乌鲁木齐龙喜汇动漫有限公司

文化部关于公布中国文化艺术政府奖首届动漫奖评选结果的通知

文产发〔2011〕58号

各省、自治区、直辖市文化厅（局），新疆生产建设兵团文化广播电视局，总政宣传部文艺局：

为了深入贯彻落实十七届六中全会精神，推动我国动漫艺术精品力作的涌现和优秀动漫人才脱颖而出，加快我国动漫产业发展，文化部会同财政部、教育部、科技部、工业和信息化部、商务部、税务总局、工商总局、广电总局、新闻出版总署等扶持动漫产业发展部际联席会议成员单位共同主办了中国文化艺术政府奖首届动漫奖。

经扶持动漫产业发展部际联席会议办公室组织评审并研究通过，经向社会公示无异议，确定《兔侠传奇》等30个项目获得中国文化艺术政府奖首届动漫奖，《喜羊羊与灰太狼之兔年顶呱呱》等102个项目入围中国文化艺术政府奖首届动漫奖。

文化部拟于近期将奖金拨付至获奖单位、个人申报提供的账户，希望受到表彰的获奖、入围单位和个人珍惜荣誉，再接再厉，创作出更多更好的优秀动漫作品，为推动我国动漫产业发展做出更大贡献。

特此通知。

附件：1.中国文化艺术政府奖首届动漫奖获奖名单
2.中国文化艺术政府奖首届动漫奖入围名单

文化部

2011年12月31日

附件1：

中国文化艺术政府奖首届动漫奖获奖名单

（排名不分先后）

最佳动画电影奖

《兔侠传奇》

《马兰花》

《梦回金沙城》

最佳动画电视片奖

《美猴王》

《蓝猫龙骑团》

《大耳朵图图》

最佳漫画作品奖

中国原创新漫画《四大名著》系列

《子不语》

《张小盒》

最佳动漫出版物奖

《漫画中国历史》

《偷星九月天（1～20册）》

《小海豚中华典故亲子读物》

最佳动漫舞台剧奖

《十二生肖》

《武林外传之小贝当家》

最佳新媒体动漫作品奖

《三国演义之关云长》

《功夫兔》

最佳动漫形象奖

兔侠

喜羊羊与灰太狼

最佳动漫创作者或团队奖

天津神界漫画有限公司

上海今日动画影视文化有限公司

北京辉煌动画公司

夏达

上海美术电影制片厂

最佳动漫传播机构奖

中央电视台少儿频道

最佳动漫教育机构奖

中国传媒大学

北京电影学院

最佳动漫技术成果奖

手机动漫公共服务平台

4D动漫体验平台

最佳动漫品牌奖

喜羊羊与灰太狼

虹猫蓝兔

附件2：

中国文化艺术政府奖首届动漫奖入围名单

（排名不分先后）

最佳动画电影奖

《喜羊羊与灰太狼之兔年顶呱呱》

《喜羊羊与灰太狼之开心闯龙年》
《洛克王国——圣龙骑士》
《摩尔庄园冰世纪》
《超蛙战士——初露锋芒》
《智取威虎山》
《兔气扬眉》
《快乐奔跑》
《淘气包马小跳》
《少年岳飞传奇》
《文字国历险记——浩昊三战怪怪城》
《喜乐会》

最佳动画电视奖

《淘气包马小跳》
《小狐狸发明记》
《毛毛王历险记》
《虹猫蓝兔光明剑》
《小卓玛》
《魔角侦探》
《武林外传》
《哈皮父子》
《小鸡不好惹》
《霹霹乐翻天》
《搜救犬阿虎》
《孔子》

最佳漫画作品奖

《漫画中国》系列
《乌龙院》
《济公系列》
《我的路》
《80℃》
《梅兰芳》
《动漫经典》系列
《星海镖师》

最佳动漫出版物奖

《中国原创新漫画四大名著之三国演义》
《汉语乐园》
《哪吒传奇》
《疯了！桂宝 乐活卷》
《漫画月刊》
《人民英雄》
《阿香游中国》
《这么近，那么远》
《素维漫画技法特训》

最佳动漫舞台剧奖

《小蝌蚪找妈妈》
《糖果的魔力》
《巨人的城堡》
《猪猪侠天使奇遇记》
《喜羊羊与灰太狼之三个愿望》
《魔幻仙踪》
《大耳朵图图——梦想英雄》
《牛郎织女》

最佳新媒体动漫作品奖

《美丽人生》
《中国戏曲经典原创动画》
《小破孩》
《手机小子》
《奇志碰大兵》
《天天向上——忽悠讲堂》
《大头儿子小头爸爸》
《打，打个大西瓜》

最佳动漫形象奖

美猴王
蓝猫
小鲤鱼泡泡
福牛乐乐
刀刀狗
张小盒
阿狸
招财童子

最佳动漫创作者或团队奖

广东原创动力文化传播有限公司《喜羊羊与灰太狼》创作团队
湖南蓝猫动漫传媒有限公司
中国传媒大学动画与数字艺术学院
江通动画股份有限公司《民的1911》创作团队
浙江中南卡通股份有限公司
北京卡酷传媒有限公司
北京青青树动漫科技有限公司
北京世纪彩蝶动画制作有限公司
北京颜开文化发展有限公司
北京电影学院

最佳动漫传播机构奖

北京卡酷动画频道
上海炫动卡通频道
江苏优漫卡通频道

湖南金鹰卡通频道

最佳动漫教育机构奖

中央美术学院

广播电影电视管理干部学院

吉林动画学院

上海电影艺术职业学院

长沙师范学校

湖南大众传媒职业技术学院

四川美术学院

成都学院

最佳动漫技术成果奖

迪生MOCO三维定格动画制作系统

蓝猫二三维制作体系

三维动画片制作软件的研发

移动终端上的原创动漫形象运营平台“Talking Moogle”

基于动作捕捉的实时立体动画综合创作平台

富互联网技术的数字动漫《弹弹堂》系列

ERDO手机漫画制作工具软件

最佳动漫品牌奖

蓝猫

火力少年王

猪猪侠

山猫和吉咪

摩尔庄园

美猴王

诺诺森林

西柏坡

中国文化年鉴

Almanac Of Chinese Culture

文化科教

Cultural Science and Education

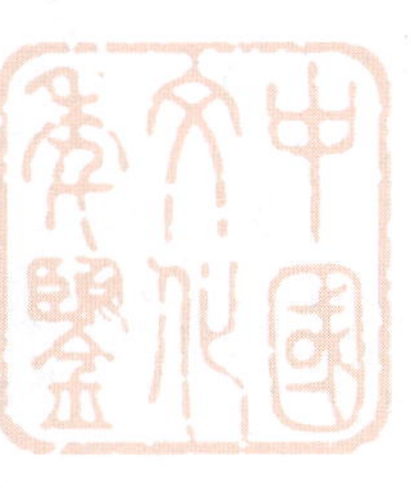

综　述

2011年，文化科技司坚持把胡锦涛总书记“7·23”重要讲话、总书记在庆祝中国共产党成立90周年大会上的讲话和《中共中央关于深化文化体制改革、推动社会主义文化大发展大繁荣若干重大问题的决定》作为指导工作部署和工作推进的纲领性文件，在部党组和分管部长领导下，在与相关部委和部相关司局、相关直属单位的协同配合中，大力推动文化与科技的融合创新与融合发展，积极探索艺术科研的决策咨询作用和艺术教育的行业指导作用，使文化科技司工作呈现为“一体两翼”的有机格局，实现为“两翼一体”的腾飞气象。

（一）推动社会主义文化大发展大繁荣，要实现文化事业和文化产业的两轮驱动，这是推进文化科技创新的工作目标

为此，文化科技司以促成文化部、科学技术部“部际会商机制”为重大抓手，大力推动文化与科技的融合创新与融合发展。

1. 文化部科技部“部际会商”机制形成，并取得实质性进展。7月26日，文化部科技部“部际会商”议定书签订仪式举行。蔡武部长和万钢部长签字并交换议定书文本，双方就“部际会商制度”的主题、任务、目标和机制达成共识。按照议定书的共识，文化部、科技部“十二五”期间集成科技与文化的优势资源，在发展规划编制、计划组织实施、研究开发应用、促进产业发展等六大方面加强会商协调，共同组织实施专项行动计划，提高文化领域的科技创新能力，提升传统文化业态并创生新兴文化业态。

目前，两部已在文化与科技融合的项目组织实施方面有了实质性进展，其中《文化资源数字化关键技术及应用示范》、《文化演出网络化协同服务及应用示范》两个项目被列入2012年度国家科技支撑计划。在这两个项目的谋划、实施过程中，文化科技司整合了国家图书馆、国家博物馆、文化部民族民间文艺发展中心、中国艺术科技研究所、中国对外文化集团（中演院线）、广州大剧院、中国传媒大学等相关产、学、研机构的研究力量，着重解决文化业态发展中共性的、关键的技术问题，两个项目的经费投入约4500余万元。文化科技司将继续与产业司配合，密切与科技部高新司的联系，全方位拓展文化与科技的融合创新与融合发展，整合优势资源，力争组织实施6个左右重大文化科技项目，切实提高文化领域的科技开发和应用能力，充分发挥文化科技的引擎驱动作用。

2.《国家文化科技提升计划》等，扎实推进并广见成效。2011年，文化科技司对既有的工作抓手系统整合、区别定位。统筹实施。《国家文化科技提升计划》，《文化部文化科技创新项目》、《国家文化创新工程》等3个部级项目共立项56个，验收结项19个，产生了良好效益。《国家文化科技提升计划》和《文化部科技创新项目》各有侧重，互为补充。前者侧重于对具有前瞻性、普适性和急需性的重大文化科技问题的解决；后者则关注局部性、探索性和补充性文化科技项目的培育与激励。由于采用了更为科学的评审方式，即由文化科技司先行组织选题征集，经专家论证整合设计出重大课题后再做项目申报及评审，2011年评选出的14个项目，既有能促进行业发展的前沿性技术研究，如“实验性数字博物馆信息服务协同关键技术研究与应用”等项目；也有能促进文化发展规模效益的科技成果推广应用研究，如“全国少年儿童阅读推广服务平台”等项目，充分体现出科技工作服务于文化建设大局的根本宗旨。与此同时，今年的文化部科技创新项目申报依然保持着强劲的势头，得到了文化系统内科研人员和社会各界的积极响应，共收到项目申报143项，最终确立了30个立项项目。

《国家文化创新工程》充分发挥在推动文化创新、增强文化发展活力方面的引导驱动作用，重点在创新项目立项、创新理论研究、创新人才培养、创新平台建设等多项工作上下工夫。首先，2011年的项目申报与管理确立了“依靠基层，支持共建”的思路，充分发挥地方人民政府的积极性。在参与申报的98个项目中，共有27个项目联合当地人民政府共同申报，体现出各级政府参与文化建设的极大热情和迫切需求。经过评审，12个立项项目中，部地共建项目占到8个。第二，突出对陶瓷工艺创新的关注和支持。江西景德镇、浙江龙泉、福建德化、山东淄博，这4个国内著名的陶瓷工艺基地分别承担了今年的创新工程项目，围绕陶瓷产品的文化创意价值提升、龙泉青瓷呈色机制研究、大型瓷雕艺术品工艺革新、水晶骨瓷工艺文化创新等主题进行创

新性研发和应用，体现出文化部门对陶瓷工艺文化的关注、引导和支持。第三，《中国文化创新蓝皮书2011》出版发行，首届文化创新人才培训班成功举办，国家文化创新研究网上线开通等工作，为在全社会营造创新氛围，传播创新理论，培养创新人才，推广创新成果，起到了积极的作用。

3.文化标准化工作有了实质性的推进。2011年，文化行业标准化工作发布了《文化行业标准化工作管理办法（暂行）》，为文化行业标准化工作有序开展提供了制度保证；完成了全国动漫游戏产业标准化技术委员会的组建筹备工作；举办了文化行业标准化工作培训班；首次设立了文化行业标准化研究项目，《公共文化服务促进社会管理服务指南》、《乡镇图书馆业务统计与评估指南》、《文化娱乐场所音响设备技术规范》等经批准立项；颁布实施了《舞台灯光系统工艺设计导则》等7项文化行业标准；开展了文化行业标准清理工作，对现行的2006年以前发布的文化行业标准进行了清理。特别是不久前“中国剧场分级标准”调研工作的深入展开，指出了转型期中国剧场面临的“奢华建设”、“饥饿经营”、“票价居高”、“消费疲软”、“定位模糊”、“创新乏力”等十大问题，探索了“中国剧场分级标准”建设的工作思路。

(二)推动社会主义文化大发展大繁荣，要为人民提供更好更多的精神食粮，这是繁荣发展哲学社会科学的工作目标

为此，文化科技司以国家社会科学基金“艺术学”单列学科为主要抓手，充分发挥传承文明、创新理论、咨政育人、服务社会的重要功能。

1.艺术科研关注文化建设并贴合文化实践。2011年的“艺术学”课题立项工作首次明确了“重点研究领域”，对文化与科技融合政策研究、中国动漫产业发展模式研究、艺术品交易方式研究、舞台艺术与国家形象塑造等文化发展急需解决的对策研究予以关注和倾斜，强化艺术科研现实针对性和问题意识。本年度，已经完成3批66项课题鉴定结项工作。在结项课题中，涌现出了《中国艺术学学科体系建设研究》、《东西方戏剧观研究》等一批文化艺术科研优秀成果，丰富和完善了艺术学学科体系。在重大现实问题研究方面，有《中国特色社会主义文化理论研究》、《弘扬节日文化研究》、《中国网络文化产业现状、发展趋势及对策研究》等，此类成果关注并深入研究当前文化工作急需的重要选题，为党和政府决策服务方面做出快速响应，其中一些成果中的意见和建议还得到了有关部门的重视、肯定及采纳，产生了一定影响。

本年度，艺术学申报项目激增到2502项，比上一年度增长37.4%，达到2003年以来历史最高点。为适当缓解立项压力，文化科技司积极谋划，尽最大限度提高立项率，使得今年实际立项率比计划提高了0.9个百分点，《当代城市公共艺术规划研究》等142个项目列入国家社科基金艺术学项目；《民营艺术表演团体现状调查研究》、《文化规划理论和实践的创新研究》等36个项目列入文化部文化艺术科学研究项目。

2.艺术科研总结既往成果并规划未来发展。为了更好地总结既往、指导当下艺术科研工作，文化科技司组织力量，首次对从“九五”以来立项的全国艺术科学研究规划课题（包括国家社科基金艺术学项目和文化部文化艺术科研项目）结项成果进行了集中梳理和提炼，编写了《成果简介汇编》。目前已完成第一批成果217篇统稿工作，将于明年初正式出版。《成果简介汇编》通过对历年艺术科研成果的全面展示、宣传和推介，对进一步掌握20多年来我国艺术学研究状况，分析当前文化建设对艺术科学研究的需求，加强艺术学学科体系建设，更好地促进优秀成果的转化和应用，推动艺术学科发展将起到积极作用。

为全面总结“十一五”时期艺术科学取得的主要进展和重要成果，明确“十二五”期间艺术科学的主要任务，2011年文化科技司委托中国艺术研究院，组织全国专家，编制出版了《全国艺术科学“十一五”研究状况及“十二五”发展趋势调研报告》，发布《全国艺术科学研究“十二五”（2011～2015年）规划》，受到业内人士的广泛关注和认可。

3.艺术科研加强中期检查并推进项目进展。国家社科基金艺术学、文化部文化艺术科学研究在研项目的中期检查是整个项目研究过程及质量管理的重要环节与保证。2011年的中期检查项目在300项左右，通过对这些项目的研究计划进度、经费使用、存在问题及改进措施等进行检查和调研，有效地督促项目研究按照批准立项的基本要求按时保质完成，取得符合质量要求的最终成果。

在研项目中期检查所反映的研究及管理整体状况呈现两个特点：一是各项制度健全规范。中期检

查及重要事项（计划完成时间、负责人、管理单位、主要研究内容及最终成果形式）变更等报批制度有关原则、要求规定明确；各中级管理机构、承担单位及项目负责人执行情况较好。二是项目研究进展有序。绝大多数项目都能认真执行研究计划，开展了大量深入扎实的田野调查、文献数据搜集工作，部分项目还取得了重要的阶段性成果。

（三）推动社会主义文化大发展大繁荣，要建设宏大文化人才队伍，这是艺术职业教育优化职能的工作目标

为此，文化科技司以“艺术学”升格为学科门类为重要契机，发挥艺术人才培养向高素质复合型迈进的行业指导作用。

1. 以艺术学升格为学科门类为重要契机求索艺术教育发展大计。10月，在蔡武部长亲自关心下，文化科技司联合中国艺术研究院和部分重要高校召开了“艺术学学科建设座谈会”。蔡武部长以《谋划学科建设蓝图，求索艺术发展大计》为题发表重要讲话，强调要从落实科学发展观和转变文化发展方式的高度来看待学科升格，强调以求真务实的精神认真夯实艺术学学科建设的基础，强调把握学科交叉融合的趋势、以开放的态度推动艺术学学科建设。

2011年，文化科技司还策划组织了“第六届全国艺术院校院校长高峰论坛”，组织召开了“中国艺术职业教育学会第25次年会”，分别就艺术人才培养如何更好地适应社会需求和文化体制改革发展、如何进一步发挥行业主管部门和行业组织在发展职业教育中的重要作用，如何推动职业教育改革创新进行积极讨论，进一步解放了思想，开阔了视野。

2. 抓住“服务国家特别人才培养项目”的重要机遇提升人才培养规格。根据国务院学位办的有关规定，文化科技司组织开展艺术院校和其他院校文化艺术类专业“授予博士学位的服务国家特殊人才培养项目”申报工作，精心组织专家论证评审并提出完善项目的建议，向国务院学位办报送了推荐方案，共有21个院校的21个项目入围。

与此同时，文化科技司将各项工作抓手都提高到“高层次领军人物”和“高素质文化人才”的高度上来实施，协调保证第五届中国京剧优秀青年演员研究生班教学的顺利进行，探讨与不同规制的艺术院校进行共建的方式等。此外，还通过“文华艺术院校奖”的赛事探讨“早期专业性艺术人才培养”的规律。12月，文化科技司在沈阳举办第一届全国青少年戏曲邀请赛，就是对这类人才培养的专业拓展，对检验我国戏曲专业教育教学成果，选拔高质量戏曲艺术后备人才有积极的意义。

3. 为改善艺术职业院校的办学条件“软硬兼施”。2011年，文化科技司加强对艺术职业教育的行业指导，针对目前艺术职业教育面临的形势及任务，会同各类专家，制定出切实可行、符合时代要求的中、高职指导性教学计划，有目的地调整办学方式，确保艺术职业教育教学质量和人才培养规格。

另外，2011年中央财政第一次设立专项资金，面向全国扶持艺术类中专学校。该项工作由国家发改委牵头，文化科技司会同部财务司，积极协调、指导相关艺术类中专进行申报，使符合条件的艺术院校从4所增加到28所。这些院校每校将得到中央财政近千万的资金扶持，从而有效缓解基建资金不足的状况，大大改善办学条件。

4. 改善社会艺术考级管理，并大力推进艺术素质教育。社会艺术水平考级是在全社会进行艺术教育的重要手段，今年，文化科技司积极调研，认真论证，确定了《社会艺术考级机构评估标准》，加强对各类社会艺术考级机构的指导和管理，处理不端行为，确保社会艺术水平考级工作有序进行。

在中央领导同志倡议下，“我的音乐厅——外国经典音乐欣赏”项目由文化部、教育部和国家大剧院共同组织实施。这对于提升广大青年学子乃至全民族艺术素养具有重要意义。目前，项目第一阶段——遴选曲目阶段工作已经完成，共选出曲目649首。后续工作已得到国家财政一期600万元的资助，将在下一阶段全面展开。

对照党的十七届六中全会提出的目标和任务，面对新时期文化建设的形势和要求，可以看到当前文化科技工作还存在着需要尽快解决的突出问题。

主要体现为文化与科技融合存在“两张皮”的现象，文化科技创新体系远不完善，科技转化为文化生产力的途径还不通畅，文化科技人才紧缺且科研力量薄弱。其一，以企业为主体、市场为导向、产学研相结合的文化科技创新体系，还处在建设的初级阶段，存在体制机制障碍，政策财政障碍。其二，宏观文化科技决策机制和组织结构不合理，跨学科、跨部门和跨区域的文化资源、科技资源和人力资源难以实现优化配置。其三，地方和区域缺乏新时期战略层面的文化科技发展规划和引导组织调控手段，相关部门之间在文化科技决策上协调不够，

难以在整体目标上形成一致和分工合作，削弱了文化科技组织动员能力和协同集成能力。其四，文化科技领域人才尤其是高层次创新型人才较少，目前还处于以项目培育人才的阶段。文化科技研究机构实力较弱，原有的基层文化科技研究院所数量发生萎缩甚至缺失，现有的骨干科研院所可持续发展能力有待提高，吸引与凝聚全社会文化科技力量的工作有待进一步加强。

2012年，文化科技司工作将深入贯彻落实党的十七届六中全会精神，继续以科学发展为主题，以加快推进文化与科技的融合创新、融合发展为主线，深入实施科技带动战略，全面提高自主创新能力，进一步发挥艺术科研的决策咨询作用，发挥艺术教育的行业指导作用，积极努力做好以下几个方面的工作。

一、进一步探索与创新文化与科技融合工作的方式方法，完善文化科技创新体系建设

一是要发挥政府决策的推动作用。在积极实施文化部 科技部部际会商机制的同时，努力推动各地区各区域形成文化科技提升文化持续健康发展的长效机制。制定并发布《关于促进文化与科技融合发展的指导意见》，以及《国家科技与文化融合联合行动计划（2011～2015年）》。二是要提高项目引导的带动作用。在大力实施国家文化科技提升计划项目、文化部科技创新项目、国家文化创新工程项目的同时，积极谋划与组织实施国家科技计划中涉及文化科技领域的相关重点项目；联合科技部启动国家科技与文化融合联合行动计划项目，推出一批标志性成果。三是要凸显企业主体的创新作用。按照党的十七届六中全会决议中提出的“依托国家高新技术园区、国家可持续发展实验区等建立国家级文化和科技融合示范基地”的具体要求，研究并起草《文化与科技融合示范基地认定办法》、《文化与科技融合示范企业认定办法》，联合认定“科技与文化融合示范基地”，共同支持科技与文化融合企业的建设。四是要发挥科技人才的智囊作用。研究并起草《文化部重点实验室（研究中心）认定办法》、《国家文化创新研究中心认定办法》，加强并优化文化科技创新支撑体系结构与布局研究，建设一批文化部重点实验室及研究中心；联合教育部逐步建立文化科技类人才培养渠道，支持与扶持高等院校优化专业结构，培养一批掌握文化科技的专门人才与复合型人才。五是要提高科技成果的孵化作用。研究掌握一批能够推动文化发展、文化传播的核心技术、关键技术、共性技术和前沿技术，推动其在文化领域的集成应用与转化。六是要谋求文化科技经费的支撑作用。现有的科技经费远不能满足文化科技工作的实际需求，2012年将与财政部积极沟通，争取新增中央财政支持文化科技专项经费；与财政部、科技部积极沟通，力争文化部成为使用公益性行业科研专项经费的国务院所属行业主管部门；在设立的国家文化发展基金中，将文化科技的基础研究和应用基础研究项目纳入到其主要资助领域；提高国家文化科技提升计划项目、文化部科技创新项目、国家文化创新工程项目的财政资金规模；努力推动各地区各区域公共财政对文化科技发展投入的增长幅度高于财政经常性收入增长幅度；支持各地区各区域设立文化科技专项经费。七是要加强文化标准化工作的提升作用。改进和加强现有标准化技术委员会管理；建立技术委员会考核评价机制；围绕文化发展战略需求，加强标准体系规划，指导标准项目申报和立项；积极筹备全国动漫游戏产业标准化技术委员会成立大会，尽快审定颁布手机动漫系列标准。

二、进一步提升艺术科研的管理水平和服务质量，繁荣艺术科研并促进文化发展

一是要明确定位。按照党的十七届六中全会提出繁荣发展哲学社会科学的具体要求，抓住机遇，拓展国家社科基金艺术学项目的广度和深度，提升文化部文化艺术科学研究项目的地位和水平，更好地为文化建设服务。二是要改进评审。按照全国社科规划办的课题类别设置，有条件地拓展国家社科基金艺术学项目资助种类；进一步完善评审程序，最大程度上实现课题评审的公平公正。三是要完善管理。修订《全国艺术科学规划管理办法》；进一步完善专家库建设，完成管理软件开发工作；按照《全国艺术研究院所科研骨干培训方案》，2012年开始开展第一批人员培训工作。四是要建设基地。按照党的十七届六中全会“整合哲学社会科学研究力量，建设一批社会科学研究基地和国家重点实验室，建设一批具有专业优势的思想库，加强哲学社会科学信息化建设”的明确指示精神，明年拟将建设艺术学研究基地提上工作日程。

三、进一步发挥行业指导作用，促进艺术职业教育水平提升与质量保证

一是实施高端紧缺文化人才培养计划，搭建文化人才终身学习平台。继续组织第六届青年演员研究生班，指导中国艺术研究院研究生院研究生教育。研究共建全国综合性高等艺术院校可行性方案，有计划分步骤共建广西艺术学院、南京艺术学院、山东艺术学院等7所综合性艺术大学，充分发挥他们学科设置齐全的资源优势，制定高级专门人才培养规划，为推动社会主义文化大发展大繁荣提供人才保障。整合全国18余所高等职业院校和100余所中等艺术职业院校的教学、人才资源，繁荣艺术创作，探讨研究艺术职业教育人才培养周期性规律，促使教育教学与社会需求密切结合，出台指导性意见。二是推动教师人才队伍评价机制建立。组织评选“中青年骨干教师”和“教学名师”，设立部级荣誉制度，表彰奖励成就卓著的艺术教育工作者。三是完善人才培养开发、评价发现、选拔任用机制。组织举办第四届全国青少年民族乐器演奏比赛，第二届全国青少年钢琴比赛，第10届桃李杯舞蹈比赛，第10届全国青少年小提琴比赛，第一届全国手风琴比赛，搭建艺术院校后备艺术人才交流、展示、宣传、提高的平台。四是实施全面素质教育，提高青年学生音乐修养和整体素质。继续组织实施“我的音乐厅——外国经典音乐欣赏”项目；加强艺术考级管理，推动《社会艺术水平考级管理办法》的修订工作，为广大中小学生创造一个宽松、自由、便利的学习艺术的环境。五是有效发挥行业主管部门的作用。积极与教育部沟通，在民族特色校和重点中专评选等各项工作中发挥应有作用；发布高、中职艺术教育指导性教学计划。

专　题

文化部　科技部
部际会商议定书签订活动

科学技术部　文化部
工作会商制度议定书

为深入贯彻党的十七大精神，落实《国民经济和社会发展第十二个五年规划纲要》、《国家中长期科学和技术发展规划纲要（2006～2020）》、《国家“十二五”时期文化改革发展规划纲要》，以科技进步为动力，构建公共文化服务体系，发展文化产业，提升我国文化软实力和国际竞争力，推动社会主义文化大发展大繁荣，科学技术部和文化部决定加强合作，建立部际工作会商制度。

一、工作会商主题

（一）加速科技与文化融合，推动文化大发展大繁荣

进一步强化科学技术部与文化部的工作统筹，在发展规划编制、计划组织实施、研究开发活动、成果转化和产业化等方面，加强协调，共同推动科技与文化融合。提高文化领域的科技创新能力，吸取和弘扬优秀文化成果，加快抢占文化发展的制高点，提升公共文化服务水平；培育文化产业新的业态和增长点，提升竞争力；丰富文化表现力与感染力，增强文化传播力；引导文化产品创作，弘扬自主创新文化。

（二）集成科技与文化资源，促进文化软实力提升

围绕公共文化服务、文艺创作、文化遗产保护、文化市场监管、对外文化交流等领域的重大科技需求，突破一批关键技术，提高信息化、网络化水平，加速构建技术先进与覆盖广泛的公共文化服务供给体系、文化遗产展示展演传播体系、艺术作品传播渠道、文艺演出传播渠道和对外文化传播渠道，加快推进文化内容、文化服务、文艺创作生产及文化传播在形式、方式和手段创新，加快推进文化领域标准化和信息化进程。

（三）依托科技创新，促进文化产业跨越式发展

加强数字技术、数字内容、网络技术等核心技术研发，提升文化产品传播和制作能力，创新网络文化传播与娱乐服务模式，促进文化旅游、动漫、游戏、网络文化、数字制作与服务等新业态发展。推进传统文化和民族特色文化产业创新，提升演艺业、文化娱乐业、会展节庆业、艺术品和工艺美术、艺术创意和设计、区域特色文化业等产业的科技含量，培育产业新活力。不断提高文化产业的总体实力，使其逐步成为国民经济的支柱产业。

（四）完善创新体系，构建产业载体

构建以企业为主体、政产学研用相结合的文化创新体系，培育一批特色鲜明、创新能力强、具有自主品牌的创新型文化企业，支持产学研战略联盟和公共服务平台建设。打造专业化研发机构，推动科技与文化融合领域的工程技术研究中心、重点实验室、企业技术中心建设，培育核心创新能力。依托国家高新区、国家级文化产业示

范园区、国家可持续发展试验区、国家现代服务业产业化基地，转化科技创新成果，培育文化产业集群。加强复合型人才培养，造就科技与文化融合的人力资源队伍。

（五）创新体制机制，培育发展环境

按照国家科技、文化发展的总体部署，加强战略研究，推动公共文化模式创新，优化文化产业空间布局，探索新的商业模式、管理方式、发展路径。开展政策研究，完善有利于科技与文化融合的政策体系和激励机制，建立评价体系和统计制度。加强工作协同，编制发展规划和计划，共同组织实施专项行动和重大项目。

（六）鼓励文化创作，弘扬自主创新

围绕科技进步和自主创新，引导创作文化产品，大力宣扬科技事业发展和自主创新的伟大成就，最大限度发挥文化引导全社会关注科技、支持创新的功能，培育继承传统、符合时代特征和潮流的创新文化。丰富科普文化的内容，增强感染力和号召力，营造崇尚科学、崇尚创新的良好氛围。

二、工作会商机制

1. 成立由科学技术部部长和文化部部长为主任、双方主管副部长为副主任的部际合作委员会，原则上每年会商一次（具体时间、地点由双方商定），负责部署相关工作、协调重大合作事项、组织实施会商议定事项。

2. 成立由科学技术部高新技术发展及产业化司和文化部文化科技司领导为主任的部际合作委员会办公室，负责提出工作会商议题、处理相关业务和具体实施议定事项。

3. 成立由相关领域高层次专家组成的专家咨询委员会，对议定事项提出咨询建议，供部际合作委员会决策。

4. 成立由相关领域专家组成的专家组，在部际合作委员会办公室的领导下，参与专项行动和重大项目的实施。

5. 双方按照议定书、会商纪要和相关实施方案，履行各自职责，落实会商议定事项。

6. 会商制度实施期限暂定为2011年至2015年，期满后根据情况另行商定。

三、其他

未尽事宜，由部际合作委员会会议商定。本协议有效期为2011年5月至2015年12月。

科学技术部　文化部
2011年工作会商议题

根据《科学技术部、文化部工作会商制度议定书》的框架，结合“十二五”工作重点，提出2011年度部际会商议题如下：

一、加强规划引导，共同做好“十二五”部署

1. 联合研究制定并发布《国家科技与文化融合联合行动计划（2011～2015年）》。

2. 共同研究并商相关部门，起草《关于促进科技与文化融合发展的指导意见》，报国务院印发或转发。

3. 共同研究并商相关部门，发布《关于加强科技与文化融合复合型科技人才培养的若干意见》。

二、建立协调机制，联合推进重点工作

4. 联合认定“科技与文化融合示范基地”。依托国家高新区、国家级文化产业示范园区、国家可持续发展试验区、国家级现代服务业产业化基地，开展示范基地认定，制定相关标准和程序，启动相关工作。

5. 共同支持科技与文化融合企业的建设，加大力度，适时启动“科技与文化融合示范企业”认定工作。

6. 支持科技与文化融合领域的研发机构建设，大力培育专业化的研发团队，提升文化领域的科技创新能力。

7. 推动学术交流和宣传，共同举办科技与文化融合的论坛，开展主题宣传活动。

8. 支持以弘扬自主创新为主题的文化产品创作，积极营造全社会关心、支持科技发展的良好氛围，共同推动科技普及工作。

三、实施科技重大项目，推进成果转化与产业化

9. 在支撑计划中，优先启动“文艺演出院线服务关键支撑技术研发与应用示范”重大项目，探索有效的组织模式。

10. 支持数字技术、信息技术、网络技术在公共文化服务和新型文化产业领域中的集成应用，2011年优先在国家科技与文化融合联合行动中安排相关项目。

11. 在科技型中小企业创新基金中，重点支持促进科技与文化融合、创新能力较强、具有一定市场前景的项目。

12. 在国家软科学研究计划中，设立科技与文化融合的研究方向并给予重点支持。

2011年度国家文化科技提升计划评审立项工作

为了推动文化与科技的融合，提升文化科技的创新能力、吸纳能力和转化能力，2010年，在国家财政的支持下，文化部开始实施国家文化科技提升计划。该项目旨在面向国家文化大发展大繁荣的需求，着力开展文化科技基础性研究和高新技术在文化领域的应用研究，重点解决一批具有前瞻性、全局性和引领性的重大文化科技问题。

为了更好地体现国家级项目的引导性，增强项目申报的针对性和有效性，2011年度的国家文化科技提升计划项目申报工作在借鉴2010年评审工作的基础上，做了调整和创新。申报工作采取先广泛征集选题建议，再由文化科技主管部门组织权威专家进行论证整合，确定最终选题，然后开展申报的方式进行。

2011年，项目评审办公室共收到来自全国各地的选题建议165项，涉及公共文化服务、文化传播、文化产业、非遗保护与开发等文化科技应用的方方面面。3月初，文化部文化科技司在京组织召开了专家论证会，最终确定14个选题为2011年度国家文化科技提升计划选题，包括“国家非物质文化遗产保护与传承技术体系的构建”、“陶瓷工艺科技创新与产业互动”、“中国传统绘画材料关键技术研究与应用”、“近现代文献脱酸关键技术集成研究与示范”、“国家文化宏观决策支持系统研究及应用”、“基于文艺演出院线业态的服务协同共性技术研发与应用示范”等涉及文化中心工作的关键技术、核心技术、共性技术问题。选题对研究内容、重点研究领域做出了明确的界定，并对项目实施主体提出了具体的要求。

3月28日，文化部文化科技司发布了最终确定的了14个选题。14个选题发出后，得到了文化界和科技界积极的响应，到项目受理截止日期，收到43家单位的申请书，项目承担单位竞争非常激烈，1个项目最多有8家单位参与竞争。初步实现了动员社会力量参与课题研究、有效整合研究力量、整合研究资源的目的。

5月17日，在湖南长沙召开了项目评审会，会议上，评审委员听取了“提升计划”项目承担单位的答辩，并就项目的实施内容提出了意见和建议，在充分酝酿的基础上，确定了2011年度“国家文化科技提升计划”项目承担单位。

2011年度国家文化创新工程评审、立项工作

2011年度国家文化创新工程项目评审工作于7月落下帷幕。在文化部文化科技司的主持下，“吴江市戏曲文化生态保护区建设”、“古代龙泉青瓷呈色机制研究及在现代日用瓷中的推广运用”、“合肥推进文化与科技融合创新项目”等12个项目入选本年度国家文化创新工程。

自2009年实施以来，国家文化创新工程服务于文化建设的中心工作，立足于文化创新的高端定位，扶持、资助、宣传、推广了《图书馆服务模式创新——自助图书馆的研制与实施》等17个项目。今年的评审工作，在以往的基础上，更加注重整合资源，更加注重完善机制，在提升文化创新水平、增强文化发展活力方面的效益愈发显现。

一、创新热情持续高涨

国家文化创新工程实施以来，历年的项目征集工作都得到了社会各界的广泛关注和积极响应。2011年，为了进一步加强对文化创新活动的系统组织和支持引导，文化部文化科技司在征求多方意见的基础上，制定了《国家文化创新工程项目管理实施方案2011》，以创新的理念对项目评审和管理做出了新的安排。

2011年的国家文化创新工程项目评审和管理，更加注重政府引导，整合资源，进一步扩大了项目征集面。“在项目申报过程中，我们调整了以往只从文化部创新奖获奖项目中遴选的思路，而是面向全国文化厅局、文化部直属单位甚至是其他社会单位征集项目，向全社会发出了政府积极引导创新的信号，以便有效调动起各类文化创新主体间的紧密联系和有机互动，激发文化创新活力。”文化部文化科技司副司长王丰说。

在不到一个月的申报期内，国家文化创新工程项目办公室共收到项目申报书98份。这些项目涵盖了公共文化服务、图书馆建设与服务、文化产业与市场、艺术创作与演出、文化遗产保护与资源开发、技术手段创新、教学实践与人才培养以及陶瓷工艺创意等文化工作的方方面面，体现了创新意识在文化系统内的涌动和迸发；其所要解决的也都是涉及文化发展和人民群众文化权益的、亟须解决的热点和难点问题，具有突出的现实意义、时代特点和实践特征。

二、“部地共建”项目申报踊跃

文化创新是系统性工程，需要凝聚多方力量共同参与。为了更好地调动地方政府参与文化创新的积极性，有效发挥地方政府在政策配套、项目管理和成果推广中的重要作用。2011年，国家文化创新工程的项目申报与管理确立了“依靠基层，支持共建”的原则。根据实施方案，2011年的国家文化创新工程项目按承担主体的不同，分为一般项目和重点项目两类。其中，涉及文化发展重点领域和关键环节、对当地文化建设具有重要意义、具有成熟的基础条件以及广阔培育前景的项目列为重点项目，由文化部文化科技司与项目所在地人民政府共同参与实施。

从项目申报的情况来看，“部地共建”的思路得到了各地政府的高度认同。在参与申报的项目中，共有27个项目联合当地政府共同申报，体现了各级政府参与文化创新的极大热情和迫切需求。而在最终立项的12个项目中，由地方政府共建的重点项目占到了2/3。其中包括由江苏省吴江市人民政府参与共建的“吴江市戏曲文化生态保护区建设”，由浙江省龙泉市人民政府参与共建的“古代龙泉青瓷呈色机制研究及在现代日用瓷中的推广运用”，由安徽省蚌埠市人民政府参与共建的“中国汉族代表性民间歌舞——安徽花鼓灯文化生态保护工程”等。

三、文化与科技融合成亮点

树立科技自觉，立足时代前沿，积极运用现代科技手段来改造传统文化业态、催生新兴文化业态，是本年度国家文化创新工程项目的一大特点。

在建议立项的项目中，既有利用数字技术服务于遗产保护的“基于影像的中国古代书画研究系统（中国古代书画数字博物馆)”，也有利用数字技术、三维技术服务于公共文化建设的“基于数字三维城市的可视化文化社区平台开发与应用”；既有利用虚拟现实技术等服务于文化旅游的“穿越时空的西安文化之旅”，也有利用4D技术服务于文化产业的“中国古典文化科技演绎与展示——大型全景式4D球幕系统《大闹天宫》”；既有利用现代技术提升陶瓷工艺的“‘中国白’大型瓷雕艺术品工艺革新”、“科学与艺术创新，提升陶瓷产品文化创意价值的研究”、“水晶骨瓷工艺文化创新”，也有致力于推动文化与科技全面融合的“合肥推进文化与科技融合创新项目”。以文化与科技的融合来推动文化的转型发展、跨越发展，已经渗透到文化工作的各个领域。

四、“立体”扶持，全面孵化

经过3年的努力，国家文化创新工程已初步形成了项目管理、宣传推广、理论研究、人才培养、评优奖励五位一体的工作布局，为创新成果搭建了一个国家级的孵化平台。目前，国家文化创新工程除每年一度的项目评审和3年一届的文化部创新奖评选外，还建设有一个研究中心——武汉大学国家文化创新研究中心，出版有《中国文化创新年度报告》，并且两年一次举办“中国文化创新高峰论坛”，此外，还将启动“国家文化创新研究网”，举办“文化创新培训班”。

而为了统筹指导国家文化创新工程项目管理工作，推动文化创新链的建立，文化部文化科技司还聘请全国文化行业内的领导、专家、学者，成立了“国家文化创新工作专家组”。

依托这些平台和优势，2011年度的国家文化创新工程项目评审与管理工作确立了“顶层设计、系统策划”以及“注重宣传、加强示范”的原则。所谓“顶层设计、系统策划”，即是要立足于文化发展的现实需求，加强对项目的系统筹划，强调项目的整体设计和资源的有效整合，形成各创新要素间的相互衔接、相互促进，实现文化创新工程“培育有目的、促进有成果、推广有效果”的系统工程目标。“今年的项目评审，增加了评审答辩环节，不仅要认真听取各项目申报单位的创新思路，更要请评审专家为项目指出问题、提出意见，帮助其拓宽思路，整合资源，优化方案。项目立项之后，还将组成专家组，对项目进行实地考察，会同当地有关部门共同参与项目的实施，促进项目做大做强。”王丰说。

“注重宣传、加强示范”则是要按照从小到大，由大到强，以点带面的思路，注重项目培育，加强优秀项目的推广示范，稳步推进国家文化创新工作的开展。“国家文化创新工程将充分利用网站、出版物、培训班、论坛等工作平台，将项目的创新思路、经验和成果推广到全行业，推动国家文化创新体系的不断完善。”

2011年度文化部文化科技创新验收项目一览表

序号	合同编号	项目名称	完成单位	验收形式	备注
1	11-2009	基于哼唱的音乐检索系统	上海东方传媒集团有限公司（原上海文广新闻传媒集团）	会议验收	2011年验字1号
2		广东流动图书馆工程及其延伸服务	广东省立中山图书馆	会议验收（省厅主持）	2011年验字2号
3	6-2009	中国艺术品资本市场发育及其支撑体系研究	文化部文化市场发展中心	通讯验收	2011年验字3号
4	44-2010	基于Silverlight的皮影数字博物馆展示技术改造	中国美术学院	通讯验收	2011年验字4号
5		广东省文献资源共建共享协作网	广东省中心图书馆委员会	会议验收（省厅主持）	2011年验字5号
6	15-2009	北京传统手工艺文化传播和交易促进平台	北京博越世纪科技有限公司	通讯验收	2001年验字6号
7	4-2009	襄樊市城乡一体化公共文化服务模式、方式和支撑技术的研究及实践	襄樊学院	通讯验收	2011年验字7号
8		中国民族乐器音响标准库	中央音乐学院	会议验收（中央音乐学院主持）	2011年验字8号

文化标准化工作

文化行业标准化工作培训班举办

9月15日至16日，由文化部文化科技司主办，全国图书馆标准化技术委员会秘书处、中央文化管理干部学院承办的文化行业标准化工作培训班在北京举办。来自全国图书馆标准化技术委员会、全国网络文化标准化技术委员会等文化行业标准化组织的33名技术骨干参加了培训。

“十一五”以来，文化行业成立了全国剧场标准化技术委员会等8个文化行业标准化技术委员会，发布了《文化标准化中长期发展规划（2007～2020年）》、《文化行业标准化工作管理办法（暂行）》，《古籍修复技术规范与质量要求》等一批国家标准、行业标准正式实施，文化行业标准化工作在组织建设、制度建设、标准制修订等方面取得了长足的进展。同时，由于起步较晚、基础较弱，一些重要的基础标准、安全标准还相对缺乏。举办此次培训班，是为了适应文化大发展大繁荣的需要，进一步加大文化行业标准化人才培训力度，提高标准化人才队伍建设水平，推动标准制修订工作。

文化部文化科技司副司长王丰在开班仪式上传达了2011年全国标准化工作会议精神，回顾了“十一五”期间特别是2010年的文化行业标准化工作，提出了“十二五”时期标准化工作的指导思想和主要任务。培训班上，国家标准化管理委员会服务业标准部主任廖晓谦围绕“国内外标准化动态及服务业标准化发展现状”作了专题讲解。相关专家还就“国家标准制修订程序”“标准的编写”等进行了重点辅导。国家大剧院的专家做了经验介绍。

文化行业标准化工作管理办法（暂行）

一、总则

第一条　为加强文化行业标准化管理，有序开展文化行业标准化工作，根据《中华人民共和国标准化法》、《中华人民共和国标准化法实施条例》等有关法律法规，结合文化行业的实际情况，制定本办法。

第二条　文化行业标准化工作的主要任务是：贯彻国家有关标准化工作的法律、法规，加强文化行业标准化工作的统筹协调；组织制定和实施文化行业标准化工作规划；建立和完善文化行业标准体系；加快文化行业标准的制修订，指导和监督标准的宣传、贯彻与实施。

第三条　标准化工作是文化工作的重要组成部分。各级文化部门要高度重视此项工作，积极参与相关标准的制修订工作，宣传、贯彻和落实标准的实施。

第四条 各项标准之间应保持协调、统一。文化行业标准不得与有关国家标准相抵触；一旦条件具备，文化行业标准应及时提升为国家标准；行业标准在相应的国家标准实施后，即行废止。

第五条 各文化行业全国专业标准化技术委员会应及时收集、研究和采用国际标准和国外先进标准，加强国际有关标准组织的交流与合作。

第六条 鼓励科研机构、学术团体、行业协会、企业和院校参加文化标准化工作。

二、组织机构和职责

第七条 文化行业标准化工作实行统一管理、分工负责的原则。

第八条 文化部文化科技司统一管理文化行业的标准化工作，主要职责是：

一、贯彻执行国家有关标准化工作的方针、政策和法律法规，组织制定本行业的标准化政策和规章，负责本行业标准化的宏观管理与监督协调工作。

二、组织制定文化行业标准化体系框架及长远规划。

三、制订文化行业标准项目年度工作计划。

四、组织标准的制修订，负责国家标准的申报和行业标准的审核及发布。

五、组织标准实施，并对标准的实施情况进行监督检查。

六、指导和管理文化行业全国专业标准化技术委员会。

七、对文化行业各级标准化管理部门和企业、事业单位及行业协会、学术团体的标准化工作进行指导和协调。

八、参与协调文化行业标准化工作的国际交流与合作。

九、对文化行业标准化工作的其他重大事项提出建议。

第九条 各文化行业全国专业标准化技术委员会在标准化工作中的主要职责：

一、负责编制与本标准化技术委员会业务相关标准体系框架。

二、组织向社会征集本领域内标准的制修订意见和建议，收集和申报相关标准的立项建议，提出本标准化技术委员会标准制修订年度计划建议。

三、配合文化行业标准化管理部门做好重要标准的立项工作。

四、根据文化行业标准审定工作的需要，按照标准的内容，聘请科研机构、技术检验机构、学术团体、行业协会、用户、生产单位以及有关部门的专家组成标准化技术审定委员会，对本委员会业务范围内标准进行审查、鉴定。

五、负责有关标准的宣传咨询、贯彻实施和检查监督工作，收集标准执行中的意见。

六、每年1月15日前向文化行业标准化管理部门提交上年度工作书面报告。

七、《全国专业标准化技术委员会章程》和《全国专业标准化技术委员会管理规定》中规定的其他职责。

三、标准的立项

第十条 国家标准项目立项的主要工作程序、内容、要求均按《国家标准管理办法》有关条款和国家标准化管理委员会每年印发的《国家标准项目立项指南》执行。

第十一条 文化行业标准化工作实行年度立项制度，立项项目受理时间为每年3月1日至3月31日，各文化行业全国专业标准化技术委员会应当及时组织相关申报工作。立项材料应当包括立项申请、行业标准制修订计划表（格式见附件1）、项目建议书（格式见附件2）和标准草案。

第十二条 文化科技司负责组织文化行业标准立项申请审核，审核通过后，发布年度文化行业标准制修订任务并签订《文化行业标准项目合同》（格式见附件3）。文化行业标准制修订任务一经下达，应严格执行，原则上不予更改。

第十三条 文化行业标准立项应当符合以下要求：

一、在文化行业标准体系管理范畴内。

二、与现行国家标准或行业标准不相冲突。

三、符合文化行业发展现实需要或长远发展需求。

四、亟须修改的现行标准。

第十四条 凡列入标准项目年度计划的文化行业标准，起草单位应按照《文化行业标准项目合同》约定，在完成年限内完成标准制订工作。

因特殊原因不能在完成年限内完成的标准项目，应由技术归口单位向文化行业标准化管理部门提出书面延期申请。申请应阐明延期原因及方案，经批准后，方可延期，原则上延期不得超过1年。

未按期完成制订标准项目的起草单位，原则上不允许申报新的标准项目。

四、标准的制订与修订

第十五条　制订与修订标准的主要原则：

一、认真贯彻执行国家文化方针、政策，符合文化建设规律和社会发展的实际需求，力求做到科学、严谨、经济、适用，促进文化与社会经济的协调发展，提高文化的管理服务能力。

二、要立足于文化的发展实际，积极吸纳现有的科研成果，广泛听取各方面的意见，促进对外经济合作，贸易和交流的需要。

三、要积极做好与国际标准转化与相关文化政策、标准的衔接配套。

第十六条　国家标准的制修订主要工作程序、内容、要求参照《国家标准管理办法》有关内容执行。

第十七条　行业标准的制修订具体要求如下：

一、各文化行业全国专业标准化技术委员会应按批准的行业标准项目计划积极组织落实，积极协调起草中遇到的困难，检查监督标准的制修订进度，保质保量地完成制修订任务。

二、起草单位应严格按《标准化工作导则》的要求起草行业标准征求意见稿，同时编写编制说明及有关附件。

三、各文化行业全国专业标准化技术委员会负责行业标准送审稿的审查，并对标准的质量及技术内容负责。

四、行业标准送审时，送审材料应有标准送审稿、标准编制说明、意见汇总处理表（格式见附件4）和其他有关材料。

五、行业标准审查可采用会议审查或函审。会议审查提供会议纪要，函审时应提供函审结论（格式见附件5）并附函审单（格式见附件6），函审单的回函率应不低于75%。

六、文化行业标准化管理部门负责行业标准的批准、发布。

七、行业标准报批材料，应包括：

标准报批稿3份；

标准编制说明3份；

意见汇总处理表3份；

标准审查会议纪要及代表名单，或函审结论及函审单3份；

采用国际标准或国外先进标准的原文和译文1份；

行业标准申报单1份；（格式见附件7）

行业标准报批材料清单1份；

其他有关附件1份。

八、行业标准实施后，应根据科学技术的发展和经济建设的需要适时进行复审，复审一般不超过5年。

九、行业标准的复审工作由各文化行业全国专业标准化技术委员会提出，由文化行业标准化管理部门受理，报国家标准化管理部门批准。

十、行业标准复审可采用会议审查或函审，复审时一般应有参加过该标准起草和审查工作的人员参加，最终形成复审报告，经文化行业标准化管理部门审查后，由国家标准化管理部门备案发布。

第十八条　标准制修订中的相关科研项目，应纳入各级文化科技主管部门的工作、科研计划，予以支持。

第十九条　各级标准的修订及废止，应由各文化行业全国专业标准化技术委员会向文化行业标准化管理部门提出申请，报国家标准化管理委员会批准后执行。

五、标准的实施与监督

第二十条　文化行业各领域各部门应严格执行已发布的标准，加强标准的贯彻和宣传工作，接受文化行业标准化管理部门的监督和管理。

第二十一条　各级文化行政主管部门和文化行业标准化工作机构，应根据文化部统一部署，结合当地实际情况制定实施办法。建立健全标准化工作管理制度，开展标准的宣传、贯彻和培训工作，加强对标准贯彻实施的监督检查。

第二十二条　文化行业各类标准均属科技成果，对技术水平高并取得显著成效的标准，将向有关部门推荐、申报科技成果奖励。

第二十三条　各级文化行政主管部门对在标准化工作中作出突出业绩的单位和个人，应予以表彰和奖励。对违反有关标准并造成不良后果的单位和个人，应按照有关规章制度进行处罚，追究相应的行政责任、经济责任和法律责任。标准化工作人员因失职、渎职造成不良后果和重大损失的，应给予行政处分和追究责任。

六、标准化工作经费

第二十四条　文化行业标准化工作经费包括：国家标准化管理委员会划拨项目补助费；文化部划拨标准化科研经费，标准制订、修订补助经费；有关方面对标准的资助。

第二十五条　标准化工作经费应专款专用，一般只能用于标准的调研、资料编印、会议、审查及办公等项费用，不得挪作他用。

第二十六条　行业标准化工作经费由文化行业标准化管理部门统一管理，具体使用要求：

一、标准承担单位，应实事求是地填报年度经费预算、决算表；

二、行业标准经费一次性或分批拨付，允许跨年度使用；

三、文化部财务司负责监督标准经费的开支和使用。

七、附则

第二十七条　本办法由文化部文化科技司负责解释。

第二十八条 本办法自发布之日起施行。

2011年第一批行业标准制修订计划项目汇总表

立项时间	序号	计划编号	项目名称	标准性质	制/修订	完成年限	技术归口单位	起草单位
2011年	1	WH2011-001	民歌音频资源元数据标准	推荐	制订	1年	全国文化艺术资源标准化技术委员会	文化部民族民间文艺发展中心 山西省音乐舞蹈曲艺研究所
2011年	2	WH2011-002	民间器乐音频资源元数据标准	推荐	制订	1年	全国文化艺术资源标准化技术委员会	文化部民族民间文艺发展中心 山西省音乐舞蹈曲艺研究所
2011年	3	WH2011-003	水书元数据标准	推荐	制订	1年	全国文化艺术资源标准化技术委员会	文化部民族民间文艺发展中心 贵州省荔波县档案局
2011年	4	WH2011-004	戏曲唱段视频资源元数据标准	推荐	制订	1年	全国文化艺术资源标准化技术委员会	文化部民族民间文艺发展中心 甘肃省文化艺术研究所
2011年	5	WH2011-005	戏曲剧目视频资源元数据标准	推荐	制订	1年	全国文化艺术资源标准化技术委员会	文化部民族民间文艺发展中心 甘肃省文化艺术研究所
2011年	6	WH2011-006	曲艺唱段资源元数据标准	推荐	制订	1年	全国文化艺术资源标准化技术委员会	文化部民族民间文艺发展中心 甘肃省文化艺术研究所
2011年	7	WH2011-007	曲艺曲（书）目视频资源元数据标准	推荐	制订	1年	全国文化艺术资源标准化技术委员会	文化部民族民间文艺发展中心 甘肃省文化艺术研究所
2011年	8	WH2011-008	手机动漫数据格式标准	推荐	制订	1年	全国动漫游戏产业标准化技术委员会	北京邮电大学
2011年	9	WH2011-009	手机动漫内容标准	推荐	制订	1年	全国动漫游戏产业标准化技术委员会	北京邮电大学
2011年	10	WH2011-010	手机动漫终端标准	推荐	制订	1年	全国动漫游戏产业标准化技术委员会	北京邮电大学

续表

立项时间	序号	计划编号	项目名称	标准性质	制/修订	完成年限	技术归口单位	起草单位
2011年	11	WH2011-011	手机动漫运营服务标准	推荐	制订	1年	全国动漫游戏产业标准化技术委员会	北京邮电大学
2011年	12	WH2011-012	手机动漫用户服务标准	推荐	制订	1年	全国动漫游戏产业标准化技术委员会	北京邮电大学
2011年	13	WH2011-013	图书馆数字资源唯一标识符规范	推荐	制订	1年	全国图书馆标准化技术委员会	中国科学院文献情报中心（国家科学图书馆）、国家图书馆、首都图书馆
2011年	14	WH2011-014	文本数据加工标准与工作规范	推荐	制订	1年	全国图书馆标准化技术委员会	国家图书馆、中国科学院文献情报中心（国家科学图书馆）、贵州省图书馆
2011年	15	WH2011-015	图像数据加工标准与工作规范	推荐	制订	1年	全国图书馆标准化技术委员会	国家图书馆、北京大学图书馆、福建省图书馆
2011年	16	WH2011-016	音频数据加工标准与工作规范	推荐	制订	1年	全国图书馆标准化技术委员会	北京大学图书馆、国家图书馆、新疆维吾尔自治区图书馆
2011年	17	WH2011-017	视频数据加工标准与工作规范	推荐	制订	1年	全国图书馆标准化技术委员会	文化部全国文化信息资源建设管理中心、国家图书馆、北京大学图书馆
2011年	18	WH2011-018	专门元数据元素集及著录规则——古籍	推荐	制订	1年	全国图书馆标准化技术委员会	国家图书馆、上海图书馆、北京大学图书馆
2011年	19	WH2011-019	专门元数据元素集及著录规则——电子图书	推荐	制订	1年	全国图书馆标准化技术委员会	国家图书馆、上海交通大学图书馆、广东省立中山图书馆
2011年	20	WH2011-020	专门元数据元素集及著录规则——电子连续性资源	推荐	制订	1年	全国图书馆标准化技术委员会	国家图书馆、中国科学院文献情报中心（国家科学图书馆）、辽宁省图书馆
2011年	21	WH2011-021	专门元数据元素集及著录规则——学位论文	推荐	制订	1年	全国图书馆标准化技术委员会	清华大学图书馆、国家图书馆、重庆图书馆
2011年	22	WH2011-022	专门元数据元素集及著录规则——期刊论文	推荐	制订	1年	全国图书馆标准化技术委员会	国家图书馆、中国科学院文献情报中心（国家科学图书馆）、山东省图书馆

续表

立项时间	序号	计划编号	项目名称	标准性质	制/修订	完成年限	技术归口单位	起草单位
2011年	23	WH2011-023	专门元数据元素集及著录规则——网络资源	推荐	制订	1年	全国图书馆标准化技术委员会	上海图书馆、国家图书馆、黑龙江省图书馆
2011年	24	WH2011-024	专门元数据元素集及著录规则——音频	推荐	制订	1年	全国图书馆标准化技术委员会	国家图书馆、文化部全国文化信息资源建设管理中心、湖北省图书馆
2011年	25	WH2011-025	专门元数据元素集及著录规则——视频	推荐	制订	1年	全国图书馆标准化技术委员会	国家图书馆、北京大学信息管理系、浙江省图书馆、四川省图书馆、文化部全国文化信息资源建设管理中心
2011年	26	WH2011-026	专门元数据元素集及著录规则——图像	推荐	制订	1年	全国图书馆标准化技术委员会	上海交通大学图书馆、国家图书馆、浙江省图书馆、山西省图书馆
2011年	27	WH2011-027	图书馆数字资源统计规范	推荐	制订	1年	全国图书馆标准化技术委员会	国家图书馆、文化部全国文化信息资源建设管理中心、安徽省图书馆
2011年	28	WH2011-028	图书馆数字资源长期保存元数据规范	推荐	制订	1年	全国图书馆标准化技术委员会	国家图书馆、清华大学图书馆、上海图书馆、吉林省图书馆
2011年	29	WH2011-029	图书馆管理元数据规范	推荐	制订	1年	全国图书馆标准化技术委员会	上海交通大学图书馆、国家图书馆、陕西省图书馆

2011年度国家社科基金艺术学评审会相关工作

2011年度国家社会科学基金艺术学项目课题指南

《2011年度国家社会科学基金艺术学项目课题指南》的指导思想是：高举中国特色社会主义伟大旗帜，以邓小平理论和“三个代表”重要思想为指导，深入贯彻落实科学发展观，贯彻落实党的十七大和十七届三中、四中、五中全会以及中央经济工作会议精神，坚持解放思想，实事求是，与时俱进，大力推进学科体系、学术观点、科研方法创新，努力繁荣发展艺术科学，为党和国家工作大局服务，为促进社会主义文化大发展大繁荣服务。

申报2011年度国家社会科学基金艺术学项目，要以重大理论和现实问题为中心，坚持基础研究和应用对策研究相结合，紧密联系我国改革开放与中国特色社会主义建设特别是文化艺术建设实践，推进、完善中国特色社会主义艺术科学学科理论体系建设，深化、拓展我国文化建设实践中的重大现实问题研究，着力推出代表国家水平的艺术科学研究成果。

为进一步突出重点，针对我国艺术科学各门类学科理论体系建设中的薄弱环节、我国文化建设中亟待研究回答的重大理论与实践问题，本《课题指南》确定了若干重点领域和指定研究方向（以*标注），并根据具体情况对原有学科分类及名称进行了适当调整，为全国艺术科研机构、科研人员和社会各界有关人士提供研究参考，具备相应学术积累、学术资源和研究实力的申请者可在相关的范围和方向下自行拟定题目，其中指定研究方向的申报课题一经获准立项，可根据研究工作的实际需求，适度放宽资助额度。基础研究要具有原创性和开拓性，应用研究要具有现实性、针对性和时效性；鼓励艺术科学学科理论体系建设重要领域、方向与我国文化建设重大现实问题研究的集体攻关项目，鼓励这些研究领域与方向中优势学术资源的整合；努力推动传统学科、新兴学科和交叉学科健康发展，力求居于学科前沿，避免低水平重复。除重要的基础研究外，鼓励以论文和研究报告作为最终研究成果进行申报。

为切实提高规划水平和研究水平，2011年度国家社会科学基金艺术学项目的评审立项要与学科建设、队伍建设、基地建设、人才培养及科研结构调整、合理布局结合起来，加强协同攻关，加强整合创新。在选题上应注意处理好以下几个方面的关系：

1. 注意处理好总结历史、研究现实以及准确把握未来三者之间的关系，努力使研究项目体现出科学性、时代性和前瞻性。

2. 注意处理好理论与实践统一的关系，防止理论与实践脱节的倾向。

3. 注意处理好共性和个性的关系，既要认真开展对当前艺术学发展有普遍指导意义的课题研究，也要针对本学科领域和本地区存在的特殊问题，深入开展个案研究和实证性研究。

4. 在数量和质量上注意做到缩短战线，控制规模，注重立项课题的质量，杜绝低水平重复选题，切实提高全国艺术科学研究的整体水平。

5. 在研究方法上，提倡运用现代科技手段，提倡定性研究与定量研究、理论研究与实证研究相结合，实现研究方法的科学性、规范性和严谨性。

根据突出重点，兼顾一般，控制规模，提高质量的要求，本年度项目将对我国文化建设实践中的重大现实问题研究给予重点关注，推出一批有代表性和重要社会影响的应用对策研究项目，以充分发挥项目的决策咨询功能，更好地为社会主义文化建设大局服务。同时，对在学科建设方面具有填补空白意义的基础理论研究、民族民间艺术研究等集体攻关课题以及边远贫困地区和少数民族地区特别是西部地区艺术研究给予一定倾斜。

艺术基础理论研究

（艺术基础理论研究，包括艺术学原理、艺术社会学、艺术批评学以及艺术史学等研究。）

马克思主义艺术学原理研究

中国现当代艺术理论研究

地方艺术史研究

新中国成立以来艺术发展道路、主要成就与基本经验研究

新时期艺术理论、艺术学发展历程回顾与未来趋势展望

新世纪以来我国艺术学的新动向与新发展

艺术社会学发展状况及学科建设研究*

中国当代艺术与社会的互动关系研究*

20世纪重要艺术理论家研究

口述艺术史资料整理研究

西方现当代艺术哲学研究

戏剧（含曲艺、木偶、皮影、杂技、魔术）研究

（戏剧研究，包括话剧、戏曲研究。含曲艺、木偶戏、皮影戏、杂技、魔术等研究。）

中国各剧种史论研究

中国戏剧史断代研究

民间仪式戏剧研究

中国少数民族戏剧创作观念与发展路径研究

当代科技对戏曲艺术的影响研究

地方剧种文献文物整理与研究

中国戏剧（戏曲、曲艺、木偶、皮影、杂技、魔术）艺术家、剧本、影像信息资料数据库建设与研究

中国话剧口述史

中国现当代剧场研究

话剧与城市发展关系研究

当代话剧、戏曲批评研究

戏剧表演团体体制改革与戏剧产业化研究*

乡村曲艺现状的调查研究

曲艺曲本创作与革新研究

木偶戏、皮影戏、杂技、魔术史论研究

电影、广播电视及新媒体艺术研究

（影视类研究，包括电影、广播电视及新媒体艺术等方面的研究。）

现当代中国电影史

影视导演和表演艺术家研究

电影、电视文化研究

电影生态学研究

电影、电视剧批评及其价值取向研究

影视发展与国家文化政策研究*

电影体制改革与创新机制研究

电影产业链问题研究
低成本电影营销研究
电影产业与电影院线建设及营运研究
中外电影关系史研究
好莱坞电影的生产与传播体系研究
宝莱坞电影研究
世界动漫作品中动画形象及影响研究
广播艺术研究

音乐研究

（音乐研究，包括音乐史学、民族音乐学、系统音乐学等研究。）

音乐史学基础理论研究
中国古代音乐史的断代研究
中国古代音乐史的专题研究
音乐学各分支领域发展史研究
中国传统音乐结构研究
中国传统音乐宫调理论研究
乐律学理论的应用实践研究
古琴的打谱研究
中国少数民族传统音乐形态研究
区域音乐研究
音乐古籍、民间传谱、音像文献资料整理及数字化研究
音乐类非物质文化遗产数据库建设与研究
20世纪中国音乐界重要学者研究
中国当代音乐作品与作曲家研究
中国流行音乐的现状及发展趋势研究*

舞蹈研究

（舞蹈研究，包括舞蹈学原理、民族舞蹈学、舞蹈文化学、舞蹈批评学、舞蹈史学、舞蹈创作学、舞蹈传播学等研究。）

中国现代舞史
中国当代舞蹈“口述史”研究*
中国民间舞蹈研究
舞蹈编导学研究
舞蹈表演学研究
舞蹈人体科学研究
舞蹈批评学研究
舞蹈记录方式数字化研究
群众舞蹈的文化功能研究
舞蹈文化产业研究
舞蹈市场运行研究

美术研究

（美术研究，包括绘画、雕塑等研究。）

民间美术传承人口述史研究
民国时期的美术社团研究
移居海外的华人艺术家群体研究
当代艺术家群体与艺术产业园区的关系研究
信息技术在美术创作、保护中的应用研究
美术批评研究
美术作品评奖机制研究
美术年展现状、问题与对策研究
中国当代城市雕塑研究
当代城市公共艺术规划研究
摄影艺术研究
艺术品消费行为与消费模式研究
当代中国艺术品市场现状、问题与对策研究
中外艺术品市场政策法规比较研究*

设计艺术研究

（设计艺术研究，是指作为实用艺术的设计艺术研究。）

《天工开物》与中国传统造物艺术思想研究
20世纪中国著名设计艺术家研究
当代中国设计艺术理论与实践研究
当代设计艺术批评理论体系研究
中国元素的数字化艺术设计与实践应用研究
中国设计行业与包豪斯的关系研究
设计艺术与文化创意产业发展的关系研究
当代中国文化会展（博览会）中的艺术设计实践研究
新媒体艺术中的交互技术应用研究
数字艺术中的虚拟形象研究
国际重要设计年展研究
中外设计艺术产业竞争力比较研究*

艺术文化综合研究

（艺术文化综合研究，是与艺术科学发展密切相关的我国文化建设理论与实践问题的综合性研究。）

中国特色社会主义文化发展道路研究
文化创新体系的理论架构与实践模型研究
“文化GDP”理论架构与实践问题研究
文化领域主要统计指标体系研究
我国大众文化消费结构调查与研究
我国公共文化服务体系建设保障机制研究*
当代文化发展繁荣与文化立法的关系研究
转变文化产业发展方式研究
我国文化产业投融资体系建设研究

国有表演艺术院团改革的支撑体系研究
民营艺术表演团体现状调查与研究
艺术消费市场调查与研究
文化市场监管体制机制与能力建设研究
网络文化发展对社会文化生活的影响研究
区域非物质文化遗产保护与开发研究
信息技术在非物质文化遗产保护中的应用研究
我国文化艺术行业的人才队伍现状与对策研究
推进文化与科技融合的政策与措施研究
（*为指定研究方向）

2011年度第一批国家社会科学基金艺术学项目结项名单

学科	批准号	项目名称	成果名称	工作单位	负责人	证书号
艺术基础理论	07CA54	藏族〈格萨尔〉唐卡艺术研究	藏族〈格萨尔〉唐卡艺术研究	青海省文学艺术研究所	冶青措	2011010
戏剧学	03BB019	东西方戏剧观研究	东西方戏剧观研究	中国艺术研究院	刘彦君	2011001
	07BB18	美国华裔戏剧研究	美国华裔戏剧研究	天津理工大学	徐颖果	2011008
影视学	05IC162	中国西部电影产业可持续发展研究	中国西部电影产业可持续发展研究	西北大学	张阿利	2011007
	08BC18	中国电影全面实施产业化政策以来电影产业成果及问题研究	中国电影全面实施产业化政策以来电影产业成果及问题研究	北京大学	陆绍阳	2011012
音乐学	03BD040	音乐学世纪回眸	音乐学新论——音乐学的学科领域与研究规范	上海音乐学院	杨燕迪	2011002
	07BD27	江西客家音乐研究	《江西客家音乐文化》《江西客家音乐研究》	江西科技师范学院	黄玉英	2011009
美术学	05BF054	正本清源——中国本土民间建筑经验体系的原创性研究	正本清源——中国本土民间建筑经验体系的原创性研究	中国美术学院	王　澍	2011003
	08BF35	安徽省徽州雕刻艺术非物质文化遗产的保护与传承研究	《徽州雕刻艺术非物质文化遗产的生态保护与价值开发》《徽雕艺术中的传承与可持续性发展》等	安徽工程科技学院	黄　凯	2011013
艺术文化综合研究	05CG083	科学与文艺创作思维	科技与艺术创作	文化部	阎　平	2011004
	05IG149	延安红色革命文化资源的有效整合及当代演绎	延安红色革命文化资源的有效整合及当代演绎	陕西省艺术研究所	张新生	2011005
	05IG151	四川省非物质文化遗产现状与保护对策研究	四川省非物质文化遗产现状与保护对策研究	四川省文化厅	泽　波	2011006
	08CG75	“武汉城市圈”公共文化服务体系建设研究	武汉城市圈公共文化服务体系的财政保障机制研究	华中师范大学	陈　波	2011014

2011年度第二批国家社会科学基金艺术学项目结项名单

学科	批准号	项目名称	成果名称	工作单位	负责人	证书号
艺术基础理论	07AA01	中国艺术学学科体系建设研究	中国艺术学学科体系建设研究	北京大学	彭吉象	2011055
	03BA014	中国宗教艺术基础数据库	中国宗教艺术基础数据库	中国艺术研究院	田　青	2011019
	05BA010	中国当代视听文本的文艺文化研究	中国当代视听文本的文艺文化研究	暨南大学	傅　莹	2011023
	07BA10	消费时代中国文艺领域的道德演变研究	消费时代中国文艺领域的道德演变	暨南大学	苏桂宁	2011032
	07EA72	贵州水族艺术研究	贵州水族艺术研究	黔南民族师范学院	杨　俊	2011042
	08EA77	云南民族文化艺术信息资源网络化研究	《云南民族文化艺术信息资源现状调研报告》 《云南文化艺术网》网站策划书	云南省民族艺术研究所	陈复声	2011050
戏剧学	07BB14	广府戏班史	广府戏班史	肇庆学院	黄　伟	2011033
	07BB17	当前农村戏曲舞台可演剧目存在问题研究	《闽粤农村盛演“菩萨戏”现象调查与思考》 《当前农村戏曲舞台可演剧目存在问题与解决思路》	集美大学	苏　涵	2011034
	08BB12	皮影新媒体传播研究	《皮影新媒体传播的可行性研究报告》 无纸皮影、传感皮影、逐帧皮影动画试验片	北京交通大学	王　珉	2011046
影视学	05CC074	全球化背景下中国动画、漫画产业价值链的建构：以深圳为例	全球化背景下中国动画、漫画产业价值链的建构：以深圳为例	深圳大学	何建平	2011024
	07AC02	影视文化对未成年人成长的影响与对策研究	影视文化对未成年人成长的影响与对策研究	北京师范大学	黄会林	2011056
音乐学	03BD038	中国乐律学史概论	中国乐律学史概论	浙江温州师范学院	陈其射	2011020
	03DD085	淮河流域民间音乐文化研究	淮河流域民间音乐文化研究	河南信阳师范学院	李敬民	2011021
	05CD076	不同歌唱类型“歌手共振峰”及音色形成的机理研究	不同歌唱类型“歌手共振峰”及音色形成的机理研究	浙江艺术职业学院	于善英	2011025
	07ED77	双重乐感的理论与实践	双重乐感的理论与实践	新疆师范大学	张　欢	2011043
舞蹈学	05DE110	中国人民解放军舞蹈史	中国人民解放军舞蹈史	解放军艺术学院	刘　敏	2011027

续表

学科	批准号	项目名称	成果名称	工作单位	负责人	证书号
美术学	05CF078	书法、地理与文化研究	书法文化地理研究	广州美术学院	吴慧平	2011026
	05IF163	安多藏区（甘、青、川）古代美术遗迹考究	安多藏区（甘、青、川）古代美术遗迹考究	西北民族大学	张志雁	2011030
	07BF35	中国北方游牧民族的造型艺术与文化表意	中国北方游牧民族的造型艺术与文化表意	大连大学	张景明	2011035
	07BF37	中国近代外籍移民美术史	中国近代外籍移民美术史	上海大学	李　超	2011036
	07BF46	闽台民间美术渊源与流变	闽台民间美术渊源与流变	福建师范大学	李豫闽	2011037
	07CF67	浙北皖东地区村落古建筑工艺与地域景观保护及再生策略研究	《浙北碗东地区村落古建筑工艺与地域景观保护及再生策略研究》《浙北碗东地区村落古建筑工艺与地域景观资源普查报告》	浙江工商大学	石坚韧	2011040
	08BF39	中国佛教艺术中的佛衣样式研究	中国佛教艺术中的佛衣样式研究	南京艺术学院	费　泳	2011047
	08BF43	两宋画院研究	两宋画院研究	上海大学	顾　平	2011048
	08BF45	广义设计学基础理论研究	广义设计学基础理论研究——基于广义设计观的设计研究探讨	天津大学	董　雅	2011049
	05HF091	陕西秦绣艺术分类及技艺数据库	陕西秦绣艺术分类及技艺数据库	西安工程科技学院	梁昭华	2011057
	05HF093	中国印染纹样数据库	《中国印染纹样研究》《中国印染纹样研究考察图录》	青岛大学	侍　锦	2011058
艺术文化综合研究	05DG122	民族民间文化艺术遗产抢救、保护与研究	民族民间文化艺术遗产抢救、保护与研究——丝路及运河沿线会馆建筑艺术设计与装饰的人文内涵探析	安阳师范学院	李芳菊	2011028
	05IG150	艺术表演团体改革现状与发展研究	走出沼泽地——中国艺术表演团体改革研究	陕西省艺术研究所	杨云峰	2011029
	07AG09	当代中国的社会变迁与传统手工技艺的保护与发展	《当代社会变迁中的工艺美术生产和文化》《中国工艺美术大师全集》《科技与手艺的“联姻”》等	中国艺术研究院	邱春林	2011031
	07BG49	中国农村文化市场演变与未来引导研究	中国农村文化市场演变与未来引导研究	上海交通大学	史清华	2011038
	07BG51	长三角文化圈的透析与构建	长三角文化圈的透析与构建	浙江省文化厅	杨建新	2011039
	07CG71	文化创意产业背景下我国戏剧产业化研究	文化创意产业背景下我国戏剧产业化研究	中央戏剧学院	张　蔚	2011041
	09BG066	中国公众艺术消费现状研究	中国公众艺术消费现状研究	浙江大学	景乃权	2011053

2011年度第三批国家社会科学基金艺术学项目结项名单

学科	批准号	项目名称	成果名称	工作单位	负责人	证书号
艺术基础理论	05DA098	潮汕民间艺术史	潮汕民间艺术史•美术卷 潮汕民间艺术史•音乐曲唱卷	汕头大学	谢　铿	2011060
舞蹈学	08EE83	延安新秧歌运动研究	延安新秧歌运动研究	陕西省艺术研究所	李开方	2011064
美术学	08BF46	中国历代《舆服志》研究	中国历代《舆服志》研究	天津师范大学	华　梅	2011063
艺术文化综合研究	05AG006	中国网络文化产业现状、发展趋势及对策研究	中国网络文化产业现状、发展趋势及对策研究	文化部	柳士发 宋奇慧	2011059
	08IG001	中国特色社会主义文化理论研究	《文化制度创新论稿》 中国特色社会主义文化理论体系 中国文化体制改革33年历史叙述与理论反思 文化科技创新：理论建构与实证分析	中国艺术研究院	王列生	2011061
	10JG002	弘扬节日文化研究	弘扬节日文化研究	中国艺术研究院	李新风	2011062

国家社科基金艺术学项目成果介绍

《中国古代首服史及其美学、文化、社会内涵研究》

《中国古代首服史及其美学、文化、社会内涵研究》于2007年被批准立项为国家社会科学基金艺术学“十一五”规划项目（批准号：07CF64；负责人：清华大学贾玺增助理研究员），2010年通过专家组鉴定并经全国艺术科学规划领导小组办公室审核批准结项。该项目最终成果为学术专著——《中国古代首服研究》，共42万字。该成果基于中国古代服饰文献、图像和实物资料，从社会、政治、艺术和美学等角度出发，以历史发展脉络为序，论述结合，图文并茂地揭示了中国古代璀璨的首服文明的礼仪内涵、形态特征、艺术风貌和时代特色。

该成果主体内容分为四个部分，主要针对自史前时期至清代期间，中国中原地区汉族及北方游牧民族在各种礼仪场合和日常生活中所戴用首服的名类、式样、工艺、材料，以及起源、演变和文化内涵等内容。此外，还涉及了与首服密切相关的固发用具、饰品以及发饰、发髻等部分内容。

第一部分：分类所属。参照相关历史文献、今人研究成果，以造型、构成和佩戴方式为标准，对中国古代首服进行分类、命名和定义。同时，还对中国服饰制度的等级界定进行了必要的探讨和阐述。第二部分：历史演变。针对中国古代首服的历史传承、发展脉络、相互影响，以及与社会审美和政治制度变迁之间的关联进行梳理、比较和分析。第三部分：个案研究。对中国古代首服历史跨度较长或在某一特定历史时期使用范围较广、影响较大的首服式样或种类，进行有针对性的个案研究。第四部分：名类构成。将中国古代首服的组成部件分为主体、固冠和装饰三大类别，对中国古代首服的各组成部件进行定义和解释。

除此之外，该成果还对宋代太常博士聂崇义辑《三礼图》、明代王圻辑《三才图会》、明代朱卫珣辑《汝水巾谱》和顾孟容辑《冠谱》等对中国古代首服研究具有重要参考价值的材料进行了收集和整理。

该成果建立了中国古代首服的分类体系，首次系统阐述了首服构成，对中国古代首服制度进行了系统研究，突出了首服制作工艺的研究，为进一步加深对中华民族传统首服的理解和认识，增强对民族传统服饰文化的归属和认同，丰富我国的服饰文化研究，推动我国的服饰文化理论建设做出了贡献。

《正本清源——中国本土民间建筑经验体系的原创性研究》

《正本清源——中国本土民间建筑经验体系的原创性研究》于2005年被批准立项为国家社会科学基金艺术学“十五”规划项目（批准号：05BF054；负责人：中国美术学院王澍教授），2011年通过专家组鉴定并经全国艺术科学规划领导小组办公室审核批准结项。该项目最终成果为同名研究报告，共10万字。该成果从原创性这一全新的视角重新审视中国本土民间建筑经验，指出中国近代现代建筑学研究本质性的西方中心主义视野使它从来不愿把本土民间建筑经验视为自己学科的基石与根源，从而提出“非西方方法的本土民间建筑经验体系”这一全新重大课题。

该成果内容包括 5 部分：（ 1 ）框架性理论研究，基于人类学的田野调查、现象学的直观把握与建筑学的视野结合，以实践从“物质性、真实性、技艺、意义和场所”诸多方面的、建构学方式下的本土性建筑特征的分析与认知，形成“砌筑”、“土作”等地域性建筑语言范型与营造方法的体系性提炼，并以“景观建筑体系”以及“手工建造技艺”为核心内容，探索中国民间建筑中的非西方方法的回归与重构。收已发表论文4万余字。（ 2 ）典型区域调查，立足于对中国本土民间建筑的研究，抢救性地调查了浙江省大量村镇乡土聚落，系统采集了69个民居村落的一手资料，为这个地域传统民居研究积累了珍贵的图文信息。（ 3 ）典型区域营造研究，节选收入一系列关于民间建造的思想与做法的研究报告，计3万余字。（ 4 ）营造工艺试验，计10种。（ 5 ）从乡土营造出发的“原创性”实践，收已发表论文两篇，计3万余字，建成案例两个。

该成果认为，众多所谓从保护出发的研究事实上意味着民间建筑工艺因脱离生产活动而消亡。因此，课题研究以专业研究方式深入民间建造活动，通过将其经验体系经实验室验证改良，支持和推动在新的城乡建设中广泛使用手工营造，这对保持和原创性发展中国城乡的本土文化特征，推动城乡可持续发展和建设和谐社会具有可操作的广泛实用价值，对于矫正目前大规模的新农村建设的偏差具有直接的现实意义。

该成果集合实际调查、理论探讨和工程实践于一体，为重建以中国本土方法为核心的建筑学研究体系提供了有益的探索，为建立保持当代中国地域文化特征的建筑设计实践也提供了可贵的范式。

《东西方戏剧观研究》

《东西方戏剧观研究》于2003年被批准立项为国家社会科学基金艺术学“十五”规划项目（批准号：03BB019；负责人：中国艺术研究院刘彦君研究员），2011年通过专家组鉴定并经全国艺术科学规划领导小组办公室审核批准结项。该项目最终成果为同名学术专著，共15万字。该成果通过对东西方戏剧观念的双向互动过程的研究，梳理了中国乃至东方戏剧自近代以来的发展演变过程，探讨了戏剧作为人类重要的艺术活动的本质和特性。

该成果内容包括三部分：第一部分，是对于从原始巫祭到早期戏剧发展过程中的“仪式原则”的论述。其中涉及“祭祀仪式规范与原则的非日常性质”，“仪式性决定了东西方戏剧的共同的基因”等。并在“早期东西方戏剧观念的相异基因”这一节中，论述了古希腊戏剧的理性追求，以及精确性与逼真性理念产生。在此基础上，进一步从舞台形态、呈现语汇、叙事角度，以及时空观念等角度深入探讨了早期东西方戏剧观念的相近特征。第二部分，着眼于东西方戏剧在各自发展历程中产生的不同和分野。从“写实状态与非写实状态”的区别入手，着重论述了西方戏剧观念朝向写实主义倾仄的过程和阶段。列举了理性原则对戏剧的影响、透视原理与戏剧逼真标准的确立、对准确性的追求——“三一律”、绝对写实原则——第四堵墙。在此基础上，总结出二者之间的一些本质区别。第三部分，是基于近代戏剧发展中东西方戏剧观念的逆动而论述的。涉及了西方对于写实主义的反动，回视东方的热情，对东方戏剧观念的贴近，以及趋向东方戏剧的假定性原则的设立等。同时，针对东方戏剧观念的倾仄，分别以《东方戏剧传统的阉割》、《戏剧观念向写实方向的发展》、《舞台构成的改变》、《潮流中的异响》为题做了同等的论述。

该成果具有开阔的视野和较高的理论视点，研究方法坚持史论结合、案例分析与理论论证相结合，很好地揭示了东西方戏剧观重大异同及背后的成因，并在很多方面提出了研究者自己的新见。同时，该成果的价值不仅体现在理论方面，而且也可体现在创作上。戏剧观念不仅制约着人们对戏剧的理解，而且对戏剧的文本创作和舞台呈现具有决定性的影响。

《传统手工艺生态化保护策略及管理规范研究》

《传统手工艺生态化保护策略及管理规范研究》于2005年被批准立项为国家社会科学基金艺术学“十五”规划项目（批准号：05DG123；负责人：中国美术学院郑巨欣教授），2010年通过专家组鉴定并经全国艺术科学规划领导小组办公室审核批准结项。该项目最终成果为同名研究报告及《资料汇编手册》一册，共18万字。该成果从宏观的社会发展进程和国家相关政策法规着眼，在不同层次和类型上分析归纳经济发展和手工艺文化建设的整合关系及运作的内在规律，以大量的调查资料为基础进行国内外比较，提出了持续有序的手工艺文化生态保护和可持续发展策略，制定出了一套较为完整的科学管理规范和办法。

该成果主要内容包括：（1）在广泛调研和比较分析的基础上，结合实际工作经验，制定了47条具体并有可操作性的规范要求。（2）采取“以专题为纲，年代为目”的原则，分别编辑手工艺保护发展历程、手工艺保护法律法规、手工艺保护研究机构和社团组织、手工艺保护研究文献、手工艺代表品种及主要生产地目录、手工艺保护经验及存在的问题，共6个方面内容，范围涉及英国、法国、日本、中国4个国家。

该成果首次对传统手工艺保护相关文献进行总体整理，宏观地、理性地提出了传统手工艺整体式生态保护的策略和规范。如该成果认为，手工艺文化生态保护是一项系统工程，保护传统手工艺不能单单只限于手工艺的最终成品本身，还有赖于对其基本功能完整性的保护；手工艺的生态保护应该是通过保护某一场所、某一技艺、产品或手工艺拥有者，以保存其文化重要性的一切过程。这些观点的提出，是在考察了中国近现代、现当代手工文化发展的历史、学术研究的现状以及参考了外国相关的保护法规和条例后，经过认真思考，理性分析而提出来的，具有可信性和学术价值以及实践价值。

《音乐学世纪回眸》

《音乐学世纪回眸》于2003年度被批准立项为国家社会科学基金艺术学年度项目（批准号：03BD040；负责人：上海音乐学院杨燕迪），2011年通过专家组鉴定并经全国艺术科学规划领导小组办公室审核批准结项。该项目最终成果为专著《音乐学新论——音乐学的学科领域与研究规范》，该成果从我国音乐学的实际情况出发，结合世界音乐学的发展与现状，对我国音乐学的总体状况及其各子学科的发展情况进行了全面梳理与总结，提出了一些具有前瞻性的思考意见；同时也对音乐学学术研究的一些基本规范、工具使用与文体写作等进行分析与总结。

该成果从现代学术分类的角度，明确了音乐学是关于音乐的学术性研究和总结，作为人文——社会知识的一个领域，其目的是从各个角度对音乐进行多层次和全方位的研究；分别概述了音乐学从19世纪的德国出现对音乐分门别类的系统化专门研究到独立学科的形成乃至作为音乐学术研究领域的学科名称为世界各国普遍采用，音乐学研究、教学机构自20世纪50年代在我国建立到改革开放以来取得大量科研、教学成果的发展历程；分析、阐述了我国音乐学现有研究格局及范式多仅为对国外音乐学架构与思想的介绍、未能立足我国现有的音乐学学科架构与现状，缺乏最新学术成果的引入与吸收等局限性，亟待进行回顾性总结与前瞻性展望。全书共50万字，分为上、下两编，共16章。

上编为“学科领域引导”，旨在立足中国，以国内外音乐学学术研究的成果为依据，对音乐学的全貌与目前已经在国内外音乐学中得到公认的成熟子学科的发展历史、学科意义、研究范围、研究方法、主要文献、研究问题、研究现状、最新动向、今后的学科展望等进行梳理与反思。包括12章。

第一章“音乐学总论”，主要论述了音乐学作为一门研究音乐艺术与文化的学科的人文学科性质、学科发展的内涵演变与思想理念、研究成果的社会功用与文化职责、学科人才的知识及素养结构等。

第二章“中国古代音乐史研究”，梳理了该学科发展所经历的起步期、发展期与成熟期，对该学科一些专题领域的重要文献进行了归纳与总结，并提出了进一步推动该学科建设与发展的意见。

第三章“中国近现代（当代）音乐史研究”，论述了该学科的对象、目的与相关学理问题，对学科的历史进展、重要文献、相关争鸣问题与方法论进行了深入梳理，并对学科的发展提出了建议与展望。

第四章“中国传统音乐研究”，全面回顾了该学科在中国的发展历史，并对相关文献、主要学术问题及今后的学术动向展望进行了讨论。

第五章“西方音乐史研究”，重点对西方国家的音乐史学研究进行了梳理，并在此基础上对中国20世纪以来的西方音乐研究与发展进行了总结与展望。

第六章“音乐分析学”，对西方和中国相关领域的研究进行了系统整理与论述，并对这门新兴学科今后在中国的发展提出了建议。

第七章“音乐人类学”，讨论了该学科的性质、范畴与目的，进而对西方和中国有关该学科的发展历史与重要文献、人物进行了梳理，并对该学科所使用的一些特殊研究方法以及近年来所出现的研究动态进行了深入探讨。

第八章“音乐美学”，对中外音乐美学的学科发展进行了梳理，对该学科出现的一些关键性学理问题提出了意见与看法。

第九章“音乐批评”，在较为准确地界定音乐批评内涵与对象的基础上，针对音乐批评的实际，论述了相关学理问题，并在回顾中外音乐批评发展史的基础上，剖析了当前中国音乐批评中存在的问题。

第十章“音乐社会学”，全面考察了该学科的学理性质与定位，并在总结西方音乐社会学发展的基础上，讨论了我国音乐社会学的发展与前景。

第十一章“音乐心理学”，界定了该学科的对象、范围与研究意义，在清理中外学科发展历史的基础上，对该学科最新发展趋势与今后的发展前景进行了分析。

第十二章“音乐教育学”，在全面梳理音乐教育学的学科内涵、学科历史与学科问题的基础上，对该科学的主要研究方面进行了简要说明，并对中国音乐教育学的发展前景提出了建设意见。

下编为“研究工具与写作规范”，是音乐学研究规范与范式的分析与总结，较为侧重学术实践中应用的方面，旨在对研究生层次以上的音乐学者提供实用性的研究指南，既有学理性的深入探讨，又有实用性的工具性指导，这种基础理论与实际应用相结合的特色是该成果的重要方法特征。包括4章。

第十三章“音乐学的研究工具与写作规范”，通过对音乐图书馆、主要音乐工具书、重要期刊以及相关网络资源的介绍，引导读者全面、准确地掌握音乐学研究的途径及方法。

第十四章“音乐学术论文的写作规范”，全面、深入地讨论了音乐论文的写作基础、音乐研究的基本规范、音乐论文的写作规范等方面的程序与规格问题。

第十五章“音乐书（文）评的写作规范”，讨论了书评的问题界定，在相关的优秀书评实例分析的辅助下，针对书评的原则、写法与特点进行了剖析。

第十六章“调查报告与采写问题的写作”，主要针对民族音乐学等具有社会科学性质的学科中常见的调查报告文体进行梳理，特别列举了田野调查中一般所应涉及的问题与方法，具有使用指导价值。

《东亚诸国对中国音乐文化的接纳及其历史演化》

《东亚诸国对中国音乐文化的接纳及其历史演化》于2005年度被批准立项为国家社会科学基金艺术学文化部项目（批准号：05GD137；负责人：上海音乐学院教授赵维平），2010年通过专家组鉴定并经全国艺术科学规划领导小组办公室审核批准结项。该项目最终成果形式为同名专著，分为6章，共25万字。该成果在收集、整理、分析大量文献史料、考古资料及实地考察的音乐资料基础上，从乐器、乐谱、音乐制度、乐人体制、音乐体裁等出发，较为全面地考察、论述了汉唐以来中国古代音乐文化的形成以及朝鲜、日本、越南等国在接受中国音乐文化的过程中所发生的文化触变现象。

第一章：东亚诸国音乐文化的历史流动。共分为五部分：第一部分：东亚音乐研究的状况，包括研究的目的与现状，论述了中国与东亚音乐研究中存在的不足及其研究方向问题，阐明研究以原始史料为基础，以还原历史原貌为原则，用实证的方法揭示古代中国与东亚诸国之间的音乐文化交流关系。第二部分：汉代以来宫廷音乐的形成，唐代音乐制度的形成以及唐代音乐中雅、俗、胡的音乐比例及其构成，是对朝鲜、日本、越南等国音乐的形成产生重要影响的基础。第三、四部分：分别概述朝鲜、日本、越南等国在不同时期接受中国古代音乐文化的历史环境及态势，当时的中国与东亚诸国间的文化落差及其相互关系。第五部分：亚洲的音乐史料及其研究，从音乐文献、考古资料以及对史料的研究状态分别阐释中国与东亚诸国的音乐历史文化及其研究现状。

第二章：探究中国古代音乐历史原貌及其个案分析。共分为两部分：第一部分：古代乐谱的研究。乐谱是音乐的直接载体，是最直接反映音乐的媒介。详细论述了敦煌琵琶谱、五弦琵琶谱的谱字音位、定弦及其产生的文化意义。第二部分：考察丝绸之路上的乐器。通过考察大量原始史料、考古学资料，揭示了琵琶从印度、波斯传入中国后在不同历史时期所产生的不同形制变迁及文化现象，澄清了琵琶的历史发展原貌；考证了散乐与百戏的历史来源及其发展，澄清了二者之间的关系。通过对中国古代乐谱、乐器及乐种等方面的考证梳理，还原了中国音乐史的原始面貌。

第三章：中日音乐的比较研究。以中国音乐的原始状态对日本同类音乐样式进行对照性研究，分析、阐述了日本对中国古代音乐文化的接受态度。共分为两部分：第一部分：音乐的制度。从日本最早形成的音乐制度——雅乐寮入手，对其机构的来源、乐人的构成进行了细致深入的考证，揭示出雅乐寮的形态与乐人制度及其发展变迁的轨迹；并从中国同类音乐——雅乐一词出发，对音乐制度的形成、乐人的情况等进行了全面的描述，从而将中国与日本两国的乐人、乐官的职位等进行横向比较，获得了两国对音乐文化的不同认识，归纳出两国存在的不同文化土壤以及两国对音乐的态度、乐人的地位等均有着不同认识等结论。8世纪中叶日本宫廷出现了最为重要的音乐机构——内教坊，该机构从形式到内容都来自唐代的内教坊，对这一音乐机构从形成、盛行到衰败及其与中国内教坊的关系等进行了客观、全面的比较研究，揭示了日本在接受中国音乐文化时的实际状况及对外来文化的接受态度。第二部分：音乐的体裁。从音乐的体裁来看日本接受中国音乐的情况，对散乐、声明、雅乐、踏歌、女乐等活跃于奈良、平安朝宫廷的主要音乐体裁从中国的原始状态到日本接受、历经变迁后的形态进行了全面、具体的考察，并论述了其文化特征。

第四章：分析朝鲜宫廷乐。从朝鲜三国时期固有的原始乐器、乐制情况及其音乐文化入手，论述朝鲜的宫廷雅乐与中国有着千丝万缕的联系，认为10世纪开始的高丽朝时朝鲜宫廷音乐的峰期，全面接受中国宫廷的雅乐，中国12世纪初的宋朝对这一时期朝鲜宫廷乐产生了深刻的影响，大量的雅乐器、登歌乐等输入朝鲜，几乎覆盖了其宫廷仪式文化。具体分析了朝鲜宫廷中的唐乐（来自中国唐代的俗乐）、雅乐（中国宋朝仪式乐）、乡乐（朝鲜固有的传统乐）在不同时期的形态、比例及历史变迁特别是唐乐的成分由多变少、乡乐由少变多的发展轨迹，阐述朝鲜国乐（乡乐）逐渐占据主要地位的过程，揭示出地方民族文化逐渐被确认的历史事实。

第五章：越南的宫廷音乐。共分为两部分：第一部分：越南宫廷音乐的现状。记述了1995～1996年联合国教科文组织委托进行的两次对越南宫廷音乐现状的实际调查情况，采访了越南顺化地区（阮朝政府的首都）中曾为宫中乐人的6位70岁以上老乐人，录制了他们演奏（演唱）的音乐并记录了其要点、曲目内容等；广泛、深入调查了其他音乐团体演奏的越南传统音乐以及现存的越南传统乐器、乐队、演奏内容、曲目等现状。第二部分：10世纪以来特别是18、19世纪越南宫廷中音乐状况的历史考察。探讨了越南宫廷音乐的乐种和组织机构，详细考察了历史上越南宫廷乐中的雅乐、大乐、小乐、细乐、女乐、军乐等音乐体裁的原始状态及其与中国同体裁的渊源关系，深入比较研究了上述音乐体裁在中国的原始状态及其传入越南后的使用方式、变迁的内容等；深入、细致地调查研究了19世纪以来越南出现的教坊、同文·雅乐署、小侯队、和声署、清平署等组织机构的职能、管辖范围以及乐人状况等。通过中越两国的音乐体裁、制度及乐人等的比较研究，澄清了越南接受中国古代音乐的历史脉络。

第六章：朝鲜、日本、越南等国对中国音乐文化接纳方式的结论。分析、论述了奈良、平安时期的日本接纳中国音乐文化的方式是将来自中国的音乐文化体裁进行改造，在保留外在形式的同时其实体及使用方式均“日本化”，使之成为自我文化的一部分，这是8、9世纪日本宫廷音乐文化的重要特征之一。10世纪，平安盛期的日本迎来了“纯日本风格的古典时期”，即便是直接输入日本的外来文化，也随着时间的推移逐渐脱离其原始形态而走向“日本化”。分析、论述了朝鲜和越南在乐器、乐种、音乐机构、乐人制度等方面全面导入中国同时代音乐体裁，并在全面、忠实接受中国的礼乐体系后逐步消化、融入自我文化的过程。越南19世纪以后宫廷音乐全面走向仪式化，音乐机构也出现复杂化倾向；

朝鲜从高丽朝到李朝宫廷中的唐、雅、乡乐比例在长期的发展过程中也经历了由强、中、弱到弱、中、强的深刻变化，逐渐走向本土化。

该成果坚持以原始资料为依据，以实证的方法，从乐器、乐人、乐谱、音乐体裁、音乐制度等方面对中国及朝鲜、日本、越南等国的音乐文化及其交流历史进行了深入系统的考察与整体性比较研究，对认识不同时期不同国家如何接纳中国音乐文化、不同的民族对外来文化的接受态度以及从不同的音乐形式来看其文化接受的本质等，具有重要的理论意义与现实意义。

《藏族〈格萨尔〉唐卡艺术研究》

《藏族〈格萨尔〉唐卡艺术研究》于2007年度被批准立项为国家社会科学基金艺术学青年项目（批准号：07 CA54；负责人：青海省文学艺术研究所冶青措），2011年通过专家组鉴定并经全国艺术科学规划领导小组办公室审核批准结项。该项目最终成果为专著《藏族〈格萨尔〉唐卡艺术》，共15万字，并配有包括《格萨尔》唐卡在内的不同历史时期、不同题材的唐卡及部分反映唐卡绘制情况及画师的图片120幅。该成果在搜集、梳理大量文献资料的基础上，较为全面地论述了《格萨尔》唐卡艺术产生与发展的历史、艺术特色及其在藏族艺术发展历史上的地位与影响，并对《格萨尔》唐卡艺术作为非物质文化遗产传承保护的现状、问题及发展前景等提出了建议。

该成果分为唐卡——藏族绘画艺术的瑰宝、仲唐——《格萨尔》唐卡艺术、《格萨尔》唐卡艺术的新发展、《格萨尔》唐卡画师、《格萨尔》唐卡的姊妹艺术、《格萨尔》唐卡艺术的传承保护与发展等6章。

第一章：唐卡——藏族绘画艺术的瑰宝。分析论述了从远古时期的岩画到佛教传入西藏后唐卡艺术的起源，唐卡在构图、用色、创作、题材等方面的艺术特点，唐卡艺术具有的广泛群众性与社会性，唐卡从内容、材料、绘画形式、地域、流派等方面区分的不同类型。

第二章：仲唐——《格萨尔》唐卡艺术。分析论述了《格萨尔》在安多、康巴、西藏地区的流传分布情况以及仲唐的产生，《格萨尔》唐卡中的格萨尔形象特点、画面背景特点、反映的格萨尔故事、其他人物造像特点，《格萨尔》唐卡的绘画特色、艺术风格、供奉及欣赏等。

第三章：《格萨尔》唐卡艺术的新发展。分析论述了新中国建立以来特别是改革开放以来，在继承优秀传统基础上相继产生的《格萨尔》精选本插图中新式唐卡在构图、色彩、塑造人物形象等方面的变化发展，以及《彩绘大观》中的《格萨尔》唐卡、甘孜州《格萨尔王传》千幅唐卡、格萨尔30员大将唐卡的艺术成就。

第四章：《格萨尔》唐卡画师。概要介绍了画不完的《格萨尔》艺人阿吾尕洛、绘制“基尼斯之最”唐卡的美术大师宗者拉杰、为《格萨尔王传》千幅唐卡点睛的泽仁巴登、绘制《〈格萨尔〉精选本》插图的东智才旦等《格萨尔》唐卡画师。

第五章：《格萨尔》唐卡的姊妹艺术。概要介绍了《格萨尔》壁画、刺绣及泥塑、石雕等《格萨尔》唐卡的姊妹艺术。

第六章：《格萨尔》唐卡艺术的传承保护与发展。分析论述了《格萨尔》唐卡艺术作为非物质文化遗产的史料价值、艺术价值、传播价值、经济价值等，《格萨尔》唐卡继承与发展的现状及问题，《格萨尔》唐卡艺术的发展前景，提出了保护、继承、发展《格萨尔》唐卡艺术的建议等。

该成果通过对大量文献资料的分析研究认为：

——“唐卡”作为藏族特有的一种绘画艺术，与壁画有着密切的联系，绘制在墙壁上的为“壁画”，绘制在卷面上的则称“唐卡”。“唐”，在藏语里是“展示”的意思；“卡”，在藏语里指被展示的物品。

——公元7世纪以后，唐朝文成公主、金城公主和尼泊尔赤尊公主先后入藏，带来许多工匠和画师，高度发达的中原文化和古老的印度文化传入我国西藏地区，对藏族绘画艺术的发展产生了巨大的推动作用，为唐卡艺术的产生奠定了基础。

——绘制唐卡的画师大部分来自民间，因而唐卡艺术又与丰富多彩的藏族民间文化有着密切联系。绘制唐卡的颜料提取自青藏高原特有的有色矿产与动物血，各种颜色对比强烈，不仅使画面的立体感增强，而且不易变质、褪色，使画面长久保持色泽鲜艳。

——在没有出现手抄本与木刻本之前，《格萨尔》这部伟大的英雄史诗，主要依靠民间艺人的说唱得以广泛流传，为了加强说唱时的效果，加深对听众的感染力，吸引更多的听众，一些聪明的民间艺人就以《格萨尔》为题材，绘制人物画及“格萨尔故事”，说唱时把它们悬挂起来，边演唱边解释，这就是有关《格萨尔》最早的“唐卡”画。久而久之，成为一种专门的类型，称作“仲唐”。“仲”，即《格萨尔》故事，“仲唐”，就是画有《格萨尔》故事的唐卡，并逐步发展成为藏族文化艺术的精品与瑰宝。

——解放前的西藏及其他藏族聚居地，基本上处于政教合一的封建农奴制社会，宗教在思想意识形态领域占统治地位，劳动人民没有地位，劳动人民创造的文学艺术也不被重视，不能进入艺术殿堂。唐卡中以佛经故事为主要内容的“德唐”、“协唐”占主流地位，它们质地最好，工艺最精美，篇幅最大，数量最多，价格最昂贵，流传最广泛，多悬挂、供奉于寺院、宫殿或农奴主贵族的宅院，一些较好的唐卡往往价值数十万乃至上千万元；唐卡中分别以藏医藏药、藏族天文历算为主要内容的“曼唐”与“孜唐”，也因其具有很强的实用性而受到重视，第五世达赖喇嘛在建立噶丹颇章王朝、修建布达拉宫时曾集中当时藏区最优秀的画师绘制了《四部医典》彩色唐卡与历算唐卡，至今仍被广泛运用并传播到世界许多国家；而唐卡中以反映《格萨尔》故事及其人物为内容的“仲唐”，则主要通过民间说唱艺人自画、自用、自卖、自我欣赏，质地很差，甚至连一块像样的画布都没有。从历史上看，官方、寺院及农奴主贵族从未重视、支持过“仲唐”的绘制，但艺人们依然满怀激情的指画说唱，群众听得津津有味，显示出民间艺术极强的魅力与生命力。正因如此，国内外研究“德唐”、“协唐”与“曼唐”、“孜唐”的论著难以计数，而对《格萨尔》唐卡的专门研究亟待加强。

——新中国建立以来特别是改革开放以来，我国的《格萨尔》事业得到前所未有的发展，传统的《格萨尔》唐卡艺术焕发出新的艺术生命力，呈现出初步繁荣的可喜局面。

《中国戏剧女性导演的美学研究》

《中国戏剧女性导演的美学研究》于2005年度获准立项为文化部文化艺术研究青年课题（批准号：05FB132号；负责人：上海戏剧学院顾春芳），2010年通过家组鉴定并经全国艺术科学规划领导小组办公室审核批准结项。该课题最终研究成果为专著：《她的舞台——中国话剧女导演创作研究》，共分14章42节，22万字。该成果集中研究中国半个多世纪以来具有代表性的11位女导演的话剧导演实践，以女导演们的话剧代表作品为主型，着重从戏剧美学层面、文化批评的角度研究她们的二度创造的成就与贡献；研究内容包括女导演们近几年的创作活动与新作、力作，内容丰富，准确翔实，具有当代感；作者的论述所坚持的美学观点正确鲜明、充满感情；在女导演群的卓越成就和多元的题材及舞台呈现这两个方面，对中国话剧史做了重要的补充。

《中国话剧女导演创作研究》所涉及的主要问题有以下几个方面：第一，撷取中国话剧导演群体中有代表性的10多位女导演，从她们丰富多彩的舞台作品出发，论证她们对于中国话剧演出史的地位和贡献。第二，力求对话剧演出史中关于女导演作品的整体美学意义，以及女导演创作所具有的社会学和文化学层面的双重价值，予以归纳和总结，以期进一步完善对于中国话剧演出史的总体认识。第三，深入剖析和解读每一位女导演最有代表性的舞台作品，以期发现和梳理女性导演作品的美学特征和美学意义。

该成果共分为14章。第一章“中国话剧女导演创作概述”，着重分析现实主义话剧创作、新时期探索话剧以及上世纪90年代以来现代意识和精神的求索过程中女导演的群体创作及其崛起的社会和文化根源整体、现实和美学意义，并从整体俯瞰新时期以来的中国话剧转型过程中女导演的群体崛起。第二章“现实主义美学的传承与开拓”、第三章“燃烧生命熔铸艺术的话剧祭司”分别分析了孙维世、陈颙导演的话剧理论与实践。第四章“女导演的历史洞察力”，通过对《于无声处》、《寻找男子汉》、《扎龙屯》等几部话剧作品的分析，发现在历史转型期女导演敏锐的历史洞察力，概括女导演对于现实世界的深刻审视和深度思索。第五章“觉醒与解放”，分析了在新时期“文艺复兴”的时代洪流中，女导演话剧作品中呈现出来的“思考的强健”，实现了深层次的人性的觉醒和解放。第六章“唯美浪漫的诗性思维”和第七章“编织童话世界的真善美”，分析了以王佳纳和查丽芳两位导演为代表的女导演群体富有精神性创造的审美过程和艺术活动充满了唯美浪漫的诗性气息，概括了女导演创作中呈现的诗性思维的共性：母爱的精神以及博爱的情怀。第八章“现代精神与舞台实验”，分析了新时期探索戏剧的发展阶段之后，女导演的创作中出现了具有现代精神和世界意识的舞台创作，呈现了理性价值、反思精神以及对于社会、道德、文化发展的自觉责任。第九章“阴柔阳刚之美学形态”，从美学上澄清了男性对位阳刚、女性对位阴柔的错误的审美定位，针对陈新伊和曹其敬等导演创作风格上呈现的豪放之气，分析了女导演作品中存在的“豪放派”和“婉约派”的不同美学风格和内在意蕴。第十章“现实主义英雄主义精神的滥觞”，对《商鞅》、《父亲》等几部作品的分析，总结了上世纪90年代中后期戏剧精神和美学旨趣对于现实主义的回归和坚守。第十一章“搭建女性言说的舞台”，撷取女导演创作中有着较为鲜明的“女性主义”创作风格的作品予以女性主义角度的评论和分析。第十二章“诠释经典的个性视角和现代立场”，分析了上世纪90年代的话剧舞台上，田沁鑫等女导演的作品中呈现出的严肃而又深沉的思考品格，渗透出艺术家深刻的悲悯意识和人文关怀。第十三章“商业社会中的严肃命题”，有选择地介绍女导演的几部作品，用以探讨“人怎样安放自己的灵魂”、“怀旧风尚的时代反讽”等问题。第十四章“悲悯意识和人文关怀”，分析了上世纪90年代的女导演呈现出的难能可贵的理性思辨精神和文化责任感。结语部分对中国话剧女导演群体于话剧演出史的贡献，其整体崛起的社会和文化两方面的意义，以及其创作的主要特点和历史局限进行了归纳和总结。

该成果丰富了中国话剧演出史论，向当代戏剧理论和实践提供一种崭新的观察角度和思考模式。

《我国电影观众消费心理和行为研究》

《我国电影观众消费心理和行为研究》于2003年度获准立项为国家社科基金艺术学项目（批准号：03BC030；负责人：上海交通大学李乃和），2010年通过专家组鉴定并经全国艺术科学规划领导小组办公室审核批准结项。该课题最终研究成果《我国电影观众消费者心理和行为研究研究总报告》为研究报告，共计33万字。该成果以观众消费心理和行为研究为切入点，以观众为本位，直接进入市场的“终端”，为当今我国电影产业结构的重组并向现代大电影产业升级提供了新的思路。

《我国电影观众消费心理和行为研究》包括以下专题研究：美国大片观众偏好研究、网上电影观众爱情喜剧片观赏行为研究、网上电影观众情色片观赏行为研究、美国科幻电影的观众偏好研究、青少年动漫影片的偏好和行为研究、青年受众韩国反转剧影视观赏偏好研究、电影博客对科幻片票房价值影响研究、电影置入式营销在消费者中有效性研究、网络口碑与电影消费者态度及观赏动机关系研究、农民电影观赏行为研究。

研究者致力于在观众群体和电影本体两个交互式的动态系统之间展开耦合过程的研究，一方面把观众对电影的欣赏行为与心理素质看成是一个多变量的系统；另一方面又将电影本体构成的诸要素，直接渗透于观众的欣赏行为与心理活动之内，将电影观赏心理、计量心理学方法和结合分析思想引入电影观赏研究，创建了分层－解构模型，并根据问卷设计及数据搜集，得出了最终的解释和结论。这种方式，较之以往一般的观众调研分析更具有可信性、指导性和科学性。

该成果不仅是一项学术著作，更是倾注了研究者数年来的心血及其对我国电影市场发展的一种关爱和期待，对于促进中国电影产业发展提供了理论支持，具有较强的现实意义，尤其对当下我国主流商业大片的市场拓展与国际传播，呈现出新鲜的理论启示性。

全国艺术科学研究“十二五”（2011～2015年）规划

艺术科学是哲学社会科学的重要组成部分，是建设中国特色社会主义文化的重要基石。加强艺术科学研究是促进社会主义文化大发展大繁荣的重要体现，对于塑造民族精神、提高国民素质、推进文化创新、构建和谐社会具有重要意义。为大力推进我国艺术科学的健康发展和全面繁荣，根据《中共中央关于深化文化体制改革 推动社会主义文化大发展大繁荣若干重大问题的决定》、《国民经济和社会发展第十二个五年规划纲要》及《国家哲学社会科学研究“十二五”规划》的精神，结合“十一五”时期我国艺术科学研究工作的实际与未来5年艺术科学发展及文化建设的需要，制定《全国艺术科学研究“十二五”（2011～2015年）规划》。

一、“十一五”时期艺术科学研究工作的回顾与“十二五”时期面临的形势

“十一五”时期，艺术科学研究及管理取得显著成绩。过去5年，在党中央的高度重视和正确领导

下，艺术科学研究高举中国特色社会主义伟大旗帜，牢牢把握正确政治方向，紧密结合全面建设小康社会实际，积极开展理论研究和实践探索，充分发挥了认识世界、传承文明、创新理论、咨政育人、服务社会的重要作用。国家对艺术科学的投入持续增加，有力地推动了艺术科学的建设和发展。

艺术学项目规划管理进一步规范、导向作用显著增强。“十一五”时期，原“全国艺术科学规划课题”统一更名为“国家社会科学基金艺术学项目”，评审立项周期由二年一次改为一年一次，同时取消原自筹经费项目类别，专设文化部文化艺术科学研究项目，艺术学项目的申报评审制度、经费管理制度、中期管理制度、鉴定结项制度及成果宣传使用制度进一步规范，中级管理机构建设及职能作用进一步加强，艺术学项目经费总额及单项平均资助额度均较“十五”时期大幅提高；《全国艺术科学研究“十一五”（2006～2010年）规划》及历年课题指南构建了中国特色社会主义艺术学学科理论体系的初步框架，突出了我国文化艺术建设实践中的重大现实问题研究。“突出重点，兼顾一般，控制规模，提高质量”的总体原则贯彻于项目评审及管理全过程。

学科建设稳步推进，研究领域不断拓展和深化，研究成果数量倍增、宣传平台逐步扩大。“十一五”期间，共结项271个项目（国家项目219个，文化部项目52个），较“十五”时期的127个增长113.3%；艺术学研究领域不断拓展，艺术学各分支学科研究更趋深入，推出了一批具有重要标志性学术价值的研究成果，初步形成了基础研究、应用研究和对策性研究三足鼎立，传统学科、新兴学科和交叉学科共同发展的可喜局面；随着文化与科技融合趋势的不断加快，新兴文化业态进入艺术研究领域，日益成为新的研究方向，大大拓展了艺术科研的领域；成果库建设取得重要进展，《艺术百家》等报刊的成果宣传工作和《国家社会科学基金艺术学项目成果选介汇编》编辑工作相继启动。

科研服务于社会的功能日益增强，形成艺术创新的科研支撑力量。“十一五”时期，广大艺术科研工作者用敏锐的学术触角，不断吸收新理论、新思路、新方法，积极研究探索文化艺术实践中大量涌现的新现象、新课题，艺术科研领域的应用对策性研究愈益受到重视，在文化发展战略、公共文化政策、文化体制改革、公共文化服务体系建设、非物质文化遗产保护与传承、文化艺术知识产权保护制度建设、文化产业发展、新媒体艺术等领域产生了一批重要研究成果，把学理性寓于应用对策之中，艺术科研服务咨政的功能进一步发挥。

艺术学项目的社会影响日增，研究队伍蓬勃发展。“十一五”时期，艺术学项目规划管理按照本领域特有规律组织学术研究，共立项557个研究项目（国家项目390个，文化部项目167个），较“十五”时期的388个立项项目增长43.5%，承担国家艺术学规划研究项目的百余单位遍布全国（除海南、港澳台外）30个省（区、市）；科研兴文的氛围逐渐形成，艺术科研工作者的积极性高涨，科研队伍得到较大的调整和充实，营造了良好的学术环境，推出一批优秀科研人才，使我国艺术科学研究队伍和事业发展充满活力。

在肯定成绩的同时，还应清醒地看到“十一五”时期全国艺术科学研究领域还存在着一些较突出的问题与薄弱环节：艺术学各学科门类的基础研究较之其他学科仍相对薄弱，学科体系建设还不完善，原创性、前沿性、高端性成果较少，具有国际性影响的力作不多，对新观念的吸纳、新方法的运用及新理论的建树尚需加强，整体水平有待提高；理论创新研究与文化艺术实践之间还存在一定程度的脱节，具有基础性、全局性和战略性影响的重大成果不多，对文化艺术发展现状的关注仍需加强；艺术科研体制仍需不断改革创新，科研经费投入仍不适应艺术科学发展的实际需要，科研成果的转化、应用仍需进一步加强。这些矛盾突出体现为艺术学科本身的建设进程仍然滞后于当前国家文化建设飞速发展的形势要求。这些问题都是“十二五”时期亟待解决的问题。

“十二五”时期是全面建设小康社会的关键时期，是深化改革开放、加快转变经济发展方式的攻坚时期，艺术科学研究面临着推动社会主义文化大发展大繁荣、提升国家文化软实力、推进文化创新等战略任务的新要求。在中国特色社会主义文化建设实践中，深入贯彻落实科学发展观，建设社会主义核心价值体系、深化文化体制改革，创新文化生产和传播方式，解放和发展文化生产力，增强文化发展活力，繁荣发展文化事业和文化产业，迫切需要艺术科学深入研究、回答新的历史时期我国文化艺术建设实践中一系列战略性、前沿性、综合性的重大问题，为提升国家文化软实力和民族文化竞争力、实现中华民族的伟大复兴提供理论基础和智力支持。

二、"十二五"时期我国艺术科学研究工作的指导思想与总体目标

"十二五"时期，艺术科学研究工作的指导思想是：

高举中国特色社会主义伟大旗帜，以马克思列宁主义、毛泽东思想、邓小平理论和"三个代表"重要思想为指导，深入贯彻落实科学发展观。

坚持解放思想、实事求是、与时俱进，大力推动理论创新，推进学科体系、学术观点和科研方法创新，不断增强创新能力，以时代的要求、发展的眼光与改革的精神推进艺术科学研究。

坚持为人民服务、为社会主义服务的方向和百花齐放、百家争鸣的方针，紧紧围绕全党全国工作大局，积极探索并遵循艺术科学自身的发展规律，努力促进社会主义经济建设、政治建设、文化建设和社会建设协调发展；尊重艺术科学工作者的创造性劳动，在坚持正确理论方向的前提下，充分发扬学术民主，提倡学术流派与学术风格的多样化。

坚持理论联系实际，注重调查研究，大力弘扬求真务实精神，以实际问题为中心，着眼于马克思主义理论的运用，着眼于对实际问题的理论研究，着眼于新的实践和新的发展。

坚持立足中国，面向世界，立足当代，面向未来，以放眼世界的宽广视野和贯通古今的历史深度，准确把握当今世界的发展趋势，深刻认识当代中国的发展规律，在继承民族优秀传统、借鉴吸收外来优秀成果的基础上，努力构建中国特色社会主义文化理论体系及艺术学学科理论体系，不断提升我国艺术科学研究的国际影响力。

坚持突出重点，兼顾一般，控制规模，提高质量的总体原则，倡导扎实严谨、精益求精的科学治学精神，注重学术积累，注意处理好总结历史、研究现实与准确把握未来三者之间的关系；提倡运用现代科技手段，提倡定性研究与定量研究、理论研究与实证研究相结合，实现研究方法的科学性、规范性和严谨性。

"十二五"时期，艺术科学研究工作的总体目标是：推出一批立足于中国特色社会主义艺术学学科理论体系建设的标志性成果，推出一批立足于新的历史时期我国文化艺术建设中重大现实问题研究的标志性成果；通过规划研究项目锻炼、推出一批艺术学各分支学科领域有重要建树与影响的中青年优秀科研人才，进一步提高艺术科学研究的整体水平。

三、"十二五"时期我国艺术科学研究工作的中心任务与重点领域

"十二五"时期，我国艺术科学研究工作的中心任务是：围绕党和国家经济、政治、文化及社会建设的大局，紧密联系我国改革开放、发展中国特色社会主义特别是文化艺术建设的实际，大力推进、完善中国特色社会主义艺术学学科理论体系建设，深化、拓展新的历史时期我国文化艺术建设实践中的重大现实问题研究，进一步发挥艺术科学认识世界、传承文明、创新理论、咨政育人、服务社会的作用。

"十二五"时期，艺术科学研究的重点领域与方向是：

艺术基础理论研究。以经典马克思主义艺术理论和中国化马克思主义艺术理论为指导，配合党中央提出的马克思主义理论建设工程，开展马克思主义艺术理论建设，深化中国化马克思主义艺术理论发展规律、艺术学体系建设研究；加强中国传统艺术当代价值研究；加强中国现代艺术体系的形成与发展研究，对新中国成立以来特别是改革开放以来我国文化艺术主要成就、发展道路、基本经验及现实中亟待解决的主要问题、未来发展方向与途径的研究；继续推进地方艺术史学研究；加强和深化艺术社会学研究，密切关注当代新的艺术生产与消费实际；改善和加强艺术批评，推进科学精神与社会责任感、美学观点与历史观点相统一的艺术批评建设。

戏剧（含戏曲和话剧、曲艺、木偶、皮影、杂技、魔术）研究。重视戏曲本体研究，加强戏曲表演理论与体系建设，改善和加强戏曲批评，重视并加强戏曲研究中的新兴研究方法的引进和运用，完善和深化戏曲学科体系建设；重视中国现当代剧场史研究，加强当代戏曲艺术资料的建设与研究；鼓励戏曲艺术运用视听新技术研究，加强转型转制中的戏曲市场及经营研究。加强当代戏剧导演和编剧研究，重视话剧口述史研究；加强话剧演出现状、创作生产及剧团体制改革与戏剧产业、民营剧团的生存现状与发展路向的调查研究，为政府扶持戏剧文化产业提供决策依据。加强中国戏曲、话剧、曲艺艺术家、剧本、影像信息资料数据库建设；重视城乡新兴曲艺班社研究，加强曲艺基础理论研究，重视少数民族曲种的研究和曲艺的文化学研究，加强曲艺的口述史研究、音像文献的整理保存和曲艺文化的数据库建设。加强木偶、皮影、杂技、魔术发展现状及趋势调查与基础史论研究。

电影、广播电视及新媒体艺术研究。进一步加强电影、电视、动漫及新媒体研究的学科基础建设，推动中国电影美学范畴、理论框架与批评体系建构；重视电影、电视、动漫、新媒体艺术与文化战略、跨文化、文化产业等其他新兴学科的交叉研究；加强电影、电视、动漫、新媒体艺术创作中体现中国核心价值观与追求艺术性、娱乐性之间的协调关系研究；探讨电影、广播电视和新媒体数字技术与人文学科融合的前景，分析和预测数字化时代艺术形式、审美发展的趋势；加强外国（特别是欧美、日韩等国）电影、电视、动漫和新媒体研究，推动中国电影、电视、动漫和新媒体相关领域的研究走在世界性学术前沿；加强电影、广播电视及新媒体艺术领域技术应用的研究，如电影的3D技术及其他数字化技术的研究、软件的开发研究等，提高中国电影、电视、动漫、新媒体的整体制作水平。

音乐研究。加强中国传统音乐基础理论及学科建设研究；整合多学科领域的学术资源，运用多学科方法论、多视角进行中国传统音乐文化研究；注重音乐与社会发展的互动关系，加强音乐文化人类学、音乐社会学及音乐创作研究；加强中国音乐古籍、民间传谱、宗教音乐、音像文献资料等整理、保护与数字化研究；整理、总结前代学者的学术成果和学术路径；梳理和总结音乐学各分支领域发展史研究；注重国际交流，加强中国传统音乐“走出去”及外国音乐研究。

舞蹈研究。加强中外舞蹈史学研究，在本体论、美学、发生学、类型学、形态学和中外舞蹈比较研究等学科方向上实现新的突破，尤其要加强舞蹈生态学和舞蹈文化人类学等跨学科研究；加强舞蹈教育的理论研究和文化建设；加强舞蹈创作研究和舞蹈编导学等创作理论的研究力度；加强音乐舞蹈学交叉学科领域非遗保护研究，以点带面地逐渐在各地建立“非遗数据库”，努力建立全国性的“非遗数据库”。

美术研究。加强美术理论基础性研究，鼓励系统性与新范式建构相关的美术理论研究；加强中国传统宗教美术、中外美术交流、中国美术史学史、中国传统美术思想史和少数民族美术史研究；加强中国当代美术批评话语的转型研究，建立与中国美术实践密切相关的批评话语及批评方式；加强中国当代美术的创作观念和中国当代美术的现状研究；加强当代社会文化环境中的美术传播与流通的理论研究，尤其是美术馆管理和运行机制研究；进一步加强艺术市场学研究，加强中外艺术品市场规制比较研究，关注艺术市场运作机制及规范性问题。

设计艺术研究。加强艺术设计学基础理论与史学研究，尤其是传统工艺、艺术设计（包括视觉传达设计、工业设计、展示设计、服饰设计、书籍艺术设计、环境艺术设计等）和建筑艺术设计的创作及理论研究；运用多学科资源，注重艺术设计与非物质文化遗产的保护及发展、当代文化创意产业的关系探索，加强艺术设计与自然科学、社会科学等的交叉研究；进一步展开中国当代艺术设计中外交流的经验总结，加强外国艺术设计的理论与中国当代设计实践的关系研究；重视我国古代传统造物思想的整理和研究。

艺术文化综合研究。探索我国文化发展的总体目标和基本战略，构建文化艺术管理的战略理论体系，研究文化艺术发展的整体布局和具体实施重点；明确文化艺术管理的学科特点、概念体系和理论范畴，建构科学化、系统化、专业化的学科体系；考察全球经济一体化、全球文化多元化背景下的国际文化艺术发展经验与路径，对我国文化艺术的长远发展提出具有战略意义的宏观构想；加强文化艺术生产部门和文化艺术人才有效管理及新兴文化业态研究，为政府在文化发展领域的宏观决策提供咨询和理论支持。

新兴学科与交叉学科研究。进一步加强艺术学各门类学科的系统性、创新性研究及与其他学科间的新兴、交叉、边缘学科研究；针对自然科学技术、其他人文社会学科与艺术科学间的相互渗透、融合趋势，加强和拓展在多学科互渗融合中出现的新兴领域研究。

四、“十二五”时期艺术科学研究的组织与保障措施

进一步发挥并强化国家艺术学项目评审的导向作用。依据本规划所明确的指导思想、中心任务、总体目标、研究重点，依据国家社会科学基金项目有关管理办法以及未来五年艺术科学发展趋势，重新修订《全国艺术科学规划课题管理办法》，进一步加强对国家文化战略重大前沿问题、相关政策的前瞻性研究；增强艺术学学科体系建设总体规划的指导性，增强年度课题指南的针对性、时代性与前瞻性，并使之贯穿于项目评审立项的全过程；探索建立国家艺术学重大招标项目、后期资助项目等申报、

评审制度，完善国家艺术学委托项目的申报、评审制度；鼓励艺术学学科体系建设重要领域、重点方向及我国文化建设重大现实问题研究的集体攻关项目，鼓励这些研究领域与方向中优势学术资源的整合；积极探索现代艺术科研管理规律，将规划选题、项目评审立项与学科建设、队伍建设、人才培养及文化艺术科研结构调整、合理布局结合起来。

进一步规范和完善国家艺术学项目管理的制度建设。继续大力推进中级管理机构的科学化规范化建设，强化中级管理机构、项目承担单位科研管理部门的职能作用，提高科研管理水平；健全完善项目的申报评审、中期检查、经费管理、鉴定结项等制度，改进、完善专家推荐遴选制度及专家库建设，探索建立专家信誉评价制度，促进优秀成果、优秀人才的不断涌现；积极探索、逐步推进艺术学项目申报评审、中期检查、经费管理、鉴定结项、成果库管理等数字化网络系统建设，实现管理手段的科学化与高效率；进一步健全完善艺术科研成果奖励制度，使之成为优化和凝聚科研队伍、繁荣艺术科学的重要途径。

进一步加强、拓展国家艺术学项目成果宣传平台的建设。继续规范、完善艺术学项目成果库的建设、科学管理及有效利用；在巩固完善《成果要报》、《中国文化报》、《社会科学报》、《艺术百家》等宣传平台及文化部、全国哲学社会科学规划办公室网页相关栏目的基础上，继续做好《国家社会科学基金艺术学项目成果选介汇编》的编辑工作，并将优秀成果与优秀人才的宣传结合起来；积极探索《国家社会科学基金艺术学项目优秀成果文库》及其他覆盖面广、影响力大的成果宣传形式与途径，努力促进艺术学项目成果的推广应用，更好地服务于党和政府决策、艺术学学科建设及社会主义文化大发展大繁荣。

全国艺术科学各学科“十二五”规划重点研究课题目录

一、艺术基础理论研究

（艺术基础理论研究，包括艺术学原理、艺术社会学、艺术批评学以及艺术史学等研究。）

1. 艺术学的学科反思与学科建设研究
2. 马克思主义艺术学原理研究
3. 马克思主义艺术理论中国化进程研究
4. 中国艺术通论
5. 中国现代艺术体系的形成与发展研究
6. 中国传统艺术当代价值研究
7. 中国当代艺术思潮史
8. 中国艺术批评史

二、戏剧（含曲艺、木偶、皮影、杂技、魔术）研究

（戏剧研究，包括话剧、戏曲研究。含曲艺、木偶戏、皮影戏、杂技、魔术等研究。）

1. 中国戏剧理论研究
2. 中国戏曲表演理论与体系研究
3. 中国戏曲音乐理论与体系研究
4. 20世纪戏曲研究与戏曲学术史
5. 中国现当代剧场史
6. 当代话剧、戏曲导演与编剧研究
7. 当代话剧、戏曲批评研究
8. 民营话剧、戏曲剧团的生存现状与发展路向调查与研究
9. 城乡新兴曲艺班社研究
10. 木偶、皮影、杂技、魔术发展现状及趋势调查与研究

三、电影、广播电视及新媒体艺术研究

（电影、广播电视及新媒体艺术研究，包括电影、电视剧及其他电视艺术、广播艺术、新媒体艺术等方面的研究。）

1. 电影学、广播电视学学科现状与前沿问题研究
2. 中国电影通史及专题研究
3. 动画电影历史与理论研究
4. 中国电影、电视剧创作现状研究
5. 中国原创动漫的价值取向研究
6. 电影、电视剧批评与评价标准研究
7. 我国动漫产业的国际竞争力研究
8. 中国电影与国家文化软实力研究
9. 数字电影研究

四、音乐研究

（音乐研究，包括音乐史学、民族音乐学、系统音乐学等研究。）

1. 中国传统音乐体系研究
2. 中国音乐通史
3. 音乐古籍、民间传谱、音像文献资料整理及数字化研究
4. 音乐类非物质文化遗产数据库建设与研究
5. 20世纪中国音乐界重要学者研究

6. 中国当代音乐作品与作曲家研究

五、舞蹈研究

（舞蹈研究，包括舞蹈学原理、民族舞蹈学、舞蹈史学、舞蹈编导学、舞蹈生态学、舞蹈文化学、舞蹈批评学、舞蹈传播学等研究。）

1. 中国舞蹈文化史
2. 舞蹈编导学研究
3. 舞蹈表演学研究
4. 舞蹈人体科学研究
5. 舞蹈生态学概论
6. 民族舞蹈学研究
7. 舞蹈民俗学研究
8. 舞蹈批评学研究
9. 舞蹈管理学研究
10. 舞蹈传播学研究
11. 舞蹈记录方式数字化研究

六、美术研究

（美术研究，包括绘画、雕塑等研究。）

1. 18世纪以来中西美术发展史比较研究
2. 中国现代美术发展现状研究
3. 20世纪中国主题绘画创作研究
4. 20世纪中国著名美术家研究
5. 中国宗教艺术研究
6. 当代中国城市雕塑研究
7. 当代城市公共艺术规划研究
8. 信息技术发展对美术行业的影响研究
9. 当代中国艺术品拍卖法律研究

七、设计艺术研究

（设计艺术研究，是指作为实用艺术的设计艺术研究。）

1. 中国设计艺术史研究
2. 20世纪中国著名设计艺术家群体研究
3. 当代中国设计艺术理论与实践研究
4. 当代中国设计艺术行业的现状与发展趋势研究
5. 信息技术在设计艺术行业中的应用研究
6. 当代设计艺术批评理论体系研究
7. 中外设计艺术产业竞争力比较研究

八、艺术文化综合研究

（艺术文化综合研究，是与艺术科学发展密切相关的我国文化建设理论与实践问题的综合性研究。）

1. 中国特色社会主义文化发展道路研究
2. 中国特色社会主义文化强国的理论与实践研究
3. 深化文化体制改革的理论与政策研究
4. 我国公共文化服务体系建设保障机制研究
5. 我国文化产业发展的政策体系研究
6. 我国文化市场理论与实践研究
7. 文化遗产保护的理论与政策研究
8. 中国特色社会主义文化立法研究
9. 文化与科技融合的政策与保障机制研究

文华艺术院校奖第一届
全国青少年戏曲邀请赛获奖名单公告

一、名次奖

（一）京昆低年级组

金　奖

陆　翔　中国戏曲学院附属中等戏曲学校

银　奖

赵　艳　中国戏曲学院附属中等戏曲学校

高　帅　沈阳师范大学附属艺术学校

铜　奖

梁佳怡　沈阳师范大学附属艺术学校

甘天霖　河北艺术职业学院

张　玲　中国戏曲学院附属中等戏曲学校

（二）京昆高年级组

金　奖

陶　萍　中国戏曲学院附属中等戏曲学校

卫　立　上海戏剧学院附属戏曲学校

鞠梦茹　沈阳师范大学附属艺术学校

银　奖

耿蕴智　中国戏曲学院附属中等戏曲学校

邢　莹　沈阳师范大学附属艺术学校

岳　琳　上海戏剧学院附属戏曲学校

铜　奖

宋亚龙　北京戏曲艺术职业学院

炼雯晴　上海戏剧学院附属戏曲学校

王　欢　中国戏曲学院附属中等戏曲学校

（三）地方戏低年级组

金　奖

陈丽君　浙江艺术学校

银　奖

李云霄　浙江艺术学校

刘柱纲　湖北艺术职业学院

铜　奖

何青青　浙江艺术学校

洪　帅　浙江艺术学校

商月月　陕西艺术职业学院

刘晋伟　山西戏剧职业学院

李佳蕾　山东省电影学校

王裕仁　四川艺术职业学院

（四）地方戏高年级组

金　奖

张月明　河北艺术职业学院

王亚男　太原市文化艺术学校

银　奖

孙小叶　河北艺术职业学院

铜　奖

徐伟钗　浙江艺术学校

王　萍　陕西艺术职业学院

王　蓉　太原市文化艺术学校

许佳欣　厦门艺术学校

以上获奖选手指导教师同时获得优秀指导教师奖。名单如下：

徐　超　秦　岩　刘兆安　陈爱民　智秀琳

张小丽　白文刚　左丽萍　李亚莉　常叶青

蔡正仁　薛俊秋　尹铁文　马　超　马玉章

闫学文　邢东风　张继英　沈绮琅　王洪涛

支　涛　蔡浙飞　陈天觊　徐亚文　俞珍珠

魏春芳　章益清　邵　雁　魏化林　李继龙

李保青　张克仙　宋立功　苏培芝　李　萍

白　玲　肖德美　李　佳　汪利军　冉金召

冯小东　王小东　陈　勇　陈　浩　刘文静

尉　霞　汤桂琴　李彩英　陈　勇　王瑞璘

曾宝珠　魏小春　张　尊　姜振宇

二、表演奖

（一）京昆低年级组

王一鸣　中国戏曲学院附属中等戏曲学校

张越翔　中国戏曲学院附属中等戏曲学校

梁馨媛　沈阳师范大学附属艺术学校

高　翠　北京戏曲艺术职业学院

段雨宁　沈阳师范大学附属艺术学校

崔若凡　上海戏剧学院附属戏曲学校

徐　蕊　中国戏曲学院附属中等戏曲学校

（二）京昆高年级组

郑　轶　中国戏曲学院附属中等戏曲学校

丁一鸣　中国戏曲学院附属中等戏曲学校

陈　星　上海戏剧学院附属戏曲学校

张睿桢　山东省电影学校

刘瑾蓉　上海戏剧学院附属戏曲学校

傅文玉　北京戏曲艺术职业学院

赵天奇　沈阳师范大学附属艺术学校

（三）地方戏低年级组

曹华宇　太原市文化艺术学校

顾芯瑜　上海戏剧学院附属戏曲学校

赵　悦　上海戏剧学院附属戏曲学校

李佳欣　山东省电影学校

韩月英　太原市文化艺术学校

袁田福　湖北艺术职业学院

（四）地方戏高年级组

贾　敏　太原市文化艺术学校

李　兴　陕西艺术职业学院

苗　香　山西戏剧职业学院

原　渊　太原市文化艺术学校

江喻旺　湖南职业艺术学院

以上获奖选手指导教师同时获得指导教师奖。名单如下：

陈嫣飞　陈　勇　陈月辉　崔彩彩　崔立刚

高翠英　郭红霞　和志莉　李冬杰　李亚莉

李亚芝　刘宝芝　刘山丽　刘淑荣　马　超

牛红梅　潘洁华　秦　岩　施艳萍　时　旭

苏培芝　谭亮凯　汪　卓　王苓芬　王瑞璘

王晓燕　卫赞成　尉　霞　武学文　徐　超

薛俊秋　严世炎　尹铁文　张栓民　张双捷

赵德义　赵忠义　智秀琳　周百穗

三、组织奖

沈阳师范大学附属艺术学校

上海戏剧学院附属戏曲学校

山东省电影学校

陕西艺术职业学院

厦门艺术学校

河北艺术职业学院

太原市文化艺术学校

浙江艺术学校

非物质文化遗产保护

The Protection of Intangible Cultural Heritage

综　述

2011年，按照年初确定的工作规划和蔡武部长、文章副部长与非物质文化遗产司班子研究工作时提出的意见和要求，认真学习贯彻党的十七大、十七届六中全会精神，以宣传贯彻《中华人民共和国非物质文化遗产法》为契机，从现阶段全国非物质文化遗产保护面临的形势和任务出发，遵循非物质文化遗产自身生存演变规律，注重基础和长远，积极探索具体的、不同类型的非物质文化遗产保护的方式方法，努力构建符合我国国情的非物质文化遗产保护传承体系和实践操作模式，较为圆满地完成了全年的工作任务。2011年，非物质文化遗产司主要开展和推进了以下一些工作。

一、宣传贯彻《中华人民共和国非物质文化遗产法》

2月25日，十一届全国人大常委会第十九次会议审议通过了《中华人民共和国非物质文化遗产法》（以下简称《非物质文化遗产法》）。《非物质文化遗产法》是我国文化建设上一部具有里程碑意义的重要法律，《非物质文化遗产法》的正式施行，为我国非物质文化遗产保护事业的深入开展，提供了坚实的法律保障。《非物质文化遗产法》通过当天，全国人大常委会办公厅在人民大会堂举办了新闻发布会，文章副部长代表文化部出席新闻发布会并在会上就《非物质文化遗产法》出台和贯彻实施回答了媒体的提问。3月1日，文化部组织召开了贯彻实施《非物质文化遗产法》座谈会，蔡武部长出席座谈会并作重要讲话，文章副部长主持了会议。会后，《人民日报》、《新华文摘》先后刊发和转载了蔡武部长在座谈会上的讲话。4月26日，文化部办公厅下发了《关于宣传贯彻〈中华人民共和国非物质文化遗产法〉的通知》，对贯彻实施《非物质文化遗产法》进行了全面部署。6月9日，全国人大、国务院法制办和文化部等单位在人民大会堂联合召开宣传贯彻《非物质文化遗产法》座谈会，全国人大路甬祥副委员长、文化部部长蔡武出席座谈会并讲话。

之后，非物质文化遗产司与政策法规司司配合全国人大编印了《非物质文化遗产法律指南》，文化部与国家民委共同组织翻译出版了蒙古文、藏文、维吾尔文、哈萨克文、朝鲜文、彝文、壮文等7种文字的《非物质文化遗产法》。

各省（区、市）结合“文化遗产日”，举办了各种形式的宣传活动和学习培训活动。如浙江省将2011年6月列为“非物质文化遗产法”宣传活动月，在全社会部署开展系列宣传活动；辽宁省在《辽宁日报》、《辽沈晚报》等新闻媒体开设专版和专栏，向社会宣传《非物质文化遗产法》。据不完全统计，全国共举办《非物质文化遗产法》培训班1932期（次），培训人员90370人。为配合《非物质文化遗产法》的出台，各省（区、市）积极完善地方配套法规建设。广东省人大常委会于今年7月30日审议通过了《广东省非物质文化遗产保护条例》，这是继云南、贵州、广西、福建、江苏、浙江、宁夏、新疆等省区后出台的第九个地方性法规。河北、山西、内蒙古、湖北等省（区）非物质文化遗产保护条例也已列入省人大、省法制办的立法计划。

经过近一年的努力，宣传贯彻《非物质文化遗产法》工作取得了阶段性的重要成果，非物质文化遗产保护工作已经进入到了一个全面依法保护的新阶段。

二、继续推进生产性保护方式

2010年底和2011年上半年，非物质文化遗产司委托中国社会科学院组成了非物质文化遗产生产性保护专项调研课题组，对生产性保护的重要意义、现实状况、存在的问题、保护方式的内涵和要求进行了广泛深入的研究探讨，形成了《中国非物质文化遗产生产性保护现状及扶持政策调研报告》，为生产性保护提供了重要的依据和指导。

2010年11月4日，非物质文化遗产司下发了《文化部办公厅关于开展国家级非物质文化遗产生产性保护示范基地建设的通知》。按照通知要求，经地方推荐、专家组初评、实地考察、评审委员会审议、社会公示、报部审批等程序，认定了第一批41个生产性保护示范基地。在此基础上，非物质文化遗产司又专门起草了《文化部关于加强非物质文化遗产生产性保护的指导意见》。这个意见对生产性保护的基本内容、原则要求和注意事项进行了总结和阐述，进一步引导和规范了生产性保护的方式。

三、不断完善整体性保护方式

重点加强已经批准的11个文化生态保护实验区的建设，根据《文化部关于加强国家级文化生态保护区建设的指导意见》，经过近半年时间的充分准备，下发了《文化部办公厅关于加强国家级文化生态保护区总体规划编制工作的通知》，正式同意批复了徽州和热贡两个文化生态保护区的总体规划。8月，非物质文化遗产司在青海热贡召开了国家级文化生态保护区建设现场交流会，会议的重点是总结生态区建设的基本模式、基本经验、基本做法和解决生态区建设面临的困难和问题。王文章副部长出席会议并讲话，11个生态区的与会代表交流了经验和做法，8位专家在会上进行了专题发言。热贡现场会，加深了非物质文化遗产司对非物质文化遗产生态性、系统性，非物质文化遗产与自然地理、人文社会环境整体性的认识与理解，更加明确了生态区是建立在非物质文化遗产整体性存在基础上的一种保护方式。可以说，2011年非物质文化遗产司在生态区建设的理论和实践上都取得了重要进展。

四、加强国家级非物质文化遗产名录项目的保护与管理

5月23日，国务院正式批准公布了第三批国家级非物质文化遗产名录191项，加上此前公布的2批1028项，国家级非物质文化遗产名录项目达到了1219项。为了加深人们对国家级名录项目的认识和了解，增强保护意识，落实保护责任，文化部与非物质文化遗产保护工作部际联席会议成员单位在人民大会堂小礼堂举办行了第三批名录项目颁牌仪式，国务委员刘延东出席仪式并讲话，11个部际联席会议成员单位负责同志出席仪式，文章副部长主持了仪式。仪式之后，按照文章副部长的要求，非物质文化遗产司起草并下发了《文化部关于加强国家级非物质文化遗产代表性项目保护管理工作的通知》，通知的主要内容是对国家级名录项目及保护单位实施动态化管理，建立惩罚、退出机制，打破了国家级名录项目及保护单位只进不出的僵化局面，这是近年来非物质文化遗产保护上一个重要的新举措。

五、加强中央补助地方专项经费的使用与管理

配合财务司，按年度开展中央补助地方经费分配方案制定工作。2011年，中央转移地方保护经费共计3.7488亿元，补助方案经财政部审核，于8月15日正式下发地方。

为加强对非物质文化遗产补助资金使用的管理和规范，2月，以办公厅名义印发了《关于加强国家级非物质文化遗产项目代表性传承人补助经费管理的通知》，要求各地加强对代表性传承人补助经费的使用管理，杜绝迟发漏发现象。3月至4月，按照财政部要求，修改《国家非物质文化遗产保护经费管理暂行办法》，目前修改稿已通过部财务司报财政部审核。

配合财务司监督和抽查资金使用情况。12月，下发《文化部办公厅关于开展国家级非物质文化遗产代表性项目保护督查工作的通知》（办非物质文化遗产函〔2011〕491号），安排布置国家级项目、代表性传承人保护情况和专项资金使用情况的自查和检查工作。

六、推进非物质文化遗产数字化保护工作

协助中国艺术研究院完成《非物质文化遗产数字化保护工程项目建议书》和《非物质文化遗产数字化保护数据库及资源建设项目》撰写工作。于1月分别报送国家发改委和财政部。据了解，《项目建议书》已纳入“国家发改委资源数据库建设”大规划。

按照向财政部报送的《非物质文化遗产数字化保护数据库及资源建设项目》中的3年规划，2011年，协助中国艺术研究院非物质文化遗产数字化保护中心，启动“非物质文化遗产资源数据库建设及数字化标准规范制定（一期）”工作。一期工程是数字化保护工程的启动项目，选取了传统戏剧、传统美术、传统技艺3个门类作为试点门类，开展数字化采集、资源数据库建设、数字化标准规范草案制定3项工作。一期工程于10月底基本完成。

七、加强少数民族非物质文化遗产保护

开展少数民族地区非物质文化遗产保护工作培训。为加强入选联合国教科文组织项目《玛纳斯》保护，提高少数民族地区工作人员理论水平和操作能力，9月，在新疆举办了“民间文学类三大史诗项目保存、保护与传承工作培训班”，针对中国三大史诗项目（《格萨（斯）尔》、《玛纳斯》、《江格尔》）的保护与传承情况，以《玛纳斯》为案例，通过专家授课、交流讨论、实地考察等方式，对四川、甘肃、青海、云南、内蒙古、西藏、新疆7省区非物质文化遗产保护分管领导和工作人员进行了综合培训。

开展人口较少民族非物质文化遗产保护课题成果论证工作。11月，经部领导批准，委托西北民族大学郝苏民教授开展《中国人口较少民族非物质文化遗产保护扶持政策》课题研究。3月底，对课题组提交的课题成果进行充分论证。课题成果得到了专家论证会的基本肯定，顺利结题。非物质文化遗产司将在课题成果的基础上，研究制定指导性文件，加强人口较少民族非物质文化遗产保护。

八、开展广泛深入的宣传教育活动

人民群众是非物质文化遗产的创造者、拥有者

和传承者。人民群众保护遗产意识的提高，是对非物质文化遗产最好的保护。近年来，文化部和各级文化部门利用“文化遗产日”和春节、端午节、中秋节等中华民族传统节日，大力开展非物质文化遗产宣传展示活动，集中、全面、深入地报道宣传非物质文化遗产保护工作，促进了非物质文化遗产的传播，扩大了社会影响，营造了保护非物质文化遗产的良好氛围，提高了全社会的保护意识。

2011年“文化遗产日”，文化部确立了“依法保护，重在传承”的主题，围绕学习、宣传和贯彻《非物质文化遗产法》，在北京举办了“文化遗产日”主题活动，包括“依法保护，重在传承——《中华人民共和国非物质文化遗产法》宣传展”、“薪火相传——中国非物质文化遗产传承人师徒同台展演”、“我们的精神家园——中国非物质文化遗产摄影大展”；在国家图书馆举办“册府琳琅 根脉相承——中华典籍与非物质文化遗产特展”；在四川成都举办了第三届“中国成都国际非物质文化遗产节”，在浙江嘉兴举办了端午节庆活动。6月、10月，文化部还分别在澳门和香港举办了“根与魂·中国非物质文化遗产的展演”活动。各地文化部门也围绕“文化遗产日”的主题，举办了丰富多彩的非物质文化遗产法宣传活动和保护成果展示活动。总体来说，活动覆盖面广，重头戏多，人民群众广泛参与，充分体现出当前非物质文化遗产保护工作日益深入人心，保护非物质文化遗产的文化自觉日益增强。

各地文化部门通过积极与教育部门协商，将民歌、民乐纳入中小学音乐课，将剪纸、年画纳入美术课，将传统技艺纳入手工课，将传统舞蹈纳入体育课，积极推进非物质文化遗产进课堂、进教材、进校园，使非物质文化遗产成为对青少年进行传统文化教育和爱国主义教育的重要载体。

宣传教育活动的目的，是提高全社会的遗产意识，把人们对遗产的热情和关注引导到保护和传承的工作中来，从实践看，2011年的宣传教育活动起到了很好的效果。

九、继续拓展对外交流合作渠道

我国作为联合国教科文组织《保护非物质文化遗产公约》的缔约国，积极参与国际规则的制定工作，积极履行加入《公约》的义务，注重学习、借鉴他国文化遗产保护的成功经验，积极参与国际交流与合作。近年来，我国在法国巴黎成功举办了“中国非物质文化遗产艺术节”；在四川成都举办了三届“中国成都国际非物质文化遗产节”；与蒙古国联合申报蒙古族长调民歌为“人类非物质文化遗产代表作名录”项目，并签订合作协议，加强联合保护；参加以“非遗延续和弘扬”为主题的“亚洲文化部长论坛”等。2010年，联合国教科文组织和我国政府在中国艺术研究院设立“亚太地区非物质文化遗产国际培训中心”。2010年到2011年，非物质文化遗产司配合部外联局、中国艺术研究院撰写并向联合国教科文组织提交了《<保护非物质文化遗产公约>履约报告》，在印度尼西亚召开的保护非物质文化遗产政府间委员会第六次会议上，我国提交的履约报告受到好评并获得通过。我国积极参与联合国教科文组织“人类非物质文化遗产代表作名录”和“急需保护的非物质文化遗产名录”的申报工作。11月，在保护非物质文化遗产政府间委员会第六次会议上，我国申报的赫哲族说唱艺术“伊玛堪”被联合国教科文组织列入“急需保护的非物质文化遗产名录”,“中国皮影戏”被列入“人类非物质文化遗产代表作名录”。截至2011年11月底，我国入选联合国教科文组织非物质文化遗产名录项目总数达36项，成为世界上入选项目最多的国家。这充分表明了国际社会对我国非物质文化遗产保护工作的充分肯定。

2011年，经过财务司的积极争取，非物质文化遗产保护利用基础设施建设，即建设100个非物质文化遗产传承展示综合设施，已经正式列入了国家发改委编制的《国家“十二五”文化和自然遗产保护利用设施建设规划》，这标志着国家开始了对非物质文化遗产保护基础设施的投入。

2010年到2011年，非物质文化遗产司配合部外联局、中国艺术研究院撰写并向联合国教科文组织提交了《<保护非物质文化遗产公约>履约报告》，11月在印度尼西亚召开的保护非物质文化遗产政府间委员会第六次会议上，我国提交的履约报告受到好评并获得通过。我国申报的“中国皮影戏”被列入“人类非物质文化遗产代表作名录”,“赫哲族伊玛堪”被列入“急需保护的非物质文化遗产名录”。

非物质文化遗产司还配合中国艺术研究院完成了中国非物质文化遗产数字化保护工程一期工程，在非物质文化遗产保护的技术手段上开始了一项重要工作。

总结非物质文化遗产保护2011年的工作，可以说是重要法规和重要举措相继出台，各项基础性工作扎实开展，非物质文化遗产保护的一些关键环节上有了新进展、新成效，全国的非物质文化遗产保护工作继续保持了良好的发展势头。

回顾一年的工作，非物质文化遗产司也清醒地看到，随着经济社会的发展和人民生产生活甚至是生存方式的急剧变化，非物质文化遗产保护传承也面临着很多的新情况、新问题。

此前，文化部在浙江宁波召开了全国非物质文化遗产保护工作会议，文章副部长在讲话中全面总结了近年来的非物质文化遗产保护工作，突出强调了学习贯彻党的十七届六中全会精神，在非物质文化遗产保护中要有新思路、新举措，要在宏观的、大规模的社会动员和全面展开的基础上，通过不断总结和完善，向微观的、深入具体的、扎实稳妥的方向发展，要全面准确地把握全国非物质文化遗产保护面临的现实，建立出台配套的有质量的政策规章，对全国的保护工作进行强有力的指导和规范，把各级政府的非物质文化遗产保护工作转化为全社会的自觉行动，实现非物质文化遗产保护工作的新发展。

根据这样的想法和要求，非物质文化遗产司确定明年的工作主要有以下几个方面：

1.继续贯彻实施《非物质文化遗产法》，出台修改配套的制度规章

2.继续完善和开展对非物质文化遗产的抢救性保护、生产性保护、整体性保护和分类保护

3.开展第四批国家级非物质文化遗产项目代表性传承人的评审工作

4.开展全国非物质文化遗产保护督察工作

5.开展非物质文化遗产保护理论研究基地建设工作

6.继续推进非物质文化遗产数字化保护工程建设工作

7.继续加强非物质文化遗产保护利用设施建设

8.春节元宵节期间在北京举办中国非物质文化遗产生产性保护成果大展

专　题

百名非物质文化遗产项目传承人精湛技艺喜迎新春

春节期间，文化部与北京市人民政府共同主办“我们的节日——百名非物质文化遗产项目代表性传承人迎春展示活动”，通过百名非物质文化遗产项目传承人现场展示精湛技艺和精美作品，为人民群众欢欢喜喜过大年营造了良好的氛围，引起了社会各界的强烈反响。

一、展示手工绝活，传统文化融入当代生活

活动邀请了来自全国23个省、自治区、直辖市100个国家级非物质文化遗产代表作名录传统美术和传统技艺类项目，如蔚县剪纸、苏州灯彩、朱仙镇木版年画、黄陵面花、土家族织锦、苗族银饰等，由百名传承人在北京4家大型商场现场展示技艺并销售作品，吸引了大批观众参与。很多人表示，这些作品如色彩艳丽的年画和花灯，不仅带来了浓郁的年味，还唤起人们对童年生活的美好回味。一位家长说：“孩子们特别喜欢，对很多作品爱不释手。”一些传承人手把手地教孩子们制作剪纸、织锦和糖画。据不完全统计，到各展位参观或购买作品的顾客近10万人次。大家在驻足欣赏精湛技艺的同时，纷纷购买传承人的作品。每名传承人销售收入均上万元，有的多达十几万元。

二、开展学术研讨，深入挖掘节日文化内涵

为配合此次活动，更好地推动非物质文化遗产的保护工作和节日文化建设，文化部组织召开了“非物质文化遗产保护与节日文化建设座谈会”。著名专家学者、新闻媒体负责人对如何加强节日文化建设，促进非物质文化遗产的保护与传承，进行了深入探讨。大家指出，春节是辞旧迎新、欢乐祥和的节日，是承载了深厚文化内涵的时间节点和文化空间。春节的所有民俗事项和物品都体现了极为丰富的含义：放鞭炮是为了消灾祈福、辞旧迎新；全家一起包饺子寓意着幸福团圆；窗花表现题材有故事、人物、戏曲等，寓意吉祥，可以美化生活；花灯展现了对光明和温暖的向往，承载着祝福与希望。借助这些现实的年俗物品，创造一个理想化的氛围，寄寓着人生的美好愿望。春节体现了中华民族对家人、对生活深厚的感情，是中华民族最大的亲和力和凝聚力的源泉，是中华民族最重要的非物质文化遗产。

三、会聚多种资源要素，积极探索保护新途径

活动将传统美术、传统技艺与节日文化及商业文化的相互融合，体现了非物质文化遗产保护的系统性，推进了非物质文化遗产生产性保护，是非物质文化遗产保护方式新的探索。

首先，活动将非物质文化遗产中传统美术和传统技艺类项目与春节文化相结合。传统美术和传统

技艺类项目具有投资少、见效快，与民众日常生活紧密结合的特点。新年伊始，利用春节这一最为重要的节日平台，在商场集中展示这些项目，契合了春节前夕人们采办年货、装点家居的习俗，充分发挥了非物质文化遗产“贴近实际、贴近生活、贴近群众”的优势。

其次，将众多具有传统气息和乡土特征的非物质文化遗产与体现时尚的商场相结合，通过非物质文化遗产的展示与销售，让广大民众在欣赏杰出技艺的同时，将绚丽的剪纸、生动的年画、多彩的灯笼与温馨吉祥的祝福一起带回家，红红火火地喜迎新春，推动了非物质文化遗产融入社会、融入生活，也为传承人带来了实实在在的经济效益。

《非物质文化遗产法》表决通过

2月25日，全国人大常委会办公厅举行新闻发布会宣布《中华人民共和国非物质文化遗产法》在经十一届全国人大常委会第十六次、第十八次和第十九次会议三次审议后，最终以155票赞成、2票反对的结果表决通过。全国人大常委会法工委副主任信春鹰、文化部副部长王文章就《非物质文化遗产法》的相关问题回答了记者提问。

立法保护对非物质文化遗产保护工作具有里程碑意义

文化部副部长在发布会上答记者问时指出，《非物质文化遗产法》是我国文化领域继《文物保护法》之后又一项重要法律，在文化法制建设中具有里程碑的意义。这部法律的出台，标志着我国非物质文化遗产保护工作走上依法保护的道路，这对于加强我国的非物质文化遗产保护、保存工作，继承和弘扬中华民族优秀传统文化，促进社会主义精神文明建设，推动文化大发展大繁荣，将产生重大而深远的影响。

《非物质文化遗产法》的相关内容

《中华人民共和国非物质文化遗产法》共六章四十五条。第一章为“总则”，明确了本法的调整对象，对不同的非物质文化遗产分别采取不同的措施进行保存、保护，以及非物质文化遗产的保护原则。第二章为“非物质文化遗产的调查”，规定了县级以上人民政府开展非物质文化遗产调查的职责，对境外组织或者个人在中华人民共和国境内进行非物质文化遗产调查做出了规定。第三章为“非物质文化遗产代表性项目名录”，规定了建立非物质文化遗产代表性项目名录的政府层级、程序规范以及对名录项目的各种保护措施，并确立了对非物质文化遗产代表性项目集中、特色鲜明、形式和内涵保持完整的特定区域实行区域性整体保护的制度。第四章为“非物质文化遗产的传承与传播”，确立了非物质文化遗产代表性项目的代表性传承人认定制度和支持措施，规定了各级人民政府及其部门宣传非物质文化遗产、鼓励支持开展相关科研活动、鼓励设立专题博物馆和传承场所、鼓励支持合理利用非物质文化遗产代表性项目开发文化产品和文化服务等职责，以及学校、新闻媒体、公共文化机构等在教育、传播非物质文化遗产方面的责任等。此外，第五章还对违反本法有关规定的行为规定了相应的法律责任。

《非物质文化遗产法》立法进程回顾

非物质文化遗产保护立法工作，最早可以追溯到20世纪90年代。全国人大教科文卫委员会在对云南、四川、贵州、重庆、广西等地的民间艺术、传统工艺等进行调查后，向文化部提出了研究起草民族民间传统文化保护法的建议。2002年8月，文化部经过反复论证研究，向全国人大教科文卫委员会报送了民族民间文化保护法的建议稿。

2003年10月，联合国教科文组织通过了《保护非物质文化遗产公约》。2004年8月，我国全国人大常委会批准加入《保护非物质文化遗产公约》。为了更好地与国际公约接轨，全国人大教科文卫委员会决定由文化部牵头，组织有关方面的力量，对原有的文本加以修改和补充，成熟时，提交国务院审议。

2005年开始，文化部成立了非物质文化遗产保护法立法工作小组，在总结实践经验、广泛调查研究的基础上，起草了《中华人民共和国非物质文化遗产保护法（草案送审稿）》，于2006年9月报请国务院审议。国务院法制工作机构在审查草案送审稿的过程中，会同有关部门进行了认真的修改和完善。2010年6月，温家宝总理主持召开国务院第115次常务会议，讨论通过了《中华人民共和国非物质文化遗产法（草案）》，并提请全国人民代表大会常务委员会审议。

贯彻落实《非物质文化遗产法》

2月25日，《中华人民共和国非物质文化遗产法》（以下简称《非遗法》）经全国人大常委会审议通过，于6月1日起施行。《非遗法》是继《文物保护法》颁布近30年来，文化领域的又一部重要法律，提升了文化立法的层次和水平，为非物质文化遗产保护政策的长期稳定和有效实施提供了法律保障。文化部以《非遗法》的颁布实施为契机，推动非物质文化遗产保护工作迈上新的台阶。

一、积极开展《非遗法》的学习培训，普及宣传非遗保护知识

文化部与全国人大法律委员会、全国人大教科文卫委员会、全国人大常委会法制工作委员会、国务院法制办共同组织召开“宣传贯彻《非物质文化遗产法》座谈会”。组织撰写并出版《非物质文化遗产法律指南》，全面解读该法的内容和精神实质。在全国范围内举办了一系列培训班，对非物质文化遗产保护工作人员进行培训。组织新闻媒体对《非遗法》的颁布实施进行集中宣传报道，扩大了《非遗法》的社会影响。

二、精心组织文化遗产日系列活动，推动非物质文化遗产保护意识深入人心

2011年文化遗产日的主题为“依法保护、重在传承”。各地围绕主题宣传贯彻《非遗法》，因地制宜开展丰富多彩的展演展示活动。在北京举办了“依法保护，重在传承——《中华人民共和国非物质文化遗产法》宣传展”，在国家图书馆举办“册府琳琅、根脉相承——中华古代典籍与非物质文化遗产特展”，在四川成都举办了第三届中国成都国际非物质文化遗产节，在澳门和香港举行了“根与魂·中国非物质文化遗产展演”活动，进一步发挥非物质文化遗产传承文化、沟通情感、凝聚人心的作用。

三、深入贯彻落实《非遗法》，进一步提高保护工作水平

公布第三批国家级非物质文化遗产名录，新入选191项，扩展项目164项，国家级非物质文化遗产项目保护管理工作进一步规范。稳步推进文化生态保护实验区建设，新批准了大理白族文化生态保护实验区和迪庆民族文化生态保护实验区，实验区总数达到11个，对实施非物质文化遗产整体保护发挥了重要作用。开展国家级非物质文化遗产生产性保护示范基地建设，公布了第一批示范基地名单，共41个项目企业或单位，涉及39项国家级名录项目。推进全国非物质文化遗产普查成果整理、应用。积极参与联合国教科文组织“人类非物质文化遗产代表作名录”和“急需保护的非物质文化遗产名录”申报工作，前不久，我国申报的“中国皮影戏”和赫哲族说唱艺术“伊玛堪”分别被联合国教科文组织列入“代表作名录”和“急需保护名录”。截至目前，我国共有36项入选，成为入选项目最多的国家。

刘延东出席第三批国家级
非物质文化遗产名录项目颁牌仪式

5月底，国务院公布了第三批国家级非物质文化遗产名录项目共191项，扩展项目164项。8月29日，第三批国家级非物质文化遗产名录项目颁牌仪式在北京人民大会堂举行。中共中央政治局委员、国务委员刘延东出席仪式，向申报单位颁发标牌并观看了部分第三批国家级名录项目的精彩演出。

文化部副部长欧阳坚出席颁奖仪式并讲话，文化部副部长王文章主持颁牌仪式。国务院副秘书长江小涓，国家发改委副主任朱之鑫，教育部副部长郝平，科技部副部长王伟中，工业和信息化部总工程师朱宏任，国家民委副主任丹珠昂奔，财政部副部长张少春，住房和城乡建设部副部长仇保兴，商务部副部长姜增伟，中国社会科学院副院长武寅，国家旅游局副局长王志发，国家宗教事务局副局长张乐斌，国家文物局副局长宋新潮，国家中医药管理局副局长吴刚等非物质文化遗产保护工作部际联席会议成员单位的负责同志出席了颁牌仪式。

欧阳坚代表文化部向申报地区、单位表示热烈的祝贺。他指出，保护非物质文化遗产、促进文化多样性，是文化领域具有深远意义的举措。近年来，党中央、国务院高度重视非物质文化遗产保护工作，党的十七大报告明确提出要“重视文物和非物质文化遗产保护”。经全国人大常委会审议通过，《非物质文化遗产法》于6月1日正式施行。国务院办公厅、国务院先后下发了《关于加强我国非物质文化遗产保护工作的意见》和《关于加强文化遗产保护的通知》，明确了非物质文化遗产保护工作的方针和目标。在非物质文化遗产保护工作部际联席会议成员单位的支持下，文化部和地方各级文化主管部门认真贯彻落实党中央、国务院的有关部署，做了大量开创性工作，初步构建起符合我国国情的非物质文化遗产保护工作体系。

欧阳坚强调，当前，文化建设和非物质文化遗产保护正迎来难得的发展机遇。我们要以高度的文化自觉和文化自信，充分发挥非物质文化遗产在促进民族团结、建设和谐社会、构建社会主义核心价值观、培养民族精神、塑造高尚人格等方面的独特优势，进一步增强中华民族的凝聚力和创造力。《非物质文化遗产法》的出台，是我国非物质文化遗产保护工作的一个里程碑，标志着非物质文化遗产保护工作已进入依法保护、科学保护的新阶段。今后一个重要任务就是贯彻落实《非物质文化遗产法》，把全社会对非物质文化遗产的关注和热情，转化为自觉的、扎扎实实的保护行动，促进非物质文化遗产保护工作迈上新的台阶。为此，我们要着力做好以下5项工作：

一是要完善政策法规，加强制度保障。围绕《非物质文化遗产法》，进一步修订《传统工艺美术保护条例》、《国家级非物质文化遗产保护与管理暂行办法》等；研究制定《非物质文化遗产法》实施细则，以及境外组织和个人在我国境内开展非物质文化遗产调查的管理办法等，为非物质文化遗产保护提供更为完备的政策法规保障。

二是创新保护理念，促进非物质文化遗产融入生产生活。要在运用抢救性记录、保存、保护等基本措施之外，积极运用整体性、生产性保护方式，促进非物质文化遗产融入生产生活，参与当代精神文明建设和经济建设，成为心灵滋养、文化创造、社会进步和经济发展的重要资源。

三是落实保护措施，加强科学保护。要坚持“保护为主、抢救第一”的方针，引导各地从“重申报，轻保护”转变为重申报，更重保护。文化部专门印发了《关于加强国家级非物质文化遗产代表性项目保护管理工作的通知》，要求各级文化主管部门和国家级代表性项目申报地区、保护单位，建立健全科学的保护、监督和管理长效机制，同时抓紧制定并实施项目保护规划，落实保护措施，切实加强对国家级代表性项目的保护。另外，加强数据库和基础设施建设，为非物质文化遗产科学保护提供必要的条件。

四是要加强监督检查，实施动态管理。要健全检查和评估机制进一步完善自查和报告制度；探索建立社会监督机制，鼓励媒体、公民、法人和其他组织对国家级代表性项目的保护工作进行监督；要建立表彰奖励和警告退出机制，对国家级代表性项目因保护不力和保护措施不当，导致项目存续状况恶化或出现严重问题的，将予以警告，甚至除名；国家级代表性项目因名称不当等原因需纠正的，或因客观环境改变不再呈“活态文化”特征而自然消亡的，也将报请国务院批准，予以更正或退出名录，以切实维护国家级代表性项目名录的示范性、严肃性和权威性。

五是健全协作机制，形成全方位保护体系。要充分发挥非物质文化遗产保护工作部际联席会议成员单位的作用，积极沟通协调，进一步加大经费投入和基础设施建设力度，出台税收等优惠政策，为非物质文化遗产保护提供坚实保障。充分调动学校、新闻媒体、公共文化机构等单位传播非物质文化遗产的积极性，鼓励他们广泛开展非物质文化遗产的宣传展示活动，让人民群众积极参与非物质文化遗产保护，并共享保护成果。

第三批国家级非物质文化遗产名录包括民间文学、传统音乐、传统舞蹈、传统戏剧、传统体育、游艺与杂技、曲艺、传统美术、传统技艺、传统医药及民俗等项目，赵氏孤儿传说、阿里郎、藏族金属锻制技艺（扎西吉彩金银锻铜技艺）、土家族吊脚楼营造技艺、鹧鸪戏、莲花落、华佗五禽戏、永春纸织画、仿膳（清廷御膳）制作技艺、傣医药（睡药疗法）、藏历年等项目榜上有名。加上2006年、2008年公布的两批，目前我国国家级非物质文化遗产名录项目共1219项。

此次颁牌仪式共向567个申报地区、单位颁发证书。云南省弥勒县文化馆馆长陈保舜、蒙古族长调民歌项目代表性传承人赛音毕力格分别代表申报单位和项目代表性传承人发言。

中国成都国际非物质文化遗产节

5月29日至6月11日，由文化部、四川省人民政府、联合国教科文组织共同主办，成都市人民政府等承办的第三届中国成都国际非物质文化遗产节（以下简称“非遗节”）在成都成功举办。这是《中华人民共和国非物质文化遗产法》（以下简称《非遗法》）正式颁布和实施后的首次大型非遗主题文化活动，主题鲜明，内容丰富，参与广泛，对非遗保护、促进旅游、拉动内需等综合效应显现，在国内外产生了积极广泛影响。

一、荟萃多彩文化，共享文化节日

本届“非遗节”以“弘扬人类文明·共建精神家园”为主题，包括开幕式暨天府大巡游、国际论坛、国际非物质文化遗产博览会、第25届中国戏剧梅花奖大赛、中国古琴艺术大展、主题分会场活动及系列配套活动、闭幕式主题晚会等7大类286项活动，荟萃了国内外1900多个非物质文化遗产项目，9000多名国内外代表与会，所有的节会活动不但免费向民众开放，而且充分考虑群众参与的便捷性，将非遗节融入群众文化生活，成为游客和民众共享的文化节日，参与各项活动总人数逾570万人次。

二、开展文化交流，扩大国际影响

联合国教科文组织、世界旅游组织、72个国家和地区的1200多名外宾出席有关活动，包括25个国家的驻华使节、27个国外城市代表团、20个国家表演团组、5个国家的民间手工艺者、14个国家和地区的专家学者。“非遗节”在广泛展示各国各民族非物质文化遗产和文化多样性的同时，表达了中国政府和社会本着各国、各民族文化和而不同、多元共生、和谐发展的原则，尊重人类文化多样性，高度重视非遗保护的一贯立场。国际论坛发表的《成都倡议》引起广泛关注，国内外代表一致认为“非遗节”已成为展示人类文化多样性，增进了解沟通、交流合作的重要平台，成为展示中华民族文化魅力，提升中华文化国际影响力的窗口。

三、宣传非遗法，促进依法保护

《非遗法》6月1日正式施行，宣传“非遗法”，依照《非遗法》开展各项活动，推动《非遗法》实施，是“非遗节”的主线和焦点。在国际“非遗”博览会上，《非遗法》全文与图文并茂的人类非物质文化遗产代表作名录项目、国家级“非遗”保护名录项目展览相结合，让参观者更加形象直观地了解认识了《非遗法》。此外，还专门举办了16场《非遗法》集中宣传和专家宣讲活动，使得民众对《非遗法》的知晓率明显上升，依法推动“非遗”保护的意识增强。

四、搭建市场平台，创新保护模式

按照“保护为主、抢救第一、合理利用、传承发展”的非物质文化遗产保护方针，“非遗节”期间举办的国际非物质文化遗产博览会着力开展非物质文化遗产产品展销，有5个国家的民间手工艺者和国内各省区市的526个非物质文化遗产项目、670多位省级以上传承人参加的非物质文化遗产产品展销会；四川省非物质文化遗产大展坚持展示、展演、展销相结合，积极搭建交易平台，推动非物质文化遗产生产性保护。非物质文化遗产期间，非物质文化遗产博览会平均每天交易额160多万元，累计2200多万元。

五、聚集文化资源，发展文化产业

为持续举办“非遗节”，发展成都文化产业，成都市规划建设的国际非物质文化遗产博览园在本届“非遗节”正式开园。“非遗节”期间，博览园通过广泛聚集国内外“非遗”资源，开展丰富多彩的展示、展演、展销活动，平均每天吸引入园游客近10万人，累计130万人。“非遗节”不仅提升了博览园的知名度，也为将其打造成以“非遗”展示、展演和产品展销为文化旅游核心要素，主题鲜明、独具特色、可持续发展的文化旅游产业项目奠定了基础。

六、文化带动消费，有效拉动内需

在坚持政府主导的同时，注重发挥市场的资源配置作用，积极引导各类市场主体参与配套服务，形成政府主导与市场参与相结合的良好格局。据统计，“非遗节”期间成都市酒店入住率维持在85%左右，营业收入增长50%以上，餐饮行业营业额增长25%以上，拉动各类社会消费61.5亿元。

七、媒体广泛聚焦，放大品牌效应

5月中旬至6月中旬，来自国内外的上百家媒体对“非遗节”进行了全程高密度报道，中央媒体强势关注，主流媒体持续聚焦。中央电视台、四川卫视、康巴卫视、成都电视台等电视媒体录播重要活动，网络媒体、户外广告、道旗、城市绿化、公车车载广告、社区海报、手持道具等多种宣传手段并举，共同营造出了浓厚的节日气氛，放大了“非遗节”的品牌效应。

文化部等单位联合举办“宣传贯彻《中华人民共和国非物质文化遗产法》”座谈会

6月9日，为推进《中华人民共和国非物质文化遗产法》（以下简称《非物质文化遗产法》）的贯彻实施，全国人大法律委员会、全国人大教科文卫委员会、全国人大常委会法制工作委员会、国务院法制办公室、文化部在人民大会堂联合召开“宣传贯彻《中华人民共和国非物质文化遗产法》座谈会”。全国人大常委会副委员长路甬祥出席会议并讲话。文化部部长蔡武，中宣部有关负责同志，国家发展和改革委员会、教育部、国家民委、财政部、国家文物局等非物质文化遗产保护工作部际联席会议成员单位有关负责同志和部分专家学者出席会议。

路甬祥副委员长针对宣传贯彻《非物质文化遗产法》提出了4点要求。一要进一步提高对立法保护、保存非物质文化遗产重要性的认识，深入、广泛地开展宣传普及《非物质文化遗产法》活动。二要严格按照《非物质文化遗产法》办事，加大法律的执行力度。三是各级人大要加强对《非物质文化遗产法》实施情况的监督。四要抓紧制定与《非物质文化遗产法》相关的配套法规。

蔡武部长表示，《非物质文化遗产法》为非物质文化遗产保护事业的长期发展提供了坚实保障，文化部将以《非物质文化遗产法》的实施为契机，在非物质文化遗产保护已有良好开端的基础上，严格按照法律的要求，遵循非物质文化遗产保护的客观规律，建立科学的保护机制，扎扎实实地推动非物质文化遗产保护工作全面、深入地开展。

会议认为，《非物质文化遗产法》是继文物保护法后出台的又一部文化遗产方面的重要法律，它在总结我国非物质文化遗产保护工作经验的基础上，参照国际公约的相关规定，并借鉴其他国家的有益经验，对非物质文化遗产保护工作进行了全面系统的规范。《非物质文化遗产法》的出台是全面落实科学发展观的重大举措，是完善中国特色社会主义法律体系的必然要求，为中华文化进一步走向兴盛繁荣和中华民族的伟大复兴提供了有力的法律保障。

会议指出，《非物质文化遗产法》历经10多年的磨砺，凝聚了全国上下、社会各界包括立法机关、政府部门、专家学者以及非物质文化遗产工作者的心血，是集体智慧的结晶。《非物质文化遗产法》的立法宗旨非常明确，就是要依法加强非物质文化遗产保护、保存工作，以达到继承和弘扬中华民族优秀传统文化，促进社会主义精神文明建设这一根本目的。基于这一立法宗旨，《非物质文化遗产法》确立了一些重要的法律原则，明确了各级政府的基本职责，建立了调查制度、名录制度和传承与传播制度，并规定了相关法律责任。对此，各级政府及有关部门要在认真学习《非物质文化遗产法》的基础上，统一认识，明确责任。

会议强调，要扎扎实实开展对非物质文化遗产法的宣传普及，使之深入人心，要认真落实法律规定的各项制度、措施，使法律规定切实转化为全社会保护非物质文化遗产的自觉行动。为宣传贯彻并落实好《非物质文化遗产法》，应重点做好四方面工作。一是在全社会广泛宣传《非物质文化遗产法》，增强全社会保护非物质文化遗产的意识。在全国范围内开展大规模的普法宣传活动，集中、全面、深入地宣传《非物质文化遗产法》和非物质文化遗产保护知识，在全社会营造保护非物质文化遗产的良好氛围。二是抓好培训工作。创新培训方式，通过各种渠道加强《非物质文化遗产法》的培训工作。行政机关工作人员特别是领导干部要带头学法、遵法、守法、用法，切实提高运用法治思维和法律手段解决非物质文化遗产保护中的突出矛盾和问题的能力。三是自觉履行法律赋予的职责，严格依法行政。各级政府及其部门要严格依照法律的规定，认真梳理自身承担的职责，采取有力措施，逐项加以落实。要不断提高严格执法、依法办事的自觉性和主动性。要依法履行监督管理职责，加大执法检查工作力度，对违反《非物质文化遗产法》的行为，依法严肃处理。四是制定法律配套性法规、规章。各级地方立法机关和政府部门要根据《非物质文化遗产法》所确立的原则和制度，结合本地、本部门实际情况，抓紧做好相关配套地方性法规、规章工作。对现行的地方非物质文化遗产法规、规章和规范性文件，应及时开展检查清理工作，使之与《非物质文化遗产法》相一致，以保障法律规定的贯彻落实。

2011年文化遗产日主题活动

6月10日至15日，由中华人民共和国文化部主办、中国非物质文化遗产保护中心承办的2011年“文化遗产日”主题活动在北京中华世纪坛展览馆举行。

6月1日，《中华人民共和国非物质文化遗产法》（以下简称《非物质文化遗产法》）正式实施。《非物质文化遗产法》是中国特色社会主义政治、经济、文化、社会一体战略布局中一部重要法律，体现了党和国家对文化建设的高度重视。为了宣传和普及这部法律，2011年“文化遗产日”确定的主题为“依法保护，重在传承”。围绕主题，本次活动由“依法保护，重在传承——《非物质文化遗产法》宣传展”、“薪火相传——中国非物质文化遗产传承人师徒同台展演”和“我们的精神家园——2011中国非物质文化遗产摄影大展”3个部分组成。

在“依法保护，重在传承——《非物质文化遗产法》宣传展”展区，观众首先可以读到法律文本全文，进而通过阐释文字来认识《非物质文化遗产法》出台的重大意义，了解《非物质文化遗产法》的主要内容和精神实质。

“薪火相传——中国非物质文化遗产传承人师徒同台展演”参展项目涉及国家级非物质文化遗产名录中的传统音乐、传统舞蹈、传统戏剧、曲艺、传统体育、游艺与杂技、传统美术、传统技艺、传统医药和民俗9个类别，共41项。来自北京、山西、辽宁、四川、贵州、云南、青海等25个省（区、市）的各级非物质文化遗产项目代表性传承人携徒晋京，同台献艺。主办方根据非物质文化遗产表现形式的特点，将师徒同台展演活动以表演和展示两种形式呈现于观众。表演部分以符合传统表演艺术特性的11个项目为主，共有参演节目22个，每轮演出约1小时；展示部分以手工操作性较强的30个项目为主，并配以图文并茂的展板和精选的160余件展品。近年来，为大力推动我国非物质文化遗产保护工作的开展，切实做好对传承人的保护，文化部分别于2007年、2008年和2009年公布了三批共1488名国家级非物质文化遗产项目代表性传承人。这些传承人的各种实践方式，特别是对后继人才的培养工作对促进我国非物质文化遗产的有效传承产生了积极作用。传承人师徒同台展演活动，直观地体现了非物质文化遗产保护“重在传承”的工作目标和实践成果。

“我们的精神家园——2011中国非物质文化遗产摄影大展”，是全国第一次非物质文化遗产的专题摄影展。此次展出的221幅（组）作品，是从全国范围2万多幅应征稿件中严格遴选出来的。这些融纪实性和艺术性、真实性和典型性于一体的摄影佳作，用镜头语言全面而客观地反映了我国非物质文化遗产的资源状况、存续状态和保护成果。观众将随着摄影家的镜头，通过定格的画面去感受非物质文化遗产跨时空的强大生命力和魅力，从而唤起人们珍爱传统的文化自觉。这些展览作品，将由中国艺术研究院非物质文化遗产数据管理中心录入中国非物质文化遗产数据库，从而成为支持国家非物质文化遗产数据库群和公共服务工作平台的重要数据资源。

“文化遗产日”非遗系列活动彰显“依法保护、重在传承”主题

6月11日是我国第六个“文化遗产日”，也是《中华人民共和国非物质文化遗产法》颁布实施后的第一个“文化遗产日”。2011年“文化遗产日”非物质文化遗产活动的主题为“依法保护，重在传承”。“文化遗产日”期间文化部及各地文化部门围绕主题，精心谋划，举办了一系列形式多样、内容新颖、独具特色的非物质文化遗产宣传展示活动。

一、精心策划，主题展演活动异彩纷呈、影响广泛

6月10日至15日，2011年“文化遗产日”主题活动在北京中华世纪坛举办。主题活动由三部分组成：一是“依法保护，重在传承——《非物质文化遗产法》宣传展”，重点介绍《非物质文化遗产法》的主要内容和精神实质，宣传法律出台的重大意义。二是“薪火相传——中国非物质文化遗产传承人师徒同台展演”，来自北京、云南、青海等25个省（区、市）的130名非物质文化遗产项目代表性传承人师徒同台献艺，充分体现出非物质文化遗产重在传承的理念。三是“我们的精神家园——2011中国非物质文化遗产摄影大展”，从全国2万多幅应征稿件中遴选出221幅（组）作品，生动反映了我国非物质文化遗产的资源状况、存续状态和保护成果。主题活动引起了首都各界群众的浓厚兴趣，观众络绎不绝，许多人举家前来参观。

二、全面动员，各地文化活动广泛开展、各具特色

“文化遗产日”期间，各地结合贯彻落实《非物质文化遗产法》，精心组织上百项丰富多彩的非物质文化遗产宣传展示活动。由文化部、四川省人民政府、联合国教科文组织共同主办的第三届中国成都国际非物质文化遗产节包括7大类286项活动，荟萃了国内外1900多个非物质文化遗产项目，9000多名国内外代表与会，包括联合国教科文组织、世界旅游组织、72个国家和地区的1200多名外宾，参与各项活动总人数逾570万人次。河北举

办了庆祝第六个中国文化遗产日暨第四届河北省民俗文化节，上海举办了“枫林韵”首届上海剪纸大赛，广西组织了民俗踩街踏歌行，甘肃组织了千人锅庄舞表演，新疆举办了传统工艺美术传承与创新大展，安徽在徽州文化生态保护实验区开展了“走进保护区——新闻媒体集体采访活动”，广东策划了“全省非物质文化遗产进校园活动”等。在传统节日端午佳节期间，文化部与浙江省人民政府在浙江省嘉兴市共同举办了2011年端午节庆活动，举办了赛龙舟、裹粽子、制香袋、挂艾草、喝雄黄酒等活动，展现了端午民俗的独特魅力。国家图书馆举办了“册府琳琅，根脉相承——中华典籍与非物质文化遗产特展”，以文献、实物和活态展演相结合的方式，展示了我国目前仅存的敦煌舞谱、最早的雕版印刷品《金刚经》及入选世界记忆遗产的《本草纲目》刻本等近200种珍贵历史文献及其中记载的非物质文化遗产。

三、走进澳门，中华文化凝聚力和向心力不断增强

6月11日至16日，受文化部委托，中国非物质文化遗产保护中心与澳门特别行政区政府文化局在澳门举办了“根与魂——中国非物质文化遗产展演”活动。这是澳门首次举办非物质文化遗产综合性展览与演出。展览以图文并茂的展板和视频播放的形式，全面介绍了我国瑰丽多彩的非物质文化遗产和近年来开展的保护工作。专场演出在澳门标志性建筑大三巴牌坊前进行。高亢悠远的蒙古族长调、热情欢快的彝族左脚舞和美轮美奂的朝鲜族长鼓舞等精彩节目，向澳门同胞及世界各地游客集中展示了中华民族传统文化的多姿多彩。展演活动充分展现了中华民族非物质文化遗产的独特魅力，加深了澳门同胞对中华优秀传统文化的认识和了解，增强了澳门同胞对中华文化的认同感。

文化遗产日系列活动得到了媒体的广泛关注，据不完全统计，各类传统媒体报道300余篇，网络原创或转载报道4400余篇。

文化部召开国家级文化生态保护区现场交流会

8月22日，为总结交流国家级文化生态保护实验区建设做法和经验，研究探讨目前文化生态保护区建设中存在的问题，探索文化生态保护实验区建设的规律和途径，进一步明确文化生态保护实验区建设的思路，落实文化生态保护实验区建设的措施，努力将国家级文化生态保护区建设推向新的阶段，文化部在青海省黄南藏族自治州召开国家级文化生态保护区现场交流会。文化部副部长王文章出席并讲话。青海省副省长张建民出席并致辞。会议由文化部非物质文化遗产司司长马文辉主持。

在我国非物质文化遗产保护工作的进程中，坚持整体性保护是一项重要的原则。2006年，从加强传统文化整体性保护的角度出发，《国家“十一五”时期文化发展规划纲要》提出“确定10个国家级民族民间文化生态保护区”的要求。2007年，文化部设立第一个国家级文化生态保护实验区——闽南文化生态保护实验区，文化生态保护区建设工作正式启动。截至2011年8月，文化部已先后在全国设立了11个国家级文化生态保护实验区。

王文章对我国文化生态保护实验区建设工作开展4年多来所取得的显著成效给予了充分肯定。他说，文化生态保护实验区建设强调的动态、整体性保护方式是适应非物质文化遗产活态流变性、恒定性和整体性特征而采取的一种科学保护措施，具有重要的开拓意义。建立文化生态保护实验区，是我国探索科学保护非物质文化遗产的一种重要尝试，也是我国文化建设工作的一项创举，有利于推动区域内非物质文化遗产的保护和传承，维护区域内文化生态系统的平衡和完整，增强区域内人民群众自觉参与文化遗产保护活动的文化自觉，增强民族凝聚力，促进当地经济社会全面协调和可持续发展，有效推动了文化遗产保护、文化创新和发展，对培育社会主义核心价值观、全面贯彻落实科学发展观具有重要意义。

王文章强调，文化生态保护实验区建设是一项新课题，需要不断的实践、探索，在实践的基础上总结经验。在当前的文化生态保护实验区建设中还存在着重视不够、措施不力、理论滞后、投入不足等一些需要解决的问题，一定程度上制约了文化生态保护实验区建设工作的进展。为此，他要求各地加强组织领导，高度重视文化生态保护实验区建设；科学编制和实施《国家级文化生态保护区总体规划》；加强重点区域内各级非物质文化遗产名录项目保护；加强代表性传承人保护，完善活态传承机制；加强与非物质文化遗产项目密切相关的物质载体、自然人文环境等文化生态的整体性保护；支持区域内民俗文化活动的广泛开展；开展区域内非物质文化遗产的宣传教育活动；编写、出版区域内非物质文化遗产保护成果和传承普及读物，建立健全人才培养机制，培养、培训文化生态保护区建设人才，提高文化生态保护区建设管理人员的业务水平和工作能力。

王文章强调，文化生态保护实验区不是经济开发区，也不是文化产业园区，文化生态保护区建设必须遵循自身特有的规律，要坚持“保护为主，抢救第一，合理利用，传承发展”的指导方针，在保护实践中努力探索正确把握好保护传承与合理利用的关系。

会上，热贡文化生态保护实验区代表介绍了文化生态保护实验区的建设经验。福建、安徽、江西等已命名的11个国家级文化生态保护实验区相关省区市文化厅局相关负责同志，已向文化部提交设立国家级文化生态保护实验区申请的省区市及经各省区市正式批准设立省级文化生态保护区的省区市文化厅局相关负责同志，以及国家非物质文化遗产保护工作专家委员会的有关专家，热贡地区国家级非物质文化遗产项目代表性传承人和民间艺人代表等参加了会议。

会议期间，与会代表将赴热贡文化生态保护实验区实地考察热贡艺术馆、热贡泥塑艺人之家、热贡画院等非遗保护项目和实体。

中国东北赫哲族说唱艺术伊玛堪列入“急需保护的非物质文化遗产名录”，中国皮影戏入选“人类非物质文化遗产代表作名录”

在印尼巴厘岛举行的保护非物质文化遗产政府间委员会第六次会议决定，将中国提交的赫哲族独特说唱艺术伊玛堪列入“急需保护的非物质文化遗产名录”，把中国皮影戏列入“人类非物质文化遗产代表作名录”。截至目前，我国共有36项入选联合国教科文组织名录，成为入选项目最多的国家。

伊玛堪是中国东北地区赫哲族的独特说唱艺术，表演形式为一个人说唱结合地进行徒口叙述，无乐器伴奏，采用叶韵和散文体的语言，运用不同的唱腔表现人物和情节，多讲述部落征战、生活民俗以及赫哲族英雄降妖伏魔、抗击入侵者的故事。这种独特的艺术形式在传承赫哲族语言、信仰、民俗和习惯方面发挥了关键作用。目前已采录到多部独立篇目。然而调查显示，这种艺术正濒临失传。上世纪80年代，伊玛堪艺人中还有20多位大师级人物，而目前只剩下 5 名伊玛堪艺人能表演某些特定篇目。

中国皮影戏是一种以皮制或纸制的彩色影偶形象，伴随音乐和唱腔表演故事的戏剧形式。皮影艺人在幕后用木杆操控影偶，通过光线照射在半透明的幕布上创造出动态的形象。皮影艺人有许多绝技，诸如即兴演唱、假声扮演，一个人同时操纵数个影偶，以及能够演奏多种不同的乐器。相关皮影技艺经由家庭、戏班或师徒传承。

目前，全世界已有139个国家批准了教科文组织大会2003年通过的《保护非物质文化遗产公约》，只有缔约国方可申报列入非物质文化遗产的项目。中国于2004年8月加入公约，2006年公约正式生效。

全国非物质文化遗产保护工作会议

12月8日，全国非物质文化遗产保护工作会议在浙江省宁波市召开。文化部党组成员、副部长王文章，浙江省委常委、宣传部部长茅临生出席会议。

此次会议的主要议题是深入学习贯彻党的十七届六中全会精神，学习贯彻《非物质文化遗产法》，总结近年来的非物质文化遗产保护工作，交流经验，研究部署下一阶段的工作任务。

王文章在讲话中总结了近年来非物质文化遗产工作所取得的成绩。他说，《非物质文化遗产法》的出台，为非物质文化遗产保护工作提供了坚实的法律保障，我国的非物质文化遗产保护工作进入了依法保护的新阶段；抢救性保护、整体性保护、生产性保护等多种保护方式并举，保护成效明显；非物质文化遗产调查、名录体系建设、代表性传承人保护等三项非物质文化遗产保护制度进一步完善；宣传教育活动丰富多彩，非物质文化遗产保护意识日益深入人心；对外交流渠道继续拓展，国际影响力日益提高。

针对目前非物质文化遗产保护工作面临的新形势，王文章要求，全面深入学习领会十七届六中全会精神，认真挖掘和深刻认识祖国传统文化的历史意义和现实价值，坚持科学的保护理念，落实保护措施，进一步加强非物质文化遗产保护工作；要在非物质文化遗产的保护工作中着重处理好保护与利用的关系、继承与发展的关系和保护与旅游的关系。

王文章强调，今后一段时期，非遗保护要重点转向微观的、长效的方式方法和制度机制的建设上，要具体抓好以下几个方面的工作：进一步贯彻落实《非物质文化遗产法》，强化依法行政、依法保护的观念，在实际工作中正确履行法律所赋予的权利和义务；完善调查制度，加强普查成果的整理利用；加强名录项目保护与管理；健全传承制度，加大对代表性传承人、学艺者的培养和扶持；继续推进非物质文化遗产整体性保护；积极开展非物质文化遗产生产性保护，将文化生态保护区建设纳入当地经济社会发展规划，积极探索文化生态保护区科学、合理的建设模式；开展宣传教育，促进非物质文化遗产的传播和弘扬；拓宽交流渠道，推动非物质文化遗产保护的国际交流与合作。

为期3天的会议还安排了交流、考察等多项活动。广东、山西、安徽、四川、甘肃、宁波等省市和中国艺术研究院分别介绍了在非物质文化遗产立法、普查、文化生态保护区建设、生产性保护、整体性保护以及数字化保护等方面的做法和经验。各省区市和新疆生产建设兵团文化行政部门、非物质文化遗产保护中心有关负责人约150人参会。

法　规

文化部办公厅关于开展国家级非物质文化遗产代表性项目保护督察工作的通知

办非遗函〔2011〕491号

各省、自治区、直辖市文化厅（局），新疆生产建设兵团文化广播电视局：

根据《中华人民共和国非物质文化遗产法》和《文化部关于加强国家级非物质文化遗产代表性项目保护管理工作的通知》（文非遗发〔2011〕38号），我部将于近期开展国家级非物质文化遗产代表性项目保护督察工作。现将有关事宜通知如下：

一、督察内容

（一）国家级非物质文化遗产代表性项目保护规划实施情况以及保护现状；

（二）国家级非物质文化遗产代表性项目保护单位履行保护职责情况；

（三）国家级非物质文化遗产代表性项目中央补助专项资金使用情况；

（四）国家级非物质文化遗产代表性项目代表性传承人义务履行情况。

二、督察方式及安排

本次督察工作采取地方自查与文化部检查相结合的方式。省级文化行政部门组织本地区各级文化行政部门针对督察内容进行全面检查，按照要求提交有关自查材料。文化部在各地自查的基础上，组织有关人员到各省（区、市）进行实地检查。检查结束后，相关结果将予以通报并在2012年文化遗产日期间向社会公布。具体安排如下：

（一）自查阶段（2011年12月至2012年3月）

2011年12月15日前，各省级文化行政部门制定自查方案，组织部署自查工作，并将自查方案报文化部备案。

2011年12月15日至2012年3月15日，各地开展自查工作。

2012年3月31日前，各省级文化行政部门将自查报告及相关材料上报文化部。

（二）检查阶段（2012年4月至5月）

在此期间，文化部非物质文化遗产司将对各地提交的自查报告和相关材料进行审查。根据审查结果，文化部将组建督察组，分赴各省（区、市）进行实地检查。

（三）处理阶段（2012年5月至6月）

实地检查结束后，文化部将全面整理检查结果，对有关情况提出处理意见，向各省（区、市）通报，并在文化遗产日期间向社会公布。

三、工作要求

（一）高度重视，认真落实

各省级文化行政部门应切实做好这次国家级非物质文化遗产代表性项目保护督察的组织工作，督察内容要全面落实，不遗漏，不留死角，自查过程要认真细致，严禁走过场或弄虚作假。

（二）边查边纠，积极整改

各省级文化行政部门在自查阶段中要注意发现传承有序、保护成效显著的项目和保护单位，并及时总结经验；对保护不力、存在问题的项目和保护单位，要找准问题，理清责任，及时提出警告和限期整改要求，并考察整改成效。自查结束后，省级文化行政部门要将国家级非物质文化遗产代表性项目保护工作的相关做法与经验、存

在问题及整改情况一并上报文化部。

（三）抓紧进行，按时上报

各地要严格把握工作节奏和进度，按时上报自查报告及相关材料（详见附件）。不能按时完成自查工作的，文化部将予以重点督查。

四、材料报送

所有材料均以书面及电子邮件方式报送文化部非物质文化遗产司，书面文件均需加盖本单位公章。

材料报送地址：

北京市东城区朝阳门北大街10号（邮编100020）

文化部非物质文化遗产司保护处

电子邮箱：baohuchu@sina.com

电话：010-59882539，59882540

特此通知。

附件：1.《 省（区、市）国家级非物质文化遗产代表性项目保护工作自查报告》(体例)

2.《国家级非物质文化遗产代表性项目存续状况表》

3.《国家级非物质文化遗产代表性项目保护单位履责情况表》

4.《国家级非物质文化遗产代表性项目中央补助专项资金使用情况表》

5.《国家级非物质文化遗产代表性项目代表性传承人传承义务履行情况表》

2011年11月

附件1：

《 省（区、市）国家级非物质文化遗产代表性项目保护工作自查报告》(体例)

一、国家级非物质文化遗产代表性项目保护规划实施情况

1．本省（区、市）制定出台的国家级非物质文化遗产代表性项目保护工作相关政策法规及实施情况；

2．本省（区、市）国家级非物质文化遗产代表性项目保护工作中的有效方法、措施和典型经验；

3．本省（区、市）国家级非物质文化遗产代表性项目保护工作中存在的主要问题、产生原因及整改情况；

4．全面总结本省（区、市）国家级非物质文化遗产代表性项目保护规划实施总体情况和项目保护总体状况，并进行评估分类。(国家级非物质文化遗产代表性项目具体存续状况请填附件2)

二、国家级非物质文化遗产代表性项目保护单位保护职责履行情况

对本省（区、市）国家级非物质文化遗产代表性项目保护单位履行保护职责情况进行总结，包括（但不限于）以下方面：(1）制定并实施项目保护规划情况；(2）中央专项补助资金使用情况；(3）为代表性传承人开展传承活动提供支持情况；(4）搜集整理保存相关实物、资料情况；(5）开展项目展示活动情况；(6）接受上级文化主管部门监督检查情况；(7）建立传习展示设施情况。(保护单位具体履责情况请填附件3)

同时，总结国家级非物质文化遗产代表性项目保护工作中好的做法和经验，梳理保护单位履责过程中存在的问题以及整改措施落实情况。

三、国家级非物质文化遗产代表性项目中央补助专项资金使用情况

请对本省（区、市）国家级非物质文化遗产代表性项目中央补助专项资金使用情况进行全面检查和总结，重点说明在资金使用和管理方面的做法、经验和现存主要问题。(资金详细使用情况请填附件4)

四、国家级非物质文化遗产代表性项目代表性传承人义务履行情况

对本省（区、市）国家级非物质文化遗产代表性项目的代表性传承人传承义务履行情况进行全面总结，主要包括：(1）带徒授艺情况，包括举办传承培训，学徒队伍梯次规模等；(2）保存实物和相关资料情况；(3）配合进行非物质文化遗产调查情况；(4）参与公益性宣传活动情况等。(代表性传承人传承义务具体履行情况请填附件5)

梳理在保护代表性传承人，以及代表性传承人开展传承工作中的措施、经验和存在问题等。

五、国家级非物质文化遗产代表性项目保护工作总体情况及对策建议

1．如实反映自查中发现的问题和整改情况。

2．推荐保护工作做得好的有益经验（项目保护单位或代表性传承人）

3．针对此次自查情况，提出今后工作的对策与建议。

附件2：

国家级非物质文化遗产代表性项目存续状况表

序号	项目编号	项目名称	保护单位	项目存续状况（见注1）	主要问题（见注2）

注：1. 项目存续状况分为四种，包括：良好、一般、濒危、消亡，请参照以下标准据实评估后填写：

良好：传承人及传承群体较多，项目核心内容得到较完整的保留和继承，具有较好的传承和发展能力。

一般：有一定数量的传承人及一定规模的传承群体，项目核心内容大部分得到保留和继承，有一定传承和发展能力。

濒危：传承群体很小，数量在5人以下；项目核心内容大部分保留或仅有部分得到保留，但继续传承发展能力较差。

消亡：传承群体已基本消失，只留有个别传承人，数量在2人以下；或者传承人由于年老体弱等原因已丧失传承能力，项目在当地社会生活中已基本丧失“活态”特征，仅留存资料或实物。

2.“主要问题”可填项目当前存在的主要问题。

附件3：

国家级非物质文化遗产代表性项目保护单位履责情况表

序号	项目编号	项目名称	保护单位	项目存续状况（见注1）	主要问题（见注2）

注：1. 单位性质分为：行政机关、事业单位、社会组织（指社会团体、民办非企业单位等）、企业等。

2. 履责情况分为较好、一般、较差、无履责能力4种，主要考核以下7个方面工作是否已经有效落实：（1）已制定并实施科学合理的项目保护规划；（2）合理使用经费，不存在违规使用或挪用中央补助经费情况；（3）为代表性传承人开展传承活动提供支持；（4）搜集整理保存相关实物、资料；（5）积极开展项目展示活动；（6）向上级文化主管部门报告项目保护实施情况，并接受监督；（7）建立了传习展示设施。按照以下标准进行评估：

较好：7项工作内容得到有效落实的；一般：5～6项工作内容得到有效落实的；较差：3～4项工作内容得到有效落实的；无履责能力：5项以上（含5项）未能有效落实的。

凡是存在违规使用或挪用中央补助经费情况的，不得认定为“较好”或“一般”。

附件4：

国家级非物质文化遗产代表性项目中央补助专项资金使用情况表

序号	项目编号	项目名称	保护单位	补助额度	补助年份	资金实际下达单位	资金到达该单位时间	资金支出内容	资金余额
								1. …… ，? 万元； 2. …… ，? 万元； ……	

附件5：

国家级非物质文化遗产代表性项目代表性传承人传承义务履行情况表

序号	姓名	项目编号	项目名称	保护单位	传承义务履行情况（见注）	备注

注：传承义务履行情况分为：较好、一般、丧失传承能力、无正当理由未履行传承义务。主要考核以下4个方面工作是否有效落实：1.开展传承活动，培养后继人才；2.收集、保存相关实物、资料；3.配合进行非物质文化遗产调查；4.参与公益性宣传活动。

评估标准如下：较好：4项传承义务均有效落实的；一般：4项传承义务中有部分未有效落实的；丧失传承能力：由于年老体弱等原因，无力履行上述传承义务的；无正当理由未履行传承义务：4项传承义务没有正当理由均未履行，经文化主管部门多次劝诫无效的。

国务院关于公布第三批国家级非物质文化遗产名录的通知

国发〔2011〕14号

各省、自治区、直辖市人民政府，国务院各部委、各直属机构：

国务院批准文化部确定的第三批国家级非物质文化遗产名录（共计191项）和国家级非物质文化遗产名录扩展项目名录（共计164项），现予公布。

各地区、各部门要按照《国务院关于加强文化遗产保护的通知》（国发〔2005〕42号）和《国务院办公厅关于加强我国非物质文化遗产保护工作的意见》（国办发〔2005〕18号）要求，认真贯彻落实“保护为主、抢救第一、合理利用、传承发展”的工作方针，坚持科学的保护理念，扎实做好非物质文化遗产名录项目的保护、传承和管理工作，努力推动非物质文化遗产保护迈上新的台阶，为构建完备的、有中国特色的非物质文化遗产保护制度，推动文化大发展大繁荣，建设中华民族共有精神家园，满足人民群众日益增长的精神文化需求，作出积极的贡献。

国务院

2011年5月23日

第三批国家级非物质文化遗产名录

（共计191项）

一、民间文学（共计41项）

序号	项目编号	项目名称	申报地区或单位
1029	I-85	天坛传说	北京市东城区
1030	I-86	曹雪芹传说	北京市海淀区
1031	I-87	契丹始祖传说	河北省平泉县
1032	I-88	赵氏孤儿传说	山西省盂县
1033	I-89	白马拖缰传说	山西省晋城市城区
1034	I-90	舜的传说	山西省沁水县，山东省诸城市
1035	I-91	禹的传说	四川省汶川县、北川羌族自治县
1036	I-92	防风传说	浙江省德清县
1037	I-93	盘瓠传说	湖南省泸溪县
1038	I-94	庄子传说	山东省东明县
1039	I-95	柳毅传说	山东省潍坊市寒亭区

续表

序号	项目编号	项目名称	申报地区或单位
1040	I-96	禅宗祖师传说	湖北省黄梅县
1041	I-97	布袋和尚传说	浙江省奉化市
1042	I-98	钱王传说	浙江省临安市
1043	I-99	苏东坡传说	浙江省杭州市
1044	I-100	王羲之传说	浙江省绍兴市
1045	I-101	李时珍传说	湖北省蕲春县
1046	I-102	蔡伦造纸传说	陕西省汉中市
1047	I-103	牡丹传说	山东省菏泽市牡丹区
1048	I-104	泰山传说	山东省泰安市
1049	I-105	黄鹤楼传说	湖北省武汉市武昌区
1050	I-106	烂柯山的传说	山西省陵川县，浙江省衢州市
1051	I-107	珞巴族始祖传说	西藏自治区米林县
1052	I-108	阿尼玛卿雪山传说	青海省果洛藏族自治州
1053	I-109	锡伯族民间故事	辽宁省沈阳市
1054	I-110	嘉黎民间故事	西藏自治区嘉黎县
1055	I-111	海洋动物故事	浙江省洞头县
1056	I-112	土家族哭嫁歌	湖南省永顺县、古丈县
1057	I-113	坡芽情歌	云南省富宁县
1058	I-114	祝赞词	内蒙古自治区东乌珠穆沁旗，新疆维吾尔自治区博湖县、和布克赛尔蒙古自治县
1059	I-115	黑暗传	湖北省保康县、神农架林区
1060	I-116	陶克陶胡	吉林省前郭尔罗斯蒙古族自治县
1061	I-117	密洛陀	广西壮族自治区都安瑶族自治县
1062	I-118	亚鲁王	贵州省紫云苗族布依族自治县
1063	I-119	目瑙斋瓦	云南省德宏傣族景颇族自治州
1064	I-120	洛奇洛耶与扎斯扎依	云南省墨江哈尼族自治县
1065	I-121	阿细先基	云南省弥勒县
1066	I-122	羌戈大战	四川省汶川县
1067	I-123	恰克恰克	新疆维吾尔自治区伊宁市
1068	I-124	酉阳古歌	重庆市酉阳土家族苗族自治县
1069	I-125	谚语（沪谚）	上海市闵行区

二、传统音乐（共计16项）

序号	项目编号	项目名称	申报地区或单位
1070	Ⅱ-140	凤阳民歌	安徽省滁州市
1071	Ⅱ-141	九江山歌	江西省九江县
1072	Ⅱ-142	利川灯歌	湖北省利川市
1073	Ⅱ-143	天门民歌	湖北省天门市

续表

序号	项目编号	项目名称	申报地区或单位
1074	Ⅱ-144	临高渔歌	海南省临高县
1075	Ⅱ-145	弥渡民歌	云南省弥渡县
1076	Ⅱ-146	青海汉族民间小调	青海省西宁市
1077	Ⅱ-147	阿里郎	吉林省延边朝鲜族自治州
1078	Ⅱ-148	哈萨克族民歌	新疆维吾尔自治区伊犁哈萨克自治州
1079	Ⅱ-149	塔吉克族民歌	新疆维吾尔自治区塔什库尔干塔吉克自治县
1080	Ⅱ-150	茅山号子	江苏省兴化市
1081	Ⅱ-151	弦索乐（菏泽弦索乐）	山东省菏泽市
1082	Ⅱ-152	纳西族白沙细乐	云南省丽江市古城区
1083	Ⅱ-153	伽倻琴艺术	吉林省延吉市
1084	Ⅱ-154	京族独弦琴艺术	广西壮族自治区东兴市
1085	Ⅱ-155	哈萨克族库布孜	新疆维吾尔自治区伊犁哈萨克自治州

三、传统舞蹈（共计15项）

序号	项目编号	项目名称	申报地区或单位
1086	Ⅲ-97	跳马伕	江苏省如东县
1087	Ⅲ-98	仗鼓舞（桑植仗鼓舞）	湖南省桑植县
1088	Ⅲ-99	南县地花鼓	湖南省南县
1089	Ⅲ-100	跳花棚	广东省化州市
1090	Ⅲ-101	老古舞	海南省白沙黎族自治县
1091	Ⅲ-102	跳曹盖	四川省平武县
1092	Ⅲ-103	棕扇舞	云南省元江哈尼族彝族傣族自治县
1093	Ⅲ-104	鄂温克族萨满舞	内蒙古自治区根河市
1094	Ⅲ-105	协荣仲孜	西藏自治区曲水县
1095	Ⅲ-106	普兰果尔孜	西藏自治区阿里地区
1096	Ⅲ-107	陈塘夏尔巴歌舞	西藏自治区定结县
1097	Ⅲ-108	巴当舞	甘肃省岷县
1098	Ⅲ-109	安昭	青海省互助土族自治县
1099	Ⅲ-110	萨玛舞	新疆维吾尔自治区喀什市
1100	Ⅲ-111	哈萨克族卡拉角勒哈	新疆维吾尔自治区伊犁哈萨克自治州

四、传统戏剧（共计20项）

序号	项目编号	项目名称	申报地区或单位
1101	Ⅳ-139	上党二簧	山西省晋城市城区
1102	Ⅳ-140	醒感戏	浙江省永康市
1103	Ⅳ-141	湖剧	浙江省湖州市
1104	Ⅳ-142	淳安三角戏	浙江省淳安县

续表

序号	项目编号	项目名称	申报地区或单位
1105	Ⅳ-143	嗨子戏	安徽省阜南县
1106	Ⅳ-144	赣剧	江西省赣剧院
1107	Ⅳ-145	西河戏	江西省星子县
1108	Ⅳ-146	鹧鸪戏	山东省淄博市临淄区
1109	Ⅳ-147	淮调	河南省安阳县
1110	Ⅳ-148	落腔	河南省内黄县
1111	Ⅳ-149	武当神戏	湖北省丹江口市
1112	Ⅳ-150	雷剧	广东省雷州市
1113	Ⅳ-151	关索戏	云南省澄江县
1114	Ⅳ-152	通渭小曲戏	甘肃省通渭县
1115	Ⅳ-153	弦子腔	陕西省平利县
1116	Ⅳ-154	西路梆子	河北省海兴县
1117	Ⅳ-155	淮北梆子戏	安徽省宿州市、阜阳市
1118	Ⅳ-156	滑稽戏	上海滑稽剧团，江苏省苏州市
1119	Ⅳ-157	张家界阳戏	湖南省张家界市永定区
1120	Ⅳ-158	海南斋戏	海南省海口市

五、曲艺（共计18项）

序号	项目编号	项目名称	申报地区或单位
1121	Ⅴ-97	莲花落	山西省太原市
1122	Ⅴ-98	长子鼓书	山西省长子县
1123	Ⅴ-99	翼城琴书	山西省翼城县
1124	Ⅴ-100	曲沃琴书	山西省曲沃县
1125	Ⅴ-101	泽州四弦书	山西省泽州县
1126	Ⅴ-102	盘索里	辽宁省铁岭市，吉林省延边朝鲜族自治州
1127	Ⅴ-103	永康鼓词	浙江省永康市
1128	Ⅴ-104	唱新闻	浙江省象山县
1129	Ⅴ-105	渔鼓道情	安徽省萧县
1130	Ⅴ-106	三棒鼓	湖北省宣恩县
1131	Ⅴ-107	祁阳小调	湖南省祁阳县
1132	Ⅴ-108	粤曲	广东省广州市
1133	Ⅴ-109	木鱼歌	广东省东莞市
1134	Ⅴ-110	四川评书	重庆市曲艺团
1135	Ⅴ-111	洛南静板书	陕西省洛南县
1136	Ⅴ-112	南音说唱	澳门特别行政区
1137	Ⅴ-113	河州平弦	甘肃省临夏市
1138	Ⅴ-114	端鼓腔	山东省东平县、微山县

六、传统体育、游艺与杂技（共计15项）

序号	项目编号	项目名称	申报地区或单位
1139	Ⅵ-56	拦手门	天津市河东区
1140	Ⅵ-57	通背缠拳	山西省洪洞县
1141	Ⅵ-58	地术拳	福建省精武保安培训学校
1142	Ⅵ-59	佛汉拳	山东省东明县
1143	Ⅵ-60	孙膑拳	山东省青岛市市北区、安丘市
1144	Ⅵ-61	肘捶	山东省临清市
1145	Ⅵ-62	十八般武艺	浙江省杭州市余杭区
1146	Ⅵ-63	华佗五禽戏	安徽省亳州市
1147	Ⅵ-64	撂石锁	河南省开封市
1148	Ⅵ-65	赛龙舟	湖南省沅陵县，广东省东莞市，贵州省铜仁市、镇远县
1149	Ⅵ-66	迎罗汉	浙江省缙云县
1150	Ⅵ-67	掼牛	浙江省嘉兴市南湖区
1151	Ⅵ-68	高杆船技	浙江省桐乡市
1152	Ⅵ-69	花毽	山东省青州市
1153	Ⅵ-70	口技	北京市西城区

七、传统美术（共计13项）

序号	项目编号	项目名称	申报地区或单位
1154	Ⅶ-97	棕编（新繁棕编）	四川省成都市新都区
1155	Ⅶ-98	苗画	湖南省保靖县
1156	Ⅶ-99	嘉兴灶头画	浙江省嘉兴市
1157	Ⅶ-100	永春纸织画	福建省永春县
1158	Ⅶ-101	平遥纱阁戏人	山西省平遥县
1159	Ⅶ-102	清徐彩门楼	山西省清徐县
1160	Ⅶ-103	上海绒绣	上海市浦东新区
1161	Ⅶ-104	宁波金银彩绣	浙江省宁波市鄞州区
1162	Ⅶ-105	瑶族刺绣	广东省乳源瑶族自治县
1163	Ⅶ-106	藏族编织、挑花刺绣工艺	四川省阿坝藏族羌族自治州
1164	Ⅶ-107	侗族刺绣	贵州省锦屏县
1165	Ⅶ-108	锡伯族刺绣	新疆维吾尔自治区察布查尔锡伯自治县
1166	Ⅶ-109	宁波泥金彩漆	浙江省宁海县

八、传统技艺（共计26项）

序号	项目编号	项目名称	申报地区或单位
1167	Ⅷ-187	越窑青瓷烧制技艺	浙江省上虞市、杭州市、慈溪市
1168	Ⅷ-188	建窑建盏烧制技艺	福建省南平市
1169	Ⅷ-189	汝瓷烧制技艺	河南省汝州市、宝丰县
1170	Ⅷ-190	淄博陶瓷烧制技艺	山东省淄博市
1171	Ⅷ-191	长沙窑铜官陶瓷烧制技艺	湖南省长沙市望城区
1172	Ⅷ-192	蓝夹缬技艺	浙江省温州市
1173	Ⅷ-193	中式服装制作技艺（龙凤旗袍手工制作技艺、亨生奉帮裁缝技艺，培罗蒙奉帮裁缝技艺，振兴祥中式服装制作技艺）	上海市静安区、黄浦区，浙江省杭州市
1174	Ⅷ-194	铅锡刻镂技艺	湖北省荆州市
1175	Ⅷ-195	乌铜走银制作技艺	云南省石屏县
1176	Ⅷ-196	银铜器制作及鎏金技艺	青海省湟中县
1177	Ⅷ-197	青铜器修复及复制技艺	故宫博物院
1178	Ⅷ-198	国画颜料制作技艺（姜思序堂国画颜料制作技艺）	江苏省苏州市
1179	Ⅷ-199	藏族矿植物颜料制作技艺	西藏自治区拉萨市
1180	Ⅷ-200	毛笔制作技艺（周虎臣毛笔制作技艺、扬州毛笔制作技艺）	上海市黄浦区，江苏省江都市
1181	Ⅷ-201	衡水法帖雕版拓印技艺	河北省衡水市桃城区
1182	Ⅷ-202	古书画临摹复制技艺	故宫博物院
1183	Ⅷ-203	白茶制作技艺（福鼎白茶制作技艺）	福建省福鼎市
1184	Ⅷ-204	仿膳（清廷御膳）制作技艺	北京市西城区
1185	Ⅷ-205	直隶官府菜烹饪技艺	河北省保定市
1186	Ⅷ-206	孔府菜烹饪技艺	山东省曲阜市
1187	Ⅷ-207	五芳斋粽子制作技艺	浙江省嘉兴市
1188	Ⅷ-208	北京四合院传统营造技艺	中国艺术研究院
1189	Ⅷ-209	雁门民居营造技艺	山西省忻州市
1190	Ⅷ-210	石库门里弄建筑营造技艺	上海市黄浦区
1191	Ⅷ-211	土家族吊脚楼营造技艺	湖北省咸丰县，湖南省永顺县，重庆市石柱土家族自治县
1192	Ⅷ-212	维吾尔族民居建筑技艺（阿依旺赛来民居营造技艺）	新疆维吾尔自治区和田地区

九、传统医药（共计4项）

序号	项目编号	项目名称	申报地区或单位
1193	Ⅸ-18	壮医药（壮医药线点灸疗法）	广西中医学院
1194	Ⅸ-19	彝医药（彝医水膏药疗法）	云南省楚雄彝族自治州
1195	Ⅸ-20	傣医药（睡药疗法）	云南省西双版纳傣族自治州、德宏傣族景颇族自治州
1196	Ⅸ-21	维吾尔医药（维药传统炮制技艺、木尼孜其·木斯力汤药制作技艺、食物疗法、库西台法）	新疆维吾尔医学高等专科学校、新疆维吾尔自治区和田地区、新疆维吾尔自治区莎车县、新疆维吾尔自治区维吾尔医药研究所

十、民俗（共计23项）

序号	项目编号	项目名称	申报地区或单位
1197	X-122	中元节（潮人盂兰盛会）	香港特别行政区
1198	X-123	中和节（永济背冰、云丘山中和节）	山西省永济市、乡宁县
1199	X-124	俄罗斯族巴斯克节	内蒙古自治区额尔古纳市
1200	X-125	鄂温克族瑟宾节	黑龙江省讷河市
1201	X-126	诺茹孜节	新疆维吾尔自治区塔城地区
1202	X-127	布依族“三月三”	贵州省贞丰县、望谟县
1203	X-128	土家年	湖南省永顺县
1204	X-129	彝族年	四川省凉山彝族自治州
1205	X-130	侗年	贵州省榕江县
1206	X-131	藏历年	西藏自治区拉萨市
1207	X-132	舜帝祭典	湖南省宁远县
1208	X-133	祭寨神林	云南省元阳县
1209	X-134	歌会（瑞云四月八、四十八寨歌节）	福建省福鼎市，贵州省天柱县
1210	X-135	尉村跑鼓车	山西省襄汾县
1211	X-136	独辕四景车赛会	山西省平顺县
1212	X-137	网船会	浙江省嘉兴市秀洲区
1213	X-138	月也	贵州省黎平县
1214	X-139	婚俗（朝鲜族回婚礼、达斡尔族传统婚俗、彝族传统婚俗、裕固族传统婚俗、回族传统婚俗、哈萨克族传统婚俗、锡伯族传统婚俗）	吉林省延边朝鲜族自治州，黑龙江省齐齐哈尔市富拉尔基区，四川省美姑县，甘肃省张掖市，宁夏回族自治区，新疆维吾尔自治区伊犁哈萨克自治州，新疆嘎善文化传播中心
1215	X-140	径山茶宴	浙江省杭州市余杭区
1216	X-141	装泥鱼习俗	广东省珠海市斗门区
1217	X-142	苗族栽岩习俗	贵州省榕江县
1218	X-143	柯尔克孜族驯鹰习俗	新疆维吾尔自治区阿合奇县
1219	X-144	塔吉克族服饰	新疆维吾尔自治区塔什库尔干塔吉克自治县

国家级非物质文化遗产扩展项目名录

（共计164项）

一、民间文学（共计8项）

序号	项目编号	项目名称	申报地区或单位
1	I-1	苗族古歌	湖南省花垣县
8	I-8	孟姜女传说	山东省莒县
9	I-9	董永传说	江苏省丹阳市
522	I-35	尧的传说	山东省菏泽市牡丹区
523	I-36	牛郎织女传说	陕西省西安市长安区
528	I-41	徐福传说	江苏省赣榆县，山东省胶南市、青岛市黄岛区
537	I-50	木兰传说	陕西省延安市宝塔区
561	I-74	司岗里	云南省西盟佤族自治县

二、传统音乐（共计16项）

序号	项目编号	项目名称	申报地区或单位
38	Ⅱ-7	畲族民歌	浙江省泰顺县
60	Ⅱ-29	侗族琵琶歌	贵州省从江县
61	Ⅱ-30	多声部民歌（潮尔道—阿巴嘎潮尔）	内蒙古自治区阿巴嘎旗
68	Ⅱ-37	唢呐艺术（徐州鼓吹乐、砀山唢呐、长汀公嫲吹）	江苏省徐州市，安徽省宿州市，福建省长汀县
76	Ⅱ-45	鲁西南鼓吹乐	山东省巨野县、单县
83	Ⅱ-52	吹打（广西八音）	广西壮族自治区玉林市
596	Ⅱ-97	海洋号子（长海号子、象山渔民号子）	辽宁省长海县，浙江省象山县
604	Ⅱ-105	蒙古族民歌（乌拉特民歌）	内蒙古自治区乌拉特前旗
608	Ⅱ-109	苗族民歌（苗族飞歌）	贵州省剑河县
612	Ⅱ-113	彝族民歌（彝族山歌）	贵州省盘县
614	Ⅱ-115	藏族民歌（藏族赶马调、班戈昌鲁）	四川省冕宁县，西藏自治区班戈县
622	Ⅱ-123	锣鼓艺术（云胜锣鼓、中州大鼓、鄂州牌子锣、小河锣鼓）	山西省原平市，河南省新乡县，湖北省鄂州市，重庆市渝北区
623	Ⅱ-124	洞箫音乐（高陵洞箫）	陕西省高陵县
635	Ⅱ-136	口弦音乐	四川省北川羌族自治县
637	Ⅱ-138	佛教音乐（楞严寺寺庙音乐、觉囊梵音、洋县佛教音乐、塔尔寺花架音乐）	山西省左云县，四川省壤塘县，陕西省洋县，青海省湟中县
638	Ⅱ-139	道教音乐（东岳观道教音乐、澳门道教科仪音乐）	浙江省平阳县，澳门特别行政区

三、传统舞蹈（共计16项）

序号	项目编号	项目名称	申报地区或单位
105	Ⅲ-2	秧歌（小红门地秧歌、乐亭地秧歌、阳信鼓子秧歌）	北京市朝阳区，河北省乐亭县，山东省阳信县
107	Ⅲ-4	龙舞（浦东绕龙灯、直溪巨龙、碇步龙、开化香火草龙、坎门花龙、龙灯扛阁、火龙舞、三节龙、地龙灯、芷江孽龙、城步吊龙、香火龙、六坊云龙舞）	上海市浦东新区，江苏省金坛市，浙江省泰顺县、开化县、玉环县，山东省临沂市，河南省孟州市，湖北省云梦县、来凤县，湖南省芷江侗族自治县、城步苗族自治县，广东省南雄市、中山市
108	Ⅲ-5	狮舞（马桥手狮舞，古陂蔗狮、犁狮，青狮，松岗七星狮舞，藤县狮舞，田阳壮族狮舞，高台狮舞）	上海市闵行区，江西省信丰县，广东省揭阳市、深圳市，广西壮族自治区藤县、田阳县，重庆市彭水苗族土家族自治县
110	Ⅲ-7	傩舞（浦南古傩）	福建省漳州市
111	Ⅲ-8	英歌（甲子英歌）	广东省陆丰市
113	Ⅲ-10	盾牌舞（藤牌舞）	浙江省瑞安市

续表

序号	项目编号	项目名称	申报地区或单位
125	Ⅲ-22	羌姆（拉康加羌姆、直孔嘎尔羌姆、曲德寺阿羌姆）	西藏自治区洛扎县、墨竹工卡县、贡嘎县
639	Ⅲ-42	鼓舞（万荣花鼓、土沃老花鼓、稷山高台花鼓、乌拉陈汉军旗单鼓舞）	山西省万荣县、沁水县、稷山县，吉林省吉林市
640	Ⅲ-43	麒麟舞（麒麟采八宝，睢县麒麟舞，坂田永胜堂舞麒麟、大船坑舞麒麟，樟木头舞麒麟）	山西省侯马市，河南省睢县，广东省深圳市、东莞市
641	Ⅲ-44	竹马（蒋塘马灯舞）	江苏省溧阳市
642	Ⅲ-45	灯舞（无为鱼灯）	安徽省无为县
655	Ⅲ-58	鹤舞（三灶鹤舞）	广东省珠海市
657	Ⅲ-60	瑶族长鼓舞（小长鼓舞、黄泥鼓舞）	广东省连山壮族瑶族自治县，广西壮族自治区金秀瑶族自治县
680	Ⅲ-83	谐钦（尼玛乡谐钦）	西藏自治区班戈县
691	Ⅲ-94	萨吾尔登	新疆维吾尔自治区博湖县
693	Ⅲ-96	赛乃姆（若羌赛乃姆、且末赛乃姆、库尔勒赛乃姆、伊犁赛乃姆、库车赛乃姆）	新疆维吾尔自治区若羌县、且末县、库尔勒市、伊宁县、库车县

四、传统戏剧（共计28项）

序号	项目编号	项目名称	申报地区或单位
148	Ⅳ-4	潮剧	福建省云霄县
162	Ⅳ-18	晋剧	河北省井陉县，内蒙古自治区呼和浩特市
164	Ⅳ-20	北路梆子	山西省大同市
170	Ⅳ-26	大平调	山东省成武县，河南省浚县
171	Ⅳ-27	越调	河南省邓州市
172	Ⅳ-28	京剧	江苏省演艺集团、江苏省淮安市
183	Ⅳ-39	乱弹（诸暨西路乱弹）	浙江省诸暨市
193	Ⅳ-49	碗碗腔（曲沃碗碗腔）	山西省曲沃县
195	Ⅳ-51	评剧	河北省石家庄市，辽宁省沈阳市和平区，黑龙江省评剧院
201	Ⅳ-57	庐剧（东路庐剧）	安徽省和县
204	Ⅳ-60	黄梅戏	安徽省黄梅戏剧院
206	Ⅳ-62	泗州戏	江苏省泗洪县
209	Ⅳ-65	采茶戏（高安采茶戏、抚州采茶戏、粤北采茶戏）	江西省高安市、抚州市临川区，广东省韶关市
213	Ⅳ-69	曲子戏	甘肃省白银市
214	Ⅳ-70	秧歌戏（泽州秧歌）	山西省泽州县
215	Ⅳ-71	道情戏（神池道情戏、商洛道情戏）	山西省神池县，陕西省商洛市
217	Ⅳ-73	二人台（东路二人台）	内蒙古自治区乌兰察布市

续表

序号	项目编号	项目名称	申报地区或单位
222	Ⅳ-78	花灯戏	贵州省花灯剧团
224	Ⅳ-80	藏戏（尼木塔荣藏戏、南木特藏戏）	西藏自治区尼木县，甘肃省甘南藏族自治州
227	Ⅳ-83	侗戏	广西壮族自治区三江侗族自治县
233	Ⅳ-89	傩戏（任庄扇鼓傩戏、德安潘公戏、梅山傩戏、荔波布依族傩戏）	山西省曲沃县，江西省德安县，湖南省冷水江市，贵州省荔波县
235	Ⅳ-91	皮影戏（昌黎皮影戏、巴林左旗皮影戏、龙江皮影戏、桐柏皮影戏、云梦皮影戏、腾冲皮影戏）	河北省昌黎县，内蒙古自治区巴林左旗，黑龙江省哈尔滨市，河南省桐柏县，湖北省云梦县，云南省腾冲县
236	Ⅳ-92	木偶戏（海派木偶戏、杖头木偶戏、泰顺提线木偶戏、廿八都木偶戏、广东木偶戏、揭阳铁枝木偶戏）	上海木偶剧团，江苏省演艺集团，浙江省泰顺县，浙江省江山市，广东省木偶艺术剧院有限公司，广东省揭阳市
694	Ⅳ-93	老调（安国老调）	河北省安国市
700	Ⅳ-99	眉户（晋南眉户）	山西省临汾市
703	Ⅳ-102	淮剧	江苏省淮安市、泰州市
713	Ⅳ-112	花鼓戏（荆州花鼓戏、襄阳花鼓戏、衡州花鼓戏、临湘花鼓戏、长沙花鼓戏）	湖北省仙桃市、襄阳市，湖南省衡阳市、临湘市，湖南省花鼓戏剧院
717	Ⅳ-116	吕剧	山东省滨州市

五、曲艺（共计10项）

序号	项目编号	项目名称	申报地区或单位
237	Ⅴ-1	苏州评弹（苏州评话、苏州弹词）	江苏省演艺集团，浙江曲艺杂技总团
238	Ⅴ-2	扬州评话	江苏省演艺集团
249	Ⅴ-13	温州鼓词	浙江省平阳县
256	Ⅴ-20	河南坠子	河北省临漳县
257	Ⅴ-21	山东琴书	山东省郓城县
263	Ⅴ-27	丝弦	湖南省武冈市
274	Ⅴ-38	小热昏	江苏省常州市
768	Ⅴ-75	四川扬琴	重庆市曲艺团
770	Ⅴ-77	四川清音	重庆市曲艺团
784	Ⅴ-91	金钱板	重庆市万州区

六、传统体育、游艺与杂技（共计8项）

序号	项目编号	项目名称	申报地区或单位
292	Ⅵ-10	沧州武术（六合拳）	河北省泊头市
294	Ⅵ-12	梅花拳	河北省威县
793	Ⅵ-21	摔跤（朝鲜族摔跤、彝族摔跤、维吾尔族且力西）	吉林省延吉市，云南省石林彝族自治县，新疆维吾尔自治区岳普湖县
797	Ⅵ-25	八卦掌	北京市西城区，河北省固安县
798	Ⅵ-26	形意拳	山西省太谷县
801	Ⅵ-29	心意拳	山西省祁县
805	Ⅵ-33	螳螂拳	山东省栖霞市、青岛市崂山区
819	Ⅵ-47	戏法	天津市和平区

七、传统美术（共计19项）

序号	项目编号	项目名称	申报地区或单位
313	Ⅶ-14	藏族唐卡（勉萨画派）	西藏自治区
315	Ⅶ-16	剪纸（包头剪纸、新干剪纸、延川剪纸、旬邑彩贴剪纸、会宁剪纸）	内蒙古自治区包头市，江西省新干县，陕西省延川县、旬邑县，甘肃省会宁县
321	Ⅶ-22	苗绣	贵州省台江县
324	Ⅶ-25	挑花（苗族挑花）	湖南省泸溪县
346	Ⅶ-47	泥塑（惠民泥塑）	山东省惠民县
347	Ⅶ-48	酥油花（强巴林寺酥油花）	西藏自治区昌都地区
349	Ⅶ-50	灯彩（忠信花灯）	广东省连平县
350	Ⅶ-51	竹编（益阳小郁竹艺、毛南族花竹帽编织技艺）	湖南省益阳市，广西壮族自治区环江毛南族自治县
828	Ⅶ-52	面人（面人汤）	北京市通州区
830	Ⅶ-54	草编（哈萨克族芨芨草编织技艺）	新疆维吾尔自治区托里县
831	Ⅶ-55	柳编（固安柳编、黄岗柳编、霍邱柳编、博兴柳编、曹县柳编）	河北省固安县，安徽省阜南县、霍邱县，山东省博兴县、曹县
832	Ⅶ-56	石雕（菊花石雕）	湖南省工艺美术研究所
833	Ⅶ-57	玉雕（海派玉雕）	上海市
834	Ⅶ-58	木雕（紫檀雕刻、莆田木雕、花瑰艺术、剑川木雕）	中国紫檀博物馆、上海市，福建省莆田市，海南省澄迈县，云南省剑川县
841	Ⅶ-65	木版年画（老河口木版年画）	湖北省老河口市
860	Ⅶ-84	料器（葡萄常料器）	北京市东城区
867	Ⅶ-91	镶嵌（潮州嵌瓷）	广东省潮州市工艺美术研究院
870	Ⅶ-94	盆景技艺（苏派盆景技艺、川派盆景技艺）	江苏省苏州市，四川省盆景艺术家协会
872	Ⅶ-96	建筑彩绘（传统地仗彩画）	辽宁省沈阳市

八、传统技艺（共计28项）

序号	项目编号	项目名称	申报地区或单位
363	Ⅷ-13	南京云锦木机妆花手工织造技艺	江苏汉唐织锦科技有限公司
375	Ⅷ-25	蜡染技艺（苗族蜡染技艺、黄平蜡染技艺）	四川省珙县，贵州省黄平县
378	Ⅷ-28	客家土楼营造技艺	福建省南靖县、华安县
390	Ⅷ-40	银饰锻制技艺（畲族银器制作技艺、苗族银饰锻制技艺）	福建省福安市，贵州省剑河县、台江县
394	Ⅷ-44	弓箭制作技艺（蒙古族牛角弓制作技艺）	内蒙古师范大学
395	Ⅷ-45	家具制作技艺（晋作家具制作技艺、精细木作技艺）	山西省临汾市，江苏工美红木文化艺术研究所
417	Ⅷ-67	皮纸制作技艺（龙游皮纸制作技艺）	浙江省龙游县
423	Ⅷ-73	徽墨制作技艺（曹素功墨锭制作技艺）	上海市黄浦区
428	Ⅷ-78	雕版印刷技艺（杭州雕版印刷技艺、同仁刻版印刷技艺）	浙江省杭州市西湖区，青海省同仁县
438	Ⅷ-88	风筝制作技艺（北京风筝制作技艺）	北京市东城区、海淀区
881	Ⅷ-98	陶器烧制技艺（黎族泥片制陶技艺、荣昌陶器制作技艺）	海南省白沙黎族自治县，重庆市荣昌县
882	Ⅷ-99	蚕丝织造技艺（杭州织锦技艺、辑里湖丝手工制作技艺）	浙江省杭州市、湖州市南浔区
883	Ⅷ-100	传统棉纺织技艺（南通色织土布技艺、余姚土布制作技艺、维吾尔族帕拉孜纺织技艺）	江苏省南通市，浙江省余姚市，新疆维吾尔自治区拜城县

续表

序号	项目编号	项目名称	申报地区或单位
884	Ⅷ-101	毛纺织及擀制技艺（维吾尔族花毡制作技艺）	新疆维吾尔自治区柯坪县
888	Ⅷ-105	苗族织锦技艺	贵州省台江县、凯里市
898	Ⅷ-115	手工制鞋技艺（老美华手工制鞋技艺）	天津市和平区
903	Ⅷ-120	藏族金属锻制技艺（扎西吉彩金银锻铜技艺）	西藏自治区日喀则地区
907	Ⅷ-124	民族乐器制作技艺（宏音斋笙管制作技艺、蒙古族拉弦乐器制作技艺、马头琴制作技艺、上海民族乐器制作技艺、苗族芦笙制作技艺、傣族象脚鼓制作技艺）	北京市海淀区，内蒙古自治区科尔沁右翼中旗，吉林省前郭尔罗斯蒙古族自治县，上海市闵行区，贵州省凯里市，云南省临沧市临翔区
910	Ⅷ-127	漆器髹饰技艺（绛州剔犀技艺、鄱阳脱胎漆器髹饰技艺、潍坊嵌银髹漆技艺、楚式漆器髹饰技艺、阳江漆器髹饰技艺）	山西省新绛县，江西省鄱阳县，山东省潍坊市，湖北省荆州市，广东省阳江市
916	Ⅷ-133	砚台制作技艺（贺兰砚制作技艺）	宁夏回族自治区银川市
919	Ⅷ-136	装裱修复技艺（苏州书画装裱修复技艺）	江苏省苏州市
930	Ⅷ-147	花茶制作技艺（吴裕泰茉莉花茶制作技艺）	北京市东城区
931	Ⅷ-148	绿茶制作技艺（碧螺春制作技艺、紫笋茶制作技艺、安吉白茶制作技艺）	江苏省苏州市吴中区，浙江省长兴县、安吉县
935	Ⅷ-152	黑茶制作技艺（下关沱茶制作技艺）	云南省大理白族自治州
943	Ⅷ-160	传统面食制作技艺（天津“狗不理”包子制作技艺、稷山传统面点制作技艺）	天津市和平区，山西省稷山县
949	Ⅷ-166	火腿制作技艺（宣威火腿制作技艺）	云南省宣威市
963	Ⅷ-180	窑洞营造技艺（地坑院营造技艺、陕北窑洞营造技艺）	河南省陕县，陕西省延安市宝塔区
969	Ⅷ-186	碉楼营造技艺（羌族碉楼营造技艺、藏族碉楼营造技艺）	四川省汶川县、茂县，青海省班玛县

九、传统医药（共计7项）

序号	项目编号	项目名称	申报地区或单位
441	Ⅸ-2	中医诊法（葛氏捏筋拍打疗法、王氏脊椎疗法、道虎壁王氏中医妇科、朱氏推拿疗法、张一帖内科疗法）	北京市海淀区、西城区，山西省平遥县，上海市，安徽省黄山市
443	Ⅸ-4	中医传统制剂方法（达仁堂清宫寿桃丸传统制作技艺、定坤丹制作技艺、六神丸制作技艺、致和堂膏滋药制作技艺、季德胜蛇药制作技艺、朱养心传统膏药制作技艺、漳州片仔癀制作技艺、夏氏丹药制作技艺、马应龙眼药制作技艺、罗浮山百草油制作技艺、保滋堂保婴丹制作技艺、桐君阁传统丸剂制作技艺）	天津中新药业集团股份有限公司达仁堂制药厂，山西省太谷县，上海市黄浦区，江苏省江阴市、南通市，浙江省杭州市，福建省漳州市，湖北省京山县武汉市武昌区，广东省博罗县医药行业协会，重庆市南岸区
444	Ⅸ-5	针灸（陆氏针灸疗法）	上海市
445	Ⅸ-6	中医正骨疗法（武氏正骨疗法、张氏骨伤疗法、章氏骨伤疗法、林氏骨伤疗法）	山西省高平市，浙江省富阳市、台州市，福建省福州市仓山区
448	Ⅸ-9	藏医药（藏医骨伤疗法）	云南省迪庆藏族自治州
972	Ⅸ-12	蒙医药（蒙医传统正骨术、蒙医正骨疗法、血衰症疗法）	内蒙古自治区中蒙医医院、科尔沁左翼后旗，辽宁省阜新蒙古族自治县
975	Ⅸ-15	苗医药（癫痫症疗法、钻节风疗法）	湖南省凤凰县、花垣县

十、民俗（共计24项）

序号	项目编号	项目名称	申报地区或单位
449	X-1	春节（怀仁旺火习俗、查干萨日）	山西省怀仁县，吉林省前郭尔罗斯蒙古族自治县
450	X-2	清明节（介休寒食清明习俗）	山西省介休市
451	X-3	端午节（五大连池药泉会、嘉兴端午习俗、蒋村龙舟盛会、石狮端午闽台对渡习俗、大澳龙舟游涌）	黑龙江省黑河市，浙江省嘉兴市、杭州市西湖区，福建省石狮市，香港特别行政区
452	X-4	七夕节（石塘七夕习俗、天河乞巧习俗）	浙江省温岭市，广东省广州市天河
453	X-5	中秋节（泽州中秋习俗、秋夕、大坑舞火龙）	山西省泽州县，吉林省延边朝鲜族自治州，香港特别行政区
454	X-6	重阳节（皇城村重阳习俗、上蔡重阳习俗）	山西省阳城县，河南省上蔡县
458	X-10	火把节（彝族火把节）	贵州省赫章县
480	X-32	黄帝祭典（缙云轩辕祭典）	浙江省缙云县
481	X-33	炎帝祭典（随州神农祭典）	湖北省随州市
483	X-35	祭孔大典（南孔祭典）	浙江省衢州市
484	X-36	妈祖祭典（洞头妈祖祭典）	浙江省洞头县
485	X-37	太昊伏羲祭典（新乐伏羲祭典）	河北省新乐市
486	X-38	女娲祭典（秦安女娲祭典）	甘肃省秦安县
488	X-40	祭敖包（达斡尔族沃其贝）	新疆维吾尔自治区塔城市
516	X-68	农历二十四节气（九华立春祭、班春劝农、石阡说春）	浙江省衢州市柯城区、遂昌县，贵州省石阡县
978	X-71	元宵节（豫园灯会、上坂关公灯）	上海市黄浦区，江西省南昌市湾里区
984	X-77	苗族四月八	湖南省吉首市
987	X-80	塔塔尔族撒班节	新疆维吾尔自治区奇台县
991	X-84	庙会（北山庙会、张山寨七七会、方岩庙会、九华山庙会、西山万寿宫庙会、汉阳归元庙会、当阳关陵庙会）	吉林省吉林市，浙江省缙云县、永康市，安徽省池州市九华山风景区，江西省新建县，湖北省武汉市汉阳区、当阳市
992	X-85	民间信俗（梅日更召信俗、锡伯族喜利妈妈信俗、闽台送王船、清水祖师信俗、嫘祖信俗、波罗诞、悦城龙母诞、长洲太平清醮、鱼行醉龙节）	内蒙古自治区包头市九原区，辽宁省沈阳市，福建省厦门市、安溪县，湖北省远安县，广东省广州市黄埔区、德庆县，香港特别行政区，澳门特别行政区
994	X-87	抬阁（海沧蜈蚣阁、宜章夜故事、长乐抬阁故事会、通海高台）	福建省厦门市海沧区，湖南省宜章县、汨罗市，云南省通海县
996	X-89	朝鲜族花甲礼	黑龙江省牡丹江市
997	X-90	祭祖习俗（沁水柳氏清明祭祖、太公祭、石壁客家祭祖习俗、灯杆彩凤习俗、下沙祭祖）	山西省沁水县，浙江省文成县，福建省宁化县，广东省揭东县、深圳市福田区
1027	X-120	南海航道更路经	海南省琼海市

文化部关于加强国家级非物质文化遗产代表性项目保护管理工作的通知

文非遗发〔2011〕38号

各省、自治区、直辖市文化厅（局）、新疆生产建设兵团文化广播电视局：

近年来，按照党中央、国务院的要求，文化部和地方各级文化行政部门共同扎实推进非物质文化遗产保护工作，取得了显著的进展，初步构建起了符合我国国情的非物质文化遗产保护工作体系。《中华人民共和国非物质文化遗产法》自2011年6月1日起正式施行，标志着我国非物质文化遗产保护工作上升到了依法保护、科学保护的新阶段。

2011年5月底，国务院公布了第三批国家级非物质文化遗产名录项目191项，扩展项目164项。加上此前公布的两批，国家级非物质文化遗产名录项目共1219项。为进一步加强国家级非物质文化遗产代表性项目（以下简称“国家级代表性项目”）的保护管理工作，现就有关事项通知如下：

一、认真履行职责，切实将国家级代表性项目保护工作落到实处

各级文化行政部门和国家级代表性项目申报地区（单位）、保护单位、代表性传承人，要切实按照《中华人民共和国非物质文化遗产法》“保护非物质文化遗产，应当注重其真实性、整体性和传承性”的要求，认真履行各自职责，采取有效措施，对国家级代表性项目进行全面、系统、科学的保护。

（一）制定保护规划

在申报国家级代表性项目五年保护计划的基础上，明确保护目标、保护方式、保护措施，结合每个项目的特点与实际情况，制定每个项目的保护规划和年度实施方案，增强针对性和可操作性。按照保护规划和实施方案，对保护措施逐项予以落实。

（二）加强资料保存与研究

在前期调查的基础上，对国家级代表性项目及其代表性传承人进行文字、图片、影像记录，征集并妥善保管相关珍贵实物和资料，建立档案和数据库。加强对国家级代表性项目的深入调查、研究，有计划地出版相关成果。

（三）完善传承机制

加强国家级代表性项目的代表性传承人的保护和传承机制建设。努力为代表性传承人开展传承活动创造条件，提供必要的传承、展示场所，经费资助和宣传展示机会等，建立对学艺者的助学、奖学激励机制。

（四）开展教育传播活动

与教育部门密切合作，建立非物质文化遗产教育机制，在学校、社会广泛开展国家级代表性项目教育宣传活动，促进青少年和社会公众积极参与保护工作。

（五）突出整体性保护

注重保护国家级代表性项目的珍贵实物、场所、原材料等及其所依存的自然环境和人文环境，对项目实施系统性、整体性保护。

二、加强监督检查，实施国家级代表性项目的动态管理

《中华人民共和国非物质文化遗产法》明确规定：“国务院文化主管部门和省、自治区、直辖市人民政府文化主管部门应当对非物质文化遗产代表性项目保护规划的实施情况进行监督检查；发现保护规划未能有效实施的，应当及时纠正、处理”。为此，要加强对国家级代表性项目保护工作的管理，进一步完善国家级代表性项目的检查、监督、奖励和退出机制，维护国家级代表性项目名录的严肃性、权威性。

（一）建立定期自查、报告机制

各地文化行政部门和项目保护单位要建立国家级代表性项目保护工作的定期自查和报告制度。每年年底前，对国家级代表性项目保护规划的进展情况，特别是代表性传承人保护和传承情况、经费使用情况、传播展示情况等，进行认真检查。发现保护规划未有效实施、保护措施不当、出现问题的，应及时纠正、处理。各省（区、市）文化厅（局）应于每年3月31日前将上一年度国家级代表性项目保护工作总体情况和每个项目的存续情况与保护工作评价报送文化部。

凡因自然灾害、工程建设等原因导致或可能导致国家级代表性项目受到严重损害的，国家级代表性项目保护单位和当地文化行政部门应采取必要措施，并经省级文化行政部门向文化部报告；国家级代表性传承人去世的，也应按照上述程序及时报告；国家级代表性项目保护工作的典型经验，可专门向文化部报送。

（二）建立督促检查和社会监督机制

在各地自查的基础上，文化部将组织专家对各地国家级代表性项目保护工作情况进行抽查和重点

督查。通过督查，对国家级代表性项目保护情况进行评估，实施动态管理。

探索建立国家级代表性项目保护的社会监督机制，鼓励公民、法人和其他组织对国家级代表性项目的保护工作进行监督。

（三）建立表彰奖励机制

文化部将适时开展国家级代表性项目保护示范项目评选工作，并对保护工作成绩突出的单位、有关人员和代表性传承人予以表彰、奖励。

（四）建立警告、退出机制

国家级代表性项目因保护不力或保护措施不当，导致项目存续状况恶化或出现严重问题的，一经查实，文化部将对国家级代表性项目申报地区（单位）和项目保护单位提出警告和限期整改要求，并向社会公布。因整改不力，该国家级代表性项目状况仍未得到明显改善的，文化部将取消项目保护单位资格，收回国家级代表性项目标牌，对项目申报地区（单位）进行通报，并向社会公告。

国家级代表性项目因名称不当等原因需纠正的，或因客观环境改变不再呈“活态文化”特性而自然消亡的，经文化部组织专家研究认定并征求非物质文化遗产保护工作部际联席会议成员单位意见后，报请国务院批准，予以更正或退出名录，并向社会公告。

各级文化行政部门要认真履行职责，积极与有关部门沟通，制定非物质文化遗产保护的法规政策，加强保护工作机构和队伍建设，争取更多的经费支持，为国家级代表性项目的保护提供有力保障。

特此通知。

中华人民共和国

2011年8月24日

文化部办公厅关于加强国家级文化生态保护区总体规划编制工作的通知

办非遗函〔2011〕22号

各省、自治区、直辖市文化厅（局），新疆生产建设兵团文化广播电视局：

根据《国务院关于加强文化遗产保护的通知》、《国务院办公厅关于加强我国非物质文化遗产保护工作的意见》文件精神和《国家“十一五”时期文化发展规划纲要》要求，我部已相继设立了10个国家级文化生态保护实验区，分别是闽南文化生态保护实验区、徽州文化生态保护实验区、热贡文化生态保护实验区、羌族文化生态保护实验区、客家文化（梅州）生态保护实验区、武陵山区（湘西）土家族苗族文化生态保护实验区、海洋渔文化（象山）生态保护实验区、晋中文化生态保护实验区、潍水文化生态保护实验区和迪庆民族文化生态保护实验区。

科学编制《国家级文化生态保护区总体规划》，是建设国家级文化生态保护区（以下简称“保护区”）的首要举措。为了进一步加强保护区建设，规范《国家级文化生态保护区总体规划》的编制工作，现就有关事项通知如下：

一、《国家级文化生态保护区总体规划》（以下简称“总体规划”）应由省级文化行政部门组织保护区所在地区一起编制，编制工作应吸收非物质文化遗产保护专家、地方文化专家和规划专家等共同参与。

二、“总体规划”的编制应以《国家级文化生态保护实验区规划纲要》和全面、深入的调查研究为基础。

三、“总体规划”应以“保护非物质文化遗产”为核心，坚持“保护为主、抢救第一、合理利用、传承发展”的方针，以促进非物质文化遗产传承和营造良好氛围、维护文化生态平衡的整体性保护为重点。

四、“总体规划”的框架结构和条目内容应符合规划设计要求，翔实具体，体现民族特色、地方特色，应将文字、图片与示意性图件内容有机结合，用词要准确、规范。

五、“总体规划”的期限一般为15年，规划期内可根据要求分为近期、中期、远期。近期规划一般不超过5年，应优先解决当前文化生态保护存在的主要问题，安排亟待实施的保护项目。

六、“总体规划”应纳入保护区所在地区的国民经济和社会发展规划、城乡建设规划，应与相关的生态保护、环境治理、土地利用、旅游发展、文化产业等各类专门性规划相衔接。

七、“总体规划”编制完成后，应经省级文化行政部门组织专家论证通过后，正式报送文化部。

为指导各地做好“总体规划”编制工作，我部组织编制了《国家级文化生态保护区总体规划编制依据》及《国家级文化生态保护区总体规划文本内容提纲》。现印发给你们，请按要求认真编制《国家级文化生态保护区总体规划》，在此基础上，全面加强国家级文化生态保护区的建设工作。

特此通知。

附件：1.《国家级文化生态保护区总体规划编制依据》

2.《国家级文化生态保护区总体规划文本内容提纲》

2011年1月20日

附件1：

国家级文化生态保护区总体规划编制依据

（一）主要文件依据

1.《保护非物质文化遗产公约》（联合国教科文组织，2003）

2.《保护世界自然和文化遗产公约》（联合国教科文组织，1972）

3.《国务院关于加强文化遗产保护的通知》（2005）

4.《国务院办公厅关于加强我国非物质文化遗产保护工作的意见》（2005）

5.《文化部关于加强国家级文化生态保护区建设的指导意见》（2010）

6. 国家及文化部“十二五”文化发展规划

7. 国家级文化生态保护区所在地区经济社会发展规划

（二）其他

1.《中华人民共和国城乡规划法》（2007）

2.《中华人民共和国文物保护法》（2002）

3.《中华人民共和国环境法》（2002）

4.《历史文化名城保护规划规范》（2005）

附件2：

国家级文化生态保护区总体规划文本内容提纲

《国家级文化生态保护区总体规划》文本内容应包括国家级文化生态保护区（以下简称“保护区”）文化资源与文化生态的历史、现状描述与分析，建设目标与工作原则，保护对象与内容，保护范围与重点区域，保护方式与保护措施、分期实施方案与保障措施等基本内容。

规划文本内容提纲：

（一）总则

一般包括保护区建设的重要意义、指导思想、规划范围与期限、编制依据与规划性质等。

（二）文化资源与文化生态分析

一般包括对保护区文化资源与文化生态形成的地理环境、历史沿革、内容特点、文化内涵与价值、目前现状等进行系统的描述和分析，阐述保护区内非物质文化遗产的生存、传承状态，非物质文化遗产与物质文化遗产、自然遗产的关系，保护区内自然环境和人文环境，以及当前文化遗产和文化生态环境保护存在的问题和威胁因素等。

（三）总体思路

一般包括规划思路、基本原则、主要目标和任务等。

（四）保护对象与保护内容

一般包括保护区内列入各级非物质文化遗产名录的项目，各级非物质文化遗产项目代表性传承人，与非物质文化遗产密切相关的物质载体、文化场所和自然环境等。

（五）保护范围与重点区域

依据非物质文化遗产项目的分布状况和文化生态环境划分出保护区的核心区域（重点区域）、传播区域（一般区域）等。

（六）保护方式与保护措施

重点阐述保护区的保护方式和具体保护措施：

1. 开展保护区文化遗产资源的深入调查和研究；

2. 加强保护区内各级非物质文化遗产名录体系建设，根据不同类别特点，采取针对性保护措施；

3. 加强非物质文化遗产项目代表性传承人保护，完善活态传承机制；

4. 加强与非物质文化遗产项目密切相关的物质载体、文化场所以及自然人文环境等文化生态的整体性保护；

5. 开展非物质文化遗产生产性保护，充分发挥非物质文化遗产资源在当代生活中的积极作用；

6. 支持民俗文化活动的开展和恢复，鼓励民众积极参与保护区建设；

7. 加强非物质文化遗产珍贵实物的收集和保存展示；加强非物质文化遗产展示、传习基础设施建设；开展非物质文化遗产资源数字化、网络化建设；

8. 加大宣传力度，积极开展非物质文化遗产展示展演活动，促进非物质文化遗产进校园、进课堂、进教材、进社区；

9．加强保护区建设的学术研究、保护成果出版和人才培养等。

（七）分期实施方案

一般包括保护区近期、中期、远期建设目标和建设任务等。

（八）保障措施

一般包括保护区建设组织工作机制保障、政策保障、资金保障和人才保障等。资金保障中应包括详细的中央财政和地方财政资金需求测算、每项资金的具体用途等。

（九）规划图件

一般应包括保护区的地理位置与行政区划图、保护区区位关系图、保护区文化生态保护空间布局图、非物质文化遗产资源分布图、核心区域图、重点项目分布图、非物质文化遗产项目传承人分布图、物质文化遗产分布图等。

（十）附录

一般应包括各级非物质文化遗产名录项目总目录及重点项目简介、各级非物质文化遗产项目代表性传承人现状与传习状况、重大民俗节庆活动、物质文化遗产与自然文化遗产现状、相关的学术研究机构、学术研究成果等。

抄送：中国非物质文化遗产保护中心

文化部办公厅

2011年1月20日印发

中华人民共和国非物质文化遗产法

（2011年2月25日 第十一届全国人民代表大会常务委员会第十九次会议通过）

第一章　总　则

第一条　为了继承和弘扬中华民族优秀传统文化，促进社会主义精神文明建设，加强非物质文化遗产保护、保存工作，制定本法。

第二条　本法所称非物质文化遗产，是指各族人民世代相传并视为其文化遗产组成部分的各种传统文化表现形式，以及与传统文化表现形式相关的实物和场所。包括：

（一）传统口头文学以及作为其载体的语言；

（二）传统美术、书法、音乐、舞蹈、戏剧、曲艺和杂技；

（三）传统技艺、医药和历法；

（四）传统礼仪、节庆等民俗；

（五）传统体育和游艺；

（六）其他非物质文化遗产。

属于非物质文化遗产组成部分的实物和场所，凡属文物的，适用《中华人民共和国文物保护法》的有关规定。

第三条　国家对非物质文化遗产采取认定、记录、建档等措施予以保存，对体现中华民族优秀传统文化，具有历史、文学、艺术、科学价值的非物质文化遗产采取传承、传播等措施予以保护。

第四条　保护非物质文化遗产，应当注重其真实性、整体性和传承性，有利于增强中华民族的文化认同，有利于维护国家统一和民族团结，有利于促进社会和谐和可持续发展。

第五条　使用非物质文化遗产，应当尊重其形式和内涵。

禁止以歪曲、贬损等方式使用非物质文化遗产。

第六条　县级以上人民政府应当将非物质文化遗产保护、保存工作纳入本级国民经济和社会发展规划，并将保护、保存经费列入本级财政预算。

国家扶持民族地区、边远地区、贫困地区的非物质文化遗产保护、保存工作。

第七条　国务院文化主管部门负责全国非物质文化遗产的保护、保存工作；县级以上地方人民政府文化主管部门负责本行政区域内非物质文化遗产的保护、保存工作。

县级以上人民政府其他有关部门在各自职责范围内，负责有关非物质文化遗产的保护、保存工作。

第八条　县级以上人民政府应当加强对非物质文化遗产保护工作的宣传，提高全社会保护非物质文化遗产的意识。

第九条　国家鼓励和支持公民、法人和其他组织参与非物质文化遗产保护工作。

第十条　对在非物质文化遗产保护工作中做出显著贡献的组织和个人，按照国家有关规定予以表彰、奖励。

第二章　非物质文化遗产的调查

第十一条　县级以上人民政府根据非物质文化遗产保护、保存工作需要，组织非物质文化遗产调查。非物质文化遗产调查由文化主管部门负责进行。

县级以上人民政府其他有关部门可以对其工作领域内的非物质文化遗产进行调查。

第十二条　文化主管部门和其他有关部门进行非物质文化遗产调查，应当对非物质文化遗产予以认定、记录、建档，建立健全调查信息共享机制。

文化主管部门和其他有关部门进行非物质文化遗产调查，应当收集属于非物质文化遗产组成部分的代表性实物，整理调查工作中取得的资料，并妥善保存，防止损毁、流失。其他有关部门取得的实物图片、资料复制件，应当汇交给同级文化主管部门。

第十三条　文化主管部门应当全面了解非物质文化遗产有关情况，建立非物质文化遗产档案及相关数据库。除依法应当保密的外，非物质文化遗产档案及相关数据信息应当公开，便于公众查阅。

第十四条　公民、法人和其他组织可以依法进行非物质文化遗产调查。

第十五条　境外组织或者个人在中华人民共和国境内进行非物质文化遗产调查，应当报经省、自治区、直辖市人民政府文化主管部门批准；调查在两个以上省、自治区、直辖市行政区域进行的，应当报经国务院文化主管部门批准；调查结束后，应当向批准调查的文化主管部门提交调查报告和调查中取得的实物图片、资料复制件。

境外组织在中华人民共和国境内进行非物质文化遗产调查，应当与境内非物质文化遗产学术研究机构合作进行。

第十六条　进行非物质文化遗产调查，应当征得调查对象的同意，尊重其风俗习惯，不得损害其合法权益。

第十七条　对通过调查或者其他途径发现的濒临消失的非物质文化遗产项目，县级人民政府文化主管部门应当立即予以记录并收集有关实物，或者采取其他抢救性保存措施；对需要传承的，应当采取有效措施支持传承。

第三章　非物质文化遗产代表性项目名录

第十八条　国务院建立国家级非物质文化遗产代表性项目名录，将体现中华民族优秀传统文化，具有重大历史、文学、艺术、科学价值的非物质文化遗产项目列入名录予以保护。

省、自治区、直辖市人民政府建立地方非物质文化遗产代表性项目名录，将本行政区域内体现中华民族优秀传统文化，具有历史、文学、艺术、科学价值的非物质文化遗产项目列入名录予以保护。

第十九条　省、自治区、直辖市人民政府可以从本省、自治区、直辖市非物质文化遗产代表性项目名录中向国务院文化主管部门推荐列入国家级非物质文化遗产代表性项目名录的项目。推荐时应当提交下列材料：

（一）项目介绍，包括项目的名称、历史、现状和价值；

（二）传承情况介绍，包括传承范围、传承谱系、传承人的技艺水平、传承活动的社会影响；

（三）保护要求，包括保护应当达到的目标和应当采取的措施、步骤、管理制度；

（四）有助于说明项目的视听资料等材料。

第二十条　公民、法人和其他组织认为某项非物质文化遗产体现中华民族优秀传统文化，具有重大历史、文学、艺术、科学价值的，可以向省、自治区、直辖市人民政府或者国务院文化主管部门提出列入国家级非物质文化遗产代表性项目名录的建议。

第二十一条　相同的非物质文化遗产项目，其形式和内涵在两个以上地区均保持完整的，可以同时列入国家级非物质文化遗产代表性项目名录。

第二十二条　国务院文化主管部门应当组织专家评审小组和专家评审委员会，对推荐或者建议列入国家级非物质文化遗产代表性项目名录的非物质文化遗产项目进行初评和审议。

初评意见应当经专家评审小组成员过半数通过。专家评审委员会对初评意见进行审议，提出审议意见。

评审工作应当遵循公开、公平、公正的原则。

第二十三条　国务院文化主管部门应当将拟列入国家级非物质文化遗产代表性项目名录的项目予以公示，征求公众意见。公示时间不得少于20日。

第二十四条　国务院文化主管部门根据专家评审委员会的审议意见和公示结果，拟订国家级非物质文化遗产代表性项目名录，报国务院批准、公布。

第二十五条　国务院文化主管部门应当组织制定保护规划，对国家级非物质文化遗产代表性项目予以保护。

省、自治区、直辖市人民政府文化主管部门应当组织制定保护规划，对本级人民政府批准公布的地方非物质文化遗产代表性项目予以保护。

制定非物质文化遗产代表性项目保护规划，应当对濒临消失的非物质文化遗产代表性项目予以重点保护。

第二十六条　对非物质文化遗产代表性项目集中、特色鲜明、形式和内涵保持完整的特定区域，当地文化主管部门可以制定专项保护规划，报经本级人民政府批准后，实行区域性整体保护。确定对非物质文化遗产实行区域性整体保护，应当尊重当地居民的意愿，并保护属于非物质文化遗产组成部分的实物和场所，避免遭受破坏。

实行区域性整体保护涉及非物质文化遗产集中地村镇或者街区空间规划的，应当由当地城乡规划主管部门依据相关法规制定专项保护规划。

第二十七条　国务院文化主管部门和省、自治区、直辖市人民政府文化主管部门应当对非物质文化遗产代表性项目保护规划的实施情况进行监督检查；发现保护规划未能有效实施的，应当及时纠正、处理。

第四章　非物质文化遗产的传承与传播

第二十八条　国家鼓励和支持开展非物质文化遗产代表性项目的传承、传播。

第二十九条　国务院文化主管部门和省、自治区、直辖市人民政府文化主管部门对本级人民政府批准公布的非物质文化遗产代表性项目，可以认定代表性传承人。

非物质文化遗产代表性项目的代表性传承人应当符合下列条件：

（一）熟练掌握其传承的非物质文化遗产；

（二）在特定领域内具有代表性，并在一定区域内具有较大影响；

（三）积极开展传承活动。

认定非物质文化遗产代表性项目的代表性传承人，应当参照执行本法有关非物质文化遗产代表性项目评审的规定，并将所认定的代表性传承人名单予以公布。

第三十条　县级以上人民政府文化主管部门根据需要，采取下列措施，支持非物质文化遗产代表性项目的代表性传承人开展传承、传播活动：

（一）提供必要的传承场所；

（二）提供必要的经费资助其开展授徒、传艺、交流等活动；

（三）支持其参与社会公益性活动；

（四）支持其开展传承、传播活动的其他措施。

第三十一条　非物质文化遗产代表性项目的代表性传承人应当履行下列义务：

（一）开展传承活动，培养后继人才；

（二）妥善保存相关的实物、资料；

（三）配合文化主管部门和其他有关部门进行非物质文化遗产调查；

（四）参与非物质文化遗产公益性宣传。

非物质文化遗产代表性项目的代表性传承人无正当理由不履行前款规定义务的，文化主管部门可以取消其代表性传承人资格，重新认定该项目的代表性传承人；丧失传承能力的，文化主管部门可以重新认定该项目的代表性传承人。

第三十二条　县级以上人民政府应当结合实际情况，采取有效措施，组织文化主管部门和其他有关部门宣传、展示非物质文化遗产代表性项目。

第三十三条　国家鼓励开展与非物质文化遗产有关的科学技术研究和非物质文化遗产保护、保存方法研究，鼓励开展非物质文化遗产的记录和非物质文化遗产代表性项目的整理、出版等活动。

第三十四条　学校应当按照国务院教育主管部门的规定，开展相关的非物质文化遗产教育。

新闻媒体应当开展非物质文化遗产代表性项目的宣传，普及非物质文化遗产知识。

第三十五条　图书馆、文化馆、博物馆、科技馆等公共文化机构和非物质文化遗产学术研究机构、保护机构以及利用财政性资金举办的文艺表演团体、演出场所经营单位等，应当根据各自业务范围，开展非物质文化遗产的整理、研究、学术交流和非物质文化遗产代表性项目的宣传、展示。

第三十六条　国家鼓励和支持公民、法人和其他组织依法设立非物质文化遗产展示场所和传承场所，展示和传承非物质文化遗产代表性项目。

第三十七条　国家鼓励和支持发挥非物质文化遗产资源的特殊优势，在有效保护的基础上，合理利用非物质文化遗产代表性项目开发具有地方、民族特色和市场潜力的文化产品和文化服务。

开发利用非物质文化遗产代表性项目的，应当支持代表性传承人开展传承活动，保护属于该项目组成部分的实物和场所。

县级以上地方人民政府应当对合理利用非物质文化遗产代表性项目的单位予以扶持。单位合理利用非物质文化遗产代表性项目的，依法享受国家规定的税收优惠。

第五章　法律责任

第三十八条　文化主管部门和其他有关部门的工作人员在非物质文化遗产保护、保存工作中玩忽职守、滥用职权、徇私舞弊的，依法给予处分。

第三十九条　文化主管部门和其他有关部门的

工作人员进行非物质文化遗产调查时侵犯调查对象风俗习惯，造成严重后果的，依法给予处分。

第四十条　违反本法规定，破坏属于非物质文化遗产组成部分的实物和场所的，依法承担民事责任；构成违反治安管理行为的，依法给予治安管理处罚。

第四十一条　境外组织违反本法第十五条规定的，由文化主管部门责令改正，给予警告，没收违法所得及调查中取得的实物、资料；情节严重的，并处10万元以上50万元以下的罚款。

境外个人违反本法第十五条第一款规定的，由文化主管部门责令改正，给予警告，没收违法所得及调查中取得的实物、资料；情节严重的，并处1万元以上5万元以下的罚款。

第四十二条　违反本法规定，构成犯罪的，依法追究刑事责任。

第六章　附　则

第四十三条　建立地方非物质文化遗产代表性项目名录的办法，由省、自治区、直辖市参照本法有关规定制定。

第四十四条　使用非物质文化遗产涉及知识产权的，适用有关法律、行政法规的规定。

对传统医药、传统工艺美术等的保护，其他法律、行政法规另有规定的，依照其规定。

第四十五条　本法自2011年6月1日起施行。

中国文化年鉴

Almanac Of Chinese Culture

对外文化交流

Foreign Cultural Exchange

中國文化年鑒

综　述

2011年，外联局（港澳台办）积极开展对外及对港澳台文化交流与合作，在外交和交流舞台上充分展示中华文化的独特魅力，增进相互了解，促进对外及对港澳台地区文化关系的稳定发展，为服务国家改革发展大局和国家对外关系大局做出积极贡献。2011年，文化部审批与国外文化交流项目共计3566起，人员交流34534人次，与22个国家签订文化交流执行计划，接待外国政府文化代表团15起，在16个双边和多边政府合作机制框架下建立和参与人文交流机制。

全局（办）工作任务明确，层次分明，成绩显著，呈现出8大特点：一是重主动，促进文化与外交携手同进，文化外交工作取得新进展；二是重创新，针对场合、对象、性质的不同，因地制宜，多方借力，推动交流与贸易良性互动；三是重质量，坚持精品战略，提高文化交流的层次和水平；四是重机制，加强对外及内部机制建设，各方资源形成合力，交流机制不断深化；五是重两手，文化中心的基础建设与配套服务同步推进，逐步扎根当地，融入“本土”；六是重服务，吸收借鉴海内外优秀文明成果，丰富海峡两岸及港澳地区民众文化生活；七是重宣传，与主要中央媒体建立战略合作，引导社会各界关注对外文化事业；八是重党建，思想工作常抓不懈，党务工作“创先争优”。

一、文化与外交相得益彰，和平发展引起反响

新时期，对外文化工作与外交工作联系越发紧密，互动越来越频繁。2011年，外联局在配合国家重大外交活动方面主动出击，将对外文化工作纳入国家整体外交大格局，以文促政，以政通文，相互推动，对外文化活动与总体外交的各项部署相得益彰。

（一）主动配合国家重大外交活动，为双边关系注入文化内涵

2011年，外联局配合胡锦涛主席对俄罗斯的国事访问、吴邦国委员长访问纳米比亚、贾庆林视察柏林中国文化中心、李长春访问肯尼亚、贺国强视察巴黎中国文化中心、刘云山访问埃塞俄比亚、津巴布韦、刘延东国务委员访问纳米比亚、博茨瓦纳和喀麦隆3国、陈至立副委员长访问塞内加尔以及喀麦隆总统比亚访华等高访，成功举办了10余起重要文化活动，突出中华文化特色，受到中央领导同志高度评价。

（二）主动宣讲“和平发展”，在国际社会引起积极反响

在对外文化交流中加大文化思想领域的对话与交流。配合《中国和平发展白皮书》的发表，契合当前中国倡导“和平发展”的时代命题，蔡武部长在以色列“总统会议”上发表了题为“以文化之光烛照未来”的演讲，在美国华盛顿伍德罗·威尔逊国际学者中心发表了题为《中国文化与中国和平发展》的演讲，以中国文化为切入点，论述了与中国和平发展密切相关的“和谐文化”的传统价值观，介绍了当代中国对内构建和谐社会、对外推动构建和谐世界的文化理念和伟大实践，获得国际社会的积极反响和广泛好评。

二、开拓思路多方借力，交流贸易迎来双赢

创新，是新时期文化建设工作的新要求，外联局在科学发展观指导下，开拓交流思路，开辟商业渠道，创造出新的“亮点”。

（一）创新交流思路

2011年，外联局进一步转变思路，拓展渠道，在对外交往中重点抓住两个“面向”。面向主流，通过部领导出访，重点做对美、日、俄、西欧、中亚等国家文化高层工作，深化双边文化关系；加强双边和多边交流机制建设，在中美、中俄、中乌（乌兹别克）、中哈、中土、中乌（乌克兰）、中西、中德、中意、中委、上合组织、中国东盟、中非论坛、中阿论坛等人文交流机制、合作委员会或多边和双边政府磋商机制框架下，圆满完成了美国“中国文化系列活动”、中日合办“动漫节·影视周”、中欧文化高峰论坛等重大双边多边交流活动，产生了积极广泛的影响，夯实了双边关系，有力推动文化交流与合作。针对主流，先后邀请美、加、澳、新、土、俄和拉美5国主要艺术机构和艺术节负责人访华，达成了多项交流合作意向。深入校园与社区，植根大众，积极开展面向普通民众和青少年的文化宣传活动。2011年，参与了西雅图国际儿童艺术节“中国主宾国”活动，演出17场，观众达1.5万人次；积极实施我与美国大学表演经理人组织合作计划，派遣内蒙古“安达组合”音乐小组在美14个州的大学和社区进行了26场专场音乐会演出和21场工作坊交流；第四届中国国际青年艺术周吸引来自英国等

6国共500余名青年艺术家，促进了中外青少年的互动。

（二）开辟商业渠道

2011年，外联局注重在开展交流的同时，推动项目的商业化运作，实现盈利。中国残疾人艺术团《我的梦》赴非五国访演，同时尝试进行有偿性演出，取得可喜成效。国家话剧院《恋爱的犀牛》剧组赴澳大利亚进行了长达1个月的13场巡演，部分场次票售罄，共获70万元演出费，成为在澳“中国文化年”一大亮点。《云南印象》赴澳、广芭赴加拿大等商业运作项目也获得了较好的收益。北京功夫剧《寻找功夫》和中国杂技团“3D”杂技音乐剧《再见，飞碟》赴台湾驻场演出104场，演出收入1000多万元人民币，吸引岛内观众近20万人次，成为两岸迄今为止时间最长、场次最多、经济效益最好的商业演出。原创音乐剧《爱上邓丽君》赴台在“国父纪念馆”连演5场，座无虚席，逾万人观看了演出。

三、坚持精品战略，提高文化交流层次和水平

随着对外文化交流的深入，对高质量的交流需求日益提高。外联局在对外交流中注重引进精品、推出精品，获得了良好的社会反响和经济效益。组派《丝路花雨》赴朝，金正日、金正恩以及朝鲜党政主要领导人出席观看了演出。邀请朝鲜血海歌剧团《梁祝》剧组来华访演，李长春等国家领导人出席。“中美文化系列活动”展示了当今我国最高水平的演出，得到美国民众的广泛关注和积极反响，1.2万余张门票全部销售一空，3场免费演出吸引观众3000余人，大大超出预期。中日版昆曲《牡丹亭》在中日两国多个城市举行了8次大型公演，共演出71场，观众达到8万人次，广获赞誉。此外，我艺术精品在泰国、印度和尼泊尔等东南亚国家传递了节日祝福，提升了中国文化在当地的亲和力和影响力。面向台湾地区，成功举办“情系巴蜀——两岸文化联谊行”、“孙中山和宋庆龄文物特展”、“两岸非物质文化遗产月”、“两岸汉字艺术节”等一系列寓意深刻、影响广泛的活动，特别是“山水合璧——黄公望富春山居图特展”，标志着两岸文化交流进入了新阶段，更寓意华夏儿女期盼山水合璧、祖国统一的共同愿望。

四、各方资源形成合力，交流机制不断深化

在机制建设中，立足“大文化”，推动对外及内部机制互联互通，发挥更大作用。外联局召开了2011年驻外文化处（组）及文化中心负责人年会、对外文化工作部际联席会议第三次全体会议、全国文化厅（局）外事工作座谈会（唐山会议）、文化部对台文化交流基地工作会议暨对台文化工作培训会议、文化部新春招待会等多个大型会议，充分发挥“部际、部直、央地、内外”四大机制的统筹协调作用，加强与国务院各相关部门、驻外文化阵地、地方文化主管厅局以及各国驻华文化机构业务指导与工作联系，有效强化了对“大文化”领域工作的宏观统筹与整体协调，形成了对外工作合力。

2011年，海外“欢乐春节”活动规模更大、项目更多、时间更长、品牌更响、效果更好，共在全球63个国家和地区成功展开，包含了65项各类文化活动，中央和国务院10余个部门、全国20多个省区市和国内2200余名演职人员积极参与，共同打造这一中华文化走向世界的著名文化品牌，有效扩大了中华文化的国际影响力。“2011中国文化聚焦”活动联合中央多个部门，并与近10个地方省区市、30多个驻非国家使领馆等合作，在非洲30多个国家举办共计130多项人文领域对非交流合作活动，演出60余场，受众人数近10万人次。

五、中心建设稳步推进，对口合作试水成功

“加快海外中国文化中心建设”已写入党的十七届六中全会决定。2011年，温家宝、贾庆林、贺国强、刘延东、俞正声等中央领导同志分别视察海外文化中心、出席见证设立文化中心的政府文件签署仪式或对文化中心的建设与发展做出重要专门批示。蔡部长在东京中国文化中心视察工作表示，要借六中全会的东风，把文化中心建设向前大大推进一步。一年来，在推进中心建设的同时，注重指导、支持和鼓励现有中心大力开展各项活动，做到了建设和服务两不误。

（一）文化中心基础建设稳步推进

2011年，文化中心的建设步伐保持较快节奏：在曼谷、莫斯科、马德里的文化中心建设施工稳步推进，新加坡中国文化中心即将开工建设，在塞尔维亚、斯里兰卡、墨西哥、加拿大设立文化中心的工作已进入选址阶段。此外，我已与匈牙利、尼日利亚、波兰等国签署谅备；与斯里兰卡（我方单设）、罗马尼亚、尼日利亚、土耳其、意大利等国商签协议的工作正在抓紧进行。

（二）中心对口合作试水成功

已建成的9所中国文化中心按照为国家外交大局

服务，为中华文化走出去服务和为国内文化大发展、大繁荣服务的要求，通过“央地对口年度合作”计划和大文化领域合作，克服当地骚乱和地震灾害等不利因素，充分利用自有资源以及长期建立的人脉关系，坚持开展各项活动，凸显了文化中心阵地优势。2011年，中心工作亮点频出、精彩纷呈，截至11月，据不完全统计，中心举办的活动近800起。

六、文化成果社会共享，管理经验广为借鉴

坚持“请进来”和“走出去”并举是新时期对外及对港澳台文化工作的基本原则。2011年，外联局通过引进国外优秀文化成果、搭建国内外文化机构交流合作平台、培训人才等方式，极大地丰富人民群众的精神文化生活，提升了公共文化服务水平，增强了文化企业走出去能力，促进了社会和谐和文化建设。

（一）为人民大众服务

2011年，各地民众广泛参与艺术节，我主办的国际性文化艺术活动真正成为了人民大众的节日。成都国际非遗节期间，72个国家和地区、各省区市的7000多名代表，1900多个非遗项目参加。上海国际艺术节举办各类群众性文化活动2799场，演绎精彩节目16452个，4大洲21个国家的42支外国团队，5000余支国内专业和业余团队的风情展示，活动遍及上海区县，吸引观众423万人次。“相约北京”联欢活动有20多个国家、69个艺术团体的近2000名中外艺术家相继亮相，100场广场演出，50场剧场演出以及五大展览，吸引观众超过35万人次。北京国际音乐节呈献了23场精彩演出，还举办了多场公益活动。针对港澳地区举办的第12届“香江明月夜——大型中秋晚会”、“2011澳门中秋综艺晚会”、“港澳大学生内地文化实践活动”、“根与魂——中国非物质文化遗产展演”等活动，以中华民族共有的节日为契机，以民族情、国家情为纽带，在增强港澳同胞的文化认同和人心回归等方面取得积极效果。

（二）为国内文化建设服务

2011年，策划组织了一系列针对国内公共文化服务和文化演艺界人士的培训活动，包括“中美文化贸易产业经验交流项目”、“中美图书馆员专业交流项目”、中澳“霍克奖学金中澳艺术管理实习项目”、与墨尔本国际艺术节艺术合作项目等，国内约1700余人参加。在外联局主导和协助下，中国国家图书馆、国家博物馆、故宫博物院等与大英图书馆、德国三大博物馆、法国卢浮宫等建立了长期稳定的合作关系。

七、新闻宣传扩大影响，对外文化形成热点

2011年，外联局抓住机遇，主动出击，加强与各新闻单位联系，走访了新华社、国际广播电台、中央电视台等中央新闻媒体，探讨建立战略合作机制，并进入实施阶段。在“两会”、建党90周年、辛亥革命100周年、党的十七届六中全会等重要新闻节点，及时加大与各中央媒体合作力度，以更为积极主动的姿态进行公众宣传，通过访谈、约稿、新闻通稿等多种方式，阐释了新时期对外文化工作的新变化与新风貌。

（一）抓重大题材的外宣和报道

围绕重大政治、社会、外交主题，开展了形式多样、影响广泛的主题宣传活动。策划组织“世纪回眸——纪念辛亥革命100周年”的大型图片展，以英、法、西、俄、阿5种文字，在152个驻外使领馆和中国文化中心同期展出，吸引海外6万多名观众参观。围绕“欢乐春节”，在美国纽约帝国大厦设立“中国春节”橱窗展，吸引了50万美国民众和各国游客参观。以建交周年纪念为契机，制作中国与奥地利等9国建交图片展30套，充分展示中外友好关系的精彩瞬间、发展历程和丰硕成果。

（二）创新对外文化新闻宣传方式

建设完成并正式开通“文通网”，为国内外了解中华文化提供了专门的网络平台。广泛收集世界各国文化舆情，汇编43期《网情周报》，并进行适度改编，更多反映国际重要文化动态和我驻外使领馆文化工作信息，特别是开设“外电关注六中全会”专栏，分6期摘编国际媒体对我六中全会的近30篇报道。编纂《中国对外文化交流年鉴》、《对港澳台文化交流年鉴》，全方位展示年度对外、对港澳台文化交流的历程、成就、经验。借助新科技和手段，初步尝试开发苹果系统应用软件《欢乐春节》，利用新型媒体，进行欢乐春节的品牌推广。

八、思想工作常抓不懈，党务工作“创先争优”

2011年，外联局（办）党委坚持以科学发展观为指导，认真落实文化部第八次党代会和外联局（办）第四次党代会精神，在围绕服务中心、建设队伍这两大任务上，做好党建工作。党的十七届六中全会召开后，局（办）党委把学习和贯彻党的十七届六中全会精神作为中心工作和首要政治任务，专题部署，迅速掀起学习宣传贯彻

全会精神的热潮。举办了全局学习经验交流大会，8位代表结合各自的工作交流学习体会。收集整理驻外使领馆文化处组、文化中心学习情况，《中国文化报》、"文通网"等媒体就学习情况进行了专题报道。积极开展向杨善洲同志学习活动，推进"创先争优"活动，不少优秀党员和支部组织得到认可与肯定。

专 题

双边文化交流

一、中国政府文化和主要文化机构代表团出访

（一）美大地区

（1）3月21日至28日，赵少华副部长赴美参加了第二轮中美人文交流高层磋商先遣组工作。

（2）5月3日至14日，欧阳坚副部长访问墨西哥、古巴和美国。与墨国家文化艺术委员会副主任塞拉诺、古巴文化部长普列托举行工作会谈，出席了美国西雅图国际儿童艺术节"中国主宾国"活动开幕式，拜会了美国微软公司和迪士尼公司。

（3）6月23日至29日，杨志今副部长率团访问澳大利亚，出席了澳大利亚"中国文化年"开幕式活动。

（4）9月19日至26日，蔡武部长访问美国纽约、华盛顿、芝加哥和洛杉矶，出席了"中国文化系列活动"开幕活动，会见了美国务院副国务卿斯托克及文化机构和文化企业负责人。

（二）西欧地区

（1）1月9日至11日，国家博物馆副馆长陈履生等2人赴法国商谈关于举办"宝格丽珠宝艺术展"有关事宜，并考察正在巴黎大皇宫展出的同名展览。

（2）1月18日至23日，中国艺术研究院杨化玉等一行4人赴卢森堡筹备第四届中欧文化对话并考察活动场地。

（3）2月17日至2月26日，应西班牙文化部、南非国家艺术理事会的邀请，中国文联党组书记、副主席胡振民（正部级）率中国文联代表团一行6人访问西班牙、南非10天。

（4）4月8日至16日，应意大利海岸国际动漫节和摩洛哥卡萨布兰卡国际动漫节组委会邀请，中外文化交流中心张辛赴意大利和摩洛哥参加相关活动。

（5）4月10日至17日、4月14日至20日，马书林等5人，范迪安、关红2人参加"舞影——中国美术馆藏皮影艺术珍品展"开幕式。

（6）4月21日至26日，应希腊美术家协会邀请，中国美术家协会秘书长刘健率中国文联美术家创作组一行8人赴希腊创作考察。

（7）5月3日至9日，应意大利—中国友好协会的邀请，中国作家代表团主席铁凝一行8人赴意大利，参加首届中国—意大利文学论坛。

（8）5月11日至13日，中国文联、陕西省政府、中国美协联合主办的"彩绘丝路——中国当代著名美术家丝绸之路万里行"活动在希腊举办，以陕西省美协主席王西京为团长的文化考察团一行32人参加了活动。

（9）5月14日至8月8日，应罗马大学邀请，中国艺术研究院任大援赴意研究访问，参与"明清中西文化交流文献整理研究项目"的合作。

（10）5月15日至26日，应奥地利教育艺术和文化部、荷兰教育文化科学部、约旦文化部的邀请，中共文化部党组成员、中央纪委驻文化部纪检组组长李洪峰率中国政府文化代表团一行6人，访问奥地利、荷兰、约旦3国。

（11）5月19日至21日，应荷兰教育文化科学部邀请，文化部部长特别代表李洪峰率团访问荷兰。

（12）5月26日至6月7日，中国歌剧院李羚（现任全国政协常委）随全国政协副主席孙家正一行18人组团前往德国、意大利、西班牙三国执行工作访问任务。

（13）5月28日至6月1日，应希腊文化部邀请，中国作协书记处书记张健率中国作家代表团一行6人访问希腊。

（14）5月31日至6月9日，外联局副局长项晓炜、艺术司副司长诸迪等一行4人赴意大利出席威尼斯双年展"中国馆"和"中国新设计展"开幕活动。

（15）5月至6月，中国对外文化集团阎东等4人赴意大利，参与威尼斯双年展中国馆展览筹备工作并出席开幕式等相关活动。

（16）6月，赵少华副部长率中国政府文化代表团赴德国参加由温家宝总理与默克尔总理共同主持的首轮中德政府磋商，与德方签署了《中华人民共和国文化部与德意志联邦共和国外交部关于促进文化领域交流与合作的谅解备忘录》。

（17）6月1日至10日，文化部产业司组织扶持动漫产业发展部际联席会议有关成员单位、专家委员会有关专家、动漫游戏企业代表一行6人考察英国、法国动漫游戏等知识产权保护情况。

（18）6月4日至13日，应马耳他职业摄影家协会和奥地利教育艺术文化部邀请，中国文联党组副书记、副主席覃志刚（副部级）率中国文联代表团一行6人赴马耳他、奥地利访问。

（19）6月10日至27日、9月22日至10月2日，中国美术馆范迪安、马书林等14人分4批赴意大利落实“超越传统——中国现代绘画大师展”的布、撤展工作并出席开幕式活动。

（20）7月4日至9日，文化部外联局项晓炜副局长作为中西论坛文化委员会中方主席，率3人代表团赴西班牙，出席中西论坛第六次会议文化委员会会议并与西方共同主持会议。

（21）7月10日至20日，文化部民族民间文艺发展中心刘嘉等一行6人赴法国布列塔尼地区考察当地社区发展项目。

（22）7月27日至8月1日，应意大利MAXXI博物馆邀请，中国对外文化集团党委书记孙晓红等3人赴意大利落实在举办的“中国建筑景观展”布展、开幕式工作，并参加相关交流活动。

（23）8月20日至8月30日，应英国维多利亚和阿尔伯特博物馆副馆长柏斯·麦克林普、葡萄牙建筑与考古遗产管理协会主席贡萨·科塞罗的邀请，全国政协文史和学习委员会组派6人代表团赴英国、葡萄牙进行工作考察和交流。

（24）8月26日至9月5日，外联局、财务司意大利“中国文化年”项目联合评估工作小组，赴意大利，对2010年10月至2011年10月间的文化年项目落实情况进行评估与考察。

（25）9月18日至27日，应英国维多利亚与阿尔伯特博物馆、意大利文化遗产活动部文物管理与开发司的邀请，国家博物馆副馆长陈履生等一行6人赴英国、意大利访问，分别与英方和意方就合作办展事进行工作会谈和交流。

（26）9月19日至28日，应法国凯布朗利博物馆、意大利文化遗产活动部文物管理与开发司邀请，国家博物馆工程设备管理处主任郭远锐等一行6人于赴法国、意大利访问，借鉴国外博物馆在工程建设方面的经验和相关设备使用情况，重点考察和学习文物库区管理措施和节能环保设施应用情况。

（27）9月20日至29日，文化部恭王府管理中心边伟副主任等一行5人赴英国、法国考察交流，磋商举办展览事宜。

（28）9月25日至30日，应蒙特梭利基金中心邀请，上海鲁迅纪念馆副馆长乐融赴意大利出席“2011年国际博协文学博物馆专业委员会年会”。

（29）9月26日至10月1日，应瑞典南方音乐学会邀请，中国文联组派以党组书记、副主席赵实为团长的中国文联代表团一行6人访问瑞典，出席“今日中国”艺术周开幕式、电影展映首映式、美术展览开幕式等相关活动，并与瑞典学会、马尔默市政府、威斯特鲁斯市政府等瑞典官方和民间机构商谈合作事宜。

（30）9月26日至10月2日，应葡萄牙东方基金会主席卡洛斯·奥古斯汀的邀请，董俊新副会长兼秘书长率领中国对外文化交流协会代表团一行4人访问葡萄牙，与葡东基会签订两会《2011～2013年文化交流合作协议》，并出席由该协会和葡东基会联合在葡东方博物馆举办的“中国当代艺术展”开幕式活动。

（31）10月，应意大利欧洲华人报邀请，中国美术馆展览部主任裔萼随北京市文联代表团赴意大利参加中国名家书画展，并赴法国进行文化交流。

（32）10月10日至19日，国家博物馆田善亭等一行5人出访法国、英国，调查上述两国博物馆存藏中国文物的情况，并与大英博物馆就《海外存藏中国古代文物精萃》丛书的出版进行磋商。

（33）10月10日至21日，应英国国家图书馆、波兰国家图书馆和法国国家图书馆邀请，国家图书馆馆长周和平（副部级）率6人代表团赴上述3国访问。

（34）10月10日至21日，国家图书馆馆长周和平一行6人访问英国、法国、波兰，考察了解以上三国主要文化和学术机构中华古籍存藏及文献保护情况。

（35）10月12日至20日，紫禁城出版社刘辉等3人赴德国、法国访问。

（36）10月25日至30日，中国艺术研究院副院长王能宪率20人代表团赴卢森堡参加第四届“中欧文化对话”研讨会。

（37）10月27日至11月1日，应意大利卡萨德·卡拉雷斯博物馆邀请，故宫博物院副院长宋纪蓉赴意大利参加“清代宫廷文物展”开幕式及相关活动。

（38）11月20日至12月1日，为了进一步完善我国的非物质文化遗产保护工作理论体系，借鉴国外的先进经验，推动非物质文化遗产的实践工作，非遗司马盛德副司长一行6人赴法国、摩洛哥、意大利3国进行考察。

（39）11月21日至30日，应德国德累斯顿艺术收藏馆、意大利文化遗产部邀请，故宫博物院组派副院长纪天斌一行6人赴德国、意大利进行有关博物馆基本建设方面的会谈等交流活动。

（40）11月24日至12月7日，中国美术馆馆长范迪安和中国艺术研究院美术研究所所长吴为山随全国政协书画界政协委员考察团赴法国、瑞士、奥地利、意大利考察。

（41）12月9日至14日，中国美术馆副馆长谢小凡赴法国，与法国设计师让·努维尔及其设计团队就中国美术馆新馆设计方案进行磋商。

（三）欧亚地区

2011年，欧亚地区中国政府文化代表团出访共计3起，包括赵少华副部长随同张德江副总理赴乌克兰出席中乌合作委员会第一次会议，蔡武部长率中国政府文化代表团赴哈萨克斯坦出席上合组织文化部长第八次会晤和赵少华副部长率中国政府文化代表团一行5人出访土库曼斯坦和乌克兰，出席中土合作委员会人文合作分委会第一次会议和中乌合作委员会文化合作分委会第一次会议会议，具体请参见重要会议部分。

（四）亚洲地区

（1）1月17日至21日，蔡武部长率团赴日本奈良参加第三次中日韩文化部长会议，与日韩两国文化部长就进一步加强中日韩文化交流与合作深入交换意见并签署了《奈良宣言》。

（2）1月30日至2月10日，文化部组派由北京、新疆、内蒙古、广西、四川等地艺术院团组成的180人大型艺术团赴泰国举办“欢乐春节”活动。王文章副部长与泰国诗琳通公主、阿披实总理、素贴副总理等政府要员共同出席“欢乐春节”的开幕式活动。

（3）10月23日至24日，由文化部与广电总局、中国驻日本使馆等部门联合举办的“2011中日合办动漫节、影视周——中国动漫节、影视周”开幕式系列活动在日本东京成功举办。

（4）12月11日至20日，第五届尼泊尔“中国节”在尼首都加德满的成功举办，赵少华副部长率中国政府文化代表团赴尼，与尼总理巴特拉伊共同出席“中国节”开幕式。

（五）亚非地区

（1）2月11日至19日，文化部外联局副局长项晓炜一行3人访问阿联酋、卡塔尔和巴林，出席“欢乐春节”活动，并与卡方商谈进一步发展两国交流与合作。

（2）5月11日至16日，中国文联副主席廖奔等一行6人访问土耳其。

（3）5月16日至25日，故宫常务副院长李季等一行4人访问土耳其和伊朗。

（4）5月21日至23日，文化部部长特别助理李洪峰率中国政府文化代表团一行6人访问约旦，与约方签署《中约旦2011年至2014年文化合作协定执行计划》，向约方赠送价值20万元人民币的舞台设备，并出席“中国文化日音乐会”。

（5）6月19日至25日，文化部长蔡武率中国政府文化代表团一行6人访问以色列，出席以第三届“面向未来”总统会议，与以文体部长签署了《中以2011年至2015年文化协定执行计划》，并会见了以总统、总理及副总理等政要。

（6）9月21日至27日，文化部外联局局长助理肖夏勇率中国文化官员团一行4人访问伊朗和土耳其，出席在德黑兰举办的中伊建交40周年庆祝活动，并为2012年土耳其中国文化年开幕式做筹备工作。

（7）12月4日至16日，杨志今副部长率中国政府文化代表团一行6人访问科威特、沙特、土耳其，签署了《中科文化协定2011年至2015年执行计划》，并出席中科建交40周年庆祝活动和2012年土耳其中国文化年开幕式活动。

（六）非洲地区

7月27日至8月7日，赵少华副部长率中国政府文化代表团对坦桑尼亚、津巴布韦、南非和毛里求斯进行了工作访问。坦桑尼亚总理，新闻、青年、文化和体育事务部长，津巴布韦教育、体育、艺术和文化部副部长，南非艺文部代部长和副部长，毛里求斯文化部长等官员会见代表团。访非期间，代表团深入考察非洲文化资源和文化政策，签署《中华人民共和国政府和南非共和国政府文化艺术合作协定2011～2014年执行计划》、《中国对外文化集团公司与津哈拉雷国际艺术节合作框架协议》、《福建省文化厅与毛里求斯博物馆理事会合作谅解备忘录》和《福建省文化厅与毛里求斯华商总会合作谅解备忘录》，出席了在坦桑尼亚举办的“隔洋相看——非洲画家笔下的中国”展览等活动。

二、文艺团组出访

（一）美大地区

（1）1月17日至8月28日，成都艺术剧院杂技团赴委内瑞拉、巴拿马、哥伦比亚、秘鲁和厄瓜多尔进行巡演。

（2）1月27日至2月8日，重庆非物质文化遗产传承人团一行11人赴美国洛杉矶、旧金山参加“欢乐春节”活动。

（3）1月，四川省民间艺术团一行22人赴智利参加“圣地亚哥一千”国际艺术节。

（4）2月4日至22日，“亲情中华”艺术团一行22人赴美国举办6场慰问演出，参加由对外文化工作部际联席会议统一协调、组织的2011年海外“欢乐春节”活动。

（5）2月10日至3月2日，中国广播艺术团一行52人赴加拿大参加《欢乐春节·五洲同春》演出。

（6）2月12日至3月27日，北京现代舞团一行10人赴加拿大演出。

（7）3月1日至27日，中央美术学院美术馆与纽约“图钉”艺术家组合及广州王序设计有限公司合作，在该馆共同举办“美国‘图钉’小组作品展”，展出作品共223件。

（8）3月18日至12月10日，天创国际演艺制作交流有限公司组派《功夫传奇》节目组一行66人赴美国密苏里州布兰森市在自营的白宫剧院进行驻场演出。

（9）3月22日至4月2日，应哥斯达黎加国家体育场开幕式组委会邀请，中央民族歌舞团一行32人赴哥斯达黎加参加我援建哥国家体育场启用仪式文艺表演活动并进行巡演。

（10）3月25日至31日，中外文化交流中心组派洪志坚等3人赴美国访问，实地调研帝国大厦橱窗情况。

（11）3月至2013年12月31日，山东杂技演艺有限公司蹬鼓小组一行7人（演员6人，教练1人）参加太阳马戏团“OVO”剧组在美国的巡演。

（12）3月，山东杂技演艺有限公司蹬人节目组一行10人（演员9人、教练1人）赴加拿大蒙特利尔排练，之后赴美国参加太阳马戏团“KODAK”剧组在柯达剧院的定点演出至2012年12月31日。

（13）4月11日至20日，中国对外文化集团公司竺自毅2人应加拿大太阳马戏团邀请访问加拿大和美国，商讨双方合作事宜，考察双方合作项目。

（14）4月20日至30日，中国文化传媒集团董事长孔繁灼等一行3人赴美国，对《纽约时报》、《华盛顿邮报》、《美国侨报》等报业集团进行工作访问，并签署合作协议。

（15）4月27日至5月19日，三亚市太阳鸟文化产业有限公司音乐剧《火凤凰》剧组一行28人赴加拿大演出。

（16）4月30日至5月10日，故宫博物院宫廷部研究官员王子林等一行5人赴美国纽约大都会博物馆参加“乾隆花园古典家具与内装修设计展”撤展工作。

（17）5月19日至28日，国家博物馆副馆长陈履生等5人应美国博物馆协会和加拿大皇家安大略博物馆邀请赴美国和加拿大访问，参加美国博物馆协会2011年会，并与美国相关博物馆及加拿大皇家安大略博物馆就展览合作、人员交流等事项进行商谈。

（18）5月22日至25日，故宫博物院王时伟1人应美国博物馆协会邀请赴美，参加该协会举办的“博物馆未来”年会。

（19）5月23日至30日，应阿根廷艺术发展基金会邀请，上海戏剧学院艺术团一行25人赴阿根廷参加第二届伊瓜苏国际音乐节。

（20）5月25日至6月8日，天津歌舞剧院民乐小组一行5人赴苏里南、特立尼达和多巴哥、圭亚那和巴巴多斯进行交流访问。

（21）5月30日至6月8日，国家博物馆改扩建工程办公室副主任盛永波等6人应美国大都会艺术博物馆和墨西哥人类和历史学局邀请赴美国和墨西哥访问。

（22）5月初至2012年10月8日，武汉杂技团“立绳”节目组一行4人赴美国、俄罗斯演出。

（23）6月5日至7月10日，辽宁芭蕾舞团舞剧《末代皇帝》赴澳演出。

（24）6月7日至28日，文化部社文司于群等11人赴美国参加“图书馆行业组织专题交流”活动。

（25）6月11日至7月5日，中央芭蕾舞团管文婷、郝斌2人，应智利圣地亚哥芭蕾舞团邀请访智，参加智利圣地亚哥芭蕾舞团作品《练习曲》的排练和演出工作。

（26）6月17日至19日，张立等5人应美国密尔沃基湖畔艺术节组委会邀请赴美参加艺术节展览活动。

（27）6月19日至30日，《云南映像》剧组一行79人赴澳大利亚参加“中国文化年”演出。

（28）6月23日至7月9日，中外文化交流中心在悉尼举办“青藏之歌——沈抗油画展”，展出中国画家沈抗有关西藏题材的作品39件。

（29）6月24日至30日，中国艺术研究院袁熙坤应美国亚洲协会华盛顿中心邀请赴美国参加该中心举办的“多元文化及现代外交”系列活动并作演讲。

（30）6月24日至7月22日，中央芭蕾舞团施伟应美国肯尼迪艺术中心邀请赴美国参加该中心旗下德沃艺术管理学院的夏季培训。

（31）6月至9月，沈阳杂技团一行55人，应美国快乐时光娱乐公司邀请赴巴西、阿根廷、智利演出杂技晚会“天幻II——太阳鸟”。

（32）7月9日至9月11日，中国美术馆在澳大利亚吉朗美术馆举办“心灵的景象——中国当代水墨人物画展”，展出当代水墨人物画45幅。

（33）7月10日至25日，中国人民解放军空军政治部文工团杨月林等4人，应美国华盛顿表演艺术经纪公司邀请赴美国访问，考察肯尼迪艺术中心剧场设施和技术条件。

（34）7月13日至20日，长沙市田汉·明德艺术团一行135人赴澳大利亚举行“2011年中澳文化年——长沙田汉·明德艺术团悉尼歌剧院专场音乐会暨中澳青少年书画作品交流活动”。

（35）8月29日至9月4日，中国作家协会副主席高洪波率中国作家代表团一行8人赴悉尼参加首届中国——澳大利亚文学论坛和墨尔本国际作家节。

（36）8月29日至9月21日，中国侨联组派“亲情中华”艺术团一行26人赴阿根廷、阿联酋、巴西、法国、智利举办8场慰问演出。

（37）8月，深圳福永杂技团一行20人赴古巴参加“第十届古巴夏季国际杂技节”。

（38）8月至2012年7月，应哥斯达黎加哥中友好协会邀请，河南新乡杂技团等一行18人赴哥斯达黎加、巴拿马、萨尔瓦多和危地马拉演出。

（39）8月，陕西演艺集团有限公司所属陕西省民间艺术剧院一行10人赴巴西访演。

（40）9月2日至14日，于蓝、秦怡等国内知名表演艺术家及相关新闻媒体代表共61人赴美国旧金山、华盛顿等地举办“百年辛亥——盛世中华”《永恒的旋律》大型主题晚会和文化交流活动。

（41）9月3日至17日，广州侨联艺术团一行17人赴美国交流演出。

（42）9月3日至17日，北京雷动天下现代舞团一行24人赴澳大利亚参加“中国文化年”演出。

（43）9月10日至15日，甘肃省歌舞剧院陆金龙等一行3人赴美国访问，考察华盛顿肯尼迪表演艺术中心场地情况，为2011年12月上旬该院舞剧《丝路花雨》赴美演出做前期准备。

（44）9月11日至10月11日国家话剧院《恋爱的犀牛》剧组一行27人赴澳演出。

（45）9月15日至11月29日中国杂技团一行42人赴美国、加拿大巡回演出。

（46）9月26日至29日应委内瑞拉人民政权文化部邀请中国对外艺术展览中心组织“中国当代油画艺术展”赴委内瑞拉参加加拉加斯当代艺术博物馆举办的“中国文化周”系列活动，展出我国25名中青年艺术家的50幅作品。

（47）9月29日至2012年1月29日中国美术馆在澳大利亚国家博物馆举办“新境界——中国当代艺术作品展”，共展出美术作品80件。

（48）9月，国家大剧院陈平院长随蔡武部长代表团赴美访问。

（49）10月12日至11月4日，文化部组派广西歌舞艺术团一行20人赴哥伦比亚参加“卡利国际戏剧节”，并顺访秘鲁参加庆祝中秘建交40周年活动。

（50）10月19日至24日，上海民乐团小组一行6人赴澳参加阿德莱德“卫星地面站艺术节”演出。

（51）10月19日至30日应委内瑞拉人民政权文化部、玻利维亚文化部以及墨西哥国家人类学和历史局邀请，故宫博物院李季等4人赴委内瑞拉、玻利维亚和墨西哥交流访问。

（52）10月，甘肃省京剧院《野天鹅》剧组一行36人赴墨西哥参加塞万提斯国际艺术节，并顺访委内瑞拉和厄瓜多尔。

（53）10月，中国儿童艺术剧院组派《十二生肖》剧组一行23人赴墨西哥参加塞万提斯国际艺术节。

（54）11月14日至21日，中国群众文化学会张旭等一行3人，应国际民间艺术节组织理事会（CIOFF）巴西委员会的邀请赴巴西参加CIOFF第41届世界年会会议。

（55）11月20日至29日，恭王府管理中心王永章等4人，应墨西哥外交部国际文化合作司和巴西皇宫博物馆邀请赴墨西哥、巴西进行馆际交流。

（56）11月，国家博物馆工作小组一行4人赴秘鲁访问，为期6天，返还和点交“印加人的祖先——公元一至七世纪的古代秘鲁”展览的参展展品。

（57）11月至2013年11月，河南省嵩山少林寺武术馆功夫表演团一行22人赴美国参加玲玲马戏团巡演。

（58）12月6日至12日，中国对外文化集团公司张宇随甘肃省歌舞剧院赴美参加舞剧《丝路花雨》在华盛顿的演出活动。

（59）12月28日至2012年1月10日，南京军区政治部文工团一行88人赴美国演出舞剧《牡丹亭》。

（二）西欧地区

（1）2010年12月7日至2011年1月5日，应西班牙融汇协会邀请，天津市杂技团组派16人小组赴西班牙参加当地艺术节演出活动。

（2）1月20日至2月3日，应驻法国使馆与驻西班牙使馆邀请，上海民乐团一行25人赴法国、西班牙，参加在巴黎及周边城市和马德里举办的春节庆祝活动。

（3）1月21日至31日，黑龙江省歌舞剧院艺术团一行32人赴德国、马耳他，参加当地春节庆祝活动。

（4）1月24日至30日，北京林兆华戏剧艺术中心《说客》剧组一行39人，应德国汉堡塔利亚剧院的邀请，赴德国参加“欢乐春节”演出活动。

（5）1月25日至2月1日，应雅典学院邀请，人大附中艺术代表团一行45人访问希腊，参加“欢乐春节”活动。

（6）1月29日至2月4日，文化部组派南京市小红花艺术团一行31人参加在埃因霍温、埃门等地举办的2011年中国春节庆祝活动。北布拉邦省省长范德东克、埃因霍温市市长范盖泽尔、张军大使出席了庆祝活动并观看了演出。

（7）1月31日至2月8日，文化部组派青海省艺术团一行26人在海牙中国大使馆、马斯特里赫特会展中心、海牙市政厅、阿纳姆市剧院演出5场，观众总数逾6000人次。

（8）2月5日至20日，中央芭蕾舞团团长冯英应德国斯图加特芭蕾舞团邀请，赴德国参加斯图加特芭蕾舞团50周年团庆展演庆祝活动，并出席该团于2月11日至13日举办的国际芭蕾团长会议。

（9）2月5日至22日，中华全国归国华侨联合会应奥地利浙江华侨华人联谊会、中国驻佛罗伦萨总领馆和意大利罗马华侨华人联合总会的邀请，组派“亲情中华”艺术团一行19人春节期间赴奥地利、意大利，举行7场慰问演出，参加由对外文化工作部际联席会议统筹协调的海外“欢乐春节”活动。

（10）2月22日至2月27日，故宫博物院王跃工等2人赴法国，协助进行“御座威仪”展的布展工作。

（11）2月24日至4月4日，山东省杂技演艺有限公司“蹬人”节目组一行14人应德国皇冠马戏团邀请赴德国进行商业演出。

（12）3月22日至26日，河北省沧州市外办张洪生率吴桥县铭扬杂技团演员一行4人赴比利时，参加“河北省与东佛兰德省结好20周年”系列庆祝演出活动。

（13）4月2日至9月20日，河南省郑州市天宇演艺有限公司应瑞典奥林匹亚马戏团邀请，组派李红亮等4名杂技演员赴瑞典进行商业演出。

（14）4月18日至7月28日，中国对外文化集团公司与英国Theatre Productions International Ltd.公司合作，组派《武林时空》表演团一行26人赴英国和瑞士进行巡演。

（15）5月4日至9日，经我驻意大利使馆建议，文化部组派南京民族乐团一行15人赴圣马力诺，参加我驻意大利使馆与圣马力诺政府联合举办的“中圣建交40周年”系列庆祝活动，我驻圣马力诺大使丁伟、圣马力诺执政官携该国多名内阁成员出席活动。

（16）5月17日至25日，中国曲艺家协会组派以宁夏回族自治区文联副主席郭刚为团长的中国曲艺艺术团一行22人赴法国参加第二届“巴黎中国曲艺节”。

（17）5月26日至6月5日，中国歌剧舞剧院应奥地利维也纳市政府的邀请，组派何秋生等一行30人，赴奥地利举办“2011年维也纳皇宫中国书法音乐会”。

（18）5月26日至6月7日，中国国家话剧院演员李羚随中联部团组赴德国、意大利、西班牙执行工作访问任务。

（19）5月30日至6月3日，应冰岛雷克雅未克艺术节邀请，为庆祝中国与冰岛建交40周年，文化部组派北京当代芭蕾舞团一行25人赴冰在国家剧院演出现代舞剧《霾》。

（20）6月5日至10日，文化部组派天津大学冯骥才同志等3人应芬兰赫尔辛基大学、图尔库大学邀请，赴芬在上述大学举办中国文化讲座。

（21）6月14日至7月1日，应阿姆斯特丹青年艺术基金会邀请，北京京剧院一团参加泰尔斯海灵岛国际艺术节。

（22）7月3日至7日，中国艺术研究院派院长助理、文化发展战略研究中心主任贾磊磊赴西班牙参加中西论坛第六次会议文化委员会会议。

（23）7月7日至31日，北京青年国际戏剧节组委会、北京青年戏剧工作者协会一行60人赴法国参加阿维尼翁戏剧节，演出6个剧目，共计160场。

（24）7月20日至25日，应西班牙国际古典戏剧节组委会的邀请，中国国家话剧院组派《堂吉诃德》剧组一行31人赴西班牙参加第34届西班牙国际古典戏剧节。

（25）7月21日至8月6日，杭州爱乐乐团一行99人应德国梅克伦堡音乐节、斯洛文尼亚卢布尔雅那音乐节、意大利艾米利亚·罗马涅音乐节、拉韦洛音乐节组委会邀请，赴德国、斯洛文尼亚、意大利参加音乐节演出。

（26）7月26日至8月18日，内蒙古陈巴尔虎旗乌兰牧骑艺术团何天峰等一行33人赴比利时参加霍赫斯特拉腾民俗节和埃德赫姆世界舞蹈节，后赴荷兰参加奥多伦国际民俗舞蹈节。

（27）7月26日至8月18日，应荷兰国际民俗舞蹈节组委会邀请，内蒙古陈巴尔虎旗乌兰牧骑艺术团一行33人参加奥多伦国际民俗艺术节。

（28）7月27日，应爱奥尼亚文化教育协会邀请，由湖北省民族歌舞团组成的中国少数民族艺术团一行30人参加第七届国际民俗舞蹈节。

（29）8月2日至11日，中央民族乐团一行80人应奥地利中国关系促进协会、意大利活力集团和Uniart Media公司邀请，赴奥地利、瑞士、意大利进行巡演。

（30）8月11日至24日，应莱夫卡斯国际民俗艺术节组委会邀请，北京大学生艺术团一行50人参加第49届莱夫卡斯国际民俗艺术节。

（31）8月16日至25日，文化部恭王府管理中心孙旭光等2人应丹麦驻华使馆、德国法兰克福圣经博物馆的邀请赴丹麦、德国进行考察交流。

（32）9月1日至30日，故宫博物院王亚民等12人分3批赴法国落实“重扉轻启——明清宫廷生活文物展”的布展工作并出席开幕式相关活动。

（33）9月2日至9日，中外文化交流中心赴比利时举办“比利时啤酒与中国酒文化图片展”，展品共计37件。

（34）9月15日至10月14日，应西班牙国家人类学博物馆的邀请，浙江杭州西泠印社赴西班牙举办“百年西泠·中国印”马德里特展，展出西泠印社社员创作的书法和国画精品100件、“人文奥运”篆刻原石作品100方。

（35）9月24日至10月7日，中国文联与中国驻瑞典大使馆、瑞典南方音乐学会以及瑞典维斯特鲁斯市政府合作，组派中国文联艺术团125人，其中综合文艺演出团80人、中国歌剧舞剧院副院长李小祥等28人艺术团、“雷动天下”现代舞团23人、上海木偶剧团15人、中国电影代表团4人、中国美术代表团3人，在瑞典举办“今日中国”艺术周活动。

（36）9月30日至10月30日，应葡萄牙东方基金会的邀请，中国对外文化交流协会组派“中国当代艺术展”赴葡萄牙东方博物馆展出。

（37）10月6日至12日，中国曲艺家协会副主席王汝刚率领的“牡丹奖艺术团”一行16人赴法国进行交流演出。

（38）10月12日至12月20日，河北省杂技团一行17人赴法国商演。

（39）10月23日至11月9日，中外文化交流中心与驻法国使馆文化处、巴黎中国文化中心合作，在巴黎中国文化中心举办“中华底蕴——中国山水画艺术展”及中国山水画艺术研讨会，展品共计50件。

（40）10月25日至30日，姚志华等一行3人赴法国执行“中华底蕴——中国山水画艺术展”布展任务并参加开幕式。

（41）11月1日至12日，上海昆剧团一行92人赴德国演出全本昆剧《长生殿》。

（42）11月12日至2012年1月4日，应瑞士康纳利马戏团邀请，山东省杂技演艺有限公司、江西省杂技团和遵义杂技团一行24人，赴瑞士苏黎世参加康纳利马戏团2011年冬季马戏演出。

（43）11月18日至22日，中国录音录像出版总社下属中国文化艺术有限公司赴摩纳哥举办“摩纳哥·中国宝石艺术展”，展出展品300件。

（44）11月23日至2012年1月2日，中国杂技团裴广仓等一行14人赴法国演出。

（45）11月25日至12月31日，应葡萄牙东方基金会的邀请，中国文联所属中国美术家协会赴葡萄牙里斯本市在东方博物馆举办“水墨中国”——中国当代国画精品展，展出作品105件。

（46）11月25日至2012年1月15日，应西班牙

Sonrisas S.L.公司邀请，河北省杂技团刘颖等一行16人赴西班牙进行商业演出，在外停留52天。

（47）12月14日至2012年1月9日，应荷兰世界圣诞马戏公司邀请，中国杂技团“花旦空竹”节目组一行12人参加阿姆斯特丹圣诞马戏演出。

（48）12月21日至2012年4月1日，应西班牙Promoconcert公司邀请，天创国际演艺制作交流有限公司组派《功夫传奇》剧组一行52人赴西班牙、葡萄牙进行商业演出。

（三）欧亚地区

（1）2011年，文化部共安排13个艺术团共590人赴波兰、立陶宛、拉脱维亚、爱沙尼亚、保加利亚、罗马尼亚、塞尔维亚、波黑、匈牙利、俄罗斯、哈萨克斯坦、乌克兰、白俄罗斯、塔吉克斯坦展演，分别参加“欢乐春节”、重大艺术节、庆祝建交等活动，演出总计68场，展览2场，有力地配合了国家整体外交大局，为推动中华文化走进欧亚地区、促进发展与欧亚各国文化关系做出了积极贡献。

（2）2月7日至20日，文化部组派甘肃省歌剧院大型乐舞《敦煌韵》剧组一行50人赴保加利亚、罗马尼亚、塞尔维亚、黑山等东南欧四国执行“欢乐春节”演出任务，获圆满成功。

（3）2月8日至23日，文化部组派中国广播民族乐团一行25人赴波兰、立陶宛和拉脱维亚3国执行“欢乐春节”演出任务，获得圆满成功。

（4）2月9日至12日，文化部组派“林月冉冉”民乐小组赴爱沙尼亚4个城市演出4场，获得圆满成功。

（5）2月下旬，文化部组派云南省艺术团一行22人在匈牙利执行“欢乐春节”演出任务，2月26日晚该团与匈牙利艺术家一起在布达佩斯世界贸易会展中心上演了一台大型文艺晚会，获得圆满成功。

（6）2月13日至22日，文化部组派海南省保亭县民族歌舞团一行30人赴俄罗斯、哈萨克斯坦两国执行“欢乐春节”演出任务，获得圆满成功。

（7）5月10日至13日，新疆木卡姆艺术团一行7人参加在塔首都杜尚别将举办国际“沙什木卡姆”艺术节暨论坛。

（8）5月18日至22日，文化部组派吉林省歌舞团一行40人赴哈萨克斯坦参加上海合作组织成员国艺术节。此外，文化部提供80余幅照片给“上合：十年文化对话”图片展。

（9）5月24日至6月20日，中国残疾人艺术团赴波黑、匈牙利、罗马尼亚、乌克兰4国巡回演出，充分展示了中国残疾人对美好生活的追求和自强不息的精神以及我国社会公益事业的发展水平。

（10）5月30日至6月5日，文化部组派北京人民艺术剧院一行49人赴俄罗斯参加“契诃夫国际戏剧节”，演出经典话剧《雷雨》。此次活动为深化双方合作创造了有利条件。

（11）7月1日至3日，天津大学北洋合唱团一行46人赴爱沙尼亚参加第11届“爱沙尼亚青年联欢活动”。

（12）8月31日至9月4日，应莫斯科国际军乐节组委会邀请，由文化部组派的陕西“天地社火”艺术团一行80人赴俄参加“2011莫斯科国际军乐节”。

（13）9月7日至10月11日，文化部组派的“中国民乐大师团”赴波兰、保加利亚、罗马尼亚、匈牙利、乌克兰、白俄罗斯、立陶宛、拉脱维亚和爱沙尼亚等东欧九国巡演。

（14）9月20日至10月2日，文化部组派清华大学美术学院“中国当代纤维艺术展”赴乌克兰、白俄罗斯参加“中国文化日”活动，获得各界好评。

（15）11月12日至17日，文化部组派河南省漯河市杂技团赴塔吉克斯坦参加庆祝独立20周年活动。该团在6天访演期间共完成5场演出并获得巨大成功，在塔掀起中国杂技热。

（四）亚洲地区

（1）1月30日至2月10日，文化部组派由北京、新疆、内蒙古、广西、四川等地艺术院团组成的180人大型艺术团赴泰国举办“欢乐春节”活动。

（2）4月10日至18日，文化部组派由吉林省交响乐团、厦门小白鹭民间舞团和中国杂技团组成的中国艺术团一行135人赴朝参加第27届朝鲜“四月之春”国际友谊艺术节。

（3）5月8日至14日，应泰国卫塞节国际佛教大会组委会和朱拉隆功佛教大学邀请，由深圳交响乐团、中央歌剧院、深圳弘法寺组成的佛乐团一行180人赴泰国，在曼谷举办了三场“大型梵呗交响乐——神州和乐”演出，受到泰国民众及各国出席国际佛教大会代表的好评。

（4）5月19日至24日，文化部组派由广西壮族自治区文化厅、北海市人民政府及北海市歌舞剧院等组成的代表团一行59人访问马来西亚举办

"碧海丝路"演出，同期举办"北部湾画风——北海水彩画"和"历史文化名城——北海"画展和图片展。

（5）7月7日至16日，为纪念《中朝友好合作互助条约》签订50周年，文化部组派《丝路花雨》剧团一行80人赴朝访演。7月15日，金正日、金正恩以及朝鲜党政主要领导人在平壤万寿台艺术剧场观看了演出。

（6）9月12日、13日，由文化部组派的中国广州交响乐团在新加坡滨海艺术中心举办了2场音乐会，陈庆炎总统和中国驻新加坡魏苇大使等嘉宾出席了这一活动，在新加坡社会和民众之间产生了强烈反响。

（五）亚非地区

（1）1月24日至31日，北京现代女子民乐团一行26人在埃及举办"欢乐春节"活动。

（2）2月8日至23日，北京歌舞剧团一行40人在阿联酋和巴林举办"欢乐春节"活动。

（3）2月10日至8月31日，黑龙江省冰尚杂技舞蹈演艺制作有限公司一行26人应以色列电影Tevet制作公司邀请在以商演。

（4）2月11日至22日，宁夏非物质文化遗产展演团一行10人在阿联酋举办"欢乐春节"活动，展品共计200件。

（5）2月12日至20日，北京雷动天下现代舞团和河南嵩山少林武僧团一行50人在以色列举办"欢乐春节"活动。

（6）3月23日至4月3日，大连杂技团一行46人应土耳其MEGA MUZIKAL TIYATRO SINEMA公司邀请在土商演。

（7）4月13日至22日，中国残疾人艺术团一行50人在叙利亚和卡塔尔国访问演出。

（8）4月24日至30日，轮椅画家秦百兰和阿拉伯风情画家杨明威等4人在科威特举办中国女画家联展。

（9）5月1日至5日，上海话剧艺术中心《白蛇传》剧组一行14人在土耳其参加黑海国际话剧节。

（10）5月1日至10月15日，遵义杂技团一行23人应土耳其AZEL ORGANIZASYON公司邀请在土商演。

（11）5月15日至27日，中央歌剧院音乐名家艺术团一行12人在土耳其、约旦访问演出。

（12）6月15日至8月1日，黑龙江省杂技团一行48人（其中含齐齐哈尔马戏团20人）应沙特摩沙尔娱乐旅游公司邀请在沙商演。

（13）6月25日至7月26日，上海师范大学艺术团一行25人在塞浦路斯、以色列、土耳其和约旦4国访问演出。

（14）7月10日至20日，银川艺术剧院《月上贺兰》剧组一行56人在阿尔及利亚访问演出，参加"2011特雷姆森伊斯兰文化之都——中国文化展示周"活动。

（15）7月10日至20日，中国对外艺术展览中心一行3人在阿尔及利亚举办"书苑奇葩——中国穆斯林书法艺术展"，展品共计60件。

（16）9月19日至29日，陕西省戏曲研究院"中国陕西省非物质文化遗产展览"一行40人在伊朗举办庆祝中伊建交40周年中国文化周活动。

（17）10月10日至25日，吉林省民族乐团一行15人在土耳其、苏丹和摩洛哥3国访问演出。

（18）11月10日至13日，文物交流中心一行4人在摩洛哥考察中摩合建茶叶博物馆事。

（19）11月28日至12月8日，黑龙江省歌舞剧院艺术团一行33人在阿联酋、科威特访问演出，参加阿联酋建国40周年和中科建交40周年庆祝活动。

（20）12月8日至16日，北京杂技团、北京京剧院、北京舞蹈学院艺术团、中国现代美术家代表团等一行92人在土耳其举办中土建交40周年庆祝活动暨中国文化年开幕式演出"丝路新语"和展览"彩绘丝路"。

（六）非洲地区

（1）1月26日至2月1日，作为"欢乐春节"活动组成部分，山东风筝放飞小组一行5人赴坦桑尼亚协助驻坦使馆举办"欢乐春节——中国风筝放飞"活动并参加"欢乐春节——聚焦在非洲·坦桑过大年"庆典。

（2）1月26日至2月10日，作为"欢乐春节"活动组成部分，中国音乐学院艺术团及随团记者一行26人（舞蹈声乐、民乐等）赴坦桑尼亚、布隆迪和埃塞俄比亚国访演，为3国各界人士近万人献上了12场精彩演出。

（3）1月27日至2月7日，作为"欢乐春节"活动组成部分，由福建省京剧院、福建省歌舞剧院、晋江市掌中木偶剧团组成的福建艺术团一行28人（歌舞、京剧、木偶、魔术等）赴塞舌尔和毛里求斯两国访演，为两国观众和在非华人华侨1.5万人次奉献了5场演出。

（4）1月31日至2月14日，作为“欢乐春节”活动组成部分，由上海戏剧学院、上海市马戏学校和上海民族乐团组成的上海艺术团一行33人（歌舞、京剧、杂技、民乐等）赴加蓬、贝宁和尼日利亚访演，分别在五个城市举办了7场正式演出和多场交流演出。

（5）4月12日至5月6日，文化部与商务部联合组派中国残疾人艺术团一行52人赴塞内加尔、加纳、津巴布韦、南非和毛里求斯等非洲五国访演，为近1.5万名观众献上了11场精彩演出。残艺团除在塞内加尔、毛里求斯执行国家计划交流项目外，还在加纳、津巴布韦、南非3国进行了商业演出尝试。

（6）7月7日至14日，“魅力天津——天津艺术团”一行21人（舞蹈、民乐和杂技）赴南非访演。在南期间，艺术团参加了南非国家艺术节彩装巡游，并在开普敦和南非全国学校艺术节开幕式上分别举行了专场演出。

（7）7月18日至8月4日，为庆祝中国与塞拉利昂、喀麦隆建交40周年，“东方新韵友谊欢歌——深圳艺术团”一行27人（舞蹈、杂技等）赴塞拉利昂、乍得和喀麦隆演出7场。

（8）9月6日至19日，组派“风从敦煌来——甘肃艺术团”一行25人（民族歌舞、器乐和杂技）赴肯尼亚、厄立特里亚和南非访演，参加厄特庆祝新年演出和约堡活力艺术节，为非洲各界人士奉献了6场演出。

（9）9月27日至10月4日，中国音乐学院艺术小组一行7人（声乐、民乐等）赴马拉维参加“星之湖”艺术节，并在马首都举行了专场音乐会，8天中为马各界人士献上了3场精彩演出。

三、外国政府文化代表团和文化机构来访

（一）美大地区

4月，古巴文化部副部长胡里奥·巴耶斯特尔访华，拜会欧阳坚副部长，就两国文化产业领域的交流与合作交换意见。

（二）西欧地区

3月18日至26日，比利时法语区大臣法蒂拉·拉南应蔡武部长邀请率团访华。

3月31日至4月2日，德国巴伐利亚州科学、研究和艺术部国务部长霍伊比施访华。

4月1日，德国外长韦斯特维勒出席《启蒙的艺术》展览开幕式。

5月15日至23日，应杭州市人民政府、南通市人民政府与中国艺术节基金的邀请，法兰西学院艺术院终身秘书长阿尔诺·多德里夫率10人代表团（其中院士7位，行政人员3名）访华。

7月9日至13日，奥地利联邦欧洲和国际事务部文化政策司司长艾希廷格率奥地利联邦教育、艺术与文化部和奥地利联邦欧洲和国际事务部代表团一行就续签中奥文化交流执行计划事访华。

8月27日至9月3日，荷兰教育文化科技部国务秘书赛尔斯特拉应邀访华，与文化部续签两国文化合作谅解备忘录。

（三）欧亚地区

2月20日至26日，土库曼副总理亚兹穆哈梅多娃（主管文化）率文化考察团访华，重点学习考察中国举办重大庆典活动的经验。访华期间刘延东国务委员、蔡武部长会见了该代表团。

5月8日至15日，立陶宛文化部长阿鲁纳斯·盖鲁纳斯率政府文化代表团一行5人访华。期间，会见了蔡武部长、赵少华副部长，与我签署了两国文化部间文化合作计划。

5月23日至27日，阿塞拜疆文化旅游部长加拉耶夫率政府文化代表团一行9人访华。期间，会见了蔡武部长，与我签署了两国文化部间文化合作计划，并与赵少华副部长共同出席了阿塞拜疆文化日开幕式。

5月24日，波兰密茨凯维奇学院院长保罗·波托罗钦在访华期间与波兰驻华大使塔德乌什·霍米茨基等一行5人会见了赵少华副部长，双方就深化中波文化交流与合作事宜广泛交换了意见。

6月20日，匈牙利国家资源部文化国务秘书（相当于文化部长）瑟奇·盖佐在出席匈牙利当代艺术展开幕式前在中国美术馆会见了赵少华副部长，并与外联局领导共同出席该展开幕式。

6月22日至30日，亚美尼亚文化部副部长波戈相率政府文化代表团一行5人访华。期间，会见了欧阳坚副部长，与我签署了两国文化部间文化合作计划，共同出席了亚美尼亚文化日开幕式。

7月5日至12日，乌兹别克斯坦文化体育部长库济耶夫率30人艺术团来华举办“乌兹别克斯坦文化日”。期间，会见了蔡武部长并与李洪峰部长特别助理共同出席了“乌兹别克斯坦文化日”首场演出。

10月27日，波兰文化与民族遗产部部长博格丹·兹德罗耶夫斯基一行来华出席第二届“中欧文

化高峰论坛”并与蔡武部长举行会谈。双方就深化两国文化交流与合作、互设文化中心等问题深入交换了意见。

11月2日至7日，罗马尼亚文化和国家遗产部部长凯莱曼·胡诺尔率罗马尼亚政府文化代表团一行5人访华。期间，蔡武部长、中联部领导分别会见代表团，就进一步加强两国文化交流与合作深入交换了意见。

11月15日至19日，马其顿文化部部长伊丽莎白—坎切斯卡·米莱夫斯卡率政府文化代表团一行6人访华。期间，与蔡武部长进行了工作会晤，双方签署了两国文化部间文化合作计划，并与赵少华副部长共同出席了在北京金台艺术馆举行的“马其顿民俗文化展”暨“马其顿文化日”开幕式。

2011年，来自俄罗斯、斯洛伐克、哈萨克斯坦、乌兹别克斯坦、塔吉克斯坦的文化部长、副部长和国务秘书以及土库曼斯坦国家文化中心主任、文化研究院院长等文化政要来华出席双边机制会议和西安经济论坛文化分会。

（四）亚洲地区

10月10日至20日，第12届亚洲艺术节在重庆成功举办。邀请东盟秘书长、东盟各国文化部长应邀参加艺术节，期间举办中国—东盟文化部长会晤。

（五）亚非地区

4月19日至27日，沙特文化和新闻部国际关系司司长纳赛尔率友好人士代表团一行3人访华。

5月31日至6月9日，埃及文化界知名友好人士绍基·贾拉勒应文化部邀请访华。

10月21日至11月6日，土耳其伊斯坦布尔文化艺术基金会总经理古尔衮·塔内尔率工作代表团一行7人访华。

11月18日至26日，阿联酋迪拜阿维斯基金会秘书长阿卜杜·哈米德·艾哈迈德等一行2人访华。

11月25日至28日，科威特国家文化艺术文学委员会秘书长（副部级）阿里·尤哈率科政府文化代表团一行3人访华。

（六）非洲地区

2011年，文化部共接待了5起副部级以上的非洲政府文化代表团共计28人访华，代表团分别参访了北京、上海、陕西、云南、福建、广东等6省市，并接待相关单位邀请访华的3名非洲高级官员，有效地加强了中非文化高层战略对话，推动了中非文化关系的稳定发展。

3月28日至4月2日，应博茨瓦纳驻华使馆邀请，博青年、体育和文化部常秘马奥瑞萨来华访问，3月30日，赵少华副部长会见并宴请了马奥瑞萨一行。

4月24日至5月1日，布隆迪青年、体育和文化部长尼耶尼米加博应文化部邀请率政府文化代表团一行5人访问了北京、西安和上海三地。4月28日，蔡武部长在京会见、宴请尼耶尼米加博一行，并与其签署了《中华人民共和国政府和布隆迪共和国政府政府文化合作协定2011年至2014年执行计划》。

5月，应尼日利亚驻华使馆邀请，尼文化、旅游及指导部部长阿布巴卡来华视察北京尼日利亚文化中心选址。5月17日，欧阳坚副部长会见并宴请尼文化部长，并与其签署了《中华人民共和国政府和尼日利亚联邦共和国政府关于互设文化中心的谅解备忘录》和《中华人民共和国政府和尼日利亚联邦共和国政府2011年至2014年文化教育交流与合作议定书》。

7月28日至8月4日，博茨瓦纳青年、体育与文化部长肖·卡蒂应文化部邀请率政府文化代表团一行6人访问了北京、上海、西安等三地。8月2日，蔡武在京部长会见并宴请了肖·卡蒂一行。

7月，应商务部邀请，布隆迪总统特使、布国家典礼局长赛弗兰·马尼拉唐加来华参加研修班。7月27日，高树勋部长助理会见了赛弗兰·马尼拉唐加。

9月21日至28日，毛里求斯艺术与文化部长穆赫斯瓦尔·丘尼应文化部邀请率政府文化代表团一行5人访问了北京、福建、上海三地。9月22日，赵少华副部长会见并宴请了穆赫斯瓦尔·丘尼一行。

11月28日至12月6日，厄立特里亚人阵党中央执委、党中央调研和文献部部长泽姆莱特·约翰内斯应文化部邀请率政府文化代表团一行7人访问北京和上海。12月1日，蔡武部长会见并宴请了泽姆莱特·约翰内斯一行。

12月7日至16日，纳米比亚青年、国家服务、体育与文化部长卡泽南博·卡泽南博率政府文化代表团一行5人访问了北京、云南和深圳。12月8日，蔡武部长会见了卡泽南博一行并与其签署了《中华人民共和国政府和纳米比亚共和国政府文化协定2011年至2015年执行计划》。

四、外国交流性文艺团组来访

（一）美大地区

1月4日和5日，陕西省西安海外旅游有限责任公司邀请美国肯纳索州立大学交响乐团一行84人分别在西安人民剧院和西安音乐厅各举办一场友好交流演出。

4月11日至19日，文化部和巴西驻华大使馆共同在北京画院美术馆举办“巴西著名艺术家罗伯特·马加良斯作品展”，展出该艺术家绘画作品共计26幅。

4月23日至30日，美国肯尼迪艺术中心总裁艾丽西亚·亚当斯女士和国际部主任吉尔达·艾米尔达女士访华挑选节目。

4月28日，中国国家博物馆和秘鲁文化部联合举办的“印加人的祖先——公元一至七世纪的古代秘鲁”展览在中国国家博物馆开幕。秘鲁文化部长胡安·奥西奥·阿库尼亚一行5人出席展览开幕式并与相关机构进行会谈。

5月20日至6月30日和5月20日至10月22日，美国沈伟舞蹈团一行3人和花车巡游特定表演团一行14人，分别在西安世园会进行表演和巡游演出。

6月3日至15日，美国南犹他交响乐团一行16人访华，参加6月10日晚在武汉琴台音乐厅举办的“纪念海伦交响音乐会”。

7月12日至24日，加拿大安大略青少年交响乐团一行44人来华交流演出。

8月，委内瑞拉国家舞蹈团来华参加新疆国际民族舞蹈节，并于8月7日在北京国家博物馆剧场举办交流演出、大师班和图片展等活动。

8月上旬，加拿大埃德蒙顿市华裔儿童合唱团一行38人访华。

8月30日至9月2日，加拿大温哥华（GOH）青年芭蕾舞团一行48人访问中山市。

9月4日至14日，应文化部外联局邀请，墨西哥、哥伦比亚、厄瓜多尔、哥斯达黎加、委内瑞拉等国主要艺术机构和艺术节负责人联合代表团一行8人访华，考察相关文化机构和艺术院团。

9月14日至26日，文化部和秘鲁驻华大使馆在北京今日美术馆共同举办“马丘比丘发掘100周年展”、“何塞·玛利亚·阿尔盖达斯诞辰100周年展”和“马丁·塞拉扎尔雕塑作品展”。

9月17日，国家大剧院小剧场举办世界音乐博览之墨西哥吉他艺术家巴科·兰德利亚音乐会。

11月4日至9日，美国齐淑芳京剧团一行9人赴武汉参加“第六届中国京剧艺术节”，并于11月8日在湖北剧院进行演出。

11月13日至12月3日，美国班卓琴演出小组王爱平（Abigail Washburn）一行7人来华，在呼和浩特、银川、西安、兰州、西宁、乌鲁木齐、佛山和广州等城市举办交流演出和公益文化活动。

12月10日，文化部中外文化交流中心和厄瓜多尔驻华使馆合作，在北京世纪剧院举办厄瓜多尔钢琴家华盛顿·加尔西亚钢琴独奏音乐会。

（二）西欧地区

2010年11月18日至2011年1月10日，中国美术馆与西班牙电信集团合作，在中国美术馆共同举办“立体主义时代——西班牙电信艺术珍藏展”，展出立体主义作品共43件。

2010年12月7日至2011年3月6日，意大利“未来主义”展览在广东美术馆展出。展品含意大利塞布丽娜当代艺术画廊提供的油画、雕塑、摄影、海报、书籍、传单、设计等各类“未来主义”艺术流派作品共计246件。

2010年12月7日至2011年3月6日，应广东星海现代舞蹈艺术有限公司邀请，荷兰方提斯舞蹈学院一行8人访华，参加第八届“广东现代舞周”交流演出。

2月27日至3月5日，德国石荷州音乐节主席罗尔夫·贝克先生将率代表团一行4人访问北京、上海。

3月1日至3月31日，中国艺术研究院与法国驻华使馆合作，在广东省博物馆举办“握手中国——雷米·艾融——林若熹巡回画展”首站展览。

4月15日至5月15日，云南省迪庆州博物馆与意大利驻华使馆合作，联合举办“他乡雪山——云南三江流域老照片展”，展出西欧传教士于1933年至1946年间先后4次在云南怒江、澜沧江、金沙江流域传教期间拍摄的自然风光、人文景观、社会面貌等老照片145幅。

4月26日至5月5日，中国艺术研究院与奥地利维也纳施坦纳（Steiner）艺术画廊合作，举办奥地利小型油画展。该展展出奥地利女画家安嘉·史特伦贝里和玛丽娜·塞勒——内德科夫的作品共21件（组）。

5月20日、21日，中央芭蕾舞团邀请法国专家马纽埃尔·莱希和德国专家帕特里克·奥克楚库来华，在北京大学百年纪念讲堂与你团合作演出2场芭蕾精品晚会。

5月20日至21日，中央芭蕾舞团团与法国驻华使馆合作，邀请法国专家马纽埃尔·莱希和德国专家帕特里克·奥克楚库来华在北京大学百年纪念讲堂与该团合作演出2场芭蕾精品晚会。

5月31日至8月30日，国家博物馆举办法国“路易威登艺术时空之旅”展，共展出展品169件。

6月1日至10日，杭州爱乐乐团邀请德国圆号演奏家PETER STEIDLE到浙江省杭州市演出。

6月4日，应上海大剧院邀请，意大利斯卡拉大剧院艺术学院弦乐六重奏乐队一行6人访沪，并在上海大剧院举办“室内乐开放日——来自斯卡拉的室内乐之声”公益演出。

6月5日至14日，上海市浦东新区美术家协会受法国“艺术桥画廊”委托，在浦东图书馆举办“2011中法当代艺术家邀请展”。其中，展出法国艺术家的作品184件。

6月23日至7月5日，北京驱动文化传媒有限公司邀请冰岛钢琴家Selma Gudmundsdottir、小提琴家Sigrun Edvaldsdottir等一行2人到天津市演出。

8月7日至21日，中央歌剧院邀请美意大利女高音歌唱家西蒙娜·贝尔蒂尼和鲁丝·德·阿尔巴，参加其与中华环保联合会于8月12日在北京举办的“世界三大女高音环保爱心演唱会”。

8月18日至22日，应西安世博园筹委会邀请，荷兰武术表演团一行32人参加西安世园会花车巡游表演。

8月28日至9月2日，应深圳市文体旅游局邀请，荷兰阿姆斯特丹舞蹈团一行25人赴深圳交流演出。

9月3日至26日，中国对外文化交流中心邀请德国中部广播电视台摄制组一行4人来华，在青海省拍摄1部反映我自然风光、文物古迹、风土人情的电视专题片《世界高原湖泊》。

9月3日至11月3日，国家博物馆举办“125年意大利经典设计艺术回顾展”，展出意大利艺术品560件（套）。

9月20日，中国人民对外友好协会在北京举办“艺术与文明的对话——中法友好艺术交流展”，展品共计75件。其中，中方画家作品18件，法方画家作品57件。

10月1日至2日，“希腊钢琴王子”雅尼在北京万事达中心举办音乐会。

10月18日至19日，德国汉堡室内乐组合ENSEMBLE INTEGRALES一行4人在上海兰心大戏院举办“中国之痕”室内音乐会交流演出。

10月18日至12月21日，中国美术馆举办“法国设计先锋与艺术大师们的对话”展览，展品共计362件。

10月25日至11月8日，中国美术馆与奥地利驻华大使馆合作，举办“维利·艾森施茨作品展”，展出奥地利画家维利·艾森施茨的油画、水彩画作品共66件。

10月28日，国家大剧院与冰岛驻华使馆合作，邀请冰岛女高音西格伦·肖缇思多蒂尔等2人来华举办中冰建交40周年独唱音乐会。

11月2日至12日，中国人民对外友好协会邀请德国音乐山庄弦乐三重奏一行6人在北京、厦门进行2场友好交流演出。

11月3日至9日，绍兴文理学院邀请丹麦圣安娜青年合唱团一行140人于来华，在绍兴市绍兴剧院交流演出一场。

11月28日至12月4日，德国法兰克福四重乐团一行4人于12月1日在深圳市大剧院音乐厅举办1场演出，法属玻利尼西亚塔希提首府帕皮提市艺术团Ia Ora Papeete一行15人于12月3日在深圳市大梅沙音乐基地举办1场演出。

12月15日，应国家大剧院邀请，荷兰杜阿克双手风琴音乐会在国家大剧院举办。

12月20日至25日，应中国国家大剧院邀请，希腊女高音Costia参演歌剧《托斯卡》。

（三）欧亚地区

5月23日至27日，阿塞拜疆国家艺术团一行69人访华，在国家博物馆举行了开幕式演出，并在北京和烟台各演出一场。此外，阿塞拜疆在北京三品美术馆举办了为期10天的阿塞拜疆摄影、服饰及微型书展。

6月22日至30日，亚美尼亚国家艺术团一行30人访华，在天桥剧场举行了开幕式演出，之后赴天津巡演。此外，亚美尼亚在北京金台艺术馆举办了为期7天的亚美尼亚艺术展。

7月5日至12日，乌兹别克斯坦国家艺术团30人访华，在北京中央民族乐团剧场举行了“乌兹别克斯坦文化日”首场演出，之后赴西安世界园艺博览会国际大舞台演出2场。

11月15日至19日，马其顿“塔奈茨”国家民族歌舞团一行35人来华访演，在北京和大连各演出一场。同时，马其顿在金台艺术馆举办了马其顿民俗艺术展。

（四）亚洲地区

4月20日至26日，文化部与越南文化部共同在北京工业大学视觉艺术馆举办“越南磨漆画展”，共展出展品50幅。

7月11日，“谭云山现象与21世纪中印文化交流——中印文化界高层论坛”在京举办。中印双方近20位专家学者与会就谭云山在中印文化交流中发挥的作用、中印文化交流现状及前景进行了深入探讨。

9月1日至13日，小泽征尔斋藤音乐节在国家大剧院和上海大剧院演出。

9月16日，日本SMAP音乐组合在北京工人体育场举办专场音乐会。

10月6日至21日，日本松山芭蕾舞团来华演出，参加我第12届亚洲艺术节活动，并于10月14日在京举办专场演出。

10月10日至20日，第12届亚洲艺术节在重庆成功举办。邀请东盟各国艺术家参加艺术节，举办“东盟文化周”演出及东盟服饰展秀。

10月21日，朝鲜歌剧《梁祝》剧组185人来华巡演，历时86天，在大庆、沈阳、北京、上海、杭州、无锡、武汉、长沙、广州、重庆、兰州、青岛和大连等13个城市演出35场。

（五）亚非地区

4月11日至22日，科威特民间歌舞团、手工业展览团等一行60人来华举办“科威特文化周”，庆祝中科建交40周年。

7月7日至27日，阿尔及利亚、摩洛哥、突尼斯、埃及、伊拉克、黎巴嫩、科威特、巴林、苏丹、阿曼、科摩罗、约旦12名画家来华参加中阿合作论坛项下的“意会中国——阿拉伯国家知名画家访华采风”活动。

8月4日至11日，土耳其民族舞蹈团一行17人来华参加中土建交40周年庆祝招待会暨土耳其文化周演出活动。

（六）非洲地区

7月15日至27日，博茨瓦纳迪瓦采舞蹈团一行20人来华访演。该团于7月17日在北京与中央民乐团联袂演出一场，博茨瓦纳驻华大使观看了演出；18日至26日，赴乌鲁木齐参加了第二届新疆国际民族舞蹈节系列演出。艺术团表演了塞他帕舞等8种民族舞蹈及颇具非洲风情的传统器乐，受到当地观众的热烈欢迎。

多边文化交流

一、国际会议

（一）世界数字图书馆项目

世界数字图书馆项目由美国国会图书馆倡导建立，得到联合国教科文组织的支持。截至2010年12月，已有1320万用户访问网站，网页浏览量为8970万。目前该项目有合作伙伴170个。中国国家图书馆是参与该项目较早的共建机构之一，并担任世界数字图书馆执委会委员。

1月19日至22日，国家图书馆代表团赴法出席在教科文组织总部举行的世界数字图书馆项目执委会第一次会议。

11月13日至16日，国家图书馆代表团赴德国慕尼黑出席世界数字图书馆第二次合作伙伴会议。

（二）亚欧会议文化部长会议

7月11日至14日，第五届亚欧文化部长会议第一次筹备工作高官会在印度尼西亚龙目召开。印尼外交部和印尼文化旅游部共同组织召开本次会议。来自中国、印尼、印度、荷兰、西班牙、波兰、俄罗斯和亚欧基金、欧盟等22个亚欧会议成员的40余位代表与会。会议讨论研究了第五届亚欧会议文化部长会议的主题、分组会议议题和安排、成果文件的工作安排等。

二、年度重大国际多边文化活动

（一）第11届“相约北京”联欢活动

4月27日至5月27日，由文化部、国家广播电影电视总局和北京市人民政府共同主办的第11届“相约北京”联欢活动在京举行。五大洲20多个国家、69个艺术团体的近2000名中外艺术家在“相约北京”的舞台上相继亮相，为首都观众献上了集音乐、舞蹈、戏剧、展览于一体，多样文化同放异彩的艺术盛宴。100场广场演出，50场剧场演出以及五大展览，吸引观众超过35万人次。刘延东国务委员，澳大利亚总理朱莉娅·吉拉德、蔡武部长、赵少华副部长，田进副局长，鲁炜副市长，澳大利亚驻华大使芮捷锐等出席观看。杨志今副部长观看了闭幕式演出。

2011年“相约北京”联欢活动将保利剧院和北大百年纪念讲堂设为“定点剧院”，吸引主流群体关注；在继续巩固传统媒体的同时，加大宣传力度，探索网络、手机等新媒体的宣传模式；与美国航空公司和中国工商银行北京分行结成战略合作伙伴关系，首次实现活动与商业运作的有效契合。

（二）第三届中国成都国际非物质文化遗产节

5月29日至6月11日，文化部、四川省人民政府和联合国教科文组织共同主办的第三届中国成都国际非物质文化遗产节在成都举行。本届非遗节围绕“弘扬人类文明，共建精神家园”的主题，开展了七大类286项活动，联合国教科文组织、世界旅游组织、72个国家和地区、各省区市的7000多名代表，1900多个非遗项目参加。人大常委会副委员长陈昌智、赵少华副部长出席了开幕式，蔡武部长出席了闭幕式。

“非遗节”期间，还举办了第三届非物质文化遗产成都国际论坛，共有来自31个国家的69名专家学者、政府官员和遗产传承人等出席，14人列席。教科文组织总干事代表非物质文化遗产处处长杜维勒女士出席并讲话。与会各方围绕论坛主题“非物质文化遗产保护与发展”达成广泛共识，通过了成果文件《成都倡议》。

（三）第二届中国新疆国际舞蹈节

7月20日至8月5日，由文化部、国务院新闻办和新疆维吾尔自治区人民政府共同主办的第二届中国新疆国际民族舞蹈节在乌鲁木齐隆重成功举办。本届舞蹈节以“和谐中国，多彩世界”为主题，主要内容包括演出板块、展览板块和活动板块三大类。在为期15天的时间里，不仅有来自15个国家和地区以及国内的艺术家们为各族观众献上近80场不同风格和特色的精彩演出，还有内容丰富、形式多样的展览、网络秀舞、舞蹈摄影大赛等活动。各项活动都在体现中国风格和国际化水准的同时，突出新疆特色，体现广泛的群众参与性。

（四）第14届北京国际音乐节

10月6日至30日，文化部、北京市人民政府主办的第14届北京国际音乐节在北京举办。本届音乐节正值著名作曲家古斯塔夫·马勒诞辰150周年，因此呈献了23场精彩的马勒作品演出，包括交响乐13场、钢琴独奏1场、室内乐2场、艺术歌曲3场、校园音乐会1场、打击乐音乐会1场、免费儿童专场音乐会1场和民族专场音乐会1场。来自中国、德国、美国、英国、意大利、韩国、以色列、瑞典、俄罗斯、新加坡、奥地利、瑞士、芬兰、中国台湾等国家和地区的乐团和艺术家们参与了本届音乐节的音乐会演出。其中，世界顶尖级指挥大师与国内优秀乐团联袂演绎“马勒”经典是本届音乐节的最大看点。音乐节还举办了多场公益活动、音乐教育普及等活动。

（五）第13届中国上海国际艺术节

10月18日至11月18日，文化部主办、上海市人民政府承办的第13届中国上海国际艺术节在上海举行。赵少华副部长出席开幕式；蔡武部长出席闭幕式。韩正市长、屠光绍副市长等上海市委、市政府领导分别出席了开闭幕式。

来自五大洲46个国家和地区的数万名艺术工作者参与了本届艺术节。舞台演出名团、名家、名剧集聚，原创探索新作迭出，共上演50台参演剧目（境外27台，境内23台），演出120场。艺术节演出交易会十分火暴，来自38个国家及全国25个省区市的203家演出经纪机构、演出团体参展。

艺术节期间，举办各类群众性文化活动2799场，演绎精彩节目16452个，4大洲21个国家的42支外国团队4984名外籍演员，5000余支国内专业和业余团队的风情展示，活动遍及上海17个区县，吸引观众423万人次。

本届艺术节成功举办了德国文化周、甘肃文化周，多方位展示了不同国家和地区的文化风情和艺术成果。

艺术节期间举办的18项展览，尤其是毕加索艺术大展、敦煌艺术展、写意中国书画展等重大展览项目。突显国际化、多样性、高品质。

（六）第13届中国吴桥国际杂技艺术节

10月22日至30日，由文化部和河北省人民政府共同主办，石家庄市人民政府和河北省文化厅共同承办的第十三届中国吴桥国际杂技艺术节在石家庄市举办。

杂技节精选了17个国家和地区的30个节目参加比赛演出，在技巧、难度、观赏性、艺术性方面均有很大创新；推出了一系列丰富多彩的节日活动、惠民专场、形式多样的公益联欢演出；举办第七届国际马戏论坛、第四届国际杂技商演项目洽谈会。本届杂技节共评出金狮奖3个、银狮奖6个、铜狮奖9个、特别奖18个。朝鲜平壤国家杂技团的《空中飞人》、俄罗斯莫斯科尼古灵马戏团的《大跳板》、河北省杂技团的《行车蹬人》获得金狮奖。

三、国际性艺术赛事的筹办和参赛工作

（一）鼓励我国选手参加国际性艺术比赛

为了适应国际比赛形势的变化，鼓励更多的国内选手参加世界上高水平的艺术赛事，文化部出台了《2010～2011年文化部鼓励参加的国际艺术比赛项目》和《2010～2011年参加国际艺术比赛管理规定的通知》。新的目录更侧重世界顶级艺术比赛，对选手参赛起到引导作用。2011年，我国共有21人次在11个国际艺术赛事上获奖（名单见表1）。

（表1） 2011年文化部奖励的国际艺术比赛获奖选手名单

姓名	所在单位	获得奖项名称	名次	获奖时间	类型	比赛类别
陈　梅	深圳艺术学校	第八届首尔国际舞蹈比赛现代舞少年组	第三名	2011.7	现代舞	二类
裴　凯	南京艺术学院	第八届首尔国际舞蹈比赛民族舞青年组	第二名	2011.7	舞蹈	二类
高　寒	沈阳音乐学院舞蹈学院	第八届首尔国际舞蹈比赛民族舞青年组	第二名	2011.7	民族舞	二类
敖定雯	辽宁芭蕾舞团	第八届首尔国际舞蹈比赛少年组	第三名	2011.7	芭蕾舞	二类
刘　茜	辽宁芭蕾舞团	第八届首尔国际舞蹈比赛青年组	第二名	2011.7	芭蕾舞	二类
何泰昱	辽宁芭蕾舞团舞蹈学校	第八届首尔国际舞蹈比赛芭蕾舞少年组	第二名	2011.6	芭蕾舞	二类
龚熙淳	辽宁芭蕾舞团舞蹈学校	第八届首尔国际舞蹈比赛儿童组	铜奖	2011.7	芭蕾舞	二类
张超艺	辽宁芭蕾舞团舞蹈学校	第八届首尔国际舞蹈比赛芭蕾舞少年组	第三名	2011.7	芭蕾舞	二类
王名轩	上海戏剧学院附属舞蹈学校	第八届首尔国际舞蹈比赛	第一名	2011.7	芭蕾舞	二类
邓钧池	中央音乐学院附中	第48届克林根塔尔国际手风琴比赛青年组	第二名	2011.5	手风琴	一类
邓钧池	中央音乐学院附中	第64届世界杯手风琴锦标赛青年组	第二名	2011.10	手风琴	二类
田佳男	中央音乐学院附中	德国克林根塔尔国际手风琴比赛青年组	第一名	2011.5	手风琴	一类
李楚然	中央音乐学院附中	意大利卡斯特费达多国际手风琴比赛青年组	第一名	2011.9	手风琴	二类
谭家亮	沈阳音乐学院	第64届世界杯国际手风琴比赛	第三名	2011.10	手风琴	二类
田博年	德国科隆音乐学院	布加勒斯特乔尔切．埃奈斯库国际音乐比赛	第一名	2011.9	大提琴	二类
王传越	总政歌剧团	第五届中国国际声乐比赛	第一名	2011.10	声乐	一类
贾天韵	英国皇家学院	第三届中国国际小提琴比赛	第二名	2011.10	小提琴	一类
王佳佳	上海海关学院	2011威尔第国际声乐比赛	第三名	2011.10	声乐	一类
王佳佳	上海海关学院	第42届贝里尼国际声乐比赛	第二名	2011.11	声乐	二类
许笑男	中央音乐学院	意大利卡斯特费达多国际手风琴比赛艺术家组	第二名	2011.9	手风琴	二类
许笑男	中央音乐学院	第64届世界杯国际手风琴比赛	第二名	2011.10	手风琴	二类

（二）文化部主办的国际艺术比赛

（1）第三届中国国际小提琴比赛（青岛）。10月11日至24日，文化部主办、青岛市人民政府承办的第三届中国国际小提琴比赛在青岛举行。最终来自首尔国立大学的韩国选手金本索里、英国皇家音乐学院的中国选手贾天韵、慕尼黑音乐戏剧学院的韩国选手玛丽索尔·李分获前三名。另有两名俄罗斯选手获得比赛特别奖。

（2）第五届中国国际声乐比赛（宁波）。10月9日至20日，文化部主办，宁波市人民政府承办的第五届中国国际声乐比赛在宁波举办。此次共接到399名海内外选手报名参赛。中国、美国、俄罗斯等24个国家和地区的86名选手入围。中国的王传越、俄罗斯的斯维特兰娜·卡希安分获男、女声部第一名，中国的王心、韩国的梁济京分获男、女声部第二名，中国的李佳轩、俄罗斯的安杰丽娜·彼特尼钦科分获男、女声部第三名。

对外文化传播

2011年，对外文化传播工作进一步创新方式，提升质量，丰富和深化了对外文化交流的思想内涵，扩大和增强了对外文化活动的国际影响。

一、深入学习十七届六中全会精神，以中央《决定》统领对外文化传播工作

充分认识对外文化事业的重要意义，不断增强责任感、使命感、紧迫感。中央十七届六中全会决定提出了“推动中华文化走向世界”、“积极吸收借鉴国外优秀文化成果”的战略要求，对外文化事业迎来了千载难逢的历史机遇期。外联局充分认识对外文化传播面临的新机遇、新挑战，牢固树立世界眼光和战略思维，积极贯彻落实六中全会对文化外宣工作的新要求，以更宏大的视野汇集社会各界心智，创新开展文化传播工作。在第12个“记者节”到来之际，召开“记者节”联谊暨“文通网”推介会，与新华社、《人民日报》、中央电视台、中国网等40多家中央主流媒体、重要网站的记者共同探讨以全球化视野、国际化形式，深入做好对外文化传播工作。

二、精心打造重大对外文化交流品牌，积极做好服务保障

积极配合第二届海外“欢乐春节”活动在全球成功举办。外联局围绕在63个国家和地区举办的65个春节文化项目，认真组织开展礼品饰品制作、主题展览、工艺展示、影视展播等工作，有力地保障了欢乐春节活动的成功举行。在美国纽约帝国大厦设立“中国春节”橱窗展，吸引了50万美国民众和各国游客参观。组织拍摄《春节》第二集在各国放映，生动地介绍了中国传统佳节“辞旧迎新”、“和谐团聚”、“喜庆祈福”的历史背景、文化内涵。精心设计“欢乐春节”龙年标识，认真完成春节饰品、礼品和衍生品的设计制作任务，共计完成纪念品15种共54056件，春节饰品15种共7830件，并准时发往前方使领馆，推动各国人民分享春节的美好时刻，体验中华传统文化的魅力。

三、紧密围绕国家重大政治、社会、外交主题，对外文化传播的时代性更强

认真策划和组织“世纪回眸——纪念辛亥革命100周年”的大型图片展，以英、法、西、俄、阿5种文字，在152个驻外使领馆和中国文化中心同期展出，从人文的角度反映辛亥革命百年来的沧桑巨变和巨大成就，吸引海外6万多名观众参观，受到广泛好评，在全球掀起了纪念辛亥革命活动的高潮。

以建交纪念年为契机，精心制作中国与奥地利、喀麦隆、尼日利亚、塞拉利昂、秘鲁、比利时、墨西哥等国家的建交图片展30套，充分展示中外友好关系的精彩瞬间、发展历程和丰硕成果。在19个国家、83个驻外使领馆推出的艺术巡展、橱窗图片展受到驻在国人民的热烈欢迎。

四、以图书、期刊、宣传品、纪念品为载体，对外文化传播的内容更加丰富多彩

进一步加强图书、期刊的国际传播。广泛选择反映中国当代发展、文明进步和主流文化的图书、期刊，订阅并发往各前方使领馆，推动世界各国公众对我国政治、经济、社会的了解，及对中国和平发展的理解。

认真开展文化宣传品、纪念品工作。完成各类文化纪念品59种共计2.1万件的制作。围绕十二生肖等文化主题，精心制作完成2012年外宣台历2.3万册，挂历1.7万册，贺卡1.9万张，电子贺卡一款，并通过驻外使领馆、中国文化中心向各国政要、文化名流和各界代表人士提供，进一步引起国外公众对（在）我国文化的关注，加深中外文化的感情和友谊。

深入做好对外文化传播出版工作。完成《金

色记忆——新中国早期文化交流口述记录》一书的采访、编辑工作，“金色记忆”的展览和专题片工作同步推进。启动《对外文化交流贡献奖获奖者访谈》，通过驻外使领馆，征集国际文化友人的文章资料。推进部际合作机制，编纂《中国对外文化交流年鉴》、《对港澳台文化交流年鉴》，全方位展示对外、对港澳台文化交流的历程、成就、经验。

五、完成中文版“文通网”改版上线，丰富英文版“中国文化网”内容

完成文通网改版上线，不仅加强了对外文化“国内与国外、前方与后方、中央与地方”的联络，集中展示文化传播、文化交流、文化贸易等领域的信息，也成为对外文化工作者交流工作和分享经验的平台。英文版中国文化网建设稳步推进，其内容更加丰富、网页更加清新，很好地发挥了文化外宣的网络平台作用。

推进央地合作机制，联合开展“外国友人看四川灾后重建”、“外国摄影家看贵州”活动。协助四川省组织10名世界著名的摄影家赴四川、贵州拍摄，在联合国教科文组织、欧盟总部，驻美国、英国、意大利、澳大利亚使馆春节招待会，法国、德国、俄罗斯、日本等10个国家的中国文化中心作全球巡展，同时在我驻100多个国家使领馆网站推出“外国摄影家眼中的今日四川”专题，再次引起国际社会对中国的广泛关注。

六、深入开展影视宣传，向世界讲述“中国故事”

对外文化影视坚持“中国故事，国际表达，人类情怀”的指导思想，围绕当代生活、人文历史和自然环境三大门类，选片、拍摄、翻译、制作、播放等工作再创佳绩。

一是加强对欧美等地影视传播力度。与美国彩虹电视节目制作公司合作改编了13集中国文化系列专题片《龙之乡2》，通过美国公共电视网（PBS）在全美播出，在美国社会各界产生了较大的反响。还通过向华韵尚德、四达时代等公司提供自主版权的文化外宣片，协助改编后在境外电视台落地播出，受到欢迎。

二是加强非物质文化遗产宣传。邀请国外影视机构以国外受众的文化视角和欣赏心理拍摄我国非物质文化遗产传承人系列纪录片《武当功夫大师赵剑英》和《南京云锦织造大师周双喜》，并积极争取在美国有线电视网等国外主流媒体播出。

三是积极探索影视外宣新模式。进一步推动与国家广电总局、中央电视台、四川金熊猫奖评委会等单位的合作关系，扩大文化影视外宣的资源优势。完成25部外宣国产故事片、纪录片的翻译、制作并于10月底前陆续发运各驻外机构，有力地指导和支持前方开展影视外宣工作。

七、以高度的政治责任感做好文化专项工作，向世界展示中国民主、进步、自信、繁荣的新形象

充分发挥文化的特殊导向作用，向世界介绍西藏、新疆民族团结、繁荣发展的新面貌。认真做好第二届新疆国际民族舞蹈节、首届中国—亚欧博览会“中外文化展示周”等重要涉疆文化活动工作，协助译制完成反映新疆各民族团结互助的纪录片《天山万里情》，发往各驻外使领馆开展对外宣传。充实和更新中国文化网（英文版）中国少数民族文化专栏，通过文字、图片、视频等形式向世界介绍包括维吾尔族、藏族在内的中国各少数民族文化艺术。译制《班文伦布村的一天》和《西洛和扎西桑布》两部纪录片通过各使领馆向世界介绍普通西藏人多姿多彩的美好生活。在29个驻外使领馆开展“西藏和平解放60周年”图片展，生动反映西藏社会建设和人民生活的巨大变化。

文化贸易工作

2011年，对外文化贸易工作紧密围绕学习贯彻党的十七届六中全会精神，积极落实中央领导关于推动我文化产品和服务“走出去”的一系列指示精神，着力推动实施《文化部关于促进中国文化产品和服务“走出去”的总体规划》，从“政策引导、信息服务、平台搭建、资金扶持、人才培训”等方面入手，积极探索推动中华文化“走出去”的新模式、新办法、新领域，大力开展对外文化贸易促进工作。

一、加强资源整合，加强部门协调，加强央地合作，加快平台建设，推动全国对外文化贸易工作

为认真贯彻落实党的十七届六中全会关于大力推动中华文化“走出去”的指示精神，进一步加大对国内文化企业走出去的政策支持力度，推进出口平台和营销渠道建设，10月下旬，根据《文化部关于促进中国文化产品和服务“走出去”总体规划》和“上海国际文化服务贸易平台”的发展情况，文化部正式将该平台命名为“国家对外文化贸易基地”。11月18日，“国家对外文化贸易基地”揭牌仪式在上海隆重举行。蔡武部长和韩正市长出席仪式并为基地揭牌。

12月20日，为进一步推动全国的对外文化贸易工作，文化部在上海外高桥国家对外文化贸易基地召开“全国文化系统对外文化贸易工作会议”。励小捷副部长出席了会议并做了重要讲话，来自全国各省区市文化部门负责人、企业代表及学术、媒体的150位代表出席了会议。

为充分发挥部对外文化贸易工作小组的职能，在政策层面，加强了对相关规划和政策的统筹衔接和梳理，进一步完善部对外文化贸易工作领导和协调机制；在工作层面，加强了与各成员单位的统筹协调、信息共享和资源整合，初步使小组会议制度机制化和常态化。

二、加强信息服务，建立对外文化贸易信息收集、编辑和发布平台

加强信息服务是《总体规划》的重要要求，也是落实《总体规划》各项重点任务的重要手段。2011年在加强文化贸易信息服务上重点完成如下几项工作：

1．编辑《国外表演艺术资源基础信息》和《国外视觉艺术资源基础信息》。

2．汇集重要调研成果，编辑对外文化贸易系列参考材料。将2009年至2010年涉及文化产业的重要调研成果汇编成《国外文化产业观察与启示》，作为对外文化贸易系列参考材料印发，成为国内文化产业发展的重要参考资料。

3．编辑2010年“走出去”优秀案例。汇总了全国2010年“走出去”优秀案例并编发系列部简报。

4．编辑《对外文化贸易工作信息》。包括中央和各相关部委最新文化贸易工作政策信息、文化部及相关部委“走出去”工作动态、国外文化市场概况及动态信息、国内外“走出去”案例等。

5．积极参与文通网改版工作。协助文通网对外文化贸易分页建设工作，收集整理关于对外文化贸易的新闻、政策法规、展会、案例等相关素材。

三、着手制订分业态、分领域的实施规划

根据中央领导同志及部领导的指示精神，按照《总体规划》的部署，着手制订分领域、分业态的实施规划。以演艺为重点，整理了近年来文化部在推动演艺产品“走出去”等方面所做的主要工作和成果，存在的问题和建议，完成了《关于推动我演艺产品“走出去”情况的报告》。同时针对演艺领域中重点出口产品杂技制定专项推动规划，制订了《文化部推动杂技走出去的五年规划》（初稿）。

四、加强统计工作，初步搭建起了对外文化贸易统计工作机制

2011年，为进一步规范、完善文化部系统对外文化贸易统计工作，提高统计效果的真实性和准确性，拟定了并下发了《文化部办公厅关于进一步做好对外文化贸易统计工作的通知》，初步建立了由文化部各司局、外联局局各处室、各地方文化厅局和驻外使领馆文化处组和驻外文化中心参与组成的对外文化贸易工作统计的网络系统，将统计工作规范化、常态化。

五、整合现有资源，打造新的工作平台

5月12日至20日，外联局与河南省文化厅、洛阳市人民政府共同举办了“中国文化产品国际营销年会——中国演艺产品走向国际市场研讨会”，由中国演出家协会、洛阳市文化局、中国对外文化集团承办。此次活动延伸深圳、洛阳、北京三地，包括邀请并组织国外嘉宾参观第七届中国（深圳）文化创意产业博览会、举办中国杂技“走出去”座谈会、在洛阳和北京举办“中国演艺产品走向国际市场研讨会”等多项活动。赵少华副部长为年会题写贺词、出席了中国杂技艺术“走出去”座谈会并讲话。活动受到参与者的热烈欢迎，来自全国各地的130余家演艺院团、企业的200余名代表参加了在洛阳举办的“中国演艺产品走向国际市场研讨会（洛阳）”，中央直属院团及在京重要院团代表近百人参加了在京举办的“中国演艺产品走向国际市场研讨会（北京）”。

六、扶持我文化企业开发新媒体产品，利用新手段开展“欢乐春节”等主题宣传活动

为利用新媒体平台和新技术手段进行“欢乐春节”品牌推广，扩大该活动在海外的影响，贸易处和传播处联合授权委托刚刚挂牌成立的中国数字文化集团开发了苹果系统应用软件产品“欢乐春节”，并在苹果网店平台提供下载。这是丰富欢乐春节活动宣传手段一次创新性尝试，同时也是在全球通用新型媒体平台开发中国文化产品并参与国际文化市场竞争的一次有益尝试。苹果平台“欢乐春节”产品目前已通过欧美300多个网站进行推广，并于发布日当日（12月30日）在纽约时代广场大屏幕播出了该产品的广告，下载量正在稳步增长。

七、扶持重点文化产品和文化项目

10月31日，在中国国家主席胡锦涛、奥地利总统菲舍尔的亲自见证下，中国对外文化集团与维也纳控股集团在维也纳签署了《中国对外文化集团与维也纳控股集团建立长期合作的谅解备忘录》，将有利于我重点文化企业快速建立海外营销平台和渠道，有效提升其参与国际文化产业合作与竞争的实力，扩大我文化国企的国际知名度和品牌认知度，推动更多优秀中华文化产品走向国际市场。

此外文化部还资助“七月工坊”家居文化品牌赴法国参加今年在法国巴黎举办的“巴黎家居装饰博览会”；资助了广芭赴加拿大商演项目；与相关部门协调联络，促成自贡灯会赴旧金山及全美巡回展出等项目。

八、推动政产学研相结合，建立对外文化贸易理论支撑体系

加强政产学研的结合，有利于建设并完善对外文化贸易政策的理论基础，推动对外文化贸易政策与对外文化贸易学科建设的同步发展，构建政府对外文化贸易政策学术理论支撑体系，外联局与北京大学文化产业研究院联合编著出版《2010中国对外文化贸易年度报告》，于2011年3月正式出版。

6月18日，外联局与北京第二外国语学院、英国纽卡斯尔大学共同主办了第二届国际文化贸易论坛。来自政、产、学、研各领域代表60余人，围绕对外文化贸易相关理论研究、实践探索及人才培养等业界关注问题，共发表了19个主题演讲。

文化交流协议文件与国际公约

一、围绕《保护非物质文化遗产公约》开展的工作

我国是《保护非物质文化遗产公约》（以下简称《非遗公约》）缔约国和保护非物质文化遗产政府间委员会委员国。在国际层面开展的履约相关工作主要包括：出席《非遗公约》框架下工作会议；提交中国政府《非遗公约》履约报告；与周边国家开展合作，联合申报和保护共享非遗项目；与教科文组织合作，在华举办非遗能力建设培训班；推进亚太地区非遗国际培训中心建设；面向国内受众积极宣传《非遗公约》；协助相关部门组派代表团考察国外非遗保护情况等等。

2011年，文化部组团出席了该公约框架下的政府间专家咨询会议、工作组会议和政府间委员会第六次常会等工作。我国申报的“中国皮影戏”列入人类非物质文化遗产代表作名录；《赫哲族依玛堪》列入急需保护的非物质文化遗产名录。中国民俗学会、世界中医药联合会获得可向保护非遗政府间委员会提供咨询服务的认证推荐。

经国务院领导正式批准，我国政府于2011年4月正式向联合国教科文组织提交首次《<非遗公约>履约报告》。该报告中文总字数12万字，英文译文7.5万字，包括中央政府《履约报告》和香港、澳门特别行政区政府《履约报告》，以及26个已列入代表作名录项目保护情况报告。报告总体上反映了我国批约以来国内非物质文化遗产保护事业的发展情况，全面、准确地表述了相关政策制定、机构设置、法制建设和保护措施等。报告也反映了我国26个“非遗”项目列入代表作名录后的保护情况和发展变化。报告获得保护非遗政府间委员会的充分肯定，将于2012年提交缔约国大会。

4月12日至17日，中国与蒙古国联合保护非物质文化遗产合作机制第二次工作组会议在京召开。充分深入讨论、磋商，为中蒙联合保护非物质文化遗产合作机制第一次领导小组会议召开奠定良好基础。9月13日，中蒙联合保护非物质文化遗产合作机制第一次领导小组会议在北京召开。文化部副部长赵少华和蒙古国教文科副部长库兰达共同签署了《中华人民共和国文化部和蒙古国教育文化科学部关于联合保护非物质文化遗产合作协议》。协议肯定了中蒙两国在非物质文化遗产领域业已开展的合作，为今后两国在非物质文化遗产保护领域更深入的交流与合作奠定了基础。

1月10日至14日，联合国教科文组织亚太地区非物质文化遗产师资培训班在京成功举行。文化部外联局、非遗司和联合国教科文组织亚太地区非物质文化遗产国际培训中心联合承办了此次活动。

亚太地区非物质文化遗产国际培训中心（简称“亚太中心”）是我国开展“非遗”区域与国际

合作新的平台和阵地。11月，我国政府与教科文组织已正式签署关于在华建立亚太中心协议修正案，并积极推动组建亚太中心管理委员会以及举办中心正式成立大会的相关工作。同时，我与日、韩亚太中心开展密切合作，指派文化部代表担任日、韩亚太中心管委会成员，并参加其中心启动活动。

二、围绕《保护和促进文化表现形式多样性公约》开展的工作

我国是《保护和促进文化表现形式多样性公约》（以下简称《多样性公约》）缔约方和政府间委员会委员国。2011年以来，围绕该公约开展的主要工作包括：组派代表团出席《多样性公约》框架下相关工作会议，中国官员首次担任保护文化多样性政府间委员会会议主席，向教科文组织多样性基金提供捐款，启动中国政府《多样性公约》履约报告撰写工作，等等。

12月，文化部官员作为保护文化多样性政府间委员会第五届常会主席成功主持会议，获得各方好评。这是中国官员首次担任《多样性公约》框架下会议主席职务。

西欧地区

中奥文化交流执行计划于2011年到期。10月31日，胡主席对奥地利进行国事访问期间，在两国领导人见证下，外交部副部长傅莹代表中方与奥方签署了《中华人民共和国政府和奥地利共和国政府文化合作协定2012～2015年文化交流执行计划》。

欧亚地区

1. 与立陶宛签署《中华人民共和国文化部和立陶宛共和国文化部2012～2016年文化合作计划》。

2. 塞拜疆签署《中华人民共和国文化部和阿塞拜疆共和国文化旅游部2011～2015年文化合作议定书》。

3. 与亚美尼亚签署《中华人民共和国文化部和亚美尼亚共和国文化部2012～2016年文化合作计划》。

4. 与马其顿签署《中华人民共和国文化部和马其顿共和国文化部2012～2017年文化合作执行计划》。

5. 与土库曼斯坦签署《中华人民共和国文化部和土库曼斯坦文化广播电视部2012～2014年文化合作计划》。

6. 与捷克签署《中华人民共和国文化部和捷克共和国文化部2012～2014年文化合作议定书》。

7. 与波兰签署《中华人民共和国文化部和波兰共和国文化与民族遗产部2012～2015年文化合作议定书》。

亚洲地区

1. 1月17日至21日，蔡武部长率团赴日本奈良参加第三次中日韩文化部长会议，与日韩两国文化部长就进一步加强中日韩文化交流与合作深入交换意见并签署了《奈良宣言》。

2. 8月31日，胡锦涛主席与来访的菲律宾总统阿基诺三世共同出席并见证了《中华人民共和国政府和菲律宾共和国政府文化合作协定2009～2011年执行计划》延期（2年）换函仪式。

3. 10月10日，第12届亚洲艺术节期间中老签署《中华人民共和国政府和老挝人民民主共和国政府文化合作协定2011～2013年执行计划》。

4. 10月10日，第12届亚洲艺术节期间中柬签署《中华人民共和国文化部和柬埔寨王国文化艺术部文化合作协定2011～2013年执行计划》。

5. 11月18日，《中华人民共和国政府和大韩民国政府2011～2013年文化交流执行计划》在韩国签署。

6. 12月22日至24日，习近平副主席访泰期间，中泰签署《中华人民共和国文化部与泰王国文化部2011～2013年文化交流执行计划》。

7. 第12届亚洲艺术节期间，签署了旨在推动亚洲艺术研究机构之间对话与合作的《亚洲文化论坛——10+3主题会议重庆宣言》。

8. 第12届亚洲艺术节期间，举办了首届亚洲戏剧人高峰论坛，来自18个国家及地区的国家级院团代表共同倡议成立了亚洲戏剧人联盟，并讨论通过了《亚洲戏剧人联盟中国（重庆）宣言》。

亚非地区

5月，签订《中华人民共和国政府和约旦哈希姆王国政府文化合作协定2011～2014年执行计划》。

6月，签订《中华人民共和国政府和以色列国政府2011～2015年文化协定执行计划》。

12月，签订《中华人民共和国政府和科威特国政府文化、教育、新闻协定2012～2015年执行计划》。

非洲地区

2011年，文化部与布隆迪、莫桑比克、喀麦隆、南非和纳米比亚等5个非洲国家签署了文化合作协定

年度执行计划。分别为：

《中华人民共和国政府和布隆迪共和国政府文化合作协定2011～2014年执行计划》；

《中华人民共和国政府和莫桑比克共和国政府文化合作协定2011～2014年执行计划》；

《中华人民共和国政府和喀麦隆共和国政府文化合作协定2011～2014年执行计划》；

《中华人民共和国政府和南非共和国政府文化艺术合作协定2011～2014年执行计划》；

《中华人民共和国政府和纳米比亚共和国政府文化协定2012～2015年执行计划》。

中国文化年鉴

Almanac Of Chinese Culture

对港、澳、台地区文化交流

Cultural exchange with Hong Kong and Macao Special Administrative Regions and Taiwan Region

对港、澳文化交流综述

2011年，认真学习、深刻领会党的十七届六中全会和中央港澳工作座谈会精神，紧紧围绕促进港澳人心回归的中心任务，立足当前，着眼长远，大力加强对港澳文化工作的基础性研究，统筹实施“港澳台中华文化传承工程”，充分发挥文化直抵人心、牵动情感的独特作用，以爱国爱港爱澳力量为依托，以港澳青少年为重点，配合港澳两个特区政府，组织导向性重大文化活动，打造示范性交流品牌，增加人文思想层面的深度交流，引导地方开展特色对港澳文化交流活动，务实推动内地与港澳文化产业合作，促进港澳社会经济文化的繁荣稳定与发展。据不完全统计，2011年经文化部批准的对港、澳文化交流项目857项，11578人次。

一、审时度势，谋篇布局，大力加强对港澳文化工作的战略思考和宏观统筹

国家“十二五”规划把促进港澳繁荣发展的内容单独成章。对港澳文化工作面临着难得的形势和机遇。文化部高度重视六中全会以及中央港澳工作座谈会会议精神的学习和贯彻，为做好新形势下的对港澳文化工作，3月，在江西南昌召开“2011年对港澳文化工作研讨会”，总结“十一五”期间对港澳文化工作情况，明确“十二五”时期对港澳文化工作思路，部署和推进2011年对港澳文化重点工作。会议提出要依托“央地合作机制”，统筹对港澳文化工作与对台文化工作，实施“港澳台中华文化传承工程”，并细化制定了“文化阵地建设”、“中华文化薪火相传”、“中华文化精品港澳行”、“对港澳文化交流平台打造”、“对港澳文化合作与培训”、“文化产业合作”6个专项计划。

二、以文促情、以文聚心，不断发展壮大爱国爱港、爱国爱澳力量

遵照中央关于做好港澳特区全国人大代表和政协委员工作的统一部署，建立并保持与港澳文化界人士的沟通机制。“两会”期间，蔡武部长专程会见了港澳文化界全国人大代表和政协委员，倾听代表委员的关注和诉求，共商文化大发展大计。会同国务院港澳办、发改委、广电总局等部门，认真研究办理港澳文化界“两会”代表和委员关于文化工作的各项议案、提案和建议，充分调动港澳文化界“两会”代表和委员投身文化建设的积极性。4月，蔡武部长、赵少华副部长共同会见了澳门中华文化联谊会访京团，与澳门文化界人士交流座谈，极大鼓舞了澳门文化界发展文化的士气和信心。6月，赵少华副部长赴澳门出席“根与魂——中国非物质文化遗产展演”活动期间，专程会见了澳门社会文化司张裕司长，就加强内地与澳门的文化交流与合作充分交换了意见，达成广泛共识。同时，畅通与港澳特区政府文化部门的磋商机制，港澳台办负责同志年内分别会见了香港民政事务局常任秘书长杨立门一行、香港康乐及文化事务署署长冯程淑仪一行、澳门文化局局长吴卫鸣一行，并进行了卓有成效的工作会谈。7月，文化部与内蒙古自治区人民政府合作举办“艺海流金——草原文化之旅”大型对港澳文化交流和联谊活动，邀请港澳文化界知名人士以及内地嘉宾代表130余人参加，创历届“艺海流金”活动规格和人数之最。活动精心安排了内蒙古民族文化推介会、草原文化风情体验、专场文艺演出、文化产业考察等特色交流活动，起到了“体验日新月异马背民族，共谋内地与港澳文化合作”良好成效。

三、深耕细作，静水流深，全面开展对港澳青少年的文化培育工作

因应港澳青少年的文化心理和诉求，坚持“以文育人、以文化人”工作策略，抓牢“青少年文化交流”与“青少年品牌项目”两条主线，采取“送过去”与“请进来”两种方式，全面、深入开展对港澳青少年文化培育工作。邀请澳门少年合唱团参加“第12届亚洲艺术节”，香港全剧场参加首届“中国儿童戏剧节”，积极为内地与港澳青少年文化交流搭建平台。创新“港澳大学生内地文化实践活动”的组织方式和活动内容，暑期组织港澳12所高校100多名大学生分赴13家在京文博机构进行了为期5周的工作实习，有效增强了港澳青年学子的国家观念和文化认同。进一步扩大“国粹港澳校园行”的活动影响，深入港澳各大高校、中学和社区，组织中国木偶艺术讲座及示范表演，让港澳学生和各年龄段观众深入了解国粹艺术精粹。促成中国京剧艺术基金会与澳门基金会开展长期合作，组派少儿京剧艺术团赴澳门交流演出。大力实施“香港青少年中国民族民间文化艺术研习考察计划”，相继组织了广西壮族、海南黎族等少数民族原生地和集聚区的

考察研习活动，让港澳学生亲身体验少数民族文化的独特魅力，体会中华文化的兼容并包，提升他们的文化自觉和国家观念。支持粤港澳合作举办“粤港澳青年文化之旅”，活动范围进一步拓展到广西，并进行了以传统文化和革命历史为主要内容的考察、访问、培训和联谊活动，有效增进了粤港澳青年学子对区域合作和文化发展的直观认识。香港民政事务局局长曾德成在《大公报》上专文肯定了该活动的重要意义和积极成果。

四、以文化人，以文促政，积极支持港澳特区发展文化事业

（一）支持特区政府开展丰富多彩的文化活动，扩大特区政府的影响力

充分利用内地丰富的文化艺术资源，全力支持港澳特区政府开展庆祝国庆、回归纪念日、传统节日等文化活动，以民族情、国家情为纽带，增强港澳同胞对祖国的认同感，提高特区政府影响力。春节前后，组织安徽、河北在澳门举办“浓墨艳彩展风华——内地春节习俗展演”活动，组派福建艺术团赴香港参加“元宵彩灯会”演出，两项活动前呼后应、展演结合、相得益彰，持续在港澳地区打响“欢乐春节”品牌。中秋期间，第12届“香江明月夜”大型综艺晚会在香港文化中心隆重举行，并移师澳门成功举办了“2011澳门中秋综艺晚会”，为澳门新创节庆品牌“濠江月明夜”作了积极尝试和铺垫；同时，组派河南省艺术团参加“香港中秋彩灯会”文艺表演活动，为香港同胞带去了富郁中原特色的文化盛宴。

（二）利用国家文化活动平台，扩大港澳地区的对外文化交流渠道

遵循“一国两制”的原则，积极推动港澳地区参与国家文化活动，协调港澳地区在国家对外文化交流的框架下参与对外文化交流。鼓励港澳文化机构参与内地举办的国际性、区域性及全国性文化交流活动，既体现中央政府对特区发展文化的关怀，又让港澳同胞感受到国家的支持，树立国家意识，培养爱国感情。7月，香港城市当代舞团参加第二届“中国新疆国际民族舞蹈节”；10月，香港话剧团、澳门少年合唱团参加在重庆举办的第12届“亚洲艺术节”；11月，进念·二十面体剧团参加“第13届上海国际艺术节”，这些活动既体现了中央政府对港澳特区发展文化的关怀，又能让港澳同胞感受到国家的支持，树立国家意识，培养爱国感情。

（三）支持港澳特区的非物质文化遗产保护工作，推动内地与港澳的交流与合作

港澳地区的非物质文化遗产，是港澳民众祖祖辈辈的文化记忆和内心情感的真实表达，是联系港澳同胞与祖国人民的文化血脉所在。6月，经国务院批准，香港的中元节（潮人盂兰盛会）、端午节大澳龙舟游涌、中秋节大坑舞火龙和长洲太平清醮，澳门的南音说唱、道教科仪音乐和鱼行醉龙节等正式列入第三批国家级非物质文化遗产名录。内地与港澳携手保护非物质文化遗产、建设中华民族共有精神家园，成为对港澳文化工作不断深化的生动范例和最佳注解。

五、塑造品牌，示范引导，全力打造立体化对港澳文化交流格局

在与港澳特区政府签订的《更紧密文化关系安排协议书》基础上，依托“央地合作机制”，打造交流品牌，激发地方活力，全力打造全方位、宽领域、多渠道的对港澳文化交流格局。2011年，内地与港澳地区文化交流达857项、11578人次。对港澳文化交流品牌进一步提升。成功组织实施了“香江明月夜”、“澳门内地春节习俗展演”以及香港“元宵彩灯会”和“中秋彩灯会”等重大节庆文化活动，并开拓了新的非物质文化遗产品牌“根与魂——中国非物质文化遗产展演”。对港澳文化交流导向进一步加强。在香港举办国家重大历史题材美术创作工程作品展，在澳门举办“山水正宗——故宫、上博珍藏王时敏、王原祁及娄东派绘画精品展”、“玉貌清明——故宫珍藏两宋瓷器精品展”，中国优秀传统文化的艺术魅力和厚重价值在港澳主流艺术场馆得以集中展示。同时，为纪念辛亥革命100周年而组织的陈思思“美丽之路”澳门演唱会，有效振奋了海峡两岸及港澳地区民众追求团结、进步的爱国热忱和民族精神。对港澳文化交流自主性进一步增强。内地与澳门艺术家携手合作，共同创排了大型原创史诗歌剧《辛亥风云》，并在澳门成功上演；贵州省榕江县侗族艺术团与香港中乐团合作演出“天籁传情——非物质文化遗产”音乐会，在香港文化中心上演了一场贵州侗族歌舞与大型中乐的精彩对话。“澳门江苏周”的文化活动独具特色，与经贸活动相得益彰，成为地方尝试从“经济搭台、文化唱戏”反向路径创新对港澳文化工作的一次成功实践。对港澳文化交流平台进一步扩大。积极

选派内地优秀艺术团组参加“香港艺术节”、“香港新视野艺术节”、“澳门艺术节”、“澳门国际音乐节”等港澳地区举办的国际性文化活动。2010年6月，在香港康乐及文化事务署和文化部的合力打造下，第二届香港“中国戏曲节”进一步推陈出新、佳作迭起，吸引了越来越多香港市民和国际游客的瞩目，成为在香港欣赏中国地道戏曲、传承优秀文化的重要平台。

六、因应形势，积极有为，切实推进对港澳文化工作阵地建设

加强与中央人民政府驻香港联络办公室、驻澳门联络办公室以及港澳特区政府的协调配合，积极推动香港中华文化城有限公司、香港联艺机构有限公司的资源整合，全力打造“依托内地、立足港澳、面向世界”的中华优秀文化展示平台，通过文艺演展、主题论坛和讲座等活动，广泛联络港澳文化界人士，发展壮大爱国爱港爱澳力量，深化港澳同胞的文化认同和文化自信，更好为我中心工作服务。发挥粤港澳“地缘相近、人缘相亲、文缘相同”的优势，继续加强对港澳文化交流基地建设，鼓励广东“先行先试”，积极探索对港澳文化交流新途径，支持举办“粤港澳文化合作第十二次会议”，商谈落实粤港澳文化合作议题和项目，借助依托并充分整合大珠三角区域文化资源，不断促进粤港澳文化融合和区域经济发展。

七、优势互补，务实合作，努力促进内地与港澳的文化产业合作

积极落实内地与港澳《关于建立更紧密经贸关系的安排》（CEPA）及其年度补充协议中有关文化方面的内容，鼓励内地与港澳文化企业界人士通过参访、举办论坛、参加文博会等各种方式，探讨文化产业的经营理念和运作模式。2011年，邀请港澳文化企业参加了在内地举办的“深圳文化产业博览交易会”、“北京文化创意产业博览会”，内地与港澳的文化产业合作得到进一步加强。协调安排香港互联网访问团、香港贸易发展访问团、香港职业训练局访问团、香港创意业界访问团与内地文化官员、专家、同行座谈交流，分享彼此经验，探讨合作意向。组织“港澳文化行政和产业考察交流团”，拜访港澳文化创意产业相关单位和业界代表，召开文化产业圆桌会议，达成内地与港澳共享共建大型文化产业展览展示、交流交易平台的合作意向，促成中国动漫集团有限公司与澳门万国控股集团有限公司签署“战略合作框架协议”。

对台文化交流综述

2011年，文化部认真贯彻中央决策部署，紧紧抓住两岸关系和平发展的机遇，构建机制、打造品牌、搭建平台、拓展领域，推动两岸文化关系稳中有进，筑牢两岸关系和平发展的文化基础，继续构建两岸关系和平发展框架。据不完全统计，2011年经文化部批准的两岸文化交流项目3037起，12170人次。

一、全力实现高层访问，推动两岸交流持续发展

为贯彻落实第五届、第六届、第七届两岸经贸文化论坛“共同建议”及蔡武部长访台和“两岸文化论坛”的成果，文化部进一步加强文化高层互动，推动两岸文化交流保持良好发展势头，积极为签署两岸文化交流协议和在台设立民间文化办事机构创造有利条件。

2011年，文化部4位现职部领导访问台湾，创历史之最。其中，赵少华副部长于5月31日至6月10日率团访台，与吴伯雄、江丙坤、刘兆玄等台高层积极互动，就继续坚持“九二共识”、共谋和平发展、积极推动两岸文化交流与合作达成共识，并见证了“富春山居图”合璧展、“海峡两岸当代艺术展”开幕和中国文化传媒集团与台湾旺旺中时媒体集团合作协定签约仪式。欧阳坚副部长于9月6日至12日访台出席第二届“海峡两岸文创展”开幕系列活动。李洪峰于9月22日至28日访台出席第二届“两岸汉字艺术节”开幕及展览相关活动。高树勋部长助理于7月3日至10日访台出席“海派文化艺术节·上海戏曲季”活动开幕系列活动。上述文化高访活动均取得圆满成功，提升了活动层级，扩大了活动影响。

二、成功组织、协调，策划、实施一批对台文化交流活动

积极策划，成功组织实施了一批寓意深刻、影响广泛、务实有效的对台文化交流活动，积极打造对台文化交流品牌，取得了良好的工作效果。

（一）大力推动文化入岛，深化交流内涵

1.促成“山水合璧——黄公望富春山居图特展”。该展历经多年艰苦努力，凝聚两岸有关方面智慧和力量，冲破重重困扰，最终实现分藏两岸60余年的元代著名画家黄公望旷世之作《富春山居图》

“剩山图”与“无用师卷”于6月在台北故宫博物院合璧展出，在海内外引起广泛反响，不仅标志着两岸文化交流实现了跨越式发展，进入了新的阶段，更寓意华夏儿女期盼山水合璧、祖国统一的共同愿望。台湾地区领导人马英九专门为该展发来贺电。

2.赴台举办“2011两岸汉字艺术节”。文化部与台湾中华文化总会于9月在台北成功举办了“精彩、震撼、感动”的“2011两岸汉字艺术节”。该节展出了“书写·汉字——大陆当代艺术展”等一系列形式多样、创意新颖的展览，举办了“名家对谈”、“两岸书法学术研讨会”及“艺术讲堂”等活动，内容丰富、创意新颖、设计独到，通过对汉字历史的梳理和对艺术经典的呈现，发掘古老汉字的美感特质，彰显汉字之美，体现汉字的文化价值。台湾地区领导人马英九专门发来贺电。

3.赴台举办第二届“两岸非物质文化遗产月”。文化部与湖南省人民政府共同组派展演团120人于11月下旬赴台湾举办第二届“守望精神家园——两岸非物质文化遗产月”系列文化交流活动，该活动由“楚风湘韵——湖南民艺民风民俗特展”、“楚风湘韵——两岸民间乐舞专场演出”、“保护·弘扬·传承——两岸非物质文化遗产论坛”等3部分组成，历时3个月之久，横跨台北市、新竹县、台中市、高雄市、台南市等岛内北中南地区，充分展现湖南省丰富多彩的非物质文化遗产资源及其独特魅力，持续扩大两岸在非物质文化遗产领域的保护和传承，增进台湾同胞的中华文化认同。

4.赴台举办“上海戏曲季”。文化部和上海市政府组派上海京剧院、上海越剧院、上海评弹团、上海市文化艺术档案馆等一行260人于7月赴台举办“海派文化艺术节·上海戏曲季”大型文化交流活动。上海戏曲季以海派戏曲为主轴，成为我推动上海市和台北市互办“两岸城市艺术节——上海文化周、台北文化周”的后续成果。

5.赴台举办“广西少数民族艺术节”。文化部和广西壮族自治区人民政府组派广西歌舞剧院、广西桂剧团等单位80名艺术家和工艺大师于5月赴台举办“广西少数民族艺术节”。广西少数民族歌舞和地方戏曲综合展演团赴政治大学、新竹交通大学、高雄中山大学等6所高校巡回交流、演出，广西少数民族文化展演活动在台北华山文化创意园区受到台湾民众的热烈欢迎。该活动以少数民族文化为载体搭起了沟通两岸同胞心灵的桥梁。

6.赴台举办“孙中山和宋庆龄文物特展”。围绕纪念辛亥革命100周年的主题，文化部与中国宋庆龄基金会合作于2月在台北“国父纪念馆”举办了“孙中山和宋庆龄文物特展”。生动体现了孙中山和宋庆龄携手相伴、甘苦共尝的真挚情谊，深刻反映了两位伟人振兴中华、风雨同舟的世纪风采。台湾地区领导人马英九专程前往参观展览。该展既是台湾岛内首次举办涉及宋庆龄主题的文物展览，也是宋庆龄故居馆藏宋庆龄文物首次赴台展出，意义深远，反响强烈。

7.赴台举办“客家之歌”和“妈祖之光”大型综艺晚会。文化部与福建广播影视集团合作组派大型文艺团体于2月和4月赴台连续举办了“客家之歌”和“妈祖之光”等3场大型综艺晚会。以客家文化为纽带，联结两岸同胞情感。以妈祖信俗为依托，共同弘扬中华文化。两岸演艺人员同台演出，两岸电视媒体同步直播，不仅将传播效果最大化，而且还通过与岛内数十家较具影响力的妈祖宫庙合办的亲民形式，深入台湾基层民众，在台湾中南部的影响尤为深远。

（二）以品牌项目为依托，举办大型文化交流活动

1.举办“中华传统文化展示”活动。文化部积极配合两岸万名青年大联欢活动，于7月12日在人民大会堂组织实施了“中华传统文化展示”活动。胡锦涛总书记和刘云山、刘延东、令计划等中央领导同志出席活动，与两岸青年共同领略中华传统文化魅力。

“中华传统文化展示”活动以“两岸同心，共同弘扬和传承中华文化”为主线，突出精品意识，既集中展示中华文化悠久历史，又兼顾现实发展的时代特征，还特别注意面向台湾青年，强调交流互动。中华传统文化精粹让台湾青少年叹为观止，让他们心生亲切与向往，拉近了两岸青年的心灵距离。

2.举办“情系巴蜀——两岸文化联谊行”。文化部与四川省人民政府于7月在四川共同举办了第九届“情系巴蜀——两岸文化联谊行”大型文化交流活动。台湾地区文化界、教育界、媒体界知名人士100余人充分感受了巴蜀文化的绚丽多姿，全面了解了四川省文化事业和产业发展成就，亲眼见证了四川灾后重建所取得的重大成果。高树勋部长助理和四川省副省长黄彦蓉等有关领导出席了有关活动。

3.举办“2011海峡两岸民间艺术节”。文化部与

厦门市人民政府、福建省文化厅于10月底在厦门共同举办了“2011海峡两岸民间艺术节”。首次以音乐和舞蹈为主体，以“传递传统与现代的融合，共话创作与教育的发展”为主题，邀请朱宗庆打击乐团等台湾6个艺术团和艺术家参加演出、展览、学术研讨、教学观摩等活动，凸显了中华文化的包容与创新及其在海峡两岸的共同传承与发展。王文章副部长等有关领导出席了有关活动。

（三）搭建平台，加强两岸文化产业合作

1.赴台举办第二届“海峡两岸文化创意产业展”。文化部再次与台湾“商业总会”合作，于9月在台湾举办国际文博会期间以“展中展”形式举办了“海峡两岸文化创意产业展”。上海、广东、浙江、江苏、陕西、厦门等大陆文化产业发展较快的省市53家企业180多人赴台参展，多方展现近年来大陆文化产业蓬勃发展的成果，推介大陆优秀文化企业和产品，拓展合作渠道，受到两岸文化产业界及新闻媒体的关注。展会期间还配套举办了“两岸文创产业交流论坛”等学术交流活动。

2.举办第四届“海峡两岸（厦门）文化产业博览交易会”。文化部与福建省人民政府等部门于10月底在厦门成功举办该展。王文章副部长出席了开幕有关活动。该展突出两岸，突出产业，突出投资，突出交易。台湾参展企业和机构比上届增长了71.08%，覆盖台湾地区所有县市，签约项目155个，项目总签约额近360亿元人民币，两岸文博会促进两岸文化产业合作双赢的平台作用日益凸显。两岸文博会期间还举办了“两岸演艺产业合作论坛”，搭建了两岸演艺对话平台。

3.推动优秀项目通过商业渠道入岛。文化部以政府为指导、企业为主体、市场化运作为手段推动优秀文化产品入岛取得新成绩。北京什刹海体校大型风情功夫剧《寻找功夫》和中国杂技团“3D”杂技音乐剧《再见，飞碟》于10月至2011年2月期间，突破台湾禁止大陆文艺团体在游乐场所从事赢利性演出的规定，赴台湾高雄驻场演出104场，演出收入1000多万元人民币，吸引岛内近20万观众，成为两岸迄今为止时间最长、场次最多、经济效益最好的商业演出。

北京东方松雷音乐剧发展有限公司成功运作原创音乐剧《爱上邓丽君》于9月赴台进行商业演出。该剧以两岸共同喜爱的歌手邓丽君为题材，以原创音乐剧为表现形式，精彩的演绎令台湾观众充分感受到两岸一脉相承的文化传承和骨肉情深的同胞情谊。该剧在“国父纪念馆”连演5场，场场座无虚席，逾万人观看了演出。

（四）全方位推动交流与合作，务求实效

文化部积极推动中国美术馆与台湾美术馆在北京和台中联合举办“复感·动观——2011海峡两岸当代艺术展”，标志着两岸重要美术馆间的合作走上了机制化轨道。举办“开创·交流——台湾美术院院士作品大陆巡回展”、台湾艺术家“刘国松创作大展——八十回眸”及“落笔生花，情牵两岸——王农画马85岁回顾展”。邀请台湾地区大学院校艺文协会交流访问团来大陆访问，邀请台湾国光剧团来北京、上海等地交流演出，邀请朱宗庆打击乐团、台湾豫剧团及春风歌剧团参加第12届亚洲艺术节两岸板块演出。指导中国杂技团做好对台湾戏曲学院杂技演员的培训工作，务求培训取得实效，共同传承中华优秀传统艺术。积极参与和支持第七届海峡两岸经贸文化论坛以及在福建省举办的第三届“海峡论坛”、第六届“中国（莆田）海峡工艺品博览交易会”、第三届“郑成功文化节”、第五届“闽台对渡文化节”等大型交流活动。

文化部还组派大陆文化行政专业人士交流访问团赴台访问。与中国宋庆龄基金会继续实施“大陆优秀青少年团体台湾校园巡演计划”，组派河南青少年武术表演交流团赴台湾校园巡演。成功促成中国文化传媒集团与台湾旺旺中时媒体集团建立战略合作关系。推动有关省（市）赴台举办“台湾·浙江文化节”、“成都大庙会”等系列特色文化交流活动。

交流项目

香港、澳门地区交流项目

1．中国政府文化代表团赴访

日 期	活 动 内 容
6月11日至15日	“根与魂——中国非物质文化遗产展演”大型综合性文化活动在澳门综艺馆隆重开幕。文化部副部长赵少华、澳门特区政府社会文化司司长张裕、中央政府驻澳门联络办副主任李本钧等出席开幕式并观看了展演
9月11日至15日	文化部副部长王文章应邀率代表团赴香港、澳门出席第12届“香江明月夜——大型中秋晚会”、“2011澳门中秋综艺晚会”及相关活动
10月7日至8日	为支持香港举办国际性文化活动，扩大其对外文化交流渠道，特别是与亚洲各国的文化交流与合作，体现中央政府对特区发展文化的支持，应香港特区政府民政事务局的邀请，文化部部长蔡武率代表团赴香港参加“亚洲文化合作论坛”
10月7日至8日	由文化部与香港特区政府民政事务局共同主办的“根与魂——中国非物质文化遗产展演”在香港中央图书馆举办。文化部部长蔡武、中央人民政府驻香港联络办副主任李刚、外交部驻香港特派员公署副特派员高玉琛、香港特区政府民政事务局局长曾德成以及参加亚洲文化合作论坛的亚洲各国文化部长及其代表等出席了开幕式

2．文艺团组赴访

（1）香港地区

单位（个人）	项 目	人数	邀请方	时间
天津市文化广播影视局：天津市青年京剧团	参加香港艺术节主办的京剧花脸专场演出活动	18	香港文艺演出有限公司	3月17～20日
辽宁省文化厅：大连京剧院	演出京剧《战马超》、《九江口》、《白水滩》	59	香港文艺演出有限公司	3月16～20日
四川省文化厅：自贡市杂技团	演出	10	香港林戈娱乐制作公司	1月31日～2月21日
山东省文化厅：济南市杂技团	演出京剧意象杂技剧《粉墨》	31	香港中国文化艺术传播有限公司	1月22日～2月3日
安徽省文化厅：安徽省杂技团	参加文化主题广场演出	16	香港中国文化艺术传播有限公司	1月27日～2月7日
浙江省文化厅：杭州越剧院	演出	75	香港上海戏曲艺术协会	1月19～25日
浙江省文化厅：宁波市歌舞团	演出	71	香港上海戏曲艺术协会	2月21～27日
上海市文广局：上海浦东彩芳沪剧演绎服务中心	演出	40	香港文艺演出公司	3月1～9日
云南省文化厅：云南省杂技团	演出	43	香港联艺机构有限公司	3月10～14日
中国京剧艺术基金会	举办“传承京剧——京沪港名师名票联袂演出”	80	香港联艺机构有限公司	4月19～26日

续表

单位（个人）	项　目	人数	邀请方	时间
上海市文化广播影视管理局：上海昆剧团	演出《玉簪记》、《牡丹亭》	30	香港中国艺术推广中心	3月10～13日
上海市文化广播影视管理局：上海戏剧学院戏曲学院及附属戏曲学校	参加香港艺术节，演出《水浒108——忠义堂》	27	香港艺术节协会有限公司	2月28日～3月7日
故宫博物院：陈丽华副院长	在“走进故宫——观察明清帝王的生活”系列讲座进行主讲	2	香港城市大学中国文化中心	6月20～27日
河北省文化厅：河北省京剧院	携《响九霄》等剧目参加香港“中国戏曲节2011”	65	香港京昆剧场有限公司	6月21～27日
中国歌剧舞剧院	参加庆祝建党90周年大型音乐会	5	香港李明英中国民歌艺术团	7月1～5日
中国歌剧舞剧院	参加庆祝建党90周年大型音乐会	5	香港李明英中国民歌艺术团	8月10～14日
上海市文广局：上海京剧院	参加“京粤群英展风姿”演出	88	香港中华文化城交流协会有限公司	6月3～10日
北京市文化局：北方昆曲剧院	参加香港中国戏剧节	93	香港文艺演出有限公司	7月6～11日
湖南省文化厅：湖南省祁剧院	参加文化艺术节	63	香港艺术推广中心	6月14～19日
解放军军乐团	参加“庆祝香港特别行政区成立14周年大型交响管乐音乐会”	153	香港特别行政区政府	6月28日～7月2日
重庆三峡杂技艺术团：陈万富等	参加香港各界庆祝“国庆节”及“中秋节”活动演出	9	香港林戈娱乐制作公司	9月8日～10月6日
上海文广演艺集团：朱光等	参加“中国戏曲节2011”评弹演出	29	香港上海戏曲艺术协会	7月21～27日
浙江艺术团	参加“庆祝香港回归14周年暨香港浙江省同乡会第七届理事会就职典礼”	46	香港浙江省同乡会联合会	6月26～30日
中国侨联文化交流部、经济科技部，武警政治部宣传部，武警文工团，国家歌舞团，二炮文工团，中央民族大学，国际广播电台	“亲情中华”艺术团慰问演出	19	香港侨界社团联合会	8月27日～9月16日（9月13～16日在港）
安徽省话剧院有限责任公司：唐大康等40人	参加元朗区艺术节，并演出话剧《山里的泥鳅》	40	香港中华文化发展联合会	8月1～5日
上海少儿广播合唱团	参加2011年香港国际青少年合唱节	59	香港国际青少年合唱节大赛组委会	7月17～21日
浙江昆剧院：林为林等	参加纪念昆剧大师周传瑛先生诞辰100周年演出活动	44	香港刑金沙戏曲传习社	8月29日～9月1日
中央芭蕾舞团：冯英等	参加世界文化艺术节2011——游艺亚洲演出活动	170	香港康乐及文化事务署	10月16～24日

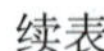

续表

单位（个人）	项　目	人数	邀请方	时间
河南省文化厅：周虹等	参加“2011中秋彩灯会文艺表演活动”	60	香港联艺机构有限公司	9月10～15日
浙江省绍兴县小百花艺术中心	商业演出	60	香港上海戏曲艺术协会	9月24日～10月2日
中国对外文化集团（5人），东方（84人），中央歌剧院（1人），中国杂技团（7人）北京文联（1人），总政歌舞团（1人），中央音乐（4人），中国音乐（1人），上海歌剧院（1人），中国歌剧舞剧院（1人）	参加“香江明月夜”大型中秋晚会演出	106	香港中华文化城	9月7～12日
上海文慧沪剧团：王慧莉等	演出《深秋泪痕》、《花女泪》	38	香港上海戏曲艺术协会	9月15～20日
上海越剧院：李莉等	参加“亚洲文化艺术节”闭幕式演出	74	香港文艺演出公司	11月15～21日
中央芭蕾舞团：冯英等	参加“世界艺术节2011——游艺亚洲演出”活动	170	香港康乐及文化事务署	10月16～24日
中国艺术研究院：张庆善等	参加“根与魂——中国非物质文化遗产展演”	114	香港中华文化城	10月2～30日
浙江省文化厅：浙江昆剧团	演出昆剧《烂柯山》、《西园记》	25	香港志莲净苑	11月3～7日
上海昆剧团：史建等	演出昆剧，进行传承教育推广	31	香港艺术之家（慈善基金）有限公司	11月24～30日
广西壮族自治区木偶剧团	演出木偶剧“小美人鱼”	27	香港文化联艺机构	12月1～5日

（2）澳门地区

单位（个人）	项　目	人数	邀请方	时间
河北省文化厅	交流演出	11	澳门民政总署	1月16～19日
国务院侨务办公室	演出	37	中央政府驻澳门联络办	2月19～21日
北京市文化局：中国音乐学院	演出	22	澳门特区政府文化局	4月14～21日
中国艺术研究院	“根与魂·中国非物质文化遗产展演”	11	澳门特别行政区政府文化局	6月7～17日
中华文化联谊会	纪念辛亥革命100周年——“美丽之路”陈思思澳门演唱会	24	澳门基金会	8月1～7日
上海戏剧学院附属戏曲学校	参加“中学生普及艺术教育计划——鉴赏国粹·细味戏曲”演出	68	澳门特别行政区政府教育暨青年局	9月25日～10月1日

续表

单位（个人）	项　目	人数	邀请方	时间
中国对外文化集团（5人），东方（84人），中央歌剧院（1人），中国杂技团（7人），北京文联（1人），总政歌舞团（1人），中央音乐（4人），中国音乐（1人），上海歌剧院（1人），中国歌剧舞剧院（1人）	参加“濠江月明夜”大型中秋晚会演出	106	澳门基金会	9月12～15日
梧州粤剧团：覃振明	粤剧演出	52	澳门龙腾粤剧团	9月18～22日
武汉杂技团：梅月洲	国庆节庆典演出	75	澳门民政总署	9月26日～10月3日
中国京剧艺术基金会：刘长瑜	在澳门永乐戏院公演	58	澳门基金会	11月9～14日
长白朝鲜族自治县民族歌舞团：刘猛	参加“2011葡韵嘉年华及中国——葡语国家文化周”演出活动	21	澳门特区中国与葡语国家经贸合作论坛常设秘书处辅助办公室	10月19～29日
中国京剧艺术基金会刘长瑜率中国少年京剧艺术团	演出	58	澳门基金会	11月9～14日
广西壮族自治区文化厅：南宁市粤剧团	演出	54	澳门永乐大戏院	10月22～26日
中央芭蕾舞团：冯英等	演出“50周年庆典精品”晚会	170	澳门博彩股份有限公司	11月20～28日
中央歌剧院俞峰等	演出“辛亥风云”	195	澳门综艺馆	11月12～18日
中央芭蕾舞团	演出“未来芭蕾之星2011”	2	项秉华芭蕾舞学校	11月16～28日
广西北海市粤剧团：胡钟生	演出6场	30	澳门濠江扶轮社	11月24～27日
上海歌剧院：张庆新等	演出“圣诞节音乐会”	78	澳门文化局	12月21～24日

3．港、澳政府文化代表团来访

（1）香港地区

时间	活　动
1月14日	香港互联网专业协会访京团一行50余人在文化部与相关司局领导进行了座谈。港澳台办副主任于芃主持了座谈会，双方就推动内地与香港互联网业界的交流与合作，加强香港互联网业界专业人士对国情的认识和对祖国的认同感交换了意见
3月	“两会”期间，文化部部长蔡武会见并宴请了来京参加“两会”的港澳文化界全国人大代表、政协委员，畅叙友情，交流情况，听取他们对国家文化发展以及加强内地与港澳文化交流与合作的意见和建议

（2）澳门地区

时间	活　动
1月23日	文化部部长蔡武、副部长赵少华在京会见了由全国政协委员、澳门中华文化联谊会会长梁华率领的澳门中华文化联谊会访京团一行。双方就国家文化发展建设、内地与澳门文化艺术界交流与合作等事宜充分交换了意见

4．文艺团组来访

（1）香港地区

单位（个人）	项　目	人数/展品数	邀请方	时间
睿芙奥股份有限公司（香港）	参加“世界华人现当代艺术2011北京春季展”	49件/组	中外文化交流中心	1月18～19日
	参加第七届“艺海流金”大型文化交流活动	45人	文化部与内蒙古自治区人民政府	7月28～29日
香港文化博物馆馆长：邹兴华等	参加第三届中国四川成都“国际非物质文化遗产节”	2人	中国四川成都“国际非物质文化遗产节”成都市执委会	5月29日～6月11日
香港特区不加锁舞踊馆	参加第八届“广东现代舞周”交流演出	8人	广东星海现代舞蹈艺术有限公司	7月24～29日
香港特区泉州同乡会文艺队李玲玲等	第三届“海峡论坛・闽南文化节”系列活动。	15人	福建省泉州市文化广电新闻出版局	6月11～14日
冯启文等	首届自然影响大展暨海峡两岸自然摄影研讨会	2人 4幅	浙江省自然博物馆	6月17～25日
香港中文大学新亚书院：信广来等	参加第四次儒学普及工作座谈会	2人	国际儒学联合会湖南大学	6月27～28日
香港世界华人艺术推广协会：徐淑铭等	参加“海峡两岸书画展”	8人 24幅	中国农民书画协会	8月8～14日
香港竹韵小集民乐队	参加2011“张家界国际乡村音乐周”	12人	湖南省文化厅	9月10～18日
香港全剧场	参加首届“中国儿童戏剧节”	3人	中国儿童艺术剧院	8月20～21日
星榆儿童舞蹈团郑任安夫人千禧小学	参加第六届“小荷风采”全国少儿舞蹈展演	37人	中国文联，舞蹈家协会	7月22～26日
香港中文大学：洪涛；香港理工大学：朱志瑜；著名汉学家：闵福德	2011年《红楼梦》译介学国际研讨会	3人	中国艺术研究院	10月14～16日
香港科技大学：吴国坤	纪念辛亥革命暨保路运动100周年国际学术研讨会	1人	四川省博物馆	10月20～23日

续表

单位（个人）	项　目	人数/展品数	邀请方	时间
香港中乐团：钱敏华	“纪念辛亥革命100周年‘天下为公’大型民族音乐会”	30人	中央民族乐团	8月25～31日
香港竹韵小集中乐团	2011年张家界国际乡村音乐周巡演	13人	文化部与湖南省人民政府	9月10日～16日
香港话剧团	参加第12届亚洲艺术节“港澳台演出周”	24人	第12届亚洲艺术节执委会	10月9～14日
香港中文大学：华玮	出席“戏曲学的新发展——张庚先生诞辰100周年国际学术研讨会”	1人	中国艺术研究院	10月11～13日
香港佳士得香港有限公司	举办2011北京亚洲艺术展	36件	中国录音录像出版总社	10月24～25日
香港动漫画协会、香港职业训练局	参加“中国一石家庄第六届国际动漫博览交易会”		河北省宣传部	10月27～31日
香港代表：刘诗昆	参加中国文联第九次全国代表大会	30	全国文联	11月19～25日
香港代表	参加中国第14届国际摄影艺术展览	3幅	全国影协	11月6～12日
曹诚渊、荣念曾、汤马仕·唐	参加艺研院“中国艺术研究院60周年院庆国际学术研讨会”	3人	中国艺术研究院	12月14～18日
高敬德等	参加“两岸四地中国戏曲艺术传承与发展·北京论坛”	18人	全国政协办公厅	12月21～22日

（2）澳门地区

单位（个人）	项　目	人数/展品数	邀请方	时间
澳门嘉宾团	参加第七届“艺海流金”大型文化交流活动	25人	文化部与内蒙古自治区人民政府	7月25～30日
澳门文化局澳门博物馆：陈迎宪、杜健明	参加第三届中国四川成都“国际非物质文化遗产节”	14人	中国四川成都“国际非物质文化遗产节”成都市执委会	5月29～11日
澳门少年合唱团	参加“亚洲艺术节”	49人	参加第12届亚洲艺术节“港澳台演出周”	10月12～16日
澳门动漫文化产业协会	参加“中国一石家庄第六届国际动漫博览交易会”	5人	河北省宣传部	10月27～31日
澳门代表：苏树辉	参加中国文联第九次全国代表大会	20人	全国文联	11月19～25日
殷立民等	参加“两岸四地中国戏曲艺术传承与发展·北京论坛”	9人	全国政协办公厅	12月21～22日

台湾地区交流项目

1．2011赴台交流项目一览表

项目序号	赴台时间	团组名称	活动内容
1	1月20日至22日	中国艺术研究院中国文化研究所所长刘梦溪	应台湾工商财经数位股份有限公司邀请，赴台参加“第一届两岸征文奖颁奖典礼”活动
2	1月18日至24日	北京伊聆社文化发展有限公司齐奇	应台湾台北爱乐文教基金会邀请，赴台参加音乐剧的排练
3	1月24日至28日	山东省枣庄市文化产业和艺术交流团周杰华等	应台湾艺术大学国际交流中心邀请，赴台进行交流考察活动
4	1月28日至2月26日	银川市杂技团关琪等	应台湾高雄关帝庙管理委员会邀请，赴台湾交流演出
5	2月3日至4月3日	贵州省剑河县仰阿莎民族歌舞艺术团叶小筑等	应台湾万象艺术国际有限公司邀请，赴台湾演出交流
6	2月13日至18日	山西省歌舞剧院演奏员王高林	应台湾中华国乐学会邀请，赴台湾演出交流
7	2月5日至15日	中国人民对外友好协会党组书记、副会长李小林（副部级）拟以中国友好和平发展基金会名誉会长身份率文化交流团等	应台湾唐龙艺术有限公司邀请，赴台湾举办“老北京的记忆——两岸民俗庙会文化交流展”
8	1月20日至29日	辽宁省沈阳故宫博物院王玲等	应台湾联合报股份有限公司邀请，赴台湾举办“大清盛世—沈阳故宫文物展”
9	1月31日至2月15日	四川省成都综合艺术团李莲成等	应台湾中华道统慈惠协会邀请，赴台湾演出交流
10	2月13日至26日	浙江省余姚艺术剧院潘银浩等	应台湾文化艺术发展促进会邀请，赴台湾演出交流
11	1月26日至31日	陕西省文物局组派任新来等	应台湾向阳公益基金会邀请，赴台参加“法门寺地宫与唐代文物大展”学术交流活动
12	2月8日至4月8日	北京京剧院安云武等	应台湾传统艺术总处筹备处邀请，赴台讲学
13	2月18日至4月4日	河南省豫剧一团张廷营等	应台湾传统艺术总处筹备处邀请，赴台进行戏曲交流活动
14	2月14日至22日	广东省广州市杂技艺术剧院有限责任公司曹建平等	应台湾中华演艺总工会邀请，赴台演出
15	2月23日至3月5日	中华文化联谊会拟组派李东等	应台湾全民大影视有限公司的邀请，赴台进行话剧《四世同堂》演出的前期宣传
16	2月13日至20日	中国文化传媒集团副总经理杨开金等	应台湾沈春池文教基金会邀请，赴台进行交流参访活动
17	2月16日至24日	中国宋庆龄基金会陈爱民等	应台湾“国父纪念馆”邀请，赴台参加“精诚笃爱——孙中山与宋庆龄文物特展”开幕式及相关活动

续表

项目序号	赴台时间	团组名称	活动内容
18	2月18日至24日	中华文化联谊会拟与福建省广播影视集团、福建省龙岩市人民政府共同组派舒展等	应台湾“中华海峡两岸客家文经交流协会”的邀请，赴台交流，并在桃园县立体育馆举办第二届“客家之歌”大型综艺晚会
19	2月20日至3月20日	北京市河北梆子剧团王贺超等	应台湾明华园戏剧团邀请，赴台演出
20	2月24日至3月5日	四川省凉山州歌舞团仰协等	应台湾高雄市海峡两岸经贸文化交流协会邀请，赴台交流演出
21	2月12日至3月21日	四川省成都双流黄龙溪火龙龙狮俱乐部谢先锦等	应台湾“中华海峡两岸文化观光产业发展协会”邀请，赴台交流演出
22	2月16日至24日	中国宋庆龄基金会副主席张文康（正部级）	应台湾“国父纪念馆”邀请，赴台参加“精诚笃爱——孙中山与宋庆龄文物特展”开幕式及相关活动
23	2月22日至3月1日	安徽省文化厅海燕等	应台湾宜兰县“中国传统艺术推广协会”邀请，赴台考察落实展演场地事宜
24	2月23日至3月1日	中国艺术科技研究所副所长李秋立等	应台湾艺术行政暨管理学会的邀请，赴台进行交流考察活动
25	2月25日至3月9日	重庆市曲艺团陈善强	应台湾苗栗县头份镇公所邀请，赴台进行交流演出活动
26	3月14日至4月18日	天津京剧院吕玉勇等	应台湾辜公亮文教基金会邀请，赴台参加“李宝春精演新老戏”春季公演
27	3月16日至4月18日	青海省戏剧艺术剧院李晟	应台湾辜公亮文教基金会邀请，赴台参加“李宝春精演新老戏”公演活动
28	3月2日至11日	山西省吕梁市委宣传部吕改莲等	应台湾唐龙艺术有限公司邀请，赴台举办“吕梁中阳民俗剪纸艺术展”
29	3月21日至26日	广东省佛山市政协副主席黄炳等	应台湾“国际书法联盟”邀请，赴台参加“石景宜博士杯华夏书画创作大赛优胜作品展”开幕式等相关活动
30	3月10日至4月18日	国家京剧院常贵祥	应台湾辜公亮文教基金会邀请，赴台参加“李宝春精演新老戏”演出
31	3月10日至17日	江苏省政协办公厅李乐民等	应台湾“国父纪念馆”邀请，赴台举办“孙中山与临时大总统府图片展”
32	3月3日至13日	福建省冰心文学馆拟组派王炳根等	应台湾“国际创价学会”邀请，赴台参加“冰心生平与创作展”开幕式并参加两岸文化交流座谈会等活动
33	4月20日至27日	湖南省九歌书画院张楚务等	应台湾艺术大学邀请，赴台进行书画交流活动
34	3月4日至12日	北京市文化局阮兰玉等	应台湾中华华夏文化交流协会邀请，赴台湾参加儒家礼乐文化论坛等交流活动

续表

项目序号	赴台时间	团组名称	活动内容
35	3月10日至6月10日	山西省歌舞剧院演奏员、鼓乐专家王宝灿	应台湾南华大学邀请，赴台湾教学交流
36	3月9日至16日	辛亥革命武昌起义纪念馆王兴科等	应台湾“国父纪念馆”邀请，赴台湾举办“流年似水——旧上海广告月份牌写真展”
37	3月3日至10日	文化部恭王府管理中心副主任边伟等	应台湾唐龙艺术有限公司邀请，赴台湾交流考察
38	3月6日至11日	西安市文化展演团张喜民等	应台湾台北国际花卉博览会营运总部邀请，赴台参加“西安文化日”活动
39	3月15日至4月6日	四川音乐学院教师柳珊珊等	应台湾苗栗县头份镇公所邀请，赴台进行民乐示范演奏指导活动
40	3月21日至29日	黑龙江省杂技团关心民等	应台湾中华文化经济统一促进会邀请，赴台考察演出场地
41	3月11日至23日	福建省厦门歌舞剧院侯南疆等	应台湾文化艺术发展促进会邀请，赴台演出交响南音《陈三五娘》
42	3月17日至26日	大陆文化行政专业人士交流访问团侯湘华等	应台湾沈春池文教基金会邀请，赴台湾参访交流
43	3月21日至28日	江苏省演艺集团柯军等	应台湾“中正文化中心”邀请，赴台参加“2011年台湾国际艺术节”演出活动
44	3月28日至30日	福建省实验闽剧院周虹等	应台湾妈祖经贸文化交流联谊会邀请，赴马祖交流演出
45	3月16日至4月18日	北京京剧院李萍	应台湾辜公亮文教基金会邀请，赴台参加“李宝春精演新老戏”演出
46	3月10日至15日	北京高触广告传媒有限公司武卫民等	应台湾环球印象国际有限公司邀请，赴台湾，参加“莫内花园”展览交流活动
47	3月28日至4月5日	武汉市文化局副巡视员张良普等	应台湾中华海峡两岸文化资产交流促进会邀请，赴台征集辛亥革命历史文物及档案资料
48	3月15日至4月15日	北方昆曲剧院徐达君	应台湾台北昆曲研习社邀请，赴台教学
49	3月10日至4月4日	河南省开封市豫剧院李瑞等	应台湾传统艺术总处筹备处邀请，赴台学习戏剧推广
50	3月15日至21日	北京国际音乐节艺术基金会执行总监崇敬	应台湾台南应用科技大学邀请，赴台参加两岸音乐市场开发及交流研讨会
51	3月31日至4月7日	中国建筑文化研究会拟组派刘克成等	应台湾中华海峡经贸文化交流促进会邀请，赴台商谈设立“黄帝功德纪圣碑”相关事宜
52	3月19日至4月18日	福建京剧院田磊	应台湾辜公亮文教基金会邀请，赴台参加“李宝春精演新老戏”演出
53	3月18日至22日	福建省文物局局长郑国珍等	应台湾中华花艺文教基金会邀请，赴台参加“花朝节与中华花艺的复兴”为主题的学术交流活动

续表

项目序号	赴台时间	团组名称	活动内容
54	3月15日至24日	宁夏于右任书法艺术研究院赵志伟等	应台湾台北市中华粥会邀请，赴台进行“于右任书法纪念辛亥展”暨“于右任标准草书两岸学术研讨会”的筹备工作
55	3月24日至31日	甘肃省文物考古研究所张德芳	应台湾“中央研究院”历史语言研究所邀请，赴台参加“第三届古文字与古代史国际学术研讨会”
56	4月19日至25日	中央音乐学院严洁敏	应台湾琴园国乐团邀请，赴台参胡琴独奏会演出
57	4月21日至5月3日	天津京剧院王平等	应台湾多元化艺术事业有限公司邀请，赴台演出
58	4月1日至6月30日	中国国家博物馆退休研究馆员周宝中	应台湾台南艺术大学博物馆学与古物维护研究所邀请，赴台讲学
59	4月17日至25日	中央歌剧院许知俊	应台湾台北市立国乐团邀请，赴台参加“土地的声音”音乐会演出
60	3月28日至5月9日	上海昆剧团张铭荣等	应台湾昆剧团邀请，赴台参加排练演出
61	4月6日至6月4日	江苏省演艺集团卢小杰	应台湾东南国中邀请，赴台讲学
62	3月24日至31日	湖南省文物考古研究所张春龙	应台湾“中央研究院”历史语言研究所邀请，赴台参加“第三届古文字与古代史国际学术研讨会”
63	4月17日至22日	四川省文物考古研究院闫西莉等	应台湾新故乡文教基金会邀请，赴台参加“两岸震后重建与文化资产维护”交流活动
64	3月28日至4月18日	天津京剧院李凤	应台湾辜公亮文教基金会邀请，赴台参加“李宝春精演新老戏”演出
65	3月27日至4月2日	四川甘孜藏族自治州岭·格萨尔王武汉福州音像公司嘎玛朗加等	应台湾蒙藏基金会邀请，赴台进行“格萨尔唐卡精品台湾巡回展”撤展工作
66	3月28日至4月28日	辽宁省抚顺市画家李明耀等	应台湾致理技术学院邀请，辽宁省抚顺市画家李明耀等2人，赴台举办画展并进行文化交流活动
67	3月28日至31日	宋庆龄故居管理中心王颖等	应台湾“国父纪念馆”邀请，赴台进行“精诚笃爱——孙中山与宋庆龄文物特展”的撤展工作
68	4月13日至25日	北京市文联崔琦等	应台湾台北曲艺家协会邀请，赴台进行说唱艺术交流活动
69	4月8日至18日	安徽乐团宇洪杰等	应台湾管乐协会邀请，赴台进行讲学展演活动
70	3月26日至5月9日	上海昆剧团蔡正仁等	应台湾台北昆曲研习社邀请，赴台参加昆曲交流演出活动
71	4月2日至13日	福建省广播影视集团、福建省对外文化交流协会共同组派朱清等	应台中市政府、新竹市政府邀请，赴台举办“妈祖之光”大型综艺晚会
72	4月1日至10日	沈阳市委宣传部王凤波等	应台湾“中华书学会”邀请，赴台参加“沈阳书画家、诗人展诵交流活动”

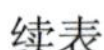

续表

项目序号	赴台时间	团组名称	活动内容
73	5月15日至22日	重庆中国三峡博物馆牛瑞芳等	应台湾“国父纪念馆”邀请，赴台参加第23次孙中山、宋庆龄纪念地联席会议
74	4月11日至15日	北京发课文化有限公司艾未未等	应台湾台北市美术馆邀请，赴台洽谈展览事宜
75	4月10日至19日	新疆生产建设兵团文化广播电视局副局长麻霞等	应台湾台北市文化教育交流发展协会邀请，赴台进行交流考察活动
76	4月3日至11日	江苏省文化联谊会李慧等	应台北市文化艺术促进协会邀请，赴台参加在台北“国父纪念馆”举办的“情系大运河——两岸中国画名家联展”及写生活动
77	4月26日至10月26日	故宫博物院研究馆员朱赛虹	应台湾台北故宫博物院邀请，赴台进行学术研习活动
78	4月5日至12日	福建省歌舞剧院演出团陈立华等	应台湾财团法人大甲镇澜宫邀请，赴台参加“2011年大甲妈祖观光文化节”演出活动
79	5月1日至31日	北京金牌大风文化传播有限公司江奇霖等	应台湾金牌大风音乐文化股份有限公司邀请，赴台进行音乐宣传活动
80	4月23日至30日	中国艺术研究院研究员刘梦溪	应台湾“中央研究院”近代史研究所邀请，赴台进行访问研究
81	4月25日至7月31日	山东省京剧院一级演奏员周娜娃	应台湾先锋国剧团邀请，赴台讲学
82	4月23日至5月4日	西安博物院贾晓燕等	应台湾向阳公益基金会邀请，赴高雄，参加“法门寺地宫与唐代文物大展”的撤展工作
83	4月11日至20日	国家文物局副局长顾玉才	应台湾沈春池文教基金会邀请，赴台进行交流参访活动
84	4月13日至18日	江苏省苏州昆剧院蔡少华等	应台湾大学文学研究所邀请，赴台交流演出
85	4月24日至30日	中央音乐学院赵家珍	应台湾台北市立国乐团邀请，赴台参加“音画大千”音乐会演出
86	4月16日至25日	安徽省文化厅厅长杨果拟率安徽省文化交流团	应台湾工业总会邀请，赴台参加“安徽经贸文化宝岛行”展览、演出活动
87	5月3日至11日	中央音乐学院杜太航	应台湾弦乐团邀请，赴台参加“台湾弦乐团大师经典系列”音乐会演出
88	4月25日至29日	上海音乐学院何声奇等	应台湾吹笛人室内乐团邀请，赴台交流演出
89	4月7日至30日	江苏省苏州昆剧院周雪峰	应台湾台北昆曲研习社邀请，赴台参加“台北蔡正仁俞派唱法传承计划”及相关教习、演出活动
90	5月4日至12日	中央民族乐团张鑫华	应台湾台北市立国乐团邀请，赴台演出
91	4月28日至5月2日	福建省泉州市惠安县掌中木偶剧团陈惠蓉等	应台湾金门县社教文化活动基金会邀请，赴金门县参加民俗文化表演活动
92	5月18日至29日	广东星海演艺集团管委会主任兼广州交响乐团团长余其铿等	应台湾击乐文教基金会邀请，赴台参加打击乐节

续表

项目序号	赴台时间	团组名称	活动内容
93	4月29日至5月3日	黑龙江省哈尔滨师范大学长笛乐团李学彬等	应台湾台北亚太管乐协会邀请，赴台参加研讨会及音乐会演出活动
94	4月13日至22日	宁夏回族自治区宣传部房全忠等	应台湾唐龙艺术有限公司邀请，赴台举办“宁夏书画摄影展”
95	5月15日至20日	南京中山陵园管理局孙中山纪念馆张仙桃等	应台湾“国父纪念馆”邀请，赴台举办“辛亥革命与南京”图片展
96	4月20日至30日	浙江省绍兴市委宣传部副部长杨志强	应台湾文化艺术发展促进会邀请，赴台湾进行交流演出
97	4月20日至25日	内蒙古民族歌舞剧院李强等	应台湾台北市立国乐团邀请，赴台湾参加“土地的声音”音乐会演出
98	4月30日至5月9日	上海昆剧团郭宇等	应台湾昆剧团邀请，赴台湾与台湾昆剧团合作排练演出
99	4月25日至5月5日	厦门市闽南文化研究会陈耕	应台湾台南安平文教基金会邀请，赴台参加台南市纪念郑成功开台350周年活动
100	5月6日至12日	辽宁省博物馆郭丹等	应台北历史博物馆邀请，赴台参加该馆展出的“齐白石书画精品展”撤展工作
101	5月15日至22日	武汉国民政府旧址纪念馆曾宪松等	应台湾“国父纪念馆”邀请，赴台参加孙中山宋庆龄纪念地联席会议
102	4月23日至30日	山东省青岛市民俗博物馆姜锋等	应台湾大甲镇澜宫邀请，赴台进行交流考察活动
103	4月23日至30日	沈阳故宫博物院张五四等	应台湾海峡两岸古文物研究发展协会邀请，赴台商洽联合举办文物展览相关事宜
104	4月18日至25日	河南省豫剧二团李树建等	应台湾中华宝岛文化贸易交流发展协会邀请，赴台湾交流演出
105	4月23日至26日	国家京剧院副院长尹晓东、福建京剧院院长刘作玉等	应台湾台北市文化艺术促进协会邀请，赴台参加“两岸戏曲创作与经营发展论坛”
106	4月26日至5月8日	中国音乐家协会组派1大陆合唱团	应台湾台北艺术家文教推广基金会邀请，赴台湾参加第四届海峡两岸合唱节
107	4月23日至29日	江西师范大学梅国平等	应台湾观想艺术有限公司邀请，赴台南，在中正大学举办“生态·鄱湖江西师范大学师生版画作品展”
108	4月24日至5月1日	上海歌剧院院长张国勇	应台湾国乐团邀请，赴台湾参加音乐会演出
109	4月23日至26日	四川省川剧院陈智林等	应台湾台北市文化艺术促进协会邀请，赴台参加“两岸戏曲创作与经营发展论坛”
110	5月13日至6月13日	江苏省长荣京剧院杜九红等	应台湾明华园戏剧团邀请，赴台进行戏剧艺术指导及交流演出活动
111	4月24日至28日	广西壮族自治区京剧团卢浩等	应台湾戏曲学院邀请，赴台参加京剧《御棋车马缘》前期创作会议

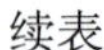
续表

项目序号	赴台时间	团组名称	活动内容
112	4月26日至5月3日	中国人民大学赵方等	应台湾师范大学等邀请，赴台湾参加“第五届台湾国际音乐节”演出
113	5月12日至16日	中国艺术研究院艺术人类学研究中心安丽哲	应台湾世新大学邀请，赴台参加“谈情说异：情、婚姻暨异文化的跨界研究”学术研讨会
114	4月23日至30日	中国人民对外友好协会会长陈昊苏等	应台湾四季文教协会邀请，赴台交流访问，并举办“相聚花博两岸友好艺术交流展”
115	5月11日至18日	山西省歌舞剧院郑宏杰等	应台湾南华大学邀请，赴台参加“金鼓齐鸣”音乐会
116	6月3日至7日	中国艺术研究院马克思主义文艺理论研究所研究员苑利	应台湾成功大学中文系邀请，赴台参加“东亚端午文化学术研讨会”
117	5月12日至15日	上海昆剧团一级作曲周雪华	应台湾大学台湾文学研究所邀请，赴台讲学
118	5月4日至10日	福建省厦门市思明区艺术团王磊等	应台湾原住民族产业经济发展协会和新世纪文化艺术团邀请，赴台交流演出
119	5月1日至10日	沈阳故宫博物院罗也平等	应台湾联合报股份有限公司邀请，赴台北参加“大清盛世——沈阳故宫文物展”撤展工作
120	5月26日至29日	国家文物局所属文物出版社原副社长毛佩琦	应台湾清华大学历史研究所邀请，赴台参加“东亚书院与科举”两岸学者交流会
121	5月2日至15日	中国东方演艺集团有限公司常双妮等	应台湾苗栗县头份镇公所邀请，赴台进行示范教学活动
122	4月27日至5月4日	重庆交响乐团刘光宇	应台湾国乐团邀请，赴台交流演出
123	5月30日至6月4日	福建省泉州市安溪县高甲戏剧团洪爱读等	应台湾“中华经济文化发展协会”邀请，赴台交流演出
124	5月12日至17日	青岛市文化广电新闻出版局副局长王纪生等	应台湾中华经济文化发展协会邀请，赴台进行交流考察活动
125	5月6日至13日	中国艺术研究院拟组派该院一级美术师邓远坡	应台湾中华画院邀请，赴台举办“两岸百家水墨大展”，并参加相关研讨活动
126	5月11日至18日	贵州省文化厅副厅长黎盛翔等	应台北市山痴画会邀请，赴台参加“2011文化民俗观光博览会”
127	5月20日至25日	中国现代文学馆常务副馆长吴义勤	应台湾文学发展基金会邀请，赴台参加“百年小说研讨会”活动
128	6月5日至11日	中国艺术科技研究所尹毅等	应台湾艺术行政暨管理学会邀请，赴台参加“当代水墨新美学国际研讨会”
129	5月11日至31日	北京京剧院梅葆玖等	应台湾魏海敏京剧艺术文教基金会邀请，赴台参加“梅葆玖&魏海敏——百年一遇梅派”京剧演出
130	5月10日至14日	四川省绵阳市艺术学校漆文华等	应台湾台中市乌日乡东园国民小学邀请，赴台参加邀请方校庆演出活动

续表

项目序号	赴台时间	团组名称	活动内容
131	5月10日至13日	北京伊聆社文化发展有限公司齐奇	应台湾台北爱乐文教基金会邀请，赴台参加音乐剧《双城恋曲》排练、演出
132	5月17日至23日	中国音乐学院宋飞	应台湾台北市立国乐团邀请，赴台参加“情定北市国”音乐会演出
133	5月30日至6月6日	国家京剧院常贵祥	应台湾辜公亮文教基金会邀请，赴台参加京剧《巴山秀才》的排练、演出
134	5月30日至6月5日	南京图书馆学术交流团章剑华等	应台湾“国家图书馆”邀请，赴台进行参访交流活动
135	5月31日至6月10日	文化部副部长赵少华拟以中华文化联谊会会长身份率中华文化联谊会访问团一行	应台湾沈春池文教基金会邀请，赴台参加开幕式等相关活动
136	5月16日至31日	广西壮族自治区副主席李康届时率广西文化参访团	应台北市文化艺术促进会邀请，赴台举办“广西少数民族艺术节”的开幕式及相关活动
137	5月18日至28日	上海东方艺术中心管理有限公司总经理林宏鸣等	应台湾击乐文教基金会邀请，赴台参加“2011台湾国际打击乐节”相关活动
138	6月4日至7日	中国美术家协会《美术》杂志社主编尚辉	应台湾艺术行政暨管理学会邀请，赴台参加“艺术与科学的研讨会”等活动
139	5月20日至30日	广州市政协主席林元和（副省部级，赴台身份为广州孙中山大元帅府纪念馆首席顾问）等	应台湾台北市公共利益文教基金会邀请，赴台参加展览开幕式等相关活动
140	6月2日至22日	中国美术馆范迪安等	应台湾美术馆邀请，赴台参加展览开幕式等相关活动
141	5月12日至28日	四川省成都市文化局副局长汪邦军等	应台湾沈春池文教基金会邀请，赴台举办“2011台湾高雄——四川·成都大庙会”展演活动
142	5月30日至6月6日	河南省三门峡市豫剧团鲍晓亮等	应台湾传统艺术总处筹备处邀请，赴台演出
143	5月23日至6月1日	北京京剧院演出团吴然等	应台湾威龙顾问有限公司邀请，赴台演出
144	5月18日至23日	山西省作协李锐等	应台湾趋势教育基金会邀请，赴台参加“向聂华苓致敬文学茶会”
145	5月30日至6月6日	天津京剧院王艳	应台湾辜公亮文教基金会邀请,赴台参加京剧“巴山秀才”演出
146	7月2日至17日	中央民族乐团唐峰	应台湾新竹青年国乐团邀请，赴台参加“2011竹堑国乐节”演出
147	5月25日至6月10日	上海昆剧团一级演员岳美缇	应台湾大学台湾文学研究所邀请，赴台讲学
148	6月1日至13日	中央音乐学院刘长福等	应台湾高雄市爱乐文化艺术基金会邀请，赴台参加“秦兵马俑幻想曲”音乐会并进行艺术交流活动
149	5月25日至28日	江苏省宜兴紫砂工艺厂汪寅仙等	应台湾艺术大学邀请，赴台参加“2011年茶兴艺国际交流论坛暨工作营”活动
150	5月26日至29日	江苏省演艺集团姚继焜等	应台湾大学台湾文学研究所邀请，赴台讲学

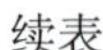
续表

项目序号	赴台时间	团组名称	活动内容
151	6月10日至17日	四川省文化厅副厅长窦维平等	应台湾“中国文化统一促进会”邀请，赴台进行交流考察活动
152	7月2日至17日	上海芭蕾舞团离休舞蹈家林泱泱	应台湾艺术大学邀请，赴台讲学
153	6月11日至20日	上海戏剧学院范和生等	应台湾当代传奇剧场邀请，赴台参加新编京剧《水浒108——忠义堂》演出
154	5月25日至30日	国家话剧院李东等	应台湾大小点整合行销传播有限公司邀请，赴台考察协商戏剧《红白玫瑰》演出的有关事宜
155	5月29日至6月2日	张氏帅府博物馆拟派唐忠延等	应台湾新竹张学良故居邀请，赴台参加布展工作
156	5月30日至6月4日	国家文物局局长单霁翔拟以中华文物交流协会会长身份率团	应台北故宫博物院邀请，赴台访问交流，并出席该展开幕式及相关活动
157	5月30日至6月13日	福建省民族管弦乐学会骆季超等	应台湾高雄市爱乐文化艺术基金会邀请，赴台进行文化交流活动
158	6月4日至7日	福建省厦门市金莲升高甲剧团陈炳聪等	应台湾金门县金城镇南门境天后宫的邀请，赴金门演出
159	6月12日至21日	河南省青少年武术表演交流团闫国祥等	应台湾“中国青年大陆研究文教基金会”的邀请，赴台交流演出
160	6月15日至7月1日	北京金牌大风文化传播有限公司付辛博等	应台湾金牌大风音乐文化股份有限公司邀请，赴台进行音乐宣传活动
161	6月20日至23日	上海美术馆收藏委员会特约收藏顾问陈龙等	应台湾师范大学国文学系邀请，上海美术馆原副馆长、赴台挑选台湾师范大学退休教授方祖燊先生的捐赠作品
162	6月7日至16日	中国文化传媒集团孔繁灼等	应台湾沈春池文教基金会邀请，赴台访问并与旺旺中时媒体集团签署合作协议
163	6月24日至8月23日	北方昆曲剧院张毓文等	应台湾台北昆曲研习社邀请，赴台讲学
164	6月15日至19日	福建省杂技团张靖华等	应台湾唐龙艺术有限公司邀请，赴台参加“海峡论坛•台中之夜文艺晚会”演出
165	7月9日至18日	云南曲靖市民乐演奏家陈兴彪等	应台湾桃园乐友丝竹室内乐团邀请，赴台参加音乐会演出及艺术讲座等活动
166	6月28日至7月7日	上海市文化艺术档案馆俞瑾云等	应台湾唐龙艺术有限公司邀请，赴台参加布展及开幕式等相关活动
167	6月15日至23日	河南省文化厅拟以河南文化联谊会名义组派张占标等	应台北世界贸易中心邀请，赴台湾举办“中原风——走进台湾”综艺演出
168	6月20日至29日	厦门市博物馆陈建标等	应台湾台南市文化协会邀请，赴台征集有关少数民族乐器及相关资料
169	7月16日至21日	上海文化联谊会拟组织上海评弹团秦建国等	应台湾中国信托商业银行文教基金会邀请，赴台参加“海派文化艺术节・上海戏曲季”评弹专场演出

续表

项目序号	赴台时间	团组名称	活动内容
170	7月22日至8月1日	上海京剧院单跃进等	应台湾传大艺术事业有限公司邀请，赴台参加“海派文化艺术节·上海戏曲季”演出
171	7月2日至18日	上海越剧院何向莲等	应台湾传大艺术事业有限公司邀请，赴台参加“海派文化艺术节·上海戏曲季”演出
172	6月15日至30日	北京金牌大风文化传播有限公司周笔畅	应台湾金牌大风音乐文化股份有限公司邀请，赴台进行音乐宣传活动
173	6月22日至29日	中共云南省委原副书记丹增（赴台身份为云南油画学会荣誉顾问）拟率云南油画学会文化考察团一行17人	应台湾“中国文化统一促进会”邀请，赴台举办“云南名家美术作品展”并进行文化交流活动
174	7月10日至16日	苏州市总商会拟组派苏州文创交流团徐国强等	应台湾创意经济促进会邀请，赴台湾举办“苏州·台北文创交流展示会”并进行相关参访交流
175	7月6日至8月2日	福建艺术职业学院副教授陈雯	应台湾陈玟陵舞蹈工作室邀请，赴台讲学
176	6月30日至7月9日	北京管乐交响乐团田金贵等	应台湾嘉义市政府邀请，赴台参加“2011世界管乐年会”演出
177	6月22日至7月1日	四川省阿坝州民委拟组派《羌魂》剧组李川等	应台湾两岸文化事业有限公司邀请，赴台交流演出
178	6月22日至28日	河北省张家口市旅游协会拟组派中都草原艺术团乌恩奇等	应台湾“中华两岸旅行协会”邀请，赴台参加旅游经贸推介会的演出活动
179	6月30日至7月21日	上海文化联谊会秘书长应明达等	应台湾新象文教基金会邀请，赴台参加“海派文化艺术节·上海戏曲季”系列活动
180	7月21日至8月31日	上海昆剧团周志刚等	应台湾台北昆剧团邀请，赴台讲学
181	7月20日至9月27日	上海昆剧团导演饶洪潮	应台湾戏曲学院邀请，赴台担任戏剧《杨妃梦》的排练指导工作
182	6月22日至29日	河北省冀台经济文化交流协会拟组派王离湘等	应台湾联合报系文化基金会邀请，赴台进行交流演出活动
183	6月30日至7月7日	重庆市川剧院院长沈铁梅等	应台湾文化艺术发展促进会邀请，赴台参加“巴山渝水宝岛情——重庆文艺精品走进台湾”演出活动
184	7月7日至14日	上海音乐学院黄晓同等	应台湾新竹青年国乐团邀请，赴台参加交流演出活动
185	6月22日至29日	河北省冀台经济文化交流协会拟组派潘学聪等	应台湾联合报系文化基金会邀请，赴台进行交流演出活动
186	7月4日至10日	新疆华夏艺术馆馆长赵万顺	应台湾中华书学会邀请，赴台进行书画交流活动
187	7月1日至5日	中国艺术研究院梁远远等	应台湾台南市文化局和台湾漆艺协会邀请，赴台参加“2011台南国际树漆艺术大展”及相关活动

续表

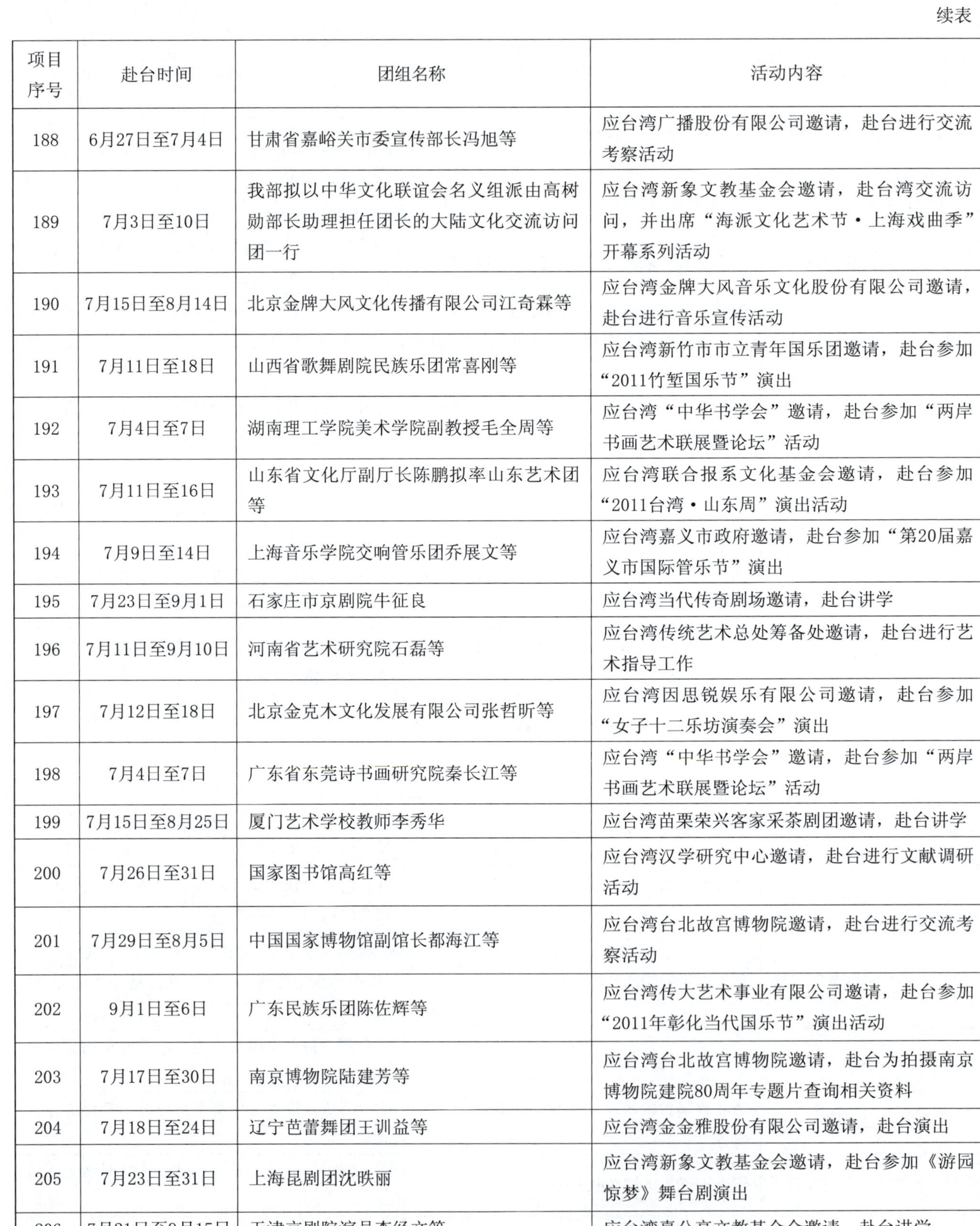

项目序号	赴台时间	团组名称	活动内容
188	6月27日至7月4日	甘肃省嘉峪关市委宣传部长冯旭等	应台湾广播股份有限公司邀请，赴台进行交流考察活动
189	7月3日至10日	我部拟以中华文化联谊会名义组派由高树勋部长助理担任团长的大陆文化交流访问团一行	应台湾新象文教基金会邀请，赴台湾交流访问，并出席“海派文化艺术节·上海戏曲季”开幕系列活动
190	7月15日至8月14日	北京金牌大风文化传播有限公司江奇霖等	应台湾金牌大风音乐文化股份有限公司邀请，赴台进行音乐宣传活动
191	7月11日至18日	山西省歌舞剧院民族乐团常喜刚等	应台湾新竹市市立青年国乐团邀请，赴台参加“2011竹堑国乐节”演出
192	7月4日至7日	湖南理工学院美术学院副教授毛全周等	应台湾“中华书学会”邀请，赴台参加“两岸书画艺术联展暨论坛”活动
193	7月11日至16日	山东省文化厅副厅长陈鹏拟率山东艺术团等	应台湾联合报系文化基金会邀请，赴台参加“2011台湾·山东周”演出活动
194	7月9日至14日	上海音乐学院交响管乐团乔展文等	应台湾嘉义市政府邀请，赴台参加“第20届嘉义市国际管乐节”演出
195	7月23日至9月1日	石家庄市京剧院牛征良	应台湾当代传奇剧场邀请，赴台讲学
196	7月11日至9月10日	河南省艺术研究院石磊等	应台湾传统艺术总处筹备处邀请，赴台进行艺术指导工作
197	7月12日至18日	北京金克木文化发展有限公司张哲昕等	应台湾因思锐娱乐有限公司邀请，赴台参加“女子十二乐坊演奏会”演出
198	7月4日至7日	广东省东莞诗书画研究院秦长江等	应台湾“中华书学会”邀请，赴台参加“两岸书画艺术联展暨论坛”活动
199	7月15日至8月25日	厦门艺术学校教师李秀华	应台湾苗栗荣兴客家采茶剧团邀请，赴台讲学
200	7月26日至31日	国家图书馆高红等	应台湾汉学研究中心邀请，赴台进行文献调研活动
201	7月29日至8月5日	中国国家博物馆副馆长都海江等	应台湾台北故宫博物院邀请，赴台进行交流考察活动
202	9月1日至6日	广东民族乐团陈佐辉等	应台湾传大艺术事业有限公司邀请，赴台参加“2011年彰化当代国乐节”演出活动
203	7月17日至30日	南京博物院陆建芳等	应台湾台北故宫博物院邀请，赴台为拍摄南京博物院建院80周年专题片查询相关资料
204	7月18日至24日	辽宁芭蕾舞团王训益等	应台湾金金雅股份有限公司邀请，赴台演出
205	7月23日至31日	上海昆剧团沈昳丽	应台湾新象文教基金会邀请，赴台参加《游园惊梦》舞台剧演出
206	7月21日至9月15日	天津京剧院演员李经文等	应台湾辜公亮文教基金会邀请，赴台讲学
207	7月15日至9月9日	贵州省赤水市竹雕工艺家卢华英	应台湾周凯剧场基金会邀请，赴台参加来台阿里山乡跨部落驻点交流活动

续表

项目序号	赴台时间	团组名称	活动内容
208	8月5日至15日	贵州画院赵晓林等	应台湾高雄市中华文化经贸交流发展协会邀请，赴台进行交流考察工作
209	7月23日至8月1日	北京京剧院吴然等	应台湾威龙顾问有限公司邀请，赴台演出
210	7月20日至8月25日	福建省厦门市金莲升高甲剧团纪亚福	应台湾苗栗荣兴客家采茶剧团邀请，赴台教学
211	7月30日至8月2日	广州交响乐团指挥林大叶	应台湾台南应用科技大学音乐系邀请，赴台参加青少年夏令营活动
212	8月1日至2012年2月28日	中国艺术研究院吴钊等	应台湾南华大学邀请，赴台讲学
213	7月31日至8月8日	文物出版社名誉社长苏士澍	应台湾中华伦理教育学会和德安生活文教基金会邀请，赴台参加“笔华墨韵——中国书画名家联展”
214	8月7日至11日	北京国际音乐节艺术基金会王建等	应台湾台南应用科技大学邀请，赴台参加“2011音乐节研讨会”
215	8月5日至18日	星海音乐学院附中校长李继武等	应台湾交响乐团邀请，赴台参加交流演出活动
216	7月22日至29日	北京东方松雷音乐剧发展有限公司李嘉润等	应台湾威景国际文化事业有限公司邀请，赴台进行音乐剧《爱上邓丽君》的演出宣传工作
217	8月19日至27日	浙江省宁波市文化广电新闻出版局副局长舒月明拟率宁波市艺术剧院演出团一行	应台湾文化艺术发展促进会邀请，赴台参加“台湾·浙江文化节”演出
218	8月20日至9月1日	中央音乐学院李真贵等	应台湾台北市立国乐团邀请，赴台参加“百家争鸣”音乐会
219	9月15日至29日	国家京剧院叶金森	应台湾王友兰黄梅调剧艺坊邀请，赴台参加“百年好合——黄梅调喜剧系列”两岸联演活动
220	8月18日至25日	吉林省文联金中浩	应台湾景伊文化艺术基金会邀请，赴台进行书法交流活动
221	8月22日至28日	国家文物局闫亚林等	应台湾中华水下考古学会邀请，赴台进行学术交流
222	8月20日至30日	中央音乐学院赵寒阳等	应台湾台北市立国乐团邀请，赴台演出并参加国乐暑期研习营教学活动
223	8月30日至10月29日	黑龙江省京剧院一级演奏员赵惠兰	应台湾曲韵剧坊邀请，赴台讲学
224	8月10日至10月20日	福建省漳州市芗剧团导演吴兹明	应台湾荣兴客家采茶剧团邀请，赴台参加新编戏曲编导工作
225	8月20日至27日	湖北荆楚文化研究会董继宁等	应台湾湖北文献社邀请，赴台举办“纪念辛亥首义一百周年·海峡两岸荆楚名人书画展”
226	8月8日至15日	河北省文联拟组派以赵景芝为团长的访问团	应台湾“中国文艺协会”邀请，赴台进行文化交流活动

续表

项目序号	赴台时间	团组名称	活动内容
227	8月6日至13日	广西少数民族艺术团林婕等	应台湾台东县记者工会邀请，赴台进行演出
228	8月12日至19日	罗新民等	应台湾文化艺术发展促进会邀请，赴台进行交流考察活动
229	8月16日至22日	中央音乐学院朱亦兵等	应台湾春之声管弦乐团邀请，赴台参加“2011暑期音乐教育交流展示周”活动
230	8月6日至17日	中央音乐学院兰维薇	应台湾小巨人丝竹乐团邀请，赴台参加音乐会演出
231	8月28日至10月26日	江苏省演艺集团周义刚	应台湾弘梅雅集京昆艺术团邀请，赴台讲学
232	9月24日至10月3日	中国文物交流中心副主任殷稼等	应台湾时艺多媒体传播股份有限公司邀请，赴台参加在台北故宫博物院举办的“康熙大帝与路易十四特展”的布展工作及开幕式等相关活动
233	9月20日至27日	河南省文物局局长陈爱兰（赴台身份为河南省文物考古学会会长）等	应台湾“中华民族文化发展协会”邀请，赴台进行文化交流活动
234	8月27日至9月3日	安徽省书画院陈建国等	应台湾宜兰县中国传统艺术推广协会邀请，赴台举办“安徽书画精品展”并进行书画艺术交流活动
235	9月15日至30日	河北省文化厅副厅长李建华等	应台湾沈春池文教基金会邀请，赴台参加“河北非物质文化遗产图片精选展”开幕式
236	8月20日至8月25日	中国标准草书学社陈墨石等	应台湾台北市中华粥会邀请，赴台参加“于右任法书纪念辛亥展”及相关交流活动
237	9月13日至19日	中国美术馆关世强等	应台湾美术馆邀请，赴台参加“复感·动观——2011海峡两岸当代艺术展”撤展工作
238	8月20日至10月19日	沈阳钢厂文化干事胡连祝	应台湾台北市曲韵剧坊邀请，赴台教学
239	8月31日至9月7日	上海市文化艺术档案馆吴景春等	应台湾唐龙艺术有限公司邀请，赴台进行“上海舞台艺术精华展”的撤展工作
240	8月15日至10月16日	中国作家协会所属《人民文学》编辑部副主任周晓枫	应台湾耕莘文教基金会邀请，赴台参加“文学与社会——两岸作家创作交流活动”
241	8月17日至21日	北京戏曲艺术职业学院杜莹	应台湾交响乐团邀请，赴台湾参加华人音乐创作与发展座谈会
242	8月29日至9月3日	中国歌剧舞剧院交响乐团李小祥等	应台湾辜公亮文教基金会邀请，赴台参加“海峡梨园情——2011京昆交响音乐会”演出
243	8月18日至9月7日	福建省广播影视集团共同组派舒展等	应台湾辜公亮文教基金会邀请，赴台参加“海峡梨园情——2011京昆交响音乐会”演出
244	8月14日至19日	四川省都江堰市青城赵公民俗文化学会杨启铭等	应台湾中华净明忠孝道教会邀请，赴台湾进行文化交流

续表

项目序号	赴台时间	团组名称	活动内容
245	8月20日至9月1日	上海音乐学院陆春龄	应台湾台北市立国乐团邀请，赴台湾参加音乐会演出并举办讲座
246	9月5日至10月26日	北京京剧院安云武等	应台湾传统艺术总处筹备处邀请，赴台参加排练及演出活动
247	8月18日至25日	上海商贸旅游学校退休教师张大卫	应台湾景伊文化艺术基金会邀请，赴台参加书画艺术交流活动
248	9月11日至18日	重庆作家协会黄中模等	应台湾“中国文艺协会”邀请，赴台参加2011年两岸月圆诗歌朗诵会及两岸诗歌发布研讨会
249	8月25日至30日	中国国家话剧院周志强等	应台湾周凯剧场基金会邀请，赴台湾商谈联合制作舞台剧有关事宜
250	9月11日至17日	福建京剧院刘作玉等	应台湾弘梅雅集京昆艺术团邀请，赴台湾交流演出
251	9月1日至11日	北京交响乐团张文华等	应台湾台北市文化基金会邀请，赴台湾参加“2011年京台文化节”
252	9月1日至5日	上海交响乐团张明等	应台湾牛耳艺术经纪公司邀请，赴台湾参加演出
253	9月6日至15日	海峡两岸文化创意产业展参展团许向明等	应台湾“商业总会”邀请，赴台湾举办第二届“海峡两岸文化创意产业展”并参加相关交流活动
254	8月31日至9月9日	浙江省杭州越剧院三团王小娣等	应台湾文化艺术发展促进会邀请，赴台演出
255	8月26日至9月2日	中国诗酒文化协会会长陈琪林等	应台湾中华酒文化交流协会邀请，赴台参加“首届海峡两岸中华酒文化交流研讨会”
256	9月6日至12日	文化部副部长欧阳坚以中华文化联谊会顾问名义率大陆文化产业专业人士访问团一行	应台湾沈春池文教基金会邀请，赴台湾出席第二届“海峡两岸文化创意产业展”开幕式及两岸文化产业论坛
257	9月16日至2012年7月31日	中国国家博物馆退休研究馆员周宝中	应台湾台南艺术大学博物馆学与古物维护研究所邀请，赴台讲学
258	9月5日至12日	福建省晋江市高甲戏剧团曾文杰等	应台湾葛玛兰文化基金会邀请，赴台演出
259	9月25日至30日	四川省文物考古研究院闫西莉等	应台湾新故乡文教基金会邀请，赴台参加“两岸震后重建与文化资产维护”交流活动
260	9月20日至28日	中国广播艺术团王书伟等	应台湾传大艺术事业有限公司和新竹县树杞林客家文化协会邀请，赴台演出
261	9月5日至10月31日	南京博物院刘文涛等	应台湾台北故宫博物院邀请，赴台进行学术交流
262	10月22日至31日	广东省南方歌舞团团长谢晓泳	应台湾新古典表演艺术基金会邀请，赴台参加“2011音乐舞蹈文化人类学研讨会”
263	9月19日至12月19日	山西省歌舞剧院一级演奏员王宝灿	应台湾南华大学邀请，赴台讲学

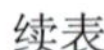

续表

项目序号	赴台时间	团组名称	活动内容
264	9月23日至25日	福建省泉州市对外文化交流协会拟组派陈元殿等	应台湾澎湖县文化基金会邀请，赴澎湖参加"欢乐泉州·走进澎湖"演出
265	9月15日至22日	重庆红岩联线文化发展管理中心主任厉华等	应台湾中央通讯社邀请，赴台进行交流参访活动
266	9月18日至28日	中华文化联谊会和中国艺术研究院组派刘茜等	应台湾"中华文化总会"邀请，赴台参加"第二届两岸汉字艺术节"演出
267	9月19日至26日	中国音乐学院刘德海等	应台湾台北市立国乐团邀请，赴台参加音乐会演出
268	3月20日至26日	广西壮族自治区文化厅吴兵等	应台湾台北市文化艺术促进协会邀请，赴台考察"广西少数民族艺术节"展演场地
269	9月24日至10月1日	广西摄影家协会主席施兴良等	应台湾南投县摄影学会邀请，赴台参加"第二届台湾·广西风光风情摄影艺术展"及艺术交流活动
270	9月28日至10月3日	福建省龙岩市永定县客家土楼艺术团吴瑞林等	应台湾桃园县政府客家事务局邀请，赴台演出原生态客家风情舞集《土楼神韵》
271	10月10日至12月10日	北京戏曲艺术职业学院张国栋、中国木偶艺术剧院有限责任公司张延军等	应台湾戏点子工作坊邀请，赴台讲学
272	9月22日至25日	故宫博物院研究馆员罗文华	应台湾"中央研究院"近代史研究所邀请，赴台参加"清宫之舶来品与皇权"工作会议
273	10月27日至30日	国家博物馆副馆长陈履生	应台湾台北艺术大学传统艺术研究所邀请，赴台参加"百年雕刻——杨英风和他的时代"学术研讨会
274	9月20日至29日	四川省文化馆张汝宜等	应台湾台北文化艺术促进协会邀请，赴台考察"四川文化艺术节"活动场地
275	9月19日至25日	湖南省文化厅拟组派张蔚等	应台湾沈春池文教基金会的邀请，赴台进行"守望精神家园——两岸非物质文化遗产月"活动前期考察
276	9月25日至10月2日	上海京剧院陈平一	应台湾台北市民交响乐团邀请，赴台参加演出
277	10月8日至20日	福建省漳州市芗剧团吴兹明、陆逸红等	应台湾荣兴客家采茶剧团邀请，赴台参加新编戏曲的编导工作
278	9月22日至28日	中纪委驻文化部纪检组组长李洪峰拟以中华文化联谊会顾问身份率中华文化联谊会访问团	应台湾"中华文化总会"邀请，赴台参加第二届两岸汉字艺术节开幕式及相关活动
279	9月24日至31日	青海省艺术研究所方立峰	应台湾周凯剧场基金会邀请，赴台研商有关交流事宜，并进行参访活动
280	10月11日至16日	成都杜甫草堂博物馆郑勇等	应台湾亚太文化创意产业协会邀请，赴台交流考察

续表

项目序号	赴台时间	团组名称	活动内容
281	10月6日至11日	江苏省常州市动漫协会徐缨等	应台湾中华海峡两岸经贸文化协会邀请，赴台进行交流考察活动
282	10月8日至17日	中华文物交流协会副会长宋新潮等	应台湾沈春池文教基金会邀请，赴台参加第三届海峡两岸文化遗产论坛
283	10月27日至30日	四川省川剧艺术研究院院长杜建华	应台湾戏曲学院邀请，赴台参加“2011年戏曲国际学术研讨会”
284	10月6日至18日	福建省艺术研究院研究员叶明生	应台湾台中技术学院应用中文系邀请，赴台参加“关帝信仰与现代社会国际学术研讨会”
285	10月22日至26日	中国文联所属中国音乐家协会副秘书长王建国等	应台湾台北市立国乐团邀请，赴台参加海峡两岸及港澳地区“天下为公”大型民族音乐会
286	9月30日至10月6日	福建省厦门市金莲升高甲剧团吴晶晶等	应台湾中华民俗艺术基金会邀请，赴台演出
287	10月27日至31日	福建博物院副院长林恭务	应台湾“中央研究院”人文社会科学研究中心考古学研究专题中心邀请，赴台参加“妈祖列岛与海洋环境文化”研讨会
288	10月16日至20日	中国国家话剧院导演吴晓江	应台湾周凯剧场基金会邀请，赴台参加话剧《孙飞虎抢亲》的设计会议及遴选演员等前期准备工作
289	10月17日至24日	中国戏曲学院舒桐	应台湾传统艺术总处筹备处邀请，赴台进行交流演出
290	10月27日至11月7日	中国国家话剧院《红玫瑰与白玫瑰》剧组严凤琦等	应台湾“两厅院”邀请，赴台进行交流演出
291	10月31日至11月9日	北京新文化运动纪念馆郭俊英等	应台湾祥泷股份有限公司邀请，赴台参加“品味经典　感受大师—中国新文学作家与作品展”的布展工作及展览开幕式等相关活动
292	10月17日至29日	天津交响乐团董金池	应台湾台南艺术大学中国音乐学系邀请，赴台参加2011国乐大师系列讲座
293	10月28日至11月4日	贵阳乐韵坊女子合唱团张玲等	应台湾台北艺术家文教推广基金会邀请，赴台进行交流演出
294	11月2日至11日	成都对外文化交流中心邓先富等	应台湾沈春池文教基金会邀请，赴台进行交流考察活动
295	10月21日至26日	中国音乐学院宋飞	应台湾台北市立国乐团的邀请，赴台参加音乐会演出
296	10月20日至24日	中国儿童艺术剧院雷喜宁等	应台湾台北如果儿童剧团的邀请，赴台演出儿童剧《小吉普变变变》
297	10月21日至27日	武汉大学人文社会科学研究院教授傅才武等	应台湾艺术大学教育推广中心邀请，赴台参加“第四届两岸四地文化创意产业研究联盟论坛”活动

续表

项目序号	赴台时间	团组名称	活动内容
298	11月8日至20日	中央民族乐团退休演员胡炳旭	应台湾高雄市爱乐文化艺术基金会邀请，赴台参加音乐会演出
299	11月13日至21日	上海耀演网络科技有限公司所属表演团体ICE QUEEN倪妍等	应台湾唱戏娱乐事业有限公司邀请，赴台参加演出及录制节目
300	11月2日至4日	中国国家图书馆副馆长张志清等	应台湾汉学研究中心邀请，赴台参加“中文文献资源共建共享合作会议”
301	11月14日至21日	青岛市文化广电新闻出版局局长姜正轩拟率青岛交响乐团	应台湾高雄市交响乐团邀请，赴台交流演出
302	10月27日至11月2日	北京鲁迅博物馆副馆长黄乔生等	应台湾彰化师范大学国文系邀请，赴台参加“2011中文知识生产与亚洲社会转型国际学术研讨会”
303	10月25日至11月1日	四川省南充市文化体育局代表团冯庆煜等	应台湾普仁青年关怀基金会邀请，赴台进行交流考察活动
304	11月7日至11日	中外文化交流中心部门经理姚志华	应台湾观想艺术有限公司邀请，赴台考察展览场地
305	10月20日至10月27日	四川省书法家协会主席何应辉等	应台湾高雄市“中华文化经贸交流发展协会”邀请，赴台参加“海峡两岸书法联展”及艺术交流活动
306	11月14日至19日	故宫博物院院长郑欣淼、上海博物馆副馆长陈克伦等	应台湾台北故宫博物院邀请，赴台参加“两岸故宫第三届学术研讨会”
307	10月29日至11月4日	上海市政协副主席吴幼英拟以上海市文史资料研究会名誉主席身份率上海市政协代表团	应台湾图书出版事业协会邀请，赴台参加“纪念辛亥百年上海名家书画展”开幕式活动
308	10月24日至11月7日	哲滕（北京）文化传播有限公司田旭等	应台湾台北艺术大学邀请，赴台演出舞台剧《隐婚男女》
309	10月31日至12月31日	哲滕（北京）文化传播有限公司傅若岩等	应台湾戏剧表演家剧团邀请，赴台演出舞台剧《我的祖宗十八代》
310	10月28日至11月8日	北京哈雅盛世文化传播有限公司张全胜等	应台湾新北市音乐心灵推广协会邀请，赴台参加“2011恒春国际民谣音乐节活动”
311	10月21日至26日	江苏省演艺集团朱昌耀等	应台湾台北市立国乐团邀请，赴台参加“2011大型民族音乐演出活动”
312	10月21日至12月19日	江苏省演艺集团卢小杰	应台湾东南中学邀请，赴台进行教学指导和学术交流活动
313	11月7日至21日	河南省漯河市豫剧团团长宋德甲等	应台湾传统艺术总处筹备处邀请，赴台进行观摩、培训等交流活动
314	11月20日至26日	中国图书馆学会理事长、国家图书馆常务副馆长詹福瑞等	应台湾中华图书资讯馆际合作协会邀请，赴台参加“2011年海峡两岸公共图书馆服务研讨会”

续表

项目序号	赴台时间	团组名称	活动内容
315	11月21日至24日	中国艺术研究院音乐研究所研究员王子初	应台湾佛光大学人文学院邀请，赴台参加“第二届中国音乐史学国际学术研讨会”
316	10月29日至11月9日	北京师范大学教授郭小凌等	应台湾世界宗教博物馆邀请，赴台参加展览开幕式及相关活动
317	11月10日至16日	河南省宋庆龄基金会副主席闫国祥等	应台湾太平洋文化基金会邀请，赴台举办“2011豫台书画交流展”并进行书画交流
318	11月13日至20日	上海话剧艺术中心吴嘉等	应台湾戏剧表演家剧团邀请，赴台湾演出交流
319	11月8日至28日	浙江小百花越剧团杨建新等	应台湾亚太文创多媒体国际艺术有限公司邀请，赴台湾参加第五届“台湾.浙江文化节”演出交流活动
320	11月10日至20日	内蒙古呼伦贝尔市鄂温克旗乌兰牧骑艺术团色音图等	应台北市少数民族两岸文经交流促进会邀请，赴台湾演出交流
321	11月6日至12月20日	福建漳州市芗剧团演奏员谢梁波	应台湾一心戏剧团邀请，赴台湾传习交流
322	11月17日至20日	文化部所属中国动漫集团有限公司总会计师胡月明	应台湾中山大学文学院邀请，赴台湾研讨交流
323	11月24日至30日	浙江省文物考古研究所沈岳明等	应台湾鸿禧艺术文教基金会邀请，赴台参加“东亚青瓷展暨东亚青瓷学术论坛”
324	11月20日至27日	上海音乐学院民乐系学生林杲等	应台湾台北市国乐团邀请，赴台参加“2011台北市民族器乐大赛——二胡”比赛
325	12月16日至22日	中国民间文艺家协会刘晓路、李亚沙和广东省文化馆研究员刘志文等	应台湾“中国口传文学学会”邀请，赴台参加“2011年海峡两岸民俗暨民间文学学术研讨会”
326	11月至12月	兰州文化联谊会拟组派王振军等	应台湾中华经济文化发展促进会的邀请，赴台湾进行书画艺术交流活动
327	12月1日至11日	福建人民艺术剧院演出团卢鸿筠	应台湾戏点子工作坊邀请，赴台进行交流演出并举办讲座
328	12月7日至15日	广东省国际文化交流中心拟组派许钦松等	应台湾画院邀请，赴台举办“岭南精品画展”
329	11月26日至2012年2月20日	湖南省人民政府组派大陆非遗展演交流团曹学群等	应台湾沈春池文教基金会邀请，赴台举办第二届“守望精神家园——两岸非物质文化遗产月”大型文化交流活动
330	11月26日至2012年2月20日	文化部组肖夏勇等	应台湾沈春池文教基金会邀请，赴台举办第二届“守望精神家园——两岸非物质文化遗产月”活动
331	11月21日至25日	中国友好和平发展基金会副秘书长王合善等	应台湾唐龙艺术有限公司邀请，赴台为举办“品味陕西·第二届海峡两岸春节民俗庙会”进行前期考察

续表

项目序号	赴台时间	团组名称	活动内容
332	12月4日至10日	中国作协拟组派以艾克拜尔·米吉提为团长的中国作协代表团	应台湾艺文作家协会邀请，赴台参加“第一届两岸民族文学交流暨学术研讨会”
333	11月20日至27日	中央音乐学院严洁敏等	应台湾台北市立国乐团邀请，赴台参加“2011台北市民族器乐大赛”二胡比赛及音乐会演出
334	11月24日至30日	河南省文物考古研究所所长孙新民	应台湾鸿禧艺术文教基金会邀请，赴台参加“东亚青瓷展暨东亚青瓷学术论坛”
335	12月5日至10日	广东省广州市文化广电新闻出版局徐彬等	应台湾“中华演艺总工会”邀请，赴台商谈广州市杂技团杂技剧《西游记》赴台巡演相关事宜
336	12月1日至14日	上海星世代影音娱乐有限公司董事长徐毅	应台湾中华音乐人交流协会邀请，赴台参加陈志远纪念音乐会研讨交流活动
337	11月20日至29日	上海市群众艺术馆拟组织上海社区文化交流参访团高春明等	应台湾唐龙艺术有限公司邀请，赴台进行交流考察活动
338	12月23日至2012年1月8日	青海省戏剧艺术剧院李晟	应台湾辜公亮文教基金会邀请，赴台参加《新编京剧》与《新老戏》彩排活动
339	11月27日至2012年1月10日	北方昆曲剧院魏春荣	应台湾传统艺术总处筹备处邀请，赴台参加昆曲《梁山伯与祝英台》演出
340	11月22日至28日	北京金牌大风文化传播有限公司周笔畅	应台湾金牌大风音乐文化股份有限公司邀请，赴台进行专辑宣传活动
341	11月27日至12月5日	中国作协所属作家出版社副总编辑应红	应台湾《印刻文学生活志》杂志社邀请，赴台参加“两岸文学高峰会——大陆作家参访活动”
342	11月23日至2012年1月22日	安徽省六安市裕安区京剧团郭利利	应台湾“高雄市国剧研究会”邀请，赴台进行教学演出
343	12月18日	重庆歌舞团等	应台湾威景国际文化事业有限公司邀请，赴台交流演出
344	12月18日至25日	云南省楚雄州民族艺术剧院民族管弦乐团朱非等	应台湾桃园乐友丝竹室内乐团邀请，赴台进行交流演出
345	12月11日至17日	文化部民族民间文艺发展中心组织李松等	应台湾“中央研究院”人文社会科学研究中心邀请，赴台参加“海峡两岸中华文化数字空间信息与技术研讨会”
346	12月1日至23日	中国戏曲学院左奇伟	应台湾传统艺术总处筹备处邀请，赴台参加台湾豫剧团音乐会编腔作曲及音乐指导工作
347	12月23日至2012年1月8日	天津京剧院吕玉勇等	应台湾辜公亮文教基金会邀请，赴台参加京剧演出排练活动
348	12月9日至13日	中央歌剧院李爽	应台湾任蓉表演艺术学坊邀请，赴台参加“世华声乐大赛历届优胜者音乐会”
349	12月18日至26日	安徽省黄山市中国画研究院姜林和等	应台湾中国画学会邀请，赴台举办“姜林和画展”

续表

项目序号	赴台时间	团组名称	活动内容
350	12月15日至19日	厦门市金莲升高甲剧团吴晶晶等	应台湾金门县许氏宗亲会邀请，赴台参加许氏家庙奠安庆典演出
351	12月5日至15日	中国音乐学院郝菲等	应台湾任蓉表演艺术学坊邀请，赴台参加“2011世华声乐大赛”
352	1月18日至2月16日	四川省自贡市杂技团高先敏等	应台湾高雄关帝庙管理委员会邀请，赴台演出
353	12月23日至2012年1月8日	北京京剧院李萍、北京戏曲艺术职业学院陈晨	应台湾辜公亮文教基金会邀请，赴台参加演出排练活动
354	12月23日至31日	上海京剧院董洪松	应台湾辜公亮文教基金会邀请，赴台参加京剧排练
355	2月10日至17日	安徽省文化厅副厅长唐跃拟率安徽省文化艺术交流团	应台湾宜兰县中国传统艺术推广协会邀请，赴台进行文化交流
356	12月23日至2012年1月15日	国家京剧院常贵祥	应台湾辜公亮文教基金会邀请，赴台参加演出排练活动
357	12月13日至20日	重庆市政协办公厅秘书长王长寿等	应台湾省教育委员会邀请，赴台举办小型书画展
358	12月26日至2012年1月5日	中央音乐学院杨雪等	应台湾台北小巨人丝竹乐团邀请，赴台参加“弓情、弦音、共舞”音乐会演出

2．2011台湾来访交流项目一览表

项目序号	活动时间	团组名称	人次	活动内容	活动性质
1	2月15日至27日	台湾画家李永裕等	2	应福建省美术馆邀请，来福州参加展览开幕式等相关活动	B
2	3月1日至4月17日	台湾美术馆馆长黄才郎等	17	美术馆与中华文化联谊会、财团法人台湾美术基金会、台湾美术馆在京共同举办“复感·动观——2011海峡两岸当代艺术展”，来京参加展览开幕式等相关活动	B
3	3月18日至4月3日	台湾画家黄光男	2	应广东美术馆邀请，举办“黄光男现代水墨画展”	B
4	3月8日至17日	台湾地区黄慧莺等	6	应浙江省杭州欧锦文化艺术发展有限公司邀请，在浙江美术馆举办“当代百名女画家精品展”	B
5	4月1日至10日	台湾画院画家冯仪等	16	应安徽省书画院邀请，并与安徽省书画家共同举办“写生创作作品观摩展”	B
6	4月6日至8日	台湾画家李锡奇等	25	西安事变研究会、陕西省美术家协会、陕西省书法家协会联合主办海峡两岸“和在中国”书画展	B

续表

项目序号	活动时间	团组名称	人次	活动内容	活动性质
7	4月3日至5日	台湾太平洋基金会执行长张豫生等	7	应陕西省台办、中国国民党革命委员会陕西省委员会和黄帝陵基金会邀请，在西安亮宝楼联合举办“第四届清明公祭轩辕黄帝海峡两岸名家书画展”	B
8	4月20日至24日	台湾寒舍空间、夏可喜画廊陈冠宇等	7	应中艺博文化传播有限公司邀请，参加在北京中国国际贸易展览中心举办的“2011年中艺博国际画廊博览会”	B
9	4月20日至5月4日	台湾许文融等	5	上海市社会经济文化交流协会与台湾实践家政教育文化基金会在上海美术馆共同举办台湾画家“许文融台湾风物图卷暨近作展”，来沪参加展览开幕式等相关活动	B
10	4月2日至5月8日	台湾地区艺术家陈志建等	4	何香凝美术馆与香港艺术中心、台湾关渡美术馆，在该馆举办海峡两岸及港澳地区艺术交流计划展览，届时邀请来深圳参加展览开幕式	B
11	5月9日至16日	台湾“中华现代国画研究会”理事长陈铭显等	39	重庆市文史研究馆与台湾“中华现代国画研究会”在重庆历史名人馆共同举办“纪念辛亥革命100周年渝台书画作品展”等相关活动	B
12	8月17日至28日	台北市艺术文化交流协会	200	广东粤剧学校与台北市艺术文化交流协会联合举办“2011两岸舞蹈交流研习夏令营”	C
13	4月12日至17日	台湾木偶剧团团长林永志、阿美族歌手杨佳娼	2	应中国致公党四川省委员会邀请，来四川交流演出	A
14	4月28日至5月3日	台湾地区乐团及歌手	69	应中国对外文化集团公司邀请，来北京参加第11届“相约北京”联欢活动	A
15	5月18日至7月17日	台湾博物馆馆长萧宗煌等	13	应湖北省博物馆与台湾博物馆、台北鸿禧艺术文教基金会合作，在湖北省博物馆共同举办“郑成功展”，来武汉参加展览开幕式及布、撤展等相关活动	B
16	6月17日至19日	台湾地区中国医药大学学生陈玮鑫等	8	应中国少数民族文化艺术基金会邀请，参加“2011海峡两岸及港澳地区大学生魔术交流大会”。来京参加比赛	C
17	4月25日至5月25日	台湾雕塑家朱铭	1	应深圳华侨城大酒店华·美术馆邀请，在该馆举办的“What's next 30x30创意展”	B
18	6月28日至7月31日	台湾地区姚仲涵等	3	应上海锐艺文化咨询有限公司邀请，在上海华侨城·苏河湾艺术馆举办的“感知增生——中法媒体艺术交流展”	B
19	5月20日至22日	台湾地区刘国松	6	应中外文化交流中心和香港特区睿夫奥股份有限公司合作，在北京东方君悦大酒店君府厅举办“世界华人现当代艺术2011北京春季展”	B
20	7月20日至29日	台湾自然科学博物馆工作人员及学生	25	应浙江自然博物馆邀请，在浙江举办“2011年两岸中学生自然探索夏令营”	C

续表

项目序号	活动时间	团组名称	人次	活动内容	活动性质
21	6月1日至9月1日	台湾海峡两岸古文物研究发展协会	无人员	应沈阳故宫博物院邀请，在该院联合举办“海峡两岸古文物研究发展协会收藏特展”	B
22	5月18日至6月14日	台湾画家庞铫等	3	应北京画院邀请，来北京参加展览开幕式等相关活动	B
23	6月3日至11日	台湾地区野火乐集陈永龙等	31	应西安世园会筹备办邀请，来陕西省西安市参加“西安世园会台北活动周”交流演出活动	A
24	6月30日至7月8日	台湾“中国妇女写作协会”理事长邱秀芷等	18	应中国作家协会邀请，来北京、西安两地交流访问	C
25	7月17日至24日	台北簪缨国乐团黄光佑等	80	应广东民族乐团邀请，来广州友谊剧院等地举办交流演出	A
26	6月13日至20日	台湾雕塑家许东荣	1	应中外文化交流中心邀请，在北京中国美术馆举办“行云·流水——许东荣雕塑展”	B
27	6月21日至28日	台湾《湖北文献》杂志社社长汪大华等	15	应湖北省博物馆邀请，在湖北省博物馆共同举办“纪念辛亥首义一百周年·海峡两岸荆楚名人书画展”	B
28	6月10日至28日	台湾山艺术文教基金会	无人员	湖北美术馆与台湾山艺术文教基金会在湖北美术馆共同举办“黑色大地——山艺术文教基金会俄罗斯绘画收藏展”	B
29	6月11日至14日	台湾地区鹿港文教基金会王康寿等	168	应福建省泉州市文化广电新闻出版局邀请，来泉州参加第五届“海峡论坛·闽南文化节”系列活动	C
30	6月18日至25日	台湾颜重威等	4	应浙江自然博物馆邀请，在该馆举办“首届自然影像大展暨海峡两岸自然摄影研讨会”	C
31	7月16日至23日	台湾地区吉赛儿舞蹈团赖秀峰等	18	应中国舞蹈家协会邀请，来北京参加“2011海峡两岸青少年舞蹈交流展演”有关活动	A
32	7月26日至8月1日	台湾地区台北如果儿童剧团徐琬莹等	17	应中国儿童艺术剧院邀请，来北京参加“中国儿童戏剧节”活动	A
33	8月8日至14日	台湾“中华世纪书画协会”会长郭善德等	4	中国农民书画研究院与台湾“中华世纪书画协会”共同举办“海峡两岸三地书画展”，来京参加展览开幕式等相关活动	B
34	10月16日至17日	台湾地区朱宗庆打击乐团等	18	应上海文化联谊会名义邀请，来沪在上海音乐厅演出	A
35	10月16日至11月16日	台湾文化界人士朱铭等	22	应中国传统文化促进会邀请，来北京参加海峡两岸“根之情”联谊活动	B
36	11月11日至12日	台湾地区国光剧团等	55	应上海文化联谊会名义邀请，来上海逸夫舞台演出	A
37	8月5日至15日	台湾书画家陈阳春等	6	昆山市台办、昆山市文化广电新闻出版局、台北市阳春水彩艺术会共同举办，来昆山参加展览开幕式等相关活动	C

续表

项目序号	活动时间	团组名称	人次	活动内容	活动性质
38	8月16日	台湾地区彰化县员圆舞蹈团陈丽莉等	26	应湖北省台湾同胞联谊会邀请，在湖北省武汉剧院演出	A
39	8月17日至31日	台湾“文建会”副主任委员洪庆峰以台湾文化艺术基金会董事身份率台湾美术院院士访问团一行	19	中华文化联谊会与中国美术馆、台湾沈春池文教基金会、台湾美术院文化艺术基金会等单位，在中国美术馆共同举办“开创·交流——台湾美术院院士大陆巡回展”，届时来京出席展览开幕式及研讨会等相关活动并进行交流参访	B
40	9月1日至10月31日	台湾台南艺术大学博物馆学与古建维护研究所学生韩克瑄	1	应中国国家博物馆接受台湾台南艺术大学博物馆学学生，来馆实习	C
41	9月14日至21日	台湾地区台北琴园国乐团林谷珍等	25	应山东省管弦乐学会邀请，来山东参加“山东省大众艺术节”活动	C
42	8月15日至24日	台湾东华大学蓝博洲等	20	应中国作家协会邀请，来大陆参加“赵树理文学之旅”活动	C
43	8月28日至9月2日	台湾地区金门县县长李沃士等	15	应国家文物局邀请，来京就世界遗产相关工作进行考察	C
44	8月25日至31日	台湾地区中华国乐团吴武行等	20	应中央民族乐团邀请，在北京国家大剧院音乐厅参加“纪念辛亥革命100周年〈天下为公〉大型民族音乐会”演出	A
45	10月20日至24日	台湾作家杨佳娴等	28	应中国作家协会邀请，在北京举办“两岸青年文学会议”活动	C
46	9月9日至11月27日	台湾地区崔广宇	1	应上海市文化广播影视管理局邀请，在上海举办“中国影像艺术1988～2011”展	B
47	8月20至22日	台湾交响乐团林正仪等	53	应北京驱动文化传媒有限公司天津分公司邀请，在北京音乐厅等地演出	A
48	9月2日至10日	台湾“中国口传文学学会”名誉理事长金荣华等	15	应中国民间文艺家协会邀请，来福建省进行学术交流及民俗考察活动	C
49	9月2日至5日	台湾参展作品	无人员	上海市委所属上海中山文化交流协会与上海市黄埔军校同学会共同在上海文隆艺术馆举办“纪念辛亥革命一百周年·两岸退役将领书画展”	B
50	8月31日至9月9日	台湾画家林覃等	5	应浙江省非物质文化遗产保护中心邀请，来杭州参加展览开幕式等相关活动	B
51	9月15日至18日	台湾景薰楼国际艺术拍卖有限公司蔡宗霖等	2	应北京艾特菲尔文化有限公司邀请，在北京农业展览馆举办“艺术北京经典艺术博览会”，来京参展	B
52	9月12日至19日	台湾艺术大学戏剧学院刘晋立等	16	应山东省话剧院邀请，来济南参加第四届山东小剧场话剧节	A
53	9月4日至9日	台湾自然科学博物馆助理研究员刘德胜等	2	应中国博物馆协会教育专业委员会邀请，来成都为“全国博物馆教育培训班”授课	C
54	9月5日至13日	台湾地区艺术家顾宝文等	3	应安徽乐团邀请，来安徽省合肥市参加2011年皖台“两岸情”中秋民族音乐会	A

续表

项目序号	活动时间	团组名称	人次	活动内容	活动性质
55	9月7日	台湾中华两岸文化创意产业发展协会理事长丁守中等	15	应中华文化促进会与台湾中华两岸文化创意产业发展协会合作，在北京举办合作座谈会	C
56	9月11日至20日	台湾书画家欧豪年等	12	昆山市台办、昆山市文化广电新闻出版局与台湾画院在昆山市侯北人美术馆联合举办“台湾昆山书画精品展”届时来昆山参加展览开幕式等相关活动	C
57	12月23日至2012年1月3日	台湾画家江明贤等	18	应广东美术馆邀请，举办“开创·交流——台湾美术院院士作品大陆巡回展”，来广州参加展览开幕式及相关活动	B
58	10月8日至14日	台湾地区朱宗庆打击乐团朱宗庆等	18	应第12届亚洲艺术节执委会邀请，来重庆市参加“第12届亚洲艺术节”	C
59	10月10日至20日	台湾豫剧团苏桂枝等	62	应第12届亚洲艺术节执委会邀请，来重庆市参加“第12届亚洲艺术节”	C
60	10月10日至20日	台湾春风传统剧场叶玫汝等	24	应第12届亚洲艺术节执委会邀请，来重庆市参加“第12届亚洲艺术节”	C
61	10月23日至28日	中华两岸文化艺术基金会董事长庄汉生等	17	应中华文学艺术界联合会邀请，参加共同举办的“第三届海峡两岸暨港澳地区艺术论坛”活动	C
62	10月20日至30日	台湾画家董小蕙	3	应四川博物院邀请，到成都市参加展览开幕式及相关活动	B
63	10月1日至6日	台湾地区台湾豫剧团黄素贞等	66	应河南省文化联谊会邀请，到河南省郑州市参加“第二届中国豫剧节”和河南电视台《梨园春》节目演出活动	A
64	10月15日至20日	台湾诗人詹澈等	8	应邀请，到福建省厦门市参加“第三届中国诗歌节”活动	C
65	10月29日至31日	台湾地区嘉宾邱复生等	29	应第四届海峡两岸（厦门）文化产业博览交易会邀请，来厦门参加交易会开幕式等相关活动	C
66	10月18日至22日	台湾电影界人士李行等	34	应中国电影家协会邀请，到安徽省合肥市出席“第20届中国金鸡百花电影节”活动	C
67	12月14日至20日	台湾太平洋文化基金会执行长张豫生等	15	河南省宋庆龄基金会与台湾太平洋文化基金会，在河南省宋庆龄基金会少年儿童活动中心共同举办“辛亥百年·和谐中华”豫台书画交流展，到郑州参加展览开幕式等相关活动	B
68	11月13日至18日	台湾地区国光剧团钟宝善等	15	应河南省文化联谊会名义邀请，在河南省艺术中心大剧院演出	A
69	10月29日至11月2日	台湾朱宗庆等	12	福建省文化厅、厦门市人民政府合作在厦门共同举办“2011海峡两岸民间艺术节”。到厦门市参加艺术论坛及教学交流活动	C

续表

项目序号	活动时间	团组名称	人次	活动内容	活动性质
70	12月8日至2012年1月7日	台北胡适纪念馆主任潘光哲等	2	北京新文化运动纪念馆与台北胡适纪念馆，在北京新文化运动纪念馆联合举办“胡适文物图片展”，来京参加展览开幕式及相关活动	B
71	11月5日至9	台湾辜公亮文教基金会台北新剧团李宝春等	48	应湖北文华影视演出有限公司邀请，到湖北省武汉市参加“第六届中国京剧艺术节”演出活动	A
72	11月18日至12月7日	台湾嘉宾张祖诒等	17	重庆市人民政府，在重庆渝澳国际艺术中心举办油画艺术展，并邀请台湾嘉宾出席展览开幕活动	B
73	11月17日至20日	台湾学者金荣华等	4	应镇江市文化广电新闻出版局邀请，到江苏省镇江市参加“中国传说——2011海峡两岸白蛇传文化研讨会”	C
74	10月27日至11月1日	台湾书画家楼柏安	1	应浙江省杭州师范学院邀请，赴杭州举办个人书画展	B
75	12月28日至2012年2月28日	台湾艺术家江逸子等	23	应福建博物院邀请，到福州市参加展览开幕式等相关活动	B
76	12月19日至2012年1月10日	台湾艺术家薛保瑕等	4	应中国美术馆邀请，来京参加“流动现实——薛保瑕抽象艺术展”等相关活动	B
77	11月20日至24日	台湾地区诸罗山木偶剧团吴万成等	8	应广州省文化厅邀请，到广东省参加“第十一届广东省艺术节”活动	C
78	11月22日至25日	台湾地区文艺界知名人士王吉隆等	12	应中国文学艺术界联合会邀请，来京出席“中国文联第九次全国代表大会”活动	C
79	12月22日至2012年2月7日	台北历史博物馆馆长张誉腾等	18	河南博物院、江西省博物馆与台北历史博物馆、台湾“中华海峡两岸文化资产交流促进会”合作，在江西省博物馆联合举办“近现代水墨书画名家特展”，赴郑州、南昌参加展览开幕式等相关活动	B
80	11月22日至25日	台湾作家陈映真等	4	应中国作家协会邀请，来京出席“中国作协第八次全国代表大会”活动	C
81	12月7日至14日	台湾地区音乐家蒋茉莉等	4	应广东省星海音乐学院邀请，在该学院音乐厅举办“打击乐各类乐器教学法”讲座及打击乐专场交流音乐会	A
82	1月14日至2月11日	台北教育大学艺术与造型设计系学生杨琇钧等	4	应中国美术馆邀请，来美术馆实习	C
83	12月24日至31日	台湾周良敦书法史依弘剧照	无人员	上海市演出公司与台湾欣锐国际股份有限公司在上海意仓文化创意有限公司举办“两岸‘周良敦书法史依弘剧照’文化联展”	B

3．营业性演出一览表

主送单位	主要演员	人数	开始时间	结束时间	演出地点	邀请方
江苏省文化厅	齐秦、潘安邦	4	1月1日		滨海县体育馆	江苏省演出公司
安徽省文化厅	表演工作坊许哲诚	6	1月1日	1月2日	安徽大剧院	安徽中艺影视演艺有限公司

续表

主送单位	主要演员	人数	开始时间	结束时间	演出地点	邀请方
北京市文化局	费玉清(张彦亭)	1	1月2日		北京五棵松体育场	北京金展望文化艺术有限公司
江苏省文化厅	高胜美	1	1月2日		江苏东台市体育馆	江苏淮安振邦文化交流有限公司
江西省文化厅	蔡琴	1	1月3日		江西省体育馆	南昌市演出公司
安徽省文化厅	刘若英	1	1月3日		安徽省宣城市红星礼堂	合肥市文华演出有限公司
江苏省文化厅	周华健	1	1月5日		南通体育会展中心体育馆	南京大唐亚太国际演出交流有限公司
上海市文化广播影视管理局	黄迪扬	6	1月6日	1月9日	上海艺海剧院	上海白玉兰文化艺术发展有限公司
江苏省文化厅	萧亚轩(萧雅之)	1	1月7日		江苏镇江市体育馆	镇江市华艺演出有限公司
四川省文化厅	非常林奕华剧团吴天葳	23	1月7日	1月8日	四川省锦城艺术宫	四川省演出展览公司
江苏省文化厅	周华健	1	1月8日	1月15日	江苏江阴市体育中心体育馆、吴江市体育馆	南京大唐亚太国际演出交流有限公司、蓝海华谊兄弟国际文化传播江苏有限责任公司
广东省文化厅	表演工作坊杜冠莹	7	1月8日	1月9日	广州少年宫蓓蕾剧院	深圳市东方经典文化发展有限公司
山东省文化厅	潘美辰	1	1月8日		山东省东营石油大学体育馆	烟台市演出公司
浙江省文化厅	F.I.R乐队	3	1月8日		浙江省绍兴剧院	杭州演出有限公司
江苏省文化厅	萧亚轩、张震岳	2	1月8日		江苏南京奥体中心体育馆	南京靓泽文化传播有限公司
河北省文化厅	齐秦	1	1月8日		唐山丰润体育馆	石家庄仁和世家文化传播有限公司
广东省文化厅	林依晨	5	1月8日		深圳市宝安区体育馆	上海新碟文化传播有限公司
四川省文化厅	许茹芸、苏慧伦	2	1月8日		四川省体育馆	四川省演出展览公司
江苏省文化厅	蔡琴	1	1月8日		江苏省苏州市体育中心体育馆	苏州市明星演出有限公司
江西省文化厅	黄文章、卓依婷	2	1月10日		江西省修水县文化体育中心	江西华娱传媒有限公司
陕西省文化厅	蔡琴	4	1月12日		西安市城市运动体育公园体育馆	西安曲江传媒文化发展有限公司
吉林省文化厅	萧亚轩	1	1月12日		吉林省长白山保护开发区金水鹤国际酒店	吉林省演出有限责任公司
福建省文化厅	刘谦	1	1月13日		福建省泉州市南安扶茂工业园九牧厂区	厦门博誉文化传播有限公司

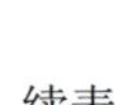
续表

主送单位	主要演员	人数	开始时间	结束时间	演出地点	邀请方
上海市文化广播影视管理局	许哲诚	6	1月14日	1月16日	上海东方艺术中心	上海东方艺术中心管理有限公司
福建省文化厅	吴宗宪	5	1月14日		厦门市工人体育馆	厦门市天视文化有限公司
广东省文化厅	潘美辰	1	1月14日		茂名市体育馆	广东省茂名市演出公司
广东省文化厅	圆音有声出版股份有限公司张奕若	76	1月15日	1月16日	深圳音乐厅	深圳市易票达票务有限公司
浙江省文化厅	吴佩慈、刘谦	2	1月15日		杭州萧山第一世界大酒店	浙江国华演艺有限公司
陕西省文化厅	张震岳	3	1月15日		西安交大思源体育馆	厦门天视文化有限公司
广东省文化厅	周杰伦	6	1月15日		广州天河体育中心体育场	广东省演出公司
江苏省文化厅	苏有朋	1	1月15日		江苏溧阳市体育中心体育馆	无锡新航传媒有限公司
江苏省文化厅	费玉清(张彦亭)	1	1月15日		江苏常州奥体中心体育馆	江苏东方盛世文化产业有限公司
广西壮族自治区文化厅	周逸涵	3	1月15日		桂林市体育中心体育场	桂林市演出公司
北京市文化局	刘若英	10	1月15日		北京五棵松体育馆	北京红马传媒文化发展有限公司
广东省文化厅	苏见信	1	1月16日		深圳市罗湖区尚格酒吧	深圳市红鼓演出有限公司
浙江省文化厅	苏慧伦、温岚	3	1月16日		浙江黄龙体育中心体育馆	浙江国华演艺有限公司
北京市文化局	周杰伦	26	1月17日		北京国家奥林匹克体育中心体育馆	北京中歌嘹亮音乐文化传播有限公司
浙江省文化厅	焦恩俊	1	1月17日		浙江省金华市武义县唐风温泉度假村	浙江省对外文化交流公司
广东省文化厅	林志炫	1	1月18日		广东省汕头市龙湖区洛城酒吧	汕头市演出公司
广东省文化厅	田馥甄	1	1月20日		广东省东莞市长安镇金沙影剧院	广州千翔文化传播有限公司
北京市文化局	范玮琪	9	1月20日	1月30日	北京国家游泳中心	北京世纪轩昂文化艺术传播有限公司
广东省文化厅	潘美辰	1	1月21日		广东省茂名化州市康景体育馆	茂名市演出公司
浙江省文化厅	林依晨	23	1月21日		杭州黄龙体育中心体育馆	上海新碟文化传播有限公司
江苏省文化厅	王若琳	4	1月21日		江苏宜兴市体育中心体育馆	南京仟禧文化广告有限公司
上海市文化广播影视管理局	黄舒骏	1	1月22日		上海大舞台	上海东亚演出有限公司

续表

主送单位	主要演员	人数	开始时间	结束时间	演出地点	邀请方
山东省文化厅	林进璋、裘海正	4	1月22日		山东省东营市中国石油大学体育馆	山东省演出公司
上海市文化广播影视管理局	蔡琴	1	1月23日		上海国际体操中心	上海市演艺总公司
安徽省文化厅	范晓萱、赵柏钧	4	1月23日	1月23日	合肥体育中心	合肥众缘文化传播有限公司
河北省文化厅	黄安	1	1月25日		河北省艺术中心	北京华夏龙情文化传播有限公司
吉林省文化厅	江美琪	1	1月26日		吉林省通化市广播艺术剧院	北京城乡行文化艺术有限公司
吉林省文化厅	迪克牛仔(林进璋)	1	1月26日		长春市圣豪酒店	长春市光速文化传媒有限公司
福建省文化厅	动力火车组合	2	1月27日		福建省莆田市城厢区阿曼尼时尚俱乐部	福建省演出公司
重庆市文化广播电视局	姜育恒	1	1月28日		重庆市铜梁县体育场	重庆天籁文化发展有限公司
上海市文化广播影视管理局	张信哲	1	1月28日		上海世博会议中心会议厅	上海光翼文化传播有限公司
云南省文化厅	F. I. R乐队(詹雯婷)	3	1月29日		云南大剧院	云南百胜广告民族文化传播有限公司
北京市文化局	吴佩慈	3	1月30日		北京工人体育馆	北京世纪轩昂文化艺术传播有限公司
浙江省文化厅	周蕙、郭书瑶	2	1月30日		宁波市北仑区体艺中心	浙江省对外文化交流公司
上海市文化广播影视管理局	赵咏华	1	2月1日		上海展览中心中央大厅	上海中演文化艺术有限公司
辽宁省文化厅	黄安	1	2月9日	3月22日	河南艺术中心	大连艺隆演出有限公司
江苏省文化厅	动力火车组合	2	2月11日	2月13日	江苏省兴化市兴达集团会议中心	江苏省演出公司
北京市文化局	表演工作坊许哲诚	7	2月13日	2月14日	北京保利剧院	北京保利剧院管理有限公司
浙江省文化厅	李宗盛	1	2月16日		浙江黄龙体育中心体育馆	浙江国华演艺有限公司
上海市文化广播影视管理局	表演工作坊许哲诚	7	2月17日	2月18日	上海城市剧院	上海东方风韵艺苑文化有限公司
上海市文化广播影视管理局	王心凌、伊能静	3	2月17日		上海大舞台	上海圣峰文化演艺有限公司
山东省文化厅	孟庭苇、赵传	2	2月18日		青岛市国新体育馆	青岛时空演出有限公司
上海市文化广播影视管理局	蔡依林、黄子佼	2	2月19日		上海光大会展中心大酒店	上海美音文化发展有限公司

续表

主送单位	主要演员	人数	开始时间	结束时间	演出地点	邀请方
浙江省文化厅	李宗盛	1	2月19日		浙江舟山剧院	杭州演出有限公司
上海市文化广播影视管理局	姚中仁	1	2月19日		上海复旦大学体育馆	上海国际文化艺术交流有限公司
北京市文化局	陈富元	1	2月19日	8月18日	北京世贸天阶中心	上海桑德利文化艺术有限公司
四川省文化厅	孟庭苇(陈秀玫)	1	2月19日		四川省米易县文化广场	四川省演出展览公司
浙江省文化厅	林志颖	1	2月20日		浙江省温州市平阳县平阳体育馆	江苏淮安振邦文化交流有限公司
西藏自治区文化厅	姜育恒	1	2月24日		拉萨民族艺术宫	山东省巨星演出有限公司
北京市文化局	萧敬腾	1	2月24日		北京三里屯Village橙色大厅	北京春秋永乐文化传播有限公司
上海市文化广播影视管理局	萧敬腾	1	2月26日		上海大舞台	上海城市舞蹈有限公司
江苏省文化厅	姜育恒	1	2月26日		苏州市吴中区体育馆	北京派格太合泛在文化传媒有限公司
上海市文化广播影视管理局	邱胜翊	4	2月27日		上海卢湾体育馆	上海国际文化艺术交流有限公司
江苏省文化厅	潘美辰	1	2月28日		江苏省苏州市相城区体育馆	江苏长三角舞美艺术有限公司
山东省文化厅	刘谦	1	2月28日		山东省临沂市体育馆	济南世博演艺经纪有限公司
上海市文化广播	王锦敏	1	3月2日	7月15日	上海上雅餐饮有限公司	上海文化娱乐管理有限公司
广东省文化厅	罗志祥	5	3月5日		广州天河体育中心体育场	广州市明星巨典文化艺术有限公司
浙江省文化厅	蔡依林(蔡依翎)	1	3月5日	3月6日	浙江省人民大会堂、温岭影视城	杭州演出有限公司
福建省文化厅	萧亚轩	1	3月6日		福建省南平大剧院	福建省中视传播有限公司
广东省文化厅	黄安	1	3月8日	3月10日	广东省东莞玉兰大剧院、深圳保利剧院、惠州文化艺术中心	北京保利剧院管理有限公司
四川省文化厅	田馥甄	1	3月12日		成都娇子音乐厅	四川永艺演出有限公司
上海市文化广播影视管理局	田馥甄	1	3月19日		上海长宁国际体操中心	上海圣峰文化演艺有限公司
上海市文化广播影视管理局	黄小琥、吴克群	2	3月19日		上海大舞台	上海国际文化艺术交流有限公司

续表

主送单位	主要演员	人数	开始时间	结束时间	演出地点	邀请方
安徽省文化厅	郑智化	1	3月19日		安徽省宣城市桃李芬芳演艺广场	山西新浪潮演出有限公司
重庆市文化广播电视局	齐豫	1	3月19日		重庆大足体育运动中心	重庆市演出公司
云南省文化厅	黄小琥(黄春凤)	1	3月20日		云南大剧院	云南百胜广告民族文化传播有限公司
北京市文化局	张帝(张志民)	1	3月25日	3月27日	北京解放军歌剧院	北京巨龙世纪文化艺术有限公司
天津市文化局	张信哲	4	3月25日	3月26日	天津大剧院	天津华乐文化艺术发展有限公司
北京市文化局	田馥甄	1	3月26日		北京展览馆剧场	北京春秋永乐文化传播有限公司
江苏省文化厅	黄安、高胜美	2	3月26日		江苏徐州市体育中心体育馆	江苏省演出公司
江苏省文化厅	孟庭苇	4	3月26日		江苏盐城新体育馆	江苏省演出公司
北京市文化局	萧亚轩、吴克群	2	3月26日		北京国家奥林匹克体育中心体育馆	北京春秋永乐文化传播有限公司
湖南省文化厅	张震岳	1	3月26日		湖南长沙田汉大剧场	湖南省演出公司
江苏省文化厅	费玉清(张彦亭)	1	3月28日		江苏省扬中市影剧院	江苏演艺文化传播有限公司
上海市文化广播影视管理局	云门舞集舞蹈团林怀民	42	3月29日	5月8日	上海东方艺术中心、广州大剧院、深圳大剧院、杭州红星大剧院、武汉剧院	上海东方艺术中心管理有限公司
上海市文化广播	李庭匡	4	3月29日		上海度曼波餐饮有限公司	上海光翼文化传播有限公司
湖北省文化厅	张信哲	22	3月30日	5月18日	武汉琴台大剧院	武汉琴台大剧院管理有限公司
北京市文化局	云门舞集舞蹈团林怀民	41	4月1日	4月2日	北京国家大剧院歌剧院	北京国家大剧院演艺中心有限责任公司
上海市文化广播影视管理局	刘家妏	1	4月1日	6月30日	上海人民大舞台、江苏江阴大剧院、常熟虞山大戏院、吴江市红旗剧院、浙江宁波大剧院、浙江胜利剧院	上海歌星俱乐部与上海新影轻音乐团有限公司
北京市文化局	萧敬腾	1	4月1日	4月2日	北京国家游泳中心	北京春秋永乐文化传播有限公司

续表

主送单位	主要演员	人数	开始时间	结束时间	演出地点	邀请方
浙江省文化厅	蔡琴	1	4月2日		浙江海宁市体育中心体育馆	浙江省对外文化交流公司
天津市文化广播影视局	黄小琥(黄春凤)	1	4月2日		天津中华剧院	天津市对外文化交流公司
广东省文化厅	卓依婷、郃正宵	1	4月2日		广东清远英德市体育馆	深圳市红鼓演出有限公司
广东省文化厅	辛晓琪、陈志朋	2	4月4日		广东深圳保利剧院	广州千翔文化传播有限公司
广东省文化厅	云门舞集林怀民	42	4月8日	4月9日	广州大剧院	广州左岸色彩文化传播有限公司
上海市文化广播影视管理局	刘美钰	1	4月8日	4月16日	上海东方艺术中心等地	上海话剧艺术中心
江苏省文化厅	陈明真	1	4月8日		江苏无锡江南大学文浩馆	浙江省对外文化交流公司
四川省文化厅	张信哲	3	4月8日		成都市彭州市工业开发区威亨工业港	四川省宜宾市综艺演出有限公司
上海市文化广播影视管理局	刘美钰	1	4月8日	6月10日	上海东方艺术中心	上海话剧艺术中心
江苏省文化厅	陈明真	1	4月8日		江苏扬州蒋王影剧院	江苏省演出公司
北京市文化局	林毓琪	4	4月9日	4月17日	北京海淀剧院	北京动动鞋子儿童剧团
四川省文化厅	张惠妹	7	4月9日		四川绵阳市南河体育中心	沈阳新音乐文化演出有限公司
广东省文化厅	江美琪	4	4月9日		广东广州白云国际会议中心有限公司世纪大会堂	广东天天精彩传播有限公司
云南省文化厅	张震岳(张震嶽)	1	4月9日		云南昆明市体育馆	北京太泽文化有限公司
福建省文化厅	张震岳(张震嶽)	4	4月10日		厦门国际会议中心海峡厅	厦门市天视文化有限公司
江苏省文化厅	赵宇乔	2	4月10日		江苏省镇江市体育馆	江苏新天地演艺中心
广东省文化厅	林怀民	42	4月15日	4月16日	深圳大剧院	深圳市文化娱乐交流公司
四川省文化厅	张信哲	4	4月15日	4月16日	成都华美紫馨国际剧场	成都演艺集团有限公司
四川省文化厅	杨丞琳	9	4月15日		成都双流县川投国际酒店	四川省演出展览公司
北京市文化局	梁心颐	1	4月15日		北京咖钩酒吧有限公司	上海新碟文化传播有限公司
上海市文化广播影视管理局	江蕙	1	4月16日	4月17日	上海大舞台	北京九洲巨室文化传播有限公司
上海市文化广播影视管理局	萧亚轩(萧雅之)	1	4月16日		上海城市雕塑艺术中心	上海开思文化艺术有限公司
天津市文化广播影视局	梁心颐	1	4月16日		天津乱世佳人酒吧服务有限公司	上海新碟文化传播有限公司

续表

主送单位	主要演员	人数	开始时间	结束时间	演出地点	邀请方
安徽省文化厅	黄安	1	4月16日		安徽省合肥市望湖美家居商业广场	安徽未来文化传播有限公司
上海市文化广播影视管理局	刘美钰	1	4月16日	6月10日	上海东方艺术中心等地	上海话剧艺术中心
河南省文化厅	费玉清（张彦亭）	1	4月16日		河南洛阳市新区体育馆	河南东影文化传播有限公司
江苏省文化厅	张信哲	2	4月17日		江苏江都市体育馆	江苏新天地演艺中心
江苏省文化厅	周华健、陈明真	2	4月18日		江苏扬州宋夹城湿地公园	江苏演艺文化传播有限公司
湖北省文化厅	陈嘉桦	1	4月18日		武汉体育馆	上海新碟文化传播有限公司
江苏省文化厅	苏见信	1	4月18日		江苏吴江市体育中心体育场	江苏长三角舞美艺术有限公司
浙江省文化厅	蔡康永	3	4月22日		浙江嘉兴中港城购物广场	浙江国华演艺有限公司
辽宁省文化厅	文章(黄文章)	1	4月22日		大连市小平岛广场	大连对外文化艺术交流中心
江苏省文化厅	郑智化	1	4月22日	4月23日	江苏常州红磨坊大剧院、镇江市工人文化宫	江苏省演出公司
上海市文化广播影视管理局	黄立行	1	4月22日		上海大舞台	北京宝韵文化艺术发展有限公司
湖南省文化厅	周杰伦	5	4月23日		长沙贺龙体育中心	湖南省演出公司
窗体顶端 山东省文化厅	张韶涵	6	4月23日		山东济南市奥林匹克体育中心体育场	山东省演出公司
浙江省文化厅	蔡依林、吴克群	2	4月23日		浙江西塘旅游文化发展有限公司广场	杭州星烁演艺经纪有限公司
北京市文化局	萧亚轩	62	4月24日		北京工人体育馆	北京华瀚国际文化发展公司
广东省文化厅	田馥甄	1	4月26日		广东珠海市体育中心体育馆	深圳市文化娱乐交流公司
上海市文化广播影视管理局	屏风表演班朱德刚	5	4月27日	5月4日	上海兰心大戏院、上海话剧艺术中心	上海新翼演艺有限公司
河南省文化厅	费玉清	2	4月28日		河南省信阳市体育场	河南世创国际文化传播有限公司
浙江省文化厅	罗志祥、飞轮海	5	4月28日	5月3日	杭州黄龙体育中心体育馆、台州市路桥区文体中心	杭州演出有限公司
山东省文化厅	黄安	1	4月28日		山东省潍坊市昌乐县体育公园	东营市明星文化艺术公司

续表

主送单位	主要演员	人数	开始时间	结束时间	演出地点	邀请方
浙江省文化厅	云门舞集舞蹈团林怀民	26	4月29日	5月1日	杭州市红星剧院	杭州演出有限公司
四川省文化厅	潘美辰	1	4月29日		四川自贡市荣县体育中心体育场	四川省宜宾市综艺演出有限责任公司
河南省文化厅	周杰伦	5	4月29日		河南洛阳新区体育场	河南东影文化传播有限公司
福建省文化厅	伍佰(吴俊霖)、王心凌	2	4月29日		福建泉州海峡体育中心体育场	福建世纪时尚文化传播有限公司
江苏省文化厅	范逸臣(范佑臣)	1	4月29日	4月30日	江苏常州市钟楼区芭芘酒吧、无锡市艾姆替音乐酒吧	上海新碟文化传播有限公司
上海市文化广播影视管理局	萧敬腾	5	4月30日		上海大舞台	上海东方演艺有限公司
浙江省文化厅	苏见信	1	4月30日		浙江省杭州市淳安县千岛湖旅游码头秀水街广场	北京赛思博文演出经纪有限公司
江西省文化厅	游鸿明、徐佳莹	2	4月30日	5月2日	南昌魅力赣江水上乐园	江西中盛唱片发展有限公司、南昌言邦传媒广告有限公司
重庆市文化广播电视局	张韶涵、萧亚轩	2	4月30日		重庆市奉节县西部新区中心广场	重庆市里德尔文体经济有限责任公司
山东省文化厅	郑智化	1	4月30日		山东淄博剧院	山东淄博市演出服务中心
上海市文化广播影视管理局	朱德刚	4	4月30日	5月1日	上海八佰秀企业管理有限公司演出场所	上海新翼演艺有限公司
北京市文化局	齐秦	1	4月30日		北京工人体育馆	北京春秋永乐文化传播有限公司
山西省文化厅	赵传	4	4月30日		山西省太原市滨河体育中心体育馆	山西省演出公司
北京市文化局	黄舒骏、黄小琥	25	4月30日	5月1日	北京平谷区渔阳国际滑雪场	北京歌华中演文化有限公司
江苏省文化厅	草莓救星乐队	9	4月30日	5月2日	南京市滨江公园	江苏中奥国际体育文化产业有限公司
北京市文化局	许茹芸	1	4月30日		北京工人体育馆	北京春秋永乐文化传播有限公司
浙江省文化厅	姚中仁	1	4月30日		杭州西湖区极佳餐饮管理有限公司	杭州演出有限公司
江苏省文化厅	刘若英	1	4月30日		江苏扬州体育公园体育馆	江苏省演出公司
北京市文化局	张信哲	1	5月1日		北京首都体育馆	北京苍明文化有限责任公司
北京市文化局	齐豫	6	5月1日		北京国家体育场	北京中演文化娱乐公司

续表

主送单位	主要演员	人数	开始时间	结束时间	演出地点	邀请方
北京市文化局	万芳	8	5月1日		北京国家体育场	北京中演文化娱乐公司
安徽省文化厅	动力火车组合	2	5月1日		合肥红旗建材家具广场	上海伊津贝演出展览有限公司
江苏省文化厅	陈日昇、周代祥	2	5月1日	5月31日	江苏省常州市中华恐龙园	江苏省演出公司
北京市文化局	黄鸿升	19	5月1日		北京国家体育场	北京中演文化娱乐公司
北京市文化局	齐秦	5	5月1日	6月25日	北京保利剧院	北京保利剧院管理有限公司
山东省文化厅	周杰伦	5	5月1日		济南市奥林匹克体育中心体育场	山东省演出公司
浙江省文化厅	颜志琳、尤秋兴	2	5月2日		温州市鹿城区江滨嘎嘎酒吧	浙江省对外文化交流有限公司
浙江省文化厅	信乐团	5	5月3日		浙江湖州体育馆	杭州演出有限公司
浙江省文化厅	飞轮海组合	4	5月4日		浙江宁波镇海中学	北京城乡行文化艺术有限公司
上海市文化广播影视管理局	全民大剧团林文彬	4	5月5日	5月8日	上海艺海剧院	上海白玉兰文化艺术发展有限公司
浙江省文化厅	范锦东（范植伟）	1	5月5日	5月6日	杭州大剧院	杭州演出有限公司
上海市文化广播影视管理局	赖震泽、唐从圣	2	5月5日	5月8日	上海艺海剧院	上海白玉兰文化艺术有限公司
浙江省文化厅	萧敬腾	1	5月6日		杭州剧院	浙江省对外文化交流有限公司
云南省文化厅	齐秦	1	5月7日		云南昭通市体育馆	北京太泽文化有限公司
广东省文化厅	罗大佑	3	5月7日		广东东莞玉兰大剧院	广州市明星巨典文化艺术有限公司
广东省文化厅	罗志祥	1	5月8日		广东佛山岭南明珠体育馆	广东省友谊文化合作公司
福建省文化厅	郭书瑶	1	5月8日		厦门SM新生活广场	厦门市天视文化有限公司
广东省文化厅	萧敬腾	1	5月8日		广州正佳广场	广东南方文化发展有限公司
广东省文化厅	萧亚轩、黄安	2	5月8日		肇庆市体育中心管理处体育场	秦皇岛市东秦文化艺术有限公司
上海市文化广播影视管理局	林依晨	4	5月11日		上海正大广场	上海新碟文化传播有限公司
浙江省文化厅	刘若英	1	5月13日	5月21日	浙江嘉兴体育馆、海宁体育馆	浙江省对外文化交流公司

续表

主送单位	主要演员	人数	开始时间	结束时间	演出地点	邀请方
广东省文化厅	范锦东	1	5月13日	5月27日	广东省广州友谊剧院、中山市文化艺术中心、珠海市珠海大会堂、佛山市影剧院	广州共时文化传播有限公司
浙江省文化厅	周华健	1	5月13日		浙江衢州市行知职业教育集团学校操场	杭州星烁演艺经纪有限公司
重庆市文化广播电视局	王杰	1	5月13日		重庆市南川区体育场	重庆演出有限公司
上海市文化广播影视管理局	陈绮贞	1	5月14日		上海梅赛德斯-奔驰文化中心	上海白玉兰文化艺术发展有限公司
广东省文化厅	蔡依林(蔡依翎)	5	5月14日		广东东莞国际会展中心C区	上海新碟文化传播有限公司
浙江省文化厅	黄小琥、黄安	2	5月14日	5月17日	浙江省温州市鹿城区鼓楼霹噢霹酒吧、乐清市八八潮人会酒吧	浙江国华演艺有限公司
北京市文化局	周华健	5	5月14日		北京国家奥林匹克体育中心体育馆	北京世纪轩昂文化艺术传播有限公司
上海市文化广播影视管理局	金智娟、高怡平	2	5月14日		上海商城剧院	上海长远文化传播有限公司
浙江省文化厅	台北爱乐剧工厂杜黑	35	5月14日	5月15日	杭州剧院	浙江省演出有限公司
上海市文化广播影视管理局	卢广仲	1	5月14日		上海梅赛德斯-奔驰文化中心	上海白玉兰文化艺术发展有限公司
浙江省文化厅	“珍爱女人”组合	4	5月14日		杭州黄龙体育中心体育场	浙江国华演艺有限公司
上海市文化广播影视管理局	张韶涵	1	5月16日		上海嘉洋娱乐有限公司	上海艺穗文化管理有限公司
湖北省文化厅	黄小琥	4	5月16日		武汉体育中心体育场	武汉体育中心发展有限公司
江苏省文化厅	孟庭苇、伍佰	2	5月17日	5月28日	江苏省阜宁县中心体育馆、溧阳市体育馆	江苏省演出公司
海南省文化广电出版体育厅	邰正宵	1	5月17日		海南	海南华人国际文化有限公司
上海市文化广播影视管理局	杜明远	4	5月18日	5月19日	上海大宁剧院	上海中演文化艺术有限公司
山东省文化厅	陶喆	1	5月18日		山东省滕州市奥林匹克体育中心	山东省演出公司
湖北省文化厅	孟庭苇(陈秀玫)	1	5月19日		武汉梦天湖庙山度假山庄	浙江省对外文化交流有限公司
江苏省文化厅	刘谦	1	5月19日		江苏省淮安市体育馆	江苏淮安振邦文化交流有限公司

续表

主送单位	主要演员	人数	开始时间	结束时间	演出地点	邀请方
广东省文化厅	范锦东	1	5月20日	5月22日	广东深圳市华厦艺术中心	深圳市文化娱乐交流公司
四川省文化厅	萧亚轩、张信哲	2	5月20日		四川省攀枝花市体育场	四川省宜宾市综艺演出有限公司
安徽省文化厅	游鸿明、温岚	2	5月20日		马鞍山市体育馆	合肥市文华演出有限责任公司
上海市文化广播影视管理局	蔡依林、周杰伦	2	5月21日		上海虹口体育场	北京九州巨室文化传播有限公司
上海市文化广播影视管理局	罗志祥	1	5月21日		上海梅赛德斯-奔驰文化中心	上海白玉兰文化艺术发展有限公司
辽宁省文化厅	周华健	7	5月21日		大连金州体育场	辽宁文华艺术交流发展中心
浙江省文化厅	梁心颐	1	5月21日		浙江省温州市鹿城区鼓楼霹噢霹酒吧	上海新碟文化传播有限公司
上海市文化广播影视管理局	张信哲	4	5月22日	5月23日	上海大宁剧院	上海中演文化艺术有限公司
天津市文化局	张惠妹	4	5月22日		天津奥体中心体育场	天津市对外文化交流公司
新疆维吾尔自治区文化厅	郑智化、林进璋	2	5月22日		新疆维吾尔自治区伊犁州伊宁市体育中心	新疆维吾尔自治区演出展览中心
福建省文化厅	游鸿明	1	5月25日		福建省石狮市体育馆	厦门博誉文化传播有限公司
窗体顶端 河北省文化厅	吴克群、 赵传(赵柏钧)	2	5月27日	5月28日	石家庄市河北体育馆	石家庄中仁闪凝娱乐有限公司
北京市文化局	蔡依林、周杰伦	2	5月28日		北京工人体育场	北京九洲巨室文化传播有限公司
吉林省文化厅	范玮琪(范伟琪)	1	5月28日		长春市国际会展中心	吉林省演出有限责任公司
江苏省文化厅	林志颖	1	5月28日		江苏省泗洪县中学体育馆	江苏淮安振邦文化交流有限公司
江苏省文化厅	孟庭苇(陈秀玫)	1	5月28日		南京市江宁横溪街道西瓜广场	南京司麦尔文化艺术有限公司
陕西省文化厅	刘若英	1	5月28日		陕西西安曲江国际会展中心	西安曲江文化演出(集团)有限公司
江苏省文化厅	吕建忠	3	5月28日		江苏无锡体育公园体育馆	无锡广电星辰演艺传媒有限公司
辽宁省文化厅	齐豫	4	5月29日		大连海事学院体育馆	南京星之都文化传播有限公司
江苏省文化厅	徐佳莹	6	5月29日		南京滨江公园	江苏省演出公司
黑龙江省文化厅	郑智化	3	5月30日		哈尔滨大学理工体育馆	哈尔滨中泰兄弟文化传媒有限公司

续表

主送单位	主要演员	人数	开始时间	结束时间	演出地点	邀请方
上海市文化广播影视管理局	段承洋	7	5月31日	8月31日	上海度曼波餐饮有限公司	上海光翼文化传播有限公司
北京市文化局	齐豫	4	6月3日		北京万事达中心(五棵松体育馆)	南京星之都文化传播有限公司
上海市文化广播影视管理局	林宥嘉	1	6月3日		上海特美时餐饮有限公司	上海新碟文化传播有限公司
福建省文化厅	张信哲	1	6月4日		福建省莆田市体育中心体育场	厦门市天视文化有限公司
云南省文化厅	张韶涵、张芸京	2	6月4日		云南省曲靖市师范学院	云南省演出公司
浙江省文化厅	林宥嘉	1	6月4日		杭州鑫妍娱乐有限公司百乐门酒吧	上海新碟文化传播有限公司
北京市文化局	黄小琥(黄春凤)	1	6月5日		北京斯普瑞斯奥莱中心广场	北京华瀚国际文化发展公司
陕西省文化厅	台北市立国乐团 陈小萍	86	6月5日		西安音乐厅	陕西神采演出艺术有限责任公司
黑龙江省文化厅	张信哲	1	6月5日		黑龙江省大庆东北石油大学体育场	哈尔滨盛世华文文化传播有限公司
吉林省文化厅	周传雄	1	6月5日		吉林省长春市宽城区万达广场	吉林省中外文化交流中心
北京市文化局	伍佰(吴俊霖)	1	6月6日		北京奥体商务园区	北京迷笛演出有限公司
重庆市文化广播电视局	黄小琥(黄春凤)	1	6月8日	6月13日	重庆保利大剧院、广东星海音乐厅、福建大剧院	北京保利演艺经纪有限公司
福建省文化厅	林志炫	1	6月9日		福州市玛莎莉酒吧	厦门市天视文化有限公司
北京市文化局	李建常、黄馨萱	3	6月9日	6月11日	北京蓬蒿人剧场	北京蓬蒿人剧场
北京市文化局	台北市立国乐团 陈小萍	83	6月10日		北京国家大剧院音乐厅	北京国家大剧院演艺中心有限责任公司
河南省文化厅	辛晓琪	3	6月10日		河南省许昌市职业技术学院体育馆	河南省世创国际文化传播有限公司
福建省文化厅	伍佰	4	6月10日		福建省莆田市综合体育馆	福建省典格文化艺术有限公司
安徽省文化厅	田馥甄	1	6月10日		安徽省体育馆	上海新碟文化传播有限公司
上海市文化广播影视管理局	黄文章、 熊天平(熊威)	2	6月11日		上海大舞台	上海艺银演出有限公司
福建省文化厅	范玮琪(范伟琪)	1	6月12日		福州市体育馆	福州金色年代文化传播有限公司

续表

主送单位	主要演员	人数	开始时间	结束时间	演出地点	邀请方
江苏省文化厅	费玉清(张彦亭)	1	6月12日		江苏盱眙都梁公园	南京司麦尔文化艺术有限公司
浙江省文化厅	胡德夫	1	6月12日		杭州太子湾公园	浙江省演出有限公司
江苏省文化厅	张惠妹、柳翰雅	6	6月12日		江苏省连云港连岛大沙湾海滨浴场	江苏省演出公司
福建省文化厅	陈绮贞	1	6月15日		福建省泉州市丰泽广场	福建世纪时尚文化传播有限公司
内蒙古自治区文化厅	齐秦	5	6月16日		呼和浩特市内蒙古乌兰恰特大剧院	北京保利剧院管理有限公司
河南省文化厅	蔡依林(蔡依翎)	2	6月17日		郑州国际会展中心	北京九洲巨室文化传播有限公司
浙江省文化厅	李宗盛	3	6月17日		杭州体育馆	浙江省对外文化交流公司
浙江省文化厅	万芳(周正芳)	1	6月17日	6月19日	杭州红星剧院	杭州演出有限公司
上海市文化广播影视管理局	张芳瑜	1	6月18日	1月18日	上海大剧院、上海文化广场剧场、北京世纪剧院、广州大剧院	北京中演世纪文化传播有限责任公司
北京市文化局	童安格	5	6月18日		北京五棵松体育场	北京赛思博文演出经纪有限公司
宁夏回族自治区文化厅	任贤齐	1	6月18日		宁夏体育场	上海东方之星文化发展有限公司
浙江省文化厅	南拳妈妈组合宋健彰	2	6月18日		浙江省绍兴柯桥万达广场	浙江国华演艺有限公司
重庆市文化局	潘安邦、潘美辰	2	6月18日		重庆市铜梁县巴川中学足球场	重庆爱雅文化传播有限公司
上海市文化广播影视管理局	熊天平、姜育恒	2	6月18日		上海体育场	上海开思文化艺术有限公司
北京市文化局	许慧欣	1	6月18日		北京国家奥林匹克体育中心体育馆	北京世纪轩昂文化艺术传播有限公司
重庆市文化广播电视局	吕建忠	1	6月18日		重庆市万州体育馆	重庆市万州区演出公司
上海市文化广播影视管理局	迪克牛仔(林进璋)	1	6月18日		上海体育场	上海开思文化艺术有限公司
海南省文化广电出版体育厅	邰正宵	1	6月19日		三亚海棠湾	北京华夏弘扬国际文化艺术有限公司
北京市文化局	贾静雯	1	6月19日		北京保利剧院	北京保利剧院管理有限公司
北京市文化局	范锦东	1	6月20日	6月26日	北京保利剧院	哲腾（北京）文化传播有限公司

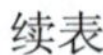

续表

主送单位	主要演员	人数	开始时间	结束时间	演出地点	邀请方
上海市文化广播影视管理局	林欣欣	1	6月22日		上海贺绿汀音乐厅	上海上音演出有限公司
山东省文化厅	周华健	3	6月22日	6月23日	山东省茌平县体育场	山东省演出公司
上海市文化广播影视管理局	高景阳	8	6月23日	6月24日	上海度曼波餐饮有限公司	上海光翼文化传播有限公司
北京市文化局	周杰伦	13	6月24日		北京工人体育场	北京世纪轩昂文化艺术传播有限公司
北京市文化局	辛晓琪	5	6月24日		北京工人体育场	北京世纪轩昂文化艺术传播有限公司
北京市文化局	纪佳松	1	6月24日		北京糖果餐饮娱乐有限公司	北京神起东方文化传播有限公司
湖南省文化厅	周杰伦	6	6月25日		长沙贺龙体育中心	湖南省演出公司
广东省文化厅	言承旭	2	6月25日		广州市华南师范大学体育馆	广州千翔文化传播有限公司
湖北省文化厅	迪克牛仔	2	6月25日		湖北省荆州市监利县翔宇中学	湖北龙行天下文化传播有限公司
江苏省文化厅	飞轮海组合	4	6月25日		江苏无锡江南大学逸夫馆	江苏演艺文化传播有限公司
河南省文化厅	齐秦	3	6月25日		河南省体育中心	郑州市智慧广告文化传播有限公司
上海市文化广播影视管理局	赵传(赵柏钧)及其乐队	20	6月25日		上海大舞台	上海汇阳文化艺术传播有限公司
福建省文化厅	张信哲	1	6月25日		厦门市嘉庚体育馆比赛馆	福建世纪时尚文化传播有限公司
江苏省文化厅	姜育恒	10	6月26日		苏州市体育中心体育场	江苏省演出公司
广西壮族自治区文化厅	信乐团(孙志群)	1	6月26日		南宁市金湖广场	广西演出有限责任公司
上海市文化广播影视管理局	魏如萱	1	6月26日		上海梅赛德斯-奔驰文化中心音乐俱乐部	上海东方明珠国际交流有限公司
辽宁省文化厅	黄小琥(黄春凤)	1	6月26日		辽宁省鞍山市铁东区威吧酒吧俱乐部	辽宁省对外文化交流公司
黑龙江省文化厅	任贤齐	1	6月27日		黑龙江省佳木斯会展中心	哈尔滨盛世华文文化传播有限公司
福建省文化厅	张帝	3	6月28日		漳州华阳体育馆	福州榕城歌剧院有限公司
福建省文化厅	李健光	3	6月29日		福州香格里拉大酒店	福建省中视传播有限公司

续表

主送单位	主要演员	人数	开始时间	结束时间	演出地点	邀请方
吉林省文化厅	刘谦	1	6月30日		吉林长春国际会展中心	吉林省鑫雅文化艺术有限责任公司
福建省文化厅	黄安	1	6月30日		福州市融桥锦江新天地会所	福建省演出公司
北京市文化局	罗大佑	1	7月2日		北京首都体育馆	北京中演文化娱乐公司
上海市文化广播影视管理局	卢广仲	1	7月2日		上海卢湾体育馆	上海白玉兰文化艺术发展有限公司
北京市文化局	张震岳、王汤尼	2	7月2日		北京首都体育馆	北京中演文化娱乐公司
上海市文化广播影视管理局	陈绮贞	1	7月2日		上海卢湾体育馆	上海白玉兰文化艺术发展有限公司
浙江省文化厅	林宥嘉	1	7月2日		杭州西湖天地大草坪	杭州演出有限公司
江苏省文化厅	范玮琪、王宏恩	2	7月2日		江苏常熟市体育馆	无锡市三六零文化交流有限公司
山东省文化厅	李宗盛、黄志玮	3	7月2日		青岛市体育中心国信体育馆	山东龙视国际文化传媒有限公司
广东省文化厅	蔡依林	1	7月2日		广州体育馆	佛山市直觉文化传播有限公司
四川省文化厅	周华健	1	7月5日		成都市双流县体育中心体育场	四川省演出展览公司
北京市文化局	杨培安	1	7月7日		北京糖果餐饮娱乐有限公司	北京天利时代国际演出策划有限公司
山东省文化厅	周杰伦	4	7月8日		青岛体育中心国信体育场	山东省演出公司
上海市文化广播影视管理局	周正芳	1	7月8日	7月9日	上海艺海剧院	上海市演出公司
江苏省文化厅	张韶涵	6	7月8日		江苏东台市体育中心	江苏东台市电影发行放映有限公司
上海市文化广播影视管理局	曾慧诚	1	7月8日	2012年1月18日	上海大剧院、上海文化广场剧场、北京世纪剧院、广州大剧院	北京中演世纪文化传播有限责任公司
湖北省文化厅	姚中仁	3	7月8日		武汉天地一夜咖啡吧	上海华轻演出经纪有限公司
江苏省文化厅	蔡琴	1	7月9日		常州体育馆	苏州市对外演出交流有限公司
河南省文化厅	周杰伦	4	7月9日		河南省新乡市体育场	江苏省演出公司
上海市文化广播影视管理局	张震岳、王汤尼	2	7月9日		上海梅赛德斯-奔驰文化中心	上海白玉兰文化艺术发展有限公司
山东省文化厅	周华健、苏见信	2	7月9日		山东省济宁市体育馆	马鞍山市演出有限公司

续表

主送单位	主要演员	人数	开始时间	结束时间	演出地点	邀请方
海南省文化广电出版体育厅	颜志琳	3	7月9日	7月31日	海南省海口、儋州、文昌、万宁、陵水、五指山、东方、昌江、临高、屯昌、琼海、三亚	海南省歌海演出有限公司
湖北省文化厅	王心凌	1	7月9日		湖北剧院	湖北楚天演出有限公司
上海市文化广播影视管理局	姚中仁	1	7月9日	7月22日	上海梅赛德斯-奔驰文化中心音乐俱乐部、上海嘉洋娱乐有限公司	上海白玉兰文化艺术发展有限公司
广东省文化厅	徐佳莹	3	7月10日		广州国际体育演艺中心	广州市明星巨典文化艺术有限公司
云南省文化厅	周杰伦、张韶涵	2	7月11日		云南曲靖市师范学院	云南省演出公司
黑龙江省文化厅	周华健	3	7月12日		哈尔滨国际会展中心体育馆	哈尔滨盛世华文文化传播有限公司
福建省文化厅	吴宗宪	11	7月13日		福建省石狮市体育馆	福建世纪时尚文化传播有限公司
广东省文化厅	刘若英	17	7月15日	7月16日	深圳华夏艺术中心有限公司华夏剧场	深圳市文化娱乐交流公司
福建省文化厅	飞儿乐队	3	7月15日		福建省莆田市东园路综合体育馆	福建世纪时尚文化传播有限公司
江苏省文化厅	费玉清(张彦亭)	1	7月15日	7月17日	江苏省无锡市体育馆、昆山市体育馆	北京巨龙文化公司
江苏省文化厅	周杰伦	5	7月16日		江苏南通体育会展中心体育场	江苏东方盛世文化产业有限公司
重庆市文化广播电视局	周华健	1	7月16日		重庆市梁平县梁平中学体育场	重庆宏途文化传播有限公司
黑龙江省文化厅	张信哲	1	7月16日		哈尔滨国际会展中心体育场	哈尔滨盛世华文文化传播有限公司
辽宁省文化厅	范玮琪	3	7月16日		大连世界博览广场	大连对外文化艺术交流中心
北京市文化局	黄韵玲	1	7月16日	7月17日	北京首都体育馆	上海开思文化艺术有限公司
安徽省文化厅	黄志玮、苏慧伦	2	7月16日		安徽省体育馆	上海伊津贝演出展览有限责任公司
北京市文化局	萧亚轩(萧雅之)	1	7月16日		北京万事达中心	北京春秋永乐文化传播有限公司
安徽省文化厅	蔡琴	1	7月16日		安徽芜湖市奥体中心体育馆	湖南海逸国际文化艺术交流有限公司
四川省文化厅	罗大佑	1	7月16日		四川省体育馆	成都演艺集团有限公司

续表

主送单位	主要演员	人数	开始时间	结束时间	演出地点	邀请方
安徽省文化厅	苏见信、游鸿明	2	7月16日		安徽省合肥市信地红星美凯龙商场	安徽中艺影视演艺有限公司
江苏省文化厅	范逸臣(范佑臣)	1	7月16日		江苏常州大剧院	无锡市三六零文化交流有限公司
北京市文化局	纸风车剧团李永丰	37	7月16日	7月17日	北京国家大剧院戏剧场	北京国家大剧院演艺中心有限责任公司
北京市文化局	张惠妹	1	7月16日		北京工人体育场	北京春秋永乐文化传播有限公司
江苏省文化厅	蔡依林	1	7月16日		常州奥体中心体育馆	江苏东方盛世文化产业有限公司
湖北省文化厅	表演工作坊冯翊纲	4	7月17日	7月18日	武汉琴台大剧院	武汉琴台大剧院管理有限公司
北京市文化局	刘永泰	1	7月17日		北京国家大剧院	北京国家大剧院演艺中心有限责任公司
北京市文化局	何君恒	1	7月17日	8月2日	北京音乐厅	北京华艺文化艺术交流中心有限公司
贵州省文化厅	田馥甄	1	7月17日		贵州饭店国际会议中心	贵州汇林新天地文化传播有限公司
四川省文化厅	张信哲	1	7月17日		宜宾市南岸体育场	四川省宜宾市综艺演出展览有限公司
浙江省文化厅	周华健	3	7月20日		杭州萧山第一世界大酒店	浙江省对外文化交流有限公司
上海市文化广播影视管理局	张惠妹	1	7月20日		上海世博会城市最佳实践区案例联合馆	上海国际文化艺术交流有限公司
上海市文化广播影视管理局	林依晨、周杰伦	2	7月21日		上海大舞台	上海新碟文化传播有限公司
广东省文化厅	姚中仁、郭正男	3	7月21日		广州市越秀区苏荷咖啡厅	广州艺铭文化艺术发展有限公司
上海市文化广播影视管理局	浪花兄弟、飞轮海组合	6	7月21日		上海大舞台	上海新碟文化传播有限公司
上海市文化广播影视管理局	黄韵玲	1	7月22日		上海梅赛德斯-奔驰文化中心	上海开思文化艺术有限公司
江苏省文化厅	潘裕文	1	7月22日	7月23日	盐城市亭湖区玛索酒吧、南通市崇川区外滩一号酒吧会所	苏州市对外演出交流有限公司
广东省文化厅	周杰伦	4	7月22日		广东省中山市体育场	中山市演出有限公司
广东省文化厅	罗大佑	1	7月23日		广州体育馆	广州明星巨典文化艺术有限公司

续表

主送单位	主要演员	人数	开始时间	结束时间	演出地点	邀请方
湖北省文化厅	费玉清(张彦亭)	1	7月23日		武汉市华中科技大学光谷体育馆	湖北龙行天下文化传播有限公司
江苏省文化厅	周杰伦	5	7月23日		江苏省镇江市体育场	浙江省对外文化交流有限公司
广东省文化厅	陈绮贞、卢广仲	2	7月23日		广州白云国际会议中心世纪大会堂	广东省友谊文化合作公司
广东省文化厅	张震岳、王汤尼	2	7月23日		广州体育馆	广州市明星巨典文化艺术有限公司
山东省文化厅	姜育恒、苏见信	2	7月23日		青岛市天泰体育场	中视时代（北京）国际文化传媒有限公司
河南省文化厅	郑智化	1	7月23日		许昌市职业技术学院体育馆	河南郑州盛会娱乐文化管理有限公司
河南省文化厅	郑智化	1	7月23日		河南省许昌市职业技术学院体育馆	河南郑州盛会娱乐文化管理有限公司
北京市文化局	罗志祥	6	7月23日		北京工人体育馆	北京世纪轩昂文化艺术传播有限公司
福建省文化厅	张惠妹	46	7月23日	10月9日	平潭综合实验区	海峡世纪（福建）影视文化有限公司
北京市文化局	吴庚霖	1	7月23日		北京糖果餐饮娱乐有限公司	北京天利时代国际演出策划有限公司
上海市文化广播影视管理局	苏打绿组合	6	7月23日		上海大舞台	北京春秋永乐文化传播有限公司
江苏省文化厅	林宥嘉	4	7月24日		江苏溧阳市电影院	江苏东方盛世文化产业有限公司
四川省文化厅	张信哲	2	7月24日		四川省凉山州西昌凉山民族体育馆	南昌市演出有限公司
山西省文化厅	周杰伦	6	7月24日		山西省孝义市中学体育场	山西省演出公司
广东省文化厅	张蓝匀、吴承芳	2	7月28日		广州友谊剧院	广东星海演艺发展有限公司
上海市文化广播影视管理局	姚中仁	3	7月28日		上海前线捷捷文化发展有限公司	上海华轻演出经纪有限公司
浙江省文化厅	张信哲	1	7月28日		衢州市第三中学	杭州星烁演艺经纪有限公司
上海市文化广播影视管理局	颜志琳、尤秋兴	2	7月28日		上海玛蒂波餐饮管理有限公司	上海文化娱乐管理有限公司
广东省文化厅	表演工作坊冯翊纲	4	7月29日	7月31日	深圳市保利剧院	深圳市文化娱乐交流公司
广东省文化厅	非常林奕华剧组刘若英	12	7月29日	7月30日	广州白云国际会议中心	深圳市聚橙网络技术有限公司

续表

主送单位	主要演员	人数	开始时间	结束时间	演出地点	邀请方
河北省文化厅	张震岳	10	7月29日	7月31日	河北省张家口市张北县中都草原	河北天澜文化传播有限公司
辽宁省文化厅	任贤齐	6	7月29日		大连市金州区体育场	沈阳巨龙国际文化传播有限公司
福建省文化厅	王若琳	11	7月29日	7月31日	厦门市思明区观音山海滩	厦门市天视文化有限公司
广东省文化厅	吴建纬	1	7月29日		广州市少年宫蓓蕾剧院	广东星海演艺发展有限公司
北京市文化局	蔡琴	1	7月30日		北京首都体育馆	北京九洲巨室文化传播有限公司
河南省文化厅	伍佰	3	7月30日		河南省体育馆	河南省商河文化传播有限公司
广东省文化厅	廖语晴	1	7月30日		广州市中山纪念堂	广州市明星巨典文化艺术有限公司
安徽省文化厅	齐秦	1	7月30日		安徽省淮北市体育馆	扬州市红马文化传播有限公司
山西省文化厅	周华健、郑智化	2	7月30日		晋城市文体宫	晋城市天歌演出有限公司
上海市文化广播影视管理局	炎亚纶(吴庚霖)	1	7月31日		上海云峰剧院	上海白玉兰文化艺术发展有限公司
湖南省文化厅	苏见信	1	7月31日		长沙贺龙体育中心东广场	湖南省文化艺术交流中心
河北省文化厅	姜育恒	3	7月31日		石家庄裕彤体育中心	北京悦目娱心文化发展有限公司
山东省文化厅	Moon 5乐队谢其光	8	8月4日	8月7日	山东省日照市奥林匹克水上公园	北京迷笛演出有限公司
北京市文化局	表演工作坊冯翊纲	4	8月5日	8月7日	北京保利剧院	北京保利剧院管理有限公司
江苏省文化厅	潘裕文	1	8月5日	8月27日	无锡路易文化娱乐苑、宜兴菲芘酒吧、常熟激情百度酒吧、江阴魅力动感音乐酒吧	苏州市对外演出交流有限公司
浙江省文化厅	李宗盛	7	8月5日	8月6日	舟山市普陀区桃花岛塔湾金沙	浙江国华演艺有限公司
江苏省文化厅	非常林奕华剧团刘若英	17	8月5日	8月6日	南京人民大会堂	南京大洋商务广告代理制作有限公司
江苏省文化厅	范玮琪	1	8月5日		盐城新体育馆	北京诺啦艺术发展有限公司

续表

主送单位	主要演员	人数	开始时间	结束时间	演出地点	邀请方
上海市文化广播影视管理局	张震岳	40	8月5日	8月7日	上海市金山城市沙滩	北京世纪轩昂文化艺术传播有限公司
广东省文化厅	廖语晴	1	8月5日		深圳音乐厅	广州市明星巨典文化艺术有限公司
河北省文化厅	周杰伦	7	8月5日		河北省承德市元宝山风景区	北京嘉华丽音国际文化发展有限公司
上海市文化广播影视管理局	蔡琴	1	8月6日		上海大舞台	上海东亚演出有限公司
河北省文化厅	郑智化	1	8月6日		唐山市体育中心田径场	北京神起东方文化传播公司
四川省文化厅	罗志祥	4	8月6日	8月7日	成都市佳乐国际城	成都演艺集团有限公司
河北省文化厅	高胜美	1	8月6日		河北省秦皇岛市体育场	秦皇岛东秦文化艺术有限公司
湖北省文化厅	蔡依林	2	8月6日		湖北省十堰市郧西县天河广场	湖北文化影视演出有限公司
上海市文化广播影视管理局	伍佰（吴俊霖）	6	8月6日		上海浦东喜马拉雅中心	上海国际艺术节中心
河北省文化厅	周蕙	4	8月6日	8月13日	河北省沧州市体育馆	北京中视艺仁文化传播有限公司
上海市文化广播影视管理局	温岚、张震岳、姚中仁	3	8月6日		上海浦东新区正大广场	北京春秋永乐文化传播有限公司
云南省文化厅	齐豫	4	8月6日		昆明新亚洲体育馆	昆明月光翎文化传播有限公司
北京市文化局	非常林奕华剧团 刘若英	12	8月10日	8月14日	北京保利剧院	北京华艺星空文化发展有限公司
江苏省文化厅	周华健	1	8月10日		江苏省东台市体育馆	江苏省演出公司
上海市文化广播影视管理局	林宥嘉	1	8月12日		上海大舞台	上海华轻演出经纪有限公司
辽宁省文化厅	孟庭苇(陈秀玫)、张帝	2	8月12日		沈阳市棋盘山秀湖广场	沈阳关东演艺有限公司
黑龙江省文化厅	张惠妹、张信哲	2	8月12日		黑龙江省佳木斯职教集团体育场	哈尔滨盛世华文文化传播有限公司
上海市文化广播影视管理局	潘裕文	1	8月12日		上海梅赛德斯-奔驰文化中心	上海歌星俱乐部
浙江省文化厅	表演工作坊冯翊纲	4	8月12日	8月13日	杭州大剧院	杭州演出有限公司

续表

主送单位	主要演员	人数	开始时间	结束时间	演出地点	邀请方
重庆市文化局	林志炫	3	8月13日		重庆市人民大礼堂	重庆市渝商广告文化传播有限公司
天津市文化局	苏见信	3	8月13日		天津奥体中心体育场	天津市对外文化交流公司
河南省文化厅	辛晓琪、黄小琥	2	8月13日		河南郑州国际会展中心	河南鼎商文化传播有限公司
江苏省文化厅	费玉清(张彦亭)	1	8月13日		江苏扬州体育公园体育馆	扬州联合演出有限公司
北京市文化局	张惠妹、林宥嘉、温岚	3	8月13日		北京国家奥林匹克体育中心体育馆	北京世纪轩昂文化艺术传播有限公司
黑龙江省文化厅	许慧欣	1	8月14日		哈尔滨国际会展中心体育场	黑龙江省文化艺术发展中心
贵州省文化厅	尤秋兴	2	8月16日		贵州省六盘水市	贵州省演出有限公司
浙江省文化厅	齐秦	1	8月17日		浙江省瑞安市体育馆	浙江省演出有限公司
北京市文化局	魏敏、唐庆华	2	8月18日		北京音乐厅	中国文化国际旅行社
山西省文化厅	张信哲	7	8月18日		大同市大同大学体育场	山西省演出公司
山东省文化厅	蔡依林	2	8月18日		山东滕州市体育场	江苏省演出公司
上海市文化广播影视管理局	姚中仁	4	8月18日	8月21日	上海大舞台	北京宝韵文化艺术发展有限公司
陕西省文化厅	潘裕文	1	8月18日	8月26日	西安帝豪歌剧院、青岛感觉酒吧、沈阳宝贝派对酒吧、武汉苏荷餐酒吧、包头巴巴潮人会音乐酒吧	西安波拉利思文化艺术传播有限公司
浙江省文化厅	非常林奕华剧团刘若英	36	8月19日	8月20日	浙江省人民大会堂	浙江省演出有限公司
广东省文化厅	潘美辰	1	8月19日		广东汕头市麦田娱乐有限公司	汕头市演出公司
江苏省文化厅	姚中仁	1	8月19日	8月20日	江苏南京梯恩梯娱乐管理有限公司、无锡梯恩梯潮人酒吧	江苏省演出公司
浙江省文化厅	柳翰雅	1	8月19日		浙江温州体育中心体育场	浙江省演出有限公司
湖南省文化厅	冯翊纲	4	8月19日	8月20日	湖南大剧院	湖南省文化艺术交流中心
浙江省文化厅	蔡依林(蔡依翎)	1	8月19日		浙江省温州市中心体育场	浙江省演出有限公司
江西省文化厅	黄志玮	3	8月20日		江西省体育馆	南昌市演出公司
江苏省文化厅	张芸京	1	8月20日		江苏省盐城市国际会展中心	江苏省演出公司
江苏省文化厅	罗志祥	4	8月20日		江苏盐城国际会展中心	江苏省演出公司
广西壮族自治区文化厅	蔡琴	1	8月20日		南宁市广西区体育馆	南宁市演出公司
湖北省文化厅	黄小琥(黄春凤)	4	8月21日		上海雅润文化传播有限公司	武汉体育中心体育馆

续表

主送单位	主要演员	人数	开始时间	结束时间	演出地点	邀请方
黑龙江省文化厅	高胜美	1	8月22日		黑龙江省黑河市世纪广场	黑龙江省文化艺术发展中心
上海市文化广播影视管理局	范逸臣(范佑臣)	1	8月23日		上海梅赛德斯-奔驰文化中心	上海新碟文化传播有限公司
北京市文化局	戏剧表演家剧团李宗熹	9	8月24日	8月28日	北京东城区文化馆	哲腾（北京）文化传播有限公司
新疆维吾尔自治区文化厅	蔡琴	1	8月26日		乌鲁木齐市红山体育馆	新疆维吾尔自治区演出展览中心
广东省文化厅	哈骚客乐队吕学治	27	8月26日	11月25日	汕头市百思得餐饮娱乐有限公司	汕头市演出公司
广东省文化厅	李翊君(李华苓)	1	8月26日		广州市中山纪念堂	广东南方文化发展有限公司
四川省文化厅	齐秦、萧亚轩(萧雅之)	2	8月26日		四川省巴中龙泉外国语学校体育场	四川省演出展览公司
上海市文化广播影视管理局	表演工作坊谢盈萱	4	8月26日	8月27日	上海东方艺术中心	上海东方艺术中心管理有限公司
湖南省文化厅	非常林奕华剧团刘若英	12	8月26日	8月27日	湖南大剧院	深圳市聚橙网络技术有限公司
江苏省文化厅	蔡依林(蔡依翎)	1	8月26日		江苏江阴市体育中心体育场	无锡市唐家文化传播有限公司
河南省文化厅	吴克群	1	8月26日		河南省体育中心	河南省演出有限责任公司
北京市文化局	张震岳	5	8月26日	8月28日	北京市房山区长阳镇京良路南侧小清河东岸万亩滨河公园	九洲文化传播中心
上海市文化广播影视管理局	范玮琪(范伟琪)	1	8月27日		上海梅赛德斯-奔驰文化中心	上海白玉兰文化艺术发展有限公司
福建省文化厅	李宗盛	3	8月27日		厦门嘉庚体育馆	厦门市明海演出有限公司
上海市文化广播影视管理局	萧敬腾	1	8月27日		上海共舞台	上海白玉兰文化艺术发展有限公司
浙江省文化厅	苏见信	1	8月27日		浙江省温州大剧院	浙江省对外文化交流有限公司
上海市文化广播影视管理局	陈嘉桦、陈建州	2	8月27日		上海梅赛德斯-奔驰文化中心	上海白玉兰文化艺术发展有限公司
重庆市文化广播电视局	蔡依林(蔡依翎)	1	8月27日		重庆市人民大礼堂	重庆肆人行文化体育传播有限公司
辽宁省文化厅	周杰伦	6	8月27日	9月30日	沈阳奥林匹克体育中心、大连金州体育场	哈尔滨同利达文化发展有限公司

续表

主送单位	主要演员	人数	开始时间	结束时间	演出地点	邀请方
上海市文化广播影视管理局	罗志祥、蔡依林	2	8月28日		上海体育场	北京春秋永乐文化传播有限公司
山西省文化厅	周杰伦	7	8月28日		山西省体育中心体育场	山西省演出公司
黑龙江省文化厅	尤雅(林丽鸿)	1	8月28日		哈尔滨国际会展中心体育场	哈尔滨中泰兄弟文化传媒有限公司
河北省文化厅	齐秦	1	8月28日		河北唐山丰南大剧院	河北嘉纳文化传播有限公司
江苏省文化厅	萧敬腾	1	8月29日		南京人民大会堂	江苏省演出公司
内蒙古自治区文化厅	迪克牛仔(林进璋)	2	8月29日		内蒙古鄂尔多斯成吉思汗广场	鄂尔多斯市演出服务中心
江西省文化厅	迪克牛仔(林进璋)	1	8月30日		江西省广昌县莲花广场	赣州市文化演出服务公司
贵州省文化厅	迪克牛仔（林进璋）	1	8月30日		黔南州都匀市大剧院	贵州大华文化艺术有限公司
上海市文化广播影视管理局	段承洋	1	9月1日	2012年2月29日	上海度曼波餐饮有限公司	上海明媚文化交流有限公司
北京市文化局	陈富元	1	9月1日	2012年2月29日	北京世贸天阶星际餐饮管理有限公司	上海桑德利文化艺术有限公司
上海市文化广播影视管理局	非常林奕华剧组 刘若英	36	9月2日	9月6日	上海东方艺术中心	上海东方艺术中心管理有限公司
浙江省文化厅	周华健	1	9月2日		浙江省宁波鄞州体育馆	浙江世纪风采文化传播有限公司
四川省文化厅	张惠妹	1	9月3日		四川省成都体育中心	四川省演出展览有限公司
河南省文化厅	蔡依林	3	9月3日		河南焦作市体育广场	河南郑州市智慧广告文化传播有限公司
湖南省文化厅	范逸臣(范佑臣)	8	9月3日	9月4日	湖南长沙橘洲公园	湖南省演出公司
江苏省文化厅	姜育恒	9	9月3日		苏州市体育场	江苏省演出公司
江苏省文化厅	李宗盛	1	9月4日		南京名都家居广场有限公司	江苏省演出公司
黑龙江省文化厅	黄小琥(黄春凤)	1	9月4日		哈尔滨市缔九区娱乐会馆	哈尔滨中泰兄弟文化传媒有限公司
北京市文化局	大嘴巴组合张怀秋	4	9月4日		北京三里屯Village橙色大厅	北京春秋永乐文化传播有限公司
北京市文化局	苏慧伦	5	9月4日		北京首钢篮球馆	北京九洲巨室文化传播有限公司
北京市文化局	林志颖	1	9月5日	10月25日	北京	北京希肯国际演出有限公司
山东省文化厅	郑智化	1	9月6日		泰安市体育中心	江苏凌云文化艺术有限公司

续表

主送单位	主要演员	人数	开始时间	结束时间	演出地点	邀请方
河北省文化厅	童安格	5	9月7日		河北省张家口宣化区体育场	张家口鸿浩文化传播有限公司
江苏省文化厅	张惠妹	4	9月7日		江苏盐城市国际会展中心	江苏省演出公司
辽宁省文化厅	吴克群	1	9月8日		辽宁省盘锦市体育场	沈阳巨龙国际文化传播有限公司
山东省文化厅	郭书瑶	1	9月8日		青岛大学体育馆	青岛市文化艺术交流中心
上海市文化广播影视管理局	八三夭乐队李贤璞	5	9月8日		上海嘉洋娱乐有限公司	上海艺穗文化管理有限公司
上海市文化广播影视管理局	八三夭乐队	5	9月8日		上海嘉洋娱乐有限公司	上海艺穗文化管理有限公司
北京市文化局	范玮琪(范伟琪)	1	9月9日		北京工人体育馆	北京中演文化娱乐公司
天津市文化广播影视局	蔡依林(蔡依翎)	1	9月9日		天津奥体中心体育场	天津市对外文化交流公司
重庆市文化广播电视局	张惠妹	1	9月9日		重庆奥林匹克体育中心	重庆星天娱文化传媒有限公司
山东省文化厅	苏芮（苏瑞芬）	1	9月9日		青岛市体育中心国信体育馆	青岛市文化艺术交流中心
安徽省文化厅	伊能静(吴静怡)	1	9月9日		安徽省天长市中地国际城	山西新浪潮演出有限公司
北京市文化局	徐熙娣	3	9月9日		北京工人体育馆	北京中演文化娱乐公司
山西省文化厅	赵传(赵柏钧)	1	9月9日		山西省太原市滨河体育馆	山西省演出公司
广东省文化厅	蔡琴及其乐队	8	9月10日		深圳湾体育中心	深圳市文化娱乐交流公司
北京市文化局	孟庭苇(陈秀玫)	1	9月10日		北京国家奥林匹克体育中心体育馆	北京天韵东方演出有限公司
云南省文化厅	费玉清(张彦亭)	1	9月10日		云南昆明市新亚洲体育馆	上海开思文化艺术有限公司
广东省文化厅	林宥嘉	1	9月10日		广州天河体育中心	广东南方文化发展有限公司
江苏省文化厅	童安格	1	9月10日		江苏溧阳市体育馆	无锡市唐家文化传播有限公司
北京市文化局	南方二重唱(林明桦)	2	9月10日		北京国家奥林匹克体育中心体育馆	北京天韵东方演出有限公司
安徽省文化厅	刘若英、苏见信	2	9月10日		繁昌县体育中心	安徽中艺影视演艺有限公司
北京市文化局	沈建宏、陈奕	2	9月10日		北京糖果餐饮娱乐有限公司	北京春秋永乐文化传播有限公司
广西壮族自治区文化厅	张韶涵	4	9月10日		广西桂林市体育中心	桂林市演出公司

续表

主送单位	主要演员	人数	开始时间	结束时间	演出地点	邀请方
江苏省文化厅	周杰伦	5	9月11日		江苏苏州体育中心体育场	江苏东方盛世文化产业有限公司
广西壮族自治区文化厅	动力火车组合尤秋兴	2	9月11日		南宁广西壮族自治区体育场	广西演出有限公司
浙江省文化厅	黄小琥（黄春凤）	1	9月11日		杭州钱江新城城市阳台	上海东立文化艺术经纪有限公司
浙江省文化厅	苏慧伦	1	9月11日		温岭市体育馆	北京华夏龙情文化传播有限公司
四川省文化厅	周华健	1	9月12日		四川省体育馆	成都演艺集团有限公司
北京市文化局	张玉霞	1	9月12日		北京人民大会堂	北京市演出有限责任公司
黑龙江省文化厅	张惠妹	1	9月12日		哈尔滨国际会展中心体育场	哈尔滨同利达文化发展有限公司
广东省文化厅	蔡琴	1	9月13日		中山博览中心综合展馆	中山市演出有限公司
北京市文化局	林宥嘉	1	9月13日		北京国家奥林匹克体育中心体育馆	北京城乡行文化艺术有限公司
安徽省文化厅	费玉清(张彦亭)	1	9月15日		安徽淮南市体育场	合肥汉源文化传播有限公司
浙江省文化厅	张惠妹	1	9月16日		浙江省温州市体育中心体育场	浙江国华演艺有限公司
北京市文化局	黄丽玲	1	9月16日		北京德之盛文化发展有限公司	上海新碟文化传播有限公司
重庆市文化局	齐秦、林宥嘉	5	9月16日		重庆市合川区人民广场	重庆正点文化产业发展有限公司
上海市文化广播影视管理局	张信哲	3	9月16日	9月23日	天津滨海团泊新城体育场、上海索菲特大酒店	上海唱游名门音乐演出制作有限公司
广东省文化厅	苏见信	2	9月16日		深圳湾体育中心体育场	广东南方文化发展有限公司
浙江省文化厅	动力火车组合	2	9月16日		嘉兴市演出有限公司	嘉兴市演出有限公司
北京市文化局	吴克群	4	9月16日		北京万事达中心（原五棵松体育馆）	北京中歌嘹亮音乐文化传播有限公司
河北省文化厅	蔡琴	1	9月17日		石家庄市河北体育馆	深圳市文化娱乐交流公司
广东省文化厅	周杰伦	1	9月17日		深圳体育场	广东省演出有限公司
天津市文化局	伍佰	3	9月17日		天津体育中心	天津华乐文化艺术发展有限公司
福建省文化厅	蔡琴	1	9月17日	9月24日	厦门市集美嘉庚体育馆、福州福建省体育馆	福建世纪时尚文化传播有限公司
广东省文化厅	费玉清(张彦亭)	24	9月17日		广州体育馆	广州市演出电影有限公司

续表

主送单位	主要演员	人数	开始时间	结束时间	演出地点	邀请方
浙江省文化厅	动力火车	2	9月17日		宁波市慈溪水沐年华演艺大舞台	宁波东方二十一文化发展有限公司
广东省文化厅	林进璋	1	9月17日		广州国际体育演艺中心	广州共时文化传播有限公司
浙江省文化厅	周华健	3	9月17日		浙江省淳安县千岛湖秀水广场	上海开思文化艺术有限公司
广东省文化厅	罗志祥	1	9月17日		广州天河体育中心体育场	广州明星巨典文化艺术有限公司
河南省文化厅	刘若英、黄安	2	9月17日		河南新乡市体育中心	河南大河现代文化传媒有限公司
北京市文化局	田馥甄、何欣穗	2	9月17日		北京朝阳区体育健身休闲公园	北京城乡行文化艺术有限公司
北京市文化局	姜育恒	1	9月17日		北京工人体育馆	九洲文化传播中心
江苏省文化厅	蔡依林(蔡依翎)	1	9月17日		南京奥体中心体育场	江苏五环广告传播公司
河南省文化厅	周杰伦	9	9月18日		河南省体育中心	河南省世创国际文化传播有限公司
上海市文化广播影视管理局	田馥甄、何欣穗	2	9月18日		上海浦东新区高行镇	北京城乡行文化艺术有限公司和北京太合互动文化传媒有限公司
福建省文化厅	吴宗宪	1	9月18日		厦门市伍叁贰娱乐有限公司	福建省演出公司
广西壮族自治区文化厅	卓依婷	1	9月19日		广西玉林市香格里拉小区广场	广西玉林市演出公司
山东省文化厅	孟庭苇、潘安邦	2	9月20日		潍坊昌邑市绿博园	东营明星文化艺术有限责任公司
北京市文化局	巴洛克古乐团陈蓝谷	16	9月22日		北京中山公园音乐堂	北京保利紫禁城剧院管理有限公司
安徽省文化厅	张宇、林宥嘉	2	9月22日		芜湖市体育馆	芜湖市演出艺术中心
广东省文化厅	林宥嘉、卢广仲	2	9月23日		广州天河体育中心体育馆	广东省演出有限公司
天津市文化广播影视局	周杰伦	1	9月23日		天津静海团泊体育场	天津华谊东方文化传播有限公司
广东省文化厅	范逸臣	1	9月23日	9月24日	广州市越秀区苏荷咖啡厅、深圳市亚洲现代艺术发展有限公司画廊卡拉OK歌舞厅	广东省友谊文化合作公司
重庆市文化局	张惠妹、杨培安	5	9月23日		丰都县中恒体育场	重庆演出有限责任公司
安徽省文化厅	高胜美	1	9月23日		芜湖市新视听演艺中心	芜湖市演出艺术中心
上海市文化广播影视管理局	潘美辰	1	9月23日		上海杨浦文化娱乐有限公司	上海歌星俱乐部

续表

主送单位	主要演员	人数	开始时间	结束时间	演出地点	邀请方
上海市文化广播影视管理局	姜育恒	1	9月24日		上海大舞台	上海市演出公司
江苏省文化厅	高胜美	1	9月24日		南京光阳大舞台	南京光阳娱乐有限公司
安徽省文化厅	林宥嘉	1	9月24日		安徽省芜湖市师范大学多功能演出厅	上海伊津贝演出展览有限责任公司
江苏省文化厅	周杰伦、许慧欣	6	9月24日		张家港体育中心体育场	浙江国华演艺有限公司
辽宁省文化厅	林志炫	1	9月24日		辽宁沈阳八一军人俱乐部	辽宁东方星润文化传媒有限公司
安徽省文化厅	范玮琪(范伟琪)	1	9月24日		安徽省黄山市体育馆	上海伊津贝演出展览有限责任公司
江苏省文化厅	黄立行	1	9月24日		江苏省南京市国际展览中心	江苏省演出公司
浙江省文化厅	陈绮贞	1	9月24日		杭州市体育馆	浙江世纪风采文化传播有限公司
陕西省文化厅	张惠妹	1	9月25日		陕西榆林市神木县大柳塔镇神东体育场	北京城乡行文化艺术有限公司
安徽省文化厅	伊能静(吴静怡)	1	9月25日		安徽省淮南市大都汇家居销售中心	安徽省环球文化传播有限公司
四川省文化厅	颜志琳	2	9月25日		成都市成华区和美东路8号锦绣城	成都演艺集团有限公司
北京市文化局	黄立行、张震岳	6	9月25日		北京国家奥林匹克体育中心体育馆	北京世纪轩昂文化艺术传播有限公司
江苏省文化厅	刘若英	1	9月26日		江苏省东海县体育场	南京司麦尔文化艺术有限公司
山东省文化厅	黄立行	1	9月26日		山东青岛鼎尚娱乐有限公司	青岛市文化艺术交流中心
浙江省文化厅	费玉清、温岚	3	9月26日		永康体育场	浙江省演出有限公司
天津市文化局	F.I.R乐团詹雯婷	3	9月26日		天津泰达足球场	天津市对外文化交流公司
陕西省文化厅	萧亚轩、黄瀞怡	4	9月26日		安康市体育场	陕西秦唐文化发展有限公司
山西省文化厅	张信哲	7	9月27日		山西大同市大同大学体育场	山西省公益演出管理中心
江苏省文化厅	张信哲	1	9月28日		江苏常熟市体育中心	上海中演文化艺术有限公司
内蒙古自治区文化厅	任贤齐	4	9月28日		内蒙古鄂尔多斯全民健身中心	北京罗盘文化艺术有限公司
浙江省文化厅	伊能静(吴静怡)	1	9月28日		浙江宁波大剧院	宁波东方二十一文化发展有限公司

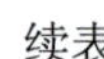
续表

主送单位	主要演员	人数	开始时间	结束时间	演出地点	邀请方
北京市文化局	黄小琥(黄春凤)	1	9月28日		北京糖果餐饮娱乐有限公司	北京春秋永乐文化传播有限公司
江苏省文化厅	苏有朋、柳翰雅	2	9月28日		江苏省洪泽县外国语中学体育场	浙江省对外文化交流有限公司
辽宁省文化厅	周华健	1	9月29日		辽宁省抚顺市雷锋体育场	辽宁省对外文化交流公司
广东省文化厅	台湾豫剧团王海玲	61	9月29日	9月30日	广东东莞玉兰大剧院、东莞中堂镇潢涌影剧院	东莞市台商协会
新疆维吾尔自治区文化厅	萧亚轩(萧雅之)	1	9月30日		乌鲁木齐市新疆体育中心体育馆	新疆华艺文化传媒有限公司
云南省文化厅	范逸臣	3	9月30日		云南大剧院	云南大剧院演艺有限公司
湖南省文化厅	黄小琥(黄春凤)	1	9月30日		长沙市天心区爱克丝五酒吧	湖南省文化艺术交流中心
山东省文化厅	伍佰	1	9月30日		烟台市体育场	江苏省演出公司
江苏省文化厅	张惠妹	1	10月1日		江苏省吴江市体育中心体育场	南京大唐亚太国际演出交流有限公司
上海市文化广播影视管理局	文沛然	4	10月1日	10月7日	上海华侨城投资发展有限公司	上海歌星俱乐部
江西省文化厅	张信哲、王心凌	2	10月1日		江西赣州市体育馆	浙江国华演艺有限公司
北京市文化局	何信远	1	10月1日	10月7日	北京欢乐谷景区和华侨城大剧院	北京宝韵文化艺术发展有限公司
江苏省文化厅	迪克牛仔	4	10月1日	10月2日	江苏南通市会展中心体育场	江苏新天地演艺中心
四川省文化厅	庾澄庆	4	10月2日	10月5日	四川省绵阳市经开区机场旧址	四川省演出展览公司
甘肃省文化厅	周杰伦	5	10月2日		甘肃兰州交通大学	甘肃西宇文化艺术有限公司
北京市文化局	萧敬腾	1	10月2日		北京国家体育馆	北京演艺集团有限责任公司
江苏省文化厅	戴爱玲	37	10月2日	10月5日	江苏省镇江市丹徒区世业洲长江鹭岛音乐文化村	北京城乡行文化艺术有限公司
河南省文化厅	刘谦、陈冠霖	11	10月3日	12月25日	河南艺术中心大剧院	北京保利剧院管理有限公司
江苏省文化厅	黄小琥	1	10月3日		江苏无锡市锡惠公园发龙壁广场	苏州欧亚演出有限公司
四川省文化厅	范晓萱、萧敬腾	2	10月3日	10月4日	四川省成都市新都区保利198公园	四川永艺演出有限公司
江苏省文化厅	林晓培	3	10月3日		江苏无锡市体育中心体育场	江苏风潮文化传媒有限公司

续表

主送单位	主要演员	人数	开始时间	结束时间	演出地点	邀请方
浙江省文化厅	动力火车	2	10月3日		海宁市盐官观潮公园	浙江国华演艺有限公司
北京市文化局	陈建年	47	10月3日	10月5日	北京市怀柔区怀北滑雪场	北京城乡行文化艺术有限公司
江苏省文化厅	张惠妹	1	10月4日		靖江市第一高级中学体育场	南京大唐亚太国际演出交流有限公司
上海市文化广播影视管理局	陈焕昌	12	10月5日	10月7日	上海梅赛德斯-奔驰文化中心	上海白玉兰文化艺术发展有限公司
浙江省文化厅	林宥嘉	1	10月5日		杭州体育馆	上海华轻演出经纪有限公司
江苏省文化厅	苏见信	1	10月5日		江苏江阴市体育馆	江苏演艺文化传播有限公司
上海市文化广播影视管理局	张洪量	7	10月5日	10月7日	上海梅赛德斯-奔驰文化中心	上海白玉兰文化艺术发展有限公司
上海市文化广播影视管理局	陈绮贞	1	10月5日	10月7日	上海梅赛德斯-奔驰文化中心	上海白玉兰文化艺术发展有限公司
上海市文化广播影视管理局	曹启泰	1	10月5日	10月7日	上海梅赛德斯-奔驰文化中心	上海白玉兰文化艺术发展有限公司
福建省文化厅	周传雄、林进璋	2	10月6日		福建省建阳市体育馆	福建省中视传播有限公司
江苏省文化厅	高胜美	1	10月6日		常州家家爱国际家居广场	江苏省演出公司
北京市文化局	姜育恒	1	10月6日		北京斯普瑞斯奥特莱斯商城	北京世纪轩昂文化艺术传播有限公司
四川省文化厅	杨培安	1	10月6日		成都金色歌剧院	四川金手指文化传播集团有限公司
广西壮族自治区文化厅	张惠妹	1	10月7日		南宁广西区体育场	南宁市演出公司
浙江省文化厅	梁心颐	1	10月7日		杭州鑫妍娱乐有限公司百乐门酒吧	上海新碟文化传播有限公司
宁夏回族自治区文化厅	苏见信	1	10月7日		宁夏银川体育馆	甘肃西宇文化艺术有限责任公司
河南省文化厅	郭采洁、萧敬腾	2	10月7日		河南省体育馆	郑州新志文化传播有限公司
山东省文化厅	郑智化	1	10月7日		山东东营市石油大学体育馆	东营明星文化艺术有限责任公司
陕西省文化厅	如果儿童剧团周文明	16	10月8日	2012年1月10日	西安	陕西神采演出艺术有限公司
福建省文化厅	周传雄	3	10月8日		福建省莆田市体育中心体育场	福建省中视传播有限公司

续表

主送单位	主要演员	人数	开始时间	结束时间	演出地点	邀请方
江苏省文化厅	梁心颐	1	10月8日		常州市拉斯维加斯娱乐有限公司芭芘娱乐分公司	上海新碟文化传播有限公司
福建省文化厅	罗志祥	1	10月8日		福建泉州市海峡体育中心体育馆	福建省金海湾文化发展有限公司
广西壮族自治区文化厅	萧敬腾、郭采洁	2	10月9日		广西民族大学礼堂	广西南宁柯沃乐文化艺术演出有限公司
辽宁省文化厅	周华健、罗志祥	2	10月9日		辽宁省阜新市体育场	沈阳华星国际演艺文化传媒有限公司
北京市文化局	范玮琪	10	10月9日		北京国家体育场场外热身场	北京九维文化传媒有限公司
上海市文化广播影视管理局	梁凯恩	5	10月10日		上海梅赛德斯-奔驰文化中心	上海白玉兰文化艺术发展有限公司
浙江省文化厅	周杰伦、罗志祥	2	10月11日		浙江省象山县体育馆	上海开思文化艺术有限公司
浙江省文化厅	许茹芸	1	10月11日		杭州黄龙体育中心体育场	浙江省对外文化交流有限公司
湖南省文化厅	萧敬腾	1	10月11日		湖南长沙市湖南中医药大学东塘校区体育馆	湖南省演出公司
甘肃省文化厅	周华健	1	10月12日		甘肃庆阳体育馆	甘肃西宇文化艺术有限公司
北京市文化局	台湾国乐团王兰生	79	10月13日	10月18日	北京国家大剧院音乐厅、山东剧院、青岛市人民会堂	北京国家大剧院演艺中心有限责任公司、山东省演出公司
天津市文化局	曾昱嘉、张信哲	9	10月13日		天津民园体育场	天津华乐文化艺术发展有限公司
广东省文化厅	丁建中	1	10月14日		广州市中山纪念堂	广州星翰演艺文化有限公司
辽宁省文化厅	姚中仁	1	10月14日		辽宁大连东方九度酒吧	大连对外文化艺术交流中心
浙江省文化厅	动力火车	7	10月14日	10月15日	杭州大河造船厂停车场	杭州星烁演艺经纪有限公司
江苏省文化厅	潘美辰	1	10月14日		江苏扬州高老庄大舞台	江苏省演出公司
重庆市文化局	周杰伦	7	10月14日		重庆永川体育中心	四川省宜宾市综艺演出展览有限公司
湖北省文化厅	伍佰	3	10月15日		武汉体育中心体育馆	武汉体育中心发展有限公司
安徽省文化厅	杨培安	1	10月15日		安徽省淮北市体育场	北京艺飞鸿文化传播有限公司

续表

主送单位	主要演员	人数	开始时间	结束时间	演出地点	邀请方
黑龙江省文化厅	周传雄	1	10月15日		哈尔滨理工大学体育馆	黑龙江省文化艺术发展中心
福建省文化厅	范逸臣、黄冠龙	2	10月15日		泉州华侨大学陈嘉庚纪念堂	中演协（福州）文化经纪有限公司
浙江省文化厅	炎亚纶	4	10月15日		杭州西湖天地大草坪	杭州演出有限公司
河北省文化厅	王心凌	3	10月15日		河北邯郸武安县磁山体育场	河北第七街区文娱广告传媒公司
河北省文化厅	郑智化	1	10月15日		河北省唐山市体育中心	北京神起东方文化传播公司
山东省文化厅	李宗盛	4	10月15日	10月16日	山东济南龙奥大厦西侧广场	江南世博演艺经纪有限公司
福建省文化厅	范玮琪	2	10月15日	10月22日	福建省龙岩市体育公园综合馆、石狮市体育中心体育馆	中演协（福州）文化经纪有限公司
江苏省文化厅	张惠妹、张信哲	2	10月15日		江苏兴化市体育馆	江苏省演出公司
新疆维吾尔自治区文化厅	F. I. R乐队詹雯婷	3	10月15日		新疆乌鲁木齐市红山体育馆	新疆德艺星演艺有限公司
山西省文化厅	周杰伦	4	10月15日		山西省运城市体育场	山西运城新阳光艺辉文化传播有限公司
安徽省文化厅	林宥嘉	1	10月15日		安徽省安庆市人民剧场	安徽省环球文化传播有限公司
上海市文化广播影视管理局	刘士华	1	10月15日	10月16日	上海东方艺术中心	上海上体文化传媒有限公司
河南省文化厅	陈冠霖、刘谦	2	10月15日	10月16日	河南艺术中心大剧院	北京保利剧院管理有限公司
四川省文化厅	任贤齐、罗志祥	2	10月15日		四川眉山市犍为县体育场	四川永艺演出有限公司
上海市文化广播影视管理局	黄小琥	9	10月15日	10月16日	上海世博园区	上海悦色演艺经纪有限公司
河北省文化厅	周杰伦、萧亚轩	7	10月16日		唐山市体育中心	石家庄仁和世家文化传播有限公司
上海市文化广播影视管理局	钟翰、高若珊	2	10月18日	10月23日	上海话剧艺术中心	上海话剧艺术中心
湖南省文化厅	周华健	4	10月18日		湖南省郴州市体育中心	湖南省演出公司
江苏省文化厅	萧亚轩（萧雅之）	1	10月19日		江苏昆山市体育中心体育场	昆山市演出有限公司
江苏省文化厅	孟庭苇	4	10月19日		江苏江阴市体育中心	湖南新活动传媒有限公司

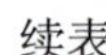
续表

主送单位	主要演员	人数	开始时间	结束时间	演出地点	邀请方
安徽省文化厅	伊能静（吴静怡）	1	10月20日		芜湖市新奥文体中心体育馆	安徽中艺影视演艺有限公司
广东省文化厅	林志炫	1	10月20日		广东省中山市东区风云体育俱乐部	广州市明星巨典文化艺术有限公司
江苏省文化厅	张惠妹	1	10月21日		江苏南京市五台山体育场	江苏星系文化传播有限公司
浙江省文化厅	吴克群	1	10月21日		浙江省义乌市梅湖体育场	中国国际文化艺术公司
浙江省文化厅	黄安、高胜美	2	10月21日		浙江省长兴大剧院	浙江省对外文化交流有限公司
广东省文化厅	丁建中	1	10月21日		广东省珠海市体育中心体育馆	珠海市演出公司
江西省文化厅	林进璋	3	10月21日		江西上饶市体育中心体育场	江西华娱传媒有限公司
河南省文化厅	刘若英、张博翔	2	10月21日		河南新乡市汇进城	郑州天璨星光文化传播有限公司
江西省文化厅	范玮琪	2	10月21日	10月23日	江西南昌国际展览中心	江西中盛唱片发展有限公司
广西壮族自治区文化厅	苏见信	1	10月21日		广西体育中心	南宁国际民歌艺术节组委会
河南省文化厅	周杰伦	5	10月21日		河南省体育中心	北京九州巨室文化传播有限公司
北京市文化局	卢广仲	1	10月22日		北京工人体育馆	北京中演文化娱乐公司
湖南省文化厅	蔡琴	1	10月22日		湖南岳阳市体育馆	湖南岳阳市演出公司
辽宁省文化厅	范逸臣	5	10月22日		辽宁大连市大连世界博览广场	辽宁文华艺术交流发展中心
福建省文化厅	萧敬腾	3	10月22日		福建省体育馆	福建世纪时尚文化传播有限公司
北京市文化局	朱宗庆打击乐团朱宗庆	17	10月22日		三里屯VILLAGE橙色大厅	北京明讯公关顾问有限公司
北京市文化局	陈绮贞	1	10月22日		北京工人体育馆	北京中演文化娱乐公司
福建省文化厅	林宥嘉	1	10月22日		福建大剧院	福建省中视传播有限公司
上海市文化广播影视管理局	许茹芸	1	10月22日		上海大舞台	江苏省演出公司
广东省文化厅	黄志玮	3	10月22日		深圳华夏艺术中心剧场	深圳市新瑞演出有限公司
广西壮族自治区文化厅	萧亚轩(萧雅之)	1	10月23日		广西玉林体育中心	广西玉林市演出公司
北京市文化局	吴宗宪	5	10月26日		北京首都展览馆	北京春秋永乐文化传播有限公司

续表

主送单位	主要演员	人数	开始时间	结束时间	演出地点	邀请方
上海市文化广播影视管理局	周杰伦	6	10月28日		上海体育场	上海韶华文化传播有限公司
广东省文化厅	杨培安	5	10月28日		广东省星海音乐厅	广东省演出有限公司
江西省文化厅	蔡依林(蔡依翎)	1	10月28日		江西省龙南县龙翔广场	浙江国华演艺有限公司
江苏省文化厅	姜育恒	1	10月28日		江苏徐州市体育馆	江苏光线传媒有限公司
浙江省文化厅	潘美辰	1	10月28日		杭州东坡金海岸大舞台	浙江国华演艺有限公司
湖南省文化厅	全民大剧团唐从圣	6	10月28日	10月29日	湖南大剧院	湖南省文化艺术交流中心
湖南省文化厅	黄文章	1	10月28日		湖南株洲市芦淞广场	湖南株洲市演出公司
江苏省文化厅	黄安	1	10月28日		江苏昆山市体育馆	南京悍马文化演艺有限公司
广西壮族自治区文化厅	孟庭苇(陈秀玫)	1	10月28日		广西梧州市新梧州高中体育场	广西梧州市演出公司
江西省文化厅	刘若英	4	10月28日		江西省宜春市人民政府礼堂	江西省振兴国际文化艺术交流中心
北京市文化局	范逸臣	2	10月28日		北京工人体育馆	北京世纪轩昂文化艺术传播有限公司
北京市文化局	黄丽玲	1	10月28日		北京咖钩酒吧有限公司	上海新碟文化传播有限公司
江苏省文化厅	郎正宵	1	10月28日		江苏太仓市体育馆	太仓百威隆文化艺术广告有限公司
江苏省文化厅	高胜美	1	10月28日		江苏溧阳大众影剧院	杭州名星文化艺术传播有限公司
内蒙古自治区文化厅	刘若英、张惠妹	2	10月28日		内蒙古鄂尔多斯市全民健身活动中心体育场	鄂尔多斯市演出服务中心
北京市文化局	信乐团	5	10月28日		北京工人体育馆	北京世纪轩昂文化艺术传播有限公司
江苏省文化厅	周华健	1	10月29日		江苏泰州市医药高新区会展中心	南京大唐亚太国际演出交流有限公司
江苏省文化厅	李宗盛	1	10月29日		江苏吴江市体育场	江苏演艺文化传播有限公司
浙江省文化厅	卢广仲	1	10月29日		杭州太子湾公园	杭州演出有限公司
江苏省文化厅	周杰伦	9	10月29日		南京五台山体育场	江苏长三角舞美艺术有限公司
江苏省文化厅	黄丽玲	1	10月29日		南京潮人娱乐管理有限公司TNT酒吧	上海新碟文化传播有限公司
江苏省文化厅	蔡依林	10	10月29日		江苏连云港市体育馆	江苏省演出公司
福建省文化厅	萧敬腾	2	10月29日		福建省漳州师范学院体育场	中演协（福州）文化经纪有限公司

续表

主送单位	主要演员	人数	开始时间	结束时间	演出地点	邀请方
北京市文化局	吴佩慈、任贤齐	2	10月29日		北京展览馆剧场	北京世纪轩昂文化艺术传播有限公司
上海市文化广播影视管理局	王若琳、林羿容	2	10月29日		上海船厂滨江新舞台广场	上海国际文化艺术交流有限公司
江苏省文化厅	蔡琴	1	10月29日		无锡市体育中心体育馆	吴江市兰萌广告文化传播有限责任公司
四川省文化厅	张宇(张博翔)、李茂山	2	10月29日		四川省遂宁市船山体育馆	北京久隆盛世文化传播中心
江苏省文化厅	张惠妹	1	10月30日		江苏南通体育会展中心体育场	南京靓泽文化传播有限公司
江苏省文化厅	林进璋	2	10月30日		江苏泰州市体育馆	江苏新天地演艺中心
安徽省文化厅	F.I.R乐队詹雯婷	3	10月30日		安徽省淮南市海沃世贸商城广场	合肥汉源文化传播有限公司
海南省文化广电出版体育厅	任贤齐、刘若英	2	10月30日		海南海口市高级体育运动技术学校体育场	海南广播电视台综合频道
重庆市文化广播电视局	卓文萱	1	10月30日		重庆大学风雨操场	重庆美神演出有限公司
江苏省文化厅	范玮琪(范伟琪)	1	10月30日		江苏常州大剧院	江苏新天地演艺中心
广西壮族自治区文化厅	罗志祥	6	10月30日		广西壮族自治区体育中心	广西演出有限公司
山西省文化厅	周杰伦	5	10月30日		山西省体育中心体育场	山西九龙文化艺术交流中心
北京市文化局	表演工作坊宋少卿	26	11月1日	12月5日	北京保利剧院、深圳保利剧院、上海东方艺术中心、湖南大剧院、辽宁大剧院	北京保利剧院管理有限公司
江苏省文化厅	萧敬腾	1	11月1日		江苏张家港市体育场	江苏张家港市巨星影演文化有限公司
宁夏回族自治区文化厅	周华健	1	11月3日		银川市宁夏体育馆	甘肃西宇文化艺术有限公司
福建省文化厅	林宥嘉、卓文萱	2	11月3日		厦门市嘉庚体育馆	厦门明海演出有限公司
江苏省文化厅	罗文裕	1	11月4日		江苏省吴江市体育馆	无锡市三六零文化交流有限公司
江苏省文化厅	周杰伦	5	11月5日		江苏江阴市体育中心体育场	江苏东方盛世文化产业有限公司
贵州省文化厅	苏芮	3	11月5日		贵州省铜仁地区铜仁民族风情园	北京华夏龙情文化传播有限公司

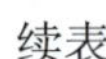

续表

主送单位	主要演员	人数	开始时间	结束时间	演出地点	邀请方
吉林省文化厅	费玉清	5	11月5日		吉林省长春市五环体育馆	长春朗益文化传播有限公司
四川省文化厅	萧敬腾	1	11月5日		四川省体育馆	四川金手指文化传播集团有限公司
云南省文化厅	王心凌	1	11月5日		云南省文山州盘龙体育场	昆明申卓文化传播有限公司
福建省文化厅	罗志祥	6	11月5日		福建莆田市体育中心体育场	福建省中视传播有限公司
广东省文化厅	苏打绿组合吴青峰	6	11月5日		广州天河体育中心体育馆	上海华轻演出经纪有限公司
上海市文化广播影视管理局	姚中仁	1	11月5日		上海梅赛德斯——奔驰文化中心	上海白玉兰文化艺术发展有限公司
湖北省文化厅	五月天组合陈信宏	5	11月5日		武汉新华路体育场	湖北龙行天下文化传播有限公司
江苏省文化厅	伍佰(吴俊霖)	3	11月5日		苏州市体育中心体育馆	苏州双子文化传媒有限公司
河南省文化厅	萧亚轩	2	11月5日		河南省禹州市人民影剧院	河南禹州市英协文化演出经纪有限公司
广东省文化厅	张惠妹	1	11月6日		广州天河体育中心体育场	广州市明星巨典文化艺术有限公司
山西省文化厅	罗大佑	1	11月6日		山西省太原市滨河体育中心	北京悦目娱心文化发展有限公司
北京市文化局	周杰伦	6	11月6日		奥体中心	北京九洲巨室文化传播有限公司
湖北省文化厅	萧亚轩	3	11月6日		武汉体育中心体育场	湖北楚天演出有限公司
江苏省文化厅	费玉清	5	11月6日		江苏省盐城国际会展中心	北京诺啦艺术发展有限公司
广东省文化厅	林宥嘉	1	11月7日		广州华南师范大学大学城体育馆	广州千翔文化传播有限公司
浙江省文化厅	萧亚轩	1	11月8日		杭州黄龙体育中心体育馆	杭州演出有限公司
上海市文化广播影视管理局	颜芳馨	1	11月9日	12月18日	广州黄花岗剧院、深圳保利剧院、河南、武汉、天津、南京、北京、上海	上海话剧艺术中心
江西省文化厅	姜育恒	3	11月9日		江西省南丰县桔都文化广场	江苏省演出公司

续表

主送单位	主要演员	人数	开始时间	结束时间	演出地点	邀请方
广东省文化厅	苏见信	3	11月11日		深圳体育场	北京领先艺典文化发展有限公司
江西省文化厅	刘若英	3	11月11日	12月3日	江西师范大学体育场	江西省振兴国际文化艺术交流中心
上海市文化广播影视管理局	王若琳	1	11月11日		上海礼兴酒店有限公司新天地朗廷酒店	浙江省对外文化交流有限公司
云南省文化厅	伍佰	3	11月11日		云南昆明市白沙润园	北京城乡行文化艺术有限公司
广东省文化厅	卓依婷	1	11月11日	11月12日	广东省湛江市体育中心、茂名市电白县电白中学体育场	深圳市红鼓演出有限公司
浙江省文化厅	范玮琪	1	11月11日		浙江儿童艺术中心	杭州演出有限公司
山东省文化厅	蔡琴	1	11月12日		青岛市体育中心国信体育馆	北京城乡行文化艺术有限公司
广东省文化厅	姜育恒	18	11月12日		广东深圳湾体育中心体育馆	北京春秋永乐文化传播有限公司
山东省文化厅	李宗盛	1	11月12日		山东省青岛海尔山海湾广场	山东龙视国际文化传媒有限公司
上海市文化广播影视管理局	全民大剧团黄迪扬	6	11月12日	11月13日	上海人民大舞台	上海东方之星文化发展有限公司
上海市文化广播影视管理局	梁心颐	1	11月12日		上海苏荷音乐茶座餐厅有限公司	上海新碟文化传播有限公司
湖南省文化厅	周传雄	1	11月12日		湖南省常德卷烟厂工人俱乐部	湖南省演出公司
上海市文化广播影视管理局	李建复	7	11月12日		上海东方艺术中心	上海市演出公司
上海市文化广播影视管理局	陈珊妮	1	11月12日		上海梅赛德斯-奔驰文化中心	上海白玉兰文化艺术发展有限公司
山东省文化厅	孟庭苇(陈秀玫)	1	11月12日		山东济南奥林匹克体育中心体育馆	山东省演出公司
山东省文化厅	张信哲	4	11月12日		山东济南奥林匹克体育中心体育馆	山东省演出公司
云南省文化厅	五月天组合陈信宏	5	11月12日		云南省昆明市体育场	昆明申卓文化传播有限公司
安徽省文化厅	周华健、卓文萱	2	11月13日		安徽安庆市体育馆	安徽中艺影视演艺有限公司
甘肃省文化厅	刘若英	1	11月13日		甘肃庆阳体育馆	甘肃西宇文化艺术有限责任公司

续表

主送单位	主要演员	人数	开始时间	结束时间	演出地点	邀请方
广东省文化厅	蔡依林	3	11月13日	11月14日	广州国际体育演艺中心	广州千翔文化传播有限公司
北京市文化局	陈珊妮	1	11月13日		北京糖果餐饮娱乐有限公司	北京天利时代国际演出策划有限公司
广东省文化厅	黄韵玲	4	11月15日		广州市中山纪念堂	广州市明星巨典文化艺术有限公司
浙江省文化厅	张震岳、姚中仁	2	11月16日	11月17日	杭州君尚皇后酒吧、宁波海曙潮人酒吧	浙江省对外文化交流有限公司
上海市文化广播影视管理局	无独有偶工作室 刘毓真	5	11月17日	11月19日	上海话剧艺术中心	上海歌星俱乐部
福建省文化厅	刘若英	4	11月17日		福建省漳州市师范学校体育场	厦门市天视文化有限公司
广东省文化厅	辛晓琪、陶喆	2	11月17日		广东东莞市虎门公园足球场	广东东莞市东湖文化传播有限公司
江苏省文化厅	姜育恒	1	11月17日		江苏省滨海县体育中心	江苏省演出公司
湖北省文化厅	王宏恩、刘若英	3	11月18日		武汉体育中心体育场	湖北文华影视演出有限公司
广东省文化厅	周正芳	1	11月18日	11月25日	广州白云国际会议中心世纪大会堂、深圳大剧院、武汉剧院	深圳市聚橙网络技术有限公司
四川省文化厅	温岚、蔡康永	2	11月18日	11月26日	四川广汉中国民用航空飞行学院体育馆、四川省体育馆	四川省演出展览公司
浙江省文化厅	田馥甄	1	11月18日		杭州中国计量学院剧院	杭州演出有限公司
江苏省文化厅	黄小琥、袁惟仁	2	11月19日		江苏无锡市体育中心体育馆	无锡市三六零文化交流有限公司
广东省文化厅	周华健	1	11月19日		广州体育馆	广州明星巨典文化艺术有限公司
上海市文化广播影视管理局	费玉清(张彦亭)	1	11月19日		上海大舞台	上海开思文化艺术有限公司
浙江省文化厅	田馥甄	1	11月19日		浙江省绍兴大剧院	杭州演出有限公司
上海市文化广播影视管理局	郑智化	1	11月19日		上海虹口足球场	北京春秋永乐文化传播有限公司
宁夏回族自治区文化厅	蔡琴	1	11月19日		银川宁夏体育馆	江苏东方盛世文化产业有限公司

续表

主送单位	主要演员	人数	开始时间	结束时间	演出地点	邀请方
浙江省文化厅	王心凌	11	11月19日		杭州黄龙体育中心体育场	浙江省演出有限公司
四川省文化厅	张惠妹	1	11月19日		四川省自贡市南湖体育中心	四川省演出展览公司
北京市文化局	林宥嘉	1	11月19日		北京万事达中心(原五棵松体育馆)	上海华轻演出经纪公司
北京市文化局	国光剧团钟宝善	55	11月19日	11月20日	北京长安大戏院	北京长安大戏院有限公司
北京市文化局	童安格	6	11月19日		上海虹口足球场	北京春秋永乐文化传播有限公司
辽宁省文化厅	温岚	1	11月19日		沈阳市荷东酒店	江苏省演出公司
安徽省文化厅	张惠妹	1	11月19日		安徽省芜湖市体育场	合肥汉源文化传播有限公司
江西省文化厅	周杰伦	11	11月20日		江西南昌国际体育中心	江西中盛唱片发展有限公司
安徽省文化厅	刘若英	3	11月20日		安徽省宁国市体育场	安徽省演出总公司
广东省文化厅	唐禹哲	4	11月20日		广州天河体育中心体育场	广州耀星影视艺术传播中心
广东省文化厅	周华健	4	11月20日	11月29日	广东省惠州体育馆	广州市明星巨典文化艺术有限公司
辽宁省文化厅	伍思凯	1	11月20日		大连日航饭店	大连对外文化艺术交流中心
上海市文化广播影视管理局	梵体剧场吴诗雯	3	11月21日	11月23日	上海话剧艺术中心	上海歌星俱乐部
广东省文化厅	动力火车组合 尤秋兴	5	11月22日	12月3日	广东东莞市体育中心体育馆、广州天河体育中心体育馆	浙江省对外文化交流有限公司
福建省文化厅	李翊君(李华苓)	1	11月22日		厦门市舞士城堡娱乐有限公司	福建省演出公司
安徽省文化厅	丁建中	1	11月22日	12月2日	合肥安徽大剧院、淮南市体育馆、庐江剧院、南陵奥体中心、宿州电视台	安徽省滚石文化传播有限公司
上海市文化广播影视管理局	戏剧表演家剧团 李宗熹	6	11月23日	11月27日	上海戏剧学院上戏剧院	哲腾（北京）文化传播有限公司
浙江省文化厅	周华健	1	11月23日		浙江省慈溪市体育中心体育场	上海开思文化艺术有限公司

续表

主送单位	主要演员	人数	开始时间	结束时间	演出地点	邀请方
江苏省文化厅	动力火车组合尤秋兴	2	11月24日		江苏省宿迁市佳源一号	江苏喜纳文化传播有限公司
广西壮族自治区文化厅	陈明真	1	11月24日	11月25日	南宁市皇嘉凯歌大剧院、柳州市柳北区皇嘉凯歌大剧院	南宁皇嘉凯歌文化传播有限公司
浙江省文化厅	张信哲	1	11月25日		浙江省平阳县体育馆	浙江省对外文化交流有限公司
北京市文化局	苏打绿乐队	5	11月26日		北京工人体育馆	北京春秋永乐文化传播有限公司
山东省文化厅	蔡琴	1	11月26日		山东省济南市奥林匹克体育中心	山东省演出公司
广东省文化厅	陈信宏、温尚翊	5	11月26日		广州天河体育中心体育场	广州市明星巨典文化艺术有限公司
四川省文化厅	伍思凯	3	11月26日		四川省达州市体育中心	四川金手指文化传播集团有限公司
贵州省文化厅	黄小琥(黄春凤)	1	11月26日		贵州省新体育馆	贵州天道文化发展有限公司
浙江省文化厅	姜育恒、黄安、高胜美	3	11月26日		嘉兴大剧院	杭州演出有限公司
北京市文化局	张健伟	1	11月26日		北京万事达中心（原五棵松体育馆）	北京中演文化娱乐公司
福建省文化厅	周传雄、田馥甄	2	11月26日	12月7日	福建省泉州市惠安县体育馆、泉州市侨乡体育馆	中演协(福州)文化经纪有限公司
四川省文化厅	范晓萱	3	11月26日		四川省资阳市雁行区三贤文化公园	四川永艺演出有限公司
安徽省文化厅	吴克群(吴克羣)	1	11月26日	11月7日	安徽省芜湖奥体中心体育馆、合肥大剧院	安徽省环球文化传播有限公司
江苏省文化厅	周华健	1	11月26日		江苏省宿迁市体育馆	江苏省演出公司
新疆维吾尔自治区文化厅	赵传(赵柏钧)	1	11月26日		乌鲁木齐市新疆体育中心	新疆维吾尔自治区演出展览中心
天津市文化广播影视局	罗大佑、张震岳	2	11月26日		天津体育馆	北京巨龙文化公司和天津市紫荆文化传媒发展有限公司
安徽省文化厅	张惠妹	1	11月26日		安徽省合肥市奥体中心	深圳市红鼓演出有限公司
广东省文化厅	陈珊妮	5	11月27日		广州市中山纪念堂	广州共时文化传播有限公司
辽宁省文化厅	黄小琥	2	11月27日		大连海事学院体育馆	北京春秋永乐文化传播有限公司
福建省文化厅	叶启田(叶宪修)	1	11月28日		厦门市体育中心体育场	厦门市天视文化有限公司

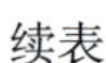
续表

主送单位	主要演员	人数	开始时间	结束时间	演出地点	邀请方
上海市文化广播影视管理局	金士杰、卜学亮	2	12月2日	12月4日	上海人民大舞台	上海歌星俱乐部
上海市文化广播影视管理局	陈宜蓁	1	12月2日		上海大宁剧院	上海中演文化艺术有限公司
内蒙古自治区文化厅	黄小琥(黄春凤)	1	12月2日		内蒙古赤峰市国际会展中心大剧院	内蒙古金鹰文化艺术有限责任公司
山东省文化厅	周华健	4	12月2日		山东济南奥林匹克体育中心东荷体育馆	山东马鞍山市演出有限公司
湖南省文化厅	费玉清(张彦亭)	1	12月3日		湖南国际会展中心	湖南省演出公司
北京市文化局	张震岳、姚中仁	2	12月3日		北京国家体育场	北京城乡行文化艺术有限公司
福建省文化厅	迪克牛仔林进璋	4	12月3日		福建省南安市辉煌工业园	福建世纪时尚文化传播有限公司
广东省文化厅	蔡琴及其乐队	8	12月3日		广东惠州市体育公园体育馆C馆	深圳市易票达票务有限公司
浙江省文化厅	魔幻力量乐队潘俊佳	6	12月3日		浙江杭州黄龙体育中心体育馆	浙江世纪风采文化传播有限公司
山东省文化厅	刘若英	3	12月3日		山东省滨州市体育馆	山东省演出公司
安徽省文化厅	周传雄	1	12月3日		安徽省滁州市大剧院	安徽省环球文化传播有限公司
上海市文化广播影视管理局	纪文惠	4	12月3日		上海商城剧场	上海中演文化艺术有限公司
浙江省文化厅	五月天组合	5	12月3日		杭州黄龙体育中心体育场	浙江世纪风采文化传播有限公司
广东省文化厅	黄殷钟、章谋圣	2	12月3日		深圳音乐厅	深圳音乐厅运营管理有限公司
湖北省文化厅	孟庭苇	1	12月3日		湖北襄阳体育馆	湖北文华影视演出有限公司
福建省文化厅	张惠妹	1	12月3日		福建省体育中心体育场	福建省中视传播有限公司
河北省文化厅	周华健	3	12月4日		河北沧州市体育馆	河北天澜文化传播有限公司
浙江省文化厅	张博翔（张宇）	1	12月4日		浙江省温州万和豪生大酒店	浙江省对外文化交流有限公司
宁夏回族自治区文化厅	游鸿明	1	12月5日		宁夏吴忠市体育馆	甘肃西宇文化艺术有限责任公司
上海市文化广播影视管理局	棒棒堂组合	4	12月6日		上海梅赛德斯-奔驰文化中心	上海开思文化艺术有限公司

续表

主送单位	主要演员	人数	开始时间	结束时间	演出地点	邀请方
北京市文化局	周杰伦	5	12月7日		国家体育馆	北京世纪轩昂文化艺术传播有限公司
湖南省文化厅	林宥嘉、许慧欣	2	12月7日		湖南省衡阳市体育馆	长沙智雅文化传播有限公司
湖南省文化厅	游鸿明	1	12月8日		湖南常德市同德技术职业学院	湖南省演出公司
江西省文化厅	温岚	1	12月8日		江西省南昌市东湖区五月花会所	江苏省演出公司
广东省文化厅	张健伟	1	12月9日		广州天河体育中心体育馆	广州市明星巨典文化艺术有限公司
安徽省文化厅	表演工作坊屈中恒	26	12月9日	12月10日	安徽省合肥大剧院	安徽中艺影视演艺有限公司
北京市文化局	炎亚纶	1	12月9日		北京三里屯Village橙色大厅	北京世纪轩昂文化艺术传播有限公司
广东省文化厅	杨培安及其乐队	7	12月9日		广州友谊剧院	浙江省对外文化交流有限公司
广西壮族自治区文化厅	吕建忠	1	12月9日		广西梧州市梧州学院	梧州市演出公司
江苏省文化厅	周华健	1	12月10日		南京奥体中心体育馆	南京大唐亚太国际演出交流有限公司
北京市文化局	吴克群、萧敬腾	2	12月10日		北京工人体育馆	北京春秋永乐文化传播有限公司
福建省文化厅	五月天乐队陈信宏	5	12月10日		厦门市体育中心体育场	福建世纪时尚文化传播有限公司
江苏省文化厅	周传雄	1	12月10日		江苏省苏州市沧浪区名豪娱乐会所	江苏省演出公司
广西壮族自治区文化厅	赵传（赵柏钧）	1	12月10日		广西人民会堂	广西南宁柯沃乐文化艺术演出有限公司
广东省文化厅	范逸臣	5	12月10日		广州体育馆	广州千翔文化传播有限公司
河北省文化厅	范玮琪(范伟琪)	1	12月10日		河北省艺术中心大剧院	石家庄仁和世家文化传播有限公司
广西壮族自治区文化厅	罗大佑、张震岳	2	12月10日		南宁广西体育馆	南宁市演出公司
北京市文化局	蔡依林(蔡依翎)	1	12月11日		北京国家奥林匹克体育中心体育馆	北京世纪轩昂文化艺术传播有限公司
青海省文化和新闻出版厅	王若琳	1	12月11日		青海大学科技馆	甘肃西宇文化艺术有限公司

续表

主送单位	主要演员	人数	开始时间	结束时间	演出地点	邀请方
云南省文化厅	游鸿明	1	12月11日		云南大剧院	云南省演出公司
上海市文化广播影视管理局	吴建南	1	12月12日		上海梅赛德斯-奔驰文化中心	上海星族文化艺术发展有限公司
贵州省文化厅	王若琳	1	12月13日		贵州省铜仁地区实验中学	贵州汇林音像文化连锁有限公司
上海市文化广播影视管理局	屏风表演班李国修	9	12月15日	12月18日	上海东方艺术中心	上海新翼演艺有限公司
浙江省文化厅	表演工作坊许哲诚	7	12月15日	12月16日	杭州大剧院	杭州演出有限公司
广东省文化厅	张惠妹	1	12月16日		深圳体育场	深圳市红鼓演出有限公司
广西壮族自治区文化厅	吴克群	1	12月16日		南宁广西壮族自治区体育场	广西演出有限责任公司
天津市文化广播影视局	林宥嘉	1	12月16日		天津芭芘酒吧	上海新碟文化传播有限公司
山西省文化厅	周华健	1	12月16日		山西体育中心体育馆	山西世纪风文化传播有限公司
江苏省文化厅	陈明真	1	12月16日		江苏省南京市龙江体育馆	江苏省演出公司
江苏省文化厅	杜振熙	1	12月16日		江苏南京市玛索餐饮娱乐有限公司	江苏省演出公司
浙江省文化厅	蔡依林(蔡依翎)	1	12月16日		杭州黄龙体育中心体育馆	杭州演出有限公司
云南省文化厅	范玮琪(范伟琪)	1	12月16日		云南昆明市体育馆	云南文化演出有限责任公司
广东省文化厅	蔡琴	1	12月17日		广州体育馆	广州市演出电影有限公司
吉林省文化厅	姜育恒	1	12月17日		吉林省长春市香格里拉大酒店	吉林省演出有限责任公司
辽宁省文化厅	苏见信	1	12月17日		辽宁省浑南体育训练基地综合体育馆	沈阳市演出公司
北京市文化局	郑智化	1	12月17日		北京展览馆剧场	北京神起东方文化传播有限公司
湖南省文化厅	苏打绿组合吴青峰	5	12月17日		湖南大学体育馆	湖南省演出公司
福建省文化厅	黄丽玲	1	12月17日		厦门嘉庚体育馆	中演协(福州)文化经纪有限公司
福建省文化厅	李翊君(李华苓)	3	12月17日		福建泉州市海峡体育馆	福建省演出公司
江苏省文化厅	胡启志	1	12月17日		江苏吴江市体育馆	苏州市明星演出有限公司
北京市文化局	许茹芸	1	12月17日		北京首都体育馆	北京红马传媒文化发展有限公司
北京市文化局	辛晓琪	4	12月18日		北京保利剧院	北京保利剧院管理有限公司

续表

主送单位	主要演员	人数	开始时间	结束时间	演出地点	邀请方
广东省文化厅	张洪量	6	12月18日		广东深圳湾体育中心体育馆	广州市明星巨典文化艺术有限公司
湖南省文化厅	胡德夫、万芳、林志炫	3	12月18日	2012年1月6日	湖南大剧院	湖南省天意对外文化交流传播有限公司
甘肃省文化厅	温岚	1	12月18日		兰州人民剧院	兰州凤林渡文化传播有限公司
山西省文化厅	动力火车	2	12月18日		太原市青年宫演艺中心	山西金视听文化传播有限公司
广东省文化厅	周华健	23	12月18日		广东深圳湾体育中心体育场	广州市明星巨典文化艺术有限公司
广东省文化厅	杨宗纬	1	12月20日	12月21日	广州市中山纪念堂、深圳市音乐厅	深圳市聚橙网络技术有限公司
山东省文化厅	王仕豪	5	12月21日		青岛国信钻石体育馆	上海启唐文化发展有限公司
湖南省文化厅	周华健	1	12月22日		湖南长沙琴岛演艺中心	湖南省文化艺术交流中心
广东省文化厅	林奕汎	1	12月23日		广东省友谊剧院	广州市乐之津文化传播有限公司
内蒙古自治区文化厅	姜育恒	1	12月23日		呼和浩特内蒙古体育馆	内蒙古金鹰文化艺术有限责任公司
北京市文化局	周蕙	4	12月23日		北京首都体育馆	中国国际文化艺术公司
北京市文化局	吴宗宪、康晋荣	2	12月23日	12月24日	北京唐拉雅秀酒店	北京春秋永乐文化传播有限公司
北京市文化局	相声瓦舍冯翊纲	3	12月23日	12月25日	北京保利剧院	北京保利剧院管理有限公司
四川省文化厅	林宥嘉	1	12月24日		四川省体育馆	成都演艺集团有限公司
江苏省文化厅	蔡琴	1	12月24日		南京市奥体中心体育馆	南京大洋商务广告代理制作有限公司
上海市文化广播影视管理局	萧敬腾	1	12月24日		上海体育馆	上海华轻演出经纪有限公司
上海市文化广播影视管理局	表演工作坊许哲诚	7	12月24日	12月25日	上海东方艺术中心	上海东方艺术中心管理有限公司
云南省文化厅	张惠妹	1	12月24日		昆明市体育场	云南百胜广告民族文化传播有限公司
辽宁省文化厅	刘若英	2	12月24日		沈阳皇朝万鑫酒店	辽宁省对外文化交流公司

续表

主送单位	主要演员	人数	开始时间	结束时间	演出地点	邀请方
山东省文化厅	信乐团梁闵森、黄迈可	2	12月24日		山东银座旅游集团有限公司索菲特银座大饭店	山东省演出公司
浙江省文化厅	费玉清(张彦亭)	1	12月24日		浙江宁波香格里拉大酒店宴会厅	上海开思文化艺术有限公司
吉林省文化厅	黄文章	1	12月24日	12月25日	吉林省长春市开元名都大酒店	长春市金丽影视文化传媒有限公司
北京市文化局	任贤齐	4	12月24日		北京国际饭店	江苏新天地演艺中心
广东省文化厅	张信哲	6	12月24日		广州体育馆	广州共时文化传播有限公司
河南省文化厅	姜育恒	1	12月24日		河南郑州建国饭店	河南郑州星锐文化传播有限公司
上海市文化广播影视管理局	张震岳、姚中仁	2	12月24日		上海梅赛德斯-奔驰文化中心	上海白玉兰文化艺术发展有限公司
上海市文化广播影视管理局	苏见信	1	12月24日		上海国际体操中心	上海圣峰文化演艺有限公司
北京市文化局	潘越云(潘月云)	1	12月24日		北京人民大会堂	北京春秋永乐文化传播有限公司
河北省文化厅	郑智化、林进璋	2	12月24日	12月25日	石家庄河北世纪大饭店	石家庄文广文化传播有限公司
江苏省文化厅	焦恩俊	1	12月24日		江苏丹阳市金陵融锦饭店有限公司	浙江省对外文化交流有限公司
上海市文化广播影视管理局	宋庠锋	1	12月24日		上海国际体操中心	上海圣峰文化演艺有限公司
浙江省文化厅	周华健	1	12月24日		杭州黄龙体育中心体育馆	浙江世纪风采文化传播有限公司
北京市文化局	李翊君(李华苓)	1	12月24日		北京人民大会堂	北京春秋永乐文化传播有限公司
北京市文化局	庾澄庆	1	12月24日	12月25日	北京展览馆剧场	北京北展演艺文化有限公司
江苏省文化厅	范玮琪(范伟琪)	1	12月25日		江苏苏州市体育中心体育馆	江苏五环广告传播公司
上海市文化广播影视管理局	林奕汎	1	12月25日		上海商城剧院	广州乐之津文化传播有限公司
江苏省文化厅	费玉清(张彦亭)	1	12月25日		江苏南京市五台山体育馆	南京靓泽文化传播有限公司
山西省文化厅	李宗盛	1	12月27日		山西体育中心体育馆	山西世纪风文化传播有限公司
内蒙古自治区文化厅	周传雄	1	12月27日		内蒙古自治区包头奥林匹克中心体育馆	呼和浩特市华萃演艺经纪有限公司

续表

主送单位	主要演员	人数	开始时间	结束时间	演出地点	邀请方
江苏省文化厅	台北爱乐室内	64	12月28日	2012年1月8日	江苏紫金大戏院	南京新世纪演出有限责任公司
湖北省文化厅	范玮琪	3	12月28日		湖北黄石体育馆	北京舒安国际文化传媒有限公司
浙江省文化厅	李翊君	3	12月28日		浙江省绍兴市体育中心体育馆	浙江省演出有限公司
浙江省文化厅	姜育恒	1	12月29日		温州大剧院	杭州荣音堡文化传播有限公司
福建省文化厅	龙千玉	2	12月29日		福建省泉州市侨乡体育馆	福建省金海湾文化发展有限公司
广西壮族自治区文化厅	蔡依林	4	12月30日		南宁广西壮族自治区体育场	广西演出有限公司
湖北省文化厅	姜育恒	1	12月30日		湖北省京山县文峰公园网球场	郑州星锐文化传播有限公司
广东省文化厅	郭正男、林睦渊	2	12月30日		广州市莺歌娱乐有限公司	广州千翔文化传播有限公司
广东省文化厅	F. I. R组合詹雯婷	3	12月31日	2012年1月7日	广东省广州体育馆、佛山市岭南明珠体育馆	广东中演文化有限公司
广东省文化厅	孟庭苇(陈秀玫)	1	12月31日		广州天河体育中心体育馆	深圳市红鼓演出有限公司
上海市文化广播影视管理局	卢广仲	1	12月31日		上海大舞台	上海开思文化艺术有限公司
上海市文化广播影视管理局	萧滢滢(萧蔷)、李骥	2	12月31日		上海外滩金融广场	上海开思文化艺术有限公司
广东省文化厅	吴奇隆	1	12月31日		广州国际体育演艺中心	广东中演文化有限公司
湖北省文化厅	刘若英	6	12月31日		武汉体育中心体育馆	湖北省演出中心
北京市文化局	杨乃文	1	12月31日		北京首都体育馆	北京中演文化娱乐公司
广东省文化厅	姜育恒	1	12月31日		广州市番禺长隆游乐园	广东南方文化发展有限公司
福建省文化厅	八十八颗芭乐籽	15	12月31日	2012年1月1日	厦门集美区园博苑海洋岛	厦门明海演出有限公司
上海市文化广播影视管理局	黄舒骏、吴奇隆	2	12月31日		上海梅赛德斯-奔驰文化中心	上海开思文化艺术有限公司
浙江省文化厅	黄文章	5	12月31日		浙江省舟山市体育馆	杭州演出有限公司
上海市文化广播影视管理局	范晓萱	11	12月31日	2012年1月1日	上海新天地广场	上海桑德利文化艺术有限公司
北京市文化局	张宇	1	12月31日		北京首都体育馆	北京中演文化娱乐公司
浙江省文化厅	蔡琴	1	12月31日		杭州黄龙体育中心体育馆	浙江省演出有限公司

文物事业

中国文化年鉴

Almanac Of Chinese Culture

Cultural Relic Undertakings

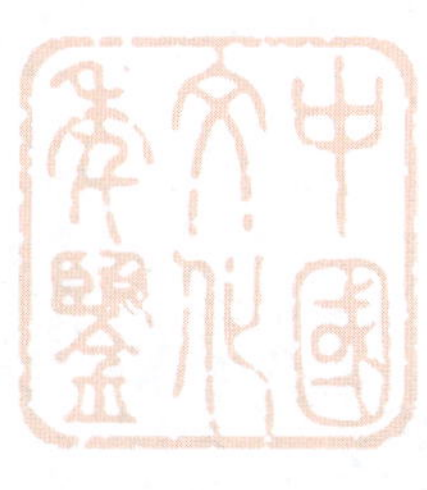

综　述

2011年是“十二五”规划的开局之年，是党和国家对文化建设做出深入研究和重大部署的重要一年。在党中央、国务院的坚强领导下，文物局严格执行《文物保护法》，正确把握文物工作的新情况新特点，紧紧围绕文化遗产事业科学发展主题，精心谋划，扎实工作，以令人欣喜的业绩和丰富多彩的活动隆重庆祝中国共产党建党90周年、纪念辛亥革命100周年，实现了“十二五”良好开局，各项工作在新的起点上再创佳绩。

一、第三次全国文物普查圆满完成

在国务院的重视和领导下，在普查领导小组的精心组织和安排下，经过全国近5万名普查人员历时5年的艰辛工作，第三次全国文物普查各项任务圆满完成。5年来，普查人员战严寒、斗酷暑，共调查登记各类不可移动文物近77万处。一大批具有重要历史、艺术、科学价值的工业遗产、乡土建筑、20世纪遗产、文化线路、文化景观等新型文化遗产在普查中得到充分重视。水下文化遗产第一次被列入普查范围，信息技术、遥感技术第一次被应用于普查之中。第三次全国文物普查不仅进一步廓清了全国不可移动文物资源状况，而且培养和造就了一支高素质的人才队伍，广泛地宣传普及了文化遗产保护政策和知识。第三次全国文物普查是全国文物系统干部职工的大发动、大协作，是文化遗产保护的大宣传、大实践，其重大的价值和意义将随着时间的推移不断显现。

在第三次全国文物普查圆满完成的同时，第七批全国重点文物保护单位遴选、长城资源调查、国有可移动文物普查试点工作扎实推进，均取得了显著的阶段性成果。

二、文物保护基础工作成效显著

（一）谋篇布局，规划先行

《国家文物博物馆事业发展“十二五”规划》及专项规划、地方规划编制完成并发布实施，进一步明确了主题主线，凝练了目标任务、重大工程、政策措施，规划必将对促进文化遗产事业繁荣发展产生重要指导作用。

（二）政策法规建设深入推进

围绕文物法制建设和文物工作中的突出问题，我们积极会同国务院相关部门，深入20多个省区市和200多个文物博物馆单位开展调研，形成了大遗址保护和国家考古遗址公园建设、免费开放条件下全面提升博物馆整体水平、《文物保护法》实施情况等专题报告，提出了有关政策性意见和建议，得到了中央领导同志的高度重视和明确批示。文物局积极配合国务院法制办加快《博物馆条例》立法进程，积极研究起草《大运河遗产保护条例》、《文物认定评估管理条例》，不断建立健全文物法制体系。

（三）文物安全防范不断加强

文物局加强依法行政，加大执法力度，对全国重点文物保护单位和遗址类博物馆内开展经营性活动情况进行拉网式检查，及时出台了《国有文物保护单位经营性活动管理规定（试行）》。联合公安部开展了“2011打击文物犯罪专项行动”，依托陕西省公安厅建立了“全国文物犯罪信息中心”，打击文物犯罪不断向纵深发展。联合国家海洋局部署我国管辖海域内文化遗产联合执法工作。联合公安、海洋、气象等部门，开展了“全国博物馆安全专项检查”、“全国重点文物保护单位防雷安全专项检查”、“打击海域水下文化遗产盗掘专项调研”。文物安全监管与行政执法制度建设、标准体系建设和防范设施建设进一步加强。全年轮训全国文物执法与安全监管人员近2000人次，督办各类案件60起，挂牌督办重大文物犯罪案件21起，严肃查处了一批文物安全责任事故。

（四）人才队伍建设稳步推进

结合重点工作，首次启动了全国县级文物行政部门负责人培训，组织来自全国408个县的文物行政部门负责同志集中学习文物保护法律和业务管理知识。与ICCROM合作举办了世界文化遗产监测管理国际研修班，与国家海洋局联合举办了水下文化遗产保护研修班。与公安及其他部门合作举办了世界文化遗产安全管理、军队营区文物保护管理、文物保护与修复、文物鉴定培训班等。我们首次对全国民办博物馆馆长进行了培训，将民办博物馆人才培养纳入队伍建设范畴。干部培训不仅提高了广大文博干部的政策理论水平和专业能力，而且为加快文化遗产干部队伍专业化、年轻化、知识化开辟了广阔渠道。

三、不可移动文物保护扎实推进

（一）文物保护重大工程成效明显

西藏重点文物、山西南部早期建筑、涉台文物等重点文物保护工程，四川、青海、云南等灾后文物抢救保护工程扎实推进。都江堰古建筑群、藏羌碉楼等237项汶川灾后文物抢救保护工程顺利竣工。首钢工业遗产、蜀道文化线路等新型文化遗产保护调研，国家历史文化名城名镇名村检查评估工作成效明显。宜兴、嘉兴、中山、蓬莱、太原、会理等城市被国务院公布为国家历史文化名城。

（二）考古与水下文化遗产保护积极推进

基本建设中的考古协调管理机制不断创新，与国家海洋局、中石油等部门间的合作日益加强。南水北调、三峡工程等国家大型基本建设中的考古和文物保护工作有序开展。中俄合作开展了旅顺俄罗斯沉船调查。国家水下文化遗产保护武汉基地、福建基地挂牌成立，“南海I号”沉船考古发掘与文物保护引人注目。水下考古调查全面启动，水下考古工作船获准立项。郑州商城、隋唐洛阳城、汉长安城、楚纪南城、长沙铜官窑等大遗址保护和考古遗址公园建设持续开展。局省共建汉长安城国家大遗址保护特区工作会议、大遗址保护荆州论坛成功召开，在“科学保护大遗址，全民共建惠民生”的口号下，文化遗产与人、城市、自然的和谐日益成为各级政府的共识和目标。

（三）世界文化遗产工作成果丰硕

承德避暑山庄及周围寺庙保护工程全面展开，嘉峪关文物保护工程正式启动，大足石刻千手观音像抢救保护修复、高句丽壁画墓保护等重点工程取得突破性进展。杭州西湖文化景观成功列入《世界遗产名录》，成为我国第41处世界遗产。元上都遗址、哈尼梯田、大运河、丝绸之路申遗工作和中国世界文化遗产监测巡视、监测预警体系建设稳步推进。

四、博物馆与公共文化服务体系建设再掀高潮

（一）博物馆事业日益繁荣，免费开放持续推进

目前，全国博物馆总数达到3415座，年增博物馆395座。免费开放博物馆总数达到1804座，年接待观众5.2亿人次，大中小学生及农民工、城镇低收入群体参观博物馆人数明显上升。中国国家博物馆改扩建完成并免费向公众开放。安徽省博物馆等综合性博物馆，中国消防博物馆等行业性博物馆建成开放。高校博物馆、民办博物馆蓬勃发展。安吉生态博物馆、福州三坊七巷社区博物馆等新形态博物馆建设方兴未艾。博物馆展陈内容更加丰富，服务质量全面提升，涌现出一批深得公众喜爱的精品佳作。

（二）文化遗产保护科技水平不断提升

积极争取“十二五”国家科技计划和基金支持，11个项目50余项课题被列入国家科技计划备选项目库，5个项目20项课题获准立项，项目来源实现了由单一向全面的重要转变。积极推动与中国科学院的全方位战略合作，不断优化科技创新联盟建设机制。多渠道入手，加大科技成果推广，推动“指南针计划”实施。瞄准国家战略需求，加快实现物联网技术与文化遗产领域的对接，加快推进国际标准化组织成立文化遗产保护技术标准化委员会。分级构建全国性修复网络，从技术、装备、团队3个方面着力提升馆藏文物保护能力。

（三）社会文物管理进一步加强

严格文物拍卖标的审核制度，召开文物拍卖工作座谈会，引导支持中国拍卖行业协会制定并发布《中国文物艺术品拍卖企业自律公约》。强化文物进出境审核管理，修改完善文物进出境审核信息系统，筹备“文物进出境管理60周年成果展”。积极推进流失海外中国文物调查及追索，成功促成美国返还走私中国文物14件。完成了芮伯壶等一批珍贵文物的征集。针对拍卖市场上出现的文物“拍假”、“假拍”现象以及收藏品鉴定问题，我们主动会同商务部、国家工商总局、海关总署等部门对古玩旧货市场开展调研，提出规范整顿和促进发展方案。

五、文物对外交流与宣传工作成绩斐然

（一）政府间交流与合作不断加强

中蒙签署《关于防止盗窃、盗掘和非法进出境文化财产的协定》，中墨、中柬达成签署意向。中罗签署《关于开展文化遗产领域交流合作的共同声明》。成功与秘鲁共和国文化部、苏格兰政府签署了关于在文化遗产保护及项目合作方面谅解备忘录或联合声明。文物追索、文物保护援外工程稳步推进。文物对外展览密切配合国家外交工作，成为中外“文化年”、“交流年”等双边活动亮点。与台、港、澳文化交流成效显著，第三届海峡两岸文化遗产保护论坛在台湾成功举办，“山水合璧——黄公望与富春山居图特展”引起岛内民众热烈反响，观众人数逾70万人次。与香港、澳门交流合作机制进一步深化，签署关于深化文化遗产领域交流与合作协议书或谅解备忘录。

（二）宣传工作不断拓展

山东济宁文化遗产日主场城市活动、辽宁沈阳

国际博物馆日主场城市活动引人注目。西藏和平解放60周年文化遗产保护成就主题宣传，大遗址保护和国家考古遗址公园建设、博物馆免费开放、水下文化遗产保护“十一五”成就专题宣传，汶川震后文物抢救保护、打击文物犯罪专项行动成果宣传等异彩纷呈。文物法制宣传和文化遗产知识普及工作稳步推进，大型历史文化纪录片“南海Ⅰ号”受到观众好评。召开全国文物宣传工作座谈会，推进文物宣传工作制度化建设，逐步形成协同联动、信息共享的宣传工作机制。

（三）创先争优活动有力推进

按照中央部署，文物系统各级党组织深入开展创先争优活动，不断加强党的思想建设、组织建设、作风建设、制度建设和反腐倡廉建设。认真组织党员干部学习胡锦涛同志“七一”重要讲话，学习中国共产党历史，学习党的理论创新成果，大力推动学习型党组织建设。组织党员干部积极开展向杨善洲同志学习活动，重温入党誓词，重温党的历史，增强党性修养和作风养成，用实际行动和扎实的工作成效体现创先争优活动成果。大力推进党务公开、政务公开，不断加强部门和行业作风建设，努力营造风清气正、团结和谐、奋发向上的良好工作氛围。

专　题

党建工作

一、推动学习型党组织建设

组织党员干部学习党的十七届六中全会精神，增强建设社会主义文化强国的使命感和责任感，对推动文化遗产事业科学发展有更强的责任担当。学习胡锦涛同志在庆祝中国共产党成立90周年大会上的重要讲话，坚定走中国特色社会主义道路的信心和决心，提高党要管党、从严治党的自觉性，把推进中国特色社会主义事业前进的新要求落实到文化遗产事业发展各项工作中去。认真学习胡锦涛总书记在十七届中央纪委六次全会上的重要讲话，把以人为本、执政为民的理念贯彻到文化遗产保护各项工作中去，贯彻到领导班子建设、干部队伍建设、作风建设、反腐倡廉建设中去。

二、向杨善洲同志学习活动

组织党员干部学习杨善洲同志先进事迹，自觉实践党的宗旨，弘扬大公无私、淡泊名利、清正廉洁、无私奉献的精神，在本职岗位上兢兢业业、埋头苦干，创一流业绩。在中国文物报开辟学习杨善洲同志专栏。

三、加强党员培训

举办党员轮训班，组织党员学习党章、党的基础理论，进一步增强光荣感和责任感。举办入党积极分子培训班，增强对党的性质、党的基本知识的了解，端正入党动机；举办基层党组织负责人培训班和党的十七届六中全会精神专题学习班，增强党员领导干部的政治意识、大局意识、改革意识和责任意识。

四、主题党日活动

在局系统党组织开展以“迎接建党90周年，推动文化遗产事业科学发展”为主题的党日活动。局机关组织党员干部考察参观八路军太行纪念馆，机关服务中心组织党员干部参观抗美援朝纪念馆，鲁迅博物馆组织党员干部参观韶山毛泽东故居纪念馆和北京焦庄户地道纪念馆，中国文物信息咨询中心组织党员干部参观海军博物馆，文物出版社组织党员干部赴山西大寨参观学习，中国文物报社组织党员干部参观延安革命旧址，中国文化遗产研究院组织以支部为单位赴山西太原、内蒙古、辽宁等地革命旧址参观学习，中国文物交流中心组织党员干部赴黄继光纪念馆参观；新文化纪念馆组织党员干部参观闽西革命历史纪念馆。党员干部学习光荣传统，重温入党誓词，坚定理想信念。

五、青年教育活动

组织团员青年在五四期间，参观“复兴之路”展览，并进行座谈讨论。开展“心手相连　情系武山”社会实践活动，组织15名团员青年前往甘肃省武山县考察，通过干农活、住农家、参观文博单位、座谈交流等，了解国情、体察民情，在实践中增进与人民群众的感情。

六、庆祝建党90周年系列活动

6月28日，召开国家文物局庆祝中国共产党成立90周年暨创先争优表彰大会，表彰了局系统9个先进党支部，22名优秀共产党员和11名优秀党务工作者，局党组书记、局长单霁翔在大会上讲话。

组织局系统全体党员参加了文化部“学党史、跟党走”的党史知识答题活动；团委组织开展了局系统青年庆祝建党90年党史知识赛活动。

举办“红歌献给党——局系统庆祝建党90周年歌咏比赛活动”，党员干部以豪迈的歌声表达对党、对国家、对人民的无限热爱。

组织拍摄《文博先锋——记文博战线共产党员》，反映基层党组织在推进文化遗产事业科学发展中涌现出的先进事迹。

七、开展创先争优活动

为局系统全体党员统一制作“党员示范岗”桌牌，摆放在党员干部工作现场，激励党员干部发挥先锋模范作用。开展“四比四看”活动和党员承诺活动，明确自己在学习、工作、服务、遵纪守法、廉洁自律等方面的要求，增强党员的先进性。召开局直属机关党委创先争优工作点评会，单霁翔同志听取基层党组织工作汇报，并进行点评，提出要求。

八、直属机关第五次党代会

12月30日，召开中国共产党国家文物局直属机关第五次代表大会。局党组书记单霁翔致开幕词。中央纪委驻文化部纪检组组长、文化部直属机关党委书记李洪峰在大会上致辞。大会审议并通过了局党组副书记、副局长、直属机关党委书记董保华代表直属机关党委所作的工作报告，以及局人事司司长、直属机关党委副书记解冰代表直属机关纪委所作的工作报告。大会选举出中共国家文物局直属机关第五届委员会，(按姓氏笔画为序)王军、杨阳、吴东风、张自成、柴晓明、郭俊英、彭常新、解冰、董保华当选为委员；新一届直属机关党委选举董保华为书记，解冰为副书记。大会选举出中共国家文物局直属机关第五届纪律检查委员会，刘曙光、李游、赵国顺、葛承雍、解冰当选为纪委委员；新一届直属机关纪委选举解冰为纪委书记。

九、推选党的十八大代表候选人

按照中央国家机关工委的要求，进行国家文物局出席党的十八大代表候选人推选工作，保证了这一重大政治任务工作有序开展。

十、营造和谐氛围

举办局机关迎新春联欢会、组织开展机关春季植树活动。直属机关工会与吉林省文物局在延吉市举办第六届部分省市文博职工乒乓球邀请赛，来自国家文物局和各省文物局7支代表队62名选手参加了比赛。

十一、加强反腐倡廉建设

一是加强党风廉政教育。认真学习贯彻《中国共产党党员领导干部廉政准则》自觉廉洁自律，接受群众监督。认真贯彻中共中央、国务院《关于实行党风廉政建设责任制的规定》，强化各级领导班子和领导干部抓好反腐倡廉建设的政治责任。

二是深化行政审批制度改革。取消2个行政审批项目、23个评选达标表彰项目，下放3个行政审批项目，减少因公出国（境）项目；率先面向社会公布“三公”经费支出，得到社会舆论关注；查找廉政风险点77个，对权力相对集中的重点岗位、关键环节进行梳理，严格制度管理。推进人事制度改革，开展竞争上岗，扩大干部交流，选派年轻干部深入基层锻炼。深化财务制度改革，编制预算时坚持量力而行，科学确定预算需求；在执行预算时做到尽力而为，保证重点工作的落实。

三是减少因公出国（境）项目，治理庆典、研讨会、论坛、博览会过多过滥问题，取消23个评选达标表彰项目，规范公务用车制度。认真落实党员领导干部个人有关事项报告制度、党员领导干部民主生活会制度、领导干部经济责任审计制度。直属机关纪委受理群众来信来访15件（次），实事求是做好核实工作。

人事工作

一、机构编制

（一）根据中编办《关于调整国家文物局行政编制的通知》(中央编办发〔2011〕5号)、《关于为2008和2009两个年度文物局接收军队转业干部增加行政编制的通知》(中央编办发〔2011〕152号）和《关于国家文物局文物保护与考古司加挂世界文化遗产司牌子的批复》(中央编办复字〔2011〕319号)，制定印发《国家文物局内设机构、主要职责和人员编制实施方案》(文物人发〔2011〕11号)。方案中，文物保护与考古司（世界文化遗产司）增设资源管理处（水下文化遗产保护处)。

（二）根据中央编办批准的《关于国际友谊博物馆机构编制调整的批复》(中央编办复字〔2011〕132号)，同意撤销国际友谊博物馆，将该馆承担的中央礼品保管、研究和展示等职能及51名财政补助事业编制划转国家博物馆。

（三）根据中央编办批准的《关于增加中国文化遗产研究院事业编制的批复》(中央编办复字〔2011〕119号)，同意中国文化遗产研究院财政补助事业编制由121名增加到131名。

二、制度建设

（一）根据《中共中央办公厅、国务院办公厅关于党政机关领导干部不兼任社会团体领导职务的通知》（中办发〔1998〕17号）和中央组织部《关于审批中央管理的干部兼任社会团体领导职务有关问题的通知》（组通字〔1999〕55号）精神，局党组结合实际制定《国家文物局工作人员和直属单位领导班子成员社会兼职管理办法》（文物人发〔2011〕3号）。

（二）根据《事业单位公开招聘人员暂行规定》（人事部第6号令），局党组结合实际制定《国家文物局直属事业单位公开招聘工作人员实施办法》（文物人发〔2011〕6号）。

（三）根据中共中央办公厅和国务院办公厅印发的《评比达标表彰活动管理办法（试行）》和《评比达标表彰管理办法（试行）实施细则》有关要求，组织开展局系统评比达标表彰清理规范工作。根据全国评比达标表彰工作协调小组批复意见和局长办公会研究结论，局机关和直属单位不再单独开展相关评比达标工作。

（四）为贯彻落实中央组织部《关于加强对干部德的考核意见》要求，加强对干部德的考核，树立正确选人用人导向，根据文件精神和我局干部人事工作实际，局党组制定《中共国家文物局党组关于加强对干部德的考试实施意见》。

三、干部管理

（一）干部任免

1月，局党组任命李培松为国家文物局博物馆与社会文物司（科技司）巡视员、副司长，免去其办公室（外事联络司）巡视员职务；免去张忠志国家文物局办公室（外事联络司）巡视员职务。

4月，免去齐宝利国家文物局办公室（外事联络司）副巡视员职务。

5月，任命吴东风为中国文物信息咨询中心主任，免去其中共中国文物信息咨询中心总支部委员会书记职务；任命刘小和为中国文物信息咨询中心副主任，免去其北京鲁迅博物馆副馆长职务。

李耀申任国家文物局政策法规司司长试用期满，按期转正；段勇任国家文物局博物馆与社会文物司（科技司）司长试用期满，按期转正；吴东风任中国文物信息咨询中心副主任试用期满，按期转正；刘曙光任中国文化遗产研究院院长试用期满，按期转正；王军任中国文物交流中心主任试用期满，按期转正。

6月，任命张秋萍为国家文物局人事司巡视员。

7月，任命关强为中共中国文物信息咨询中心总支部委员会书记（正局级）；任命朱晓东为国家文物局办公室（外事联络司）主任，免去其中国文化遗产研究院副院长职务；任命李培松为国家文物局人事司巡视员，免去其国家文物局博物馆与社会文物司（科技司）副司长职务；任命刘浩为国家文物局办公室（外事联络司）副巡视员；任命谭平为国家文物局博物馆与社会文物司（科技司）副巡视员；任命彭冰冰为国家文物局人事司副巡视员。

8月，任命殷稼为中共中国文物交流中心支部委员会书记（正局级），免去其中国文物交流中心副主任职务；任命吴东风为中共中国文物信息咨询中心总支部委员会副书记；任命王好为国家文物局办公室（外事联络司）巡视员，免去其中共国家文物局机关服务中心支部委员会书记职务和国家文物局机关服务中心副主任职务；任命周明为中国文物交流中心副主任，免去其国家文物局人事司副司长职务；任命姚安为中国文物交流中心副主任，免去其中国文物交流中心主任助理职务；免去黄元中共国际友谊博物馆支部委员会书记职务。

9月，任命刘小和为中国文物信息咨询中心总工程师（正局级），免去其中国文物信息咨询中心副主任职务；任命曹兵武为中国文物报社总编辑（正局级）。

10月，任命柴晓明为中共中国文化遗产研究院委员会书记（正局级）；免去朱晓东中共中国文化遗产研究院委员会书记职务。

11月，经中央组织部批复同意，任命解冰为国家文物局人事司司长；免去侯菊坤国家文物局人事司司长职务。

12月，任命解冰为中共国家文物局直属机关委员会副书记、纪委书记；免去侯菊坤中共国家文物局直属机关委员会副书记、纪委书记职务；免去罗伯健国家文物局机关服务中心主任、国家文物局办公室（外事联络司）副主任和中共国家文物局机关服务中心支部委员会副书记职务；同意朱晓东暂时主持国家文物局机关服务中心工作。

（二）干部档案管理

4月初，经中组部信息管理中心干部档案处抽查，我局干部人事档案符合达标要求，顺利通过审核验收。

四、收入分配制度改革

（一）规范机关津补贴

根据中纪委等六部委《关于做好在京中央和国家机关第三步规范津贴补贴工作的通知》（中纪发〔2011〕5号）文件精神，开展规范局机关在职、离退休干部津贴补贴工作，并按规定标准兑现。

（二）规范事业单位津补贴

根据中纪委等六部委《关于做好在京中央和国家机关第三步规范津贴补贴工作的通知》（中纪发〔2011〕5号）文件精神，对各直属单位200余名离退休干部的津贴补贴予以核定和规范，并协助局预算部门，做好财政补助事业单位离退休人员第三步津补贴差额的核算工作。

五、直属单位制度改革

根据《中共中央办公厅、国务院办公厅关于深化非时政类报刊出版单位体制改革的意见》精神和中央统一部署，积极协助中国文物报社开展转企改制工作。

六、表彰奖励

5月，国家文物局对在汶川地震灾后文物抢救保护工作中作出突出贡献的先进集体和先进个人予以表彰。授予四川省成都市文物局等43个单位“文物系统汶川地震灾后文物抢救保护工作先进集体”荣誉称号，授予四川省都江堰市文物局副局长樊拓宇等49人“文物系统汶川地震灾后文物抢救保护工作先进个人”荣誉称号（详见文物人发〔2011〕7号）。

七、社团管理工作

指导协助中国收藏家协会、中国书画收藏家协会完成换届改选工作。

法规建设

一、立法工作进展

（一）配合法制办继续推动《博物馆条例》立法进程

积极配合国务院法制办召开专题论证会，围绕博物馆定性、博物馆终止、藏品处置制度等问题，进行深入研究论证。7月份，对《博物馆条例（草案）》进行研究修改，再次发函征求了106家单位和个人的意见。反馈意见主要集中在4个方面：一是国有和民办博物馆是否区别对待；二是立法调整的范围；三是藏品的管理与处置；四是其他方面的意见，涉及博物馆性质、土地划拨、博物馆登记机关和处罚主体等。11月上旬以来，国务院法制办与我局分别对有关反馈意见进行深入研究，并商定择期共同研究修改条例草案。

（二）推动《大运河遗产保护条例》立法研究

在近两年的前期调研基础上，起草《大运河遗产保护条例（征求意见稿）》，先后征求国务院相关部委，大运河沿线省、直辖市政府及其文物部门，部分研究单位的意见，并提交大运河保护和申遗省部际会商小组第三次会议讨论。按照3月省部际会商小组第三次会议要求和国务院法制办的建议，组织召开专家论证会，讨论制定《大运河遗产保护条例》的必要性和可行性，取得国务院法制办的积极支持。下一步将就大运河遗产保护立法中不够明确或存在不同认识的问题，积极与法制办进行沟通，围绕一些关键问题开展深入研究。

（三）研究起草《文物认定评估条例》

根据局务会议要求，按照通过修订《文物认定管理暂行办法》，使之上升为行政法规，在文物认定法规中解决社会文物鉴定问题的工作思路，我司积极会同博物馆司进行了研究讨论，正在起草《文物认定评估条例》。

（四）制定《文物复制拓印管理办法》

联合局有关部门对《拓印古代石刻的暂行规定》和《文物复制暂行管理办法》进行研究和修改，发布《文物复制拓印管理办法》，进一步落实现行文物法律法规对文物复制拓印的管理要求。

（五）印发《国有文物保护单位经营性活动管理规定（试行）》

针对当前文物保护单位经营性活动管理不够规范的实际，在对各地国有文物保护单位和遗址类博物馆开展经营性活动的情况详细调查基础上，研究制定了《国有文物保护单位经营性活动管理规定（试行）》，积极推动国有文物博物馆单位规范开展经营性活动。

（六）加强依法行政的制度建设

为有效规范文物局立法工作，进一步明确立法工作内容、职责、程序和任务，先后印发《国家文物局立法工作规定》、《文物立法“十二五”规划》和《2011年文物立法工作计划》。

为依法文物局完善行政复议和诉讼工作程序，

树立国家文物局公信力和良好社会形象，保护行政相对人合法权益，维护社会稳定，制定《行政复议和诉讼工作规定》。

为落实国务院对依法行政、建设法治政府的要求，先后印发《关于文物系统依法行政建设法治政府的意见》和《国家文物局依法行政和建设法治政府有关工作任务分解方案》，有效推进文物系统依法行政工作，进一步统筹协调局内各司室依法行政工作的任务和责任。

为积极推进全国文物系统文物法制“六五”普法工作，印发《关于文物系统“六五”普法工作的指导意见》，提出文物系统“六五”普法工作的具体任务和要求，进一步加大文物法制宣传指导力度。

二、立法调研工作

（一）开展大遗址保护和国家考古遗址公园建设调研

由局领导带队，政法司、文保司和有关部委参加的调研组，从3月份起至6月底，对12个国家考古遗址公园进行了调研，先后召开十几次由地方文物、法制、财政、国土资源、人力资源和社会保障等部门参加的专题座谈会和专家座谈会，全面听取各方面的情况和意见建议，形成《关于促进国家考古遗址公园可持续发展的调研报告》。

（二）开展《文物保护法》实施情况调研

委托中国文化遗产研究院深入开展《文物保护法》实施情况的调研，通过问卷调查、实地考察、专家研讨会等形式，全面收集文物法律法规实施情况，并对新情况、新问题进行专题研讨。调研围绕事关文物事业发展的突出问题，着力研究完善管理体制、扩展文物范畴、合理利用文物、规范文物市场、追索流失文物、加大执法力度等方面的制度措施。

在调研基础上，起草了《关于中华人民共和国文物保护法实施情况的报告》，并于2011年11月4日由单局长向全国人大教科文卫委员会第37次全体会议作了汇报。

（三）开展文物保护与旅游发展问题调研

按照中央领导要求和我局与国家旅游局签署的战略合作框架协议，积极与旅游局进行沟通，并组织开展了深入全面的调研活动，形成了初步调研报告，相关意见建议在旅游法立法调研和旅游法草案论证工作中已经有所反映。同时，委托河北省文物局组织有关专家开展《文物旅游发展战略》课题研究。目前，课题研究报告已经编制完成。

（四）配合开展其他调研

配合全国政协提案委员会赴湖北荆州开展大遗址保护重点提案督办和调研；参加全国人大财经委赴四川省开展的旅游立法调研活动。

三、人大建议、政协提案办理工作

2011年，文物局负责办理的人大建议50件，政协提案57件、转信2件，总共109件。以办理工作评比表彰为抓手，以办理落实为目标，扎实推进办理工作。在各司室的积极努力下，人大建议、政协提案办理工作圆满完成。同时，对近年来全国政协会同我局开展的重点提案调研项目进行汇总分析，提出进一步发挥政协委员推动文化遗产事业发展作用的意见建议。

执法督察与文物安全

一、制度建设和理论研究

积极推进制度和标准建设，印发《关于加强文物行政执法工作的指导意见》、《文物保护单位执法巡查办法》、《文物消防安全检查操作规程（试行）》、《国家文物局文物安全案件督察督办管理规定》等规范性文件。针对博物馆安全形势，与公安部联合印发《关于进一步加强博物馆安全工作的通知》。组织起草或者修订《文物行政处罚程序暂行规定》、《博物馆安全保卫工作规定》、《文物建筑消防管理规则》、《文物保护单位安全管理办法》、《文物安全监管与行政执法公示公告办法》等多项规章和规范性文件。会同公安部完成《博物馆和文物保护单位安全防范系统技术要求》（GB16571）修订，启动修订《文物系统博物馆风险等级和安全防护级别的规定》（GA27）。组织开展文物消防标准体系研究。会同相关部门制定发布了宗教活动场所和旅游场所燃香的技术标准和安全规范。

强化理论研究，《2006～2008年文物行政执法案例研究》和《文物行政执法预警机制预研究》课题已结项，启动《2008～2010年文物行政执法案例研究》课题研究，开展《文物行业消防标准体系研究》和《文物博物馆单位安全保卫人员防卫器具配备标准》等技术性标准性应用研究。

二、强化执法督察与安全检查力度

开展国有全国重点文物保护单位与遗址类博物

馆经营性活动调查，并按《国有文物保护单位经营性活动管理规定（试行）》要求督办相关案件，如：承德避暑山庄开设会馆，北京市万寿寺过度商业开发，扬州市小盘谷开设会所，宁波市庆安会馆出租经营等。

继续加强文物行政违法与安全案件的督察督办力度。2011年，督办行政违法案件62起。所办理案件中，涉及文物保护单位保护范围和建设控制地带违法建设的38起，涉及文博单位违规管理及经营的15起，其他类型的9起；督办安全案件与重大安全隐患近40件，督促地方整改并对相关责任人给予严肃处理，如：河南安阳殷墟遗址内违法建设案，甘肃永昌和河北涞源明长城遭破坏案，陕西延安杨家岭革命旧址内中央花园周边违法建设案，陕西省西安丰镐遗址内违法建设案，内蒙古锡林浩特贝子庙周边违法建设案，江苏南京将军山明功臣将军墓周边违法建设案，陕西汉中张良庙违规开设宗教活动场所案，福建武夷山余庆桥特大火灾案，甘肃马家川马家源墓地被盗案等。

与公安部治安局联合开展为期6个月的全国博物馆安全专项检查，推动各地公安机关和文物部门完善联防机制，督促博物馆落实各项安全措施。联合中国气象局，首次组织开展“全国重点文物保护单位防雷安全专项检查”，通过检查推动各地文物、气象部门建立气象灾害防御联动机制，共同制定防雷减灾工作计划。

三、加大水下文化遗产联合执法和安保力度

国家文物局和国家海洋局联合印发了《国家文物局　国家海洋局关于加强我国管辖海域内文化遗产联合执法工作的通知》（文物督函〔2011〕1523号），召开了“我国管辖海域内文化遗产联合执法工作会议”，成立了联合执法工作领导小组，联合开展执法工作。

联合公安部边防局、治安局、刑侦局、中国海监总队赴福建、海南开展“打击海域水下文化遗产盗掘专项调研”，研究建立长效机制。积极推动福建、海南两省文物、边防、海监部门建立联动机制，福建破获多起重大案件，海南启动打击防范盗捞西沙水下文物专项行动。

四、2011打击文物犯罪专项行动

5月11日上午，公安部和国家文物局在西安召开“2011打击文物犯罪专项行动”动员部署会议，在全国17个省份开展“2011打击文物犯罪专项行动”。公安部、国家文物局对陕西、河北、山东、湖南、内蒙古等省份进行了联合督导，挂牌督办了21起重大文物犯罪案件。专项行动取得了丰硕成果，各地共破获文物犯罪案件556起，打掉犯罪团伙210个，抓获犯罪嫌疑人1062名，追缴三级以上珍贵文物557件。

1月，公安部和国家文物局，依托陕西省公安厅刑侦局筹建“全国文物犯罪信息中心”。5月11日，公安部和国家文物局领导为信息中心授牌。7月，信息中心正式运营。11月，公安部、国家文物局在西安举办了系统应用培训班，为各地培养打击文物犯罪业务骨干。部分地方公安机关已成功将该系统运用于案件侦破，对打击文物犯罪的支撑作用初步显现。

五、召开全国文物安全工作部际联席会议第二次会议

12月28日，全国文物安全工作部际联席会议第二次会议在北京召开。会议总结文物安全工作情况，分析了文物安全形势，审议并原则通过了《全国文物安全工作部际联席会议2012年重点工作计划》和《关于加强和改进文物安全工作的指导意见》。文化部部长、全国文物安全工作部际联席会议召集人蔡武出席会议并讲话。国家文物局局长、联席会议办公室主任单霁翔主持会议。联席会议成员单位公安部副部长张新枫、住房和城乡建设部总规划师唐凯、国家宗教事务局副局长蒋坚永以及外交部、国家发展和改革委员会、科技部、财政部、国土资源部、环境保护部、海关总署、国家工商行政管理总局、国家旅游局、国务院法制办公室、总参作战部负责同志出席会议，并特邀中国气象局、国家海洋局有关负责同志出席会议。

六、推进安全防范设施建设

推进全国重点文物保护单位安防、消防和防雷工程建设，加强安防、消防和防雷工程方案审核与指导工作，支持地方实施上述三类工程100余项。指导实施了承德避暑山庄、元上都遗址、秦汉唐帝王陵等一批重大安消防工程，推进新技术应用。组织实施山西全国重点文物保护单位“一键报警”试点工程。委托中国文化遗产院等科研单位完成“沿海水下文化遗产安全防范监控试点”项目，提出了4套水下文物安全防范方案，摸索建立了文物部门、公安边防、当地驻军协调联动的安全防护模式。

七、开展文物行政执法和安全培训

举办了全国文物行政执法师资力量培训班，加强对各省执法业务骨干的培训，带动各地执法培训工作的开展。研究制定“十二五”文物行政执法人员培训大纲，规范各地文物行政执法培训工作。继续开展基层执法人员片区培训，支持河南、湖北、湖南、新疆等地文物行政执法人员培训工作，2011年，共培训文物行政执法人员1740人。举办“全国文物安全管理培训班”，联合人事司举办“世界文化遗产安全管理培训班”，培训各省、地级市和世界文化遗产地安全管理干部230余人，与公安部门联合培训防范、打击文物犯罪业务骨干360余人。

文物保护

一、重大文物保护工程保护工作

（一）汶川震后文物抢救保护工程

四川汶川地震灾后文物抢救保护工程主要任务顺利完成。5月6日，会同局有关部门在四川成都组织召开全国文物系统“5·12”汶川地震灾后文物抢救保护工作总结大会，对汶川震后文化遗产抢救保护工作进行了全面总结。截至12月31日，245个灾后文化遗产抢救保护项目中，完成项目237项，完成率为96.7%；基本完成了中央提出的“用3年左右时间完成恢复重建的主要任务”的目标。

5月7日，会同四川省文物局举行了桃坪羌寨抢救保护工程竣工仪式。10月12日，举行千佛崖摩崖造像保护工程开工仪式。童明康副局长出席。

（二）玉树震后文物抢救保护工程

青海玉树震后文物抢救保护工作在受损文物建筑的排险支护、拟定恢复重建计划、争取项目经费、编制总体规划、设计维修方案、遴选施工单位等方面取得了阶段性成效。先后批复了玉树地区的玉树藏娘佛塔及桑周寺等4处全国重点文物保护单位的文物本体维修、壁画保护、边坡加固、危岩体加固等重要方案。

截至10月底，玉树地区的4处全国重点文物保护单位已全部开工，开工率100%；省级以下文物保护单位开工率84%。国家下拨文物抢救保护专项资金约1.7亿元，其中国保单位维修保护工程已经执行3600万元。7月组织赴玉树进行震后文物保护工程工地检查，对工程进行总结和指导。

（三）西藏文物保护工程

截至12月底，22处西藏“十一五”重点文物保护工程中，14处已经竣工并完成了初验；另外8处文物维修工程今年即将完成。目前国家发改委对西藏“十一五”重点文物保护工程到位资金21162.5万元，财政部到位资金22791万元。10月25日，西藏“十二五”重点文物保护工程暨敏竹林寺保护维修工程开工仪式在山南地区敏竹林寺举行，标志着西藏“十二五”重点文物保护工程正式启动。

（四）山西南部早期建筑保护工程

目前，山西南部早期建筑保护工程有序开展。陵川崔府君庙等18个在建项目工程整体进展顺利。曲沃大悲院、平顺回龙寺等重要文物保护单位的保护规划及33处项目的环境整治方案、23处项目规划大纲获批复。

3月30日至4月2日，童明康副局长带队对山西武乡会仙观、襄垣灵泽王庙、屯留宝峰寺、长子崇庆寺等南部工程工地进行检查、调研。9月初、11月中旬，组织专家进行了南部早期建筑保护工程的工地检查，初步验收了11项已完工的南部早期建筑保护工程。

2010年立项开展的“山西南部早期木构建筑信息数字化研究”项目取得明显成效。山西南部早期建筑模型制作工作已取得阶段性成果，目前已制作模型20多个。

（五）应县木塔保护工作

3月30日，组织应县木塔保护工作现场会，与市、县政府及相关部门进行座谈，强调继续加强应县木塔监测工作，抓紧编制规划，结合规划科学研究解决前街、后殿的环境整治问题。

5月19日，会同中国文化遗产研究院在北京组织召开了应县木塔监测阶段性成果汇报会。会议对中国文化遗产研究院自2008年以来木塔监测成果、现状的初步研究报告、下一步木塔保护工作建议等进行了讨论。童明康副局长出席。

11月8日至9日，组织专家赴应县对应县木塔开展了入冬前的检查工作。研究布置了应县木塔保护规划的编制、监测工作及二、三层局部加固方案的编制工作下一步开展。

（六）涉台文物保护工程

涉台文物保护工程进展顺利。截至目前，已落实文物本体维修经费约1.7564亿元，实施了约116处重要涉台文物的保护维修工作。为了进一步加强对涉台文物保护工程的领导，国家文物局、福建省人民政府成立了“福建涉台文物保护工程领导小组”，由国家文物局局长单霁翔，福建省委常委、省人民政府副省长陈桦任组长，国家文物局副局长童明康、福建省文化厅厅长宋闽旺任副组长。

指导省局组织编制完成了《福建省涉台文物保护总体规划》，8月23日，12月29日，两组织专家评审会，对《福建省涉台文物保护总体规划》进行评审。目前，《福建省涉台文物保护总体规划》正在进一步修改完善中。

（七）中国政府援助柬埔寨吴哥古迹二期茶胶寺保护修复工程

组织中国文化遗产研究院多次与商务部就项目实施的方式、费用等问题进行商谈并达成共识。先后批复了与柬埔寨仙女局的援柬二期茶胶寺保护修复工程对外承包合同、与商务部国际经济事务合作局的对内承包合同、茶胶寺保护修复工程总预算及年度工程预算，茶胶寺保护修复工程第一段六个点施工组织设计、施工图设计，茶胶寺保护修复工程总体设计方案及工作计划等。

6月15日，组织专家赴现场开展现场勘查，全面了解勘察测绘、历史研究、病害调查、材料试验等工作，形成了专家论证意见，明确了工程总体方案、施工图设计、施工图预算等具体细节和要求，并与我驻柬使馆会谈、沟通，推动工程顺利实施。11月初，通过委托我局指定的招标代理机构采取邀标的形式，确定了援柬二期茶胶寺保护修复工程监理单位。

二、完善文物保护工程管理体系

（一）进一步加强9省市方案审批下放试点管理工作

12月27日，在杭州召开了9省试点省市的方案审批下放试点工作座谈会，总结了一年来方案审核公示备案管理工作的情况，对工作中存在的问题进行了认真的讨论，并就下一步工作的完善和规范达成了一致意见。下一步想在对此次会议成果总结的基础上，对存在的问题提出明确的意见，印发通知，进一步细化、规范下放工作。

（二）召开第五批文物保护工程单位资质评审会

9月27日至29日，会同考古处、遗产处组织了第五批文物保护工程单位资质评审工作。由27位评委组成评审组，认真审议了全国21个省、自治区、直辖市65家单位的67项申报资质材料。经专家评审、局务会审议同意，共有11家获得文物保护工程勘察设计甲级资质（另有8家增加业务范围）、24家获得施工一级资质（另有5家增加业务范围）、4家获得监理甲级资质（另有1家增加业务范围）。

（三）法规和标准体系建设

法规方面，与中国文物信息咨询中心推动《文物保护工程竣工验收管理办法》的制定工作。标准方面，北方定额已经完成，同时通过招标程序委托浙江省古建院开展了文物保护工程南方定额编制工作。

三、加强历史文化名城名镇名村管理

1. 为贯彻落实国务院《历史文化名城名镇名村保护条例》的有关要求，按照12月20日住房和城乡建设部与国家文物局联合印发的《关于开展国家历史文化名城、中国历史文化名镇名村保护工作检查的通知》（建规〔2010〕220号）要求，开展了历史文化名城名镇名村保护情况检查工作。

为确保检查工作的顺利开展，会同住建部规划司多次召开名城名镇名村检查工作领导小组办公室会议，商定检查工作的时间、内容、程序人员组成等。4月22日，住房和城乡建设部与国家文物局联合召开新闻通气会。7月开始，城乡规划司、督察司和住建部规划司分别牵头组成检查组，对各省进行了检查。我局牵头完成了15个省的名城检查工作，并召开会议对检查工作进行了总结。同时配合住建部完成了其余16省的名城检查工作。

2. 会同住建部开展了国家历史文化名城申报的考察工作，结合文物保护工作对提出申请的城市提出考察意见并报国务院。2011年，共有宜兴、嘉兴、中山、蓬莱、太原、会理等城市被国务院公布为国家历史文化名城。

3. 会同住建部对规划的编制办法和要求进行了论证。

四、第七批全国重点文物保护单位申报

第七批全国重点文物保护单位评选工作取得阶段性成果。整理上报工作是文物局2011年的重点工作之一。

（一）多次召开专题论证会，就一些重要的申报项目进行专题论证

2月28日、3月4日，会同考古处两次召开茶马古道申报七批国保评选论证会。5月20日，组织召开中宣部等单位补充推荐的22处申报项目专题论证会。

（二）征求各部委意见

一年来，通过组织召开会议、致函等形式，就推荐项目名单多次征求中宣部、中央党史研究室、中央

文献研究室、发展改革委、财政部、住建部、宗教局等部门意见。名单经多次修改后，准备最后确定。

（三）开展七批国保简介编写、审核工作

在征求各部门意见的同时，组织中国文化遗产研究院、社科院考古所、中国建筑设计研究院建筑历史研究所、清华大学等单位，完成全部申报项目的简介编写工作。在此基础上，会同考古处组织专家召开简介审核会议，对推荐项目的简介初稿逐一审核。

五、积极配合开展红色旅游工作

参加红色旅游工作协调小组办公室组织的论证会，议定了红色旅游二期名录和一期增补名录，一批文物保护单位进入名录。配合红办开展了红色旅游健康发展专项检查，重点对江西省的红色旅游开展情况进行了检查。

继续加大全国重点文物保护单位中革命文物的保护规划和保护维修方案的编制、审核力度。目前已审核有关保护规划和各类维修方案70余件，向涉及革命文物的全国重点文物保护单位拨付专项补助经费3275万元，有效保护了文物本体及周边环境，确保了与红色旅游相关革命文物在有效保护的基础上得到合理利用。

六、继续探索新型文化遗产的保护理论与实践

加强了工业遗产、文化线路等新型文化遗产的保护调研工作。多次陪同局领导赴首钢开展工业保护调研，草拟了局领导在政协会议上有关首都十大建筑和首钢工业遗产等新型文化遗产保护的发言稿和政协提案，完成了报中央领导关于加强首都工业遗产保护的报告。

七、其他工作

1.继续开展《中国文物古迹保护准则》修订。目前已初步形成了《准则》修订稿。我方修订工作小组多次与美方召开专题会议，就《准则》的修订交换意见，对《准则》修订稿进行了逐条讨论。目前已经形成《准则》修订稿初稿。

2.完成了大量的文物保护规划、文物维修方案和立项申请的审批工作以及局领导交办的有关工作。

考　古

一、概况

2011年，国家文物局共批准各地620项考古发掘项目。

三峡库区文物保护工作继续开展。2011年，重庆涪陵白鹤梁文物保护工程综合验收预备会召开；7月27日，国家文物局联合国务院三峡工程建设委员会办公室组织对白鹤梁题刻原址水下保护工程进行综合验收。三峡建设委员会等单位组织编写三峡工程2008至2010年试验性蓄水文物保护总结报告，并开始研究三峡后续工作总体规划文化遗产保护相关内容。

南水北调工程文物保护工作进展顺利。截至12月底，南水北调东、中线一期工程文物保护工作进展顺利，中线干渠京石段、河北段、河南段文物保护工作全部完成，丹江口库区、东线山东段、江苏段文物保护工作进展顺利，累计已完成考古发掘面积近154万平方米，占总工作量的90.8%。4月26至27日，国家文物局和国务院南水北调办联合召开会议，评审武当山遇真宫原地垫高保护工程设计及概算。经专家论证，确定了原地垫高的保护思路。目前，文物拆迁及复原工程、宫门顶升工程、土石方垫高工程的招投标工作已经完成，“三通”工程已全部到位，其他相关工作正在有序进行，预计将于2012年8月底顶升至156米高程，2012年底顶升至172米高程。

在考古管理工作方面。4月22日，国家文物局与中国石油天然气集团公司在北京签署《关于合作开展文化遗产保护工作的框架协议》，双方将在油气管道建设等领域共同加强文化遗产保护合作，创新基本建设考古协调管理机制，实现文化遗产保护和能源建设工程的双赢双利，和谐发展。

考古人员培训方面。为适应当前考古和文物保护工作的实际需要，进一步规范考古发掘项目申报和审批程序，9月至10月，委托陕西省文物局、洛阳市文物局先后在西安和洛阳组织开办两期考古发掘电子审批系统培训班（西北片区、中原片区）。共有来自陕西、甘肃、青海、宁夏、新疆，以及河北、山西、山东、河南九省（区）的235位在职考古发掘领队及文物主管部门相关业务负责同志参加培训。5月，国家文物局在河南洛阳组织新任领队岗前培训工作，增强文物保护意识，提高领队的综合素质和田野考古工作水平。

为加强项目管理，国家文物局组织专家检查、指导江西新建县墎墩汉墓，陕西凤栖原西汉大墓、阳陵、周公庙，湖南老司城遗址、铜官窑遗址，湖北叶家山遗址，山东定陶汉墓，甘肃马家塬墓地、清水李崖遗址、陈旗磨沟墓地，以及四川向家坝水

电站淹没区考古项目，推动地方严格执行相关田野工作规程，提高田野工作质量。

二、考古报告出版

考古资料整理和报告编写工作稳步推进。2011年，全国共出版考古发掘报告约40余部，包括《汶上南旺》、《四川邛崃龙兴寺》、《德清亭子桥》、《文家山》、《昆山绰敦遗址》、《商洛东龙山》等重要报告陆续面世。

三、重要考古发掘项目、获奖情况

在2011年的考古发掘项目中，包括河南郑州老奶奶庙旧石器时代遗址、山西绛县周家庄遗址、湖南临澧衫龙岗遗址、内蒙古通辽哈民遗址、湖北随州叶家山墓地、秦雍城道路系统、山东定陶灵圣湖墓葬等32项列入国家文物局年度重要考古发现。6月，由国家文物局主办，中国考古学会协办，中国文物报社承办的“2010年度全国十大考古新发现”评选活动在北京举行。河南新郑望京楼夏商时期城址、山东济南大辛庄商代遗址、山西翼城大河口西周墓地、江苏苏州木渎古城遗址、陕西西安凤栖原西汉家族墓地、新疆鄯善吐峪沟石窟群和佛寺遗址、陕西蓝田北宋吕氏家族墓园、湖南永顺老司城遗址、江苏南京大报恩寺遗址、广东汕头“南澳Ⅰ号”明代沉船遗址10个项目最终入选。9月，国家文物局在北京组织召开了2009～2010年度国家文物局田野考古奖评审会，共评选出获奖项目21项。其中，山西翼城大河口西周墓地、内蒙古赤峰市巴林左旗辽代祖陵陵园建筑基址、浙江良渚古城陕西西汉帝陵4个项目荣获一等奖，山东高青陈庄遗址等6个项目荣获二等奖，河北赞皇西高北朝墓群等11个项目荣获三等奖。

四、合作考古交流与合作

2011年，国家文物局共受理中外合作考古研究项目6项，其中蒙古国境内古代游牧民族文化遗存考古调查及发掘研究合作项目、中日合作开展辽西地区东晋十六国时期都城文化研究项目、中德合作开展四川佛教刻经考古和研究项目等获得批复。此外，国家文物局批准河北泥河湾盆地旧石器时代遗址第四纪土样标本赴日本、甘肃马家塬遗址及墓群出土珠饰标本赴英国进行检测。

五、水下考古工作

水下文化遗产保护研究机构建设有力推进。4月22日，国家水下文化遗产保护武汉基地正式挂牌成立，这是首次在内陆地区设立水下文化遗产保护基地。8月24日，国家水下文化遗产保护福建基地正式挂牌成立，将推动东海海域水下文化遗产保护工作，并有力促进海峡两岸的合作交流。至此，国家水下文化遗产保护中心已在全国设立了4个基地。由国家水下文化遗产保护中心牵头的南海基地、西沙工作站建设立项工作稳步开展，西沙水下文化遗产保护工作扎实推进。

国家文物局与国家海洋局进一步落实《关于合作开展水下文化遗产保护工作的框架协议》，推进双方合作的开展。6月，国家文物局参加国家海洋局在辽宁大连举办的2011世界海洋日暨全国海洋宣传日活动，同时，邀请国家海洋局有关领导参加“文化遗产日”相关活动。6月17日，国家文物局、国家海洋局组织召开“908项目专家研讨会”，对国家海洋局提供的29条沉船线索进行专家审议。双方商定尽快确认29条沉船的具体信息，在908项目的基础上进一步加大已有资料的合作研究和利用，并在今后海底调查工作中纳入水下文物调查的有关内容。国家文物局积极协调外交、总参、海军、海洋、交通等有关部门，积极推进中俄合作开展旅顺俄罗斯沉船调查项目，圆满完成野外勘察工作。

水下考古抢救性发掘工作有序开展。由国家水下文化遗产保护中心牵头，联合广东省文物考古研究所、广东省博物馆等有关单位，调集全国专业力量，进一步加强“南海I号”文物保护工作，确保船体和船载文物安全。“南澳I号”水下考古和保护工作进展顺利。截至目前，基本摸清了沉船遗址的分布情况，已出水文物近2万件，并采集、筛选了大量的不同批次遗址泥样、动植物残骸、金属标本等样品，开展科技考古的综合尝试。“南澳Ⅰ号”明代沉船遗址项目被评为2010年全国十大考古新发现。启动了天津、山东、浙江等沿海地区，以及鄱阳湖、丹江口库区内水水下考古调查工作，以及和湖南的水下考古调查工作。

考古研究船前期调研和可研报告编写工作按计划推进。3月1日，召开“水下考古专用工作船论证会”，对中船重工第701研究所的建造方案进行论证，明确在300总吨级别（排水量580吨）方案基础上进一步优化设计，尽快完成可研报告，确保年内立项。

6月至8月，国家文物局委托国家水下文化遗产保护中心组织开展了首届国家水下文化遗产保护（考古）培训班，来自10省区市的20名学员参加了为期3个月的培训工作。此次培训较过去有所创新，除潜水培训、遗址调查实习外，新增了水下文化遗产保护理论与实践课程设置，不仅水下考古专业技能培训得到加强，而且注重水下文化遗产保护新思想、新理念的学习。9月，国家水下文化遗产保护中心在山东省青岛市举办培训班结业典礼，为20名学员颁发结业证书。

六、考古会议

1月，国家文物局在北京组织召开了2010年度考古发掘资质及考古发掘领队资格评议会。共53人评议通过此次评议，获得考古发掘领队资格，无锡市文化遗产保护和考古研究所一家单位获得考古发掘资质。5月，“全球视野：河姆渡文化国际学术论坛”在浙江余姚召开，国内外60多位学者就相关问题进行了探讨。9月，河南省文物局主办的首届“黄淮七省考古论坛”在河南郑州召开。11月，国家文物局、中国社会科学院和河南省人民政府共同主办的仰韶文化发现90周年纪念大会在河南省渑池县召开，相关单位领导及专家学者近百人共同出席此次会议；中国考古学会第14次年会暨庆祝宿白先生九十华诞学术研讨会在浙江嘉兴举行。

大遗址保护

2011年是“十二五”期间大遗址保护工作开展的第一年。一年来，大遗址保护工作各项工作稳步推进，成果显著。在长城、丝绸之路、大运河、西安片区、洛阳片区组成的“三线两片”为核心的大遗址保护格局基础上，提出了“六片、四线、一圈”为核心、150重要处大遗址为支撑、覆盖全国、全面体现中华民族多元一体发展历程的大遗址保护新格局。12家国家考古遗址公园和23家批准立项的国家考古遗址公园建设工作顺利开展，隋唐洛阳城、郑州商城、楚纪南故城、汉长安城、铜官窑、里耶故城、老司城、扬州城、北庭故城等重要遗址的保护和展示工作有序推进，大遗址保护和考古遗址公园建设逐步向纵深发展。

2011年，国家文物局批准了统万城遗址、铜岭铜矿遗址、大汶口遗址、曲阜鲁国故城、三杨庄遗址、大河村遗址、新密古城寨遗址、北首岭遗址、林格尔土城子遗址、十二连城城址、炭河里遗址、湖田古瓷窑址、庙后山遗址、天目山遗址、大周封祀坛遗址等15处重要大遗址保护规划，以及晋阳古城遗址和楚纪南城遗址保护规划纲要；陆续批准了隋唐洛阳城城墙遗址和宫城区域、汉长安城未央宫遗址和直城门遗址、大明宫望仙台遗址、里耶古城遗址、八岭山古墓群、楚纪南故城、姜维城遗址、炭河里城墙遗址、许三湾城遗址、交河故城三期、米兰遗址、苏巴什佛寺遗址、高昌故城四期、金牛山遗址C点洞穴等重要大遗址保护和展示方案；协调指导高句丽、渤海、郑州商城、隋唐洛阳城、汉长安城、曲阜鲁故城、铜官窑、里耶故城、老司城、扬州城、鸿山、良渚等重要大遗址的保护工作，积极指导荆州大遗址保护片区建设，有力地推动大遗址保护工程顺利实施。

6月11日，全国12家国家考古遗址公园的代表启动联盟并发布《国家考古遗址公园联盟宣言》，倡导文化遗产与人、与城市、与自然的和谐。

9月3日，国家文物局、陕西省政府在西安召开合作共建汉长安城国家大遗址保护特区工作会议，研究推进局省合作共建汉长安城大遗址保护项目和国家大遗址保护特区有关事宜。此次会议对“十二五”期间进一步推动汉长安城大遗址保护特区建设，全面推进考古遗址公园和相关保护、展示工程，起到了积极作用。

11月25日至26日，由国家文物局和湖北省人民政府主办，湖北省文化厅、湖北省文物局、荆州市人民政府承办，中国古迹遗址保护协会协办的“大遗址保护现场会暨大遗址保护荆州高峰论坛”在湖北荆州举行。来自近50个城市，700余名代表参加了论坛。与会城市代表紧紧围绕“科学保护大遗址，全民共建惠民生”的主题，交流成果，分享经验，达成了共识，发布了《大遗址保护荆州宣言》。该宣言创造性地提出要将大遗址保护纳入国家战略，纳入公共文化服务体系，要将发展文化产业作为大遗址保护的重要助力，是对大遗址保护理念的又一次大发展。《大遗址保护荆州宣言》既是对以往大遗址保护工作经验的总结，也是今后做好相关工作的重要保障。

世界文化遗产

一、世界文化遗产申报工作

（一）杭州西湖文化景观成功列入《世界遗产名录》

6月19日至29日，第35届世界遗产委员会会议在法国巴黎召开。我国提名项目“杭州西湖文化景观”

于6月24日被经大会审议获一致通过，成功列入《世界遗产名录》，成为我国第41处世界遗产，也是第29处世界文化遗产。这是我国首次以文化景观申报世界遗产获得成功，为文化景观类遗产的保护和申遗工作积累了重要经验，也使我国保持了连续9年成功申报世界文化遗产的良好势头。

杭州西湖文化景观申遗成功后，积极配合和引导新闻媒体开展正面宣传报道，产生了良好的社会反响。杭州市根据我局的建议，设立了杭州西湖世界文化遗产监测管理中心，单霁翔局长参加了监测中心揭牌仪式。

（二）元上都遗址申报世界遗产工作稳步推进

元上都遗址申报世界文化遗产相关本体保护、展示、环境整治等工程在国家文物局指导下如期完成。8月7日至10日，国际古迹遗址理事会专家（崔在宪，韩国籍）对元上都遗址进行了现场考察评估，对该项目给予积极评价。随后，根据国际古迹遗址理事会来函组织编撰并提交了元上都遗址申遗补充材料。

（三）大运河保护和申遗工作全面推进

3月29日，大运河保护和申遗省部际会商小组第三次会议在京召开。会议通报了各部门、各省市工作进展情况和2011年工作计划，原则通过了《大运河遗产保护和管理总体规划》和《大运河申报世界文化遗产预备名单》。4月12日，国家文物局在扬州召开2011年大运河保护和申遗工作会议，对2011年大运河保护和申遗工作做了具体部署。随后根据上述两次会议精神，印发了《关于加快推进大运河保护和申遗工作的通知》。

通过公开招标，中国文化遗产研究院被确定为大运河申遗文件和管理规划编制项目承担单位。国家文物局组织申遗文本编制团队对8省市的大运河申遗点段进行了现场考察，与当地政府和主管部门协调推进相关申遗工作，并完成了申遗文本核心章节初稿。

经多次与有关部委协商，国家文物局印发了《大运河申报世界文化遗产预备名单》。为进一步指导各地开展申遗工作，同时印发了《中国大运河申报世界文化遗产点段工作要求》和《关于协助开展大运河申报世界文化遗产文本编制工作的通知》，对各地的申遗准备工作和文本编制工作提出了明确的工作内容和时限要求。

《大运河遗产保护与管理总体规划》在征求大运河保护和申遗省部际会商小组各成员单位意见的基础上进行了修改和完善，即将上报国务院批准颁布。

（四）丝绸之路跨国系列申遗工作稳步推动

5月初，丝绸之路跨国系列申遗协调委员会第二次会议在土库曼斯坦首都阿什哈巴德举行。世界遗产中心和国际古迹遗址理事会对丝绸之路跨国系列申遗策略提出了重大调整。我国派员出席了会议，提出了我方意见，引起了国际组织的重视。

根据新的国际形势，组织相关专业机构以丝绸之路总体研究为基础，开展申遗文本编制工作。ICOMOS西安国际保护中心（IICC-Xi’an）进一步加强与丝绸之路跨国系列申遗协调委员会各国的沟通联系，及时了解相关动态，定期编发丝绸之路申遗工作简报。

9月21日至24日，国家文物局组织专家参加了在乌兹别克斯坦首都塔什干举办的申报文本技术讨论会。进一步明确了与哈萨克斯坦、吉尔吉斯斯坦两国的合作申遗。10月26日至11月2日，IICC组织部分专家赴哈、吉两国丝绸之路申遗情况考察，实际掌握了两国申遗文本编制情况以及相关丝绸之路遗产点的情况，并就合作申遗的技术路线进行了深入探讨，对于推进丝绸之路申遗工作起到了积极的作用。

国家文物局还就丝绸之路申遗工作有关情况征求了外交部、文化部及教科文全委会等部门意见，初步获取了各部门的支持。

12月22日至28日，哈萨克斯坦、吉尔吉斯斯坦两国专家受国家文物局邀请考察我国丝绸之路遗产，于27日在新疆乌鲁木齐召开丝绸之路跨国系列申遗协商会，深入探讨了合作申遗的技术问题和下一阶段的工作计划，签署了丝绸之路跨国系列申遗工作备忘录。

（五）申报项目储备工作

5月9日至10日，国家文物局在京召开“中国世界文化遗产申报工作座谈会”。会议听取了提出近期申报世界遗产的14处文化遗产地代表关于遗产价值和保护管理的汇报，并由专家进行现场点评。先后组织专家分别对哈尼梯田、鼓浪屿、白鹤梁遗址、景迈茶园、古蜀国遗址、黄石工业片区等申报项目进行现场考察，指导当地政府有序开展申遗准备工作。

7月中旬，国家文物局组织召开了“世界文化遗产项目专家评审会”。对地方申报的5项世界遗产申报项目进行评审，并根据专家评审意见，确定红河哈尼梯田文化景观为我国2013年世界文化遗产提名项目，及时向世界遗产中心提交了预审申报文本，并顺利通过世界遗产中心预审。根据专家的意见和世界遗产申报的新情况，对申报文本做了进一步修改并正式报送世界遗产中心。《哈尼梯田的保护管理规划》获国家文物局批复。

（六）预备名单更新工作

4月22日，为加强申报项目储备，实现对中国世界文化遗产预备名单的动态管理，国家文物局下发了《关于更新中国世界文化遗产预备名单的通知》，部署开展预备名单更新工作，在申报项目的管理、价值研究、项目遴选等方面提出了明确的要求，计划于2012年完成预备名单的全面更新工作。

二、世界文化遗产保护管理工作

（一）全面实施承德避暑山庄及周围寺庙保护工程

1月，在承德召开承德避暑山庄及周围寺庙保护工程领导小组第一次会议，正式成立工程领导小组，单霁翔局长和河北省孙士彬副省长担任组长，童明康副局长担任副组长。

4月7日，国家文物局在承德召开保护工程现场办公会议，对工程实施的指导思想、程序、管理机制、监督机制等进行现场指导。1月、5月和11月，组织专家两次赴承德，对工程实施计划进行研究，检查工程进展情况。通过严格审核保护工程方案，提高方案编制质量，督促有关单位严格履行审批程序。通过指导河北省、承德市有关方面编制工程管理办法，完善专家委员会组成等措施，建立健全工程管理的规章制度，使工程逐步走上规范化道路。

（二）推进长城保护工程

4月27日，在北京组织召开了“2011年长城保护工作会议暨长城保护规划编制研讨会”。童明康副局长出席会议并作重要讲话，对“十二五”期间长城保护工作提出了明确要求，并对近期长城保护工作任务进行了全面部署。国家文物局随后印发了《关于2011年长城保护工作的通知》和《关于开展长城认定工作的通知》。

组织指导中国文物信息咨询中心等单位完成了长城资源信息系统、中国长城信息网建设工作，并于文化遗产日期间举行了开通仪式，实现了服务文物部门、科研机构和社会公众的目标。

我国各时代长城资源调查检查验收工作和长城资源认定申请材料审核工作全部完成。完成明长城图录编辑出版工作，形成明长城资源调查总报告初稿。

8月31日至9月1日，根据中央领导同志视察嘉峪关的重要指示，单霁翔局长带队赴甘肃现场调研嘉峪关长城文物保护工作。确定了在3年内完成嘉峪关文物保护工程，全面改善嘉峪关文物保护状况和环境景观的目标。随后组织专家赴嘉峪关现场考察保护工程情况，提出了嘉峪关文物保护工程的项目清单和各项目实施内容、范围以及优先顺序等。11月18日，举行嘉峪关世界文化遗产保护工程开工仪式，嘉峪关保护工程正式启动。

（三）建设中国世界文化遗产监测预警体系

通过组织专家座谈会、赴苏州等试点单位现场考察，初步形成“十二五”期间建设世界文化遗产监测预警体系的基本工作框架。委托中国文化遗产研究院等有关专业单位开展了世界文化遗产监测预警体系建设总体规划编制工作。为配合监测体系建设，组织有关专业机构开展了“世界文化遗产与社区发展”、“世界文化遗产地可持续发展模式与评估体系”、“世界文化遗产保护区域”、“空间信息技术应用于世界文化遗产研究：理论、方法与典型示范”等相关研究工作。

（四）完成亚太地区世界遗产第二轮定期报告

按照世界遗产中心的要求，组织有关省级文物部门和世界遗产地相关负责同志，已于2月1日前提交了24处世界文化遗产的回顾性突出普遍价值声明，并出版了我国世界文化遗产的英文宣传手册。定期报告表格已完成网上填报，并于7月31日前提交。此外，顺利完成回顾性地图信息的补充工作。

（五）筹划世界文化遗产监测预警体系建设

9月22日至23日，国家文物局在京召开中国世界文化遗产监测工作会议。24个省级文物局和29处世界文化遗产、4处世界文化与自然混合遗产的管理机构以及相关科研机构代表140多人出席会议。单霁翔局长在会上做了重要讲话，全面总结了“十一五”世界文化遗产监测工作成果，深入分析了“十二五”世界文化遗产工作面临的形势和主要任务，并就近期工作做了具体部署。随后根据会议精神印发了《关于加强世界文化遗产监测工作的通知》，进一步明确了监测工作的相关要求。

5月5日至6日，国家文物局会同住建部、教科文全委会在四川都江堰召开了世界遗产工作会议，来自全国40个遗产地管理部门代表近百人参加会议。

（六）举办世界遗产监测管理国际研讨会和无锡论坛

9月19日至20日，为落实世界遗产委员会相关决议，并庆祝《世界遗产公约》40周年，国家文物局在江苏省苏州市举办了世界遗产监测管理国际研讨会。来自国际文化财产保护与修复研究中心（ICCROM）、国际古迹遗址理事会（ICOMOS）等国际组织，阿根廷、芬兰、澳大利亚、阿尔及利亚、墨西哥、日本、韩国等7个国家的国际代表，我国世界遗产保护领域的专家学者和部分世界文化遗产保护管理机构的代表约40人参加了会议。单霁翔局长出席并做主旨发言。与会专家从世界遗产监测的意义和作用、监测体系、指标、实例等方面，深入探讨了世界遗产监测管理的理论和实践经验。

为推进大运河保护和申遗工作，国家文物局组织召开了2011年中国文化遗产保护无锡论坛——运河遗产的保护与管理。来自国际古迹遗址理事会、国际工业遗产保护委员会等国际组织和加拿大、英国等国运河遗产保护方面的专家参加了会议，单霁翔局长在会上作主旨发言。中外专家就运河遗产的保护，特别是运河遗产的真实性和完整性进行了广泛和深入的探讨，为下一步申遗工作奠定了良好的基础。

（七）开展世界文化遗产监测巡视和保护工程工地检查

国家文物局领导视察云冈石窟保护工作，并就保护性窟檐建设等相关问题做出明确指示。大足石刻千手观音像抢救性保护修复工程进展顺利，先后召开2次专题会议，组织专家对中期试验成果进行了现场验收，并审议通过了工程总体方案，4月下旬起进入全面实施阶段。高句丽壁画墓保护工程在已开展的前期试验研究和监测工作基础上，正在开展病害作用机理研究、修复技术和材料筛选工作，以及部分墓室封土防渗方案设计。

组织专家赴江西庐山和皖南古村落开展世界文化遗产监测巡视工作，并先后赴北京故宫、武当山历史建筑群、高句丽王城、王陵和贵族墓葬，云冈石窟、平遥古城等处世界文化遗产检查近期保护工程情况。根据检查情况，致函相关省级文物局，提出加强遗产保护管理的具体要求。

博物馆

一、概况

经审核，截至2011年底，全国共有3589个博物馆。其中，文物行政部门所属的国有博物馆2473个，非文物行政部门所属的国有博物馆581个，民办博物馆535个。

根据博物馆专业标准，功能基本完善，能够提供基本社会教育服务的博物馆3089个（其中，文物行政部门所属的国有博物馆2206个，非文物行政部门所属的国有博物馆581个，民办博物馆383个）。

2011年，全国文物文化系统博物馆从业人员62000人，其中高级职称3900人，中级职称9500人；博物馆建筑面积1180万平方米，其中展览用房560万平方米，文物库房100万平方米；馆藏文物1902万件（套），其中一级品5.8959万件（套），二级品72.1374万件（套），三级品239.4907万件（套）。全年共举办陈列、展览共16000余场（次），接待观众47000万人次，其中未成年人12000万人次。

二、藏品管理

（一）文物调查及数据库管理系统建设项目结项

6月16日，由财政部和国家文物局共同主导的“文物调查及数据库管理系统建设”项目总结会议在北京举行。国家文物局单霁翔局长出席会议并讲话，财政部、国家文物局、中国文物信息咨询中心有关部门负责人，各省区市文物行政部门分管领导参加会议。自2001年启动以来，项目先后经历了试点、试点推广阶段，并于2008年在全国全面展开。经过全国文博工作者10年的辛勤努力，文物调查项目已全面完成了全国文物系统博物馆全部馆藏珍贵文物数据的采集工作，共采集文物数据1660275条，其中一级文物数据48006条，累计拍摄文物照片3869025张，录入文本信息3.05亿字，接收数据总量15.16TB，基本廓清全国文物系统馆藏珍贵文物家底。文物调查项目逐步为进一步加强馆藏文物登录管理，深化文博系统信息化工作积累了宝贵的经验。文物调查项目的总结，项目成果的应用和转化，为国有可移动文物普查做好了必要的前期准备。

（二）国有可移动文物普查项目试点启动

为全面掌握我国的文化遗产资源，依法加强对国有可移动文物的管理，推进公共文化服务体系建设，国家文物局将国有可移动文物普查列入国家文物博物馆事业发展“十二五”规划重点任务。普查拟由国家统一组织，对各类国有可移动文物收藏单位及其所收藏文物进行认定和登录。普查不涉及改变文物的保管权问题，重在全面系统了解我国国有可移动文物的数量、种类、分布和保存现状等基本信息，总体评价可移动文物保护现状及发展趋势，为国家制定、实施相关文物保护法律法规和政策提供全面、科学的依据。

5月，国有可移动文物普查采集软件开发、工作标准规范的编制完成；国有可移动文物普查项目申报书（含经费预算）、实施方案草案编制完成。7月，国家文物局遴选、组织北京、陕西、中国人民革命军事博物馆分别开展区级、省级、军队系统普查试点工作，试点时间2011年至2012年7月。

三、博物馆建设与行业管理

（一）大型博物馆建设

2011年，建成开放的重要博物馆有：

1.3月1日，中国国家博物馆改扩建工程竣工并开馆试运行。中国国家博物馆是2003年2月在原中国历史博物馆和中国革命博物馆两馆合并的基础上组建成立的，位于天安门广场东侧，其原有馆舍建成于1959年9月，建筑面积6.5万平方米，是新中国成立10周年十大建筑之一。2007年3月，作为国家"十一五"重大文化工程项目，投资25亿元的中国国家博物馆改扩建工程开工，经过近4年的建设，建筑面积增加到19.2万平方米，成为世界上建筑面积最大的博物馆。改扩建后的中国国家博物馆有48个展厅，面积最大的为2000平方米，最小的700平方米，设有《古代中国》和《复兴之路》大型基本陈列，另有30个展厅用以进行专题展览或临时性展览。改扩建工程竣工后，中国国家博物馆将建设成为历史与艺术并重，集收藏、展览、研究、考古、公共教育、文化交流于一体的综合性国家博物馆。

2.9月23日，北京汽车博物馆在北京开馆。北京汽车博物馆位于北京市南四环花乡桥附近。该馆总建筑面积近5万平方米，展陈面积1万多平方米，馆内依据历史、技术和未来3个主线，设有创造馆、进步馆、未来馆和中国汽车工业经典藏品车展，并设有汽车博览、主题展览、汽车科普、汽车娱乐、学术交流等功能区。该馆藏品包括具有典型历史意义的展车80余辆、50多个互动展项以及与汽车发展历史相关的零部件百余个、图书文献资料3000余册、照片万余张，是目前全国规模最大、展品最丰富、科技含量最高的汽车行业专题类博物馆。

3.9月29日，安徽省博物馆新馆在合肥开馆。安徽省博物馆新馆位于合肥市政务新区，建筑面积4.1万平方米，地上6层，地下局部1层，建筑高度37.70米，展厅15个，整体造型体现了五方相连、四水归堂的徽派建筑风格。安徽省博物馆藏有商周青铜器、楚国货币、汉画像石、文房四宝、元代金银器、新安书画、徽州雕刻和古籍善本、徽州契约文书、潘玉良美术作品等文物藏品23万多件，设有基本陈列《安徽文明史陈列》和《徽州古建筑》、《安徽文房四宝》、《新安画派》和《江淮撷珍》等4个特色专题陈列，展出文物2500余件。在开馆仪式上，举行了国家文物局向安徽省博物馆赠拨文物仪式，供该馆永久珍藏。

4.11月15日，中国消防博物馆建成开馆。国务委员、公安部部长孟建柱为博物馆揭牌，公安部副部长刘金国、国家文物局局长单霁翔出席开馆仪式并致辞，教育部副部长刘利民等出席开馆仪式。中国消防博物馆位于北京市广安门，是中国消防行业规模最大的博物馆，承担着指导全国地级以上城市消防博物馆、教育馆和防灾教育中心的职能。该馆展陈面积9500平方米，设有序厅、古代消防临、近现代消防等展厅，陈列有"北京人"用火遗留灰烬炭屑、唐代琉璃鸱吻、清末水会灭火器具、近代消火栓和消防警察制服徽章、新中国成立早期消防器材、汶川地震救援装备等反映各个历史时期消防文化、法律、技术的遗存和见证物4600余件，并设有用火起源、宋代潜火军灭火、清代宏村水系、故宫博物院消防设施、汶川地震救援等多媒体及其他辅助展品。

5.11月21日，民航博物馆在北京开馆。交通运输部副部长、民航局局长李家祥出席仪式并发表讲话，国家文物局、国家博物馆、中国航空博物馆、北京市文物局等文博机构相关负责人参加仪式。

民航博物馆是民航局主管的民用航空专题博物馆，馆址位于北京首都机场辅路民航200号地区，总占地面积284亩，建筑总面积21980平方米，主展馆按照飞机发动机形状进行外观设计。民航博物馆建设和藏品征集工作得到社会各界广泛参与和大力支持，馆内征集了大量反映我国民航不同时期的运输机型和藏品。实物飞机包括毛泽东乘坐过的伊尔-14、参加过驼峰航线飞行的C-46等反映我国民用航空不同历史时期的各种运输机型，以及反映驼峰飞行、两航起义、"八一"开航、拉萨试航等大量珍贵的历史文献和资料。博物馆还配有飞行模拟机、多功能影院等，可为参观者提供飞行体验、科普教育、休闲娱乐等服务。

(二)博物馆行业规划与指导

1.编制发布《博物馆事业中长期发展规划纲要（2011～2020)》。为贯彻落实中共中央十七届六中全会精神，推动我国博物馆事业的科学发展，提高博物馆专业化水平，更好的发挥博物馆社会作用，构建公共文化服务体系，国家文物局编制发布《博物馆事业中长期发展规划纲要(2011～2020年)》。《纲要》提出到2020年，基本形成特色鲜明、结构优化、布局合理的博物馆体系，基本实现博物馆管理运行的现代化，基本建立运转协调、惠及全民的博物馆公共文化服务体系，博物馆文化深入人心，进入世界博物馆先进国家行列。

《纲要》提出，到2020年，博物馆公共文化服务人群覆盖率明显提高，从40万人拥有1个博物馆发展到25万人拥有1个博物馆；科技、(当代)艺术、自然、民族、民俗、工业遗产、二十世纪遗产、非物质文化遗产等专题性博物馆和生态、社区、数字博物馆等新形态博物馆得到充分发展，博物馆门类更加齐全，类型结构趋于合理；中西部博物馆基础设施条件全面改善，中小型博物馆展示服务功能全面提升，博物馆的区域分布和结构逐步优化；民办博物馆的发展环境优化，民办博物馆占全国博物馆比例逐步达到20%，涌现出一批专业化程度高、社会影响力强的优秀民办博物馆；国家一、二、三级博物馆占全国博物馆的比例达到并稳定在30%，涌现出一批世界一流博物馆，形成层次清晰、重点突出、特色鲜明的博物馆网络；国有博物馆珍贵文物藏品的建账建档率达到100%，国有博物馆风险单位的防火、防盗设施，藏品保存环境达标率达到100%；完成100个包括文物保护综合技术中心、文物保护修复区域中心、馆藏文物保护修复技术和成果推广服务站在内的全国可移动文物保护修复架构体系建设；博物馆教育和服务体系更加完善，公共博物馆全面免费开放。除基本陈列外，博物馆年举办展览数量达到3万个，展示水平显著提升。博物馆年观众达到10亿人次。

《纲要》明确了未来10年全国博物馆事业的发展目标和主要任务，是未来10年全国博物馆事业发展的行动纲领，成为各地区各部门发展博物馆事业的重要依据。

2.组织实施“国有博物馆对口帮扶民办博物馆”试点项目。为贯彻落实国家文物局、民政部等7部委《关于促进民办博物馆发展的意见》（文物博发〔2010〕11号），探索支持民办博物馆发展的长效措施，提高民办博物馆的专业化水平，国家文物局于2月启动“国有博物馆对口帮扶民办博物馆”试点申报工作。经过公开征集、专家评审，确定了山西博物院帮扶广灵剪纸艺术博物馆展示服务提升、上海博物馆帮扶上海琉璃艺术博物馆藏品保管提升、成都武侯祠博物馆帮扶成都华通博物馆展示服务提升等3个试点项目。对口帮扶试点工作的实施，打破了管理体制上的壁垒，发挥国有重点博物馆的引领辐射作用，带动了区域民办博物馆的进步，更好地融入博物馆行业大家庭，并推动其管理运行、业务开展、社会服务等方面水平的提升，不断完善博物馆功能，有效发挥民办博物馆的社会作用。

3.举办民办博物馆馆长成都培训班。11月，国家文物局在四川大学举办民办博物馆馆长成都培训班。国家文物局副局长董保华出席开班仪式，来自全国28个省、自治区、直辖市的民办博物馆馆长共计50余人参加本次培训。本次培训班是国家文物局在全国范围内首次举办的专门针对民营博物馆的人才培训，培训时间为一周，培训班聘请了南开大学、浙江大学、中国人民大学、四川大学等相关学科的教师进行授课。本次培训班的举办对进一步规范民办博物馆管理，提高民办博物馆办馆水平起到积极的促进作用。

4.推进高校博物馆工作。5月30日，国家文物局、教育部联合下发《关于加强高校博物馆建设与发展的通知》，就加强高校博物馆建设与发展，进一步提高和发挥高校博物馆的社会教育功能，充分发挥其在科教兴国、学习型社会和公共文化服务体系建设中的作用提出了指导性意见。为落实《通知》精神，10月13日，由中国博物馆协会高校博物馆专业委员会主办的“全国高校博物馆学术研讨会”在陕西杨凌召开，会议就研究进一步推动高校博物馆建设与发展的对策建议展开交流。会议选举产生了高等学校博物馆专业委员会新一届常委会。

5.促进生态（社区）博物馆发展。在广泛调研各地生态博物馆、社区博物馆建设成功经验和有效做法的基础上，国家文物局于8月印发《关于促进生态（社区）博物馆发展的通知》及《关于命名首批生态（社区）博物馆示范点的通知》，加强对全国生态（社区）博物馆建设的指导，探索适合我国生态（社区）博物馆建设的工作思路与方法，促进我国生态（社区）博物馆的健康、快速、可持续发展；确定浙江省安吉生态博物馆、安徽省屯溪老街社区博物馆、福建省福州三坊七巷社区博物馆、广西龙胜龙脊壮族生态博物馆、贵州黎平堂安侗族生态博物馆为首批“生态（社区）博物馆示范点”。8月23日，国家文物局在福州召开全国生态（社区）博物馆研讨会，国家文物局单霁翔局长发表了主旨报告。会议代表研讨交流对生态(社区)博物馆理念的科学认知，介绍各地开展生态(社区)博物馆建设的实践和思考，积极探索适合我国国情的生态(社区)博物馆发展之路。

（三）行业评价与组织建设

1. 深化博物馆评估定级，开展2010年度国家一级博物馆运行评估。在总结2008～2009年度一级博物馆运行评估试点工作经验的基础上，6月至12月，国家文物局委托中国博物馆协会开展2010年度国家一级博物馆运行评估工作，深入系统的了解、科学的评价首批国家一级博物馆的运行情况，加强对国家一级博物馆动态管理。国家一级博物馆运行评估工作通过定性评估、定量评估和抽查复核，总结成绩和成功经验，深入分析首批一级博物馆在日常运营和业务工作中存在的问题，督促一级博物馆不断提升展示、教育、服务水平，朝着制度化、规范化、科学化方向发展，真正发挥国家一级博物馆的示范作用。此次运行评估将向社会公示评估结果（分为合格、基本合格和不合格3个等级），并按《全国博物馆评估办法（试行)》作出相应处理。

2. 中国博物馆协会第五届常务理事会第六次会议在北京召开。3月2日，中国博物馆协会在京召开第五届常务理事会第六次会议。国家文物局党组书记、局长单霁翔出席会议并讲话。经会议表决并一致通过，国家文物局副局长宋新潮兼任中国博物馆协会理事长，张柏担任中国博物馆协会名誉理事长。中国博物馆协会名誉理事长、故宫博物院院长郑欣淼，中国博物馆协会名誉理事长、中国人民革命军事博物馆馆长陈士富，以及民政部民间组织管理局有关负责同志、第五届常务理事会成员40余人出席会议。会议研究部署了近期需着力做好四个方面的工作：一是要尽快完成协会《章程》的修订和报备，全面贯彻依法治会；二是要进一步加强协会的自身建设，真正实现由学会向协会的转变；三是要举全力办好2011年“5·18”国际博物馆日各项活动的组织工作；四是要认真总结国际博物馆协会第22届大会组织与学术研究取得的成绩，积极做好国际博协培训中心的筹备工作。

3. 中国博物馆协会第五届第二次会员代表大会暨“博物馆与记忆”学术研讨会在西安召开。6月18日至19日，中国博物馆协会第五届第二次会员代表大会暨博物馆与记忆学术研讨会在古都西安召开。国家文物局局长单霁翔，副局长、中国博物馆协会理事长宋新潮，以及中国博物馆协会第五届理事会副理事长、常务理事及会员代表180余人参加。中国博物馆协会理事长宋新潮在本次会员代表大会上做了工作报告，对第五届理事会过去3年的工作进行总结，并对未来3年提出了工作思路：加强博物馆行业规范化建设，继续坚持协会的学术功能，引导博物馆各项业务活动，加强各类博物馆人才培养等。会议通过了“中国博物馆协会章程”的修订案，增补了理事、常务理事和副理事长。发布了《国家一级博物馆运行评估报告（2008～2009年度)》并专门召开各专业委员会主任会议，对专业委员会的章程和论文出版等事宜进行了讨论。在“博物馆与记忆”学术研讨会上，单霁翔局长作了《关于广义博物馆理论与实践的思考》的主旨报告，与会者围绕今年国际博物馆日的主题“博物馆与记忆”从心理学、社会学及传播学等角度进行了广泛研讨。

4. 亚太地区博物馆馆长高层论坛在山东博物馆举办。11月16日，“博物馆免费开放与公民文化权益保障”亚太地区馆长高层论坛暨国际博协亚太地区联盟理事会2011年会议，于山东博物馆新馆开馆1周年之际开幕。国家文物局局长单霁翔发表主旨报告。论坛围绕“博物馆免费开放与公民文化权益保障”主题，就发挥博物馆在推动文化大发展、大繁荣中的重要作用，扎实推进博物馆免费开放工作，全面提升公共文化服务水平，切实保障人民群众的文化权益等问题进行了深入的探讨与交流。

5. 全国博物馆教育研讨会在四川博物院召开。9月5日，全国博物馆教育研讨会在四川博物院召开，国家文物局副局长、中国博物馆协会理事长宋新潮发表讲话，研究部署加强博物馆教育工作。与会代表就深化博物馆免费开放，强化社会教育和展示服务，更好地实现社会教育功能、服务公众进行了交流研讨。

四、博物馆展示宣传与社会服务

（一）深化博物馆、纪念馆免费开放工作

在开展深化博物馆免费开放需求调查的基础上，国家文物局汇总核定了361个第三批全国免费开放博物馆名单，加上第一、二批名单，使免费开放博物馆单位总数达到1804个，约占文化文物部门归口管理博物馆纪念馆和全国爱国主义教育示范基地总数的76%。国家文物局积极争取中央财政增加免费开放专项经费，使中央财政每年补助地方的博物馆免费开放专项补助经费从20亿元增加到30亿元，并提高了河北省博物馆等61个实施改扩建工程博物馆的补助标准。

（二）组织第九届全国博物馆十大陈列展览精品评选

国家文物局委托中国博物馆协会开展第九届（2009～2010年度）全国博物馆十大陈列展览精品评选。此次评选改变简单的投票方式，量化评价要素，从选题、内容、形式、制作、教育、安全、传播、服务、社会影响力和数字化展示等10个方面按比例赋以分值，由评委实名评分。同时对入围终评的项目组织专家实地评估，并开展网上投票，加强社会参与。从26个省份86个博物馆、纪念馆的陈列展览中，评选出“自然·生命·人”（浙江自然博物馆）等10个精品奖和“天工开物——中国盐史”（河北海盐博物馆）等12个单项奖以及“‘延安革命史’基本陈列”（延安革命纪念馆）等3个特别奖。

（三）各地开展“5·18”国际博物馆日宣传活动

2011年国际博物馆日的主题为“博物馆与记忆（Museums and Memory）”。“5·18”当天，主场城市活动在辽宁省沈阳市举行，国家文物局单霁翔局长出席并讲话。主流媒体对宣传活动进行了密集报道，中央电视台第10套节目对主场城市活动进行了现场直播。各地博物馆围绕主题，开展了一系列各具特色的宣传活动，精心策划和组织开展了丰富多彩的博物馆“进校园、进社区”等宣传普及活动，动员公众一起来探索与发现历史记忆，共同保护人类珍稀而脆弱的文化遗产，加深公众特别是青少年对民族、地域历史文化和自然环境等的了解、理解和尊重，促进优良历史文化传统的保护与弘扬。

（四）重要的全国性展览

1.“银饰之美——湖南、广西、贵州三省（区）苗族银饰联展”在湖南省博物馆开幕。展览由广西民族博物馆、湖南省博物馆和贵州民族文化宫联合策划，3月29日至5月4日免费开放。展览分头饰、项饰、首饰、佩饰、衣饰、工具六个单元，集中展示了湘、桂、黔三地400多件苗族银饰文物及其制作工艺，体现了湘、桂、黔三地苗族银饰的相互关联与差异，展现了苗族的图腾崇拜、迁徙文化等民族特性，表达了苗族人民对于美好生活的热爱与向往。

2.“启蒙的艺术”展览在中国国家博物馆开幕。展览由柏林国家博物馆、德累斯顿国家艺术收藏馆、慕尼黑巴伐利亚国家绘画收藏馆和中国国家博物馆联合举办，4月1日起向观众开放，展期持续1年。展出德国三家博物馆收藏的600余件绘画、雕塑、版画、手工艺品、服饰以及科学仪器等展品，全方位展示了18世纪欧洲大陆启蒙时代的艺术、科技和社会发展面貌。

3.“辽河寻根　文明溯源——中华文明起源展”在辽宁省博物馆开幕。该展是当年“5·18”国际博物馆日的主题展览，也是“中华文明探源工程”辽河流域史前文明研究工作的阶段性成果展。展览由科技部、国家文物局、辽宁省人民政府共同主办，中国社会科学院考古研究所、辽宁省文化厅、辽宁省文物局联合承办，辽宁省博物馆和辽宁省文物考古研究所协办，于5月18日至8月21日与观众见面。国家文物局局长单霁翔，辽宁省副省长滕卫平，国家文物局副局长、中国博物馆协会理事长宋新潮等领导出席展览开幕式。该展以“中华文明探源工程”辽河流域史前文明研究工作取得的最新的科研成果为指导，系统展现了从距今8000年前的新石器时代至距今3500年前的青铜时代，以红山文化为核心的，辽河流域早期文明的起源与发展历程，揭示辽河文明的文化特征、意义、地位与作用。展览分“家园”、“古国”、“方国”3个单元，共展出了来自中国社会科学院考古研究所、辽宁省博物馆等14家文博单位的245件/组珍贵文物，其中多数文物为首次在沈公开展出。

4.“中原文明　华夏之光——中华文明起源展”在陕西历史博物馆开幕。展览由国家文物局、科技部、陕西省人民政府主办，于6月20日至9月20日与观众见面。国家文物局局长单霁翔，科技部和陕西省有关领导出席开幕式。该展以“中华文明探源工程”研究成果为依托，汇集七省区24家文博单位260余件文物精品，通过“远古家园　采耕大同”、“邦国之路　中原领先”、“王朝崛起　辐聚中原”3个章节，展示了中原地区完整的史前文化发展序列，及其成为早期中国文明多元一体结构的核心，率先完成从古文化向古国的转变，建立夏王朝，最先进入文明社会的历程，揭示了中华文明在形成过程中“多元一体”的发展规律。

5.“山水合璧——黄公望与富春山居图特展”在台北故宫博物院开幕。6月1日至9月5日，浙江省博物馆、故宫博物院、上海博物馆、国家博物馆、南京博物院、云南省博物馆等大陆博物馆提供的黄公望《富春山居图》卷（剩山图）等12件文物珍品与岛内观众见面。该展是继“雍正文物大展”和“文艺绍兴——南宋艺术与文化特展”之后，大陆博物馆与台北故宫博物院密切合作的又一个汇集两岸文物精品的高水平展览，对进一步推动两岸文化交流、弘扬中华民族传统文化具有十分重大而深远的意义。

6.“兰亭特展”和“兰亭珍拓展”在故宫博物院开幕。9月20日至12月5日，故宫博物院2011年度大展“兰亭特展”和“兰亭珍拓展”在午门展厅和延禧宫展厅分别向公众正式开放。展览除展出故宫珍藏虞世南、褚遂良和冯承素等名家的《兰亭序》摹本和临本，以及馆藏珍品西晋陆机的《平复帖》、东晋王珣《伯远帖》、乾隆《兰亭八柱》帖之外，还展出了黑龙江省博物馆所藏《兰亭图》和南昌市博物馆所藏永和八年墓出土的羽觞、日本东京国立博物馆、香港中文大学文物馆所藏《吴炳本定武兰亭》、《独孤本定武兰亭》和《游相兰亭十种》等具有重要学术价值的珍贵拓本等文物。展览期间还配合举办了“2011年兰亭国际学术研讨会”等学术研究活动。

7.“南宗正脉——上海博物馆藏娄东画派艺术展”在上海博物馆开幕。12月3日开幕。展览展出上海博物馆馆藏王时敏作品25件，王原祁作品32件，以及娄东画派传人作品13件，代笔和伪作10件。展览通过展示名列清初“四王”的王时敏、王原祁等为代表的“娄东画派”绘画风格的演进过程和艺术特征，试图还原真实的娄东画派，对其给予客观的历史评价。

8.“玉魂国魄——凌家滩文化玉器精品展”在良渚博物院展出。12月20日开幕。展览由故宫博物院、安徽省文物考古研究所和良渚博物院联合举办，展出了凌家滩遗址自1987年以来历次考古发掘出土、现分别收藏于北京和安徽两地的玉器精品100余件（组），是凌家滩遗址出土玉器规模最大、等级最高、精品荟萃的一次集中展示。

社会文物管理

2011年，制定《国家社会文物管理“十二五”规划纲要》，确立了文物市场监管、文物进出境审核管理、海外流失文物调查追索等领域“十二五”期间的主要目标任务。在此基础上，统筹部署“十二五”规划重大项目，取得了重要的阶段性成果。

一、文物市场监管工作

针对当前文物市场存在的一些突出和热点问题，转变管理理念，拓展监管方式，提升监管水平，努力适应社会对文物市场监管的新要求和新期待，引导文物拍卖市场健康持续发展。

（一）召开全国文物拍卖工作座谈会

召开全国文物拍卖工作座谈会，印发了《全国文物拍卖管理工作座谈会会议纪要》，进一步明确文物拍卖管理内容、落实管理措施、规范管理程序，研究治理文物拍卖企业“知假拍假”问题，在澄清疑问、统一认识方面取得了重要成果。

（二）发布《文物拍卖企业资质年审管理办法》

1月5日，《文物拍卖企业资质年审管理办法》发布施行。《办法》规定了文物拍卖企业文物拍卖经营资质年审的时间、报送材料及审核程序，并对年审过程中撤销、暂停文物拍卖经营资质及对文物拍卖企业做出限期整改决定的情形进行了规定。

（三）开展文物拍卖经营资质审批工作

受理文物拍卖经营资质申领事项94起，59家拍卖企业获得文物拍卖经营资质。截至12月，全国共有文物拍卖企业309家。

（四）开展文物拍卖标的复核工作

2011年，对近300场次的约4万件文物拍卖标的进行复核。对一批出土（水）文物、以出土（水）文物名义进行宣传的复仿制品及涉嫌损害国家利益或有可能产生不良社会影响的标的进行了撤拍，有力地净化了市场环境，维护了文物拍卖市场的正常秩序。

（五）举办文物拍卖企业专业人员资格考试

2011年度，文物拍卖企业专业人员资格考试实际参考人数432人，共有68人通过了83个门次的考试。截止2011年，全国共有287人通过了431个门次的考试。

二、文物进出境审核管理工作

（一）加强文物进出境审核机构建设

国家文物局批准恢复了国家文物进出境审核山西管理处文物进出境审核机构资质，目前全国有17个文物进出境审核管理处。

配合中央编制部门赴国家文物进出境审核北京、天津、四川管理处，开展文物进出境审核机构管理调研工作，推动文物进出境审核机构建设。

（二）加强文物进出境责任鉴定员资格管理

加强文物进出境责任鉴定员资格管理，国家文物局集中开展了全国《文物进出境责任鉴定员资格证书》及《文物进出境责任鉴定员》证的审核换发工作，对20多年来参加责任鉴定员资格考试合格人员以及经国家文物局审定合格人员的情况进行了系统梳理。经审核，共有22个省、自治区直辖市报送了110份申请材料，其中110人被授予《文物进出境责任鉴定员资格证书》，68人取得《文物进出境责任鉴定员》证。

（三）加大文物进出境责任鉴定员培训力度

文物进出境审核人才培养力度逐步加大，2011年组织了民族文物、青铜器文物、近现代书画文物培训班。开展了文物进出境责任鉴定员继续教育工作，举办了责任鉴定员玉器鉴定研修班。以上培训班共培训学员达180人次。

（四）举办2011年度文物进出境责任鉴定员资格考试

为加强文物进出境审核队伍建设，国家文物局组织了2011年度全国文物进出境责任鉴定员书画类和金属器类资格考试，其中9人参加书画类考试，3人成绩合格；18人参加金属器类考试，5人成绩合格。

（五）推进国家文物进出境审核信息管理系统建设

国家文物进出境审核信息管理系统在不改变现有的文物进出境审核管理业务流程的前提下，利用计算机与网络信息技术，实现国家文物局对文物进出境审核工作全流程、全方位的实时监控和标准化、信息化管理，全面提升我国文物进出境审核管理工作水平。

国家文物进出境审核信息管理系统已开发完成，下一步将加快推进测试、验收及试点运行工作。

（六）“中国文物进出境管理60年成果展”筹备工作顺利推进

2012年，是我国文物进出境管理工作60周年。60年来，在海关、文物部门的共同努力下，我国文物进出境管理工作成就辉煌，上百万件珍贵文物被禁止出境，文物走私犯罪活动得到有效遏制。在国际文化交流日益频繁，文物流通日益活跃的今天，文物进出境管理工作正在显现出越来越重要的意义和作用。

为全面回顾60年来文物进出境管理工作走过的光荣历程，总结经验，展示成果，鼓舞人民，国家文物局将与海关总署联合举办“中国文物进出境管理60年成果展”。目前，展览筹备工作进展顺利，已完成“中国文物进出境管理60年成果展”展览调研和大纲编制工作。

三、国家重点珍贵文物征集、接受捐赠及海外流失文物追索工作

1. 继续开展国家重点珍贵文物征集工作。完成了西周青铜器芮伯壶、周海婴藏鲁迅文物等征集项目。

鲁迅签名题赠许广平著译版本20册原版书籍社会上存量较少，鲁迅签名本更是难得，目前全国各鲁迅博物馆（纪念馆）皆无此类收藏，为近代版本中的孤本。

芮伯壶历经多次著录，保存完好，来源清晰，流传有序，是青铜研究界著名的器物。其形制、纹饰、铸造技艺具研究价值，铭文对研究芮国历史具有重要意义。

2. 接受捐赠。接受前全国政协委员郭炎先生捐赠的大堡子山西周晚期鸷鸟形金饰片2件及金铠甲片1套。中共中央政治局委员、国务委员刘延东同志出席捐赠仪式。

3. 开展海外流失文物追索工作。出席在法国召开的联合国教科文组织《关于禁止和防止非法进出口文化财产和非法转让其所有权的方法的公约》缔约40周年圆桌会议。

促成美国国土安全部将查获的14件非法走私中国文物归还我国。此次移交活动表明了双方在打击文物走私犯罪领域的积极态度，体现了双方愿继续在文化遗产保护领域开展合作的愿望，产生了良好的社会影响。

四、国家文物鉴定委员会相关工作

指导部分省文物鉴定委员会开展委员增补工作；指导部分省文物鉴定委员会开展涉案文物司法鉴定；组织国家文物鉴定委员会委员赴新疆开展两千余件馆藏文物鉴定工作；组织国家文物鉴定委员会委员为青岛市博物馆、青岛市文物商店等多家文博机构近千件馆藏、藏存文物进行鉴定及定级；鉴定我驻外使馆转来的捐赠、出让文物信息数十起。

文物科技与信息

2011年，在科技工作方面，发布了行业科技发展“十二五”规划的编制工作，国家级科技项目实现从单点突破向全面突破的转变，组织体系进一步发展完善，行业创新体系初步形成。

一、“十二五”科技规划发布、宣传工作

编制印发《国家文物保护科学和技术发

展“十二五”规划（2011～2015年）》，明确了“十二五”时期文物保护科技工作的总体思路、主要任务和相关保障措施。在技术体系、组织体系、制度体系协调发展的方针指导下，推进行业创新体系建设。加强《规划》宣传，宋新潮副局长接受文物报专访；同时，文博事业单位、高校、科研院所，以及基层文物行政部门的专家学者发表署名文章，从不同角度对规划进行了深入解读和评价。

二、国家重大科技计划项目

在“十二五”开局之年，牢牢把握国家科技发展的重要战略机遇期，积极争取国家科技计划和基金支持，立项项目和课题数量稳步提升，项目来源实现了由单点突破向全面突破的重要转变。我局向科技部推荐的11个项目共50余项课题全部进入“十二五”国家科技计划备选项目库，5个项目20个课题已列入“十二五”首批启动项目。陶瓷保护科学研究国家文物局重点科研基地牵头的“脆弱性硅酸盐质文化遗产保护关键科学与技术基础研究”项目获准立项，实现了“973计划”项目零的突破。中国文化遗产研究院申报“大遗址保护行动跟踪研究”项目正式立项启动，实现了国家社科基金重大项目零的突破。

“文化遗产保护关键技术研究”等3个项目通过科技部结项验收，取得显著科研成果。据统计，共研发新技术（工艺）21项，新产品、新材料、新装置35项，获得自主知识产权和专利122项，制定技术标准35项，培养博士、硕士研究生288名，发表文章457篇，出版专著13本。

三、中华文明探源工程

“中华文明探源工程及相关文物保护关键技术研究”项目启动实施，加强管理创新，成立了项目执行组协调指导开展工作。通过出版、展览、电视片、科普读物等多种方式，宣传普及中华文明探源工程研究成果，扩大探源工程在国内乃至国际社会的影响力。

四、指南针计划——中国古代发明创造的价值挖掘与展示专项

稳步推进“指南针计划”的各项工作，取得重要阶段性进展。通过建立项目库管理机制，加强项目储备，进一步提高项目预算执行绩效。2011年，完成28项项目建议列入“指南针计划”备选项目库，19个主体类项目立项。“指南针计划”专项青少年基地建设进展顺利，上海市人民政府在虹口区提供了建筑面积超过4000平方米的活动基地，并已投入2200万元建设资金，为基地建设提供了重要保障。与中国科协合作开展“中国古代发明创造国家名录”认定工作，形成首批22项名录认定推荐项目名单及19项备选名单。委托浙江省博物馆承办“指南针计划”成果展。

五、创新体制机制、完善组织布局

按照“十二五”科技发展规划提出的“优化合作、完善机制”的总目标，重点推进与中国科学院的全方面战略合作及创新联盟的试点建设工作。

会同中科院规划战略局完成《关于加强我国文物保护科技工作的建议》。加大对“国家文化遗产保护领域科技创新联盟（浙江省）”的指导力度，创新联盟通过体制机制创新焕发了活力，主持和参与的国家科技计划项目（课题）已达6项，带动浙江省财政科研项目经费投入2250万元，启动了10亩面积文物保护可控试验场建设。陶质彩绘文物保护技术创新联盟通过运行实践，积极推动研发链条的有机整合，联盟总体实力显著增强，成功申报国家“973计划”项目。

六、科技成果宣传推广工作

多头并举探索科技成果转移扩散的新模式，推进科技成果评价的制度建设、成果宣传、示范项目，以及重点科研基地工作站布局等相关工作，取得进展。特别是依托行业重点科研基地设立工作站取得了良好的效果。例如，敦煌研究院在新疆、西藏、内蒙古、宁夏、河南建站，秦俑博物馆在青州、咸阳建站，荆州文保中心在成都、扬州建站，丝绸博物馆在新疆建站。各工作站通过以修代培、科技特派员、技术咨询服务等多种形式，对成果转移扩散的途径进行了探索。从整体看，效果还是明显的，在有效地扩大科技成果辐射力度的同时，也调动了科研人员的积极性。

七、文物保护标准化建设

完成全国文物保护标准化技术委员会委员换届工作。继续推动国标、行标的制修订工作，已经累计发布国标6项，行标33项。另有84项标准在编制中。开展标准宣贯工作，委托南京博物院举办纸质文物保护行业标准的培训班，有效推动了标准的宣传推广与执行。联合国家标准管理委员会赴比利时、意大利、法国调研我国联合相关国家、推进成立国际标准化组织文化遗产保护技术委员会的必要性和可行性。

八、行业信息化项目凝练工作

瞄准国家战略需求，加快实现物联网技术与文化遗产领域的对接。在无锡组织召开了文化遗产保护领域物联网建设座谈会，构建平台，促进学术交流，会议论文在《文物保护与考古科学》杂志专刊发表。实施落地项目，在敦煌莫高窟继续扩大试点内容，探索物联网技术在文化遗产地的应用模式。

以国家科技支撑计划项目为依托，围绕基于文物尺度、建筑尺度、遗址尺度、城市尺度和无限尺度等“五大尺度”的全方位数字博物馆理论体系，从加快突破数字博物馆共性关键技术入手，组织文博单位、高等学校和企业开展联合攻关，积极推进数字博物馆建设。

对外交流与合作

2011年，对外文化遗产保护交流与合作继续深化。为配合国家外交大局，推动我国文化遗产事业的发展，国家文物局积极开展文化遗产对外交流，加强政府间文物交流与合作，加大双边文化遗产保护协定和禁止文物非法进出境协定的签署，进一步加大对外援助项目的实施工作，积极开展与有关国际组织和民间机构的合作，推进与港澳台地区在文化遗产领域的交流与合作，不断提高进出境文物展览的质量和水平，主办学术研讨会，提高中国在国际文化遗产保护领域的影响力。

一、加强政府间文化遗产领域的交流与合作

开展中国政府援助柬埔寨吴哥古迹二期工程茶胶寺及肯尼亚合作考古、研究等项目。完成中美、中意、中英、中日韩合作等培训项目。对外合作与交流呈现多层次、多渠道、全方位稳定发展的势头。

2011年，为执行政府间文化交流执行计划，国家文物局与阿根廷、墨西哥、古巴、美国、意大利、英国、瑞士、荷兰、德国、柬埔寨、尼日利亚、印度尼西亚等12个国家顺利实施了互访。

单霁翔局长、童明康副局长、顾玉才副局长、宋新潮副局长分别率团前往阿根廷、墨西哥、古巴、印度、美国、瑞士、荷兰、德国、柬埔寨等国访问或开展研究项目。访问或研究期间，通过与相关国家文化遗产主管部门、文博机构等的会见与座谈，在申报世界遗产、加强文物科技保护、博物馆交流、人才培训等方面与有关国家达成了多项积极的成果。

1. 2月17日至28日，经国务院批准，单霁翔局长率中国文物代表团应阿根廷文化国务秘书处、墨西哥国家人类学和历史局、古巴国家文化遗产委员会的邀请，访问了阿根廷、墨西哥和古巴。代表团分别与3国文化遗产主管部门进行了会谈，了解了3国文化遗产保护管理的基本情况和有益经验，推动我国与拉丁美洲国家扩大人文领域的相互交流与合作，圆满完成了出访任务。

2. 10月26日至31日，经国务院批准，单霁翔局长率中国文物代表团对美国进行了访问。在美国期间，代表团先后访问了芝加哥、华盛顿和丹佛等城市，与美国国务院文化教育事务局、东亚和太平洋事务局等就中美《中华人民共和国政府和美利坚合众国政府对旧石器时代到唐末的归类考古材料以及至少250年以上的古迹雕塑和壁上艺术实施进口限制的谅解备忘录》（以下简称“谅解备忘录”）进行了正式会谈，在丹佛美术博物馆出席了“徐悲鸿，中国现代美术的开拓者”开幕式等。

3. 10月22日至11月2日，顾玉才副局长率中国文物代表团赴德国、瑞士、荷兰3国进行文物立法调研，全面了解三国文物立法和法律实施情况。访问期间，代表团与德国柏林州文物局、萨克森州文物局，瑞士联邦文物局、荷兰文物局有关负责人，就文物范畴、文物认定、文物保护管理利用、考古管理、博物馆管理、文物进出境管理、行政执法、世界文化遗产管理、运河遗产管理等方面，进行了广泛而深入的会谈，并考察了3国部分重要文化遗产地和博物馆；在驻瑞士使馆的指导下，代表团与瑞士联邦文物局、司法部、外交部有关官员就签订中瑞关于防止非法进出境及其返还的协定事宜进行了深入沟通，基本就协议内容达成共识。

4. 积极协助开展对发展中国家政府间援助项目。8月3至7日，顾玉才副局长率团前往柬埔寨茶胶寺陪同财政部副部长张少春视察中国政府援助柬埔寨吴哥古迹周萨神庙和茶胶寺工地。为落实蔡武部长批示，组团前往摩洛哥调研中摩合建茶博物馆项目。积极办理与柬埔寨政府合作开展的援柬二期修复项目茶胶寺有关多批次小组赴柬埔寨工作的相关事宜。

安排接待了意大利文化遗产活动部代表团、尼日利亚国家博物馆与古迹委员会代表团、印尼文物代表团、中英连线英国博物馆代表团、柬埔寨文化代表团、古巴文物专家代表团，以及盖蒂保护所春、秋季团、美国盖蒂领导研究所代表团等。单霁翔局

长、董保华副局长、童明康副局长、顾玉才副局长、宋新潮副局长等领导出席会见、座谈。

二、加强与外国政府或民间机构在文物保护、博物馆交流、文物追索、人才培训等方面的交流与合作

1.2月19日，由国家文物局和印度考古局主办，中国文物交流中心承办的“华夏瑰宝展”在印度首都新德里的国家博物馆开展，这是中国在印度举办的首个文物展览。此项展览历经10个月，分别在孟买、海德拉巴和加尔各答等印度大城市进行巡展。此次华夏瑰宝展共展出来自中国7座博物馆的兵马俑、唐三彩等95件国宝珍品。印度文化部长库马里·塞尔贾，住房与城市减贫部长塞尔加女士、中国驻印度大使张炎，以及宋新潮副局长、印度考古局局长等出席并共同主持了当天的展览开幕式，来自印度各界的代表团近400人出席。

2.3月11日，美国政府在华盛顿举行仪式，向中国归还14件珍贵文物。这次移交的文物来自美国海关在新泽西州、阿拉斯加州和新墨西哥州查获的7件包裹，其中包括隋代陶马、唐代马雕像、北魏时期陶马、宋代观音头部雕像、北齐石灰岩佛像、清代瓷瓶和明代石质墙顶饰带。这些文物全部为美国国土安全部于2010年收缴，中国驻美使馆邓洪波公使代表中国政府接收了这批珍贵文物。

3.3月24日，顾玉才副局长会见了来华访问的苏格兰企业、能源与旅游大臣吉姆·马瑟（Jim Mather）一行。会见后，办公室副主任王莉与苏格兰文物局政策主管迈尔斯·奥格尔索普博士分别代表国家文物局与苏格兰文物局共同签署了《关于合作开展苏格兰十大世界文化遗产项目之河北省清东陵数字记录工作的联合声明》。

为落实李克强副总理访英成果，12月5日，在蔡武部长、顾玉才副局长和苏格兰首席部长萨蒙德的共同见证下，朱晓东主任与苏格兰文物局文物保护司司长在京签署了国家文物局与苏格兰政府关于河北清东陵数字保存的协议。

4.4月25日，在印度尼西亚众议院代表团4月24至30日来华访问期间，顾玉才副局长与代表团进行座谈，双方就印尼方面提出的“全面研究政府在文化价值的发展和国家文物的管理方面的政策”主题进行了探讨。

5.5月10日，荷兰驻华使馆和北京市文物局在北京著名的火德真君庙（火神庙）举行了隆重的捐赠中国清代铁香炉仪式，单霁翔局长与荷兰王国第一副首相马克西姆·费尔哈亨共同出席见证了捐赠仪式并讲话。

6.5月11日，顾玉才副局长会见斯里兰卡文化部长伊卡那亚克。伊卡那亚克提出希望我局与斯方一起探查斯里兰卡北部和东部水下遗产，以利于促进中斯两国水下考古研究和水下文化遗产保护事业的共同发展。

7.5月19日，中国文化遗产研究院与普利兹克“关于举办西藏文物保护修复人员培养项目备忘录”签字仪式在京举行，国家文物局局长单霁翔出席并见证了签字仪式。美国友人普利兹克先生与中国文化遗产研究院党委书记、副院长朱晓东共同签署了《中国文化遗产研究院和普利兹克先生关于联合举办西藏文物保护修复人员培养项目合作备忘录》，并交换了签字文本。

8.5月19日至28日，应美国博物馆协会和克拉克艺术中心的邀请，宋新潮副局长率团前往美国出席美国博物馆协会2011年休斯敦年会，并在会议前后及会议期间与美国及国际博物馆界相关人员举行会谈，访问取得圆满成功。

9.5月30日，宋新潮副局长等中国博物馆界代表出席由我局与西班牙驻华使馆举办的“博物馆与文物保护中西专家论坛”活动。

10.8月18日至12月30日，受中组部、外专局派遣，童明康副局长赴美国哈佛大学进行长期研究。

11.11月11日，宋新潮副局长会见了来访的日本众院外委会议员田中真纪子一行，双方就围绕2012年中日邦交正常化40周年互办展览事进行了友好磋商。

三、加大与外国政府商签打击文物走私双边协定力度

以签署《关于防止盗窃、盗掘和非法进出境文化财产的协定》为重点，积极开展政府间交流与合作。继续集中精力与墨西哥、蒙古、瑞士、法国、丹麦、柬埔寨、马来西亚、克罗地亚、罗马尼亚、津巴布韦、尼日利亚、哥伦比亚、厄瓜多尔等国商签关于防止盗窃、盗掘和非法进出境文化财产的协定，借局领导出访及其他重要的机遇，向阿根廷、古巴、丹麦、阿富汗、瑞士等国提交了防止盗窃、盗掘和非法进出境文化财产的协定（中方草案）。

1.6月16日，在温家宝总理和蒙古国总理见证下，单霁翔局长与蒙古国教育文化科学部长奥特巴

雅尔在人民大会堂签署《中华人民共和国政府和蒙古国政府关于防止盗窃、盗掘和非法进出境文化财产的协定》。截至2011年底，我国已与13个国家签署了关于防止盗窃、盗掘和非法进出境文化财产的双边协定，是世界上签署此类协定最多的国家之一。与墨西哥和柬埔寨关于“防止盗窃、盗掘和非法进出境文化财产的协定”已经国务院批准授权，可择机签署。

2. 4月28日，在中秘建交40周年之际，单霁翔局长与来访的秘鲁文化部长胡安·欧西奥在国家博物馆共同签署了《中华人民共和国国家文物局与秘鲁共和国文化部关于在文化遗产保护、保存及归还和博物馆发展领域的合作与培训的谅解备忘录》。此备忘录是在中秘两国政府于2000年3月30日在北京签署《中华人民共和国政府和秘鲁共和国政府保护和收复文化财产协定》的框架下签署的。秘鲁是中国第一个签署此类双边协议的国家。

3. 4月14日，在中共中央政治局常委李长春访问罗马尼亚期间，文化部部长蔡武和罗马尼亚文化和国家遗产部国务秘书瓦西里·蒂米什分别代表中罗两国政府文物主管部门签署《中华人民共和国国家文物局及罗马尼亚文化和国家遗产部关于开展文化遗产领域交流合作的共同声明》。中共中央政治局常委李长春和罗马尼亚副总理马尔科出席见证了包括上述文件在内的一系列中罗合作文件的签字仪式。

4. 顾玉才副局长利用率团访问德国、瑞士和荷兰的机会，与瑞士联邦委员会文化局就商签《防止盗窃、盗掘和非法进出境文化财产的协定》进行了谈判，并就文本条款内容基本达成一致，目前中方拟提供给瑞士方面的限制非法出境文物清单已拟订，待批准后提交瑞士方面。

四、文物对外展览亮点频出、博物馆馆际交流日趋活跃

五、积极与有关国际组织和民间机构开展合作

六、涉外文物培训工作取得成效

对港澳台交流

2011年，国家文物局认真贯彻党中央对港澳台文化工作方针政策，积极调动各方力量，充分发挥文物资源优势，有计划、有重点地策划、组织、举办了一系列高水平、有影响力的文物展览和交流项目，为联系海峡两岸、维系内地与港澳同胞民族感情、增进中华文化认同发挥了重要作用。

一、对港澳文化交流

（一）文物展览

2011年，共举办了7项内地与港澳展览交流项目，其中包括“环珠江口史前石拍展”、“辛亥革命百周年展”、“中山舰出土文物香港特展”、“一代名舰——中山舰舰史图片展”等4项赴香港展览项目、“御窑遗彩——景德镇出土宣德官窑珍品展”、“邓散木展”等2项赴澳门展览项目和“澳门回归11周年图片展”澳门来内地展览项目。这些展览都取得了热烈的社会反响，加强了内地与港澳民众的感情纽带，将中华文化的精髓通过实物的形式展现给港澳民众，让港澳同胞更深地了解中华民族的历史，更好地了解祖国的成长历史。

（二）学术和人员交流

2011年，通过与港澳地区互办与文化遗产保护相关的论坛和国际研讨会等形式，共组织了“辛亥革命百周年纪念学术讨论会”等7项赴港澳学术和人员交流项目，“简牍学国际学术研讨会”等5项港澳来内地学术和人员交流项目。这些项目加强了内地与港澳地区在文化遗产保护领域的学术合作与交流，为双方合作共同促进中国文化遗产保护的进步与发展奠定基础。

（三）与港澳签署深化文化遗产领域交流与合作的协定

12月，国家文物局与香港民政事务局和澳门社会文化司分别签署了深化文化遗产领域交流与合作的协定，将今后内地与港澳在文化遗产保护、人员培训与交流、打击文物走私等方面的合作制度化、常态化。

二、对台文化交流

2011年，国家文物局共承担了“山水合璧——黄公望与富春山居图特展”等7项对台重点交流项目，其中不乏在台湾社会引起巨大反响的项目。

（一）“山水合璧——黄公望与富春山居图特展”

6月1日至9月5日，“山水合璧——黄公望与富春山居图特展”在台北故宫博物院成功展出。分藏两岸的《富春山居图》“剩山图卷”与“无用师卷”在分离361年后终于实现了“山水合璧”，成为两岸文化交流史上的一段佳话。为期3个月的“山水合璧展”在台北展出盛况空前。据台北故宫博物院统计，

一期展出2个月接待观众52万人次，其中7月30日接待观众19941人次，达到了日接待观众的最高纪录。到展览结束，台北故宫共接待观众84万余人次，打破了该院的纪录。展览筹划和展出期间，两岸媒体对该展给予了极高的关注，中央电视台、新华社、凤凰卫视、浙江卫视、《星洲晚报》、《亚洲周刊》、《台湾旺报》等多家媒体对展览进行了报道。台湾地区领导人马英九为该展开幕发来贺信。

（二）第三届海峡两岸文化遗产保护论坛

10月12日至13日，第三届海峡两岸文化遗产保护论坛在台中文化创意产业园举行。国家文物局宋新潮副局长率中华文物交流协会参访团参加论坛开幕式并发表讲话。台湾文化资产总管理处筹备处主任王寿来、台中市文化局副局长贾能汀、台湾沈春池文教基金会副董事长严隽泰参加论坛开幕式并发表讲话。本届论坛以“保存与经营管理”为主旨，来自台湾文化资产总管理处、台南艺术大学、台北故宫博物院、台湾清华大学、成功大学和中原大学以及中国文化遗产研究院、中央民族大学、国家博物馆、敦煌研究院、上海博物馆的专家学者在2天的会期中，围绕古迹、古物、聚落、遗址的保存技术、防灾防险措施、政策比较等进行了深入的研讨交流。来自台湾有关博物馆、科研院校的专业人员以及关注文化遗产保护的社会各界人士100余人参加论坛。

（三）两岸中小博物馆交流研讨会

12月3日至8日，台湾民间博物馆协会理事长贾裕祖一行21人来大陆参访。参观考察了陕西省相关国有和民营博物馆、文化遗产地，并于12月7日在陕西历史博物馆参加了海峡两岸中小博物馆交流研讨会。陕西省部分有代表性的国有和民营博物馆馆长参加了座谈会。会后双方达成明年适当时候在西安举办两岸博物馆交流论坛、组织相关博物馆到台湾举办联合展览等合作意向。

（四）胡适生平文物图片展

12月8日至2012年1月8日，北京新文化运动纪念馆与台北胡适纪念馆共同在北京大学红楼举办了“胡适文物图片展”。展览充分吸收学术界最新研究成果，整合两岸多家学术单位的资源，展出近30件手稿、著作等重要实物以及100余件珍贵的历史图片。展览得到专家学者和观众的一致好评，北京电视台、《光明日报》、中国新闻社、台湾《中华时报》和香港中通社等海峡两岸和港澳地区多家媒体对展览进行了报道。作为一个侧重于学术性的展览，虽然只展出1个月，但是观众人数仍达到4000余人次。

中国文化年鉴

Almanac Of Chinese Culture

文化设施建设

Cultural facilities

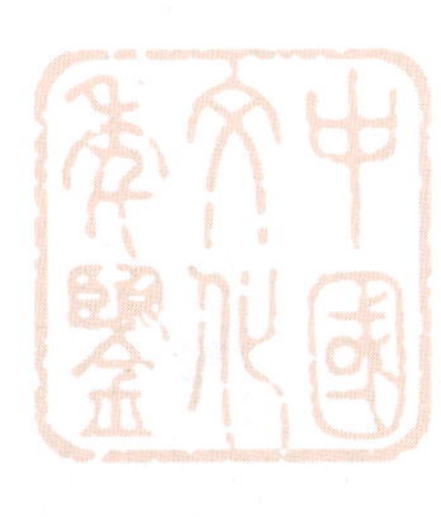

综　述

2011年，是我国“十二五”的开局之年。全国各级文化部门认真贯彻执行中央有关精神，加大对公共文化服务设施建设的投入力度，积极进取，开拓创新，各项文化设施建设均取得显著成效。

一、全国公共文化服务设施建设稳步推进

2011年，全国文化(文物)系统基本建设投资项目总数达到7149个，项目计划总投资达629.51亿元，比上年增长8.1%；计划施工面积（建筑面积）1540.45万平方米；本年完成投资额为108.16亿元。全国竣工项目5059个，竣工面积355.36万平方米。

2011年，全国文化基建项目6682个，比上年减少5301个。项目计划总投资392.48亿元，比上年增长0.5%；计划施工面积（建筑面积）976.56万平方米；竣工项目4954个，竣工面积296.93万平方米。

2011年，全国文物事业机构新建项目总数为467个（不含文物维修项目），比上年增加88个；项目计划总投资237.03亿元；计划施工面积（建筑面积）562.89万平方米；本年完成投资额为30.44亿元；全年竣工项目105个。

二、县级和乡镇级文化设施建设主体地位更加突出

2011年，各级文化部门对县级图书馆、文化馆和乡镇综合文化站等基层文化设施建设的投入大幅增加。在全国7149个文化（文物）基建项目中，县级和乡镇级文化事业机构基建项目共6420个，占全国文化事业机构基建项目总数的89.8%。其中，乡镇综合文化站建设项目共5635个。

乡镇综合文化站是我国农村群众文化工作网络的重要组成部分，是党和政府开展农村文化工作的基本阵地，长期以来在活跃农村文化生活，促进农村经济社会协调发展等方面，发挥着重要作用。“十一五”期间，文化部和国家发展改革委联合制定并实施了《全国“十一五”乡镇综合文化站建设规划》，在全国范围内基本实现“乡乡有文化站”的建设目标。截至2011年底，需要中央补助投资的乡镇综合文化站建设项目23748个（不含黑龙江农垦项目）中有22139个建设项目竣工，占项目总数的93.2%。目前，竣工并投入使用的乡镇综合文化站，为群众开展了丰富多彩的文化活动，对于满足广大农民群众精神文化需求，保障基层群众文化权益起到了重要的作用。

三、群众文化设施建设项目成为建设重点

全国有5765个群众艺术馆、文化馆、乡镇文化站建设项目，占文化基建项目总数的86.3%；计划施工面积251.35万平方米，占文化基建项目计划施工总面积的26.6%；国家预算内资金13.27亿元，占文化基建项目国家投资总数的22.1%；本年完成投资额16.13亿元，占总数的20.8%。全年竣工项目4516个，其中文化馆44个，文化站4472个，竣工面积175.30万平方米。

在文化基建项目中，全国有161个公共图书馆建设项目，占文化基建项目总数的2.4%；计划施工面积150.47万平方米，占文化基建项目总面积的15.4%；国家预算内资金8.26亿元，占文化基建项目国家预算内资金总量的13.8%；本年实际完成投资额12.18亿元，占文化建设项目本年实际完成投资额的15.7%。全年竣工项目45个，竣工项目面积21.82万平方米。

在文物基建项目中，有210个博物馆建设项目，占文物基建项目总数的45.0%。计划施工面积212.82万平方米，占文物基建项目总面积的37.8%。国家预算内资金30.82亿元，占文物系统总数的75.0%；本年完成投资额23.45亿元，占文物系统总数的77.0%。2011年，全国39个博物馆项目建成，竣工面积43.43万平方米。

可以看出，2011年国家加大了对公共图书馆、文化馆、博物馆和乡镇文化站等文化基础设施建设的投入力度，国家投资主要用于能直接为广大人民群众提供公共文化服务的文化设施建设。

四、国家重点文化设施建设成效显著

2011年，国家级重点文化设施建设取得重大进展，全年共落实基建投资3.43亿元。“十二五”重点文化设施陆续启动，在奥林匹克公园鸟巢北侧建设的国家美术馆和中国工艺美术馆完成方案征集，中央歌剧院剧场完成设计招标，为“十二五”重点文化设施建设实现了良好开局。

文化人才队伍建设

Cultural Talent Team Construction

综　述

2011年，文化部深入学习实践科学发展观，切实贯彻落实十七届六中全会精神，积极实施“人才兴文”战略，不断完善人才评价机制，创新工作思路，强化专家服务职能，进一步加强人才推荐和选拔工作，大力推动文化人才队伍建设，较好地完成了各项人才工作任务。

一、以推进各项人才工程为抓手，推动文化人才队伍建设

（一）积极推动人才规划各项工作任务特别是重大人才工程的落实

一是进一步加强人才工作的沟通协调。根据中组部、中宣部及文化部领导要求，为进一步推进《国家中长期人才发展规划纲要（2010～2020年）》（中发〔2010〕6号）、《全国宣传思想文化中长期人才发展规划（2010～2020年）》（中宣发〔2010〕32号）及《全国文化系统人才发展规划（2010～2020年）》（文人发〔2010〕28号）任务落实进度，召开了落实文化人才规划分工任务座谈会。对照任务分工方案的要求，沟通任务落实情况，并提出下一步人才工作计划、时间进度安排、具体措施等，文化人才队伍建设各项工作任务进一步明确。

二是切实推动文化名家工程各项工作的落实。在中宣部统一协调下，参与完成了工程的组织架构工作。在文化名家工程领导小组领导下，作为文化艺术和文物保护、文化经营管理和文化科技工作小组成员，结合文化艺术专业领域实际，就名额分配、遴选批次、推荐条件等提出了具体建议，并将按照中宣部部署，抓紧开展文化名家的推荐选拔工作。

三是全面推动“三区”人才支持计划。根据中组部要求，对《边远贫困地区、边疆民族地区和革命老区人才支持计划实施方案》（简称“三区人才支持计划”）反复进行论证，结合文化工作实际，多次提出工作建议；同时赴青海开展专题调研，了解基层尤其是西部地区文化人才队伍现状及需求，并在此基础上提出“三区人才支持计划”文化工作者专项实施方案、经费预算及试点工作方案，进一步争取中组部、财政部有关部门的支持，拟于2012年推开。

四是协调实施非物质文化遗产项目代表性传承人扶持计划。根据《全国宣传思想文化中长期人才发展规划（2010～2020年）》（中宣发〔2010〕32号），非物质文化遗产项目代表性传承人扶持计划是唯一由文化部牵头实施的重大人才工程。为切实推进该项工程，文化部就工程的实施方式、扶持措施、组织领导、经费预算等进行讨论，并与中宣部、广电总局、新闻出版总署、社科院等有关部门多次沟通。下一步，将在征求各有关部门意见的基础上，完善工程实施方案，尽早实施。

五是探索文化艺术领域海外高层次人才引进工作。依托中央引进海外高层次人才的“千人计划”，积极推进文化艺术领域海外高层次人才引进工作，加强与中组部有关部门沟通，推动在文化艺术领域实施海外高层次人才引进项目的立项工作。

（二）认真做好人才队伍建设的各项总结调研

一是按中组部、中宣部要求报送有关人才队伍建设情况。深入贯彻实施党的十七届六中全会关于文化人才的精神，根据中央人才工作协调小组办公室要求，提出文化部在全国人才工作中的职责分工意见，并对十七大以来文化人才工作进行总结。根据中宣部安排，派人参加宣传思想文化干部人才队伍建设专题研讨班，并做了题为《实施“人才兴文”战略，为文化大发展大繁荣提供人才保障》的交流发言，对近年来文化人才工作的主要做法进行了初步总结。

二是做好“十二五”文化发展规划纲要文化人才队伍部分的起草工作。根据《全国文化系统人才发展规划（2010～2020年）》及目前对人才工作的实际，起草了文化部“十二五”文化发展规划纲要人才队伍建设部分，并就“十二五”时期文化人才工作的主要目标、工作任务、重点措施、重大项目等方面撰写解读说明。

（三）结合文化工作实际，多渠道推动文化人才队伍建设

文化部各部门协同配合，结合文化实际和自身优势，多渠道推动文化人才队伍建设。文化部开展古籍人才队伍建设，建立多种人才培养渠道，并开展馆际交流合作；文化部联合中央文明办共同部署“春雨工程”——全国文化志愿者边疆行工作，从12个内地省（区、市）和文化部全国文化信息资源建设管理中心组织招募800多名文化志愿者，于2011年下半年分批赴8个边疆民族省（区）开展文化支援服务活动；中国艺术研究院充分利用教学优势积极开

展新疆艺术人才培养工作；国家京剧院提出了“延长当红艺术家的舞台青春，缩短青年人才的成长周期”的人才战略，通过研究生班、流派班加快人才培养步伐；中央芭蕾舞团邀请国内外芭蕾专家及优秀教员为优秀年轻演员排练和指导，增强剧目在国际舞台上的竞争力。

二、加强人才培训规划，努力打造培训品牌，不断加强培训管理工作，大力提高全国文化干部培训工作水平

文化部认真贯彻落实党的十七届六中全会提出的加强基层文化人才队伍建设的要求，按照中央提出的“大规模培训干部，大幅度提高干部素质”的精神和部党组关于培训工作的总体部署，进一步加强人才培训规划管理，努力打造培训品牌，积极开拓培训班次，加大培训宣传力度，努力开创培训工作新局面。

（一）加强规划管理，着力构建文化系统干部教育培训体系

2011年，注重加强对全国文化干部教育培训工作的宏观指导和统一规划，加强制度建设和规范管理，认真贯彻落实中央颁布的《干部教育培训工作条例（试行）》、《2010～2020年干部教育培训改革纲要》和《文化部干部培训工作管理办法（试行）》等规章制度，结合文化系统工作实际，制定并下发了《2011～2015年全国文化系统干部教育培训规划》，明确了文化系统干部教育培训的指导思想、基本原则、总体目标和主要任务，并从培训基地建设、培训内容建设、培训师资建设、培训机制建设、培训管理、组织保障等方面提出了具体措施。为加强文化系统干部培训的统筹协调和督导工作，将部机关各司局、各直属单位2011年重点培训计划统筹纳入文化部培训工作计划，下发全年培训工作计划，加强了培训工作的计划性。

创新培训体制机制，为全国文化干部培训工作注入活力。针对文化干部教育培训工作的新形势、新任务、新要求，不断创新培训理念、培训内容、培训机制、培训方法、培训渠道，增强培训工作的针对性和吸引力。继续实施全国文化干部培训项目，在培训内容上引入革命传统教育、廉政警示教育、中国共产党党史教育、国防安全教育等内容，广泛引入和推进情景教学、现场教学、案例教学、讨论教学、研究性教学、拓展培训等新型培训方法，积极探索与国内外高校、社会专业机构“联姻”，联合开展培训的方式，拓宽培训渠道，提高工作质量。同时，引导各地文化干部培训主管部门、培训机构之间加强横向交流和联系。

（二）提高培训质量，拓宽培训范围，进一步推动培训工作向纵深发展

一是继续组织实施主体培训班次，努力打造培训品牌。组织举办了文化部第五期青年干部培训班，文化部第五期、六期全国文化站长培训班，文化部第二期全国县（市）文化局长培训班、文化部第20期全国地市文化局长培训班、文化部第10期处级干部任职培训班等8期主体培训班次。在吸取以往好经验、好做法的同时，突出培训主题，在培训内容、培训形式、培训方法等方面不断进行创新，经过多年的积累和不断地丰富创新，将主体班次打磨成品牌班次，形成品牌效应，在学员中引起了良好反响。

二是积极响应中央精神和文化发展需要，开拓新的培训班次。为进一步推进文化体制改革工作，提高转企改制单位适应市场和谋求发展的能力，6月21日至25日在北京举办文化部转企改制单位负责人经营管理培训班。为贯彻落实党的十七届六中全会精神和中央关于新疆、西藏和其他少数民族地区的工作部署，充分发挥文化在加强民族团结、增进相互了解、加强相互沟通方面的重要作用和独特优势，组织举办了“文化部新疆文化体制改革和文化产业发展培训班”、“文化部第二期西藏文化管理干部民族团结培训班”和“文化部第二期全国少数民族文化干部培训班”，进一步增强了新疆、西藏和其他少数民族地区文化干部民族团结意识和做好少数民族文化工作的责任感、使命感和自信心。为贯彻落实《国家中长期人才发展规划纲要（2010～2020年）》（中发〔2010〕6号）精神，实施专业技术人才知识更新工程，加强文化专业技术人才队伍建设，在人力资源和社会保障部的资助下，12月19日至25日在中央文化管理干部学院举办专业技术人才知识更新工程“全国文化产业创意人才”和“动漫游戏知识产权保护”高级研修班，开阔了学员视野和思路，并搭建了学习交流的平台，学员单位互相之间也达成多个合作意向。

三是认真落实中组部、中宣部、中央国家机关工委有关要求，协调做好部领导、司局级领导干部学习培训工作。根据中组部调训要求，协调落实两位部级领导干部参加中央党校学习培训，根据中组部、中央国家机关工委调训工作要求，选送部机关

和直属单位29位（30人次）司局级领导参加中组部、中央国家机关工委在中央党校、国家行政学院、中央党校分校、延安干部学院、井冈山干部学院、浦东干部学院及相关大学、境外举办的培训班。

四是加强与相关部委的部际合作和横向联系，进一步拓宽培训渠道。继续与国家外国专家局合作，于6月29日至7月21日，在美国旧金山举办“文化部第四期全国文化艺术管理机构人力资源管理境外培训班”，会同人社部专技司联合在兰州成功举办首期舞台艺术经营人才高级研修班，圆满完成接待新加坡高级官员访华团任务。

（三）加强培训工作基础建设，为培训工作的顺利开展提供保障

开展文化建设案例编辑工作，组织编写了《文化建设案例选编》，加强培训内容体系建设，《案例选编》已由文化艺术出版社出版并试行，作为全国文化干部培训的学习材料之一。加强培训调研工作，向各直属单位、各地文化厅（局）下发了《全国文化干部培训情况调查表》，加强与学员的交流，注重与外部委和外单位的交流学习，广泛了解培训需求，深入挖掘培训资源。积极向《全国干部教育通讯》、《全国公务员管理信息》等有关刊物投稿，加大培训工作宣传力度，为推动大规模培训创造良好舆论。开展培训材料汇编工作，加强培训工作和培训成果的交流共享。

三、进一步深化改革，不断改进和完善文化人才工作各项机制

党的十七届六中全会提出要进一步深化改革开放，加快构建有利于文化繁荣发展的体制机制，加快推进文化体制改革，深化国有文化单位改革，全面推进文化事业单位人事、收入分配、社会保障制度改革，推动政企分开、政事分开。充分发挥人才作用，关键在于体制和机制。为调动人才积极性，实现文化艺术人才资源的优化配置，文化部做了大量工作，积极推进文化单位的人事及分配制度改革。

（一）稳步推进人才使用机制建设

一是继续深化直属单位人事制度改革。根据《中办 国办印发〈关于进一步深化事业单位人事制度改革的意见〉的通知》（中办发〔2011〕28号），结合文化部实际情况，下发了《文化部关于进一步深化直属事业单位人事制度改革的通知》（文人发〔2011〕50号），要求各直属事业单位深入贯彻党的十七届六中全会精神，全面实施岗位设置管理，完善竞聘上岗制度，加强聘用管理，完善公开招聘制度，建立健全考核奖惩制度等，加强制度规范，进一步深化和完善业已开展的事业单位人事制度改革。

二是进一步推进文化行业职业资格制度建设。根据国家职业分类大典修订工作委员会的要求，提出了对文化行业的职业进行修订的申请，经国家职业大典修订工作办公室审核，分配文化部承担修订的职业51个，参与修订的职业70个。根据工作要求，制定了工作方案，编写了文化行业修订工作手册和相关资料汇编，并印发了培训课件。成立职业修订调研组，并开始了职业修订试点工作。根据人社部、财政部《关于印发国家高技能人才振兴计划实施方案的通知》（人社部发〔2011〕109号），研究制定针对文化行业特点的技师培训项目、高技能人才培训基地建设、技能大师工作室建设等具体实施方案。

（二）完善专业技术人才评价机制

一是修订完善高级职称评审基本条件，逐步建立科学的、多层次的、规范化的专业技术人才评价体系。根据文化事业发展的需要和文化艺术专业人员的成长规律，在充分论证、广泛征求意见的基础上，对部分专业高级职称评审基本条件进行了修订完善，拟在进一步审定后试行。

二是做好职称评审工作。对2010年职称评审工作情况进行汇总并报部审批，公布职称评审结果。开展2011年职称评审工作，积极落实部领导关于职称评审工作的要求，严格执行评审条件，强化对职称评审材料的审核。在评审会议中严格履行评审程序，坚持公正、公平原则，评委对参评人员逐一评议审核，确保评审质量。

（三）进一步加强和规范人才激励制度

一是积极推进文化艺术领域荣典制度的设立。为贯彻落实十七大、十七届六中全会关于在文化领域建立国家荣典制度的精神，根据文化艺术工作实际，向国务院报送了《文化部关于设立国家文化艺术荣誉称号的请示》，并积极与人力资源和社会保障部有关部门进行沟通，促进该项工作尽快开展。

二是开展“文化先进单位”表彰调研工作。按照部领导指示，为改进和完善“全国文化先进单位（县）”评选表彰工作，由人事司牵头，会同办公厅、社会文化司、市场司等相关司局组成“改进和完善全国文化先进单位（县）”评选表彰工作调研组，于6月26日至7月10日赴吉林、安徽、浙江、广西等4个省（区县）开展了为期半个月的调研，形成了书面调研

报告，提出了改进和完善“全国文化先进单位（县）”评选表彰工作的总体思路和具体建议。

三是做好高层次人才选拔工作。根据中宣部来文，推荐李海燕、田沁鑫、王霞、唐峰、张江洲为宣传文化系统“四个一批”人才人选。根据人力资源和社会保障部《关于申报2011年度留学人员科技活动项目择优资助经费的函》，推荐曹小鸥等4人申报留学回国人员科技活动项目择优资助经费。在文化部系统组织开展了2011年艺术类人才培养特别项目申报推荐工作，王可悦等11位符合条件的青年专业技术人才申报了该项目。“五四”青年节前夕，根据国务院办公厅要求，推荐一级演员枫叶、青年作家张悦然作为青年代表参加了中央领导同志青年座谈会。组织召开了文化部直属单位2010年度享受政府特殊津贴专家颁证会，蔡武、欧阳坚、高树勋3位部领导出席了会议，蔡武部长在颁证会上的讲话全文刊发在《中国文化报》上，充分体现了部党组对高层次人才的尊重和关心。此外，还根据中组部、中宣部要求，推荐文化部多位中央直接掌握联系专家、宣传文化系统“四个一批”人才、享受政府特殊津贴专家参加各类研修班，加强各专业专家间的沟通交流。

四是进一步规范完善文艺评奖工作。根据中宣部关于进一步规范完善文艺评奖的工作要求，对照2005年5月中宣部关于“中国文化艺术政府奖”具体方案的批复，对“中国文化艺术政府奖”下设的“文华奖”、“群星奖”等项目名称及获奖数量进行了明确，并向中宣部、人力资源和社会保障部提出设立“国家美术奖”、“国家动漫奖”的工作建议。

五是做好各项表彰工作。根据《外交部关于上海世博会外事工作协调小组表彰奖励工作有关事宜的通知》，推荐文化部外联局世博对外文化工作领导小组、中国东方演艺集团有限公司为上海世博会先进集体，推荐文化部外联局国际处调研员兼上海世博会文化活动办公室主任杨松为先进个人。根据《外交部关于广州亚运会、亚残运会外事工作协调小组表彰奖励工作有关事宜的通知》要求，推荐文化部外联局、中国东方演艺集团有限公司为先进集体。此外，推荐中国艺术研究院袁熙坤为“五一劳动奖章”获得者，推荐国家博物馆赵炜为全国扶贫工作先进个人，推荐离退休干部局顾秀枝为全国老干部工作先进工作者。

四、以强化服务为着力点，加强与人才的沟通与联系

（一）生活上热情关心，发放生活困难补助

2011年年初，为解决部分生活有特殊困难及身患重病的老艺术家、老专家生活困难问题，按照国务院的要求和财政部有关文件精神，文化部向806名老艺术家、老专家发放困难补助，发放补助总金额为955万元。为了进一步体现党中央、国务院对老艺术家的关怀，结合建党90周年、辛亥革命100周年，在国庆期间继续开展老艺术家补助工作，补助老艺术家633人，补助总金额达657万元。以上补助范围包括文化部直属院团和中国文联、中国广播艺术团、中央民族歌舞团、中国铁路文工团、全总文工团、煤矿文工团等6家单位的老艺术家、老专家。

（二）政策上加强研究，力争提高老艺术家待遇

积极配合人力资源和社会保障部、财政部制定提高中央艺术团体老艺术家工资待遇的有关政策。根据中纪委等6部委《关于调整在京中央事业单位离休人员补贴标准的通知》（中纪发〔2011〕8号）精神，印发了《文化部人事司、财务司关于调整事业单位离休人员补贴标准的通知》（人函〔2011〕34号），在2009年规范离休人员津补贴的基础上，提高离休人员补贴标准。

（三）开展各项人才走访慰问活动

2011年春节前，按照文化部办公厅整体安排，做好部领导慰问王昆、范曾、李世济、郭汉城等13位老艺术家、老专家的相关协调联络工作，为老艺术家、老专家送去慰问金及慰问信。在中国文联、中国作协、北京市文化局及文化部所属的中国艺术研究院、国家图书馆、故宫博物院、国家博物馆、中国美术馆、中国国家画院等单位推荐的基础上，拟订了参加中央办公厅举办的2011年元宵节联欢晚会的文化艺术界专家名单，并承担晚会期间专家的联系服务工作。按照中组部安排，积极配合中组部做好2011年院士专家新春联谊会的协调服务工作。

（四）组织专家休假，放松专家身心

8月，组织部系统16位在国内同行中有较高知名度的专家分别赴黑龙江休假考察。参加休假考察活动的专家均具有高级专业技术职务，从事艺术学、图书馆学、文物博物等方面的研究和美术创作、艺术表演、剧本创作等。休假考察为专家提供了休养身心的机会和专业交流的平台，增强了他们对边疆文化艺术发展历史和基层文化发展现状的了解，对地方博物馆、图书馆建设及考古研究等文化工作提

出了建设性意见和建议。

（五）积极为人才排忧解难，为他们解决后顾之忧

始终把人才的冷暖放在心上，关心他们的家庭生活，及时解决干部夫妻两地分居、老干部身边无子女问题。今年共报送了直属单位29人解决夫妻两地分居及2人解决老干部身边无子女材料。对有即将生育、子女就学升学等急难事情的，文化部积极协调人力资源和社会保障部，做到急事急办、特事特办。对援藏、援疆、扶贫干部，予以优先解决。

五、进一步加强人才信息化建设，及时掌握文化人才动态

一是进一步推动专家管理系统的使用开发，将各省、自治区、直辖市文化系统的高级专家纳入专家数据库收录范围，举办专家数据库管理培训班，不断做好数据更新工作，并建立文化部高级专家数据库信息报送和管理制度。

二是进一步做好人才统计工作，及时掌握文化人才的现状，与有关部门积极进行沟通，在全国文化文物统计工作进一步增加文化人才的统计指标，了解全国文化系统高级职称、中级职称的人员数量，进一步掌握文化系统的人才结构。

三是根据中宣部安排，参加全国宣传思想文化人才资源统计工作培训班。同时，为进一步推动文化人才统计工作，于5月下旬在中央文化管理干部学院举办了文化部系统直属单位人事部门同志参加的宣传思想文化人才资源统计工作培训班，传达中央人才工作协调小组关于人才资源统计工作的有关精神，学习中组部、中宣部关于开展人才资源统计工作的相关文件，开展文化部系统宣传思想文化人才资源统计工作。

中国文化年鉴

Almanac Of Chinese Culture

文化党建

Party Building In Cultural Department

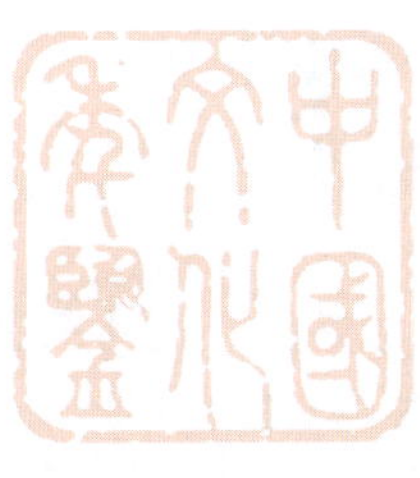

综　述

2011年是中国共产党成立90周年，是“十二五”规划的开局之年，文化部直属机关各级党组织认真贯彻落实党的十七大和十七届三中、四中、五中、六中全会精神，以庆祝建党90周年为主线，以服务中心、建设队伍为目标，以建设学习型党组织、深入开展创先争优、向杨善洲同志学习等活动为载体，积极活跃、扎实有效地开展党建工作，引导广大党员和干部职工为推动社会主义文化大发展大繁荣，建设社会主义文化强国做出应有的贡献。党的建设各方面工作都取得了显著成绩。

一、大力推动学习型党组织建设，加强党员干部思想理论武装

学习型党组织建设，是党的十七届四中全会着眼于提高党的执政能力和先进性提出的重大战略任务。2011年，文化部直属机关各级党组织以中心组学习为龙头，采取自主学习、集中学习、专家辅导、交流研讨等多种形式，重点学习了中国共产党的历史、中国特色社会主义理论和党的基本知识、胡锦涛总书记“七一”重要讲话和党的十七届六中全会精神等内容。把学习党的知识与学习各种新知识新技能相结合，一些党组织结合本单位工作需要，安排核心业务知识、现代技术知识和专业技能培训，使广大党员干部进一步提高了理论水平和精神境界，增加了知识积累，提升了创新能力。

根据《关于推进文化部直属机关学习型党组织建设的实施方案》，机关党委继续以“两级培训”的方式，按计划完成第二批党员集中培训工作，集中培训新党员、新任党支部书记和在职党员近400名，覆盖部机关和所有直属单位。有针对性地安排授课内容，力争做到缺什么补什么，培训内容包括党的基本知识、党的历史、中国特色社会主义理论和支部书记应知应会等，请机关业务司局长授课，分专题介绍文化部重点业务工作和业务发展情况。各直属机关党委按照本单位党员总数的1/3核定本年度培训党员人数，根据实际需要确定培训内容并抓好落实，部分单位已提前一年完成党员集中培训任务。机关党委在上海举办全国文化系统党委书记培训班，学习宝山钢铁公司党建工作先进经验；在吉林、湖南分别举办工会干部、团干部培训班。

继续举办主题读书报告会和“文化力量”征文活动，将征文获奖作品与“党建在线”网络优秀论文共30篇以《文化力量》为题结集出版。团组织开展“文化资源共享活动”，内容包括音乐会、话剧、歌剧、名家讲座、书画展等诸多艺术领域，打造有影响力的青年学习品牌。自2010年下半年启动以来已举办40次，累计参与人数超过4000人。

二、认真组织六中全会精神的学习宣传，为文化改革发展凝心聚力

党的十七届六中全会召开后，文化部迅速掀起学习贯彻会议精神的高潮，党组中心组专题集中学习了六中全会精神，下发了《文化部党组关于深入学习全面贯彻党的十七届六中全会精神的通知》和《文化系统深入学习全面贯彻党的十七届六中全会精神实施方案》。在全面推动学习的基础上，分别召开了直属机关党委、总支和支部书记汇报会，各单位介绍了学习贯彻六中全会精神的体会和好经验、好做法。还分别召开了老同志和青年同志学习六中全会精神座谈会，举办党务干部、工会干部、团干部学习六中全会精神培训班。和中央国家机关工委一起，在浙江省宁波市举办“学习贯彻六中全会精神、建设社会主义文化强国”主题联学活动，取得了很好效果。加大宣传力度，充分利用文化部官方网站、《中国文化报》和文化部党建在线网站以及各类宣传栏进行宣传和交流。配合中央国家机关工委组织中央媒体走进文化部活动，通过中央各大主流媒体向全社会广泛宣传文化部系统改革发展和学习贯彻六中全会情况。文化部学习六中全会精神的情况被中央国家机关工委《信息交流》和中央《建设学习型党组织工作简报》多次刊登。

三、深入开展创先争优活动，不断提高党组织和党员的先进性

各级党组织和党员充分发挥积极性和创造性，继续深入开展创先争优活动。重点抓了 4 方面工作：一是结合“走基层，转作风，改文风”活动，抓机关作风建设。机关各司局进一步提高服务意识，改善服务态度，不断提高工作效率。很多直属单位深入基层，面向群众，提供大量群众所需要的文化服务。李源潮批示：“文化部抓‘三贴近’，在艺术生产和服务群众中推进创先争优，很好。”二是树立身边榜样，宣传文化部已故离休干部党员贺高洁同志先进事迹，并要求各级党组织善于发现身边榜样、善于运用典型指导工作。庆祝建党 90 周年时，评选表彰了 10 个先

进基层党组织标兵、22 个先进基层党组织、10 名优秀共产党员标兵、127 名优秀共产党员和 35 名优秀党务工作者，努力在直属机关营造比学习、比工作、比奉献和学先进、赶先进的浓厚氛围。三是推动文化部窗口单位创先争优活动，印发了《关于在文化部直属机关窗口单位深入开展“为民服务创先争优”活动的实施意见》，各窗口单位根据自身特点创造性地开展工作，为服务社会、服务人民群众做了大量工作。7 月在中央创先争优活动领导小组办公室召开的窗口单位服务行业“为民服务创先争优”座谈会上，文化部作了经验介绍，受到李源潮的充分肯定。中央创先争优活动领导小组办公室在对文化部两个窗口单位进行问卷调查后，在媒体上介绍和宣传了文化部的做法和经验。四是充分发挥群团组织工作的优势和积极性，以为民服务为宗旨开展创先争优活动。积极开展慰问老干部、老艺术家、老党员、困难职工等送温暖献爱心活动，开展积极向上、有益健康的文体活动，活跃职工生活，调动职工工作热情，为加强和谐机关建设、促进中心工作做贡献。

四、扎实做好党的十八大代表候选人推选工作

根据中央精神和中央国家机关工委的要求，文化部12月全面启动了“十八大”代表候选人推选工作，在部党组高度重视和领导下，按照中央“自上而下、上下结合、反复酝酿、逐级遴选”的要求，认真做好每个阶段的工作，严格履行工作程序，发动广大党员积极参与，充分发扬党内民主，尊重党员民主权力。

五、积极开展向杨善洲同志学习活动，提高党员干部精神境界和服务意识

从3月份开始，响应中央号召，及时召开动员会部署开展向杨善洲同志学习活动。印发了《关于开展向杨善洲同志学习活动的通知》，编印下发《杨善洲同志先进事迹》读本。先后召开7次学习推进会和座谈会。组织党员干部撰写近300篇学习杨善洲同志心得体会，在《中国文化报》和党建在线网站开辟“学习杨善洲同志”栏目刊登，并整理编印了《弘扬杨善洲精神 推动文化大发展大繁荣——文化部学习杨善洲活动集锦》，发放到全国文化系统，供大家学习交流，并被云南省筹建的杨善洲纪念馆收藏，扩大了学习效果。开展“青年干部向杨善洲学习”主题征文活动，共收到机关司局和直属单位青年来稿200多篇。举办“文化部青年向杨善洲同志学习”主题演讲比赛，对青年树立正确的人生观、价值观和为民服务思想起到了积极作用。通过学习杨善洲活动，党员干部把学习杨善洲精神落实在实践中，落实在工作中，自觉提高了精神境界，增强了服务意识，加强了文化部系统的风气建设、作风建设、素质建设。李源潮在《文化部关于开展向杨善洲同志学习活动情况的专题报告》上专门批示“很好”。

六、以“歌颂祖国歌唱党”为主题，精心组织建党90周年系列纪念活动

开展多种形式的纪念建党90周年活动，对党员加强党性教育。举办“知党情 跟党走”党建知识答题竞赛活动，组织部系统党员学习党史、参与答题，活动参与率达到100%，总优秀率达到85%。成功举办“歌颂祖国歌唱党”歌咏比赛，共有来自40个司局和直属单位的38支参赛队、1500多名干部职工踊跃参加，用嘹亮的歌声唱响了“共产党好、社会主义好、改革开放好、伟大祖国好、各族人民好”的主旋律，充分表达了文化部系统广大干部职工对党和祖国的热爱。召开“文化部离退休干部庆祝建党90周年座谈会”，普遍开展走访慰问老党员困难党员活动。组织青年党员聆听革命前辈讲党史、叙党情活动。充分利用主题党日、文化“三下乡”、外地巡演等机会，广泛开展“学党史、寻红根”主题教育活动，组织党员学党史、唱红歌、演经典。举办文化部青年艺术家风采展。通过这些活动，广大党员干部加深了对党的历史、党的知识的了解，激发了爱党热情，提高了工作积极性。

七、以全国文化系统党建研究会和思想政治工作研究会为平台，推进党建理论研究工作

注重发挥全国文化系统党建研究会和思想政治工作研究会的作用，围绕建党90周年开展调查研究，形成了一批有特色的研究成果。召开全国文化系统党建研究会年会，会员单位提交了近60篇质量较高的文章。参加全国党建研究会机关专委会的重点课题研究，机关党委提交的论文《加强党的建设，推动文化发展》获全国党建研究会三等奖，并被中央国家机关党建研究会刊物《机关党建研究》刊发。就文化部贯彻落实党的十七届四中全会精神和加强改进党的建设情况进行调研，开展创先争优理论研究、思想政治工作基本历史经验调查研究、庆祝建党90周年思想政治工作创新研究、党建科学化建设研究、党的实事求是路线研究等多项研究。外联局和辽宁省文化厅获中国思想政治研究会庆祝建党90周年思想政治工作创新征文三等奖。在中央国家机

关党建研究会年度课题评选中，国家博物馆获三等奖，政法司、产业司、国家图书馆、中央芭蕾舞团、中国艺术科技研究所获优秀奖。

八、深入推进党风廉政建设和反腐败工作

加强反腐倡廉教育，认真落实党风廉政建设责任制，不断完善反腐倡廉制度。按照《廉政准则》及其《实施方法》的要求，加强对领导干部执行《廉政准则》情况的监督检查。按照文化部2011年党风廉政建设工作会议的总体部署，对2011年党风廉政建设任务进行细化分解和检查。落实《关于加强和改进中央国家机关各部门在京直属单位反腐倡廉工作的意见》，加强对直属单位的领导，推动指导各直属单位反腐倡廉工作。对直属单位防治腐败工作情况进行调研，形成《文化部事业单位发展现状及防治腐败的相关情况》调研报告。积极推动廉政文化建设，在机关和直属单位组织开展“纪念建党90周年反腐倡廉建设征文”、“纪念建党90周年反腐倡廉知识竞赛”活动，开展以“勤政廉政弘扬正气”为主题的文化部青年职工硬笔书法比赛。为50名拟提拔任用和拟转正的处级领导干部签署廉政意见。认真做好信访举报核查工作，严格按照党纪处分程序，办理违纪党员党纪处分手续。

不断健全维稳工作机制，加强警示教育工作，发挥组织优势和思想政治工作优势，有效地消除和化解了一些不稳定因素，积极为文化建设创造良好的政治环境。

九、进一步推动党务公开，加强党组织建设

进一步推动党务公开工作，制定下发了《文化部直属机关党委关于实行党务公开的意见》、《文化部直属机关党务公开目录》，公开机关党委2010年党费收支情况。加强党组织建设，国家图书馆、中国儿童艺术剧院等10个直属机关党委、支部完成改选换届。截至12月31日，文化部（含文物局）共有党员7799人，其中在职党员4272人，离退休党员3225人，学生党员198人。本年度新发展党员127人。各级党组织共计375个，其中党委31个，党总支6个，党支部338个。全年共接转党组织关系近500人次。

十、做好统战和群团工作

充分发挥群团组织工作的优势和积极性。在干部职工中广泛开展立足岗位建功立业活动，组织积极向上、有利健康的文体活动，活跃职工生活，调动职工工作热情，为加强和谐机关、单位建设，促进中心工作做贡献。部工会被中国教科文卫体工会评为全国教科文卫体系统先进工会组织，故宫博物院和国家图书馆被评为模范职工之家。组织机关青年深入农村基层进行调研，与当地农民同吃、同住、同劳动。通过《文化青年》杂志和网站，宣传各级团组织的活动。组织青年艺术家和青年志愿者参加公益活动，展现了文化部青年的风采和奉献精神。

专　题

文化部直属机关党委关于表彰文化部直属机关先进基层党组织（标兵）、优秀共产党员（标兵）和优秀党务工作者的决定

党委发字〔2011〕60号

各司局、国家文物局、各直属单位党委（总支、支部）：

2009年7月以来，文化部直属机关各级党组织和广大共产党员、党务工作者以邓小平理论和“三个代表”重要思想为指导，深入学习实践科学发展观，扎实推进党的建设新的伟大工程，不断加强党的执政能力建设和先进性建设，党组织的创造力、凝聚力和战斗力得到新的增强，党员队伍整体素质得到新的提高。特别是在建设学习型政党和创先争优活动中，部直属机关各级党组织和广大共产党员进一步发挥积极性、主动性和创造性，涌现出一批先进基层党组织、优秀共产党员和优秀党务工作者。为表彰先进、弘扬正气，文化部直属机关党委决定，在纪念建党90周年之际，对先进基层党组织、优秀共产党员和优秀党务工作者予以表彰，授予办公厅秘书处机要档案处党支部等10个基层党组织“文化部直属机关先进基层党组织标兵”荣誉称号，授予财务司党支部等22个基层党组织“文化部直属机关先进基层党组织”荣誉称号，授予肖健等10名同志“文化部直属机关优秀共产党员标兵”荣誉称号，授予宁敏等127名同志“文化部直属机关优秀共产党员”荣誉称号，授予杨建昆等35名同志“文化部直属机关优秀党务工作者”荣誉称号。

这次受表彰的先进集体和个人，是近几年文化部直属机关基层党组织、共产党员和党务工作者的先进代表，是我部各级党组织和全体共产党员、党务工作者学习的榜样。希望受表彰的先进集体和个

人珍惜荣誉，谦虚谨慎，再接再厉，在新的起点上再创新的业绩。

文化部直属机关党委号召各级党组织和全体共产党员，向此次受表彰的先进集体和个人学习，学习他们围绕中心、服务大局，创造性地贯彻落实上级党组织的各项工作部署，建设一流队伍、培育一流作风、创造一流业绩；学习他们坚定理想信念，牢记党的宗旨，立党为公，执政为民，兢兢业业做好本职工作，以模范行动，起表率作用；学习他们忠诚党的事业，为加强党的执政能力建设和先进性建设开拓创新，锐意进取，无私奉献，努力把文化部直属机关党的建设提高到一个新的水平。

当前，全党正在深入学习领会胡锦涛同志在庆祝中国共产党成立90周年大会上的重要讲话。文化部各级党组织和广大共产党员要把学习贯彻讲话精神当做一项最重要的政治任务，紧密结合文化建设和党的建设实际，进一步加强和改进各方面工作，扎实推进文化部直属机关党建工作，为社会主义文化大发展大繁荣作出新的更大的贡献！

附件：1. 文化部直属机关先进基层党组织标兵名单

2. 文化部直属机关先进基层党组织名单

3. 文化部直属机关优秀共产党员标兵名单

4. 文化部直属机关优秀共产党员名单

5. 文化部直属机关优秀党务工作者名单

2011年7月10日

附件1：

文化部直属机关先进基层党组织标兵

（10个，按单位排序）

办公厅秘书处机要档案处党支部
政策法规司党支部
社会文化司党支部
中国艺术研究院图书馆党支部
国家图书馆典藏阅览部党支部
故宫博物院宫廷部党支部
中国国家博物馆藏品保管一部党支部
国家京剧院三团党支部
中央芭蕾舞团舞美队党支部
中国文物报社党总支

附件2：

文化部直属机关先进基层党组织

（22个，按单位排序）

财务司党支部
人事司党支部
艺术司党支部
文化科技司党支部
离退休干部局第二党支部
离退休干部局第九党支部
机关服务局党委
中央文化管理干部学院后勤党支部
中国文化传媒集团第四支部
中国歌剧舞剧院舞剧团党支部
中国东方演艺集团第八党支部
中国交响乐团乐队党支部
中国儿童艺术剧院第五党支部
中央歌剧院党委
中央民族乐团乐队党支部
中国美术馆第六党支部
中国对外文化集团公司第二党支部
文化部离退休人员服务中心东架松党支部
文化部艺术服务中心党支部
国家清史纂修领导小组办公室党支部
中外文化交流中心党支部
文化部全国文化信息资源建设管理中心党支部

附件3：

文化部直属机关优秀共产党员标兵

（10名，按单位排序）

肖　健　政策法规司改革指导处主任科员
韩　澎　离退休干部局离休干部
陈培军　国家文物局政策法规司政策研究处处长
李云雷　中国艺术研究院马克思主义文艺理论研究所副主编
郭又陵　国家图书馆出版社社长
吴家琛　故宫博物院工程管理处副处长、党支部书记
曹欣欣　中国国家博物馆展览二部主任
李雪健　中国国家话剧院国家一级演员

张　剑　中央芭蕾舞团首席主演、国家一级演员
季和平　中国美术馆保卫处高级技师

附件4：

文化部直属机关优秀共产党员

（127名，按单位排序）

宁　敏　办公厅部长办公室调研员
李　红　办公厅秘书二处调研员
李　峻　财务司监督检查处主任科员
伍　俊　人事司机关人事处副处长
李振清　艺术司办公室主任
王　丰　文化科技司副司长
廖　芸　文化市场司网络文化处副主任科员
宋奇慧　文化产业司动漫处处长
颜　芳　社会文化司办公室主任
兰　静　非物质文化遗产司管理处处长
李立言　对外文化联络局（港澳台办公室）政策法规处处长
王汉杰　对外文化联络局（港澳台办公室）国际处处长
张　煦　对外文化联络局（港澳台办公室）礼宾处副处长
任　磊　部直属机关党委纪委办公室副主任科员
彭德才　驻部纪检组监察局案件审理宣教室主任科员
龚道全　离退休干部局离休干部
周天泽　离退休干部局离休干部
严勇士　离退休干部局离休干部
田大畏　离退休干部局离休干部
许铭庄　离退休干部局离休干部
任敬恩　离退休干部局退休干部
朱玉蓉　离退休干部局退休人员
李留俊　离退休干部局退休干部
王新军　离退休干部局财务处主任科员
佘向军　机关服务局物业管理处副主任科员
汪　淼　机关服务局信息中心副处长
张国庆　国家文物局机关服务中心交通科长
高显莉　中国艺术研究院副院长
李建新　中国艺术研究院办公室主任
秦华生　中国艺术研究院梅兰芳纪念馆馆长、党支部书记
赵　蓉　中国艺术研究院财务处副主任科员
金　澎　中国艺术研究院离退休干部处处长
王　馗　中国艺术研究院戏曲研究所昆曲艺术研究中心副主任
蔡　葵　中国艺术研究院中国画院一级美术师
潘　源　中国艺术研究院文化发展战略研究中心副研究员
方李莉　中国艺术研究院艺术人类学研究中心主任
张志颖　中国艺术研究院研究生院09级博士生
宋立堂　中国艺术研究院图书馆主任
滕静静　国家图书馆典藏阅览部组长
茹　文　国家图书馆信息网络部副组长
李　周　国家图书馆社会教育部馆员
李春明　国家图书馆数字资源部副主任
侯　宁　国家图书馆办公室副主任科员
方自金　国家图书馆参考咨询部主任
崔云红　国家图书馆中文采编部组长
陈　萍　国家图书馆缩微文献部组长
张　燕　国家图书馆外文采编部副研究员
张宪权　国家图书馆保卫处干部
张　军　国家图书馆财务处处长
延卫平　国家图书馆业务管理处副研究馆员
冀亚平　国家图书馆古籍馆研究馆员
李昌明　国家图书馆基建办公室主任
蔡锡明　国家图书馆退休干部
徐大民　故宫博物院保卫处小队长
黄占均　故宫博物院古建部高级工程师
郭　泓　故宫博物院古建修缮中心副科长
王有亮　故宫博物院文保科技部科长
张丽芳　故宫博物院资料信息中心科长
王孔刚　故宫博物院紫禁城出版社美术编辑
王迎春　故宫博物院院办公室科员
佟建明　故宫博物院人事处副处长
丁　孟　故宫博物院古器物部副主任
李芝安　故宫博物院宫廷部秘书
刘永强　中国国家博物馆物业发展与企管中心科长
张伟明　中国国家博物馆馆长办公室科长
陶志刚　中国国家博物馆工程设备处科长
张晓春　中国国家博物馆安全保卫处科长
刘振清　中国国家博物馆藏品保管二部科长
陈红燕　中国国家博物馆藏品保管二部馆员
郝寅祥　中国国家博物馆展览二部科室主任

王双梅　中国国家博物馆后勤管理服务处科长
李守义　中国国家博物馆学术研究中心科长
张雨鹏　中国国家博物馆文化产业发展与管理中心科长
张有伦　中央文化管理干部学院基建处处长
王　伟　中央文化管理干部学院总务处主管
刘　树　中国文化传媒集团发行中心干部
黄小驹　中国文化传媒集团新闻中心副主任
宋官林　国家京剧院院长
李胜素　国家京剧院一团团长
于立德　国家京剧院舞美中心副主任
史丽芬　中国国家话剧院副院长
胡美蓉　中国国家话剧院老干部办公室主任
林文增　中国歌剧舞剧院院长
姜　媛　中国歌剧舞剧院舞剧团演员
张福忠　中国东方演艺集团有限公司东方民乐团国家一级演员
沙　曼　中国东方演艺集团有限公司东方歌舞团国家一级演员
刘　江　中国东方演艺集团有限公司中国歌舞团团长、党支部书记
关　峡　中国交响乐团团长、党委副书记
梁　杰　中国交响乐团北京音乐厅总经理
马彦伟　中国儿童艺术剧院国家一级演员
俞　峰　中央歌剧院院长、党委副书记
李对升　中央芭蕾舞团交响乐团乐队队长
刘　沙　中央民族乐团指挥
刘　密　中国美术馆行政后勤处正处级干部
刘德峰　中国国家画院总务处负责人
刘　鹏　中国对外文化集团公司行政办公室主任
秦文焕　中国对外文化集团公司中国对外演出有限公司总经理助理兼文化交流中心总监
黄晓钢　中国对外文化集团公司中国对外艺术展览公司总经理助理兼国际一部总监
杨广立　中国动漫集团有限公司北京中文发数字科技有限公司董事长、党支部书记
王　琮　文化部恭王府管理中心原办公室主任、经济管理办公室主任
潘慧卿　文化部文化艺术人才中心处长
马金明　文化部文化艺术人才中心副主任科员
李琳琳　文化部离退休人员服务中心退休干部
孟　于　文化部离退休人员服务中心离休干部
岳允中　文化部离退休人员服务中心离休干部
金新泉　文化部离退休人员服务中心退休干部、党支部书记
程　若　文化部离退休人员服务中心离休干部
程式如　文化部离退休人员服务中心离休干部
王　箴　文化部离退休人员服务中心离休干部
彭清一　文化部离退休人员服务中心离休干部
王京凤　文化部离退休人员服务中心退休干部
姜嘉锵　文化部离退休人员服务中心退休干部
刘光荣　文化部离退休人员服务中心退休干部
王卓才　文化部艺术服务中心办公室副主任
卜　键　国家清史纂修领导小组办公室主任
经元华　中外文化交流中心影视部经理
李　明　文化部民族民间文艺发展中心工程师
刘瑞敏　中国艺术科技研究所财务部主任
琚存华　文化部全国文化信息资源建设管理中心资源建设处副处长
李　科　北京鲁迅博物馆信息中心工程师
张贵玲　国际友谊博物馆办公室主任科员
张　媛　中国文物信息咨询中心信息部主任助理
王　霞　文物出版社《文物》编辑部副主任
李春玲　中国文化遗产研究院文物保护标准化委员会秘书处职员
郭桂香　中国文物报社《科技保护》周刊主编
张玉亭　中国文物交流中心办公室主任
陈　翔　北京新文化运动纪念馆业务部主任

附件5：

文化部直属机关优秀党务工作者

（35名，按单位排序）

杨建昆　办公厅主任、党总支书记
韩永进　政策法规司司长、党支部书记
赵　雯　财务司司长、党支部书记
胡清怡　人事司副巡视员、党支部副书记
董　伟　艺术司司长、党支部书记
李　蔚　文化科技司社科处处长、党支部委员
庹祖海　文化市场司副司长、原党支部书记
郝　红　对外文化联络局（港澳台办公室）党委办公室副调研员
魏隆姬　部直属机关党委办公室主任科员
赵柏筠　离退休干部局副局长，党委副书记、纪委书记
姚家华　机关服务局副局长、党委委员

尹建明　国家文物局机关党委党办主任
常丰威　中国艺术研究院党委办公室、纪检监察办公室主任
李晓明　国家图书馆数字资源部主任、党支部书记
闫宏斌　故宫博物院宣传教育部主任、党支部书记
王连东　中国国家博物馆纪检监察审计办公室主任
邓　顺　中国国家博物馆离休干部、党支部书记
于春城　中央文化管理干部学院党委（纪委）办公室主任
卫红兵　中国文化传媒集团党务工作部主任
兰雅君　国家京剧院党委办公室主任
王　燕　中国国家话剧院党委办公室副主任
董天恒　中国歌剧舞剧院党委书记
武　猛　中国歌剧舞剧院歌剧团演员、党支部委员
周炳华　中国东方演艺集团有限公司党办主任
李建民　中国儿童艺术剧院发展规划部主任，原党办主任
袁　平　中央歌剧院党委副书记、纪委书记
王进凯　中央芭蕾舞团党委办公室副主任
孙　毅　中央民族乐团党委书记
屈　涛　中国美术馆党委办公室干部
贾秀伶　中国对外文化集团公司党办副主任
李百成　文化部离退休人员服务中心离休干部、党支部书记
刘清朗　文化部艺术服务中心副主任、党支部委员
马小林　国家清史纂修领导小组办公室副主任，党支部书记
宋　磊　中国艺术科技研究所办公室主任、党支部委员
崔建飞　文化部全国文化信息资源建设管理中心副主任、党支部书记

中国文化年鉴

Almanac Of Chinese Culture

文化反腐倡廉

Culture to combat corruption and build a clean government

综　述

2011年，文化部党风廉政建设和反腐败工作进一步贯彻落实党的十七大以来中央反腐倡廉一系列战略部署，以科学发展观为指导，坚持以人为本、执政为民，紧紧围绕文化部中心工作，服务文化改革发展大局，坚持标本兼治、综合治理、惩防并举、注重预防的方针，进一步严格执行党风廉政建设责任制，进一步完善惩治和预防腐败体系，进一步加强文化系统行业作风建设，进一步提高反腐倡廉建设科学化水平，扎实推进教育、制度、监督、改革、纠风和惩治等各项工作，推动文化系统反腐倡廉建设取得了新成效，为深入贯彻落实十七届六中全会精神，推动社会主义文化大发展大繁荣提供了坚强保障。

一、认真传达贯彻落实十七届中央纪委第六次全会精神和国务院第四次廉政工作会议精神

1月25日，文化部召开2011年党风廉政建设工作会议。会议传达学习了胡锦涛总书记在中央纪委六次会议上的重要讲话和贺国强同志所作的工作报告，部署安排文化部2011年党风廉政建设和反腐倡廉工作。文化部、国家文物局机关各司局正处长以上干部，直属单位党政主要负责人、专职纪检监察干部，各省、自治区、直辖市文化厅（局）纪检组长（纪委书记）、监察室主任参加了会议。

文化部党组书记、部长蔡武充分肯定了文化部党风廉政建设和反腐败工作所取得的显著成绩，要求认真贯彻中央纪委全会精神，一定要把以人为本、执政为民贯彻到文化部党风廉政建设和反腐败工作之中，以党风廉政建设和反腐败斗争的实际成效迎接建党90周年。

文化部党组成员、中央纪委驻文化部纪检组组长李洪峰作文化部党风廉政建设工作报告指出，2011年文化部党风廉政建设和反腐败工作具体要抓好10个方面的工作：一是严明党的政治纪律，保证中央政令畅通。深入开展遵守政治纪律的宣传教育，促进党员干部大力加强“五种意识”，始终坚持“三个毫不动摇”，坚决遵守“五个严禁”，在思想上、政治上、行动上与党中央保持高度一致。要建立健全文化系统对中央重大决策部署执行情况监督检查工作机制。二是坚持以人为本、执政为民，着力加强行业作风建设。大力弘扬党的优良传统作风，纠正脱离群众和损害群众利益的官僚主义、形式主义、奢侈浪费等不正之风。进一步改进机关作风，积极推进政务公开进程，不断提高机关管理和服务水平。继续抓好《文化部关于加强行业作风建设的意见》的落实，大力纠正行业不正之风。三是继续开展专项治理，切实解决人民群众反映强烈的突出问题。完善和严格执行因公出国境管理制度，深入开展“小金库”专项治理，进一步开展治理商业贿赂工作。认真清理庆典、研讨会和论坛活动，坚决整治领导干部违规收受礼金问题，继续抓好工程建设领域突出问题专项治理工作。四是认真做好信访举报工作，加大查办案件工作力度。以严肃查处领导机关和领导干部滥用权力、以权谋私、腐化堕落、失职渎职的案件为重点，严肃查处各种违纪违法案件。五是继续加强日常监督工作，确保文化建设健康发展。认真履行纪检监察职责，围绕文化建设工作大局，做好执法监察、廉政监察、效能监察。要进一步健全各级党组织建立健全领导班子及其成员自我监督、自我约束机制和派驻纪检监察部门建立健全对文化系统廉政风险点的监督机制。六是进一步加强反腐倡廉教育，把以人为本、执政为民的宗旨教育、理想信念教育、政治纪律教育、党纪国法教育、党的优良传统与作风教育经常化、制度化，增强教育的统筹性、针对性、实效性，进一步夯实党员干部拒腐防变思想道德和党纪国法防线。七是继续加强反腐倡廉制度体系建设，提高制度执行力。要更加注重完善制度、规范权力。巩固反腐倡廉制度建设年活动成果，进行制度清理，完善廉政风险防控机制。八是加强调查研究，增强反腐倡廉建设针对性。九是认真执行党风廉政建设责任制，提高反腐倡廉科学化水平。十是进一步加强纪检监察干部队伍建设。

国务院第四次廉政会议召开后，为认真贯彻落实会议精神，文化部于4月8日召开廉政工作会议。文化部党组书记、部长蔡武出席会议并作重要讲话。部党组副书记、副部长欧阳坚传达了温家宝总理的重要讲话精神。部党组成员、驻部纪检组组长李洪峰传达了全国纪检监察机关查办案件工作座谈会精神。在文化部廉政工作会议上，蔡武强调，文化部各级领导班子要认真贯彻落实党风廉政建设责任制，领导干部要切实加强廉洁自律，切实按照《廉政准则》提出8方面禁止、52个不准的要求，进一

步查找和解决党员领导干部存在的突出问题。要进一步贯彻落实惩防体系建设《工作规划》和文化部党组《关于贯彻落实建立健全惩治和预防腐败体系2008～2012年工作规划的实施意见》，真抓实干，务求实效，争取在2011年、2012年两年内，建成文化系统惩治和预防腐败体系。

按照贺国强在中央纪委第六次全会讲话中提出的“坚持改革创新，狠抓工作落实，努力取得党风廉政建设和反腐败工作新成效”要求，驻文化部纪检组监察局组织开展了反腐倡廉工作落实情况的监督检查，就文化部各单位贯彻落实2011年文化部党风廉政建设工作会议精神、贯彻落实党风廉政建设责任制、加强惩治和预防腐败体系建设、加强反腐倡廉制度及防控机制建设等4个方面进行普遍检查，并对中国京剧院、中国美术馆、文化部艺术服务中心、国家清史纂修领导小组办公室、中国艺术科技研究所、全国文化信息资源建设管理中心等单位进行重点抽查，促进了文化部各单位反腐倡廉工作深入开展。从检查结果看，文化部绝大多数单位都能够认真传达贯彻落实2011年部党风廉政建设工作会议精神，部署2011年反腐倡廉工作，切实以贯彻落实新修订的党风廉政建设责任制规定为契机，建立健全反腐败领导体制和工作机制，不断巩固和扩大党政齐抓共管、群众支持参与反腐倡廉建设的良好局面，扎实推进惩治和预防腐败体系建设。各单位紧紧抓住制度建设这个关键环节，在2010年查找廉政风险点工作的基础上，继续对容易发生腐败问题的关键环节关键部位，尤其是涉及人员招聘、职称评定、财务管理、物资和设备采购、专项资金支出和使用、工程建设、项目评定、文艺评奖、资产管理、行政审批和审核、大型文化活动等方面，制定了具体、可行、管用的制度，对预防腐败现象的发生发挥了重要作用。2011年，文化系统进一步加强教育制度、监督制度、预防制度和惩治制度等反腐倡廉制度建设，各单位对反腐倡廉制度进行清理，共修订、制定反腐倡廉制度334项，初步形成了文化系统以积极防范为核心、以强化管理为手段的制度防控机制。此项检查工作结束后，驻文化部纪检组监察局起草了《关于文化部各单位贯彻落实2011年部党风廉政建设工作会议精神情况的报告》，蔡武部长在报告上批示：“监督检查和抽查工作很及时，对各单位抓好落实起到积极督促作用。”根据蔡武部长要求，这份报告还上报了中央纪委、中宣部、中组部。

二、大力加强文化系统行业作风建设，贯彻以人为本、执政为民

适应文化部政府职能由办文化为主向管文化为主转变、由管微观为主向管宏观为主转变、由主要面向直属单位向面向全社会转变要求，加强领导干部和机关作风建设。贯彻执行以人为本、执政为民，按照《文化部关于加强行业作风建设的意见》和2009年文化部行风建设工作会议精神要求，2011年深入推进文化系统行业作风建设工作，集中解决行业作风方面的一些问题。继续精减会议文件，提高行政绩效。积极推进政务公开，主动接受社会监督。着力推进文化市场综合执法改革，加强廉政执法建设，制订《文化市场综合行政执法人员执法行为规范》，促进市场管理进一步规范化。进一步规范文化市场监管，严厉打击各类非法经营行为。整治低俗之风，弘扬社会主义价值观体系，促进先进文化创作传播。治理社团组织与行政主管部门职责不清、利益关联问题，确保社团组织健康发展。清理文化部机关及其事业单位与相关公司的关系，坚决执行中央关于党政机关不得办公司的规定。进一步增强和完善图书馆、博物馆、美术馆等公共文化机构服务职能，保障群众文化权益。

8月15日，全国文化系统行业作风建设工作会议在内蒙古呼和浩特市召开。蔡武部长作了题为《坚持以人为本执政为民，进一步加强文化系统行业作风建设》的报告，总结了成绩和经验，进一步部署和推动了工作。会后，驻部纪检组监察局代党组起草了《文化部关于加强行业作风建设情况的报告》，报送了李长春、贺国强、刘云山、刘延东、李源潮、何勇等中央领导同志及国务院纠风办，得到中央领导同志和国务院纠风办领导同志的高度肯定，他们指出：近年来，文化系统行业作风建设不断改进，取得积极显著成效。要根据中央要求和人民的期盼，总结经验、查找不足，再接再厉，坚持以人为本、执政为民的原则，进一步加强行业作风建设，突出工作重点，狠抓工作落实，为促进社会主义文化事业大发展大繁荣提供保障。

三、加强监督检查，为文化事业健康发展提供有力保障

牢固树立“加强监督是本职、疏于监督是失职、不善于监督是不称职”的观念，认真履行监督检查职责，为文化事业顺利发展提供坚强保证。10月份，驻文化部纪检组长李洪峰同志在中国纪检监察学院作专题报告，重点介绍了驻部纪检组监察局充分发挥职能作用的经验和体会，受到与会同志的好评。

对各单位领导班子进行了年度考核，加强了对各级领导班子和领导干部执行党的路线方针政策、执行民主集中制、执行“三重一大”事项集体决策制度、执行述职述廉制度、执行重要情况报告制度等方面的监督检查，保证行政权力规范运行。

加强了对干部人事工作和《党政干部选拔任用条例》执行情况的监督检查，按照《文化部党组管理干部任职前人事司听取驻部纪检组意见和驻部纪检组回复人事司意见实施办法》，为114名拟选拔任用的局处级干部签署了廉政意见，有效防止干部“带病提拔、带病上岗”。对干部选拔任用中有反映的问题，认真进行核实，及时提出了处理意见。同时，还对公务员考录、机关处级领导干部竞争上岗工作进行监督，保证了干部选拔任用工作的顺利进行。

加强了对文艺评审评奖的监督。对第九届全国舞蹈比赛、第二届国家艺术院团优秀剧目展演评审、第六届中国京剧艺术节、首届中国歌剧节、第15届全国音乐作品（民乐）评奖、第16届全国音乐作品（交响乐）评奖、国家舞台艺术精品工程剧目评选、国家动漫精品工程评审、首届动漫奖评审、全国第三次文化馆评估定级、2011年度国家社科基金艺术学项目评审工作、创建国家公共文化服务体系示范区（项目）评审等14项进行监督，保证了这些活动的公开、公平、公正。

加强对基建工程和政府采购项目招投标活动的监督。对国家美术馆概念性建筑设计方案征集评审、中国工艺美术馆·中国非物质文化遗产展示馆概念性建筑设计方案征集评审、中央歌剧院剧场建设项目设计招标、国家图书馆一期维修改造工程招标、莫斯科中国文化中心装修改造工程施工总承包招标、文化部办公楼维修改造工程项目管理公司遴选工作等6项工程项目以及文化部机关办公网整改投标方案评审、全国文化市场技术监督系统一期开发建设项目等2项政府采购项目进行监督，保证了工程的廉洁、优质、高效。

四、深入开展反腐倡廉教育，积极推进廉政文化建设

坚持示范教育与警示教育相结合、主题教育与经常性教育相结合，不断强化党员领导干部廉洁从政意识，筑牢思想道德防线。

认真组织学习中央纪委第六次全会精神。向全国文化系统转发了中央纪委《关于认真学习贯彻胡锦涛同志在中国共产党第十七届中央纪律检查委员会第六次全体会议上的重要讲话的通知》，要求认真领会精神实质，结合实际贯彻落实，把坚持以人为本、执政为民切实贯彻落实到党风廉政建设和反腐败斗争各项工作中，并向中央纪委提交了《关于文化系统党风廉政建设和反腐败斗争贯彻落实以人为本执政为民的思考》报告。

做好建设国家博物馆全国廉政教育基地组织工作。国家博物馆被中央纪委命名为第一批全国廉政教育基地，驻部纪检组监察局高度重视基地建设，驻文化部纪检组长李洪峰亲自参加国家博物馆廉政教育基地授牌仪式，并要求国家博物馆充分挖掘教育资源，加强廉政教育基地建设，把国家博物馆廉政教育基地打造成为党员干部加强党性锻炼、提高党性修养、增强廉洁意识的重要课堂。

加强反腐倡廉宣传教育。组织文化部各单位党员干部观看《当前职务犯罪的趋势及对策》、《以人为本执政为民》、《领导干部干部要自觉做到“七个正确对待”》等反腐倡廉警示教育片，进一步坚定了党员干部的理想信念，提高了党员干部抵御腐败的自觉性，巩固了党员干部拒腐防变思想道德防线。

深入开展学习贯彻《廉政准则》专题教育活动，对文化部各司局、各直属单位领导班子和领导干部贯彻执行《廉政准则》的情况进行专项监督检查，并对中国艺术研究院、故宫博物院、国家图书馆等13个单位进行督导检查，起草了文化部贯彻执行《中国共产党党员领导干部廉洁从政若干准则》情况的总结报告，经部党组审定后上报送中央纪委。

组织编辑出版了《廉政文化论集》。《廉政文化论集》由文化部党组成员、驻部纪检组组长李洪峰，江西省委常委、纪委书记尚勇和文化部党组成员、副部长王文章主编，共收录47篇论文，论述了廉政文化建设的重大战略意义，总结了廉政文化建设的历史经验、国际经验和现实经验，从理论与实践的结合上探索了廉政文化建设的规律，以及加强廉政文化建设的新机制、新途径、新方法，具有较强的思想性、理论性、实践性、创新性，对深入推进廉政文化建设具有积极的促进作用。

继续组织编纂《中国廉政史鉴》（思想卷、制度卷和人物卷），大力传播廉政价值观。参加甘肃省文化厅召开的廉政文化建设推进会，就推进廉政文化建设问题与甘肃省文化厅进行了探讨。

积极推进廉政文化产品创作和展演活动。为庆祝中国共产党成立90周年，文化部组织2011年全国现代戏优秀剧目展演活动。上海宝山沪剧团根据四川省南江县委常委、纪委书记王瑛的先进事迹创作排演了大型现代沪剧《红叶魂》，进京演出。中央纪委有关负责同志接见了该剧主创人员，给予了高度评价。

五、认真开展专项治理，保证政令畅通

认真开展“小金库”专项治理工作。按照中央治理“小金库”领导小组的工作部署，对于财政部移送的文化部两家单位存在的“小金库”问题，按照有关规定进行了处理。

开展公务用车问题专项治理。按照中央关于公务用车专项治理工作的要求，扎实开展文化部公务用车专项治理工作，取得阶段性成果。

认真开展清理规范庆典、研讨会、论坛活动。按照中央纪委要求，对文化部各单位举办的庆典、研讨会、论坛活动进行调查摸底，清理了庆典、研讨会、论坛活动24项，初步的清理情况上报了全国清理规范庆典、研讨会、论坛工作领导小组，进行甄别后作出下一步清理工作安排。

全面落实《关于领导干部报告个人有关事项的规定》和《关于配偶子女均已移居国（境）外的国家工作人员加强管理的暂行规定》，要求应报告个人有关事项的干部主动如实报告有关事项。文化部应报告个人有关事项的干部1324人，全部及时地报告了有关个人事项。

六、认真受理信访举报，加大查办案件工作力度

高度重视信访举报工作，积极畅通信访举报渠道，不断提高做好信访工作的能力，认真解决信访问题，及时受理信访举报案件，切实做到“件件有着落，事事有回音”。

截至12月，共收到来信来访和电话举报110件次，其中涉及司局级干部56件次，涉及处级干部24件次，涉及科级以下干部30件次。对这些信访举报件均按规定进行了处理。

严肃查办违纪违法案件是纪检监察部门的重要职责。2011年，驻部纪检组监察局核查案件21件（含上年度遗留件3件），其中，初核17件，函询3件，复核申诉1件。现已了结17件，正在核查4件。此外，协助司法机关、其他单位纪检监察部门、文化部有关单位调查处理6件。

在查办违纪违法案件过程中，注重“两个坚持”。一是坚持从严治党的原则，严格执行党的纪律和国家的法律法规，有法必依，违法必究。二是坚持惩前毖后、治病救人的原则，严格掌握政策，区分一般错误和违纪违法的界限。对反映廉洁自律方面有些问题但不够追究党纪政纪责任的，及时采取诫勉谈话或函询的形式进行帮助提醒；对经查有问题但构不成严重违纪的，向有关单位和个人说明情况，提出整改意见和建议限期整改；对于经查属错告或诬告造成不良影响的，在适当范围通报情况，澄清问题，消除影响，保护干部干事业的积极性，取得了较好的法纪效果和社会效果。

七、加强调查研究，提高做好反腐倡廉工作的理论水平

开展了全国文化系统廉政文化建设、行业作风建设等调研活动，撰写的《全国文化系统廉政文化建设调查报告》被中央纪委理论研究室推荐在《中国纪检监察报》上发表。参加了社会组织廉政建设征文活动，撰写的《社会组织廉洁价值观建设刍议》被第四届中华廉洁文化理论与实践交流会选用。参加了中央纪委和浙江省委联合召开的“反腐败：防治利益冲突理论与实践研讨会”，提交的《防治利益冲突制度与廉政文化建设协同发展》的文章被评为优秀论文。按照国家预防腐败局的要求，撰写了《关于文化部所属事业单位防止腐败工作调研报告》，获得社会领域防止腐败论文征集活动三等奖。

八、进一步加强纪检监察队伍自身建设，为反腐倡廉提供组织保障

认真组织学习贯彻落实中央纪委监察部《关于进一步加强和改进纪检监察干部队伍建设的若干意见》和《关于推进文化部直属机关学习型党组织建设的实施方案》，坚持每周半天（周五下午）学习制度，认真学习政治理论，不断提高干部的政治素质。组织全体同志观看《学习贯彻中央纪委六次全会精神辅导专题片》，进一步增强坚持以人为本、执政为民的意识，认真完成中央纪委六次全会部署的各项任务。

委托中国纪检监察学院首次举办了全国文化系统纪检监察干部业务培训班。来自文化部各司局和直属单位、各省区市文化厅局的55名纪检监察干部参加了集中培训，取得了良好学习效果。

深入贯彻落实党的十七届六中全会精神，传达学习《中国共产党第十七届中央委员会第六次全体会议公报》和《中共中央关于深化文化体制改革推动社会主义文化大发展大繁荣若干重大问题的决定》、蔡武部长在文化部学习贯彻落实十七届六中全会精神干部大会上的讲话等重要文件以及中央纪委、文化部关于学习贯彻六中全会精神的有关要求，进一步提高了围绕文化改革发展的中心任务认真做好纪检监察工作坚定性和自觉性。

部属单位概况

Subordinate Unit Profiles

中国艺术研究院

2011年，中国艺术研究院（简称研究院）在文化部党组的领导下，在财政部、教育部、科技部等相关部委和文化部各有关司局的支持指导下，认真贯彻落实党的十七大和十七届五中、六中全会精神，深入学习实践科学发展观，进一步增强社会主义文化建设的责任感和使命感，抓住和用好文化发展的重要战略机遇，以改革促发展，加强艺术研究、繁荣艺术创作，加大人才培养力度，推出了一批创新性学术成果和创作成果，促进了中国艺术研究院的全面发展。

一、深入推进中国特色社会主义理论体系学习与研究，扎实推进学习型党组织建设

按照党中央的统一要求和部党组部署，认真组织全院开展贯彻落实党的十七届五中、六中全会精神，以庆祝中国共产党成立90周年为主线，以深入开展创先争优、学习型党组织建设等为载体，坚持从研究院实际出发，改革创新，务求实效，更积极、更丰富、更活跃、更扎实、更有影响力地开展党建工作。广大党员干部的精神面貌有了明显改观，作风建设有了明显改进，积极性、主动性、创造性有了明显提升，进一步焕发出新的生机与活力，有力地促进了全院各项工作的顺利开展。

党的十七届六中全会召开以后，院党委按照中央和部党组的要求，认真制定学习方案，通过层层动员、座谈交流、专题讨论等多种形式开展学习活动。学习中，院党委要求学习重在深刻认识和理解十七届六中全会的重大意义和基本精神，强调学习贯彻十七届六中全会精神要与研究院的实际工作相结合，与党员培训相结合，与院庆活动相结合。要求每个单位、每位党员在学习中，认真思考在推动社会主义文化大发展大繁荣的历史担当。通过扎扎实实地开展学习 ，全院干部群众进一步增强了深化文化体制改革、推动社会主义文化大发展大繁荣的责任感和紧迫感，进一步增强了坚持中国特色社会主义文化发展道路的自觉性和坚定性，进一步增强了建设社会主义文化强国的信心和决心。

二、坚持知识创新学术创新理论创新，全面推进艺术科研发展

2011年，研究院一批重要科研课题通过了国家验收和专家鉴定，不少课题取得了重要进展。国家课题《昆曲艺术大典》、《京剧艺术大典》、《昆曲口述史》、国家社科基金重大项目《提高我国文化软实力研究》、国家艺术科学基金决策项目《中国国家文化安全》进展顺利。文化部委托课题《中国廉政史鉴》即将出版。财政部批准立项的《中国近代戏曲论著集成》已正式启动。国家社科基金艺术学一般项目《东西方戏剧观研究》、国家年度课题《中国宗教音乐数据库基础》、国家社科基金艺术学项目委托项目《中国特色社会主义文化理论体系研究》、《弘扬节日文化研究》相继通过了验收。《中国话剧艺术通史》、《当代中国的社会变迁与传统手工技艺的保护与发展》也进入了结项程序，这些课题无论从学科的前瞻性、现实性和学术深度等方面均达到了较高水平。

2011年，研究院主办或参与主办了一系列重要学术活动，如“第六届东亚茶文化专题研讨会”、第二届“两岸汉字艺术节”、“亚洲文化论坛——10＋3主题会议”、“第四届中欧文化对话”、“唱响中国——群众最喜爱的新创作歌曲”征集评选活动、“第四届世界儒学大会”、“中国艺术研究院文化援疆系列学术讲座”、“庆祝建院60周年高端学术讲座”、“谭云山现象与21世纪中印文化交流——中印文化艺术界高层论坛”等，这些学术活动在学术界及各专业领域引起热烈反响，进一步提升了研究院的学术地位。

由研究院主办，中国泛海控股集团有限公司出资设立了“中华艺文奖”，中央政治局委员、国务委员刘延东出席了颁奖典礼，并向获奖者颁奖。该奖包括“终身成就奖”11人、“艺文奖”9人和“青年奖”3人，涵盖所有艺术门类，面向中国内地和港、澳、台地区，旨在表彰具有高尚精神、卓越才华和杰出成就的中华艺术英才，以推动中华文化艺术的繁荣与发展，体现当代中华优秀文化艺术的审美取向与价值取向。中华艺文奖颁奖后，在社会上产生了很大的影响。

三、加大文化人才培养的力度，壮大文化人才队伍

研究院是经国务院学位委员会评审通过的全国第一家艺术学一级学科授权单位，是我国唯一的拥有艺术学全部8个二级学科的单位。2011年艺术学升为学科门类，设5个一级学科；拥有艺术理论研究、音乐与舞蹈学、戏剧与影视学、美术学等4个一级学科及艺术设计学，仍是我国艺术学科最全的单位。

研究院研究生院紧紧围绕全院的发展目标开展教学，坚持“以学生为本”和“立足制度管理”的工作理念，强化基础、突出特色、注重创新。2011年，研究生院在研究生教育规模效益不断提高的基础上，学生质量也得到了大幅度的提升。目前，研究生院共有在读博士研究生、硕士研究生、艺术硕士、外国留学生、研修生等共905人。

研究生院充分利用教学优势积极开展新疆艺术人才培养工作，研究院非物质文化遗产专业方向被教育部列入2010年内地高校培训新疆拔尖人才进修班计划表。2011年上半年，首届新疆非物质文化遗产保护定向培训班学员圆满完成学业，并举行了结业仪式。第二期的培训班已于10月中旬开班上课。

四、繁荣艺术创作，满足人民的精神文化需求

研究院的创作机构充分发挥人才济济、学科齐全、信息资源丰富、知识结构新的资源优势，以群体的组合，形成了一批可以产生国内外重大影响的创作群体力量，主持了一系列高质量的研讨活动和教学活动，创作出了一批具有广泛社会影响的作品，如举办了“2011年中国艺术研究院艺术家系列展”、“翰墨千秋——中国艺术研究院中国书法院院展”、“第四届中日韩国际书法年展”、“第二届两岸汉字艺术节——传统与实验书艺展”、“第三届四川·北京书法双年展”、“全国当代文化名人书写春联邀请展”、“光辉的历程——雕塑名家邀请展”、“2011中国国际创意设计推广周”等活动并组织本院画家按照中宣部“走转改”精神，以“为农民工塑像——当代中国画主题创作展”为契机，深入农村和偏远郊区、厂矿、建筑工地等收集创作素材。

五、全面宣传贯彻《非物质文化遗产法》，开启非物质文化遗产保护工作新篇章

2011年，在非遗司、外联局的指导下，研究院积极开展非物质文化遗产保护工作，宣传和普及《非物质文化遗产法》，如承办了2011年“文化遗产日”主题活动、“我们的节日——百名非物质文化遗产项目代表性传承人迎春展示活动”、“根与魂·中国非物质文化遗产展演”澳门、香港活动、两岸非物质文化遗产月活动、“第三届中国成都国际非物质文化遗产节·非物质文化遗产国际论坛”等，参与组织“两岸同心，我们同行——两岸万名青少年大型交流活动”。受文化部委托，与非遗司合作多次组织相关专家召开会议，完成了向联合国教科文组织申报2012年和2013年“人类非物质文化遗产代表作”和“优秀实践名册项目”的工作。开展了《第二、三批国家级非物质文化遗产名录图典》、《国家级非物质文化遗产项目代表性传承人大典》、《中国非物质文化遗产年鉴》等编辑出版工作，全面推动了“非物质文化遗产数字化保护工程（一期）”项目，举办了多个针对专门人才的培训班，并坚持“政府主导、社会参与”的原则，联合宝马中国和华晨宝马举办了“2011BMW中国文化之旅”。

在非物质文化遗产国际间的文化交流与合作方面，在外联局的指导下，研究院积极参与非物质文化遗产保护国际事务、国际规则的修改与制定，参加了“第七届东亚文化遗产网络工作会议”、“日本亚太中心管委会第一次会议及中心启动仪式”、“非遗、文化多样性及知识产权区域研讨会”、“联合国教科文组织保护非物质文化遗产政府间委员会第六届常会”、“韩国亚太中心管委会第一次会议及中心启动仪式”及“保护和促进文化表现形式多样性政府间委员会第五届常会”等等。

六、坚持正确导向，提高学术品格，继续办好出版和学术刊物

2011年，研究院文化艺术出版社及各专业期刊紧紧围绕党和国家工作大局，坚持将正确的舆论导向放在首位，把是否符合党和国家出版方针、政策、法律、法规要求，是否有利于社会主义核心价值体系建设，是否代表先进文化的前进方向等作为首要原则，严把政治关与内容关，做好重大主题出版工作。文化艺术出版社妥善完成了结构调整和转企改制工作，在坚持社会效益的前提下，力求经济效益与社会效益双发展，出版图书400余种，发货码洋6000多万元，精心策划、推出了一批高品位、高文化含量的重点图书。

《文艺研究》、《美术观察》、《中国摄影家》、《艺术评论》、《传记文学》、《中国艺术时空》、《红楼梦学刊》、《中国音乐学》、《戏曲研究》、《文艺理论与批评》、《中国文化》、《中华文化画报》、《书法杂志》等刊物加强内部管理，办刊理念不断更新，刊物质量不断提高。其中，《美术观察》由于选题准确、编发及时，对美术界重大问题讨论深入，社会影响和学术影响广泛深入，多次受到文化部办公厅的书面表扬。

七、积极搭建文化和学术交流平台，创新交流模式、打造交流品牌

研究院从国情需要出发，将民族文化独特性和世界文化多样性相结合，以中华文化为主体，坚持民族文化的独特性和自主性，尊重各国的文化差异，提倡不同文化的平等对话，继续与国外、港澳台的艺术科研机构保持学术联系与交流，增加相互认识和了解，通过举办大型国际会议、展览、论坛、讲座，传播中华文化的价值理念和加强与世界其他民族及文明交流的沟通，精心打造自己的文化交流品牌和活动平台，推动中华文化“走出去”战略，进一步促进国际间学术研究的发展，为国家发展营造良好的国际环境，塑造良好的国家形象发挥了积极作用。

故宫博物院

2011年，对故宫博物院而言，是极其特殊的一年。针对“斋宫展品失窃案”及其引发网络热点问题所暴露出安全管理、制度建设等方面存在的问题和薄弱环节，按照中央领导、文化部的要求，故宫博物院切实吸取教训，全面进行整改，落实管理责任，完善规章制度，逐步提高管理水平，积极回应社会各界对故宫工作的关切。在学习胡锦涛总书记“七一”重要讲话精神和党的十七届六中全会精神的同时，把贯彻落实与故宫博物院实际工作充分结合，转化为推进各项工作的强大动力，全院上下同心同德，振奋精神，奋力开创故宫博物院事业发展的新局面，为推动社会主义文化大发展大繁荣贡献力量。

一 、开放安全

发生“斋宫展品失窃案”后，故宫博物院立即开展了安全隐患的“自查自纠”工作，对照失窃事件暴露出的安全意识薄弱、责任心不强、执行制度不严格等问题，结合各岗位职责，进行彻底的自查和整改。

（一）开展安全教育，强化责任意识

着眼于增强责任心，提升责任感，落实责任制，院党委在全院组织开展了“弘扬故宫精神　强化责任意识”主题教育活动。引导和动员全体职工戮力同心，在挫折中奋起，以昂扬的精神状态、扎实的工作作风，高度的责任感，过硬的岗位素质，发奋工作。同时，对展品失窃、宋代哥窑瓷器损伤中涉及的责任人进行了行政处罚，以警示教育全体职工。开放管理部门通过组织职工分四批265人到斋宫现场实地查看作案人作案过程，回顾和反思封门检查中存在的问题，强调重视容易被忽视的细节，教育职工警钟长鸣，牢记安全教训。

（二）开展了“技防”、“物防”隐患排查和整治工作

加强了技防设施建设，在事发的斋宫室内加装3种不同类型的报警器，在室外连廊、大门、院墙设置周界报警，室内、外加装监控摄像机并配有阵列式红外灯作为摄像机辅助光源，在诚肃殿西耳房控制机柜区域加装了报警及监控设备。同时投入经费90万元对29个区域机加装备用UPS电源；投资经费27万元，在原有监控设备基础上对故宫3个停车场增装了夜视摄像机，对进出的所有车辆实施监控，消除了夜间监控盲区；修订了城墙周界防范设计方案，追加经费约200万元，在城墙上新装了3道激光对射报警器及夜视激光摄像机。新增设封门检查巡更系统触点374个点，配备触摸棒98个。11月1日开工的安防控制室改扩建工程，主体建筑基本完工，现进行室内装修，预计年底全面完工。

在物防方面，开始对所有安全防控不达标的展厅进行门窗玻璃、地板、展柜的重新改造，提高展室安全性。通过以上的“技防”、“物防”的改造，大大提高了故宫的安全防范水平。

（三）加强制度建设和培训演练，提高安全管理能力

陆续制定了《故宫博物院职工工作卡使用管理规定》、《故宫博物院临时工作证使用管理规定》以及《院内工作人员佩带工作卡的管理办法》，严禁无卡人员入院或在院内走动，并加大了检查和处罚力度。完善了《各夜班岗位人员巡检制度》，加强了对夜岗人员的检查力度。修订完善了工作职责、出警应急预案及相关规章制度；加强了应急预案的演练，改进了处置警情程序，提高了警情处置快速反应能力。对警卫人员进行了集中培训。全年组织封门演习42次。从安全出发考虑，7月2日起，实行自南往北单向参观的新规定，参观秩序大大好转。

全年接待购票观众1400万人次，票款收入6.5亿元。

二、文物保管与非物质文化遗产保护

（一）进一步加强对藏品的管理

以宋代哥窑瓷器损坏事故为契机，在全院开展文物安全意识的教育，全面检查文物工作各个流程

和环节，排查、整改安全隐患，避免文物损伤事故的再次发生。严格执行现有的文物操作规范，完善文物测试工作的安全措施。全年对文物库房进行了8次抽查，确认文物保存状况符合院藏品管理制度的要求。同时，将防震工作确定为故宫博物院重要的战略任务。

至2010年年底经过7年文物清理工作结束后，开始编写验收报告简本，并陆续落实文物清理各项后续工作。继续进行文物简目的编定和《故宫博物院藏品大系》的编辑出版工作。

继续协调长年外借文物的续借、清理工作。2011年，共接收捐赠作品14件,其中黄苗子郁风夫妇捐赠作品10件,台湾胡焱荣先生捐赠翡翠作品2件。

（二）开展文物科技保护工作

继续开展白蚁防治、虫害防治、《七佛说法图》展室环境整治、X射线无损检测、纺织品保护、中美乾隆花园保护合作项目材料的科技分析、古陶瓷科研基地科研工作等文物科技保护工作。配合赴国（境）外展览、国内各地展览、院内展览以及院藏文物的抢救性修复除尘及囊匣制作377件。

（三）拓展非物质文化遗产保护领域

8月，故宫博物院“青铜器修复及复制技艺”、“古书画临摹复制技艺”列入第三批国家级非物质文化遗产名录项目。同时，故宫博物院陆续完成了“传统木器家具修复技术”、“传统文物囊匣制作技术”、“古代钟表传统修复技术”、“传统漆器修复技术”、“中国传统镶嵌修复技术”等5项传统技艺申报材料的准备工作。

三、古建筑保护

对古建筑认真履行保护管理职责，按照统一部署进行安全隐患排查和整改，做好古建筑日常巡视、维护和古建保护维修项目，成立故宫世界文化遗产监测中心，稳步开展遗产监测工作。5月11日，召开故宫修缮工程专家咨询委员会第七次全体会议，通报了2011年古建维修项目并2012年维修计划。

（一）端门收回管理

按照文化部确定的端门在2011年“五一”前划转给故宫的指示，故宫博物院在4月29日与国家博物馆正式签署了端门划转协议书，正式收回端门区域。正在协调原商户的腾退工作，今后将作为观众服务区。

（二）遗产地监测

12月，成立故宫世界文化遗产监测中心，制定故宫世界文化遗产监测管理工作规则和故宫文化遗产监测实施方案。与北京市气象局合作，在上驷院完成了故宫自动气象站设备安装，以监测故宫气象（温度、湿度、风速、风向、降水量、气压、总辐射量）状况。完成了室外陈设监测数据库基础数据调查工作。继续开展午门城台沉降变形监测工作。

（三）主要修缮工程进展

慈宁花园修缮工程4月11日开工，已完成工程总量的30%，预计2013年完工。建福宫区维修工程4月1日开工，已完成工程总量的50%。英华殿区维修工程4月12日开工，已完成工程总量的70%，预计2012年8月份完工。大高玄殿乾元阁抢险工程6月30日开工，已完成工程总量的80%，预计2012年5月完工。延禧宫内灵沼轩修缮工程8月11日开工，因进行结构稳定性检测，工程暂时处于停工状态。东华门修缮工程2011年年底前开工，预计2012年年底完工。慈宁宫修缮工程2007年4月2日开工，2010年12月全面完工，2011年5月16日通过竣工验收。御史衙门区修缮工程2007年9月12开工，2011年5月全面完工，11月17日通过竣工验收。乾隆花园项目，符望阁内檐硬木装修保护修复工作已完成60%，倦勤斋保护修复纪录片修改完成。继续进行西玉河基地建设、西河沿文物保护综合业务用房建设以及基础设施现状管线维修与改造工程建设。

（四）古建保护资料整理与研究

《故宫古建筑保护工程实录——武英殿》第一册出版，第二册正在编辑中。《符望阁保护前期调研报告》即将出版。继续进行清宫匾联、英华殿修缮与保护、明代紫禁城布局变迁、故宫彩画的调查研究和保护等科研课题。

四、展览与公众服务

2011年，赴国内博物馆展览13个，引进展览7个。在院内举办的展览有8个，包括武英殿书画馆“历代书画展”第二轮次的一、二、三期陈列展览工作、“浙江青瓷精品及火烧山窑考古发掘成果展”、“黄苗子郁风书画艺术展”、“百年好合——胡焱荣翡翠艺术展”及年度重点展览“兰亭特展”“兰亭珍拓展”等。

此次兰亭展不仅展出故宫珍藏虞世南、褚遂良和冯承素等历代书法家的摹本和临本，更有首次亮相的乾隆皇帝所集《兰亭八柱》帖，西晋陆机的《平复帖》、东晋王珣的《伯远帖》。兰亭展开幕以来，观众络绎不绝，每天达到2000人，这在以前是从来没有过的。配合展览出版的《兰亭图典》、《兰亭的故事》以及《紫禁城》兰亭专刊受到多方喜爱和好评。

兰亭展的成功，一方面是独一无二的展品的稀缺性、珍贵性以及公众对传统优秀文化的喜爱所决定的，另一方面也与故宫博物院精心筹备和宣传策划密不可分。针对如何办好兰亭大展，故宫博物院提前两年开始筹备，同时，为推介该展，特制定了“兰亭展宣教活动”总体方案。以“5·18国际博物馆日”“6·11中国文化遗产日”为契机，在兰亭展开幕前就启动宣传，并逐步通过举办兰亭文化系列讲座、拍摄播出展览预告短片、网上虚拟兰亭展、北京城中寻找兰亭印记、第六届故宫知识课堂活动等一系列活动以及志愿者参与讲解及观众问卷调查等多种形式，来普及弘扬兰亭文化，为展览凝聚人气。

此外，2011年的公众宣教服务活动还包括了接待新疆生产建设兵团“老战士走进北京”活动、邀请700名来京务工人员子女参加以“寻宝”为主题的故宫知识课堂、与北师大附中合作开展“故宫校本课”系列教育活动，以及由北京故宫文物保护基金会和中国宋庆龄基金会共同主办的“孩子，圆你故宫梦”活动。同时，在中央民族大学举办2次“永远的故宫”系列讲座。

五、科研与出版

（一）故宫学建设

随着一批高校的加盟，故宫学研究队伍逐步壮大，有力地推动故宫学的学科发展。浙江大学2011年成立了故宫学研究中心。南开大学故宫学与明清宫廷研究中心的成立已准备就绪，将在年内举办成立仪式。浙江大学、东北师范大学和中国社会科学院研究生院计划在2012年招收“故宫学”方向研究生，招生目录均已公布。华中师范大学已决定下学期开始开设故宫学课程。东北师范大学亚洲文明研究院特在中国史学科下设立“明清故宫学”研究生招生方面。《故宫学研究丛书》首批选题已经落实。

为推动故宫学的发展，11月举办了“故宫学的范畴、体系与方法”学术研讨会；9月举办“辛亥革命与故宫博物院建院”学术研讨会，与国家清史编纂委员会联合举办了主题为“辛亥革命史研究和清史专题研究”的第14届国际清史学术研讨会。

随着对学术科研支持力度的不断加大，一大批有故宫学术特色的“故宫学”著作陆续问世。《故宫学刊·第七辑》、《中国紫禁城学会论文集·第六辑》、《明清宫廷史学术研讨会论文集·第一辑》、《图文天下：明清舆地学要籍》等。

（二）科研管理与人才培养

2011年，共有14个院级科研课题批准立项。历年院级科研课题有“中国古代治玉工艺研究”等3项课题在2011年结项。故宫博物院国家自然科学基金项目立项取得突破性进展，获批准立项3项。继续推进大型出版项目《故宫百科全书》、《故宫博物院院刊》、《紫禁城》按期编辑出版。

为推动学术交流与人才培养，先后组织5期学术讲座、6期学术沙龙、科研课题项目与故宫学研究交流会，举办了业务人员培训班、文博专业英语口语培训班。与中国艺术研究院联合培养硕、博士工作，故宫博物院第二届研究生共7人已顺利毕业，2011年有1名博士生和1名硕士生顺利通过全国研究生考试，成为故宫博物院第五届研究生。

（三）出版工作

全年出版图书共计167种，其中合作项目24 种。“明永乐宣德文物特展”荣获2010年度“北人杯”质量大奖，《故宫博物院藏品大系》“玉器编”、“雕塑编”、“珐琅编”在第12届优秀美术图书“金牛杯”评奖中被评为荣誉奖。

3月，紫禁城出版社圆满完成转企改制，正式成为一家全民所有制企业。6月9日，紫禁城出版社正式更名为故宫出版社。改企后的故宫出版社，积极推行思路创新、措施创新、机制创新，增强发展的动力活力。由出版社报送的《故宫经典》系列、《明代宫廷史研究丛书》、《赵孟頫书画全集》、《钦定武英殿聚珍版书》、《故宫博物院藏清宫陈设档案》、《苏轼书法全集》、《蔡襄书法全集》、《黄庭坚书法全集》、《养心殿造办处史料辑览》(乾隆朝)、《故宫书画馆》、《故宫藏古代民窑陶瓷全集》、《故宫博物院藏品大系》12种图书选题被列入“十二五”国家重点图书出版规划项目。

依托故宫丰富的馆藏资源，同时面向社会，统筹谋划，出版社积极运作书画、历史与文化、器物、学术与研究以及故宫经典等板块。书画板块正在成为出版社的品牌产品，有《故宫珍藏历代法书碑帖集字系列》24种，《米芾书法全集·精选本》。历史与文化板块，出版了《山阴道上》、《瓷之色》、《紫禁城的黄昏》、《清宫八大疑案》等图书。其中《瓷之色》数次登上了三联书店的图书销售排行榜，面世不久便开始重印，社会反响很好。故宫经典系列中的《故宫唐卡图典》、《故宫古琴》、《故宫珐琅图典》，学术与研究板块中的《书法经纬》、《书谱译注》、《中国古陶瓷研究：龙泉窑研究》均已出版发行，并取得了良好的社会效益和经济效益。

六、信息化建设

继续加快信息化建设，以信息化推动故宫博物院公共文化服务事业，弘扬优秀传统文化。全面推进院内管理信息系统建设，完成固定资产管理系统、预算管理系统-预算编报子系统、薪资管理、经营网络管理系统等的上线工作；完成文化遗产监测系统V1.0建设工作，继续开展2012年系统V2.0的需求调研工作。完成院档案室历史档案影像扫描以及《奏案》和《奏销档》全文录入工作。

深化内容策划，丰富展示形式，大力提升数字文化展示水平。网站全年访问量192万人次，总点击数4.7亿次。制作网上展览17个。完成《数字故宫》宣传片。积极开展与首都机场合作的《文化国门——故宫印象》展示项目。完成《故宫专家讲国宝》系列视频片4集片子的前期拍摄制作。《龙孩儿守故宫》动画片项目，6月1日起在太和门开始播放第1集和第2集，第3集和第4集正在制作中。

制作第5部虚拟现实（VR）作品《延禧宫》第一期数据。虚拟现实演播厅共接待185场、4157人次。

七、对港澳台及对外交流与合作

（一）与港澳台地区的交流与合作

以2012年香港回归十五周年为契机，建立与香港康文署的全面合作关系。3月，香港康文署署长冯程淑仪一行来院，与故宫博物院就2012年香港回归15周年之际在港再次举办高水平文物展以及今后的合作等议题进行了会谈，并初步约定2012年至2017年故宫博物院将与香港康文署辖下的博物馆（香港艺术馆、香港文化馆、香港历史博物馆）每年举办一项展览。同时，积极开拓与香港文化机构的联系。6月，故宫博物院首批专家组应香港城市大学中国文化中心邀请前往香港，为“走进故宫——观察明清帝王的生活”系列讲座进行主讲，受到当地学者和学校师生的热烈欢迎。

故宫博物院到澳门艺术博物馆先后举办了两个展览，一是“山水正宗——王时敏、王原祁‘娄东派’绘画精品展”，二是“玉貌清明——故宫珍藏两宋瓷器精品展”。

与台北故宫的各项交流合作项目顺利开展。10月30日至31日，在故宫内召开了“2011年兰亭国际学术研讨会”。台北故宫博物院副院长冯明珠带领台北故宫同仁参加了此次会议。

（二）涉外展览项目

故宫博物院2011年的外展同往年展览相比具有水平高、规模大、影响广的特点。全年举办和参加各类涉外展览共15项。其中，9月26日开幕的赴法国卢浮宫“重扉轻启——明清宫廷生活文物展”是故宫博物院2011年最重要的外展项目，也是故宫博物院首次在卢浮宫这一西方最主流的古典文明的核心地带高水准、大规模地展示中华文化遗产，打破了中国乃至东方文物从不在卢浮宫博物馆展出的惯例，具有重要而深远的意义。

赴美国“乾隆花园古典家具与内装修设计展”，共吸引了近30万人次参观，获得了极大的成功。赴日本“地上的天宫”展虽然因为日本遭遇地震而延期举办，但自7月开展以来，在神户、札幌等地的展出十分受欢迎。11月初开幕的赴夏威夷檀香山博物馆“紫禁城山水画精品展”是配合2011年亚太经合组织首脑会议而举办的重要文化活动。

（三）馆际交流与合作

馆际交流日趋活跃，交流范围不断扩大，从以往的通过展览交流发展到现在多层次、多门类的合作项目交流。与弗吉尼亚美术馆签署合作意向书，明确了双方今后几年的合作项目。与东京国立博物馆的战略合作伙伴关系全面发展，双方正就2012年故宫博物院赴日举办展览进行紧张筹备工作。与伊朗国家博物馆等机构达成了初步合作意向。

中国国家博物馆

在文化部部长蔡武的直接领导下，在办公厅、财务司、人事司、外联局、机关党委、监察局和国家文物局等司局的大力支持下，2011年是国家博物馆近百年来最重要的收获之年，同时也是经受严峻考验的一年。一是新馆建成，顺利投入使用，开馆试运行总体情况良好；二是顺利完成100多万件馆藏文物安全回迁；三是初步建立了具有国博特色的展陈体系；四是以人为本的公众服务体系初步形成；五是建立健全安全有效的安保运行体系；六是建立健全和完善了科学管理的规章制度体系；七是伴随着各项业务活动的蓬勃开展，学术活动大大增加，学术水平大大提高，学术影响力不断扩大；八是继续加强党的建设，围绕新馆开放积极开展创先争优活动；九是对外文化交流活动持续扩大，文化软实力窗口作用彰显；十是贯彻“四个立馆”办馆方针，各项工作都取得了历史性的进展和辉煌成就。

一、新馆建成投入使用，开馆试运行总体情况良好

国家博物馆改扩建工程从2007年3月动工，经过近4年时间的建设，2010年年底全面竣工，到2011年3月1日开馆试运行。李长春出席“复兴之路”复展和开馆仪式，开馆以来运转良好，接待观众总数410多万人次，接待党和国家领导人105人次视察参观，接待外国政要、贵宾63人次。领导同志、外国政要、贵宾和观众专家及广大公众对新馆普遍给予高度评价，称赞新馆庄重、朴素、大气，具有中国文化元素和中国气派，两院院士、著名建筑学家吴良镛先生讲道，“国博最终使用的方案非常正确，既没有改变原有的建筑外貌和风格，又实现了新老建筑的有机协调，保持了天安门广场原有风貌的和谐统一，设计实施的方案思路非常成功，结合了传统和现代的文化元素，整体视觉效果很好，尤其是室内外空间及流线处理上显得简洁大方、庄重朴素”。两院院士、著名建筑学家李道增先生认为，“国博的设计走的是一条中国式的设计路线，既吸收了西方的先进设计，又结合了中国的文化，新馆建筑空间结构简洁、实用，整体和谐统一，总体设计思想符合科学发展观，体现了中国人讲究天人合一的思想，很有中国气势，符合世界大馆的地位，新旧馆实现了和谐统一，使观众油然而生民族自豪感”。

二、顺利完成100多万件文物藏品的安全回迁

为配合新馆建设，2007年年初，国博将馆藏65万件文物安全地搬到在首都机场租用的临时库房，一件无损。2011年，又将国家文物局划拨的40多万件文物移库清点，这些文物是上世纪50年代以来积攒下来的，国博员工用了180个工作日，不怕辛苦，不辞辛劳，清点移库完成。新馆建成后，国博又将100多万件文物回迁至新馆库房及大兴文物库区，这是百年一遇的大事，难事，国博保证了万无一失。10月，国博完成了原国际友谊博物馆划拨的1万多件礼品的清点和移库工作。12月上旬，完成了中央办公厅保管的中央国际礼品近万件的清点和移库工作。文物藏品是国家博物馆组织陈列、展览和进行学术研究的根源，是为公众提供文化服务和对外文化交流等业务活动的基础，是国家博物馆赖以生存的根本条件之一。国博文物藏品现在总量已达120多万件，数量大大增加，品类更加丰富多样，为展陈和学术研究提供了更好的基础。

三、初步建立了具有国博特色的展览和陈列体系

陈列和展览是国博开展业务活动和为公众服务的主要手段和形式，是发挥社会教育功能等社会效益的主要途径，如何建立有国博自己特色的展陈体系，如何将近7万平方米、48个展厅利用好，是摆在国博面前的一个历史性课题。

从2007年开始，国博就进行了两个基本陈列的研讨论证，一个是“中国古代通史”陈列，这是唯有国博才有条件承办的一个重要陈列，也是国家博物馆的看家陈列，1959年首次推出的“中国古代通史”陈列，是由周恩来总理和郭沫若同志亲自关心，中宣部、文化部及各方面专家学者直接领导参加审定，当时的陈列大纲是以原始社会、奴隶社会、封建社会来划分，以阶级斗争、农民起义为线索。今天的“古代中国”基本陈列如何布展，是国博面临的艰巨任务，国博先后召开了4次全国性的论证座谈会，请史学、考古学、博物馆学、艺术学等新老专家学者共同研究陈列大纲，最终形成以反映中国古代文明为主线，以历史朝代来划分，用博物馆语言来说话，以文物来表现，而非以教科书的语言来表现。“古代中国”基本陈列大纲经国家文物局、文化部上报中央和国务院领导同志批准，于5月底开始预展，广泛听取广大公众的意见。

另一个是“复兴之路”基本陈列，是李长春确定的陈列题目，陈列大纲经过中办、中宣部、中央党史办、文献办等部门的领导专家学者共同讨论审定，主要回顾了自1840年鸦片战争以来，中国各阶层人民在屈辱苦难中奋起抗争，为实现民族复兴进行种种探索，特别是中国共产党领导全国各族人民争取民族独立、人民解放、国家富强、人民幸福的光辉历史，充分展示历史和人民怎样选择了马克思主义，选择了中国共产党领导，选择了社会主义道路，选择了改革开放，通过陈列昭示大家，没有中国共产党就没有新中国，就没有中国特色社会主义，只有社会主义才能救中国，只有改革开放才能发展中国，发展社会主义，发展马克思主义。该陈列于3月开始复展。“古代中国”和“复兴之路”两个基本陈列开放后受到广大公众的欢迎，参观者如潮，留言者、称赞者甚多。

除上述两个基本陈列之外，已陆续开展了10多个专题陈列，“馆藏现代经典美术作品展”、“古代青铜器艺术”、“古代佛造像艺术”、“古代瓷器艺术”、“古代玉器艺术”、“古代钱币艺术”、“古代书画艺术”已经开展，明年还会陆续开展“明清家具艺术”、“国际礼品展”、“水下考古成就展”、“蜡像艺术展”等等。2011年还举办了4个国际交流展览，有德国“启蒙的艺术”、秘鲁“印加人的祖先——公元1至7世纪的古代秘鲁展”以及法国、意大利两个高档工艺美术品的展览。今后若干年内，还要陆续与英国、意大利、法国、美国、俄罗斯等大国的著名博物馆合作举办展览。国博还设有一个地方展厅，每年推出一个地方博物馆的藏品展览，12月第一个推出的是“新疆古代服饰展”，是国博文化援疆的一个重要项目，2012年还将推出“西藏历史文物展”。2011年开馆以来，已开展陈列和展览40余个，数量之大，质量之好，品质之高，种类之丰富，也是前所未有的。国家博物馆的展陈体系主要思路是，在展陈组成上力求丰富多样，既要展示中华古代文明，又要展示中国近现代文明和在中国共产党领导下取得的巨大成就，同时还要展示世界文明成果；既有基本陈列，专题陈列，也有临时性展览；既有历史类展览，又有艺术类展览；既有本馆的藏品展览，也有与国内外合作的展览；既有侧重于学术的展览，也有配合时政的展览；既有反映传统艺术的展览，也有反映当代艺术成就的展览。国博计划用2/3的展厅，用于基本陈列和专题陈列及国际展览，1/3的展厅接待临时展览。

四、以人为本的公众服务体系初步形成

国博自3月1日试运行以来，克服种种困难，边收尾、边调试、边开放，面对大量观众涌入新馆，在安全有序的前提下，有计划、有步骤地推出多项公共服务内容，完善公众服务设施，不断提高为公众服务的水平。一是尽可能创造条件为观众提供方便快捷的门票预订服务。为方便公众参观，目前提供4种门票预定方式，团体观众电话预约，零散观众通过网站预约或者短信预约，没有预约的观众也不拒之门外，随时提供现场实名制取票的办法，针对不同观众的构成，分别在西门北侧设立零散观众入口，西门南侧设立绿色通道方便残疾人和高龄老人进入，西门中部设立国宾通道，专门为国务外交活动使用，北门设立团体观众入口，集中安排团体观众进入。二是存包服务、安检服务、查询服务、标识信息提示和公共广播等系统努力做到有求必应，处处体现以人为本。在确保观众参观的同时，确保文物安全，在北门和西门设有存包处，在入口检票处设有安检门、X光机和安检设备，西大厅和西门厅分别设4个服务台，为观众提供贴心服务，在公共区域设有标示牌，电子信息提示屏，方便观众用最快的速度查到展陈的信息。三是配备专职讲解员和志愿讲解员，设有语音导览和手机导览，让观众体验设施，开展学术讲座和沙龙。公共教育手段多样，内容丰富，国博手机导览中文版和英文版现在可以提供500件藏品的、20个小时在线的导览服务，以后还会逐步增加，特别是以服务青少年服务为核心的1500平方米观众体验区，青少年可以在美术、戏剧、音乐、影视、试验和制作等6个方面进行娱乐体验活动，同时还组织高水平的讲座和论坛对话和沙龙等活动。四是设有咖啡、茶座、自助餐等休闲服务项目，备有公益纪念品、出版物等文化产品，满足各类观众的需求。五是为全面服务公众的需求，新闻发布、专题报道、网站微博，传统媒体与新媒体技术相结合，向公众提供更多的信息量，同时了解公众的需求情况，为公众服务系统不断完善，服务水平不断提高。

五、建立健全了安全有效的安保运行系统

新馆建筑规模巨大，珍宝巨多，安保工作巨重，因此建立国博安全保障体系是头等大事，目前国博安保体系由5部分组成，一是安全管理机制，二是人防系统，三是技防系统，四是物防系统，五是规章制度和应急预案系统。

一是安全管理机制。《国家博物馆安全管理办法》明确规定，安全领导小组组长由馆长任第一责任人，相关部门主任为小组成员，全馆逐级签署安全责任书和安全奖惩办法，这种安全管理机制，从管理组织架构上确定了安全工作是由馆长负总责而开展，各部门参与实施，安全保卫处具体执行和监督执行。

二是人防系统。人是安全管理的核心，任何技术设备物防等都需要人去合理组织实施，我馆的人防是由保卫处组织强干的干部队伍和驻馆武警官兵共同组成。

三是技防系统。技术防范主要包括安全监控报警系统、消防报警系统、消防水系统、安检防爆系统、租车防范系统、展柜报警系统等主要技术设备。

四是物防系统。

五是规章制度和应急预案系统。

国家博物馆的安保工作是一个完整有效的整体，今后会进一步结合我馆安全机制和制度，不断加强和完善人防、技防、物防之间的联动，形成强有力的整体效能，在安全上做到万无一失。

六、建立和完善了科学管理的规章制度

规章制度建设是国家博物馆健康、顺利发展的保障。国博十分重视规章制度的建设，自组建以来，已先后制定了30余项全馆性的规章制度。为适应新馆运行需要，从2008年开始有重点地开展规章制度的修订工作。从2009年至2011年，共修订了29项全馆性的规章制度，内容涉及全馆行政和业务工作的各个方面，有效理顺了人才培养、行政办公、财务管理、安全运行、新闻宣传、文物保护、业务发展、学术研究、产业管理等内部管理体制和运行机制。为加强制度的落实和执行工作，在馆长办公室增设督查科，具体负责规章制度的督查落实工作。按照制度要求，开展了大规模的人员培训工作，加强了安全运行检查工作，统一了新闻发布的渠道，设立了新闻发言人制度，加强了展厅管理，改进了行政办公程序等。国博在制度建设和落实工作方面的成效是显著的。

国家博物馆基本形成按制度办事，用制度管权，靠制度管人的科学有效的运行机制。同时，在馆办设立了督查科，负责全馆事务的督促检查，以保证各项决策的贯彻落实。

七、伴随着各项业务活动的蓬勃开展，学术活动大大增加，学术质量大大提高，学术影响力不断增强

开馆以来，围绕展览等业务活动开展的学术科研活动日益活跃，国博的学术水平和学术影响力大大提高。“展览与学术并举”是重新开馆以来专业方面的一个亮点。国博注重展览的学术含量，尤其是“古代中国”和“复兴之路”基本陈列的筹备过程中，先后邀请了近300名国内著名专家进行详细的论证工作，极大地提升了展览的学术含量。全年共举办了32场学术讲座活动，包括4次中德“启蒙之对话”论坛、4次“国博讲堂”讲座以及韩国国立博物馆交流学者的2次讲座。国家博物馆馆刊顺利改刊，完成全年度馆刊的出版，在国内外产生了很好的影响。出版国家博物馆2007-2009年学术讲座文集。征集《国博百年纪念文集》170余篇。组织《国家博物馆简史》的编写工作。召开了“馆刊百期纪念及文博单位学术期刊定位与发展学术研讨会”。组织申报成功文化部科技提升项目《中国古代青铜器铸造工艺及展示传播研究》科研项目1项。“铁质文物抽真空脱盐方法”、“一种室外铁质文物氟碳复合封护的方法”研究成果获得两项国家发明专利。编制完成2011～2013馆级自主科研课题申报指南，征集2011年科研课题申报近30项。

八、继续加强党的建设，围绕新馆开馆开展创先争优活动

在机关党委的关心和支持下，2011年国博党的建设的重点是围绕新馆开馆，深入开展创先争优活动，继续推进学习型党组织建设，认真举办中国共产党成立90周年庆祝活动，进一步加强党的思想、组织、作风、制度和反腐倡廉建设，引导广大党员和干部职工为实现“国内领先、国际一流”建馆目标作出贡献。

馆党委认真贯彻落实胡锦涛总书记重要指示精神，在各党支部扎实开展创先争优活动。4月19日，召开了杨善洲同志先进事迹学习座谈会。开展了树典型、评先进活动。6月26日，隆重召开纪念中国共产党成立90周年暨“七一”表彰先进报告大会。表彰2个先进党支部标兵、4个先进党支部，2名优秀共产党员标兵、29名优秀共产党员及10名优秀党务工作者。曹欣欣还荣获国家机关工委优秀共产党员光荣称号。

为纪念中国共产党成立90周年，开展了多种形式的主题活动，包括“我为党旗添光彩”主题党日活动、“伟大历程、光荣使命”国家博物馆纪念90周年知识竞赛活动、文化部“歌颂祖国歌唱党”歌咏比赛等。

进一步加强党的组织建设，10月9日，召开了馆领导班子2011年度民主生活会，10月31日，馆理论学习中心组会议学习讨论党的十七届六中全会精神。开展了年度党员集中培训工作。发展中共预备党员9名，12名预备党员转正，培训入党积极分子12名。加强对派遣制员工党员的管理。做好离退休党员的服务工作，积极做好维稳工作，加强精神文明建设。

充分发挥纪检监察审计办公室在党风廉政建设和反腐败工作中的具体组织和协调作用。完成内部审计项目763项。

馆团委和馆工会开展了丰富多彩的活动。

九、对外文化交流活动持续扩大，文化软实力窗口作用凸显

新馆试运行以来国家博物馆对外文化交流活动持续扩大，文化软实力的窗口作用日益彰显。2011年，接待来访团组逾300批次，近8000人次，组织大型外事活动专场10场，派出团组33个，出访24个国家和地区，共计124人次。与美国、英国、法国、俄罗斯、德国、意大利、日本、奥地利、加拿大、澳大利亚等大国博物馆馆长商谈合作交流事宜。

4月1日，“启蒙的艺术”大型展览开幕。德国副总理兼外长韦斯特韦勒和中共中央政治局委员、国务委员刘延东应邀出席开幕式并致辞，中外嘉宾1000余人参加了开幕式。为配合展览，德累斯顿国家管弦乐团等德国交响乐团在新馆剧场举办了音乐会，成功举办由德国墨卡托基金会资助的“启蒙之对话”系列学术论坛4次。

4月28日至10月28日，与秘鲁文化部和秘鲁国家考古、人类学历史博物馆合作推出“印加人的祖先——公元1至7世纪的古代秘鲁展”。2011年，还与各国文博机构洽谈合作举办“中欧瓷器精品展”，“佛罗伦萨与文艺复兴展”、“奥地利哈布斯堡王朝精品展”等10个国际交流展。承接了10场大型外事活动，其中包括中日合办影视周、动漫节启动仪式，阿塞拜疆文化日开幕演出暨国庆招待会，委内瑞拉独立200周年庆典演出，中欧文化高峰论坛等。

成功举办了第六届中日韩国家博物馆馆长会议暨第三届亚洲国家博物馆联合会会议。开展馆际合作研究与人员交流活动，分别与韩国国立中央博物馆、德国柏林国家博物馆、德累斯顿国家艺术收藏馆、慕尼黑巴伐利亚国家绘画收藏馆、大英博物馆、朝鲜革命博物馆建立了人员合作与交流机制。与日本东京大学历史编纂研究所合作开展了馆藏《抗倭图卷》和日本藏《倭寇图卷》的比较研究，筹备出版《海外藏中国古代文物精萃》系列丛书。

十、贯彻“四个立馆”办馆方针，各项工作大步进展

文物保护工作成效显著。2011年度，共征集古代文物409件，近现代文物及艺术类藏品150余件(套)，原版历史图片410余幅。完成藏品编目、归档等日常管理及地下文物库房设施安装工作，完成开馆展览展品的上陈工作。在展厅中建立了温湿度实时监测系统。完成书画装裱360余件，文献复制124件，修复杨家湾汉代陶马10件；完成“后母戊”方鼎等器物复制41件。

成功组织实施临时展览项目21个。开展了大量的平面、文创产品和空间美术设计工作。继续筹备新馆蜡像艺术展。开发完成藏品管理系统、资金结算系统，加强了国家博物馆官方网站的编辑运行工作。积极组建艺术品鉴定队伍，筹备开展艺术品鉴定服务工作。

学术科研活动日益活跃。举办4次中德“启蒙之对话”系列论坛、4次“国博讲堂”讲座以及韩国国立博物馆交流学者的2次讲座。国家博物馆馆刊顺利改刊，在国内外产生了很好的影响。

综合考古工作取得成果。对山西绛县周家庄遗址进行了大规模发掘，共发掘面积约1800平方米。对山东青岛海域“伊丽莎白皇后号”沉船等遗址进行了大量的水下考古调查。开展丝绸之路文化遗产保护与文化援疆工作，筹建新疆遥感考古工作站。

物企经营活动尽职专业。举办了大型活动和重要宴会70余次，咖啡厅接待近3万人次。国博基金会获北京市民政局批准成立。文化产业经营初具规模，完成了20多个营业点的装修和开业，开发文创产品800多种，图书销售种类达3000多种。后勤服务力度加大。努力打造专业高效的设备维护队伍。做好改扩建工程竣工收尾工作。文保中心物业部完成物业服务任务。

人才建设全面推进。2月，经中央机构编制委员会办公室批准，国博事业编制增加332名，为国博快速发展奠定了坚实的基础。目前，正式职工950人，派遣制用工550人。国博新馆近20万平方米，比人民大会堂还多2万多平方米，没有足够的人力保障是不行的。为提高各类人员的素质，分期分批进行全员培训，特别是对安保队伍和工程设备队伍、公共服务人员队伍的培训，使全馆人员素质大大提高，2011年公开选拔任用60余名处科级干部，保证了新馆的正常运行。

存在的不足，一是新馆开馆之初，面对免费开放后大量增加的人流压力，曾出现不同程度的不适应状况，有些忙乱。二是为公众服务的细节在开馆之初还不太到位，逐步才得以完善。三是行政业务服务保安等各方面的细部工作，还需要进一步加强。

总之，在文化部特别是蔡武部长的亲切指导下，开馆试运行以来，国博在制度建设、加强管理、开放运行方面取得了一定的成绩，但也面临着一些实

际的困难。我们将继续坚持以科学发展观为指导，发扬艰苦奋斗的精神，不断加强制度建设，深化管理体制和运行机制改革，创新文化服务手段，提升服务水平，促进文化交流，推进国家博物馆事业向前发展，为提升国家文化软实力，促进社会主义文化大发展、大繁荣贡献力量。

中央文化管理干部学院

2011年是深入学习十七届六中全会精神，贯彻落实《国家“十二五”时期文化发展规划纲要》和《文化部2011～2015年干部教育培训规划》的开局之年，也是学院干部培训工作跨越式大发展的一年。学院在文化部党组的亲切关怀和正确领导下，在文化部各司局、各直属单位和各地文化机构的大力支持下，初步形成了充满生机活力的文化干部教育培训体系。

一、基本情况

（一）拓宽培训领域，扩大培训规模

2011年，学院共完成培训项目91个，同比增长82%。其中，培训班73个，会议18次。培训学员5376人，同比增长115%。培训范围涉及文化部各司局、国家文物局、文化部各直属单位、15个省（区、市）文化厅局和15个发展中国家和地区。培训对象涉及党政领导干部、文化专业技术人才、文化经营管理人才和国外文化官员。其中：党政领导干部培训班39期，培训学员2450人；文化专业技术人才培训班14期，培训学员633人；文化经营管理人才培训班18期，培训学员2112人；涉外培训班2期，培训学员45人。

组织实施的各个培训班次都受到广大学员的普遍欢迎，学员对培训的课程设置、组织实施、后勤服务等都表示满意，总满意率达到了98%，其中：教师授课的满意率为98%，课程设置的满意率为99%，座谈交流的满意率为97%，现场教学的满意率为97%，参观考察的满意率为95%，组织管理的满意率为99%，培训服务的满意率为100%。

（二）加强长期合作，打造品牌班次

受文化部社会文化司委托，学院承担了全国基层文化队伍示范性培训班次的组织实施工作。计划用5年时间为地方培养师资和业务骨干2500人。为了顺利完成此项任务，学院研究制订了《“十二五”期间全国基层文化队伍示范性培训工作规划》，根据该规划，2011年共完成了省级图书馆、文化馆师资、县级图书馆文化站业务骨干、全国社文科长、大学生村官、文化站长、基层文艺编创人员等共计10个示范性培训班次，培训学员455人。

学院与部机关党委合作，计划用3年时间完成对部系统在职党员的集中轮训工作，2011年已成功举办了4期培训班，培训党支部书记、新党员和在职党员323人。

5月，学院与国家文物局签订了《全国县级文物行政部门负责人培训项目委托协议书》，国家文物局委托学院承办全国县级文物行政部门负责人系列培训班，计划用5年时间对全国2800多个县级文化行政部门负责人进行集中轮训。2011年共举办了4期专题培训班，培训学员406人。

2011年，学院还与多家部直属单位合作办训，其中与中国美术馆、故宫博物院、国家博物馆、恭王府管理中心、中国传媒集团等单位的合作已连续多年，其班次逐渐成为学院每年确保的重点班次。此外，学院加强了与地方省厅联合办训力度，与山东省文化厅合作，组织实施山东省乡镇综合文化站长系列培训项目，全年共举办了4期培训班，培训学员395人。2011年，学院还分别与北京、安徽、河南、新疆等15个省区市的文化厅（局）合作举办了各种类型的系列培训。

二、做法与成绩

（一）丰富培训内容，创新培训方式

学院领导班子强调，学院的所有工作要围绕文化部的中心工作来开展，干部培训工作具有基础性、战略性和前瞻性的地位和作用，对干部的培养培训要服务于国家文化发展大局，服务于文化干部队伍建设，服务于干部的健康成长，服务于文化发展实践的需要。本着紧密联系干部岗位需要、业务需求、能力标准，教务部门以培训所学实用、管用和好用为原则，不断丰富教学内容，建立了以政治理论、政策法规、业务知识、领导科学、能力培养、素质提升和实践锻炼为主要类别的培训课程体系。依据培训需求，设置了公共文化、文化市场、文化产业、网络文化以及文化体制改革、文物保护等相关课程模块，确定了200多门课程，基本满足了不同层次，不同类别文化干部培训的需求，实现了培训内容的菜单化和培训管理的项目化。还通过与培训班学员座谈交流、问卷调查等形式，了解各级、各类文化干部对培训班课程设置、授课内容的意见、建议和

要求，及时调整内容，研究开发科学合理的课程搭建，力争每堂课都成为“又精、又专、又特”的高质量课程，确保培训的针对性和实效性。

在丰富内容的同时，学院还不断创新培训方式，积极探索多种教学方式，使之立体化、形象化，追求内容的实操性和针对性。每个培训班都统筹运用多种教学模式，如讲授式、案例式、体验式、模拟式、研讨式等，以达到提高干部素质能力这一教学目的。充实的培训内容，多样的培训形式，有力地提升了培训工作的质量和水平。

（二）优化培训师资，提升培训质量

要有过硬的培训质量，就要有优秀的师资队伍。学院在扩大培训规模的同时，不断完善师资体系建设，以“不求所有，但求所用”为原则，建设高层次、开放式、动态管理、分级分类的师资队伍。坚持以兼职教师为主体、本院师资为补充的基本策略，依托文化系统资源优势，建立起一支由文化官员、知名文化企业经营管理者、科研机构、高等院校专家学者和具有丰富实践经验的业务工作者组成的一流师资队伍。

在精心办好每个培训班的基础上，学院坚持打造精品课程。经过多年努力，已初步形成了一批适应不同培训班次和培训对象，受到学员普遍欢迎的精品课程，如文化部科技司司长于平关于艺术产品的相关系列课程，国家行政学院程萍教授的领导科学与领导艺术的系列课程，学院客座教授、北京群众艺术馆研究馆员贾乃鼎老师关于基层文化活动的系列课程，都深受广大学员的好评。

作为提升培训水平的措施之一，学院制定了学员满意度调查表，对每个培训班的教学和后勤服务进行调查、分析和研究，根据学员反馈迅速调整课程设置，对满意度差的教师及时调整更换，对学员提出的服务问题及时解决，并设置了24小时学员服务热线，第一时间解决学员提出的问题，确保了培训品质的不断提升。

（三）以科研促培训，以培训带科研

依托“文化体制改革与发展研究中心”，科研处完成了有关“国有文艺院团改革中的非物质文化遗产保护”的课题研究。对文艺院团体制改革中面临的非物质文化遗产保护和利用情况做了深入研究分析和论证，其科研成果对当前改革政策的制定和实施具有重要的现实意义。“新时期对外文化贸易发展的国家战略”和“我国国有艺术表演团体体制改革研究”两个科研项目如期结项，正着手制定“民营艺术表演团体现状调查与研究”课题的工作计划。

作为学院培训工作的基础和有力支撑，科研部门与培训部门合作，先后参与了“全国国有文艺院团体制改革培训班”等大型培训项目的组织实施，推出了“经营性文化事业单位转企改制操作实务”、“文化企业上市操作实务”、“文化体制改革与文化产业发展”等特色课程，并把与部改革办合作编写的《国有文艺院团体制改革百问百答》一书，编印成内部教材发放给学员，为推出文化体制改革系列培训教材奠定了基础。《国有文艺院团体制改革典型案例选（2011）》，也将出版并作为培训教材。培训班的成功举办也为科研带来了新项目，11月举办的长治县文化产业发展培训班，获得了学员广泛好评。长治县委托学院制定《长治县文化发展产业发展规划》。

通过科研平台的建立，科研课题的培育，学院初步形成了以科研为导向的人才激励机制，引导教职员工增强科研意识、提高科研能力，为学院科研工作和培训科学化奠定基础。

（四）建设网上学院，推广远程培训

“全国文化干部远程教育培训平台”是面向文化管理干部、文化经营管理人才和文化专业技术人才，依托优质培训资源，运用网络教学技术，形成具有文化行业特点、能满足文化系统从业人员培训需求的网络培训服务体系。

2011年年初，学院用4个月的时间对“全国文化干部远程教育培训平台”的软件构架和运营模式进行了充分调研，完成了“文化干部远程教育培训软件平台”调研报告，初步确定了该平台的软件框架、基本要求、建设任务、组织形式、教学模式、技术实现方式和培训队伍构成，制定了功能标准和不同培训主体网上培训流程。

目前，该项目已经完成了软件开发，购置开发调试了基础硬件，拍摄、录制培训课程资源2000G，近百门课。同时，受文化部社会文化司委托，利用“全国文化干部远程教育培训平台”构建“全国基层文化队伍远程培训平台”。学院将继续完善中心机房的软硬件建设，不断丰富课程资源，全面推进全国基层文化队伍远程培训工作，计划在“十二五”期间对全国现有24.27万县乡专职文化队伍和366.85万左右的业余文化队伍进行全员系统培训。

（五）健全工作机制，提高工作效率

为适应培训工作的新形势、新任务、新发展和新要求，进一步提高培训工作效率，学院对培训工作机制进行了改革创新，推行了全新的培训工作管理机制和方法，实现了项目策划与组织实施分离的工作模式。2011年年初，组建了教务处，具体负责学院培训计划的编制和培训项目的策划，对培训教学活动具有管理、指导、协调、检查和监督等职能。培训部、艺术教育部和国际交流部3个部门负责培训项目的具体实施。这种机制有利于发挥工作效能，有利于学院自身文化的创建与发展。一年的实践证明，该工作机制符合学院工作实际，符合干部培训规律，是合理的、高效的和成功的。

（六）加强制度建设，使培训工作步入科学化轨道

学院在全国文化干部培训工作座谈会精神的指引下，认真规划，积极实施，努力创新，大力推进文化系统干部教育培训工作。按照“以学员需求为导向，创新培训理念，完善培训内容，改进培训方式，提高培训质量”的培训思路，研究、制定和实施了《学员管理制度》、《班主任管理办法》和《培训工作流程》等系列制度。对《师资管理办法》、《现场教学点管理办法》进行了多次研究和论证，俟成熟后再行实施。学院重点加强了培训课程体系、教材体系、教学体系、教学点体系和师资体系的建设，这些工作对于提升办训水平，提高学院培训工作的影响力和竞争力，夯实主渠道、主阵地地位，为队伍培养提供智力支撑和人才保障发挥了主要作用，也使培训工作步入科学化、规范化、制度化轨道。

（七）加强队伍建设，发挥人才优势

学院领导非常重视队伍自身建设，坚持开展全体员工的培训，不断提高干部队伍的职业化和专业化水平。2011年，学院组织全院员工赴农业部管理干部学院进行了专题研修。此次活动极大地激发了干部员工的学习热情和工作责任感和使命感。大家把集中学习和自学结合起来，把集体讨论和解决现实问题结合起来，把培训活动与日常工作结合起来，着力在学深、学透、学以致用上下工夫。

学院充分发挥自身培训资源优势，把学习培训与日常工作结合起来，建立了随堂听课制度，人事部门根据学院培训班课程安排，每月公布讲座题目，供员工按需自主选择听课，将员工培训融入日常工作，使员工培训经常化、制度化、工作化。

新出台的《中央文化管理干部学院员工培训工作管理暂行办法》，首次明确设立了员工培训专项经费，每年10万元，专款用于员工脱产培训，这为队伍建设提供了坚强的组织与经费保障。

（八）加强设施建设，创建美好校园

在部党组的关心下，在计财司的大力支持下，至6月，学院用了一年的时间，完成了教学楼、办公楼和图书馆的维修改造。开设了多个研讨教室，每个研讨室可供20人分组学习、研讨。将多功能厅改造成可容纳200人的报告厅，设置了两个教学互动式圆形阶梯教室，增设了联谊活动室、乒乓球室、台球室、棋牌室、健身房等公共活动与休闲活动空间，方便了学员，满足了干部学习与活动的需求。对会议餐厅完成了二次改造，提高了各种会议和培训活动不同的用餐需求。

对3号楼进行了装修改造，学员住房由原来的65间，扩展至78间，由过去限时供应澡水变为每天24小时供应热水，室内墙面翻新，卫生间布局更加合理，方便了学员使用。3号楼改造增容，为适应培训规模，加大接待能力奠定了基础。改造后的图书馆朴素大方，外形简约，内部功能齐全，学员在此可随时借阅图书资料，还可网上查找各种信息资料，为学员提供了一个安静、优雅的学习空间。

校园环境得到很大改善，校园绿化工程基本完成，形成了微地形草坡、竹林、健身活动场所、花架廊道、绿化甬道等特色区域。绿地面积由原来的1万平方米增加到1.6万平方米，为培训学员提供了优美的休息、活动场所。

2011年，学院在制度建设、人才建设、基础设施建设等方面都取得了显著成绩。目前已具备了五个班同期上课，600人同时培训，200人同期住宿，300人同时就餐的基本接待条件，学院的4个处室专职培训服务工作，有一支由30名工作人员组成的专业培训队伍，具备了接待大班、长班和涉外培训班的能力，初步实现了蔡武部长提出的把学院建设成为全国文化干部教育培训主阵地、主渠道的目标。

2012年，学院将继续以科学发展观为指导，认真贯彻落实党的十七届六中全会精神，在完成人事司指令性培训和其他机构委培项目的基础上，积极拓展培训领域，自主开发培训项目，为培养造就宏大的文化人才队伍贡献力量。

中国文化传媒集团

2011年是不平凡的一年。这一年中国文化传媒集团大事多、喜事多、重要活动多。在文化部党组的坚强领导下，在志今副部长的直接指挥下，在文化部机关各司局、各直属单位和地方文化厅局的大力支持下，集团全体员工共同努力，在进一步深化体制改革，机制创新，构建现代企业制度，完善公司治理结构，创建一流现代文化传媒集团的目标指引下，以科学发展观为统领，深入学习贯彻党的十七届六中全会精神，一手抓文化传媒的宣传主阵地建设，一手抓文化产业的新兴领域拓展，有效整合文化系统内外资源，用好用足现有政策，对内搞活机制，有效配置内部资源，加强自身建设；对外加强合作，扩大经营领域，集团体量增大，实力增强，各项工作取得可喜成绩。

2011年，中国文化传媒集团完成的主要工作有：

一、牢记使命，狠抓报刊质量，宣传主阵地作用凸显

2009年11月，报社整体转企改制组建了中国文化传媒集团。尽管单位身份从事业转变为企业,但始终不忘媒体人的历史使命，坚守《中国文化报》及《艺术市场》、《艺术教育》、《文化月刊》和中国文化传媒网、《中国文化手机报》的“文化传媒国家队”职责，在过去一年的改革发展中，始终把握正确的政治方向，坚持正确的舆论导向，有效改进宣传报道方式，着力提升报刊质量，积极发挥了宣传文化的主阵地作用。

（一）常规报道更加贴近实际、贴近生活、贴近读者

2011年，报纸继续优化版面结构，调整栏目设置，不断改进文风，拓展报道范围，提高稿件质量。为最大限度发挥文化系统行业报和文化部机关报的引领带头作用，紧紧围绕文化部中心工作，密切联系相关业务司局和地方文化部门，基本做到了对重大政策的事前预测、事中解读和事后跟踪的工作引导，如关于《非物质文化遗产法》、加强农民工文化建设等报道；对文化行业新生事物和新兴领域的市场关注，如关于网络微博、数字新媒体等报道；对文化系统干部职工和读者关心关注问题的答疑解惑，如关于《富春山居图》合璧展出、“三馆”免费开放等报道。在权威性上，第一时间邀请文化部领导或相关司局负责人专访或刊发署名文章；在深度性上，第一时间邀请行业内外专家细致分析和深入点评；在参考性上，第一时间挖掘全国的好经验、好做法；在可读性上，多角度多层次丰富报道内容，刊发了一大批贴近实际、贴近生活、贴近读者的好文章、好新闻。《艺术市场》杂志坚持以艺术品市场为核心，着力服务于艺术家和藏家。《艺术教育》通过增刊扩版，将月刊改为半月刊，加大了对艺术教育行业动态及学术前沿的报道。《文化月刊·遗产》增强了内容时效性，加大了影像化版面。《文化月刊·动漫游戏》继续秉承高端性、权威性、专业性并重的思路，为动漫游戏产业的发展提供了强有力的理论指导和支撑。中国文化传媒网积极发挥网络媒体的独特优势，立足行业，面向社会，在迅速、快捷、全面、丰富上，为广大网民提供了准确翔实的资讯信息。中国文化手机报由每周推出3期，现改为每周推出5期，内容丰富、传播广泛、影响力俱增。

（二）重要活动报道重点突出，亮点纷呈

2011年“两会”期间，集团共派出10名记者上会，其阵容规模超出历年。《中国文化报》和中国文化传媒网分别开设了“两会聚焦”、“代表委员议国是”、“微博两会”、“我有问题问文化部长”、“省部级领导谈文化”等栏目、专栏，内容新颖，文章质量高、数量多。两会期间，报纸配发了系列评论员文章，中国文化传媒网还联合中国网络电视台对蔡武部长进行了专访。《中国文化报》也首次送到了部分政协委员的驻地。在学习贯彻党的十七届六中全会精神的宣传报道中，为营造良好的舆论环境和社会氛围，在全会召开之前，报纸加大宣传力度，开设专栏，以蔡武部长在全国文化厅局长座谈会上的讲话精神为主线，刊发了系列评论员文章。全会召开后，报纸集中报道了全国各地特别是文化系统学习贯彻全会精神的情况，其中包括中央领导、文化部领导和有关省区市主要领导的署名文章和专访稿件。此后，还陆续刊发了专家解读和文化厅局长的学习文章，各地学习贯彻落实十七届六中全会精神的重要举措等。传媒网开设了学习贯彻十七届六中全会精神的特别专题，与报纸形成了报网互动。手机报也制作了多期专题。

（三）重大节庆报道导向性明确，服务性增强

2011年是中国共产党成立90周年。《中国文化报》紧紧围绕文化部的总体部署，在做好相关系

列重大文化活动报道的同时，开设专栏，对在各地举行的各种形式的纪念活动予以报道。同时推出“七一”特刊，以整版的形式对文化部主办的“我们的旗帜”——庆祝中国共产党成立90周年文艺晚会、“复兴之路”基本陈列展览、“艰难与辉煌”——纪念中国共产党成立90周年馆藏珍贵历史文献展、“光辉与辉煌·时代画卷”——庆祝中国共产党成立90周年美术作品大展、2011年全国现代戏优秀剧目展演等活动进行了大力宣传。对于文化部举办的各项重大文化活动，如第七届深圳文博会、重庆亚洲艺术节、第13届上海国际艺术节、第六届中国京剧艺术节、首届中国儿童戏剧节、中国歌剧节、国家艺术院团优秀剧目展演、全国小剧场话剧优秀剧目展演等活动，《中国文化报》和中国文化传媒网都进行了连续报道。

（四）“走基层、转作风、改文风”报道内容丰富，角度多元

自中央提出在新闻战线开展“走基层、转作风、改文风”活动后，特别是蔡武部长主持召开部长办公会后，集团要求各部门抓紧部署，做好具体安排，认真组织落实，并把“走、转、改”活动作为一项长期的工作来抓。一是集团领导分别带队下基层，开展相关活动，发回生动鲜活的报道；二是与山东省委宣传部、省文化厅共同启动“齐鲁文化基层行”活动，发回了一系列来自基层的报道；三是专门发文到各地记者站，要求各地驻站记者深入基层，报道基层文化建设和文化生活的生动场景；四是建立文化部与传媒集团基层联系点，在不同省区市建设一批基层联系点，实现与地方政府和文化主管部门共建，目前杭州余杭塘栖镇联系点已挂牌；五是把走基层与促发行相结合，加大征订、发行力度，争取2012年报纸发行有新的突破。《中国文化报》开设的“走基层”专栏，截至2011年底，刊发近80篇约13万字的来自基层的生动报道，内容涉及全国10多个省区市的乡镇文化馆站、农村书屋、文化大院等。

二、深化改革，完善制度建设，集团架构日渐成熟

（一）加强组织机构建设

2011年，根据改革发展需要，集团设立了集团办公室、战略发展部等“一室六部”的职能部门，初步完成了转企改制以来集团的架构建设。同时，集团对部分业务部门进行资源整合，促进集团业务更加有效地开展。2011年，报社还完成了湖北、广西、云南、广东4家记者站及云南新闻中心的重组挂牌工作，安徽、重庆等站经与当地文化厅局协调，已恢复机构并开展工作。截至目前，报社已在全国建成记者站24家。

（二）完善各项规章制度

在收入分配制度方面，2011年集团制定了新的考核办法、奖励措施和薪酬制度，体现了多劳多得、不劳不得的按劳分配原则，初步建立了与现代企业相适应的分配制度。在议事制度方面，建立了集团董事会、监事会、总经理办公会、编务会、重大选题会和工作例会六项会议制度，同时建立了重大事项请示制度，规范了文件签报和运转，制定了集团二级公司的管理办法。

（三）重视员工思想教育和技能培训工作

集团党委以争先创优活动为载体，开展党员教育，加强党组织建设和党员思想教育，为各项业务工作提供可靠保证。6月2日至4日，为继承弘扬老一辈无产阶级革命家的光荣传统，缅怀革命前辈的丰功伟绩，了解中国共产党的光辉历程，树立崇高的人生理想和为共产主义奋斗的世界观、人生观，集中组织党员、入党积极分子、部分团员赴革命圣地西柏坡开展了“学党史、跟党走”主题活动。2011年，集团内共组织了5次集中培训，培训内容包括采编业务、行政秘书、商务礼仪、书法、消防安全等。对于每一次培训，集团都进行了精心安排，周密部署，针对性强，内容务实。尤其是在采编业务培训上，除邀请名家、名师来培训辅导，还首次把记者站采编人员集中到报社来统一培训。

（四）加强服务保障工作

集团和报社领导非常关心职工生活，将保障职工切身利益作为2011年的重要工作内容来抓。如关心困难职工，开展“献爱心送温暖”活动；走访慰问离退休干部职工，在增加生活、节日补贴的同时不忘关心他们的精神生活；完善企业年金制度，为员工办理社保及商业保险等相关手续；在集团总部为员工开设食堂，解决午餐问题，为其他员工增加了饭补；工会、团委、老干部等部门组织了多项文体活动，丰富员工文化生活。特别是在春节前夕，由团委和工会倡议发起的为患重大疾病人员捐款活动，得到了集团领导和全体员工的积极响应，共捐款近5万元，并于节前将全部款项发放到患病人员手中。

三、加快发展，用好政策资源，业务领域迅速拓展

（一）战略合作取得新进展

集团积极发挥政策优势、品牌优势、媒体优势及人力资源优势，加大对外合作力度，拓展对外合作领域，积极吸引资金、人才、项目及合作伙伴。2010年以来，集团与北京市西城区政府、广东省东莞市政府、山西演艺集团和台湾旺旺中时媒体集团签订了战略合作协议。

集团与多家企业合作，目前已在北京、上海、深圳、杭州等地组建完成了11家“中传”系公司：中传财富（北京）投资管理有限公司、中传华彩（北京）国际文化发展有限公司、中传国泰（北京）文化发展有限公司、中传世纪（北京）文化产业控股有限公司、中传华夏（北京）文化传播有限公司、中传文创（北京）科技发展有限公司、中传国际上海文化产业园公司、深圳中传国际文化产业有限公司、中传文化艺术（杭州）有限公司、中传华丽（北京）服饰有限公司、艺术市场杂志社有限责任公司。

（二）《文化财富周刊》成功创刊

《文化财富周刊》是集团引进民营资本，深化报刊改革的一次大胆尝试。集团以报纸品牌、人力资源出资，吸引民营广东省五千年文化传播有限公司注资，利用完全市场化手段运作创办了一份针对高知人群的文化财富类资讯周刊。经过一系列研究论证，决定合并周六、日报纸，在2012年每周六推出8个版的《文化财富周刊》。经过两期试刊并广泛征求意见，《文化财富周刊》于1月7日正式对外出版。1月8日，《文化财富周刊》创刊暨财富专家委员会成立仪式在北京人民大会堂举行，杨志今副部长出席并讲话。此外，《中国文化报·湖湘周刊》也于1月4日正式出刊，它将更好地促进地方文化工作的宣传，推动地方文化工作发展。

（三）新媒体业务广受欢迎，经营已见成效

2011年，中国文化传媒网调整经营思路，成效显著。4月，中国文化传媒网成立了票务组，对北京市演出票务市场进行了探索性的经营实践，在创收方面已初见成效，5月手机报成功接入电信合营报，10月成功接入联通合营报，已陆续获得了用户的主动订阅。9月，集团与东莞广播电视台等3个单位合作的颐家家居数字电视频道正式试播，这是集团首次涉足电视转播领域，为集团数字传媒业的发展增添了竞争实力。

（四）国家动漫产业网在保障服务性的同时，开始市场化尝试

为配合文化部国家动漫奖和国家动漫精品工程等工作的开展，国家动漫产业网2010年搭建了动漫精品展播平台，集视频直播、作品点播、播客、评分投票等多种功能于一体。并在云南、陕西和河南分别建立了国家动漫产业网分站。动漫中心还组织了“全国动漫企业认定工作培训班”，世界COSPLAY峰会北京分赛区比赛，承办了中国文化艺术政府奖首届动漫奖和2011国家动漫精品工程评审会。

（五）品牌性活动影响力逐步加大

2011年，中国文化报社成功组织了第三届中国历史文化名街的评选。同时，为不断完善历史名街保护工作，报社参与组织专家研讨会，启动了《中国历史文化名街保护管理办法（草案）》的研究和起草工作。集团所属的国家公共文化发展中心在文化部社文司的指导下，组织举办了全国群众文化深圳论坛、宁波论坛、国家公共文化服务体系示范区建设和文化志愿者边疆行等品牌活动。《艺术教育》杂志举办的第六届全国艺术院（校）长高峰论坛吸引了全国百余所艺术高校（学院）及英国、韩国、日本、泰国、瑞典多所大学的近200位专家、学者、院（校）长及优秀教师。《中国文化报》创刊25周年座谈会在人民大会堂隆重举行，蔡武部长、杨志今副部长等领导出席；首次将《中国文化报》自建报以来的全部内容进行数字化处理，制作成光盘；首次出版了纪念文集；表彰了在报社工作20年以上工作人员。

（六）国际化步伐明显加快

2011年，集团在日本设立了总代表处，陆续成功举办了“视觉中国亚洲行——中国新水墨展”、“三界外——沉浮画展”、“中国历史文化名街展”等活动。集团还首次组团赴爱丁堡艺术节参加展演，对跨国商业演出进行尝试。集团领导还担任了2011爱丁堡艺穗节（爱丁堡艺术节的重要组成部分）·中国民族民间艺术国际展演活动组委会主任，带领中国民族民间艺术国际展演活动团队赴艺术节参加展演。这是第一次由集团自己组织国内艺术团体“走出去”的有益尝试。

四、创新思路，扎实推进，经营创收稳步增长，集团体量不断做大

2011年，集团在紧抓报纸、刊物的发行工作、

广告经营收入的同时，努力拓展新兴媒体及其他文化产业领域，全年总体经营创收稳步增长，国有资产实现保值增值。

（一）基建工程顺利竣工，集团资产增值

2011年中期，集团基建项目印刷厂维修改造工程顺利完工。该项目于2009年启动，在国家发改委、财政部、文化部的关怀和大力支持下，集团领导班子高度重视，严把工程质量，狠抓预算执行进度，做好各项协调工作，最终保证了工程的顺利完工。改造完工后，总体使用面积超过5000平方米，较之前新增使用面积达700平方米，为集团带来隐形资产过亿元，改善了集团的办公环境和对外形象，印厂的工作条件也得到了根本改变。

（二）利用品牌优势，拓展合作领域，集团体量增大

2011年，集团积极发挥品牌优势，挖掘潜在资产，以文化传媒集团品牌价值、媒体资源等无形资产估值入股，与多家企业合作，组建的10家“中传”系公司，使集团体量迅速增大。

（三）争取财政支持，集团资本金得到追加

为解决集团因资金匮乏，无法开展投资经营的困境，积极申请财政资金支持。经过认真考察调研，集团向财政部申报了中央企业国有资本经营预算项目。在文资办领导的细心指导和大力帮助下，几经论证，2011年度，集团获得财政资金增加资本金1.1亿元，支持集团投资两个项目，为集团撬动资金杠杆带来新的商机。

（四）报纸发行量大幅提升

2011年，集团高度重视报纸发行工作，采取切实可行的措施，确定任务指标，层层负责，不失时机地抓好落实。班子成员全体动员，分别带队下基层，逐省落实发行数字，同时把落实“走转改”与发行工作相结合，有效扩大了报纸的影响，促进了征订发行工作。2012年初，本报发行量达5.2万多份,较前一年增长40%以上，达到历史最高水平。25年来，集团首次在京外设立分印点，目前已在长沙和济南设立两个分印点。

（五）印厂克服因施工带来的不利影响，保证了重点任务的完成和日常生产

有着60多年历史的印刷厂，在近两年来断续生产的非常时期，把职工队伍的稳定放在首位，生产上严格管理，合理调整生产进度，进一步提高生产效益，较好地完成各项任务。

2011年，除完成为文化部、全国人大常委会、最高人民检察院印制的文件、资料、期刊、书籍等工作外，印刷厂还积极转变思路，增强服务意识，加强主动性，积极寻找市场，扩大业务发展生产。

2011年，中国文化传媒集团取得了很好的成绩，而这些成绩的取得，离不开文化部党组的正确领导，离不开文化大发展、大繁荣的大环境，离不开转企改制给我们带来的难得的历史机遇，更应归功于集团全体干部职工的勤奋工作和默默奉献。

中国国家京剧院

2011年，国家京剧院紧紧围绕“讲团结、树正气、排精品、推人才、抓管理、创效益”的工作目标，加强正规化建设、科学化管理，以剧目建设、人才建设、市场开发、关爱民生为重点，带动了剧院全面建设。在当年举办的两次全国重大赛事上，剧院新创剧目《汉苏武》、《慈禧与德龄》获得第六届中国京剧节、第12届中国戏剧节一等奖、优秀剧目奖。参加2011国家艺术院团优秀剧目展演活动《汉苏武》、《杨门女将》、《文姬归汉》、《强项令》、《红灯记》分别获得了优秀剧目奖、优秀演出奖和演出奖。为庆祝建党90周年策划的“红色经典中华行”足迹遍及大江南北，在全国23个城市演出42场，引起强烈社会反响。“高雅艺术进校园”活动以良好的口碑赢得了3部委委派的38场演出，成为当年进高校演出场次最多的院团。举办的“三下乡”、“春平爱心行动”等公益演出80余场，更广泛地传播了京剧文化，提升了剧院的社会形象。2011年，剧院共完成演出353场，经营性演出收入约1991.5万元，创下剧院历年来演出收入的新高。关注民生，当年剧院开办了演员嗓音专家诊所和单身青年公寓，得到了全院演职员的广泛好评。

2011年，剧院通过总结过去、展望未来、通过调研论证，确定目标、明确思路、扎实推进，逐步走上了一条适合京剧艺术发展规律，适合剧院具体情况，科学有序发展的轨道，主要体现在以下方面：

一、尊重艺术规律，牢记工作使命，逐步确立国家京剧院发展建设的新思路、新目标

（一）建立符合艺术规律、符合文化体制改革要求的发展目标

按照中央提出的“政府扶持、转换机制、面向

市场、增强活力”的要求，剧院在总结过去几年工作经验的基础上，通过一年多的实践，明确了“讲团结、树正气、排精品、推人才、抓管理、创效益”和加强正规化建设、科学化管理的发展目标，确立了“一、二、三、四”的工作思路，即：明确一个目标：充分尊重艺术规律，加强正规化建设、科学化管理，积极参与建设公共文化服务体系，在京剧艺术传承发展，京剧文化传播弘扬的工作中发挥“导向性、代表性、示范性”的作用；树立两个作风：一是“讲团结、树正气、重学习、顾大局”的院风，二是大力弘扬“阵容齐整、舞台清新、艺术严谨”的艺术风格；深化三项改革：实行人事制度、分配制度、以目标管理为重点的管理机制三项改革举措；抓实四个重点：抓实剧目建设、人才建设、市场开发、民生工程4项重点工作。

（二）学习贯彻胡锦涛总书记“七一”讲话和十七届六中全会精神，紧抓思想建设、党建工作

为使剧院党员干部深刻领会党的方针政策，落实文化部党组、部直属机关党委的部署和要求，院党委积极部署学习胡锦涛总书记在“七一”大会上的讲话和党的十七届六中全会精神；组织中心组学习、支部学习、座谈会，开展“创先争优”“学党史、跟党走”、“向杨善洲同志学习”，《十二五规划纲要》、刘延东来院视察讲话精神、举办纪念建党90周年“七一”大会等学习活动。剧院党委还邀请原中国文联副主席仲呈祥讲授“如何做一名德艺双馨的艺术家”专题讲座，加强广大演职员文化自觉、文化自信、文化自强教育。

当年，在文化部直属机关开展的“两优一先”评选活动中，剧院三团党支部被评为优秀党支部标兵，4人被评为优秀党员、党务工作者；在文化部团委开展的“五四”评优表彰中，院团委和8位同志受到表彰。在参加文化部纪念建党90周年歌咏比赛中，剧院参赛的京歌《咏梅》和《青山颂》荣获二等奖和创新奖。“五四”青年节院团委还举办了专场联欢活动。工会、团委围绕剧院中心工作，在贴近职工和青年、慰问困难职工、活跃剧院文化生活方面取得了实效。

二、进一步推进人事制度、分配制度、以目标管理为重点的管理机制三项改革

根据中央提出“政府扶持、转换机制、面向市场、增强活力”的改革要求，剧院依照既定目标进一步深化内部机制改革。

（一）建章立制，提高正规化建设、科学化管理水平

建立完善、科学的内部管理制度是提高剧院管理水平的有力保障。年初，剧院成立了由院领导、相关部门负责人组成的规章制度建设工作小组，对剧院规章制度进行全面的梳理，内容涉及管理、人事、财务、演出经营、后勤管理等诸方面。共修订、出台管理规章40件，使剧院的各项工作做到有法可依，有章可循。

（二）合理配置人才，逐步建立健全人才进出机制

根据剧院现有人才状况，初步完成了剧院全员聘用方案。当年完成内部人员岗位调整7人次，加大聘任制进行了4次公开招聘，择优录用了10名专业和管理人才。接收15名应届毕业生，解聘2名正式人员和解除使用5名劳务派遣人员。剧院逐步实现了人员能进能出的机制，增强了剧院用人活力。

（三）实施分配改革，调动各方面积极性

完善分配制度，按照注重实绩、按劳分配、提高效率、兼顾公平的原则，加快剧院演职员收入分配制度改革进程。制定的《国家京剧院分配制度改革方案》于1月正式实施，改变了原有分配模式，调整了工资结构和水平，全院人员收入有所提高。

（四）以目标管理为重点，强化管理出效益的意识

从2011年开始，剧院实施了部门领导班子任职期间签订“任期目标管理责任书”制度，加强了管理干部的责任意识，提高了管理水平和执行力。实施一年来，各演出团的剧目创作、人才培养，演出场次和收入都得到明显改善和提高。各职能部门不断改进工作方法，提高服务水平，管理能力得到提升。行政部门贯彻“开源节流、减员增效”要求，人民剧场物业实现自我管理，岗位合理合并，节省开支80余万元，突显了管理出效益的成效。

三、继续推动剧目建设、人才建设、市场开发、民生工程四项重点工作

坚持以艺术生产为中心，创新思维，激发活力，逐步形成出人、出戏、出精品的良好态势。2011年，剧院演出353场，经营性演出收入约1991.5万元，其中，公益性演出81场，商业性演出272场，观众总人数达30万人次。

（一）剧目建设，立足国家水准、民族特色、中国气派，彰显国家京剧院艺术风格

剧目建设是剧院艺术生产之本。当年剧院紧紧围绕“三大演出季”、庆祝建党90周年“红色经典中华行”和国家艺术院团优秀剧目展演、中国戏剧节、

中国京剧艺术节等重要业务工作，科学论证，制定周密的剧目创作和排演计划。

精创新编历史剧和现代戏，精排优秀保留剧目，精演经典传统剧目。2011年，新创作剧目新编历史剧《汉苏武》，于4月在梅兰芳大剧院公演后受到广泛好评，继荣获2011国家艺术院团优秀剧目展演“优秀剧目奖”之后，又在武汉举办的“第六届中国京剧艺术节”上获得了“一等奖”。剧院 2010年创作的新编历史剧《慈禧与德龄》经过不断雕琢，参赛第12届中国戏剧节荣获“优秀剧目奖”、“优秀表演奖”和“优秀音乐奖”。新排剧目《杨门女将》、《文姬归汉》、《强项令》、《红灯记》在2011国家艺术院团优秀剧目展演活动中荣获优秀演出奖、演出奖。

一批德高望重、享有盛誉的老艺术家关注剧院建设、关心青年人才成长，积极参与到剧院艺术创作和排演当中，为继承和弘扬国家京剧院艺术风格发挥了积极作用。

（二）人才建设，创新人才培养方式，努力培养造就继承创新、德艺双馨的优秀人才

人才建设是剧院可持续发展的大计。剧院针对人才现状，提出了“延长当红艺术家的舞台青春，缩短青年人才的成长周期”的战略。一方面继续发挥当红艺术家的中流砥柱作用，另一方面大胆启用年轻演员挑大梁，通过研究生班、流派班两个重要的青年人才培养渠道，加快人才培养步伐。

在参加国家艺术院团展演活动中，剧院于魁智、李胜素、张建国、李海燕、袁慧琴、江其虎、宋小川等一批活跃在第一线的优秀演员在国家级的艺术平台上施展才华，同时展示了黄炳强、魏积军、王润菁、张静、毕杨等中青年国家一级演员的艺术风采和实力，特别是培养推出了王璐、李博、郭霄等优秀青年演员。

剧院培养启用优秀青年演员郭霄在新编历史剧《汉苏武》中饰演“胡阿云”；优秀青年演员李博主演现代京剧《智取威虎山》，优秀青年演员毕杨、张浩洋、张译心主演现代京剧《红灯记》，推出“荀韵飘香——唐禾香个人专场”、“桃李花开——李花月琴硕士毕业音乐会”等均得到了专家和观众的认可。5月，剧院组织实施了“青年文戏演员对口交流考核”，对40岁以下的青年文戏演员进行了一次严格的梳理，为今后的人才培养、规划制定提供了有力依据。之后，剧院举办了“畅和园之夏”、“畅和园之秋”青年演员展演活动，剧院人才培养的成果逐步显现。

国庆期间，剧院与中央电视台《空中剧院》、梅兰芳大剧院联合举办中国京剧流派班汇报演出和花脸专场演出，《空中剧院》连续7天直播，创下了栏目开播以来的直播记录，剧院9位中国京剧传承班学员参加了演出。演出活动受到广泛好评和关注。

（三）市场开发，抓好公益、商业两个市场，逐步建立面向市场、服务群众的经营管理机制

拓宽演出经营渠道，增强演出品牌竞争力，剧院同步推进公益性、商业演出两个市场。

1.坚持把社会效益放在首位。剧院全年公益性演出82场。元旦的首场演出就奉献给了来京务工的农民工代表。新春伊始，剧院顶着零下40摄氏度的风雪，赴新疆和黑龙江林区“文化下乡”慰问演出，在乌鲁木齐和黑龙江林区等地演出15场，将党和政府的问候送到了基层。受3部委委派，剧院“高雅艺术进校园”活动分别走进了福建、广东、吉林、四川等地的38所高校，近6万师生与京剧艺术近距离接触，有效地推动了京剧艺术在青年学子中的传播普及。5月和7月，剧院吸引社会资金资助公益演出，举办“春平爱心行动”，在北京及郊县演出14场。近期，为落实中央和文化部关于“走转改”的指示精神，剧院正策划建立黑龙江省森工局迎春林业局、山东省鲁东京剧文化促进会基地，以实际行动积极参与公共文化服务体系建设，促进京剧艺术的传承和普及。一系列公益演出活动的举办，使剧院公众形象得到了良好提升。

2.在市场中历练成长。为适应市场开发和演出拓展的需要，剧院在原业务部的基础上，新成立了演出经营部，确立了“立足北京、面向全国、拓展海外”的经营方略。以北京为主阵地，辐射全国的“新春”、“五一”、“金秋”三大演出季，已渐渐形成京剧演出口碑。在庆祝中国共产党成立90周年之际，剧院精心策划了大规模、主题性的“红色经典中华行”巡演活动，取得了经济效益和社会效益的双丰收。行程12个省区市23个城市，演出42场，观众近6万人次。“七一”当天，剧院在北京、杭州、深圳、青岛同时4开台，创下了剧院演出的新纪录。

通过加强对演出季的品牌建设，突出商业演出主题策划，剧院在演出市场中取得了可喜的成绩。2011年剧院商业性演出266场，收入1656.28余万元。

目前，剧院在京剧演出市场中的份额、影响力稳步增强。

3.做好人民剧场的开发利用。当年人民剧场维修改造工程结束，于8月投入使用。改造后的人民剧场具有戏曲影视拍摄、综艺节目、新闻发布、演出排练和会议等功能。目前，人民剧场不仅肩负着剧院的排练任务，还承接了剧院京剧数字电影《杨门女将》的拍摄，举办了西城区护国寺特色街开街仪式等演出活动。今后，剧院将进一步盘活人民剧场资源，增强经营能力，将其打造成为剧院发展文化事业，提升文化产业的新增长点。

（四）改善民生，营造和谐环境，增强剧院全体演职员的凝聚力

关注和改善民生，是剧院和谐发展的保障。剧院在餐厅开办周年之计，召开座谈会广泛征求意见，进一步加大投入，提高就餐标准，受到演职员的欢迎。与此同时，剧院还努力提高演职人员福利待遇，改善工作和生活环境，再次发放了练功服和乐队演出服，更新了大轿车，为老同志、45岁以上男同志和全体女同志安排年度体检。为演员提供嗓音诊疗，开办嗓音诊所。兴办单身青年公寓，缓解青年演职员住房困难。剧院关心离退休老同志的生活，当年不仅规范发放了离退休人员的津补贴、提高了待遇，还组织了新春团拜会、春游、“重阳节”联谊等活动。在春节和“七一”之前，剧院领导探望部分生活困难的老同志，倾听老同志的心声，这些都得到了离退休老同志的充分肯定。

中国国家话剧院

2011年是国家话剧院历史上不平凡的一年。这一年国家话剧院为广大观众奉献8部新创剧目，作为“十一五”重点建设工程的国话剧场投入使用，并且迎来创建70年、组建10周年庆典；这一年也是国家话剧院贯彻落实党的十七届六中全会精神、深化改革，各方面建设迅猛发展的一年。

一、2011年，国家话剧院推出“新现实主义”的艺术建设概念，集中上演了一批体现核心价值体系的优秀剧目，成为年度艺术生产的亮点

在文化部举办的“国家艺术院团优秀剧目展演”中，《四世同堂》、《问苍茫》获得优秀剧目奖和优秀编剧奖，《深度灼伤》获得优秀演出奖，《肖邦》获得剧目奖。

2011年度，最为振奋人心的是，《这是最后的斗争》获得了“国家舞台艺术精品”授牌，《四世同堂》获得了“国家舞台艺术精品工程”入围授牌。同时有两个剧目拿到国家精品奖牌，这在国家话剧院历史上尚属首次，在全国艺术院团中也是前所未有的。

年度内，国家话剧院还新创作了《夜店之天生绝配》、《蝴蝶变形记》、《欲望花园》、《大家都有病》等作品，以深刻的思想内涵和新颖的艺术表现形式受到广大观众的欢迎。这些作品所获得的良好评价，乃至它们所引起的争议，都是令人欣慰的。

二、以打造“百姓剧院”为宗旨，开拓市场、培育观众，力争把剧院建设成为公共文化服务体系中的戏剧艺术典范

遵照剧院制定的“注重市场需求、坚持主流定位、兼顾叫好叫座”的剧目遴选原则，推出一批在市场上经得起票房考验的优秀剧目，获得较高演出效益。同时，认真履行传播主流戏剧文化的社会责任，加大剧院公益属性的建设力度。

（一）面向市场，推出精品剧目

2011年，国家话剧院继续举办“国话之春”、“国话之秋”和“消夏戏剧广场”三大演出季，共有20台新创、复排剧目相继上演，全年演出场次达到749场，观众人数累计55万人次，票房收入2070万元，与2010年相比，增长率超过100%。

《这是最后的斗争》10月份迎来了百场演出纪念，观众人数已近10万人次，票房收入累计560余万元；

《四世同堂》2012年1月迎来100场演出纪念，票房从首演累计已达到2700多万元，成为迄今为止国家话剧院票房收益最好的演出剧目；

《夜店之天生绝配》也是一部市场化运作大获成功的剧目，半年来已演出50多场，订单已经排到了2012年的下半年；

《都市囧人》2011年度收回制作成本，实现盈利，并且第三次进入国家大剧院演出，成为国家大剧院连续两年新年贺岁档期的主打剧目；

《蝴蝶变形记》一经上演，便赢得了广大青年观众的普遍认可，年度内收回了制作成本并实现盈利；

《欲望花园》11月份首轮演出反响热烈，已确定

春节后在国家大剧院连续演出九场，预计演出收益较为可观；

《大家都有病》是2011年艺术生产计划中的最后一部作品，首轮演出票房收入已达到175万元。

年内上演的其他优秀保留剧目情况均为良好，基本实现了预期的演出创收目标。

（二）坚持文化惠民，打造百姓剧院

“信”主题综艺演出，截至2011年年底已先后赴福建、广东等30多个地区，节目以“和谐”为基调，老百姓喜看易懂、充满浓浓亲情，已成为国话“三下乡”演出的代表性品牌剧目。

与此同时，利用新建剧场的场地资源优势，不断拓展惠民演出规模和形式，继续推出了“消夏戏剧广场”主题活动，《四世同堂》、《这是最后的斗争》两台大戏的青春版，40场演出受到广大观众的热烈拥趸，平均上座率达到95%，观众数量较去年增长超过400%，出现了一票难求的喜人景象。消夏公益演出活动锻炼了青年演员，培育了社区观众，树立了国话的全新形象，受到社会广泛赞誉。

此外，通过举办公益性戏剧讲座、开通集体微博、实现“7×24小时便民服务”等一系列新举措，把国话建设“百姓剧院”的惠民理念落到了实处，取得良好成效。

三、以新剧场落成为契机，扩大国话品牌影响，提升剧院核心竞争力

国话剧场于5月全面竣工投入使用，通过组织“国话人回新家”等系列活动，提高国话剧场知名度。适时推出了“新剧场、新起点、新时代、新国话”的标志性宣传概念，通过多项举措加强“国话”品牌建设。

第一，国家话剧院成立了有史以来首次由公众参与艺术服务工作的“国话之友志愿者”团队，建立起“剧院—观众”双向互动交流新模式，把“志愿者”概念纳入剧院公众服务系统，运行效果很好。

第二，“东方先锋剧场”更名为“国话先锋剧场”，与国话剧场、国话小剧场进行品牌概念的重新整合，形成“国话专属剧场”集群。力图使“国话”字号成为独具意义的文化品牌。

第三，树立知识产权保护意识。通过“国话”字样及LOGO的商标注册，获得了10大类别100多个文化产品种类的法律保护，为今后更好地利用“国话”品牌推进戏剧精品建设及业务延伸打下了基础。

四、以推动“中华文化走出去”为战略，广泛开展国际间、地区间的戏剧交流与合作

（一）全面出击，扩大中国戏剧的国际影响力

2011年，国家话剧院的对外文化交流工作达到了历史新高点，先后有《这是最后的斗争》、《红玫瑰与白玫瑰》等6台剧目分别赴越南、新加坡、西班牙、澳大利亚、美国等国家和我国台湾地区演出，载誉而归，大大提升了中国戏剧在国际间、地区间的影响力。其中，话剧《两只狗的生活意见》受邀前往美国，参加在华盛顿肯尼迪表演艺术中心举办的“中国：一个国家的艺术”文化系列活动，在当地的演出赢得了美国观众的高度评价，实现了国家话剧院对外演出交流的4个“首次”：国话剧目首次赴美国演出，获得圆满成功；中国先锋戏剧作品首次面对美国主流社会观众群体，受到广泛认可；中文戏剧作品首次纳入英文表现元素，艺术效果令人满意；中国话剧在美国演出首次实现票房全部售罄，上座率达到100%。

（二）积极作为，增强中国戏剧在国际间的话语权

2011年10月，在文化部的全力支持下，国话牵头在重庆举办了首届“亚洲戏剧人高峰论坛”。亚洲18个国家和地区的50多名戏剧界高层人士出席论坛，建立了戏剧交流合作组织——亚洲戏剧人联盟，为推动亚洲戏剧演出互助、进一步开展戏剧交流合作创造了重要条件，也为国家话剧院实施“中华戏剧文化走出去”战略打下了坚实的基础。

五、以艺术传承为根基，弘扬剧院传统、保护历史资料、传播戏剧文化

12月25日，国家话剧院迎来了组建10周年纪念日，剧院举行了隆重热烈的纪念活动。中共中央政治局委员、国务委员刘延东，文化部部长蔡武，副部长王文章等领导出席了纪念活动，为剧院从艺50年以上的老艺术家颁发了“国话师表”荣誉证书并发表了重要讲话。“《求索之路》——中国国家话剧院艺术展览”5月正式亮相国话剧场。展览以剧院的历史为轴线，用图片、文字和实物等形式展示剧院在各个历史时期的成长与发展，成为国话组建以来首次较为完整地展现剧院发展历程的展陈作品。由国话东方影视公司承担制作的大型电视纪录片《中国话剧流韵》于2011年初正式立项，已完成创作大纲工作，进入拍摄阶段。作为中国首部系统介绍话剧艺术在中国成长历程的专题片，《中国话剧流韵》将

具有很强的史料性和观赏性。

六、以建立科学的管理体系为目标，建设创新型国家剧院

（一）创新用人机制

2011年，积极推进艺术人才培养工作，形成了一套较为完整的演员培养和管理方式。设立了艺术人力资源配置中心，实行层次分明的注册演员制度和派遣演员制度，实现了艺术人才队伍的可持续性发展，剧院演出工作也因此获得了强有力的人力资源保障和支持，演员阵容呈现出活力四射的喜人局面。

（二）强化制度建设

2011年，演员管理中心加大了《演员管理条例》的执行力度，在本年度重点剧目的演员安排和剧院重大活动的演员调派工作中发挥了重要的作用，确保了剧院艺术生产的顺利开展；舞美中心组织编写了《国家话剧院舞台美术专业手册》，对舞美各岗位人员的工作标准、岗位要求等进行了明确规范，成为舞美专业人员的工作守则。同时，这本《专业手册》也作为业务教材，通过舞美骨干人员的“传、帮、带”，提高新聘人员的业务水平；院长办公室在全院范围内推行督办工作管理制度，保证了剧院各项决策的正常推进和落实。智能化办公综合管理系统投入运行，全面规范了剧院公文流程，大大提高了管理工作效率。国话成为文化部直属艺术院团中首家使用自动化办公系统的工作单位；人力资源部、财务部、后勤管理部、安全保卫部、老干部办公室等部门通过规范管理，转换职能，探索工作新模式等方法强化劳动纪律，提升了员工岗位责任感和工作效率，确保剧院各项工作有序进行。

七、以市场化运作为理念，院属企业及创收部门完善经营方式，呈现出强劲发展势头

国话东方影视公司近年来加大了市场化发展的步伐，初见成效。2010年，完成了与合作单位联合摄制的28集电视连续剧《潜龙行动》，已陆续在全国多家地方电视台播出，首次实现拍片盈利。大厦管理中心继续采取市场租赁的运作模式，通过合理提升租金和租户品质，达到了市场平均收益值。经过一年的努力，国话大厦整体出租率100%，全年创收1400多万元。

八、以全面提升技术、服务品质为手段，扩大“国话”剧场集群的品牌影响力

由三座大、小剧场组成的“国话”剧场集群，规模效应初见端倪，成为京城独树一帜的国话剧场品牌。国话剧场自2010年5月对外营业以来运营状况良好，截至年底共接待演出118场，累计接待观众72146人次。国话先锋剧场2011年演出276场，经济效益稳中有增。在提高创收能力的同时，先后完成了剧场内实时监控无缝隙覆盖等5项硬件提升工程，达到了国内一流小剧场设施水准。

九、国家话剧院剧场及办公楼工程竣工并交付使用

国家话剧院剧场及办公楼工程从2008年2月开工以来，历时3年2个月的紧张施工，以狠抓质量，确保安全为重点，严格实行造价管理，顺利完成工程建设，5月竣工并交付使用。一系列的成就，构成了国家话剧院2011年度的亮丽图景，一个崭新的国话形象，在剧院全体同人的心血和汗水浇灌中已经成功树立，国家话剧院的长久发展也因此获得了更为坚实的基础。

中国歌剧舞剧院

2011年，中国歌剧舞剧院在文化部党组的正确领导下，在各司局，各兄弟单位的支持下，改革稳步推进并取得了较好成绩：创作出《红河谷》、《四美图》等多部观众喜爱的舞台作品，在“三下乡”、“高雅艺术进校园”等公益性演出中表现突出，全年总收入达1.2个亿，演出384场，实现社会效益、经济效益、艺术创作全面丰收。

认真领会六中全会精神，审视剧院的发展，深刻体会到，理解国家政策、了解老百姓需求，是取得今天成绩的关键。正如六中全会中强调的“文化要贴近实际、贴近生活、贴近群众，文化发展为了人民、依靠人民，文化发展成果由人民共享。”回顾剧院的发展我们认识到，今天成绩的取得并不仅仅属于2011年，这是经过近10年的不懈努力，从恶性循环到良性循环的转变，是一个循序渐进的过程。

一、顺应老百姓的文化消费倾向，收获颇丰

20世纪80年代初，由于长期处于计划经济条件下，国有院团的管理模式及歌剧舞剧艺术形式的特殊性，剧院开始陷入困境，没人、没钱、没作品，是中直院团中的老大难单位。2003年以来，院领导转变思维方式，调整内部解构，充分整合资源，贴近老百姓的文化消费倾向，确定了“以歌舞晚会带来的收益盘活歌舞剧”的经营方针，从曾经的年收入180万元逐年递增，增至2011年的1.2亿元。剧院的老职工含着眼泪说“中国歌剧舞剧院用了将近十年的时间，发生了翻天覆地的变化。”曾经记得原来的中国歌剧舞剧院一个排练厅，中间划一条分界线，左右两边放着不同的音乐、排不同的节目，演员宿舍就在排练厅的过道里，宿舍没有门，进出要跳窗户。艺术院校毕业的学生都不愿意来我院工作。如今的歌剧舞剧院，真的可以说变化是翻天覆地的。

这变化来自于国家的支持，体制的改革，创作的“三贴近”、机制的创新、收入分配方式的改革、人性化的管理等等。剧院每年都创排3部以上观众喜闻乐见的舞台作品，职工收入增加、福利提高，也成为艺术院校毕业生的首选单位。

面对越来越广阔的市场，院领导班子居安思危，2011年多次召开会议组织全院职工展开学习讨论“成功一定有方法，失败一定有原因”，在艺术的追求上要做到精益求精绝不可缺斤短两，要“鸡蛋里挑骨头”，在社会诚信缺失的当下，保持艺术家的良心，狠抓演出质量，即使演出再多，演员们始终要把最佳状态展现在舞台上，对得起观众的期待，艺术的高标准体现国家院团的导向性、代表性、示范性。得到社会各界的广泛好评，扩大了影响、增加了收入、留住了人才、增强了信心。

2011年收入可观，但领导班子清醒地认识到演出收入不可能无休止的增长，收入是会有一个极限的，演出收入的增加必须建立在艺术规律和艺术发展的基础上，绝不能违背艺术规律一味地追求利益最大化，这是对艺术、对艺术家、对观众的不负责任。

二、提高老百姓的艺术欣赏水平，不懈努力

健康文化消费的引导对于全民族文化素质的提高、大众审美品位的追求、思想道德水准的提高有极其重要的作用，身为国家艺术院团，创作出老百姓喜爱的民族歌剧舞剧作品是我院不懈的追求。

2011年，剧院隆重推出原创歌剧《红河谷》，以充沛的激情、生动的笔触、优美的旋律、感人的形象实现了思想性艺术性观赏性相统一。《红河谷》被选定为2011年国家艺术院团优秀剧目展演开幕式演出剧目，上海国际艺术节、中国首届歌剧节参演剧目。

李长春同志观看过演出后称赞这部歌剧主题鲜明，表演精湛，思想性、艺术性、观赏性俱佳，富有浓郁的民族特色，是开展爱国主义教育和民族团结教育的生动教材。

上海艺术节新闻发布会上，上海文广局艺术总监说：“中国歌剧舞剧院的《红河谷》是近几年中国歌剧舞台上最好的一部作品。”

王文章副部长给林文增院长的亲笔信中写道：“《红河谷》的上演标志着在创作和发展中的重大进展，这同时也是我国当前歌剧新创作的重大收获。”

上海大剧院的工作人员说：“上海观众很挑剔的，很少有这么热烈的掌声。”

分析成绩的取得原因主要有：一是歌剧、舞剧创作周期长、投入大、有局限性。林文增院长曾经说过一句话，“搞歌剧要看准了再下手，绝不搞狗熊掰棒子，演两三场就刀枪入库的歌剧，那将是领导的渎职。”从选题材、选主创到排演，歌剧《红河谷》每一个环节都倾注院领导及文化部领导的心血，倾注着每一位创排人员的汗水。二是几年来我院的“以歌舞带来的收益盘活歌剧舞剧”经营方针聚集了人才、积累了资金。歌剧《红河谷》总投入584万元，财政拨款287.6万元，其余资金来自于近几年商业演出的积累。同时也反映了我院创作投入的一个现状，正如六中全会中提到的“推进体制机制创新，以改革促发展、促繁荣。”三是有效的管理来自于科学的理论做指导，人性化的管理理念收到了非常好效果。“把演员捧在手心上”是院领导班子对行政工作的要求，演员公寓、职工食堂、医务室、司机班、全院更换安装饮用水过滤设备，体现剧院对演职人员的关心爱护，事业上最大限度地给演员提供发展平台。院长说：“要让演员们拥有国家级艺术家的尊严，并以身为中国歌剧舞剧院的一员而自豪。”我院舞剧团演员曾经说过这样一句话：“我们从小离开家，剧院对我们的关心有时觉得父母就在身边，剧院对我们越好，我们就会感恩”。看过我院演出的人说：“感觉你们的演员在舞台上好像是拼了。”跟我院合作过的业内人士说，“演员们的精神状态、敬业精神令人赞叹。”

歌剧《红河谷》在2011年国家艺术院团优秀剧目展演、中国首届歌剧节中均获得优秀剧目奖、优秀导演奖、优秀作曲奖、优秀指挥奖，优秀表演奖等奖项，并被邀请参加“2012年文化部春晚”的演出，也入选2010～2011年度“国家舞台艺术精品工程”。

歌舞诗剧《四美图》是剧院2011年推出的又一部舞台作品，创作这样一部作品是适应大众文化需求，适应市场需求的重要举措，考虑到已经存在的广大观众群，为我院演员李玉刚量身打造的。创作这样一部作品是我院内部机制改革，用好人才，为优秀人才搭建平台的具体体现。这部作品至今上演订单不断，上座率达100%，一票难求。

三、满足老百姓的文化需求，责无旁贷

满足人民基本文化需求是社会主义文化建设的基本任务，也是剧院团义不容辞的责任。剧院积极参加“文化下乡”、“文化进社区”、“高雅艺术进校园”等公益性演出，近年来，更加认识到社会文化责任担当的重要性，也体会到了文化责任的担当需要建立在市场竞争能力的基础上，演出市场竞争能力越强担当的作用就越大，担当是需要能力的，没有能力的担当只能作为一句口号。

2011年的“高雅艺术进校园”活动，剧院120人的演出队伍，以全新的形式为昆明、贵阳、桂林14所大学进行专场演出，强大的阵容、高水准的节目，展现了剧院社会责任的能力。

桂林师大的一位同学在微博中说：“如果你今天没去看中国歌剧舞剧院的演出，相信看过的人都会为你感到惋惜，这台晚会亲民而不失高雅，动听而不失气派。”

普及高雅艺术的过程中感受到肩负的责任有多重，没有人才、没有强大的演出阵容就不能很好地诠释高雅艺术、弘扬民族经典，给难得看一次高雅艺术的人们留下的印象就会非常模糊。想达到高标准，拥有承担责任的能力就显得尤为重要，经费是其中最关键的因素。我院每年都将商演收入的一部分补贴到公益性演出中，为承担好这一责任付出努力。

公益性不是完全不走市场，也不是完全靠国家养起来，那样的话改革就回到了原点，但也不能一味地追求市场而忽视了国家院团未转企的公益性责任。最佳的平衡点是具备演出市场能力的基础上，实现公益性责任的最大化。

2011年，剧院各方面工作均有较大的推进，但全体演职人员深深的懂的：“革命尚未成功，同志还需努力！”坚守“诚实做人、踏实做事”的准则，在即将到来的2012年剧院将创排舞剧《嫦娥奔月》、交响合唱组诗《神话中国》、歌舞晚会《天边的祝福》等，会尽力打造无愧于时代的优秀舞台作品；也希望艺术作品可以进一步带动商演市场的效益；同时继续努力承担社会责任。

党的十七届六中全会再一次为我们指明了发展方向，也给予剧院更大的信心，剧院将进一步深化内部机制改革，艺术上精益求精、做事务实低调，杜绝文化的“大跃进”，抵制浮夸，防止成绩的大起大落，一步一个脚印地踏实前进。

在院团的改革中，利益的重新分配，内部机制的创新，矛盾的出现难以避免，可喜的是：在中国歌剧舞剧院，正在工作的人为剧院稳步发展而拼搏奉献；离退休的老职工为剧院今天取得的成绩而自豪；大家都怀着感恩的心，盼着剧院越来越好。中国歌剧舞剧院已连续九年获得“中央国家机关文明单位”的光荣称号，现在正在朝着“首都文明单位”的目标而努力，剧院舞剧团刚刚荣获全国妇联颁发的“全国三八红旗集体”称号。在中国歌剧舞剧院，领导与职工之间、部门与部门之间、新老演员之间的团结、和谐令人感动。

2011年中国歌剧舞剧院获得国家级奖项情况

1. 歌剧《红河谷》获得国家舞台艺术精品工程年度资助剧目。

2. 国家艺术院团优秀剧目展演歌剧《红河谷》荣获优秀剧目奖。

3. 国家艺术院团优秀剧目展演大型歌舞诗剧《四美图》荣获剧目奖。

4. 国家艺术院团优秀剧目展演歌舞《四季情韵》、歌剧《原野》荣获优秀演出奖。

5. 首届中国歌剧节《红河谷》荣获优秀剧目奖。

6. 首届中国歌剧节参与创作的剧目《原野》、《青春之歌》荣获优秀剧目奖。

7. 中国歌剧舞剧院舞剧团获得全国妇联颁发的“全国三八红旗集体”荣誉称号。

中国交响乐团

作为国家艺术院团，中国国家交响乐团具有示范性、代表性和导向性，根据这一使命，中国国家交响乐团自2004年以来实践了“交响乐中国化，中国交响乐国际化”的艺术生产理念，在这个理念的基础上制定了“中外曲目并举、提高与普及并重、面向市场、面向大众、面向未来”的工作思路和发展策略，对音乐季进行了适合自身特点的打造，开发出了经典音乐会系列、中国交响乐作品音乐会系列和公益性音乐会系列三大板块，并在此基础上执行文化“走出去”项目。2011年，乐团继续实行了上述战略方针，取得了跨越式的发展。

一、以经典意识打造经典音乐会系列

当前中国国家交响乐团的音乐季继承了乐团56年的历史传承，以精品意识不断推出世界经典交响乐作品，并通过这些艺术实践提高自身的艺术水准和品位。2010年，乐团以创新的思维聘请到世界级著名指挥大师，法国国宝级的指挥家米歇尔·普拉松担任了乐团的首席指挥。这一举措在中国交响乐发展史上足以书上一笔。两年来，普拉松带领乐团推出了一系列的法国交响乐经典作品，乐团通过对这些作品的演奏，提高了演奏技艺和合作意识，在原有的德奥式演奏风格中注又入了一丝法国式的细腻、典雅和丰富的色彩，加之原有的俄罗斯及东欧民族乐派作品的艺术积累，使乐团的演奏更富艺术魅力，在音乐会舞台上备受观众的欢迎，乐团在国家大剧院演出的《聆赏经典》系列音乐会总是爆满。这些艺术实践使乐团的演奏更富于生动的戏剧性和细节。

在2011年马勒纪念活动中，中国国家交响乐团与大剧院乐团联合演出的马勒第八交响曲将大剧院的马勒系列推向了高潮。乐团还与世界大师潘德列斯基合作了他本人的第二交响曲。2011年，中国国家交响乐团还应邀参加了第14届北京国际音乐节，担纲马勒作品中难度最大的第八、第九交响曲，演出非常成功，充分展现了领军国内乐坛的艺术实力。一年中，与之合作的普拉松、潘德列斯基、夏巴多、尤尔列维等世界著名指挥家，对提高艺术水平受益匪浅。2011年是“中国交响乐之父”、乐团已故指挥家李德伦先生逝世10周年，同时也是乐团成立55周年。10月19日，中国国家交响乐团隆重举行了李德伦大师铜像揭幕仪式，并演出了庆祝中央乐团——中国国家交响乐团建团55周年暨纪念李德伦大师专场音乐会。在当天活动中，中国音乐界著名艺术家代表、全国各大院团、院校代表及各界嘉宾、各大媒体共150多人参加了揭幕仪式，对大师铜像落成及乐团建团55周年表示热烈祝贺。媒体评价“当晚的北京音乐厅举行了近年来中国音乐界一次难得的隆重聚会。”

中国国家交响乐团的合唱团聘请到世界著名合唱指挥家、维也纳皇家爱乐乐团及合唱团指挥维杰先生指导排练，时至今日合唱团已经出色完成任务，艺术水平突飞猛进。在2011年文化部国家院团优秀剧目展演中，合唱团推出的两台合唱音乐会“中外经典名曲合唱音乐会”和大型情景合唱音乐会“红旗颂”，不仅受到广大观众的热烈欢迎，而且获得了文化部颁发的优秀剧目奖等多个奖项。合唱团还在2011年北京国际音乐节和大剧院的马勒纪念活动中先后两次出演马勒的《第八“千人”交响曲》，深获好评。合唱团国内市场大受欢迎。2011年，被媒体誉为“中国合唱艺术的旗舰”的合唱团演出应接不暇，奔走于全国各地，仅七、八月份，就应保利院线邀请巡回演出几十个城市，长达两个多月，所到之处场场爆满。目前，合唱团和乐队双翼齐飞，为中国国家交响乐团的整体发展增添了强劲的力量。

二、义不容辞地打造中国的民族交响乐

一个民族的交响乐发展史不仅仅是能够演奏世界经典交响乐作品，还要有自己的经典交响乐作品。作为国家乐团，中国国家交响乐团推出中国交响乐作品是自己的历史担当。为此，乐团推出了“龙声华韵”系列音乐会，演奏海内外优秀中国交响乐作品。自2004年以来，国交总共演出了约80多位中国作曲家的约170部中国交响乐作品，其中有80多部为首演作品，计有17名中国作曲家的20场个人交响乐作品专场音乐会。而乐团团长、作曲家关峡也以自己的创作践行了中国交响乐学派的打造，在2011年文化部举办的国家直属院团的优秀剧目展演活动中，国交以交响乐旗舰队伍的姿态推出了关峡的交响合唱《大地安魂曲》和钢琴协奏曲《奠基者》这样的创新作品，推出了新人——被欧洲音乐界称为“金手指”的旅法中国钢琴家吴牧野。2011年，由叶小纲等人作曲的大型交响音画《魂系山河》、在吕嘉的指挥下首演。国交还首演了叶小纲的大型交响清唱剧《共和之路》——纪念辛亥革命100周年，这部作品是音乐界纪念辛亥革命100周年活动中唯一一部大型交响乐作品。12月15日，乐团在“中国民族音乐百场音乐会”与埙演奏家刘宽忍的合作，让埙这个中华民族的古老乐器绽放出灿烂的新声。12月，国交推出了京剧元素的《国粹争艳》音乐会。

另外，中国国家交响乐团推出普及性的有中国特色的“新年新春”系列音乐会，其中最突出的就是自2005年起连续7年每年12月26日、27日都要举办的“中国交响·文化部新年音乐会”和“中国交响·教育部新年音乐会”。这两台音乐会是2008年经文化部、教育部批准，两部委联合主办，并主题冠名的。7年来，音乐会获得巨大成功，向全国文化、教育、科技界工作者们献上了新年祝福。音乐会通过现场演出和中央电视台、中国教育台录像播

出，在全国反响热烈，文化品牌的社会效益逐年增长，很好地培育和繁荣了交响乐文化市场。新年前夕，中国国家交响乐团在人民大会堂举行“中国之声”新年音乐会，从2011年开始，“中国之声”除了在人民大会堂演出外，还将每年走进一个重点城市，把欢乐祥和带给更多喜爱交响乐的全国观众。2011年“中国之声”首次出京赴重庆演出。新年新春期间是国交最忙碌的时间，2011年国交赴济南、郑州、重庆、成都、福州、九江、岳阳、乌鲁木齐进行了巡演。而腊月二十九在人民大会堂的中共中央和国务院的2012年春节团拜会上，陈燮阳指挥国交演奏了李焕之的管弦乐《春节序曲》和奥芬巴赫的《康康舞曲》。交响音乐作为国家的主流音乐在团拜会上奏响。许多演奏员退掉了回家团员的机票和火车票，圆满完成了这一光荣而重大的任务。

三、以“最美妙的东方交响乐之声”走出去

中国国家交响乐团在通过音乐季大幅提升了艺术实力后，进行了一系列的“走出去”巡演，这些在国外音乐舞台上的成功演出，是对乐团近年来音乐季模式的检验与肯定。继2006年的美国巡演、日本巡演、2010年6月出演莫斯科第五届世界交响乐团音乐节和2010年11月赴韩国首尔参加第28届韩国国际音乐节的巨大成功，2011年9月6日至24日，国交在首席指挥普拉松大师率领下再赴俄罗斯参加了在叶卡捷林堡进行的首届欧亚国际音乐节开幕式演出。乐团以“美妙的东方之声！”征服全场观众，被俄媒体赞为“全亚洲最好的交响乐团！”

10月22、23、24日，实力大增的中国国家交响乐团合唱团应邀赴意大利参加罗马圣切契西利亚国立音乐学院管弦乐团音乐季开幕式，演出马勒的《第八“千人”交响曲》，表现出来的高超艺术水准让意大利观众颇感震惊，令欧洲媒体惊叹“这支中国合唱团的优秀表现简直‘不可思议！’”

中国国家交响乐团在海外国际音乐节的演出向世界一流交响乐团的地位迈出了坚实的一步，让世界看到了乐团自身的艺术实力，展现了中国交响乐演奏的水准。

四、凸显国家乐团的本色

中国国家交响乐团的音乐季设计贯穿了国家院团的使命感，近年来除推出了关注公益的“爱耳日”、“敬老月”等“主题音乐会”外，更在走基层、“三下乡”、高雅艺术进校园和文化援疆等工作中走在前沿。

中国国家交响乐团这些年曾在春节深入基层，在安徽小岗村的地头举行音乐会、将农民工请进音乐厅欣赏交响乐。乐团已故“人民音乐家”施光南先生出生在重庆南岸区，那里建有一座施光南主题音乐广场，当地群众热爱施光南先生，乐团便于2011年把“国家艺术院团基层联系点”建在了南岸迎龙镇北斗村，乐团的音乐家们与老乡同下田间；到留守儿童学校慰问，为孩子们演出、赠送学习用品；帮助村民建立了农村铜管乐队，并赠送了一批乐器，委派了艺术家辅导员，为丰富农村文化生活做了一些实实在在的工作。

乐团每年还以最豪华的阵容推行“高雅艺术进校园”音乐会，为第一次接触交响乐艺术的同学们留下终生难忘的美好印象，学生们希望乐团今后每年都到他们的校园演出。

5月16日，为庆祝中国共产党成立90周年和中央新疆工作座谈会召开一周年，乐团响应文化援疆号召，赴新疆举行了“奠基者”交响音乐会慰问演出，这也是中央乐团——中国国家交响乐团历史上首次大乐队赴疆演出。行前，乐团就与新疆爱乐乐团结成了友好共建关系，并向新疆爱乐赠送了10台钢琴和1套定音鼓，以及10把小提琴。而这次演出，2个乐团同台共奏民族团结之声，得到文化部和自治区领导的高度评价。自治区邀请乐团今后每年都赴疆演出，至少连演5年。

中国国家交响乐团还出色完成国事任务，得到中央领导称赞。包括2011年为金砖五国元首会晤演出、为博鳌论坛中外领导和嘉宾演出、为萨科奇访华录制音乐、为习近平副主席会见美国副总统拜登演出，并应外交部邀请举办了“首届蓝厅音乐会”，观众包括全世界130多个国家的驻华大使和世界各大媒体。我团国家任务完成非常出色，得到了胡锦涛总书记和习近平副主席等中央领导同志的高度赞扬。杨洁篪外长还亲自向美、英、俄、法、日等主要国家的大使们热情推介中国国家交响乐团。

2011年的中国国家交响乐团演出了131场，社会效益和经济效益双丰收，演职人员收入提高，艺术生产继续保持着稳健发展的良好势头。

中国国家交响乐团近年来在音乐季以令人信服的艺术实力创造了骄人的业绩，打出了响亮的品牌，将服务对象涵盖了最大社会范围，真正做到了服务于广大的人民群众，服务于广大的音乐爱好者，服务于国家的文化建设，形成了自己的独特风格与艺术定位，在国内众多交响乐团中独树一帜。

中国东方演艺集团有限公司

过去的2011年，既是党的十七届六中全会胜利召开的战略转折期，也是中国东方演艺集团大有作为的历史机遇期，集团公司紧紧围绕“新起点、新跨越、新发展”的战略目标，在激烈的文化竞争中始终保持高速发展的态势，取得了“十二五”建设的开门红，为未来5年的发展打下了坚实的基础。2011年，中国东方演艺集团总收入再创历史新高，突破2亿大关，达到2.0115亿万元，较2010年增长54.7%，再度蝉联“中国文化企业三十强”称号。集团人均年收入达15.12万元，较2010年增长 13 %；实现演出场次316场。

一、勇立潮头，坚定不移，全力推动改革向纵深发展

自转企改制来，中国东方演艺集团改革发展的每一个节点都契合党和国家文化发展的战略要求，始终走在全国文化体制改革的前列，切实做好试点工作，发挥标杆效应。

2011年，全国的文化体制改革不断向纵深推进，集团公司始终能在千帆竞渡的改革洪流中勇立潮头，一方面，得益于集团公司能够正确把握政治方向和改革发展大局，坚决贯彻落实党中央国务院及文化部党组关于改革的各项指示精神。另一方面，也得益于集团全体演职员工敢为人先、敢于担当中国文化体制改革“先行者”和“探索者”的精神和勇气。据统计，2011年，央视及全国各类媒体对中国东方演艺集团的宣传报道近百次，接到各地文化厅局、兄弟单位前来调研和邀请讲学的函件数十余次。

二、创新理念、释放活力，开创艺术生产热火朝天的生动局面

2011年以来，集团公司持之以恒地贯彻“允许在创新中犯错，但不允许不创新”的理念，全面启动集团的创新战略，经历了改革洗礼的中国东方演艺集团，提出了“变被动为主动，变一般为一流，变压力为动力，变守旧为破旧”的改革理念。在这个理念的引领下，艺术生产进入了一个“黄金发展期”。

（一）开疆扩土，兼容并蓄，哪里有市场哪里就有中国东方演艺集团

2011年，集团公司市场的疆域不断扩大，一年里，各院团走南闯北、冬来夏去，演出总行程超过数十万公里。2011年，集团公司仅演出收入就超过了九千多万元。特别是东方歌舞团和中国歌舞团，全部超额完成了2011年的绩效考核目标，以骄人成绩为中国东方演艺集团的改革和发展立下了汗马功劳。同时，东方民乐团和流行乐团也在点滴积累、积极进取，用努力和付出推动着集团的各项工作不断前进。2011年，全体演职员工都用各自的拼搏和汗水共同书写了一个改革发展的奇迹。

（二）创新驱动、厚积薄发，以创新激发艺术创作的井喷效益

狠抓创新始终是集团公司2011年艺术生产的主轴，特别是3月，集团公司专门召开了转企改制以来的第一次创作工作会议，对集团今后的艺术生产方向进行了重新定位和规划，同时对集团原有的艺术创作模式进行重新布局和梳理。各院团及创作中心在新模式、新理念的引领带动下，切切实实地将集团公司的艺术生产推向了一个新的高峰。尤其是在连续4个月奋战，成功完成建党90周年“我们的旗帜”的同时，紧接着在8月份，集团公司就有8台大型剧目同时上马，其中东方歌舞团的“炫”、中国歌舞团的“水墨中华·风”、东方民乐团的“东方世纪行”、东方流行乐团的“红歌耀东方”等4台全新的晚会同时参加了文化部国家艺术院团优秀剧目展演，并囊获了展演优秀剧目、优秀演出、优秀编导、优秀音乐创作、优秀舞台美术、优秀表演等多个奖项，这样的艺术创作和生产态势在改革前是难以想象的。

（三）探索道路，创造经验，哪里能开拓哪里就有中国东方演艺集团

从“思维禁锢”中闯出，向“市场大潮”中驶去，2011年的中国东方演艺集团已经跳出了以往常规化演出的禁锢，将市场的目光投向了更为广阔的领域。彻底打破以往“游击战”的老路子，成功的探索了“驻演”和“巡演”两种全新的模式。现在每周四至周日晚，在北京青蓝剧场，都能欣赏到东方民乐团“东方世纪行”驻场演出，一个引领高雅文化生活的品牌阵地正逐步确立。同时从11月起至一直到2012年1月18日，中国歌舞团在全国各地20多

个城市的保利院线巡演，扎扎实实的通过演出票房实现了与终端市场对接，接受了市场和观众的检验，一条覆盖全国、贯通南北的院线巡演之路也在逐步完善建立。

三、贴近群众，牢记使命，彰显文化企业的社会责任

过去的2011年是国家民生建设的重要一年，也是中国东方演艺集团公益性文化服务深入开展的一年。一年来，集团始终坚持以文化的力量提升群众幸福指数，以企业的身份争当公益性文化服务的当然代表。2011年，集团全年316场的演出有40%是直接服务县以下基层群众，秉承“让舞台大大方方地搭在田间地头，让文化真真正正的惠及千家万户”的惠民理念。变“三下乡”为“常下乡”，变“走基层”为“在基层”，将舞台直接搭在乡镇田野，把艺术产品直接送到村民门口。

特别是党的十七届六中全会召开以来，集团公司在进行认真学习和研究的同时，做到深入贯彻、真抓实干。按照“走、转、改”的工作要求，扎扎实实的向人民群众学习、为人民群众服务。在集团党办的积极运作组织下，集团公司与福建省南安市梅山镇蓉中村的共建工作开展得如火如荼，受到了中央及文化部领导充分肯定。10月30日，在文化部党组的大力支持推动下，由王文章副部长亲自授牌，中国东方演艺集团在蓉中村的“国家级文艺院团联系基层基地”正式成立，率先开创了国家级院团基层共建的先河，同时还合资组建了“中国东方演艺集团蓉中文化产业有限公司”，以公司实体分步开展新农村文化艺术培训、舞台演艺项目合作、文化品牌延伸等一系列合作，先以福建省为基础试点，将中国东方演艺集团的惠民品牌推广到全国各地，进一步探索新农村精神文明建设的新路子，创造出符合中国国情的文化品牌的延伸发展思路和商业模式。进入2011年，集团公司的惠民工程正逐渐步入常态化、品牌化的良性轨道，一个文艺惠民的新坐标已然崛起。

四、人才为本，改革先行，不断提升现代文化企业的核心竞争力

中国东方演艺集团2011年改革发展最显著的成绩：一是解放人才，二是整合人才。解放人才是企业的发展之本，整合人才是企业的鹏飞之翼。2011年集团公司着重在这两端下工夫、尽全力，真正提升现代文化企业的核心竞争力。

（一）开门内考，推动人才的快速成长

2011年，集团公司紧紧围绕“建起一个人才汇聚一方的热土，打通一条人才快速成长的高速公路”这个目标，在“不拘一格选人、唯才是举用人、千方百计育人、优惠政策留人”这四条理念的引领下，进一步深化人事和分配等一系列制度的改革创新，3月至4月，集团公司举办了转企改制后的第一次专业人员业务考核。与改革前相比，这次考核最大的变化，一是“开放透明”，打破原来关起门来内部考核的模式，聘请了国内外知名艺术专家组成阵容庞大的评委团。演员们不但要经过外请专家的考核，同时还要面对在场众多媒体的监督。二是“能者居之”，打破职称终身制，实行全员聘任，通过竞争上岗，以岗定薪，让一大批想干事、会干事、能干事的人才脱颖而出，以这次改革为契机，彻底打破束缚人才创新发展的条条框框，把人才从体制的藩篱中解放出来，以人才的“突围”带动集团整体的突破。

（二）开渠引流，解决人才的后顾之忧

改革的目的是解放艺术生产力，而解放艺术生产力的首要任务就是解决人的问题，为真正做到“在岗人员舒心，转岗人员安心，待岗人员放心”，2011年，集团人力资源部不断完善人事管理制度，构建多元化的人才选拔机制，提供畅通的人才发展道路。8月，集团成立人才交流中心，加强对已不适合登台演出的演员培训转岗工作，真正让人才交流中心成为集团人才的蓄水池、中转站、培养库。通过进一步的优化人才资源配置，对演员特别是舞蹈演员的二次择业，集团积极推荐岗位，并大力组织职业培训，让转岗人员迅速掌握专业新技能，现在很多转岗人员在集团培训中心、影视中心等新兴业态中重新找到了自己定位，并不断地在集团产业拓展的新岗位上做出新的贡献。

五、调整结构，加快转型，全力搭建“演艺航母”的战略构架

一年来，集团公司始终探索着演艺产业做大做强的最佳途径，紧紧抓住“演艺产业化，产业立体化”这根主线，全力提升中国东方演艺集团的新的经济增长点和核心竞争力。

一方面，以“盘活存量、做大增量”作为集团产业拓展的中心，抓好资本市场，积极为增资扩股“造大船”创造有利条件。7月，集团公司与江苏熔

盈投资集团强强联合成立东方熔盛文化艺术股份有限公司，仅注册资本就达1亿元，双方以资本为纽带，借助资本市场，做强做大，力争在2～3年内上市。突破现有的产业格局，开创全媒体、多业态的演艺文化产业发展模式。股份公司成立后立即引起资本市场的广泛关注，民生银行总行当即联合新公司通过柜台发行了总价值50亿元人民币的“东方汇文化产业基金”，全力投资股份公司今后的产业拓展项目。

另一方面，以业态创新为抓手，不断进行跨地域、跨行业的资源整合，培育新的文化业态，并与多家单位共同合作开发新兴文化产业经营项目，全力推动演艺业为主，多业态发展的格局。8月，集团联合多家民营企业联合成立了以培训和艺术教育为主业的东方培艺文化发展有限公司，拟在3年内打造全国最大的艺术教育培训联盟。12月，集团又以股份制的形式，与东莞电视台合作成立东莞市东方演艺歌舞剧团有限公司，全力拓展中国东方演艺集团在华南地区的演艺市场阵地。

同时，集团公司还在不断地拓展和培植新的创收渠道和经营实体，2010年集团公司舞美中心在市场中不断摸索、开疆扩土，超额完成了经济指标，取得了非常显著的成绩。集团培训中心全年总收入超过770万元，较2010年增长50%以上。集团演出公司完成全年演出收入1467万元，较2010年翻了一番多。同时，集团影视中心也在点滴积累、不断提高，在产业发展的大战略中不断调整着自身的目标定位。

回首2011年，收获和成绩可圈可点，在新的大好形势下机遇与挑战并存，今后一个时期的改革发展工作任重而道远，中国东方演艺集团的全体干部职工将继续深入学习领会党的十七届六中全会精神，在中央及文化部党组的高度重视、坚强领导下，把思想和行动统一到中央的决策部署上来。以强烈的使命意识投身集团的改革发展，致力打造文化底蕴与时代精神交相辉映的集团品牌；以扎实的工作实绩支撑集团的改革发展，加快展现文化强企的现实模样；以创新的体制机制推进集团的改革发展，不断开创千帆竞发的生动局面；以更好的精神状态、更好的工作成绩，迎接党的十八大的胜利召开。

中国儿童艺术剧院

2011年是中国儿童艺术剧院坚持“一切为了孩子”辛勤耕耘的第55年，也是全面建设开拓创新稳步发展之年，还是建院以来首次走进海南省、宝岛台湾和墨西哥进行巡演之年。一年来，在文化部党组的正确领导下，中国儿艺认真贯彻落实党的十七大特别是十七届六中全会精神，聚精会神搞建设，一心一意谋发展，积极探索市场经济条件下国家儿童艺术剧院的科学发展之路，焕发出了新的生机与活力，在社会效益和经济效益上实现了鼓舞人心的新跨越。

一、创作和演出社会效益与经济效益双丰收

2011年，中国儿艺新创作了4部儿童剧。《小卡车·变变变》是与日本道化剧团合作的“变变变”系列剧的第三部作品，深受少年儿童和家长的热烈欢迎；动漫舞台剧《绝对小孩》实现了中国儿艺与台湾地区艺术家的首度合作，将四格式漫画搬上儿童剧舞台，荣获了第二届国家艺术院展演剧目奖；《伊索寓言》是世界经典童话年的首部剧目；《延安保育院》是与陕西旅文演艺创作有限公司联合共同创作的大型历史歌舞剧。

2011年，有4部剧目参加文化部举办的国家艺术院团优秀剧目展演，《小蝌蚪找妈妈》荣获优秀演出奖，《皮皮·长袜子》荣获演出奖，《绝对小孩》和《十二生肖》荣获剧目奖。同年《十二生肖》还荣获了中国文化艺术政府奖首届动漫奖最佳动漫舞台剧奖。

2011年，中国儿艺全年共上演了19部儿童剧，演出581场，覆盖全国16个省（区、市）、39个市、县，观众达55万人次。创作和演出社会效益与经济效益双丰收。

二、首届中国儿童戏剧节打造品牌圆满成功

7月16日至8月28日，由中国儿童艺术剧院主办的“首届中国儿童戏剧节”，历时42天，汇集了39部国内外优秀剧目，演出215场，观众达15万人次。戏剧节的优秀剧目展演、学术交流、公益演出、戏剧嘉年华等活动，亮点突出，成效显著，引起舆论的广泛关注，受到社会的普遍好评。首届中国儿童戏剧节是新中国历史上演出时间最长、场次最多、范围最广的一次儿童戏剧活动，为国内外儿童戏剧同

行提供艺术交流的广阔舞台，充分展示了儿童戏剧发展的成果；戏剧节组织的各种公益演出和社会宣传互动活动引起社会的广泛关注，如专门邀请太阳村服刑人员的子女走进剧场观看演出、为航天人子弟们举办专场慰问演出等，充分调动了社会各界关注儿童戏剧事业的热情；首届中国儿童戏剧节在陶冶孩子情操的同时，特别注重对孩子知识、道德、艺术素质的培养，是一次“真、善、美”的集中演绎，充分满足了暑期儿童的文化需求；首届中国儿童戏剧节期间还举办了“2011中国儿童戏剧研讨会”，全国28个儿童剧院（团）的领导和儿童戏剧专家、学者40余人，以及日本、韩国、印度、孟加拉国、菲律宾、越南、老挝等国家的15名代表，欢聚一堂，热烈讨论，更加明确了儿童戏剧的前进方向，充分鼓舞了儿童戏剧人不畏艰难奋发图强的信心。中国儿童戏剧人将在这崭新的平台上，总结经验，弥补不足，共同奋斗，提高品质，把它打造成中国乃至世界儿童戏剧的知名品牌，推动儿童戏剧事业的大发展和大繁荣。

三、儿童戏剧对外文化交流扎实推进再创佳绩

以弘扬中华文化为目标，坚持“请进来”和“走出去”相结合，盯住世界儿童剧演出市场搞创作，努力实现中国儿艺在国际上的代表性作用，中国儿童艺术剧院迈开了走向世界的坚实步伐。

8月13日至15日，中国儿童艺术剧院专门邀请了日本、韩国、印度、孟加拉国、菲律宾、越南、老挝等国家的15余名代表，在济南举行了阿西特基ASSITEJ(国际儿童青少年戏剧协会）亚洲会议。这次阿西特基ASSITEJ亚洲会议，是一次亚洲各国儿童戏剧工作者的盛会，亚洲各国代表参加了“中国儿童戏剧研讨会”、观摩了首届中国儿童戏剧节暨济南第三届亲子剧节的精彩演出、共同探讨了亚洲各国儿童戏剧的发展与未来，形成了加强交流、扩大合作、共同发展，让儿童快乐成长的共同理念。与会代表纷纷表示：这次会议意义重大、组织严密、内容丰富、影响深远，为亚洲各国搭建了儿童戏剧交流的平台，对促进相互合作和各国儿童戏剧事业发展起到了积极的推动作用。

10月18日至29日，中国儿童艺术剧院大型原创视觉舞台剧《十二生肖》剧组，在周予援院长带领下，赴墨西哥参加第39届塞万提斯艺术节，11天的交流演出在墨西哥掀起了中国文化热，塞万提斯艺术节组委会主席利迪亚·卡马乔在观看了演出后激动地说：“你们的演出太好了！让我感到由衷地震撼！很长时间没有看到这么深刻唯美的艺术表演了！《十二生肖》这台剧目完全符合第39届塞万提斯艺术节的主题——‘大自然的馈赠’，感谢各位艺术家们精湛地演出！希望你们今后能带更多更好的剧目来参加塞万提斯艺术节。”

四、机制创新激发了剧院科学发展的活力

按照“国家扶持、转换机制、面向市场、增强活力”的要求，结合中国儿艺实际情况，积极进行内部机制改革创新，努力探索国家艺术院团科学发展新途径，激发了广大演职员的创造热情，中国儿艺全面建设呈现出了生机勃勃的大好局面。

创新戏剧节办节机制，即“坚持一个宗旨，落实五个并重”。坚持一个宗旨，就是“一切为了孩子”，满足孩子的精神需要，丰富孩子的文化生活，引导孩子健康成长。落实5个并重，一是在剧目的选择上，做到思想内容的引导性和艺术形式的多样性并重。二是在参演艺术院团上做到多种体制、多种性质的经营主体并重。三是在运行机制上做到政府扶持和社会参与并重。四是在经营策略上做到了市场运作和公益推广并重。五是在活动内容上做到了戏剧展演与戏剧研讨和普及并重。中国儿童戏剧节，将坚持一届一届办下去，办出水平，办出品质，使之成为中国乃至世界儿童戏剧的知名品牌。

创新人事分配机制，搭建演职人员艺术创作舞台。在用人机制上，一是完善全员聘用制，总结历史经验，完善聘用合同。二是建立健全岗位设置制度，定岗、定责。三是在聘用方式上实行“分类管理，择优晋升”的办法。四是开展与高校联合办班培养演艺人才，加强在职人员培训，为重点岗位和有发展潜力的青年创作、演艺、经营管理人员提供进修、观摩、交流的机会和学习条件。人事分配机制的创新，适应了剧院发展的新要求，全院人员收入稳定提高，充分调动了全院演职人员的积极性和创造性，保证了剧院以创作演出为中心的各项工作科学、协调、高效地运转。

五、党的建设坚强有力保证了剧院的科学发展

院党委始终抓住党的自身建设不放松，不断提高党委解决问题的能力，增强党组织的凝聚力和战斗力，以“创先争优”为载体，发挥党支部的战斗堡垒作用和党员的先锋模范作用，为剧院的稳定和发展提供了重要的政治保证。一是及时传达学习中

央和文化部党组的会议和文件精神，研究提出贯彻落实的措施，保证剧院发展的正确方向。二是着力搞好领导班子建设，奠定剧院科学发展的基础。按照文化部党组的要求，中国儿艺院党委认真组织召开了民主生活会，会前广泛征求了群众的意见，会上认真开展了批评和自我批评，并制定了整改措施。领导班子成员之间注重思想交流，齐心协力干事业，形成了“学习、团结、有为”的领导集体。11月22日，成功进行了党委纪委换届选举，产生了中国儿童艺术剧院第四届党委和第三届纪委，形成了新的领导核心。三是通过支部建设搭建职工和剧院之间的联系桥梁，动员职工为剧院建设献计献策，发挥主人翁作用。通过思想工作，化解矛盾，解决问题，维护大局的稳定。四是建立完善廉政监督制度，保证大额资金的使用和干部的调整符合党和国家的政策要求。剧院还积极引导支持工会和团委的工作，开展集体度假、体育比赛及读书等活动，活跃群众生活。可以说，中国儿艺的领导班子是团结有力的，职工队伍整体的精神面貌是积极向上的，剧院党的建设和群众工作是富有成效的。

2011年，中国儿艺取得了可喜的成绩。这些成绩的取得，离不开文化部党组的正确领导，离不开友邻单位的大力支持，离不开全院演职人员的真诚奉献。

中国儿艺将继续坚持精诚团结、自强不息、埋头苦干、勇于创新，中国儿童艺术剧院的明天一定会更加辉煌、更加灿烂、更加美好！

中央芭蕾舞团

2011年，对文化艺术事业发展来说是极为重要的一年，也是激发文化艺术工作者奋发向上的一年。舞团在经费、作品、市场等重要元素、条件没有明显好转并出现新变化的情况下，紧密依靠上级部门以及社会各界力量，迎难而上，以科学发展观统揽全局，群策群力，结合实际地锐意改革，努力探索，全年忘我地超负荷工作，完成新任务，赢取新成绩，进一步提高了团队的综合素质与品牌效应，强化了中芭的凝聚力和战斗力，促使工作出现历史性的突破，为下一步的改革创新和全面发展奠定了更高起点。

一、整合资源、打造精品

（一）树立WORKSHOP芭蕾创意工作坊长效机制，通过长期积累出戏、出人才

在第一届WORKSHOP芭蕾创意工作坊营造良好创作氛围、取得广泛社会好评的基础上，中芭于4月举办第二届工作坊，有些编导将纪念中国共产党建党90周年和辛亥革命100周年融入到作品中，展现了中国人民反抗封建压迫、追求自由和光明的革命精神；有些编导选用中国古典音乐创作双人舞，作品具有强烈的尚雅风格，深受观众喜爱。晚会节目均由年轻演员利用业余时间创作、排练而成，充分反映了中芭演员旺盛的创造力和朝气蓬勃的精神风貌。中芭邀请挪威著名女编导玛格丽特女士加盟工作坊，演员们从她身上学到许多启发式编导方法，有利于开阔眼界、启迪思维。

（二）积极利用国际文化交流平台合作编排剧目，培养和锻炼艺术人才

中芭近年来一直与法国使馆文化处保持着紧密的合作关系，每年坚持参与“中法文化交流之春”活动，邀请法国知名艺术家与中芭共同创作、演出。在2011年的“中法文化交流之春”晚会中，德籍编导帕特里克根据中国作曲家叶小钢《大地之歌》创编的一段舞蹈以李白多篇文学创作为蓝本，饱含中国古典文化神韵，是以芭蕾为载体歌颂中国文化艺术的独特作品，引起中、法双方观众和业内人士强烈反响。

（三）面向世界“请进来”，为剧团积累精品剧目夯实基础

为使引进剧目保持原汁原味、在国际竞争中脱颖而出，中芭非常重视“请进来”工作。3月，中芭邀请《卡门》、《阿莱城姑娘》专家博尼诺先生来团恢复两个剧目。8月，邀请专家米歇尔来团为优秀青年演员何晓宇、张熙排练瑞士编导大师莫里斯·贝雅的代表作品《火鸟》。根据剧团工作日程安排，还邀请了德国教员罗兰·沃格、捷克教员巴巴拉以及芭蕾大师张伟强和张华芳来团教课排练。

二、面向国际主流观众，加快“走出去”步伐，树立有影响力的中芭国际品牌，以作品和质量赢得世界的普遍赞誉

“走出去”是国家赋予中芭的特殊重要使命，为此，中芭高度重视国外市场的开拓，组合力量，创作一批拿得出、叫得响、镇得住的“拳头产品”，并

精益求精地将作品进行优化组合，以便更加适应国际市场的需求。中芭先后携《大红灯笼高高挂》、《牡丹亭》、《祝福》、《黄河》《天鹅湖》、《奥涅金》、《火鸟》等中外经典剧目先后应邀赴德国、英国、美国和中国香港、澳门特区参加国际知名艺术节和重大演出活动，均大受欢迎，赢得当地观众的高度肯定和国际媒体的高度关注，进一步展现了中芭品牌在当今国际演出市场中的优势地位。

2011年，中芭参加了德国汉堡尼金斯基芭蕾艺术节和英国爱丁堡国际艺术节两个世界最有国际影响力的艺术节，并在时隔6年后，再次访问了国际上颇负盛名的美国华盛顿肯尼迪艺术中心，作为重要代表参加了“中国，一个国家的艺术”演出系列活动，在票房和评论方面取得了双丰收。

值得一提的是，中芭还积极拓展其他领域的对外交流合作。年初，团长冯英代表中芭应邀赴斯图加特芭蕾舞团参加该团50周年庆典活动，并在当地举办的世界芭蕾舞团团长会议上做了有关我国文化艺术发展和中芭现状与前景的介绍，获得与会者的极大兴趣与高度好评。

此外，2011年，中芭还在一系列的国际艺术活动中取得骄人的成绩。如在有“芭蕾奥斯卡”之称的“Benois de la Danse”国际芭蕾舞艺术节大奖中，演员朱妍荣膺“最佳女舞者”奖，在首届北京国际芭蕾舞暨编舞比赛中，年轻演员获得芭蕾艺术基金大奖、古典芭蕾女演员金奖等多项大奖。此外，王启敏、李俊等近20人次应邀赴德国、意大利、奥地利、俄罗斯、智利、中国香港、澳门等地担任客席主演或参加艺术创作，他们的精彩表演和出色创作赢得了邀请方和当地观众的一致肯定，展示了中国芭蕾艺术的精湛技艺和独特的风采。鉴于中芭在“走出去”方面取得的较大成绩，李长春、刘延东等中央领导同志均作出批示，称中芭是把西方艺术和民族文化有机结合的典范，应总结经验，发扬光大。

三、把握市场和展演机遇，加强业内合作，兼顾社会效益与经济效益

（一）演出场次多，演出安排密集，演员付出大

自2010年12月1日至2011年11月30日，中芭共演出154场，其中大型舞剧演出108场，交响乐团举办音乐会11场，公益演出35场（其中“高雅艺术进校园”公益性演出28场）。在经济形势紧张的情况下，演出收入达到2093万元，较上年增长10.2%。在身心疲惫、饱受伤病困扰的情况下，演职员发扬中芭精神，克服长期颠沛、演出条件和待遇艰苦等困难，从剧团大局和长远发展出发，积极补台、大力支持，使得全年演出任务高质量圆满完成。在海南“三下乡”活动中，演员冒着倾盆大雨在临时搭建的水泥台演出《红色娘子军》，感动了当地老百姓；在外地巡演某地，很多演员因食物中毒身体虚脱，大家强忍病痛互相补台，没有辜负当地观众的期待；在香港文化中心，为保证4天内完成3台演出的布景和灯光，舞台技术人员熬夜装台没有休息时间。

（二）围绕“走基层、转作风、改文风”大力开展文化惠民服务

中芭以勇于担当社会责任、深入基层普及高雅艺术、促进全社会共享文化大发展大繁荣成果为己任，无论巡演日程多么紧张，都安排到比较艰苦的城市进行若干场演出，邀请买不起票的老百姓观看演出，比如，在广东肇庆，免费邀请当地老百姓观看演出之前的带妆彩排，在广东中山，交响乐团在社区举办现场音乐会，在河南洛阳，演员和观看演出的热心观众、弱势群体和学生进行面对面交流。发挥国家院团示范作用，勇于担当社会责任，深入基层普及高雅艺术，促进全社会真正共享文化大发展大繁荣成果。

芭蕾表演具有特殊性，对场地要求很高，但演员能够发扬中芭精神，克服各种困难，在露天、下雨等不利条件下为基层老百姓开展公益演出，演员摔倒后马上站起来继续演出，非常感人。乐团在噪音大的环境中不抱怨、不放弃，坚持为社区居民和农民工兄弟举办音乐会。很多观众称赞中芭不娇气，中芭是一支铁队伍，并鼓励中芭队伍永远向太阳。

（三）积极参加文化部主办的“2011年国家优秀剧目展演”

2011年，参展剧目流派纷呈、风格各异，包括芭蕾舞剧《卡门》和《阿莱城的姑娘》、《大红灯笼高高挂》以及“自由的放飞——中央芭蕾舞团第二届芭蕾创意工作坊作品展演”。参演的3台剧目、6场演出的平均上座率达到95%，较之去年基本保持平稳，受到了来自观众和评审专家的热烈好评。参演剧目和个人获得了“优秀剧目奖”、“优秀演出奖”、“优秀导演奖”、“优秀表演奖”等8项荣誉。

（四）广泛拓展艺术界合作

2011年年初，中芭团长冯英应邀赴斯图加特芭蕾舞团参加该团50周年庆典活动，并出席了在当地

举办的世界芭蕾舞团团长会议，扩大了中芭在国际舞蹈领域的知名度和影响力。为充分体现舞蹈与音乐的完美结合，中芭不仅与中国爱乐乐团首次联袂演出芭蕾舞剧，而且邀请国际著名指挥家马克思·博默为交响乐团排练“命运交响曲”音乐会，一方面提升了乐团艺术质量，另一方面加深了中芭与国际音乐界的联系。

（五）多次举办高水准音乐会

在完成为剧团伴奏的本职工作外，中芭交响乐团先后举办“格拉芙曼钢琴独奏音乐会”、穆索尔斯基“图画展览会”、“马勒第七交响曲”等11场专场音乐会。通过排练和运作专业音乐会，交响乐团整体得到很大锻炼，艺术水平和综合组织能力得到了业内外人士的广泛赞誉和肯定。

四、创新管理机制，全力推动芭团工作走上新台阶，但仍然面临很多剧团自身无法克服的问题

鉴于剧团基本支出经费越来越紧张，入不敷出、捉襟见肘日益明显，严重制约了整体工作发展，针对这一无法避免的现实，在制定2011年工作计划时，剧团加大商演力度以增加演出收入来缓解问题。为了这一工作得以顺利开展，中芭继续推进改革，创新管理机制，着手提高剧团经营管理水平。经人事调整后，更加明确了“规范管理、人尽其能”的理念，在演出部内部实施“项目经理负责制”，经过试行和调整，明确人员岗位职责和具体分工，摆正“责、权、利”三者关系，在配套的部门联动、追责奖惩措施下，各部门齐心协力、踏踏实实并你追我赶地开展工作，顺利地完成了全年演出经营的任务指标。

虽然取得了不俗成绩，但也清醒地看到，有许多制约性和局限性因素存在。这些因素中，有主观方面的，也有客观方面的。有机制方面的，也有自身的。比如：在不少日积月累的旧问题尚未得到有效解决的情况下，一些新矛盾又开始陆续出现。其中最突出、最主要、最困难的就是，团队基本经费严重不足，人员退役没有好出路，这两点直接影响了创作生产、市场开拓、演出经营，也影响了引进、培养和留住人才，阻碍了“走出去”战略的实施。

为保证最起码的运作经费，剧团不得不超负荷地强化商演力度。鉴于国内目前的芭蕾舞演出市场并不成熟，这种“广种薄收”模式只能暂时缓解燃眉之急，代价是团队长期的疲于奔命，职业病非常严重，演员身心俱疲，健康受损，而且压缩了创作时间，消耗了创作精力，影响到团队的执行力与发展力，一步步趋于恶性循环。

随着文化体制改革的不断深入，中国芭蕾事业的发展将面临着新的机遇与挑战。剧团艺术创作、人才培养、演出推广、产业运作等方面与人民群众日益增长的精神文化需求、快速发展的现代传播手段、不断扩大的对外开放格局相比，还不完全适应。因此，在国家加大文化投入、鼓励文化创新的新形势下，中芭将不断增强危机意识和忧患意识，按照党的十七届六中全会提出的总体要求和国家“十二五”规划制定的蓝图，自觉、主动地加强自身建设和发展，努力开创中国芭蕾事业新局面，把中芭建设成为具有鲜明民族特色的世界一流剧团，在政府主导下，全力以赴将文化艺术事业发展繁荣推向新的高度，不辜负党和人民群众对我们的重托与期望。

中国美术馆

2011年，中国美术馆在文化部的领导下，以新的文化理念为指导，坚持“以公众为中心”的办馆宗旨，通过自身努力与探索，改革与创新，站在免费开放与新馆建设的新起点上，通过采取一系列措施，使各项服务变成文化惠民的实际成果，努力实现“美术馆文化”为社会共享。

一、积极响应国家政策，率先实现面向公众免费开放，打造文化惠民新平台

中国美术馆作为国家重点美术馆，积极响应2011年年初“三馆”免费开放政策，在文化部的支持下，率先于“两会”召开之前的3月2日正式面向社会实行免费开放，得到社会的广泛关注和人民群众的热烈欢迎，也成为2011年“两会”期间最受关注的文化新闻。为保证免费开放工作的顺利实施，成立了以馆长为首的免费开放工作领导小组，及时制定相关规定，实现了人员与展品的安全保障，营造了良好的参观环境，建立了免费开放的长效保障机制。

免费开放使国家艺术殿堂“无门槛”，更多的人得以走进美术馆、走近艺术。一方面带来观众结构更加多元，更为丰富，突出表现增加了以家庭为单位的观众群、青年和学生为主的观众群、国际观众群和团体观众群。另一方面使公众在文化心理上增强了主人感，自觉形成了美术馆与公众之间的和谐关系，全年参观人数达105万人次，实现了历史的新高。先后接待了贾庆林、李长春、贺国强等中央领导和部级领导50余人次，其中常委以上领导10余人次。

二、加大自主策划力度，丰富服务内容，形成精品纷呈的展览格局，满足多层次、多样化的审美需求

中国美术馆把丰富服务内容，创新服务手段作为重点，加强了展览的策划和展示效果的艺术性 。2011年，共举办各类展览126个，其中自主策划展览19个，参与主办展览20个，承接外来单位主办展览88个。其中如"中国美术馆50年捐赠作品大展"、"光辉历程·时代画卷——庆祝中国共产党成立90周年美术作品展"、"百年风云·壮志丹青——纪念辛亥革命100周年美术作品展"均成为有广泛社会影响的大展。其中在"建党展"期间，邀请老革命艺术家结合创作讲革命传统，开展党史教育等公共教育活动，把社会主义核心价值体系教育融入公众欣赏艺术的过程中。此外，"延展生命：国际新媒体艺术三年展"、"大众篆刻——李岚清篆刻书法艺术展"等展览，都以规模宏大、主题鲜明、艺术精湛、设计新颖，体现了国家美术展览的高水准。免费开放之后，我馆在展示主题、作品、形式等方面做到更加优化与创新，实现了用精品艺术反映时代，用高雅艺术影响大众的文化使命与功能。

三、构建立体的公共教育方式，创新服务形式，开拓服务理念，延伸展览空间，使公众获得综合的文化与教育

免费开放后，中国美术馆加强了公共教育的学术投入和经费投入，吸引更多观众走进美术馆并享受教育体验。

一是创新升级学术讲座与导览，在"中国美术馆学术讲座"这一品牌中增加了艺术家讲座的比重，精心策划"与艺术家对话"活动，开展"带你看展览"的新品牌活动。邀请策展人、艺术家、专家学者和捐赠者等在展厅与观众互动，调动了参观热情，拉近了艺术家与观众的距离。二是在稳固发展"我在中国美术馆画画儿"这些老品牌优势的同时，又开拓出"艺术家教我来创作"和旨在促进馆校合作的"我在美术馆上课"系列教育项目，开创多姿多彩的"亲子互动"以及"艺术创意工坊"。全年共为儿童、家长、老师等提供教育服务近万人次。三是注重志愿者队伍管理的规范化。注重美术史论方面人才的引进与培训，英语志愿者的专业翻译等服务还为我馆赢得了良好的国际声誉。四是社区拓展与公众服务方面不断创新，全年先后接待党团组织、社会团体、学校等近80个团组参观。

中国美术馆公共教育向着学术化、专业化、国际化方向的进一步迈进，成为艺术博物馆综合文化功能区别于其他画廊艺术空间的重要标志，凸显了国家美术馆在当代艺术生态中的特殊价值。

四、丰富国家艺术典藏，积累服务资源，加强馆藏保护利用，发挥藏品的社会效益

2011年，中国美术馆继续通过常规收藏和专项捐赠为国家艺术典藏不断积累财富。全年入藏艺术品共计581件，其中常规收藏133件，获得捐赠448件。中国美术馆积极争取艺术家的无私奉献，认真举办捐赠作品展、学术研讨会、新闻传播、出版捐赠作品集等一系列活动，弘扬捐赠者的崇高境界，在艺术界和整个社会产生了良好的影响。

2011年的典藏工作围绕藏品修复、藏品制度建设、库房管理与维护、数据库建设和为重大展览提供藏品支持全面展开，积极做好藏品的社会服务，向全国各兄弟馆借出作品近200件。同时，推动修复中心项目的建设，全面修复了邓拓捐赠的中国古代绘画，将藏品修复工作列入全馆重要的业务环节之中。

继续发挥馆藏作品的功能，推动实现文化资源均等化，在大连和石家庄举办"国家重大历史题材创作工程巡展"，参观观众都在10万人以上，其中赴石家庄展览还应邀延长了展期。各大媒体纷纷采用"震撼"、"轰动"的标题字眼报道展览的盛况，取得了超出预期的效果。

五、不断拓宽渠道，开展国际与地区艺术交流，推动美术领域的"走出去"和"请进来"

2011年是中国美术馆对外艺术交流、输出高质量展览的硕果年。先后组织策划赴日本参加"中日韩三国传统工艺作品展"，赴意大利举办"超越传统——中国现代绘画大师展"、"舞影——中国美术馆藏皮影艺术珍品展"，赴澳大利亚举办"心灵的景象——中国当代水墨人物画展"、"新境界：中国当代艺术展"，赴美国举办"半边天——中国当代女性艺术展"、"山水意园——中国当代公共艺术展"，赴印尼举办的"李岚清篆刻艺术展"，这些展览从策划到实施，体现了中国美术的文化主流价值和国家美术馆的专业水平，各项展览都获得了当地主流社会的欢迎与赞赏。

同时为了开拓国内观众的艺术视野，中国美术馆积极引进优秀的外国艺术展，让更多的观众欣赏到优秀的外国艺术精品，使中国美术馆成为国际艺术交流精彩纷呈的大舞台。

在台、港、澳交流方面，2011年中国美术馆举办了多个台湾艺术家展览，增进了与台湾艺术界人士的专业交流与友好情谊。同时积极推动两岸美术馆际的合作，通过建立长效机制，提升对台艺术交流的水平。

六、注重学术研究，加强数字美术馆建设，以积极的舆论信息传播和精致的文化产品服务，树立社会声誉和文化形象

中国美术馆积极推进20世纪当代中国美术的学术研究、展览与项目策划以及博物馆学的相关活动。2011年，配合重大展览活动举行了7场学术研讨会，同时在重大展览的学术策划、展览的具体实施、画册编辑、撰写新闻稿以及相关学术活动中都发挥学术的核心作用。继续进行国家重点课题“中国民间美术著名传承人创作现状调查”的研究，完成田野考察6个省12个传承人的调研任务。

为进一步发挥文化资源与科技相结合的优势效应，不断增强科技成果对公共文化服务体系建设的推动作用，积极推进数字美术馆建设，进一步加强了网站、月刊、年鉴的改版升级建设。全年网站日均访问量达6.9万余次，比上年增加1.2万次。《中国美术馆》月刊增加了“艺术博物馆学”等特色栏目，扩展了“专题策划”等栏目的学术容量，有效地延展了我馆的学术影响，突出了“美术馆”专业期刊的特色。

新闻宣传着力转变思路，以为公众提供更好地艺术鉴赏为宗旨，大胆拓宽宣传渠道，丰富宣传方式，在以往推荐优秀展览、及时提供艺术资讯的基础之上，更注重引导公众了解美术馆、解读文化艺术，同时媒体也成为公众监督美术馆工作的重要力量。全年策划和实施新闻会宣传活动19个，媒体报道和刊发新闻3330条，网络转载万余条，其中电视媒体播报165条，中央媒体播报78条，中央级媒体对馆领导和重要展览的专访近20次。

在艺术衍生品经营开发方面，中国美术馆提倡的“把美术馆带回家”的理念不断深入人心。2011年借着免费开放的东风，以为观众提供更好的艺术纪念商品为宗旨，取得了一定的成效：一是紧跟重大展览项目，注重随展纪念品开发的时效性。二是认真研究馆藏特色，使衍生品开发常规化。三是拓宽合作渠道，亮出美术馆品牌，将美术馆的艺术衍生商品推向市场。研发的艺术商品还多次被文化部等上级主管单位和其他项目合作伙伴选为外事活动的重要礼品，在国际上得以推广。

七、提高综合管理效率与水平，激发人才机制创新活力，营造环境，保障安全，使美术馆服务更加人性化

2011年，中国美术馆在内部行政职能、人事管理、财务分配、后勤服务、安全保卫等方面积极创新，不断探索新的方式方法，为确保顺利完成中心任务提供坚实的保障。

行政管理方面发挥综合协调职能作用。通过进一步完善公文办理和会议制度，有效提高了综合性文稿起草质量和重大事件的应急能力，全年共办理各种公文1032件，实现了全馆工作部署的通达协调与落实。财务管理服务事业发展大局，特别是树立免费开放对公众服务的意识，在展览设备、展览制作、展览硬件上加大投入的力度。人事管理注重制度建设和人才队伍建设，使岗位管理更加细化，用人制度更加灵活。通过招聘引进人才，采取多种形式培养人才，为强馆建设积蓄高素质、有活力的人力资源。安全保卫针对免费开放新的实际，把“安全工作无小事”作为工作的出发点，把“实现安全服务”作为衡量工作的标准，在全年百余个开幕活动中，在几十次重要参观活动中，没有出现失误和事故，不断完善免费开放后各种处置突发事件预案，及时完备安防、消防设施，增强责任意识。全年累计安检观众80万余人，检查包裹60万余件，查处危禁物品9000余件。后勤服务紧密结合免费开放出现的新情况，采取有效措施为观众创造良好的参观环境。同时在国有资产、设施建设、医疗保障、职工福利等方面提供了有力保障。

八、围绕中心，服务发展，努力提高党建工作水平，营造安定和谐氛围，为事业发展提供思想和组织保证

2011年，中国美术馆坚持“围绕事业抓党建，抓好党建促发展”的工作思想，以庆祝建党90周年为主线，以开展“创先争优”活动和学习型党组织建设为载体，在加强基层党组织的思想、组织、作风、制度和廉政建设方面不断创新手段，注重发挥党员先锋模范作用和党支部的战斗堡垒作用，为全馆各项工作任务的完成提供了有力的思想和组织保证。

深入学习贯彻胡锦涛总书记“七一”讲话精神和党的十七届六中全会精神，结合开展“为民服务创先争优”活动，把向杨善洲同志学习落实到工作中，不断深化党员干部对提高公共文化服务水平的认识。同时围绕庆祝建党90周年，开展党史知识竞赛活动、邀请老艺术家讲党课、新党员党旗誓言、红色旅游、座谈会等一系列主题教育活动，使社会主义核心价值教育不断深入人心。

加强组织建设和廉政建设。完成馆党委、纪委的换届选举工作，新一届党委、纪委认真研究新形势下公益性文化事业单位党建工作特点，撰写研究报告，使党委、纪委各项工作更加规范化。同时，注重加强党、团支部建设，本年度共发展新党员8名，并完成共青团支部换届选举工作。深入学习贯彻中央纪委六次会议和国务院廉政工作会议精神，在干部选拔、人员招聘、设备采购和基建工程招标等工作中实施纪检全程监督。领导班子在重大展览项目、重大财务支出等都贯彻执行民主集中制，确保了行政权力正确行使。

加强党群关系，发挥工会作用。一年来，组织参加文化部迎“七一”群众歌咏比赛获得了较好的成绩；组织举办了职工庆祝建党90周年书画展、摄影展、革命圣地采风创作展等；组建了职工篮球队、职工书画院。通过各项活动凝聚人心、振奋精神，充分调动了广大职工的工作积极性。积极做好老干部工作，坚持节假日走访慰问离退休人员，帮助解决实际问题，开展适合老年人的学习参观活动，丰富了离退休人员的晚年精神文化生活。

九、加强国家重大文化设施建设，适应国家美术馆向现代艺术博物馆形态转变的时代要求，全面推进新馆建设

在“十二五”规划中，国家美术馆建设项目已经成为国家重点文化建设项目，得到中央领导的高度重视。该项目在国家发改委和北京市的支持下，在文化部重大文化设施建设领导小组的部署和指挥下，经过多方努力，前期工作进展顺利，取得积极成果。本年度在完成了项目方案设计竞赛征集后，邀请招标正式开始；获得了增加5000平方米的新馆占地面积；方案设计费在现行国内标准下实现突破，项目单方造价获得发改委认可；设计任务书编写完成，规划意见书办结；基建年度投资到位等，这些努力为加快推进新馆建设打下坚实的基础。

新馆设计任务书的编写是保障方案设计成功的纲领性文件。为保证设计任务书编写更加科学，在工作方式上开拓创新，大胆尝试引进人才，由代理公司编制任务书改为自己编写，取得成功，得到国家发改委、文化部和北京市相关部门的肯定。随着经验的积累，成立了“中国美术馆建筑与艺术研究中心”，以此推动全国美术馆建设的科学化。

中国国家画院

2011年是中国国家画院各项工作取得重要进展的一年。在文化部党组及各司局领导的关心指导下，借着党的十七届六中全会的东风，在文化大发展大繁荣的时代背景下，中国国家画院紧紧地围绕创作和研究两大核心工作，依托画院建院30周年这一重要契机，开展了多项重要的学术活动，在学术界乃至整个社会都产生了积极而重要的影响。同时开创性的开展各项工作，取得了很好的效果。具体内容如下：

一、深入学习贯彻六中全会精神，落实创研实践

中共中央第十七届六中全会全面总结我党领导文化建设的成就和经验，深刻分析文化建设面临的形势和任务，研究部署了深化文化体制改革、推动社会主义文化大发展大繁荣，对进一步兴起社会主义文化建设新高潮，夺取全面建设小康社会新胜利、开创中国特色社会主义事业新局面、实现中华民族伟大复兴，具有重大而深远的意义。

党的十七届六中全会在全国范围内，特别是文化艺术领域引起了极大反响。中国国家画院作为国内最高级别的美术创作、研究机构，多年来为推动中国当代美术的繁荣发展作出了重要贡献。在六中全会结束后，画院第一时间组织全体工作人员和艺术家学习全会精神，撰写心得体会。并将六中全会精神积极贯彻到创作和研究实践中，在一系列展览、研讨、交流中取得了积极的效果，这对发挥国家画院对全国美术界的引领和导向作用，以及促进中国当代美术繁荣发展具有积极意义。

二、以创研为核心，推动文化繁荣发展

创作与研究是中国国家画院的两项核心工作，也是国家画院改革与发展的根本。2011年，在紧抓创作与研究工作的基础上，切实取得了突出成绩。

（一）举办多个美术作品展，以展览带创作，打造精品力作

1.“东方既白——中国国家画院建院30周年美术作品展”。此次展览是中国国家画院建院30周年庆典系列活动的重要项目之一，展览在国家博物馆举办，共分为8个展览，占用了国家博物馆9个展厅，共有300余人的1000余件作品参展，是近年来中国美术界展览规模最大、质量最高的一次重要展示。

2.“写意中国——中国国家画院国画、书法专业作品展”。作为第13届中国上海国际艺术节的重要组成部分，这是画院第二次与中国上海国际艺术节组委会合作，联合主办以“写意中国”为主题的美术作品展览，取得了很好的效果。此次展览汇集了画院国画院和书法篆刻院近100位艺术家的200余件精品，以方增先、刘文西、沈鹏、冯远、刘大为、杨晓阳、卢禹舜、张江舟、解永全、曾来德等为代表的老中青三代艺术家，体现了目前中国画和书法篆刻创作的最高水平，在当地美术及社会各界引起了比较大的反响。

（二）开展学术研究

1. 各项国家级科研课题进展顺利。2010年，获批的国家社科基金重点课题《中国画院史》已经开始启动，组织了一个实力较强的撰稿人队伍，并分别着手收集资料，进入提纲撰写阶段。同时制定了详细的工作计划，预计用2年左右的时间完成此项课题。另外一项国家重点课题《中国现代美术史》已经进入最后的撰稿、审校阶段，预计在半年内将完成课题全部的撰稿工作，并进入结题程序。另有多项个人承担的国家一般、国家青年科研课题也正在有条不紊的进行之中。

2. 院庆30周年国际论坛。此次建院30周年庆典系列活动，画院主办了以“全球化背景下的中国当代美术”为主题的大型国际学术论坛。此次论坛不但邀请了以邵大箴、郎绍君、陈醉、刘曦林、彭德等为代表的国内著名理论家，还邀请了美国、德国、日本、中国台湾等国家和地区的，在国际艺术界具有较大影响的著名学者出席并演讲。共有国内外学者30余人在研讨会上做了精彩发言。此次论坛的举办得到了学界的一致认可，被认为是近年来美术界举办的各种研讨会中水平、质量最高的一次。

3. 开展《共和国60人口述美术史》影视工程。鉴于一批优秀的老美术家年岁已高，画院以抢救美术史资料为己任，自2009年5月起，策划并启动了《共和国60人口述美术史》影视工程。该工程以国家画院为主导，国家画院与北京新闻电影制片厂联合拍摄。至12月底，完成20位美术家的拍摄，在“CCTV发现之旅”频道播出8集（一人一集，一集30分钟）。播出后，受到学术界和普通观众的一致好评，起到了抢救资料、普及美术教育的双重作用，扩大了画院的社会影响力。

三、完善人才队伍建设，打造国家级团队

党的十七届六中全会特别强调文化人才队伍建设的重要性。人才是推动中国美术乃至中华民族文化繁荣发展的重要条件。鉴于此，画院以专聘结合的方式，打破年龄、专业、地区等限制，在全国范围内吸收各专业领域的代表人物进入中国国家画院，打造顾问、院委、研究员等各级梯队共300人的国家团队。这对推动中华民族文化的发展并提升国际影响力具有重要意义。7月，画院在京召开了“中国国家画院第一届全体大会”，这次会议是建院以来规模最大的一次，来自全国各地的画家和理论家200多人齐聚中国国家画院，畅谈国家画院的发展前景，共谋中国当代美术发展的未来。

需要特别说明的是，在这近300人的专家团队之外，中国国家画院青年画院还承担着发现、培养、推荐全国优秀青年艺术家的任务。通过举办展览、写生等活动发现人才，为我国美术事业做好人才梯队建设工作。

四、确立“大美为真”的学术追求

2011年，在总结和梳理前三任院长的学术追求的基础上，发现画院30年的发展历史，具有内在相互关联的学术追求。李可染院长提出“以最大的功力打进去，以最大的勇气打出来”，刘勃舒院长提出“继承与坚守”，龙瑞院长提出“贴近文脉，正本清源”。在此基础上提出了“大美为真”，强调“一人一品”，强调中国精神、中国风格、中国标准。“大美”语出《说文解字》“羊大为美”。《庄子》有“天地大美而不言”。中国人强调“美才是真，才是本质的真”。“大美为真”也将作为画院院训被深入实践和推广。

五、建院30周年庆典系列活动

2011年是中国国家画院建院30周年，以建院30周年庆典系列活动为契机，总结过去，开拓未来，打造中国美术繁荣发展局面，推出大家，打造精品力作。

此次院庆活动得到了党和国家领导人的亲切关怀，温家宝、李长春、贾庆林、刘延东、刘云山亲临展览现场参观。温总理特别委托文化部蔡武部长向全国艺术家转达问候，李长春同志参观展览以后，对我院提出要“引领国际美术发展潮流”，“中国国家画院要始终处于中国美术的最高殿堂”等期待与要求。

（一）东方既白——中国国家画院建院30周年美术作品展览

此次建院30周年美术作品展共分为8个展览，占用了国家博物馆9个展厅，1000余件参展作品，名家大师云集，展览规模空前。原人大常委会副主任许嘉璐、全国政协副主席陈宗兴、团中央第一书记陆昊，文化部党组成员李洪峰等领导同志出席开幕式，并有来自全国各地的著名学者、艺术家、嘉宾、观众等近4000人参加了开幕式，为新国博落成之后规模最大的一次。

（二）建院30周年庆典大会

庆典大会在人民大会堂举行，阿不来提·阿不都热西提、孙家正、陈宗兴、李蒙等4位政协副主席，文化部部长蔡武，全国文联党委书记赵实，光明日报总编胡占凡等各部委领导，以及来自全国各地的领导、嘉宾和著名艺术家共700余人出席。会后在人民大会堂金色大厅举行了庆祝晚宴。

（三）国际论坛

以“全球化背景下的中国当代美术”为主题，共有来自国内外著名学者100余人参加，囊括目前国内最重要的理论家以及国际著名学者。参会共计500余人，30余位著名学者在研讨会上发言，研讨取得圆满成功。

（四）电视专题片

由中国国家画院与中央电视台联合打造名为《水墨年轮》的电视专题片共3集，采用目前最高级的高清技术拍摄。本专题片梳理了中国国家画院30年的发展历史，目前已在中央电视台、凤凰卫视等媒体播放，接下来将进一步在各地方卫视以及各数字电视媒体播出。

（五）画册

画册全套共11本，囊括画院历届院委、顾问、老艺术家，以及目前受聘研究员的代表作和院藏作品。由申少君设计，雅昌公司印刷，人民美术出版社出版发行。是目前美术界出版的最大部头的一套美术作品集，产生了很好反响。

（六）媒体宣传

《人民日报》、《中国文化报》、《光明日报》、《美术报》、《中国艺术报》、《人民政协报》、《参考消息》、《上海东方早报》等报纸以56个整版，《中国新闻》、《美术》、《美术观察》、《中国美术馆》、《中国美术》、《中国国家美术》、《中国国家画廊》以5个专刊、471个整版（页），总计527个整版的规模，对国家画院院庆做了详细报道。另外，新华网、文化部网、凤凰网、中新网、雅昌艺术网等20余家网络媒体对院庆做了详细报道和现场直播。

六、基础设施建设

（一）为贯彻六中全会精神，在全国范围内的重点地区建立中国国家画院美术创作中心、基地，带动地方美术创作及各项文化事业蓬勃发展

在原有国展、盘龙谷、圆明园等中心的基础上，新增（1）环太湖艺术城（常州），（2）外滩艺术中心（上海），（3）岭南创作中心（东莞）。

各项基地的建设都是画院探索与地方政府和企业合作的成果，目前已经总结出一套比较完善的合作模式，这对提升中国国家画院的知名度和影响力，带动地方文化艺术事业发展都发挥了积极的作用。

（二）院内庭院改造

为迎接建院30周年庆典，画院有计划地对院内环境进行了改造，新建假山、凉亭，铺设草坪，净化水池，栽种荷花等，成效显著。

（三）院址东扩工程有序进行

在发改委、文化部、北京市政府和海淀区政府的帮助下，画院院址东扩工程逐步推进，市政府已责成海淀区政府协调搬迁用地，各项工作在协调落实中。

七、宣传工作力度加强

（一）《中国国家美术》改版、《中国国家画廊》创刊

《中国国家美术》改版工作顺利完成，已经出版4期，即将出版第五期。从栏目的调整到编辑人员的增加，都和我院整体的发展相适应，该杂志以学术为主，在美术理论研究方面刊发了很多重要文章。《中国国家画廊》创刊工作已经完成并出版4期，即将出版第五期。该杂志以艺术市场和艺术创作为核心，报道、分析艺术市场，推荐优秀艺术家。

（二）中国国家画院网站改版

中国国家画院网站在院庆期间已经完成改版，改版后的栏目在原有基础上加强了学术、收藏、市场、数据等内容。现有大美术新闻、视频新闻、新

闻会客厅、学术研究、展览交流、艺术市场、教育培训、画院收藏、院报院刊、画家数据库、学者文库、中国美术发展工程、数字画院等15个栏目。

（三）申办《中国国家美术报》

申办工作得到出版总署领导的大力支持，现各项手续正在办理过程中。《中国国家美术报》由国家画院主办，面向海内外美术家，将以大容量的美术资讯、高质量的美术作品在当今美术类报纸中占据领军地位。

八、公益性活动频繁

作为公益性事业单位，画院积极响应党的十七届六中全会“大力发展公益性文化事业，保障人民基本文化权益”的号召，开展了多项工作：1. 继续进行“三下乡、三贴近”活动。先后赴山东、甘肃、山西、内蒙古等地，通过到基层写生、慰问、组织展览等活动，带动地方美术创作。2. 画院2011年还开展了多项公益性活动，帮助各界困难群体。（1）与其他公益机构联合，开展书画捐赠拍卖活动，帮助失学儿童，产生了积极的社会影响；（2）成立“中国国家画院扶贫基金”。3. 与各国营、民营企业合作共建，在山东、上海、广东、江苏、内蒙古等地举办展览、论坛等活动，推动地方文化事业和文化产业发展。

九、艺术培训顺利开展

通过美术培训等方式，培训全国艺术家。目前，画院共有各类高研班30余个，分别聘请目前国内最高水平的艺术家担任各工作室导师，目前教学培训中心共有学员500余人。通过多年的教学实践，取得了很好的效果。

中国动漫集团有限公司

中国动漫集团有限公司成立于2009年11月，是文化部两个直属事业单位（文化部文化市场发展中心、中国演出管理中心）改制转企基础上组建的国有独资企业。出资人为财政部，业务管理和指导单位为文化部。公司成立的目的是为了培养国家骨干文化企业，促进国家动漫产业发展。中国动漫集团有限公司（以下简称动漫集团）根据文化部、财政部的指导意见，确定了动漫集团的宗旨是成为中国动漫游戏行业的综合服务提供商。此外，还承载着国家动漫产业示范园区建设和代表中华文化精品动漫产品的制作业务。

“十二五”（2011～2015年）是我国经济社会发展的重要时期。动漫集团在国家及文化部“十二五”发展规划的指导下，科学合理地编制动漫集团“十二五”产业发展规划，力争能够在5年的时间里，逐步实现规划目标。

2011年，成为动漫集团转换发展方式、全力进军动漫游戏行业的产业调整年。动漫集团董事会科学决策，经营团队执行有力，全体员工转变思想，奋发有为，主营业务朝着预期方向发展，呈现出良好态势。实现了2011年年初制定的经济目标，改变依靠事业和原有业务收入为主的状况，实现结构调整与发展方式转换。2011年主要工作有：

一、加强领导班子建设，加强员工队伍建设

动漫集团领导班子经历了不断充实完善的过程，2011年基本配备齐全。经过一年的磨合和探索，基本形成了董事会、总经理办公会、党委、监事会四套班子。四套班子各司其职，分工合作，通过董事会、核心会议、领导班子会、总经理办公会、部门会等会议制度的工作机制，建立了议事、决策、执行、监督的管理机制。保证了全年工作的开展。

领导机制有了保证，还要切实解决全体员工对新业务的熟悉和了解，为此，动漫集团党委牵头开展了“动漫扫盲年”系统学习计划，全年邀请全国动漫届人士开设了30堂动漫课，让全体员工对动漫产业有了基础的了解。与此同时，党委还组织了西柏坡、井冈山、延安等多次全体党员的现场学习活动，有力地促进了动漫集团骨干队伍思想建设工作。此外，还积极开展了多项业余活动，为企业文化建设奠定了基础。

动漫集团坚持不懈地推进改制后续工作，在多方面的共同努力下，基本落实了社保衔接工作，为改制工作完成和建立合格的市场主体提供了保障。

二、加强制度建设

动漫集团领导班子意识到，只有加强制度的建设、执行和监督，才能有力保证把集团的业务落到实处，才能形成全新的企业理念。为了切实建设现代企业制度，2011年初建立了系统的企业制度，汇编成册，发给每一位员工，开展学习宣讲。让现代企业管理理念贯穿工作之中。

三、结合实际认真学习党的十七届六中全会精神

党的十七届六中全会是我国文化建设具有里程

碑意义的重要事件，更关系到动漫集团的切身利益。动漫集团组织全体党员和中层干部到延安干部学院，结合延安文艺座谈会的历史和动漫集团5年规划内容，进行深入的学习和讨论。加深了对六中全会精神的理解，坚定了集团全体党员干部的信念。动漫集团全体员工认为，集团五年规划和宗旨定位完全符合六中全会的精神，对未来充满信心。

四、抓实重点业务工作

动漫集团围绕2011年工作重点，狠抓落实，确保业务按照5年规划确定的年度计划，一步一个脚印地完成。

1. 以产权交易方式，优化了子公司的股权结构，提升了其总体价值，使动漫集团在资金运营工作有了良好开端。

2. 以改制方式组建了中国动漫游戏产业股权投资管理有限公司，奠定了动漫集团为动漫游戏行业提供融投资服务的平台。

3. 积极争取国有资本金项目经费，为发展争取有力支持。动漫集团积极向财政部争取国有资本金项目，建立项目数据库，国家财政部给予2.2亿元的项目资金，为动漫集团全面发展奠定了资金基础。首批项目包括国家动漫内容集成分发平台、移动互联网手机内容运营平台等3个项目。

五、实施多项以动漫为主的业务和项目

（一）倾力生产制作一批高质量动漫产品

1. 努力打造“动漫春晚”品牌。在取得2011首届动漫春晚成果的基础上，以励志为主题，聘请袁德旺任总导演、关峡任音乐总监、任卫新任文学总监、侯德健任音乐顾问、赵忠祥、李扬、陈佩斯等任配音演员的2012年动漫春晚，已经于2012年春节在央视少儿频道、央视新科动漫频道及38家省市级电视台在春节期间播出。

2. 开展一批动漫节目合作制作。合作3D动漫电影《熊猫总动员》已于2月3日全国公映；与郑州秋香雅柏文化传播有限公司联合制作78集动画电视剧《安格格时空漫游》、30集电视连续剧《安格格》，已完成制作部分的60%；与韩国联合制作3D立体动画电影《小企鹅波鲁鲁（PORORO）》、中国首部3D立体电视剧《超级英雄》。另外，动漫集团制作3D动画MTV《没有共产党就没有新中国》，作为建党90周年献礼，2011年在央视、北京卫视等滚动播出；承制了文化部办公厅、卫生部疾控局《艾滋病公益宣传片》；策划了北京市交管局项目、郭德纲相声项目、《漫说紫禁城》漫画项目，及张小盒、轩辕剑、水资源等题材；以汉字为创意中心，与中国汉办合作动画片《汉字漫游记》。

（二）积极开展对外联系与合作

先后参与了杭州动漫节、深圳文博会、美国国际品牌授权展、美国E3博览会、中国国际动漫游戏博览会、国际文化贸易论坛及港澳台文化交流活动，多种渠道宣传企业，推广项目，树立品牌，探索合作。与迪士尼（上海）公司签署了战略合作框架议定书，将开展全方位合作。

（三）持续推进艺术品评估、交易等业务

持续开展“20世纪美术作品档案”项目。

（四）成功举办系列国家级展会活动与项目

1. 10月28日至31日，在北京展览馆举办了第九届中国国际网络文化博览会，展会新辟了创意动漫展区和科技动漫馆，市场化趋于成熟，成为2003年网博会首创以来，规模最大、招展成效最丰的一届。

2. 9月28日至10月7日，与首钢总公司、北京市文化局、北京市石景山区政府、北京市丰台区政府在中国动漫游戏城（原首钢二通厂）举办了首届中国动漫游戏嘉年华，对推进部市合作和中国动漫游戏城建设具有重要意义。

3. 2011美国国际品牌授权博览会中国展团组织工作。6月14日至16日，由国际授权业协会主办的2011年国际品牌授权博览会（Licensing Expo）在美国拉斯维加斯成功举办。为期3天的国际品牌授权博览会是国际全球最大、最具影响力的品牌授权展览会，每年几乎吸引全球所有主要的电影制片公司和电视台、顶级视频游戏发行商和重要品牌商出席。2011年是第31届国际品牌授权博览会，有来自82个国家和地区的参展商出席，比上年新增加70个参展商。在国家扶持动漫产业发展部际联席会议办公室的支持下，中国动漫集团公司组织了国内25家优秀动漫游戏企业集团组团参展。中国动漫集团、广东奥飞、湖南宏梦、上海炫动、湖北江通、吉林动画学院等企业联袂出展。它们代表了中国动漫游戏产业发展的整体水平，具有很强的代表性和广泛性。通过举办中国展区开展仪式、展区展览、中外企业专场洽谈、项目合作签约、交流招待酒会等形式多样的活动，中国动漫游戏企业集体在本届博览会上的精彩亮相，受到国际动漫游戏界与品牌授权界瞩目。

4. 据文化部部署，完成宁夏、青海等民族地区动漫宣传推广活动。受文化部委托，动漫集团成功

地举办了两地的动漫边疆行推广活动，举办了展览、讲座、捐书等系列活动。

六、重大活动

（一）首届中国动漫游戏嘉年华

9月28日至10月7日，首届中国动漫游戏嘉年华在首钢二通厂举办。是中国动漫游戏城的“开门之作”，为中国动漫游戏企业搭建一个内容集成和公众参与的平台，为中国动漫游戏城打造商务协同、展示服务和时尚娱乐体验平台。活动以“大动漫”艺术作为主题和灵魂，在中国动漫游戏城打造一个新的国际化大型娱乐活动。文化部副部长欧阳坚为嘉年华活动剪彩。

（二）第九届中国国际网络文化博览会

中国国际网络文化博览会是我国“十二五”文化规划重点扶持项目。不仅是国内最具影响力的网络文化盛会，近年来也已在国际上渐享美誉。10月28日至31日，第九届网博会在北京展览馆举办。文化部副部长杨志今出席了开幕式并致辞。本届博览会在原有的基础上规划了三大结构、四个特性、五类展示。不仅在展场面积上进行了扩容，在内容上进行了规划细分。除了以往的互动娱乐区，网络文化综合区之外，新添了科技动漫馆，动漫衍生品展示区以及移动互联区。不管从规模还是场地对应历届都将是一个新的高点。

2012年，中国动漫集团的重点工作是加快动漫游戏综合服务平台建设，全面奠定集团作为动漫游戏产业综合服务提供商的主体地位。动漫集团将在文化部、财政部的指导和支持下，逐步发挥应有的国家骨干文化企业作用。

恭王府管理中心

2011年是恭王府全面开放的第三年，也是落实“调整、改革、巩固、提高”战略部署的“巩固”之年。一年来，在文化部党组的正确领导下，在各司局和直属单位的支持配合下，在社会各界的关注带动下，在全体干部职工的共同努力下，管理中心坚持以改革创新为动力，以规划项目为支撑，紧紧围绕文物保护、旅游开放、博物馆业务建设、优秀传统文化展示和文化产业发展五大职能开展工作，以事业带动产业发展，以产业促进事业繁荣，开创并巩固了恭王府文化发展的新模式，各项工作都取得了新的成绩。荣获了2011年中国旅游职业装展示大赛金奖、2011年度中国民族建筑传承奖、国家旅游局2011年行风建设工作先进单位以及“北京十佳博物馆志愿者团队”称号。

2011年，适逢中国共产党建党90周年，10月召开的党的十七届六中全会第一次在全会上专门讨论文化改革发展的有关问题，并第一次以全会决定的方式对文化改革发展作出了部署，空前提升了文化在综合国力竞争中的地位和作用，恭王府随之迎来了新的机遇和新的期待。

一、制度与规范

坚持体制机制创新，深化机构改革；建设学习型机构，理论学习与业务培训相结合，增强职工队伍建设。依靠人才、规范制度、强化管理，各项工作得到全面巩固。

（一）健全机构建制，强化协同配合

实现事企分开，明确事业和企业职责分工；独立设置“综合经济管理办公室”，对工程、项目和经济活动的管理和监控更为有力；提升业务部门的核心地位，拓展业务职能，明确分工和协作；细化支撑保障体系的职能和作用，明确职责和分工，强调协调配合，保证各项工作顺利开展；增设退休人员服务办公室，完善退休人员管理制度；进一步明确细化管理、业务、经营和工勤等岗位，管理更加规范。

（二）夯实基础工作，加强制度规范

各部门普遍开展基础性的梳理和建档工作，制度进一步细致、规范；加强督促检查和工作落实；进一步完善经济形势分析会制度，及时掌握经营情况的数据和动向；对各部门支出进行细化汇总，增加了部门核算、项目核算、工资核算，合理控制经费使用，为中心财务核算提供资料。

（三）加强组织学习和宣传教育，统一思想提高认识

学习贯彻党的十七届六中全会通过的《中共中央关于深化文化体制改革推动社会主义文化大发展大繁荣若干重大问题的决定》、胡锦涛总书记在庆祝中国共产党成立90周年大会上的重要讲话、蔡武部长在“文化部贯彻落实十七届六中全会精神干部大会”的讲话等重要精神和要求，领导班子更加团结，全体员工进一步统一了思想。

（四）加强员工培训和人才队伍建设

组织全员培训、党员培训、新入职员工培训和

淡季学习培训等，增长知识、开阔眼界，激发学习的自觉性和主动性；树立“和恭仁文”的核心价值观，增强员工的主人翁责任意识和职工队伍的凝聚力；增进员工彼此间的交流和部门之间的沟通，促进和谐发展；提供展示自我的平台，有助于发现人才；成立共青团委，重新划分支部，围绕建党90周年积极组织开展活动，激发了广大青年和业务骨干的积极性和创造性，增强了职工战斗力。

二、保护与开放

严格遵循“保护为主、抢救第一、合理利用、加强管理”的文物保护方针，实现保护与开放的和谐统一。

（一）保护：视安全为生命，从传统的被动安全向主动安全升级

1. 加强安防设施建设力度。整体改造后花园监控系统，加强旅游重点区域的监控点位；提高后花园区域的监控设备等级，确保监控图像清晰度和质量；提高处理突发事件监控能力和指挥能力，为事后处理事件提供可靠的图像资料奠定了基础；坚持每年两次的全员消防培训和演练；细化停车、出入证、电器使用的管理制度，严把安全关口。

2. 确保文物古建安全。继续做好团队预约工作，合理调整客流，保证古建安全；编制《恭王府文物保护总体规划》，指导恭王府未来20年的保护和发展；设计《花园整体修缮方案》，有计划地对花园文物古建进行修缮保护；进行后罩楼承载力测试，为更好地利用和保护后罩楼提供依据；加强每周两次的文物巡视工作，及时掌握文物古建的保护情况。

3. 确保国有资产安全。将安全与资产的保值增值统一起来。经过充分论证，通过展览展示丰富馆藏：青海唐卡艺术展征集当代工艺美术大师作品62件；后罩楼王府生活场景复原添置古典家具和文物陈设品等，均已呈现广阔的升值空间。

4. 确保单位事业安全和游客人身安全。引入风险评估机制，坚持“不出租、不承包、不抵押”的铁律，避免政策风险和经营风险；收回的四川饭店正在进行改造，以减少收入换取古建安全；赠送游客人身意外伤害险和意外医疗险，以增加投入保障游客安全。

5. 加强基础保障，维护日常安全。强化日常设备设施的检修和维护，加强水、电、暖的运营和保障力度，确保日常运营安全；加强服务和基础设施建设，完善公务用车、医疗服务、日常办公用品领用发放制度，确保职工人身安全和单位事业安全。

（二）开放：以创建国家5A级旅游景区为契机，提高服务质量和开放水平

1. 完备游客服务中心功能。设立接待厅、咨询处、影视厅、存包处、预定处、医务室等；在配备自助语言导游机、多媒体触摸屏等设施基础上，增设了休息厅、手机加油站、雨伞架、饮水机、残疾人服务设备等便民服务设施；细化团队、散客售票和导游服务处；多点设置游客意见征询箱和投诉电话，接受游客和社会监督。

2. 改进景区硬件设施。更新景区标牌导视系统，规范使用公共信息图形符号，添加了英、俄、日、韩4种文字；改进验票处、滴翠岩等客流密集区的栅栏设置，预防踩踏事件的发生；翻新改造了台阶、坡道，健全完善了特殊群体的相关服务举措。

3. 优化旅游服务环境与水平。将府邸区域科学规划为观众缓冲区、游览过渡区、展览展示区、休闲服务区、体验互动区、接待服务区等不同区域；加强展厅管理，更新展厅警戒线等，美化展厅环境；进一步加强保洁和绿化，美化景区开放环境；强化员工的服务意识和责任意识，提高服务水平。

三、事业和产业

恭王府人凭借高度的文化自觉、独特的文化创新，开创了恭王府文化发展新模式——“以事业带动产业发展，以产业促进事业繁荣”。

（一）事业：丰富内涵，拓展空间

1. 展览进一步丰富，触角更加广泛。与非遗司、青海省文化厅合作举办“莲生妙相——青海唐卡艺术精品展”，提高了组织策划实施大型展览的能力；举办“大梅诗意——任熊、倪田绘〈姚大梅诗意〉册展”、“读往会心——侣明室藏黄花梨家具展”等，尝试了与著名文化企业合作，提供有偿服务的办展新模式；稳步推进“艺术系列展”品牌化进程，陶瓷展的加入丰富了系列展的艺术门类。

2. 文物征集工作取得新突破。征集种类多样化，征集方向更趋于陈设类器物，便于展线展示；征集到清康熙郎窑红釉莩荠瓶一件，经鉴定为当年恭王府旧藏器物，迈出了旧藏文物回归的第一步；完成佛堂内部主体部分复原，立体展示了清代王府生活的一个侧面；完成后罩楼二楼过厅的室内装修，以恭王府经典藏品作为陈设，展示的同时也凸显了恭王府的悠久历史。

3. 清代王府文化研究取得长足发展。成立王府

文化学术委员会；出版《清代王府文献资料汇编》300卷；发行《恭王府》中型画册；征集历史老照片和清光绪恭亲王自刊《萃锦吟》等一批填补空白的王府历史文献资料；完成影像室建设项目。

4. 发掘文化内涵，打造文化空间。举办恭王府海棠雅集、“百福具臻——百位名家写百福”、“百年辛亥——全国政协书画家联谊”等文化活动；连续第四年举办非物质文化遗产昆曲演出周，并专门拿出经费与地方剧团合作，发掘恢复了一批传统剧目，为非遗的保护和传播做出了实际贡献；新春“福”文化周、“二月二龙抬头”民俗演出、“十一”黄金周民俗文化演出等活动，加强了与游客的互动，亮出了恭王府以“福”文化为核心的民俗牌。

5. 公共宣传向纵深发展，知名度进一步扩大。一年来，在《人民政协报》、《北京日报》等主流媒体分别刊出了《一座恭王府　半部清代史——文化铸品牌　精品树特色》、《恭王府，阅尽半部清朝史》等与恭王府相关的新闻报道329篇；安排北京卫视、湖南卫视、凤凰卫视、英国第四频道、香港有线电视等主流电视媒体采访、拍摄节目8次，其中《永远的王府之恭王府》、《博物馆奇妙夜》、《“福”从天降》、辛亥百年纪念纪录片《首义》等4部已播出。

（二）产业：发掘资源，优化结构

1. 发掘文化资源，开发经营项目，打造王府品牌。启动以“福器·我设计”为主题第二届旅游纪念品设计大赛，注重特色文化纪念品的开发设计；围绕福文化、非物质文化遗产、民俗文化项目等形成完善的产品开发和销售体系；新增龙王庙商亭、佛堂商店等项目，优化了产品结构；电子收银备份系统和导游积分兑换系统进一步完备；非遗长廊二期装修改造、邀月台福文化项目均已竣工并投入使用；柳荫街24号院改造和经营开发项目正在建设中。

2. 开拓市场，稳定客源。与旅行社签订年度协议，建立长效沟通、定期走访机制，继续做好团队预订工作，稳定团体旅游市场；通过华铁传媒铁路广播广告拓展散客市场。

3. 发挥潜能，规范服务。查阅历史资料，完善讲解词；提高讲解员文化知识及带团技巧，规范导游讲解；发挥蝠厅接待环境优势，打造恭王府高端消费市场，优化散客经营模式。

4. 保护知识产权，加强商标管理。建立数据库，对现有注册商标进行动态管理，有效保护注册商标的权益和安全；对侵犯知识产权情况进行调研，为维护知识产权提供依据；与相关实力单位合作，开拓新的发展模式，打造恭王府的品牌效应。

（三）繁荣事业带产业，依托产业强事业，二者相互促进、协调发展。

1. 文化赋予产业的高附加值，带动了恭王府的产业升级。丰富的展览、多彩的文化活动吸引了大量游客和观众，截至10月底，已累计接待游客291万人次；通过发掘王府文化内涵，散客数量成倍增长，高端游客比例再创新高；蕴含丰富内涵的文化产品收入达到全部收入的45.6%。

2. 文化产业的高速发展，持续加大了事业方面的投入。2011年以来，用于安全保卫、设施建设、古迹保护、文物征集、展览展示、宣传教育、科研课题、文化活动、环境维护、知识产权保护等文化事业建设的投入累计达8300万元，有力地保障了事业的发展。

四、接待与交流

自全面开放以来，随着各项事业的长足发展，恭王府的知名度和社会影响力迅速扩大，日渐成为文化部、外交部外事接待、政务活动的前沿阵地，对外文化交流工作更加活跃。2011年，先后接待包括法国国民议会议长阿夸耶、蒙古国教科文部副部长库兰达、毛里求斯艺术和文化部长丘尼、丹麦腓特烈国家历史博物馆馆长梅特·斯库哥特、日本九州国立博物馆馆长三轮嘉六、新加坡规划之父刘太格、台湾“中华文化总会”会长刘兆玄等多位政要和文化界人士。同时先后派出团组5个，出访9个国家和地区，加强了与国际博物馆界的交流与学习。

五、责任与奉献

作为一个底蕴深厚的公益性社会文化机构，恭王府在事业发展的同时，主动担当社会责任。

（一）倡扬志愿者行动，积极开展公共教育

成功组织了“关爱农民工子弟”、“关爱夕阳红文化生活”、“国际博物馆日”主题宣传等活动；继续开展“恭王府残疾人公益文化日”活动；增设志愿者工作站，开展志愿者沙龙活动；组织志愿者自编自导自演历史情景剧《恭王府的主人们》，每周六为观众义务演出；志愿者李其功今年被评为全国十佳博物馆志愿者。

（二）回馈社会，多做贡献

作为什刹海地区的旅游龙头，带动周边地区旅游经济和文化产业的发展。截至10月底，今年已累计上缴各项税款1000余万元；直接创造400余个就业岗位，并为什刹海地区创造1000余个就业机会；时刻不忘文化建设事业，承租北总布10号院，改造工程历时近1年，累计投入已达500余万元。

（三）关切民生，与周边居民和谐共建

中心主任孙旭光同志当选西城区人大代表，进一步密切了恭王府与社区和属地的联系；每逢重要节日，孙主任等中心领导亲自前往困难家庭看望问候，带去礼品和慰问金；热心为周边居民部队学校组织参观、座谈等文化活动，弘扬传统文化，活跃社区气氛；2011年，为周边居民发放演出票、参观券累计超过100万元。

文化部文化艺术人才中心

一、基本情况

文化部文化艺术人才中心（以下简称“中心”）成立于1996年1月，是全国文化艺术人才中介机构，也是全国文化行业特有职业鉴定机构。人才中心自成立以来，遵循“以人为本，诚信至上，服务人才，服务公共文化建设”的宗旨，坚持公益性服务发展方向，强化公共服务职能，以加强文化人才队伍建设为己任，积极承担全国文化人才公共服务工作，提升文化行业的整体竞争力，为文化大发展大繁荣提供优质高效的人才服务工作。

中心的主要业务范围：开展文化行业人才社会化服务、人才市场中介服务；承担人事代理、人才派遣、人才咨询工作；开展流动人员人事档案收存及管理工作；承办人才交流、人力资源开发、人才培训、人才评价工作；开展人才信息收集、整理、发布工作，建立人才信息库；承办文化行业职业技能鉴定、职业资格考试、专业水平考评的工作；组织人才成果开发、利用、展览、演示等工作；开展人才输出、引进和猎头服务工作；开展出国（境）留学、劳务输出和境外就业服务工作；承办直属单位人事争议调解工作；主办中国文化人才网、中国京剧杂志。

中心下设办公室、财务处、人才评价处、人才培训处、人事代理处、人事争议调解处、信息资源处、开发交流处。中心直接管理的下属单位有文化部文化艺术人才中心培训中心、北京国文人力资源有限责任公司和中国京剧杂志社。

二、主要成绩

近年来，人才中心在文化部领导的亲切关怀和有关司局的支持帮助下，认真贯彻落实科学发展观，坚持以“开拓创新、与时俱进、深化改革、加快发展”为指导思想，围绕中心的长远发展，积极探索形成业务链的发展方式，在注重业务建设的同时积极做好全员的 政治思想建设，通过全体工作人员的共同努力，中心在各方面都取得了较明显的成效，为中心的提速发展奠定了坚实基础。

（一）文化行业职业技能鉴定工作稳步向业内推进

根据人力资源和社会保障部的要求，人才中心承担了《国家职业分类大典》文化行业特有职业的修订和新增职业增补工作。目前已完成修订任务书的申领，确定承担文化行业51个已有职业的修订、参与其他行业70个职业的修订；拟新增舞台工程类、网吧类、动画漫画游戏类职业。同时受文化部文化产业司的委托，“中心”与中国动漫集团有限公司共同承担“动漫产业人才标准化建设”项目的研究制定及实施工作。在2012年完成“动漫研究调研报告”后将按计划进入《动漫产业人才标准化建设白皮书》的编写阶段。

在文化系统所属的艺术职业院校中扩大了“双证”鉴定工作范围，2011年共开展了9期鉴定工作，人数达到1519人。

（二）人事代理与人才派遣推进文化人才的社会化管理

截止至2011年年底，中心新增被派遣单位7家，被派遣单位总量达到19家。全年派遣员工总量达900名，较去年增长165 %。

截至2011年年底，在原有基础上新增人事代理集体委托存档单位13家，使存档单位总量达83家，存档总量约2800册。

为提高文化人才社会化管理水平，在增强科技含量上下工夫，人才中心目前已完成多媒体影像人才数据库软件开发、采集、培训等具体实施工作，在完成了电子影像档案数据采集协议签订的基础上，已完成500余份人事档案的电子影像数据采集工作，为客户提供更快速便捷的服务打下了基础。

（三）启动全国文化人才资源公共服务工程的项目建设

全国文化人才资源公共服务工程，是以文化部文化艺术人才中心职能为依托，以服务于文化行业发展、服务于文化人才队伍建设、服务于文化体制改革、服务于社会主义文化大发展大繁荣为宗旨，通过采用现代信息技术手段，建立布局合理、功能齐全、开放高效、体系完备的文化人才资源共享共用的社会公共服务平台，整合集成文化人才资源，面向全社会集中提供各类基础性文化人才数字化信息，逐步建立科学的文化人才培养机制、文化行业选人用人机制、社会化文化人才评价机制、文化人才激励保障机制；充分发挥文化人才服务机构的作用。全国文化人才资源公共服务工程是实施“人才兴文”战略的基础性工程，是为推动社会主义文化大发展大繁荣提供有力人才支撑的创新工程。

目前，该项目已经启动，并将于2012年完成社会化人事代理公共服务平台，建立人事档案电子影像数据库，逐步实现立户单位的在线阅档，为立户单位提供便捷的服务；多媒体影像数据库软件将进一步测试，根据需要进行功能的后续开发，并对文化人才的相关信息进行采集、加工、制作，纳入数据库中，为文化人才提供展示和推介服务。

（四）充分发挥争议调解的职能作用保稳定促和谐

在人事争议调解方面，中心以真诚、务实的态度，认真履行人事争议和劳动争议的调解职责，按照政策法规开展文化部直属单位人事争议调解工作和劳务派遣用工中的劳动争议处理工作。2011年，处理争议案件50余起。其中重大人事争议案件1起，其他各类劳动争议案件49起。通过前期协调、沟通、谈心、召开争议双方协调会等方式，化解了48起单位与员工之间的纠纷，化解率为96%，有效避免了争议案件当事人提起劳动争议仲裁及诉讼，为用人单位创建和谐的劳动关系、促进社会稳定和谐发展创造了条件。

（五）以“中国文化人才网”的建设促进业务全面发展

中国文化人才网是全国文化人才资源公共服务工程的重要组成部分，也是人才中心对外的重要窗口。根据中心自身业务链发展的需求，中心在2011年对网站进行了改版。在重新对网站进行定位、布局以及功能建设的基础上，经过再次开发目前已基本完成对网站的改版工作。改版后的网站将为中心业务发展提供强有力的信息技术服务。

（六）积极拓展和丰富面向文化人才的服务范围

1. 做好职称评审的培训考试工作。为了保证职称评审工作的顺利开展，在举办2011年度职称考试计算机、古汉语和英语培训的基础上，进行了能力测试。有来自20个单位共860人次参加了本次培训与测试，通过率达85%以上。

2. 逐步建立岗位培训证书体系。探索与国家话剧院合作，共同开展“戏剧演员”岗位培训，2011年共办4期培训班。现已启动网吧岗位培训测试大纲和教材的编写工作，目前已完成的大纲编写工作正在进一步修改中。

3. 努力拓展以文化单位需求为主的定制性人才服务。在代理招聘、上岗培训、岗位培训、人才测评等方面的全方位服务，先后五次新进人员的入职考试服务。中心还新增了3个服务对象，其中，提供公开招聘考试服务。

4. 尝试依靠高等院校科研部门为培训高级文化人才服务。2011年，人才中心与清华大学人文社会科学学院新经济新产业研究中心联合举办“文化产业投融资高级研修班”。现首期研修班已隆重开课，普遍反映很好，目前正进一步筹划扩大招生以及推进培训工作的措施。

（七）开展有一定社会影响的文化交流活动

在做好主要业务工作的同时，中心非常重视对社会资源的开发和利用，积极开展一些有社会影响的文化交流活动，如系列图书出版、大型书画展、对外文化交流活动等，取得了很好的经济效益和社会效益。

文化部艺术服务中心

2011年是“十二五”规划实施的开局之年，是深入贯彻党的十七届六中全会精神、全面落实科学发展观的关键之年，也是文化部艺术服务中心成立15周年，实现各项工作再上新水平的重要一年。在部党组的坚强领导和各司（局）的支持帮助下，文化部艺术服务中心以科学发展为主题，以项目建设为支柱，以机制创新为动力，以增效创收为手段，以打造品牌为亮点，取得了一定的成绩。

一、增强责任意识，共谋创新发展

2011年，部党组考核任命了两名同志进入“中心”领导班子，体现了部党组对直属单位领导班子建设的高度重视，使领导干部队伍更加年轻化、专业化。一年来，“中心”领导班子坚决贯彻执行部党组的各项决定、指示和要求，坚持用党的创新理论武装头脑，提高领导干部政策理论水平。树立大局意识、责任意识、创新意识、服务意识，不断提高整体综合素质。抓好提高科学决策能力，开拓创新能力，超前谋划能力，统筹兼顾能力，组织管理能力，团结协作能力。发挥班子成员的集体智慧和特色资源，超前谋划具有市场竞争力的项目，找准定位，努力提升班子的决策水平和管理能力，正确把握“中心”发展的规律和特点，提出具有前瞻性的、可操作性的新思路。其次是严格执行民主集中制的各项规定。凡遇重大决策、项目、人事任免，都经集体讨论、民主表决，充分发扬民主，不搞“一言堂”。班子内部讲党性、讲原则、讲谅解，认真开好民主生活会，严肃开展批评与自我批评，求大同存小异，树立起互相尊重、互相信任、互相支持的良好风气。再次是班子成员注重以身作则，依靠集体的智慧和经验，进一步形成班子的合力和活力，着力解决工作中存在的具体问题，带动了全体员工的工作积极性和创造性，使“中心”从上到下风气正、热情高、干劲足，精神面貌焕然一新，为完成全年工作任务奠定了基础。

二、注重队伍建设，优化人员配备

建立一个团结干事的好班子是单位进步发展的关键，培育一支过硬的党员干部队伍是单位进步发展的基础。“中心”还未摆脱困难的局面，还是一个弱势群体，还需要奋斗。因此本着精干、高效、协调和有利于“中心”工作的原则，组建一只过硬的党员队伍是“中心”持续发展的先决条件。加强队伍建设，提升干部素质，转变工作作风，坚持政治学习制度，提高理论水平和综合素质。抓重点，抓服务，把共产党员的先锋模范作用和支部的战斗堡垒作用发挥出来，把积极性调动起来、把创造性激发出来，营造出想干事、会干事、干成事，谋发展，谋贡献的良好氛围，在基础建设上下工夫，增强在新形势下做好文化工作的信心和决心。着力加强制度建设，做到分工明确，责任到人，团结协作，强化务实工作作风，提高职工责任感和服务意识，为事业单位改革做好充分准备。

（一）认真学习贯彻党的十七届六中全会精神

十七届六中全会科学分析了我国文化建设面临的机遇与挑战，全面深入地回答了以什么样的视角认识文化、以什么样的态度对待文化、以什么样的思路发展文化等一系列事关我国当代和未来文化发展的重大命题，全面部署了深化文化体制改革、推动社会主义文化大发展大繁荣的各项工作，发出了进一步兴起社会主义文化建设新高潮的动员令。

“中心”认真组织党员干部学习、座谈，把学习宣传贯彻全会精神作为重大而紧迫的政治任务，以高度的文化自觉，以强烈的责任意识，全力以赴做好工作，推动兴起学习宣传贯彻全会精神的热潮。自觉用全会精神指导实践、推动工作，进一步明确文化改革发展思路，进一步加大文化改革发展推进力度。围绕社会主义核心价值体系建设、为人民提供更好更多的精神食粮、发展公益性文化事业、发展文化产业、深化文化领域改革开放、建设文化人才队伍等方面的任务，明确工作责任，明确时间进度，明确保障措施，把长远目标和阶段性目标结合起来，有计划分步骤地推进。坚持求真务实，抓实抓细抓具体，把全会提出的原则要求变为可操作的工作措施，把全会确定的目标任务变成可实施的工作项目，对确定的目标咬住不放，对认准的事情一抓到底，切实把全会精神转化为建设社会主义先进文化的强大动力，转化为推动文化改革发展的实际行动。

（二）创先争优，积极进取，努力打造学习型党组织

深入开展创先争优活动，制定《关于深入开展创先争优活动实施方案》，召开以“积极投身创先争优活动”为主题的党日活动，党员领导干部带头参加主题党日活动。组织全体党员及干部职工代表集体参观了“文化部直属机关学习型党支部和学习型积极分子图片展”，并以“争先创优，从我做起”为主题，以先进为榜样，就如何做好本职工作，继续深入开展建设学习型党组织，召开了全体党员专题座谈会。在此次评选先进表彰活动中，“中心”党支部被评为文化部直属机关学习型党支部。

组织广大党员干部和全体职工学习杨善洲同志，发扬杨善洲奉献精神，为人民事业服务终生。采取生动灵活的学习方式，每位党员提前收集和整理杨善洲同志的个人事迹并分组为大家讲述，交流心得体会，用自己的言行去影响、帮助身边的群众，鞭策自己在工作岗位上作出新的成绩，以达到“创先争优”的目的。2011年，“中心”职工队伍稳定，较好地完成了上级党组织交给的各项任务，保障了党支部各项工作的顺利完成。

（三）注重党风廉政建设，提高党员自律意识

“中心”党支部按照“两个务必”、“八个坚持、

八个反对”的要求，深化思想和工作作风建设，在对原有支部工作进行全面分析检查的基础上，以民主集中制为原则，相继建立和完善了支部组织生活制度、学习制度、党风廉政建设岗位职责等制度，切实提高了支部管理和廉政建设的制度化、规范化水平，积极营造了坦诚相见、团结和谐、协调一致的干事氛围，在发扬民主中使党员干部的党性修养和实践能力不断提高。注重把党风廉政建设纳入“中心”管理的具体工作之中，形成长效机制。加强对党纪法规的学习，增强党员的党风廉政意识，筑牢党员干部的廉政思想防线；严格执行党风廉政责任岗位制，遵守党风廉政规定，引导党员强化自律意识，保持良好的道德操守，养成健康的生活情趣，重小节、顾大局，树立良好的党员形象；加强对党员干部经济和生活作风上的督促检查。在政治、经济、生活中公正公平，廉洁奉公、以身作则，从源头上、机制上防止和治理腐败现象。

（四）丰富支部生活，提高团队凝聚力

6月，“中心”参加了由文化部举办的“歌颂祖国歌唱党”——庆祝中国共产党建党90周年歌唱比赛。“中心”组织在职和退休的党员、职工60人组成合唱队，自创自编自演现代评剧《颂歌》，为党的生日献礼，最终一举夺得一等奖，并获得了文化部领导的交口称赞。7月15日，“中心”党支部组织全体党员进行了“嘉兴红色之旅”主题教育活动。大家参观了象征中国共产党诞生的中共一大会址、南湖红船和南湖革命纪念馆，不约而同地表示作为一名普通的共产党员应该始终牢记和践行自己的入党誓言，应该始终坚定对理想的追求，对信念的坚守，对信仰的忠诚。

三、明确“服务”定位，开展公益活动

过去的一年，是“中心”业务工作取得突出成绩的一年，也是“中心”事业发展的关键之年。随着时代浪潮的不断发展，“中心”紧紧围绕“两大一新”，围绕大力发展公益性文化事业，保障人民基本文化权益开展面向市场开展各项公益性文化活动，取得了良好的社会效益。

（一）着力融入文艺创作，为群众提供更多的精神食粮

“中心”充分认识文化改革发展面临的形势，以新的视角深刻认识文化的重要地位和作用，切实增强深化文化体制改革、推动文化大发展大繁荣的自觉性和坚定性。坚持用科学发展观统领文化建设，不断提高文化发展的质量和效益，努力提高推动文化科学发展的能力，着力推动文化创作繁荣发展。

加强对文化产品创作生产的引导，是文化建设的首要任务，是实现文化大发展大繁荣的重要基础。策划排演《中国美》系列大型时尚音乐剧演出，该剧获得了地方文化创意产品的财政支持；主办“萨马兰奇与中国”文化展，中共中央政治局委员刘淇出席开幕式；与全国妇联共同主办“盛世欢歌”全国中老年文艺汇演活动，全国人大常委会副委员长、全国妇联主席顾秀莲到场观看演出；与青岛市委宣传部共同主办“印象青岛”艺术展；与无锡市委宣传部共同主办“经典辉煌——无锡百年油画大展”等数十项公益性文化活动。

坚持先进文化前进方向，坚持“二为”方向和“双百”方针，坚持“三贴近”原则，努力做到思想性、知识性、艺术性、观赏性相统一，坚决抵制低俗庸俗媚俗之风，推出更多面向群众、面向基层、面向市场，发挥文化引导社会、教育人民、推动发展的功能。

（二）着力发展非遗展示等公益性文化事业，保障人民基本文化权益

公益性文化事业是实现好、维护好、发展好人民群众基本文化权益的主要途径，是衡量一个国家文明进步程度的重要标志，是评价人民群众幸福指数的重要方面，是提高国民整体文化素质的重要基础。“中心”培训部在西部建立了非物质文化遗产研究机构，对非物质文化遗产的传承与保护尤其是生产性保护进行专题研究。“中心”开发部在朝阳区国粹苑长期租用一栋24000多平方米的展馆。目前汇集了全国近200个非物质文化遗产及传统手工技艺项目，集中了来自全国各地最具特色的传统手工技艺艺术品，在开发部国粹苑基地长期展示，为保护和传承中华优秀历史文化做出贡献。

凸显文化独特魅力，丰富文化展示体系，“中心”应联合国邀请，春节期间在纽约联合国总部组织非遗传统艺术表演，600名联合国官员和各国使节到场观看；举办了“第15回世界书法文化艺术大展”、“我眼中的欧盟”2011欧盟——中国青少年儿童美术展等十几个涉及非物质文化遗产和传统民间工艺的展演展览活动。同时也积极赴全国各地参与各类大型文化博览会与文化交流活动，为人民群众汲取精神食粮、陶冶心灵情操。

（三）围绕建设优秀传统文化传承体系开展业务工作

为配合建设优秀传统文化传承体系，“中心”广泛开展优秀传统文化教育普及活动，开展各种形式交流活动，共同弘扬中华优秀传统文化。原生态民歌是中华民族口头与非物质文化遗产的重要组成部分，在四川绵阳成功举办中国原生态民歌盛典活动，来自西部200多名原生态民歌歌手参加了本次展演并产生传承贡献奖和最佳传承人等奖项，借此推进民族民间音乐传承人及作品的保护和传承。

举办第六届“非物质文化遗产在中国·维也纳金色大厅文艺晚会”暨第六届文化中国·维也纳金色大厅青少年文艺晚会；第二届“星光校园——全国校园艺术周”暨第八届“星光未来星——中国优秀特长生展示活动”。与中国剧协艺术发展中心联合主办“中华颂”第三届全国小戏小品曲艺大展，来自全国各地的110余名获奖代表欢聚一堂。“中华颂”全国小戏小品曲艺大展，自举办以来，得到了全国各地戏曲曲艺工作者的积极响应和大力支持，累积收到来稿1万余份，作者5000余人，出版了《中华颂——全国小戏小品曲艺作品选》三大卷，选拔了获奖作品300余件，取得了良好的社会效益，为促进小戏小品曲艺创作繁荣，活跃群众文化生活，推动文化大发展、大繁荣发挥了积极的作用。

四、挖掘自身资源，打造优秀品牌

2011年以来，“中心”在转变职能，加大公共文化服务工作的同时，继续不断创新意识，拓宽市场，在业务建设道路上不断努力打造着属于自己的新的文化品牌，用新的视角、新的理念认识文化的地位和作用，把握方向、加强引导，创作生产高质量高水平高品位的文化精品，充分发挥文化引导社会、教育人民、推动发展的重要功能，提供更多的优质服务，更好地满足人民群众多样化多层次多方面的精神文化需求，逐步打造并形成良好的品牌，为“中心”的安定局面作出了努力，使“中心”的业务工作不断有新的突破。

（一）编纂《中国美术大事记》

《中国美术大事记》秉持“彰扬学术、史鉴后人”的编辑理念，真实、客观、公正地记录中国美术界每年度、每一天所发生的每一件大事，遴选记录当代中国美术界具有代表性、学术性和权威性的艺术作品和观点，被誉为当代中国美术界的“史记”。2011年发行7.82万册，范围覆盖了全国各省区市及港、澳、台地区的文化机构、研究机构、艺术院校和48个国家的1227家文化教育机构，形成了广泛的国际影响力和学术号召力。同时，创建了“中国美术大事记”档案馆，目前已收集、整理、记录了当代美术工作者档案10310例，收藏图书音像文献及学术论著13000多册。中国美术大事记突出时代特色，彰显学术风格，树立了良好的学术品牌形象。

（二）创建中国美术创作研究基地

“文化部艺术服务中心中国美术创作研究基地”团结不同地域、不同艺术流派的老中青美术家，整合全国各地美术学术资源，挖掘选拔培养中青年美术人才，专业从事国、油、版、雕等画科的艺术创作、理论研究、学术讲习及展览展示、交易拍卖和艺术版权代理、版权应用与产业发展等。截至11月底，中国美术创作研究基地已在全国发展省级基地、独立画科基地共15家，上报数据显示，带动了社会非公资本投资文化产业约为人民币85个亿，带动文化产业人员就业约15000人，直接或间接产生经济效益约为人民币150亿，在全社会引起广泛而积极的影响。按照中国美术创作研究基地5年规划要求，预计到2015年全国各省将均有1家加盟单位，全国重点美术大省地级市适情增加3～5个加盟单位。随着影响区域的不断扩大、设施的不断完善，美术创作研究基地将发挥其独特品牌优势，为中国美术创作事业的发展带来更多新的生机与活力，推动中国美术事业的大发展、大繁荣。

（三）实施戏曲数字化暨戏曲彩铃项目

通过创新的合作模式，将最古老的戏曲艺术和最现代的电信技术有机结合，开发戏曲彩铃业务，使国粹艺术在社会生活、商业活动等各领域中得到新的延展，促进戏曲彩铃的普及推广，赋予戏曲更强化的商品属性，真正实现国粹艺术的社会效益、经济效益和艺术效益的统一协调发展。借助信息化手段，助力戏曲这一国粹艺术的快速传播，满足戏曲爱好者与时俱进的个性化需求，加强戏曲在多领域的广泛应用，让更多的人了解戏曲，并将摸索出戏曲发展新模式，在扩大戏曲的影响力的同时利用所得的部分经济收益来反哺优秀戏曲作品的创作，努力发展文化信息化，进而加快中国戏曲事业的创新发展。目前，戏曲彩铃业务与移动、联通、电信三大运营商接入合作和后续的运营维护、收益结算以及戏曲彩铃产品的设计、开发、包装和推广已经全面展开。戏曲彩铃项目的全面推广将助力文化信息化建设，实现社会效益、经济效益和艺术效益的多丰收。

（四）抓好影视剧制作

“中心”影视部主要承担影视艺术作品的策划、立项、拍摄、制作等工作。2011年，34集电视剧《外姓兄弟》在中央电视台一套播出，该剧主题歌《好兄弟》目前已在社会上广泛传唱；20集电视剧《油菜花开》后期制作完成，已送中央电视台审片；20集电视剧《将军外交家黄镇》与中央电视台签约，该剧制作完成后将在一套黄金时段播出；30集电视剧《孝子难当》进入剧本定稿阶段；30集电视剧《大佛传奇》已通过国家宗教事物管理局审查，国家广电总局已批准立项公示；30集大型历史剧《蓝理将军》投资已落实，目前报送有关部门审查。影视领域的开拓发展是我们按照中央全社会办文化的精神，结合自身特点和资源优势取得了又一品牌成果。我们牢牢把握主旋律，关注社会公德，注重公益事业，紧跟时代气息，追求艺术高度，遵循市场规律，取得了良好的社会效益和经济效益。

（五）中国国际文化艺术博览会

11月9日，为充分展示国内外近现代艺术创作精品，繁荣文化艺术市场，“中心”在北京农展馆与中国人民对外友好协会共同主办了首届“中国国际文化艺术博览会”。该博览会以画廊为基础，搭建艺术家和市场、艺术作品和销路的广阔平台，按区域分板块展示艺术精品，呈现多元化、专业化的展览风貌。首届参展作品涵盖国画、油画、版画、书法等多个艺术门类，展出面积达8000平方米。充分展示国内外近现代艺术创作精品，繁荣文化艺术市场，进一步推动中华文化走向世界，“中心”将努力把这一品牌举办成为一流的国际艺术交流盛会。

五、努力经营创收，提高自身实力

为使“中心”的各项业务工作不断有新的突破，改变贫困面貌，改善职工生活福利待遇，保持队伍和谐稳定，我们坚持改革、创新，挖掘特色传统文化产业资源，积极开展业务创收，领导干部带头超额完成任务指标，单位的业务创收有了较大幅度的增加，事业经营创收纯利665万元，比上年增加了210万元，是2008年的5倍。

六、关心职工利益，保持队伍稳定

在增加创收的基础上提高职工的福利待遇，其中工资及保险部分，在职职工工资支出比去年增加了130万元，增长了42%；内管退休职工工资比上年增加了30万元，增长了67%；其他福利比上年增加了25万元，是上年的2.5倍。

总结2011年工作，“中心”取得了每一项成果和进步都是在部党组的正确领导下取得的，蔡武部长多次对我们的工作作出批示，为我们指明了工作方向；分管领导高树勋经常听取工作汇报并多次参加我们的重要活动，使干部职工深受鼓舞；办公厅杨建昆主任、艺术司董伟司长、非遗司马文辉司长以及人事司、财务司、科技司、市场司、外联局等机关司局对我们业务建设给予了很多支持与帮助，借此深表谢意。

七、2012年主要目标和任务

（一）围绕构建公共文化服务体系开展业务工作

加强公共文化服务是实现人民基本文化权益的主要途径。“中心”以公益性文化单位为标杆，以全体人民为服务对象，以保障人民群众进行公共文化鉴赏、参与公共文化活动等基本文化权益为主要服务内容，把公共文化产品和服务项目、公益性文化活动纳入“中心”全年工作重点。着力推动社会主义核心价值体系建设，建设中华民族共有精神家园。深入推进中国特色社会主义文化理论体系研究，组织生产更多倡导社会主义核心价值的优秀文艺作品。挖掘各类节庆活动文化内涵，开展丰富多彩的传统文化展示展演活动，增进民族凝聚力和向心力。紧密联系单位建设的实际，深入研究影响单位发展的重大问题，不断提高建设社会主义先进文化的能力，为人民群众提供高质量的文化产品和文化服务，满足人民群众日益增长的精神文化需求，发挥“中心”在建设社会主义和谐社会中的作用。

（二）围绕发展公益性文化事业，保障人民基本文化权益开展业务工作

满足人们基本文化需求是社会主义文化建设的基本任务。加强公共文化服务是实现人民基本文化权益的主要途径。“中心”将大力发展公益性文化事业，广泛开展群众文化活动，在巩固提升现有品牌的基础上，推出一批新的文化品牌。提高对特殊群体的公共文化供给能力，开展传统文化教育普及活动，共同弘扬中华优秀传统文化。

（三）围绕建设优秀传统文化传承体系开展业务工作

2012年，“中心”继续大力推动文化创作繁荣发展，为人民提供更多更好的精神食粮。通过开展组织各门类多种形式多种规模的文化活动，推出一批

深受群众喜爱、思想性艺术性观赏性相统一的戏剧、影视、美术精品力作，推动优秀传统文化和当代文化精品网络传播，为保护和传承中华优秀历史文化做出贡献，为保护和传承中华优秀历史文化做出贡献。

（四）围绕加快发展文化产业开展特色业务工作

为加大公共文化服务工作，不断创新意识，拓宽市场，不断提高服务社会的能力和市场竞争能力，深入客观分析发展形势，正确审视发展现状，精心谋划发展思路，进一步增强搞好工作的主动性，调动各方面的积极性，赢得加快发展的主动权。细分目标市场，加大针对性营销，做大美术、影视、培训、演出、开发等领域重点业务规模，加快国内外市场拓展。做大做强合作项目，为人民群众提供优质服务，为职工群众谋求实惠，为文化事业的繁荣发展做出贡献。

（五）面向西部、面向农村、面向基层开展业务工作

根据中央和部党组对文化发展繁荣的有关精神，“中心”将进一步提升公共文化服务水平，更好地满足广大人民群众对公共文化的需求，高度重视群众的文化需求，深入西部、深入农村、深入基层、深入群众、深入一线了解群众的文化需求，并且积极采取措施满足群众的多样化文化需求。通过培训、演出、展览等不同形式的公益文化活动，扩大公共文化服务的覆盖面，特别是要针对偏远贫困地区开展活动，丰富广大群众的精神文化生活，为推动农村文化大发展大繁荣作出更大的贡献。

（六）与大型企业合作，为加快文化建设服务

“中心”积极引进战略投资者，坚持找大客户、谈大项目、搞大合作，按照国务院《文化产业振兴规划》的精神，积极吸纳社会资本进入文化事业和文化产业领域，以企业的资金优势和我们的资源优势相结合，为文化事业和文化产业的加快发展做出贡献。目前，与国内知名大企业进行了深入洽谈，并达成广泛共识，2012年，“中心”将签订正式合作协议。

新的一年，在部党组的领导下，将紧紧抓住历史机遇，勇敢面对各种挑战，开拓进取，扎实工作，以发展为重点，以建设为主线，立足职能特点，拓宽业务渠道，开拓文化产业，全力面向市场，增加经济创收，创造良好效益，努力实现“十二五”时期良好开局。

国家清史纂修领导小组办公室

2011年，在文化部党组和国家清史纂修领导小组的正确领导下，国家清史纂修领导小组办公室（以下简称“清史办”）和国家清史编纂委员会（以下简称“编委会”）紧紧围绕抓好编纂质量、促进审改工作这个中心，在全面推进各项工作的同时，部分工作取得突破性进展。

一、贯彻落实领导小组会议精神，调整管理体制机制

自2010年以来，文化部党组专题研究清史纂修工作，采取一系列重要举措，加强了对清史纂修工作的领导。清史办主任兼任清史编委会常务副主任之后，调整了管理体制，打通了各种阻塞，提高了工作质量和效率，效果明显。编委会常务副主任主持编委会日常工作，改变原“主任联席办公会”议事方式和决策办法，降低会议密度，只议大事要事，提高议事效率，明确决策责任。整合重复设置的内设机构，理顺工作关系，清史办出版处和编委会出版组合为出版中心，清史办档案中心与编委会档案组、图书中心合为档案图书中心，清史办项目处原职能归并编委会项目中心，提高了工作效率。

二、加强项目管理，稿件评估和审改工作不断推进

从2010年下半年开始，随着撰稿工作逐步走入尾声，稿件审改工作提上议事日程并将成为今后的中心工作。2011年年初，清史办提出编委会逐步“去行政化”，编委会负责人和委员把主要精力放在文稿上，分管副主任要看稿件、审稿子，直接掌握审改进展。重新审订项目运转流程，减少繁复环节，强化责任制。引入防抄袭软件核查文稿，及时发现问题。1月、7月，编委会分别召开了第五次、第六次审改工作会议，并定期召开主体组审改工作专项会议，研究解决审改工作中的问题，不断推动审改工作。12月14日至15日，召开编委会第八次全体会议，研究审改工作，国家清史纂修领导小组组长蔡武、副组长李洪峰出席会议，并做重要讲话。截至2012年年底，5个主体组所承担的145个项目中，已有126个项目提交了送审稿，完成了87%；审改工作全面展开，已有102个项目进入一审，完成了70%；

已有50个项目完成一审，为主体项目的34%；19个项目进入二审，为主体项目的13%。编委会委员审稿工作正在展开。

三、继续做好基础、辅助类项目有关工作

截至12月31日，清史工程基础类项目共立项123项，其中：档案类34项、文献类71项、编译类18项。辅助工程共立项96项，其中：网络类9项，出版类87项。基础类项目共结项65项，其中：文献类结项29项，档案类结项27项，编译类结项8项。辅助工程结项59项，其中：网络类结项9项，出版类结项50项。进一步理顺了出版工作机制，规范了出版立项、采购、出版质量检查、合同履行情况检查、验收结项等工作程序。召开出版工作座谈会，听取出版单位的意见和建议，采取选择性协商、询价与竞标相结合的采购方式，简化程序，提高效率，实现合作共赢。分区域、分批走访合作出版单位，加强出版合同履行情况检查。编制2011～2013年出版规划和出版经费预算。截至12月底，共出版图书25种，66册，约3190万字。其中，《清代理学史》获第二届中国政府奖；《清代诗文集汇编》、《中国荒政书集成》、《祁寯藻集》、《清宫扬州御档》获第26届全国优秀古籍图书奖一等奖，《慎宜轩日记》获二等奖。

四、做好档案收集整理工作，实现集中统一管理

李洪峰在编委会第七次全体会议上明确要求，要加强资料和学术档案的集中统一管理。各个环节、各个岗位都要郑重其事，切实抓起来，防止流失，防止泄密。为此，建立了档案图书中心，并将档案收集作为该中心2011年的中心工作来抓，首次对清史纂修工作8年来形成的文稿、资料长编、项目档案、学术会议档案、学术管理档案及行政档案的电子版和部分纸质版进行全面系统的收集整理，已初步研究建立符合国家档案管理要求、具有清史工程特点的项目档案和文书档案两大系列档案管理系统。截至2011年年底，共接收编委会与清史办17个部门2009年之前形成的纸本文件21430个、近100万页，电子文本30512个，并完成全部纸质档案整理著录工作，实现了清史工程学术档案、行政档案及图书资料的收集、整理和集中统一管理。

五、整合网络资源，清史编纂平台建设工作稳步推进

为使计算机技术更好地为专家修史提供服务，清史编纂网络平台建设工作全面启动。2011年初，本着“统一规划，规范管理，分步实施，务求实效”的原则，研究制定了清史工程网络建设总体规划。加大整合力度，实现了网络技术人员、硬件设备和系统的集中统一管理。开展清史编纂网络平台的需求调研和设计研发工作，对编委会承担审改工作的各主体组进行全面的针对性需求调研；对现有数字化资源进行清查摸底，制定相关数据标准；研究制定平台建设的工作方案和实施规划，确定软件开发和史料资源数字化配合进行、同步推进的工作方式。清史编纂网络平台第一期工作可望初步实现在线编纂、资源整合、数字化档案文献资料检索查询等功能。已与中国文化传媒集团签署了清史编纂平台第一期工作合作协议，有关工作有序展开。

六、加强经费管理，提高预算管理科学化水平

根据编纂工作进展的需要调整分类预算和年度预算，增加主体项目预算，压缩调减辅助类项目预算，弥补网络建设等经费不足，防止资源和资金浪费。组织编制与工作计划相衔接的年度工作计划和明细预算，提高预算制订的精细化、科学化水平，提高预算执行进度。加强经费管理，理顺财务审批签报程序，由多头签批改为分管负责制。落实清史纂修工程专项资金部分项目中期执行情况绩效评价整改措施，加强与项目单位的沟通和联系，2011年底前对重点地区、重点单位和重点项目的经费使用情况进行检查。安排和布置承担清史纂修项目的全国120多家单位、共275个项目进行了自查，并赴承担项目相对较多的5家单位进行重点检查，为加强项目管理和结项做好准备。

七、充实《清史参考》编辑力量，继续做好编发工作

为进一步提高办刊质量，设立编辑部，充实了《清史参考》编辑力量。2011年，共编发45期，同时，推出或继续推进了“大案要案”、“边疆政策”等系列专题，其中“辛亥百年”系列共编发10篇文章。继续与《中国文化报》合作，在该报“清史探秘”栏目转载7篇文章，纪念辛亥革命专版上转载2篇。按照领导要求，对《清史参考》创刊5年多来的60余篇文章进行认真校核，准备刊印《清史镜鉴》（精编本）。2011年年末，开展了读者问卷调查，反馈意见较为满意，多位领导同志就办刊工作做出批示。

中外文化交流中心

2011年，党的十七届六中全会通过决议，确立了建设社会主义文化强国的宏伟目标，指明了文化改革发展的方向，令人振奋，使人鼓舞，成为我们做好工作的思想源泉和精神动力。在部党组和主管副部长的正确领导下， 在外联局和其他有关司局的悉心指导和大力支持下，中外文化交流中心较好地完成了本年度工作任务，并以积极的姿态参与到事业单位分类改革之中，认真探索符合中外文化交流中心实际的改革思路且已形成初步方案，为进一步深化改革做了较充分的准备。

一、基本情况

为对外文化传播和对外文化交流提供服务，是中外文化交流中心立足和发展的根本。中外文化交流中心领导和全体员工按照外联局的要求，坚持“优质、高效、低成本”的方针，扎实工作，热情服务，工作成果如下：

1. 选购、编辑、译制了28部故事片和专题片并制作完成10个语种约7万张DVD光盘；继续推进与美国彩虹电视台的合作，协助美方完成13集中国文化系列片的改编并于美国公共电视网播出；就“新中国早期对外文化交流”专题片采访对象的抢救性拍摄调整报送30人名单。

2. 策划、制作了30个我与外国建交纪念展览（约1200幅图片）；设计、制作“欢乐春节”活动所需15种5万余件装饰品和纪念品，并为我驻外使（领）馆制作12期15000多张橱窗图片。

3. 完成8项小额对外文化援助的采购和发送任务。

4. 完成向驻外中国文化中心提供8起培训项目的任务以及6批次物品采购任务。

5. 全年总共向258个驻外使（领）馆和中国文化中心发送上述文化外宣品和文化纪念品2000多箱约25万件（套），发送 8 批次小额援助物品337件，寄发期刊229种近20万册，报纸29种近4万份。

6. 以中外文化交流中心名义主办或参与主办的对外文化交流活动或艺术活动10起。以中外文化交流中心名义派团组赴美国、意大利、菲律宾等国家参加多边或双边文化交流活动11起。承办外联局委托的出国和来华文化交流项目如澳大利亚“中国文化年”、美国“中国文化周”、美国班卓琴小组丝绸之路巡演等项目20多起。

7. 承办文化部外联局工作网站“文化传通网”，完成两次改版并继续完善网上办公、纪念品征订、为我各驻外使（领）馆和中国文化中心后台接入、充实全国对外文化资源库等工作。

8. 编辑、出版《中外文化交流》杂志各12期约10万册，发表稿件约500篇300万字。继续履行《中国对外文化交流年鉴》（2010）和《对港澳台文化交流年鉴》（2010）审批手续，并开始上述两本年鉴（2011）和（2012）的组稿工作。

2011年，中外文化交流中心党支部根据部党组和机关党委的部署及要求，在坚持理论学习中心组制度的同时，继续开展创先争优和实践共产党员承诺活动，并制定具体措施落实党务公开，坚持不懈地对干部和员工进行反腐倡廉教育。中心坚持主任办公会制度，重大事项经集体讨论决定，还坚持每两周一次的中心办公会议，以保证日常工作的上传下达和各部门之间的沟通协调。

二、工作特点

（一）做好重大主题活动的对外文化宣传

2011年系辛亥革命100周年，为在海外开展纪念辛亥革命100周年活动并配合庆祝新中国成立62周年，受外联局委托并在其指导下，中外文化交流中心参与策划、设计、制作了“世纪回眸——纪念辛亥革命100周年图片展”。该展在152个驻外使（领）馆和中国文化中心展出，数十幅珍贵的历史照片展现了百年中国的沧桑巨变，吸引了外国主流社会和华人华侨的关注。

（二）继续完善“文通网”

自承办“文通网”以来，中外文化交流中心克服人手紧缺的困难，在时间紧迫、工作量大的情况下，分别于6月和10月对该网站进行两次改版，设计、制作10余个新的栏目。新版“文通网”立足中央主页，建立地方和海外分页，逐步整合中央、地方和外国的文化百科、文化交流资讯和“大文化”概念下的各类项目资源。截至11月底，已上传文章1万多篇，约1000万字，近千幅图片。

（三）着力打造自主品牌项目

中外文化交流中心与地方共同创立的中国（常州）国际动漫艺术周，2010年升格为由文化部和江苏省人民政府共同主办的国际多边文化活动，其专业性和权威性更加彰显，在国内同类项目中的领先地位更加巩固。2011年，第八届动漫艺术周除沿袭以往外国作品多质量高、评委权威等传统特点外，还与波兰驻华使馆举办了“波兰动画回顾展”，并在大连举办了动漫艺术周框架内的中外动画作品预选赛和大师班讲座。中国南昌国际军乐节也是中外文化交流中心参与创建的有特色的国际文化活动，2011年已是第四届，其主题为“绿色城运，响亮南昌”，邀请了24支军乐团参加，其中有来自10个国家的11支外国军乐团，规模超过前3届总和，水平亦为历届之最。中外文化交流中心积极参与了上述两项活动的主要筹备和组织工作。2011年，中外文化交流中心还与中欧金融交流促进会合作，举办了首届企业艺术收藏论坛，这在国内尚属首次。

（四）承办项目呈现量多质佳特点

2011年，是中外文化交流中心承办对外文化交流项目的数量和质量双丰收的一年，如澳大利亚“中国文化年”中的重点项目中澳文学论坛、“青藏之歌——沈抗油画艺术展”，第二届美国“中国文化周”，2011年欧亚经济论坛“文化分会”，美国班卓琴音乐小组中国西部八城市巡演，“中俄舞台艺术对话”，“我的中国故事——中国记者非洲行”系列采访，组团参加第52届美国密尔沃基湖畔国际艺术节等等。

（五）倾力为驻外中国文化中心服务

为驻外中国文化中心服务，是中外文化交流中心工作内容的拓展和丰富，中外文化交流中心领导和员工格外珍惜。受外联局委托，2011年为驻外中国文化中心筹组讲座和培训项目共14起，完成 8 起，涉及经济、中医、体育、电影、戏曲等领域或门类。尽管任务量尚不很大，但是中外文化交流中心领导十分重视，选派得力人员全力以赴，认真办理。

（六）借改革契机加强内部建设

根据蔡武部长关于“中外文化交流中心工作是外联局工作的延伸”的指示和赵少华副部长关于中外文化交流中心要建成“三个基地”的要求，在事业单位分类改革全面启动之际，中外文化交流中心组建“发展研究小组”、“规章制度修订小组”和“青年工作小组”，按照改革的要求，结合中外文化交流中心的发展，探讨改进中外文化交流中心工作体制和机制的思路，进一步强化内部管理，加强队伍建设，侧重提高青年员工的思想和业务素质。3个小组制定了详细具体的计划并有步骤地开展工作，使发展研究、规章制度修订和青年工作都有一定进展，特别是在全中心范围内开展的以改革发展为主题的深入讨论，为进一步制定和实施改革方案做好了思想和舆论的准备。

（七）改进工作作风，密切联系群众

中外文化交流中心领导班子相信，广大员工求新求变的要求是中外文化交流中心改革发展的动力源泉。因此，改进工作作风，密切联系群众，虚心听取群众意见和建议，是进行改革调整、促进中外文化交流中心发展的保证。在2011年党员领导干部民主生活会前夕，中外文化交流中心党支部以党小组为单位，组织全体党员和非党员会议征求意见。会后领导班子用3个半天的时间，认真梳理征求到的意见和建议并逐一反馈，有的制定措施加以改进，有的给予解释和澄清，有的纳入中外文化交流中心的改革方案之中。同时，领导班子采取措施，将思想建设和作风建设落于实处。由于各部门办公地点分散，中外文化交流中心领导班子决定，每周一次半天或全天中外文化交流中心主任和副主任分头赴不同地点办公，以贴近实际，贴近群众，了解和掌握第一手情况。

中国艺术科技研究所

2011年，中国艺术科技研究所以深入学习贯彻落实党的十七届六中全会精神为动力，按照《文化部2011年工作要点》的要求，围绕进一步理清推动文化与科技融合的总体思路，积极做好科研项目申报立项、研究、成果推广及科研管理等工作，各项业务工作全面推进，较好地完成了2011年的工作任务。

一、以科研项目为突破口，积极推进文化与科技融合

2011年，中国艺术科技研究所本着为文化部提供决策参谋、为社会服务的宗旨，积极探索文化与科技融合的新路子，认真做好科研项目的申报工作。科研项目申报立项更具针对性和现实性，在保持舞台科技的特色研究的基础上，研究方向逐步走向多领域拓展，《中国传统绘画材料关键技术研究与应用》、《国家文化宏观决策支持系统研究及应用》（参与合作项目）2个项目列入了文化部国家文化科技提升计划；承担文化部产业司委托的《“十二五”时期文化产业领域关键、核心、共性技术研究》专项课题研究；《网络游戏内隐性赌博问题研究与对策分

析》、《便携式小型音响系统研究》等6个项目列入了本所自主课题。特别是自中国艺术科技研究所建所以来，经过组织有关专家充分论证，首次向科技部申报科技支撑计划项目，取得了突破性进展，《文化数字化采集技术研究》被批准列入科技部科技支撑计划项目。此外，还获得了财政部“舞台设备检测检验设备”专项设备采购经费的支持，为筹建舞台技术设备检测检验实验室打下坚实的基础。

附：在研项目一览表（截至2011年12月31日）

项目名称	项目级别
事业单位体制机制及政策的研究	所级
中国艺术科技研究所数字化基础技术研究	所级
网络游戏未成年人家长监护工程实施效果评估与分析	部级
网络游戏内隐性赌博问题研究与对策分析	所级
正弦波舞台调光标准研究	所级
剧场建筑设计规范	部级
电子建设工程预算定额	部级
舞台灯光工程设计概要	所级
移动式公共文化方舱系统	部级
便携式小型音响系统	所级
便携式小型灯光系统配套专用灯具及附件研究	所级
公共文化服务指标体系标准化研究	部级
全国演出市场技术监管系统业务需求调研标准编制及概要设计咨询项目	国家级
艺术表演场所安全技术标准	国家级
公共文化服务促进社会管理服务指南	部级
国家文化宏观决策支持系统研究及应用	部级
文化行业中的标准化问题理论与实证研究	部级
文化资源数字化关键技术与应用示范	部级
非物质文化遗产网络平台的架构设计	所级
中国传统绘画材料关键技术研究与应用	部级
中国化新材质新技法画雪研究	所级
中国画艺术生态研究	所级
文化科技发展思路与对策研究	部级
中国私家藏书楼文化资源科技保护先导性研究	所级

二、稳步推进在研项目的研究进度，不断推出新成果

经过两年的研究开发，“中国文化地图三维地理信息服务系统”项目已取得阶段性成果。该项目是充分利用已有的数据资料、技术设备和基于影像特征的三维地理空间信息应用服务系统，通过综合运用遥感技术、地理信息系统技术、空间数据库技术，集成基础地理数据和文化专题信息数据，建立覆盖全国范围的文化地图专用地理空间信息数据库，构建基于空间地理数据的中国文化地图三维地理信息服务系统。目前，该项目一期工程建设已经如期完成，并于12月5日通过专家验收，标志着文化地图基础建设工程已基本结束。同时，也为中国文化地图下一步研究及现有成果应用奠定了良好的技术基础。

由中国艺术科技研究所与中国传媒大学共同承担国家质量监督检验检疫总局的公益行业科研专项《演出场所舞台机械噪声监测及控制标准化研究》于7月通过专家验收。该项目提出了演出场所环境噪声标准体系，首次对舞台机械噪声声场进行建模与仿真并提出了舞台机械噪声监测方案、噪声评价量和评价限值，为制定行业标准奠定了技术基础。该成果已于12月列入国家质量监督检验检疫总局科技成果库。

中国艺术科技研究所承担的国家财政科研项目“数码影像技术保护中国民间表演艺术和传统手工艺”项目于12月10日通过了由文化部文化科技司组织有关专家的验收。在该项目实施过程中，经过专家论证，确定以“戏曲、舞蹈、传统手工艺”为样本深入研究民间表演艺术和传统手工艺的记录保护与传承方法，并设立多个子项目分别展开理论和实践研究。经过项目组全体科研人员的不懈努力，《中国民间戏曲拍摄标准化流程研究》和《民间舞蹈、民间手工艺拍摄标准化流程研究》2个子项目已于2010年5月结题验收。《民间舞蹈类专题片拍摄规范与流程研究及典型样片拍摄》、《民间舞蹈三维数据获取和利用规范及流程研究》、《传统手工艺类专题片拍摄规范与流程研究及典型样片拍摄》等5个子项目于7月结题验收。12月，对《戏曲专题片（荆河戏）拍摄规范与流程研究及典型样片拍摄》、《中国民间表演艺术及传统手工艺专题片国内拍摄现状分析》、《数码影像的数字化保存标准研究》3个子项目进行结题，最后由文化部文化科技司对总项目进行了验收。与会专家高度评价“数码影像技术保护中国民间表演艺术和传统手工艺”项目的重要意义，认为中国艺术科技研究所尝试用数码影像技术对民间表演艺术和传统手工艺的保护进行研究的思路和方法，提出的相应拍摄标准和规范具体翔实，具有可操作性，也体现了一定的研究深度和广度，可成为非物质文化遗产保护工作人员重要的参考资料和操作技术规范，对开展非物质文化遗产保护也具有重要指导示范作用。

经中国艺术科技研究所学术委员会以及组织有关专家论证，2011年还有《全国网络游戏监控系统建设研究》、《国内外主要小提琴尼龙弦的技术检测》、《广州北岸文化码头创意产业园区方案研究》等15个所内自主课题通过验收。

三、积极做好科研成果推广工作，取得显著成效

由中国艺术科技研究所承担的国家科研项目“书画真伪科学鉴定系统”，于2010年12月通过文化部组织的专家的验收。2011年，重点对该项目在书画辨伪、防伪方面的技术成果方面的推广，并在理论研究、策略研究方面都取得了新成果，在海峡两岸产生了较大的影响力。6月30日、11月26日，中国艺术科技研究所分别与雅昌企业集团、北京东方雍和国际版权交易中心有限公司签订了战略合作框架协议，共同创办“中国书画检测备案认证中心”，针对书画鉴定业推出中国书画科学鉴定服务，针对书画艺术品管理推出中国书画科学备案认证服务。2011年，通过该研究成果，已为有关文化单位、社会各界义务检测书画作品服务。目前，已收集历代书画家资料2400余条，其中2011年整理入库389条。在科研数据方面，2011年检测显微点309点，提取微观图像数据931幅；检测拉曼光谱数据212条；检测X射线光谱数据246条；检测作品数92幅。

截至2011年底，“艺术品科学鉴定数据库”已收集历代书画家资料共计2400余条；检测显微点1139点，提取微观图像数据3287幅；检测拉曼光谱649条；检测X射线光谱数据1103条；检测书画作品302幅。以上数据已基本形成数据库的雏形。

由中国艺术科技研究所牵头组织编制的文化行业标准《临时搭建演出场所、看台安全技术要求》已于6月由文化部发布实施。该标准规定了临时搭建演出场所舞台、看台在结构、抗风防倾覆、演出工艺的安全技术要求，同时对临时搭建演出场所的舞台设备安全、电气安全的特殊要求做出规定。该标准也适用于广场、体育场馆、展览馆、商场、宾馆、厂房、公园、景区等临时搭建的演出场所。

四、发挥舞台技术优势，积极参与文化服务社会的活动

2011年，中国艺术科技研究所利用自身舞台技术研究的优势，积极参与文化服务社会的活动，重点支持国家贫困地区和少数民族地区的文化设施建设，如为甘南州藏族群艺馆、四川康巴艺术中心提供舞台工艺设计、咨询服务。

同时，积极协助和支持各地文化设施，如为湖北黄冈大剧院、广西贺州文化中心、新疆喀纳斯文化中心、江苏宜兴大剧院、内蒙古亿利资源七星湖酒店演艺中心、江苏南京青奥会议中心、河北石家庄会展中心、中国人民解放军总后勤部礼堂开展技术咨询和舞台设计服务；并受山东青岛大剧院、云南普洱大剧院、江苏苏州名人剧场、安徽广电多功能剧场的委托，开展有关的技术检测与验收等工作。

积极开展公益性文化活动。一是举办“庆祝中国共产党成立90周年全国著名书画家笔会活动”。为迎接中国共产党成立90华诞，中国艺术科技研究所于“七一”前夕，在全国政协礼堂隆重举办大型书画笔会，邀请20余位书画名家现场创作了歌颂我国大好河山的作品40余幅。二是开展“慰问北京军区某部女兵连活动”。在中国艺术科技研究所所长的带领下，组织有关书画家赴北京军区通信女兵连进行慰问，书画家们当场挥毫泼墨为女兵连及战士们创作了150余幅作品，充分表达了对人民子弟兵的深情厚谊，体现了军民鱼水之情。

五、根据事业发展需要，适时调整职能部门

9月，文化部批准了中国艺术科技研究所对原“书画真伪科学鉴定研究中心”的职能调整，该机构正式更名为“艺术品科研中心”。

书画真伪科学鉴定研究中心自2008年成立以来，一直致力于书画原创与仿制、鉴定与收藏等方面的科研工作，并取得了多项科研成果。已实施并通过验收的国家科研项目“书画真伪科学鉴定系统”，受到专家们的一致称赞以及社会各界的普遍关注，其成果正在广泛推广应用于社会；正在实施的科研项目：《中国传统绘画材料关键技术研究与应用》、《中国画新材质新技法研究》、《中国画艺术生态研究》，都取得了一定进展和初步成果；经过充分预研究后而启动的国家科研项目“书画科学备案认证系统”，将进入正式实施阶段。在文化系统体制改革的大背景下，文化部调整原“书画真伪科学鉴定研究中心”的机构职能，并将其更名为“艺术品科研中心”，主要是针对艺术品领域的科研需求和“中心”所具有的专业实力，从而让“中心”拥有更大的科研平台，使其能在广阔的研究领域中，进行更深入的科研，取得更多的科研成果，并将其更广泛地应用于社会。

原“书画真伪科学鉴定研究中心”已拥有美术创作、美术史学研究、书画鉴定、光学、化学、计算机等多学科专业人才，并引进了一批来自德国、英国、日本、美国、法国等国的先进科研设备，在艺术品材质、技法研究以及鉴定、备案、锁定、认证、验证等方面发挥了重要作用。新建立的艺术品科研中心将以原有科研人员、原有科研设备、原有科研成果为基础，继续做好“书画真伪科学鉴定实验室”、“书画科学备案认证实验室”的科研工作；新设立的“中国绘画材质技法实验室”将立足中国绘画艺术本体研究，特别是中国画的艺术表现力、艺术语言特色研究，并顺应当代中国画多元化发展的大趋势，从技艺与理论两个层面提供新的科研支撑；艺术品科研中心还设置了有“艺术品科学鉴定数据库”，并增设“艺术品科学备案数据库”、“艺术品材质技法数据库”等。艺术品科研中心数据库将为艺术品科研储备资料，并提供数据分析与信息支持。

调整职能后的艺术品科研中心主要职能定位为：研究艺术品创作、复制、收藏、维护、鉴定、评估的条件与技术，特别是研究艺术品创作生产所用材料、技法的演变与更新，及其在以上各环节中的意义与作用；承担艺术品鉴定评估领域中的重大课题研究，制定科学鉴定评估艺术品的学术标准；开展艺术品创作、复制、收藏、维护、鉴定、评估专业人员的培训，以及艺术品防伪辨伪新技术在社会相关领域中的推广与应用等业务。

六、美术考级工作稳步推进

严格执行《社会艺术水平考级管理办法》等有关规章制度，在2011年的美术考级工作会议上，重点讨论了《全国社会艺术水平考级机构评估标准（讨论稿）》，要求各地考级承办单位严格执行文化部31号令及《全国社会艺术水平考级机构评估标准》，开展美术考级工作。截至目前，中国艺术科技研究所在全国共设有美术考级承办机构105家，每年考生达7万余人次。

中国艺术科技研究所还结合美术考级工作的实际，与上海书画出版社联合出版一套权威性、针对性强和实用性的全套新教材，将于2012年陆续出版发行。

梅兰芳纪念馆

2011年，全馆圆满地完成了以下工作：

一、展览宣传工作

（一）首次在欧洲瑞士举办半年展览

9月5日至2012年3月5日，与瑞士巴塞尔博物馆合作主办为期半年的展览。展览主题是中国文化，以梅兰芳为代表的中国京剧艺术是展览的重点内容。为了做好这次展览，纪念馆精心挑选了一批能够展现梅兰芳先生艺术成就，能够表现中国京剧艺术特色，能够体现传统文化内涵的文物和艺术品，在保证展出效果的同时做好安全保卫工作。瑞士方面提供了一层楼的展览场地，全面展示由纪念馆提供的宫廷戏画、京剧服饰、生平介绍等有关中国戏曲和梅兰芳的专题内容。由清朝宫廷画家绘制的《同光十三绝》真迹成为展览的重头戏。展览开幕式提前一个星期就做好宣传，吸引了大批的观众参观。此次展览受到瑞士等国际友人和当地华人华侨、当地媒体的关注。瑞士展的意义在于，实现我馆在国外主办展览“零”的突破，为弘扬京剧艺术做出了贡献。展览的成功举办，不仅丰富和提升了中国文化展的内涵，进一步加强了与瑞士的文化交流工作，同时也增进了中瑞两国及中欧人民的了解和友谊。

（二）纪念梅兰芳先生逝世五十周年系列活动

2011年是梅兰芳先生逝世五十周年，也是他诞辰一百一十七周年，为了缅怀这位京剧艺术大师，组织了一系列的纪念活动。

1.举办巡回书画展。纪念馆是对外展览单位，同时也是文物保护单位，保存了大量的文物，其中很大一部分为著名书画家送给梅先生的作品，都是具有极高的文物价值和欣赏价值。画的种类之多可以称得上代表了当时书画届的最高水平。2011年，正值梅兰芳先生逝世五十周年，纪念馆举办纪念书画展，邀请当代书法家、画家，创作了120多幅书法绘画作品，题材包括梅兰芳经典剧目、人物肖像、京剧戏曲画、风景画、油画、现代抽象画、纪念诗词、雕塑等多个方面。书画展由王文章副部长亲笔题词，在南宁、北京、泰州三地进行巡展，并受邀参加了“第八届中国—东盟博览会”。

开幕仪式在中国艺术研究院举办，文化部副部长王文章，中国艺术研究院书记张庆善、文化部有关领导以及梅氏后人参加了剪彩仪式，展览得到了文化部领导和梅家人的一致肯定。在东盟博览会上，书画作品吸引了很多国内外的参观者和艺术收藏家，多幅作品有被收购收藏的意向，书画展作品的艺术价值和艺术水准得到了专业人士的认可。在梅先生的老家泰州，画展得到了市委领导及区领导的大力支持，成为当地文化活动的一件大事。为了加深北京梅兰芳纪念馆和泰州梅兰芳纪念馆的友谊，两馆结成了姊妹馆，在今后的工作业务中更好地加强合作，谋求共同的发展。书画展的成功举办不但提高了纪念馆的知名度，扩大国内国际影响力，同时也丰富了馆藏，使得对梅兰芳的纪念不局限于文物。这是纪念馆对馆藏工作的一次创新，也为名人纪念工作提供了新的思路。

2. 举办纪念研讨会。梅兰芳先生不仅是一位舞台表演艺术家，其才情也体现在书法和绘画方面。纪念研讨会邀请了梅氏后人，梅兰芳及京剧研究学者，对梅兰芳先生的艺术成就和艺术修养进行了探讨和交流。研讨会也吸引了中央电视台，中国文化报等多家媒体的关注，北外戏剧理论研究生也参加了会议。

3. 参与主办纪念演出活动。与北京京剧剧院、梅兰芳基金会共同举办纪念梅兰芳先生逝世五十周年演出活动。活动主要包括四台大戏、五场演出，由京剧名家参演《西施》、《太真外传》、《生死恨》、《麻姑献寿》梅派经典剧目。演出获得了京剧戏迷，京剧票友的追捧，使以梅兰芳为代表的京剧艺术得到进一步的推广。

（三）积极参加多种文化活动

北京宋庆龄故居、李大钊故居、鲁迅博物馆、郭沫若纪念馆、茅盾故居、老舍纪念馆、徐悲鸿纪念馆、梅兰芳纪念馆等8家名人故居纪念馆，已经成功地联合了11个年头。2011年8馆继续牵手，以2011年国际博协的“博物馆与记忆”主题为宗旨，以纪念辛亥革命100周年和中国共产党建党90周年的宣传为契机，以贴近实际、贴近生活、贴近群众为工作原则，共同举办了“红色记忆——文化名人与中国共产党”主题系列活动，以展览、主题活动及利用宣传品的宣传效果等形式宣传文化名人、弘扬民族精神，进行爱国、爱党的教育。

1. 清明时节缅怀名人走进故居。“清明时节缅怀名人走进故居”的系列活动从2008年国务院确定“清明节”为法定节假日开始，到2011已经是第四个年头了。在2011年北京市的宣传活动已被列为全市的6个主要活动之一。2011年的清明节活动是以“红色记忆”为主线，旨在给传统的民俗节日赋予新的内容和新的形式，把传统的追忆先人的活动，提升到缅怀为中华民族做出过特殊贡献的历史名人，将中华民族的传统美德发扬光大。

2.“红色记忆——文化名人与中国共产党”系列文化活动。由中共北京市委宣传部、北京市文物局、共青团北京市委员会、北京志愿者联合会、北京博物馆学会主办，8家名人故居纪念馆及北京市文博交流馆承办，于5月16日在北京市朝阳区星河双语学校隆重举行“志愿北京之博物馆行动”启动仪式，启动的志愿服务项目包括“红色记忆——文化名人与中国共产党”展览进校园活动和“关爱农民工子女”志愿服务活动。

“红色记忆——文化名人与中国共产党”展览从启动仪式之后分别在北京市朝阳区星河双语子弟学校、朝阳区弘善学校、十八里店中学、朝阳区明圆学校、朝阳工行支行、通讯兵驻京部队、望京科技园、西郊机场等地进行了巡展，其中许多单位还都结合展览的主题与各自的特点开展了纪念建党90周年的特色活动。展览最终赠送给了平谷上宅博物馆，由该馆继续在平谷的学校、部队中巡展。

从2010年开始，北京志愿者联合会与北京市文物局签约，志愿服务于博物馆，这项活动正好满一年。8家名人故居纪念馆借此机会，也正式挂牌成为“关爱农民工子女”志愿服务基地。在“志愿北京之博物馆行动”——“关爱农民工子女”志愿服务活动项目中，通过北京市125所农民工子女学校“结对”的志愿者组织与各博物馆志愿服务队的对接，建立“志愿北京之博物馆行动”——“关爱农民工子女”志愿服务活动基地，将服务内容、形式、周期等进行固化，把志愿服务引入农民工子弟学校，为农民工子弟提供更多更好的文化大餐。各博物馆、纪念馆充分发挥资源，由农民工子弟学校“结对”的志愿者组织负责带领学生到博物馆参观，对应馆的博物馆、纪念馆志愿服务队负责接待服务。在本次展览活动启动仪式中，八家名人故居纪念馆还向农民工子女捐献图书，并派出志愿者对巡展进行讲解。

3.“红色记忆——文化名人与中国共产党”走进“大墙内”。为纪念中国共产党成立90周年，推进

“发扬传统、坚定信念、执法为民”主题教育实践活动深入开展，女子劳教所积极引进优秀社会资源，与8个文化名人博物馆共同开展红色文化系列教育活动，使红色文化在劳教所内传承，为民警职工提供共同的思想基础和价值追求，从而加强民警队伍建设和所区文化建设，不断提升广大民警职工的文化内涵，为劳教所科学发展起到助推作用。活动主题为“秉承红色文化 坚定理想信念”，旨在以大力倡导中华民族人文精神和中国共产党诞辰90周年纪念宣传为契机，通过组织民警及所管人员参观专题巡回展、邀请专家学者入所讲座、与学会共同开展志愿服务、到博物馆学习交流等活动，进行革命传统教育、接受红色文化熏陶，引发传统记忆共鸣，引导全体人员学党史、知党情、跟党走，进一步传承老一辈革命党人的红色精神，使大家从老一辈文化名人身上感受到中华民族共同的理想追求，共同的文化观念和共同的价值取向，以及典型可贵的民族精神，传承和弘扬他们为党的革命事业和中华民族的伟大复兴无私奉献的精神品质。以此来教育民警，激励民警，凝聚警心，鼓舞士气，坚定为党尽心、为事业尽责的理想信念；教育所管人员要拥护中国共产党的领导，进一步增强爱国情怀。活动共分为两个阶段，启动阶段和系列教育阶段，场景十分感人。

4. 赴加拿大文化交流活动。应加拿大加中文化发展协会的邀请，北京8家名人故居纪念馆代表团一行8人于9月19日至24日赴加拿大进行了以“和平、友谊、文化、发展”为主题的文化交流活动。代表团在加拿大最大城市多伦多参观和访问安大略省皇家博物馆、多伦多大学、皇后大学、皇家军事学院、蒸汽博物馆，在首都渥太华参观和访问了国家文明博物馆、唐人街、总督府等，在此期间还与中加文化发展协会的负责人等进行了座谈。此次进行文化交流的机构对于8家名人故居、纪念馆这种整合资源，联合开展宣传活动的方式非常赞赏。我们也给他们介绍了8馆联手的缘起和联合11年来举办的展览和文化活动，其中包括经验和做法。他们认为这种联合是非常难得，同类型的博物馆自主联合，轮流主持，能够抛开本馆的利益，做到宣传资源共享，面向公众举办各种公益活动，这种精神是值得学习和敬佩的。

二、梅兰芳研究取得显著成效

2011年，编辑出版了《梅兰芳画集》，由王文章副部长写序。受到文化部有关领导的肯定和好评，并拟定作为国家领导人和文化部领导出访礼品。

三、积极改进展览条件

对展区和办公区进行重新粉刷，使得故居风貌焕然一新，在对文物古建积极保护的同时，极大地改善了办公条件。在对外开放方面做了大量的工作：为了提高接待水平，参加了北京市文物局组织的讲解员培训班，提高了讲解员素质和业务水平；为了方便游客，改善了服务设施，增加了双语导览图；为了提供整洁的参观环境，我们做到五天六次大扫除。通过这些努力，梅兰芳纪念馆的参观人数有了明显提高，4月至10月参观人数约为45000人次，月平均6500人次。

中国文化年鉴

Almanac Of Chinese Culture

地方文化建设

Local Culture

中國文化年鑒

北京市

2011年，在文化部、北京市委、市政府和市委宣传部的正确领导下，北京市文化局全面贯彻落实党的十七大、十七届五中、六中全会精神，按照人文北京建设的战略目标，坚持以文化惠民为重点，以推动首都社会主义文化大发展大繁荣为根本任务，全面推进市文化局系统各项工作的开展，全市公共文化服务体系更加完善，文化创意产业环境日趋优化，艺术生产成果显著、非物质文化遗产保护工作力度不断增强，对外文化交流活动不断丰富，党的建设深入开展，党风廉政建设切实加强。

一、以局属单位改革为动力，艺术生产成效显著

坚持以深化文化体制改革为动力，以弘扬民族优秀传统文化为己任，发挥政府主导作用，整合资源，引导社会各种资源参与首都艺术生产，艺术创作生产、艺术职业教育和青年人才培养工作扎实有效。

【深化文化体制改革，局属单位艺术生产力稳步提高】

按照中央要求，对北京河北梆子剧团、中国评剧院、北京曲剧团进行体制改革，重点是稳步推进了北京市河北梆子剧团转企改制，目前已完成改制方案。推动保留事业体制的单位深化内部机制改革，提高文艺生产和服务能力。截至12月底，北京京剧院演出收入达到2253.84万元。北方昆曲剧院创造了北昆历史上最高的演出场次，演出250场，赴国外演出达14场，创造了北昆历史上最高的演出收入610万元；中国评剧院、北京河北梆子剧团、北京曲剧团、北京交响乐团演出场次和收入也都有大幅度提高。北京画院美术馆已举办展览20余场，特别策划了“容华淡伫——纪念萧淑芳诞辰一百周年水彩画精品展”、“艺海童年——王明明儿童时期作品展”等展览。

【认真开展“走、转、改”活动，打造了一批优秀作品】

围绕纪念中国共产党建党90周年和辛亥革命100周年，局属各剧团倾力打造了多部优秀剧节目。京剧《宋家姐妹》、《蝶海情》、《姜秋莲》、《画龙点睛》和《鼎盛春秋》，昆曲《红楼梦》、《陶然情》和《旧京绝唱》，评剧《林觉民》、《迁居》，河北梆子《十八里香》、《周仁献嫂》，曲剧《歌唱》、《骆驼祥子》等数十部新排、复排剧目收到观众好评和市场的认可。一大批艺术创作者深入基层，深入田间地头，了解社会，认识民生，潜心创作，北京京剧院的现代京剧《中关村》、北京曲剧团的《大学生村官》等一批反映北京现实基层人物的作品正抓紧创作。北京画院参与组织百余位著名画家和艺术院校师生深入怀柔实地采风，创作出一批反映怀柔自然风光、人文历史以及生态新村风貌的作品，在中国美术馆举行了大型汇报展览并出版了作品画集。

【艺术人才队伍建设不断加强】

北京京剧院采取多种措施为青年演员创造机会，先后举办了“魅力春天”青年演员擂台赛、首届青年京剧演员北京擂台邀请赛以及青年演员擂台赛武戏比赛，邀请赵燕侠、姜凤山、梅葆玖、叶少兰、杜近芳、裴艳玲等著名老艺术家亲自指导，推出了张建峰、窦小璇、张馨月、杜喆、詹磊等一批优秀的青年京剧演员；2008级曲剧班的25名学生进行了北京曲剧《少年天子》和《烟壶》2个剧目的4场演出，增强了实践锻炼；北方昆曲剧院制定了昆曲出戏与出人的人才发展战略，力争5年内解决演出行当不齐的问题。北京画院通过竞聘与人才引进，打造了一支业务水平高、专业配置科学完善的艺术队伍；北京戏曲艺术职业学院不断加强研究，改革完善专业课程，完成市级精品课程“青衣剧目”、“花旦剧目”等课程建设，首开对民间表演团体免费培训先河，对袖珍人艺术团“龙在天”剧团学员进行了为期5个月的免费培训。

二、创新管理方式，整合社会资源，文化产业发展迅速

深化政策研究与落实，创新管理方式，重点推动文艺演出、动漫网游和艺术品产业又好又快发展。

【发挥政策导向作用，面向全社会扶持和鼓励优秀文化产品】

修改完善《北京市舞台艺术创作生产专项扶持资金管理暂行办法》，增加奖励内容，当年有24个项目通过艺术评审将获得扶持资金，2个项目将获得奖励；继续支持——“北京国际音乐节”、“北京国际戏剧舞蹈演出季”、“大学生戏剧节”、“北京国际青年戏剧节”已有艺术品牌活动；落实国家扶持动漫精品创作的有关政策，组织北京市动漫企业进行申报，共申报40项国家精品工程项目，其中：动漫作品25项、动漫创意15项，组织企业申报中国文化艺术政

府奖·动漫奖。按照《北京市文化局关于印发<北京市文化局开展原创漫画作品扶持申报工作实施方案>的通知》，启动了原创漫画作品扶持申报工作，对15部作品共给予100万元的扶持。按文化部要求，评选上报优秀重大历史题材的作品，积极协助办好中国北京国际美术双年展，鼓励不同主题，不同形式，不同风格的原创艺术作品的创作和发展。

【培育文化产业骨干企业，加快文化产业基地建设，繁荣文化市场】

开展北京市动漫企业认定及重点动漫企业、重点动漫产品的初审和北京市动漫企业的年审工作，推荐上报北京联盟影业有限责任公司等8家企业为动漫企业，推荐北京洋洋兔文化发展有限责任公司等8家动漫企业申报重点动漫产品和重点动漫企业。以石景山区为代表的一批动漫创意产业集聚园区内重点企业迅猛发展，初显聚合效应，畅游时代、蓝港在线等为代表的科技文化规模企业收入成倍增长。探索对798艺术区和宋庄艺术区的管理，建立长效管理和发展机制，打造国际知名品牌，建设弘扬与传播社会主义先进文化的窗口和阵地。多次对文化企业高级管理人员进行政策、法律法规培训，提高他们熟悉政策，驾驭市场的能力。

【搭建展示交流平台，提高文化企业的影响力和竞争力】

推出“2011首都原创舞台艺术剧目展演”、“2011首都原创优秀小剧场剧目展演”，集中推介优秀原创舞台剧目，吸引中央在京、民营院团积极参与剧目生产创作，前者共演出剧目28台、55场；后者演出25台、50场；与市旅游委联合组织“旅游演出推介日”活动，大力推介优秀旅游演出剧目；每周一期的《演艺罗盘》，为近百家演艺团体播放资讯近2000条；在《中国民航》杂志上开办专栏，推介首都文化和艺术生产机构，目前已经对北京京剧院、北方昆曲剧院和北京画院进行了专栏推介；参与完了由商务部主办、北京市政府协办的第三届中国服务贸易大会数字动漫游戏交易洽谈会，组织400余家企业参加，安排了238场次的洽谈，合作意向或协议总金额达23.7亿元；支持北京动漫游戏产业联盟承办了第12届世界漫画大会暨2011北京国际动漫周活动。

【加强监管，文化市场环境日益优化】

与其他委办局联合，建立文化市场监管联动机制，加强对大型群众性文化活动、外籍演员、舞台演出市场、网吧、游艺娱乐场所等的监管。探索建立了提前审查与现场监管相结合的舞台演出审查制度，重点针对小剧场话剧演出进行了拉网式检查；对主要城区的小剧场上演的9台话剧和大型场馆的演出进行了现场监管。建立健全网络游戏日常管理的长效机制，实施网络游戏未成年人家长监护工程，开展打击侵犯知识产权和制售假冒伪劣商品专项行动，维护网络市场安全。截至12月底，共受理各类许可申请2306项，许可项目平均所用时间为13天，与法定时间减少7天；全市94家主要演出剧场共举办艺术演出21075场，同比增长10.37%。市文化局备案的动漫会展11场，参与人数近10万余人。按照全市统一部署，集中在6月份开展了行业安全生产月系列活动，召开动员部署会议21次，发放宣传材料25552份，设置版报宣传栏86个，开展安全培训584次，受众9673人，组织演练584次，出动执法检查2665次，发现和消除安全隐患1221件。编辑了《北京市文化娱乐场所安全生产法规选编》、《北京市文化娱乐场所突发火灾应急演练方案》，印制宣传材料10000余份。

三、提高文化产品和服务供给力，公共文化服务水平和质量不断提高

紧紧围绕“人文北京建设”这一战略任务，以文化惠民为主旨，以加强国家文化中心建设议案办理为抓手，联合部分委办局和区县政府，大力整合资源，不断完善公共文化服务管理体制和运作机制，提高公共文化产品和服务供给力。

【文化惠民活动、群众文化活动丰富多彩】

截至12月底，共完成公益惠民演出13282场，其中“周末场演出计划”演出714场，“百姓周末大舞台”演出230场，农村“文艺演出星火工程”演出11748场，“民族艺术进校园”演出590场。在春节、元宵节、清明、端午、中秋、重阳等传统节日和特殊节点，开展各类群众文化活动346项；组织各类文化志愿者送春联、“福”字、送摄影、送文艺演出、送艺术培训等文化志愿服务52场次；承办“群星奖优秀节目慰问外来务工者晚会”、第七届“舞动北京”群众舞蹈大赛决赛暨颁奖晚会、2011年京津沪渝声乐组合大赛、第五届百姓博览会举办、第五届北京市民网络摄影大赛数十项全民参与的文化活动。首都图书馆继续组织北京市科技周等全市品牌性的大型文化活动；“首图讲坛”、“首图影像”等各系列专题讲座；放映及少儿活动569场，参加读者12万余人次；接待读者信息咨询及代检索课题96.7万余次，共接待读者265万余人次；外借图书214万余册。北京市文化志愿者服务中心，广泛吸纳各行各业的文化志愿者队伍，开展了一系列公共文化服务活动。

【基层设施日益完善】

完成文化部第三次文化馆评估达标工作，全市有15个文化馆取得全国地市级一级馆参评资格，有2个文化馆取得全国地市级二级馆参评资格，实现了文化馆（站）、图书馆和美术馆三馆免费开放。公共图书馆计算机信息服务网络覆盖全市16个区县的154个成员馆，推广全市24小时街区自助借书机，提升公共图书馆服务范围与效能。朝阳区成功入选全国第一批创建国家公共文化服务体系示范区；北京市文化活动中心项目，首图二期工程稳步推进；利用文化共享工程国家中心专门提供的少儿专题影视作品，农业技术等12大类3.4TB的资源及其他文化信息资源开展数字化社区建设。北京画院美术馆被文化部正式评为九家“全国重点美术馆”之一，5月免费向社会开放，成为当地重要的文化设施。

【公共文化服务机制日益完善】

制定《北京市“一街一品”基层文化展示活动策划方案》，建立起强化全市各大群众文化活动品牌的影响力，多出人才、多出作品的长效机制；制定《北京市基层公共文化设施服务规范》（试行），规范各基层公共文化设施服务；制定《北京市文化局关于加强53个“北京最美的乡村”文化建设的方案》，加强北京最美的乡村文化建设。制定了2011年全市基层文化队伍培训计划和5年培训规划，并向文化部申报全国基层文化队伍培训基地，基层人才队伍建设稳步推进。文化志愿者三级管理机制日益健全，志愿服务活动稳步开展。

【基层文化队伍建设稳步推进】

组织推荐各街道科级文化干部参加了全国文化站长和县（市）文化局长培训；启动了基层群众文化组织员组建和培训工作，第一期“北京最美乡村”文化组织员培训班已在北京戏曲职业学院开班，53名文化组织员在音乐、舞蹈、艺术理论、活动策划等多个方面接受培训；对新疆和田县文工团和墨玉县文工团演职人员、基层文化馆工作人员、信息共享工程基层服务点人员、文化志愿者等举行万余人次的培训。分别对新疆和田县文工团和墨玉县文工团的演员进行了为期20天的理论讲授与专业指导相结合的培训，援助新疆基层文化队伍建设。

四、加强对外文化交流，增强中华文化国际影响力

以“弘扬中华文化，建设中华民族共有精神家园”为己任，依托对外友好城市和驻华使馆人员，加快文化“走出去”和文化引进步伐，春节文化品牌、文化展演等活动影响日益扩大，对外文化交流活动不断丰富，京台文化交流活动也稳步开展。

【实施“文化走出去”战略，文化交流活动日益丰富】

配合国家外交及重大涉外活动，选择重点国家和地区组织大型文化活动；配合文化部签订的文化合作协定积极开展文化交流；配合国家建交纪念日及北京市重大外事活动进行文化外宣。推动文化“走出去”坚持“三个面向”和“两手抓”，面向世界主要国家，面向各国核心城市，面向国外主流人群开展各项对外文化活动，一手抓自主赴外组织大型文化交流品牌活动，一手抓对外文化交流政策引导和审批管理，不断提升北京的国际形象和中华文化的国际影响力。先后组派37批485人次在赫尔辛基和塔林、迪拜、麦纳麦、阿姆斯特丹、都柏林等22国31个城市举办了75场文化演出，受到了当地居民的热烈欢迎。

截至12月底，共批准出访国外及港澳台地区文化交流项目145批2210人次。其中局系统出访47批727人次，归口管理单位出访98批1483人次。派出批次和派出人数与2010年同期基本持平。引进国外及港澳台地区共37批871人次。引进批次比2010年同期减少16%，引进人数比2010年同期减少53%。其中局系统引进5批8人次；归口管理单位引进32批863人次。

【利用在京外国资源开展外宣和外事工作】

积极利用在京外国人这一摆在“家门口”的资源开展外宣和外事工作，分别于1月和5月邀请在京外国人观看了京剧《梅兰芳华》和昆曲《红楼梦》；邀请了孟加拉、波黑、马其顿、阿尔巴尼亚、毛里求斯等国的大使及其他驻华使馆的官员90余人次，外国专家、京境外记者、外国留学生等200余人次观看了演出。

在充分发挥已有北京国际音乐节、舞蹈演出季、文化创意产业博览会等平台吸引外国优秀剧节目的同时，认真研究起草了扶持国内外优秀剧目引进的相关政策。鼓励市演出经纪机构引进国内外大型优秀整台剧目进京演出，对于取得良好社会效益、经

济效益的，经专家评审小组评定，将给予一定数额的奖励。该政策实施以后，将有效鼓励外国文化引进来。

【巩固成果，稳中求进，对台文化交流稳步开展】

赴台举办了“京台文化节”，邀请台湾京剧名家来京参加“天涯共此时——全球华人京剧演唱会”和邀请台湾国光剧团来京演出等活动，大力提升北京市对台文化宣传力度，拓展京台文化交流渠道，增强京台合作的影响力和实效。

五、坚持保护和利用相结合，非物质文化遗产保护工作稳步推进

以非物质文化遗产项目活化为导向，探索建立非遗项目生产性保护机制，使非遗项目保护、传承、生产、展览展示工作顺利推进，保护和弘扬力度不断增强。

【以非遗名录体系为核心，申报和保护工作稳步推进】

北京市有18个项目入选国家级非遗名录，确定了第三批北京市级非遗项目代表性传承人48人，推荐45人申报了第四批国家级非遗项目代表性传承人；开展了联合国教科文组织2013年人类非物质文化遗产代表作名录及2013年优秀实践名册项目的推荐申报工作；与市经信委等部门联合开展第六届中国工艺美术大师评审推荐工作。推进《北京志·非物质文化遗产志》编纂工作，继续与高校联合开展了“北京市高校非物质文化遗产保护调研计划”和《北京市非物质文化遗产名录项目图典》中英文版编纂工作；编辑出版了《北京市非物质文化遗产丛书》，第一辑共8册，涉及智化寺京音乐、象牙雕刻等8个项目，约96万字，1200幅图片。

【探索生产性保护新机制，组织开展了丰富多彩的非物质文化遗产宣传展示活动】

组织第六届春节庙会灯会评选活动，共计31项庙会、灯会、文化活动摘得奖项；复原了清代日坛祭日典仪；举办了北京非物质文化遗产传统技艺展暨首届北京非物质文化遗产代表性传承人作品拍卖会，成交作品66件，成交率占76.74%，成交总金额约531.6万元，成为全国首个大规模非遗项目代表性传承人作品的专场拍卖活动；制作播出了北京非物质文化遗产大型纪录片《守望》；举办京剧成功入选“人类非物质文化遗产代表作名录”一周年庆典活动暨第三届国粹生香——2011北京京剧票友段位评授季；举办了“昆剧之路”——昆曲非遗10周年大型系列纪念活动，在国家大剧院等地演出20余场，在国家大剧院北展厅举办了为期一个月的昆曲六百年全景展览及展示性的片段演出。

【继续推进抢救性收集代表性传承人实物作品工作】

新征了金漆镶嵌髹饰技艺作品精工矫嵌屏风《花香凝翠》、北京宫廷补绣作品《尊胜佛母像》等具有较高文化内涵和艺术价值的非遗实物作品共计13件。举办了“北京市非物质文化遗产高级研修班”对非物质文化遗产保护人员培训工作，讲授了非物质文化遗产基本理论、《非物质文化遗产法》等内容。

六、党建工作不断加强，创先争优、党风廉政建设取得实效

以迎接建党90周年纪念活动为重要载体，以“学党章、忆党史、强党性、比贡献”为主题，深入开展创先争优活动和“谋发展，解难题，献一策”活动，发动机关党员干部为破解工作难题建言献策，促进了全局中心工作的开展。加强对基层党建工作的指导，组织了多种形式的纪念建党90周年活动。通过献爱心送温暖，体现党的关怀，慰问生活困难党员、优秀党员和离退休干部。加强领导班子和干部队伍建设，加大干部选拔调整力度，进一步优化领导班子结构。加大培训和学习工作力度，提高干部队伍整体素质。制定了党风廉政建设工作要点和任务分解方案，开展了“小金库”专项治理、公务用车专项治理，以及民主评议基层站所工作，实施了对重大文化项目资金使用情况立项效能监察，开展了信访监督和干部审计等工作，印发了《北京市文化局关于加强风险防控完善领导班子“三重一大”决策制度实施细则》。

七、发挥政策的杠杆作用，激发全社会的艺术创作活力

从北京实际出发，完善政策体系，为文化事业发展在关键环节上实现突破提供政策扶持。2009年，北京市文化局制定了《北京市舞台艺术创作生产专项扶持资金》，面向全社会资助艺术创作生产，每年安排2000万元，用于扶持能够代表北京舞台艺术创作水平的优秀剧（节）目创作生产，激发了全社会的艺术创作活力。统一各类院团下基层演出的补贴政策，调动了中央在京院团、市属院团、民营院团的积极性。“2011年北京市舞台艺术新剧目展演”、“2011北京金秋原创优秀剧目展演”和“金秋2500场

下基层演出”活动中就有很多中央院团、民营院团的剧目。

八、注重以现代化提升公共文化服务水平

当前受各种因素的制约，北京市城区街道乡镇、城市社区文化设施达标率仅为20%，主要是面积不达标。而且就当前形势而言，城区尤其是老旧城区面积达标很困难。为此，北京市文化局选择了以依托文化信息资源共享工程和歌华有线的数字资源，提升基层文化设施的信息化水平；首都图书馆开通了手机网络终端服务，拟定了24小时街区自助图书馆服务计划，深入推进北京市文化共享工程建设，积极开展社会合作，创建“数字文化社区”，拓展文化资源推广传播新渠道。

九、创新组织机制，优化发展环境

几年来，北京市文化局促成建立了演出行业协会、网吧协会、动漫游戏产业联盟、画廊协会。12月，市文化局组织成立了首都剧院联盟，与首都博物馆联盟、首都出版发行联盟、首都影院联盟、首都影视产业联盟一起，在深化资源整合、行业自律、推进文化惠民工作方面，发挥了重要作用。2005年，北京市文化局推动设立了北京文化艺术基金会，开辟了资助全社会各种所有制单位文艺创作、生产的新渠道，先后资助扶持了“打开艺术之门”普及教育活动、北京国际音乐节等文化品牌。

天津市

一、纪念建党90周年系列文化活动展现新风采

策划组织了“辉煌90年——天津市纪念中国共产党成立90周年文艺晚会”。采用多种艺术形式和科技手段，为观众呈现了一台思想性艺术性观赏性俱佳的艺术盛宴。集中展演了话剧《北平·1949》、大型交响音乐剧《红星照耀中国》、歌剧《青春之歌》、评剧《刘胡兰》、河北梆子专场《红色之路》、曲艺专场《永远跟党走》等一批反映党的光辉历程和讴歌时代精神的优秀作品，营造了喜庆热烈的文化氛围。举办了“中国共产党的光辉历程——从一大到十七大图片展”、“延安精神永放光芒展”、“铁人精神展”等一批专题展览，极大地激发了人民群众的爱党爱国热情。在全市广泛开展“红色歌曲大家唱、红色箴言大家读”活动1000余场，参与群众近百万人，成功举办“唱支红歌给党听”天津市庆祝建党90周年群众歌咏大会、“党在我心中”百万中小学生读书系列活动、社区文艺展演、美术书法比赛等丰富多彩的群众文化活动，掀起了真情颂党赞家乡的热潮。

二、文艺创作演出实现新突破

【文艺创作生产成果丰硕】

创作排演了京剧《香莲案》，话剧《铁肩担道》、《花蕊夫人》，河北梆子现代戏《晚雪》，评剧《孔雀东南飞》，大型舞蹈专场《津门舞韵》，芭蕾舞剧《堂吉诃德》，青春歌舞杂技剧《海之梦》，杂技舞蹈剧《胡桃夹子——海上梦》，大型综合歌舞晚会“滨海我为你歌唱”等一批新剧目。打磨提高了京剧《无旨钦差》、《郑和下西洋》，评剧《杜十娘》、《珍珠衫》，青春版京剧《护国将军》，歌剧《原野》，话剧《蛐蛐四爷》、《下一站幸福》等节目的整体水平。

【演出活动繁荣活跃】

局属艺术院团全年共演出2845场，观众达134万人次，收入2290万元。京剧《华子良》作为唯一的京剧剧目参加了“五个一工程”奖十大精品剧目全国巡演。天津京剧院、天津市青年京剧团参加“2010年全国京剧优秀剧目展演”，蓟县评剧团《咱们村里的新鲜事》参加“2011年全国现代戏优秀剧目展演”，获得广泛好评。天津市青年京剧团纪念“百日集训”25周年系列演出活动共演出9场11个传统剧目，产生广泛影响。成功举办天津市2011年新年音乐会、2011年春节军民联欢晚会、庆祝新中国成立62周年文艺晚会、“劳动者之歌”——庆五一海河情艺术团慰问城市建设者等大型晚会。

【一批优秀作品荣获大奖】

京剧《无旨钦差》、《香莲案》获得第六届中国京剧艺术节一等奖，《刘兰芝》荣获第六届中国京剧艺术节荣誉改编奖。《香莲案》入围了2010～2011年度国家舞台艺术精品工程资助剧目。歌剧《原野》获首届中国歌剧节优秀剧目奖、优秀作曲奖、优秀编剧奖、优秀导演奖、优秀指挥奖、优秀表演奖6个奖项，舞蹈《春江花月夜》获得第九届全国舞蹈比赛表演优秀奖。杂技《倒立技巧》在第八届中国杂技金菊奖第三次全国杂技比赛中荣获“优秀杂技节目奖”，《三个和尚——坛技》荣获第四届俄罗斯伊热夫斯克国际马戏节银奖。河南坠子《十月金风遍神州》和京韵大鼓《丑末寅初》获得第七届中国曲艺节优秀奖。

三、公共文化服务体系建设开创新局面

【公共文化设施网络更加健全】

天津杨柳青木版年画博物馆建成开馆，李叔同故居纪念馆对外开放，完成平津战役纪念馆提升改造。天津图书馆海河教育园区馆对外开放。图书馆服务领域不断延伸，天津图书馆建成外来务工人员分馆。市级公共图书馆各类分馆达到235家，天津图书馆、和平区图书馆和泰达图书馆率先实施数字图书馆推广工程。建立49家公共电子阅览室，圆满完成文化部下达的公共电子阅览室试点建设任务。和平区被评为首批国家公共文化服务体系示范区。在第三次全国文化馆评估中，全市有7个文化馆获得区级（地市级）文化馆一级馆资质，4个文化馆获得二级馆资质，3个文化馆获得县级文化馆二级馆资质。

【文化惠民工程扎实推进】

积极推进美术馆、公共图书馆、文化馆（站）免费开放，天津图书馆、市少儿图书馆、市群众艺术馆及全市区县29个公共图书馆、18个文化馆和209个乡镇文体中心（文化站）实现免费开放。按照市委、市政府和文化部统一部署，扎实开展新疆和田地区对口援建工作，捐赠图书、文化办公设备总价值65.5万元。完成村文化室建设任务，基本实现了全覆盖。“千村百站”基层文艺骨干培训工程全面完成，累计培训基层文艺骨干3890人。文化信息资源共享工程资源建设扎实推进，全市自建专题数据库达到35个，数量总计1.29TB。

【群众文化活动丰富多彩】

成功举办第20届“文化杯”全国梁斌小说评奖活动、第三届“和平杯”中国京剧小票友邀请赛等品牌性活动。先后举办第八届滨海艺术节、“南开杯”第三届新广场舞大赛、“大港杯”广场文化展演等活动，巩固发展了“一区一品”的群众文化活动格局。“天穆杯”农村小品展演和“文化杯”群众文学评奖被评为首批国家公共文化服务体系示范项目。杨柳青木版年画、塘沽版画、北辰现代民间绘画等9个项目被评为“中国民间文化艺术之乡”。

四、文化中心项目建设取得新进展

【新馆陈列布展准备工作进展顺利】

坚持“国内一流、世纪精品”，全力以赴做好天津文化中心各项筹备工作。天津博物馆、天津美术馆展厅功能布局陈列大纲、展陈设计方案等基本确定，开始进场布展。天津图书馆开展文献资料和数字化资源的加工储备，完成联机公共目录查询机、自助办证机、自动借还书机等现代化设备的招标采购，极大提升了新馆的科技化和智能化水平。天津大剧院开幕演出季已签约，深度合作及全年各演出项目正在洽谈中。

【新馆管理体制机制实现创新】

组建了天津文化中心管理委员会办公室，对馆区工作进行统筹协调和监督考核。博物馆、美术馆实行一套机构、两块牌子，天津图书馆3个馆区由一套班子实行统一管理，天津大剧院实行委托经营管理。各项筹备工作已基本就绪，为2012年5月开馆打下了良好基础。

五、文化体制改革迈出新步伐

积极稳妥推进国有文艺院团和经营性文化单位改革，进一步完善了天津北方演艺集团有限公司、天津市北方文化产业集团有限公司组建方案。注册成立了天津市曲艺有限公司，优化了资源配置。天津市杂技艺术有限公司创新内部管理机制，与国内外强手联合，资源共享，优势互补，形成了出精品、出效益、出人才、出品牌的新模式。加强文化事业单位内部机制改革，积极推进岗位设置管理。创新和改进行政管理方式，建立了区县文化广播影视和文物工作评估表彰制度，圆满完成区县文化广播影视和文物工作年度考评，完善了对全市文化发展的宏观指导和激励机制。全市行政审批事项实现“五统一”，向滨海新区下放审批权限得到市领导表扬，审批效能进一步提高，服务能力不断增强。

六、文化产业发展和文化市场管理呈现新亮点

【演艺业生产营销机制不断创新】

2011中国（天津）演艺产业博览会取得圆满成功。吸引了20个省区市代表团，300多家艺术院团、演艺企业和演出中介机构参展，现场成交额2.3亿元，协议成交额近5亿元。举办了“华夏神韵”第五届中国民族戏曲优秀剧目大汇演、高雅艺术精品系列演出、全国动漫剧精品展演等活动，进一步打造了全国演艺产业展示交易、推动创新和引领发展的平台。全市各艺术表演团体遵循艺术规律和市场规律，创作排演了一批排得起、演得起、看得起的优秀剧目。天津人民艺术剧院等单位建立制作人制度，采用票务连锁和网络等现代流通手段，积极开拓演出市场，提高演出收入。“中国戏曲声画《红梅颂》”、“迎来春色换人间”等系列演出活动获得观众好评。港台流行歌手演唱会、酒吧音乐繁荣有序，日趋活跃。天津市首个演艺信息平台“今晚演艺资

讯”正式开通，首个集演艺、影视、文化、会展等资讯于一体的杂志《演界》实现试刊。

【动漫产业发展实现新突破】

全市动漫企业及相关业务企业超过300家，核心动漫企业超过100家，新增6家国家认证动漫企业。动漫产业全年产量比2010年增加约30%，产值跨入全国前10名行列，一批优秀原创作品在全国获奖，步入高速发展的快车道。全国首个国家级动漫产业综合示范园正式开园，注册企业260家，总注册资金60亿元，动漫产业公共技术服务平台达到国际领先水平。国家影视网络动漫实验园建设完工，中国天津3D影视创意园开工建设，国家影视网络动漫研究院完成方案设计。由文化部和天津市人民政府主办的中国文化艺术政府奖首届动漫颁奖典礼系列活动在津成功举办。

【文化产业发展环境不断提升】

建立文化企业境内上市资源储备库，入库企业资产总额接近30亿元。制定出台《天津市文化产业示范园区评选管理办法》，评选了第二批天津市文化产业示范基地。滨海新区设立5亿元文化产业发展引导资金，有力推动了滨海新区文化产业的持续发展。

【文化市场管理进一步规范】

深入开展纪念建党90周年文化市场专项保障行动，促进了文化市场的健康繁荣发展。按照“谁审批、谁负责”和属地管理原则，有序开展游艺娱乐场所审批，全市新增场所130家，引进了一批规模大、档次高、有代表性的游艺娱乐品牌。积极推进网吧连锁经营工作，全市连锁网吧门店达到50家。

七、文化遗产保护取得新成效

【文物保护工作成效显著】

天津市第三次全国文物普查数据通过国家验收核定，确认本市共调查登记不可移动文物2082处，其中新发现1153处，复查929处。开展天津市工业遗产专项调查，调查登记工业遗产126处。编制完成《大运河（天津段）保护规划》、《独乐寺保护规划》、《石家大院保护规划》、《天津市明长城资源调查报告》、《天津市水下文物普查阶段性报告》、《大沽炮台遗址考古勘探报告》。实施了梁启超旧居修缮工程、天后宫藏经阁维修工程。启动了水下文物调查工作。协调解决了中俄东方石化（天津）有限公司炼油工程、滨海新区南港工业区、京秦高速公路天津段等26项工程建设选址的地下文物考古勘探工作。

【博物馆工作全面推进】

举办了“第三次全国文物普查成果展”、“天津市第八届民间收藏展”、“大运河与天津”、“我身边的文化遗产——博物馆藏品鉴赏”、天津市首届国学文化节等特色展览、展示、公益讲座和宣讲报告会，举办临时展览34个，全年接待观众256万人次。组织博物馆“走出去”办展，周恩来邓颖超纪念馆走进机关、社区、部队开展宣讲20余场，元明清天妃宫遗址博物馆送“我身边的文化遗产”展览进学校，受到广大观众的热烈欢迎。周恩来邓颖超纪念馆荣获第九届全国博物馆十大陈列展览精品奖。

【非物质文化遗产保护深入开展】

达仁堂清宫寿桃丸传统中药制作技艺、狗不理包子制作技艺等5个项目入选第三批国家级非遗名录项目，传统医药类项目实现零突破。72人被命名为第二批市级非物质文化遗产名录项目代表性传承人。10个项目保护单位被命名为首批天津市非物质文化遗产保护示范基地。国家级传承人和濒危项目信息采录计划启动，《天津市第二批非物质文化遗产名录图典》出版。“薪火相传——天津市非物质文化遗产师徒同台展演”、“非遗进校园”及《非物质文化遗产法》宣传讲解等活动，在全社会掀起了关注非文化遗产保护的热潮。

八、对外文化交流取得新收获

全年引进涉外文化交流项目98项、1855人次，办理出国及赴港澳台文化交流52项、423人次。天津市文化团体和单位先后赴美国、法国、澳大利亚、瑞典、新西兰、南非、蒙古、喀麦隆等国家进行文化交流，受到当地主流社会、外交使团和华人华侨的热烈欢迎和高度赞誉，有效配合了文化外交，提升了天津文化的国际影响。受文化部委派，天津艺术团代表我国分别赴南非和喀麦隆进行展演，得到广泛好评，我国驻南非大使馆、驻喀麦隆大使馆和文化部外联局发来感谢信，张高丽、黄兴国等市领导同志批示表扬，《人民日报》、新华社、中央电视台、《中国文化报》等媒体予以大量报道。作为文化部“央地合作”机制第一批试点省市，天津市与中国驻蒙古国乌兰巴托文化中心共同举办了“中蒙文化年”活动，开展8项系列活动，取得圆满成功，受到了文化部和蒙方的高度称赞。天津京剧院赴欧洲43个城市进行了为期3个月的商演，弘扬了中华文化，创造了良好效益。成功举办了“澳门活动周”、“给力天津——韩国周”等文化交流活动。天津自然博物馆在法国巴黎自然历史博物馆举办了《最后的巨人》恐龙展并就进一步深化合作达成共识，组织国内4家博物馆在韩国共同举办中国恐龙暨古动物大展。引进了俄罗斯皇家芭蕾舞团、莫斯科爱乐乐团、美国杨百翰大学室内乐团、澳门中乐团等大型演出，活跃了演出市场。

九、文化人才队伍建设再上新水平

深入实施“人才兴文”战略，以领军人才为重点，统筹推进各类文化人才队伍建设。2名同志荣获第25届中国戏剧梅花奖。举办了第二届“优秀青年人才贡献奖”评选活动，授予10名同志“优秀青年人才贡献奖”。实施“百名人才引进工程”，引进了15名优秀青年人才。文博系统第二期“名师教室”筹备工作进展顺利。面向全国公开选拔天津图书馆、天津美术馆领导干部。天津艺术职业学院、天津工艺美术职业学院顺利通过市教委人才培养评估。

河北省

2011年，河北省文化系统认真贯彻落实中央和省委、省政府及文化部的要求部署，围绕科学发展这一主题和转变经济增长方式这一主线，坚持以文化民生为重点，以文化体制改革为动力，以满足广大群众的精神文化需求为根本任务，着力营造庆祝中国共产党成立90周年的浓厚氛围，着力抓好“十二五”规划开局之年的各项工作任务，突出重点，狠抓落实，全省文化工作取得明显进展。

一、以重大艺术活动和精品工程为抓手，文化艺术生产收获新成果

【突出主题，艺术精品生产成绩斐然】

围绕庆祝中国共产党成立90周年，创演了大型话剧《寻找李大钊》、河北梆子现代戏《日头日头照山乡》、大型交响乐“民歌河北”等10台精品剧（节）目，创排“人间正道”、“党旗飘扬·希望河北”、“党啊，亲爱的妈妈”、“辉煌的丰碑”等4台大型晚会。《寻找李大钊》先后在北京大学百年讲堂、国家大剧院演出，中央电视台以及新华网、中国教育网、《中国文化报》、凤凰网等主要媒体对演出情况进行重点报道；《日头日头照山乡》、大厂评剧歌舞团《小戏专场》入选“全国现代戏优秀剧目展演”；民族音乐会“燕赵风韵”入选“中国民族音乐巡礼百场系列音乐会演出活动”；新版新编京剧《响九霄》赴京参加2011年全国京剧优秀剧目展演，并荣获2009～2010年度国家舞台艺术精品工程重点资助剧目，填补了河北省在这一奖项中的空白，由该剧改编的戏曲电影《响九霄》荣获第28届金鸡奖最佳戏曲片奖；邯郸市平调落子剧团魔幻舞台剧《黄粱梦》荣获2010～2011年度国家舞台艺术精品工程重点资助剧目；情景歌舞演出“人间正道”成为大西柏坡建设工程中的亮点之作；创排了“帝苑梦华”、“鼎盛王朝·康熙大典”等大型实景演出。

【打造品牌，重大艺术活动影响显著】

成功举办了第13届中国吴桥国际杂技艺术节，共有17个国家和地区的27个团体的30个节目参加了演出和比赛，河北省杂技团节目《行车蹬人》获金狮奖；本届杂技节演出形式多样，公益专场演出、“欧洲国际大马戏”的大篷演出、广场联欢演出、“走进革命老区”专场演出、进校园、进社区演出等全面铺开；杂技节结束后，还分别在沧州、唐山和北京举办了分会场专场演出、获奖节目专场演出以及“冀中能源之夜”世界杂技魔术大师获奖节目专场宣传演出，进一步推动吴桥杂技节成为家喻户晓的文化名牌。2011年，“河北文艺北京行”创历史最好成绩，共有7部作品9次进京演出，取得了良好的社会效益和经济效益。在中国美术馆成功举办了“阳春三月——铁扬艺术展”。圆满完成第二届“河北文化宝岛行”文艺演出任务，进一步扩大了河北文化在台湾的影响，《河北日报》、河北电视台、长城网、东南卫视以及台湾的《联合报》、《经济日报》、《旺报》、金传媒等新闻媒体分别对此次演出活动进行专题报道和大力宣传。暑期在北戴河海上音乐厅组织了“海之韵——2011年北戴河海上音乐厅暑期演出季”活动，带动了文化与旅游业、服务业的全面深度融合。倾力培育中秋文化品牌，在承德举办2011年“山庄中秋·燕赵情韵”河北中秋晚会。邯郸第六届中原民间艺术节、邢台第三届太行山文化节、秦皇岛首届尖锋露天音乐节以及张家口张北草原文化旅游节等节庆活动的成功举办进一步提高了各地市的文化品位。

【规划管理，艺术教育及研究工作稳步提升】

充分发挥“河北省文化艺术科研规划领导小组”的作用，加强对河北省艺术科研的引导和管理工作；做好河北省文化艺术科研规划课题的制定、发布、评审、管理、成果鉴定、验收和宣传推广工作；严格把关河北省艺术科研的选题立项，积极搭建与全国艺术科研领导小组的沟通对接平台。2011年，河北省石家庄铁道大学“信息环境下非物质文化遗产保护策略研究”入选“2011年度国家社科基金艺术学项目”。

二、以文化民生建设为主题，公共文化服务体系建设再上新水平

【公共文化设施建设不断完善】

省直投资6.3亿元的河北博物馆主体工程完工，投资3.1亿元的省图书馆新馆全面试开馆。积极谋划推进了河北省群艺馆、河北文化艺术中心建设项目。各市也建成或开工了一批文化设施。列入河北省“十一五”规划的1557个乡镇综合文化站建设补助资金全部到位，已建成投用1403个。

【公共文化服务能力显著提升】

为44000多个文化共享工程基层服务点配发安装了一批文化设施设备，为87个城市社区文化中心（391个文化活动室）和818个已建成的乡镇综合文化站配发了设备器材。中央新配送的53台流动舞台车正在着手配发到已完成转企改制的基层院团。全省大部分公共图书馆、群艺馆、文化馆（站）实行了免费开放。秦皇岛市以及邯郸“千村万户”文化家园工程、廊坊霸州公共文化服务体系建设工程入选了文化部全国公共文化服务体系建设示范区和示范项目。

【文化共享工程建设有序推进】

全省已建成各级中心（技术平台）和基层服务点44000余个，包括1个省级分中心，11个市级支中心，172个县级支中心，1024个乡镇（街道）基层服务点，44000多个村（社区）基层服务点，初步形成了省、市、县、乡镇（街道）、村（社区）的服务网络架构。整合、购买、自建数字化文化资源容量达到74.5TB，形成了包括图书期刊、舞台艺术等适合基层群众浏览的分布式文化信息资源库群，为数字图书馆建设奠定了基础。

【文化惠民活动深受群众欢迎】

以“党旗飘扬·希望河北——庆祝中国共产党成立90周年”为主题，精心策划并在全省开展了全省优秀剧（节）目展演活动、全省群众文艺汇演活动、儿童剧进校园活动、“走进太行”美术创作写生及优秀美术作品展览活动、少数民族文艺汇演及残疾人文艺调演活动、“唱响中国——群众最喜爱的新创作歌曲”宣传推广活动、纪念建党歌曲创作征集评选活动、“阅读红色经典 传承红色精神”燕赵少年读书系列活动等一系列高水平、大规模、有声势的文化惠民活动。与相关部门联合举办了首届河北省艺术摄影节、“春雨工程”——河北省文化志愿者边疆行等大型群众文化活动。组织开展了“走基层，惠民生——全省各级艺术院团文化下乡金秋行”演出活动。与秦皇岛市政府联合制定了《关于繁荣2011年秦皇岛暑期文化的安排意见》，在秦皇岛暑期组织开展文化活动共计65项、4500场。石家庄市围绕繁荣文化夜生活组织开展了“石演大舞台”、“一月一名剧”等惠民演出。承德以“市民大舞台”城市社区演出工程和“乡村大舞台”农村演出工程为载体，为群众提供便捷优质的文化服务。衡水、邢台分别依托衡水大舞台和邢襄大舞台，全年开展百余场文艺展演活动。廊坊市“幸福廊坊”文化艺术节、保定市“昌利杯”戏曲大赛以及唐山市首届群众文化艺术节的成功举办都极大地丰富了当地群众的文化生活。

【长效管理机制建设不断强化】

制定出台《河北省城镇建设三年上水平 城市公共文化设施建设工作实施方案》，明确了2011～2013年各设区市公共文化建设的主要任务、工作目标，并按时间进度进行了详细任务分解。组织开展了首次省级文化先进县复查工作，参加首次省级文化先进县复查的43个县（市、区）42个复查合格。完成了对全省文化馆（群艺馆）的评估定级工作，河北省共有99个文化馆（群艺馆）入选等级馆行列，总数位居全国前列。按照文化部要求，组织开展了2011～2013年度“中国民间文化艺术之乡”评审命名工作，正定县等21个县(区)、乡(镇)获取殊荣。公布了河北省第二批100名“农村文化之星”名单。

三、以培育国民经济支柱产业为目标，文化产业发展步入快车道

【政策法规体系不断完善】

完成《河北省“十二五”文化产业发展规划》、《河北省“环首都绿色经济圈”文化产业发展规划》、《河北省加快沿海经济带文化产业发展实施方案》的编制工作。与省旅游局联合出台了《关于促进文化与旅游融合发展的指导意见》。

【会展论坛成果丰硕】

在第七届深圳文博会上，共有15个文化产业项目实现合同签约560亿元，签约额位列各省（区、市）代表团之首，河北省代表团荣获“最佳组织奖”和“最佳展示奖”；组团参加了第六届北京文博会，获北京文博会组委会颁发的“最佳组织奖”和“最佳展示奖”；完成2011中国（天津）演艺交易博览会的参展工作，取得良好成效；组织举办了京津冀三地文化产业高端论坛，三省市文化主管部门共同签署了《京津冀三地文化产业协同发展战略合作备忘录》；与中国传媒大学签署了《文化产业人才培养框架协议》。

【文化产业引导资金效应明显】

完成2011年度国家及省级文化产业引导资金项目申报评审工作，省歌舞剧院大型实景演出“人间正道”等4个项目共获得国家文化产业发展专项资金2400万元，厅直系统8个项目获得省级文化产业发展引导资金约1100万元。

【重点文化产业园区和基地建设不断加强】

中国曲阳雕塑文化产业园区被评为首批国家级文化产业试验园区；省政府与文化部签约共建的“梦廊坊·杂技谷”文化产业项目已开工建设，鼎盛王朝文化产业园、承德避暑文化产业园等一批文化产业重大项目建设进展顺利并已部分完成或投入运营。对7家国家文化产业示范基地和馆陶县思月陶艺有限公司等省级文化产业示范基地进行了巡视、走访、座谈，为文化企业进行政策解读，协调解决了一些生产经营中的问题。命名木兰围场田园牧歌文化产业园区为河北省艺术家创作基地。

四、以保护利用、传承发展为工作方针，文化遗产保护工作迈上新台阶

【文物管理水平整体提升】

编制完成《河北省文物事业“十二五”发展规划纲要》，确定了4大类120项文物保护项目。2011年，共争取国家文物保护资金3.18亿元，其中文物保护经费2.24亿元，博物馆纪念馆免费开放经费9382万元。报请省政府与国家文物局，签署了共同推进河北文物博物馆事业发展的合作框架协议。省文物局新增设项目管理处，负责全省重大文物保护项目管理工作。召开全省文物保护项目工作会议，对全省文物保护项目工作进行了安排部署。以省政府名义印发了《关于加强文物安全防范工作 打击文物盗窃盗掘犯罪活动的通知》，组织督导组赴全省各地检查文物安全工作。会同公安部门开展打击文物犯罪专项行动。

【文物保护工作亮点频现】

扎实推进承德避暑山庄及周围寺庙文化遗产保护工程，目前已有41个保护工程方案获国家文物局批复，安远庙等23个保护修缮工程项目开工，其中3项已完工。鸡鸣驿城墙整体加固保护工程已经完工，鸡鸣驿城内文物建筑维修项目全面展开。实施了清东陵昭西陵等一批重点文物项目的保护维修工程。积极推进大运河保护和申遗工作。完成了河北早期长城资源调查工作报告及数据库上报工作，开展了长城记录档案编制工作。重点抓好元中都、赵邯郸故城、中山古城等大遗址的保护工作。组织实施定州开元寺塔壁画等文物科技保护修复项目。

【文物普查及文物考古工作继续推进】

完成了全省文物普查资料整理工作，文物普查数据通过了国家文物局核定，新发现不可移动文物21634处，全省不可移动文物总量达到33943处。继续做好南水北调中线工程文物保护工作，完成了廊涿干渠野外考古工作，发掘面积8000平方米，出土文物千余件，石津干渠考古调查发现遗址（墓地）17处。完成了张唐铁路、荣成—乌海高速公路、邯长铁路固镇古城遗址等建设工程考古项目32项，共计调查行程近2000公里，调查勘探面积约300万平方米，发掘面积20000平方米左右，出土器物2500余件。

【博物馆建设和管理工作全力加强】

全省有54家博物馆、纪念馆向社会免费开放，2011年以来免费接待观众1000多万人次。以省博物馆为依托，筹建河北省文化产品交易物流中心。黄骅海盐博物馆的“天工开物——中国盐史”展览荣获“全国博物馆系统十大陈列展览精品”最佳创意奖。批准设立了邯郸峰峰磁州窑历史博物馆。举办全省博物馆、纪念馆讲解员培训班，组织召开以“服务民生——博物馆的责任”为主题的冀豫晋陕四省博物馆理论与实践交流研讨会。举办了“穿越千年——大家解读南水北调文物保护成果展”系列讲座；全省各地博物馆共开放展览400多个，举办文物展览进校园、进社区、进乡村和文化讲座等宣传活动100多场。举办了“穿越千年时空，探访中山古迹”公众考古活动。

【“非遗”保护向深层次迈进】

组织举办了庆祝第六个“文化遗产日”暨第四届河北省民俗文化节；组织举办了包括非遗展演、展览、论坛、网络主题活动等内容的“我们的节日”——河北省非物质文化遗产系列展演工程；成功举办了首届中国吹歌节、第二届中国剪纸艺术节暨首届蔚县国际剪纸艺术节、河北非物质文化遗产专题展销活动等一批重点节庆活动。向文化部推荐评

剧申报2013年联合国教科文组织人类非物质文化遗产代表作名录，推荐磁州窑烧制技艺申报优秀实践名册项目。召开了第四批省级非遗名录项目专家评审会和省非遗领导小组会议，从258个项目中评审出118个项目（子项123项）进入第四批省级非物质文化遗产名录项目名单。公布了《崇厚使法日记》等159部古籍首批《河北省珍贵古籍名录》、5家首批河北省古籍重点保护单位。

五、以提升综合执法监管水平为手段，文化市场管理实现新突破

【抓部署，有力有序推进文化市场管理各项工作】

以迎接建党90周年市场整治与综合执法队伍建设作为全年工作的重点，坚持提前介入，通过按季度发布综合执法工作要点、制定全年文化市场管理工作绩效考评细则、召开全省文化市场管理工作会议和全省“迎‘七一’保稳定深化文化市场管理工作”电视电话会议，周密部署文化市场各项工作，织密监管网络、筑牢“护城河”工程。先后组织开展了文化市场知识产权保护专项行动、网络文化市场百日集中行动、整治互联网和手机媒体淫秽色情及低俗信息和建党90周年文化市场专项保障等集中整治行动。

【强监管，着力创造公平、公正、规范、有序的市场环境】

加大网吧市场巡查抽查力度，量化处罚标准、严格处罚措施，严厉惩处网吧违法违规行为。先后查处取缔9家“私服”、“外挂”网站及未经批准擅自从事网络游戏经营活动的网站；对未取得许可或备案，擅自提供网络音乐产品播放、试听、使用和下载等服务的“音乐天空”、“听音阁”等237家涉嫌违规网站和未经文化部内容审查或备案的违规网络音乐产品进行了逐个排查，对备案地在河北省的音乐网站依法予以清理整顿；将文化部公布的第一批、第二批违法网络音乐产品及第10批至第14批违法网游网站列入全省网吧监管平台黑名单予以封堵。会同相关部门组织实施了“网络游戏未成年人家长监护工程”。加强娱乐、演出市场内容监管，组织开展文化市场消防安全和演出内容安全工作，自11月起开展为期4个月的“清剿火患”战役，配合相关部门开展“燕赵风暴”行动，确保场所排查到位，隐患整改到位。2011年，全省各级文化市场管理部门和综合执法机构共出动执法人员54.8万人次，检查网吧、娱乐、演出等文化市场经营单位28.1万余家次，责令改正10150家，责令停业整顿721家，吊销许可证17家，关闭非法网站8家，罚款406万元，通过高密度、大频率的执法，震慑了不法经营，规范了市场秩序。

【提素质，深入推进文化市场综合执法队伍建设】

围绕日常管理与执法、案卷制作与规范及综合执法办公系统，先后开展了3次全省范围内的培训，培训业务骨干近400人次。广泛开展了“大练兵、大比武，强素质、上水平”活动，围绕典型案例剖析、案例模拟演练、案卷处理归档等方面开展业务比武，练就过硬本领，真正提高综合执法机构整体素质和办案水平。

【重长效，不断优化市场发展环境、夯实管理工作基础】

印发《河北省文化厅关于优化市场环境 服务市场主体的通知》，扎实开展文化市场主体走访调研、文化市场综合执法队伍建设和文化市场主体典型造树等3项活动。继续加强京津冀晋蒙五省区域协作，承德、保定还与北京房山区、大兴区定期举行“拒马河工程”联席会议，逐步完善“8项工作机制”，确保北京及周边地区文化市场的安全。联合省公安厅、工商行政管理局印发《关于推进网吧连锁经营的通知》。加强对省内认定网吧连锁企业的业务指导，目前已有2家网吧连锁企业通过认定。组织开展了动漫企业认定工作、重点动漫企业及重点动漫产品认定工作、“国家动漫精品工程”申报工作和动漫企业年审工作。组织11个设区市同时开展了“12318”法制宣传教育活动，各地制作了宣传展牌156块，发放宣传资料65500余份，受理现场举报案件150余件，接受群众法律咨询1940余次，收到良好成效。

六、以促进河北省优秀文化走出去为重点，对外文化交流工作取得新成绩

在文化部、省委外宣局、省台办、省外办等部门的支持下，2011年实现文化交流项目82批次，962人次。其中派出团组37批次，409人次；来访团组45批次、553人次，涉及20多个国家和地区，圆满完成年初制定的交流任务。配合国家外交大局，成功举办了“澳大利亚、新西兰——河北文化周”、“第二届河北文化宝岛行”、“河北书画名家作品展”、“河北非物质文化遗产图片展”、“澳门春节内地习俗展”及话剧《培尔金特》剧组参加澳大利亚“中国文化年”、省京剧院赴港参加2011中国戏曲节演出等系列文化交流活动。在对外文化交流活动中，通过文艺

演出、民间艺术展演、书画展览、文化产业项目展示和推介、安排知名人士会见等内容，向国外民众及港澳台同胞，展示了河北文化的魅力，增进了感情，树立了河北对外良好文化形象。河北杂技团、河北杂技集团、沧州杂技团等单位多个团组，已在美国、法国、乌克兰、韩国、中国澳门、香港等国家和地区扎根，活跃在国际演出市场，扩大了文化产品的出口，取得良好的经济效益。同时，乌克兰、俄罗斯、德国、英国及港澳台等多个国家和地区的艺术家来石家庄、张家口、唐山、沧州、秦皇岛等地进行商业演出和文化交流活动，提升了城市文化品位，丰富了民众的精神生活。

七、以体制机制创新为目标，文化体制改革向纵深发展

省河北梆子剧院、省歌舞剧院、省话剧院、省杂技团、省承德话剧团、省心连心艺术团、河北画报社、河北文化音像出版社等完成资产评估、人员安置、工商注册。正积极推进河北演艺集团的组建工作。在推动院团改革的同时，强力推进文艺精品生产，增强演出效益。各院团通过多种方式培训不同类别的专业人才，为其提供展示的舞台，以此催生精品力作。各院团高度重视演出市场的开拓，均建立了专门的演出营销管理队伍，对舞台艺术产品进行分类管理，针对不同的受众群体，细分演出市场，以市场营销定艺术生产，满足不同群众欣赏需求，积极开发舞台剧目衍生产品等相关业务，不断提升社会效益和经济效益。

八、以统筹兼顾、协调发展为工作方法，各项文化工作取得新成效

【“十二五”规划编制全面完成】

从河北省文化建设实际出发，深入开展调查研究，广泛征求专家和各地文化部门意见，完成了《河北省“十二五”文化事业发展规划》、《河北省“十二五”文化创意产业发展规划》、《河北省“十二五”文物事业发展规划》3个专项规划的研究和编制工作。

【干部队伍和人才队伍得到充实提高】

重视对干部培养和选拔，鼓励干部干事创业，一批处级干部走上领导岗位。重视吸纳和引进年轻优秀人才，通过公开招聘形式补充年轻人才，优化了队伍年龄机构和知识结构。重视干部教育培训，有计划、有重点地举办部分管理干部培训班和专业人才培训班，深入开展继续教育，干部队伍素质不断提高。事业单位人事制度改革不断深入，岗位设置和岗位聘用工作逐步推进，绩效工资分配逐步实施，有力调动了人员工作积极性和创造性，内部机制改革的成效已初步显现。重视高层次人才的推介与宣传，为各类人才成长搭建平台，鼓励各类人才在各自岗位上建功立业；不断取得新成绩，扩大了河北文化的影响力。

【党风廉政建设得到加强】

文化系统各级党组织紧紧围绕“服务中心、建设队伍”两大核心任务，健全工作机制，创新活动载体，丰富党建内容，机关党建工作取得了明显成效，为促进全年各项文化工作的顺利完成提供了坚强的组织保障和精神动力。探索建立健全干部作风建设长效机制，加强廉政文化建设，扎实推进惩防体系建设和行风建设工作。

【老干部工作再上新台阶】

制发《中共河北省文化厅党组关于加强离退休干部工作意见》。坚持以人为本、全心全意为老干部服务的宗旨，认真做好老干部日常服务管理工作，组织厅机关离退休干部春季踏青以及到井冈山等地参观学习，举办老干部运动会、钓鱼比赛等活动。举办了省直文化系统老干部工作培训班，对省直文化系统老干部基本情况以及老干部工作机构情况进行摸底统计。被省委老干部局评为年终统计报表工作“全优”单位。

【安全生产和信访稳定工作扎实有效】

全省文化系统连续三年被评为“全省安全生产目标管理考核先进单位”，受到省政府通报表彰。

山西省

2011年来，山西省文化厅领导班子紧紧围绕省委、省政府的中心工作，牢牢抓住山西发展的主题、主线，着力服务转型跨越，狠抓年度目标责任确定的各项任务，全面创新“七项工程”，大力推进“三大转型”，着力实施大作品表现、大集团运作、大景点支撑、大服务引领、大会展集聚的文化工作“五大战略”，圆满完成了既定各项任务：体制改革取得突破性进展，产业增加值持续高速增长，精品力作精彩纷呈，公共文化服务体系建设不断完善，对外文化交流空前活跃，山西形象、知名度和影响力大大提升，全省文化建设形成了又一个新的高潮。

一、超额完成年度工作目标任务

【打足打满目标责任制的所有指标】

2011年，省文化厅目标责任制指标由年初基础指标71项，加年中动态追加指标72项组成，共计143项，根据省委省政府要求，中途调减8项，跨年度的45项，目前，已实施完成90项，比年初71项超额完成26.8%。

【抓紧抓实目标责任制工作的各个环节】

统筹全局、综合打包，科学设定工作目标。省文化厅为多头归口领导和指导单位，“一手托三家”辐射全社会，点多线长面广，上管天（网络）、下管地（非遗）、中间管着宫馆院。按照省考核办“跳起来够得着”的工作方针和工作要求，我们于年初把省委、省政府、文化部和各部委的年度工作任务，统筹打包、量化分解，形成年底目标责任初始指标体系。经过厅处之间两上两下讨论论证，并与省考核办多次沟通、协商，最终形成我厅由71项项目组成的基础体系目标责任体系。召开了省直文化系统目标责任制工作会议，厅领导与机关各处和厅属各单位主要负责人分别签署了目标责任书；同时，印发了《文化厅2011年度目标任务分解》和《省直文化系统目标责任考核指标》。

台账管理、挂牌督战，严密组织实施。成立了由全体党组成员组成的目标责任制工作考核领导组；成立了由厅办公室、人事处、机关党委和驻厅纪检组监察室共同组成领导组办公室，特别要求人事处、机关党委和监察室分别承担相应单项工作的日常检查，督促责任单位认真实施每个环节，保证考核工作贯彻落实于日常工作之中。同时，指定专人负责与省考核办、厅目标责任制工作领导组联络，及时传达有关指示精神、了解工作进展，确保目标责任工作顺利进行。

月查季清、动态调节，确保新项全面覆盖。下半年，以省综改区建设为契机，进一步增强创新意识、责任意识，在年初目标责任分解的基础上，又采取工程化布局和项目化实施的办法，进一步分类筛选，确立了72个重点工程项目，下发了《省直文化系统改革发展重点项目名录》，重申了责任单位和责任人，以硬数据和真实效为标准，推进目标责任落到实处。

月查季结、量化考核，确保目标全部兑现。制定了《目标责任考核试行办法》、《目标责任考核实施细则》、《目标责任考核加减分规定》，明确了共性指标、职能责任指标和重点项目指标，从各方面完善了考核体系。同时，建立了例会制度、月报制度、督查制度、奖励制度，形成了完备的考核制度体系。通过动态的督促检查，促进目标任务全部落实。

【奋力实现年度目标责任的整体创新】

省政府下达文化厅的目标任务全部圆满完成，文化体制改革、艺术创作、公共文化体系建设、非遗保护等工作获得国家级表彰，具体表现为“五突破、五进展、五提升”：

1. 一手抓改革、一手抓发展，重点工作取得5个新突破。一是文化体制改革任务全面完成，荣获“全国文化体制改革工作先进地区”称号。认真解决市县两级“三局”合一中存在的不彻底、不到位问题，130个市县全部成立文广新局，文化行政体制改革全面完成；积极协调成立山西省文化市场管理工作领导小组，文化市场综合执法改革工作全部到位；按照“分类改革，区别对待，全面落实”的要求，山西省演艺集团挂牌成立，全省163个国有文艺演出院团全部完成改制任务；完善内部人事、收入分配、社会保障三项制度，文化事业单位内部机制改革取得突破性进展。全省实现了“四项改革任务”全部完成的目标。中宣部授予山西省“全国文化体制改革工作先进地区”称号。

二是新一轮艺术精品创作高潮凸显，在全国引起强烈反响。“四个10”创作工程全面完成，精品艺术生产取得突破性进展。《千手观音》成为国家大剧院的开年大戏；《武则天与狄仁杰》（原名《天地结》）、《上马街》在太原首演；《山村母亲》、《西沟儿女》双双进京参加“庆祝建党90周年展演”；《大红灯笼》、《天地神灵》、《麦田守望》、《五台圣境》、《爱有多难》与观众见面；《知音》（原名《剑胆琴心》）参加了纪念辛亥革命100周年活动演出，并获得第六届全国京剧艺术节银奖；《粉墨春秋》在北京、上海首演，获得空前的轰动效应；《解放》获得国家精品工程；《立春》完成彩排；电视剧《荣河镇的男人们》完成制作；《新山西新辉煌》、《再唱山西好风光》等十余首歌曲，在中博会、党代会等重大活动中推出。这些艺术产品的不断涌现，标志着山西艺术精品创作迎来了新的高峰期、高产期和超越期。同时，经典作品《立秋》、《一把酸枣》、《解放》等精品剧目持续产生重大的社会效益和经济效益。《立秋》演出600场，《一把酸枣》演出860场，《解放》演出260场，票房收入突破5800万元。

三是文化产业跨越式突进，开始迈入与全国同步发展的新时期。国家统计局显示，2010年，我省文化产业实现增加值287.4亿元，比2009年增长25.4%，占GDP比重为3.12%。全省文化产业法人单位增加值年均增速38.5%，高于全国平均增速14.3个百分点，高于中部6省平均增速7.2个百分点，2011年，文化产业增加值将达到360亿元，占GDP比重将达3.6%。一年来，不断完善“培育3大支柱，构建8大方阵，打造3张文化名片”的文化产业发展思路，培育市场主体，实施项目带动，形成了文化产业发展新格局。命名首批省级文化产业示范基地16个、国家级文化产业示范基地5个，带动形成产值超亿元企业20余个,产值500万元以上企业700多个；深圳文博会和北京国际文化创意产业博览会上，山西展团签约突破了70亿元；山西文化产业网注册企业已达1000余家，文化产业项目库入库项目达400余个；编辑出版了《山西省文化产业示范基地典型案例精析》一书；出台了《山西省文化产业示范基地评选命名管理办法》、《山西省文化产业投资指导目录》、《推动全省动漫产业实施意见》等政策，与省工行签订了受信额100亿元的《支持文化产业发展战略合作框架协议》，对接项目40个，融资额度超过30亿元；组织申报文化产业发展专项资金，247家企业申请资金184亿元，全省文化产业呈现出了蓬勃发展的良好势头。中国人民大学文化创意产业研究中心发布，2011年山西省文化产业驱动力指数位居全国第二。

四是非物质文化遗产保护顺利推进，国家级非物质文化遗产保护项目位居全国第三。积极开展非物质文化遗产名录申报工作，关公信俗和晋剧成功向联合国教科文组织申报世界文化遗产，全国共申报9个项目，山西省占2个；目前，我省共有国家级非物质文化遗产名录项目105个，保护单位145个；省级非物质文化遗产名录项目353个，保护单位603个。开展传承人申报评审工作，命名8个省级非物质文化遗产传习所和3个大师工作室。目前，山西省共有国家级传承人72人、省级228人、市级1548人、县级3314人。大力推进非物质文化遗产整体性保护工作，国家级晋中文化生态保护实验区总体建设规划编制工作基本完成，山西老陈醋集团有限公司入选首批国家级非物质文化遗产生产性保护示范基地，成功举办中部6省非物质文化遗产论坛，首创6省“非遗”保护联动机制，山西省的非遗保护工作在全国名列前茅。

五是文化与旅游、科技深度融合，新型文化业态发展进入国家先进行列。紧紧抓住山西省综改试验区建设机遇，大力实施文化旅游融合战略，文化厅与省旅游局在意大利罗马举办了“中国文化旅游推介会”；联合向省政府上报了《山西省转型综改试验区文化旅游业重大标杆项目提升及实施方案》，“一市一景区一文艺团体一台演艺剧（节）目”项目被确定为文化旅游重大标杆建设项目；文化厅提出了实施人文五台山“五个一工程”建设项目。文化旅游的融合也带动了文化与科技的融合，动漫游戏、数字电影、数字出版等新兴文化业态迅速崛起，其中太原高新区动漫游戏产业基地研发的全息影像技术在全国处于领先水平，宇达热着色处理技术、太钢不锈新型创意产品等成为文化科技融合的最新成果。

2. 一手抓建设、一手抓服务，面上工作取得5个新进展。一是公共文化服务体系建设取得新成绩。省市县乡村五级公共文化体系建设进入快车道，完成山西大剧院和山西省图书馆新馆建设；山西省美术馆、山西省群众文化中心、山西省少年儿童图书馆等工程被列入省政府重点工程预备项目；实施市级“两馆”健全工程，吕梁市新建了图书馆，长治市新建了群众艺术馆，运城市和太原市改造了群众艺术馆，临汾、晋城、忻州等市将市级公共文化设施纳入了建设规划；实施“百县强基”工程，在建县级文化设施项目达到70多个，建筑面积19.2万余平方米，其中已完工项目30多个，完工面积近10万平方米，县级公共文化设施不断得到提升和改善。实施“万村千乡设施建设工程”，完成村级综合文化活动室建设28199个，农村文化设施全覆盖工程基本完成。长治市被列入全国公共文化服务体系示范区，太原市“文化精品惠民基层行”活动被列为全国公共文化服务示范项目；顺利完成第三次文化馆评估工作，三级以上文化馆数量达到了57个，较第二次评估大幅增长。

二是“文化惠民”工程进入新阶段。深入开展送书、送戏下乡活动，全年共为基层配送图书186万册和2191万元的文化活动器材，配送“流动舞台车”44辆，“流动图书车”33辆。组织开展了“文化惠民，送戏到村”活动，15个艺术院团1000余名演员，赴全省7个市、17个县、31个乡镇、32个村，为贫困山区、老区演出120余场，观众近60万人次；继续进推文化信息资源共享工程，119个县、1197个乡镇和28199多个村资源共享器材设备配备任务全部完成，在全省范围内实现了全覆盖；积极推进“三馆一站”（美术馆、公共图书馆、文化馆（站））免费开放工作，争取中央免费开放补助经费5813万元，为全省所有公共图书馆、文化馆（站）实现无障碍、零门槛、免费开放进入创造了条件。组织实施数字图书馆推广工程，省图书馆和4个市级数字图书馆被列入国家首批“数字图书馆推广工程”；19个县乡镇获评“中国民间文化艺术之乡”。

三是重大文化活动展示新形象。围绕建党90周年、辛亥革命100周年、第六届中博会、省第十次党代会等重大活动，成功举办“魅力三晋——山西文化艺术精品（上海）展演月”活动、“歌颂新时代放歌新山西”合唱周、“喝彩中部”和“走向辉煌”文艺晚会、第13届杏花奖评比演出等系列文艺活动，展现了山西文化发展新形象，极大提升了山西影响力。

四是对外文化交流开创新局面。坚持文化“走出去”战略，共有26个团组、301人次赴10多个国家和地区进行文化交流，接待文化来访团7个、170多人。太原歌舞杂技团赴美参加了“欢乐春节”；省歌舞剧院参加了台湾中华国乐学会“2011新年音乐会”、台湾南华大学“金鼓齐鸣”鼓乐演奏会、新竹市“2011竹堑国乐节”，全年有90余人次赴台演出，起到了连接两岸民众心灵的桥梁作用；山西民间手工艺代表团应邀赴纽约参加了“中国日”活动，一系列对外文化交流活动，全面开启山西对外文化交流新时代。同时，根据文化部“春雨工程”文化志愿者“边疆行”工作精神，组织开展了赴内蒙古自治区送文化活动，受到了文化部和中央文明办的表彰，中央电视台《焦点访谈》进行了专题报道。

五是文化市场建设取得新进展。在全省开展“知识产权保护专项行动”以及“暑期行动”、“网吧整治”等专项行动，共出动稽查人员33362人次，检查经营10875家次，立案查处违规接纳未成年人案件446起，责令整改347家次，排除安全隐患710多起；全省3735个网吧、2210个歌舞娱乐场所、10个互联网文化单位、12个非经营性互联网文化网站、42个演出经纪机构和160家演出团体的信息进行数据化管理；举办全省执法队伍的培训工作；实现了从事前静态审批向事后动态监管转变、从刚性管理向刚柔相济方式转变、从人工巡查向技术监管转变的新目标。

3．一手抓创新、一手抓管理，基础工作取得5个新提升。一是精神文明建设迈上新台阶。对照省文明单位考评体系，制定《年度文明和谐单位创建计划》，加强组织领导和制度建设，坚持“一周一计划，一月一交流，一季一督查”的工作机制，广泛开展“文明处室”、“文明示范窗口”、“党员文明号”等争先创优活动；推动精神文明创建活动融入公共文化服务、艺术创作生产、文化惠民工程等文化建设工作中，受到了省文明办、省直工委的肯定。文化厅有望被破格评为省级文明和谐单位。

二是文化人才培养迈出新步伐。山西戏剧职业学院和中国戏曲学院、山西艺术职业学院和山西广播电视干部学院合作提升办学层次，取得重要进展，人才基地建设初具规模，艺术创作、导演人才、管理人才、营销人才等高级专业人才培养达到了300多人。

三是文化政策法规建设取得新成果。《山西省非物质文化遗产保护条例》完成立法准备工作，《山西省公共图书馆管理办法》完成立法前期程序，出台了《山西省“十二五”时期文化发展规划纲要》，制定完善了58项内部规章制度；获文化部“全国文化系统‘五五’普法先进集体”荣誉。

四是文化艺术理论研究迈上新台阶。承担并完成了省政府重大决策课题《山西文化事业和文化产业协调创新发展对策研究》；《山西戏曲传承与人才培养战略研究》等3项课题获得国家艺术科学规划立项，实现了省直文化单位重大科研项目零的突破；省级软科学课题《我国网络廉政文化建设现状分析》结项成果收入文化部《廉政文化论文集》；完成了11项省级艺术规划课题研究；《我省基层公共文化服务和文化社团现状调研及思考》等4篇论文获全省优秀调研论文奖；2篇分获全省社科联重点课题一等奖、优秀奖。

五是安全生产工作获得新成效。坚持“组织、制度、经费、措施和检查”5到位，成立文化市场、公共文化服务、艺术院团、艺术教育科研、文化产业和厅机关安全生产对口检查组，狠抓工作机制不健全不放过、硬件设施不落实不放过、整改措施不到位不放过、安全教育不扎实不放过，排查整治、应急演练，责任到人，确保了全省25262家公共文化场所、6774家文化市场经营单位、45个机关处室和厅属单位的安全稳定。

此外，在下乡住村开展“六个一”活动、政风行风建设、对口援疆、工会建设、双拥工作、计划生育等其他社会工作方面，也都取得了较好的成绩，特别是全年未受过国家和省委、省政府的通报批评，班子成员中无一人因违法违纪受到查处，没有发生一起文化安全生产事故，没有发生一件影响社会稳定的严重问题。

二、领导班子和干部队伍建设

【坚持用党的创新理论武装头脑、完善决策、推动工作】

一是认真组织。厅党组坚持每月一次学习制度雷打不动。及时组织大家围绕建设文化强省和推动文化转型跨越发展、围绕中央“三加快一加强”文化工作总要求，认真学习党的路线方针政策，进一步明确了文化工作的地位和作用，不断解决文化的自信和文化自觉，进一步明确了文化发展的方向和重点，不断完善文化强省建设的思路和规划，进一步明晰山西文化转型跨越的路途，不断加大推进文化改革发展的力度。

二是搞好结合。对中央和省委省政府重大决策部署都做了专题学习贯彻，对胡锦涛总书记“七一”讲话、党的十七届六中全会、省第十次党代会做了系统学习贯彻，把专题学习与整肃机关工作作风相结合，与建设学习型党组织相结合，与“创先争优”建设一流机关、一流队伍相结合，努力做到学以致用、学有成效，促进了政风、行风和能力素质的提升。

三是注重经常。充分发挥文化系统信息资源多、人才多、阵地广的优势，坚持面对社会各界经常采取举办专题讲座、专题座谈会、专题党课等多种形式，轮流安排党组成员和各处室部门主要领导登台主讲，以深化思维、融会贯通，进一步激发“一班人”自我加压、自觉奉献、创新创优。

【坚持用共同的目标鼓舞人心、激励斗志、开拓进取】

一是纠正在新的机遇和挑战面前存在的畏难情绪。“一班人”对照党的六中全会和省第十次党代会有关解放思想、开拓创新的要求，认真统一思想，通过打开思想大门进而打开了发展的大门。

二是纠正在转型跨越发展面前存在的精神疲软。“一班人”形成了奋发有为，不松懈、不观望，脚踏实地，谋发展、干事业的良好氛围。

三是纠正在加快文化强省步伐面前存在的守成求稳。“一班人”树立了由小文化向大文化转型、由单纯文化服务向全面文化建设转型、由微观文化运作向宏观统筹发展转型的新理念。

【坚持用民主集中制原则集思广益、凝心聚气、汇集力量】

一是坚持集体领导。凡涉及文化改革建设、繁荣发展、人事资金项目的重大问题、重要问题、热点问题坚持不定调子、不先下结论、不搞先入为主，而是充分尊重群众、依靠群众，问政于民、问计于民，集体领导，民主决策，科学决策，依法决策，充分调动了干部群众在文化建设发展中的积极作用。

二是把维护人民群众的根本利益作为一切工作的出发点和落脚点。坚持在文化体制改革中用足用好“三项政策”（老人老办法、两不变一增加、扶上马送一程），坚持“三个不动摇”，认真解决院团转企过程中的人员身份、工资待遇等利益问题，出台保障政策规定，保证艺术院团“人心不散、队伍不乱、工作不断”的良好局面；认真解决厅属单位办公环境问题、老干部待遇等问题，促进省直文化系统和谐发展。

三是坚持文化为人民服务、为社会主义服务。着力解决“你是谁”、“为了谁”的问题，引导文艺工作者牢固树立以人民为中心的艺术创作思想，牢固确立文化发展为了人民、文化发展依靠人民、文化发展成果由人民共享的原则，弘扬主旋律，用优秀的作品鼓舞人，把社会主义核心价值体系建设自觉地贯穿到艺术创作生产的全过程。

【坚持用党的干部选拔任用政策规范行为、建规立制、强基固本】

2011年，省文化厅共调整处级干部26名。其中，机关2名、事业单位24名；提拔23名、平调3名；提拔使用的23名干部中，正处级6名、副处级17名，以公开竞争上岗方式选拔任用19名。

一是认真执行干部任用有关规定。深入贯彻落实中央《2010～2020年深化干部人事制度改革规划纲要》和省委实施意见，以及袁纯清书记在全省人事制度改革电视电话会议上的讲话精神，深入推进文化系统干部人事制度改革。

二是全系统实行干部任用竞争上岗。在厅机关内设机构领导职位和事业单位处级领导班子成员中，实行了竞争上岗；在公益性文化单位中，全面推行了中层干部竞聘上岗；在经营性文化单位中，中层干部和项目负责人实行了聘任制；在基层党组织领导班子中，逐步扩大了直接选举范围。

三是严格竞争上岗的程序和办法。竞争上岗坚持做到：十程序、五公开、三监督。十道程序是：发布公告、报名、资格审查、笔试、述职、竞职演说、民主测评、组织考察、党组研究、公示；五公开是：人员资格条件公开、笔试成绩公开、入围名单公开、综合成绩公开、拟任对象及任职岗位公开；三监督是：上级部门监督、本级纪检部门监督、群众监督。通过竞争的方式选拔任用干部，不仅为干部提供了公平竞争的机会，也通过竞争方式选拔了一批有活力、肯实干、能吃苦的年轻干部，优化了结构，激发了活力。

三、推进惩防体系建设和落实党风廉政建设责任制

认真落实省纪委有关部署和要求，加强惩防体系建设和党风廉政建设，取得明显成效。主要表现为“三突出、两加强”：

【突出《廉政准则》宣传教育，进一步筑牢领导干部拒腐防变的思想基础】

通过下发文件和教材、召开党风廉政建设工作会议、开辟网络专栏、发布廉政短信，组织专题教育活动等方式，进行《廉政准则》宣传教育；特邀原省纪委党风室主任卫洪平进行专题辅导；组织厅机关及直属单位处以上干部进行《廉政准则》知识考试、观看《小官大腐警示录》、《没有规划好的人生》等警示教育片，参观全国检察机关惩治和预防渎职侵权犯罪巡展和省纪委举办的反腐倡廉图片展，进一步提高了党员干部拒腐防变和抵御风险的能力。

【突出建立和完善工作制度，加强惩治和预防腐败体系建设】

认真贯彻落实中央《关于实行党风廉政建设责任制》、《建立健全惩治和预防腐败体系2008～2012年工作规划》和省委的《实施意见》。厅党组下发《年度党风廉政建设责任制任务分解意见》和《廉政风险防控工作实施方案》，制定《督促检查工作制度》、《办文办事限时制度》、《政府信息公开制度》等25项规章制度，落实“一岗双责”，并在网上公布，接受群众监督，规范了厅机关行政行为。

【突出纪律检查整顿，推进干部作风建设】

认真开展纪律作风集中整顿教育活动，组织机关全体公务员和厅属单位全体党员干部观看了省纪委编制的《“正风肃纪、创优环境”警示教育资料片》，提高思想认识，全体人员将工作纪律“五不准”变为“五自觉”、“五严守”。

【抓住部门特点，大力加强对“三重一大”等重要工作的监督检查】

厅党组在干部提拔任用、事业单位人员招聘、重大建设项目、政府采购、文化强县验收、文艺评奖、职称评审等工作中均由驻厅纪检组、监察室进行全程监督。同时，还深入开展“小金库”、“公务用车”清理整治，成立领导小组，下发实施方案，认真开展治理工作。

【发挥部门特色，大力加强廉政文化建设】

省图书馆举办星期日讲座、文源讲坛等活动，开展廉政文化讲座和报告会，扩大廉政文化的影响范围；各艺术院团继《母爱无疆》、《申纪兰》、《廉吏于成龙》、《西沟女儿》等优秀戏曲作品后，又新创作了以右玉精神为题材的话剧《立春》和以反映在大学生村官生活为题材的反腐倡廉剧目《酸枣林》、《村官》等作品，使我省反腐倡廉文艺作品创作从数量到质量上都得到了长足的进步。

2011年，省文化厅的各项文化工作和党风廉政建设虽然取得了很大成绩，但是还存在许多差距和不足，主要是文化产品的供给与广大群众的精神文化需求有一定的差距、公共文化服务能力和水平有待进一步提高、人才短缺问题还没有得到有效解决、文化市场的管理还不够完善、文化工作队伍的作风、素质、能力还不能完全适应工作要求等问题，还需要我们下工夫解决。下一步，省文化厅将认真贯彻落实党的十七届六中全会、省第十次党代会和文化强省会议精神，以科学发展观为统领，紧紧围绕建设文化强省目标，开拓创新，真抓实干，努力推动全省文化建设和反腐倡廉工作再上新台阶，为实现全省文化大发展大繁荣作出积极贡献。

内蒙古自治区

内蒙古自治区文化厅是主管全区文化艺术事业的自治区人民政府组成部门。2011年厅机关有公务员编制52名，在职49人，离退休69人，设职能处室11个，管理区直文化单位18个，职工1285人。

一、公共文化服务体系建设

【社会文化重点工程稳步推进】

文化共享工程服务网络由在巩固县级支中心基

础上向乡村基层服务点全面推进。对全区2009年度11个（共15个）县级支中心进行了实地验收。办了全区文化信息共享工程盟市、旗县两级支中心师资技术人员培训班，共培训盟市、旗县图书馆技术人员230多人，取得良好的教学效果。开展了全区文化共享工程示范县级支中心评比活动，对18个社会效益良好的支中心进行表彰。完成369个苏木乡镇文化共享工程基层点建设任务。8月份，与自治区发改委共同对全区已建469个苏木乡镇文化站站舍建设、设备利用等进行抽查，及时发现并纠正了存在的问题。大力推进图书馆、文化馆向社会免费开放。转发《文化部、财政部〈关于推进全国美术馆、公共图书馆、文化馆（站）免费开放工作的意见〉的通知》，明确全区免费开放资金各级财政的分担比例、各馆（站）免费开放项目。全区第三次文化馆评估工作顺利实施。内蒙古自治区参评的11个盟市群艺馆、90个旗县（市、区）文化馆中，评估结果经文化审核认定，有60个达到国家三级以上标准，占参评馆总数的59%。

【公共文化服务体系建设取得新进展】

开展了全区各级公共图书馆、群艺馆、文化馆（站）、社区和村文化室、广场文化、社区文化等的全面调查，并草拟了《全区公共文化服务体系调研报告》。鄂尔多斯市被文化部公布为第一批国家公共文化服务示范区，对全区公共文化服务体系建设起到了积极的带动作用。继续开展了2009～2010年全区十佳图书馆、文化馆、文化站、民间剧团、文化户（大院）评选命名活动，与建设厅联合开展了第二届全区十佳文化广场、特色文化广场评比活动，与文明办、民政厅联合开展了第三届全区文化先进社区、优秀社区辅导员评选活动。

扎实推进文化惠民演出广泛开展送戏下乡和“百团千场”下基层慰问演出活动。“百团千场”慰问演出3个月共下基层演出1432场，惠及各族各界群众140多万人次。“百团千场”下基层慰问演出活动已经成为内蒙古自治区文化惠民的品牌活动，受到中宣部、文化部领导的高度评价。全区三级艺术表演院团共演出6554场。

二、艺术创作和舞台演出

【狠抓重点剧目创作】

以打造重点剧节目创作为抓手，以每年重点扶持3～5台优秀剧节目为目标，对舞蹈轻喜剧《鸿雁》、晋剧《大学生村官》、京剧《草原小姐妹》、音舞诗画《红山之光》、民族舞蹈集《呼伦贝尔大雪原》等剧目进行了研讨论证，促进了剧目的修改提高和艺术质量的提升。对较为成熟的剧目音舞诗画《鄂尔多斯婚礼》、二人台现代戏《花落花开》、晋剧《满都海》、话剧《拓跋鲜卑》、舞剧《诺恩吉雅》等优秀作品，继续进行了打磨提高。作为优秀保留剧目《鄂尔多斯婚礼》已经演出164场，《花落花开》入选国家舞台艺术精品工程资助剧目。

加强舞台艺术创作制度建设起草完成了《加强全区舞台艺术创作的意见》（征求意见稿），初步制定了“十二五”全区舞台艺术创作规划。制定了《全区舞台艺术创作专家委员会章程》（征求意见稿），为进一步推进全区艺术创作提供了制度保障。

【推进乌兰牧骑建设】

继续深入贯彻落实《关于加强新时期乌兰牧骑工作的意见》，修改完善全区乌兰牧骑评估办法。加强乌兰牧骑人才培养和队伍建设。先后举办了全区乌兰牧骑舞蹈编导培训班、全区乌兰牧骑作曲培训班和全区乌兰牧骑队长培训班。“内蒙古自治区乌兰牧骑艺术节”荣获第三届“节庆中华奖”。

【舞台演出活跃】

与自治区教育厅联合开展了高雅艺术进校园活动。内蒙古京剧团与内蒙古师范大学联合举办了“京剧艺术进校园”活动，为高校学子演出了《贵妃醉酒》、《美猴王》的传统经典剧目，邀请知名演员举办京剧知识讲座。组织《草原记忆》、《花落花开》等优秀剧目参加了全国巡演。其中《草原记忆》到10月份已演出50场。圆满完成了第八届中国·内蒙古草原文化节优秀剧（节）目展演和中蒙青年友好联欢晚会编创演出任务。

积极开拓演出市场　自治区文化厅与北京保利剧院管理有限公司签约合作经营管理内蒙古乌兰恰特，开发演艺市场。全年演出项目共38个，演出61场。同时，舞剧《草原记忆》、蒙古族青年合唱《白云飘落的故乡》已于保利剧院管理有限公司签约，2012年下半年将在保利院线管理的全国21个剧场演出。组织自治区艺术院团和优秀剧（节）目先后参加了深圳、天津、广州、上海演出交易洽谈会，推荐宣传剧节目18台，民族舞剧《诺恩吉雅》等剧目在交易会现场演出，与中国天创国际演艺制作交流有限公司、奥地利奥华音乐促进会达成初步合作意向。

【各类艺术作品在全国重大艺术赛事上频频获奖】

在全国舞蹈大赛中，内蒙古民族歌舞剧院的三人舞《月狐吟》获得单双三人组表演三等奖；独舞《苍雁》获得单双三人组表演优秀奖；群舞《盅·碗·筷》获群舞组表演三等奖；内蒙古直属乌兰牧骑艺术团的群舞《四勇赞》获群舞组表演优秀奖。“荷花奖”舞蹈大赛上，内蒙古民族歌舞剧院的群舞《盅·碗·筷》荣获群舞族作品金奖，填补了自治区区专业文艺院团在这一奖项上的空白。

三、文化遗产保护

【文物保护工作成果丰硕】

制定并落实全区文物保护“十二五”规划，积极争取文物保护事业专项经费投入，确保全区文化遗产事业发展的资金保障。会同自治区财政厅，积极争取财政部、国家文物局下达本年度文物保护、博物馆免费开放专项经费总计约1亿元。同时，自治区人民政府下达全区文物保护经费1000万元。内蒙古长城保护、少数民族文物保护、明清古建筑保护等，被列入国家文物局的重点项目。有49项重点文物保护项目，被列入国家发改委“十二五”总体规划项目库中。

【元上都遗址申报世界文化遗产工作进展顺利】

重点开展了元上都遗址申报世界文化遗产工作，并取得了突出成绩。落实了元上都遗址保护专项经费5000万元，重点开展了元上都遗址保护、维修、展示、考古发掘、环境治理等基础工作。完成了接待联合国教科文组织世界遗产委员会专家组到元上都遗址考察的各项工作，得到了联合国专家的好评。

【继续开展全区博物馆免费开放工作】

向财政部、国家文物局争取到全区各级博物馆免费开放补助经费4000余万元。全区博物馆免费接待观众1000余万人。为加强对民办博物馆的管理，成立了民营博物馆协会。完成对全区各类博物馆的年检工作，重新换发了注册登记证，系统掌握了全区博物馆的状况。开展博物馆评估定级和馆藏文物鉴定与数字化档案建设，积极组织各博物馆参加“全国博物馆十大精品陈列展览”的评选活动。

【圆满完成第三次全国文物普查工作任务】

全区共调查登记不可移动文物21099处（古遗址15240处，古墓葬3160处，古建筑452处，石窟寺及石刻472处，近现代重要史迹及代表性建筑1759处，其他16处）。其中新发现不可移动文物11482处，复查不可移动文物9617处。进一步加强文物大遗址考古公园建设，做好配合经济建设的考古发掘和开展长城保护工作。

【开展全区文物保护行政执法工作】

积极配合自治区各级公安部门，开展了严厉打击盗掘古墓犯罪的专项斗争，并在全区开展了文物单位消防安全专项检查。开展内蒙古海关文物鉴定站的工作，加强自治区文物专家鉴定工作，继续开展了“草原神灯”文物安防工程建设，重点对全区30处国家级文物保护单位，开始安装“草原神灯”报警装置。打击文物犯罪专项行动开展以来，全区立案的各类文物案件12起，破案10起，破获犯罪团伙7个，抓获犯罪嫌疑人38人；追缴三级文物1件，追缴一般文物26件。加强文物干部和业务人员的培训工作，不断提高管理和业务能力。

【非物质文化遗产保护工作全面推进】

祝赞词等14个项目列入国务院公布的第三批国家级非物质文化遗产名录，国家级非物质文化遗产名录项目增加到63项。有10大类48个新增项目和19个扩展项目被自治区人民政府公布为第三批自治区级非物质文化遗产名录项目，有胡格吉勒图等49人报送文化部参加第四批国家级非物质文化遗产项目代表性传承人评审。继续开展了蒙古语诵经项目抢救性保护。举办了“依法保护，重在传承· 2011年第一届内蒙古自治区非物质文化遗产摄影比赛”。确定鄂托克旗为全区非物质文化遗产普查试点旗县。继续开展保护成果宣传展示活动。编排了中国·内蒙古第八届草原文化节闭幕式——“五彩之光”非物质文化遗产展演晚会。稳步推进12个自治区级文化生态保护区和6个蒙古族长调民歌、呼麦保护实验基地建设。草拟了《内蒙古自治区文化生态保护区建设指导意见（草案）》和《内蒙古自治区蒙古族长调民歌和蒙古族呼麦传承基地管理办法（草案）》。通辽市库伦旗等10个地区被文化部命名为2011～2013年度“中国民间文化艺术之乡”。继续推进对外交流与合作。继4月份的中蒙联合保护非物质文化遗产合作机制工作小组第二次会议之后，9月14日，中蒙联合保护非物质文化遗产合作机制第一次领导小组会议在北京召开，会议签署了《中华人民共和国文化部和蒙古国教育文化科学部关于保护非物质文化遗产合作协议》。

四、文化市场监管

【围绕创建平安文化市场，开展了两项专项保障行动】

5至8月份，开展了庆祝建党90周年全区文化市场专项保障行动。制定了《开展庆祝建党90周年文化市场专项保障行动方案》，重点清理了演出娱乐、网吧网络音乐、网络游戏市场，查处国家法律法规禁止的文化产品和有害信息，打击和严查制售政治性非法出版物、侵权盗版出版物及色情低俗演出活动，大力开展平安文化市场建设，为全区文化市场健康繁荣发展保驾护航。自2010年底至2011年6月继续开展了文化市场知识产权保护专项执法行动。开展打击侵犯知识产权和制售假冒伪劣商品专项行动，查处网络游戏、网络音乐、网络动漫、电子游戏、卡拉 OK歌曲、电子软件、图书音像制品等侵权盗版行为。

【始终把网吧作为执法监管的重点】

集中精力并保证重点时段加强网吧执法监管，抓好上网人员登记，严把“入口关”，严格落实现场检查记录、检查频度最低标准、违规案件集体讨论和重大案件查处反馈制度，及时受理“12318”24小时举报电话。各地始终保持了严查网吧违规经营的高压态势。鄂尔多斯市东胜区面向社会建立了监督举报奖励机制，锡林郭勒盟二连浩特市出台了《网吧安全等级化管理办法》。启动了网吧连锁企业认定工作。出台了《内蒙古自治区网吧连锁企业认定实施细则》，确定了呼和浩特、鄂尔多斯两个试点城市。目前，已认定区内网吧连锁公司4家。同时，2011年对全区3096家网吧和1243家电子游戏经营场所进行了重新审核登记，摸清了限制审批的全区两类经营场所的底数，调查和纠正了一些违规审批的问题。

【加大了对演出、歌舞娱乐场所监管的力度】

各级文化市场主管部门对各类演出活动，依据行政审批程序及时介入，提前核实演出内容，把执法监管前移，做到事前、事中、事后全程监管，严格按照职能依法履行监管职责。全区共驱除非法演出团体12个，杜绝了农村物资交流会及城乡结合部不健康演出活动的再次发生。

【网络文化市场案件查处工作有突破】

组织盟市执法骨干集中办了3起网络文化市场违法违规案件，打破了我区网络文化市场案件查处工作零的记录。完成了文化市场综合执法办公系统硬件建设和培训、录入工作。2011年，全区文化市场管理部门和综合执法机构共出动执法人员520720人次，检查各类文化经营场所376266家次，责令整改11524家次，受理举报539件，立案调查1508件，移交公安等部门38件，办结案件1441件，行政罚款5349876万元，责令停业整顿1258家，吊销文化经营许可证5家，没收违法所得119761万元。

五、文化产业

【推进金融支持文化产业发展，政银合作走向深入】

继续推进文化产业政银合作，认真贯彻落实文化厅与10家银行达成的《支持文化产业发展战略合作协议》，支持文化企业开展融资工作。目前，已有东联影视动漫科技公司、秦直道文化产业园、呼伦贝尔文化园、阿盟定远营旅游开发等项目获得银行贷款9.3亿元。此外，向国家开发银行内蒙古分行推荐了16个文化产业重点项目，支持文化产业项目融资。

【积极争取用好文化产业专项资金，扶持文化产业项目发展】

重点培育了敕勒川文化旅游产业园、《草原豆思》动漫产业等几个重大项目。完成了国家、自治区两级文化产业专项资金的组织和申报工作，积极为文化产业项目建设争取国家和自治区财政专项资金支持。

【培育新兴文化业态，采取多项措施推动动漫产业发展】

动漫企业和动漫产品的数量大幅度增长，动漫作品质量迅速提高，取得了较好的成绩。内蒙古东联影视动漫科技有限公司等4家动漫企业通过了国家动漫企业认定，11家动漫企业（单位）的22个项目正在申报国家动漫精品工程，6家动漫企业（单位）的7个奖项正在申报中国文化艺术政府奖首届动漫奖。动漫（游戏）产业基地和主题公园正在逐步规划建设中。

【文化产业区域合作不断深入，产业布局逐步优化】

根据自治区党委、政府的相关要求，积极开展京蒙、沿黄沿线、东北四省、华北五省等区域合作。在重点项目、区域协调发展、人才培养等方面加强了沟通、交流与合作。

【坚持重点带动，发挥典型示范作用，推进文化产业集聚化发展】

开展第三批自治区文化产业示范基地的申报

和摸底考察工作，拟于2012年初报自治区政府命名发布。文化产业协会助力行业发展。为加强以行业自律促进行业发展，7月份成立了文化产业协会。

六、文化体制改革

【积极推进艺术院团体制改革】

经中宣部、文化部、中央体制改革工作领导小组办公室研究决定，全区有52个院团保留事业体制。对于区直艺术院团，一方面，积极推进内部机制和管理制度改革。区直6个艺术院团已基本完成了岗位设置和人员首次聘用工作。另一方面，积极筹划组建内蒙古民族艺术剧院。目前，在《组建内蒙古演艺集团》（草案）基础上，重新制定的《内蒙古民族艺术剧院组建方案》（讨论稿）已经完成。

【文化市场综合执法改革进一步推进】

在2010年改革的基础上，推动全区12个盟市文化市场综合执法机构的组建，12个盟市全部成立了文化市场综合执法局，8个盟市完成综合执法局领导班子的组建。75个旗县（市区）完成了综合执法大队的组建。

七、对外文化交流

【内蒙古自治区文化访问代表团赴欧洲四国巡演，圆满成功】

代表团一行38人，由自治区党委常委、宣传部长、对外文化交流协会会长乌兰和自治区文化厅厅长王志诚率领，于9月20日至10月10日，先后赴马耳他、白俄罗斯、匈牙利、保加利亚等4个国家的6个城市进行文化交流，举办了马耳他内蒙古文化周，参加了白俄罗斯中国文化日演出，在中国驻马耳他、白俄罗斯及匈牙利使馆国庆招待会、友城匈牙利德布勒森市、保加利亚旧扎果拉市及首都索菲亚市等进行演出，签订了一系列文化交流及文化产业项目协议，取得了非常显著的效果，加深了欧洲民众对内蒙古的认知和理解，为今后自治区与欧洲国家深入开展经贸、教育等领域合作奠定了良好基础。

【与马耳他中国文化中心开展了大规模的年度合作，成果卓著】

内蒙古自治区艺术演出、非物质文化遗产展示、民族文化培训、草原文化讲座等赴马耳他，开展了系列文化交流活动。在马耳他举办了“内蒙古文化周”活动。

【圆满完成了“艺海流金——草原文化之旅”活动的承办任务】

这是内蒙古自治区近年来承办的规模较大的对港澳文化交流活动。文化部副部长欧阳坚、国务院港澳办副主任周波、自治区副主席刘新乐以及130余名港澳特区政府文化官员、文化界知名人士参加了活动。活动内容有内蒙古文化推介、“内地与港澳文化合作论坛”、海峡两岸及港澳地区艺术家笔会等，港澳嘉宾参观了内蒙古博物院、内蒙古大剧院等文化设施，对内蒙古有了全面深刻的了解和认识。活动对加强内蒙古与港澳地区的沟通理解，密切三地之间的联系有着非常积极的意义和作用。

【各类对外文化交流活动丰富多彩】

全年派出文化团组30个，300余人次，分别赴美国、日本、韩国、蒙古、奥地利、匈牙利以及中国香港等国家和地区进行了友好访问交流及演出展览；接待了美国、法国、日本、蒙古、印度、泰国、印度尼西亚、罗马尼亚、尼日利亚、乌克兰以及中国香港、台湾等国外、海外文化艺术团组30个，1000余人次。9月，内蒙古民族歌舞剧院无伴奏合唱《白云飘落的故乡》赴美参加了美国“中国文化节”演出，受到文化部、中国驻美国大使馆以及美国民众的高度赞赏和热烈欢迎。

辽宁省

2011年，在省委、省政府领导下，坚持求真务实，抢抓机遇，创新工作思路，加快文化体制改革，加快构建公共文化服务体系，加快发展文化产业，加强对文化产品创作生产的引导，加强党风廉政建设和精神文明建设，较好地完成了省委、省政府赋予的各项任务，文化建设迈出了新步伐，取得了新成效。

一、加强对文化产品创作生产的引导，艺术舞台呈现新的繁荣局面

【话剧《郭明义》获得巨大成功】

辽宁人民艺术剧院创作演出了话剧《郭明义》，受到热烈欢迎。9月2日，中共中央总书记、国家主席、中央军委主席胡锦涛在北京观看了话剧《郭明义》，并在演出前亲切接见了剧组主创人员。他说：“今天我十分高兴地来观看话剧《郭明义》，辽宁人艺的同志们为了把郭明义同志的先进事迹搬上舞台，

付出了大量的心血，我感谢你们。辽宁人艺是有着光荣的老传统的，你们要把辽宁人艺的好传统发扬光大。”中共中央政治局常委李长春一同观看演出、参加接见。此剧还为党的十七届六中全会做了专场演出。中宣部、文化部组织此剧在全国进行了巡演，先后在北京市、河北省、山西省、山东省、河南省、江苏省、浙江省、上海市等地巡回演出102场。

【参评国家舞台艺术精品工程再创佳绩】

辽宁人民艺术剧院的话剧《黑石岭的日子》成功入选国家舞台艺术精品工程“十大重点资助剧目”，成为辽宁省第7部、辽宁人民艺术剧院第4部精品剧目。

【参加国际、国内艺术赛事捷报频传】

辽宁人民艺术剧院和抚顺市满族艺术剧院的小剧场话剧《带陌生女人回家》获全国首届小剧场戏剧展演优秀剧目奖。沈阳京剧院《将军道》获第六届中国京剧节一等奖。辽宁歌剧院《远方的胡杨》获首届中国歌剧节剧目奖及优秀导演奖、优秀表演奖等4个单项奖。大连杂技团《大连女孩——车技》在第35届蒙特卡罗国际马戏节上荣获“银小丑”奖第一名；杂技版童话剧《胡桃夹子》荣获第40届法国法兰西堡国际文化艺术节金奖。锦州市木偶团赴韩国参加韩国昌源国际演剧节，《变脸》、《画竹》、《天女散花》荣获表演金奖。

【举办各类艺术展演成效显著】

全省各级各类艺术表演团体全年送戏下乡演出2000余场，观众达20余万人次，覆盖全省农村。举办了辽宁省优秀剧、节目演出季，组织省内外以及境外的优秀演出团组40余台剧目，在省内沈阳、大连等5个城市共演出50余场。举办了辽宁省第二届东北民歌展演活动，来自省直、各市和企业院团的70余名演员参加展演。举办辽宁省新年音乐会“春之声”，努力打造辽宁省舞台艺术演出品牌。

二、加快构建公共文化服务体系，群众文化建设取得显著成果

【群众文化活动丰富多彩】

一是成功组织了“大地情深”辽宁省群众文化专场晚会进京演出。文化部部长蔡武观看演出并给予高度评价。二是成功举办了辽宁省首届群众文化节。省委书记、省人大常委会主任王珉出席开幕式并宣布辽宁省首届群众文化节开幕。省长陈政高、文化部副部长赵少华在开幕式上致辞。在为期一个月的时间里，省、市、县、乡共举办类群众文化活动1500余项，送文化下乡下基层活动2600余场次，送科技信息40余万份，参与活动的群众文化骨干及专业艺术工作者30万余人，受益群众达千万。三是成功举办了“永远的辉煌”第13届中国老年合唱节。辽宁省9支参演队伍获金奖4个、银奖4个、铜奖1个，获奖总数及奖级为历届合唱节之首。四是组织了“红诗红歌·唱响辽宁”群众性主题文化活动，各地开展专题活动2800余场次，参与人数50余万人次，观众达300余万人次。

【重点文化惠民工程扎实推进】

一是继续推进文化共享工程建设。文化共享工程平台设置了11个一级栏目，49个二级栏目，视频资源总量达到8600小时。中共中央政治局委员、中宣部部长刘云山到辽宁省图书馆视察了共享工程进村入户工作，对辽宁利用广电模式大力推广文化信息资源共享工程的做法给予了高度评价。二是制定了《辽宁省文化厅、省文联、省财政厅关于推进全省公共图书馆、美术馆、文化馆(站)免费开放工作的实施意见》，建立了免费开放的经费保障机制。三是继续推进乡镇综合文化站建设工程，338个乡镇综合文化站的任务基本完成。四是完成89个县级图书馆的数字资源配置及人员培训工作，实现“县级数字图书馆计划”全覆盖。

【公共文化服务体系建设不断完善】

一是组织开展了国家公共文化服务示范区创建。大连市被文化部、财政部确定为国家第一批公共文化服务示范区创建单位，沈阳市“社区公共文化服务体系建设”被确定为国家公共文化服务示范创建项目。二是完成了全省文化馆评估工作。55个文化馆被文化部命名为三级以上文化馆，其中一级馆31个，数量位列全国各省第八。三是继续实施“百馆千站万村”基层文化队伍培训工程，举办4期文化馆、站长培训班，培训基层文化管理干部500余人。

三、提升文物保护水平，文博事业协调发展

【牛河梁国家遗址考古公园建设和“申遗”工作稳步推进】

完成了牛河梁遗址第二地点钢结构主体工程和第二、三、五地点保护展示工程方案的编制、论证、评审工作。遗址博物馆建筑工程已经完工，101国道改线工程已经启动。向国家文物局正式上报了《牛河梁遗址申报世界文化遗产文本》及相关附件。

【辽塔保护工程取得明显成效】

基本完成了全部38座辽塔的文物本体保护工程。

陈政高省长在11月17日省政府办公厅编发的第173期《信息参考》上批示："辽塔保护，成效明显，应予宣传。"

【兴城古城保护展示工程全面推进】

编制完成了《兴城古城保护规划》并得到国家文物局批复。推进了兴城城墙抢险方案的编制工作，完成了古城内重要文物建筑的维修保护工程。

【东大杖子古墓群等项目的考古勘探和发掘工作取得重要成果】

东大杖子古墓群是已发现的中国北方地区规模最大的战国时期墓葬，体现了当时辽西地区多民族文化融合，反映了当时大量的社会、历史、文化信息，工地管理和业务成果得到国家考古界权威专家的充分肯定。

【文物资源调查取得可喜成绩】

对全省文物资源进行了调查摸底，向省政府上报了全省重点文化遗产保护工程项目建议名单。完成了第三次全国文物普查和长城资源调查年度工作任务。开展了第三次全国文物普查数据整理和核实工作，完成了7部专题报告的编写。完成了各时代长城资源数据整理工作并第一个通过国家验收，在各省率先出版了《辽宁省明长城资源调查报告》。

【博物馆事业协调发展】

"2011年'5·18国际博物馆日'沈阳主场城市活动"取得圆满成功。包括主场城市广场主题宣传活动、"辽河寻根　文明溯源——中华文明起源展"开幕仪式、沈阳工业博物馆奠基仪式等10项系列活动。沈阳"'九一八'历史陈列"荣获第九届全国博物馆10大陈列展览精品奖。继续推进博物馆免费开放，接待观众550余万人次，其中未成年人150余万人次。

四、大力弘扬优秀传统文化，非物质文化遗产保护工作成效显著

【名录体系建设取得新进展】

锡伯族民间故事等7个项目列入第三批国家级非物质文化遗产名录。开展第四批省级非物质文化遗产名录评选工作，省政府批准并公布了第四批省级非物质文化遗产名录项目35项，全省省级名录项目达到130项，国家级和省级名录总数达到190项。

【传承人队伍不断壮大】

省文化厅命名了第二批省级非物质文化遗产代表性传承人22名，同时向文化部推荐第四批国家级非物质文化遗产代表性传承人27名。全省共有139名传承人被命名为国家级或省级代表性传承人，其中国家级35人，省级104人。

【加强非物质文化遗产法制宣传】

加强《非物质文化遗产法》的宣传，举办了《非物质文化遗产法》座谈会、保护成果展、大讲堂和知识竞赛等重要宣传展示活动，并在《辽宁日报》等新闻媒体开设专版和专栏进行集中宣传，进一步提高了全社会保护非物质文化遗产的意识。

【宣传展示活动跃上新高度】

参加了第三届成都国际非物质文化遗产节、薪火相传——中国非物质文化遗产传承人师徒同台展演等等国际和全国性非物质文化遗产展示活动，取得了较好的成绩。成功地举办了"辽海情韵"——辽宁省非物质文化遗产表演类项目专场展演活动。来自全省200多名非物质文化遗产代表性传承人及民间艺人参加了演出，现场观众达到3000余人次。

五、加大扶持和服务力度，文化产业加快发展

【研究制定了促进文化产业发展政策】

与省委宣传部共同起草了《关于促进文化产业发展的若干政策规定》，并由省委办公厅、省政府办公厅转发。

【文化产业展示交易平台不断扩展】

重点打造了以中国（东北）文化产业博览会、中国（沈阳）动漫电玩博览会为主、以沈阳古玩艺术品博览会、锦州古玩节、阜新玛瑙节等为辅的系列展会活动。举办了第四届东北文化产业博览交易会，共推出文化产业投资项目280项，推介会现场签约合作项目8项，现场签约额达180亿元。

【文化产业"四个一"工程建设稳步推进】

省级优秀文化产业园区、企业、产品、展会的数量和质量都有了新的提升，目前已形成8个文化产业园区（基地）、18个重点文化企业、12个文化品牌产品、4个具有年展日销功能的文化产品市场。

【文化产业招商引资工作成绩突出】

2011年，全省各市通过招商引资或引导民间资本投资文化产业新开工建设的项目共计47项，拟投资金额422亿元；增容扩建的产业项目共计17项，投资金额15亿元。

六、坚持加强管理与促进繁荣并举，文化市场秩序更加规范

【优化网吧市场结构】

对全省网吧进行了全面审核，实现了重点发展

3～5家大型连锁企业的目标，网吧总量由7300多家压缩到6577家，巩固了全省网吧连锁成果，规范了网吧经营秩序。

【开展文化市场专项行动】

从2010年底到2011年3月末，组织开展了文化市场安全大检查。全省共出动执法人员6万余人次，检查文化市场经营单位5万余家次，查处各类案件1000余起，吊销许可证28家，收缴非法音像制品25万余张盘，罚款190余万元。开展建党90周年文化市场专项保障行动。全省共出动执法人员18万余人次，检查文化市场经营单位11.5万余家次，查处各类案件1500余起，吊销许可证28家，收缴非法音像制品25万余张盘，罚款300余万元。

【促进文化市场繁荣】

一是制定全省游戏娱乐场所发展规划，全省共审批成立游戏娱乐场所85家。二是举办演出经纪从业人员培训班，培训人员160余人，审批成立演出经纪机构18家。三是培植民营演出团体，数量由411家增加到452家。

七、继续深化文化体制改革，重点领域体制改革取得实质性进展

【国有文艺院团转企改制取得显著成绩】

全省61个国有文艺院团改革任务全面完成，其中，转企19家，整合15家，撤销21家，保留3家。14个市基本完成了国有院团改革任务，“三局合一”顺利完成，100个县（市）、区文化市场综合执法改革任务基本完成。在全国文化体制改革工作会议上，辽宁省和沈阳等9个市被评为全国文化体制改革先进地区。

【文化市场综合执法改革进一步深化】

全面推进县(市)、区文化市场综合执改革，全省14个市已完成文化、广电、新闻出版等部门整合，基本完成综合执法机构组建。县(市)、区文化市场综合执法改革进展顺利，全省100个县(市)、区有基本完成了综合执法改革任务。

八、进一步扩大对外、对港澳台文化交流，辽宁文化“走出去”步伐加大

【艺术演出交流成效显著】

辽宁芭蕾舞团《末代皇帝》被文化部列为澳大利亚“中国文化年”重点项目和开幕式演出内容之一，赴澳演出受到热烈欢迎和好评；《二泉映月》赴台湾演出，反响空前；《末代皇帝》参加韩国2011首尔艺术节演出，盛况空前。沈阳杂技团第七次赴南美进行商业巡回演出，演出《天幻II——太阳鸟》，近4000名观众观看了首场演出。大连市专业艺术院团共完成出访任务12批次，演出300余场。

【文博、考古交流继续保持良好态势】

辽宁省博物馆“齐白石书画展”首次赴台北历史博物馆展览，馆藏《明仇英清明上河图》原版复制品在台北花博争艳馆展出。沈阳故宫博物院“大清盛世——沈阳故宫文物展”在台湾历史博物馆举办，展期四个月。沈阳张氏帅府博物馆与台湾新竹张学良故居博物馆举办了“张学良纪念园重建工程研讨暨两岸三馆系列活动”。

【引进国外优秀艺术团组形式多样】

朝鲜血海歌剧团《梁祝》剧组一行185人，在辽宁大剧院演出2场。美国、俄罗斯、德国、法国、日本、韩国等国的交响乐团、芭蕾舞团、现代舞蹈团、钢琴演奏家、室内乐团来我省沈阳、大连等城市演出明显增多，为辽宁省的文化市场注入了活力。

【对外、对港澳台文化交流管理进一步加强】

制定了《辽宁省文化厅因公出国（境）暂行管理办法》。全年共审批审核对外、对港澳台文化交流项目达157项，交流人数为1591人次。与2010年同期相比，交流项目增加了26项，交流人数增加了480人次。

九、省直文化设施建设取得重大突破

省图书馆、博物馆新馆开工建设，建筑面积均超过10万平方米，总投资分别为9亿元和9.6亿元；省长办公会议通过了省直院团艺术生产和演出设施新建方案，总占地约175亩，总建筑面积约10万平方米，总投资约9亿元。

十、党风廉政建设、机构队伍建设不断加强

【党建工作扎实推进】

认真开展窗口单位创先争优活动，受到省委宣传部的表扬和充分肯定，在文化部组织“全国文化系统窗口单位创先争优推进会”上介绍了成功经验。深入开展精神文明创建活动。省文化厅被评为2010～2011年度省直文明机关、2011年度目标管理优秀单位。

【加强教育和管理，促进廉洁自律】

建立和完善制度，整顿机关向下借人、向下借车、会议费、招待费超支等方面存在的问题。开展公务用车专项治理，清退违规车辆７台。有效控制和压缩“三公经费”，厅机关招待费下降89%，会议费下降60%。公车治理、“三公经费”控制和压缩工作成效显著。

【廉政文化活动深入开展】

举办辽宁省纪念建党90周年廉政文化作品展。征集书法、绘画、摄影等作品6000余幅，有400余幅入选展览。省委书记、省人大常委会主任王珉、省委常委许卫国、王俊莲、周忠轩、张江观看展览。共有6000余人观看展览。在市、县、乡三级党委换届期间，组织话剧《木匠村官》在省内各地进行演出，起到教育干部的作用。

【机构编制得到完善和加强】

省文化厅增加副厅长职数1名、文物局副局长职数1名、机关行政编制10名，增设对外文化联络处和非物质文化遗产处，分别增加正处职数各1名，厅直文博单位增加编制30名。

吉林省

2011年，全省文化系统围绕中心、服务大局、狠抓落实，顺利完成扶持建设社区文化活动中心、乡镇综合文化站、农村文化大院和“送戏下乡”4项文化惠民工程年度任务，乡镇综合文化站实现省内覆盖；“流动舞台车”实现国有艺术表演团体覆盖；省博物馆新馆开馆准备工作已完成；省图书馆新馆项目建设实现主体封闭；全省数字图书馆推广工程正式启动；吉林动漫集团启动了长白山主题动画片《长白参娃》制作工作；京剧《牛子厚》继获得第六届京剧节一等奖后，又入选“国家舞台艺术精品工程重点资助项目”，填补了历史空白；省对外文化交流中心通过整合国内优秀的演艺资源，以商演方式在英国230多个城镇巡回演出累计已达2700多场，不仅创造了经济效益，还弘扬了中华优秀传统文化和吉林地域文化；大型原创歌舞《长白神韵》在北京和俄罗斯克里姆林宫演出引起轰动，受到李长春等中央领导同志的高度评价，李长春用“硕果累累，亮点纷呈”来概括吉林文化建设。

在全国宣传部长会议上，李长春特别提到了吉歌集团体制改革和发展情况，并给予了充分肯定。

在全国文化厅局长会议上，蔡武部长特别提到了吉林省农村文化大院建设和“送戏下乡”演出工作，并给予了充分肯定。

一、专业艺术

圆满完成了吉林省庆祝中国共产党成立90周年、东博会、东北亚艺术周等重大演出任务及接待外国来宾、中央有关领导、4省区行政首长联席会议等相关演出工作，特别是圆满完成两次接待朝鲜元首在吉林考察期间的演出任务，得到外宾及各级领导的高度评价，烘托了活动的和谐氛围。吉歌集团省歌舞团有限责任公司转企改制后创排的大型原创歌舞《长白神韵》正式上演，在节目中主动融入长白山旅游、人参文化等特色文化元素，填补了长白山文化元素与旅游业紧密融合的一个历史空白，对吉林省的旅游产业、特色产业发展起到了较好的宣传推介作用。在2010年全国“两会”期间和李长春来吉林视察期间，得到李长春、王刚、孙家正、蔡武等领导同志的高度评价。已累计演出45场，综合收入738万元。吉林市歌舞团全年演出227场，收入2300万元；延边的《长白山阿里郎》等剧目（节目），全年演出收入700万元；前郭民族歌舞团全年演出450余场，收入200余万元，较2010年翻一番，吉林歌舞已形成了一树多枝、繁花似锦的局面。成功举办第五届二人转·戏剧小品艺术节（原创剧目推广活动），发现了一批优秀作品和优秀的年轻编导及表演人才；吉剧《江姐》、《鹿乡三姐妹》、《贵妃还乡》，京剧《红灯记》、《牛子厚》、《康熙东巡》等一批复排、新编剧目创作、排演工作获得各界人士和观众的好评。满族新城戏《洪皓》入围“国家舞台艺术精品工程重点资助项目”；吉剧《贵妃还乡》成功入选第12届中国戏剧节。

二、文化市场

坚持一手抓市场整治规范，一手抓繁荣发展，着力营造统一开放、竞争有序的文化市场环境。组织开展了全省文化市场调研工作，为研究制定全省文化市场发展规划奠定了基础；充分发挥省文化市场管理工作领导小组办公室的职能作用，制定起草了《吉林省文化市场管理工作责任追究制度》等多项制度，举办了全省首期文化市场综合执法培训班，有效加强了全省文化市场综合执法工作；积极筹建吉林省娱乐行业协会，提高娱乐行业的自我监管水平；组织安装了吉林娱乐市场管理系统，通过科技手段有效地遏制了游戏娱乐场所赌博、未成年人进入等违法违规行为的发生；加强网络文化市场管理，进一步完善网络文化管理平台建设。

三、文化产业

按照实现传统文化产业提质、提速，实现新兴文化产业孵化、成长，实现特色文化产业整合、提升的思路。《吉林省文化产业提速计划

（2011～2015）》已印发。“松花石韵——吉林省长白山松花石、松花砚精品展”成功举办，取得了良好的社会效益和经济效益；“中国·通化松花砚（石）文化节”吸引了省内外187户企业参展，实现直接交易额约5000万元；通化市文化局主推的电视剧《远去的飞鹰》在全国热播；吉林省茶文化产业协会正式成立；组织我省文化企业参展东北文博会并获得“最佳组织奖”，参展北京文博会，签约总额共计达78亿元。新兴文化产业发展势头很好。禹硕公司已形成动漫、游戏、网络、新媒体四大支柱产业优势；知合公司引进外资2亿元，外向发展趋势很好；铭诺公司与童话大王郑渊洁的合作已取得良好开端；凯蒂公司与出版集团、台湾富士康的合作都有了实质性进展；风雷公司实现利税近400万元；由吉林京演儿艺联合剧院出品，吉林动漫集团联合国内、省内优秀演出团体共同推出的中国首部网络防沉迷动漫儿童剧《网童》在省内演出50余场，受到观众好评；《你看起来好像很好吃》等动漫儿童剧陆续上演，受到小观众和家长的热烈欢迎；年年动画公司原创大型三维动画片《七星传奇》在中央电视台一套综合频道播出。特色文化产业日益向品牌化发展。吉林市文化局科学推进文艺演出、艺术培训、电影放映等文化产业发展，吉林剧场、瀚华拍卖公司、群艺航运公司等发展势头很好，全年实现产业收入6000万元。中筝文化集团和显顺琵琶学校正在开发“光明文化艺术综合体”项目，并与世界各地的中国孔子学院建立业务联系，探索在艺术培训方面走出一条多元化、国际化发展的路子；东丰农民画、宝凤剪纸、紫玉木兰布鞋、宇平人形、松花湖浪木根雕、敦化刀油画、林田远达创意设计等地方特色工艺品注重挖掘文化内涵，加强包装和宣传推介，正向品牌化发展；通化、白山、延边的松花石、松花砚产业发展迅速，全年销售收入2亿多元，并逐步走上科学开采、规模发展轨道。文化产业园区建设欣欣向荣。“十二五”时期重大文化产业项目和2011年度国家文化科技提升计划项目、文化科技创新项目的申报工作顺利完成。投资超亿元的东北亚文化创意科技园、知合动漫产业园、吉林省游艺游戏产业园、东北亚文汇不夜城、东北亚国际标识和创意旅游产业园、关东文化园、国际茶文化产业园均已开工建设，并积极探索特色化、差异化发展之路。五是文化产品出口创汇成效显著。2011年，宇平公司、紫玉木兰公司出口创汇均达700万美元，文化企业的出口创汇能力呈现快速增长趋势。

四、社会文化和图书馆事业

全省各级图书馆、博物馆、文化馆免费开放顺利推进。图书馆联盟成员总数已达到50家，总分馆制顺利推进，仅长春市分馆就达88家，正在探索实践利用“云技术”服务平台发展的新模式；省博物院全年举办各类展览39次，较2010年增长86%，由省博物院倡导的东北三省博物馆联盟正式成立，为在区域内最大限度地实现馆藏资源的共享与流动探索了一条新路；全省数字图书馆推广工程正式启动、全省文化馆（站）培训工作正式启动；吉林省图书馆建立了农民工子女阅读基地，举办了农民工书画展，为农民工子女阅读创造了条件，受到社会广泛好评，起到了示范作用；临江、长白等县(市）充分发挥协会在政府和群众间的桥梁纽带作用，采用“以奖代扶”的方式引导各个协会不断发展壮大，推动了群众文化蓬勃发展；长春市成为全国首批创建国家公共文化服务体系示范区之一。

各地以广场、乡镇综合文化站、农村文化大院为舞台的群众文艺活动，以建党90周年、国庆日等节庆日为节点的文艺联欢、比赛活动已趋向常态化。成功组织我省青少年赴海口参加全国少年儿童合唱比赛，并获金奖；成功举办第四届“长白之声”合唱节，集中展示了近些年来群众文化领域创作的优秀作品和获奖节目，受到社会广泛关注和好评；吉林市成功举办首届松花江彩灯文化节，创造了吉尼斯世界纪录；四平、辽源、通化的元宵灯会也办得很好。

五、非物质文化遗产保护工作

全省非物质文化遗产保护工作取得新成果。吉林省又有7大类11个非物质文化遗产项目列入国务院公布的第三批国家级非物质文化遗产名录及扩展项目名录，同时新增省级非物质文化遗产名录项目103个、新增省级非物质文化遗产项目代表性传承人145人。成功组织我省优秀非遗项目参加中国非物质文化遗产展演等多个国家和省内大型非遗展示活动，吉林省非遗保护工作影响日益扩大。2010年，吉林农博会首次设立非物质文化遗产展台，非遗与会展融合，成为农博会的一个看点、亮点。

六、对外文化交流

省交响乐团赴朝鲜参加“四月之春”国际友好艺术节演出，省歌舞团、省民族乐团赴哈萨克斯坦演出，均取得圆满成功，当地反响热烈。特别是9月21日，作为"'感知中国'俄罗斯行——'吉林文化周'"活动的主要内容，《长白神韵》在俄罗斯克里姆林宫演出，6000个座位的大剧场80%以上是俄罗斯观众，整场演出掌声雷动、高潮迭起，据俄方讲"这是首开中国省级院团在克里姆林宫国家大剧院演出的先河"。引进的《天鹅湖》、《红歌汇》、美国歌舞剧、《梁祝》等演出获得成功，活跃了省内演出市场，受到观众的热烈欢迎。

七、文物考古和博物馆事业

较好地完成了国家重点文物保护专项、大遗址保护专项、国家重大遗产地专项、"十二五"时期抢救性保护设施专项等项目的申报工作和渤海重点遗迹保护收尾工程，得到国家文物局的充分肯定。高句丽遗迹保护工作扎实开展；长城资源调查顺利通过国家专家组验收。历时5年的第三次全国文物普查工作圆满完成。完成了《国家文物局和吉林省人民政府关于合作加强吉林省文化遗产保护工作的框架协议》修改、送审工作。龙潭山—帽儿山墓地国家考古遗址公园项目扎实推进。成功举办首次全省文物工作重点县（市、区）政府领导培训班，进一步增强了各级政府主管领导对文物工作的认识。

八、文化基础设施

扶持建设32个社区文化活动中心、358个乡镇综合文化站、1500个农村文化大院和4000场"送戏下乡"演出等4项省政府2011年度文化民生实事项目全部完成，其中完成"送戏下乡"演出4300场。省图书馆新馆建设实现主体封顶；省京剧院大众剧场维修改造工程、吉林东北二人转博物馆建设扎实推进；吉林演艺中心项目已纳入省"十二五"规划和儒林省长2012年的政府工作报告，文化厅正在积极开展前期工作。长春的南岭大营旧址陈列馆、东丰——中国农民画馆、通榆墨宝园等一批文化基础设施建设项目相继启动、启用；日军辽源高级战俘营项目正式列入国家红色旅游二期名录；四平的叶赫镇生态博物馆建设工程在国家文物局正式立项；延边图书馆、博物馆新馆项目建设实现主体封闭；松原市图书馆、群众艺术馆、博物馆新馆正式开馆。随着各级公共财政投入的增加，各地公共文化基础设施条件持续得以改善。

九、文化体制改革

全省国有文艺院团体制改革前期筹备工作基本完成。省曲艺团有限责任公司、省歌舞团有限公司法人治理结构进一步完善。白山市长白山演艺有限公司成功组建，发展活力增强。完成了省文化物资公司、省文化建筑工程公司、省歌舞团霓裳公司等省直文化企业的改革工作和省文物店的经营机制改革工作，化解了多年积淀的历史遗留问题，开辟了新的发展空间。

黑龙江省

2011年是黑龙江省文化改革发展极为重要的一年。中共黑龙江省委十届十八次全会召开，全会审议通过了黑龙江省委贯彻落实党的十七届六中全会《决定》的《实施意见》，对全省文化改革发展做出全面部署，提出要大力实施文化建设"八大工程"，推动龙江文化更好更快发展。贯彻中央十七届六中全会精神和省委十届十八次全会精神，各级党委、政府对文化建设高度重视，文化发展呈现暂新气象，全省文化工作实现"十二五"良好开局。

到2011年底，全省共有文化（文物）机构2339个，从业人员16251人。其中艺术表演团体82个，从业人员5064人；艺术表演场所44个，从业人员367人；公共图书馆107个，从业人员1772人；群众艺术馆、文化馆148个，从业人员1872人；文化站1504个，从业人员2658人（其中：乡镇文化站900个，从业人员1564人）；艺术教育机构6个，从业人员324人；艺术创作机构14个，从业人员75人；文艺科研机构3个，从业人员72人；其他文化及相关产业251个，从业人员2404人；文化市场管理稽查机构106个，从业人员905人；文物保护管理机构92个，从业人员364人；国有博物馆103个，从业人员1636人（其中：文物系统所属博物馆76个，从业人员915人）；文物科研机构2个，从业人员44人；其他文物机构8个，从业人员34人。

2011年，全省文化（文物）事业费总支出129444万元，比上年增长6.87%；财政补助收入104455万元，比上年增长17.16%，其中省直事业费支出33779.15万元，比上年增长12.96%；财政补助收入31,746.41万元，比上年增长6.71%。全年共争取到国家基层文化设施建设、重点文化工程、文化遗产保护等专项资金18388万元。

一、公共文化服务体系建设

2011年，黑龙江省公共文化服务体系建设在"十一五"建设的良好基础上，继续在广覆盖、高效能上拓展，坚持建设与服务并重，着力改善公共文化基础设施条件，创新公共文化服务管理体制和运行机制，公共文化服务体系建设成效显著。

【公共文化基础设施建设】

标志性文化设施建设快速推进。2011年，黑龙江省又投资兴建千万以上文化设施11个，建设规模达146430平方米，投入资金约21.8亿元。投资5.1亿的黑龙江省博物馆新馆完成正负零以下全部结构施工和地上一层主体结构、二层底板混凝土浇筑，工程进展顺利。总投资亿元的渤海遗址博物馆主体完工。哈尔滨市设计投资18.8亿元的文化中心自4月28日奠基至年底，建设规模5万平方米的哈尔滨大剧院主体封顶、4万平方米的文化艺术宫完成地下基础工程。展陈面积近2万平方米的大庆市博物馆全面开馆。基层文化设施进一步改善。落实中央和省级资金1490万元，对31个县级“两馆”进行维修改造。全省乡镇综合文化站“十一五”规划项目851个和2011年启动项目25个全部建成，覆盖全省97.4%的乡镇。

文化信息资源共享工程延伸到社区。2011年，建设社区服务点186个，完成13个地市、129个县区、428个乡镇文化站共享工程服务点的设备升级任务。全省“数字图书馆推广工程”启动省图书馆和哈尔滨、牡丹江、伊春3个市级图书馆的数字图书馆硬件设施和软件平台搭建工作，完成全部县级图书馆设备升级及VPN专用传输网络建设和硬件配备，提前超额完成县级数字图书馆网络建设任务。黑龙江省图书馆以服务全省的业绩和技术应用创新，赢得与国家图书馆的战略合作，成为中国国家数字图书馆第一个地方分馆，1月挂牌。

【公共文化服务供给】

公共文化设施免费开放全面实施。全省107座图书馆、146个文化馆及建成投入使用的文化站全部免费向社会开放。省级财政计划拿出1648万元对县级免费开放馆（站）新增服务设备给予一次性补助。2011年，国家新批复黑龙江省免费开放博物馆33家，全省国家补助免费开放博物馆达88家。各级博物馆积极创造条件提高展陈和服务质量，办好阵地展览同时举办临时展览，全省博物馆年接待观众850余万人次。共享工程各级支中心和基层服务点积极开展为民服务，全年举办各种活动1680次，服务受众600万人次。省级中心可提供免费共享的数字文献信息资源总量74.5TB。省文化厅出台《全省乡镇综合文化站使用管理指导意见》，推动全省文化站切实发挥服务农民的作用。各级艺术表演团体坚持深入基层送戏下乡演出，全年组织下基层演出2800余场。

2011年，黑龙江省重新启动省级文化先进县评选和复查工作，新评定省级文化先进县（区）7个，有力推动了基层文化建设发展。牡丹江市、漠河县分别入选国家公共文化服务体系示范区和示范项目，获得国家补助奖励800万元和100万元。第三次文化馆评估定级后，黑龙江省上等级文化馆79个，较2008年增长155%，其中国家一级馆16个。全省被文化部命名“中国文化艺术之乡”20个。

群众文化活动蓬勃开展。全省“城市之光”、“金色田野”大型主题群众文化系列活动已坚持13年。2011年，黑龙江省“城市之光”、“金色田野”暨庆祝建党90周年“唱支山歌给党听”主题系列活动创新组织形式，实行联动机制。共举办各类群众文化活动万余场，参与展演人员10万余人次，观众近千万人次，形成遍及全省城乡的群众文化繁荣态势。广大群众参与文化活动的热情更高、途径更加便捷、形式更加多样，人民群众的文化需求不断得到满足。省文化厅继续对全省农村群众文化活动品牌进行奖励扶持，全省129个群文品牌获得奖励。

二、艺术精品创作生产

2011年，黑龙江省文化厅明确提出强规划、重引导，抓题材、抓作者、抓原创的艺术精品创作生产思路，制定了《黑龙江省舞台艺术精品工程实施方案》，通过深入挖掘历史文化资源，紧抓重大现实题材，着力加强原创，创作生产了一批具有龙江文化特色、质量较高的优秀作品和重大晚会。全新创排的黑龙江省庆祝建党90周年大型音舞诗画《喊一声北大荒》，晚会规模宏大、特色鲜明、主题突出，生动表达了在党的领导下，黑龙江对共和国发展建设的不朽功勋，堪称晚会中的精品。哈尔滨市为第21届全国“书博会”精心打造的400人的交响音乐会，震撼的艺术魅力赢得中外嘉宾的极高评价，彰显了城市文化深厚底蕴。取材八女投江的评剧《半江清澈半江红》成功晋级国家舞台艺术精品工程30台剧目。《铁人轶事》作为中宣部选派的“十大精品剧目”之一，参加了庆祝建党90周年优秀戏剧全国巡演献礼活动，话剧《地质师》片段获中国首届“学院奖”剧目奖。大型龙江剧《鲜儿》参加第25届梅花奖大赛主演李雪飞获“梅花奖”。《赵一曼》参加第六届中国京剧艺术节广获好评。大型生态话剧《大湿地》、风情歌舞《我的达斡尔》、创意马戏晚会《飞翔》等均具有很好的艺术基础。

三、文化遗产事业

按照国家文物和非物质文化遗产保护的方针要求，2011年，黑龙江省各级政府和文化（文物）部门准确把握工业化、城市化进程中文化遗产保护与经济社会发展的关系，坚持加强管理、保护传承、服务社会、改善民生，不断完善文化遗产保护新机制，推动抢救性保护与预防性保护有机结合，常规保护、行政保护向法制保护、科技保护转变，加大宣传力度，全省文化遗产事业协调发展。

【文物保护与考古工作】

文物保护基础工作扎实有效。2011年，黑龙江省按照国务院安排计划全面完成第三次全国文物普查工作，出版了一批普查成果，工作质量受到国家文物局的高度肯定。国家“三普”办核定黑龙江省调查登记不可移动文物10759处，其中新发现7065处，复查3694处。长城资源调查工作按时完成，调查数据顺利通过国家级验收，核定黑龙江境内牡丹江边墙、金界壕遗址两处长城资源266.285千米。全省省级以上文物保护单位保护标志制作树立工作历时3年全部完成，着手开展省级以上文物保护单位保护范围划定工作。黑龙江省第六批省级文物保护单位上报省政府待公布。同时理顺了文物行政执法体制，强化了执法队伍，规范了文物行政审批，文物保护和依法行政步入良性发展轨道。黑龙江省2家单位分获国家文物保护工程甲级勘察设计资质、文物保护工程一级施工资质，为文物保护事业长远发展奠定基础。一批重要文物保护工程实质进展。至2011年底，唐渤海国上京龙泉府遗址保护工程主体基本完成，进入收尾阶段，各项保护工作取得预期效果。《金上京会宁府遗址保护规划》、《侵华日军第七三一部队旧址保护规划》经国家文物局初步审定，部分保护维修工程启动。结合哈齐客运专线铁路建设，实施了中东铁路建筑群整体保护，省文化厅将铁路沿线近300处遗址、俄式建筑等申报第七批全国重点文物保护单位。全年配合基本建设开展考古调查项目90项。

【博物馆与社会文物工作】

2011年，黑龙江省博物馆陈列展览精品建设又取得骄人成绩。黑龙江省博物馆的“松花江的记忆——金源文化展”荣获全国博物馆10大陈列展览精品奖。省文化厅在全省范围内开展各级各类博物馆陈列展览评选工作，推动博物馆陈列展览精品化发展。大庆市博物馆推出的“第四纪古生物化石展”立体、宏大，极具观感。该馆收藏第四纪古生物化石24万件，涵盖目前世界已知第四纪古生物45个物种的43个种群，成为名副其实的东北第四纪古生物保护、收藏、研究、展示中心。国家文物局“国家文物资源基础数据库异地备份”项目落户黑龙江省博物馆。全省博物馆一般藏品数字化建设工作、全省可移动文物普查试点工作等基础工作有序推进。2011年，省文化厅公布《黑龙江省博物馆名录》，全省有各类国有、行业、民办博物馆152家。

【非物质文化遗产保护工作】

2011年，黑龙江省非物质文化遗产保护工作取得标志性成果。黑龙江赫哲族“伊玛堪”成功入选联合国“人类急需保护非物质文化遗产名录”，龙江皮影与全国其他10个省区市联合申报为联合国“人类非物质文化遗产代表作名录”，填补了黑龙江省世界文化遗产项目的空白。黑龙江省政府公布第三批省级非物质文化遗产名录51项，使全省省级非物质文化遗产项目达183项，一批重点项目得到有效保护。省文化厅评定命名了赫哲族文化生态保护区、阿城金源文化生态保护区、牡丹江流域文化生态保护区3个省级文化生态保护区，启动了非物质文化遗产记录和出版工程，成功举办了首届“文化遗产日”主场城市集中宣传活动。黑龙江省古籍保护中心通过国家验收成为国家级古籍修复中心，2011年申报国家珍贵古籍名录130种。

四、文化产业发展

按照政府赋予的指导和管理文化产业发展的职能，2011年，黑龙江省各级文化部门积极探索，发挥比较优势，加强资源整合，围绕冰雪文化、动漫文化、民俗文化打造推进重点项目和产业园区基地建设，以项目带动和搭建公共服务平台为重点，推动全省文化产业健康发展。

特色产业项目建设成效显著。精心培育的“冰上杂技”和“冰雕艺术展”、马戏等项目不断取得市场开发新成果。2011年，“冰上杂技”在国内多地长期驻场演出同时，开辟了以色列等国际演出市场，全年演出超千场；“冰雕艺术展”在辗转美国、泰国市场同时，实施了国内长期驻展计划，连续5个月在澳门驻展，效益可观；齐齐哈尔马戏团全年境外演出500余场。这3个健康运营的特色产业项目和所在企业，作为国家文化出口重点企业和重点项目，连续三年受到文化部、财政部的绩效奖励，被誉为“龙江特色”、“中华品牌”。省文化厅重点跟踪的民营文化企业发展强劲，极光文化传播有限公司的游戏外包项目连年荣获出口奖励，同源文化发展有限公司的“小笨熊”少儿图书品牌家喻户晓，和音乐器有限公司的“艺飞”牌提琴蜚声海内外，渤海民族工艺品有限公司的“渤海靺鞨绣”享誉全国。

重点园区和基地运营良好，集聚效应日益凸显。首批国家文化产业示范基地“哈尔滨冰雪大世界”历经12年的发展，已经成为冰雪旅游的龙头品牌，2011年冰雪大世界面积扩大到60万平方米，总收入近亿元。松雷集团音乐剧基地继《蝶》剧后，2011年又隆重推出了音乐剧《爱上邓丽君》，半年时间票房突破1000万元，业已成为中国音乐剧的产业先锋。黑龙江省（平房）动漫基地入驻企业280家，注册资金超10亿元，年生产动画能力达3万分钟，销售收入突破50亿元。黑龙江冰尚杂技舞蹈演艺制作有限公司自主开发的冰上杂技在国内一枝独秀，2011年人才培养实现跨省区联盟，孵化作用日益增强。太阳岛风景区资产经营有限公司经济增长幅度超过13.5%。大庆文化创意产业园投资规模776亿元，通过多分园“捆绑式”发展，成长迅速，2011年，被评为国家级文化产业试验园区。

文化产业发展服务平台建设卓有成效。文化企业投融资渠道拓宽，2011年，黑龙江省7个项目获得国家文化产业专项资金的扶持，黑龙江省文化企业信贷申报系统开通。又有4家企业通过了国家动漫企业认定。成功举办首届中国冰雪动漫展。第四届东北“文博会”黑龙江40家文化企业参展，荣获“优秀组织奖”、“最佳布展设计奖”和20多项“优秀产品奖”。文化部门积极组织文化企业参加第七届深圳“文博会”、第22届“哈洽会”，通过展会平台助推企业发展。

五、文化市场工作

2011年，黑龙江省各级文化市场综合执法部门着力加强对各类文化市场的监管，文化市场秩序持续好转。全年开展5次全省范围的文化市场集中整治行动，共出动执法人员18.7万人次，检查场所11.5万家次，查办案件494件，责令整改2029家，罚款152万元，停业整顿36家。全省打击侵犯知识产权和制售假冒伪劣商品专项行动共出动执法人员17.5万人次，行政执法部门立案56起，移送司法机关案件2起，捣毁窝点6个，罚没物品1.9万件，涉案总金额40.52万元。严厉查处多起文化网站违法经营活动，及时制止并规范了多起演出活动。2011年，黑龙江省网吧监管软件终端安装率比上年提高了3.15%，网吧服务器在线率提高了1.81%。省文化厅积极推动文化市场规范化建设，“黑龙江省文化市场执法办公系统”正式启用，全省文化市场综合执法人员培训班全年累计培训执法人员1200余名，《黑龙江省文化市场管理条例》修订工作基本完成。

六、对外文化交流和文化贸易

2011年，黑龙江省对外文化工作成效显著。

对外文化贸易与交流平台建设取得新成效。由黑龙江省文化厅和黑河市政府主办、黑河市文化局承办的第二届黑龙江中俄文化大集成功举办。活动在内容、规模等多方面比上届都有较大拓展，较好地利用了黑龙江省特别是黑河市的地缘优势，以“集市、集合、集约”特质创新了跨境文化贸易与交流合作模式。活动汇集10大板块50余项文化交流和贸易活动，吸引10万余中俄嘉宾、客商和广大民众参与，受到中俄嘉宾、客商的充分肯定和广大民众的热烈欢迎，创造了良好的社会和经济效益，切实提升了黑龙江国际影响。文化部给予很高评价，认为内容丰富，特点突出，拓展了黑龙江省与俄罗斯远东地区的文化交流渠道，推动了双方在文化产业领域的合作，达到了预期的效果。黑龙江省政府已与俄阿穆尔州政府达成共识，文化部业已同意，从下届起黑龙江中俄文化大集由两省州政府和文化部共同主办。

同时，适应国际友城文化交流合作的需要，为构建与友好城市交流合作平台，9月，黑龙江省文化厅与黑龙江省外事办公室联合举办了首届黑龙江友城文化周。首届活动秉承控制规模、积累经验的宗旨，重点邀请了俄罗斯友城艺术表演团体来访交流。来自俄罗斯阿穆尔州、哈巴罗夫斯克边区、滨海边区的文化工作者、美国指挥家以及我省艺术家们在历时5天的活动时间里，共推出6台节目15场演出、2个专题讲座和5个主题展览，近4万民众直接参与活动，产生了积极反响。

2011年，黑龙江省参加国家对外文化工作重点项目，先后组织艺术团赴德国、马耳他、阿联酋、科威特、加拿大、泰国举办冰雕艺术展，出色完成交流任务，多次受到文化部和我驻外使馆的表彰。据不完全统计，2011年全省共实施对外及对港澳台文化交流项目54个，交流844人次。其中引进项目28个，派出项目26个。

七、文化体制改革

2011年，按照国家深化文化体制改革的要求部署，黑龙江省各级文化部门攻坚克难，积极扎实有效推进文化系统改革工作。

国有文艺院团体制改革取得新进展。9月，黑龙江省文化厅新一届党组组建后，迅速成立国有文艺院团改革工作领导小组，集中精力梳理研究改革政策，起草改革总体方案。通过大量地调研、反复沟通协调、多次修改征求意见，11月初，具有较强针对性、操作性和比较有利于文艺院团改革发展的改革总体实施方案、黑龙江省演艺集团有限公司组建方案报省文化体制改革发展领导小组审批。同期组建演艺集团的各项准备工作、保留事业体制院团的报批等工作基本完成。

文化市场综合执法改革实质推进。至11月底，全省13个地级市全部组建了综合文化行政主体和文化市场管理领导机构，12个地市组建了文化市场综合执法机构；全省128个县区（65个县、63个区）中的122个组建了综合文化行政主体和文化市场管理领导机构，组建文化市场综合执法机构74个。各级文化部门积极争取党委政府支持，在改革中确保文化市场综合执法机构编制、人员有增无减，全省文化市场综合执法队伍建设不断加强。

在改革中，省文化厅着力加强人才队伍建设，为事业发展进行人才储备。2011年，与国家多所高等专业艺术院校建立了人才培养通道，落实了选派50名优秀中青年专业艺术人才到中央戏剧学院、北京舞蹈学院、中国传媒大学进行为期一年委托培训的计划。2011年，黑龙江全省艺术职业院校全年向社会输送大中专毕业生600余人，有力地充实了基层文化艺术人才队伍。

上海市

2011年，在市委、市政府和市委宣传部的领导下，市文广影视局紧紧抓住后世博时代的发展机遇，以改善文化民生为基础，以发展文化产业为重点，以深化文化体制改革为动力，奋发有为、开拓进取，圆满完成了全年工作任务，确保了“十二五”上海文化工作开好局、起好步。

一、文化民生持续改善

2011年，市文广影视局按照公益性、基本性、均等性、便利性的要求，依循“保基本、强基层、建机制”的基本思路，加强文化设施建设，完善公共文化服务网络，创新管理模式，以公共文化服务体系建设的显著成效，促进文化民生的持续改善。

【着力推进重大文化设施及重要工程建设】

世博园区中国馆改建为中华艺术宫、城市未来馆改建为上海当代艺术博物馆的改建工程启动，上海崧泽遗址博物馆奠基，上海市群众艺术馆新馆建成开放。推进制定刘海粟美术馆迁建和上海市历史博物馆、上海市非物质文化遗产展示传承中心建设方案，配合推进虹桥舞蹈中心建设。完成浦东、闵行、嘉定、松江、崇明等区县的公共电子阅览室试点建设，在社区文化活动中心开展了“社区影视厅”试点工作。

【着力丰富公共文化内容供给】

实现本市美术馆、公共图书馆、文化馆、社区文化活动中心基础服务项目免费开放，在全国率先完成第一阶段免费开放任务。指导加强社区文艺指导员派送，全面实现了派送人次和受众人次倍增目标。积极培育打造了“2011农民工欢乐节”。多部门联手，在长兴岛开展公共电子阅览室建设、职工书屋建设、文艺演出等系列农民工文化服务。开展了上海农民工假日免费电影放映活动，实施了“上海万名农民工绿色网上行”培训计划。

【着力健全公共文化建设保障机制】

市委、市政府召开了上海市公共文化建设工作大会，成立了上海市公共文化服务工作协调小组，市委办公厅、市政府办公厅印发了《关于加强社区文化活动中心建设和管理的指导意见》，出台并实施《关于推进本市社区文化活动中心运行机构民办非企业单位法人登记工作的若干意见》，完成《上海市社区公共文化服务若干规定》草案，并经市委宣传部同意，申报了市人大2012年立法正式项目。

【着力创新公共文化管理运行机制】

完成全市203家社区文化活动中心设施登记，依托市民巡访团开展暗访测评，委托第三方机构实施绩效评估，加快建设中央信息管理系统，逐步建立了公共文化设施多维监管机制。创建国家和市级公共文化服务体系示范区（项目），徐汇区以及宝山区、浦东新区的两个项目进入国家级创建名单，嘉定区以及黄浦区、松江区的两个项目获得市级创建资格。启动首批“上海优秀城市文化广场”的评审工作，全市16个广场获命名。

【着力加大公共文化服务扶持力度】

设立上海市公益性演出专项资金，认定上海大剧院、东方艺术中心、上海文化广场等14家剧场为公益性专场演出定点剧场，定期举办最高票价不超过80元的公益性专场演出；在上海大剧院、东方艺术中心、上海文化广场、逸夫舞台等4家剧场开展营业性演出低价票试点，确保每场至少有5%不高于80元的低价票。设立新建影院奖励资金，完成首批29家新（改）建的乡镇数字化影院1500万元的政府资金补贴。设立1000万元民办博物馆专项扶持资金，完成对各类民办博物馆在免费开放、陈列展览、教育活动等方面的经费扶持。

二、文化产业又好又快发展

2011年，市文广影视局坚持管理与培育并重，按照全面、协调、可持续的要求，加强分类指导，推动文化产业跨越式发展。

【大力推动网络视听产业发展】

国家广电总局与上海市政府签署部市合作协议，中国（上海）网络视听产业基地开工，加快企业入驻基地的招商工作，建立了1000万元的网络视听产业专项扶持资金，成立了上海市视听新媒体行业协会，并成功举办了2011中国网络视听产业论坛，全方位推动上海网络视听产业发展，实现全年产值约30亿元。

【大力推动影视产业发展】

实施市政府办公厅《关于促进上海电影产业繁荣发展的实施意见》，制定了《上海电影精品专项资金管理办法》，4部重点影片和5位电影新人获得了近2500万元政府专项资金补贴。全市电影票房10.91亿元，观影人数2792.18万人次，放映场次75.98万场。

【大力推动动漫游戏产业发展】

依托市动漫产业发展局际联席会议制度保障，发挥上海动漫游戏发展扶持奖励资金推动作用，对44家企业的64个项目给予991万元奖励扶持。上海动漫精品获国家首届动漫奖的数量居全国第二位，入围数量居第一位。动漫产业产值约60亿元，同比增长17.6%。网络游戏产业产值144亿元，同比增长20%。

【大力推进产业园区建设】

大力推进张江动漫谷、宝山动漫衍生园等重点园区发展和公共技术服务平台建设，为动漫产业等的发展提供政策、技术支撑。张江文化产业园区被命名为“国家级文化产业园区”，实现本市国家级文化产业园区零的突破。天地软件园和今日动画公司被命名为“国家文化产业示范基地”。指导了10余家企业申请国家文化产业专项基金。

三、重大文艺创作和文化活动亮点纷呈

2011年，市文广影视局以建党90周年为契机，遵循艺术规律和市场规律，精心组织优秀文艺作品的创作生产，努力提升艺术创新能力。一是在市委宣传部的领导下，成功主办和参与举办上海纪念中国共产党成立90周年优秀舞台剧（节）目、国产影片、优秀影视剧展演展映展播，上海市庆祝中国共产党成立90周年大型歌会等一系列重大播出、演出活动。围绕纪念中国共产党成立90周年，开展了美术作品特展、舞台艺术成就回顾展、文物专题展等一系列大型展览活动，市区联动举办了1500余场次群文活动。二是圆满完成春节期间市领导慰问驻沪部队和武警总队系列演出活动、上海市春节团拜会、上海市元宵晚会等大型演出任务，得到了市委、市人大、市政府和市政协的高度肯定。成功举办“上海之春”国际音乐节、第13届中国上海国际艺术节、第17届上海电视节、第14届上海国际电影节、第七届中国国际动漫游戏博览会等重大文化活动，各项活动举办质量、参与人次等均有突破，品牌影响力显著提升。三是完成上海历史文脉美术创作工程首期25件作品，组织创作群文作品逾万件，推荐越剧《红楼梦》等5部作品申报文化部“第二届优秀保留剧目大奖评选”，开展昆剧《长生殿》申报以及剧目验收，组织京剧《梨园少帅》、昆剧《李慧娘》申报国家重点扶持项目，举办“2011年全国昆曲优秀中青年演员展演周”、“全国小剧场话剧优秀剧目展演”等活动。

四、文化遗产保护力度不断加强

2011年，市文广影视局、市文物局注重统筹规划、分类指导、突出重点、分步实施，坚持保护文化遗产的真实性和完整性，并进一步加强了博物馆建设。

【加强文物保护】

完成《上海文物博物馆事业发展“十二五”规

划》、《上海市文物保护条例》立法调研报告和条例草案，制定《上海市登记不可移动文物管理暂行规定》、《上海市文物行政执法协作规则》。全面完成上海市第三次全国文物普查工作，新发现文物点1761处，文物总量比普查前增加26.2%。同时，加快普查成果转化工作，启动建设“上海市不可移动文物保护管理地理信息系统”，加强各级文物保护单位的保护和环境整治工作。武康路成功入选第三届“中国历史文化名街”，展示了上海独特的海派文化和深厚的人文内涵。开展了广富林、崧泽等古文化遗址的考古勘探以及上海水下文化遗产的调查工作。首次召开了全市文物安全工作会议，组织开展文物安全系列检查并和各区县签署了文物安全责任书。

【加强博物馆建设】

组织开展了全市博物馆登记年检和普查工作，有79家博物馆被列入国家文物局公布的《2010年度全国博物馆名录》。全市共举办各类文物陈列和展览373个，其中“中国航海博物馆基本陈列”等4个陈列被评为“上海市博物馆陈列展览精品奖”。协调组织国家文物局试点项目“上海博物馆对口帮扶上海琉璃艺术博物馆藏品提升”，并通过验收评估。完成了第二批国家二级、三级博物馆的申报和评估工作。

【推动非物质文化遗产保护传承】

进一步完善本市三级非遗名录体系，编辑出版8部国家级非遗名录项目丛书分卷，推出《上海市非物质文化遗产名录图典》，摄制完成7部国家级非遗名录项目专题片，完成首批5名国家级非遗项目代表性传承人数字化采录工作，完成上海非遗网和信息管理系统二期建设。

江苏省

2011年，江苏省文化系统坚持以科学发展观为统领，以党的十七届六中全会和省党代会精神为指导，紧紧围绕文化强省建设目标，全省文化建设在新的起点上迈上了新台阶。

一、深入学习贯彻党的十七届六中全会精神，在更高层次上深化文化认识

把学习贯彻六中全会精神作为一项重要政治任务，以高度的文化自觉，强烈的责任意识，兴起学习贯彻六中全会精神的热潮。

【及时传达学习】

省文化厅于10月底在镇江召开全省文化局长座谈会，指出要进一步深入学习领会党的十七届六中全会精神，深化文化工作的认识，进一步明确文化工作的目标，制定更加有力的措施。11月份，省厅又召开厅系统干部职工大会，进一步传达党的十七届六中全会和省党代会精神，就学习贯彻会议精神做出具体部署，要求全体干部职工积极投身文化建设大潮。

【积极组织宣讲】

该厅在南京、扬州等地和有关单位、高校宣讲十七届六中全会精神，对党的十七届六中全会精神和省委十一届十二次全会精神做了系统深入的宣传，进一步阐述了江苏文化强省建设的内涵、目标、任务及举措。通过宣讲，营造了浓厚的社会氛围、凝聚了社会共识。

【认真抓好落实】

研究出台了《江苏省文化厅关于贯彻落实党的十七届六中全会和省委十一届十二次全会精神的意见》，要求加强艺术创作生产，坚持用先进文化引领时代风气；构建公共文化服务体系，努力维护公民文化权益；加快文化产业发展，不断满足人民多层次、多样化文化需求；推进文化创新，进一步增强文化发展活力；加大文化人才培养力度，建设一支高素质文化人才队伍。

二、高度重视艺术创作与生产，进一步加强思想文化建设

以实施艺术精品工程为重要抓手，努力创作更多更好的文艺作品，充分体现社会主义核心价值观和新时期江苏精神，不断丰富和完善人们的精神境界。

【进一步加强艺术创作生产】

完成2010～2011年度省舞台艺术精品工程评审工作，选拔出4台大型精品剧目、2台小型精品剧目和4台精品提名剧目。紧扣“中国共产党成立90周年”与“辛亥革命100周年”两大历史事件，启动实施“江苏省重大主题美术创作精品工程”，举办江苏省重大主题美术创作精品工程（一期）初选作品观摩展。邀请全国知名剧作家为我省中青年优秀演员“量体裁衣”，定向创作剧本。组织首次江苏省优秀作品推介会，签订剧目创作合同5个。在第25届中国戏剧梅花奖评选中，顾芗获得戏剧表演最高奖——“梅花大奖”（三度梅）。

【精心组织重大文化活动】

组织纪念中国共产党建党90周年江苏省首轮精品剧目惠民巡演，16台精品剧目在省内12个市上演。举办"歌声献祖国"——庆祝新中国成立62周年暨江苏省市县代表性优秀歌曲大赛颁奖晚会。成功举办第六届江苏省淮剧艺术节、第六届江苏省戏剧节、第七届江苏省音乐舞蹈节、第二届江苏省杂技比赛、2011中国泰州梅兰芳艺术节、中国昆剧艺术节等。圆满完成拉萨市庆祝西藏和平解放60周年专场文艺演出。成功举办第三届"林散之奖——书法双年展"。组织纪念中国共产党建党90周年江苏省美术、书法作品展览，展出美术和书法作品共300余件。江苏省书法院成立并举办首次书法作品展。

【扎实推进艺术教育和科研工作】

圆满完成2011年度全省艺术学校招生工作，共录取新生2085人。各有2个项目分别入选2011年度"国家文化科技提升计划"和第三届"国家文化创新工程"，入选数均居全国第一。首届"国家文化创新工程"项目——"吴江区域文化联动"率先通过文化部专家验收。14个项目入选2011年度国家社科基金艺术学项目，居全国前列。积极开展省级科研项目申报、评审和管理，2011年度共立项22个，结项34个。

三、努力构建公共文化服务体系，切实保障人民群众基本文化权益

以创建国家和省公共文化服务体系示范区为抓手，加快构建公共文化服务体系，进一步满足广大人民群众基本文化需求，维护公民文化权益。

【积极创建国家和省公共文化服务体系示范区】

苏州市进入创建国家示范区资格名单，"连云港市社区文化中心标准化建设"和"南通市环濠河博物馆群"项目进入创建国家示范项目名单。江苏省文化厅与财政厅联合下发《关于开展江苏省公共文化服务体系示范区创建工作的通知》，开展省公共文化服务体系示范区创建工作，经评审，确定2个地级市、10个县（市、区）和107个乡镇为省公共文化服务体系示范区。

【努力推进社区文化建设】

积极开展实地调研，形成《城市社区文化建设的现状与思考》的调研报告，"十二五"城乡社区文化活动室覆盖率达100%写入江苏省委、省政府《关于加强新形势下城乡社区建设的意见》。宿迁市出台《关于加强社区文化建设的意见》。落实共享工程社区基层服务点省级建设经费860万元，确定全省1000个社区基层点的建设名单，其中包括在达标社区文化中心中培育、建设100个社区示范点。无锡市积极推进社区基层服务点普及和升级提档，新建社区基层服务点102个。

【逐步完善公共文化服务体系】

在全国第三次文化馆评估定级中，全省110个文化馆进入等级馆行列，其中81个晋升为国家"一级文化馆"，达标率及一级馆数均居全国第一。33个县、乡被文化部重新命名为"中国民间文化艺术之乡"，总数居全国榜首。制定"三馆一站"免费开放实施方案，出台《江苏省公共文化设施免费开放绩效考核暂行办法》等文件。全省"三馆一站"基本实现免费开放，博物馆、纪念馆免费开放率超过90%，文物保护单位开放利用率大幅提高。

【大力开展文化惠民活动】

继续开展"三送"活动，全年完成送书60余万册，期刊27万余册，送戏2800场，制作专题展览在全省经济薄弱地区及黄茅老区等44个县巡展。完成"美好江苏——文化民生基层文艺巡演"50场。创排青春版京剧"沙家浜"并举行文化惠民演出。组织庆祝中国共产党成立90周年大型歌咏大会、群众美术书法、摄影展等群众文化活动。成功举办第二届南图（南京图书馆）阅读节。积极参加"华东六省一市新红歌大赛"，分获演唱金奖和创作金奖。在全省组织开展了红领巾读书征文活动。镇江市组织"文化嘉年华"等重大文化惠民活动300余场，参与人数达百万人次。盐城市开展的"十馆联动"下基层巡演活动受到群众欢迎。

四、加快发展文化产业，不断满足人民群众多样化多层次文化需求

围绕构建现代文化产业体系，优化文化产业结构，培育壮大骨干文化企业，推动文化产业跨越式发展，不断满足人民群众多样化精神文化需求。

【认真组织文化产业引导资金项目申报评审工作】

修改完善《江苏省省级现代服务业（文化产业）发展专项引导资金使用管理办法》。组织文化产业引导资金项目申报评审工作，全省共申报项目721个，总投资额近722亿元，申请额近37亿元，均比上年有大幅度增长。经评审和考核，2011年共有172个项目

获得资助，资助总额超过2亿元。

【积极推进文化与科技、金融的结合】

召开江苏省文化科技创新工作会议，制定出台《关于加强文化科技创新的意见》。江苏省文化厅与北京银行南京分行签署100亿元的意向性综合授信合作协议，启动注册金额2亿元的江苏省首支文化创意中小企业集合票据，为优质文化企业开辟便捷高效融资渠道。无锡市设立规模为人民币10亿元和美元1亿元的大摩华莱坞基金，重点投资电影发行和影视内容制作等领域。徐州市与中国银行徐州分行合作开发“汉风通宝”系列特色信贷产品，为文化产业发展提供资金扶持。

【大力实施文化产业示范基地（园区）提升工程】

根据江苏省基地（园区）发展现状和提升目标，制定出台新的《江苏省文化产业示范基地、文化产业示范园区评选命名管理办法》，并分别在扬州和苏州召开文化产业示范基地（园区）现场推进会。常州市着力推进“中华恐龙园、环球嬉戏谷、春秋淹城”三大主题公园建设，已初步显现出良好的引领集聚效应。

【努力推动动漫产业做强做大】

成功举办第八届中国(常州)国际动漫艺术周，53个项目成功签约41.5亿元。积极组织申报“国家动漫精品工程”和“动漫奖”。推荐8件动漫作品，8家动漫企业分别申请文化部重点动漫作品和重点动漫企业。南京合谷等25家动漫企业通过省级认定并上报申请2011年度全国首批动漫企业。

五、进一步强化文化市场管理，促进文化市场健康有序发展

坚持一手抓繁荣，一手抓管理，围绕加快推进技术监管平台建设，提高信息化水平，努力增强监管能力，不断促进文化市场文明健康有序发展。

【着力实施网吧连锁工程】

加强网吧连锁管理工作，江苏全省连锁网吧门店总数达到7235家，占比91%，提前完成既定目标。苏州、南京、镇江市完成网吧“单改连”改造工作，扬州市有155家网吧加盟连锁，连锁率超过95%。

【不断加强文化市场检查和监管力度】

深入开展文化市场知识产权保护专项执法行动，严厉打击侵权盗版行为。累计出动执法人员200余人次，查处违法行为76起，实施行政处罚21起，取缔并停止域名解析违法网站100余个。连云港市文化行政综合执法支队被评为全国综合执法先进集体。

【有力推进文化市场综合执法体系建设】

全面启动全省文化综合执法办公系统应用推广工作。制定《江苏省文化市场突发事件应急预案》。加大文化市场执法人员培训力度，建立了执法人员培训基地。全省各地推进综合执法改革任务落实，全省13个省辖市、97个县（市、区）正式成立文化综合执法机构。

六、加大力度保护文化遗产，努力使传统文化与现代文明相结合

加大文化遗产保护力度，逐步构建科学有效的文化遗产保护体系，提高全社会文化遗产保护意识，进一步保护和传承中华优秀传统文化。

【大力加强文物保护工作，实施重大文物保护工程】

全面完成第1～2批名人故居古民居抢救保护工程项目。张太雷故居等10处名人故居列入省第三批名人故居、古民居抢救保护工程。完成首批大运河江苏段重点文物保护抢救工程10个项目，遴选第二批大运河江苏段重点文物保护抢救工程项目8个。《扬州城考古工作计划》通过论证评审。确定南京明孝陵等8处古遗址古墓葬为首批“江苏大遗址”。盱眙大云山汉墓、张家港黄泗浦遗址、姜堰天目山遗址等建设省级考古遗址公园。圆满完成全省第三次全国文物普查，确定普查点20007处。研制不可移动文物地理信息管理系统，初步实现信息资源共享。全面完成4～6批省级以上文物保护单位“两线”划定修改方案。南京大报恩寺遗址和苏州木渎春秋古城遗址考古发掘同时荣获“2010年全国十大考古新发现”。成功举办2011年文化遗产日暨第五届江苏省文物节系列活动。组织“2011打击文物犯罪专项行动”，查处5起重大文物犯罪案件，保护文物350处（件）。

【有力推进博物馆建设】

积极推进县县有博物馆工作，全年共批准设立25座博物馆。柳亚子纪念馆等10家博物馆、纪念馆列入“提升工程”项目。在第九届全国博物馆10大陈列展览精品评选中，南京市博物馆的“龙盘虎踞——南京城市史”获得最佳制作奖；淮海战役纪念馆的“淮海战役纪念馆基本陈列”被评为最受观众欢迎奖。组织开展了第二届江苏省博物馆精品陈列展览评选活动。“月是故乡明——仪征出土文物精品展”等7个展览在全省各地巡展18场。

【高度重视非物质文化遗产保护】

全面贯彻落实"非遗法"，组织各类活动1200多场，参与人数超过800万人次。制定（修订）《江苏省省级文化生态保护实验区建设指导意见》等一系列保护政策，进一步规范和保障非遗保护工作。全省基本建成项目名录和传承人保护体系。近500个非遗展示馆（厅）和民间艺术馆、传习所建成开放。评审公布了第三批省级非遗名录，95个项目入选。24个项目入选"国三批"名录，全省国家级项目达到108个。完成2012年、2013年联合国教科文组织"人类非物质文化遗产代表作"和"非物质文化遗产优秀实践名册项目"推荐申报工作。完成"洪泽湖渔文化生态保护实验区"等4个省级文化生态保护实验区建设。宜兴紫砂、扬州玉雕、南京云锦被文化部命名为国家级生产性保护示范基地。

七、着力推动对外文化交流，加快江苏文化"走出去"步伐

紧紧围绕国家外交大局和祖国统一大业，努力推进对外和对港澳台文化交流，进一步推进江苏文化"走出去"。

【不断扩大江苏文化影响力】

在意大利中国文化年框架之下，成功举办"茉莉飘香·江苏文化周"。首次在法国卢浮宫举办江苏省美术馆馆藏"中国百家金陵画展"金奖作品展，集中展现了当代中国美术创作的风格和水平。江苏交响乐团在维也纳金色大厅奏响"江苏风韵"专场音乐会，生动展示了中华文化的魅力。南通市组织参加2011新加坡第18届"春城洋溢华夏情"文化艺术旅游展，同时成功举办了"南通周"。

【着力抓好"澳门江苏周"文化活动】

"澳门江苏周"活动取得圆满成功，"茉莉芬芳濠江情"文艺演出创意新颖、精彩热烈，突出江苏元素，彰显苏澳友谊，受到澳门观众的热烈赞许。通过苏澳文化创意产业对接会，搭起了两地文化产业交流合作的新平台，共签约7个合作项目，总意向金额达36.1亿元。

【深入促进苏台文化交流】

成功举办"2011苏台文化之旅"活动，"情系古运河——两岸水墨名家联展"在台北"国父纪念馆"展出，两地画家同期赴阿里山写生，创作了一批新作。5家江苏文化企业赴台参加第二届"海峡两岸文化创意产业展"，江苏文化产品以其独特的魅力受到欢迎。南京图书馆组团赴台，与同源于民国时期"国立中央图书馆"的台北"中央图书馆"正式开启交流活动，打开了苏台两地图书馆际交流合作的新局面。

八、加强文化人才队伍建设，为文化繁荣发展提供坚实人才保障

切实抓好人才队伍培养、选拔和使用的各个环节，为加快建设文化强省提供人才基础。

【积极实施高层次文化人才培养与引进工程】

组织实施"江苏省高层次文化人才培养与引进工程"。2011年，录用博士、正高职称专业人才4名，面向全国分开招聘书法创作人才4名。认真落实全省文化管理人才高研班赴法国培训项目，全省17名同志参加了培训。推荐江苏省文化厅系统11名同志进入江苏省"333高层次人才培养工程"二、三层次的选拔，推荐5名同志进入2011年全省宣传文化系统"五个一批"工程选拔，创下各类人才推荐选拔人数历年之最。

【着力加强文化人才队伍建设】

着力提高基层文化才人才队伍素质，举办了全省基层市、县文化馆长培训班，近70名文化馆长参加培训。举办全省第四期文物保护工程管理培训班、全省博物馆馆长培训班。扎实做好公开招聘工作，面向社会公开招录行政执法和网络管理职位公务员2名，厅直6个单位共有27个岗位面向社会公开招聘工作人员29名，招聘工作组织严密、规范有序。

【扎实开展创先争优活动】

5个江苏省文化先进县、15个文化系统先进集体、30名先进工作者（劳动模范）获得表彰。在基层党组织和党员中深入开展创先争优活动，表彰了一批先进党支部、优秀共产党员和优秀党务工作者。组织开展江苏省文化厅系统共青团工作先进集体和先进个人评选活动。

九、统筹协调各项文化工作，推进文化工作全面发展

在突出抓好重点工程、重大活动和重点项目的同时，统筹协调推进各项文化工作，努力促进文化建设全面工作再上新台阶。

【不断深化文化体制改革】

深化国有艺术院团改革，宣传改革典型，组织参与改革培训，督促检查改革进度。江苏13个省辖市全部被评为全国文化体制改革工作先进地区。根据中央和中央编办通知精神，积极推进"影剧月报"

等报刊社的转企改制工作。推进文化事业单位内部机制改革，厅直属13个事业单位岗位设置方案被批准实施。徐州市制定实施《徐州演艺集团内部机制改革方案》，全面推进内部机制改革。

【深入开展文化发展理论研究】

加强《文化强省指标体系研究》，形成了一本有分量的研究成果。实施文化理论创新工程，出版理论研究专著，收入25篇获奖文章。开展文化发展课题研究，完成“江苏省舞台艺术精品工程实施与提高研究”、“网络文化市场管理工作探索与研究”、“江苏农村文化遗产保护与利用研究”、“动漫企业营利模式研究”等7个项目。

【努力加强机关全面建设】

落实“文化援疆大舞台、大展台、大讲堂”活动，完成汉家公主纪念馆等5项援建任务，举办一期图书馆业务培训班，20名州、县图书馆长参训，承办了“春雨工程——全国文化志愿者（团）边疆行”活动，圆满完成援疆工作任务。法制工作通过江苏省全面推进依法行政工作领导小组考核，受到了通报表扬。加强党风廉政建设，确保党员干部廉洁从政，厅党组和厅系统各级党组织把党风廉政建设和反腐败工作摆在重要位置，深入推进惩防体系建设。

浙江省

浙江省委、省政府高度重视文化建设，2011年，省委召开十二届十次全会专题研究部署文化强省建设，出台了《中共浙江省委关于认真贯彻党的十七届六中全会精神大力推进文化强省建设的决定》；省政府出台了《浙江省文化产业发展规划（2010～2015）》、《浙江省文化服务业“十二五”发展规划》。省发改委与省文化厅联合制定了《浙江省文化发展“十二五”规划》。这些重要决定和发展规划，为推动浙江文化建设了强大动力。2011年，全省文化工作以科学发展观为指导，坚持文化事业和文化产业“双轮驱动”，谋规划、抓重点、推改革、促发展，各项工作取得明显成效。主要有八大亮点：

一、重大文化活动在服务大局中彰显独特作用

紧紧抓住庆祝中国共产党成立90周年、纪念辛亥革命100周年、举办第八届全国残疾人运动会三大主题，组织举办了残运会开闭幕式文艺晚会、第二届浙江文化艺术节舞台艺术展演暨浙江省首届优秀保留剧目展演、大地欢歌——华东六省一市群众新红歌大赛、最前线——庆祝中国共产党成立90周年浙江省美术作品展览、“永远跟党走”——浙江省红色经典歌曲合唱大赛、纪念辛亥革命100周年图片展等一系列内容丰富、特色鲜明的文化活动，有力地服务了大局，在全社会营造了隆重热烈、欢乐喜庆、团结奋进的良好氛围。持续实施一批具有导向性、代表性、示范性大型文化活动，与文化部、嘉兴市政府联合举办了中国嘉兴端午民俗文化节，举办了第二届浙江文化艺术节、浙江省第八届音乐舞蹈节、庆祝中国昆曲列入“世界非遗”10周年暨纪念昆曲艺术大师周传瑛诞辰100周年活动、浙江省第12届广场文化艺术节、浙江省第二届乡村诗歌大赛、浙江省第10届音乐新作演唱演奏大赛、浙江省第二届社会艺术团队文艺汇演等活动，有力地助推了文化繁荣，较好地满足了广大群众的精神文化需求。

二、公共文化服务在改善民生中发挥积极效应

公共文化服务基本实现城乡全覆盖。在率先全面完成公共博物馆免费开放的基础上，大力实施美术馆、公共图书馆、文化馆（站）免费开放工作，发挥公共文化设施网络的服务功效。着力推动省级大型文化设施建设，浙江小百花艺术中心举行了动工典礼，积极研究筹划浙江艺术学院迁建和浙江图书馆新馆选址等重点建设工程。继续推进基层文化设施建设，82个省级中心镇启动县图书馆乡镇分馆建设。面向基层农村，持续组织大规模的“送”文化下乡活动。2011年，全省共送戏下乡2.1万余场，送书下乡181万余册，培训基层文化骨干21万余人次。在全省范围内全面推广“文化走亲”活动，2011年全省开展“文化走亲”活动共931场。加强对特殊群体的文化关怀，设立了“浙江省视障信息无障碍服务中心”，举办了第七届浙江省未成年人读书节、全省残疾人文化艺术周、浙江省2011年国际盲人节大型公益活动等特色文化服务活动。启动公共文化服务体系示范区（项目）创建工作，宁波市鄞州区被确定为第一批“创建国家公共文化服务体系示范区”，“嘉兴市城乡一体化公共图书馆服务体系建设”、“苍南县农村文化中心建设创新模式”被确定为第一批“创建国家公共文化服务体系示范项目”。持续推进文化部委托的代表东部地区开展国家公共文化服务体系制度设计的综合研究，取得了阶段性成果。加强公共文化数字化建设，浙江网络图书馆从2009年5月26日开通以来，累计上传书目数

据380万条，浏览次数1740万次，电子期刊阅读下载1280万篇。继续推进文化援疆工作，组织我省文化专家赴新疆、内蒙古开展业务辅导、展览展示等多项服务活动，参与群众达2万余人次。

三、文艺创作演出在紧扣群众需要和市场需求中频现亮点

不断创新艺术管理，建立优秀保留剧目演出制度，开展“浙江省首批优秀保留剧目”评选和展演活动。深入实施青年文艺人才培养“新松计划”，开办“新松计划”第6期全省青年戏曲表演人才（小生）高级研修班，举办了优秀旦角罗戎征个人京剧表演专场等5个“新松计划”资助项目，着力推动文艺繁荣。加强文艺创作，话剧《谁主沉浮》等一批重大历史题材献礼作品和紧扣市场需求的新创作品接踵亮相。一批文艺精品和优秀文艺人才在国际国内艺术大赛上取得优异成绩。浙江京剧团和青海省戏剧艺术剧院合作的《藏羚羊》、浙江话剧院有限公司的《谁主沉浮》分别入选“国家舞台艺术精品工程”重点资助剧目和资助剧目。浙江歌舞剧院有限公司刘福洋独舞《祭礼长生天》和群舞《乌兰巴托——红色英雄》分别获第八届中国舞蹈“荷花奖”表演金奖和银奖，这是浙江省第一次夺得“荷花奖”金奖；独舞《寂静的天空》和群舞《兰亭随想》分别获第九届全国舞蹈比赛评委会特别奖和表演二等奖。浙江京剧团翁国生获第六届中国京剧节特别荣誉奖。浙江曲艺杂技总团有限公司的杂技《墨荷——扛人蹬伞》获第八届全国杂技“金菊奖”、第三次全国杂技比赛金奖。绍兴县小百花艺术中心吴凤花获第25届中国戏剧梅花奖“二度梅”奖，浙江越剧团华渭强、杭州越剧院徐铭获“一度梅”奖。大力繁荣演出市场，组织省属改制院团探索实施面向市场、面向观众的“驻场演出季”演出活动，尝试在固定剧场、固定演出档期商演本单位原创或移植作品的演出新模式。省属院团共演出2998场，国内外商演收入4817.32万元。民营文艺表演团体广泛演出，年演出约30万余场次，观众1.1亿人次，演出收入达12亿元。

四、文化遗产保护在构建科学保护体系中取得显著成绩

文化遗产保护工作实现历史性突破，在世界遗产委员会第35届大会上，杭州西湖文化景观被正式列入世界遗产名录，成为中国第41处世界遗产，也实现了浙江世界文化遗产零的突破。海宁皮影戏入选联合国“人类非物质文化遗产代表作名录”，从而使浙江的“人类非遗项目”数量达9项，总数名列全国第一。在国务院公布的第三批国家级非物质文化遗产名录中，浙江上榜58项，连续第三次名列全国榜首。做好抢救性考古发掘，组织实施了39项考古发掘项目，良渚古城考古项目获国家文物局田野考古（2009～2010年）一等奖。在第九届全国博物馆10大陈列展览精品评选中，浙江自然博物馆的“自然·生命·人——基本陈列”和浙江省博物馆的“越地长歌——浙江历史文化陈列”分别以第一、二名荣获精品大奖。第六批省级文物保护单位由省政府正式公布。浙江省第三次全国文物普查第三阶段工作和全省古籍普查工作进展顺利，登记的文物总量居全国首位，国家文化遗产保护科技区域创新联盟工作持续推进，得到了国家有关部门的充分肯定。非物质文化遗产保护工作进一步加强。启动实施了国遗项目“八个一”保护措施。推动基层非遗保护机构和非遗馆建设，全省11个设区市全部建立了非遗保护中心，90个县（市、区）中已有73个建立了非遗保护中心。东阳市陆光正创作室（东阳木雕）、青田县二轻工业总公司（青田石雕）被列入国家非遗生产性保护基地。文化部在宁波召开全国非物质文化遗产保护工作会议，充分肯定了浙江的非物质文化遗产保护工作。全省文化文物系统联动开展了第六个“文化遗产日”系列活动，还成功举办了2011中国（浙江）非遗博览会等大型活动，营造了文化遗产保护的良好社会氛围。

五、文化体制改革在推动文化创新中实现阶段突破

一是国办文艺院团改革有了新突破。浙江歌舞剧院有限公司、浙江曲艺杂技总团有限公司、浙江话剧团有限公司3家省属转企改制文艺院团完成深化改革工作，省属文艺院团的改革阶段性任务基本完成。指导推动了市县国有文艺院团改制工作。改制后的院团不断创新内部管理体制和运行机制，大力开拓演出市场，打造演艺品牌，增加演出场次和收入，有效提升了“两个效益”。浙江歌舞剧院有限公司2011年演出收入超2600万元，比2010年增长23%。浙江曲艺杂技总团有限公司2011年完成演出收入727万余元，同比增长44.3%。浙江话剧团有限公司大力拓展商业性演出市场，2011年全团共创造演出收入711万余元，同比增长83.6%。二是经营性文化单位转企改制有了新推进。浙江新远文化产业集团公司下属单位已经有10家基本完成了转制任务。目前，浙江新远文化产业集团已初步架构起电影院线和演艺产业链，进入良性发展阶段。新远影城票房屡创新高，2011年突破了3100万元。三是公益性文化事业单位内部管理机制改革有了新成效。全省各级文化馆和乡镇综合文化站的工作重心下移，服务关口前移，近一年来，辅导业余文化活动团队的数量达1.52万余支，指导业余文化活动团队开展活动达35.68万余场次。浙江省博物馆自2004年起率先在全国实现面向全社会常年免费开放，目前，平均年接待观众达150万人次。浙江图书馆平均年接待读者达140万人次。四是文化市场综合执法改革有了新进展。全省各市县全部完成了文化市场综合执法机构改革任务，建立了制度化、规范化的管理运行机制。联合相关单位下发了《关于进一步加强文化市场管理队伍建设的意见》，进一步推动文化市场管理队伍规范化建设。在全国文化市场综合执法优秀案卷评选活动中，浙江省获奖总数居全国第一。

六、文化产业在服务经济转型中加快发展壮大

加强对演艺娱乐业、动漫游戏业、网络文化经营业、艺术品和工艺美术经营业、文化创意和设计业、文化旅游和会展业等六大重点门类的规划与引导。义乌文博会和杭州动漫节两大品牌节持续提升规模，文化产业发展平台的“高地效应”进一步显现。“2011义乌文博会”共设国际标准展位3204个，吸引了国内外1309家企业参展，实现展览成交额40.62亿元，同比增长44.71%，其中外贸成交额24.89亿元，同比增长47.28%，占总成交额的61.28%。2011杭州中国国际动漫节吸引了425家中外企业参展，202万人次参加了各项活动，签约项目212个，涉及金额106亿元，现场成交金额22亿元，总金额达到128亿元，比上届增长20%。扶持浙江新远文化产业集团成立了浙江文化艺术品产权交易所，打造文化产业与资本对接服务平台。实施重点文化企业上市助推计划，积极指导帮助中南卡通等3家重点文化企业上市。宋城、中南卡通两家公司成功入选全国“十家最具影响力的国家文化产业示范基地”。扶持浙商文化促进会发展，组织了文化新浙商的评选，引导民营企业投资文化产业200多亿元。进一步推动民营文艺表演团体的发展与建设，对106个参加2011年度送戏下乡工程的民营文艺表演团体实施政府资助；举办了2期民营文艺表演团体负责人培训班和2期全省民营文艺表演团体越剧及婺剧专业培训班，推动民营文艺表演团体提升艺术质量和管理水平。积极参与江浙沪两省一市第18届演出业务洽谈会暨第四届长三角国际演出项目交易会，推进长三角演出市场一体化进程。积极助推区域特色文化产业发展，与有关地方政府举办了安吉·竹文化跨界创意大赛、第六届中国龙泉青瓷·龙泉宝剑节等一系列活动，大力提升区域文化产业的特色优势。

七、文化市场管理在完善机制中不断提升水平

全省各地文化市场执法机构将日常检查与专项整治相结合，加大监管力度，严厉查处文化市场各类违法违规经营行为。开展了全省文化市场清理整顿行动、建党90周年专项保障行动、打击侵犯知识产权专项行动、“小网吧”整规行动，全面整顿和规范文化市场秩序。2011年，全省共受理举报2170件，出动检查人员14.1万余人次，检查经营单位16.14万余家次，取缔非法经营单位1982家，罚款1511万余元，文化市场秩序进一步好转。认真查找当前文化市场管理中存在的漏洞和薄弱环节，建章立制，推动文化市场管理纳入“平安浙江”考核体系，研究制定了《浙江省文化市场应急处置办法》、《浙江省文化市场举报办理规定》、《文化市场管理信息工作制度》等一系列规章制度，形成了更加完善的文化市场管理制度体系。召开了浙江省农村文化市场监管工作经验交流会、全省文化市场综合行政执法工作会议等系列会议，组织开展交叉执法及暗访活动，进一步落实执法责任制，深入推进依法行政。文化部在宁波召开了全国农村文化市场管理工作经验交流会暨全国文化市场综合执法工作会议，充分肯定了浙江省农村文化市场管理工作。

八、文化交流活动在拓展渠道中实现稳步发展

成功举办了第五届“台湾·浙江文化节”，备受海内外关注的《富春山居图》实现海峡两岸合璧展出，成为两岸人民在历史、文化、民族层面上的一次“心灵相约”，参观展览人数超过81万人次，成为对台文化交流史上的盛事，有力地服务了中央对台工作大局。同时，持续组织了姚剧《王阳明》、“天工遗风——浙江省非物质文化遗产精品展”、“河姆渡文化特展”等一系列活动赴台巡演巡展，兴起了浙台文化交流的新高潮。配合中央领导同志出访非洲，与文化部、中国驻埃塞俄比亚大使馆、中国驻津巴布韦大使馆联合主办了“2011中国文化聚焦·浙江文化节”，组织了主题歌舞晚会和非物质文

化遗产展览赴津巴布韦、埃塞俄比亚进行文化交流，第一次把浙江大型文化交流活动拓展到了非洲国家，得到了中央领导同志的高度评价和充分肯定。实施国家文化外交战略，积极组派浙江歌舞剧院有限公司、浙江曲艺杂技总团有限公司、浙江婺剧团等团组参与海外“欢乐春节”活动，被文化部授予“优秀组织奖”。认真执行省政府的对外任务，组织实施庆祝浙江省与美国新泽西州结好30周年等多项文化交流活动。全省各地也积极推进海外文化交流，构筑了浙江文化亮丽的海外风景线。据统计，2011年浙江省共实施对外、对港澳台文化交流项目767起，其中派出交流项目128起、引进交流项目639起。

安徽省

2011年，在安徽省委、省政府的坚强领导和文化部的大力支持下，全省文化战线认真贯彻落实党的十七大、十七届五中、六中全会和省第九次党代会精神，以庆祝建党90周年为主线，以建设文化强省、服务安徽崛起为主题，以体制机制改革为动力，抓重点带全局，抓发展重惠民，抓改革求创新，各项工作整体推进，全面丰收。

一、抓基础，强基层，事业发展提速提质

【公共文化设施全部免费开放】

新增第三批免费开放博物馆18家，全省免费开放博物馆、纪念馆达89家。6月28日起，全省88个图书馆、120个文化馆、1389个综合文化站免费开放。在全国率先制定公共图书馆、文化馆（站）《服务标准（试行）》，制度化、标准化、规范化推进公共文化服务。省博物馆新馆国庆期间参观人数达17万人次。省图书馆全年接待读者116.2万人次，外借书刊150.6万册次。太湖县图书馆、文化信息资源共享工程村级点创新服务，文化部部长蔡武批示充分肯定，中央、省主要媒体广泛宣传。金寨县革命博物馆精心打造特色陈列，组建红色文化宣讲队，开办“红军精神大讲堂”。广德县邱村镇依托综合文化站，拓展服务内容，建成农耕文化馆，免费开放。

【公共文化服务体系示范区（项目）创建扎实推进】

马鞍山市、铜陵市“城市社区文化建设”和淮南市“少儿文艺发展”项目分别入选国家公共文化服务体系第一批示范区、示范项目，入选数量居全国前列。在中宣部和文化部召开的全国地市级公共文化服务体系建设现场经验交流会上，马鞍山市作典型发言。公共电子阅览室建设列入全国试点，确定铜陵市、芜湖市和宁国市为全省试点地区，建成第一批规范化的公共电子阅览室。5月，在山东青岛召开的全国公共电子阅览室建设试点工作现场经验交流会上，安徽省作典型发言。

【纳入省民生工程的乡镇综合文化站建成达标】

当年安排的583个乡镇综合文化站全部竣工，完成投资3.13亿元，占计划投资总额134.41%。1240个国家“十一五”乡镇综合文化站建设任务全面完成，基本实现每个乡镇有1座达标文化站目标。积极争取经费，按每站40万元的标准补足配齐建设资金和设备。召开全省乡镇综合文化站建设工作会议，实施评级定级制度，举办站长培训班。印发《关于加强乡镇综合文化站管理养护工作的意见》，开展专题宣传月，着力提高知晓率、使用率、满意率。在站内开通留守儿童亲情电话，受到欢迎。2011年评定一级站50个、二级站67个、三级站74个，全省等级站已达508个。

【公共文化设施上等升级】

组织参加全国第三次文化馆评估定级工作，全省66个文化馆上等级，其中一级馆14个，等级馆数量实现了历史性突破。文化部评估组在书面反馈意见中，对安徽省文化馆建设、管理、服务等给予高度评价。9月29日，省博物馆新馆建成开放，推出“安徽文明史”综合陈列和“徽州古建”等4个专题陈列，成为公共文化服务的新亮点。省美术馆、省书画院、省考古所科研楼“三体合一”立项，建筑面积约2.6万平方米。皖西博物馆新馆、滁州美术馆开馆，黄山市图书馆建成封顶，宣城市图书馆新馆、宿州市文化艺术中心（大剧院、图书馆、文化馆）和池州市“四馆一中心”（图书馆、文化馆、博物馆、科技馆和青少年活动中心）、砀山县“三馆一场”（博物馆、文化馆、图书馆和剧场）等项目动工建设，合肥市博物馆即将开工。

【文物普查成绩显著】

全面完成第三次全国文物普查，18个普查队、94个普查组、1030名普查队员、3000余名志愿者、协查员参与。共调查登记不可移动文物25005处，居全国第13位。新发现不可移动文物17185处，复查不可移动文物7820处，另登记消失不可移动文物2134处，在全国第7个通过整体验收。各级政府高度重

视，有力保障，全力推进，同时加强普查成果的保护应用。合肥市、铜陵市、淮北市、繁昌县等及时公布新发现文物点为相应级别的文物保护单位。37个先进集体、120名先进个人受到省第三次全国文物普查领导小组表彰。

【文物保护扎实有效】

推进大运河安徽段保护和申遗。完成安庆熊范烈士宗祠、泾县查济宝公祠等17处重点文物保护单位维修。歙县徽州府衙历时2年修复免费试开放。黄山市屯溪老街社区博物馆被国家文物局列为全国5个（中部地区唯一）生态（社区）博物馆建设试点。召开全省民办博物馆发展座谈会，推动健康发展。以六安市为主场的第6个文化遗产日宣传活动效果显著。根据媒体曝光、领导批示、群众举报，督查繁昌土墩墓群等数起国家、省文保单位违法行为。宣城市全部拆除广教寺双塔违法建筑。省考古研究所垓下大汶口文化城址考古发掘继入选“全国十大考古新发现”后，又获省政府通报表彰。省文物鉴定站开展全省第二轮馆藏文物巡回鉴定、“鉴宝江淮行”和社会义务鉴定，鉴定文物近8000件。省文物总店广开经营渠道，绩效双优。

【非遗工作亮点频现】

凤阳民歌、无为鱼灯等13个项目入选第三批国家级非遗名录。绩溪胡开文墨业有限公司、中国宣纸集团入选首批国家级非遗生产性保护示范基地（全国41个）。命名蚌埠市冯嘴子村花鼓灯生态保护村等33个单位为省首批非遗传习基地。评审公布第三批、第四批省级非遗项目代表性传承人256名。《徽州文化生态保护区总体规划》获文化部批准，6月1日正式实施。省非遗保护中心正式组建。各市、县（市、区）非遗展示传承活动此起彼伏，红火热闹。

二、抓品牌，重创新，文化展示惠民乐民

【庆祝建党90周年文化活动喜庆热烈】

在全省文化系统组织“红色历程崛起江淮——庆祝建党90周年系列文化活动”，文艺演出、展览展示、赞颂讲读三大类活动创意新、氛围浓、效果好。全省首届社区文艺调演、革命文物讲解大赛和系列读书等活动，唱响了共产党好、社会主义好、改革开放好、伟大祖国好、各族人民好的主旋律。

【第四届中国农民歌会出新出彩】

以“希望的田野”为主题，在滁州市举办第四届中国农民歌会。纪念毛泽东“面向农村”题词60周年座谈会、“三农”峰会以及全国农民歌舞邀请赛、全国新农村优秀书法美术摄影作品展、新疆皮山县民族歌舞展演、赴小岗村演出等，活动多日、内容多项、展示多点。开幕式演出大气磅礴，农味十足，各界盛赞，齐声叫好。省委书记张宝顺作重要批示：“总结经验，把这个面向广大农民、农村的国家级文化品牌办好，办出特色。”

【第二届民俗文化节绽放魅力】

以“拥抱民俗　快乐民众”为主题，在铜陵市举办第二届中国安徽民俗文化节。包括开幕式、大型民俗表演“江淮风情画”等开幕式板块，安徽民俗村开园仪式等民俗村板块，绝技绝活表演、民俗风情长廊汇展等广场表演板块，全方位、多角度地展现安徽民俗文化的独特魅力。

【美术创作工程加快推进】

对申报的安徽省重大历史题材美术创作工程275件作品出行二审二读，两次培训创作人员178人次，80个创作者（组）进入色彩样稿创作；省书画院、省博物馆承办样稿展，展出52个创作题材82件作品，56个创作者（组）进入第三轮创作；遴选47幅作品签约，5幅作品加工修改后签约。

【文艺创作演出异彩纷呈】

推出黄梅戏《相知吟》。文旅演艺产品《风情安徽》完成创意方案。会同安徽演艺集团创作推出舞剧《徽班》，入选2010～2011年度国家舞台艺术精品工程年度资助剧目。阜阳市、蚌埠市积极修改创排曲剧《王家坝》、花鼓灯《花鼓敲天下》。马鞍山市创排的黄梅戏《千羽锦》经评估，进入保利院线在全国巡演。怀宁县黄梅戏《独秀山下的女人》参加第12届中国戏剧节，获优秀剧目奖。六安市新创儿童剧《永不凋谢的花朵》、长丰县新创庐剧《女村长》等在基层演出数十场，受到群众欢迎。省徽京剧院王丹红获第25届中国戏剧梅花奖，成为我省第12朵“梅花”。

圆满完成春节团拜会等系列演出和接待天津、四川、湖北党政代表团演出等20余场。

【群众文化活动多姿多彩】

据不完全统计，元旦、春节期间，全省各地共组织“百团千场万人”文化下乡演出1320余场，惠及群众700余万人次。以省文化馆为龙头的全省各级文化馆站举办展览3747次，组织文艺活动10105次；举办各类培训8912次，培训43.6万人次；指导群众业余文艺团队2998个。马鞍山市制定《公益性文艺

演出配送服务试行办法》，推动文化下基层行动常态化、操作规范化、选配市场化。省、市文艺院团开展高雅艺术进校园，演出剧（节）目19场。界首市、凤台县等15个县（市、区）、乡镇被文化部命名为“中国民间文化之乡”。

三、抓改革，促发展，文化活力竞相迸发

【改制院团实力增强】

全省转企改制整合成立的53家演艺公司或集团，面向市场，打造合格市场主体。安徽再芬黄梅艺术股份有限公司实施转企改制、股份制改造、上市“三步并作一步走”；石台县黄梅戏剧团、长丰县新欣演艺公司、怀宁县黄梅戏演艺中心等扎根乡土求发展，面向省外闯市场，效益显著。在5月全国文化系统国有文艺院团体制改革电视电话会和1月文化部文化体制改革座谈会上，安徽省作经验介绍。

【机制创新不断深化】

探索行业管理新路径，与安徽演艺集团从艺术创作、打造品牌、重要演出、培养人才、对外交流、扶优扶强、沟通交流、长效机制8个方面建立艺术创作演出工作协调机制。安徽艺术职业学院以人才培养工作评估为契机，改革管理模式，提升教学质量，服务社会需求。厅属事业单位全部完成岗位设置管理工作，实行竞争上岗、双向选择、全员聘用。

【管理职能加快转变】

省文化厅作为第二批省直试点单位，启动行政审批权相对集中改革，在对现有行政许可项目和审批程序认真梳理的基础上，形成方案，探索经验，做到“两集中、两到位”。省政务中心文化厅窗口减手续、减项目，提速度、提质量。推动各市县深化综合执法机构改革，强化队伍建设、装备配备和经费保障。

【动漫产业形势喜人】

编制完成《安徽省动漫产业“十二五”发展规划》，文化部充分肯定。以“新创意·新动漫·新媒体·新欢乐”为主题，在芜湖市举办第三届中国（国际）动漫创意产业交易会，共签约55个，总额190.2亿元。省文化厅主办“安徽动漫嘉年华”，集结全省30家动漫企业优秀作品，精彩亮相交易会和徽商大会，喜获“突出贡献奖”。举办省首届“金喜鹊”奖动漫大赛，近1500件作品参赛。8家动漫皖企获国家认定，入选数并列全国第三。

【基地园区蓬勃发展】

评比命名巢湖市掇英轩文房用品厂等20个第三批省级文化产业示范基地。安庆五千年文博园（一期）、方特梦幻王国等建成开园，六安金领欢乐世界、宿州神游世界动漫产业园、淮南志高动漫文化园等70个项目加快推进，亳州中华药都养生文化产业园、淮北市洪庄文化创意产业园等52个项目开工建设，完成投资195.8亿元。合肥、芜湖、马鞍山、黄山、池州等市建立了省级以上文化产业示范基地、园区以及重大项目的奖励扶持机制。亳州市以重大文化旅游项目建设为抓手，大思路谋划发展，大手笔推进建设。

【文化金融合作取得突破】

省文化厅与中国银行安徽省分行签署战略合作协议，分行所属机构与桐城佛光铜质工艺品有限公司等11家文化企业签订合作意向，签约总额24.15亿元。与省保监局建立保险业支持文化产业发展机制。

【民营院团异军突起】

评选表彰望江县百花黄梅戏剧团等26个民营艺术院团为第三批“百佳院团”。在临泉举办第二届省民间杂技艺术节，36个民营院团、400多名演职员演出60多个节目。青阳县青阳腔艺术团民办公助，传承特色文化，服务旅游发展。马鞍山市四季剧院开拓市场的同时，积极举办公益演出。全省1530多个民营院团年演出40余万场次，总收入超6亿元，成为繁荣城乡文化市场的生力军。中宣部《宣传工作》和文化部《文化要情》专刊推介安徽扶持发展民营艺术院团的经验。

四、抓保障，强素质，文化影响力持续提升

【文化市场繁荣有序】

开展建党90周年文化市场专项保障行动以及网吧、游艺游戏和演出场所等专项整治。出动文化执法人员29万余人次，检查各类文化经营单位27.3万余家次，查处违规经营场所7200余家次，立案调查2610余件，办结案件2340余件，停业整顿1450余家次，取消经营资格500余家，封堵各类违法网络文化信息363余万次。创新监管手段，部署委托乡镇综合文化站协管农村文化市场工作，发挥2800余名乡镇文化市场监督员的作用。芜湖市和马鞍山市文化市场综合执法大队分别办理的“曹某经营非法音像制品案”、“林某某侵犯著作权案”被评为2011年全国文化市场重大案件，受到文化部表彰奖励。

【网吧管理“安徽模式”全国推广】

探索总结黄山市、宣城市等同城间网吧股份合作经验，合理布点，提升档次，规模化、连锁

化、品牌化经营。安徽省规范网吧发展、绩溪县开展同城网吧股份制合作的经验先后在全国规范网吧发展工作会议上作介绍，被文化部誉为“安徽模式”向全国推广。支持大型国企新华发行集团进入农村网吧市场，打造“三合一”的农民文化家园。安徽作为全国规范网吧发展成绩突出的10个省份之一受到文化部表彰。鼓励和推动社会力量监督管理网吧经营，全省发展“五老”网吧义务监督员9600余名，会同省关工委、文明办召开全省“五老”网吧义务监督员工作会议，表彰一批优秀义务监督员。

【文化交流展示特色】

参加文化部主办的“我们的节日——百名非遗传承人迎春展示活动”，安徽春节习俗展在澳门展演一个月。赴韩国举办“欢乐春节——中韩缘”文化节，赴意大利举办中国文化年安徽周演出展览，展示了皖风徽韵。配合省委、省政府重大活动，“铭传亲缘宝岛行”举办7场特色文艺演出和两地6天60幅书画精品展。全年共组织文化交流出访项目30批次、482人次，赴12个国家和地区演出649场。

【文化科研硕果累累】

组织申报国家社会科学基金课题46个。《花鼓灯文化生态保护》、《合肥推进文化与科技融合创新》入选2011年国家文化创新工程项目（共12个）。在公布的2007～2008全省社科文艺奖（艺术类）获奖作品中，全省文化系统共有45件作品获奖，其中一等奖5件。省考古所制定科研工作《奖励暂行办法》，推动考古研究可持续发展。省艺术研究院承担的文化部课题《安徽濒危剧种》出版发行。安徽省志《文化艺术志》、《图书馆志》编纂基本完成。王燕平、刘廷龙、易向军、郑龙亭、宫希成、徐志远入选省第二批“六个一批”双百人才。

【文化宣传法制工作再创佳绩】

组织、策划、协调安徽省首届动漫大赛、动漫创意产业交易会、省博物馆新馆开馆、第四届中国农民歌会、第二届民俗文化节、张向杰先进事迹、民营艺术院团等宣传，创意新、效果好、影响大。文化信息工作连续3年跻身全国各省区市、全省宣传文化系统前列，2011年位列全国第三。认真做好规范性文件备案审查工作，完成行政执法职权目录梳理，印发《全省文化系统第六个五年普法规划》。

【创先争优提升形象】

转作风强服务，重惠民促规范，提效能树形象。省文化厅连续4年开展政风效能建设主题月活动，力度不减、创新不断，从不淡化、从不懈怠，获省政府机关政风评议满意等次、省直机关效能建设优秀单位称号，迈入省政府目标管理考核先进单位、省文明单位行列。据不完全统计，全年厅机关获省级以上集体、个人荣誉近60项，一大批市、县（市、区）文化行政部门进入当地评优评先光荣榜。

五、重大文化活动

【省委省政府主要领导调研文化建设】

党的十七届六中全会召开前夕，省委书记张宝顺、省长王三运分别赴文化单位调研，看望慰问文化系统干部职工。9月2日上午，省委书记、省人大常委会主任张宝顺在实地察看省文化单位，听取省文化厅工作汇报后指出，近年来，安徽省文化改革亮点纷呈，文化民生大幅改善，文化产业快速发展，遗产保护扎实有效，极大地提升了安徽文化的影响力。强调，要不断强化文化自觉和文化自信，牢固树立文化民生理念，深入推进文化体制改革，全面繁荣文化事业，大力发展文化产业，加快实现由文化大省向文化强省的历史跨越。10月8日下午，省长王三运在深入基层文化单位调研，听取省文化单位汇报后指出，当前安徽文化发展势头很好，文化体制改革走在前面。安徽这几年经济发展势头强劲，名气上升，都离不开文化的力量和影响。强调，文化发展要有战略眼光，文化发展水平要与经济发展水平相适应，文化事业主要靠财政保障，文化产业主要靠政策扶持。

【第四届中国农民歌会激情唱响】

10月22日晚，第四届中国农民歌会在安徽滁州隆重开幕。歌会坚持“农味、民生、丰收、喜乐”理念，举办开幕式文艺演出、纪念毛泽东“面向农村”题词60周年座谈会、“三农”峰会、全国农民歌舞邀请赛、全国新农村优秀书法美术摄影作品展、新疆皮山县民族歌舞展演、赴小岗村演出以及涉农系列经贸活动等，活动多日、内容多项、展示多点。创作了《歌邀天下》、《金色的种子》、《万世根本》3首歌曲，演出现场采访农业科技专家等，使歌会更加贴近现实、贴近生活。来自安徽对口支援地区的新疆、西藏、四川的基层文艺团体深情表达对安徽人民的感恩和敬意。省委书记张宝顺作重要批示：“总结经验，把这个面向广大农民、农村的国家级文化品牌办好，办出特色。”

【公共文化服务体系建设提速提质】

6月28日起，全省88个图书馆、120个文化馆、1389个综合文化站全部免费开放。全国率先制订全省公共图书馆、文化馆（站）服务标准（试行）。组织开展第三次文化馆评估定级工作，全省66个文化馆上等级。公共电子阅览室建设试点全国先行。投资3.13亿元建设的省民生工程583个乡镇综合文化站全部竣工。省美术馆建设立项。马鞍山市和铜陵市“城市社区文化建设”、淮南市“少儿文艺发展”项目分别入选第一批国家公共文化服务体系示范区示范区、示范项目，入选数量居全国前列。全省组织“百团千场万人”文化下乡演出1320余场，惠及群众700余万人次。全省乡镇综合文化站举办展览3747次，组织文艺活动10105次；举办各类培训8912次，培训43.6万人次；指导群众业余文艺团队2998个。

【安徽省博物馆新馆建成免费开放】

9月29日上午，安徽省博物馆新馆开馆典礼隆重举行。新馆是加快实施文化强省发展战略的一项重大工程，是我省又一标志性文化设施，建筑面积4.1万平方米，整体造型体现了四水归堂、五方相连的徽派建筑独特风格。新馆推出1个“安徽文明史”基本陈列以及“徽州古建筑”等4个特色专题陈列。老馆同时对外开放，以“安徽古生物陈列”、“潘玉良美术作品陈列”、安徽近现代史以及新中国成立以来安徽省经济文化建设成就展为主要内容。新馆开馆、免费开放，受到社会各界的热切关注，国庆7天长假，参观人数17万人次，成为省城合肥公共文化服务的新窗口、新亮点。

【《徽州文化生态保护实验区总体规划》获批实施】

4月26日，文化部办公厅印发《关于同意实施〈徽州文化生态保护区总体规划〉（安徽、婺源）的复函》，通过安徽省《徽州文化生态保护实验区总体规划》，6月1日正式实施。《规划》正式获批实施，标志着保护区工作进入新的阶段，意义重大，影响深远。6月3日，省政府新闻办、省文化厅举办《徽州文化生态保护区总体规划》获批实施新闻发布会。按照总体规划，认真调研，提出具体推进计划，编制实施方案。启动徽州民歌等5个重点项目保护和新安医学等5个传习基地建设工作，效果明显。

【第二届中国安徽民俗文化节异彩纷呈】

11月初，以“拥抱民俗、快乐民众”为主题的第二届中国安徽民俗文化节在铜陵市举办。主要分为三大板块：以开幕式、大型民俗表演“江淮风情画”和第二届中国（铜陵）江南民间艺术论坛为内容的开幕式板块；以安徽民俗村开园仪式及民俗游艺活动为内容的民俗村板块；以“天工开物”绝技绝活表演、民俗风情长廊汇展等为内容的广场表演板块，全方位、多角度地展现安徽民俗文化的独特魅力。

【以动漫为核心的安徽文化产业异军突起】

编制完成《安徽省动漫产业“十二五”发展规划》，受到文化部充分肯定。以“新创意·新动漫·新媒体·新欢乐”为主题，9月下旬在芜湖市举办第三届中国（国际）动漫创意产业交易会，共签约55个，签约总额190.2亿元。与有关部门联合举办省首届“金喜鹊”奖动漫大赛，近1500件作品参赛。与省保监局建立保险业支持文化产业发展机制。评比命名第三批省级文化产业示范基地20个。大力实施文化产业基地、园区带动战略，投资18亿元的国家文化产业示范基地安庆市五千年文博园开园，总投资40多亿元的宿州神游世界动漫产业园和投资8.9亿元的淮北市洪庄文化创意产业园奠基。安徽歌华鸿坤文化发展有限公司等8家动漫皖企获国家认定，安徽省入选企业数并列全国第三。至此全省共有16家动漫企业获国家认定。

【第三次文物普查全面完成】

圆满完成第三次全国文物普查实地文物调查阶段的各项工作任务。全省共调查登记不可移动文物25005处，其中新发现不可移动文物17185处，复查不可移动文物7820处，另登记消失不可移动文物2134处。做好调查资料的整理、汇总、数据库建设和公布阶段的各项工作。加强普查成果的保护和应用，对于新发现文物点，合肥、淮北等市主动提请当地政府及时公布为相应级别的文物保护单位。垓下大汶口遗址考古继入选2009年度“全国十大考古新发现”后，获省政府通报表彰。全省纳入中央免费开放博物馆纪念馆共计89家。黄山市屯溪老街社区博物馆被国家文物局列为全国5个（中部地区唯一一个）生态（社区）博物馆建设试点。

【文化体制改革成效显著】

全省国有文艺院团整合成立53家演艺公司或集团，积极开拓市场，发展活力显著增强。探索行业

管理新路径，与安徽演艺集团从艺术创作、打造品牌、重要演出、培养人才、对外交流、扶优扶强、沟通交流、长效机制等8个方面初步建立艺术创作演出工作协调机制。厅属事业单位全部完成岗位设置管理工作，实行竞争上岗、双向选择、全员聘用、合同管理。5月，安徽省在全国文化系统国有文艺院团体制改革电视电话会上率先作经验介绍。

【全省民营艺术院团蓬勃发展】

继续实施扶持民营艺术院团发展的“3311”计划，出台文件，举办培训，打造品牌，评选表彰第三批民营艺术院团“百佳院团”，每团予以3万元奖励。成功举办第二届安徽省民间杂技艺术节，36个民营杂技院团同台竞技，一展风采。我省民营艺术院团已达1530余个，年演出40余万场次，总收入超过6亿元，成为繁荣城乡文化市场的生力军。安徽扶持发展民营艺术院团的措施和经验，被中宣部《宣传工作》和文化部《文化要情》专刊推介。

【对外文化交流提升安徽影响力】

参加文化部主办的“我们的节日——百名非遗传承人迎春展示活动”，安徽春节习俗展在澳门展出一个月，赴韩国举办“欢乐春节——中韩缘”文化节，赴意大利举办中国文化年安徽周演出展览。安徽经贸文化宝岛行活动中，举办7场特色文艺演出和两地6天60幅书画精品展。全年共组织文化交流出访项目30批次、482人次。

【网吧连锁经营“安徽模式”全国推广】

积极推动网吧市场规模化、连锁化、品牌化经营，探索总结黄山市、宣城市、芜湖市、滁州市等地城区和农村同城间网吧股份合作，联合经营，合理布点，提升档次，树立形象。支持大型国企新华集团进入农村网吧市场，打造集新华书店便民店、农村书屋和皖新网吧“三合一”的农民文化家园，繁荣发展农村文化市场。安徽经验在全国规范网吧经营秩序经验交流会上做大会介绍，被文化部誉为“安徽模式”向全国推广。

福建省

2011年，福建省文化工作坚持科学发展观引领、项目品牌带动、改革管理创新，按照“两个围绕、三个加快、两个加强”的工作思路，大干“十二五”开局之年，打好“五大战役”，加快推进福建文化强省建设，文化建设保持昂扬向上、欣欣向荣的发展态势。

一、围绕中国共产党建党90周年开展系列文化活动

组织开展庆祝建党90周年晚会等活动。举办“党旗更鲜艳”——福建省、福州市庆祝中国共产党成立90周年大型文艺晚会，20个单位、500多名省、市、部队艺术工作者和省、市、部队相关单位合唱团3000多人参加演出。举办首届中国歌剧节，来自各省区市、中直艺术院团等14台剧目参加展演评比、2台剧目祝贺演出，3000余名歌剧艺术工作者汇聚榕城，堪称我国歌剧艺术界一次空前的盛会。福建省整体成绩居各参赛院团榜首，其中福建省歌舞剧院原创歌剧《土楼》获优秀剧目奖。举办福建大剧院首届艺术节，共推出18台大戏、21场演出，接待观众累计达1.7万人次。举行福建省现代戏暨优秀剧（节）目展演，以省属6个专业艺术院团为主，推出一批历年来创作演出的红色经典剧（节）目。举办第11届福建音乐舞蹈节，选拔推荐285件作品和256支合唱队伍近2万人次参加决赛。开展“京剧精品八闽行”巡演、“曲艺说唱颂党恩”曲艺创作征文演出活动等。组织全省各级文化文物行政部门和各博物馆、纪念馆联合举办“八闽丰碑——纪念中国共产党诞辰90周年全省革命文物联展”。建成“八闽丰碑”党建信息专题数据库并对外开放。组织开展“福建省近代以来重大历史题材美术创作”作品创作和展示活动。组织开展“唱响中国”、“唱响经典”系列文化活动。在全省组织红歌推荐和演唱活动，精选90首不同时期的经典歌曲向全省推荐，开展“90首红歌大家唱”系列活动，举办“红歌·红领巾”全省少儿歌手电视大赛比赛和“唱响经典”全省合唱展演等。开展百场“红色经典”交响音乐会巡演活动，为少先队代表及农民工子弟举办公益性演出，下基层、进社区、入军营，到青少年中开展巡演活动。组织“唱响中国”新红歌创作和推荐工作，在中宣部组织的“唱响中国”新红歌创作活动中，福建省推荐的2首歌曲相继入选36首推荐歌曲和10首优秀歌曲；在华东六省一市新红歌演唱比赛中，推荐的5个节目获演唱大奖1个，获创作金奖1个、获演唱金奖1个，获得银奖2个。文艺创作生产成果丰硕。福建京剧院京剧《北风紧》获2009～2010年度国家舞台艺术精品工程“精品剧目”，福州市闽剧院闽剧《王茂生进酒》、福建省实验闽剧院闽剧《王莲莲拜香》先后入选国家舞台艺术精品工程2009～2010年度、2010～2011年度资助剧目，福建人民艺术剧院大型多媒体话剧《小平，您好！》、话剧《雷雨》，福建京剧院京剧《大唐才女》，福州市艺术学校闽剧《红裙记》等一批精品剧目在国内外重大赛事和文化活动中获奖。福建省实验闽剧院陈琼、泉州市高甲戏剧团陈娟娟申报第25届中国戏剧梅花奖双双获得成功。梨园戏精品剧目《董生与李氏》、《节妇吟》纳入2011年国家“梅花奖数字电影工程”。同时，开展福建省第25届戏剧会演剧本征文活动，评选出优秀剧本奖9个、剧本奖17个，入围剧本奖19个；举办第五届京沪闽（福建·连江）现代音乐创作研讨会等音乐、舞蹈、戏剧多个门类舞台艺术门类的专题研讨活动。

二、围绕构建公共文化服务体系推进文化建设

大力推进公共博物馆、纪念馆、图书馆、文化馆（站）、美术馆免费开放。加强对各级公共博物馆、纪念馆的动态管理，提升展览展示、宣传教育和服务水平，不断推陈出新满足人民群众日益增长的文化需求，全年推出各类展览405个，年接待观众1600.4万人次，其中接待未成年人538.41万人次。福建博物院“福建古代文明之光”和闽西革命历史博物馆“红色闽西”陈列展览，分别获第九届（2009～2010年度）全国博物馆十大陈列展览“最佳内容设计奖”和“最佳形式设计奖”。组织开展文博“进校园、进社区”系列活动。举办“2011年福建省博物馆论坛”和“2011·泉州博物馆节”系列活动。启动实施图书馆、文化馆（站）、美术馆免费开放工作，基本完成免费开放各项前期准备，部分“三馆”的基本服务已全面免费开放。启动“福建流动图书馆工程”，首批试点的10个县(市)级分馆与福建省图书馆签约。继续加强文化基础设施建设。150个乡镇综合文化站改造完善建设被纳入省委、省政府2011年为民办实事项目并得到有力推进，自2007年以来实施的全省乡镇综合文化站改建完善工程基本完成。启动实施乡镇综合文化站图书设备配送建设，完成首批200个乡镇综合文化站配送工作，第二批200个乡镇综合文化站配送前期工作基本完成。福建省少年儿童图书馆新馆建成投入使用，建筑面积1.8万平方米，总投资1.4亿人民币，可容纳100万册藏书，是目前国内新落成的、单体面积最大的少年儿童图书馆，也是国内第一家使用云计算机，以及智能化技术应用最多的少年儿童图书馆。同时，厦门市入选全国公共文化服务示范区，福建艺术扶贫工程和福建省村级文化协管员培训工程两个项目入选全国公共文化服务示范项目；大力加强村级文化协管员队伍建设，组织培训村级文化协管员1360名，组织开展“文化村官的非遗视角”全省村级文化协管员摄影技能大赛优秀作品展；认真组织实施“春雨工程”——全国文化志愿者边疆行活动，组成由福建省杂技团和泉州木偶剧团为主的福建省文化志愿者服务团60人赴新疆乌鲁木齐、昌吉州和新疆生产建设兵团农六师等地开展演出和专题讲座。

三、加快文化产业发展加强文化市场管理

大力推进文化产业发展。第四届海峡两岸（厦门）文化产业博览会取得圆满成功，实现展会规模、项目签约、现场交易、产业合作、贸易投资等方面新突破，共签约项目155个、签约额359.7亿元，819家文化企业参展，台湾组团参展覆盖全岛所有县市，实现海西21个城市全覆盖，外国文化企业首次参与文博会。大力推动金融与文化产业的融合。福建省人民政府与工商银行总行在北京签署《战略合作备忘录》，工商银行将进一步加大支持福建省文化产业发展力度；福建省文化厅与工商银行福建省分行签订《金融支持文化产业发展战略合作协议》，福建工行将在未来五年内为文化产业提供200亿元的金融支持；中国工商银行厦门分行等6家金融机构与厦门市文广新局签协议，将为文化产业项目提供500亿人民币授信额度投融资服务。评选第六批省级文化产业示范基地18家，省级文化产业示范基地达89家（其中国家级6家）。福建省娱乐业营业税收率自8月1日起自20%下调至5%。2011年，全省文化产业增加值802.32亿元，文化产业占GDP的比重为4.6%。加强文化市场管理。大力推进连锁网吧规模化、规范化发展，目前全省省级连锁网吧8家，网络文化经营单位54家，呈现快速发展趋势。在全省所有网络游戏单位全面强制实施“网络游戏未成年人家长监护工程”。开展为期5个月的文化市场大排查大整治专项行动，重点对网吧违规接纳未成年人、演出市场、网络游戏内容、安全生产等方面进行专项整治，并在全省开展统一执法日行动、组织对九地市文化市场进行暗访和“回头查”活动，大力整治文化市场经营秩序。

四、加快文化体制改革

加快推进国有文艺院团改革。形成《全省国有

文艺院团体制改革总体工作方案（征求意见稿）》和《福建演艺集团有限责任公司组建方案（征求意见稿）》（含各地上报的国有文艺院团改革名单）。全省承担改革任务的国有文艺院团共89家。福建省杂技团有限责任公司已完成审计、清产核资工作，与企业员工签订合同、参加事业社保已基本完成，正申请工商注册。厦门市歌舞剧院、厦门小白鹭民间舞团已分别制订了改革方案，正推进落实改革等相关政策。莆田市3个专业剧团已改制分别为有限公司并挂牌成立。省属文艺院团大力加强目标管理和内部机制建设，积极探索市场化运作途径，切实加大公益性、低票价演出力度。积极推进事业单位内部机制改革。省图书馆、省艺术馆、省博物院、省美术馆作为公益性文化事业单位改革试点单位，已完成了岗位设置工作，及全员聘任工作，并兑现了绩效工资。大力推进文化市场综合执法改革。目前九个设区市均已挂牌成立文化市场综合执法支队，84个县（市、区）已有73个县（市、区）组建成立文化市场执法大队。

五、加快对外对台港澳文化交流

持续推进对外文化交流。2011年，文化部确定福建省为首批9个央地合作省市之一，与毛里求斯中国文化中心开展为期一年的交流合作。福建省文化厅选派舞台表演、非遗展览、文化讲座、艺术培训、文博交流等优秀项目赴毛里求斯交流，并与毛里求斯博物馆理事会和华商总会签署内容丰富广泛的合作谅解备忘录。文化部授予福建省文化厅“2011年海外‘欢乐春节’活动优秀组织奖”。进一步加强与东南亚国家的文化交流，拓展与欧美日非等国文化交流。厦门小白鹭民间舞团和福建省歌舞剧院赴朝鲜参加第27届“四月之春”友谊艺术节，勇夺团体金奖和个人金奖。福建省杂技团赴法国参加第32届“明日”世界马戏节比赛获铜奖。圆满召开国际戏剧协会第33届世界代表大会。加强友城互访深化文化交流与合作。深入推进闽港澳文化交流。组织歌舞与杂技团赴香港参加香港特区政府组织的“香港元宵彩灯会”活动，福建省杂技团和泉州艺校艺术团赴香港参加庆祝国庆62周年文化活动等。加强与港澳文化艺术机构的联系，实现晋江市掌中木偶剧团与香港偶影中心合排《木偶奇遇记》。福建省文化产业团组赴港澳进行招商推介活动，签约12 个文化产业合作项目，协议金额达20多亿人民币。持续拓展对台文化交流。成功举办第三届海峡论坛相关文化活动，闽台对渡文化节暨蚶江海上泼水节被第二届中国节庆创新论坛暨2011中国品牌节会评为“中国最具地方特色民俗节庆”，“海峡论坛·台中之夜文艺晚会”暨第三届“海峡论坛”闭幕式演出开创海峡论坛活动项目在台岛举办先河。省杂技团、省实验闽剧院、省歌舞剧院、省京剧院等相继赴台湾访演。福建人民艺术剧院《雷雨》剧组首度赴台校园行。泉州市提线木偶参加由国台办等17家单位联合举办的“两岸万名青年大交流主题联欢活动·中华民族优秀传统文化展示活动”，获胡锦涛总书记赞赏。由福建省文化厅主办、福建省图书馆承办、台湾云林科技大学协办的“闽台数字图书馆技术与成果展览”启动闽台图书领域新合作。

六、加强文化遗产保护发展

稳步推进物质文化遗产保护和发展。福建省第十一届人民代表大会常务委员会第二十六次会议通过了《福建省“福建土楼”世界文化遗产保护条例》，自12月1日起施行，成为福建省颁布的第二部世界遗产专项保护法规。国家文物局与福建省人民政府联合组建福建涉台文物保护工程领导小组，有力推进以涉台文物保护工程为重点的全省文物保护工程项目的实施。圆满完成第三次全国文物普查任务，全省共登记不可移动文物33251处，其中新发现不可移动文物占登记总数的69%。全面完成全省文化文物系统公共博物馆、纪念馆馆藏珍贵文物88109件（套）的数据采集、录入，建立全省馆藏珍贵文物调查及数据库管理信息系统。国家历史文化名城长汀县红色一条街店头街荣获第三届“中国十大历史文化街区”称号，至此福建省4座国家历史文化名城各有一条街区入选“中国历史文化名街”。积极探索文化遗产保护与城市发展有机结合的创新模式，福州三坊七巷历史文化街区保护与社区博物馆建设融为一体推进，被国家文物局命名为全国首批生态（社区）博物馆示范点之一。8处革命纪念馆和革命旧址列入新一批全国红色旅游经典景区名录。积极推进厦门鼓浪屿、“海上丝绸之路：泉州漳州史迹”、闽系红砖建筑群、福州三坊七巷传统街区等申报世界遗产。组建国家水下文物保护福建基地，正式对外挂牌。大力推进非物质文化遗产保护。组织开展第四批省级非物质文化遗产项目评审，已经福建省人民政府审批公布实施。19个项目入选第三批国家级非物质文化遗产名录。福建海峡寿山石文化研究院入选第一批国家级非物质文化遗产生产性保护示范基地名单。公布福建省第一批非物质文化遗产生产性保护示范基地18个。“福建木偶戏后继人才培养计划”列入我国首批六个项目之中报送联合国教科文组织。基本完成《闽南文化生态保护区建设总体规划》的编制，积极推进福建客家文化生态保护实验区的审批工作。加大非物质文化遗产传承保护，福建省人民政府2011年开始，补助60岁以上的省级项目代表性传承人每人每年3000元，用于资助和支持传承人开展传习活动。由晋江市高甲戏剧团与中央电视台电影联合拍摄的电影《高甲第一丑》在中央电视台电影频道播出，本片系文化部确定拍摄10部反映国家非物质文化遗产电影中的第一部。文化国门·华艺精萃——泉州提线木偶戏展在首都国际机场举办，这是北京首都国际机场启用以来，第一次允许在机场内国际通道布设展览。成功组织福建省学习贯彻《中华人民共和国非物质文化遗产法》座谈会、第六个文化遗产日系列宣传展示活动。

江西省

2011年，江西省文化系统在省委、省政府的正确领导和文化部的精心指导下，紧紧围绕文化科学发展这一主题和加快转变方式这一主线，以文化大省建设和鄱阳湖生态经济区文化建设为重点，大力实施重大文化项目和文化民生工程，大力推进公共文化服务体系建设、文化市场体系建设和文化产业体系建设，认真开展文物保护工作，深入推进文化体制机制改革创新，加强对文化产品创作生产的引导，不断提高文化软实力和竞争力，切实保障全省人民基本文化权益，各项工作圆满完成，实现了“十二五”江西文化发展的良好开局。

一、文化活动有声势，有影响，服务大局，精彩纷呈

2011年是中国共产党成立90周年，江西省文化厅协同省委宣传部、省直工委、省广电举办了庆祝建党90周年省直文艺调演及“颂歌献给党，爱我新江西”纪念中国共产党成立90周年大型群众歌咏比赛活动。江西艺术职业学院60名学生代表江西省文化系统参加文化部举办的庆祝中国共产党成立90周年文艺晚会“我们的旗帜”排练演出活动，演员们敬业的精神和精湛的演出获文化部通报表扬。在省文化厅的统一部署下，全省各级文化单位和广大文化工作者积极组织、参与各地的庆祝中国共产党成立90周年文化活动，在赣鄱大地掀起文化活动的热潮，成为全省参与面最广、影响力最大、持续时间最长的群众性文化活动。

2011年，江西省春节联欢晚会拉开了全省文化惠民的序幕。晚会一改以往组织观众的方式，开门办春晚，通过有关单位，把军人、劳模、学生、在昌务工人员、残疾人等社会各界人士请进剧场，让普通百姓在演出现场和电视机前广大观众一起共享和谐欢乐的文化大餐。

春节期间，全省文化系统在积极组织开展送文化下乡活动的同时，再次举办了相约春天——迎春公益大展演活动，将大批城市社区居民特别是低收入人群和进城务工人员带入艺术殿堂，近距离欣赏精彩文艺演出带来的视觉盛宴，为省城南昌营造了热闹、祥和、欢快的节日气氛。整个活动历时22天，10个演出剧目演出18场，观众达4万人次，让广大群众实实在在地分享文化发展成果，展演受到社会各界的好评。

9月20日，在南昌举办的第七届泛珠三角区域合作与发展论坛暨经贸洽谈会文艺晚会上，新版大型风情歌舞《赣风》闪亮登场，整个舞台在高科技包装下显得绚丽多彩、美不胜收，充分展示了江西新形象和江西文化的独特魅力。全国政协副主席李兆焯等国家领导和港澳及兄弟省市领导观看演出，省委书记苏荣、省长鹿心社陪同观看。

“金歌银曲唱鄱湖”2011江西省歌手大奖赛形式新颖、精彩纷呈，为近年江西赛事所罕见。为全面推动“金歌银曲唱鄱湖”全省优秀音乐作品传唱活动起到了很好的作用。

二、艺术创作抓规划，出精品，好戏连台，开局良好

2011年，江西艺术创作开局良好。新一轮江西省文艺创作繁荣工程项目全面启动，红色题材成为此次江西省文艺创作繁荣工程项目中的一大亮点，采茶戏《八子参军》，话剧《石塘人家》、《生如夏花》，革命历史剧《碧血黄花》，京剧《红军的崽》5部红色题材的戏剧入围2011年省文艺创作繁荣工程。

此外，杂技《灯上芭蕾——季候鸟》夺得第35届蒙特卡洛国际杂技比赛“银小丑”大奖，同时获得2个特别奖“国际马戏团奖”和“让—路易马赫冉奖”。舞蹈《青花叠翠》荣获第九届全国舞蹈比赛群舞组表演二等奖。为中国、为江西争得了荣誉。

三、社会文化重建设，强基础，公共服务日臻完善

2011年，江西省227个公共图书馆、文化馆和1629个乡镇综合文化站全部实行了免费开放，全省各级财政安排了约1.4亿元免费开放保障资金，实现了公共空间设施场地全部免费开放、所提供的基本服务项目、辅助服务项目全部免费。

全省各地文化设施建设风生水起。地方总投资约3亿元的宜春市文化艺术中心、吉安市文化艺术中心、吉安市青原区图书馆和文化馆、鄱阳县文化馆等19个市县社会文化设施新馆建成开放，地方总投资约4亿元的南昌市群众艺术馆、南昌市西湖区文化艺术中心等18个社会文化设施新馆开工建设。全省大部分文化馆的设施设备条件、展览培训服务、品牌文化活动等方面成果显著，实现了文化馆服务能力建设的大跨越，获得了文化部第三次全国文化馆评估定级检查组的高度评价。赣州市章贡区、九江市浔阳区、萍乡市湘东区等文化主管部门和编委设立了县（区）级图书馆事业机构，填补了江西省文化事业机构建设空白。成功申报并启动了赣州市国家级公共文化服务体系建设示范区和南昌市“社区文化在线”、宜春市“一乡一品”国家级公共文化服务体系建设示范项目，初步发挥了向全省公共文化服务体系建设提供示范、树立江西省公共文化服务体系建设品牌形象的良好作用。

城乡文化均等化和城乡文化一体化的发展进程持续提速。继续投入1.2亿元，创新开展农村文化三项活动，省市级专业艺术团体演出和高清数字电影放映广泛深入农村基层，逐步实现了农民从“有戏看”到“看好戏”的转变，深入推动了农村基层的文化惠民。中央财政投入700多万元的社区文化中心购置设备费，使2010年以来全省正式运转的社区文化中心达到400多个，明显改善了社区文化活动条件。

以文化共享工程为重点的数字文化建设深入推进。完成了文化共享工程最后一批35个县支中心、5508个村级点的设备配置，至此全省已完成“十五”和“十一五”期间建设文化共享工程各级网点1.8万个的最后收官，实现了全省、市（区）、县、乡、村五级服务网点全覆盖。启动了江西第一批乡镇、街道、社区公共电子阅览室建设，正式拉开了“十二五”江西省文化共享工程约2000个乡镇、社区基层点扩容为每个10～12台电脑的公共电子阅览室的序幕。省图书馆开通了江西首家移动电子图书馆，完善了江西省数字图书馆建设和国家数字图书馆资源向市县级图书馆的推广。初步建立了全省数字文化资源采集、保存和服务系统。2011年，江西省文化共享工程两次获得全国奖项，先后两次接待文化部文化共享工程检查，得到了文化部的充分肯定。

2011年，文化部重新评选公布了“中国民间文化艺术之乡”，江西省14个市县区榜上有名。省文化厅组织开展了2011～2013年度“江西省民间文化艺术之乡”的评选，重新公布了39个2011～2013年度“江西省民间文化艺术之乡”。基层群众文化活动丰富多彩，大大提升了广大群众的欢乐和幸福指数。

四、文化产业抓项目，促发展，总量提升，排名前移

2011年以来，江西先后制定了《江西省十大战略性新兴行业（文化及创意）发展规划》（2009～2015）、《鄱阳湖生态经济区生态文化建设规划》（2008～2012年）；出台了《江西省“十二五”文化创意产业科技发展规划》（2011～2015），《江西省“十二五”文化创意产业知识产权保护规划》（2011～2015）等规划，在一系列政策、措施的有力推动下，江西省文化产业逆势上扬，为推动经济发展注入了新鲜血液。

文化产业总量和效益持续提高。2011年，全省文化系统内投资规模上千万以上、已开工或规划在建的文化产业项目115个，其中超亿元的61个，全省文化系统文化产业招商引资达295.67亿人民币。据统计，2011年，全省文化出口9.4亿美元，同比增长71.3%，高出同期全国文化产品出口平均增速49.3个百分点，居全国第五位，中部第二位，仅次于湖北。经过近几年的快速发展，江西省文化产业上了一个大的台阶，文化产业增加值的排名在全国居16位，高于江西省GDP在全国排名3个位次。

新兴文化产业发展势头良好。截至12月，全省登记在册且有一定规模的动漫企业共18家。正在筹建的动漫基地有4家，获得国家认定的动漫企业6家，获得全国重点动漫企业认定的1家。作为江西省十大战略性新兴产业之一的文化及创意产业中的重点项目，动漫产业“十个一”工程进展顺利，已完成整个建设项目的85%左右。

目前，江西省拥有国家级文化产业示范基地有4家，省级文化产业示范基地36家，省级文化产业试验基地3家，其他各类主题公园、基地、园区有34家。文化产业园区、基地数量和质量快速增长。

五、文化市场抓管理，促繁荣，和谐平安，有序发展

江西文化市场工作紧密结合文化发展面临的新形势新任务和新要求，围绕为建党90周年营造良好的文化市场环境这一主题，以创建平安和谐文化市场为抓手，不断加大市场监管力度，扎实推进各项工作。

江西省文明办、江西省文化厅、江西省公安厅、江西省工商行政管理局、江西省通信管理局制定并印发了《江西省推进网吧连锁工作的实施意见（试行）》，使连锁网吧的发展有了政策性依据。颁布了《江西省网吧行业自律公约》，讨论通过了《江西省文化娱乐行业协会章程》。网吧行业协会和文化娱乐行业协会的建立和改选，顺应了当前社会主义市场经济发展、文化体制改革、政府职能转变的需要，有效解决了政府部门包办、监管不足、行业自律能力低、市场竞争无序等方面的问题，对促进行业走上科学化、规范化道路，规范文化市场经营秩序，发挥了积极的作用。制定《江西省文化市场综合执法队伍培训规划（2011～2015年）》，积极开展全省性文化市场执法人员培训工作。系统地提高了综合执法和行政审批人员的业务水平。

据统计，2011年，全省文化市场执法频率和检查次数比2010年同期大幅增加，共出动执法人员31.5万人次（2010年22万人次），检查各类文化经营场所34.1万家次（2010年33.2万家次）。文化部授予厅市场处2006～2010“全国文化系统法制宣传教育先进集体”称号；省扫黄打非办授予厅市场处“全省扫黄打非先进集体”称号。全国扫黄打非办授予鹰潭市文化广电新闻出版局“全国扫黄打非工作先进集体”称号。

在狠抓市场管理的同时，注重培育和引导文化市场调结构、转方式、促繁荣。全省新批准成立演出经纪机构11家。全省40家演出场所、13个演出经纪机构、3个艺术院团组建了江西省首个演出院线联盟。2011年全省共引进境（国）内外优秀艺术团组200余批（次）在省城南昌和各地演出。极大地丰富了人民群众的文化生活，活跃了江西省演艺市场。

六、文化交流走出去，引进来，影响扩大，成绩显著

江西文化交流工作坚持“走出去”与“引进来”相结合，认真研究国际文化市场，打造江西品牌，加强商业化运作，有效推动了江西文化产品进入国际市场，在服务国家和全省对外开放大局，提升文化产品的影响力和竞争力，增强江西的对外影响力方面发挥了积极作用。

经省政府批准，组织了四个文化交流团组赴非洲、欧洲，就文化建设和管理、文化市场管理、文化遗产保护以及文化展演、展览项目等内空进行了交流与合作。组织江西省博物馆学会赴台湾进行文化考察，省博物馆与（台湾）历史博物馆结为姐妹馆。

省杂技团赴澳大利亚参加“中国文化年”活动，在澳大利亚演出18天。省杂技团“集体抖杠”节目组赴瑞士苏黎世，与瑞士康纳利马戏团进行合作演出，以优秀高质量的节目征服国外的观众。“御窑遗彩——景德镇出土宣德官窑珍品展”赴澳门展出，展示了宣德官窑特有的艺术风格和源远流长的中国陶瓷发展史，展览接待观众超1万人次。省博物馆与墨西哥驻广州总领事馆和墨西哥国家人类学与历史研究所在江西省博物馆联合举办“玛雅：记忆空间——墨西哥哈维·伊诺霍沙摄影作品展”，为江西人民打开了了解玛雅文化的窗口，收到良好的社会效果。有21支中外军乐团、艺术团参加的涉及10个国家的第四届中国·南昌国际军乐节在南昌成功举办，进一步做强了中国·南昌国际军乐节文化品牌。

2011年，成立了江西省海外文化交流协会，全面统筹省直各部门、省市县的优势资源，充分调动政府、民间、企业和个人的积极性，构筑了江西对外文化工作的新平台。

七、遗产保护重实效，讲利用，扎实推进，传承发展

江西省第三次全国文物普查工作进展顺利，各项工作接近尾声。经国家文物局“三普办”核定，全省共有不可移动文物32831处，其中新发现28433处，复查4398处；另登记消失不可移动文物417处。这一数量较“三普”工作开展之前的5000处增长了六倍多，是全国增长数量最多的省份之一，全省不可移动文物总量在全国的排名由20多位移至前10位，奠定了江西文物大省地位。

在非物质文化遗产保护方面，抢救性记录保存保护取得新进展，弋阳腔、西河戏、傩戏、吉州窑等江西特色非遗的濒危状况有了较大改善，一批景德镇冷门的传统瓷艺匠人列为省、市级代表性传承人。争取中央和省财政投入江西省非遗项目保护补助资金1300多万元，保护了一批遗产和代表性传承人。赣剧、高安采茶戏、鄱阳脱胎漆器髹饰技艺等

11项非物质文化遗产名录被列入第三批国家级非物质文化遗产名录，评审公布了第二批全省非遗代表性传承人共193人，加强了非物质文化遗产名录体系建设和传承人保护。目前江西省国家级非遗保护名录已达46项，省级代表性传承人达314人。

赣县、瑞昌市、湖口县、丰城市等兴建了非物质文化遗产展示馆或保护基地，景德镇古窑民俗博览区、景德镇佳洋陶瓷公司、景德镇红店街等以民营投入为主兴建了展示生产基地，使全省非物质文化遗产展示馆或保护基地达到78个。

申报成功景德镇古窑瓷厂、景德镇佳洋陶瓷有限公司和铅山县手工造纸作坊等3处国家级非遗生产基地，江西成为国家级非遗生产基地最多的省份。

大力宣传新颁布的《非物质文化遗产法》，推动非遗进校园，促进了优秀传统文化传承体系建设。举办了第六个文化遗产日江西省《非物质文化遗产法》宣传系列活动。兴国县将“兴国山歌”列入小学音乐课堂、吉安县将“东园龙”列入小学体育课堂、乐安县将“傩舞”编成小学课间操、九江地区所属各县（市、区）非遗保护单位与九江学院共建优秀非遗项目传承基地，婺源县的三雕和瑞昌市的剪纸成为小学乡土教育内容。

江西还组织参加了成都国际非遗节、北京非遗技艺展演会、浙江非物质文化遗产博览会、深圳文博会非遗节等文化部举办的全国大型非物质文化遗产展示展演活动，共赢得金奖五项、银奖九项，为江西赢得了良好的荣誉。创新非遗展示宣传方式，在南昌举办了首次全省非遗手工技艺进商场大型公益展示。瑞昌市庆祝中国共产党成立90周年“双百”人物民间剪纸作品大展经中央电视台新闻联播播出，受到全国主流媒体的一致好评。联合江西电视台摄制的非物质文化遗产大型系列纪实片《赣风》，每集19分钟共10集在2011年春节正式播放，生动地宣传了江西丰厚的文化资源。

八、体制改革重人才，促创新，文化建设释放活力

积极做好文化体制改革的各项有关工作。根据中央、省委、省政府关于文化体制改革的工作部署和有关要求，深化试点院团改革，江西省文化厅起草了《关于加快国有文艺院团体制改革的意见》、《江西省国有文艺院团体制改革的方案》和《关于加强国有文艺院团转企改制有关配套扶持政策的通知》3个文件。同时，还积极与编制、财政、人事等部门就有关人员安置、政策扶持等政策进行了反复沟通，争取各有关部门的支持和配合。开展了全省国有文艺院团体制改革情况的摸底调查与广泛动员，为下一步的文化体制机制改革打下了基础。

事业单位管理工作稳步推进，人才引进和培养工作卓有成效。厅直22个文化事业单位岗位设置实施工作已全面完成。科学设岗、因事设岗、岗位聘用、以岗定薪将有效激发广大文化工作者的工作积极性和创造性。为进一步加强江西省文化干部队伍建设，推进新一轮大规模培训干部工作的开展，举办了全省文化系统人力资源管理培训班。加大高层次或专业人才的引进力度。2011年，厅直属单位共向社会公开招聘工作人员37名，其中博士1名、硕士16名，有效改善了文化人才队伍结构，提高了文化人才队伍的整体素质。继续实施文化人才培养工程，选送16名编导、音乐作曲等专业人员前往中国戏曲学院、北京舞蹈学院、武汉音乐学院进行为期半年以上的脱产学习，满足了部分基层文化单位紧缺人才的需求。2011年，省文化厅1人荣获党中央、国务院授予的世博会先进个人，1人荣获全省“十大井冈之子”称号。

文化工作科研水平进一步提高。以课题申报、学科带头人评选和论文评比工作为抓手，进一步提高科研水平，增加文化工作科技含量。2011年，组织申报国家社会科学基金艺术学项目103个，较上年同比增加60%；文化科技创新项目3个，已立项一个。首次开展了艺术学科带头人评选工作，从高校评选出了36名、从文化系统评选出了24名艺术学科带头人。继续组织开展了文化艺术科研论文评选工作。

九、队伍建设重学习，抓管理，机关作风不断改进

江西省文化厅组织文化系统各级党组织把学习胡锦涛总书记“七一”讲话和六中全会精神与学习型党组织建设、为民服务创先争优活动及业务工作结合起来，充分发挥领导干部模范带头作用，切实把以人为本、执政为民的理念贯彻落实到反腐倡廉、提升机关作风的各项工作中。制定实施了《江西省文化厅关于全面开展省直文化系统风险岗位廉能管理工作的通知》，建立健全了反腐败工作领导体制和机制，惩防体系建设不断深入。加强对干部选拔任用、艺术评审评奖、基建工程招投标、政府采购工作的监督，有效防止不廉洁行为。开展公务用车、“小金库”、党政干部公款出国(境)等专项治

理，清理庆典、论坛、研讨会，取得阶段性成果，增强了广大干部抵御腐败风险的能力和履行岗位职责的能力。机关作风建设得到不断改进，加强了会议活动的管理，规范了公文报送，精简了发文数量。各窗口单位以多种方式为基层服务，为人民群众服务，大大提高了工作效率与群众满意度。

2011年年底，共计10本的《新世纪江西文化十年》丛书在文化系统全体编撰人员的共同努力下正式出版发行了。这套丛书以400多万字的翔实文字、近3000幅精美的图片，全方位展示了“十五”、“十一五”期间江西文化建设各个领域中所取得的丰硕成果。为回顾与梳理江西文化的发展脉络留存了珍贵的历史资料，扩大了江西文化的影响力。

山东省

2011年，全省文化系统在省委、省政府的正确领导下，在有关部门和社会各界的大力支持下，紧紧围绕省委、省政府关于文化改革发展的决策部署，以筹备第10届中国艺术节为契机，抢抓机遇，锐意进取，创新实干，各项文化工作取得新成绩。

一、公共文化服务体系建设扎实推进

围绕保障人民群众的基本文化权益，继续大力推进公共文化服务体系建设，公共文化服务网络不断完善。重点公共文化设施建设迈出新步伐。省美术馆新馆即将开工，省博物馆老馆改造为省艺术馆工程正在立项。市级重点文化设施建设改造加快，临沂市图书馆、博物馆新馆开馆运行，潍坊市民文化中心部分投入使用，滨州市文化中心、德州市博物馆等完成主体工程，济南市新“三馆”、泰安文化中心、枣庄市文化中心、菏泽市图书馆等开工建设；一批县级公共文化设施加紧建设，部分已投入使用。全省60%以上的市级图书馆、文化馆完成升级改造，50%的县级图书馆、文化馆完成新建或改建任务。继全省二级以上图书馆数量居全国第一之后，在2011年第三次全国文化馆评估定级中，山东省被评为一、二、三级的文化馆分别为70个、37个和7个，其中二级馆以上数量居全国第一位。乡镇文化站功能得到加强，基层文化设施网络逐步健全。在全省开展国家公共文化服务体系示范区（项目）创建工作，山东省青岛市成为国家首批创建示范区，肥城县、威海市的两个公共文化服务项目成为国家首批创建示范项目。文化共享工程规范化基层站点达到总数的40%。全省建成标准化公共电子阅览室4200多个。图书馆、文化馆、美术馆、文化站等“三馆一站”免费开放陆续推开。实施农村文化“百千万”计划，评选培植了百个农村特色文化品牌、千支农村优秀文化团队、万名农村优秀文化人才，促进了农村文化发展繁荣。大力推进基层公共文化队伍建设，省文化厅在文化部文化管理干部学院举办文化站长培训班4期，400多人参加培训。各地也采取不同形式，广泛开展对基层文化工作者和文艺骨干的培训活动，有效提高了基层文化队伍的素质。

二、“十艺节”筹备工作取得积极进展

各级文化部门把做好“十艺节”筹备工作摆在重要位置，进一步健全工作机构，加大推动艺术创作和场馆设施建设的力度，“十艺节”筹备工作有序推进。省“十艺节”筹委会办公室于5月集中办公，各项筹备工作陆续展开。全省舞台艺术创作呈现良好势头，面向全国征集剧本300余部，建立了由文化部专家和省内专家组成的剧本论证遴选机制，多次召开专家论证会和研讨会，已确定重点剧目60多个，一批剧目已经立上舞台，另有一批剧目正在排练或即将进入排练阶段。社会文化艺术和美术创作也取得较大进展。开展了“群星讲堂”——全国“群星奖”专家讲座及获奖节目演出活动，培训群文创作干部620多名；全省新创作节目600多个，从全国征集文艺作品近300件；举办了全省社会文化新创文艺作品调演，从230多件作品中选出优秀作品78件；实施重大历史题材美术创作工程，组织专家巡回督导，进行作品初评工作，评出作品109件，与72位（组）入选作者签订了创作责任书，一批可望冲刺“十艺节”的作品正在创作中。“十艺节”场馆设施建设明显加快，包括大剧院在内的省会文化艺术中心正加紧施工，滨州大剧院、东营水城雪莲大剧院、潍坊大剧院、泰安市民文化中心剧场、青岛胶州市会展中心剧场、青岛海泉湾——天创演艺剧场、崂山区市民文化中心剧场、烟台五彩文化广场艺术中心剧场、日照市莒州文化中心等一批场馆正在加紧建设，潍坊昌邑市大剧院等场馆即将投入使用。全省已建成和完成改造、基本可满足“十艺节”使用要求的剧场有17个，正在建设和改扩建的场馆有22个，已制定维修改造计划的场馆18个。“十艺节”标志正式揭晓，“十艺节”官方网站和山东广播电视台“综艺·十艺节”频道正式开通，“十艺节”倒计时两周

年系列活动取得圆满成功，“十艺节”的社会氛围日趋浓厚。

三、文化产业呈现良好发展势头

认真贯彻落实省委、省政府关于促进文化产业振兴的部署要求，努力推动文化产业加快发展。积极组织编制《黄河三角洲高效生态经济区文化产业发展规划》、《黄河三角洲高效生态经济区文化事业发展规划》，并顺利通过专家评审。认真贯彻落实中央、省9部门关于金融支持文化产业发展的通知精神，加强与金融机构的合作，全省文化产业项目、企业累计获得银行贷款50多亿元。根据文化部、中国保监会《关于保险业支持文化产业发展有关工作的通知》精神，会同省人保财险公司制定下发了《关于保险业支持文化产业发展的实施意见》。积极做好中央文化产业发展专项资金申报工作，为文化企业申报项目补贴、贷款贴息、出口补贴3470万元。制订发布了《山东省文化产业示范园区认定管理暂行办法》、《山东省文化产业示范基地认定管理暂行办法》，评选命名首批省级文化产业示范园区5家、第三批文化产业示范基地33家，省级文化产业示范基地发展到104家。积极推动文化产业项目的实施，一批大项目陆续开工，青岛华强方特梦幻王国、台儿庄古城等重点文化产业项目投入运营，潍坊中动动漫产业基地、泰山刘老根大舞台等项目奠基。与省委宣传部、省发展改革委、省财政厅等部门在北京联合举办了的山东省文化产业重点项目推介会，现场签约项目22个，投资总额839.83亿元，融资总额519.92亿元，其中投资超过10亿元的文化产业签约项目有15个。全省文化产业固定资产投资施工项目累计完成投资1434.4亿元，同比增长22.8%；新口径文化创意产业实现增加值2300亿元，同比增长16%。在北京大学举办第二期县（市、区）长文化产业高层研修班，圆满完成了对全省140个县市区领导干部的轮训。

四、各类演出展演和社会文化活动丰富多彩

围绕丰富城乡群众文化生活，组织开展了一系列文艺演出和群众性文化活动。元旦春节期间，组织举办了“百戏闹春——全省文艺院团元旦春节演出活动”、“鲁韵芬芳——2011年山东地方戏新春演唱会”、“2011年山东军民春节联欢晚会”、第二届山东民歌演唱大赛等活动，各级艺术院团共演出3000余场，营造了欢乐祥和、喜庆和谐的文化氛围。围绕庆祝中国共产党成立90周年，组织举办了“庆十一、迎十艺——庆祝中国共产党成立90周年优秀剧目展演”、“难忘的红色经典——庆祝中国共产党成立90周年文艺演出”、全省群众红歌演唱比赛、庆祝中国共产党成立90周年“梅花奖”专场演出、“颂歌献给党”山东省暨济南市庆祝中国共产党成立90周年群众红歌演唱会、“光辉的历程——庆祝建党90周年经典美术作品展览”、庆祝建党90周年文化共享工程优秀电影展播活动。此外，还举办了“向十艺节献礼·齐鲁情”书法展、山东省地方戏曲票友演唱大赛等系列活动，在社会上产生了热烈反响。各地也都举办了形式多样、内容丰富的文化活动，全省举办县级以上演唱会2500多场、演出节目29000多个。结合学习贯彻党的十七届六中全会精神，组织开展了“迎十艺 走基层 惠民生——金秋演出季”活动，深受群众欢迎。组织参加首届华东六省一市新红歌大赛，我省选送的6个节目全部获奖。

五、文化体制改革和文化市场执法管理取得新成效

根据中央和省委省政府关于深化文化体制改革的部署要求，积极探索改革路子，研究制订改革政策和改革方案。省文化厅组织起草了山东省《关于深化国有文艺院团改革发展的实施意见》，提出了改革发展的目标要求、主要任务、保障政策和实施步骤，并就有关改革政策与相关部门进行了多次沟通协调。我省国有文艺院团体制改革进入加快推进的阶段。文化行政管理体制改革和文化市场综合执法改革进一步深化，文化市场综合执法规范化建设全面推进，按照文化部《关于进一步规范文化市场综合执法有关标志的通知》要求，制订相关实施意见，对执法服装、执法文书、执法案卷、执法证件统一工作进行安排部署，已取得阶段性成果。组织开展全省文化市场综合执法培训，联合省广电局、新闻出版局等部门，先后举办了全省文化市场行政执法培训班、全省市县文化市场综合执法局长研修班，取得了较好效果。为加强文化市场行政执法队伍建设，提高业务水平，组织开展了全省文化市场行政执法人员统一考试，换发了新版执法证件。积极推动文化市场综合执法办公系统在全省推广使用，在全国率先建成文化市场综合执法办公系统，系统内共设置全省17市158个县区（包括17个经济开发区）的部门305个，用户2015个，录入经营单位27755家、现场检查笔录132051件。开展全省文化市场行政执法案卷评查活动，全省文化市场行政执法案卷管理

工作得到加强，提高了文化市场行政执法能力。加强文化市场监管，加大对营业性演出市场、网络文化市场、农村文化市场的检查力度，组织开展全省文化市场春季安全排查整治行动，实施建党90周年文化市场专项保障行动、网络游戏未成年人家长监护工程、文化市场专项治理等，取得明显成效，促进了文化市场健康有序发展。积极推进网吧市场规模化、品牌化、连锁化经营，网吧市场集约化水平和规模效益进一步提高。同时，积极与省地税部门协调降低税赋，进一步减轻了文化经营业户负担。

六、文化遗产事业稳步发展

继续推进非物质文化遗产资源普查和国家、省、市、县四级名录体系建设，全省各类非物质文化遗产馆和传习所达180多处，山东省又有33个项目被列入第三批国家非物质文化遗产名录，全省国家级非物质文化遗产名录项目达到153个。有1个项目被评为国家级非物质文化遗产生产性保护基地。开展第三批省级保护名录项目和传承人推荐评选活动，即将报省政府同意予以公布。成立了山东省非物质文化遗产保护协会，组织开展传统技艺大师评选命名活动，公布首届山东传统技艺大师11名。在“文化遗产日”期间，组织了非物质文化遗产广场展演和《非物质文化遗产法》宣传活动。组织非遗项目和传承人先后参加了文化部在北京、成都、深圳、西安等地举办的全国性展演，到澳门、台湾举办非遗展演活动，均取得较好效果。国家级潍水文化生态保护区正式揭牌，3个省级文化生态保护区建设扎实推进。

七、对外和对港澳台文化交流进一步扩大

积极组织开展形式多样的对外文化交流活动，齐鲁文化的影响力进一步提高。成功组织举办了第四届世界儒学大会、“孔子故里·好客山东”台湾行大型文艺演出、“欢乐春节——聚焦在非洲?坦桑过大年”风筝放飞、南澳州第五届澳亚文化节文艺演出。在法国巴黎中国文化中心开设了“山东书架”并举办山东当代绘画展、琴箫雅乐演奏会等系列文化交流活动。积极利用非物质文化遗产资源开展对外文化交流，先后组织18批赴澳门卢家大屋进行非物质文化遗产项目展演，与省贸促会联合赴台举办山东印象展，赴韩国举办山东民间手工艺大展等。书画交流成效显著。与省台办、山东艺术学院联合赴台举办海峡两岸书画名家作品展，组织画家赴法国卢浮宫参加中国当代画家联展、赴韩国参加“韩中日国际女画家交流展”，孔子书画院赴澳大利亚、韩国举办“孔子书画展”。艺术表演团体对外交流取得新成绩。省杂技团赴美国、加拿大、德国等国家进行商演，由加拿大太阳马戏团、中国对外文化集团和省杂技团共同打造的《龙狮》已在美国演出300多场，观众30多万人次，该项目被列入文化部《中国文化产品和服务“走出去”重点案例汇编》。济南、泰安杂技团进行境外商演，省京剧院、山东歌舞剧院、济南市京剧院、青岛市艺术代表团、青岛交响乐团等分别赴法国、韩国、菲律宾及中国台湾演出。在推动文化“走出去”的同时，积极做好“引进来”工作，俄罗斯当代油画作品展与中韩书画名家作品展分别在青岛举办，韩国新美术会来青岛参加青岛当代美术展会，韩国广播公司KBS、韩国大邱演剧协会、日本联合音乐国际交流协会等分别来济南、青岛进行交流演出。此外。还成功举办了第三届中国国际小提琴比赛、第18届中日韩小剧场戏剧节及第四届山东国际小剧场话剧节等活动。全年办理出访团组78起、758人次，接待来访团组92起、1084人次。

八、文化科技与艺术科学工作取得新成绩

积极推进文化创新工程和重点项目的实施，着力提高文化创新能力和科技水平。我省3个项目获文化部科技创新项目立项，数量居全国前列。省文化厅承担的“第10届中国艺术节管理运营模式创新研究”课题被列为国家社科基金艺术学项目，相关科研工作全面启动。积极开展山东省2011年度“国家哲学社会科学成果文库”艺术学研究成果申报和山东省全国艺术科学专家库专家遴选工作，充实我省艺术科学研究智库。立足文化强省建设，起草发布了《山东省文化艺术科学“十二五”重点学科建设管理办法》，并组织开展了“十二五”重点学科评选工作。组织开展了2011年度全省文化艺术科学重点课题、优秀成果奖评选，通过立项重点课题360项，评出获奖成果363项，对全省文化艺术科学研究产生了积极推动作用。

河南省

2011年，在省委、省政府的领导下，省文化厅认真贯彻落实十七届六中全会、《国务院关于支持河

南省加快建设中原经济区的指导意见》和省九次党代精神，坚持以科学发展观统领全省文化发展，扎实推进各项工作，取得了文化发展的新突破。

一、加强建设，全省公共文化服务体系进一步完善

【公共文化设施建设迈出了较大步伐】

据不完全统计，2011年中央和省两级共投入文化、文物资金12.2亿元，为公共文化基础建设打下了坚实基础。省辖市级图书馆、群众艺术馆新建、改扩建项目11个，新建、改扩建县级图书馆、文化馆24个，实现了县（市）有图书馆的目标。6个综合博物馆和4个专题博物馆建成开放，驻马店、平顶山、商丘博物馆和信阳城阳城址博物馆等加快推进。平顶山市文化艺术中心、鹤壁市艺术中心、信阳市图书馆、博物馆、洛阳市群众艺术馆、焦作市群众艺术馆基本建成或投入使用。省豫剧一团、二团、三团、省越调剧团剧场项目进展顺利，1705个乡镇综合文化站基本建成并投入使用。

【公共文化服务能力和水平明显提高】

一是重大文化惠民工程成效显著，文化信息资源共享工程在全省市、县、乡、村运转良好。在充实内容、提升质量的基础上，全省119个公共博物馆（纪念馆）、142个公共图书馆、201个文化馆、2264个乡镇（街道）综合文化站实现零门槛免费向公众开放。“舞台艺术送农民”、“高雅艺术进校园”演出活动深入开展，乡镇（街道）综合文化站（文化中心）、社区文化活动室设施配备和基层图书馆图书配送工作继续实施。

二是对省级文化先进县、文化先进乡镇和河南省民间文化艺术之乡首次实行动态管理，推行公共博物馆、图书馆、文化馆、乡镇综合文化站工作规范，组织对省、市、县、乡四级公共文化服务单位进行考评，强化从业人员技能培训，促进了公共文化单位服务水平提升。在全国第三次文化馆评估定级工作中，河南省整体水平有明显提高。郑州市被文化部、财政部确定为首批全国公共文化服务体系建设示范区，周口市的“一元剧场”和郑州市的“文化茶馆”被文化部命名为首批全国公共文化服务体系示范项目。信阳市平桥区积极创新公共图书馆建管模式，为全省基层文化设施建设管理提供了新鲜经验。23个县乡新被评为2011～2013年“中国民间文化艺术之乡”。

三是群众文化活动蓬勃开展。围绕庆祝建党90周年和春节、国庆节等重大节庆活动，组织开展了“唱响中原”系列群众合唱、摄影展、农民书画展等活动。广场文化、社区文化、乡村文化、企业文化、机关文化、校园文化活动进一步活跃。在文化部支持下，“中国洛阳牡丹花会”升格为国家级文化节会，第29届中国洛阳牡丹文化节成功举办。

二、创新提高，全省舞台艺术生产繁荣发展

【艺术生产取得重大收获】

举办“迎接建党90周年河南省新剧目展演”、“辛亥革命100周年演出周”活动，推出了一批优秀剧节目。话剧《红旗渠》，舞剧《水月洛神》，豫剧《苏武牧羊》、《兰考往事——焦裕禄》、《红高粱》、《斗笠县令》、《王屋山的女人》，曲剧《情系母亲河》等新剧目产生强烈反响。“拜祖大典文化活动周”、“新年音乐会”、“新春戏曲晚会”、“元宵民族音乐会”等成为全省艺术品牌。据不完全统计，全省国有专业艺术院团新创剧目53台，改编移植剧目54台，复排剧目128台。豫剧《常香玉》被文化部评为2011年度国家舞台艺术精品工程“十大精品剧目”第一名。《水月洛神》承担上海国际艺术节开幕式演出获得巨大成功，并荣获全国舞蹈“荷花奖”金奖第一名。越调《老子》成功入选国家舞台艺术精品工程资助项目。群舞《版画谣》获全国第九届舞蹈大赛奖。举办了全省钢琴比赛、杂技大赛、优秀剧本征集等活动，促进了各艺术门类的繁荣发展。

【文艺作品演出取得新成效】

全省“舞台艺术送农民”活动迈上了一个新台阶，据不完全统计，由省财政资助的演出活动达到3138场。郑州市每年采购演出1000场，洛阳、许昌、濮阳400场，鹤壁、济源200场，禹州、永城、舞钢等县（市）都扩大了政府购买范围。豫剧《铡刀下的红梅》和《村官李天成》在全国巡演。省豫剧二团《苏武牧羊》在京演出，受到李长春等9位党和国家领导人亲切接见。河南艺术中心全年组织演出110场，公益文化活动150余场。成功举办第二届中国豫剧节，包括台湾在内的全国12个省区的19个豫剧团20台剧目参加了豫剧节，演出33场，在全国引起了巨大反响。

三、优化服务，全省文化产业加快发展

【支持文化产业发展政策开始起步】

省政府办公厅下发了《关于促进动漫产业发展的意见》，文化厅与省财政厅联合制定了《河南省扶

持动漫产业发展专项资金管理使用办法》，大力支持全省动漫产业发展。文化厅与省工行、省农行、省建行签订了支持文化产业发展300亿元的授信额度战略合作协议，2011年共向全省文化企业、文化产业特色乡村发放贷款26亿元。文化厅与旅游局签订《关于促进旅游与文化融合发展的合作框架协议》，共同推动文化旅游融合发展。

【文化产业发展进一步提速】

开封宋都古城文化产业园区、郑州嵩山文化产业园区等6家被命名为国家级、省级文化产业示范园区，全省其他30多处文化产业园区建设有序推进，郑州华强文化科技产业基地等项目建设进度不断加快，郑州动漫产业基地等20家单位成为第四批省级文化产业示范基地，濮阳豪艺杂技（集团）有限公司等7家单位成为首批省级文化产品出口示范基地。积极开展网吧连锁认定工作，全省已认定网吧连锁企业64家，新备案设立连锁直营门店560家，省文化厅被文化部评为全国推进网吧连锁工作十佳单位。稳步发展游艺娱乐业和文化中介机构，全省新增游艺娱乐场所600余家、演出经纪机构34家，引进68台涉外、涉港澳台营业性演出活动。承办了中南6省演出市场经营交流会、第10届全国演出交易会。全省民营文化团体不断发展壮大。全省动漫企业已超过80家，生产动漫片近2万分钟，其中在央视播出5部，实现出口3部，1部作品获得中国文化艺术政府奖首届动漫奖。小樱桃、华豫兄弟、少林海宝等一批动漫品牌成为“河南制造”的知名品牌。

【文化产品走出去步伐进一步加快】

出台了《河南省文化领域对外开放工作方案》。进一步拓宽文化产品和服务的贸易、招商渠道，组织80多家文化企业参加了杭州国际动漫节等4个国内外大型文化博览交易会。与省商务厅联合出台了《河南省文化产品出口示范基地认定管理办法》，促进对外文化贸易，全省出口企业发展到65家，全省文化产品、文化服务年出口额首次超过2亿美元。

四、科学保护，全省文化遗产保护利用工作卓有成效

【大遗址保护展示工作取得重要进展】

在推进大运河、丝绸之路跨省联合申报世界文化遗产项目过程中，河南省创造的工作方法、保护理念成为全国典范。

洛阳、郑州两个大遗址片区，长城、大运河、丝绸之路河南段三条线性遗产，巩义宋陵、信阳城阳城遗址等19处大遗址被列入财政部、国家文物局“十二五”时期重点保护项目。隋唐洛阳城宫城考古遗址公园明堂遗址保护展示工程主体基本完工，郑州商城城垣保护展示工程全面启动。

【文物保护基础工作扎实开展】

圆满完成了国务院部署的第三次全国文物普查工作，全省各类不可移动文物65519处，居全国前列。登封“天地之中”历史建筑群、淅川荆紫关古建筑群、新县箭厂河革命旧址群以及开封城墙、商丘归德府城墙等重要文物保护单位保护维修工程进展顺利。河南博物院、中国文字博物馆陈列分别荣获“第九届全国博物馆十大陈列展览精品”精品奖和特别奖。洛阳、许昌、信阳、周口、濮阳、新乡市博物馆等6个综合博物馆和洛阳河南古代壁画博物馆、渑池仰韶遗址博物馆、禹州钧官窑址博物馆、开封刘青霞故居纪念馆等4个专题博物馆建成开放，丰富和完善了中原博物馆体系。南水北调中线工程等重大考古发掘保护持续推进。新郑望京楼夏商时期遗址入选2010年度“全国十大考古新发现”。全省已开放的文物保护单位超过200处，占全省国家5A级、4A级景区半数以上，成为河南文化旅游的“主力军”。文物安全形势整体稳定。

【非物质文化遗产保护成果丰硕】

深入学习贯彻《中华人民共和国非物质文化遗产保护法》，《河南省非物质文化遗产保护条例》列入省人大教科文卫委2012年重点计划。成功举办“中原古韵——中国（淮阳）非物质文化遗产展演”。汝瓷烧制技艺等13个项目入选第三批国家级非物质文化遗产名录，杨志钧窑有限公司、星航钧窑有限公司入选首批国家级非物质文化遗产生产性保护示范基地。省政府公布了第三批省级非物质文化遗产名录。新命名公布“河南省文化生态实验区”5个、“河南省非物质文化遗产展示馆”4个、“河南省非物质文化遗产传习所”9个、“河南省非物质文化遗产生产性保护示范基地”10个，省级非物质文化遗产研究基地13家。“河南省非物质文化遗产展”在成都国际非物质文化遗产节上获金奖。沁阳、内乡等地积极探索非物质文化遗产保护新途径、新办法。完成全省公共图书馆系统二级以上古籍普查。省政府公布第一批河南省珍贵古籍名录534部、古籍重点保护单位16家。

五、规范管理，全省文化市场健康发展

【文化市场秩序持续稳定】

组织开展了元旦、春节、暑期、国庆期间文化市场集中整治行动、“保护知识产权和打击假冒伪劣商品专项行动”、取缔无证经营专项行动和综合执法“闪电”行动、交叉检查活动等，维护了全省文化市场秩序，促进了文化市场发展、稳定。开封、周口、漯河、三门峡等地贯彻文化市场管理各项政策规定行动迅速，效果尤其明显。

【文化市场管理水平显著提高】

发布了《2011年文化市场综合执法大队民主评议工作方案》、《2011年文化市场综合执法考评细则》等，开展全省文化市场综合执法案卷、重大案件评选工作，不断提高执法人员的办案质量和执法水平。河南省三个案卷分获全国文化市场综合执法案卷评比一二三等奖。建立多层次的文化市场综合执法培训机制，加强培训工作，提高队伍素质。郑州、洛阳、安阳、濮阳等地文化市场综合执法改革人员编制落实较好，机构健全，制度完备，办案能力和水平明显提高。

【综合执法办公系统逐步完善】

成功实现全省文化市场综合执法网上办公系统试运行，提升了信息化水平。提升了文化市场技术监管平台，完成了省级监管平台与文化部的对接，全省网吧技术监管系统安装率、在线率稳步提升。信阳、鹤壁、巩义、兰考等市县安装率、在线率居全省前列。

六、扩大开放，对外文化交流规模进一步拓展

【对外文化交流工作全面开展】

执行文化部“央地合作”计划，在韩国成功组织了“中韩文化交流年”活动，“河南民俗艺术展”、“河南风情图片展”、“少林禅武文化讲座”、“中韩文化交流研讨会”等项目受到欢迎。《程婴救孤》剧组赴美国演出、豫剧《大祭桩》剧组赴意大利演出、少林武僧团赴以色列交流演出、漯河市杂技团赴塔吉克斯塔参加“中国文化节”演出等获得圆满成功。在日本举办“华夏文明之源——河南文物珍宝展”，在维也纳联合国总部举办“中国文字展”。河南省文博单位与日本、奥地利、韩国等国家文博机构签订了多项合作协议，深入推进了文物保护研究的合作交流。接待美国、韩国、俄罗斯、莫桑比克等国家文化交流团体，增进了国际友谊。

【对港澳台文化交流不断推进】

完成了“中原经济区合作之旅——走进台湾”文化交流、河南艺术团赴香港参加“2011中秋彩灯会”文艺表演任务。邀请台湾豫剧团、台湾国光剧团来河南交流演出，举办“第八届海峡两岸河洛文化暨豫剧发展论坛”，与台湾豫剧团、新加坡戏曲学院在新加坡联合举办“亚洲豫剧艺术节”。

七、完善制度，文化体制改革和机制创新取得新进展

召开全省文艺院团改革会议并举办院团改革培训班，贯彻落实全国文化体制改革会议精神，按照“五个一批”的要求，推进全省文艺院团改革。加强制度建设，规范管理，进一步提高文化市场综合执法水平和效能。按照全省统一部署，全省文化事业单位改革稳步推进。积极推进开封市等10个改革发展试验区文化体制改革、公共文化服务体系建设、文化产业发展等方面的探索试验，为全省文化发展改革提供了新经验。

八、加强培训，人才队伍工作取得显著成绩

结合学习贯彻中央十七届六中全会、国务院《指导意见》、省第九次党代会和省委九届二次会议精神，全省各级文化主管部门和文化单位通过举办中心组学习、读书报告会、学习交流会等多种形式，促进全体文化工作者统一思想，提高认识，增强做好文化工作的自觉性和责任感。各地分别举办学习贯彻党的十七届六中全会精神研讨班、基层文化站所干部培训班、文化遗产保护管理培训班、文艺院团领导班子培训班、优秀青年干部培训班、文化产业投融资培训班、文化产业管理人员学习班、高等院校动漫教师研修班等，对全省文化业务骨干进行了大规模的培训，收到了良好效果。仅文化厅就举办各类专业人员培训班40余个次，培训4300余人次。“李利宏导演艺术研讨会”、省京剧院集体拜师活动在全国文艺界引起广泛关注和好评。

九、转变职能，全省文化部门服务水平和保障能力不断提高

通过深入学习贯彻落实党中央、国务院和省委三份纲领性文件，进一步加强了文化系统领导班子建设。深入开展创先争优活动，全面提高领导水平和履职能力，为全省文化建设提供了坚强的组织保证。文化厅机关党委被省委命名为全省先进基层党组织。深入推进党风廉政责任制建设，加强对干部

调整、人员招聘、重大赛事、基础设施建设招投标项目的监督。认真开展民主评议政风行风活动，文化行业作风建设不断改进。全省文化系统充分发挥专业优势，积极开展理论研究，为推进文化建设提供了有力理论支撑。2011年，向文化部推荐课题项目54项，科技提升计划项目2项，文化部文化创新项目1项；河南省新增国家社科基金艺术学项目4个，文化部艺术科研项目3个。全省承担国家级和省部级艺术科研项目达到21个，《淮河流域民间音乐研究》等3个课题顺利结项。《河南豫剧》专著出版，《灵宝西坡》被评为2010年度全国文化遗产十佳图书的“最佳考古发掘报告”。河南省美术馆完成的《河南省当代艺术的生态环境研究》获省社科联调研成果一等奖。

湖北省

2011年是“十二五”的开局之年，是推进文化跨越式发展的关键一年。全省文化系统干部职工深入学习党的十七届五中、六中全会精神和胡锦涛总书记“七一”重要讲话精神，认真贯彻省委、省政府关于文化改革发展的重大部署，团结奋进，乘势而上，开创了文化繁荣发展的崭新局面，实现了“十二五”时期良好开局。

一、重大文化活动和艺术创作

【重大文化活动】

承办了第六届中国京剧艺术节，来自海内外的27台参评剧目、8台祝贺剧目参加演出，集中展示了近3年来中国京剧艺术继承与发展的最新成果。全省举办了地方戏曲演员比赛、庆祝中国共产党成立90周年全省专业艺术院团优秀剧目展演月、湖北地方新创作剧目演出周、湖北少数民族文艺汇演、回顾与展望——湖北油画艺术展、湖北省美术院美术作品展、第四届中部六省曲艺大赛、第一届中国宜昌长江钢琴音乐节、“三峡红歌汇”、“送欢乐下基层走进天门暨中国曲艺之乡授牌仪式”等一大批文化活动，为纪念建党90周年、辛亥革命100周年营造了欢乐祥和、隆重热烈、团结奋进的社会氛围。配合全省“万名干部进万村入万户”活动，组织全省专业艺术院团开展了“百团千村万场戏”巡演活动。省文化厅圆满完成华创会专场演出等30多场重要指令性演出活动。

【文艺精品创作】

围绕建党90周年、辛亥革命100周年，倾力打造了京剧《建安轶事》、《贺龙1950》、《水上灯》，话剧《裂变1911》、《信仰》，舞剧《海伦之梦》，楚剧《辛亥人家》，黄梅戏《妹娃要过河》、《小乔赤壁》，大型无场次纪实剧《拥军妈妈——罗长姐》、大型古装提琴戏《白蛇传》、大型地方风情歌舞《十堰记忆·根》、孝行大戏《冬日荷花》等一批优秀剧目。湖北省在第六届中国京剧艺术节上取得优异成绩，3台剧目入围；《建安轶事》、《水上灯》2台剧目荣获剧目一等奖，其中《建安轶事》荣获一等奖第一名。经典剧目《洪湖赤卫队》在中国歌剧节上获优秀奖第一名。《建安轶事》、大型地域风情舞蹈诗《家住长江边》入选2010～2011年度国家舞台艺术精品工程资助剧目。在第九届全国舞蹈比赛上，武汉的《莲湘兄弟》、《一路上有你》，恩施的《丧弄》获奖。宜昌农民兄弟组合参加全国原生态歌曲大赛夺得金奖。鄂州《永恒的旗帜》获“2011全国新红歌唱作大赛”一等奖。湖北省美术院多件作品入选第四届全国青年美术作品展览，其中《山火》、《闪闪红星》获优秀奖（最高奖）。

二、公共文化服务体系建设

【公共文化设施建设】

总建筑面积10万平方米，总投资7.8亿元的湖北省图书馆新馆工程主体施工基本完成；投资约10.9亿元、建设面积6万平方米的湖北省博物馆三期扩建工程奠基开工；湖北省博物馆编钟馆改造及配套工程、湖北艺术职业学院新校区工程等启动并抓紧推进。宜昌市群艺馆、博物馆，咸宁市博物馆、文化体育中心，荆门市博物馆新馆，十堰大剧院，鄂州市博物馆新馆、恩施州文化中心、仙桃市戏曲艺术馆等地市重要文化设施竣工或开工建设。湖北省35个市州级“三馆”建设项目已纳入国家“十二五”规划项目储备库。“十一五”期间安排的985个乡镇综合文化站建设项目全部完工，新建和改扩建面积达55.48万平方米，中央财政按每站5万元标准补助的4915万元设备购置资金全部下发到位。出台了《湖北省“十二五”期间县（市）、区级公共图书馆、文化馆设施建设和设备购置专项补助资金管理暂行办法》，“十二五”期间县级“两馆”建设工程全面展开，2011年支持建设的10个项目、2000万元补助资金下达到位。开展了全国第三次县级以上文化馆评估定级，经文化部确定，湖北省共有等级馆88个，其中一级文化馆28个、二级馆29个、三级馆31个。

【重点文化服务工程】

“三馆一站”免费开放深入推进，出台了《省文化厅关于推进全省美术馆、公共图书馆、文化馆（站）免费开放工作的实施意见（试行）》，争取国家下达免费开放经费5198万元；文化信息资源共享工程完成了5个特色专题资源库、4个专题片及一批视频的数字加工，全年共加工数字文献资源160GB，免费提供全省共享工程用户使用资源量达15TB，年服务6000余万人次；数字图书馆推广工程试点工作和公共电子阅览室建设工程正式启动，争取国家资金1350多万；省文化厅会同省财政厅出台了《湖北省流动图书车实施管理办法》，首批为10个市县配送了流动图书车，在一定程度上缓解了基层群众看书难、获取信息难的问题。

【基层文化活动】

开展了第19届百团上山下乡暨新春金秋巡回演出季活动，全年服务基层演出22027场，惠及群众2972万人次。举办了“群星耀楚天——全省群众文艺精品展演”，吸引了众多群众参与。举办了全省第15届中小学生美术书法作品比赛、全省第三届绝技绝活大赛，产生良好社会反响。襄阳的“好风日大家唱”、宜昌的“三峡文化广场月月演”、十堰的“人民广场大家乐”、潜江的“月月红”、鄂州的“周周乐”、荆门的“群众赛歌会”等，已成为人民群众乐于和便于参加的群众文化活动品牌。

【公共文化服务体系创建示范区（项目）建设】

积极推进黄石市和武汉市“武汉之夏”群众文化活动、荆州市“小太阳”读书活动等国家公共文化服务体系创建示范区（项目）建设，并取得了阶段性成果。由湖北省代表中部地区承担的“国家公共文化服务体系制度设计研究”综合性课题研究进展顺利，《基层公益性文化单位经费基本保障标准研究》等子课题研究业已完成。开展“全省公共图书馆建设与发展”课题研究，完成了读者队伍现状及阅读需求等10个子课题研究。

三、文化市场建设

【文化市场监管】

加大行政执法力度。省文化厅会同综治、工商、公安、教育、建设、通信等部门，出台了《关于进一步深化网吧管理工作的意见》，组织开展了庆祝建党90周年文化市场专项保障行动、湖北省打击侵犯知识产权和制售假冒伪劣商品专项行动、文化市场“暑期集中”行动、游艺娱乐场所专项整治行动、营业性演出市场清理整顿专项行动、网络游戏家长监护工程等系列文化市场专项执法和保障行动。全省各级文化市场综合执法机构共出动执法人员15.4万余人次，检查各类经营单位10万余家次，查处了一批违法、违规经营行为。襄阳市查处了涉案金额高达数百万元的“173防沉迷软件官方网站”侵权大案，2名犯罪嫌疑人受到刑事处罚。天门市文化局被评为“全国扫黄打非先进集体”。2011年，全省未发生一起文化市场重大安全事故和群体性事件，为经济社会发展营造了和谐稳定的社会文化环境。

搭建技术监管平台。按照文化部制定的技术标准，省文化厅制定了《湖北省网吧监管服务平台建设实施方案》，组织专业公司研发，打造全新、高效的“全省网吧监管服务平台”，在石首市试点，运行良好，为在全省范围推广铺开，实现部、省、市、县四级网吧监管服务平台的互通互联，实施远程技术监管积累了经验。

探索建立文化市场长效管理工作机制。全省形成了综治协调、文化牵头、部门协作、各司其职、各负其责、齐抓共管的文化市场综合治理联动工作机制。武汉城市圈各市签署了《文化市场综合执法区域协作协议书》，建立了武汉城市圈文化市场综合执法区域协作机制。农村文化市场管理取得新突破，湖北省在全国农村文化市场管理工作经验交流会暨全国文化市场综合执法工作会议上做经验交流发言。

加强文化市场执法队伍建设。举办了全省文化市场综合执法培训班；组织开展了湖北省首届文化市场综合执法技能竞赛，全省文化市场综合执法案卷评比活动。鄂州市文化市场综合执法支队选送的案卷获全国文化市场综合执法优秀案卷一等奖。全省文化市场综合执法队伍统一换发了执法证件、证书和执法胸牌，文明执法的素质和形象进一步提升。

【各类文化市场繁荣】

网络文化市场。新审批8家网络文化企业，全省网络文化企业总数达到32家，注册资金超过3亿，拥有自主知识产权的网络文化产品近50项；开展了首届湖北优秀原创网络游戏的评比活动、举办了湖北省第三届网络文化节首届剧照摄影网络大赛·优秀摄影作品展。

演出市场繁荣。全省举办各类营业性演出达25000余场，涉外和港澳台地区演出160余批次，观众3000人以上的大型演出33场，湖北剧院、武汉剧院、琴台大剧院及音乐厅营业性演出均超过150场。各地举办了襄阳诸葛亮文化旅游节、中国武当国际旅游节、咸宁温泉文化旅游节、随州炎帝故里寻根节等一批具有较高影响力的知名品牌节庆活动和“演出季”活动，一大批国内外一流艺术团体和知名艺术家纷纷来湖北演出。省演出协会成功换届，举办了全省演出经纪人培训班，120名演出经营者取得了中国演出家协会颁发的演出经纪人证书。

四、文化产业发展

【大力发展动漫产业】

全省形成了省、市、区三级联动的动漫扶持政策体系，每年将有近1亿元专项资金扶持，促进动漫产业快速发展。动漫公共技术平台和信息服务平台建设进展顺利。动漫公共技术平台完成投资3315万元，完成了渲染中心一期建设和六大中心设备（564台/套）的选型及预购；动漫信息服务平台完成投资838.31万元，完成了前期的技术研发、设备购置，管理中心、研发中心、培训中心、信息中心动漫素材库共享及应用系统建设。组织40多家动漫企业赴北京、天津、深圳、杭州、安徽等地参展，签订合作协议近百个，涉及金额近亿元。

加强动漫企业认定，支持动漫原创和产品出口。湖北盛泰文化传媒有限公司、武汉两点十分数码科技有限公司等8家优秀企业通过文化部动漫企业认定，享受税收减免政策。全省共有6部179集2453分钟原创动画片在省级以上电视台播出，其中武汉银都文化传媒股份有限公司出品的《家有浆糊》在泰国热播；由普润传媒制作的动画片《断尾狗》作为全国10部优秀原创动画片之一，入选国家“原创动漫边疆推广计划”。江通和玛雅两家企业生产的动画电影《民的1911》和《闯堂兔》上映，实现湖北省动画电影“零”的突破；超级玩家自主开发的游戏产品《星魂传说》，与腾讯公司战略合作，月收入超过两千万元。诺克斯自主研发的手机网络游戏《宗师》，出口越南等东南亚地区，每月创造产值近300万元。海豚传媒2011年产值达到4.8亿元人民币，其出版的《小鼠乒乒》动画图书系列被国家认定为2011年“重点动漫产品”。江通动画股份有限公司《民的1911》获“中国文化艺术政府奖”首届动漫奖最佳动漫创作团队入围奖。全省动漫企业发展到150家，年总产值26.8亿多元，比上年增长67.5%，产品出口额已达1400多万元人民币。

【培育骨干企业，壮大市场主体】

金融合作。省文化厅与建设银行湖北分行、中国进出口银行湖北分行签订了合作协议，为文化企业量身定做金融产品，优先提供贷款；中国进出口银行、汉口银行、华夏银行、招商银行分别为武汉华侨城、博润通、玛雅、银都等企业提供信贷资金共计14.7亿元。省文化厅积极为骨干文化企业、重点文化项目争取政策、资金扶持。江通动画股份有限公司、海豚传媒股份有限公司获“省促进产业结构优化升级‘三个一百工程’重点企业”称号，盛泰文化传媒有限公司3D动漫主题体验乐园等3个项目获“重点项目”称号。武汉艾立卡电子有限公司数字音乐平台项目获2012年国家服务业发展引导资金扶持。全省争取各级各类文化产业扶持资金8690万元，其中中央、省级扶持资金2690万元，县市（区）级扶持资金6000万元。

文化产业人才培养。举办了全省文化产业投融资业务培训班、演出经纪人职业资格考试培训班，文化企业管理、营销、专业技术人员高级研修班、学术论坛、专业讲座、调研考察等，培养了各类文化产业人才，壮大文化产业人才队伍。

园区和基地建设。截至10月，全省建成各类文化产业园区31家，实现年产值115.63亿元，年利润10.67亿元。其中，“汉阳造”文化创意产业园入驻企业71家，年产值近5亿元；光谷创意产业园新增动漫企业17家，总产值达14.7亿元；洪山区南湖创意产业园入驻动漫企业70多家，产值突破5亿元。

五、文化遗产保护

文物保护工作。举办“大遗址保护现场会暨大遗址保护荆州高峰论坛”，通过了《大遗址保护荆州宣言》。熊家冢墓地车马坑保护展示厅主体工程基本完成，龙湾考古遗址公园文物保护展示工程部分完成，楚纪南城考古遗址公园建设全面展开。随州叶家山墓地以其对西周曾国研究的重大价值，被中国社会科学院评为2011年中国考古六大新发现之一。全省第三次全国文物普查全面完成，普查电子数据通过国家文物局审核；湖北长城资源调查田野工作全部完成，通过国家长城资源调查项目组验收。全国首家内陆水下文化遗产保护基地落户武汉，开展了丹江口库区水下考古调查工作，拉开了中国内陆水下文化遗产保护的序幕。武当山遇真宫原地垫高保护工程、玉虚宫二期（玄帝殿、龙虎殿）文物保护工程、八仙观维修工程，利川大水井古建筑群李氏庄园维修保护工程等全面展开；明显陵睿功圣德碑亭维修保护工程全面竣工，陵寝门保护方案获国家文物局批准，为开展合理利用打下了基础。加大文物保护经费争取力度，国家文物局安排湖北省文物保护经费额度和增幅位居全国前列。

博物馆事业。全省博物馆免费开放工作深入推进，年接待观众900多万人次。省文物局配合国家文物局开展了免费开放博物馆的调研评估。省博物馆引进举办了"'辉煌十一五'大型图片展"、"重返巴洛克——那不勒斯的黄金时代"、"圣地西藏——最接近天空的宝藏"等高水平展览。辛亥革命武昌起义军政府旧址主楼及东西配楼维修工程竣工，举办的"鄂军都督分旧址复原陈列"、"辛亥革命武昌起义史迹陈列"、"辛亥革命人物画展"等展览，成为湖北省纪念辛亥革命100周年的重要活动之一。该馆高质量完成了接待中央领导同志等一系列接待任务。新审核批准了湖北兰文化博物馆、武汉李庄古建筑博物馆、武汉杨楼子老榨坊博物馆、宜昌袁裕校家庭博物馆等7家民办博物馆。

文物安全。建立了文物安全工作联席会议制度，加大文物安全管理和文物违法犯罪的打击力度，全省各级文物、公安部门密切配合，多管齐下，强势打击，共破获文化犯罪案件17起，摧毁文物犯罪团伙14个。

非物质文化遗产保护工作。省政府公布了第三批省级非物质文化遗产保护名录，共90项122个保护单位；湖北省文化生态保护实验区建设正式铺开，宜昌市夷陵区等13个县（市、区）、乡镇被公布为省级文化生态保护实验区。全省22个县（市、区）、乡镇被文化部命名为"中国民间文化艺术之乡"。初步编纂完成了《中华古籍·湖北卷》7集，命名了第一批共7家省级古籍重点保护单位和265部省级珍贵古籍名录。广泛开展"文化遗产日"活动。省文化厅起草的《湖北省非物质文化遗产条例》列入省人大重点立法项目。

六、对外文化交流

省文化厅受文化部委托代表国家赴澳大利亚开展了"欢乐春节——荆楚文化走澳洲暨2011年悉尼春节巡游系列活动"，开展了悉尼春节花车巡游、首届中国日及中国文化年启动仪式展演、编钟国乐音乐会、湖北文物展、悉尼春节庙会、墨尔本蒙纳什"迎新年庆元宵"展演6项专题活动，全方位展示了湖北文化的独特魅力和经济社会发展的崭新面貌。省文化厅随省主要领导出访瑞士意大利，并组织文化分团进行文化交流活动，签署4项文化合作协议。完成了"2011中国湖北省韩国友好周"文化交流活动，赴港举办"辛亥革命百周年纪念大展"、"中山舰出水文物展"、"编钟国乐迎国庆音乐会"等多项文化交流活动。邀请美国齐淑芳京剧团和台北辜公亮文教基金会台北新剧团参加第六届中国京剧艺术节祝贺演出，成为京剧节的亮点。

七、文化体制改革和人才队伍建设

国有文艺院团改革。成功组建湖北省演艺集团有限责任公司，为全省文艺院团改革发挥了示范引领作用。下发《关于加快全省国有文艺院团体制改革的指导意见》，指导推进全省各地一般性国有文艺演出院团体制改革。截至12月底，全省文艺院团完成转企改制38家，撤销10家，划转为公益性保护传承机构或转入当地文化馆、艺术院校等机构25家，占全省应改革院团的76%，受到文化部充分肯定，在全国文化厅局长会议上进行了交流发言。

文化市场综合执法改革。全省文化市场综合执法改革工作全面完成，文化市场管理机制进一步理顺。省文化体制改革与文化产业发展领导小组召开了全省文化市场综合执法改革总结表彰推进工作电视电话会议，20个改革先进地区受到表彰。

事业单位内部机制改革。按照"政府扶持、转换机制、面向市场、增强活力"的要求，不断深化劳动人事、收入分配和社会保障制度改革，转换用人机制，搞活用人制度，全面推行人员聘用制、岗位管理，引入竞争激励机制，强化服务意识，文化事业单位的管理水平和服务质量不断提高。

人才队伍建设。制定了《湖北省文化系统十二五人才发展规划》，实施了名家造就工程、青年英才培养计划和基层干部科学发展主题培训行动计划。培养优秀青年人才20多名，培训专业人员700多人次；省京剧院王小蝉、武汉楚剧院夏青玲荣获第25届中国戏剧梅花奖，省歌剧舞剧院刘丹丽被中宣部评为"四个一批"人才，并获首届中国歌剧节优秀表演奖；省美术院陈勇劲、李瑾参加全国青年美术作品展获最高奖。湖北艺术职业学院发挥优势，设立艺术职业教育专项资金，加强后备人才培养，该院2人在文化部首届全国青少年戏曲邀请赛上获奖。

湖南省

2011年，湖南文化系统广大干部职工认真贯彻落实中央、省委省政府关于加快文化强省建设的战略部署，坚持围绕大局，服务中心，团结奋进，克难攻坚，文化体制改革已取得新突破。省委、省政府办公厅正式转发了省文化厅起草的《加快全省国有文艺院团体制改革的指导意见》，2012年初又颁发了《深化省直国有文艺院团体制改革实施方案》。这两个文件的出台，为全省国有文艺院团改革指明了方向，完善了政策。全省国有文艺院团体制改革正按照中央、省委省政府的要求加快推进，省直7家国有文艺院团体制改革的方案经反复修改完善，即将付诸实施。《湖南省“十二五”文化发展规划》经湖南省人民政府批准已正式发文。

一、专业艺术

【文艺作品生产创作日益活跃 精品佳作不断涌现】

2011年，新编新排剧（节）目100多个，为湖南艺术事业的可持续发展打下了良好基础。湘剧《李贞回乡》入选国家舞台艺术精品工程十大精品剧目，并参加文化部主办的全国现代题材优秀剧目展演活动；《古画雄魂》入选国家舞台艺术资助剧目；《老表轶事》受中宣部委派在全国巡演10场；红色经典话剧《万水千山》走出湖南沿长征路线巡演、大型舞剧《天山芙蓉》在新疆巡演受到热捧；娄底的《花落花开》、茶陵的《米水魂》成为人民群众喜爱的优秀剧目，受到社会各界的广泛好评。

2011年，省文化厅组织了2004～2010年度湖南戏剧芙蓉奖评审，9人获芙蓉表演奖、6人获荣誉奖，4个单位获芙蓉园丁奖。邵阳湖南省祁剧院优秀青年演员肖笑波获第25届中国戏曲“梅花”奖。

二、文化市场

【文化市场管理规范有序】

2011年，全省14个市州122个县市区全部完成文化行政管理体制和文化市场综合执法改革。各级文化市场稽查机构共出动检查人员43.3万余人次，检查各类经营场所33.79万家次，办结各类案件6776起，停业整顿违规经营场所732家。共查处网络文化案件25件，“艺特尔”非法销售网络虚拟货币案为湖南首次查处网络虚拟货币案件，受到文化部的肯定。郴州等各地聘请文化市场信息员1363名、执法监督员1381名，创新了全社会共同监管文化市场的格局。

三、文化产业

【文化产业加速发展】

2011年，继续巩固和发挥了演艺、动漫的品牌优势。以田汉、琴岛、魅力四射为代表的长沙歌厅演艺业增长势头强劲，武汉——琴岛之夜首演，拉开了湖南歌厅演艺跨省发展的序幕。以《天门狐仙·新刘海砍樵》、《张家界·魅力湘西》节目为代表的张家界8家旅游演艺场所2010年接待游客观众超过100万人次，门票收入突破3亿元。张家界魅力湘西艺术团选送的民族舞蹈《追爱》登上央视春晚舞台，2月13日，李长春专门作出重要批示：“衷心祝愿你们神歌远扬、魅力四射。”常德农村演艺市场繁荣发展，有各类农村演艺团体2000多家，年经营收入5.9亿元，形成了饶天坪镇舞龙舞狮表演、草坪镇歌舞表演等特色品牌，受到刘云山等中央领导的高度评价。

2011年，全省电视动画片产量全国排名第八，动漫业产值46.5亿元，排名全国第三。全国18家重点动漫企业，湖南占6家；全国认定35个国家重点动漫产品，湖南占13个。由省文物商店主办的春秋两期湖南省全国文物艺术品交流会，成交额突破1.8亿元。湖南文化艺术品产权交易所正式组建运作。并动员社会力量成立了湖南省艺术品价值评估中心和艺术品防伪鉴定中心，为全国首创。

四、社会文化和图书馆事业

【加快公共文化服务体系建设 满足人民群众的文化需求】

一是全省公共文化基础设施建设进度加快。省博物馆改扩建工程、湖南图书馆改扩建工程、湖南艺术职业学院搬迁扩建工程、湖南文化艺术中心、湖南文化广场（二期）等省级5大标志性文化设施建设顺利进行。与此同时，地方公共文化基础设施建设掀起了新高潮。怀化图书馆建成开馆。湘潭博物馆、常德文化馆新大楼、人民文化影视城，张家界博物馆建设基本完成。衡阳博物馆、图书馆、文化馆、大剧院，株洲华强文化科技产业园、神农大剧院、神农艺术中心，岳阳图书馆、博物馆，邵阳文化艺术中心，常德大剧院、博物馆，益阳文化产业园，永州文化艺术中心，怀化艺术馆、博物馆、大剧院，娄底文化中心等建设进展顺利。

二是加强乡镇综合文化站建设。2010年下达的

1058个乡镇综合文化站建设任务全面完成，经省为民办实事考核办考核验收为100%合格，实现了湖南全省乡镇综合文化站“全覆盖”。

三是加强“免费开放”工作。全省省、市、县三级图书馆、文化馆、美术馆在10月1日前全部实现免费开放。全省74家免费开放的博物馆、纪念馆2011年共接待观众达3009万人次，观众满意度达90%以上。湖南省博物馆在全国83家一级博物馆专业评估中，获得总分第二的好成绩。全省109个群艺馆、文化馆被文化部命名为一、二、三级文化馆，其中一级馆41个，排名全国第五位。

四是加强文化信息资源共享工程建设。开展“文化共享，惠泽三湘”系列主题服务活动，服务基层群众70余万人次。

五是长沙市被批准为第一批创建国家公共文化服务体系示范区，“衡阳市公共文化服务进社区活动、常德市鼎城区民间艺术团体惠民演出”被批准为国家级示范项目。

六是开展“送戏下乡、演艺惠民”活动。全省各级国有文艺院团，共完成“送戏下乡、演艺惠民”演出11269场。连续四年举办了慰问农民工的主题专场演出。

七是开展高雅艺术普及与推广活动，共组织开展各类展演活动13场。文化部部长蔡武在全国文化厅局长会议上，表扬了湖南的“演艺惠民”工作和“高雅艺术鉴赏活动”，赞扬文化部门“体现了服务人民的责任担当”。

八是各市州、县市区积极开展文化惠民活动。长沙完成送戏下乡进社区、“好戏天天演”演出近1000场。2月18日，中央电视台专题报道了长沙的湘剧受到群众欢迎。衡阳常年开展“广场旬旬演，社区周周乐”群众文化活动。株洲实施群众文化繁荣工程，做到“年年有计划、月月有主题、周周有活动”。湘潭组织大型广场文化活动25场。邵阳积极打造城市社区文化亮点，每晚参与歌舞健身活动的市民均在1万人以上。常德社区群众文化呈现出“街道有品牌、社区有特色、天天有活动、月月有赛事”的繁荣景象。张家界积极开展“张家界元宵灯会”、“六月六”、“桑植民歌节”等节庆文化活动。益阳主办了第二届花鼓戏汇演。郴州打造“苏仙岭放歌和北湖之恋”群众文化品牌。永州完成演艺惠民送戏下乡演出710场。怀化举办了广场舞蹈展演活动和“和平文化节”、“全国龙舟赛”等大型节会文化活动。娄底举办了“创先争优，红歌嘹亮”合唱比赛、“园林之夜”文艺晚会等系列大型广场文化活动。湘西自治州组织开展群众文化活动3000多场。此外，各县市区还结合实际，积极开展文化惠民活动，大力发展文化事业和产业。如，长沙市天心区以公益展演、项目建设为主，促进文化传承，推动文化惠民。耒阳市立足“引”、“常”、“新”，近几年公共财政投入近6亿元，引进社会资本4亿元建设公共文化设施。攸县配套建设四级文体服务基础设施，将文化阵地延伸到老百姓的家门口。湘潭市岳塘区实施“千千万”工程，群众文化活动“区里年年办节，乡街月月有戏，社区天天飘歌”。隆回县凝聚三方合力，加强文化遗产保护传承。汨罗市围绕申遗、节会、园区三大重点，持续打造文化品牌。常德市鼎城区在实践中探索出“政府引导、品牌统一、市场运作、群众参与”的基层群众文化活动新路。桑植县实施“文化大县”的战略目标，努力打造“活力帅乡，魅力歌乡”。南县发掘地域文化，打造“南县地花鼓”文化名片。桂阳县立体推进城乡文化建设，完善“一圈一廊一园”文化设施新格局。宁远县举办“首届乡镇农民艺术节”，17个乡镇136个行政村参加演出，共演出节目250个，吸引观众近10万人。通道县着力打造侗族文化名县。新化县做大唱响梅山文化品牌。龙山县以弘扬民族文化为核心，大力实施文艺创演工程。

五、对外文化交流

【对外文化交流不断扩大】

2011年，共引进境外艺术团队165批，1797人次。共有35批、502人次出境参加文化交流活动。由中华文化联谊会、湖南省人民政府与台湾财团法人沈春池文教基金会主办、湖南省文化厅承办的第二届“守望精神家园——两岸非物质文化遗产月”系列活动以“楚风湘韵”为主题，自11月26日启动，至2012年2月16日结束，历时83天，活动范围涵盖了台湾的台北市、台中市、高雄市、台南市、新竹县等地。本届两岸非物质文化遗产月活动，内容包括楚风湘韵——湖南民艺民风民俗特展、楚风湘韵——两岸民间乐舞专场演出和“保护、传承、弘扬——两岸非物质文化遗产论坛”3个方面。通过本次活动，弘扬了优秀的民族文化，营造了和谐的交流环境，促进了两岸的文化认同，加深了两岸人民的血脉联系。

六、文物考古和博物馆事业

【文化遗产保护利用工作取得重要进展】

2011年，全省新申报国家级重点文物保护单位176处，通过了第七批国保专家评审，全国排名第五位。新增第九批省级文保单位456处。里耶古城等3个国家考古遗址公园、城头山与澧阳平原古文化遗址群等4个大遗址，保护成效显著。永顺老司城遗址荣获全国10大考古新发现称号。全省有29个项目被列入第三批国家级非物质文化遗产项目名录，26个县、乡、镇被文化部命名为“中国民间文化艺术之乡”，27个县和乡镇被评为“湖南民间文化艺术之乡”。

七、艺术科研与教育

2011年，湖南省艺术研究所完成了国家文化部、财政部、民委2007年重点科研课题《湖南地方戏曲资源现状调查与考察·湖南卷》，湖南艺术职业学院被文化部命名为首批全国基层文化队伍培训基地。

八、政策法规

【湖南文化遗产保护与发展框架协议】

3月4日下午，省政府与国家文物局在北京湖南大厦签署共同推进湖南文化遗产保护与发展框架协议。省委副书记、省长徐守盛，国家文物局局长单霁翔出席签约仪式并致辞。省委常委、副省长陈肇雄，国家文物局副局长董保华分别代表双方签约。根据协议，国家文物局优先把湖南省重点文物项目列入全国文物事业发展“十二五”规划及项目库，并在规划编制、重大项目安排、经费安排、世界文化遗产申报等方面给予大力支持。双方将建立沟通协调工作机制，共同推进湖湘文化特色博物馆体系建设、湖南革命文物保护工程、古城古镇古村文化景观遗产保护工程、大遗址保护建设工程、湖南文物平安工程、凤凰古城申报世界文化遗产等工作，共同推进湖南文化遗产保护与发展。

九、重要会议、重要活动

【2011年全省文化局长会议 】

3月30日，全省文化局长会议在长沙召开。全省14个市州、122个县市区文化局长和厅机关副处以上干部以及厅直单位主要负责人、省直有关部门负责人参加了会议。这是近10年来湖南省召开的最大规模的一次文化局长会议，会议认真贯彻落实了中央及湖南省有关加强文化建设的会议或文件精神，简要回顾了2011年和“十一五”湖南文化发展的成绩，部署了下一阶段重点工作。与会代表一致表示，此次大会令人振奋，为今后的全省文化工作指明了方向，必将推动文化强省战略的落实，为“十二五”开局之年打下坚实基础。

【全省非物质文化遗产保护工作会议】

12月22日，湖南省非物质文化遗产保护工作会议在邵阳隆回召开。各市州文广新局分管副局长、社文科科长、非遗保护中心负责人和省直非遗项目保护单位的非遗工作负责人60余人参加了会议。省政府秘书处处长徐林军代表省政府办公厅对全省“非遗”工作成效给予了肯定，提出了“非遗”工作面临大好发展机遇的具体要求；省文化厅党组成员、副厅长孟庆善出席会议并做了重要讲话。会议总结了全省近年来非物质文化遗产保护工作总体情况，传达落实文化部全国非物质文化遗产保护工作会议精神，部署了2012年全省国家级、省级非物质文化遗产代表性项目保护督查等工作。

目前，湖南已经建立国家级项目99个、省级项目220个、市级项目531个、县级名录2675个的全省“非遗”4级名录保护体系；抢救性保护、整体性保护、生产性保护等多种保护方式在全省各地同时并举，积极探索文化生态保护试验区建设，建立了武陵山区（湘西）土家族苗族文化生态保护试验区。

【湖南省文化厅与农业银行战略合作】

1月12日，湖南省文化厅与中国农业银行湖南省分行在长沙签署支持文化产业发展的《战略合作框架协议》，标志着湖南省厅、行全面开展战略合作，共同支持文化产业发展进入了实质性的实施阶段。在省文化厅与农行湖南省分行战略合作协议整体框架下，共有湖南文化艺术中心、湖南文化艺术大厦、湖南文化广场（二期）、长沙天心文化产业园区、湖南湘绣城、虹猫蓝兔快乐成长系列、365集《山猫和吉咪》之故事会动画节目制作、湖南文化博览中心和湖南创意设计城等9个项目的企业与农行签署了合作意向协议，授信额度达20亿元。

【湖南省文化艺术产业集团挂牌】

1月26日，由湖南省文化厅系统转企改制的省直文艺院团和湖南大剧院、省演出公司、省文化娱乐中心等单位组成的湖南省文化艺术产业集团由省委宣传部批准正式挂牌成立。这是湖南文化体制改革的又一重大成果，对于促进湖南文化市场的繁荣、推动文化产业的发展具有重大意义。

【湖南文化艺术品产权交易所】

3月30日，湖南文化艺术品产权交易所正式组建运作。湖南文化艺术品产权交易所由省文化厅批准，省文化艺术基金会、湖南高登艺术产业投资有限公司共同出资，经省工商局依法注册。湖南文化艺术品产权交易所坚持“公开、公平、公正”原则，通过和银行合作，采用支付中介资金汇划及管理模式，保障投资人的资金安全，致力于在法律法规、政策允许的范围内组织文化艺术品交易，为文化企业股权、著作权、版权、文化艺术品所有权、收益权及分拆权益、债权提供交易、登记、托管平台等服务。

【永顺老司城遗址荣获2010年度全国十大考古新发现】

6月9日，由国家文物局主办、中国考古学会协办、中国文物报社承办的“2010年度全国十大考古新发现”，经过现场演示和21位评委评议投票，评选结果揭晓，湖南永顺老司城遗址荣膺十大考古新发现。

【《万水千山》全国巡演】

6月14日晚，全景式反映“长征”的红色经典话剧《万水千山》在重庆大剧院拉开全国巡演帷幕。9月23、24日，《万水千山》在北京解放军歌剧院演出，中共中央政治局委员、中央军委副主席徐才厚，中央军委委员、总政治部主任李继耐和总政治部、军委办公厅其他领导出席并观看。演出结束后，徐才厚上台接见了剧组全体演职员工，并称赞《万水千山》是党史、军史教育的生动教材。此次巡演的话剧是湖南省话剧团为庆祝中国共产党建党90周年与红军长征胜利75周年重新编排的，舞台现场采用的全部是实景道具，并首次运用了LED显示屏，使话剧更为气势恢宏，让观众更为真切地感受到革命浪漫主义情怀。《万水千山》在重庆大剧院首演后，剧组沿着红军长征路线展开了巡演并晋京演出，同时还进行了全国巡演。

【首届中国百诗百联大赛 】

12月2日晚，首届中国百诗百联大赛颁奖晚会在长沙湖南大剧院隆重举行。全国政协副主席、中国文联主席孙家正出席晚会并为获奖作者颁奖。省委书记、省人大常委会主任周强，省委副书记、省长徐守盛出席晚会。中国文联党组副书记、副主席覃志刚，文化部党组成员、部长助理高树勋在晚会上致辞。著名学者、国学大师文怀沙，中国书法家协会名誉主席沈鹏，中国诗词学会顾问岳宣义，中国诗词学会副会长李文朝，中国楹联学会副会长蒋有泉，省领导和老同志路建平、肖雅瑜、谭仲池、刘新、唐之享等出席颁奖晚会。本次大赛由文化部、中国文联、湖南省人民政府共同主办，省文化厅、省文联等单位承办。大赛每两年举行一届，每届评选出优秀诗词100首、优秀楹联100副。晚会举行了异彩纷呈的文艺演出，同时宣布第二届中国百诗百联大赛启动。孙家正、周强、徐守盛、覃志刚、高树勋一起按下启动按钮，现场启动第二届中国百诗百联大赛并开通第二届中国百诗百联大赛网站。据了解，此次大赛被诗词楹联界称为中国诗词楹联发展史上的“标志性事件”，具有里程碑意义，是诗词楹联走向复兴繁荣的分水岭。

十、重要文化场馆建设

【全国首家红军标语博物馆】

6月2日，全国首家红军标语博物馆在湖南株洲炎陵县顺利竣工。红军标语博物馆位于炎陵县洣泉书院左侧，总占地面积1.4万平方米，总投资2000万元。博物馆于2008年9月底开工建设，2009年年底实现主体封顶，目前各项工程已全面竣工，正进入开馆前的调试阶段，于6月上旬试开馆，为建党90周年献上一份厚礼。

炎陵县是井冈山革命根据地和湘赣革命根据地的核心县之一。境内红军标语保留数量之多、内容之丰富完整、部队署名番号之齐全，为全国罕见。据统计，全县至今保留内容完整、字迹清晰的红军标语有151处（组）339条、4617字，漫画、组画8幅，对联3副，留言2篇，红军识字班墙报成绩公布栏2个，以及写在纸上的标语3张，标语落款的部队番号达66个。炎陵县采取先进的文物保护形式，将散布在各乡镇的红军标语揭取下来，陈列在博物馆内，辅以声光技术，进行场景再现，使之成为革命传统教育的红色旅游景点。

【中国人民抗日战争胜利受降旧址成为湖南首个“海峡两岸交流基地”】

7月29日，来自包括中央台办、国务院台办及全国24个省、自治区、直辖市的200多名参加2011基层对台工作经验交流会的市、县基层代表相聚在中国人民抗日战争胜利受降旧址，热烈庆祝湖南首个“海峡两岸交流基地”落户芷江侗族自治县，并在中国人民抗日战争胜利受降旧址举行了隆重的授牌仪式。

在中央台办秘书局局长杨流昌、中共湖南省委副书记梅克保等领导的见证下，中央台办常务副主任郑立中亲自将金光闪闪的“海峡两岸交流基地”

牌子授予怀化市代市长李晖。海峡两岸交流基地落户芷江并在中国人民抗日战争胜利受降旧址授牌，对扩大芷江和受降旧址的知名度，增进两岸的相互了解，弘扬和平文化，促进两岸人民的交流，必将产生积极的影响，也将为芷江的县域经济发展带来机遇。

【国家级武陵山区（湘西）土家族苗族文化生态保护实验区】

11月26日，武陵山区土家族苗族文化生态保护实验区授牌仪式隆重举行。这标志着湘西民族文化的建设和非物质文化遗产保护工作步入了一个新的里程碑。这是国家文化部批准设立的全国第六个国家级文化生态保护实验区，也是湖南省第一个国家级文化生态保护实验区。

广东省

2011年，在文化部和广东省委、省政府的正确领导下，广东省文化厅以邓小平理论、“三个代表”重要思想和科学发展观为指导，深入贯彻落实党的十七届六中全会、省委十届八次、九次全会和全省文化改革发展工作会议精神，坚持解放思想、改革创新、转变作风、狠抓落实，为建设文化强省作出了新的努力。

一、社会文化

办好省政府“文化民生实事”，广东粤剧艺术中心、广东演艺中心建设项目等省属重大文化设施建设加快进展，启动部分新项目前期工作。推进全省美术馆、公共图书馆、文化馆（站）免费开放工作，年底前基本实现免费开放的目标。文化立法取得重大突破，《广东省非物质文化遗产条例》和《广东省公共文化服务促进条例》分别于10月1日和2012年1月1日正式施行。

【基层文化设施全覆盖工程】

2011年，根据广东省政府《关于办好十件民生实事的分工方案》和《广东省建设文化强省规划纲要（2011～2020年）》（以下简称《文化强省规划纲要》）的部署，省文化厅和广东省各级党委政府及相关部门合力推进基层公共文化设施建设，出台了《广东省公共文化服务体系建设规划》和《广东省公共文化体育设施建设考核实施办法和考核细则》。2011年，广东省经济欠发达地区完成新建或改扩建县级文化馆、图书馆、博物馆37个；乡镇（街道）综合文化站82个；行政村（社区）文化室通过资源整合或完善设施的有1800个。

【国家公共文化服务体系示范区（项目）创建】

2011年，根据文化部、财政部《关于开展国家公共文化服务体系示范区（项目）创建工作的通知》（文社文发〔2010〕49号）要求，广东省迅速启动第一批创建示范区（项目）的各项工作。经国家公共文化服务体系建设专家委员会评审，文化部、财政部审批，东莞市进入创建示范区资格名单，“佛山市南海区县域公共文化服务体系建设工程”和“中山市农村文化室全覆盖工程”项目进入创建示范项目名单。

【“三馆一站”免费开放】

1月，文化部、财政部联合出台了《关于推进全国美术馆 公共图书馆 文化馆（站）免费开放工作的意见》，并召开电视电话会议。文化部、财政部总体部署后，广东省结合实际情况进行认真研究，制定了美术馆、公共图书馆、文化馆（站）（简称“三馆一站”）免费开放工作方案和实施意见，并于2011年底前在全国率先实现了“三馆一站”免费开放的目标。

【第三次全国文化馆评估定级】

2011年，文化部组织开展全国第三次文化馆评估定级。经过各地级以上市文广新局（文体旅游局）初评、省文化厅审核、文化部抽查，广东省88个馆被评为三级以上文化馆，占全省文化馆总数的61%，其中，广州市文化馆等47个馆被命名为一级文化馆，19个馆被命名为二级文化馆，22个馆被命名为三级文化馆。

【首届广东社区文化节】

6月22日至8月19日，省文化厅联合省委宣传部、省民政厅、省妇联、省残联、南方报业传媒集团、羊城晚报报业集团、南方广播影视传媒集团等单位举办了首届广东社区文化节。文化节举办了全省农民文艺大汇演、外来工子女文化夏令营、全省社区健身舞蹈大赛、社区文化大讲坛、网络文化社区、文化志愿者在行动、残疾人系列文化活动等12项系列文化活动，引领全省各地社区文化活动蓬勃开展。

【“中国民间文化艺术之乡”评选】

在文化部组织开展的2011～2013年度“中国民间文化艺术之乡”评选工作中，广东省的广州市海珠区（美术、书法）等27个地区（38个项目）被命名为“中国民间文化艺术之乡”。

【基层文化队伍建设】

根据《文化部关于开展全国基层文化队伍培训工作的意见》和全国基层文化队伍培训工作会议精神，广东省结合自身基层文化队伍的状况，制定了《广东省基层文化队伍培训计划》，并选派基层文化队伍骨干参加中央文化干部学院组织的业务培训。同时，以“学得会、用得上、有实效”为出发点，2011年度组织开展广东省群众音乐、舞蹈创作培训班、广东省群众广场排舞活动骨干培训班、文化馆（站）长培训班、合唱指挥应用培训班、文学创作培训班等，提高基层文化工作者的业务素质和服务能力。

【文化志愿者队伍建设】

2011年，广东省制定了《广东省文化志愿者管理办法（暂行）》。3月25日，广东省文化志愿者总队在全国率先成立，在星海音乐厅广场举行了成立仪式。广东省文化志愿者网站随即正式开通，全省各地纷纷成立文化志愿者分支队伍。按业务和文化服务内容的不同，文化志愿者队伍进行了分类编排，设立了专业的服务队，包括文艺演出队、书画艺术队、网络宣传队、图书服务队、艺术培训队、电影放映队、文书代写队、艺术品鉴赏队、文化市场监督队等，文化志愿者队伍细化到文化生活的各个领域。截至2011年底，广东省共有注册文化志愿者21036人，各地文化志愿机构（分队）总数为437队，平均年龄为34.4岁，文化志愿者的年平均服务时间为43.1小时；文艺工作者占20.5%，企事业单人员占24.2%，学生占31.9%，其他人员占23.2%；累计开展活动总次数为4340次，累计组织文化志愿者培训总次数为376次。

二、专业艺术

2011年，广东省各级文化行政部门加快推进文化艺术生产建设。优秀舞台艺术作品硕果累累，全省专业艺术表演团体共获全国性、国际性专业艺术奖项49项。精心策划全省庆祝建党90周年及纪念辛亥革命100周年文化活动，全省共组织相关活动约250场，营造了浓厚的文化艺术氛围。完善省直4家国有文艺院团改制后续工作，健全星海演艺集团管理架构，加快推进市县两级国有文艺院团转企改革。

【优秀人才和优秀作品获重大艺术奖项】

2011年，广东粤剧院蒋文端、广州粤剧院黎骏声获得第25届中国戏剧梅花奖；广州交响乐团推荐报送的大型音乐作品《虎门1839》获文化部第16届全国音乐作品（交响乐）大型作品组一等奖，为近年来广东省在交响乐创作方面取得的新突破；音乐剧《爱上邓丽君》获得韩国大邱国际音乐剧节评委会大奖；深圳音协合唱团获第八届中国音乐金钟奖合唱比赛金奖；南方歌舞团李瑞参加俄罗斯国家艺术委员会组织举办的全俄古典芭蕾舞比赛获第一名；深圳市推荐参演的粤剧《风雪夜归人》及话剧《突围1978》、广州市推荐参演的大型舞蹈诗《大北川》、肇庆市推荐参演的粤剧《钟馗》获第二届全国戏剧文化奖多个大奖。

【打造庆祝中国共产党成立90周年及纪念辛亥革命100周年题材优秀作品】

2011年，省文化厅围绕这两大主题庆祝纪念活动，积极引导各地、各单位抓各类重点题材，主要包括表现90年来中国共产党领导全国各族人民在革命和建设历程中取得丰功伟绩的题材，纪念辛亥革命100周年的题材，表现广东历史文化特点的题材，表现广东改革开放伟大成就的题材，表现广东名人传奇人生历程的题材，以及“弘扬主旋律，提倡多样化”的题材；同时注重近现代历史题材、广东名人题材、重大对外文化经贸交流题材、改革开放题材的挖掘整理创作，积极培育走市场的艺术作品，推出了一批叫好又叫座的优秀作品。省文化厅直属艺术院团先后推出了话剧《与妻书》、粤剧《南海一号》、流行国乐音乐会“涛声依旧”、舞剧《西兰卡普》等具有较好艺术质量、社会效益的优秀剧目，在省内外演出引起了良好反响；东莞市推出的音乐剧《爱上邓丽君》公演100多场，“剧组＋院线”的经营模式成为优秀舞台艺术作品走市场的一次成功探索；广州、中山、江门等地推出的三部辛亥革命题材的粤剧广受好评；梅州市推出的山歌剧《合家福》、《红婚纱》生活气息浓厚，感情细腻，深得观众喜爱。

【第11届广东省艺术节】

11月11日至23日，第11届广东省艺术节在广州主会场、东莞分会场举行。艺术节推出了话剧《与妻书》，粤剧《小凤仙》、《孙中山与宋庆龄》、《青春作伴》，山歌剧《合家福》，音乐剧《三毛流浪记》，舞剧《西岚卡普》等一批精品力作。共安排剧目55台（演出60场），另吸纳了3台港澳台参演剧目、1台新疆喀什的歌舞晚会，举办大型美术、文博类展览4

个，高层艺术论坛1个，艺术讲座3场。本届艺术节作了多项创新，首次创设重点板块特别是音乐剧和喜剧板块，首次增设网上直播、评议环节，首次举办剧目集锦式的暖场互动活动，首次和民政、社会组织、基金会联手等。为纪念辛亥革命100周年，特别创设了“百年辛亥”这一重点板块，推出5部反映辛亥革命题材的优秀作品。吸纳了一批有实力的民营剧团的参与，是省、市、县乃至镇4级艺术院团的首次整体亮相。据统计，本届艺术节到场观看演出的观众约7万人次（不含网上观众），免费观看观众人数逾2万人次。

三、文化遗产保护

2011年，广东省接连荣获“全国十大考古新发现”、“全国博物馆十大陈列展览精品奖”等多项国家级文物年度奖，囊括了国家文物保护领域的所有大奖，实现历史性突破。社会文物管理、文物安全防范和执法督查工作不断加强。加大了全省非物质文化遗产保护传承工作力度。组织评选出9大类109名第二批省级非物质文化遗产项目代表性传承人，两个项目入选国家级非物质文化遗产生产性保护示范基地。

【文物保护】

1月，广东省政府增补罗福星故居等3处不可移动文物为广东省第六批文物保护单位；同时，启动广东省第七批广东省文物保护单位申报工作。8月，省文化厅公布广东省首批大遗址，分别是：林则徐虎门销烟池与虎门炮台旧址、南汉二陵、西樵山遗址、古椰贝丘遗址、马坝人(石峡)遗址、狮雄山建筑遗址、银岗古窑场遗址、笔架山潮州窑遗址。9月，省文化厅与省气象局开展全国重点文物保护单位防雷安全专项检查。2011年，省文化厅受理和处理了一批文物破坏案件，其中以汕尾坎下城遗址遭破坏一案为典型，10月17日，3处坎下城遗址保护红线范围内的违章商品楼被拆除。2011年，共完成文物保护单位保护规划评审15项，工程验收7项，保护工程设计方案32项，安防技防工程项目7项。佛山祖庙修缮工程荣获“2010年度全国十大文物维修工程”奖；广东方唐先生等7人获第四届“薪火相传——中国文化遗产保护年度杰出人物”荣誉称号。完成2010年度文物保护工程资质年检工作，共检查31家单位，其中30家合格，1家作停业整顿处理。

【考古发掘】

2011年，汕头“南澳I号”明代沉船遗址荣获“2010年度全国十大考古新发现”，“南海I号”考古试掘项目获得国家文物局2009～2010年度“田野考古奖”三等奖。截至10月，广东省具有团体考古资质的单位共进行考古调查、勘探和发掘项目共41个，其中调查、勘探项目32个，发掘项目9个，发掘面积约4500平方米。3月至5月，以省文物考古研究所为主的相关单位，对“南海I号”沉船进行入驻广东海上丝绸之路博物馆“水晶宫”之后的第二次试掘。此外，国家文物局会同中央电视台联合摄制了纪录片《南海I号》，以“南海I号”为主线，全面回顾了中国水下考古事业的发展历程。4月至7月，省文物考古研究所、省博物馆和国家水下文化遗产保护中心再次联合对“南澳I号”沉船进行第二次发掘，出水近万件文物。2011年底，省文物考古研究所完成了《水下考古工作规程》（初稿）的编制工作。

【文物普查】

2011年，编印《广东省第三次全国文物普查百大新发现》。6月上旬，省第三次全国文物普查办公室将修改和完善的全省普查数据包送交国家普查办。7月至10月，完成全省第三次全国文物普查工作报告的编写。12月，国务院在北京召开第三次全国文物普查工作电视电话会议，广东等四省（自治区）政府负责人在会上作经验介绍。

【人类非物质文化遗产项目粤剧与古琴艺术保护】

2011年，广东粤剧学校举办“情系珠玑——粤剧《魂牵珠玑巷》粤港澳巡回演出”。组织学校40名粤剧专业师生赴澳门参加澳门城市粤剧曲艺汇演；开办第六期香港“粤曲艺术研修班”。2月，省文化厅组织推荐“古琴艺术”申报2012年联合国教科文组织“优秀实践名册”。

【非物质文化遗产展演展示活动】

1月，省文化厅组织“潮绣艺术”等28个国家级、省级的传统美术、传统技艺、传统医药类非物质文化遗产项目参加“中山文化消费节”非物质文化遗产产品展销活动。2月，组织参加由中国国际贸易促进委员会广东省委员会在广州香格里拉酒店主办的岭南古风·华彩广东非物质文化遗产艺人展示活动。4月，组织广东省部分国家级、省级非物质文化遗产项目参加2011中国（浙江）非物质文化遗产博览会。6月，协助文化部在珠海市举办“根与魂——中国非物质文化遗产展演”活动。6月，组织全省各地举办以“依法保护、重在传承——非物质文化遗产进校园”为主题的“文化遗产日”活动，期间，全省共有119项各类非遗项目开展活动，其中26项“非遗”项目开展了进校园活动。6月11日，组织广州、深圳等16个市40余个非遗项目参加省文化厅和佛山市政府在佛山祖庙主办的“非遗”展览（演）活动。8月，省文化厅与省经信委联合组织广东省推荐第六届中国工艺美术大师评审工作，广东省推荐的12名大师中有7名省级以上“非遗”代表性传承人。9月，为贯彻落实《广东·海南战略合作框架协议》精神，加强两省“非遗”的交流，促进传统技艺类“非遗”的生产性保护，省文化厅在广州市广州塔举办了“粤琼非物质文化遗产交流展”暨《广东省非物质文化遗产条例》实施动员仪式。10月，组织潮州、汕头、揭阳、梅州四市作为“海西21”城市的参展市参加了在厦门市举办的第四届海峡两岸文化产业博览交易会。11月，组织协调全省60多支“非遗”演出队伍参加由国家旅游局、广东省人民政府在韶关市主办的“2011广东国际旅游文化节”开幕式演出活动。

四、文化市场

2011年，省文化厅开展多次文化市场专项整治，进一步加强网络文化管理，建立了互联网文化市场网上巡查制度。加大对非法音像制品和非法出版物的打击力度，突出抓好知识产权保护工作。截至2011年年底，全省共有演出经纪机构370多家，演出经纪人3600多人，专业演出场所（含影剧院）120多家，文艺表演团体300多家，经营性互联网文化单位280多家，网吧9300多家，歌舞娱乐场所4558家，电子游戏游艺经营场所3157家。2011年，全省文化市场行政执法部门共出动行政执法力量约81万人次，检查各类文化市场经营场所约37.9万家次。全省文化市场没有发生一例重大安全责任事故，没有发生一例社会热点和焦点问题，没有发生一例群体性暴力抗法事件，总体上保持了广东文化市场的健康、繁荣、安全。

【审批与审核】

2011年，省文化厅受理的涉外、涉台营业性演出审批351批次，受理设立香港独资经营演出经纪机构、设立香港与境内合资经营演出场所经营单位审核各1家；受理经营性互联网文化单位审批设立、延续换证、变更、注销事项225家次；受理美术品进出口内容审核22批次、237幅作品；受理游戏游艺机型机种内容审核2批次，上报文化部审核合格机型机种185款。

【娱乐场所禁毒】

按照省禁毒委部署，7月，省文化厅、省工商行政管理局联合制定了《2011年歌舞娱乐场所开展禁毒宣传教育工作实施方案》，部署开展全省娱乐场所禁毒宣教工作。截至9月底，全省歌舞娱乐场所此次参加禁毒宣教培训人员（经营业主、主要负责人、从业人员）达53601人，共签订《禁毒承诺书》2950份，是迄今为止广东省文化市场禁毒宣教规模较大的一次。

【《网络游戏管理暂行办法》执行情况核查】

按照文化部《关于对〈网络游戏管理暂行办法〉执行情况进行核查的通知》的要求和部署，3月至5月，省文化厅对全省103家网络游戏持证经营单位的172个网站域名进行了系统核查。核查发现，部分网络游戏单位存在公司信息标识不规范、未标明纠纷处理方式等信息、未建立和完善有效的实名注册系统、虚拟货币兑换超出自身提供网游产品和服务范围等违规问题。

【开展网络音乐自查自纠工作】

按照文化部办公厅《关于清理第二批网络音乐产品的通告》的要求和部署，4月，省文化厅下发《关于对网络音乐产品进行自查自纠的通知》，限期各网络音乐经营单位迅速开展网络音乐产品自查自纠，凡未经内容审查、备案的网络音乐产品，或有《互联网文化管理暂行管理规定》所列违禁内容的网络音乐产品，都必须予以清理、删除。截至4月30日，第二批违法网络音乐产品全部清理完毕。

【全省文化市场打击制售假冒伪劣商品及侵犯知识产权专项行动】

2010年10月至2011年6月，省文化市场综合执法局在全省范围内开展文化市场“双打”专项行动。期间，全省文化市场综合执法机构共办理文化市场“双打”案件341宗，涉案金额约2362.7万元，其中重大案件18宗，案值约2280万元，移送司法机关处理的案件有28宗，捣毁非法产品制售、仓储窝点51个，共罚没非法出版物、音像制品等物品约624万张（件），有效维护全省文化市场的正常经营秩序。

【网络文化市场计算机监管平台建设】

2011年，广东积极推进网络文化市场计算机监管平台建设，有效解决网上有害信息传播等问题，强化网络文化市场内容监管，进一步规范广东省网络文化市场经营活动，提高广东省网络文化市场技术监管能力和行政执法水平，使人民群众对网络文化市场满意度明显提升。3月，广东开始进行网吧监管平台建设工作，目前全省21个地级以上市基本完成平台安装工作，全省网吧服务端注册数0.75万余家，网吧服务器在线率日均73.18%，网吧终端注册数112.43万余台，网吧终端安装率日均80.01%。8月，在全省范围内积极推进文化市场综合执法办公系统建设，目前全省共设置省、市、县（市、区）级部门215个，用户1593个，全省录入文化市场经营单位数量共45200家，该系统于2012年1月1日正式运行。

五、文化产业

2011年，广东省把发展文化产业作为落实科学发展观和促进产业结构调整升级的一个重要着力点，切实加强政策引导扶持，强化资源有效整合，全省文化产业发展呈现了加速发展的良好态势。

【文化会展】

5月13日至16日，第七届中国（深圳）国际文化产业博览交易会在深圳会展中心举行。全国31个省、自治区、直辖市及港澳台地区全部参展，总成交额1245.49亿元，同比增长14.42%，文博会整体质量和水平再上新台阶。广东团办公室被文博会组委会授予“五星级展商”的称号，并获“优秀组织奖”，广东省展团获“优秀展示奖”。9月8日至13日，由省委宣传部、省文化厅、省文联主办的广东民间工艺精品暨文化创意展在北京民族文化宫举行。文化创意展部分展示了广东省文化强省建设以来的文化创意成果、重点文化企业和广州、深圳等7个市的文化创意精品，是新中国成立以来广东省首次大规模组织的文化创意晋京展。此外，省文化厅参与举办了中国（广州）国际专业音响灯光展暨恩平麦克风展、中国（东莞）国际影视动漫版权和贸易博览会、中国（中山）游戏游艺博览交易会等。

【文化产业融资】

1月，省文化厅组织银行相关工作人员赴梅州、云浮、广州从化等地现场考察了解文化企业发展情况。4月，省文化厅与省文化产业促进会、浦发银行广州分行联合举办金融创新助力文化企业发展高层研讨会。5月，省文化厅组织银行业务人员参加深圳文博会，深入了解广东省文化产业发展情况。目前，国家开发银行广东省分行与广东动漫城达成8亿元贷款意向，云浮市与有关企业签订了100亿元的文化产业合作项目。

【成立广东演艺设备产业集群】

9月27日，广东演艺设备产业集群成立。广东是中国最集中的演艺设备生产聚集区域，演艺设备产业在全国具有举足轻重的地位。产业集群的成立，有利于演艺产业界的跨区域合作，积极实施一体化战略，打破区域限制、体制束缚、市场分割的局限。

【扶持动漫产业发展】

根据《动漫企业认定管理办法（试行）》和文化部《关于动漫企业认定工作有关事项的通知》要求，8月，省文化厅会同省财政厅、省地方税务局、省国家税务局开展了2011年度动漫企业、重点动漫产品、重点动漫企业认定的初审工作和动漫企业年审工作，并将相关材料上报全国动漫企业认定管理办公室，最终21家企业通过国家动漫企业认定。9月，根据文化部、新闻出版总署和国家广电总局联合发文通知要求，省文化厅开展国家动漫精品工程作品征集推荐工作。10月，根据文化部等5部委关于评选中国文化艺术政府奖首届动漫奖的通知要求，省文化厅发动省内动漫创作者、企业积极申报，并组织专家进行评审，最终广东省4个项目获奖，13个项目入围。

六、对外和对港澳台文化交流

2011年，广东省开展对外、对港澳台双向文化交流981批、14600人次，继续位居全国首位。其中，出访373批、6792人次，来访608批、7808人次。

【大型双边、多边文化交流活动】

2011年，省文化厅出色完成了一批规格高、影响力大的对外文化交流任务。9月11日至14日，为庆祝中国东盟建立对话关系20周年，广州交响乐团一行110人赴新加坡执行对外文化交流演出任务，在新加坡滨海艺术中心音乐厅举行了两场交响音乐会，新加坡总统陈庆炎等政府要员出席观看。9月22日至11月22日，广东美术馆举办第四届广州三年展启动展“元问题——回到美术馆自身”当代艺术展，邀请菲律宾、缅甸、泰国、新加坡、印度尼西亚、越南、比利时、希腊、日本、印度等国家的15位艺术家赴广州参展，共展出绘画、影像、装置作品28件。10月7日至9日，由文化部和广东省政府主办，广州市政府和广东省文化厅承办的中国广州国际演艺交易会（简称演交会）在广州白云国际会议中心举办。演交会邀请来自美国、德国、俄罗斯、日本、澳大利亚、南非等近30个国家及我国港澳台地区共43个文艺团体、演出中介、经纪人组织参加，参加交易的各类剧目达100多部；签约项目58个，包括大型舞台创意剧《西游记》北美巡演、广州芭蕾舞演出民族芭蕾《梁祝》、《黄河》中欧巡演、天创国际演艺集团的《功夫传奇》西班牙巡演，累计交易金额4.17亿元，是近年来我国演艺交易会国外机构最多、规模最大、交易剧目最多的国际性演艺交易会。10月21日至25日，广东省文化厅与珠海市人民政府共同举办第六期“10+3文化人力资源开发合作研讨班”，来自菲律宾、泰国、越南、柬埔寨等7个国家的代表参观了省博物馆、孙中山故居纪念馆、珠海市博物馆及古元美术馆等，并以“博物馆运营管理与博物馆文化产品创意开发”为主题进行交流研讨。11月19日至12月8日，广东省文化厅和清远市人民政府、连州市人民政府在清远连州市举办“2011广东连州国际摄影年展”。该展览已成功举办六届，本次主题为“向着社会的风景”，展出来自美国、加拿大、俄罗斯、法国、英国、瑞典、韩国、日本、澳大利亚等10个国家及我国台湾地区共32位摄影师的303幅作品。12月14日至15日，朝鲜血海歌剧团《梁祝》在广州大剧院演出。

【接待来访】

4月19日至22日，泰国公主朱拉蓬（副总理级）到广州挑选赴泰参加第五届“中泰一家亲”音乐歌舞晚会的中方参演节目。4月7日，越南胡志明国家政治与行政学院代表团到广东省革命历史博物馆考察，搜集素材以编写越南党和革命前辈的革命经历。5月12日至15日，立陶宛文化部长阿鲁纳斯·盖鲁纳斯一行出席第七届中国（深圳）国际文化产业博览会，并参观深圳博物馆、图书馆及深圳宝安区观澜版画基地。10月10日至12日，第12届亚洲艺术节在重庆举行，文莱、柬埔寨、缅甸、越南、老挝5国正部长级文化代表团在广州转机期间，参观考察了广州及其周边城市的文化设施和自然、历史人文景点。10月14日至16日，柬埔寨文化艺术部亨柴先生（正部级）一行到阳江市考察海上丝绸之路博物馆及“南海Ⅰ号”。12月12日至14日，纳米比亚青年、体育和文化部长卡泽南博·卡泽南博任团长的纳米比亚政府文化代表团一行5人访问广州市和深圳市，考察了省博物馆、西汉南越王博物馆、广东民间工艺博物馆及深圳博物馆、图书馆、音乐厅等文化设施。

【领馆馆外文化交流活动】

3月13日至4月19日，比利时驻广州总领事馆与比利时Stieglitz19画廊合作，在广东美术馆举办“景深——比利时当代摄影展”，展出摄影作品44件。3月15日至4月3日，墨西哥驻广州总领事馆在广东美术馆举办墨西哥玛雅文化摄影展“玛雅：记忆空间”，展出摄影作品40件；4月26日至5月14日，该展览在深圳市关山月美术馆展出。10月26日至30日，比利时驻广州总领事馆在广州塔举办“比利时文化节”，邀请比利时两支乐队来广州助兴表演；同时与广州美术学院合作举办艺术展览，展出比利时皇家安特卫普美术学院美术作品35幅、比利时漫画作品43幅、广州美术学院教师作品100幅。12月20日至2012年1月18日，墨西哥驻广州总领事馆在珠海市古元美术馆举办墨西哥摄影展“GUANAJUATO，墨西哥的世界文化遗产城市”，展出摄影作品40幅。

【粤港澳文化交流】

2月15日至16日，省文化厅组派广东艺术团赴港澳举办春茗演出活动。2月21日至25日，应澳门教育暨青年局邀请，广州交响乐团赴澳门进行音乐教育普及演出5场。5月16日，为加强粤港澳文化交流，促进粤剧艺术传承和发展，在庆祝粤剧申遗成功两周年之际，广东省文化厅、香港特区政府民政事务局、澳门特区政府文化局联合主办的“粤港澳粤剧群星会”在广州友谊剧院举行，粤港澳三地50多名粤剧艺术精英联袂献演优秀的传统粤剧折子戏节目。12月20日至21日，“粤港澳粤剧群星会”在香港举办。6月22日至23日，省文化厅与香港民政事务局和澳门文化局在广州市举行粤港澳文化合作第12次会议，会上三地商议达成了48个合作项目，签订了3个合作品牌项目的意向书，包括三地合作创编现代舞作品、合办文物大展、合力开展粤剧培训与传承工作。7月12日至21日，省文化厅与香港特区政府民政事务局、澳门特区高等教育辅助办公室联合主办“2011粤港澳青年文化之旅”活动，粤港澳三地30多间高校共155名大学生组成的青年文化交流团先后到香港、澳门、中山、广西桂林、广州等城市进行了以纪念辛亥革命100周年为主题的参观、游览、访问、联欢交流、团队培训、历史文化讲座等活动。2011年，广东粤剧学校为港澳同胞开设了五期粤剧粤曲艺术培训班，受训人数近300人，该校还与香港粤剧社团合作排演了粤剧《红楼梦》。

【对台文化交流】

4月2日至5月8日，深圳何香凝美术馆与香港艺术中心、台湾关渡美术馆共同举办“1+1——海峡两岸及港澳地区艺术交流计划”展览。该项目是目前海峡两岸及港澳地区当代艺术领域唯一的制度化交流平台，自设立以来就得到了国务院侨办和深圳市宣传文化事业发展专项基金的业务指导和资金支持。7月17日至24日，广东民族乐团邀请台北簪缨国乐团到广州、深圳和中山开展巡演。9月，广东民族乐团大型民乐音乐会应邀赴台参加“彰化当代国乐节”演出，这是经过体制改革、独立成团后的广东民族乐团首次赴台演出。8月17日至24日，广东粤剧学校与台北市艺术文化交流协会联合举办“2011海峡两岸舞蹈交流研修夏令营”，台湾地区61名青少年舞蹈爱好者系统学习了广东钱鼓舞、岭南木屐舞、安徽花鼓灯舞、蒙古族舞蹈、瑶族舞等民族民间舞蹈。9月5日至24日，东莞市打造的音乐剧《爱上邓丽君》赴台湾参加“京台文化节”演出。12月23日至2012年1月3日，广东美术馆举办“开创·交流——台湾美术院院士作品大陆巡回展”，展出水墨画、油画作品66幅，并邀请台湾画家江明贤等18人来广州参加展览开幕式及相关活动；12月24日，中国国民党副主席江丙坤一行莅临参观。

七、公共图书馆

【文化资源共享工程建设】

2011年，广东省文化共享工程已建成1个省级分中心、21个市级支中心、106个县级支中心，与农村党员远程现代教育项目相结合，合作共建镇级基层服务点1148个、村级基层服务点19526个，实现全省镇、村级网络100%全覆盖。建立珠江三角洲数字图书馆资源库群。广东省立中山图书馆、广州图书馆、佛山图书馆、深圳图书馆、东莞图书馆分别建立了资源丰富的数字图书馆，实现联网和资源共享。启动建设广东地方文献共建共享平台建设。突破省、市、县、区行政体制的限制，建立面向广东省公共图书馆和广大读者的服务平台和资源共建共享服务机制，由各级公共图书馆收集本地区数字化的地方文献资源，按统一格式上传至服务器，建立网上查询系统，为读者提供“一站式”检索和原文传递服务。

【广东省图书馆暨书房博览会】

8月19日至25日，广东首届、全国首创的广东省图书馆暨书房博览会在广州交易会琶洲展馆举行。博览会的内容主要体现在“三区三活动”，“三区”即主体展区、书房设计制作展区、“图书馆+书房”设备产品展区，“三活动”指广东省图书馆暨书房博览会创意创新奖评选活动及颁奖仪式、广东省手机图书馆暨手机书房开通仪式、广东省幸福成长图书绘本制作大赛活动及颁奖仪式。此次博览会观众达40万人次，得到业内业外人士的肯定及广大群众的普遍欢迎，为图书馆“信息交流、体验互动、产品展示”提供了良好平台。

【广东省捐赠换书中心】

2011年，省文化厅组织省立中山图书馆与南方都市报合作，设立了全国首个省级捐赠换书中心——广东省捐赠换书中心，搭建起一个供广大群众换书、捐书的固定场所。“捐赠书活动”将爱心传递到偏远贫穷地区；“天天免费换书”项目深受广大群众的欢迎和赞赏，已收到外来交换图书共26416册，累计服务人数约7300人次。

【古籍保护工作】

2011年，广东省开展第一批《广东省珍贵古籍名录》和第一批广东省古籍重点保护单位申报评审工作，在各古籍收藏单位及私人收藏者申报的基础上，经由省内外古籍专家组成的专家组反复审议、遴选、论证、公示，经省人民政府批准，1098种珍贵古籍入选第一批《广东省珍贵古籍名录》，15个单位入选第一批“广东省古籍重点保护单位”。

八、博物馆

广东省现有各类博物馆、纪念馆177座，其中由国家文物局核定公布的国家一级博物馆3座，二级博物馆11座，三级博物馆14座，现已实行免费开放的博物馆有150余座。全省国有博物馆共藏有文物藏品755886件套，其中，一级文物1291件套，二级文物14329件套，三级文物57269件套。举办各类展览近千个，吸引观众3000余万人次。

【流动博物馆网络覆盖全省】

2011年，流动博物馆网络成员单位不断增加，为社会特别是村镇基层群众提供了便利的博物馆服务，受到广泛好评。迄今为止共发展成员单位81家，联合举办展览238场次，制作巡回展览51个，参观总人数达668万人次。

【馆藏文物巡回鉴定启动】

为配合省级文物数据库管理中心建设，省文化厅从2011年起全面开展国有博物馆、民办博物馆和行业博物馆馆藏文物巡回鉴定工作，这是继1992～1993年和2005～2006年之后开展的第三次全省馆藏文物巡回鉴定。巡回鉴定在全省范围内分片区进行，每座博物馆鉴定时间约3天。目前，专家组已完成汕头、汕尾、潮州、揭阳等粤东片区的馆藏文物鉴定工作。

【组织调拨海关罚没文物】

3月，省文化厅调拨存于省博物馆的海关罚没文物共29467件给省内其他国有博物馆入藏，调拨范围为2009年年检合格的文化文物系统国有博物馆，共99家。11月至12月，省文化厅调拨存于江门、黄埔、深圳等海关的12422件文物给省内国有博物馆入藏。

广西壮族自治区

2011年是实施“十二五”规划的第一年，也是文化创新发展的机遇年。一年来，文化战线干部职工在中共广西区党委、广西区人民政府的正确领导下，按照中央和自治区的总体工作部署，坚持围绕中心、服务大局，团结奋进、攻坚克难，以昂扬的精神面貌、务实的工作态度、创新的工作举措，开创了文化建设崭新局面，文化建设硕果累累，亮点频频，实现了“十二五”良好开局。

一、文化惠民力度加大，公共文化服务供给能力不断提高

大力实施文化惠民工程，加快建设公共文化设施服务网络，创新公共文化服务管理体制和运行机制，提高公共文化服务水平和质量，不断满足人民群众的基本文化需求。大力加强村级公共服务中心和文化资源共享等重点文化工程建设。投资1.28亿元、建成800个村级公共服务中心，成立955支文艺队、880支篮球队。有32个设区市公共图书馆、群众艺术馆、博物馆列入全国地市级公共文化设施建设项目储备库。投资3994万元，建成了91个乡镇综合文化站。完成2010年共享工程9个县级支中心、192个乡镇基层服务点和4447个村级服务点的设备招标、配送和调试工作，新增八桂诗词库等一批数据资源。大力开展全区全民读书活动，全区国有图书馆新增图书54.87万册、接待读者1475.68万人次。深入开展庆祝建党90周年群众文化活动，“天天演、周周训、月月比、季季赛、年年奖”群众文化活动及基层文化骨干培训行动红红火火。会同自治区财政厅制定了《广西壮族自治区公共图书馆、文化馆（站）免费开放实施方案》，实现全自治区公共图书馆、文化馆、文化站实现无障碍、零门槛进入，全部免费开放，提供的基本服务项目全部免费。积极做好文化馆、文化站、社区文化中心开展中小学生书法普及教育工作。来宾市入选第一批创建国家公共文化服务体系示范区，罗城自治县乡镇文化站规范管理入选第一批创建国家公共文化服务体系示范项目，培育和发展第二批国家公共文化服务体系示范区和示范项目。组织修改了全区文化先进县评比标准。东兰县等12个县乡入选2011～2013年度“中国民间文化艺术之乡”。

二、重大文化活动和文化生产品精彩纷呈，服务大局作用不断彰显

充分发挥了文化围绕中心、服务大局的重要作用。成功举办自治区首府各界庆祝中国共产党成立90周年大型文艺晚会“旗帜颂”、自治区第十次党代会专场文艺演出等重大文化活动。组织全区5000多个优秀文艺队以建党90周年庆祝活动为主题，开展“周周演”的群众文化活动，全区“颂歌献给党——全国文化信息资源共享工程迎接建党90周年群众歌咏活动”的征歌比赛、“歌海风·共产党最亲——广西各族群众庆祝中国共产党成立90周年山歌会”等系列群众文化活动丰富多彩。举办了“走向共和——辛亥革命历史图片展”等展览。组织桂剧《刘胡兰》、“红色经典·京剧现代戏精粹”、《何香凝》等全区巡演。推出了一批引领风尚、反映时代、讴歌人民的文艺精品。坚持正确的舆论导向，实施广西气派的舞台艺术精品工程，打造了一批引领风尚、反映时代、讴歌人民的文艺精品。壮剧《天上恋曲》获2009年～2010年度国家舞台艺术精品工程重点资助剧目，桂剧《七步吟》入选了2010年～2011年度国家舞台艺术精品工程年度资助剧目，这是自治区在荣获国家舞台艺术精品工程十大精品剧目“三连冠”之后，再次取得的又一辉煌成就。创排了歌舞剧《壮·美》、木偶剧《拇指姑娘》、话剧《小麻雀变凤凰》、大型民族交响乐《壮族诗情》、交响声乐套曲《刘三姐随想》等一批文艺产品，对壮剧《天上恋曲》、桂剧《七步吟》进行了修改提高。举办了为期半年的第六届广西音乐舞蹈比赛，推出了一批新作，培养、锻炼了一批演员。实施舞蹈创作项目签约制度，自治区文化厅与温国鸣等10位项目负责人进行签约。圆满完成“紫荆龙情在广西”文艺晚会演出活动。加大对美术作品创作生产的扶持力度。群舞《成人礼·上刀山》、双人舞《连就连》、独舞《我俩》获第九届全国舞蹈比赛创作三等奖，小品《夫妻应聘》获第八届中央电视台小品大赛三等奖，粤剧《海棠亭》获第12届中国戏剧节优秀剧目奖；群舞《猎山谣》获第八届中国舞蹈荷花奖民族民间舞群舞组表演铜奖，群舞《绣缘》、双人舞《阿哥阿妹》获第八届中国舞蹈荷花奖民族民间舞展演十佳作品。

三、营造良好的政策环境，推动文化产业快速发展

优化文化产业发展政策环境，自治区先后出台《加快广西文化产业发展工作方案》、《关于推动我区动漫产业发展的若干意见》和《自治区动漫骨干企业、试验基地、试验园区、人才培养基地评选命名暂行办法》。坚持重点抓项目、抓重点项目的工作思路，编制广西文化产业城概念性规划及相关工作并报自治区人民政府。重点推进广西文化产业城等重点文化产业园区、文化项目建设。郭声琨书记、马飚主席主持召开文化产业城现场会，规划2978亩土地，确定13个项目入驻。启动广西文化产业发展重大项目库建设，征集重大文化产业项目资源信息88项。桂林雁山动漫戏曲文化产业园、来宾金龟岛民族文化博览园等文化产业项目建设取得新的进展。大力发展动漫产业，评选命名自治区级9个动漫骨干企业、2个试验园区、8个人才培养基地。自治区动漫游戏骨干企业桂林力港科技网络公司发展势头良好，2011年的营业收入从2010年的230万元提高到了8500万元。南宁九金娃娃动漫有限公司、桂林云尚动画制作有限公司入选文化部、财政部和国家税务总局公布的2011年通过认定的动漫企业名单，实现广西国家级动漫企业“零”的突破。促进文化与科技的融合，举办了全区文化艺术科研工作培训班。大力开展招商引资，推出33个招商引资项目分别进入文博会中国文化产业2011投融资项目手册等。推荐广西18个大类共88个建议目录(其中广西特色建议目录26个)进入国家西部地区鼓励类文化产业目录，广西第一批40个鼓励和引导民间投资文化项目，有4个项目已经完成招商引资工作，4个项目已有部分民间资本到位。2011年，全区文化系统文化及相关产业机构10297个,从业人员69242人。2011年全区文化系统文化及相关产业总产出42.01亿元、实现增加值32.56亿元，增加值同比增长12.43%，呈现出强劲的发展势头。

四、大力弘扬优秀传统文化，文化遗产保护成效显著

文物博物馆事业建设卓有成效。历时5年的广西第三次全国文物普查圆满完成。经国家文物局核定，广西调查登记不可移动文物10495处，其中新发现5562处，为广西成为文化遗产大省地位奠定了基础。指导编制刘永福旧居、白龙炮台、八路军桂林办事处旧址、容县近代建筑群黄绍竑故居夏威夏国璋别墅、武宣文庙等10个维修保护方案。对连城要塞遗址及友谊关、合浦汉墓群、顶蛳山遗址、灵川江头村和长岗岭村古建筑群4项保护规划进行修改完善。继续实施花山岩画本体一期保护工程。组织开展大遗址保护，指导编制和建设《桂林靖江王陵考古遗址公园（一期）项目建议书》。组织指导合浦至河唇线铁山港铁路等30余项基本建设工程用地范围内的文物调查、勘探、发掘等工作，抢救保护一批文物。组织、指导兴安灵渠、左江岩画、北海海上丝绸之路编制中国世界文化遗产重设预备名单申报文本。积极指导国家历史文化名城名镇名村检查评估工作，加快推动特色文化型名镇名村建设。百家博物馆工程加快推进,柳州工业博物馆等14个博物馆动工建设，广西城市规划展示馆、金秀坳瑶生态博物馆等14个博物馆建成开放。龙胜龙脊壮族生态博物馆入选全国首批5家生态（社区）博物馆示范点。有9个设区市级博物馆列入国家“十二五”地市级博物馆建设项目库。合浦汉代文化博物馆等9家博物馆列入全国免费开放博物馆纪念馆名单，全区免费开放博物馆增至45个。行业博物馆、民办博物馆扎实推进。围绕国际博物馆日、中国文化遗产日活动，组织2011年广西文化遗产保护宣传月活动成效明显。切实加强文物安全执法。会同公安厅开展文物系统三级以上风险单位的博物馆及馆藏文物的安全检查，会同气象局开展全国重点文物保护单位、自治区文物保护单位防雷安全专项检查。

非物质文化遗产保护扎实推进。建立申报国家级非物质文化遗产名录项目预备名单制度，确定壮族会鼓等93个项目列为广西申报国家级非物质文化遗产名录的预备推荐名单。加强自治区级非物质文化遗产项目代表性传承人认定工作，确定民间文学、民间音乐、民间舞蹈、传统戏剧、曲艺、杂技与竞技、传统手工技艺、传统医药、民俗等9大类的121名为第三批自治区级非物质文化遗产项目代表性传承人，广西传承人达到240人。完成第四批国家级非物质文化遗产项目代表性传承人推荐工作，推荐周瑾等31名自治区级传承人申报国家级代表性传承人。推进自治区级铜鼓文化(河池)生态保护区申报国家级生态保护试验区取得进展。组织召开自治区宣传贯彻国家非物质文化遗产法座谈会。组织开展民族团结跟党走——民俗踩街踏歌行非物质文化遗产巡游活动、锦绣尽染家乡红——广西首届织染绣展演、广西第四届歌王大赛、唱支山歌给党听——广西少数民族民歌合唱比赛、千年流韵——日歌圩和夜歌圩展示、宣传贯彻非物质文化遗产法主题晚会等活动，海内外媒体予以关注。命名靖西县非物质文化遗产传习基地、东兰县铜鼓习俗传习基地、永福彩调罗锦镇林村传习基地、宜州市彩调传承展示基地、靖西县壮族织锦技艺生产性保护示范基地、桂林黄昌典毛笔制作技艺生产性保护示范基地、自治区级彩调传习基地和桂林市彩调艺术传习基地为第二批自治区非物质文化遗产传习基地、展示中心和生产性保护示范基地。壮族织锦技艺被列为第一批41个国家级非物质文化遗产生产性保护示范基地。举办有1350多人参加非遗保护工作、非遗法解读等培训班。

古籍保护得到加强。完成第四批全国古籍重点保护单位、国家珍贵古籍名录的申报推荐。自治区人民政府公布了第二批广西珍贵古籍名录120部。《中华古籍总目·广西壮族自治区卷》编纂工作加快推进。编辑出版《第二批广西珍贵古籍名录图录》等一批图书。命名广西图书馆等4个单位为自治区级古籍修复中心。

五、建立健全管理长效机制，促进文化市场繁荣发展

把市场管理作为各项目工作的重中之重，坚持一手抓管理、一手抓繁荣，制定《广西壮族自治区网吧连锁经营管理暂行办法》，出台《广西壮族自治区文化厅、公安厅、工商局关于进一步加强游艺娱乐场所管理的实施意见》，全区文化市场继续保持繁荣稳定有序的良好局面。围绕为建党90周年营造良好文化环境，着力抓好党的十七届六中全会期间文化市场管理工作，组织开展知识产权保护、网吧、演艺娱乐市场等专项整治行动。全面提升网络文化市场技术监管水平，柳州等11个市已初步建成市级网络监管平台。全区在网吧监管系统注册网吧3923家，安装客户端软件网吧3137家、安装率80%。全区各级文化行政部门和执法机构出动人员18.3万人次，检查文化经营单位19.1万家次，受理举报1074件，收缴非法音像制品49.93万盒张和非法出版物22.95万册，罚款234.22万元，没收违法财物24.67万件；停业整顿328家次，取缔违规经营场所224家次，吊销“许可证”6家。推进网吧连锁经营、电子游戏游艺场所结构调整。完成全区文化娱乐经营机构文化经营许可证换证工作。全区14个设区市完成本级文化市场综合执法改革工作。全区应进行文化市场综合执法改革的95个县（市、城区）已全部成立文化市场管理工作领导小组及办公室、完成率100%，全部组建文化市场综合执法大队、组建率100%。举办市、县(市、城区)文化市场管理执法人员培训班。加强文化市场宣传教育，组织开展“12318”法制宣传教育活动，学法知法、守法用法的社会意识进一步增强。全年办理行政许可项目43件、非行政许可备案项目14件。自治区文化厅被自治区党委、自治区人民政府评为全区“五五”普法工作先进集体。2011年，全区文化系统文化市场经营机构8295个、从业人员52694人、固定资产原值33.54亿元，2011年全区文化市场经营单位营业收入29.76亿元、利润11.11亿元、创税费2.14亿元、创增加值24.98亿元。

六、科学制定规划和政策，文化发展思路更加清晰

优化文化改革发展政策环境，加强文化政策研究、规划建设、制度建设，为“十二五”时期广西文化改革发展布局谋篇。牵头编制和实施《广西壮族自治区文化发展“十二五”规划》、《广西壮族自治区文化产业发展“十二五”规划》、《广西壮族自治区文化系统文化发展“十二五”规划》和《广西壮族自治区文物博物馆事业发展“十二五”规划》以及《广西壮族自治区文化系统法制宣传教育“六五”规划》、《广西壮族自治区文化系统全面推进依法行政规划(2011～2012)》、《广西壮族自治区艺术创作3年规划（2011年～2013年)》，出台自治区人民政府办公厅转发自治区文化厅等部门《关于推动我区动漫产业发展的若干意见》、《广西壮族自治区人民政府办公厅加快文化产业发展工作方案》、《中国文化艺术政府奖·文华表演奖中国戏剧奖·梅花表演奖广西获奖演员奖励办法》。一批市县也编制了文化发展规划。促成出台《文化部关于进一步支持广西文化建设的若干意见》。围绕文化建设的重点难点问题，组织开展调查研究，形成一批有针对性、前瞻性、操作性的调研成果。国家公共文化制度设计课题“公共文化单位免费开放与公益性服务研究”出阶段性成果。海上丝绸之路始发港合浦草鞋村遗址研究、北部湾水下考古调查等主要课题研究取得新的进展。加强地方文化立法和规章建设。修订《广西壮族自治区文物保护条例》。开展《广西壮族自治区左江岩画保护管理办法》立法调研和文本起草。研究起草《广西壮族自治区博物馆、纪念馆基本陈列内容设计方案编制、评审、审批管理暂行办法》。广西师范大学高敏教授2011年申报的《二十世纪壮族音乐发展史研究》项目获得国家西部课题立项。自治区文化厅被自治区党委、自治区人民政府评为“五五”法制宣传教育先进集体。大力推进依法行政，实施规划制定咨询专家制度、文化厅常年法律顾问制度成效明显。

七、服务大局服务中心，广西文化的影响力不断提高

成功举办2011中国—东盟文化产业论坛，来自东盟10国、东盟秘书处文化官员，东盟10国国家博物馆与日本及部分国内博物馆馆长、专家参加，活动效果好、影响大。2011中国——文化产业论坛等活动拓宽了与东盟人文社会领域的交流合作。广西壮族自治区主席马飚专门在论坛情况报告上做了批示：“效果好，影响大，广西多争取更多的项目上升为国家项目。”深化与香港、澳门、台湾地区的文化交流合作。广西壮族自治区人民政府与文化部共同成功举办了2011台湾·广西少数民族艺术节。这是国家组织的第一个大陆的少数民族省区到台湾办艺术节，第一次大陆的少数民族艺术展演进台湾高校、台湾社区，第一次大陆地方文化官员到高校演讲，以文化参访、广西少数民族文化遗产展示、广西少数民族歌舞和地方戏曲(原生态)综合展演为主要内容，进行11场交流演出活动，观众达1.5万人次，深受台湾民众欢迎。中国国民党荣誉主席连战先生专门会见访问团。中国中央电视台和台湾主流媒体进行了广泛的系列的报导。文化部称赞广西少数民族艺术节在面向基层、面向民众、配合国家对台交流大局方面发挥了重要作用。组织广西艺术团随广西经贸文化代表团赴台湾花莲参加第三届桂台经贸文化合作论坛活动，在台湾举行“魅力广西”等多场文艺演出活动受到各方好评。为庆祝中国文莱建交20周年，组织广西艺术团赴文莱开展演出活动获得成功，受到自治区主席马飚和文莱外交与贸易部巡回大使玛斯娜公主、工业与初级资源部部长丕显雅耶、文化青年与体育部部长丕显哈查尔、教育部长丕显苏艾等领导嘉宾与观众的高度评价。大型舞剧《碧海丝路》赴马来西亚、斯里兰卡演出，获得了中外国家领导人的高度肯定和好评。组织广西艺术团赴哥伦比亚、秘鲁两国进行文化交流演出活动，26天演出18场，境内外媒体进行了全方位的报道。赴京承办中国—东盟建立对话关系20周年纪念招待会文艺演出活动，得到了国家领导人和自治区党政主要领导的肯定，外交部特地来信致谢。受文化部委派，组织艺术团赴哥伦比亚、秘鲁开展演出活动，举办了中秘两国建交40周年专场晚会、第17届太平洋书展中国主宾国专场演出。文物工作对交流影响扩大，成功举办多彩而独特的民族文化——印度尼西亚国家博物馆与广西民族博物馆联展、佛风梵韵——缅甸佛文化展、东方文明之光——越南国家历史博物馆馆藏文物精品展、广西与东盟青铜文化学术研讨会。初步形成多渠道、多形式、多门类的对外文化交流格局，广西文化的知名度得到了进一步提高。

八、稳妥推进文化体制改革，加强文化人才队伍建设

一是文化体制改革扎实推进。坚持深化体制改革和完善保障体系并重，深化体制改革和激发广大文化工作者积极性并重，以完善配套政策为杠杆，全面推进各项改革重点任务取得新的突破。自治区文化厅直国有文艺院团体制改革全面推开，结合我区实际，代拟了《中共广西壮族自治区党委办公厅、广西壮族自治区人民政府办公厅关于深化全区国有文艺院团体制改革的意见》、《广西壮族自治区文化厅直属国有文艺院团体制改革实施方案》，以及《广西演艺集团有限责任公司组建方案》、《广西壮族自治区戏剧院组建方案》和《撤销广西壮族自治区话剧团的工作方案》。积极指导市县改革。深入推进国有文艺院团体制改革。经营性文化单位改革取得突破性进展，广西演出公司转企改制基本完成，广西文化物资供应公司股份制改造顺利推进，广西文物商店转企改制有序开展。公益性事业单位改革稳步推进。全面推行公开招聘制度，认真落实岗位管理制度，完善领导干部考核评价机制，制定出台《广西壮族自治区文化厅直属博物馆领导班子业务管理绩效考核实施细则》，让想干事、会干事、敢干事、干成事的干部有舞台、有奔头。二是文化人才队伍建设不断加强。加大厅机关处级干部调整力度和竞争性选拔干部力度。举办全区文化系统专家管理软件培训班、全区文化馆站长培训班、广西特色文化名镇名村建设骨干培训班以及在北京举办广西文化综合执法高级研修班、广西公共图书馆科学管理与服务创新高级研修班、广西民族生态博物馆建设可持续发展高级研修班、广西北部湾戏剧艺术创作高

级研修班。继续加强舞台艺术、生命演化科学、生态博物馆研究、数字资源研究与建设等文化厅人才小高地和自治区级广西文化艺术人才小高地建设，广西文化及自然遗产保护与利用人才小高地成功申报为自治区人才小高地。

九、加强党的建设，党风廉政建设扎实有效

深入学习宣传党的十七届六中全会精神和自治区第十次党代会精神，通过作报告、讲座等形式，邀请专家、学者作学习报告，学习胡锦涛同志“七一”重要讲话、党的十七届五中和六中全会精神和自治区第十次党代会精神，组织观看《扬善洲》等一批创先争优题材电影，订阅发放理论书籍材料。党员领导队伍建设得到加强。深入开展结对共建大行动、承诺联评大行动、党员志愿者服务大行动、典型示范大行动、为民服务创先争优等“五大行动”，进一步提升建设民族文化强区的能力和水平。加强党组织建设，发展文化厅24位同志为预备党员，29人按期转正。加强共青团、妇联、工会组织建设，营造厅机关良好工作环境。党风廉政建设得到进一步加强。落实党风廉政建设责任制，签订党风廉政建设责任书，筑牢拒腐防变的思想道德防线，廉政监督成果明显，对为民办实事文化建设项目及重大文化项目、干部选拔任用工作、厅直属单位一把手离任及任职中期经济责任审计报告、重大文艺评审评奖活动、落实党风廉政建设责任制报告制度情况、领导班子执行民主生活会等制度情况进行监督检查，收到良好效果。加强反腐倡廉制度建设，起草《广西壮族自治区文化厅关于加强党风廉政建设若干规定》、《广西壮族自治区文艺评审评奖监督工作暂行办法》，促进廉政工作规范化。认真开展公务用车、庆典、研讨会、论坛活动等专项清理规范工作，确保政令畅通。认真做好信访工作，妥善处理群众来信来访。全年收到群众信访举报33件次，对7件予以重点查办，对一般信访问题分别采取了发信访通知书、协调解决等不同方式予以办理。

海南省

2011年，海南省文化系统全体干部职工，在各级党委、政府的正确领导下，乘着海南国际旅游岛建设上升为国家战略的强劲东风，坚持以邓小平理论和“三个代表”重要思想为指导，以科学发展观为统领，认真贯彻落实《国务院关于推进海南国际旅游岛建设发展的若干意见》，紧紧围绕《海南国际旅游岛建设发展规划纲要》和海南省委、省政府《关于加快海南文化改革发展的决定》的总体部署与要求，解放思想，锐意创新，主动作为，在新的历史起点上实现了文化事业产业又好又快发展。

一、公共文化服务体系建设

基础文化设施建设扎实推进。海南省博物馆二期工程（含海南省非物质文化遗产展示馆、海南省美术馆）已解决建设用地并落实前期建设资金2000万元，项目建设内容、建设规模、投资规模已初步确定。海南省文化公园服务中心已完成立项，预计年内可开工。建成使用一批县级文化馆、图书馆。启动行政村文化室建设示范点建设工作。澄迈县入选第一批创建国家公共文化服务体系示范区，陵水县群众文化活动入选第一批创建国家公共文化服务体系示范项目。完成全国第三次文化馆评估定级工作，全省共有一级文化馆2个，二级文化馆2个，三级文化馆2个。

重点文化惠民工程进展顺利。全省204个乡镇综合文化站已建成201个，在建3个。完成全省文化信息资源共享工程建设任务，建立文化信息资源共享工程专网，省文化共享工程分中心与全省22个支中心互联互通，共享文化信息资源和数字资源。

群众文艺创作演出精彩纷呈。中国少儿合唱节有来自全国23个省（区、市）29支合唱队约1300余名少年儿童相聚海口，天籁之音萦绕椰城。2011中华艺术家书画交流大会吸引来自海内外的200余位知名华人书画艺术精英，在海南挥毫泼墨。成功举办海南省第11届东西南北中广场文艺会演暨北部地区文艺会演，“群艺大舞台”屯昌行、定安行文艺演出，图书馆宣传周系列活动。组队参加“2011中华红歌会”重庆合唱节和中国老年合唱节，捧得“黄河杯”、“长江杯”和“建设杯”。联合有关部门成功举办“百万职工心向党”文艺汇演、“颂党・倡廉”文艺汇演、东方黄花梨文化节、“万人红歌颂党”大型演唱活动。完成年度文化下乡工作任务。

二、艺术创作和演出

2011年，全省文化系统坚持“二为”方向、“双百”方针和“三贴近”原则，坚持弘扬主旋律、提倡多样化，鼓励艺术关注现实和艺术创新，加强指导、引导和管理服务，促进艺术创作生产，推动了一批艺术作品的修改、创作、生产和策划。修改提升现代琼剧《下南洋》，策划创作建党90周年大型主题文艺晚会“旗帜”台本，向社会征集选定第四届全国少数民族文艺会演参演剧本大型原创舞蹈诗《黎族故事》，完成现代琼剧《海瑞》的立项和剧本初稿创作，大力推进大型实景歌舞剧《鹿回头》的策划、立项。

各类艺术作品参加全国评比，喜获优异成绩。群舞作品《苗染》获第九届全国舞蹈大赛群舞组创作三等奖；舞蹈作品《万泉河水》和《博·鳌》分获第六届CCTV全国舞蹈大赛专业组铜奖和群舞组第四名；音乐剧《火凤凰》荣获2010～2011年度国家舞台艺术精品工程资助剧目；课题《海南岛黎族传统音乐形态研究》获2011年度国家社科基金艺术学项目立项。

全省各级专业文艺院团不断开拓业务，既圆满完成了全年的政治任务，又满足了人民群众的精神文化需求,取得了较好的经济效益。2011年，省直院团共演出501场，实现演出收入779万元，惠及观众173.4万人次。与海航联手打造2011年首届海南迎新艺术节，为国际旅游岛添彩；圆满完成纪念建党90周年大型主题文艺晚会“旗帜”、交响组歌《琼崖颂》和“祝福祖国——海南省庆祝中华人民共和国成立62周年大型歌舞晚会”等演出任务；成功策划组织“相约陵水——海南省精品剧（节）目与非物质文化遗产保护成果展演展示活动周”，推动本土艺术的传承；出色完成文化部2011年海外“欢乐春节”活动、香港国庆62周年演出、2011海南·香港“联谊两会”文艺演出等对外文化交流活动，促进海南文化和中华文化的传播。

三、非物质文化遗产保护工作

非物质文化遗产保护基础建设工作继续推进。调整充实海南省黎族纺染织绣技艺保护领导小组，制定印发《“黎族纺染织绣技艺”保护五年规划》。制定印发《海南省省级非物质文化遗产代表性项目评审办法》。建立了海南省古籍保护厅际联席会议制度。全省有6个项目（新入选5个，扩展1个）入选第三批国家级非物质文化遗产名录。评选表彰了海南省非物质文化遗产普查工作先进集体和先进个人。新建一批市县非物质文化遗产传习场所。

非物质文化遗产保护宣传工作取得成效。成功举办2011年海南省“文化遗产日”系列活动。建成开通海南省非物质文化遗产网站。举办东南西北四国菱形国际文化的传播与能力建设文化遗产理论培训班。与广东省共同举办粤琼非物质文化遗产交流展。组织参加第三届中国成都国际非物质文化遗产节。

组织开展2011～2013年度民间文化艺术之乡评审申报工作，制定《“海南省民间文化艺术之乡”命名办法》，命名儋州市等11个县（县级市）、乡镇为2011～2013年度“海南省民间文化艺术之乡”；全省5个市县、乡镇被文化部命名为2011-2013年度“中国民间文化艺术之乡”。

四、文物考古和博物馆事业

2011年，全省文物机构总数26个，其中全省文物保护管理机构10个，全省博物馆16个，全省文物科研机构1个（海南省文物研究所，与海南省博物馆为两块牌子，一套人马）。全省文物系统从业人员308人，其中高级职称9人，中级职称21人。

经普查，全省共调查登记不可移动文物4274处（古遗址558处，古墓葬372处，古建筑1547处，石窟寺及石刻82处，近现代重要史迹及代表性建筑1705处，其他10处）。其中新发现不可移动文物3162处，复查不可移动文物1112处。全省已公布各级文物保护单位435处，其中全国重点文物保护单位14处，省级文物保护单位108处，市县级文物保护单位313处。全省文博机构文物藏品数58398件/套，其中一级品81件，二级品239件，三级1325件。

全省各项文博工作有序进行。第三次全国文物普查工作顺利完成，编制完成海南省第三次全国文物普查工作报告，建设海南省第三次全国文物普查不可移动文物信息管理系统。五公祠、丘浚墓、海瑞墓三大重点项目保护、文昌学宫维修、儒符石塔维修、海瑞墓安防、中共琼崖一大旧址安防工程、蔡家宅保护维修、溪北书院维修等保护工作稳步推进。贯彻落实领导批示精神，积极推动南海水下文化遗产保护工作，与公安厅联合召开会议，部署针对破坏南沙水下文化遗产行为的打击行动；全面推动国家南海水下博物馆、国家水下文化遗产南海基地、西沙永兴岛南海水下考古工作站三大机构建设。完成陵水军屯珊瑚石椁墓葬群建设用地考古勘探、昌江混雅岭考古勘察、定安老县衙遗址的考古发掘、洋浦乙烯石化项目考古勘察。完成西沙群岛水下文化遗产保护状况巡查和文物执法巡查工作，查处违法盗掘水下文化遗产案件1宗，查扣文物1400多件,巡查水下文化遗存48处，其中复查18处，新发现30处；各文博机构举办“考古中华”、“薪火千年 美轮美奂——海口市博物馆藏宋代至民国瓷器特展”等于近30个展览。启动海南省文物局网站建设；推进国家文物进出镜审核海南管理处建设，与国家文物进出境审核广东管理处签订培训协议，培养鉴定人才。完成海南省文物调查及数据库管理系统建设。

五、文化市场管理

开展了全省文化经营许可证的统一编码工作，进一步规范了全省文化市场经营许可证的颁发与日常管理工作。突出重点，强化网吧、歌舞厅等娱乐场所的管理。制定了《海南省经营性互联网文化单位2011年～2015年总量和布局规划》和《全省网吧和电子游戏游艺娱乐场所2011年～2015年总量和布局规划》。开展为期1个月的电子游戏游艺娱乐场所专项整治行动，重点整治违规审批、擅自增加机型机种、涉嫌变相赌博等问题为防止未成年人沉迷上网游戏，实施了网络游戏未成年人家长监护工程，并指导全省市县级网吧开展和完成了监控平台的升级改造任务。在全省范围内启动了娱乐场所阳光工程。

六、文化产业发展

积极组织和参加会展活动。组织参加第七届深圳文化产业博览会，在展会期间，与广东省企业签约文化产业项目达9.4亿元人民币，被组委会评为优秀组织奖、展馆创意优秀奖和5星级称号。举办2011中国体育旅游博览会，本届博览会以“体育旅游、时尚生活”为主题，共设立海南国际旅游岛展区、中国体育旅游精品项目展区等12大展区，展览总面积共约6万平方米，有10个国家和地区的720多家企业参展。

加强政策保障，推动全省文化产业发展。出台《关于推动海南省动漫产业发展的实施意见》，确立了全省发展动漫产业的指导思想，总体目标，对支持新技术和新产品研发、推动动漫企业发展等提出了具体意见。出台了《关于支持文化产业加快发展的若干政策》，从土地、财政税收、投融资、市场准入、人才等方面，提出了支持措施。海口动网先锋网络科技有限公司自主研发的网页游戏产品《富人国》被国家新闻出版总署、科学技术部、工业和信息化部、体育总局、版权局和上海市人民政府共同主办的中国国际数码互动娱乐展览会评为2011年度“金翎奖”第一名。

七、对外文化交流

2011年，全省对国外、港澳台文化交流项目总量及人数分别比去年同期增长32%及72%，对外文化交流共有180项2390人次，涉外商业性演出共120项，595人。其中出访38项，来访142项。与50余个国家及港澳台地区开展了文化交流友好往来。

开展央地合作，全力推动商业演展。全省文艺团组和各市县文体局积极参与文化部倡导的“海外欢乐春节”、“香港青少年中国民族民间文化艺术研习考察活动”等“央地合作”项目。

演出对外文化交流频繁。省琼剧院、省歌舞团共组织186人赴香港参加“第12届世界海南乡团联谊大会”演出，保亭县组织64人赴台湾参加“寻找七仙女活动总决赛暨颁奖典礼”活动。开展琼剧外访活动，加强乡情联络。定安琼剧团先后赴印尼、马来西亚、泰国进行了多场演出，受到了海外华侨的热烈欢迎。

利用与外国高层领导进行会谈交流的机会，大力促进中外文化项目合作。省委常委、宣传部长、副省长谭力会见了泰国前副总理披尼率领导的泰中文化经济协会代表团成员，并与泰国签订了《文化交流友好合作意向书》。

加强对外非物质文化遗产保护交流，进一步扩大海南文化在国际上的影响。在《东南西北四国菱形国际文化的传播与能力建设》欧盟国际合作项目框架内，组织英国、肯尼亚、圭亚那三国10人对海南黎、苗族非物质文化遗产进行考察交流，并精选海南黎族文化遗产实物展品33件、光盘4张赴英国、肯尼亚、圭亚等地进行巡展，邀请英国非物质文化遗产专家来琼设坛讲座等。

八、文化体制改革

2011年，按照中央的部署和省里的要求，全力推进国有文艺院团体制改革，取得重大进展。全省21个国有文艺院团，除海南省琼剧院（保留事业体制）和东方市艺术团、保亭县民族歌舞团（原属企业）不列入此次改革外，其余18个国有院团均为改革对象。其中海南省歌舞团、海南省民族歌舞团和海口市艺术团为第一批改革单位，已提前1年完成转企改制；剩下15个市县级院团为第二批改革单位，也已按照中央和省里确定的改革路径，或转企、或划转、或撤销，或合并，比中央规定期限提前半年完成改革任务。

在体制改革的基础上，指导改革院团用足用好中央政策，通过加大投入，解决办公、排练演出场地，合理安置分流职工，增加社会保障力度等方法，解决院团后顾之忧，增强院团实力；同时推进改革院团内部机制创新，改善经营管理，焕发院团生机。

重庆市

2011年是全市文化建设“规划启动年”、“基础建设年”，全市文化系统紧紧抓住贯彻落实党的十七届六中全会精神这一契机，全面推进市委、市政府关于文化建设的一系列重大决策部署，按照“1246”的工作思路，率先发力，一以贯之坚持抓基础性、机制性、制度性建设，坚持抓创新性、突破性、品牌性工作，高质量完成各项工作任务，实现了“十二五”规划圆满开局。

全市文化文物机构1274个（不含文化市场机构），其中文化部门专业剧团25个、艺术教育机构1个、文艺科研机构1个、公共图书馆43个、艺术馆1个、文化馆40个、乡镇（街道）文化站996个、博物馆（纪念馆）39个、文物管理所39个。全市文物点25908处，其中世界文化遗产1处，全国重点文物保护单位20处，市级文物保护单位317处，区县文物保护单位1329处。现有文物藏品总量62万余件。

一、公共文化服务水平有效提升

【重大设施建设加快】

中国民主党派历史陈列馆建成开馆；川剧艺术中心交付使用；国泰艺术中心完成土建施工，主体结构通过验收，内部装修进展顺利；自然博物馆新馆土建和外墙装饰基本完工，完成陈列布展方案第一阶段招标和设计方案深化；市群众艺术馆新馆土建施工到4层；国际马戏城开始“三通一平”；大足石刻博物馆及环境整治工程奠基；两江国际电影城开工建设；重庆艺术学校迁建项目确定选址定位、建设方案和资金筹集渠道，编制完成项目管理建议书报批；重庆非物质文化遗产博物园、重庆（两江）文化艺术中心（重庆少儿图书馆）、大学城文化艺术中心等前期工作有序推进；三峡移民纪念馆开始室内装潢和设备安装，征集各类展品1.4万件。乡镇综合文化站建设和设备配置实现全覆盖，新建街道文化中心56个，完成58个街道文化中心、439个社区文化室图书和文化信息资源共享工程设备配置。

【文化民生保障有力】

一是硬件建设提速。36个区县文化馆达到国家等级标准，37个公共图书馆达到国家等级标准，上等级率均居西部第一。文化信息资源共享工程基层服务点实现全覆盖，新增乡镇基层服务点211个，街道基层服务点58个，社区基层服务点439个，举办活动2415次，共计服务141.5万人次。二是软件建设加强。渝中区列入第一批国家公共文化服务体系示范区创建单位，大渡口区文图两馆总分馆制和南川区文化中心户标准化建设列入第一批国家公共文化服务体系示范项目。在全国率先实现了街道文化中心免费开放，最早实现美术馆（画院）、公共图书馆、文化馆、乡镇综合文化站免费开放，接待人数2000万人次。重庆艺术学校被列为全国首批基层文化队伍培训基地，是全国首批4个基地之一。启动实施“走进图书馆——百万市民阅读大行动”，开展图书爱心接力服务活动。全年放映农村电影18.5万场次，观影4900多万人次。开展了“农民工电影周”、“新中国电影选粹”等展映，免费放映4万余场次。三是制度设计领跑。公共文化服务体系制度设计研究走在全国前列，率先在全国推出了第一阶段《公共文化服务体系制度设计研究成果汇编》、《重庆市美术馆（画院）、公共图书馆、文化馆、乡镇综合文化站、街道文化中心免费开放实施方案》等一批制度，两次就制度设计在全国会议交流发言。

【重大活动影响广泛】

一是成功举办第12届亚洲艺术节暨第三届重庆文化艺术节，历时57天，37个国家和国际组织、400多位中外要客嘉宾、120多个文艺团队、3300名演出人员汇聚重庆，66台111场精彩剧目集中上演，真正成为“艺术的盛会、人民的节日”，向世界集中展示了“亚洲风情、中国风格、重庆风采”。二是2011（重庆）中华红歌会盛况空前，长春常委发来贺信，来自全国各地各行业108支合唱团8000余人参加，30余万名群众参与，8大系列活动精彩纷呈，开幕式、闭幕式大气磅礴，以“红歌颂党、唱响中国”为主题的开幕式演员和观众达到10万人。35家媒体210名记者全程宣传，央视《新闻联播》报道了开幕式盛况。三是圆满完成“春雨工程”——全国文化志愿者边疆行西藏活动，获文化部一等奖，并在全国作经验交流发言。

【群众文化载体丰富】

一是开展第三届重庆市社区红歌大赛，组织市级层面“唱读讲传”大型文化活动30余场次，上规模的红歌传唱活动7.34万场。圆满完成第5个农民工日文艺演出活动。二是成功举办第15届重庆书法美术摄影联展，参展作品数量多、质量高，为历届之最。三是成功组织第八届园林博览会区县群众文化活动周展演，28个区县进城演出近400场次。四是参加国家级赛事披金挂银。2支合唱团参加中华红歌会获“中华杯”，7支合唱团获“黄河杯”、8支合唱团获“长江杯”。北碚缙云山老年合唱团参加第13届老年合唱节荣获金奖，取得第16届群星奖参赛资格；南岸区教师合唱团获银奖。渝北区实验小学参加第四届中国少儿合唱节获银奖。彭水县文化馆参加第九届中国西部花儿歌会获金奖，巴南区木洞山歌代表队获银奖。五是首次开展重庆市群众文艺创作奖励和扶持，29件声乐、舞蹈、戏曲、小品等群文作品获奖，得到重点扶持。

二、创作、展演、交流全面发力

【精品创作好戏连台】

一是舞台艺术精彩纷呈。新创排演《邹容》、《钓鱼城》、《杨闇公》、《灰阑记》、《张露萍》、《大刺客》6台剧目并成功公演，芭蕾舞剧《追寻香格里拉》呼之欲出。深度打磨《三峡人家》、《鸣凤》等剧目。参加第12届中国戏剧节、第25届中国戏剧梅花奖大赛等全国性赛事捷报频传，荣获国家级重大奖项16个，其中入选国家舞台艺术精品工程资助剧目2台，荣获中国戏剧节奖项10个、全国舞蹈比赛奖项2个，3台剧目入选国家级展演活动。二是美术作品影响扩大。“大三峡·大移民——中国画创作工程”、“‘巴渝风’綦江农民版画创作项目”两个“全国画院优秀创作研究奖励扶持计划”项目圆满完成，走在全国各省市画院前列。

【文艺人才成果丰硕】

一是沈铁梅夺得第25届中国戏剧“梅花大奖”，成为西部地区和川剧历史上第一位“三度梅”，谭继琼夺得第25届中国戏剧梅花奖，全市获梅花奖演员达到7人9次。二是程联群、王弋、吴熙3人荣获第12届中国戏剧节优秀表演奖。三是王亚利等10人荣获2011年重庆市舞台艺术之星，马骏等10人荣获2011年重庆市舞台艺术新秀。

【专业文化丰富多彩】

一是成功举办了2011年舞台艺术之星选拔比赛、第三届青少年国际标准舞锦标比赛，培育了一批优秀青少年艺术表演人才。二是举办了庆祝建党90周年原创新歌征集活动，评选出了一批思想性、艺术性俱佳的优秀音乐作品。三是举办了“渝州大舞台”城乡文化互动工程暨2011年元旦春节期间送演出进基层、“巴山渝水党旗红”——重庆市庆祝建党90周年送演出进基层等重大文化活动，专业文艺院团到基层演出1000余场，观众达90余万人次，极大地丰富了广大基层群众的文化生活。四是大型原创交响乐《长江》和民族管弦乐《巴渝风》全国巡演圆满成功，实现了社会效益与经济效益双丰收。

【文化交流点多面广】

全年组织出访44起586人次，来访144起2250人次。一是同步在三大洲开展海外春节文化活动，组织重庆杂技艺术团、重庆市文化艺术研究院、大足石刻博物馆、重庆演艺集团会展公司的杂技演出、非遗展示、大足石刻艺术展览、重庆图片展览等在澳大利亚、美国、英国、加拿大举行。二是成功举办英国威尔士重庆文化周和泰国重庆文化周，举办台湾少数民族文化展、“重庆——重庆”严隽泰伉俪油画艺术展，两岸电影展——台湾电影周，“巴山渝水宝岛情”重庆文艺精品走进台湾活动。举办第三届中德戏剧论坛，顺利访演波黑、捷克、新加坡、白俄罗斯。参加了2011年新加坡“月圆河畔庆中秋”大型灯会演出活动。三是杂技童话剧《红舞鞋》赴美驻场演出1年，杂技剧《花木兰》赴法国、瑞士、比利时商演。四是利用东盟10+1文化部长会晤、中国文化部长与东盟文化部长会见和签订文化协议、东盟服饰展秀、亚洲艺术节礼宾接待等时机，不断扩大重庆文化的知名度。五是大足石刻首次走出国门赴英展览，48件宋代文物参展，自然博物馆在韩举办《世界恐龙大展》。

三、文化遗产保护持续发力

【文物保护量质同增】

国家文物局和市政府签署了《合作加强重庆文化遗产保护工作框架协议》，全年文物保护资金总量达3.7亿元，争取中央财政投入超1亿元。一是第三次全国文物普查圆满收官，全市登记不可移动文物25908处，新登记17244处、复查8644处。普查数据第一批通过审核，进度排名全国第五。二是三峡文物保护任务基本完成。国家计划补助资金足额到位，总到位资金9.26亿元，实施项目752个，审计销号项目734个，销号率达98%，完成资金财务总决算。三是“六大精品景区”加快打造。千手观音抢救性修复加快推进，完成《大足石刻保护规划》，推进宝顶山景区提档升级工程；实施白鹤梁水下博物馆地面陈列布展改造；完成合川钓鱼城九口锅遗址、宋代城门遗址考古发掘，开展护国寺石刻艺术和钓鱼城历史基本陈列展示；加快白帝庙古建筑及仿古建筑维修改造；完成丰都名山古建筑群寮阳殿、玉皇殿、二仙楼修缮；潼南大佛摩崖造像抢救性保护工程完成中期修复。四是白鹤梁题刻、钓鱼城遗址申报世界文化遗产顺利启动，成立了申遗工作委员会和专家组，完成保护规划和文本编制。五是开展重要革命遗址、抗战遗址抢救保护，已完工77处，正在施工13处。南宋衙署遗址完成8500平方米考古发掘，重点寺观教堂和重庆会馆保护有序开展。启动三峡后续规划年度项目，编制、申报2011年度实施项目24个。国家文物局决定实施湘鄂赣渝陕革命文物抢救试点工程，钓鱼城遗址纳入全国大遗址保护项目。

【博物事业提档升级】

一是免费开放范围扩大。新增4家免费开放博物馆纪念馆，免费开放总数达到39家，全年接待观众突破1500万人次。二是免费开放资金保障增强。新增中央专项资金2750万元，市级首次配套362万元，全年投入免费开放资金达7985万元。三是9个区县博物馆建设项目纳入中央“三馆建设”项目库，每馆可获得最高2000～3000万元专项补助，资金总额约2亿元。四是成功促成美籍慈善家贝林先生捐赠重庆自然博物馆237件标本价值约1500万美元。五是重庆中国抗战大后方历史文化博物馆开展了可研和选址等前期工作，工业博物馆正在开展方案设计和文物征集，綦江博物馆、新华日报陈列馆建成开放，巫山、云阳博物馆开展陈列布展。六是重庆收藏品交易市场正式开街，全年举行5场文物拍卖，成交金额8768万元，同比增长35%。

【非遗保护持续升温】

开展学习宣传《非物质文化遗产法》暨“文化遗产宣传月”系列宣传展示活动，举办10场座谈会，走进100所学校，系统培训1000名文化干部。非遗普查工作在全国会议上作交流发言，成为全国非遗普查成果汇编试点省市，非遗名录体系逐步完善，10个项目入选第三批国家级非遗项目名录，公布了重庆市第三批非遗项目名录119项。举办了全市非物质文化遗产保护成果系列展梁平县、大渡口区、巴南区专题展。《重庆市非物质文化遗产条例》（草案）已提交市政府法制办。

【古籍保护成效明显】

申报国家第四批珍贵古籍名录372种，重庆图书馆被文化部命名为第二批国家古籍修复中心。完成了第二批重庆市珍贵古籍名录和重点古籍保护单位的评审工作。启动《中华古籍总目·重庆卷》编撰工作。11个区县荣获2011～2013年“中国民间文化艺术之乡”称号，命名首批“重庆市民间文化艺术之乡”68个，命名第二批全市十佳特色文化广场、社区、校园各10个。

四、文化产业乘势而上

【主导产业持续发力】

全年文化产业增加值突破300亿元大关，占GDP比重达3.1%，高于全国平均水平0.36个百分点。市级文化产业示范园区和基地产值突破100亿元，洪崖洞、商界传媒等4个国家级文化产业示范基地完成产值15.15亿元。完成重庆市第二批文化产业示范园区和基地评选，3个园区和22个基地入选。全年举办公益性演出7184场次，观众1071万人次；商业演出8677场次，观众314.8万人次，收入1.59亿元。审批境外演出活动75件、到渝演出人员350余人。重庆电影集团完成注册。新增影院8家、银幕45张，放映49万场次，观众1253万人次，票房收入突破4亿元大关。审读电影剧本（梗概）16部，初审通过10部影片。

【会展产业持续向好】

成功举办第三届中国西部动漫文化节，参观人数达25万人次，展商达315家，展场面积25000平方米，408个展位，现场销售额5000万元，合作项目签约54亿元。主办中国重庆万石博览会，协办中国西部家居文化艺术节，接待观众20万人次，奇石、艺术品现场销售额1.05亿元。组团参加第七届深圳文博会、第六届北京文化创意产业博览会、西藏唐卡文博会等，推出招商引资项目70个，签订合作意向16个，协议金额达15亿元。

【持续推进项目建设】

重视抓项目包装运作，策划并推动了綦江文化产业园、涪陵印刷包装产业园建设，启动了“虎溪公社”、“印象·武隆”、《梦幻桃源》、“华生园梦幻蛋糕王国”、“菩提山·中国长寿文化城”等一批文化产业项目。“川美·创谷”成功开谷，“印象·武隆”成功试演。全市发展文化微型企业4712户，累计投入财政资金1.8亿元，纳入市政府重点帮扶的61户。

五、文化体制改革迈向纵深

【国有文艺院团改革基本完成】

一是完善了院团改革配套政策。争取到新5条政策，形成5+5政策体系，提高在职人员绩效工资，保障离退休人员补贴，加大奖励扶持力度，增加政府购买演出场次，提高演出场次补贴。二是市级国有院团改革任务全面完成。重庆演艺集团改革发展成效明显，法人治理结构逐步完善，工商登记成立4家分公司，整合组建重庆演出公司，实现收入9659万元，同比增长59%。组建成立重庆艺员管理培训中心，完成了相关单位离退休人员的医保划转。市京剧团、市话剧团整体划转红岩联线，组建红岩文化产业集团。完成歌舞团乐员划转，市川剧院、市歌剧院全面深化内部机制改革。三是区县国有院团改革工作基本完成。19家国有文艺院团已完成14家，其余5家院团改革方案已经当地政府审定，正抓紧组织实施。

【文化企业改制工作不断深化】

市电影公司、市美术公司审计评估、清产核资全面完成，人员分流安置稳妥实施，企业法人治理结构初步搭建。38家区县电影发行放映机构全面完成转企改制。文华置业公司整体划转重庆演艺集团，实施公司制改革。

【公益性文化单位改革加快推进】

制定事业单位绩效考核实施指导意见和人员绩效工资考核实施办法，博物馆、图书馆、群众艺术馆等公益性文化事业单位内部机制改革进一步深化，事业单位分类改革试点工作积极推进。

六、重要会议、重要活动

【签订《重庆市成都市统筹城乡文化发展区域合作框架协议》】

8月13日，重庆市文化广播电视局与成都市文化局在成都签订了《重庆市成都市统筹城乡文化发展区域合作框架协议》。这是成渝两地首次实现文化领域合作的“零障碍”，标志着成渝两地文化领域的交流与合作开创了新的局面。根据《协议》，将成立成渝文化交流协调小组，每年召开一次工作交流座谈会，就两地公共文化服务体系建设、艺术创作与生产、文化产业发展、文化体制改革、文化遗产保护、行业行政管理等方面开展经验交流。双方将在打造文化品牌项目、推动文化产业发展、开展人才培训等3个方面开展深度交流与合作。

【重庆首次开展群众文艺创作奖励扶持活动】

2011年，为推动群众文化出人才、出精品、出效益，建立了扶持奖励基金，首次开展了群众文艺创作奖励扶持活动。评出北碚区缙云之声合唱节等3个活动获品牌文化活动类扶持奖励；巫溪县《风过茶树满山香》等29个文艺作品获创作类扶持奖励；南岸区文化馆合唱团参加2011（重庆）中华红歌会等23个作品获参赛类扶持奖励。本次扶持奖励活动就是对重庆近年来开展的群众文艺作品创作、参加国家级各类赛事获奖，以及本地组织开展的大型品牌文化活动3个大项进行扶持奖励，极大地激发了全市开展群众文化的积极性和主动性。

【重庆10项非物质文化遗产项目入选第三批国家级非物质文化遗产名录】

民间文学酉阳古歌，传统音乐小河锣鼓，传统舞蹈高台狮舞，曲艺四川评书、四川扬琴、四川清音、金钱板，传统技艺土家吊脚楼营造技艺、荣昌陶器制作技艺，传统医药桐君阁传统药丸剂制作技艺等10项重庆非物质文化遗产项目入选第三批国家级非物质文化遗产名录。截至2011年，重庆共有39项非物质文化遗产项目入选国家级非物质文化遗产名录。

【重庆首台24小时自助图书馆开通】

在第16个“世界读书日”到来之际，重庆图书馆24小时自助图书馆正式投入使用，这是重庆开设的首台24小时自助图书馆。24小时自助图书馆是一种无人值守的、自助式、可移动安置的图书借还平台，有柜员机系统，还设有小型“书架”，可储存450本定期更新的图书供读者借阅。通过简单几步操作，读者可以全自助式完成读者证办理、书目查询、借还书、续借、预约、缴纳逾期费用，可以通过24小时自助图书馆享受到实体图书馆的大部分基本服务。今后，24小时自助图书馆将逐渐推广到社区、商业中心、车站等场所，延展图书馆服务的时空范围，真正做到贴近市民、方便快捷。

【大型原创交响乐《长江》全国巡演】

由重庆市歌剧院、重庆交响乐团与中国保利院线合作举办的“大型原创交响乐《长江》全国巡演活动”，从1月启动，历时7个月，140人的强大阵容，相继在重庆、武汉、郑州、北京、常州、泰州、合肥、东莞、深圳、惠州等全国10个城市巡回演出，共演出10场，观众达到15000余人次，向全国各地观众呈现了一台重庆原创交响乐，为中国共产党成立90周年献上了一份厚礼，也为重庆文化走出去探索出了一条新路。这是重庆首次在全国范围内巡回演出交响乐作品，受到当地观众的广泛欢迎和好评，巡演活动获得圆满成功。

【举办2011（重庆）中华红歌会】

6月29日至7月2日，由文化部、重庆市委市政府共同主办的2011（重庆）中华红歌会取得圆满成功。来自全国各地的108支合唱团共8000余人齐聚重庆，30余万名群众参与，开展了8大系列活动。红歌会开幕式暨庆祝中国共产党成立90周年大型文艺演出在重庆奥体中心隆重举行，李长春常委发来贺信，中国人民的老朋友、美国前国务卿基辛格博士亲临现场为红歌会致辞。场内外演员和观众共10万多人参加，来自全国的合唱团演员们演绎了一曲曲经典歌曲。文化部领导、重庆市领导，以及吕远、马秋华等音乐家和艺术家，文化部有关司、全国31个省区市党委宣传部及文化厅局有关负责人，香港、澳门特别行政区及台湾地区合唱团代表出席了闭幕式暨颁奖晚会，宣读了2011(重庆)中华红歌会汇演评选结果，重庆市南岸区教师合唱团等5个合唱团获得“中华杯”；上海市长宁区教工合唱团等20个合唱团获得“黄河杯”；武警重庆总队军乐团等30支合唱团获得“长江杯”。

【圆满完成海外春节文化活动，同时在三大洲开展文化交流】

2011年春节期间，重庆市文化广播电视局组织重庆杂技艺术团、重庆市文化艺术研究院、大足石刻博物馆、重庆演艺集团会展公司等单位的杂技演出、非物质文化遗产项目展示、大足石刻艺术展览、重庆图片展览等在澳大利亚、美国、英国、加拿大举行，这是重庆继2010年春节在海外举行大规模的文化活动之后的又一次重要文化交流活动。其间，重庆文化代表团在澳大利亚墨尔本、悉尼演出8场，观众1万余人次；“崖壁上的瑰宝：中国重庆大足石刻展”在英国威尔士国家博物馆展出，此展系大足石刻首次走出国门，被威尔士博物馆认为是该馆最成功的展览之一。此次海外春节文化活动，重庆分别组团同时在三大洲开展文化交流，既达到了向世界传播中国文化的目的，也充分展现了快速发展的现代化重庆的崭新面貌，赢得了世界对重庆的友好和关注。

【对台文化交流取得新成果】

为进一步密切渝台往来，推动两地的文化交流合作，让重庆市民了解台湾文化风情，让台湾市民了解、认识重庆，弘扬中华文化，分别开展了一系列活动：一是4月7日至14日完成“台湾少数民族文化展”在重庆的系列活动，台湾少数民族14个族群的长老、头目和艺术家70余人来渝交流；二是6月30日至7月7日举办了“巴山渝水宝岛情”重庆文艺精品走进台湾活动，组织重庆文艺院团132人分别在台北、高雄、新竹3个城市进行了7场演出和8次交流活动，在台湾同胞中引起强烈反响，掀起了一股重庆文化热；三是第三届“重庆·台湾周”重点文化交流项目——“重庆——重庆”严隽泰伉俪油画艺术展11月18日至12月7日在重庆展出，此次共展出作品100件，免费向市民开放，并举办了渝台美术交流研讨会等活动；四是7月19日举办“两岸电影展——台湾电影周”，《与爱别离》、《酷马》、《第三十六个故事》、《朱丽叶》等影片在重庆上映，台湾电影人李行等来重庆与观众交流；五是在第16个“世界读书日”之际，重庆图书馆邀请台湾著名儿童文学家方素珍来渝举行讲座，200多位小朋友及其家长聆听了讲座，反响热烈。

【成功举办第12届亚洲艺术节暨第三届中国重庆文化艺术节】

9月12日至11月7日，由文化部与重庆市委、市政府主办的第12届亚洲艺术节暨第三届中国重庆文化艺术节在重庆成功举办。历时57天，共有37个国家和国际组织的490名中外要客嘉宾、120个中外文艺团队和机构、3300名中外职业艺员汇聚重庆，向世界展示了“亚洲风情、中国风格、重庆风采”，推动了亚洲国家和地区之间文化交流与合作，增进了中国尤其是重庆与亚洲国家与地区的相互了解与友谊，从而成为规模最大、时间最长、活动最丰富的一届亚洲艺术节。艺术节主要内容包括重要仪式、展演展示、展览博览、会议论坛、节中节五大板块15项主体活动。中国—东盟服饰展、重庆青年美术双年展、亚洲少儿绘画邀请展、京津沪渝书画联展等4大展览在11个场馆展出；“我们·亚洲”开幕式迎宾晚会、大型舞剧《千手观音》、杂技芭蕾《天鹅湖》、“爱我中华——放歌重庆”宋祖英专场音乐会、“亚洲经典影视歌曲明星演唱会”，以及来自日本、韩国、西班牙、德国、俄罗斯、我国台湾和国内各地的66台100多场中外优秀剧目在市内各剧场集中上演；来自东盟10国的艺术家组成3个分团，深入6区县社区广场免费为市民演出；所有艺术展览全部向市民免费开放。

在中国—东盟建立对话关系20周年之际，举办了中国—东盟文化部长会晤、亚洲文化论坛、首届亚洲戏剧人会议，发表了亚太文化遗产保护和亚洲文化可持续发展的《重庆宣言》。

【举办《红岩版画——〈红岩〉原著版画插图五十年》图书首发暨《红岩》版画插图原作捐赠仪式】

2011年是《红岩》小说发表50周年。《红岩》小说诞生于20世纪60年代初期中国文艺创作的红色浪潮之中，并成为其中的红色经典。50年前，在《红岩》小说创作期间，小说作者罗广斌、杨益言与创作红岩插图的画家们共同研究设计了红岩烈士们的形象和性格。《红岩》小说和红岩版画插图同时创作，二者相辅相成、相得益彰。此次发行的《红岩版画——〈红岩〉原著版画插图五十年》图书，首次完整地展出了各版《红岩》小说中原有版画和新增版画共计28幅，将小说中所有插画人物与原型照片一一对应，并呈现了许多鲜为人知的故事，具有极强的艺术性、可读性、史料性和典藏性。这些珍贵的版画原作在红岩魂陈列馆公开展出。

【"大足石刻千手观音造像抢救性保护工程中期修复试验"被评为"2010年度十大文物保护工程"】

经国内文物古建专家推荐，"大足石刻千手观音造像抢救性保护工程中期修复试验"被《中国文物报》评选为"2010年度十大文物保护工程"之一。

大足石刻千手观音雕凿于南宋时期，是世界文化遗产——大足石刻中最精美、雕刻工艺最复杂、历史上重修次数最多、体量规模最大的一尊雕像。2010年中国文化遗产研究院、敦煌研究院和大足石刻艺术博物馆等多家科研单位和高校共同参与，对千手观音进行了彩绘及金箔加固中期试验，对加固材料进行了大量实验室试验及分析，完成了岩体及金箔加固材料试验，对修复工艺作了进一步完善，形成了完整的保护修复思路。2011年1月，大足石刻千手观音造像抢救性保护工程中期修复试验通过了专家组验收。

【举办2011第三届中国西部动漫文化节】

9月29日至10月3日，在重庆举办了2011第三届中国西部动漫文化节，其间举行了开闭幕式、创意竞技、论坛会议、动漫产品会展四大主体15项活动。18个省区市文广厅局、25个省区市电视台、80所高校参加，重庆参与人数达25万人，其中市民12万人次参与动漫展会。香港著名卡漫文化、数码港首次来内地参展，央视动画、广东奥飞、中南卡通等中国一流动画企业，新浪、腾讯等中国一流网络媒体前来参加。展场面积25000平方米，408个展位，展商达315家，荟萃动漫衍生品10万余种，现场销售额达5000万元。动漫项目成功签约创历史新高达到54亿元。中央电视台、《人民日报》、新华社、人民网、新华网、新浪网、腾讯网等媒体，发布新闻1000余条，播出宣传片3000余次，特别节目40余次、专题报道30余次，投放宣传展板100余块，西部动漫节官方微博粉丝达10万名，全国150多家网站发布西部动漫节信息500多万条，创下了历史新高。

四川省

2011年，四川文化工作紧紧围绕省委省政府的中心工作，牢牢把握"加快发展、科学发展、又好又快发展"的总体取向，以改革创新为动力，以公共文化服务体系建设为重点，以实施重大文化产业带动战略为突破，一手抓灾后重建，一手抓文化强省建设，完成了一系列大项目、大工程、大活动，实现了文化惠民大覆盖，文艺创作大丰收，文化产业大发展，文化市场大繁荣，遗产保护大加强，文化影响力大提升，文化强省建设全面提速，全省文化工作呈现出又好又快的发展势头。

一、舞台艺术

【艺术创作新成果】

2011年，是"5·12"汶川特大地震灾后恢复重建3周年、中国共产党成立90周年、辛亥革命胜利100周年，也是四川全面实施"十二五"规划的开端之年。在这重要的历史节点，四川文艺创作围绕这三大主题，组织举办了"全省庆祝建党90周年"、"全省舞蹈新作比赛"等重大文艺活动，积极组织参加"全国现代戏优秀剧目展演"、"第九届全国舞蹈比赛"等国家级文艺活动和艺术赛事，一大批优秀剧（节）目涌现出来，一批文艺人才脱颖而出，全省艺术创作呈现出蓬勃发展的良好态势，营造了唱响社会主义好，唱响伟大祖国好，改革开放好的热烈氛围。

围绕"5·12"灾后恢复重建3周年主题，四川灾区各地先后有10余台艺术作品次第登台。感恩天下·大型曲艺《美好新家园》登上中央电视台播出，成为首台央视播出的反映四川灾后从悲壮走向豪迈重建美好家园新成果的节目。大型特别节目"'感恩祖国'——四川省纪念'5·12'汶川特大地震3周年特别节目"在成都锦城艺术宫上演，全国22个省区市电视台并机直播，传达了四川人民的感恩情怀，产生了广泛的社会影响力。新创剧目还包括由省人艺原创的四川首部反映灾后精神家园重建的话剧《大川之灵》，在什邡地震遗址公园诗歌广场举行的大型露天诗歌朗诵会"四川开满鲜花"，汶川县和四川音乐学院合作的大型音乐舞蹈诗《因为有了共产党·爱在汶川》，青川县主办的大型情景歌舞剧《展读青川》，阿坝藏族羌族自治州纪念"5·12"汶川特大地震3周年文艺晚会“汶川奇迹”，在上海东方艺术中心举行的都江堰市纪念“5·12”抗震救灾3周年“援建情·感恩心”主题文艺晚会“共饮一江水”等。

省委宣传部、省文化厅、省文联共同主办的美术展览“四川更加美丽”——四川美术书法名家优秀作品展在北京军事博物馆举行，抒发了四川书画家热爱四川家乡和感恩奋进的真挚情怀。

以汶川地震灾后恢复重建3周年为契机，组织开展了“纪念汶川特大地震3周年暨重建美好新家园3周年·灾区新魅力”采风活动；在成都召开了“纪念汶川特大地震3周年暨灾后恢复重建3周年”舞台艺术创作研讨会；面向全省开展“纪念汶川特大地震3周年暨灾后恢复重建3周年”舞台艺术作品征文活动。一大批反映灾后重建火热生活、社会主义新农村建设的作品涌现出来。

围绕庆祝中国共产党成立90周年，省委宣传部、省文化厅策划组织了“颂歌献给党”系列丰富多彩的舞台演出活动。举办了“颂歌献给党——四川省庆祝中国共产党成立90周年新剧目展演”，由四川歌舞演艺有限责任公司精心打造的舞剧《红军花》拉开了展演序幕。展演汇集了话剧《大川之灵》、川剧《杨汉秀》、金钱板剧《车耀先》、川剧《槐花几时开》等17台优秀剧目，剧种涉及综艺晚会、音乐剧、舞剧、京剧、川剧、话剧、曲艺、杂技等多种艺术类别。一批集思想性、观赏性、艺术性的优秀作品在蓉城舞台炫耀登场，在全社会有力营造了主旋律氛围，发挥了文艺作品“教育人民、引导社会、推动发展”的功能。

围绕纪念辛亥革命100周年，由省政协主办，省政协办公厅、省委宣传部、省文化厅、省政协文体医卫委员会承办的“四川省纪念辛亥革命暨保路运动100周年‘百年之路’专场文艺晚会”在锦城艺术宫隆重上演。晚会以大型交响诗画形式，表达对革命先驱的缅怀和礼赞，颂扬四川对早期中国革命的巨大贡献，鼓舞全省各界人士团结起来，为实现四川新跨越而努力奋斗。曲艺音乐剧《锦娘》、话剧《槐花大院》等主题剧目也在此期间上演。

【参加全国性重大赛事】

赴京参加由文化部主办的“2011年全国现代戏优秀剧目展演”，省人艺创排的话剧《大川之灵》、四川歌舞演艺有限责任公司创排的舞剧《红军花》、成都艺术剧院京剧团创排的京剧《魂系油气田》3台优秀剧目共同入选，四川是唯一有3台剧目入选的省份，其中《红军花》是唯一入选的一台舞剧。3台剧目接连亮相首都舞台，在业界内外都赢得了高度的赞誉，展演活动取得了圆满成功。各级领导高度关注四川赴京展演活动。期间，全国政协副主席、中国文联主席孙家正，文化部部长蔡武，文化部副部长王文章、国家民族事务委员会副主任吴仕民等出席观看演出，给予剧目高度评价和激励。

在宁夏银川举办的第九届全国舞蹈比赛上，参加决赛的节目共有165个，除了东道主宁夏回族自治区外，四川共有8个作品入围决赛，是进入决赛节目数量最多的省份。由成都市文化艺术学校选送的群舞《凤悲鸣》摘得了创作金奖的桂冠。四川取得了1金2银2铜3优秀的优异成绩，彰显了四川文艺工作者的整体实力，再次奠定了四川舞蹈大省、强省的地位。

四川省豫剧团的剧目《娘》参加第二届全国豫剧节获参演剧目奖。由省川剧院创排的《尘埃落定》、自贡川剧院复排的《夕照祁山》、成都市京剧团创排的《魂系油气田》、四川人艺与西藏军区文工团合排的《燃烧的雪野》、南充市蓬安县川剧团的《相如长歌》等剧目参加在重庆举办的第12届中国戏剧节，入选剧目占到全国入选总数的十分之一，创下了四川参加中国戏剧节以来的最好成绩。省人艺的话剧《大川之灵》参加2011年上海国际艺术节。省曲艺团《找爸爸》等3个曲艺节目入围第六届中国曲艺节，并取得了3个优秀节目奖（中国曲协最高奖）的优异成绩。

【文化惠民活动】

积极开展文化下乡活动，组织优秀舞台艺术剧目下基层，服务广大人民群众。演出的主题也围绕2011年的重要纪念日展开。组织省直院团的优秀文艺节目参加“挂、包、帮”演出。元旦春节期间开展的文化列车下乡活动，将优秀舞台艺术作品送到基层，让人民群众充分领略舞台艺术创作的风采和魅力。全省全年共开展送文化下乡3 981场。

二、社会文化

【公共文化服务体系建设】

根据文化部、财政部2011年实施的国家公共文化服务体系示范区(项目)，成都市成功入选示范区创建资格，攀枝花大地书香新农村家园工程、泸州市泸县农民演艺网成功入选示范项目创建资格，加上2010年四川承担的两个国家级公共文化服务体系建设制度设计研究课题，四川在制度设计课题和示范区（项目）数量上均名列全国第一，表明四川公共文化制度设计和实践基地已跻身全国前列。成都完成制定了惠及民生的“百千万工程”，初步形成了“15分钟文化圈”。泸县农民演艺网实施文化富民、文化品牌、文化播种、文化带动、“文化110”五大计划，被文化部列为国家公共文化服务体系建设典范，在全国公共文化服务体系示范项目工作会议上作了经验交流发言。第一批创建工作的顺利开展，充分调动了各地党委政府加强公共文化服务体系建设的积极性，全省掀起了创建公共文化服务示范区（项目）的热潮。

【“两馆一站”免费开放经费管理机制全国首创】

为确保四川公共图书馆、文化馆（站）在免费开放后正常运转并提供基本公共文化服务，省文化厅厅领导、社文处、计财处分赴各市州调研，多次召开座谈会，听取专家学者、政府部门和基层单位的意见，经与省财政厅沟通衔接，下发了《关于推进全省美术馆、公共图书馆、文化馆（站）免费开放工作的意见》（川文办发〔2011〕139号）。同时在全省建立了免费开放协调联动制度、公示制度、经费保障制度、组织管理制度、群众监督制度等五大保障体系，明确提出乡镇文化站公共文化服务经费由县财政部门、文化部门根据乡镇工作情况据实安排。文化部社文司副司长张永新在四川评估检查时指出，四川“两馆一站”免费经费管理方式全国创新：对乡镇文化站公共文化服务经费实施“县落实安排、站用实用好”，专款专用，切实发挥经费的最大效应，确保了最基层的农民享受到免费开放服务。新华社作专访，四川日报专题报道，免费开放成为热点焦点关键词，受到全社会的极大关注。

2011年，中央在四川共投入免费开放资金2.39亿（占全国免费开放总经费13%），省、市、县财政配套资金5968万元，为“两馆一站”免费服务提供了有力保障。全省各地图书馆、文化馆（站）免费开放工作从完善制度入手，优化服务环境，着力提高服务效率，现有的全部场地免费对公众开放，并向市民广泛征集“金点子”，按群众需求烹饪“免费服务大餐”，增设多个文化服务项目，满足了群众多样性的文化需求；全省图书馆开展“图书馆免费服务走进党代会”活动，获得党代表们的一致称赞；全省文化馆把文化辅导员队伍、文化志愿者队伍、文艺家协会骨干队伍、业余文艺团队队伍以及文化馆站自身的业务队伍这五支队伍积聚起来，建立了一个覆盖全域的文化馆免费开放服务网络；“公益学校”“四级辅导”“市民讲座”“网络文化馆”“体验田园新文化——文化馆馆长邀你体验公共文化”等10大免费公益项目亮点使亿万城乡群众享受到了丰富多彩的文化免费大餐，搞活了阵地，丰富了生活。经文化部推荐，中央电视台对四川免费开放经费“据实拨付”新政实施绩效专题报道，在中央电视台新闻联播播出。

【公共文化设施设备升级换挡】

北川县图书馆新馆正式开馆成为四川公共文化灾后重建胜利的完成的一大标志。北川图书馆新馆占地面积2500平方米，是地震前老馆的3倍，馆藏图书量达到20万册，成为北川新县城文化灾后重建的“标杆”。巴中市“两馆”正式向市民免费开放，从而填补了该市无市级群众文化场馆的空白，其面积都在4000平方米以上，设施设备一流，成为当地一张城市“名片”。德阳市、广元市、甘孜藏族自治州、雅安市文化馆等灾后重建项目竣工面对公众免费开放。这些文化设施让群众享受快乐时光，带去党和政府的温暖。眉山市东坡区复兴乡党委、政府广泛发动群众，自筹460万元，群众投工投劳建成面积6000平方米的标志性综合文化活动广场和建筑面积500平方米的综合文化站，给场镇及周边近万名村民提供了一个休闲、娱乐的好去处。宜宾筹资340多万元，在全国率先为10个县区艺术团体统一配备文化惠民流动舞台车，同时为每辆车配备全套灯光、音响专业设备，实现了“一馆一团一车一品”—— 一个文化馆组建一个不占编制的演出团体，一辆流动舞台车，一台群众文化精品演出，全市各县区公益演出团体下乡镇、进田间，为大众送去精神文化食粮，创建了一支摩托化文艺下乡服务队，让百姓足不出户就能享受到丰盛的“文化大餐”。

【文化馆评估上等级数量全国第一】

在全国第三次文化馆评估工作中，四川出台的文化馆评估定级与文明城市、财政经费等挂钩的创新政策发挥了调控作用，有效地调动了地方以评促建积极性，获得文化部领导高度评价。文化部社文司副司长张永新指出：四川省文化馆评估工作走在了全国前列，一是文化馆参评率创新高。由2007年的180个参评馆跃至2011年的203个馆全部参评。二是升级馆数量创新高。上次评估时四川仅有79个文化馆被评为等级馆，此次评估上等级馆数量较上次提升了86%，增幅位居全国前列。经文化部公示，四川147个文化馆上等级数量居全国首位。在评估中，一馆一品牌一特色的发展模式得到了文化部专家评估组的高度重视，认为在全国具有典型性、代表性。《人民日报》、《光明日报》等各大主流媒体纷纷以《文化滋养百姓幸福生活——四川文化走出特色品牌之路》为题宣传报道了近年来四川公共文化服务体系建设的可喜成就和四川文化人感恩奋进的精神风貌。

【民间文化艺术之乡数量全国第二】

在2011～2013年度“中国民间文化艺术之乡”评选中，四川 32个县乡被命名为“中国民间文化艺术之乡”，数量居全国第二，系全国3个拥有30个以上中国民间艺术之乡的省份之一。四川独具特色的黄龙溪火龙、泸县雨坛彩龙、青神竹编、康定情歌、丹棱唢呐、安岳石刻、色达藏戏等民间文化艺术之乡已走出乡村，走向全国，登上国际大舞台，成为地域特有的文化标志，产生了广泛的影响。文化部专家组通过在四川验收检查“中国民间文化艺术之乡”时认为：四川各级党委、政府把创建“民间文化艺术之乡”纳入“四位一体”战略统筹发展，重视本地历史民间文化资源挖掘，注重优秀民间文化艺术的传承与创新，制定了专项规划，常年有经费投入，活动开展常态化，形成了“历史悠久、保护有方、传承有序、保障有力”良性发展机制，有力促进了优秀的民间文化繁荣发展。甘孜藏族自治州“巴塘弦子”、绵竹市“木板年画”、成都市锦江区“糖画”作为四川代表参加了文化部举办的“中国民间文化艺术之乡”系列展示活动。

三、文化产业

【文化产业基地（园区）建设】

为大力推动全省文化产业集聚发展，提高文化产业规模化、集约化、专业化水平，“十二五”期间四川规划了一批文化含量高、规模效益好、示范引导辐射作用强的文化产业基地（园区），在引导全省各市、州充分利用区域特色文化资源的同时，深度挖掘文化项目内涵，整合项目资源，优化项目结构，提升项目品位，完善充实园区子项目，形成以园区项目为统领，各子项目向园区集中的文化产业聚集发展态势。依托成都文化旅游发展有限公司、成都青羊城乡建设发展有限公司、四川工艺美术发展有限公司、四川新天府文化有限公司等大型龙头企业，重点策划建设了藏羌文化产业走廊、成都东部新城文化创意产业园、成都国际非物质文化遗产博览园、四川工艺美术博览园、四川（仁寿）文化产业园、四川白马关三国文化产业园等每个平均投资过50亿元的重大文化产业园区项目。形成以大企业、大项目带动中小企业和项目，推动文化产业大发展大繁荣的局面。

为贯彻落实《文化部关于加强文化产业园区基地管理、促进文化产业健康发展的通知》，根据《国家级文化产业示范园区管理办法（试行）》和《省级文化产业示范园区管理办法（试行）》，四川以打造具有地域特色的重大文化产业项目与文化品牌为目标，大力推进文化产业集聚发展，促进文化产业基地、园区建设，对文化产业示范基地、园区给予高度重视和大力支持。省文化厅指导和督促全省35家国家级、省级文化产业示范基地认真完成了自检报告和《国家文化产业示范基地发展绩效汇总表》，进一步规范了文化产业示范基地管理，为提高发展水平，形成具有较强带动效应的区域文化产业发展态势打好了基础。

为扩大四川文化产业示范基地影响，引导文化产业示范基地加快发展、力争一流，省文化厅组织推荐成都文化旅游发展集团有限责任公司（原成都市兴文投资发展有限公司）、凉山文化广播电影电视传媒有限公司积极参加文化部举办的“国家文化产业示范基地影响力评价”，以期进入全国领先地位，更好地发挥示范带动作用。

为树立行业典型，进一步促进全省文化产业示范基地（园区）壮大发展，根据文化部《国家文化产业示范基地评选命名管理办法》（办产发〔2006〕5号）和《四川省文化产业示范基地评选命名管理办法》（川文产〔2008〕35号），开展了第三批省级文化产业示范基地命名工作，命名成都东区音乐公园等10家社会效益和经济效益突出、成长性高、发展前景好、具有引领和示范作用的单位为第三批四川省文化产业示范基地。

【金融扶持文化产业】

为贯彻落实国家九部委《关于金融支持文化产业振兴和发展繁荣的指导意见》，促使文化产业与金融更好结合，切实解决文化企业的融资问题，省文化厅与工行四川省分行多次磋商，于1月12日签署了四川省文化厅和中国工商银行四川省分行《支持文化产业发展战略合作协议》。双方本着“长期合作、优势互补、共谋发展”的原则，在全省文化产业领域建立长期稳定的战略合作关系，从而更好地推进“十二五”规划中四川省重大文化产业项目、示范园区、重点企业等建设，特别是满足总投资5000万元以上文化产业项目金融需求。为进一步落实《支持文化产业发展战略合作协议》，2月，省文化厅与中国工商银行四川省分行联合下发了《关于加强金融文化领域合作的通知》（川文办发〔2011〕31号），要求各市、州文化主管部门和当地工商银行分支机构加强合作，增强沟通，通过签订合作协议，定期会晤等多种方式搭建信息共享平台，有效整合双方在政策、文化、金融等方面的资源，有效拓宽文化企业融资渠道，共同推进四川省文化产业繁荣发展。截至11月底，四川省工行累计向文化产业领域投放贷款33亿元，贷款余额25亿元。其中2011年向成都文化旅游发展集团有限责任公司、都江堰兴市旅游发展有限公司、成都青羊城乡开发建设有限公司等企业投入新增贷款5.5亿元，增幅达28.21%。

为充分利用四川文化优势资源，建设一批重大文化产业项目，促进骨干文化企事业单位健康发展，切实推动文化产业加快发展，省文化厅根据《财政部关于印发〈文化产业发展专项资金管理暂行办法〉的通知》（财教〔2010〕81号）要求，积极组织开展了2011年文化产业发展专项资金申报工作。获得国家文化产业发展专项资金1050万元，其中四川歌舞演艺有限责任公司获500万元，成都市锦里公司获450万元贷款贴息，自贡市灯贸委管理委员会获100万元。

为培育具有四川特色的优势文化产业品牌，切实加强扶持力度，增强文化产业品牌项目的影响力和竞争力，省文化厅组织开展了扶持文化产业品牌资金申请及专家评审工作，共收到申请扶持文化产业品牌资金项目204项，通过评审的项目共42个，安排扶持资金共750万元。扶持资金在项目安排上重点支持较为成熟，并具有发展潜力和前瞻性的优质文化产业品牌项目，对推动文化产业发展，打造特色文化产业和文化品牌企业起到了重要作用。

【中小文化企业发展】

四川中小文化企业数量众多，发展迅速，在创造经济价值、增强产业实力、提供就业机会、培养文化人才等方面发挥着支撑作用。2010年，全省文化系统文化企业13000多个，收入530亿元，实现增加值186.9亿元，从业人员49.2万人，其中中小文化企业12500多个，收入372多亿元、实现增加值105.6亿元，从业人员约40万人，分别占整个文化系统文化产业的96.2%、69.3%、57.1%和81.3%。

切实加强政府引导职能，鼓励和推动中小文化企业快速成长、壮大实力、创新发展。省文化厅大力支持茂县羌寨绣庄、泸州市江阳区毕六福伞业有限公司、四川新概念青铜时代艺术品有限责任公司、广元苍溪县歧坪丝毯厂、康定大吉香巴拉文化发展有限公司、成都恒风动漫制作有限公司、成都牧鹰数码艺术设计有限公司等中小文化企业发展，积极培育文化市场主体，为中小文化企业发展创造良好的政策环境和平等竞争机会。引导各地中小文化企业整合资源、树立品牌、集聚发展，形成了绵竹年画村、泸县农民演艺中心、攀枝花仁和区苴却砚文化产业园、红星路35号等以当地中小文化企业为主体集聚发展而来的文化产业园区。地中小文化企业扩大了规模效益和市场份额，增强了总体实力，提高了抵御风险能力，实现规模化、集约化发展。

四、对外交流与合作

【央地合作】

7月，由文化部（中华文化联谊会）、四川省人民政府主办，省文化厅、省台办承办，省政府新闻办、省公安厅、省国安厅、省交通厅、省卫生厅、省政府接待办、省口岸办、双流国际机场、成都市人民政府、德阳市人民政府、绵阳市人民政府、广元市人民政府、乐山市人民政府、眉山市人民政府、成都大学等单位协办的“情系巴蜀——两岸文化联谊行”大型两岸文化交流活动在四川举行。副省长黄彦蓉，文化部党组成员、部长助理、中华文化联谊会顾问高树勋，省政府副秘书长陈保明，文化部港澳台办主任助理肖夏勇，省文化厅党组书记、厅长郑晓幸，党组成员、副厅长窦维平，台湾参访团团长焦仁和等两岸嘉宾出席开幕式。开幕式由党组书记、厅长郑晓幸主持。各市（州）政府、文化单位负责人等出席相关活动。94位台湾文化界嘉宾和41位大陆文化界嘉宾参与了活动开幕式、四川文化报告会、两岸非物质文化保护与传承论坛、汶川地震灾后文化重建地区参访、两岸文化座谈等多项文化活动。活动邀请100位台湾和50位大陆文化、新闻、教育界知名人士，参访成都、广元、绵阳、德阳、乐山、眉山6个市，集中介绍灾后重建和文化重建成果，《人民日报海外版》、新华网、中国台湾网、中国文化网等跟踪报道。“情系巴蜀”是四川省落实两岸经贸文化论坛的最新成果，首次向台湾主流文化群体近距离展示四川人灾后重建精神风貌、巴蜀文化魅力，充分传递四川人民的感恩之情。活动引起台湾嘉宾热烈反响，获得文化部和国务院台办高度评价，为下一步台湾和四川两地深化合作打下了良好基础。

11月，由文化部、四川省主要领导共同创意策划的“外国友人看汶川地震灾后重建主题摄影及全球巡展活动”正式启动。部、省联合邀请15位国际著名摄影师来川拍摄，从2000余幅作品中甄选编辑专题图片。春节期间，40幅图片将在英、美、意、澳四国8个使领馆和法国巴黎中国文化中心9地联展，100幅图片将在外交部网站、中国文化网和中国驻100多个国家地区的使领馆394个网站实现专栏联展。

【对外重大活动】

由国务院新闻办、四川省人民政府、中国驻印度大使馆共同举办的“感知中国：印度行——四川周”暨“多彩四川”文艺演出吸引印度政要和民众3000人观看，彰显了两国睦邻友好，更体现了省委、省政府“突出南向”开放合作战略构想，促进了四川与印度以及南亚国家的经贸与文化的合作与交流。由国务院侨办和四川省人民政府共同举办“文化中国·锦绣四川”欧洲行大型文艺演出传递四川人民对国际友人和海外侨胞援助四川抗震救灾和恢复重建的感激之情。“2011高雄——四川·成都大庙会”活动吸引20万台湾民众热情参与，对两岸文化交流尤其是四川和台湾两地交流做出了积极贡献。

【开展多元交流】

以“一市一州一品”为品牌，成功推动南充大木偶、遂宁川剧、自贡彩灯、成都木偶皮影、“天姿国乐”女子民乐、川剧等优秀演展品牌项目参加2011年文化部海外“欢乐春节”、美国肯尼迪艺术中心“中国文化月”、新西兰“彩灯节”、美国“西雅图国际少儿艺术节中国主宾国”等重大交流活动。成都艺术剧院、自贡杂技团与委内瑞拉、南非签订半年至1年演出合同。自贡4家彩灯企业分赴美国、韩国、我国台湾展出。成都蜀绣传承人、茶艺演员参加文化部在美国举办的“中国文化节”现场展示。优秀艺术编导应聘海外形成品牌效应，绵阳文化馆专业编导、四川艺术职业学院舞蹈教师再赴非洲、美国和加拿大执教。全年四川在境外举办1825场（天）展演活动，观众达169万人次。

【对外贸易演展】

全年文化产品出口额突破3亿美元，其中工艺品和艺术品出口2.38亿美元，演展项目出口347万美元。歌舞《藏谜》、川剧《火焰山》、杂技《飞翔》等7个优秀演艺产品列入文化部外联局2011年编纂的《中国优秀演艺项目精粹》，在地方省市入选项目数中仅次于北京、广东，名列第三。推动地方院团开展国际合作，乐山歌舞团与澳大利亚墨尔本艺术节现代舞合作项目获得文化部专项补贴，并列入澳大利亚、新西兰国际著名艺术节2012～2013年度巡演计划。省文化厅与商务厅通过文化产业品牌扶持经费和服务贸易资金为优秀出口项目提供支持，德阳杂技团、成都恒风动漫等10家企业或单位获得扶持资金153万元。成都铁皮人、聚立、吉祥猫等11大动漫企业产品出口1034万美元，出口模式包括服务外包、自主产品海外落地和出售版权等多种形式，出口地区从往年的港澳台地区和东南亚国家扩展到了英国、德国、俄罗斯、美国等欧美国家。全省文化产品、服务进出口企业数据正式纳入全省文化产业统计，文化贸易统计工作向规范化与系统化迈进。

五、文化市场

【综合执法改革】

省文化厅于年初专门下发了《关于加强文化市场综合执法工作的通知》，并在全省文化市场管理综合执法工作会上进行了重点部署，要求各级文化部门主动作为，加强与党委宣传、机构编制、人社部门的联系，做好文化市场综合执法机构的组建工作，并将改革完成情况纳入本年度综合执法工作考核。全年，省文化厅多次深入各地督查综合执法改革，了解改革情况，核查各地落实省编委核定编制数情况，及时纠正个别地方出现的截留编制、占用编制等问题，对妥善安置执法机构原有人员等问题进行了具体指导。省文化厅与省人社厅、省公务员局就综合执法机构参公登记管理等改革后续工作制定了政策，于12月中旬出台了《关于市（州）、县（市、区）文化市场综合执法机构参照公务员法管理和成建制划入人员登记工作的通知》。在各级文化部门共同努力下，全省综合执法改革全面完成，21个市（州）181个县（市、区）全部成立了综合执法机构，改革前全省45个县（市、区）无文化执法机构的问题得到彻底解决；全省文化市场执法人员编制由改革前1161名增加至2076名，增加79%；全省共有11个市（州）（所占比例为52%）和74个县（市、区）（所占比例为40%）综合执法机构主要负责人核定高配一级，在全省10余支行政执法队伍中属首例。全省综合执法机构经费全面纳入预算管理，机构编制、经费全面得到加强。

【文化市场监管】

扎实开展文化市场平安建设。按照文化部总体部署，2011年，共组织开展了全省文化市场知识产权保护专项执法行动、建党90周年文化市场专项保障行动等7项执法行动，组织开展了以12318文化市场举报监督体系为重点的文化市场法制宣传教育活动。全省共立案查处侵犯知识产权案件406件，捣毁制售侵权制品窝点75个，移送司法机关案件7起，批捕8人，1人被判刑1年；共排查、取缔、关闭黑网吧823家；查处涉赌游艺娱乐场所1860余家，取缔无证照游艺娱乐场所333家。

切实履行文化市场督查职责。结合文化市场专项整治活动，先后开展了春节、“五一”大检查、“扫赌打黑”专项督查以及文化市场综合执法大检查等行动，对全省21个市（州）、40余个县（市、区）的网吧、游艺娱乐场所、大型营业性演出和农村节会演出活动进行了检查，两次对各地12318举报电话值守情况进行了抽查，并通过查看执法文书、案卷的方式，检查各地文化市场监管工作情况，提出了具体指导意见，及时纠正并追踪整改了存在的问题，促进各地改进工作、认真履职。全年，省文化厅接到群众举报26起，通过直接查处和督办的方式，及时予以了回复，回复率100%。

全省共出动执法人员76万余人次，检查经营单位79万余家次，受理举报3580件，立案调查2985件，移交案件309件，办结案件2673件，警告7393家次，罚款681万元，停业整顿917家次，吊销许可证8家，没收违法所得14万余元。

【网络文化市场监管】

以网络文化市场为代表的新兴文化市场崛起，加大了市场监管的任务。省文化厅及时调整工作重心，重点对网络文化市场进行了监管，查办了一批大案要案。2011年，全省共检查互联网文化经营单位3225家次，立案调查27件，办结21件，警告32家次，罚款10.9万元，责令停业整顿2家，取缔违法音乐网站16个、违法游戏网站29个。共查处网络文化大案要案8起，在查处大案要案的过程中，省文化厅充分发挥了示范作用，直接查处了“成都易宽网络科技有限公司擅自从事网络游戏虚拟货币交易案”，此案入选了文化部“全国文化市场综合执法50大案件”。此外，成都市文化局查办的两起擅自从事虚拟货币交易服务案也得到了文化部的充分肯定。

因查办网络游戏违规经营案件水平全国领先，四川被文化部市场司确定为全国网络文化市场以案代训的5个牵头省份之一，圆满完成了对来自广西、云南、新疆、重庆、贵州五省的8名全国网络文化执法骨干以案代训任务，查办了2起网络文化案件，有效提高了兄弟省市网络文化案件办理水平。

六、图书馆工作

【数字图书馆工作】

四川省图书馆与国家图书馆合作，多种形式支持灾区文化建设。5月7日至12日，国家图书馆与四川省图书馆共同举办在都江堰市图书馆开辟“国家数字图书馆服务专区”，读者可直接访问国家图书馆和四川省图书馆丰富的数字资源；国家图书馆还向都江堰市图书馆赠书20万册，并建立专架；以硬盘方式，向读者推送5000册新近出版的电子图书；赠送1000套送书下乡电子图书光盘及“文津图书奖”获奖图书。与此同时，四川省图书馆与国家图书馆合作，于2012年5月至6月组织图书馆专家及高等院校专家，对灾区图书馆工作者开展集中培训，包括图书馆文献建设，数字图书馆基础理论建设等，对四川图书馆界的整体业务建设的提高，取得很好的成效。

【北川图书馆开馆】

5月11日，由中共四川省委宣传部、省文化厅主办、省图书馆承办的纪念“5·12”汶川特大地震3周年暨北川县图书馆等新馆开馆仪式在北川县图书馆举行。通过向北川县图书馆赠书、北川县图书馆向永昌镇居民发放借书证等活动，感恩祖国和人民。北川县图书馆新馆开馆，标志着四川灾区公共图书馆重建新馆正式对外开放并向广大读者提供免费服务，真正实现了文献资源全民共享。

【古籍修复、保护、普查及再造工作】

完成入选《第一批国家珍贵古籍名录》馆藏清康熙熙瓷版印本《周易说略》10册、明永乐刻本《古今列女传》4册，清嘉庆刻本《道藏辑要》211册，《湖南新化李氏族谱》96册等书的修复；帮助成都杜甫草堂博物馆完成其所藏《骈体文钞》9册、《南雅尺牍》4册计两种古籍的修复工作；完成省图书馆、四川大学、四川师范大学、西南民族大学等单位300余种古籍申报《第四批国家级珍贵名录》的申报组织、审定、上报工作；完成《第一批四川省珍贵古籍名录》相关索引编纂工作；帮助和指导四川师范大学图书馆申报国家重点古籍保护单位，四川省图书馆、杜甫草堂博物馆申报国家级古籍修复中心两项目的组织筹划、组建实施、申报和专家评审等工作的顺利完成；组织全省古籍普查工作业务工作会及相关人员技能培训；完成全省古籍普查工作重点单位的业务指导工作。

七、文物保护

【执法督察与安全保卫】

1月，文物行政执法与安全监管情况公告制度开始实行。截至12月底，全省各市（州）文物行政部门对省级以上文物保护单位（共706处）开展文物执法巡查2507次，对文物收藏单位（共305家）开展文物执法巡查426次；对省级以上文物保护单位开展安全检查5406次，发现安全隐患329项，整改297项，整改率90.3%；对文物收藏单位开展安全检查1352次，发现安全隐患13项，整改11项，整改率84.6%。文物行政执法与安全监管情况公告制度的实行，有力地推动了全省文物安全巡查、执法督察工作的开展，对保障文物安全发挥了重要作用。

12月14日至16日，由国家文物局督察司和中国气象局联合组成的国保单位防雷安全工作督察组对四川省梓潼七曲山大庙、广元千佛崖摩崖造像、皇泽寺摩崖造像、罗江庞统祠、三星堆遗址、成都武侯祠、杜甫草堂、金沙遗址等8处全国重点文物保护单位进行了防雷安全督察。督察组对四川文物安全工作给予了充分肯定，同时也针对检查中部分文物保护单位存在的问题，提出了整改要求。

2011打击文物犯罪专项行动。按照公安部、国家文物局“2011年打击文物犯罪专项行动动员部署会议”精神，四川省各级公安机关和文物部门密切配合，通力协作，立即出台了《四川省公安机关和文物行政管理部门打击防范文物违法犯罪工作机制》，及时启动和开展了“2011打击文物犯罪专项行动”。截至12月底，全省立案总数69起，其中省公安厅挂牌督办案2起，重点案件8起；破获文物犯罪案件74起，抓获犯罪嫌疑人52名，捣毁文物犯罪团伙5个，追缴文物80余件，打击文物犯罪专项行动取得了辉煌战果，有效遏制了田野文物被盗现象的发生。

【不可移动文物的保护和管理】

截至12月31日，全省共有全国重点文物保护单位128处，省级文物保护单位578处。

1月，国家文物局童明康副局长检查指导理县桃坪羌寨灾后文物抢救保护工程。4月，“都江堰伏龙观古建筑群灾后抢救保护工程”被联合国教科文组织授予“2010年亚太地区文化遗产保护优秀奖”。4月21日，理县桃坪羌寨一、二期修缮工程通过竣工验收。5月6日至8日，国家文物局在四川省成都市召开“全国文物系统‘5·12’汶川地震灾后抢救保护工作总结大会”，四川省文物管理局被国家文物局授予“文物系统汶川地震灾后文物抢救保护工作突出贡献奖”。6月，“都江堰二王庙古建筑群灾后抢救保护工程”和“七曲山大庙古建筑群灾后抢险维修壁画彩绘保护修复工程”获得“全国2010年度十大文物维修工程”殊荣。12月，汶川县萝卜寨灾后抢救保护修复工程通过竣工验收。截至12月底，四川列入国家灾后规划的153处不可移动文物得到及时有效抢救保护。

第三次全国文物普查工作成果丰硕。7月5日至6日，四川省文物管理局在成都召开“2011年四川省第三次全国文物普查第三阶段工作会议”。9月，四川省顺利完成第三次全国文物普查实地文物调查数据误差率抽样检测。12月23日，四川省九寨沟县阿梢脑遗址、犍为县清溪古建筑群、通江县佛尔岩塬石窟寺、安岳县灵游院石窟寺、梓潼县中国工程物理研究院旧址共5处新发现不可移动文物成功入选“第三次全国文物普查百大新发现”。12月29日，四川省召开第三次全国文物普查工作电视电话会议，四川省第三次全国文物普查领导小组办公室主任王琼汇报了四川省第三次全国文物普查的开展情况，四川省第三次全国文物普查领导小组组长、四川省人民政府副省长黄彦蓉作重要讲话，对四川省第三次全国文物普查工作进行了全面回顾，并对下一步工作提出了具体要求。截至12月底，四川省共调查登记不可移动文物65231处，新发现51836处，复查13395处；其中古遗址3652处，古墓葬30548处，古建筑17465处，石窟寺及石刻3609处，近现代重要史迹及代表性建筑8454处，其他类1503处。至此，四川圆满完成了“三普”工作，四川的第三次文物普查没有因地震而耽误。

【世界文化遗产保护】

都江堰——青城山。1月14日，都江堰二王庙古建筑群灾后抢救保护工程竣工。3月25日，二王庙文物区水电、消防工程竣工。4月25日，二王庙正式对外开放。5月6日，都江堰秦堰楼维修工程竣工。

峨眉山——乐山大佛。3月6日，“乐山大佛保护维修工程研讨会”成功召开。6月，乐山大佛三维激光扫描工作由中国铁科院西南勘察院顺利实施，并编制《乐山大佛三维激光扫描报告》。8月，《乐山大佛景区地质灾害调查评价报告》、《乐山大佛窟洞天危岩加固工程立项建议书》编制完成。同时，《乐山大佛文物保护规划》、《峨眉山古建筑群文物保护规划》正加紧编制，《峨眉山万年寺保护修缮设计方案》已经完成。

全国政协"蜀道"文化线路保护和"申遗"专题调研。9月7日至11日，全国政协副主席、民盟中央第一副主席张梅颖率全国政协专题调研组，在四川就"蜀道"文化线路保护和"申遗"问题进行考察。张梅颖一行先后到广元、绵阳、德阳、成都等地，实地考察"蜀道"沿线的遗存遗迹。9月8日，调研组在广元举行"蜀道"文化线路保护和"申遗"研讨会，与会代表和专家学者达成《广元共识》。9月11日上午，调研组在成都举行"蜀道"文化线路保护与"申遗"座谈会，四川省人民政府副省长黄彦蓉代表省政府就四川"蜀道"文化线路的保护和"申遗"的步骤及下一步工作思路做了汇报；国家文物局局长单霁翔代表调研组做总结讲话。此次全国政协"蜀道文化线路保护与申遗"专题调研意义重大，对"蜀道"文化线路保护和"申遗"工作具有积极的推动作用。

茶马古道文化遗产保护（雅安）研讨会。8月21日，由四川省雅安市人民政府和四川省文物管理局共同主办的"茶马古道文化遗产保护（雅安）研讨会"在四川省雅安市召开。文化部党组成员、国家文物局局长单霁翔出席会议并讲话。四川省文化厅党组书记、厅长郑晓幸出席并致辞。厅党组成员、省文物局局长王琼，台北故宫博物院副院长冯明珠、孙华、刘勤晋以及云南、西藏、重庆、福建、四川等省市的相关领导和专家学者近200人参加了研讨会，研讨会由雅安市人民政府副市长姜小林主持。国家文物局局长单霁翔做《保护千年古道　传承中华文明》的主题演讲。雅安市委常委、宣传部长吴旭作雅安茶马古道专题报告。会议形成并通过了《茶马古道文化遗产保护(雅安)共识》。

【博物馆】

四川省全年新增博物馆19家，博物馆总数达227家。"5·12"抗震救灾纪念馆、绵竹市博物馆、江油李白纪念馆、汶川县博物馆、青川地震博物馆等完成建设并向公众开放；北川地震纪念馆、茂县羌族博物馆、北川羌族民俗博物馆等主体建筑封顶，进入陈列布展阶段。全省免费开放博物馆纪念馆数量达89座，全年接待观众1653万人次（未成年人约680万人次），大中小学生及农民工、城镇低收入群体参观人数明显上升。

【可移动文物保护】

四川共有藏品总数15346084件（套），其中珍贵文物155158件（套），一级文物4385件（套）。

全年评审各类方案17个，其中形式设计方案4个，馆藏文物保护修复方案12个，革命文物征集方案1个；初审馆藏文物保护修复、文物保存环境和预防性保护方案48个。顺利完成都江堰、新津、中江、三台、苍溪、宝兴、茂县等地的可移动文物修复工作，修复可移动文物1600余件。全面完成"5·12"灾后地震文物征集工作，全省13个文物收藏单位共征集地震文物46万件（套、张），其中实物资料15万件（套），图片资料31万张，征集有关音、视频资料4万余分钟。及时启动地震遗址遗迹数字化工程，如期完成招投标及有关方案编制工作。

12月23日，四川文物保护研究中心正式成立。中心由"四川文物保护研究中心川博工作站、四川文物保护研究中心省考古研究院工作站、四川文物保护研究中心华通工作站"三方组成，这标志着省内3家文博单位打破传统体制，整合优势资源，开辟了探索国有文博单位与民办博物馆通力合作的一条新路。此外，中法合作建设的成都金沙遗址博物馆文物保护中心局部建成并投入使用；四川省文物考古研究院文物保护中心作为主要参与单位的安岳圆觉洞石刻保护项目的现场封护加固和修复试验工作顺利完成。

八、文物考古与发掘

2011年，四川考古工作共完成60余项基本建设项目考古调查勘探工作，发现各类文物点110余处，勘探面积超过10万平方米；发掘面积近5万平方米，发现墓葬、灰坑、房址等遗迹1150余座（个），出土文物2800余件（套），各类标本数万件。成都市文物考古研究所全年共完成考古勘探和发掘305个，发现各类文物点157处，出土文物2000余件（套），勘探面积超过3万平方米，并编辑出版《四川邛崃龙兴寺考古发掘报告》、《成都考古发现2009》等书籍。

【宜宾石柱地遗址】

石柱地遗址位于四川省宜宾市屏山县楼东乡田坝村，地处金沙江北岸。为配合向家坝水电站建设，2010年5月至2011年12月，四川省文物考古研究院对其进行了考古发掘。发掘面积8000平方米，清理各时期遗迹近190个，主要为新石器、商周时期灰坑、房址等，出土铜器、陶器、玉器、铁器、石器等500余件。

该遗址的发掘对于研究蜀文化的南迁提供了重要资料，而其新石器遗存是继叫化岩遗址发掘后的又一重大收获，对于研究金沙江流域新石器文化及源流有着重要意义。

【宜宾槽坊头遗址】

槽坊头遗址位于四川省宜宾市宜宾县喜捷镇红楼梦村，遗址面积约3000平方米，分为东区和西区。本次发掘主要集中在西区，发掘面积450余平方米。清理出房屋基址、酒窖等遗迹，从出土遗物和遗迹判断，此处是明代晚期废弃的一处酿酒作坊遗址。

该遗址是川东南地区白酒金三角发现的要素最全、时代最早、保存最好的一处酿酒作坊遗址，为明代酿酒工业的研究提供了难得的实物资料。

【凉山州盐源县八家村墓地】

八家村墓地位于四川省凉山彝族自治州盐源县梅雨镇八家村三组，面积约1.2万平方米。2月至3月，四川省考古研究院联合凉山州博物馆、盐源县文管所对墓地进行了抢救性发掘清理，发掘面积300平方米，共发现墓葬28座，出土器物有青铜器、陶器、铜铁合制品、骨器、绿松石、玛瑙珠等。

八家村墓地所反映的文化面貌具有突出的地域特征，又与北方系青铜文化和川西高原的石棺葬有着某些相似的文化特征和相近似的文化因素，对于横断山区的古文化研究及民族学研究具有重要意义。

【三星堆遗址周边遗存调查】

四川省文物考古研究院开展了对三星堆遗址以西，地跨广汉、什邡两市的鸭子河北岸的新平、西高、四平、南泉、马祖5个乡镇约30平方公里区域的考古调查工作。共发现10处商周时期遗址，且分布密集（尤以广汉境内甚），面积大多在10000平方米左右，文化堆积保存较好。

这批遗址的文化面貌与三星堆遗址第三、四期相同，它们的发现为三星堆遗址群聚落特征和聚落关系的研究提供了极为重要的线索。

【宝墩遗址】

成都文物考古研究所会同新津县文管所对宝墩古城外城进行了大规模钻探和发掘，钻探面积近200万平方米。钻探结果显示，在外城区域均有宝墩文化时期的文化堆积，主要分布于外城的西北部和东南部。同时，在宝墩城址的内城中心偏北位置进行了较大规模的发掘，收获颇丰。发掘区内地层堆积较厚，文化遗存丰富，包含有宝墩文化一、二期遗存。

尤为重要的是，在鼓墩子北侧揭露出一组大型建筑基址，年代相当于宝墩文化一期2段，布局严谨，主次分明，且规模较大，规格较高，可能为宝墩文化的一座大型公共礼仪性建筑。

【十二桥遗址新一村地点商周至隋唐时期遗址】

十二桥遗址新一村地点位于成都市青羊区十二桥路以南。为配合成都市内环线（通惠门——青羊上街）道路工程建设，在紧邻1995年发掘区的南面布方发掘，发掘面积共计1900平方米，主体文化堆积为宝墩时期至隋唐时期文化层。

宝墩时期遗物在十二桥遗址及1995年新一村地点的发掘中均未发现，而本次在新一村地点则发现了一批遗存，这是一个重大突破，为探讨宝墩文化的发展演变提供了进一步的证据，也有利于进一步推进十二桥文化的文化性质、年代下限、聚落功能等研究的深度拓展。

【后蜀宋王赵廷隐墓】

后蜀宋王赵廷隐墓位于成都市龙泉驿区十陵镇青龙村一组，据墓志，墓主人为后蜀宋王赵廷隐。墓葬原为一近圆形封土包，直径约40米，现存高度约4米。墓葬由墓道、封面墙、墓门、甬道、主室及南、北、西三耳室构成，总体呈中字形。墓葬出土器物主要包括陶瓷器和陶俑，另含少量金属器，皆出自琉璃场窑。

该墓葬的发掘对研究五代时期该区域墓葬制度、宗教思想、音乐绘画以及区域间文化交流有极高价值。

【文物修复保护方面】

2011年，共完成文物保护项目14项，所有项目均通过专家验收，合格率达到100%，其中武侯祠博物馆四通清代石碑和三台两通馆藏一级文物《赵府君墓碑》、《颜氏干禄字书碑》修复保护是四川省灾后重建项目中所进行的馆藏一级碑刻的保护项目，其保护效果受到专家组的高度评价。修复三台县、中江县、江油市、汉源等地文管所的各类受损馆藏文物279件套，其中，三台县馆藏文物修复成果还参加了在四川省博物馆举办的“5·12汶川地震灾后文物抢救保护成果展”，绵阳博物馆全部饱水漆木器的脱水加固和青川、雅安出土漆木器脱水加固保护处理等工作也全面完成。完成非物质文化遗产（羌族）

100件实物的保护工作，还完成了14个文物保护修复方案的编制和华蓥市安丙家族墓地第一期维修保护工程的监理工作，并作为主要参与单位完成了“安岳圆觉洞石刻保护”项目的现场封护加固和修复的试验工作，为近年来承担文物保护项目最多、修复文物数量最多、编制文物保护修复方案最多的一年。

此外，2011年完成配合全省大、中型基本建设项目的文物保护工作42项。

九、非物质文化遗产保护

【灾区“非遗”保护】

省文化厅紧紧抓住灾后文化恢复重建的重大战略机遇，组织开展了一系列卓有成效的灾区非物质文化遗产抢救保护、灾后重建工作。结合羌族文化抢救工程在灾区深入开展了“非遗”资源普查工作和非遗抢救保护工作，在灾区各县举办了普查成果展览。以重点项目为支撑，加快恢复重建工作。大力实施非物质文化遗产方面的重大工程项目建设，使恢复重建灾区非遗工作与其他文化工程同时启动，统筹推进。10月止，灾后新建75个“非遗”项目。绵竹年画博物馆、北川民俗博物馆、茂县非物质文化遗产传习所等一批具有浓郁民族特色的非物质文化遗产建筑拔地而起，成为当地最亮丽的一道风景。加快推进羌族文化生态保护实验区建设。保护区启动建设的39个“非遗”项目进展顺利、成果丰富。阿坝州、绵阳市编制了《羌族文化生态保护区实施方案》。由省文化厅组织编写的《四川省国家级羌族文化生态保护实验区总体规划》根据文化部专家论证会提出的修改意见，反复修改，数易其稿，广泛吸纳省内外“非遗”专家意见，聚集各地各方面的智慧，已编制完成。大力推进“羌族文化抢救工程”，各子项目工程已基本完成，羌族文化信息网站已面向社会开通。省文化厅积极与成都市政府衔接，全力推进省非遗中心建设项目工程进度，抓紧做好开工建设前期筹备工作。顺利实施四川省非物质文化遗产信息化工程及非物质文化遗产普查成果数据库建设项目。

【第三届国际“非遗”节】

由文化部、四川省人民政府、联合国教科文组织主办，成都市人民政府、四川省文化厅、中国非物质文化遗产保护中心承办，成都市文化局、成都市青羊区人民政府、国际非物质文化遗产博览园协办的第三届中国成都国际非物质文化遗产节在成都非遗博览园开幕。全国人大常委会副委员长陈昌智出席并宣布开幕。省委书记、省人大常委会主任刘奇葆，文化部党组成员、副部长赵少华出席开幕式并致辞，联合国教科文组织总干事特别代表塞西尔·杜维勒宣读总干事伊琳娜·博科娃的贺信。省委副书记、省长蒋巨峰主持开幕式。省政协主席陶武先，省人大常委会副主任、党组书记、省委副书记李崇禧，省委常委、宣传部部长黄新初，省委常委、成都市委书记李春城，省委常委、秘书长、统战部部长陈光志，省人大常委会副主任王宇坤，副省长黄彦蓉等出席开幕式。本届“非遗”节以“弘扬人类文明，共建精神家园”为主题，旨在展示国际社会非物质文化遗产及其保护成果，交流保护经验，促进国际文化交流与合作。参加本届盛会的共有72个国家和地区的1200多名代表和表演参展人员、国内各省区市的3000多名展示表演和展销代表。开幕式前，陈昌智和刘奇葆、蒋巨峰、陶武先等领导和嘉宾还巡视了非物质文化遗产博览园。本届国际非遗节还将举办国际非物质文化遗产博览会、非物质文化遗产波及论坛、传统戏剧精品剧目展演、中国古琴艺术大展、分会场和惠民慰问等7大类280余场文化活动。四川省文化厅党组书记、厅长郑晓幸，党组成员、副厅长窦维平、泽波、王志平、李兆权，党组成员、省纪委驻厅纪检组长孙舒亚，党组成员、省文物局局长王琼，党组成员、机关党委书记严飒爽，副巡视员方国年、卢锋以及省委办公厅、省人大教科文卫委、省政府办公厅、省政协文体医卫委、省发改委、省民委、省人社厅等20多个厅局的主要负责人出席开幕式。同时，以“非物质文化遗产的保护与发展”为主题，第三届中国成都国际非物质文化遗产节·非物质文化遗产保护国际论坛在成都举行。四川省人民政府副省长黄彦蓉、成都市人民政府市长葛红林出席论坛开幕式并讲话。论坛开幕式由党组书记、厅长郑晓幸主持。文化部外联局局长董俊新，联合国教科文组织非物质文化遗产处处长塞西尔·杜维勒，30多个国家与地区的大使和国内外80余名非遗保护权威学者、专家出席论坛。论坛发表了《成都倡议》。通过举办非遗节，四川非遗保护工作进一步融入大众生活，人民群众对“非遗”保护和传承的意识得到了进一步加强。在全新创办的首届国际“非遗”博览会上，“非遗”生产性保护产品交易活跃，“非遗”生产性保护和传承成果的社会化程度显著提高；成都“非遗之都”的基础进一步夯实，建成开放了中国乃至世界第一个“非遗”

主题博览园，为四川持续举办国际“非遗”节搭建了永久性的国际文化交流平台，并将对社会经济发展特别是文化旅游、特色文化产业的发展产生持续影响；美丽四川、感恩奋进的新形象进一步彰显。遍及全省的第三届“非遗”节系列活动充分展示了四川人民“感恩奋进”、建设更加美好新家园的精神风貌，展示出天府四川的文化魅力和美好形象。第三届“非遗”节得到了文化部、省委省政府、成都市委市政府领导的高度评价和充分肯定，获得了社会各界的广泛赞誉。

本届“非遗”节期间，7大类286项节会活动吸引了国内外共570万人参与，拉动各类社会消费61.5亿元。来自联合国教科文组织、世界旅游组织、72个国家和地区、国内各省区市的7000多名代表和展演团体，观摩和参加了各项节会活动。1900余个非物质文化遗产项目参加了展演、展示、展销活动，评选产生了“俄罗斯民间舞蹈”等18个太阳神鸟金奖、“阿细跳月”等24个太阳神鸟银奖。闭幕式后举行了“天赋神韵·民族记忆”大型主题晚会。

第三届中国成都国际非物质文化遗产节·非物质文化遗产国际论坛《成都倡议》碑揭碑仪式在成都国际非物质文化遗产博览园举行。文化部党组书记、部长蔡武，副省长黄彦蓉出席揭碑仪式并考察第三届非遗节的主战场——国际非物质文化遗产博览园。党组书记、厅长郑晓幸，党组成员、副厅长泽波参加仪式。《成都倡议》和前两届非遗节形成的《成都宣言》、《成都共识》一起，将永久保存于国际非遗博览园内。

十、灾后重建

【灾后重建3周年】

由中共四川省委、省人民政府主办，省委宣传部、省文化厅、四川广播电视台承办的“感恩祖国——四川省纪念‘5·12’汶川特大地震3周年特别节目”在成都市锦城艺术宫演出。省委副书记、省长蒋巨峰，省政协主席陶武先，省委常委、宣传部部长黄新初出席观看。党组书记、厅长郑晓幸，党组成员、副厅长李兆权陪同观看。内蒙古、海南及18个对口援建省(区、市)援建指挥长和援建代表，以及四川各方面人士莅临现场观看。

【灾后重建汇报】

“5·12”汶川地震文化恢复重建工作汇报会在北京举行。文化部党组书记、部长蔡武出席会议并讲话，文化部党组成员、副部长赵少华主持会议。四川省文化厅党组书记、厅长郑晓幸汇报了全省文化系统在省委省政府领导下，开展灾后文化科学救灾、科学重建和科学发展的主要历程。文化部各司局、国家文物局负责人，文化部各直属单位负责人，著名画家范曾、艾轩、扬飞云等，四川地震灾区成都市、德阳市、绵阳市、广元市、阿坝州、雅安市和北川县文化部门的负责人参加了汇报会。

【桃坪羌寨抢救保护竣工】

国家文物局和四川省人民政府在阿坝州理县举行“桃坪羌寨灾后抢救保护工程竣工仪式”。国家文物局副局长童明康，省政府办公厅机关党委书记赵渝建，国家文物局文物保护与考古司司长关强，阿坝州人民政府副州长刘文芝等出席仪式。桃坪羌寨村民和中央、省内有关新闻媒体以及设计、施工、监理单位代表、游客共计500余人参加了竣工仪式。竣工仪式由四川省文物管理局局长王琼主持。

贵州省

一、公共文化服务体系建设

一是重大文化基础设施建设取得新进展。省博物馆新馆建设加快推进。新建贵州省美术馆立项前期筹备工作积极进行。二是全省公共图书馆、文化馆（站）基本实现免费开放。7月，财政部、文化部审核下达了贵州省8个地级图书馆，7个地级文化馆，84个县级图书馆，87个县级文化馆，1345个文化站免费开放经费8716万元。经督导检查，全省上述相关公共文化服务单位基本实现了免费开放。三是2011年全省“十大民生工程”各项目标任务全面完成。为确保工作任务的完成，贵州省文化厅与各市（州、地）文化局签订了《民生工程目标责任书》，要求各地按照分解任务制订实施方案并抓好落实。共为400个乡镇综合文化站、18个社区文化活动中心和95个社区文化活动室、513个乡镇（社区）文化信息资源共享工程基层服务点安装配置了设备；完成“数字图书进农家”200户；下达了25个县级文化馆、图书馆维修改造项目的中央补助资金，各地按照方案实施了维修改造；省直院团及各地文化部门共完成下乡演出1000余场，超额完成500余场。四是抓好“贵州数字图书馆”建设。截至12月30日，“贵州数字图书馆”累计访问量已突破2000万人次，各

种数字资源的使用率在全国公共图书馆中名列第一。五是以创新理念成功举办了“第九届贵州省少儿艺术节”。本届艺术节首次以公益事业、企业共同参与的办节思路，注重发挥新媒体的宣传作用，除利用《中国文化报》、《贵州日报》、贵州电视台等传统媒体进行宣传外，还利用文化信息资源共享工程网络进行现场直播与网上录播、腾讯“QQ微博”现场人气竞争等方式进行宣传，有效提升了本届少儿艺术节的社会影响力。共有千余名少儿参与本届艺术节。六是开展艺术之乡评定工作。经专家评审，全省新命名了71个“贵州省民间文化艺术之乡”，其中的33个作为“中国民间文化艺术之乡”名单向文化部申报，最终有26个被文化部命名为“中国民间文化艺术之乡”。七是圆满完成了全省文化馆评估定级并取得优异成绩。按照文化部统一部署，贵州省文化厅对全省9个市（州、地）、88个县（市、区）文化馆进行了评估，高标准、高质量地完成了评估定级工作。全省达标馆总量由第二次评估定级的19个增加到82个，其中：一级馆由1个增加至9个，二级馆由6个增加至31个，三级馆由12个增加至42个，总达标率由1.95%增加至84.5%，为争取全省公共文化设施免费开放经费创造了有利条件。八是开展了大规模的基层文化专干培训。以市（州、地）为单位，采取循环培训的方式对全省1600多名乡镇综合文化站、300多个地、县级图书馆、文化馆和部分县文化局骨干进行了职业技能培训，参训人数近2000人，是贵州省历年来为提升基层文化队伍素质举办的规模最大、培训面最广、内容最丰富的一次培训。

二、艺术生产

按照中共贵州省委印发的《贵州省中国共产党成立90周年纪念活动实施方案》要求，贵州省庆祝中国共产党成立90周年大型文艺晚会由省委宣传部牵头，省文化厅、贵州电视台承办。省文化厅高度重视，组织了省内外专家全力以赴进行编排。晚会内容以“伟大的转折、春天的阳光、崛起的高原、历史的跨越”4个恢宏篇章，艺术地展现建党90年来贵州各族人民在中国共产党的领导下，在社会主义革命和建设中取得的伟大成就，讴歌了党的丰功伟绩。6月28日晚，演出后得到领导充分肯定和观众的高度赞誉。另外，按照省委、省政府关于“中国(贵州)酒博会暨投洽会”的安排部署，由省文化厅组织的专场文艺演出于8月17日晚在贵阳大剧院隆重举行，得到省领导和国内外嘉宾一致好评。按照《第九届全国少数民族传统体育运动会实施方案》的要求，省文化厅作为组委会成员单位协助贵阳市办好第九届全国少数民族运动会，重点是做好开闭幕式文艺演出的组织协调工作。我厅高度重视，抽派人员全程参与相关活动的组织协调工作，并从全省各地抽调了近400名专业演员参与排练演出，同时抽调贵州民族歌舞剧院11名舞蹈编导参与节目的编创。开闭幕式文艺演出得到运动会组委会及各方高度评价，同时全省参与演出的众多文艺工作者也通过民运会这一高端窗口，向国内外充分展示了贵州的多彩文化，彰显了贵州各族儿女昂扬向上、谋求跨越的精神面貌。在舞台艺术精品打造方面，话剧《天地文通》荣获2010～2011年度国家舞台艺术精品工程资助项目；大型花灯剧《月照枫林渡》经过不断打磨提升，赴重庆参加了第二届全国戏剧展演，获第二届全国戏剧文化奖原创剧目大奖、表演大奖等7项奖项。

三、文化遗产保护利用

文物工作方面，积极推动中国世界文化遗产预备名单申报工作；完成全国第三次文物普查，组织开展全国“百大新发现”评选，编辑出版《夜郎故地遗珍：贵州省第三次全国文物普查重要新发现》；启动文化遗产保护和发展“百村计划”，通过文物保护单位、村落文化景观、生态博物馆等方式整体保护一批乡村文化遗产，促进乡村经济社会发展。继续开展生态博物馆本土化探索，黎平堂安侗族生态博物馆列为国家首批生态（社区）博物馆示范点；实施免费开放博物馆、纪念馆绩效考评，对中央免费开放资金继续实行动态管理；建立了全省“十二五”文物保护和文物安防项目库，组织文物保护规划、保护方案评审，指导实施遵义苟坝会议会址等30余项保护维修工程，组织对11个文物保护工程进行验收；开展配合建设工程考古调查发掘和地面文物保护近50项；组织第三届中国历史文化名街申报工作，黎平翘街荣获中国历史文化名街称号；积极协助和配合做好贵州民族村寨保护立法调研；坚持预防为主，开展全省文物行政执法交叉巡查；开展文物资源利用调研，启动全省文化遗产利用规划编制工作；加强与联合国教科文组织、中国文化遗产研究院、北京大学、同济大学以及有关省区开展文物交流与合作；组织开展“玉兔迎春大家乐”春节文化活动和“国际博物馆日”、“中国文化遗产日”系列宣传活动。

非物质文化遗产工作方面，一是参加重大展会活动频繁。如贵州侗族大歌赴法国参加巴黎国际旅游展、“第二届西部非物质文化遗产项目展演系列活动”开幕式演出，组织传承人到北京参加“百名非物质文化遗产项目代表性传承人迎春展示活动”、2011中国（浙江）非物质文化遗产博览会、第七届深圳文博会、第三届中国成都国际非物质文化遗产节、“薪火相传——中国非物质文化遗产传承人师徒同台展演”等等。此外，河南省文化厅也专程到贵州进行非物质文化遗产工作考察，进一步加强了相互间非物质文化遗产保护利用的经验交流。二是成功举办第六个“文化遗产日”系列活动，营造文化遗产保护利用的浓厚氛围。三是启动了“贵州苗族服饰”申报人类非物质文化遗产代表作名录工作。目前已完成申遗文本的编制和申遗专题片的制作。四是积极推进非物质文化遗产项目的生产性保护。我省“丹寨县石桥黔山古法造纸专业合作社”经文化部评审公布为国家级非物质文化遗产生产性保护示范基地。同时启动了省级非物质文化遗产生产性保护示范基地的评审工作，共公布14个省级非物质文化遗产生产性保护示范基地名单。

四、文化产业发展

一是大力推进贵州文化广场项目建设。贵州民族歌舞剧院、省黔剧团、省话剧团、省杂技团、省人民剧场、省朝阳影剧院等单位已全部完成土地资产评估、审核备案等工作。按照省委、省政府《关于贵州文化产业股份有限公司组建方案》的要求，完成了贵州文化产业股份有限公司的工商注册登记，目前正在办理土地、资产过户手续。同时，省文化厅、贵州文化产业股份有限公司与贵阳学院签订了土地征收补偿协议，并由贵州文化产业股份有限公司向贵阳学院支付了1.11亿元的征收补偿款。目前项目已完成前期投入近4亿元。二是大力推进省北京路影剧院改扩建项目。目前该项目已在贵阳市建设工程交易网发布招标公告，进入了招标程序。三是成功举办第五届亚洲青年动漫大赛暨中国（贵阳）卡通艺术活动。第五届亚洲青年动漫大赛暨中国（贵阳）卡通艺术活动于8月26日至28日在贵阳举办。英国、西班牙、印度、巴西、南非、伊朗等71个国家和地区的1200余幅（部）动漫作品参赛，30多个国家和地区的近200名专家和艺术大师齐聚贵阳，对动漫业的未来进行了展望，凸显了动漫产业发展的强劲势头。另外，按照文化部要求，完成了2家全国第三批动漫企业认定申报工作。四是支持打造旅游版《多彩贵州风》。旅游版《多彩贵州风》是省文化厅推进民族演艺市场化的成功探索，该节目运作主体是多彩贵州文化艺术有限公司，在省文化厅大力支持下，节目立足于省内外文化旅游市场不断增长的消费需求，以当代审美视觉深度挖掘、提升贵州民族文化的丰厚内涵，用贴近旅游市场的舞台形式让观众更加充分地领略到了多彩贵州的独特魅力，于3月推出后赢得了市场的普遍欢迎，截至目前已演出300余场，观众达30万人次，票房收入达到了3000多万元，现在在贵阳大剧院天天演、场场满，甚至出现一天连演3场的火爆局面，被媒体赞为“票房、口碑双丰收”。五是圆满完成我厅承担的“中国（贵州）国际酒类博览会暨中国·贵阳投资贸易洽谈会”相关邀请、接待、布展等工作。六是加强与金融单位的合作，着力解决文化企业融资难问题。7月，省文化厅与中国工商银行贵州省分行签署了《支持文化产业发展战略合作协议》，重点支持优质文化企业及国家级、省级文化产业示范基地、文化产业集聚区和重点文化项目建设等。七是积极参与“贵州—香港投资贸易活动周”、“广州六地招商引资项目推介洽谈会”相关工作。

五、文化市场监管

一是开展全省文化经营单位统一年度登记及换证编号工作，全面清理、核查全省文化经营单位，促进文化市场规范管理。二是坚持总量控制、合理规划布局，大力推进网吧连锁。要求全省均不得审批设立单体网吧。指导各地优化网吧布局，开展网吧整合，筹备连锁网吧申报认定等工作。有针对性地选择有实力并能承担社会责任的网吧连锁企业作为示范点进行培育。目前，已认定省级网吧连锁企业1个，县级连锁企业2个，全省网吧连锁率（含联营）超过了20%，在全省起到了较好的示范和推动作用。三是进一步加强游艺娱乐场所的监管，部署开展了全省游艺娱乐场所专项整治行动。取缔了一批无证照经营的游艺娱乐场所，有力地打击了游艺娱乐场所设置违规机型机种和变相赌博等违法违规经营行为，严厉查处了一批游艺娱乐场所在国家法定节假日之外接纳未成年人、超时经营等违法违规经营活动，使游艺娱乐场所内违法经营活动得到有效遏制，经营管理秩序得到了进一步规范。四是加强互联网文化单位、文化内容的监管。清理排查非法的互联网文化单位和封堵不良文化产品及内容。与省通迅管理局联合对全省经营性、非经营性互联网单位开展了调查清理工作。按照文化部部署，实施“网络游戏适龄提示工程”和“网络游戏未成年人家长监护工程”。五是加强营业性演出活动的监管力度。严格执行营业性演出经营主体准入制度，切实加强营业性演出活动审批工作，切实加强演出场所经营单位管理，切实加强营业性演出活动的现场监管。并在全省开展了节庆活动等大型演出调研，进一步掌握了全省节庆演出等大型营业性演出活动的市场发展和监管状况，为下一步加强相关演出活动的监管奠定了基础。六是狠抓文化市场典型案件查处。先后查处了“音乐在线侵权歌曲试听案”、“红尘音乐网侵权歌曲试听案”等具有典型性的网络文化市场案件，2家网站涉案侵权歌曲数目达到100余万首，在网络文化案件领域产生震慑作用，得到文化部充分肯定和表彰。

在具体监管方面，通过开展专项行动等等，全省各级文化市场综合执法机构共查处网吧违法经营案件515起，停业整顿306家，取缔18家，罚款2196307元；查处娱乐场所违法经营案件923起，停业整顿81家，取缔1家，罚款86501元；查处违法经营音像制品案件400起，停业整顿10家，取缔121家，罚款20000元，没收各类违法音像出版物280499张/盘。

六、文化体制改革

一是成立贵州文化演艺集团有限责任公司，提升整体竞争力。经过努力，贵州省成为到目前为止全国基本完成国有文艺院团转企改制任务的8个省（区、市）之一。由贵州民族歌舞剧院等10家单位整合组建的贵州文化演艺集团有限责任公司于6月成立，成为全国11个组建了省级演艺集团公司的省（区、市）之一。目前省文化厅正按照省委、省政府批复的《贵州文化演艺集团有限责任公司组建方案》积极推动集团公司的组建工作。二是积极推进公益性文化事业单位内部机制改革。试点单位省图书馆、省博物馆、省文化馆内设机构调整、岗位设置方案已经省编委办、省人社厅批准；省博物馆和省图书馆岗位设置工作已完成，并与职工签订了聘用合同，岗位工资已经兑现；省文化馆对内设机构进行了调整，岗位设置已完成。其他单位如省考古所、省艺研所等内部机制改革方案已经省文化厅正式批转实施。另外，为全面推进全省文化系统公益性事业单位内部机制改革，省文化厅草拟了《贵州省文化系统公益性文化事业单位内部机制改革指导意见》，即将下发实施。

全省文化市场综合执法改革方面，通过不断加大工作力度，调整工作重点，深入各地进行督促检查、协调指导，9个市（州）、88个县（市、区）文化市场综合执法机构已全部组建，执法经费已全部列入同级财政预算，工作进度居全国前列。

七、对外文化交流

一年来，贵州省对外及对港澳台文化交流项目共计33起，490人次，涉及美国、法国、菲律宾等国家和我国香港、澳门、台湾地区。与上年同期相比项目数增加3起。其中，出访27起，387人次，与上年同期相比项目数增加7起；来访6起，103人次，与上年同期相比项目数减少4起。在上述交流项目中，“多彩贵州风”演出团6月赴菲律宾参加的庆祝中菲建交36周年演出受到热烈欢迎，影响广泛；6月21日至7月2日，由谢庆生副省长率团赴法国、奥地利、意大利参加的“贵州苗族服饰展”进一步增进了中法两国人民的友谊，很好地展示了贵州省多彩文化和良好形象。另外，继2010年贵州文化艺术交流和旅游推介团在美国四城市举行的“多彩贵州风”演出和旅游推介获得成功后，由省委副书记王富玉率领的“多彩贵州风”文化艺术和旅游推介团于10月3日至17日再次出访美国纽约、亚特兰大、拉斯维加斯、洛杉矶等城市进行文化交流和贵州旅游推介。此次出访活动被列为2011年文化部组织的中美文化交流活动重要内容之一，是贵州省又一次高规格、大规模的对外文化交流活动，在增进中美文化交流、宣传推介贵州省丰富的人文资源和良好的旅游资源、向西方主流社会展示贵州良好形象等方面发挥了积极的推动作用。

云南省

2011年是全面实施“十二五”规划的开局之年，是深入学习贯彻党的十七届六中全会、省第九次党代会和省委九届二次全委会精神，加快实施“两强一堡”发展战略，大力加强云南民族文化强省建设的关键一年。一年来，按照中央的部署，在省委、省政府的领导下，全省文化建设各项工作踏实起步、扎实推进，有力有效、有声有色，较好地完成了年度工作任务，为进一步推动云南文化改革发展奠定了良好基础。

一、公共文化服务体系进一步完善

省博物馆新馆、红河州红河大剧院和州文化馆等一批重大项目加快推进；保山市、昆明市和楚雄州3个国家公共文化服务体系示范区（项目）加快推进；投入公共文化服务体系保障经费12837.6万元（其中中央补助资金10732万元，省级配套2105.6万元），文化信息资源共享工程新建“农文网培学校”244个，文化信息资源国家中心在云南召开“全国文化信息资源共享工程农村实用人才培训工作经验交流会议”，32个州市级图书馆、文化馆，265个县级图书馆、文化馆，9个县级美术馆，1375个文化站免费开放稳步推进，公共文化服务能力进一步提升；新建和改扩建“两馆一站”36个；西双版纳州“文化惠民示范村”创建取得初步成效，受到了现场会与会人员的好评；成功举办以“舞云南·颂祖国”为主题的云南省第二届“大家乐”群众文化广场舞蹈大赛，16个州市共演出1450场次、演出节目3000多个、参赛群众逾43万人次、观众达1000多万人次，参加省级决赛优秀节目48个、演员653人，“大家乐”已成为社会公认、群众喜爱的广场文化活动品牌，全省各地每年参与广场舞蹈活动的群众达3000余万人次；昭通市扎实推进“文化建设百千万工程”，市文化艺术剧院赴122个乡镇演出143场，观众80万人次，县级文工团（队）演出986场，观众达145万余人次，组建乡镇业余文艺演出队伍521支，演出5879场，观众达293万人次。“春雨工程”——全国文化志愿者边疆行活动深受边疆各族群众的欢迎。

二、文化艺术创作进一步繁荣

成功举办以“艺术增繁荣·颂歌献给党”为主题的“云南省第11届新剧（节）目展演”，共演出64场32台剧（节）目，观众达4.2万余人次；举办云南省文化厅庆祝建党90周年暨云南省第11届新剧（节）目展演闭幕式文艺演出《七彩颂歌》，获得圆满成功，京剧《罗成》、歌舞《七彩颂歌》获特别奖，滇剧《大唐公主》，话剧《搬家》，音舞诗画《阿米车》、《梦幻腾冲》等12部作品获金奖；成功举办“文化强省·百艺盛会”——2011云南文化艺术系列活动，推出舞台艺术类、社会文化和非物质文化遗产类等六大门类的60余个项目，丰富了群众文化生活；以杨善洲同志先进事迹为题材的大型话剧《守望心灵》、纪念辛亥革命100周年的重大历史题材剧目《铁血流芳》、荣获“五个一”工程奖和文华剧目奖的花灯剧《梭椤寨》，在广大观众中引起了强烈共鸣；舞蹈《夏日里的滴滴调》、《蒇灯》分别荣获第九届全国舞蹈比赛编导二等奖、表演三等奖，话剧《搬家》荣获第12届中国戏剧节剧目奖、优秀编剧奖，京剧《罗成》荣获第六届中国京剧艺术节参演剧目奖，花灯《月上柳梢》、《邮票》入选第八届“中国滨州．博兴小戏艺术节”推荐剧目，主演杨仕明、李云燕分别荣获表演一等奖、胡黔荣获作曲一等奖，京剧《罗成》主演朱福荣获“魅力春天”全国京剧青年演员擂台邀请赛擂主奖；5名歌手参加文化部、国家广电总局等主办的第九届中国西部民歌歌会，取得了2金1银2铜的优异成绩；省美术馆免费开放，举办画展10余个，“非遗画忆”入选国家美术展览工程资助项目；转变“文化大篷车”服务方式，变单一的“千乡万里送戏行”为综合性的文化服务“千乡万里行”，省级4个院团和转企改制的省杂技团全年共赴全省29个县191个乡镇演出219场，观众达175.2万人；省直院团积极探索“艺术客厅”市场化运作模式，全年共演出154场，实现了“周周演”的目标，已成为为普通百姓提供优秀艺术产品的都市文化艺术品牌；与教育厅共同组织“高雅艺术进校园”演出6场。文山州歌舞剧团参加全省人大系统“为人民歌唱”比赛活动，获得团体金奖。一年来，全省有7个优秀剧目获国家级13个奖项，有32台新剧（节）目获省级各类奖项。

三、文化遗产保护进一步加强

编制和实施《云南文化遗产保护“十二五”规划》，云南茶马古道将整体纳入国家保护，红河哈尼梯田、普洱景迈古茶园进入申遗程序，红河哈尼梯田被列为中国政府2013年申遗项目，实施了滇越铁路的重点保护工作；开展“历史名城与旅游小镇和谐共建”和“文化惠民与遗产保护协同发展”试点，探索文化遗产保护与利用的有效途径；对全省129个县进行实地文物调查，共调查登记不可移动文物14704处，其中新发现不可移动文物10996处，复查3708处，增幅位居全国第五，全国文物保护单位和挂牌保护文物由2764个增加到5346个；启动实施国家级文物保护项目16个、省级保护项目30多个；文物抢救保护项目和经费大幅度增加，姚安和盈江震后文物抢救保护工作加快推进；积极申报历史文化名城（村、镇），云南省各级历史文化名城名镇（村）由2010年的61个增加到70个，位居全国前列；积极开展向家坝和溪洛渡等国家大型建设工程用地范围内的考古调查勘探工作，保证了国家重点建设项目的顺利开工和文物的有效保护；积极申请落实各级非物质文化遗产保护经费2288万元，比2010年新增经费1127万元，同比增长49.25%；投资2300多万元，对10个人口较少民族博物馆、民族特色村寨以及文化遗产进行改造、建设和抢救保护；迪庆州、大理州被列为全国文化生态保护实验区，建水紫陶和普洱茶制作技艺被列为国家级生产性示范基地。向国家发改委申报15个州市和文物大县的博物馆新建、改扩建项目资金4.5亿元；完成2万余件馆藏珍贵文物和部分重要文物的文物调查及纸质档案的填报和数据库管理系统建设工作，实现文化遗产信息数据资料的实际运用和公开服务；通过多方努力，普洱市博物馆、昆明聂耳纪念馆、西南联大蒙自分校纪念馆等5家博物馆、纪念馆纳入国家第三批博物馆、纪念馆免费开放补助名单，全省纳入国家博物馆、纪念馆免费开放补助单位增至43家，获得国家专项经费补助2200余万元；为州市县博物馆争取国家文物修复、陈列布展经费800余万元；办理文物进出境近800余件、涉案文物91件，鉴定全省馆藏文物5000多件，确定三级以上文物200余件，审核文物拍卖标的3000多件。

四、文化体制改革进一步推进

在全国率先实行公益性文化事业单位人事制度“双聘”改革，云南文化艺术职业学院、云南民族文化艺术研究院、省滇剧院、省京剧院、省花灯剧院、省话剧院等单位所有领导都实行面向社会公开招聘与单位内部竞聘的“双聘”制度；8个直属事业单位的36个岗位面向社会和内部招聘工作人员44人；按照“五个一批”的要求，国有文艺院团体制机制改革全面启动；德宏州已经完成了州直国有文艺院团改革任务；16个州市相继完成了机构整合，组建了“文化市场综合行政执法支队”，14个州市成立了文化市场管理领导小组；县（区、市）改革有9个州市全面完成，4个州市基本完成，3个州市开始启动。

五、文化产业发展进一步推动

制定下发《云南省文化产业示范基地评选命名管理办法》，命名了12个省级文化产业示范基地；云南柏联和顺旅游文化发展有限公司荣获10大最具影响力国家文化产业示范基地称号；成立了云南省动漫企业认定领导小组及其办公室，制定了《云南省动漫企业认定规程》，初审报送文化部、财政部、国家税务总局首批认定动漫企业4个；成立云南省动漫协会，拥有会员单位102个；积极推进“国家动漫产业网云南分站”建设，主动与文化部、中国传媒集团 、“云游网”对接，初步确定了网站的发展思路和运营模式；研究制定云南省文化产业鼓励类产业目录；加强与金融和保险的合作，与中国工商银行云南省分行、中国建设银行云南省分行签订了战略合作协议，与云南省保监局联合下发《关于保险业支持文化产业发展的通知》，加大“云南省文化产业投融资项目库”建设力度，向文化部报送了东盟民族民间艺术博览园、新平县民族服饰文化产业等20余个投融资重点项目；积极探索以文化产业发展推动农村产业结构调整，实现“文化富民”途径，开展了全省第三批50个“文化惠民”示范村评审，全省“文化惠民”示范村总数达到124个，覆盖了全省绝大部分县（区、市），芒团村成立文化产业手工造纸专业合作社，并与临沧南华纸业有限公司达成供销意向；通过举办“昆明泛亚民族民间工艺品博览会”、“云南动漫节”、“民族服饰文化节”以及组团参加“深圳国际文化产业博览会”、“上海国际艺术节”、首届云南文化产业创意周等活动，为文化产业发展营造了良好环境。

六、文化市场监管进一步规范

大力开展平安文化市场创建、校园周边环境整治和预防青少年犯罪、打击侵犯知识产权和制售假冒伪劣商品以及假唱、假文物等，不断推进净化社会文化环境专项治理工作。全省共出动执法人员219414人次，检查文化市场经营单位154794家、责令整改3143家；案件查办受理举报811件，立案调查936件，移交案件138件，办结案件961件；行政处罚警告4386家次，罚款2838453元，责令停业整顿307家，没收违法所得106624元。加强“五老”网吧监督员队伍建设，全省拥有“五老”网吧监督员3200名；深入推进全省网络文化市场计算机监管平台建设、管理和使用，积极与昆明电信公司达成了监管设备的托管协议，实现了上与文化部、下与16个州市、129个县（区、市）监管平台的互联互通。大力推进“绿色网吧”试点，共有试点单位近30个。创新工作方法，形成了网上初审、公示与实地查看、认定批复的良好机制；积极推进行政审批制度改革，取消审批项目1项，合并减少审批项目4项，移交省新闻出版局4项，行政审批项目从原来的17项减少为8项，压缩审批时限30%以上；积极推进网吧连锁企业的发展，全省共有网吧连锁企业43家。

迪庆州举办云南藏区“扫黄打非”“梅里工程”执法人员培训班，丽江、大理、怒江及迪庆州“三县一区”文化站工作人员共126人参加了培训；玉溪市积极探索农村文化市场监管新路子，创造性地提出了农村文化市场扫黄打非“六个一”工作模式，形成了覆盖全市、责任到人、监管到位的执法监管网络和工作机制，为农村文化市场又好又快发展创造了良好环境。

七、对外文化交流进一步扩大

利用参加孟中印缅地区经济合作论坛第九次会议、云南—泰北合作工作组第四次、云南—老北合作第五次会议、云南省与印度西孟邦合作论坛、云南与孟加拉合作对话第二次会议等国际性会议之机，向会议介绍云南文化交流合作规划、计划，增进了了解。应邀和受文化部等派遣，“亲情中华”云南艺术团赴美国进行新春慰问侨胞演出、中国·匈牙利·欧洲“文化之桥”大型春节文艺晚会演出、《云南映象》参加“澳大利亚中国文化年”开幕演出、新加坡第18届“春城洋溢华夏情”交流演出等一系列大型交流演出获得高度赞誉；特别是组团赴智利参加“国际民俗艺术节”演出结束后，“中国万岁”的欢呼声响彻全场；组团赴印度新德里、昌迪加尔和斋普尔演出，被我驻印使馆称为“2011中印交流年”中访问时间最长、城市最多、观众最多、影响最大、反响最好、最有光彩的项目，为此，文化部专门致函表示感谢；组团为中国—东盟外长会议、外交部新闻司等举办的外国记者新春招待会等重要会议、活动举办的专场演出获得圆满成功；与加拿大、埃及等国进行的文化交流考察达成了多项合作协议；指导监督迪庆州博物馆与意大利驻华使馆联合举办“他乡雪山——云南三角流域老照片展”等活动，进一步推动了中外文化交流与合作。在港澳台文化交流方面，在台湾举办云南省名家美术作品暨云南当代艺术展，举办葫芦丝·巴乌专场音乐会；赴澳门参加“庆祝澳门回归祖国12周年”演出活动；赴香港进行商业演出等。一年来，云南省对外、对港澳台派出各类文化交流团组和个人24起426人次，分别前往匈牙利、英国、美国、我国香港和台湾等17个国家和地区；云南省接待对外、对港澳台各类文化交流团组和个人9起35人次，分别来自美国、意大利、法国、泰国、纳米比亚、日本、埃及等7个国家，进一步扩大了云南文化的对外影响力。

八、文化人才培养进一步增强

选派文化副县长6名；选派4名机关干部到乡镇挂职锻炼；举办为期21天的“文化创意产业发展及管理和营销”美国培训班，各州市分管文化副市长、文化局主要领导共16人参加了培训；111名正科级以上干部参加省委组织部组织的干部在线学习，84名公务员和参公人员参加省公务员局组织的行政机关公务员在线学习，8名处级干部、13名科级干部参加云南大学、云南师范大学、昆明理工大学干部自主选学培训；选派1名厅级、7名处级党员干部参加省委党校培训；对300余名高职、中职专业技术人员进行了职称评定；制定了云南省基层文化干部队伍培训工作方案，指导全省各级支中心、农文网培学校开展远程培训5期，共培训基层专业人员1778人（次）；云南文化艺术职业学院与云南省歌舞剧院共同举办的5年制中专少数民族舞蹈表演花蕾班开办，60名少数民族舞蹈苗子成为首届花蕾班学员；首次采取民族语言及专业“双测试”的办法，从基层文化单位中选拔了12名少数民族声音乐人员赴上海音乐学院深造。

九、文化系统自身建设不断强化

始终以惩防体系建设为重点，以制约和监督权力为核心，以提高制度执行力为抓手，坚持标本兼治、综合治理、惩防并举、注重预防的方针，保证了党风廉政建设各项工作落到实处；大力开展创建学习型组织、创先争优、庆祝建党90周年系列活动、向杨善洲同志学习活动等，评选表彰了一批先进基层党组织、优秀党务工作者和优秀共产党员，营造了奋发向上的良好氛围；大力加强文化系统信息化建设，“文化云南网站”、视频会议系统、无纸化办公系统等建成开通，优化了工作环境，提高了工作效率；大力推进社管综治工作，省文化厅连续两年被昆明市评为“平安创建先进单位”；积极推进精神文明创建，顺利通过了五华区区级“文明单位”的测评考核；认真做好1600多名离退休人员保稳定促和谐工作，特别是有力地保证了改制单位300多名离退休人员的管理服务工作无缝连接，连续第 15年被省委组织部、省委老干部局评为全省落实“老干部工作目标管理责任制”优秀单位。认真做好妇女儿童发展规划监测统计，建立完善相关工作台账；自觉接受人大、政协和社会监督，办理人大代表建议10件、政协委员提案22件，满意率100%。

西藏自治区

2011年是“十二五”规划的开局之年，又逢中国共产党成立90周年和西藏和平解放60周年。特别是党的十七届六中全会专门研究部署文化改革发展，进一步明确了新的历史时期文化建设走什么样的发展道路和实现什么样的宏伟目标。西藏自治区第八次党代会明确提出了当前和今后一个时期自治区文化建设的目标和任务，西藏文化发展大会和区党委、政府《关于推进我区文化大发展大繁荣的决定》提出了实施文化兴区、文化强区、文化富区、文化稳区的战略任务，西藏文化建设进入了历史上最好的时期。2011年，在自治区党委政府的坚强领导下，在国家文化部的高度重视和大力支持下，在西藏各级文化部门和广大文化工作者的不懈努力下，2011年西藏文化建设取得了十分显著的成绩。概括起来有以下5个特点。一是中央和自治区对文化建设的重视程度前所未有。2011年年初，西藏自治区召开了全区文化发展大会，出台了《关于推动文化大发展大繁荣的决定》。10月，党的十七届六中全会做出了《关于深化文化体制改革推动社会主义文化大发展大繁荣若干重大问题的决定》，印发了《国家“十二五”时期文化改革发展规划纲要》。文化部部长蔡武，副部长欧阳坚、赵少华、杨志今，原文化部党组成员、国家文物局局长单霁翔先后进藏指导自治区文化工作。自治区党委书记陈全国、自治区政府主席白玛赤林先后到文化厅系统检查指导工作，对西藏文化建设做出了一系列重要指示。西藏各地市党委政府积极制定和出台推动文化强地的政策和措施，不断加大对文化工作的领导和支持力度，文化建设在党和政府工作中的地位和作用得到充分体现，文化繁荣发展的政策保障极大加强。二是国家和自治区对文化建设的投入力度前所未有。据统计，2010年国家和自治区下达的全区重点文化工作经费达到4.7亿元、文物保护经费达到7亿元。西藏各地市财政对文化建设的资金配套政策进一步健全，投入数额显著提升，文化繁荣发展的资金保障极大加强。三是重大文化活动的成效和影响力前所未有。成功举办了以庆祝建党90周年、西藏和平解放60周年为主的具有示范性、导向性的一系列文化活动，赢得了社会各界和人民群众的广泛好评，文化工作围绕中心、服务大局的能力得到充分彰显。四是文化事业发展成果前所未有。大批文化设施建设项目得到落实、大量优秀文化产品相继出炉、文化队伍数量大幅提高、文化遗产保护工作大步推进、农牧区文化建设大有成效，西藏文化事业呈现出城乡联动、多点开花、硕果累累的喜人景象，全面推进西藏社会主义文化大发展大繁荣的基础进一步坚实。五是全社会对文化建设的关注度前所未有。中央和西藏主流新闻媒体密集关注我区文化建设，先后播发、刊发西藏文化建设情况报道200多次。可以说，西藏重要新闻栏目、重要刊物“天天讲文化，期期说文化”，文化工作的影响力得到极大提升。全社会日益重视文化工作，大力推进机关、企业、社区、校园、军警营文化建设，人民群众参与文化建设、享受文化建设成果的积极性、主动性得到极大提升，文化繁荣发展的社会环境极大优化。

一、推进文化繁荣发展的目标和措施进一步明确

党的十七届六中全会是2011年文化领域和全党全国人民政治生活中的一件具有历史意义的大事。西藏各级文化部门采取召开学习会、听取宣讲、组织研讨等多种形式，深入传达和学习全会精神，不断深化对文化建设规律的认识，推动文化改革发展的责任感和紧迫感进一步增强，坚持走中国特色社会主义文化发展道路的文化自觉有效提高，推动社会主义文化大发展大繁荣的文化自信更加坚定，投身文化建设的精神风貌更加昂扬向上。同时，西藏各级文化部门始终把学习贯彻六中全会精神与西藏自治区第八次党代会、西藏文化发展大会精神相结合，在联系实际、推动工作上下工夫、做文章，不断解放发展思路、转变发展方式、强化发展措施，形成了许多立足当前、指导长远的工作思路和措施。制定完善了“十二五”文化发展的各项规划和措施。经过2年多来的努力，《西藏自治区“十二五”时期文化发展规划》经2012年西藏自治区政府第1次常务会研究通过并正式批准实施。《“十二五”时期文物保护规划》、《公共文化服务体系建设规划》、《城市公共文化设施建设规划》和《基层文化设施建设规划》的编制工作也全面完成。

二、全力以赴开展建党90周年和西藏和平解放60周年各项文化活动

扎实做好建党90周年和西藏和平解放60周年各

项重大文化活动是2011年自治区党委、政府交给全区文化部门的一项重大政治任务。西藏广大文化工作者充分发扬“勇于吃苦、团结协作，争创一流”的精神，提早谋划，精心组织，周密安排，圆满、高质地完成了各项文化活动的组织和实施工作。特别是献礼晚会“再唱山歌给党听”、群众游行、彩车展示、中央代表团迎送、焰火晚会、“西藏自治区和平解放60周年成就展”等各项重大文化活动特色浓郁、声势浩大、组织缜密、影响广泛、效果突出，获得了空前成功，得到了中央代表团的高度评价和区党委、政府的隆重表彰。献礼晚会“再唱山歌给党听”在拉萨连续进行了9场公演，仍出现了前所未有的“一票难求”的空前景象。话剧《解放！解放》、新编藏戏《金色家园》相继与观众见面，累计演出10多场，社会反响强烈。拉萨市与援藏省市联手打造推出的《幸福路上60年》、那曲地区推出的《盛世羌塘》、山南地区推出的《魅力山南》、日喀则地区推出的《喜马拉雅风情》等剧目影响广泛。组织专业人员对山南地区克松村农民自编自演的话剧《农奴泪》进行了打造提升，“5·23”期间在拉萨连续演出9场，并在中央电视台戏曲频道播出。据统计，2011年西藏各地市和县文化部门组织大型文化活动2338次，参加活动人员达38万人次，观众近145万人次。西藏专业文艺团体下乡演出近600场，观众70余万人次。其中，区直三团送戏下乡185场，各地市艺术团送戏下乡368场，超额完成了下乡演出任务。西藏18支民间艺术团下乡演出856场，观众近85万人次。形成了全区共庆、歌舞升平的美好景象，为建党90周年和西藏和平解放60周年营造了喜庆、热烈、欢快、和谐的文化氛围。

三、优秀文化产品丰富多样，精品佳作不断涌现

2011年，相继推出了2011年新年音乐会“金色旋律”、“3·28”专题文艺晚会“翻身农奴把歌唱”、建党90周年晚会“心中的歌儿献太阳”、自治区八次党代会专题文艺晚会“心中的颂歌”等舞台艺术作品。编排选送的舞蹈《欢歌起舞》荣获“2011年央视春晚观众最喜爱特别奖”。组织推选的5个优秀节目参加了第九届全国舞蹈大赛，舞蹈《飞快的舞步》荣获创作“二等奖”。西藏昌都地区29名舞蹈演员参与了建党90周年大型文艺晚会“我们的旗帜”的演出。配合中央电视台完成了“心连心”艺术团的广场慰问演出。完成了“国家舞台精品工程”30强扶持项目《魅力西藏》的修改录像和申报工作。话剧《解放！解放！》被选入国家42台扶持项目。启动了优秀文化产品制作项目，将近年来打造的优秀歌舞、话剧、藏戏等6个剧（节）目制成6万张光盘，将在这次会上发放到各地市和县。山南地区原生态歌舞《果谐的春天》参加第六届CCTV全国舞蹈大赛获“十佳作品奖和优秀编导奖”。西藏那曲地区班戈县果谐《天湖之舞》参加了外交部元旦驻华使节文艺晚会和中央元宵晚会。西藏山南地区、日喀则地区首次创办了投入大、阵容大、影响广的藏历新年电视综艺晚会。去年，全区文化部门累计新创作推出舞台艺术作品近1000个，创历史新高。

四、公共文化服务体系建设取得突出成效

“十二五”时期文化建设项目全部落地，涉及6个项目，近600个子项目，总投资达到13亿多元。西藏综合艺术中心等“十二五”重点文化设施建设的前期工作全面启动。西藏那曲、日喀则等部分地区图书馆、群艺馆建设项目的前期工作进入评审阶段。35个县民间艺术团排练场所和543个乡镇综合文化站建设项目的前期工作基本完成。计划近期下达投资5.0512亿元，2012年春即可全面动工。

【公共文化运行保障机制初步建立】

联合自治区财政厅全面启动了图书馆、群艺馆、县综合文化中心、乡镇文化站免费开放工作，争取和落实免费开放经费3000余万元。自治区群艺馆、图书馆开展的“少儿寒假免费艺术辅导班”、“文艺进基层”、“老年人上网培训班”等免费服务活动取得良好成效。新批准成立了17支县民间艺术团，全区县民间艺术团数量达到35支，落实了补助经费700万元。林芝地区基本实现了村村有业余演出队的目标。申请资金1125万元，开展了29个乡镇综合文化站、4个地市群艺馆设备采购和9个县综合文化活动中心维修工作。出台了《自治区政府办公厅关于加强基层文化设施管理和使用的意见》，明确了基层文化设施的职能、职责，规范了管理和使用具体措施。那曲地区文化局加大协调和管理力度，有关县综合文化活动中心挤占、挪用问题得到进一步解决。

【公共文化服务体系建设手段进一步创新】

林芝和山南地区入选国家公共文化服务体系建设示范区和项目，申请和落实示范建设资金近700万元，开展了示范区和示范项目的创建工作。在林芝地区成功召开了全区基层文化建设现场会，系统总结了近年来自治区基层文化建设的成就和经验，全

面推广了林芝地区的典型经验，表彰了13家先进集体和14名先进个人。开展了全区群艺馆、县文化馆评估定级工作,林芝、工布江达、安多3个县文化馆被命名为全国“二级馆”，10个群艺馆和文化馆被命名为全国“三级馆”。全面开通了共享工程自治区分中心和西藏图书馆两个藏汉双语网站，结束了西藏自治区分中心没有资源管理、传输平台的历史。启动了全区7地市共享工程分中心和113个乡镇基层点建设。完成了“西藏民间舞蹈资源库”建设和一批数字资源翻译工作。向各地区发放动漫图书、期刊7万余册（本）。配合自治区强基惠民活动，设计制作了6000余套反映新旧西藏对比的展览挂图和80余套展板，已经发放到全区各县乡和驻村工作组。拉萨市启动开展了声势浩大的“幸福拉萨”规范舞学跳活动。邀请青岛、重庆文艺团体优秀歌舞节目和儿童剧，到西藏开展了“春雨工程”大舞台活动，在昌都、拉萨部分县乡演出11场。另外，2011年，西藏各级文化部门和广大援藏干部积极争取对口省市和企业对文化工作的支持和援助，共筹得援藏资金近千万元和价值600余万元的设备。

五、优秀传统文化得到有效保护和弘扬

【文物保护工作扎实推进】

加快了“十一五”22处重点文物维修保护工程的建设进度，已竣工10项，基本竣工12项。以山南地区敏竹林寺维修开工为标志，投资9亿多元的“十二五”44处重点文物保护项目全面启动。西藏全区抢救性文物保护维修工程有效推进。组织开展了冲康庄园、米杰拉章等文物保护单位周边环境整治。克松村第一党支部旧址陈列馆成为自治区爱国主义教育基地。昌都解放委员会办公旧址等革命文物保护维修工程基本完工。萨迦寺等申报世界文化遗产前期准备工作正在进行。第三次全国文物普查工作已全面完成，后续工作按计划正在进行。上海世博会西藏馆恢复重建馆“世博回眸”在西藏博物馆隆重开馆。加大了文物行政执法督查工作，文物安全得到全面加强，安全形势基本平稳。重要文物保护单位接待服务水平不断提升，对外窗口作用全面发挥，布达拉宫、罗布林卡等全区重要文物保护单位全年接待游客300余万人次。西藏文物大展赴河南、湖北展出取得圆满成功。

【非物质文化遗产保护工作效果明显】

16个非物质文化遗产项目列入第三批国家级名录，目前西藏自治区国家级项目数达到76个。自治区政府新命名了93名自治区级传承人，目前自治区级传承人人数达到227个。自治区藏药厂和江孜卡垫厂成功入选“首批国家级非物质文化遗产生产性保护基地”。评选命名了自治区藏医学院、西藏大学艺术学院等30个首批自治区级非物质文化遗产传习基地。下达了2010年至2011年国家级项目保护经费近3000万元。西藏自治区非物质文化遗产保护中心正式挂牌成立。组织10余个非物质文化遗产项目参加了国际非物质文化遗产节等宣传展示活动。日喀则依托“珠峰文化节”推出了“后藏踢踏舞歌舞文化周、世界非物质文化遗产藏戏文化周、非物质文化遗产保护成就展演”3个专题文化周活动，成效显著。整理出版了《青藏高原藏戏研究与保护》、《拉萨朗玛》、《阿里宣舞》等系列丛书和光盘。完成了自治区第四批国家级代表性传承人申报工作，共向国家申报传承人35名。西藏7个县乡被命名为“中国民间文化艺术之乡”，目前西藏共有19个“中国民间文化艺术之乡”。

【古籍普查保护取得实质进展】

协助国家古籍保护中心完成了藏文古籍普查平台软件研发。对拉萨市政协所藏82函历史文献进行了详细的登记造册。对拉萨周边部分古籍收藏单位进行了全面系统的实地抽查。阿里地区全面完成了首次全地区范围的古籍普查工作，共登记2300多函。全区各地市召开了古籍普查动员会议，开展了专题培训班和实地普查工作。完成了第四批国家珍贵古籍名录和全国重点古籍收藏单位申报工作，共申报225函珍贵古籍、4家古籍收藏单位。《西藏珍贵古籍名录图录》出版工作进入尾声。投资60多万元征集了170多部珍贵古籍。

六、文化市场环境进一步优化，文化产业不断发展

【积极推动文化产业发展】

与中国工商银行西藏分行沟通，落实金融支持文化产业相关政策，有望为西藏文化企业发展壮大争取更多的资金支持。研究起草了《西藏文化产业示范基地评选命名管理办法》，开展了西藏第二批自治区级文化产业示范基地的评选。组织西藏文化企业参加了第七届深圳文化产业博览会、北京文化创意产业博览会。其中，在第七届深圳文化产业博览会上，现场交易达到110万元，签订项目投资意向协议3.3亿元，商谈意向协议5亿元。组织西藏3名优秀唐卡画师、9幅优秀作品参加了第四届青海国际唐

卡艺术节。在拉萨成功举办“第二届西藏唐卡艺术展”。大型原生态歌舞《幸福在路上》，从4月开始演出，累计演出近200场，观众近7万人次。大型歌舞《喜马拉雅》向区内外游客演出180场。西藏各地市积极设立文化产业发展资金，认真策划和实施文化产业项目。山南雅砻大观源项目已经完成前期工作，拉萨市和昌都地区正在筹备建设多功能文化产业示范园区和基地。

【加大文化市场监管】

先后开展了文化市场政治安全和消防安全隐患大排查、电子游戏场所专项整治等各类专项整治活动近10项。贯彻落实自治区政府主要领导关于清理电子游戏经营场所工作的重要批示，对擅自审批的15家电子游艺场所进行了全面彻底的清查。加强了文化市场法制宣传。完成了自治区网络文化市场远程监控中心建设。重点加大了网络游戏、网络音乐等侵权盗版的检查力度。全区网吧监管软件安装率达99%，在线率达60%。2011年，西藏各级文化市场管理部门检查各类文化经营场所1.5万家次，责令改正违规经营场所近700家次，停业整顿违法经营场所102家次，吊销各类文化经营许可证36家，收缴各类非法音像制品37万余盘张。

七、文化繁荣发展的动力不断增强

在拉萨组织举办了民族团结培训班、办公室工作人员培训班、共享工程技术人员培训班、国家级传承人培训班等多期专题培训班，受训人员达到近350人次。在重庆、青岛两地分别举办了“西藏群众文艺创作人员培训班”和“西藏基层文化管理干部培训班”，参训人员近50人。在区外培训文物专业人员近100人。赴西藏各地市对300多名基层古籍普查人员进行了实地培训。全年培训人数累计近1000人次。申请批准单设了非物质文化遗产处、对外文化交流处。完成了区直文化事业单位“三定”工作，为机制改革打下了基础。与自治区有关部门联合下达了《西藏自治区文化事业单位岗位设置指导意见》。拉萨、昌都、阿里等地区以艺术团为试点，积极推进内部机制改革，建立完善竞争激励机制，取得了初步成效。

陕西省

2011年，在文化部的部署与指导下，在陕西省委、省政府的正确领导下，陕西文化系统以党的十七届六中全会的召开为动力，特别是抓住十七届六中全会召开，文化工作受到各级党委、政府和社会的空前关注、广大文化工作者推进各项文化工作的智慧和热情空前高涨、全省文化建设、文化活动空前活跃的良好机遇，紧紧围绕文化强省建设总体目标和省委、省政府中心工作，大力推动各项文化工作，全省文化事业和文化产业发展取得了新的成就，文化软实力显著增强，为全省经济社会发展和构建和谐社会营造了良好的社会文化氛围，提供了强有力的支持。

一、艺术创作

【成功举办第六届陕西省艺术节】

3年一届的陕西省艺术节，以“艺术的盛会、人民的节日”为办节宗旨。本届艺术节荟萃了全省11个市（区）的精品剧（节）目50台，演出100场。尤其是艺术节开幕式，荟萃全省获奖精品剧节目和优秀演职人员，将党的十七大以来陕西文化艺术所取得的成就向全省人民做了汇报，受到赵乐际书记和赵正永省长等领导以及广大观众的高度评价。本届艺术节参赛范围之广、作品之多、规模之大，创下了历届艺术节之最，同时也是文化体制改革后我省舞台艺术成果的一次集中展示。艺术节期间，还举办了“传承·突破·发展——陕西省优秀美术书法作品展”和第二届陕西省社区文化节，以及戏曲音乐研讨会、获奖舞蹈研讨会等学术交流活动，极大地丰富了我省人民群众的精神文化生活。

【推动“一团一品”工程】

狠抓舞台艺术精品的创作排练和艺术科研。组织力量对全省各地市专业院团进行系统调查，审定“一团一品”工程剧目，并对业务骨干进行了培训。组织省内知名编剧、评论家，对《秦腔》、《大唐记事》、《大秦将军》等30余部剧本进行了深入探讨和论证，并列为重点扶植剧目，给予经费支持。组织专家赴渭南、宝鸡、铜川、咸阳、西安、商洛等地审查剧目、讨论修改剧目和剧本，积极为基层文艺创作服务。

【参加各项赛事活动，艺术创作捷报频传】

组织选送的陕西演艺集团歌舞剧院有限公司、西安音乐学院、志丹县歌舞剧团等单位的舞蹈《泥人魂》、《陕北汉子》、《山楂树》、《乡土》、《挂红灯》等11个节目参加第九届全国舞蹈比赛，其中省歌舞剧院的舞蹈《泥人魂》获创作三等奖，志丹县歌舞团的《陕北汉子》获表演二等奖，志丹县歌舞团的《乡土》获表演优秀奖，实现了陕西省在全国性舞蹈比赛获奖中零的突破。组织全省戏曲演员参加第三届中国戏剧奖·梅花表演奖评比，李梅、李军梅、李淑芳等演员获得梅花奖。其中，李梅二度获得梅花奖。组织由西安市豫剧团新打造的豫剧《女贞花》参加中国第二届豫剧节，获得剧目奖、演员表演奖。选送陕西省戏曲研究院创作的秦腔现代戏《西京故事》和西安秦腔剧院改编的秦腔现代戏《秦腔》参加2011年全国现代戏优秀剧目展演。组织京剧《风雨老腔》赴武汉参加中国京剧节，获得大奖，产生了良好的社会影响。组织陕西省戏曲研究院等单位的秦腔传统剧《游西湖》、《柳河湾的新娘》、《仿唐乐舞》等4部剧目参加全国第二届优秀保留剧目大奖评选；选送《西京故事》参加第12届中国戏剧节，荣获“中国戏剧奖·优秀剧目奖”。选送《西京故事》、《秦腔》参加第13届上海国际艺术节，获得一致好评。文化部蔡武部长称这部戏（《西京故事》）代表了中国现代戏的创作方向。省戏曲研究院院长、著名剧作家陈彦荣获“中华艺文奖·艺文奖”，这标志着陕西省戏剧艺术家已跻身中国顶尖艺术家行列。秦腔数字电影《十五贯》荣获第28届中国电影金鸡奖提名奖。省雕塑院6件作品受邀参展第三届中国长春世界雕塑大会，张琨雕塑作品《天韵》在“滑田友奖·淮阴中国母爱主题雕塑大奖赛”上获最高奖。

【围绕庆祝建党90周年组织系列文化活动】

专门为建党90周年庆典创排的“延安颂”和“永远的旗帜”2部大型晚会上演后引起强烈震撼。主办了陕西省纪念中国共产党成立90周年戏剧展演节和全省美术书法摄影展，在全省各地演出大型剧目37台、小戏小品35台，展出美术、雕塑、书法、摄影作品651件，为庆祝建党90周年营造了热烈的社会氛围。

【圆满完成省委省政府交办的各项重要演出任务】

精心承办省委省政府迎新春团拜会，赴驻京办慰问演出。出色完成15届中国东西部合作与投资贸易洽谈会文艺演出任务。组织陕西特色文艺节目精彩亮相西安世园会，全省10个地市16个演出单位进行了34天演出，充分展示了陕西丰富多彩的文化艺术和三秦人民昂扬向上的精神风貌。支持审批30余个国外演出团体到西安世园会演出。

此外，举办了陕西省秦腔经典传统剧目惠民演出月活动，3万多观众观看演出，并给予高度评价。举办了首届陕西民族器乐新作品政府奖征集评奖活动，为提升民族管弦乐创作和演奏水平作出积极贡献。举办了“高原·高原——中国西部美术展中国画年度展”，这一大展以其鲜明的学术主题和强烈的西部地域特色在全国美术界引起反响。协助举办了彩绘丝路——中国当代著名美术家丝绸之路万里行大型文化交流活动，在国内外产生了较大影响。艺术科研也取得新进展，申报2011年度国家社科基金艺术学项目56项、国家社科基金学术课题48项，推荐艺术科研成果6项、全国艺术科学专家库专家13名，《延安新秧歌运动》等多项国家级和省级重点课题圆满完成。组织演员、书画家、编剧等文艺工作者50余名进行“走进新榆林”下基层采风活动，深入榆林市和靖边、神木两县的农村、社区、煤矿、采油点、治沙基地等体验生活，了解社会的新变化、群众的新需求和感人的新事迹，激发创作灵感，践行“三贴近”原则，使文艺工作者深受教育和鼓舞。这是继去年“走进青木川”后，省文化厅组织的第二次艺术家下基层采风活动。

二、社会文化

【以免费开放为契机，不断增强服务能力】

自7月1日起，全省4家美术馆、112家公共图书馆、120家文化馆、1542家乡镇综合文化站统一向社会免费开放。为实现馆站免费开放后正常运转、服务质量不断提升，省文化厅积极落实中省财政经费1.36亿元，并及时出台了“三馆一站”免费开放工作方案、免费服务工作标准，以及经费管理和绩效考核办法，保证了免费开放的顺利推进，各地也不断加强形式多样的免费开放服务工作，受到社会各界欢迎和好评。

【创建国家公共文化服务示范区（项目），加快公共文化建设步伐】

创建国家公共文化服务体系示范区（项目）是“十二五”期间文化部、财政部实施的一项重大文化工程，计划从2011年开始，到2016年，按照两年一个周期，分三批在全国创建90个左右的示范区和192个示范项目，覆盖东、中、西部1/3以上的地级市，形成整体示范效应。经省文化厅积极推荐，宝鸡市被批准为国家公共文化服务体系首批创建城市，渭南市的“‘一元剧场’演出项目”和铜川市“公共图书馆服务一体化建设”项目被确定为第一批示范项目，中央第一批750万元创建资金已下达陕西省。宝鸡、渭南、铜川三市均位于关中——天水经济一体化区域，特别是宝鸡市位于关天一体化的核心区域，创建国家公共文化服务体系示范区，对于提升关天地区公共文化服务水平，进而推动全省公共文化服务体系建设科学发展具有重要意义。省文化厅还组织开展了第六批省级文化先进县创建和第四、五批先进县复查工作，开展了第三次全国文化馆评估定级和“中国民间文化艺术之乡”的评选推荐工作，16个县乡被文化部命名为2011～2013年度“中国民间文化艺术之乡”。

【大力推进三大公共数字文化工程，保障广大群众数字文化权益】

完成了356个乡镇文化资源共享基层服务点的建设任务和28个国家公共电子阅览室建设试点任务。1000个街道、乡镇、社区公共电子阅览室建设于年底前全面铺开。西安、宝鸡、咸阳三市和省图书馆的数字图书馆推广工程，已全面启动。加快了数字资源生产，完成了“陕甘宁边区”数字资源库的建设论证，全省特色文化资源已达14.8TB。省文化共享工程和公共电子阅览室管理系统技术得到文化部肯定，在西安召开了全国文化信息资源共享工程技术交流会，对陕西省经验进行了推广。建成陕西公共图书馆服务联盟联合参考咨询平台，用科技手段提升了公共文化服务群众的能力和水平。

【打响群众文化活动著名品牌，活跃群众文化生活】

举办了第二届陕西省社区文化节，这是近3年来陕西省又一次以政府为主导举办的大规模、高规格的社区文化盛会。文化节采取自下而上的方式举行，在近8个月的时间里，全省共举办各类演出活动500余场、演出剧（节）目1000余个、书画摄影展览100余场次，参与人员达5000余人次，观众达700万人次。为期5天的文化节主会场展演活动，荟萃了全省各市的音乐歌舞、小品曲艺、秧歌鼓舞等艺术门类约50多个精彩节目和150余件美术书法摄影优秀作品。命名了23个省级示范文化社区。通过文艺汇演、美术书法展览、理论研讨、公共图书馆进社区等形式，在全省范围内掀起了一场社区文化建设的新高潮。选送陕西老三届知青合唱团参加文化部和辽宁省政府联合主办的“永远的辉煌”第13届中国老年合唱节，获得振兴杯大奖，这是陕西省首度问鼎合唱节金奖。2011年还组织了各种老年、少儿、群文赛事等活动，活跃了基层群众的文化生活。

三、非物质文化遗产保护

【扎实做好“非遗”保护基础工作】

组织完成了第三批非物质文化遗产名录的评审、命名工作。以省政府名义公布省级名录140项，省级名录已达435项。根据国家、省级名录项目保护规划，中央、省共资助76个项目1795万元。安排146.2万元用于资助我省国家级传承人47人、省级传承人248人开展传承工作。完成了国家级非物质文化遗产项目第四批代表性传承人的推荐申报工作。对省级非物质文化遗产代表性传承人赵庚辰等53人进行了通报表彰，有效调动和增强了传承人主动开展传习活动的积极性。积极推进省级非物质文化遗产生产性保护示范基地（单位）建设，命名“凤翔县城关镇六营村”等25个单位为陕西省非物质文化遗产生产性保护示范基地（单位）。此项工作走在全国前列，是对“非遗”保护方式方法的积极探索与尝试。出台《陕西省非物质文化遗产名录项目保护管理办法》，进一步规范了“非遗”保护工作。对西安鼓乐、中国剪纸等具有重要历史、文化艺术和科学价值的优秀“非遗”项目，实施重点保护，已初显成效。大唐西市文化产业投资有限公司董事长吕建中建设国内唯一的民营遗址博物馆和国家非物质文化遗产生产性保护基地，荣膺由中华文化促进会、凤凰卫视联合主办的“2011中华文化人物”荣誉称号。

【积极推进文化生态保护区建设】

安排国家级羌族文化生态保护实验区100万元，开展保护工作。继续做好陕北文化生态保护区申报后的审批推动工作。专程赴京向文化部、国家保护中心及有关专家汇报并听取意见，组织省内专家修改文本。已组织完成了《陕北文化生态保护实验区建设规划纲要》第5稿的修改，文化部非遗司领导已同意上报修改稿，正待审批。

【积极做好非遗宣传工作】

抓住国家第六个“文化遗产日”契机，举办了系列宣传庆祝活动。“文化遗产日”当晚，通过陕北民歌经典演唱会——“永远的信天游”，充分展示了国家级陕北民歌代表性传承人、陕西著名的陕北民歌歌唱家以及历届陕北民歌大赛产生的20位“陕北民歌十大歌手”的艺术风采，展现了陕北民歌的独特魅力和多年来保护、传承、创新、发展的初步成果。千方百计组织非遗品牌参加各类展演、展示活动，提高非遗项目知名度。组织凤翔泥塑等7个项目参加了文化部与联合国教科文组织等共同主办的第三届国际非物质文化遗产节，荣获“太阳神鸟奖”银奖；组织华阴老腔等项目参加了由国家非遗保护中心举办的“薪火相传——中国非物质文化遗产传承人师徒同台展演”活动；组织西安鼓乐等多个项目参加了“关—天经济区非物质文化遗产展演”活动，获得好评。由文化部主办、中国国家交响乐团和国家大剧院承办的中国民族音乐巡礼百场系列音乐会之一“土韵——刘宽忍埙乐独奏音乐会”在国家大剧院隆重举行，这是我国音乐史上的第一个埙乐专场音乐会，也是我省非遗项目埙乐艺术的一次精彩亮相。进一步拓展了陕西文化的影响力。

【做好“非遗”保护成果的整理与出版工作】

出版了西安鼓乐宣传片和《陕北民歌经典演唱会·永远的信天游》光盘；完成了《陕西非物质文化遗产传承人撷英》资料征集和编辑出版工作；编辑出版了《陕西省第一批非物质文化遗产项目代表性传承人图典》、《陕南羌族》。这些资料是开展非物质文化遗产保护与理论研究的重要依据和参考，也是传承优秀传统文化，打造特色文化品牌，宣传推介陕西的精美名片。

四、文化产业

【加强政策引导，实施项目带动战略】

召开了省文化系统文化产业工作会议，认真总结了“十一五”以来文化产业工作，并对今后一个时期文化产业的主要工作任务进行了部署。组织长安大学、西安建筑科技大学有关专家进行了文化产业专题调研，形成《陕西省文化产业发展专题调研报告》、《陕西省文化产业示范基地（单位）专题调研报告》。召开全省民营文化企业座谈会，研究加快民营文化产业发展路径。完成了《扩大文化消费专项调研报告》。精选98个文化产业重点项目进入国家文化产业项目库。推荐大唐西市等有重大影响的民营文化企业建设项目列入我省“十二五”文化产业发展规划。

【加大文化产业资金扶持力度，示范基地引领作用逐步凸显】

省文化厅先后争取中省文化产业扶持引导资金2765万元，用于36家文化企业贷款贴息项目扶持与引导；完成了第三批陕西文化产业示范基地、单位的申报、评选工作。命名第三批陕西文化产业示范基地5个，示范单位26个。全省现有国家级文化产业示范园区1个，国家级文化产业示范基地8个，省级文化产业示范基地（单位）86个，有效地发挥了示范、辐射和带动作用。

【积极搭建招商引资平台，扶持文化产业走出去】

指导西安市参加了第七届深圳文博会，组织410平方米特装展位，全面展示文化产业的整体实力和形象，突出文化创意产业发展的最新成果。组织14家文化企业参加了第二届“海峡两岸文化创意产业展”，作为参展的唯一内陆省份，陕西省以“文化陕西、创意曲江”为主题，展示了陕西特色文化资源以及曲江新区近年来在文化产业领域的快速发展与创新成果，成为了参展团的一大亮点，受到了广泛关注和高度赞誉。组成由郑小明副省长任团长，省文化厅等相关单位参加的陕西省代表团，精彩亮相第六届中国北京国际文化创意产业博览会，以厚重的文化内涵、丰硕的文化产业成果、独到的展示风格、前景广阔的招商项目，受到中外客商关注，受到全国人大常委会副委员长司马义·铁力瓦尔地等领导同志的赞誉，对宣传陕西、促进文化产业发展起到了积极的助推作用。博览会上，省文化厅还与延安市政府、上海市徐汇区政府联合主办30集剪纸动漫《延河湾》首发仪式新闻发布会。国家新闻出版总署副署长李东东等领导出席发布会，一致认为《延河湾》以新农村建设为题材，将古老的陕北民间剪纸艺术与现代动漫技术相结合，探索出一条民间艺术产业化开发的新途径。该剧播出，必将对深入贯彻落实党的十七届六中全会精神，宣传新农村建设巨大成就，加快城乡统筹和文化产业发展，起到积极的促进作用。

【大力推进动漫文化产业的发展，拓宽文化产业发展的新路子】

一是搭建公共技术服务平台。在省文化厅的积极争取下，西部唯一的国家动漫公共技术服务平台得以落户西安，经过近一年的紧张建设，已提前完成周期目标。数字影视资料馆、录音棚、动捕棚、渲染农场、三维模型工作室等板块，已开始为企业提供技术服务。平台研发的具有独立知识产权的三维角色动画生成引擎系统，填补了我国动画制作领域的技术空白。为实现“非遗”项目的更好传承，平台与陕西关中民俗艺术博物院拟共建“关中数字民俗艺术博物院”。平台还与西安科技大学艺术学院、西安欧亚学院等高校签订了动漫人才培训计划，积极发挥技术服务平台的人才培训功能。随着平台建设的不断优化，越来越多的动漫企业加盟进来。已承接系列4D动漫《瓦斯爆炸》、大型三维动画《纳雷特》等知名项目，为企业提供了高品质的技术服务，提高了陕西省动漫产业的竞争力，初步实现技术平台向产业化服务转化，对推动全省动漫业产业聚集和研发能力的提升有着重要的战略意义。二是成功举办系列动漫赛事活动，助推动漫产业快速发展。举办中国西安首届原创动漫大赛，共收到全国参赛作品2631件，在陕西电视台都市频道用一个月的时间集中展播了优秀入围作品，并转播大赛颁奖典礼。组织陕西动漫产业平台等单位参加德国汉堡国际动漫颁奖礼系列活动，陕西省飞鸟动画公司制作的动画片《太阳神树》喜获国家奖。举办中国·西安动漫文化节，活动展出面积达2万平方米，折合标准展位1100多个，共接待观众15万人次，签约300多万元，意向成交额达2600万元。活动期间还举办了以“坚持与梦想”为主题的动漫产业发展论坛。这届动漫文化节是目前西北地区规模最大、参与人数最多、影响力较为广泛、活动品质较高的一次动漫产业盛会。举办全国绿色生态动漫作品展。共征集动画作品357件，漫画作品623件，吸引了10万动漫爱好者观展。期间，还邀请中国美术家协会、省内外动漫专家、教授学者和知名企业家召开了动漫产业座谈会。通过举办这些赛事活动，进一步提升了动漫影响力，为动漫产业发展腾飞营造了良好氛围。

五、文化市场

【用制度和监管规范、净化文化市场】

制定出台了《关于进一步加强我省文化市场管理工作的若干意见》等5个规范性文件。结合2011年西安世界园艺博览会和建党90周年，开展系列文化市场专项保障行动，运用法律、经济和行政手段，引导和调节文化市场。覆盖全省的网络文化市场计算机监管系统基本建成，已在网吧经营管理和网络游戏、网络音乐、网络影视剧节目等方面发挥出有力的监管作用。截至12月27日，全省网吧已注册3167家，注册率达到90.3%；已安装“净网先锋”管理软件的终端301987台，占全省网吧注册计算机总数的92.2%。系统自建成使用以来，共屏蔽非法不健康网站8722186次，拦截非法游戏13766次。通过监管，文化信息得到有效净化，健康和谐的网络环境正逐步生成。

【加快网吧连锁化整合步伐，提升网吧企业综合竞争力】

出台了《关于推进我省网吧连锁化整合工作的实施意见》，制定了《陕西省网吧连锁运营企业整合单体网吧工作指引》以及《陕西省网吧连锁化整合工作规程》等文件，网吧连锁化整合系列推介活动已全面展开。

【稳步推进全省文化市场综合执法队伍建设】

以文化市场综合执法队伍培训为重点，以文化市场综合执法队伍装备配备为手段，全面开展文化市场综合执法队伍建设工作。培训工作采用集中培训与逐级培训相结合的方式进行，通过现场学习、以案代训、交流研讨等形式，提高执法队伍的专业化、规范化、信息化水平。随着市、县两级文化市场综合执法机构组织、人员编制的到位，9月份以来，省文化厅组织培训班3次，各设区市组织开展本级和县级执法人员的学习培训27次，共计培训1700人次。通过培训，文化市场行政执法人员执法能力和工作水平有了显著提升。按照统筹规划、科学配置、加大投入的原则，省文化厅为全省10个地市配备的文化市场综合执法专用车辆已全部到位。2011年，全省共出动文化执法人员24.7万人次，检查文化市场经营单位86350家次，受理举报2213件，立案调查3390件，罚款405万元，停业整顿经营单位2121家，吊销许可证33家，有力地推进了文化市场的健康规范发展。

六、对外文化交流

【陕西系列文化演展让德国人大饱眼福】

2011年，按照文化部安排，由陕西省承担我驻德国“中国文化中心”全年对外文化交流工作。为高质量完成任务，省文化厅认真筹划，精心组织了“陕西农民画展团”、“文化交流讲学团”、“陕西皮影演出团”、“陕西柏林动漫展团”、“陕西剪纸团”、“庆国庆文化演展团”、“陕西秦腔演出团”等7批、95人次高水平演出队伍，在柏林“中国文化中心”举办了形式多样的文艺演出、艺术展览、文化讲学等交流活动，并出色地配合了中国驻德国大使馆国庆招待会活动，受到了我驻德国大使的充分肯定和德国观众的青睐。此项活动受到文化部的表扬。

【陕西“天地社火”闹红莫斯科红场】

8月，应莫斯科国际军乐节主席邀请，陕西“天地社火”艺术团一行80人赴俄罗斯参加2011莫斯科国际军乐节活动。参加本次军乐节的共有中国、希腊、约旦、巴基斯坦、墨西哥、乌克兰、意大利、比利时、西班牙、法国、挪威、瑞士等12家外国团队和8支俄罗斯团队，陕西“天地社火”是唯一代表中国参加艺术节的团队。富有中国民间艺术特色、美轮美奂的陕西“天地社火”在莫斯科红场进行了5天展演，并到莫斯科城市公园等地演出。俄罗斯总统梅德韦杰夫观看了演出，俄主流媒体和新华社、《人民日报》、中央电视台等国内主要媒体进行了大量报道，观众对给予高度评价，我驻俄文化参赞称：这是近年来中国在俄最有影响的文化活动。文化部专门发来表扬信予以表彰。

【 陕西文化走进伊朗引起轰动】

9月，为落实中央高访成果，庆祝中伊建交40周年，省文化厅组织陕西演展团一行37人在伊朗与中国驻伊朗大使馆联合举办了“庆祝中伊建交40周年暨中国文化周”主题文化宣传活动。此次活动包括“秦腔戏曲荟萃”文艺演出以及“文明的对话：中国陕西非物质文化遗产展”等内容。这是近年来我国对伊朗规模最大、影响最广泛的一次文化交流活动，伊朗外交部副部长法图拉希、伊中友协主席穆罕默迪以及各国驻伊朗使节等数千人先后观看了我省的文化演展项目并给予高度评价。中国驻伊朗大使郁红阳充分肯定了陕西演展团不畏艰苦的工作精神和精湛的演展技艺。新华社、中央人民政府网站、外交部网站等进行了报道。文化部就此项活动专门向省政府发来感谢信并建议对省文化厅予以表彰。

【《鼓舞中华》轰动美国西雅图艺术节】

5月10日至15日，第25届国际儿童艺术节，在美国西雅图举行。陕西演艺集团民间艺术剧院有限公司创排的《鼓舞中华》，以浓郁陕西特色的民间舞蹈、民间鼓舞和吹打乐表演轰动艺术节。西雅图国际儿童艺术节已举办25届。本届艺术节，我国首次作为主宾国参加。省文化厅十分重视此次活动，自2010年开始便与文化部和艺术节组委会联系，积极推荐优秀节目。最终，陕西演艺集团民间艺术剧院有限公司作为来自中国的3个艺术团体之一参加了艺术节。

【陕西秦腔唱响欧洲文化之都】

12月1日至7日，省文化厅组织省戏曲研究院小梅花艺术团一行49人，应邀参加第五届巴黎中国戏剧节和德国柏林中国文化中心文艺演示和艺术讲座等活动。巴黎中国戏剧节每两年举办一次。省戏曲研究院小梅花秦腔团是我国此次参加艺术节的最大的艺术团。秦腔团带来的经典剧目《杨门女将》，让热情的法国观众领略到了中国传统艺术的无穷魅力。省戏曲研究院院长陈彦在德国柏林中国文化中心举办了“中国秦腔的审美韵律”讲座。李梅、李东桥和小梅花艺术团的演员进行了专场秦腔赏析展示。这是陕西省秦腔艺术在欧洲两个重要的文化之都的完美亮相，为扩大陕西文化影响力做出了积极贡献。

【陕西书画艺术精彩亮相日本国民文化节】

9月29日至11月6日，日本第26届国民文化节在京都举行。国民文化节是日本最大的国家级文化艺术节。此次艺术节邀请了中国、美国、俄罗斯、英国、印度尼西亚等国参加，规格高、范围广、层次深。在陕西文化厅和京都府的积极努力下，以陕西国画院为主体的陕西省代表团与各国艺术家和日本各界进行了广泛交流，充分展示了中国艺术的无比魅力，受到多国艺术家和日本各界的广泛好评。艺术节期间，还举办了第31届中国陕西·日本京都书画联展。近30年来，陕西和日本京都书画艺术家互访多达两千余人次。此次由陕西国画院老、中、青三代艺术家组成的代表团延续精彩，为陕西省和京都府的文化交流活动谱写了新的光辉篇章。

七、重点文化建设项目

积极主动参与编制印发《陕西省“十二五”文化改革和发展规划》。通过深入调研，编制了关中—天水经济区和西咸新区“十二五”文化发展规划，为下一步推进建设奠定了基础。支持渭南加快陕西“东大门”建设、宝鸡市副中心城市和延安市率先实现城乡统筹发展中的文化建设。与铜川市政府签订了战略合作框架协议，支持铜川文化建设优先发展。在重点文化项目建设方面，完成了省图书馆书库加层建设项目、省戏曲研究院西京大剧院项目的批复立项工作。协调促进陕西国画院、雕塑院、书学院建设陕西美术创意苑项目。加强了文化馆（站）的基础建设和升级改造工作，对86个“两馆一院”进行了维修改造，为250个乡镇综合文化站、38个城市社区文化中心300个社区文化活动室、1562个村级文化活动室配送了文化共享工程设备和文化业务活动设施设备。推动44个重点镇综合文体中心项目建设。

同时，省文化厅与有关厅局共同拟定了《政府购买公共文化服务的实施方案》，按照“政府买单、市场运作、群众看戏”的方式，为广大人民群众提供基本的公共演出服务。

八、体制机制改革

推进文化体制改革是文化强省建设的重要措施。陕西省文化厅认真按照文化部和省委省政府的部署要求，推进文化体制改革取得新进展。

【全面完成文艺院团体制改革】

全省文艺院团的转企改制工作全面完成。全省111家国有文艺院团，其中省属、市属30个文艺院团，81个县级文艺院团全部完成改革任务。陕西演艺集团影响力不断提升，推出《金格灿灿的彩》等一批优秀新创剧目，企业竞争力不断增强，改制成果效益明显。央视《新闻联播》、《焦点访谈》等栏目对陕西省文化体制改革特别是陕西演艺集团改革情况进行了综合报道。

【完成了全省文化市场综合执法改革任务】

全省10市1区、107个县（区）全部挂牌成立了文化市场综合执法机构，完善了文化市场管理体制。目前，全省共有文化市场综合执法人员1012人。

【指导事业单位深化内部机制改革】

省图书馆、省戏曲研究院等单位按照明确定位、增强活力、提高效率，努力提高公共文化服务质量和水平的要求，继续深化内部机制改革，建立岗位目标责任管理体系，大力提高文化服务的社会效益。省戏曲研究院策划实施的“西安天天有秦腔演”活动，演出已超过千场。省图书馆建立陕西公共图书馆服务联盟，带动全省公共图书馆事业发展，取得明显的成效。改革带来的巨大能量正在渐渐释放。

【继续做好资产重组和核销工作】

省文化厅会同古都大酒店考察有实力、有意向合作的4家企业，通过多方商谈，最终与西安闻天科技实业集团有限公司达成合作意向。为使资产重组顺利进行，采取先合作后资产重组的方式，确保了国有资产不流失和保值升值。鉴于幻灯制片已不能适应新形势下文化发展的需要，且不具备转企的条件，研究制定了省幻灯制片厂核销方案，提出现有人员安置、资产处理等措施，目前此方案已经省文化体制和文化产业改革发展办公室批复同意。

甘肃省

2011年，甘肃省文化建设紧紧围绕推动全省文化跨越式发展和建设文化大省、戏剧大省的目标，加快文化体制机制改革创新，加快构建公共文化服务体系，加快发展文化产业，加强对文化产品创作生产的引导，着力推进“六大工程”（社会主义核心价值体系建设工程、公共文化服务体系建设工程、文艺精品创作生产工程、文化产业发展工程、文化遗产保护工程、人才队伍建设工程），各项工作取得了可喜的成绩。

一、贯彻六中全会精神

党的十七届六中全会召开后，省委召开了十一届十四次全委扩大会议，认真学习贯彻党的十七届六中全会精神，并就深化文化体制改革、推动文化大发展大繁荣、加快文化大省建设进行专题研究。全省各地文化部门和各级文化单位认真组织了多种形式的学习活动，深入地理解和把握全会的精神实质，把握发展社会主义先进文化的特点和规律。精心组织了有特色、高质量的文化活动，反映文化建设成果，宣传文化方针政策，在全省文化系统掀起了学习贯彻全会精神的新高潮。

二、庆祝中国共产党成立90周年

精心组织、统筹安排，举办了一系列丰富多彩的文化活动。大型文艺晚会“向着太阳”规模宏大，气势恢宏，受到省上领导的赞扬和社会各界的好评。全省“红旗飘飘”红歌合唱比赛活动，从县乡基层唱起，层层比赛，在陇原大地掀起了唱红歌的热潮。甘肃省重大革命历史题材美术作品展，是全省美术创作最新成果的一次集中展示，参展的102件作品，具有深刻的思想内涵、鲜明的时代特征和精湛的艺术品位，代表了甘肃当代历史题材美术创作的最高水平。庆祝中国共产党成立90周年优秀剧目献礼演出活动，汇集了全省各地新创排的7台剧（节）目，为党的90华诞献上了一份厚礼。全省各地积极开展了文艺汇演、合唱比赛、专题晚会等各具特色的文艺活动，在全省范围内营造了隆重庆祝建党90周年的热烈氛围，为人民群众送上了丰富的精神食粮。

三、公共文化服务体系建设

重点文化设施建设项目进展顺利。黄河剧院重建项目主体封顶，人民剧院重建、省图书馆扩建、省文化馆新建等项目的前期工作有序推进。新建、扩建市州级三馆项目，已经国家发改委批复。为611个乡镇综合文化站配备基本设备，列入了2011年政府为民办的10件27项实事之中，年内已经全部配送到位。同时，还为33个城市社区文化中心、90个社区文化活动室配送了基本设备。国家下达的最后一批481个乡镇综合文化站项目已基本建成并陆续投入使用。全省94个公共图书馆、101个文化馆、1227个乡镇综合文化站基本实现免费开放，中央财政补助经费8584万元；全省有134家博物馆、纪念馆实行了免费开放，接待观众逾千万人次，中央财政补助免费开放经费达1.8亿元。全省已建成文化信息资源共享工程分中心、支中心、基层服务点1.6万多个，基本达到村级全覆盖，累计服务人次超过1600万。金昌市创建国家公共文化服务体系示范区、兰州市创建国家公共文化服务体系示范项目工作正在顺利进行。“千台大戏送农村”活动继续开展，全年送戏下乡演出约1.2万场，观众超过1000万人次。

四、文艺创作精品创作

以实施文艺精品工程为重点，着力抓机制、强队伍、搞创作，引导和带动文艺创作繁荣发展，全省涌现出了一批优秀剧目。省直文艺院团创作演出了话剧《上南梁》、京剧《草原曼巴》，陇剧《苦乐村官》入选2009～2010年度国家舞台艺术精品工程重点资助剧目。大型乐舞《敦煌韵》、音乐剧《花儿与少年》参加了第13届中国上海国际艺术节甘肃省文化周演出。大型民族交响《敦煌音画》创作排练全部完成。各市州、县区创作演出的秦剧《百合花开》入选2010～2011年度国家舞台艺术精品工程资助剧目；话剧《邓宝珊将军》成功上演；秦腔《七月七》、高山剧《重建新歌》、歌舞剧《绣金匾》、眉户剧《会师前夜》等，在兰州参加了优秀剧目献礼演出；新编秦腔历史剧《皇甫谧》在全省巡演。举办了甘肃红梅奖大赛，会集12台大戏、160余折小戏小品，推出了一批艺术新人。

五、文化产业发展

认真贯彻落实国务院《文化产业振兴规划》和《文化部关于进一步加快文化产业发展的指导意见》，以“三园一带”建设为重点，搭建文化产业发展的公共服务平台，文化产业规模化、集约化、专业化水平不断提高。通过申报国家和省级文化产业基地（园区）评选命名、国家动漫企业认定和文化部及省上的文化产业发展专项资金补助，以及申报年度国家文化出口重点企业和重点项目、金融支持文化产业发展贷款项目、组织参加文博会等方式，使更多甘肃文化企业享受到国家优惠政策扶持。针对国家对西部地区的倾斜政策，积极研究引进大型文化产业项目投放甘肃的具体措施，加大招商引资力度。截至2011年底，全省已成功申报了4个国家级文化产业示范基地，甘肃艺百文化科技有限公司被文化部认定为国家动漫企业。2011年，全省文化系统文化产业实现增加值18.2亿元，增速达28%。

六、文物保护工作

历时5年的第三次全国文物普查圆满完成，全省共调查登记不可移动文物点16895处，其中新发现6368处，占总数的37.69%。省政府正式公布了第七批省级文物保护单位，有116处入选，省级文物保护单位增至625处。甘肃11处文物保护单位被列为丝绸之路整体申遗备选点，各备选点保护规划、文物本体保护等工作有序开展。继续开展早期秦文化研究项目，对张家川马家塬战国墓地、清水李崖遗址进行了勘探和发掘；继续开展临潭陈旗磨沟遗址齐家文化墓地发掘。不断加大文物抢救维修力度，一批重要文物保护维修工程陆续实施。兰州黄河铁桥加固维修等工程竣工，民勤瑞安堡、天水玉泉观等文物保护维修工程启动实施；长城保护工程全面实施。博物馆建设有序推进，临夏州博物馆、武威市博物馆新馆正抓紧建设，陇南市博物馆建设项目已经开工，金昌市博物馆、张掖市博物馆新馆建设已开展方案设计等前期工作。进一步加强了全省藏区重点文物、重要遗址的保护力度，《拉卜楞寺保护总体规划》紧张实施。

七、非物质文化遗产保护

非物质文化遗产保护名录体系建设进一步推进，甘肃省8个项目列入第三批国家级名录，省政府公布了第三批省级名录，有111个项目进入。庆阳香包绣制、环县道情皮影戏被文化部列为第一批国家级非物质文化遗产生产性保护示范基地。“文化遗产日”期间，组织了“文化遗产进社区”系列活动，开展了千人锅庄舞、花儿演唱、兰州太平鼓、甘南弹唱等非物质文化遗产项目表演。举办了“联合国人类非物质文化遗产代表作——花儿保护论坛”、“甘肃·和政中国西部花儿（民歌）歌手邀请赛”。参加了2011中国（浙江）非物质文化遗产博览会、薪火相传——中国非物质文化遗产传承人师徒同台展演、第三届中国成都国际非物质文化遗产节等活动，均取得好成绩。古籍保护工作有序推进。全省共有266部古籍入选《国家珍贵古籍名录》，4家单位入选“全国重点古籍保护单位”；有411部古籍入选第一批《甘肃省珍贵古籍名录》，10家单位入选第一批“甘肃省重点古籍保护单位”。

八、文化市场管理

坚持促进发展繁荣与加强管理并举，日常监管与专项整治并重，采取多项措施，提升文化市场监管能力，繁荣有序的文化市场环境进一步形成。部署开展了建党90周年文化市场专项保障行动，各市州全面加强对文化市场的监管检查力度，严厉打击了文化市场各类违法、违规经营活动。文化、公安、工商部门联合开展了“甘肃省游艺娱乐场所专项整治行动”，对游艺娱乐场所涉赌、无证照经营、超指标审批、违规转让等问题进行专项治理。平凉、陇南、兰州、金昌、天水、甘南等市州文化、公安、工商部门密切配合，组织县区采取交叉执法检查；武威、白银在游艺娱乐场所内安装了红外线视频监控系统，实现了24小时不间断监控。开展了文化市场知识产权保护专项行动，有力打击了盗版侵权行为。积极做好文化市场的消防、禁毒等综合治理工作。利用“3·18”文化市场宣传教育日、“6·26”国际禁毒日等节点，组织开展了以“规范文化市场秩序，促进文化繁荣发展”为主题的文化市场法制宣传教育活动。据统计，2011年全省各级文化行政部门共出动执法人员5.6万人次，检查场所2.6万家次，受理举报260件，停业整顿200多家，取缔、关闭各类违法违规经营场所123家，罚款160余万元，严厉打击了文化市场各类非法经营行为和违法犯罪活动。甘肃省文化市场管理工作在2011年度全国文化市场综合考评中成绩为优秀。省文化厅被省委、省政府评为社会治安综合治理先进单位。

九、对外文化交流

积极主动参与国家重大文化外事活动，推动甘肃文化“走出去”。组织庆阳非物质文化遗产展演团、省歌舞剧院、省歌剧院分赴埃及、英国、保加利亚等6国参加了文化部“欢乐春节”活动，荣获文化部优秀组织奖。组织省歌舞剧院赴澳门参加了第16届澳门缅华泼水节活动，组织甘肃公共文化事业代表团赴欧洲3国进行文化交流，在美、英、韩、土耳其等国家举办了“丝绸之路文明展”等。特别是经典舞剧《丝路花雨》在美国华盛顿肯尼迪艺术中心的演出和在华盛顿周边城市的巡演，产生了巨大反响；在访朝演出30周年后再次登上朝鲜舞台，朝鲜前领导人金正日率朝鲜党政军要员观看了演出，对演出给予了高度评价。积极引进国外优秀文化走进甘肃，主办了“中国摄影家眼中的津巴布韦”摄影展及津巴布韦石雕展，引进美国乡村音乐“浪漫班卓琴”、朝鲜歌剧《梁山伯与祝英台》在甘肃大剧院演出。与此同时，借助“中国上海国际艺术节”这一国际节会平台，积极筹备举办了“敦煌韵·丝路情——甘肃省文化周”，通过“敦煌艺术展”、剧场和广场演出、文化讲座、参加国际演出交易会等，宣传、展示、推介了甘肃特色文化资源和甘肃文化大省建设情况。

十、文化人才队伍建设

通过争取人才项目、开展人才试点工作、加大培训力度、强化班子建设等多种措施，加强文化人才队伍建设。制定印发了《全省文化系统人才队伍建设规划（2011～2015)》，建立了省直文化系统高级职称人才库，积极争取并实施了“文化名家及精品剧目B、C角色培养”、“农村实用文化人才高级职称奖励津贴”项目。在省直文化单位开展了人才特区建设试点工作。举办了第四期全省基层文化骨干培训班，对全省100多名文化馆（站）人员及农村实用文化人才进行了培训。加强人事工作制度建设，制定出台了《省直文化单位人事管理工作规程（暂行)》、《省直文化事业单位公开招聘人员实施细则》。

十一、文化体制改革

继续深化文化体制改革，加快组建甘肃演艺集团步伐。组织有关部门人员赴安徽、河北、河南、宁夏等省区考察院团改革，对省直8院团开展了改革调研，提出了改革的意见建议。建立了由省文化厅领导包干院团转企改革工作制度，先后制定了《省直国有转企文艺院团清产核资实施办法》等制度，对转企单位进行了清产核资，完成了转企院团人员登记，组建演艺集团的各项工作按省上要求有序推进。文化市场综合执法改革初见成效。13个市州已组建了综合执法机构，69个县（市、区）成立了文化市场综合执法大队，文化市场长期存在的多头多层执法、管理缺位越位、多部门交叉执法等问题得到有效解决。

十二、创先争优活动和学习型党组织建设

在省直文化系统深入开展了创先争优活动，在文化窗口单位开展了“为民服务创先争优”活动，在省文化厅、省文物局机关公务员队伍和省文化市场稽查队开展了争做人民满意公务员活动。切实抓好“一诺三评三公开”、破解难题、“三亮三比三评”和“四比四提高”活动，努力破解制约文化发展的难题，转变工作作风，提升文化工作能力和文化服务水平。继续深入开展质量建党活动，提高党建工

作水平。召开了省直文化系统纪念建党90周年表彰大会，对先进党组织、优秀共产党员、优秀党务工作者进行了表彰奖励。关注群众呼声，认真办理人大代表、政协委员建议提案，甘肃省文化厅被甘肃省政府评为提案议案办理先进单位。

十三、党风廉政建设和反腐败工作

坚持教育、制度、监督并重，进一步加强全省文化系统党风廉政建设和反腐败工作。多次组织开展党风廉政建设方面的专题学习，召开“全省文化系统党风廉政建设暨廉政文化建设推进会”，开展了“反腐倡廉制度建设推进年”活动，反腐倡廉机制进一步健全。不断加大日常督查和专项检查的力度，加强对干部选拔任用、文艺评审评奖、工程招投标、政府采购工作的监督，有效防止了不廉洁行为。这一系列工作的开展，为文化建设的跨越发展提供了强大动力和重要保障。

青海省

2011年，青海省文化和新闻出版厅以科学发展观为指导，深入学习贯彻党的十七届六中全会精神，抢抓机遇，夯实基础，紧扣公共文化服务体系建设、特色文化产业发展等关键环节，抓重点、攻难点、出亮点，扎实推进各项工作，为“十二五”规划的全面实施打下了坚实的基础。

一、全省文化新闻出版工作会议

1月25日，2011年全省文化新闻出版工作会议在西宁召开。副省长张建民出席会议并做重要讲话。厅党组书记、厅长曹萍作工作报告，并要求做好以下几方面工作：一是以城乡基础文化设施建设为重点，着力完善公共文化服务体系。二是推动文化艺术创新，着力打造艺术精品工程。三是引导、培育市场主体，着力发展特色文化产业。四是以重大项目为载体，着力加强文化遗产保护。五是加快发展新闻出版事业，提升服务能力和水平。六是努力拓宽交流渠道，积极推进对外文化交流。七是繁荣发展文化市场，加强“扫黄打非”工作。八是以体制机制创新为重点，着力深化文化体制改革。九是积极采取有效措施，着力加强人才队伍培养。

二、公共文化服务体系建设

以重点文化惠民工程实施为主要内容的公共文化服务体系建设扎实推进，基层文化服务设施网络进一步完善，全省各族群众共享文化发展成果的范围不断扩大，内容更加丰富。少数民族新闻出版“东风工程”，落实国家预算内投资4269万元，藏区县级新华书店新建、改造项目开始实施，党报党刊设备购置、藏区新华书店流动售书车采购计划已编制完成。文化信息资源共享工程，完成了140个乡镇文化站和3170个村级服务点设备招标采购和安装调试工作，完成了全省33个县支中心数字图书馆的安装和培训工作。乡镇综合文化站工程，2010年下达的189个项目年内全部建设完成，已建成的140个站集中配发了开展业务活动所需的设备器材。文化进社区工程，对西宁市102个社区800余名文化带头人、文化专干、社区文化辅导员进行了培训，同时配发了音响设备、数码产品、道具、服装、乐器等。下达2011年度文化进社区资金2046万元，实施了海东、黄南、海南、海北等地的项目。农（牧）家书屋工程，总投资3514万元，新建农（牧）家书屋1757家，已全部完成各类图书、书柜等配送工作。县级“两馆”维修改造工程，平安、兴海、河南、杂多、玛沁等12个县已结合各自实际，编制完成维修改造方案，正在抓紧实施。公共电子阅览室建设，总投资154万元，77个乡镇文化站公共电子阅览室设备配发工作于年底全面完成。全省、州、县、乡各级文化馆（站）、图书馆都按规定免费开放。

三、艺术生产

编制完成《青海省“十二五”舞台艺术创作规划》。评选京剧《血沃芳草》、平弦戏《未婚妈妈》、青海经典花儿歌舞诗《山水相依花儿情》、小剧场话剧《毛泽东又回来了》4台剧目为2011年度重点剧目，民族歌舞《风从青海来》等5台剧目为扶持剧目。指导藏戏《松赞干布》等7台剧目的创作和修改，目前，已有5台剧目搬上舞台。现代少儿京剧《藏羚羊》已在省内外演出406场，并成功入选国家舞台艺术精品工程；黄南州民族歌舞剧团编排的民族歌舞《热贡神韵》入选国家舞台艺术资助剧目；大型话剧《情满玉树》已在北京、上海、广西、四川等地以及省内演出103场，取得了较好的社会效益和经济效益。京剧《血沃芳草》入选第六届中国京剧节参演剧目奖。平弦戏《未婚妈妈》获第14届中国人口文化奖（舞台艺术类）优秀奖。海北州民族歌舞团创作演出群舞《脚步》荣获第九届全国舞蹈比赛群舞组表演三等奖。组织策划完成了青海省作为“主宾省”参与厦门第15届中国国际投资贸易洽谈会系列演出活动，受到好评。截至10月底，全省文艺团体演出总场次 2081场，观众272.45万人次，收入672.52万元。其中送戏下乡、下基层演出879场，政务演出645场。

在全国第三次文化馆评估定级工作中，青海省有7家基层馆被评定为等级馆。格尔木市成为首批创建国家公共文化服务体系示范区。文化部“春雨工程”全国文化志愿者边疆行活动，来自安徽的30位文化志愿者深入西宁、海东等地区，为当地群众送去了具有安徽文化特色的文艺演出，丰富了青海省群众的精神文化生活，促进了两地文化的交流。指导全省各地开展了元宵灯展、焰火晚会、书画展、民俗节庆等大型文化活动，展示了青海省多姿多彩的民间优秀传统文化。组织青海爱乐乐团80名老年人合唱队参加了文化部在重庆举办的第二届“中华红歌会”并荣获“长江杯”奖。同仁、大通、湟源等11个县、乡（镇）荣获2011～2013年度“中国民间文化艺术之乡”荣誉称号。

四、文化产业

下达国家级、省级文化产业示范基地文化产业扶持资金270万元，下达文化企业、示范户文化产业扶持资金1090万元。加强与金融机构的合作，与国家开发银行青海省分行、中国农业银行青海省分行签订合作备忘录和合作协议，加强文化资源、产业建设、科技文化、人才培养、信息交流等方面的优势集成与互补，实现互利共赢，共同发展。向国家开发银行申请首批扶持贷款8274万元。组织召开了保险业支持文化产业发展座谈会，就企业自身保险情况和今后企业参险进行了探讨。命名西宁宝光金银首饰实业总公司等23家单位为第三批省级文化产业示范基地、西宁妙莲工艺品进出口贸易有限公司等6家单位为第二批省级文化产业示范单位、祁连县祁连山黑河奇石园等4家单位为第二批省级文化产业示范园、加羊卓玛和大手印手工皮雕艺术工作室为第二批省级文化产业示范户。组团参加第七届中国（深圳）国际文化产业博览交易会、青洽会、第六届北京国际文化创意产业博览会等各类大型展会活动，各类工艺品销售额近450万元，订货、签约金额4680多万元。青海唐蕃工艺品进出口有限公司在青洽会上，与澳大利亚MMP集团签订了民族工艺品开发合作项目协议，计划投资项目达700万美元，这是青海省工艺美术行业企业在历届展会中签订的最大一笔订单。在文化部文化产业司的指导和我厅的积极争取下，国内30家重点动漫企业联手帮扶青海动漫事业发展。其中15家企业已与省民族语动漫发展中心签订了为期3年的无偿帮扶计划协议，帮扶资金总额达460余万元。组织举办了全省民族文化产业发展论坛、文化产业知识讲座、文化产业投融资培训、青海国家级藏毯设计编织研修班等，累计培训人数达310人次。组织全省出版发行业人员54人参加了第21届全国图书交易博览会并荣获组织奖。中国工艺美术协会授予青海省同仁县“中国唐卡艺术之乡”荣誉称号。

五、新闻出版和版权保护

不断增强新闻出版工作内容创新能力、舆论引导能力和产品生产能力。共审核图书选题677种，撤销4种，专题报批1种，已出版509种；音像选题100种，撤销1种，已出版55种；电子选题33种，已出版18种。组织完成了2010年度27种报纸，53种期刊年度检验工作。组织完成了2010年度58家报刊驻青记者站、12家省内记者站的年度核验工作及新闻记者证核验工作，新审核发放新闻记者证108人，新审批记者站3家，注销1家，新批手机报1家、内部资料23家。完成了全国优秀少儿报刊的推荐工作，青海省《刚坚少年报》榜上有名。对《西海都市报》、《西宁晚报》刊登违规广告和《西海文摘报》、昆仑音像出版社有关违法问题进行了处理。核查了《雨露·超好看》、《刚坚少年报》（汉文版）、《章恰尔》（汉文版）的有关问题并上报总署。审读工作稳步推进。完成了全省印刷企业、复制企业、出版物发行单位的年检工作，共年检印刷企业58家，出版物经营单位64家和复制单位1家。开展了2011年“3·15”少儿类读物产品质量检查活动和全省中小学教辅材料出版发行管理工作专项整治工作，取得了较好效果。对全省印制中小学教材和出版物质量进行了检测评定，其中教材抽检合格率达98%，225种送检出版物中不合格品仅1种。

积极开展打击侵犯知识产权和制售假冒伪劣商品、打击网络侵权盗版专项治理“剑网”行动等多项专项行动，共出动执法人员6179人次，检查印刷企业44家、出版物批销场所5279家次，收缴侵权盗版出版物92097件，取得积极成果。按照省政府的要求，开展政府部门使用软件正版化工作，通过调查摸底和检查整改等措施，督促州地市及省直各单位认真开展软件正版化工作。全省共出动检查人员6179人次，对5279家出版物批销场所进行了检查，共收缴侵权盗版出版物92097件。同时对省内8家较有影响的网站进行了监管，规范了网络作品传播秩序。

六、文化市场

认真部署开展文化市场专项行动，开展了建党90周年文化市场专项保障行动、节日期间网吧专项监管等专项活动。截至目前，全省文化部门共出动执法人员65265人次，检查各类文化经营单位38608家次，其中责令整改1078家，受理举报209件，立案调查44件，移交案件12件，办结案件129件，警告789家，罚款67604元，责令停业整顿264家，吊销“网络文化经营许可证”17家，没收非法所得9150元，收缴非法音像制品89936张盘，捣毁批发零售非法音像制品窝点3个，取缔5家隐藏在居民区内的黑网吧，删除低俗非法信息11条。通过网吧监管平台有效封堵不良游戏网站及游戏7965次，宣传公益广告1597908次。做好大型活动、公共文化场所等人员密集区的重点监管工作，建立健全应急处置预案，完善突发事件的应急处置体系。加强对网吧监控平台管理工作，做到人防与技防相结合，提升对文化市场的监管能力，封堵暴力游戏40余个。为配合文化市场综合执法改革，制定印发了《青海省2011～2013年文化市场综合执法装备配备指导意见》、《青海省文化市场综合执法队伍培训规划（2011～2015年）》。举办了全国网络文化市场执法工作培训和全省演出经纪人资格考试培训班。组织开展了全省侵权盗版及非法出版物集中销毁活动和“绿书签行动”系列宣传活动，对查缴的12.5万件侵权盗版及非法出版物集中销毁。采取有效措施，严厉打击政治性非法出版物，特别是宣扬“藏独”的反动出版物及宣传品，取得了重要成果，截至目前，共检查政治性非法网络出版物95种，歌曲视频网站7家，查缴藏文非法出版物11000余张（册、盘）。其中，涉及“藏独”反动出版物及宣传品2470张（册、盘），非法藏文日历120余册，查办宣扬“藏独”反动出版物案件3起，有力地打击了不法分子。

七、文化遗产保护

《玉树地震灾后文物保护工程建设工作指导意见》由省政府批转下发。玉树藏娘佛塔及桑周寺紧急抢险支护工作正式启动。新寨嘉那嘛呢、贝大日如来佛石窟寺及勒巴沟摩崖、玉树藏娘佛塔及桑周寺等抢险修缮已全部开工建设。玉树格萨尔30大将军灵塔及达那寺灾后抢救保护修缮工程（一期）方案经国家文物局同意后开工建设。督促、指导完成了玉树州44处省级及省级以下文物保护单位抢险修缮方案的评审论证，其中下达批复38项，开工19项。完成玉树灾后文化遗产抢救保护规划实施情况中期评估工作。审核完成全省39个县市第三次全国文物普查数据。完成了秦汉及其他时代长城资源调查验收工作，青海明长城互助段、门源段抢险维修方案通过国家文物局审核，启动了《青海省明长城保护规划》编制工作。《青海省实施〈中华人民共和国文物保护法〉办法》已经颁布实施。

加强非遗保护工作。参加了2011中国（浙江）非物质文化遗产博览会、第二届西部非物质文化遗产展演系列活动、第三届中国成都国际非物质文化遗产节、薪火相传——中国非物质文化遗产传承人师徒同台展演、国风·中国非物质文化遗产澳门展演等5项活动，充分展示了我省非遗保护成果。在北京恭王府举办为期2个月的“莲生妙相——青海唐卡艺术精品展”，展出12个种类100余幅唐卡精品，参观人数达10万人。恭王府管理中心一次性征集收藏其中的61幅作品，总价值达1008万元，这是历年来青海唐卡在对外展示活动中获得经济效益最好的一次。“第四届青海唐卡艺术与文化遗产博览会”非物质文化遗产展通过实物、图片、传承人表演、产品销售等形式，重点展示了我省传统技艺、传统美术、传统医药类项目生产性保护成果。共展出省内“非遗”项目14个，省外“非遗”项目4个。阿尼玛卿雪山传说等7个项目入选第三批国家级非物质文化遗产名录，格日尖参等46人为第二批省级非物质文化遗产项目代表性传承人。热贡画院（热贡艺术）、互助土族文化传播有限公司（土族盘绣）、青海省海湖藏毯有限公司（加牙藏族织毯技艺）被文化部公布为全国第一批非物质文化遗产生产性保护示范基地。《热贡文化生态保护区总体规划》获文化部正式批复，标志着热贡文化生态保护区建设进入了科学、有序推进的新阶段。文化部主办的国家级文化生态保护区建设现场交流会在我省成功举行。编辑出版了《玉树州非物质文化遗产名录图典》。《青海省非物质文化遗产名录图典》已交付出版社编审。举办全省国家级项目代表性传承人培训班，对全省35名国家级项目代表性传承人和22个传承人所属项目责任保护单位的负责人进行了培训。非物质文化遗产项目档案和州、县两级名录体系建设稳步推进。《非物质文化遗产法》的学习宣传深入开展。

八、对外文化交流

2011年，文化部安排省厅与贝宁中国文化中心开展为期一年的文化交流合作。青海省政府文化经贸考察团、民间艺人、乒乓球教练、艺术团等4批50人次赴贝宁，进行了考察访问、民间剪纸、掐丝、舞龙舞狮、乒乓球培训、文艺演出等活动，并举行了《海滩拾贝——青海摄影家眼中的贝宁摄影集》首发仪式。贝宁诗人、舞蹈家、民间艺人等4批7人次分别来青参加诗歌节、唐卡艺术节、开展舞蹈教学活动。持续性、多批次、内容丰富的央地交流活动受到了文化部外联局的多次好评和充分肯定。1月底，受文化部委派，我厅组成26人的青海艺术团，携浓郁青海地方特色的民族风情歌舞《多彩中国——美丽青海》赴荷兰参加在荷华人、华侨春节庆典和“欢乐春节”文化品牌活动，获得圆满成功。5月，由省政府主办的“台湾·青海文化周”活动在台湾成功举办，省厅组成的46人展演团，在台北、台中连续推出民族民间文化展览活动2场，演出青海多元民族文化特色的歌舞服饰节目7场，在台湾形成了广泛影响，成为媒体报道的热点。此后，在青海举办的唐卡艺术节上，台湾“优游吧斯”旅游项目组团前来参与，受到热烈欢迎。有效地促进了两岸的文化交流，增进了青台民众的情感互动，有力地服务了省委、省政府对台工作的大局。

完成了第四届青海国际水与生命音乐之旅——2011年世界防治荒漠化和干旱日主题晚会，以“此岸·彼岸——与河共舞”为主题，首次采用交响乐、原生态民歌、现代舞3种艺术形式有机结合，展示了对“水与生命”的完美诠释。成功举办第三届青海湖国际诗歌节，以“国际交流背景下各民族语言的差异性和诗歌翻译的创造性”为主题，邀请了55个国家、地区及国内的200多位著名诗人会聚一堂，感受高原壮美的自然风光，用各自的母语讴歌和谐的自然世界和大美青海。第四届青海国际唐卡艺术与文化遗产博览会参观人数近4万人次，以唐卡为主的展品销售额达到185万元，产品订单额达1113万元，项目签约资金达1.86亿元。来自韩国、贝宁及台湾地区的民俗展演队伍成为博览会最大亮点，韩国忠清南道国乐团在城南主会场和人民剧院共演出3场，观众达3000余人次，贝宁民间手工艺人和台湾“优游吧斯”阿里山邹族文化部落的民俗艺人在4天的展会期间，文化产品累计销售额近10万元，取得了较好的经济效益。

九、文化体制改革

按照中央文化体制改革工作领导小组下发的《2011文化体制改革工作要点》要求和省委常委会、省委十一届十次全委会议的工作部署，省厅2011年深化文化体制改革工作的重点是：继续深化公益性文化事业单位内部机制改革，内练素质、外树形象，努力提高服务水平。积极推进省直两院企业化管理运行机制和市场化运作模式，按照中宣部、文化部的部署，正在积极着手省直艺术院团的改制工作，组建青海演艺集团。青海人民出版社已经完成转企改制，成为国有控股的有限责任公司，江河电子出版社即将并入，之后根据其运转情况，适时组建青海出版集团。完成了青海民族出版社的机构组建及改革工作，目前已正常运行。加大省直经营性出版发行单位改革力度。青海新华发行（集团）有限公司的改革不断深化，各项制度健全完善。非时政类报刊社改革方案已经上报，待总署批复后组织实施。文化市场综合执法改革基本完成，州（地、市）县建立了文化综合执法队伍，形成了责任主体，文化市场综合执法机制开始运行。

十、文化人才培养

制定下发了《省文化新闻出版厅2011年干部培训计划》，举办了文化部干部组织的“青海省文化新闻出版厅系统组织人事管理干部培训班”、“厅系统领导干部领导科学及管理知识培训班”、“全省文化人才信息采集工作培训班”、“三江源非物质文化遗产保护高级培训班”等培训班34个，培训各类文化人才1741人次。共有38人参加了党的十七届五中全会精神培训班、州厅级领导干部培训班、省直宣传文化系统处级干部培训班等各级各类干部培训班。出版物发行员职业技能鉴定工作正式启动，年初与省人社厅联合下发了《关于出版物发行员实行职业培训和职业资格证书制度的通知》，在新闻出版总署的大力支持下，完成了首批30名从业人员职业技能鉴定工作。制定出台了《青海省文化和新闻出版系统人才发展规划（2010～2020）》。先后提拔任用了6名正处级、10名副处级干部，交流正处级干部3名、副处级干部5名，科级干部1名。完成了青海民族出版社、青海省民族语动漫发展中心、青海人民出版社有限责任公司领导班子及内设机构负责人调整配备任用工作。对12名任职试用期满的干部进行了考核。接收安置军转干部1名。通过竞争上岗，2名副处级干部走上领导岗位，选人用人公信度进一步提高。

十一、党建工作

以开展“争先创优”活动为抓手，着力解决机关作风中存在的突出问题，促进各项工作的落实。深入推进“学习型机关”、“学习型党组织”建设活动，制定了《厅党组关于2011年党组中心组理论学习的实施意见》、《关于向厅系统党员干部推荐学习书目的通知》，截至目前，已组织中心组集中学习11次。完善和建立了《厅党组工作规则》、《厅党组中心组学习制度》、《基层党组织工作规则及制度》、《党员领导干部参加双重组织生活制度》、《党风廉政建设责任制实施细则》等相关制度，为进一步加强党的建设提供了重要的制度保障。厅系统各级党组织把开展创先争优活动同开展讲党性、重品行、做表率活动有机结合起来，同深化“四好”领导班子创建活动、开展“四强”党组织、“四优”共产党员创建活动有机结合起来，通过设立党员先锋岗、党员示范窗口，争当“德艺双馨党员艺术家”、“优秀共产党员·师德标兵”等活动发挥党员作用，努力提升工作质量和服务水平。以纪念中国共产党成立90周年为主题，开展厅系统庆祝建党90周年“党的知识”接力赛、“庆祝建党90周年唱红歌比赛”等系列活动，加强理想信念和革命传统教育。组织党员干部参观青海原子城、西路军纪念馆、女子监狱等爱国主义教育基地和反腐倡廉警示教育基地，增强了党员干部反腐倡廉的意识和拒腐防变的能力。对24名优秀党员、8名优秀党务工作者、5个先进基层党组织进行了表彰，激励厅系统干部职工立足岗位、争先创优、学赶先进。组织厅机关50名党员干部参加了省直机关举办的“纪念建党90周年反腐倡廉知识竞赛”答题活动。组织厅系统30余名专（兼）职党务干部参加了“新青海讲学堂”学习。对27名支部书记进行了培训，进一步提高了党支部书记的综合素质和能力。完成了离退休老干部“两项建设”和日常管理工作。

宁夏回族自治区

2011年，宁夏回族自治区文化厅认真贯彻党的十七大及十七届六中全会精神和自治区党委、政府关于做强做大文化旅游产业等一系列决策部署，以邓小平理论和“三个代表”重要思想为指导，深入贯彻落实科学发展观，按照“高举旗帜、围绕大局、服务人民、改革创新”的总要求，围绕建设和谐富裕新宁夏的总目标，突出科学发展主题和加快转变发展方式主线，主动服务生态移民、黄河金岸建设等中心工作，切实发挥文化在推动科学发展、维护社会稳定、保障改善民生等方面的职能作用，大力实施特色文化强区战略，以开展抓基层、打基础、立基准为内容的“三基建设年”活动为载体，着力推动公共文化服务体系示范区（项目）创建，着力培育文化产业发展新的增长点，着力抓好庆祝建党90周年和纪念辛亥革命100周年文化产品创作生产和重大文化活动，着力提高文化遗产保护利用水平，着力加快文化“走出去”步伐，全力推进文化改革攻坚和发展方式转型升级，在新的起点上实现了“十二五”文化发展繁荣的良好开局。

12项突破性重点工作：（1）庆祝建党90周年和纪念辛亥革命100周年重大主题艺术创作唱响主旋律，“颂歌献给党”红色文化广场等再掀文化活动新高潮。（2）生态移民文化建设促进公共文化服务均等化，移民新村文化设施配套建设及时跟进，为81个生态移民村配送了文化设备。（3）“黄河金岸”主题美术创作成果丰硕，全国“黄河大合唱”邀请赛举办、《黄河金岸》交响组曲和《黄河金岸图》创作精品凸显“天下黄河富宁夏，黄河文化汇宁夏”效应。（4）创建公共文化服务体系示范区（项目）带动文化事业整体提升，银川市被确定为首批国家公共文化服务体系示范区，宁夏有21个县级以上文化馆达到部颁二级以上标准，位居西部第一、全国第三位。（5）公共图书馆、博物馆、文化馆、美术馆和乡镇综合文化站免费开放迈出重大步伐，全年免费开放接待群众超过120万人次。（6）第九届全国舞蹈比赛等全国性重大品牌活动成功在宁夏承办，其中第九届全国舞蹈比赛全国报送、宁夏入围和获奖作品数量均创历史之最，成为西北地区第一个承办大赛的省区。（7）文化体制改革取得重大进展，宁夏被评为全国文化体制改革工作先进地区，文艺院团转企改制被文化部誉为“宁夏模式”，改革经验在全国推广。（8）第三届文艺旅博会高质量举办，开幕式“感恩母亲河暨中华黄河坛落成庆典”等活动反响强烈，招商引资签约48项132亿元，展会市场化运作取得新突破。（9）文化产业发展强力推进，培育自治区级文化产业示范基地5个，高层次举办“2011宁夏创意产业发展研讨会”。（10）文化遗产保护发展取得新突破，争取国家文物局与自治区人民政府签订了《合作加强宁夏文化遗产工作框架协议》，西夏陵申报世界文化遗产和国家考古遗址公园建设等部区合作共建项目启动实施，全国第一部岩画保护地方性法规——《宁夏回族自治区岩画保护条例》颁布实施。（11）民族区域特色文化向西“走出去”开创内陆开放新局面，中国宁夏非物质文化遗产迪拜展、《月上贺兰》阿尔及利亚交流演出等活动影响广泛。（12）2011年全国文化厅局长座谈会在宁夏成功召开，宁夏文化工作接受了文化部领导和全国文化厅局长的观摩检阅。同时，也先后得到了来宁视察工作的中央领导同志的关怀和肯定。贾庆林出席观看2011宁洽会暨第二届中阿经贸论坛大型晚会“腾飞吧朋友”后评价“这是一台顶级的晚会”；李长春视察中指出宁夏国有文艺院团“同城化”改革属全国首例，创造了文化体制改革的“宁夏模式”；刘云山视察中对宁夏话剧团率先在全国改制高度称赞，鼓励保持全国文艺战线的一面红旗本色，争取更大成绩；刘延东视察中对宁夏乡镇综合文化站整合资源、一室多用、共建共享的做法给予充分肯定，指示全国推广。文化部部长蔡武在全国文化厅局长座谈会上指出，宁夏文化发展有特点，值得学习借鉴。

一、艺术创作生产

【新剧（节）目创演】

完成庆祝建党90周年大型音舞诗晚会“花儿红遍宁夏川”，大型新编秦腔历史剧《大拜寿》、《劈山救母》，话剧《红色堡垒》，交响乐组曲《黄河金岸》，花儿歌舞剧《曼苏尔》，大型历史剧《中宁谈判》，第二届中阿经贸论坛大型晚会“腾飞吧朋友”、财政法制宣传周主题晚会“文明之花香万家”、廉政主题晚会“塞上清风”等10部（台）新剧（节）目创演和话剧《大移民》、秦腔《勾魂的花儿》剧本创作。

【原创精品剧目打磨提升】

通过完善剧本、培训演员、优化场景等方式，对舞剧《花儿》、《月上贺兰》，回族花儿剧《回乡婚礼》，话剧《计生专干》等6部剧目实施打磨提升，进一步提高了文艺作品质量。《月上贺兰》《花儿》分别被评为国家舞台艺术精品工程资助项目。话剧《计生专干》荣获第14届中国人口文化奖戏剧类二等奖、文化部全国小剧场话剧优秀剧目展演参演剧目奖。

【文艺院团进景区】

推动文化产业和旅游产业深度融合，大型舞剧《月上贺兰》入驻中华回乡文化园、大型原创回族花儿风情剧《回乡婚礼》入驻沙湖景区，文艺院团进景区开辟了文化传播新途径。

【“黄河金岸——今日宁夏”主题美术创作工程】

共创作各类作品160余幅，其中，汇聚全国书画名家智慧、融合黄河宁夏段20余处代表性风光的《黄河金岸图》受到国内专家高度评价。

二、群众文化活动

【感恩母亲河·中华黄河坛落成大典】

5月8日，由文化部、国家民委、水利部、国家广电总局、国家旅游局、中国人民对外友好协会与宁夏回族自治区政府共同主办的第三届中国（宁夏）国际文化艺术旅游博览会“感恩母亲河”活动开幕式，在新落成的中华黄河坛隆重举行。自治区党委书记、人大常委会主任张毅，文化部副部长赵少华分别在开幕式上致辞，自治区主席王正伟宣读《黄河颂文》，自治区主席助理屈冬玉主持开幕式。开幕式活动由3部分组成：一是恭取黄河水，种植感恩树；二是启动感恩母亲河活动；三是观看演出。

【第三届中国（宁夏）国际文化艺术旅游博览会集中活动周】

7月22日至26日，第三届中国（宁夏）国际文化艺术旅游博览会集中活动周在银川举行。本届文博会以“塞上江南，神奇宁夏；激情中国，和谐世界”为主题，突出文化、艺术、旅游3大元素，集中活动周共举办6大板块19项活动。系列活动中国西部民歌花儿歌会吸引了西部12省区市和新疆生产建设兵团等地的200多名民歌艺术家踊跃参与，推动形成了南有广西国际民歌艺术节、北有宁夏中国西部民歌（花儿）歌会的格局；文化旅游影视产品展览展销活动共有25个国家、7个中央部委、港澳台和全国29个兄弟省区市以及国内外2130家文化旅游影视企业参展，1200余名演职人员参与演出，参会嘉宾达3600余人，4个展场现场交易额达到9200万元；国内外优秀剧目展演活动共有来自国内外、区内外的35个文艺表演团体（剧组）轮番上演78台精彩节目；招商引资活动共推介文化旅游产业重点项目和签约项目160个，推介项目资金达260亿元，正式签约项目49个，合同协议资金132亿元，超过上届30亿元。自治区文化厅荣获第三届中国（宁夏）国际文化艺术旅游博览会先进集体。

【第九届全国舞蹈比赛】

8月25日至30日，由文化部、自治区人民政府主办，文化部艺术司、自治区文化厅承办的第九届全国舞蹈比赛决赛在自治区首府银川市举行。本届比赛共收到全国31个省、自治区、直辖市，部队系统、中直艺术院团，香港、澳门特别行政区、台湾地区等报名参赛作品694个，经文化部组织评委会专家进行录像评选，于6月下旬评选出进入决赛作品165个，其中独舞、双人舞和三人舞81个，群舞84个。8月25日晚，比赛在宁夏人民会堂正式拉开帷幕。文化部副部长王文章宣布第九届全国舞蹈比赛开幕，自治区领导杨春光、屈冬玉、安纯人出席开幕式。自治区党委常委、宣传部部长杨春光致开幕词。来自全国各地的1700余名舞林高手进行了激烈角逐。经过5天12场单双三及群舞的比赛，大赛最终评选出单双三组舞蹈创作奖15名，舞蹈表演奖30名；群舞组舞蹈创作奖14名、舞蹈表演奖31名；评委会特别奖3名、组委会特别奖2名。宁夏共有《金色汤瓶》、《筏子汉》、《口弦声声》、《花儿漫漫》、《扇花儿飞》等9件作品分别获得一二三等奖及优秀奖，其中《金色汤瓶》获群舞组表演奖一等奖。宁夏文化厅获第九届全国舞蹈比赛优秀组织奖。

【全国声乐比赛——“黄河大合唱”邀请赛】

9月15日，由文化部、自治区政府主办，文化部艺术司、自治区文化厅承办，中国合唱协会协办的首届全国声乐比赛“黄河大合唱”邀请赛在宁夏大学音乐学院音乐厅隆重举行。本届邀请赛共有来自青海、四川、内蒙古、山西、甘肃等黄河沿岸9省区的10支合唱团参加了比赛。450余名参赛队员以强大的阵容、华丽的乐章，艺术地展示了合唱音乐的魅力与雄浑，《大地之声》、《怒吼吧！黄河》、《致祖国》、《宁夏川好地方》等歌曲唱响了黄河儿女对伟大祖国的热爱，对母亲河的感恩。本次邀请赛，文化部聘请了王世光、左文龙、李元华、李培智、杨鸿年等国内声乐界著名专家组成评委会，对参赛合唱团进行现场评分。最终，来自甘肃省的西北民族大学室内合唱团获得一等奖，内蒙古赛音安达合唱团、宁夏花儿合唱团分获二、三等奖，宁夏文化馆获优秀组织奖。

【2011宁洽会暨第二届中阿经贸论坛中阿文化艺术节】

9月20日晚，2011宁洽会暨第二届中国.阿拉伯国家经贸论坛大型文艺晚会“腾飞吧朋友”在银川人民会堂举行。晚会以鲜明的主题、炫丽的舞台效果、强大的艺术阵容、精彩的歌舞节目令中外嘉宾赞不绝口。中央政治局常委、全国政协主席贾庆林评价为“这是一台顶级的晚会”。在同日举行的第二届中阿经贸论坛高峰会议上，推介文化旅游产业一条街、银川剧院改造、中华回乡文化园二期等文化项目12个。在9月23日上午举行的“塞上人文论坛”•国际文化产业发展现状报告会上，邀请加拿大籍文化创意产业规划创意专家、CACSCA北美文化创意产业联合会理事会主席、中国艺术研究院研究员、国家数字艺术创作研究中心主任兼研发总监张雷博士做了精彩的报告。在中阿文化交流美术作品展、图片展、文书画展、宁夏地区民间艺术家作品展四大版块中，吸引了来自阿联酋、阿曼、俄罗斯等12个国家68位作者的160余幅作品参展。宁夏文化厅荣获2011宁洽会暨第二届中阿经贸论坛突出贡献单位奖。

【我们的节日——宁夏春节民俗文化大集】

2月7日，“我们的节日——宁夏春节民俗文化大集”开集仪式在银川市光明广场举行。此次民俗文化大集采取上下联动、城乡互动的办法，结合各市、县（区）正在开展的“新春乐”第七届社火大赛，集中4天、延续10天，在宁夏城乡集中展演舞狮、高跷、旱船、秦腔、漫花儿、拉二胡、变魔术、秀剪纸、抖空竹等极具地方特色的文艺活动。城乡春节民俗文化大集让民间民俗文化走进城乡居民生活，让广大群众春节期间在户外有活动参与、有节目观赏、有地方游玩，成为文化惠民的良好载体，深受群众喜爱。

三、文化惠民工程

【文化民生实事】

2011年，自治区政府10项民生计划为民办30件实事中确定由文化厅承担的4项，分别是：扶持社区文化中心(文化活动室)、村文化室、民间优秀文艺团队、文化示范户(大院)220个；培训基层文艺骨干和民间文艺乡土人才1000人次；送戏进农村、进社区、进校园、进军营、进工地演出1500场；开展广场文化演出1200场。实际扶持社区文化中心(文化活动室)、村文化室、民间优秀文艺团队、文化示范户(大院)270个；培训基层文艺骨干和民间文艺乡土人才1200人次；送戏进农村、进社区、进校园、进军营、进工地演出1760场；开展广场文化演出1450场。4项任务全部超额完成。

【公共文化设施免费开放】

适应免费开放工作新形势新要求，全面加强图书馆、文化馆标准化服务规范建设。第四次全国县

级以上文化馆评估定级宁夏有21个文化馆全部达到部颁二级以上标准，走在全国前列，服务能力和水平大幅提升，有力保障了群众文化权益。全年免费开放接待群众超过120万人次。

【自治区级重点文化工程】

宁夏大剧院、宁夏艺术学校新校区、红旗文化大厦等工程加快建设。宁夏文化厅被宁夏回族自治区政府评为固定资产投资工作先进单位。

【市县区文化设施建设】

协调建设和维修改造区市（县）文化场馆9个。中卫市“三馆”（博物馆、文化馆、图书馆）、惠农区文化体育活动中心等一批文化设施相继建成投入使用。

【“黄河金岸”文化展示线文化节点景区建设】

推进中国区域性（宁夏）影视基地、水洞沟旅游开发、杞乡黄河文化体育中心等项目建设。加快了银川华夏石刻艺术园、吴忠黄河文化园、中卫世界沙博园、石嘴山五千年华夏馆等沿黄标志性文化工程进度，有力促进了沿黄经济区建设。

四、文化产业发展

【《关于做强做大文化旅游产业的决定》】

推动自治区党委、政府出台了《关于做强做大文化旅游产业的决定》，为加快文化产业发展、促进文化产业逐步成为国民经济支柱性产业奠定了坚实基础。

【2011宁夏创意产业发展研讨会】

12月9日至11日，自治区文化厅、自治区广电总台、发改委、经信委、教育厅、住建厅、农牧厅、新闻出版局、旅游局和银川市人民政府，在银川市共同举办了“2011宁夏创意产业发展研讨会”。全国政协副主席、民革中央副主席厉无畏，自治区领导杨春光、安纯人出席会议。本次研讨会通过听取创意产业权威报告会、搭建创意产业高层对话平台，进行交流研讨，在各有关部门、相关行业、专家学者、创意企业界、创意产业从业人员、青年人才中达成了发展创意产业的广泛共识，通过了《宁夏创意产业发展倡议书》。

【基层文化产业项目建设】

吴忠黄河文化展示园、隆德六盘人家红崖民俗文化村、石嘴山五七干校文化园项目加快推进；中华黄河坛落成，五千年华夏馆开工建设，中国枸杞博物馆正式开馆；大武口“文化之窗·星海水街”、彭阳百里香茶文化园项目前景可观。

五、文化体制改革

【宁夏演艺集团挂牌成立】

5月9日，在宁夏全区文化体制改革工作会议上，自治区党委书记张毅等自治区领导出席会议并为宁夏演艺集团有限公司授牌，标志着宁夏文艺院团转企改制工作迈出重大步伐。此次组建将改制的宁夏话剧艺术发展有限公司和宁夏歌舞团、京剧团、秦腔剧团3个区直院团，1个同城化的银川市秦腔剧团，2个演出场所银川剧院、红旗剧院，1个从事演艺经营的文化艺术服务中心共8个单位优化整合，组建为宁夏演艺集团有限公司，对于打造宁夏演艺发展与战略航母具有重大作用。

【自治区文化市场综合执法管理局批准设立】

文化市场综合执法改革取得重大进展，撤销自治区文化市场行政执法总队，设立宁夏回族自治区文化市场综合执法管理局，协调5市文化部门组建了市级文化市场执法机构。

六、文化遗产保护传承

【自治区人民政府与国家文物局签订《合作加强宁夏文化遗产工作框架协议》】

7月5日，自治区主席王正伟与国家文物局局长单霁翔共同签署《合作加强宁夏文化遗产工作框架协议》。国家文物局和自治区政府将统筹规划，合理布局，选择西夏陵、水洞沟遗址、一百零八塔、须弥山石窟、自治区博物馆、固原博物馆等一批保护基础好、发展潜力较大、配套设施齐全、辐射范围较广的文物保护单位和博物馆，作为国家级文物旅游示范区建设试点。还将加强丝绸之路宁夏段、长城、水洞沟遗址等大遗址、董府等全国重点文物保护单位等重要文化遗产保护，加大宁夏回族历史文化遗产保护力度，支持西夏陵、贺兰山岩画申报世界文化遗产工作。重点支持西夏陵考古遗址公园、西夏陵遗址博物馆建设、全国重点文物保护单位董府加固维修和宁夏博物馆、固原博物馆建设。

【西夏陵申报世界文化遗产暨国家考古遗址公园】

11月23日，西夏王陵遗址申报世界文化遗产暨国家考古遗址公园建设启动仪式在银川西夏王陵遗址隆重举行。自治区政府主席王正伟，国家文物局局长单霁翔，自治区党委副书记崔波，自治区党委常委、银川市委书记徐广国，自治区政府副主席屈冬玉，自治区政协副主席安纯人，宁夏军区副政委盛建华出席仪式。单霁翔、屈冬玉讲话。王正伟、单霁翔共同启动了西夏陵申报世界文化遗产暨国家考古遗址公园项目。自治区有关部门、银川市领导、区内外部分专家学者参加了启动仪式。银川市市长王儒贵、中国建筑设计研究院建筑历史研究所所长陈同滨在仪式上做了发言。

【文化保护基础工作】

编制完成了《海宝塔保护规划》等全国重点文物保护单位保护规划。启动《宁夏长城保护总体规划》《开城遗址保护规划》编制，完成《明长城调查报告（初稿）》编写，早期长城调查资料顺利通过国家验收。加快岩画资料档案建设，完成灵武东山头道沟、中宁黄羊湾、中卫北山大麦地等岩画点资料档案建设。

【考古调查和文物维修保护】

完成6个建设项目的考古调查和文物保护工作。实施董府抢救修缮加固工程、石空寺石窟保护工程、须弥山石窟安全技术防范工程。

【博物馆事业】

自办、联办、引进特色文物展8个。征集回族文物100多件，保护和修复书画、陶瓷、金属、丝织品、木质品等文物53件。全区建成各类博物馆70座，初步形成了门类齐全、风格多样、布局合理、功能完善的博物馆体系。

【非物质文化遗产保护】

深入学习宣传贯彻落实《非物质文化遗产法》，全力组织参与实施国家非遗保护工程，完成非遗普查资料整理、编目、存档，完成第四批国家级非遗名录项目代表性传承人申报，第三批自治区级非遗名录项目代表性传承人审定工作。实施10大“非遗”产品开发性保护，新建自治区级“非遗”名录项目传承基地（传承点）11个。坚持利用“文化遗产日”和传统节日开展宣传活动，全社会文化遗产保护意识得到新增强。

七、文化交流合作

【文化双向交流】

第三届文博会促进了国内外民族优秀文化艺术和旅游影视产业的发展，提升了宁夏全方位开放的影响力和吸引力，进一步拓宽了宁夏在国内外开展文化旅游影视合作交流的渠道。积极组织参与“迪拜非物质文化遗产展”、“意大利岩画特展”、韩国2011庆州世界文化博览会以及“香港经贸文化旅游活动周”等活动，加快宁夏文化产品“走出去”。重点推动《月上贺兰》、《花儿》、《回乡婚礼》等舞台精品剧（节）目赴国内外交流演出，努力向西“走出去”，推动面向阿拉伯国家及穆斯林地区的文化合作交流。

【毗邻省区和闽宁间文化协作】

结合“呼包银”经济带、“陕甘宁”革命老区、能源化工“金三角”等区域性重大经济战略的实施，加大区域特别是宁蒙陕甘青毗邻省区和地区间的文化协作，5省区新春音乐会实现制度化。在广东省举办了宁夏文化干部培训班，闽宁、粤宁文化对口互助协作进一步深化。

八、文化科研

编辑出版《论文化》、《黄河文化研究》等著作和《宁夏图书馆馆藏精品集萃》、《文博耕耘录》《固原精品文物图集》等文博类图书15部。

九、图书馆业

宁夏图书馆全年购入（完成数据录入）普通图书18143种52344册，港台图书1809种3048册，地方文献4200册（件）中文期刊1414种报纸220种，港台报刊32种，音像视听资料640种（套）；完成古籍普查条目4008条。全区公共图书馆总藏书量482万余册。数字图书馆运行或试运行“我的图书馆”、联合参考咨询、远程访问等软件22个，开通使用文献数据库20个，基本实现跨库检索。2011年，总访问量175563人次，最大访问量达784人次/日。

新疆维吾尔自治区

2011年是新疆实现跨越式发展和长治久安昂首阔步、繁荣发展的重要一年。一年来，在党中央、国务院、文化部和自治区党委的正确领导下，新疆文化厅党组团结带领文化系统各级党组织和广大党员干部，高举中国特色社会主义伟大旗帜，以马克思列宁主义、毛泽东思想、邓小平理论和“三个代表”重要思想为指导，坚持科学发展观，认真贯彻党的十七届六中全会、中央新疆工作座谈会、新疆维吾尔自治区党委七届九次、十次全委（扩大）会议、第八次党代会精神，以现代文化为引领，解放思想、转变观念，变化变革、敢于担当，细化责任、务求实效，成功举办了第二届中国新疆国际民族舞蹈节、首届亚欧博览会艺术周等重大文化活动、主题展览，为经济社会发展营造了良好的舆论氛围。

一、围绕中央和自治区党委重大决策、重要时间节点、重要敏感期，唱响主旋律，打好主动仗

一是围绕纪念中国共产党成立90周年、新疆工作座谈会一周年等重要时间节点，组织开展各类丰富多彩的文艺活动。组团参加央视春晚、文化部春晚和中央办公厅主办的元宵晚会。《你好，阿凡提》在全国“两会”期间赴京演出，新疆在京工作的老领导，自治区党委书记张春贤，自治区党委副书记、自治区主席努尔·白克力及“两会”代表和首都观众观看，并给予高度评价。圆满完成了《美丽新疆》进京演出、中国国家交响乐团“奠基者”交响音乐会首次来疆演出、“唱支新歌给党听”大型群众歌咏活动。先后组织参与了自治区“庆祝中国共产党成立90周年大型文艺晚会”“来自天山的祝福”的演出，该晚会在央视录播后，反响强烈；承担了“新疆维吾尔自治区纪念中国共产党成立90周年音乐会——‘花儿为什么这样红’”主题晚会，自治区四大班子及各族各界群众观看后给予了高度评价；派出文艺辅导员，为乌鲁木齐石化热电厂等几十家大型企事业单位，辅导庆祝建党90周年“唱支新歌给党听”群众歌咏活动、文艺节目的创作和编排；新疆画院5幅作品入选“庆祝建党90周年中国油画展”。“新疆历史文献古籍保护成果展”在国家图书馆展出，引起轰动，受到了贾庆林、周永康、刘延东、蔡武、张春贤、努尔·白克力等中央、自治区领导和各族群众的好评。

二是第二届中国新疆国际民族舞蹈节成功举办，盛况空前、精彩纷呈。来自世界4大洲15个国家和地区、国内9个专业文艺院团的2000余名演职人员，为边疆各族群众奉献了74场精彩演出。本届舞蹈节政府补贴，低价售票，惠及百姓，售出门票2.5万张，场场爆满，群众叫好，影响广泛。配套3项展览、2项摄影大赛参与群众多，涉及面广，新疆电视台1～12套首次用汉语、维吾尔语、哈萨克语3种语言对开幕式进行了现场直播，总收视率达到6.27，新浪微博进行全程直播。中央电视台3套、4套以及新疆电视台部分频道、天山网分别对舞蹈节开幕式晚会进行了录播。新疆电视台、兵团电视台、乌鲁木齐电视台对《天鹅湖》等经典剧目进行了录播。全疆6万余名各族群众现场观看了舞蹈节各场演出和展览活动，国内外数百万观众收看了舞蹈节开幕式晚会现场直播和录播。举办了“舞蹈节现象座谈会”，相关领导和专家共同探讨了“舞蹈节现象”，总结经验，查找问题、制定对策，为培育“新疆国际民族舞蹈节”品牌奠定坚实基础。

三是成功举办了“亚欧博览会·文化展示周”。展示周期间，分别举办了《热瓦甫恋歌》、《吉尔吉斯斯坦共和国文化之夜》、《你好，阿凡提》演出，“越南磨漆画展”、“四海一家——驻华使馆艺术藏品展”，中国动漫艺术展，来自世界各国和全国的上万名观众观看了演出和展览，向国内外来宾展示了一个“民族和睦、社会和谐、文化开放、艺术繁荣”的新疆。

四是紧扣社会热点，弘扬新风正气，加大文艺创作。以阿里木先进事迹为素材，创作出双语音乐小品《心在天堂》、音乐诗剧《好人阿里木》和歌曲《爱有多大世界就有多大》、《你好，阿里木》，并迅速制作成2000多张光碟，邮寄全疆各级图书馆、文化馆、文工团、文化站，在各大网站和文化信息共享工程上推广宣传。歌曲《爱有多大世界就有多大》还在凤凰卫视等多个电台、电台滚动播出，并荣获西北音乐节歌曲一等奖。指导伊犁、喀什文化部门对《大巴扎》、《马市巷子的老院子》成功进行双语移植；自行投资移植创作的维吾尔语爱情喜剧《他没有两个老婆》演出50多场，得到了自治区党委常委胡伟的高度评价，并指示新闻单位重点报道。现代青春舞剧《舞之蕾》在乌鲁木齐成功上演；20集电视连续剧《阿娜尔汗》的拍摄工作已经完成，质量上了一个台阶，已进入后期制作阶段。

二、公共文化服务体系建设进一步完善，重点文化惠民工程取得新进展

一是“三馆”免费开放工作得到党委、政府的高度重视。全疆64家公共博物馆、纪念馆，107个各级公共图书馆，108个各级文化馆，1097个乡镇（街道）文化站已全部实现免费向社会开放。在免费开放的同时，注重改进工作方法、提升陈展水平、完善配套设施、提高服务质量。经统计，自免费开放以来，全区公共博物馆、纪念馆和爱国主义教育基地共接待国内外观众达858.3万人次，其中青少年观众279.5万人次，观众人数平均以20%～30%的比例递增。全疆公共图书馆读者人数达91.8万人次，新办借阅证数量达3.7万人，开办展览290个，举办讲座293个，参与人数达35.6万人，活动的数量、参观人数均比免费开放前成倍增长。2011年，中央及新疆已为各级拨付免费开放补助资金1.73亿元，中央投入资金1.4亿元，新疆投入资金3197万元。其中全疆博物馆、纪念馆免费开放运行经费5500万元（中央下拨资金5327万元，地方配套173万元），新疆本级“两馆”免费开放基本运行经费812万元，14个地级图书馆、13个地级文化馆补助资金1350万元；88个县级图书馆、97个县级文化馆补助资金3700万元；乡镇文化站977个(街道文化站未纳入补助范围)补助资金4885万元；南疆三地州部分行政村(社区)文化室1145个，补助资金1145万元，已全部下拨基层。

二是南疆三地州行政村、社区文化室建设进展顺利。2011年，下达投资项目1833个，完成总投资3.84亿元，已下达项目的开工率、完工率达98%以上(个别社区文化室由于土地问题尚未开工)；同时，还为南疆三地州1145个村文化室配置了专项设备。

三是在自治区党委、政府的直接领导下，建立了区地县三级国有文艺院团政府购买演出机制，解决了长期困扰文化部门的重大问题。全区各级专业艺术表演团体在维持现有经费保障渠道不变、演出经费不减的基础上，按规定完成每年60～80场公益性演出场次的地县两级艺术表演团体由自治区财政进行补贴。40人以下的县级艺术表演团体每团每年补贴20万元，地级、40人以上的县级艺术表演团体每团每年补贴25万元，全年财政共计补贴2160万元。截至2011年底，全疆各级国有文艺院团公益性演出7008场，其中全疆县级文艺表演团体年均下乡演出场次82.9场。区级文艺团体津补贴和分类购买演出的机制得以形成。

三、依托文化品牌，大力增加精神文化产品供给，丰富各族群众精神文化生活

结合“乡村百日文体活动竞赛”、“百日广场文化活动竞赛”、“千场演出送基层”、“三下乡”、“四进社区”、“高雅艺术进校园”“群星耀天山”、“新歌唱新疆”、“新诗写新疆”等系列文化活动品牌，聚焦“热爱伟大祖国、建设美好家园”这一主题，针对民生建设年的新形势，加大活动力度、丰富活动内容。

一是坚持文化品牌，创新发展模式。举办了“庆祝自治区百日广场文化活动十周年暨第十次百日广场文化活动”启动仪式。启动了“第五次乡村百日文体活动竞赛”，举办了自治区第二届“群星耀天山”美术、书法、摄影作品展等活动。结合少数民族节俗和非物质文化遗产项目，开展了麦西热甫、阿肯弹唱、花儿演唱会等“节日系列”文化活动，深受少数民族群众欢迎。启动实施“百姓周末大舞台——冬季演出季活动”，演出节目采取本土作品与引进作品相结合，同时在新疆人民剧场、新疆艺术剧院剧场、新疆艺术剧院话剧团剧场和新中剧院4个剧场展开。启动了“文化文物公开课”这一树立主流话语权，扩大影响力、推进4个认同的重点项目。2011年底“新诗写新疆·喀纳斯诗篇”活动为打造冬季文化添力。

二是组织开展节庆文化演出活动。新疆艺术剧院创作的新版《刀郎麦西热甫》参加中央电视台2011年春节联欢晚会，荣获歌舞特等奖。举办了新年音乐会，“美丽新疆——2011年诺鲁孜节民族音乐会”，“清明节”高雅艺术进校园，“六一”国际儿童节、重阳节、端午节专场文艺演出，“纪念辛亥百年暨辛卯重阳书画展”等节庆文化活动。

三是积极组织开展文化惠民演出活动。话剧《大巴扎》先后在乌鲁木齐、石河子市、博州、阿克苏地区等地公益性演出60余场，惠及各族群众两万余人；2011年春节前，音乐杂技剧《你好，阿凡提》为首府各社区贫困户、五保户和社区干部免费演出5场；由文化厅组织的“三下乡”文艺演出团在昌吉州、吐鲁番地区、哈密地区的7县17个乡镇进行了18场演出，为数万余名基层各族群众表演了精彩的文艺节目。同时，创新文物展览的活动方式，组织“永远和祖国在一起”大型文物展一同随展，效果很好。

四是成功组织实施文化交流活动。“新疆历史文献暨古籍保护成果展”在北京成功举办，历时3个月。中央领导、观众、专家好评如潮，《光明日报》等媒体开专栏予以介绍。音乐杂技剧《你好，阿凡提》在全国“两会”召开期间进京演出取得圆满成功。12月2日至5日，80人整装团队又远赴新加坡进行了3场商业演出2场，实现经济、社会效益双丰收。国家京剧院2011年春节前首次赴疆慰问演出，受到新疆各族群众的好评。2011年，先后组织文艺团体赴哈萨克斯坦、塔吉克斯坦、蒙古、泰国等23个国家和地区，开展文化交流演出项目39个、367人次。来疆文化交流项目16个，分别来自25个国家和地区，789人次，均取得圆满成功。

五是用好文化文物资源，配合“三史”教育，开展主题展览。先后举办了大型历史主题文物展

览“永远和祖国在一起”、“瀚海霓裳——西域服饰的记忆”、“新疆历史文献暨古籍保护成果展”，引进了广州博物馆“海贸遗珍——古代广州外销艺术品展”、河南博物院“青铜文明　中原瑰宝——河南出土夏商周文物展”、“丝路遗韵——新疆出土文物展”。选送文物赴国内外参与和举办了“多彩新疆·古道遗珍——丝绸之路文物特展”、“秦汉——罗马文明展”、“丝绸之路——大西北遗珍展”、“大漠遗珍——新疆出土文物展”、“‘丝路奥秘’新疆文物展”、“丝绸之路大文明展”等11个展览。在云南联合举办了“昆仑含瑞——新疆和田玉大展”。年底又在国家博物馆举办“新疆古代服饰展”，成为首个进入新落成的国家博物馆举办展览的省市。

四、文化市场规范有序，文化产业发展能力得到进一步提升

规范文化市场管理，开展文化市场集中整治活动，以明察暗访、交叉检查为主要方式，对音像、网吧、游艺娱乐场所进行了检查。截至2011年底，全疆各级文化市场稽查机构共出动检查人员38万人次，检查各类文化市场22.9万家，办结各类违法违规案件734起，罚款220万元，没收违法所得11万元，有力地推动自治区文化市场繁荣发展。视频会议系统与监管平台成功实现整合，与文化部中央平台实现互联互通，数据传输正常平稳。成功举办自治区网络文化市场计算机监管平台管理人员培训班。新疆文化市场网网站的全新改版升级工作顺利推进。

文化产业发展专项资金实现了零的突破，自治区5家企业申报的5个项目分别获得国家和自治区文化产业扶持资金880万元。初步打造和建成了乌鲁木齐市七坊街创意产业集聚区，帮扶支持中小文化企业健康发展。成功举办了新疆首届原创动漫嘉年华活动，有力促进了新疆动漫的创作、交流与发展。举办了“沙的故事——新疆沙粒画展”、“首届中国画——桑皮纸绘画作品展”，大力推广优秀文化产品。以座谈、培训等多种方式，提高文化产业人才管理能力，理清新疆文化产业发展的思路。组团参加了第七届深圳文博会，达成合作意向20项，现场签约11项，签约金额达13亿元；第二届中国新疆国际民族舞蹈节招商引资100多万元，为下一届舞蹈节的市场化运作积累了经验。新疆话剧团影剧院开始营业，为盘活资源，发展文化产业迈出可喜的第一步。

五、稳步实施重点保护项目，文化遗产保护工作取得新进展

“丝绸之路”（新疆段）重点文物保护维修工程进展顺利。申报世界文化遗产工作稳步推进。考古遗址公园建设顺利实施。先后完成了27座“定居兴牧”水利工程文物调查和涉及文物遗址的13座水库的考古发掘，共清理墓葬807座，遗址1000平方米，岩画6处，出土器物2057件，获得一大批重要考古成果，保障了各项民生工程的顺利实施。吐峪沟石窟考古发掘入选“2010年度全国十大考古新发现”。新疆博物馆“永远和祖国在一起”荣获全国博物馆十大陈列展览精品评选最佳宣传推广奖。第三次全国文物普查取得阶段性成果。自治区公安厅挂牌督办的巴州且末“12·18”重大非法倒卖文物案、和田策勒县达玛沟佛教遗址被盗案两起重点文物犯罪案件已经取得了阶段性成果。与新疆电视台合作推出《达玛沟发现》电视纪录片。与中国文物报合作推出的《中国文化遗产——新疆“十一五”专辑》，已面向国内外公开发行。与中国文物出版社合作出版的《带你走进博物馆》新疆丛书已经付梓待印。

组织开展了自治区第五个“文化遗产日”系列活动。举办“巧夺天工——新疆传统工艺美术传承与创新大展赛”。组织民间艺人赴福州参加了“非物质文化遗产大看台”活动，展示了新疆优秀的传统文化。新疆有16个自治区级非物质文化遗产名录项目入选第三批国家级非物质文化遗产名录项目。“龟兹石窟保护与研究”国际学术研讨会在库车隆重召开，70余名中外专家学者出席研讨会，提交学术论文47篇。在乌鲁木齐市举办“纪念纳瓦依诞辰570周年暨国际学术研讨会”，哈萨克斯坦、土耳其、乌兹别克斯坦等国的10名专家应邀参加。新疆选手肯加米哈、阿肯古丽斯娜参加哈萨克斯坦国际“阿依特斯”演唱会分别获得最高特等奖、特别奖。

六、全国文化文物对口援疆工作取得新进展

9月，召开了第二次全国文化、文物系统对口支援新疆工作会议，贯彻落实文化建设“春雨工程”和“文化遗产保护工程”，安排部署对口支援新疆文化建设工作。19个省市与自治区受援的12个地州、82个县市，文化部司局及有关直属单位与文化厅直属单位分别进行了援疆工作对接，签订合作意向书，落实了一些援助项目、资金及合作规划，取得了实质性进展。2011年，“春雨工程——全国文化志愿者新疆行”、“大舞台”、“大讲堂”、“大展台”在全疆各地成功举行，文艺演出、文化展览、交流培训内容丰富，很好地促进了内地与新疆各族群众的文化交流。

新疆生产建设兵团

一、编制《兵团文化事业“十二五”发展规划》

从2009年中央组织调研组对新疆经济、文化、教育等各领域进行全面调研时起，兵团文广局便开始着手总结兵团长期以来，特别是“十一五”期间文化事业建设情况，并组织专人起草《兵团文化事业“十二五”发展规划》。经过一年的努力，《兵团文化事业“十二五”发展规划》起草完毕并经有关领导审议通过。《规划》紧紧围绕《文化部调研报告》及全国文化系统对口援疆工作会议精神，紧密结合兵团实际，立足于广大职工群众的基本文化权益，认真分析总结了“十一五”期间兵团文化事业发展情况及存在的问题，明确了“十二五”期间兵团文化事业发展指导思想、发展目标及任务，并对如何完成好“十二五”各项任务制定了保障措施。“十二五”规划的制定，对于今后5年及较长的时间内加强文化事业建设指明了基本方向、确定了基本思路、明确了主要目标。同时，按照科学发展观的要求，在具体建设过程中，还将按照具体情况进行必要的修正。

二、积极争取国家部局及各援建省市的理解、支持与帮助

2010年上半年，兵团文广局领导带领文化处等有关业务处室，赴文化部汇报工作，得到了文化部的高度重视和充分理解，并积极争取到国家部局在政策、资金等方面的倾斜力度。2011年年初，兵团文广局领导带队，与相关处室和对口援建单位组成6个汇报联络小组，分别赴各对口援建兵团省市进行了对接汇报工作、表达谢意。通过广泛的交流与沟通，增进了各省市对兵团屯垦戍边历史、兵团地位性质和作用的进一步了解，既互通了信息，又认真商讨具体援建规划和思路。通过努力，取得了国家部局及各省市对兵团及兵团文化事业建设的理解与支持，兵团与各省市在人才培训、人才互访、项目合作、艺术家采风、文艺作品创作等多方面达成了共识和协议。

三、中央和兵团下达各项专项经费落实到位

2011年，下达兵团中西部地区基层公共文化服务体系保障经费2348万元、下达中央补助地方文化体育与传媒事业发展专项资金852万元、下达非物质文化遗产保护专项经费111万元、下达国家公共文化服务体系示范项目奖金75万元、下达全国“双服”文化建设先进集体奖金25万元、下达博物馆纪念馆免费开放补助资金369万元等。同时，兵团党委划拨150万元用于兵团文化中心剧场灯光音响改造、划拨90万元用于兵团文化中心剧场LED屏购置、划拨100万元用于兵团豫剧团、杂技团大轿子车购置。兵团文广局与财务局加强了对资金划拨、使用的监管力度。

四、兵团首个国家级公共文化示范区项目获准建立

石河子市广场文化活动机制得到文化部的认可。5月份，入选第一批创建国家公共文化服务体系示范区（项目）名单，并获得先期建设资金75万元。农八师石河子市党委高度重视，进一步加强了对创建工作的组织领导，在人力、物力、财力上给予了充分保障，石河子文体局及时制定了科学规划，积极动员社会力量和广大职工群众广泛参与，确保按照文化部的要求完成创建任务，为推动兵团公共文化服务体系建设做出新的贡献。

五、兵团7家基层单位获得中央表彰奖励

2010年12月，中宣部、文化部、国家广电总局、新闻出版总署在北京召开全国服务农民服务基层文化建设先进集体表彰会议，表彰奖励全国基层文化单位在文化、文艺、广电等方面做出的突出贡献。兵团7家单位荣获表彰，分别是：农九师164团文化中心、兵团文化信息资源共享工程农二师27团支中心荣获先进基层文化馆（站）图书馆（共享工程支中心）称号；石河子市歌舞话剧团荣获县级文艺院团和民营文艺表演团体先进单位；农六师五家渠市文化执法稽查大队荣获基层文化市场管理和执法先进集体称号；农六师农村（团场）数字电影管理中心荣获农村电影放映工作先进集体和优秀放映队称号；农四师广播电视“村村通”工作办公室荣获广播电视“村村通”工作先进集体称号；石河子市新华书店荣获基层出版发行先进单位称号。兵团各单位获得中央奖金25万元，兵团宣传部（文广局）领导带领相关基层先进代表参会授奖。

六、全国文化馆评估定级工作在兵团开展

9月上旬，文化部开展了全国文化馆评估定级工作。文化部第七评估组在河北省文化厅副厅长彭卫

国的带领下赴兵团开展工作。在兵团文化中心（兵团群艺馆）和农八师石河子市群艺馆分别召开了座谈会，并考察了兵团、师两级群艺馆建设情况，兵团文广局领导向评估组汇报了兵团公共文化服务体系建设和文化馆建设情况及现状。通过2天的工作，文化部评估组向兵团反馈了意见，评估组认为，兵团党委能认识到文化馆的重要地位和作用，已经或正在将文化馆作为政府公共文化服务的一个重要平台。兵团文化中心由于历史的原因和一些特定因素达不到定级标准，不参与评估定级。石河子市群艺馆作为1级馆上报。

七、加强兵团文化干部队伍培训

为贯彻落实《文化部关于开展全国基层文化队伍培训工作的意见》和年初全国基层文化队伍培训工作会议精神，兵团主要借助文化部、各对口援疆省市的力量，加大对基层文化干部的培训。在中央文化管理干部学院举办的7次基层文化干部培训班中，兵团派遣优秀的基层文化干部11人参训。文化部于10月下旬举办的新疆文化体制改革与文化产业发展培训班上，兵团文广局积极组织各师文化部门领导和文艺院团领导17人参训。兵团各师主动加强与对口援建省市合作，江苏省、黑龙江省、广东省、东莞市、上海市等多省市，为兵团对口师团培训基层文化文艺人才近百人。兵团文化中心和文化信息资源共享工程兵团分中心先后举办各类专题培训班，为培养基层文化工作者作出了努力。通过文化部、各对口援疆省市的支持和帮助，兵团文化人才培训工作有了一定的发展，兵团基层文化工作者有机会通过学习提升自己，在兵团基层团场文化建设中继续发挥着重要作用。

八、第二次全国文化文物系统援疆工作会议圆满召开

9月下旬，为贯彻落实中央新疆工作座谈会和第二次全国对口支援新疆工作会议精神，文化部和国家文物局在新疆乌鲁木齐市召开了第二次全国文化文物系统对口支援新疆工作会议。兵团文广局作为主要承办单位之一，在文化部、国家文物局的领导下，认真协助自治区文化厅做好会议筹备工作，积极协调兵团领导出席会议及讲话事宜，组织兵团各师及文化系统领导按时报名参会，协调兵团代表参会期间的有关需求，引导各师积极主动地与对口支援省市进行对接。通过与文化部办公厅、自治区文化厅的共同努力，确保了为期两天的会议圆满成功。

九、组织纪念建党90周年系列文艺活动

一是根据兵团党委开展庆祝建党90周年总体活动安排，兵团文广局于6月30日晚具体承办了兵团庆祝建党90周年文艺晚会，兵团在家的常委、兵团劳动模范和优秀共产党员及兵团机关各部局近700人观看了演出。兵团党委书记、政委车俊同志观看晚会后认为：“这就是先进文化的引领”。二是为了贯彻落实《文化部社会文化司关于在全国范围内广泛开展城乡基层群众庆祝建党90周年活动的通知》精神，兵团党委宣传部（兵团文广局）于5月初印发《关于开展迎接建党90周年——“唱响兵团精神”歌咏活动的通知》（兵党宣内传〔2011〕40号），要求各师、院（校）集中在5月至8月开展歌咏活动，丰富职工群众精神文化生活，大力唱响兵团精神，各师均按照要求进行组织，活动取得了预期的效果。三是配合自治区党委宣传部认真做好大型文艺晚会的录制工作。遵照中央领导同志的指示，由中央电视台与自治区主办、编导的庆祝中国共产党成立90周年大型电视歌舞晚会“天山的祝福”于6月20日在央视录制，兵团党委宣传部积极配合，选派兵团歌舞剧团优秀的演员参演，并组织兵团优秀共产党员代表2人赴晚会现场接受采访。

十、与中央电视台《乡村大世界》栏目合作，录制“丰收中国——走进新疆生产建设兵团”节目

9月中旬，受中央电视台第七套《乡村大世界》栏目的邀请，兵团文广局与其合作，在农八师143团田间录制了“丰收中国——走进新疆生产建设兵团”节目，经剪辑后节目时长85分钟，于国庆节期间在央视七套播出。此次与央视合作，以特殊的艺术载体向党90周年华诞献礼，并借助中央媒体大力宣传兵团、唱响兵团精神，让兵团走向全国，有力地提升了兵团的社会认知度，有效地宣传了兵团60年来屯垦戍边、维护边疆稳定、促进民族团结、经济社会发展方面所取得的成就。

十一、组织湖南省歌舞剧院大型舞剧《天山芙蓉》在兵团巡演

为进一步“唱响兵团精神”，在第二届新疆国际民族舞蹈节前夕，兵团党委宣传部（兵团文广局）与湖南省委宣传部、省文化厅共同策划组织了湖南省歌舞剧院大型舞剧《天山芙蓉》在兵团的巡回演出。巡演自7月6日开始至7月24日结束，分别在兵团机关、农六师、农七师、农八师、农十二师及石河

子大学演出舞剧《天山芙蓉》11场，直接观众超万人，通过电视直播和录播观看的职工群众超过10万人。

十二、反腐倡廉题材豫剧《青莲》在兵团巡演

根据兵团领导的指示精神，为丰富兵团第二个廉政文化活动建设月内容，在兵团纪委和兵团党委宣传部（兵团文广局）的安排部署下，兵团豫剧团携新创豫剧《青莲》于3月2日起在全兵团进行巡演。为兵团机关、公检法司系统、兵直工交建商系统、教育系统、卫生系统、武警部队及14个师和石河子大学、塔里木大学等系统和单位献上38场精彩的演出，巡演4个多月，总行程上万公里，观看演出的党员干部及职工群众共计5万余人次。

十三、“春雨工程”文化志愿者边疆行活动在兵团开展

8月中旬，文化部全国文化信息资源建设管理中心和文化共享工程兵团分中心在农十三师联合举办“春雨工程”——全国文化志愿者边疆行兵团文化共享工程建设2011年工作会议暨技术培训班。来自全国文化共享工程国家中心的专家为兵团近100名基层骨干进行了为期3天的技术培训；福建文化志愿者服务团在农六师五家渠市剧院精彩演出，全场座无虚席，不时传出阵阵掌声，福建省文化厅与师市党委互赠礼物，加深了双方的友谊；浙江文化志愿者服务团走进农八师石河子市，开展“排舞”培训工作，石河子及周边团场近90名学员参训。

十四、完成首届中国—亚欧博览会兵团主题活动文化文艺分工任务

2011年，首届中国—亚欧博览会筹备及召开期间，按照兵团党委的要求，兵团文广局积极配合兵团商务局等部门，认真完成文化文艺方面的工作任务，精心策划工作方案，安排专人负责组织，积极协调博览会期间的各类文化活动，认真组织兵团文艺团体参加博览会各项文艺演出活动，确保兵团参加中国—亚欧博览会取得佳绩。9月2日下午，在兵团组织的“开放兵团、魅力兵团”主题活动中，兵团歌舞剧团选派最优秀的歌舞演员上演了一台精品文艺晚会，为国内外贵客充分展示了兵团文化的精髓和特色，大力宣传了兵团精神，吸引众多国内外友人的关注。

十五、兵团文艺工作者在国内外舞台上屡获大奖

兵团豫剧团创作的大型舞台豫剧《天雪》，被文化部授予2009～2010年国家舞台艺术精品工程剧目，这是兵团历史上第一次获此殊荣。兵团杂技团在“第13届中国吴桥国际杂技艺术节”上，倒立技巧节目——《魂》获得艺术节银狮奖。另一个杂技节目《天山红》荣获首届俄罗斯马戏杂技编导大奖、节目优胜奖，并获得第三届全国杂技比赛优秀节目奖。兵团歌舞剧团选送的节目《夕阳乐舞人》，在第九届全国舞蹈比赛中喜获群舞组表演二等奖。除此以外，兵团非专业歌手在第九届中国西部民歌（花儿）歌会上也获得了大奖，兵团文广局获得优秀组织奖，农八师选送的歌手周秀琴获得金奖，农五师选送的孙乐江和农十三师选送的龙刚获得铜奖。

十六、组织文艺团体下乡演出活动

2011年，兵团各文艺团体送戏下乡685场，惠及职工群众94万人次，把职工群众喜闻乐见的豫剧、秦剧、歌舞、杂技等节目源源不断地送到团场连队和田间地头，受到了基层职工群众的广泛欢迎和普遍赞誉。同时，兵团文广局组织举办了各类文艺活动，在春节期间举办慰问演出，丰富干部职工精神文化生活；组织兵团机关、直属单位及乌鲁木齐市附近的基层职工群众观看了中国空政歌舞剧团歌剧《江姐》的演出，让干部职工群众享受到高雅艺术的熏陶；在2012年元旦、春节期间，成功举办兵团第七届文艺汇演和兵团2012年春节电视文艺晚会，活跃职工群众“两节”期间的文化生活，增强各族干部职工群众的凝聚力，为让兵团广大干部职工群众在和谐、文明、喜庆的氛围中过节提供文化条件。

十七、兵团超额完成“十一五”规划中文化信息资源共享工程建设任务

按照文化部全国文化信息资源建设管理中心下达给兵团的建设任务，“十一五”期间兵团应建设省级分中心1个、县（团）级支中心81个、乡镇服务点58个、村（连队）级基层服务点2297个，其中省级、地市（师）级由兵团自己配套建设。截至2011年年底，兵团共计建设省级分中心1个、地市（师）级分中心14个，其中6个师级分中心通过电视台开通了文化信息资源共享频道、县（团）级支中心67个、乡镇服务点108个、村（连队）级基层服务点2297个，其中省级分中心、50个乡镇服务点及6个开通文化共享工程频道的前端设备均使用81个县级支中心建设结余资金建设。总投资5463万元。

十八、按照专项资金管理办法使用专项资金，确保文化信息资源共享工程中央专项落实到位

兵团文化信息资源共享工程建设认真按照专项资金使用办法和政府统采招投标程序，合理使用各项目资金。通过兵团统一采购中心组织了服务器采购工作、兵团文化信息资源共享工程频道设备采购工作、兵团文化信息资源共享工程108个乡镇服务点建设、2297个连队基层服务点建设、兵团文化信息资源共享工程分中心建设项目的招投标工作。

十九、全国文化信息资源共享工程督导组赴兵团开展工作

按照文化部办公厅的统一部署，3月9日，全国文化信息资源共享工程督导组赴兵团检查指导工作。督导组人员由天津市文化广播电视局副局长金永伟、首都图书馆副馆长邓菊英、文化部文化信息资源建设管理中心王军等3人组成。督导组一行分别在兵团分中心、建工师八建支中心、农六师五家渠市支中心，实地了解兵团文化信息资源建设工作情况和开展服务活动情况。兵团文广局领导向督导组汇报了兵团文化信息资源共享工程“十一五”期间的工作成果及建设情况。督导组组长金永伟对兵团利用有线电视网络传播文化共享工程信息资源，实现“进连入户”的模式给予了充分的肯定，认为“进连入户”这一模式实现了文化共享工程的可持续发展，同时要求进一步加强宣传和推广的力度。督导组对兵团文化信息资源共享工程“十二五”期间的思路和方向提出了意见和建议。

二十、逐步推进文化信息资源传输覆盖工作

2010年，兵团文化信息资源共享通过有线电视网络传输信息资源在农六师试点成功取得了良好的效果。2011年，兵团分中心在二师、三师、四师、九师、十三师电视台分别配置了非线性编辑设备、存储设备，通过有线电视网络传播文化信息资源。目前全兵团已有6个师实现了有线电视网络传播文化信息共享资源节目。兵团文广局力争利用宣传部、文广局合一的体制优势，于2012年力推此项工程，争取实现全覆盖。

二十一、举办文化共享工程培训班，加大技术骨干培训力度

2011年，兵团文化共享工程各支中心通过网络观看管理中心培训次数11次，参培人员800余人次。8月，兵团文化信息资源共享工程建设工作会议暨技术培训在十三师举办。此次培训为期3天，来自81个县级支中心技术负责人全面系统地学习了县级支中心设备运行及软件操作运用。

二十二、完成2011年兵团文化信息资源建设

按照文化部全国文化信息资源建设管理中心的要求，2011年兵团分中心完成了2008年200万元资源建设任务，同时完成了国家图书馆向兵团征集的数字资源兵团志书55部，1400老照片，所有数字资源共计10.56GB。

二十三、建设兵团首个国家级非物质文化遗产展示中心

兵团目前有国家非物质文化遗产项目5项，其中3项为传统手工技艺类，按照文化部提出的“生产性保护”的要求，兵团农六师五家渠市文广局在红旗农场建设了兵团首个国家级非物质文化遗产展示中心——哈萨克毡绣布绣展示中心。该中心于年底正式剪彩开张，初期投资50万元，占地面积180平方米，功能集生产、销售、展示于一体。展示中心聘请哈萨克毡绣布绣传承人及学徒将在现场展示制作方法，弘扬和传承精妙的民族传统手工技艺，并结合旅游市场的开发加强对非物质文化遗产项目的生产性保护力度。农三师也正在规划2012年在喀什建设另一个国家级非物质文化遗产保护项目——维吾尔族模制法土陶烧制技艺的展示中心。

二十四、划拨文化遗产保护有关专项补助经费

文化部、国家文物局、财政部历来重视关心兵团文化遗产保护工作，连续多年给予专项经费补助。2011年，进一步加大了补助力度，下达非物质文化遗产保护专项经费111万元，下达兵团博物馆纪念馆免费开放补助资金369万元，合计480万元。兵团文广局按照财政部有关文件精神，将各项专项资金及时划拨至各项目单位，并与兵团财务局合作，共同加强资金使用监管，确保中央专项资金落实到位。

二十五、加大文化市场综合执法力度

一是深入开展了文化市场知识产权保护专项执法行动。在兵团打击侵犯知识产权和制售假冒伪劣商品专项行动领导小组的领导下，在文化系统积极开展了知识产权保护专项行动，对侵犯知识产权的行为进行了查处和打击，并参加了由兵团统一组织的专项行动检查。二是开展了建党90周年文化市场专项保障行动。5至8月，重点开展了“净化社会文化环境，建设健康有序文化市场”专项行动，重点打击制售政治性非法出版物和侵权盗版出版物行为，重点查处含有国家法律法规禁止内容的文化产品和有害信息，重点整治出版物经营场所和印刷复制企业，为建党90周年营造和谐、健康、稳定的文化环境。三是加大了网吧和游艺娱乐场所的监管。暑期是网吧和游艺娱乐场所的活跃期，也是违规接纳未成年人的高发期，为遏制网吧和游艺娱乐场所违规接纳未成年人，认真贯彻落实《娱乐场所管理条例》、《互联网上网服务营业场所管理条例》等有关规定，加大了对网吧和游艺娱乐场所的巡查、监管和查处力度，重点打击了违规接纳未成年人行为，查处了游艺娱乐场所设置含有暴力、血腥、赌博等法律法规禁止内容的机型机种和违法违规行为，保证了未成年人的身心健康。四是加大了网络文化市场的监管力度。对非法网络音乐、网络游戏、网络动漫、网络视听等互联网文化产品及违法经营活动进行了认真的检查，对发现的问题进行了认真的查处。

按文化部规定每月上报兵团文化市场综合执法情况。截至11月30日，兵团共出动文化市场执法人员47709人次，共检查经营场所14717家次，责令整改512家，取缔5家，罚款124500元，收缴游艺机26台、违规广播电视接收设施26套、非法出版物和盗版音像制品6506册（盘）。

获奖名单

List of winners

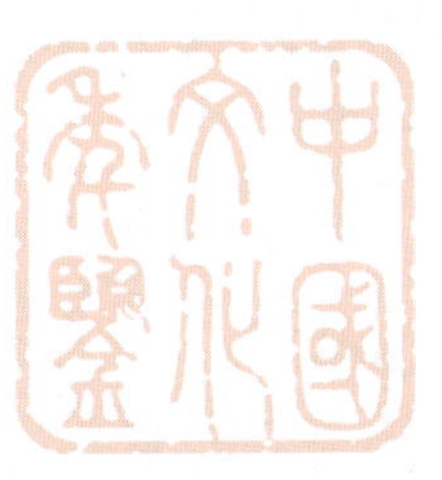

一、专业艺术获奖名单

2008～2009年度国家舞台艺术精品工程
重点资助剧目名单

	剧　目	演出单位
京剧	《成败萧何》	上海京剧院
花鼓戏	《十二月等郎》	荆门市艺术剧院
秦腔	《大树西迁》	陕西省戏曲研究院
歌剧	《太阳雪》	总政歌剧团
舞剧	《月上贺兰》	银川艺术剧院
评剧	《我那呼兰河》	沈阳评剧院
晋剧	《傅山进京》	太原市实验晋剧院青年剧团
豫剧	《香魂女》	河南省豫剧三团
评剧	《寄印传奇》	天津评剧院
杂技剧	《你好，阿凡提》	新疆杂技团

2009～2010年度国家舞台艺术精品工程
年度资助剧目名单

	剧　目	演出单位
话剧	《窝头会馆》	北京人民艺术剧院
话剧	《第七片花瓣》	天津市儿童艺术剧团
京剧	《响九霄》	河北省京剧院
说唱剧	《解放》	山西戏剧职业学院
二人台	《花落花开》	呼和浩特市民间歌舞剧团
话剧	《黑石岭的日子》	辽宁人民艺术剧院
京剧	《牛子厚》	吉林省京剧院
龙江剧	《鲜儿》	黑龙江省龙江剧院
昆曲	《长生殿(精华版)》	上海昆剧团
滑稽戏	《顾家姆妈》	苏州市滑稽剧团
越剧	《藏书之家》	浙江小百花越剧团
话剧	《万世根本》	安徽省话剧院
闽剧	《王茂生进酒》	福建省福州闽剧院
歌舞	《赣风》	江西省歌舞剧院
吕剧	《画龙点睛》	山东省吕剧院
豫剧	《常香玉》	河南豫剧一团
舞蹈诗	《家住长江边》	湖北艺术职业学院
湘剧	《古画雄魂》	湖南长沙市湘剧院
话剧	《与妻书》	广东话剧院
琼剧	《下南洋》	海南省琼剧院
壮剧	《天上的恋曲》	广西壮族自治区壮剧团
川剧	《鸣凤》	重庆市三峡川剧团
川剧	《巴山秀才》	四川省川剧院
舞剧	《天蝉地傩》	贵州民族歌舞剧院
花灯剧	《梭椤寨》	云南省花灯剧院
歌舞	《魅力西藏》	西藏自治区歌舞团
秦腔	《柳河湾的新娘》	西安秦腔剧院有限公司
陇剧	《苦乐村官》	甘肃省陇剧院
京剧	《藏羚羊》	青海省戏剧艺术剧院

浙江京剧团

舞剧	《花儿》	宁夏回族自治区歌舞团
歌舞诗	《阿嘎加依》	新疆阿勒泰地区歌舞团
豫剧	《天雪》	新疆生产建设兵团豫剧团
儿童剧	《西游记(第一部)》	中国儿童艺术剧院
话剧	《这是最后的斗争》	中国国家话剧院
话剧	《生命档案》	总政话剧团
舞剧	《铁道游击队》	总政歌舞团
湘剧	《李贞回乡》	湖南省湘剧院
楚剧	《大别山人》	湖北省地方戏曲艺术剧院
京剧	《红沙河》	北京军区战友文工团
方言话剧	《三峡人家》	重庆三峡歌舞剧团
京剧	《北风紧》	福建京剧院
越剧	《柳毅传书》	南京市越剧团

第六届中国京剧艺术节获奖名单

本届京剧艺术节共评出一等奖7名，二等奖8名，参演剧目奖12名，荣誉改编奖1名，特别荣誉奖1名和组织工作奖1名，另有8台祝贺演出剧目被授予“演出纪念”。

一等奖

《建安轶事》	湖北省京剧院
《将军道》	沈阳京剧院
《无旨钦差》	天津市青年京剧团
《汉苏武》	中国国家京剧院
《香莲案》	天津京剧院
《水上灯》	武汉京剧院
《牛子厚》	吉林省京剧院

二等奖

《知音》　山西省京剧院 中国国家京剧院 山西省歌舞剧院交响乐团

《情殇钟楼》　上海京剧院

《宋家姐妹》　北京京剧院

《重瞳项羽》　济南市京剧院

《花蕊》　江苏省演艺集团京剧院

《魂系油气田》　成都市京剧团

《铁血鸿儒》　山东省京剧院

《大唐才女》　福建京剧院

参演剧目奖

《唐廷枢》　唐山市京剧团

《鱼玄机》　贵州京剧院

《罗成》　云南省京剧院

《哪吒》　浙江京剧团

《血沃芳草》　青海省戏剧艺术剧院

《张露萍》　重庆市京剧团有限责任公司

《大山里》　北京京评戏曲剧团

《风雨老腔》　陕西省京剧院有限公司

《广陵散》　湖南省京剧团

《天地人心》　安徽省徽京剧院

《赵一曼》　黑龙江省京剧院

《丫头医生》　乌鲁木齐市京剧团

荣誉改编奖

京剧《刘兰芝》改编：李瑞环

特别荣誉奖

翁国生

组织工作奖

湖北省文化厅

祝贺演出剧目

《汉剧经典折子戏专场》　湖北省地方戏曲艺术剧院

汉剧《王昭君》　武汉汉剧院

《京剧经典折子戏专场》　美国齐淑芳京剧团

《徽剧经典传统折子戏专场》安徽省徽京剧院

京剧《渭南之战》　台北新剧团

京剧音乐史诗《长征组歌》　中国戏曲学院实验剧团

京剧《刘兰芝》　天津市青年京剧团

婺剧《穆桂英》　浙江婺剧团

首届中国歌剧节获奖名单

一、综合奖

（一）优秀剧目奖

1. 天津歌舞剧院　《原野》
2. 北京润禾弘萱文化传媒有限公司　《原野》
3. 中国歌剧舞剧院　《红河谷》
4. 福建省歌舞剧院　《土楼》
5. 北京大学歌剧研究院　《青春之歌》

（二）剧目奖

1. 甘肃省歌剧院　《花儿与少年》
2. 四川艺术职业学院　《娥加美》
3. 厦门工学院郑小瑛歌剧艺术中心　《紫藤花》
4. 辽宁歌剧院　《远方的胡杨》

（三）优秀演出奖

1. 中央歌剧院　《汤豪塞》
2. 湖北省歌剧舞剧院　《洪湖赤卫队》

（四）演出奖

1. 山西晋城职业技术学院　《小二黑结婚》
2. 中央音乐学院歌剧中心　《叶甫盖尼·奥涅金》
3. 厦门工学院郑小瑛歌剧艺术中心　《茶花女》

二、单项奖

（一）优秀编剧奖

1. 万　方　天津歌舞剧院《原野》
2. 吴苏宁　福建省歌舞剧院《土楼》
3. 马少青　胡豫川 李天圣 马自祥 牟瑜 甘肃省歌剧院《花儿与少年》

（二）优秀音乐创作奖

1. 金　湘　天津歌舞剧院《原野》
2. 孟卫东　中国歌剧舞剧院《红河谷》
3. 施光南　厦门工学院郑小瑛歌剧艺术中心《紫藤花》
4. 唐建平　北京大学歌剧研究院　《青春之歌》
5. 林戈尔　四川艺术职业学院《娥加美》
6. 莫　凡　福建省歌舞剧院《土楼》

（三）优秀导演奖

1. 李稻川　天津歌舞剧院《原野》
2. 韩剑英　山西晋城职业技术学院《小二黑结婚》
3. 王湖泉　中央歌剧院《汤豪塞》

4. 陈　蔚　中国歌剧舞剧院《红河谷》

5. 刘喜廷　辽宁歌剧院《远方的胡杨》

（四）优秀指挥奖

1. 俞　峰　中央歌剧院《汤豪塞》

2. 姜金一　中国歌剧舞剧院《红河谷》

3. 林　涛　中央音乐学院歌剧中心《叶甫盖尼·奥涅金》

4. 彭家鹏　董俊杰　天津歌舞剧院《原野》

（五）优秀舞台美术奖

1. 中央歌剧院《汤豪塞》

舞美设计：马连庆

灯光设计：周正平

服装设计：张孔文 王钰宽

2. 福建省歌舞剧院《土楼》

舞美设计：张庆山

灯光设计：宋史强 张啸

3. 北京大学歌剧研究院《青春之歌》

舞美设计：刘杏林

灯光设计：胡耀辉

（六）优秀表演奖

1. 殷秀梅　中国歌剧舞剧院《红河谷》丹珠的扮演者

2. 理查德·伯克利·斯蒂尔　中央歌剧院《汤豪塞》汤豪塞的扮演者

3. 王　威　中央歌剧院《汤豪塞》伊丽莎白的扮演者

4. 魏　松　中国歌剧舞剧院《红河谷》格桑的扮演者

5. 孙　砾　福建省歌舞剧院《土楼》阿勇的扮演者

6. 刘丹丽　湖北省歌剧舞剧院《洪湖赤卫队》韩英的扮演者

7. 莫华伦　福建省歌舞剧院《土楼》阿水的扮演者

8. 阮余群　厦门工学院郑小瑛歌剧艺术中心《茶花女》茶花女的扮演者

9. 柯绿娃　中央音乐学院歌剧中心《奥涅金》塔吉亚娜的扮演者

10. 谢　天　中央音乐学院歌剧中心《奥涅金》连斯基的扮演者

11. 王泽南　北京大学歌剧研究院《青春之歌》卢嘉川的扮演者

12. 王庆爽　福建省歌舞剧院《土楼》云花的扮演者

13. 李　瑛　天津歌舞剧院《原野》金子的扮演者

14. 王小桃　山西晋城职业技术学院《小二黑结婚》小芹的扮演者

15. 宋阿依姆　四川艺术职业学院《娥加美》娥加美的扮演者

16. 韦　铮　辽宁歌剧院《远方的胡杨》阿拉木汗的扮演者

17. 冯春霞　北京润禾弘萱文化传媒有限公司《原野》焦母的扮演者

18. 刘璐萱　北京润禾弘萱文化传媒有限公司《原野》金子的扮演者

19. 王海涛　中央歌剧院《汤豪塞》沃尔夫拉姆的扮演者

20. 刘　珊　福建省歌舞剧院《土楼》阿婆的扮演者

21. 毋　攀　中国歌剧舞剧院《红河谷》琼斯的扮演者

22. 车　英　辽宁歌剧院《远方的胡杨》金光的扮演者

（七）表演奖

1. 卢向荣　湖北省歌剧舞剧院《洪湖赤卫队》彭霸天的扮演者

2. 秦德松　湖北省歌剧舞剧院《洪湖赤卫队》刘闯的扮演者

3. 常雅琼　甘肃省歌剧院《花儿与少年》梅朵的扮演者

4. 王虎鸣　天津歌舞剧院《原野》仇虎的扮演者

5. 周　楠　北京润禾弘萱文化传媒有限公司《原野》仇虎的扮演者

6. 冯国栋　中央音乐学院歌剧中心《奥涅金》奥涅金的扮演者

7. 刘　扬　北京润禾弘萱文化传媒有限公司《原野》常五爷的扮演者

8. 杨鹏宏　甘肃省歌剧院《花儿与少年》赛尔德的扮演者

9. 孙中伟　甘肃省歌剧院《花儿与少年》嘎虎的扮演者

10. 金郑建　北京大学歌剧研究院《青春之歌》余永泽的扮演者

11. 车斗印　山西晋城职业技术学院《小二黑结

婚》小二黑的扮演者

12. 宋　璐　北京大学歌剧研究院《青春之歌》林道静的扮演者

13. 韩　震　辽宁歌剧院《远方的胡杨》中达吾提的扮演者

14. 郭延平　山西晋城职业技术学院《小二黑结婚》中三仙姑的扮演者

三、首届中国歌剧节特别荣誉奖

（一）《小二黑结婚》编剧：田川、杨兰春，作曲：马可、乔谷、贺飞、张佩衡

（二）《洪湖赤卫队》编剧：张敬安、杨会昭、欧阳谦叔、朱本和、梅少山、潘春阶，

（三）作曲：张敬安、欧阳谦叔

四、首届中国歌剧节特别奖

（一）厦门工学院郑小瑛歌剧艺术中心　郑小瑛

（二）中央音乐学院　郭淑珍

五、首届中国歌剧节贡献奖

紫金矿业集团股份有限公司

六、首届中国歌剧节组织工作奖

福建省文化厅

第九届全国舞蹈比赛获奖名单

单双三组

创作二等奖、表演一等奖：

独舞《永不消失的电波》

编导：谷亮亮、唐黎维、邱辉

表演者：覃江巍　选送单位：总政歌舞团

创作二等奖、表演二等奖：

三人舞《5200米高度的记忆》

编导：谭广鹏　表演者：赵帅、李子燕、齐贯忠

选送单位：中国铁路文工团

创作一等奖：空缺

创作二等奖：

作品名称	编导	选送单位
双人舞《刑场上的婚礼》	易杰、纪家萱	第二炮兵政治部文工团
双人舞《绝唱》	李莹	苏州文化艺术中心芭蕾舞团
独舞《高原雨》	央金卓玛·李丽	中国东方演艺集团有限公司
双人舞《梦花儿》	刘庄、秦威、范文杰	北方民族大学音乐舞蹈学院

创作三等奖：

作品名称	编导	选送单位
三人舞《苗家姐弟情》	池鹏、韦曼、雷晗	中央民族大学舞蹈学院
三人舞《泥人魂》	丁维东、夏青	陕西省歌舞剧院
独舞《风雪行人》	马家钦、王亮	南京艺术学院
双人舞《连就连》	施芳国	广西歌舞剧院
独舞《琴声思鹤》	李鑫、黄伟	北京歌舞剧院

创作优秀奖：

作品名称	编导	选送单位
双人舞《青·恋》	林姝敏、邹洋	福州市歌舞剧院
双人舞《乳汁救伤员》	傅小青、李维娜、王斐	山东歌舞剧院、山东青年政治学院
双人舞《归途》	许淋淋、邹艳	河南歌舞演艺集团
双人舞《一路上有你》	陈海丽、董勇	武汉市艺术学校

表演一等奖：

作品名称	表演者	选送单位
独舞《吉祥树》	赵松	北京军区政治部战友文工团

表演二等奖：

作品名称	表演者	选送单位
独舞《在水一方》	古宛玉	上海戏剧学院舞蹈学院
双人舞《梵境》	王聪、吴莎	中国歌剧舞剧院
独舞《思远》	李宇	空政文工团

表演三等奖：

作品名称	表演者	选送单位
独舞《我俩》	邓梁迎	广西歌舞剧院
独舞《贝叶情》（原《吉祥树》）	王克	北京舞蹈家协会
独舞《口弦声声》	林丹	宁夏艺术学校
三人舞《月狐吟》	杜惠娟、吕丹、毅力莎	内蒙古民族歌舞剧院
独舞《渴望》	关吉娜	空政文工团
独舞《古简兵法》（原《孙子兵法》）	龚延	北京军区政治部战友文工团
独舞《垄上踏歌行》	裴凯	扬州前进舞蹈演艺公司
独舞《天问》	何敏婷	澳门演艺学院青年舞蹈团
独舞《阿依汗》	地拉热·多里孔	中央民族大学舞蹈学院
独舞《飘洋》	朱晗	北京歌舞剧院
三人舞《源》	孙根、边疆、徐琦	中国东方演艺集团有限公司
三人舞《崴灯》	李娟宇、罗晓刚、白航高	玉溪市红塔区文工团
双人舞《佛印》	李莉、索晶星	甘肃歌舞剧院

表演优秀奖：

作品名称	表演者	选送单位
独舞《济公》	李石磊	台湾飞扬民族舞蹈团
独舞《怀念》	赛博渊	中央民族大学舞蹈学院
独舞《苍雁》	特木尔	内蒙古民族歌舞剧院

续表

作品名称	表演者	选送单位
独舞《丧弄》	朱政	湖北省民族歌舞团
独舞《迷醉·声》	黄德俊	杭州师范大学音乐学院
三人舞《心中的花儿纳吉》	吴蝶、贺文、杨心怡	四川大学艺术学院
独舞《我的经幡》	田羊取中	深圳市盐田区文化馆 深圳市德玉轩文化传媒有限公司
独舞《乡土》	黄德双	陕西省志丹县歌舞剧团
独舞《梦·海峡》	高雯倩	福建省歌舞剧院
三人舞《傣·源》	于曼曼、杨潇潇、张雨丹	北京歌舞剧院
独舞《赵一曼》	回冬颖	黑龙江省歌舞剧院

单双三组评委会特别奖：

独舞《寂静的天空》表演者：刘福洋

群舞组

创作、表演一等奖：

《兵车行》（原《决胜时刻》）

编导：孙育鹏、刘辉、谷亮亮　　选送单位：总政歌舞团

创作一等奖：

作品名称	编导	选送单位
《凤悲鸣》	王舸、李崇敏	四川省成都市文化艺术学校

创作二等奖：

作品名称	编导	选送单位
《大山支教》	卫艳蕾、文胜	太原师范学院
《重生》（原《手·重生》）	何川	四川省乐山市歌舞剧院
《夏日里的滴滴调》	王佳敏、何军	云南省红河哈尼族彝族自治州歌舞团
《飞快舞步》	丹增贡布、索朗群培	西藏自治区歌舞团
《踩点点》	张天才、马柯湘、刘铁英	昌吉回族自治州民族歌舞剧团

创作三等奖：

作品名称	编导	选送单位
《你是一首歌》	李楠	四川音乐学院
《版画谣》	赵栩可、史曼、张小刚	河南歌舞演艺集团
《苗染》	白金峰、杨艺、陈芬、范莹	海南大学
《成人礼·上刀山》（原《上刀山》）	温国鸣、温海夫	广西歌舞剧院

创作优秀奖：

作品名称	编导	选送单位
《川江》	高兴	重庆市歌舞团
《水之秘语》	冯雅丽、金晖、魏刚	宁夏大学音乐学院
《伊人如画》	阮春华、朱伟刚、汪彭	马鞍山市艺术剧院有限公司

表演一等奖：

作品名称	选送单位
《南京．亮》	东北师范大学音乐学院
《女儿飞》（原《空天之翼》）	空政文工团
《金色汤瓶》	宁夏歌舞剧院

表演二等奖：

作品名称	选送单位
《春到百合开》	四川艺术职业学院
《荔枝红了》	福建省歌舞剧院
《花儿漫漫》	宁夏艺术学校
《青花叠翠》	江西省歌舞剧院
《饭罐罐》	山西省歌舞剧院
《五指莲花兰》	南京艺术学院
《筏子汉》	银川艺术剧院
《星月璀璨》	北方民族大学音乐舞蹈学院
《兰亭随想》	浙江歌舞剧院
《锦鸡炫美》	中央民族大学舞蹈学院
《夕阳乐舞人》	新疆生产建设兵团歌舞剧团
《陕北汉子》	陕西省志丹县歌舞剧团
《莲湘兄弟》原《老人・莲湘・梦》	武汉歌舞剧院

表演三等奖：

作品名称	选送单位
《盅・碗・筷》	内蒙古民族歌舞剧院
《珞惹・月》	西南民族大学
《串铃声声》	宁夏石嘴山市文化艺术团
《竹蜻蜓》	深圳市宝安区龙华街道文化体育中心
《水月观音》	甘肃省歌舞剧院
《脚步》	青海省海北藏族自治州民族歌舞团

表演优秀奖：

作品名称	选送单位
《四勇赞》	内蒙古自治区直属乌兰牧骑艺术团
《春江花月夜》	天津歌舞剧院
《士兵突击》（原《托起生命》）	四川大学艺术学院
《聆墨》	南京艺术学院
《吟诗抒怀》	武警宁夏总队政治部文工团
《扇花儿飞》	宁夏歌舞剧院
《永远的笑容》（原《最后的笑容》）	福建师范大学音乐学院
《扇趣》	青岛市歌舞剧院
《担子粉娘》	湖南人文科技学院、湖南省舞蹈家协会

《囍》	重庆艺术学校
《伎乐》	甘肃省歌舞剧院

群舞组评委会特别奖：

作品名称	选送单位
《霓裳韻》	澳门演艺学院青年舞蹈团
《朋友》	澳门演艺学院青年舞蹈团

组委会特别奖：

作品名称	选送单位
《那一年》	香港儿童舞蹈团
《酒·乡·情》	台湾金门县立舞蹈协会

二、2011年度“国家文化科技提升计划”项目立项名单

序号	项目名称	申报单位	项目研制单位	补助经费（万元）
1	城市公共文化移动服务集成平台建设研究	上海市文化广播影视管理局	上海图书馆上海科学技术情报研究所 上海市群众艺术馆	50
2	全国少年儿童阅读推广服务平台	国家图书馆	国家图书馆 湖南省少年儿童图书馆	80
3	国家非物质文化遗产保护与传承技术体系的构建	湖北省文化厅	华中师范大学 武汉数字媒体工程技术有限公司	80
4	近现代文献脱酸关键技术集成研究与示范	江苏省文化厅	南京博物院 南京工业大学材料科学与工程学院 南京图书馆 南京澳润微波科技有限公司	100
5	中国传统绘画材料关键技术研究与应用	中国艺术科技研究所	中国艺术科技研究所 北京齐大森国画材料有限公司	40
6	国家文化宏观决策支持系统研究及应用	文化部政策法规司	文化部政策法规司 中国艺术科技研究所 北京中数创新技术有限公司 中国传媒大学信息工程学院	45
7	分布式的中国文化对外公共文化传播与服务平台的研究及示范	中外文化交流中心	中外文化交流中心 中国传媒大学信息工程学院 无锡吧视网络技术有限公司	50
8	基于文艺演出院线业态的服务协同共性技术研发与应用示范	中国对外文化集团公司	中国对外文化集团公司	50
		江苏省文化厅	江苏省演艺集团有限公司 东方宇阳信息科技（北京）有限公司	50
9	三维（3D）影像数据处理前沿技术应用研究	辽宁省文化厅	沈阳四维数码科技有限公司	40

续表

序号	项目名称	申报单位	项目研制单位	补助经费（万元）
10	快速创意可视化工具与体感技术集成研究及示范	文化部文化市场司	北京邮电大学 北京递归科技有限公司 北京文睿创想信息咨询中心	80
11	基于绿色光源的舞台功能灯具研究与示范应用	中国艺术研究院	中国艺术研究院 北京星光影视设备科技股份有限公司	50
12	中国古代青铜器铸造工艺及展示研究	中国国家博物馆	中国国家博物馆 北京大学 北京以诺视景数字艺术有限公司	80
总经费额		795万元		

三、2011年度国家文化创新工程项目立项名单

序号	项目名称	申报单位	承担单位	共建部门	项目类型	建议拨付经费
1	吴江市戏曲文化生态保护区建设	江苏省文化厅	吴江市委宣传部、吴江市文广新局、江苏省戏剧学校	吴江市人民政府	重点项目	30
2	古代龙泉青瓷呈色机制研究及在现代日用瓷中的推广运用	浙江省文化厅	浙江省龙泉市文化广电新闻出版局，龙泉市夏侯文青瓷厂	浙江省龙泉市人民政府	重点项目	30
3	中国汉族代表性民间歌舞——安徽花鼓灯文化生态保护工程	安徽省文化厅	蚌埠市文广新局	蚌埠市人民政府	重点项目	30
4	合肥推进文化与科技融合创新项目	安徽省文化厅	合肥市发改委、文广新局、科技局	合肥市人民政府	重点项目	30
5	“中国白”大型瓷雕艺术品工艺革新	福建省文化厅	福建省德化县凤凰陶瓷雕塑研究所	福建省德化县人民政府	重点项目	30
6	科学与艺术创新 提升陶瓷产品文化创意价值的研究	江西省文化厅	景德镇陶瓷学院	景德镇市人民政府	重点项目	30
7	水晶骨瓷工艺文化创新	山东省文化厅	淄博泰山瓷业有限公司	淄博市人民政府	重点项目	30
8	穿越时空的西安文化之旅	陕西省文化厅	西安曲江奇境网络科技有限公司	陕西西安曲江管理委员会	重点项目	30
9	中国世界文化和自然遗产历史文献研究与推广	中国艺术研究院	中国范仲淹研究会		一般项目	
10	基于数字三维城市的可视化文化社区平台开发与应用	上海市文化广播影视管理局	上海如临其境科技创意有限公司		一般项目	20
11	动漫衍生产品产业化平台	江苏省文化厅	无锡亿唐动画设计有限公司、无锡市动画产业基地建设领导小组办公室		一般项目	20
12	中国古典文化科技演绎与展示——大型全景式4D球幕系统《大闹天宫》	广东省文化厅	深圳华强文化科技集团有限公司		一般项目	20

四、2011年度“文化部科技创新项目”立项名单

序号	类别	项目名称	承担单位	申报部门	项目负责人	文化部补助(万元)
1	公共文化服务	基层多功能流动文化服务站的开发与应用	赣州市文化和广播电影电视局	江西省文化厅	钟家伟	5
2		公共文化服务体系建设中社区居民公共文化消费模式研究——以上海市为例	上海对外贸易学院	上海市文化广播影视管理局	左　鹏	0
3		数字图书馆云平台建设及其在公益性数字文化建设中的应用研究	国家图书馆信息网络部	国家图书馆	李志尧	5
4		古籍纸张近红外光谱无损检测系统研究	国家图书馆古籍馆	国家图书馆	李际宁	5
5		缩微文献长期保存保护研究	国家图书馆缩微文献部	国家图书馆	李　健	5
6		少数民族语言数字资源建设与检索平台	新疆维吾尔自治区图书馆、广州图创计算机软件开发有限公司	新疆维吾尔自治区文化厅	王曙光	5
7		玉树地震灾区藏文文献遗产整理保护研究	西南民族大学	四川省文化厅	夏吾李加	5
8	文化市场与文化产业	中国艺术品市场征信体系及其建设研究	中国艺术品市场研究院	湖南省文化厅	西　沐	5
9		基于微机械传感器的人体动作信息捕捉技术开发及系统研制	兰州交通大学艺术设计学院	甘肃省文化厅	王永生	2
10		假唱综合识别技术体系的研究	中国传媒大学信息工程学院	中国艺术科技研究所	田　沛	5
11		创意产业知识管理系统及其应用研究	中国美术学院设计艺术学院	中国美术学院	刘　征	5
12		多媒体非接触互动展示技术在文化展览场馆中的研究与应用	安徽省科普产品工程研究中心	安徽省文化厅	周俊青	0
13		传统艺术元素在文化产业园中的应用效果研究	合肥工业大学	安徽省文化厅	李　早	5
14		多媒体人体信息自动播放的互动视听影像装置系统研究	华东师范大学传播学院	上海市文化广播影视管理局	刘秀梅	0
15		开发引擎和软件平台Web-Game统一开发运营平台	完美世界（北京）网络技术有限公司	北京市文化局	易　伟	0
16		中国文化播火工程	精伦电子股份有限公司	中外文化交流中心	涂　刚	0
17		“中国形象”的海外生成——近20年国际艺术大展分析研究报告	中央美术学院	中央美术学院	宋晓霞	5

续表

序号	类别	项目名称	承担单位	申报部门	项目负责人	文化部补助(万元)
18	文化遗产保护	实验性数字博物馆信息服务协同关键技术研究与应用	中国美术学院上海设计学院、江苏无锡博物院、上海新领地创意设计有限公司	上海市文化广播影视管理局	段卫斌	5
19	文化遗产保护	唐卡的数字化保护及图像信息资源库建设	西北民族大学	甘肃省文化厅	王维兰	5
20	文化遗产保护	运用现代科技手段研究唐琴斫制工艺	浙江省博物馆工艺部	浙江省文化厅	范珮玲	5
21	文化遗产保护	湖北国家地理标志特产的非物质文化遗产地理信息系统	咸宁学院	湖北省文化厅	孙志国	0
22	文化遗产保护	齐国服饰在现代纺织服装领域的传承及应用研究	山东理工大学	山东省文化厅	王　婧	5
23	文化遗产保护	新农村建设中非物质文化遗产的传承与保护	山东建筑大学	山东省文化厅	姜　波	5
24	文化遗产保护	陶胎漆器工艺研究	山东轻工业学院	山东省文化厅	于　泳	0
25	文化遗产保护	维吾尔族模制法土陶烧造技艺	新疆大漠土艺馆	新疆维吾尔自治区文化厅	张文阁	5
26	演艺科技	数字化舞台技术研究	中央歌剧院、北京理工大学软件学院	中央歌剧院	俞　峰	5
27	演艺科技	交互式多媒体电子音乐光敏控制装置	中央音乐学院中国现代电子音乐中心	中央音乐学院	张小夫	5
28	演艺科技	传统古丝弦原材料处理及制作工艺研究	吉林省文化科技研究所	吉林省文化厅	罗成金	5
29	演艺科技	击弦式古钢琴研发	中央音乐学院	中央音乐学院	赵东升	5
30	演艺科技	低音胡琴和倍低音胡琴	北京市京港雪平提琴厂	中央民族乐团	席　强 胡雪平	5

五、2011年度国家社科基金艺术学项目立项名单

立项批准号	项目名称	立项类别	项目负责人	项目负责人所在单位
11AB001	清代戏曲音乐史	国家重点	路应昆	中国传媒大学
11AD002	澜沧江—湄公河流域跨界民族音乐文化实录	国家重点	赵塔里木	中国音乐学院
11AD003	中国传统音乐宫调理论研究	国家重点	陈应时	上海音乐学院
11AF004	当代城市公共艺术规划研究	国家重点	罗　丽	中国艺术研究院
11AF005	摄影艺术研究：新中国摄影发展史	国家重点	杨小彦	中山大学
11AH006	设计艺术中的材料色彩表面装饰(CMF)知识体系和数据库框架研究	国家重点	左恒峰	清华大学
11AH007	中国古代设计艺术思想研究	国家重点	董占军	山东工艺美术学院

续表

立项批准号	项目名称	立项类别	项目负责人	项目负责人所在单位
11AG008	艺术品交易方式及制度设计研究	国家重点	杨胜刚	湖南大学
11BA009	视觉性与视觉文化：理论、实践与批评	国家一般	吴　琼	中国人民大学
11BA010	现代性视域中的西方艺术思潮	国家一般	李世涛	中国艺术研究院
11BA011	新时期以来中国艺术家艺术观念谱系性研究	国家一般	王文革	北方工业大学
11BA012	畲族民间艺术研究	国家一般	邱国珍	温州大学
11BA013	当代娱乐文化发展与喜剧美学的建构	国家一般	杨厚均	湖南理工学院
11BA014	楚文化与现当代文艺创作渊源初探	国家一般	胡应明	湖北省艺术研究所
11BB015	中国话剧现状考察与研究	国家一般	刘彦君	中国艺术研究院
11BB016	温州戏曲瓦当与南戏	国家一般	林成行	温州大学
11BB017	中国采茶戏的本体研究与族群分析	国家一般	朱飞跃	文化部民族民间文艺发展中心
11BB018	《六十种曲》研究	国家一般	马　衍	徐州工程学院
11BB019	当代美国、英国、俄罗斯戏剧导演技法研究	国家一般	卢　昂	上海戏剧学院
11BB020	粤剧神功戏与岭南民间信仰	国家一般	毛小雨	中国艺术研究院
11BB021	浙江省戏曲传承人口述史及数字档案创建	国家一般	王　挺	浙江传媒学院
11BB022	京剧通论	国家一般	傅　谨	中国戏曲学院
11BC023	当代中国电影明星研究	国家一般	陈晓云	北京电影学院
11BC024	新形势下中国影视文化发展创新研究	国家一般	胡智锋	中国传媒大学
11BC025	全球化·产业化·类型化　——中国类型电影：历史、现状及其发展战略	国家一般	饶曙光	中国电影艺术研究中心
11BC026	好莱坞电影的中国形象研究	国家一般	吴卫华	三峡大学
11BC027	新媒体语境中的电影美学核心版图建构——互动叙事、虚拟现实与电影发展新模式研究	国家一般	黄　琳	重庆大学
11BC028	中国电影影像表达的跨文化传播	国家一般	陈晓伟	郑州大学
11BC029	国家形象与中国经验：文化学视野下的新时期英模题材电影研究	国家一般	何祖健	湖南大学
11BC030	亚洲新电影之现代性研究	国家一般	周安华	南京大学
11BD031	音乐文本编辑理论与实践	国家一般	陈荃有	中央音乐学院
11BD032	中国古代乐律学与哲学	国家一般	黄大同	浙江省文化艺术研究院
11BD033	音乐互文性研究	国家一般	黄汉华	华南师范大学
11BD034	东方音乐类型的文化研究	国家一般	管建华	南京艺术学院
11BD035	中国道教音乐发展史	国家一般	蒲亨强	西南大学
11BD036	民间信仰的多元性与民间音乐的多重结构——以湘中礼俗仪式音乐为例	国家一般	齐　琨	中国艺术研究院

续表

立项批准号	项目名称	立项类别	项目负责人	项目负责人所在单位
11BD037	海南岛黎族传统音乐形态研究	国家一般	曹　量	海南大学
11BD038	文化人类学视野下的中亚音乐研究	国家一般	张　欢	新疆师范大学
11BD039	中国传统音乐结构研究	国家一般	王　州	福建师范大学
11BD040	河南古代音乐史	国家一般	孙　敏	黄河科技学院
11BD041	中古良贱乐人社会身份的形成与中古伎乐的转型	国家一般	夏滟洲	西安音乐学院
11BD042	安徽本土音乐文化传承与发展研究	国家一般	李　城	安徽师范大学
11BE043	中国当代舞蹈口述史研究	国家一般	刘青弋	中国艺术研究院
11BE044	舞蹈人体科学理论与实践研究	国家一般	温　柔	北京舞蹈学院
11BE045	江西赣南采茶舞蹈保护与实践研究	国家一般	郭　磊	北京舞蹈学院
11BF046	美国当代艺术研究	国家一般	王瑞芸	中国艺术研究院
11BF047	中国书法与中国文学	国家一般	刘守安	首都师范大学
11BF048	中国城市公共文化空间雕塑研究	国家一般	李秀勤	中国美术学院
11BF049	民国时期的美术社团研究	国家一般	李伟铭	广州美术学院
11BF050	中国艺术品拍卖市场管理模式的优化研究	国家一般	顾　颖	南京艺术学院
11BF051	美术史视野下中国古代建筑的初步研究	国家一般	郑　岩	中央美术学院
11BF052	西域佛教艺术史	国家一般	古丽比亚	中国艺术研究院
11BF053	冷战时期的东西德美术	国家一般	李黎阳	中国艺术研究院
11BF054	数字化技术在版画创作中的应用	国家一般	辜居一	中国美术学院
11BF055	长江流域美术专题资料库建设研究	国家一般	卢　斌	湖北美术学院
11BF056	中国色彩应用体系研究	国家一般	牛克诚	中国艺术研究院
11BF057	新中国历届全国美展研究	国家一般	唐家路	山东工艺美术学院
11BF058	宋元楼阁界画艺术研究	国家一般	马　晓	南京大学
11BH059	改革开放以来的中国设计艺术与理论研究	国家一般	曹小鸥	中国艺术研究院
11BH060	艺术设计中色彩数字化基础与系统应用研究	国家一般	宋建明	中国美术学院
11BH061	现代设计批评研究	国家一般	李超德	苏州大学
11BH062	中国民间艺术符号在地域性文化景观中的应用研究	国家一般	陈华新	山东建筑大学
11BH063	汉唐工艺美术史料库	国家一般	尚　刚	清华大学
11BH064	可持续设计与文化创意产业发展的关系研究	国家一般	刘　新	清华大学
11BH065	“新农村、新时尚、新设计”理论与实践研究	国家一般	王雪青	中国美术学院
11BH066	中国民族艺术设计研究	国家一般	苗延荣	天津理工大学
11BH067	六朝设计史	国家一般	李立新	南京艺术学院
11BH068	手工艺活态保护研究——以浙江传统雕刻技艺为例	国家一般	郭　艺	浙江省非物质文化遗产保护中心

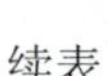

续表

立项批准号	项目名称	立项类别	项目负责人	项目负责人所在单位
11BG069	文化与科技融合背景下新型文化业态复合型人才的需求与培养	国家一般	许一新	中国传媒大学
11BG070	文化产业公共服务平台建设标准与服务规范	国家一般	牛维麟	中国人民大学
11BG071	国家艺术节管理运营模式创新研究——以第10届中国艺术节为例	国家一般	亢清泉	山东省文化厅
11BG072	国有表演艺术院团改革及其国际化发展战略研究	国家一般	李嘉珊	北京第二外国语学院
11BG073	现代社会转型期天津皇会的研究	国家一般	向云驹	天津大学
11BG074	中国动漫产业发展模式研究	国家一般	马　宁	江苏省文化厅
11BG075	新时期乡民艺术发展与公共社会建设	国家一般	张士闪	山东大学
11BG076	山西戏曲传承与人才培养战略研究	国家一般	李　岗	山西省戏剧研究所
11BG077	黑龙江流域传统艺术文化资源开发与利用研究	国家一般	郁正民	哈尔滨师范大学
11BG078	信息环境下非物质文化遗产保护策略研究	国家一般	王晓芬	石家庄铁道大学
11BG079	推进文化与科技融合的政策与措施研究	国家一般	黄昌勇	上海戏剧学院
11CA080	当代艺术哲学中的认知主义理论	国家青年	黎　萌	西南大学
11CB081	维吾尔民俗戏剧文化研究	国家青年	韩芸霞	新疆艺术学院
11CB082	福建民间戏曲抄本研究	国家青年	付华顺	福建省艺术研究院
11CB083	清蒙古车王府藏弹词研究	国家青年	丁春华	中山大学
11CB084	中国戏曲文化中的“禁忌”现象研究	国家青年	张勇风	山西师范大学
11CB085	吕剧的盛衰与当代勃兴	国家青年	李沈阳	滨州学院
11CB086	昆剧表演艺术的角色传承	国家青年	赵天为	东南大学
11CB087	美国当代戏剧艺术哲学研究	国家青年	张生珍	曲阜师范大学
11CB088	非物质文化遗产保护视角下的秀山花灯研究	国家青年	刘　壮	重庆文理学院
11CC089	电影产业链问题研究	国家青年	刘　藩	中国艺术研究院
11CC090	联华公司及其电影创作研究	国家青年	员晓明	中国艺术研究院
11CC091	中国当代电影的历史叙事研究	国家青年	储双月	中国艺术研究院
11CC092	经典电视剧主创者“口述历史”及理论溯源	国家青年	张金尧	中国传媒大学
11CC093	中国电影海报史	国家青年	陈清洋	中国电影艺术研究中心
11CC094	电影机制研究	国家青年	杨弋枢	南京大学
11CC095	现代空间理论视野下的中国武侠电视剧研究	国家青年	吴　匀	徐州师范大学
11CC096	新时期电视剧批评价值取向与当代中国社会文化思潮	国家青年	敖　柏	东北师范大学
11CC097	从商业浸染到文化越界——好莱坞大片与中国式大片的比较研究	国家青年	刘　帆	西南大学

续表

立项批准号	项目名称	立项类别	项目负责人	项目负责人所在单位
11CC098	中国电视剧创作方法的批评维度	国家青年	熊国荣	赣南师范学院
11CD099	社会转型与蒙古族音乐生活的变迁	国家青年	杨玉成	内蒙古大学
11CD100	现代琴学视域下的古琴文化发展机制研究	国家青年	胡　斌	洛阳师范学院
11CD101	中国传统音乐曲牌索引及其统计研究	国家青年	程晖晖	菏泽学院
11CD102	二十世纪中国琵琶音乐研究	国家青年	吴慧娟	福州大学
11CD103	跷碛藏族多声部音乐文化研究	国家青年	姜　霞	四川师范大学
11CE104	土家族毛古斯舞的调查与研究	国家青年	金　娟	中国艺术研究院
11CF105	中外美术展览的发展研究	国家青年	张　乔	中国美术学院
11CF106	天津民间美术发展现状的调查与研究	国家青年	孙志虹	天津财经大学
11CF107	敦煌书法研究	国家青年	翁　利	南京师范大学
11CF108	清代绘画与金石学关系研究：以“道咸画学中兴”说为中心	国家青年	李　明	西南民族大学
11CF109	中国全景画发展现状研究	国家青年	付巍巍	鲁迅美术学院
11CF110	王维画史研究	国家青年	杨　娜	南京艺术学院
11CF111	回族阿拉伯文书法研究	国家青年	王婧婧	北方民族大学
11CH112	首饰工艺文化研究	国家青年	潘　妙	清华大学
11CH113	四川夹江手工造纸技艺可持续发展研究	国家青年	谢亚平	四川美术学院
11CH114	基于天然材料的包装设计方法研究	国家青年	彭建祥	山东工艺美术学院
11CH115	当代汉字艺术造型理念与构形研究	国家青年	刘　钊	中央美术学院
11CH116	文化空间的数字化公共艺术交互设计研究	国家青年	王　峰	江南大学
11CH117	文化战略中的数字博物馆建设与艺术设计应用研究	国家青年	吴立行	南开大学
11CH118	新疆维吾尔族传统民居聚落建筑艺术研究	国家青年	王　磊	新疆师范大学
11CG119	中国当代舞台艺术与国家形象塑造	国家青年	唐　凌	中国艺术研究院
11CG120	手机媒体对社会文化生活的影响研究	国家青年	孙慧英	厦门大学
11CG121	非物质文化遗产的属地保护与文化迁移研究——以重庆为例	国家青年	王天祥	重庆文理学院
11CG122	网络文化发展对藏族社会文化生活的影响研究	国家青年	王万宏	西南民族大学
11CG123	我国演艺产业发展与政策研究	国家青年	陈思宇	文化部
11CG124	维吾尔民间麦西来甫文化研究	国家青年	陈　怡	新疆师范大学
11CG125	非物质文化遗产档案——中华老字号·传统技艺研究	国家青年	孙冬宁	山东非物质文化遗产研究中心

续表

立项批准号	项目名称	立项类别	项目负责人	项目负责人所在单位
11CG126	贵州三都水族马尾绣艺术非物质文化遗产保护与开发研究	国家青年	张　超	贵州大学
11EA127	“气”的思想与中国艺术观念之关系研究	国家西部	崔树强	西南大学
11EB128	濒临消亡的重庆阳戏的抢救与保护	国家西部	胡天成	重庆市文化艺术研究院
11EB129	西北民间小戏与祭祀仪式研究———以甘肃、陕西民间小戏为主要研究对象	国家西部	王　萍	兰州城市学院
11EB130	花儿与花儿剧研究	国家西部	顾善忠	甘肃省文化艺术研究所
11EC131	中国西部少数民族题材电视剧的文化分析	国家西部	彭慧媛	云南省民族艺术研究院
11EC132	新疆电影史	国家西部	张　华	新疆大学
11ED133	西藏当代音乐作品与作曲家研究	国家西部	米玛洛桑	西藏大学
11ED134	二十世纪壮族音乐发展史研究	国家西部	高　敏	广西师范大学
11EE135	中国朝鲜族百年舞蹈文化传承与发展研究	国家西部	向开明	延边大学
11EE136	史诗《格萨尔》“口述”中的乐舞研究	国家西部	李措毛	青海师范大学
11EF137	内蒙古美术史	国家西部	乌力吉	内蒙古师范大学
11EH138	陕西重大景观规划设计与人文精神	国家西部	詹秦川	陕西科技大学
11EH139	宁夏伊斯兰教宗教建筑装饰艺术与佛教、道教遗迹的比较	国家西部	纳建宁	北方民族大学
11EG140	藏羌文化产业走廊项目集聚研究	国家西部	赵红川	四川省文化信息中心
11EG141	借鉴与创新：文化演出产业运营模式与发展机制研究——以重庆市为例	国家西部	张海燕	西南大学
11EG142	四川地震灾区“三基地一窗口”建设的独特实践与精神价值	国家西部	郑晓幸	四川省文化厅

六、2011年度文化部文化艺术科学研究项目立项名单

立项批准号	项目名称	项目负责人	项目负责人所在单位
11DA01	宁夏艺术史	孙纪文	宁夏大学
11DA02	马克思主义文艺理论中国化典型形态研究——以延安文艺为中心	吴　艳	江汉大学
11DB03	昆曲身段谱研究	赵晓红	上海大学
11DB04	历史语境变迁与舞台叙事重建：当代欧洲舞台上的莎士比亚	沈　林	中央戏剧学院
11DB05	四川谐剧的历史形成与发展研究	张志刚	四川省川剧艺术研究院

续表

立项 批准号	项目名称	项目 负 责人	项目负责人 、所在单位
11DB06	川剧老艺术家口述史（四川卷）	万 平	成都学院
11DB07	戏剧游戏训练理论与实践体系研究	刘 阳	上海戏剧学院
11DB08	现代话剧语言研究	陈 曦	中国艺术研究院
11DB09	文化生态视角下的天津曲艺研究	李飞飞	天津科技大学
11DD10	中国朝鲜族音乐体系研究	崔玉花	延边大学
11DD11	中国手风琴音乐文化研究	高 洁	首都师范大学
11DD12	新时期中国钢琴音乐创作研究（1978～2008）	孙 娟	河南理工大学
11DD13	原生态民歌的活态保护与资料库建设——以湖南桑植民歌为例	舒 达	湖南工业大学
11DD14	宗周雅乐与中国古代艺术精神	赵玉敏	吉林师范大学
11DD15	中国群众合唱艺术研究——抗战歌咏运动时期群众合唱研究	陆晓燕	扬州大学
11DD16	上党民俗礼仪细乐与村落社会关系研究	刘 彦	山西省音乐舞蹈曲艺研究所
11DD17	云南布朗族音乐文化变迁中的融合与涵化	冯薇薇	云南省民族艺术研究院
11DD18	网络音乐文化20年——数字音乐学的理论与实践	喻 辉	宁波大学
11DD19	中国畲族民歌演唱艺术及声音形态研究	洪 艳	丽水学院
11DD20	中华音乐文化在美国传播的现状调研及对策	姚亚平	中央音乐学院
11DD21	云南西南部傣族与周边民族区域音乐文化关系史志比较研究	杨民康	中央音乐学院
11DE22	中国古典舞袖舞文化建设研究	邵未秋	北京舞蹈学院
11DF23	罗汉图像发展史研究	段传峰	中国国家画院
11DF24	当代摄影艺术的数字化生存与文化传播研究	田欣欣	河南大学
11DH25	中外平面设计产业竞争力比较研究	祝 帅	中国艺术研究院
11DH26	基于数字化的岭南传统环境艺术设计元素及当代应用价值研究	江 滨	华南师范大学
11DH27	武汉民国建筑的现状调查及保护研究	傅 欣	武汉纺织大学
11DH28	青岛德式建筑艺术特色与设计研究	于广明	青岛理工大学
11DG29	二十世纪恭王府文化史研究	孙旭光	文化部恭王府管理中心
11DG30	“三网融合”背景下数字文化产业运营模式探析	李沪生	中国录音录像出版总社
11DG31	民营艺术表演团体现状调查与研究	孟晓雪	中央文化管理干部学院
11DG32	文化规划理论和实践的创新研究	吴承忠	对外经济贸易大学
11DG33	文化创意产业管理体制研究	范玉刚	中共中央党校
11DG34	民营艺术院团发展研究——以湖南民营艺术院团为个案	吴淑元	湖南工业大学
11DG35	文化产业风险管理与保险策略研究	陈秉正	清华大学
11DG36	文化产业信贷模式创新研究——基于演艺类企业的案例	宋 扬	中国工商银行公司业务一部

七、2010～2011年度全国文化市场综合执法优秀案卷及其制作单位名单

一等奖

序号	案卷名称	制作单位
1	上海公文教育软件有限公司储存、散发非法出版物案	上海市文化市场行政执法总队
2	河南省佛光文化传媒有限公司在举办营业性演出活动中变更演员未按规定重新报批案	河南省郑州市金水区文化旅游局
3	湖北省驰恒房地产开发有限责任公司破坏文保单位案	湖北省鄂州市文化体育局
4	汪锋通过信息网络擅自向公众提供他人作品案	浙江省杭州市文化广电新闻出版局
5	北京麒麟网信息科技有限公司以随机抽取等偶然方式，诱导网络游戏用户采取投入法定货币或网络游戏虚拟货币方式获取网络游戏产品和服务案	北京市文化市场行政执法总队
6	9cax(www.9cax.com）网站未经著作权人许可，复制、发行、表演、放映、广播汇编、通过信息网络向公众传播其作品案	江苏省苏州昆山市文化广电新闻出版局
7	天津宇动科技有限公司未经批准擅自从事经营性互联网文化活动案	天津市文化市场行政执法总队
8	南安市官侨心弦网吧接纳未成年人进入营业场所案	福建省南安市文化体育局
9	威海市大众报业印刷有限公司接受非出版单位的委托印刷出版物案	山东省威海市文化市场综合执法局
10	潼南县公路开发有限公司擅自在文物保护单位的保护范围内建设施工案	重庆市文化市场行政执法总队

二等奖

序号	案卷名称	制作单位
1	波克城市网络科技（上海）有限公司上网运营含赌博内容网络游戏，诱导用户获取网络游戏产品和服务，擅自从事互联网视听节目服务案	上海市文化市场行政执法总队
2	白沙牙叉乐天网吧接纳未成年人进入营业场所和未按规定核对、登记上网消费者的有效身份证件案	海南省白沙黎族自治县文化广电出版体育局
3	北京御轩堂传媒广告有限公司未经批准擅自从事出版物出版案	北京市文化市场行政执法总队
4	广州锦兴纺织漂染有限公司侵犯计算机软件著作权案	广东省广州市文化市场综合行政执法总队
5	青岛仁德妇产医院未经批准擅自从事出版物出版案	山东省青岛市城阳区文化市场行政执法局
6	上海中亚医院有限公司散发非法出版物案	上海市嘉定区文化市场行政执法大队
7	东光“8·1”逍遥网吧接纳未成年人进入营业场所案	河北省沧州市文化广电新闻出版局
8	大世界网络中心经营非网络游戏案	湖南省怀化市文化局
9	项城市情缘网络服务有限公司未按规定核对、登记上网消费者有效身份证件案	河南省项城市文化广电新闻出版局
10	宁波江东天汇网络服务有限公司未经著作权人许可复制、发行其作品案	浙江省宁波市文化广电新闻出版局
11	苏新军擅自设置卫星电视广播地面接收设施接收卫星传送的电视节目案	北京市石景山区文化委员会

续表

序号	案卷名称	制作单位
12	宁国市北闸游戏室内的电子游戏机中的游戏项目含有宣扬赌博内容案	安徽省宁国市文化广电新闻出版局
13	常州市武进人力资源市场擅自从事出版物的出版、发行业务案	江苏省常州市文化广电新闻出版局
14	信德通讯业务代办点在未向权利人支付报酬，未经权利人同意的情况下，通过信息网络向他人提供作品，获得经济利益案	吉林省通化市文化新闻出版和体育局
15	天津市和平区网福阁网吧未按规定核对登记上网消费者有效身份证件案	天津市文化市场行政执法总队
16	东莞市勤益印刷有限公司接受委托印刷境外包装装潢印刷品未按规定依法备案案	广东省东莞市文化广电新闻出版局
17	格林豪泰酒店私自在广播电视传输线路上接挂收视设备案	陕西省西安市广播电视局
18	重庆奇摩科技有限公司未经许可擅自从事经营性互联网文化活动案	重庆市文化市场行政执法总队
19	成都市易宽科技有限公司擅自从事网络游戏虚拟货币交易服务案	四川省成都市文化局
20	珙县学苑书屋发行非法出版物案	四川省珙县文化广播影视新闻出版局

三等奖

序号	案卷名称	制作单位
1	上海瑞裕宾馆擅自安装和使用卫星地面接收设施案	上海市卢湾区文化市场行政执法大队
2	海口龙华新时空网吧违规接纳未成年人及未按规定核对、登记上网消费者的有效身份证件案	海南省海口市龙华区文化体育和旅游发展局
3	温州市扬生电络板未经批准擅自在瓯海区区级文物保护单位分水城的保护范围内进行建设工程案	浙江省温州市文化广电新闻出版局
4	温岭广播电视台播出含禁止广告内容案	浙江省温岭市文化广电新闻出版局
5	北京千龙网都欢乐兰天上网服务有限公司接纳未成年人进入营业场所案	北京市文化市场行政执法总队
6	雪云音像制品公司经营未经国务院文化行政部门批准进口的音像制品案	天津市文化市场行政执法总队
7	福州市晋安区国一音乐在线自助KTV接纳未成年人进入营业场所案	福建省福州市文化新闻出版局
8	祥利游戏厅在营业期间在国家法定节假日外向未成年人提供电子游戏机案	黑龙江省鹤岗市文化广电新闻出版局
9	上海宇振因私出入境服务有限公司未取得《旅行社业务经营许可证》从事旅游业务案	上海市文化市场行政执法总队
10	河南羲和网络科技有限公司未经批准擅自从事经营性互联网文化活动案	河南省文化厅
11	晋城市城区神龙网吧接纳未成年人进入营业场所案	山西省晋城市文化广电新闻出版局
12	华君电玩在国家法定节假日外接纳未成年人进入营业场所案	内蒙古阿拉善左旗文化旅游局
13	湖州领航信息科技有限公司未经批准擅自从事网络游戏经营活动案	浙江省湖州市文化广电新闻出版局

续表

序号	案卷名称	制作单位
14	北京茗力启业上网服务有限公司未核对登记上网消费者的有效身份证件案	北京市大兴区文化委员会
15	蚌埠市夏爱侠开淘宝网店销售盗版图书侵犯著作权案	安徽省蚌埠市文化广电新闻出版局
16	深圳好视听网络科技有限公司未依法获得许可，擅自从事互联网视听服务案	江苏省苏州市文化广电新闻出版局
17	李洪俊出版他人享有专有出版权的图书案	吉林省梅河口市文化新闻出版和体育局
18	深圳市敏杰印刷有限公司变更经营场所未备案及未取得许可擅自兼营从事出版物印刷活动案	广东省深圳市福田区文化广电新闻出版局
19	佛山市财神酒店有限公司违规接收卫星传送的境外电视节目案	广东省佛山市顺德区市场安全监管局
20	克拉玛依市白碱滩区汇联网吧接纳未成年人进入营业场所案	新疆克拉玛依市白碱滩区城市管理行政执法局
21	东营商业大厦垦利文化娱乐有限公司在非国家法定节假日向未成年人提供电子游戏机案	山东省东营市文化市场综合执法局
22	余非未经许可擅自从事互联网视听服务，并经营“音乐在线”音乐网提供歌曲试听服务侵犯著作权案	贵州省文化厅
23	柳州市“飞达电子室”在非国家法定节假日向未成年人提供电子游戏机案	广西柳州市文化局
24	什邡市星网城网吧接纳未成年人进入营业场所案	四川省什邡市文化局
25	哈尔滨互动先锋网络科技有限责任公司未经批准，擅自从事经营性网文化活动，并且其经营的“上吧棋牌游戏中心”涉嫌提供载有赌博内容的网络游戏产品案	黑龙江省文化厅

鼓励奖

序号	案卷名称	制作单位
1	兴欣网络会所（古城台店）接纳未成年人进入营业场所案	青海省西宁市城西区科技文体旅游局
2	绍兴市城越迅彩网吧擅自停止实施经营管理技术措施一案的行政处罚案	浙江省绍兴市文化广电新闻出版局
3	嘉峪关市新视界网吧未成年人进入营业场所案	甘肃省嘉峪关市文化广播电视局
4	佳林网友俱乐部涉嫌接纳未成年人进入案	辽宁省大石桥市文化体育局
5	芜湖市桦东音像总汇涉嫌销售非法音像制品和电子出版物案	安徽省芜湖市新闻出版局
6	仪征市一网科技有限公司接纳未成年人进入营业场所案	江苏省扬州仪征市文化广电新闻出版局
7	潍坊市三江大酒店有限公司安装和使用卫星地面接收设施案	山东省潍坊市文化市场综合执法局
8	重庆市北碚区斯迪网吧接纳未成年人进入营业场所案	重庆市北碚区文化广播电视新闻出版局
9	银川市兴庆区星海网吧接纳未成年人进入营业场所案	宁夏回族自治区文化市场行政执法总队

八、2011年全国文化市场十大案件及办案单位名单

1．“2•18”北京鹏翔宏途图书有限公司等单位制售侵权盗版教材教辅案（北京市文化市场行政执法总队）；

2．“12•22”上海廖某等人销售侵权复制音像制品案（上海市文化市场行政执法总队）；

3．江苏省常熟市鲍某某（“MP3音乐网”）未经批准擅自从事经营性互联网文化活动并通过信息网络提供侵权音乐产品案（江苏省文化厅）；

4．天津市和平区海河安居建设发展有限公司违法拆除原太古洋行大楼和福利公司旧址部分建筑案（天津市文化市场行政执法总队）；

5．江苏省盐城市“10•20”刘某未经批准擅自从事网络游戏经营活动案（江苏省盐城市文化广电新闻出版局）；

6．北京百度网讯科技有限公司侵犯《斗破苍穹》等文字作品信息网络传播权案（北京市文化市场行政执法总队）；

7．上海隐志网络科技有限公司（VeryCD电驴）未经著作权人许可擅自通过信息网络向公众提供他人作品案（上海市文化市场行政执法总队）；

8．深圳市快播科技有限公司超范围经营网络游戏案（广东省深圳市南山区文化市场行政执法大队）；

9．河南省佛光传媒有限公司未经批准擅自邀请台湾艺人参加营业性演出活动案（河南省郑州市金水区文化旅游局）；

10．浙江省杭州爵尚科技有限公司未经著作权人许可擅自复制其卡拉OK歌曲作品案（浙江省杭州市文化市场行政执法总队）。

九、2011年全国文化市场重大案件及办案单位名单

1．厦门赤霄网络科技有限公司违规经营网络游戏案（福建省文化稽查总队）；

2．郭某某发行非法出版物案（河南省郑州市金水区文化旅游局）；

3．广州锦兴纺织漂染有限公司侵犯著作权案（广东省广州市文化市场综合行政执法总队）；

4．南京市“6•01”特大制售侵权盗版蓝光光盘案（江苏省南京市文化综合执法总队）；

5．李某某（QQ163音乐网）未经批准擅自从事经营性互联网文化活动案（上海市文化市场行政执法总队）；

6．安阳市污水处理厂未经批准擅自在全国文物保护单位殷墟一般保护区内违法施工案（河南省安阳市文化市场综合执法支队）；

7．徐州“万松中文网”侵犯著作权案（江苏省徐州市文化广电新闻出版局）；

8．胡某(www.bulaodao.com)擅自从事互联网视听节目服务及通过信息网络擅自提供他人的作品、表演、录音录像制品案（浙江省宁波市文化市场行政执法总队）；

9．波客网络科技（上海）有限公司上网运营含赌博内容网络游戏并以随机抽取等偶然方式，诱导网络游戏用户采取投入法定货币或者网络游戏虚拟货币方式获取网络游戏产品和服务案（上海市文化市场行政执法总队）；

10．张某某等人制作、销售、传播淫秽物品牟利案（江西省九江市文化市场综合执法支队）；

11．鄂州市“3•16”非法出版物发行案（湖北省鄂州市文化市场综合执法支队）；

12．连云港市市级文保单位毁损案（江苏省连云港市文化广电新闻出版局）；

13．广州日鑫文化传播有限公司经营非法音像制品案（广东省广州市文化市场综合行政执法总队）；

14.Web.3839小游戏网站未经批准擅自从事网络游戏上网运营案（黑龙江省文化稽查总队）；

15．何某某、刘某销售盗版光盘案（天津市文化市场行政执法总队）；

16．狗不理集团股份有限公司擅自修缮区级文物保护单位（张绍曾旧居）案（天津市文化市场行政执法总队）；

17．泰安市“11•12”侵犯《语文报》著作权案（山东省泰安市文化广电新闻出版局）；

18．阿克苏非法宗教类图书案（新疆维吾尔自治区阿克苏市文体局）；

19．迪庆州非法“网络共享”案（云南省迪庆州文化市场综合执法支队）；

20．华仁医院擅自从事出版物出版活动案（重庆市文化市场行政执法总队）；

21．上赤峰国彩印刷有限公司印刷非法出版物案（内蒙古自治区赤峰市新闻出版（版权）局）；

22．王某某销售侵权盗版教辅图书案（山西省太原市文化市场行政综合执法大队）；

23．南宁市“4•21”系列销售盗版光盘案（广西壮族自治区南宁市文化新闻出版局）；

24．芜湖市曹某经营非法音像制品案（安徽省芜湖市文化市场综合执法大队）；

25．北京时越网络技术有限公司侵犯电影作品信息网络传播权案（北京市文化市场行政执法总队）；

26．趣游（北京）科技有限公司以随机抽取等偶然方式，诱导网络游戏用户采取投入网络游戏虚拟货币方式获取网络游戏产品和服务案（北京市文化市场行政执法总队）；

27．北京新浪互联信息服务有限公司提供未经文化部门批准的进口网络音乐产品案（北京市文化市场行政执法总队）；

28．旷某某销售淫秽音像制品牟利案（福建省厦门市文化市场综合执法支队）；

29．5nd音乐网未经批准擅自从事经营性互联网文化活动案（河南省文化厅）；

30．“中华英雄173防沉迷软件官方站”网站非法经营网络游戏案（湖北省襄阳市文化旅游综合执法支队）；

31．聚众网络科技有限公司擅自从事网络游戏经营活动案（湖南省文化市场稽查总队）；

32．上海聚洲信息技术有限公司运营的通化大嘴游戏违规经营活动案（吉林省通化市文化市场综合执法支队）；

33．何某某等人擅自设立“皇家娱乐会所”从事娱乐场所经营活动案（江西省上饶市文化市场稽查支队）；

34．沈阳玫瑰大酒店有限公司未经批准擅自接收境外电视节目案（辽宁省沈阳市文化市场行政执法总队）；

35．日照港集团有限公司碧波大酒店利用数字电视机机顶盒非法截传信号设立有线电视前端传输广播电视节目案（山东省日照市文化市场综合执法局）；

36．“6•25”林某某经营违禁出版物案（陕西省西安市文化市场行政执法总队、雁塔区文化市场行政执法队）；

37．成都市易宽科技有限公司擅自从事网络游戏虚拟货币交易服务活动案（四川省文化市场稽查总队）；

38．“2•22”程某某等人制售侵权盗版音像制品案（四川省成都市金牛区文化局）；

39．浙江世纪风采文化传播有限公司擅自变更营业性演出节目案（浙江省宁波市鄞州区文化市场行政执法大队）；

40．大渡口区云彩网吧非法经营网络游戏案（重庆市大渡口区文化市场行政执法大队）；

41．蓝天网吧接纳未成年人进入营业场所案（山西省吕梁市文化市场行政综合执法大队）；

42．刘某某未经批准擅自从事互联网文化活动案（贵州省文化市场稽查总队）；

43．林某某侵犯著作权案（安徽省马鞍山市文化市场综合执法大队）；

44．汕头市潮阳区和平镇“4.21”非法音像制品包装窝点案（广东省汕头市文化市场综合执法大队）；

45．保定市江城装订厂非法出版物案（河北省保定市文化行政执法大队）；

46．英山县教研室擅自从事出版物的出版、发行业务案（湖北省黄冈市文化市场综合执法支队）；

47．海南“2•16”非法期刊出版案（海南省文化市场稽查总队）；

48．瑞安市大南乡圣井石殿未经文物行政部门同意，擅自在文物保护单位建设控制地带内进行建设工程案（浙江省瑞安市文化市场行政执法大队）；

49．刘某某侵犯著作权案（浙江省嘉兴市文化市场行政执法支队）；

50．情深深网吧经营非网络游戏、擅自停止实施经营技术管理措施案（内蒙古自治区呼和浩特市新城区文化体育广播电视局）。

十、第三批国家级文化产业示范园区和首批国家级文化产业试验园区名单

1.第三批国家级文化产业示范园区

开封宋都古城文化产业园区

张江文化产业园区

2.首批国家级文化产业试验园区

广州北岸文化码头

黑龙江（大庆）文化创意产业园

长沙天心文化产业园区

中国曲阳雕塑文化产业园

十一、2011年度十大最具影响力国家文化产业示范基地

北京数字娱乐产业示范基地

保利文化集团股份有限公司

中国对外文化集团公司
华侨城集团公司
杭州宋城旅游发展股份有限公司
拓维信息系统股份有限公司
上海盛大网络发展有限公司
深圳华强文化科技集团股份有限公司
浙江中南卡通股份有限公司
云南柏联和顺旅游文化发展有限公司

十二、2011年通过认定的动漫企业名单

北京联盟影业投资有限公司
北京中视互动科技发展有限公司
北京科影国际影视策划有限公司
北京每日视界先锋数码图像制作有限公司
北京颜开文化发展有限公司
北京禹田文化艺术有限责任公司
北京缘成中视传媒广告有限公司
北京迪生动画科技有限公司
天津戛唛影视文化传播有限公司
天津盖力动漫设计有限公司
天津星达兴文化科技有限公司
华漫兄弟（天津）互动娱乐有限公司
天津蓝猫卡通传媒有限公司
天津福丰达动漫游戏制作有限公司
三河市茗文化卡通设计有限公司
河北诚成动漫有限公司
河北新雅动漫有限公司
山西森艺文化传媒有限公司
太原金卡通传媒科技有限公司
晋城市泽州县二十八宿影视有限公司
沈阳哈派动漫有限公司
吉林省凯帝动画科技有限公司
黑龙江龙脉影艺影视有限公司
黑龙江省同源文化发展有限公司
哈尔滨七剑数字动漫科技有限公司
哈尔滨英立科技开发有限公司
上海动画大王文化传媒有限公司
上海意展数码科技有限公司
上海大模王动漫科技有限公司
上海积创网络科技有限公司
江苏希际数码艺术网络股份有限公司
江苏楚天极目动漫科技有限公司
江苏山猫兄弟动漫游戏有限公司
南京苗行天下传媒科技有限公司
南京水晶石数字科技有限公司
无锡第五映像空间制作有限公司
无锡今日动画影视传媒有限公司
徐州原动力动画制作有限公司
常州飞彩动漫有限公司
常州春晖动画有限公司
常州江通动画有限公司
常州市有有卡通传媒有限公司
常州皮皮熊文化创意有限公司
苏州泰山动画有限公司
苏州士奥动画制作有限公司
苏州天润安鼎动画有限公司
苏州卡酷影视动画科技有限公司
苏州飞马良子影视有限公司
昆山市玉麒麟文化传媒有限公司
江阴市水木东方数码科技有限公司
浙江太子龙文化传播有限公司
浙江华人卡通有限公司
杭州玄机科技信息技术有限公司
杭州安高卡通影视有限公司
杭州宏梦卡通发展有限公司
宁波民和影视动画股份有限公司
宁波卡酷动画制作有限公司
安徽歌华鸿坤文化发展有限公司
安徽利斯特三维动画制作有限公司
安徽炫伍数字科技有限公司
安徽璎珞文化传媒有限公司
安徽三美动漫艺术发展有限公司
合肥华耀广告传媒有限公司
合肥橡树动画有限公司
马鞍山水木动画设计有限公司
学之源（厦门）科技开发有限公司
南昌市奇妙动漫文化发展有限公司
南昌星海浪三维动画制作有限公司
赣州福雷斯文化传播有限公司
山东中动文化传媒有限公司
山东美猴动漫文化艺术传媒有限公司
济宁豆神动漫有限公司
河南麦草动漫科技有限公司
郑州漫漫看文化传媒有限公司
郑州谷晶创艺动漫有限公司
郑州雪孩子动画制作有限公司
郑州麒麟动画影视发展有限公司

湖北盛泰文化传媒有限公司
武汉市意美汇文化传播有限公司
武汉东尼文化传播有限公司
武汉玛雅动漫有限公司
武汉天鹰动漫发展有限公司
武汉博润通数码科技有限公司
武汉两点十分数码科技有限公司
武汉全景三维动画有限公司
湖南银河动漫传媒有限公司
湖南潇湘动漫文化有限公司
常德创源数字科技有限公司
常德华智动漫设计有限责任公司
广州市协作咨询顾问有限公司
广州市凡拓数码科技有限公司
广州市天艺文化传播有限公司
广州千骐动漫有限公司
广州三圆文化传播有限公司
广州爱动影视科技有限公司
广东粤动传媒有限公司
广东环球数码动画制作有限公司
广东明星创意动画有限公司
广东小白龙动漫玩具实业有限公司
深圳市图艺动漫设计有限公司
深圳市骄阳数字图像技术有限责任公司
深圳市雨桥动漫有限公司
深圳市方直科技股份有限公司
深圳市崇德影视传媒有限公司
深圳市大地动画传媒有限公司
深圳市水晶石电脑图像技术开发有限责任公司
珠海网易达电子科技发展有限公司
珠海天空文化传播有限公司
珠海市火车头设计制作有限公司
东莞市研达动漫模型设计制作有限公司
南宁九金娃娃动漫有限公司
桂林云尚动画制作有限公司
贵州熠动漫文化传播有限公司
贵州子墨动漫文化发展有限公司
云南美瑾奇奥传媒有限公司
云南稻田影业有限公司
云南缘成影视有限公司
陕西飞鸟文化发展有限公司
甘肃艺百文化科技有限公司
新疆达雅风尚文化传播有限公司
乌鲁木齐龙喜汇动漫有限公司

十三、中国文化艺术政府奖首届动漫奖评选结果

（一）中国文化艺术政府奖首届动漫奖获奖名单

最佳动画电影奖

《兔侠传奇》
《马兰花》
《梦回金沙城》

最佳动画电视片奖

《美猴王》
《蓝猫龙骑团》
《大耳朵图图》

最佳漫画作品奖

中国原创新漫画《四大名著》系列
《子不语》
《张小盒》

最佳动漫出版物奖

《漫画中国历史》
《偷星九月天（1-20册）》
《小海豚中华典故亲子读物》

最佳动漫舞台剧奖

《十二生肖》
《武林外传之小贝当家》

最佳新媒体动漫作品奖

《三国演义之关云长》
《功夫兔》

最佳动漫形象奖

兔侠
喜羊羊与灰太狼

最佳动漫创作者或团队奖

天津神界漫画有限公司
上海今日动画影视文化有限公司
北京辉煌动画公司
夏达
上海美术电影制片厂

最佳动漫传播机构奖

中央电视台少儿频道

最佳动漫教育机构奖

中国传媒大学
北京电影学院

最佳动漫技术成果奖

手机动漫公共服务平台
4D动漫体验平台
最佳动漫品牌奖

喜羊羊与灰太狼

虹猫蓝兔

（二）中国文化艺术政府奖首届动漫奖入围名单

最佳动画电影奖

《喜羊羊与灰太狼之兔年顶呱呱》

《喜羊羊与灰太狼之开心闯龙年》

《洛克王国——圣龙骑士》

《摩尔庄园冰世纪》

《超蛙战士——初露锋芒》

《智取威虎山》

《兔气扬眉》

《快乐奔跑》

《淘气包马小跳》

《少年岳飞传奇》

《文字国历险记——浩昊三战怪怪城》

《喜乐会》

最佳动画电视奖

《淘气包马小跳》

《小狐狸发明记》

《毛毛王历险记》

《虹猫蓝兔光明剑》

《小卓玛》

《魔角侦探》

《武林外传》

《哈皮父子》

《小鸡不好惹》

《霹霹乐翻天》

《搜救犬阿虎》

《孔子》

最佳漫画作品奖

《漫画中国》系列

《乌龙院》

《济公系列》

《我的路》

《80℃》

《梅兰芳》

《动漫经典》系列

《星海镖师》

最佳动漫出版物奖

《中国原创新漫画四大名著之三国演义》

《汉语乐园》

《哪吒传奇》

《疯了！桂宝 乐活卷》

《漫画月刊》

《人民英雄》

《阿香游中国》

《这么近，那么远》

《素维漫画技法特训》

最佳动漫舞台剧奖

《小蝌蚪找妈妈》

《糖果的魔力》

《巨人的城堡》

《猪猪侠天使奇遇记》

《喜羊羊与灰太狼之三个愿望》

《魔幻仙踪》

《大耳朵图图——梦想英雄》

《牛郎织女》

最佳新媒体动漫作品奖

《美丽人生》

《中国戏曲经典原创动画》

《小破孩》

《手机小子》

《奇志碰大兵》

《天天向上——忽悠讲堂》

《大头儿子小头爸爸》

《打，打个大西瓜》

最佳动漫形象奖

美猴王

蓝猫

小鲤鱼泡泡

福牛乐乐

刀刀狗

张小盒

阿狸

招财童子

最佳动漫创作者或团队奖

广东原创动力文化传播有限公司《喜羊羊与灰太狼》创作团队

湖南蓝猫动漫传媒有限公司

中国传媒大学动画与数字艺术学院

江通动画股份有限公司《民的1911》创作团队

浙江中南卡通股份有限公司

北京卡酷传媒有限公司

北京青青树动漫科技有限公司

北京世纪彩蝶动画制作有限公司

北京颜开文化发展有限公司

北京电影学院

最佳动漫传播机构奖

北京卡酷动画频道

上海炫动卡通频道

江苏优漫卡通频道

湖南金鹰卡通频道

最佳动漫教育机构奖

中央美术学院

广播电影电视管理干部学院

吉林动画学院

上海电影艺术职业学院

长沙师范学校

湖南大众传媒职业技术学院

四川美术学院

成都学院

最佳动漫技术成果奖

迪生MOCO三维定格动画制作系统

蓝猫二三维制作体系

三维动画片制作软件的研发

移动终端上的原创动漫形象运营平台“Talking Moogle”

基于动作捕捉的实时立体动画综合创作平台

富互联网技术的数字动漫《弹弹堂》系列

ERDO手机漫画制作工具软件

最佳动漫品牌奖

蓝猫

火力少年王

猪猪侠

山猫和吉咪

摩尔庄园

美猴王

诺诺森林

西柏坡

十四、2011年度文化部直属机关先进基层党组织标兵

（10个，按单位排序）

办公厅秘书处机要档案处党支部

政策法规司党支部

社会文化司党支部

中国艺术研究院图书馆党支部

国家图书馆典藏阅览部党支部

故宫博物院宫廷部党支部

中国国家博物馆藏品保管一部党支部

国家京剧院三团党支部

中央芭蕾舞团舞美队党支部

中国文物报社党总支

十五、2011年度文化部直属机关先进基层党组织

（22个，按单位排序）

财务司党支部

人事司党支部

艺术司党支部

文化科技司党支部

离退休干部局第二党支部

离退休干部局第九党支部

机关服务局党委

中央文化管理干部学院后勤党支部

中国文化传媒集团第四支部

中国歌剧舞剧院舞剧团党支部

中国东方演艺集团第八党支部

中国交响乐团乐队党支部

中国儿童艺术剧院第五党支部

中央歌剧院党委

中央民族乐团乐队党支部

中国美术馆第六党支部

中国对外文化集团公司第二党支部

文化部离退休人员服务中心东架松党支部

文化部艺术服务中心党支部

国家清史纂修领导小组办公室党支部

中外文化交流中心党支部

文化部全国文化信息资源建设管理中心党支部

十六、2011年度文化部直属机关优秀共产党员标兵

（10名，按单位排序）

肖　健　政策法规司改革指导处主任科员

韩　澎　离退休干部局离休干部

陈培军　国家文物局政策法规司政策研究处处长

李云雷　中国艺术研究院马克思主义文艺理论研究所副主编

郭又陵　国家图书馆出版社社长

吴家琛　故宫博物院工程管理处副处长、党支部书记

曹欣欣　中国国家博物馆展览二部主任

李雪健　中国国家话剧院国家一级演员

张　剑　中央芭蕾舞团首席主演、国家一级演员

季和平　中国美术馆保卫处高级技师

十七、2011年度文化部直属机关优秀共产党员

（127名，按单位排序）

宁　敏　办公厅部长办公室调研员
李　红　办公厅秘书二处调研员
李　峻　财务司监督检查处主任科员
伍　俊　人事司机关人事处副处长
李振清　艺术司办公室主任
王　丰　文化科技司副司长
廖　芸　文化市场司网络文化处副主任科员
宋奇慧　文化产业司动漫处处长
颜　芳　社会文化司办公室主任
兰　静　非物质文化遗产司管理处处长
李立言　对外文化联络局（港澳台办公室）政策法规处处长
王汉杰　对外文化联络局（港澳台办公室）国际处处长
张　煦　对外文化联络局（港澳台办公室）礼宾处副处长
任　磊　部直属机关党委纪委办公室副主任科员
彭德才　驻部纪检组监察局案件审理宣教室主任科员
龚道全　离退休干部局离休干部
周天泽　离退休干部局离休干部
严勇士　离退休干部局离休干部
田大畏　离退休干部局离休干部
许铭庄　离退休干部局离休干部
任敬恩　离退休干部局退休干部
朱玉蓉　离退休干部局退休人员
李留俊　离退休干部局退休干部
王新军　离退休干部局财务处主任科员
佘向军　机关服务局物业管理处副主任科员
汪　淼　机关服务局信息中心副处长
张国庆　国家文物局机关服务中心交通科长
高显莉　中国艺术研究院副院长
李建新　中国艺术研究院办公室主任
秦华生　中国艺术研究院梅兰芳纪念馆馆长、党支部书记
赵　蓉　中国艺术研究院财务处副主任科员
金　澎　中国艺术研究院离退休干部处处长
王　馗　中国艺术研究院戏曲研究所昆曲艺术研究中心副主任
蔡　葵　中国艺术研究院中国画院一级美术师
潘　源　中国艺术研究院文化发展战略研究中心副研究员
方李莉　中国艺术研究院艺术人类学研究中心主任
张志颖　中国艺术研究院研究生院09级博士生
宋立堂　中国艺术研究院图书馆主任
滕静静　国家图书馆典藏阅览部组长
茹　文　国家图书馆信息网络部副组长
李　周　国家图书馆社会教育部馆员
李春明　国家图书馆数字资源部副主任
侯　宁　国家图书馆办公室副主任科员
方自金　国家图书馆参考咨询部主任
崔云红　国家图书馆中文采编部组长
陈　萍　国家图书馆缩微文献部组长
张　燕　国家图书馆外文采编部副研究员
张宪权　国家图书馆保卫处干部
张　军　国家图书馆财务处处长
延卫平　国家图书馆业务管理处副研究馆员
冀亚平　国家图书馆古籍馆研究馆员
李昌明　国家图书馆基建办公室主任
蔡锡明　国家图书馆退休干部
徐大民　故宫博物院保卫处小队长
黄占均　故宫博物院古建部高级工程师
郭　泓　故宫博物院古建修缮中心副科长
王有亮　故宫博物院文保科技部科长
张丽芳　故宫博物院资料信息中心科长
王孔刚　故宫博物院紫禁城出版社美术编辑
王迎春　故宫博物院院办公室科员
佟建明　故宫博物院人事处副处长
丁　孟　故宫博物院古器物部副主任
李芝安　故宫博物院宫廷部秘书
刘永强　中国国家博物馆物业发展与企管中心科长
张伟明　中国国家博物馆馆长办公室科长
陶志刚　中国国家博物馆工程设备处科长
张晓春　中国国家博物馆安全保卫处科长
刘振清　中国国家博物馆藏品保管二部科长
陈红燕　中国国家博物馆藏品保管二部馆员
郝寅祥　中国国家博物馆展览二部科室主任
王双梅　中国国家博物馆后勤管理服务处科长
李守义　中国国家博物馆学术研究中心科长
张雨鹏　中国国家博物馆文化产业发展与管理中心科长
张有伦　中央文化管理干部学院基建处处长

王　伟　中央文化管理干部学院总务处主管
刘　树　中国文化传媒集团发行中心干部
黄小驹　中国文化传媒集团新闻中心副主任
宋官林　国家京剧院院长
李胜素　国家京剧院一团团长
于立德　国家京剧院舞美中心副主任
史丽芬　中国国家话剧院副院长
胡美蓉　中国国家话剧院老干部办公室主任
林文增　中国歌剧舞剧院院长
姜　媛　中国歌剧舞剧院舞剧团演员
张福忠　中国东方演艺集团有限公司东方民乐团国家一级演员
沙　曼　中国东方演艺集团有限公司东方歌舞团国家一级演员
刘　江　中国东方演艺集团有限公司中国歌舞团团长、党支部书记
关　峡　中国交响乐团团长、党委副书记
梁　杰　中国交响乐团北京音乐厅总经理
马彦伟　中国儿童艺术剧院国家一级演员
俞　峰　中央歌剧院院长、党委副书记
李对升　中央芭蕾舞团交响乐团乐队队长
刘　沙　中央民族乐团指挥
刘　密　中国美术馆行政后勤处正处级干部
刘德峰　中国国家画院总务处负责人
刘　鹏　中国对外文化集团公司行政办公室主任
秦文焕　中国对外文化集团公司中国对外演出有限公司总经理助理兼文化交流中心总监
黄晓钢　中国对外文化集团公司中国对外艺术展览公司总经理助理兼国际一部总监
杨广立　中国动漫集团有限公司北京中文发数字科技有限公司董事长、党支部书记
王　琮　文化部恭王府管理中心原办公室主任、经济管理办公室主任
潘慧卿　文化部文化艺术人才中心处长
马金明　文化部文化艺术人才中心副主任科员
李琳琳　文化部离退休人员服务中心退休干部
孟　于　文化部离退休人员服务中心离休干部
岳允中　文化部离退休人员服务中心离休干部
金新泉　文化部离退休人员服务中心退休干部、党支部书记
程　若　文化部离退休人员服务中心离休干部
程式如　文化部离退休人员服务中心离休干部
王　箴　文化部离退休人员服务中心离休干部
彭清一　文化部离退休人员服务中心离休干部
王京凤　文化部离退休人员服务中心退休干部
姜嘉锵　文化部离退休人员服务中心退休干部
刘光荣　文化部离退休人员服务中心退休干部
王卓才　文化部艺术服务中心办公室副主任
卜　键　国家清史纂修领导小组办公室主任
经元华　中外文化交流中心影视部经理
李　明　文化部民族民间文艺发展中心工程师
刘瑞敏　中国艺术科技研究所财务部主任
琚存华　文化部全国文化信息资源建设管理中心资源建设处副处长
李　科　北京鲁迅博物馆信息中心工程师
张贵玲　国际友谊博物馆办公室主任科员
张　媛　中国文物信息咨询中心信息部主任助理
王　霞　文物出版社《文物》编辑部副主任
李春玲　中国文化遗产研究院文物保护标准化委员会秘书处职员
郭桂香　中国文物报社《科技保护》周刊主编
张玉亭　中国文物交流中心办公室主任
陈　翔　北京新文化运动纪念馆业务部主任

十八、2011年度文化部直属机关优秀党务工作者

（35名，按单位排序）

杨建昆　办公厅主任、党总支书记
韩永进　政策法规司司长、党支部书记
赵　雯　财务司司长、党支部书记
胡清怡　人事司副巡视员、党支部副书记
董　伟　艺术司司长、党支部书记
李　蔚　文化科技司社科处处长、党支部委员
庹祖海　文化市场司副司长、原党支部书记
郝　红　对外文化联络局（港澳台办公室）党委办公室副调研员
魏隆姬　部直属机关党委办公室主任科员
赵柏筠　离退休干部局副局长，党委副书记、纪委书记
姚家华　机关服务局副局长、党委委员
尹建明　国家文物局机关党委党办主任
常丰威　中国艺术研究院党委办公室、纪检监察办公室主任
李晓明　国家图书馆数字资源部主任、党支部书记
闫宏斌　故宫博物院宣传教育部主任、党支部书记

王连东　中国国家博物馆纪检监察审计办公室主任
邓　顺　中国国家博物馆离休干部、党支部书记
于春城　中央文化管理干部学院党委（纪委）办公室主任
卫红兵　中国文化传媒集团党务工作部主任
兰雅君　国家京剧院党委办公室主任
王　燕　中国国家话剧院党委办公室副主任
董天恒　中国歌剧舞剧院党委书记
武　猛　中国歌剧舞剧院歌剧团演员、党支部委员
周炳华　中国东方演艺集团有限公司党办主任
李建民　中国儿童艺术剧院发展规划部主任，原党办主任
袁　平　中央歌剧院党委副书记、纪委书记
王进凯　中央芭蕾舞团党委办公室副主任
孙　毅　中央民族乐团党委书记
屈　涛　中国美术馆党委办公室干部
贾秀伶　中国对外文化集团公司党办副主任
李百成　文化部离退休人员服务中心离休干部、党支部书记
刘清朗　文化部艺术服务中心副主任、党支部委员
马小林　国家清史纂修领导小组办公室副主任，党支部书记
宋　磊　中国艺术科技研究所办公室主任、党支部委员
崔建飞　文化部全国文化信息资源建设管理中心副主任、党支部书记

文化大事记

Cultural events

2010年12月18日至2011年1月3日，国家重大历史题材美术创作工程作品香港展在香港展览中心成功举办。

1月，文化部批准设立第11个国家级文化生态保护实验区——大理白族文化生态保护实验区。

1月，《热贡文化生态保护区总体规划》通过专家论证，文化部正式批准同意实施。

1月初，文化部联合中央文明办、国务院新闻办公室、教育部、工业和信息化部、公安部、卫生部、共青团中央、全国妇联等8个部门印发《“网络游戏未成年人家长监护工程”实施方案》，进一步扩大“家长监护工程”覆盖面，巩固和深化企业与社会、家长与未成年人的互动机制。

1月4日至6日，全国文化厅局长会在北京召开。会议期间，举行了国家舞台艺术精品工程授牌仪式。

1月6日，“国家公共文化服务体系示范区（项目）创建工作”会议在北京召开，这标志着文化部、财政部“十二五”时期共同开展的这项创建工作正式启动。

1月10日，“我们的节日”——群星奖优秀节目2011年春节慰问外来务工者文艺晚会在北京五棵松体育馆举办。

1月10日，文化部与保监会在京联合举行“保险支持文化产业试点工作启动仪式”，同时公布了第一批11个文化产业保险试点险种以及3家首批试点保险公司。

1月12日，文化部副部长、中华文化联谊会会长赵少华会见并宴请台湾“国政研究基金会教文组”政策委员赵怡一行4人。

1月14日，香港互联网专业协会访京团一行50余人在文化部与相关司局领导进行了座谈。港澳台办副主任于芃主持座谈会，双方就推动内地与香港互联网业界的交流与合作，加强香港互联网业界专业人士对国情的认识和对祖国的认同感交换了意见。

1月16日至17日，全国艺术创作工作会议在海南省海口市召开，蔡武部长出席并做重要讲话。

1月17日至21日，文化部部长蔡武率团赴日本奈良参加第三次中日韩文化部长会议，与日韩两国文化部长就进一步加强中日韩文化交流与合作深入交换意见并签署了《奈良宣言》。

1月18日，由文化部、工业和信息化部、教育部、共青团中央、湖南省人民政府、中国移动通信集团公司主办的第五届中国原创手机动漫游戏大赛颁奖典礼暨全国重点动漫企业颁证仪式在湖南长沙举行。

1月20日至25日，文化部举行“我们的节日——百名非物质文化遗产项目代表性传承人迎春展示活动”，邀请了全国23个省（区、市）与年节文化密切相关的100个非物质文化遗产项目。

1月23日，文化部部长蔡武、副部长赵少华在京会见了由全国政协委员、澳门中华文化联谊会会长梁华率领的澳门中华文化联谊会访京团一行。双方就国家文化发展建设、内地与澳门文化艺术界交流与合作等事宜充分交换了意见。

1月26日至2月10日，作为“欢乐春节”活动组成部分，中国音乐学院艺术团及随团记者一行26人赴坦桑尼亚、布隆迪和埃塞俄比亚等国访演，坦桑尼亚副总统兼国务部长霍维萨、革命党副总书记姆塞夸和参谋长辛博、布隆迪副总统鲁菲基里、布青年体育文化部长尼耶尼米加博等政要出席了演出。

1月27日，文化部大力支持的“浓墨艳彩展风华——安徽省、河北省春节习俗展演”活动在澳门拉开序幕。

1月27日至2月7日，作为“欢乐春节”活动组成部分，福建艺术团一行28人赴塞舌尔和毛里求斯访演，毛里求斯总统、副总统、副总理、文化和艺术部长，塞舌尔前副总统、首席大法官、文化部长和卫生部长等观看了艺术团演出。

1月27日至2月8日，重庆非物质文化遗产传承人团一行11人赴美国洛杉矶、旧金山参加“欢乐春节”活动。

1月28日，文化部文化体制改革工作领导小组会议召开。

1月30日至2月10日，文化部组派由北京、新疆、内蒙古、广西、四川等地艺术院团组成的180人大型艺术团赴泰国举办“欢乐春节”活动。文化部副部长王文章与泰国诗琳通公主、阿披实总理、素贴副总理等政府要员共同出席“欢乐春节”的开幕式活动。

1月31日至2月14日，作为“欢乐春节”活动组成部分，上海艺术团一行33人赴加蓬、贝宁和尼日利亚访演，加蓬总统阿里·邦戈专门向中国驻加大使预祝艺术团演出成功，加国民议会第一副议长、外交部长、司法部长、矿业部长、尼日利亚外交部长、工程部长、文化旅游与指导部常务秘书长、参议院外事委员会主席、众议院文化委员会主席等政要观看了演出。

2月4日至22日，“亲情中华”艺术团一行22人，赴美国举办6场慰问演出，参加由对外文化工作部际联席会议统一协调、组织的2011年海外“欢乐春节”活动。

2月18日，文化部部长蔡武签发《互联网文化管理暂行规定》（文化部第51号令），自4月1日起开始实施。该规定有力促进了我国互联网文化健康、有序发展。

2月18日，为深入贯彻落实党的十七届五中全会精神和《文化部财政部关于推进美术馆、公共图书馆、文化馆（站）免费开放工作的意见》精神，文化部、财政部召开全国美术馆、公共图书馆、文化馆（站）免费开放工作电视电话会议。会议主会场设在北京，全国各省、自治区、直辖市和新疆生产建设兵团及计划单列市设分会场。文化部党组书记、部长蔡武出席会议并讲话。文化部党组副书记、副部长欧阳坚主持会议。财政部党组成员、副部长张少春，文化部党组成员、副部长杨志今出席会议。

2月17日，由文化部支持、香港特区政府康乐及文化事务署主办的香港辛卯年元宵彩灯会在香港文化中心隆重开幕。福建省艺术团一行40人应邀赴港，先后在香港文化中心露天广场、屯门公园、粉岭游乐场等地奉献了3场精彩演出，成为香港元宵彩灯会的“重头戏”。

2月20日至26日，土库曼副总理亚兹穆哈梅多娃（主管文化）率领由阿什哈巴德副市长及各州主管文化的副州长组成的文化考察团访华，重点学习考察中国举办重大庆典活动的经验。访华期间国务委员刘延东、文化部部长蔡武会见了该代表团。

2月25日，《中华人民共和国非物质文化遗产法》由第十一届全国人大常委会第十九次会议审议通过，自6月1日起颁布施行。

2月28日，文化部在京举行第三批国家级文化产业示范园区和首批国家级文化产业试验园区授牌会议。

3月1日，由来自北京大学、清华大学、中国社会科学院等学术科研机构和全国部分文化机构的39名专家组成的国家公共文化服务体系建设专家委员会在京正式成立，并随后召开了第一次会议。文化部副部长杨志今出席成立大会并向专家颁发聘书。

3月4日，文化部直属机关党的工作会议在京召开。部党组书记、部长蔡武出席会议并讲话。部党组成员、驻部纪检组组长、部直属机关党委书记李洪峰作工作报告。中央国家机关工委委员、中央国家机关党建研究会会长张德成出席会议。部直属机关党委常务副书记张雅芳主持会议。部直属机关党委委员、纪委委员，各司局、国家文物局、各直属单位党政主要负责人、纪委书记、党（纪）办主任，工会组织负责人和团组织负责人140余人参加会议。

3月18日至26日，比利时法语区大臣法蒂拉·拉南应文化部部长蔡武邀请率团访华。

3月23日，文化部部长、中华文化联谊会名誉会长蔡武会见并宴请专程来京出席由中华文化联谊会和中国美术馆共同主办的“台湾艺术家刘国松八十回顾展”开幕活动的台湾“文建会”前主任委员、“两厅院”艺术总监黄碧端和著名台湾画家刘国松一行10人。

3月28日至4月2日，国家图书副馆长魏大威等一行4人赴美国参加该理事会2011年年会。

3月28日至4月2日，应博茨瓦纳驻华使馆邀请，博青年、体育和文化部常秘马奥瑞萨来华访问。3月30日，文化部副部长赵少华会见并宴请了马奥瑞萨一行。

3月31日至4月2日，德国巴伐利亚州科学、研究和艺术部国务部长霍伊比施访华。

4月1日德国外长韦斯特维勒出席“启蒙的艺术”展览开幕式。

4月1日至5月10日，由文化部与河南省人民政府联合主办的第29届中国洛阳牡丹文化节在河南洛阳举办。期间，举办了文化部首届优秀保留剧目大奖作品展演月活动。

4月12日，文化部印发《文化部关于推进文化企业境内上市有关工作的通知》，推进文化企业上市培育相关工作。

4月12日至5月6日，文化部与商务部联合组派中国残疾人艺术团一行52人赴塞内加尔、加纳、津巴布韦、南非、毛里求斯等非洲5国访演，全国人大常委会副委员长陈至立，塞内加尔总统瓦德与夫人，马里总统杜尔及夫人，塞政要、几内亚、几内亚比绍、马里、毛里塔尼亚、佛得角等7国文化部部长、加纳总统米尔斯夫妇等分别观看了艺术团演出。

4月14日至16日，全国人大常委会副委员长陈至立率代表团访问塞内加尔。15日晚，陈至立副委员长与瓦德总统共同出席了中国援建的国家大剧院交接仪式，随后共同观看了中国残疾人艺术团的精彩首演。

4月14日至27日，朱拉蓬公主赴北京、上海和广州访问。为第五届“中泰一家亲”音乐歌舞晚会挑选中方参演节目。入选内容为上海歌舞团的舞蹈节目和广州杂技团的杂技节目。

4月15日，印发《文化部办公厅关于印发〈文化部2011年课题研究与调研要点〉的通知》（办政法函〔2011〕130号），对文化部2011年课题研究与调研工作进行部署。

4月15日至25日，中共中央政治局常委李长春率团访问亚美尼亚、罗马尼亚、斯洛文尼亚、肯尼亚和莫桑比克。4月20日，李长春出席了“隔洋相看——非洲画家笔下的中国”展览开幕式并正式启动了“2011中国文化聚焦”系列活动，文化部部长蔡武陪同出席活动。

4月18日，中共中央政治局委员、上海市委书记俞正声出席巴黎中国文化中心“上海文化月”开幕式。

4月18日至22日，文化部副部长赵少华随副总理张德江出访乌克兰，出席中乌合作委员会第一次会议。会议期间，赵少华副部长与乌文化部就成立中乌文化合作分委会及召开分委会第一次会议等事宜进行了磋商，使中乌文化合作机制有效纳入政府合作委员会的框架，并使两国文化部间的合作扩展为广泛的人文合作领域。

4月19日至20日，文化部邀请部分在京文艺界全国政协委员赴北京演艺集团有限公司、中国东方演艺集团有限公司、河北省大厂评剧歌舞团演艺有限公司等国有文艺院团体制改革试点单位进行实地考查。

4月19日至25日，中国京剧艺术基金会理事长、著名京剧表演艺术家刘长瑜率中国京剧艺术团80余人赴香港，在香港新光戏院与香港振兴票房的“票友”联袂登台，教学相长，共同演出了6场“京沪港名师名票联袂演出”京剧折子戏，场场爆满，掌声不断，赢得香港市民的由衷喜爱和欢迎。

4月20日至23日，由文化部和浙江省人民政府共同主办的2011中国义乌文化产品博览会在浙江义乌国际博览中心举行。

4月20日至30日，中国文化传媒集团董事长孔繁灼等一行3人赴美国，对纽约时报、华盛顿邮报、美国侨报等报业集团进行工作访问，并签署合作协议。

4月22日，陪同李长春访非的中国文化部部长蔡武与莫桑比克文化部部长若昂分别代表本国政府在莫桑比克首都马普托签署了《中华人民共和国政府和莫桑比克共和国政府文化合作协定2011年至2014年执行计划》。

4月24日至5月1日，应文化部邀请，布隆迪青年、体育和文化部长尼耶尼米加博率政府文化代表团一行5人访问了北京、西安和上海三地。4月28日，文化部部长蔡武在京会见、宴请尼耶尼米加博一行，并与其签署了《中华人民共和国政府和布隆迪共和国政府政府文化合作协定2011年至2014年执行计划》。

4月25日至30日，内地文博机构代表团一行15人赴港澳考察访问，与港澳同行进行了广泛接触和深入交流，并就“2011年港澳大学生内地文化实践活动”进行了会商和对接。

4月28日，中国国家博物馆和秘鲁文化部联合举办的“印加人的祖先——公元一至七世纪的古代秘鲁”展览在中国国家博物馆开幕。秘鲁文化部长胡安·奥西奥·阿库尼亚一行5人出席展览开幕式并与相关机构进行会谈。

5月，国务院批准公布了第三批国家级非物质文化遗产名录，新入选191项，扩展入选164项。

5月，安徽、江西两省报送的《徽州文化生态保护实验区总体规划》通过专家论证，文化部正式批准同意实施。

5月1日至8月31日，建党90周年文化市场专项保障行动在全国范围内深入开展，为党庆创造了良好的社会文化环境。期间，重点清理了演出、娱乐、出版物、网吧、网络音乐和网络游戏等市场，进一步规范了文化市场秩序。

5月8日至15日，立陶宛文化部长阿鲁纳斯·盖鲁纳斯率政府文化代表团一行5人访华。期间，会见了文化部部长蔡武、副部长赵少华，与我国签署了两国文化部间文化合作计划，访问了北京、上海、深圳，并重点参观了深圳文博会。

5月11日，中宣部、文化部联合下发《关于加快国有文艺院团体制改革的通知》（文政法发〔2011〕22号）。

5月13日，中宣部在深圳主持召开文化产业发展座谈会。文化部部长蔡武出席会议，并就当前我国文化产业发展情况做重要讲话。

5月13日至16日，由文化部、商务部、国家广电总局、新闻出版总署、中国国家贸易促进委员会、广东省人民政府、深圳市人民政府等部门联合主办的第七届中国（深圳）国际文化产业博览交易会在深圳举行。

5月15日至23日，应杭州市人民政府、南通市人民政府与中国艺术节基金的邀请，法兰西学院艺术院终身秘书长阿尔诺·多德里夫率10人代表团（其中院士7位，行政人员3名）访华。

5月15日至26日，应奥地利教育艺术和文化部、荷兰教育文化科学部、约旦文化部的邀请，中共文化部党组成员、中央纪委驻文化部纪检组组长李洪峰率中国政府文化代表团一行6人，访问奥地利、荷兰、约旦3国。

5月16日，全国文化系统国有文艺院团体制改革电视电话会议召开。

5月17日，文化部副部长欧阳坚和尼日利亚文化旅游及指导部部长阿布巴卡·沙迪克·穆罕默德在京分别代表本国政府签署了互设文化中心的谅解备忘录。

5月17日，文化部副部长欧阳坚会见并宴请来华视察文化中心的尼日利亚文化旅游与指导部部长阿布巴卡·沙迪克·穆罕默德，并与其签署了《中华人民共和国政府和尼日利亚联邦共和国政府关于互设文化中心的谅解备忘录》和《中华人民共和国政府和尼日利亚联邦共和国政府2011年至2014年文化教育交流与合作议定书》。

5月17日至18日，2011年度国家文化科技提升计划暨文化部科技创新项目评审会在湖南长沙举行。

5月18日，文化部与中国建设银行联合印发《关于贯彻落实支持文化产业发展相关工作的通知》，进一步深化部行合作机制。

5月18日至20日，上海合作组织成员国文化部长第八次会议在哈萨克斯坦首都阿斯塔纳举行。应哈萨克斯坦文化部邀请，蔡武部长率中国政府文化代表团出席会议。

5月18日至22日，文化部组派吉林省歌舞团一行40人于5月上海合作组织文化部长会晤期间，赴哈萨克斯坦参加上海合作组织成员国艺术节开幕式演出并赴库奇塔市巡演。

5月19日，全国评比达标表彰工作协调小组批准同意在中国文化艺术政府奖中增设动漫奖，作为和文华奖、群星奖并列的子项目。

5月19日至28日，国家博物馆副馆长陈履生等5人应美国博物馆协会和加拿大皇家安大略博物馆邀请，赴美国和加拿大访问，参加美国博物馆协会2011年会，并与美国相关博物馆及加拿大皇家安大略博物馆就展览合作、人员交流等事项进行商谈。

5月19日至31日，委员长吴邦国访问纳米比亚、安哥拉、南非和马尔代夫四国。21日，吴邦国委员长出席了在纳米比亚举行的“中非青年领导人论坛”，并观看了文化部派遣的中国武术团举办的论坛欢迎晚宴演出。

5月20至21日，娱乐发展新趋势与管理创新座谈会在四川成都召开。座谈会探讨了转变政府管理方式与方法、实现企业资源共享和市场整合等热点、难点问题，有力促进了娱乐市场的规范化管理。

5月21日至22日，为配合在日本东京召开的“第四次中日韩领导人会议”，文化部与日、韩两国文化部门共同举办了中日韩3国传统工艺品展。

5月21日至23日，文化部部长特别助理李洪峰率中国政府文化代表团一行6人访问约旦，与约方签署《中约旦2011年至2014年文化合作协定执行计划》，向约方赠送价值20万人民币的舞台设备，并出席“中国文化日音乐会”。

5月23日，全国文化政策法规规划工作会议在江西省南昌市召开。

5月23日至27日，阿塞拜疆文化旅游部长加拉耶夫率政府文化代表团一行9人访华。期间，会见了文化部部长蔡武，与我签署了两国文化部间文化合作计划，并与文化部副部长赵少华共同出席了阿塞拜疆文化文化日开幕式。

5月24日，波兰密茨凯维奇学院院长保罗·波托罗钦在访华期间与波兰驻华大使塔德乌什·霍米茨基等一行5人会见了文化部副部长赵少华，双方就深化中波文化交流与合作事宜广泛交换了意见。

5月25日至26日，全国农村文化市场管理工作经验交流会在浙江宁波召开，欧阳坚同志出席会议并讲话。会议总结了各地农村文化市场管理的成功经验，为进一步提高农村文化市场管理水平奠定了基础。

5月27日，由文化部与天津市人民政府共建的天津国家动漫产业综合示范园正式开园。

5月31日，全国文化信息资源共享工程工作会议在青岛召开。文化部副部长杨志今出席会议并讲话，全面总结了文化共享工程“十一五”建设成果，对“十二五”期间及2011年下半年文化共享工程的建设任务进行了全面部署。同日，文化部在青岛召开数字图书馆推广工程工作会议，全面部署工程建设工作。

5月31日至6月9日，外联局副局长项晓炜、艺术司副司长诸迪等一行4人赴意大利出席威尼斯双年展“中国馆”和“中国新设计展”开幕活动。

6月，与工业和信息化部、人力资源和社会保障部联合下发通知，部署第六届中国工艺美术大师申报评审工作。

6月，文化部副部长赵少华率中国政府文化代表团赴德国参加由温家宝总理与默克尔总理共同主持的首轮中德政府磋商，与德方签署了《中华人民共和国文化部与德意志联邦共和国外交部关于促进文化领域交流与合作的谅解备忘录》。

6月、10月，分别在澳门和香港举行了“根与魂·中国非物质文化遗产的展演”活动，进一步发挥非物质文化遗产沟通情感、凝聚人心的作用，增进中华民族的凝聚力和向心力。

6月1日，创建国家公共文化服务体系示范区工作座谈会议在山东省青岛市召开。会上，文化部、财政部公布了第一批创建国家公共文化服务体系示范区（项目）评审结果，创建示范区工作领导小组办公室与第一批创建示范区人民政府、省（区、市）文化厅（局）签订目标责任书。

6月1日，《中华人民共和国非物质文化遗产法》正式施行。2011年“文化遗产日”期间，文化部在北京举办“文化遗产日”主题活动，包括“依法保护，重在传承——《中华人民共和国非物质文化遗产法》宣传展”、“薪火相传——中国非物质文化遗产传承人师徒同台展演”、“我们的精神家园——中国非物质文化遗产摄影大展”；在国家图书馆举办“册府琳琅，根脉相承——中华古代典籍与非物质文化遗产特展”；在四川成都举办第三届中国成都国际非物质文化遗产节；在浙江嘉兴举办端午节庆活动。

6月2日，中宣部和文化部在山东烟台召开全国地市级公共文化服务体系建设现场经验交流会。

6月3日，第二届香港“中国戏曲节”在香港文化中心隆重开幕。在文化部和香港特区政府康乐及文化事务署的合力打造下，本届“中国戏曲节”推陈出新、精品迭出，得到了越来越多香港市民和国际游客的瞩目，成为在香港欣赏中国地道戏曲、传承优秀文化的重要平台。

6月8日，“2011中日合办动漫节、影视周——日本动漫节、影视周”在中国国家博物馆举行。日本前首相麻生太郎作为首相特使率团来华，温家宝总理出席开幕式并参观动漫、影视展。蔡武部长于6月7日晚宴请了日方代表团主要成员。

6月11日，“根与魂——中国非物质文化遗产展演”大型综合性文化活动在澳门综艺馆隆重开幕。文化部副部长赵少华、澳门特区政府社会文化司司长张裕、中央政府驻澳门联络办副主任李本钧等出席开幕式并观看了展演。

6月14日，文化部副部长、中华文化联谊会会长赵少华会见台湾海峡交流基金会副董事长兼秘书长高孔廉率领的台湾广电出版参访团，就加强两岸文化交流与合作广泛交换了意见。

6月16日，2011年度国家文化创新工程项目评审会议在安徽合肥举行。

6月16日，为庆祝《中俄睦邻友好合作条约》签署10周年并配合胡锦涛主席对俄罗斯的国事访问，文化部组派中央民族乐团及相关工作团队120人在克里姆林宫剧院成功举办庆祝音乐会。

6月17日，文化部副部长赵少华会见并宴请澳门基金会行政委员会主席吴志良一行，双方就进一步加强内地与澳门的文化交流与合作进行了广泛而深入的交流。

6月19日至25日，应以色列文化部邀请，文化部部长蔡武率中国政府文化代表团一行6人访问以色列，出席以第三届“面向未来”总统会议，与以文体部长签署了《中以2011年至2015年文化协定执行计划》，并会见了以总统、总理及副总理等政要。

6月20日，由文化部、中央文明办共同主办的2011年“春雨工程”——全国文化志愿者边疆行欢送仪式在江苏南京举行。标志着历时半年、800多名文化志愿者参与、服务范围涵盖8个边疆民族省(区)的文化志愿服务活动正式拉开帷幕。

6月20日，匈牙利国家资源部文化国务秘书（相当于文化部长）瑟奇·盖佐在出席匈牙利当代艺术展开幕式前在中国美术馆会见了文化部副部长赵少华，并与外联局领导共同出席该展开幕式。

6月21日，文化部港澳台办主任董俊新会见台湾“一国两制”研究协会理事长蔡武璋一行31人。

6月21日至24日，全国国有文艺院团体制改革培训班在北京举办。

6月22日至23日，粤港澳文化合作第十二次会议在广州召开。总结交流第十一次会议以来交流合作进展情况，研究商讨新的合作建议。

6月22日～30日，亚美尼亚文化部副部长波戈相率政府文化代表团一行5人访华。期间，会见了文化部副部长欧阳坚，就进一步加强两国文化交流与合作交换了意见，并与我签署了两国文化部间文化合作计划，共同出席了亚美尼亚文化日开幕式演出。

6月22日至7月28日，第七届“港澳大学生文化实践活动”在北京成功举办。港澳地区12所高校的近百名大学生分赴国家博物馆等13家文博机构进行了为期5周的工作实习。

6月25日，温家宝总理访问匈牙利期间，和匈牙利共和国总理欧尔班共同见证了《中华人民共和国政府和匈牙利共和国政府关于互设文化中心的谅解备忘录》的签署。中国驻匈牙利大使高建和匈牙利国家资源部部长莱特伊·密克罗什分别代表本国政府在谅解备忘录上签字。

6月25日至7月27日，“2011年全国现代戏优秀剧目展演”在北京举办。

6月27日是，《光辉历程·时代画卷——庆祝中国共产党成立90周年美术作品展览》在中国美术馆隆重开幕。

6月29日，中宣部、文化部、国家广电总局、解放军总政治部、北京市在人民大会堂联合举办庆祝中国共产党成立90周年文艺晚会《我人的旗帜》。

7月4日至9日，文化部外联局副局长项晓炜作为中西论坛文化委员会中方主席，率3人代表团赴西班牙，出席中西论坛第六次会议文化委员会会议并与西方共同主持会议。

7月5日，中共中央政治局常委、中央纪委书记贺国强视察巴黎中国文化中心。他表示：“巴黎中国文化中心成为了很好的对外交往平台。这个平台对传播中国文化，加强中法友谊和交流起到了很重要的作用。”

7月5日至12日，乌兹别克斯坦文化体育部长库济耶夫率30人艺术团来华举办“乌兹别克斯坦文化日”并访问了北京、西安。在京期间，会见了文化部部长蔡武，就双方开展文化交流与合作广泛交换了意见，与李洪峰部长特别助理共同出席了“乌兹别克斯坦文化日”首场演出，并赴西安参观了文化产业基地和著名历史古迹。

7月6日至7日，全国文化厅局长座谈会在宁夏回族自治区银川市召开。

7月7日至11日，由文化部、上海市人民政府主办的第七届中国国际动漫游戏博览会在位于上海世博园区的中国国家馆举行。

7月7日至14日，“魅力天津——天津艺术团”一行21人赴南非访演，参加了南非国家艺术节彩装巡游，并在开普敦和南非全国学校艺术节开幕式上分别举行了专场演出。南非议会国家安全委员会主席、教育部官员、西开普省长、开普敦副市长等政要和中国驻开普敦总领事等分别观看了艺术团表演。

7月8日，中央纪委驻文化部纪检组长李洪峰会见并宴请台湾“台联党”前主席、台湾文化会馆基金会执行董事苏进强一行。

7月9日至13日，奥地利联邦欧洲和国际事务部文化政策司司长艾希廷格率奥地利联邦教育、艺术与文化部和奥地利联邦欧洲和国际事务部代表团一行就续签中奥文化交流执行计划事访华。

7月10日至20日，文化部在阿尔及利亚举办“2011特雷姆森伊斯兰文化之都——中国文化展示周”活动。内容包括银川艺术剧院《月上贺兰》大型舞剧、“书苑奇葩——中国穆斯林书法艺术展”和中国电影周。

7月12日，文化部直属机关先进基层党组织、优秀共产党员和优秀党务工作者表彰大会在京举行。

7月12日至14日，2011年度国家社科基金艺术学项目评审会在重庆举行。

7月18日至8月4日，为庆祝中国与塞拉利昂、喀麦隆建交40周年，“东方新韵友谊欢歌——深圳艺术团”一行27人赴塞拉利昂、乍得和喀麦隆访演，塞拉利昂外交部长达乌达、文化部长哥巴等官员观看了演出。

7月20日至23日，喀麦隆总统比亚访华。7月20日，文化部副部长欧阳坚与喀麦隆外长亨利·埃耶贝在中喀两国领导人的见证下，签署了《中华人民共和国政府和喀麦隆共和国政府2011年至2014年执行计划》。

7月25日至31日，文化部与内蒙古自治区人民政府共同主办的“艺海流金——草原文化之旅”大型对港澳文化交流和联谊活动在内蒙古隆重举办。

7月26日，科学技术部、文化部部际会商议定书签订仪式暨第一次工作会商会议在国家博物馆举行。

7月27日，应商务部邀请，布隆迪总统特使、布国家典礼局长赛弗兰·马尼拉唐加来华参加研修班。7月27日，文化部部长助理高树勋会见了赛弗兰·马尼拉唐加。

7月27日至8月7日，文化部副部长赵少华率中国政府文化代表团对坦桑尼亚、津巴布韦、南非和毛里求斯进行了工作访问。坦桑尼亚总理，新闻、青年、文化和体育事务部长，津巴布韦教育、体育、艺术和文化部副部长，南非艺文部代部长和副部长，毛里求斯文化部长等官员会见代表团。8月2日，文化部副部长赵少华与南非艺术和文化部代部长萨瓦里分别代表本国政府在南非行政首都比勒陀利亚签署了《中华人民共和国政府和南非共和国政府文化艺术合作协定2011年至2014年执行计划》。

7月28日至8月4日，博茨瓦纳青年、体育与文化部长肖·卡蒂应文化部邀请率政府文化代表团一行6人访问了北京、上海、西安等三地。8月2日，文化部部长蔡武在京会见并宴请了肖·卡蒂一行。

8月4日，文化部港澳台办主任助理肖夏勇会见并宴请在中国杂技团进行为期一个月杂技培训的台湾戏曲学院张文美一行14人。

8月6日，为纪念辛亥革命100周年，由中华文化联谊会和澳门基金会共同主办的“美丽之路”陈思思澳门演唱会在澳门综艺馆隆重举行。

8月9日，文化部转发《财政部 海关总署 国家税务总局关于印发〈动漫企业进口动漫开发生产用品免征进口税收的暂行规定〉的通知》，部署组织落实动漫企业进口动漫开发生产用品关税减免工作。

8月10日，文化部副部长赵少华会见乌兰巴托中国文化中心2011年度合作伙伴——蒙古国教文科部副部长库兰达，双方就中蒙文化交流历史与现状、在非遗领域的合作，以及乌兰巴托中国文化中心的建设等3个方面进行了交流沟通，并交换了意见。

8月15日，全国文化系统行业作风建设工作会议在呼和浩特市召开。

8月20日，前文化部副部长、中华文化联谊会顾问、国家图书馆馆长周和平会见并宴请台湾美术院院士访问团一行17人。

8月21日，文化部副部长、中华文化联谊会顾问欧阳坚会见并宴请台“海基会”董事长江丙坤一行及台湾美术院院士访问团21人。

8月22日至24日，国家级文化生态保护区建设现场交流会议在青海省黄南藏族自治州召开，文化部副部长王文章出席会议并讲话。

8月22日至26日，第二届“中俄文化大集”活动在黑龙江省黑河市成功举办。

8月22日至28日，文化部港澳台办主任侯湘华率内地文化行政和产业考察团一行17人赴港澳交流，通过与港澳相关政府部门和机构、社团、企业的广泛接触，了解港澳文化发展动态，拓展交流渠道，洽谈合作项目，为2012及今后几年内地与港澳文化的务实合作奠定了坚实基础。

8月24日，文化部印发《文化部关于在全国文化系统中开展法制宣传教育的第六个五年规划》（文政法发〔2011〕24号）。

8月24日至9月26日，2011年国家艺术院团优秀剧目展演活动在北京举行。

8月24日至30日，由文化部与江苏省人民政府主办的第八届中国（常州）国际动漫艺术周在江苏常州举办。

8月25日至30日，第九届全国舞蹈比赛在宁夏回族自治区银川市举行。

8月25日至29日，由文化部、国家广电总局、新闻出版总署、辽宁省人民政府、吉林省人民政府和黑龙江省人民政府联合主办的第四届中国东北文化产业博览交易会在辽宁工业展览馆举办。

8月27日至9月3日，荷兰教育文化科技部国务秘书赛尔斯特拉应邀访华，与文化部续签两国文化合作谅解备忘录。

8月29日，文化部港澳台办主任侯湘华会见并宴请来京参观考察文化遗产有关工作的金门县副县长吴友钦一行15人。

8月29日，文化部在人民大会堂举行“第三批国家级非物质文化遗产名录项目颁牌仪式”。中共中央政治局委员、国务委员刘延东和非物质文化遗产保护工作部际联席会议成员单位负责同志出席颁牌仪式。

8月29日至9月4日，中国作家协会副主席高洪波率中国作家代表团一行8人赴悉尼参加首届中国——澳大利亚文学论坛和墨尔本国际作家节。

8月30日，全国省级文化市场管理工作领导小组办公室负责人座谈会在京召开。文化部副部长欧阳坚出席并讲话。会议总结推广了北京市、浙江省、广东省、四川省等地文管办经验，探讨发挥省级领导小组办公室“协调指导监督”作用的方式方法。

9月，文化部印发《关于加强国家级非物质文化遗产代表性项目保护管理工作的通知》，进一步加强国家级名录项目的保护与管理工作。

9月，国家大剧院院长陈平随文化部部长蔡武代表团赴美访问。

9月1日，文化部港澳台办主任侯湘华会见台湾琉璃工坊负责人陈建明，就在大陆举办琉璃工坊展览交换意见。

9月3日至9月21日，“全国小剧场话剧优秀剧目展演”在上海举行。

9月5日，文化部港澳台办主任侯湘华会见并宴请台湾文建会三处处长许耿修一行4人。

9月5日至8日，全国文化系统党建研究会年会、窗口单位创先争优活动推进会暨党委书记学习班在上海举行。部党组成员、驻部纪检组组长、部直属机关党委书记李洪峰出席会议并讲话。上海市委宣传部副部长朱英磊到会并致辞。

9月6日至19日，“风从敦煌来——甘肃艺术团”一行25人赴肯尼亚、厄立特里亚和南非访演，参加厄特庆祝新年演出和约堡活力艺术节，为非洲各界人士奉献了6场演出。厄立特里亚国家选举委员会主席等部级官员出席了相关活动。

9月7日，印发《文化部办公厅关于印发〈文化部应诉工作管理暂行办法〉的通知》（办政法发〔2011〕27号）。

9月8日，文化部“原创动漫边疆推广计划”动漫进新疆活动在乌鲁木齐七坊街文化产业聚集区拉开帷幕。

9月16日，日本SMAP音乐组合在工人体育场举办专场音乐会。蔡武部长会见SMAP音乐组合并观看演出。

9月19日至23日，首届“黑龙江友城文化周”在哈尔滨成功举办。

9月19日至29日，陕西省戏曲研究院“中国陕西省非物质文化遗产展览”一行40人在伊朗举办庆祝中伊建交40周年中国文化周活动。

9月21日至28日，毛里求斯艺术与文化部长穆赫斯瓦尔·丘尼率政府文化代表团一行5人访问了北京、福建、上海三地。9月22日，文化部副部长赵少华会见并宴请了穆赫斯瓦尔·丘尼一行。

9月22日至27日，由文化部、国家广电总局、新闻出版总署和安徽省人民政府共同主办的第三届中国（国际）动漫创意产业交易会在安徽省芜湖市举办。

9月23日，文化部组派的贵州省榕江县侗族艺术团与香港中乐团合作演出“天籁传情——非物质文化遗产”音乐会，在香港文化中心上演了一场贵州侗族歌舞与大型中乐的精彩对话，并正式开启香港“第35音乐季”的序幕。

9月23日至24日，2011欧亚经济论坛文化分会——上海合作组织与欧亚地区国家公共文化设施服务与管理研讨会在西安成功举办。

9月25日至10月6日，故宫博物院院长郑欣淼等4人应肯尼亚国家博物馆、驻埃塞俄比亚使馆和法国卢浮宫博物馆邀请，访问肯尼亚、埃塞俄比亚和法国，考察相关博物馆设施，探讨专业领域交流合作事宜。

9月26日至10月2日，应葡萄牙东方基金会主席卡洛斯·奥古斯汀的邀请，副会长兼秘书长董俊新率领中国对外文化交流协会代表团一行4人访问葡萄牙，与葡东基会签订两会《2011年至2013年文化交流合作协议》，并出席由该协会和葡东基会联合在葡东方博物馆举办的“中国当代艺术展”开幕式活动。

9月27日至10月4日，中国音乐学院艺术小组一行7人赴马拉维参加“星之湖”艺术节，并在马首都举行了专场音乐会。马拉维总统和政府代表、教育与科技部长查蓬达、马外交、财政、工贸、交通、司法、能矿、卫生、文化、劳工等部、总统和内阁办公室的6位部长和6位副部长及总统发言人、宗教事务顾问等政府官员观看了艺术团的演出。

9月29日，文化部副部长王文章会见了以全国政协委员、香港立法会议员霍震霆为团长的香港文化艺术界代表团一行30人，并就加强内地与香港的文化交流与合作交换了意见。

10月，“澳门江苏周”期间，江苏省文化厅组织举办的文化活动独具特色，与经贸领域活动相映成趣、相得益彰，成为地方对港澳文化工作的一次成功实践。

10月，2013年“人类非物质文化遗产代表作名录”和“急需保护的非物质文化遗产名录”申报项目专家评审会议在北京召开。

10月，第一批国家级非物质文化遗产生产性保护示范基地名单向社会正式公布，涉及41个企业和单位。

10月6日至13日，“中国印·李岚清篆刻书法艺术海外巡展”在印尼国家博物馆成功举办。前全国人大常委会副委员长成思危率团出席展览开幕活动。

10月6日至21日，日本松山芭蕾舞团来华演出，于10月14日在京举办专场演出。国务委员刘延东出席观看演出。

10月10日至20日，第12届亚洲艺术节在重庆成功举办。2011年适逢中国与东盟建立对话关系20周年，根据国务院关于中国——东盟建立对话关系20周年庆祝活动的统一部署，文化部依托亚洲艺术节举办“东盟文化周”等活动，邀请东盟秘书处代表、东盟各国文化部长以及各国艺术家参加艺术节，并举办亚洲文化论坛及亚洲戏剧人高峰论坛等活动。艺术节期间，文化部部长蔡武与东盟各国代表进行了中国—东盟文化部长会晤。

10月11日，文化部部长蔡武出席沙特在华举办的第四届“国王翻译奖”颁奖仪式，沙特国王顾问、国王图书馆馆长阿布杜勒·阿齐兹亲王主持活动。

10月13日，文化部副部长王文章会见并宴请台湾“台联党”前主席、台湾文化会馆基金会执行长、台湾文化会馆馆长苏进强一行6人，就推进两岸民俗艺术交流，开展两岸民间文化合作深入交换意见。

10月14日，艺术学学科建设座谈会在京举行。

10月15日至20日，第三届中国诗歌节在福建省厦门市举办。

10月22日，文化部部长蔡武视察东京中国文化中心，他表示：“东京中国文化中心既面向主流，又面向草根推介中国文化，调解两国人民的情绪，增进日本人民对中国的了解，增进中国文化的信誉和影响，最终目的是促进两国关系健康发展，促进两国人民世世代代友好下去。”

10月21日，朝鲜歌剧《梁祝》剧组185人来华巡演，历时86天，在大庆、沈阳、北京、上海、杭州、无锡、武汉、长沙、广州、重庆、兰州、青岛和大连等13个城市演出35场，是官方接待巡演时间最长、人数最多的艺术团。李长春、刘延东、李源潮、李继耐等领导同志出席观看了《梁祝》在京首演。

10月23日至24日，由文化部与广电总局、中国驻日本使馆等部门联合举办的“2011中日合办动漫节、影视周——中国动漫节、影视周”开幕式系列活动在日本东京成功举办。文化部部长蔡武率中国政府文化代表团访日出席开幕式。

10月25日，文化部副部长赵少华与乌兹别克斯坦文化和体育事业部部长库济耶夫部长在中国文化部举行了中乌人文合作分委会双方主席工作会晤。双方总结了双边文化交流的成果并为分委会的工作机制规划了方向、制定了原则。

10月26日，2011年中国图书馆年会暨中国图书馆学会年在贵阳拉开帷幕。贵州省副省长刘晓凯，国家图书馆馆长、中国图书馆学会名誉理事长周和平出席大会，来自全国各省（区、市）文化行政主管部门的负责人，全国各级各类图书馆馆长，图书馆界和公共文化服务领域的专家、学者，以及国内外图书馆界代表近1500人参加本次大会。

10月27日，波兰文化与民族遗产部部长博格丹·兹德罗耶夫斯基一行应邀来华出席第二届“中欧文化高峰论坛”并与文化部部长蔡武举行会谈。双方就扩大和深化中波两国的文化交流与合作以及互设文化中心等问题深入交换了意见。

10月28日至31日，第九届中国国际网络文化博览会在北京展览馆举行，40余家游戏产商参展。本届博览会新增“严肃游戏创新峰会”，力促严肃游戏健康发展。

11月，赫哲族独特说唱艺术伊玛堪被联合国教科文组织列入“急需保护的非物质文化遗产名录”，中国皮影戏入选 “人类非物质文化遗产代表作名录”。

11月，经文化部协调，美国亚洲协会与中国人民对外友好协会合作于11月16日至19日在北京举办了“中美文化艺术论坛”，包括梅丽尔·斯特里普、朱迪斯·贝尔泽、乔尔·科恩、马友友等中美文化界名人出席论坛活动。

11月2日至7日，罗马尼亚文化和国家遗产部部长凯莱曼·胡诺尔率罗马尼亚政府文化代表团一行5人访华。期间，文化部部长蔡武、中联部领导分别会见代表团，就进一步加强两国文化交流与合作深入交换了意见。

11月2日至11月18日，第六届中国京剧艺术节在湖北武汉举行。

11月3日，中共中央政治局常委、全国政协主席贾庆林视察柏林中国文化中心。贾主席充分肯定了柏林中国文化中心成立以来的工作并指出：“文化中心为促进中德交往和文化交流发挥了重要的、不可替代的作用。”

11月6日至30日，首届中国歌剧节在福建省福州市举办。

11月8日至10日，文化部副部长赵少华率中国政府文化代表团一行5人出访土库曼斯坦，出席中土合作委员会人文合作分委会第一次会议并签署会议纪要。

11月9日至13日，由文化部、国家广电总局、新闻出版总署、北京市人民政府共同主办的第六届中国北京国际文化创意产业博览会在北京举办。

11月9至18日，中共中央政治局委员、中央书记处书记、中宣部部长刘云山率中共代表团对埃塞俄比亚、坦桑尼亚和津巴布韦进行友好访问。刘云山出席了浙江艺术团在埃塞俄比亚、津巴布韦分别举办“物华天工——中国浙江非物质文化遗产展”和

“2011中国文化聚焦·浙江文化节——中津艺术家联袂演出”活动。

11月10日至13日，文化部副部长赵少华率中国政府文化代表团一行5人出访乌克兰，出席中乌合作委员会文化合作分委会第一次会议并签署会议纪要。

11月12日，文化部组派中央歌剧院在澳门综艺馆成功首演原创大型史诗歌剧《辛亥风云》，成为海峡两岸及港澳地区纪念辛亥革命文化活动的“重头戏”，彰显出国家艺术院团高度的文化自觉和文化自信。

11月15日，全国人大常委会副委员长周铁农视察贝宁中国文化中心，对中心工作给予了肯定和赞扬。

11月15日，文化部开展的2011年至2013年度“中国民间文化艺术之乡”评选揭晓，全国共有528个县（县级市、区）、乡镇（街道）入选。命名颁牌仪式和总结会议在江苏省常熟市举行，文化部副部长杨志今、江苏省副省长曹卫星等出席并致辞。

11月15日，第三次全国文化馆评估定级命名颁牌仪式暨工作总结会议在常熟召开。文化部副部长杨志今、江苏省副省长曹卫星等领导出席活动开幕仪式。

11月15日，文化部下发《关于做好国有文艺院团体制改革近期重点工作的通知》（文政法发〔2011〕2093号）。

11月15日至19日，马其顿文化部部长伊丽莎白-坎切斯卡·米莱夫斯卡率政府文化代表团一行6人访华。期间，与中国文化部部长蔡武进行了工作会晤，双方签署了两国文化部间文化合作计划，并与赵少华副部长共同出席了在北京金台艺术馆举行的“马其顿民俗文化展”暨“马其顿文化日”开幕式。

11月18日，全国政协副主席罗富和视察毛里求斯中国文化中心。

11月22日，文化部港澳台办主任助理肖夏勇会见并宴请台湾戏曲学院校长张瑞滨一行13人。

11月23日，文化部在京举行2011年度国家文化产业示范基地影响力评价结果发布会，公布2011年度十大最具影响力国家文化产业示范基地名单。

11月25日至28日，科威特国家文化艺术文学委员会秘书长（副部级）阿里·尤哈率科政府文化代表团一行3人访华。

11月28日至12月6日，国务委员刘延东访问纳米比亚、博茨瓦纳和喀麦隆三国，期间刘延东同志出席了“隔洋相看——非洲画家笔下的中国”展览开幕式及“2011中国文化聚焦·魅力天津——中喀艺术家联袂演出”等活动。

11月28日至12月6日，厄立特里亚人阵党中央执委、党中央调研和文献部部长泽姆莱特·约翰内斯应文化部邀请率政府文化代表团一行7人访问北京和上海。12月1日，文化部部长蔡武会见并宴请了泽姆莱特·约翰内斯一行。

11月29日至30日，全国国有文艺院团体制改革培训班在京举办。

12月上旬，下发《文化部关于加强艺术品市场管理工作的通知》，通知要求：大力加强艺术品市场建设、依法规范艺术品市场交易秩序、切实执行艺术品市场管理制度、积极推进艺术品市场立法进程。

12月2日至7日，根据中俄两国文化合作计划，文化部与俄罗斯文化部共同主办了“俄罗斯文化节”活动——“中俄舞台艺术对话”。

12月4日至16日，文化部副部长杨志今率中国政府文化代表团一行6人访问科威特、沙特、土耳其，签署了《中科文化协定2011年至2015年执行计划》，并出席中科建交40周年庆祝活动和2012年土耳其中国文化年开幕式活动。

12月6日至9日，哈萨克斯坦文化部副部长布里巴耶夫率团一行6人访华，并于8日与赵少华副部长在北京共同主持召开了中哈合作委员会文化和人文合作分委会第七次会议并签署会议纪要。

12月7日至16日，纳米比亚青年、国家服务、体育与文化部长卡泽南博·卡泽南博应文化部邀请率政府文化代表团一行5人访问了北京、云南和深圳。

12月8日，文化部部长蔡武会见了卡泽南博一行并与其签署了《中华人民共和国政府和纳米比亚共和国政府文化协定2011年至2015年执行计划》。

12月9日，文化部召开出席党的十八大代表候选人推选工作动员部署会议。部党组书记、部长蔡武，部党组成员、直属机关党委书记李洪峰，部党组成员、部长助理、人事司司长高树勋出席会议。

12月10至27日，“2011中国文化聚焦——我的中国故事”组派《人民日报》、新华社、中央人民广播电台、中央电视台、中国国际广播电台等11家国内媒体的记者，赴坦桑尼亚、津巴布韦、毛里求斯、南非和埃塞俄比亚、贝宁、塞内加尔、尼日利亚采访。

12月11日至20日，第五届尼泊尔“中国节”在尼首都加德满的成功举办，文化部副部长赵少华率中国政府文化代表团赴尼，与尼总理巴特拉伊共同出席“中国节”开幕式。

12月12日，文化部港澳台办主任助理肖夏勇会见并宴请台北艺术大学校长朱宗庆一行8人。

12月14日，文化部港澳台办主任助理肖夏勇会见台湾太极影音科技股份有限公司董事长黄宝云一行4人，就两岸动漫产业合作交换意见。

12月14日，文化部港澳台办主任助理肖夏勇会见台湾联合报系金传媒集团集团活动事业处专案总监钟逸民一行2人，就两岸文物交流交换意见。

12月中旬，下发《文化部关于加强演出市场有关问题管理的通知》，进一步完善和加强了演出市场管理，有力促进了演出市场繁荣发展。

12月18日至24日，第一届全国青少年戏曲邀请赛在辽宁沈阳举办。

12月20日，文化部副部长王文章出席台湾画家薛保瑕“流动现实——抽象艺术展”开幕式并为展览剪彩。

12月20日，在胡锦涛主席和波兰共和国总统布罗尼斯瓦夫·科莫罗夫斯基的见证下，李洪峰部长特别助理和波兰外交部副国务秘书耶日·波米亚诺夫斯基分别代表本国政府签署了互设文化中心的谅解备忘录。

12月26日，举行中国数字文化集团有限公司成立揭牌仪式。

12月27日，由文化部与天津市人民政府等共同主办的中国文化艺术政府奖首届动漫奖颁奖系列活动在天津举行。

12月28日晚，由文化部和国务院农民工工作联席会议办公室共同主办的“温暖之春”——2012年慰问全国农民工春节晚会在北京奥林匹克体育中心体育馆举行。

12月29日，文化部部长蔡武签发《文化市场综合行政执法管理办法》（文化部第52号令），于2012年2月1日施行。该办法是首部专门管理和规范文化市场综合行政执法工作的部门规章。

12月30日，文化部与北京金诚同达律师事务所签订合同，确定北京金诚同达律师事务所为文化部常年法律顾问，合同期为一年。

中国文化年鉴

Almanac Of Chinese Culture

文化机构人员

Cultural Organization Staff

北京市

北京市文化局

党组副书记、局长：肖　培
党组书记、副局长：张文华
党组副书记、副局长：何　昕
党组成员：李恩杰
党组成员、副局长：王　珠、张　晓、关　宇
副局长：王　鹏、吕先富
党组成员、纪检组组长：崔国红
巡视员：叶重辉、吴　然
副巡视员：倪晓建

东城区文化委员会主任：李承刚
西城区文化委员会主任：李征帆
朝阳区文化委员会主任：黄晓伟
海淀区文化委员会主任：陈　静
丰台区文化委员会主任：王　虹
石景山区文化委员会主任：高洪雁
通州区文化委员会主任：杜德玖
顺义区文化委员会主任：刘振河
平谷区文化委员会主任：王振国
怀柔区文化委员会主任：焦安琦
密云县文化委员会主任：李洪仕
昌平区文化委员会主任：刘全新
大兴区文化委员会主任：王　健
延庆县文化委员会主任：刘永强
房山区文化委员会主任：李立新
门头沟区文化委员会主任：闫洪亮

天津市

天津市文化广播影视局

党委副书记、局长：郭运德
党委书记、副局长：杜彩霞
党委副书记、副局长：金洪跃
党委副书记：党丽颖
党委常委、副局长：靳方华、游庆波
副局长：金永伟
党委常委、市纪委驻局纪检组组长：李广玉
党委常委、副巡视员：李春雨
副巡视员：施爱茹

和平区文化和旅游局局长：赵　滨
河东区文化和旅游局局长：闫巨仑
河西区文化局局长：朱义海
南开区文化和旅游局局长：冉　然
河北区文化和旅游局局长：张丽强
红桥区文化和旅游局局长：张志忠
滨海新区文化广播电视局局长：张仁刚
东丽区文化广播电视局局长：张耀国
西青区文化广播电视局局长：高　艳
津南区文化广播电视局局长：杨俊明
北辰区文化广播电视局局长：杨国珍
武清区文化广播电视局局长：黄维孝
宝坻区文化广播电视局局长：王长彬
宁河县文化广播电视局局长：项志军
静海县文化广播电视局局长：袁建立
蓟县文化广播电视局局长：赵海军

河北省

河北省文化厅

党组书记、厅长：冯韶慧
党组副书记、副厅长：王离湘
副厅长：边发吉
党组成员、驻厅纪检组长、监察专员：徐亚平
党组成员、副厅长：彭卫国　李建华
党组成员、省文物局长：张立方

石家庄市文化新闻出版局局长：李耀峰
新华区文体局局长：郭航军
桥西区文体局局长：蔡风国
长安区文体局局长：黄锁成
桥东区文体局局长：张贵忠
裕华区文体局局长：李明华
石家庄市高新区社会发展局局长：李在兰
矿区文化文化广电新闻出版局局长：刘玉斌
藁城市文体局局长：刘建平
鹿泉市文广新局局长：艾新建
新乐市文广新局局长：田俊英
辛集市文广新局局长：田英秋

晋州市文广新局局长：康晋涛
井陉县文广新局局长：张富海
正定县文广新局局长：李铁民
栾城县文广新局局长：杨志新
平山县文广新局局长：陈建廷
灵寿县文广新局局长：付建敏
赞皇县文广新局局长：时占敖
赵县文广新局局长：高志英
元氏县文广新局局长：高冠社
高邑县文广新局局长：胡志乔
行唐县文广新局局长：康鏊战
无极县文广新局局长：李跃清
深泽县文广新局局长：纪书强

张家口市文广新局局长：姜玉琛
桥东区旅游文化体育局局长：孙志强
桥西区文体局局长：王　臣
高新区文教局局长：王　云
宣化区文广新局局长：李宏君
下花园区文广新局局长：韩　文
察北管理区文体局局长：陈海玲
塞北管理区文广新局局长：张艳萍
崇礼县文广新局局长：吴占钦
万全县旅游文体广电局局长：李学宏
尚义县文广新局局长：邓　平
阳原县文广新局局长：李春江
沽源县文广新局局长：田瑞峰
涿鹿县文化体育广电新闻局局长：高峰河
怀来县文体广电新局局长：常全利
宣化县文教局局长：史元甲
康保县文体局局长：史维军
蔚县文广新局局长：宋建中
赤城县文体广电新闻出版局局长：侯海云
张北县文化体育广电新闻出版局局长：闫世琴
怀安县旅游文化体育广电新闻出版局局长：韩少龙

承德市文广新局局长：杨　铭
双桥区文广新局局长：李成娥
双滦区文广新局局长：朱文秀
营子区文广新局局长：韩秀侠
承德县文广新局局长：刘秀丽
滦平县文广新局局长：赵俊海
宽城县文广新局局长：陈艳军
隆化县文广新局局长：傅雨时
围场县文广新局局长：王亭章
丰宁县文广新局局长：曹海龙
兴隆县文广新局局长：邓久国
平泉县文广新局局长：祈彦春

秦皇岛市文广新局局长：李文生
抚宁县文化教育体育广电新闻出版局局长：陈克杰
昌黎县文化体育广电新闻出版局局长：腾运涛
卢龙县文化体育广电新闻出版局局长：韩淑敏
青龙县满族自治县文化体育广电新闻出版局局长：佟云超
海港区文化体育广电新闻出版（版权）局局长：刘海波
山海关区文化教育广电新闻出版（版权）局局长：马　野
北戴河区文化体育局局长：李春光
经济技术开发区社会发展局局长：王满成
北戴河新区旅游发展局局长：孟凡刚

唐山市文化广播电视新闻出版局局长：罗向军
路南区文体局局长：李建忠
路北区文体局局长：董　洁
开平区文广新局局长：蒋海洪
古冶区文体局局长：郭东升
丰润区文广新局局长：亢瑞秋
丰南区文广新局局长：田殿江
遵化市文广新局局长：杨连广
迁安市文广新局局长：刘　海
玉田县文广新局局长：王玉峰
迁西县文广新局局长：高晓峰
滦县文广新局局长：王庆刚
滦南县文体局局长：卢常青
乐亭县文广新局局长：白玉奇
唐海县文广新局局长：王之海

廊坊市文广新局局长：卢留虎
三河市文广电局局长：何振文
三河市新闻出版局局长：张永亮
大厂县文广新局局长：何玉国
香河县文广新局局长：吴君清
广阳区文广新局局长：姬国胜
安次区文广新局局长：冯　强

固安县文广新局局长：王炳彦
永清县文广新局局长：尹长吉
霸州市文广新局局长：朱　红
文安县文广新局局长：王盛运
大城县文广新局局长：刘铁良
开发区文教卫生局局长：王清达
新世纪步行街管理委员会：王洪元

保定市文广新局局长：高　玉
定州市文广新局局长：张立亚
高碑店市文广新局局长：王腾洋
安国市文广新局局长：许耀东
涿州市文广新局局长：王　勋
曲阳县文化文物旅游局局长：张建霞
涞水县文广新局局长：田树江
安新县文广新局局长：王伟林
容城县文体教育局局长：张彦忠
雄县文广新局局长：李　启
蠡县文广新局局长：魏宽成
唐县文教局局长：吕海振
高阳县文广新局局长：刘菊青
定兴县文广新局局长：姚克欣
满城县文广新局局长：宁洪水
新市区文教局局长：倪学红
北市区文教局局长：冯　华
南市区文教局局长：李建辉
高新区公益局局长：李志民
白沟新城经济社会发展局局长：胡继红
阜平县文广新局局长：刘玉杰
涞源县文广新局局长：张殿军
顺平县文广新局局长：周大军
望都县文广新局局长：闫　肃
清苑县文体局局长：王秋和
博野县文广新局局长：邵国旺
易县文化局局长：张东江
徐水县文广新局局长：米萃之
新市区文教局局长：倪学红
北市区文教局局长：冯　华
南市区文教局局长：李建辉
高新区公益局局长：李志民
白沟新城组织人事局：孙　涛

沧州市文广新局局长：王生辉
吴桥县文广新局局长：吴　鑫
东光县文广新局局长：林永正
泊头市文广新局局长：杨金葆
南皮县文广新局局长：许振清
献县文广新局局长：张立杰
肃宁县文体广新局局长：代　伟
任丘市文广新局局长：李铁乱
河间市文体广新局局长：石占坡
沧县文广新局局长：张钜祯
青县文体广新局局长：杨志刚
黄骅市文体广新局局长：王文博
海兴县文体广新局局长：郭维东
孟村回族自治县文体广新局局长：王书文
盐山县文体广新局局长：刘建功
新华区文化教育局局长：涂强
运河区文化教育局局长：刘恩敏
渤海新区文化教育局局长：王洪建
开发区文化教育局局长：邵长忠

衡水市文广新局局长：李根起
桃城区文体局局长：荣守莉
枣强县文广新局局长：齐双占
冀州市文教局局长：张庆振
故城县教文体局局长：张凤强
武邑县教文体局局长：庞文湃
武强县教文体局局长：张春瑜
阜城县教文体局局长：高良松
饶阳县教文体局局长：何航平
深州文体局局长：李会来
安平县文体局局长：张力上
景县文体局局长：李树旺

邢台市文广新局局长：王殿银
清河县文化广播电视新闻出版体育局局长：王广艺
邢台县文化广播电视新闻出版体育局局长：吴国会
沙河市文化广播电视新闻出版体育局局长：樊渠金
内丘县文化广播电视新闻出版体育局局长：马成龙
宁晋县文化广播电视新闻出版体育局局长：赵志军
隆尧县文化广播电视新闻出版体育局局长：任京国
任县文化广播电视新闻出版体育局局长：王梦辉
开发区社会事业发展局局长：杨　选

新河县教育文化广电新闻出版体育局局长：王秀辰
平乡县文化广播电视新闻出版体育局局长：郭根水
广宗县教育文化广电新闻出版体育局局长：尹永华
威县文化广播电视新闻出版体育局局长：杨立群
柏乡县文化体育旅游局局长：杨中玉
南和县文化广播电视新闻出版体育局局长：孙立新
临城县教育文化广电新闻出版体育局局长：韩志林
巨鹿县文化广播电视新闻出版体育局局长：张蔚霞
南宫市文化广播电视新闻出版体育局局长：白来文
临西县文化广播电视新闻出版体育局局长：宋万强
桥东区文化新闻出版体育局局长：冯庄顺
桥西区教育文化体育局局长：王之良
大曹庄管理区文化体育局局长：闫万兴

邯郸市文广新局局长：冯洪波
丛台区文教体局局长：徐孟书
复兴区文教体局局长：裴献堂
邯山区文教体局局长：裴相峰
邯郸县文广新局局长：田九海
广平县文广新局局长：翟志强
肥乡县文广新局局长：毕怀领
馆陶县文体办：赵树新
永年县文广新局局长：郭志军
曲周县文化广电新闻出版旅游局局长：朱金生
涉县文广新局局长：姚华祥
鸡泽县文广新局局长：范慧丽
磁县文广新局局长：牛玉生
大名县文广新体育旅游局局长：赵宏文
成安县文化广播影视新闻出版局局长：杨好亮
武安市文体局局长：王慈娴
魏县文化广电新闻出版体育旅游局局长：李慧芳
临漳县文广新局局长：郭　超
峰峰矿区文体旅游局局长：陈　虎
邯郸马头生态工业城文教局局长：张宪舫
邯郸经济开发区文教局局长：申向东

山西省

山西省文化厅
党组书记、厅长：张明亮
党组成员、巡视员：赵晋蓉
党组成员、纪检组长：李春荣
党组成员、副厅长：张建军、贾新田、郭　立
党组成员、副巡视员：窦明生
党组成员、副巡视员、省话剧院院长：贾茂盛

太原市文广新局局长：李　钢
小店区文化广电新闻出版局局长：李春涛
迎泽区文化广电新闻出版局局长：胡伟民
杏花岭区文化广电新闻出版局局长：王东军
尖草坪区文化广电新闻出版局局长：赵劲钧
万柏林区文化广电新闻出版局局长：高剑光
晋源区文化广电新闻出版局局长：赵　卫
古交市文化广电新闻出版局局长：康志明
清徐县文化广电新闻出版局局长：马永红
阳曲县文化广电新闻出版局局长：李继宏
娄烦县文化广电新闻出版局局长：王爱军

大同市文广新局局长：李恒瑞

朔州市文广新局局长：郭文新
朔城区文体局局长：赵晓宇
平鲁区文体局局长：戴　远
山阴县文体局局长：王跃文
右玉县文体局局长：庞日亮
怀仁县文体局局长：余仲谦
应县文体局局长：吴桂山

阳泉市文广新局局长：高士萍
城区文化体育旅游局局长：石壮志
矿区文化体育旅游局局长：任文祥
郊区文化体育旅游局局长：周崇浩
平定文化体育旅游局局长：郗小英
盂县文化体育旅游局局长：张金瑞

长治市文广新局局长：陈秀英
城区文体广电新闻出版局局长：张　省
郊区文体广电新闻出版局局长：史海莲
潞城市文体广电新闻出版局局长：秦虎钢
长治县文体广电新闻出版局局长：李　龙
长子县文体广电新闻出版局局长：宋　杰
屯留县文体广电新闻出版局局长：杨庆春
壶关县文体广电新闻出版局局长：李国祥
平顺县文体广电新闻出版局局长：申安根
黎城县文体广电新闻出版局局长：王苏陵

襄垣县文体广电新闻出版局局长：孙　波
武乡县文体广电新闻出版局局长：张碧玉
沁县文体广电新闻出版局局长：秦苏良
沁源县文体广电新闻出版局局长：赵永进

晋城市文广新局局长：闫锦绣

忻州市文广新局局长：潘孝忠
忻府区文化局局长：胡忠田
定襄县文化局局长：张尚瑶
原平市文化局局长：郑争妍
代县文化局局长：黄凤翔
繁峙县文化局局长：韩　英
五台县文化局局长：马廷飞
宁武县文化局局长：郭俊杰
神池县文化局局长：王淑文
五寨县文化局局长：杨子建
岢岚县文化局局长：赵广林
河曲县文化局局长：王建国
保德县文化局局长：张广明
偏关县文化局局长：秦永进
静乐县文化局局长：李富魁

晋中市文广新局局长：朱荣耀
榆次区文化广电新闻出版局局长：赵凌中
太谷县文化广电新闻出版局局长：张国文
祁县文化广电新闻出版局局长：范向宏
平遥县文化广电新闻出版局局长：王桂梅
介休市文化广电新闻出版局局长：裴卫东
灵石县文化广电新闻出版局局长：王世强
寿阳县文化广电新闻出版局局长：赵　源
昔阳县文化广电新闻出版局局长：翟贵军
和顺县文化广电新闻出版局局长：常跃生
左权县文化广电新闻出版局局长：王建军
榆社县文化广电新闻出版局局长：李宪军

临汾市文广新局局长：傅遵师
尧都区文化广电新闻出版局局长：蔡海平
侯马市文化广电新闻出版局局长：范孟龙
霍州市文化广电新闻出版局局长：张黎明
襄汾县文化广电新闻出版局局长：张　翔
曲沃县文化广电新闻出版局局长：杨切喜
翼城县文化广电新闻出版局局长：侯　霆
洪洞县文化广电新闻出版局局长：赵文卿
浮山县文化广电新闻出版局局长：段锦瑞
安泽县文化广电新闻出版局局长：张泽民
古县文化广电新闻出版局局长：尚立春
乡宁县文化广电新闻出版局局长：张来有
吉县文化广电新闻出版局局长：强朝晖
大宁县文化广电新闻出版局局长：王录明
蒲县文化广电新闻出版局局长：张文龙
隰县文化广电新闻出版局局长：任志平
永和县文化广电新闻出版局局长：葛　毅
汾西县文化广电新闻出版局局长：马明明

运城市文广新局局长：杨金贵
盐湖区文化广电新闻出版局局长：关兴刚
河津市文化广电新闻出版局局长：齐彦青
永济市文化广电新闻出版局局长：李金州
临猗市文化广电新闻出版局局长：张自力
芮城县文化广电新闻出版局局长：薛亚琴
夏县文化广电新闻出版局局长：文东雷
闻喜县文化广电新闻出版局局长：张海明
新绛县文化广电新闻出版局局长：郝振海
绛县文化广电新闻出版局局长：孙权胜
垣曲县文化广电新闻出版局局长：杨金祥

吕梁市文广新局局长：杜旭华
交城县文化广电新闻出版局局长：高　涛
文水县文化广电新闻出版局局长：樊　俊
汾阳市文化广电新闻出版局局长：韩志刚
孝义市文化广电新闻出版局局长：马明高
石楼县文化广电新闻出版局局长：乔志浩
交口县文化广电新闻出版局局长：宋禄珍
中阳县文化广电新闻出版局局长：李红梅
柳林县文化广电新闻出版局局长：刘映学
离市区文化广电新闻出版局局长：王建平
方山县文化广电新闻出版局局长：靳乃平
岚县文化广电新闻出版局局长：魏海明
兴县文化广电新闻出版局局长：马　云
临县文化广电新闻出版局局长：张金生

内蒙古自治区

内蒙古自治区文化厅

厅　长：王志诚
副厅长：刘春良　安泳锝　赵新民　乔玉光
驻厅纪检组组长：韩　冰
副巡视员：李鸿英　闫利霞

呼和浩特市文化局局长：王黑小
新城区文体局局长：马丽萍
回民区文体局局长：王月平
玉泉区文体局局长：康丽霞
赛罕区文体局局长：张　毅
土默特左旗文体局局长：王锦霞
清水河县文体局局长：张文玲
托克托县文体局局长：贾来东
和林格尔县文体局局长：王建功
武川县文体局局长：张世杰

包头市文化局局长：洪　涛
固阳县文体广电局局长：马崇高
达尔罕茂明安联合旗文体广电局局长：伊拉勒图
白云鄂博矿区文体广电局局长：李　峰
石拐区文体广电局局长：王旭东
土默特右旗文体广电局局长：王福君
九原区文体广电局局长：刘占江
东河区文体广电局局长：张春枝
青山区文体广电局局长：李和平
昆都仑区文体广电局局长：刘萍

呼伦贝尔市文化局局长：何　涛
海拉尔区文体局局长：马景会
扎兰屯市文体广电局局长：于　萍
牙克石市文体广电局局长：杨　志
额尔古纳市文体广电局局长：杨元峰
根河市文体广电局局长：杨有福
陈巴尔虎旗文体广电局局长：陈彦龙
新巴尔虎左旗文体广电局局长：达·朝鲁门
新巴尔虎右旗文体广电局局长：齐海龙
鄂温克旗文体广电局局长：尤　拉
鄂伦春旗文体广电局局长：吴　莽
阿荣旗文体广电局局长：冯启军
莫力达瓦旗文体广电局局长：阿荣挂

兴安盟文化局局长：任玉忠
乌兰浩特市文体局局长：王宏宇
阿尔山市文体局局长：李玉霞
科尔沁右翼前旗文体局局长：庞　伟
科尔沁右翼中旗文体局局长：白建华
扎赉特旗文体局局长：田　香
突泉县文体局局长：王　清

通辽市文化局局长：杨宝坤
霍林郭勒市文化广电局局长：于海宝
扎鲁特旗文化广电局局长：赵　庆
科尔沁左翼中旗文化广电局局长：蔡云龙
开鲁县文化广电局局长：王　雁
科尔沁区文化广电局局长：于海明
科尔沁左翼后旗文化局局长：孙　平
奈曼旗文化广播电视局局长：王书博
库伦旗文化广播电视局局长：丛日成
通辽市开发区科技教育文化广播电视剧局长：白立民

赤峰市文化局局长：于凤仙
阿鲁科尔沁旗文体广电局局长：布和巴特尔
巴林左旗文体广电局局长：陶建英
巴林右旗文体广电局局长：张志勇
克什克腾旗文化局局长：孙再兴
林西县文体广电局局长：赵国庆
翁牛特旗文体广电局局长：刘增军
喀喇沁旗文体局局长：高希川
宁城县文体广电局局长：吴京民
敖汉旗文体广电局局长：许景泉
红山区文体局局长：张兆明
元宝山区文体广电局局长：隋子祥
松山区文体局局长：李国君

锡林郭勒盟文体局局长：李　询
锡林浩特市文体局局长：张福山
西乌珠穆沁旗文体广电局局长：斯琴巴特尔
东乌珠穆沁旗文体广电局局长：萨仁苏和
正镶白旗文体局局长：吉日嘎拉达来
苏尼特右旗文体广电局局长：乌云达来

苏尼特左旗文体广电局局长：胡木吉利
太仆寺旗文体局局长：杜　伟
镶黄旗文体广电局局长：宝贵拉
阿巴嘎旗文体广电局局长：那仁额尔敦
正镶蓝旗文体广电局局长：孟克巴特尔
多伦县文体局局长：甄玉林
乌拉盖文体局局长：胡明凯
多伦县文物局局长：吴克林
正镶蓝旗文物局局长：高　华

乌兰察布市文化局局长：张立中
集宁区文化局局长：王志强
丰镇市文化局局长：王孝飞
察哈尔右翼前旗文化局局长：弓晓燕
察哈尔右翼中旗文化局局长：李志军
察哈尔右翼后旗文化局局长：阿拉腾花
凉城县文化局局长：王　利
兴和县文化局局长：刘　坤
商都县文化局局长：高培武
化德县文化局局长：贾志勇
卓资县文化局局长：赵万元
四子王旗文化局局长：包　峰

鄂尔多斯市文化局局长：白　霞
达拉特旗文化广播电视局局长：于生彪
乌审旗文化广播电视局局长：哈斯朝格图
伊金霍洛旗文化广播电视局局长：赵子杰
鄂托克旗文化广播电视局局长：云苏米雅
杭锦旗文化广播电视局局长：辛易莲
准格尔旗文化广播电视局局长：安　霞
鄂托克前旗文化广播电视局局长：李　清
东胜区文化局局长：刘满山

巴彦淖尔市文体局局长：王　瑞
临河区文体局局长：王春叶
杭锦后旗文体广电局局长：高　飞
磴口县文体广电局局长：任海韬
五原县文体广电局局长：高伍良
乌拉特前旗文体广电局局长：任晓晋
乌拉特中旗文体广电局局长：田桂虎
乌拉特后旗文体广电局局长：辛志军

乌海市文化局局长：樊桂丽
海勃湾区文化局局长：李　平
乌达区文教体局局长：樊　丽
海南区文教体局局长：穆晓兰

阿拉善盟文化广播电视局局长：包　金
额济纳旗文化广播电视局局长：李发英
阿拉善右旗文化广播电视局局长：许学峰
阿拉善左旗文化广播电视局局长：吴永远
阿拉善经济开发区社会事务管理局局长：孙林春
孪井滩示范区社会事务管理局局长：徐先忠

满洲里市文化局局长：吴铁英
二连浩特市文体局局长：王佩芬

辽宁省

党组书记、厅长：周连科
党组成员、副厅长：丁辉、赵奎伟、佟昭、殷仁连
党组成员、纪检组长：毕素文
副巡视员：王琦

沈阳市文化广播电视新闻出版局局长：冯　彦
和平区文体广电新闻出版局局长：任　忠
沈河区文体广电新闻出版局局长：杨国兴
铁西区文体广电新闻出版局局长：李　卫
大东区文体广电新闻出版局局长：丁玉秀
皇姑区文体广电新闻出版局局长：刘　旭
东陵区文体广电新闻出版局局长：王凤桐
于洪区文体广电新闻出版局局长：郭连城
沈北新区文体广电新闻出版局局长：孙祥维
苏家屯区文体广电新闻出版局局长：赵玉平
新民市文体广电新闻出版局局长：陈英赤
辽中县文体广电新闻出版局局长：万秀英
法库县文体广电新闻出版局局长：林长义
康平县文体广电新闻出版局局长：王庆君

大连市文化广播影视局局长：王星航
中山区文化体育局局长：殷传军
西岗区文化体育局局长：辛　斌

沙河口区文化体育局局长：徐　丽
甘井子区文化体育局局长：宋　健
旅顺口区文化体育广播影视局局长：王发东
金州新区教育文化体育局局长：秦淑华

普兰店市文化体育局局长：张福君
瓦房店市文化体育广播影视局局长：姜广英
庄河市文化体育广播影视局局长：梁静波

鞍山市文化广电新闻出版局局长：刘耀庭
铁东区文体局局长：齐　磊
铁西区文体局局长：张建水
立山区文体局局长：关二风
千山区文体局局长：胡居庆
海城市文化广播电视体育局局长：刘启中
台安县文化体育局局长：杨明超
岫岩县文化广播电视体育局局长：高明东

抚顺市文化广播电影电视局局长：刘英伟
新抚区文体局局长：江　旭
东洲区文体局局长：腾俊山
顺城区文体局局长：张志军
抚顺县文体局局长：王满杰
清原县文体局局长：董　平
新宾县文体局局长：孟庆宇

本溪市文化广电局局长：赵常清
平山区文广局局长：胡立友
明山区文广局局长：乔　惠
溪湖区文广局局长：田洪艳
南芬区文广局局长：栾鸿云
本溪县文化局局长：景殿龙
桓仁县文化局局长：苏春寰

丹东市文化广播电影电视局局长：刘桂腾
振兴区文化广播电影电视局局长：曲晓辉
元宝区文化广播电影局局长：吴晓宇
振安区文化广播电影电视局局长：朱　颖
东港市文化广播电影电视新闻出版局局长：王金刚
凤城市文化广播电影电视新闻出版局局长：马　明
宽甸县文化广播电影电视局局长：王清祥

锦州市文化广电新闻出版局局长：戚永亮
凌河区文教局局长：秦　晖
古塔区文化与旅游局局长：孟晓伟
太和区文教广播局局长：王文彬
凌海市文化旅游局局长：王兴刚
北镇市文化广电旅游局局长：董　明
义县文化旅游局局长：刘　杰
黑山县文化旅游局局长：靳建新
鲅鱼圈区文化广电新闻出版局局长：赵　英
老边区教育文化体育局局长：冯金宝
西市区教育文化体育局局长：刘彤彤
站前区教育文化体育局局长：陈维江
大石桥市文化广播电影电视局局长：刘梅祥
盖州市文化广电新闻出版局局长：李家政

阜新市文化局局长：王秋义
海州区文化局局长：陈文明
太平区文化局局长：皮相友
细河区文化局局长：赵福全
新邱区文化局局长：周永红
清河门区文化局局长：常久贤
阜新县文化局局长：高月茹
彰武县文化局局长：孙建国

辽阳市文化广电新闻出版局局长：党　微
白塔区教育文化局局长：吴春发
文圣区教育文化体育局局长：赵锦绣
太子河区文化旅游局局长：赵　辉
宏伟区文化体育局局长：陈文丽
弓长岭区文化广电局局长：杨清秀
辽阳县文广新局局长：张学宇
灯塔市文化局局长：李宏林

铁岭市文化广播电视新闻出版局局长：赵　伟
银州区文化局局长：迟国庆
清河区文化局局长：石国学
昌图县文化局局长：徐忠诚
铁岭县文化体育广播电视局局长：张大权
调兵山文体广电局局长：张大勇
开原市文广新局局长：王洪涛
西丰县文体局局长：刘大成

朝阳市文化广电新闻出版局局长：牛　驰
双塔区文化局局长：杨桂凤
龙城区文化局局长：李玉江

北票市文化局局长：李玉文
凌源市文化局局长：聂斌程
朝阳县文化局局长：苑　珉
建平县文化局局长：刘希鹏
喀左县文化局局长：白晓辉

盘锦市文化广电局局长：高佩亮
双台子区文化广电体育局局长：孟庆强
兴隆台区文教局局长：孙丽伟
盘山县文化广电体育局局长：祝成刚
大洼县文化新闻广播电视局局长：徐海洋

葫芦岛市文化广播影视局局长：韩庆春
龙港区文化广电旅游局局长：张秀慧
南票区文化广播电视局局长：李　蔚
连山区文化广播电视局局长：王　瑶
兴城市文化局局长：郭长林
建昌县文化广播电视局局长：王连军
绥中县文化旅游局局长：马志华

吉林省

吉林省文化厅

党组书记、厅长：林　君
党组成员、副厅长：朱成华　翟利国　张宝宗
党组成员、纪检专员：张世文
党组成员、副厅长：苏　威
副巡视员：任智富

长春市文化局局长：崔永泉
朝阳区文体局局长：赵铁林
宽城区文体局局长：马　彪
南关区文体局局长：李敏玲
二道区文体局局长：孙艳秋
绿园区文体局局长：关英杰
双阳区文体局局长：刘福强
榆树市文体局局长：耿淑环
九台市文体局局长：程延辉
德惠市文体局局长：刘玉才
农安县文体局局长：孙树瑜
吉林市文化局局长：张国利
昌邑区文体局局长：闫巨友
龙潭区文体局局长：姜富娟
船营区文体局局长：于广骥
丰满区文体局局长：王天慧
桦甸市文体局局长：刘　勇
蛟河市文体局局长：张德胜
舒兰市文体局局长：徐成宪
磐石市文体局局长：孙国臣
永吉县文体局局长：奚柏东

四平市文化新闻出版局局长：左今明
铁西区文体局局长：单桂英
铁东区文体局局长：刘铁栋
公主岭市文体局局长：金玉庆
双辽市文体局局长：林　森
梨树县文体局局长：周兴安
梨树县文体局科长：王　哲
伊通满族自治县文体局局长：杨密林
辽河农垦管理区文体局局长：田　晨

辽源市文化新闻出版局局长：郑　裕
龙山区文体局局长：高广来
西安区文体局局长：唐春晖
东丰县文化新闻出版局局长：王玉君
东辽县文化新闻出版局局长：杜　发

通化市文体局局长：张玉霞
东昌区文体局局长：佟寅华
二道江区文体局局长：王磊岩
梅河口市文体局局长：蒋德启
集安市文体局局长：董志坚
集安市文物局局长：崔　明
通化县文体局局长：张志芹
辉南县文体局局长：刘国华
柳河县文体局局长：姚　远

白山市文化新闻出版局局长：葛会清
浑江区文教局局长：王殿富
江源区文体局局长：张晓波
临江市文体局局长：刘　励
抚松县文体局局长：王　森
靖宇县文体局局长：王　强
长白朝鲜族自治县文体局局长：王　林

松原市文体局局长：于　艇
宁江区文体局局长：张彦伟
长岭县文体局局长：刘凤歧
前郭尔罗斯蒙古族自治县文体局局长：季魁江
乾安县文体局局长：马福文
扶余县文体局局长：宋爱平

白城市文体局局长：宋亚峰
洮北区文体局局长：张印福
洮南市文体局局长：姜新建
大安市文体局局长：赵连举
镇赉县文体局局长：李树文
通榆县文体局局长：陈海峰

延边朝鲜族自治州文化局局长：沈秀玉
延吉市文体局局长：黄春玉
图们市文体局局长：高胜龙
敦化市文体局局长：张春华
龙井市文体局局长：朴仁哲
珲春市文体局局长：朴风奎
和龙市文体局局长：金永虎
汪清县文体局局长：陈雪梅
安图县文体局局长：金　键
长白山管委会文化广电新闻出版处处长：曲亚洲

黑龙江省

黑龙江省文化厅
党组书记、厅长：宋宏伟
副厅长：白淑贤　韩慧峰
党组成员、副厅长：王珍珍　綦　军
党组成员、纪检组长：姜一海
副巡视员：张学文

哈尔滨市文化新闻出版局局长：杨晓萍
呼兰区文化体育旅游局局长：洪永生
阿城区文化体育局局长：景晓龙
五常市文化体育局局长：张　镇
双城市文化局局长：郑孟楠
尚志市文化体育局局长：张志瑛
巴彦县文化体育局局长：刘淑伟
宾县文化体育局局长：战继和
依兰县文化体育局局长：敖卫中
延寿县文化体育局局长：於德华
木兰县文化体育局局长：王宪波
通河县文化体育局局长：董龙江
方正县文化体育局局长梁　军

齐齐哈尔市文化广电新闻出版局局长：陈万禄
梅里斯区文化体育局局长：赵继平
讷河市文化广电体育局局长：　陈秀辉
克山县文化广电体育局局长：　杨庆林
克东县文化广电体育局局长：龚洪伟
拜泉县文化广电体育局局长：方玉波
依安县文化广电体育局局长：栾习辉
富裕县文化广电体育旅游局局长：刘　青
甘南县文化体育局局长：张宏莲
龙江县文化广电体育局局长：付贵彬
泰来县文化体育局局长：蒋国良

牡丹江市文化广电新闻出版局局长：马春芳
绥芬河市文化广电新闻出版体育局局长：闫春光
宁安市文化广电新闻出版局局长：刘　伟
海林市文化广电新闻出版局局长：李修杰
穆棱市文化广电新闻出版局局长：张明力
林口县文化广电新闻出版局局长：高　军
东宁县文化广电新闻出版局局长：杜志刚

佳木斯市文化广电新闻出版局局长：姜　富
抚远县文化体育局局长：张庆柱
富锦市文化广电新闻出版局局长：顾立军
同江市文化广电新闻出版局局长：王建新
桦南县文化广电新闻出版局局长：徐怀东
汤原县文化广电新闻出版局局长：陈立志
桦川县文化广电新闻出版局局长：孙佐宝

大庆市文化广电新闻出版局局长：王海勤
林甸县文化广电体育局局长：张　鹏
杜尔伯特蒙古族自治县文化体育局局长：付国宝
肇州县文化广电体育局局长：邵　军
肇源县文化局局长：付道全

鸡西市文化广电新闻出版局局长：顾洪涛
密山市文化广电体育局局长：李志超
虎林市文化广电体育局局长：毕云贵

鸡东县文化广电体育局局长：张罗福

双鸭山市文化广电新闻出版局局长：张铁民
集贤县文化广电新闻出版局局长：申景伟
友谊县文化局局长：张东岳
宝清县文化广电新闻出版局局长：赵　瑞
饶河县文化广电新闻出版局局长：鲁永红

伊春市文化广电新闻出版局局长：张志麟
铁力市文化广电体育局局长：孙力艳
嘉荫县文化广电体育局书记：杜树鹏

七台河市文化广电新闻出版局局长：刘立志
勃利县文化体育局局长：任永华

鹤岗市文化广电新闻出版局局长：贾　淼
绥滨县文化局局长：姜维华
萝北县文化体育局局长：张兴海

黑河市文化局局长：常玉辉
黑河市文物管理委员会主任：潘忠林
爱辉区文化体育局局长：姚景伟
北安市文化广电体育局局长：刘凤芝
嫩江县文化广播电视局局长：郝　冰
逊克县文化广播电视局局长：张思坚
五大连池市文化广电体育局局长：张　颖
孙吴县文化体育电视局局长：刘廷泽

绥化市文化广电新闻出版局局长：尹德全
肇东市文化广电新闻出版局局长：柏万明
安达市文化体育局局长：夏德君
海伦市文化体育局局长：王文儒
兰西县文化体育局局长：吴殿军
庆安县文化广电新闻出版局局长：兰亚军
绥棱县文化广电新闻出版局局长：杨曙晨
望奎县文化局局长：李春玲
明水县文化体育局局长：马秋雨
青冈县文化广电新闻出版局局长：苏方山

大兴安岭地区行署文化广电新闻出版局
局长：付日明
呼玛县文化体育局局长：黄义忠
塔河县文化广电体育局局长：徐海峰
漠河县文化广电体育局局长：张宝君

上海市

上海市文化广播影视管理局

党委书记：陈燮君
局　长：朱咏雷
艺术总监：刘文国
副局长：王　玮、王小明、贝兆健
巡视员：张　哲
副巡视员：施大畏

上海市黄浦区文化局党委书记：蒋锡明
局长：杨　刚
上海市徐汇区文化局党委书记：蔡立夫
局长：陈澄泉
上海市长宁区文化局党委书记、局长：张永珍
上海市静安区文化局党委书记：施文斌
局长：张爱华
上海市闸北区文化局党委书记：林苏闽
局长：陈　宏
上海市虹口区文化局党委书记、局长：陆　健
上海市杨浦区文化局党委书记：陈红光
局长：高贺通
上海市普陀区文化局局长：马理路
上海市浦东新区文化广播影视管理局局长：夏煜静
上海市宝山区文化广播影视管理局党委书记：曹正兴
局长：彭　林
上海市闵行区文化广播影视管理局党委书记、
局长：何国文
上海市嘉定区文化广播影视管理局党委书记、
局长：燕小明
上海市金山区文化广播影视管理局党委书记：诸连标
局长：刘　杰
上海市松江区文化广播影视管理局党委书记、
局长：顾静华
上海市青浦区文化广播影视管理局党委书记：王雪忠
局长：曹伟明
上海市奉贤区文化广播影视管理局党委书记、局长：金拥军
上海市崇明县文化广播影视管理局党委书记：陆松平
局长：黄海盛

江苏省

江苏省文化厅

党组书记、厅长：章剑华
党组副书记、副厅长：马　宁
副厅长：高　云
党组成员、副厅长：秦基春　吴晓林
党组成员、省文物局局长、南京博物院院长：龚　良
党组成员、南京图书馆党委书记：方标军
党组成员、厅人事处处长：韩　虹
巡视员：王世华

南京市文化广电新闻出版局局长：陈光亚
玄武区文化局局长：杨雯懿
溧水县文化广电局局长：赵祖云
高淳县文化广电局局长：陈小进
白下区文化局局长：张　毅
秦淮区文化局局长：赵久明
建邺区文化局局长：陈　瑛
鼓楼区文化局局长：刘传俊
下关区文化局局长：吴永康
浦口区文化广电局局长：何晓萍
栖霞区文化旅游局局长：赵家宝
雨花台区文化局局长：朱天燕
江宁区文化广电局局长：杨嘉清
六合区文化广电局局长：梁　超

无锡市文化广电新闻出版局局长：叶建兴
江阴市文化广电新闻出版局局长：黄　磊
宜兴市文化广电新闻出版局局长：许夕华
崇安区文体局局长：陈志刚
南长区文体局局长：顾文娟
北塘区文体局局长：马建华
滨湖区文体局局长：孙力民
锡山区文体局局长：郁　枫
惠山区文体局局长：钱俊法
新区社会事业局局长：赵建伟

徐州市文化广电新闻出版局局长：单兴强
邳州市文广新体局局长：杜　伟
新沂市文广新体局局长：夏同宪
丰县文广新体局局长：胡清涟
沛县文广新体局局长：吴　勇
铜山县文广新体局局长：冯军成
睢宁县文广新体局局长：魏晓峰
贾汪区文广新体局局长：齐善君
泉山区文教体局局长：王　建
云龙区文教体局局长：王　艳
鼓楼区文教体局局长：李乐东

常州市文化广电新闻出版（版权）局党委书记：赵唯强
金坛市文化广电体育局局长：贺进军
溧阳市文化广电体育局局长：朱洪伟
武进区文化广电新闻出版局局长：郝建成
天宁区教育文体局局长：张　龙
钟楼区教育文体局党委书记：徐澄范
　局长：许立新
戚墅堰区教育文体局局长：贺国良
常州市新北区社会事业局党委书记：茅雪鹤
　局长：徐　俊

苏州市文广新局局长：陈　嵘
常熟市文化广电新闻出版局局长：庞　欢
张家港市文化广电新闻出版局局长：陈世海
昆山市文化广电新闻出版局局长：姚伟宏
吴江市文化广电新闻出版局局长：金健康
太仓市文化广电新闻出版局局长：黄友良
金阊区文化和体育局局长：华建新
平江区文化和科学技术局局长：吕　俊
沧浪区文化体育旅游局局长：张叙鑫
吴中区文化体育局局长：唐峥嵘
相城区文化体育局局长：沈炳泉
高新区、虎丘区教育文体局局长：顾彩亚
苏州工业园区社会事业局局长：华雪兴

南通市文化广电新闻出版局局长：陈　亮
启东市文化广电新闻出版局局长：许锦飞
海门市文化广电新闻出版局局长：陈忠新
通州市文化广电新闻出版局局长：陈剑俊
如皋市文化广电新闻出版局局长：姚呈明
海安县文化局广电新闻出版局局长：陈　琳
如东县文化局广电新闻出版局局长：张　恺
崇川区文化新闻出版局局长：高　峰

港闸区教育与文化体育局局长：冯志宏
南通开发区社会事业局局长：黄洪生

连云港市文化广电新闻出版局局长：田　明
赣榆县文化广电体育局局长：韩宝东
东海县文化广电体育局局长：李祥龙
灌云县文化广电体育局局长：陈守金
灌南县文化广电体育局局长：相海龙
新浦区文化体育旅游局局长：范益军
海州区文化体育旅游局局长：王恒云
连云区文化体育旅游局局长：胡可东
市经济技术开发区和社会事业局局长：苏月虹

淮安市文化广电新闻出版局局长：杨　斌
涟水县文化广电新闻出版局局长：刘宝泽
洪泽县文化广电新闻出版局书记：夏宝国
盱眙县文化局广电新闻出版局局长：葛　云
金湖县文化局广电新闻出版局局长：李中秋
清河区文体局广电新闻出版局局长：刘桂珍
清浦区文体局广电新闻出版局局长：侯正军
淮安区文化局广电新闻出版局局长：杨文杰
淮阴区文化局广电新闻出版局局长：周　舜
开发区城乡事业局局长：陈光锋

盐城市文化广电新闻出版局局长：许新建
大丰市文化广电新闻出版局局长：汤云庆
东台市文化广电新闻出版局局长：张源平
响水县文化广电新闻出版局局长：李　清
滨海县文化广电新闻出版局局长：沈光祥
阜宁县文化广电新闻出版局局长：蔡卫国
射阳县文化广电新闻出版局局长：尤国勋
建湖县文化广电新闻出版局局长：陈远立
盐都区文化广电新闻出版局局长：丁　勤
亭湖区文化广电新闻出版局局长：刘清茂

扬州市文化广电新闻出版局局长：陆苏华
江都市文化广电新闻出版局局长：王　声
仪征市文化广电新闻出版局局长：陈　彪
高邮市文化广电新闻出版局局长：黄　平
宝应县文化体育新闻出版局局长：钱永建
广陵区文化新闻出版局局长：戴红兵
维扬区文化教育局局长：杨　荣
邗江区文化体育新闻出版局局长：朱跃建

镇江市文化广电新闻出版局局长：戈　矛
扬中市文化广电体育局局长：文层耕
句容市文化广电体育局局长：方寿根
丹阳市文化文化广电新闻出版局局长：陆中华
丹徒区文化体育局局长：步履平
京口区文化体育局局长：李莉珺
润州区文化体育局局长：陈晓鸽
新区社会发展局局长：陆海栋

泰州市文化广电新闻出版局局长：陈士宏
靖江市文化广电新闻出版局局长：季灿华
泰兴市文化广电新闻出版局局长：张　敢
姜堰市文化广电新闻出版局局长：周　谅
兴化市文化广电新闻出版局局长：刘春龙
海陵区文化体育新闻出版局局长：吴家宽
高港区文化体育旅游局局长：张霁明

宿迁市文化广电新闻出版局局长：武　倩
沭阳县文化广电新闻出版局局长：周　浩
泗阳县文化广电新闻出版局局长：王东成
泗洪县文化广电新闻出版局局长：何光军
宿城区文化广电新闻出版局局长：李士禄
宿豫区文化广电新闻出版局局长：王新春

浙江省

浙江省文化厅
党组书记、厅长：杨建新
党组成员、副厅长，省文物局局长：鲍贤伦
党组成员、副厅长：田宇原　陈　瑶　杨跃光
副巡视员：陶月彪

杭州市文化广电新闻出版局局长：陈建一
上城区文化广电新闻出版局局长：丁建华
下城区文化广电新闻出版局局长：吴建中
西湖区文化广电新闻出版局局长：魏小平
江干区文化广电新闻出版局局长：步汉英
拱墅区文化广电新闻出版局局长：谢作盛
杭州市高新区（滨江）社会发展局局长：丁幼芳
杭州经济技术开发区社会发展局局长：袁　月
萧山区文化广电新闻出版局局长：任关甫
余杭区文化广电新闻出版局局长：冯玉宝

桐庐县文化广电新闻出版局局长：王樟松
淳安县文化广电新闻出版局局长：黄存菊
建德市文化广电新闻出版局局长：邱剑娟
富阳市文化广电新闻出版局局长：周亦涛
临安市文化广电新闻出版局局长：褚林森

宁波市文化广电新闻出版局局长：陈佳强
海曙区文化广电新闻出版局局长：陈建东
江东区文化广电新闻出版局局长：王　昱
江北区文化广电新闻出版局局长：黄强明
鄞州区文化广电新闻出版局局长：胡岳明
镇海区文化广电新闻出版局局长：余维勤
北仑区文化广电新闻出版局局长：陈胜蛟
慈溪市文化广电新闻出版局局长：张伯传
余姚市文化广电新闻出版局局长：熊培军
奉化市文化广电新闻出版局局长：毛伟芳
宁海县文化广电新闻出版局局长：万吉良
象山县文化广电新闻出版局局长：任先顺

温州市文化广电新闻出版局局长：吴　东
鹿城区文化广电新闻出版局局长：季新扬
龙湾区文化广电新闻出版局局长：潘旭宏
瓯海区文化广电新闻出版局局长：周向勇
乐清市文化广电新闻出版局局长：郑晓峰
瑞安市文化广电新闻出版局局长：黄友金
永嘉县文化广电新闻出版局局长：胡佐光
洞头县文化广电新闻出版局局长：甘海选
平阳县文化广电新闻出版局局长：吕德金
苍南县文化广电新闻出版局局长：李晖华
文成县文化广电新闻出版局局长：蒋海波
泰顺县文化广电新闻出版局局长：雷国金

湖州市文化广电新闻出版局局长：宋　捷
吴兴区文体局局长：蒋立敏
南浔区文体局局长：钱红梅
长兴县文化广电新闻出版局局长：陈亦祥
德清县文化广电新闻出版局局长：姚明星
安吉县文化广电新闻出版局局长：彭忠心

嘉兴市文化广电新闻出版局局长：金琴龙
南湖区教文体局局长：沈　静
秀州区教文体局局长：陈明根
嘉善县文化广电新闻出版局局长：倪学庆
平湖市文化广电新闻出版局局长：沈力行
海盐县文化广电新闻出版局局长：郁惠祥
海宁市文化广电新闻出版局局长：虞铭华
桐乡市文化广电新闻出版局局长：吴利民

绍兴市文化广电新闻出版局局长：杨志强
越城区文化体育旅游局局长：陈天政
绍兴县文化广电新闻出版局局长：王　彪
诸暨市文化广电新闻出版局局长：金海炯
上虞市文化广电新闻出版局局长：宣霞金
嵊州市文化广电新闻出版局局长：黄皎昀
新昌县文化广电新闻出版局局长：叶　钟

金华市文化广电新闻出版局局长：钟世杰
婺城区文体局局长：郭梓军
金东区教文体局局长：陆品能
金华经济技术开发区社会发展局局长：张均明
兰溪市文化广电新闻出版局局长：张　靓
东阳市文化广电新闻出版局局长：吴　刚
义乌市文化广电新闻出版局局长：楼小明
永康市文化新闻出版局局长：翁卫航
浦江县文化广电新闻出版局局长：陈京浦
武义县文化广电新闻出版局局长：胡旭东
磐安县文化广电新闻出版局党组书记：潘玲玲

衢州市文化广电新闻出版局局长：王建华
柯城区文化局局长：何晓文
衢江区文化广电新闻出版局局长：谢根兴
龙游县文化广电新闻出版局局长：方玉林
开化县文化广电新闻出版局局长：方忠明
常山县文化广电新闻出版局局长：毕建国
江山市文化广电新闻出版局局长：赵　敏

舟山市文化广电新闻出版局局长：邱平海
定海区文化新闻出版局局长：张交和
普陀区文化广电新闻出版局局长：张剑飞
岱山县文化广电新闻出版局局长：孔德科
嵊泗县文化广电新闻出版局局长：陈国军

台州市文化广电新闻出版局局长：郑楚森
椒江区文化广电新闻出版局局长：何昌廉
黄岩区文化广电新闻出版局局长：邱天华
路桥区文化广电新闻出版局局长：罗河笙

临海市文化广电新闻出版局局长：苏小锐
温岭市文化广电新闻出版局副局长：叶军华
玉环县文化广电新闻出版局局长：翁长峰
天台县文化广电新闻出版局局长：王太龙
仙居县文化广电新闻出版局局长：朱　普
三门县文化广电新闻出版局局长：郭　萍

丽水市文化广电新闻出版局局长：赵碧华
莲都区文化广电新闻出版局局长：杨美仙
龙泉市文化广电新闻出版局局长：黄国勇
青田县文化广电新闻出版局局长：陈炳云
云和县文化广电新闻出版局局长：邱伟荣
庆云县文化广电新闻出版局局长：祁康明
缙云县文化广电新闻出版局局长：沈挺峰
遂昌县文化广电新闻出版局局长：张水源
松阳县文化广电新闻出版局局长：张碧联
景宁县文化广电新闻出版局局长：夏雪松

安徽省

安徽省文化厅
党组书记、厅长：杨　果
副厅长：李修松
党组成员、副厅长：江刘伍　唐　跃
党组成员、纪检组长：宰学明

合肥市文化广电新闻出版局局长：王　节
瑶海区文化局局长：谢后平
庐阳区文化局局长：丁凤云
蜀山区文化局局长：罗　昕
包河区文广局局长：詹雄才
长丰县文化广电新闻出版局局长：张多用
肥东县文化广电新闻出版局局长：何长先
肥西县文化广电新闻出版局局长：吴　培
巢湖市文化广电新闻出版局局长：梅魁林
庐江县文化广电新闻出版局局长：王友鹏

淮北市文化广电新闻出版局局长：王治江
相山区文体广局局长：黄　静
杜集区文体广局局长：许钦敏
烈山区文体广局局长：罗广才
濉溪县文化委员会主任：单春晓

亳州市文化旅游局局长：杨立民
谯城区文化体育旅游局局长：张　岩
涡阳县文化体育旅游局局长：李永进
蒙城县文化体育旅游局局长：苑　旭
利辛县文化体育旅游局局长：童　捷

宿州市文化广电新闻出版局局长：姚玉金
埇桥区文化广播电视局局长：宋　健
砀山县文化广电新闻出版局局长：张宏记
萧县文化广电新闻出版局局长：朱雪峰
灵璧县文化广电新闻出版局局长：王从效
泗县文化广电新闻出版局局长：徐　海

蚌埠市文化广电新闻出版局局长：谢克林
龙子湖区文广体旅体局局长：沈家群
蚌山区文广体旅体局局长：张志良
禹会区文广体旅体局局长：胡袁娟
淮上区文广体旅体局局长：凌　军
怀远县文广体新局局长：蒋　伟
五河县文广体新局局长：张耀对
固镇县文广体新局局长：刘现亮

阜阳市文化广电新闻出版局局长：朱道业
颍州区文广新局局长：侯幼林
颍泉区文广新局局长：马　骥
颍东区文广局局长：刘俊美
颍上县文广新局局长：徐守锋
界首市文广新局局长：张文杰
临泉县文广新局局长：郑中民
阜南县文广新局局长：王志豪
太和县文广新局局长：李　玉

淮南市文化广电新闻出版局局长：孙献光
田家庵区文广体局局长：杨素芳
大通区文广体局局长：姚冬梅
谢家集区文广体局局长：宫　玲
八公山区文广体局局长：张传云
潘集区文广体局局长：屈良海
凤台县文广体局局长：李白月
毛集实验区文广体局局长：朱克云

滁州市文化广电新闻出版局局长：臧连明
琅琊区文广新局局长：刘　炜
南谯区文广新局局长：韩公银
天长市文广新局局长：孙启智
明光市文广新局局长：谢明龙
全椒县文广新局局长：黄宗枝
来安县文广新局局长：俞德贵
凤阳县文广新局局长：姚广德
定远县文广新局局长：石明家

六安市文化广电新闻出版局局长：黄道甫
金安区文广新局局长：杨　进
裕安区文广新局局长：杨光华
寿县文广新局局长：李延孟
霍山县文广新局局长：翁达勇
霍邱县文广新局局长：田　强
金寨县文广新局局长：徐　洁
舒城县文广新局局长：万红兵
叶集试验区文广新局局长：台德颋
马鞍山市文化委员会主任：卞建秋
花山区文体局局长：袁德琴
雨山区文体局局长：陈立平
金家庄区文体局局长：许　泓
含山县文广新局局长：滕立树
和县文广新局局长：黄　勇
当涂县文广局局长：宋家明

芜湖市文化委员会主任：靳　伟
镜湖区文广新局局长：方虹明
弋江区文广新局局长：马　靖
鸠江区文广新局局长：陈　敏
三山区社会事业局局长：吴昌桂
无为县文广新局局长：陈　俊
芜湖县文广新局局长：胡昌海
繁昌县文广新局局长：季　春
南陵县文广新局局长：王孝高

宣城市文化广电新闻出版局局长：沈筱华
宣州区文广新局局长：白润地
郎溪县文广新局局长：邱金凤
广德县文广新局局长：罗建设
宁国市文广新局局长：方　丽
泾县文广新局局长：朱代胜
绩溪县文广新局局长：胡红蔚
旌德县文广新局局长：胡春景

铜陵市文化广电新闻出版局局长：侯化林
铜官山区文广旅局局长：王友群
狮子山区文广旅局局长：裴友平
郊区文广旅局局长：汤彩凤
铜陵县文广旅局局长：陶普根

池州市文化广电新闻出版局局长：何建民
贵池区文广新局局长：韩　华
青阳县文广新局局长：王玉发
石台县文广新局局长：唐钦华
东至县文广新局局长：张广祥

安庆市文化广电新闻出版局局长：刘春旺
迎江区文广新局局长：何家宏
大观区文广新局局长：江金宝
宜秀区文广新局局长：余永创
怀宁县文广新局局长：徐基明
桐城市文广新局局长：徐明翔
枞阳县文广新局局长：谢虎超
潜山县文广新局局长：郑　平
太湖县文广新局局长：余艳霞
宿松县文广新局局长：吴云涛
望江县文广新局局长：徐志斌
岳西县文广新局局长：王开华

黄山市文化委员会主任：王恒来
屯溪区文广新局局长：魏晓莉
黄山区文广新局局长：罗毅力
徽州区文广新局局长：娄光辉
歙县文广新局局长：方卫星
休宁县文广新局局长：方来寿
黟县文广新局局长：金忠明
祁门县文广新局局长：李文青

福建省

福建省文化厅
党组书记、厅长：陈秋平
党组成员、副厅长：陈　朱、陈　吉

党组成员、副厅长、纪检组长：张　远
党组成员、省文物局局长：郑国珍
副巡视员：卢鸿筠

福州市文化新闻出版局局长：陈梅良
鼓楼区文化体育局局长：蒋允奎
仓山区文化体育局局长：叶晓瑜
台江区文化体育局局长：卓丹红
晋安区文化体育局局长：陈宗辉
马尾区文化体育局局长：谢木宁
福清市文化体育局局长：林　强
长乐市科技文体局局长：陈舜敏
闽侯县文化体育局局长：陈步强
连江县科技文体局局长：张建国
闽清县科技文体局局长：马昭峰
永泰县科技文体局局长：陈光荣
罗源县科技文体局局长：丁　枫
平潭县科技文化体育局局长：高　云

厦门市文化广电新闻出版局局长：罗才福
思明区文化体育局局长：喻小亮
湖里区文化体育局局长：郭漳楚
集美区文化体育旅游局局长：吴吉堂
海沧区文化体育局局长：章国炎
同安区文化体育局局长：叶红旗
翔安区教育与文化体育局局长：王才能

漳州市文化广电新闻出版局局长：李　华
芗城区文化体育新闻出版局局长：黄炳龙
龙文区文化体育新闻出版局局长：林溪圳
龙海市文化体育新闻出版局局长：胡伟国
漳浦县文化体育新闻出版局局长：林建耀
云霄县文化体育新闻出版局局长：方妙秦
东山县旅游文体局局长：郑江辉
诏安县文体科技新闻出版局局长：林志坚
平和县文化体育新闻出版局局长：黄汉洋
南靖县文化体育新闻出版局局长：蔡志祥
华安县文体科技新闻出版局局长：黄清文
长泰县文体科技新闻出版局局长：薛东文
漳州招商局经济技术开发区文化体育建设委员会局长：尚振华
云霄常山华侨经济开发区文教卫生办局长：张仁强

台商投资区科技文化体育服务中心局长：郭亚丛

泉州市文化广电新闻出版局局长：张镇国
鲤城区文体旅游新闻出版局局长：苗　圃
丰泽区文体旅游新闻出版局局长：洪月辉
洛江区文体旅游新闻出版局局长：卢恩水
泉港区文体旅游新闻出版局局长：陈玉顺
晋江市文化体育新闻出版局局长：黄　良
石狮市文体旅游新闻出版局局长：吴泽荣
南安市文化体育新闻出版局局长：吴佳和
惠安县文化体育局局长：王洪波
安溪县文化体育局局长：傅伟明
永春县文化体育新闻出版局副局长：王文清
德化县文化体育局局长：陈金殿
泉州经济开发区管理委员会社会事业局局长：苏伟卿
泉州台商投资区管委会教育文体旅游局局长：王子文
三明市文化广电新闻出版局局长：陈丽珍
三元区文化体育局局长：林　健
梅列区文化体育局局长：林建忠
永安市文体广电出版局局长：历　艺
清流县文化体育局局长：江长文
宁化县文体广电出版局局长：王兴树
建宁县文化体育局局长：陈可辉
泰宁县文化体育局局长：龚衍生
明溪县文化体育局局长：张永清
将乐县文化体育局副局长：阙珍萍
沙县文体广电出版局局长：陆玉姬
尤溪县文化体育局局长：柯德钦
大田县文化体育局局长：林春忠

莆田市文化广电新闻出版局局长：刘晶洁
仙游县文体广电局局长：郑秉忠
城厢区文体广电局局长：林平凡
荔城区文体广电局局长：林　锋
涵江区文体广电局局长：曾德洪
秀屿区文体广电局局长：吴国忠
湄洲岛管委会社会事务办主任：戴玉瑞
湄洲湾北岸经济开发区文教局局长：林更宇

南平市文化广电新闻出版局局长：陆旭光
延平区文体新局局长：吴建华
邵武市文体新局局长：叶　芬
武夷山市文体新局局长：林建江

建瓯市文体新局局长：范志平
建阳市文体新局局长：叶晓华
顺昌县文体新局局长：游代荣
浦城县文体新局局长：郑　敏
光泽县文体新局局长：朱月琴
松溪县文体广新局局长：伊宏强
政和县文体新局局长：罗小成

龙岩市文化与出版局局长：卢伟耀
新罗区文化体育出版局局长：邱小厦
永定县文化体育局局长：沈庆城
上杭县文化体育出版局局长：赖荣生
武平县文化体育局局长：林海清
武平县文体广电新闻出版局局长：石禄生
长汀县文化体育旅游局局长：刘睿隽
连城县文化体育局局长：马勋明
漳平市文化体育局局长：陈振文

宁德市文化广电新闻出版局局长：刘国平
蕉城区文化体育局局长：苏方金
古田县文化体育局局长：黎　曦
屏南县文化体育局局长：陆世飞
周宁县文化体育局局长：詹其木
寿宁县文化体育局局长：蔡小颖
福安市文化体育局局长：林　著
柘荣县文化体育局局长：林建锋
福鼎市文化体育局局长：张祖强
霞浦县文化体育局局长：高　建

江西省

江西省文化厅
党组书记：舒仁庆
党组副书记、厅长：李玉英
党组副书记、副厅长：汪天行
党组成员、副厅长、省文物局局长：徐琳琳
党组成员、副厅长：王晓庆
党组成员、纪检组组长：魏　玮
副巡视员：任永新

南昌市文化新闻出版局局长：王国昌
东湖区文化广电旅游新闻出版局局长：郭小玲
西湖区文化广电旅游新闻出版局局长：林　峰
青云谱区文化广电旅游新闻出版局局长：罗洪斌
湾里区文化广电新闻出版局局长：卢永新
青山湖区文化广电旅游新闻出版局局长：徐文平
南昌县文化新闻出版局局长：陈小妹
新建县文化新闻出版局局长：刘明慧
进贤县文化新闻出版局局长：吴振明
安义县文化新闻出版局局长：刘　枫

九江市文化新闻出版局局长：柯亨龙
浔阳区文化教育局局长：王健蓉
庐山区文化体育广播电视局局长：杨伟华
经济技术开发区文化教育局局长：陈霓月
庐山管理局文化处处长：洪建国
共青城市文化局局长：陈保平
九江县文化广播电视新闻出版局局长：王事建
瑞昌市文化广播电视新闻出版局局长：祝炳光
武宁县文化广播电视新闻出版局局长：柯亨达
修水县文化广播电视新闻出版局局长：戴嵩青
湖口县文化局局长：石小荣
都昌县文化广播电视新闻出版局局长：邵伦秀
彭泽县文化广播电视新闻出版局局长：黄彭声
星子县文化体育局局长：夏茂臣
德安县文化广播电视局局长：柯宁安
永修县文化广播电视新闻出版局局长：杨祚育

上饶市文物局局长：涂相珍
上饶县文化广播电视局局长：徐　勇
弋阳县文化广播电视局局长：余亮赣
婺源县文化广播电视局局长：江进民
德兴市文化广播电视局局长：徐润金
信州区文化广播电视局局长：何康龙
铅山县文化广播电视局局长：于晓明
鄱阳县文化广播电视局局长：王益华
广丰县文化广播电视局局长：徐贵清
横峰县文化广播电视局局长：刘定勇
余干县文化广播电视局局长：史　俊
玉山县文化广播电视局局长：韩彬斌
万年县文化广播电视局局长：胡宏照

抚州市文化局局长：黄有盛
乐安县文化广播电视局局长：游娟娟
临川区文化广播电视局局长：范成龙

南丰县文化广播电视局局长：饶爱华
南城县文化广播电视局局长：刘惠能
金溪县文化广播电视局局长：张建龙
资溪县文化广播电视局局长：章建华
宜黄县文化广播电视局局长：吴　萍
广昌县文化广播电视局局长：赖劲松
黎川县文化广播电视局局长：雷旭东
东乡县文化广播电视局局长：李巧仁
崇仁县文化广播电视局局长：熊兴华
金巢经济开发区管委会社会事业局局长：余筱朵

宜春市文化和新闻和出版局局长：李光发
丰城市文化局局长：谢爱平
奉新县文化局局长：李志丹
高安县文化局书记、局长：罗晔根
铜鼓县文化局局长：涂光明
万载县文化和新闻出版局局长：周细辉
宜丰县文化教育局局长：李佳春
袁州区文化教育局局长：魏松林
上高县文化和新闻出版局局长：胡周文
樟树市文化教育局局长：丁耀杰
靖安县文化局局长：陈　斌
吉安市文化广播电影电视局局长：彭培述
吉水县文化广播电视新闻出版局局长：刘春秀
永丰县文化广播电视新闻出版局局长：金有亨
万安县文化广播电视新闻出版局局长：罗国强
井冈山文化新闻出版局局长：熊赛苏
吉安县文化广播电视新闻出版局局长：李才生
遂川县文化广播电视新闻出版局局长：黎育清
吉州区文化新闻出版局局长：徐少青
峡江县文化广播电视局局长：裴　诚
青原区文化广播电视新闻出版局局长：张　斌
泰和县文化广播电视新闻出版局局长：温双凤
安福县文化广播电视新闻出版局局长：彭丽志
永新县文化广播电视新闻出版局局长：贺海春
新干县文化广播电视新闻出版局局长：陈　琳

赣州市文化和广播电影电视局局长：钟家伟
章贡区文化和广播电影电视局局长：殷芝萍
赣县文化和广播电影电视局局长：刘友军
上犹县文化和广播电影电视局局长：张继茂
崇义县文化和广播电影电视局局长：王受传
南康市文化和广播电影电视局局长：朱吉祥
大余县文化和广播电影电视局局长：钟余珍
信丰县文化和广播电影电视局局长：陈鸣飞
龙南县文化和广播电影电视局局长：徐晓虹
全南县文化和广播电影电视局局长：陈　辉
定南县文化和广播电影电视局局长：周杨晶
安远县文化和广播电影电视局局长：赖德新
寻乌县文化和广播电影电视局局长：温康平
于都县文化和广播电影电视局局长：袁尚贵
兴国县文化和广播电影电视局局长：邓京红
瑞金市文化和广播电影电视局局长：钟瑞春
会昌县文化和广播电影电视局局长：许永春
石城县文化和广播电影电视局局长：徐根雄
宁都县文化和广播电影电视局局长：夏章奎

景德镇市文化广播电影电视局局长：江　华
浮梁县文化广播新闻出版局局长：吴乾发
乐安市文化广播新闻出版局局长：王小平
昌江区文化广播新闻出版局局长：马莉萍
珠山区文化广播新闻出版局局长：徐智勇

萍乡市文化广电新闻出版局局长：陈建国
安源区文化广播新闻出版局局长：文　博
湘东区文化广播新闻出版局局长：何建明
芦溪县文化广播新闻出版局局长：李忠生
上栗县文化广播新闻出版局局长：黄绍良
莲花县文化广播新闻出版局局长：刘春明

新余市文化新闻出版局局长：万新安
渝水区文化广播电视局局长：彭梅根
分宜县文化广播新闻出版局局长：钟智安
新余市经济开发区社会局局长：杨绍真
仰天岗管委会社会事业局局长：严小平
仙女湖区社会事业局局长：陈根保

鹰潭市文化广电新闻出版局局长：周佐明
贵溪市文化广播新闻出版局局长：郭映龙
余江县文化广播新闻出版局局长：姜秋开
月湖区文化广播新闻出版局局长：王　蕖
龙虎山景区文化教育局局长：姜有明

山东省

山东省文化厅

党组书记：徐向红
党组副书记、厅长：亢清泉
党组成员、副厅长：谢治秀、李宗伟、陈 鹏
副厅长：李国琳
党组成员 、驻厅纪检组长、监察专员：林奎山
巡视员：邢玉斗

济南市文化广电新闻出版局局长：刘程华
历下区文化局局长：李新生
市中区文化局局长：夏正平
槐荫区文化局局长：刘洪建
天桥区文化局局长：王希君
历城区文化广电新闻出版局局长：王德福
长清区文化广电新闻出版局局长：马洪昌
章丘市文化广电新闻出版局局长：李传武
济阳县文化广电新闻出版局局长：杨东先
商河县文化广电新闻出版局局长：陈成金
平阴县文化广电新闻出版局局长：井庆春

青岛市文化广电新闻出版局局长：姜正轩
市南区文化新闻出版局局长：张 馨
市北区文化新闻出版局局长：秦续河
四方区文化新闻出版局局长：刘 旭
李沧区文化新闻出版局局长：王恕民
城阳区文化新闻出版局局长：吕永翠
崂山区文化新闻出版局局长：王保生
开发区文化新闻出版局局长：张文晓
胶南市文化新闻出版局局长：薛立群
胶州市文化新闻出版局局长：于敬军
即墨市文化新闻出版局局长：蓝英杰
平度市文化新闻出版局局长：刘金文
莱西市文化新闻出版局局长：程灿谟

淄博市文化广电新闻出版局局长：曹庆文
张店区文化出版局局长：李 颖
淄川区文化旅游和新闻出版局局长：唐加福
博山区文化出版局局长：尹玉刚
临淄区文化出版局局长：毕国鹏
桓台县文化出版局局长：曹瑞刚
周村区文化新闻出版局局长：丁秀霞
高青县文化旅游新闻出版局局长：杜丽娥
沂源县文化出版局局长：许曰坤

枣庄市文化广电新闻出版局局长：梅海滨
市中区文化广电新闻出版局局长：李传宝
滕州市文化广播电视和新闻出版局局长：贾福军
峄城区文化广电新闻出版局局长：韩玉军
薛城区文化局局长：王广法
台儿庄区文化广电新闻出版局局长：孙作伟
山亭区文化广电新闻出版局局长：贾广灿

东营市文化广电新闻出版局局长：马洪军
东营区文化体育广电新闻出版局局长：苏咏霖
河口区文化体育广电新闻出版局局长：王春霞
广饶县文化体育广电新闻出版局局长：刘中范
垦利县文化体育广电新闻出版局局长：郭树礼
利津县文化体育广电新闻出版局局长：李先锋

烟台市文化广电新闻出版局局长：徐 明
海阳市文化广电新闻出版局局长：王同清
莱阳市文化广电新闻出版局局长：鲁世旭
栖霞市文化广电新闻出版局局长：林德义
招远市文化广电新闻出版局局长：魏永兵
蓬莱市文化广电新闻出版局局长：王 轶
龙口市文化广电新闻出版局局长：徐宝勤
莱州市文化广电新闻出版局局长：孙瑞强
长岛县文化广电新闻出版局局长：李 明
牟平区文化广电新闻出版局局长：王旭波
福山区文化旅游局局长：林克芳
芝罘区文化新闻出版局局长：邹本义
莱山区文化新闻出版局局长：林荣胜

潍坊市文化广电新闻出版局局长：孙俐君
青州市文化广电新闻出版局局长：许新益
安丘市文化广电新闻出版局局长：栾成军
昌邑市文化广电新闻出版局局长：凌德全
高密市文化广电新闻出版局局长：邵春生
诸城市文化广电新闻出版局局长：傅相琪
昌乐县文化广电新闻出版局局长：朱英平
临朐县文化广电新闻出版局局长：白星超
潍城区文化广电新闻出版局局长：杨永健

奎文区文化旅游新闻出版局局长：赵吉昌
坊子区文化广电新闻出版局局长：潘锡才
寒亭区文化广电新闻出版局局长：徐化源

济宁市文化广电新闻出版局局长：周立华
市中区文化广电新闻出版局局长：刘运国
任城区文化广电新闻出版局局长：祝自稳
兖州市文化广电新闻出版局局长：周广珍
曲阜市文化广电新闻出版局局长：胡　勇
邹城市文化广电新闻出版局局长：刘嵩博
泗水县文化广电新闻出版局局长：廉家华
微山县文化广电新闻出版局局长：王　磊
鱼台县文化广电新闻出版局局长：张东国
金乡县文化广电新闻出版局局长：周忠勤
嘉祥县文化广电新闻出版局局长：江心静
汶上县文化广电新闻出版局局长：张会学
梁山县文化广电新闻出版局局长：刘汉江

泰安市文化文化广电新闻出版局局长：袁久亮
泰山区文化广电新闻出版局局长：展新维
岱岳区文化广电新闻出版局局长：许　杰
新泰市文化广电新闻出版局局长：范清君
肥城市文化广电新闻出版局局长：王　霞
宁阳县文化广电新闻出版局局长：石玉奎
东平县文化广电新闻出版局局长：徐天成

威海市文化广电新闻出版局局长：林治刚
荣成市文体广电新闻出版局局长：刘殿晓
文登市文化广电新闻出版局局长：于军宁
乳山市文化广电新闻出版局局长：赵红日
环翠区文化广电新闻出版局局长：王友福

日照市文化广电新闻出版局局长：郑玉霞
东港区文化体育新闻出版局局长：崔久西
岚山区文化体育新闻出版局局长：尹德志
莒县文化体育广播电视局党组副书记、
　　主任科员：卢兆村（主持工作）
五莲县旅游和文化体育广播电视局局长：单忠元

莱芜市文化广电新闻出版局局长：亓祥云
莱城区文化体育新闻出版局局长：王庆堂
钢城区文化体育新闻出版局局长：张学波

临沂市文化广电新闻出版局局长：郑西溪
兰山区文化广电新闻出版局局长：刘士礼
罗庄区文化广电新闻出版局局长：张永胜
河东区文化广电新闻出版局局长：许　珂
郯城县文化广电新闻出版局局长：梅　博
苍山县文化广电新闻出版局局长：陈国义
沂水县文化广电新闻出版局局长：韩世海
沂南县文化广电新闻出版局局长：尹永宝
平邑县文化广电新闻出版局局长：张　军
费县文化广电新闻出版局局长：王发恩
蒙阴县文化广电新闻出版局局长：罗广海
莒南县文化广电新闻出版局局长：王兴堂
临沭县文化广电新闻出版局局长：王志银

德州市文化广电新闻出版局局长：杨　杰
德城区文化新闻出版局局长：吴海蓉
禹城市文体广电新闻出版局局长：马少强
乐陵市文体广电新闻出版局局长：李泽林
宁津县文化体育局局长：郑福庆
齐河县文化广电新闻出版局局长：谢　强
陵县文化局局长：魏丽萍
临邑县文体广电新闻出版局局长：修广利
平原县文体广电新闻出版局局长：张来刚
夏津县文体广电新闻出版局局长：张文明
庆云县文体广电新闻出版局局长：武晖天
武城县文化旅游局局长：刘建义

滨州市文化广电新闻出版局局长：边茂田
滨城区文化旅游新闻出版局局长：尹洪吉
博兴县文化旅游新闻出版局局长：刘国升
沾化县文化体育新闻出版局局长：崔良海
无棣县文化广电新闻出版局局长：董昭武
邹平县文化体育和旅游事业发展局局长：杨延文
惠民县文化新闻出版局局长：张玉德
阳信县文化广电新闻出版局局长：张立泽

聊城市文化广电新闻出版局局长：杨　达
东昌府区文化广电新闻出版局局长：李炳泉
临清市文化广电新闻出版局局长：王兴刚
冠县文化广电新闻出版局局长：任广民
莘县文化广电新闻出版局局长：夏振华
阳谷县文化广电新闻出版局局长：曹保国

东阿县文化广电新闻出版旅游局局长：王宪民
茌平县文化体育旅游局局长：仇长义
高唐县文化广电新闻出版局局长：田方宏

菏泽市文化广电新闻出版局局长：陈庆勇
牡丹区文化体育局局长：洪继勋
定陶县文化体育局局长：王江峰
曹县文化体育局局长：李圣安
成武县文化体育局局长：崔传礼
单县文化体育局局长：谢孔芹
巨野县文化体育局局长：解瑞民
郓城县文化体育局局长：李兴平
鄄城县文化体育局局长：李　军
东明县文化体育局局长：孔素梅

河南省

河南省文化厅
党组书记、厅长：杨丽萍
党组成员、副厅长：崔为工　李　霞　郭书城
副厅长：董文建
党组成员、纪检组长：陈月玲
党组成员、省文物局局长：陈爱兰
党组成员、省博物院院长：张文军
副巡视员：王天虹　康　洁

郑州市文化广电新闻出版局局长、书记：李宪敏
金水区文化旅游局局长：吴兆强
中原区文化新闻出版局局长：徐君伟
二七区文化旅游局局长：牛志宏
惠济区文化旅游局局长：胡俊丽
上街区文化广电新闻出版局局长：冯立新
管城回族区文化旅游新闻出版局局长、副书记：李　静
登封市文化广电新闻出版局党组书记、局长：王彩红
新密市文化广电旅游局局长、党委副书记：张银灿
荥阳市文化广电新闻出版局党委书记、局长：王志中
新郑市文化广电新闻出版局局长：刘学敏
中牟县文化广电和旅游局局长：王玉忠
郑东新区教育文化体育局局长：田国安
高新技术开发区社会文化管理办公室主任：牟翠娜
经济技术开发区教文体局局长：唐保华

开封市文化广电新闻出版局局长：姚春贵
开封县文化旅游局局长：唐耀奎
杞县文广新局局长：李艺玲
通许县文广新局局长：岳邦亮
尉氏县文广新局局长：张　峰

洛阳市文化广电新闻出版局局长：马奎元
老城区文化新局局长：魏彦武
西工区文化新局局长：王鸿飞
廛河区文广新局局长：禹　瑞
涧西区文广新局局长：段起旭
吉利区文广新局局长：李志杰
洛龙区文广新局局长：杨建春
偃师市文广新局局长：陈贵禄
孟津县文广新局局长：杨长生
新安县文广新局局长：裴丰山
宜阳县文广新局局长：常顺卿
洛宁县文广新局局长：卫万里
伊川县文广新局局长：李耀增
汝阳县文广新局局长：张刚学
嵩县县文广新局局长：高见喜
栾川县文广新局局长：刘亚威

平顶山市文广新局党组书记、局长：肖元欣
舞钢市文广局局长：李洪涛
宝丰县文化广电局局长：王富有
鲁山县文化局局长：魏国平
叶县文化局局长：任　磊
郏县文化局局长：刘亚锋
新华区文化旅游局局长：马群峰
卫东区文化局局长：贺　峰
湛河区文化广电局局长：王绍强
石龙区文化广电局局长：张立有

新乡市文化新闻出版局局长：褚源新
辉县市文化局局长：李明录
获嘉县文化局局长：王明珍
原阳县文化局局长：赵光岭
新乡县文化局局长：张丽霞
卫辉市文化局局长：张斌世
延津县文化局局长：唐有朝

封丘县文化局局长：万传中
红旗区文化局局长：范振叶
卫滨区文化局局长：李勇刚
牧野区文化局局长：张建武
凤泉区文化局局长：王金旺
辉县市文物局局长：张有新
凤泉区文物局局长：刘呈安

焦作市文化新闻出版局局长：孔令江
沁阳市文广新局局长：张安国
孟州市文广新局局长：宋建华
修武县文广新局局长：田　健
武陟县文广新局局长：李顺喜
博爱县文广新局局长：张海生
温县文广新局局长：王　兵
解放区文体局局长：靳　滨
山阳区文体局局长：布财勇
中站区文体局局长：任新娥
马村区文体局局长：闪成福
安阳市文化广电新闻出版局党委书记、
局长：王金涛
林州市文广新局局长：郭明生
安阳县文化旅游局局长：牛建国
内黄县文广新局局长：张宪军
汤阴县文广新局局长：李长武
文峰区文广新和旅游局局长：朱艳丽
北关区文旅和新局局长：刘洁华
殷都区文广新和旅游局局长：宋　征
龙安区文广新旅局局长：周现清
内黄县文物旅游局局长：张顺朝

鹤壁市文化新闻出版局局长：陈高潮
浚县文化广播电影电视局党组书记、局长：崔改琴
淇县文化广播电影电视局党组书记、局长：高代泉
山城区文化体育局局长：杜希勇
淇滨区文化教育体育局局长：杨家业
鹤山区文化教育体育局局长：郭兴水
浚县文物旅游局党组书记、局长：裴顺昌
淇县文物旅游局党组书记、局长：谷慧勇
鹤山区旅游文物局局长：李丙国

濮阳市文化广电新闻出版局局长：陈景涛
高新区文广办主任：宋瑞钦
华龙区文化广电旅游局局长：曹修光
范县文体广电新闻出版旅游局局长：董永霞
南乐县文化广电体育旅游局局长：韩金河
濮阳县文化广电旅游局局长：郭修恒
清丰县文化广电旅游局局长：王亚光
台前县文化广电旅游局局长：刘崇良

三门峡市文化新闻出版局党委书记、局长：王朝周
灵宝文化局局长：张建华
义马市文化广电旅游和新闻出版局局长：李纪从
渑池县文化广电和新闻出版局局长：方丰章
陕县文化广电和新闻出版局局长：王来丁
卢氏县文化广电和新闻出版局局长：张双成
湖滨区文化旅游局局长：卫清波

许昌市文化新闻出版局党委书记、局长：张　琳
禹州市文广局局长：王根发
长葛市文化局局长：谢永和
许昌县文化旅游局局长：陶义红
鄢陵县文广局局长：宋发展
襄城县文广局局长：李红昌
魏都区文广局局长：杨保平
经济开发区社会事业局局长：吕继业
东城区社会事业局局长：张明慧

漯河市文化新闻出版局党组书记、局长：吴玉培
临颍县文化局局长：贾香宇
舞阳县文化旅游局局长：张杰民
源汇区文化旅游局局长：娄绍安
郾城区文化旅游局局长：周学政
召陵区文化旅游局局长：王志敏
开发区社会事业局局长：雷伟民

南阳市文化广电新闻出版局党委书记、
局长：马本殿
卧龙区文广新局局长：李　成
宛城区文广新局局长：刘先崇
镇平县文化局局长：姚金波
内乡县文化局局长：徐向升
淅川县文化局局长：刘建农
西峡县文广新局局长：韩向阳
唐河县文广新局局长：华金松
方城县文广新局局长：贺志斌

南召县文广新局局长：王贵富
社旗县文广新局局长：郭金发
桐柏县文广新局局长：郭　军
新野县文广新局局长：张华敏

商丘市文化广电新闻出版局局长：高继峰
梁园区文化局局长：陈　磊
睢阳区文化局局长：盛　鹏
虞城文化局局长：马义超
睢县文化局局长：王保训
夏邑文化局局长：吕慕宇
民权文化局局长：锦传明
宁陵县文化局局长：郑学峰
柘城县文化局局长：张峰杰

信阳市文化新闻出版局局长：张冬梅
浉河区文化新闻出版局局长：郝全修
平桥区文化新闻出版局局长：王乐友
罗山县文化广电新闻出版局局长：李松海
息县文化广电新闻出版局局长：王　磊
淮滨县文化广电新闻出版局局长：吕其顺
潢川县文化广电新闻出版局局长：苏振国
光山县文化广电新闻出版局局长：郑红梅
新县文化广电新闻出版局局长：黄成军
商城县文化广电新闻出版局局长：杨允琪

驻马店市文化新闻出版局党组书记、局长：肖全德
高新技术开发区文化局局长：刘长运
驿城区文化和旅游局党委书记、局长：王新平
遂平县文广新局局长：陈鹏华
确山县文化广电新局党组书记、局长：闫群东
汝南县文化局党组书记、局长：杨民生
平舆县文广新局党组书记、局长：蒋国勤
正阳县文化局党组书记、局长：梁汉俊
泌阳县文化局党组书记、局长：吕贤玉
上蔡县文化局党组书记、局长：刘景才
西平县文广新局局长：张　宏

周口市文化局局长：凌全贞
川汇区文广新局局长：薛顺名
商水县文广新局局长：魏素安
太康县文广新局局长：孙照乾
项城市文广新局局长：田　桦
扶沟县文广新局局长：白玉峰
淮阳县文广新局局长：樊廷贵
西华县文广新局局长：赵耀宇
郸城县文广新局局长：徐新建
沈丘县文广新局局长：张　林

省直管试点县市
济源市文化广电新闻出版局党组书记、局长：李培献
巩义市文化广电新闻出版局党组书记、局长：逯熙鹏
兰考县文广新局局长：黄克忠
汝州市文化广电局局长：董广兴
滑县文广新局局长：韩守宗
长垣县文化文广电旅游局局长：林建文
邓州市文化局局长：闫富传
永城市文化局局长：王晓五
固始县文化广电新闻出版局局长：李顶霞
鹿邑县文广新局局长：张险峰
新蔡县文化局党组书记、局长：韩金成

湖北省

湖北省文化厅
党组书记、厅长：杜建国
党组成员、副厅长兼湖北省文物局局长：沈海宁
党组成员、副厅长：严荣利　李耀华
党组成员、纪检组长：段天玲
巡视员：沈虹光　杨甫念
副巡视员：吴　宪

武汉市文化局局长：和晓曦
江岸区文体局局长：徐燕青
江汉区文体旅局局长：杨向农
硚口区文体局局长：杨　斌
汉阳区文体局局长：李作义
武昌区文体局局长：刘　全
青山区文体局局长：孙宗良
洪山区文体局局长：蒋　华
东西湖区文体局局长：张小平
汉南区文体局局长：王为均
蔡甸区文体局局长：吕文飞
江夏区文体局局长：王玉华
黄陂区文化局局长：刘际平

新洲区文化教育局局长：陈雁凌
东湖生态旅游风景区教文卫局局长：何连远
东湖新技术开发区教文卫局局长：钱德平

黄石市文化局局长：曹树莹
阳新县文体局局长：洪登亮
大冶市文体局局长：曹云华
下陆区文体局局长：邓延才
西塞山区文体局局长：汪　文
铁山区卫生文体局局长：方　敏
黄石港区卫生文体局局长：邹红波
经济开发区教文卫局局长：彭国良

襄阳市文化旅游和新闻出版局局长：陈乐一
樊城区文体旅局局长：李　莉
襄城区文体新局局长：耿　芳
襄州区文旅新局局长：王顺满
南漳县文体新局局长：郭永金
谷城县文体新局局长：张旭升
保康县文体新局局长：李昭辉
老河口市文化体育旅游局局长：冯　雨
枣阳市文体旅和新闻出版局局长：卢世成
宜城市文化旅游和新闻出版局局长：田　辉

荆州市文化局局长：贺洪文
荆州区文体局局长：周　炬
沙市区文体局局长：吴爱莲
开发区文化局局长：季德平
江陵县文体局局长：宋　翔
公安县文化局局长：孟丽平
监利县文化旅游局局长：赵更生
石首市文化局局长：胡昌杰
洪湖市文化局局长：李秀武
松滋市文化局局长：黄振亚

宜昌市文化局局长：王永平
西陵区文体局局长：席群英
伍家岗区文体局局长：王　辉
点军区文化旅局局长：朱德斌
猇亭区文体局局长：易　兵
夷陵区文体局局长：李西学
秭归县文化旅游局局长：王　罡
远安县文体局局长：徐光斌
兴山县文化局局长：邹志斌
长阳土家族自治县文体局局长：胡世春
五峰土家族自治县文体旅局局长：王义国
宜都市文化局局长：任　阳
当阳市文化体育旅游局局长：杨亚平
枝江市文体局局长：李建庭

十堰市文体局局长：牛孝文
茅箭区新闻文体局局长：林青海
张湾区文体局局长：郭瑞兵
郧县文化旅游局局长：梁建明
郧西县文体局局长：钟建华
竹山县文体局局长：薛继田
竹溪县文体局局长：陈诗云
房县文体局局长：黄宝富
丹江口市文体局局长：周长国
十堰市经济开发区文教卫局局长：翁端胜

孝感市文体新局局长：张少武
孝南区文体新局局长：钟楚华
孝昌县文体新局局长：刘国琼
云梦县文体新局局长：左燕翔
大悟县文体新局局长：刘海华
应城市文体新局局长：金　洋
安陆市文体局局长：高建新
汉川市文体局局长：李绍斌

荆门市文体新局局长：胡　耕
东宝区文化广播电视体育局局长：杨成荣
掇刀区文体广局局长：张学锋
沙洋县文化广播电视体育局局长：付东升
京山县文体新局局长：曾　峰
钟祥市文体新局局长：张华清

鄂州市文体局局长：周　岫
鄂城区文体局局长：余志和
华容区文体局局长：倪海滨
梁子湖区文体局局长：汪长生

黄冈市文化局局长：黄玉琴
黄州区文化局局长：童文军
团风县文体局局长：余秋明
浠水县文化局局长：闫桂华

蕲春县文体局局长：伊育群
黄梅县文化局局长：吴亚城
英山县文化局局长：熊 师
罗田县文化局局长：熊涤生
红安县文化局局长：喻成传
麻城市文化局局长：祝汉蛟
武穴市文化广电影视局局长：周小平
龙感湖管理区文化局局长：严 丹

咸宁市文体新局局长：程学娟
咸安区文体局局长：毛晓光
通山县文体局局长：陈世德
崇阳县文体局局长：王向阳
通城县文体局局长：宋旺龙
嘉鱼县文体局局长：刘焰才
赤壁市文体局局长：宋世成

随州市文体新局局长：孙国成
曾都区文化体育广电局局长：吕文军
随县文体局局长：宋 云
广水市文化体育新闻出版局局长：余银功

恩施州文体局局长：刘 跃
恩施市文体局局长：徐贵尧
利川市文体局局长：杨镇全
建始县文体局局长：林华翔
咸丰县文体局局长：白 斌
巴东县文体局局长：刘贤圣
宣恩县文体局局长：谢庆慧
来凤县文体局局长：岳 琼
鹤峰县文体局局长：向宏艳

省直辖县级行政单位：
仙桃市文广新局局长：胡晓华
潜江市文化旅游局局长：郑学国
天门市文广电新出版局局长：李小明
神农架林区文体局局长：王占军

湖南省

湖南省文化厅
党组书记、厅长：周用金
党组成员、常务副厅长：杨福杰
副厅长：雷鸣强
党组成员、副厅长：孟庆善 肖凌之
党组成员、省文物局局长：陈远平
党组成员：吴友云
党组成员、纪检组长：张彩辉
巡视员：周祥辉
副巡视员：彭伏莲

长沙市文化广电新闻出版局局长：杨长江
芙蓉区文体局局长：成良访
天心区文体局局长：雷丽娜
岳麓区文体局局长：王 洪
开福区文体局局长：王辉君
雨花区文体局局长：周宏伟
长沙县文体广电局局长：丁 琛
望城县文体广电局局长：刘宏伟
浏阳市文体广电局局长：朱玉喜
宁乡县文体广电局局长：贺太泉

衡阳市文化广电新闻出版局局长：李安元
衡南县文化局局长：黄国兴
衡阳县文化局局长：龙国华
衡东县文化局局长：陈和平
衡山县文化局局长：唐云翔
祁东县文化局局长：王柏吉
常宁市文化局局长：邹求荣
耒阳市文化局局长：李乙平
雁峰区教文体局局长：杨成栋
石鼓区教文体局局长：汪衡湘
珠晖区教文体局局长：凌小敏
蒸湘区教文体局局长：肖隆喜
南岳区文化文物宗教局局长：王伟强

株洲市文化广电新闻出版局局长：吴安浩
芦淞区文体局局长：周定杰
天元区文体局局长：杨忠明
石峰区文体局局长：陈琳敏
荷塘区文体局局长：柴 卉
醴陵市文体局局长：易小龙
株洲县文体局局长：朱 琳
攸县文体局局长：颜继瑞
茶陵县文体局局长：段跃华

炎陵县文体局局长：唐青平
雨湖区文化局局长：彭灿辉

湘潭市文化广电新闻出版局局长：李东平
岳塘区文化局局长：陈自安
湘潭县文化局局长：莫柏槐
湘乡市文化局局长：肖　鹄
韶山市文化局局长：谭明彰
雨湖区文化局局长：彭灿辉

邵阳市文化广电新闻出版局局长：王铭祥
邵东县文化局局长：李秋兵
新邵县文化局局长：陈丰收
隆回县文化局局长：张　晗
洞口县文化局局长：刘兴茂
绥宁县文化局局长：全昌爱
城步县文化局局长：阳盛武
武冈市文体局局长：曾少剑
新宁县文体局局长：李涵喆
邵阳县文化局局长：王席军
大祥区文体局局长：罗康平
双清区文体局局长：李　巍
北塔区文体局局长：简　洁

岳阳市文化广电新闻出版局局长：汪　灿
临湘市文化局局长：廖明斌
湘阴县文化局局长：龙佑祥
岳阳县文化广电新闻出版局局长：郑一夫
汨罗市文化局局长：欧阳三华
平江县文化广电新闻出版局局长：罗继明
华容县文化体育局局长：王良庆
岳阳楼区文化体育局局长：吴怡红
云溪区文化广播电视局局长：徐剑平
君山区文化广电新闻出版局局长：张全亮

常德市文化广电新闻出版局局长：陈　华
武陵区文化体育局局长：郭德西
鼎城区文广新局局长：余建明
石门县文广新局局长：覃业翼
澧县文广新局局长：余长国
安乡县文广新局局长：丁敬均
津市文广新局局长：聂　宇
临澧县文广新局局长：吴景华
汉寿县文广新局局长：张宏勋
桃源县文广新局局长：徐进华

张家界市文化广电新闻出版局局长：兰智平
永定区文化广电新闻出版局局长：谷忠斌
武陵源区文化广电新闻出版局局长：肖忠义
慈利县文化广电新闻出版局局长：罗远志
桑植县文化广电新闻出版局局长：聂耀亚

益阳市文化广电新闻出版局局长：刘兆平
赫山区文化局局长：蒋美华
资阳区文化局局长：郭　云
桃江县文化局局长：蔡明焕
沅江市文化局局长：徐鄂春
南县文化局局长：汤光前
安化县文化局局长：熊栋才

郴州市文化广电新闻出版局局长：龙齐阳
北湖区文化局局长：李永宗
苏仙区文化局局长：蒋德和
资兴市文化局局长：王筱兰
桂阳县文化局局长：吴淑姝
宜章县文化局局长：黄海云
永兴县文化局局长：张洪友
嘉禾县文化局局长：王继国
临武县文化局局长：曹夏平
汝城县文化局局长：陈建平
桂东县文化局局长：周海燕
安仁县文化局局长：邓关平

永州市文化广电新闻出版局局长：李小星
冷水滩区文化局局长：齐光文
零陵区文化局局长：李立新
祁阳县文化局局长：黄爱蓉
东安县文化局局长：俞兰桂
双牌县文化局局长：蒋　喆
道县文化局局长：罗明桥
江永县文化局局长：谢明尧
江华县文化局局长：周德新
宁远县文化广新局局长：唐太培
新田县文化局局长：黄　英
蓝山县文化局局长：黄程宏

怀化市文化广电新闻出版局局长：周正宇
麻阳县文化局局长：藤建学
鹤城区文化局局长：陈小松
辰溪县文化局局长：张碧波
靖州县文化局局长：陆通欢
芷江县文化局局长：龚霄汉
溆浦县文化局局长：张建平
沅陵县文化局局长：田学武
新晃县文化局局长：杨先尧
会同县文化局局长：龙世泉
通道县文化局局长：张建国
中方县文化局局长：宁关林
洪江市文化局局长：董泽有
洪江区文化局局长：肖　军

娄底市文化广电新闻出版局局长：李东升
娄星区文化局局长：曹霞希
冷水江市文化局局长：匡建军
涟源市文化局局长：唐裕奇
双峰县文化局局长：肖卫平
新化县文化局局长：曹曙初

湘西州文化广电新闻出版局局长：罗亚阳
凤凰县文化局局长：曾文松
保靖县文化局局长：邹利佳
古丈县文化局局长：刘　平
泸溪县文化局局长：杨　政
花垣县文化局局长：龙江涛
吉首市文化局局长：康　军
龙山县文化局局长：田发奎
永顺县文化局局长：向洪斌

广东省

广东省文化厅

党组书记、厅长：方健宏
党组成员、副厅长：杜佐祥　程　扬　马新民　杨　树　杨伟时
党组成员、省纪委驻省文化厅纪检组长、监察专员：凌曲刚
党组成员、省文物局局长：苏桂芬
党组成员、省文化市场综合执法局局长：胡振国
副巡视员：陈小明

广州市文化广电新闻出版局局长：陆志强
越秀区文化广电新闻出版局局长：王卫国
海珠区文化广电新闻出版局局长：吴天军
荔湾区文化广电新闻出版局局长：严汉初
天河区文化广电新闻出版局局长：张　颖
白云区文化广电新闻出版局局长：丁和平
黄埔区文化广电新闻出版局局长：孙恺敏
花都区文化广电新闻出版局局长：骆权灯
番禺区文化广电新闻出版局局长：何穗鸿
南沙区文化广电新闻出版局局长：王少宁
萝岗区文化广电新闻出版局局长：孙礼平
从化市文化广电新闻出版局局长：朱虹霞
增城市文化体育广电新闻出版局局长：黄海明

深圳市文体旅游局局长：陈　威
福田区文化体育局局长：胡星宏
罗湖区文化体育局局长：廖　晓
盐田区文化体育局局长：李志利
南山区文化局局长：姜广华
宝安区文体旅游局局长：邓少玲
龙岗区文体旅游局局长：张　耀
光明新区公共事业局局长：宋　杰
坪山新区公共事业局局长：熊　瑛

珠海市文体旅游局局长：刘福祥
香洲区文体旅游局局长：陈成兵
金湾区文体旅游局局长：李成铿
斗门区文化广电新闻出版局局长：韦大奇

汕头市文化广电新闻出版局局长：王小辉
金平区文化广电新闻出版局局长：郑文义
龙湖区文化广电新闻出版局局长：蔡垂政
澄海区文化广电新闻出版局局长：谢延平
濠江区文化广电新闻出版局局长：陈健平
潮阳区文化广电新闻出版局局长：陈振通
潮南区文化广电新闻出版局局长：蔡宗禹
南澳县文化广电新闻出版局局长：柯伟煌

佛山市文化广电新闻出版局局长：徐东涛
禅城区文体旅游局局长：余　斌
南海区文体旅游局常务副局长：谭国洪

高明区文体旅游局局长：陈新文
三水区文体旅游局局长：严振飞
顺德区文体旅游局局长：曹洪彬

韶关市文化广电新闻出版局局长：何正平
浈江区文化新闻出版局局长：宋柏均
武江区文化新闻出版局局长：曾　宏
曲江区文化广电新闻出版局局长：李伟才
乐昌市文化广电新闻出版局局长：黄紫鹰
南雄市文化广电新闻出版局局长：肖丽琼
仁化县文化广电新闻出版局局长：刘建存
始兴县文化广电新闻出版局局长：陈向明
翁源县文化广电新闻出版局局长：林晃奎
新丰县文化广电新闻出版局局长：刘光志
乳源瑶族自治县文化广电新闻出版局局长：邬宝华

河源市文化广电新闻出版局局长：梁伟光
源城区文化广电新闻出版局局长：欧阳生
东源县文化广电新闻出版局局长：黄建平
和平县文化广电新闻出版局局长：黄嘉乐
龙川县文化广电新闻出版局局长：王洪涛
紫金县文化广电新闻出版局局长：林建峰
连平县文化广电新闻出版局局长：潘继红

梅州市文化广电新闻出版局局长：陈锐锋
梅江区文化广电新闻出版局局长：李常青
兴宁市文化广电新闻出版局局长：罗幼珣
梅县文化广电新闻出版局局长：谢英强
平远县文化广电新闻出版局局长：刘立新
蕉岭县文化广电新闻出版局局长：黄金松
大埔县文化广电新闻出版局局长：黄伟强
丰顺县文化广电新闻出版局局长：朱耀辉
五华县文化广电新闻出版局局长：张远平

惠州市文化广电新闻出版局局长：罗川山
惠城区文化广电新闻出版局局长：刘少辉
惠阳区文化广电新闻出版局局长：叶茂庭
惠东县文化广电新闻出版局局长：谢帝水
博罗县文化广电新闻出版局局长：廖建新
龙门县文化广电新闻出版局局长：钟福新
大亚湾经济技术开发区宣教局：涂文子
仲恺高新区宣教文卫办主任：文绍良

汕尾市文化广电新闻出版局局长：林来平
汕尾市城区科技文体局局长：郭乃坎
陆丰市文化广电新闻出版局局长：李汉沛
海丰县文体旅游局局长：卢小娟
陆河县文化广电新闻出版局局长：杨学而
红海湾区文化广电新闻出版局局长：吴春生
华侨管理区文化广电新闻局局长：蔡锦明

东莞市文化广电新闻出版局局长：陈志伟

中山市文化广电新闻出版局局长：郑集思

江门市文化广电新闻出版局局长：廖振明
蓬江区文体新局局长：李伟垣
江海区文体新局局长：邓群标
新会区文广新局局长：李悦忠
台山市文广新局局长：黄伟华
开平市文广新局局长：谭伟强
鹤山市文广新局局长：邓梓威
恩平市文广新局局长：梁朝贺

阳江市文化广电新闻出版局局长：谭忠健
江城区文体旅游和外事侨务局局长：郑玉冰
阳春市文体广电新闻出版局局长：邓汝平
阳东县文体广电新闻出版局局长：谭锐光
阳西县文体广电新闻出版局局长：卢国进
海陵岛经济开发区旅游文体局局长：陈章星
高新区科技教育文体卫生局局长：梁鸿武

湛江市文化广电新闻出版局局长：刘　兵
赤坎区文化新闻出版局局长：黄柳坚
霞山区文化新闻出版局局长：曾继房
麻章区文化广电新闻出版局局长：郑永丰
坡头区文化广电新闻出版局局长：黄国楣
雷州市文化广电新闻出版局局长：牧　野
廉江市文化广电新闻出版局局长：李建军
吴川市文化广电新闻出版局局长：陈燕熙
遂溪县科技文化广电新闻出版局局长：杨　景
徐闻县文化广电新闻出版局局长：张世越
经济技术开发区人口与社会事务管理局局长：许忠胜

茂名市文化广电新闻出版局局长：黄晨光
茂南区文化体育局局长：彭华辉

茂港区文化体育新闻出版局局长：赖　胜
信宜市文化广电新闻出版局局长：吴家庆
高州市文化广电新闻出版局局长：陈沛超
化州市文化广电新闻出版局局长：宋　凯
电白县文化广电新闻出版局局长：郑闪光

肇庆市文化广电新闻出版局局长：欧荣生
端州区文化局局长：陈秀萍
鼎湖区文化广电新闻出版局局长：周勇军
四会市文化广电新闻出版局局长：雷声亮
高要市文体旅游局局长：苏世雄
广宁县文化广电新闻出版局局长：邓兴平
德庆县文化广电新闻出版局局长：董杰平
封开县文化广电新闻出版局局长：杨　松
怀集县文化广电新闻出版局局长：陈智旭

清远市文化广电新闻出版局局长：许广勇
清城区文化体育局局长：张　青
英德市文化广电新闻出版局局长：郑中重
连州市文体旅游局局长：唐记南
佛冈县文化广电新闻出版局局长：曾道明
清新县文化广电新闻出版局局长：程建文
连山壮族瑶族自治县文化体育局局长：李福润
连南瑶族自治县文化广电新闻出版局局长：吴卫清
阳山县文化广电新闻出版局局长：饶火明

潮州市文化广电新闻出版局局长：林广鹏
潮安县文化广电新闻出版局局长：吴培辉
饶平县文化广电新闻出版局局长：陆锡文
湘桥区文化广电新闻出版局局长：张旭光
枫溪区区委宣传部副部长：黄玉莲

潮州市文物旅游局局长：伍　茸

揭阳市文化广电新闻出版局局长：李锡安
榕城区文化新闻出版局局长：林永生
普宁市文化广电新闻出版局局长：黄楚雄
揭东县文化广电新闻出版局局长：吴伟斌
揭西县文化广电新闻出版局局长：巫丽琼
惠来县文化广电新闻出版局局长：元健雄
试验区文化新闻出版局局长：袁壁三
东山区文化新闻出版局副局长：张银松
普侨区文教局局长：黄伟生

云浮市文化广电新闻出版局局长：梁仁球
云城区文化广电新闻出版局局长：陈志亮
罗定市文化广电新闻出版局局长：杨振东
新兴县文化广电新闻出版局局长：吴　平
郁南县文化广电新闻出版局局长：许澄江
云安县文化广电新闻出版局局长：李妍姬

广西壮族自治区

广西壮族自治区文化厅

党组书记、厅长：余益中
党组副书记、副厅长：李民胜
党组成员、副厅长：洪　波　唐正柱
副厅长：覃　溥
党组成员、纪检组长：李晓泉
副巡视员：马红英　任保胜

南宁市文化新闻出版局局长：蒙文虎
青秀区文化新闻出版体育局局长：赖清玲
兴宁区文化新闻出版体育局局长：吴　豫
江南区文化新闻出版体育局局长：谢　嘉
西乡塘区文化新闻出版体育局局长：黄枝滔
邕宁区文化新闻出版体育局局长：李金玉
良庆区文化新闻出版体育局局长：刘革成
武鸣县文化广播影视和体育局局长：潘进忠
横县文化广播影视和体育局局长：杨焕荣
宾阳县文化广播影视和体育局局长：韦梦飞
上林县文化广播影视和体育局局长：韦海东
马山县文化广播影视和体育局局长：蒙海军
隆安县文化广播影视和体育局局长：梁　毅

柳州市文化局局长：李丽珍
柳北区文化体育局局长：王继萍
城中区文化体育局局长：周小燕
鱼峰区文化体育局局长：罗　原
柳南区文化体育局局长：覃　捷
柳东新区社会事务局局长：邓俊华
阳和工业新区社会事务局局长：蔡淋伏
柳江县文化体育局局长：全开源
柳城县文化体育局局长：周　志
鹿寨县文化体育局局长：韦江华
融安县文化体育局局长：赵翔燕

融水县文化体育局局长：曹树明
三江县文化体育局局长：吴树辉

桂林市文化局局长：张执雪
秀峰区文化体育局局长：彭卫东
叠彩区文化体育局局长：李丹平
象山区文化体育局局长：王　坤
七星区文化体育旅游局局长：蒋才华
雁山区旅游文化体育局局长：熊伯平
临桂县文化体育局局长：赵秋岚
灵川县文化局局长：肖义清
兴安县文化旅游局局长：胡　琳
资源县文化体育局局长：唐向忠
全州县文化局局长：刘俊春
灌阳县文化局局长：王鸽群
龙胜县文化局局长：周艳红
永福县文化体育局局长：黄流琪
阳朔县文化体育局局长：刘建强
平乐县文化旅游局局长：李任科
恭城县文化旅游局局长：傅秋明
荔浦县文化体育局局长：卓礼雄

梧州市文化新闻出版局局长：温　伦
长洲区科文体局局长：陈锦萍
蝶山区科卫文体局局长：黄金莲
万秀区科卫文体局局长：俞　健
工业园区科教文体局局长：韦以文
岑溪市文化体育局局长：甘　卫
苍梧县文化体育局局长：王治文
藤县文化体育局局长：肖谋义
蒙山县文化体育局局长：肖映山

北海市文化局局长：陈月梅
合浦县文化体育新闻出版局局长：黄炳羽
海城区文化体育广播电视局局长：蒙海涛
银海区文化体育广播电视局局长：杨　铖
铁山港区文化体育和广播电视局局长：陈钦武

防城港市文化体育新闻出版局局长：卢　岩
防城区文化体育广播电影电视局局长：何春梅
港口区文化体育广播电影电视局局长：黄海燕
上思县文化体育广播电影电视局局长：雷爱新
东兴市文化体育广播电影电视局局长：陈壹堂

钦州市文化和新闻出版局局长：林钦娟
浦北县文化体育局局长：夏玄新
灵山县文化体育局局长：黄　健
钦南区文化体育局局长：王　伟
钦北区文化体育局局长：莫谦炳

贵港市文化局局长：廖向杰
平南县文化体育局局长：陈世穆
桂平市文化体育局局长：梁耀海
港北区文化体育局局长：刘志琴
港南区文化体育局局长：黄冬珍
覃塘区文化体育局局长：吕彩兰

玉林市文化局局长：李锦第
玉州区文化体育局局长：谭艳艳
北流市文化体育局局长：钟森文
容县文化体育局局长：梁　彬
陆川县文化体育局局长：谢华南
博白县文化体育局局长：李书耀
兴业县文化体育局长：麦昭阳
福绵区文化体育局局长：欧科彪

百色市文化和新闻出版局局长：黄小卡
右江区文化局局长：罗　群
田阳县文化体育局局长：吴才现
田东县文化体育局局长：鲍　岳
平果县文化体育局局长：陆东立
德保县文化体育局局长：赵　超
靖西县文化体育局局长：农俊杰
那坡县文化体育局局长：朱宁波
凌云县文化体育局局长：冉景奎
乐业县文化体育局局长：韦胜亮
田林县文化体育局局长：文　宝
隆林县文化体育局局长：杨朝林
西林县文化体育局局长：丁韦震

贺州市文化新闻出版局局长：廖　平
八步区文体局、新闻出版（版权）局局长：黄爱娱
钟山县文体局、新闻出版（版权）局局长：刘　勉
昭平县文体局、新闻出版（版权）局局长：左忠才
富川县文体局、新闻出版（版权）局局长：黄　灵
平桂管理区文体局局长：刘志伟

河池市文化广播影视管理局局长：杨卫群
金城江区文化广播影视管理局局长：覃宇雷
宜州市文旅体局局长：韦雯荃
罗城县文化体育局局长：银联健
环江县文化体育局局长：卢朝阳
南丹县文化体育局局长：冉秀书
天峨县文化体育局局长：牙　彬
东兰县文化体育局局长：周华强
巴马县文化体育局局长：覃明勇
凤山县文化体育局局长：韦联浩
都安县文化体育局局长：韦禹薇
大化县文化体育局局长：霍子甫

来宾市文化新闻出版局局长：黎瑞江
忻城县文化体育旅游局局长：韦江胜
金秀县文化和体育局局长：李金阳
合山市文化体育广电局局长：李国孟
象州县文化体育局局长：罗　钰
兴宾区文化体育局局长：谭晓梅
武宣县文体广电局局长：廖武谊

崇左市文化局局长：陆汉新
江州区文化体育局局长：周海深
扶绥县文化体育局局长：钟文庆
龙州县文化体育局局长：林　海
宁明县文化体育局局长：陶昌东
天等县文化体育局局长：黄建明
大新县文化体育局局长：农冬梅
凭祥市文化体育局局长：李小山

海南省

海南省文化广电出版体育厅

党组书记、厅长：范晓军
党组成员、副厅长：陈亚俊　柳松华　林光强
巡视员：王炳林
副巡视员：陈文宝

海口市文化广电出版体育局 局长：徐　涛

三亚市文化广电出版体育局局长：廖民生
省直辖行政单位：
儋州市文化广电出版体育局副局长：陈　茅
琼海市文化广电出版体育局局长：陈海燕
万宁市文化广电出版体育局局长：肖传能
文昌市文化广电出版体育局局长：符向明
东方市文化广电出版体育局局长：文海平
五指山市文化广电出版体育局局长：伍楚君
澄迈县文化广电出版体育局局长：曾德英
临高县文化广电出版体育局局长：符龙勤
定安县文化广电出版体育局局长：徐　吉
屯昌县文化广电出版体育局局长：郭桂珍
昌江县文化广电出版体育局局长：庞大海
琼中县文化广电出版体育局局长：龙朝雄
陵水县文化广电出版体育局局长：徐光强
白沙县文化广电出版体育局局长：赖　伟
保亭县文化广电出版体育局局长：李岸良
乐东县文化广电出版体育局局长：林其波

重庆市

重庆市文化广播电视局

党委书记、局长：汪　俊
党委委员、重庆红岩联线文化发展管理中心主任：厉　华
党委委员、副局长：程武彦　温俊华　张洪斌　李廷勇
副局长：刘明华
党委委员、纪委书记：马岱良
党委委员、重庆中国三峡博物馆馆长：黎小龙
党委委员、局长助理：席　华

万州区文化广电新闻出版局局长：熊　刚
黔江区文化广电新闻出版局局长：何炬学
涪陵区文化广电新闻出版局局长：杨　华
渝中区文化广电新闻出版局局长：辛正明
大渡口区文化广电新闻出版局局长：唐　勇
江北区文化广电新闻出版局局长：王海虎
沙坪坝区文化广电新闻出版局局长：李　波
九龙坡区文化广电新闻出版局局长：黄贤中
南岸区文化广电新闻出版局局长：喻先发
北碚区文化广电新闻出版局局长：万天伦
渝北区文化广电新闻出版局局长：李享强

巴南区文化广电新闻出版局局长：郑丽娟
长寿区文化广电新闻出版局局长：刘德奉
江津区文化广电新闻出版局局长：陈宗明
合川区文化广电新闻出版局局长：左学耕
永川区文化广电新闻出版局局长：刘革敏
南川区文化广电新闻出版局局长：沈　瑨
綦江区文化广电新闻出版局局长：吴大钱
潼南县文化广电新闻出版局局长：陈春贵
铜梁县文化广电新闻出版局局长：宋关心
大足区文化广电新闻出版局局长：李洪秀
荣昌县文化广电新闻出版局局长：刘　霞
璧山县文化广电新闻出版局局长：瞿显贵
梁平县文化广电新闻出版局局长：向时明
城口县文化广电新闻出版局局长：陈国心
丰都县文体广电新闻出版局局长：杜洪发
垫江县文化广电新闻出版局局长：章华荣
武隆县文化体育旅游局副局长：杨永雄
忠县文体广电新闻出版局局长：任华强
开县文化广电新闻出版局局长：黄晓勇
云阳县文化广电新闻出版局局长：李建军
奉节县文化广电新闻出版局局长：曾学军
巫山县文化广电新闻出版局局长：陈　健
巫溪县文体广电新闻出版局局长：朱　权
石柱土家族自治县文化广电新闻出版局局长：黄怀林
秀山土家族苗族自治县文体广电新闻出版局局长：陈　慧
酉阳土家族苗族自治县文化广电新闻出版局局长：罗万明
彭水县文化广电新闻出版局局长：冯佑高

四川省

四川省文化厅

党组书记、厅长：郑晓幸
党组成员、副厅长：窦维平　泽　波　王志平　李兆权
党组成员、省纪委驻文化厅纪检组长：孙舒亚
党组成员、省文物局局长：王　琼
党组成员、机关党委书记：严飒爽
副巡视员：方国年　卢　锋

成都市文化局局长：朱树喜
锦江区文化广播电视局局长：陆　江
青羊区文化广播电视局局长：刘咏梅
金牛区文化广播电视局局长：胥厚全
武侯区文化广播电视局局长：唐　凯
成华区文化广播电视局局长：韩际舒
高新区社会事业局局长：吕　毅
青白江区文化广播电视局局长：李华蓉
龙泉驿区文化体育局局长：曾　列
都江堰市文化广播电视局局长：罗鸿亮
彭州市文化广播电视局局长：黎　蕊
崇州市文化局局长：李　超
邛崃市文化体育局局长：王茂楠
温江区文化广播电视局局长：帅　仑
新都区文化广播电视局局长：王　莉
双流县文化旅游局局长：黄忠群
郫县文化体育局局长：陈　杰
新津县文化体育局局长：鲁健根
金堂县文化体育局局长：尹全红
大邑县文化体育局局长：戴　勇
蒲江县文化广播电视局局长：卿　蓓

自贡市文化局局长：卓　越
自流井区文化体育局局长：甘建平
贡井区文化体育局局长：温鸿斌
大安区文虎体育局局长：李开友
高新区文化新闻出版稽查大队队长：宗兰英
沿滩区文化体育局局长：宋　潮
荣县文化体育局局长：杨泽祥
富顺县文化体育广新局局长：高仁斌

攀枝花市文化（新闻出版、版权）局局长：马晓凤
东区文化体育局局长：衡明坤
西区文化旅游局局长：王　政
仁和县文化体育局局长：蒋加赋
米易县文化旅游局局长：周崇贵
盐边县文化体育广播电视局局长：刘天华

泸州市文化局局长：方　莉
泸县文化体育广播电视局局长：游书勇
合江县文化体育广播电视局局长：龙启权
叙永县文化体育广播电视局局长：颜　强
古蔺县文化体育广播电视局局长：罗　庆

江阳区文化体育局局长：林海霞
纳溪区文化体育广播电视局局长：张治童
龙马潭区文化体育局局长：吴佳敏

德阳市文化局局长：包育建
旌阳区文化体育局局长：曾　宁
绵竹市文化体育局局长：余天培
广汉市文化体育局局长：邓　双
什邡市文化局局长：蒲堂全
中江县文化体育旅游局局长：刘晓玲
罗江县文化体育局局长：曾家华

绵阳市文化局局长：马宗舜
涪城区文化影视新闻出版局局长：张国茂
游仙区商务和文化旅游局局长：宋　波
高新区社会发展局局长：鲜于龙
三台县文化体育局局长：胡本华
盐亭县文化旅游局局长：郭　建
梓潼县文化旅游局局长：蒲远富
江油市文化旅游局局长：任德远
平武县文化旅游局局长：王绍禄
安县文化旅游局局长：胡声志
北川羌族自治县文化旅游局局长：林　川
四川省科学城文化体育局局长：刘　英

广元市文化局局长：韩跃明
利州区文化体育旅游局局长：杨向华
元坝区文化体育旅游局局长：朱太毅
朝天区文化体育旅游局局长：柳文祥
苍溪县文化体育旅游局局长：黄新明
剑阁县文化旅游局局长：母大明
旺苍县文化体育局局长：陈凯生
青川县文化体育局局长：吴柄贵

遂宁市文化局局长：勾中进
船山区文化体育局局长：彭　文
安居区文化体育局局长：雷西林
射洪县文化和广播影视局局长：冯　瑛
蓬溪县文化广播电影电视局局长：邓　涛
大英县文化体育局局长：周松林

内江市文化局局长：黄　刚
市中区文化体育局局长：杨　松
东兴区文化体育局局长：李永国
资中县文化体育局局长：曾　斌
隆昌县文化体育局局长：袁荣彬
威远县文化体育局局长：郭永权

乐山市文化广播影视新闻出版局局长：谢晓明
市中区文化体育局局长：陈力飞
五通桥区文化体育广播影视新闻出版局局长：胡世琼
沙湾区文化体育广播影视新闻出版局局长：向洪敏
金口河区文化体育局局长：江　莉
峨眉山市文化体育局局长：吴仲文
犍为县文化旅游局局长：彭树怀
井研县文化旅游局局长：李旭东
夹江县文化体育广播电视局局长：张一平
沐川县文化体育局局长：徐　芸
峨边彝族自治县教育文化体育局局长：　徐树祥
马边彝族自治县教育文化体育局局长：吴林章

南充市文化局局长：白　云
顺庆区文化旅游局局长：罗存胜
高坪区文化体育局局长：申　英
嘉陵区文化体育局局长：陈　焱
西充县文化体育局局长：谢　勇
南部县文化体育局局长：刘　坚
仪陇县文化体育局副局长：周全民（主持工作）
蓬安县文化旅游局局长：王俊英
营山县文化体育局局长：谢　露
阆中市文化局局长：任　益

宜宾市文化局局长：汪　庆
翠屏区文化广播电影电视局局长：王敏川
宜宾县文化广播影视新闻出版和体育局局长：王德明
南溪县文化体育和旅游局局长：万　敏
江安县旅游和文化体育局局长：刘生敏
长宁县旅游文化体育局局长：卢　彬
高县文化体育和旅游局局长：李　烨
筠连县文化体育旅游局局长：杨占国
珙县文化体育局局长：朱建军
兴文县文化体育局局长：黄永富
屏山县文化广播体育局局长：曾宪章

广安市文化体育局局长：郑建军
广安区文化体育局局长：欧居建

邻水县文化体育局局长：杨正德
华蓥市文化体育局局长：陈建国
岳池县文化体育局局长：龙丽君
武胜县文化体育局局长：彭章锡

达州市文化和广播电视局局长：王隆毅
通川区文化和体育局局长：蔡小军
万源市文化和广播电视局局长：向　豪
达县文化和广播电视局局长：李晓波
宣汉县文化和广播电视局局长：高海洋
开江县文化和广播电视局局长：蒋　伟
大竹县文化和广播电视局局长：于　飞
渠县文化和广播电视局局长：刘荣忠

巴中市文化体育新闻出版局局长：黄　明
巴州区科技文化体育新闻出版局局长：王　君
通江县文化体育新闻出版局局长：何　伟
南江县文化体育新闻出版局局长：杨　雄
平昌县科技文化体育局局长：王述成

雅安市文化新闻出版和广播电视局局长：肖建林
雨城区文化体育广播电视和新闻出版局局长：李晓春
名山县文化新闻出版和广播电视局局长：彭　震
荥经县文化新闻出版和广播电视局局长：杨明江
汉源县文化体育局局长：姜永才
石棉县文化体育新闻出版和广播电视局局长：及康生
天全县文化新闻出版和广播电视局局长：易　丹
芦山县文化新闻出版和广播电视局局长：陈中献
宝兴县文化新闻出版和广播电视局局长：杨华国

眉山市文化体育局局长：田　禾
东坡区文化体育局局长：许洪林
仁寿县文化体育局局长：雷文忠
青神县文化体育局局长：黄云华
丹棱县文化体育旅游局局长：李光兰
洪雅县文化体育局局长：何林芳
彭山县文化体育局局长：吕卫东

资阳市文化局局长：石朝武
雁江区文化体育新闻出版局局长：杨　毅
简阳市文化体育局局长：施　亮
安岳县文化体育局局长：邹　平
乐至县文化体育广新局局长：冯期春

阿坝藏族羌族自治州文化局局长：冯青龙
汶川县文化体育局局长：黄　珊
理县文化体育局局长：何江林
茂县文化体育局局长：余海清
九寨沟县文化体育局局长：刘善刚
松潘县文化体育局局长：刘晓东
金川县文化体育局局长：黄发强
小金县文化体育局局长：毛德良
黑水县文化体育局局长：杨根思
马尔康县文化体育局局长：邓锡英
壤塘县文化体育局局长：陈昌福
阿坝县文化体育局局长：马　柯
若尔盖县文化体育局局长：李玉塔
红原县文化体育局局长：哈　祥

甘孜州文化体育和广播电视局局长：龚建忠
康定县文化旅游和广播影视体育局局长：吴明琼
泸定县文化旅游和广播影视体育局局长：窦　武
丹巴县文化旅游和广播影视体育局局长：杨玉林
九龙县文化旅游和广播影视体育局局长：伍降秋
雅江县文化旅游和广播影视体育局局长：施百岁
道孚县文化旅游和广播影视体育局局长：拥青她姆
甘孜县文化旅游和广播影视体育局局长：孙春明
新龙县文化旅游和广播影视体育局局长：仁龙仁孜
德格县文化旅游和广播影视体育局局长：杨　胜
白玉县文化旅游和广播影视体育局局长：黄　兴
石渠县文化旅游和广播影视体育局局长：李　宏
色达县文化旅游和广播影视体育局局长：泽娜措
理塘县文化旅游和广播影视体育局局长：泽仁正呷
巴塘县文化旅游和广播影视体育局局长：绒　布
乡城县文化旅游和广播影视体育局局长：格桑顿珠
稻城县文化旅游和广播影视体育局局长：次登达瓦
得荣县文化旅游和广播影视体育局局长：杨贵强
炉霍县文化旅游和广播影视体育局局长：何建军

凉山州文化广播电视局局长：付　荣
西昌市文化体育局局长：刘绍萍
木里县文化广播电视局局长：罗永忠
盐源县广播电视文化局局长：陈兴国
德昌县文化体育广播电视局局长：贺　萍
会理县文化广播电视事业管理局局长：许　荣
会东县文化体育局副局长：左永刚
宁南县文化体育局局长：杨洪英

普格县文化旅游局局长：阿基俄尔
布拖县文化体育局局长：特觉史黑
金阳县文化体育旅游局局长：吉火尔色
昭觉县文化旅游体育局局长：李　峰
喜德县文化旅游招商局局长：马海锁古
冕宁县文化旅游局局长：魏志强
越西县广播电视文化体育局局长：阿苏越尔
甘洛县文化体育局局长：文　毅
美姑县文化体育旅游宗教局局长：瓦西古以
雷波县文化体育局局长：白忠明

贵州省

贵州省文化厅

党组书记、副厅长：许　明
党组副书记、厅长：徐　圻
党组成员、副厅长：黎盛翔　张明辉　袁　伟
党组成员、省文物局局长：王红光
党组成员、纪检组长：孔　锦
副巡视员：卢培仁　吴建伟　梁红杰

贵阳市文化广播电影电视局局长：韦鸿宁
云岩区文化广播电视局局长：曹　静
南明区文化广播电视局局长：张亚玲
白云区旅游文体广播电视局局长：涂朝学
花溪区文化体育广播电视局局长：侯　申
小河区文体广播电视局局长：钱正良
乌当区旅游文体广播电视局局长：王家康
金阳新区文体广播电视局局长：王　刚
开阳县旅游文体广播电视局局长：贺　毅
清镇市文体广播电视局局长：陶　涛
息烽县旅游文体广播电视局局长：朱登麟
修文县旅游文体广播电视局局长：黄赞勇

遵义市文化体育广播电影电视局局长：张鹏健
红花岗区文广电旅游局局长：贾福贤
汇川区文体广播电视局局长：吴建渝
遵义县文体广电旅游局局长：魏明伟
仁怀市文体广电旅游局局长：王道勋
赤水市文体广电旅游局局长：宋秋萍
习水县文体广电旅游局局长：叶晓林
务川县文体广电旅游局局长：文　鸣
正安县文体广电旅游局（新闻出版《版权局》）局长：吴　涛
道真县文体广电旅游局局长：韩智勇
湄潭县文体广播电视局局长：赵　翔
凤冈县文体广电旅游局局长：吴长刚
余庆县文体广播电视局局长：周忠武
绥阳县文广电旅游局局长：杨　进
桐梓县文体广电旅游局局长：杨国祥

六盘水市文化体育广播电影电视局局长：周应寿
六枝特区文体广电旅游局局长：肖忠学
盘县文体广电旅游局局长：邹兴林
水城县文体广电旅游局局长：冯　伟
钟山区文体广电旅游局局长：黎永明

安顺市文化广播电影电视局局长：吴　为
安顺市西秀区文体广电旅游局局长：严　军
普定县文化体育广播电视局局长：帅　昕
紫云县文体广电旅游局局长：卫　雨
镇宁县文体广电旅游局局长：谢世福
关岭县文体广电旅游局局长：丁美键
平坝县文体广电旅游局局长：陈　伟

毕节市文化体育广播电影电视局局长：李明泽
七星关区文化体育广播电视旅游局局长：徐兴志
黔西县文体广电旅游局局长：曾　红
大方县文化体育广播电视旅游局局长：曾祥富
金沙县文化体育广播电视旅游局局长：蒋重江
织金县文化体育广播电视旅游（新闻出版、版权）局局长：韦　刚
纳雍县文体广播电视旅游局局长：周训照
威宁县文化体育广播电视旅游局局长：徐　锋
赫章县文化体育广播电视旅游局局长：张建华
贵州百里杜鹃文体广播电视局局长：李　锴

铜仁市文化体育广播电影电视局局长：龙丽红
碧江区文化体育广播电视旅游局局长：李益民
沿河县文化体育广播电视旅游局局长：徐兴强
江口县文化体育广播电视旅游局局长：杨　涛
万山特区文化体育广播电视旅游局局长：张秀芬
玉屏县文化体育广播电视旅游局局长：杨显政
石阡县文化体育广播电视旅游局局长：余安华
松桃县文化体育广播电视旅游局局长：龙再渊

思南县文化体育广播电视旅游局局长：樊建华
德江县文化体育广播电视旅游局局长：安　康
印江县文化体育广播电视旅游局局长：陈晓华

黔东南州文化体育和广播电影电视局局长：张　林
凯里市文体广播电视局局长：张　洪
黄平县文体广电旅游局局长：杨　德
施秉县文体广电旅游局局长：吴启宏
台江县文体广电旅游局局长：李廷付
剑河县文体广电旅游局局长：吴重庆
三穗县文体广电旅游局局长：吴会师
天柱县文体广电旅游局局长：杨政光
岑巩县文体广电旅游局局长：熊永龙
锦屏县文体广电旅游局局长：吴厚良
雷山县文体广电局局长：张　德
榕江县文体广电旅游局局长：左才宏
从江县文体广电旅游局局长：石朝生
黎平县文体广电旅游局局长：张勇贤
麻江县文体广电旅游局局长：曾正军
镇远县文体广电旅游局局长：胡浩宇
丹寨县文体广电旅游局局长：陆忠奎

黔南州文化和广播电影电视局局长：王先宁
都匀市文体广电旅游局局长：尹　蕙
瓮安县文体广电旅游局局长：何　端
贵定县文体广电旅游局局长：刘园丽
福泉市文体广电旅游局局长：唐兴武
荔波县文体广电旅游局局长：何　虎
平塘县文体广电旅游局局长：宋恩贵
罗甸县文体广电旅游局局长：卢　云
独山县文体广电旅游局局长：池继霞
长顺县文体广电旅游局局长：雷尊顺
三都县文体广电旅游局局长：梁家源
惠水县文体广电旅游局局长：孙　玲
龙里县文体广电旅游局局长：陈家健

黔西南州文化和广播电影电视局局长：李泽春
兴义市文化体育旅游和广播电影电视局局长：鄢　鸣
贞丰县文化体育旅游和广播电影电视局局长：王　崇
兴仁县文化体育旅游和广播电影电视局局长：曾　馨
册亨县文化体育旅游和广播电影电视局局长：代安泽
普安县文化体育旅游和广播电影电视局局长：谭代宽
望谟县文化体育旅游和广播电影电视局局长：王朝晖
安龙县文化体育旅游和广播电影电视局局长：冉　兵
晴隆县文化体育旅游和广播电影电视局局长：周　技

云南省

云南省文化厅
党组书记、厅长：黄　峻
组副书记、副厅长（正厅级）：花泽飞
党组成员、副厅长：黄丕义　黄　玲　熊正益
党组成员、纪检组组长：普仲亮

昆明市文化广播电视体育局局长：厉忠教
五华区文化体育旅游局局长： 张勇洪
盘龙区文化体育旅游局局长：彭磊
官渡区文化体育旅游局局长：马春梅
西山区文化旅游体育局局长：贾海虹
东川区文体广电旅游局局长：谭加昆
呈贡区文化体育广播电视旅游局局长：郭慧芬
安宁市文体广电旅游局局长：闫晴方
晋宁县文体广电旅游局局长：肖子建
富民县文化体育广播电视旅游局局长：张晓明
宜良县旅游和文化广播电视体育局局长：张绍云
嵩明县文体广电旅游局局长：李兆魁
石林彝族自治县旅游文化广播电视体育局
　　局长：周保能
禄劝县文体广电旅游局局长：赵明
寻甸回族彝族自治县文体广电旅游局局长：范克有

玉溪市文化局局长：桂江静
红塔区文化旅游广电和体育局局长：王　涛
通海县文化旅游广电和体育局局长：王　剑
　　副局长杨秀兰（分管文化工作）
江川县文化旅游广电和体育局局长：乐志刚
澄江县文化旅游广电和体育局局长：赵开华
华宁县文化旅游广电和体育局局长：李飞跃
　　副局长杨梅（分管文化工作）
易门县文化旅游广电和体育局局长：王云峰
峨山县文化旅游广电和体育局局长：何家海
新平县文化旅游广电和体育局局长：李明团
元江县文化旅游广电和体育局局长：谭江
　　副局长李劼（分管文化工作）

曲靖市文化体育局局长：纪爱华

麒麟区文化体育局局长：王　飞
马龙县文化体育广播电视局局长：高德恩
陆良县文化体育广播电视局局长：伏鸿翔
师宗县文化体育广播电视旅游局局长：尹白云
罗平县文化体育广播电视局局长：陈利平
宣威市文化体育广播电视旅游局局长：余红梅
富源县文化体育广播电视旅游局局长：方盛仙
沾益县文化体育局局长：曾黎斌
会泽县文化体育广播电视局局长：高　坤

楚雄州文体局局长：施克沛

楚雄市文体广电旅游局局长：金　山
牟定县文体广电旅游局局长：何光明
双柏县文体广电旅游局局长：王琳芬
禄丰县文体广电旅游局局长：王　焘
永仁县文体广电旅游局局长：李发安
南华县文体广电旅游局局长：彭元勇
武定县文体广电旅游局局长：鲁自福
姚安县文体广电旅游局局长：普正武
大姚县文体广电旅游局局长：何兴平
元谋县文体广电旅游局局长：仲之望

昭通市文体新闻出版局局长：李华章

昭阳区文化体育局局长：吴纯灵
鲁甸县文体广电和旅游局局长　罗发洪
镇雄县文体广电旅游局局长：邓　兴
彝良县文体和广播电视局局长　赵邦定
威信文体广电旅游局局长：彭吉武
盐津县文体局局长：谢超健
永善县文体广电和旅游局局长　韩先录
绥江县文体局局长：许国江
大关县文体广电旅游局局长：柳　毅
巧家县文体广电和旅游局局长　黎　平
水富县文体广电和旅游局局长　刘思才

大理白族自治州文化（新闻出版、版权）局局长：王峥嵘

大理白族自治州文化遗产局局长：杨政业
大理市文化体育广播电视局局长：邹　勤
鹤庆县文化体育广播电视局局长：赵汝训
剑川县文化体育广播电视局局长：何伯纪
洱源县文化体育广播电视局局长：李学雄
宾川县文化体育广播电视局局长：施德兴
巍山县彝族回族自治县文化体育广播电视局局长：张洪
弥渡县文化体育旅游局局长：徐　逵
南涧彝族自治县文化体育广播电视旅游局局长：郎沅龙
漾濞县彝族自治县文化体育广播电视旅游局局长：郎跃军
永平县文化体育广播电视旅游局局长：茶正林
云龙县文化体育广播电视旅游局局长：古小龙
祥云县文化体育广播电视旅游局局长：环建华

西双版纳州文化体育和新闻出版局局长：张志贤

景洪市文化体育广播电视局局长：杨双桥
勐海县文化体育广播电视和旅游局局长：刀林冬
勐腊县文化体育广播电视和旅游局局长：杨飘龙

保山市文化广播电视新闻出版局局长：　赵家华

隆阳区文化广播电视体育局局长：张月芹
腾冲县文化广播电视体育局局长：伯绍勤
施甸县文体广电旅游局局长：刘晓静
昌宁县文体广电旅游局局长：穆尚勇
龙陵县文体广电旅游和外事局局长：李绍元

迪庆州文化局局长：浦　江

香格里拉县文化体育广电局局长：张宏灿
德钦县文化体育广电旅游局局长：龚曲此里
维西傈僳族自治县文化体育广电旅游局局长：杨丽平

文山州文化局局长：陈亚非

文山市文化广电体育旅游局局长：王保剑
砚山县文化广电体育旅游局局长：权丽萍
西畴县文化广电体育旅游局局长：杨玉芳
麻栗坡县文化广电体育旅游局局长：任志弘
马关县文化广电体育旅游局局长：谢国庆
丘北县文化广电体育局局长：朱　立
广南县文化广电体育局局长：黄先泰
富宁县文化广电体育旅游局副局长、文化局局长：黄炳会

丽江市文化广电新闻出版局局长：和丽萍

古城区文化广电新闻出版局局长：李之典
玉龙纳西族自治县文化广电新闻出版局局长：赵树森
永胜县文化体育广播电视新闻出版局局长：陈绍军

华坪县文化体育广电新闻出版局局长：蒋仕成
宁蒗彝族自治县文化体育广电新闻出版局
局长：马雄斌

红河州文化体育局局长：李正有
蒙自市文化体育和广播电视局局长：后卫鸿
个旧市文化体育和广播电视局局长：严国明
开远市文化体育和广播电视局局长：陈秋圻
石屏县文化体育和广播电视局局长：普仕祥
建水县文化体育和广播电视局局长：武 锐
弥勒县文化体育和广播电视局局长：罗丽莉
泸西县文化体育和广播电视局局长：朱富林
红河县文化体育和广播电视局局长：马俊洪
元阳县文化体育和广播电视局局长：朱文珍
绿春县文化体育和广播电视局局长：王本宏
金平县文化体育旅游和广播电视局局长：丁建军
屏边县文化体育旅游和广播电视局局长：张红敖
河口县文化体育和广播电视局局长：成 翠

怒江州文化局局长：普利颜
泸水县文体广电局局长：姬林二
福贡县文体广电旅游和外事侨务局局长：和江文
兰坪县文体广电局副局长：何玉彬（主持文化工作）
贡山县文体广电旅游和外事侨务局局长：兰慧明

普洱市文化局局长：武献民
思茅区文化体育和广播电视局局长：刘学春
宁洱县文化体育和广播电视局局长：王彩萍
景东县文化体育局局长：罗德贵
景谷县文化体育和广播电视局局长：付罡
镇沅县文化体育和广播电视局局长：陈晓林
墨江县文化体育和广播电视局局长：张林群
孟连县文化体育局局长：陶婉香
澜沧县文化体育局局长：李扎迫
西盟县文化体育和广播电视局局长：毛莲英
江城县文化体育局局长：刀艳华

德宏州文化体育局局长：方桄明
芒市文体广电旅游局局长：杨黎蓉
瑞丽市文体广电旅游局局长：帅很三冷
盈江县文体广电旅游局局长：周湛禄
梁河县文体广电旅游局局长：张 雁
陇川县文体广电旅游局局长：陈 刚

畹町经济开发区文体广电旅游局：李开忠

临沧市文体局局长：张龙明
临翔区文体广电旅游局局长：杨永寿
凤庆县文体广电旅游局局长：张中伦
云县文体广电旅游局局长：金兰元
永德县文体广电旅游局局长：罗炯明
耿马县文体广电旅游局局长：杨明琴
双江县文体广电旅游局局长：李卫平
镇康县文体广电旅游局局长：穆建忠
沧源县文体广电旅游局局长：赵志强

西藏自治区

西藏自治区文化厅
党组书记、副厅长：刘建敏
党组副书记、厅长：尼玛次仁
党组成员、副厅长：王勇才
党组成员、纪检组长：沙道训
党组成员、副厅长：任淑琼、张治中
副巡视员、文物局副局长：丹增朗杰

拉萨市文化局局长：王德隆
城关区文化局局长：刘晓莉
曲水县文化局局长：王军旗
堆龙德庆县文化局局长：洛 丹
尼木县文化局局长：其美顿珠
达孜县文化局局长：邓玉芳
墨竹工卡县文化局局长：格 桑
林周县文化局局长：米玛次仁
当雄县文化局局长：巴桑加措

那曲地区文化局局长：次仁龙培
那曲县文化局局长：白 鲁
嘉黎县文化局局长：普布次仁
比如县文化局局长：罗 布
聂荣县文化局局长：米玛玉珍
申扎县文化局局长：益西曲珍
尼玛县文化局局长：美 朵
安多县文化局局长：苟体兴
巴青县文化局局长：永 巴
索县文化局局长：金 莎

班戈县文化局局长：爱　啦
双湖区文化局局长：久　美

昌都地区文化局局长：祝国正
昌都县文化局局长：国　庆
边坝县文化局局长：孔翠霞
洛隆县文化局局长：江春洛布
芒康县文化局局长：陈绕吉
左贡县文化局局长：阿旺次仁
江达县文化局局长：扎西桑布
贡觉县文化局局长：泽　嘎
察雅县文化局局长：向巴元丁
丁青县文化局局长：拉巴次仁
八宿县文化局局长：普　布
类乌齐县文化局局长：仁增巴登

林芝地区文广局局长：崔晓东
林芝县文化局局长：达　娃
工布江达县文化局局长：卓　玛
米林县文化局局长：米玛卓玛
朗县文化局局长：张　伟
波密县文化局局长：卢俊香
察隅县文化局局长：朱家斌
墨脱县文化局局长：拉宗卓玛

山南地区文化局：林　萍
错那县文化局局长：边巴格列
加查县文化局局长：李鸿莉
曲松县文化局局长：李国义
隆子县文化局局长：叶秀芳
琼结县文化局局长：岳燕妮
扎囊县文化局局长：米　玛
洛扎县文化局局长：拉巴次仁
贡嘎县文化局局长：谭满成
错美县文化局局长：旺　旦
乃东县文化局局长：洛　珍
浪卡子县文化局局长：扎西次仁
桑日县文化局长：刘安军

日喀则文化局局长：金巴洛珠
日喀则市文化局局长：多布拉
亚东县文化局局长：达　珍
白朗县文化局局长：巴　琼
江孜县文化局局长：陈　宇
康马县文化局局长：索　次
岗巴县文化局局长：普　顿
仁布县文化局局长：米　平
南木林县文化局局长：扎西平措
谢通门县文化局局长：尼　平
拉孜县文化局局长：央　宗
昂仁县文化局局长：迟鹏先
萨嘎县文化局局长：尼玛罗布
定日县文化局局长：多　拉
聂拉木县文化局局长：尼玛多吉
吉隆县文化局局长：多　凤
仲巴县文化局局长：旦　曲
定结县文化局局长：多布杰

阿里地区文化局局长：索南群觉
措勤县文化局局长：边　巴
改则县文化局局长：才旺占堆
革吉县文化局局长：阿旺次仁
普兰县文化局局长：加　措
噶尔县文化局局长：扎西顿珠
日土县文化局局长：巴桑次仁
札达县文化局局长：达娃卓玛

陕西省

陕西省文化厅

党组书记、厅长：余华青
党组成员、副厅长：蒋惠莉、李军民
副厅长：刘宽忍
党组成员纪检组长：李延军
机关党委书记：彭　英
副巡视员：强双喜、李全虎、王志强

西安市文化广电新闻出版局局长：王凯利
莲湖区文化体育局局长：孙历斌
新城区文化体育局局长：张阿萍
碑林区文化体育局局长：王宗会
灞桥区文化体育局局长：陈亚红
未央区文化体育旅游局局长：陈永顺
雁塔区文化体育局局长：殷凤兰
阎良区文化体育广播电视局局长：魏　烜

临潼区文化体育广播电视局局长：姚华山
长安区文化体育广播电视局局长：聂小林
蓝田县文化体育广播电视局局长：卫清民
周至县文化体育广播电视局局长：时周平
户县文化体育广播电视局局长：韩兆斌
高陵县文化体育广播电视局局长：薛江南

宝鸡市文化广电新闻出版局局长：史钧生
渭滨区文化旅游局局长：杨安立
金台区文化广电局局长：刘东林
陈仓区文化文物旅游局局长：吴双虎
凤翔县文化广电局局长：王强健
岐山县文化广电局局长：崔功林
扶风县文化广电局局长：成广宁
眉县文化文物广电局局长：王国元
陇县文化局局长：张　奇
千阳县文化旅游局局长：夏　攀
麟游县文化广电局局长：兰乾生
凤县文化体育局局长：巨　涛
太白县科技文化文物局局长：王新敏

咸阳市文化广电新闻出版局局长：刘　鹏
秦都区文化体育局局长：吴晓秦
渭城区文化体育局局长：郭增勇
兴平市文化体育局局长：郭继荣
三原县文体广电局局长：党德海
泾阳县文体广电局局长：张永利
乾县文体局局长：赵明博
礼泉县文体局局长：杨安康
永寿县文体局局长：杜景安
彬县文体局局长：樊俊峰
长武县文体旅游局副局长：宋相武
旬邑县文体局局长：燕培植
淳化县文体局局长：张新明
武功县文体局局长：韩宁超

铜川市文化广电新闻出版局局长：鱼福昌
耀州区文化局局长：刘海明
王益区文体局局长：杨金印
印台区文体局局长：李文杰
宜君县文体局局长：樊茂生

渭南市文化广电新闻出版局局长：华惠民
临渭区文化体育旅游局局长：蔺振杰
华阴市文化体育局局长：丁玉民
韩城市文化体育局局长：孙　开
华县文化体育局局长：贾平京
潼关县文化体育事业局局长：汤振华
大荔县文化体育事业局局长：李高峰
浦城县文化体育事业局局长：万少平
澄城县文化体育事业局局长：李忠义
白水县文化体育事业局局长：孙进忠
合阳县文化体育事业局局长：杨治安
富平县文化局局长：曾　任

延安市文化广电新闻出版局局长：曹振乾
宝塔区文体事业局局长：刘永喜
延长县文体事业局局长：强海洋
延川县文体事业局局长：袁竹林
子长县文体事业局局长：张宏良
安塞县文体事业局局长：刘进益
志丹县文体事业局局长：李志刚
吴起县文体事业局局长：曹宪武
甘泉县文体事业局局长：刘玉东
富县文体事业局局长：任宏江
洛川县文体事业局局长：李小龙
宜川县文体事业局局长：王思宣
黄龙县文体事业局局长：石文学
黄陵县文体事业局局长：刘俊生

榆林市文化广电新闻出版局局长：李　博
榆阳区文体局局长：刘彦平
神木县文体局局长：项世荣
府谷县文体局局长：谭玉山
横山县文体局局长：师发光
靖边县文体局局长：李炅旻
定边县文体局局长：艾　君
绥德县文体局局长：贺怀杰
米脂县文体局局长：乔雄波
佳县文体局局长：刘建新
吴堡县文体局局长：李彦林
清涧县文体局局长：郭彩萍

子洲县文体局局长：石国玉

汉中市文化广电新闻出版局局长：成铁军
汉台区文化文物广播电视局局长：邵小河
南郑县文体事业局局长：李小平
城固县文体事业局局长：任　康
洋县文体事业局局长：刘亚林
西乡县文体事业局局长：韩富海
勉县文化体育局局长：王亦民
宁强县文化旅游局局长：何正剑
略阳县文化体育局局长：胡　超
镇巴县文化旅游局局长：王科玉
留坝县文化教育体育局局长：李建安
佛坪县文化教育体育局局长：高　鸿

安康市文化文物广电局局长：杨海波
汉滨区文化文物广电局局长：夏亚洲
汉阴县文化旅游广电局局长：张宽慧
石泉县文化旅游局局长：贾玉春
宁陕县文化旅游广电局局长：吴大斌
紫阳县文化旅游局局长：胡培德
岚皋县文化广电局局长：杜文涛
平利县文化文物旅游局局长：唐如刚
镇坪县文化旅游广电局局长：秦绪基
旬阳县文化旅游局局长：何家立
白河县文化旅游广电局局长：白建根

杨凌示范区社会事业局局长：王居仓

商洛市文化文物广电局局长：段向东
商州区文化广电局局长：张　勇
洛南县文化广电局局长：陈翔宇
丹凤县文化广电局局长：淡兰治
商南县文化广电局局长：高　鑫
山阳县文化广电局局长：杨　彬
镇安县文化广电局局长：何代瑜
柞水县文化广电局局长：韩祖学

甘肃省

甘肃省文化厅

党组书记、厅长：邵　明
党组成员、副厅长：王兰玲　李慎滨　王文全
副厅长：张　明
党组成员、纪检组长：董义平
党组成员、甘肃画院党委书记：安邕江
党组成员、副厅长兼省文物局局长：杨惠福
巡视员、甘肃省博物馆党委书记：韩博文
副巡视员：郁小龙　吴鹤俊

兰州市文化广播影视新闻出版局党组副书记、局长：韩德才
城关区文化局局长、党组副书记：邢健婷
七里河区文化体育广播影视局局长：玄承民
安宁区文化体育局局长：丁发岳
西固区文化广播影视局局长、党组成员：刘克钧
红古区文化体育广播影视局局长、红古区委宣传部副部长：刘昌录
永登县文化体育局局长：张永贵
榆中县文化体育广播影视局局长、党组副书记：李学玲
皋兰县文化体育广播影视局局长：郁建文

天水市文化文物出版局党委书记、局长：苏定武
秦州区文化广播影视剧局长：刘汉杰
麦积区文化广播影视剧局长：王琛
甘谷县文化广播影视剧局长：任光明
武山县文化广播影视剧局长：张彧杰
秦州区文化广播影视剧局长：任保明
张川县文化广播影视剧局长：马素福
清水县文化广播影视剧局长：李国桢

嘉峪关市文化广播电视局党委副书记、局长：胡丽芳

白银市文化广播影视新闻出版局局长：胡梓寿
会宁县文化体育和广播影视局局长：李养泽
靖远县文化体育和广播影视局局长：张生禄
景泰县文化体育和广播影视局局长：张盛林
平川区文化体育和广播影视局局长：黄天军
白银区文体局局长：张玉珀

金昌市文化出版局党组书记、局长：何济国
永昌县文化广播影视局局长：陈硕年
金川区文化广播影视局局长：冉生鹏

庆阳市文化出版局局长：杨广玉
西峰区文化局局长：毛会科
庆城县文化广播影视局局长：刘国华
宁县文化广播影视局局长：柴文秀
镇原县文化广播影视局局长：路永新
环县文化广播电视局局长：黄满斌
华池县文化出版局局长：王文彪
合水县文化广播影视局局长：王振乾
正宁县文化广播影视局局长：潘文社

平凉市文化出版局党组书记、局长：甘成福
崆峒区文体广电局局长：杜志民
泾川县文体广电局局长：卢永峰
灵台县文体广电局局长：于自强
崇信县文体广电局局长：杨永宏
华亭县文体广电局局长：金光宇
庄浪县文体广电局局长：李平德
静宁县文体广电局局长：牛永琪

定西市文化出版局党组书记、局长：陈学平
安定区文化广播影视局局长：杨立新
通渭县文化广播影视局局长：牛昌斌
陇西县文化广播影视局局长：王国豪
临洮县文化广播影视局党组书记、局长：陈体雄
渭源县文化广播影视局党组书记、局长：田学忠
漳县文化广播影视局局长：周新萍
岷县文化广播影视局党组书记、局长：常焕新

陇南市文化出版局党组书记、局长：陈永贵
武都区文化体育局局长：李德强
文县文化体育局局长：沈璇
成县文化体育局局长：孙浩文
西和县文化局局长：王卫红
宕昌县文化体育局局长：陈昌
康县文化体育局局长：苟长途
礼县文化体育局局长：许明理
徽县文化体育局局长：张霖
两当县文化体育局局长：成仁才

武威市文化新闻出版局党委副书记、副局长（正县级）：王明德
凉州区文化体育局局长：杨福元
民勤县文化体育局局长：周怀勇
古浪县文化体育局局长：张学勇
天祝县文化体育局副局长：胡忠林

张掖市文化出版局党组书记、局长：徐晓霞
甘州区文化委员会主任：康建军
临泽县文化委员会主任：刘红
高台县文化委员会主任：郑伏英
山丹县文化委员会主任：张兴民
民乐县文化委员会主任：任志玲
肃南裕固族自治县文化委员会主任：安秀梅

酒泉市文化出版局局长：贾其全
肃州区文化体育局局长：高殿国
敦煌市文化体育和广播影视局局长：任聚生
玉门市文化出版局局长：李玉林
瓜州县文化体育局局长：康付明
金塔县文化体育局局长：俞新琳
阿克塞县文化广播电影电视体育局局长：屈存军
肃北县文化体育局局长：丁立军

临夏回族自治州文化出版局局长：马光才
临夏市文化广播影视局局长：侯尚奎
东乡县文化局局长：马忠孝
永靖县文化体育局局长：祁世明
康乐县文化体育局局长：刘建文
积石山县文化体育局局长：周永祥
和政县文化广播影视局局长：赵元虎
临夏县文化体育局局长：王辉忠
广河县文化广播影视局局长：唐士乾

甘南藏族自治州文化出版和体育局党组书记、局长：全永康
合作市文化体育广播影视局局长：冯启仁
碌曲县文化体育广播影视局局长：李玉明
玛曲县文化体育广播影视局局长：孟洛巴
迭部县文化体育广播影视局局长：杨宝泉
临潭县文化体育广播影视局局长：李建中
卓尼县文化体育广播影视局局长：张建强
舟曲县文化体育广播影视局局长：杨桑吉成
夏河县文化体育广播影视局局长：郭晓明

甘肃矿区文化出版局局长：李永祥

青海省

青海省文化和新闻出版厅厅长：曹　萍
副厅长：李加曲　司才仁　吴解勋　张承伟
　　王建平　吕　霞　陈　通
纪检组长：常建明
巡视员、省文物管理局局长：冯兴禄
党组成员、青海民族出版社社长：祁正贤

西宁市文化广播电视局局长：赵　冬
城中区科技文体旅游局局长：李增仓
城东区科技文体旅游局局长：于江红
城西区科技文体旅游局局长：王慧明
城北区社会发展局局长：封　玮
大通回族土族自治县社会发展局局长：苏亚玲
湟源县社会发展局局长：田文禄
湟中县社会发展局局长：李成云

青海海东地区文化广播电视局局长：谭　玲
平安县社会发展局局长：沈延昭
乐都县文化体育广播电视局局长：李积录
民和回族土族自治县社会发展局局长：黎　峰
互助土族自治县社会发展局局长：李　斌
化隆回族自治县文化局局长：钟世芳
循化撒拉族自治县文化局局长：韩忠顺

海北藏族自治州文体广播电视局局长：陈永祥
海晏县文体广播电视局局长：孙　鸣
祁连县教育科技文化局局长：马金国
刚察县科技体育局局长：尕扎西
门源回族自治县科技文化局局长：马志龙

海南藏族自治州文化体育广播电视局局长：才　让
共和县文化体育广播电视局局长：索南项秀
同德县教育文化局局长：卓玛本
贵德县文化体育广播电视局局长：樊永萍
兴海县教育文化体育广播电视局局长：尕玛项秀
贵南县文体广播电视旅游局局长：华　青

黄南藏族自治州文化体育局局长：拉龙当周
同仁县文化体育广播电视局局长：娘毛才让
尖扎县文化体育广播电视旅游局局长：杨中卡
泽库县文化体育局局长：多杰扎西
河南蒙古族自治县文化体育局局长：扎西东周

果洛藏族自治州文体广播电视局局长：索南吉
玛沁县文体广播电视局局长：却　松
班玛县文体广播电视局局长：才让卓玛
甘德县文化教育局局长：索南多杰
达日县文体广播电视局局长：王喜文
久治县文体广播电视局局长：马华旦
玛多县文化广播电视旅游局局长：世　红

玉树藏族自治州文体广播电视局局长：旦周才仁
玉树县文体广播电视局局长：马文青
杂多县文化旅游广播电视局局长：布在加
称多县文化教育局局长：索南尼玛
治多县文化教育局局长：肖　平
囊谦县文化教育局局长：才旺巴丁
曲麻莱县文化教育局局长：春　武

海西蒙古族藏族自治州文体广播电视局局长：汪　静
德令哈市教育科技文体局局长：王国福
格尔木市文体广播电视局局长：马建伟
乌兰县教育科技文体局局长：韩永玺
都兰县教育科技文体局局长：韩木生
天峻县教育科技文体局局长：张德祥

宁夏回族自治区

宁夏回族自治区文化厅

党组书记、厅长：杨玉经
党组副书记、副厅长（正厅级）：阮教育
党组成员、副厅长：陶雨芳　秦发生
党组成员、驻自治区文化厅广播电视局新闻出版局纪检组长：思仲举
党组成员、宁夏文化产业投融资公司总经理：焦连新
党组成员、宁夏演艺集团有限公司总经理：范晋国
副巡视员：许　成　行小卫

银川市文化广播电视局局长：关　琪
兴庆区文化体育旅游局局长：杨学文

金凤区文化体育旅游局局长：郑良海
西夏区文化体育旅游局局长：王彦君
永宁县文化旅游广播电视局局长：王建邦
贺兰县文化旅游广播电视局局长：张学明
灵武市文化旅游广播电视局局长：杨华东

石嘴山市文化旅游局局长：温福安
大武口区文化旅游局局长：李玉宏
平罗县文化旅游广播电视局局长：王玉林
惠农区商务和文化旅游局局长：吴　亮

吴忠市文化体育广播电视局局长：李海东
利通区文化体育局局长：杨红梅
青铜峡市文化体育局局长：赵明琴
同心县文化体育广播电视局局长：马　啸
盐池县文化旅游广播电视局局长：刘世琛
红寺堡区文化体育旅游局局长：孙　冲

固原市文化体育广播电视局局长：马凤贤
原州区文化体育旅游局局长：马玉福
西吉县文化旅游广播电视局局长：马存贤
隆德县文化旅游广播电视局局长：张全胜
泾原县文化旅游广播电视局局长：李存慧
彭阳县文化旅游广播电视局局长：张　虎

中卫市文化体育广播电视局局长：王学军
中宁县文化旅游广播电视局局长：王少庸
海原县文化旅游广播电视局局长：李文才

新疆维吾尔自治区

新疆维吾尔自治区文化厅

党组书记、副厅长：韩子勇
党组副书记、厅长：阿不力孜·阿不都热依木
党组成员、副厅长：艾尼瓦尔·阿不都许库尔
党组成员、新疆维吾尔自治区文物局局长：盛春寿
党组成员、纪检组组长：徐　良
党组成员、副厅长：徐锐军
党组成员、副厅长、新疆艺术剧院院长：
　　卡米力·吐尔逊
副厅长：张子康
党组成员、新疆艺术剧院党委书记：张建新
副巡视员、人事处处长：陶建生
副巡视员、非物质文化遗产处处长：马迎胜

乌鲁木齐市文化局局长：刘毅勇
天山区文体局局长：闫玉凤
沙依巴克区文体局局长：居来提·阿吉
米东区文体局局长：陈　萍
高新区（新市区）文体局局长：刘霖
水磨沟区文体局局长：张　卫
开发区（头屯河区）文体局局长：谷立群
达坂城区文体局局长：海建新
乌鲁木齐县文体局局长：马全宏

克拉玛依市文化局局长：常锋英
克拉玛依区文体局局长：何　英
独山子区文体局局长：杜新兰
白碱滩区文体局局长：石　勇
乌尔禾区文体局局长：翟兰芳

喀什地区文体局局长：阿力木江·阿西木
喀什市文体局局长：阿布都克日木·苏里坦
疏附县文体局局长：曹　军
疏勒县文体局局长：禹　岚
英吉沙县文体局局长：陈友昌
麦盖提县文体局局长：祖农司拉木
岳普湖县文体局局长：阿不力米提·斯迪克
泽普县文体局局长：吐鲁洪·买买提
叶城县文体局局长：阿依买提·塔里甫
巴楚县文体局局长：买买提明·艾海提
伽师县文化广播电视局局长：吕　林
莎车县文体局局长：艾尔肯·阿吾提
塔什库尔干塔吉克自治县文体局局长：刘　洋

阿克苏地区文体局局长：吐尔洪·阿不都热合曼
阿克苏市文体局局长：陈霄鸿
温宿县文体局局长：李爱军
拜城县文体广电局局长：牟景艳
库车县文体广播影视局局长：艾合买提·克比尔
新和县文体广播影视局局长：鲍自斌
沙雅县文体广电局局长：阿采娜·亚克西
乌什县文体广电局局长：肖开提·努尔东
　　书记：王　红
阿瓦提县文体广播影视局局长：田朝晖

柯坪县文体局书记、副局长：刘东霞
柯坪县文体广播影视局局长：艾肯·托合提

和田地区文体局局长：居来提·麦色依提
和田市文体局局长：阿不力克木·马木提
和田县文体局局长：田景钟
皮山县文体局局长：阿不力克木·塔力甫
墨玉县文体局局长：阿布来提·甫拉提
洛浦县文体局局长：艾则孜祖拉·热杰甫
于田县文体局局长：吴安臣
策勒县文体局局长：亚热·买提努尔
民丰县文体局局长：艾沙栋·阿布都热合曼

吐鲁番地区文化体育新闻出版局局长：钱昊亮
吐鲁番市广电文体局局长：张江成
托克逊县广电文体局局长：陶长江
鄯善县广电文体局局长：周士明

哈密地区文体局局长：祖农·沙依提
哈密市文体局局长：张江宏
伊吾县文体局局长：吕开娥
巴里坤县文体局局长：吴同生

克孜勒苏柯尔克孜自治州文体局
局长：阿斯卡尔·江额巴依
阿图什市文体局局长：哈斯木·艾沙
阿合奇县文体局局长：吐尔地巴依
乌恰县文体局局长：多力坤
阿克陶县文体局局长：阿力甫

博尔塔拉蒙古自治州文体局局长：铁　山
博乐市文体局局长：祁全生
精河县文体局局长：石立新
温泉县文体局局长：巴雅尔

昌吉回族自治州文体局局长：吴　勇
昌吉市文体局局长：刘永新
玛纳斯县文体局局长：杨立新
呼图壁县文体局局长：耿　毅
阜康市文体局局长：李凤妹
吉木萨尔县文体局局长：齐吉平
奇台县文体局局长：王晓文

木垒县文体局局长：王炬东

巴音郭楞蒙古自治州文化局局长：傅增堂
库尔勒市文体广电局局长：司卫东
且末县文体文播影视局局长：迪力木拉提·艾麦尔
焉耆县文体局局长：燕　婷
和静县文体局局长：衣仁且
和硕县文体局局长：桑加拉
博湖县文体局局长：张　勋
轮台县文体局局长：艾合买提·克日木
尉犁县文体局局长：阿不力孜·木沙
尉犁县广播影视局书记、局长：陶春玲
若羌县文体广播影视局局长：宋振军

伊犁哈萨克自治州文体局局长：米　赞
伊宁市文体局局长：秦　文
奎屯市文体局局长：张治宇
伊宁县文体局局长：托胡提艾力
霍城县文体局局长：沙东梅
尼勒克县文体局局长：加娜尔
昭苏县文体局局长：叶尔江
特克斯县文体局局长：努尔加克
巩留县文体广播影视局局长：穆哈太
新源县文体广播影视局局长：努尔太
察布查尔县文体广播影视局局长：文　健

塔城地区文体局局长：张福钰
塔城市文体局局长：洪　波
额敏县文体局书记：王永辉
局长：拉汗·夏汗
裕民县文体局局长：木尔扎汗
乌苏市文体局局长：肖　静
托里县文体局局长：马尚诚
和布克赛尔蒙古自治县文体局局长：乌图那生
沙湾县文体局局长：丁志毅

阿勒泰地区文体新闻出版局局长：
巴合提·吐素普别克
阿勒泰市文体新闻出版局局长：
热合买多拉·哈米提
青河县文体新闻出版局局长：艾登别克
哈巴河县文体新闻出版局局长：王新强

布尔津县文体新闻出版局局长：再努尔·卡肯
吉木乃县文体新闻出版局局长：于述刚
福海县文体局新闻出版局长：刘婧琚
富蕴县文体局新闻出版局长：陈晓霞

新疆生产建设兵团

新疆生产建设兵团文化广播电视局

局长：万卫平
副局长：王运华　曾建勇　王瀚林　麻　霞
　　曾　康　李立新
副巡视员：唐　林

农一师文化广播电视局局长：崔俊海
农二师文化广播电视局局长：何国庆
农三师文化广播电视局局长：牛志军
农四师文化广播电视局局长：宋　卫
农五师文化广播电视局局长：龙利金
农六师文化广播电视局局长：高华生
农七师文化广播电视局局长：王次会
农八师石河子市文体局局长：王惠林
农九师文化广播电视局局长：罗新国
农十师文化广播电视局局长：严　格
建工师文化广播电视局局长：曾其祥
农十二师文化广播电视局局长：向志华
农十三师文化广播电视局局长：李济源
农十四师文化广播电视局局长：孟鲁平

索　引
INDEX

汉语拼音索引

E

F

G

H

J

K

L

M

N

P

Q

R

X

Y

Z

数字索引

标点符号索引